SFV

PETER DE MENDELSSOHN

S. FISCHER UND SEIN VERLAG

S. FISCHER VERLAG

Für den Schutzumschlag wurde das von Otto Eckmann 1895
geschaffene erste Verlagssignet verwendet.
Frontispiz: S. Fischer, Aufnahme des Ateliers R. Dührkoop, Berlin, 1911.
Satz und Druck: Hanseatische Druckanstalt GmbH, Hamburg
Einband: Ladstetter GmbH, Hamburg-Wandsbek
Printed in Germany 1970

BRIGITTE UND GOTTFRIED B. FISCHER
ZUGEEIGNET

Dem Publikum neue Werte aufzudrängen,
die es nicht will, ist die wichtigste
und schönste Mission des Verlegers.

S. FISCHER

1 Der Weg nach Berlin

Der Anfang dieser Geschichte ist in Zwielicht gehüllt. Das Dunkel ist nicht mehr undurchdringlich, aber es ist noch nicht heller Tag. Wohl kennen wir das Jahrhundert, aber schon das Jahrzehnt ist ungewiß; die Landschaft und ihre Orte sind undeutlich, die Umrisse der Menschen und ihrer Verhältnisse nicht klar zu erkennen.

Am Ausgang des achtzehnten Jahrhunderts, soviel ist verbürgt, zogen vier Brüder namens Ullmann aus ihrer Vaterstadt Fürth in Bayern hinweg und reisten die Donau hinab nach Österreich und weiter ins Ungarische. Einer von ihnen hieß Moses; die Namen der anderen sind verschollen. Wer rief sie? Was drängte sie? Man wüßte nicht, was sie aus ihrer Heimat hätte vertreiben sollen. An wenigen Orten Europas war es zu jener Zeit den Juden vergönnt, ein so gesichertes Leben zu führen wie hier; nur noch in Eisenstadt und den Siebengemeinden, den Ländern des Fürsten von Esterhazy, lebten sie so wenig behelligt wie in der Stadt Fürth. Zudem waren die Ullmanns von Fürth angesehen und wohlgelitten, und es ging ihnen gut. Wir finden sie in allen möglichen Gewerben und Berufen. Vornehmlich aber war alles, was mit Papier zu schaffen hatte, ihre Sache. Das war nicht verwunderlich, denn sie saßen im Herzland des Papiers. Sie fabrizierten Papier, sie handelten mit Papier, sie bedruckten Papier, und sie studierten mit Eifer und Hingabe das Gedruckte. Die jüdische Hohe Schule zu Fürth betrieb seit 1690 im nahe gelegenen Unterfarrnbach eine eigene Druckerei, die 1727 von ihrem damaligen Besitzer Hajum Hirsch nach Fürth selbst verlegt wurde. »Der Druck dieser Leute«, so wird uns freilich berichtet, »ist voller Fehler, und siehet man ein solches Buch, so wird man finden, daß keine Zeile ist, wo nicht zwei oder drei Fehler anzutreffen sind.« Um 1723 ist der Kaufmann Salomon Ullmann als Besitzer eines ansehnlichen Hauses in der Bergstraße verzeichnet; hundert Jahre später besaß der Papiergroßhändler Hajum Hirsch Ullmann das Haus Mohrenstraße 2, und hier wurde ihm 1826 sein vierter und nachmals berühmter Sohn Leopold geboren. Dieser

Papiergroßhändler Ullmann hatte das von seinem Vater Moses Israel Ullmann begründete Geschäft zu einem blühenden Unternehmen entwickelt; sogar die altberühmte ›Vossische Zeitung‹ in Berlin bezog von ihm ihr Druckpapier. Aber aus irgendeinem Grund hatte er mit seinem Namen Schwierigkeiten. 1816 änderte er ihn, gemäß dem Bayerischen Judenedikt von 1813, in H. H. Uhlstein ab, und seine Söhne machten daraus Ullstein. Unter diesem Namen sollten ihre Nachfahren eines Tages dem Urenkel des Auswanderers Moses Ullmann begegnen – in einer anderen Welt, auf einem anderen Feld. Denn eines war ihnen über das Jahrhundert hinweg gemeinsam und stiftete schließlich gar einigen Unfrieden zwischen ihnen: das bedruckte Papier.
Weitgespannte Geschäfte waren es jedoch wohl kaum, welche die Brüder Ullmann die Donau hinabziehen ließen. Viel wahrscheinlicher ist es, daß es die Religion, die Wissenschaft, die gelehrten Bücher waren. Die Hohe Schule zu Fürth besaß von alters her den Charakter einer jüdischen, Rabbiner heranbildenden Universitätsfakultät; die hier ausgebildeten Religionslehrer erhielten Berufungen von überallher in Europa, wo versprengte jüdische Gemeinden erfahrene Leiter brauchten. Besonders bestand, wie es scheint, eine enge Verbindung zwischen Fürth und den deutschsprachigen Gemeinden im Burgenland, in Mähren und der Slowakei und im ungarischen Grenzgebiet. Die Straße, welche die vier Brüder zogen, war den Juden von Fürth nicht unbekannt; die Ullmanns hatten seit Generationen nicht nur Papierhändler, sondern auch angesehene Schriftgelehrte hervorgebracht, und einer der Ihren, Abraham Ullmann, Sohn des Fürther Rabbiners Isser Ullmann, war um 1770 Rabbi in Preßburg. Die vier Ullmanns, so dürfen wir annehmen, folgten einem Ruf ihrer Glaubensbrüder.
Irgendwo im Grenzland trennten sich ihre Wege. Einer reiste in die Hauptstadt Pest, der zweite nach Großwardein, der dritte nach Lakkenbach. Ihre Spur ist verloren. Nur die des vierten Bruders ist uns bekannt. Ihn, den Moses Ullmann, finden wir am Fuß des Tatra-Gebirges, im oberungarischen Marktflecken Liptó Szent Miklós wieder, zu deutsch Sankt Nikolaus in der Liptau.

LIPTO SZENT MIKLOS

Dieser Flecken, mitsamt seiner Umgegend erblicher Besitz der Grafen Pongracz, war ein kleiner, aber merkwürdiger Ort in einer schönen, aber armen Gegend. Die Legende leitet sogar den Namen des Städtchens von der Kargheit der Landschaft her. Es sollen nämlich »die Magyaren, als sie bei der Eroberung Pannoniens in den Landstrich des Liptauer Komitats kamen, denselben wegen seiner rauhen und unfruchtbaren Beschaffenheit mit dem Zuruf: ›Lepj tovabb!‹ – ›Schreite weiter!‹ verlassen haben, woraus später der Name Liptó entstanden sein soll.« Gar so unwahrscheinlich klingt es nicht. Dem Zuruf ›Schreite weiter!‹ ist späterhin mancher aus diesem vergessenen Winkel des Reiches gefolgt, um anderwärts sein Glück zu suchen. Erst im siebzehnten Jahrhundert tauchen neben dem slowakischen Bauernvolk Spuren von Handel und Industrie auf, die von zugewanderten Fremden betrieben werden: Polen, Italienern und vornehmlich Deutschen aus der Zips. Polen und Italiener gingen bald in den einheimischen Slowaken auf. Die Deutschen blieben hartnäckig, was sie waren, bis man sie schließlich nach dem Zweiten Weltkrieg des Landes verwies. Heute sprechen in Liptóvsky Mikulaš, wie es jetzt slowakisch heißt, nur noch die Juden deutsch. Slowaken und Juden nannten das Städtchen von jeher kurzweg ›Mikulasch‹.

Die Juden wanderten erst zu Beginn des achtzehnten Jahrhunderts ins Liptauer Komitat ein. Sie kamen aus Mähren, wo das von Kaiser Karl VI. erlassene ›Familiantengesetz‹, das in jeder jüdischen Familie nur einem Sohn die Heirat gestattete, sowie zahlreiche andere Bedrückungen ihnen das Leben schwer machten und sie zur Auswanderung trieben. Im Frühjahr 1720 kam eine kleine Gruppe jüdischer Kaufleute aus Holleschau in Nordmähren nach Mikulasch und ersuchte den dortigen Gutsherrn, den ungarischen Grafen Samuel von Pongracz, um Erlaubnis, sich mit ihren Familien in seinem Marktstädtchen niederzulassen. Der Graf war ein aufgeklärter und großherziger Mann. Er verzichtete nicht nur auf das übliche Schutzgeld, sondern erklärte überdies, er wolle die Juden nicht, wie dies bei den Deutschen üblich sei, in entlegene schmutzige Gäßchen pferchen, sondern ihnen einige am Hauptplatz in Bau befindliche Häuser vermieten. Dort gebe es nach vorn Geschäftslokale, während der Hintertrakt für Wohnungen vorgesehen sei. Die Juden sollten sich selbst aussuchen, was ihnen paßte, und er verlange lediglich die in der Stadt üblichen Mieten. So kam es, daß in Mikulasch nie eine Judengasse, ein Getto, entstand. Der Graf gab den Juden überdies einen eigenen Friedhofsacker für sechs Gulden jährlichen Pachtzins; ohne diesen Judenfriedhof hätte diese Geschichte keinen Anfang. Die Slowaken, Ungarn, Polen und Italiener, in deren Mitte die Holleschauer Juden sich ansiedelten, waren Katholiken; die Zipser Deutschen strenggläubige Lutheraner. Die Juden beteten hebräisch, aber die Sprache ihres täglichen Lebens war nicht Jiddisch (das in Mikulasch nie gesprochen wurde), sondern das aus Mähren mitgebrachte jüdisch-deutsche ›Kuchelböhmisch‹. Zu den ursprünglichen fünf oder sechs Familien aus Holleschau kamen bald andere aus anderen mährischen Orten, vor allem aus Rausnitz, Trietsch und Boskowitz, hinzu. Aus einem der beiden letzteren Orte – es ist unsicher, aus welchem – kam auch eine Familie Fischer.

1730 waren die Mikulascher Juden bereits zahlreich genug, um eine eigene Gemeinde gründen und einen Rabbiner bestellen zu können. 1776 eröffneten sie ihre eigene Jeschiva oder Talmudschule, die sich bald großen Rufs erfreute und junge Lernbegierige aus der ganzen Umgegend und Talmudgelehrte von weit her, aus Süddeutschland, Prag und Amsterdam, anzog. 1820 holte die Gemeinde den berühmten Gelehrten Eleasar Halevi aus Trietsch als ihren Rabbi nach Mikulasch, einer »Stadt voller Weiser und Schriftgelehrter«, wie dieser selbst bekundete. Um diese Zeit war das Pongraczische Marktstädtchen auf siebzehnhundert Einwohner angewachsen; achthundert von ihnen waren Juden, siebenhundert evangelische und zweihundert katholische Christen. Sankt Nikolaus in der Liptau war zur Hälfte eine jüdische, fast zur Gänze eine deutschsprechende Stadt.

KLEINE AHNENTAFEL

Als Moses Ullmann um die Wende des achtzehnten Jahrhunderts in seine neue Heimat kam, sah er sich mithin zwar in die Fremde eingesprengt, aber durchaus nicht unter Fremden. Ein frommer und gelehrter Mann jüdischen Stammes und deutscher Zunge, fand er sich unter seinesgleichen. Von seinem weiteren Ergehen wissen wir nicht viel. Wir finden ihn als Mitglied des Rabbiner-Kollegiums verzeichnet; wir wissen, daß man ihn als Mose Ullmann Lamdan aus Fürth oder auch als Rabbi Mosche Hakohen Fürth kannte, als einen »ausgezeichneten Kenner des Talmud und höchst aufgeklärten Mann, der mit gleichem Eifer und Fleiß den Maimonides und Kants philosophische Lehre studierte«. Dies war bedeutsam.

Mit Moses Ullmann und seinesgleichen war die aufgeklärte Geisteswelt Moses Mendelssohns aus Deutschland nach Mikulasch eingewandert. Diese Vereinigung von talmudischer und allgemeiner Bildung, wie sie der Mann aus Fürth repräsentierte, fand in der Gemeinde Anklang, doch mißfiel sie dem traditionstreuen Rabbi Eleasar so sehr, daß er 1830 bereits die Stadt wieder verließ. Unter anderem hatten die Juden von Mikulasch unter dem Einfluß von Mendelssohns Bibelübersetzung – einer von ihnen brachte das erste Exemplar von der Budapester Messe heim – begonnen, reines Deutsch zu sprechen. Das alte mährische Jüdisch-Deutsch geriet in Vergessenheit, man begann, regelmäßig deutsche Zeitungen zu lesen, zuerst die ›Wie-

ner Zeitung‹, dann auch Blätter aus Deutschland selbst, ab 1835 wurden die Sitzungsprotokolle des jüdischen Gemeindevorstandes in deutscher Sprache geführt, und die 1846 erbaute Synagoge wurde mit einer deutschen Predigt eingeweiht. An dieser Entwicklung hatte das Wirken Moses Ullmanns entscheidenden Anteil.
Der gelehrte Mann aus Fürth starb in Liptó Szent Miklós im Revolutionsjahr 1848, demselben Jahr, in welchem der junge Leopold Ullstein zweiundzwanzigjährig aus der Vaterstadt Fürth in die preußische Residenzstadt Berlin zog und damit den ersten Schritt seiner bemerkenswerten Laufbahn tat. Der Grabstein des Moses Ullmann aus Fürth ist, beiderseitig deutsch und hebräisch beschriftet, allen Wirren der Zeiten zum Trotz noch heute auf dem vom Grafen Pongracz bewilligten Friedhof zu sehen; und ihm zunächst liegen die Nachfahren begraben.
Salomon Ullmann, der Sohn des verehrungswürdigen Mannes, 1797 geboren, scheint von anderer Art gewesen zu sein. Welchen Beruf er hatte, wissen wir nicht; er hatte zeitweilig das örtliche Salzdepot vom Staat in Pacht; aber es heißt, viel gearbeitet habe er nicht. Vermutlich hatte er es nicht nötig: er heiratete kaum dreiundzwanzigjährig Rosalie Friedler, die einzige Tochter wohlhabender Eltern. Doch ging er mit dem Vermögen seiner Frau etwas leichtsinnig um, was ihm in der Familie den Spitznamen »Salme Liederjan« eintrug. Er soll ein vergnügter, sorglos-phantasievoller Mann gewesen sein, der seinen Neigungen lebte, den Büchern und Wissenschaften, und mancherlei interessante, wenn auch uneinträgliche Ideen im Kopf hatte. Mit Rosalie Ullmann jedoch beginnt das Zwielicht sich aufzuhellen: zum erstenmal sieht uns nicht nur ein Name, eine Jahreszahl an, sondern ein Menschengesicht. Wunderbarerweise hat sich von dieser Ahnfrau eine im hohen Alter aufgenommene Photographie erhalten, und aus ihren streng-gütigen Zügen, den von jahrhundertealter Trauer umflorten Lidern, dem leise spöttischen Zug um den Mund kann man, wenn man will, herauslesen, daß das Leben an der Seite »Salme Liederjans« wohl kurzweilig, aber nicht immer leicht gewesen sein mag. Durch dieses Antlitz von biblischer Würde blickt man tief in die Zeiten. Rosalie Ullmann starb 1879 in ihrem achtzigsten Jahr; »Salme Liederjan« überlebte sie um neun Jahre und wurde einundneunzig Jahre alt; sie liegen nebeneinander begraben.
Salomon und Rosalie Ullmann hatten drei Kinder, und es scheint, als habe der Vater, noch ehe er das Vermögen der Mutter gänzlich vertat, rechtzeitig einige Mittel auf die Ausbildung des einzigen Sohnes verwendet. Dieser, Friedrich Ullmann, tat den entscheidenden Schritt heraus aus der Enge des kleinen Tatra-Marktfleckens, wo

ein junger Mensch es niemals zu Größerem, Höherem bringen konnte.

Doktor Friedrich Ullmann ›schritt weiter‹; er wurde ein »weithin berühmter Arzt«, dessen Name in der nächsten und übernächsten Generation mit Verehrung und Bewunderung genannt wurde, als Beispiel dafür, daß ein jeder, auch im vergessenen Winkel der Liptau, seines Glückes Schmied ist. Für die beiden Töchter scheint eine nennenswerte Mitgift nicht übriggeblieben zu sein; denn sie schlossen bescheidene Ehen. Rosalie, die ältere, heiratete den Landwirt Emanuel Beer, der im nahe gelegenen Dorf Maluszina einen kleinen kameralischen Bauernhof in Pacht hatte und 1911 zu Liptó starb. Minna, die zweite Tochter, heiratete in ihrem Geburtsort den dortigen Kaufmann Carl Fischer.

Auch von Carl und Minna Fischer sind uns Bilder erhalten, und nur diese würdevollen Porträts im kleinbürgerlichen Sonntagsstaat vermitteln uns eine gewisse Vorstellung von ihnen; denn sonst wissen wir über sie so gut wie nichts. Auf Carl Fischers Grabstein ist sein Todesjahr, nicht aber sein Geburtsjahr verzeichnet. Sicher ist, daß seine Familie aus Mähren kam. Die Fischers waren eine weitverbreitete, über die kleinen Landstädte Mährens verstreute jüdische Sippe, und es ist wahrscheinlich, daß Carl Fischer aus dem Städtchen Trietsch oder dem halbwegs zwischen Brünn und Olmütz gelegenen Städtchen Boskowitz stammte. In beiden Orten waren die Fischers seit längerem ansässig, und wir wissen, daß er in Boskowitz einen Bruder Philipp Fischer hatte, der dort einen Handel mit böhmischen Glaswaren betrieb. Welches Gewerbe Carl Fischer selbst ausübte, ist ungewiß. In späteren Jahren erzählte sein jüngster Sohn zuweilen, er sei ein »Spodium-Fabrikant« gewesen und habe in Liptó eine kleine Knochenmehlfabrik betrieben. Dies war ein mühseliges Gewerbe; bei allem Fleiß und allem klugen Geschäftssinn konnte man damit kein wohlhabender Mann werden, und Carl Fischer wurde es auch nicht. Doch war er auch nicht arm; späterhin wurde ihm das nicht uneinträgliche ›Salzamt‹ übertragen, und er gehörte zu den angesehensten Bürgern des Städtchens. Aber zu Ersparnissen und zur Erfüllung höheren Ehrgeizes für die Kinder reichte es nicht.

Die Kinder waren fünf an der Zahl, zwei Töchter und drei Söhne. Ernestine, 1853 geboren, heiratete ihren Vetter Samuel Beer (den Sohn ihrer Tante Rosalie), der in Liptó einen Handel mit Bijouterie betrieb. Einem ihrer Söhne werden wir am Ende dieser Geschichte wiederbegegnen. Die zweite Tochter Nellie starb früh. Joseph, der älteste Sohn, 1849 geboren und in der Familie auf gut österreichisch »Peppi« genannt, verließ den Heimatort bald. Er fand im mährischen

Städtchen Krasna, vermutlich auf Empfehlung seines Onkels Philipp Fischer, eine Anstellung bei der Glaswarenfirma S. Reich & Co., und dieser Umstand war, wie sich zeigen wird, von Bedeutung für unsere Geschichte. Moritz, der zweite Sohn, 1857 geboren, war ein schwieriges Kind und wurde ein unglücklicher Mann; ein eigentümliches Gemütsleiden quälte seinen zerrissenen Geist, so daß es ihm nie recht gelingen wollte, aus Eigenem etwas Dauerhaftes zu schaffen. Aber als am 24. Dezember 1859 der dritte Sohn, das jüngste Kind, ins Leben trat, ging im Hause Fischer die Sonne auf.

SAMI FISCHER

Er war ein Sonntagskind und erhielt den Namen Samuel. In Familie und Schule, von Geschwistern und Spielkameraden wurde er jedoch »Sami« gerufen, und diesen Namen behielt er sein Leben lang bei allen, die ihm nahestanden. Er selbst freilich, der bei aller unternehmenden Lebenslust stets eine in sich gekehrte Scheu und Zurückhaltung bewies, verwendete seinen schönen, an die altehrwürdigen Fürther Vorfahren gemahnenden biblischen Vornamen selten. Es ist kein Brief, kein Dokument erhalten, auf dem er sich je anders als »S. Fischer« unterschrieben hätte, außer in den Briefen an seine Frau. Anfänglich vielleicht suchte er sich hinter dem zugleich geheimnisvollen und nichtssagenden Buchstaben »S.« zu verbergen. Aber es dauerte nicht lange, und der Buchstabe wurde der ganze Mann; die konventionell-geschäftsmäßige Abkürzung wurde zum unverwechselbaren Kennzeichen seiner ureigenen Persönlichkeit und weit über seine eigene Lebensspanne hinaus zum Wahrzeichen seines Werkes.
Von Sami Fischers Kindheit in Liptó Szent Miklós wissen wir nicht viel. Doch dürfte es für den kleinen, stämmig gewachsenen, helläugigen Burschen im ganzen eine vergnügte Kindheit gewesen sein. Das Land war arm, aber von malerischer Schönheit, und wer gern wandernd durch die Gegend streifte – wie er es sein Lebtag liebte –, für den war die Landschaft des Wunderbaren voll. Im Städtchen selbst, so erinnern sich die letzten Überlebenden, die damals dort Kinder waren, gab es »einen großen Marktplatz mit Laubengängen, dahinter die aus dem dreizehnten Jahrhundert stammende katholische Kirche, wo wir als Kinder im Klostergarten spielten. Die slowakischen Bauern trugen noch ihre malerisch-farbige Tracht. Zweimal in der Woche kamen die Bauern – und häufig auch Zigeuner – mit großen Wagen und Pferden zum Markt in die Stadt, und die Wagen hatten große Plachendächer aus Leinwand zum Schutz gegen Regen und Schnee des Winters und gegen die glühende Sommersonne.« Dies alles wis-

sen wir nur zum geringsten von Sami Fischer selbst. Er sprach in späteren Jahren nur selten vom Ort seiner Kindheit. Einmal, im Jahr 1915, schrieb er an Aage Madelung: »Was Sie über Zigeunermusik schreiben und über die Atmosphäre und den Zauber, der sich von ihr mitteilt, ist so stark und blutvoll erfühlt, daß ich an alte Stimmungen aus Knabenjahren melancholisch bewegt denken muß!« Und seine Gattin fügte hinzu: »Mein Mann hat sein ›altes ungarisches Herz‹ dabei wieder entdeckt!«

Was er gelegentlich erzählte, war häufig absichtlich närrisches und schalkhaft irreführendes Zeug. So pflegte er obenhin zu bemerken, er sei in der Volksschule ein schlechter, ja geradezu der miserabelste Schüler gewesen. In Wahrheit verhielt es sich anders: Im ›Schul-Catalog‹ vom Jahr 1865/66 haben wir »Samuel Fischer, sechseinhalb Jahre alt, in allen Gegenständen ›Sehr Gut‹ klassifiziert« gefunden. Es war eine deutsche Schule, und zwar die 1845 von der jüdischen Gemeinde gegründete und geleitete moderne sechsklassige öffentliche Schule mit deutscher Unterrichtssprache, in der Knaben und Mädchen gemeinsam unterrichtet wurden. Das Ungarische war, wiewohl offizielle Landessprache, eine Nebensprache, schwierig und im täglichen Leben kaum benötigt, und die Fischer-Kinder lernten es nie wirklich fließend sprechen. Zur Fortbildung nach Abschluß der jüdischen Gemeindeschule hatte Rabbi Samuel Alexander Steiner 1860 in dem Städtchen ein Privatgymnasium gegründet, in dem ebenfalls deutsch unterrichtet wurde, das aber auch für Schüler, die es verlangten, die talmudischen Disziplinen lehrte. Dieses Privatgymnasium hat Sami Fischer nachweislich eine Zeitlang besucht, und die Tochter Steiners, die ihn in jener Zeit kannte und mit ihm befreundet war, schilderte ihn als »einen sehr intelligenten und fleißigen Jungen«. Die Bildung, die der kleine Sami solcherart erwarb, mag lückenhaft gewesen sein, aber sie war gewiß nicht mangelhaft. Überdies fehlte es auch außerhalb der Schule nicht an Bildungsmöglichkeiten.

»VIEL NEUES UND PRACHTVOLLES«

Am 9. Januar 1867, als Sami Fischer just sieben Jahre alt war, erloschen ›draußen‹ in Deutschland durch Bundesbeschluß die Verlagsrechte aller Autoren, die seit mehr als dreißig Jahren tot waren. Mit einem Schlag wurden jetzt die Werke von Goethe, Schiller, Wieland, Herder, Lessing, Jean Paul und vielen anderen frei; jeder durfte sie drucken, und niemand brauchte Honorare für sie abzuführen. Das Ergebnis war, daß 1867 ein ›Klassikerjahr‹ wurde. Damals schrieb ein Berliner Buchhändler:

Der Buchhandel bringt viel Neues und Prachtvolles auf den diesjährigen Weihnachtstisch, und zum ersten Male auch für die wenig bemittelten Leute; es ist wirklich erfreulich, in welch ungeahnten Massen die Klassiker gekauft werden. Wir selbst beziehen Schiller, Goethe, Lessing immer hundertweise und verkaufen sie durch bloßes Ausstellen im Fenster. Mehrere Verleger solch billiger Ausgaben haben in wenigen Tagen Auflagen von 500 000 Exemplaren verkauft.

Die neuen billigen Klassikerausgaben drangen bis in die fernsten Winkel des deutschen Sprachgebietes; jede Bürgerfamilie, die etwas auf sich hielt, erwarb sie, und sie standen auch in des Kaufmanns Fischer Bücherschrank. Daß der jüngste Sohn begierig über sie herfiel. kann man sich vorstellen. Und was sich im Elternhaus nicht fand, das dürfte er beim Großvater »Salme Liederjan« oder beim berühmten Arzt-Onkel Friedrich gefunden haben, zwei gebildeten und interessierten Männern, die seinen Lesehunger gewiß förderten. Sami Fischer stand zudem mit seinem Bildungsdrang in Liptó Szent Miklós nicht allein. Schon 1844 hatte sich ein ›Selbstbildungsverein der Jugend‹ gegründet, in dem allabendlich junge Mitglieder Vorträge über deutsche Literatur und gesellschaftliche Probleme hielten, und kurz darauf hatten die jüdischen Bürger einen ›Leseverein‹ mit eigener Bibliothek ins Leben gerufen, in dem die Werke der deutschen Klassiker zu finden waren. Und in manchen jüdischen Familien trafen sich, wie die Tochter Rabbi Steiners sich erinnerte, an langen Winterabenden die Verehrer von Lessing und Schiller, um ihre Dramen mit verteilten Rollen zu lesen. Daß Sami Fischer Schiller verschlang und so völlig in seiner Welt aufging, daß er selbst ein Räuber-Drama dichtete, wissen wir mit Bestimmtheit aus einem ›Festgedicht‹, betitelt *Aus der Jugendzeit*, das die Brüder ›Peppi‹ und Moritz viele Jahre später »ihrem lieben Sami« zu Ehren gemeinsam verfaßten. Aus der gleichen ›Quelle‹ wissen wir, daß Theaterdirektor Fritzsche, der später zum Leiter des ›Wilhelmstädt'schen‹ Theaters in Berlin aufstieg, mit seiner ›Schmiere‹ in die Gegend kam und »zu Miklosch' in der Stadt« Vorstellungen gab, darunter anscheinend *Wilhelm Tell*, die Sami hell begeisterten.

An den Büchern und am Theater hing schon des Knaben Herz. Wie aber konnte man sich mit Büchern zu schaffen machen, mit Büchern leben, Bücher zum Tagewerk machen, im »Neuen und Prachtvollen« Beruf und Lebensunterhalt finden? Wenn der kleine Sami sich diese Frage stellte, so fand er die Antwort auf dem Marktplatz seines Heimatstädtchens. Denn dort gab es erstaunlicherweise tatsächlich eine Buchhandlung mit einem Schaufenster, in dem die neuesten Bücher, fast sämtlich in deutscher Sprache, ausgestellt waren – erstaunlicherweise, wenn man bedenkt, daß es zu jener Zeit in ganz Ungarn keine dreißig Buchhandlungen gab. Die Buchhandlung in Liptó Szent Miklós hätte nicht bestanden, wenn es im Ort nicht ausreichende Kundschaft für sie gegeben hätte: die deutschen und deutschsprechenden jüdischen Bürger. »Vor diesem Buchladen am Markt blieben wir Kinder immer stehen und sahen uns sehr interessiert und genau die Bücher in der Auslage an.« So eine Kindheitserinnerung der letzten Überlebenden.

Man sieht den kleinen Sami Fischer vor sich und kann sich vorstellen, was er sich dachte. Hier war sein Beruf. Er wollte weder ein Spodium-Fabrikant sein wie sein Vater noch ein Glaswarenhändler wie sein älterer Bruder. Wohl saß der Kaufmann in ihm, der sorgsame Rechner und beharrliche, strebsame Geschäftsmann, wie es sein Vater Carl Fischer war. Aber zugleich saß auch das Ullmannsche Erbe in ihm, die Liebe zum Geschriebenen und Gedruckten, der Hang zur Wissenschaft, die Verehrung der Weisheit, Phantasie und Begeisterungsfähigkeit. Beide ererbte Seelen wohnten in seiner Brust, die väterliche und die mütterliche; aber sie stritten nicht, sondern lebten in Einklang miteinander. Buchhändler sein – das war es! Mehr als ein halbes Jahrhundert später faßte Thomas Mann es mit genauester Einfühlung in die treffenden Worte:

> Die eigentümliche jüdische Liebe zum ›Buch‹, zur Schrift, zum Geiste vereinigte sich in ihm mit einem unfehlbaren und fast stofflichen händlerisch-künstlerischen Qualitätsgefühl, dem Tastsinn für Güte und Wert einer Sache nach Faser und Maser...

Als die Schulzeit zu Ende war und die große Frage sich erhob: ›Was nun?‹, wußte der Halbwüchsige mit völliger Gewißheit die Antwort: Bücher. Es scheint, daß er gleich an Ort und Stelle den Anfang machte. Er hatte einen um weniges älteren Freund im Ort, der überdies den gleichen Vornamen trug. Samuel Revay war in der Buchhandlung am Marktplatz angestellt und erzählte seinen Nachkommen später, er sei in der frühen Jugendzeit dort mit seinem Freund Sami Fischer zusammen tätig gewesen. Möglicherweise verschaffte er dem vierzehnjährigen Fischer seine erste Lehrstelle. Verbürgt ist jedenfalls, daß Sami Fischer und Samuel Revay Freunde waren und es ihr Lebtag lang blieben. Doch dürfte diese erste Lehrstelle nur ein kurzes Vorspiel gewesen sein; denn beiden, Sami und Samuel, kam um dieselbe Zeit dieselbe Erkenntnis: sie mußten weiterschreiten, sie mußten dorthin, wo die Bücher herkamen. Sie mußten in die Hauptstadt.

IN DIE HAUPTSTADT

Allerdings gab es genaugenommen zwei Hauptstädte, vom Tatrastädtchen nach Kilometern ungefähr gleich weit entfernt: Pest und Wien. Wie es sich mit ihnen für einen jungen Menschen wie Sami Fischer verhielt, hat sein späterer Freund Arthur Holitscher, Sohn eines deutschsprachig-jüdischen Bürgerhauses in Budapest, in seinen Lebenserinnerungen skizziert:

In den ›Patrizierfamilien‹ ... war man in Dingen des Deutschtums vollständig von Wien beeinflußt; man wußte von Deutschland nur, was man in Wiener Zeitungen las, und kannte von Deutschland nur München, weil es auf dem Wege nach Paris lag. Pest war ein Ableger, eine Vorstadt von Wien ... Außer dem Burgtheater gab es noch einen Maßstab der Zivilisation, der in dem weit nach dem Balkan vorgeschobenen Posten Budapest als Inbegriff westlicher Kultur seine Bedeutung hatte, und das war die Wiener ›Neue Freie Presse‹ ... Man informierte sich aus der ›Presse‹ über alles, was Europa und die Zivilisation betraf, aber in der Hauptsache war es Wien, mit dem man in intimer, sozusagen körperlicher Berührung bleiben wollte durch die Lektüre dieses Weltblattes ... die Zugehörigkeit zur höchsten erreichbaren Kulturschicht bestätigte authentisch das Abonnement auf die ›Neue Freie Presse‹. In ihr war alles zu lesen, was man in Pest so bitter entbehrte, was ja auf der Welt allein in Wien zu finden war, in Blüte stand, unerreichbar hoch, ja auch von Paris und London nicht erreicht: ... Laune, Erfindungsgabe, Lebensgenuß in höchster Vollkommenheit.

Wenn die Deutschen in der großen Stadt Budapest sich auf einem »weit nach dem Balkan vorgeschobenen Posten« empfanden, was sollten dann die Menschen im gottverlassenen Tatrawinkel empfinden? Die Juden von Liptó dachten an Pest nicht als an ihre Hauptstadt; sie fühlten sich nicht als Ungarn, sie beherrschten die ungarische Sprache kaum, was sollten sie in Pest? Sie fühlten sich nicht nur als Österreicher, sie *waren* Österreicher, und ihre Hauptstadt war die Kaiserstadt Wien.

Zu dieser Zeit, dem Anfang der siebziger Jahre, lag das ›Auswandern‹ in der Luft. Der jungen Generation in den kargen Tälern Oberungarns riß die Geduld mit ihrem eingeengten Schicksal. Einer nach dem anderen zogen die jungen Menschen aus Liptó weg, manche von ihnen sehr weit weg. Ein junger Mann namens Huebsch beispielsweise heiratete seine Cousine, deren Schwester mit einem Fischer-Vetter verheiratet war, und ging mit ihr nach Amerika; und seinem Sohn werden wir noch begegnen. Die beiden Freunde trennten sich. Samuel Revay ging nach Budapest, vielleicht weil er dort Verwandte oder Beziehungen hatte. Sami Fischer setzte sich in die Eisenbahn und reiste nach Wien. Es scheint nicht, daß er in der großen Stadt Verwandte oder Bekannte hatte, die sich seiner hätten annehmen können. Die Fahrkarte und ein paar Gulden für die Reise waren offenbar alles, was der Vater ihm mitgeben konnte.

Dies dürfte im Sommer oder Herbst 1874 gewesen sein. »Ich war vierzehn Jahre alt, ganz allein und gänzlich mittellos«, so erzählte er in späteren Jahren einem ungarischen Landsmann, dem Journalisten Cornelius Tabori, der ihn besuchte. »Eines Tages stand ich vor dem Schaufenster einer Buchhandlung in Wien. Plötzlich entschloß ich mich und ging hinein. Ich fragte, ob man mich nicht als Lehrling nehmen wolle. Man nahm mich.«

NEU-WIEN

Der junge Fischer erlebte das alte Wien nicht mehr. »Das alte Wien hat sich ausgelebt, und das neue ist leider noch nicht fertig«, so hatte der Alt-Wiener Eduard von Bauernfeld in seinen Erinnerungen geschrieben, die zwei Jahre zuvor im altrenommierten Wiener Verlag Braumüller erschienen waren. Im selben Jahr 1872 war Grillparzer gestorben, und die vieltausendköpfige Menschenmenge, die seinen Sarg begleitete, hatte auch Alt-Wien endgültig zu Grabe getragen. Eine Zeit des politischen und wirtschaftlichen Liberalismus war angebrochen, die beinahe über Nacht das Gesicht der Stadt und mit ihm das Lebensgefühl ihrer dreiviertel Million Menschen von Grund auf veränderte. Die prunkvolle Ringstraße mit ihren monumentalen, in sämtlichen Baustilen durcheinander errichteten Palästen, die neue Oper, die neue Universität, das neue Musikvereinshaus, die neue Kunstakademie, das neue Rathaus, das neue Parlament – das alles war in knapp zehn Jahren entstanden oder war noch im Entstehen, als Fischer staunend durch die große Stadt wanderte.

Er hätte noch mehr gestaunt, wäre er ein Jahr früher gekommen. Er hätte über die große Weltausstellung gestaunt und über den großen Krach, der ihr auf dem Fuße folgte. Als Neu-Wien sich 1873 in lärmend-überladenem Gepränge der Welt zur Schau stellte, waren außer fast allen europäischen gekrönten Häuptern auch die Spekulanten und Schwindler der ganzen Welt zur Stelle. Kaum ein Tag verging, an dem nicht eine neue Bank, eine neue Aktiengesellschaft gegründet wurde. Am 1. Mai wurde die Weltausstellung im Prater vom Kaiser eröffnet. Sechs Tage darauf begann die Aktienflucht, und am Schwarzen Freitag, dem 9. Mai, brach die Wiener Börse zusammen. Zehntausende von Leichtgläubigen verloren in Hunderten von Konkursen ihre letzten Kreuzer.

Das alles hatte Wien gerade hinter sich, als der junge Fischer über die Schwelle der unbekannten Buchhandlung und damit ins Leben trat.

Wien erholte sich von diesem Schlag, aber es brauchte einige Jahre dazu, und Sami Fischers Lehrjahre fielen in eben diese Zeit.

NEUNZIG LEHRLINGE

Wir wissen nicht, vor welchem Buchhandlungsschaufenster der junge Fischer stand, über welchen Prinzipals Schwelle er trat. Er selbst hat über seine Wiener Lehrjahre nichts erzählt. Die Akten der ›Corporation der Wiener Buch-, Kunst- und Musikalienhändler‹ sind gerade für jenen Zeitabschnitt sehr unvollständig; aber sie teilen immerhin mit, daß es im Jahre 1873 in Wien 192 Buch- und Kunsthandlungen gab. Diese knapp zweihundert Prinzipale beschäftigten in ihren Läden 240 Gehilfen, 140 Diener und 90 Lehrlinge. Diese Zahlen sind aufschlußreich: sie zeigen, daß die Wiener Buchhändler vergleichsweise aufgeklärte Lehrherren waren. Nur jeder zweite Prinzipal nahm überhaupt Lehrlinge an, und auch dann durchschnittlich nur einen; er beschäftigte einen Diener für die schwere manuelle Arbeit wie das Austragen von Paketen, die anderwärts gern dem Lehrling aufgebürdet wurde, der bei ihr nichts lernte; und er stellte eine ausreichende Anzahl von ausgelernten Gehilfen mit ordentlichem Monatsgehalt an, anstatt, wie es anderwärts, vor allem in Deutschland, häufig üblich war, an den Gehilfen zu sparen, indem er möglichst viele Lehrlinge aufnahm und ihre Lehrzeit aufs äußerste hinauszog.
Dennoch hatten diese neunzig Lehrlinge, von denen der halbwüchsige Fischer einer war, kein leichtes Leben. Die Anforderungen, denen man genügen mußte, um als Lehrling überhaupt aufgenommen zu werden, waren beträchtlich; und dabei hatte die Buchhändlerzunft ihre Ansprüche in letzter Zeit bereits um einiges gemäßigt. Die ›Ordnung für das Gremium der Wiener Buchhändler und Antiquare‹ aus dem Jahre 1808 setzte nicht nur fest, daß die Lehrzeit »nicht unter drey und nicht über sechs Jahre dauern« solle, sondern bestimmte außerdem:

> Kein Lehrling soll aufgenommen werden, der nicht vorläufig den zu seinem künftigen Stande nothwendigen Unterricht erhalten hat; vor allem werden dahin Sprachkenntnisse gerechnet. Der Lehrling soll entweder die lateinische Sprache, oder wenigstens eine oder zwey der neuern Sprachen, worin die meisten Bücher geschrieben werden, erlernet haben.

Dabei blieb es ein halbes Jahrhundert lang. Erst die Einführung der Gewerbefreiheit in Österreich in Sami Fischers Geburtsjahr 1859 – neun Jahre früher als in Preußen – brachte eine gewisse Lockerung. Im Statut der Buchhändler-Corporation vom Jahr 1863 wurden die Corporationsmitglieder verpflichtet, »nur solche jungen Leute in die Lehre zu nehmen, die entweder eine Unter-Realschule, ein Unter-

Gymnasium oder eine Handelslehranstalt absolviert haben«. Soweit es »die Geschäftsverhältnisse erlauben«, sollten die Lehrlinge während der Dauer der Lehrzeit den Abendkurs einer Handelsschule besuchen. Aus dieser Empfehlung wurde schließlich eine Bedingung. 1899 meinte Carl Junker in seinem »Beitrag zur Geschichte des österreichischen Buchhandels«, der Buchhändler müsse neben »technischen Kenntnissen aus dem Gebiete des Buchgewerbes und einer allgemeinen commerciellen Bildung« auch über »literarisches Wissen« verfügen, »einen wenigstens oberflächlichen Überblick über die Encyklopädie der Wissenschaften besitzen« und solle »die Weltsprachen so weit verstehen, um zumindest aus dem Titel oder der Ankündigung einer Schrift auf ihren Inhalt schließen zu können«.

Wußte der junge Fischer, worauf er sich einließ, als er mutig in den unbekannten Laden trat? Wir sehen, daß er Glück mit seinem Prinzipal hatte und daß ihm dieses Glück auch recht not tat. Daß er »das erwähnte Maß der Vorbildung in befriedigender Weise nachweisen« konnte, dürfen wir bezweifeln. Die einzige ›Fremdsprache‹, die er aus Liptó Szent Miklós mitgebracht hatte, war ein stockendes Ungarisch; Latein hatte er gewiß nicht gelernt; vom Englischen verstand er sein Lebtag kein Wort; sein Französisch erlaubte es ihm möglicherweise gerade, »aus dem Titel einer Schrift auf ihren Inhalt schließen zu können«. Der Prinzipal sah über alle diese Lücken hinweg. Irgend etwas muß ihm gesagt haben, daß in dem jungen Menschen andere Gaben steckten, die diese Mängel wettmachten. Erfahrene Buchhändler besitzen hierfür einen scharfen Blick: wie ein Unbekannter ein Buch anfaßt, wie er es öffnet, wie er umblättert, wie er es zurückstellt, sagt ihnen mehr über sein eingeborenes Verhältnis zu Büchern als alles Latein. Hat er das Buch in den Fingerspitzen, so lernt er alles andere ohnehin. Freilich schickte der Prinzipal ihn zum Abendkurs in die Handelsschule; das hat der Lehrling später selbst erzählt. Aber eines, was er schon im heimatlichen Liptó nicht hatte lernen wollen, lernte er anscheinend auch dort nicht: für das Komma hatte er keinerlei Verwendung. Zeit seines Lebens hielt er allen seinen persönlichen, handgeschriebenen Briefen dieses störende Satzzeichen möglichst fern, und es schlich sich nur gelegentlich wie zufällig ein. Der feste, entschiedene Schlußpunkt genügte; alles andere verstand sich von selbst. Dem Prinzipal genügte es anscheinend auch.

Wer mag dieser Prinzipal gewesen sein? Wer immer er war, er bestimmte sechs Jahre lang des jungen Fischer ganzes Leben. Der Lehrling wohnte bei freier Kost in des Lehrherrn Haus, er erhielt sein Taschengeld von ihm ausgezahlt, er unterstand in allem, auch seinen privaten Verhältnissen, seiner Aufsicht. Von irgendwelchen Schutzbestimmungen über die Arbeitszeit und die Beschaffenheit der Arbeitsstätte war damals noch keine Rede. Die Länge des Arbeitstages, die Art der Arbeit und ob man bei ihr etwas lernte oder nicht – das alles lag ganz im Ermessen des Prinzipals. In jedem Fall war die Arbeit anstrengend und zu Beginn der Lehrzeit noch dazu trostlos langweilig. Der Lehrbub Sami – alle Lehrlinge wurden grundsätzlich nur beim Vornamen gerufen und mit ›du‹ angeredet, und ›Herr Fischer‹ war man noch lange nicht – hatte als erster um sieben Uhr morgens zur Stelle zu sein, um zusammen mit dem ›Diener‹ oder ›Ausgeher‹ den Laden aufzumachen und abzustauben, und er verließ das Geschäft für gewöhnlich als letzter gegen halb acht Uhr abends, um mit müdem Kopf und auf müden Füßen noch zu seinem Abendkurs in die Handelsschule zu traben. Hielt sich der Prinzipal keinen ›Diener‹, so lag dem jüngsten Lehrling, wie der Berufswitz sagte, das »laufende Geschäft« ob, will sagen, er hatte die Pakete für die Kunden in der ganzen Stadt auszutragen, und da ein guter Teil von ihnen Neuerscheinungen ›auf Ansicht‹ waren, mußte er sie häufig auch wieder zurückschleppen. Ansonsten begann die Lehre damit, sachgemäß im Packraum oder Lager Pappdeckel zu glätten, Bindfaden zu entknoten und zu sortieren, Bücherpakete zu machen (was durchaus gelernt sein will; Fischer hat später gern mit Stolz gezeigt, wie erfahren er im Paketemachen war), bei der Inventur zu helfen und bei einiger Anstelligkeit sodann die Leihbibliothek zu besorgen. Bücher sind schwer wie Steine, und vor einem dreiviertel Jahrhundert, vor dem Aufkommes des leichten Papiers und auch leichterer Einbände, waren sie noch viel schwerer als heute. Einen Stapel Bücher, auf langgestreckten Armen und zuoberst mit dem Kinn festgehalten, sicher die Kellertreppe hinaufzutragen, war für einen Fünfzehnjährigen eine gefahrvolle Arbeit, die viel Schweiß kostete. Es konnten Jahre der Lehrzeit vergehen, ehe der Lehrling im Laden selbst auftauchen und sich dort nützlich machen durfte. Er fühlte sich schon sehr gehoben, wenn ihm die sogenannten »Kontinuationen«, wie man die Fortsetzungslisten der Zeitschriften und Lieferungswerke nannte, übertragen wurden und er das Reclam-Lager ergänzen durfte. ›Reclams Universalbibliothek‹ hatte am 15. November 1867 mit Goethes *Faust* als erstem Heft begonnen, und seither erschienen allmonatlich zehn neue Nummern, indes viele der älteren Hefte auf astronomische Auflagenhöhen kletterten – der Höchsterfolg war Schillers *Wilhelm Tell* mit 2,3 Millionen Exemplaren – und immer wieder nachbestellt werden mußten. Zweimal in der Woche kamen die Ballen aus Leipzig mit den bestellten Büchern, den ›Novitäten‹ und ›Fortsetzungen‹. Dies war für den Packesellehrling, der »aus Liebe zu den Büchern Buchhändler geworden war«,

stets ein großer Moment. »Das Auspacken erfüllte mich mit immer neuer, unverminderter Spannung«, erzählt Reinhard Piper aus seiner Lehrlingszeit. »Ich konnte dann doch gleich als erster einen kurzen Blick in die neuesten Bücher werfen. Was konnte es Schöneres geben!«
Für den Prinzipal gab es etwas Schöneres. Ihm begannen die ›Novitäten‹ eine zweifelhafte Freude zu werden. Bis zum Beginn des neunzehnten Jahrhunderts hatte sich die gesamte deutsche Bücherproduktion zwischen fünftausend und achttausend im Jahr bewegt, und diese Menge hatte der Buchhandel auf altgewohnte Weise ohne sonderliche Anstrengung bewältigt. Seither aber hatte sie beträchtlich anzusteigen begonnen; 1870 hatte sie zum erstenmal die Zehntausendgrenze überschritten, und die Zahl der Neuerscheinungen vermehrte sich beängstigend Jahr um Jahr. Der Prinzipal begann zu stöhnen: er kam durch die Listen und Kataloge nicht mehr durch; er wußte nicht, was er bestellen sollte; seine Lagerräume waren überfüllt; und, was ihn am meisten schmerzte, wenn er ein passionierter Buchhändler alten Schlages war, der dem Stammkunden nichts empfahl, was er nicht selbst gelesen hatte: er konnte in dieser steigenden Flut dem einzelnen Buch und dem einzelnen Kunden nicht mehr die altgewohnte Aufmerksamkeit widmen. Für den Lehrling jedoch war und blieb es »ein großes Ereignis«, als er mit Pipers Worten »zum ersten Male, errötend, einen Kunden bediente«.

Die Hauptsache ist, daß Sie mit dem Herzen Buchhändler sind, daß Sie nicht ebensogut mit Strümpfen oder Semmeln handeln könnten; daß Sie Ihre edle Ware lieben und stolz und eifrig sind, das Buch, den Träger des feinen und freien Gedankens, unter den Leuten zu verbreiten. Sie ›führen‹ wohl auch das Geringe, das Abgeschmackte, das Untergeordnete – natürlich, man verlangt es, und Sie sind Kaufmann, Sie sehen auf Ihren Nutzen, Sie wickeln dem Kunden das Schlechte wie das Rechte mit gleicher Zuvorkommenheit in Papier. Aber Ihres Geschäfts recht froh werden Sie doch erst, wenn Sie das Vortreffliche, das Hochstehende und Künstlerische fördern, empfehlen, versenden, vermitteln dürfen. Dann fühlen Sie sich, dann freut Sie die Arbeit.

So schrieb Thomas Mann 1912 in seinem *Glückwunsch* an den Münchner Buchhändler Heinrich Jaffe. Eine glücklichere Definition dieses Berufs läßt sich schwerlich ersinnen.

WOHER KAMEN DIE BÜCHER?

Fischer blieb, wie zu vermuten ist, seine vollen sechs Jahre bei seinem Wiener Prinzipal, bis er, ausgelernt und »mit Zeugnissen eines ordentlichen und rechtschaffenen Lebenswandels ausgewiesen«, die Gehilfenberechtigung erlangt hatte, die es ihm erlaubte, eine bezahlte Anstellung anzunehmen und eines Tages gar sich selbständig zu machen. Wir haben die alten Akten im Archiv der Wiener Buchhändler-Corporation durchgeforscht, um diesen Zeitpunkt und die nächsten Schritte auf Sami Fischers Lebensweg zu ermitteln. Aber das alte Vermerkbuch von 1806 reicht nur bis 1858, und für die spätere Zeit sind nur wenige Lehrlings- und Gehilfenakten vorhanden. Auch in den Ausschußprotokollen der Corporation und in der ›Österreichischen Buchhändler-Correspondenz‹ fand sich nicht eine Spur des jungen Mannes. Dabei wären wir fast auf eine falsche Fährte geraten, als wir nämlich einen gewissen Samuel Fischer als Teilhaber der Buchhandlung Derflinger und Fischer entdeckten, der allerhand Schwierigkeiten mit den Behörden und seinem dem Trunk ergebenen Sozius gehabt hatte, so daß die Polizei ihm seine Konzession entziehen wollte. Aber ein genauer Blick auf den ansehnlichen Faszikel, in dem diese Ärgernisse beurkundet sind, bewahrte uns vor einer Verwechslung. Es gab tatsächlich zwei Buchhändler namens Samuel Fischer in Wien, die sich beide »S. Fischer« unterschrieben. Jene Dokumente stammen jedoch aus den Jahren 1896/97. S. Fischer aus Liptó Szent Miklós aber hatte Wien schon gegen Ende des Jahres 1880, bald nach Erlangung seines Buchhändler-Gehilfen-Zeugnisses, verlassen. Die Gründe für seinen Aufbruch lassen sich mit einiger Sicherheit vermuten.

Es kann ihm in Wien nicht mißfallen haben. Die Lehrjahre waren hart gewesen, aber das Leben in der Kaiserstadt war, wiewohl die Leute über die hohen Steuern jammerten, im ganzen billig, abwechslungsreich und vergnüglich. Wien hatte sich vom Schwarzen Freitag längst erholt. Dennoch fühlte sich der junge Fischer im Makart-Jahrzehnt am falschen Platz. Der »geliebte Tyrann« der Wiener Gesellschaft, wie Tietze ihn nennt, war »der schicksalbestimmte Künstler für das raschlebige, genußfrohe, daseinsselige Wien der siebziger Jahre«, der an die Stelle »wuchtigen Ernstes und geistiger Tiefe die Herrschaft mitreißender Sinnlichkeit« setzte. Der junge Mensch aus der Provinz hatte – das wissen wir aus seinen späteren Jünglingsjahren – gegen »mitreißende Sinnlichkeit« durchaus nichts einzuwenden; einem lustigen Leben, guter Tafel, reichlichem Wein und anziehenden Frauen war er stets zugetan und dürfte es auch in Wien gewesen sein, soweit des Prinzipals Taschengeld es erlaubte. Er besaß einen guten Vorrat an Witzen und lachte bei jedem Scherz mit. Aber »wuchtiger Ernst« und »geistige Tiefe« waren ihm wichtiger; um ihretwillen hatte er sich in die große Stadt aufgemacht, wo die Bücher herkamen.

Aber kamen die Bücher wirklich aus Wien? Er dürfte seinen Irrtum bald erkannt haben. Dreiviertel der Bücher, die er verkaufte, wenn nicht mehr, kamen nicht aus Wien, sondern aus Leipzig; sie waren weder in Österreich verlegt und gedruckt noch gar geschrieben, sondern in München, in Leipzig, in Dresden und vor allem in der anderen Reichshaupt- und Residenzstadt, in Berlin. Der österreichische Literarhistoriker Oskar Walzel hat diese eigentümliche geistige Situation, in der nicht nur Fischer sich fand, aus eigener Erinnerung skizziert:

Kaum dürfte ein Österreicher von heute begreifen können, was zu Beginn der siebziger Jahre des 19. Jahrhunderts Deutschland für die heranwachsende österreichische Jugend bedeutete ... Dorther stammten ja auch die Bücher, die man in die Hand bekam, Bilderbücher zuerst, dann Märchensammlungen, endlich die leidigen Schulbücher. Was da zu lesen war, klang nicht wie die Sprache, die, reichlich mit tschechischen Wörtern vermischt, von früh auf das Ohr umtönt hatte. Eingeprägt wurde einem, daß dies nun die rechte und gute deutsche Sprache sei, daß sie geschrieben und gesprochen werden müsse. Mächtig wirkte, wer sich solcher Sprache immer bediente. Und wenn er auch nur aus Prag stammte, empfand man ihn wie den Sendling der eigentlichen deutschen Welt und daher wie etwas Besseres und Höheres. Das Buch war vollends etwas ganz Deutsches, also etwas Fremdes. Wurde man in den Buchladen mitgenommen, so redeten dort ja auch Prinzipal und Angestellte dieses schöne Schriftdeutsch. (Mitunter war's nur Sächsisch; aber auch das wurde damals wie etwas Erhabenes hingenommen.) So kam es, daß für mich zu jener Zeit alles, was ich las, in Deutschland spielte, und wär's ein Märchen gewesen, das in Österreich heimisch war. Den rechten Zauberglanz bekam es nur, wenn ich es in das ferne deutsche Land verlegte. Vielmehr, ich dachte gar nicht daran, daß etwas so Schönes auch auf dem Boden meiner Heimat wachsen könne.

Nicht, daß man in Wien gerade in jenen Jahren nichts Ernstes und Wuchtiges schuf; aber es waren die Gelehrten, vor allem die großen Historiker jenes Jahrzehnts, deren vielbändige Werke neben den Gesamtausgaben der Klassiker ihren Platz beanspruchten. Die Dichter, an denen das Herz des jungen Menschen hing, die Gestalter der lebendigen Gegenwart schufen nichts Vergleichbares. Die Nachfahren Stifters und Grillparzers waren schwunglose Epigonen, die sich in der literarischen ›Kleinstgattung‹, dem von der ›Neuen Freien Presse‹ zur Perfektion entwickelten Feuilleton, verspielten. Hier fand die »Wienerische Vorliebe für nicht ausschöpfende Leichtigkeit« jegliches Problem »in die Viertelstunde einer angenehmen Frühstückslektüre zusammengedrängt«. Das war nichts für Fischer. Er ›verwienerte‹ in jenen Jahren nicht; zwei oder drei unverkennbar österreichische Redewendungen, denen man später in seinen Briefen begegnet, waren alles, was an ihm haftenblieb. Er bewahrte der Stadt seiner Jünglingsjahre eine lebenslängliche Anhänglichkeit; aber es war das kommende Wien, an dem sein Herz hing. Der Sohn des Arztes Dr. Johann Schnitzler hatte eben am Akademischen Gymnasium seine Maturitätsprüfung absolviert; der Sohn des Bankdirektors Hofmann Edler von Hofmannsthal war ein sechsjähriges Bübchen. Jung-Wien steckte noch in den Kinderschuhen.

›Schreite weiter!‹ Fischer wußte: er mußte weiterschreiten. Aber wohin? Nach München, der Hauptstadt der deutschen Dichter? Nach Leipzig, der Hauptstadt der deutschen Buchhändler? Oder nach Berlin, der Hauptstadt des neuen Deutschen Reichs? Es kam eigentlich nur Berlin in Betracht; nur dort, schien es, konnte man wirklich vorwärtskommen; und dort hatte der junge Mensch immerhin einen Anhaltspunkt. Sein Vater war im Vorjahr, am 8. Februar 1879, plötzlich gestorben, und nur die Mutter, jetzt fast sechzigjährig, der Bruder Moritz und der unverwüstliche Großvater »Salme Liederjan« lebten noch im alten Heimatort. Bruder Joseph aber, jetzt dreißig Jahre alt und jung verheiratet, hatte einen großen Sprung getan. Die Glaswarenfirma S. Reich & Co. in Krasna in Böhmen hatte ihre Exportmöglichkeiten im aufstrebenden Deutschland erkannt und in Berlin eine Niederlassung errichtet, und Joseph Fischer, nicht minder aufstrebend, befand sich seit kurzem als ihr geschäftlicher Vertreter in der Reichshauptstadt. Von dort erhielt der zwanzigjährige Sami nach Wien nicht nur die Nachricht, daß er Onkel eines neuen Carl Fischer geworden war, sondern wohl auch den guten Rat des erfahrenen Bruders, es ihm nachzutun, sobald er ausgelernt habe. Bruder und Schwägerin würden sich seiner in der fremden Stadt schon annehmen, bis er eine Stellung gefunden hätte und auf eigenen Füßen stünde. Was Wachstum und Unternehmungsgeist betraf, so ließ sich die alte Kaiserstadt mit der neuen überhaupt nicht vergleichen. Berlin hatte sich seit der Jahrhundertmitte buchstäblich verdoppelt; seine Einwohnerzahl war im Begriff, die Millionengrenze zu überschreiten; und Buchhandlungen, so konnte der Bruder versichern, gab es genug.

Fischer, knapp einundzwanzig Jahre alt, scheint nicht lange überlegt zu haben. Die Österreicher sprachen von Deutschland zwar von ›draußen‹, wie sie es auch heute tun, aber Ausland war es für sie nicht. Überdies waren die Grenzen Europas offen, Einreisebewilligung, Aufenthaltserlaubnis, Arbeitsgenehmigung unbekannte Begriffe. Fischer schnürte sein Bündel. Makarts phantastischen Festzug zur silbernen Hochzeit des Kaiserpaares, der die ganze Stadt in Taumel versetzte, erlebte er wohl noch. Als das Ringtheater abbrannte, war er bereits in Berlin.

2 Steinitz und Fischer

Berlin zu Beginn der achtziger Jahre ist in vielen Schilderungen der Zeitgenossen festgehalten; aber der erste Eindruck, den ein Ankömmling aus Wien von der Reichshauptstadt empfing, ist nirgends so unmittelbar wiedergegeben wie in den Aufzeichnungen eines nahezu gleichaltrigen jungen Österreichers, der wenig später als Fischer zum erstenmal nach Berlin kam.

Ich lernte das alte Berlin kennen, als es Abschied von sich nahm. Es war damals das gerade Gegenteil großstädtischen Schwindels: eilends wachsend, aber unwillig, ohne sich's merken lassen zu wollen, ja mit zärtlich zurückgewendetem Blick, sich durchaus nicht entwachsen wollend und nur der Pflicht gehorchend, doch stolz auf alles das gerade, was es im Grunde gar nicht mehr war, was zu sein es gar kein Recht mehr, was zu vergessen es das Gebot und doch auch schon einen unwiderstehlichen Drang in sich selbst hatte. Seltsam, wenn ich unwillkürlich die beiden Städte verglich! Wien war doch viel älter, aber es tat ja damals um jeden Preis neu. Berlin war schon viel größer, aber es gab sich noch klein. Berlin war auch schon viel reicher, aber noch hielt es Armut in Ehren, ja es posierte fast auf arm ...

Der junge Fischer war ein zurückhaltenderer Mensch als sein sprudelnder Altersgenosse Hermann Bahr, der dies schrieb, doch wird er es kaum sehr viel anders empfunden haben. Anders als der Zugereiste empfand der Einheimische die neue Riesenstadt. Zu genau dieser Zeit schrieb Wilhelm Bölsche seinen längst vergessenen Roman *Die Mittagsgöttin*, in dem das Berlin der frühen achtziger Jahre mit großer Eindringlichkeit lebendig wird.

Hoch über die Straße und unsere Pferdebahn weg tobte jetzt gerade ein dumpfpolternder Stadtbahnzug auf steinernem Bogen dahin, eine weiße Dampfschlange wob sich vor das dunstige Himmelsblau, – wie ein stolzer Koloß von Riesenhand erhob sich dahinter der steile, scharfkantige Rathausturm ... Dann schaute ich eine Zeitlang durchs Fenster. Eine echte Großstadt-Ansicht ... Es war kein heiteres Bild, und doch auch kein niederdrückend ernstes. Eine Mahnung schien den Menschen hier oben, die es beständig vor Augen hatten, daraus entgegenzutönen: Arbeite, denn auch du bist mitten im Getriebe! Neben mir in der Dachfensterwölbung hing ein grell kolorierter

Plan von Berlin, man sah den Koloß, wie er seine Spinnenarme weiter und weiter über das sandige Land ausspann ...

Auch das war Berlin um die Mitte der achtziger Jahre. Gleich dem enthusiastischen Landsmann aus der alten Heimat sollte auch dieser grimmig scharfblickende Schilderer der neuen Heimatstadt bald Fischers Weg kreuzen, und mit beiden standen ihm allerlei Erlebnisse bevor. Wo aber ist er selbst, der unscheinbare kleine Buchhandelsgehilfe, in diesem lärmenden Millionengewimmel inzwischen hingeraten? In der Friedrichstraße stand

das Central-Hotel, ungeheuer in seiner Masse, mit seinen goldenen Städtenamen, seinen himmelblauen Vorhängen im Erdgeschoß, seinem Balkonkranze voll purpurglühenden Petunienblüten — — und doch öde, gedankenleer, ein Haus der Stunde, wo die Menschheit nichts war als ein ewig wechselnder, sinnloser Wellenschlag ... die Kultur, die das geschaffen, erschien mir heute noch mehr als gestern abend armselig, die Weltstadt wie eine Fata Morgana, die keine wahren Quellen für die lechzende Seele wies ...

Wir sind durchaus am richtigen Ort. Hier, im »gedankenleeren« Central-Hotel, treffen wir Sami Fischer wieder. Der Mann, bei dem wir nach ihm zu fragen haben, heißt Hugo Steinitz.

HUGO STEINITZ

Auch er war kein gebürtiger, sondern ein Wahl-Berliner, und seine Laufbahn war charakteristisch für das vorwärtsdrängende, raschlebige Berlin. Hugo Steinitz, 1853 in Gleiwitz geboren, hatte in der väterlichen »Buch-, Kunst-, Musikalien-, Papier- und Schreibmaterialienhandlung verbunden mit Leihbibliothek und einem großen Journalzirkel« den Buchhandel erlernt und war als Neunzehnjähriger im Jahr nach der Reichsgründung in die Hauptstadt gekommen. Mitte 1872 finden wir ihn als Gehilfen in der T. Trautweinschen Buch- und Musikalienhandlung angestellt. Dort blieb er drei Jahre und wechselte dann zur Verlagsbuchhandlung Georg Winckelmann über, die gleich vielen großen und alteingesessenen Berliner Sortimentern — wie Nicolai, Reimer, Gsellius, Weidmann und Mösers Hofbuchhandlung — mit dem Ladengeschäft eine gewisse eigene Verlagstätigkeit verband. Dies war eine breitere Grundlage, die größere Möglichkeiten bot. Außerdem war er hier nicht einer von vielen, sondern Erster Gehilfe, also rechte Hand des Prinzipals.

Aber auch Erste Gehilfen wurden selbst für damalige Verhältnisse miserabel bezahlt. Noch im Jahr 1884 veröffentlichte das Buchhändler-›Börsenblatt‹ ein Stellenangebot, das, wie ein redaktioneller Kommentar bemerkte, »jeden Gehilfen schmerzlich berühren, den mittellosen aber mit Schrecken für die Zukunft erfüllen« mußte. Für »vorzügliche Sortiments- und Sprachkenntnisse, größte Gewissenhaftigkeit und Pünktlichkeit und Gewandtheit im Verkehr mit dem Publikum« wurde einem Ersten Gehilfen ein Monatsgehalt von ganzen achtzig Mark geboten, und dazu hieß es noch: »Es wollen sich nur ganz tüchtige Herren melden, welche bereits bessere Stellen mit Erfolg bekleideten.« Man kann sich die Gefühle vorstellen, mit denen der junge Fischer, frisch in Berlin eingetroffen, solche Anzeigen in seinem Fachblatt las.

Hugo Steinitz blieb vier Jahre bei Winckelmann. Am 15. November 1879 erschien im Buchhändler-Börsenblatt die folgende Ankündigung:

Berlin N., Friedrichstraße, Central-Hotel 24.

S. T. Mit Gegenwärtigem erlaube ich mir Sie zu benachrichtigen, daß ich heute hier unter meinem Namen Hugo Steinitz eine Buch- und Antiquarhandlung verbunden mit Leseinstitut (Platzfirma: Centralbuchhandlung, Antiquariat und Lese-Institut), Friedrichstraße im Central-Hotel, Laden 24 begründet habe. Seit meiner Jugend dem Buchhandel angehörend, hoffe ich, gestützt auf hinreichende Geldmittel, die Grundlagen zur gedeihlichen Entwicklung meines Unternehmens zu besitzen ... Indem ich mein Unternehmen, das auf solidester Basis ruhen soll, Ihrer gütigen Beachtung empfehle, zeichne ich hochachtungsvoll ergeben Hugo Steinitz.

Diese Ankündigung war, ohne daß Fischer es wissen oder auch nur ahnen konnte, ein Meilenstein auf seinem Weg. Von nun an läßt sich ein gutes Stück unserer Geschichte, wenn auch nicht völlig lückenlos, aus den alten Jahrgängen des Buchhändler-Börsenblattes ablesen, in dem damals wie heute alle Neugründungen und Firmenveränderungen und vor allem auch alle Neuerscheinungen angezeigt wurden.

Steinitz hatte seinen Platz gut gewählt. Das Central-Hotel lag im Zentrum des damaligen Berlin, auf der linken Seite der Friedrichstraße kurz vor der Eisenbahnüberführung, wenige Schritte von der Prachtstraße Unter den Linden entfernt, nicht nur inmitten des Fremdenverkehrs, sondern auch in unmittelbarer Nähe der Universität und ihrer Institute, der Mehrzahl der Theater, der großen Cafés. Die Buchhandlung im Laden Nummer 24 des großen Hotels (den Steinitz später gegen Nummer 14 vertauschte) war sowohl für Laufkundschaft wie für Stammkundschaft gut placiert, für die Fremden und Hotelgäste nicht weniger als für die Wissenschaftler, Professoren und Studenten der nahe gelegenen Hochschule. Daß der junge Steinitz es verstand, beide an sich zu ziehen, sieht man aus den regelmäßigen Suchanzeigen seines Antiquariats: da werden die beliebten Romane von Georg Ebers, Spielhagen, Felix Dahn, Gustav Freytag, die Versepen von Julius Wolff, die ›Goldschnittpoeten‹ in Geschenkbändchen nicht weniger dringlich verlangt als Mommsens *Römische*

Geschichte, Darwins *Gesammelte Werke* und eine Unzahl medizinischer, juristischer, technischer und naturwissenschaftlicher Werke. Steinitz schaffte alles heran.

EIN KOMMISSIONS-VERLEGER

Dem Ehrgeiz des Sechsundzwanzigjährigen genügte die eigene Buchhandlung nicht. Er hatte sich nicht umsonst bei Winckelmann mit dem Verlagsbuchhandel vertraut gemacht. Gleichzeitig mit der Gründung der ›Central-Buchhandlung‹ zeigte er auch seine ersten eigenen »Sensationellen Erscheinungen« an. Sensationell waren sie nicht, bezeigten aber eine gewisse umsichtige Pfiffigkeit und einen Spürsinn für Aktualität. Auf ein Bändchen gereimter politischer Glossen zur Zeitgeschichte »von Bismarck bis zu Schröder-Lippstadt« folgten eine Broschüre »Zu Fragen des Zollanschlusses der Exklaven« mit dem Titel *Freihäfen oder Freiläger?*, ein »wortgetreuer Abdruck der Verhandlungen im Abgeordnetenhaus am 20. und 22. November 1880« über *Die Judenfrage vor dem preussischen Landtage,* eine »Sensationsschrift« über *Die Epoche der Begriffsverwirrung* von Richard Norton, das *Reglement für die Flach-Rennen und Rennen mit Hindernissen im Preussischen Staate,* eine *Praktische Anleitung zur gründlichen Erlernung der Damenschneiderei* und schließlich *Vom Herzen zum Herzen,* Gedichte, »gewidmet Frau Amalie Haizinger von Helene Lang«.

Es war ein kunterbunter kleiner Verlag, und sein mangelndes ›Gesicht‹ hatte einen simplen Grund: was Steinitz betrieb, war ein sogenannter Kommissions-Verlag. Diese Form der verlegerischen Betätigung gilt heute nicht mehr als respektabel; damals war sie durchaus üblich. Beim Kommissionsverlag übernimmt der Verleger ein Werk nicht auf eigene Rechnung zur Vervielfältigung und Verbreitung. Vielmehr werden die Kosten der Drucklegung vom Verfasser getragen, während der Verleger nur die sachverständige technische Durchführung übernimmt und sich dafür durch eine Kommissionsgebühr entschädigen läßt. Der Verfasser wiederum ist am Absatz des Werkes beteiligt, und die gedruckten Exemplare bleiben während der Dauer der Vereinbarung sein Eigentum. Bei einer solchen geschäftlichen Struktur kann der Verleger natürlich nur in sehr eng gezogenen Grenzen das ›Gesicht‹ seines Verlages bestimmen und bleibt auf Autoren oder Organisationen beschränkt, die bereit sind, die Druckkosten zu bezahlen. Erst wenn er sich durch ausreichenden Erfolg von der Notwendigkeit des ›Druckkostenzuschusses‹ befreit hat, besitzt der Verlagsbuchhändler freie Hand, um vom Kommissionsverleger zum ›richtigen‹ Verleger zu werden. Der Kommissionsverlag war zu Steinitz' Zeiten zwar durchaus üblich, wurde aber schon damals infolge des mit ihm getriebenen Mißbrauchs als ein Übelstand erkannt.

Hugo Steinitz gehörte zu den ehrenhafteren Vertretern dieser zweifelhaften Branche. Das bezeigt seine weitere Verlagsproduktion. 1882/83 spielte ihm mehrere Treffer in die Hand, die ›seriös‹ waren: nicht nur *Brasch und Rothenstein's dictionary of Berlin* mit einer Karte der Reichshauptstadt und ihrer Umgebung – »Engländer und Amerikaner«, so verhieß seine Anzeige, »sind sichere Käufer für diesen englischen Führer von Berlin« –, sondern auch eine französische Ausgabe und vor allem das *Taschen-Kursbuch für Nord- und Mitteldeutschland, gültig vom 15. October 1884. Bearbeitet vom Kursbureau des Berliner ABC, alphabetisches Eisenbahn-Kursbuch.*

Eisenbahnfahrpläne waren nicht urheberrechtlich geschützt; es gab ihrer viele, und wer mit dem vollständigsten und übersichtlichsten als erster zur Stelle war, machte ein sicheres Geschäft. Steinitz wurde zwar unverzüglich von einem Konkurrenten des ›Plagiats‹ beschuldigt, und es entspann sich im ›Börsenblatt‹ eine langatmig-gravitätische Kontroverse; aber Steinitz ließ sich's nicht anfechten. Der Taschenfahrplan war sein erster großer Erfolg und stellte den Verlag auf feste Füße. Ende 1883 war der Verlag ›erwachsen‹, und am 20. September 1883 erschien in Nr. 219 des ›Börsenblattes‹ diese Notiz:

Berlin N. W., im September 1883.
Hiermit die ergebenste Mittheilung, daß ich am 1. October d. J. meinen Verlag vom Sortiment trenne und unter der Firma:

Hugo Steinitz & Co.,
Verlagsbuchhandlung,
Berlin S. W., Kochstraße 63, II. Et.

weiterführe. Hochachtungsvoll Hugo Steinitz.

& co.

Wer war »& Co.«? Das *Allgemeine Adreßbuch für den Deutschen Buchhandel des Jahres 1884* verrät das Geheimnis. Da findet sich unter »Steinitz, Hugo & Co., Verlagsbuchh. in Berlin (seit 1. Okt. 1883)« der Vermerk: »Besitzer Hugo Steinitz und S. Fischer.« Das Verlagsbüro in der Kochstraße 63 befand sich einen Steinwurf von dem Haus Nr. 23 entfernt, das Leopold Ullstein aus Fürth zwei Jahre zuvor gekauft hatte, um hier sein großes Verlagshaus zu begründen.

Wann und wo Fischer und Steinitz einander begegneten, läßt sich heute nicht mehr ermitteln. Doch dürfte es mit großer Sicherheit in

der Central-Buchhandlung bald nach Fischers Ankunft gewesen sein. Viele Jahre später bemerkte Fischer einmal in einem Zeitungsinterview: »In Berlin habe ich ganz von unten angefangen.« Dies kann nur bedeuten, daß er als das anfing, was er damals war, nämlich als Buchhandelsgehilfe; und es ist anzunehmen, daß Steinitz sein erster (und auch sein letzter) Berliner Prinzipal war. Fischer kam Ende 1880 nach Berlin; er war seit knapp drei Jahren in der Reichshauptstadt, als Steinitz ihn zu seinem Kompagnon machte. Es ist unwahrscheinlich, daß Steinitz sich mit einem unbekannten jungen Mann assoziierte, der erst kürzlich in sein Geschäft eingetreten war. Es ist wahrscheinlicher, daß er Fischer bereits recht gut kannte, und wo sonst sollte er ihn kennen- und seine Fähigkeiten schätzengelernt haben als in der Central-Buchhandlung? Drei Jahre waren ohnedies keine sehr lange Zeit.
Merkwürdig scheint es allerdings, daß Steinitz den um sechs Jahre Jüngeren – er selbst war damals dreißig, Fischer vierundzwanzig Jahre alt – zum Mitbesitzer nicht der Buchhandlung, sondern des nunmehr getrennt geführten Verlags machte. Fischer war ja gelernter Buchhändler, nicht gelernter Verleger! Eben dieser Umstand war aber möglicherweise der Grund für das eigentümliche Arrangement. Verleger konnte jeder werden; als selbständiger Buchhändler jedoch brauchte man trotz Gewerbefreiheit noch immer eine behördliche Konzession und mußte der Buchhändler-Corporation gegenüber gewisse Voraussetzungen erfüllen, ohne die man nicht Mitglied werden konnte. Bis zur Mitte des Jahrhunderts galt in Preußen eine Ministerialverordnung über Buchhändlerkonzessionen, in der außer Unbescholtenheit und politischer »Unverdächtigkeit« auch ein Mindestvermögen von zweitausend Talern gefordert wurde. 1851 wurde dieser Teil der Bestimmungen noch verschärft und ein regelrechtes Buchhändlerexamen eingeführt, das aus einer mündlichen Prüfung und je einer fachtechnischen und gesetzeskundlichen schriftlichen Klausurarbeit vor einem »Regierungsrath« und zwei Buchhändlerprinzipalen bestand. Diese strengen Vorschriften wurden freilich mit der Einführung der Gewerbefreiheit 1868 beseitigt, und der Überlieferung nach war Gustav Langenscheidt der letzte Berliner Buchhändler, der diese Prüfung abzulegen hatte. Die Erlangung der Bürgerrechte und die Zustimmung der Fachgenossen blieben jedoch Voraussetzung, und es ist anzunehmen, daß Fischer noch nicht lange genug in Berlin ansässig war, um sie erfüllen zu können. Die Verlagspartnerschaft war für die beiden jungen Männer der gegebene Ausweg, um sich zusammentun zu können.
Es muß Steinitz sehr an dieser Partnerschaft gelegen haben. Fischer

besaß ja keinerlei Vermögen und brachte kein Kapital mit; ja, er hatte außer seinem knapp bemessenen Monatsgehalt, das Steinitz ihm zahlte, überhaupt kein Geld. Wenn Steinitz trotzdem Fischer an sich zu binden trachtete, muß er sich von ihm einiges versprochen haben. Vermutlich hatte er in ihm Gaben erkannt, die er selbst nicht besaß. Der Buchhändler Fischer war nicht nur »sein eigener bester Kunde«, der unablässig las und studierte – Bücher, Broschüren, Kataloge, Prospekte – und stets »auf dem Laufenden« war und zuweilen dem Laufenden sogar um einiges voraus; er besaß außer einer ungewöhnlichen geistigen Behendigkeit und einem sicheren Geschäftssinn vor allem eine für sein Alter und seine Herkunft erstaunliche Sicherheit im Auftreten und im Umgang mit Menschen.

Am 12. Mai 1884 meldete das ›Börsenblatt‹ unter »Angekommene Fremde«, die Herren H. Steinitz und S. Fischer in Firma H. Steinitz & Co., Verlagshandlung, Berlin, seien zur Buchmesse in Leipzig eingetroffen und im Hôtel de Russie abgestiegen. Ihre Verlagsproduktion in diesem ersten Jahr war nicht groß und einigermaßen gemischt. Neben den erfolgreichen Kursbüchern brachten sie jetzt auch eine neu gegründete Monatsschrift, die ›Hygienische Rundschau‹, eine Berliner Verkehrszeitung und den ›Berliner Hotel-Courier‹ heraus. Die beiden letzteren waren sogenannte Inseraten-Plantagen. Der ›Hotel-Courier‹ war das »Organ des Verbandes der Berliner Hotelbesitzer für die Fremden«, wurde von Steinitz und Fischer in einer Auflage von 6000 Exemplaren hergestellt und »täglich jedem Reisenden in sechzig der ersten Berliner Hotels gratis übergeben«, eine recht zeitgemäße, dem Annoncenfang dienende Übertreibung, denn sechzig »erste Berliner Hotels« gab es damals nicht, später nicht und überhaupt nie. Einen unerwarteten ›literarischen‹ Erfolg hatten die beiden jungen Verleger mit einem Bändchen *Wer weiß es? – Erinnerungen eines französischen Offiziers unter Napoleon I.* vom Verfasser von *Dies irae.* Dieses Werk brachte es binnen dreier Monate auf fünf Auflagen (wobei unter einer Auflage tausend Exemplare zu verstehen waren), und schon von der zweiten Auflage an zeichnete der Verfasser mit seinem richtigen Namen. Er war der mit Fischer gleichaltrige, späterhin als »Schlachtendichter« und »heroischer Pathetiker« bekannte Carl Bleibtreu. Neben ihm brachten es Alexander Moszkowskis »Gesammelte Humoresken«, betitelt *Marinirte Zeitgeschichte,* und ein Werk von Dr. Carl Werner, *Die Massage. Ihre Technik, Anwendung und Wirkung,* nicht sehr weit. Dennoch muß das erste Jahr für die beiden Partner recht befriedigend ausgefallen sein, denn am 20. September 1884 findet sich im ›Börsenblatt‹ folgende Anzeige:

Statt Circular! Berlin W., September 1884

P. P.

Wir geben uns die Ehre, Sie davon in Kenntnis zu setzen, daß wir am 1. Oktober er. mit unserem Verlagsgesch. – Hugo Steinitz & Co. – ein Sortiment und Antiquariat verbinden und gleichzeitig unsere bisherige Firma in

STEINITZ & FISCHER

Verlag – Sortiment – Antiquariat

ändern und nach Friedrichstraße 174 verlegen.

Unser Herr Hugo Steinitz führt sein Sortiment, Platzfirma Centralbuchhandlung, unverändert fort und bitten wir Sie, das ihm in so reichem Maße geschenkte Vertrauen auch auf die neue Firma zu übertragen. Da wir getrennte Conti führen, wollen Sie der neuen Firma gütigst ein eigenes Conto anlegen und, um Irrthümer zu vermeiden, die Firmen: Hugo Steinitz, Centralbuchhandlung; Steinitz & Fischer, Sortiment; Steinitz & Fischer, Verlag, streng auseinander halten.

Unser Geschäftslokal liegt in der lebhaftesten und schönsten Straße Berlins, hat große Schaufenster und läßt uns bei unseren Beziehungen zum bücherkaufenden Publicum einen guten Erfolg hoffen. Wir benutzen diese Gelegenheit dem Gesamtbuchhandel für das uns jederzeit entgegengebrachte Vertrauen zu danken und empfehlen uns Ihnen

Hochachtungsvoll ergeben
Hugo Steinitz und S. Fischer
Firma: Steinitz & Fischer.

Damit trat der Name ›Fischer‹ zum erstenmal im deutschen Verlagswesen sichtbar in Erscheinung. Noch hatte er seine endgültige Form nicht gefunden; aber er war da und sollte nicht wieder verschwinden.

STEINITZ & FISCHER

Was die Gründung einer zweiten, in der gleichen Stadtgegend gelegenen und diesmal gemeinsam geführten Buchhandlung und die gleichzeitige Umbenennung des Verlags veranlaßte, ist nicht ersichtlich. Das Sortimentsgeschäft scheint prosperiert zu haben, wohl nicht zuletzt dank Fischers Tätigkeit; auch im Verlag muß er sich rasch als gleichberechtigter Partner heraufgearbeitet haben, so daß er in beiden Unternehmungen jetzt Anspruch auf Nennung seines Namens erheben konnte. Freilich scheint zwischen den Doppelfirmen in der Friedrichstraße 174 und der Einzelfirma im Central-Hotel noch einige Zeitlang Verwirrung geherrscht zu haben; denn am 29. Oktober 1884 sah sich Steinitz genötigt, im ›Börsenblatt‹ nochmals energisch darauf hinzuweisen, daß die drei Firmen »verschiedene Geschäfte« seien und »getrennte Conti« führten.

Fischer und Steinitz inserierten kräftig im ›Börsenblatt‹, wo zu jener Zeit die »dreigespaltene Petitzeile oder deren Raum« den Mitgliedern des ›Börsenvereins‹ mit acht, allen anderen Inserenten mit sechzehn

Pfennigen berechnet wurde; sie zeigten jede ihrer Neuerscheinungen bereits vor Auslieferung drei- bis viermal an und teilten jede Neuauflage mit. Ihre Neuerscheinungen waren zumeist nicht sehr umfangreich, und nur bei wenigen überschritt der Ladenpreis zwei Mark. Als sie im November 1884 unter dem Titel *Souvenir* einen Familienalmanach herausbrachten, mit Beiträgen von so bekannten Berliner Lokalautoren wie Ludwig Pietsch von der ›Vossischen Zeitung‹, Julius Rodenberg von der ›Deutschen Rundschau‹ und Hugo von Kupffer, dem Chefredakteur des ein Jahr zuvor gegründeten Scherl'schen ›Berliner Lokal-Anzeigers‹, kostete dieses siebzig Seiten starke, mit »vielen Holzschnitten und Initialen« versehene, im Quartformat gedruckte und »hochelegant gebundene« Werk vier Mark und war der teuerste Titel auf ihrer Verlagsliste. *Souvenir* wurde nur »baar« mit vierzig Prozent Rabatt abgegeben; bei anderen, billigeren Werken galten im allgemeinen 33½ Prozent bei Festbestellungen, 25 Prozent bei Bestellungen »à condit«; auch pflegte man die sogenannte 7/6- und 11/10-Verrechnung, was hieß, daß der Verlag auf sechs beziehungsweise zehn fest abgenommene Exemplare dem Buchhändler ein unberechnetes Exemplar draufgab. Bei manchen Titeln war der Rabatt sehr sorgfältig gestaffelt und ging bei Festabnahme von hundert oder mehr Exemplaren bis sechzig Prozent.

»RABATT-UNFUG«

Die Schwierigkeit des Verlegers im Umgang mit den Sortimentern bestand zu jener Zeit hauptsächlich darin, den Buchhändler zur Einhaltung des vom Verlag vorgeschriebenen Ladenpreises zu veranlassen. Daß die städtischen Volksbibliotheken als völlige Selbstverständlichkeit einen Rabatt von 25 Prozent auf die Ladenpreise verlangten, mochte noch hingehen, denn sie bestellten nicht selten mehrere hundert oder gar tausend Bände bei einem Buchhändler auf einmal. Aber auch jeder Einzelkäufer bekam, wie Piper aus der Weberschen Buchhandlung in Berlin um die Jahrhundertwende erzählte, unverlangt zehn Prozent Nachlaß. »Wenn ein Kunde nach dem Ladenpreis fragte, sagte man zum Beispiel: ›3 Mark, 2 Mark 70.‹ Es kostete noch große Kämpfe der buchhändlerischen Organisationen, bis dieser Rabatt-Unfug beseitigt war.« Diese Kämpfe erreichten gerade um die Zeit, als Steinitz und Fischer sich zusammentaten, ihren Höhepunkt. Bis dahin hatten einheitliche Maßnahmen unmöglich geschienen. Als 1878 fünfzehn Stuttgarter Verleger erklärten, sie würden hinfort nichts mehr an »Schleuderer« liefern, blieb diese Entschließung praktisch wirkungslos, weil die Leipziger Auslieferungsfirmen – Steinitz und Fischer arbeiteten mit dem Kommissionär Carl Cnobloch – sie nicht tatkräftig unterstützten. 1882 findet sich Steinitz' Name auf einer neuerlichen Erklärung der Verleger »zur Bekämpfung der Übelstände«, aber erst Ostern 1884, als es Adolf Kröner, dem Vorsitzenden des ›Börsenvereins‹, gelang, den Leipziger Verein zu veranlassen, den Schleuderern die ›Bestellanstalt‹ zu sperren, wurde es Ernst. Im Juli 1884 wurde Steinitz zum Schriftführer des ›Berliner Vereinssortiments‹ gewählt, und zwei Jahre später, im April 1886, sind Fischer und Steinitz im Verzeichnis der Berliner Verlagsfirmen angeführt, »welche sich bereit erklärt haben, denjenigen Berliner Sortimentern, die ihnen von der Prüfungskommission als ›Schleuderer‹ bezeichnet werden, den Rabatt auf 15 Prozent vom Ladenpreise so lange herabzusetzen, bis die Prüfungskommission die Aufhebung der Rabattsperre beantragt«. Aber erst im September 1887 verkündete die Frankfurter Hauptversammlung des Börsenvereins als einen »satzungsgemäßen Zweck« des Vereins »die Feststellung allgemeingültiger geschäftlicher Bestimmungen im Verkehr der Buchhändler untereinander, sowie der Buchhändler mit dem Publikum in bezug auf die Einhaltung der Bücherladenpreise, beziehungsweise den von letzteren zu gewährenden Rabatt« und untersagte »jedes öffentliche Anerbieten von Rabatt an das Publikum in ziffernmäßiger Form«. Freilich gelang es damals noch nicht, die in den einzelnen Kreisen zulässigen Rabatte einheitlich zu regeln. Um die Jahrhundertwende war der Übelstand in Berlin noch immer kräftig im Schwang, und erst die Ostermesse 1902 bereitete dem Unfug wirklich ein Ende.

GEBRÜDER FISCHER

Die neue Vereinbarung zwischen Fischer und Steinitz scheint sich nicht sonderlich bewährt zu haben. Vielleicht war auch sie von Anfang an nur als Übergangslösung gedacht. Denn kaum fünf Monate nach der Neu- und Umgründung erfolgte schon der nächste Schritt:

P. P.

Hierdurch die ergebene Mitteilung, daß wir die neben unserem Verlage unter der Firma

Steinitz & Fischer, Sortiment

bestehende Sortimentsbuchhandlung heute an unseren Mitinhaber Herrn S. Fischer und dessen Bruder Herrn M. Fischer (unseren bisherigen Mitarbeiter) käuflich mit Aktiven und Passiven überlassen haben. Unsere Nachfolger werden das Geschäft unter der Firma

»Gebrüder Fischer«
Sortiment und Antiquariat

in sonst unveränderter Weise fortführen. Das uns in so reichem Maße erwiesene Vertrauen bitten wir auch auf unsere Nachfolger zu übertragen und zu gestatten, daß die Disponenden O.–M. 1885 und Sendungen des laufenden Jahres auf ihr Conto übertragen werden. Die fälligen Saldi aus Rechnung 1884 werden zur Ostermesse prompt erledigt werden.

Mit vorzüglicher Hochachtung

Berlin W., 16. Februar 1885

Hugo Steinitz und S. Fischer
Firma: Steinitz & Fischer, Verlag

Aus der Mitteilung des Verkaufs geht hervor, daß Fischer seinen Bruder Moritz schon einige Zeit vorher, wohl im Laufe des Jahres 1884, nach Berlin geholt haben muß und daß er ihn in der Buchhandlung – wo er als »Mitarbeiter« geführt wurde – anlernte.
Zwei Tage nach der offiziellen Gründung der »Gebrüder Fischer« reichte Fischer sein Gesuch um Aufnahme in die Berliner Buchhändler-Vereinigung ein, und zehn Tage darauf hielt er die ersehnte Urkunde in Händen. Sie ist uns wie durch ein Wunder erhalten geblieben: das früheste Berliner Dokument aus dem Leben S. Fischers, ja genaugenommen das früheste aus seinem Leben überhaupt.

Hierdurch bezeugen wir, daß

Herr S. Fischer

in Folge seines Gesuches vom 18. Februar c. und nachdem derselbe seinen Namen in die Corporations-Rolle eingetragen, sowie den statutenmäßigen Revers unterzeichnet hat, von uns in die Corporation der Berliner Buchhändler aufgenommen worden ist, und begrüßen denselben hierdurch als Genossen in derselben.

Berlin, den 28. Februar 1885

Der Vorstand der Corporation der Berliner Buchhändler

Franz Vahlen
Vorsteher

Albert Goldschmidt
Schriftführer

Zusammenarbeit und freundschaftliches Einvernehmen mit Steinitz scheinen unter der Veränderung nicht gelitten zu haben. Ende Oktober 1885 bespielsweise teilten die beiden Buchhandlungen in einer gemeinsamen Anzeige mit, sie beabsichtigten, »durch die bedeutendsten politischen Zeitungen (darunter ›Berliner Tageblatt‹ und ›Vossische Zeitung‹) 200 000 Beilagen« zu verbreiten, und suchten »zu dieser billigsten Insertionsgelegenheit die Beteiligung einiger Verleger der Geschenkliteratur«. Doch im Verlag, der sich weiterhin in der Friedrichstraße 174 unter dem Dach der neuen Firma Gebrüder Fischer befand, scheint Steinitz' Initiative vorgeherrscht zu haben. Das Hauptgewicht lag mehr und mehr auf populärwissenschaftlichen, vor allem populärmedizinischen Büchern, mit denen Steinitz von Anfang an Erfolg gehabt hatte.

Ein Buch, *Die ›Schweninger-Kur‹ und die Entfettungskuren im Allgemeinen* von Dr. Oscar Maas, kletterte von März bis Juli 1885 in das elfte Tausend, und es folgten Schlag auf Schlag weitere »gemeinverständliche Darstellungen« hausmedizinischer Probleme. Diese Schriften fanden großen Absatz. Zwischen ihnen, nicht zu vergessen, tummelten sich Julius Stettenheims ›Berliner Wespen‹, das »illustrirte humoristische Wochenblatt«, das ursprünglich Bernhard Brigls ›Tribüne‹ beigelegt war und dann an den Verlag Wilhelm Friedrich überging, von dem noch die Rede sein wird und von dem Steinitz & Fischer es im September 1885 in Kommission übernahmen.
Man kann sich die Überlegungen vorstellen, mit denen der sechsundzwanzigjährige Fischer die Produktion seiner dreijährigen Verlegerpartnerschaft betrachtete. Gewiß, man mußte Geld verdienen, und mit der »originellen Weihnachts-Novität«, dem »imitierten Photographie-Album« von Oscar Justinus, der zusammen mit Hermann Wilken die beliebte Posse *Kyritz-Pyritz* verfaßt hatte, verdiente man gewiß Geld. Sogleich mußte eine neue Auflage gedruckt werden.
Dies waren wohl Bücher; aber Literatur waren sie nicht. War mit dem, was Fischer unter Literatur verstand, nicht vielleicht auch Geld zu verdienen? Es scheint, daß Fischer um diese Zeit die Zweifel aufzusteigen begannen, ob Steinitz und er wirklich auf die Dauer zusammenpaßten.

TRENNUNG

Zur Ostermesse 1886, am 20. Mai, reiste Steinitz allein in Firma Steinitz & Fischer nach Leipzig und stieg im Hôtel de Russie ab. Fischer blieb in Berlin, und das hatte seinen Grund. Genau um diese Zeit nämlich erschien im Laden Friedrichstraße 174 der Hauswirt mit einem Anliegen. Ob die Gebrüder Fischer wohl bereit wären, gegen eine entsprechende Abstandssumme auf den Rest ihres Mietsvertrages zu verzichten und auszuziehen? Der Hauswirt wollte das Haus umbauen und aus den bisherigen Läden – seltsamerweise – Wohnungen machen. Er bot den Gebrüdern Fischer die für damalige Begriffe sehr ansehnliche Abstandssumme von zehntausend Mark.
Fischer nahm das Angebot an. Diese zehntausend Mark waren gleichsam auf der Straße gefundenes Geld. Für seine Buchhandlung brauchte er sie nicht; sie erhielt sich selbst. Er konnte die Summe als Anfangskapital für eine neue Unternehmung verwenden. Sie gab ihm die Möglichkeit, sich von Steinitz zu trennen und sich auch als Verleger selbständig zu machen.
Die Trennung von Steinitz scheint nicht abrupt, sondern schrittweise

erfolgt zu sein. Denn irgendwann im Mai oder Juni 1886 übersiedelte vorerst der Verlag Steinitz & Fischer von der Friedrichstraße 174 in ein neues Büro in der Mohrenstraße 10. Hier brachten die Partner noch einige gemeinsame Novitäten heraus, darunter *Das Tagebuch des Kronprinzen* und eine Schrift über *Die hauptsächlichsten Fragen der Arbeiterbewegung* von Max Hirsch. Das Büchlein *Es ist ungesund – Gesundheitsregeln für Jedermann* von Paul Berger, war ihr letztes gemeinsames Unternehmen. Es wurde am 27. August 1886 ausgeliefert. Vier Tage später, am 31. August, brachte das ›Börsenblatt‹ diese Ankündigung:

Berlin W., Mohrenstraße 10,
31. August 1886.

P. T.

Wir machen Ihnen hierdurch die ergebene Mitteilung, daß unsere Firma

Steinitz & Fischer, Verlag

mit dem 1. September d. J. in Liquidation tritt. (Passiva sind nicht vorhanden). Wir sagen Ihnen bei dieser Gelegenheit für das uns stets entgegengebrachte Vertrauen verbindlichsten Dank.
Auf nachstehende Mitteilungen hinweisend, zeichnen wir

Hochachtungsvoll
Steinitz & Fischer, Verlag.

Die »nachstehenden Mitteilungen« waren getrennte Ankündigungen der beiden vormaligen Partner. Steinitz teilte mit, daß er unter der Firma Hugo Steinitz, Verlag, Berlin W., Kronenstraße 55, eine Verlagsbuchhandlung errichtet habe. Fischers Mitteilung lautete:

Berlin W., Mohrenstraße 10,
1. September 1886.

P. P.

Ich beziehe mich auf die vorstehende Mitteilung der Firma Steinitz & Fischer in Liquidation und teile Ihnen ergebenst mit, daß ich unter der Firma:

S. Fischer, Verlag
W., Mohrenstraße 10,

eine Verlagsbuchhandlung errichtet habe.
Ich erbitte mir Ihr freundliches Interesse auch für meine ferneren Unternehmungen, über die ich mir nähere Mitteilungen vorbehalte.

Mit vorzüglicher Hochachtung
S. Fischer, Verlag

Da stand es, endgültig und ein für allemal: S. Fischer, Verlag. Und wie um Fischer ein Schnippchen zu schlagen, hatte sich, damaligem Brauch folgend, ein Komma ausgerechnet dort eingeschlichen, wo es nach heutiger Gepflogenheit ganz und gar nichts zu suchen hat, nämlich zwischen »S. Fischer« und seinen »Verlag«. Und es blieb dort, auf dem Briefkopf, hartnäckig ein Vierteljahrhundert lang.

Aus der Tatsache, daß Steinitz unverzüglich aus dem bisherigen, erst vor kurzem gemieteten gemeinsamen Büro auszog und sich ein eigenes Comptoir in der nahe gelegenen Kronenstraße mietete, darf man schließen, daß die beiden Freunde, wenn auch nicht im Unfrieden, so doch auf einigermaßen gespanntem Fuß voneinander geschieden sind. Mit ihrem Auslieferer, Herrn Cnobloch in Leipzig, scheinen freilich beide unzufrieden gewesen zu sein, denn sie wechselten beide zu einem neuen Kommissionär, dem wohlbekannten Herrn Carl Fr. Fleischer, über, was sie wohl kaum getan hätten, wenn sie miteinander völlig zerstritten gewesen wären. Auch in das gemeinsam Geschaffene teilten sie sich brüderlich. Ein jeder übernahm, was ihm zusagte und zu ihm paßte, und wenn Steinitz den Löwenanteil erhielt, so war es gewiß, weil Fischer an dem größten Teil der bisherigen Verlagsproduktion nichts lag. Er wollte freie Hand für Neues haben und nicht festgelegt sein. Andererseits mußte er einen wenn auch kleinen Grundstock gängiger Titel haben, der ihm für den Anfang einen Rückhalt lieferte. So übernahm er aus dem gemeinsamen Verlag nur ein halbes Dutzend gut eingeführter, aber neutraler Titel wie die Kursbücher, die Fremdenführer, den ›Hotel-Courier‹ und Stettenheims ›Berliner Wespen‹. Mehr wollte und brauchte er nicht.

Der Hauswirt scheint den Brüdern Fischer mit dem Umzug übrigens Zeit gelassen zu haben. Möglicherweise war ein geeignetes Geschäftslokal in dieser Gegend, in der sich damals das ganze geschäftliche und geistige Leben Berlins konzentrierte, nicht so leicht und so rasch zu finden. Schließlich fand es Fischer ein paar Häuser weiter, in der Friedrichstraße 165, Ecke Leipziger Straße. Hierhin übersiedelte die Buchhandlung im März 1887, und dieses ›Lädchen‹ sollte, wenn auch nur auf kurze Zeit, zu einer historischen Stätte der Literatur werden.

S. FISCHER, VERLAG

Über den genauen Zeitpunkt der Verlagsgründung herrschte in späteren Jahren allerlei Unklarheit. Als 1911 das Jubiläum des fünfundzwanzigjährigen Bestehens gefeiert werden sollte, schrieb Fischer an seinen Freund Peter Nansen, man werde es nicht »am historischen 1. Oktober«, sondern aus praktischen Gründen etwas später, am 22. Oktober, begehen, welches »der offizielle Tag« sei. In Wahrheit waren beide Daten fiktiv. Einen »historischen 1. Oktober« gab es nicht; er war Fischers Erfindung. In einem Brief an seine Frau aus Gastein vom 1. September 1911 heißt es:

... die beiden anliegenden Depeschen bringen mir in Erinnerung, daß ich heute vor 25 Jahren die Firma S. Fischer Verlag ins Handelsregister eintragen ließ. Ich habe diesen Tag nicht feierlich nehmen wollen, sonst hätte ich Dir natürlich zu allererst diesen Tag genannt. Ich will auch nicht einen bestimmten Tag als Geburtstag der Firma proklamieren, ich denke, so etwas wird nicht an einem Tag geboren. Da aber an diesem Tag die Sache immerhin äußerlich besiegelt wurde, so gratuliere ich Dir und mir zu uns, zu unseren Kindern und zu dem, was aus meiner Arbeit immerhin geworden ist. Offiziell will ich, wenn schon ein Tag bestimmt werden muß, den ersten Oktober – unseren Hochzeitstag – als den Gründungstag festlegen ...

Fischer war siebenundzwanzig Jahre alt und Herr im eigenen Haus. Er besaß eine eigene Buchhandlung; er besaß einen eigenen Verlag; er besaß zehntausend Mark. Die Buchhandlung war klein, der Verlag unbekannt, das Kapital knapp. Aber Besitz bedeutete dem jungen Menschen viel, und alles zusammengenommen, war es eine ansehnliche Leistung. Eine gute Ausgangsstellung für »fernere Unternehmungen« war gewonnen. Mehr hatte auch der tüchtige Steinitz unter wesentlich günstigeren Voraussetzungen in der gleichen Zeit nicht erreicht. Dennoch muß Fischer rückblickend der Anmarsch zu dieser Ausgangsstellung lang, ja allzulang erschienen sein. Zwanzig Jahre später schrieb er in einer fragmentarischen Aufzeichnung:

Frühzeitig war ich durch Umgebung und Verhältnisse darauf hingewiesen, den Aufstieg in eine höhere soziale Existenz als Ziel aller Arbeit anzusehen. Da war ich, nur mit diesem Ziel im Auge, ein ganz vom Erwerb besessener Mensch. Nach und nach wurde es heller und weiter in mir. Ich weiß heute, daß gute Anlagen in mir nicht zur Reife kamen, weil sie erst spät geweckt wurden.

Es wurde heller und weiter in ihm genau zur Stunde, da es rings um ihn, in seiner Zeit und in seinen Zeitgenossen, ebenfalls heller und weiter wurde. In der Geschichte des Buches hat die Gestalt des Verlegers viele Wandlungen durchgemacht, und sie wandelt sich unter unseren Augen stetig weiter. Fischer war es gegeben, an einem entscheidenden Punkt in diese Entwicklung einzugreifen und ihr eine neue Richtung zu weisen, in der sie sich bis heute bewegt hat. Seither ist oft gesagt worden, daß sein Auftauchen eine Sternstunde in der deutschen Literatur war, ein Zusammentreffen verschiedenartiger Umstände in einer einzigartig günstigen Konstellation, aus der er einen neuen Typ des Verlegers schuf, den man bis dahin nicht kannte. Warum und worin er neu war, zeigt sich, wenn man einen Blick zum einen auf die verlegerische, zum anderen auf die literarische Gesamtszene wirft.

3 Exkurs und Rundblick: Der Verleger und die Literatur

Nichts scheint natürlicher, als daß der Verleger sich aus dem Buchhändler entwickelt, daß aus der ›Verlagsbuchhandlung‹ die ›Verlagshandlung‹ wird, wie Fischer selbst anfänglich sein Unternehmen bezeichnete, daß aus dem Auch-Verleger der Nur-Verleger oder ›reine Verleger‹ hervorgeht, wie man ihn heute kennt. Diese Entwicklung war häufig, aber sie war nicht die einzige oder historisch zwangsläufige, und sie läßt nicht den Ursprung der verlegerischen Betätigung erkennen.

URSPRÜNGE

Der Begriff ›Verleger‹ kennzeichnete ursprünglich jegliche Zusammenfassung mehrerer gewerblicher Tätigkeiten zu einem neuen Erzeugnis und den Vertrieb der so erzeugten Ware. Die bekanntesten ›Verleger‹ des Mittelalters waren die Fugger, die das österreichische Eisenerz in die oberdeutschen Hütten beförderten und für den Absatz des Erzes sorgten oder für die Weber einheitlich Maß und Qualität festlegten und die solcherart marktfähig gemachten Tuche exportierten. Der Fabrikant Dreißiger in Hauptmanns *Die Weber* war in diesem Sinn ein ›Verleger‹, und der ›Bierverleger‹, der ›Spielwarenverleger‹ waren bis in unser Jahrhundert hinein bekannte Unternehmergestalten – Männer, die auf Grund ihrer Kenntnis des Warenmarktes nach eigenen Angaben Halb- oder Fertigfabrikate in der Heimindustrie herstellen ließen und zu diesem Zweck in Form von Rohstoffen oder Kapital Vorschuß, Vorlage oder ›Verlag‹ zur Verfügung stellten. Von allen diesen mit Vorschüssen arbeitenden, auf eine Heimindustrie gestützten Formen des Verlegergewerbes hat sich als einzige der Buchverlag bis zum heutigen Tag nicht nur gehalten, sondern gewaltig fortentwickelt. Die Heimindustrie der Halb- und Fertigfabrikate liefernden Schriftsteller ist heute größer, als es die der Weber oder Spitzenklöppler jemals war, und aus den Dreißigers, deren historisches Vorbild übrigens Zwanziger hieß, sind Hunderter und Tausender geworden.

Am Anfang stand der Drucker. In der Frühzeit des Buchgewerbes war der gesamte Vorgang der Schaffung eines Buches mit Ausnahme der Papierfertigung und des Bindens in seiner Hand vereinigt. Er war zugleich der Herausgeber und Kostenträger des Werkes. Er ließ sich die Schriften schneiden und gießen; er wählte die zu druckenden Texte aus; er bestimmte die Höhe der Auflage; er verkaufte die Bücher ungebunden selbst an den Leser, der sie nach eigenem Geschmack binden ließ. An dieser Vereinigung der Funktionen von Drucker, Verleger, Herausgeber und Buchhändler hielt der Druckerverleger bis in die Mitte des siebzehnten Jahrhunderts fest. Freilich gab es auch in der Frühzeit schon Ausnahmen. Der 1522 in Augsburg gestorbene Johann Rynmann scheint sich ausschließlich mit dem Verlegen und Verkaufen von Büchern befaßt zu haben, denn von den fast zweihundert mit seinem Impressum erschienenen Büchern hat er nicht ein einziges selbst gedruckt; er begnügte sich damit, sie auf Lager zu halten und zu vertreiben; und die Bezeichnung »Verläger« als besondere Erscheinung des Buchwesens taucht schon in der Kaiserlichen Reichspolizei-Ordnung von 1577 auf. Von etwa 1650 an ist jedoch eine schrittweise einsetzende Trennung der Funktionen zu bemerken. Ihre Ursache waren die Schriftsteller.

DER UNTERNEHMER-VERLEGER

Solange der Druckerverleger sich nur mit der Veröffentlichung der antiken Klassiker und der Werke der Scholastik zu befassen hatte, konnte er das Feld noch übersehen und es allein bestellen. Jetzt tauchte jedoch eine zeitgenössische Literatur auf, und wissenschaftliche und dichterische Neuschöpfungen gewannen rasch das Übergewicht. Im Augenblick, da der lebende zeitgenössische Autor ebenbürtig neben den toten Klassiker trat, war der Druckerverleger der Lage nicht mehr gewachsen. Er besaß weder die Kenntnisse noch die Verbindungen, um sich in der neuen Literatur zurechtzufinden, sie beurteilen und ihre Verkäuflichkeit abschätzen zu können. Das Aufkommen des Zeitschriftenwesens brachte eine zusätzliche Komplikation. Alles das machte es nötig — und möglich —, daß sich ein besonderer gewerbsmäßiger Vermittler zwischenschaltete, der mit Wagemut und Geschick die verlegerische Unternehmung zu seinem Beruf machte. Der Unternehmerverleger baute alle nichttechnischen Funktionen des Druckerverlegers zu einem selbständigen Gewerbe aus, in welchem er das Gesamtgeschäft der literarischen Veröffentlichungen auf eigene Rechnung organisierte.

Dieser Unternehmerverleger war in den meisten Fällen ein berufsmäßiger Buchhändler. Da sich der Vertrieb zumindest in Deutschland auf den Tauschhandel gründete, war er offenkundig der geeignete Mann. Bis in die zweite Hälfte des achtzehnten Jahrhunderts hinein war es üblich, daß die Buchhändler auf den Messen in Frankfurt und Leipzig Bogen gegen Bogen tauschten und nur etwa überschießende Forderungen bar bezahlten, nachdem sie unter Zugrundelegung der Ladenpreise und Abzug eines einheitlichen Rabatts miteinander abgerechnet hatten. Je ungleichwertiger aber im Lauf der Zeit die Erzeugnisse der einzelnen Verlagsbuchhändler wurden und je unterschiedlicher sich folglich die Preise gestalteten, desto schwieriger wurde dieser Tauschhandel, und in der zweiten Hälfte des achtzehnten Jahrhunderts hörte er ganz auf. Um diese Zeit hatte der Einzelhandel sich bereits gut organisiert. Schon 1717 konnte ein Leipziger Verleger kühn verkünden, daß seine Bücher »in jeder guten Buchhandlung« zu haben seien. Der Vertrieb des Buches verlangte in wachsendem Maß Zeit, Mühe und Spezialkenntnisse, die der einzelne Verlagsbuchhändler nicht mehr aufbringen konnte, wenn er seinen Verlag gebührend pflegen wollte. Bald nach dem Siebenjährigen Krieg, als die Leipziger Buchmesse der Frankfurter den Rang ablief und sie schließlich zum Erliegen brachte, begann im deutschen Buchwesen die allmähliche Abtrennung des Verlags vom Buchhandel, und der reine Verleger entwickelte sich, der den Vertrieb seiner Erzeugnisse nicht mehr selbst besorgte, sondern dem Leipziger Kommissionär übertrug, welcher sich als spezialisierter Mittelsmann zwischen dem Verleger und dem Sortimenter einschaltete.

DER KULTUR-VERLEGER

Der Übergang der verlegerischen Funktionen vom Druckerverleger zum Buchhändlerverleger brachte eine entscheidende Akzentverschiebung mit sich. Der Schöpfer des Buches wurde zu einem bestimmenden Faktor im kulturellen Gefüge. Er war nicht mehr, wie der einstige Druckerverleger, ein Handwerkergeschäftsmann, dessen materielles Interesse bei der Herstellung und dem Verkauf der Ware den Ausschlag gab. Der technischen Funktionen enthoben, richtete er sein Augenmerk auf die Tatsache, daß die gehandelte Ware einen geistigen Wert besaß, und der Umstand, daß es ihm anheimgegeben war, diesen geistigen Inhalt zu bestimmen oder auf ihn einzuwirken und zugleich seinen Marktwert zu errechnen, übertrug ihm neben der geschäftlich-materiellen eine geistig-kulturelle Funktion, deren er sich in hohem, zuweilen übertriebenem Maß bewußt war. Die buchschöpferische Initiative lag bei ihm, im positiven wie im negativen, im för-

dernden wie im hindernden Sinn, und sie erhielt durch die Einführung des Autorenhonorars noch eine besondere Stütze.
Dies war ein bedeutsamer Schritt in der Entwicklung. Luther hatte für seine viele Dutzend Bücher und Schriften keinen Pfennig erhalten, und bis zur Mitte des achtzehnten Jahrhunderts galt es als ausgesprochen ungehörig, für bares Geld anstatt für den Ruhm zu schreiben. Bis dahin kam das Entgelt in der Regel nicht vom Verleger, dem der Schriftsteller sein Produkt zum Verkauf übergab, sondern von Gönnern, Förderern und Mäzenen, weltlichen und geistlichen Fürsten, Stadtgemeinden oder anderen Körperschaften, die dafür eine Huldigung oder Widmung erhielten. Die Einführung des vom Verleger zu zahlenden Honorars ermöglichte das Auftreten des berufsmäßigen Schriftstellers; und die Ausrottung des Raub- und Nachdrucks – in England bereits 1709 durch das Copyright-Gesetz, in Frankreich 1793, in Österreich und Preußen 1832 und im Deutschen Bund 1835 – machte den Weg frei zur gesetzlichen Festlegung des Urheberrechts und ermöglichte es dem Schriftsteller, von dieser seiner Arbeit auch zu leben. Der Unternehmerverleger hatte den öffentlichen oder privaten Gönner abgelöst und dem Mäzenatentum eine mehr oder weniger zuverlässige rechnerische Grundlage verliehen, indes der Schriftsteller seine vormalige Abhängigkeit von politischen, kirchlichen oder sonstigen Umständen und Beziehungen gegen die Abhängigkeit vom Lesepublikum eintauschte. In diesem neuen Abhängigkeitsverhältnis trat der Unternehmerverleger, gestützt auf seine buchhändlerische Erfahrung, als der berufene Sprecher der Öffentlichkeit auf, und in seinem Verhältnis zum Autor – Ernst Johann hat es sehr treffend als ein »gespanntes Vertrauensverhältnis« charakterisiert – waren geschäftliche und geistige Erwägungen, materielle und kulturelle Faktoren sorgfältig aufeinander abgestimmt. Vor allem beanspruchte er im Bewußtsein seiner kulturschaffenden Funktion ein großes Maß schöpferischer Initiative für sich. Aus dem Buchhändler als Unternehmerverleger wurde der Buchhändler als ›Kultur-Verleger‹, der einen universalen, alle Zweige des Schrifttums umfassenden Begriff von seiner Aufgabe hegte.

›BUCHMACHEREY‹

Der deutsche Buchhandel als Bedingung des Daseins einer deutschen Literatur – mit diesem Titel seiner berühmten Programmschrift umriß 1816 der Buchhändlerverleger Friedrich Christoph Perthes, nicht zu verwechseln mit seinem gleichfalls in Gotha als Verleger ansässigen Onkel Justus Perthes, in bündiger Weise den neuen Begriff des

Kulturverlegers. Er sprach damit aus dem Geist der Zeit. Die praktische Auswirkung dieser Auffassung läßt sich aus dem oft zitierten Gutachten ersehen, das der Berliner Buchhändlerverleger Friedrich Nicolai 1790 niedergelegt hatte:

Es gibt sehr viele Schriften, wo der Verleger selbst eine Idee hat und zu dieser Idee sich des Schriftstellers nur als eines Werkzeuges bedient, und wo es immer von ihm abhängt, durch wen er diese Idee ausführen läßt ... Ich versichere gewiß, daß eine große Menge gemeinnütziger Bücher durch die Buchhändler entstanden sind, welche gemeiniglich besser wissen, was das Publikum verlangt, als die Schriftsteller.

Immanuel Kant fand acht Jahre später, 1798, hieran nichts zu bemängeln, als er in seiner Schrift *Über die Buchmacherey* erklärte:

Ein erfahrener Kenner der Buchmacherey wird als Verleger nicht erst darauf warten, daß ihm von schreibseligen, allezeit fertigen Schriftstellern ihre eigene Ware zum Verkauf angeboten wird; er sinnt sich, als Direktor einer Fabrik, die Materie sowohl als die Façon aus, welche mutmaßlich die größte Nachfrage oder allenfalls auch nur die schnellste Abnahme haben wird.

Solche Ansprüche hatten ihre Berechtigung in ihrer Zeit und in den deutschen Verhältnissen: Perthes' weitgespannte Bemühungen galten dem gesamten geistigen Wiederaufbau Deutschlands in der nachnapoleonischen Zeit, und er war nicht zuletzt einer der führenden Reorganisatoren des deutschen Buchhandels und Mitbegründer des ›Börsenvereins‹. Auf sie gründeten die großen Kulturverleger des ausgehenden achtzehnten Jahrhunderts, die Perthes, Cotta, Göschen, Brockhaus, Reimer, Nicolai, ihre die gesamte Bildungswelt betreuenden Universalunternehmungen, und einige, wie Cotta, Brockhaus und Göschen, legten sich nun auch ihre eigenen Druckereien zu. Hundert Jahre nach Perthes, als die Trennung des Verlegers vom Buchhändler endgültig vollzogen war, schrieb S. Fischer 1911 in einem gleichfalls der »Buchmacherey« gewidmeten Aufsatz *Der Verleger und der Büchermarkt* im Rückblick auf ein Vierteljahrhundert Arbeit:

Die Pflege der Dichtkunst als Zweig des Buchhandels gehört zu den persönlichsten Aufgaben des Verlegers. Hier handelt es sich darum, die verborgensten Kräfte zu erkennen und zu fördern. Die Pflege des Talents setzt hier stärker als in anderen Zweigen des Verlagsbuchhandels die persönliche Wirksamkeit des Verlegers mit allen seinen menschlichen Fähigkeiten voraus. Als Geschäftsmann, als Freund und Mäzen soll er dem Dichter und seinem Werke zur Seite stehen. Die Wirksamkeit des Verlegers erweitert sich in dem Maße, als ihn Befähigung und Temperament ein persönliches Verhältnis zu den Werken und Dichtern seines Verlages gewinnen läßt. Der Verleger, als ein Mann, den es lockt, Arbeit und Geld an immaterielle Werte zu setzen, will Entdecker sein. Er will helfen, neue Werte ans Licht zu fördern, als organisierender Geschäftsmann neue Werte zu schaffen. Aber das setzt voraus, daß

er als Liebhaber »Phantasiewerte« abschätzen kann, was auf rein kaufmännischer Grundlage nicht möglich ist.
Die Arbeit des Verlegers setzt sich zusammen aus der kritischen Aussonderung des Materiales, aus der Herstellung von Büchern und der Organisierung von Publikationen solcher Art, die seiner Initiative entspringen, und aus der Schaffung des Marktes für die Bücher seines Verlages. Jedes Werk wird erst dadurch, daß es der Öffentlichkeit ausgesetzt wird, daß es in Kontakt zum Leser gebracht wird, zur wirkenden Kraft erweckt. Die Prüfung des Manuskripts ergibt zwar ein Werturteil, aber erst das gedruckte Buch, das dem Licht und der Atmosphäre der Öffentlichkeit ausgesetzt ist, kann seine Lebensfähigkeit auf die Dauer erweisen. Die Auswahl aus der literarischen Produktion kann demnach nicht allein nach kaufmännischen Grundsätzen geschehen, sie ergibt sich aus dem ästhetischen Wert der Arbeit. Da aber ästhetische Werte Phantasiewerte sind, so ist die Auswahl an die persönliche Eindrucksfähigkeit des Verlegers gebunden. Das ästhetische und das praktische Verhältnis zum Werk: seine Orientierung, schöpft der Verleger aus der Fähigkeit abzumessen und abzuwägen, das Größte zu verstehen und zu empfinden und das Relative, am Großen gemessen, nicht gering zu nehmen.
Der unmeßbare Wert des Buches weist ihm als gewerblichem Produkt auf dem Markt eine andere Stellung an als jeder Ware, die einen materiell bestimmbaren Wert in sich trägt. Das Buch, das der Verleger druckt, ohne vorher feststellen zu können, wer es kaufen wird, paßt nicht in das Handelsschema des Warenverkehrs. Die Verkehrsformen des Buchhandels mußten sich also nach anderen Grundsätzen ordnen, wie die des Warenhandels; der Buchhandel mußte sich einen besonderen Markt schaffen, *einen Markt für geistige Werte,* der kulturbildende Kraft hat. Diesen Markt hat er organisiert.
Während sich rings um das Buchgewerbe der Betrieb drucktechnischer Erzeugnisse – Zeitungen und Massenprodukte für den Bedarf – industrialisiert hat, sind die Grundformen des Buchhandels seit bald hundert Jahren im wesentlichen dieselben geblieben. In der Zeit des industriellen Schematismus, der Massenproduktion für den Bedarf, hat sich allen Grundsätzen freien Handels zum Trotz eine Organisation erhalten, ohne die es nicht möglich wäre, die ideellen Kräfte einzusetzen, die der Buchhandel braucht, um seine Mission zu erfüllen.

SCHÖPFERISCHE INITIATIVE

Sätze wie diese offenbaren über das Jahrhundert hinweg eine eindrucksvolle Kontinuität der Grundvorstellung vom Verlegerberuf. Sicherer und fester, so scheint es, könnte man gar nicht auf den Schultern der großen Berufsahnen stehen. Gleich dem Verlagsbuchhändler Nicolai sah sich auch der Verlagsbuchhändler Fischer durchaus nicht nur als Wegbereiter und Förderer, sondern darüber hinaus geradezu als ein schöpferischer Initiator der Literatur selbst.

Das Eigentümliche im Beruf des Verlegers ist, daß er den Drang hat, etwas Geistiges zu formen, daß er produktiv sein will, daß ihm aber die Organe fehlen, unmittelbar seinen Willen zu gestalten. Er muß andere, die diese Organe haben: Dichter, Künstler, Schriftsteller, in Bewegung setzen; er ist ein Mensch mit den lebendigsten Interessen, mit dem lebhaftesten Drang sich zu äußern, der nur durch andere sprechen kann, der persönlich stumm ist. Zu seinem Beruf gehört einerseits Tatkraft und andererseits Entsagung. Die Tätigkeit besteht darin, sich selbst durchzusetzen, indem man für andere eintritt.

Dieses Wort seines Zeitgenossen Karl Scheffler über den »Berufsidealismus« des Verlegers, wenngleich nicht auf ihn geprägt, war einem Mann wie Fischer aus der Seele gesprochen. Nicolais Bildungsstolz freilich – der nämliche, der von den Buchhandelslehrlingen Latein verlangte –, Perthes' herrischer Ausschließlichkeitsanspruch, Kants hochfahrende Geringschätzung der »schreibseligen, allezeit fertigen Schriftsteller« sind spürbar herabgedämpft. Statt ihrer bemerkt man ein neues, durchaus andersgeartetes Verantwortungsbewußtsein, das sich nicht dazu verstehen würde, »gemeinnützige Bücher« ohne weiteres mit dem gleichzusetzen, »was das Publikum verlangt«. Man bemerkt eine neue Bescheidenheit, die im Schriftsteller etwas mehr und etwas anderes erblickt als ein Werkzeug, dessen der Verleger sich zur Ausführung seiner Ideen bedient, eine neue, durchaus selbstbewußtkämpferische Demut, die mit Fischers Worten erklärt:

Der Dichter schafft nicht für das Bedürfnis des Publikums. Je eigener und eigensinniger seine Natur sich äußert, um so schwerer wird er sich deutlich und verständlich machen können ... Dem Publikum neue Werte aufzudrängen, die es nicht will, ist die wichtigste und schönste Mission des Verlegers.

Der Dichter! Neue Werte! Hier offenbart sich zugleich mit der Brücke über das Jahrhundert auch die Kluft. Aus Fischers Sätzen wird zugleich mit der Kontinuität der Struktur auch der ihr innewohnende tiefgreifende Wandel spürbar. Fischers ganzes Augenmerk ist auf etwas gerichtet, das in Nicolais Überlegungen oder gar in Kants Vorstellung vom Verleger überhaupt nicht vorkommt, nämlich auf »die Dichtkunst, diese schönste Kraft der Umwandlung«, wie er sie einmal nannte. Die neue Demut war, wie es nicht anders sein konnte, das Kind des alten Hochmuts. Sie machte bei der gedankenlosen Selbstzufriedenheit der zweiten Hälfte des neunzehnten Jahrhunderts eine harte Schule durch.

EPIGONEN UND NEUE LESER

Die großen Kulturverleger des ausgehenden achtzehnten und frühen neunzehnten Jahrhunderts hatten ihren Anspruch auf schöpferische Initiative zweifellos überspannt. Da ihre universalistische Zielsetzung mit der Hochblüte der deutschen klassischen Literatur zusammenfiel, wurde dies nicht sogleich offenbar. Aber als die Hochblüte mit Goethes Tod vorüber war – Wilhelm Scherers große *Geschichte der deutschen Litteratur*, 1883 erschienen, endet mit gutem Grund mit diesem Zeitpunkt –, als die Epigonen kamen und nach ihnen die Epigonen der Epigonen, zeigte sich, daß sie etwas für selbstverständlich genommen hatten, was nicht selbstverständlich war. Die schöpferische Initiative des Verlegers konnte vieles und Großes leisten, aber eine ebenbürtige Nachfolge Goethes und Schillers, Lessings, Wielands und Herders konnte sie nicht schaffen. Andere, äußere Umstände kamen hinzu, um die universalistische Konzeption zu untergraben und schließlich zum Einsturz zu bringen. Zugleich mit dem Auslauf des klassischen Zeitalters und dem Auftreten der Epigonen brach das Massenzeitalter des Buches an. Nicolai hatte noch mit einem gewissen Recht das »Gemeinnützige« mit dem gleichsetzen können, »was das Publikum will«, denn er wirkte für eine eng begrenzte gebildete Oberschicht, mit der er sich »kulturpolitisch« eines Sinnes wußte. Diese Schicht geriet um die Mitte des Jahrhunderts in die Minderheit. Auf die herandrängende Mehrheit war der Kulturverleger alten Schlages weder geistig noch materiell oder organisatorisch eingerichtet. Er mußte ausweichen, wenn er nicht überrannt werden wollte.

Er wich aus und wurde in manchen Fällen trotzdem überrannt, und zwar vom Publikum. Bürgertum und Kleinbürgertum hatten lesen gelernt; das Buch war in Schichten eingedrungen, denen es bisher fremd gewesen war, und hatte sie erobert. Diese Eroberung wurde möglich durch die um diese Zeit einsetzende rapide Verbesserung der Drucktechnik, die Massenauflagen von bisher nicht geahnter Höhe gestattete. Mit der Einführung der Gewerbefreiheit vermehrte sich die Anzahl der Drucker, und ihre Erzeugnisse trugen ein verändertes Gesicht. Bis zur Mitte des Jahrhunderts hatte der Hersteller des Buches es nicht selbst binden dürfen. Das »gebrauchsfertig gebundene« Buch wurde erst nach 1850 von Louis Zander eingeführt, der 1852 das erste ›Barsortiment‹, die Buchgroßhandlung für das Sortiment, gründete. Mit dem Auftauchen des »Verlegereinbandes« wurde die neue Massenliteratur in den neuen Leserschichten auch salonfähig; der fabrikmäßig hergestellte Leinenband mit Goldpressung konnte sich in der ›Guten Stube‹ sehen lassen. Neue Verleger schossen wie die Pilze aus der Erde, um sich mit Hilfe der neuen Produktionsmethoden dieses neuen Marktes zu bemächtigen. Das Buch wurde zur Ware, die gehandelt wurde wie jede andere, und da unmöglich jeder mit jedem konkurrieren konnte, setzte rasch eine Spezialisierung der Verlagsgebiete ein.

Als 1867 die Privilegien erloschen, war es mit der Vormachtstellung der großen Kulturverleger zu Ende. So wie die alten Druckerverleger die neuschöpfende Literatur nicht bewältigen konnten, so vermochten die Kulturverleger mit dem Zeitalter der Massenerzeugung und des Massenverbrauchs nicht zu Rande zu kommen. Sie zogen sich auf ihre jeweiligen Sondergebiete zurück und führten weiter, was sie weiterführen konnten. Natur- und Geisteswissenschaften, Medizin, Geschichtsschreibung, Philologie und Philosophie, Rechtswissenschaft, Geographie und – nicht zu vergessen oder zu unterschätzen – Militärwissenschaften boten der schöpferischen Initiative des Kulturverlegers alten Schlages auch weiterhin ein reiches Feld. Die großen deutschen Konversationslexika begannen zu erscheinen: Brockhaus bereits seit 1808 – Friedrich Arnold Brockhaus kaufte das von R. W. Löbel und C. W. Francke 1796 begonnene, jedoch unvollendete Lexikon auf –, Meyer seit 1840, Herder seit 1853; Göschen und Teubner begründeten ihre bedeutenden wissenschaftlichen Buchreihen; Justus Perthes brachte seine ausgezeichneten Atlanten heraus. Diese große und solide, ihrer Natur nach einigermaßen exklusive Verlagsarbeit warf eine Menge von Neben- und Abfallprodukten ab, die von findigen Männern wie Steinitz gewinnbringend verwertet wurden.

VERÖDETES THEATER

Zwanzig Jahre nach Aufhebung der Privilegien streckte Goethes Verleger Cotta die Waffen. Seine Firma ging in die Hände Alfred Kröners über, mit dem ein neuer Typ des Großverlegers auf dem Plan erschien. Bei dieser Entwicklung kam die selbstschöpferische Literatur, die ›Dichtkunst‹, an die der junge Fischer sein Herz gehängt hatte, zu kurz. Auf den ersten Blick muß es ihm geschienen haben, als sei es mit ihr in Berlin nicht besser bestellt als in Wien. Zwanzig Jahre später heißt es im Vorwort zu Fischers Verlagskatalog für das Jahr 1906:

Die literarische und die künstlerische Produktion der Deutschen hat nicht, wie etwa die französische, eine wirkliche Tradition. Daher entsteht zu gewissen Zeiten der Verdacht, als ob sie ganz versiegt sei. Jahre, Jahrzehnte vergehen zuweilen, ehe man rückblickend, in einer Zeit scheinbarer Verarmung die goldenen, in der Stille gehüteten Schätze wahrnimmt. Der im Individualistischen und Partikularistischen wurzelnde Geist der Deutschen verhindert immer wieder die oberflächliche Einigung sowohl der Gebenden als der Empfangenden; und statt einer Kunst haben wir Künstler, statt eines Publikums Gemeinden. In jenen achtziger Jahren, deren Tiefstand so viel gescholten und beklagt worden ist, schufen Conrad Ferdinand Meyer, Fontane und Raabe Meisterwerke, und Nietzsche dichtete den *Zarathustra*. Dennoch empfand man die Zeit als arm und begann leidenschaftlich gegen sie zu kämpfen. Das hatte mehrere Gründe; den wichtigsten, daß das Theater, als die sichtbarste Kunst, in der Tat verödet war ...

Niemand hat den ›Tiefstand der dramatischen Produktion‹, der die siebziger Jahre des neunzehnten Jahrhunderts kennzeichnete, so treffsicher umrissen wie der Zeitgenosse und nachmalige Freund Fischers, Otto Brahm:

Es war die Zeit nach dem deutsch-französischen Kriege, die Zeit des Milliardensegens und des Gründungstaumels, wo in der werdenden Weltstadt ein bequemes und seichtes Genießen des Errungenen auch auf der Bühne seinen Ausdruck suchte. Man amüsierte sich in der Operette, die ihre Glanzzeit im Friedrich-Wilhelmstädtischen Theater erlebte ... man lachte über die Späße im Wallnertheater ... man erfuhr im kleinen Residenztheater mit gebührender Spannung die Sensationen der Dumas und Sardou ... und man fand auch im Königlichen Schauspielhause ein gemäßigtes Behagen an den heimischen Nachahmern der Franzosen, die eine deutsche Salonwelt uns vorzugaukeln wünschten, welche niemals existiert hatte ... Mochte auch ringsherum in der Welt, bei den östlichen und westlichen Nachbarn, ein Neues sich regen, eine strengere Psychologie, ein frischerer Wirklichkeitssinn ... – die deutsche Bühne blieb außerhalb all dieser Entwicklungen, ein seichtes Wässerlein, ein stiller Karpfenteich ... Denn das Theater, so argumentierte man, ist – das Theater; ein seit Ewigkeiten festgelegtes, seiner Natur nach höchst konservatives Ding, das »seine eigenen Gesetze« hat und in den einmal eingeschlagenen Bahnen fortwandeln muß – bei Gefahr des Unterganges.

SEICHT UND ANMASSEND

Wie auf der Bühne, so im Buch. Auch hier wandelte man auf den »einmal eingeschlagenen Bahnen« fort. Nur ahmte man nicht die Franzosen nach, sondern sich selbst. Ein anderer Grund der Verarmung war, wie im Katalog von 1906 zu lesen ist,

daß das Vorzügliche, was geschaffen wurde, von älteren Männern herrührte. Die Jugend regte sich vorerst nur in ihrer Kraft und ohne Ziel. Nur so viel wußte sie, daß sie das epigonenhafte Nachahmen, als ein Zerrbild echter Tradition, verwerfen müßte. Es kam hinzu, daß die zur Herrschaft des Tages berufene Produktion von ungewöhnlicher Seichtheit und Anmaßung war.

Auch hierin gaben die alte und die neue Kaiserstadt einander nicht viel nach, es wäre denn, daß in Berlin die Seichtheit noch dazu der Grazie ermangelte und die Anmaßung, die in Wien noch menschliche Statur hatte, sich zu Überlebensgröße aufblähte. Hier wie dort wurden die eindrucksvollen schriftstellerischen Leistungen von den Wissenschaftlern, vornehmlich den Historikern, hervorgebracht. Es gab keinen deutschen Dichter, der sich an Bildkraft und Sprachgewalt mit Ranke oder Mommsen hätte vergleichen lassen, Geibels *Heroldsrufe* hatten eine »große Zeit« einrufen wollen, aber alles, was sie im Gefolge des Sieges von 1871 hervorriefen, war ein Zeitalter der Schaumschlägerei. Die Bücherschränke des Großbürgertums sahen wie eichengeschnitzte Ritterburgen aus, und die Bücher, die in ihnen standen, atmeten denselben Geist. Die historischen Romane der schriftstellernden Professoren Dahn, Ebers und Freytag und ihrer Nachtreter, die zwischen ›Wissenschaft‹ und ›Poesie‹ zu vermitteln wähnten und damit beide korrumpierten, die Versepen Scheffels, Julius Wolffs und Rudolf Baumbachs, die Gipsbüsten- und Limonadenlyrik der »Süß-Sänger« Heyse und Wilbrandt – das alles hatte nichts anderes im Sinn, als das »falsche Pathos falscher Helden« der Makart und Piloty mitsamt seinem dekorativen Pomp und seiner Butzenscheibentraulichkeit aus der Malerei in die Epik und Lyrik zu übertragen, und es beherrschte mit Riesenauflagen den Büchermarkt. Unterhalb dieser ›offiziellen‹, hoffähigen ›Dichtkunst‹ bewegte sich der breite Strom der Unterhaltungsliteratur, allen voran die beispiellos erfolgreichen Damen E. Marlitt (rechtens Eugenie John) und Nataly von Eschstruth; als die Verfasserin der *Goldelse* mit »allerhöchster Erlaubnis« sogar dem Kaiser selbst einen ihrer Romane widmen durfte, war die Verbindung zwischen den beiden Etagen der ›Dichtkunst‹ hergestellt, und Anmaßung und Seichtheit reichten einander auf der Vordertreppe der deutschen Literatur die Hand.

ERNEUERUNG OHNE DEUTSCHLAND

Um die Zeit, als Fischer nach Berlin kam, hatte die deutsche Literatur geistig und künstlerisch ihren tiefsten Stand erreicht. In ganz Europa, rings um Deutschland herum, im Westen, im Norden, im Osten war die Literatur in mächtiger Bewegung. In Frankreich türmte Emile Zola seit einem Jahrzehnt in der Nachfolge Balzacs das gewaltige sittengeschichtliche und sozialkritische Romanepos der *Rougon-Macquart* auf. In Skandinavien waren Björnson und Ibsen seit einem guten Jahrfünft am Werk, die äußeren und inneren Konventionen einer erstarrten Gesellschaftsform zu beklopfen und an ihren hohlen Stellen anzubohren. In Rußland lag das Riesenwerk Dostojewskis mit einer überwältigenden Fülle neuer Einsichten in die menschliche Psyche abgeschlossen vor, und neben ihm baute sich ein zweites dichterisches Riesenwerk, das Leo Tolstois, auf. Die europäische Literatur war in einem Erneuerungsprozeß ohnegleichen begriffen; die Weltliteratur schuf sich ein neues Gesicht. In Deutschland wußte man von alldem so gut wie nichts; man verband mit diesen neuen Namen kaum eine Vorstellung.

Selten war eine Literatur nicht nur der Umwelt, sondern auch der eigenen Welt so völlig entfremdet wie die deutsche um das Jahr 1880. Sie wußte nicht nur von Europa nichts; sie wußte auch vom eigenen Land, von den eigenen Menschen nichts und wollte nichts wissen.

Die krassen inneren Unvollkommenheiten des neuen Staatswesens, die Schattenseiten des wirtschaftlichen Aufschwungs, das wachsende Elend der Großstädte und ihres Industrieproletariats kamen in dieser Literatur nicht vor. Die Fortschritte der Naturwissenschaften, ethische, soziale, religiöse Probleme, Frauenemanzipation, Arbeiterbewegung, Sozialdemokratie, Gewerkschaften – nichts davon fand in der großen Erfolgsliteratur einen Widerhall. Diese Literatur war zu einer schundigen Fabrikware geworden. Sie schrieb sich von selbst, sie druckte sich von selbst, sie verlegte und verkaufte sich von selbst. Der Beruf des Verlegers schien mit ihr geradezu *ad absurdum* geführt: schöpferische Initiative war genau das, was in diesem Riesenbetrieb geistigen Leerlaufs ganz und gar nicht gebraucht wurde.

Wohl gab es Stille im Lande, die es anders und besser wußten; aber sie kümmerten sich um den lärmenden Rummel nicht. So schrieb 1881 der fünfzigjährige Wilhelm Raabe an Berthold Auerbach:

Was Sie über eine nicht genügende Beachtung meines literarischen Schaffens sagen, so haben Sie wohl Recht so weit dies die edle deutsche Presse und das ›große‹ Publikum anbetrifft. Den Leserkreis dagegen, der allein für mich in Betracht kommt, habe ich seit Jahren und werde ihn behalten, trotz aller jetzt die Luft durchsegelnden so glanzvoll aufgepufften Seifenblasen.

Solche Worte resignierter Selbstbescheidung, die sich nicht ohne einen gewissen Hochmut in egoistische Einsamkeit zurückzog, hätten auch Gottfried Keller, Conrad Ferdinand Meyer, Theodor Storm sprechen können. Sie waren sich ihres eigenen Wertes bewußt. Was um sie herum vorging, kümmerte sie wenig; was nach ihnen kommen würde, noch weniger. Nur einer der stillen Meister dieser Generation nahm zur Kenntnis, daß die Welt rings um ihn sich mit Riesenschritten veränderte. Theodor Fontane in Berlin, der sich nahezu siebzigjährig eben hinsetzte, um seinen ersten großen gesellschaftskritischen Roman, *Irrungen, Wirrungen,* zu schreiben, war hellwach, mitten im Getriebe, interessiert am Bestehenden und neugierig auf das Kommende.

»LEHRER IM AUSLAND«

Daß etwas im Kommen war, ließ sich sehr wohl spüren. Es war, wie es im Verlags-Credo von 1906 hieß,

ein Zustand da, der sich das schöne Wort gesagt sein lassen müßte: »Wenn der Meister euch ängstigt, fragt die große Natur um Rat.« Aber die Natur ist nicht leicht zu befragen; auch das Fragen will gelernt sein. Und so suchte man Lehrer im Ausland; und fand sie in einigen Meistern, deren künstlerische Tendenz man in einem Merkwort zusammenfassen konnte: dem Naturalismus.

Wer wie der junge Literat Paul Schlenther vor dem Schaufenster von Fischers Lädchen in der Friedrichstraße stehenblieb, konnte in der Auslage die lockendsten Titel lesen. Denn in diesem Schaufenster, so erzählt Bahr, lagen Bücher, »die man sonst noch nirgends zu sehen bekam, Bücher von solchen unbekannten Größen wie Ibsen, Björnson, Dostojewski«, und »wer immer der Butzenscheiben überdrüssig geworden war«, wurde dadurch rasch auf Fischer aufmerksam. »Das gefällige, wissensdurstige, kluge Männchen war mit einer guten Nase begabt, mit einem wohltemperierten, im rechten Augenblick wagenden, aber auch wieder rechtzeitig zögernden Mut und mit einem schönen Ehrgeiz«, und Fischer selbst bestätigt, daß ihm die Kunden seiner Buchhandlung ebenso wichtig waren, wenn nicht wichtiger, wie die Bücher, die sie kauften. Zu diesen Kunden gehörten

viele geistige Menschen meiner Generation. Wir unterhielten uns, wie es selbstverständlich war, sehr viel über die Probleme der neuen Literatur. Man wollte nichts mehr vom Gestern wissen, man wollte endgültig sich von abgelebten romantischen Idealen freimachen und versuchen, die lebendige Gegenwart künstlerisch zu gestalten. Der Alltag, vor allem der soziale Alltag, und der moderne Mensch und seine psychologischen Probleme, das waren die neuen Erlebnisse einer neuen Dichtergeneration. In Frankreich und Rußland waren die ersten Verkünder und großen Gestalter dieser neuen Gesinnung erstanden, die sich dann in schnellstem Tempo über Europa verbreitete. Als die naturalistische Bewegung auch in Deutschland an Boden gewann, habe ich mich mit Freude und Wagemut dem neuen Glauben verschrieben.

Der Buchhändler Fischer war auf dem laufenden. Er hatte die ersten Reclam-Hefte mit Ibsens frühen Dramen auf Lager; bei ihm bekam man die ersten Übersetzungen der *Brüder Karamasow* und des *Raskolnikow*, die 1884, drei Jahre nach Dostojewskis Tod, erschienen waren, Übersetzungen freilich, wie Bahr sich erinnerte, die so stümperhaft schlecht waren, »daß ich mir den ungeheuren Eindruck eines solchen ›Kolportageromans‹, gegen den sich mein Formgefühl empörte, kaum einzugestehen wagte, wütend, dennoch von ihm Wochen lang nicht loskommen zu können«. Und gar Zola!

In meine Berliner Zeit fiel krachend ›Germinal‹. Hier hatten wir in Gestalt, was dumpf in uns gor. Hier schien Weltgericht gehalten. Hier hatten wir eine Literatur, die nicht bloß Papier war, die das Leben selber war. Und wie horchten wir freudig auf, als sich nun gar noch unser eigener Zola fand, ein Berliner Zola: Max Kretzer –.

BEI ROTHMILLER

Max Kretzer, fünf Jahre älter, gehörte zu Fischers frühesten Berliner Freunden. »Wer den liebenswerten Fischer sicher treffen wollte«, so erzählte Julius Elias, »hatte ihn nur bei seinem österreichischen

Landsmann Rothmiller zu suchen, der in der Französischen Straße ein Wiener Speisehaus mit sehr viel kräftigenden Mehlspeisen offen hielt. Seine Kumpane waren damals Carl Bleibtreu« – den Fischer von Steinitz her kannte – »Max Kretzer, der den Berliner Roman im Herzen trug, und der Übersetzer August Scholz, der der russischen Epik seine Leidenschaft schenkte.« Kretzer war kein Zola, wiewohl in der Folge ein Schriftsteller von vergleichbarer Fruchtbarkeit. Er war einer jener »Unbekannten, Namenlosen, Ausgelachten«, deren Treffpunkt Fischers Buchhandlung war, jener Gruppe von Stürmern und Drängern des ›Jüngsten Deutschland‹, die zu Beginn der achtziger Jahre mit einem Schlag an verschiedenen Orten Deutschlands gleichzeitig, hauptsächlich aber in München, Leipzig und Berlin, chaotisch lärmend und wild fuchtelnd die literarische Revolution proklamierten.

Dieser erste Ansturm des Neuen fiel zeitlich genau mit Fischers Berliner Buchhändlerjahren zusammen, und er erlebte ihn in jeder seiner rasch aufeinanderfolgenden Phasen gleichsam in seinem eigenen Schaufenster mit. In seinem ersten Berliner Großstadtroman *Sonderbare Schwärmer*, der 1881 erschien, hatte der sechsundzwanzigjährige Kretzer auf Drängen seines Verlegers noch die Namen der Straßen und Plätze verschleiern müssen. 1882 kam der zweite, *Die Betrogenen*, und verschleierte nichts mehr. Im selben Jahr begannen die Brüder Julius und Heinrich Hart in Berlin ihre *Kritischen Waffengänge* herauszugeben, darin sie programmatisch verkündeten:

> Keine Schulenbildung; alle Ismen haben als Embleme keinen anderen Wert, als den für die Persönlichkeit. Wir kennen nur eine Poesie: die des Genies, des Talents, und nur einen Feind: die Mittelmäßigkeit, den sich vordrängenden Dilettantismus. Die Poesie des Genies war zu allen Zeiten realistisch und doch auch idealistisch; sie atmete von jeher Wahrheit, Quellfrische und Natur, sie wandte sich stets an den ganzen, gesunden, ringenden Menschen, an alles das, was in uns zur Höhe, was in die Tiefe strebt...

Als im Jahr darauf, 1883, Michael Georg Conrad aus Paris nach München zurückkehrte, »die ganze Seele erfüllt von seinem Zola«, hatte die neue Literaturrichtung ihren enthusiastischsten Verkünder gefunden. Alle Welt las und entrüstete sich über Zolas *L'assommoir*, und merkwürdigerweise findet sich dieses Werk drei Jahre später, anscheinend noch unübersetzt, auf der Liste der Titel, die Steinitz bei der Trennung von Fischer mitnahm, ohne allerdings das Buch später zu veröffentlichen. 1883 erschien Kretzers dritter »realistischer« Berlin-Roman *Die Verkommenen*, und mit den *Adjutantenritten* hörte man zum erstenmal den Namen Liliencron.

›MODERNE DICHTERCHARAKTERE‹

Weihnachten 1884 kam ein neuer Vorstoß aus Berlin, als Hermann Conradi und Carl Henckell unter gewaltigem Wortschwall mit den *Modernen Dichtercharakteren*, einer »Anthologie der Moderne« (herausgegeben von Wilhelm Arent), in die Arena traten. In der Vorrede *Unser Credo* proklamierte Conradi eine vollständige lyrische Revolution, einen Bruch mit allem Unwahren, Unechten, Überkommenen, »leiernden Spielmannsweisen« und »nichtigem Plunder«. Die Zeit der großen Seelen, der tiefen Gefühle, der schrankenlosen Ausbildung der künstlerischen Persönlichkeit sei gekommen. »Wir rufen dem kommenden Jahrhundert«, hieß es bei Conradi, und Henckell erklärte: »Auf den Dichtern des Kreises, den dieses Buch vereint, beruht die Literatur, die Poesie der Zukunft...« Das war ein großes Wort, und nicht einmal die jungen Zeitgenossen, wie der damals zwanzigjährige Max Halbe, schluckten es unbesehen:

Am Ende des Buches war ein Anhang, worin jeder der darin vertretenen Dichter eine kurze Selbstbiographie zum besten gab. Aus den Geburtsdaten ging hervor, daß sie fast alle zwischen 1860 und 1864 geboren waren... In manchen »Lebensbeschreibungen«, zumal der Achtzehn- und Neunzehnjährigen, war reichlich viel Selbstbespiegelung, die einem den Magen umdrehen konnte... Aber als Ganzes genommen war das Buch doch ein bedeutsames und entscheidendes Zeitdokument und wirkte auch so auf uns, die wir etwa in der gleichen Altersklasse standen, es aber noch nicht bis zum Gedrucktwerden gebracht hatten. Der Reichtum an neuen dichterischen Physiognomien, die Vielgestaltigkeit ihrer Ausdrucksformen, die Gelöstheit ihrer Rhythmik machten die »Modernen Dichtercharaktere« wirklich zu einem Ereignis in jenem Zeitalter dichterischer Erstarrung und Senilität.

Ein Name tauchte hier zum erstenmal auf, der Fischer bald sehr vertraut werden sollte: Otto Erich Hartleben.

›DIE GESELLSCHAFT‹

Nahezu im gleichen Augenblick, Weihnachten 1884, erschienen an den Münchner Anschlagtafeln grelle Plakate, auf denen das Erscheinen einer neuen Wochenschrift angezeigt wurde: ›Die Gesellschaft. Realistische Wochenschrift für Litteratur, Kunst und öffentliches Leben‹. Herausgeber war Michael Georg Conrad. »Wir standen«, erzählt Halbe, »vor den Anschlägen und hatten sofort das bestimmte Gefühl, daß es unsere eigene literarische Zukunft sei, deren Geburtsstunde hier angekündigt wurde. Unser ganzer Kreis abonnierte sich auf die neue Wochenschrift.« Das erste Heft brachte einen einführenden Aufsatz von Conrad, darin der »Tyrannei der

›höheren Töchter‹« und der »alten Weiber beiderlei Geschlechts« sowie dem »journalistischen Industrialismus«, diesem »größten Schaden unserer nationalen Litteratur und Kunst«, der Kampf angesagt wurde.

Fort, ruft unsere ›Gesellschaft‹, mit der geheiligten Backfischliteratur, mit der angestaunten phrasenseligen Altweiberkritik, mit der verehrten kastrierten Sozialwissenschaft! Wir brauchen ein Organ des ganzen freien humanen Gedankens, des unbeirrten Wahrheitssinnes, der resolut realistischen Weltauffassung!

Das erste der grünen Hefte der ›Gesellschaft‹ war noch kaum erschienen, da ertönte schon, im April 1885, das Echo aus Berlin: Heinrich Hart sammelte die Gruppe der *Modernen Dichtercharaktere* in seinen ›Berliner Monatsheften für Litteratur, Kritik und Theater‹ um sich. Aber dieses Unternehmen lebte nur ein halbes Jahr. Die Brüder Hart, zwei westfälische Feuerköpfe, hatten schon eine reiche und bewegte literarische Vergangenheit, als sie sich zu Vorkämpfern des ›Jüngsten Deutschland‹ machten und ihm unschätzbare Dienste leisteten. Es war ihr Schicksal, Bahnbrecher und Wegbereiter des Neuen zu sein. Mit Michael Georg Conrad haben sie das »Los so vieler Wegbereiter und Bahnbrecher geteilt, mit ihrem eigenen Schaffen in einer Art von Halbdunkel zu leben und bald der Vergessenheit anheimzufallen«.

ARNO HOLZ

Aus diesem frühesten Kreis der Berliner ›Jüngstdeutschen‹ kam nur einer auf die Nachwelt. Anfang 1886 erschien *Das Buch der Zeit. Lieder eines Modernen* des dreiundzwanzigjährigen Arno Holz. Darin standen die Verse:

Nein, mitten nur im Volksgewühl,
Beim Ausblick auf die großen Städte,
Beim Klang der Telegraphendrähte
Ergießt ins Wort sich mein Gefühl.

Denn süß klingt mir die Melodie
Aus diesen zukunftsschwangren Tönen.
Die Hämmer senken sich und dröhnen:
Schau her, auch dies ist Poesie!

Mit dem *Buch der Zeit* war der neuen Richtung in der Literatur ihr Stichwort gegeben. An die Stelle der schallenden Proklamationsphrasen und aufgeregten Protestgesten konnte allmählich, beharrlich erarbeitet, die echte dichterische Leistung treten. Noch wetterte Bleibtreu in seiner gleichfalls 1886 erschienenen konfusen Streitschrift *Revolution der Literatur* gegen die Naturalisten, die er »unreife Jünglinge« nannte, »eine Anzahl von Verrückten, die sich ein geistiges Asyl für Obdachlose unter dem Titel *Moderne Dichtercharaktere* geschaffen haben«, wo es doch »die erste und wichtigste Aufgabe der Poesie« sein müsse, »sich der großen Zeitfragen zu bemächtigen«. Fischers Freund Bleibtreu war eine schillernde, widerspruchsvolle Gestalt. Der »neue Realismus«, den er unter dem Eindruck Zolas forderte, hielt zugleich an einem subjektiv-idealistischen Pathos fest und erschöpfte sich im Stofflichen; er wetterte mit der gleichen polemischen Unduldsamkeit gegen den konsequenten Naturalismus wie zuvor gegen die Goldschnittpoesie. Von Holz hingegen kam der charakteristische Ausspruch: »Man schließt keine Kompromisse. Man setzt sich durch oder man krepiert.« Er überwand, mit Schlenthers Worten, die »sogenannte neue Schule, in deren lauteste Lärmtrompete der Größenwahn Carl Bleibtreus blies. Er überwand diesen lächerlichen Pseudorealismus, der mit Zolas Naturanschauung nicht das mindeste zu schaffen hatte und sehr bald an seiner eigenen Aufgeblasenheit zerplatzte!« Holz war »auf soliderem Weg«, als er seinem Freund Jerschke schrieb:

Zu einer positiven Weltanschauung habe ich mich bisher noch nicht bringen können, doch bin ich fest davon überzeugt, daß uns mit der Zeit die Naturwissenschaften zu einer solchen verhelfen werden. Letztere halte ich überhaupt für die einzige ›Wissenschaft‹, die diesen Ehrennamen verdient.

DER VEREIN ›DURCH‹

Solche Erwägungen waren einigen der Berliner ›Jüngstdeutschen‹ nicht fremd, und Fischer war mit ihnen vertraut durch seine beiden Debattierfreunde Bruno Wille und Wilhelm Bölsche: Wille, ein Jahr jünger als Fischer, populärphilosophischer sozialistischer Wanderredner und freidenkerischer Prediger, ein »großer schwerer Mann mit strähnigem dunkelblondem Haar und bärtigem Kinn«, der »seinen Hörern den materialistischen Wissensstoff der Zeit im Licht einer höheren Ethik zu vermitteln suchte«; Bölsche, noch um ein Jahr jünger, ein jovial-genießerischer Rheinländer, der damals seinen höchst merkwürdigen Roman *Die Mittagsgöttin* schrieb, aber bereits seine Freunde »bei belegten Stullen und Lagerbier« mit seinen erstaunlichen naturwissenschaftlichen Kenntnissen verblüffte. Bölsche und Wille gehörten zu den Mitbegründern eines neuen literarischen Vereins, der sich im Frühjahr 1886 in Berlin zusammengefunden hatte. Er trug den charakteristisch draufgängerischen Namen ›Durch‹ – durch die erstarrte Konvention hindurch zur Entfaltung der Individualität –, tagte, wie Bölsche später erzählte, »in einem scheußlichen

kleinen Gastzimmerchen« des Café Alexanderplatz und hatte »einen ruppigen und putzigen Zug«. Er war der »erste wirkliche ästhetische Verein« des neuen Berlin, in dem »über naturalistische Poesie und andere aktuelle Fragen der Literatur verhandelt wurde«. Fischer wurde, so scheint es, von Bleibtreu im Verein ›Durch‹ eingeführt. Hier traf er Bölsche und Wille, Arno Holz und dessen Freund Johannes Schlaf, Hartleben, John Henry Mackay, Adalbert von Hanstein und den jungen Dr. Richard Dehmel, der von dem noch gänzlich unbekannten Liliencron schwärmte. Der Verein ›Durch‹ wurde keine »Dichterschule«, wie die Brüder Hart es sich vorgestellt hatten, wohl aber ein entscheidender Treff- und Sammelpunkt. Fischer saß inmitten der aufgeregten Redner und Vorleser im rauchgeschwängerten Gastzimmer, sah zu, hörte zu, abwägend, überlegend, schätzend.
Das war das Jahr 1886. Es war das Jahr, in dem Ranke und Scherer starben; das Jahr, in dem die Marlitt ihren letzten Roman für die ›Gartenlaube‹ schrieb; das Jahr, in dem in Bern mit der Übereinkunft zum internationalen Schutz des Urheberrechtes eine neue Epoche der weltliterarischen Beziehungen begann. In Deutschland hatten Literatur und Verlagswesen weitgehend die Beziehung zueinander verloren; Schriftsteller und Verleger bildeten schon längst keine »ideale Gemeinschaft« mehr und hatten sich in den letzten Jahrzehnten völlig auseinandergelebt. Das alte Verlagswesen fuhr in seinen ausgefahrenen Bahnen weiter, die neue Literatur torkelte desorientiert in einer wegelosen Landschaft umher. Die großen würdevollen Kulturverleger waren so wenig berufen oder geschaffen, die Renaissance, wenn sie mit voller Kraft einsetzte, aufzufangen und zu betreuen, wie die landläufigen Massenverleger. Die einen verstanden die Zeit nicht, die anderen interessierten sich nicht für sie. Die ›Literatur‹, die ›Dichtkunst‹, wie Fischer sie begriff, war heimatlos. Wenn sie den Anschluß an Europa und die Welt und den Weg zu ihren eigenen Lesern finden sollte, bedurfte sie eines neuen Typs des Verlegers, der nach neuen Grundsätzen wog und schätzte, überlegte und rechnete. Diesen Typ des ›literarischen‹, persönlich inspirierten, persönlich differenzierenden Verlegers gab es nicht – noch nicht. Das Schicksal schob Fischer, ohne daß er es sogleich recht merkte, an diesen Platz. Er schuf, wie er später selbst sagte, »getragen von der Welle einer neuen menschlichen Gemeinsamkeit, einer neuen Herzlichkeit, die in die Welt zu kommen schien«, diesen neuen Typ, »anfangs nur unklar, mehr phantastisch jugendlich erregt, mehr ahnend und fühlend als wissend«. Und doch darf man zurückblickend sagen: er wußte zugleich auch mehr, als er ahnte. Als er in jenem Herbst 1886, die »Revolution der Literatur« brausend in den Ohren, vom Café Alexanderplatz und

dem Verein ›Durch‹ heimwärts fuhr und in seinem Kontor die erste Liste der Neuerscheinungen seines eigenen Verlags aufstellte, stand nicht einer seiner Freunde vom Stammtisch bei Rothmiller, nicht einer seiner ›Kunden‹ im Buchlädchen, nicht ein einziger der »modernen Dichtercharaktere« des ›Jüngsten Deutschland‹ darauf. Er wußte, warum. Bereits bei seiner ersten verlegerischen Entscheidung hatten sich literarische Vorstellungskraft und kaufmännische Vernunft verbündet.

WILHELM FRIEDRICH

Fischer, in seinem Kontor in der Mohrenstraße 10, mußte rechnen, und zwar knapp und genau. Zehntausend Mark waren, wenn man nicht achtgab, im Handumdrehen weg. Als der junge Reinhard Piper zehn Jahre später daran dachte, mit achtzehntausend Mark Kapital einen eigenen Verlag zu gründen, schreckte er vor dem tollkühnen Wagnis zurück und wartete noch einige Jahre, bis er einen Partner mit dem gleichen Kapital gefunden hatte. Mit achtzehntausend Mark, so rechnete Piper, konnte er gerade seine ersten sechs Bücher finanzieren, und wenn nicht alle sechs sofort einigermaßen erfolgreich waren, ging es schon nicht weiter. Fischer konnte sich noch viel weniger erlauben, Lehrgeld zu zahlen. Außerdem war dem umsichtigen Buchhändler nicht entgangen, daß ein anderer das Lehrgeld für ihn bereits entrichtet hatte.

Der Name Wilhelm Friedrich ist seit mehr als einem halben Jahrhundert verschollen. Im Jahr 1912 forschte der zweiundzwanzigjährige Student Walter Hasenclever am Leipziger ›Institut für Kultur- und Universalgeschichte‹ dem Vergessenen nach; aber seine Dissertation über *Wilhelm Friedrich und die Zeitschrift ›Die Gesellschaft‹* wurde nicht angenommen und ist unveröffentlicht geblieben. Statt ihrer gab Hasenclever 1914 bei Georg Müller in München eine kleine Schrift *Dichter und Verleger* mit Briefen Friedrichs an Liliencron heraus, und diese Schrift, auch sie längst verschollen, ist die einzige veröffentlichte Quelle, aus der über Fischers einzigen wirklichen Vorgänger und Lehrmeister etwas zu erfahren ist.

Wilhelm Friedrich, 1851 geboren und gelernter Buchhändler, kam 1878 nach Leipzig und gründete dort, erfüllt von der »Unzulänglichkeit und dem Verfall der deutschen Kunst« und dem »brennenden Verlangen nach einer Neuerung«, seinen eigenen Verlag. Er begann damit, daß er die einst berühmte, noch auf Anregung Goethes 1832 gegründete Zeitschrift ›Magazin für die Literatur des In- und Auslandes‹ aus der Dümmlerschen Verlagsbuchhandlung »in verwahrlostem Zustand« übernahm und binnen kurzem zur wichtigsten literarischen Zeitschrift der frühen achtziger Jahre machte. Hier erschienen die ersten Versuche Michael Georg Conrads und Carl Bleibtreus, hier las man zum erstenmal Liliencron, Max Kretzer und Hermann Conradi, und zugleich »liefen von hier aus die ersten Fäden in eine Bewegung, die bereits nach einem halben Jahrzehnt durch die Tätigkeit des Verlegers eine feste Organisation und damit im Verlaufe der Literatur ihr Gepräge erhielt«. Als ›Die Gesellschaft‹ in München schon nach den ersten Nummern ins Schwanken geriet, übernahm Friedrich sie in seinen Verlag, wo sie zehn Jahre lang blühte. Damit hatte Friedrich in seinen zwei Zeitschriften und seinem rasch aufschießenden Verlag nahezu die gesamte »Moderne«, das ganze »Jüngste Deutschland«, die »Realisten«, wie sie sich nannten, und Vorläufer des Naturalismus unter seinem Dach vereint. Nicht genug mit ihnen, verbreiterte der unermüdliche Mann unablässig die Basis seines Verlages: er brachte neben Henckell und Peter Hille auch Dostojewski und Zola (und war für manche abscheuliche Übersetzung verantwortlich); er griff in die Kulturgeschichte hinüber und verlegte neben den philosophischen Schriften Eduard von Hartmanns wissenschaftliche Zeitschriften und die ersten Werke der Theosophie. Er hatte keinen Teilhaber, keinen Helfer, er »machte alles allein« und brachte binnen fünfzehn Jahren über tausend Werke heraus. Mit unglaublichem Schwung und Enthusiasmus versuchte er, der deutschen Literatur etwas zu geben, was sie schon seit langem nicht mehr besaß und unter den neuen Verhältnissen nicht mehr besitzen konnte: einen kämpferisch-fortschrittlichen, alle Zweige des lebendigen Schrifttums umfassenden universalistischen Kulturverlag. Dieser Versuch zu dieser Zeit war zum Scheitern verurteilt, und er scheiterte.

Friedrich wurde seines ›Realisten‹-Monopols nicht froh. In voller Wahrheit schrieb Liliencron später: »Wir ›Modernen‹ wären alle ›geliefert‹ und ›verratzt‹ gewesen, hätten wir nicht Friedrich als Verleger gehabt.« Friedrich hatte, gleich Fischer nach ihm, seinen Verlag mit einem Kapital von ein paar tausend Mark begonnen, und während einiger Jahre lebten buchstäblich sämtliche »modernen Dichtercharaktere« von ihm, ohne ihm auch nur annähernd das einzubringen, was er ihnen vorschoß. Er bezahlte in regelmäßigen Abständen Liliencrons Schulden; ohne ihn hätte Hermann Conradi, der ganz auf seine Kosten lebte und bettelarm starb, nicht einmal begraben werden können. »Tragödien und Prozesse, Revolutionen, Schiebungen und Miseren« lösten einander in unablässiger Folge ab, die Polizei schnüffelte beständig nach unzüchtigen oder sozialdemokratischen Schriften, Walloths Roman *Der Dämon des Neides* wurde wegen Unsittlichkeit, Conradis *Adam Mensch* wegen Gotteslästerung konfisziert, mit dreien seiner Autoren focht Friedrich den berüchtigten »Realistenprozeß« durch und bezahlte die Geldstrafen für sie. Alle diese Wirrungen kosteten den Unermüdlichen, wie Hasenclever schreibt,

nicht nur erhebliche Opfer, sie verwickelten ihn in tausend Konflikte, auch mit seinen eigenen Autoren, den Jungen und den Alten. Während die Älteren ziemlich einmütig gegen die Jüngeren vorgingen und ihnen kritisch die Daseinsberechtigung absprachen, waren diese ihrerseits in so viele Parteien zersplittert als es Köpfe gab. Auch in ihrem Kampf richteten sie sich oft genug gegen Friedrich selber, und er wurde für ihre Streitigkeiten untereinander verantwortlich gemacht; hier ward nicht selten aus anfänglicher Freundschaft eine hitzige Feindschaft.

Nach fünfzehnjährigem Kampf hatte Wilhelm Friedrich, noch nicht fünfundvierzigjährig, »jene großgewollte, vielverworrene und friedlose Sphäre, die sich als ›Realismus‹ in Deutschland selbst bezeichnet und damit ihre Grenzen gesetzt hatte«, gründlich satt. Im Jahr 1895, »des ewigen Haders müde« und angewidert von »Haß und Schmähung«, verkaufte er in jähem Entschluß, geradezu über Nacht, seinen ganzen Verlag und zog sich in sein Haus am Gardasee zurück. Man hörte, obwohl er noch lange lebte, nie wieder etwas von ihm. In vielen Fällen gab er seine Autoren an andere Verleger ab, ohne sie überhaupt vorher zu fragen: Liliencron beispielsweise wachte auf und gehörte zu seinem Erstaunen den geschickten jungen Herren Schuster und Loeffler, bei denen auch Richard Dehmel erschien. Mit Friedrichs Fortgang zerfiel der Kreis seines Wirkens sofort. Es wurde deutlich, daß nur seine dynamische Persönlichkeit ihn überhaupt zusammengehalten hatte: »Seine Zeitschriften endeten unrühmlich, seine Autoren verschollen in Vergänglichkeit.« So der Chronist Walter Hasenclever. Und Max Dauthendey fügte in seinen Lebenserinnerungen hinzu:

Der Verleger Friedrich in Leipzig, der die moderne Bewegung als erster im Entstehen lebhaft unterstützt hatte, war an seinen modernen Schriftstellern zugrunde gegangen, da das bücherkaufende Publikum wie immer einige Jahresreisen hinter den neuen Dichtergeistern zurückgeblieben war und sie nicht verstehen und kaufen wollte. An Stelle des Friedrichschen Verlages aber blühte in Berlin der S. Fischersche Verlag für Deutschland auf...

Wilhelm Friedrich stand auf der Höhe seiner verlegerischen Laufbahn, als S. Fischer begann. Daß Fischer ihn persönlich kannte, ist nicht nachweisbar, gewiß aber gehörte die Buchhandlung Gebrüder Fischer zu Friedrichs besten Kunden: hier, wenn irgendwo, waren Friedrichs Bücher und Zeitschriften zu haben, und wenn Fischer sie nicht verkaufen konnte, dann konnte es überhaupt niemand. Friedrich hatte vor Fischer einen Vorsprung von fast zehn Jahren. Aber war es wirklich ein Vorsprung? Das wird sich Fischer oft gefragt haben. Er hat bestimmt jede Neuerscheinung Friedrichs, jede neue Nummer der ›Gesellschaft‹, wie es seine Gewohnheit war, genau gelesen; forschend, prüfend, wägend, Ausschau haltend. Was wog das, was er da in der Hand hielt? Stand hinter der lauten Proklamation ein Mensch mit seinem Erlebnis, hinter dem lärmenden Protest ein Künstler mit einer echten Leistung? Was sagte ihm sein »Tastsinn für Güte und Wert einer Sache nach Faser und Maser«? Warum blieb Friedrichs aufopfernde Arbeit Jahr um Jahr auf einen kleinen Kreis beschränkt, warum wurden seine Bücher verlacht und verhöhnt, wenn nicht gar überhaupt ignoriert? Warum kam diese »Revolution der Literatur« nicht vom Fleck, brach nirgends sichtbarlich in die befestigten Stellungen der wilhelminischen Konvention ein? Warum kam sie nicht ›durch‹? Als Wilhelm Friedrich 1895 enttäuscht von der Szene abtrat, bestand Fischers Verlag seit fast einem Jahrzehnt, und nicht einer von Friedrichs obdachlos gewordenen Autoren ging in seine Hände über. Fischer hatte sie gewiß alle gewogen, aber zu leicht befunden: Schriftsteller wohl, aber keine Werke. Der Blick auf Fischers Verlag mag Friedrich in seinem Entschluß abzudanken sehr bestärkt haben.

WIEDERAUFNAHME DER TRADITION

Gewiß ist, daß Fischer in jenem Herbst 1886 aus den enthusiastischen Irrtümern des Älteren seine Lehren zog. Er erkannte, daß Friedrich etwas unternommen hatte, was nicht gelingen konnte: die »Revolution der Literatur« zu forcieren mit einem Massenaufgebot schlecht bewaffneter, streitsüchtiger und desorientierter Einzelgänger, die ihr Wollen mit ihrem Können verwechselten, ihre Absicht mit ihren Fähigkeiten gleichsetzten, ihr Selbstbewußtsein für ihre Leistung hielten. Die Tätigkeit des Verlegers, heißt es im Verlagskatalog von 1906,

> ist praktisch, und doch auch nicht praktisch; sie ist ideell, und doch auch nicht ideell; sie bedarf der Initiative, und ist doch darauf gestellt, zu warten. Was hilft es, gute Bücher verlegen zu wollen, wenn nicht gute Bücher geschrieben werden!

Die einzige Waffe, mit der sich eine Bresche in die Mauer der selbstzufriedenen Konvention, des hochfahrenden Epigonentums schlagen ließ, war die Leistung, das geschlossene, gekonnte, geformte Werk, das Achtung heischte, selbst wo es Widerspruch hervorrief, das sich nicht beiseite schieben ließ, weil es fest und sicher in sich ruhte, das man zur Kenntnis nehmen mußte, weil es – gut war. Die »Revolution der Literatur« mußte jenseits aller politischen, sozialen, religiösen, ethischen Forderungen, die auf ihrem Banner standen, vor allem und in erster Linie eine Revolution der literarischen Qualität sein. Was half es, so mochte Fischer sich fragen, die Jünger durchsetzen zu wollen, wenn die Meister noch nicht durchgesetzt waren? Welche Aussicht hatten die *Modernen Dichtercharaktere*, solange das vorgeblich gebildete Deutschland von Zola behauptete, er schreibe »wie ein Indianer für Indianer«; solange Paul Heyse über Ibsen sagen konnte: »Solche Stücke schreibt man nicht«; solange Dostojewski und Tolstoi in so schundigen Übersetzungen in die deutschen Buchhandlungen kamen, daß man sie für Verfasser von Kolportageromanen halten mußte?

An diesem Punkt, so erklärt das Vorwort von 1906, »setzte unser neu gegründeter Verlag ein. Er veröffentlichte Werke von Ibsen, von Dostojewski, von Tolstoi und von Zola.« Das knappe Kapital wurde in die großen unbekannten Meister investiert anstatt in die kleinen unbekannten Schüler. Das Risiko war auch so noch groß genug, und Fischer machte sich gewiß Sorgen, ob er werde durchhalten können. Es brauchte ihm nur ein Dostojewski, ein Zola verboten oder beschlagnahmt zu werden, und schon drohte der Ruin. Aber es war ein Risiko mit der Leistung, der Qualität, das er einging, und das war die Sorge wert. Denn »überraschend schnell gab es dann in Deutschland eine Produktion, die mit eigener Färbung und eigener Tendenz vom Naturalismus durchdrungen war. Was an der neuen Bewegung Programm war, fiel nach gar nicht langer Zeit wie Schlacke ab, was Leben daran war, blieb und wuchs.« So hob sich »ein ganzes Gebiet der Literatur aus der Kümmerlichkeit des Epigonentums und ermöglichte das Wiederaufnehmen der Tradition«.

Wenige Revolutionen sind im Namen der Tradition so siegreich durchgekämpft worden wie diese, in deren erster Reihe der junge Sami Fischer stand. »Es ist ganz einfach so«, schrieb Otto Flake am Ende eines langen gemeinsamen Weges, »daß einer, der die Geschichte des Fischerschen Aufstieges, sagen wir nur die Jahre 1886 bis 1906, behandeln wollte, ohne weiteres die Geschichte einer Revolution und ihres Sieges schreiben müßte. Der Sieg einer Revolution, das bedeutet nicht weniger als daß sie auch *die* Kräfte, gegen die sie sich am Anfang wandte, zu sich herüberzieht und eine neue Einheit schafft.«

4 Henrik Ibsen

In den letzten Monaten des Gründungsjahres brachte Fischer lediglich Neuausgaben der von Steinitz ›übernommenen‹ Bücher heraus, die vermutlich bereits fertig hergestellt waren. Mit seinen eigenen und ›eigentlichen‹ Büchern trat er erst nach der Jahreswende auf. Es waren ihrer sechs, diese für den jungen Verleger offenbar so schicksalsträchtige Anfangszahl. Mit weniger konnte er nicht hervortreten, wenn er rasch Beachtung finden wollte; mehr erlaubte sein Anfangskapital nicht. Die Buchhändler rechneten nur einmal im Jahr, zur Ostermesse in Leipzig, ab. Fischer mußte ein Jahr lang durchhalten, ehe die ersten Einnahmen kamen, und inzwischen bereits die zweite Jahresproduktion finanzieren. Es war kein leichtes Geschäft.

DIE ERSTEN SECHS

Das erste Buch, das mit dem Impressum »S. Fischer, Verlag« und der Jahreszahl 1887 erschien, war das Schauspiel *Rosmersholm* von Henrik Ibsen. Es kostete eine Mark und wurde am 28. Januar ausgeliefert. Fischer druckte eine erste Auflage von tausend Exemplaren. Dies war zu jener Zeit die allgemein anerkannte Mindestzahl, bei der Satz und Druck sich zu den üblichen Ladenpreisen rentabel kalkulieren ließen; daher die auch von Fischer jahrzehntelang beibehaltene Gewohnheit, unter einer ›Auflage‹ tausend Exemplare zu verstehen, wiewohl der Begriff genaugenommen lediglich die Anzahl der in einem Druckgang hergestellten Exemplare bezeichnete und diese Anzahl selbstverständlich beliebig hoch sein konnte.
Am 22. März folgte Ibsens *Wildente,* und bereits eine Woche danach konnte Fischer die zweite Auflage, also das zweite Tausend, von *Rosmersholm* ankündigen. Im zweiten Vierteljahr erschienen Emile Zolas Drama *Therese Raquin* und der Novellenband *Maurus Jokai's Decameron.* Am 25. August kam *Die Macht der Finsterniß,* ein »dramatisches Sittenbild aus dem russischen Volksleben« von Graf L. Tolstoi, und den Beschluß machte am 19. September *Der Circus und die*

Circuswelt von Signor Domino. Dieses »höchst interessante Buch« kostete »hochelegant gebunden« fünf Mark und war das teuerste auf Fischers Liste. Das war die Produktion des ersten Jahres.
Auf den ersten Blick nimmt sie sich wunderlich aus. Von Jokai und Domino erwartete sich Fischer gewiß keine literarische Revolution, wohl aber ein wenig Umsatz, der bei den Sortimentern für ihn gutes Wetter machte. Hierauf mußte der Verleger achten: die Buchhändler würden sich für seinen Verlag nur einsetzen, wenn er ihnen neben den schwerer verkäuflichen Titeln auch einige ›gängigere‹ lieferte; andernfalls wurden die schwer verkäuflichen Autoren unverkäuflich. Überdies war der »gefeierte ungarische Romancier«, als welcher Maurus Jokai auf Fischers Waschzettel gepriesen wurde, durchaus ein Moderner, dessen man sich nicht zu schämen brauchte; und vermutlich war bei Fischer auch ein wenig Anhänglichkeit an die alte Heimat im Spiel: der Freund Samuel Revay hatte bereits einige Jahre zuvor in Budapest einen eigenen literarischen Verlag gegründet, der jahrzehntelang, vor allem unter seinen Söhnen Moritz und Edmund, blühte, und Jokai gehörte zu Revays Autoren. Fischer stand mit Revay in Verbindung und ließ sich auch in der Folge noch den einen oder anderen neuen ungarischen Schriftsteller von ihm empfehlen. Aber er machte sich keine Illusionen. Ein Vierteljahrhundert später sagte er einem ungarischen Besucher:

Ich denke immer mit Respekt nach Hause – ich will keine Kritik an den ungarischen Schriftstellern üben. Ich weiß von vielen interessanten und wertvollen ungarischen Talenten, und ich bin überzeugt, daß auch ein origineller Schriftsteller auftauchen wird. Jawohl, originell. Den meisten ungarischen Schriftstellern mangelt es an Originalität – es fällt mir keine einzige Ausnahme ein.

»DIE POESIE DES GELDES«

Wunderlicher an Fischers erstem Verlagsprogramm war die Tatsache, daß sich unter seinen sechs Titeln nicht ein einziger Roman befand, wohl aber ein Novellenband und nicht weniger als vier Theaterstücke! Das lief, so schien es, aller verlegerischen Erfahrung jener Zeit zuwider. »Verehrtester!« schrieb just damals, Mitte 1886, der vielgeplagte Wilhelm Friedrich an seinen Autor Liliencron. »Lassen Sie um Gotteswillen den Novellenkram beiseite, da ist materiell absolut nichts zu holen!« Er solle sich hinsetzen und einen Roman schreiben.

Verehrtester! Machen Sie sich doch mal die Sachlage mit Gedichten, Dramen in Deutschland recht klar. Letztere haben als Buchausgabe überhaupt noch niemals »Erfolg« gehabt; selbst wenn die Stücke über alle Bühnen gehen, kauft der ›deutsche Michel‹ sich doch keine Dramen. Wer heute Geld verdienen will, muß verkäufliche Waare auf Lager haben, aber mit Dramen und Gedichten ist als unverkäufliche Waare kein Geld zu verdienen. In der Prosa liegt die Poesie des Geldes! Schreiben Sie Prosa, und jedes Honorar wird von mir bezahlt!

So sprach einer, der es wissen mußte, und doch schlug Fischer, wie man sieht, diese bittere Erfahrung kurzerhand in den Wind. Wobei zu bedenken ist, daß der Buchverleger von Theaterstücken an den Aufführungen dieser Stücke nichts verdiente. Die Aufführungsrechte von Ibsens Stücken wurden vom Berliner Bühnenvertrieb Felix Bloch betreut. Kein Buchverleger kam damals auf den Gedanken, selbst eine Theaterabteilung zu betreiben und sich auf diese Weise beim »deutschen Michel« schadlos zu halten. Dennoch setzte Fischer auf längere Sicht richtig; und zwar, was charakteristisch für ihn war, aus literarischen Gründen, die sich in der Folge auch geschäftlich als richtig erwiesen. Sein Instinkt mag ihm gesagt haben, daß auch hier eine Wende bevorstand, daß die Erneuerung der deutschen Literatur, von der er überzeugt war, nicht vom Roman, sondern von der Bühne her zu erwarten war. Friedrich hatte in Liliencron ganz einfach den falschen, nämlich einen unspielbaren Dramatiker erwischt. Fischer war von Jugend auf ein leidenschaftlicher Theaterbesucher; er wußte in der dramatischen Literatur Bescheid; er verfolgte aufmerksam die Kritiken der Premieren in den großen Zeitungen: Otto Brahm in der ›Nation‹ und der ›Frankfurter Zeitung‹ und seinen Freund Paul Schlenther, der soeben, 1886, die Nachfolge Fontanes in der ›Vossischen Zeitung‹ angetreten hatte. Fischer wußte, ›was gespielt wurde‹, in jeglichem Sinn des Wortes, und darauf kam es in diesem Augenblick in Berlin an.

VERSUCH MIT ZOLA

Im Juni 1887 wurde Zolas *Therese Raquin* in einer deutschen Bühnenbearbeitung von J. Savits im Berliner Friedrich-Wilhelmstädtischen Theater gespielt und fand infolge einer unzulänglichen Aufführung eine aus Beifall und Ablehnung gemischte Aufnahme. Dennoch, schrieb Brahm, verdiene das Unternehmen Dank: »Es machte uns mit einem der merkwürdigsten neueren Dramen bekannt, welches der gerade in diesem Theaterjahr eifrig geführten Debatte über Recht und Grenzen des modernen Realismus neuen Stoff zutragen kann.« Die Aktualität dieser Empfehlung hätte Fischer schon genügt; ein übriges dürfte die bemerkenswerte Persönlichkeit des in Berlin anwesenden Übersetzers getan haben. Jocza Savits nämlich, zwölf

Jahre älter als Fischer, stammte aus Török-Becse im tiefsten Ungarn und schien ein lebender Beweis für die Richtigkeit von Fischers eigenem, nachmaligem Ausspruch: »Ich erkläre es offen und aufrichtig – ein Ungar kann nur im Ausland Karriere machen.« Savits hatte sich als klassischer Heldendarsteller über Wien nach München hochgekämpft, wo er Oberregisseur am Hoftheater wurde und für seine literarischen Verdienste den Professortitel erhielt. Ein Mann, der solches zuwege brachte, dürfte auf Fischer seinen Eindruck nicht verfehlt haben, und er druckte diese »einzige vom Verfasser autorisierte deutsche Ausgabe« (wir werden sehen, was es damit auf sich hatte), während das Stück in Berlin noch lief.

Allerdings war die Verbindung mit Savits und auch die mit Zola nicht von langer Dauer. Im nächsten Jahr, 1888, verlegte Fischer noch Savits' Übersetzung von Zolas Drama *Renée,* und danach verschwand der ungarisch-bayrische Hoftheaterprofessor wieder aus seinem Gesichtskreis. Im selben Jahr brachte Fischer, auf 1889 vordatiert, Zolas Roman *Ein Traum,* den sechzehnten Band des *Rougon-Macquart*-Zyklus, in der Übersetzung des feinsinnigen jungen Berliner Schriftstellers Alfred Ruhemann, der sich aufopfernd um Zolas großes Prosa-Epos bemühte. Aber danach schlief die Verbindung zu Zola wieder ein. Fischer legte die beiden Dramen 1890 in einem Band unter dem Titel *Naturalistische Dramen* neu auf, aber zur Fortführung der *Rougon-Macquart* konnte er sich offenbar nicht entschließen; denn Ruhemanns Übersetzungen erschienen hinfort anderwärts. Fischer scheint überhaupt frühzeitig gespürt zu haben, daß die Franzosen nicht eigentlich seine Sache waren. 1890 brachte er, aus besonderem Anlaß, das Schauspiel *Henriette Maréchal* der Brüder Goncourt und zwei Jahre darauf noch Edmond Goncourts *Die Brüder Zemganno.* Danach erschien jahrzehntelang kein französischer Autor mehr auf seinem Verlagsprogramm.

AUGUST SCHOLZ

Mit den Russen ging es Fischer ähnlich. Es war unzweifelhaft in erster Linie der Enthusiasmus seines Freundes August Scholz, der ihn bewog, sich für die großen Unbekannten und bedenkenlos Verhunzten in literarisch einwandfreier Weise einzusetzen. August Scholz war nur zwei Jahre älter als Fischer, eine große markante Erscheinung mit einem Dostojewski-Bart, ein allseits beliebter Mann mit weitreichenden Kenntnissen und Interessen, dem man gern zuhörte, und Fischer zog aus ihren abendlichen Gesprächen bei Rothmiller viel Gewinn. Scholz stammte aus Oberschlesien und hatte die ›Fürstenschule‹ in

Pleß besucht, wo er mit den Söhnen des russischen Landadels in Verbindung kam, zu häufigen Besuchen auf die russischen Güter reiste und so schon in jungen Jahren eine eifervolle Liebe zu allem Russischen und eine ausgezeichnete Kenntnis der russischen Sprache und Literatur erwarb. Er kam als Student nach Berlin und wurde hier, zum Zweck des Broterwerbs, Oberlehrer an einem Gymnasium, während er in seiner Freizeit eine unermüdliche literarische Tätigkeit als Theaterkritiker, Feuilletonist, Essayist entfaltete und vor allem als Übersetzer der russischen Moderne, der er in Deutschland künstlerische Geltung und urheberrechtlichen Schutz zu verschaffen suchte. Er war nicht nur ein gewissenhafter, sondern auch ein ungewöhnlich einfühlsamer Übersetzer, dessen Leistung hoch über dem damaligen Durchschnitt lag und diesem verlotterten Gewerbe neue, anspruchsvolle Maßstäbe setzte. Als er 1923 sechsundsechzigjährig starb, hatte er nahezu die gesamte zeitgenössische russische Prosa und Dramatik übersetzt, und viele seiner Übersetzungen gehen noch heute über die Bühnen. Solche Männer werden leicht und rasch vergessen; aber zum Aufbau eines großen Verlagshauses tragen sie Unschätzbares bei. Fischer, der sein Lebtag von Übersetzern ein Lied zu singen wußte, schätzte ihn hoch.

Scholz übersetzte für Fischers erstes Jahresprogramm Tolstois *Macht der Finsterniß*, das erst im Vorjahr, 1886, geschrieben und noch nicht aufgeführt worden war. Das Buch verkaufte sich langsam, und Fischer konnte erst 1890 eine zweite Auflage drucken. Inzwischen jedoch nahm er ein zweites, viel größeres russisches Vorhaben in Angriff. Am 22. Oktober 1887 schloß er mit Scholz einen Dostojewski-Vertrag. Dieser vorgedruckte, von Fischer handschriftlich ausgefüllte »Verlags-Contract« ist das früheste Geschäftsdokument des S. Fischer Verlags, das erhalten ist, und erzählt einiges von Fischers Arbeitsweise in seiner Anfangszeit. Fischer beauftragte darin Scholz, für ihn vier Werke von Dostojewski zu übersetzen: *Der Idiot*, *Der Hahnrei*, *Der Spieler* und *Der Doppelgänger*, und Schnelligkeit war dabei keine Hexerei, sondern die Seele des Geschäfts. Der Übersetzer hatte nämlich

die Ablieferung des Manuscripts bei einer Conventionalstrafe von Mrk. 500.– in der Weise zu bewirken, daß der *Hahnrei* im November 1887, *Der Spieler* im Januar 1888, *Der Doppelgänger* im März 1888 im druckfertigen Manuscript in die Hände des Verlegers gelangt.

Scholz mußte die Nächte hindurch arbeiten, um diese Termine einhalten zu können, und bekam weder einen Vorschuß noch bei Ablieferung ein Honorar ausgezahlt. Die »Verlagshandlung« verpflichtete sich vielmehr, ihm für die erste Auflage von je 1200 Exemplaren des

Idiot, »von welcher je 200 Honorar frei bleiben«, pro verkauftes Exemplar eine Mark (wenn zweibändig), eine Mark fünfzig (wenn dreibändig) zu zahlen und für die anderen drei Werke jeweils fünfzig Pfennig und ihm »außerdem zehn Freiexemplare zu gewähren«. Bei ferneren Auflagen senkte sich das Honorar auf fünfzig bzw. fünfundzwanzig Pfennig pro verkauftes Exemplar. Die Honorarzahlung schließlich »erfolgt von Seiten des Herrn Verlegers vierteljährlich nach Maßgabe der abgesetzten Exemplare bzw. baar verkauften Bücher«. Von einem Honorar an den Autor ist in dem Vertrag überhaupt nicht die Rede. Dostojewski war tot; aber selbst wenn er noch am Leben gewesen wäre, hätte er keinen Anspruch auf Entgelt gehabt. Sein Werk war ungeschützt und vogelfrei. Seine einzige Genugtuung hätte darin bestanden, endlich wirklich gut übersetzt worden zu sein.

Fischers Conventionalstrafe war ein Damoklesschwert für den unvermögenden Oberlehrer, und Scholz tat offenbar sein Bestes, um die ungebührlich knappen Fristen einzuhalten. *Der Hahnrei* erschien bereits am 3. Mai 1888, *Der Spieler* am 11. August 1888. Aber irgend etwas scheint mit der Vereinbarung nicht geklappt zu haben. *Der Hahnrei* erlebte zwar unter dem veränderten, weniger anstößigen Titel *Der Gatte* 1889 eine zweite Auflage, und *Der Idiot* erschien (in drei Bänden) 1890, aber *Der Doppelgänger*, wiewohl schon 1888 als »in Vorbereitung befindlich« angekündigt, kam nicht zum Vorschein. Statt dessen lieferte Scholz 1888 noch *Zwei Erzählungen* von Tolstoi und Wladimir Korolenkos *Sibirische Geschichten*, die im Mai und Juni jenes Jahres herauskamen, mit einem kuriosen, einem Reichsadler ähnlichen, leicht verfetteten Vogel als signetartigem Schmuck auf der Titelseite, wo Fischer bisher sich mit einem konventionellen typographischen Zierschnörkel begnügt hatte. »Sibirien, das Land des Schreckens«, verhieß die Ankündigung, »wird uns hier zum ersten Male im Lichte der Dichtung vorgeführt.« Danach geriet die Zusammenarbeit mit Scholz ins Stocken.

Hatte Fischer die Lust an den Russen verloren? Sagte ihm sein Gefühl, daß auch sie für ihn nicht das ›Richtige‹ und ›Eigentliche‹ seien? Wir wissen es nicht. Wohl aber wissen wir, daß just um diese Zeit Hugo Steinitz wieder in Erscheinung trat. Er hatte inzwischen sein Verlags-Comptoir in die Kronenstraße 4/5 verlegt und ein neues Produktionsgebiet erschlossen. Als seine neuesten »lesenswerten Werke« zeigte er an: *Die Kunst, verheiratet und doch glücklich zu sein, Die Ehe und die geschlechtliche Stellung der Frau, Wider die eheliche Pflicht* und ähnliches mehr. Gewiß machte er damit bessere Geschäfte als Fischer mit seinen ›Realisten‹ und konnte sich ›Höheres‹

erlauben, wie Sienkiewicz' *Mit Feuer und Schwert,* das 1887 bei ihm erschien. Immerhin begannen die Realisten allmählich Mode zu werden. Wie auch immer, um die Jahreswende 1889/90 trug Scholz seine Russen über die Straße, von S. Fischer zu Hugo Steinitz, für den er sie hinfort weiterübersetzte. Fischer und Steinitz müssen irgendeinen Kompromiß geschlossen haben, auf Grund dessen Steinitz sich verpflichtete, auf den rückwärtigen Seiten seiner Tolstoi-Ausgaben Fischers ganze Verlagsproduktion anzuzeigen, während Fischer zu keiner entsprechenden Gegenleistung genötigt war. So findet sich unversehens Fischers polnische Erzählerin Elise Orzesko mit der dringlichen Steinitz-Frage konfrontiert: *Was fangen wir mit unseren ledigen Töchtern an?* von Dr. H. Gruber, Oberlehrer. Um die Jahrhundertwende überließ Fischer schließlich Steinitz, der allmählich fast den ganzen Tolstoi zusammengebracht hatte, auch *Die Macht der Finsterniß.* Der Dostojewski-Vertrag von 1887 ging später auf den Verlag Bruno Cassirer über, bis Dostojewski schließlich eine ständige Heimstatt bei Reinhard Piper fand. Fischer und Scholz verzankten sich Tolstois wegen ebensowenig wie Fischer und Steinitz. Fischer verlegte auch in den folgenden Jahren noch einige von Scholz empfohlene Russen: 1890 fügte er Tolstois und Korolenkos Erzählungen zu einem Sammelband *Realistische Novellen* zusammen, 1891 brachte er Scholz' Übersetzung von Tolstois sozialer Betrachtung *Geld!,* 1896 Dostojewskis *Roman in neun Briefen,* 1906 Tolstois *Göttliches und Menschliches* und 1912 Scholz' ausgezeichnete Übertragung des *Chadschi Murat.* Aber dies waren Einzelgänger. Nach 1890 erschien jahrzehntelang kein neuer russischer Autor mehr auf Fischers Verlagsprogramm.

BLICK NACH NORDEN

Um diese Zeit blickte Fischer schon nicht mehr nach Westen oder Osten, sondern einzig nach Norden. Er hatte seine verlegerische Straße gefunden; die Architektur seines geistigen Hauses begann Gestalt anzunehmen. Rückblickend erkennt man, daß sein Vorgehen sinnvoll war und der deutschen Literatur sehr zustatten kam. Die Franzosen und Russen waren für ihn vornehmlich Orientierungspunkte bei der Vermessung der literarischen Landschaft und seines verlegerischen Feldes gewesen. Er hatte von Wilhelm Friedrich gelernt und hütete sich davor, seinen Verlag auch nur innerhalb des rein literarischen Feldes universalistisch anzulegen. Zola, Tolstoi und Dostojewski gleichzeitig mit Henrik Ibsen in großen, machtvollen Säulen hochzuführen hätte nicht nur seine Mittel gewaltig überbeansprucht; es hätte vor allem das Feld so dicht besetzt, daß für die deutsche Literatur, wenn sie kam, im Rahmen seines Verlags weder Kapital noch Platz übrig gewesen wäre. Daß diese neue deutsche Literatur kommen werde, davon war Fischer überzeugt. Er wartete auf sie und bereitete ihr inzwischen den Boden. Henrik Ibsen sollte nicht lange die einzige Hauptsäule bleiben.

DIE BERNER KONVENTION

An diesem Punkt ist ein kurzer Hinweis auf den damaligen Stand des Urheberrechts am Platz. Fischers verlegerische Planung wurde zum guten Teil von den Umständen auf diesem Gebiet bestimmt, und die Besonderheit seiner Zusammenarbeit mit Ibsen und dem ganzen skandinavischen Literaturkreis ist ohne sie nicht verständlich.

Bis zum Abschluß der Berner Konvention im Jahr 1886 waren die Urheberrechte der lebenden Schriftsteller und ihrer erbberechtigten Rechtsnachfolger nur in ihren Ursprungsländern geschützt, und in einigen Fällen, wie in Rußland und den skandinavischen Staaten, nicht einmal dort. In Deutschland konnte jeder beliebige Verleger ausländische Autoren in der Originalsprache nachdrucken oder sie in Übersetzungen herausbringen, ohne hierfür die Erlaubnis des Autors einholen oder gar ihm ein Entgelt zahlen zu müssen. Daß dies eine unmoralische Geschäftsgrundlage war, die das internationale gute Einvernehmen nicht förderte, wurde schon lange vor dem Jahr 1886 von den weiterblickenden deutschen Verlegern erkannt, und sie erstrebten, wiewohl sie rechtlich hierzu nicht verpflichtet waren, eine Verständigung mit dem ausländischen Autor und seinem Originalverleger.

Durch die Berner Vereinbarung vom 9. September 1886 wurde dieses Einvernehmen zum gesetzlichen Zwang erhoben. Fortan war das Urheberrecht an einem literarischen Werk in allen Mitgliedstaaten der Konvention in der gleichen Weise geschützt wie in seinem Ursprungsland. Dies bedeutete, daß es für solcherart international geschützte Werke auch in Deutschland jeweils nur einen berechtigten Übersetzer und nur einen zur Veröffentlichung berechtigten Verleger geben konnte und alle anderen Übersetzungen oder auch Nachdrucke der berechtigten Übersetzungen durch andere Verleger unbefugt und strafbar waren. Es war also nicht nur der ausländische Autor geschützt, sondern auch sein inländischer Verleger, der es sich jetzt gestatten konnte, auf die Qualität der Übersetzung mehr Aufmerksamkeit zu verwenden. In der Regel war es damals – ehe die großen Verlage ihre eigenen Auslandsabteilungen einrichteten und die internationalen literarischen Agenturen sich zwischenschalteten – der Übersetzer, der mit dem ausländischen Autor in Verbindung trat, von ihm die Berechtigung zur Übersetzung seines Werkes erwarb und sodann einen deutschen Verleger fand, mit dem er eine entsprechende Abmachung traf. Der deutsche Verleger stand häufig mit seinem ausländischen Autor gar nicht direkt in Verbindung, sondern nur durch dessen beauftragten Übersetzer, mit dem er auch abrechnete und der seinerseits den Erlös mit dem Autor gemäß einer zwischen ihnen getroffenen Vereinbarung teilte, die den Verleger nichts anging. Es dauerte freilich noch einige Zeit, bis Autoren, Übersetzer und Verleger sich an die neue Rechtslage gewöhnten. Es kam auch nach 1886 noch häufig zu Verstößen, weshalb die deutschen Verleger noch lange vorsichtshalber Vermerke wie »Einzig berechtigte Übersetzung« oder »Einzige vom Verfasser autorisierte Übersetzung« in ihre Bücher eindruckten, obwohl dies bereits selbstverständlich war. Deutschland, England, Frankreich, die Schweiz, Italien, Spanien traten der Berner Konvention sofort bei, und mit ihnen war ab 1886, als Fischer seinen Verlag gründete, alles ordentlich geregelt. Schwierigkeiten bestanden weiterhin mit jenen anderen Ländern, deren Literaturen in Europa wachsenden Einfluß gewannen, vor allem mit Rußland und Skandinavien. Die skandinavischen Staaten zögerten lange: Norwegen trat der Konvention 1896 bei, Dänemark folgte 1903, Schweden 1904. Rußland schloß sich überhaupt nicht an. Die skandinavischen Staaten hatten sogar untereinander nur sehr unzureichende Schutzbestimmungen, und die Werke der russischen Schriftsteller waren nicht einmal im eigenen Land, geschweige denn im Ausland geschützt. Wie aus Fischers Vertrag mit Scholz ersichtlich ist, konnte Fischer dem Übersetzer für die erste Auflage eine vergleichsweise hohe Tantieme von 15 Prozent vom verkauften Exemplar zahlen, was für Scholz bei tausend verkauften Exemplaren ein Honorar von fünfhundert Mark ergab. Dies war nur möglich, weil Fischers Kalkulation durch keine Honorarverpflichtungen gegenüber den russischen Autoren belastet war, und es blieb Scholz überlassen, den Erlös mit den Autoren zu teilen. (August Scholz versuchte, seine russischen Autoren vor unautorisierten Nachdrucken und Übersetzungen dadurch zu schützen, daß er in Berlin eine Zweigstelle des von Maxim Gorki begründeten Petersburger Gemeinschaftsverlags ›Snanije‹ einrichtete, wo er die Werke seiner russischen Autoren in russischer Originalsprache einige Tage oder Wochen, ehe sie in Rußland selbst erschienen, herausbrachte; dadurch wurde die Berliner russische Ausgabe, die nur in wenigen Exemplaren gedruckt wurde, zur Originalausgabe und genoß den in Deutschland geltenden internationalen

Urheberrechtsschutz. Scholz, der unter anderem Jura studiert hatte und in Urheberrechtsfragen gut Bescheid wußte, war Fischer in späteren Jahren, als es sich um den Rechtsschutz von Fischers Autoren in Rußland handelte, häufig mit Rat und Tat behilflich.)

Für Fischers »fernere Unternehmungen« im skandinavischen Bereich waren diese Umstände von eminenter Bedeutung. Sie ermöglichten es ihm, im Lauf der Jahre, wie Julius Elias es ausdrückte, »den ganzen Ibsen zu retten«.

IBSEN IN DEUTSCHLAND

Henrik Ibsen war, als Fischer seinen Verlag gründete, achtundfünfzig Jahre alt und lebte seit einem Jahrzehnt in München. Der erste Versuch, ihn in Deutschland bekanntzumachen, wurde von John Grieg, dem Bruder des Komponisten, unternommen, der 1866 die zwei Jahre zuvor entstandenen *Kronprätendenten* übersetzte; aber diese Pionierarbeit blieb unveröffentlicht. Der nächste Versuch wurde erst 1872 von P. F. Siebold mit einer gut gemeinten, aber dilettantischen Übersetzung des *Brand* gemacht, und im selben Jahr veröffentlichte Adolf Strodtmann in Berlin seine poetischen Übersetzungen der *Kronprätendenten* und des *Bund der Jugend*. 1875 wurde Ibsen in Meiningen mit den *Kronprätendenten* zum erstenmal in Deutschland aufgeführt und im Jahr darauf in München mit den *Helden auf Helgeland* in der ausgezeichneten Übertragung von Emma Klingenfeld, die sich in München unermüdlich für Ibsen einsetzte. Aber diese frühen Werke blieben in Deutschland fast unbeachtet. Ibsens befruchtende Wirkung auf das deutsche Kulturleben begann erst mit den 1877 entstandenen *Stützen der Gesellschaft*.

Gleichzeitig setzte ein verwirrendes Kreuz und Quer der Übersetzungen ein. 1876 übersetzte A. von Wolzogen den *Brand* zum zweitenmal. 1878 begann der emsige Journalist Wilhelm Lange, Ibsen »in Erbpacht« zu nehmen und seine Stücke laufend für Reclams Universalbibliothek in sein »ungeliebtes Deutsch« zu übertragen. In jenem Jahr erschienen seine Übersetzung der *Stützen der Gesellschaft* und seine Neuübersetzung von *Bund der Jugend*. Im selben Jahr erschien eine zweite Übersetzung der *Stützen der Gesellschaft* von Emil Jonas. Dieser betriebsame literarische Zwischenträger, der auch unter dem Pseudonym »Graf Löwenbalk von Hohenthal« wirkte und sich zum schwedischen Wirklichen Kammerrat aufgeschwungen hatte, schrieb nicht nur skandinavische Reisehandbücher und Sprachführer, sondern lieferte auch, wie Schlenther später schrieb, »eine ganze Reihe rechter und schlechter und recht schlechter Übersetzungen« aus den skandinavischen Sprachen und sollte bald auch Fischers Weg kreuzen.

Die beiden Übersetzungen der *Stützen der Gesellschaft* gingen 1878 gleichzeitig über eine Reihe deutscher Bühnen, und die Berliner Aufführung hinterließ bei der jungen Generation einen entscheidenden Eindruck. Otto Brahm versicherte noch sechzehn Jahre danach, sie sei »der erste starke Eindruck von der Produktion eines lebenden Dramatikers« gewesen:

Man schrieb 1878, ich war Student von zweiundzwanzig Jahren, und auf meinen Berliner Theatergängen hatte ich einen guten Kameraden (einen bessern findst du nit): den angeblich »Geschichte« studierenden Kommilitonen Paul Schlenther. Da geschah es eines Tages, daß wir in das winzige ›Stadttheater‹ in der Lindenstraße gerieten, zu den ›Stützen der Gesellschaft‹: und sogleich empfingen wir die erste Ahnung einer neuen poetischen Welt, wir fühlten uns, ein erstes Mal, vor Menschen unserer Tage gestellt, an die wir glauben konnten, und aus einer allumfassenden sozialen Kritik der Gegenwart sahen wir die Ideale der Freiheit und der Wahrheit, als Stützen der Gesellschaft, siegreich emporsteigen. Von Stund an gehörten wir dieser neuen Wirklichkeitskunst, und unser ästhetisches Leben hatte seinen Inhalt empfangen.

Im folgenden Jahr, 1879, während Ibsen in Italien *Nora* schrieb, verfertigte Julie Ruhkopf die dritte Übersetzung von *Brand,* und 1880 erschien Ludwig Passarges verdienstvolle Übersetzung des *Peer Gynt,* während Lange für Reclam *Nora* übersetzte. Dieses Reclamheft machte auf die ganze junge Generation einen tiefen Eindruck; aber als das Stück am 20. November 1880 in Berlin zum erstenmal aufgeführt wurde, gab es ein Fiasko. Brahm schrieb:

Nora hatte sich in die Heimstätte der Dora verirrt, in das Residenztheater; und dieselbe Schauspielerin, die in Sardous Künsten glänzend bestand, scheiterte an Ibsens Kunst. Die Darsteller fielen durch, das Publikum fiel durch, und im Herausgehen sagte mir betrübt Georg Brandes: »Niemals wird Ibsen in Deutschland verstanden werden.« Meine jugendliche Zuversicht widersprach.

1881 veröffentlichte Passarge eine neue Übersetzung von *Brand* (die vierte innerhalb von neun Jahren!), und 1882 brachte Lange den in diesem Jahr entstandenen *Volksfeind* bei Reclam heraus. Dem Dichter entrang sich der Stoßseufzer: »Der deutschen Übersetzer habe ich leider mehr, als mir lieb sind«, und im März beklagte er sich in einem Brief bitterlich darüber, daß

Norwegen keinerlei litterarische Konvention mit Deutschland oder überhaupt mit irgendwelchem anderen Land außerhalb des skandinavischen Nordens geschlossen hat. Es wird Ihnen bekannt sein, daß die Mehrzahl von Björnsons und meinen Büchern in Deutschland übersetzt ist, und daß viele unserer Dramen dort an den Theatern aufgeführt werden. Aber wenn man in der Heimat hieraus den Schluß zieht, daß diese wohlwollende Aufnahme irgend einen bedeutenden oder auch nur nennenswerten pekuniären Vorteil für uns mit sich bringt, so irrt man sich leider gründlich. Die Übersetzer oder deren Verleger sind es, die den Vorteil davon haben, und wir norwegischen Dramatiker verfügen über keinerlei Rechtsmittel, dies zu verhindern. Wenn wir selbst auf eigene Kosten Übersetzungen unserer Dramen besorgen, so können wir ziemlich sicher sein, daß binnen kurzer Zeit eine oder mehrere billige Konkurrenzübersetzungen herauskommen und unsere eigenen verdrängen.

Die Ibsen-Übersetzer schossen zwar wie Pilze aus der Erde, nicht aber die Theaterdirektoren, die Ibsen-Stücke zu spielen bereit waren. Im Gegenteil, je tiefer Ibsen in die Kritik moderner Zustände eindrang, desto heftiger wurden in Deutschland die Widerstände gegen seine Dramen. Das hatte sich bei *Nora* gezeigt und wurde vollends deutlich bei den *Gespenstern*. Dieses Stück war schon 1881 entstanden, erschien aber, wie Brahm schreibt,

dem ständigen Übersetzer (Lange) so theatralisch aussichtslos, daß er die Hände davon ließ. Mir war die erste schaudernde Kunde von diesem Werk seltsamerweise von Ibsens geradem Widerspiel geworden; von Paul Heyse, der aus Interesse für die aufkommende nordische Literatur Dänisch gelernt hatte und mir nun mit allen Zeichen des Entsetzens von der »Spitalpoesie« dieser ›Gespenster‹ erzählte. Obgleich ich noch Student war, vermochte ich doch nicht zu dem Meister zu sprechen: »Mein Abscheu wird durch euch vermehrt.« Vielmehr wurde ich nun erst recht begierig auf die Verdeutschung, die dann endlich (1884 bei Reclam) eine wagemutige Frau, Marie von Borch, lieferte: sie hatte in ihren Lebensschicksalen eine Analogie zu Alvingschen Erlebnissen empfunden, und so hatte es ihr keine Ruhe gelassen, bis sie mit dieser ihrer ersten Übersetzung zustande war. Alle ästhetisch Frommen im Lande bekreuzten sich; und vielleicht hätten auch mir die Vorurteile spukender Gespenster – »sie leben nicht in uns, aber sie stecken in uns« – den Eindruck der Dichtung noch durchkreuzt, wäre ihr nicht in meiner nächsten Nähe ein begeisterter und begeisternder Verehrer entstanden...

JULIUS HOFFORY

Dieser Mann hieß Johann Peter Julius Hoffory. Er muß dem einstimmigen Zeugnis seiner Zeitgenossen zufolge ein ungewöhnlich fesselnder und liebenswerter Mann gewesen sein. Die Begegnung mit ihm wurde für Fischer von entscheidender Bedeutung. Hoffory war ein ungarischer Däne. Sein Vater war aus Ungarn eingewandert; er selbst, 1855 in Aarhus geboren, war mit seiner großen kraftvollen Erscheinung, seinem schönen blonden Kopf mit dem starken rötlichen Bart, dem feingeschnittenen Mund, der ihm eigenen, bedächtigen, langsamen Art, mit leise fremdem Akzent zu sprechen, für seine deutschen Freunde der Inbegriff des Nordens. Er studierte in Kopenhagen Sprachwissenschaften, wechselte aber bald nach Berlin über, wo er sich auf altnordische Grammatik und Phonetik spezialisierte. Sein vielseitiges Interesse für die Literatur brachte ihn in den Kreis Wilhelm Scherers und seiner Schüler, und seine Altersgenossen und Studienkollegen Otto Brahm, Paul Schlenther, Julius Elias wurden bald seine engen Freunde. Hoffory war ein blitzgescheiter und brillant origineller Kopf, mit Witz und Ironie begabt, ein glänzender Causeur, sensibel und leicht beeindruckbar, dabei zugleich von geradezu skurrilem Starrsinn. (Ibsen konterfeite ihn in *Hedda Gabler* sehr lebensecht als das verlotterte Genie Eilert Löwborg, während beider Freund Julius Elias das Vorbild zu Jörg Tesman abgab.) Berlin ließ Hoffory nicht mehr los. 1884 habilitierte er sich an der Berliner Universität als Privatdozent, und im Januar 1887 wurde eine außerordentliche Professur der nordischen Philologie für ihn geschaffen. Die skandinavische Literatur war, wie Schlenther schrieb,

das einzige Band, das ihn noch an die Heimat knüpfte. Er erkannte es als die heiligste Mission seiner Vaterlandsliebe, für die Dichter der drei Nordstaaten in Deutschland zu wirken und dadurch zugleich der deutschen Literatur eine realere Richtung zu geben, deren sie nach seiner Meinung dringend bedurfte. Im Vordergrunde dieser Interessen stand ihm die ragende Gestalt Ibsens. Hoffory war der leidenschaftlichste Ibsenprophet in Deutschland.

Wieviel Hofforys »Aposteltum« für Ibsen bewirkte, konnten Brahm und Schlenther und durch sie Fischer bezeugen, und sie haben es bezeugt. Um sein »agitatorisches Bemühen« zu festigen, wollte Hoffory nicht nur Ordnung, System und Einheitlichkeit in das Chaos der deutschen Ibsen-Übersetzung bringen, sondern darüber hinaus einen allgemeinen Sammelplatz für die skandinavische Literatur in Deutschland schaffen. Schon im Herbst 1884 besprach er mit Elias den Plan einer ›Nordischen Bibliothek‹, in der von guten dänischen, norwegischen, schwedischen Schriftstellern der damaligen Gegenwart gute deutsche Übersetzungen heftweise erscheinen sollten. »Den Verleger hierfür«, erzählt Schlenther,

suchte er zunächst unter alten großen weltberühmten Firmen, die seine subtilen phonetischen Forschungen, seine ausgezeichneten altnordischen Studien auf das bereitwilligste in Betrieb setzten. Seine Neigung zum Modernen aber hielten sie für eine Schrulle, die seiner und besonders ihrer nicht ganz würdig sei. Da vergaß Hoffory seinen akademischen Dünkel, der ja wohl in ihm lag, und fing an, unter kleinen und jüngsten Verlagen zu suchen.

Hoffory war noch auf der Suche, als die *Gespenster* umzugehen begannen.

›GESPENSTER‹

Oft, schreibt Brahm, habe er in diesen Jahren mit Hoffory zusammengesessen und beraten, wie man es denn anfangen könne, die *Gespenster* auf die Bühne zu bringen. »Denn was bedeutete alle literarische Propaganda, in der wir nicht träge waren, gegenüber dem unmittelbaren Theatereindruck eines solchen Werkes?« Aber seit dem Durchfall der *Nora* im Herbst 1880 war die Berliner Bühne »ibsenfremd« geblieben; auch Ibsens neuere Werke, *Ein Volksfeind* und *Die Wildente,* blieben ungespielt liegen. Kainz weigerte sich, den Oswald zu spielen, da er überzeugt war, der erste Aktschluß der *Gespenster* werde ausgelacht werden. Plötzlich, im Winter 1886/87, erwachten die *Gespenster* gleich an drei Stellen auf einmal, in Augsburg, Meiningen und Berlin. Die Berliner Aufführung, von Anton Anno im Residenztheater unter Beihilfe von Schlenther inszeniert, fand am 9. Januar 1887 statt, und Ibsen kam zu ihr nach Berlin. Die Zensur gestattete nur diese einmalige Aufführung des »selbstverständlich polizeiwidrigen Stücks« an einem Sonntagvormittag. Was Ibsen selbst für unmöglich gehalten hatte, geschah:

Am ersten Aktschluß, dem Kainzschen Aktschluß mit der unfreiwilligen Heiterkeit, brach das bis dahin in tiefstes Aufmerken gebannte Publikum in einen Beifallssturm aus, so spontan und gewaltig, daß Ibsen wohl ein dutzendmal vor der Rampe erschien. Wir hatten das Gefühl: jetzt ist gewonnen. Jetzt sind die Dämme durchbrochen, die Konventionen und Vorurteile vor diesem Riesen aufgetan hatten ...

Hoffory, der Vorkämpfer, ging im Zwischenakt umher und weissagte: »Heute mittag bricht für die deutsche Literatur eine neue Epoche an.« Brahm empfand das gleiche:

... alle Perücken wackelten, auch die freiesten Geister waren erschreckt durch diese Revolte in der Ästhetik (ich sehe mich noch mit dem alten Weisen Theodor Fontane streitend durch die Straßen irren, um das Residenztheater herum); und so hätte man nach jenem Goethewort den Offizieren und den Mannschaften, den Ahnungslosen wie den Ahnungsvollen wieder einmal zurufen dürfen: Von hier und heute fängt eine neue Epoche der Literaturgeschichte an, und ihr dürft sagen, ihr seid dabei gewesen.

Sie ahnten nicht, wie wahr sie sprachen; sie wußten nicht, wer dabeigewesen war.

In der Schar der Gläubigen, die gekommen waren, ›Gespenster‹ zu schauen, verweilte auch an jenem Sonntagmorgen des Januar 87, still und uns allen unbekannt, ein junger blonder Poet; er sah in seinem Seminaristenrock, bartlos und milde, eher einem Genossen des Pastor Manders gleich und empfing auch von dem Manders da oben, der Emanuel Reicher hieß, und von dem ganzen großen Werk einen unauslöschlichen Eindruck. So trafen sich, einander noch fremd, schon diejenigen im Zeichen Ibsens, die von verschiedenen Seiten nach gleichen Zielen ausmarschierten: Gerhart Hauptmann und die künftigen Freien-Bühnen-Männer.

MARIE VON BORCH

Auch für Fischer waren in jenem denkwürdigen Januar 1887 die Dämme durchbrochen, war der Wendepunkt gekommen. Wie sich im einzelnen die Dinge für ihn zu dieser glückhaften Stunde zusammenfügten, hat sich nicht mehr ermitteln lassen. Es scheint, daß Fischer zu jenem Zeitpunkt von allen Beteiligten nur Hoffory persönlich kannte, und nicht einmal das ist sicher. Daß Fischer die denkwürdige *Gespenster*-Aufführung sah, dürfen wir annehmen, und es ist wahrscheinlich, daß ihm bei dieser Gelegenheit der Gedanke kam, Ibsen zu verlegen. Drei Tage nach der Aufführung, am 11. Januar 1887, gaben Verehrer und Freunde Ibsens im Kaiserhof, dem damaligen Stammlokal der Literaten und Intellektuellen, ein Bankett, bei dem Brahm, Schlenther und andere Ansprachen hielten. War Fischer dabei? Es scheint zweifelhaft, denn es ist verbürgt, daß er Brahm und Ibsen selbst erst später kennenlernte. Wahrscheinlich ist jedoch, daß Hoffory in diesen Tagen die Bekanntschaft zwischen Fischer und Marie von Borch vermittelte, daß Fischer die Übersetzerin bewog, ihre nächsten Ibsen-Übertragungen nicht Reclam, sondern seinem soeben gegründeten Verlag zu übergeben, und daß Hoffory, wie sich aus einem späteren Brief Ibsens an ihn schließen läßt, Ibsens Einverständnis erwirkte.

Wie auch immer, Fischer kündigte zwölf Tage nach der Aufführung, am 20. Januar 1887, als seine erste Neuerscheinung Ibsens *Rosmersholm* in der Übersetzung Marie von Borchs an, und das Buch wurde am 5. Februar ausgeliefert. Das war rasche Arbeit; aber es gab in Berlin damals über hundert leistungsfähige größere und kleinere Druckereien, die das kleine Buch in drei Wochen ohne weiteres versandfertig herstellen konnten. Fischer tat unverzüglich den nächsten Schritt. Am 4. Februar 1887 schrieb Ibsen nach seiner Rückkehr nach München an Hoffory, der offenbar für Fischer vermittelte:

> An Frau von Borch habe ich gestern geschrieben und ihr mitgeteilt, daß ich ... nichts dagegen einzuwenden habe, daß ihre Übersetzung der *Wildente* in Herrn Fischers Verlag erscheint statt bei Reclam ... Es hat mich außerordentlich gefreut, durch Sie zu erfahren, daß die deutsche Ausgabe von *Rosmersholm* eine so gute Aufnahme in Berlin gefunden hat.

Ibsen war ›durch‹, und Fischer hatte den Fuß auf der zweiten Sprosse der Leiter. Noch im selben Jahr 1887 spielte Anno *Rosmersholm* im Residenztheater, und im April 1888 ging sein Nachfolger Lautenburg mutig an die *Wildente*. Zu beiden Aufführungen wurden Brahm und Schlenther hinzugezogen, so daß »wir beide künftigen Theatermänner wohl zum erstenmal in das innere Arbeitswerk der Bühne ganz hineinblickten, mitratend und mittatend«. Fischers Buchausgaben wurden jetzt gebraucht und waren rechtzeitig zur Stelle. Die einzigen zu dieser Zeit in deutscher Sprache noch unveröffentlichten Stücke Ibsens waren die frühen Dramen *Das Fest auf Solhaug* und *Kaiser und Galiläer*. Da kein neues Werk von Ibsen vorlag – der Dichter arbeitete an der *Frau vom Meere* –, beschloß Fischer, inzwischen *Kaiser und Galiläer* zu bringen, um so seinen Anspruch auf Ibsen zu befestigen und allmählich, wenn möglich, Reclam und Lange die ›Erbpacht‹ zu entwinden. Aber jetzt ergab sich bei diesem schon 1873 vollendeten Werk ein großes Übersetzer-Durcheinander.

ERSTE BEGEGNUNG MIT BRAHM

Julius Elias, der aus München mit Ibsen gut bekannt war, hatte während eines Kopenhagener Aufenthaltes 1886 mit des Dichters Förderung die Übersetzung in Angriff genommen, war aber steckengeblieben. Ibsen hatte das vergessen und inzwischen eine in Berlin mit Hofforys Beihilfe von Paul Herrmann besorgte Übersetzung autorisiert, und diese Übersetzung, von der Ibsen sehr begeistert war, gab Fischer in Druck. Am 7. Februar 1888 schickte er Ibsen die ersten Korrekturabzüge nach München. Inzwischen hatte Elias zwar nicht von der Herrmannschen, wohl aber von einer dritten Übersetzung vernommen, die Ernst Brausewetter in Stuttgart angeblich für Reclam vorbereitete, und er unterrichtete Ibsen davon. Jetzt war guter Rat teuer. Auch Fischer und Hoffory wurden besorgt. Am 26. Februar schrieb Ibsen an Hoffory:

> Vor Brausewetters Übersetzung habe ich schon lange Angst gehabt, da ich gerüchtweise gehört hatte, es sei eine solche in Vorbereitung; ich hoffte aber bis zuletzt, daß der Erscheinungstermin nicht so nahe bevorstünde. Sowohl er wie Herr Reclam haben sich mir gegenüber ausgeschwiegen. Unter diesen Umständen ist es mir doppelt lieb zu erfahren, daß die Berliner Ausgabe so weit wie möglich beschleunigt wird. Auch Herrn Fischer fühle ich mich deswegen außerordentlich verbunden und hoffe, daß es seinem Konkurrenten nicht gelingen wird, ihm nennenswerten Schaden zuzufügen, wenn er jetzt gleich schon seine eigene rechtmäßige und autorisierte Ausgabe als nahe bevorstehend ankündigt.

Fischer gewann das Rennen mit knapper Not, nicht ohne ein letztes Hindernis. Anscheinend hatte Hoffory ihm und Ibsen versprochen, eine Einleitung zu *Kaiser und Galiläer* zu schreiben. Dieses »weltgeschichtliche Schauspiel in zwei Theilen«, das noch der Aufführung harrte, war ein dicker Brocken; man mußte ihm nachhelfen. Aber die kostbaren Tage verrannen, und Hoffory lieferte nichts. Nun unternahm Fischer einen schicksalhaften Schritt. Ein Vierteljahrhundert später schrieb ihm Brahm:

Lieber Herr Fischer, erinnern Sie sich noch des Tages, da Sie mich zum erstenmal besuchten? Sie stiegen, Anno 88, zwei schmale Hintertreppen in der Wilhelmstraße hinauf, um eine Einleitung zu *Kaiser und Galiläer* von mir zu erbitten: ein jugendlich-hoffnungsvoller Mann, doch mit heischender Sicherheit schon, fast mehr fordernd, denn wünschend. Die besten Männer hatte Ihr Verlag sich erlesen, gleich in jener ersten Zeit: die Großen von draußen, um die man noch kämpfte, Tolstoj und Zola und Ibsen, und die Kleineren drinnen, die Avantgarde des jungen Deutschlands.

Dies war die erste persönliche Begegnung zwischen dem Verleger S. Fischer und dem Schriftsteller und Theaterkritiker Dr. Otto Brahm. Es war ein für die deutsche Literatur historischer Augenblick. Brahm lieferte die gewünschte Einleitung, und Fischer veröffentlichte die »hervorragende Novität«, wie seine Anzeige besagte, als »einzige vom Verfasser autorisierte deutsche Ausgabe, mit einer biographischen Skizze von Otto Brahm und einem Porträt (Lichtdruckbild) des Dichters« in »hocheleganter Ausstattung«, zum Preis von drei Mark Anfang März 1888. Fischer hatte Brausewetter und Reclam in der ersten Runde des Übersetzerkampfes geschlagen und sich Ibsen sehr verpflichtet. Aber es standen noch mehrere Runden bevor, bis er sich Ibsens und seines Sieges ganz sicher sein konnte.

›DEUTSCHE WESPEN‹

Was die »Kleineren drinnen« betraf, die »Avantgarde des jungen Deutschlands«, so täuschte sich Brahms Erinnerung. Von innen war im Jahr 1888 noch nicht viel zu merken. In diesem Jahr veröffentlichte Fischer nur einen deutschen Autor, nämlich seinen Freund Max Kretzer mit seinem Berliner sozialen Roman *Meister Timpe*. Dieses Buch, das im April 1888 herauskam und einen beträchtlichen Widerhall hatte, war das erste und blieb das einzige Werk des »deutschen Zola« auf Fischers Liste, und es war bei weitem Kretzers beste Arbeit. Warum Kretzer gerade mit diesem Buch von seinem bisherigen Verleger Wilhelm Friedrich weg und zu Fischer ging, warum Fischer ihn nicht weiter veröffentlichte, nachdem er mit *Meister Timpe* den schönen Erfolg von zehn Auflagen erzielt und Kretzer recht eigentlich durchgesetzt hatte, ist nicht mehr festzustellen.

Meister Timpe blieb ein Einzelgänger. Überhaupt war Fischers Verlag in jenen ersten Jahren durchaus nicht so ausschließlich literarisch orientiert, wie man Brahms Worten entnehmen könnte. Neben Ibsen und Dostojewski gab es auch Julius Stettenheim, den unentwegten Schöpfer des ›Wippchen‹, damals schon ein Witzbold in den reifen Fünfzigern, der noch ein gutes Vierteljahrhundert vollberuflichen Humoristentums vor sich hatte. Fischer hatte die von ihm herausgegebenen ›Berliner Wespen‹ von Steinitz übernommen und verlegte sie, in ›Deutsche Wespen‹ umbenannt, ab Mai 1888: »Dreizehn Nummern pro Quartal! Reich illustriert! Einzelnummer zwei Mark zwanzig!« So verhieß die Anzeige. Im Jahr darauf übernahm er auch die 1886 von Stettenheim begründete illustrierte Monatsschrift ›Das humoristische Deutschland‹, die ruhelos von Verlag zu Verlag gewandert war, und behielt sie bis Juni 1894. Stettenheim war beliebt und wurde auch von der literarischen Avantgarde durchaus nicht verachtet; humoristische Zeitschriften hatten überhaupt guten Absatz und sorgten für stetige Einnahmen; und außerdem hatte Fischer, wie es scheint, in einer geheimen Ecke seines Wesens für Witzzeitungen etwas übrig. Es war die schlechteste Ecke nicht. In ihr konnten die sonderbarsten Dinge passieren. Wenige Monate vor dem Übergang des ›Humoristischen Deutschland‹ in den Fischer-Verlag, im Juli 1888, wurde Stettenheim von einem Unbekannten aus Zürich ein Beitrag zum Abdruck angeboten. Es war eine kleine humoristische Skizze, betitelt *So lange Gott nimmt, nehm' ich auch.* Stettenheim mag schon im Titel etwas Polizeiwidriges gewittert haben und lehnte ab. Seither ist die Novelette verschollen. Der Einsender hieß Gerhart Hauptmann.

›TECHNOLOGISCHE ABTHEILUNG‹

Wie freilich die ›Technologische Abtheilung‹ in den jungen Verlag kam, hat sich nicht erforschen lassen. Fischer verstand von diesen Dingen wohl kaum sehr viel und interessierte sich auch, soviel man weiß, sein Lebtag nicht für sie. Wohl aber kannte er aus der Zeit seiner Zusammenarbeit mit Steinitz den verlegerischen und buchhändlerischen Wert solcher Veröffentlichungen. Im Unterschied zu Steinitz allerdings verlegte er sich nicht auf populärwissenschaftliche Schriften, sondern baute eine kleine, aber gediegene, hochspezialisierte Fachbibliothek auf, und diese Bücher waren in keinem Sinn des Wortes billig. Im Jahr 1888 erschien ein Handbuch über *Das Färben und Imitiren des Holzes, Hornes, der Knochen und des Elfenbeins* und eines über *Die Fabrikation von Schwefelsaurer Thonerde*; im nächsten Jahr kamen vier Titel, darunter eine *Geschichte der Chemie in synchronistischer Darstellung* und ein *Praktisches Handbuch für die Darstellung sämt-*

licher Cacaopräparate; im Jahr 1890 waren es drei Titel – darunter ein dreibändiges Werk über *Das Färben und Bleichen von Baumwolle, Wolle, Seide, Jute, Leinen etc.* – und so fort bis zu *Die öffentliche Beleuchtung von Berlin* von Heinrich Lux, dem fünfzehnten und letzten Band der Reihe, mit dem die ›Technologische Abtheilung‹ des Verlags sich 1896 verabschiedete.

HOFBUCHHÄNDLER

Mittlerweile hatte sich eine kleine, aber nicht bedeutungslose Merkwürdigkeit begeben. Der S. Fischer Verlag war noch kaum vor die Öffentlichkeit getreten, als ihn auch schon der betriebsame schwedische Kammerrat Emil Jonas erspähte. Der ›Graf Löwenbalk von Hohenthal‹ erkannte, daß hier eine Unterkunftsstätte für seine schlecht und recht übersetzten skandinavischen Autoren war, und verkaufte Fischer unverzüglich seine recht schlechte Übersetzung eines Bandes Novellen des recht guten dänischen Schriftstellers Lars Dilling, ein kleines Eine-Mark-Bändchen, das Fischer im Mai 1888 gleichzeitig mit den Tolstoi-Erzählungen herausbrachte. Doch dies war nur der erste Streich. Jonas-Löwenbalk führte Größeres im Schilde. Der schwedische Kammerrat genoß das literarische Vertrauen des schwedischen Monarchen und hatte bereits ein historisches Drama aus dessen Feder übersetzt. Er schlug Fischer jetzt vor, ein von ihm zusammengestelltes Werk des Königs in deutscher Sprache zu verlegen; Risiko oder Kosten würden dabei nicht entstehen; wohl aber sei mit königlicher Erkenntlichkeit zu rechnen. Fischer überlegte sich die Sache nicht lange, und damit hatte er recht. Der König von Schweden war ein gutes Aushängeschild für seinen kleinen, aber exponierten Verlag, der im Begriff war, sich in sehr umstrittenes Neuland vorzuwagen. So erschien am 3. November 1888: *Gedichte und Gedanken von Oskar II., König von Schweden und Norwegen, mit allerhöchster Autorisation übersetzt von Emil Jonas*, broschiert zwei Mark, gebunden drei Mark. Drei Monate später, am 20. Februar 1889, war im ›Nichtamtlichen Teil‹ des ›Börsenblattes‹ unter ›Personalnachrichten‹ zu lesen:

Hoftitel. – Herr Verlagsbuchhändler S. Fischer in Berlin wurde in Anbetracht seiner Bestrebungen, die nordische Literatur in guten Übersetzungen in Deutschland einzuführen, von Seiner Majestät König Oskar II. von Schweden zum Hofbuchhändler ernannt.

Fischer war erst am Anfang eines weiten Weges, und jeder Schritt zählte, auch dieser. »Es war damals eine Kampfzeit in Berlin, als ich meinen Verlag aufmachte«, äußerte er später einmal. »Es herrschte eine mißtrauische Stimmung gegen Ausländer in Berlin, und ich habe viele Sorgen und Schwierigkeiten gehabt.« Man konnte nicht wissen, wozu der »Kgl. schwed. Hofbuchhändler«, als welcher er während der nächsten Jahre firmierte, vielleicht gut war.

UMZUG UND ZWEI BRIEFE

Inzwischen war Fischer in ein neues Kontor umgezogen. Seit dem Frühjahr 1888 lautete seine Geschäftsadresse: Berlin S. W. 12, Charlottenstraße 79. Es war der erste Umzug, dem noch mehrere folgen sollten, bis der Verlag seine endgültige Heimstätte fand. Fischer blieb in der Charlottenstraße nur etwa ein Jahr. Dann mußte er sich abermals neues Verlagsbriefpapier drucken lassen. Die beiden frühesten Geschäftsbriefe jedoch, ja die beiden frühesten Briefe Fischers überhaupt, die sich haben auffinden lassen, stammen aus dem Jahr 1888 und tragen den Briefkopf des Charlottenstraße-Büros. Beide sind in Fischers Handschrift (eine Sekretärin oder Schreibhilfe scheint er sich zu jener Zeit noch erspart zu haben); beide sind Antwortschreiben an noch völlig unbekannte und bis dahin ungedruckte junge Dichter. Der erste ist datiert vom 18. April 1888 und lautet:

Herrn Richard Dehmel

hier

Sehr geehrter Herr!
Ich war verreist weßhalb Ihre Angelegenheit geruht hat.
Nur um Sie in Ihren etwaigen anderweitigen Dispositionen nicht zu hemmen, retournire ich Ihnen beigehend das Manuscript, unter Angabe der prinzipiellen Bedingungen, unter welchen ich einem Verlagsoffert näher treten könnte.
1. In diesem Jahr bin ich vollständig besetzt; das Buch könnte kaum vor Weihnachten *rechtzeitig* erscheinen.
2. Übernahme des halben Risicos resp. der halben Kosten.
Sind Sie geneigt auf dieser Basis zu unterhandeln so stehe ich mit Vergnügen zu Diensten.
Verzeihen Sie, daß ich im Drange der Geschäfte, diese Mitteilung nicht früher an Sie gelangen ließ.

Hochachtend
S. Fischer

Anbei Manuscript

Richard Dehmel, vier Jahre jünger als Fischer, war gerade vierundzwanzig Jahre alt. Er arbeitete als Angestellter einer Versicherungsanstalt, und seine bis dahin einzigen Veröffentlichungen waren zwei Fachschriften über das Versicherungswesen. Er dürfte Fischer aus dem literarischen Verein ›Durch‹ gekannt haben. Worum es sich bei dem Manuskript handelte, das er Fischer einsandte, ist nicht ersichtlich.

Vermutlich waren es Gedichte, und von Gedichten – als Verlagsobjekten – hielt Fischer zeitlebens nicht viel. Es war schon viel, wenn er hierfür das halbe Risiko zu tragen bereit war. Aus der Sache wurde nichts. Dehmels erstes Buch, der Gedichtband *Erlösungen*, erschien erst 1891, und es dauerte noch anderthalb Jahrzehnte, bis er schließlich doch zu Fischer kam.

Der zweite Brief ist datiert vom 27. November 1888 und lautet:

Sehr geehrter Herr!
Von »*dramatischen Plaudereien*« versprechen wir uns kein *Geschäft*. Sollten Sie event. geneigt sein die Herstellungs- und Vertriebskosten des Werkchens auf *eigene Kosten* zu übernehmen so wären wir nicht abgeneigt Ihrem frdl. Anerbieten näher zu treten.

Hochachtungsvoll
S. Fischer, Verlag

Auch aus dieser Sache wurde nichts. Der Einsender war ein fünfundzwanzigjähriger Assistenzarzt auf der laryngologischen Abteilung der Allgemeinen Poliklinik in Wien, der bisher nur eine medizinische Facharbeit über die Hypnose veröffentlicht hatte. Er hieß Dr. Arthur Schnitzler, und die »dramatischen Plaudereien« trugen den Titel *Anatol*. Auch dieser Dichter hatte einige Jahre zu früh angeklopft.

Fischer übertrieb nicht, wenn er Dehmel schrieb, in diesem Jahr 1888 sei er »vollständig besetzt«. Im ersten Jahr hatte er sechs Bücher gebracht; im zweiten waren es acht; im dritten, 1889, das er jetzt vorbereitete, sollten es bereits siebzehn sein. Von seinen zehntausend Mark Kapital kann nicht mehr viel flüssig gewesen sein, wenn er seine Drucker, seine Papierlieferanten, seine Versandspesen bezahlt hatte. Der Verlag wuchs rasch, und mit ihm wuchsen Sorgen und Risiko. Fischer mußte sehr scharf rechnen, wenn er durchhalten wollte.

5 Gerhart Hauptmann

Dr. Otto Brahm war zweiunddreißig Jahre alt, ein namhafter Berliner Theaterkritiker und, wie er beschämt gestand, noch nie in Paris gewesen. Jetzt, im Juni 1888, fuhr er hin, um seine »Bildungslücken auszufüllen«. Er kam »nicht viel klüger über den Rhein zurück«. Die vorgebliche Überlegenheit des französischen Theaters leuchtete ihm nicht ein; die Pariser Bühne stagnierte ebenso wie die Berliner. Der neue große revolutionierende Dramatiker war bisher nicht aufgetaucht. »Nur das Alte wird man treffen überall«, schrieb Brahm enttäuscht.

Schüchtern nur wagen sich die Versuche, den *naturalisme au théâtre* zu einer Wahrheit zu machen, hervor; im Theaterbetrieb des Tages finden sie keine Stätte, und auf eine Ausnahmsbühne müssen sie sich verpflanzen lassen, auf das ›Théâtre Libre‹, das nur mit literarischen Feinschmeckern rechnen kann.

Das ›Théâtre Libre‹ war im Vorjahr von André Antoine, einem theaterbegeisterten fünfundzwanzigjährigen Angestellten der Pariser Gasgesellschaft, gegründet worden, und die erste Vorstellung am 30. März 1887, in einem winzigen *théâtricule* von 343 Plätzen in Montmartre, hatte einen Sensationserfolg gebracht. Aber nach der zweiten Vorstellung ging Antoine das Geld aus, nach der dritten kündigte ihm der Hauswirt das Theater. Antoine fand nach langem Suchen ein anderes Theater und trieb Geld auf, indem er in seiner Verzweiflung an unzählige Leute, »die Höchsten in der Kunst und im Leben«, Briefe schrieb und bat, sie möchten durch jährliche Beitragszeichnungen den Fortbestand seines Unternehmens sichern. Im Oktober hatte er auf diese Weise viertausend Francs zusammengebracht und konnte weiterspielen. Am Ende der zweiten Saison warf das Abonnement vierzigtausend Francs ab, und das ›Théâtre Libre‹ war ›durch‹. Nur fehlte noch immer der überragende neue französische Dramatiker, für den Antoine sich einsetzen konnte. So blickte er mit »ganz unfranzösischem Eifer« ins Ausland. Er brachte mit großem *retentissement* Tolstois *Puissance des Tenèbres* heraus, jene *Macht der Finsterniß*, die Fischer bereits im Vorjahr in Berlin deutsch verlegt hatte, die aber in Deutschland noch ungespielt war, und kündigte auf Zolas Anregung als nächstes *Les Revenants*, zu deutsch *Die Gespenster*, an. »Ibsen auf der französischen Bühne«, schrieb Brahm, »das war die Perspektive, mit der ich Paris verließ.«

›FREIE BÜHNE‹

Wieder in Berlin, setzte sich Brahm mit zwei jüngeren Freunden am »bescheidenen Marmortisch« im Café Schiller zusammen und beriet, ob sich nach dem Vorbild Antoines nicht ein ähnliches Unternehmen in Berlin schaffen ließe. Die beiden Freunde waren der siebenundzwanzigjährige Schriftsteller Maximilian Harden und der einundzwanzigjährige Redakteur am ›Berliner Tageblatt‹ Theodor Wolff, damals noch Feuilletonist, der eben sein erstes Büchlein, eine Schrift über den dänischen Dichter Jens Peter Jacobsen, veröffentlicht hatte. Es galt, aus Antoines Erfahrungen zu lernen: man mußte die nötigen Geldmittel vor und nicht nach der Eröffnung beschaffen, und man mußte sich ein festes Theater sichern, aus dem man nicht hinausgesetzt werden konnte, falls es Skandal gab. Auch in der Zielsetzung wich Brahms Plan von Antoine ab. Das ›Théâtre Libre‹ war das Geschäftsunternehmen eines spekulativen Kopfes; die ›Freie Bühne‹, wie man das Berliner Unternehmen zu nennen gedachte, sollte lediglich künstlerischen Zwecken dienen. Da man sich Zensur und Polizei vom Hals halten mußte, durfte kein öffentliches Abonnement ausgegeben werden, sondern man mußte einen Verein gründen, der geschlossene Vorstellungen nur für seine Mitglieder gab, und das Unternehmen mußte sich folglich aus diesen Mitgliedsbeiträgen finanzieren. Dies war keine einfache Sache; man brauchte außer erfahrenen Theaterleuten vor allem einen gewiegten Rechtsanwalt und einen tüchtigen Geschäftsmann, wenn man nicht schon bei der Ausfahrt Schiffbruch erleiden wollte.

Man beschloß, eine Anzahl Gleichgesinnter zu einer Besprechung zusammenzurufen, und Theodor Wolff übernahm es, die Leute zusammenzutrommeln. Er schickte zehn Briefe aus, und einer von ihnen landete auf Fischers Schreibtisch. An einem Sonntagvormittag im März 1889 traf man sich im Weinrestaurant Kempinski in der Leipziger Straße; Brahm, Harden und Wolff, die Brüder Julius und Heinrich Hart, Schlenther, Julius Elias, Stettenheim, der Rechtsanwalt Dr. Paul Jonas und der Kgl. schwed. Hofbuchhändler S. Fischer. Auf dieser Sitzung wurde die Gründung des Vereins ›Freie Bühne‹ beschlossen und sogleich ein Gründungsaufruf zur Mitgliederwerbung ver-

faßt. Der Verein sollte nur zehn ›ordentliche‹ Mitglieder haben, nämlich seine Gründer, die persönlich haftbar waren; alle anderen sollten ›außerordentliche‹ Mitglieder sein, das heißt ›Zuschauer‹, die auf Grund ihrer Jahresbeiträge zum Besuch der Vorstellungen berechtigt waren, aber sonst keine Verantwortung trugen. Die ordentlichen Mitglieder wiederum wählten aus ihrer Mitte einen dreiköpfigen Vorstand, dem sie die eigentliche Geschäftsführung anvertrauten. Diese drei Männer waren Dr. Otto Brahm als Vorsitzender, Dr. Jonas als Rechtsberater, S. Fischer als Schatzmeister und Kassenwart.
Damit war Fischer, neunundzwanzigjährig, kaum zweieinhalb Jahre nach der Gründung seines Verlags, mit einem Schritt an eine weithin sichtbare Stelle im Kulturleben Berlins gerückt.

›NORDISCHE BIBLIOTHEK‹

Um die Jahreswende 1888/89 hatte Fischer seine Stellung als Verleger – vor allem als Verleger Ibsens – sehr gefestigt. Dies verdankte er nicht zuletzt dem unermüdlichen Wirken Hofforys. Im Herbst 1888 nämlich hatte Hoffory, unter den »kleinen und jüngsten« Verlagen suchend, schließlich die gegebene Heimstätte für seine geplante ›Nordische Bibliothek‹ gefunden. Er begab sich zusammen mit Schlenther zu Fischers Buchladen in der Friedrichstraße. Schlenther wartete draußen vor dem Schaufenster.

Endlich kam Hoffory heraus: in seinen roten, wunderlich zurechtgeschnittenen Bart hineinschmunzelnd; in seinem überlangen altfränkischen, fast kaftanartigen Rock dem Hals und dem Rücken die seltsamsten Windungen des Triumphes zumutend. Er hatte sein Ziel erreicht und erklärte in den gewähltesten Ausdrücken mit feinster Stimme seinen neuen Geschäftsfreund für einen Biedermann. Dann ging er bedächtigen Schritts in eine Weinstube und verzehrte zu seinem geliebten Brauneberger zwei Dutzend von »jenen angenehmen Schaltierchen«.

Bald darauf gab Fischer den folgenden »Prospectus« heraus:

NORDISCHE BIBLIOTHEK

Sammlung moderner Erzählungen und Schauspiele aus dem Dänischen, Norwegischen und Schwedischen übersetzt.

Herausgegeben von
Professor Dr. Julius Hoffory.

Das lebhafte Interesse, welches die stammverwandte nordische Literatur gegenwärtig in Deutschland weckt, hat in weiten Kreisen den Wunsch nach einer Sammlung der hervorragendsten Erscheinungen derselben erregt. Die bewegenden Probleme unserer Zeit werden von einer Schaar moderner Autoren, theils aus der Vollkraft ihres Schaffens, theils eine große Zukunft verheißend, zu ergründen versucht. Die unterzeichnete Verlagshandlung unternimmt es, die Hauptwerke dieser Literatur dem deutschen Publikum in würdiger Gestalt vorzulegen. Sie will durchweg nur autorisirte Übersetzungen bringen, von berufenen Kennern der nordischen Sprachen, welche mit ihren Namen für die treue Wiedergabe der Originale einstehen. Jede Richtung wird durch hervorragende Repräsentanten vertreten sein und nur der künstlerische Werth eines Werkes wird über die Aufnahme entscheiden.

Eile tat not, denn schon drohte ein neues Übersetzerchaos. Die ›Nordische Bibliothek‹ sollte nach Absprache zwischen Ibsen und Hoffory mit Ibsens neuem, soeben vollendeten Schauspiel eröffnet werden, das Hoffory selbst übersetzt hatte, und um möglichst alle Konkurrenten aus dem Feld zu schlagen, sollte Fischers Ausgabe gleichzeitig mit der norwegischen Originalausgabe erscheinen. Am 16. November 1888 schrieb Ibsen aus München an Hoffory:

Lieber Herr Professor! Es war mir eine große Freude und keine geringe Überraschung, aus Ihrem freundlichen Brief gestern zu ersehen, daß Sie die Übersetzung schon fertig haben. Mithin ist alle Aussicht vorhanden, daß sie zugleich mit dem Original herauskommen kann, nämlich Ende dieses Monats oder Anfang Dezember.

Fischer setzte vorsorglich schon am 20. November 1888 eine »Voranzeige« ins ›Börsenblatt‹: »H. Ibsen: Neues Drama (noch ohne Titel). Übers. von Prof. J. Hoffory. 1 M. 50.« Eine Woche später erfolgte eine zweite Voranzeige: »H. Ibsen: Das neue Drama heißt *Die Frau vom Meere.*« Und am 5. Dezember wurde das Erscheinen der »autorisierten deutschen Buchausgabe gleichzeitig mit dem Original« bekanntgegeben. Unter diesem Wettrennen litt natürlich die Qualität dieser und der folgenden Übersetzungen, und Fischer ließ später viele von ihnen von Julius Elias stilistisch überarbeiten. Die Zwangslage ist aus einem Brief Ibsens an Hoffory vom 17. Dezember zu ersehen; es waren bereits zwei andere Übersetzer am Werk:

Lieber Herr Professor! Als Antwort auf Ihren freundlichen Brief vom 10. d. M. will ich Ihnen mitteilen, daß ich in Übereinstimmung mit Ihrem Wunsch, der mit meinem zusammenfällt, Herrn Reclam um Aufschub gebeten habe. Ihm eine Übersetzung des neuen Stückes ganz zu verbieten, würde ja zu nichts führen, da es kein Rechtsmittel gibt, ein solches Verbot wirksam zu machen. Ich habe Grund zu der Annahme, daß Herr Reclam die Ausführungen meines Briefes respektieren und sein Vorgehen danach einrichten wird. Zusätzlicher Sicherheit halber meine ich jedoch, daß es nicht abwegig wäre, wenn sowohl von Ihrer wie von Herrn Fischers Seite ein gewisser Druck auf Frau von Borch ausgeübt werden könnte, die sich, wie Sie vermutlich wissen, erboten hat, die Übersetzung für Reclams Universalbibliothek zu liefern . . . Auch den Theatern direkt gegenüber müssen wir Konkurrenz von der einen oder anderen Seite befürchten. Zur Sicherung unserer diesbezüglichen Interessen wird es darum zweifellos am ratsamsten sein, *Die Frau vom Meere* unverzüglich an Felix Blochs Agentur zu geben. . . . Unter allen Umständen aber glaube ich, daß der gewonnene zeitliche Vorsprung bis zum Äußersten ausgenutzt werden muß. Ich habe nämlich gehört, daß Ernst Brausewetter in Stuttgart an einer Übersetzung arbeitet, die dafür bestimmt sein dürfte, den Theatern angeboten zu werden.

Das unablässige Übersetzerdurcheinander muß Fischer beträchtliche geschäftliche Sorgen gemacht haben. Immerhin ließ Frau von Borch anscheinend mit sich reden, und man übertrug ihr die Übersetzung der Novellen von Rudolf Schmidt, die als zweiter Band der ›Nordischen Bibliothek‹ Anfang 1889 erschienen. ›Band‹ war übrigens eine euphemistische Bezeichnung. Tatsächlich waren es schmale gelbe Hefte. Gelb war Hofforys Lieblingsfarbe; er schrieb auch seine Briefe und Arbeiten auf gelbem Papier. Als dritten Band brachte die Bibliothek Hofforys Übersetzung des Schauspiels *Ein Besuch* von Edvard Brandes, und die letzten drei Hefte der insgesamt sechs der ersten Folge waren wieder Ibsen gewidmet.
Hier ließen sich bereits Fischers Zielstrebigkeit und seine auf lange Sicht gerichtete Planung erkennen, den ›ganzen Ibsen‹ in seine Hand zu bekommen. Er bemühte sich vorerst einmal, die verstreut erschienenen sonstigen Übersetzungen der älteren Werke in seinen Besitz zu bringen. Er erwarb die Strodtmannschen Übersetzungen der *Kronprätendenten* und des *Bund der Jugend* und Emma Klingenfelds Übersetzung von *Stützen der Gesellschaft* und brachte sie 1889/90 in der ›Nordischen Bibliothek‹ neu heraus; er ließ Frau von Borch die noch unübersetzte *Comödie der Liebe* übertragen und umging den ›Erbpächter‹, indem er die von Lange für Reclam übersetzten Stücke *Nora* und *Ein Volksfeind* von ihr für die ›Nordische Bibliothek‹ neu übersetzen ließ. Ibsen war mit Langes *Volksfeind*-Übersetzung, die er autorisiert hatte, offenbar nicht zufrieden gewesen, denn er schlug Fischer selbst in einem Brief vom 6. März 1890 vor, er solle sich »an Emma Klingenfeld oder an Frau v. Borch oder vielleicht an Ernst Brausewetter behufs einer korrekten und recht fließenden Übersetzung« wenden: »Formaliter werde ich freilich nicht diese eventuelle Übersetzung autorisieren können; das scheint mir aber auch ziemlich unwesentlich zu sein.« Da Frau von Borchs Übersetzung der *Gespenster* bei Reclam festlag, ließ Fischer dieses Stück durch A. Zinck neu übersetzen. So war Ende 1890 mit Ausnahme von *Brand* und *Peer Gynt* und den Frühwerken Ibsens gesamtes bisher erschienenes Werk unter einem Dach und lag in der ›Nordischen Bibliothek‹ vor.

DIE ERSTE GESAMTAUSGABE

Noch ehe er überhaupt soweit war, plante Fischer den nächsten Schritt. Am 5. März 1889, um die Zeit der ersten Besprechungen über die Gründung der ›Freien Bühne‹, fand in Berlin die deutsche Uraufführung der *Frau vom Meere* statt. Der Beifall war lebhaft, aber nicht ungeteilt; immerhin wurde Ibsen mehrmals vor den Vorhang gerufen. An diesem Abend, im Theaterrestaurant am Gendarmenmarkt, vermittelte Hoffory die persönliche Bekanntschaft Ibsens mit seinem Berliner Verleger. Es war eine für Fischer entscheidende Begegnung; denn an diesem Abend, so scheint es, wurde seine verlegerische Lieblingsidee zum erstenmal Wirklichkeit: er bewog Ibsen, Hoffory zur Herausgabe einer mehrbändigen Gesamtausgabe aller seiner *Modernen Dramen* im S. Fischer Verlag zu ermächtigen. Der erste Band erschien noch im selben Jahr; der zweite und dritte folgten 1890; ein vierter, der die inzwischen entstandenen Stücke *Hedda Gabler*, *Baumeister Solness* und *Klein Eyolf* umfaßte, kam 1892. »Fischer in Berlin«, so erklärte Ibsen selbst in einem Interview im März 1890, »bringt die vornehmsten und kostbarsten Ausgaben meiner Werke.«

Hier, in der ›Nordischen Bibliothek‹ und der vierbändigen Ibsen-Ausgabe, begegnen wir bereits ganz früh dem wohl hervorragendsten Charakteristikum des Verlegers S. Fischer: seinem Bedürfnis nach geistiger Ordnung und repräsentativer Zusammenfassung. Die Klassikerausgaben im elterlichen Bücherschrank müssen ein unverlöschlicher Kindheitseindruck gewesen sein. Solches zu schaffen nicht mit den großen Toten, sondern mit den großen Lebenden, mußte der höchste Ehrgeiz des Verlegers sein. Er verlegte stets nur die lebenden, noch schaffenden Zeitgenossen und nur gelegentlich einen jüngst Verstorbenen, wenn sein Werk noch stark und einflußreich in die Gegenwart hineinreichte. Aber die Art, wie er die Lebenden verlegte, zeigt, wie stark er sich der klassischen Verlegertradition verhaftet, wie tief er sich zu ihrer Fortführung verpflichtet fühlte. Thomas Mann hat diesen Zusammenhang aufgezeigt:

Gewiß ist, daß S. Fischer für die deutsche literarische Bewegung von 1890 ebenso repräsentativ war wie Cotta für die Klassik, und der Vergleich liegt desto näher, als der Sinn fürs Klassische oder fürs Klassisch-werden, die Neigung, das Revolutionäre ins Klassische münden zu lassen, sehr ausgesprochen bei ihm war. Er war der Mann des Wachstums, der *reifenden* Lebenswerke, der schönen Gesamtausgaben. Er selbst begann als Revolutionär, als Unternehmer des Kommenden, sein Verlag diente der literarischen Lufterneuerung nach dem Epigonentum durch den international und sozialistisch betonten Naturalismus... (Er) kreierte eine Literatur, die dem Bürger als brutal und zersetzend galt und im Gegensatz zu den offiziellen Mächten stand, – liberalen Mächten jedoch im Grunde, die den Geist wohl oder übel gewähren ließen und unter denen eine bürgerliche Bildungsschicht, künstlerisch erzogen, auf eine heute nicht mehr vorstellbare Weise fähig, das Gewagte aufzunehmen, die Nuance zu schätzen, und das Mehrschichtige zu verstehen, die Kultur bestimmte. Kultur – es gab noch diese Idee, und so sehr stand sie in Ehren, daß vor ihr zuschanden zu werden, selbst die offiziellen Mächte sich scheuten. Aber eben weil die liberale Kultur das Revolutionäre aufnahm und gewähren ließ, milderte sie es auch und gab ihm die Möglichkeit reifenden Wachstums, der klassischen Lebensentwicklung, der ›Gesamtausgabe‹. Bei Fischer ist dieser Vorgang sehr deutlich. Er war keine katilinarische Existenz, keine Märtyrernatur, die in einer Dachstube endet, wie sie begonnen. Er war von Natur ein Glückskind, für die Sonnenseite des Lebens geboren; sein Revolutionarismus war einfach bürgerliche Fortgeschrittenheit, geistige Freiheit, Unternehmungslust im Neuen und Werdenden, aber von Anfang an war er gemildert und ausgewogen durch einen ausgesprochenen Sinn für Kultur...

Lebendige Kontinuität des schöpferischen Werkes, sichtbar gemacht in der repräsentativen Zusammenfassung des Geschaffenen – darauf kam es ihm an. Er sah sich insgeheim alle seine ›Modernen‹ daraufhin an, ob sie das Zeug zum ›Klassiker‹ hatten; er überlegte wohl stets, wenn er das Erstlingswerk eines neuen Autors wog: wird dieser Mann ein Werk hervorbringen oder nur viele Bücher? Ist dieser Mann eine Gesamtausgabe, und wird er sich eines Tages, vielbändig geschlossen, ebenbürtig ausnehmen neben den Großen im Ehrfurcht heischenden Bücherschrank der Kindheit?

HERMANN BAHR

Um diese Zeit erhielt Fischer wieder einmal einen Brief von einem ihm Unbekannten, diesmal aus Paris, datiert vom 27. Januar 1889:

Sehr geehrter Herr!
Da Sie mich kaum auch nur dem Namen nach kennen dürften, teile ich Ihnen, gewissermaßen um mich vorzustellen, mit, daß ich ein von der Kritik mit vielem Beifall aufgenommenes Buchdrama *Die neuen Menschen*, ein mit Erfolg aufgeführtes Lustspiel *La Marquesa d'Amaëgui*, ferner eine Monographie über Henrik Ibsen verfaßt habe, welcher unter anderem die Ehre widerfuhr, von Georg Brandes in einem ausführlichen Leitartikel des Kopenhagener *Politiken* besprochen zu werden, daß ich in der Wiener *Deutschen Zeitung*, *Deutschen Wochenschrift*, *Deutschen Warte*, Dresdner *Kunstwart* usw. über Literatur und Malerei geschrieben habe und schreibe.
Ich habe nun ein fünfaktiges Trauerspiel: *Die große Sünde* vollendet – nur der letzte Akt bedarf noch einiger Änderungen, alles übrige ist druckfertig –, kein Buch-, sondern ein aufführbares, wenn auch vielleicht nicht sobald aufgeführtes Drama, das die Bahnen Ibsens wandelt – wenigstens ist das meine Absicht gewesen.
Ich will Euer Hochwohlgeboren nun nicht mit einer Zusendung desselben behelligen, ohne Sie zuvor gefragt zu haben, ob Sie überhaupt gewillt sind,

die Übernahme desselben in Ihrem geschätzten Verlag (Auflage 2000, Honorar 100 Mark pro Bogen) in Erwägung zu ziehen. Vielleicht darf ich Sie um die Güte einer umgehenden Beantwortung dieses Schreibens ersuchen.
Mit ausgezeichneter Hochachtung

Ihr ergebener Hermann Bahr
31 Boulevard St. Michel

N. B. Ibsen, Kretzer, Scholz, die ja bei Ihnen verlegen, kennen meine Werke.
H. B.

Hermann Bahr war damals fünfundzwanzig Jahre alt. Er hatte einige Jahre zuvor, bald nach Fischers Ankunft in Berlin, eine Zeitlang als Student in Berlin gelebt und in literarischen Kreisen Anschluß gefunden. Mit den ›Werken‹, die er anführte, hatte es seine Richtigkeit; er hatte sie tatsächlich veröffentlicht. Aber gleich seinen Altersgenossen Dehmel und Schnitzler meldete er sich bei »Euer Hochwohlgeboren geschätztem Verlag« zu früh. Fischers Antwort ist nicht erhalten, aber man kann sie sich vorstellen. Der Wink mit dem Ibsen-Zaunpfahl konnte schwerlich helfen. Fischer war »vollständig besetzt«, und zwar mit Ibsen selbst. Eine Auflage von zweitausend Exemplaren? Fischer druckte von Ibsens Dramen nur tausend. Ein Bogenhonorar von hundert Mark? Der junge Mann litt offenbar an Größenwahn. Aus Ibsens eigenhändiger Aufstellung seiner Einkünfte geht hervor, daß er am 22. Dezember 1890 von S. Fischer für die deutsche Ausgabe von *Hedda Gabler* dreihundert Mark erhielt und zwei Jahre später, 1892, für *Baumeister Solness* sechshundert Mark. Kurzum, aus der Sache wurde nichts, und das »bürgerliche Trauerspiel« erschien bei Schabelitz in Zürich, Bahrs bisherigem Verleger. Aber ein Jahr später hatte Bahr sein Ziel dennoch erreicht.

PROKLAMATION

Am Abend des 5. März 1889 wurde im Theaterrestaurant am Gendarmenmarkt in Ibsens Gegenwart, wie Schlenther berichtet, grundsätzlich beschlossen, »im kommenden Herbst die ›Freie Bühne‹ mit den *Gespenstern* zu eröffnen«. Noch war man freilich nicht soweit; es kamen noch einige gefährliche Klippen, Rechtsanwalt Jonas arbeitete vorerst einen Statutenentwurf aus, und dieser wurde vom Rat der Zehn am 5. April gebilligt. Schatzmeister Fischer besorgte inzwischen den Druck der ›Proklamation‹ zur Mitgliederwerbung, aber offenbar gefiel Brahm seine Typographie nicht, denn er schrieb ihm:

Geehrter Herr – Sollte man nicht die Unterschrift ›Verein Freie Bühne‹ und unsere Namen etwas kleiner drucken? Mir erscheint es so zu pomphaft. Wenn Sie in Ihrer Unterschrift den ›Hofbuchhändler‹ fortlassen wollen, so würde ich vorschlagen zu sagen: ›Verlagsbuchhändler S. F. Schatzmeister‹, da es doch besser ist, die Leute wissen, wie Sie sich von den anderen Fischern unterscheiden. Couverts bitte ich frdl. doch gleich machen zu lassen und beizulegen, die Sendungen sollen nach meiner Meinung an Sie zurück. Der Einzelne erspart dadurch sich, wenn er nur das gedruckte Formular schickt, Mühe. Hat Herr Jonas Correctur gehabt? ›P. B.‹ wollen wir nach Schlenthers Wunsch und dem Beschluß bei Pschorr fortlassen. Die Worte: ›Bühne‹ und ›frei‹ im ersten Absatz, sollten gesperrt gedruckt sein, in der Correctur ist frei so unterstrichen, das muß natürlich fort und ich bitte Sie zu entscheiden, ob das Gesperrte in dieser Art von Druck, welche hier vorliegt, nicht zu ungeschickt aussehen würde: alsdann bitte ich darauf zu verzichten.

Bestens grüßend Ihr ergebener Otto Brahm

P. S. Ich sehe, daß ich mich in Bezug auf ›Bühne‹ geirrt habe, es ist schon mit andern Lettern gedruckt; so wollen wir also auch ›frei‹ drucken.

Brahm war, wie sich bald zeigte und wie Fischer spätestens an diesem Brief gemerkt haben dürfte, eine herrische Natur. Er ließ sich nicht gern dreinreden und glaubte vieles besser zu wissen, auch wenn er es nicht wußte. Vom Drucken verstand Fischer mehr, und seine fertige Drucksache sah schließlich so aus:

Verein ›Freie Bühne‹

Berlin, Datum des Poststempels.

Uns vereinigt der Zweck, unabhängig von dem Betriebe der bestehenden Theater und ohne mit diesen in einen Wettkampf einzutreten, eine Bühne zu begründen, welche frei ist von den Rücksichten auf Theatercensur und Gelderwerb.

Es sollen während des Theaterjahres, beginnend vom Herbst 1889, in einem der ersten Berliner Schauspielhäuser etwa zehn Aufführungen moderner Dramen von hervorragendem Interesse stattfinden, welche den ständigen Bühnen ihrem Wesen nach schwerer zugänglich sind.

Sowohl in der Auswahl der dramatischen Werke, als auch in ihrer schauspielerischen Darstellung sollen die Ziele einer der Schablone und dem Virtuosenthum abgewandten, lebendigen Kunst angestrebt werden.

In dieser Absicht ist der Verein ›Freie Bühne‹ gestiftet worden, dessen Aufführungen nur den Mitgliedern des Vereins zugänglich sein werden.

Sollten Sie geneigt sein, das Unternehmen zu stützen, so ersuchen wir Sie, die inliegende Beitrittserklärung zu vollziehen und uns baldmöglichst, jedenfalls bis zum 30. d. M. zugehen zu lassen.

Verein ›Freie Bühne‹.

Otto Brahm, Vorsitzender. Paul Jonas, Rechtsbeistand.

S. Fischer, Schatzmeister.
Verlagsbuchhändler

Dieses wahrhaft historische Dokument wurde von den Gründern an ihre sämtlichen Freunde, Bekannten und Kollegen ausgesandt, mit der Aufforderung, dem Verein beizutreten. Die Antworten waren in vorgedruckten Kuverts an Fischer zu schicken; auf seinem Büroschreibtisch würde sich die bange Frage entscheiden: gab es genug Zusagen, damit das Unternehmen finanziell gedeckt war und man anfangen konnte? Noch ehe man jedoch die Antwort wußte, kam es in der ersten Juniwoche auf einer Vereinssitzung zu einem schweren Zwist. Worum es ging, ist nicht mehr zu ermitteln; gewiß ist, daß Brahm und Harden scharf aneinandergerieten und Harden, ein nicht weniger herrisches Temperament als Brahm, seine Entlassung aus der gemeinsamen Verantwortung forderte, die den Statuten zufolge nur am Ende eines jeden Geschäftsjahres statthaft war. Theodor Wolff versuchte zu vermitteln, aber Harden lehnte die Vermittlung ab; daraufhin ersuchte auch Wolff um seine Entlassung. Beide befürchteten, daß Brahm den Vorsitz allzu selbstherrlich führen werde und sie Entscheidungen mitverantworten müßten, ohne befragt worden zu sein, und mit diesem Argwohn hatten sie, wie Fischer alsbald feststellte, nicht so unrecht. Es war ein böser Augenblick: das Schiff war noch nicht ausgefahren, und schon sprangen zwei Mann über Bord. »Wollen wir denn das Theater lieber nicht aufmachen?« meinte der Berufsschalk Wippchen-Stettenheim. Brahm stand bereits mitten in Verhandlungen mit Lautenburg, dem Direktor des Residenztheaters, wegen Überlassung seiner Bühne, bei Fischer liefen Anmeldungen und Gelder ein, man konnte nicht mehr zurück. Die Klippe wurde umschifft; Fritz Mauthner und Ludwig Fulda traten an die Stelle der Ausgeschiedenen.

BRAHM UND FISCHER

Doch schon nahte der nächste Konflikt. Am 16. Juni schrieb Brahm:

Lieber Herr Fischer, Lautenburg sendet den beif. Brief. Ich habe in dem inl. Schreiben ihm 250 M für die Vorstellung zugesagt; falls Sie einverstanden sind, bitte ich den Brief *sofort* auf die Post zu geben. Herr Wolff hat schriftlich seinen Austritt erklärt. Ein Leipziger Regisseur, Herr Meery, der mir für unsere Zwecke empfohlen worden ist, hat mir für nächster Tage seinen Besuch in Aussicht gestellt. Contract für Lautenburg habe ich bereits mit Jonas gemacht und abgesandt. Die Mitgliederliste folgt morgen zurück. Wenn die Hart'schen Meldungen noch immer nicht eingelaufen sind, bitte ich, die Herren energisch zu mahnen! Bestens grüßend

Ihr erg. O. Brahm.

Dieser Ton und diese eigenmächtige Verfahrensweise des Vorsitzenden gingen nun auch Fischer gegen den Strich. Er mochte ein »gefälliges, wohltemperiertes Männchen« sein, aber er hatte seinen Stolz, seine Würde, sein Verantwortungsgefühl und nicht zuletzt – seinen Dickkopf. Was er Brahm zurückschrieb, ist nicht erhalten, aber aus Brahms Antwort vom 18. Juni geht eindeutig hervor, daß der Schatzmeister sein Amt niederzulegen wünschte. Brahm war glücklicherweise ausreichend erschrocken, um unverzüglich einzulenken:

Geehrter Herr Fischer, ich hoffe bestimmt, daß Sie Ihren Entschluß zurücknehmen, wenn Sie von mir die aufrichtige Versicherung empfangen, daß mir nichts in der Welt ferner gelegen hat, als Ihrer Mitwirkung irgend eine Angelegenheit von Bedeutung oder auch nur von Interesse entziehen zu wollen. Der *wichtigste* Punkt des Vertrages ist doch der Geldpunkt, und über diesen habe ich Sie noch einmal fragen wollen ... Weiteres, als diese Ziffer, enthielt der Brief an Lautenburg nicht, wie Sie sich überzeugen wollen; ich wollte Ihnen den Brief natürlich offen schicken, aber aus Zerstreutheit schloß ich ihn beim Couvertieren doch und glaubte nicht, daß daraus ein Mißverständnis entstehen könnte ... *Lediglich* im Interesse einer schnelleren Erledigung habe ich von einer formellen Conferenz des Comite's, die unter Umständen schwer zusammen zu bringen ist, geglaubt, absehen zu dürfen, – gewiß ohne die mindeste Absicht, dabei den Rechten des einen oder des anderen Herrn zu nahe zu treten. Haben Sie jedoch auch nach diesen Erläuterungen die Auffassung, daß dies unrecht war, so bitte ich Sie ausdrücklich um Entschuldigung; selbstverständlich bin ich bereit, falls Sie es wünschen, Ihnen in Zukunft *alles* vorzulegen, obgleich ich mir nicht verhehle, daß der Geschäftsgang sich dadurch verlangsamt, abgesehen von der Mühe, die mir persönlich erwachsen wird. Daß ich bisher nicht alles Wesentliche mit Ihnen besprach – den Eindruck werden Sie hoffentlich selbst nicht haben; wie oft bin ich nicht persönlich bei Ihnen gewesen, um dies und das zu erörtern, und wenn mündliche Rücksprache nicht möglich war, habe ich Sie schriftlich auf dem Laufenden gehalten – so noch in meinen Zeilen von vorgestern. Dies thue ich auch jetzt – indem ich den Wunsch wiederhole, mit welchem ich diesen Brief begann ...

Es ist ein sehr aufschlußreicher Brief – für Brahm und mehr noch für Fischer. Wir gewahren hier zum erstenmal, gleichsam im Spiegelbild, seine besondere Art, mit starken geistigen Persönlichkeiten umzugehen: hartnäckig gewissenhaft in allem Sachlich-Geschäftlichen bis fast an den Rand des Bruchs, zugleich von einer Nachgiebigkeit und Bereitschaft zur Versöhnlichkeit, die alle anderen Erwägungen außer denen der warmen, menschlichen Freundschaftsbeziehung im entscheidenden Augenblick beiseite zu schieben weiß. Denn natürlich akzeptierte Fischer Brahms Entschuldigung mit der gleichen selbstverständlichen Bereitwilligkeit, mit welcher Brahm einsah, daß eine Entschuldigung am Platz war.

NEUNHUNDERT MITGLIEDER

Ende Juni 1889 hatte der Verein ›Freie Bühne‹ rund dreihundertsechzig Mitglieder beisammen. Das war höchst ermutigend, wenngleich es noch nicht im entferntesten genügte, um ein mittelgroßes Theater zu füllen. Aber die Liste enthielt ausgezeichnete Namen, und man beschloß, sie zu drucken und als ›Werbematerial‹ zu verwenden. Der

Erfolg blieb nicht aus: bis zum November stieg die Mitgliederzahl auf neunhundert, und das Unternehmen war gesichert. Es ist nicht müßig, dieses erste Mitgliederverzeichnis auf seine gesellschaftliche Zusammensetzung hin anzusehen. Wer waren die »fortschrittlichen Kulturträger« der Reichshauptstadt im ersten Regierungsjahr Kaiser Wilhelms II.? Aus Hof-, Adels- und Offizierskreisen enthielt die Liste nur wenige Namen, so den Freiherrn von Ompteda und Fedor von Zobeltitz, beide freilich literarische Herren. Nur zwei Reichstagsabgeordnete waren beigetreten. Altmeister Friedrich Spielhagen hatte es sich nicht nehmen lassen, und die Namen von »Herrn und Frau Theodor Fontane« verwundern nicht. Die meisten Berliner Theaterdirektoren und Kritiker waren natürlich zur Stelle, aus Berufsinteresse oder aus Neugier oder aus beidem: Barnay, L'Arronge, Lautenburg, Anno, Blumenthal, Lindau, Frenzel, Wolzogen; auch einige berühmte Schauspieler: Kainz, Agnes Sorma, Emanuel Reicher, Paula Conrad, sowie zwei Hofschauspieler, ein Hofopernsänger und ein Kammersänger. Ibsen hatte aus München, Anzengruber aus Wien, Hans von Hülsen aus Hamburg seinen Beitritt erklärt. Kollege Steinitz wollte nicht fehlen und auch Oberlehrer und späterer Goethe-Biograph Dr. Albert Bielschowsky nicht. Die Freunde Dehmel, Kretzer, Michael Georg Conrad, Ruhemann und Frau von Borch verstanden sich von selbst, auch Sudermann und Richard Voß.

Doch diese Handvoll Namen verschwand in der Menge der anonymen, wenngleich nicht namenlosen Mitgliedschaft, und diese Mitgliedschaft bestand zu vier Fünfteln aus den »jüdischen Herrschaften« der Reichshauptstadt. Hätte man ihnen, den theaterbegeisterten, fortschrittsgläubigen Cohns, Friedmanns, Friedländers, Goldschmidts, Levins, Levysohns, Oppenheims und Pincus, den Beitritt verwehrt, es wären im Theater nur wenige Stuhlreihen besetzt gewesen, ja, es hätte vermutlich nicht eine einzige Vorstellung stattfinden können, und der noch unbekannte junge Mann, in dem Deutschlands größter lebender Dramatiker steckte, wäre vermutlich noch jahrelang erfolglos mit seinen Erstlingen von Theater zu Theater gelaufen. Die große Leistung Brahms, Schlenthers und Fischers, die der Theaterstadt Berlin beinahe über Nacht neuen Glanz und Auftrieb verlieh, ist in den Annalen verzeichnet und gewürdigt; die Gefolgschaft, ohne die sie unmöglich gewesen wäre, ist vergessen. Die Zeitgenossen freilich übersahen es nicht. Fontane erklärte es als eine »Tatsache«, daß »uns alle Freiheit und feinere Kultur hier in Berlin vorwiegend durch die reiche Judenschaft vermittelt wird«.

Die Mitgliederliste war noch nicht gedruckt, da zerschlugen sich Brahms Verhandlungen mit dem Residenztheater an Lautenburgs

übertriebenen Forderungen. Jetzt mußte in aller Eile – der Regisseur Hans Meery war bereits verpflichtet – ein neues Theater gefunden werden. Blumenthal war nicht abgeneigt, das Lessing-Theater zur Verfügung zu stellen. Diesmal hielt Brahm den Schatzmeister genau auf dem laufenden. »Geehrter Herr Fischer«, schrieb er am 12. Juli, »aus dem inliegenden Briefe wollen Sie ersehen, wie Blumenthal sich stellt ... Ich hoffe, Sie sind mit allen diesen Punkten einverstanden, sonst bitte ich Sie Ihre abweichende Meinung an Jonas direkt und umgehend gelangen zu lassen.«
Der Schatzmeister war mit einem wichtigen Punkt durchaus nicht einverstanden; aber das hielt ihn nicht davon ab, gleich darauf in die Sommerferien zu reisen; und aus der Tatsache, daß er Herrn Joseph Stettenheim zur Betreuung der laufenden Geschäfte im Büro in der Charlottenstraße zurückließ, geht hervor, daß er um diese Zeit nicht mehr alles allein machte, sondern bereits ›Personal‹ beschäftigte. Allerdings schrieb er auch weiterhin und noch auf Jahre hinaus alle seine wichtigen Geschäftsbriefe selbst, mit eigener Hand, unter Benutzung der damals üblichen Kopierbücher. Die Schreibmaschine tauchte im S. Fischer Verlag erst einige Jahre vor der Jahrhundertwende auf. Dieses erste Faktotum, Herr Stettenheim, war vermutlich ein Wippchen-Verwandter. An der Gewohnheit, komme, was wolle, einen ausgiebigen Sommerurlaub einzulegen, die Fischer offensichtlich einführte, sobald er es sich leisten konnte, hielt er sein Leben lang fest.

»WAS VERBOTEN WIRD, IST LEBENDIG«

Am 17. Juli konnte Brahm dem Schatzmeister melden, daß die Theatersorge behoben und ein annehmbarer Vertrag mit Blumenthal über die Überlassung des Lessing-Theaters erzielt worden war. Brahm und Fischer kamen jetzt, da sie das rechte Verhältnis zueinander gefunden hatten, gut miteinander aus, und man gelangte ohne weitere Hindernisse zum Ziel. Es wurde beschlossen, die ›Freie Bühne‹ am 29. September 1889 mit Ibsens *Gespenstern* zu eröffnen. Man wählte den Ausländer Ibsen, weil die deutsche Dramatik, wie Schlenther schrieb, vorerst noch keine entsprechende wegweisende Kraft besaß, denn »daß wir junge Talente oder gar Genies über Nacht heerweise aus der Erde stampfen, soll niemand von uns verlangen; wenn andere sich dies zutrauen, wir bescheiden uns.« Und man wählte die *Gespenster*, nicht um es Antoine nachzutun, sondern weil dieses Stück seit der einmaligen Aufführung im Januar 1887 nicht wieder gespielt worden war; es war das einzige von Ibsens Dramen, (das) noch heute, wie vor drei Jahren, eine öffentliche Aufführung nicht erfahren darf – wenigstens nicht in Berlin. Denn während in Frankfurt am Main, in Danzig und Königsberg das Werk öffentlich gespielt oder zur Aufführung vorbereitet wird, bleibt in der Reichshauptstadt ein polizeiliches Verbot strikte bestehen ... vor dem Gesetz sind alle Staatsbürger gleich, aber vor der Zensur, scheint es, nicht; und was den Frankfurtern billig ist, ist darum den Berlinern noch keineswegs gerecht.

So Brahm. Oder wie Otto Erich Hartleben um eben diese Zeit an seinen Freund Carl Henckell schrieb: »Lange nichts von dir gehört. Du lebst aber offenbar noch, denn du wirst verboten. Was verboten wird, ist lebendig, denn was lebendig ist, wird eben verboten.«
Auch der weitere Spielplan war bereits beschlossen; aber er mußte umgestoßen werden. Denn Anfang September 1889, während die Proben zu *Gespenster* im Gang waren, erhielt Brahm von einem ihm unbekannten Autor ein Drama zugesandt. »Der Verfasser reichte es dem Verein ›Freie Bühne‹ zur Aufführung ein, mit einem kurzen Schreiben, aus dem mich, trotz seinen wenigen Zeilen, eine Persönlichkeit anzusprechen schien.« Das Stück lag bereits gedruckt vor; Brahm ging »sogleich an die Lektüre« und gab es unverzüglich an Fischer und Jonas weiter. Die Meinung war einhellig. »Der Vorstand«, berichtet Schlenther,

war entschlossen, das Werk zu bringen, befragte aber zunächst uns active Mitglieder um die Meinung. Jeder stimmte dafür. Der Verein glaubte ein starkes und ursprüngliches Talent der Reife und künstlerischen Selbstzucht näherführen zu können. Nicht die ästhetische und sociale Tendenz des außergewöhnlichen Stücks, sein schrankenloser, noch schlackenreicher Naturalismus und sein schwer durchsichtiges Lebensprogramm sollte gelohnt werden, sondern der kühne Wagemut des Dichters, aller Convention und aller Schablone gründlich zu entsagen, und der geniale Versuch, ein neues und volles Leben in dramatische Formen zu fassen.

Schon »nach kürzester Zeit«, nämlich am 16. September, konnte Brahm »Herrn Gerhart Hauptmann mitteilen, daß die ›Freie Bühne‹ bereit sei, das Stück darzustellen«. Das Stück hieß *Vor Sonnenaufgang* und wurde als nächste Aufführung sogleich nach den *Gespenstern* angesetzt. Mit diesem Werk, das gar nicht in seinem Verlag erschienen war, ging Fischers Sonne auf.

HAUPTMANN IN ERKNER

Gerhart Hauptmann war drei Jahre jünger als Fischer. Er hatte im Mai 1885 noch nicht dreiundzwanzigjährig Marie Thienemann, ein vermögendes Mädchen, geheiratet und war mit ihr nach Berlin gezogen. »Weshalb hatte ich mich für Berlin entschieden? Aus einer schicksalhaften Verbissenheit. Ich konnte nicht mehr los von Berlin.

Hier, hier allein galt es zu kämpfen, zu siegen oder unterzugehen.« Er wohnte im vierten Stock eines Moabiter Stadthauses, ohne Zugang zu den geistigen Kreisen der Stadt:

Verbindungen zu Schriftstellern oder literarisch Gleichstrebenden hatte ich nicht. Ein in seinen dichterischen Neigungen mir ähnlicher Mensch wäre mir als Wunder erschienen... Als es dann eines Tages doch geschah, nämlich als Adalbert von Hanstein auftauchte, war dies das fördersamste Ereignis für mich.

Hauptmann hatte in diesem Sommer 1885 ein »Erstlingswerkchen«, das *Promethidenloos,* auf eigene Kosten im Verlag W. Ißleib in Berlin erscheinen lassen, und Hanstein war hierdurch auf ihn aufmerksam geworden: »Der Verfasser interessierte mich mit seiner Fülle von keimenden Plänen. Was mir vor allem an ihm auffallen mußte, war sein starker sozial-ethischer Zug. Er sah sein ganzes noch junges Leben in diesem Lichte.« Durch Hanstein lernte Hauptmann die gerade erschienene Anthologie *Moderne Dichtercharaktere* kennen:

Nun merkte ich plötzlich, ich sei nicht allein. Jahre hindurch wußte ich nichts anderes, als daß mein vereinzeltes, absonderliches Streben mich hoffnungslos vereinsame. Der Gedanke, es könne andere geben, die ein ähnliches Schicksal zu tragen hätten, kam mir nicht. Mit einem Male aber tauchten solche Naturen an allen Ecken und Enden in Deutschland auf. Sie begrüßten einander durch Zurufe, Leuten ähnlich, die auf Verabredung einen Marsch zu einem bestimmten Treffpunkt unternommen haben und nun angekommen sind.

Im Frühsommer 1885 wurde der noch nicht Dreiundzwanzigjährige zum erstenmal von einem schweren Bluthusten befallen, der ihn zum Verlassen der Großstadt nötigte. Er mietete eine helle kleine Gartenwohnung in Erkner, einem östlichen Vorort von Berlin, in einer Bahnstunde erreichbar, im Kiefernwald am Müggelsee gelegen, ein »echt märkisch-melancholisches Idyll«, und übersiedelte dorthin im September. Hanstein besuchte ihn hier und brachte Kretzer mit, mit dem Hauptmann sich anfreundete, und sie nahmen ihn im Januar 1887 in den Verein ›Durch‹ mit, wo er die Brüder Hart, Bölsche und Wille kennenlernte. »Wir lasen einander Arbeiten vor, disputierten und hielten Vorträge.« Hauptmann hielt einen Vortrag über Georg Büchner.

In Erkner wurde am 8. Mai 1887 im Kiefernwald am Woltersdorfer Aussichtsturm das Stiftungsfest des Vereins ›Durch‹ gefeiert: »Picknick bei einer Tonne Bier«, erzählt Bruno Wille, »dann waren wir Hauptmanns Abendgäste, und er las uns seine Novelle *Bahnwärter Thiel* vor. Der Eindruck auf mich war packend – ich sah auf einmal den reifen Künstler.« Diese Novelle und eine zweite, *Fasching,* waren im Frühjahr 1887 in Erkner entstanden, und die Kurzform dieser ersten reifen Arbeiten hatte ihren Grund: »Ich wollte kein größeres literarisches Werk beginnen, weil das Gespenst meines Bluthustens mir zuraunte, daß ich es nie beenden würde. Jeden Augenblick konnte es, fürchtete ich, mit mir zu Ende sein.« Das Leiden kehrte noch ein- oder zweimal wieder und verschwand dann von selbst. *Bahnwärter Thiel* erschien im Mai 1888 in der Zeitschrift ›Die Gesellschaft‹ in zwei Fortsetzungen, und der Herausgeber Michael Georg Conrad schrieb: »Aus dem Leserkreis erhielt ich bald begeisterte Zuschriften, man habe seit Zola in Deutschland keine bessere Novelle gelesen.«

›PAPA HAMLET‹

Weihnachten 1888 reiste Hauptmann nach Hamburg, brütete dort wochenlang über einem autobiographischen Roman, mit dem er nicht weiterkam, und fuhr plötzlich zwischendurch am 17. Januar 1889 auf eine Woche allein nach Berlin zu seinem Freund, dem Maler Hugo Ernst Schmidt in Niederschönhausen. Hier traf er mit Arno Holz zusammen, den er schon seit Ende 1887 kannte, und diese neuerliche Begegnung war entscheidend. Schlenther erzählt:

Holz las auf seiner kleinen Bude in Hauptmanns Gegenwart eine Reihe kleiner Skizzen vor, die er gemeinschaftlich mit seinem etwas älteren Freund und Stubengenossen Johannes Schlaf verfaßt hatte. Die wesentlichste dieser Skizzen hieß *Papa Hamlet* und führte mit peinlichster Liebe zum kleinsten Detail in eine verwahrloste Komödiantenwirtschaft, die ohne jede Furcht vor den Widerwärtigkeiten der Armut, der Lüderlichkeit, des Schmutzes in vollkommener Naturtreue, der Wirklichkeit gemäß sehr talentvoll abgeklatscht war. Mehr noch als diese Skizzen mögen auf Hauptmann die eindringlichen Reden gewirkt haben, in welchen Arno Holz seine Kunsttheorie entwickelte, der jener *Papa Hamlet* als Paradigma dienen sollte.

Holz ging in seiner Papa-Hamlet-Doktrin von Zolas Naturalismus aus und strebte über ihn hinaus; er verlangte den »konsequenten Realismus«. Dieser Realismus löste die epische Schilderung nahezu vollständig in Dialog auf; das dramatische Prinzip herrschte in seinen Skizzen so stark vor, daß die epische Grundlage kaum mehr vorhanden war. Die letzte Konsequenz des »konsequenten Realismus« mußte mithin die »Vollendung des Dramatischen zum Drama« sein. Erfüllt von Holzens Theorie, angespornt von seinem Zuspruch, machte sich Hauptmann sofort an einen Stoff, der ihm für diese kompromißlos naturalistische Behandlung besonders geeignet schien. In der unvollendet gebliebenen Fortsetzung seiner Autobiographie *Das zweite Vierteljahrhundert* erzählt er:

Da nun ›Papa Hamlet‹ einen Versuch bedeutete, die Sprechgepflogenheiten der Menschen minutiös nachzubilden durch unartikulierte, unvollendete Sätze, monologische Partien, kurz den Sprecher, wie er stammelt, sich räuspert, spuckt, in früher unbemerkten Einzelheiten darzustellen, und dadurch in der Tat etwas überraschend Neues zu Tage trat, fand ich mich stark, wenn auch, wie sich bald herausstellte, nicht entscheidend angeregt.

Hauptmann kehrte Mitte März (genau um die Zeit der Gründung der ›Freien Bühne‹) mit dem Entwurf seines Stückes aus Hamburg nach Erkner zurück und vollendete es hier in den Monaten April bis Juni. Um diese Zeit kamen die Freunde Bölsche und Wille wie schon im Vorjahr für den Sommer hinaus in seine Gegend. Sie mieteten sich in Fangschleuse, einem Dörfchen am Werlsee hinter Erkner, in einem Schifferhäuschen ein, und »an einem solchen Sommertag im Freien«, erzählt Bölsche, »zwischen Wacholder und Heidekraut, las uns Hauptmann sein eben entstandenes Drama vor. Im engsten Kreis erschien es wie die Tat zu überall gärenden Gedanken.«

›VOR SONNENAUFGANG‹

Das Drama hieß *Der Säemann*. Hauptmann schickte es an Holz, der am 7. Juni zurückschrieb:

Der Eindruck, den es auf uns gemacht hat, ist noch größer gewesen, als wir erwartet hatten. Wir halten es für das beste Drama, das jemals in deutscher Sprache geschrieben worden ist, Tolstoi mit eingerechnet. Hoffentlich sind Sie einigermaßen damit zufrieden?

Holz seinerseits war mit dem Titel nicht zufrieden und schlug einen anderen vor, den Hauptmann annahm: *Vor Sonnenaufgang*. Bald darauf besuchten Holz und Schlaf Hauptmann in Erkner; auch andere, die Harts und Richard Dehmel »beehrten mein Haus am Waldesrand«, und Beziehungen zu einer Gruppe junger Menschen, die sich zwei Bahnstationen weiter anzusiedeln begann und bald als der ›Friedrichshagener Kreis‹ bekannt wurde, stellten sich ein. Drei Wochen nach Holz' Brief, am 23. Juni 1889, erschienen in Erkner »zwei junge Leute, Max Marschalk und Emil Strauß, die in mir den Dichter einer Novelle, des *Bahnwärter Thiel*, begrüßen wollten. Ein Wunder, ein Wunder! sagte ich zu Mary, als ich die jungen Herren ihr vorstellte.« Der Musiker und Musikkritiker Max Marschalk und sein Freund, der dreiundzwanzigjährige Emil Strauß, hatten eine Nachtwanderung hinaus nach Erkner unternommen. Ein Dritter im Bunde, der Student Max Halbe, hatte mitkommen sollen, sich aber vor dem langen Marsch gedrückt, was ihm später leid tun sollte. Marschalk, fast gleichaltrig mit Hauptmann, hatte daheim vier reizende Schwestern, und bei einem späteren Besuch am 18. August brachte er die jüngste, die vierzehnjährige Margarete, mit. Nahezu sechzig Jahre später, am 30. April

1947, schilderte Strauß ihr in einem Brief seine erste Begegnung mit ihrem späteren Gatten nach jener Nachtwanderung:

... Es war im Juni 1889, vielleicht sogar Johannistag, jedenfalls ein Samstag. Max und ich hatten eine Nachtwanderung verabredet, wir fuhren gegen Abend nach Friedrichshagen, ließen uns über den See rudern ... Der Tag war heiß, und wir kamen müde und hungrig in der Vorlaube der Bahnhofswirtschaft zu Erkner an, aßen, was es gab, ruhten uns ausgiebig aus und vertrieben uns die Zeit mit einer Bierkarte an Halbe. ... Bei der Überlegung, wohin wir nun weiter wandern sollten, schlug ich vor, zunächst einmal dem Gerhart Hauptmann auf die Bude zu rücken, der vor kurzem eine gute Geschichte ›Bahnwärter Thiel‹ in der ›Gesellschaft‹ gehabt und ein Gedicht ›Promethidenlos‹ herausgegeben habe, das ich halb auswendig wußte ... Endlich stand ich vor der Glastür und konnte klingeln. Eine dunkle, zierlich anmutige unmittelbar einnehmende Dame öffnete, ich fragte nach Gerhart Hauptmann, sie ging und schickte ihn. Ich sagte ihm, wir seien auf einer kleinen Wanderung und wollten ihn im Vorbeigehen grüßen, wir bewunderten seinen ›Bahnwärter Thiel‹, und ich wüßte große Strecken des ›Promethidenloses‹ auswendig. Er lächelte erfreut und beschämt, was ihm gut stand und ihn noch jünger erscheinen ließ, er führte uns ins Zimmer, machte uns mit seiner Frau bekannt, mit der Schwägerin Pin(e), dem Bruder Carl, dem Freund Schmidt, dem Maler, und mit Frank Wedekind, der noch einen demokratischen Schnurr- und Knebelbart trug. Wir tranken Thee, schwatzten von Literatur und sozialen Fragen, in denen sich der Reserve-Uniform tragende Carle besonders radikal gebärdete, und schließlich las uns Gerhart Hauptmann den ersten Akt des noch nicht vollendeten Dramas ›Vor Sonnenaufgang‹ vor. Ich war hingerissen, ›Naturalismus‹ und ›Naturalismen‹ waren uns ja damals die Hauptsache, und so etwas wie Hauptmanns Vorlesen, so auch im kleinsten ausdrucksvoll und untheatralisch, unrhetorisch, hatte ich noch nicht erlebt. In familienartiger Karawane zogen wir gegen Abend zur Bahn. Carl im bunten Rock und Frank Wedekind fuhren mit in die Stadt; jener erzählte mir von einem Buch ›Metaphysik der Physiologie‹, an dem er arbeitete, Wedekind sprach von einem politischen Lustspiel, das er gerade an die Bühnen versandt habe ... Hauptmann hatte uns eingeladen, wiederzukommen; im Juli, kurz vor Semesterschluß, fuhren wir noch einmal hinaus und bekamen einen weiteren Akt vorgelesen.

Das Drama *Vor Sonnenaufgang* wurde rasch, wenn auch nicht sofort gedruckt. Hauptmann reichte das Manuskript vorerst der Zeitschrift ›Die Gesellschaft‹ ein, wo es aber ohne Wissen Michael Georg Conrads von Carl Bleibtreu abgelehnt wurde. »Nie«, schrieb Conrad später, »konnte ich die Geschichte dieser raschen Ablehnung ohne schmerzliche Bewegung hören.« Anscheinend übernahm es Holz, dem Stück einen Buchverleger zu finden, denn in jenem Brief vom 7. Juni schrieb er: »Ihr Drama wird morgen an Reissner abgehen«, womit der damalige Leipziger Verlag Carl Reissner gemeint war, der Holz' eigener Verleger war und soeben *Papa Hamlet* herausgebracht hatte. Aber Reissner lehnte offenbar ebenfalls ab, denn Holz sandte nun das Stück dem »treuherzig ideal veranlagten« Paul Ackermann, der die Conradsche Verlagsbuchhandlung in Berlin gekauft hatte und sie »schnell in den Kreis der jüngsten Literaturbewegung hineinrücken wollte«. Ackermann war der Verleger Hansteins, und er bat Hanstein um sein Urteil. Hansteins Freundschaftsverhältnis zu Hauptmann hatte sich zu jener Zeit bereits gelockert, aber er empfahl trotzdem dringend die Annahme, und Ackermann druckte das Stück sofort. Warum es auf diese Art an Fischer ›vorbeirutschte‹, warum Bölsche, der Fischer seit einiger Zeit kannte, es ihm nicht empfahl, warum Hauptmann selbst nicht darauf kam, es dem Ibsen- und Tolstoi-Verleger einzureichen, von dessen Existenz er gewußt haben muß, da er von der Existenz der ›Freien Bühne‹ wußte, der er das Stück einreichte — darüber hat sich nirgends eine Auskunft gefunden.

Vor Sonnenaufgang erschien bereits Mitte August 1889 im Verlag C. F. Conrad's Buchhandlung mit einer aus Erkner vom 8. Juli datierten Widmung an »Bjarne P. Holmsen, dem consequentesten Realisten, Verfasser von ›Papa Hamlet‹ zugeeignet, in freudiger Anerkennung der durch sein Buch empfangenen, entscheidenden Anregung«. Nur wenige Menschen außer Hauptmann wußten, wer hinter dieser nordischen Vermummung steckte. Hauptmann schrieb später in *Das zweite Vierteljahrhundert:*

Ich habe von dem Bjarne P. Holmsen-Prinzip selbst in meinem ersten Stück nur sehr bedingten Gebrauch gemacht. Und wenn es auch Arno Holz in seinem anfänglichen Enthusiasmus das überhaupt beste deutsche Drama nannte, so kam er doch später davon ab, als das Johannes Schlaf'sche Drama ›Familie Selicke‹ in Erscheinung trat und damit das Prinzip in angeblich reiner Form. Nun stand er nicht an, mein Werk zu entwerten, weil es eben, wie ohne Zweifel ganz richtig war, sein an sich originales Prinzip keineswegs durchführte.

Ackermann tat sein Bestes, um das »schlecht und auf schlechtem Papier gedruckte Büchlein« bekanntzumachen. Er schickte ein Exemplar an Theodor Fontane, und der alte Herr antwortete alsbald mit einem Dankesschreiben an den Verleger, das weit mehr als nur eine Artigkeit war: Fontane beglückwünschte den Verleger, ein so bedeutendes Werk ediert zu haben, das er »die Erfüllung Ibsens« nannte, und sprach den »verwegenen Wunsch« aus, das Drama aufgeführt zu sehen; ja, er erklärte sich bereit, es der eben gegründeten ›Freien Bühne‹ dringlich anzuempfehlen. Dieser Brief machte nicht nur auf Hauptmann und seinen nächsten Freundeskreis, sondern auf das ganze literarische Berlin einen gewaltigen Eindruck. Hauptmann dankte Fontane am 12. September: »Wenn Sie, wie Sie in Aussicht stellten, mein Drama an Otto Brahm empfehlen wollten, so kann es ja gar nicht anders sein, als daß mir dadurch ein großer Dienst erwiesen ist ...« Und Fontane antwortete am selben Tag: »Ich habe gleich an Brahm geschrieben, der mir, als Direkteur der ›Freien Bühne‹, der Mann der Situation zu sein scheint...« Hauptmann hatte das Stück inzwischen bereits an Brahm geschickt, und als dieser es las, hatte er Fontanes Empfehlung noch gar nicht erhalten.

Drei Tage später, am 15. September 1889, sagte Hauptmann Erkner Lebewohl, wo er vier Jahre verbracht hatte, und übersiedelte nach Berlin-Charlottenburg. Am Tag darauf, dem 16. September, notierte er: »Mit Holz und Schlaf von einem Nachmittagsbummel aus der Stadt kommend, Brief vorgefunden: Drama ›Vor Sonnenaufgang‹ im Verein Freie Bühne zur Aufführung angenommen.« Im selben Brief bat Brahm ihn, ihm »die Ehre seines Besuchs zu schenken«, und viele Jahre später erinnerte er ihn an diesen denkwürdigen Besuch:

...Du erschienst an meiner Klingeltür in deiner blonden jungen Kraft, in der Hand die Attribute des freien deutschen Mannes: einen mächtigen Schlapphut und einen Knotenstock. Du bliebst lange und ließest mich, du idealistischer Naturalist, deinen unbeirrbaren Willen zur Kunst, dein ganzes Sein voll Milde und Stärke schon erschauen; und als ich dir dann für dein Kommen dankte, sprachst du mit dem unbefangenen Eifer des jungen Autors es aus: »Um dieses Stückes willen laufe ich gern dreimal um Berlin.«

Brahm hatte sogleich, schon am 14. September 1889, in der ›Nation‹ auf das Stück hingewiesen und erklärt, neben »jener dritten Größe der Widmung« habe der Dichter von zwei Vorbildern »entscheidende« Anregungen erhalten, »und zwar Anregungen, welche seine Selbständigkeit in keiner Weise antasten; von Ibsen empfing er die modernen Mittel des Dialogs und der Charakteristik, volle Natürlichkeit... von Zola empfing er das große Thema der Vererbung...« Hauptmann selbst schrieb in einem Brief im Oktober 1891, der revolutionierendste Einfluß sei Tolstois *Macht der Finsterniß* gewesen, gestand jedoch, er habe bis vor wenigen Jahren »zur modernen Literatur, zu Zola, Ibsen, Tolstoi und so weiter gar keine Beziehungen« gehabt. Es war wahrhaftig Fischers Saat, die hier aufgegangen war.

HAUPTMANN UND FISCHER

Mir war das große Glück beschieden, Dich, lieber Fischer, zu finden, bei meinem ersten jugendlichen Schritt in die Öffentlichkeit.

So schrieb Hauptmann rückblickend vierzig Jahre später. Beim ersten Schritt – aber wann und wo trafen sie einander zum erstenmal und wechselten jenen ersten Händedruck, mit dem vierzig Jahre einer einzigartigen Lebensfreundschaft und ununterbrochenen Zusammenarbeit ihren Anfang nahmen? Es gibt nicht einmal einen ungefähren Anhaltspunkt wie bei Brahm, wie bei Schlenther, Hauptmanns späterem Biographen, der den Dichter bei den Proben zu seinem Stück kennenlernte. Der vollendete und zu Hauptmanns Lebzeiten veröffentlichte Teil seiner Autobiographie *Das Abenteuer meiner Jugend* (1937) schließt einen Schritt vor dem historischen Augenblick, und in ihm kommt der Name Fischer nicht vor. Fischers eigene Aufzeichnungen verraten ebensowenig. »Wie ich Hauptmann, Hartleben, Brahm, die Friedrichshagener kennenlernte« – nur diese Stichworte enthält das Blatt Papier, nicht mehr. Die früheste erhaltene Unterlage ist ein Brief Hauptmanns an Fischer vom 11. Januar 1890. Wenige Tage darauf schlossen sie einen Vertrag, und Gerhart Hauptmann wurde Autor des S. Fischer Verlags auf Lebenszeit.

Keiner der Zeitgenossen hat anscheinend den Augenblick der ersten Begegnung miterlebt oder beachtet. Einzig Bruno Wille bemerkt in einem Nebensatz seiner Lebenserinnerungen, Wilhelm Bölsche habe »den Verlagsbuchhändler S. Fischer mit Gerhart Hauptmann bekannt gemacht«. Wille war in sachlichen Angaben jedoch ein unzuverlässiger Chronist, und der sonst so mitteilsame Bölsche erwähnt die Tatsache nicht. Möglicherweise hätte die richtige Auskunft sich in Bölsches Tagebüchern oder in seinen kurz vor seinem Tod vollendeten Memoiren gefunden; doch diese Manuskripte sind im Zweiten Weltkrieg untergegangen. Fischer selbst erzählte seiner Tochter Brigitte später, er sei »mit seinen Freunden Marschalk und Bölsche nach Erkner zu Hauptmann gefahren« und habe dort »sehr rasch zu einem sehr persönlichen Verhältnis zu Hauptmann gefunden«. Wenn dies vor der Vollendung und Absendung von *Vor Sonnenaufgang* an Holz war, also vor dem 7. Juni 1889, so bleibt es unerklärlich, warum Fischer nicht von sich aus Brahm sofort auf das Stück aufmerksam machte und die Arbeit nicht sofort für seinen Verlag erwarb. Brahm lernte Hauptmann erst in der zweiten Septemberhälfte 1889 in Berlin kennen, und es ist mehr als unwahrscheinlich, daß Fischer ihm schon geraume Zeit vorher begegnete. Bezieht sich der Besuch hingegen auf Hauptmanns zweiten Aufenthalt in Erkner – vom Mai bis Juli 1890 –, so kannten die beiden sich um diese Zeit längst, und es war nicht ihr erstes Zusammentreffen.

So bleibt der große Augenblick ins Dunkel gehüllt – oder doch ins Halbdunkel. Denn wir können ihn vermuten. Die Eröffnungsvorstellung der ›Freien Bühne‹ mit Ibsens *Gespenstern* fand am 29. September 1889 statt, und ihr wohnte Hauptmann bei. Im unvollendeten zweiten Teil seiner Autobiographie findet sich diese Stelle:

Bereits seit der ersten Matinee der Vereinigung ›Freie Bühne‹, in der man ›Gespenster‹ von Ibsen gab, war ich irgendwie in die führenden Kreise von Presse, Theater und Musik aufgenommen, oder zum mindesten eingeführt.

Das übliche Nachttheaterdiner im Hotel Monopol, bei dem ich als nächster Autor sozusagen vorgestellt wurde, vereinigte die Koryphäen der Berliner Theater- und Schriftstellerwelt, die außerdem den großen Hans von Bülow zu Gaste hatte, weil seine damals junge zweite Frau nach Cosima aus Gefälligkeit mit seiner Erlaubnis die Bühne zum letzten Mal als Frau Alving betreten hatte.

Wenn Brahm nicht bereits *vor* diesem Abend Hauptmann und Fischer miteinander bekannt gemacht hatte, so geschah es spätestens bei diesem Souper im Hotel Monopol, bei dem der »nächste Autor« vorgestellt wurde. Möglicherweise aber schon davor; denn in seinen nachgelassenen ›Annalen‹ aus dem Jahr 1937 vermerkt Hauptmann:

Im engeren Zirkel von Schlenther und Brahm, der sich bald in diesem, bald in jenem Weinrestaurant zusammenfand, saßen die Vorstandsmitglieder der Freien Bühne: Fritz Mauthner, Julius Stettenheim, der junge Fischer, der sich bereits als Verlagsbuchhändler verstand und ich glaube ›Das humoristische Deutschland‹ mit Stettenheim an der Spitze herausgebracht hatte ... Dieser Kreis war durch und durch literarische Energie und Unternehmungsgeist. Über ihm stand als Schutzherr der nordische Heros Ibsen. Hinwiederum war es Ibsen, für den wir, ich möchte sagen, mit Gut und Blut eintraten und dessen Ruhm wir verkündeten. Die Mehrzahl der deutschen Stimmen wollten den großen Dichter nicht gelten lassen. Umso begeisterter kämpfte für ihn unsere Minderheit ...

So können wir mit einiger Bestimmtheit sagen: Gerhart Hauptmann und S. Fischer begegneten einander zum erstenmal frühestens am 17. September 1889, dem Tag nach der Annahme des Stücks durch Brahm, und spätestens am 29. September 1889, beim Diner im Hotel Monopol. Damit müssen wir uns zufriedengeben.

DIE »ACTION IN DER ACTION«

Die Uraufführung von *Vor Sonnenaufgang* fand am Sonntag, dem 20. Oktober 1889, statt und wurde zu einem denkwürdigen Theaterskandal. Die Zeitgenossen haben genau darüber berichtet.
Brahm hatte bereits am 14. September in der ›Nation‹ eine kurze Anzeige des Stücks veröffentlicht, in der es hieß:

So dürftig ist unter den Deutschen die poetische Produktion geworden, so seltsam widersprechen sich bei jenen Neusten, die sich grenzenlos erdreusten, lärmendes Wollen und klägliches Können, das unter diesen blinden Talenten auch der Einäugige leicht zum König ausgerufen würde. Doch was uns in Gerhart Hauptmann, einem bis heute unbekannten, aber in kürzerer oder längerer Frist vermutlich allgemein bekannten Autor, entgegentritt, ist mehr als nur ein relatives Talent: es ist Eigenart, klare dramatische Anschauung, ist neue Kunst, die nicht auf Nachahmung der großen Muster nur beruht, sondern sicher und selbstgewiß ihre eigenen Wege geht, jugendlich irrend und übertreibend vielleicht, aber stetig und tapfer in jedem Schritt.

Dieser Artikel und die Empfehlung Fontanes lenkten die allgemeine Aufmerksamkeit auf das Stück, das ja im Buchhandel bereits vorlag. »Jedermann«, schrieb Schlenther,

konnte das Stück vorher lesen. Je mehr davon bekannt ward, desto mehr ward es gelesen ... Nicht der dichterische Wert des Buches reizte zur Lektüre, sondern sein naturalistischer Inhalt. Einzelne grobe Worte, die den Sprecher kennzeichnen sollten, waren plötzlich geflügelt geworden. Binnen vierzehn Tagen hatte halb Berlin das Stück gelesen. Ich glaube, mancher las seit vielen Jahren zum ersten Mal wieder ein Drama.

Ackermann druckte eine zweite Auflage, indes die Schauspieler, vor allem Else Lehmann, anonyme Droh- und Warnbriefe erhielten und das Gewitter des von langer Hand vorbereiteten Theaterskandals sich zusammenbraute. Hauptmann hat über diesen kritischen Augenblick in seinem Leben im Entwurf zu *Das zweite Vierteljahrhundert* eine merkwürdige Aufzeichnung gemacht:

Meine Beziehungen zu Persönlichkeiten, die mir nahetraten, nahmen einen neuen Charakter an. An die Stelle der Freunde von früher, mit denen mich reine Neigung verband, traten zunächst Geschäftsfreunde. Ich sage: zunächst. Denn wenn sich mancher Geschäftsfreund später zum Freunde entwickelt hat, so war dies zunächst nicht vorauszusetzen ...
Otto Brahm, Paul Schlenther, Fritz Mauthner, Julius Stettenheim, S. Fischer und die übrigen Herren, die den Vorstand eines Vereins ›Freie Bühne‹ ausmachten – es war nicht zu leugnen –, setzten auf mich. Sie waren ein Risiko eingegangen, wie man dergleichen bei einem Rennpferde oder Boxer tut. Es war Geld in der Aufführung investiert, ein Theater gemietet, Hans Meery, der Regisseur, engagiert worden. Man hatte die Mitwirkung bedeutender Bühnenkräfte durchgesetzt. Es war nicht zu leugnen, daß dabei die junge Schauspielerin Else Lehmann in einer gewagten Rolle und in einem noch gewagteren Werk gleichsam ihre Haut zu Markte trug. Ich mußte oder besser mein Werk aus dem Wagnis, über dem noch das drohende Auge der Behörde lauerte, als Sieger hervorgehen, oder ich hatte auf dem Podium meiner Protektoren ausgespielt und durfte in das Dunkel zurücktreten. ... daß ich nun hier mein Hausrecht hatte, meine Kämpfe ausfechten, meine Siege gewinnen, meine Niederlagen verdauen würde, und wahrscheinlich lebenslang, war mir keinen Augenblick zweifelhaft. Ich muß wohl auch diesen Eindruck auf andere gemacht haben. Die Lage war überraschend für mich, aber es lag Erfüllung darin.

Am Morgen der Aufführung drängte sich ein »fieberhaft gespanntes Publikum« ins Haus. Der damals zweiundzwanzigjährige Student Felix Hollaender erinnerte sich später:

Junge Studenten standen klopfenden Herzens am 20. Oktober 1889 vor den Pforten des Lessing-Theaters – scharten sich um ihren verehrten Lehrer Erich Schmidt, um Zeugen der Wiedergeburt des Deutschen Theaters zu sein. Die Größen der ›Freien Bühne‹ marschierten auf, Brahm und Schlenther an der Spitze. Dann sah man den jungen, blonden Dichter Gerhart Hauptmann. Und bald darauf traten Sie in die Erscheinung, mein verehrter Freund S. Fischer, schlank an Taille, sehr soigniert gekleidet und trotz der kurzen Statur und Ihrer Jugend Maienblüte in Schritt und Gang, durchaus Bewußtheit und Charakter offenbarend. An diesem Herbsttag des Jahres 1889 starrte ich, ein blutjunger Mensch, mit weit aufgerissenen Augen Sie an. Das fast fertige Manuskript meines ersten Romans lag in der Schreibtischlade, ohne daß ich es gewagt hätte, den Blick zu Ihrem jungen Thron zu erheben. Aber dann kam Otto Erich Hartleben, seligen Angedenkens, und brachte mich mit Ihnen zusammen. Und mit Ihren Vorschußwechseln von monatlich einhundert Mark begründete ich meinen ersten Hausstand.

Paul Schlenther schrieb:

Jeder brachte eine Meinung mit, jeder erwartete sich etwas Ungewöhnliches. Der Vereinsvorstand, der Regisseur, die mutigen ausgezeichneten Schauspieler, der Dichter selbst – alle bangten. Schon bei den Garderoben wurden die Eventualitäten eines lauten Mißerfolgs erörtert.

Brahm fährt fort:

Ein Teil der Hörer ... setzte sich vom zweiten Akte an zu dem Werke in heftige Opposition; und da den fanatischen Gegnern fanatische Bewunderer entgegentraten, so ergab sich ein Kampf der Lungen und der Hände, der Zischenden und Klatschenden, der mit einer ganz ungewöhnlichen Heftigkeit geführt wurde, und lange unentschieden hin und her wogte, bis eine große Liebesszene im vierten Akt selbst die Widerstrebenden zum Beifall hinriß.

Aber im Schlußakt brach der Aufruhr erst richtig los. »Tatsächlich schien an mehr als einer Stelle die Möglichkeit, zu Ende zu spielen, aufgehoben.« Und weiter der Augenzeuge Max Osborn:

Nach den Anweisungen der Buchfassung sollten im letzten Akt die Schreie einer Gebärenden hinter der Szene zu hören sein. Ein in Berlin wohlbekannter Arzt und Journalist, Dr. I. Kastan, ein Original drolligster Sorte und grimmiger Feind der ›neuen Richtung‹, hatte sich in schäumender Wut für diesen Augenblick eine eigenartige Protestaktion ausgedacht. Die Wehen der werdenden Mutter waren zwar von der Regie wohlweislich gestrichen, aber Kastan wollte sich den vorbereiteten Effekt nicht entgehen lassen. In dem Augenblick, da eigentlich die Schreie hätten ertönen müssen, erhob er sich. Wir wußten nicht, was das bedeuten sollte. Rufe ertönten, er solle sich setzen. Er jedoch zog aus einer Rocktasche in aller Ruhe eine – Geburtszange und schwenkte sie über den Köpfen der Parkettbesucher! Ein ungeheurer Lärm brach los, der sich nach dem Fallen des Vorhangs verstärkt wiederholte. Inzwischen hatte man den Störenfried mit Gewalt durch zwei Theaterdiener aus dem Saal befördern lassen.

»Diese Action in der Action«, schrieb Schlenther, »war der Höhepunkt wildester und wüstester Lärmscenen. Die Freunde tobten schließlich ebenso wild wie die Gegenpartei. Und nach den Aktschlüssen auf der Bühne mußte der junge Dichter dem tollsten Hexensabbath stand halten.« Damals sah Theodor Fontane seinen Protegé zum erstenmal von Angesicht zu Angesicht und schrieb in der ›Vossischen Zeitung‹:

Statt eines bärtigen, gebräunten, breitschultrigen Mannes mit Klapphut und Jägerschem Klapprock erschien ein schlank aufgeschossener, junger, blonder Herr von untadligstem Rockschnitt und untadligsten Manieren, verbeugte sich mit einer graziösen Anspruchslosigkeit, der wohl auch die meisten seiner Gegner nicht widerstanden haben.

Hauptmann wachte auf und fand sich berühmt oder berüchtigt, gleichviel. »Wochenlang«, schrieb Brahm, »setzte sich der Kampf noch fort ... in Cafés, in Gesellschaften, in Zeitungen und Zeitschriften wurde gestritten und verdammt; alte Freunde entzweiten sich, Gleichgesinnte schlossen sich zusammen, und der Widerspruch gegen die Neuerer oder die Zustimmung ward zu einem Erkennungszeichen im ästhetischen Feldzug ...« Hauptmann selbst schrieb:

Die Wirkung meines Stückes machte mich plötzlich zu einem geistigen Mittelpunkt. Als solcher gewann ich eine allgemeine Anziehungskraft. Wo ich ging und stand, zog sich ein Hof von jungen Dichtern, Literaten und Künstlern um mich zusammen, ja, nicht nur jüngere, sondern auch ältere und alte. Ich verkehrte einige Zeit lang am Nachmittag im Café Metropol. In ein, zwei Tagen hatte sich um mich eine Gesellschaft von zwanzig, dreißig und mehr Personen zusammengefunden, so daß eine lange Tafel für uns aufgestellt werden mußte. Dies waren nun freilich nicht die arrivierten Literaten der Oberschicht, sondern überwiegend Bohème. Bald wuchs mir die Sache über den Kopf und ich beschloß, mich zurückzuziehen.

Hauptmann wurde sogleich unter die ›ordentlichen‹ Mitglieder des Vereins aufgenommen, und sein Name findet sich bereits Ende Oktober auf einer Verlautbarung des Vereins, welche Schatzmeister und Geschäftsführer Fischer hatte drucken lassen müssen. Es handelte sich um die gynäkologische »Action in der Action« des Dr. Kastan:

Den außerordentlichen Mitgliedern des Vereins ›Freie Bühne‹ müssen wir die Mittheilung machen, daß in Folge eingegangener Beschwerden sowie eigener Wahrnehmungen des Vorstandes ein Herr, welcher in vorgefaßter Absicht der Ruhestörung während der zweiten Vereinsvorstellung durch anstößige Worte und Handlungen das Ärgerniß seiner nähern und weitern Umgebung herausgefordert hat, von uns ausgeschlossen worden ist. Weit entfernt, der freiesten Meinungsäußerung über das im Verein Gebotene irgend wie entgegenzutreten und den Mitgliedern in ihren Mißfallens-Äußerungen Zwang auferlegen zu wollen, müssen wir doch im eignen Interesse unserer Mitglieder darüber wachen, daß von Jedermann bei den Theatervorstellungen der Freien Bühne im Publicum diejenigen gesellschaftlichen Formen gewahrt bleiben, welche im Verkehr der Gebildeten üblich sind ... Zeit und Programm der nächsten Vorstellungen sind jedesmal auf dem Theaterzettel der unmittelbar vorhergehenden angegeben und sonst zu erfahren bei Herrn S. Fischer, Linkstr. 25.

Hochachtungsvoll
Die ordentlichen Mitglieder der ›Freien Bühne‹.
Brahm. Jonas. Fischer. Fulda. H. Hart. J. Hart.
Hauptmann. Mauthner. Schlenther. Stettenheim.

So einfach jedoch war der Fall Kastan nicht. Fischer gab dem rabiaten Geburtshelfer seinen Jahresbeitrag zurück und forderte ihm die Mitgliedskarte ab. »Als diese Zuschrift ungeöffnet wiederkehrte, trat der Gerichtsvollzieher in Kraft. Aber statt der Mitgliedskarte kam das Geld zurück. Alsbald wurde eine Klage wegen Auslieferung der Karte erhoben.« Das war der Stand der Dinge, als Schlenther in die immer wilder werdende öffentliche Diskussion mit einer eilends verfaßten Broschüre *Wozu der Lärm? Genesis der Freien Bühne* eingriff, die Fischer binnen weniger Tage veröffentlichte. Sie gilt seither als ein wichtiges Quellenwerk für jene Zeit, aber sie enthält nicht den grotesken Schluß der Geschichte. Der Verein mußte auf Gerichtsbeschluß Dr. Kastan wieder zum Mitglied machen, mit der Begründung, er sei zu seinem Verhalten berechtigt gewesen: »Wie es von der Bühne schallt, so darf es aus dem Zuschauerraum widerhallen – wenn schon Naturalismus, dann im ganzen Theater.« Diese Doktrin setzte sich nicht durch, Dr. Kastan sandte nach der Urteilsverkündung freiwillig seine Mitgliedskarte zurück, und als Fischer ihm nun seinen Mitgliedsbeitrag abermals zustellte, lehnte er abermals ab und ersuchte, man möge das Geld einem Verein zur Besserung von Gewohnheitstrinkern überweisen.

Der Schatzmeister hatte, wie man sieht, in diesem Winter 1889/90 alle Hände voll zu tun. Der Doppelbetrieb seines Verlags und des Vereins ›Freie Bühne‹ ließ sich in dem vorhandenen kleinen Rahmen nicht mehr bewältigen. Wie der Kastan-Verlautbarung zu entnehmen ist, war Fischer schon Ende Oktober 1889 abermals umgezogen. Sein neues Büro befand sich Linkstraße 25, parterre, und das neue Briefpapier war nicht nur mit der Bezeichnung »Königl. Hofbuchhandlung« und dem Wappen des schwedischen Königshauses in der linken oberen Ecke geziert, sondern wies eine noch weit bedeutendere Neuerung auf: »Fernsprecher Amt VIII 1662«. Und neben Herrn Joseph Stettenheim finden wir jetzt auch einen Herrn Schneider im Verlagsbüro tätig. Die Vergrößerung war rechtzeitig erfolgt. Denn aus der »Schlacht im Lessing-Theater« ging binnen weniger Wochen ein neues, nicht minder gewagtes Unternehmen hervor.

6 Grüne Hefte

»Hurra, in Berlin geht's endlich los, wir haben eine Freie Bühne gegründet, das Alte kracht in allen Fugen, ein junger Verleger ist gefunden, dieser tapfere S. Fischer will eine revolutionäre Zeitschrift gründen, sie soll auch Freie Bühne heißen, Brahm zeichnet als Herausgeber, wollen Sie sie mit mir redigieren?«
Der Schreiber dieses stürmischen Briefes war Arno Holz in Berlin, der Empfänger Hermann Bahr in Paris. Bahr war mit dem gleichaltrigen Holz aus seiner ersten Berliner Zeit befreundet. Er nahm die Aufforderung an, und mit der Rückkehr des jungen Linzers nach Berlin traf in »Euer Hochwohlgeboren geschätztem Verlag« ein ansehnliches Päckchen neuer Sorgen ein. »Ich gewann ihn damals auf den ersten Blick lieb«, schrieb Bahr später über Fischer, »und in dreißig Jahren unablässigen Ärgers über ihn ist mir an keinem Tag dieses Gefühl herzlicher Zuneigung, unbedingten Vertrauens und dankbarer Kameradschaft entwichen.« Wie der zurückhaltendere Fischer hierüber dachte, können wir nur vermuten; die dreißig Jahre unablässigen Ärgers, die jetzt begannen, waren gewiß beiderseitig; doch Bahrs *Selbstbildnis*, dem dieser Satz entstammt, erschien nach ihrem Ablauf in Fischers Verlag.

DIE GRÜNDUNG

Der Ursprung der neuen Zeitschrift ging auf einen publizistischen Ärger Otto Brahms zurück. Nach der Uraufführung von Hauptmanns *Vor Sonnenaufgang* hatte Brahm in der Wochenschrift ›Die Nation‹ geschrieben:

> ... daß der Widerspruch der Kunstphilister den Dichter nicht um einen Schritt von seinem Pfade abführen wird, dessen bin ich gewiß; diese Herren haben stets nur für das Ewiggestrige den Sinn gehabt, nicht für das Werdende, und so mögen sie am Gesindetisch der Kritik denn sitzen bleiben, jetzt und immer.

›Die Nation‹ war eine »Wochenschrift für Politik, Volkswirtschaft und Litteratur«, die seit 1883 von dem Abgeordneten der Freisinnigen Partei Dr. Theodor Barth herausgegeben wurde; sie galt als eines der aufgeklärtesten Blätter Berlins, zu dessen Mitarbeitern Männer wie Ludwig Bamberger, Mommsen, Gildemeister und Virchow gehörten. Aber selbst die Fortschrittlichkeit der ›Nation‹ hielt sich in Grenzen. Denn man fügte ohne Brahms Wissen seiner Besprechung eine Fußnote an:

Die Redaktion der *Nation* bringt die Ausführungen des Herrn Dr. Brahm gern zum Ausdruck, ohne sie im vorliegenden Falle völlig zu teilen ... Indem die *Nation* dem Naturalismus gerecht zu werden sucht, gehört sie damit aber nicht zugleich zu den Parteigängern des Naturalismus. Man kann etwas als Gegengift für nützlich halten, ohne es als Nahrung zu empfehlen.

Dieses Abrücken überzeugte Brahm, daß die naturalistische Bewegung eine eigene Tribüne brauchte, auf der er und die ihm Gleichgesinnten vorbehaltlos für das Neue eintreten und es einer breiteren Öffentlichkeit, als es ein Theaterverein war, bekanntmachen konnten. Denn diese Bewegung war ja durchaus nicht auf das Theater beschränkt, auch wenn sie von der Bühne vorerst ihren stärksten Antrieb erhalten hatte. Die Erscheinung Hauptmanns hatte eine öffentliche Auseinandersetzung in Gang gebracht, die alle Zweige der Literatur, alle Formen und Äußerungen des Lebens überhaupt ergriff. Eine Vielzahl nicht nur ästhetischer und künstlerischer, sondern auch sozialer, ethischer, politischer Fragen drängte heran, die nach unvoreingenommener Erörterung verlangten. Die Bretter des Lessing-Theaters bedurften einer »ergänzenden und erläuternden Sprechtribüne«. Schlenther berichtet:

Der Freien Bühne fehlte das freie Wort. Eines Abends saßen wir in der Weinstube von Friedrich, Potsdamer Straße, beisammen und beklagten diesen Mißstand. Da sprach Julius Stettenheim mit dem ihm eigenen jugendfrischen Elan das befreiende Wort. Er, der sich schon öfter in Zeitschriftengründungen versucht hatte und damals noch in den *Wespen* nach Herzenslust sein Mütchen kühlen durfte, erklärte, das einzige Mittel, dem Übelstand abzuhelfen, sei ein eigenes Wochenblatt. Der Gedanke schlug Wurzel.

Wahrscheinlich wäre der Publizist Brahm auch ohne Stettenheim früher oder später auf diesen Gedanken gekommen. Dennoch verdient die kuriose Tatsache angemerkt zu werden, daß der geistige Urheber des ›Wochenblatts‹, aus dem Deutschlands anspruchsvollste Zeitschrift, die ›Neue Rundschau‹, werden sollte, der Witzbold ›Wippchen‹ war. Und dies um so mehr, als er selbst, soweit sich feststellen läßt, in ihr nie eine Zeile veröffentlichte.

NICHT GENUG BERÜHMTE NAMEN

Daß die Zeitschrift nur in Fischers Verlag erscheinen konnte, war klar. Die große Frage war jedoch, ob die neue Bewegung bereits genügend schriftstellerische und publizistische Substanz enthielt, um eine solche Zeitschrift fortlaufend kräftig nähren zu können. Die Antwort hierauf lag weitgehend bei Hauptmann. Wenn er weiterschritt, von Werk zu Werk, schritt alles andere früher oder später mit ihm; wenn er versiegte, kam auch die Zeitschrift nicht weiter. Brahm erkannte es sofort:

Als ich ... die Bekanntschaft des Dichters gemacht hatte, war eine der ersten Fragen, die ich an ihn richtete: ob er beabsichtige, sich in dem Lande seines ersten Dramas poetisch niederzulassen? ... denn wenn ein neuer Dichter auf den Plan getreten – ein Schauspiel, selten genug im Deutschland von heute – ist es nicht bloß die äußerliche Neugier, welche fragt: was nun folgen wird? Ob sich die Kraft, welche aus dem Erstlingswerk spricht, im zweiten bewähren wird?

Glücklicherweise wurde die Frage, noch kaum gestellt, bereits beantwortet. Noch im gleichen Herbst 1889 entstand Hauptmanns zweites Stück. »Wie recht der Naturalismus hat«, schrieb Hauptmann während der Arbeit (am 9. November) an Brahm, »das beweisen immer und immer wieder vor allem seine Gegner ... Sei überzeugt, daß ich Dir Dein selbstloses Eintreten für die Sache der Kunst, die ja in diesem Falle mit meine persönliche Sache ist, niemals vergessen werde.« Das Stück schilderte, wie sein Untertitel besagte, »eine Familienkatastrophe« und griff Motive aus mündlichen Erzählungen Frank Wedekinds auf, der Hauptmann während ihres gemeinsamen Sommers in Zürich über seine zerrüttete Familie, seine Kindheit und vor allem seinen unglücklichen Vater sein Herz ausgeschüttet hatte. Es hieß auch ursprünglich *Der Vater*, wurde dann in *Das Friedensfest* umbenannt. Wedekind nahm Hauptmann den »Vertrauensbruch« bitter übel und rächte sich unverzüglich mit der Figur des Dichters Meier in seiner Komödie *Kinder und Narren*, später umbenannt in *Die junge Welt*, in der auch die Zeitschriftengründung verspottet wird. Das Drama war am 24. Dezember 1889 (Fischers dreißigstem Geburtstag) beendet und überzeugte Brahm: »... daß dieses Werk nun so völlig, in Stoffwelt und innerer Kunstform von seinem Vorgänger abweicht ... mich erfreut es lebhaft als ein Zeugnis für die Weite und die Entwicklungsfähigkeit dieses Talents, das uns allen noch mancherlei zu raten aufgeben wird.« Auch Fischer war sich seiner Sache jetzt sicher. Hauptmanns geistige und künstlerische Persönlichkeit war reich und stark genug, daß man es wagen konnte, ihn zum Mittelpfeiler dieser neuen Unternehmung zu machen. Aus einem von Hauptmanns Briefen an Fischer geht eindeutig hervor, daß Fischer die neue Zeitschrift »ohne Hauptmann« nicht gewagt hätte.

Die neue Zeitschrift sollte eine Wochenschrift sein und mit ihrem vollen Namen ›Freie Bühne für modernes Leben‹ heißen. Sie war nicht, wie der Name vermuten ließ, als Vereinsorgan des Vereins ›Freie Bühne‹ gedacht, sondern als unabhängiges Blatt, bei dem der Verleger die gesamte geschäftliche Verantwortung übernahm. Nicht nur mußte der Herausgeber Brahm ein festes Monatsgehalt bekommen, sondern auch der Redakteur Holz, den Brahm auf Hauptmanns Veranlassung engagiert hatte; den Mitarbeitern mußte ein gewisses, wenn auch bescheidenes Honorar ausgesetzt, Papier, Druck, Vertrieb mußten bezahlt werden: alles aus Fischers Verlagskasse. Als Entschädigung für dieses Risiko bot sich die Aussicht, daß sich zwischen der Zeitschrift und dem Buchverlag eine produktive Wechselwirkung ergeben werde. Fischer scheint dies von Anfang an im Auge gehabt zu haben; auch wenn Brahm diese Koppelung nicht sofort deutlich wurde, war sie doch die einzig mögliche Grundlage, auf welcher Fischer das geschäftliche Wagnis überhaupt eingehen konnte.

Um ein Haar wäre das ganze Unternehmen bereits vor Beginn an eben dieser verlegerischen Struktur gescheitert.

Fischer hatte, noch ehe von der Zeitschrift überhaupt die Rede war, mit Hauptmann bereits vereinbart, daß die Buchausgabe seines nächsten Stücks in seinem Verlag erscheinen werde; anschließend war der Vorabdruck des Dramas in den ersten Nummern der Zeitschrift besprochen worden. Aber sie hatten noch keinen festen Vertrag geschlossen, als die redaktionelle Vorarbeit für die ersten Nummern in Angriff genommen wurde. Am Neujahrstag 1890 schrieb Brahm an Fischer:

Die Druckprobe finde ich recht gut. Hauptmann war heute bei mir und verliebte sich in den Druck ... Wir lassen wohl demnächst setzen, was wir haben; den Rest des Aktes will Hauptmann bis Sonntag liefern. Ihre Voranzeige finde ich sehr gut. Nur würde ich sagen: *das* neue Drama von G. H. Berühmte Namen haben wir noch nicht genug beisammen. Schlenther will die F. B. übernehmen, so daß Sie sagen könnten: Theaterreferate liefern Schl. und Brahm. Erich Schmidt will mitarbeiten und mir nächstens ein Thema nennen. An Bülow, Kretzer, Wolzogen, den Zola-Freund geschrieben. Wollen Sie nicht Stettenheim an seinen Artikel erinnern! Fulda schreibt über ›Kunst und Moral‹.

Brahms Befürchtung wegen der »berühmten Namen« war begründet. Der »Zola-Freund« J. van Santen-Kolff lieferte zwar in der Folge eine Anzahl ausgezeichneter Zola-Studien, aber die Mitarbeit des bedeutenden Germanisten und Literarhistorikers Erich Schmidt kam nicht zustande, und bei Stettenheim nützte alles Erinnern nichts.

OHNE HAUPTMANN?

Fischer war mit seiner Voranzeige voreilig gewesen. Denn jetzt, da es sich darum handelte, mit Hauptmann einen festen Vertrag zu schließen, ergaben sich unerwartete Schwierigkeiten. Am 11. Januar 1890 schrieb Hauptmann:

Sehr geehrter Herr Fischer! Einige Punkte unserer Vorbesprechungen sind mir im Kopfe herumgegangen. Ich habe doch recht gehört? Sie rechneten mir von tausend Exemplaren (à 1 Mk 50 pf) zuerst 150 Mk, dann 300 Mk Honorar heraus. Dreihundert Mark, das wären *20 Prozent*, und dies ist der Satz, der für mich fest stand, bevor ich zu Ihnen kam. Damit nun also keine Unklarheit besteht, theile ich Ihnen das hierdurch nochmals mit. Den Contractentwurf anlangend, welchen Sie mir in Aussicht stellten, bitte ich Sie, den Honorarsatz für den Abdruck in der ›Freien Bühne für modernes Leben‹ genau anzugeben. Ich habe darüber bis jetzt noch *keinerlei* Vorstellung. Bezüglich meiner künftigen Arbeiten möchte ich mich schließlich nach keiner Richtung hin binden. Es ist, meiner ganzen Natur nach, geradezu unmöglich, eine lebenslange Verpflichtung einzugehen. Die Möglichkeit freier Entschlüsse muß ich jederzeit offen haben. Und – seien wir realistisch! was zwingt mich, mir selbst Fesseln aufzulegen? – Ich würde mich aber auch, selbst wenn man mir auf der Stelle, sagen wir zweitausend Thaler, böte, unbedingt für die Freiheit entscheiden. Andrerseits, sehr geehrter Herr Fischer! bin ich, in gewisser Beziehung ein conservativer Mann und außerdem bereit, Ihnen das Vorkaufsrecht für meine künftigen Arbeiten einzuräumen... Hier steh ich, ich kann nicht anders! Mit den besten Grüßen – Ihr ergebener Gerhart Hauptmann.

Dies ist der früheste, uns erhaltene Brief aus der fünfundvierzigjährigen Korrespondenz der beiden Männer. Fischers Antwort ist verloren; aber aus Hauptmanns nächstem Brief vom 13. Januar geht hervor, daß Fischer der Honorarsatz von zwanzig Prozent zu hoch und Hauptmann das gebotene Seitenhonorar für den Vorabdruck zu niedrig war. Und zum erstenmal in Fischers Verlagspraxis wird in diesem Brief die grundsätzliche, ewig strittige Frage des Propagandawertes eines Vorabdrucks aufgeworfen:

Was den Abdruck in ›Freie Bühne‹ anlangt, so bin ich zu einer Rücksichtnahme auf das junge Unternehmen, wie ich Ihnen auch sagte, von vornherein gern bereit gewesen. Der Honorarsatz jedoch, welchen Sie für mein Drama pro Nummer festgelegt haben, scheint mir doch über die Maaßen gering und kein Äquivalent für das Gebotene. Abgesehen davon, daß es noch nicht feststeht, ob und wie weit der Zeitschriftabdruck auf das Buch zurückwirkt, es ist eine weit wichtigere Frage noch unentschieden: ob sich nämlich die Chancen der Aufführung durch den Zeitschriftenabdruck nicht vermindern. Darüber giebt es verschiedene Meinungen und beide haben viel für sich. Es ist mir nicht einen Augenblick leid, mein jetziges Drama in Ihrer Zeitschrift abgedruckt zu sehen, denn wie Sie ganz richtig sagten, die geistigen Interessen gehen mir über die materiellen. Stelle ich mich aber auf den materiellen Standpunkt, dann geht – bis mich Jemand eines Besseren belehrt – meine Ansicht in der That dahin, daß es für ein Drama am vorteilhaftesten sei, es erst aufzuführen und dann als Buch zu bringen, oder jedenfalls es nicht vor der Aufführung ganz allgemein bekannt zu geben. Sie selbst, geehrter Herr Fischer! haben mir erklärt, daß Sie dem Abdruck meines Dramas in Ihrer Zeitschrift einen großen Werth beilegen, daß Sie ihn für einen nicht unwichtigen Factor des event. Erfolges halten. Einmal sogar sagten Sie, daß das Project ohne mein Drama für Sie fallen würde. Nun, ich selbst habe keinerlei Meinung in dieser Sache, und dieselbe käme ja auch hier wohl nicht in Betracht. Hat mein Beitrag auch nur halb die Wichtigkeit, welche Sie ihm beilegen, so ist eine mäßige Honorierung, wie ich sie vorschlage, unter keinen Umständen ein unbilliges Verlangen. Haben Sie für den actuellen Theil ihrer Zeitschrift 10 Mk pro Seite ausgesetzt, so fühle ich mich als durchaus bescheiden, wenn ich 6 Mk pro Seite beanspruche. Ich hoffe, daß wir uns auf diese Weise einigen werden, und bitte Sie, mir den betreffenden Vertragsentwurf freundlichst zugehen zu lassen …

Hierzu sei angemerkt, daß Ibsen den Zeitschriftenabdruck seiner Stücke in Fortsetzungen nicht gestattete. Als Brahm und Fischer ihn Ende desselben Jahres um eine solche Erlaubnis ersuchten, hatte er bei »dieser wenig angenehmen Sache« ein so unbehagliches Gefühl, daß er am 17. Dezember ebenso dezidiert wie sarkastisch an Julius Elias schrieb:

Aus meinem Telegramm von heute abend werden Sie entnommen haben, daß ich niemals unter wie immer gearteten Umständen oder Bedingungen zulasse, daß mein neues Schauspiel aktweise in einer Wochenschrift veröffentlicht wird. Das Stück muß als Ganzes erscheinen, als Buch; und zwar muß es sofort herausgegeben werden, – ohne jede weitere Verspätung. Es ist Herrn Fischers Pflicht und Schuldigkeit, dafür zu sorgen, daß das geschieht. Falls Herr Fischer wirklich glaubt, daß meine Arbeit eine so glückbringende Kraft für die Wochenschrift besitzt, dann braucht er ja nur das Buch in soviel größerer Auflage zu drucken und durch Bekanntmachung in den Zeitungen ein Exemplar davon jedem neuen Abonnenten als Weihnachtsgeschenk zu versprechen.

Der erste Akt des *Friedensfestes* war für die erste Nummer der ›Freien Bühne‹ bereits gesetzt. Fischer gab in der Honorarfrage nach und übersandte den Vertrag. Aber noch immer waren nicht alle Schwierigkeiten behoben. Hauptmann antwortete am 19. Januar:

Der mir von Ihnen übergebene Vertragsentwurf weicht in zwei wesentlichen Punkten von meinen Ihnen ausgedrückten Wünschen ab. Ich wiederhole deshalb nochmals, daß ich Ihnen, erstens, das Vorkaufsrecht nur in dem Sinne einräumen möchte, daß, bei zwei gleichen Geboten, Sie die Vorhand haben; zweitens, daß ich nicht darauf eingehen kann, 20 % vom verkauften Exemplar zu beziehen, sondern vom gedruckten. Sie werden mir nicht verargen können, daß ich diese Forderungen an Sie stelle, von denen ich sicher weiß, daß sie mir anderwärts erfüllt werden.

Diese beiden Punkte waren für Fischer lebenswichtig. Zweifellos war Hauptmann bereits damals, ganz am Anfang, in Fischers Vorstellung eine ›Gesamtausgabe‹, ein künftiger ›Klassiker der Moderne‹. Der Gedanke, daß dieses Werk nicht von seinen, Fischers, Händen betreut und eines Tages zusammengeschlossen werden würde, war ihm unerträglich. Er erlebte es an Ibsen, welche Sorge ein verstreutes Werk bereitete. Er mußte den ganzen Hauptmann haben. Deshalb bestand er hartnäckig auf der unbedingten Option (oder Vorkaufsrecht, wie Hauptmann es nannte). Ebenso bedenklich war für ihn die zweite Forderung. Sie bedeutete ein Abgehen von der bisherigen Praxis: der Autor teilte nicht mit dem Verleger das Risiko des Erfolgs, sondern verlangte eine Garantie der ersten Auflage, das hieß, einen Vorschuß auf tausend Exemplare, der zahlbar war, gleichgültig, ob diese Auflage verkauft wurde oder nicht. Dreihundert Mark auf den Tisch des Hauses! Dem berühmten alten Ibsen zahlte er nicht mehr. Und wohlgemerkt, ohne Beteiligung an den Aufführungsrechten, die der Bühnenvertrieb Felix Bloch sich bereits gesichert hatte.

BRAHM GREIFT EIN

Nicht nur die neue Zeitschrift, sondern Fischers ganzes Unternehmen stand auf dem Spiel. Denn Fischer begriff sehr wohl: wenn Hauptmann ihm durch die Finger schlüpfte, war er als Verleger der Moderne überrundet und erledigt; wenn er den Kampf um Hauptmann nicht gewann, war der Kampf um Ibsen umsonst gewesen. Offenbar hatte Fischer den Eindruck, daß Hauptmann von Brahm ›aufgehetzt‹ worden sei, und er stellte Brahm am folgenden Tag zur Rede. Brahms Antwort vom 21. Januar 1890 ist ein literaturgeschichtliches Dokument besonderer Art. Alle drei, Hauptmann, Fischer, Brahm, werden in ihm aufs schönste lebendig, schwerlich ahnend, welch großer Einsatz bei ihrem jugendlichen Zwist auf dem Spiel stand:

Sehr geehrter Herr Fischer, ich finde es dankenswerth, daß Sie Ihre Meinung offen aussprechen, und ich bedauere in Ihrem, H's und meinem Interesse diese Verschiedenheit der Auffassungen; ich kann aber bei möglichst objectiver Betrachtung nicht finden, daß auf irgend einer Seite ein Unrecht ist. Was mich betrifft, so war von einem »Dazwischentreten« nicht die Rede. H. fragte mich um Rath und ich antwortete ihm, indem ich ihm meinen Contract mit Hertz mittheilte. Das ist alles. Auf die Einzelheiten der Verhandlungen habe ich in keiner Weise eingewirkt, und noch weniger habe ich geglaubt, ihn vor »Ausbeutung« schützen zu sollen; von dergleichen ist nie die Rede gewesen, auch nicht von ersten und zweiten, alten und jungen Firmen. Ich habe mich streng enthalten, ihm über das Honorar für die Zeitschrift etwas zu sagen, in diesem Punkte habe ich mich allerdings verpflichtet geglaubt, Ihre Kreise nicht zu stören; darüber hinaus nicht; denn die Verbindung zwischen Zeitschrift und Buchverlag, die Sie heute andeuten, haben Sie bisher *nicht* in dieser Bestimmtheit ausgesprochen. Ich bin auch nicht ganz sicher, ob die Interessen der einen und des anderen stets zusammen gehen können, und kann naturgemäß mich nur dem Blatt, nicht dem Verlag, verpflichtet glauben. Doch sage ich dies nur principiell, und füge die Versicherung hinzu, daß ich in praxi gern streben werde, beiden gerecht zu werden. Und obgleich ein ähnlicher Fall, wie dieser, sich wohl kaum wiederholen wird, will ich auch das noch sagen, daß ich mir – um Ihnen entgegenzukommen – eine *völlige* Reserve auch nach dieser Seite künftig auferlegen will. Grade in dem Hauptm-Falle war ja übrigens die Idee des Buchverlags die ältere und *unabhängig* von der Zeitschrift noch entstanden; deshalb konnte ich mit gutem Gewissen H. das mittheilen, was sich mir als geschäftlich möglich erwiesen hatte. Was nun H's Verhalten anlangt, so glaube ich Sie beurtheilen es viel zu scharf: er ist kein Geschäftsmann, und wenn er im ersten Augenblick anderes zu sagen schien als jetzt, so ist das eher ein Mangel an Geschicklichkeit, sich sogleich zurechtzufinden, als ein Schwanken und »Handeln«. Das letztere liegt ihm sicher ganz fern... H. ist durch seine Unweltläufigkeit vielleicht bei Ihnen, der Sie auf Klarheit in geschäftlichen Dingen geschult sind, ins falsche Licht gekommen, aber Sie werden sich überzeugen, denke ich, daß er im vollsten Wortsinn Gentleman ist, und daß ihm jede Ausbeutung der Situation vollkommen fernliegt. *Er* wünscht abzuschließen, *Sie* wünschen es – weshalb sollte da nicht eine Einigung zu Stande kommen? Ihr ergebenster O. Brahm. Ich komme morgen um 1 ins Bureau.

Was sich »morgen um eins« in Fischers Büro zutrug, ist nicht verzeichnet. Doch schlug der Versuch, mit Brahms Vermittlung eine Einigung zu erzielen, anscheinend fehl. Anders ist Hauptmanns Brief vom folgenden Tag, dem 23. Januar 1890, nicht zu erklären:

Sehr geehrter Herr Fischer! Sie haben mir mit verhältnismäßig großer Schnelligkeit den Stuhl vor die Thür gesetzt. Daß ich Ihnen neue und immer neue Bedingungen gemacht habe, entspricht nicht ganz den Thatsachen; ebensowenig trifft die Behauptung, nach welcher ich eine Geschäftsverbindung mit Ihnen *nicht* wünschte, zu, wofür hätte ich denn sonst andere Anerbietungen abgelehnt? Wenn Sie mir durch Ihre Ablehnung kurzer Hand, nunmehr Ihrerseits, bewiesen haben, daß Ihnen an einer Verbindung mit mir nichts liegt, verletzt es nun dennoch nicht im geringsten meinen Stolz, Ihnen die Versicherung zu geben, daß es mir aufrichtig leid sein wird, Ihren Namen nicht auf dem Titelblatt meines Werkes zu finden. Indessen – man muß sich trösten, über jedes Mißgeschick, zumal wenn es einen unverschuldet trifft. Mit den besten Grüßen Ihr ergebener Gerhart Hauptmann.

Jetzt, so schien es, war alles aus. Gewiß ahnte der enthusiastische Redakteur Arno Holz nicht das mindeste von der Kalamität, als er am folgenden Tag, dem 24. Januar, einem Freund schrieb:

In zirka acht Tagen wird Dir die Probenummer einer neuen Zeitschrift ›Freie Bühne für modernes Leben. Herausgegeben von Otto Brahm‹ zugehen. Ich habe die Redaktion derselben übernommen, und da wirst Du Dir ja ungefähr vorstellen können, wie viele Briefe ich jetzt per Tag in alle vier Windrichtungen schmettern muß. Ich bin die reinste Schreibmaschine geworden.

Fünf Tage später, am 29. Januar 1890, erschien das erste Heft der Zeitschrift tatsächlich, und zwar wie angekündigt mit dem Vorabdruck des ersten Aktes von *Das Friedensfest. Eine Familienkatastrophe* von Gerhart Hauptmann. Wann und wie die ›Familienkatastrophe‹ in der Familie der ›Freien Bühne‹ in letzter Minute abgewendet wurde, auf welcher Grundlage Fischer und Hauptmann sich schließlich doch einigten, hat sich nicht ermitteln lassen. Der weitere Briefwechsel und ihr erster Verlagsvertrag sind verlorengegangen. Beide, der dreißigjährige Fischer und der siebenundzwanzigjährige Hauptmann, waren viel »conservativer«, als sie wußten, und Hauptmann täuschte sich über sich selbst, wenn er meinte, es sei seiner »ganzen Natur nach geradezu unmöglich, eine lebenslange Verpflichtung einzugehen«. Er ging sie ein und brachte es nie über sich, sie zu lösen. Im Lauf der nächsten vierzig Jahre kam es noch zu mancher Krise zwischen ihnen; ein Menschenalter später war das Vertrauensverhältnis sogar zum Zerreißen gespannt. Aber alle diese späteren Auseinandersetzungen zwischen den beiden reifen, berühmten Männern verliefen im Grunde nicht viel anders als jene erste zwischen den beiden jugendlichen Anfängern.

Die Buchausgabe von *Das Friedensfest* erschien sofort nach Beendigung des Abdrucks in der Zeitschrift, im Februar 1890, und Fontane schrieb an Hauptmann: »Es wird mir eine Freude und Ehre sein, meinen Namen auf dem Widmungsblatt zu finden, auch wenn das Stück mir nicht gefallen sollte, was ich keinen Augenblick glaube.« Inzwischen war der Verleger Ackermann plötzlich gestorben. Fischer übernahm jetzt auch den Erstling *Vor Sonnenaufgang* in seinen Verlag (die Neuauflage war nicht mehr Bjarne P. Holmsen gewidmet, sondern Brahm und Schlenther) und brachte zwei Jahre später, 1892, auch die Novelle *Bahnwärter Thiel* zusammen mit der inzwischen entstandenen Erzählung *Der Apostel* als Buch heraus. Damit war der ›ganze Hauptmann‹ unter seinem Dach und sollte es bleiben.

PROKLAMATION

Das erste Heft der Wochenschrift ›Freie Bühne für modernes Leben‹ begann mit einer programmatischen Erklärung, die nicht mit Namen gezeichnet ist, deren Handschrift aber auch ohne Brahms späteres Eingeständnis seiner Autorschaft ohne weiteres zu erkennen ist. Sie ist ein Dokument, aus dem der Geist der Zeit mit vollen Zügen atmet, und sie gehört in ihrem vollen Wortlaut an diese Stelle.

Zum Beginn

Eine freie Bühne für das moderne Leben schlagen wir auf.

Im Mittelpunkt unserer Bestrebungen soll die Kunst stehen; die neue Kunst, die die Wirklichkeit anschaut und das gegenwärtige Dasein.

Einst gab es eine Kunst, die vor dem Tage auswich, die nur im Dämmerschein der Vergangenheit Poesie suchte und mit scheuer Wirklichkeitsflucht zu jenen idealen Fernen strebte, wo in ewiger Jugend blüht, was sich nie und nirgends hat begeben. Die Kunst der Heutigen umfaßt mit klammernden Organen alles was lebt, Natur und Gesellschaft; darum knüpfen die engsten und die feinsten Wechselwirkungen moderne Kunst und modernes Leben an einander, und wer jene ergreifen will, muß streben, auch dieses zu durchdringen in seinen tausend verfließenden Linien, seinen sich kreuzenden und bekämpfenden Daseinstrieben.

Der Bannerspruch der neuen Kunst, mit goldenen Lettern von den führenden Geistern aufgezeichnet, ist das eine Wort: Wahrheit; und Wahrheit, Wahrheit auf jedem Lebenspfade ist es, die auch wir erstreben und fordern. Nicht die objective Wahrheit, die dem Kämpfenden entgeht, sondern die individuelle Wahrheit, welche aus der innersten Überzeugung frei geschöpft ist und frei ausgesprochen: die Wahrheit des unabhängigen Geistes, der nichts zu beschönigen und nichts zu vertuschen hat. Und der darum nur einen Gegner kennt, seinen Erbfeind und Todfeind: die Lüge in jeglicher Gestalt.

Kein anderes Programm zeichnen wir in diese Blätter ein. Wir schwören auf keine Formel und wollen nicht wagen, was in ewiger Bewegung ist, Leben und Kunst, an starren Zwang der Regel anzuketten. Dem Werdenden gilt unser Streben, und aufmerksamer richtet sich der Blick auf das, was kommen will, als auf jenes ewig Gestrige, das sich vermißt, in Conventionen und Satzungen unendliche Möglichkeiten der Menschheit, einmal für immer, festzuhalten. Wir neigen uns in Ehrfurcht vor allem Großen, was gewesene Epochen uns überliefert haben, aber nicht aus ihnen gewinnen wir uns Richtschnur und Normen des Daseins; denn nicht, wer den Anschauungen einer versunkenen Welt sich zu eigen giebt – nur wer die Forderungen der gegenwärtigen Stunde im Innern frei empfindet, wird die bewegenden geistigen Mächte der Zeit durchdringen, als ein moderner Mensch.

Der in kriegerischen Tagen das Ohr zur Erde neigt, vernimmt den Schall des Kommenden, noch Ungeschauten; und so, mit offenen Sinnen wollen auch wir, inmitten einer Zeit voll Schaffensdrang und Werdelust, dem geheimnisvoll Künftigen lauschen, dem stürmend Neuen in all seiner gährenden Regellosigkeit. Kein Schlagbaum der Theorie, kein heiliggesprochenes Muster der Vergangenheit hemme die Unendlichkeit der Entwickelung, in welcher das Wesen unseres Geschlechts ruht.

Wo das Neue mit freudigem Zuruf begrüßt wird, muß dem Alten Fehde angesagt werden, mit allen Waffen des Geistes. Nicht das Alte, welches lebt, nicht die großen Führer der Menschheit sind unsere Feinde; aber das todte Alter, die erstarrte Regel und die abgelebte Kritik, die mit angelernter Buchstabenweisheit dem Werdenden sich entgegenstemmt – sie sind es, denen unser Kampfruf gilt. Die Sache meinen wir, nicht die Personen; aber wo immer der Gegensatz der Anschauungen die Jungen aufruft gegen die Alten, wo wir die Sache nicht treffen können, ohne die Personen zu treffen, wollen wir mit freiem Sinn, der ersessenen Autorität nicht unterthan, für die Forderungen unserer Generation streiten. Und weil denn diese Blätter den Lebenden sich geben, dem was wird und vorwärts schreitet zu unbekannten Zielen, wollen wir streben, zumeist die Jugend um uns zu versammeln, die frischen, unverbrauchten Begabungen; nur die geblähte Talentlosigkeit bleibe uns fern, die mit lärmenden Übertreibungen eine gute Sache zu entstellen droht; denn gegen die kläglichen Mitläufer der neuen Kunst, gegen die Ma-

rodeure ihrer Erfolge sind wir zum Kampfe so gut gerüstet, wie gegen blind eifernde Widersacher.
Die moderne Kunst, wo sie ihre lebensvollsten Triebe ansetzt, hat auf dem Boden des Naturalismus Wurzel geschlagen. Sie hat, einem tiefinnern Zuge dieser Zeit gehorchend, sich auf die Erkenntnis der natürlichen Daseinsmächte gerichtet und zeigt uns mit rücksichtslosem Wahrheitstriebe die Welt wie sie ist. Dem Naturalismus Freund, wollen wir eine gute Strecke Weges mit ihm schreiten, allein es soll uns nicht erstaunen, wenn im Verlauf der Wanderschaft, an einem Punkt, den wir heute noch nicht überschauen, die Straße plötzlich sich biegt und überraschende neue Blicke in Kunst und Leben sich aufthun. Denn an keine Formel, auch an die jüngste nicht, ist die unendliche Entwickelung menschlicher Cultur gebunden; und in dieser Zuversicht, im Glauben an das ewig Werdende, haben wir eine freie Bühne aufgeschlagen, für das moderne Leben.

Diese Proklamation bezeichnete nicht nur die Zielsetzung der Zeitschrift. Sie umriß Fischers gesamtes verlegerisches Anliegen. Wenn seine Unternehmung als Ganzes überhaupt ein ›Programm‹ hatte – wie bei jeder großen schöpferischen Leistung läßt es sich gewiß nur rückblickend aus dem Lebenswerk herauslesen –, dann war es in diesem Bekenntnis enthalten. Fischer selbst empfand es zweifellos so; vierzig Jahre später erklärte er in einem Zeitungsinterview: »Ich bekenne mich noch heute zu der Programmerklärung des ersten Heftes unserer Zeitschrift«, und fügte hinzu: »Nicht einen Augenblick darf man in unserem Beruf stehen bleiben. Wie der Baum muß der Verlag jedes Jahr seine Jahresringe ansetzen, denn wenn einer einmal ausbleibt, so stirbt der Baum.«

KALKULATIONEN

Die ›Freie Bühne für modernes Leben‹ erschien jeden Mittwoch und war ein schmales grünes Heft. Daß Fischer diese Farbe wählte, ist seltsam; denn auch ›Die Gesellschaft‹ war grün. Fischers grüne Hefte – mit dem 14. Heft wechselte er auf ein Rosa über und ab 1892 auf ein Blaugrün – waren, wie der mit ornamentalen Schriftbändern einigermaßen wild verzierte Kopf ausdrücklich mitteilte, 1½–2 Bogen stark, hatten also einen Umfang von 24–32 Seiten, und das Einzelheft kostete vierzig Pfennige, das Jahresabonnement achtzehn Mark. Fischer druckte eine Auflage von eintausend Exemplaren, was sich für den Anfang als mehr denn reichlich erwies.

Den Druck besorgte die Druckerei Wilhelm & Brasch in der nahe gelegenen Schützenstraße, die Fischer von Steinitz her kannte und von der er zu jener Zeit viele seiner Bücher herstellen ließ, vor allem die Ibsen-Ausgaben und die ›Nordische Bibliothek‹. (Allerdings scheint es ihr schwergefallen zu sein, sich auf Brahms Arbeitsmethoden, vor allem den Eingang von Satzmanuskript im letzten Augen-

blick einzustellen. Noch im August 1890 schrieb Brahm erklärend an Fischer: »Daß die Druckerei nicht fertig wurde, lag an der Ungeschicklichkeit der Leute zumeist; hoffentlich arbeiten sie sich besser ein.«) Überhaupt beschäftigte Fischer in den ersten sechs bis acht Jahren im allgemeinen nur mittlere und kleine Berliner Druckereien wie R. Boll, Ihering und Fahrenholtz in der Prinzenstraße und A. Seydel in der Neuen Friedrichstraße, die jahrelang die Hauptmann-Ausgaben für ihn druckte. (Die Leinenbände stellte die Buchbinderei Lüderitz & Bauer in Berlin her.) Diese Druckereien waren ihm persönlich bekannt, ihre Werkstätten lagen im Umkreis seines Verlagsbüros und waren zumeist bequem zu Fuß zu erreichen. Nur gelegentlich vergab er Druckaufträge an renommierte Provinzdruckereien wie Schulze & Co. in Gräfenhainichen, Zahn & Bändel in Kirchhain oder Herrosé & Ziemsen in Wittenberg. Erst um die Jahrhundertwende begann er mit den großen Druckereien in Leipzig zu arbeiten, von denen schließlich die Spamersche Buchdruckerei und später das Bibliographische Institut den größten Teil der Verlagsproduktion herstellte.
Wie wichtig für Fischer in den Anfangsjahren die geschäftliche Koppelung von Verlag und Zeitschrift war, läßt sich aus einem technischen Umstand ersehen: er ordnete bei allen Vorabdrucken, vor allem bei den Hauptmann-Dramen, den Zeitschriftensatz so an, daß der Satzspiegel dem Format der Buchausgabe entsprach und derselbe Satz, neu umbrochen und mit neuen Seitenzahlen und Titelei versehen, sofort anschließend für die Buchausgabe nochmals verwendet werden konnte. Hieran hielt Fischer viele Jahre lang fest, bis das abweichende Format und die veränderte Aufmachung der Zeitschrift den Neusatz notwendig machten. Trotz der Ersparnis durch doppelte Verwendung des Satzes dürfte die Herstellungskalkulation aber noch immer knapp gewesen sein. Fischer druckte auch von den Buchausgaben von Hauptmanns Dramen nur eine Anfangsauflage von tausend Exemplaren, und die Satzkosten mußten sich damit amortisieren. Hauptmanns Name war gewiß in aller Munde, aber die Buchausgaben selbst seiner vielgespielten Stücke setzten sich in den ersten Jahren nur sehr schwerfällig ab. *Vor Sonnenaufgang* brachte es bis 1900 auf achttausend, *Das Friedensfest* auf fünftausend, *Bahnwärter Thiel* auf sechstausend Exemplare. Bis zur Jahrhundertwende kletterten von den bis dahin erschienenen sechzehn Hauptmann-Titeln nur zwei über das zwanzigste Tausend hinaus: *Die Weber* mit sechsundzwanzigtausend und *Die versunkene Glocke* mit zweiundfünfzigtausend. Zumeist druckte Fischer von den Bühnenstücken (wie auch bei Ibsen) aus Gefälligkeit für den Bühnenvertrieb eine Anzahl von Exemplaren zum Selbstkostenpreis mit.

DAS ERSTE HEFT

Das erste Heft der Zeitschrift ließ an kämpferischer Herausforderung nichts zu wünschen übrig.

Da stand, gleich nach der ›Proklamation‹, Tolstois Aufsatz *Was ist Geld?*, eine »soziale Betrachtung«, die Fischer auch als Broschüre herausbrachte und die mit dem haarsträubenden Satz endete:

Es wird sich herausstellen, daß das Geld durchaus nicht jenes unschuldige Mittel der Werthmessung, der Verkehrserleichterung und der Sparmöglichkeit ist, als welches die Wissenschaft es gegenwärtig darstellt, sondern daß es das erste und vorzüglichste Mittel der Unterjochung des Menschen durch den Menschen ist, mit einem Worte, daß es ist: geronnene Gewalt.

Dasselbe Heft brachte Paul Schlenthers lange Besprechung der *Macht der Finsterniß*, die, bereits vor Jahr und Tag bei Fischer erschienen, drei Tage zuvor jetzt endlich von der ›Freien Bühne‹ zum erstenmal aufgeführt worden war. Ein Aufsatz *Moral und Kunst* aus der Feder des siebenundzwanzigjährigen Ludwig Fulda versetzte, ohne Namen zu nennen, dem Dr. Kastan einige auch heute noch beherzigenswerte Wahrheiten:

Zu welchen Ungeheuerlichkeiten würden wir gelangen, wenn wir die gesammte Weltliteratur von diesen moralischen Standpunkten aus betrachten wollten!... Man begeht den plumpsten Irrthum, den man überhaupt in ästhetischen Dingen begehen kann: man verwechselt das Abbild mit der Wirklichkeit; man verhält sich zur Darstellung, wie man sich dem Dargestellten gegenüber verhalten würde... Die Natur ist ohne Moral. Die Natur denkt nicht... und so wenig die Natur unmoralisch ist, wenn sie das Ungeheuerliche hervorbringt, so wenig ist es der Künstler, wenn er es mit klarer Seele spiegelt. Man darf deshalb kühnlich behaupten: Ein Kunstwerk ist umso weniger unmoralisch, je objectiver es ist. Moral und Unmoral fangen also genau dort an, wo die Kunst aufhört...

Da war ein Aufsatz *Die naturwissenschaftliche Phrase* von Emil Schiff, der ein »Zivilisationsübel« unserer heutigen Zeit bereits mit Scharfblick erkennt:

Man hat es gelernt – und wie leicht erlernt sich die Trägheit – gedankenlos im Schlaraffenlande der Technik zu leben... Man ahnt garnicht, welcher Grad von Unwissenheit über die größten und einfachsten Naturdinge im gebildeten Publikum herrscht... so lange die Grundlagen des Naturwissens nicht wirklich ein Bestandtheil der allgemeinen Bildung sind, muß man wünschen, daß lieber jedermann, der sich dieser Lücke bewußt ist, sie auch offen bekenne und nicht ein mechanisches Weitertragen von Schlagworten und Gemeinplätzen, die den Naturwissenschaften entstammen, an die Stelle eines solchen elementaren Wissens trete. Darum halte ich es auch für bedauerlich, wenn derlei Begriffe, wie der der Vererbung, der natürlichen Zuchtwahl und Anpassung, von modernen Schriftstellern zum Gegenstand literarischer Behandlung unter Zuhilfenahme wissenschaftlicher Äußerlichkeiten genommen werden.

Der Zufall will es, daß wir von diesem ersten Heft jenes Exemplar besitzen, in welchem Fischer mit eigener Hand am Rand die den Mitarbeitern auszuzahlenden Honorare angemerkt hat. Eine Verlagsgeschichte soll solche Details nicht übersehen. Hauptmann war richtig informiert. Schiff erhielt für seinen drei Seiten langen Beitrag in der Tat dreißig Mark, Schlenther hingegen für einen ebensolangen, der aber in kleinem Druck auf zwei Seiten zusammengedrängt war, nur zwanzig Mark und Hans Olden für einen in winzigem Schriftgrad gesetzten Beitrag von einer Druckseite zehn Mark. Doch maß Fischer nicht nur mechanisch nach der Elle der Seitenlänge, gleichgültig wieviel Text die Seite enthielt; er staffelte die Zeitschriftenhonorare (jetzt und auch später) ganz absichtsvoll nach dem ›Genre‹. Aus seinem Briefwechsel mit seinen Mitarbeitern ist zu ersehen, daß er bei Zeitschriftenbeiträgen zwischen »Essays« und »Production« unterschied; zwischen schöpferischer Belletristik und journalistischer Tagesarbeit, Kritiken, Glossen, Rezensionen und polemischen Aufsätzen, und »Production« erhielt geringeres Entgelt als die essayistischen Beiträge, weil sie fast stets die Produktion des Buchverlags war.

Wenn Fischer ›knausrig‹ war, so nicht ohne Grund. Brahm hatte von seiner Herausgeberaufgabe die richtige Vorstellung: die Zeitschrift faßte den Begriff ›Modernes Leben‹ unerschrocken von allen Seiten an; auch die folgenden Nummern brachten viel Gutes, Neuartiges, Umstrittenes; der Kreis der Mitarbeiter erweiterte sich rasch. Dennoch wollte die ›Freie Bühne‹ lange Zeit nicht recht gedeihen. Sie wurde von einer Kinderkrankheit nach der anderen geschüttelt; sie konnte beim Publikum, vielleicht nicht zuletzt wegen ihrer dürftigen, fast schäbigen, jedenfalls unansehnlichen Aufmachung, nicht recht Fuß fassen; es war schwer, ihr einen festen Stamm von Abonnenten zu verschaffen; die Auflage blieb gering. Und während Fischer um den äußeren Bestand der Zeitschrift kämpfte, brach sie schon in den ersten Monaten im Innern auseinander.

BRAHM UND BAHR

»Bahr – Holz – Redakteure der ›Freien Bühne‹ – Palastrevolution Bahr.«

Fischers eigene Aufzeichnungen enthalten nur diese wenigen Stichworte. Hätte er doch nur die Literatengroteske, die sich hinter ihnen verbarg, selbst berichtet! Wir können sie nur aus erhaltenen Bruchstückäußerungen anderer schlecht und recht rekonstruieren. »Die Sache meinen wir – nicht die Personen«, hatte Brahm verkündet. Das Unglück war, daß die Personen entweder nicht dieselbe Sache meinten oder über die Sache verschiedener Meinung waren und sich außerdem persönlich schlecht vertrugen. Im unvollendeten zweiten Teil seiner Autobiographie schreibt Hauptmann:

Die Redaktion der ›Freien Bühne‹ betreute nun also Arno Holz. Otto Brahm aber war, so wie noch immer Leiter des Vereins gleichen Namens, auch ihr Leiter. Eigentlich war ich überrascht, wie schnell Arno Holz, den ich als harten, eigenwilligen Kopf kannte, sich in diese Tätigkeit irgendwie subaltern einordnete. Genauer gesagt: er verstand sein Amt und gestaltete es nicht in der Weise, wie ich es bei ihm vermutet hatte, und wie es wohl schließlich auch Brahm voraussetzte. Er begab sich jedweder Initiative. Er war schweigendes Wachs in der Hand Otto Brahms.

So mochte es Hauptmann erscheinen. Aber so war es nicht. Holz, ein genialischer Eigenbrötler, hatte sich bei aller harten Eigenwilligkeit nicht Brahm, sondern Bahr untergeordnet. Von ewiger Geldnot bedrückt, meinte er, wie er in einem Brief an einen Freund schrieb, mit »dix ans d'un journalisme militant« gemeinsam mit Bahr sich aus der Misere befreien zu können. »Wäre es nicht geradezu eine Dummheit, mich mit Bahr nicht journalistisch zu liieren?« Bahr war fix und wendig, ein talentierter journalistischer Hansdampf in allen Gassen, der jede neue Idee, die der Literaturwind ihm vor die Nase blies, sofort aufschnappte und zum Gebot der Stunde erklärte. Beide, Holz und Bahr, empfanden Brahm als einen Tyrannen. Brahm war auch mit Arno Holz nicht eines Sinnes. Er hatte gleich in einem der ersten Hefte der Zeitschrift genau das getan, was er selbst noch vor kurzem der ›Nation‹ verübelt hatte, und einem Aufsatz *Die neue Kunst und die neue Regierung* von Holz eine distanzierende Fußnote angefügt, die über den unmittelbaren Anlaß hinaus für seine Herausgeberschaft charakteristisch war:

Der Herausgeber der ›Freien Bühne‹ hält es nicht für seine Aufgabe, Anschauungen, welche der seinigen widersprechen, von dieser Zeitschrift ohne weiteres fernzuhalten. Er will eine ›Freie Bühne‹ auch in diesem Sinne aufgeschlagen haben, daß er eigenartigen Meinungen zum Worte hilft, welche mit der Kraft einer selbständigen Überzeugung, in schriftstellerischer Form, ausgesprochen werden. Vorausgesetzt natürlich, daß sie geeignet sind, auf ein allgemeines Interesse zu stoßen. Aus der Veröffentlichung eines Aufsatzes, wie des vorliegenden, bittet der Herausgeber also nicht folgern zu wollen, daß sich diese Zeitschrift mit dem Inhalte identificiert: er trägt die gesetzliche Verantwortung, aber die geistige bleibt dem Autor überlassen. Diese Bitte sei hiermit ein für allemal ausgesprochen.

Holz und Brahm verstanden einander nicht, und Brahm und Bahr konnten einander nicht ausstehen. Doch unzweifelhaft war der Hauptunruhestifter der großspurige Hermann Bahr. Er sah das selbst später ein:

Eigentlich hat mich damals in Berlin nur einer verstanden: Brahm. Und gerade mit ihm verstand ich mich gar nicht. Er, ein Meister im Zuhören, gab mir im stillen recht, wenn ich immer wieder von der Überwindung des Naturalismus sprach; auch er sah sie voraus: für morgen ... doch er ließ sich dadurch in der »Forderung des Tages« nicht stören; dies verdroß mich ... Gerade weil ich Brahms inneren Wert von Anfang an witterte, war mir die Kaltschnäuzigkeit unerträglich, in der er sich verbarg, und ihm wieder ging mein stürmisches, oft auch bloß sehr windiges Wesen auf die Nerven ... Brahm hatte sehr viel Geduld mit mir, ich gar keine mit ihm ...

Bahr hatte aus Paris nicht nur einen Roman *Die gute Schule* mitgebracht, mit dem er nun tatsächlich noch im selben Jahr 1890 bei Fischer erschien, sondern auch eine doppelte Überzeugung: erstens, daß man in Deutschland Zolas Naturalismus mißverstanden und mit Form- und Stillosigkeit gleichgesetzt habe – er erklärte *Das Friedensfest* für »verdrießlich und ermüdend« und proklamierte kurzweg, daß »dieser deutsche Naturalismus keine künstlerische Wirkung vermag« – und zweitens, daß der Naturalismus überhaupt schon tot sei und es sich nur in Berlin noch nicht herumgesprochen habe:

Die Herrschaft des Naturalismus ist vorüber, seine Rolle ist ausgespielt, sein Zauber ist gebrochen ... Neue Schulen erscheinen, welche von den alten Schlagworten nichts mehr wissen wollen. Sie wollen weg vom Naturalismus und über den Naturalismus hinaus.

Der kommende Mann, erklärte er, sei Bourget; mit ihm glaubte er an »einen neuen Idealismus in der Kunst, an die Notwendigkeit einer ›Synthese von Naturalismus und Romantik‹; wir behielten recht, die Zeit hat es bestätigt ...« Er behielt recht; aber die Art, wie er recht behielt, setzte ihn unablässig ins Unrecht.

In der Zeitschrift »irrwischte« Bahr unter allerlei Pseudonymen wie ›Karl Linz‹, ›B. Schwind‹, ›Schnitzel‹ und ›Globetrotter‹ umher und lieferte eine regelmäßige Spalte Glossen unter dem Titel ›Suggestionen‹. Diese Beiträge waren für Brahms Geschmack zu seicht und zu schlampig geschrieben, und schon Mitte Juni 1890 kam es zu einem Zusammenstoß. Bahr beschwerte sich unverzüglich bei Fischer: »Ich erhalte soeben von Holz die unvermutete Mitteilung, daß Herr Dr. Brahm sich geweigert hat, meine ›Suggestionen‹ zu drucken. Darüber werden wir sprechen ...« Die Aussprache fand am 25. Juni statt und verstimmte Brahm; doch scheint der versöhnlichere Fischer Brahm bewogen zu haben, über Bahr nicht den Stab zu brechen. Die ›Suggestionen‹, erschienen wieder, und Brahm schrieb im nächsten Heft sogar eine etwas übertriebene Lobeshymne auf *Die gute Schule*. Aber leiden konnte er ihn noch immer nicht, und am 2. Juli schrieb er Fischer:

Wollen Sie den beil. Artikel ansehen? Ich gestehe: meine Hoffnung wird immer geringer, mit diesem parfümierten Ekel auf einen grünen Zweig zu kommen. Ich werde morgen um 1/2 3 im Kurfürsten sein; wenn Sie wollen, können wir da weiter davon reden.

Jetzt ergriff Fischer eine rechte Verzweiflung. Der schlechte Absatz der Zeitschrift im Verein mit dem unablässigen Zwist in der Redaktion ließ ihn den Gedanken erwägen, sich der ganzen Belastung zu entledigen und die Zeitschrift kurzerhand einzustellen, und zwar, vermutlich aus Abonnementsgründen, zum Jahresende. Brahm schrieb ihm daraufhin am 14. Juli 1890: »Haben Sie im December keine Lust mehr, die F. B. fortzusetzen, so wird es doch vermuthlich für Sie vorteilhafter sein, sie 11, als 12 Monate verlegt zu haben; ob ich s. Zt. von meinem Anrecht auf einen 12. Monatsgehalt zurückzutreten in der Lage bin, kann ich heute noch nicht sagen ...« Und ein stöhnender Nachsatz: »Heft 24 hat wieder eine Schnitzelgeschichte bekommen.«
Brahm versuchte natürlich, die Zeitschrift zu retten und gleichzeitig Bahr loszuwerden. Er schrieb zwei Tage später:

Geehrter Herr Fischer, falls Sie, wie ich hoffe, nicht schon zu einem negativen Beschluß in Betr. der F. B. gelangt sind, bitte ich Sie Beif. zu lesen. Es ist wieder in einem heillosen Stile; viele Worte, und nichts gesagt. Wäre B. externer Mitarbeiter, so würde ich es mir dreimal überlegen, den Artikel aufzunehmen. So aber fühle ich mich gebunden; denn daß sich sein Hochgefühl im Einzelnen nichts abdingen läßt, wissen Sie. Ich folgere daraus von Neuem, daß wir gut thun würden, das bisherige Verhältnis zu ihm am 1. August aufzuheben.

»PALASTREVOLUTION«

Fischer war offenbar mit Bahrs Entlassung einverstanden. Aber Bahr hatte den Braten gerochen und plante einen Gegenschlag. Wenn man ihn hinaussetzte, dann sollte es mit einem Donnerschlag geschehen und das ganze Gebäude möglichst über Brahm und Fischer zusammenstürzen. Wir besitzen eine einzige, aber unnachahmliche Momentaufnahme der »Palastrevolution«, die er anzettelte. Sie stammt von Otto Erich Hartleben, dem damals sechsundzwanzigjährigen Gerichtsassessor und libertinistischen Freizeitdichter, der eben bei Fischer eine sehr freche und komische Parodie veröffentlicht hatte: *Der Frosch. Familiendrama nach Henrik Ipse*. Hartleben notierte am 26. Juli 1890 in seinem Tagebuch:

Großer Streik in der ›Freien Bühne‹. Holz, Schlaf und Bahr sagen sich los. Brahm ist ihnen nicht gefügig genug. Um ihren Austritt mit möglichstem Eclat und Nachdruck zu bewerkstelligen, wollen sie eine Erklärung in die Zeitungen bringen: »Die Herren — und nun möglichst viele jungdeutsche

Männer – ersuchen uns, mitzuteilen, daß sie der von Dr. Otto Brahm herausgegebenen ›Freien Bühne‹ ihre Mitarbeit entzogen haben und dieses Blatt nicht als Organ der neuen Kunst anerkennen.« Dieser Erklärung sollte auch ich mich anschließen. Holz forderte mich zunächst brieflich dazu auf. Ich schrieb ihm vorgestern Abend, daß ich diesen Schritt nicht billige... Gestern Morgen um 7 Uhr kam Schlaf zu mir. Ich lag noch im Bett. So jagt ein Schlaf den anderen. Ich müßte auf jeden Fall beitreten – »alles Gebein« schlösse sich an... Er redete in einem Bogen auf mich ein, und ich hätte nie geglaubt, daß der stumme Denker also zu einem schlauen Stänker werden könne... Vor allem: was wird aus dem ›Verein Freie Bühne‹, wenn wir Jungen uns wirklich solidarisch gegen Brahm erklären? Und andererseits: treten wir nicht geschlossen – alle für einen auf – fehlt beispielsweise Gerhart Hauptmann – ist es dann nicht der reine Selbstmord, ein plumpes sich neben den Stuhl setzen? Ich traue Brahm zu, daß er die Energie besitzt, in diesem Fall zu sagen: Nun erst recht, und wenn der ganze Schnee verbrennt. Dann aber würde alles ruhig weiter bestehen, wir aber würden als unerträgliche Radaubrüder einfach draußen sitzen...

Hartleben teilte Holz mit, er schließe sich an, »falls Gerhart Hauptmann dabei ist«. Hauptmann war natürlich nicht dabei, und »alles Gebein« dachte nicht daran, sich anzuschließen; Otto Erich fiel es nicht ernstlich ein, sich von seinem Duzfreund Sami zu trennen. Brahm schrieb am 29. Juli 1890 auf einer Postkarte an Ludwig Fulda:

Ich weiß nicht, ob Sie von der großen Palastrevolution in unserer Zeitschrift gehört haben: Bahr–Holz, zwei Verschwörer aus dem Fiesko, denen ich nicht genug ›Macht‹ einräumte, haben einige unschuldige Lämmer angestiftet und sind feierlich abgefallen.

Die »Palastrevolution« brach zusammen; Bahr und Brahm grüßten einander nicht mehr; Bahr schied zusammen mit Holz »mit Getöse« aus, »den wägenden Brahm am ängstlich klopfenden Herzen Fischers zurücklassend«. Rechtsanwalt Jonas regelte den Fall Bahr, und Fischer fuhr in seinen Sommerurlaub. Brahm und er waren nicht um Ersatz verlegen und hatten vorgebaut. Am 10. August schrieb ihm Brahm: »Bölsche habe ich nun also dingfest gemacht. Beiträge kommen spärlich; aber verhungern werden wir sicher schon nicht.« Er fügte hinzu: »Der alte Stettenheim fängt an, mir fürchterlich zu werden.« ›Wippchen‹ war just sechzig und blieb noch ein Vierteljahrhundert lang ebenso fürchterlich wie unentbehrlich. Von Zeit zu Zeit sah Fischer den Alten gern und verlegte auch 1896 noch seine *Heiteren Erinnerungen*. Danach verschwand der treffliche Witzbold aus seinem Gesichtskreis. Arno Holz schied auch als Mitarbeiter fast gänzlich aus der Zeitschrift aus. 1892 erschien ein vereinzelter Aufsatz über Heine von ihm und danach nichts bis zu einem Gedicht im Jahr 1920, das auch sein letzter Beitrag war.

ZWISCHENBERICHT: DAS ERSTE SPIELJAHR

Während die Zeitschrift ihre erste und schwerste Krise durchmachte, hatte der Theaterverein gleichen Namens unerschüttert sein erstes Spieljahr hinter sich gebracht. Bereits die ersten Aufführungen hatten das Unternehmen in der Berliner Gesellschaft so bekannt werden lassen, daß Fischer sich wegen genügender Mitgliederzahl nicht mehr zu sorgen brauchte. Es wurde geradezu Mode, dazuzugehören, und das zweite Mitgliederverzeichnis, vom 1. Januar 1890, war von den ursprünglichen drei Seiten auf sieben angewachsen. Maximilian Harden hatte seinen Groll überwunden und war wieder beigetreten; August Scholz, Hoffory, der junge Felix Hollaender tauchen auf; neben Max Marschalk auch Hauptmanns Thienemann-Verwandte, Fischers Buchdrucker Boll, die Schauspielerin Helene Odilon; zu Herrn und Frau Max Liebermann hatten sich Herr und Frau Rudolf Mosse gesellt; »Herr stud. Edienne George« war kein anderer als der einundzwanzigjährige Stefan George, der in diesem Wintersemester in Berlin bei Erich Schmidt studierte und sich allerdings »Etienne« schrieb.

Das erste Spieljahr der ›Freien Bühne‹ schloß am 1. Juni 1890 mit der Aufführung von Hauptmanns *Friedensfest* ab. Brahm schrieb:

Ende gut, Alles gut: das erste Theaterjahr der ›Freien Bühne‹, nach manchen Schwankungen des Erfolges, nach Irrungen und Wirrungen auf der Szene und vor der Szene, hat mit einem vollen Sieg geschlossen. Dasselbe Publikum, das mit lärmendem Unwillen ›Vor Sonnenaufgang‹ empfing, das mit übermütigem Hohn ›Von Gottes Gnaden‹ begrub, war nach kurzem Widerstreben völlig im Bann des ›Friedensfestes‹, und gefesselt, lautlos folgte es dem Willen des Dichters.

Aber auch hier blieb es, obwohl Kainz den Wilhelm spielte, bei der einmaligen Aufführung; die öffentlichen Theater trauten sich an Hauptmann nicht heran und übernahmen weder das erste noch das zweite Stück. Geld war vorerst mit der neuen Dramatik nicht zu verdienen, aber Schatzmeister Fischers Kassenrapport zum Jahresschluß zeigte, daß er umsichtig gewirtschaftet hatte. Die insgesamt 1025 Mitglieder hatten rund 25500 Mark eingebracht; die billigste Inszenierung war *Die Familie Selicke* von Holz und Schlaf gewesen, die großen Erfolg hatte, die teuerste das historische Trauerspiel *Von Gottes Gnaden* von Arthur Fitger, einem dichtenden Maler, das durchfiel; Fischer konnte einen »Cassen-Saldo« von nahezu dreitausend Mark auf das zweite Spieljahr übertragen.

Eine ›Freie Bühne‹ war also ein wirtschaftlich durchführbares Unternehmen. Kein Wunder, daß die Idee alsbald von anderen aufgegriffen wurde. Die »deutschrealistische Dichterschule«, wie sie sich in der ›Gesellschaft‹ nannte, machte ihrem Ressentiment über die Berliner Naturalisten und ihre »Ausländerei« Luft, indem sie unter Führung von Michael Georg Conrad und Carl Bleibtreu ein »nationales« Gegenunternehmen, die ›Deutsche Bühne‹, gründete, die am 28. September 1890 mit Bleibtreus *Weltgericht* in einer stümperhaften Aufführung in Berlin ihren Anfang und zugleich auch ihr Ende nahm. Eines wesentlich anderen Geistes Kind war die ›Freie Volks-Bühne‹, die im selben Sommer 1890 von Bruno Wille ins Leben gerufen wurde. Wille war ein Freund und Bundesgenosse Brahms, Fischers und Hauptmanns; ihm ging es nicht um ein Konkurrenz-, sondern um ein Ergänzungsunternehmen, vom gleichen Geist getragen, aber nicht für das gebildete, wohlhabende Bürgertum von Berlin W., sondern für die vernachlässigten, bildungshungrigen Arbeitermassen des Berliner Nordens und Ostens. Deshalb veröffentlichten Brahm und Fischer auch bereitwillig in der Nummer vom 2. April 1890 ihrer Zeitschrift Willes Gründungsaufruf. Wille plante eine Vorstellung im Monat und einen Vierteljahresbeitrag für die billigsten Plätze von einer Mark fünfzig, also fünfzig Pfennig pro Vorstellung. »Wenn dies Träume sind«, meinte Brahm, »so sind es doch schöne Träume, und auch diese Forderungen sind des modernen socialen Lebens ein Theil.«

Binnen weniger Monate zeigte sich, daß Willes »schöner Traum« sich verwirklichte, und nun lag der Gedanke einer Zusammenarbeit oder »Coalition« der beiden Theatervereine nahe. Brahm verhandelte in dieser Richtung. Aber Fischer hatte Bedenken, wohl unter anderem, weil die ›Freie Volks-Bühne‹ sich in erster Linie auf die sozialdemokratischen Arbeitervereinigungen stützen mußte, die bei den Behörden mißliebig waren, und weil die ›Freie Bühne‹ im Fall der »polizeilichen Auflösung« der ›Freien Volks-Bühne‹ in Mitleidenschaft geraten konnte. Er scheint sich mit dem Gedanken des Rücktritts vom Schatzmeisteramt getragen zu haben. Hierauf schrieb Brahm ihm beruhigend am 16. August 1890:

Die Coalition mit der V. B. (die übrigens noch nicht perfect ist, ich bin jetzt ohne Nachricht von den Herren und würde auch wenn sie eintrifft, nochmals Jonas resp. die Ordentlichen befragen) – die Coalition hat doch noch geschäftliche Vortheile im günstigen Falle. Bei 18 Vorstellungen würden wir sicher die Hälfte unserer Kosten hereinbekommen; und das ganze Arrangement stellt uns auf eigene Füße, während wir bei L. [Siegfried Lautenburg] abhängig zu werden Gefahr laufen. Dennoch begreife ich sehr gut, daß man dagegen sein kann, ich habe ja auch geschwankt, wie Sie wissen, und neige nur neuerdings, weil ich sehe, wieviel Enthusiasmus bei den Leuten ist, auf diese Seite. Aber überstürzen werde ich nichts, so sehr auch die Saison schon nahe kommt. Die »Sache, der wir dienen«, werden Sie aber jedenfalls am meisten fördern, wenn Sie dabei bleiben, ob nun mit oder ohne F. V. B. Die persönlichen Gründe, die Sie nennen, kann ich nach allem nur in Ihrem Bedenken wegen der Sozialdemokratie resp. der Ausweisung finden, und da bitte ich sagen zu dürfen, daß ich für Ihre Besorgnisse auch nicht den entferntesten Grund erkenne ... Ihr Ausscheiden würde sicher zu neuen Gerüchten Anlaß geben, und ich würde es nicht nur aus praktischen Gründen, sondern auch aus allgemeinen sehr bedauern: bleiben Sie bei der »Sache, der wir dienen«, bitte ich darum, und machen Sie Ihre Meinung in vollem Umfang geltend, wie es Ihr gutes Recht ist.

Die Episode läßt erkennen, daß Fischer sich in jenen Kampfjahren in Berlin noch ungesichert und gefährdet fühlte: er fürchtete, er könne im Falle eines Konflikts mit den Behörden als »unerwünschter Ausländer« aus Preußen ausgewiesen werden, noch ehe er das deutsche Bürgerrecht erworben hatte. Brahm freilich hatte recht, die Besorgnisse waren grundlos, Fischer blieb »bei der Sache, der wir dienen«. Die ›Freie Volks-Bühne‹ wurde am 12. Oktober 1890 im Ostend-Theater mit Ibsens *Stützen der Gesellschaft* eröffnet, spielte auch *Vor Sonnenaufgang* noch einmal und in der Folge mehrere Stücke Hartlebens und gedieh gut. Eine Woche zuvor, am 5. Oktober, hatte die ›Freie Bühne‹ ihr zweites Spieljahr mit Strindbergs *Der Vater* eröffnet und führte späterhin auch *Fräulein Julie* erstmals auf. Inzwischen war Hauptmann bereits mit seinem dritten Stück zur Stelle. *Einsame Menschen* war in den Monaten August–November 1890 entstanden, und in der letzten Novemberwoche las Hauptmann das Stück den Freunden Brahm, Schlenther und Fischer in seiner Wohnung in der Schlüterstraße vor. Er habe, schrieb Schlenther, »von dieser zarten Dichtung nie einen tieferen Eindruck empfangen als damals, wo der Dichter sie selbst vorlas«. Das neue Werk wurde schon zu Neujahr in der Zeitschrift abgedruckt und am 11. Januar 1891 von der ›Freien Bühne‹ in Lautenburgs Residenztheater aufgeführt. Mit ihm tat Hauptmann den ersten Schritt auf die öffentliche Bühne. L'Arronge übernahm das Stück in den Spielplan des Deutschen Theaters, und im Winter 1891 wurde es am Wiener Hofburgtheater gespielt. Brahm schrieb aus diesem Anlaß in der ›Freien Bühne‹ am 25. März 1891:

Sei mir gestattet, mit einer persönlichen Bemerkung zu schließen. Gerhart Hauptmanns Schaffen gehört der öffentlichen Bühne nun an, und welche Bedeutung es für das lebendige Theater gewinnen wird, muß die Zeit lehren. Wir von der Freien Bühne, die wir sein erstes Werk auf die Bretter gestellt haben, und die in gewissem Sinne jetzt von ihm Abschied nehmen, müssen uns oft als die ›Entdecker‹ Hauptmanns bezeichnen lassen, bald mit Spott und bald mit Anerkennung. Wir beanspruchen, meine Freunde und ich, weder Columbusruhm noch Hebammenlohn: wir haben nur unsere verdammte Pflicht und Schuldigkeit getan, nichts weiter. Als eines Tages das Drama

›Vor Sonnenaufgang‹ bei mir für die Freie Bühne einlief, habe ich es gelesen und zur Annahme empfohlen wie selbstverständlich: denn wenn die Freie Bühne überhaupt einen Sinn haben sollte, so mußte sie dieses Stück zur Aufführung bringen, dieses vor allem ... und so verzichten wir denn hiermit feierlichst auf jede ästhetische Bürgerkrone, vor der Gegenwart wie vor der Zukunft.

Hauptmann hatte abermals ein Menschenschicksal aus seiner unmittelbaren Umwelt gestaltet: »Bruder Carl hat mir das Stück erst vorgelebt.« Der Bruder nahm es nicht übel, sein Groll machte sich erst später Luft. Im Frühjahr 1891 übersiedelte Hauptmann in seine schlesische Heimat und bezog zusammen mit dem Bruder in Schreiberhau ein eigenes Haus. Brahm, der ihn dort im Juni besuchte, schrieb eine Postkarte an Fischer: »Der Schreiberhauptmann grüßt Sie bestens; er ist durch Ihre inhaltsvolle Mitteilung sehr angenehm überrascht worden.« Was mag die Mitteilung wohl enthalten haben?

EXIT BAHR

Brahm war nicht nachtragend. Er erkannte Bahrs Unzulänglichkeiten, aber er wußte auch seine Qualitäten zu schätzen. Als Bahr im Herbst 1890 unter dem Titel *Zur Kritik der Moderne* die ›Erste Reihe‹ seiner gesammelten Aufsätze (nicht bei Fischer, sondern bei Schabelitz in Zürich) veröffentlichte, widmete er ihnen mit der Überschrift *Ein moderner Kritiker* in der ›Freien Bühne‹ eine ausführliche Würdigung. Es sei ein »Buch von Geist und Wissen«, das allgemeine Beachtung verdiene: »Anregend ist er immer, auch wo er zum Widerspruch reizt, fesselnd stets, auch wo kecke Übertreibungen und eine allzu starke Instrumentierung den jugendlichen, noch in voller Entwicklung begriffenen Geist offenbaren.«

Bahr neigte zeitlebens dazu, sich selbst kräftig zu überschätzen. Das führte dazu, daß er seither beträchtlich unterschätzt worden ist. Bahr und Brahm arbeiteten in späteren Jahren auf anderem, theatralischem Gebiet lange und gedeihlich zusammen, und für Fischer galt das gleiche. Er fand sich mit Bahr bald wieder zusammen, und wie wertvoll er ihm wurde, wird sich in Kürze zeigen. Aber es dauerte eine Weile, bis Fischer seinen Unmut über die »Palastrevolution« überwand, und vorerst waren die Beziehungen äußerst kühl.

Bahr blieb noch ein halbes Jahr in Berlin. Er habe, schrieb er, später nie wieder das Gefühl gehabt, berühmt zu sein. »Damals in Berlin war ich es; und blieb's sogar acht bis neun Monate lang.« Der Ruhm gründete sich hauptsächlich auf den Band »dreister, frech boulevardisierender« Erzählungen *Fin de Siècle*, der (von Fischer abgelehnt) im Berliner Verlag Zoberbier erschien und von der Polizei beschlagnahmt wurde. »Mein Sitz im Café Kaiserhof, das damals die Hochburg der schönen Geister Berlins war, ward der Stammtisch zur ›Überwindung des Naturalismus‹.« Spöttern war er seitdem der »Überwinder«; Harden nannte ihn den »Mann von Übermorgen«, Theodor Wolff den »Portier der Literatur«, andere den »Handlungsreisenden der Literatur«. Das war ungerecht, denn Bahr bekam keine Provision für seine Vermittlerdienste. Aber Theodor Wolff hatte doch richtig gesehen: Bahr öffnete einer Anzahl von ›Gesamtausgaben‹ die Tür zum S. Fischer Verlag.

Bahr verließ Berlin schließlich im Januar 1891. Kurz zuvor, am 23. Dezember, sandte er Fischer die erste Niederschrift der beiden ersten Akte eines »dreiaktigen modernen Dramas«, verhieß die »druckfertige Reinschrift« in sechs bis acht Tagen und verlangte im Annahmefall sofortigen Druckbeginn »schon am Montag«, damit das Buch »noch im Januar, spätestens in der ersten Woche des Februar zur Ausgabe gelangt«. Fischer verzichtete auf dieses Geburtstagsgeschenk (es war das Drama *Die Mutter,* das Bahr flugs beim Sallis'schen Verlag in Berlin unterbrachte) und druckte Bahrs nächstes Buch nicht »am Montag«, sondern erst in zwei Jahren. Vierzehn Tage später ersuchte Bahr um einen Vorschuß auf die bisher abgesetzten Exemplare seines Romans, um nach Rußland reisen zu können. Er scheint ihn erhalten zu haben, denn er begleitete tatsächlich den Berliner Schauspieler Emanuel Reicher auf einer Gastspielreise nach St. Petersburg. Sein Brief schloß: »Genehmigen Sie den Ausdruck meiner besonderen Hochachtung.«

DIE REDAKTION IM GRÜNEN

Wilhelm Bölsche übernahm die Redaktion der ›Freien Bühne‹ im August 1890. Er war kurz zuvor mit seinem Freund Bruno Wille ›ins Grüne‹, nach Friedrichshagen, gezogen, und unter seiner Leitung entwickelte die Wochenschrift eine zunehmend populärwissenschaftliche und sozialethische Tendenz.

Brahm behielt noch eine Weile formell die Oberleitung; tatsächlich allein redigiert habe ich die Zeitschrift fast vom ersten Tag meines Eintritts an... Mein Bestreben war, das Blatt in der Tat aus dem einseitig Ästhetischen herauszuführen... Es sollte moderne Weltanschauung im Schilde führen. Daraufhin habe ich Mitarbeiter gesammelt... Es war eine Freude, wie rasch sich ein wirklich fest geschlossener und dabei doch sehr vielköpfiger Kreis auf diesen Ton zusammenfand. Alles in allem war es ja eine köstlich unruhige, überall ringende, gebende, hoffnungsfreudige Zeit damals, um den Anfang der neunziger Jahre. Aus den Mitarbeitern formte sich ein immer wachsender Freundeskreis... Und alle diese Freunde, Helfer, Berater, diese große lustige Redaktion aus Mitarbeitern sammelte sich – in Friedrichshagen. Denn das muß ich doch sagen: eine gemütliche Redaktion war es. Ich brauchte meinen Sitz nicht nach Berlin zurückzuverlegen. Einmal bloß wöchentlich fuhr ich hinein auf ein paar Stunden, zur Druckerei. Mit dem völlig toleranten Verleger S. Fischer habe ich nie auch nur den geringfügigsten Krach gehabt. Weil ich aber draußen saß und ›berlinscheu‹ war, kamen die lieben Bekannten zu mir, die grünen Hefte wurden wirklich im Grünen ausgeheckt.

So Bölsche in seinen Lebenserinnerungen. Aber bei aller Toleranz wurde Fischer die Sorge nicht los, daß die Zeitschrift auch unter Bölsches tüchtiger Regie nicht gedeihen wollte. Sie war und blieb ein Zuschußunternehmen. Sie einzustellen kam Fischer jetzt nicht mehr ernstlich in den Sinn. Sie war für den Verlag inzwischen so wertvoll geworden, daß er entschlossen war, sie durchzusetzen. Aber wie?

Irgend etwas an der inneren oder äußeren Struktur der Zeitschrift, oder an beidem, war falsch, und Fischer glaubte zu wissen, was es war: die wöchentliche Erscheinungsweise. Sie setzte flinke, aktuelle Raschlebigkeit voraus (wie sie später für Siegfried Jacobsohns ›Weltbühne‹ und Stefan Großmanns ›Tagebuch‹, beides Wochenschriften, charakteristisch war) und konnte den längeren Atem nicht aufbringen, an dem Fischer lag. Für den Vorabdruck seiner bedeutenden Neuerscheinungen war die Wochenschrift ausgesprochen ungeeignet. Es war widersinnig, in ihr ein großes Romanwerk wie Zolas *Die Bestie im Menschen* vorabzudrucken, wie es geschehen war; dafür, daß der Leser nur eine Fortsetzung pro Woche bekam, waren die Fortsetzungen zu kurz, und die Wirkung verpuffte. Versteifte man sich hingegen nicht auf die Aktualität, wie sie etwa die pünktliche Theaterkritik verlangte, die in der vielgestaltigen Berliner Tagespresse bereits gut besorgt wurde und mit der man ohnedies nicht konkurrieren konnte, und bot mehr auf einmal in größerem Abstand, so war die nötige Schwere möglich, die der Zeitschrift festen Halt bei den Lesern verschaffte. So erschien es dem Verleger; der spätere Redakteur Oscar Bie sah es rückblickend so:

Die Wochenschrift erwies sich zu eng und klein für die großen Fragen, die immer deutlicher an das Gewissen der Zeitschrift herantraten. Der Kreis der Mitarbeiter und der Kreis der Probleme hatte sich so erweitert, daß es nottat, dem wachsenden Interesse für diese Dinge ein entsprechendes neues Äquivalent zu bieten. Man tat dies, indem man sich entschloß, aus der Wochenschrift eine Monatsschrift zu machen... die Aktualität von einer Woche auf einen Monat auszudehnen, um dadurch die Möglichkeit zu gewinnen, in größeren Aufsätzen, die noch immer dem Leben des Tages folgen konnten, die Probleme und Ziele der Zeit würdiger zu behandeln.

Die Umstellung wurde für Januar 1892, den Beginn des dritten Jahrgangs, beschlossen und gleichzeitig der Titel der Zeitschrift in ›Freie Bühne für den Entwickelungskampf der Zeit‹ abgeändert. Für Brahm, der wohl mit Bölsches redaktioneller Richtung ohnehin nicht allzuviel anzufangen wußte, verlor die Zeitschrift damit das Interesse. Für ihn war das Wichtigste an ihr die Aktualität gewesen, die ihm erlaubte, jedes Eisen zu schmieden, solange es heiß war. Es mußte ihm offenkundig sein, daß Fischer die Fortführung der Zeitschrift nur zugemutet werden konnte, wenn sie den Anliegen seines Verlags besser diente als bisher. Die Personen und die Sache stimmten nicht mehr miteinander überein.

So kam, was unvermeidlich war: das Ende von Brahms Herausgeberschaft. Fischer versuchte offenbar, Brahm zu halten, aber im Dezember wurde die Trennung unwiderruflich. Brahm schrieb:

Sehr geehrter Herr Fischer, da Sie eine fertige Thatsache geschaffen haben, so hat es wenig Zweck, daß ich Ihnen mittheile, was ich gegen Ihre Motivierung einzuwenden hatte. Ich beschränke mich also darauf, mit höflichem Dank Ihre gef. Aufforderung abzulehnen; die Gründe sind dieselben, welche ich Ihnen vor einem Jahr entwickelte: ich wünsche denjenigen gegenüber, welche auf meinen Namen hin zu dem Blatte gekommen sein sollten, deutlich zu markieren, daß ich keinen Einfluß mehr darauf habe.

Übrigens war auch Bölsche über die Umwandlung in eine »dickleibige Monatsschrift« nicht restlos glücklich: »Damit war ihr alter leichter Tritt dahin. Die Wellen plätscherten nicht mehr so keck quer durch ihre paar losen Blätter. Mir hat sie jedenfalls von dem Tage an nicht mehr die rechte Freude gemacht.« Bölsche hatte sich den jungen Felix Hollaender geholt, der jetzt im Verlagsbüro in der Stadt die tägliche Arbeit besorgte, während er selbst in Friedrichshagen blieb.

Brahm war noch nicht draußen, da hatte Hermann Bahr bereits den Fuß in der Tür, offerierte Fischer am 10. November gleich zwei Theaterstücke und kündigte einen Roman an. Die Unterschrift lautete nicht ohne Schadenfreude: »Ihr herzlich ergebener Herm. Bahr, antinaturalistischer Dichter.« Und einen Monat darauf, am 17. Dezember 1891:

An Bölsche schreibe ich gleichzeitig, daß ich nach Brahms Ausscheiden mit großem Vergnügen wieder regelmäßig für die ›Freie Bühne‹ arbeiten werde. Ich bitte, meinen Namen in die Liste der Mitarbeiter aufzunehmen und mir mitzuteilen, was Sie am liebsten von mir bringen.

Fischer indessen wurmte die Trennung von Brahm, um so mehr, als sie beide im Theaterverein weiter gut zusammenwirkten, und er bemühte sich, Brahm wenigstens als regelmäßigen Mitarbeiter für die Zeitschrift zurückzugewinnen. Er konnte Zerwürfnisse mit Menschen, die er liebte oder schätzte, nicht vertragen. Er schickte Bahr aus lauter Freude darüber, daß der Zank begraben war, sofort einen erbetenen Vorschuß von zweihundert Mark (obwohl Bahrs zwei nächsten Bücher beim Kommissionsverleger E. Pierson in Dresden erschienen), und Bahr tauchte auch Anfang 1892 wieder mit Beiträgen in der Zeitschrift auf. Gewiß fiel Fischer eine Last vom Herzen, als Brahm, der inzwischen an die ›Nation‹ zurückgekehrt war, ihm ein halbes Jahr nach der Trennung, am 25. Juni 1892 schrieb:

Principielle Bedenken gegen Ihren Vorschlag habe ich nicht mehr; nur die Honorarfrage könnte die Annahme verhindern ... Indessen ist der Unterschied zwischen Ihnen und mir doch geringer, als es zunächst scheint. Es genügen mir nämlich 5 Seiten im Monat, so daß Sie nicht mehr als die angebotenen M. 100 zu zahlen hätten. Dennoch würde ich Folgendes vorschlagen. Ich schreibe Ihnen über Theater, im Nothfall auch über Anderes, wenn der Stoff mangelt, ca. 50 Seiten im Jahr, die Sie mit 1000 M. honorieren. Überschreite ich diese 50 S., was aber höchst unwahrscheinlich ist, so zahlen Sie für die Überzahl M. 10 pro Seite. (Ich bin kein Vielschreiber, wie Sie wohl wissen, leider!)

Die Honorarfrage verhinderte die Annahme des Vorschlags nicht. Brahm verabschiedete sich Ende 1892 auch von der ›Nation‹ und schrieb in der Folge nur noch wenig und selten, aber die ›Freie Bühne‹ konnte in den nächsten Jahren doch hin und wieder einen Beitrag von ihm bringen. Der Zeitschrift selbst freilich standen noch allerlei Abenteuer bevor. Doch Fischer war jetzt fest entschlossen, sie großzuziehen. Sein persönlicher Einfluß auf ihre Gestaltung war fortan bestimmend. Zwischen den Personen und der Sache gab es keinen Widerstreit mehr.

7 Von Friedrichshagen nach Norden

Das märkische Dörfchen Friedrichshagen am Müggelsee ist in die Legende der deutschen Literatur eingegangen, und wie es mit Legenden nun einmal geht, erweist sich die oft betonte Bedeutung des ›Friedrichshagener Kreises‹ für den literarischen Aufstieg des S. Fischer Verlags bei näherem Hinsehen als stark übertrieben. Zur Zeit der Verlagsgründung existierte der Kreis überhaupt noch nicht; Hauptmann, häufig als seine bedeutendste Erscheinung genannt, gehörte ihm nie an; Fischer selbst hat den Ort, wie es scheint, nur ein einziges Mal aufgesucht. Die Angehörigen des Kreises waren ihm zum guten Teil persönlich bekannt, und einige waren seine Freunde; sie spielten in seiner Zeitschrift eine beträchtliche Rolle, in seinem Buchverlag hingegen eine sehr geringe. Zweifellos jedoch verdankte er dem Kreis fruchtbare Anregungen und einige wertvolle Anknüpfungspunkte an die neue skandinavische Literatur, der sein Augenmerk galt.

DER ›FRIEDRICHSHAGENER KREIS‹

Die Freunde Wilhelm Bölsche und Bruno Wille hatten im Frühjahr 1890 in Friedrichshagen ihren Wohnsitz aufgeschlagen; sie waren die Begründer des Kreises. Um Bölsche sammelte sich seine ›grüne Redaktion‹, um Wille und seine ›Freie Volks-Bühne‹ ein ähnlicher, mehr politisch interessierter Kreis, »zum Teil die gleichen Köpfe, jedenfalls mit verwandtem Geist«. Heinrich und Julius Hart zogen ständig hinaus; der schwedische Dichter und Essayist Ola Hansson und seine dänische Frau Laura Marholm kamen im Herbst 1891 hinzu. Die meisten anderen lebten nur kurz und vorübergehend dort oder kamen überhaupt nur aus Berlin zu Besuch. Bölsche erzählt:

Die meisten waren nur Gäste bei Wille oder mir. Der Abend wurde verplaudert, der letzte Zug allerdings oft verpaßt, bei Freunden kampiert. So ist Max Halbe mir immer als echter Friedrichshagener erschienen . . . Eines Tages erschien John Henry Mackay . . . Mit Andreas und seiner Gattin, der geistsprühenden Lou Salomé, habe ich zweimal im Schnee draußen das Weihnachtsfest gefeiert. Richard Dehmel, dessen Stern eben aufging, fehlte bei keinem unserer größeren Feste. Er brachte auch Liliencron gelegentlich mit ... In der Linden-Allee des Ortes gab es zwei kleine dicht aneinander gedrängte Wohnungen. In der einen hausten Ola Hansson und Laura Marholm. In der anderen vergraben tagsüber wie ein Dachs der wunderbare Faustus Strindberg ...

Strindberg stand mit Hansson seit Ende 1888 in Briefwechsel. Hansson, mit seinen Essays und Rezensionen einer der fruchtbarsten und vielseitigsten Mitarbeiter der ›grünen Hefte‹ (er schrieb meist schwedisch, seine Frau übersetzte seine Arbeiten), hatte in Fischers Zeitschrift bereits auf Strindberg hingewiesen. Wahrscheinlich sind ihm die Berliner Aufführungen von Strindbergs Stücken in der ›Freien Bühne‹ zu danken; gewiß geht es auf ihn und Laura Marholm zurück, daß die Zeitschrift 1891 Strindbergs Roman *An offener See* (später *Am offenen Meer*) veröffentlichte und in den Jahren 1890/91 außerdem mehrere literarische Aufsätze von Strindberg, darunter einen über Björnson, brachte. Am 13. September 1892 schrieb Strindberg an Hansson aus Schweden:

Wie komme ich aus dieser Hölle heraus? Wenn ich zweihundert Mark hätte, würde ich einfach fliehen. Aber kann nicht die Freie Bühne, die zwei Stücke gespielt und AM OFFENEN MEER abgedruckt hat, auch AM OFFENEN MEER als Buch herausgeben und mich retten, so wie sie Garborg gerettet hat?

Hansson trieb durch Vermittlung Schlenthers mit einem Aufruf in Hardens ›Zukunft‹ Reisegeld für Strindberg auf, und Strindberg kam nach Berlin und zeitweise nach Friedrichshagen. Aber Fischer erfüllte ihm seinen Wunsch nicht. Strindberg taucht erst in den Jahren 1903–1906 mit einer Anzahl erzählerischer Arbeiten wieder in der Zeitschrift auf. Gegen den Verlagsautor Strindberg sträubte sich Fischers Instinkt, so wie er sich (trotz Hartlebens wiederholter Mahnung) gegen Wedekind sträubte, der um die gleiche Zeit, ebenso wie Strindberg, in der Berliner Weinstube ›Zum Schwarzen Ferkel‹ anzutreffen war, und er ließ beide an sich vorüberziehen. Warum? Vielleicht hat Thomas Mann recht, wenn er sagt:

Er hat so bedeutende Erscheinungen wie Wedekind und meinen Bruder Heinrich beiseite gelassen, weil sie ihm zu hart, zu kraß, zu eisig in ihrem Stolze, zu unironisch waren. Er war viel zu klug, sie nicht nach ihrem Range zu schätzen, und daß er es unterließ, sie in seinen Bereich zu ziehen, soll man ihm nicht allzu sehr zum Vorwurf machen; es war nicht mehr als Charakterbewußtsein.

Wille nennt in seinen Erinnerungen noch als »echte Friedrichshagener« seine sozialistischen Freunde Paul und Bernhard Kampffmeyer, Gustav Landauer, Georg Ledebour, Wilhelm Spohr und Albert Weidner sowie unter den häufigen Besuchern die Maler Walter Leistikow und (kaum im gleichen Atem zu nennen!) Hugo Hoeppner, der sich ›Fidus‹ nannte und mit Sonnenrädern, Runen und Hakenkreuzen eine damals bereits närrische, aber noch vergleichsweise harmlos-geschmacklose altgermanische Symbolornamentik betrieb, und endlich »ein paar Däninnen«. Was sie alle verband, waren nicht nur »Natureinsamkeit bei brausender Weltstadt, literarisches Zigeunertum und sozialistische wie anarchistische Ideen«, sondern auch materielle Armut. »In Friedrichshagen«, schrieb Mackay einmal an Fischer, »besaßen neulich sechzehn Personen zusammen – glaube ich – eine Mark fünfundzwanzig Pfennige. Es waren natürlich Dichter und keine Verleger.« Halbe trifft es richtig, wenn er sagt, Friedrichshagen sei »genau genommen kaum noch eine Ortsbezeichnung« gewesen, sondern ein Zustand, »eine Geistesverfassung«. In diesem erweiterten Sinn gehörten Dehmel und Hartleben, auch Arno Holz und Johannes Schlaf und die Marschalks dazu.

Das Haus Marschalk spielte in Fischers Leben und Arbeit eine besondere Rolle. Fischer war schon sehr früh mit dem um vier Jahre jüngeren Max Marschalk bekannt geworden, der zu Beginn der neunziger Jahre noch Malerei und Musik gleichzeitig betrieb und außerdem mit seinen Schwestern in der Friedrichstraße Ecke Jägerstraße (im Haus des Café National, dem Stammlokal der feineren Demimonde) ein photographisches Atelier hatte. Das war damals etwas Neues – man denkt nicht nur sogleich an das Milieu der *Wildente,* sondern vor allem an Nadar in Paris und die Anregungen, die von seinem Photoatelier auf die Impressionisten ausgingen. Marschalks Atelier und der gastfreie Salon seiner Mutter Laura Marschalk waren eine Art Ableger des ›Friedrichshagener Kreises‹. Die Familie Marschalk, schrieb Dehmel zehn Jahre später an Moritz Heimann, scheine ihm »in einem eigenen Zauberlicht durch den irdischen Nebel zu gehen. Diese dunkeläugigen Geschwister, die sich mit heiteren Stirnen herbeilassen, sonderbare Schicksale zu tragen ...« Marschalk schrieb schon von den ersten Nummern an regelmäßige Musikreferate für die ›Freie Bühne‹; er war eng mit Leistikow, dem Maler der märkischen Landschaft, befreundet (der eine der Friedrichshagener »Däninnen« heiratete und in seinem einzigen, 1896 erschienenen Roman *Auf der Schwelle* ein kaum verhülltes Bildnis des Hauses Marschalk malte); durch Marschalk lernte Fischer Leistikow kennen, dem er sein Leben lang verbunden blieb. Max Marschalk und seine vier Schwestern zogen Gleichgesinnte in Kunst und Literatur magisch an; in ihrem Kreis wurden mehr Lebensfreundschaften geschlossen als in Friedrichshagen selbst.

DIE FRIEDRICHSHAGENER IM FISCHER-VERLAG

Der ›Friedrichshagener Kreis‹ blühte recht eigentlich in den Jahren 1890 bis 1893; danach schrumpfte er wieder auf die »Alteingesessenen« zusammen, und nach 1895 zerstreute er sich gänzlich. Gewiß hätte Fischer den ganzen Kreis ohne weiteres in seinen Verlag ziehen können; aber er blieb, wohl vom Beispiel Wilhelm Friedrichs und seiner »Deutschrealisten« gewarnt, sehr wählerisch. Ein Blick auf die Verlagsproduktion während der Blütezeit des Kreises zeigt, wie erstaunlich wenig der Kreis zu ihr – im Unterschied zur Zeitschrift – beitrug.

Von seinem Redakteur Bölsche verlegte Fischer nie ein einziges Buch; von Wille nur zwei, beide 1894, nämlich den Gedichtband *Einsiedler und Genosse* und die *Philosophie der Befreiung durch das reine Mittel,* ein interessantes, kraus-skurriles »menschheitspädagogisches« Werk, das in seinen ›literarischen‹ Verlag ebensowenig paßte, wie Bölsches populär-naturwissenschaftliche Schriften in ihn gepaßt hätten. Von Julius Hart erschien bei Fischer nur die Liebesgeschichte *Sehnsucht* (1893), von Ola Hansson ebenfalls nur *Alltagsfrauen* (1891), und Laura Marholm blieb auf zahlreiche Beiträge zur Zeitschrift beschränkt, wo sie meist über Frauenfragen schrieb – das einzige nichtliterarische Gebiet, dem Fischer sich von Anfang an widmete –, und gelangte, obwohl sie eine fruchtbare Buchautorin war, nie aufs Verlagsprogramm.

Auch von Arno Holz veröffentlichte Fischer kein einziges Buch, gleich als habe er gespürt: dieser Mann hat sich verrannt und wird nie weiterkommen; und mit Johannes Schlaf machte er nur einmal, 1892, einen Versuch mit dem Drama *Meister Oelze* und den Kleinstadtbetrachtungen *In Dingsda.* Auch von Wilhelm Hegeler verlegte Fischer nur einen einzigen Roman, *Das Ärgernis,* und diesen erst 1908. Bei Dehmels Freund, dem genialisch-spintisierenden deutsch schreibenden Polen Stanislaw Przybyszewski, blieb es gleichfalls bei einem Werk, den mit einem Titelbild von Edvard Munch geschmückten *Vigilien* (1895), die im Jahr zuvor in der Zeitschrift erschienen waren; Przybyszewski gab in seinen Lebenserinnerungen eine unnachahmlich wilde und konfuse Schilderung von Berlin und Friedrichshagen in jenen Jahren, die ebenso echt in der Atmosphäre wie unzuverlässig in ihren Tatsachenangaben ist. Alle diese Autoren ließ Fischer um die Jahrhundertwende wieder ziehen und gab ihre Bücher an andere Verleger ab. Vom Sonnenrad-Maler ›Fidus‹ ließ er in den Jahren 1896–1898 drei Bücher ausstatten, darunter die *Balladen* von Eduard Stucken; danach verschwand der deutschtümelnde Künstler wieder. Nur drei Friedrichshagener faßten bei Fischer Fuß: Otto Erich Hartleben, Max Halbe und John Henry Mackay.

OTTO ERICH HARTLEBEN

Hartleben, vier Jahre jünger als Fischer, konnte Fischers Erwartungen nicht enttäuschen; dazu kannte »Samilein« seinen ältesten Freund zu gut. Er wurde genau das, was Fischer erwartete, weil er während der zwanzig Jahre, die er an Fischers Seite lebte, stets blieb, was er von Anfang an gewesen war: der Literatur, dem Trunk und seiner Freundin ›Moppchen‹ gleicherweise ergeben (die mit ihrem »goldenen Herzen« Fischer auch in seinen trübsten Stunden aufzuheitern verstand), Schlampier und Grandseigneur, Faulpelz und bienenfleißiger Arbeiter, der bei aller anscheinend albernen, zuweilen zynischen Oberflächlichkeit ein untrügliches Gefühl für Qualität besaß. Darauf kam es Fischer an, in menschlichem wie in literarischem Bezug. Bei keinem anderen Autor seines Verlags lassen sich Fischers persönliche und berufliche Bindungen schwerer unterscheiden als bei Hartleben. Bei keinem kann ihm der Gedanke an ein ›Werk‹, gar an eine Gesamtausgabe ferner gelegen haben, und gerade ihm veranstaltete er sie. Otto Erich war und blieb auf unerklärliche Weise ein Teil von ihm: »Sami! Damit der Kellner dich nicht beschubst: ich hatte ein Schnitzel und elf Pilsener!«
Der genialische Freund gehörte von Anfang an zu den Mitarbeitern der Zeitschrift, und 1890 brachte Fischer seine Komödie *Angele* heraus. Im nächsten Jahr wagte Fischer die Ibsen-Parodie *Der Frosch*, die Reissner in Leipzig abgelehnt hatte. »Die Kerle«, schrieb Hartleben aus Leipzig, »sind hier zu stumpf und zu borniert, um eine Parodie zu genießen.« Andererseits war Holz »zu borniert«, um Hartlebens *Mondrondels*, eine superbe Nachdichtung des *Pierrot Lunaire* von Albert Giraud, zu verstehen, und lehnte sie als »allzu extravagant« für die Zeitschrift ab. »Nun, das gibt zu denken«, notierte Hartleben; aber 1892 druckte Fischer sie als Buch, und Arnold Schönberg fand zwanzig Jahre später die Texte vertonenswert. 1893 erschienen Hartlebens Komödie *Hanna Jagert* und die berühmte *Geschichte vom abgerissenen Knopfe*, vorher in drei Heften der Zeitschrift abgedruckt und von jedermann, wie beabsichtigt, als eine Verspottung seines weiland Lyrikerfreundes Alfred Hugenberg verstanden. Hartleben hatte den späteren reaktionären Zeitungsmagnaten bereits durchschaut, als er auf ihn die Humoreske *Wie der Kleine zum Teufel wurde* schrieb, ein gutes Jahrfünft, ehe Wedekind den selben Hugenberg im *Erdgeist* verhöhnte.
Fischer brachte in der Folge alle Stücke Hartlebens, die es trotz der Bemühungen der ›Freien Volks-Bühne‹ schwer hatten, Fuß zu fassen. Fischer tat, was er konnte. »Die *Erziehung zur Ehe*«, schrieb Hartleben an Moppchen 1893, »liegt hier auch schon in allen Läden, mit einem roten Bande, auf dem zu lesen ist: ›Satire auf das Spießbürgertum‹

von O. E. H. Hoffentlich ist das geschickt: Sami hat es auf eigene Faust gemacht.« Schließlich brachte *Rosenmontag* 1900 beiden den ersehnten Riesenerfolg; Fischer konnte im Laufe von zehn Jahren zwanzig Auflagen drucken. Er ließ sich auch ganz gegen seine bisherige Neigung 1895 zu einer Gesamtausgabe von Hartlebens Gedichten verleiten und wagte sich mit diesem Buch überdies noch auf ein neues verlegerisches Gebiet: er veranstaltete eine bibliophile ›Vorzugsausgabe‹ von fünfundzwanzig auf Bütten abgezogenen, numerierten Exemplaren. Diese Vorzugsausgaben wurden zu einer verlegerischen Liebhaberei in besonderen, seltenen Fällen. Die nächste war Hauptmanns *Florian Geyer*, 1896, zehn numerierte Exemplare auf Japanpapier.

MAX HALBE

Max Halbe bekam keine Vorzugsausgabe. Fischer scheint in dem 1865 geborenen jungen Ostpreußen bei seinem ersten Auftauchen in Berlin, Friedrichshagen und dem Haus Marschalk eine entwicklungskräftige Begabung vermutet zu haben. Aber er täuschte sich, so wie Halbe sich über sich selbst täuschte. Brahm, der »Cromwell des Naturalismus«, täuschte sich nicht. Er hatte Halbe im Herbst 1889 bei Hauptmann in der Schlüterstraße kennengelernt und Halbes mißlungenen Erstling für die ›Freie Bühne‹ abgelehnt. Halbe ließ nicht locker. Im Frühjahr 1890 schrieb er sein zweites Stück, *Freie Liebe*, und dies brachte ihn Fischer näher. Er las das Stück bei Arno Holz vor:

> Außer dem messerscharfen Holz und dem behaglichen Schlaf, den beiden damals noch Unzertrennlichen, waren noch Hauptmann, Brahm und wahrscheinlich auch S. Fischer zugegen. Dieser spielte als Verleger und maßgebender geschäftlicher Berater der Freien-Bühnen-Bewegung bereits eine große Rolle; man hörte auf sein Wort. Er war der Verleger von Hauptmann, und der Ehrgeiz von uns Jüngeren strebte natürlich dahin, es Hauptmann gleichzutun und ebenfalls bei S. Fischer zu erscheinen. Ich hatte ihn vor kurzem kennen gelernt; er kam mir gleich ungemein kordial und zwanglos entgegen und schien offenbar Gefallen an mir zu finden.

Aber auch dieses Stück blieb ungespielt. Mit *Eisgang*, seinem dritten Stück, erreichte Halbe jedoch am 7. Februar 1892 eine Aufführung durch die ›Freie Volks-Bühne‹, und jetzt war Fischer bereit. Er brachte die Buchausgabe des Stücks im gleichen Jahr heraus, übernahm die anderwärts erschienene *Freie Liebe* und druckte im folgenden Jahr auch das nächste Stück, *Jugend*, obwohl Brahm es ebenfalls abgelehnt hatte, woraus man ersehen mag, daß Fischer durchaus unabhängig von Brahm seine eigenen theatralischen Wege ging. Auch schien der Erfolg ihm recht zu geben. *Jugend* war zwar, wie Halbe selbst sagte, »eines der abgelehntesten Stücke aller Zeiten«, aber als Lautenburg im Sommer 1893 einen Versuch mit einer einmaligen Vormittagsvorstellung im Residenztheater machte, war der Erfolg überwältigend und Halbe über Nacht berühmt. Lautenburg pachtete eigens für *Jugend* das eben erbaute ›Neue Theater‹ hinzu, wo das Stück Hunderte von Aufführungen erlebte.

Fischer hatte, so schien es, einen wirklich großen Griff getan. Hier war ein neuer deutscher Dramatiker, drei Jahre jünger als Hauptmann, der sein großes Vorbild mit einem Satz eingeholt hatte und es an Publikumserfolg bei weitem übertraf. Doch schon Halbes nächstes Stück *Der Amerikafahrer,* eine geistlose Komödie, fiel rettungslos durch, und als man in Münchner literarischen Kreisen Halbe »literarisch totsagte«, meinte der junge Jakob Wassermann: »Es ist das Beste, was ihm passieren konnte! Er hätte ja nach der *Jugend* doch nichts mehr schreiben können!« Wassermann behielt recht. Halbe schrieb noch durch vierzig Jahre mühseliger Mittelmäßigkeit weiter, aber die verheißungsvolle Kraft und Frische von *Jugend* waren dahin, und es traten keine anderen Gaben an ihre Stelle. Fischer und Halbe trennten sich bereits nach dem 1894 erschienenen *Amerikafahrer* wieder, unter welchen Umständen, kann man nicht einmal vermuten, denn es ist keine Zeile ihres Briefwechsels erhalten, und Halbes Lebenserinnerungen, die im Hitlerreich erschienen, teilen nichts darüber mit.

JOHN HENRY MACKAY

Anders ging es Fischer mit John Henry Mackay. Dieser Name ist heute vergessen. Aber den Zeitgenossen machte der Mann einen starken Eindruck, und seine erhaltenen Briefe an Fischer aus den Jahren 1892 bis 1896 erzählen eine eigentümlich bewegende, düstere Geschichte, die zum Bilde Fischers neue Züge hinzufügt.

Mackay, Sohn eines schottischen Vaters und einer deutschen Mutter, 1864 in Schottland geboren, war in Deutschland aufgewachsen und in der deutschen Sprache beheimatet. Seine frühen Verse *Kinder des Hochlandes,* die er als Einundzwanzigjähriger veröffentlichte und 1886 im Verein ›Durch‹ vorlas, fesselten durch die Verschmelzung altschottischer Balladenwelt mit dem »deutschrealistischen« Überschwang seiner Freunde Conrad und Henckell. Verse, Novellen, Dramen, Romane folgten, neun oder zehn Bücher allein zwischen 1886 und 1889. Gerhart Hauptmann hatte Mackay schon 1888 in Zürich kennengelernt, wo sich um Carl Hauptmann ein Kreis von Weltverbesserern versammelt hatte. Im Jahr zuvor hatte der dreiundzwanzigjährige Mackay im Lesesaal des Britischen Museums die bereits 1845 erschienene, damals kurze Zeit lang sehr einflußreiche, seither vergessene ›Anarchisten-

Bibel‹ *Der Einzige und sein Eigenthum* von Max Stirner (rechtens Kaspar Schmidt) wieder entdeckt, von der weder er noch irgendein anderer Anarchist etwas gewußt hatte. Dieses Buch schlug Mackay (und nicht nur ihn) in seinen Bann, und die Frucht war 1891 sein aufsehenerregender und erfolgreicher Roman *Die Anarchisten.* Mackay wurde zum Apostel Stirners – er brachte 1893 eine revidierte Neuausgabe von Stirners Buch heraus –, und das war sein Unglück. Der tolle Przybyszewski, der Mackay in Berlin und Friedrichshagen kannte, ihn nicht leiden konnte und für einen Snob hielt, war überzeugt, Mackay selbst habe keinen einzigen Satz von der »ganzen unermeßlichen Tiefe« Stirners verstanden; Halbe hat das Unglück seines Freundes einfühlsamer geschildert:

In dem Augenblick, wo die weiche, lyrische, balladeske Mackaysche Welt sich der so anders gearteten, so viel härteren, nüchternen und blutleeren Ideenwelt Stirners anvermählte, war die Tragödie entschieden ... Der deutsch-schottische Dichter und Kavalier (denn er war es), von dessen Harfe in jungen Tagen Klänge einer geheimnisvoll ergreifenden Schwermut und einziger sprachlicher Schönheit ertönten, blieb fortan dem vampirischen Dämon des fränkischen Gymnasiallehrers verfallen ...

Fischer lernte Mackay in der Friedrichshagener Zeit, wahrscheinlich Ende 1891 kennen; möglicherweise war er bei jener »kleinen, feierlichen Schmauserei und Trinkerei in Mackays Behausung« in der Köpenicker Straße dabei, zu der sich auch ein junger Musiker aus München eingefunden hatte, der einige von Mackays Liedern komponiert hatte, die an diesem Abend gesungen wurden: der gleichaltrige, siebenundzwanzigjährige Richard Strauss. Jedenfalls machte Fischer Anfang 1892 Mackay ein Verlagsangebot. Mackay war, wie er Fischer am 17. Februar 1892 schrieb,

an einem Abschnitt in meinen Arbeiten angelangt, der ein Zusammenfassen des bisher Geleisteten nicht nur natürlich, sondern gewissermaßen auch als nothwendig erscheinen läßt, um desto ungehinderter einer neuen und vielfach verschiedenartigen Thätigkeit entgegengehen zu können ...

und wünschte sich »für meine zukünftigen Schriften« eine Verlagsverbindung von »dauerndem Charakter«. Fischer dachte hierüber anders. »Lieber Herr Fischer! Sie wollen keine Gesamtausgabe machen und ich soll es nicht dürfen –!« Fischer versprach sich von der Gesamtausgabe noch nichts, aber er wollte sie auch nicht anderwärts erscheinen sehen; sie durfte, wenn er diesen Autor übernahm, nur bei ihm erscheinen, aber er selbst mußte den rechten Zeitpunkt bestimmen können. Mackay fügte sich.

Fischer schloß einen Verlagsvertrag auf fünf Jahre mit ihm. Dies war, soweit ersichtlich, die allgemeine Grundlage aller seiner Autorenverträge zu jener Zeit. Auch der Vertrag mit Hauptmann war auf fünf Jahre geschlossen. Nach Ablauf dieser Zeit wurden diese »Generalverträge«, die dem Verleger die gesamte künftige Produktion des Autors sicherten und ihn zugleich verpflichteten, diese gesamte Produktion zu veröffentlichen, jeweils um weitere fünf Jahre, häufig unter neu vereinbarten Bedingungen, verlängert. Diese Bedingungen waren entweder (wie bei Hauptmann) eine Tantieme vom verkauften Exemplar und eine Garantie der ersten Auflage oder aber, wie es in der Frühzeit des Verlags häufiger geschah, eine Teilung des Reingewinns zwischen Verleger und Autor.

Es ist wichtig, bei diesen kaufmännischen Einzelheiten kurz zu verweilen. Fischers Vertrag mit Mackay gibt einen seltenen Einblick, wie sich diese Vereinbarungen im Fall eines jungen, aber gut bekannten Autors damals materiell auswirkten. Fischer brachte als erstes 1892 Mackays *Die Menschen der Ehe* heraus, übernahm im gleichen Jahr eine Anzahl seiner früheren Bücher in Einzelausgaben und ließ 1893 *Die letzte Pflicht* folgen. Im August 1894 bat Mackay in Bedrängnis um einen Vorschuß von hundert Mark; Fischer bewilligte ihn und vermerkte eigenhändig auf Mackays Brief die Ziffern der am 21. August 1894 übersandten Abrechnung:

	Einn.	Ausg.
Ältere Werke	272,90	316,80
Menschen der Ehe	314,50	294,25
Pflicht	215,35	432,85

Das hieß: Bei den übernommenen älteren Werken waren (nach zwei Jahren) noch 43,90 Mark Kosten ungedeckt; *Menschen der Ehe* hatten nach zwei Jahren einen Reingewinn von 20,25 Mark, also für den Autor ganze zehn Mark erbracht; bei der vor Jahresfrist erschienenen *Die letzte Pflicht* waren noch 217,50 Mark Kosten ungedeckt. Es war selbst mit einem recht namhaften modernen Autor wie Mackay ganz einfach nichts zu verdienen. Die Abrechnung zum 31. Oktober 1895 zeigte Fischers handschriftlichem Merkzettel zufolge bei Mackays *Pflicht* einen Gewinn für Autor und Verleger von je 31,65 Mark, bei *Menschen der Ehe* von je 47,10 Mark.

Aber diese kümmerlichen materiellen Ergebnisse hätten nicht zur Entzweiung geführt. Fischer und Mackay müssen einander als Menschen sehr gern gehabt haben; der Autor ging den Verleger mehrfach um finanzielle Hilfe an, und Fischer ließ den Freund nie im Stich, denn der Freund war ein echter Edelmann und zahlte – ein Fabelwesen in der Autorenwelt! – jedes Darlehen prompt in barem Geld zurück. Was zwischen sie geriet, war etwas anderes.

EIN FUNDAMENTALES DILEMMA

Im Sommer 1895 wollte Mackay Fischer zu einer Neuausgabe seiner *Anarchisten* veranlassen, und Fischer sperrte sich. Mackay wandte in einem elfseitigen Brief vom 7. August all seine Beredsamkeit auf, um ihn umzustimmen:

Sie wissen, daß bei dem Abschluß unseres Contractes Frühjahr 1892 von mir immer wieder betont wurde, daß ich einen Verleger für das Gesamtgebiet meiner Production suchte, und von Ihnen darauf immer erwidert, daß Sie nur auf das Gesamtwerk eines Autors Gewicht legen ... Nur durch das Zusammenfallen äußerer Umstände ... kam es, daß meine Production in diesen letzten Jahren gerade das hervorbrachte, was Ihnen trefflich paßte. Ich hätte Ihnen auch ganz andere Werke geben können und *müssen*, und Sie hätten sie nehmen *müssen*. Und wie nun: wenn ich Ihnen im nächsten Jahre ein Werk gebe, das völlig aus dem ›Rahmen Ihres Verlages‹ herausfällt? Sie werden es nehmen *müssen* und ich *muß* es Ihnen geben – laut unserem Contract ... Ich biete Ihnen kostenlos mein wichtigstes und berühmtestes Werk ... und Sie lehnen es ab! ... Ich weiß, es wäre etwas anderes, einen sozialpolitischen Schriftsteller *neu* Ihrem Verlag zuzuführen; aber mein altes Werk unter meinen anderen – meinetwegen ohne alles Aufsehen – aufzuführen und zu vertreiben, das heißt doch nicht: Ihren Verlag erweitern ... Ich weiß, daß Sie sich aus Princip jedem neuen Vorschlag gegenüber ablehnend verhalten, aber ich weiß auch, daß Sie vernünftigen Erwägungen im selben Maße zugänglich sind (das ist Ihre beste Seite!) und darum schreibe ich ... diese langen Seiten ...

Es ist ein beklemmender Brief. Denn er zeigt zum erstenmal in Fischers Laufbahn ein fundamentales Dilemma auf: Fischer hatte einen Dichter in seinen Verlag aufgenommen, nicht einen sozialpolitischen Schriftsteller; er wollte einen literarischen Verlag aufbauen, keinen allgemeinen. Er zog sogar die Grenzen des Begriffs ›literarisch‹ zuzeiten (und mit wechselnder Strenge) geradezu mutwillig eng, wollte nicht einmal kritische und essayistische Arbeiten in ihnen leiden. In der Zeitschrift hatte »Theoretisches«, wie er es zuweilen nannte, seinen Platz; er brachte Anfang 1895 sogar einen posthumen Beitrag von Stirner *Das unwahre Prinzip unserer Erziehung oder der Humanismus und Realismus*; der Buchverlag aber war nur für »Production« da. So schrieb er schon im Dezember 1893 an Bahr rundweg: »Ihren dritten Band der *Kritik der Moderne* kann ich leider nicht verlegen, da ich meinen Verlag jetzt nur auf den Verlag dichterischer Production einschränke.«

In späteren Jahren erkannte Fischer den inneren Widerspruch, der darin lag, daß er von seinen Autoren Ausschließlichkeit forderte, ihnen aber geistige Einschließlichkeit nicht zubilligte; die Grundlagen des Verlags verbreiterten sich, und damit lockerte sich für die Autoren die Zwangsjacke. Denn was geschah, wenn ein reich begabter, vielseitiger

Autor mehrere Wege zugleich verfolgte, von einem zum anderen und wieder zurückwechselte? Spaltete er damit nicht auch seinen Verleger, riß ihn hierhin und dorthin, veränderte das Gesamtgesicht des Verlags, indem er sein eigenes Gesicht veränderte? War andererseits der Verleger, der einen Autor durch einen Generalvertrag an sich band, verpflichtet, ihm auf allen seinen künftigen, noch unabsehbaren Wegen zu folgen? Konnte der Autor schwören, er werde zeitlebens nicht von seinem ursprünglichen Wege abweichen? Wer hatte wem die Treue zu halten? Fischer hatte sich mit seiner Konzeption des persönlich differenzierenden literarischen Verlegers Probleme geschaffen, auf die es keine einfache Antwort gab.

Fischer lehnte die Übernahme von *Die Anarchisten* ab, da dieses Buch ein wesensfremdes Element in seinem Verlag gewesen wäre. Mackay war tief unglücklich, denn er arbeitete an einer großen Stirner-Biographie, die er 1897 herausbringen wollte, in welchem Jahr sein Vertrag mit Fischer erneuerungsbedürftig wurde. »Wie«, schrieb er, »wenn Sie in Ihrer Animosität verharren und mich in dem Glauben lassen, daß auch diese Arbeit Ihnen unwillkommen ist?« Er könne sich nicht festlegen, was er künftighin schreiben werde; der Verleger müsse seine Autoren so nehmen, wie sie seien und wie sie sich halt entwickelten. Das Dilemma war und blieb ausweglos. Fischer brachte in den folgenden Jahren noch drei ›literarische‹ Bücher Mackays, und er scheint, obwohl Biographien damals noch weit außerhalb seines erklärten Verlagsgebietes lagen, doch erwartet zu haben, daß Mackay ihm die Stirner-Biographie vorlegen werde. Als Mackay es nicht tat, war er offenbar verstimmt, denn Mackay schrieb ihm am 1. Juni 1897:

Lieber Herr Fischer, es thut mir leid: Sie haben vor zwei Jahren derartig bestimmt erklärt, Ihren Verlag auf keine Weise über den belletristischen Rahmen hinaus erweitern zu wollen, daß ich annehmen mußte, es sei ausgeschlossen, Ihnen die Stirner-Biographie anzutragen ... Es thut mir leid, ich sage es nochmals, aber es ist ganz Ihre eigene Schuld, wenn Ihnen dieses Werk entgangen ist ...

Und einen Nachsatz von ungetrübt humoriger Herzlichkeit: »Arbeiten Sie weniger, frühstücken Sie mehr!«

So gingen sie auseinander. Der Vertrag wurde nicht erneuert. Fischer war bekümmert über die Trennung von diesem Mann, der wohl kein überragender Schriftsteller, aber ein funkelnder, fesselnder Geist und ein ungewöhnlich lauterer Charakter war, und sie blieben freundschaftlich miteinander verbunden. Jahre später schrieb ihm Mackay einmal:

Ich weiß nur ... daß ich von den vielen und unausgesetzten Freundlichkeiten, die ich in Ihrem Hause genossen habe und für die ich mich nicht einmal dadurch revanchieren konnte, daß ich Ihnen ein guter Autor war, keine vergessen habe und keine vergessen werde.

Für Fischer war die Begegnung mit Mackay ein Prüfstein besonderer Art. Sie machte ihn wohl zum erstenmal seiner ureigensten verlegerischen Bestimmung voll bewußt und lehrte ihn, daß unverrückbare Treue zum eigenen Werk wohl einen hohen Preis verlangt, nicht aber den unbezahlbaren der Untreue gegenüber den Freunden.

GABRIELE REUTER

Zum Stirner-Kreis, der sich Anfang der neunziger Jahre in Berlin um seinen Wiederentdecker Mackay sammelte, gehörte auch eine Frau, der Mackay in enger Freundschaft verbunden war. Mit Gabriele Reuter fand die Frauenbewegung nicht nur in Fischers Zeitschrift, sondern auch im Verlag Zutritt.

Gabriele Reuter, 1859 geboren, hatte lange Jahre in drückender Familienlage ausharren müssen, bis es der Sechsundzwanzigjährigen, von den Lehren Schopenhauers, Nietzsches, Haeckels und Stirners Erfüllten, schließlich gelang, sich zu emanzipieren und nach München, später nach Berlin auszubrechen. Sie hatte zwei Bücher bei Wilhelm Friedrich veröffentlicht, als Ernst von Wolzogen sie in den Kreis der Zeitschrift ›Freie Bühne‹ einführte. In ihren Erinnerungen *Vom Kinde zum Menschen*, 1921 bei Fischer erschienen, schrieb sie:

> Hier lernte ich meinen späteren Verleger und lieben getreuen Freund S. Fischer kennen. Das war ein anderer Eindruck als bei Wilhelm Friedrich. An Sklavenhalter dachte man diesen klugen, gütigen Augen gegenüber wahrhaftig nicht. Man fühlte sofort die Zuverlässigkeit. Er hatte, obgleich noch jung, doch damals schon etwas Väterlich-Fürsorgliches, etwas Ruhig-Überschauendes im Verkehr mit all dem unruhigen, revolutionären Dichtervolk, das sich um ihn sammelte.

Fischer holte sie 1891 mit ihrem ersten ausgereiften Werk, dem Roman *Kolonistenvolk*, in seinen Verlag. Ihr nächstes Buch, der 1895 erschienene Roman *Aus guter Familie,* brachte nicht nur ihr selbst, sondern auch ihrem Verleger den ersten wirklich großen Publikumserfolg. Mit Gabriele Reuter schloß Fischer die Tür zum Leserpublikum des breiten Bürgertums auf, und zum erstenmal drang der Name S. Fischer jetzt auch in Kreise ein, die bisher wenig oder nichts von ihm gehört hatten.

Denn diese kluge und ausgezeichnete Erzählerin besaß die Gabe, moderne Frauenschicksale und drängende Zeitprobleme auf eine so diszipliniert und zurückhaltende und dabei geradlinig-kämpferische Art zu schildern, daß selbst allem ›Modernen‹ abholde Kreise ihr folgten. Mit ihr konnte Fischer aus dem geschäftlich eng umschriebenen Kreis des kämpferischen Avantgarde-Verlegers in ein größeres, materiell ertragreicheres Gebiet vorstoßen. Gabriele Reuter lieferte ihm mit *Aus guter Familie* und ihren nächsten Büchern zum erstenmal auch eine Form der erzählenden Literatur, deren ›Nebenrechte‹, wie Übersetzungen in fremde Sprachen und vor allem Fortsetzungsabdrucke in Zeitungen und Zeitschriften, sich, abgesehen von der Buchausgabe, für Autor und Verleger ertragreich auswerten ließen. Die Romane Gabriele Reuters waren genau das, was große Tageszeitungen von Niveau wie die ›Frankfurter Zeitung‹, das ›Berliner Tageblatt‹, die ›Vossische Zeitung‹ brauchten. Die Beteiligung von zwanzig Prozent am Erlös, die Fischer für sich beanspruchte, war – obwohl Bahr sie »happig« fand – gewiß nicht unbescheiden angesichts des materiellen Erfolgs, den er auf diese Weise für seine Autoren erzielte. Die Romane Gabriele Reuters wurden noch Jahre nach dem Erscheinen der Buchausgabe in der Provinzpresse immer wieder nachgedruckt.

Gabriele Reuter war in der Tat ein Phänomen, das manchen erstaunte. Als 1904 *Liselotte von Reckling* erschien, ihr siebentes Buch bei S. Fischer, das binnen zweier Jahre sechs Auflagen erlebte, schrieb Thomas Mann, der sie im Herbst zuvor in Berlin besucht hatte, im Berliner ›Tag‹ eine Betrachtung über sie, die Fischer in seinem Verlagskatalog zum zwanzigjährigen Bestehen des Verlags im Jahr 1906 abdruckte. Darin heißt es:

> Gabriele Reuter hat außer dem zwölf- oder dreizehnmal aufgelegten Buch, das sie berühmt machte, noch ›Ellen von der Weiden‹, die ›Frauenseelen‹ und die bewunderungswürdige Geschichte von Frau Bürgelin und ihren Söhnen geschrieben, und sie hat mit ›Liselotte von Reckling‹ ein geistiges Kunstwerk von so stiller Überlegenheit, so klarer Tiefe hingestellt, daß es den Vergleich mit jenem gärenden, hinreißenden Erstlingswerk vollauf vertragen kann. Was ist der Ruhm? Ein Mißverständnis. Gabriele Reuters ›Aus guter Familie‹ ist von der Frauenbewegung emporgetragen worden ... Allein die Meinung, gerade dieses Buch sei im Innersten zu Agitationszwecken im Sinne der ›Frauenemanzipation‹ geeignet, ist eine Naivität – nichts weiter.

Der Roman der Frauenemanzipation *Aus guter Familie* hatte 1906 sechzehn, 1911 zwanzig Auflagen erreicht. Aber eben jene beiden Bücher, die Thomas Mann als besondere Kunstwerke rühmte, brachten schließlich einen noch viel größeren Erfolg. Im Jahr 1933, als jener frühe ›Bestseller‹ auf achtundzwanzig Auflagen geklettert war, hatten die *Frauenseelen* achtundvierzig, *Ellen von der Weiden* fünfundsechzig Auflagen erreicht. Um die Zeit, als Gabriele Reuter diese Bücher schrieb, hatte sie sich längst aus der sterilen, verbohrten Gedankenwelt Stirners befreit und sich von Mackay getrennt. Ihre berühmtesten Bücher waren in der Tat überlegene »geistige Kunstwerke«, und ihr Ruhm war kein Mißverständnis.

MARIE HERZFELD

Friedrichshagen war von Anfang an stark skandinavisch betont, und die bedeutendste dichterische Persönlichkeit, die aus diesem Kreis zu Fischer stieß, war denn auch kein Einheimischer, ja nicht einmal ein Friedrichshagener, sondern jener »fern verschlagene Gast«, der, aus dem benachbarten Erkner kommend, »sich als erster im Kiefernwalde zeigte«: der Norweger Arne Garborg, den Bölsche sogleich in sein Herz schloß. Doch ist durchaus nicht sicher, daß Fischer durch Bölsche auf ihn aufmerksam wurde. Wahrscheinlich wußte er bereits von ihm und verdankte den Hinweis einer hervorragenden Frau, deren Mittlertätigkeit, gleich der Julius Hofforys, in jenen Jahren einen bedeutenden Beitrag zum Aufbau seines Verlags leistete.
Marie Herzfeld, 1855 in Ungarn geboren, war in den achtziger Jahren nach Wien gekommen, wo sie skandinavische Sprachen und Literatur studierte. Ihre ersten Essays über moderne skandinavische Dichter erschienen, zum Teil unter Pseudonymen wie dem Jacobsen entlehnten ›H. M. Lyhne‹, in Wiener Blättern und in Conrads ›Die Gesellschaft‹. 1893 sammelte sie diese Arbeiten in einem Band *Menschen und Bücher*, dem fünf Jahre später ein zweiter *Die skandinavische Literatur und ihre Tendenzen* folgte. Aus ihnen spricht – auch wenn heute kaum ein Literaturkalender ihren Namen mehr erwähnt – eine der gescheitesten und kenntnisreichsten Frauen ihrer Zeit, die mit einem geradezu hellsichtigen Spürvermögen begabt war. Daß Fischer mit Marie Herzfeld schon frühzeitig in Verbindung stand, ist nicht erstaunlich, denn sie war nicht nur als Mittlerin, sondern auch als vorzügliche Übersetzerin der modernen Skandinavier zu Beginn der neunziger Jahre bereits bekannt und anerkannt. In der Tat steht ihre Arbeit sehr erheblich über allem, was die zu jener Zeit in skandinavischen Gewässern segelnde, vornehmlich weibliche Übersetzergilde zu leisten vermochte: von Marie von Borch und Emma Klingenfeld über Mathilde Mann, Julia Koppel und Therese Krüger zu Gertrud Ingeborg Klett, Pauline Klaiber und Marie Franzos, allesamt ehrenwerte Damen und sämtlich emsig in Fischers Diensten tätig. Marie Herzfeld erkannte als erste im deutschen Sprachgebiet das Genie des schon 1885 gestorbenen, noch unentdeckten Jens Peter Jacobsen und seine überragende Bedeutung für die neue skandinavische Dichtung:

So lang und scharf zuschauen, bis man nicht bloß alles ganz genau sieht, sondern auch das Unterscheidende merkt, das Charakteristische merkt. Alles hat Physiognomie und nicht in zwei Momenten die gleiche. Diese Überzeugung ist heutzutage durch Claude Monet und die moderne Malerei, durch die Goncourts und ihre Nachfolger schon fast ein Gemeinplatz geworden: Jacobsen hat sie für sich neu erworben; er hat so recht gelehrt, in der Art zu schreiben, wie Maler malen. Alle, die mit ihm strebten und die nach ihm kamen, sind von ihm beeinflußt. Man schreibt, man denkt, man urteilt, ja, man fühlt seither anders dort oben. Fast die ganze junge Dichterschule Skandinaviens, die Ola Hansson, Per Hallström, Birger Mörner, Wilhelm Krag, Sophus Michaelis, Peter Nansen, ja auch Ältere, wie Georg Brandes und Arne Garborg haben ihr geistiges Rüstzeug zum wichtigen Teil von ihm empfangen.

Eine solche Wegweiserin war für Fischer überaus wertvoll. Von den Namen, die sie hier nennt, fanden nahezu alle – Hansson, Mörner, Michaelis, Nansen – früher oder später in seinen Verlag; vor allem aber Jacobsen selbst, dessen Meisternovellen Fischer in Marie Herzfelds Übertragung schon 1890 herausbrachte, und Arne Garborg, dessen Werk er im selben Jahr, ebenfalls von ihr übersetzt, in Deutschland zu verlegen begann. (Als Mitarbeiterin der Zeitschrift erschien Marie Herzfeld erst 1908 mit einem Essay, ihrem einzigen).

ARNE GARBORG

Garborg war ein ›Älterer‹, 1851 geboren; aber seine bedeutendsten Arbeiten entstanden gerade um diese Zeit. Er entstammte dem ärmsten norwegischen Kleinbauerntum, wurde Dorfschullehrer und ging zweiundzwanzigjährig nach Christiania, »um zu studieren oder zu sterben«. Marie Herzfeld widmete ihm 1891 einen ihrer Aufsätze: »Was Garborg in seinen Studentenjahren sah und erlebte, spiegelt sich in seinen Werken ab – Verkommenheit, Elend, Noth und Hunger, Hunger in jeder Form. Man muß den Hunger gespürt haben, um ihn so zu beschreiben.« Sein erster großer Roman *Bauernstudenten* erschien 1885:

Das ganze Norwegen der Siebzigerjahre ist in diesem Buch, mit seiner Armuth und mit seinem Größenwahn, mit den Nebelfetzen der Romantik und der ödesten Geistesversumpfung ... Dieses Buch machte Garborg berühmt ... Man feierte ihn, man machte ihn zum Staatsrevisor. Allein das zähmte Garborg nicht. Man hatte gefunden, daß in den ›Bauernstudenten‹ das Capitel Liebe zu flüchtig gestreift sei. Diesen Mangel holte Garborg nun mit entsetzlicher Abgründlichkeit nach.

Dieses zweite Buch war *Mannsleute*, 1886 erschienen, »düster bis zur Verzweiflung, aufrichtig bis zur Brutalität«, und erregte ob seiner vorgeblichen Sittenlosigkeit in ganz Skandinavien einen Sturm der Entrüstung. Garborg verlor seine Staatsstellung, stand bald ganz verlassen da und flüchtete schließlich ins Ausland, nach Deutschland. Mit seinem dritten Roman *Bei Mama* – einem Buch »kleiner Verhältnisse, kleiner Ereignisse, kleiner Schicksale ... ruhig und gelassen erzählt, gedämpft im Ton« – kam er nach Berlin und verbrachte den Sommer 1890 mit den Friedrichshagenern. Anfang August, von Fischer »gerettet«, wie Strindberg schrieb, reiste er in die Heimat zurück. Am 6. August 1890 hatte Fischer aus dem Urlaub sein Faktotum, Herrn Stettenheim, angewiesen: »Senden Sie an Arne Garborg laut vorstehender Adresse Mrk 250,– für das Recht des Abdrucks seines Romans ›Bei Mama‹ in der ›Freien Bühne‹«; schon am 12. August erschien eine ausführliche Ankündigung des neuen Autors. Viel Zeit ließ Fischer der Übersetzerin Marie Herzfeld nicht. Die Buchausgabe erschien noch im gleichen Herbst als Band 15 der ›Nordischen Bibliothek‹, die in diesem Jahr außer sechs Ibsen-Dramen auch die beiden anderen Entdeckungen Marie Herzfelds, Jacobsens Novellen und Alexander L. Kiellands Roman *Johannisfest*, brachte. 1892 übersetzte Marie Herzfeld für Fischer Garborgs nächsten Roman, *Müde Seelen*, 1894 den *Frieden*. Garborgs Bücher machten auf seine deutschen Zeitgenossen, nicht zuletzt auf Hauptmann, einen tiefen Eindruck; er hatte die »Müden Seelen« aus den »tiefsten Tiefen des modernen Weltschmerzes geschöpft und darin alles niedergelegt, was unser Jahrhundert im Sterben quält und ängstigt«. Wassermann empfing den gleichen tiefen Eindruck. Aber obwohl Garborg noch lange lebte (er starb 1924), war sein Hauptwerk um die Jahrhundertwende abgeschlossen. 1901 übersetzte Marie Herzfeld für Fischer noch den *Verlorenen Vater*, und 1902 wurde das Jugendwerk *Bauernstudenten* nachgeholt. Danach versickerte der Schaffensquell.

AUSSTRAHLUNG

Fischers Name war zu Beginn der neunziger Jahre bereits weit über Berlin hinaus bekannt. Man muß an diese, im damaligen Deutschland durchaus nicht selbstverständliche Tatsache erinnern, um den Einfluß seines Wirkens zu ermessen.

Um das Jahr 1890 war der Name Schlachtruf ... Ich erinnere mich, wie ich als Neunzehnjähriger vor den Nürnberger Buchläden stand und sehnsüchtig die knallgelben Bände mit dem charakteristischen Zeichen betrachtete, die sich von allen anderen aufregend unterschieden. S. Fischer war eine Sesamsformel ... Ich weiß noch gut, wie wir eines Tages in den Besitz einer Photographie Hauptmanns gelangten; sie ging von Hand zu Hand und erregte das tiefe Entzücken, das nur die Jünger kennen, wenn der sichtbar gewordene Prophet dem Bild ihrer Träume entspricht ...

Der Neunzehnjährige, von dem hier die Rede ist, stammte aus der Ullmannschen Vaterstadt Fürth und hatte nach einer mißlungenen kaufmännischen Lehre bei seinem Onkel in Wien schließlich in Nürnberg auf Grund seiner »stilistischen Gewandtheit« bei einer Versicherungsgesellschaft eine Korrespondentenstelle gefunden. Er hieß Jakob Wassermann, verdiente sechzig Mark im Monat und litt in seinem Mansardenzimmer »würgende Not«. Die knallgelben Bände, an die er sich später erinnerte, waren Hofforys ›Nordische Bibliothek‹. (Merkwürdig übrigens, wie gerade die Versicherungsgesellschaft in jener Zeit kämpfenden jungen Dichtern als erster Unterschlupf dient: Richard Dehmel, Jakob Wassermann, Thomas Mann und später auch Franz Kafka.) Gewiß war zwanzig Jahre nach der Reichsgründung ein starker geistiger ›Zug nach Berlin‹ vorhanden. Aber es bestand andererseits auch ein starker geistiger Gegensatz zwischen dem Norden und dem Süden des Reichs und zuzeiten eine ausgesprochene Feindseligkeit zwischen Berlin und München. Es ist deshalb bemerkenswert, daß schon zu Beginn der neunziger Jahre der Name S. Fischer in ganz Deutschland und, über Deutschland hinaus, in der Donaumonarchie einen »Schlachtruf« bedeutete. So wie dem jungen Wassermann in Nürnberg ging es dem um zwei Jahre jüngeren Thomas Mann in Lübeck und München, dem jungen Arthur Schnitzler in Wien, dem jungen Holitscher in Budapest. Holitscher schrieb:

> Es war die Zeit, um die aus Deutschland die Kunde vom Realismus in der Literatur kam... Gerhart Hauptmann, »Bjarne P. Holmsen«, das heißt Arno Holz und Johannes Schlaf, und John Henry Mackay waren die ersten Namen, die zu uns drangen. In dem kleinen Laden des guten Freundes der Gymnasiasten, Rossitscheck, lagen die Bücher dieser jungen, noch unbekannten Autoren neben den ersten grünen Heften der ›Freien Bühne‹. Ja, hier, auf einmal, hier zum erstenmal sprach das Leben zu mir, das Leben, wie es in Wirklichkeit war, wie es mich innerlich traf und anging... Eines Tages begann in der ›Freien Bühne‹ ein aus dem Norwegischen übersetzter Roman zu erscheinen. Schon nach den ersten, unvergeßlichen Sätzen stellte sich in mir das Bewußtsein ein, daß ein entscheidendes Ereignis in mein Leben eingegriffen hatte... Der Roman hieß ›Hunger‹ und sein Verfasser Knut Hamsun. Die Übersetzerin war Marie von Borch. – Ich vermag nur schüchtern anzudeuten, welch elementares Erlebnis dieses Buch für mich geworden ist...

HAMSUNS ›HUNGER‹

Die Episode Hamsun–Fischer gehört zu den ungeklärten Merkwürdigkeiten unserer Geschichte.

Hamsuns *Hunger* war Mitte Mai 1890 in dem kleinen, aber angesehenen Verlag P. C. Philipsen in Kopenhagen erschienen. Das Buch hatte keinen Erfolg. Georg Brandes und Arne Garborg, mit dem Hamsun seit längerem bekannt war, verhielten sich ablehnend, und Hamsun hatte mit beiden Auseinandersetzungen. Dennoch konnte er schon Mitte Juli an Gustaf af Geijerstam, der selbst zehn Jahre später ein langjähriger, erfolgreicher Fischer-Autor wurde, hoffnungsvoll berichten: »In Deutschland ist ›Hunger‹ keineswegs ohne Eindruck geblieben. Ich habe sechs Briefe über die Übersetzung« – gemeint ist: Anfragen wegen einer deutschen Übersetzung – »erhalten, aus Berlin, Wien, Posen, Böhmen.« Schon am 28. Juli schrieb er seinem Freund Skram: »Sie kommt bei Fischer, Berlin, heraus.« Wer die Verbindung mit Fischer herstellte, ist nicht ersichtlich; man darf vermuten, daß es Marie Herzfeld war. Der Vorabdruck von *Hunger* in der ›Freien Bühne‹ begann im Oktober 1890; aber bereits mehrere Monate vorher hatte Marie Herzfeld einen großen Essay über Hamsun veröffentlicht, dem offenbar die Originalausgabe zugrunde lag. Dieser Aufsatz spürte sogleich die Verbindung zwischen Hamsun und Garborg auf:

Ein ganzes Buch voll Hunger! Der es schrieb, ist ein neuer Mann in der Literatur, und was er schrieb, ist gleichfalls neu. August Strindberg und Arne Garborg stellen das »Nichts zu essen haben« als Phänomen der Armuth des Landes, als Folge der ungleichen Gütervertheilung, als soziales Übel dar; Knut Hamsun ... hebt dies eine Glied aus dem ursächlichen Zusammenhang ... zeichnet nicht die Zustände, welche den Hunger hervorrufen, sondern analysirt die Zustände, welche der Hunger hervorruft ... die eigenthümlichen Störungen ... die Erschlaffung der centralen Willenskraft, die morbide Reizbarkeit aller Sinne, die zügellosen Sprünge der Phantasie – ein Stückchen vom Wahnwitz, der in uns allen lauert.

»Der Wahnwitz, der in uns allen lauert« – die Spur führt geradeswegs zu Dostojewski und über ihn hinaus:

Die Vorliebe für das Abnormale ist nicht bloß russisch, sie ist modern europäisch. Einen Tolstoi, Dostojewski führte die ergebene Schmerzfreudigkeit zum praktischen Christenthum, zu sozialistischen Ideen; bei Hamsun verwandelt sie sich in zukunftssichere Künstlerschaft ... Krankheit ist ein Sclavenaufstand der Stummen, ein zum Leben Erwachen jeder Zelle in mir, eine Erglühung von Leib und Seele in bewußtem Dasein – in makrokosmischem Sinn also eigentlich eine Erhöhung des Daseins. Für den Psychophysiker ist der pathologische Zustand daher der große Glücksfall, die Zeit des reichen Fischfangs, der seltene Augenblick, da die Auster ihre Schale öffnet ...

Marie Herzfeld stand in Briefwechsel mit Hamsun, aber aus einem unbekannten Grund übersetzte sie das Buch nicht selbst. *Hunger* erschien in der Übersetzung Marie von Borchs Anfang 1891 als siebzehnter Band in Hofforys »knallgelber« Reihe. Er war auch in Deutschland kein Publikumserfolg. Aber Fischer trat weiter für Hamsun ein. Im Sommer 1891 brachte die Zeitschrift Hamsuns amerikanische Skizzen *Auf den Newfoundlandbänken* und Ende des Jahres eine Novelle *Hazard*, die kurz zuvor in der Kopenhagener Zeitschrift ›Verdens Gang‹ erschienen war. Diese Novelle war von Marie Herzfeld übersetzt und lief durch vier Hefte (Nr. 45–48). Ein halbes Jahr darauf, im Juni 1892, erschien in der ›Freien Bühne‹ ein fünf Seiten langer Aufsatz, der eine literarische Sensation hervorrief. Er hieß *Hamsun–Dostojewski–ein litterarisches Mysterium*, und sein Verfasser war der junge Redaktionsgehilfe Bölsches und Autor zweier Romane *Jesus und Judas* und *Magdalene Dornis*, die kurz zuvor bei Fischer erschienen waren – der vierundzwanzigjährige Felix Hollaender.

»EIN LITTERARISCHES MYSTERIUM«

Hollaender hatte das Jahr zuvor als Hauslehrer in Schweden zugebracht und dort Garborgs Frühwerk, die noch unübersetzten *Bauernstudenten*, gelesen. Ebenso wie Marie Herzfeld waren auch ihm die thematischen ›Hunger‹-Ähnlichkeiten bei Garborg und Hamsun aufgefallen, und er hatte daraus geschlossen, daß »der jüngere Hamsun aus den *Bauernstudenten* die befruchtende Anregung geschöpft« habe. Und ebenso wie Marie Herzfeld war ihm der Zusammenhang mit Dostojewski geläufig. Er schrieb:

Im Norden sowohl als auch bei uns hat nun die literarische Kritik beim Erscheinen seines Romans darauf hingewiesen, daß vorzüglich Dostojewski für ihn Muster gewesen wäre. Diesen Vorwurf hat Hamsun widerlegen zu müssen geglaubt. Er schien es beinahe als eine Gehässigkeit aufzufassen, daß man sich überhaupt unterfinge, Einflüsse auf ihn nachzuweisen. Er hat in einem Tone geantwortet, der nichts weniger als sympathisch war und in einer gewissen Schärfe das Provokatorische seiner Persönlichkeit zum Ausdruck brachte. Der Sinn war ungefähr der, daß er Dostojewski so gut wie gar nicht kenne... Man hat nicht das Recht, an der Ehrlichkeit eines Menschen zu zweifeln, für dessen Unehrlichkeit keine Beweise vorliegen. Ich glaube also, daß Hamsun seine Erklärung bezüglich Dostojewskis nach bestem Wissen und Gewissen gegeben hat. Aber dieser mein Glauben schließt ganz und gar nicht den Gedanken aus, daß Hamsun sich über sich selbst geirrt haben kann. Mit solchen ehrbaren Erwägungen war für mich der Fall Hamsun–Dostojewski erledigt – ich hatte in aller Stille bei mir den Kompromiß geschlossen, daß der Hamsun für heute, der werdende Künstler, eine Amalgamation der Potenzen Dostojewski–Garborg–Hamsun aufweist...

Doch nun, fuhr Hollaender fort, sei die Sache in »ein ganz neues, unerwartetes Stadium« eingetreten, »das nunmehr auch für weitere Kreise nicht ohne psychologisches Interesse sein dürfte«. Bei der Lektüre von Hamsuns Novelle *Hazard* habe er gefunden, daß »dieselbe in verblüffender Weise mit der besten Episode aus dem schwächsten Werk Dostojewskis: ›Der Spieler‹ übereinstimmte«. Stoffliche Ähnlichkeiten, zumal bei Spielergeschichten, seien zwar nichts Seltenes, »aber wenn in Methode und Aufbau die Fälle so wie hier sich gleichen, wenn man es mit so exklusiven Dichterpersönlichkeiten zu thun hat, wird man zum mindesten nachdenklich gestimmt«.

Hollaender stellte anschließend die Texte einer Episode gegenüber, die »sogar im Wortlaut der markanten Sätze« übereinstimmten. Die Gegenüberstellung nahm etwa zwei Zeitschriftenseiten ein: der Hamsun-

Text, wie er zuvor in der ›Freien Bühne‹, der Dostojewski-Text, wie er in Fischers eigener Ausgabe von 1888 erschienen war. Die Parallelität war in der Tat erstaunlich, und dabei war Hollaender das Allererstaunlichste gar nicht aufgefallen: daß nämlich beide Texte Übersetzungen, und zwar aus zwei verschiedenen Sprachen waren! Wenn August Scholz' Übersetzung aus dem Russischen und Marie Herzfelds Übersetzung aus dem Norwegischen völlig unabhängig voneinander sich in einer dritten Sprache, der deutschen, so genau trafen, dann lag der Schluß nahe, daß die Originale sich praktisch decken mußten. Hollaender forschte dem nicht weiter nach. Die »Wort-Ähnlichkeit«, schrieb er, sei ihm weniger wichtig »als vielmehr der innerliche Zusammenhang beider Dichtungen«, und dieser war, wie er nachwies »ein geradezu frappanter«. Doch

warum sollte es nicht Doppelgänger auch auf geistigem Gebiete geben? Und warum sollte nicht Knut Hamsun, ohne jemals von Dostojewski etwas gehört oder gelesen zu haben, aus sich selbst heraus zu ähnlicher Kunst – ähnlichem Stil und ähnlicher Technik gelangt sein? Ich glaube man thut am besten, Knut Hamsun selber zu befragen...

Achtungsvoller konnte man dieses »litterarische Mysterium« – Hollaender ahnte schwerlich, daß Hamsuns nächstes Buch *Mysterien* heißen werde – nicht behandeln. Im ganzen Aufsatz kam das Wort ›Plagiat‹ nicht vor. Doch wirbelte die ›Enthüllung‹ einen gewaltigen literarischen Staub auf, nicht zuletzt in Norwegen selbst, wo Garborg allerdings Hamsun mit groben Worten des Plagiats bezichtigte. Fischer war in überaus peinlicher Lage: seine eigenen Autoren polemisierten gegeneinander in seiner eigenen Zeitschrift und noch dazu in einer so blamablen Sache! Fischer las und billigte jeden Beitrag für die Zeitschrift, ehe er in Satz ging, und die Veröffentlichung von Hollaenders Aufsatz war zweifellos mit seinem Einverständnis erfolgt. Möglicherweise sagte er sich, ehe ein anderer das ›Plagiat‹ entdeckte und es zum Schaden des Verlags an die große Glocke hängte, war es besser, er tat es selbst und hängte es an die eigene Glocke. Besonders peinlich war die Sache natürlich für Marie Herzfeld. Sie wandte sich sofort an Hamsun und erhielt von ihm eine aus Kopenhagen vom 25. Juli 1892 datierte Antwort.

Dieser lange Brief ist ein literarhistorisches Dokument, aber er klärt das Mysterium nicht wirklich auf. Hamsun lehnt es ab, auf Hollaenders Aufsatz zu antworten, erklärt aber seiner Übersetzerin »für Ihren privaten Gebrauch« den Zusammenhang: er habe Dostojewskis *Spieler* nicht gelesen gehabt, als er *Hazard* schrieb; er habe die Novelle »vor vielen Jahren« in Amerika entworfen, dann »gelegentlich« den Entwurf für die Zeitung ›Verdens Gang‹ ausgearbeitet, auf deren Redaktion die Novelle lange liegengeblieben sei. Inzwischen habe ein Freund ihm Dostojewskis Buch gesandt, er habe selbst sofort die starke Ähnlichkeit bemerkt und versucht, sein Manuskript zurückzuziehen, aber zu spät: »Gerade da war meine Skizze endlich gedruckt! ... Und wenn mein Gewissen nicht rein gewesen wäre, hätte ich doch wohl nicht veranlaßt, daß die Skizze ins Deutsche und Englische übersetzt wurde ...«

Der letzte Satz ist ein charakteristischer Hamsun-Kurzschluß: wenn sein Gewissen rein war, warum versuchte er dann, sein Manuskript zurückzuziehen? Die Angelegenheit wird durch den Brief nur weiter verwirrt, nicht geklärt. Hamsun bat Marie Herzfeld, Hollaender den Inhalt seines Briefes mitzuteilen, aber den Brief selbst nicht zu veröffentlichen: »Ich will mich nicht vor aller Welt verteidigen.« Daß Hamsuns Erklärung Fischer befriedigte, darf man bezweifeln. In jedem Fall erschien auf lange Zeit, bis 1905, kein Hamsun-Beitrag mehr in der Zeitschrift, und *Hunger* blieb das einzige Buch Hamsuns in Fischers Verlag.

Die Umstände ihrer Trennung sind nicht weniger unklar als die Plagiatsaffäre. Es ist kein Briefwechsel zwischen Fischer und Hamsun erhalten, und die Berichte der Zeitgenossen über die Folgen, welche die Trennung hatte, widersprechen einander. Diese Folgen waren beträchtlich.

›MYSTERIEN‹ UND ALBERT LANGEN

Hamsun hatte seinen neuen Roman *Mysterien* im Frühjahr 1892, kurz vor der Plagiatsaffäre, vollendet, und er erschien im selben Jahr in Kopenhagen. Marie von Borch stellte (entgegen Hamsuns Befürchtung, daß sie angesichts der Affäre von der Arbeit zurücktreten werde) die Übersetzung fertig, aber Fischer verlegte das Buch nicht. Dieser Entschluß ist seither immer wieder als einer der wenigen, unerklärlichen Fälle angeführt worden, in denen Fischer sein vielgerühmter Instinkt im Stich ließ. Er hatte einen ganz großen Hecht erwischt und warf ihn in aller Seelenruhe ins Wasser zurück. Warum? Es ist schwer vorstellbar, daß er das Genie in Hamsun verkannte; er hatte es in *Hunger* ja erkannt. Es ist unwahrscheinlich, daß er Hamsun wegen des schlechten Absatzes von *Hunger* nicht festhalten wollte; er hielt andere Autoren wie Garborg und Peter Nansen, die ebenfalls alles andere als ›Bestseller‹ waren, zuversichtlich fest. Es ist noch unwahrscheinlicher, daß Marie Herzfeld ihn zu seinem Entschluß bestimmte; sie dürfte eher versucht haben, seine Bedenken zu zerstreuen. Hingegen ist es denkbar, daß die ablehnende Haltung Garborgs, Nansens und Brandes', auf deren Urteil Fischer etwas gab, ihren Einfluß hatte. Das Wahrscheinlichste ist, daß Hamsun ihm nach dem Vorgefallenen ganz einfach nicht geheuer war: dieser Mann, der unablässig soviel kleinlichen Zank und Streit um sich entfesselte, paßte ihm nicht in die ›Familie‹.

Aber lehnte er ihn rundheraus ab? Es ist nicht sicher. Frau von Borch unternahm anscheinend mit ihrer Übersetzung nichts weiter und überließ das weitere Hamsun. Jedenfalls hatte Hamsun das deutsche Manuskript in der Tasche, als er im Frühjahr 1893 mit seinem Freund, dem Dramatiker Sven Lange, nach Paris fuhr. Dort stießen die beiden auf den dänischen Maler Willy Gretor, der seinerseits einen ›Mäzen‹ an der Hand hatte, einen dreiundzwanzigjährigen jungen Mann aus reichem Kölner Haus namens Albert Langen. Gretor machte sie miteinander bekannt, und Hamsun klagte Langen sein ›Mysterien‹-Leid. Er zog die fertige Übersetzung aus der Tasche und gab sie Langen zu lesen. Korfiz Holm, Langens Freund und langjähriger Mitarbeiter, berichtet in seinen Lebenserinnerungen, Langen sei begeistert gewesen und habe sich erboten, Hamsun zu einer deutschen Ausgabe des Romans zu verhelfen, indem er für den Kostenzuschuß aufkomme. Hamsun solle bei Fischer anfragen, wieviel er fordere. Angeblich nannte Fischer daraufhin einen Betrag, der Langen zu hoch erschien, und das Geschäft kam nicht zustande.

Holms Darstellung läßt sich nicht nachprüfen. Doch wie auch immer: die Folge war die Gründung des Verlags Albert Langen. Der reiche junge Mann beschloß kurzerhand, *Mysterien* selbst deutsch herauszubringen. Schon am 1. Dezember 1893 kündigte er dem deutschen Buchhandel mit einem Zirkular an, daß er in Paris, 112 Boulevard Malesherbes, einen »Buch- und Kunstverlag« gegründet habe und daß »mit dem heutigen Tage« als erster »Verlagsartikel« der Roman *Mysterien* von Knut Hamsun erscheine. Der junge Verlag, der sich anfangs auf »talentvolle Skandinavier und Franzosen« konzentrierte, bald aber auch deutsche Autoren anzog, nahm einen erstaunlich schnellen Aufschwung. Im nächsten Jahr übersiedelte er aus Paris nach Leipzig und 1895 endgültig nach München, wo Albert Langen die Künstler suchte und fand, die er für eine ihm vorschwebende Schöpfung eigenen Gepräges brauchte: die Zeitschrift ›Simplicissimus‹.

Fischer gab bald darauf auch Marie von Borchs Übersetzung von *Hunger* an Langen ab, der das Buch neu herausbrachte. Dieselbe Übersetzerin übertrug für Langen auch die folgenden Bücher Hamsuns, bis zu *Pan*, der 1895 erschien. Danach hörte die Verbindung abrupt auf. Und an dieser Stelle hat Fischers späterer Freund und Autor Arthur Holitscher eine heillose Verwirrung gestiftet. Holitscher, der keine Jahreszahl angibt, aber – wie dem Zusammenhang zu entnehmen ist – Hamsun erst 1895 bei dessen zweitem Aufenthalt in Paris kennenlernte, erzählt in seinen Erinnerungen:

Dann klagte mir Hamsun, seine Übersetzerin, Marie von Borch, habe ihm soeben mitteilen lassen, daß sie fortan nichts mehr von ihm übersetzen werde. Und er wußte auch warum. Felix Hollaender hatte ihn in der ›Freien Bühne‹ des Plagiats an Dostojewskis ›Spieler‹ geziehen. Ich entsann mich, in Wien den Namen Marie Herzfelds gehört zu haben, einer ausgezeichneten Übersetzerin aus den skandinavischen Sprachen. Hamsun hatte sein erstes Drama, ›An des Reiches Pforten‹ vollendet. Ich erbot mich, Marie Herzfeld zu schreiben, und sie war es dann auch, die Hamsuns Drama übersetzte.

Eine Woche später, erzählt Holitscher, sei er mit Marie Herzfelds Zusagebrief »in die Avenue de Malesherbes gegangen, wo sich Langens Büro gerade im Umzug nach Deutschland befand«. So lernten Langen und Holitscher einander kennen, und Langen nahm den jungen Schriftsteller, von dem bisher nur ein Novellenband im Kommissionsverlag bei Pierson in Dresden erschienen war, auf der Stelle mit seinem noch unvollendeten Roman in seinen Verlag.

Eine amüsante Geschichte, die unmöglich stimmen kann. Holitscher hat offenbar das Selbsterlebte mit dem, was Hamsun und Langen ihm erzählten, ineinandergeschoben und ausgeschmückt. (Das gleiche passierte ihm einige Jahre später mit Thomas Mann.) Marie von Borch hatte Hamsun auch nach der Plagiatsaffäre weiter übersetzt; Hamsun kannte Marie Herzfeld als Übersetzerin längst (sie hatte ja *Hazard* übersetzt!) und brauchte Holitschers Vermittlung nicht; Langen war 1895 nicht mehr in Paris. Daß Marie von Borch Hamsun nicht mehr übersetzte, hatte einen ganz anderen Grund. Marie von Borch hatte Ende Januar 1895 ihre einzige Tochter nach einer langen schweren Krankheit verloren und darüber anscheinend einen schweren Nervenzusammenbruch erlitten. Am 4. Juni 1895 starb sie selbst ganz plötzlich. Das Juniheft von Fischers Zeitschrift brachte ihr einen Nachruf:

Frau Marie von Borch, eine treue Mitarbeiterin unserer Zeitschrift, ist plötzlich verschieden. In letzter Stunde erhalten wir die erschütternde Nachricht. Frau von Borch war als erste Übersetzerin nordischer Literatur ein wichtiges Vermittlungsglied in dieser für die deutsche Dichtung so fruchtbar gewordenen Bewegung. Sie war die Erste, welche Ibsen übersetzte, und hat seitdem durch Verdeutschung einer großen Reihe dramatischer und erzählender Werke des Nordens sich einen weithin geachteten Namen erworben und den Vorzug besessen, ihren literarischen Ruf durch ein sympathisches persönliches Wesen zu unterstützen. Vielleicht ihre letzte Arbeit war die Übertragung des Artikels ›Casimir Perier‹ in unserer vorigen Nummer von Björnstjerne Björnson, welcher große Stücke von ihrem Übersetzertalent hielt. Denn sie hat niemals Worte in Worte übersetzt, sie hat den Rhythmus und den Gefühlswert einer Sprache nachempfunden und hat ihre Arbeit mit demjenigen feinen sachlichen Verständnis erfüllt, welches ihr in der literarischen Bewegung unserer Tage eine besonders ehrenvolle Stellung erwarb.

Es war die erste spürbare Lücke, die der Tod in den Reihen von Fischers getreuen Mitarbeitern riß. Holitschers eigene Verbindung mit Langen war übrigens nicht von langer Dauer. Langen brachte vier Bücher von ihm, doch schon 1896 erschien er erstmals bei Fischer. Hamsun hingegen hatte in Langen seinen lebenslänglichen Verleger gefunden und wurde in der Folge von Mathilde Mann, Pauline Klaiber und Gertrud Klett übersetzt, die zugleich auch für Fischer arbeiteten.

FISCHER UND LANGEN

Wäre der Verlag Albert Langen nicht entstanden, wenn Fischer an Hamsun festgehalten hätte? Wer weiß. Fischer muß gewiß darauf gefaßt gewesen sein, daß ihm früher oder später ein Nebenbuhler erstehen werde. Er bekam Langens kräftiges Wirken bald zu spüren. Langen war zehn Jahre jünger als Fischer und ein begabter, unternehmungslustiger und einfallsreicher, wenn auch sprunghafter Verleger – »Ich hoffe, daß Sie in den nächsten Tagen pro Stunde nicht mehr wie zehn Ideen haben werden«, schrieb Ludwig Thoma ihm einmal –, er machte sich Fischers Erfahrungen zunutze, guckte ihm vieles ab und schnappte ihm bald dieses und jenes weg.

Vor allem brach Langen in Fischers skandinavische Gehege ein. Doch es zeigte sich, daß die skandinavische Literatur reich genug war, um zwei deutsche Verlagshäuser zu versorgen. Was dem einen sein Ibsen, war dem anderen sein Björnson. Langen hatte Björnson in Paris kennengelernt und heiratete 1896 dessen Tochter Dagny. Björnson scheint ihn zu seiner Verlagsgründung ermuntert und ihm in mancher Hinsicht geholfen zu haben. Mit dem berühmten Schwiegervater als seinem größten Autor drang er rasch ins nordische Gebiet ein. Marie Herzfeld übersetzte Björnson für ihn, und das Schauspiel *Über unsere Kraft* wurde in Langens erstem Jahrzehnt sein größter Erfolg. Das hinderte freilich nicht, daß Björnson schließlich doch bei Fischer landete, der ihm eine würdige Gesamtausgabe veranstaltete. Langen brachte Georg Brandes, Gustav Wied, Jonas Lie und Amalie Skram; er entdeckte Ellen Key, die aber schon 1899 zu Fischer hinüberwechselte; er tat einen großen Griff mit Selma Lagerlöf. Er unternahm sogar einen erfolgreichen Versuch, in Fischers Ibsen-Revier einzudringen, was freilich ohne Ibsens zuweilen etwas sonderbare Geschäftsgebarung, die gern einen Verleger gegen den anderen ausspielte, nicht ganz so einfach gewesen wäre.

Langen beschränkte sich nicht auf die Skandinavier. Er brachte in seinen ersten zehn Verlagsjahren außerdem zahlreiche Franzosen und Russen, darunter neun Bücher von Zola, siebzehn von Maupassant, dreiunddreißig von Marcel Prévost, dazu Gorki, Tolstoi und Tschechow. Das war sein ursprüngliches Programm gewesen. Mit der Zeit kamen auch deutsche Autoren hinzu. Wedekind, vor dem Fischer zurückgescheut war, erschien alsbald bei Langen, der mit ihm nicht ungefährliche Abenteuer erlebte. (August Strindberg hingegen wollte auch Langen nicht, obwohl er mit ihm verhandelte.) Max Halbe wanderte auf einem Umweg von Fischer zu Langen; Bleibtreu fand mit seinen Schlachtendichtungen bei ihm Unterkunft; der kaninchenhaft fruchtbare Bahr lud alles, was Fischer zuviel war, bei Langen ab. (Fischer brachte zwei bis drei Bücher von Bahr im Jahr, aber Bahr schrieb vier bis fünf!); auch Hartleben schwenkte vorübergehend zu Langen und seinem ›Simplicissimus‹ ab – »Die Verleger werden nicht alle!« schrieb er triumphierend – und Langen brachte auch der »knatternden« Laura Marholm aufsehenerregendes und sehr erfolgreiches *Buch der Frauen;* aber hier zumindest hatte Fischer sich von seinem Instinkt – Bahr nannte es »Ängstlichkeit« – richtig beraten lassen. Es kam zu einem Prozeß, den Langen verlor, und er sprach nie wieder ein Wort mit Laura Marholm. Solche Vertrauensverhältnisse waren Fischer allzu gespannt; er ging ihnen rechtzeitig aus dem Weg.

Albert Langen jedoch war da und blieb. Seine und Fischers Wege kreuzten sich häufig; sie hatten einander in der Folge noch manches zu geben und zu nehmen.

EPISODE: DER FALSCHE MANN

Im April 1891 trat im Verlagsbüro in der Linkstraße ein junger Mann als Gehilfe ein, just zwanzig Jahre alt und aus guter hanseatischer Familie. Es ist zu vermuten, daß die altberühmte Buchhandlung v. Zahn und Jaensch in Dresden ihn an Fischer empfohlen hatte. Dorthin hatte der Vater ihn, da er kurz vor dem Abitur das Gymnasium verlassen hatte, gegeben. Der junge Buchhandelsgehilfe hatte daheim einen jüngeren Bruder, der noch zur Schule ging, und dieser schrieb vierzehnjährig im Oktober 1889 an eine Freundin der Familie: »Von Heinrich hatten wir schon mehrere Briefe aus Dresden – es scheint ihm dort sehr gut zu gefallen.« In Wahrheit gefiel es Heinrich dort gar nicht, und den Vorwürfen des Vaters in seinen Briefen ist zu entnehmen, daß er seine Tätigkeit nicht eben zu beiderseitiger Zufriedenheit ausübte. Das Verlagswesen schien ihm erlernenswerter, und so trat er bei Fischer ein. Aber auch hier scheint es ihm nicht sehr gut gefallen zu haben. Er blieb nur etwa ein Dreiviertel Jahr, und als er sich von Fischer verabschiedete, um sich seinem wahren Beruf zuzuwenden, nahm er ein Bündel Briefbogen des »S. Fischer, Verlag, Königl.

Hofbuchhandlung« mit, auf denen er sich wohl während der Bürostunden Notizen zu einem Roman gemacht hatte, den er zu schreiben gedachte. Zwei dieser Briefbogen sind erhalten. Der eine trägt nur einige Stichworte:

Sein Benehmen gegen Gattin und Tochter ist um so höflicher, zuvorkommender, – ängstlicher fast, als er ihnen gegenüber ein schlechtes Gewissen hat. Die Frau weiß er unbefriedigt, die Tochter mit der Frau nicht sympathisierend.

Das andere Blatt, doppelseitig beschrieben und mit dem Datum 20./21. 9. 91 versehen, trägt die Überschrift »Freie Liebe«:

Anna, in der Linienstraße, sagte mir, als ich am Morgen ihr Zimmer verließ: »Du bist'n feiner Kerl; wenn die Leute, die dich sehen, nur wüßten, woher du kommst!« Dasselbe Motiv ist in der Antwort vorhanden, die ein Mädchen, in irgend einem nächtlichen Keller, dem Colporteur gab, der ihr den »Kriegsruf« aufnötigen wollte, indem er bemerkte, daß Christus für die Sünder gekommen sei. Sie sagte: »Ach, wir sind verdorben bis auf die Knochen.« Die Prostituierte wie jede Frau, welche einen außerehelichen geschlechtlichen Akt begangen hat, befindet sich also immer im Bewußtsein einer *Schuld*. Sie handelt wohl gegen das alte Sittlichkeitsideal, hat es aber geistig nicht überwunden. Sie erkennt es an. In der Entwicklung der Ethik sind Handlungen gleichgültig; auf die Anschauungen kommt es an. Die Zahl der Frauen der Gegenwart also, mit denen man in wirklich, d. h. geistig freier Liebe leben könnte, ist minimal.

Heinrich Mann schrieb diesen Roman *In einer Familie* in den folgenden zwei Jahren. Wer weiß, ob er ihn Fischer anbot? Der Verlag Cotta jedenfalls, dem er den Erstling im Januar 1894 aus Florenz einreichte, lehnte ihn ab, und das Buch erschien im selben Jahr im Kommissionsverlag E. Albert in München. Schon den nächsten Roman, der ihn bekannt, und die folgenden Bücher, die ihn berühmt machten, sicherte sich Albert Langen.

PETER NANSEN

Anfang Dezember 1891 zog Fischer mit dem Verlag und der Redaktion der Zeitschrift neuerlich um, diesmal in die Köthener Straße 44, auf der anderen Seite des Potsdamer Bahnhofs.
In diesem Jahr 1891 waren nur noch zwei der »knallgelben Bände« der ›Nordischen Bibliothek‹ erschienen; Hamsuns *Hunger* war der siebzehnte und letzte gewesen. Julius Hoffory, der ›Erfinder‹ und Herausgeber der Buchreihe, war Ende 1889, kurz nach der denkwürdigen *Gespenster*-Aufführung, schwer an Typhus erkrankt, und obwohl er genas, war eine eigentümliche geistige Schwäche zurückgeblieben, und es war ihm kaum mehr möglich zu arbeiten. Fischer wollte die ›Nordische Bibliothek‹, die Hofforys Idee gewesen war, wohl nicht ohne

ihn fortführen und ließ sie einschlafen. Ibsen kehrte in jenem Sommer 1891 endgültig in seine norwegische Heimat zurück, und die Verbindung mit ihm blieb dank der behutsamen Vermittlung von Julius Elias, der Ibsen für Fischer betreute, unbeeinträchtigt.

Um die gleiche Zeit, ziemlich genau in dem Augenblick, da Hoffory ihm als skandinavischer Berater verlorenging, nahm Fischer eine Verbindung nach Kopenhagen auf, die ihm während des nächsten Vierteljahrhunderts nicht nur einen wertvollen literarischen und festen verlegerischen Stützpunkt in Skandinavien verschaffte, sondern auch einen seiner liebsten und treuesten Freunde brachte. Am 21. Dezember 1891 schrieb er aus der Köthener Straße:

Sehr geehrter Herr, Herr Bölsche hat mir die Annahme Ihrer Novelle zum Abdruck in der Freien Bühne empfohlen. Wir sind indessen im Augenblick noch nicht in der Lage Ihnen zu sagen, wann wir eventuell den Abdruck bewirken werden, da wir sehr viel vorher erworbenes Material noch zum Abdruck bringen müssen. Wenn Sie uns Ihre Arbeit noch zwei Monate vorbehalten wollen, so würden wir uns dann definitiv für einen möglichst nahen Zeitpunkt entscheiden. Für alle Fälle möchten wir Ihnen aber schon jetzt mitteilen, daß unser Etat uns nicht gestattet, das von Ihnen geforderte Honorar zu bewilligen. Wir würden Ihnen für den Abdruck höchstens Mk. 150.— zahlen können. Hochachtend S. Fischer.

Das war der (nicht übermäßig verheißungsvolle) Beginn. Der Empfänger war der dreißigjährige dänische Schriftsteller Peter Nansen, hauptberuflich Redakteur an der Kopenhagener Zeitung ›Politiken‹. Die Novelle hieß *Eine glückliche Ehe*. Die Übersetzerin Mathilde Mann hatte sie ausfindig gemacht und zu Bölsche gebracht, und sie erschien Anfang 1892 in der ›Freien Bühne‹. Danach schlief die Verbindung vorübergehend wieder ein. Aber zwei Jahre später wurde Fischer an die Novelle erinnert, und am 3. Februar 1894 schrieb er an Nansen:

Diese Arbeit hat uns so gut gefallen, daß wir bereit wären, sie jetzt in Buchform (elegant ausgestattet) erscheinen zu lassen, wenn Sie resp. die Übersetzerin auf ein besonderes Honorar im Vorhinein für die erste Auflage verzichten würden. Sollte die Auflage verkauft werden, so würden wir Ihnen ein Honorar von 150 Mark bezahlen...

Die Übersetzerin scheint sich jedoch ins Mittel gelegt zu haben, denn Nansen erzählte später:

Frau Mathilde Mann ordnete die ganze Angelegenheit, und wir teilten uns redlich die 300.— Mark, die Fischer in jugendlicher Flottheit für die Erwerbung eines Buches von einem ihm unbekannten ausländischen Schriftsteller anlegte, an den er keinen Schilling hätte zu zahlen brauchen, sintemal damals eine Konvention zwischen Dänemark und Deutschland noch nicht eingeführt war...

Die Novelle erschien im Herbst 1894 und machte sogleich auf diesen sehr geschliffenen, eleganten Erzähler aufmerksam, der eine feine Ironie mit warmer Klugheit verband. Aber Nansen hatte auch einen für das junge Kopenhagen jener Zeit charakteristischen Hang zu liebenswürdiger Frivolität und moralischer Libertinage, einer gewissen Fin-de-siècle-›Dekadenz‹ (es war nicht von ungefähr, daß er sich in späteren Jahren mit Schnitzler, der ihn in Kopenhagen besuchte, gut verstand) und von ihr ließ sich Fischer vorübergehend ins Bockshorn jagen. Er lehnte Nansens nächstes Buch *Maria. Ein Buch der Liebe* als zu gewagt ab, nahm aber den Roman *Julies Tagebuch* sofort an und wollte ihn schon Anfang 1895 bringen.

Jetzt jedoch erfolgte der Querschuß aus München. Langen erwarb *Maria,* und Fischer bedauerte die Ablehnung, denn es wäre »doch in unserem beiderseitigen Interesse gewesen, wenn alle Ihre Bücher in meinem Verlag vereinigt gewesen wären«. Fischer reiste kurz darauf nach München, und es gelang ihm, Langen das Buch, das dieser zwar erworben, aber noch nicht gedruckt hatte, trotz anfänglicher Weigerung wieder abzujagen. Am 27. Dezember 1894 schrieb er Nansen:

Sie können versichert sein, daß uns weder übertriebene Furcht noch Prüderie veranlaßt, ›Maria‹ noch einmal in ›moralischer‹ Beziehung zu prüfen, uns kam es nur darauf an, mit den hier etwas rigoros gehandhabten Gesetzen nicht in Konflikt zu geraten. Wir freuen uns, Ihnen mitteilen zu können, daß wir uns entschlossen haben, ›Maria‹ zu verlegen, wir würden nur um einige ganz geringe Änderungen bitten und zwar gleich am Anfang, wo das Entkleiden Marias vielleicht ein klein wenig ›moralisch‹ retouchiert werden muß ...

Die geziemend retuschierte *Maria* erschien bereits im März 1895; im Mai folgte *Julies Tagebuch*; im September 1895 erwarb Fischer den neuen Roman *Gottesfriede* »ungelesen«, da »mir Ihre Kunst für die Bewältigung eines jeden Stoffes (auch für ›unmoralische‹) Garantie genug ist«. Fischer hatte diesen Schriftsteller, der zwei Jahre jünger war als er selbst, von Anfang an, obwohl er ihn persönlich nicht kannte, ins Herz geschlossen. Aus seinen Briefen an Nansen spricht vom ersten Tag an ein Ton der persönlichen Anteilnahme, und es bekümmerte ihn, daß der Publikumserfolg nicht unverzüglich einsetzte: »Einstweilen habe ich noch von keinem Ihrer Bücher mehr wie 6–700 Exemplare verkauft ...«, mußte er ihm Ende 1895 mitteilen:

Zunächst sind Ihre Bücher bisher nur in litterarischen Kreisen und in den Kreisen verwöhnter Kulturmenschen verbreitet. Bis Ihre Werke in das große Publikum dringen, wird noch eine Weile dauern, da ein großer Teil des Publikums Bücher überhaupt nicht kauft, sondern nur in der Leihbibliothek liest und der andere Theil des Publikums nur für schlechte ›Familienlecture‹ Interesse hat. Bei uns in Deutschland herrscht in künstlerischen Dingen im Allgemeinen ein schlechter Geschmack und eine Prüderie wie sie weder in Frankreich noch in Dänemark anzutreffen ist. Trotzdem bezweifle ich nicht, daß sich Ihre Bücher einen immer größeren Kreis erobern werden, nur dauert das natürlich noch eine Weile ... Sie müssen schon etwas Geduld haben. Die Deutschen sind etwas schwerfällig ...

Fischer nahm das Erscheinen von *Gottesfriede* zum Anlaß, um in der Zeitschrift nachdrücklich auf Nansen hinzuweisen. Anfang 1896 erschien in ihr ein sechseinhalb Seiten langer umfassender Aufsatz über Nansen von Felix Poppenberg, einem jungen, sehr sensitiven und sprachlich besonders sorgsamen Berliner Essayisten, der Nansen seit Jahren kannte und mit diesem Aufsatz in der Zeitschrift debütierte, zu der er in den folgenden zwei Jahrzehnten eine schier unübersehbare Anzahl von größeren und kleineren Aufsätze beitrug. »In der Künstlerpsyche dieses Dänen«, schrieb Poppenberg, »grüßen wir, tief berührt, alle jene Mischungen und Widersprüche, jene komplizierten Assoziationen und Nuancen, mit denen die Sensitiven unserer Zeit gezeichnet sind.« Fischer behielt recht. Nach drei Jahren beharrlicher Arbeit hatte er, als dieser Aufsatz erschien, Nansen durchgesetzt. Jetzt folgte Neuauflage auf Neuauflage. *Eine glückliche Ehe* kletterte auf zehntausend, *Maria* auf fünfzehntausend, *Gottesfriede* auf vierzehntausend, und Nansen konnte rückblickend von sich sagen: »Ich war jetzt einer der gelesensten und beliebtesten Schriftsteller Deutschlands geworden.«

Für Fischer lohnte sich die Liebe und Mühe bald darauf noch in anderer Weise, als nämlich Nansen 1896 in das große Kopenhagener Verlagshaus Gyldendal als Direktor eintrat. Jetzt begann eine Zeit fruchtbarster Zusammenarbeit auch auf verlegerischem Gebiet, denn es gab kaum einen skandinavischen Autor von Rang, der nicht über Gyldendal nunmehr beinahe automatisch zu ihm kam. Nun wurde das von Hoffory begonnene Werk auf breiter Grundlage fortgeführt.

Fischer und Nansen lernten einander persönlich erst im April 1897 kennen, als Nansen nach Berlin kam. Bei dieser Gelegenheit trieb der Zufall ein symbolhaft-makabres Spiel. Nansen hatte sich im voraus für den Vormittag des 15. April im Verlagsbüro zu einer Besprechung angesagt. Im Hotel Bristol fand er jedoch ein privates Billett Fischers vor: »Ich werde leider morgen Vormittag (bis 1 Uhr) im Bureau nicht anwesend sein, weil ich der Beerdigung eines Freundes beiwohnen muß.« Der Freund war Julius Hoffory, der zwei Tage zuvor kaum zweiundvierzigjährig in tiefer Umnachtung gestorben war.

8 Die Verlags-Familie

Schon frühzeitig lassen sich unter den Autoren des Verlags drei Kreise unterscheiden: jene, mit denen Fischers Umgang sich auf Briefwechsel und persönliche Begegnung im Verlagsbüro beschränkte; solche, die er näher an sich heranzog und in seiner Wohnung um sich versammelte; schließlich jene, mit denen er seine Ferien verbrachte, mit denen er sich auf Reisen eigens verabredete, die er besuchte, mit denen er Ausflüge unternahm und spazierenging. Dieser dritte Kreis war der kleinste und ihm der liebste, und in ihm war Hauptmann ein besonderer Platz vorbehalten. Ein Spaziergang mit Hauptmann am Mittelmeerstrand oder in den schlesischen Bergen gehörte für ihn zum Besten, was das Leben zu bieten hatte.

Dabei war dieser Mann, den so viele als ihren Freund rühmten, sich bewußt, daß er von Natur aus zur Freundschaft nicht eigentlich begabt war. Er stand, soweit der erhaltene Briefwechsel hierüber Aufschluß gibt, nur mit dreien seiner Autoren auf ›Du‹ – Hartleben, Hauptmann und Wassermann. In seinen fragmentarischen autobiographischen Aufzeichnungen findet sich unter der Überschrift »Freundschaft« ein kurzer Absatz:

Sehnsucht und Ohnmacht zur Freundschaft. Meine ironische Maske. Die Abhängigkeit meines Verhältnisses zu Menschen. Meine Fremdheit zu den Menschen und dennoch mein Bedürfnis nach Menschen. Mein Verhältnis zu mir näher bekannten Menschen.

Mehr erfahren wir nicht. Aber man spürt, daß es gerade ihm, dessen ganzes Werk auf Freundschaft mit Gleichgesinnten gegründet war, durchaus nicht leichtfiel, an die Menschen heranzukommen, die er brauchte. Er bedurfte eines Mittlers, der ihn aufschloß, damit er sich vorbehaltlos geben konnte. Am unbefangensten fühlte er sich in unbeschwerter Gesellschaft in der Natur, wo zufällige Gelegenheit unmittelbaren menschlichen Kontakt erlaubte. Dem Junggesellen Fischer behagte nichts besser als eine sonntägliche Landpartie in die Wälder und an die Seen rings um Berlin.

DIE FAMILIE LANDSHOFF

Auf einer solchen Landpartie, zu Pfingsten 1893, lernte er Hedwig Landshoff kennen. Zu seinen guten Freunden zählte der Baumeister Max Ravoth, ein fortschrittlicher Mann, der sich bereits auf der zweiten Mitgliederliste des Vereins ›Freie Bühne‹ findet. Ravoth wiederum war mit dem Kaufmann Hermann Landshoff befreundet, und als die Familien Ravoth und Landshoff ihren Pfingstausflug nach Glienicke machten, war Fischer mit von der Partie.
Die Landshoffs stammten aus dem Landstädtchen Schwerin an der Warthe, wo sie seit mehreren Generationen ansässig waren. Um die Zeit, da Moses Ullmann aus Fürth in Liptó Szent Miklós seßhaft wurde, erhielt »der jüdische Glaubensgenosse Michael Hirsch Landshoff« zu Schwerin ein unter dem 11. September 1834 in Posen von der »Königlich Preußischen Regierung, Abtheilung des Innern«, ausgefertigtes »Naturalisations-Patent«. Louis Landshoff, Sohn des Michael, heiratete in Schwerin Sarah Cohn, die ihren Gatten überlebte und erst 1895, als ihr Urenkel bereits auf der Welt war, in Hamburg starb. Beider Sohn, der Kaufmann Hermann Landshoff, betrieb anfangs in Schwerin zusammen mit seinem Freund Hessel die Getreidehandlung Landshoff & Hessel, begab sich aber später nach Stettin, wo er sich an einer Handelsschiffahrtsgesellschaft beteiligte. In Stettin heiratete er Julie Lesser, das elfte und jüngste Kind des dortigen Kaufmanns Israel Lesser.
Hermann und Julie Landshoff hatten drei Kinder, alle noch in Stettin, vor der Übersiedlung nach Berlin, geboren: Hedwig, am 8. September 1871 geboren; sodann den einzigen Sohn Ludwig; schließlich die zweite Tochter Else. Alle drei Kinder waren hervorragend musikalisch begabt. Dies war ein Erbteil ihrer Mutter, die eine schöne Stimme und eine ausgezeichnete musikalische Bildung besaß. Die Kinder wuchsen in einem der Kunst aufgeschlossenen, von Musik durchströmten Elternhaus auf. Ludwig Landshoff, Hedwigs Bruder, machte die Musik zu seinem Beruf. Er wurde bekannt als Dirigent des Bachvereins in München, als Musikhistoriker, insbesondere Bachforscher, und als Herausgeber der großen Gesamtausgabe der Werke Bachs für den Musikverlag C. F. Peters. Hedwig Landshoff selbst hatte von der Mutter eine leidenschaftliche Liebe zur Musik, eine umfassende musikalische Bildung und eine schöne Singstimme mitbekommen. Daß Max Marschalk und seine Schwestern mit den Landshoffs befreundet waren, konnte nicht verwundern. Sie verband die Musik.

AUSKUNFT ÜBER EINEN UMSTRITTENEN MANN

Bei aller musischen Aufgeschlossenheit war der Kaufmann Landshoff jedoch anfänglich von der Neigung seiner Tochter zu dem draufgängerischen Verleger Fischer nicht sonderlich angetan. Fischer war dreiunddreißig Jahre alt, zwölf Jahre älter als die Umworbene, ein sehr bekannter, aber auch sehr umstrittener Mann. Es sammelten sich um ihn Menschen und Ideen, die in guten Bürgerkreisen noch sehr verdächtig waren. Der Verleger Hauptmanns zu sein war um diese Zeit noch durchaus nicht unbedingt eine Empfehlung. Zudem war gerade um diese Zeit eine neue heftige Kontroverse um Hauptmann entbrannt, und Fischer stand mitten in ihr drin.

Hauptmann hatte im Vorjahr, 1892, sein fünftes Stück vollendet, das in den Elendsgebieten seiner schlesischen Heimat spielende, in schlesischer Mundart geschriebene soziale Revolutionsdrama *De Waber*. Er las es Anfang März in Fischers Büro den Freunden vor, und L'Arronge erklärte sich sofort bereit, es im Deutschen Theater zu spielen. Fischer hatte das Werk unverzüglich gedruckt, aber am 3. März 1892 wurde die öffentliche Aufführung vom Polizeipräsidenten von Berlin »aus ordnungspolizeilichen Gründen« verboten. Hauptmann stellte anschließend eine dem Hochdeutschen angenäherte Fassung her; Fischer brachte auch hiervon noch 1892 die Buchausgabe heraus (sie erlebte in knapp drei Jahren zwölf Auflagen und war 1906 auf die vierunddreißigste Auflage geklettert), aber die Aufführung auch dieser Fassung wurde am 4. Januar 1893 polizeilich verboten. So kehrte Hauptmann, der sich inzwischen mit *College Crampton* neuerlich das Deutsche Theater und das Burgtheater erobert hatte, mit diesem Schauspiel zum Ausgangspunkt seines Ruhms zurück. Der Verein ›Freie Bühne‹ führte *Die Weber* am 26. Februar 1893 in Lautenburgs Neuem Theater (mit Kainz und Rittner) auf. Der Kampf mit dem Berliner Polizeipräsidenten ging weiter.

Hermann Landshoff gehörte nicht zu den Mitgliedern des Vereins ›Freie Bühne‹. Fischer erhielt auf seinen Brief, in dem er in aller Form um die Hand der Tochter anhielt, eine sehr zurückhaltende Antwort. Landshoff bat Ravoth um genauere Auskunft, und dieser berichtete, nachdem er sich »Herrn F. kommen lassen und nochmals eingehend mit ihm gesprochen« hatte, am 24. Mai 1893 in einem Brief:

Dabei hat er mir nochmals betont, daß er in Bezug auf seine pekuniäre Lage glaubt, Dir ausreichende Informationen durch Einblick in seine Bücher geben zu können, besser und genauer, als man hier etwa durch Umfragen in Buchhändlerkreisen erhalten könne. Er hat mir außerdem die ganzen Ziele und die Art seines Verlags auseinandergesetzt, und ich kann mich allerdings nicht der Ansicht verschließen, daß in seinen Worten hierüber zielbewußte Methode liegt, die mir Achtung einflößte.

Nun schickte Fischer Max Marschalk eigens nach Stettin, damit er ein Wort für ihn einlege, und der Freund kam mit guter Nachricht zurück. Freilich wußte er nicht (und auch Fischer erfuhr es erst später), daß Vater Landshoff inzwischen durch einen Hamburger Geschäftsfreund diskrete Auskünfte hatte einholen lassen. Die Hamburger Auskunftei Eduard Blum berichtete in ihrer »Vertraulichen Mittheilung über S. Fischer, Berlin« am 26. Mai 1893:

Der Angefragte betreibt unter der Firma gleichen Namens ein Buchverlagsgeschäft und trägt den Titel Hofbuchhändler des Königs von Schweden und Norwegen. Früher war der Angefragte 5 Jahre in gleicher Branche mit Hugo Steinitz unter der Firma Steinitz & Fischer dort etabliert, 1887 separirten sich diese Beiden und betreibt Fischer seit dieser Zeit das Geschäft unter seinem Namen für alleinige Rechnung fort. Fischer, ein unverheirateter Mann im Alter von etwa 33 Jahren, ist in Lipto St. Miklos in Ungarn geboren, wo seine Eltern ein Salzgeschäft, das so ziemlich das Monopol in der Gegend hatte, betrieben. Der Vater des Angefragten ist verstorben, die Mutter lebt noch, führt das Geschäft fort und lebt theilweise in Berlin, theilweise in ihrer Heimat. Grundeigenthum besitzt Fischer nicht, hat auch kein Barvermögen von Hause aus, sein Geschäft prosperiert gut und hat sich Geld verdient. An einem Unternehmen, einem ›Weltalbum‹, das alle 2 Jahre erscheint und auf den Oceandampfern ausliegt, soll er allein bei jeder Auflage Mark 15–20 000 Reingewinn haben. Fischer ist ein achtbarer, solider und thätiger Mann, mit gesellschaftlich guten Allüren. Die beiden Theilhaber trennten sich seinerzeit auf etwas gespanntem Fuße stehend, sind gegenwärtig jedoch wieder gute Freunde.

Jetzt wußte Fischer jedenfalls über sich selbst Bescheid. Denn Vater Landshoff schenkte ihm später das köstliche Dokument, und es gelangte ins Familienarchiv. (Das Ozeandampfer-›Weltalbum‹ war ein Steinitz-Unternehmen, das anscheinend auf Fischers Idee zurückging, der daran beteiligt war und schließlich zum Mitinhaber wurde.) Landshoff gab nun seinen Widerstand auf. Die Verlobungsanzeige trägt das Datum 1. Juni 1893.

Verlobt war jedoch noch nicht verheiratet. Landshoff gedachte anscheinend, sich seinen zukünftigen Schwiegersohn noch etwas genauer anzusehen, und unternahm zu diesem Zweck mit ihm eine gemeinsame Geschäftsreise. Am 30. Juni nämlich wußte Otto Erich an ›Moppchen‹ zu melden: »Sami schrieb mir gestern, daß er mit seinem Schwiegervater zusammen nach München kommt und daß sie mit mir zusammen sein möchten.« Fischer mag vor der Begegnung des Kaufmanns Landshoff mit dem Verfasser der eben erschienenen *Geschichte vom abgerissenen Knopfe* (der in München in Langens ›Simplicissimus‹-Redaktion arbeitete) ein wenig gebangt haben; aber Hartleben

konnte, wie Hedwig Fischer sich später erinnerte, »durchaus den Grandseigneur herausstreichen, was ihn, über das von beiden geliebte Glas Wein, meinem Vater nahebrachte«.
Fischer führte seine Braut unverzüglich in seinem Freundeskreis ein, und die bedeutsamste dieser Begegnungen war für sie die mit Hauptmann. Sie schrieb später:

Um von Gerhart Hauptmann zu berichten, müßte ich eigentlich eine ausführliche Lebensgeschichte meiner selbst schreiben ... Er war der Ur- und Duzfreund meines Mannes, er wurde mein Freund ... Ich lernte ihn im August 1893 kennen. Ich war noch verlobt, und er war zu einer kleinen Gesellschaft in die Junggesellenwohnung meines Mannes gekommen, um das ›Hannele‹, das S. Fischer schon in Schreiberhau kennengelernt hatte, noch einmal zu lesen. Max Marschalk, der Komponist der Begleitmusik, spielte die musikalischen Partien auf dem Klavier; seine Mutter mit zwei Töchtern, unter ihnen Margarete, Hauptmanns spätere Frau, waren zugegen. Gerhart Hauptmann machte damals den Eindruck eines Asketen auf mich. Er war sehr groß, schmal und blond, trug eine hochgeschlossene schwarze Weste, und der Kopf betonte die Größe seiner Erscheinung, diese heftige Leidenschaft unter der hohen reinen Stirn.

Am 26. August erteilte Vater Landshoff seine schriftliche Zustimmung zu der Heirat, und die Hochzeit fand am 1. Oktober 1893 statt.
Unter den Hochzeitsgästen befand sich der Autor eines Erstlingsromans *Nach Norden*, den Fischer in diesem Jahr herausgebracht hatte: der allgemein als ›Ju‹ bekannte, damals sechsundzwanzigjährige Julius Meier-Graefe, Sohn eines schlesischen Großindustriellen, ein etwas versnobter junger Herr mit extravaganten Allüren, der auf der Hochzeit in einem recht ungewöhnlichen braunen Frack erschien. »Herr Meier, sind diese Affenjacken jetzt modern?« konnte Otto Erich sich nicht versagen, ihn zu fragen. »Herr Meier« war nicht amüsiert, und es gab eine stürmische kleine Auseinandersetzung. »Ju« in der »Affenjacke« wurde zu einem der treuesten und liebsten Freunde des Hauses, obwohl das Hauptwerk des bedeutenden Kunstschriftstellers in anderen Verlagen erschien.
Es fehlte nicht viel, und ein theatralisches Mißgeschick hätte Fischer die Freude an diesem 1. Oktober 1893 verdorben. Zehn Tage zuvor, am 21. September, war Hauptmanns Diebskomödie *Der Biberpelz* von L'Arronge im Deutschen Theater uraufgeführt worden und schimpflich durchgefallen. »Niedergeschlagen von seinem Mißerfolg«, so erinnerte sich Hedwig Fischer,

wollte Hauptmann nicht zu unserer Hochzeit kommen. Er meinte in seiner Stimmung ein gar zu schlechter Gast zu sein. Indessen besann er sich und erschien doch mit seiner Frau Marie, deren Erscheinung seltsam mit der seinen kontrastierte: sie hatte dunkle Haare, dunkle Augen, dunklen Teint; große goldene Ohrringe betonten das Fremdartige ihrer Erscheinung neben dem blonden Riesen. Wir gewannen sie lieb. Es wurde am Abend getanzt, und Hauptmann, der nicht tanzen konnte, bekam Lust, es zu erlernen. Er soll seine Stunden bei Margarete Marschalk genommen haben. Jedenfalls begann seine Liebe zu Margarete in diesem Winter...

Fischers Hochzeitsreise verband Privates mit Beruflichem. Die Uraufführung von Hauptmanns *Hannele* stand bevor, und Fischer beabsichtigte, dieses neue Werk des Freundes — das achte im Lauf von fünf Jahren — in besonders festlichem Gewand vorzulegen. Er reiste mit seiner Frau nach Leipzig, um mit dem Drucker die Ausstattung zu besprechen, und anschließend nach München, um sich mit dem Maler Julius Exter zu treffen, der das Buch illustrieren sollte.

EXKURS ÜBER BUCHGESTALTUNG

Es war Fischers erstes buchkünstlerisches Experiment und es mißlang. Es gibt jedoch Gelegenheit, um einen Blick auf die deutsche Buchgestaltung jener Zeit im allgemeinen und auf Fischers Anteil im besonderen zu werfen. Ein hervorragender Fachmann auf diesem Gebiet, Dr. Georg Kurt Schauer, der später viele Jahre dem Verlag angehörte, hat die wesentlichen Elemente der Entwicklung in einem Aufsatz zusammengefaßt, den wir hier anführen müssen:

Die letzte und stärkste Welle historisierender Romantik, die Münchner Renaissance der achtziger Jahre, trug manches Zeichen echten und kraftvollen Nachempfindens. Das Wirken der Schrift- und Buchgestalter Hupp und Sattler wie auch das der Drucker Huttler und Wallau reichte ins zwanzigste Jahrhundert hinüber. Die ersten Bücher des S. Fischer Verlages waren von der spätesten und kräftigsten Regung des Historismus kaum berührt. Zur Not kann man in einigen frühesten, gotisch beschrifteten Hauptmann-Umschlägen einen Einfluß Wallaus erkennen. Er hatte ja 1885 auf das alte gotische Schriftgut hingewiesen, hatte es als die Quelle der Erneuerung des deutschen Schriftgutes bezeichnet und in ihm die Synthese von Fraktur und Antiqua gesehen...

Mit dem Verlagseinband stand es im zweitletzten Jahrzehnt des 19. Jahrhunderts nicht gut. Der zierliche oder karge Pappband der Biedermeierzeit, der uns heute rührt oder gar entzückt, war vergessen. Der Prachtband aus dem zweiten Rokoko der Jahrhundertmitte stand im Vordergrund und täuschte dem oberflächlichen Beschauer mit seiner reichen Echtgold-Prägung die Würde einer barocken Bibliothek vor... Von solchen Praktiken hielt man in dem jungen S. Fischer Verlag nicht viel. Die naturalistische Epik und Dramatik wandte sich an ein Publikum, dem es vor allem auf den Inhalt ankam. Die Broschur war im Belletristischen wie auch im kleineren Fachbuch die Regel. Sie trug auf der Vorderseite den Titel und auf der Rückseite werbende Ankündigungen, hatte also einen ausgesprochen provisorischen Charakter.

Mit dem Aufkommen des formbewußten Jugendstils in den neunziger Jahren wurde das anders. Die Reklame unterblieb (außer bei den billigsten Reihen), die Umschlagkartons wurden stark und schwerfarbig. Sie trugen repräsentative Beschriftung, umschlossen von gleichgearteten Rahmungen. Die Schrift wurde ein Teil der kräftig gezeichneten oder aus dem Pinsel gestrichenen Dekoration. Mit dem sicheren Blick für das Außerordentliche gewann S. Fischer den bedeutendsten Gestalter im Bereich dieser neuen, allbelebenden, hinreißenden Dynamik, nämlich Otto Eckmann.

Fischer wurde auf Eckmann durch seinen Münchner Maler Hermann Schlittgen aufmerksam gemacht, der ihm Skizzen Eckmanns zu »Buchstaben, Initialen, Anfangs- und Schlußstrichen« zur Ansicht übersandte und dazu schrieb:

Diese Sachen finde ich ganz entzückend gedacht – es sind vorläufig nur Ideen und Skizzen und würden, denke ich, in Ihren modernen Büchern famos wirken. Sie haben doch so viel gethan, um den literarischen Geschmack zu heben, wollen Sie nicht auch ein wenig mithelfen, einen besseren künstlerischen Geschmack im Buchwesen einzuführen? Die ewigen süßen Renaissance-etc.-Muster in den Büchern werden doch recht abgedroschen. Ein feines modernes Buch ohne weitere Illustration als geschmackvolle, originelle Leisten, Buchstaben etc., die sich *auf das Buch beziehen*, das wäre doch etwas ganz Apartes. Wenn Sie sich über das Skizzenhafte der Sachen wegsetzen – das müßte natürlich alles erst streng und gut gezeichnet werden –, dann werden Sie auch finden, daß ich Recht hatte, als ich mir dachte: das muß zu Fischer!

Eckmann kam von der freien Malerei und war von ihr zur Innenarchitektur, zum Kunstgewerbe und schließlich zur zweckbestimmten Gebrauchsgraphik übergegangen. Er begann seine Arbeit für Fischer im Jahr 1893 mit dem Umschlagentwurf für Nansens *Eine glückliche Ehe*. In den folgenden Jahren stattete er fünf Werke von Hauptmann aus, bis zum *Roten Hahn* (1901), sowie die erste Ausgabe von Thomas Manns *Buddenbrooks* und den Erstling von Emil Strauß, seine letzte Arbeit vor seinem Tod im Jahr 1902. Eckmann war vorerst noch ein Einzelgänger. Fischer schritt auf dem von ihm erschlossenen Weg in diesen ersten Jahren der neuen Buchgestaltung, bis etwa zur Jahrhundertwende, nur behutsam vorwärts. Es findet sich neben Eckmann nur Thomas Theodor Heine mit drei Ausstattungen, den fatalen ›Fidus‹, Peter Behrens mit zwei Arbeiten (1900 und 1902) und ebenfalls 1902 Heinrich Vogeler-Worpswede mit Hauptmanns *Der arme Heinrich*, der ersten und einzigen Ausstattungsarbeit, die er (abgesehen von der von ihm illustrierten Ausgabe der *Versunkenen Glocke*, 1898) für Fischer leistete. Die übrige Produktion verharrte einstweilen noch sparsam beim Gewohnten.

Denn es war weitgehend eine Kostenfrage. Eckmann stand mit seiner neuen, die Herstellung natürlich verteuernden Konzeption fast zehn Jahre lang im S. Fischer Verlag nahezu allein, bis schließlich um 1904 mit Franz Christophe, dem Wiener Mode-Illustrator Coschell, Walter Tiemann, Karl Walser, Emil Preetorius und vor allem E. R.

Weiß die anderwärts bereits erprobte Nachfolge auftrat und in wachsendem Maß das äußere Gewand der Verlagsproduktion bis zum Ersten Weltkrieg bestimmte. Georg Kurt Schauer schreibt:

Die Vielgestaltigkeit im Ausstatterkreis des jungen Verlags läßt erkennen, daß S. Fischer, als ahnte er den bald nach der Jahrhundertwende einsetzenden Stilwandel, nicht einer einheitlichen, sondern einer individuellen Buchausstattung zustrebte. Schon vor der Jahrhundertwende handelte er instinktiv nach dem später maßgebenden Leitsatz, der Gehalt solle die Gestalt bestimmen. Es war die Grundregel der mit dem Werkbund anbrechenden Stilphase, die sachgenau, stoffgerecht und traditionsfreudig war. Der zugleich sachliche und romantische Stil äußerte sich zwar nicht darin, daß nun Buch für Buch individuell gestaltet wurde. Es war aber die Tendenz spürbar, wichtigere Aufgaben sehr verschieden gearteten, jeweils besonders geeignet erscheinenden Ausstattern zu übertragen. Daher entstanden mehrere Ausstattungsreihen im gleichen Verlag neben einander. S. Fischer gehörte schon früh zu der kleinen Gruppe zeitbewußt produzierender und herstellender Verlage. So war er auch an dem dieser Gruppe zugehörigen Künstlerkreis beteiligt. Die Pioniergeneration des neuen, vom Jugendstil abgesonderten Buchstils – Walter Tiemann und E. R. Weiß, Karl Walser und Emil Preetorius – arbeitete ohne feste Verlagsbindung. Obwohl die führenden Buchkünstler jeweils für mehrere Verlage wirkten, bildeten sich dennoch feste Zugehörigkeiten heraus.

›HANNELE‹ UND ›KÖNIGSKINDER‹

Am 2. Oktober 1893 war es endlich gelungen, die Aufhebung des Verbots der öffentlichen Aufführung der *Weber* zumindest für Berlin zu erwirken. Inzwischen hatte sich jedoch in den Berliner Theaterverhältnissen eine bedeutsame Veränderung vollzogen. Im Herbst 1893 teilte Adolph L'Arronge mit, daß er im folgenden Jahr von der Leitung des Deutschen Theaters zurückzutreten gedenke. Unter den Bewerbern um seine Nachfolge fiel seine Wahl zum allgemeinen Erstaunen auf Otto Brahm, und da Brahm im Einvernehmen mit Hauptmann *Die Weber* im Deutschen Theater selbst inszenieren wollte, wurde die öffentliche Aufführung aufgeschoben. Brahm trat, um sich auf seine neue Aufgabe vorzubereiten, schon zur Jahreswende 1893/94 von der Leitung der ›Freien Bühne‹ zurück. Schlenther übernahm den Vorsitz, bis auch er 1898 mit seiner Berufung zum Direktor des Wiener Burgtheaters zum »richtigen Theatermann« wurde. Nun übernahm Ludwig Fulda die Leitung bis zur Auflösung des Vereins 1901. Fischer versah sein Schatzmeisteramt weiter.

Die erste öffentliche Aufführung der *Weber* fand am 25. September 1894 am Deutschen Theater statt. Inzwischen erlebte *Hannele* am 14. November 1893 am Königlichen Schauspielhaus in Berlin seine Uraufführung. Das Stück hatte ursprünglich *Märchenhannele* heißen sollen; dann nannte Hauptmann es in *Hannele Matterns Himmelfahrt* um, denn es hatte noch einen dritten Akt, der im Himmel spielte. Auf Anraten Felix Hollaenders ließ Hauptmann diesen dritten Akt fort; er schenkte Fischer das Manuskript des gestrichenen Aktes, das unveröffentlicht blieb. In der von Exter illustrierten, von 1894 datierten Ausgabe hieß das Stück jedoch *Hannele. Traumdichtung in zwei Theilen,* und diese Ausgabe galt jahrzehntelang als die Erstausgabe. Erst 1962 tauchte eine der Forschung bis dahin völlig unbekannte, mit 1893 datierte, ebenfalls bei Fischer erschienene Ausgabe mit dem Titelblatt *Hannele Matterns Himmelfahrt. Musik von Max Marschalk* auf, die wesentliche Abweichungen von der Exter-Ausgabe aufweist, vor allem zahlreiche Stellen, die in der illustrierten Ausgabe gestrichen sind. Diese Ausgabe erschien also vor der illustrierten Ausgabe, und ihr Titel wurde auch von der französischen Fassung *L'Assomption de Hannele Mattern* übernommen, die im Januar 1894 in Paris im Théâtre Libre aufgeführt wurde. Von der illustrierten Ausgabe wiederum gelangte nur ein kleiner Teil der Auflage in den Buchhandel. Fischer zog sie auf Hauptmanns Wunsch alsbald wieder zurück, und Hauptmann bewahrte (wie schon früher bei seinem *Promethidenloos* und dem *Bunten Buch*, die er ebenfalls zurückgezogen hatte) die Bestände auf seinem Speicher auf und verschenkte gelegentlich Exemplare an Freunde. Im Jahr darauf, 1895 (einem anderen Hinweis Fischers zufolge erst 1897), brachte Fischer dann eine neue ›gewöhnliche‹, von Eckmann ausgestattete Ausgabe des Stücks heraus, die nun den endgültigen Titel *Hanneles Himmelfahrt* trug.

Im selben Jahr 1894 erschien bei Fischer noch ein anderer Dramatiker, dessen Erstling von ferne mit *Hannele* verwandt schien: Ernst Rosmer mit seinen *Königskindern*. Dieses Namens gilt es, wiewohl er heute vergessen ist, mit Ehrfurcht zu gedenken. Hinter ihm verbarg sich eine Dichterin, die in einer Zeit, da weibliche Dramatiker wenig Aussicht auf Anerkennung (oder auch nur Aufführung) hatten, mit Hilfe dieses von Ibsen entlehnten männlichen Pseudonyms das herrschende Vorurteil zu überwinden trachtete und auch sehr erfolgreich überwand. Ernst Rosmer war die damals siebenundzwanzigjährige Wienerin Elsa Bernstein, Tochter des Chordirigenten und Musikschriftstellers Heinrich Porges und mit dem Münchner Justizrat und berühmten Verteidiger, Dramatiker und Erzähler Max Bernstein verheiratet, der später, von 1898 bis 1907, ebenfalls mit einer Reihe von Büchern zu Fischers Autoren gehörte. Bernsteins führten, wie Thomas Mann erzählt, in München einen Salon »von literarisch-künstlerischer Atmosphäre«, und Elsa Bernsteins Tochter Eva, eine Geigerin, heiratete Klaus Hauptmann, den dritten Sohn des Dichters aus seiner ersten Ehe.

Königskinder war das erste von einem Dutzend von Bühnenwerken Ernst Rosmers, die bei Fischer erschienen, und machte die Dichterin berühmt. Humperdinck schrieb eine melodramatische Begleitmusik zu dem Schauspiel (ähnlich wie Marschalk es für *Hannele* getan hatte), die er später zur vollgültigen Oper erweiterte. Diese Oper wurde 1910 in New York uraufgeführt, dem Jahr, in dem Rosmers letztes Stück, die Tragödie *Achill,* bei Fischer erschien. Danach wurde es still um Elsa Bernstein; aber das Dritte Reich verschonte sie nicht. Während die *Königskinder* weiter auf den deutschen Opernspielplänen standen, wurde die greise, erblindete Dame nach Theresienstadt gebracht. Sie überlebte diese Unglückszeit, und ihre letzten dichterischen Arbeiten, ehe sie dreiundachtzigjährig 1949 in Hamburg starb, waren Hymnen auf Deutschland. Aus Fischers Gesamtkatalog von 1906 blickt uns über dem Namen Ernst Rosmer ein feines, empfindsames Frauenantlitz an.

HEDWIG FISCHERS REICH

In Berlin hatte der ›Zug nach Westen‹ begonnen. Der Kurfürstendamm, zweihundert Jahre lang ein alter ›Trampelpfad‹, war seit 1886, dem Gründungsjahr des Verlags, eine regelrecht ausgebaute Straße mit einer Dampfstraßenbahn, auf der Ausflügler vom Zoologischen Garten über Halensee bis in den fernen Grunewald fahren konnten. Der neue Boulevard machte der traditionsreichen Straße Unter den Linden inzwischen ernsthafte Konkurrenz. Fischer folgte dem allgemeinen Zug behutsam, nicht allzu hastig. In jenem Herbst 1893 verlegte er das Verlagsbüro aus der Köthener Straße in die Steglitzer Straße 49, wo er den ganzen ersten Stock innehatte. Gleichzeitig wurde die Junggesellenwohnung in der Königgrätzer Straße gegen das erste »richtige Heim« in der nahegelegenen Burggrafenstraße vertauscht, von wo man freilich bald in die Genthiner Straße und schließlich in die eindeutig im neuen Westen gelegene Fasanenstraße übersiedelte.

In diesem Bereich begann das Wirken Hedwig Fischers. Freunde, Mitarbeiter, Geistesgenossen spürten bald, wie segensreich es war. Brahm schrieb dem Schatzmeister später:

> Als Sie noch Einen Schatz, den besten, in Ihr Haus geführt hatten, da wurde die feste Burg S. Fischer zum Mittelpunkt manches Geistesturniers, und zwischen Gedichtetem und Gelebtem, zwischen dem literarischen und dem menschlichen Verkehr knüpften sich nahe, schöne Verbindungen.

Das Knüpfen dieser Verbindungen, ihre unablässige Pflege und Erweiterung, war die Aufgabe, die Hedwig Fischer jetzt zufiel. Sie war in hervorragender Weise für sie begabt und machte aus ihr ein Lebenswerk. Kein Verlag, meinte der Freund Hans Reisiger im Rückblick, könne ein rechtes Gesicht bekommen,

wenn er nicht durch eine überragende Pesönlichkeit geführt wird, in der ein weitblickender Geschäftsgeist mit sicherem Kunstsinn und Feingefühl für das persönlich Menschliche gepaart ist. Fischer hatte diese drei Qualitäten in Vollendung. Daß aber sein Verlag eben nicht nur ein, wenn auch noch so guter, Verlag, sondern eine *Heimat* für seine Autoren war, eine warme häusliche Welt, in der jedem wohl zumute wurde, der sie betrat – das wäre ohne das liebe und edle Frauentum ›Mammis‹ nicht so gewesen; wäre nicht so gewesen ohne das undefinierbar Anregende, das, weniger vom Intellekt als von ihrem Wesen her, von ihr ausging – ohne die Atmosphäre der Reinheit und der gewissen heilsamen Strenge, die ihr eigen war ...

Der Verlag als Heimat, als durchaus handgreifliche Heim- und Wohnstätte seiner Autoren war gute alte Berliner Tradition, und das Gewebe der Freundschafts- und zuweilen auch Verwandtschaftsbünde, das sich unter Hedwig Fischers Händen knüpfte, war eine Wiedererweckung eines künstlerisch-menschlichen Familiensinns, der im geistigen Berlin der Romantik beheimatet gewesen war. Hedwig Fischer war ein echtes Kind dieser besonderen Berliner Überlieferung: sie wurzelte tiefer, als ihr selbst vielleicht bewußt war, in der Welt der Henriette Herz, der Dorothea Mendelssohn, der Rahel Varnhagen. Hermann Bahrs Sätze hätten ausdrücklich auf sie geschrieben sein können:

In unserem merkwürdigen deutschen Volk, wo jede neue Generation das Leben noch einmal von vorne wieder anfangen und darum vor allem durchaus alles, was sie vorfindet, verleugnen, ja völlig vergessen will, um nur ja ganz mit ihrem Eigensinn allein auf der Welt zu sein, hat der Geist der großen deutschen Tradition immer wieder in der Hut edler Berliner Jüdinnen geborgen werden müssen. Dort fand auch ich ihn, während damals sonst rings um mich alles sich den Hals ausrenkte nach Zukunft, nach Neuheit, nach Betrieb. Dort fand ich Stille, Geist und Anmut ...

Fischer selbst war ein zartbesaiteter, nach innen gekehrter Mensch, der sich aus Selbstschutz ironisch-unsentimental gab, sie hingegen eine der Welt und den Menschen zugekehrte, im besten romantischen Sinn sentimentalische, gefühlverströmende Natur, in der freilich ein sehr eigenwilliger, zuweilen hart und streng anmutender Kern steckte. Reisiger fährt fort:

Nicht als ob sie jemals ungütig gewesen wäre, aber gerade aus Liebe zum Menschen, aus warmem Verlangen nach guten oder doch wenigstens angenehmen Menschen hatte sie – gottlob – starke Antipathien. Man kann nicht einem Haus und einem bedeutenden Lebensbereich fraulich und mütterlich vorstehen, ohne auch die Stirn runzeln zu können, wenn es nottut. Sie war ja überhaupt sehr bewegt, passioniert, empfindsam ... geistig bewegt, geistig passioniert, geistig empfindsam, wobei ich das

›Geistige‹ gleichsetze mit dem ›Schönen‹, das das höchste Geistige ist ... Für eine Frau wie sie, in der das Weibliche mit dem Musischen, das Gastfreundliche mit dem Geistfreundlichen so natürlich zusammenklang, war der Platz an der Seite eines großen Verlegers vorwiegend dichterischen Schrifttums durchaus der gemäße.

Für das »Gemäße« besaß sie ein sicheres Gefühl. Es kam ihr nicht in den Sinn, im Verlag ›mitreden‹ oder ›mitregieren‹ zu wollen. Dafür war die Physiognomie des Verlags viel zu eindeutig von Fischers persönlichem Instinkt geprägt; er ließ sich stets beraten, zuweilen beeinflussen, nie bestimmen. Der Freund Arthur Holitscher meinte, in gewisser Weise habe »Fischers Instinkt für das literarisch Wertvolle in der zeitgenössischen Produktion seine glückliche Ergänzung in der Begabung seiner Frau« gehabt, aus den im Verlag »genehmigten Manuskripten« daheim das »dem Publikumsgeschmack Entsprechende und Angenehme herauszufinden«. Ganz so war es wohl doch nicht, und auch der geistreiche Eduard Graf Keyserling, der 1900 zum Fischer-Autor wurde, übertrieb absichtlich, als er den Ausspruch tat, ein Manuskript sei von Fischer erst wirklich und wahrhaftig angenommen, wenn aus Frau Hedwigs Auge eine Träne darauf gefallen sei. Aber etwas Wahres war daran, und Otto Flake, den sie sehr liebte und schätzte, sah es wohl richtig:

Daß sie einer optimistischen Auffassung den Vorzug gab und bei der realistischen Beleuchtung nicht gern verweilte, gehört zum Bild des Bürgertums, das bei den radikaleren Geistern Bourgeoisie hieß. Mit mir zankte sie oft, wenn ich ihr meinerseits zu bedenken gab, es sei nicht alles so rosenrot, wie sie es sehe, und manchmal konnte ich mich ernstlich über ihre Urteile ärgern.

Sie war gewiß nicht ohne Einfluß auf das literarische Gesicht des Verlags; als Aage Madelung ihr 1915 ein Buch widmete, schrieb sie ihm, sie sei »ganz stolz« darauf, »denn gerade das wollte ich gern sein, eine verständnisvolle Mitarbeiterin meines Mannes«. Ihr guter Spürsinn führte zu mancher ›Entdeckung‹, vor allem in der allerersten Zeit, als der Verlag noch keinen ständigen Lektor und festen literarischen Berater hatte. Sie war es gewesen, die, noch kaum verheiratet, in alten Nummern der Zeitschrift blätternd, Nansens Novelle *Eine glückliche Ehe* entdeckte und Fischer vorschlug, sie auch als Buch zu bringen.

Die Gewinnung Nansens war charakteristisch für ihr Vermögen, aus dem Verlag etwas zu machen, was Fischer seinem Temperament nach nicht vermocht hätte, was wohl nur eine Frau vermag: eine echte Familie, sowohl im Geistigen wie im Menschlichen; eine Familie, die ganz buchstäblich in ihrem Haus domiziliert war und sich aufs innigste mit ihren eigenen Kindern verband. Nansen wurde zum »Onkel Peter«; für Hauptmanns jüngsten Sohn Benvenuto oder ›Buzzi‹ wurden Fischers zu »Onkel und Tante«; Jakob Wassermann wurde für Hedwig Fischer eine Art Bruder – oder, richtiger, sie wurde ihm eine Schwester, der er immer und immer sein gequältes Herz ausschütten konnte.

Der »innerste Kern« der Verlagsfamilie aber war vom ersten Tag und blieb bis zum letzten Tag Hauptmann. »Es gab keine menschliche, gesellschaftliche und künstlerische Erfahrung, die wir nicht geteilt hätten.« Am 27. August 1894 kam Fischers erstes Kind und einziger Sohn zur Welt, und am 2. September schrieb Hauptmann aus Schreiberhau:

Da ein kleiner Fischer mehr auf der Welt ist – was ich nur beiläufig in Erfahrung gebracht habe, so soll er auch von mir einen Willkommen haben. Ich wünsche ihm gute Zähne, gute Fäuste, einen guten Magen und unsichtbare Flügel, damit er unter diejenigen sich einreihe, die da trachten, die Erdenschwere zu überwinden. Grüßen Sie den Kleinen ... wie heißt er doch? recht herzlich von mir, herzlicher noch seine Mutter: Sie selbst aber seien zu Beiden beglückwünscht auf das wärmste.

Was Fischer antwortete, können wir Hauptmanns nächstem Billett vom 8. September entnehmen:

Lieber Herr Fischer – der ›Gerhart Fischer‹ ist eine famose Idee, auf die ich ganz stolz bin, obgleich sie nicht von mir ist. Meine Frau, von einer Gebirgswanderung zurück, freut sich Ihres Glücks und grüßt Sie und Ihre Frau herzlichst. Ihr Gerhart Hauptmann.

Hedwig Fischer umsorgte die persönlichen, menschlichen Verbindungen des Verlagshauses vierzig Jahre lang. Um den innersten Kern scharte sie die näheren und ferneren ›Verwandten‹ und um diese wieder den schier unübersehbaren, aber niemals unübersichtlichen Kreis der Freunde und Freundesfreunde. Sie dachte an alle, sie vergaß keinen. Sie stiftete Freundschaften unter den Autoren des Verlags, legte Verstimmungen bei, achtete darauf, daß auch bei ernsten geistigen oder künstlerischen Differenzen keine unheilbaren menschlichen Zerwürfnisse entstanden. Es gab keine bedeutende Neuerscheinung des Verlags, deren Autor nicht einen ausführlichen (und keineswegs immer unkritischen) Dankesbrief von ihr erhalten hätte. Es lag ihr daran, daß die Autoren des Verlags einander schätzten: sie empfahl dem einen das Buch des anderen und umgekehrt, wenn sie einen fruchtbaren Widerhall vermutete, und irrte sich darin selten; sie war vor allem immer unermüdlich darauf bedacht, die jungen, noch unbekannten Autoren des Verlags mit den großen und berühmten, denen sie sich nicht zu nähern wagten, in ihrem Haus auf natürliche, selbstverständliche Weise zusammenzubringen. Sie übersah keinen Geburtstag, keine festliche Gelegenheit, keinen Trauertag. Sie schickte kleine und große Geschenke und Aufmerksamkeiten, Blumen, Früchte, Telegramme, besorgte Hotelzimmer, Kindermädchen, Gouvernanten, Ärzte; wann immer ein ratloser oder hilfloser Autor des Verlags auch nur eine Andeutung fallenließ, daß er mit den Alltäglichkeiten des Lebens nicht zu Rande kam oder sich in schwieriger privater Lage befand, war sie mit Rat und Tat zur Stelle.

Dies alles war ihr nicht nur ein Lebensbedürfnis, sondern auch eine Lebenspflicht – und schwere Arbeit. Hedwig Fischer war ohne Zweifel eine der fruchtbarsten Briefschreiberinnen ihrer Zeit, in dieser Fruchtbarkeit, ihrem überströmenden Mitteilungsbedürfnis wiederum nur den bedeutenden Frauen der Romantik vergleichbar, und ihr Briefwechsel beschränkte sich keineswegs auf die Autoren des Verlags, sondern reichte weit über sie hinaus – zu anderen Schriftstellern, zu Musikern, Malern, Gelehrten, Wissenschaftlern, Schauspielern und Regisseuren, Sängern und Dirigenten, die sie in ihren Familienteppich einwob. Der größte Teil ihrer Korrespondenz ist verlorengegangen; aber aus den bruchstückhaft erhaltenen Teilen läßt sich unschwer errechnen, daß sie in den vierzig Jahren ihrer Ehe weit über fünfzigtausend Briefe geschrieben haben muß, davon viele von ansehnlicher Länge, im Mitgeteilten so aufschlußreich wie im Menschlichen unmittelbar fesselnd, samt und sonders mit eigener Hand in ihrer großen zügigen Handschrift, die sich im Laufe der Jahrzehnte, ebenso wie auch Fischers eigene Handschrift, kaum wandelte. Und die Zahl der Ansichtspostkarten, die sie von Reisen und Ferienaufenthalten unablässig an alle sandte, die ihr lieb und teuer waren und die, wenn schon keinen Brief so doch ein ›Lebenszeichen‹ erhalten sollten, vermag man nicht einmal zu schätzen. Sie war gewiß die größte Postkartenschreiberin aller Zeiten, und Fischer selbst fiel es nicht immer leicht, noch ein freies Plätzchen zu finden, um seinen Namen anzufügen.

›NEUE DEUTSCHE RUNDSCHAU‹

Noch hatte die Verlagsfamilie ein störrisches Sorgenkind: die Zeitschrift, die den rechten Weg bisher nicht gefunden hatte. Fischer war kaum von der Hochzeitsreise zurück, als die ›Freie Bühne‹, von einem plötzlichen Windstoß gepackt, sehr bedenklich ins Schwanken geriet. Bölsche war, wie er gestand, mit der Umwandlung in eine Monatsschrift nie recht glücklich gewesen. Nach knapp zwei Jahren gab es, wie er berichtet, »im Herbst 1893 eine gewisse Krise«, und er legte »im Banne intimer Schicksale die Leitung nieder und ging auf Reisen, in die Schweiz«. Offenbar ließ er ein rechtes Chaos in der Redaktion zurück. Fischer war genötigt, einem jungen Schriftsteller, der um freundliche Rücksendung seines Manuskripts bat, persönlich diesen Brief zu schreiben:

Sehr geehrter Herr – Ich bedaure den Vorfall außerordentlich, bin aber durch den plötzlichen Abgang Bölsches verhindert gewesen, in Ihrer Angelegenheit etwas zu thun. Ich habe Herrn Bölsche wiederholt und dringend ersucht, Ihre Angelegenheit zu erledigen, es scheint aber, daß er durch seine Privatverhältnisse in letzter Zeit vollständig den Kopf verloren hat. Ich werde den jetzigen Redacteur, Herrn Bierbaum, nochmals dringend ersuchen, Ihnen das Manuskript zurückzuschicken.

Doch vergeblich. Einige Tage darauf mußte Fischer dem Autor gestehen:

Ihr Druckmanuscript befindet sich nicht im Besitz des Hern Bierbaum, und wir sind nun gezwungen, bei Herrn Bölsche, dessen Adresse uns übrigens augenblicklich unbekannt ist, zu recherchieren.

Ob sich Arthur Schnitzlers Manuskript wohl je gefunden hat? Man darf es bezweifeln. Denn mit Bierbaum war Fischer vom Regen in die Traufe geraten. Fischer hatte nach Bölsches ›Abgang‹ vorerst als technischen Nothelfer Julius Hart herbeigeholt, der Bölsche schon vorher zuweilen vertreten hatte; anschließend hatte Bruno Wille die Redaktion eines Heftes übernommen. Mit dem Beginn des fünften Jahrgangs, im Januar 1894, zeichnete Otto Julius Bierbaum für die Redaktion verantwortlich.

Bierbaum, neunundzwanzigjährig und aus Schlesien gebürtig, war ein vielseitiger Mann, der Philosophie, Jura und Chinesisch studiert hatte und aus München Kulturberichte für Berliner Zeitungen schrieb. Auch hatte er bereits Gedicht- und Novellenbände veröffentlicht und war der Zeitschrift kein Unbekannter; sie hatte seit 1890 bereits häufig Gedichte, literarische Aufsätze und Münchner Kunstberichte von ihm gebracht, die einen ungewöhnlichen beweglichen Witz und anmutige Heiterkeit besaßen. Die Herausgeberschaft der ›Freien Bühne‹ war für ihn ein großer Sprung, und er ging kräftig zu Werke. Er verkündete sogleich, allzu hochtrabend, eine Wende: die Zeit des Anstürmens gegen das Alte und Überalterte, in der die ›Freie Bühne‹ begann, sei zu Ende, die junge, kühne, zeiteigene Kunst stehe jetzt kräftig da:

Wir wollen von hoher Schau aus betrachten und sammeln, was als Blüte und Frucht des Entwickelungskampfes unserer Zeit im Werden ist ... Ein weites, reiches Feld haben wir vor uns, aber die Weite unseres Gebietes und die Größe unserer Aufgabe machen uns nicht bange ... denn nicht minder groß wie unser Plan ist unsre Zuversicht, daß wir als Freunde und Helfer zur Erreichung unsrer Ziele die besten unsrer Zeitgenossen haben, die dichtend, forschend, urteilend neue Schönheit und neue Wahrheit und in diesen beiden ein neues Glück des Lebens suchen.

Das Format der Zeitschrift wurde vergrößert, der Umschlag färbte sich in ein gedämpftes Blaugrün, und vor allem erhielt die Zeitschrift einen neuen Namen: ab Januar 1894 hieß sie in bewußter Herausforderung und Anlehnung an die ältere, 1874 von Julius Rodenberg gegründete

›Deutsche Rundschau‹ (an der Brahm seine Kritikerlaufbahn begonnen hatte) nunmehr ›Neue Deutsche Rundschau‹. Die Umbenennung erfolgte nicht schlagartig, sondern, »um keine Schrecken oder Mißverständnisse hervorzurufen«, allmählich; der neutralere Titel ›Neue Deutsche Rundschau‹ tauchte zuerst als »erklärende Unterschrift« auf, um »sich dann an erste Stelle zu setzen und die Erinnerung der ›Freien Bühne‹ als Tradition mit sich zu tragen«, wie Oscar Bie in einem Rückblick erläuterte. Der alte Kampftitel ›Freie Bühne‹ lebte unter dem neuen Haupttitel fort; aber Bierbaum erfand dazu noch ein Monstrum von Untertitel, nämlich »Monatsschrift für alle Zweige der Wissenschaft, Politik, Sociologie, Kunst und Religion und die besten Producte der modernen Dichtung«. Das war zuviel. Ein solches großspuriges Programm vermochte niemand zu erfüllen, gewiß nicht der sprunghafte, dem Einfall des Augenblicks lebende, unsystematische und zur kecken Frivolität neigende Bierbaum, der noch dazu sein eigenes Schaffen in der Zeitschrift über alle Gebühr in den Vordergrund stellte und die Arbeit des Buchverlags vernachlässigte. Der Zeitschrift drohte nun ernste Gefahr. Aber Fischer verlor jetzt ebensowenig die Nerven wie zur Zeit der »Palastrevolution«. Er wußte, was er wollte und brauchte, sah sich ruhig um, und als er den richtigen Mann gefunden hatte, verabschiedete er im Mai 1894 Bierbaum, der seinem Freund Eberhard von Bodenhausen berichtete: »Meine Trennung von Herrn Fischer ist nun perfekt; wie sich Feuer und Wasser scheiden, so scheiden sich Dichter und Handelsmann.« Fischer hatte richtig gespürt: wer solche ›Sentiments‹ hegte und aussprechen konnte, gehörte nicht zur Verlagsfamilie. Bierbaum kehrte nach München zurück, wo er seinen bemerkenswerten *Musenalmanach* herausgab, tauchte aber binnen kurzem in neuer Eigenschaft wieder in Berlin auf. Dem neuen Mann, wiewohl er nur ein Jahr älter war als Bierbaum, eignete in hervorragendem Maß jene zuchtvolle, selbstsichere Zurückhaltung, die dem Vorgänger mangelte und die für die gestellte Aufgabe unerläßlich war.

OSCAR BIE

Schon unter der Redaktion Bierbaums begann eine kleine Ästhetik der modernen Kunst von Oscar Bie in der ›Neuen Deutschen Rundschau‹ zu erscheinen, in so viel Fortsetzungen, daß man durch sie mindestens ebenso gelangweilt wie auf diesen Autor aufmerksam gemacht wurde. Und vom Frühjahr 1894 finden wir diesen Namen als verantwortlichen Redakteur unter der Zeitschrift...

So Oscar Bie selbst. Auch er stammte aus Schlesien, war 1864 geboren, hatte ursprünglich Maler und Bildhauer werden wollen und hatte zur Zeit, als er die Zeitschrift eben dreißigjährig übernahm, einen

Lehrstuhl für Bildende Künste an der Berliner Technischen Hochschule inne; dieser Tätigkeit war die »kleine Ästhetik« entsprungen. Er leitete die Zeitschrift kurze Zeit zusammen mit dem jungen Wiener Schriftsteller Felix Dörmann (rechtens Felix Biedermann), sodann allein nahezu drei Jahrzehnte lang, bis 1922. Späterhin wurde oftmals scherzend bemerkt, drei ›B‹ hätten nacheinander die Zeitschrift zu dem gemacht, was sie schließlich wurde: Brahm, Bölsche, Bie. Tatsächlich waren es, wenn wir Bahr und Bierbaum hinzuzählen, sogar fünf und mit Dörmann-Biedermann sechs. Aber wie viele ›B‹ es auch waren, der beste ›B‹ war unzweifelhaft Bie, und ihm verdankt die Zeitschrift mehr als allen anderen zusammen. Die anderen fünf hätten es, wenn befragt, neidlos zugestanden.

Aus dem Kampforgan sollte, wie Bie es selbst später formulierte, ein »Spiegelorgan der ganzen modernen Weltanschauung« werden. Die Autoren, für die sich die Zeitschrift zu Beginn eingesetzt hatte, begannen mittlerweile »so stark auf die deutsche Literatur zu wirken, daß es kaum noch möglich war, in kleinen polemischen Betrachtungen für sie einzutreten«. Indem die Zeitschrift sich entschloß, »allmählich aus einem polemischen Organ ein mehr kontemplatives Organ zu werden, durfte sie sich nicht verhehlen, daß auch äußerlich die Wandlung zum Ausdruck kommen mußte. Es war eine Wandlung innerhalb der Zeitschrift, die der Wandlung der ganzen Zeit entsprach« – eine Wandlung, die Brahm in seiner Proklamation im ersten Heft bereits vorausgesehen hatte.

Bie ging, wie seine Briefe an die Mitarbeiter der Zeitschrift bezeigen, mit ebensoviel Schwung wie Beharrlichkeit an die Arbeit; die liebenswürdige Verbindlichkeit seiner Umgangsformen half seiner zähen Hartnäckigkeit, von seinen Mitarbeitern das zu erlangen, was er von ihnen brauchte. Er war von Anfang an auf zweierlei bedacht: zum einen, den Kreis der Mitwirkenden zu erweitern und Autoren von Rang aus aller Welt heranzuziehen, gleichviel, ob ihre Bücher bei Fischer erschienen oder anderwärts; zum anderen, sie in ein sorgfältig entworfenes Muster redaktioneller Planung einzufügen. Einige Briefe Bies aus der Anfangszeit an Björnson, um dessen Mitarbeit er sich erfolgreich bemühte, lassen uns einen Blick in seine Werkstatt tun. Er hoffe, schrieb er am 5. Oktober 1894, daß Björnson »fernerhin unsere Zeitschrift, die ich zum ersten modernen Organ Deutschlands in vornehmstem Stile auszugestalten im Begriff bin«, Vergnügen bereiten werde. Sodann am 21. Oktober 1894:

Wenn Sie sich in einem kleinen Aufsatz etwa über die Beziehungen der nordischen und der deutschen Literatur bei uns aussprächen, so wären wir mit diesem Heft auf einmal in Norwegen berühmt! Ich weiß nicht, ob Ihnen meine Zeitschrift, die Sie wohl pünktlich zugesandt erhalten, gefällt: ich hoffe es. Sie werden sehen, wie sie von Heft zu Heft an Gehalt steigt. Ich habe eine Riesenarbeit damit. Ich entwickle aus ihr das große moderne deutsche Organ, das wir noch nicht hatten ... durch meine Stellung und meine Beziehungen ist es mir ohne viel Verdienst möglich, die Hoffnungsvollen unter den ›Jungen‹ um mich zu schaaren – ein ganzer Kreis, der zusammen aufwächst. Ich habe die größten Ambitionen mit der N. D. R. Aber wir haben noch zu kämpfen, und der Verleger hat nicht immer die Geduld, die zum Ausbau einer solchen Sache gehört. Wenn er ›Großes‹ in Aussicht hat, was von uns reden macht, wird er geduldiger ... Von diesen ›großen Beiträgen‹, welche die Existenz unserer Zeitschrift der Mitwelt ins Gedächtnis einmeißeln, hängt jetzt alles für uns ab.

Danach am 5. November 1894:

Den Ton der alten freien Bühne mit ihren Unreifen, ihrem Schimpfen, ihrer Parteiblindheit mag ich ebenso wenig wie Sie. Mir ist alles Grüne und Kindische in der Seele verhaßt. Als ich die Redaction antrat, sagte ich mir: das alles muß aufhören, die Zeitschrift muß das Organ einer erwachsenen Moderne werden. Dahin gehen alle meine Anstrengungen, aber die Aufräumung des Augiasstalles ist nur sehr langsam möglich. Es waren noch alte Manuscripte da. Sie werden Heft für Heft die Besserung merken ...

Schließlich, als Björnson einen Beitrag Hartlebens in der Zeitschrift bemängelte, schrieb ihm Bie am 9. Juli 1895:

Hartleben hat Sie verstimmt! Sie haben vollkommen Recht: es ist unmoralisch. Aber es ist mir gänzlich unmöglich neuere Literatur zu bringen, wenn ich hier allzu große Rücksichten nähme. Unsere junge Literatur, soweit sie eine Rolle spielt, ist mindestens sehr frei. Das ist eine natürliche Reaction gegen das unerhörte Philistertum, welches in der vorigen Generation über dem Deutschen Geiste lag. Hartleben ... hat bereits einen Ruf bei uns und hat außerdem seine Contracte mit unserm Verleger, von denen ich nicht unabhängig bin ...

Und im selben Brief zur Aufmachung der Zeitschrift:

Die Einheitlichkeit großer oder kleiner Lettern für unsere N. D. R., von der Sie sprechen, läßt sich praktisch schwer durchführen. Über den kleinen Druck klagen Viele als ›Augenpulver‹, den großen allein kann ich nicht verwenden, weil ich dann zu wenig Platz habe: meine Bogenzahl ist leider beschränkt. Ich muß mir also so helfen. Ich wünschte, der Verleger hätte Millionen! Dann ist vieles nicht schwer.

Spötter haben später zuweilen gemeint, der einzige Gegenstand, von dem Bie wirklich etwas verstanden habe, sei das Ballett gewesen. Das war grundfalsch. Er war ein hervorragender, in Deutschland einzigartiger Kenner des Balletts, aber er verstand noch viel mehr; seine Kenntnisse und Interessen erstreckten sich über ein weites Feld, und seine Wißbegierde machte vor keinem Sachgebiet halt, wie seine eigenen Beiträge, zumeist bescheidene Marginalien im rückwärtigen

Teil des Heftes, bezeugen. (Das Referat über Bildende Kunst besorgte ab 1895 regelmäßig Max Osborn.) Aber er war vor allem ein musikalischer Mensch, die Musik war, wie sein Nachfolger Rudolf Kayser von ihm sagte, seine »Lebensmitte«:

... seine Musikalität führt über die Musik weit hinaus und bezieht Tanz, Malerei, Theater und Dichtung in ihre Herrschaft ein. Seine Hingabe ist grenzenlos und optimistisch. Sie ist Glaube an den Menschen und Dankbarkeit für die Kunst, immer erneutes Entzücken über die Tatsache dieser singenden, klingenden, tanzenden Sterne zwischen Erde und Gott. Sie gibt ihm Jugendlichkeit und den Mut des Kampfes für Junge. Sie gibt ihm auch die Meisterlichkeit der Sprache, voll Heiterkeit, Anmut und persönlichen Gepräges.

Dies sind überschwengliche Worte, gewiß; aber sie klingen aus einer überschwenglichen Zeit herüber, die überschwengliche Menschen schuf, und sie sind echt. Bies Handschrift zeigt es: eine kleine, hurtige, fast getupfte, bezaubernd graziöse Handschrift, die über die schmalen Oktavbogen des Redaktionsbriefpapiers hüpft und fliegt, so flink, daß sie im Lauf der Jahre der Notenschrift immer ähnlicher (und damit immer schwerer leserlich) wird und den quirlenden Schreiber nur allzuoft die Datierung seiner Billetts vergessen läßt (was die Bestimmung mancher literargeschichtlich bedeutsamer Bie-Briefe nicht eben erleichtert). Daß der neue Redakteur viel vom Ballett verstand, kam der Zeitschrift zugute. Es war durchaus keine schlechte Idee, die Strukturprinzipien der Choreographie, der bis ins kleinste geplanten und disziplinierten Gruppen- und Einzelbewegungen innerhalb eines großen thematischen Rahmens auf die Gestaltung einer großen Kulturzeitschrift anzuwenden. In der Tat erwarb die Zeitschrift unter Bies Leitung bei aller Gediegenheit eine gewisse tänzerische Grazie, die man bisher in Deutschland bei solchen Unternehmungen nicht gekannt hatte.

Doch war es eine verzeihliche Übertreibung, wenn Bie von »meiner Zeitschrift« sprach. »Der ständige Pol der Zeitschrift«, sagte er selbst später, »blieb doch der Verleger, und er ruhte keinen Augenblick, bis er die Organisation der Zeitschrift nach seinen Einsichten so durchgesetzt hatte, wie es unter deutschen Verhältnissen nur irgend möglich war.«

Er [Fischer] ging davon aus, daß die Neue Deutsche Rundschau, je mehr sie zu einer allgemeinen, nicht bloß auf das Literarische beschränkten Monatsschrift deutschen Geistes werden sollte, sich immer weniger vom Zufall der Einsendungen abhängig machte, sondern das Bestreben zeigte, aus den bestehenden Verhältnissen, aus den Änderungen in der Weltanschauung, aus den neuen Zielen der Dichtung Mitarbeiter und Beiträge so zu gewinnen, daß sie von einem festen Willen gelenkt schien.

DIE ANDEREN ZEITSCHRIFTEN

Die ›Neue Deutsche Rundschau‹ war nicht die einzige Zeitschrift, die zu dieser Zeit im S. Fischer Verlag erschien. Die Zahl ihrer Abonnenten stieg, aber sie trugen die Zeitschrift nicht. (Im November 1898 hatte sie, wie aus einem Brief Fischers an Schnitzler hervorgeht, just eintausend zahlende Abonnenten.) Fischer sann auf andere Einnahmequellen, die ihm solche Extravaganzen gestatten konnten.
Man erinnert sich der ›Technologischen Abtheilung‹ des Buchverlags, die Fischer 1888 einrichtete und bis 1896 fortführte. 1894 unternahm er etwas Ähnliches auf dem Zeitschriftengebiet: es kamen zwei technische Fachzeitschriften hinzu, die Monatsschrift ›Electro-chemische Zeitschrift. Organ für das Gesamtgebiet der Electro-Chemie, Electro-Metallurgie, Galvanoplastik und Galvanostegie‹, die im April 1894 zu erscheinen begann, und die zweimal monatlich erscheinende ›Zeitschrift für Beleuchtungswesen (Heiz- und Lüftungstechnik). Organ für die gesamte Beleuchtungstechnik‹, deren Redakteur sinnigerweise Dr. Heinrich Lux war und die ab November 1894 erschien. Im März 1896 gab Fischer die ›Electro-chemische Zeitschrift‹ an den Verlag Moritz Krayn in Berlin ab, übernahm aber im Oktober des gleichen Jahres den Verlag der neugegründeten Monatsschrift ›Zeitschrift für Werkzeugmaschinen und Werkzeuge. Organ des Vereins deutscher Werkzeugmaschinenfabriken‹, die später in ›Die Werkzeugmaschine. Zeitschrift für praktischen Fabrikbetrieb‹ umbenannt wurde. Hinzu kam noch der Vertrieb von ›Die deutsche Maschine in der Welt‹, einer Monatsschrift, die »nur im Ausland und Übersee zur Vertreibung« gelangte. Diese Fachzeitschriften waren ein sicheres, von Geschmacksänderungen unberührtes Geschäft und als Inseratenplantagen eine zuverlässige Einnahmequelle. Erst 1913 gab Fischer diese Zeitschriften ebenfalls an Krayn ab. Vier Jahre zuvor hatte derselbe Moritz Krayn Fischers ehemaligem Partner Hugo Steinitz seinen Verlag abgekauft. Steinitz zog sich im September 1909 zurück und starb siebenundfünfzigjährig noch im selben Monat. Sein Verlag wechselte in der Folge noch mehrmals den Besitzer und erlosch erst 1934.

DER LEERE PLATZ

Die Verlagsfamilie war mit der endlichen Festigung der ›Neuen Deutschen Rundschau‹ jetzt gut zusammengefügt; aber sie war noch nicht vollständig. Fischer hatte längst erkannt, daß er nicht »alles allein machen« konnte. Bie nahm ihm die Sorge um die Zeitschrift ab und arbeitete, mit Ausnahme gewichtiger finanzieller Entscheidungen, für die er Fischers Genehmigung einholte, völlig selbständig. Der Verlag hatte außerdem seit dem Umzug in die Steglitzer Straße jetzt auch einen eigenen Hersteller, Peter Paul Schmitt, der hinfort nicht nur den Verkehr mit Druckern, Papierlieferanten und Buchbindern, sondern auch die Kalkulation und die Korrekturenkorrespondenz mit den Autoren besorgte, während Fischer selbst sich die Entscheidung über die äußere Gestaltung eines jeden Buches »nach Faser und Maser« vorbehielt und sie mit seinen bedeutenden Autoren persönlich beriet.

Nur ein Platz in der Verlagsfamilie war noch unbesetzt. Der Verlag besaß noch keinen Lektor, literarischen Berater und Redakteur, dessen Aufgabe es war, die Masse des Herandrängenden zu sichten, auszuwählen und zu empfehlen, nach Neuem Ausschau zu halten und den Autoren des Verlags, den bewährten wie den unerfahrenen, von Werk zu Werk mit Rat und Tat kritisch helfend zur Seite zu stehen. Ein solcher Mann wurde jetzt gebraucht. Ihn zu finden war für einen »persönlich differenzierenden Verleger« wie Fischer nicht einfach. Er mußte eine schöpferische Persönlichkeit sein, die es vermochte, sich in den Dienst anderer zu stellen; er mußte ein selbständiger Geist sein, der sich dennoch zu fügen wußte. Jetzt, da er gebraucht wurde, tauchte dieser Mann unversehens auf.

MORITZ HEIMANN

An einem Winterabend des Jahres 1895, so erzählt Hedwig Fischer in ihren Erinnerungsskizzen, »fand sich ein junger Schriftsteller an unserem Kamin ein«.

Er hieß Moritz Heimann und kam aus dem Dörfchen Kagel bei Berlin, wo seine Eltern ein Häuschen besaßen und ein Geschäft betrieben, in dem man auf dörfliche Weise alles einkaufen konnte. In Kagel hatte er die ›Neue Deutsche Rundschau‹ gelesen und jedes Werk des Verlags seit seiner Gründung. In Kagel hatte er sein erstes Theaterstück geschrieben, den ›Weiberschreck‹. Er hatte die Komödie bei Brahm eingereicht, Brahm war sie aufgefallen, und er hatte sie an Hauptmann weitergegeben. Das hieß, daß die Geschwister Marschalk sie zu lesen bekamen, daß ihn die kleine vorwärts drängende Zelle der jungen Kunst, um die sich der Verlag kristallisierte, kennen lernte, und so führte Heimanns Weg ganz natürlich zu uns. Seine Schlichtheit und kluge Güte, seine Urteilskraft gefielen uns; gleich am ersten Abend schlug mein Mann ihm vor, als Lektor in den Verlag einzutreten, und Heimann stimmte freudig zu. Er blieb unser Lektor bis zu seinem Tod, und er wurde unser Freund, er wurde der Freund und Vertraute unserer Autoren.

Moritz Heimann, damals noch nicht siebenundzwanzig Jahre alt, acht Jahre jünger als Fischer und sechs Jahre jünger als der von ihm ehrfurchtsvoll bewunderte und glühend-eifervoll gegen alle Widersacher verteidigte Gerhart Hauptmann, und durch »mannigfache Freundschaftsbande« mit dieser Gemeinschaft verknüpft, wurzelte er sich tief in die Verlagsfamilie ein. Diese persönlichen Bande waren nicht nur für den menschlichen, sondern auch für den geistigen Zusammenhalt der Verlagsfamilie von großer Bedeutung. Die Geschwister Marschalk hatten hieran einen wichtigen Anteil. Hauptmann trennte sich um eben diese Zeit (1894/95) von seiner ersten Frau und verband sich mit Margarete Marschalk, die er nach Lösung einer zehnjährigen Krise 1904 schließlich heiraten konnte. Der eigensinnige, grüblerisch-versponnene pfälzische Erzähler Emil Strauß, den Max Halbe im Haus Marschalk eingeführt hatte, schnappte dem Freund Lisbeth Marschalk vor der Nase weg, um die Zeit, als er mit seinen beiden ersten Büchern *Menschenwege* und *Don Pedro* 1899 bei Fischer erschien. Gertrud oder Trude Marschalk, in erster Ehe mit Ernst Leistikow verheiratet, wurde die Gattin Moritz Heimanns, den hinfort mit den Schwägern Hauptmann und Strauß eine besondere Beziehung verband. Die wenigen erhaltenen Briefe Heimanns an Hauptmann lassen erkennen, daß er in mancher seelischen und materiellen Notlage Hilfe bei ihm suchte und fand. Andererseits war der Lektor des Verlags nicht nur dem verkannten Emil Strauß, den er unablässig förderte, sondern auch dem berühmtesten Autor des Verlags im stillen ein unschätzbarer Helfer. Hauptmann war, vor allem bei seinen Prosaarbeiten, oft wenig sorgfältig und gewöhnte sich mehr und mehr, das Werk erst in den Korrekturfahnen wirklich »fertigzuschreiben«. Heimanns Wachsamkeit ließ kein Werk des Schwagers durch, das nicht bis zu einer höchstmöglichen Vollendung vorgetrieben war, und keines ist ohne gründliche sprachliche Feilung von Heimanns Hand an den Tag gegeben worden.

Natürlich stimmte Heimann Fischers Anerbieten freudig zu. Der Verlagslektor hatte zu jener Zeit, auch bei Fischer, noch eine andere Stellung inne als heute. Er arbeitete halb und halb freiberuflich, hatte im Verlagsbüro bestenfalls einen eigenen Schreibtisch und einen Manuskriptschrank, aber gewiß kein eigenes Zimmer und keine eigene Sekretärin – auch Bie erledigte einen großen Teil seiner Redaktionsarbeit in seiner Wohnung in der Potsdamer Straße –, und seine Bezahlung war mäßig; er konnte von ihr allein nicht leben. Immerhin bot sich dem mittellosen jungen Schriftsteller hier eine gewisse materielle Sicherheit, in der das eigene Werk gedeihen konnte. Es erwies sich jedoch, daß Fischer ihn mit gutem Spürsinn seinem eigentlichen Beruf zugeführt hatte, in dem er ungleich mehr und Nachhaltigeres zu leisten vermochte, als ihm als Schriftsteller gegeben war. Seinem Freund Max Osborn schrieb Heimann einmal als Widmung in ein neues Buch: »Man kann auch um zwei Mittelpunkte kreisen. Alle Planeten tun es.« Das Wort galt seinem ausgeprägt preußischen Deutschtum und nicht minder ausgeprägten preußischen Judentum, die durchaus in Einklang in ihm lebten, anders als in seinem so unpreußischen Freund Wassermann, dem Deutschtum und Judentum als Zwiespalt qualvoll die düstere fränkische Seele zerrissen. Aber das Wort konnte ebensogut und besser für Heimanns zwiefache geistige Aufgabe gelten: jene, die er sich selbst gestellt hatte, und jene, die ihm zuwuchs. Heimann war ein ausgezeichneter Schriftsteller. Seine Novellen, Dramen und Essays waren zuchtvolle, eindringliche, zuweilen ein wenig zwanghaft komplizierte Arbeiten, aus denen ein eigenwilliger, herrischer, unbedingter Geist sprach. Aber das Gesamtwerk blieb karg, schmal, zurückhaltend. Bis zum Ausbruch des Ersten Weltkrieges konnte Fischer, der seinem Werk jegliche Pflege angedeihen ließ, nur vier Bühnenstücke und einen Novellenband herausbringen. Die Stükke – *Der Weiberschreck* (1896), *Die Liebesschule* (1905), *Joachim von Brandt* (1908) und *Der Feind und der Bruder* (1912) – setzten sich auf den Bühnen nicht durch, vielleicht, weil sie, wie Willy Haas bemerkt hat, nicht eigentlich Dramen, »sondern wieder nur dialogisierte und kontrapunktisch zugespitzte Essays sind«. In Heimanns erster Novelle *Der Tod des Laurent Follier*, die 1896 in der ›Rundschau‹ erschien, schreibt der Held, ein unverstandener Dramatiker:

Aber selbst Ihnen, mein Freund, ist das Ernsteste entgangen, was ich in mein Stück hineingelegt habe, und auch Sie haben nicht den Aufschrei und das Geständnis gehört, das stumm und doch, wie ich gewähnt hatte, beredt, aus den Scenen meines Dramas herausklingen sollte.

Ein schmaler Novellenband erschien 1913, ein zweiter 1921. Diese Arbeiten waren ›nach innen‹ geschrieben, sie waren nicht expansiv, nicht eigentlich getragen von erzählerischem Mitteilungsdrang, und deshalb fanden sie kein großes Publikum. An Heimann habe er erlebt, schrieb Wassermann,

daß ein schöpferischer Mensch aus Mangel an Erfolg keine Folge hatte. Seine großartige Persönlichkeit, der wahrhaft magische, das heißt umwandelnde Einfluß, den er auf die Gemüter aller derer übte, die seinen Umgang suchten und genossen, genügte nicht, die Aufmerksamkeit des Publikums auf sein Werk zu lenken und ihn über einen esoterischen Kreis hinaus sichtbar zu machen ... Er haderte nicht, er ließ auch keinen Hader an sich kommen ... Das kreative Vermögen in ihn wohnte gleichsam in einer anderen Zelle als das rezeptive. Ihre Verbindung untereinander war oft wie die von zwei Leuten, die vor der Welt nicht mit einander verkehren und sich nur bisweilen heimlich und verstohlen treffen dürfen.

Er gehörte der Verlagsfamilie dreißig Jahre lang an. Er war ein echter Lehrer. Von allen seinen Gaben war die pädagogische die stärkste und stetigste. Auf diesem Gebiet war er einzigartig, und die Zeitgenossen bezeugen es. Viele von ihnen haben später sein Bildnis skizziert; das reichste, eindringlichste Gemälde stammt von seinem Freund Jakob Wassermann, der ihn im Herbst 1900 kennenlernte:

Es trat mir ein Mann über Mittelgröße entgegen, wohlproportionierten Körpers, mit Bewegungen und Gesten von einer natürlichen Eleganz und Freiheit, mit glattrasiertem Gesicht, starker, gebogener, die Züge beherrschender Nase, tiefgehöhlten, von dichten Brauen überbuschten Augen, die einen ruhigen, durchdringenden und gütigen Blick hatten, einen schmalen, ausdrucksvollen Mund, dessen Lippen im Schweigen fest aufeinander lagen, während sie beim Sprechen aussahen, als seien sie ganz vorzüglich dazu befähigt, Worte zu formen ... Wie der Mund zum Sprechen, so schienen die großen, fleischigen, abstehenden Ohren zum Zuhören gemacht zu sein. Und sie hörten gut. Ich habe nie wieder einen solchen Zuhörer getroffen ...

Wenige machen sich klar oder wissen, was es mit der unterirdischen Literatur auf sich hat, die den großen Verlagshäusern unaufhörlich zuströmt, der Quantität nach das Vielfache von dem, was zur Öffentlichkeit dringt ... Es ist nicht nur eine geistige, es ist auch eine sittliche Aufgabe, dies alles gerecht und geduldig zu prüfen. Heimann erachtete es als seine selbstverständliche Pflicht, aber in den meisten Fällen ließ er es dabei nicht bewenden. Fand er sich von einer Arbeit berührt, erregte sie nur die kleinste Hoffnung und menschliche Teilnahme, so schrieb er dem Autor ausführlich oder bestellte ihn zu sich, sprach stundenlang mit ihm, setzte ihm die Fehler seines Werkes auseinander, wies auf zeitgenössische Muster hin, schlug Verbesserungen vor, und häufig trat er dann auch in den privaten Bezirk helfend und fördernd ein. Es gab Männer und Frauen darunter, deren geistige Kämpfe, seelische Nöte und wirtschaftliche Schwierigkeiten ihn wochen- und monatelang intensiv beschäftigten ...

Sein Tag war von Konferenzen und Audienzen ausgefüllt wie der eines großen Arztes oder Ministers. Wenn man zu ihm in die Wohnung kam, saß oft ein halbes Dutzend männliche und weibliche Autoren um ihn herum, auch Maler, Musiker, Philosophen; Leute aus allen Teilen des Reichs oft, die sich eine weite Reise nicht verdrießen ließen, um ein paar Stunden mit ihm beisammen zu sein ... Von der ersten Begegnung an war ich bei meinen jeweiligen Aufenthalten täglich viele Stunden mit ihm zusammen, ja, diese Reisen, zwei- oder dreimal jährlich, hatten im Grund keinen anderen Zweck, als mit ihm zu sein. Alles übrige war vorgeschützt.

Die Schönheit des Heimannschen Charakters zeigte sich vor allem in seiner freudigen und stolzen Befriedigung, wenn ich mit einer neuen Arbeit bei ihm erschien, damit er sie höre und begutachte. Da wurde nichts auf die lange Bank geschoben, es gab keine Abhaltungen, keine wichtigen Geschäfte; körperliche Indispositionen, an denen er häufig litt, in den letzten Jahren immer mehr, erklärte er einfach für nicht störend, fangen wir gleich heute an, hieß es ... Die Art, wie er zuhörte, ist mir vollends unvergeßlich. Er war still wie eine Pflanze. Er wandte kaum einen Blick vom Gesicht des Vorlesers. Er war ganz Auge, ganz Ohr, ganz Hingebung, ohne eine Sekunde zu erlahmen, auch wenn es Mitternacht, wenn es Morgen wurde ... Die Diskussion begann er niemals negierend, zuerst äußerte er sich in jedem Fall positiv und hielt mit der Kritik solange zurück, bis der andere allmählich vorbereitet war, auch das Abträgliche unverletzt zu hören ... Er war der Mensch der vollendeten Cortesia, ihr werdet nimmer seinesgleichen sehen.

Heimann hätte wohl gelächelt, wenn er gelesen hätte, daß er »ganz Ohr« gewesen sei. Unter seinen in der ›Rundschau‹ veröffentlichten Aphorismen findet sich der charakteristische Ausspruch: »Wer ganz Ohr ist, hört nicht zu.« Es scheint merkwürdig, daß Moritz Heimann sich gerade mit Jakob Wassermann so innig verbrüderte (Wassermann widmete ihm eines seiner erfolgreichsten Bücher, *Das Gänsemännchen*), und Wassermann selbst vermerkte es. Freilich bestand zwischen »unser beider Lebensgang und Lebenssituation« manche Ähnlichkeit, vor allem die Herkunft aus jüdischem Kleinbürgertum und »der frühe Kampf gegen Armut und Not«. Aber während Wassermann »durchaus im süddeutschen Leben wurzelte, in heiterer Luft, beweglicherem Volk, bunterer Geschichte«, war Heimann mit seinem ganzen Wesen in der märkischen Landschaft, der norddeutschen Tradition, der preußischen Lebensform beheimatet. Was sie verband, war wohl, daß Wassermann bei all seiner orientalischen Erzählergabe, die Thomas Mann an ihm rühmte, gleich ihm im Grund ›nach innen‹ schrieb. Das Flamboyante, Expansive widerstrebte Heimann ebenso wie das Frivole; spielerische Eleganz war ihm als Leichtherzigkeit verdächtig. Mit einem Mann wie Bahr konnte Heimann wenig anfangen; an Schnitzler fand er viel auszusetzen. »Die Wiener Dichter«, so vermerkt Hedwig Fischer, »gefielen ihm nicht vorbehaltlos, sie waren in ihrem ganzen Lebensstil seiner märkischen Art zu fremd.«

Das Schicksal jedoch fügte es so, daß ziemlich genau zu dem Zeitpunkt, da Moritz Heimann das literarische Steuer des vorwiegend der nordisch-norddeutschen Welt zugewandten Verlags in die Hand nahm, der Süden und insbesondere der deutschsprachige Süden aus langem Halbschlaf erwachte und beinahe über Nacht zu einer einzigartigen dichterischen Frühlingsblüte aufbrach. Binnen kurzer Zeit, im letzten Jahrfünft des alten Jahrhunderts, gewann der Verlag ein »österreichisches Antlitz«, das er zeitlebens behielt.

9 Die Blüte des Südens

Die österreichische Literatur war verlegerisch im eigenen Land nie recht beheimatet gewesen. Es gab in Wien stets eine Anzahl guter Zeitschriften, in denen Österreichs Schriftsteller Gehör finden konnten; aber die Verleger ihrer Bücher mußten diese Schriftsteller sich fast ausnahmslos anderwärts suchen. Es gab in Wien keinen Verlag, der sich Stifters angenommen hätte; die erste Stifter-Gesamtausgabe erschien in Prag. Die erste Grillparzer-Gesamtausgabe kam 1872 bei Cotta in Stuttgart heraus, der auch Lenau betreute und Marie von Ebner-Eschenbach entdeckte. Bahr, der Bahnbrecher der ›Wiener Moderne‹, fand seine Verleger in Zürich, Berlin, Leipzig und Dresden. Erst nach dem Ersten Weltkrieg kam es zu Ansätzen eines eigenständigen schöngeistigen Wiener Verlagswesens, und zu Fischers Lebzeiten gelang es nur Paul Zsolnay, einen großen, repräsentativen Wiener Verlag zu schaffen.

DER ORGANISATOR DER ÖSTERREICHISCHEN LITERATUR

Bisher hatten die österreichischen Dichter sich vereinzelt und auf eigene Faust ›draußen‹ ihre Verleger gesucht. Jetzt jedoch, um 1895, geschah etwas Neuartiges.

Zum erstenmal errang nicht ein einzelner, sondern eine ganze Gruppe österreichischer Dichter ihre Siege dank einem deutschen Verlag. Zuerst schien es, als solle der Verleger des norddeutschen Naturalismus, S. Fischer in Berlin, auch einem österreichischen Anhängsel dieses Naturalismus Unterkunft gewähren. Und wie S. Fischer meinten es die anderen Verleger, die mit den Jüngsten im deutschen Norden paktierten. Bald indes zeigte sich, daß die Österreicher etwas anderes waren als Naturalisten, daß in ihnen sich etwas Neues ankündigte, daß sie, die fast alle aus Wien stammten, in ganz eigener Art und mit Zügen, die bei Hauptmann nicht anzutreffen sind, einen deutschen Impressionismus stifteten, der mit dem französischen und belgischen Impressionismus manches gemein hatte und doch ein Ausdruck österreichischen, namentlich wienerisch getönten Wesens war. Hermann Bahr nahm sich erfolgreich dieser neuen Wiener Richtung an, sorgte dafür, daß sie der

weiten Welt bekannt werde, verfocht sie als Kritiker und dichtete in ihrem Sinn. Noch hatte Österreich niemals einen Organisator der Literatur besessen, der wie Bahr die Mauern einriß ...
Er zeigte, wie anders die Wiener sind als die Deutschen des Nordens. Und er forderte mit Erfolg, daß der Deutsche des Nordens dieses künstlerische Wienertum begreife. Bald fand er auch in Deutschland Vertreter gleicher Ansicht. So wurde der Verlag S. Fischer neben allem, was er für deutsche Dichter aus dem Reich geleistet hat und noch leistet, der erste große deutsche Verlag, der zugleich ein großer Verlag österreichischer Dichtung ist. Er ist nicht wegzudenken aus der jüngsten Geschichte österreichischer Literatur. Bahr selbst, Schnitzler, Hofmannsthal und viele um sie hat S. Fischer zu allgemeindeutschen Schriftstellern erhoben, ihnen erspart, bloß für Vertreter eines abgelegenen Winkels deutscher Kultur zu gelten.

Der dies schrieb, mußte es wissen, denn er war von Anfang an dabeigewesen: der bedeutende österreichische Literarhistoriker Oskar Walzel, der 1888 als Vierundzwanzigjähriger zum Erzieher des dreizehnjährigen Sohnes des Freiherrn von Andrian zu Werburg bestellt wurde. Mit dem jungen Leopold von Andrian nämlich begann der von Bahr herangeführte Einzug ›Jung-Wiens‹ in den S. Fischer Verlag. Doch in einer Hinsicht verfälscht Walzels Zeugnis den Sachverhalt: es waren keine Mauern einzureißen. Fischer hatte Österreich nie aus den Augen verloren. Die einzige Hauptstadt, die er oft und gern aufsuchte, war Wien; sie war ihm ein Stück Heimat; er reiste alljährlich hin. Er hielt geduldig Ausschau nach Süden, aber mit Ausnahme einiger Geringfügigkeiten hatte die alte Heimat während des ersten Verlagsjahrzehnts nichts Schöpferisches beizusteuern. In den entscheidenden Wachstumsjahren 1890–1895 war Fischers einzige literarische Verbindung nach Wien der unermüdliche Hermann Bahr.
Fischer wußte diese Verbindung zu schätzen und mag wohl gespürt haben, daß ihr eigentlicher Wert nicht so sehr in Bahrs Büchern als anderwärts lag. Er brachte getreulich alljährlich zwei oder drei Bücher von Bahr heraus, obwohl sie selten über die erste Auflage hinausgelangten und Bahr häufig mit Geldforderungen und guten Ratschlägen, wie er seinen Verlag zu führen habe, recht drastisch mit ihm umsprang; Bahrs Briefe an Fischer aus dieser Zeit sind kleine Kabinettstücke humorvoller Unverblümtheit: ».... da Sie ja im Grunde, wenn man Sie nur ein bißchen kratzt, ein ziemlich anständiger Mensch sind ... Also gleich mit dem Manuskript zur Druckerei und mit den 1000 Mark zur Post!« Fischer hatte um die Jahreswende 1890/91 – entweder, wie Bahr vermutete, infolge seiner »Abneigung gegen alles Kritische« oder weil er Bahrs »Palastrevolution« noch nicht verwunden hatte – ein Buch von Bahr abgelehnt, das rückblickend in seinem Verlag durchaus nicht fehl am Platz gewesen wäre. Es war die Fortsetzung von Bahrs *Zur Kritik der Moderne*, hieß bündig *Die Über-*

windung des Naturalismus, erschien im Frühsommer 1891 bei Pierson in Dresden und enthielt genau besehen, wenn auch auf typisch Bahrsche Manier serviert, einen guten Teil der literarischen ›Speisekarte‹ des Verlags für die nächsten zehn Jahre.

Dies war ein wichtiges Buch, und es gilt, damit die nun von Österreich her einsetzende neue Entwicklungsphase des Verlags im rechten zeitlichen Zusammenhang erscheint, einige Absätze daraus wiederzugeben. Der Naturalismus des Romans und der Novelle, erklärte Bahr, gehöre bereits der Geschichte an; Geschmack und Bedürfnis des Geistes seien über ihn bereits hinaus. Die »neue Psychologie, die neue Romantik, der neue Idealismus«, dies seien die Boten und Warnungen, daß die Literatur an eine Wende rücke, vom alternden Naturalismus weg. Er habe die Wende erst um den Anfang des neuen Jahrhunderts erwartet, doch sei man jetzt, 1891, bereits mittendrin in der Krise:

Wieder wurde die Kunst, die eine Weile die Markthalle der Wirklichkeit gewesen, der »Tempel des Traumes«, wie Maurice Maeterlinck sie genannt hat. Die Ästhetik drehte sich um. Die Natur des Künstlers sollte nicht länger ein Werkzeug der Wirklichkeit sein, um ihr Ebenbild zu vollbringen; sondern umgekehrt, die Wirklichkeit wurde jetzt wieder der Stoff des Künstlers, um seine Natur zu verkünden, in deutlichen und wirksamen Symbolen... Ich glaube also, daß der Naturalismus überwunden werden wird durch eine nervöse Romantik; noch lieber möchte ich sagen, durch eine Mystik der Nerven... Der Inhalt des neuen Idealismus ist Nerven, Nerven, Nerven – und Kostüm: Die Dekadenz löst das Rokoko und die gotische Maskerade ab. Die Form ist Wirklichkeit, die tägliche äußere Wirklichkeit... Die Gefangenschaft im Äußeren und die Knechtschaft unter die Wirklichkeit machten den großen Schmerz... Es war ein Wehklagen des Künstlers im Naturalismus, weil er dienen mußte; aber jetzt nimmt er die Tafeln aus dem Wirklichen und schreibt darauf seine Gesetze.

Es wird etwas Lachendes, Eilendes, Leichtfüßiges sein. Die logische Last und der schwere Gram der Sinne sind weg; die schauerliche Schadenfreude der Wirklichkeit versinkt. Es ist ein Rosiges, ein Rascheln wie von grünen Trieben, ein Tanzen wie von Frühlingssonne im ersten Morgenwinde – es ist ein geflügeltes, erdenbefreites Steigen und Schweben in azurne Wollust, wenn die entzügelten Nerven träumen.

Diese Vorhersage ist, wie man sie auch nimmt, erstaunlich. Im Rückblick erscheint uns der Werdegang vom Naturalismus zur Neuromantik und zum Märchen nicht minder sinnfällig als die Wendung zum »Impressionismus der Seele« und zur formstrengen Erhöhung der Sprache. In der Gestalt Hauptmanns war dieser Weg, wie Brahm schon von Anfang an vermutet hatte, völlig enthalten; er führte von *Vor Sonnenaufgang* in knappen sieben Jahren über *Hannele* zur *Versunkenen Glocke* und von dort weiter über *Schluck und Jau* zu *Elga.* Aber Bahrs Sätze wurden 1891 geschrieben, zu einer Zeit, da in

Deutschland der Naturalismus noch kaum durchgesetzt, geschweige denn überwunden war. »Es wird etwas Lachendes, Eilendes, Leichtfüßiges sein« – woher nahm er die Sicherheit einer solchen Voraussage? Er konnte auf Maeterlinck verweisen, dessen *Princesse Maleine* (1889) in ganz Europa bereits als die Befreiung aus dem Doktrinär-Naturalismus der Zola-Schule begrüßt wurde. Aber im deutschen Sprachbereich war Maeterlinck noch unbekannt und die »neue fühlweise und mache«, die Stefan George im ersten Band der ›Blätter für die Kunst‹ im Oktober 1892 durch Carl August Klein verkünden sollte, noch nicht offenbar. Doch zeigten sich in Bahrs eigener, unmittelbarer Umwelt eben die ersten Keimspitzen in der aufbrechenden Erde.

DAS CAFE GRIENSTEIDL

In Wien gab es seit 1885 eine belletristisch-musikalische Halbmonatsschrift mit dem gemütlichen Namen ›An der schönen blauen Donau‹. Hier erschienen seit 1889 hin und wieder Gedichte und Novellen unter dem Pseudonym ›Anatol‹, hinter dem sich der junge Arzt Dr. Arthur Schnitzler verbarg; er hatte das Pseudonym vom Titelhelden seiner Folge »dramatischer Plaudereien« entlehnt, die er bereits im Jahr zuvor erfolglos Fischer zum Verlag angeboten hatte und die noch unveröffentlicht waren. Im zweiten Juniheft 1890 der gleichen Zeitschrift erschien ein Gedicht *Frage*, dessen Autor als ›Loris Melikow‹ zeichnete. Auch in den folgenden Heften erschienen Gedichte desselben Autors unter dem inzwischen abgekürzten Pseudonym ›Loris‹. Diese Verse erregten Aufsehen, aber man wußte nicht, daß sich hinter dem Pseudonym der Gymnasiast Hugo von Hofmannsthal verbarg, der diesen Decknamen gewählt hatte, weil es ihm, solange er auf die Schule ging, nicht erlaubt war zu publizieren. Im Juli 1890 lernte der Kritiker und Schauspieler Gustav Schwarzkopf den sechzehnjährigen Dichter mit seinen Eltern in Bad Fusch im Pinzgau kennen und führte ihn im Herbst dieses Jahres in Wien in den Kreis seiner Freunde ein, der sich im Café Griensteidl versammelte.

Das Café Griensteidl befand sich im alten Palais Herberstein am Michaelerplatz, und hier im Lesezimmer vereinte sich der Kreis der ›Wiener Moderne‹, zu deren Wortführer sich Hermann Bahr gemacht hatte: der achtundzwanzigjährige Arthur Schnitzler, der vierundzwanzigjährige Richard Beer-Hofmann, der einundzwanzigjährige Felix Salten, der zwanzigjährige Felix Dörmann, der mit Hofmannsthal gleichaltrige Gymnasiast Karl Kraus und andere. Diese jungen Herren waren allesamt noch völlig unbekannt; Bahr war der einzige unter ihnen, der sich schon einen gewissen Namen gemacht hatte.

Aus diesem literarischen Kaffeehauszirkel wurde ein lebenslänglicher Freundeskreis, aus dem nur Karl Kraus sehr bald, nach Zerwürfnissen mit Bahr und Salten, wieder ausschied. »Freunde?« sagte Beer-Hofmann einmal. »Freunde sind wir ja eigentlich nicht – wir machen einander nur nicht nervös.« Keiner der Freunde hat jedoch eine authentische Schilderung jener ersten Begegnung mit ›Loris‹ im Café Griensteidl überliefert, die die Älteren in sprachloses Staunen versetzte. Die Erinnerung Stefan Zweigs an diese ›Sternstunde‹ ist aus zweiter Hand; sie geht auf einen späteren, mündlichen Bericht Schnitzlers zurück. Bahr hätte den glückhaften Augenblick gewiß geschildert, wenn er dabeigewesen wäre; aber er befand sich auf seiner Rußlandreise. ›Loris‹ hatte inzwischen seine ersten Prosaarbeiten veröffentlicht. Eine dieser essayistischen Rezensionen des inzwischen Siebzehnjährigen machte ihn mit Bahr bekannt, denn sie war über Bahr selbst und beschäftigte sich mit seinem Stück *Die Mutter* und mit der *Kritik der Moderne*. Dieser Aufsatz erschien am 15. April 1891 in der Wiener Zeitschrift ›Moderne Rundschau‹. Bahr bekam ihn, aus Rußland ins Café Griensteidl zurückgekehrt, dort zu Gesicht:

Man giebt mir die ›Moderne Rundschau‹. Da ist etwas über mich, eine lange Rezension. Loris heißt der Herr – was das nur schon für ein Name ist!... Aber egal: Hören wir einmal, wie der Kerl schimpft, – vielleicht hat er wenigstens eine neue Methode... Man muß das Elend der deutschen Kritik an den eigenen Nerven erlebt haben, um meine Verblüffung zu begreifen. Da war endlich einmal einer... der die ganze Zeit, wie tausendfältig sie sich widersprechen und bestreiten mag, in seinem Geiste trug...

Bahr war überzeugt, daß nur ein Franzose so schreiben könne; als er hörte, der geheimnisvolle Loris sei ein »simpler Wiener«, vermutete er »einen Mann zwischen vierzig und fünfzig«. Er lernte ihn zwei Wochen nach Erscheinen der Rezension kennen. Am 27. April 1891 notierte Hofmannsthal in seinem Tagebuch: »Heute im Caféhaus Hermann Bahr vorgestellt.« Bahr selbst erzählte:

Ich sitze also wieder im Café, lese, plausche. Plötzlich schießt aus der anderen Ecke quer durchs Zimmer, wie von einer Schleuder, ein junger Mann mit unheimlicher Energie auf mich... ich erschrecke ein wenig; er lacht, giebt mir die Hand... und sagt beruhigend: Ich bin nämlich Loris. Damals muß ich wohl das dümmste Gesicht meines Lebens gemacht haben.

BAHR UND LORIS

»Von diesem Tag an fanden wir uns oft und gingen gerne in den Gärten, zwischen Akazien und Jasmin. Er konnte plaudern, leicht und ungesucht, ohne daß er erst ein Thema brauchte...« Beinahe im Handumdrehen stellte sich zwischen diesen beiden so grundverschiedenen

Menschen eine innige persönliche Freundschaft und enge geistige Gemeinschaft ein, von der die frühen ›Loris‹-Briefe an den »quasi illustre confrère« Zeugnis ablegen. Nahezu zehn Jahre später schrieb Hofmannsthal an Bahr:

... es wird unter den vielen, vielen Menschen, mit denen Sie irgendwie zusammenhängen, doch niemanden geben, der Ihnen anhänglicher und Ihrem ganzen Wesen aufrichtiger befreundet ist als ich, und niemanden, dessen Zuneigung Sie sich auf einem schöneren, freieren, einfacheren Wege erworben haben.

Bahr ›vergötterte‹ Hofmannsthal vom ersten Tag an und fühlte sich als der Beschenkte; er sparte nicht mit überschwenglichen Vergleichen, die Karl Kraus zu giftigem Spott anregten. Aber ›Loris‹ verdankte Bahr viel. Die reiche, vielseitige publizistische Tätigkeit des Gymnasiasten und Studenten folgte den Anregungen und dem emsigen Beispiel Bahrs. Der ältere Freund schickte ihm nicht nur »eine nicht offizielle Literaturkuriosität«, nämlich Przybyszewskis, in Friedrichshagen geschriebene »gescheite kleine Abhandlung« über Nietzsche und Chopin; er machte ihn vor allem auf Maeterlincks Stücke aufmerksam, die ›Loris‹ so tief beeindruckten, daß er mit Maeterlinck in Verbindung trat und im Februar 1892 seine *Les Aveugles* übersetzte.

Die Freunde trafen einander nicht nur im Café, sondern lieber noch im engsten Kreis in Schnitzlers Wohnung am Kärntnerring, wo man, wie Hofmannsthal, der Bahr dort einführte, schrieb, »sogar die ›Freie Bühne‹ lesen und über Ola Hansson Freudentränen weinen« könne. Dort las ›Loris‹ am 7. Oktober 1891 Salten und Beer-Hofmann seine erste größere Arbeit, den Einakter *Gestern,* vor. Wieder hatte Bahr das Pech, nicht dabeizusein. »Nach einigen Minuten«, so erzählte Schnitzler später Stefan Zweig, »horchten wir plötzlich scharf auf und tauschten verwunderte, beinahe erschrockene Blicke... Als Hofmannsthal endete, blieben alle stumm. Ich hatte das Gefühl, zum erstenmal im Leben einem geborenen Genie begegnet zu sein...«

Das Dramolet wurde bald darauf, im Oktober—November 1891, in der ›Modernen Rundschau‹ veröffentlicht, und diesmal wählte der Gymnasiast das Pseudonym ›Theophil Morren‹. Das neue Pseudonym, so erklärte er Bahr, dem er den Sonderdruck der Zeitschrift mit einer Widmung schickte, »soll ein wirkliches sein. Der Kritiker mit den unabweislichen Grundforderungen bleibt Loris.« Er verwendete es nur dieses einzige Mal. Kurz darauf kam das Werk als schmales Büchlein bei Manz in Wien und Julius Klinkhardt in Leipzig in einer Auflage von tausend Exemplaren heraus.

Jetzt schien Bahr der Augenblick gekommen, um aller Welt vernehmlich den Ruhm seines jungen Freundes zu verkünden und zugleich dem »Cromwell des Naturalismus« in Berlin eine Lektion zu erteilen. Brahm nämlich hatte in Fischers Zeitschrift am 15. April 1891 einen Aufsatz über die *Princesse Maleine* veröffentlicht, der deutlich auf Bahr und sein enthusiastisches Eintreten für Maeterlinck gemünzt war und den »belgischen Shakespeare« (das absurde Wort stammte nicht von Bahr, sondern von Octave Mirbeau) als eine »reizvolle exotische Treibhauspflanze« bezeichnete, welcher »ein gesunder germanischer Wind den Atem ausblasen« werde:

Auch ich halte den Naturalismus nicht für das letzte Wort in der Kunst: einmal, weil ich überhaupt an kein letztes Wort der modernen Kunst glaube, und sodann, weil in der ungemein fruchtbaren Einseitigkeit, in der ungemein tief aus den Bedürfnissen der Zeit geschöpften Modernität, welche den Naturalismus sieghaft gemacht hat, auch die Bedingungen liegen müssen zur Überwindung des Naturalismus durch ein Neues. Ob aber die Stunde dieses Neuen schon da ist, schon für uns Deutsche da ist – das allein kann hier die Frage sein ... Nicht neue Richtungen gilt es künstlich zu importieren ... Keine Schulen, keine -ismen und -ianer brauchen wir, sondern dichterische Persönlichkeiten: nicht mehr, aber auch nicht minder.

Was alles freilich Fischer, der sich ja bekanntlich »nichts sagen ließ« (auch von Brahm nicht), nicht hinderte, die *Prinzessin Maleine* im folgenden Jahr in einer Übersetzung von Hermann Hendrich in der Zeitschrift abzudrucken und als Buch herauszubringen.
»Ob die Stunde des Neuen schon da ist?« Mit *Gestern* hielt der »Ewig-Morgige« Brahm die Antwort vor. »Dichterische Persönlichkeiten« wurden in Berlin verlangt? Bahr präsentierte ›Loris‹ aus Wien. Er nahm das Erscheinen von *Gestern* zum Anlaß eines triumphierend-dithyrambischen Aufsatzes, der kurzweg *Loris* überschrieben war und im Januarheft 1892 von Fischers ›Freier Bühne‹ (dem ersten nach der Umstellung zur Monatsschrift) erschien. Es war ein verwilderter, krauser Aufsatz, der zur guten Hälfte nicht von ›Loris‹, sondern von Bahr selbst und den Umständen seiner Bekanntschaft mit ›Loris‹ handelte, und erst auf der letzten Seite brach der Hymnus los:

Und nun ist der junge Herr über Nacht einmal berühmt; man muß es schon mit solchen großen Worten nennen. So jäh, so heftig und so weit hat lange nichts in Wien gewirkt als dieser kurze Akt von raschen, scheuen Versen. Alle Gruppen der Moderne, sonst so tausendfach entzweit, und die empfindlichsten Hüter der ältesten Schablonen wetteifern an Jubel und Begeisterung ... Man sieht es auf den ersten Blick, man hört es an jedem Worte, daß er der Moderne angehört. Er enthält den ganzen Zusammenhang ihrer Triebe, von den Anfängen des Zolaismus bis auf Barrès und Maeterlinck, und ihren unaufhaltsamen Verlauf über sich selber hinaus. Sie sind alle in ihm, in festen, deutlichen Spuren, aber er ist mehr als sie, mehr als jeder einzelne, mehr als ihre Summe. Er ist durchaus neu – weitaus der neueste, welchen ich unter den Deutschen weiß, wie eine vorlaute Weissagung ferner, später Zukunft ... Er hat das

Fröhliche, das Leichte, das Tänzerische, von dem die Sehnsucht Nietzsches träumte. Was er berührt, wird Anmut, Lust und Schönheit ... Ich werde einen zuversichtlichen Instinkt nicht los, daß mit ihm die zweite Periode der Moderne beginnt, die das Experimentieren überwunden und uns, an denen sich die erste entwickelt hat, ihrerseits nun als die ›Alten‹ behandeln wird. Das müßte eigentlich sehr nett sein. Ich stelle es mir ungemein lustig vor. Unser Geschäft wäre getan, wir könnten einpacken und uns einmal so recht von Herzen gütlich tun ...

»Heuer scheint ein fades Literaturjahr zu sein«, hatte ›Loris‹ noch kurz zuvor an Bahr geschrieben. Das konnte man nach dem Erscheinen dieses Aufsatzes nicht mehr sagen. Der Aufsatz war, wenn man ihn recht besah, unerträglich schludrig und sudelig geschrieben, eine eitle, seichte, häufig geradezu alberne und geschmacklose Schaumschlägerei, aus der man im Grund nichts über ›Loris‹ erfuhr. Aber er machte Hofmannsthal über Nacht und weit über Wien und Österreich hinaus im ganzen deutschen Sprachraum bekannt, und durch dieses große Verdienst ist der Aufsatz schließlich selbst berühmt geworden.

Einen wesentlich gescheiteren, wenngleich kritischeren Aufsatz über Hofmannsthal und *Gestern* veröffentlichte kurz darauf Marie Herzfeld unter dem Titel *Ein junger Dichter und sein Erstlingsstück* im Maiheft 1892 der neugegründeten Berliner Monatsschrift ›Allgemeine Theater-Revue für Bühne und Welt‹. Diese Zeitschrift, die »über Wien und was da künstlerisch gärte, völlig unterrichtet« war, wie Marie Herzfeld berichtet, wollte gleichzeitig mit dem Aufsatz eine eigene Arbeit von Hofmannsthal und seine Maeterlinck-Übersetzung bringen, gewiß nicht ohne die Absicht, Fischers ›Neue Deutsche Rundschau‹ auszustechen. Hofmannsthal wollte die Übersetzung nicht veröffentlichen, stellte aber, nachdem er Marie Herzfeld kennengelernt hatte, sein dramatisches Fragment *Der Tod des Tizian* zur Verfügung, das inzwischen entstanden war und das er am 21. März Schnitzler vorgelesen hatte. Die Zeitschrift brachte zwar Marie Herzfelds Aufsatz, von dem Hofmannsthal lachend sagte, es sei ihm dabei zumute gewesen »wie einem, dem man die Haut abzieht«, aber nichts von Hofmannsthal selbst, und ging kurz darauf wieder ein. Das dramatische Fragment erschien statt dessen in Stefan Georges ›Blättern für die Kunst‹.

Hofmannsthals Maeterlinck-Übersetzung hingegen war die erste und einzige Aufführung, die ein Wiener Parallelunternehmen zur Berliner ›Freien Bühne‹ herausbrachte. »Es verstand sich beinahe von selbst«, berichtet Felix Salten, »daß nach dem großen Erfolg der Berliner Freien Bühne auch in Wien eine Freie Bühne gegründet werden mußte. E. M. Kafka stand an ihrer Spitze, Dr. Joachim war Geschäftsführer, Hermann Bahr, Hofmannsthal, Beer-Hofmann, Schnitzler und ich saßen im Vorstand.« Es war der Kreis aus dem Café Griensteidl und um die ›Moderne Rundschau‹. Ihr ›Verein für moderne Literatur‹ war am 7. Juli 1891 gegründet worden, aber Hofmannsthal meinte schon bald zu Schnitzler: »Bis jetzt ist noch nicht viel gescheites herausgekommen.« Es kam auch in der Folge nicht viel Gescheites heraus. Am 11. April 1892 endlich sollte die Maeterlinck-Aufführung stattfinden, aber Salten hatte vergessen, das Bühnenmanuskript der Zensur einzureichen, die Polizei verbot die Veranstaltung, und sie konnte erst am 2. Mai stattfinden. Das Publikum hatte einen Skandal erwartet und war enttäuscht, und die Wiener ›Freie Bühne‹ versank in der Versenkung.

MISSGESCHICKE MIT BÖLSCHE

Hofmannsthals deutscher Ruhm begann bei Fischer in Berlin. Die Zeitschrift hatte die ihr bestimmte Funktion aufs Schönste erfüllt, wenn auch noch einige Jahre vergehen mußten, bis der Dichter zum Autor des Verlags und zum engen Anverwandten der Verlagsfamilie wurde. Bölsche versuchte sofort, ›Loris‹ für die Zeitschrift zu gewinnen. Noch ehe Bahrs Aufsatz erschienen war, in den letzten Tagen des alten Jahres 1891, schrieb er an ›Loris‹, teilte ihm mit, daß er nach dem Ausscheiden Brahms die Redaktion der ›Freien Bühne‹ übernommen habe, daß die grünen Hefte in eine Monatsschrift umgewandelt würden, und bat um seine Mitarbeit. ›Loris‹ übersandte ihm daraufhin im Februar 1892 ein *Studie* betiteltes Manuskript, das er selbst (in einem Brief an Schnitzler) als »eine psychologische Novelle aus einem 12jährigen Kinderkopf« bezeichnete und über das Schnitzler am 12. Februar 1892 in seinem Tagebuch vermerkte:

Loris las mir Nachmittag eine psych. Studie vor, die ein Kind von 8 Jahren behandeln soll, aber nur ihn darstellt, wie er mit 8 Jahren durchmacht, was sonst Jünglinge von 16, die bedeutende Künstler oder Neurastheniker werden wollen.

Diese Arbeit paßte Bölsche nicht ins Konzept. Hofmannsthal schrieb an Schnitzler: »Herr Bölsche hat mir das ›Kind‹ zurückgeschickt; natürlich mit einem sehr artigen Brief. Auf Wiedersehen! Loris.« Bölsches »artiger Brief« vom 24. März 1892 lautete:

Hochverehrter Herr! Ich danke Ihnen herzlichst für Ihre freundliche Teilnahme. Fassen Sie es nicht als Unfreundlichkeit nun von meiner Seite, wenn ich grade die eingesandte Studie für etwas bedenklich in einer Zeitschrift halte. Ich fürchte, daß sie nicht mit der nötigen Schärfe sich herausheben wird, das Motiv ist so eigentümlich versteckt, so daß man fast ein unvollendetes Bruchstück einer größeren, zweifellos als solche wertvollen Arbeit vor sich zu haben glaubt. Um so lebhafter füge ich den Wunsch bei, daß Sie in diesem ersten Falle nicht ein böses Omen erblicken, mir vielmehr recht bald etwas anderes einsenden möchten.

Mit vorzüglicher Hochachtung Ihr Wilhelm Bölsche.

Und als Nachsatz: »Könnte ich vielleicht einmal eine *kritische* Arbeit von Ihnen erhalten?«

Bölsche bekam keine kritische Arbeit von ›Loris‹; die von Bahr gestiftete Verbindung gedieh einstweilen nicht weiter. Doch darf man überlegen, wie sie sich wohl entwickelt hätte, wenn Bölsche das »Kind« nicht refüsiert, sondern gedruckt hätte. Gewiß hätte er daraufhin auch kritische Beiträge erhalten. Gewiß hätte Hofmannsthal weiter regelmäßig mitgearbeitet. Vielleicht wäre sein Umweg über die Zeitschrift ›Pan‹ unterblieben? Möglicherweise hätte er sich nie der ›Insel‹ und dem Insel-Verlag angeschlossen? Den achtzehnjährigen ›Loris‹ scheint der Refüs nicht weiter verdrossen zu haben. Aber es dauerte noch sechs Jahre, bis Oscar Bie nach unablässigem Bitten und Drängen schließlich den ersten Beitrag Hofmannsthals erhielt und Fischer den Dichter endlich für seinen Buchverlag gewann.

ZUM ZWEITEN MAL: ›ANATOL‹

Das »fade Literaturjahr« ließ sich gut an. Bahrs Geschäft war noch lange nicht getan; von »einpacken« war keine Rede. Bahr tat für seine Schützlinge im Café Griensteidl bei Fischer, was er nur konnte. Im gleichen Januarheft 1892, das Bahrs ›Loris‹-Aufsatz brachte, erschien zum erstenmal in der ›Freien Bühne‹ auch der Name Arthur Schnitzler mit der kurzen, noch durchaus »naturalistischen« Novelle *Der Sohn. Aus den Papieren eines Arztes*. Ob Schnitzler sie auf eigene Faust an Bölsche sandte oder ob Bahr die Verbindung herstellte, ist nicht mehr zu ermitteln. In jedem Fall stellte sie die Verbindung zwischen Schnitzler und Fischer her. Jetzt jedoch schaltete sich Bahr ein, um Fischer auch als Buchverleger für Schnitzler zu gewinnen. Anscheinend wußte er nicht, daß Fischer bereits vier Jahre zuvor die Szenenfolge *Anatol* abgelehnt hatte. Er schrieb Fischer am 17. Januar 1892 (und die förmliche Anrede zeigt, daß die »Palastrevolutions«-Verstimmung noch nicht überwunden war):

Geehrter Herr! Ihr Mitarbeiter, Arthur Schnitzler, dessen vortreffliches Schauspiel ›Das Märchen‹ vom Berl. Lessing-Theater u. Prager Landestheater akzeptiert ist, will einen Anatole-Cyclus publicieren, eine Sammlung seiner allerliebsten dramatischen Noveletten aus der haute vie, von denen Ihnen einige aus der ›Mod. Dichtung‹ und ›Mod. Rundschau‹ bekannt sein dürften. Ich habe ihm gerathen, dieselben Ihrem Verlage anzubieten, und frage nun in seinem Namen an, ob Sie dazu geneigt sind. Wenn ja u. wenn Sie sich zu rascher Entscheidung sowie, im Falle der Annahme, zur tunlichsten Beschleunigung des Druckes verpflichten, so wollen Sie mir das gefälligst mitteilen u. das Manuscript geht Ihnen umgehend zu.

Fischer hatte seine frühe Begegnung mit *Anatol* anscheinend vergessen (und möglicherweise war sie auch Schnitzler selbst nicht mehr gegenwärtig), denn er schrieb am 27. Januar 1892 an Schnitzler unter Berufung auf Bahrs »Präliminarien« und bat um Einsendung des Manuskriptes, »damit wir Ihnen mit näheren Vorschlägen dienen«. Schnitzler schickte das Manuskript, und es scheint Fischer gefallen zu haben. Doch es war wie verhext: es wurde wieder nichts daraus. Fischer schrieb am 12. Februar: »Das Buch wird nur von Liebhabern gekauft werden und die Kosten ganz bestimmt nicht decken«; folglich könne er auf »die Garantie der halben Kosten«, nämlich 400 Mark, nicht verzichten und müßte »auch auf Zahlung dieses Betrages bei Erscheinen des Buches bestehen«. Hierzu konnte Schnitzler sich nicht bereitfinden; er klagte Hofmannsthal sein Leid, und der Achtzehnjährige antwortete ihm welterfahren: »Was ist es mit der Verlagsanstalt? Lassen Sie sich doch nicht durch ganz gleichgültige Mißerfolge vom Weitersuchen abschrecken.« Ärgerlicherweise kam Schnitzler um die gleiche Zeit auch mit Bölsche nicht weiter; unmittelbar nach Bölsches Absage an ›Loris‹ teilte Schnitzler am 27. März 1892 dem Freund mit:

Bölsche hat auch mir geschrieben – auf eine Anfrage, ob man Gedichte einsenden kann u. was mit meinen ›Elixiren‹ los sei. – Er will die ›Elixire‹ bringen, »sobald es geht«, aber »offen gestanden sind sie ihm nicht so lieb, wie die erste Novelle, sie sind lange nicht so aktuell«. Sagt' ich's nicht? Auch *die* Herren haben schon ihren Zopf. Wir brauchen ja doch »unser« Blatt! – Ich will übrigens das ›Himmelbett‹ an Bölsche schicken.

Das »Berliner Bölschetum«, wie Schnitzler es nannte, blieb der neuen Wiener Schule verdächtig; sie fand bei ihm keine spontane Resonanz; auch hatte Bölsche sich mit seinem Drang nach dem Aktuellen noch nicht auf den langsameren, gemesseneren Schritt der Monatsschrift umgestellt. Aber Organisator Bahr ließ nicht locker. Er brachte Schnitzlers ebenfalls noch ungedrucktes *Märchen* bei Pierson in Dresden und *Anatol* beim Bibliographischen Büro in Berlin unter, und zwar auf Kosten des Autors, der sich das Geld bei Freunden ausborgen mußte. Das hätte Schnitzler bei Fischer auch haben können, und Fischer hätte nicht später beide Werke von diesen Verlagen zurückzukaufen brauchen. *Anatol* erschien in der Tat im Oktober 1892, und zwar mit einem Prolog in Versen von Loris – eine merkwürdige Zusammenstellung: die barock-aristokratische Ouvertüre aus dem »Wien des Canaletto« zur melancholisch-frivolen Kammersuite aus dem

Wien des Fin de siècle. Schon hier, ganz früh, in ihren ersten Anfängen offenbart sich zugleich mit der Wesensverschiedenheit auch der tiefe Wesenszusammenhang der beiden lebenslänglichen Dichterfreunde, die einander stets ›Sie‹, aber beim Vornamen nannten. Viele Jahre später meinte Hofmannsthal einmal zu Fischer, Schnitzler sei der letzte Wiener und er selbst der letzte Österreicher. In Berlin hätten nicht viele Menschen den tiefen Sinn eines solchen Ausspruchs verstanden. Fischer verstand ihn ganz gewiß.

›STERBEN‹

Schnitzler nahm offenbar dem unverständigen Bölsche die Novelle *Die drei Elixire* wieder weg, denn sie erschien im Jahr darauf in Bierbaums *Modernem Musenalmanach,* und das *Himmelbett* blieb unveröffentlicht. Dennoch fanden Schnitzler und Fischer bald darauf doch zueinander. Anfang 1894 schickte Schnitzler seine schon 1892 entstandene Novelle *Sterben* an Fischer, und diesmal klappte es. *Sterben* war eine bei aller Eleganz der Darstellung ausgesprochen ›makabre‹ Geschichte, nämlich die Analyse einer fortschreitenden Angstpsychose eines todgeweihten Kranken, die mit außerordentlich beherrschten Mitteln die neuen Erkenntnisse der Wiener Psychiaterschule in die Belletristik einführte. Das war gewagt. Fischer antwortete am 6. März 1894:

Ich möchte ›Sterben‹ sehr gern verlegen. Das Werk hat mir ganz ausgezeichnet gut gefallen, aber – das Publikum. Ich fürchte, daß das Buch des herben Stoffes wegen nicht viele Käufer finden wird, und da ich so mit diesem Werke nur künstlerische aber gar keine geschäftlichen Ambitionen habe, so ist es nicht unbillig, wenn ich an die Übernahme des Verlags die Bedingung knüpfe, daß Sie den eventuellen Ausfall nach zwei Jahren garantieren. In zwei Jahren macht sich ein Buch entweder bezahlt oder nicht. Den eventuellen Gewinn würde ich mit Ihnen teilen. Vielleicht würden wir – wenn Sie mit dem Buch bis zum Herbst warten – das Werk im Sommer in der Freien Bühne veröffentlichen. In diesem Fall würde ich auf Ihre Garantie verzichten, weil die Freie Bühne erfahrungsgemäß ein gutes Agitationsmittel für die später erscheinenden Buchausgaben bildet.

Merkwürdigerweise konnte Fischer sich noch einige Jahre lang nicht an den neuen Namen seiner Zeitschrift gewöhnen: er nannte sie beharrlich weiter »Freie Bühne«, als sie längst ›Neue Deutsche Rundschau‹ hieß. Schnitzler war mit diesem Modus einverstanden. Die Zeitschrift brachte die Novelle in drei Fortsetzungen von Oktober bis Dezember 1894, und am 20. November erschien die Buchausgabe. Jetzt jedoch stellte der neue Autor ein geradezu horrendes Ansinnen, und der Verleger schrieb brüsk zurück:

Von 50 Freiexemplaren kann gar keine Rede sein; die wenigen Bücherkäufer, die für ein Buch Interesse haben, mögen es kaufen. Darauf ist der Verlag angewiesen. Wird das Buch gehen, um so besser für uns beide.

Aber er war sich seines neuen Autors jetzt sicher und fügte sofort ermunternd hinzu:

Ich denke, von Ihnen auch noch andere Bücher zu bringen und würde mich freuen, Sie zu den festen Autoren meines Verlages zählen zu dürfen. Sobald Sie wieder etwas veröffentlichen wollen (Buchform) würde ich um Einsendung bitten.

Hofmannsthal warb sogleich für das Werk des Freundes im Bekanntenkreis. Am 26. Dezember 1894 schrieb er an eine Münchner Freundin:

Haben Sie ›Sterben‹ von Arthur Schnitzler zu sehen gekriegt? Das ist auch ein Wiener; ich möcht' sehr gern wissen, wie es Ihnen gefällt und ob auch nette Leute in München es lesen? Es ist ein gelbes Büchel, bei S. Fischer in der großen Affenstadt erschienen.

Sterben war ein Erfolg, und schon Ende März 1895 erkundigte sich Fischer bei Schnitzler, ob er etwas Neues habe, da er gern den »litterarischen Erfolg von *Sterben* durch ein neues Prosawerk ausnützen resp. dadurch ein größeres Publikum für Ihre Produktion erobern« wolle. Schnitzler schlug ihm die 1893 entstandene, noch unveröffentlichte Erzählung in Briefen *Die kleine Komödie* vor, die Fischer sehr gut gefiel. Doch jetzt ergaben sich Komplikationen.

»BIERBANK-ANSCHAUUNGEN«

Schnitzler wollte die Briefnovelle einerseits anonym, andererseits von dem beliebten, aber nicht immer geschmackssicheren Wiener Zeichner Theo Zasche reichhaltig illustriert herausbringen. Fischer fand beide Ideen abwegig, schlug jedoch vor, die Novelle vorerst einmal in der ›Neuen Deutschen Rundschau‹ vorabzudrucken. Hierüber kam es unversehens zu einer heftigen Auseinandersetzung, die nicht nur Fischers Persönlichkeit von einer neuen Seite zeigt, sondern auch einen der seltenen Einblicke in die internen Verhältnisse der Zeitschrift gewährt. Es ging um das Abdruckshonorar. Fischer schrieb am 11. Juni 1895:

Die Freie Bühne [!] hat für novellistische Beiträge nur einen sehr kleinen Etat. Für Novellen im Umfang der ›Kleinen Comödie‹ zahlen wir 25 Mark. Darf ich Ihnen dieses bescheidene Honorar für den Abdruck anbieten? Der Abdruck in der Freien Bühne sichert Ihnen anderseits den Vortheil, Ihre Arbeit in

Künstlerkreisen und bei feinsinnigen Menschen bekannt zu machen, wo sonst Bücher nicht immer gekauft werden...

Schnitzlers Antwort ist nicht erhalten. Aber sie muß Fischer sehr verstimmt haben. Aus der bisherigen Anrede »Geehrter Herr Doctor« wurde unversehens »Sehr geehrter Herr«:

Anstatt sich zu ereifern, hätten Sie unser Anerbieten einfach ablehnen sollen, damit wäre die Sache erledigt gewesen. Es ist nicht unsere Schuld, daß wir Ihnen ein höheres Honorar nicht anbieten können, denn es wird Ihnen nicht unbekannt sein, daß die guten Qualitäten eines Blattes in umgekehrtem Verhältnis zu der Abonnentenzahl zu stehen pflegen. Wir halten unsere Zeitschrift seit Jahren mit großen Opfern an Zeit und Geld und bilden uns ein, für die moderne Production damit sehr viel getan zu haben. Ihr Roman ›Sterben‹ hat seinen litterarischen Erfolg unserer Zeitschrift zu verdanken, sonst wäre er noch heute in jenen Kreisen, die den Ton angeben, unbekannt. Wir zahlen nur für theoretische Aufsätze ein Honorar von 5 Mrk. pro Seite, während wir für Production Pauschalsätze vereinbaren, wobei allerdings auch die ökonomischen Verhältnisse der Autoren mitsprechen. Wollen Sie nunmehr bestimmen, was mit dem Mscpt. geschehen soll.

Möglicherweise leuchtete Schnitzler die Unterscheidung zwischen »theoretischen Aufsätzen« und »Production« nicht ein. Er scheint mit jenem leicht verletzenden Sarkasmus geantwortet zu haben, der in Wien von jeher für Ironie gilt und für den die »große Affenstadt« kein rechtes Organ besaß. Fischer vergaß den »gelernten Österreicher« in sich und antwortete böse:

Sie werden mich vermutlich nicht für so geschmacklos halten, Ihre witzigen Übertreibungen in ernster Weise widerlegen zu wollen. Sie wissen ganz gut, was die Freie Bühne [!] der modernen Production war und ist, und es ist Ihnen vielleicht nicht unbekannt, daß das nur mit schweren Geldopfern möglich war. Sie haben uns zwei Werke zum kostenlosen Abdruck überlassen, was Ihnen mindestens schon deshalb keinen Schaden brachte, weil Sie keine andere Zeitschrift gefunden hätten, die diese Werke abgedruckt oder honoriert hätte. Das soll natürlich kein Vorwurf für die Zeitschriften sein; ich muß das ausdrücklich bemerken, damit Sie mir nicht wieder persiflierend entgegen halten, die Freie Bühne könne demnach nur das bringen, was andere Zeitschriften nicht brauchen können. Ich will Ihnen unseren höchsten Satz, den wir für Abdruck von Novellen (im Umfang der Ihrigen) übrig haben, bieten, 50 Mrk. Sollten Sie damit nicht einverstanden sein, so wollen wir die Abdrucksangelegenheit für erledigt halten... ich bitte Sie, die Bierbank-Anschauungen der Schriftsteller vom berüchtigten ›Verleger‹ nicht auf unser Verhältnis übertragen zu wollen.

Zuweilen ist ein kräftiger, gesunder Krach nicht die schlechteste Voraussetzung, um darauf lebenslängliche Eintracht zu gründen. Fischers allererste Erfahrung mit Hauptmann scheint dafür zu sprechen. Jetzt nämlich war auf einmal alles in Ordnung. *Die kleine Komödie* erschien im Augustheft 1895 der ›Neuen Deutschen Rundschau‹. Doch die Buchausgabe unterblieb.

ENDLICH: ›ANATOL‹

Arthur Schnitzler war in die Verlagsfamilie eingebracht. Fischer schloß mit ihm am 30. Juni 1895 einen Generalvertrag auf drei Jahre, der regelmäßig erneuert wurde (»Der Tantiemesatz ist für alle Autoren in Deutschland wie in Frankreich zwanzig Prozent von Gerhart Hauptmann bis zu Felix Hollaender«) und erwarb *Anatol* aus dem Konkurs des inzwischen ›verkrachten‹ Berliner Bibliographischen Büros sowie die Restauflage des *Märchens* von 350 Exemplaren für neunzig Mark, obwohl er eigentlich nur siebzig auswerfen wollte.

Es thut mir sehr leid, daß Sie mich in diesen verdammt kleinlichen Buchhändler-Geschäften vielleicht für kleinlich halten, was ich wirklich nicht bin. Diese Geschäfte sind so klein und dabei mit soviel Arbeit verbunden, daß sie mit dem besten Willen nicht anders behandelt werden können.

Der zweimal abgelehnte *Anatol* war jetzt ganz nach Fischers Herzen. Er bereitete von beiden Büchern Neuauflagen vor, wollte aber für ihre Herausgabe eine günstige Gelegenheit abwarten: die Aufführung von Schnitzlers neuem Stück *Liebelei* (am Wiener Burgtheater am 9. Oktober 1895). Dieses Stück hatte Schnitzler, dem Beispiel Ibsens folgend, an Reclam gegeben, da die Buchausgaben seiner Bühnenwerke im Generalvertrag mit Fischer nicht einbegriffen waren, und das bereitete Fischer nun doch Sorge, denn er mußte befürchten, daß sich bei Schnitzler eine Wiederholung der unersprießlichen Ibsen-Situation ergeben werde. Als Schnitzler einen Antrag des Verlags Cotta auf die Buchausgaben seiner Stücke erhielt, griff Fischer ein. Er hatte Schnitzler schon zuvor darauf hingewiesen, daß es »für beide Theile zweckmäßig ist, alles in einer Hand zu konzentrieren«, und ihm am 3. Oktober 1895 geschrieben: »Eigentlich hätte ich auch ganz gern Ihre ›Liebelei‹ gebracht, denn die Reclam-Ausgaben entwerthen (im Publikum) Ihre theureren Bücher.« Jetzt, am 13. November 1895, versicherte er ihm, er werde mit den Buchausgaben seiner Stücke ebensogut, wenn nicht besser bei ihm aufgehoben sein als bei Cotta. Wenn Schnitzler sich die ›Gesamtausgabe‹ seiner Werke für spätere Zeit vorbehalten wolle, so werde man einen Modus dafür finden.

Schnitzler war einverstanden, *Liebelei* ging auf Fischer über, der im Mai 1896 eine Neuausgabe veranstaltete, und auch die Buchausgaben aller späteren Bühnenwerke erschienen bei ihm.

ALFRED KERR

Liebelei war Schnitzlers erster großer Publikumserfolg und machte ihn berühmt. Fischer fand es an der Zeit, nachdrücklich auf diesen Dichter aufmerksam zu machen. Er hatte schon vor *Liebelei*, am 25. März 1895, an Schnitzler geschrieben:

Für die Neue Deutsche Rundschau möchten wir gelegentlich Ihres nächsten Werkes von einem guten ›Schnitzler-Kenner‹ einen Essay schreiben lassen, der sich mit Ihrer gesamten bisherigen Production befassen soll. Können Sie uns eine geeignete Person zu diesem Zweck namhaft machen?

Ein Jahr später, anläßlich der Neuausgabe von *Liebelei*, wurde die Absicht verwirklicht. Der Auftrag erging an einen Kritiker, der sich seit kurzem in Berlin als ein sehr eigenwilliger (und schon bald sehr gefürchteter) Kopf einen Namen machte.

Der Sohn des Weinhändlers Emanuel Kempner, 1867 in Breslau geboren – noch ein Schlesier! –, war schon als Gymnasiast entschlossen, Schriftsteller zu werden und für diese Laufbahn »meinen Vatersnamen in Kerr zusammenzuziehen«. Denn »der Name Kempner war für einen Schreibenden durch die Dichterin Friederike bloßgestellt«. Mit der Kitschlyrikerin Friederike Kempner wollte er keinesfalls in Zusammenhang gebracht werden, um so weniger als er gar nicht mit ihr verwandt war. »Sie war meine Tante nicht. Sie waaar es nichtttt!« schrieb er später. Mit »gesetzlicher Erlaubnis des preußischen Ministers von Moltke«, die dieser allerdings erst 1910 erteilte, hieß er Alfred Kerr.

Kerr kam als zwanzigjähriger Germanistikstudent nach Berlin – die Eltern »wünschten einen Sohn als Professor für Geschichte und Literatur« –, studierte bei Erich Schmidt, promovierte mit einer Dissertation über Clemens Brentano und begann alsbald zu schreiben:

Ich erschrieb, um einem bestimmten Stil-Traum nachlaufen zu können, von dieser Sachleidenschaft völlig gebannt – ich erschrieb mein Lebenseinkommen lange durch rasch diktierte Wochenschilderungen aus dem Berliner Alltag, für einige Blätter ... neben dem kritischen Hauptziel.

Zu den Blättern gehörte auch ›Die Nation‹. Brahm wurde auf ihn aufmerksam und förderte ihn. Kerr war rechtzeitig nach Berlin gekommen, um den Beginn der ›Freien Bühne‹ und den Durchbruch des Naturalismus mitzuerleben; er lernte Hauptmann in Berlin kennen und wurde zu seinem glühendsten Verfechter. Später, in seinem sechzigsten Jahr, schrieb er: »Ich habe genaue Tagebücher über die ersten fünf Jahre Berlin geführt. S. Fischer will sie verlegen, drei eng vollgeschriebene Bände, doch vorläufig geht und geht es halt nicht ...«

Warum ging es nur nicht? Ein ewiger Jammer! Denn die Tagebücher sind untergegangen.
Zu Fischers ›Neuer Deutscher Rundschau‹ stieß Kerr erst Ende 1895 mit einem ersten theaterkritischen Beitrag *Der Fall Fulda;* es folgten vier weitere Aufsätze, unter anderem über Ernst Rosmer und Max Halbe, und der Schnitzler-Aufsatz war der fünfte. Danach wurde die Mitarbeit regelmäßig, Theaterberichte, Buchkritiken, Reiseaufsätze, mehr als dreißig Jahre lang, und hörte auch nicht auf, als Kerr 1909 ständiger Theaterkritiker des ›Tag‹ wurde, von wo er zehn Jahre später zum ›Berliner Tageblatt‹ überwechselte.
War der neunundzwanzigjährige Alfred Kerr ein »guter Schnitzler-Kenner«? In seinem großen Aufsatz *Arthur Schnitzler*, der im Märzheft 1896 in der ›Neuen Deutschen Rundschau‹ erschien, schrieb er:

Da ich heut, an einem Februartag, 1896, den Namen dieses nun bekannt gewordenen Dichters niederschreibe, sinkt es wie Erinnerung still auf die Gegenwart. Mit leisem Zauberschlag erscheint eine schmerzlich-süße Welt, voll traurig-schalkhafter Grazie, voll ironischer Melancholie, voll leiser, lachender Innigkeit. Sie ist von zartem Leichtsinn durchweht, von schwermütigem Zweifel umwittert, von holdem Betrug umspielt. Voll süßesten Elends und stummen Schluchzens; voll sterbender Liebesworte, verschollener Tränen und toter Seligkeit. Schumann mag die Stimmung angeben; doch bei näherem Hinhören umklingt sie in der Ferne, von Geigen gespielt, eine wiegende Walzermelodie, traurig-lustig; oder auch das schmeichelnde Wiener Lied vom guten Himmelsvater ... Alles flutet durcheinander: Innigkeit und Eleganz, Weichheit und Ironie, Weltstädtisches und Abseitiges, Lyrik und Feuilletonismus, Lebensraffinement und volksmäßige Schlichtheit, Österreichertum und Halbfranzösisches, Schmerz und Spiel, Lächeln und Sterben. Ein glücklicher Götterfreund ordnet mit weicher, leiser, spielend vollbringender Hand die Bestandteile. Das ist die unvergleichliche Welt Arthur Schnitzlers.
Daß man doch in Deutschland noch immer zu wenig Ehrfurcht vor den Grazien hat, die so oft »leider ausgeblieben« sind. Von der besonderen Art der Schnitzlerschen Grazie, von der besonderen Art entzückender Feinfühlsamkeit haben Gewaltigere unter den Heutigen keine Ahnung. Was niemand erwerben kann, erhielt er im Schlaf. Jawohl, es gibt Tiefere: aber sie können nicht das, was er kann ... Er ist kein Symbolist. Er entnimmt dieser Kunstrichtung gerade soviel (oder sowenig) als nötig ist, um ein willkommenes, dreimalgesegnetes Gegengewicht gegen die tiefe Verbohrtheit des Holz-Schlaf-Naturalismus zu bieten. Er verzichtet auf die Vollständigkeit — hosiannah! — und setzt die Andeutung an ihre Stelle. Er setzt das Verschweigen an die Stelle des Quatschens. Endlich wieder! Er gibt ein Bild, ein einziges Wort, das eine Stimmung heraufzaubert, statt diese Stimmung schweißtriefend und langwierig zu malen. Er ist ein Dichter, kein Ausarbeiter. Er stammt aus Apolloland, nicht aus Friedrichshagen.

Hat wohl je ein Deutscher einen Österreicher so gut verstanden? Oder gar je ein Österreicher einen Deutschen?

RUDOLFSHÖHE

Schon am 30. Juli 1895 taucht auf einem Brief Fischers an Schnitzler zum erstenmal die Anrede »Lieber Herr Doktor« auf; bei ihr blieb es bis zum Ersten Weltkrieg; dann wurde daraus »Lieber Freund«. Schnitzler fügte sich rasch und selbstverständlich in die Verlagsfamilie ein. Wann er und Fischer einander persönlich kennenlernten, ist ungewiß. Schnitzler kam auf der Rückreise von einer Skandinavienfahrt, auf der er Ibsen in Christiania und Nansen in Kopenhagen aufsuchte, am 25. August 1896 nach Berlin, um mit Brahm die Uraufführung seines neuen Schauspiels *Freiwild* zu besprechen, die im November im Deutschen Theater stattfand, und lernte bei ihm Hauptmann kennen. Er blieb jedoch nur einen Tag in Berlin. Hedwig Fischer erzählt in ihren Erinnerungen, sie habe ihn im Sommer 1897 auf der Rudolfshöhe im Salzkammergut kennengelernt.

Die Rudolfshöhe war ein ländliches Hotel in Kaltenbach bei Bad Ischl und ein beliebter sommerlicher Treffpunkt der Wiener Dichterfreunde und kommt in vielen literarischen Erinnerungen und Briefsammlungen aus jener Zeit vor. Schnitzler und Hofmannsthal trafen sich gern dort, und Fischer kam in dieser Zeit alljährlich im Sommer hin, um sich mit seinen österreichischen Autoren zu treffen. An diese erste Begegnung mit Schnitzler auf der Rudolfshöhe erinnerte sich Hedwig Fischer:

> Seine Melancholie und sein Lachen, fast so schön wie das Rittnersche Lachen, werden mir unvergeßlich bleiben. Mir schien er damit seinem oft heimgesuchten Leben überlegen zu sein, er war einer der wenigen Weisen unserer Zeit ... Auch als Dichter blieb er Arzt, Heilender; vielleicht gab es zu seiner Zeit unter den Autoren keinen tieferen, feinsinnigeren Interpreten der Frau, keinen auch, der wachsamer vor dem Erlebnis des Todes stand: um des Lebens willen; und der deshalb dem Leben solche reife, melancholische Heiterkeit zu schenken vermochte, wie sie jedes seiner Werke bestimmt ... Wir besuchten Schnitzler später oft in seinem hübschen Haus im Wiener Cottage und verbrachten gute Abende mit ihm, bei denen ich ihn noch mit seiner Mutter vierhändig Mahler-Symphonien vortragen hörte, und wo er mich oft am Klavier zum Gesang begleitete ...

Bei jener Begegnung auf der Rudolfshöhe 1897 trat noch ein anderer Dichter aus dem ›Griensteidl‹-Kreis zum erstenmal in Fischers Umwelt: Schnitzlers und Hofmannsthals enger Freund, der damals einunddreißigjährige Richard Beer-Hofmann. Dieser »reiche, überfeinerte Spätling erlesener Wiener Kultur«, wie Hedwig Fischer ihn nannte, war »verwöhnt und verwöhnte, aber er war durchaus kein Snob, er war nicht kaltschnäuzig; er konnte glühend und ohne Beschönigung lieben, und er war ein langsamer Arbeiter — ein Goldschmied.«

Dieser Dichter hatte bis dahin nur einen Band *Novellen* (1893) im Berliner Verlag Freund & Jäckel veröffentlicht; sein erstes größeres Werk, die Erzählung *Der Tod Georgs*, erschien 1900 bei Fischer, und der Verlagskatalog jenes Jahres teilte darüber mit:

Beer-Hofmanns Dichtung ringt um die letzten, die tiefsten Probleme des Lebens. Streng von der Hast des litterarischen Marktes sich abschließend, schafft er sein Werk, in einer echten Einsamkeit; und langsam läßt er es reifen, mit fester Besonnenheit, ein Anhänger der ›Goldschmiedekunst‹ des Wortes.

Waschzettel sind eine eigene Sache. Dieser verrät die Hand Moritz Heimanns, und doch ist es eigentümlich zu sehen, wie wenig das Genre sich in Ton und Diktion in einem halben Jahrhundert verändert hat. Beer-Hofmanns Buch erregte Aufsehen; es wurde in der ›Rundschau‹ gleich zweimal rühmend besprochen, bei Erscheinen von Arthur Eloesser und am Jahresende noch einmal von Felix Poppenberg. Rilke notierte am 2. Dezember 1899 in seinem Schmargendorfer Tagebuch:

... und gleich darauf kam mir das Fragment aus Richard Beer-Hofmann, ›Der Tod Georgs‹ in die Hände, und ich mag es kaum mehr fortlegen. Ich halte es wie einen Brief; eine Schrift spricht mit, das Papier, der Duft, der beim Umblättern wach wird, – alles das spricht dafür, daß es etwas Vertrauliches ist, an uns gerichtet und an viele, zu denen wir gehen werden wie Sendboten und Vorläufer.

Beer-Hofmann schrieb wenig und langsam. Sein nächstes Werk kam erst fünf Jahre später, und Bies Hoffnung, ihn zu regelmäßigen Beiträgen zu bewegen, erfüllte sich nicht. Erst 1907 erschien der Dichter zum erstenmal in der ›Rundschau‹, und auch danach konnte die Zeitschrift nur gelegentlich einige Verse von ihm erlangen. »Bezeichnenderweise«, erzählt Hedwig Fischer von ihrer ersten Begegnung,

warnte Beer-Hofmann mit heftigen Worten vor Karl Kraus, dessen Besuch uns angemeldet war. Freilich waren größere Antipoden wie er und der bissige, rücksichtslose Kraus kaum denkbar, und der hatte soeben eine ›Fackel‹ gegen die Wiener Dichter geschrieben, ›Die demolierte Literatur‹. Den Titel nahm er zielsicher und hämisch in bezug auf das Dichter-Stammcafé, das Café Griensteidl, das damals abgerissen worden war.

Hedwig Fischer erinnerte sich nicht ganz richtig. Kraus hatte sich in der Tat längst mit dem Freundeskreis überworfen (er hatte schon im März 1893 an Schnitzler geschrieben, er hasse »diese falsche, erlogene ›Décadence‹«, und im gleichen Jahr den vielgeplagten Organisator in einem Aufsatz *Zur Überwindung des Hermann Bahr* scharf angegriffen). Aber ›Die Fackel‹ gab es damals noch nicht; *Die demolierte Literatur*, in welcher der gesamte Kreis der Dichterfreunde der Reihe nach verhöhnt wurde, erschien in der ›Wiener Rundschau‹ und anschließend als Broschüre. Felix Salten war so wütend, daß er Kraus verprügelte. Schnitzler hielt ihn für einen »hochbegabten Fälscher« und notierte (1912): »Hat er sich je gegen irgendeine Macht gewendet, von der ihm wirklich Gefahr droht?« Auch wurde das Café Griensteidl nicht »abgerissen«, sondern im Januar 1897 geschlossen, weil das Palais Herberstein, in dem es sich befand, in ein Mietshaus umgebaut wurde. Allerdings löste sich mit der Schließung des Cafés der von Bahr begründete Kreis auf. Aber die Literatur, die aus ihm hervorgegangen war, war alles andere als »demoliert«; sie hatte sich inzwischen unter Fischers Dach zusammengefunden und blühte aus dem vollen.

›DER GARTEN DER ERKENNTNIS‹

Es ist nun freilich so, daß man Dinge, die sich gleichzeitig ereignen, nur hintereinander erzählen kann. Wie also dann einen lebensechten Eindruck von diesem erstaunlichen Jahr 1895 geben, das für Fischer so reich und fruchtbar war wie kein anderes zuvor?
Am 25. Januar 1895 schrieb Bahr an Fischer nach Berlin:

Lieber Fischer! Gleichzeitig wird an Sie eine Novelle ›Der Garten der Erkenntnis‹ von Leopold Andrian gesendet, das beste Werk nach meinem Urteile, was bisher die europäische Moderne hervorgebracht hat, unsäglich tief und schön. Ich kann es in der ›Zeit‹ nur deswegen nicht bringen, da mein Raum durch frühere Verpflichtungen bis Anfang 96 verrammelt ist, der junge Autor aber möglichst gedruckt sein will. Darum empfehle ich es Ihnen. Ich werde darüber am 13. März im ›Verein der Literaturfreunde‹ lesen u. darum würde ich Ihnen sehr empfehlen, es im Märzheft gleich auf einmal (Fortsetzungen können ihm nur schaden) zu drucken. Für Reklame von allen Seiten werde ich sorgen; ich will mich dafür einsetzen, wie ich mich noch nie für eine Sache eingesetzt habe. Also lesen Sie rasch, entscheiden Sie rasch und schreiben Sie mir gleich. Herzlichst Ihr Hermann Bahr.

Bahrs Brief war auf dem Redaktionspapier einer neuen Zeitschrift geschrieben, der Wiener Wochenschrift ›Die Zeit‹, die Bahr im September 1894 mit zwei Freunden gegründet hatte und an der der ganze Freundeskreis mitarbeitete. Bahr hatte als Mitherausgeber sogleich eine enge Verbindung mit Fischers ›Rundschau‹ hergestellt; die beiden Zeitschriften tauschten nicht nur Mitarbeiter, sondern auch Inserate aus, Bahr erwarb häufig von Fischer Romane zum Vorabdruck, und als nach der Jahrhundertwende Felix Salten die Feuilletonredaktion übernahm, wurde Heimann ihr Berliner Kulturberichterstatter.
Zur Zeit von Bahrs enthusiastischem Brief war Leopold von Andrian im Kreis der ›Wiener Moderne‹ und des Cafés Griensteidl bereits wohlbekannt. Andrian war der Sohn des Wiener Anthropologen Frei-

herrn Ferdinand von Andrian zu Werburg; seine Mutter war eine Tochter des Komponisten Meyerbeer. Hofmannsthal hatte den um ein Jahr Jüngeren im Spätherbst 1893 in Wien im Haus Oskar Walzels kennengelernt, der Andrians Hofmeister gewesen und jetzt Privatdozent für Germanistik an der Wiener Universität war, und durch Hofmannsthal wurde der ein wenig vereinsamte Achtzehnjährige in den literarischen Freundeskreis eingeführt. Schon vor dieser Begegnung hatte Andrian von sich aus mit Stefan Georges ›Blättern für die Kunst‹ Verbindung aufgenommen, die 1894 einige Gedichte von ihm veröffentlichten, sich aber dann mit dem Herausgeber überworfen. Aus der Begegnung mit Hofmannsthal wurde eine einzigartige, lebenslängliche Freundschaft. »Daß wir den Poldy begegnet haben«, schrieb Hofmannsthal an Beer-Hofmann, »ist etwas Großes und Seltenes, das fühle ich ganz deutlich.« Die beiden Jünglinge trafen einander bei Walzel oder auch im Hofmannsthalschen Elternhaus, bei Schnitzler, Salten oder Beer-Hofmann, sie lasen einander ihre neuesten Gedichte oder Novellen vor oder gingen im Volksgarten, im Prater oder im Park von Schönbrunn philosophierend spazieren. Am 25. April 1894 notierte Hofmannsthal in seinem Tagebuch:

Mit Poldy in der Abenddämmerung in Schönbrunn. Zwei Alleen, sternförmig ausgehend: in der linken fast Dunkelheit, auf dunklem Gewölk ein blasser Regenbogen, in der rechten heller, metallisch-blauer, leise grüner Himmel, mit mattsilbernen Wolken.

Die beiden Alleen, »sternförmig ausgehend«, bezeichnen aufs schönste das bemerkenswerte schöpferische Doppelereignis der Jahreswende 1893/94: die gleichzeitige Entstehung von Hofmannsthals *Der Thor und der Tod* und Leopold von Andrians *Der Garten der Erkenntnis*. Andrian las den »Irrgarten«, wie Hofmannsthal die Erzählung scherzend nannte, Mitte Januar 1895 in Bahrs Wohnung den Freunden vor, und Bahr erklärte: »Wenn von einem von den modernen Schriftstellern zwei Zeilen leben werden, so sind's welche von Andrian!« Andrian vermerkte das große Wort stolz in seinem Tagebuch, und Bahr schickte das Manuskript an Fischer.

Fischer las und entschied sich rasch; er antwortete Bahr am 8. Februar 1895: »Die Novelle von Andrean [!] ist in der That sehr schön, wenn auch in der Form noch etwas unreif.« Er wolle sie gern in der ›Rundschau‹ veröffentlichen, doch könne er keinen Termin versprechen. Wenn Andrian jedoch an der baldigen Veröffentlichung viel liege, »so wäre ich gern geneigt, dieselbe in Buchform zu veröffentlichen, doch müßte mir der Verfasser die Kosten garantieren, da ich nicht glaube, daß sich für dieses Werk ein großer Käuferkreis einstellt«. Dem neunzehnjährigen Andrian lag viel an der Veröffentlichung, aber er wußte nicht recht, woher das Geld für die ›Ausfallsgarantie‹ nehmen, denn den Vater wollte er nicht bitten. Er wandte sich an Hofmannsthal um Rat, der ihm schrieb:

In der Fischer-Sache kann ich Dir nicht gut raten. Ich weiß ja nicht, wieviel Dir an dem Druck liegt und anderseits, ob Dir das Hergeben oder Ausleihen des Geldes sehr zuwider ist. Jedenfalls scheint mir 1.) der Fischer absolut nicht geneigt, sich ohne die Barzahlung überhaupt auf die Sache einzulassen 2.) um den Verkauf derartiger commerciell aussichtsloser Bücher pflegt sich ein Verleger überhaupt nicht zu kümmern, daran wird sich also nichts ändern. Leid ist mir nur, daß ich so gar kein Geld hab, dann könnten wirs einfach in Ordnung bringen. Aber ich glaub er wird sich auf 2 Monatsraten zu 60 fl. schon einlassen, und die wirst Du doch von Deinem Halbmonatsgeld abziehen können ... oder von Deinem Papa ausleihen und im Sommer hereinbringen?

Die Novelle war kurz, sie machte schließlich ganze einundsechzig Druckseiten aus, und Bahr rechnete in seiner Antwort vom 18. Februar 1895 Fischer flink vor, Andrian solle 100 Mark zahlen – »mehr kostet ja der Druck nicht« –, und da das Büchlein nicht mehr als eine Mark kosten werde (was es dann auch nicht tat), solle Fischer bei verkauften 200 Exemplaren die Vorauszahlung des Autors zurückerstatten. Fischer fand, zweihundert Mark müßten es schon sein, und Bahr und Hofmannsthal rieten Andrian beide, er solle »den Vorschlag von dem Verleger Fischer« annehmen. Vermittler Bahr teilte Fischer unverzüglich mit, der Autor sei unter zwei Bedingungen einverstanden: das Buch müsse bis 12. März erschienen sein, und Fischer müsse Andrian »die Zahlung bis August d. J. creditieren«, weil der junge Dichter vorher »von seinem Alten kein Geld verlangen« wolle; notfalls stehe er, Bahr, gut. Fischer antwortete am 26. Februar 1895, er sei einverstanden, im übrigen habe die genauere Kalkulation ergeben, daß die Herstellung »nur etwa 150 Mark« kosten werde: »Sie und Herr Andrian können also beruhigt sein. Ich werde keineswegs mehr berechnen, wie die Kosten betragen. Das Buch habe ich sofort in Druck gegeben ...«

Eine kuriose kleine Transaktion, die Einblick gewährt, wie Fischer solche Fälle behandelte. Die ganze umständliche Garantieverhandlung erwies sich als unnötig. Bahr schickte Andrian Fischers Brief mit dem handschriftlichen Zusatz: »Das heißt, Sie brauchen erst im August zu zahlen.« Tatsächlich brauchte Andrian überhaupt nichts zu zahlen. Ein Jahr später, am 13. Mai 1896, erinnerte der Verleger den jungen Autor daran, »daß Sie für die Kosten im Betrage von 200 Mrk eingetreten sind, daß wir diese Kosten von Ihnen nicht eingefordert haben, weil wir glauben, durch den Verkauf gedeckt zu sein ...«

Der Garten der Erkenntnis von Leopold Andrian erschien bei Fischer wie versprochen in der zweiten Märzwoche 1895. Das schmale Buch tönt wie ein geheimnisvolles Echo bis heute durch die deutsche Dichtung. Walter H. Perl, der achtzig Jahre später den Briefwechsel zwischen Hofmannsthal und Andrian im S. Fischer Verlag herausgab, schrieb 1958 in einem Aufsatz *Leopold von Andrian, ein vergessener Dichter des Symbolismus,* das Merkwürdige sei,

daß bei diesem hauchzarten Werk eigentlich jede Analyse den Reiz zerstört, im besten Fall aber zu einer Nacherzählung mit umfangreichen Zitaten wird. Die ganze Welt des jungen Menschen ist in dem Buch eingefangen ... Trotz mancher jugendlicher Schwächen ist das Buch eins der schönsten dichterischen Dokumente des Symbolismus und bleibt unerreicht in seiner zauberhaften Stimmung.

Stefan George war tief beeindruckt und ließ eine kalligraphische Abschrift herstellen, um nicht die »scheußliche Ausgabe des Fischer« in seiner Bibliothek zu haben. Unter den vielen positiven Kritiken fanden sich auch einige ablehnende; der überempfindliche Andrian ärgerte sich über diese »Beschimpfungen«, aber Hofmannsthal verwies es ihm: »Daß du die Ansichten von anderen Leuten über den Garten der Erkenntnis überhaupt hören willst, wundert mich: mir ist solches Reden über Kunstwerke verhaßt...« Hofmannsthal selbst schrieb eine umfangreiche Besprechung des Buches und sandte sie der ›Frankfurter Zeitung‹, die sie jedoch nicht druckte, weil der Redakteur das Buch nicht verstand. Hofmannsthal schickte Andrian das Manuskript mit der Bitte, es nicht zu verlieren – »ich brauchs noch« –, aber Andrian verlor es, und der Essay ist verschollen.
Es blieb bei der ersten Auflage und auch bei diesem einen Buch. Der Verlagskatalog von 1901 stellt betrübt fest: »Bis jetzt das einzige Buch, das der Verfasser veröffentlicht hat.« Als Leopold von Andrian im Sommer 1918 zum Intendanten der Wiener Hoftheater berufen wurde, erinnerte Hofmannsthal an diese Merkwürdigkeit:

Mit neunzehn Jahren der Autor einer kurzen Erzählung, ›Der Garten der Erkenntnis‹, und durch diese Prosa von kaum sechzig oder siebzig Seiten für eine Spanne Zeit in Deutschland berühmt und in einer Weise berühmt, daß die Spur davon sowohl im Gedächtnis der Literaten wie auch in der Literaturgeschichte sich heute, nach einem Vierteljahrhundert, scharf und bestimmt erhalten hat, wandte sich Baron Andrian dann dem öffentlichen Dienst zu und hat in fünfundzwanzig Jahren seiner ersten Arbeit keine zweite, kein Gedicht, keinen Aufsatz, nicht eine Zeile belletristischen Charakters jemals folgen lassen ... Der Vorgang ist ungewöhnlich. Ebenso ungewöhnlich ist das Buch selbst. Es ist ein kurzer, traumartiger Lebenslauf, sehr schlicht erzählt, mit Nennung österreichischer Ortschaften, Erwähnung ganz alltäglicher Dinge. Aber durch Zusammendrängung und Unbestimmtheit entsteht der Charakter des Märchenartigen und dies Besondere ist nicht durch kalte Absicht erzeugt, sondern wie unbewußt, durch die eigene Ergriffenheit. Eine Hervorbringung dieser Art hat etwas durchaus Außerordentliches, Einmaliges ... Wer ein Ding dieses Ranges gemacht hat und dann keine Zeile weiter, muß eine Art haben, sich selbst zu behandeln, die nicht alltäglich ist.

Andrians dichterische Schaffenskraft war nach dem Jugendwerk versiegt. Im Frühjahr 1909 regte Hofmannsthal bei Fischer eine Neuausgabe an, die auch die verstreuten Gedichte enthalten sollte, und schrieb an den Freund:

Ich begegne übrigens kaum einem jüngeren Künstler oder künstlerisch interessierten Menschen – der mir nicht von dem Buch zu sprechen anfinge. Ich schreibe noch heute an Fischer ihn an die Neuauflage erinnernd. Er wünscht sie selbst zu machen, verbummelt es aber anscheinend im vielerlei seiner Verlagsgeschäfte.

Fischer war bereit, aber Andrian antwortete ablehnend. Er war inzwischen in den österreichischen diplomatischen Dienst eingetreten und fand möglicherweise aus beruflichen Gründen eine öffentliche Neuausgabe des Jugendwerkes untunlich. Er gestattete im folgenden Jahr nur eine Neuausgabe in der Drugulin-Presse in beschränkter Auflage. 1919 hingegen, als Andrian sich aus dem öffentlichen Dienst zurückgezogen hatte, galten diese Rücksichten nicht mehr, und Fischer konnte eine Neuausgabe unter dem veränderten Titel *Das Fest der Jugend. Des Gartens der Erkenntnis erster Teil und die Jugendgedichte* herausbringen, zu der Andrian eine große Vorrede schrieb und die zwei Auflagen erlebte. Schließlich kam das Werk 1948, drei Jahre vor Andrians Tod, noch einmal in einem Grazer Verlag heraus.

DIE PAPPSCHACHTEL

Andrians Buch war noch kaum erschienen, da folgte die nächste österreichische Entdeckung. Ein Dichter tauchte auf, der wiederum eine ganz neue Seite des »österreichischen Antlitzes« zeigte. Hedwig Fischer hat dieses Auftauchen in ihren Erinnerungen geschildert:

Auf Peter Altenberg bin ich stolz, denn ich habe ihn ›entdeckt‹. In der ersten Zeit meiner Ehe versah ich nebenamtlich das Verlagslektorat, wir hatten noch keinen richtigen Lektor. Im Sommer 1895, den wir mit dem kleinen Gerhart in Heringsdorf zubrachten, wurde mir von Berlin aus das erste Manuskript Altenbergs nachgeschickt. Aus einer großen Pappschachtel packte ich große, lose Blätter mit einer großen, losen Handschrift aus, die mich beim ersten Hinsehen an eine Frauenhandschrift denken ließ. Gleich beim ersten Lesen hatte ich ein gutes Gefühl für die kleinen, locker gefügten Skizzen: Jugend, Liebe und der Zauber des alten Österreich lagen darin ... Mein Mann fand mich in Tränen über dem Manuskript, und das war die beste und wortloseste Empfehlung zur Annahme. Die Skizzenbändchen fanden ein getreues Publikum, und ich verdanke ihnen manche Tröstung in den ersten Ehejahren, wo mich oft Krankheiten plagten und ein Altenberg-Büchlein auf dem Nachttisch stets bereit lag. So hing ich dem Unbekannten mit einer gewissen Sentimentalität an ... Übrigens hieß er nicht Peter Altenberg, sondern Richard Engländer, und sein Pseudonym sollte ihm den ersten Platz im Verlagskatalog sichern.

Richard Engländer, der sich Peter Altenberg nannte, der »nachlässig angezogene Kahlkopf mit seinem grauen Radmantel«, war gleichaltrig mit Fischer und somit um einiges älter als die jungen Dichter des ›Griensteidl‹-Kreises. Beer-Hofmann scheint sein ›Entdecker‹ gewesen zu sein. Er hatte ihn, wie Schnitzler später erzählte, »bei einem sommerlichen Fest in Ischl kennengelernt, wo er ihm durch seine gezierte Art des Tanzens auffiel. Nicht lange danach zeigte er Beer-Hofmann seine Gedichte in Prosa.« Beer-Hofmann las sie den Freunden vor, ohne den Verfasser zu nennen, und alle »waren entzückt von dem Zauber und der Eigenart dieser Bilder«. Schnitzler schrieb Altenberg einen Brief, der sonderbare Mann war in den Kreis der Freunde eingeführt. Salten, der bei der Vorlesung dabei war, erzählt freilich, man habe Richard Engländer bereits aus einem Wiener »Nachtcafé« gekannt, wo er »sich mit dem Verkauf importierter ägyptischer Zigaretten beschäftigte«. Wie auch immer: »Es wurde beschlossen, alle Manuskripte an den Verleger Fischer zu senden, der sich denn auch sofort bereit erklärte, das Buch zu veröffentlichen. Wir hatten einen Dichter entdeckt: Peter Altenberg.« Der Inhalt der Pappschachtel erschien 1896 unter dem Titel *Wie ich es sehe* mit einem Porträt des Sonderlings, der im Verlagskatalog von sich sagte:

Ich bin in Wäldern herumgelungert, war Jurist, ohne Jus zu studieren, Mediciner, ohne Medicin zu studieren, Buchhändler, ohne Bücher zu verkaufen, Liebhaber, ohne je zu heiraten, und zuletzt Dichter, ohne Dichtungen hervorzubringen! Denn sind meine kleinen Sachen Dichtungen? Keineswegs. Es sind Extrakte! Extrakte des Lebens. Das Leben der Seele und des zufälligen Tages, in zwei bis drei Seiten eingedampft, vom Überflüssigen befreit wie das Rind im Liebig-Tiegel!

Fischer lernte Altenberg im Jahr darauf, im August 1897, in Wien kennen und schrieb seiner Frau: »Altenberg ist ein Otto Erich ins Wienerische übersetzt. Ein Bummler erster Klasse, nur ohne Trinkbedürfnis. Du wirst anfangs sicher enttäuscht sein, wenn Du ihn aber erst näher kennenlernst, wirst Du den Dichter in ihm und den famosen Menschen schon erkennen.« In diesem Herbst lag mit dem Skizzenbuch *Ashantee* schon ein zweiter Band vor; der dritte Sammelband, *Was der Tag mir zuträgt*, erschien 1900, und danach trafen Altenbergs Pappschachteln mit jener Regelmäßigkeit, deren nur völlig verschlampte Existenzen fähig sind, jedes zweite Jahr bei Fischer ein. 1908 veranstaltete Fischer einen Auswahlband aus den bisher erschienenen Bänden, und weitere sieben Bände folgten bis zu Altenbergs Tod im Jahr 1919 – zehn Bände, die in Stoff und Klangfarbe so gleichgestimmt sind, daß sie nicht nur wie ein einziges, in Fortsetzungen erschienenes Werk wirken, sondern es tatsächlich sind. Egon Friedell, der Freund und ›Altenberg-Eckermann‹, veröffentlichte 1912 seine geistvolle Studie *Ecce Poeta*, und 1925 gab Alfred Polgar den Nachlaß Altenbergs bei Fischer heraus.

Altenbergs ›kleine Sachen‹, so absonderlich und einzigartig sie waren, standen nicht außerhalb seiner literarischen Zeit. Fischers Ankündigung erklärte zwar:

Altenberg ist ein Dichter, vor dessen Augen es keinen Alltag giebt. Er sucht die verlorenen Paradiese; er findet sie in den Seelen der Kinder und – als neuer Frauenlob – in denen der jungen Mädchen und jungen Frauen. Seiner Anschauung der Welt hätten überkommene Kunstmittel nicht getaugt; er hat einen neuen, seinen Stil geschaffen.

Doch das traf nur bedingt zu. Es war gewiß kein Zufall, daß sowohl Hofmannsthal wie Thomas Mann gänzlich unabhängig voneinander in Altenberg eine doppelte Spur zurückverfolgten: zu Andersen und zu Nietzsche. »Diese Symbiose scheinbar so wesensverschiedener Lebensteile«, schrieb Thomas Mann, »war von unglaublicher Musikalität.« Überdies blühten die ›kleinen Sachen‹ am alteingewurzelten Stamm des Wiener ›Feuilletons‹, auch wenn sie eine stark ›aus der Art‹ geratene Blüte waren; sie stehen in enger Beziehung zur impressionistischen Malerei, und wo ihre Kindlichkeit, wie Hofmannsthal fand, an die »altkluge Koketterie der Andersenschen Märchen« erinnert, da gemahnt ihre kunstvoll-naive Formalistik der Farbgebung an Jacobsen; schließlich ist vieles in Altenbergs Prosa nicht nur nah mit Schnitzler verwandt, sondern bei genauem Hinhören sogar mit Fontane (wie man überhaupt in Schnitzler einen Wiener Nachfahrn Fontanes – des »letzten Berliners« – vermuten darf). Es ist nicht von ungefähr, daß die neue »Kleine Form«, die Altenberg aus dem schablonisierten Wiener Feuilleton entwickelte, von Polgar, der dem Schnitzler-Stamm entsproß, fortgeführt wurde oder daß die eindringlichste Skizze der Kunst Altenbergs vom letzten Vollender des Altwiener Feuilletons stammt, nämlich Felix Salten. In seinem 1919 bei Fischer erschienenen Essayband *Das österreichische Antlitz* – einem zu Unrecht vernachlässigten, blitzgescheiten Buch – finden sich diese Grußworte zu Altenbergs fünfzigstem Geburtstag:

Er wird niemals ein großes Werk schaffen, langsam komponieren und bauen, wird niemals die Fäden irgendeiner Handlung spinnen, knüpfen und lösen, niemals in seiner Phantasie Gestalten und Schicksale erschaffen ... Er ist in dieser Welt etwas wie der Pilger Luka im Nachtasyl oder wie in der Macht der Finsternis der alte Akim. Er ist hier heimisch und kommt doch von wo anders her ... Es ist seine innerste Notwendigkeit, daß er diese kurzen Briefe an das Leben richtet. Manchmal Anerkennungsschreiben, die von seinem

Entzücken auf eine rührende Weise ganz durchtränkt sind. Manchmal wieder Schmähbriefe, in denen sein erstickender Zorn ins Stammeln gerät. Er wird immer nur diese kleinen Prosastücke schreiben ... Aber unter ihnen sind viele kleine Meisterwerke. In diesen wohnt eine ungemeine Flugkraft, und sie werden ihn über die Jahre hinwegtragen ...
Während andere mit der Gewalt eines langen Atems Werke schreiben, die man morgen schon vergessen hat, kann er mit seinem kurzen Atem Dinge sagen, die einfach unvergeßlich sind.

Unvergeßlich vor allem für die Frauen. Das Wort vom »neuen Frauenlob« war von Hedwig Fischer geprägt, und Fischer hatte recht, sich auf ihre Tränen als ein gültiges Lektorengutachten zu verlassen. Denn die Frauen hielten Altenberg über alle literarischen Moden und Geschmackswandlungen hinweg jahrzehntelang die Treue – ein erstaunliches Phänomen, wenn man sich eingesteht, wie blaß, vergilbt, beziehungslos viele der ›Kleinen Sachen‹ geworden sind. Der Titel des 1913 erschienenen *Semmering 1912* scheint uns heute über dem gesamten Altenberg-Werk zu stehen, und wer hätte gedacht, daß es auch nur den Ersten Weltkrieg überleben würde? Fischer konnte seine elf Altenberg-Bände Jahr um Jahr immer wieder nachdrucken; sie wurden zu einer stetigen, unverwechselbaren Lebensmelodie, die drei Jahrzehnte Verlagsarbeit durchzog.

DER KOMET AUS PESCARA

Altenberg stand 1896 mit seinem ersten Buch im alphabetisch angeordneten Verlagskatalog an erster Stelle. Aber gleich nach ihm kam ein gleichfalls neuer Name, der hinfort in allen Jahreskatalogen, die keinen neuen Altenberg anzeigen konnten, an die Spitze trat: Gabriele d'Annunzio aus Pescara, der in wenigen Jahren ein Riesenwerk von Romanen, Novellen, Versen und Bühnenstücken hervorbrachte.
Der Genius Gabriele d'Annunzios zog im letzten Jahrzehnt des alten Jahrhunderts wie ein feuriger Komet über den Himmel der europäischen Literatur; er strahlte noch weit ins neue hinein und kam erst mit dem Ausbruch des Ersten Weltkriegs zum Erlöschen. Er stiftete einen ungeheuren Aufruhr in der Dichtung und verhalf mit einem Schwung ohnegleichen der größten Schauspielerin der Jahrhundertwende zu einem beispiellosen Triumph. Das ist vergessen, aber es muß erinnert werden. Der Nachruhm seines echten dichterischen Genies wurde von ihm selber unter dem chauvinistischen Geröll seiner ruhmredigen politischen Albernheiten während der folgenden zwei Jahrzehnte verschüttet, und die Wolken seiner Tiraden verdunkelten das strahlende poetische Gestirn, als das er aufgegangen war.
d'Annunzio war der erste Italiener in Fischers Verlag, aus einem

simplen Grund: er war der einzige italienische Dichter von Bedeutung, den es zu jener Zeit gab. Er war 1863 geboren, und seine ersten, zwischen 1880 und 1890 entstandenen Prosaarbeiten brachen aus einem Wust epigonenhafter Mittelmäßigkeit hervor, ähnlich dem Durchbruch Hauptmanns in Deutschland, mit dem sein Erscheinen, wenn auch unter gänzlich anderen Vorzeichen, zeitlich zusammenfiel. d'Annunzio war als Dreißigjähriger bereits berühmt, vor allem in Frankreich, ehe man in Deutschland auf ihn aufmerksam wurde. Stefan George wußte von ihm wohl als erster; er erwähnte ihn Hofmannsthal gegenüber schon bei ihrem ersten Zusammentreffen in Wien im Dezember 1891. Im folgenden Jahr übertrug George mehrere Gedichte d'Annunzios ins Deutsche, die im März 1893 in den ›Blätter für die Kunst‹ (also nur in kleinem Kreis, unter Ausschluß der Öffentlichkeit) erschienen. Hofmannsthal beglückwünschte George am 29. März 1893 zu seiner »höchlichst gelungenen Nachdichtung« und erwähnte, er »kenne von dem bedeutenden Italiener« nur die Novelle *Giovanni Episcopo*, wolle aber, sobald er auch *L'Innocente* gelesen habe, »in einem Tagesblatt auf diese erfreuliche Erscheinung aufmerksam machen«.

Diese Vorgeschichte ist für das Nachfolgende wichtig. Hofmannsthals Aufsatz über d'Annunzio in der ›Frankfurter Zeitung‹ im August 1893 war der erste, der in Deutschland öffentlich nachdrücklich auf den noch unübersetzten Prosaepiker hinwies. Er sagte von *L'Innocente*, in diesem Buch lasse sich »deutlich der Punkt wahrnehmen, wo der raffinierte Verismus der Seelenzergliederung in Phantastik umschlägt«, und von *Isottéo* gar:

> ... gleichzeitig ein reales und ein phantastisches Buch, gleichzeitig Wirklichkeit und Traum. Es ist nirgends darin gesagt, daß die beiden Menschen darin kostümiert sind, aber alle ihre Gedanken sind es. Diese Dichterseele ist so erfüllt mit den faszinierenden Abenteuern der Vergangenheit, daß sie unter der Berührung der Liebe unwillkürlich wie aus einem tiefen Brunnen eine Märchenwelt aufschweben läßt ... Realität und Phantasma rinnen völlig ineinander ...

Erinnert man sich, daß Hofmannsthal selbst um eben jene Zeit *Der Thor und der Tod* schrieb, so begreift man, welche überwältigende Entdeckung der Italiener für ihn gewesen sein muß. Ein zweiter und dritter Aufsatz, die sich mit d'Annunzios folgenden Büchern beschäftigten, erschienen im September 1894 und Januar 1896 in Bahrs ›Die Zeit‹, und zu diesem Zeitpunkt war der erste Band d'Annunzio, der 1892 entstandene Roman *Der Unschuldige*, soeben in Fortsetzung in der ›Neuen Deutschen Rundschau‹ erschienen, und Fischers Buchausgabe stand bevor.

Wie Fischer zu d'Annunzio kam, ob Hofmannsthals erste Aufsätze Heimann aufmerksam machten, ob die Übersetzerin, Maria Gagliardi, ihn dem Verlag zuführte, ist nicht mehr zu ermitteln; auch nicht, warum Bie keinen Berufeneren mit der Einführung d'Annunzios in der Zeitschrift fand als einen jungen Dr. phil. Robert Saitschick, später Literaturprofessor in Köln, der seit dem Novemberheft 1894 mehrfach unter dem Titel *Von ausländischer Literatur* sich in endlosen grauen Schwaden beflissener Dissertation durch die Zeitschrift wälzte. Ausgerechnet dieser rührende Mann, der auf Schritt und Tritt in einem Sumpf von Gemeinplätzen versank, führte d'Annunzio mit einem sechsseitigen kleingedruckten Elaborat in der ›Rundschau‹ ein. Es stand, fleißig zusammengetragen, alles drin, was ›Loris‹ drei Jahre zuvor auf einem Drittel des Raums gesagt hatte; aber es stapfte lichtlos und unbeflügelt durch die antikische Landschaft.

Fischer setzte d'Annunzio trotz des mißlichen Dozenten in Deutschland durch und hatte mit ihm großen literarischen und buchhändlerischen Erfolg. Sein Einfluß in Deutschland war am stärksten bei Heinrich Mann zu spüren, dessen frühe Romane unverkennbar in d'Annunzios prunkhaft-trunkenen Renaissancekult gekleidet sind. Fischer brachte im Lauf von acht Jahren, von 1896 bis 1904 nicht weniger als elf Bücher von ihm heraus, sechs Romane und Novellenbände und fünf Bühnenwerke, und alle erlebten mehrere, einige hohe Auflagen; das zweite, der Roman *Lust*, 1897 erschienen, war das erfolgreichste und hatte am Ende des Ersten Weltkrieges die Nähe der Hunderttausend erreicht. Zwischenhin, wie es nicht anders sein konnte, schnappte Langen 1900 Fischer den Roman *Feuer* weg.

›FRANCESCA DA RIMINI‹

Fischer verhandelte mit d'Annunzio direkt, nicht durch die Übersetzerin, mit der d'Annunzio oft nicht einverstanden war. d'Annunzio konnte kein Deutsch, also schrieb er Fischer französisch. Ihr Briefwechsel muß umfangreich gewesen sein, aber es ist von ihm nur ein halbes Dutzend Briefe des Autors und kein einziger des Verlegers erhalten. Das ist ein rechter Jammer; denn über die Art, wie »Fischer Cunctator« (wie Heimann ihn nannte) mit dem temperamentvollen Mann fertig wurde, hätte man gern etwas gewußt.

Immerhin erfährt man auch aus dem wenigen Erhaltenen Wissenswertes, so vor allem wie Fischers Verträge mit ausländischen Autoren, die im Unterschied zu den Skandinaviern durch die Berner Konvention geschützt waren, zu jener Zeit aussahen. Fischer bemühte sich nach Möglichkeit, das Übersetzungsrecht gegen eine einmalige Pauschalzahlung für alle Auflagen zu erwerben, was ihm Honorarabrechnungen ersparte; dafür trug er die Übersetzungskosten. Damit war d'Annunzio einverstanden, und eine Quittung aus dem Jahr 1900 bezeugt, daß Fischer ihm für den Roman *Die Jungfrauen vom Felsen* eintausend Mark zahlte. Allerdings rebellierte der Autor, als Fischer die Abdrucksrechte in Zeitungen und Zeitschriften in der Pauschalsumme inbegriffen wissen wollte:

Cher Monsieur – in sämtlichen Ländern reservieren mir meine Verleger das Recht des Abdrucks in Zeitschriften oder Zeitungen, und das ist nur gerecht. Der Verleger hat keinen Anspruch darauf, ein Werk mit allen Mitteln ausbeuten zu dürfen. Er hat sich auf den Buchhandel zu beschränken. In Frankreich lasse ich alle meine Romane vorher in einer Zeitschrift erscheinen, ehe ich sie M. Calmann-Lévy übergebe. Ich habe darauf ein selbstverständliches Recht, ohne daß dieses Recht eigens im Vertrag niedergelegt ist.

Fischer gab nach.

Es ist nötig, um das Kapitel d'Annunzio in ordentlichem Zusammenhang zu erzählen, der zeitlichen Folge unserer Darstellung um einiges vorzugreifen. Im Juli 1900, als Fischer sicher war, daß er d'Annunzio in Deutschland durchgesetzt hatte, und der Ruhm der Duse in den für sie geschriebenen Rollen auch die deutschen Bühnen nach d'Annunzios Stücken greifen ließ, schlug er ihm einen Vertrag auf zehn Jahre vor. Aber d'Annunzio erklärte, in Italien seien nur fünf Jahre üblich und außerdem finde er die Pauschale »bien mince«; sechzehnhundert Mark müßten es schon sein und alle Abdrucksrechte vorbehalten. Auf dieser Basis scheint man sich geeinigt zu haben. d'Annunzios Brief vom 7. Juli 1900 schließt:

Ich schreibe zur Zeit ein neues Trauerspiel, und ich glaube, daß Madame Duse beabsichtigt, dieses Stück in Berlin zur Erstaufführung zu bringen. In diesem Fall müssen Sie die deutsche Übersetzung vor diesem Zeitpunkt und sogar noch vor der italienischen Ausgabe herausbringen.

Dieses Stück war *Francesca da Rimini*; aber es wurde erst im nächsten Jahr vollendet. Es war eine sprachlich sehr anspruchsvolle Verstragödie und warf ein Übersetzerproblem auf. d'Annunzio verlangte »une traduction absolument exceptionelle«, und es war offensichtlich nur der beste Übersetzer gut genug. d'Annunzio war mit seinen bisherigen deutschen Übersetzerinnen unzufrieden. Er erinnerte sich der (zehn Jahre zurückliegenden) Nachdichtungen seiner Gedichte durch Stefan George, mit dem die Verbindung nicht völlig abgerissen war (Hofmannsthal war mit d'Annunzio im Oktober 1898 in Florenz zusammengetroffen und hatte beiderseitige Grüße übermittelt), und so schlug d'Annunzio jetzt Fischer vor, Stefan George die Übersetzung der *Francesca da Rimini* anzutragen. Fischer fragte bei George an, und George wandte sich direkt an d'Annunzio, um zu erfahren, ob es damit seine Richtigkeit habe. Aber d'Annunzio antwortete nicht. George schaltete daraufhin den ihm und Hofmannsthal befreundeten Münchner Gelehrten W. Schmuljow ein und ließ Hofmannsthal durch ihn bitten, »falls sie an d'Annunzio zu schreiben hätten, ob Sie nicht für ihn wegen der Richtigkeit der Fischerschen Angaben anfragen könnten. Er wäre Ihnen sehr dankbar.« Denn falls d'Annunzio wirklich den Wunsch ausgesprochen habe, »würde George eventuell die Übersetzung machen«. Hofmannsthal war der gegebene Vermittler. Aber er wußte, daß er es mit zwei hochempfindlichen Männern zu tun hatte. Folglich schrieb er vorbeugend am 19. April 1902 an Fischer:

Bitte tun Sie im Augenblick *nichts* in der Angelegenheit der Übersetzung der ›Francesca v. Rimini‹ im Interesse dieser schönen Dichtung selbst. Ich habe es übernommen, zwischen Herrn Stefan George und d'Annunzio eine Verbindung herzustellen, hoffe, daß es gelingt und so ein ganz einziges Kunstwerk von Übersetzung zustande kommen kann. Nur könnte durch ins Spiel kommende Empfindlichkeiten etc. alles verdorben werden. Lassen Sie mir also, bitte, freie Hand, ich werde Sie vom Resultat verständigen.

Dies gelang nicht. d'Annunzio schickte zwar auf Hofmannsthals Einschaltung hin das Manuskript des Stückes und ein Telegramm an Stefan George, unterließ es aber, Hofmannsthal hiervon zu verständigen. Die »Empfindlichkeiten« waren unversehens doch »ins Spiel« gekommen. George verzichtete auf den Plan und sandte Fischer einen mit keiner Anrede versehenen, lediglich »München april 1902« datierten Brief:

Als ich Ihre anfrage erhielt betr. die übersetzung von d'Annunzios ›Francesca‹ glaubte ich daß das erscheinen der tragödie unmittelbar bevorstehe. ich hätte mir damals einige ruhige monate für die arbeit zurückbehalten können. seitdem sind 8 wochen vergangen – ich hatte die sache längst vergessen und andere verfügungen getroffen sodaß ich in absehbarer zeit an kein ähnliches werk denken kann. genehmigen Sie den ausdruck meines bedauerns und meiner vollkommenen hochachtung Stefan George.

Nur die stilisierte Unterschrift war von Georges Hand. Der Brief selbst ist in der Handschrift Friedrich Gundolfs. Fischer war, ohne es zu ahnen, durch den d'Annunzio-Plan zum Anlaß der Wiederaufnahme des seit drei Jahren unterbrochenen Briefwechsels zwischen Hofmannsthal und George geworden. Hofmannsthal schrieb am 3. Mai 1902 an George:

mein lieber George! ich war einigermaßen beschämt, Ihren freundlichen Brief als Antwort auf eine wortlose Sendung zu bekommen. Daran aber bin nicht ich schuld, sondern eine nicht recht erklärliche Unfreundlichkeit oder Achtlosigkeit d'Annunzio's. Durch eine an mich gelangte Mittheilung des Herrn W. Schmuljow wurde ich berechtigt, d'Annunzio um eine directe Äußerung in der Angelegenheit der Übersetzung der ›Francesca‹ zu bitten: eine Äußerung, aus der unzweifelhaft zu entnehmen wäre, daß er das Außerordentliche, wenn Sie diese Arbeit auf sich nähmen, zu schätzen wisse und daß für ihn und seine Wünsche daneben kein anderer Übersetzer in Betracht käme. Diese Äußerung, die ja nur in diesem Sinn erfolgen kann und die sicher nur ein Zufall verzögert hat, hoffte ich Ihnen sogleich, meinem Briefe beigeschlossen, zusenden zu können, und ich hätte mich dessen sehr gefreut.

George antwortete mit einem langen persönlichen Brief, der die mißliche Angelegenheit nur in einem Nachsatz erwähnt: »Mit D'Annunzio inzwischen erledigt. allen dank. ich wollte damals nur wissen ob der übersetzungs-wunsch wirklich von D'A. ausgegangen.«
Die Übersetzung der *Francesca* wurde nunmehr dem vierundzwanzigjährigen Karl Vollmoeller übergeben, der nicht nur zum Mitarbeiterkreis der ›Blätter für die Kunst‹ gehörte, sondern auch im Begriff stand, ein Fischer-Autor zu werden. Im Frühjahr 1903 erschienen von ihm bei Fischer ein Band Gedichte und ein Schauspiel *Catherina, Gräfin von Armagnac und ihre beiden Liebhaber*, das ihn rasch bekannt machte. Vollmoeller machte sich an die Arbeit, aber inzwischen bekam d'Annunzio die ganze deutsche Übersetzerei in die falsche Kehle und machte Fischer einen wahrhaft neapolitanischen Krach:

Mon cher Monsieur Fischer ... Ich habe unseren Vertrag *unselig* genannt, weil ich es bedaure, solche Bedingungen und auf so lange Zeit hinaus unterschrieben zu haben. Meine Benachteiligung ist offenkundig. Vor allem einmal: die Übersetzungen sind schauerlich (*abominables*.) Ich hatte Gelegenheit mich ausführlich mit einigen sehr gebildeten deutschen Freunden darüber zu unterhalten. Man hat mich auf Fehler von einer geradezu unglaublichen Grobheit aufmerksam gemacht, auf willkürliche Kürzungen, lächerliche Einfügungen etc. etc. Von d'Annunzio ist in diesen dicken Bänden nichts oder fast nichts übriggeblieben. Ich kann Ihnen, wenn es Sie interessiert, einige dieser niederschmetternden Urteile vorlegen. In dem Band *Episcopo* ist alles vergröbert, abgeschwächt, entstellt. Es ist entsetzlich. In den Romanen ist es noch schlimmer ... Alle jene, die das Original mit der Übersetzung zu vergleichen imstande sind, sind vollkommen außer sich über so viel Brutalität und Unverständnis. Nun bin ich, wie Sie wissen, ein sehr fruchtbarer Schriftsteller. Ich arbeite viel. Und ich bin an einen Vertrag gebunden. Wir müssen zu einer Verständigung gelangen. Ich kann und will diese Entstellungen meines Werkes nicht dulden. Außerdem: mein literarischer Ruf wächst in Deutschland von Tag zu Tag. Hier der Beweis: der Verleger Langen hat mir mit großem Nachdruck 5000 Mark für meinen nächsten Roman geboten ... Ich habe eine hohe Meinung von Ihrer Intelligenz und ihrer Anständigkeit ... Ich bin überzeugt, daß dieser klare und freimütige Brief Sie zu einer freundschaftlichen Einigung, was die Übersetzungen und die Bedingungen betrifft, geneigt finden wird ...

Was sollte Fischer auf einen solchen Brief antworten? Denn das Schlimme war ja: der Mann hatte recht. Die Übersetzungen *waren* »abominables«. Wahrscheinlich gab es im Verlagsbüro niemand, der ausreichend italienisch konnte, um sie nachprüfen zu können. Das ganze deutsche Übersetzerelend starrte einen wieder einmal an. Doch

Fischer brauchte sich mit den beiden mit Schimpf und Schande überschütteten Übersetzerinnen, Maria Gagliardi und Linda von Lützow, nicht mehr auseinanderzusetzen. *Francesca da Rimini* war das letzte Buch auf lange Zeit, das Fischer von d'Annunzio brachte. Vollmoeller lieferte eine schöne Übersetzung. Das mit großer Liebe und Sorgfalt mit Initialen und Buchschmuck von d'Annunzios Freund Adolfo de Karolis ausgestattete, auf besonderem, von d'Annunzio ausgesuchtem Papier verschwenderisch im »Lexikonformat« gedruckte Buch erschien schließlich 1904. Im folgenden Jahr lief d'Annunzios Vertrag mit Fischer aus und wurde offenbar nicht erneuert. Denn d'Annunzio erschien hinfort bei Albert Langen und späterhin auch im Insel-Verlag.

EPISODE: DER FALSCHE HAUPTMANN

Thomas Manns älterer Bruder war, man erinnert sich, an Fischer still und unbemerkt vorübergegangen. Anders ging es mit Gerhart Hauptmanns älterem Bruder. Diese Begebenheit fällt in diese Zeit. Carl Hauptmann hatte, schon in der Frühzeit in Zürich, die dichterischen Gaben des jüngeren Bruders als erster erkannt und ihn nach Kräften ermutigt und gefördert. Er hatte, wie es schien, ihm *Das Friedensfest* nicht übelgenommen, und sein eigenes Schaffen bewegte sich, wie sein 1893 erschienenes erstes Werk *Die Metaphysik in der modernen Physiologie* bezeugt, in vorerst anderer Richtung. Doch schon um diese Zeit wandte auch er sich dem rein dichterischen Schaffen, der Erzählung, dem Roman, der Bühne zu. Er gehörte zur Verlagsfamilie, oder zumindest schien es doch so. Seine ersten Dichtungen, insgesamt drei Novellen, erschienen 1891 und 1893 in der ›Freien Bühne‹ unter dem Pseudonym Ferdinand Klar. »Diese Dichtungen«, sagte der Verlagskatalog später, »waren Novellen von kleinem Umfang, sehr zart in der Stimmung, lyrisch – aber aufgebaut auf einem Grunde echter Lebensweisheit und eines nie rauhen, aber festen Lebensernstes.« Doch schon sein Schauspiel *Marianne* erschien 1894 unter seinem richtigen Namen bei Fischer, blieb aber neben den Schlag auf Schlag einander folgenden Bühnentriumphen des jüngeren Bruders (*Hannele* kam im gleichen Jahr heraus!) unbeachtet, und in »Zarle«, wie Gerhart Hauptmann ihn brüderlich nannte, sammelte sich ein glühend eifersüchtiger Zorn. Seine nächste Arbeit, das Schauspiel *Waldleute*, erschien bei Cotta 1895, und der altberühmte Verlag nahm die Gelegenheit dieser Verbindung zu einem vorfühlenden Versuch wahr, den berühmten jüngeren Bruder eventuell Fischer abspenstig zu machen. Doch Carl Hauptmann winkte ab und schrieb Cotta am 22. November 1895 aus Dresden:

Gerhart ist mein jüngerer Bruder. Ich will ihm auch gern von Ihrem Anerbieten Mittheilung machen, notabene wenn er in einiger Zeit hierher zurückkehrt. Aber ich glaube Ihnen schon jetzt sagen zu können, daß er kaum daran denken dürfte, von seinem jetzigen Verleger wegzugehen. So viel ich gehört habe, stehen sie in guter Harmonie, die mit Gerharts Beginn einsetzte und durch seine Erfolge nicht geringer geworden ist...

Fischer jedoch wollte Carl Hauptmann nicht so ohne weiteres aus dem Kreis der Verlagsfamilie verlieren. Er erkundigte sich im nächsten Jahr nach der Möglichkeit eines Beitrags für die Zeitschrift und vielleicht auch eines neuen Buches. Carl Hauptmann antwortete ihm am 20. August 1896 aus Schreiberhau:

Lieber Herr Fischer – ich bin so gern bereit, Ihnen eine Skizze für die Rundschau zu senden, bin aber noch nicht schlüssig, welche die geeigneteste sei. Auch ehrt mich Ihr freundl. Antrag betreffs des ganzen Skizzenbuches, das ich im Lauf der nächsten Monate herausgeben möchte. Leider kann ich es Ihnen nicht mehr anbieten, weil Cotta mich für alle meine belletristischen Arbeiten verbindlich gemacht hat. Ich habe mich jedenfalls verpflichtet, sie ihm zuerst anzubieten und sehe keinen Grund seiner Ablehnung.
Vielleicht, lieber Herr Fischer, ist es in meinem ethischen Interesse gelegen, daß ich weniger Gerharts Wege gehe. Denn solange die Herren Kritiker glauben, Gerh. u. ich stünden in dem Verhältnis von Vater und Sohn oder Amme und Baby, was sie sich, denk ich, noch einmal werden abgewöhnen müssen, solange ist es gut, dem Wahne, als ob ich von Gerharts Ruhme Förderung begehrte oder thatsächlich einmal erfahren hätte, keinen Vorschub zu leisten. Dieser falschen Ansicht können natürlich gute, eigenartige Arbeiten meinerseits die Spitze abbrechen und Vertiefung und Arbeit um meine Kunst will ich natürlich nicht scheuen und habe ich nicht gescheut. Deshalb bin ich recht guten Glaubens...

Das persönliche Verhältnis zu Fischer blieb warm, herzlich und ungetrübt. Auf irgendeine Weise kam es dann doch dazu, daß das Skizzenbuch *Sonnenwanderer* trotz Cotta 1897 bei Fischer erschien. Aber zu Weihnachten 1897 brach der seit langem aufgestaute Groll gegen den jüngeren Bruder los und machte sich in einem wilden Ausbruch Luft, den Gerhart Hauptmann in seinem autobiographischen Roman *Buch der Leidenschaft* geschildert hat. Dort läßt er den verkannten, erfolglosen, unglücklichen »Zarle« (unter dem Decknamen Julius) rufen:

Ich will dir sagen, was du bist: ein Gernegroß, eine Null, ein Nichts! Was du weißt und kannst, habe ich dir eingetrichtert... Mir steht es zu, alles steht mir zu, alles und alles ist mein, und ganz allein mein, was du dir in deinem lächerlichen Dünkel anmaßest!

Fischer geriet durch diesen Bruderzwist in eine sehr unerquickliche Lage. Aber er wußte sich herauszuhalten und bewahrte Carl Hauptmann als Freund des Hauses und als Autor des Verlags die Treue. An einem Wintertage im Jahr 1897, so berichtet Hedwig Fischer, las Carl Hauptmann in Fischers Wohnung in der Burggrafenstraße 3 einem größeren Freundeskreis sein neues Stück *Ephraims Breite* vor, das im folgenden Jahr auch im Fischer-Verlag erschien. Ihm folgte im Jahr darauf, 1899, noch *Aus meinem Tagebuch*. Danach hörte die verlegerische Verbindung endgültig auf, und Carl Hauptmanns spätere Werke, von denen einige, vor allem die Romane *Mathilde, Einhart der Lächler* und *Ismael Friedmann*, ihm einen gewissen Erfolg brachten, erschienen anderwärts. Doch blieb er dem Haus Fischer weiterhin freundschaftlich verbunden, und sein Name taucht ebenso wie der Heinrich Manns in den folgenden Jahren hin und wieder im Fischerschen Gästebuch auf.

Für Fischers gewann jener Vorlesungsabend im Winter 1897 aus anderem Grund Bedeutung. Unter den Zuhörergästen befand sich die Schriftstellerin Lou Andreas-Salomé, die in den Jahren 1891–1900 zum Mitarbeiterkreis der ›Neuen Deutschen Rundschau‹ gehörte, in der sie religionsphilosophische und frauenrechtlerische Aufsätze und 1893 auch Berliner Theaterberichte veröffentlichte. Sie hatte ihren Freund Rainer Maria Rilke mitgebracht. »Das war es«, schrieb Hedwig Fischer, »was diesen Abend für mich bedeutungsvoll machte.«

> Dieser zarte, stille, gutaussehende Mensch (er war damals zweiundzwanzig Jahre alt), von dem ich nie etwas gelesen oder gehört hatte, machte mir Eindruck. Er war schlank, blond, blauäugig, in hochgeschlossener, schwarzseidener Weste, über der an einer Kette ein Kreuz hing ... Wir freundeten uns gleich an, denn wir hatten, wie wir bald merkten, Sympathien für dieselben Menschen. Wir liebten beide den Wiener Dichter Peter Altenberg ... wir schwärmten für Gerhart Hauptmann und für seine Werke. Die Freundschaft, in die natürlich auch mein Mann eingeschlossen war, befestigte sich, und wir erfreuten uns ihrer in langen Jahren bis zu seinem frühen Tode ...

Es war eine merkwürdige und in gewisser Hinsicht recht einseitige Freundschaft, wie sich später zeigen wird. Carl Hauptmann blieb auch an diesem Abend im Schatten des jüngeren Bruders. Der junge Rilke verehrte Gerhart Hauptmann und widmete ihm einige Jahre darauf (nachdem er ihn am 1. Dezember 1900 bei Fischers kennengelernt hatte) zum Dank für *Michael Kramer* sein *Buch der Bilder*. Mit dem tragischen, zerquälten älteren Bruder konnte er nichts anfangen und notierte später, in Worpswede, ein Gespräch mit ihm, in dem sie völlig aneinander vorbeiredeten. Zwischen den Brüdern Hauptmann kam es mit der Zeit zu einer stillschweigenden Aussöhnung, aber nicht wieder zu wirklichem geistigem Gleichklang, und in seinen letzten Lebensjahren beklagte Carl Hauptmann, von der Erfolglosigkeit im Schatten des Bruders verbittert, in seinen Briefen sich noch immer heftig, nicht über Fischer, wohl aber über »die Vorurteile, die der Fischer-Kreis in Berlin seit zwanzig Jahren im Konkurrenzkampf systematisch verbreitet hat ...«

10 Bülowstraße 90

Der Verlag hatte das erste Jahrzehnt seiner Wegstrecke zurückgelegt. Im Gesamtblick über die ganze, durch nahezu ein halbes Jahrhundert verlaufende Straße mag es scheinen, als sei bei diesem ersten Dezennium allzu lange verweilt, ihm ein ungebührlich breiter Raum gewährt worden. Es wird sich jedoch im weiteren Verlauf zeigen, daß nahezu alles, was die folgenden Jahrzehnte bringen, in diesem Abschnitt seine Wurzel hat, in ihm vorgeprägt ist. In diesem Jahrzehnt formten sich die entscheidenden Züge von Fischers verlegerischer Persönlichkeit; in diesem Jahrzehnt begründete er seine Verlagsfamilie; in diesem Jahrzehnt steckte er sein Feld ab und richtete die wesentlichen Säulen und Stützpfeiler auf, die das große, geräumige, haltbar überdachte Gebäude der folgenden Jahrzehnte tragen sollten. Wobei das Wort ›Gebäude‹ nicht nur im sinnbildlichen, sondern auch im durchaus handgreiflichen Bezug zu verstehen ist.

DER ERSTE VERLAGSKATALOG

Das erste Jahrzehnt war noch nicht einmal ganz herum, als Fischer der Augenblick gekommen schien, um das bisher Geschaffene zum erstenmal der Öffentlichkeit als geschlossene Gesamtheit vorzustellen.

Ich ersuche Sie höflichst um Überlassung Ihres Portraits. Ich bereite einen Katalog vor, der in großer Auflage verbreitet wird und alle Portraits meiner Autoren (vervielfältigt) enthalten soll.

Diese Aufforderung findet sich gegen Mitte des Jahres 1894 in vielen Briefen Fischers an seine Autoren, und der hier angekündigte *Katalog für Moderne Litteratur (Romane, Novellen, Dramen etc.) aus dem Verlage von S. Fischer, Verlag, Berlin W. 35, Steglitzer Straße 49*, wie sein voller Titel lautete, war in der Tat das erste Gesamtverzeichnis, das Fischer 1894 herausbrachte. Er war ein kleines, sechzehn Seiten umfassendes Heftchen im Oktavformat von sehr bescheidener Aufmachung, in dem die Autoren des Verlags in alphabetischer Anordnung mit ihren Werken in der Reihenfolge ihres Erscheinens, jedoch ohne Angabe des Erscheinungsjahrs, mit den Ladenpreisen das gebundene und das broschierte Exemplar aufgeführt waren. Keineswegs alle Autoren waren abgebildet. Der Katalog enthielt dreizehn Porträts, darunter zwei Frauen (Ernst Rosmer und Adine Gemberg), und von den elf Herren waren nur zwei bartlos: der asketisch dreinblickende Hauptmann und sein Jünger Georg Hirschfeld; alle anderen waren dem Zeitgeschmack entsprechend mit mehr oder weniger extravaganten Schnurr-, Kinn- und Rauschebärten ausgestattet. Man gewahrt eine versunkene Welt. Ein solcher bebilderter Katalog war eine buchhändlerische Neuerung. Fischer scheint ihn hinfort alljährlich unter demselben Titel ausgegeben zu haben; Exemplare der folgenden Jahre sind nicht erhalten; aber am 30. August 1898 berichtete das ›Börsenblatt‹ in seiner Rubrik ›Neue Verlagskataloge‹:

... und wer sich über die Hauptwerke der neuesten literarischen Dichtung in Deutschland unterrichten will, der nehme den von der Firma S. Fischer, Verlag in Berlin ausgegebenen ›Katalog für moderne Litteratur 1898‹ zur Hand, der zwar nur Verlagswerke dieser Firma enthält, aber, da diese Richtung dort besonders gepflegt wird, fast alle hervorragenden Vorkämpfer des modernen Geistes in Deutschland anführt. Durch Portraits sind sechzehn der hervorragenden Autoren des Verlages im Kataloge vertreten... Die Ausschmückung des Kataloges mit Portraits macht ihn besonders interessant.

Einmal in die Welt gesetzt, entwickelte der Porträtkatalog sich weiter. So folgte dem ersten der *Katalog für Moderne Litteratur 1895* mit achtzehn Seiten Umfang, der neben den Ladenpreisen für das geheftete und das gebundene Exemplar auch die jeweiligen Auflagenziffern verzeichnete. Das nächste, uns erhaltene Stück ist der im April 1901 ausgegebene *Verlags-Katalog 1886—1901*, der eine Übersicht über die ersten fünfzehn Jahre von Fischers Arbeit bietet. Er sieht bereits ganz anders aus. Das kleine Taschenformat ist beibehalten, aber der Umfang ist von achtzehn auf vierundsiebzig Seiten angewachsen, und Anordnung und Typographie sind wesentlich großzügiger und übersichtlicher. Auch dieser Katalog enthält längst nicht alle Porträts der Autoren, aber diesmal sind es schon dreiundzwanzig, und sie sind nicht im Kleinstformat von einer Viertelseite in den Text eingebaut, sondern stehen ein jedes ganzseitig für sich, mit einem faksimilierten Namenszug darunter. Die Erscheinungsjahre der einzelnen Werke sind angegeben sowie die Buchkünstler der Umschläge und Einbände, nicht aber die Namen der Übersetzer der großen Anzahl ausländischer Werke. Das ist verwunderlich; Marie von Borch erhielt in der Zeitschrift einen Nachruf, aber in den Verlagskatalogen findet man weder ihren noch Marie Herzfelds Namen; der Anteil des Übersetzers an der Schaffung des Gesamtwerkes Buch wurde offensichtlich geringer bewertet als der des Buchkünstlers, so gering, daß man ihn ignorieren konnte. Hingegen fügte der Katalog von 1901 zum erstenmal bei jedem Autor einen biographischen Hinweis an, bei vielen eine kurze Würdigung oder eine waschzettelartige Charakterisierung seines Werkes und bei manchen statt dessen oder zusätzlich Auszüge aus besonders wirksamen Besprechungen. Hauptmann wurde sogar (freilich als einzigem) ein regelrechter, vier Druckseiten langer Essay gewidmet, der seinen künstlerischen Werdegang bis zu *Michael Kramer* schilderte.

Dieser Katalog war bereits mehr als lediglich ein Titelverzeichnis mit Preisangabe. Er zeigte bereits Ansätze zu einer neuartigen Form der Werbepublikation. Zehn Jahre später war aus ihm der Verlagsalmanach geworden.

DER FISCHER MIT DEM NETZ

Jener kleine Katalog von 1895 weist noch eine andere Eigentümlichkeit auf. Auf seinem Umschlag nämlich taucht, soweit sich ermitteln läßt, zum erstenmal das Verlagssignet des seither allbekannten Fischers mit dem Netz auf. Dies war eine buchgewerbliche Neuerung, die bald große Schule machen sollte.

Das Signet als solches war so alt wie das Buch selbst. Es ging auf die 1462 zum erstenmal von Fust und Schöffer als Eigentums- und Qualitätszeichen verwendete Druckermarke zurück. Diese Druckermarke war ein Werkstattzeichen, wie es alle Gewerbe verwendeten; sie wurde unter die Schlußschrift gesetzt, hinter das sogenannte Kolophon, am Ende des Buches. Mit der Trennung von Drucker- und Verlegertätigkeit und der Einführung des Titelblatts zu Beginn des sechzehnten Jahrhunderts änderten sich Stellung und Bedeutung des Signets. Schon in den achtziger Jahren des fünfzehnten Jahrhunderts trat in Venedig und Paris das Verlegerzeichen als selbständiges Signet auf. Während das Verlegersignet auf dem Titelblatt oder am Anfang des Buches stand, blieb die Druckermarke am Ende des Buchs, wo sie im Lauf der Jahrhunderte immer unauffälliger und schließlich zu einem einzeiligen unverzierten Druckvermerk wurde.

Im achtzehnten Jahrhundert gerieten Verlags- und Druckersignets außer Gebrauch, weil sie überflüssig geworden waren: der Eindruck einer gesetzlich nicht geschützten Handelsmarke, die jedermann nachahmen konnte, schützte die Eigentumsrechte des Bücherherstellers weit weniger wirksam als die in den einzelnen Ländern nach und nach eingeführten Urheberschutzgesetze. Als das Signet in der zweiten Hälfte des neunzehnten Jahrhunderts wieder auftauchte, hatte es eine neue Funktion. Die Wiederaufnahme des Druckersignets durch einige in der modernen Buchgestaltung führende englische Druckereien wie die Chiswick Press hatte sowohl künstlerische als auch wirtschaftliche Gründe: es ließ sich nicht nur zu einem bereichernden Element der Typographie gestalten, sondern diente auch der Werbung. Das gleiche galt natürlich auch für die Verleger, und bald darauf schufen sich auch einige englische Verlage ihre eigenen Signets. Von hier sprang die Neuerung nach Deutschland über, und der erste, der sie hier aufgriff, war S. Fischer.

Das Haupterfordernis des modernen Verlagssignets ist, daß es ›Typocharakter‹ besitzt, will sagen, daß es mit dem Grundelement der Typographie, dem Buchstaben, harmoniert und sich den wechselnden Anforderungen der Buchtitel und den verschiedenartigsten Schriften ohne Mißklang einfügt. Daher ist es gut, wenn mehrere Varianten des Signets zur Verfügung stehen. Die Verwendung des modernen Signets beschränkt sich jedoch nicht allein auf das Buch selbst. Es muß so suggestiv und einprägsam sein, daß es als Grundlage für die gesamte Werbung des Verlagshauses dienen kann. Es muß nicht nur im Buchinnern, sondern auch auf Umschlägen und Einbänden, auf Prospekten und Katalogen, auf den Briefbogen der Firma, auf Buchhändlerplakaten, Firmenschildern, Messeständen und in Schaufenstern einprägsam für geistige Werte werben und so tief ins Bewußtsein des Bücherkäufers eindringen, daß es der Nennung des Verlagsnamens gar nicht mehr bedarf.

Fischers erstes Verlagssignet, der von Otto Eckmann gezeichnete ›Fischer mit dem Netz‹, erfüllte alle diese Anforderungen in geradezu vorbildlicher Weise. Gewiß bot der Name ›Fischer‹ an sich bereits einen guten, symbolkräftigen Vorwurf; die Namen anderer Verleger machten es den Signetkünstlern weniger leicht. Aber Eckmanns Lösung des nackten Fischerjünglings, dessen angespannter Körperhaltung man ansieht, daß er ein Netz mit reichem Fang an Land zieht, in einer doppelt umrahmten quadratischen Fläche, in deren freie Felder die Initialen S. F. V. frei schwebend, klar und unverschlungen eingefügt sind, war so unmißverständlich und unverwechselbar, daß sie sich, wenngleich in einiger Abwandlung, bis heute bewährt und erhalten hat. Eckmann entwarf 1895 drei Varianten seines Fischers, zwei gegen einen schwarzen, einen gegen einen weißen Hintergrund, und alle drei blieben unverändert dreißig Jahre lang, bis 1924, in Gebrauch. 1925 zeichnete E. R. Weiß die Variante mit dem schwarzen Hintergrund neu, ohne jedoch Eckmanns Lösung anzutasten; er säuberte sie lediglich von ihren allzu betonten Jugendstilelementen und gab den Initialen eine zeitlosere Einfachheit. An dieser erneuerten Form des Eckmannschen Signets wurde während Fischers Lebzeiten nichts mehr verändert.

Fischers Beispiel machte rasch Schule. 1899 entwarf Peter Behrens für den Insel-Verlag das nicht minder berühmt gewordene Segelschiffsignet, von dem in den folgenden Jahren Eric Gill, E. R. Weiß und Walter Tiemann Varianten schufen. Es folgten an der Jahrhundertwende Eugen Diederichs mit seinem von J. V. Cissarz entworfenen Florentiner Löwensignet, das ebenso wie das Insel-Signet auf Monogramminitialen verzichtete und an dem ein halbes Jahrhundert lang nichts verändert zu werden brauchte, und 1904 Albert Langen mit seiner Waage. 1914 griff Tiemann mit seiner ›Säugenden Wölfin‹ für den Kurt Wolff Verlag auf Eckmanns Fischer-Signet zurück, indem er das Motiv aus dem Namen des Verlagsgründers bezog und auch die Initialen einbaute. Mit den Entwürfen, die nach dem Ersten Weltkrieg Tiemann für die Verlage Ernst Rowohlt und Georg Müller und Paul Renner und Emil Preetorius für den Verlag R. Piper schufen, wandte sich das moderne deutsche Verlagssignet von allem Allegorisch-Figürlichen ab und gestaltete sich rein aus den verschlungenen Monogramm-Initialen.

Fischer verwendete sein Signet in den ersten Jahren sparsam und nicht bei jeder Gelegenheit. Es erscheint auf dem Verlagskatalog von 1895, nicht aber auf dem von 1901, und auch auf vielen Prospekten ist es nicht verwendet. Von der Jahrhundertwende an ist es fast allen Büchern eingedruckt, und zwar für sich allein stehend auf dem sogenannten Schmutztitel, der Leerseite vor dem eigentlichen Titelblatt, aber auf manchen Einzelausgaben der Werke Hauptmanns fehlt es.

»JETZT: BÜLOWSTRASSE 90/91«

Vor allem scheint Fischer sich noch mehrere Jahre lang gescheut zu haben, sein Wahrzeichen auch auf sein Firmenbriefpapier zu setzen. Es erscheint hier erst im April 1899, zwei Jahre nach dem inzwischen erfolgten neuerlichen und endgültig letzten Umzug des Verlagsbüros. Ende September 1897 trägt der Briefkopf des Verlags mit der Adresse Steglitzer Straße 49 bereits den Gummistempelüberdruck: »Jetzt: Bülowstraße 90/91«, und bald darauf erscheint der sehr schlicht aus dem Setzerkasten hergestellte Briefbogen mit der neuen Adresse. Die Telefonnummer war noch immer die gleiche wie in der Köthener Straße, aber der ›Königl. schwed. Hofbuchhändler‹ war schon in der Steglitzer Straße einem einfachen ›Hofbuchhänder‹ gewichen, und in der Bülowstraße war er vom Geschäftspapier ganz verschwunden. Björnson scheint sich in einem Brief an Bie über den Titel mokiert zu haben, denn schon im Juli 1895 schrieb ihm Bie:

Betreffs des monirten ›Hofbuchhändler‹ bittet mich H. Fischer Ihnen mitzuteilen, daß er auf diese oder andere Form gar keinen Wert gelegt habe, daß er neuerdings – wie Ihnen zwei beil. Formulare beweisen – den Titel sogar ganz weglasse.

Im Juni 1899, fast zwei Jahre nach dem Umzug, ersetzte Fischer den schlichten Briefkopf durch einen von Eckmann gezeichneten, und auf diesem erscheint der ›Fischer mit dem Netz‹ verkleinert in der Variante mit dem schwarzen Grund in der linken oberen Ecke über der Telefonnummer. Um 1905 wird diese gegen die Variante mit dem weißen Grund ausgetauscht. Aber ab 1909 verschwindet das Signet nach kaum einem Jahrzehnt wieder vom Geschäftspapier des Verlags und kehrt nicht mehr zurück. Ein neuer einfacher und schmuckloser, aus der Antiquadrucktype entwickelter Stil hatte sich durchgesetzt, der kein dekoratives Beiwerk, auch kein Signet, mehr gestattete.

Auch die Hausnummern der neuen Verlagsadresse schwanken in dieser Zeit hin und her. Der Überdruck von 1897 gibt Bülowstraße 90/91 an; 1899 lautete die Hausnummer 91, und zwar bis 1905; in diesem Jahr verwandelte sie sich in 90 und blieb dabei, während das Briefpapier der ›Neuen Rundschau‹ von diesem Zeitpunkt an die Hausnummer 91 führt, bis es sich 1913 ebenfalls zu 90 bekehrt. Das Doppelhaus Bülowstraße 90/91 hat die Verwüstungen des Zweiten Weltkrieges überdauert und steht, wenngleich angeschlagen und baulich verändert, noch heute, und die letzte überlebende Angestellte des Verlags, Frau Käthe Schmitt, die im Juli 1899 in den Verlag eintrat und ihm mehr als vierzig Jahre lang angehörte, hat uns versichert, daß die Büroräume des Verlags sich von Anfang an im Haus Nr. 90 befanden und der Verlag im Nebenhaus Nr. 91 nur zeitweise einige Räume zur Unterbringung der Zeitschriftenredaktionen gemietet habe. Einzig Frau Schmitts Erinnerungsvermögen ist es zu verdanken, daß sich aus der Zeit um die Jahrhundertwende vom ›Innenleben‹ der Verlagsfamilie, der Organisation des Verlags, Fischers Arbeitsweise und seinem Verhältnis zu seinen Angestellten überhaupt etwas mitteilen läßt.

FISCHERS HOCHBURG

Die neuen Büroräume des Verlags blickten nicht auf die Bülowstraße selbst hinaus. Sie lagen, von der Straße her unsichtbar, im Erdgeschoß eines vierstöckigen Quertrakts, der beiderseits durch ebenfalls vierstöckige Seitenflügel mit dem Vorderhaus verbunden war. Das ganze

Gebäude gehörte einer Firma für Heizungs- und sanitäre Anlagen, und der Verlag wohnte in ihm stets nur zur Miete. Man erreichte die Verlagsräume, indem man, von der Straße durchs Haustor tretend, einen mittelgroßen Hof durchquerte.

Dieser Hof, der groß genug war, um Lieferwagen der Buchbindereien zum Abladen der Bücherpakete einzulassen, und in dem Fischer schon einige Jahre später stolz sein erstes Automobil parkte, ist mit Recht in die Annalen der deutschen Literatur eingegangen, und manches Memoirenwerk erwähnt ihn. Groß und Klein, Berühmt und Unbekannt, Romancier, Dramatiker, Lyriker und Essayist, Bestseller und Mauerblümchen, Besitzer großer Tantiemenguthaben und zaghafter Bittsteller um bescheidenen Vorschuß, Ablieferer sehnlichst erwarteter Werke und Abholer bedauernd abgelehnter Manuskripte – alle überquerten diesen Hof während der vier Jahrzehnte, in denen das Haus in der Bülowstraße Fischers Hochburg war. Durch einen zweiten Tordurchgang im Quertrakt gelangte man in einen dahinter gelegenen zweiten Hof, an den sich ein selten benutzter Tennisplatz und eine Rasenfläche anschlossen. Sie kamen Fischer später gelegen. »Die Anmeldung unserer Besucher«, erzählt Frau Käthe Schmitt,

geschah in der ersten Zeit von der Auslieferung aus. Aber wir Mädchen konnten die Besucher immer schon vorher über den Hof kommen sehen. So erinnere ich mich an den Besuch von Otto Erich Hartleben. Er kam stets, wenn er in Berlin war, mit der Droschke vorgefahren, in einem weißleinenen Jackett und dunkler Hose; sein Kneifer hing ihm auf der Brust. Seine Besuche und die seiner Frau ›Moppchen‹ waren Herrn Fischer immer eine große Freude. Besonders ›Moppchen‹ verstand Herrn Fischer durch ihre Anekdoten und Witze sehr zu erheitern. Man hörte das Gelächter durch alle Räume. Unsere Büroräume vom Hof zum Garten waren durch einen sehr langen Korridor verbunden. Eines Tages ging ich den Korridor entlang zur Auslieferung; er lag infolge eines Schalterdefekts völlig im Dunkeln. Plötzlich kam mir eine große Gestalt mit sehr weißem Gesicht entgegen, ohne daß ich zuvor ein Geräusch vernommen hatte, und sagte: »Bitte Fräulein, wie komme ich zu Herrn Fischer?« Es war Gerhart Hauptmann.

Auf der Gartenseite des Stockwerks befanden sich die Auslieferung, anschließend das Zimmer des Personalchefs, des Herrn Albert Auerbach, der ein »kleiner, sehr energischer Herr« war, dann Fischers Privatbüro und endlich das Lager. Zum Hof hinaus lag das Zimmer der Sekretärinnen, die Buchhaltung und Kasse, die Registratur und der Packraum. Der Verlag besaß zwar ein Telefon, aber nur einen Anschluß mit zwei Apparaten; einer stand auf Fischers Schreibtisch, der andere in der Auslieferung, wo man folglich jedes Gespräch des Chefs mithören konnte. Auf Fischers Schreibtisch befand sich außerdem ein Klingelknopf, mit dessen Hilfe er Fräulein Rosenbaum, seine Privatsekretärin, hereinrufen konnte, und Regina Rosenbaum »wachte eifersüchtig darüber, daß von den jungen Mädchen keine das ›Allerheiligste‹ betrat«.

Regina Rosenbaum war 1896, im Jahr vor dem Umzug, in den Verlag eingetreten und war nahezu vierzig Jahre lang Fischers Privatsekretärin, seine Vertraute, seine unentbehrliche Helferin, die ihm mit der Zeit einen großen Teil der Tagesarbeit abnahm und späterhin, vor allem während seiner häufigen, längeren Reisen, in seiner Abwesenheit die zahllosen Anliegen der Autoren selbständig erledigte und ihrer aller uneingeschränktes Vertrauen genoß. Fischer wußte, was er an ihr hatte. Als Regina Rosenbaum 1916 zwanzig Jahre bei ihm war, hielt er bei einer Feier eine kleine Rede auf sie, der vorgreifend einige Sätze entnommen seien, weil sie ein gutes Bild ihres Zusammenwirkens in der Bülowstraße geben:

Seit zwanzig Jahren sitzen wir beide täglich einige Stunden beisammen. So rätselhaft wie alles Geschehene, das wir hervorzurufen uns einbilden, ist dann unser Tun. Seit zwanzig Jahren gehe ich täglich im Zimmer auf und ab – in letzter Zeit setze ich mich zuweilen –, und indem ich scheinbar zu irgend jemand spreche, sitzen Sie dabei, mit gespitzter Feder, um mich in einen mysteriösen Kontakt zu bringen. Diese Seancen sind in jedem Sinne unser tägliches Brot geworden... Ob ich alle Vorteile eines Kontrakts auseinanderzusetzen suche oder von einem übertrieben optimistischen Vorschuß abrate; ob ich ein Manuskript, mit hoffnungsvollen Worten für die Zukunft, ablehne oder einen Erfolg mit guten Gründen voraussehe; ob ich ein aufgeregtes und stürmisches Begehren nach mehr Propaganda mit trefflich gewählten Worten in die Schranken weise: Sie sitzen dabei mit pflichterfülltem Ernst und Sie geben mir immer recht; so scheint es mir wenigstens. Vor Ihnen weichen alle Einwände der Angeredeten... Freilich, manchmal glaube ich ein leises Zucken um ihren Mund zu spüren; ich spähe beunruhigt in Ihre Züge, ich suche um Ihre Zustimmung zu werben; nicht immer mit Glück, wie mir scheinen will... der Sicherheit, mit der Sie sich auf den verschlungenen Wegen einer phantastischen Welt zurechtfinden, vermag ich nicht mit gleicher Zuversicht zu folgen. Sie halten viele Fäden dieses Spiels beisammen und sorgen dafür, daß sie sich nicht zum wirren Knäuel ballen.

Die Schreibmaschine war in der Bülowstraße bereits eingeführt, und im Sekretärinnenzimmer, »einem großen hellen Raum, der mit Regalen und zwei Schreibtischen ausgestattet war«, befanden sich zwei Maschinen. Fischer diktierte jedoch nur einen Teil seiner Korrespondenz; einen ansehnlichen Teil, vor allem Briefe an befreundete Autoren, die sich selten aufs rein Geschäftliche beschränkten, schrieb er mit der Hand, und sehr persönliche Briefe, vor allem an Hauptmann und Nansen, schrieb er nicht im Büro auf Geschäftspapier, sondern abends daheim auf seinem privaten Briefpapier. Für diese handschriftliche Korrespondenz benutzte er die damals üblichen Kopier- oder Durchschreibebücher. Die gleichen Durchschreibebücher wurden auch von der Buchhaltung, der Honorarabteilung und der Herstellung benutzt. Fischer nahm auf seine vielen Reisen nie eine Sekretärin mit, sondern erledigte die gesamte Korrespondenz mit eigener Hand, und zuweilen, vor allem in seinen letzten Lebensjahren, diktierte er seiner Hausdame.

DIE BÜRO-FAMILIE

Die Bürostunden in der Bülowstraße waren zu jener Zeit lang. Man arbeitete von neun Uhr morgens bis sieben Uhr abends mit zwei Stunden Mittagspause, und nur Heimann genoß das Vorrecht, sich bereits gegen drei Uhr nachmittags beladen mit einem Paket Manuskripte in seine Wohnung zur Arbeit zurückziehen zu dürfen.

Es kam vor, daß wir bis neun Uhr abends und noch später Überstunden zu machen hatten. Bei solchen Anlässen half uns Agnes Rosenbaum, die Schwester von Regina. Wir waren trotz der vielen Arbeit stets vergnügt, wir durften uns auf Verlagskosten Kaffee machen und Apfelkuchen mit Sahne aus der Konditorei holen. Wir waren damals wie eine Familie.

Denkwürdig blieb der 22. September 1901, an dem Fischer seinen ganzen Verlag, vom Lektor Heimann und Herrn Lux bis hinab zum jüngsten Büromädchen und Packer, zu einem Ausflug nach Potsdam einlud. Nur der gestrenge Herr Auerbach nahm an ihm nicht teil. Es hatte nämlich kurz zuvor in der Mittagspause eine heftige Auseinandersetzung zwischen ihm und dem Hersteller, Herrn Peter Paul Schmitt, gegeben – ein in der Bürofamilie seltenes und höchst aufregendes Vorkommnis –, und auf der Höhe des Wortwechsels hatten die beiden Herren einander – was in der Auslieferung nahelag – doch wahrhaftig Bücher und Broschüren an den Kopf geworfen! Auerbach, so wird berichtet, meldete Fischer den Vorfall und stellte ein Ultimatum: »Herr Fischer, entweder geht Herr Schmitt oder ich!« Fischer lehnte es kurzweg ab, sich zu dem Vorfall überhaupt zu äußern, und folglich blieb Herrn Auerbach nichts anderes übrig, als zu ›gehen‹. Sein Nachfolger wurde Carl Schur, dem wir in den folgenden Jahrzehnten auf Schritt und Tritt begegnen.

Schur, Schmitt und Regina Rosenbaum waren hinfort die tragenden Pfeiler des Betriebs. Schmitt besorgte viele Jahre lang die gesamte Herstellung allein. Er galt im Verlag als ein Gedächtnisphänomen; er hatte einfach alles im Kopf und »konnte Herrn Fischer auf seine Fragen nach lagernden Papieren, Auflagehöhen, Lagerort, Papiersorten usw., ohne erst nachsehen zu müssen, stets sofort Auskunft geben«. Schur wiederum sorgte für einen reibungslos zuverlässigen Geschäftsgang. Hermann Hesse schrieb später:

... im Verkehr mit Fischer war eine Stetigkeit und Zuverlässigkeit, die ich bei keinem andern fand ... Besonders dankbar war ich immer für die Sorgfalt und Wachsamkeit, mit welcher der Verlag die Texte behandelte: war ein neues Buch oder ein Neudruck im Satz, so wurden nicht nur meine Angaben und Korrekturen aufs genaueste respektiert, sondern ich wurde auch wegen jedes strittigen Wortes oder Satzzeichens eingehend befragt. Obwohl ich niemals das Fischersche Verlagshaus betreten habe, kann ich bezeugen: es wurde in diesem Haus mit musterhafter Sauberkeit gearbeitet. Briefe, auf die man keine Antwort bekam oder die nicht genau gelesen wurden, Wartenmüssen auf kleine Auskünfte, Ärger wegen unverbindlicher und unpräziser Antworten, das alles gab es dort nicht.

Fischer war ein anspruchsvoller, aber stets hilfsbereiter Chef. In der Anfangszeit in der Bülowstraße hatten die Büromädchen neben vielen anderen Hilfsarbeiten auch die Kreuzbänder für den Versand der technischen Zeitschriften zu frankieren.

Eines Tages kam Herr Fischer in unser Zimmer und sah uns bei der Arbeit zu. Dann sagte er: »Passen Sie mal auf. Das Frankieren geht viel schneller, wenn Sie einen Streifen Marken vom Bogen abreißen, anfeuchten und aufkleben.« Er hatte recht, wie er überhaupt mit allen Arbeiten sehr vertraut war. Er hatte in den ersten Jahren seinen Betrieb allein versehen und brachte daher Verständnis für alle vorkommenden Arbeiten auf und konnte sie sehr gut einschätzen. Er war selbst sehr exakt und gewissenhaft und verlangte das auch von seinen Mitarbeitern. Er hatte einen Instinkt dafür, wer zu arbeiten verstand ...

Das Haus Bülowstraße 90 blieb der Sitz des Verlags bis an Fischers Lebensende und noch darüber hinaus. Es wurde eine weltbekannte Adresse. Hier wuchs der Betrieb unaufhaltsam, und glücklicherweise war für das Wachstum Platz vorhanden. Schon wenige Jahre nach dem Einzug reichte das Erdgeschoß des Quertraktes nicht mehr aus, und es wurde der erste Stock hinzugenommen. Fischer jedoch vergaß seine bescheidenen Anfänge nie, und zuweilen wurde ihm beim raschen Anwachsen des Betriebs ein wenig unheimlich zumute. Die Zahl der Angestellten wuchs so rasch, daß nicht alle das Oberhaupt mehr von Angesicht kannten:

So konnte es geschehen, daß Herr Fischer einmal auf dem Nachhauseweg in die Auslieferung kam, um ein paar Bücher mitzunehmen, und der Angestellte fragte: »Für welche Firma darf ich die Rechnung ausstellen?« Herr Fischer antwortete ärgerlich: »Ich bin S. Fischer!« Dann ordnete er an, daß ihm hinfort jeder Neueintretende persönlich vorzustellen sei.

Und mitunter meinte er auf seine skeptische, ein wenig melancholische Art: »Der Verlag ist mir viel zu groß geworden und das Personal zu umfangreich. Ich wünsche mir manchmal die alten Zeiten mit meinen paar Angestellten zurück.«

DER GANZE IBSEN

Die erste verlegerische Großtat, die Fischer noch im Umzugsjahr 1897 unter dem neuen Dach ins Werk setzte, war allerdings ein Unternehmen, das er »in den alten Zeiten mit meinen paar Angestellten« kaum hätte verwirklichen können. Sie wurde, als man in Verleger- und Buchhändlerkreisen von ihr vernahm, kopfschüttelnd als ein geradezu halsbrecherisches Wagnis betrachtet: Henrik Ibsens sämtliche Werke in deutscher Sprache in neun Bänden!

Die Anfänge dieses Vorhabens reichten noch in die Steglitzer Straße zurück. Ibsens siebzigster Geburtstag am 20. März 1898 nahte heran, und dieses Jubiläum dürfte den Anstoß zu dem Plan gegeben haben, den die beiden Berliner Ibsen-Enthusiasten Julius Elias und Paul Schlenther schon um die Jahreswende 1896/97 ausheckten. Elias erzählte später:

Ich erinnere mich, als sei es gestern gewesen. Es war bei Gelfort in der Brüderstraße, nachts um die dreizehnte Stunde. Schlenther hatte bereits als üblichen Abschluß seinen doppelten Danziger Kurfürsten bestellt – da schlug ich, anknüpfend an ein vorangegangenes Gespräch, vor, den ganzen Ibsen zu ›retten‹. Ihn zu retten vor der Ausnutzung durch allerlei dubiose Verlagskapitäne, ihn zu retten vor dem papiernen Deutsch der Lange und Brausewetter durch eine wirkliche Gesamtausgabe. Schlenther meinte, man werde uns für zwei Verrückte halten. Immerhin könne man mit unserem Fischer darüber reden. Und Fischer hielt diesen Sammlungsgedanken gar nicht für so verrückt. Es reizte ihn, origineller und schneller zu sein als die Skandinavier selbst: denn Gyldendal dachte nicht im entferntesten an dergleichen; er druckte die Einzelausgaben in großen Auflagen von den alten Platten und verdiente viel Geld damit. Peter Nansen hat mir geschildert, wie ironisch man damals im Kopenhagener Hause die Botschaft aufgenommen habe, daß wir päpstlicher sein wollten als der Papst. Also unser Fischer bekam zunächst das lockende Grauen: er glaubte und zweifelte zu gleicher Zeit, legte die berühmte Maske der Unentschlossenheit vor, um hinter ihr Atem zu holen. Aber innerlich war er gestärkt und machte wirklich unser Credo zu seinem Credo... Ibsen hat frei bekannt, daß er sich über die Verwegenheit der Herausgeber, über die Kühnheit des Verlegers sehr gewundert habe...

Fischer hatte bereits mit der dreibändigen Ausgabe von Ibsens *Modernen Dramen* einen ersten Ansatz zu einer solchen Gesamtausgabe gemacht und hatte mit ihr Erfolg gehabt. Aber diese Ausgabe hatte nur die modernen, inzwischen viel gespielten Bühnenwerke enthalten. Die Gesamtausgabe hingegen sollte den ›ganzen Ibsen‹ umfassen, auch die Frühwerke und zum Teil noch unübersetzten historischen Dramen sowie Ibsens Gedichte, Prosaschriften und Reden. Hierfür konnte man ein ausreichend großes Interesse weniger sicher voraussetzen. Vor allem aber mußte die Ausgabe mit Ermächtigung Ibsens und seinen Wünschen entsprechend erfolgen. Das war nicht einfach, denn Ibsen war ein schwieriger Mann.

Es wurde ein Anlageplan entworfen und kalkuliert. Zahlreiche Schwierigkeiten traten auf. Viele der älteren Übertragungen waren unbrauchbar, und diese Werke mußten neu übersetzt werden; bei einigen Übersetzungen waren die Eigentumsrechte zweifelhaft; Langen mußte bewogen werden, *John Gabriel Borkman* und *Catilina* abzutreten, und schließlich wollten die Herausgeber noch drei unbekannte, auch in Skandinavien noch unveröffentlichte dramatische Frühwerke einbeziehen. Im Mai 1897 war man soweit, daß man die Vorfragen an die Übersetzer ergehen lassen konnte, und am 14. Juni legten Elias und Schlenther in einem (leider nicht erhaltenen) detaillierten Brief Ibsen ihren Anlageplan vor und schlugen die in Betracht kommenden Übersetzer vor.

Ibsen antwortete am 20. Juni und war im wesentlichen einverstanden. Allerdings wünschte er, daß der vorgesehene erste Band ›Gedichte und Prosaschriften‹ als letzter erscheine und nur die Gedichte enthalte, da seine Prosaschriften für eine deutsche Übersetzung nicht geeignet seien, und von den drei unveröffentlichten Jugenddramen wollte er nur *Das Hünengrab* zulassen, nicht aber die beiden anderen. Fischer mußte umdisponieren, um so mehr als Langen sich wegen *Catilina* sperrte. Die Herausgeber ließen wegen der Jugenddramen nicht locker, Ibsen gab schließlich auch *Olaf Liljekrans* frei, aber bei dem dritten war nichts zu wollen. Am 19. September 1897 ging ein charakteristischer Ibsen-Brief an Elias ab:

Zum letztenmal muß ich hiermit kategorisch erklären, daß ich das Schauspiel ›Mittsommernacht‹ in die Sammlung meiner Arbeiten weder aufnehmen lassen kann noch aufnehmen lassen will. Das Stück ist ein elendes Erzeugnis, das nicht eigentlich von meiner Hand stammt. Es ist über einen losen, pfuscherhaften Entwurf gebaut, den ich seinerzeit von einem Studienkameraden bekam, bearbeitete und signierte, zu dem ich mich jetzt aber unmöglich bekennen kann. Ich muß daher Sie und Dr. Schlenther angelegentlich bitten, nicht weiter auf der Veröffentlichung dieses Machwerks zu bestehen.

›COLLECTION FISCHER‹

Anfang 1897 besprach Fischer mit Schnitzler die Herausgabe eines Bandes gesammelter Novellen, und bei dieser Gelegenheit wird ein neues Verlagsunternehmen, das Fischer gleichzeitig mit der Ibsen-Ausgabe vorbereitete, erstmals erwähnt. Schon zwei Jahre zuvor hatte er Schnitzler die Herausgabe der *Kleinen Komödie* im »schmalen, schlanken Format der Collection Guillaume« vorgeschlagen. Diesen

Gedanken griff er jetzt wieder auf. Am 3. Februar 1897 schrieb er Schnitzler:

Wenn Sie den projektierten großen Novellenband jetzt nicht herausgeben wollen, so würde ich vorschlagen, ältere kleinere Novellen in einem Bändchen von etwa 10 Bogen in dem Ihnen bekannten schmalen Format der Collection Ollendorff (Paris) herauszugeben. Ich gebe nämlich eine *Collection Fischer* in diesem Format mit illustrierten Umschlägen *demnächst* heraus. Die ersten vier Bände werden Novellen bringen von Maria Janitschek, Herman Bang, Peter Nansen und Peter Altenberg. Daran folgen ebensolche Bände von Hartleben, Gabriele Reuter etc. Diese Bändchen werden sehr gefällig und hübsch ausgestattet sein zum Preise von 1 bis 2 Mark pro Band.
Vielleicht würde sich für diesen Zweck die Kleine Comödie gut eignen.

Die hier angekündigte ›Collection Fischer‹ war Fischers erster Versuch, eine billige Buchreihe mit guten Autoren in guter Ausstattung auf den Markt zu bringen; ähnliche erfolgreiche Buchreihen existierten in Frankreich; Fischer nahm sich die ›Collection Guillaume‹ und die ›Collection Ollendorff‹ zum Vorbild. Seine neue Buchreihe war der erste Ansatz zum heutigen Taschenbuch auf dem deutschen Büchermarkt.
Die ›Collection Fischer‹ erschien ab 1897. Es waren Bände im Taschenformat mit farbig illustrierten Umschlägen. Sie kosteten fast durchgehend zwei Mark und waren numeriert. Bei späteren Auflagen wurden der Sammeltitel und die illustrierten Umschläge fortgelassen. Im ersten Jahr erschienen drei Bändchen: Bangs *Die vier Teufel*, Altenbergs *Ashantee* und Maria Janitscheks *Raoul und Irene*; im zweiten Jahr, 1898, waren es sechs Titel: Nansens *Aus dem Tagebuch eines Verliebten*, Georg von Beaulieus *Sein Bruder*, Thomas Manns *Der kleine Herr Friedemann*, Hartlebens *Vom gastfreien Pastor*, Birger Mörners *Allerhöchst Pläsier* und Gjellerups *Das Briefkuvert;* im dritten Jahr, 1899, kam nur noch ein Bändchen, nämlich Wolzogens *Das Wunderbare*, hinzu. Mit Ausnahme der Novellen von Hartleben waren dies alles Neuerscheinungen und nicht Wiederbelebungen vergriffener älterer Titel.
Schnitzlers *Kleine Komödie* erschien schließlich doch nicht in der Reihe und überhaupt in Buchform erst 1932. Die ›Collection Fischer‹ scheint kein sonderlicher Erfolg gewesen zu sein – Fischer bemerkte in anderem Zusammenhang um diese Zeit einmal, man habe »in Deutschland mit dem kleinen Format schlechte Erfahrungen gemacht« –, und sie wurde nach dem zehnten Bändchen nicht fortgesetzt. Doch lag die Idee offenbar in der Luft, denn Albert Langen rief im gleichen Jahr 1897 seine ›Kleine Bibliothek Langen‹ ins Leben, ebenfalls kleine Bändchen »mit einer eigenen künstlerischen Um-

schlagzeichnung«, die 1,50 Mark kosteten, und hielt sie länger durch: bis 1904 waren 75 Titel erschienen. Fischer hingegen gab trotz des Fehlschlags seiner ›Collection Fischer‹ den Plan einer billigen Buchreihe von Qualität nicht auf und verwirklichte ihn zehn Jahre später auf andere, sehr erfolgreiche Weise.

»EIN EHRENWEIHNACHTSHONORAR«

Inzwischen hatte sich im skandinavischen Verlagswesen eine für Fischer bedeutsame Veränderung zugetragen: Peter Nansen war im Frühjahr 1897 bei Jacob Hegel, dem Besitzer des Verlags ›Gyldendalske Boghandel‹ und Verleger Ibsens, Björnsons, Georg Brandes' und Hamsuns, als Verlagsleiter eingetreten. Kurz zuvor hatte Bie sich an Nansen mit der Bitte um regelmäßige Aufsätze über die skandinavische Literatur für die Zeitschrift gewandt, und diesmal tat Fischer etwas Ungewöhnliches; er überließ es dem Autor, sein Honorar für diese Beiträge selbst festzusetzen: »Haben Sie also die Güte, einfach zu fordern und uns zu sagen, wieviel Sie für jeden Brief wünschen.« Einen solchen Satz hatte Fischer in seiner ganzen bisherigen Verlegerlaufbahn noch nie geschrieben. Nansen schlug hundert Mark vor, und Fischer war einverstanden. Er tat ein übriges und erlaubte sich zu Weihnachten 1896 der Abrechnung »ein Ehrenweihnachtshonorar« von dreihundert Mark beizufügen:

Ich will mit dieser kleinen Summe, der ich im nächsten Jahr eine entsprechend größere folgen zu lassen hoffe, Ihre Honorarbezüge etwas aufbessern und ich hoffe, daß Sie diesen guten Willen freundlich aufnehmen.

Nansen war, wie er später erzählte, völlig fassungslos:

Fischer hätte Schriftsteller sein sollen! Ehrenweihnachtshonorar ist ein Wort, das zu erfinden wirklich von literarischem Talent zeugt. Aber vielleicht hatte Frau Hedwig es gedichtet? Seit jenem Tage schwor ich Fischer ewige Treue. Es waren ja nicht die dreihundert Mark, die den Ausschlag gaben. Selbst ohne diese Summe hätte ich wohl mein täglich Brot mit dem nötigen Zubehör gehabt. Sondern die Gesinnung. Dergleichen Kleinigkeiten entschleiern den Menschen. Fischer und ich kannten einander nicht. Er saß in seinem Geschäft ... blätterte in seinen Büchern nach ... und plötzlich wandelte ihn die Lust an, mich zu überraschen und zu erfreuen ... Diese Lust zu erfreuen, diese Bereitwilligkeit, ohne Verpflichtung zu geben ... die ist die Erklärung für das Märchen vom Fischerschen Verlag ... ein Verlag, der wirklich eine kulturelle Rolle spielt, wird nur durch einen Einsatz von Verständnis, Zartheit, Feingefühl geschaffen ... Ich war jetzt einer der gelesensten und beliebtesten Schriftsteller Deutschlands geworden. Ich war ein Ehrenweihnachtsdichter geworden. Und das Jahr 1897 brach an. Mein großes deutsches Jahr. Gleichzeitig das Jahr, mit dem meine Schriftstellertätigkeit sozusagen abschloß ...

Nansen war noch nie in Berlin gewesen, und Fischer lud ihn ein, endlich zu kommen. Er kam Ostern 1897, und Fischers gaben ihm ein Bankett im Palast-Hotel, bei dem Alfred Kerr die Festrede hielt. Hedwig Fischer vergaß das »Nansenfest« ihr Lebtag nicht. Ein halbes Jahrhundert später schrieb sie in ihren Erinnerungen:

Ich will es nur gleich gestehen, in Peter Nansen habe ich mich Ostern 1897 in Berlin, bei unserer ersten Begegnung, auf den ersten Blick verliebt, und wenn mich auch mein Mann, der von Nansens feiner Ironie und warmer Klugheit gleich mir entzückt war, von dieser Liebe zu heilen verstand, blieb doch die Bindung mit ihm besonders innig und an guten Begegnungen reich... Seinem Charme war kein männliches und noch viel weniger ein weibliches Herz gewachsen... Der Besuch von 1897 leitete eine persönliche Verbindung ein, die bis zu seinem frühen Tod nicht abriß.

Nansen hatte mit gutem Instinkt in dem Augenblick vom Autor zum Verleger umgesattelt, da er das Beste geleistet hatte, was er zu geben hatte. Er wußte, daß »man Bücher wie die meinen nur schreiben kann, wenn man noch ganz jung ist«, und er meinte, auch Fischer habe das vorausgesehen. Fischer konnte 1899 noch einen Band kleiner Erzählungen *Die Feuerprobe* von ihm bringen, und danach verschwand der Name Peter Nansen auf volle zehn Jahre von der Liste seiner Neuerscheinungen. Dafür trat Nansen jetzt in seine neue Funktion ein:

Jetzt reden wir, Fischer und ich, nur von Geschäften, wenn wir uns treffen. Jetzt sind wir zwei fleißige Kollegen, die darüber nachdenken, wie sich die Bücher der anderen am besten bezahlt machen werden.

Der Kopenhagener Verlag Gyldendal hatte zu jener Zeit nahezu alles, was in der dänischen und norwegischen Literatur ›gut und teuer‹ war, unter seinem Dach versammelt. Was in diesen beiden Ländern an verheißungsvollem Neuen auftauchte, wurde dort zuerst sichtbar. Norwegen war zu dieser Zeit noch in Personalunion mit Schweden verbunden, die 1905 gelöst wurde, und der Verlag Gyldendal in Kopenhagen, der die meisten norwegischen Schriftsteller verlegte, besaß noch keine Zweigniederlassung in Christiania, dem heutigen Oslo. Fischer schlug Nansen bereits 1899 zur Vereinfachung des Urheberrechtsschutzes die Gründung eines Zweigverlags in Norwegen vor, die dann in der Tat auch erfolgte und aus welcher der heutige selbständige Verlag Gyldendal in Oslo entstand.

Was Fischer und Nansen in jenen Ostertagen 1897 in Berlin an »Geschäften« besprachen, läßt sich recht genau vermuten. Die Ibsen-Gesamtausgabe befand sich im Stadium der Planung, und Nansen scheint Fischer geraten zu haben, sich der größten Autorität auf diesem Gebiet, nämlich Georg Brandes', als Helfer zu versichern. Brandes war ein Gyldendal-Autor, und Nansen übernahm es, die Verbindung herzustellen. Gleichzeitig machte er Fischer auf den in Dänemark bereits berühmten, in Deutschland noch unbekannten Dichter Herman Bang aufmerksam. Auch Birger Mörner und Karl Gjellerup, die schon im folgenden Jahr in der ›Collection Fischer‹ erschienen, kamen auf Nansens Anregung, und nach der Jahrhundertwende brachte Nansen nicht nur seine Freundin Karin Michaelis, sondern auch den großen Dänen der Folgezeit, Johannes V. Jensen, zu Fischer.

EPISODE: MALHEUR MIT ›MIMI‹

Um die gleiche Zeit erlebte Fischer mit seinen Wiener Freunden ein absonderliches kleines Mißgeschick. Ausnahmsweise hatte Bahr nichts damit zu tun. In Wien gab es eine mit Hofmannsthal und Schnitzler befreundete Familie Loeb, deren eine Tochter, Clara Katharina Loeb, ein blutjunges Mädchen, sich heimlich und ohne Wissen der Eltern der Schriftstellerei widmete. Sie verfaßte ein (anscheinend kaum verschlüsseltes und leicht durchsichtiges) Büchlein betitelt *Mimi. Schattenbilder aus einem Mädchenleben*, das sie den beiden, den Eltern befreundeten Dichtern anvertraute mit der Bitte, seine Veröffentlichung unter einem Pseudonym zu besorgen. Hofmannsthal und Schnitzler waren dem jungen Mädchen zugetan, und Schnitzler übersandte das Manuskript unter dem Pseudonym ›Paul Althoff‹ an Fischer.

Fischer war nicht abgeneigt, den Wiener Freunden den kleinen Gefallen zu tun. Er schrieb am 3. Februar 1897 an Schnitzler:

›Mimi‹ hat mir ganz gut gefallen, obgleich alles etwas ›dünn‹ scheint. Wir werden die Arbeit im Mai in der Rundschau und dann als Buch bringen. Wer ist der resp. die Dichterin ›Paul Althoff‹? Es handelt sich um den Contract!

Schnitzler hatte sich (seine Antwort ist nicht erhalten) offenbar verpflichtet, die Identität des Fräuleins Loeb nicht preiszugeben, und verriet den Namen nicht. Daraufhin Fischer am 9. Februar 1897:

Der Vertrag mit einer auch mir gegenüber pseudonymen Person ist nicht juristisch faßbar. Ich verzichte daher auf einen formalen Contract und mache mich Ihnen gegenüber als Vertreter der pseudonymen Verfasserin zu folgenden Bedingungen rechtsverbindlich.
1. Ich verpflichte mich, im Lauf dieses Jahres ›Mimi‹ als Buch erscheinen zu lassen und den Reingewinn aus diesem Werk mit der Verfasserin zu teilen.
2. Ich verpflichte mich, ›Mimi‹ in der ersten Hälfte dieses Jahres in der Neuen Deutschen Rundschau zum Abdruck bringen zu lassen. Für den Abdruck in der Rundschau erhält die Verfasserin kein Honorar.
Hier bemerke ich zu Ihrer Information, daß die Rundschau noch immer mit einem Defizit arbeitet und daß wir vorläufig diesen honorarlosen Modus bei neu einzuführenden Werken noch beibehalten müssen.

Fischer tat, wie versprochen. *Mimi* erschien unter dem abgekürzten Pseudonym ›Bob‹ im Aprilheft 1897 der ›Neuen Deutschen Rundschau‹, und Hofmannsthal schrieb dafür sogar einen kurzen Prolog in Versen *Zu einem Buch ähnlicher Art*, der mit den berühmten Zeilen beginnt: »Merkt auf, merkt auf! Die Zeit ist sonderbar, / Und sonderbare Kinder hat sie: Uns!« und den versteckten Hinweis enthielt: »Schlagt eine kleine Bühne auf im Zimmer, denn die Haustochter will Theater spielen!«

Doch die Sache ging nicht gut. Am 24. April 1897 schrieb Hofmannsthal an Schnitzler:

> Die ›Mimi‹ von der Clara Loeb steht seit 10 Tagen in der ›Freien Bühne‹, natürlich ist es herausgekommen, von wem es ist. Zum Teil hat die Minnie B. einen recht überflüssigen Tratsch angefangen... andererseits hat jemand recht gemeiner den Eltern Loeb einen anonymen Brief geschrieben, kurz heute Früh läßt mich die Mutter bitten hinzukommen. Die Clara war nicht zu sehen, die Anna und die Mutter verweint wie bei einem Leichenbegängnis, der Vater ganz blaß und mit zitternder Stimme... ich glaube, daß ich sie doch ein bissel herumgekriegt habe; Ihre active Teilnahme habe ich verschwiegen, weil die Mutter ohnehin eine schlechte moralische Meinung von Ihnen hat... Von Ihnen aber will ich nur zweierlei: 1.) wenn irgend jemand bei Ihnen anfragt... so wissen Sie einfach nicht, wer die Verfasserin ist. 2.) Sie müssen so gut sein, sofort an Fischer zu schreiben, daß der Druck des Buches unterbleibt und er das Manuscript umgehend an mich zurückschicken soll. Sie müssen das von Ihrem Verleger als persönliche Gefälligkeit verlangen. Ich habe es den Eltern bestimmt versprochen, mir zu liebe tut er es aber vielleicht nicht, weil es ihm etwas unbequem ist. Also bitte, sofort.

Schnitzler war in Paris und antwortete am 28. April, er habe an Fischer geschrieben und zweifle nicht, daß er ohne weiteres einverstanden sein werde. Fischer blieb nicht viel anderes übrig. Er antwortete Schnitzler am 2. Mai, *Mimi* werde nicht erscheinen, da Schnitzler es nicht wünsche, und Schnitzler meldete Hofmannsthal vier Tage später aus Paris, Fischer habe den Satz auf seinen Wunsch bereits ablegen lassen, und so sei die letzte Gefahr geschwunden. Ob es wohl ruhig geworden sei im Hause Loeb? Und wie es der geschädigten Verfasserin der Szenen aus einem Mädchenleben gehe? Die Haustochter, die Theater spielen wollte, ließ sich nicht abhalten. Clara Katharina Loeb heiratete später und wurde in der Tat Schriftstellerin. Fischer muß den Kopf geschüttelt haben über die »sonderbaren Kinder«. Alles, was von dem *Mimi*-Malheur übrigblieb, war Hofmannsthals reizender Prolog.

DER IBSEN-VERTRAG

Die unmittelbare Frucht von Nansens Berliner Osterbesuch 1897 war die Verbindung mit Georg Brandes und Herman Bang. »Haben Sie schon mit Bang und Brandes gesprochen?« fragte Fischer am 8. Mai an. »Ich glaube, ich würde für beide ein geeigneter Verleger sein.« Nansen hatte in der Tat mit beiden bereits gesprochen.

Georg Brandes, damals fünfundfünfzig Jahre alt, stand auf der Höhe seines Ruhms. Fischer wollte ihn vorerst dafür gewinnen, die drei ersten Bände der Ibsen-Ausgabe, die die altnordischen Schauspiele enthielten, einzuleiten. Die folgenden Bände sollten Einleitungen von Schlenther und Elias erhalten. Aber Brandes war krank und mit Arbeit überlastet, und Fischer erhielt erst Mitte September eine Zusage von ihm. Als Honorar für die drei Einleitungen wurden tausend Mark vereinbart, und in seinem nächsten Brief fügte Fischer den vorsichtigen Nachsatz an: »Vielleicht habe ich auch einmal das Vergnügen, ein selbständiges Werk von Ihnen zu verlegen.« Dann kam, mitten im Umzug nach der Bülowstraße, der Rückschlag: Brandes sagte ab. Fischer war verzweifelt und schrieb ihm am 19. Oktober:

Hochgeehrter Herr Doktor, Sie haben mir mit Ihrer Absage eine arge Enttäuschung bereitet. Wir haben bei unserem Plane mit Ihrer Zusage fest gerechnet und wir dachten das umso mehr thun zu können, als wir bezüglich des Umfangs der Arbeit alles ganz und gar in Ihr Ermessen gestellt hatten. Wir haben in Deutschland keinen Litteratur-Historiker, der die altnordischen Dramen Ibsens mit solcher Sachkenntnis einleiten könnte ...

Fischer erbot sich, die Ablieferung der Einleitung des zweiten Bandes bis zum Februar 1898 zu verschieben, »während der Ablieferungstermin für die Einleitungen der anderen zwei Bände sich nach Ihren Wünschen einrichten ließe«, und Brandes nahm seine Absage zurück. Fischer atmete auf, und sein nächster Brief enthielt abermals eine vorsichtige Anfrage: »Dürfen wir wohl für unsere Zeitschrift ›Die Neue Rundschau‹ etwas von Ihnen erwarten? Vielleicht haben Sie Zeit für einen Artikel über den derzeitigen Stand der skandinavischen Literatur?«

Brandes hatte keine Zeit für einen solchen Artikel. Aber die Ibsen-Gesamtausgabe, eingeleitet von Georg Brandes, war gesichert. Nachdem fast ein Jahr mit Vorbesprechungen hingegangen war, wurde in den letzten Oktobertagen 1897 der Vertrag geschlossen. »Schlenther und ich«, so erzählt Elias,

hatten in der Bülowstraße den Vertrag unterzeichnet. Als wir in den nebligen Abend hinaustraten, da sagte Schlenther aufatmend: »So, jetzt wollen wir zu Biere.« Wir gingen schweigend, wie durch ein böses Gewissen bedrückt, lange nebeneinander einher. Endlich Schlenther: »Nun, was denken Sie, mein Elias?« – »Ich denke, was Sie denken, mein Schlenther.« – »Nun, was denk' ich denn?« – »Sie denken: ›Jetzt haben wir den guten Fischer aber gründlich reingelegt‹.« Und Schlenther feixte zustimmend. Wir waren so wenig von einem buchhändlerischen Erfolg überzeugt, daß wir bei der vertraglichen Festlegung die Möglichkeiten einer zweiten Auflage nicht einmal ins Auge gefaßt hatten.

Ibsen unterzeichnete den Vertrag am 31. Oktober 1897 und vermerkte in seiner eigentümlich steifen Handschrift an diesem Tag unter Einnahmen: »Von S. Fischer Verlag Berlin für Sämtliche Werke 9000,– Mark.«

Nun freilich begann die Zeit zu drängen. Der Verein ›Freie Bühne‹ plante für den 20. März 1898 zu Ehren Ibsens ein großes Geburtstags-Festbankett. Zumindest ein Band der Gesamtausgabe mußte bei dieser Gelegenheit vorliegen. Aber man war schon tief im November, und Brandes kam mit immer neuen Schwierigkeiten. Fischer schrieb verzweifelte Briefe, und endlich, am 24. Februar 1898, traf das ersehnte Manuskript der Einleitung in der Bülowstraße ein. So lag zu guter Letzt doch immerhin ein Band des großen Unternehmens rechtzeitig zum Jubiläum in den Schaufenstern der Buchhandlungen; zwar nicht der erste und auch nicht der zweite, aber wenigstens der dritte. Der zweite folgte im Herbst 1898; der fünfte und neunte kamen 1899, der sechste 1900, der vierte und siebente 1901, der achte 1902 und mit dem ersten, der zugleich der letzte war (und schließlich doch die Prosaschriften enthielt), war die Ausgabe abgeschlossen. Aber neun war keine schöne Zahl, und so fügten die Herausgeber 1904 noch einen zehnten Band mit einer Auswahl von Ibsens Briefen hinzu.

URHEBERRECHTS-WIRRWARR

Als die ersten Bände der Ibsen-Gesamtausgabe erschienen, war die urheberrechtliche Seite dieses Unternehmens noch keineswegs geklärt, und Fischer mußte zum Schutz seiner Ausgabe noch einen langen Kampf durchfechten, dessen ungewisser Ausgang den Fortschritt der Ausgabe mehr als einmal zu gefährden schien.

Fischer hatte bereits am 13. Dezember 1894 in einer Zuschrift an das Buchhändler-›Börsenblatt‹ erklärt,

> daß nach dem Gutachten unseres Anwalts bei gleichzeitigem Erscheinen der norwegischen und deutschen Ausgabe der Schutz gegen anderweitige Übersetzungen, sowie gegen unbefugte Aufführungen nach Paragr. 6b des Gesetzes vom 11. Juni 1870 gegeben ist.

Diese Auffassung war von mehreren Fachjuristen angezweifelt worden. Inzwischen war 1896 zwar Norwegen, nicht aber Dänemark der Berner Konvention beigetreten, und wären die Originalausgaben des

Norwegers Ibsen in einem norwegischen Verlag erschienen, so wäre jetzt alles in Ordnung gewesen. Sie erschienen jedoch bei Gyldendal in Kopenhagen, und hieraus ergab sich im Februar 1899, als bereits mehrere Bände der Gesamtausgabe erschienen waren, eine gefährliche Komplikation. Fischer schrieb an Nansen:

Ein deutscher Verleger kündigt eine deutsche Concurrenz-Ausgabe der Werke Ibsens an, darunter auch ›John Gabriel Borkman‹, welcher doch schon unter dem Schutz der Berner Convention erschienen ist. Nun behauptet mein Rechtsanwalt, daß der Schutz in diesem Fall zweifelhaft sein kann, weil das Werk in Kopenhagen erschienen ist, also in einem Lande, welches der Berner Convention nicht angehört. Sollte die Meinung meines Anwalts zutreffen, so müßte doch die Gyldendalsche Buchhandlg. Vorkehrungen treffen, um die norwegischen Autoren in den Verbandsländern der Berner Convention zu schützen!

Das war leichter gesagt, als getan. Fischer bestellte sich bei seinem Rechtsberater Dr. Osterrieth ein Gutachten, das auf Grund persönlicher Erkundigungen in Bern Mitte Juni 1899 vorlag. Fischer berichtete Nansen:

Danach scheint es, daß ein Werk Ibsens am gleichen Tage in Deutschland und Dänemark erscheinen muß, wenn es geschützt sein soll, und wie mir scheint, befindet er sich hier in keiner günstigeren Lage wie jeder dänische Autor, der nicht durch den Berner Bund geschützt ist, wohl aber durch das gleichzeitige Erscheinen der beiden Ausgaben. Nach meiner Ansicht würde der weitergehende und zuverlässigere Schutz der Berner Convention sehr leicht zu bewirken sein, wenn die Gyldendalsche Buchhandlung in der Lage wäre, auf ihren Umschlägen auch Christiania als Erscheinungsort zu nennen und das wieder ließe sich sehr leicht machen durch eine Auslieferungsstelle in Christiania, die sich nach außen hin als eine Filiale der Gyldendalschen Buchhandlung darstellen würde.

Nansen war mit der gleichzeitigen Veröffentlichung in Berlin und Kopenhagen einverstanden, wobei das auf den Tag genaue Erscheinungsdatum in beide Ausgaben eingedruckt werden sollte. Aber Fischer war damit nicht zufrieden. Erstens, erklärte er, sei er damit nach dem deutschen Reichsgesetz nur fünf Jahre lang geschützt, während die Berner Konvention einen Schutz von dreißig Jahren gewährt – »da ich eine große Ibsen-Ausgabe herausgebe, kann es mir nicht gleichgültig sein, ob die noch kommenden Werke Ibsens nur 5 Jahre oder 30 Jahre geschützt sind« –, und zweitens bestand er nochmals auf »Aufdruck Ihrer Firma Kopenhagen und Christiania oder neben Ihrer Firma Aufdruck einer anderen Firma in Christiania. Das neue deutsche Urheberrecht hat ausdrücklich vorgesehen, daß ein wirksamer Schutz nur mit Ländern möglich ist, die der Berner Convention angeschlossen sind.« Im Herbst 1899 wurde es ernst. Am 21. September schrieb Fischer einen Brandbrief an Nansen:

Eine deutsche Concurrenzfirma zeigt soeben für Ende September das Erscheinen von Ibsens ›Klein Eyolf‹ und ›John Gabriel Borkman‹ in deutscher Sprache an. Wir müssen in schleunigem Verfahren die Ausgabe zu verhindern suchen und bitten um eine eidesstattliche Angabe der Termine, wann zuerst die norwegischen Originalausgaben dieser beiden Dramen erschienen sind. Es kommt darauf an nachzuweisen, daß ›Klein Eyolf‹ und ›Gabriel Borkman‹ gleichzeitig mit der dänischen Ausgabe erschienen sind. Ich muß diese Erklärung zur Einleitung eines Prozesses haben und sie ist die wesentlichste Stütze, die uns das deutsche Urheberrecht bietet.

Fischer mußte also prozessieren. Wer die Konkurrenzfirma war, ist aus dem erhaltenen gegnerischen Schriftsatz nicht ersichtlich. Dieser bestätigte Fischers böse Ahnungen: seine Ibsen-Ausgabe war ernstlich bedroht. Die deutschen Ausgaben, so erklärte der Schriftsatz, seien keine Originalwerke ausländischer Autoren, die nach dem deutschen Urheberrechtsgesetz geschützt wären, sondern »von deutschen Übersetzern verfaßt«.

Darauf, daß die Übersetzungen in Deutschland fast gleichzeitig erschienen sind, kommt es nicht an... Die Voraussetzung des geschützten Übersetzungsrechtes ist das Vorhandensein eines geschützten Originals im Urtext, und an solchem mangelt es hier. Ibsens in Dänemark erschienene Originalwerke sind in Deutschland nicht geschützt und können in der Ursprache beliebig nachgedruckt und folglich beliebig oft ins Deutsche übersetzt werden.

Das war nach all den jahrelangen Kämpfen um Ibsen in Deutschland ein schwerer Schlag für Fischer. Nun mußten die Skandinavier endlich selbst etwas tun. Fischer schrieb nochmals an Nansen, er solle »zum Schutz Ihrer Autoren eine Filialniederlassung in Christiania eröffnen. Ich glaube, es wird Ihnen nichts anderes übrig bleiben.« Inzwischen gab es noch eine letzte Auseinandersetzung mit Ibsen selbst. Ibsen hatte schon Ende 1896 die Rechtslage dadurch verwirrt, daß er sein Schauspiel *John Gabriel Borkman* seelenruhig an Langen für fünftausend Mark verkaufte, und Fischer hatte es zu diesem hohen Betrag von Langen für die Gesamtausgabe zurückkaufen müssen. »Der alte Ibsen«, hatte Fischer am 21. Juli 1897 an seine Frau geschrieben, »stellt sich jetzt, wo der Vertrag ausgefertigt werden soll, etwas dumm. Bisher war immer davon die Rede, daß er den ›Borkman‹ von Langen freibekommen soll, jetzt verlangt er von mir, daß ich das Stück von Langen *erwerben* soll. Die 9000 Mrk. will er gleich in bar haben, aber den ›Borkman‹ soll ich selbst erwerben. Es wird noch einige Schwierigkeiten mit dem alten Fuchs geben...« Jetzt, im November 1899, lag Ibsens letztes Stück, *Wenn wir Toten erwachen*, vor. Möglicherweise hatte Ibsen es Langen versprochen; jedenfalls erhob Langen Anspruch darauf, und es wurden heftige Briefe gewechselt. Schließlich einigte sich Fischer mit Langen, der verzichtete, aber er mußte Ibsen den von Langen eingeführten Honorarsatz von fünftausend Mark zahlen, auf dem Ibsen jetzt bestand. »Es scheint«, schrieb Fischer an Nansen, »daß Ibsen an meinen Vertrag eine Zeit lang vergessen hat; jetzt hat sich alles bestens aufgeklärt und geregelt.« Ibsen selbst war der gleichen Meinung, aber er drückte es in einem Brief an Elias vom 3. Januar 1900 anders aus:

Für die Beteiligten ist es ein Glück, daß die hysterischen Paroxysmen im Fischerschen Kreise jetzt gut überstanden sind und daß somit für mich die Hoffnung besteht, von einem neuen Telegramm im Winkelschreiberstil verschont zu bleiben, wie dem, das Herrn Fischers Rechtsanwalt und andere für passend hielten mir zu schreiben. Es ist wohl überflüssig hinzuzufügen, daß ich nie daran gedacht hatte, einen Vertrag mit Herrn Albert Langen über mein neues Schauspiel abzuschließen. Deswegen habe ich die Drohbriefe nicht beantwortet.

Ibsen war ein wunderlicher alter Herr geworden; er hatte nicht nur seinen Vertrag mit Fischer vergessen, sondern auch, daß er den ganzen Langen-Wirrwarr selbst angerichtet hatte. Bald nach diesem Brief ereilte den Dreiundsiebzigjährigen ein Schlaganfall, der seinem Schaffen ein Ende setzte.

DIE ERSTE VOLKSAUSGABE

Fischer hatte sich nicht getäuscht. Er war nicht ›hineingelegt‹ worden, und er wurde belohnt. Die von Otto Eckmann ausgestattete zehnbändige Ibsen-Ausgabe wurde ein großer Erfolg und ermutigte schließlich auch Gyldendal, eine ähnlich angelegte norwegische Gesamtausgabe zu veranstalten. »Fischer war eben nicht ›reinzulegen‹«, schrieb Julius Elias später:

Im psychologischen Augenblick rührte und bewährte sich immer wieder die talentvolle Mischung von kaufmännischer Begabung und geistiger Hellsichtigkeit, von Realitätsempfindung und Idealbedürfnis. Bewährte sich die Persönlichkeit.

Und Thomas Mann nannte die Ibsen-Ausgabe rückblickend »eine bewundernswerte Leistung, die unter seinen Mittlertaten die dankenswerteste bleiben wird«.

Ihr eigentlicher großer Erfolg kam jedoch erst einige Jahre später, als Ibsens Tod (1906) »den Gedanken wachrief, sein Lebenswerk, das allmählich in den geistigen Besitz der Deutschen übergegangen ist, in einer populären Gedenkausgabe weiten und weitesten Kreisen unseres Volkes zugänglich zu machen«. Diese Volksausgabe in fünf Bänden, die im November 1907 erschien, fand, wie Hedwig Fischer sich erinnerte, »einen geradezu riesigen Absatz. Sie war meines Mannes großer Stolz.« »Riesig« war nicht übertrieben. Fischer druckte eine Erstauflage von 20 000 Exemplaren; danach wurde die Ausgabe alle

2–3 Jahre nachgedruckt; am Ende des Ersten Weltkrieges hatte sie das 70. Tausend, zehn Jahre später das 110. Tausend erreicht.
Bei dieser Ausgabe hatte man auf allen Buchschmuck verzichtet. Eckmann war inzwischen gestorben, und es wurde kein neuer Künstler für sie herangezogen. »Die Ausstattung sollte nur von der typographischen Gestalt her wirken, die Überwindung des Schnörkels war eine Befreiung.« Zwei Jahre später, 1909, wurde die große zehnbändige Ausgabe durch eine ›Zweite Reihe‹ von vier Bänden ›Nachgelassene Schriften‹ ergänzt.
Die Ibsen-Ausgabe war für Fischer eine gewaltige Kraftanstrengung und eine große Schule. Kalkulation und Herstellung sahen sich vor ganz neuen Aufgaben. Noch nie hatte er so groß und auf so lange Sicht geplant. Er hatte bisher (außer den *Modernen Dramen*) noch kein einziges mehrbändiges Werk verlegt; ein Buch von mehr als 350 Seiten war nur selten vorgekommen. Bei der Ibsen-Ausgabe mußte er ganz neu und anders rechnen. Die Volksausgabe belief sich auf 2800 Seiten, die aus den 4400 Seiten der großen Ausgabe ausgewählt wurden, und es gelang Fischer, diese fünfbändige Ausgabe zum Preis von fünfzehn Mark (in Ganzleinen gebunden) herauszubringen, während die zehnbändige fünfundvierzig Mark kostete. Und gewiß kamen Fischer die Lehren und Erfahrungen dieses komplizierten, von der Produktion von Einzelwerken völlig verschiedenen Vorhabens bei allen seinen künftigen Gesamtausgaben in reichem Maß zustatten. Als die nächste Gesamtausgabe, nämlich die sechsbändige Hauptmann-Ausgabe von 1906, heranrückte, wußte er, ›wie es gemacht wird‹, und die fünfbändige, von Julius Elias herausgegebene Volksausgabe der ›Gesammelten Werke‹ Björnstjerne Björnsons von 1911 war ziemlich genau nach dem Vorbild der Ibsen-Ausgabe angelegt.

Wenn sich die Verhältnisse für uns Skandinavier geändert haben, so liegt es daran, daß wir einen Brückenbauer gefunden haben, der eine Brücke über den Strom baute. S. Fischer sah in dem breiten Wasser, das Deutschland und den Norden voneinander trennte, mitten im Meer einen Felsen aufragen. Der Granitfelsen trug den Namen Henrik Ibsen. Dieser Felsen konnte – das erkannte Fischer – ein Brückenpfeiler werden, von dem aus sich eine ganze Brücke bauen ließ. Und Fischer zimmerte seine Brücke – die Brücke, die vom Norden in die Welt führte. Nicht allein haben wir es ihm zu verdanken, daß wir nach Deutschland kamen. Seine Brücke brachte uns weiter. Die Werke, die in seinem Verlag erscheinen, tragen mit seinem Namen eine Weltmarke, die aller Augen auf sich zieht. Der Weg nach Rußland, ja sogar nach Frankreich ging durch die Tür, die er uns geöffnet hat. Er baute uns die Brücke zur Welt.

So schrieb Herman Bang, der noch während des Umzugs in die Bülowstraße zu Fischer stieß.

HERMAN BANG

Dieser dänische Dichter war, als ›Verlagsobjekt‹ betrachtet, ein sehr eigentümlicher Fall, an dem sich Fischers intuitiver Weitblick offenbarte. Herman Bang war, als Nansen zu Ostern 1897 Fischer auf ihn aufmerksam machte, kein jünglingshafter Anfänger mehr, sondern ein Mann von vierzig Jahren, von dem ein gutes halbes Dutzend Bücher bereits vorlag, darunter einige seiner reifsten Werke, und der in den skandinavischen Ländern bereits einen großen Ruf genoß. Sein erster Roman *Hoffnungslose Geschlechter* war für die Jugend Dänemarks eine Art *Werther* gewesen; selbst Ibsen, für gewöhnlich streng und zurückhaltend, sprach bewundernd von Bangs Kunst; Sophus Michaelis sagte von dem schon 1894 entstandenen Roman *Ludwigshöhe*, er sei »die tiefste Begebenheit in der dänischen Literatur der Neunzigerjahre«, und Jonas Lie rief begeistert: »In diesem Buch lebt alles!«
An diesen Dichter der nordischen ›Fin-de-siècle-Dekadenz‹, der nicht Nansens urbane Weltläufigkeit und Liebenswürdigkeit besaß, die mit seiner ›nihilistischen‹ Kraßheit versöhnt hätte, der um vieles bitterer und zugleich empfindlicher und der bei weitem profundere und reichere Künstler war, hatte sich in Deutschland bisher kein Verleger herangewagt. Nansen, der den »teuren Freund« seit Jugendtagen kannte und im Kopenhagen der frühen achtziger Jahre viele absonderliche Abenteuer mit ihm erlebt hatte, empfahl Fischer, Bang mit dem Roman *Am Wege* einzuführen. Doch jetzt tauchte der Fischer bereits bekannte schwedische Kammerrat Emil Jonas auf, der für seine von Bang autorisierte Übersetzung dieses Buches schon seit Jahren einen Verleger suchte. Die Übersetzung war schlecht, aber Fischer mußte sie erwerben und ließ sie von Mathilde Mann umarbeiten. Er schrieb am 1. Juli 1897 an Bang:

Zunächst werde ich vielleicht ›Am Wege‹ in meiner Revue ›Neue Deutsche Rundschau‹ abdrucken, um ein fein-literarisches Publikum, welches zu den Abonnenten unserer Zeitschrift zählt, auf Ihre Eigenart aufmerksam zu machen. Dann werde ich ›Am Wege‹ als Buch bringen. Was Ihre anderen Romane anbetrifft, so acceptiere ich Ihren Vorschlag und erkläre mich bereit, Ihnen für jeden Roman ein Autorisations-Honorar von 200 Mark für jede erste Auflage zu bezahlen. Ich habe, wie Sie sehen, große Lust zu dem Verlag Ihrer Bücher, ich hoffe, der Erfolg wird nicht ausbleiben ...

Doch ein ungeschützter dänischer Autor ohne das übliche Übersetzerchaos – das war zu schön, um wahr zu sein. Und wo ein Übersetzerchaos herrschte, da war auch Albert Langen nicht weit. Kaum hatte Fischer die Veröffentlichung von *Am Wege* für das Januarheft 1898 der Zeitschrift angekündigt, als Langen erklärte, er habe eine ebenfalls von Bang autorisierte Übersetzung des gleichen Werkes von einem Fräulein Blumenreich erworben, und Fischers Verzicht verlangte. Nansen bewog Bang, die unüberlegt erteilte Autorisation zurückzunehmen, aber Langen und Fräulein Blumenreich gaben nicht nach. Während Fischer sich noch um einen Ausgleich mit Langen bemühte, tauchte bereits eine neue Bang-Übersetzerin auf, die Wienerin Marie Franzos, die eine Übersetzung des Romans *Ludwigshügel* (später *Ludwigshöhe*) einreichte. Fischer erwarb diese Übersetzung und tat damit einen guten Griff. Marie Franzos war gleich Marie Herzfeld eine hervorragende Interpretin der skandinavischen Literatur, und sie lieferte dem Verlag in den folgenden Jahren eine Anzahl vorbildlicher Übertragungen, vor allem der Werke Ellen Keys. Insgesamt waren zu guter Letzt an den vierzehn Büchern von Herman Bang, die Fischer herausbrachte, nicht weniger als zehn Übersetzer beteiligt.

Der Fall Herman Bang zeigt uns Fischer von einer neuen Seite. Er hatte ›große Lust‹ auf diesen Autor und zauderte nicht. Noch ehe er wußte, wie der Zwist mit Langen ausgehen werde, hatte er bereits ein halbes Dutzend Bang-Titel erworben; noch ehe der erste Roman von Bang bei ihm erschienen war und er die Erfolgsaussichten dieses Dichters abschätzen konnte, hatte er für jeden dieser Titel ein Autorisationshonorar von zweihundert Mark vorausbezahlt und alle bestehenden Übersetzungen aufgekauft oder neue in Auftrag gegeben. Was veranlaßte diesen Übermut? Gewiß zum Teil das Dazwischentreten Langens, das ihn ärgerte. Dabei hätte Langen sich vermutlich nicht so unnachgiebig gezeigt, wenn er geahnt hätte, welche Art von ›Geschäft‹ Herman Bang war. Und wer könnte heute noch sagen, ob Fischer sich selbst über den Kauf, den er da getan hatte, ganz im klaren war? Vielleicht spürte er einfach nur, daß diese Bücher in seine ›Familie‹ gehörten.

Denn es ist erstaunlich zu sehen, auf welch vergleichsweise schmaler Ausgangsbasis sich der Ruhm Herman Bangs in Deutschland aufbaute. Fischer druckte von allen Büchern Bangs eine erste Auflage von zweitausend Exemplaren, und bei ihr blieb es auf Jahre hinaus, bei den meisten Büchern Bangs sogar auf Jahrzehnte hinaus. Fischer begann nach der Einführung durch das kleine Bändchen der *Vier Teufel* 1898 mit *Am Wege*; 1900 folgte *Hoffnungslose Geschlechter*, 1901 die Erzählungen *Leben und Tod*, 1902 der Roman *Das weiße Haus*. Die Zeitschrift tat mit Vorabdrucken, was sie konnte, und im Januarheft 1902 veröffentlichte Felix Poppenberg in ihr einen großen, siebenseitigen Aufsatz über Bang:

Diese Bangschen Bücher geben – das ist ihre künstlerische Qualität – ohne im Philosophenmantel zu stolzieren, mit reiner Detailmalerei Weltanschauung und schätzen selbst dabei diese Weltanschauung gering ein: (»Alte

Leute werden klug. Aber es nützt ihnen nichts und den anderen auch nicht«). Sie gestalten rein künstlerisch, scheinbar nur aus dem malerischen Vergnügen an Formen und Farbe, aus dem Drang, die flüchtigen Erscheinungen in ihrem ganzen Unisono mit Licht und Luft und allem Beiwerk lebensstrotzend festzuhalten... Und dabei führen sie mit ihrer Schilderungskunst voll Vehemenz und koloristischer Anschaulichkeit der äußeren Welt uns unmerklich tiefer in uns selbst...

Es sammelte sich in Deutschland allmählich eine Bang-Gemeinde, aber sie blieb klein. Fischer verlegte unverdrossen weiter. Im Herbst 1902 brachte er den Roman *Tine* heraus, der den jungen Thomas Mann mächtig anrührte: »Jetzt lese ich beständig Herman Bang, dem ich mich tief verwandt fühle.« 1905 kamen die *Exzentrischen Novellen*, 1906 der Roman *Michael* und 1908 endlich *Ludwigshöhe*. Angesichts dieses Meisterwerks, neben dem ihr die früher erschienenen Bücher »blaß, mager und ein wenig ausgeklügelt« vorkamen, setzte sich Marie Herzfeld in der ›Rundschau‹ schwungvoll für Bang ein und erklärte rundheraus, dieses Buch sei wie das Leben »reich, blühend, über Verwesungen blühend, groß und bezaubernd selbst in seinen Entzauberungen ... ein leuchtender Gipfelpunkt der impressionistischen Manier und ein glänzendes Werk!« Auch dieser Fanfarenstoß half nicht viel. Dennoch verlegte Fischer unverdrossen weiter: 1908 die Novellen *Aus der Mappe*, 1909 *Das graue Haus*, 1911 die *Seltsamen und anderen Geschichten*, 1912 *Die Vaterlandslosen* (mit einem Vorwort von Emil Ludwig), schließlich 1913 und 1915 die beiden nachgelassenen Bücher *Zusammenbruch* und *Sommerfreuden*.
Noch immer rührte sich nichts. In Bangs Todesjahr 1912 hatte kaum die Hälfte seiner Bücher es zu einer zweiten Auflage gebracht, kein einziges zu mehr als viertausend Exemplaren. Inzwischen hatte Nansen eine dreibändige Gesamtausgabe erhalten, zu der Bang noch das Vorwort schrieb, und der schwedische Romancier Gustaf af Geijerstam, der 1901 in der Übersetzung von Marie Franzos zu Fischer kam, gar eine fünfbändige. Bang war noch immer nicht wirklich durchgesetzt. Doch 1919 entschloß Fischer sich zu einer vierbändigen Ausgabe der *Gesammelten Werke*. Und jetzt horchten die Menschen auf. Eine neue Generation war herangewachsen, der Herman Bang etwas zu sagen hatte, was niemand anderer in Europa ihr zu sagen vermochte. Schon sechs Jahre später, 1926, konnte Fischer eine neue Gesamtausgabe der Romane in sechs Bänden folgen lassen, und nun brach Herman Bang endlich durch. *Die vier Teufel* waren in den Nachkriegsjahren unversehens in die 66. Auflage geklettert; *Ludwigshöhe* hatte das elfte, *Die Vaterlandslosen* das 26., *Michael* das 35. Tausend erreicht, und *Am Wege*, mit dem alles begonnen, stand in zwei verschiedenen Ausgaben zusammen in der 146. Auflage.

Was war geschehen, um den Verleger auf wunderbare Weise nach einem Vierteljahrhundert so glänzend zu bestätigen? In Bangs 1902 erschienenem Roman *Das weiße Haus*, von dem Fischer bis zum Ersten Weltkrieg noch keine viertausend Exemplare hatte unter die Leute bringen können, stand der Satz: »Mama, sing das Lied noch einmal, das ich nicht verstehe.« Jetzt endlich, nach zwanzig Jahren, verstand plötzlich das Kind das rätselhafte Lied. Wer weiß, ob Fischer es damals selbst recht verstanden hatte? Darauf kam es nicht an. Er hatte gespürt, daß es eines Tages verstanden werden würde.

11 Jahrhundertwende

Die letzten Jahre des alten Jahrhunderts bieten einen erstaunlichen Anblick. Nicht nur geht in der kurzen Spanne von drei oder vier Jahren die Saat der vorangegangenen anderthalb Jahrzehnte in üppiger Vielfalt auf. Es ist auch, als hole das alte Jahrhundert kurz vor seinem Abgang zielstrebig mit einer umfassenden Sammelgeste alle Kräfte herbei, die bestimmt sind, bei der Gestaltung des neuen entscheidend mitzuwirken, damit sie geschlossen über die Schwelle treten.
Die außerordentliche Drängung der Kräfte am Tor zum neuen Jahrhundert wird in allen Unternehmungen Fischers während dieser Jahre 1896–1900 ungemein sinnfällig. Sie sind die wichtigsten Jahre seiner Lebensarbeit. Ringsum ist die befruchtende Ausstrahlung seines Wirkens spürbar. Der neue Typ des persönlich differenzierenden literarischen Verlegers, den er geschaffen hat, ist zu einem selbstverständlichen Erfordernis des deutschen geistigen Lebens geworden und ruft in rascher Folge neue Verlegerpersönlichkeiten auf den Plan, die den Grundtyp eigenartig abwandeln. Der Aufstieg Albert Langens wurde bereits angezeigt. Ihm folgt 1896 Eugen Diederichs, und 1899 bringt die Anfänge des Insel-Verlags. Damit sind die Grundlagen gegeben, auf denen das deutsche Verlagswesen bis zum Ausbruch des Ersten Weltkrieges im wesentlichen ruht. Zugleich hat die ›Neue Deutsche Rundschau‹ einen neuen Typ der literarischen Zeitschrift geschaffen, der bald die Entwicklung von Varianten anregt. 1895 bringt die Zeitschrift ›Pan‹, 1896 den ›Simplicissimus‹, 1899 ›Die Insel‹.
Im gleichen Zeitraum, in dem die von ihm aufgezeigten Möglichkeiten von anderen aufgegriffen und abgewandelt werden, legt Fischer die Grundlagen zu neuen Unternehmungen, die in allem Wesentlichen das Werk seiner zweiten Lebenshälfte bestimmen. Er nähert sich seinem vierzigsten Jahr. Jetzt kommen die ›besten Jahre‹, die Jahre größter Spannkraft, reifster Verwirklichung. Im Augenblick, da die Glocke ausholt, um das neue Jahrhundert einzuläuten, steht er mit nahezu seiner gesamten ›Mannschaft‹ bereit. Alle seine ›Gesamtausgaben‹ sind bereits zur Stelle, und einige holte er gleichsam noch in

letzter Stunde heran: 1898 Thomas Mann, 1899 Hugo von Hofmannsthal, 1900 Jakob Wassermann. Einige, vor allem Hermann Hesse, fehlen noch, aber sie stehen bereits knapp jenseits der Schwelle.

HUGO VON HOFMANNSTHAL

Am 1. Februar 1899 unterzeichnete der fünfundzwanzigjährige Hugo von Hofmannsthal seinen ersten Verlagsvertrag mit S. Fischer. Damit begann eine Verbindung, die bis zu Hofmannsthals Tod in persönlicher Freundschaft und danach bis zum heutigen Tag in ehrfurchtsvoller Bewahrung seines Werkes dauern sollte.
Sieben Jahre waren vergangen seit Bahrs enthusiastischem Aufsatz über Loris in der ›Freien Bühne‹. Dieser Aufsatz hatte den Boden bereitet, aber zu keiner Verbindung geführt. Der Gymnasiast und Student hatte vorerst noch kein Buch, das er dem Verleger hätte anbieten können, und die Mitarbeit an der Zeitschrift war durch Bölsches Ungeschick verdorben worden. Wohl aber hatte Bierbaum, der nach seinem verunglückten Gastspiel in Fischers Zeitschrift in München seinen *Modernen Musenalmanach* herausgab, 1894 *Der Thor und der Tod* veröffentlicht, und als Bierbaum im folgenden Jahr gemeinsam mit Meier-Graefe, Hartleben, Dehmel und Przybyszewski unter der herausgeberischen Oberaufsicht von Eberhard von Bodenhausen und Harry Graf Kessler in Berlin die Vierteljahrsschrift ›Pan‹ gründete, trug Hofmannsthal zum ersten Jahrgang die drei ersten *Terzinen* bei.
›Pan‹ war eine für die literarische Entwicklung in Deutschland wichtige Gründung. Der ›Pan‹-Kreis unternahm es als erster in Deutschland, Wortkunst und Bildkunst als ein Ganzes zu gestalten; ›Pan‹ war die erste bibliophile Zeitschrift Deutschlands, die jedes Zugeständnis an den Geschmack der Menge vermied; die Vornehmheit der Ausstattung sollte der Bedeutung des künstlerischen und literarischen Inhalts entsprechen. Viele von Fischers Autoren arbeiteten an ihr mit; viele der neuen Buchkünstler wie Eckmann, Sattler, Behrens und vor allem E. R. Weiß traten hier zum erstenmal hervor. Allerdings bewährte sich Bierbaum hier ebensowenig wie bei Fischer; Meier-Graefe trennte sich schon nach dem ersten Jahr von ihm, Bierbaum selbst schied bald darauf aus, und der Lyriker Cäsar Flaischlen übernahm die Redaktion. Flaischlen hatte kurz zuvor, 1895, bei Fischer ein Büchlein über *Otto Erich Hartleben. Beitrag zu einer Geschichte der modernen Dichtung* veröffentlicht, ein verdienstliches Heftchen von siebenundvierzig Seiten – die erste Monographie über einen seiner lebenden Autoren, die Fischer herausbrachte –, das seinen Preis von fünfzig Pfennig gewiß wert war.

Inzwischen hatte sich seit der Berliner Aufführung von *Liebelei* eine enge Verbindung zwischen Schnitzler und Brahm herausgebildet. Brahm kam im Mai und im Oktober 1896 nach Wien, und lernte bei einem dieser Besuche durch Schnitzler Hofmannsthal kennen. Der Briefwechsel zwischen Hofmannsthal und Brahm beginnt in diesem Jahr. 1897 war für Hofmannsthal ein außerordentlich produktives Jahr, in dem in rascher Folge vier Bühnenwerke entstanden – *Das kleine Welttheater*, *Der weiße Fächer*, *Der Kaiser und die Hexe* und *Madonna Dianora* (später in *Die Frau im Fenster* umbenannt) –, und als Brahm im Oktober dieses Jahres wieder in Wien war, wurde die Möglichkeit der Aufführung zweier dieser Einakter »mit noch einem dritten« in Berlin erörtert. Hierzu kam es noch nicht sogleich, denn der dritte war noch nicht vollendet, und Brahm führte vorerst *Madonna Dianora* allein als Sonntagsmatinee der ›Freien Bühne‹ am 15. Mai 1898 im Deutschen Theater auf. Hofmannsthal kam aus diesem Anlaß zum erstenmal auf einige Tage nach Berlin. Bei dieser Gelegenheit lernte er Kessler kennen, und man darf vermuten, daß er auch zum erstenmal mit Fischer zusammentraf, wenn er ihn nicht, was durchaus möglich ist, schon im Sommer 1897 durch Schnitzler auf der Rudolfshöhe kennengelernt hatte. Bie bemühte sich unverzüglich um den Einakter für die ›Rundschau‹ und war untröstlich, daß er schon an ›Pan‹ vergeben war. Immerhin konnte er sich den nachträglich geschriebenen *Prolog* zur *Frau im Fenster* sichern, der im Juniheft 1898 der ›Neuen Deutschen Rundschau‹ erschien. Fischer übernahm inzwischen den 1891 in Wien pseudonym erschienenen Einakter *Gestern* und brachte ihn 1898 unter Hofmannsthals Namen in einer schönen Neuausgabe heraus.

Nun gewann die Zusammenarbeit zwischen Hofmannsthal und Fischer festere Gestalt. Um die Jahreswende 1898/99 waren die Besprechungen zwischen Hofmannsthal und Brahm über die Berliner Uraufführung der beiden neuen Einakter *Der Abenteurer und die Sängerin* und *Die Hochzeit der Sobeide* eifrig im Gang, und jetzt griff Fischer, vermutlich von Heimann gedrängt, der sehr von Hofmannsthal eingenommen war, noch vor der Premiere zu. Die beiden Stücke lagen bereits im Manuskriptdruck des Bühnenvertriebs A. Entsch vor (eine Verbindung, die Schnitzler vermittelt hatte), und Fischer schloß mit Hofmannsthal am 1. Februar 1899 einen Verlagsvertrag über die Buchausgabe beider Einakter ab, die zusammen mit der *Frau im Fenster* (vormals *Madonna Dianora*) in einem Band erscheinen sollten.

Aber noch ehe es soweit war, bestellte Bie bei Felix Poppenberg einen großen Aufsatz über Hofmannsthal, der den Dichter einführen sollte, denn Bahrs Aufsatz hatte nur von Loris gehandelt, und der Name

Hofmannsthal kam in ihm nicht vor. Poppenberg lieferte einen selbst für damalige Begriffe ›ellenlangen‹ Aufsatz von vierzehn Druckseiten, der sich unter reichem Zitatenaufwand mit Hofmannsthals Werk bis zur *Frau im Fenster* beschäftigte und im Januarheft 1899 der ›Neuen Deutschen Rundschau‹ erschien. Darin hieß es:

Hugo von Hofmannsthal giebt das, was die Deutschen selten in der Kunst gesucht, und wenn sie es suchten, noch seltener gefunden haben, vollendeten Geschmack, Befriedigung differenzierten ästhetischen Begehrens. Und ein deutliches Zeichen scheints, daß er und die, die ihm nahestehen, die so lange des Stilleren und Heimlichen heimliche Freude waren, jetzt, da man allerorten an edelen Gläsern, getriebenen Gefäßen, farbenflutenden Stoffen neue Schönheit und Zierde sucht, zu Öffentlichen werden.

Der Vertrag, mit dem Fischer den noch nicht fünfundzwanzigjährigen Hofmannsthal zum Mitglied der Verlagsfamilie machte, ist ein besonderes Dokument, das der glückliche Zufall erhalten hat: ein einziges Blatt Papier mit ganzen vier Paragraphen.

VERLAGS-VERTRAG

Zwischen der Verlagsbuchhandlung von S. Fischer Verlag in Berlin oder deren Rechtsnachfolger und Herrn Hugo von Hofmannsthal oder dessen Rechtsnachfolger wurde heute nachstehender Verlags-Vertrag abgeschlossen:

I.

Herr Hugo von Hofmannsthal überläßt der Firma S. Fischer Verlag das Verlagsrecht seiner Dichtungen

»Die Frau im Fenster«
»Die Hochzeit der Sobeide«
»Der Abenteurer und die Sängerin«

welche gesammelt in einem Bande erscheinen.

II.

Die erste Auflage beträgt 1150 Exemplare. Zur Verrechnung kommen 1000 Exemplare. Ladenpreis pro Exemplar M. 3.– mit 20 % des Ladenpreises für den Autor. Das Honorar – 600 Mark pro Auflage – ist zahlbar bei Erscheinen des Werkes.

III.

Jede fernere Auflage – in Stärke von je 1150 Exemplaren, mit einem Ladenpreis von M. 3.– pro Exemplar – wird dem Autor zu denselben in Paragr. II erwähnten Honorar-Bedingungen binnen 8 Tagen nach erfolgter Drucklegung bezahlt.

IV.

Der Autor erhält 20 Frei-Exemplare von jeder Auflage.

Berlin, den 1. Februar 1899 gez. S. Fischer, Verlag

Man hält den Atem an: ein ›Wisch‹, der mit einem heutigen Verlagsvertrag nicht die geringste Ähnlichkeit und nur noch den Namen gemeinsam hat, den heute kein Verleger mehr aufsetzen könnte und kein Autor mehr unterschreiben würde: keine Option auf spätere Werke, keine Bestimmungen über Übersetzungen und sonstige Nebenrechte, keine ›Ramschklausel‹, nichts. Und doch genügte er vollauf, und eine Lebensbeziehung baute sich auf ihm auf, die nie durch eine ernste Verstimmung getrübt wurde.

PREMIERE IN BERLIN

Die Uraufführung der beiden Einakter fand am 18. März 1899 in Brahms Deutschem Theater statt, und Hofmannsthal traf schon eine Woche vorher, am 11. März, in Berlin ein. »Berlin hat mir einen sehr starken Eindruck gemacht«, schrieb er an Andrian, doch mußte er den Eltern am 21. März berichten, daß er in der »großen Affenstadt« durchgefallen war:

> Die Presse war sehr schlecht, die gestrige Sonntagsvorstellung war halb leer, und heute ist für absehbare Zeit die letzte Vorstellung. Brahm, der Euch vielmals grüßt, nimmt die Sache sehr heiter auf ... Ich freue mich, heute abend noch eine Vorstellung zu sehen. Morgen bin ich bei Hauptmann im Grunewald ...

Hofmannsthal hatte Hauptmann einige Wochen zuvor in Wien kennengelernt. Die ›Verlagsfamilie‹ war warmherzig und verständnisvoll; es erklang aus ihrer Mitte nur ein Mißton, und auch er nur ein halber. Alfred Kerr, das *enfant terrible* der Familie, erst kürzlich glühender Verkünder Schnitzlers, fand in einem langen Aufsatz über Hofmannsthals ganzes bisheriges Schaffen, die »Reize des venezianischen Abenteuerstücks« hätten ihn »mit allerhand versöhnt, was Hofmannsthal vorher geschrieben hat«, aber er hatte doch viel auszusetzen und sagte es auf eine blitzend scharfe Weise: Hofmannsthal habe eine »Bibelotseele«; Sobeide sei »stumpf; tot; ein schönes, blutarmes Werk«; seine Werke hätten »keine Rippen«; seine Metaphern seien »mehr schief als tief«. Der rechte Wegweiser für den jungen Dichter sei *Der Thor und der Tod:* »Man wird ihm herzlicher gegenüberstehn, wenn seine Entwicklung nach dieser Seite geht.«

Hofmannsthal war Kerr bei seinem ersten Berliner Aufenthalt im Vorjahr nicht begegnet. Damals schrieb ihm Schnitzler, es sei schade, daß er ihn nicht kennengelernt habe; Kerr sei anfänglich zwar befangen und etwas unsicher, finde sich aber bald bei einigem Entgegenkommen und wirke durch seinen Verstand, seine Sympathie und mannigfache günstige Intentionen höchst erfreulich. Schnitzler war ein vorzüglicher Menschenkenner; er begriff sofort, daß Kerrs anmaßende und verletzende Schärfe ihre Wurzel in Befangenheit und Unsicherheit hatte; später, als für Befangenheit und Unsicherheit kein Grund mehr bestand, wurde sie häufig zur Pose. Doch Hofmannsthal, der Kerrs Aufsatz erst später, nach seiner Rückkehr nach Wien, zu sehen bekam, war verletzt, und Bie (der sich *Der Abenteurer und die Sängerin* zum Vorabdruck in der ›Rundschau‹ erbat und auch erhielt) mußte ihm versichern, daß Kerrs Besprechung des Stücks »laut Gerhart Hauptmanns Schiedspruch durchaus sachlich« sei. Hauptmann freilich hatte zu dieser Zeit keinen Grund, sich über Kerr zu beklagen. Hartleben, der sich kränkte, weil Kerr ihn einen Kleinbürger genannt hatte, erklärte, Kerrs »erstes bis zehntes Gebot lautet: Er sei der Herr, dein Hauptmann, du sollst keine anderen Hauptleute haben neben ihm.« Und wenige Monate nach der Hofmannsthal-Premiere bekam Fischer aus anderem Anlaß dieses Billett von ihm:

Weißt du Sami: ich bin empört! Eine so widerliche Fatzkerei wie der Kerr da über Ibsen zusammengeschissen hat, hab ich noch nicht gerochen. Schmeiß doch den Scheißkerl raus: du blamierst dich mit ihm vor jedem anständig empfindenden Menschen. Dein Erich.

Fischer war nicht prüde, und Otto Erich durfte sich bei ihm jede Sprache erlauben. Aber er dachte nicht daran, den »Fatzken« hinauszuwerfen. In Kerr steckten Gesammelte Werke.

Kerrs Schärfe quälte Hofmannsthal sein Lebtag lang; es kam immer wieder zu Ärgernissen zwischen ihnen, in die Fischer, Heimann, Bie besänftigend eingreifen mußten. Wie anders Hauptmann! Er ging zweimal in die Vorstellung im Deutschen Theater, wo vier Monate zuvor sein *Fuhrmann Henschel* seine Uraufführung erlebt hatte, um seines Eindrucks ganz sicher zu sein. Er arbeitete damals, in seiner Wohnung in der Trabenerstraße in Berlin-Grunewald, an *Schluck und Jau* und am *Armen Heinrich*, Versdramen beide, die ihn auf neuem Wege zeigten und vielleicht tief drinnen den sprachtrunkenen Einaktern des jungen Österreichers nicht ganz so unverwandt waren, wie man meinen mochte. Hauptmann muß die Musikalität in Hofmannsthal gespürt haben, die in ihm selbst um diese Zeit – in der *Versunkenen Glocke* und dem im März 1898 begonnenen *Hirtenlied* – erwachte.

Hauptmann war siebenunddreißig Jahre alt. Er hatte wenige Wochen zuvor, am 21. Januar 1899, zum zweitenmal in drei Jahren von der Kaiserlichen Akademie in Wien den Grillparzer-Preis bekommen und sollte ihn drei Jahre später zum drittenmal erhalten, während Wilhelm II. die Verleihung des Königlichen Schiller-Preises an ihn abgelehnt hatte. Den schweren Rückschlag, den der niederschmetternde Mißerfolg des *Florian Geyer* im Januar 1896 im Deutschen Theater nicht zuletzt infolge der Fehlbesetzung mit Emanuel Reicher brachte, hatte er selbstsicher überwunden. Eine Woche nach dem »Durchfall«, am 10. Januar, schrieb er an Fischer: »Ich bin gänzlich frisch und gefaßt und vollkommen überzeugt, das Tohuwabohu wird sich klären müssen. Ich habe das innere Bewußtsein, mit dem ›Geyer‹ ein ehrliches Stück Arbeit gethan zu haben und vertraue der Zukunft.« Das Vertrauen erwies sich als gerechtfertigt. Inzwischen war er bereits ins Französische, Englische, Italienische und Russische übersetzt, es waren schon zwei wissenschaftliche Arbeiten (von Adolf Bartels und U. C. Woerner) über ihn erschienen, und jetzt, in diesem Winter 1898/99 hatte Fischer als erste der großen Autoren-Monographien, die hinfort zu einer festen Einrichtung des Verlags werden sollten, Paul Schlenthers *Gerhart Hauptmann. Sein Lebensgang und seine Dichtung* herausgebracht.

Schlenthers Buch, ein stattlicher Band von 270 Seiten (mit sechs Lichtdrucktafeln und rühmlicherweise sogar einem Namenregister am Schluß!) erreichte binnen eines Jahres vier Auflagen und kletterte hinfort immer weiter. Dieses Buch war einfach nicht umzubringen und auch die Fehler und Irrtümer nicht, die es enthielt. Jene erste Fassung von 1898, die bis zur *Versunkenen Glocke* reichte, schloß mit den Sätzen:

Er lenkt in schöne alte Traditionen ein. Seine Dichterkraft begleitet ihn auch hierin. Noch freundlicher begleitet ihn hierin die Gunst des Volkes. Er ist jetzt mit seinen 35 Jahren ein berühmter Mann. Er steht auf des Lebens Höhe. Die Hälfte des biblischen Alters liegt hinter ihm. Die besten Jahre der Manneskraft und Mannesreife liegen dicht vor ihm. Wir sind des Kommenden gewärtig.

Der junge Hofmannsthal war nicht so blasiert, daß er über diesen staunenswerten Menschenschöpfer nicht gestaunt hätte.

VON ›PAN‹ ZUR ›INSEL‹

Die Buchausgabe von Hofmannsthals drei Dramen erschien im Frühjahr 1899 unter dem Titel *Theater in Versen*, mit einem Einband und Umschlag von Eckmann, und Fischer konnte schon im nächsten Jahr eine zweite Auflage drucken. Schnitzler war um diese Zeit Hofmannsthal in Fischers Katalog weit voraus. Zur Jahrhundertwende lagen schon acht Werke von ihm vor: 1898 brachte zwei Schauspiele, *Freiwild* und *Das Vermächtnis*, und die Novelletten *Die Frau des Weisen*, und 1899 folgte ein Band mit Einaktern, darunter *Der grüne Kakadu*, der in einem Jahr drei Auflagen erlebte. Der Waschzettel zu Hofmannsthals erstem ›richtigem‹ Buch hingegen bemerkte:

Seine vielen Arbeiten erschienen zerstreut in Zeitschriften, so daß es schwer war, einen umfassenden Blick über sie zu gewinnen. Unser Band ist die erste Veröffentlichung des Dichters, die einen solchen ermöglicht.

Hofmannsthals Werk lag, wie Hedwig Fischer schreibt, »meinem Mann stets besonders und wie ein Wunder am Herzen«. Aber es vergingen fast fünf Jahre, bis Fischer das nächste Werk von ihm herausbringen konnte, und daran war, wiederum indirekt, der betriebsame Bierbaum schuld. Die Zeitschrift ›Pan‹ lag in ihren letzten Zügen, der Kreis von Menschen, der sie geschaffen hatte, war zersprengt, doch noch ehe sie im Juli 1900 ihr Erscheinen einstellte, war bereits eine Nachfolgerin da. Im Frühling 1899, just um die Zeit von Hofmannsthals Berliner Aufenthalt, besprachen die Vettern Rudolf Alexander Schröder und Alfred Walter Heymel mit Bierbaum die Gründung einer neuen, besseren und besser fundierten Zeitschrift, die den einstigen ›Pan‹-Kreis, vor allem Meier-Graefe, E. R. Weiß, Dehmel, Hofmannsthal und Rilke, zu einer neuen künstlerischen Gemeinschaft zusammenschließen sollte. Man faßte den Beschluß, mit der Zeitschrift einen Buchverlag als »notwendige Einheit« zu schaffen und das Ganze ›Die Insel‹ zu nennen.

Die erste Nummer der Zeitschrift ›Die Insel‹ erschien im Oktober 1899 im Verlag Schuster & Loeffler, und zum Januarheft 1900 steuerte Hofmannsthal, von Bierbaum herangezogen, den noch unveröffentlichten Einakter *Der Kaiser und die Hexe* bei, dessen Buchausgabe im gleichen Jahr »im Verlag der Insel bei Schuster & Loeffler« erschien. Ostern 1900 schloß er mit der ›Insel‹ einen festen Vertrag, unter dem auch die Buchausgaben von *Der Thor und der Tod* und *Der Tod des Tizian* bei der ›Insel‹ erschienen. Schröder und Heymel konnten ihre Zeitschrift genau drei Jahre lang halten; Bierbaum erwies sich abermals als unzuverlässig, und im Jahr 1902, »nachdem Bierbaum unter Hinterlassung unziemlichen Gestanks abgezogen war«, stellte die Monatsschrift ›Die Insel‹ inmitten des »ganzen Charivari von Zufall, Unverstand, Gehenlassen, Laune und Mißlaune«, wie Schröder erzählt, ihr Erscheinen ein. Heymel und nach ihm Pöllnitz führten den Buchverlag weiter, und in diesem ›Insel-Verlag‹ erschien 1903 die Buchausgabe von Hofmannsthals *Kleinem Welttheater*.

Im folgenden Jahr kehrte Hofmannsthal mit dem Trauerspiel *Elektra,* das am 30. Oktober 1903 von Max Reinhardt in seinem Kleinen Theater in Berlin uraufgeführt wurde, zu Fischer zurück. Aber seine Verbindung zum Insel-Verlag bestand fort, nachdem Dr. Anton Kippenberg 1905 die Leitung des Verlags übernommen hatte, den er auf große Höhe führte. Fischer respektierte diese Bindung zeitlebens und vermied, obwohl sie zuzeiten zu allerlei Ärgernissen zwischen ihm und Kippenberg führte, jede Einmischung. Hofmannsthal war einer der ganz wenigen, wenn nicht gar der einzige unter seinen Autoren, dem er ohne Widerrede die Freiheit ließ, mit manchen seiner

Werke in einem anderen Verlag zu erscheinen. (Wenn Hauptmann und Schnitzler in der Folgezeit gelegentlich solche Sonderwünsche äußerten, sperrte er sich mit jedem nur erdenklichen Gegenargument.) Er war ganz sicher, daß zu guter Letzt Hofmannsthals Gesammelte Werke doch bei ihm und nirgendwo anders erscheinen würden, und für Hofmannsthal gab es daran wohl auch nie einen Zweifel. In seinem frühesten Brief an Fischer, der erhalten ist, gebraucht er die Anrede »Mein lieber Verleger«, und bei ihr blieb es.

DER VERLEGER UND DIE WELTANSCHAUUNG

»Er war der Schützer der Werdenden. Von Fischer verlegt zu werden, hieß eine Richtung verfechten. Die ›Insel‹ ging und geht von anderem Standpunkt aus. Sie wartet gern den Augenblick einer sich ankündigenden Reife ab.« Oskar Walzels Sätze, mit denen er die Arbeit S. Fischers von der Anton Kippenbergs zu unterscheiden suchte, sind allzu sinnfällig-vereinfachend, als daß man sich mit ihnen zufriedengeben könnte, wenn man Fischers Wirken im größeren Zusammenhang des neuen Verlagswesens, das in seinem Gefolge um die Jahrhundertwende in Deutschland heraufkam, richtig sehen will.

Die unausgesprochene Unterstellung, daß Fischer in seinem Drang, das Werdende zu fördern, gelegentlich Halbreifes, gar Unreifes publizierte, tut nichts zur Sache. Das widerfährt jedem Verleger, und auch der Insel-Verlag war gegen solches Mißgeschick nicht gefeit. Richtig ist jedoch, daß die neue Verlegergeneration im ersten Jahrzehnt des neuen Jahrhunderts mehrere, durchaus unterscheidbare und wesentlich verschiedene Typen der Verlegerpersönlichkeit herausbildete. Ihre ausgeprägtesten Vertreter sind Anton Kippenberg, S. Fischer und Eugen Diederichs. Fischers Name steht hier absichtlich zwischen den beiden anderen, denn er repräsentierte zu jener Zeit deutlich das breite Mittelstück.

Die beiden Flügel hatten etwas gemeinsam, das sie von der Mitte wesentlich unterschied. Sowohl Kippenbergs als auch Diederichs' Verlegerarbeit war von einem bestimmten, in Zielsetzung und Methode freilich stark verschiedenen erzieherischen Wollen getragen, das Fischer nicht eigen war. Natürlich wohnt dem Verlegerberuf an sich bereits ein erzieherisches Element inne. Jeder Vermittler geistiger Werke übt, ob er will oder nicht, eine formende, bildende, mithin pädagogische Wirkung aus. Jeder Verlag, der anspruchsvollste wie der schundigste, ist in diesem Sinn eine Bildungsanstalt. Das dem Verlegerberuf innewohnende, immanente pädagogische Bestreben ist weitgehend eine Sache des Akzents, des Nachdrucks, der Richtung. Doch diese Akzentunterschiede können bedeutend sein, wie bedeutend, zeigen diese drei Verlegerpersönlichkeiten.

Alle drei waren Männer des neuen Schlags – durchaus persönlich inspirierte, persönlich differenzierende Verleger. Alle drei waren sich bewußt, daß ihr Beruf ihnen ein Mentoramt zuwies. Doch während Fischer sich vornehmlich als ein Mentor der »Gebenden«, nämlich seiner Autoren, empfand (worin ein so ausgesprochen erzieherisch begabter Mann wie Heimann ihn bestärkte) und insofern in der Tat ein »Schützer der Werdenden« war, sahen Kippenberg und Diederichs sich vornehmlich als Mentoren der »Nehmenden«, nämlich des Publikums, der geistigen Öffentlichkeit. Fischer ließ hinter der Vielfalt schöpferischer Äußerungen, die er förderte, sein persönliches Weltbild zurücktreten. Bei Kippenberg und Diederichs spielte das persönliche Weltbild eine bestimmende Rolle.

FISCHER UND KIPPENBERG

Dem Wirken Kippenbergs lag ein ganz bestimmtes, deutlich erkanntes und umrissenes Bildungsideal zugrunde, zu dessen Verwirklichung in Deutschlands geistigem Raum er sich berufen wußte. Harry Graf Kessler sagte gut zusammenfassend, es werde

> in dem Wirken dieses großen deutschen Verlegers das zum ersten Male in vollendeter Form greifbar, was Herder und Goethe im Auge hatten, als sie den Begriff »Weltliteratur« prägten. Und daher ist es auch nicht wunderbar, daß mehr und mehr mit den Jahren die Arbeit Kippenbergs sich um Goethe gruppiert und konzentriert und von Goethe ausstrahlt. Denn das einigende Band zwischen allen seinen mannigfaltigen Unternehmungen, das, was ihm und seinem Verlage das Gesicht gibt, ist eben dieser Geist der alle Völker und Kulturen in ihrer nationalen Eigenart bejahenden Universalität und Humanität, den Goethe als das Kennzeichen der neuen, nach der Französischen Revolution anbrechenden Epoche verkündete.

»Anton Kippenberg«, sagte Reinhold Schneider, »war eine Bildungsmacht; wer die Ehre hatte, mit ihm umzugehen, der mußte von ihm auch geformt, geleitet werden.« Eine solche Konzeption war nicht Fischers Sache, konnte es nicht sein; das war in Herkunft, Werdegang, Temperament vorbestimmt. Kippenberg begann als ein Erbe, Fischer als ein Enterbter der Kultur. Des einen Aufgabe war, den ererbten Schatz zu bewahren, zu erneuern und anzureichern; des anderen Streben – so wie er sich selbst erst zu etwas hatte machen müssen –, einen neuen Schatz zu schaffen, um ihn als Erbe hinterlassen zu können. Dennoch verband sie etwas Wesentliches.

Wenn überhaupt je ein deutscher Verleger in Liebe zu den Klassikern groß geworden war, wenn je die Klassiker einen Mann überhaupt zum Verlegerberuf wiesen und drängten, dann war es dieser einst mittellose junge Mensch aus der verprengten deutschen Grenzlandminderheit. Das »große Schrifttum aus der Gefangenschaft steifer und schwerfälliger Bände zu befreien«, wie Reinhold Schneider das Anliegen Kippenbergs bezeichnet hat, war eine volksbildnerische Verlegerpflicht, die man ihm nicht eigens vorzuhalten brauchte, und er nahm sich ihrer an, sobald seine Mittel es erlaubten. Fischer war seiner ganzen Geisteshaltung und Arbeitsethik nach nie exklusiv. Er überließ bibliophile Ausgaben, die nur einen kleinen Kreis ansprechen konnten und nur für ihn erschwinglich waren, zumeist anderen. Ihm lag daran, mit höchstmöglicher literarischer Qualität die größtmögliche Leserschaft zu erreichen, und er fand den Weg, noch ehe der Insel-Verlag im Oktober 1904 die Dünndruck-Klassiker seiner berühmten ›Großherzog Wilhelm Ernst Ausgabe‹ ankündigte.

DIE ›PANTHEON-AUSGABE‹

Fischers ›Pantheon-Ausgabe‹, eine »Sammlung von Einzelausgaben klassischer Werke in Taschenformat«, begann im Jahr 1901 zu erscheinen. So wie Heymel und Kessler die Anregung zu ihren Klassikerausgaben aus England bezogen und englisches Dünndruckpapier und englische Buchgraphiker und Schriftzeichner heranzogen, so griff auch Fischer (einige Jahre vor ihnen) auf ein englisches Muster zurück, indem er, wie sein Katalog freimütig mitteilte, seine ›Pantheon-Ausgabe‹ »nach dem Vorbild der englischen Temple-Shakespeare-Edition« gestaltete. Herausgeber der englischen ›The Temple Classics‹ war der hervorragende (mit dem gleichnamigen späteren englischen Verleger nicht verwandte) Gelehrte und Literaturprofessor Sir Israel Gollancz, und die Buchreihe, die in England als buchtechnische und herausgeberische Neuerung großes Aufsehen machte, erschien seit Mitte der neunziger Jahre im Londoner Verlag J. M. Dent. Fischers ›Pantheon-Ausgabe‹ war eine bis in die Einzelheiten getreue Kopie. Sein Prospekt erklärte:

> Diese populären Lederbändchen stellen das Vollendeteste dar, was an wohlfeilen Einzelausgaben von klassischen Werken existiert. Die vornehm ausgestatteten Bände, in weichem, biegsamem Leder gebunden, sind in einer alten edlen Antiquaschrift auf feinstem Papier gedruckt und bilden in ihrem handlichen und eleganten Taschenformat das Entzücken aller wirklichen Bücherliebhaber. Die peinlichste Sorgfalt wurde von den Herausgebern darauf verwendet, um vollkommen korrekte und einwandfreie Texte zu bringen, und hervorragende Gelehrte waren bemüht, durch gediegene Erläuterungen den literarischen Wert der Ausgabe zu erhöhen.

Jeder Band kostete »in echt Leder gebunden« zwei Mark fünfzig; außerdem wurden »Bücherliebhaber auf die Ganzpergamentausgabe aufmerksam gemacht«, die fünfzig Pfennig mehr kostete.

Ausnahmsweise übertrieb hier einmal ein hochtönender Prospekt nicht. Alles, was er behauptete, stimmte; alles, was er verhieß, wurde wirklich geliefert. Wer Fischer die Idee in dieser besonderen Gestalt zutrug, wer die Anlage der Sammlung entwarf und ihre Durchführung leitete, ist aus den erhaltenen Unterlagen nicht mehr zu ermitteln; doch wer immer er war, wußte er die vorzüglichsten Fachleute zur Mitwirkung heranzuziehen. Für den ersten ›Pantheon‹-Band, Goethes *Faust I*, wurde Otto Pniower gewonnen, der Einleitung, Textrevision und Erläuterungen besorgte, für den zweiten, Kleists *Michael Kohlhaas*, der berühmte Erich Schmidt. Pniower übernahm auch im nächsten Jahr Goethes *Werther*, 1903 *Faust II*, 1905 Goethes *Gedichte* und 1908 *Torquato Tasso*, und neben ihm wirkten so hervorragende Germanisten wie Professor Albert Köster in Leipzig, bald darauf auch Kippenbergs Mentor und Berater, der Lessings *Nathan der Weise* herausgab, und der junge (im Ersten Weltkrieg gefallene) Professor Kurt Jahn, der Eichendorffs *Gedichte* betreute. Was die Insel-Klassiker als besonders gewagte Neuerung einführten, nämlich die Verwendung der angeblich so »undeutschen Antiqua-Schrift« anstelle der verderbten landläufigen Fraktur, das hatte Fischers ›Pantheon-Ausgabe‹ einige Jahre zuvor bereits vorweggenommen.

Die Reihe schritt nicht gleichmäßig fort. Das Jahr 1901 brachte drei Bände, 1902 sechs, 1903, 1904 und 1905 je zwei, 1907 drei und 1908 fünf Bände. Danach stockte sie. Erst 1912 kamen wieder fünf und 1914 drei Bände heraus. Auch die Fachgelehrten traten mit der Zeit als Herausgeber und Erläuterer zurück und machten den Dichtern, Essayisten und Kritikern Platz. Schon 1903 erschien Grillparzers *Des Meeres und der Liebe Wellen* mit einer Einleitung von Hofmannsthal, 1907 brachte Brentanos *Gedichte*, ausgewählt von Alexander von Bernus und Heines *Romanzero*, eingeleitet von Richard M. Meyer; ab 1908 wurden verschiedene Bände der Reihe von Fischers »Haus-Autoren« wie Julius Bab, Leo Greiner, Emil Strauß und Oskar Loerke betreut, und 1912 erschien Chamissos *Peter Schlehmihl* mit einer Einleitung von Thomas Mann. Im ersten Kriegsjahr 1914 erschienen noch drei Bände und danach zu Fischers Lebzeiten nur noch einer, Goethes *Westöstlicher Divan*, den Oskar Loerke 1925 herausgab. Daß damals, 1901, etwas wirklich Neues begonnen wurde, bestätigt ein Brief Hofmannsthals an Fischer vom 15. Dezember 1901:

Mein lieber Verleger, ich danke Ihnen herzlich für das schöne Geschenk. Die Pantheon-Ausgabe gefällt mir außerordentlich und ich finde, daß sie dem englischen Vorbild in der erfreulichsten Weise nahe kommt. Seit Jahren wünsche ich mir für Deutschland etwas, den schönen Ausgaben ähnliches und freue mich sehr, daß gerade Sie der erste sind, der etwas davon realisiert.

EPISODE: GEHEIMNISVOLLE PLÄNE

Aus dieser Zeit, den Jahren 1901 und 1902, sind uns zwei Briefe an S. Fischer erhalten, die sich auf Buchpläne beziehen, von denen jede Spur verlorengegangen ist. Der erste Brief ist von Rainer Maria Rilke, vom 31. Mai 1901, und nicht an Fischer persönlich, sondern an den Verlag gerichtet:

Sehr verehrlicher Verlag – zunächst meinen Dank für Ihr ehrenvolles Angebot und meine wärmste Zustimmung zu Ihrer schönen, deutschen Absicht. Ein solches Buch, wie das von Ihnen geplante, tut wirklich not, und es handelt sich nur darum, den Vorzüglichsten zu finden für diese treffliche Sache. Nach aufrichtiger Selbstprüfung muß ich mich leider als unfähig erklären, die mir angebotene Arbeit zu übernehmen. Es fehlt mir nicht an Sympathie dafür, wie Sie sich denken können, aber an Erfahrung und steterer Beziehung zu dem entfernten Dichter. In einer Zeit, da ich noch viel Mitteldeutsch las, hielt sein »politisches Lied« mich oftmals ab, Walther blindlings lieb zu haben. Und ich bin seither nicht geneigter geworden, politische Lyrik zu ertragen. Es wäre lächerlich, über diesem einen Zug des von der Vogelweide die klare, sorglose Nachtigall zu vergessen, die er im tiefen Herzen doch war; aber ich bin viel zu weit von ihm fortgegangen in meinem Ton und mit meinem Gehör, um ihn mit großer Gerechtigkeit zu lieben und in dieser Liebe würdig zu werden, ihn irgendwie klingend zu wiederholen... Von unseren Dichtern stehen ja viele Walther sehr unwillkürlich nahe. Das innerste Verhältnis hat wohl Otto Julius Bierbaum, der meiner Ansicht nach Herrn Walther am besten versteht und ihn mit der besten Liebe liebt. Vielleicht weil er ihm am meisten dankt! Mit den besten Empfehlungen an Herrn S. Fischer – Ihr ganz ergebener Rainer Maria Rilke.

Man kann aus diesem Absagebrief nur schließen, daß Fischer eine Ausgabe der Gedichte Walthers von der Vogelweide plante und Rilke angetragen hatte, eine Nachdichtung aus dem Mittelhochdeutschen zu unternehmen. Möglicherweise war der Vogelweide-Band für die ›Pantheon-Ausgabe‹ gedacht, in die er sich gut eingefügt hätte. Aber nach Rilkes Absage ließ Fischer diese Absicht offensichtlich fallen, denn es erschien in der Reihe kein Walther-Band, weder von Bierbaum noch von einem anderen übertragen.

Der zweite Brief stammt von Jakob Wassermann, aus Wien vom 3. März 1902:

Lieber Herr Fischer, von Ihrem letzten erfreulichen Brief habe ich nach allen Richtungen hin gebührend Notiz genommen... Die Hauptmannsche Idee imponiert mir. Natürlich müssen ähnliche Publikationen von da an stets in gewissen Zeitabständen erfolgen, damit das Bild nicht ein zufälliges, einmaliges bleibe, denn alle, die sich in diesem Buche zeigen, müßten in

Rücksicht auf ihre Entwicklung nach innen und ihre Fruchtbarkeit gegen andere, nicht so sehr lebendige Elemente nach außen betrachtet werden können. Sie müßten in gewissem Sinn Säulen sein, deren Tragkraft mit der Zeit offenbar wurde... Warum sprechen Sie übrigens von schiefer Lage, in die Sie gerieten, den übrigen Autoren gegenüber? Jeder müßte dies doch als eine »Freie Vereinigung« empfinden, gleichsam als eine erlaubte Verschwörung innerhalb Ihres kleinen Staates. Was mich also dabei betrifft, so bin ich eben daran, eine Novelle zu schreiben, die vielleicht nicht übel wird. Ich denke bis Mai damit fertig zu werden. Dürfte man diese Arbeit vorher publizieren?...

Worin die »Hauptmannsche Idee« bestand, die Fischer hier unterbreitete, ist nicht mehr in Erfahrung zu bringen. Möglicherweise dachte Hauptmann an eine Art Anthologie des Verlages, zu der die bedeutendsten und bekanntesten Autoren des Hauses beitragen sollten – die »Säulen des Pantheons«, wie Julius Elias sie einmal nannte –, und vielleicht war Fischer nicht ganz wohl dabei zumute, weil er fürchtete, andere Autoren des Verlages könnten sich zurückgesetzt fühlen. Wassermanns Bemerkung deutet darauf hin, daß daran gedacht war, eine solche Publikation in regelmäßigen Abständen zu veranstalten – eine Anthologie, ein Jahrbuch, einen Almanach? In einem anderen Brief Wassermanns heißt es:

Heimann hat mir nichts über das Jahrbuch geschrieben, als daß ich ein Meisterwerk verfassen soll. Dieser Vorschlag kam mir, meiner ganzen Veranlagung nach, sehr überraschend. Wenn Sie nach Wien kommen... will ich Ihnen die Arbeit schon vorlesen. Titel: Eine Vision. Umfang: etwa die des Niegeküßten Mund. Zu groß? Was ist sonst zum Jahrbuch zu bemerken? Die Idee halte ich für vortrefflich...

Fischer ließ die »vortreffliche Idee« jedoch offenbar wieder fallen; nichts Ähnliches erschien; der erste Verlagsalmanach wurde erst 1911 geschaffen, und er war keine »erlaubte Verschwörung« innerhalb des Fischer-Staates.

Man sieht aus diesen zwei ungeklärten Hinweisen, daß in der Bülowstraße vieles und Vielfältiges erwogen und durchaus nicht alles verwirklicht wurde.

›TEMPEL-KLASSIKER‹

Fischers Dienst an den Klassikern hatte sich mit der ›Pantheon-Ausgabe‹ nicht erschöpft. In Leipzig gab es die hervorragende Druckerei von Poeschel & Trepte, bei der Fischer manche seiner typographisch anspruchsvolleren Verlagswerke drucken ließ. Carl Ernst Poeschel, der Sohn des Gründers der Offizin, hatte sich 1904 längere Zeit in England aufgehalten und von dort, ebenso wie Kessler, viele neue Ideen der Buchgestaltung mitgebracht. Er übernahm am 1. Juli 1905 zusammen mit Kippenberg die Leitung des Insel-Verlags, war an der Planung der Insel-Klassikerausgaben beteiligt und druckte auch die ersten dieser Ausgaben. 1906 löste er seine Verbindung zum Insel-Verlag, und drei Jahre darauf, 1909, taten sich auf seine Anregung hin sechs namhafte deutsche Verleger, unter ihnen auch Fischer, zu einem gemeinschaftlichen Unternehmen zusammen, dem Verlag ›Der Tempel‹ in Leipzig, der während einer Reihe von Jahren eine Anzahl vorbildlich edierter, in der neuen Weiß-Fraktur bei Poeschel & Trepte gedruckter Klassikerausgaben herausgab, die ihren Namen kurzweg den englischen ›Temple Classics‹ entlehnten. Einer der Gesellschafter war der Verleger Dr. Julius Zeitler, der die Heine-Ausgabe edierte. Daß die Zusammenarbeit nicht mühelos war, entnehmen wir einem belustigt-melancholischen Brief Moritz Heimanns an Hedwig Fischer vom 25. Juli 1909:

Liebe Frau Fischer: Das ist heute ein sonderbarer Tag für mich. So ungewohnt und frei, daß ich mich vor Vergnügen hinsetze und mit ihnen plaudere. Ja, Sie denken, der Regen hätte aufgehört. Das aber hat er nicht. Ich bin nicht gegen Regen so eingenommen, daß sein Ende mir Entzücken bereitete. Nun denken Sie offenbar, daß Brahm 5 Dramen von mir zur Aufführung angenommen hätte. Das hat er nicht. (Möchte er es nur mal mit einem tun.) Aber ich bin nicht für den Ruhm so eingenommen, daß sein Ausbleiben etwas anderes machen könnte als einen Sonntag. Nein, nichts dergleichen zeichnet diesen Tag aus. Es ist was viel Unerwarteteres. Kaum mehr gehofftes, aber doch Wirklichkeit gewordenes. Ein Tag, denken Sie, ohne Brief von Dr. Zeitler. Ich komme an den Frühstückstisch ... ich sehe die Zeitung an ihrem Platz und daneben die Briefe: eine Korrektur von Drugulin, eine radierte Karte von Orlik, eine bunte von Ihnen, ... und nichts von Dr. Zeitler ... Sie sind enttäuscht. So wissen Sie eben nicht, was ein Brief von Dr. Zeitler ist ... Wenn ich die literarischen Geschäfte des Tempels allein zu besorgen hätte, so würde ich ungefähr die Hälfte der Arbeit haben. Die Einteilung des Kleist, eine Kinderei an Mühe, in 5 Minuten gemacht, ergab allein schon eine Odyssee. D. h. Odysseus, der gesunde Menschenverstand verschwand. Und zu Hause praßten die Schmarotzer ... Ich habe mich übrigens auf erneutes Anerbieten von Poeschel und Zeitler bereit erklärt, zwei Bände Goethe zu machen. ›Ich fürchte, daß sonst der erste Band Weihnachten 1910 in die Erscheinung tritt.‹

Die ›Tempel-Klassiker‹ waren ein ausgezeichnetes Unternehmen von dauerhaftem Wert. Aber der Gemeinschaftsverlag überlebte den Ersten Weltkrieg nicht.

Ein anderer ›Tempel‹-Gesellschafter war Eugen Diederichs. Er schrieb Fischer zum fünfundzwanzigjährigen Bestehen des Verlags:

Sie gehören zu den Menschen, ohne die man sich eine gewisse literarische Entwicklung gar nicht denken kann. So kann man bei Ihnen auch von einem *œuvre* sprechen wie bei einem Künstler. Sie sind Ihren eigenen Weg gegangen und haben dabei die größte Tugend des Verlegers, das Maßhalten, geübt. In der Klarheit des geschäftlichen Blickes werden Sie mir stets ein unerreichtes Vorbild sein, meine Anlagen liegen auf anderen Gebieten. Und so hoffe ich, daß wir beide noch manches Jahrzehnt – nicht bloß im Tempel – an dem Niveau des Verlegerstandes arbeiten...

FISCHER UND DIEDERICHS

Eugen Diederichs' Anlagen bewährten sich in der Tat auf anderem Gebiet. Man konnte sich keinen größeren Gegensatz der Verlegerpersönlichkeiten denken. Diederichs war der »Verleger als Erzieher« par excellence; sein pädagogischer Impuls bestimmte sein ganzes Werk. Dieser Verlegertyp war damals etwas völlig Neues und gänzlich Ungewohntes; heute ist er häufiger. Während Kippenberg durch das Beispiel, mithin indirekt, zu wirken und sein persönliches Weltbild zu vermitteln suchte, ging Diederichs direkt vor, mit unverhüllter pädagogischer Programmatik und unablässiger persönlich-präzeptoraler weltanschaulicher Aussage. Er war der »Gründer der Verlagsreligion«, wie er einmal mit ›ehrenvollem Spott‹ bezeichnet wurde.

In Fischers Verlagsalmanachen, in Kippenbergs ›Inselschiff‹ finden sich nur höchst selten persönliche Äußerungen, die eine weltanschaulich bedingte Haltung des Verlags anzeigen. Nansen hatte unrecht: Fischer war kein verhinderter (oder behinderter) Schriftsteller. Er war kein von Natur aus mitteilsamer Mensch und behielt vieles von dem, was er sich über die Welt und die Menschen dachte, bescheiden für sich. Er war ein Leser und Zuhörer und hat in seinem langen Leben wohl kaum mehr als ein Dutzend, zumeist sehr kurzer eigener Aufsätze, Reden oder Ansprachen zu Papier gebracht, und diese befaßten sich nüchtern mit verlagstechnischen Fragen, zu denen er seine Erfahrungen mitteilte. Es ist charakteristisch für ihn, daß seine Absicht, seine Lebenserinnerungen niederzuschreiben, nicht über anderthalb Seiten Stichworte hinaus gedieh. Diederichs schrieb nicht nur seine Erinnerungen (gottlob, denn sie sind ein überaus wertvolles Zeitdokument), sondern äußerte sich auch sonst zeitlebens in Wort und Schrift. Es gab kaum eine öffentliche Debatte, in die er nicht eingriff, kaum eine umstrittene Zeitfrage, in der er nicht auf die öffentliche Meinung einzuwirken suchte. So wie Fischer gleichsam hinter seinen Autoren stand und Kippenberg neben ihnen, stand Diederichs vor ihnen, erläuterte sie, klassifizierte sie, wies ihnen ihre Plätze an in seinem persönlichen weltanschaulichen Ordnungssystem.

Diederichs' Verlag proklamierte sich gleich bei seiner Gründung als ›Verlag für moderne Bestrebungen in Literatur, Sozialwissenschaft und Theosophie‹ und erweiterte dieses Gebiet unaufhaltsam. Diederichs interessierte sich für die Jugendbewegung, für die Landerziehungsheime, für den Deutschen Werkbund, die Tanzschule Dalcroze, die Gartenstadtbewegung, die Freiluft- und Körperkulturbewegung, das Volkshochschulwesen. Er baute dies alles und noch viel mehr in seinen Verlag ein, reiste zu sämtlichen Kongressen, hielt unablässig selbst Vorträge und drängte seine Autoren, im Dienst der Sache ein gleiches zu tun. Jahr um Jahr verkündete er in den Vorwortsaufsätzen zu seinen Verlagskatalogen in großer Ausführlichkeit seine Programmatik, bis es schließlich 1912 hieß: »Wir Germanen wollen den Helden, den Qualitätsmenschen als letztes Ziel unserer Entwicklung«, und 1913: »Eine Volkstumsbewegung muß uns zu einem bewußten Rassengefühl führen.« 1911 bekennt er in einem Brief an Wilhelm Lehmann: »Mein ganzer Verlag beruht auf meiner Persönlichkeit und meinen persönlichen Anschauungen.«

Fischer hegte gewiß große Bewunderung für Diederichs' Werk, und wie hätte er sie dem Schöpfer der wahrlich märchenhaften Buchreihe ›Märchen der Weltliteratur‹ und der ›Sammlung Thule‹ versagen können, einer Kulturleistung, der die ganze Welt nichts Ebenbürtiges zur Seite zu stellen hatte? Dennoch muß ihm ein Mann wie Diederichs als Gesamterscheinung wie eine übersteigerte, ungemäße Verzerrung des Verlegerberufs erschienen sein, die ihn niemals verführen und nur zu seinem eigenen Begriff von der Aufgabe zurückführen konnte. Bei Fischer kam ein Wort wie ›grundsätzlich‹ höchstens im kaufmännischen (auch dort nur selten und ungern), nicht aber im geistigen Bereich vor; für ihn waren geistige Dinge in erster Linie künstlerische Dinge, und in der Kunst ist nun mal nichts ›grundsätzlich‹. Deshalb war Walzels Ausspruch: »Von Fischer verlegt zu werden, hieß eine Richtung verfechten«, irreführend. Fischers Arbeit kannte weder ein weltanschauliches Dogma noch einen unveräußerlichen künstlerischen Glaubenssatz. Er proklamierte keine Thesen, und Autoren, die es allzu unbedingt taten, waren ihm in künstlerischer Hinsicht stets ein wenig verdächtig. Drohten sie, seinen Verlag festzulegen oder in eine bestimmte Richtung zu drängen, so trennte er sich von ihrer Arbeit, ohne deshalb die menschliche Beziehung aufzugeben. Nicht verwunderlich, daß der ›Friedrichshagener Kreis‹, der sich bei ihm nicht eingewurzelt hatte, bei Diederichs alsbald zu einer eigenen Verlagsabteilung wurde. Hier erlebte Bölsches *Liebesleben in der Natur* seinen phänomenalen Erfolg; hier fanden Bruno Wille und Julius Hart eine bessere Heimat; hier wurde Maeterlinck nach seiner Abwendung vom Symbolismus und seiner Hinwendung zu volkstümlichen Insekten mit seinem *Leben der Bienen* zu einem alle herkömmlichen Begriffe übersteigenden Erfolg. Bei Fischer war Maeterlinck nur hin und wieder bis zum Ersten Weltkrieg in der ›Neuen Rundschau‹ zu finden.

Fischer verfocht keine Richtung. Er vertrat eine Haltung. Er war ein vorurteilsfreier und duldsamer Mann, den jede literarische Schöpfung interessierte, wenn sie ›Magie‹ besaß, wenn er hinter ihr einen echten, aufrichtigen, großherzigen Menschen spürte. Er förderte bescheidene Talente wie den Hauptmann-Epigonen Georg Hirschfeld trotz mittelmäßigen Erfolges geduldig weiter, weil ihre menschliche Integrität ihn ansprach. Vor allem aber empfand er sich selbst als der Geförderte, der von seinen Autoren Beschenkte. In seinem letzten Lebensjahrzent schrieb er einmal an Julius Bab, der sich nach seinem Werdegang erkundigte:

Alles was ich zu wissen glaube, alles was mir zu eigenem Denken und Fühlen verholfen hat, verdanke ich der Kunst, besonders der Dichtkunst, nicht am wenigsten dem lebendigen Kontakt mit ihren Schöpfern. Am eigenen Wachstum seelischer und geistiger Kräfte kann ich die Wirkung ermessen, wie sich Kunst in Erlebnis wandelt. Ich habe der Entstehung eines Kulturabschnitts aus nächster Nähe, ich möchte sagen, auch physisch beigewohnt. Die Gunst des Schicksals hat mir die wichtigsten Dokumente in die Hand gelegt. Sie bilden im Verlauf eines Lebensalters die Kontinuität menschlichen Werdens und Leidens, den Zusammenhang von Leben und Entwicklung. In der Spanne von der Jugend bis zur Reife sind mir diese Manifestationen zur Wissens- und Lebensquelle geworden. Ich habe aus einer imaginären Welt Wirklichkeit schöpfen dürfen. Lichtenberg sagte einmal: »Bücher machen nicht gut und nicht schlecht, aber besser oder schlechter machen sie doch.« Mich haben sie besser gemacht.

FRAUEN UND FRAUENFRAGEN

Eine Sache freilich verfocht Fischer beharrlich. Dies war die ›Frauenfrage‹, die in den zwei letzten Jahrzehnten des alten Jahrhunderts und noch weit ins neue Jahrhundert hinein in Deutschland heftig umkämpft wurde und von den Emanzipationsbewegungen in Skandinavien und England mächtige Impulse empfing. In diesen Sammelbegriff waren sämtliche Aspekte der geistigen und sozialen Stellung der Frau in der modernen Gesellschaft einbezogen: bürgerliche Gleichberechtigung und erotische Freiheit, Frauenwahlrecht, Berufstätigkeit der Frau, Mutterschaft, Kindererziehung, Unterrichtswesen, Frauenstudium, ethische und religiöse Fragen, Grundlagen der Ehe, das Selbstbestimmungsrecht der Frau in der vorwiegend männlich bestimmten Gesellschaft schlechthin. Man vermag sich heute, da die meisten dieser Probleme keine Probleme mehr sind, nur noch schwer einen Begriff vom Umfang und von der Bedeutung dieser großen Auseinandersetzung zu machen. An dieser Diskussion und der Bewältigung ihrer Probleme hatten Fischers Unternehmungen einen beträchtlichen Anteil.

Verlag und Zeitschrift waren von Anfang an nie ausgesprochene Männerunternehmungen gewesen. Weibliche Autoren begegneten hier keinem Vorurteil, sie nahmen stets einen ansehnlichen Platz ein, und die Fälle, in denen sie sich aus dem einen oder anderen Grund eines männlichen Pseudonyms bedienten, waren seltene Ausnahmen. Fischers Buchverlag stellte im Durchschnitt eine bis zwei ›neue‹ oder Erstlingsautorinnen im Jahr vor; von 1890 bis zum Ende des Ersten Weltkrieges waren es zweiundvierzig, ein gutes Viertel von ihnen übrigens österreichische Schriftstellerinnen. Manche, ja viele dieser Namen wie Fannie Gröger, Juliane Déry, Hildegard Thildner, Mathilde Malling, Toni Schwabe und Charlotte Knoeckel sind heute ebenso vergessen wie ihre Romane und Novellen (und man kann unschwer eine entsprechende Anzahl männlicher Autoren des Verlags nennen, denen das gleiche widerfahren ist); andere wie Carry Brachvogel (1896), Sophie Hoechstetter (1897) und Hans von Kahlenberg (Helene Kessler) (1899) führen noch ein unterirdisches Schattendasein in Leihbibliotheken weiter. Wieder andere sind geblieben und zum festen Bestand geworden. Emmy von Egidy ist verschollen, aber Grazia Deledda, die Fischer 1907 zum erstenmal herausbrachte, erhielt 1926 den Nobelpreis; niemand weiß mehr von Anny Demling (1909), aber Else Jerusalems *Heiliger Skarabäus*, im gleichen Jahr bei Fischer erschienen, lebt noch heute in der Erinnerung als einer der großen ›Frauenerfolge‹ jener Zeit.

Die Zeitschrift stand den Frauen, ihrer Kunst und ihren Lebensproblemen, von Anfang an offen, und sie waren keineswegs alle Autorinnen des Verlags. Schon 1891, gleichzeitig mit Laura Marholm, erscheint Lou Andreas-Salomé als regelmäßige Mitarbeiterin und greift an der Jahrhundertwende mit Aufsätzen wie *Der Mensch als Weib* (1899) und *Gedanken über das Liebesproblem* (1900) in die große Debatte ein. 1893 kommt die bedeutende Frauenrechtlerin Helene Stöker mit *Die moderne Frau* zu Wort, im gleichen Jahr Irma von Troll-Borostyany mit *Christentum und Frauenbefreiung, Die Frauenfrage: Männerfrage* und *Das Recht der Frau*, einer Gegenschrift zu Bebels *Die Frau und der Sozialismus*, die Fischer auch als Buch herausbrachte. Der Jahrgang 1895 bringt die österreichische Frauenrechtlerin Rosa Mayreder, 1896 Adine Gemberg mit *Das heimliche Elend*. 1901 erscheint der erste Beitrag Ricarda Huchs; 1904 taucht in der Zeitschrift zum erstenmal der Name Annette Kolb auf, die erst 1913 mit ihrem ersten größeren Prosawerk im Buchverlag erscheint; 1906 veröffentlicht hier die Verlegersgattin Helene Voigt-Diederichs ihre erste Erzählung. 1908 beginnt die ständige Mitarbeit Helene Langes und Lucia Dora Frosts (*Die Auswege der Erotik*, 1910). Dem Für und Wider der emanzipatorischen Ideen wurde Jahr um Jahr in den Heften der Zeitschrift viel Raum zu polemischer Auseinandersetzung gewährt.

Im Buchverlag wurde die große Debatte auf anderer Ebene und mit anderen Mitteln geführt. Hier liebte Fischer nichts ›Knatterndes‹. Hier galt es, durch eindringliche Schilderung, fesselnde Erzählerkunst, einfühlsame Menschenschilderung, durch beharrliches Eindringen in die seelischen, moralischen, intellektuellen und gesellschaftlichen Probleme der neuen Frauenwelt konventionelles Denken aufzulockern und es für neue Vorstellungen von Beruf, Ehe, Mutterschaft, Kindererziehung empfänglich zu machen. Gabriele Reuter, schon seit 1891 bei Fischer, war vorzüglich für den Dienst an dieser Sache begabt. Aber den wirklichen großen Griff auf diesem Gebiet tat der Verlag erst einige Jahre später.

›DAS JAHRHUNDERT DES KINDES‹

Im März 1898 erschien in der ›Neuen Deutschen Rundschau‹ mit einem Essay *Versuch über die Einsamkeit* zum erstenmal der Name der damals achtundvierzigjährigen Schwedin Ellen Key. Durch die Bücher, Aufsätze und Vorträge dieser unermüdlichen, vielseitig gebildeten und glänzend begabten Schriftstellerin, die eine warmherzignatürliche Fraulichkeit mit einem klar denkenden, allen Phrasen abholden gesunden Menschenverstand verband, griff die große Debatte auf weite Kreise über und tat nachhaltige Wirkung. In Ellen Key hatte die ›Frauenbewegung‹ im weitesten Sinn des Wortes eine einzigartige Sprecherin gefunden, die zu einer Weltberühmtheit aufstieg, wie sie zu jener Zeit nur wenigen Frauen beschieden war. Marie Franzos hatte Ellen Key für Deutschland entdeckt und 1899 ihr erstes Buch *Mißbrauchte Frauenkraft* für Langen übersetzt. Noch im gleichen Jahr wechselte sie mit ihrem nächsten Buch, dem Band *Essays*, zu Fischer hinüber, bei dem sie, von Marie Franzos betreut, ihre feste deutsche Heimstätte fand. Zwischen 1899 und 1911 veröffentlichte Fischer zehn Bücher von Ellen Key, also beinahe alljährlich eines – in der gleichen Zeit brachte die Zeitschrift über zwanzig große Aufsätze von ihr –, und nicht eines blieb liegen. Alle erlebten mehrere Auflagen; einige, wie *Über Liebe und Ehe*, das 1904 erschien und schon zwei Jahre später im achtundzwanzigsten Tausend stand, mußten regelmäßig alle zwei Jahre, bis in den Ersten Weltkrieg hinein, neu aufgelegt werden; eines wurde ein Welterfolg.

Dieses Buch, *Das Jahrhundert des Kindes*, 1902 bei Fischer erschienen, machte Ellen Key in Deutschland berühmt; Kapitel wie ›Das Recht des Kindes, seine Eltern zu wählen‹, ›Die Seelenmorde in der Schule‹ und ›Die Schule der Zukunft‹ hatten einen großen Einfluß auf das pädagogische Denken der Jahrhundertwende. 1907, fünf Jahre nach dem ersten Erscheinen, veranstaltete Fischer eine ›Volksausgabe‹ von *Das Jahrhundert des Kindes* von zehntausend Exemplaren, die dieses Standardwerk, dessen Titel zu einem allbekannten Schlagwort der neuen Pädagogik geworden war, neuen, weiten Leserkreisen zugänglich machte. Zwei Jahre später, 1909, schrieb Gabriele Reuter in der ›Neuen Rundschau‹ über *Ellen Key und Deutschland* anläßlich ihres sechzigsten Geburtstages:

Unzweifelhaft sind viele Forderungen in Ellen Keys Büchern über den Lebensglauben, über Liebe, Ehe und Kindererziehung in unseren jetzigen gesellschaftlichen und sozialen Zuständen gar nicht durchzuführen. Menschen, die von dem Ideal solcher Forderungen ergriffen, sie auszuleben willens sind, werden in die mannigfaltigsten Konflikte geraten. Darum hat Ellen Keys Ethik viele erbitterte Feinde unter den Nützlichkeitsmenschen unserer Gegenwart... Als sie vor einigen Jahren zum ersten Male nicht nur zu freundschaftlichen Besuchen, sondern offiziell in Deutschland erschien, um durch Vorträge die Wirkung ihrer Bücher beim deutschen Publikum zu vertiefen, wurde sie und ihre Lehre die Mode des Tages. Da saßen Hunderte und Tausende begeistert zu ihren Füßen, ein wahrer Ellen Key-Rausch hatte die intellektuelle deutsche Frauenwelt ergriffen... Aber – in wie vielen jungen Geschöpfen hat damals ihre Persönlichkeit mit ihrer warmen Herzenskraft die stumpfe Alltäglichkeit besiegt – hat sie emporgerissen aus gleichgültigem Hintreiben zum ernsten Kampf um ein ganzes volles Leben im Geist und in der Wahrheit!... Es war kein Zufall, daß Ellen Key gerade in Deutschland ihre größten Erfolge feiern konnte. Wir sind ja arg nüchtern – utilitaristisch – geschäftstüchtig geworden in den letzten Jahrzehnten – und doch liegt das der deutschen Frau oft so gar nicht – es sind äußere Notwendigkeiten, die sie in dieses Wesen hineinzwängen, und sie bekommt dann so etwas Krampfiges, Gehetztes, eine so friedlose Seele... Ellen Key mit ihrem Schönheitsdurst, mit ihrem weiten und freien Blick für alle Lebenserscheinungen, mit ihrer Kühnheit, die sich niemals durch irgendein Prinzip hindern läßt, alles zu verlangen, was ihr für die Entwicklung der Seele notwendig scheint, auch wenn es den Möglichkeiten des Tages schnurgerade widerspricht – sie gehört als die notwendigste Ergänzung in den Rahmen der Frauenbewegung hinein, ja, sie vollendet sie erst.

Fischer setzte sich für Ellen Key unermüdlich mit Sonderprospekten, Vorabdrucken, jeglicher Art von Werbung ein wie für kaum einen anderen Autor seines Verlags. Als der Erste Weltkrieg endete, hatte Ellen Key ihren Kampf in allen wesentlichen Punkten gewonnen. Die Stellung der Frau war von Grund auf verändert; das Kind war in seine Rechte eingesetzt. Ellen Key kam auf ihren großen Vortragsreisen oft nach Deutschland und erlebte die Früchte ihres Wirkens noch. Sie starb siebenundsiebzigjährig im Jahr 1926.

HEDWIG DOHM

In der Reihe hervorragender Frauen, deren ›Sache‹ Fischer zu der seinen machte, muß noch eines Namens besonders gedacht werden. Hedwig Dohm schlug in einzigartiger Weise die Brücke über die Generationen in der Fischerschen Verlagsfamilie. Die berühmte deutsche Frauenrechtlerin, 1833 in Berlin geboren, seit 1855 mit Ernst Dohm, dem politischen Publizisten und Herausgeber des Berliner politisch-literarischen Witzblattes ›Kladderadatsch‹ verheiratet, hatte in jungen Jahren in ihrem Berliner Salon, der in manchem eine Fortführung des romantischen Salons der Rahel Varnhagen war, einen Kreis von Menschen um sich versammelt, zu dem noch Varnhagen selbst und Alexander von Humboldt, später vornehmlich die gesamte geistige und politische Bismarck-Opposition von Bamberger bis Lassalle gehörte. Sie war eine winzig kleine, aber sehr schöne und sehr streitbare Frau, Mutter von vier Töchtern (wie es einer Feministin anstand) – Gerhart Hauptmann und Otto Flake berichten beide in ihren Erinnerungen, sie seien ihr begleitet von jeweils zwei Töchtern begegnet – und »eine eifernde Verfechterin der Ehre ihres Geschlechtes und seines unbedingten Anspruchs auf Gleichberechtigung«. Sie hatte 1872 mit einem Buch *Was die Pastoren von den Frauen denken* ihr schriftstellerisches Debüt gemacht und mit der Forderung nach wirtschaftlicher, geistiger und politischer Selbständigkeit der Frau den Zielen der damaligen Frauenbewegung weit vorausgegriffen. Nach dem Tod ihres Mannes, 1883, entfaltete sie eine rastlose und überaus fruchtbare publizistische und schriftstellerische Tätigkeit, und es lag bereits ein ansehnliches literarisches Werk von ihr vor, als sie 1896, weit über sechzigjährig, mit ihrem ersten Roman zu Fischer kam. Im Lauf der nächsten zehn Jahre konnte Fischer noch fünf umfangreiche Bücher der staunenswerten alten Dame veröffentlichen, außer den Romanen 1903 auch *Die Mütter. Beitrag zur Erziehungsfrage*, und was der Verlagskatalog von 1901 über sie sagt, läßt nicht nur sie selbst und ihre Zeit, sondern auch gleichsam zwischen den Zeilen Fischers Einstellung zur ›Frauenfrage‹ lebendig werden:

Sie gehört zu den eifrigsten Führerinnen der modernen Frauenbewegung und ist in zahlreichen Schriften für die Emanzipation der Frauen eingetreten. Es bedeutet für sie einen Kampf des Lebens, nicht der Doktrin. Und darum verlangten die Erfahrungen und Ergebnisse der Kämpfe und des Lebens in ihr nach dichterischer Darstellung. Sie begann zu erzählen, – eine kluge, feine, alte Dame, vor deren Blick sich die verwirrten Erscheinungen zur Ordnung fügen. Unsere Veröffentlichung soll ein Cyclus von drei Romanen werden; zwei von ihnen sind bis jetzt erschienen. In jedem der Werke wird ein typisches Frauenleben dargestellt, jedes eine ganze Generation repräsentierend. In ›Sibilla Dalmar‹, dem zuerst erschienenen Roman, ist es die Generation, die zwischen dem Alten und dem Neuen steht, und deren Leben und Leiden durch das Schwanken und die Hilflosigkeit der Epochen des Übergangs von alter Gebundenheit zu einer neuen Freiheit bestimmt wird; in ›Schicksale einer Seele‹ die alte Generation, die die Fesseln des Frauenlebens noch nicht zu zerreißen, noch nicht einmal zu verspotten wagte, aber zum Bewußtsein des Leidens frei wurde. Das dritte Werk wird die neue, die heutige Generation behandeln, die das Erbe der vorigen übernommen und kämpfend weitergebildet hat!

»Die neue, die heutige Generation« – mit ihr meinte Fischer gewiß seine eigene. Es stand aber die nächste schon vor seiner Tür und war sogar schon eingetreten, und es führte von der klugen alten Dame eine Familienverbindung zu ihr, die sonderbar und zufällig anmutet und doch gänzlich natürlich war. Hedwig Dohm wurde sechsundachtzig Jahre alt. Ein knappes Jahr nach ihrem ersten Roman bei Fischer kam in der Bülowstraße ein Erstlingsbuch heraus, dessen Autor der künftige Gatte ihrer Enkelin war. In ihrem Todesjahr 1919 erschien der *Gesang vom Kindchen*. Thomas Mann hat von diesem »rührenden Menschheitsmütterchen«, das die Urgroßmutter seiner eigenen Kinder war, in *Little Grandma* ein unvergeßliches Bildnis gezeichnet.

Hedwig Dohm hatte vier Töchter. Die älteste, auch sie Hedwig mit Namen, heiratete Professor Alfred Pringsheim, Ordinarius für Mathematik an der Universität München, und führte in der Arcisstraße ein gastfreies, den Künsten aufgeschlossenes Haus. Dort erzählte eines Abends im Sommer 1895 beim Abendessen auf der Veranda Ernst von Wolzogen eine Geschichte. Auf ein Inserat nach einem Sekretär habe sich bei ihm ein blutjunger Mensch aus Fürth gemeldet, dem es ersichtlich schlecht ging; er habe ihn engagiert, und nachdem der junge Mann wochenlang geduldig getippt habe, was ihm in die Schreibmaschine diktiert wurde, sei er schließlich damit herausgerückt, daß er selbst schreibe. Er bat Wolzogen, das Manuskript seines Romans *Melusine* zu lesen und ihm zu sagen, was er davon halte: »Ein echter Dichter sprach daraus. Merken Sie sich den Namen: Jakob Wassermann! Er wird berühmt. Und ist er es, dann denken Sie daran, daß ich es Ihnen heute sagte.«

Wolzogen empfahl seinen Schützling an Albert Langen, der den Roman herauszubringen versprach und den jungen Dichter zugleich als ständigen Mitarbeiter seiner geplanten Zeitschrift anwarb. Jakob Wassermann, damals zweiundzwanzig Jahre alt, war nach entbehrungsreichen und niederdrückenden Jahren und mancherlei verzweifelten Irrfahrten im Herbst 1894 nach München gelangt. Wolzogens Hilfe brachte den Mittellosen auf die Füße und auf den ersehnten Weg. Das Erscheinen von Langens Zeitschrift ›Simplicissimus‹, für das Jahresende 1895 angekündigt, verzögerte sich, und inzwischen arbeitete Wassermann als Gehilfe und Bürofaktotum im Verlag. Im Frühjahr 1896 veröffentlichte Langen wie versprochen den kleinen Erstlingsroman, und am 1. April kam die erste Nummer der Zeitschrift heraus.

Die August- und Septemberhefte 1896 des ›Simplicissimus‹ brachten in drei Fortsetzungen eine Erzählung *Der Wille zum Glück* von einem bis dahin noch kaum bekannten Verfasser, der bald darauf im Verlag in der Schackstraße erschien, um sein Honorar abzuholen. Thomas Mann erzählt, Wassermann habe es ihm »wohlwollend« eingehändigt: klingende Münze, »in Gold«, Doppeldukaten. Danach verloren sie sich auf einige Zeit aus den Augen. Als sie sich in der Schackstraße wiedertrafen, war Fischer in ihrer beider Leben getreten.

ANFÄNGE UND UMWEGE

Die Anfänge Thomas Manns und seine frühen Beziehungen zu S. Fischer sind eines der fesselndsten Kapitel der neueren deutschen Literaturgeschichte. Doch haben gerade hier die tollwütigen Zeitläufte in blinder, zerstörungswütiger Gefräßigkeit mehr denn irgendwo die Unterlagen und Zeugnisse verschlungen, und das Erhaltene ist nicht auf Schritt und Tritt schlüssig. Überdies sind die Memoirenwerke, die sich für diesen Zeitabschnitt heranziehen lassen, insbesondere Arthur Holitschers Erinnerungen und auch Hedwig Fischers nachgelassene Aufzeichnungen, mit offenkundigen Gedächtnisfehlern durchsetzt, die leicht auf Irrwege führen. Wir bleiben in einigen wichtigen Punkten auf Vermutungen angewiesen und müssen hoffen, daß den Lücken in den Unterlagen keine Fehlschlüsse entsprossen sind.

»Ich war ein elfjähriges Kind«, schrieb Thomas Mann später über Fischer, »als er in Berlin seinen Verlag gründete. Zehn Jahre später war es der Traum jedes jungen Literaten, ein Buch bei S. Fischer zu haben, und meiner auch.« Der Achtzehnjährige war im März 1894 aus seiner Vaterstadt Lübeck nach München gekommen und arbeitete als Volontär bei einer Feuerversicherungsgesellschaft: »Eine sonderbare Episode. Unter schnupfenden Beamten kopierte ich Bordereaus und schrieb zugleich heimlich an meinem Schrägpult meine erste Erzählung, eine Liebesnovelle mit dem Titel *Gefallen*, die mir den ersten literarischen Erfolg brachte.« Diese Novelle erschien im Oktoberheft 1894 der ›Gesellschaft‹ und trug dem jungen Autor »einen warmherzigen und ermutigenden Brief Richard Dehmels ein«, der ihm empfahl, neue Arbeiten der Zeitschrift ›Pan‹ einzusenden. Doch aus der Mitarbeit am ›Pan‹ wurde nichts; die beiden nächsten Novellen *Der kleine Professor* und *Walter Weiler* wurden von ›Pan‹ (und anscheinend auch von der ›Gesellschaft‹) abgelehnt und sind verlorengegangen. So verwundert es nicht, daß Thomas Mann die nächste Novelle, *Der Wille zum Glück*, dem ›Simplicissimus‹ sandte, wo sie ihm denn auch in Gold aufgewogen wurde. Auf den Gedanken, Fischers ›Neuer Deutscher Rundschau‹ (die er regelmäßig las) eine Arbeit einzureichen, kam er erst einige Monate später.

Zu Beginn des Jahres 1897 sandte er eine neue Novelle *Der kleine*

Herr Friedemann an Oscar Bie. Sie gefiel im Hause Fischer, ja, sie hatte, wie Thomas Mann erzählt, geradezu »eingeschlagen«. Er erhielt von Bie »zu meiner größten Freude einen Brief, worin er nicht nur die Geschichte sehr lobte und sie für die ›Rundschau‹ annahm, sondern mich auch aufforderte, ihm alles zu schicken, was ich geschrieben hätte. Das war natürlich ein großes Glück für einen Beginner.« Die Novelle erschien im Maiheft der Zeitschrift. Die Aufforderung, »alles zu schicken«, ließ vermuten, daß man in Berlin an einen Novellenband dachte. So war es. Thomas Mann befand sich mit seinem Bruder Heinrich in Rom und sandte von dort seine älteren Novellen sowie einige neue, inzwischen entstandene Arbeiten. Fischer antwortete am 29. Mai 1897:

Sehr geehrter Herr Mann! Ihren Novellenband will ich gern verlegen. Die Sachen haben mir sehr gut gefallen, ich möchte sie mit einem illustrirten Umschlag in meiner ›Collection Fischer‹ bringen... Für das Verlagsrecht Ihrer Novellen biete ich Ihnen 150 Mark an, wobei ich mir vorbehalte, die, wie ich annehme, noch nicht veröffentlichte Novelle ›Der Bajazzo‹ in der ›Rundschau‹ zu veröffentlichen. Ich kann Ihnen für die ›Collection‹, die ich zu einem sehr billigen Preise vertreibe, ein gutes Honorar nicht anbieten; ich würde mich aber freuen, wenn Sie mir Gelegenheit geben würden, ein größeres Prosawerk von Ihnen zu veröffentlichen, vielleicht einen Roman, wenn er auch nicht so lang ist. Für Publikationen dieser Art kann ich ungleich bessere Honorare bezahlen und vielleicht auch durch vorherigen Abdruck die Arbeit besonders gut verwerten. Ich will für Ihre Production gern wirken, natürlich unter der Voraussetzung, daß Sie mir alle Ihre Produkte zum Verlag übergeben. Hochachtungsvoll. S. Fischer Verlag.

Fischers Spürsinn war auf der richtigen Fährte: dieser neue Autor hatte doch gewiß einen Roman in sich; es mochte wohl gar eine ›Gesamtausgabe‹ in ihm stecken. Deshalb galt es, sich unverzüglich seiner gesamten ›Produktion‹ zu versichern. Freilich stellte Fischer sich unter dem »größeren Prosawerk« keinen Riesenwälzer vor; er vermutete wohl, daß die Novelle die Thomas Mann gemäßeste Form sei, und wäre mit einem Roman zufrieden gewesen, »wenn er auch nicht so lang ist«, war es nur immer ein Roman. Thomas Mann selbst schwebte, wie er bezeugt hat, das gleiche vor, als er in diesem Sommer 1897 »in einem Landstädtchen der Sabiner Berge, Palestrina, dem Geburtsort des großen Musikers«, mit den Vorarbeiten zu *Buddenbrooks* begann. Doch kam es ganz anders.

Inzwischen wurde der Novellenband vorbereitet. Er enthielt außer *Der kleine Herr Friedemann*, der dem Band den Titel gab, die bereits im ›Simplicissimus‹ erschienenen Novellen *Der Wille zum Glück* und *Der Tod* sowie die neuen Novellen *Der Bajazzo* und *Tobias Mindernickel,* die im September 1897 und Januar 1898 in der ›Rundschau‹ vorabgedruckt wurden, und die 1896 entstandene Novelle *Enttäu-*

schung, die noch unveröffentlicht war. Die in Palestrina entstandene Novelle *Luischen* blieb (wohl aus Gründen des Umfangs) zurück. Auch auf den Erstling *Gefallen* wurde verzichtet. Der Novellenband *Der kleine Herr Friedemann* – »mein erstes kleines Buch« – erschien im Frühjahr 1898 als sechstes Bändchen der kurzlebigen ›Collection Fischer‹ noch während Thomas Manns römischen Aufenthaltes. »Ich durfte ›mich‹ in den Auslagen römischer Librerien liegen sehen.« Doch im Verlagskatalog von 1901 wird die inzwischen eingestellte ›Collection Fischer‹ überhaupt nicht erwähnt, und der Name Thomas Mann kommt in ihm nicht vor – nicht mehr und noch nicht.

›BUDDENBROOKS‹

Thomas Mann begann mit der Niederschrift des Romans *Buddenbrooks* in Rom, und das erste Blatt der Urhandschrift trägt das Datum Ende Oktober 1897. Der Dichter hat den Werdegang dieses Werkes verschiedenenorts andeutungsweise geschildert, vor allem in *Lübeck als geistige Lebensform* und in seinem *Lebensabriß*, und Zusätzliches hierüber ist seinen Briefen zu entnehmen. Der ursprüngliche Anlageplan sah nach dem Vorbild des skandinavischen Familienromans »etwas den Büchern Kiellands und Jonas Lies Entsprechendes vor«, die Thomas Mann aus Fischers deutschen Ausgaben kannte, also einen »Roman durchschnittlichen Umfangs ... zweihundertfünfzig Seiten, nicht mehr, in fünfzehn Kapiteln«. Doch »ein schon auffallend stattliches Manuskript« begleitete ihn, als er Ende April 1898 aus Italien nach München zurückkehrte.

Hier fand er sich unversehens mit Wassermann unter einem Dach. Korfiz Holm, Schulkamerad aus Lübeck und jetzt bei Langen tätig, engagierte ihn »von der Straße weg, bei einer Begegnung« mit einem Monatsgehalt von hundert Mark für die Redaktion des ›Simplicissimus‹. Einige Monate lang arbeiteten Thomas Mann und Jakob Wassermann zusammen in Langens Redaktion, und ihre lebenslängliche treue Freundschaft ging auf diese frühen Tage zurück. Thomas Mann widmete sich neben der Redaktionsarbeit vor allem der »Förderung des persönlichen Hauptgeschäftes«. Während dieser Zeit der Arbeit an *Buddenbrooks* entstanden nur wenige kleinere Arbeiten: »Ich muß mich doch, bis der Roman fertig ist, hie und da in Erinnerung bringen.« Die Novelle *Der Kleiderschrank* erschien in Fischers ›Rundschau‹ im Juni 1899, die Novellen *Gerächt* und *Der Weg zum Friedhof* im ›Simplicissimus‹ im August 1899 und September 1900. Der Roman nahm seine Freizeit fast völlig in Anspruch.

Die in Rom entstandenen Kapitel waren »ein schon bedenklich angeschwollenes Manuskript«; in München begann der ›Eigenwille‹ des Werkes sich noch nachdrücklicher geltend zu machen:

Ja, was war im Begiffe, aus den zweihundertfünfzig Seiten zu werden! Die Arbeit schwoll mir unter den Händen auf; alles nahm ungeheuer viel mehr Raum (und Zeit) in Anspruch, als ich mir hatte träumen lassen...

Das »unmöglich und unpraktisch anschwellende Manuskript« lag in der Junggesellenwohnung im dritten Stock des Hauses Feilitzschstraße 5 »aufgeschlagen auf meinem feierlich mit grünem Stoff behangenen Ausziehtisch«, und gelegentlich las der Dichter Freunden, vor allem Arthur Holitscher und Kurt Martens, daraus vor.
Im September 1899 reiste Thomas Mann zu einem vierzehntägigen Sommerurlaub über Lübeck nach Dänemark, wo sich der ›Erlebniskern‹ zu der Novelle *Tonio Kröger* bildete. Die Reise dürfte ihn über Berlin geführt haben, aber es kam bei dieser Gelegenheit zu keinem persönlichen Zusammentreffen mit Fischer, denn der Verleger befand sich selbst auf Urlaub in Igls in Tirol. Doch waren sie in häufiger Verbindung. Fischer erbat sich »für meinen neuen Verlagskatalog... die notwendigsten biographischen Daten von Ihnen« (dies war der Verlagskatalog für 1900, der nicht erhalten ist), und Thomas Mann scheint (in einem nicht erhaltenen Brief) an diesem Katalog etwas bemängelt und außerdem sich nach dem Absatz des Novellenbandes erkundigt und das Herannahen des Romans angekündigt zu haben. Jedenfalls antwortete ihm Fischer am 12. Januar 1900:

Der Vermerk bezüglich des Umschlags im Katalog beruht natürlich auf einem Irrtum. Ein gebundenes Exemplar Ihres Buches lasse ich gleichzeitig an Sie abgehen. Der litterarische Erfolg Ihres Buches war größer wie der buchhändlerische; nach unserer letzten Lageraufnahme vom Juli v. J. hatten wir noch 1587 Exemplare auf Lager. Sehr erfreut hat mich Ihre Nachricht, daß Sie mir demnächst Ihren neuen Roman vorlegen würden; ich bin auf eine größere Arbeit Ihrer Feder sehr gespannt...

Der kleine Herr Friedemann ging also nicht gut. Thomas Mann notierte auf Fischers Brief mit Bleistift seine Ausrechnung: Auflage zweitausend, davon noch 1587 auf Lager, folglich verkauft 413 Exemplare. Das war nicht sehr ermutigend, weder für den Autor noch für den Verleger. Aber das ganze Unternehmen der ›Collection Fischer‹ war eine buchhändlerische Enttäuschung. Den Novellen hingegen stand, in anderem Gewand, eine überaus erfolgreiche Auferstehung bevor.
Der Roman nahte heran, aber er war noch nicht fertig. Am 29. Juni 1900 schrieb Thomas Mann seinem Freund Paul Ehrenberg:

Mein Roman (natürlich! von dem muß wieder die Rede sein!) wird nun im nächsten Monat fertig werden, worauf ich ihn meinem Verleger wohl für ein Spottgeld werde in den Rachen werfen müssen. Geld und Massen-Applaus ist mit solchen Büchern nicht zu erlangen; aber wenn er nur wieder ein kleiner literarischer Erfolg wird, so will ich stolz und dankbar sein.

Um den 10. August 1900 waren *Buddenbrooks* nach »einer Arbeitszeit von drei Jahren, längere Unterbrechungen eingerechnet«, schließlich beendet und zur Absendung fertig, nachdem Thomas Mann (er schied im Frühjahr 1900 aus dem Verlag Langen aus) offenbar »die Anfänge des Romans«, die »noch nicht präsentabel« waren (wie er Martens am 30. Juni schrieb), noch überarbeitet hatte:

Die erste und einzig vorhandene Niederschrift, das ungeschickteste Manuskript, auf liniiertem Geschäftspapier doppelseitig geschrieben, und so schickte ich es an Fischer, ohne viel Hoffnung, ohne viel Verzweiflung: hier denn, ich hatte getan, was ich konnte.

So schildert der Dichter den großen Augenblick in seiner Lübecker Rede. Im *Lebensabriß* erzählt er es etwas genauer:

Das Manuskript ging an Fischer, dem ich mich seit dem ›Kleinen Herrn Friedemann‹ verbunden fühlte. Ich weiß noch, wie ich es verpackte: so ungeschickt, daß ich mir heißen Siegellack auf die Hand fallen ließ und eine fürchterliche Brandblase davontrug, die mich lange quälte. Das Manuskript war unmöglich. Doppelseitig geschrieben – ich hatte es ursprünglich abschreiben wollen, aber später, da der Umfang überhand genommen hatte, darauf verzichtet – täuschte es über seinen Umfang, stellte aber für Lektoren und Setzer eine starke Zumutung dar. Eben weil es nur einmal vorhanden war, erste und einzige Niederschrift, entschloß ich mich zu einer Postversicherung und setzte neben die Inhaltsangabe ›Manuskript‹ eine Wertsumme auf das Paket: ich glaube gar tausend Mark. Der Schalterbeamte lächelte.

So war es, und so blieb es. Ein Vierteljahrhundert später erklärte Thomas Mann in einer Rundfrage: »Ich habe niemals ein größeres Manuskript abgeschrieben oder abschreiben lassen, sondern immer die Urhandschrift in die Druckerei gehen lassen. Die Setzer sind gut damit fertig geworden, ohne Ausnahme.« Die Setzer wohl, die Nachwelt nicht. Alle Urhandschriften Thomas Manns bis zum Jahre 1933 sind untergegangen – auch die *Buddenbrooks*-Handschrift.
Fischer war, als das Wertpaket in der Bülowstraße eintraf, nicht in Berlin. Der Eingang des Manuskriptes wurde vom geschäftsführenden Herrn Schur am 15. August 1900 mit einer Postkarte bestätigt, die dem Autor mitteilte, daß »unser Herr Fischer z. Z. verreist ist, jedoch Mitte nächster Woche nach hier zurückkehrt. Ihr w. Schreiben werden wir ihm inzwischen nachsenden.«

DIE BEGEGNUNG

Wann und wo lernten Fischer und Thomas Mann einander persönlich kennen? Bedenkt man, ebenso wie bei Hauptmann, den langen, nie unterbrochenen gemeinsamen Lebens- und Schaffensweg, so ist es keine müßige Frage. In einer ›Familien-Geschichte‹ wie dieser haben solche Augenblicke Bedeutung und können manches in den künftigen Beziehungen erhellen. Aber es ist wie verhext: ebenso wie bei der ersten Begegnung mit Hauptmann lassen sich auch hier Ort und Zeitpunkt nicht zweifelsfrei ermitteln. Es ist durchaus möglich, daß Thomas Mann Fischers bereits vor Erscheinen von *Buddenbrooks* persönlich bekannt war, wenn sie auch nicht in Berlin waren, als die Handschrift dort eintraf.

Die ›Lebenschronik‹ Thomas Manns von Hans Bürgin und Hans-Otto Mayer verlegt die erste Begegnung zwischen Verleger und Autor in den Sommer 1902 nach München, mit dem Bemerken, Fischer habe gute Nachrichten über den buchhändlerischen Erfolg der *Buddenbrooks* mitgebracht und Thomas Mann einen Vorschuß von tausend Mark angeboten. Diese Bemerkung stützt sich auf einen Brief Thomas Manns an Kurt Martens vom 2. Juni 1902; zu diesem Zeitpunkt war Fischer, wie wir erfahren werden, nachweislich in Berlin; die guten Nachrichten dürften brieflich erfolgt sein. In einem späteren Brief an Martens vom 16. Oktober 1902 berichtet Thomas Mann jedoch: »Übrigens traf ich im Sommer in München mit Fischer zusammen, der mir viel Gutes über die Wirkung von ›Buddenbrooks‹ sagte.« Aus diesen beiden Mitteilungen Thomas Manns geht nicht schlüssig hervor, daß die *erste* Begegnung im Sommer 1902 stattfand. Vielmehr spricht einiges dafür, daß es bereits zwei Jahre früher zu ihr kam.

Wir wissen aus Schurs Postkarte, daß Fischer beim Eingang des Manuskripts nicht in Berlin war, und wir wissen von Hartleben und Fischer selbst, wo er sich befand. Am 15. Juli 1900 nämlich schrieb Hartleben aus München an seine Frau nach Berlin, seine Rückkehr verzögere sich um eine Woche, denn »am Einundzwanzigsten kommen sowohl Brahm wie Sami hierher, und diese beiden edlen Männer muß ich sprechen«. (Der Grund dieses Treffens war Hartlebens eben vollendetes neues Stück *Rosenmontag*, das ihm einen Riesenerfolg bringen sollte.) Und am 22. Juli meldete er seiner Frau: »Ich habe gestern und vorgestern mit Sami und Brahm befriedigende Aussprachen gehabt ... Rosenmontag wahrscheinlich schon im Oktober.« Fischer war also nachweislich um den 21. Juli 1900 (also vor der Absendung des Manuskriptes) in München, und zwar auf der Durchreise mit seiner Familie nach Gossensaß in Südtirol. Warum es bei dieser Gelegenheit zu keiner Begegnung mit Thomas Mann kam, ist ungeklärt; mit Bestimmtheit läßt sich jedoch sagen, daß es *nicht* zu ihr kam. Denn am 21. August 1900 schrieb Fischer aus Gossensaß an Thomas Mann:

Sehr geehrter Herr Mann. Mein Berliner Büro hat mir Ihren Brief zugehen lassen und mich vom Eintreffen Ihres Mscpts. verständigt. Ich freue mich auf die Lecture Ihres Romans, von dem mir auch der hier weilende Holitscher viel rühmenswertes erzählt hat. Holitscher meint, es wäre nicht ausgeschlossen, daß sie auf ein paar Tage nach Gossensaß kämen, solange wir noch hier sind. Ich würde mich sehr freuen, auf diese Weise Ihre persönliche Bekanntschaft zu machen und einige Tage mit Ihnen zu verleben. Sollten Sie aber nicht kommen können, so bitte ich Sie, mir auf meiner Durchreise in München einen Abend zu reservieren. Ich reise mit meiner Familie am 28. dss. von hier ab und würde mich sehr freuen, von Ihnen zu hören, ob Sie am 28. und 29. dss. in München anwesend sein werden. Mit besten Grüßen Ihr ergebener S. Fischer.

Aus diesem Brief geht eindeutig hervor, daß Verleger und Autor einander zu diesem Zeitpunkt noch *nicht* begegnet waren. Daß Fischer einen ihm persönlich noch nicht bekannten Autor zu sich in den Sommerurlaub einlud, geschah selten. Heimann murrte bereits stets, wenn Fischer die ihm bekannten und befreundeten Autoren des Sommers um sich versammelte, weil er sich in der sommerlichen Ferienstimmung von ihnen leicht »alles mögliche einreden und aufschwätzen« ließ. Daß er es in diesem Fall tat, spricht dafür, daß er Thomas Mann bereits damals im Geiste als zur ›Verlagsfamilie‹ gehörig betrachtete.

Es liegt keine Aufzeichnung darüber vor, daß Thomas Mann der Einladung nach Gossensaß folgte oder daß er sich mit Fischer an einem der vorgeschlagenen Tage in München traf. Man darf jedoch vermuten, daß es zu einer Begegnung an dem einen oder anderen Ort in den letzten Augusttagen 1900 tatsächlich kam und daß Hedwig Fischer dabei war. Denn ein späterer Brief Fischers an Thomas Mann aus Berlin vom 26. Oktober 1900, als er *Buddenbrooks* zur Hälfte gelesen hatte, schließt mit den Worten: »Viele Grüße von meiner Frau.« Diese Worte hätte Fischer nicht hinzugesetzt, wenn seine Frau ihn nicht darum gebeten hätte, und sie hätte ihn nicht gebeten, wenn ihr Thomas Mann persönlich noch unbekannt gewesen wäre. Es ist kaum zweifelhaft, daß sie einander um diese Zeit bereits kannten; Hedwig Fischers Erinnerung täuschte sich, wenn sie meinte, sie habe Thomas Mann bereits gekannt, ehe das Manuskript eintraf; aber sie kannte ihn bereits, ehe sie das Manuskript gelesen hatte. Damit zurück zu dem Manuskript selbst.

EINE »UNGEHEUERLICHE ZUMUTUNG«

Fischer dürfte Thomas Mann versprochen haben, das »unmögliche Manuskript« sogleich nach seiner Rückkehr nach Berlin zu lesen; aber er ahnte gewiß nicht, was in Berlin auf seinem Schreibtisch lag. »Das riesige Konvolut«, erzählt Hedwig Fischer, »mit Korrekturen durchsetzt, war nicht leicht zu lesen.« Inzwischen war sein Autor am 1. Oktober 1900 in München als Einjährig-Freiwilliger zum Militärdienst eingezogen worden und lag mit einer Sehnenscheidenentzündung im Fußgelenk, die er sich beim Parademarsch zugezogen hatte, im Lazarett. »Ich hatte lange zu warten«, erzählt er im Lübeck-Vortrag, und in einem Brief an den Bruder Heinrich vom 24. Oktober 1900 teilt er mit, daß er Holitscher, der nach Berlin reiste, beauftragt habe, Fischer um Nachricht über *Buddenbrooks* zu bitten. Der Brief fährt fort:

Ich weiß noch immer nichts über das Schicksal dieser ehrenwerten Familie ... Fischer soll das Buch nur nehmen wie es ist. Des litterarischen Erfolges bin ich sicher; der buchhändlerische wird wohl gleich Null sein und der pekuniäre für mich ebenfalls, obgleich Mama mir neulich strenge Weisung gegeben hat, 1000 Mark zu verlangen.

Um die gleiche Zeit schreibt er in einem aus dem Garnisonslazarett »November 1900 Dienstag« datierten Brief an Kurt Martens mit spürbarer Ungeduld:

Über meinen Roman weiß ich noch *nichts*. Ich möchte Herrn Fischer gern den Simplicissimus dedicieren und bei dieser Gelegenheit um Nachricht bitten; aber ich habe jetzt keine Gelegenheit.

(Gemeint war die Novelle *Der Weg zum Friedhof*, die am 20. September im ›Simplicissimus‹ erschienen war.)

Doch zu diesem Zeitpunkt war Fischers Antwort bereits unterwegs, obwohl anscheinend nicht mit der Post. Holitscher, von Berlin kommend, brachte (wie er erzählt) Thomas Mann Fischers Brief direkt ins Lazarett. Holitscher freilich hat in seinen Erinnerungen *Lebensgeschichte eines Rebellen* sich größere Verdienste zugeschrieben als die eines Briefträgers und mit seiner blühenden Phantasie den Sachverhalt verwirrt. Er erklärt, Thomas Mann wegen seines Romans *Der vergiftete Brunnen*, desssen Annahme Thomas Mann kurz vor seinem Ausscheiden bei Langen noch erwirkt hatte, persönlich zu Dank verpflichtet gewesen zu sein, und fährt fort:

Ich ergriff die Gelegenheit, mich zu revanchieren, und sandte die ›Buddenbrooks‹, als Mann im Militärlazarett lag, mit einem enthusiastischen Brief an S. Fischer, den ich gelegentlich eines kurzen Berliner Aufenthaltes durch Karl Kraus kennengelernt hatte. Ich wechselte mit Fischer, der das umfangreiche Werk nur nach Kürzung von ungefähr einem Drittel drucken wollte, in der Folge einige Briefe, und es gelang mir, Fischer zur ungekürzten Publikation des Buches zu bestimmen – ich war von dem ungewöhnlichen Wert der ›Buddenbrooks‹, von ihrer Bedeutung und von der Unmöglichkeit, auch nur eine Zeile zu streichen, von vornherein überzeugt.

Ganz so verhielt es sich nicht. Als Thomas Mann das Manuskript einsandte, war er noch nicht im Militärlazarett, und Holitscher dürfte von der Absendung wohl erst von Fischer selbst erfahren haben, mit dem er sich in Gossensaß befand. Zweifellos empfahl er, der den Roman zumindest zum Teil aus Vorlesungen kannte, das Buch mit enthusiastischen Worten. Möglicherweise legte er sich auch in Berlin ins Mittel. Denn mit den Kürzungen hatte es seine Richtigkeit. (Unbegreiflich bleibt freilich, daß niemand im S. Fischer Verlag, in dem Holitschers Erinnerungen 1924 erschienen, diese grundverkehrte Darstellung des Sachverhalts bemerkte und für eine Richtigstellung sorgte.)
Fischers Brief an Thomas Mann ist vom 26. Oktober 1900 datiert und gewiß rein äußerlich eines der kuriosesten Dokumente der Verlagsgeschichte. Der Brief besteht aus zwei Blättern, beide mit Firmenkopf und beide nur einseitig beschrieben. Drei Viertel des ersten Blattes sind mit der Schreibmaschine, also nach Diktat, geschrieben. Sie lauten:

Sehr geehrter Herr Mann! Ich hätte Ihnen schon längst geschrieben, bei dem Umfang meiner Geschäfte ist es aber keine Kleinigkeit, eine Arbeit von etwa 65 Druckbogen zu bewältigen. Ich habe mich mit der Lektüre Ihres Werkes befaßt und bin nun bis zur Hälfte gekommen. Alles, was ich Ihnen darüber sagen kann, ist viel besser in einem Referat meines Lektors niedergelegt, das ich zu Ihrer Kenntnisnahme beifüge. Glauben Sie, daß es Ihnen möglich ist, Ihr Werk um etwa die Hälfte zu kürzen, so finden Sie mich im Prinzip sehr geneigt, Ihr Buch zu verlegen. Ein Roman von 65 ausgedruckten Bogen ist für unser heutiges Leben fast eine Unmöglichkeit; ich glaube nicht, ob sich viele Menschen finden, die Zeit und Concentrationslust haben, um ein Romanwerk von diesem Umfang in sich aufzunehmen. Ich weiß, daß ich Ihnen eine ungeheuerliche Zumutung stelle und daß das vielleicht für Sie bedeutet, das Buch ganz neu zu schreiben, allein als Verleger kann ich mich zu dieser Frage nicht anders stellen. Vielleicht ist der Stoff für die Ihnen anhaftende epische Breite etwas zu groß und umfangreich, vielleicht könnten Sie aber auch finden, daß sich eine größere stoffliche Concentration zum Vorteil des Werkes machen läßt. Sie sehen, was ich einzuwenden habe, berührt nicht so sehr das Kunstwerk als solches . . .

An dieser Stelle hört die Maschinenschrift mitten im Satz auf; der Rest des Satzes und des ganzen Briefes ist in Fischers uns wohlvertrauter Handschrift. Er lautet:

. . . obgleich ich nicht verschweigen möchte, daß mir das Verweilen beim gegenständlichen zu oft das Nebensächliche als das Wesentliche erscheinen läßt, was sicher nicht Ihre Absicht sein konnte. Freund Holitscher hat mir ihre wundervolle tragikomische Erzählung aus dem Simplicissimus geschickt. Es steckt eine erstaunliche, ganz eigenthümliche Characterisierungskunst in dieser scharf umrissenen Figur des bedauernswerten Helden. Ich höre von Holitscher, daß Sie im Garnisonslazarett an einem Fußübel laborieren. Vielleicht darf ich Ihnen etwas Lecture ins Lazarett senden, um Ihnen die Zeit ein wenig zu verkürzen. Da ich aber nicht weiß, ob Sie dort nicht etwa durch die Litteratur meines Verlages compromittiert werden könnten, stelle ich die Wahl der Bücher ganz in Ihr Belieben. Jedenfalls kann ich Ihnen aber die gänzlich ungefährliche Novelle von Emil Strauß ›Der Engelwirt‹ anbieten. Ich lasse Ihnen das Buch durch Holitscher mit den besten Wünschen für Ihre baldige Genesung zugehen. Über Ihr Buch höre ich wohl bald von Ihnen. Viele Grüße von meiner Frau und Ihrem S. Fischer.

Was mag hier wohl passiert sein? Wir müssen abermals einige literarhistorische Irrtümer aus dem Weg räumen. Dr. Paul Scherrer, der ehemalige Leiter des Thomas-Mann-Archivs in Zürich, meint in seinem quellenkritischen Aufsatz *Bruchstücke der Buddenbrooks-Urhandschrift und Zeugnisse zu ihrer Entstehung 1897–1901* (erschienen in der ›Neuen Rundschau‹, 1958), der Wechsel von Maschinenschrift zu Handschrift falle mit der Stelle zusammen, »wo die geschäftlichen Überlegungen in persönliche Anteilnahme hinüberspielen«. Der zweite Teil ist jedoch durchaus nicht so persönlich, daß Fischer ihn nicht hätte diktieren wollen. Wahrscheinlich wurde er beim Diktat unterbrochen, und Frau Rosenbaum schrieb einstweilen so weit, wie er gekommen war; vermutlich nahm Fischer bei Büroschluß das dreiviertel getippte Blatt aus der Maschine und mit nach Hause und schrieb den Brief, um ihn nicht bis zum nächsten Tag aufschieben zu müssen, in seiner Wohnung fertig. Dort hatte er stets einen kleinen Vorrat von Verlagsbriefpapier zur Hand, aber wohl nicht die im Büro üblichen Anschlußbogen. Deshalb verwendete er – was keine Sekretärin getan hätte – für das zweite Blatt ebenfalls einen Bogen mit Briefkopf. Es ist hübsch, sich vorzustellen, daß es so war: man sieht den gewissenhaften Mann an der Arbeit und seine Frau, die ihm dabei über die Schulter blickt und ihn bittet, Grüße anzufügen.

DIE ANTWORT DES »MELANCHOLISCHEN SOLDATEN«

Holitscher, sonst zum Übertreiben geneigt, hatte diesmal untertrieben (woraus man schließen darf, daß er nicht wirklich Bescheid wußte): Fischer wollte nicht ein Drittel, sondern die Hälfte streichen! Was sollte, was konnte der »Einjährige im Münchner Garnisonslazarett« darauf antworten? Wir wissen, *daß* er antwortete und *was* er antwortete; aber *wie* er antwortete, wissen wir nur indirekt. Von allen Verlusten ist der Verlust dieses Briefes wohl der schmerzlichste. Es sind nur einige indirekte Hinweise erhalten. Einmal Thomas Manns Erinnerung an ihn, wie sie im Lübecker Vortrag aufgezeichnet ist:

Nun, der melancholische Soldat, der da auf dem Rücken lag, hatte weder ein äußeres noch ein inneres Recht, beleidigt zu sein; er war wenig geneigt, viel Wesens von seinem Werk zu machen. Aber seine sachliche Überzeugung verbot ihm, auf diesen Vorschlag einzugehen, und hätte es ihm verboten, auch wenn er nicht sein bescheidenes Auskommen gehabt und auf den Absatz des unpraktischen Manuskripts wirtschaftlich hätte brennen müssen. Er schrieb dem Verlag mit Bleistift einen langen Brief, worin er ihm auseinandersetzte, daß der große Umfang eine wesentliche Eigenschaft des Buches sei und daß man es verpfusche, wenn man damit nach seinem Willen umgehe. Es gäbe Bücher, die nichts seien, wenn sie nicht ausgiebig seien, Kurzweiligkeit habe nichts mit der Länge zu tun und so weiter. Ich glaube, der Brief war gut. Die sachliche Not machte mich beredt.

Zum anderen ein Brief Thomas Manns an seinen Bruder Heinrich, ebenfalls aus dem Lazarett, vom 2. November 1900, in dem es heißt:

Ich bin jetzt übel dran, denn die Sorgen, die ›Buddenbrooks‹ mir machen, scheinen jetzt, da sie fertig sind, erst recht zu beginnen. Fischer schrieb mir, nachdem er die erste Hälfte gelesen und also noch keine Ahnung hatte. Nach einigen Elogen und Einwänden kommt er zu dem Schluß, daß er, wenn ich das Buch um die Hälfte zusammenstreichen wollte, sehr geneigt sei, es zu verlegen. Über dies Bubenstück von einer Zumuthung ist er selbst gleich darauf so erschrocken, daß er es ›ungeheuerlich‹ nennt und beinah um Verzeihung bittet: aber als Verleger könne er nicht anders sprechen. Die traurige Sache ist ja die, daß der Roman über 1000 Seiten bekommen wird, nur in 2 Bänden erscheinen kann, 8 bis 10 Mark kosten und also unter den heutigen Umständen recht, recht unverkäuflich sein wird. Dennoch klammere ich mich daran, daß das Buch erscheint, wie es ist, denn, vom künstlerischen Gewissen nicht zu reden, fühle ich einfach nicht die Kraft, noch einmal die Feder daran zu setzen. Ich habe es mit äußerster Anstrengung zu Ende geschrieben und will nun endlich Ruhe davor haben, um mich mit anderen Dingen beschäftigen zu können. In meinem ausführlichen Antwortschreiben an Fischer, habe ich mich dann auch entschieden geweigert, das Buch zusammenzustreichen, mich aber im übrigen sehr nachgiebig und resigniert gezeigt. Ich bin, wie die Dinge liegen, bereit, jeden Contract zu unterschreiben, der auch nur den Anschein wahrt, als ob ich die Arbeit dreier Jahre nicht einfach verschenkte. Er soll einen componiren, der ihn einigermaßen sicher stellt, der die Honorierung beschränkt, bedingt, verschiebt, der z. B. bestimmt, daß mir ein eventueller Verlust seinerseits von späteren Honoraren abgezogen werden soll. Aber er soll das Buch bringen, wie es ist. Zwischen langwierig und langweilig ist doch noch ein Unterschied! Ein zweibändiger Roman ist doch auch heute noch keine unbedingte Unmöglichkeit! Und dann habe ich ihm gesagt, daß der Roman ja keineswegs das letzte Buch ist, das ich ihm geben werde, und daß schließlich alles darauf ankommt, ob er – auch als Kaufmann – ein bißchen an mein Talent glaubt und ein für alle Mal dafür eintreten will oder nicht. Ich muß nun wieder geduldig warten, bis er die Geschichte zu Ende gelesen hat und abermals schreibt. Aber die Sache ist schwierig,

schwierig und droht einen schlechten Gang zu nehmen. Es wäre sehr traurig, wenn ich mit dem Buche sitzen bliebe; ich fühle schon jetzt, wie mich das am Weiterproduzieren hindern würde.

Endlich ein Bericht seiner Tochter Erika, der er viele Jahre später erzählte, es sei der »schönste Brief meines Lebens« gewesen:

Ich mußte doch Herrn Fischer klar machen, daß ich mir nicht etwa einbildete, jedes Kapitel, jede Seite, jede Nebenfigur meines Erstlingsromans sei über alle Maßen geglückt und daher völlig unentbehrlich. Es galt doch, ihn davon zu überzeugen, daß die Länge des Buches zu seinen Grundeigenschaften gehörte, und daß wir also nicht nur hundert Seiten verlieren würden, wenn wir hundert Seiten strichen, sondern daß jeder solche Strich dem Charakter sowohl wie der besten Qualität von ›Buddenbrooks‹ gefährlich sein, ja den Wert des Ganzen vielleicht zerstören würde.

Oder mit Hedwig Fischers Worten:

Mein Mann schlug Kürzungen vor. Thomas Mann lehnte ab: ›Entweder Sie bringen das Ganze, so wie es ist, oder überhaupt nicht!‹ Das war ein Machtwort, dem wir uns beugen mußten, denn natürlich wollten wir die immense Familienchronik drucken. Was den Text betraf, so hatte hier wie immer der Autor das letzte Wort.

Nicht unbedingt und nicht unverzüglich. Die Sache war viel komplizierter und viel spannender.

HANGEN UND BANGEN

Es vergingen Wochen, während deren der »melancholische Soldat« vergeblich auf eine Antwort auf seinen »schönsten Brief« wartete. Das Hangen und Bangen wird aus den nächsten Briefen an den Bruder Heinrich deutlich, dessen Roman *Im Schlaraffenland* soeben bei Langen erschienen war. So am 25. November 1900: »Von Buddenbrooks noch nichts Neues.« Und am 17. Dezember, nach der Entlassung und vorläufigen Zurückstellung vom Militärdienst:

Wüßte ich nur erst, was mit ›Buddenbrooks‹ werden wird! Ich weiß sicher, daß Kapitel darin sind, wie sie heute nicht jeder schreiben kann, und doch muß ich fürchten, damit sitzen zu bleiben.

Denn sein ›Machtwort‹ zurückzunehmen, kam ihm nicht in den Sinn. Aber die Schaffenslust war nicht ernstlich beeinträchtigt. Ein Schauspiel *Der König von Florenz* (später *Fiorenza*) begann Gestalt anzunehmen, und es drängten »Novellenstoffe herzu, so daß es sehr möglich ist, daß vor dem ersehnten Theaterstück noch ein Band Erzählungen fertig wird«. Aber Weihnachten 1900 kam und ging ohne ein Wort aus der Bülowstraße. Am 8. Januar 1901 heißt es in einem neidvoll-bedrückten Brief an den Bruder:

Wie gut du aufgehoben bist und wie hell dein Stern zu leuchten beginnt! Fischer schweigt, wie gesagt, und wenn ich mahne, bekomme ich wahrscheinlich den Wechselbalg sofort wieder ins Haus. Wenn nun niemand das Buch haben will? Ich glaube, ich würde Bankbeamter. Ich habe manchmal solche Anwandlungen.

Am 21. Januar teilt er dem Bruder mit, daß er Fischer nun doch gemahnt habe. Warum auch nicht? Eine Alternative hatte sich eröffnet:

In betreff ›Buddenbrooks‹ beginne ich, Hoffnung zu fassen. Holm, der mir ja schon wiederholt empfohlen hat, doch zu Langen überzugehen, versicherte mir neulich in einer Gesellschaft, die er gab, ausdrücklich, daß Langen im Prinzip gegen einen zweibändigen Roman nichts einzuwenden hätte. Auch sprach er sehr freundschaftlich und verlockend darüber, wie er mir in pekuniären Fragen gegenüber zur Seite stehen würde etc. Daraufhin habe ich Fischer nun gemahnt und kann etwas getroster, als bisher, die Entscheidung abwarten, ob er mich fallen lassen will oder nicht.

Endlich, am 13. Februar 1901, konnte er dem Bruder mitteilen:

Genug! in all diese Wechselfälle von Glut und Frost, von lebensvoller Gehobenheit und Sterbensekel platzte neulich ein Brief von S. Fischer hinein...

Fischers Brief war vom 4. Februar und lautete:

Lieber Herr Mann! Ich muß Sie wiederholt um Entschuldigung bitten, daß ich mich einer solchen Verzögerung in der Behandlung Ihrer Angelegenheit schuldig mache. Ich will nicht sagen, daß der Umfang Ihres Werkes zu der Länge der Zeit, die ich zu meinem Entschluß brauche, im richtigen Verhältnis steht, aber ich bin durch allerlei Geschäfte und Privat-Angelegenheiten immer wieder von der Lektüre Ihres Buches abgekommen. Ich möchte Sie heute nur beruhigen, ich bin durchaus geneigt, Ihr Buch trotz des Umfangs zu verlegen, und denke nicht daran, Sie fallen zu lassen. Auch mein Lektor ist mit der Lektüre Ihres Werkes neuerdings befaßt und ich werde in diesen Tagen die letzten Kapitel lesen. Also nur noch ein klein wenig Geduld. Wenn es Sie drängt, wieder einmal von sich hören zu lassen, dann könnten wir ja, etwa im März oder April, Ihren Novellenband erscheinen lassen. Für ein so großes – wie ich glaube, dreibändiges – Werk ist die herannahende Frühlingszeit ohnehin nicht günstig. Ihr Roman könnte dann eventl. im Oktober erscheinen.

Mit besten Grüßen Ihr S. Fischer

Das Erscheinen von *Buddenbrooks* in vollem Umfang, ungekürzt, war mit diesem Brief gesichert. Aus dem Brief an den Bruder vom 13. Februar 1901 ist Thomas Manns unsägliche Erleichterung darüber zu spüren, daß seiner epischen Konzeption, von deren Richtigkeit und Gemäßheit er tiefinnerst überzeugt war, nun doch eine Chance gegeben wurde, sich zu beweisen:

Ich werde mich photographieren lassen, die Rechte in der Frackweste und die Linke auf die drei Bände gestützt; dann kann ich eigentlich getrost in die Grube fahren. Nein, es ist wirklich gut, daß das Buch nun doch ans Licht kommen wird. Es ist so viel persönlich Demonstratives darin, daß ich, namentlich für die werte Kollegenschaft, eigentlich erst damit ein Profil bekommen werde …

Fischers Anregung zu einem zweiten Novellenband wurde unverzüglich aufgenommen – »ein schmales Ding, das mir nur eine vorläufige kleine Namensauffrischung und etwas Taschengeld eintragen soll« –, doch das Buch kam nicht zustande. Thomas Mann dachte an die vier bereits vorliegenden Novellen *Der Weg zum Friedhof* (als Titelstück), *Luischen*, *Der Kleiderschrank* und *Gerächt*, denen er noch eine »Burleske« hinzufügen wollte, »die ich in Arbeit habe und die wahrscheinlich ›Tristan‹ heißen wird«, sowie eine »längst geplante Novelle mit dem unschönen aber spannenden Titel ›Litteratur‹«. Thomas Mann hatte dabei wohl an ein schmales Bändchen der ›Collection Fischer‹ gedacht, aber nicht bedacht, daß die Sammlung eingegangen war. Fischer schrieb ihm am 21. Februar 1901:

Ich glaube, ich habe Ihnen schon früher einmal geschrieben, daß ich die ›Collection Fischer‹ nicht mehr fortsetze. Die mir gesandten Novellen reichen auch nicht annähernd zu einem Novellenband aus, selbst wenn die neue Novelle doppelt so lang wie ›Luischen‹ sein wird. Ich würde überdies zur Erwägung anheim geben, ob es ratsam ist, eine Reihe nur solcher Novellen, die alle mehr oder weniger auf den gleichen Ton gestimmt sind, in einem Bande zu vereinen. Aber vorläufig geht es, wie gesagt, schon des geringen Umfangs wegen nicht.

Er erbat sich jedoch die Burleske zum Vorabdruck in der ›Rundschau‹, versprach, wegen des Romans in »allernächster Zeit Näheres« von sich hören zu lassen, und verhieß als Nachsatz: »Mitte März hoffe ich Sie übrigens in München zu sehen.«

Thomas Mann trug Fischers Bedenken Rechnung, als er den Novellenband zwei Jahre später neu zusammenstellte und unter dem Titel *Tristan* im Frühjahr 1903 veröffentlichte. Die Burleske *Tristan* wurde ohnehin erst im Sommer 1901 fertig, die ›Rundschau‹ schickte sie als ungeeignet zurück, und Bierbaum nahm sie »mit sichtlicher Freude« für die ›Insel‹ an, druckte sie aber nicht; die Novelle *Litteratur*, aus der *Tonio Kröger* wurde, kam erst Ende 1902 zur Vollendung und erschien im Februar 1903 in der ›Rundschau‹. »Für den ersten Abdruck von *Tonio Kröger* habe ich 400 (vierhundert) Mark bekommen. Bitte dies herumzuerzählen«, schrieb er dem Freund Carl Ehrenberg. Fischer hatte richtig gespürt, daß für einen neuen Novellenband im Frühjahr 1901 noch nicht genug Material vorhanden war. Als Bie am 21. März auf einer seiner fröhlich dahinhüpfenden Postkarten anfragte: »Verehrter Herr Mann, ist nicht eine Novelle für die NDR zu haben?«, hatte der Dichter nichts, was er ihm hätte schicken können.

»PRIVAT-ANGELEGENHEITEN«

Mit *Buddenbrooks* ging es während der nächsten vier Wochen nicht weiter. Fischer schrieb erst am 23. März wieder an Thomas Mann. Er hatte schon am 13. Februar angedeutet, daß er infolge von »Privat-Angelegenheiten« die letzten Kapitel noch immer nicht habe lesen können. Wir wissen, warum. Wir dürfen bei dem Kreis von Menschen, den wir zu schildern haben, die private Sphäre ihres vielfältigen Beziehungsgeflechts nicht außer acht lassen, wenn aus ihr wesentliche Zusammenhänge erhellen. Mitte Februar 1901 hatte sich im Hause Fischer ein Unglück zugetragen.

Am 31. Juli 1900 hatte Hauptmann aus Agnetendorf, wo er im Begriff war, in den ›Wiesenstein‹, sein neues großes Haus, einzuziehen, an Fischer geschrieben:

Lieber Herr Fischer, Sie sollen wissen, daß ich Vater eines lieben vierten Jungen geworden bin, der eine andere Mutter hat als die anderen drei: gratulieren Sie mir nur, denn es herrscht große Freude darob in meiner Seele...

Dieser »liebe vierte Junge« war Benvenuto Hauptmann, und seine Mutter war Margarete Marschalk, deren endliche Verbindung mit dem Dichter auf Marie Hauptmanns Einwilligung in die Ehescheidung warten mußte, ein lang währender, aufreibender Konflikt, den Fischers in sorgender Anteilnahme miterlebten. Der kleine Benvenuto, ›Buzzi‹ genannt, war bald bei ihnen Kind im Hause.

Fischer muß die Mitteilung des Freundes besonders freudig berührt haben, denn er erwartete eine ähnliche Freude im eigenen Haus: der siebenjährige Gerhart sollte ein Geschwister bekommen. Anfang 1901 hatte sich das Geheimnis in der Verlagsfamilie herumgesprochen; Nansen erkundigte sich aus Kopenhagen, und Fischer schrieb ihm am 7. Februar: »Wir erwarten das frohe Ereignis in den nächsten Tagen und werden Ihnen davon gleich Nachricht geben.« Aber dann brachte er es, zutiefst bedrückt, wochenlang nicht über sich, die Freunde zu verständigen. Erst am 29. März raffte er sich auf, um sich Freund Hauptmann anzuvertrauen, und man spürt aus seinem Brief, wie sehr er sich bemüht, an der Arbeit des Freundes Anteil zu nehmen und seinen eigenen Kummer zu vergessen:

Lieber Herr Hauptmann, ich habe mich mit Ihrem ungewöhnlich langen Brief sehr gefreut, und erfreulich war es auch zu hören, in wie guter Arbeitslaune Sie sich befinden und welche seltenen Früchte zu reifen versprechen. Ganz besonders freue ich mich auf Ihren Armen Heinrich. Diese in leuchtenden Farben blühende Lyrik hat ihre dramatische Wirkung in sich. Wer das nicht fühlt, wird auch Ihren vierten Akt des ›Kramer‹ nicht verstehen, der doch seine dramatische Wirkung auch ganz von innen heraus holt. Von mir und den meinen kann ich Ihnen nicht viel erfreuliches mittheilen. Wir haben wieder einmal eine große Enttäuschung und schwere Tage erlebt. Vor vier Wochen hat meine Frau ein totes Kind zur Welt gebracht. Das kräftig entwickelte Mädchen ist etwa 24 Stunden vor der Geburt im Mutterleibe abgestorben... Meiner Frau geht es schon leidlich gut. Mitte April will ich mit ihr auf einige Wochen verreisen, um nach diesem langen trostlosen Winter etwas Sonne zu sehen...

Es war in der Tat ein »langer trostloser Winter« für Hedwig Fischer gewesen. Am 22. November 1900 hatte Hartleben an ›Moppchen‹ geschrieben: »Der alte Landshoff ist gestorben. Du schreibst wohl Frau Fischer ein paar freundliche Worte.« Und noch immer war der Kummer nicht zu Ende. Im Mai 1902, ein Jahr nach ihrem Unglück, verlor sie auch ihre Mutter. Man begreift, warum es Fischer in jenem Winter 1900/01 nicht ganz leicht fiel, sich auf eine so ungewöhnliche Sache wie *Buddenbrooks* zu konzentrieren. Auch aus der geplanten Reise nach München wurde nichts. »Meine Absicht«, schrieb er Thomas Mann am 23. Märze 1901, »mit Ihnen in diesen Tagen in München alles Nähere zu besprechen, hat sich nicht erfüllt. Meine Frau ist noch leidend, und so mußte ich auf die Reise nach München (zur Hochzeit meines Schwagers Landshoff) verzichten...«

»DURCHAUS NICHT IRGENDEIN ROMAN«

Dieser Brief Fischers an Thomas Mann vom 23. März 1901 ist eines der aufschlußreichsten Selbstzeugnisse über seine Verlegerarbeit, die wir besitzen. Er fährt fort:

Inzwischen waren wir mit der Lecture Ihres Werkes sehr ernsthaft befaßt. Das nochmalige Referat meines Lectors lege ich im Original zu Ihrer Einsichtnahme bei. Ich bin zu ganz gleichen Resultaten wie Herr Heimann gekommen. Wenn ich auch das ganze Werk – durch die Lecture in großen Intervallen – nicht so ganz klar und und scharf umrissen übersehe, so habe ich doch im Einzelnen so starke Eindrücke bekommen, daß ich Sie zu Ihrer Arbeit nur beglückwünschen kann. Sobald das Werk gedruckt ist, werde ich es nochmals lesen und mir alles, was in dieser reichen Arbeit steckt, herausholen. Ich weiß auch jetzt, daß sich der Umfang Ihres Werkes aus der ganzen Constitution der Arbeit und der Besonderheit Ihres Talents nothwendigerweise ergeben hat, wenn ich auch als Verleger von diesem ungewöhnlichen Umfang nicht gerade sehr entzückt bin. Wie viele Menschen haben in der Zeit unseres Industrialismus Zeit und Sammlung, ein Werk von 70–80 Bogen in sich aufzunehmen? Ich sehe es an mir sehr deutlich: wie viele und wie lange Zeit-Abschnitte mußte ich im Laufe eines halben Jahres machen, um Zeit und Sammlung zu Ihrer ganzen Arbeit zu finden. Dabei hat es mir an Lust und Interesse dazu nicht gefehlt, und trotz geschäftlicher Ablenkung gehöre ich doch noch immer zu den wenigen Großstadt-Menschen, die sich in irgend einem Herzenswinkel Sinn und Liebe für das Schöne bewahrt haben. Nun, Sie werden ja nicht immer vierbändige Romane schreiben, und so kann es wohl auch ein Verleger, der sich das Ding immer auch ein wenig geschäftlich ansehen muß, mit

Ihnen schon wagen. Vielleicht beschämt mich das deutsche Volk und kauft Ihr Buch in solchen Massen, wie es Ihr Werk verdient.

Als Grundlage für die geschäftliche Ordnung unserer Angelegenheit sende ich Ihnen einen Contractentwurf zur gefl. Durchsicht resp. Unterschrift; ein zweites Expl. mit meiner Unterschrift folgt, sobald Sie mir Ihr Einverständnis mit dem Inhalt dieses Contracts mittheilen. Sollten Sie den Kürzungsvorschlägen Heimanns näher treten wollen, so stelle ich das Mscpt. zur Verfügung. Mit den Satzarbeiten könnten wir event. im April beginnen.

Der *Buddenbrooks*-Vertrag ist nicht erhalten, aber man erfährt seine wesentlichen Punkte und noch vieles mehr aus einem Brief Thomas Manns vom 27. März, in dem er seinen Bruder Heinrich unverzüglich verständigte:

Gestern bekam ich wieder äußerst schmeichelhafte Briefe von Fischer und seinem Lektor, sowie den Kontrakt, der gar nicht so ganz übel ist. Der Kernpunkt ist: 20 % Honorar vom Ladenpreis jedes abgesetzten Exemplares. An sich beinahe glänzend. Dafür aber gehört auf 6 Jahre hinaus alles, was ich schreibe, unter denselben Bedingungen ihm, ausgenommen Dramen, für die besondere Abkommen zu treffen sein würden – (Lyrik und Kritik kommt für mich nicht in Betracht). Reduziert er die 6 auf 3 oder 4 Jahre, so unterschreibe ich. Tut er es nicht, so – unterschreibe ich schließlich auch. Denn wenn ich das Risiko bedenke, das er aus scheinbar echtem Enthusiasmus mit den (wie es nun heißt: 4bändigen) Buddenbrooks übernimmt, wird mir ganz gerührt zu Sinn. Die Satzarbeiten sollen nächsten Monat beginnen; sie werden mich weidlich schwitzen machen. Aber es scheint doch nun die Zeit zu kommen, wo dies Werk dreijähriger Qual anfängt, mir ein wenig Genugtuung, Behagen und Freude zu bereiten. Dr. Heimann schreibt mir: ›Es ist eine hervorragende Arbeit, redlich, positiv und reich. Ich bewundere es, daß der Zug zum Satirischen und Grotesken die große epische Form nicht nur nicht stört, sondern sogar unterstützt‹. Dies letzte ist mein besonderer Stolz. Also Größe trotz der Gipprigkeit! Auf Größe war nämlich während der Arbeit fortwährend mein heimlicher und schmerzlicher Ehrgeiz gerichtet. Mit dem quantitativen Ins-Kraut-Schießen des Buches wuchs beständig mein Respekt davor, so daß ich einen immer höheren Stil von mir verlangte. Es ist gut, daß es so bescheiden anhebt und sich zum Schluß durchaus nicht als irgendein Roman, sondern als etwas ganz anderes und vielleicht gar nicht häufiges entpuppt. Manchmal habe ich direkt Herzklopfen bei diesem Gedanken. Hoffentlich folgt kein Kater.

Aus Fischers Brief vom 23. März ist zu ersehen, daß Heimann gewisse Kürzungsvorschläge gemacht hatte und Fischer es Thomas Mann anheimstellte, ob er ihnen »näher treten« wollte. Offensichtlich war der Dichter hierzu bereit, denn Fischer sandte ihm am 1. April 1901 das Manuskript, »welches Sie mir gefl. nach Durchsicht wieder zurücksenden wollen«. Thomas Mann nahm die Revision unverzüglich vor, denn am 17. April bestätigte Fischer bereits den Eingang des zurückgesandten Manuskriptes. Inzwischen hatte Fischer beschlossen, den Roman nicht in vier, sondern nur in zwei Bänden herauszubringen.

Dem Abschluß des Verlagsvertrages ging noch eine kleine, jedoch verlagsgeschichtlich aufschlußreiche Erörterung voraus. Thomas Mann scheint Fischer gegenüber Bedenken gegen die Bedingungen geäußert zu haben und begründete sie gegenüber dem Bruder (der ihm anscheinend die Annahme des Vertrags empfohlen hatte) am 1. April 1901:

Was Fischers Bedingungen betrifft, so mußt du bedenken, daß Du ja auch sofort eine ganze Menge Bargeld bekommen hast, während ich bis September 1902 überhaupt nichts zu sehen bekommen werde; erst dann (ein Jahr nach Erscheinen) erfolgt die erste Abrechnung. Ist die Auflage verkauft, so bekomme ich ja allerdings 2 Mille, denn der Ladenpreis muß doch wohl 10 Mark betragen. Aber wer sagt mir, daß auch nur 100 Exemplare verkauft sein werden? – Übrigens habe ich es nicht besser und nicht einmal so gut erwartet ...

Fischer selbst antwortete auf Thomas Manns Einwände am selben 1. April 1901:

Ich vermute, daß sich der Ordinär-Preis auf M. 12,– stellen wird, darüber sprechen wir noch, wenn das Buch fertig gestellt ist und wenn ich den Umfang ganz genau übersehe. Den Contract bitte ich Sie, in der vorliegenden Form zu vollziehen. Sie gehen bei Ihren Bedenken von der Voraussetzung aus, daß Sie für dieses Werk und für die nächsten Jahre ungünstigere Honorar-Bedingungen bekommen, wie Sie sie eventl. später erreichen könnten. Das ist ein Irrtum von Ihnen: die Tantieme von 20 % vom Ladenpreis ist der höchste Satz, den ich und jeder andere Verleger bewilligen könnte; er ist der allgemein giltige geworden, und auch die erfolgreichsten Autoren bekommen keinen höheren Prozentsatz. Auch der Modus der Honorar-Abrechnung nach der Ostermesse im September eines jeden Jahres ist prinzipiell nicht änderungsfähig; bei Büchern, die einen schnellen Absatz haben und bei denen noch vor der Ostermesse eine neue Auflage nötig wird, können auch schon innerhalb unserer Vertragsdauer Vorauszahlungen erfolgen ...

Thomas Mann fügte sich und unterschrieb, und Fischer sandte ihm am 17. April die von ihm unterzeichnete Ausfertigung. Der Vertrag wurde auf fünf Jahre befristet und in der Folge regelmäßig alle fünf Jahre erneuert.

ZWEIMAL MORITZ HEIMANN

Hier heißt es innehalten. Es geht bei *Buddenbrooks* um einen der großen Meilensteine in unserer Geschichte. Jede Einzelheit ist für die Kenntnis der handelnden Personen und ihrer Arbeit von Bedeutung, und man muß, um sie zu erkennen, sehr genau hinblicken, um von der Lückenhaftigkeit der Unterlagen nicht genasführt zu werden. In seinem *Lebensabriß* sagte Thomas Mann über sein aus dem Lazarett abgesandtes »Machtwort«:

Der Brief, mit fliegendem Stift in großer Sorge geschrieben, war bewegt und notgedrungen geschickt; er verfehlte seine Wirkung nicht. Fischer entschloß sich zum Druck...

In der Tat war dieser Brief entscheidend. Doch was hatte sich tatsächlich in der Bülowstraße abgespielt?

Aus Fischers Briefen vom 26. Oktober 1900 und 23. März 1901 geht hervor, daß Moritz Heimann das *Buddenbrooks*-Manuskript zweimal las und im Abstand von etwa fünf Monaten zwei verschiedene Lektoratsgutachten darüber abgab. Das zweite, das Fischer, wie er ausdrücklich betonte, »im Original zu Ihrer Einsichtnahme« seinem Brief vom 23. März beilegte, enthielt Heimanns Kürzungsvorschläge. Unter Thomas Manns nachgelassenen Papieren haben sich jedoch nicht beide Gutachten Heimanns gefunden, sondern nur eines, und dieses trägt kein Datum. Aus diesem Sachverhalt hat Dr. Scherrer in seinem schon erwähnten, von der Literaturforschung viel beachteten Aufsatz Schlußfolgerungen gezogen, die gewiß irrig sind. Die Gründe für diese Meinung sind von Bedeutung für den vorliegenden Zusammenhang.

Das erhaltene, undatierte Gutachten ist ein einziges Schreibmaschinenblatt, dessen Vorderseite in der linken oberen Ecke das unterstrichene Wort »Abschrift« aufweist. Der Text läuft noch zu etwa einem Drittel auf die Rückseite über und lautet:

Ein Hauptvorzug des Romans ist die Wahrheit der Charaktere und ihre scharfe, sehr entschiedene, zuweilen ironische, aber auch dann im Dichterischen bleibende Zeichnung. Insbesondere ist, beispielsweise, die Gestalt der Tony bewundernswerth; und am meisten dadurch, daß das Dumme ihres Charakters nichts von ihrem Wesen Verschiedenes, sondern identisch mit ihm ist. – *Das Sozial-Historische, das, nicht eigentlich dichterisch, dennoch in einem wie das vorliegende intendierten Werke ganz legitimer Weise einen Raum einnimmt, ist zuweilen fein und anmutig dargestellt; oft ist es zu sehr als nature morte behandelt, das heißt: beschrieben. Im Ganzen aber schneidet es nicht kräftig genug in den Verlauf der Erzählung, welcher selbe Fehler in höherem Maße und demgemäß zu größerem Schaden dem rein Historischen anhaftet.* Daß dieses aber, was verwundern könnte, überhaupt ein Fehler ist, hängt damit zusammen, daß das rein Menschliche, als der wesentliche Gegenstand des Dichtens, nicht mit der vollen souveränen Kraft sich äußert. Es ist der künstlerischen Kraft nicht gelungen, das Geschäft, mit dessen Schicksalen das Schicksal der Familie verwebt ist, so sichtbar und dadurch so bedeutungsvoll zu machen, daß es ein würdiges Object abgeben kann, daran die Charaktere von Menschen zu verweisen. Daher es kommt, daß uns manchmal die Leute nichts Rechtes angehen, weil ihr Thun und Handeln uns nichts angeht. Und es erscheint nicht bloß, was geschieht, als notwendig, sondern als vom Autor willkürlich dirigiert. Dieses aber mag auch zum Teil an einer eigentümlichen, schnell eintretenden Stimmung des Lesers liegen, insofern er nämlich, durch das Thema unterrichtet, daß ihm die Geschichte einer Familie erzählt werden wird, bei der ersten Kunde vom Glanz der Familie zu der Ahnung kommt, daß der Verfall nicht ausbleiben wird.

Die entscheidende Frage lautet hier: Um welches der beiden Gutachten Heimanns handelt es sich bei diesem Dokument: um das erste oder das zweite? Dr. Scherrer teilt in seinem Aufsatz mit, das erste Gutachten, das Fischers Brief vom 26. Oktober beilag, »konnte bisher im Archiv nicht gefunden werden«. Das zweite, vorstehend mitgeteilte und als »Abschrift« bezeichnete, liege dem Brief vom 23. März bei, sei jedoch »anscheinend nur ein Teil des Ganzen«. Thomas Mann hatte in der Tat die Gewohnheit, Fischers Briefe in ihren Kuverts aufzubewahren. So wurden sie in seinem Nachlaß gefunden, und es ist richtig, daß das Blatt mit dem erhaltenen Gutachten Fischers Brief vom 23. März im zugehörigen Kuvert beilag. Dort fand es Dr. Scherrer; dort fand es auch der Chronist einige Zeit später beim Quellenstudium im Zürcher Archiv.

Der Verlust des Originalmanuskriptes der *Buddenbrooks* macht es unmöglich, durch Vergleich mit dem gedruckten Text festzustellen, welche Änderungen oder Kürzungen Thomas Mann auf Grund der Vorschläge Heimanns vornahm. Jedoch fand sich im Nachlaß des Dichters eine Anzahl von Manuskriptblättern, die unzweifelhaft Bruchstücke der Urhandschrift und möglicherweise ausgeschiedene Teile oder späterhin verworfene oder veränderte Fassungen gewisser Abschnitte des Romans sind. Mit diesen Bruchstücken beschäftigt sich Dr. Scherrers Untersuchung und gelangt unter Heranziehung der »Abschrift« des oben zitierten Gutachtens zu dem Schluß, daß es sich um Abschnitte handle, die Thomas Mann auf Grund *dieses* Gutachtens gekürzt oder umgeschrieben habe. Scherrer erklärt (ohne allerdings den vollen Wortlaut der »Abschrift« wiederzugeben), Heimann habe darin »bemängelt«, die »geschichtlichen Partien seien dem Ganzen zu wenig verbunden« (ein Einwand, den Heimann in dieser Form in diesem Gutachten nicht gemacht hat), und meint:

Ist es nun nicht auffallend, daß die uns erhaltenen Blätter gerade aus dem Anfang des Romans stammen und vor allem auch die Anekdote zum Franzoseneinmarsch und die Erzählung der lübischen Revolution mit umfassen? In diesen Abschnitten weist der endgültige Text gegenüber der Urhandschrift die merklichsten Kürzungen auf.

Thomas Mann, so vermutet er weiter, habe die neue Fassung auf neue Blätter geschrieben, diese dem Manuskript eingefügt und die alten ›ausgeschossenen‹ Blätter weggelegt und aufgehoben.

Möglicherweise verfuhr Thomas Mann so. Daß er auf Grund *dieses* Gutachtens so verfuhr, scheint unglaubhaft. Scherrer fügt seinem

Teilzitat aus dem Gutachten (den von uns oben *kursiv* wiedergegebenen Sätzen) eine Anmerkung an:

In Schreibmaschine. Von Thomas Mann geschrieben. Die Abschrift enthält nicht den ganzen Text; z. B. fehlt die aus dem Brief an Heinrich vom 27. III. 1901 angezogene Stelle. Hat sich Thomas Mann nur Teile abgeschrieben oder abschreiben lassen, die für die Kürzungen wichtig waren?

Hier liegen zwei Irrtümer. Erstens stammen die in dem Brief an Heinrich Mann zitierten, rühmenden Worte Heimanns nicht aus dem Gutachten und fehlen folglich in der »Abschrift« nicht. Thomas Mann sagt ausdrücklich, er habe äußerst schmeichelhafte Briefe von Fischer und seinem Lektor erhalten, und fährt fort: »Dr. Heimann schreibt mir...« Diese Wendung bezieht sich schwerlich auf ein Lektoratsgutachten, sondern wohl auf einen persönlichen Begleitbrief Heimanns, der nicht erhalten ist. Aus ihm dürfte die »angezogene Stelle« stammen. Zweitens führt der Vermerk »Abschrift« irre. Diese Abschrift stammt nicht von Thomas Mann (der nie selbst eine Schreibmaschine benutzte und nicht einmal sein bis zur Unleserlichkeit korrigiertes Roman-Manuskript abtippen ließ), sondern aus Fischers Büro. Ein Blick auf dieses Blatt Papier zeigt, daß diese »Abschrift« auf derselben Schreibmaschine hergestellt wurde wie Fischers Brief vom 26. Oktober 1900 und höchstwahrscheinlich von derselben Sekretärin. Textanordnung, Zeilenabstand, Randbreite sind die im Verlag üblichen; das Papier ist der im Verlag zu jener Zeit allgemein verwendete Bogen, der uns aus zahlreichen Verlagsdokumenten bekannt ist. Vermutlich erhielt Frau Rosenbaum gleichzeitig mit dem (unterbrochenen) Diktat des Briefes Anweisung, eine Kopie von Heimanns Gutachten für Herrn Mann zu machen. Dafür spricht der säuberlich getippte Vermerk »Abschrift«. Da es sich um eine eigens für ihn hergestellte Abschrift handelte, konnte Thomas Mann das Blatt natürlich behalten und brauchte es nicht zurückzusenden. Hiervon sogleich.

Es ist möglich, aber nicht sicher, daß diese »Abschrift« nur Teile des Heimannschen Gutachtens, nicht den ganzen Text enthält. Obwohl es Heimanns Art war, sich sehr kurz und knapp zu fassen, wirkt sie einigermaßen abrupt. Wenn sie tatsächlich nur Teile aus einem längeren Gutachten enthält, dann wurde das Fehlende von Fischer absichtlich fortgelassen, und er gab Anweisung, nur die bezeichneten Absätze für Thomas Mann zu kopieren. Warum? Es gibt nur eine Erklärung: weil der Rest des Gutachtens vermutlich noch schärfer gehalten war. Lektorengutachten sind nur selten geeignet, in ihrer Gänze einem Autor vorgelegt zu werden, und Verleger tun dies auch höchst selten. Fischer wollte seinen Autor ja nicht kränken und vor den Kopf stoßen; er wollte ihn ›herumkriegen‹ und umstimmen. Deshalb, so vermuten wir, gab er ihm nur jene Teile aus Heimanns Referat zur Kenntnis, die ihm hierfür zweckdienlich schienen; deshalb schickte er ihm nicht den ganzen Text oder, wie im andern Fall, das Original.

Doch selbst wenn, wie Scherrer sagt, die »Abschrift« von Thomas Mann stammte und er sich nur die Teile abgeschrieben hätte, die »für Kürzungen wichtig waren«, bliebe noch immer die Tatsache, daß *diese* ›Teile‹ für einen solchen Zweck gänzlich ungeeignet gewesen wären. Diese Sätze sind, wie jeder Autor und Verleger sofort erkennt, keine ›Kürzungsvorschläge‹; aus ihnen hätte Thomas Mann unmöglich Heimanns Anregungen ersehen können. Wirkliche Kürzungsvorschläge eines so gewissenhaften literarischen Beraters wie Heimann sehen anders aus; sie sind detailliert, mit genauen Angaben der Kapitel, Seiten und Absätze, und geben häufig sogar Vorschläge zu Alternativlösungen. Kurzum, die erhaltenen »ausgeschossenen« Blätter der Urhandschrift können mit diesem Gutachten nichts zu tun haben. Vielleicht gehen sie auf das andere, nicht aufgefundene Gutachten zurück. Wahrscheinlicher ist, daß Thomas Mann nach Beendigung des Romans diese (immerhin fast drei Jahre zurückliegenden) »Anfänge« noch einmal durcharbeitete und sie »präsentabel« machte (wie er Martens schrieb), ehe er das Manuskript zur Post trug. Daher die »ausgeschossenen« Blätter.

Doch was ist aus dem anderen, nicht aufgefundenen Gutachten geworden? Warum bewahrte Thomas Mann, da er diese Korrespondenz doch aufhebenswert fand, dieses nicht ebenfalls auf? Vermutlich weil er es nicht besaß! Fischer sagt in seinem Brief vom 23. März ausdrücklich, er lege das »nochmalige Referat« Heimanns »im Original« zu »Ihrer Einsichtnahme« bei. Es ist üblich, ein solches Originaldokument nach Einsichtnahme zurückzusenden. Das hat Thomas Mann zweifellos getan, und damit, so darf man schließen, ist nicht nur das »Original«, sondern das Gutachten überhaupt mitsamt den darin enthaltenen Kürzungsvorschlägen verlorengegangen.

Denn – darauf laufen alle diese Überlegungen hinaus – bei der erhaltenen »Abschrift« kann es sich nicht, wie Scherrer annimmt, um das zweite, »nochmalige« Referat Heimanns vom 23. März 1901 handeln, sondern nur um das erste vom 26. Oktober 1900. Und dies ungeachtet der Tatsache, auf die Scherrers Interpretation sich stützt, daß dieses Gutachten vom 26. Oktober 1900 dem Brief vom 23. März 1901 beilag. Daß das Gutachten *heute* in diesem Kuvert liegt, beweist nicht, daß es sich immer in diesem Kuvert befunden hat und tatsächlich zu Fischers Brief vom 23. März gehört. Thomas Mann pflegte, wie er selbst mitgeteilt hat, seine Briefschaften von Zeit zu Zeit durchzusehen und alles, was ihm nicht aufhebenswert schien, in den Papierkorb

zu werfen. Es ist nicht nur möglich, sondern höchst wahrscheinlich, daß er bei einer solchen Durchsicht dieses Dokument aus seinem ursprünglichen Briefumschlag herausgenommen und versehentlich in den (ganz ähnlich aussehenden) anderen, falschen zurückgesteckt hat.
Verhält es sich so und darf man Scherrers Analyse für eine Folge von Irrtümern und Fehlschlüssen halten, so gewinnt man in der Tat einen Eindruck von dem, was sich mit *Buddenbrooks* in der Bülowstraße abspielte.
Moritz Heimanns erstes Gutachten vom 26. Oktober 1900 (die erhaltene »Abschrift«) ist, wie wir es auch drehen und wenden, keine Empfehlung. Es ist trotz sparsamer Anerkennung am Anfang in seiner Gesamthaltung negativ, eine kaum verhüllte Ablehnung. Es weist manche jener eigentümlich ungeduldigen, nervös-verschachtelten Unbehaglichkeiten des Ausdrucks auf, die wir in Heimanns Stil immer dann antreffen, wenn er sich mit einer Sache auseinanderzusetzen hat, für die er keine rechte Sympathie aufbringen kann, zu der er keinen Zugang hat; dann flüchten seine Formulierungen sich ins Hektisch-Verkrampfte, ins Brüske und Abrupte. So auch hier. Das Referat verrät einen deutlichen Unwillen, sich mit dem Manuskript im Detail zu beschäftigen; es läßt kaum einen Zweifel, daß Heimann bei der ersten Lektüre mit dem Werk wenig oder gar nichts anfangen konnte. Er erkannte offenbar seine neuartigen epischen Qualitäten nicht und scheint das Buch für abwegig, wenn nicht für glattweg mißlungen gehalten zu haben. Die letzten Sätze verraten überdies, daß er mangelnde Anteilnahme des Lesers befürchtete und sich keinen buchhändlerischen Erfolg versprach. Es läßt sich denken, daß etwa fehlende Teile des Gutachtens erklärten, wenn Fischer das Buch überhaupt bringen wolle, müsse es auf jeden Fall um die Hälfte gekürzt werden, und am besten streiche man das »Sozial-Historische« und »das Geschäft« weg.
Nun wird Fischers eigentümlicher Brief vom 26. Oktober 1900 sinnvoll und verständlich. Er war gewiß recht ratlos und schrieb diesen Brief nicht gern. Wieviel ratloser noch muß er gewesen sein, als Thomas Manns »Machtwort« aus dem Lazarett eintraf? Dieser Brief dürfte ihm tiefen Eindruck gemacht haben, so tiefen, daß er Heimann auftrug, das Manuskript nochmals zu lesen und zu prüfen, ob der junge Soldat mit seinen Darlegungen nicht vielleicht recht haben könne. Heimann, gerecht und gewissenhaft bis zur Selbstverleugnung und jedem stichhaltigen Argument zugänglich, wie Wassermann hundertfach bezeugt hat, las *Buddenbrooks* ein zweites Mal. Und diesmal – es kann kaum anders gewesen sein – öffnete ihm Thomas Manns Brief die Augen. Er hatte den Schlüssel, er fand den Zugang zu dem ungewöhnlichen Werk, er erkannte blitzartig seinen entscheidenden We-

senszug: »... daß der Zug zum Satirischen und Grotesken die große epische Form nicht nur nicht stört, sondern gar unterstützt.« Mit gutem Grund fiel Thomas Mann diese Briefstelle auf. »Also Größe trotz Gipprigkeit!«

Moritz Heimann war nicht der Mann, sich von Fischer eine Meinungsänderung aufzwingen zu lassen. Er hätte auch ein zweites Mal ein ablehnendes Urteil abgegeben, wenn das Werk und der Brief des Dichters ihn nicht überzeugt hätten. Daß er auch beim zweitenmal nicht vorbehaltlos zustimmte, geht daraus hervor, daß er auch jetzt gewisse Kürzungen empfahl. Thomas Mann wiederum wäre auf seine Vorschläge nicht eingegangen – Fischer hatte es ihm ausdrücklich anheimgestellt –, wenn er den Eindruck gehabt hätte, sie entsprängen einer wesensfremden, verständnislosen Einstellung. Heimann hatte gewiß sein ursprüngliches Urteil als Fehlurteil erkannt und seine Meinung revidiert, und man darf vermuten, daß er in seinem verlorengegangenen »schmeichelhaften« Brief, einem echten hochherzigen Impuls folgend, Thomas Mann Aufklärung über seine Sinnesänderung gab und ihn ehrlich zu seinem Werk beglückwünschte. Es gibt ähnliche Briefe Heimanns an andere. Er war ein grundaufrichtiger Mann, der sich nichts vergab, wenn er zugestand, er habe sich geirrt. Später einmal prägte er gegenüber seinem Freund Wassermann das Wort: »Ein langes Buch, das man kürzt, wird nicht kürzer, sondern länger.« Diese Erkenntnis verdankte er *Buddenbrooks*.

Ein vierzigjähriger Verleger, ein zweiunddreißigjähriger Lektor, ein fünfundzwanzigjähriger Autor in einer Auseinandersetzung um eines der großen Meisterwerke unserer Zeit – ein denkwürdiges Schauspiel.

»LANGWEILIG UND UNGESUND«

So war Mitte April 1901 endlich alles geordnet, und jedermann konnte sich auf die wohlverdiente Frühjahrsreise nach Italien begeben. Thomas Mann reiste im Mai nach Florenz und Venedig und hätte sich um ein Haar mit dem falschen Mädchen verlobt. Fischers reisten nach dem »langen, trostlosen Winter« Ende April nach Florenz. Hauptmanns waren in Rovio, Wassermann in Sizilien, Hartleben war mit ›Moppchen‹ in die Heilige Stadt vorgedrungen. Es regnete Postkarten. Über Otto Erich war endlich der lang ersehnte Goldsegen hereingebrochen. Die in wenigen Wochen kaltblütig zusammengeschusterte Offizierstragödie *Rosenmontag*, der gerissenste Schmachtfetzen der Jahrhundertwende, rauschte über sämtliche deutsche Bühnen, und bei Fischer jagte eine Auflage die andere. In den ersten sechs Monaten waren von der Buchausgabe zwanzigtausend Exemplare verkauft.

Buddenbrooks war bei weitem das umfangreichste Einzelwerk, das Fischer bisher verlegt hatte; aber er bewältigte im Verein mit der Druckerei von Oscar Brandstetter in Leipzig die Herstellung in einer für heutige Begriffe erstaunlich kurzen Zeit. Bedenkt man, daß das gewaltige Manuskript nur in einer einzigen schwer leserlichen und stark korrigierten Handschrift vorlag und außerdem – zusätzliches Erschwernis für die Setzerei – auf beiderseitig beschriebenen Bogen, so kann man über die Herren Schur und Schmitt in der Bülowstraße und ihren Drucker nur staunen. Fischer war von seiner ursprünglichen Absicht, die Seiten der beiden Bände durchlaufend zu numerieren, wieder abgekommen; es war in der Tat eine veraltete, aus der Zeit der broschierten Serienlieferungen stammende Gepflogenheit, die bei zwei geschlossenen Bänden verwirren mußte. Brandstetter teilte folglich dem Autor am 28. Mai »ergebenst mit, daß Herr Fischer angeordnet hat, den II. Band wieder von 1 an zu paginieren«. Thomas Mann seinerseits hatte eine Merkwürdigkeit eingeführt und den dritten Teil seiner Schwester Julia, den achten seinem Bruder Heinrich, den neunten dem Freund Paul Ehrenberg, den elften Otto Grautoff gewidmet. Aus späteren Ausgaben ließ er diese Widmungen fort.

Am 17. April 1901 war das durchgesehene Manuskript zurück an den Verlag gelangt. Am 25. Mai gingen dem Autor die ersten Fahnenabzüge zu. Am 3. August konnte Brandstetter dem Autor mitteilen: »Die Auflage wird in etwa 8 Tagen nach Rückkunft der letzten Bogen zur Ablieferung an die Buchbinderei kommen.« Anfang Oktober 1901 wurde das Buch ausgeliefert. Der just sechsundzwanzigjährige Dichter hielt zwei dicke Bände von insgesamt elfhundert Druckseiten in der Hand, die zusammen zwölf Mark kosteten. Fischer hatte vorsichtigerweise eine Erstauflage von nur tausend Exemplaren gedruckt. Der Autor verdiente an jedem verkauften Exemplar zwei Mark vierzig, und tausend Exemplare brachten ihm – wenn sie verkauft wurden – zweitausendvierhundert Mark ein. So weit war man noch nicht.

»Der erste Band ist langweilig und der zweite ungesund«, schrieb nicht etwa ein Kritiker, sondern Thomas Mann selbst halb scherzend an eine Freundin, der er das Buch dedizierte. Er war sich über die Aufnahme bei Freunden und Gönnern durchaus nicht sicher. Wassermann freilich schrieb an Fischer: »Manns Buch hat mir einen starken Begriff von dessen Fähigkeiten gegeben. Er ist sicher der hoffnungsvollste von allen ... es ist ein höchst erfreuliches Werk und ich gratuliere Ihnen zu dessen Besitz. Viel hätte ich darüber zu sagen!« Auch war es wohl kaum so, wie Hedwig Fischer sich erinnerte: »Mein Mann war gleich anfangs vom Erfolg des Buches ganz überzeugt.« Vielmehr sah es, wie der Dichter selbst schrieb, recht sehr danach aus, als sollte des Verlags und meine eigene geheime Skepsis recht behalten. Wie? hieß es, sollen die dicken Wälzer wieder Mode werden? Ist es nicht die Zeit der Nervosität, der Ungeduld, die Zeit des Kurzen, der keck-künstlerischen Skizze? Vier Generationen Bürgertum, zum Auswachsen. Die Kritik verglich den Roman mit einem im Sand mahlenden Lastwagen.

Ärger: noch ein Vierteljahrhundert später erklärte Eduard Engel in seiner Literaturgeschichte gänzlich unbekehrt:

In den zwei dicken Bänden mit ihren mehr als tausend Seiten werden uns die wertlosen Geschicke wertloser Menschen in wertlosem Gerede vorgeführt. Thomas Mann kann rundheraus nicht Deutsch, seine Muttersprache versagt ihm für die einfachsten Ausdrücke.

Freilich wurden »bald aus dem Publikum und in der Presse auch andere Stimmen laut«. Ein »kranker und längst verstorbener jüdischer Kritiker namens Samuel Lublinski« schrieb im ›Berliner Tageblatt‹ »mit sonderbarer Bestimmtheit«:

Und eben darum, weil sich in den Buddenbrooks ein erlebtes und tief empfundenes Weltgefühl mit einer bewußten Kunst innig verbunden hat, deshalb bleibt dieser Roman ein unzerstörbares Buch. Es wird wachsen mit der Zeit und noch von vielen Generationen gelesen werden; eines jener Kunstwerke, die wirklich über den Tag und das Zeitalter erhaben sind, die nicht im Sturm mit sich fortreißen, aber mit sanfter Überredung allmählich und unwiderstehlich überwältigen.

Lublinski hatte in den Jahren 1895–97 verschiedentlich soziologische und kritische Aufsätze in der ›Rundschau‹ veröffentlicht. Er starb einundvierzigjährig 1910 und erlebte die Richtigkeit seiner Voraussage noch.
Damals jedoch, im Winter 1901, ging niemand so weit wie er. Man dürfe nicht glauben, versichert Thomas Mann, »daß das Buch sogleich leichtes Spiel hatte«. Fischers heimliche Hoffnung, das deutsche Volk werde ihn vielleicht beschämen, schien sich nicht zu erfüllen. Kurz vor Weihnachten 1901 konnte Fischer nur melden, »daß das Buch leidlich verkauft wird«. Anfang Juni sah es besser aus; Fischer gab »unverhofft gute Nachrichten« über den buchhändlerischen Erfolg und bot tausend Mark Vorschuß an. »Das ist doch alles mögliche«, meinte der Dichter. Es dauerte ein Jahr, bis die ersten tausend Exemplare verkauft waren. Man konnte zwar nicht mehr behaupten, wie Thomas Mann rückblickend meinte: »Niemand hatte Lust, für das ungefüge Produkt eines obskuren jungen Verfassers so viel Geld hinzulegen«; tausend Käufer waren nicht niemand, aber sie waren zu wenige. Woran lag es?

»DAS UNZERSTÖRBARE BUCH«

Fischer hatte längst erkannt, daß er einen Fehler gemacht hatte. Das Buch war zu unhandlich und zu teuer. Im gleichen Jahr wie *Buddenbrooks* hatte ein ähnlich langes Buch, Gustav Frenssens Bauernroman *Jörn Uhl*, das in einem Band zu erschwinglichem Preis erschien, auf Anhieb einen Riesenerfolg erzielt. Die beiden Bücher wurden vielfach miteinander verglichen und zusammen genannt. Am 16. Oktober 1902 heißt es in einem Brief Thomas Manns an Kurt Martens: »Übrigens traf ich im Sommer in München mit Fischer zusammen, der mir viel Gutes über die Wirkung von *Buddenbrooks* sagte. Die zweite Auflage, die in absehbarer Zeit zu erwarten sei, will er möglichst billig (und also entsprechend schäbiger) machen. Was meinen Sie dazu?« Und am 2. Dezember schrieb er an den Kritiker Paul Raché:

Sie haben sehr recht mit dem, was Sie über das äußere Gewand der ›Buddenbrooks‹ sagen. Herr Fischer selbst beteuerte mir gelegentlich unseres letzten Zusammenseins, daß der Roman zweifellos schon die fünfte oder sechste Auflage erlebt haben würde, wenn er um die Hälfte billiger wäre. Auch sprach er die Absicht aus, die zweite Auflage, wenn irgend möglich, einbändig erscheinen zu lassen. Daß ›Buddenbrooks‹, auch in der Hand eines noch geschickteren Verlegers, als S. Fischer, je einen Massenerfolg in der Art von Frenssens bewunderungswürdigem ›Jörn Uhl‹ haben könnten, glauben wohl auch Sie nicht. Ein Buch, das schon den Untertitel ›Verfall einer Familie‹ trägt und, mit einer Art spaßiger Hoffnungslosigkeit als Grundstimmung, das Problem der Decadence behandelt, kann von den ›weitesten Kreisen‹ nicht goûtirt – um nicht zu sagen: nicht verstanden werden...

Fischer tat, wie verheißen. Er druckte die Neuauflage vom stehenden Satz auf dünnerem Papier, so daß die elfhundert Seiten handlicher wurden, und brachte sie in einem Band heraus. Was nun folgte, hat Thomas Mann im *Lebensabriß* selbst geschildert:

Jetzt erhielt der Roman die Gestalt, in der er seine erstaunliche, am wenigsten von seinem Autor vorausgesehene Laufbahn beginnen sollte. Dringlichen Ratschlägen zugänglich, deren Spender sich auf den voraufgegangenen Bucherfolg von Frenssens ›Jörn Uhl‹ beriefen, veranstaltete der Verlag die einbändige Fünf-Mark-Ausgabe mit Wilhelm Schulzens biedermeierlicher Umschlagzeichnung, und alsbald, während die preisenden Pressestimmen, selbst in ausländischen Blättern, sich mehrten, begannen die Auflagen einander zu jagen. Es war der Ruhm. Ich wurde in einen Erfolgstrubel gerissen... Meine Post schwoll an, Geld strömte herzu, mein Bild lief durch die illustrierten Blätter, hundert Federn versuchten sich an dem Erzeugnis meiner scheuen Einsamkeit, die Welt umarmte mich unter Lobeserhebungen und Glückwünschen...

Diese siegreiche einbändige Ausgabe, die Anfang 1903 in einer vorsichtigen Erstauflage von zweitausend Exemplaren herauskam, war in mehr als einer Hinsicht eine buchtechnische Besonderheit. Sie behielt nämlich die Paginierung der zweibändigen Ausgabe bei (vermutlich weil die Neupaginierung zu kostspielig gewesen wäre), so daß die Seitenzählung mit dem siebenten Teil von vorn begann, und dieses Kuriosum wurde bis lange nach dem Ersten Weltkrieg beibehalten. Außerdem wurde als »besonderer Einfall buchtechnischer Art«, wie Hedwig Fischer sich erinnert, »erstmals eine Farbzeichnung unmittelbar auf den Einband gedruckt«. Nicht nur das; Georg Kurt Schauer hat in seiner Studie *Das Äußere der ›Buddenbrooks‹* darauf aufmerksam gemacht, daß dieses Buch überhaupt ein ausstattungsgeschichtlich »außerordentliches Ereignis und ein Beispiel« war und man an ihm mehr als ein halbes Jahrhundert und zugleich eine geschlossene Phase der Buchkunst ablesen kann:

Die Jahrhundertwende stand im Zeichen des Jugendstils, jener letzten Ornamentkonvention, die bis in die kleinste Bürgerwohnung drang. Die Moderne von 1900 hatte Architektur, Gerät und Buch mit ihrem Tang- und Rankenwerk, mit dem Schlechthin-Bewegten, überzogen und durchdrungen. So ergriff sie auch das Romanwerk von Thomas Mann. Die weiche, von Eckmann herkommende Beschriftung des blaßrötlichen Einbands der Erstausgabe ist von einem breiten Rahmen aus dunklem, tangartigen Blattwerk eingefaßt.
Der Schutzumschlag der folgenden, einbändigen Ausgabe stammt nicht aus dem Jugendstilbereich, sondern von einer neuen Welle der Romantik, auf der die Zeichner der ›Jugend‹, der führenden Kunstzeitschrift daherkamen. Wilhelm Schulz, der das in bräunlichen Farben gehaltene Straßenbild aus dem alten Lübeck für den Schutzumschlag zeichnete, hat den romantischen Ton als Leitklang gewählt, der in dem Roman ironisch verkappt da und dort vernehmbar ist. Etwas Warmes und Inniges, was in Thomas Manns spröder Darstellung nur selten hervortritt, hat der Umschlagzeichner von Ironie und Gefühlsscheu befreit und dem Buch breit vorausgeschickt.
Jene Romantikwelle, von der Rilke, Hofmannsthal und George getragen wurden, war gleichsam eine Gegenbewegung zum Jugendstil, aus ihr ergab sich der Individualismus in der Buchausstattung, den später E. R. Weiß am folgerichtigsten entfaltet hat. Die gemütvoll stille Zeichnung von Wilhelm Schulz hat sich bei den folgenden Auflagen als ungemein variationsfähig erwiesen.

Bei der einbändigen Ausgabe von 1903 tritt die auf den Einband aufgedruckte Zeichnung grau-grün mit fleischfarbenen Belebungen auf; schon bei der vierten Auflage vom März 1903 ist sie dreifarbig auf bläulichem Grund; bei späteren Auflagen wie der siebenten von 1903 und der sechsundzwanzigsten von 1905 ist sie wieder grau-grün.

Das Buch kostete jetzt broschiert fünf, gebunden sechs Mark. Die Auflagen jagten einander. Gleichzeitig mit der einbändigen *Buddenbrooks*-Ausgabe erschien der zweite Novellenband *Tristan*, der *Tonio Kröger* enthielt. Thomas Mann reiste, vermutlich aus dem doppelten Anlaß, Anfang Februar 1903 nach Berlin, diesem »hübschen, lebhaften

Ort«, suchte Fischers in der Fasanenstraße auf – »Ich bin sehr freundlich aufgenommen worden« – und erlebte den Erfolg an Ort und Stelle mit. Noch während seines Aufenthaltes druckte Fischer die nächste *Buddenbrooks*-Auflage, und als Thomas Mann im Oktober 1903 zum zweitenmal in diesem Jahr nach Berlin kam, war die Neuausgabe des Romans über die ersten Zehntausend hinaus. Drei Jahre nach Erscheinen, 1906, hatte sie das 37. Tausend, weitere fünf Jahre später, 1911, das 60. Tausend erreicht; beim Ende des Ersten Weltkrieges war das 100. Tausend, 1929 das 185. Tausend erklettert. Von hier an gehört der Siegeszug von Fischers erstem wirklichem ›Bestseller‹ in ein späteres Kapitel unserer Geschichte.

In diesen Auflageziffern war die ursprüngliche zweibändige Ausgabe einbegriffen, die nebenher ihr eigenes Leben weiterführte. Fischer ließ sie frisch aufbinden, und zwar in Leder, und verkaufte sie jetzt für acht Mark fünfzig, und siehe da, auf einmal ging auch sie. 1910 veranstaltete Fischer aus Anlaß des fünfzigsten Tausend sogar eine neue zweibändige ›Jubiläumsausgabe‹, in welcher der Text jetzt von den ursprünglichen 1105 Seiten auf 976 zusammengedrängt war. Mit der Gewandung dieser Jubiläumsausgabe wurde Karl Walser beauftragt:

> Auf den blaßblauen Seidenrips des Einbands und auf den kornfarbenen Grund des Schutzumschlags setzte der schweizerische Maler und Illustrator allegorisierend eine bekränzte Urne und faßte das Titelbild in einen Rahmen aus Stickerei auf Tüll. Das Zarte und Brüchige, die Verfallsstimmung des Werkes wird in der schmerzlichen, zugleich zierlichen Weise der Ausstattung offensichtlich. (G. K. Schauer)

Gleich nach Kriegsende, 1919, kam aus Anlaß des hundertsten Tausend eine neuerliche zweibändige ›Jubiläumsausgabe‹ heraus, ebenso »feinstrichig, aber dekorativer« von Emil Preetorius ausgestattet, »mit Emblemen in dem breiten, rotbraunen Rahmen des doppelseitigen Innentitels und auf dem Rücken und den Deckeln der Halblederbände«.

Merkwürdigerweise dauerte es geraume Zeit, bis *Buddenbrooks* in Übersetzungen über die deutsche Sprachgrenze hinausdrangen. Nansen griff sofort zu und brachte schon 1903 bei Gyldendal eine dänische Ausgabe heraus, und eine schwedische folgte 1904 im Stockholmer Verlag Bonnier. Die nächsten Übersetzungen waren erst 1911 die holländische und die russische, aber einen deutschen Nachdruck hatte bereits 1904 die ›New Yorker Volkszeitung‹ gebracht. In allen anderen Ländern kamen *Buddenbrooks* erst heraus, als Thomas Mann längst durch Übersetzungen anderer, viel späterer Werke bekannt war: in England und Amerika erst 1924, in Frankreich gar erst 1932. Bis zum Ersten Weltkrieg war das Interesse des Auslandes für die moderne deutsche Literatur gering und die Kenntnis dieser Literatur noch geringer; die Verwertung von Auslandsrechten war kaum organisiert und blieb weitgehend dem Zufall überlassen. Auch Fischer nahm sie erst nach dem Ersten Weltkrieg systematisch in Angriff.

THOMAS MANN UND GERHART HAUPTMANN

Bei seinem zweiten Berliner Aufenthalt, im Oktober 1903, lernte Thomas Mann bei Fischers in der Fasanenstraße Gerhart Hauptmann kennen – eine bedeutsame Verbindung innerhalb der Verlagsfamilie. Vier Jahre waren seit der Begegnung zwischen Hauptmann und Hofmannsthal vergangen. Hauptmann war jetzt einundvierzig Jahre alt und hatte eine neue große Wegstrecke zurückgelegt. *Michael Kramer*, *Der rote Hahn*, *Der arme Heinrich* waren entstanden und hatten ihre Uraufführung erlebt, *Rose Bernd* stand unmittelbar bevor. Der Hauptmann, den Thomas Mann vor sich sah, war noch immer umkämpft – *Rose Bernd* wurde im folgenden Februar am Wiener Burgtheater, dessen Leiter jetzt Schlenther war, auf Veranlassung der Erzherzogin Marie Valerie abgesetzt! –, aber seine Stellung war nicht mehr zu erschüttern. Er hatte zum drittenmal den Grillparzer-Preis erhalten. Lovis Corinth hatte sein Porträt gemalt. Er hatte – ob er Thomas Mann wohl davon erzählte? – sein erstes Prosawerk in der ›großen Form‹ entworfen, einen einzigartigen Roman, der ihn während der nächsten sieben Jahre beschäftigen sollte. Man spürt den tiefen, wenngleich selbstironisch verschleierten Eindruck, den Fischers jüngster Autor von dieser Begegnung davontrug, aus dem Danksagebrief, den Thomas Mann, nach München zurückgekehrt, am 29. Oktober 1903 an seinen Verleger schrieb:

Besonders erkenntlich bin ich Ihnen dafür, daß Sie mir die Bekanntschaft mit Gerhart Hauptmann vermittelten. Das Zusammentreffen mit ihm war für mich ein Erlebnis ersten Ranges, und ich wünschte nur, ich hätte ihm ein etwas glücklicheres Bild von mir geben können, als er wahrscheinlich empfangen hat. Er, der Siegreiche, wird den Eindruck von Wirrsal, Kampf, Krampf und schweren Ermattungen gewonnen haben, – und das würde stimmen. Vielleicht hat er auch das Gute herausgefühlt; sein letztes Wesen ist ja Güte. Die Anderen, die meiner Person etwa mit Neugierde entgegengesehen haben, werden einfach bitterlich enttäuscht sein. Sei's drum. Vielleicht entschädige ich sie auch ferner durch die fleißig geschmiedeten Symbole meines Lebens, das weniger uninteressant ist, als meine schnurrbärtige Persönlichkeit.

Wer wohl »die Anderen« gewesen sein mögen, mit denen er in der Fasanenstraße zusammentraf? Wäre er einige Tage länger in Berlin geblieben, so hätte er, in Fischers Loge im Deutschen Theater sitzend, den Triumph Else Lehmanns in der Uraufführung von *Rose Bernd* (am 31. Oktober) miterlebt und hätte Hofmannsthal kennengelernt, der nach der Aufführung die Festrede hielt.

»DAS GROSSE VATERAUGE«

Nach München zurückgekehrt, bemerkte die »schnurrbärtige Persönlichkeit«, daß man den über Nacht berühmt gewordenen Schriftsteller durchaus nicht uninteressant fand. »Die Gesellschaft nahm mich auf«; er begann »in ein paar Münchener Salons von literarisch-künstlerischer Atmosphäre zu verkehren, vor allem in dem der Dichterin Ernst Rosmer ...«

Von hier ging der Weg in das Pringsheimsche Haus in der Arcisstraße [...] Die Hausfrau, aus Berliner literarischem Hause stammend, Ernst und Hedwig Dohms Tochter, voller Sinn für meine Existenz und meine jugendliche Leistung, war der leidenschaftlichen Neigung nicht entgegen, die für die einzige Tochter des Hauses in mir keimte und die vor irgend jemandem zu verbergen meine Einsamkeit mich nicht gelehrt hatte. Ein großes Ballfest in den goldenen Hochrenaissance-Gesellschaftsräumen des Pringsheimschen Hauses, eine glänzende und menschenreiche Veranstaltung, bei der ich vielleicht zum erstenmal die Sonne der öffentlichen Gunst und Achtung voll auf mir ruhen fühlte, brachte Gefühle zur Reife, auf die mein Leben zu gründen ich hoffen durfte.

Thomas Mann verlobte sich am 3. Oktober 1904 mit der einundzwanzigjährigen Katharina (genannt Katia) Pringsheim und reiste am 28. November mit ihr und ihrer Mutter nach Berlin, zu einer neuerlichen Vorlesung, und machte bei dieser Gelegenheit seinen ersten Besuch bei »Little Grandma« Hedwig Dohm, die eifrig an einem Novellenband *Schwanenlieder* für den gemeinsamen Verleger arbeitete. Am 11. Februar 1905 – *Fiorenza* war soeben beendet und sollte im Juli/August in der ›Rundschau‹ erscheinen – wechselte der knapp Dreißigjährige, da »die Umstände günstig lagen«, wie er selbst berichtete, »mit der Märchenbraut die Ringe«. Daß die Umstände »günstig lagen«, konnte Fischer bestätigen. Es war nur gehörig, daß das Glücksbuch eine Glücksehe sondergleichen stiftete.

So schloß sich auch hier der Kreis der Verlagsfamilie. Die Generationen reichten sich im Verlagskatalog die Hände. Und »das große Vaterauge«, wie Thomas Manns Kinder späterhin Sami Fischer nannten, wachte über sie alle.

13 Ansichten der großen Form

»Von den ›Buddenbrooks‹«, sagte Fischer, »müssen Sie, lieber Herr Mann, und wir uns ein Haus bauen.« Hedwig Fischer fügte, als sie sich dieses Worts erinnerte, hinzu: »Und so geschah es denn auch, wenn auch schließlich noch andere Bücher Bausteine beisteuerten.« Wie so oft mit Fischers nüchtern-rechnerischen Bemerkungen hatte es auch mit dieser nicht nur im kaufmännischen Sinn seine Richtigkeit. Das Erscheinen von *Buddenbrooks* bezeichnet in der Tat den Beginn eines neuen Abschnitts, eines äußeren und eines inneren. Dieses Buch lieferte in jedem Sinn den Aufriß eines neuen Hauses. Mit der Erneuerung ihrer Prosaepik, die hier begann, gewann die deutsche Literatur eine neue Dimension, und Hand in Hand mit ihr erwarb Fischers verlegerisches Unternehmen eine neue Spannweite. Auch sein Werk weitete sich jetzt zur ›großen Form‹ aus.

DIE HÄUSER DER DICHTER

Die neue deutsche Literatur hatte die Dachstube hinter sich und drängte aus der Etagenwohnung heraus. Sie baute sich in jedem Sinn ihr eigenes Haus. Das geistige Haus verlangte nach seiner Entsprechung in der räumlichen Wohnstätte des Schaffenden. Ein ungarischer Journalist berichtete einige Jahre später, Fischer habe in einem Interview zu ihm gesagt: »In Deutschland lebt mehr als ein Autor davon, daß er jährlich einen oder zwei Romane schreibt, und es ist nicht ungewöhnlich, daß er Hunderttausende damit verdient.« Das war gewaltig übertrieben, in der Aussage oder in der Wiedergabe oder in beidem. Welcher von Fischers Autoren verdiente vor dem Ersten Weltkrieg mit Romanen – oder auch mit Bühnenwerken – »Hunderttausende«? Aber mehr als einer verdiente mit seinen Büchern genug, um sich ein Haus bauen zu können; und wenn er es eigentlich nicht oder noch nicht konnte, so half Fischer nach, damit er es trotzdem bewerkstelligte. Denn Fischer wußte: er braucht es. Es war die Zeit dazu. Die

Verlagsfamilie drängte zur Seßhaftigkeit. Es ist merkwürdig, daß von den bedeutenden Erscheinungen der um die Jahrhundertwende geborenen deutschen Literatur nur zwei bis an ihr Lebensende unstet und unbehaust blieben und sich nie aus eigener Kraft und eigenem Willen auf eigenem Grund und Boden vier Wände mit einem Dach darüber schufen: Stefan George und Rainer Maria Rilke. Und es war Rilke, der ahnungsvoll schrieb: »Wer jetzt kein Haus hat, baut sich keines mehr.«

Diese Häuser der Dichter sind für unsere Geschichte von Bedeutung. Sie waren mehr als nur Bekundungen seßhafter äußerer Gesichertheit. Da sie in den verschiedensten Gegenden und Landschaften des großen deutschen Sprachraums lagen, wurden sie zu bedeutsamen Zentren der geistigen Begegnung, zu festen Punkten der Schaffensbeziehungen, von denen schöpferische Impulse, Ideenaustausch, gegenseitige Befruchtung ausgehen konnten. Sie waren unerläßlich für das dichte, ständig wechselwirkende Geflecht, das in den zwei letzten Jahrzehnten des alten Jahrhunderts gewachsen war und in den drei ersten Jahrzehnten des neuen dem deutschen Geistesleben Zusammenhalt und Verbundenheit verlieh.

DER ›WIESENSTEIN‹

»Segen und Macht der Seßhaftigkeit – ich habe meine Heimat wiedergefunden!« So rief Hauptmann, als er im August 1901 in sein großes Haus, den ›Wiesenstein‹ bei Agnetendorf im Riesengebirge einzog. Es war ein gewaltiges Unternehmen – »Das Haus, nach den Plänen, ist burgartig ... Man plant und baut, als ob man unsterblich wäre und sein Schicksal fest in der Hand hätte« –, und Hauptmann hatte sich bei all seinen großen Einkünften damit übernommen. Um die Vollendung des Baus zu ermöglichen, half Fischer mit einem kräftigen Vorschuß nach, für den Hauptmann ihm einen »großen Roman« als Unterpfand bot. Es war *Des Menschen Sohn*, später *Der Narr in Christo Emanuel Quint*, im Winter 1901/02 begonnen, mit dem der Dramatiker Hauptmann zehn Jahre später seinen bedeutenden Beitrag zur ›großen Form‹ der deutschen Prosaepik leistete. Am 7. Oktober 1901 freilich flog in einem wütenden Herbststurm dem ›Wiesenstein‹ das Dach davon, doch war der Schaden bald repariert:

Das Dach ist gedeckt, die Ziegel sind besser befestigt worden. Das Haus auf seinem vorgeschobenen Posten scheint den Bergdämonen, die es immer wieder berennen, gewachsen zu sein ... Das Haus ist schon ziemlich beseelt, aber nicht nur von Kobolden und Klopfgeistern, sondern auch Gott sei Dank von anderen, die höheren Ranges sind. So zum Beispiel vom

Geist der Musik ... alle guten Geister loben den Herrn in diesem Hause, und so lobe ich alle guten Geister darin. Es sind ihrer genug, und wir freuen uns dieses Larariums ...

Im gleichen Monat Oktober las Hauptmann dem ersten, im neuen Haus versammelten Freundeskreis den in diesem Sommer geschriebenen *Roten Hahn* vor. Sechs Jahre zuvor, 1894, hatte er den Schwager Moritz Heimann in seinem märkischen Dörfchen Kagel besucht, und dort hatte der Spritzenmeister ihm von dem ›großen Brand‹ erzählt, der diesem Stück den Vorwurf lieh. Heimann selbst, dem schriftstellerischer Erfolg und materielle Sorgenfreiheit mit niederträchtiger Beharrlichkeit aus dem Wege gingen – »Ich bin 38; ich stehe mit leeren Händen da«, schrieb er 1906 an den Freund Wilhelm Lehmann –, konnte später mit Fischers Beihilfe dieses Elternhaus in Kagel erwerben. Dorthin, ins »manuskriptlose Nirwana« seiner eigenen vier Wände, konnte sich der überlastete Lektor zuweilen zurückziehen, und dort saß der Verleger mit seinem Berater »oft unter den Hoflinden oder in einer der gemütlichen Stuben zusammen«.

Auf dem ›Wiesenstein‹ war sommers und winters ein häufiges Kommen und Gehen der »guten Geister«. Trotz seiner Abgelegenheit zog das Haus die Verlagsfamilie magisch aus allen Himmelsrichtungen an. Einer der ersten Besucher, im tiefsten Winter, war Fischer, der seiner Frau in einem Brief vom 13. Februar 1902 das Haus schilderte:

Im ›Schloß‹ – es ist ein riesig geschmackvolles Haus – hat uns Grete im Vestibule bei hellem Kerzenschein und Kaminfeuer empfangen in einem sehr stylvollen schwarzen Atlas-Empirekleid mit weißem Spitzenkragen (Beschreibung des Kostüms von Pietsch gelernt). Diese wundervolle Empfangshalle (Treppenhaus) hat mich an ein Mittelding zwischen Schloßtreppenhaus und englischem Hotelvestibule erinnert, wozu auch der moderne Riesencamin, die englischen Lederstühle und eine mollige Ecke in der Treppennische, in der Thee serviert wurde, beigetragen haben werden. Ich habe mich dem Styl des Hauses angemessen sofort umgekleidet und bin tipp topp zu Tisch erschienen, wo uns ein gutes Diner – mit hartem Roastbeef erwartete ... Hauptmann ist sehr munter ...

Es wurde eine atemraubende Fahrt von der Peterbaude »mit dem Hörnerschlitten in 15 Minuten ins Tal« unternommen, und »abends hat uns Hauptmann den neuen Roman – so weit er fertig ist – vorgelesen ... nur soviel will ich Dir verraten, daß Tolstoi an diesem Buch seine Freude haben würde ...«

Hedwig Fischer sah das Haus zu Pfingsten 1902, als man mit dem achtjährigen Gerhart hinfuhr:

Es war eine sehr glückliche Zeit, wir waren jung verheiratet, die Kinder spielten zusammen, wir bestiegen die Berge, saßen auf dem Altan zu Musik und gutem Gespräch bis in die Nacht hinein und ließen den Sekt im Glase steigen ... der ›Olympier‹ löste sich, wurde heiter, übermütig wie ein Kind, erging sich in sprudelnder, begeisterter Rede über seine Arbeit, las gern aus dem Entstehenden vor...

Brahm kam im Juni, und es gefiel ihm so gut, daß er schon im Oktober wiederkehrte und diesmal Schnitzler mitbrachte: »Sehr angenehm«, berichtete Schnitzler an Hofmannsthal. Zwei Jahre darauf willigte Marie Hauptmann endlich in die Scheidung ein, und im September konnte Hauptmann auf dem ›Wiesenstein‹ die Ehe mit Margarete Marschalk schließen. »Sie gewann unsere Herzen«, schrieb Hedwig Fischer, »wir wurden Freundinnen, wir musizierten zusammen, ich am Flügel und sie auf ihrer Stradivariusgeige, die sie auf ihren Reisen wie ein Kind hütete.« Eine große Spannung, die die Verlagsfamilie ein Jahrzehnt lang bedrückt hatte – Hauptmann schilderte sie später in seinem *Buch der Leidenschaft* –, hatte sich gelöst. »Wünschen wohl zu dichten!« schrieben die Ehepaare Hauptmann und Hofmannsthal auf einer gemeinsamen Ansichtspostkarte aus Agnetendorf im Januar 1905 an Schnitzler.

Mittlerweile hatte sich in der Nähe, vor allem in Schreiberhau, eine kleine Kolonie anderer Angehöriger der Verlagsfamilie angesiedelt, und es entstand fast etwas wie ein neues Friedrichshagen: Carl Hauptmann, der freilich von der »Fischer-Clique«, wie er sie nannte, nichts wissen wollte; Rudolf Pannwitz, die Freunde Bölsche und Wille, Hermann Stehr und John Henry Mackay mit der ihm damals eng verbundenen Gabriele Reuter. Man erhascht einen Blick von dieser kleinen Welt aus einem Brief Margarete Hauptmanns an Hedwig Fischer vom 25. September 1904:

Gestern abend hat John Henry Mackay ein Fest in seiner Schreiberhauer Hütte gegeben, zu dem auch wir gefahren sind. Es war sehr gelungen und amüsant. Frau Bölsche hatte das kalte Buffet gestellt und Frau Gabriele Reuter machte die Honneurs. In den niedrigen engen Stuben bewegte sich eine elegante, geistreich konversierende Menge, die Sekt trank – alles wirkte ganz fantastisch, wie aus einer anderen Welt und Zeit. Man müßte eigentlich um neuer Reize willen viele verschiedene Häuser haben, nicht wahr?

Und als Nachschrift:

Die hiesige Dorf- und Schulbibliothek beklagt sich, daß sie nicht sämtliche Werke ihres Ortsgenossen besitzt: weiß vielleicht Herr Fischer Bescheid und würde er wohl freundlichst helfen?

Daß Fischer die Lücke füllte – warum stiftete der »Ortsgenosse« eigentlich die Bücher nicht selbst? –, darf man annehmen; er tat Hauptmann jeden erdenklichen Gefallen. Über die Dorfbibliothek von Agnetendorf dürfte er jedoch schwerlich »Bescheid« gewußt haben. Just um diese Zeit, am 15. August 1904, schrieb er (anläßlich eines unerheblichen Irrtums im Verlag) an Nansen:

Aus dem Briefe meines Vertreters vom 11. ds. werden Sie ersehen haben, daß ich mich schön blamiert habe. Sie werden darnach nun sicher glauben, daß ich garnicht mehr Bescheid weiß mit den Geschäften in meinem Verlage. Aber die Sache ist die, daß ich den Neudruck von Auflagen in die Hände eines Herrn gegeben habe und nur von der Notwendigkeit eines Neudrucks im gegebenen Augenblick Kenntnis nehme, im übrigen aber, besonders auf Reisen, nur noch eine dunkle Erinnerung an das in diesem Punkt Geschehene behalte ...

Man sieht, daß Herr Schur umsichtig seines Amtes waltete.

RODAUN

Ein Jahr vor Hofmannsthals erstem Besuch auf dem ›Wiesenstein‹ suchte Hauptmann den Jüngeren bereits in seinem Haus auf. Hofmannsthal hatte im Juni 1901 geheiratet und war noch im gleichen Monat in jenes Haus in Rodaun bei Wien übersiedelt, das hinfort, nahezu dreißig Jahre lang, seine Heimstätte und im deutschen geistigen Raum einen ganz bestimmten Klang, einen unverwechselbaren Akkord bedeutete. Am 16. März 1901 hatte er an Bodenhausen geschrieben:

Das Schönste ist, daß wir ein unglaubliches kleines Haus auf dem Land gefunden haben, zwanzig Minuten (Eisenbahn) von Wien, in dem wir Sommer und Winter wohnen werden. Es ist zur Zeit der Kaiserin Maria Theresia von einem Fürsten Trautsohn, der ein Schwarzkünstler gewesen sein soll, für seine Geliebte gebaut worden. Es ist nicht größer wie ein Bauernhaus, hat ein wunderschön geformtes altes Schindeldach, einen großen grünen Salon mit bemalten Wänden, und einen tiefen, in den schwarzen Felsen gewölbten Keller. Der Garten, voller alter Obstbäume, geht steil den Berg hinauf, oben tritt man durch ein kleines Gartenpförtchen auf einen gepflasterten freien Platz, auf dem Gras wächst; dort steht eine ganz kleine Kirche ... Es wird im Winter so still draußen sein und man wird sich an allem freuen, was herum steht und liegt, am meisten an den Gesichtern von lieben Menschen ...

Und am 18. Juli 1901 an Schnitzler: »Mit dem Haus und dem Leben hier bin ich sehr zufrieden, ich will aber nicht viel darüber sagen, sondern freue mich darauf, es Ihnen zu zeigen.« Viele von Hofmannsthals Freunden haben das Rodauner Schlößchen geschildert, am schönsten wohl Carl J. Burckhardt:

Man betrat in diesem mariatheresianischen Pavillon ein intaktes, ein stark italienisches 18. Jahrhundert: die Steintreppe mit dem edlen Geländer; das Licht, das grün von dem bewegten Blattwerk durch die Fenster der rückwärtigen Fassade fiel; die Doppeltür, durch die man den kleinen Saal betrat, einen Raum mit ausgetretenen Tannendielen, alles in getöntem Weiß und blassem, rötlich durchscheinenden Gold, Marmorkonsolen, deren Perlmutterfarbe Stifter geliebt hätte, leicht erblindete Spiegel, die Wände mit Fresken geschmückt, tiefen, lieblichen, zarten Landschaften. Durch diesen

Saal betrat man das Arbeitszimmer: Bücher an den Wänden, ein Schreibtisch, an dem er arbeitete, ein schmaler Diwan an dessen Rückseite ... zwei tiefe Lehnsessel, in denen man sich zu den langen Gesprächen, den abendlichen Lektüren niederließ. Hofmannsthal liebte Blumen: Hyazinthen und Tulpen waren besonders schön in diesen Räumen.

Es entsprach der Geistes- und Seelenhaltung des »letzten Österreichers«, daß er sich kein eigenes Haus baute, sondern einen überlieferten Lebensstil, in dem er heimisch war, mit seinen Lebensgeistern füllte. Ja, das Schlößchen in der damaligen Badgasse 5 gehörte ihm nicht einmal, sondern der Hofrätin Malvina von Pollanetz, und er kam nie dazu, den langjährigen Mietsvertrag wie beabsichtigt in einen Kauf umzuwandeln. Dessenungeachtet war dies Haus so sehr sein eigen und von seiner Persönlichkeit geprägt, daß niemand auf den Gedanken gekommen wäre, ›Rodaun‹ und ›Hofmannsthal‹ seien nicht eines und dasselbe.

Sie waren es. Hier lebte er sein ganzes erwachsenes Leben; hier wuchsen seine Kinder auf; hier starb er. Obwohl er viel unterwegs war und häufig gerade zum Arbeiten in eine andere Landschaft reiste, war Rodaun sein fester Punkt, sein unveräußerlicher Ort. Schnitzler, Beer-Hofmann, Wassermann bildeten den engsten Dichterfreundeskreis dieses Hauses. Doch war es, anders als der ›Wiesenstein‹, kein ›offenes Haus‹; der Hausherr wachte über seine Zurückgezogenheit; nicht jedermann, nicht einmal die engsten Freunde, waren jederzeit willkommen. »Man sieht sich viel zu selten«, sagte er einmal zu Schnitzler; »wenn einer von uns tot ist, wird's dem andern leid tun.« An einem baldigen Besuch Hauptmanns lag Hofmannsthal sehr. Als Hauptmann im November 1902 zur Aufführung des *Armen Heinrich* in Wien war, kam freilich der von Hofmannsthal erbetene Abend in Rodaun nicht zustande, aber im Februar 1904, anläßlich der Wiener Aufführung von *Rose Bernd*, besuchte Hauptmann ihn hier, und im Dezember 1908 kam es hier zur ersten Begegnung zwischen Hofmannsthal und Thomas Mann. Während Hauptmann nach seinem Besuch notierte, es sei »immer noch« etwas »Gezwungenes« in seinem Verhältnis zu Hofmannsthal, schrieb Thomas Mann zu Weihnachten 1908:

> Ich kam nach Rodaun, um den Autor von Kunstwerken zu begrüßen, deren Intensität und moderne Größe ich seit langem bewunderte. Und ich fand einen freundwilligen und liebenswürdigen Menschen, dessen Bekanntschaft gemacht zu haben, mir einen Herzensgewinn bedeutet.

Mit diesem Besuch (und diesem Brief) begann eine persönliche Beziehung, die auf scheue, zarte Weise über zwanzig Jahre währte; noch ein Vierteljahrhundert später war Thomas Mann dieser Tag in Rodaun gegenwärtig:

... vor mehr als zwanzig Jahren, als ich ihn zuerst in Rodaun besuchte und in dem schönen, fast bühnenbildhaften Barocksalon seines Heims, der den Blick auf den Gartenplatz gewährt, wo er ›Elektra‹ geschrieben, zuerst den Reiz seines Gesprächs erfuhr. Ohnedies hingenommen von der Atmosphäre Wiens, dem Älteren, Milderen, Holderen, das den Norddeutschen, im bäuerlichen München Angesiedelten daraus ansprach, war ich bezaubert von der Konzentration dieser Kultur in der Person ihres Dichters. Ich verbrachte den Tag mit ihm, ich ging neben ihm durch seine Landschaft, er las mir in seinem Arbeitszimmer, wo ich eine geistvolle Plastik von Minne bewunderte, aus Lustspielentwürfen vor. Das erste Mal. Die Meinen bestätigen mir mein Entzücken von damals ...

Beim gleichen Besuch in Wien sah Thomas Mann auch Freund Wassermann wieder, lernte bei ihm Schnitzler kennen und unternahm mit beiden einen Ausflug auf den Semmering. So knüpfte sich Jahr um Jahr das Geflecht.
Nur einer scheint, obwohl er oft nach Österreich und regelmäßig nach Wien reiste, den Weg nach Rodaun nie gefunden zu haben. Dieser eine war »mein lieber Verleger« selbst. Fischer traf sich häufig mit Hofmannsthal, der seinerseits alljährlich einmal, wenn nicht öfter, nach Berlin kam; auch sahen sie einander sommers im Salzkammergut und winters auf dem Semmering. Dort begab es sich im Februar 1908 im Südbahnhotel, daß Fischer mit Hofmannsthal, Schnitzler, Wassermann, Salten und Kainz beisammen war und Kainz, der gerade Casanovas Erinnerungen las, eines Abends der kleinen Runde um den Tisch die Episode der Cristina nacherzählte, so blühend, so farbig, so bewegt, daß alle ihm gebannt lauschten. Hofmannsthal war, wie Olga Schnitzler erzählt, völlig gefangen. Vor seinem inneren Auge entstand in diesen Stunden eines seiner liebreizendsten Werke, die Komödie *Cristinas Heimreise*, aus der er im Dezember Thomas Mann in Rodaun vorlas und die ein Jahr darauf bei Fischer erschien. Solche magischen Augenblicke erlebt nicht jeder Verleger, und nicht oft. Man denkt an Cristinas Wort zum Kapitän: »Du bist einer von denen, die man von weitem kommen sieht. Und ich habe dich in Gottes Namen heute kommen sehen. Da bist du noch ganz ruhig hinter deinem Suppenteller gesessen.« Doch daß Fischer je in Rodaun über die magische Schwelle trat, dafür findet sich nirgends ein Hinweis.

›VILLA HALKYONE‹

Auch Fischers ältester Freund und von allen der unsteteste war wunderbarerweise um die gleiche Zeit seßhaft geworden. *Rosenmontag*, das »stimmungsvolle Kassenstück«, wie er es in einem Brief an Fischer selbst bezeichnete, hatte Hartleben endlich seiner unablässigen Geldsorgen enthoben. Noch im Mai 1900 hatte er an seine Frau aus Zürich geschrieben: »Hier habe ich den Albert Langen getroffen, mit ihm einen Contract gemacht und ihm 500 M. abgeknöpft.« Und am 1. Juli 1900 auf einer Postkarte an Fischer aus München:

Mein lieber Sami! Ich habe mich auf Reisen zu etwas ganz Neuem entwikkelt. Ich habe überhaupt einen ganz neuen Sport erfunden. Ich sammle nämlich Contracte von deutschen Verlegern, einseitige natürlich, das macht viel mehr Spaß wie Ansichtskarten- oder Briefmarkensammeln. Herzlichen Gruß! Dein Erich

Nun war die Zeit der möblierten ›Buden‹, der fremden Wohnungen, Pensionen und Gasthauszimmer zu Ende, zu denen Fischer jahrelang mit einer Monatsrente von 200 Mark beitrug; 1902 konnte Hartleben sich in Salò am Gardasee ein Haus mit einem schönen Garten kaufen, das er ›Villa Halkyone‹ nannte, das Haus der friedvoll-sonnigen Schönwetterzeit, und hier träumte er sich, während »gezecht, geschwärmt, den Griechengöttern an festlicher Tafel gehuldigt wurde«, in die durchaus ernste Vorstellung hinein, für sich und seine Freunde eine Art »Insel der Seligen« geschaffen zu haben. Er stiftete eine »Halkyonische Akademie« und schrieb an Fischer:

Lieber Sami, in Erwägung deines Verdienstes, daß du den Halkyonier in angemessener Form vor das Publikum gebracht hast, habe ich beschlossen, dich zum correspondierenden Mitgliede meiner Akademie hiermit zu ernennen. Womit ich verbleibe – dein wohlgeneigter Otto Erich.

Hauptmann erhielt die nämliche Ernennung im Dezember 1903. Am See im Garten standen die steinernen Sessel für die Halkyonier.

Fischer kam nicht mehr dazu, seinen Halkyonier-Sessel einzunehmen. Otto Erichs Zeit, von bacchantischer Liebe zum Weine beschleunigt, war nur noch kurz bemessen. ›Halkyone‹ bestand nur drei knappe Jahre. 1904 konnte Fischer noch *Der Halkyonier. Ein Buch Schlußreime* (mit Buchschmuck von Peter Behrens) herausbringen, und binnen Jahresfrist, am 11. Februar 1905, war der Freund tot. Das Erscheinen seines Studentenstücks *Im Grünen Baum zur Nachtigall* und seiner Verskomödie *Diogenes* im gleichen Jahr erlebte er nicht mehr. Der Freund Max Osborn schrieb ihm in der ›Rundschau‹ einen langen Nachruf, in dem er seine »Lust am übermütigen Zersprengen aller Fesseln« und seine »Freude an Klarheit, Ordnung und Reife« rühmte:

Er war ein Bohemien aus Überzeugung und ein Aristokrat von Geburt. Ein fröhlicher Revolutionär des Ethischen und Moralischen, von ehrlichem Ingrimm in philistros erfüllt, und ein Hüter edler Traditionen im Ästhetischen... diese reife Ruhe der Form gab jedem seiner Späße den leuchtenden Stempel der Kunst. Sie machte ihn zu einem Satzbildner, einem Satzbildhauer von königlicher Meisterschaft... Nun ist sein Glas klirrend zersprungen... »Das Brandmal aller Sklaven ist die Reue«, hat er einmal gesagt. Unser Otto Erich war ein freier Mann.

Fischer blieb dem Freund – »ein Geist voll Anmut und Schalkheit, eine blumige Natur«, so nannte ihn sogar Carl Hauptmann – über das Grab hinaus treu. 1908 veröffentlichte er einen Band Briefe Hartlebens an seine Frau, die ein unschätzbares Kulturdokument sind, und im Jahr darauf stiftete er ihm eine dreibändige Ausgabe seiner *Ausgewählten Werke,* der er 1912 noch die *Briefe an Freunde* folgen ließ. Otto Erichs Andenken grünte lange, ist bis heute nicht völlig verwelkt.

»DAS NEUE STADTPALAIS«

Thomas Mann hatte zu der Zeit, da er Hofmannsthal traf, des Verlegers Rat befolgt:

Wir waren den Sommer in Tölz, dessen Luft uns so wohltat, daß wir uns dort angekauft haben und uns ein Häuschen mit Blick auf den Ort, die Isar und das Gebirge bauen lassen. Es ist im Rohbau beinahe fertig.

Die Stadtwohnung in der Franz-Joseph-Straße in München wurde freilich nicht aufgegeben; das »Landhaus Thomas Mann« in Bad Tölz in Oberbayern war ein Sommerhaus, in dem der Dichter mit seiner Familie von 1909 an mit schöner Regelmäßigkeit die Monate Juni bis September verbrachte. Hier arbeitete er; hier suchten ihn die Freunde auf; hier wandelte Fischers älteste Autorin, das »Menschheitsmütterchen«, in ihren letzten Lebensjahren im Garten; hier wurde – wie auf dem ›Wiesenstein‹, wie in ›Rodaun‹, wie bei Schnitzler und Beer-Hofmann – aus dem Entstehenden vorgelesen.

...werden wohl im Lauf des Dienstag hierher zurückkehren. Von da an sitzen wir vorläufig wieder fest auf unserer Scholle und sind immer zu treffen. Definitive Anmeldung durch Postkarte wäre aber angenehm. Wohnliche Fremdenzimmer. Kalte und warme Speisen. Civile Preise. Herzlichst T. M.

So an den Freund Carl Ehrenberg im August 1911. Hier fand sich im gleichen Sommer auch der Verleger ein. Unter den wenigen erhaltenen Photographien aus jener Zeit ist eine, die Fischer (der Vollmoeller mitgebracht hatte) in aufgeräumter Stimmung im Freundeskreis des Dichters auf der Tölzer Veranda sitzend zeigt. Dies war der Sommer, in dem Thomas Mann für Fischers ›Pantheon-Ausgabe‹ die Einleitung zu Chamissos *Peter Schlemihl* schrieb, der Sommer, in dem er den *Tod in Venedig* begann. Im Sommer darauf beendete er in diesem seinem ersten Haus die Novelle:

Ich lebte, als ich die Geschichte zu Ende schrieb [...] allein mit den Kindern in Tölz, und der bewegte Anteil, den zu Besuch kommende Freunde bei abendlichen Vorlesungen in meinem kleinen Arbeitszimmer daran nahmen, mochte mich auf das fast stürmische Aufsehen vorbereiten, das sie bei ihrem Erscheinen in der Öffentlichkeit erregen sollte.

Im Jahr darauf erwarb Thomas Mann das Grundstück Poschinger Straße 1 an der Isar, und am 5. Januar 1914 bezog er »mein neues Stadtpalais«, wie er es (nach dem *Rosenkavalier*) nannte. Das Landhaus in Tölz wurde 1917 verkauft. Das Haus in der Poschinger Straße in München ging gleich dem ›Wiesenstein‹, gleich Rodaun in die deutsche Literaturgeschichte ein.

DAS HAUS DES VERLEGERS

Auch der Verleger war im Grund seines Herzens kein Stadtmensch. Er entfloh der Großstadt, wann immer er konnte, ans Mittelmeer, in die Schweizer oder Tiroler Berge, an die Seen des Salzkammerguts oder auch nur in die Kiefernwälder rings um Berlin. Er hatte das erste Jahrzehnt seiner Ehe in Etagenwohnungen verbracht, und es war auch für ihn Zeit, sich mehr Platz und einen größeren, seinem Wirken angemessenen Rahmen zu verschaffen. Am 26. Juni 1903 schrieb er an Schnitzler:

Lieber Herr Doctor! Ich danke Ihnen für den Gruß, den ich neulich aus der italienischen Schweiz bekommen habe. Steht für den Sommer Tirol auf Ihrem Programm? Wir übersiedeln gerade jetzt nach dem Grunewald, in ein kleines hübsches Landhaus mit Garten und Tennisplatz, und zwar nicht nur für den Sommer, sondern fürs ganze Jahr und hoffentlich für immer. Ich mache mir die Illusion, im Grunewald das Leben eines Mannes führen zu können, der auf seinem angestammten Land gut den tollen Sprüngen der Stadt aus beruhigender Entfernung zuschaut. Wenn sich das mit meiner Berufsthätigkeit ein wenig verträgt, wird meine soziale Frage für die nächste Zeit gelöst sein.

Der spöttisch-selbstironische Ton täuscht nicht darüber hinweg, wie ernst es ihm mit dieser Veränderung seiner Lebensumstände war. Das »kleine hübsche Landhaus« Wißmannstraße 3 in Berlin-Grunewald, das er am 1. Juli 1903 bezog, war für ihn ein nicht weniger bedeutsames Ereignis als der ›Wiesenstein‹ für Freund Hauptmann. Aus Agnetendorf kam auch sogleich ein Glückwunsch:

Liebe Frau Fischer – herzliche Gratulationen vom ganzen Wiesenstein zum Einzug in Ihr schönes Haus! Möge es Ihnen halten, was Sie sich versprechen! Wir jedenfalls tun mit vielen guten Wünschen das Unsrige. Schreiben Sie bald mal, wie es Ihnen draußen gefällt und wie Sie sich drinnen eingelebt haben, ja?

»Draußen« war wirklich draußen. Der Grunewald war damals wirklich noch ein Wald mit einer eben erst beginnenden kleinen Villenkolonie, und Fischer durfte sich zu ihren ersten, frühen Mitbegründern zählen. Viele Verlagspläne wurden auf langen Spaziergängen hier im Wald während der nächsten zwanzig Jahre erörtert. So, wie aus Rodaun nur die »Dampftramway« nach Wien führte – »eine schmalspurige wacklige Bimmelbahn mitten durch Felder und Dörfer, ihr Nahen mit Glockengeläut und heftigem Auspuff schwarzen Dampfgewölks verkündend«, wie Olga Schnitzler sie schildert –, so gelangte man in Berlin nur mit der Pferdebahn nach langer Fahrt durch den märkischen Kiefernwald in die ›Colonie Grunewald‹, und eine Fahrt in die Stadt war eine umständliche Unternehmung. Fischer bewältigte die Verkehrsschwierigkeiten, indem er sich ein Automobil anschaffte, einen der ersten Benzwagen, die in Berlin zu sehen waren und mit dem er – begeisterter Automobilist, der er war – nicht nur täglich zwischen der Wißmannstraße und der Bülowstraße pendelte, sondern hinfort sommers auch seine großen Reisen quer durch Deutschland, nach Holland und Belgien, in die Dolomiten, nach Österreich und Italien, ja nach Paris machte. Damit der neue Lebensstil sich mit der Berufstätigkeit vertrage, änderte er seinen Tageslauf. Hedwig Fischer erinnerte sich:

Als wir ab 1903 im Grunewald wohnten, machte mein Mann des weiten Weges wegen keine Mittagspause mehr (und die Brötchen, die ich ihm mitgab, verschenkte er unter seine Sekretärinnen). Um halb vier sollte Schluß sein, aber es wurde stets später und später, bis die halb verhungerte Familie mit ihren ungeduldigen Kindern ihr Essen bekam. Ich suchte ihn telefonisch aus seinen Geschäften zu reißen, ich holte ihn im Wagen ab – aber dann kam Moritz Heimann bis zur Fasanenstraße mit, wo er damals wohnte, und wieder gab es ein Gespräch ohne Ende. Die Familie mußte warten ...

Der »ungeduldigen Kinder« waren inzwischen zwei. Denn hier im Haus in der Wißmannstraße kam am 5. März 1905 die Tochter Brigitte, allenthalben »Tutti« genannt, zur Welt – doch nur mit knapper Not. Es sei bezeichnend für ihre damalige Theaterbesessenheit, meinte Hedwig Fischer später, daß sie ihre Tochter unmittelbar nach der Premiere von Hauptmanns *Elga* am 4. März 1905 zur Welt gebracht habe: »Freilich, im Theater wurde sie nicht geboren.« Und die Tochter selbst erinnerte sich gut:

Mein Vater liebte den Grunewald und hatte sich schon bald seinen täglichen Lieblingsspaziergang zurechtgelegt, dem er bis ans Ende seines Lebens treu blieb. Er richtete seinen Arbeitstag im Verlag so ein, daß er bis zum frühen Nachmittag durcharbeitete und erst zwischen drei und vier Uhr nach Hause kam, was für mich als Schulkind einen langen Hungervormittag bedeutete.

Doch diese Erinnerung eilt voraus, zu einem anderen Haus. Denn das Haus in der Wißmannstraße war nicht »für immer«; es war nur das Vorspiel »zum angestammten Land« und nur gemietet, und Fischer wohnte in ihm nur knappe zwei Jahre. Während dieser zwei Jahre entstand, von Fischers altem Freund, dem Baumeister Ravoth, erbaut (und später von Schulze-Naumburg umgebaut und vergrößert) auf eigenem Grund das eigene Haus Erdener Straße 8.

Was macht Ihr Haus? Ihr Schloß? Ihre Burg? Ihr Cottage? Was von alledem wird es? Bauen Sie nur einen großen Tanzsaal und laden Sie mich zum Einweihungsball ein!

So erkundigte sich Margarete Hauptmann im September 1904. Genau ein Jahr später, im Spätherbst 1905, wurde das Haus bezogen, und es erwies sich, daß es weder ein Schloß noch eine Burg oder ein Cottage war, sondern ein großes, geräumiges, bequemes Wohnhaus der Literatur und Kunst. »Viele Menschen aus allen Bereichen der Kunst fühlten sich hier beheimatet«, erzählte Tochter Brigitte später, »und die weiße Gartenpforte bedeutete auch ihnen den Eingang in ein Zuhause, in die Wärme eines Kreises Gleichgesinnter.« Das war keine Übertreibung. Das Haus trug an der Außenseite das »Verlagswappen«, den Fischer mit dem Netz. Im Oberstock befand sich eine Anzahl behaglicher Gästezimmer – »Fremdenzimmer« wäre durchaus das falsche Wort, denn kein Fremder wohnte hier –, und sie waren allzeit besetzt. Fischer liebte es, die Mitglieder seiner Verlagsfamilie, wenn sie nach Berlin kamen, unter seinem Dach zu wissen, und Hedwig Fischer bestand darauf, daß sie nirgend anders abstiegen: Hauptmann und Thomas Mann, Wassermann und Nansen und zahllose andere haben es bestätigt. Nur Hermann Hesse sah das Haus nie. Schon im September 1904 hatte Fischer ihm geschrieben: »Ich bin mit dem Bau eines kleinen Hauses hier draußen in Grunewald beschäftigt, wenn Sie nach Berlin kommen, hoffe ich, Ihnen ein kleines Gastzimmer anbieten zu können.« Fischer wiederholte die Einladung noch oft und dringlich, aber Hesse wollte von Berlin nichts wissen. Eine Briefstelle Peter Nansens vom 11. Mai 1908 mag für viele ähnliche aus diesen Jahren stehen:

... wirklich, die Tage in Berlin waren entzückend, und über allem steht das frohe, freundschaftliche Zusammensein mit Ihnen. Sie haben in seltenem Grade die Gaben der Gastfreiheit. Wie bei wenigen anderen Menschen habe ich mich bei Ihnen heimisch gefühlt. Bisweilen dachte ich: die werden müde von Dir. Aber jedes Mal, wenn wir uns wiedersahen, fand ich dieselbe Liebenswürdigkeit, und ich habe mich beruhigt ... Schade, daß ich nur ein so flüchtigen Moment mit Hauptmann und seiner hübschen Frau zusammen sein konnte. Die beiden machen ein so sympathischen Eindruck. Und so brillant er aussieht! Viel besser als man es von seinen Bildern ahnen könnte. Er hat die breite Liebenswürdigkeit des großen Künstlers. Es ist schwer für mich wieder Dänisch zu sprechen. Nicht wahr? Ich sprach eigentlich besser Deutsch als der Deutsch-Schwindler Björnson? Vielleicht sächselt er besser als ich. Aber im Hochdeutschen nehm' ich gern die Concurrenz an ...

Und vier Jahre später, im Dezember 1912: »Das Grunewaldhaus ist ein Welthotel geworden.«

Holitscher schrieb später, das Haus habe mit seiner kultivierten Geselligkeit »einen wohltuenden Gegensatz zu der in Berlin im allgemeinen gepflogenen« gebildet:

Der Kreis um S. Fischer und seine Frau Hedwig ähnelte jenem, der sich vor Jahren in München um Albert Langen gebildet hatte, nur darin, daß seinen Kern ebenfalls die Autoren des Verlags bildeten. In seiner Zusammensetzung und seinem Grundwesen war er von jenem Münchner Kreis so verschieden, wie Berlin von München, der Markt von der Kunststadt, das Bürgertum von der Boheme. Solidität wohl erworbenen Ranges und Reichtums gaben dem Kreis um Fischer seinen Charakter. Die zweideutig schillernde Atmosphäre der genialischen Zufälligkeit, die um Langens Wohnung an der Isar sich so reizvoll gewoben hatte, war in der Erdener Straße nicht zu spüren. Man kam gern in die Grunewaldvilla ...

Doch es war eine Solidität, die der Moderne die Tür offenhielt. Es sollen über Fischers Büchern nicht seine Bilder vergessen werden. So, wie Hedwig Fischer das Haus mit Musik füllte, so füllte er es mit Malerei. Fischer besaß schon vor der Jahrhundertwende eine Anzahl französischer Impressionisten: Cézanne, van Gogh, Gauguin, Pissarro; sein Berater bei diesen Bilderkäufen war Ivo Hauptmann, der älteste Sohn Gerhart Hauptmanns, damals ein junger Malstudent in Paris, der die Bilder dieser Meister, lange ehe sie den Kunstmarkt eroberten, für Fischer erwarb. »Den van Gogh habe ich bei Druot gekauft«, erinnerte er sich mehr als ein halbes Jahrhundert später. »Es blieben noch 1000 Francs übrig – ich glaube, Vater Fischer hatte mir 5000 Francs gegeben –, für die ich die Landschaft von Gauguin kaufte. Landschaften von Gauguin waren damals wenig geschätzt.« Mancher seiner Freunde, besonders Hauptmann, verstand Fischers Geschmack nicht und warf ihm vor, daß er statt ihrer nicht die damals landläufigen deutschen Meister kaufte. Der Vorwurf war ungerecht. Hauptmann ließ die Halle des ›Wiesenstein‹ von Johannes Avenarius ausmalen, Fischer die Halle in der Erdener Straße mit einem Fries von Karl Walser ausschmücken – kein Zweifel, wer hier den sichereren Geschmack besaß. Orlik, Corinth, Slevogt, Liebermann, Pechstein und Renée Sintenis gehörten zum Freundeskreis beider Häuser, und Liebermann und Corinth vertrugen sich im Grunewaldhaus mit Cézanne und van Gogh durchaus. Über dem Flügel hingen Liebermanns berühmte *Zwei Reiter am Meer*, von denen es hieß, sie bewegten sich, sobald im Raum Musik erklang; Max Dauthendey nahm dies zum Vorwuf einer gleichnamigen Novelle, in der die musikalische Atmosphäre des Hauses sehr schön geschildert ist. Und nicht zu vergessen: das Porträt Hedwig Fischers von Leo von König. Überdies war Fischer ein unermüdlicher Sammler alter, schöner Dinge, mit denen er sein von Troost eingerichtetes Haus Jahr um Jahr bereicherte. Die Möbel des Salons stammten aus der Hinterlassenschaft des Erzherzogs Johann Salvator von Toskana, des späteren Johann Orth, und Fischer erwarb sie auf einer Versteigerung in Wien.

Wohin wir auch kamen, es war immer eine der Hauptferienfreuden meines Mannes, bei den Antiquaren zu stöbern; in Holland hatte er mir einen großen Schreibtisch mit Geheimfächern erstanden, den ich sehr liebte, in der Halle unseres Hauses hing eine Lichterkrone aus Messing, die aus einer portugiesischen Synagoge stammte, [...] in Würzburg wurden schöne alte silberne Tee- und Kaffeekannen gekauft ... in München versorgte uns der Antiquar Bernheimer mit den kleinen Bildchen und Stichen, mit denen wir zu Hause Diele und Treppe zierten ...

CHRONIK DES HAUSES

Gästebücher voll berühmter Namen sind häufig eine (zumal für die Gäste) leicht fatale Hausherreneitelkeit, und die Nachwelt durchblättert die memorablen Dankessprüche zuweilen nicht ohne leises Unbehagen. Nicht so hier. Vom Gästebuch des Hauses in der Erdener Straße sind nur Teile gerettet; es klaffen große Lücken; doch die erhaltenen Seiten sind ein unersetzlich wertvolles Dokument. Fast durchweg aller rhetorischen Schnörkel bar, enthalten sie knapp und sachlich in laufender Folge lediglich Namen und Daten, und ohne sie fiele es schwer, diese versunkene Welt auch nur in Umrissen zu rekonstruieren. Gottlob, meint der Chronist, daß Hedwig Fischer ihre Gäste nötigte, sich einzutragen. Man begreift, wie sehr Verlagsgemeinschaft und Hausgemeinschaft Teile einer Gesamtgemeinschaft waren, und mancher Vorgang im Haus in der Bülowstraße läßt sich überhaupt nur durch die Daten und Namen des Gästebuches des Hauses in der Erdener Straße zeitlich bestimmen.
Die frühesten Blätter stammen aus den Jahren 1906 und 1907. Auf ihnen findet sich nicht nur der Name Joseph Fischers, der schon im Februar 1906 aus London kam, wohin er als Vertreter seiner Firma übersiedelt war, um den berühmten jüngsten Bruder im neuen Haus zu besuchen (er war schon 1902 in Südtirol mit von der Sommergesellschaft gewesen). Es finden sich auch die Namen der bewährten Angestellten des Verlags, Regina Rosenbaum, Carl Schur, Peter Paul Schmitt, die regelmäßig einmal im Jahr, im August, in den Grunewald geladen wurden. Die engsten literarischen Berater und Mitarbeiter von Verlag und Zeitschrift, Moritz Heimann, Julius Elias, Arthur Eloesser, Max Osborn, Julius Bab, werden stets herbeigerufen, wenn ein bedeutender Autor von auswärts zu Gast ist. Alte Freunde aus

den Anfangsjahren wie Max Marschalk und Otto Brahm sind weiterhin der Hausgemeinschaft verbunden, auch wenn die beruflich-literarische Beziehung zu Verlag oder Zeitschrift sich mittlerweile gelockert oder gelöst hat. Ein neuer Freund taucht regelmäßig auf: Felix Salten, der in den Jahren 1905/06 als Berichterstatter der ›Neuen Freien Presse‹ in Berlin lebte und Fischers liebster Reisebegleiter war; er kam 1903 mit seiner Novelle *Die kleine Veronika* in den Verlag, einer für damalige Begriffe ›gewagten‹ Erzählung, die Fischer vorübergehende Unzuträglichkeiten bereitete; doch nahm er sie mit Humor:

Die kleine Veronika ist auf den hiesigen Bahnhöfen zum Verkauf nicht zugelassen, was der Verbreitung dieses Buches bedeutenden Abbruch thun wird. Wir wollen aber hoffen, daß sie auch ohne Eisenbahnen ihren Weg machen wird.

Sie machte ihn, und auf sie folgte 1907 Saltens bezaubernde Erzählung *Herr Wenzel auf Rehberg und sein Knecht Kaspar Dinckel* (ein kurioser Vorausklang von Brechts *Herr Puntila*) und manches mehr.
Was gäbe man darum, am Abend des 7. Januar 1906 dem Tischgespräch mit Gabriele Reuter und Helene Stöcker lauschen zu können? Merkwürdig sich vorzustellen, daß Tilla Durieux und Stefan Georges Verleger Georg Bondi (ein angeheirateter Onkel von Katia Mann), der Germanist Otto Pniower, der die ›Pantheon-Ausgabe‹ des Verlags betreute, und der Anglist Max Meyerfeld, der soeben eine neue deutsche Ausgabe von Oscar Wildes *De Profundis* bei Fischer herausgegeben hatte, von der gleichen Gesellschaft waren. Was führte Alexander von Bernus am 20. Mai 1906 in die Erdener Straße? Er hatte die Herausgabe von Brentanos Gedichten in der ›Pantheon‹-Sammlung übernommen. Seiner Eintragung ins Gästebuch folgt am selben Abend Thomas Mann, der damals an seinem zweiten Roman *Königliche Hoheit* arbeitete; er kam aus Dresden, wo er im Sanatorium des Dr. Lahmann »ein wenig Ferien gemacht« hatte. Dieses Kurhaus ›Weißer Hirsch‹ bei Loschwitz an der Elbe hatte damals und bis nach dem Ersten Weltkrieg einen großen Ruf, auch in der Verlagsfamilie; Fischer fuhr zumeist im Frühjahr auf eine Woche hin und traf dort Hauptmann, Brahm, Nansen und andere Freunde aus der literarischen und Theaterwelt, die sich nach dem langen Stadtwinter vom gescheiten und überaus belesenen Dr. Lahmann auf seinem »sächsischen Semmering« die ›Nerven aufmöbeln‹ ließen. Thomas Mann freilich gefiel es dort nicht, und Brahm, der nicht ahnte, wie schwer krank er war, konnte auch Dr. Lahmann nicht helfen.
Der Name Rudolf Kassner im Gästebuch des Jahres 1906 mag erstaunen, denn man verbindet das Werk dieses bedeutenden österreichischen Essayisten mit dem Insel-Verlag. Doch hat es seine Richtigkeit:

Hofmannsthal hatte den Dreißigjährigen, der bis dahin nur wenig veröffentlicht hatte, Bie und der ›Rundschau‹ zugeführt; 1906 wurde Kassner mit seinem Essayband *Motive*, der seine bis heute mustergültigen Aufsätze über Baudelaire, Hebbel und Kierkegaard enthielt, auch Buchautor des Verlags, und 1907 folgte *Melancholia. Eine Trilogie des Geistes*. Danach ging der einzelgängerische und überaus empfindliche Mann, den Hofmannsthal den »bedeutendsten Kulturschriftsteller, den wir in Deutschland je hatten«, nannte, dem Verlag wieder verloren; doch der Zeitschrift blieb er, wenn auch in großen Zeitabständen, erhalten; sein letzter Beitrag in ihr erschien 1958.

So ließen sich die Namen und Daten des Gästebuches jener ersten Jahre fort und fort zu einem vielfältigen Kammerkonzert instrumentieren. Einer ist hier noch festzuhalten: Franz Hessel am 20. Dezember 1907; denn er gehörte in besonderem Sinn zur Verlagsfamilie. Er war der Sohn von Hermann Landshoffs einstigem Kompagnon in der Schweriner Getreidehandlung Landshoff & Hessel, und Fischer hatte 1905 den ersten Gedichtband des Fünfundzwanzigjährigen, *Verlorene Gespielen*, herausgebracht; 1908 folgten die Münchner Novellen *Laura Wunderl*, und danach verschwand der ›Hesselfranz‹, als den das literarische Berlin ihn später kannte, um sich, still, lächelnd, liebenswürdig-wehmütig, auf anderem Feld als Kritiker und Essayist, als Meister der ›kleinen Form‹, und nicht zuletzt als vorzüglicher Übersetzer einen Namen zu machen. Mit einem Vorgriff auf das Jahr 1912, aus den Erinnerungen Otto Flakes, rundet sich das Bild:

Der Haushalt mit Tennisplatz, Gärtner, Chauffeur, Gesellschafterin, Kinderfräulein, Köchin und Dienstboten kostete beträchtliche Summen. Nicht alle Reichen, die bewirten, entgehen dem Augenblick, wo sie denken, nun sei es der Großzügigkeit genug, und der Gast, wenn er Nerven hat, das Absinken in der Haltung spürt. Die beiden Ehegatten versagten nie, und ich bewunderte vor allem ihn, der als Mann, der klein angefangen hatte, den Geldwert kannte.

In dem Haus mit der von Walser ausgemalten Halle, dem angebauten Speisesaal, der großen Bibliothek, dem Klavierzimmer und dem reizenden Teezimmer, mit den gewählten Teppichen und dem Liebermann, dem Gauguin, dem van Gogh, dem Ludwig von Hofmann an den Wänden, traf ich mit einer Unmenge von Namensträgern zusammen – Hauptmann, Rathenau, Thomas Mann, Schnitzler, Hofmannsthal, Stefan Zweig, Peter Nansen, Carl Ludwig Schleich, Kellermann, Franz Blei, Johannes V. Jensen, Aage Madelung, Wassermann, Hans Reisiger, Lovis Corinth, Irene Triesch, Gabriele Reuter, Dernburg, Annette Kolb, und im Lauf der Jahre wurde es ein endloser Zug; meine Tischdamen allein nähmen eine Seite in Anspruch; die reizendsten waren (von den späteren) Käthe Dorsch und Brigitte Horney ...

Den Verleger selbst in seinem Haus, wo er »mit ungemeiner Würde seine Empfänge abhielt«, zeigt uns eine Vignette Annette Kolbs aus der gleichen Zeit:

Alle Räume des Erdgeschosses standen diesem Zweck offen. Wohl gab es unter ihnen den mit Liebermanns vielleicht schönsten Porträts geschmückten Salon, der sich ohne weiteres in einen Ballsaal konvertieren ließ, und ich erinnere mich eines Tanzes mit Walther Rathenau – aber der Hausherr ließ sich dort nicht blicken, ihm stand der Sinn nur nach der Literatur; bei Besuchen hielt er sich in der Nische des großen Zimmers auf, das von Büchern starrte ... Unvergeßlich, wie geistreich, interessant und überlegen, mit welcher Anteilnahme der kleine Selfmademan sich über seine Autoren äußern konnte. Sie waren sein Hobby ...

Der Verlag war knapp zwanzig Jahre alt, als Fischer seine persönliche ›große Form‹ fand, die im Grund nur Ausdruck der ›großen Form‹ war, in welche sein »Hobby« hineingewachsen war.

DREIMAL FÜNFZEHN JAHRE

Die Produktion des Verlags war in diesen zwei Jahrzehnten von den sechs Titeln des Gründungsjahres auf durchschnittlich achtundzwanzig Neuerscheinungen im Jahr angewachsen. Um die Jahreswende 1905/06 setzte eine neue Phase des Wachstums ein, die bis in den Ersten Weltkrieg hinein anhielt. Von vierunddreißig Titeln im Jahr 1905 stieg die Produktion 1907 auf vierzig, 1908 auf vierundvierzig, 1909 auf fünfundfünfzig, und ihr Durchschnitt von der Jahrhundertwende bis zum Ersten Weltkrieg betrug sechsundvierzig Neuerscheinungen im Jahr.
Zugleich mit dem Ausmaß der Verlagsproduktion veränderte sich ihre Zusammensetzung. Bei näherem Hinsehen zeigt sich eine entschiedene Verlagerung des Akzents von ausländischen auf deutsche Autoren. 1890 waren von insgesamt zweiundzwanzig Titeln noch fünfzehn Übersetzungen und nur sieben deutsche Originalwerke gewesen. Zehn Jahre später, 1900, kamen auf einunddreißig Titel nur noch sechs Übersetzungen; 1910 auf dreiundvierzig Titel neun Übersetzungen. Dieses Verhältnis blieb von der Jahrhundertwende bis zum Ersten Weltkrieg ziemlich konstant: etwa ein Fünftel der Verlagsproduktion war ausländische Literatur. Dieses Fünftel wurde überdies von vergleichsweise wenigen ausländischen Autoren gestellt. Fischer führte in der Hauptsache seine ›alten‹ Skandinavier weiter und erwarb nur wenige neue Ausländer hinzu, und von ihnen steuerte ein Autor wie Shaw in manchem Jahr zwei, drei oder mehr Titel bei.
Rund vier Fünftel der Verlagsproduktion stammten jetzt aus deutscher Feder, und sie waren überwiegend erzählende Prosa. Fischer hatte diese neue deutsche Prosa nicht aus dem Boden gestampft; aber er hatte vernehmlich nach ihr gerufen, und sie war gekommen. Bei Ausbruch des Ersten Weltkrieges konnte man sagen, daß Deutschland

wieder eine ansehnliche Erzählertradition besaß, und man konnte weiterhin sagen, daß sie hauptsächlich unter Fischers Dach beheimatet war. Hier hatte sich in der Tat ein großer Umschwung vollzogen.

Es lassen sich nämlich im Wachstum des Verlages drei Phasen erkennen, die eine jede rund fünfzehn Jahre umfassen. In den ersten fünfzehn Jahren, die von den Anfängen bis zu *Buddenbrooks* reichen, steht das neue Drama als Hauptgegenstand der verlegerischen Bemühung im Vordergrund. In der zweiten Phase, die bis in den Ersten Weltkrieg reicht, stellt sich die Prosaepik mit machtvollem Anspruch auf künstlerische Gleichberechtigung dem Drama zur Seite. In der dritten Phase schließlich, die Fischers letzte fünfzehn Schaffensjahre umfaßt, vollzieht sich unter dem Eindruck der vom Ersten Weltkrieg aufgeworfenen Problematik eine neuerliche Erweiterung des verlegerischen Bestrebens weit über das Gebiet der ›Dichtkunst‹ hinaus in den Bereich des politischen, sozialen, wirtschaftlichen Weltgeschehens. Fischer spürte diesen ›Zug der Zeit‹ schon lange vorher und begann, sich auf ihn einzustellen; schon am 30. Oktober 1907 schrieb er beiläufig an Nansen:

Wäre es möglich, daß ich von dem Erscheinen wichtiger Memoiren- und Reisewerke in Skandinavien rechtzeitig Kenntnis bekomme? Ich möchte diese Art Literatur, besonders mit Rücksicht darauf, daß ich in meiner Zeitschrift manches davon brauchen kann, in nächster Zeit besonders kultivieren, freilich nur das Wichtigste und Bedeutende.

›UNSERE ERZÄHLENDE LITTERATUR‹

Als Fischer begann, ging er von der Vermutung aus, daß die Überwindung des Epigonentums auf der Bühne einsetzen, die Erneuerung der deutschen Literatur vom Drama her erfolgen werde. Moritz Heimann, der in der ›Neuen Deutschen Rundschau‹ in regelmäßigen Abständen in größeren Aufsätzen die neue deutsche Romanliteratur (nicht nur des eigenen Hauses, sondern auch anderer Verlage) besprach, vermutete hierin sogar eine gewisse Behinderung. In einem Aufsatz *Unsere erzählende Litteratur* schrieb er schon 1895:

Es ist kein großes Vergnügen, neue deutsche Romane zu lesen, aber das Leben ist auch kein großes Vergnügen. Das ist so ziemlich die stärkste Ähnlichkeit, die die Romane mit dem Leben haben; sie entspricht der Vorschrift, daß die Kunst der Zeit dem Leben den prüfenden Spiegel vorhalte ... Das Drama stört hierbei ein wenig. Denn es hat in Gerhart Hauptmann einen präsentativen und, wie Ola Hansson schön, aber etwas tautologisch sagen würde, einen barozentrischen Mittelpunkt, wodurch es das Aussehen zusammengehaltener, zukunftsfreudiger Gesundheit erhält. Dahingegen ist die neue deutsche Romanlitteratur anarchisch, excentrisch, zersplittert und ganz so nebelhaft diffus, wie unser soziales und ethisches Leben, dessen durcheinanderjagende Strömungen keine Richtung annehmen wollen ... Es ist eine Art von Dilettantismus. Es ist ein Zerstieben und Zersplittern der Persönlichkeit. Die Anlage unserer Zeit dazu war es, die die große Form des Romans zerstörte und die Liebe zur Skizze, zur verzerrt-subjektivischen Novelle schuf. Es ist nicht gleichgültig, welcher Kunstform eine Zeit den Vorzug gibt ...

... die Psychologie in allzu vielen deutschen Romanen geht etwas komisch bequeme Wege. Sie leuchtet nicht in Seelen hinein, erklärt nicht dunkle Zusammenhänge, zeigt nicht Einschlag und Kette geheimen Lebens; sondern irgend ein sonderbares, möglichst sonderbares, kompliziertes, möglichst kompliziertes Verhältnis wird uns zu glauben befohlen, dann wird frisch drauf los fabuliert. Das Exzeptionelle eines Falles, das erst recht eine genaue Analyse verlangt, soll die Analyse unnöthig machen, ja, ihre Stelle vertreten! Das ist nicht Psychologie; sondern es wäre Irrthum oder Sand in die Augen, – wenn es nicht Unfähigkeit wäre ...

Was ist nun der große Roman? Ein Feiertagsgewand auf dem Markte. Wer es anzieht und durch das Gedränge will, muß edle Falten zerknittern.

Heimann bespricht in diesem Aufsatz acht Bücher, darunter Neuerscheinungen von Heyse, Ebner-Eschenbach, Wildenbruch und Sudermann. Nur zwei stammen aus dem eigenen Haus und sind polemische Frauenemanzipationsbücher. Und nur eines, das letzte, hält seinen Kriterien stand; es ist ein ausländisches, Knut Hamsuns *Pan*, bei Langen erschienen:

Was will die tiefe Trauer dieses Buches? was bedeutet seine zarte Brunst? von wo kommt seine Stimme? Sie kommt von den letzten Marken des Nordens, von der äußersten Grenze germanischen Stammes. Von ferner Heide lockt ein Ruf; verlorener Klang von außerhalb des Dorfes, den die weichen Winde herübertragen. Mitten zwischen der orgiastisch gewordenen Genialität der Franzosen und der mystischen Genialität der Russen liegt Deutschland und wartet auf sich selbst, sich seine Aufgabe zu stellen. Welche das aber ist, das ist noch verborgen. Aber wenn sie sich enthüllt, dann wird auch der große Roman geschrieben werden, in dem nicht der Tag, sondern das Jahrhundert pocht. Don Quixote und Simplizissimus, Wilhelm Meister und Anna Karenina sind solche Bücher. Inzwischen lockt ein Ruf von ferner Heide.

Heimanns Aufsatz – nur einer von vielen zu diesem Thema in jenen Jahren – ist ein gutes Beispiel der ernsten literarkritischen Publizistik dieser Zeit des Wartens, und er wäre auch bedeutsam, wenn er nicht in Fischers Zeitschrift erschienen wäre und nicht von dem Mann stammte, der an hervorragender Stelle stand, um dem noch verborgenen großen deutschen Roman, »in dem nicht der Tag, sondern das Jahrhunderts pocht«, ans Licht zu verhelfen. Fünf Jahre später war *Buddenbrooks* im »Feiertagsgewand auf dem Marktplatz« erschienen.

»SPRACHLUST« UND »KUNSTZAUBER«

Fischers Erwartung, daß der schöpferische Funke vom Drama alsbald auf den darniederliegenden Roman überspringen werde, schien nicht unberechtigt. Die enge schöpferische Wechselbeziehung war in mehr als einem seiner Autoren am Werk. Einer der fesselndsten Briefe Hartlebens an Fischer zeigt, daß experimentierfreudige Geister sich schon geraume Zeit vor der Jahrhundertwende mit den Möglichkeiten beschäftigten, die dieser überspringende Funke bot. Im Sommer 1893, um die Zeit von Hauptmanns *Hannele,* versuchte sich Hartleben an einem Roman, an dessen Anfangskapiteln Fischer jedoch anscheinend manches auszusetzen hatte. Otto Erich schrieb zurück:

Mein lieber Sami! Conventionell kannst du nun die Form absolut nicht nennen. Du widerrufst das auch damit, daß du sagst, sie wäre dir vielleicht nur ungewohnt. Das Conventionelle wirkt nie ungewohnt. Die Form ist nämlich im Gegenteil der Versuch von etwas technisch ganz Neuem, von etwas, was noch gar nicht versucht wurde, nämlich der Versuch, gar nicht zu erzählen, sondern nur Situationen zu schildern und Dialoge realistisch wortgetreu wiederzugeben, das heißt eigentlich: die Technik der Bühne in den Roman zu übertragen. Dieses Experiment reizte mich deshalb, weil das Andeutungsweise, das Erratenlassen, was durch einen wirklich ehrlich dem Leben nachgebildeten Dialog nötig wird, vielleicht durch einen referierenden Zwischentext im Roman feiner und künstlerischer ergänzt werden kann, als durch eine Darstellung auf der Bühne... Hierin liegt der große formelle Reiz für mich, und deshalb werde ich den Roman streng in diesem Stil ausführen. Dabei tritt allerdings meine werthe Persönlichkeit scheinbar ganz hinter den objektivierten Gestalten zurück. Das ist aber eine große künstlerische Tugend, und wenn du's dir richtig überlegst, ist es ja auch ganz unmöglich, in einem größeren Rahmen, wenn man die Illusion des unmittelbar, jetzt, wie vor Augen Geschehenden aufrecht erhalten will, jenen ganz subjectiv willkürlichen selbstironischen Ton durchgehen zu lassen, wie bei meinen kleinen humoristischen Anekdoten. Gerade dein Brief beweist mir übrigens, daß ich mich in der gewählten Form nicht verrechnet habe, da du mir schreibst, daß dich die Fabel sehr interessiert und dir die Menschen bereits plastisch werden. Mehr kannst du von einem guten Roman gar nicht verlangen. Ich werde ihn daher in dieser, meiner Weise zu Ende schreiben.

Otto Erich befand sich auf einem Holzweg und scheint dies bald selbst erkannt zu haben, denn der hier erörterte Roman kam nicht ans Licht. Um so aufschlußreicher ist die Erörterung: ein knappes Jahrzehnt vor *Buddenbrooks,* die die Erneuerung des Romans geradezu mit der Umkehrung dieser Formel bewirkten und ihn just durch jene Selbstironie des Erzählers triumphieren ließen, deren Subjektivität Hartleben für verderblich hielt. Zehn Jahre nach *Buddenbrooks,* 1910, schrieb Thomas Mann:

Wer ist ein Dichter? Der, dessen Leben symbolisch ist. In mir lebt der Glaube, daß ich nur von mir zu erzählen brauche, um auch der Zeit, der

Allgemeinheit die Zunge zu lösen, und ohne diesen Glauben könnte ich mich der Mühen des Produzierens entschlagen. ›Königliche Hoheit‹ ist nicht irgendein willkürlich gewählter Stoff, in welchem mein ›Virtuosentum‹ sich verbiß und auf den meine Unkenntnis kein Anrecht hatte. Sondern indem ich, nach meinen Kräften, an dem Streben einiger Weniger teilnahm, den deutschen Roman als Kunstform zu adeln und zu erhöhen, erzählte ich, auch diesmal, von meinem Leben.

Als Thomas Mann dieses bedeutsame Bekenntnis seines Strebens, »den deutschen Roman als Kunstform zu adeln und zu erhöhen«, ablegte, war Gerhart Hauptmanns erster Roman *Der Narr in Christo Emanuel Quint* soeben erschienen, und es war nicht von ungefähr, daß Bie dies für den rechten Augenblick hielt, in der Zeitschrift die zurückgelegte Wegstrecke kritisch zu überschauen. Am 4. Januar 1911 schrieb er an Bahr:

Sind Sie bereit, uns einen größeren Essai über das Verhältnis des modernen Romans zu unserer Zeit zu schreiben, im Anschluß an Gerhart Hauptmanns ›Emanuel Quint‹...? Wir möchten einmal in großem Maßstabe die Bedeutung dieses Werkes und anderer Werke, die Sie beliebig hineinziehen wollen, für die großen Fragen unserer Zeit in der Rundschau ausführen. Es würde sich da weniger um das Technische handeln, als um das Stoffliche und wie weit der Inhalt großer moderner Romane die wesentlichen Regungen unserer Zeit wiederspiegelt oder gar gestaltet.

Eine solche Aufforderung wäre ein Jahrzehnt zuvor noch kaum sinnvoll gewesen. Denn in diesem Jahrzehnt war in Deutschland der »große moderne Roman« erst aufgeblüht.

Hartleben hatte natürlich recht, Fischer vorzuhalten, das Konventionelle wirke nie ungewohnt, während Fischer ebenso richtig spürte, daß das Ungewohnte durchaus konventionell wirken könne. Dennoch hatte Hartleben den richtigen Instinkt: der deutsche Roman steckte bei allem ehrlichen Drang, mit dem Realisten und Naturalisten seine thematische Erneuerung anpackten, formal tief im Konventionellen; er war als Kunstform abgetragen, ausgetreten und verlottert. Nur war die Bemühung, »gar nicht zu erzählen«, ein Versuch mit untauglichen Mitteln; mit der Vertauschung der formgesetzlichen Vorzeichen war gar nichts getan; man tut sich leicht, ein Werkzeug für unbrauchbar zu erklären, nur weil man es nicht zu handhaben vermag; das war der Dilettantismus, gegen den Heimann mit Recht den präzeptoralen Zeigefinger erhob. Der »große moderne Roman« setzte nicht die Abwendung von der verfallenen Kunst des Erzählens, sondern ihre Wiederentdeckung in Deutschland voraus.

Fischer hatte auch während seiner ersten Produktionsphase, in der das Drama im Vordergrund stand, die erzählende Literatur durchaus nicht vernachlässigt und Jahr um Jahr neben den bedeutenden ausländischen Prosadichtern auch deutsche Romanciers vorgelegt. Aber es ließ sich nicht leugnen, daß sie wenig künstlerische Eigenart besaßen. Daß die Sprache als künstlerisches Stilmittel zu verwenden sei, war den deutschen Prosaisten nicht aufgegangen, obwohl diese Erkenntnis bei den Skandinaviern, vornehmlich bei Hamsun und Bang, sogar durch die häufig sprachlich unzulänglichen Übersetzungen hindurchleuchtete. Fischers erfolgreichster deutscher Erzähler war um diese Zeit Felix Hollaender, der zwischen 1891 und 1905 acht Romane bei ihm veröffentlichte. Aber man wüßte sie heute auf Anhieb von den Romanen Georg Hirschfelds oder Hans Lands, die zur gleichen Zeit bei Fischer erschienen, kaum zu unterscheiden. Hingegen muß man nur eine Seite aus Hollaenders 1902 erschienenem *Der Weg des Thomas Truck* (einem damals sehr beliebten Buch, das zehn Auflagen erlebte), gegen eine Seite aus Wassermanns *Die Geschichte der jungen Renate Fuchs*, eine Seite Hermann Hesse, Friedrich Huch, Eduard von Keyserling halten, um zu sehen, wer hier der beflissene Sätzeklitterer, wer der souveräne Erzähler war. Man denkt an Thomas Manns Worte in einem Brief an Hans Brandenburg vom 3. Dezember 1906:

> ... naturalistische Gegenständlichkeit ließ mich oft sehnsüchtig an Schillers Künstlerweisheit denken: »Darin besteht das eigentliche Geheimnis des Meisters, daß er den Stoff durch die Form vertilgt.«

Einer der letzten Ausläufer des naturalistischen Romans war Georg Hirschfelds 1912 erschienener riesiger Doppelfamilienroman *Der Kampf der weißen und der roten Rose*. Thomas Mann fand ihn so aufschlußreich, daß er ihm eine Besprechung widmete, um »den Geist des Naturalismus aufs neue zu studieren«.

> Dieser Geist zeigt eine eingeborene Tendenz – wenn nicht zur Größe, so doch zum Kolossalen, zur Quantität, zur Massigkeit. Hirschfelds Roman ist dafür ein Zeugnis; er imponiert durch den Umfang der Komposition, durch die Menge von Leben und Schicksal, die er bewältigt.

Doch was half's? Wiewohl »am Ende gerührt, erwärmt und gewonnen«, vermißte der Rezensent doch das Wesentliche, welches das Kolossale zur Größe adelt und erhöht:

> Ein Gefühl der Entbehrung, der Freudlosigkeit wollte anfangs nicht weichen. Da ist kein Stil, kein Spiel, kein Geist, keine Ironie, keine Gehobenheit, keine Sprachlust, kein Kunstzauber. Der Vortrag ist farblos bis zum Konventionellen, der Dialog ohne Haltung und persönlichen Tonfall, ja selbst ohne den Reiz frappanter Wahrscheinlichkeit, und die erzählten Menschen sind bis auf blasse Nebenerscheinungen Mittelstand in sittlicher, psychologischer und sozialer Beziehung.

Die »erzählten Menschen«! »Ich will Gestalten geben ...«, schrieb um diese Zeit Jakob Wassermann.

LÄNGE UND BREITE

Umfang, Breite, Ausführlichkeit und Ausgiebigkeit standen gewiß mit der Erneuerung der deutschen Prosaepik als ›großer Form‹ in einem wesentlichen Zusammenhang. Man sieht es Fischers Büchern im ersten Jahrzehnt des neuen Jahrhunderts an; sie wurden, rein äußerlich genommen, dicker, wogen schwerer in der Hand. Bis zur Jahrhundertwende war bei ihm kein Roman erschienen, der länger war als vierhundert Druckseiten; der ›gängige‹ Umfang waren dreihundertfünfzig Seiten. Als der Knabe Etzel Andergast in Wassermanns *Fall Maurizius* versucht, sich ein Buch mit 6630 Blättern vorzustellen, holt er einen Stoß Bücher aus dem Regal:

> ... das erste hat hundertfünfzig Blätter, das zweite hundertfünfundzwanzig, das dritte zweihundertzehn, keines mehr als zweihundertsechzig, er hat es überschätzt, er stapelt dreiundzwanzig Bände auf einander und kommt dann erst auf viertausendzweihundertzwanzig Blätter. Da ließ er es, mit staunenden Augen.

Mit zwölf Exemplaren *Buddenbrooks* oder zwanzig Exemplaren eben dieses *Fall Maurizius* wäre das Experiment mühelos gelungen.
Der ›gängige‹ Umfang änderte sich in auffallender Weise nach dem ›Durchbruch‹ von *Buddenbrooks*. Fischers eigene Produktion zeigt es. Felix Hollaenders *Thomas Truck* war ein Wälzer von über achthundert Seiten; Georg Hirschfelds zwischen 1906 und 1910 bei Fischer erschienene Romane (danach wechselte er zu anderen Verlagen über) kamen nicht mit weniger als fünfhundert Seiten aus; Else Jerusalems *Heiliger Skarabäus* (1909) hatte annähernd siebenhundert, Jakob Schaffners *Konrad Pilater* (1910) annähernd sechshundert Seiten. Freilich galt für viele von ihnen, was der fünfundzwanzigjährige Oskar Loerke 1909, nachdem sein eigener erster (sehr kurzer) Roman *Vineta* bei Fischer erschienen war, in seinem Tagebuch notierte:

> Die Vortrefflichkeit eines Romans müßte mit seiner Länge wachsen. Es ist in unserer eiligen Zeit eine Anmaßung, die Lektüre eines endlosen Werkes zu verlangen, das nur mittelmäßig ist.

»Unsere eilige Zeit« war eine Vorstellung, die um die Jahrhundertwende die Geister sehr stark beschäftigte. Man erinnert sich, daß Fischer selbst anfänglich Bedenken gegen *Buddenbrooks* hegte, weil er fürchtete: »Wieviele Menschen haben in der Zeit unseres Industrialismus Zeit und Sammlung, ein Werk von 70–80 Bogen in sich aufzunehmen? Ich sehe es an mir sehr deutlich ...« Seither ist die Zeit noch unvergleichlich viel eiliger und der große Erfolgsroman noch unvergleichlich viel umfangreicher geworden. Hier lag eine Fehleinschätzung vor, und nicht nur *Buddenbrooks* bewies es. Fischer zauderte nicht, in den Jahren 1904 bis 1908 drei große ›Ideenromane‹ des bedeutenden, bis dahin in Deutschland völlig unbekannten englischen Erzählers George Meredith herauszubringen – *Richard Feverel*, *Der Egoist* und *Lord Ormont und sein Aminta* –, von denen der erste siebenhundert, der zweite nahezu achthundert, der dritte vierhundertfünfzig Seiten lang war. (Heimann war von Meredith hingerissen; er sei, schrieb er Fischer, »seit Jahren, außer durch Musik, nicht so geschmolzen«. *Feverel* sei »ein roman le plus roman«.) Ein solches buchhändlerisches Wagnis hätte er ohne *Buddenbrooks* nicht unternommen. Schnitzler hatte sich mit seiner erzählenden Prosa bis zu dieser Zeit durchaus an die ›kleine‹ und ›mittlere‹ Form gehalten. Als er 1901 *Frau Berta Garlan* an Fischer sandte, nannte er dieses Buch trotz seiner zweihundertfünfzig Seiten noch ausdrücklich eine ›Novelle‹; als er 1908 mit *Der Weg ins Freie* seinen ersten, auch so bezeichneten Roman vorlegte, hatte er sich ohne Bedenken und ungeachtet »unserer eiligen Zeit« mit einem Umfang von nahezu fünfhundert Seiten der »großen Form« bemächtigt; und Fischer murrte nicht: das Werk erlebte in drei Jahren zweiundzwanzig Auflagen und war bis zu diesem Zeitpunkt Schnitzlers bei weitem größter Bucherfolg, der die fünfzehn Auflagen des *Lieutenant Gustl* weit hinter sich ließ.

Als der junge Loerke 1906 zum erstenmal *Buddenbrooks* las, hatte er mancherlei einzuwenden und notierte schließlich:

Überhaupt ist wohl der Umfang die Hauptursache aller Fehler, selbst die Gesamtkomposition büßt dadurch an Übersichtlichkeit ein.

Aber es erwies sich, daß gerade *Buddenbrooks* (und nicht zu vergessen: *Jörn Uhl*) hier ein Vorurteil niedergekämpft hatten, das sich als Reaktion auf die ›Schinken‹ der Gründerzeit bei der Leserschaft wie bei der Kritik festgesetzt hatte. Zwar wurden die mehrbändigen ›Wälzer‹ nicht wieder Mode, und Fischer brachte sie auch in der Folge nur selten, und das aus gutem Grund: weil nur sehr wenige deutsche Erzähler diese große Form zu meistern wußten. Doch wenn er sich trotz der schlechten Erfahrung mit der zweibändigen *Buddenbrooks*-Ausgabe dazu entschloß, so waren es ausnahmslos Werke, in denen »der Stoff durch die Form vertilgt« war. Als er 1918 mit Hermann Stehrs *Der Heiligenhof* und 1919 mit Wassermanns *Christian Wahnschaffe* zum erstenmal seit *Buddenbrooks* es wieder mit zweibändigen Romanen wagte, gingen die Bücherkäufer ohne Murren mit. Wassermanns Roman mit seinen nahezu neunhundert Seiten kostete – der Kuriosität halber sei es angemerkt – genausoviel wie *Buddenbrooks* fast zwanzig Jahre zuvor, nämlich zwölf Mark, und mit seinem Absatz hatte es keine Schwierigkeiten; er erzielte binnen sieben Jahren fünfundfünfzig Auflagen, also fast soviel wie die einbändige *Bud-*

denbrooks-Ausgabe in ihren ersten acht Jahren – allerdings war sein Verfasser kein Unbekannter mehr und sein Werk kein Erstling. Wie auch immer: das Vorurteil gegen das große, umfangreiche, weitausgreifende mehrbändige erzählende Werk war überwunden, und Fischer war nicht der einzige Verleger, der diese Erfahrung machte. *Der Zauberberg* konnte zuversichtlich in zwei Bänden auftreten und Thomas Manns großes Alterswerk mit souveräner Selbstverständlichkeit in vier Bänden. Und was die Stilmittel anging, dank deren hier der Stoff durch die Form vertilgt wurde, so bemerkte Loerke schon 1909 in geradezu hellsichtiger Vorwegnahme der Josephs-Tetralogie:

Ich glaube, lange Sätze von Anmut des Klangs und Baus sind doch das am meisten Erstrebenswerte und Fördernde für unsere Sprache. Sie lehren konzentrieren, das Treffende suchen, das Nebensächliche unterordnen und meiden, sie reinigen den Ausdruck von Schwulst und Leere, sie erfordern Beherrschung aller wesentlichen Wortgattungen und erlauben keine Eselsbrücken von allzu zahlreichen Hilfszeitwörtern, von verdunkelnden Beiwörtern. Sie lehren auch Abschnitte und Kapitel sicherer, übersichtsreicher bauen.

»EIN GROSSES STÜCK WELT«

Welcher Umschwung sich hier nicht nur in der Leserschaft, sondern auch in den Vorstellungen des Verlegers und seiner literarischen Berater vollzogen hatte, läßt sich mit sehr fesselnder, weil persönlich-freundschaftlich zugespitzter Eindringlichkeit aus dem Briefwechsel ersehen, den Moritz Heimann aus der Bülowstraße mit seinem um vierzehn Jahre jüngeren Freund Wilhelm Lehmann führte. Lehmann, 1882 geboren, war zwei Jahre älter als Loerke, und für ihn galt ganz besonders, was Loerke über seinen eigenen Erstlingsroman schrieb: »Er scheint mir aber weit weniger wert als die kleinen Prosaarbeiten.« Es galt für ihn so sehr (und nicht nur für ihn), daß er zu Heimanns Unmut eine größere erzählerische Form gar nicht anrühren mochte, wie sehr der Freund und Mentor ihn auch mahnte:

Es drängt Dich zu schaffen, etwas aus Dir herauszustellen, und Du findest nichts in Dir als Dich selbst. Der deutsche Zustand an sich und nicht nur von heute! Was ist zu thun? ... Ein großes Stück Welt, das ist die erste Bedingung, wenn Du zur Jagd gehst. Sieh um Dich, ergreife mit einem dreisten Griff einen Klumpen Erde und bilde! Schreibe einen Roman! Wage es! ... Die Hand von den die Kraft verzehrenden Kleinigkeiten – während die großen die Kraft erlösen und steigern.

So im Jahr 1909. Noch vierzehn Jahre später, 1923, predigte Heimann dem Freund das gleiche:

... wenn ich diesen äußerlich geringen Umfang bedaure, so geschieht es nur, weil darin ein Hindernis Deines extensiven Erfolgs steckt. Das Publikum will lesen und judizieren, und zu beiden Zwecken hat es gerne das Maul recht voll ... Die geringe Seitenzahl wird manchen Leser, der es eilig hat (wollte ›heilig‹ schreiben – als ob es Leser gäbe, die irgend was heilig haben!), enttäuschen; dem kurzen Buch genügt keine kurze Zeit. Es steht zuviel auf der Seite, in der Zeile; und liest man schnell, so langweilt man sich, liest man aber langsam, so wird man köstlich satt ... dennoch wünsche ich im Geheimen, daß Dir ein so gewaltiger Klumpen doch einmal zu einem ausgewachsenen Roman gediehe. Es ist mir dabei nicht bloß um das Publikum zu tun, sondern um die Form, um die Kunst, um die Freiheit.

Die Form, die Kunst, die Freiheit – Heimann wußte, daß hier der Schlüssel zu dem Bemühen lag, »den deutschen Roman als Kunstform zu adeln und zu erhöhen«; daß jenes »erlebte, tief empfundene Weltgefühl«, welches der Kritiker Lublinski bei *Buddenbrooks* als so befreiend empfunden hatte, die Prosaepik aus dem »deutschen Zustand an sich« herausführen werde; und er wußte auch, daß »ein großes Stück Welt« nicht unerläßlich auf großen äußeren Umfang angewiesen war (Hamsuns *Pan* war ein sehr kurzes Buch gewesen). Im selben Brief an Wilhelm Lehmann meinte er verschmitzt:

Aber du hast nun einmal diese knappe Form des Romans – denn immer sind es Romane, was Du gibst, keine Novellen – aus Trieb oder Not oder beidem gewählt, und es kommt nun darauf an, ob oder wann man Dir den Kredit der Narrheit auf eigener Hand, der Originellität geben wird: Lehmann? Ach, das ist der mit den kurzen Romanen – her damit!

Die ›große Form‹ der neuen deutschen Prosa war eine Sache des ›Formats‹, noch weit mehr im innern wie im äußeren Sinn; sie war eine Sache der seelischen Reichweite, der geistigen Spannkraft. Thomas Manns *Tod in Venedig*, 1913 erschienen, versinnbildlichte geradezu den zurückgelegten Weg der Befreiung zum Weltgefühl. Hermann Hesse, Friedrich Huch, Eduard von Keyserling, die alle nahezu gleichzeitig wenige Jahre nach *Buddenbrooks* bei Fischer hervortraten, waren Weggenossen auf dieser ›Route Royale‹, dieser Adelsstraße der deutschen Prosaepik, denen Thomas Mann sich im Weltgefühl verbunden wußte. Er besaß einen feinen Spürsinn hierfür. Schon 1896 sagte er von Jakob Wassermann: »Sein Einfluß liegt wohl überhaupt in der europäischen Luft.«

14 Jakob Wassermann

Jakob Wassermann nimmt in der Geschichte des Verlags eine Stelle eigener Art ein. Die berufliche und persönliche Beziehung, die zwischen ihm und Fischer bestand, ist zumindest in ihren ersten zehn Jahren der keines anderen Autors des Verlags vergleichbar. Unter den Großen des Hauses war er der einzige, dessen Souveränität als Autor, wie der junge Thomas Mann sie in seiner »Antwort des melancholischen Soldaten« feststellte, nicht von Anfang unantastbar war. Anders als jene, ging er bei Fischer in die Schule, mit hilfsbedürftiger Willigkeit und freiwilliger Dankbarkeit; die ganze Verlagsfamilie wirkte gleichsam an der Gestaltung dieses Gestalters, an der Schaffung dieses Schöpfers mit. Das ist ein seltener und ergreifender Vorgang, und daß mit ihm ein sogar in dieser Verlagsfamilie ungewöhnliches persönliches Verhältnis sich entwickeln mußte, kann nicht verwundern. Aus den Verlagsverträgen, in der Bülowstraße geschlossen, wurden in der Erdener Straße die »Verträge des Herzens«, wie Wassermann sie nannte. Gegen Ende ihres mehr als dreißigjährigen gemeinsamen Weges sagte er von Fischer:

Er war unwandelbar in seinem Sinn, treu, gerecht und freundlich. So kennen ihn viele. Viele sind ihm wesentlich verbunden. Sonderbar, er erweckt eine Liebe, über die man nicht nachdenkt, deren man sich aber immerfort bewußt ist. Er ist so zaghaft darin, er weiß es nicht, man muß es ihm sagen.

Unausgesprochen ist hierin gesagt, daß *er* ihn noch anders kannte; und das ist richtig. Wassermann war Fischer wesentlicher verbunden als »viele«. Er war einer der wenigen, nach Hartlebens Tod wohl überhaupt der einzige, Hauptmann in diesem intimsten Bezug nicht ausgenommen, der es ihm »sagen« konnte, der ihn hin und wieder aus seiner »Zaghaftigkeit« zu lösen verstand.

Dieses Verhältnis war einzigartig. Es verlangt, herausgehoben und, so gut die lückenhaften Zeugnisse es erlauben, gesondert nachgezeichnet zu werden.

LEGENDE VOM FREMDEN HERRN

Thomas Mann tat seine Äußerung, Wassermanns Einfluß liege wohl überhaupt in der europäischen Luft, in einem Brief; hätte er sie öffentlich getan, so wäre die Verwunderung groß gewesen. Denn der dreiundzwanzigjährige Jakob Wassermann hatte bis zu jenem Jahr 1896, außer einer Anzahl kurzer Novellen, Skizzen und Gedichte im ›Simplicissimus‹, nur den kleinen, wenig beachteten Roman *Melusine* bei Langen veröffentlicht. Kurz darauf widerfuhr ihm die Ehre, die ›Kleine Bibliothek Langen‹ mit einer Novelle *Schläfst du, Mutter?* eröffnen zu dürfen, die sodann in den kleinen Novellenband *Die Schaffnerin* aufgenommen wurde. Diese beiden Bücher schied Wassermann später aus seinem Gesamtwerk aus. Für ihn begann sein Schaffen mit dem in München entstandenen Roman *Die Juden von Zirndorf*, der 1897 bei Langen erschien. Dieses Buch führte ihn mit Fischer zusammen.

Über diese Zusammenkunft gibt es eine Legende, die sich aus einem weitgehend apokryphen Interview im ›Pester Lloyd‹ herleitete. Diesem Zeitungsinterview zufolge soll Wassermann erzählt haben:

> Ich habe als Mensch und Schriftsteller überaus traurige Jugendjahre gehabt. Not und Elend waren häufig bei mir zu Gast. Mein erster Roman, »Die Juden von Zirndorf«, auf dessen Erfolg ich alle meine Hoffnung setzte, war erschienen, hatte mir auch einige lobende Kritiken eingebracht, aber das Honorar war so gering und die Aussichten auf eine Verbesserung meiner Lage erschienen mir so mißlich, daß ich fast verzweifelte. Um meine düstere Stimmung zu besiegen, schrieb ich weiter, bei Tag und auch bei Nacht, und während ich eigentlich ohne Aussicht auf Erfolg in meinem Münchner Stübchen Seite um Seite vollschrieb, trat eines Tages ein fremder Herr ein, der sich mit wenigen Worten als der Verleger Fischer aus Berlin vorstellte und mir sagte: Ich habe Ihren Roman gelesen, ich vertraue Ihrem Talent, und ich unterbreite Ihnen einen Vertrag auf mehrere Jahre, der mir die Herausgabe Ihrer Werke sichert. Es war ein glänzender Vertrag, der mir sofort die Möglichkeit bot, alle meine Schulden zu bezahlen, ein neues Leben zu beginnen und eine literarische Arbeit zu leisten, die mir, und wie ich mit Freude feststelle, auch meinem Gönner, ja ich darf sagen, meinem Entdecker Fischer großen moralischen und materiellen Nutzen brachte.

Es klingt wie ein Märchen, und es ist eins. So, meint man, sollte es in der Dichterwelt zugehen; aber es geht ganz anders zu. Nicht Fischer war Wassermanns Entdecker, sondern Wolzogen oder allenfalls Langen. Auch war Fischer, zumindest für Wassermann, kein »fremder Herr«; er hatte drei Jahre zuvor, 1894, eine Komödie *Der süße und der bittre Narr* abgelehnt, die der Zwanzigjährige allerdings unter seinem jugendlichen Pseudonym ›Jan Vasman‹ eingereicht hatte. Und *Die Juden von Zirndorf* hatten allenthalben auf Wassermann aufmerksam gemacht. »Hier versucht ein Dichter«, schrieb sein Freund Erwin Poeschel später, »gleich beim Beginn seines Schaffens, seine Stellung zu Welt und Schicksal klarzumachen, einen Punkt zu finden, der konstant bleibt, von dem aus er sein Weltbild formen kann.« Das Sabbatai-Zewi-Vorspiel war ein genialischer Wurf, das begriffen schon damals viele. Heimann hatte die *Juden von Zirndorf* nicht übersehen; er widmete dem Roman Anfang 1898 zusammen mit dem soeben bei Fischer erschienenen Roman *Zwei Rassen* von Benno Rüttenauer – dem ersten und einzigen Buch dieses um zwanzig Jahre älteren, überaus fruchtbaren Münchner Erzählers, das bei Fischer erschien – eine Rezension in der ›Neuen Deutschen Rundschau‹, an zweiter Stelle und mit zahlreichen Vorbehalten:

Sehr schön ist dieses Vorspiel erzählt; es ist mit einer Realität erfüllt, die wie von selber in wilde, gespensterhafte Phantastik ausartet. Es ist einfach wie eine Chronik, aber von einem Manne geschrieben, der auch an Chroniken etwas dem Amateur Schmeichelndes genießt... Leider ist der Roman von geringerem Wert als das Vorspiel. Die Erfindung, nicht mehr an eine Vorlage gebunden, wird zuweilen romanhaft und willkürlich; und die Typen sind oft nur Symbole.

Die beiden letzten Absätze der Besprechung müssen dem jungen Schriftsteller, der zwanzig Jahre später, auf höchster Höhe seines Ruhms, das verzweifelte Buch *Mein Weg als Deutscher und Jude* schrieb, einen schmerzhaften Stich versetzt haben:

So ist Wassermanns Buch ein Ausdruck mancher heimlichen Sehnsucht. Die Welt, die gewohnt ist, in Zeitungen den Widerhall des Lebens zu finden, ahnt wenig davon, wie schmerzlich und ernst viele der jungen Juden heute an sich arbeiten, die nicht in scheuen Kompromissen und nicht im Zionismus Beschwichtigung suchen.
Und in Wahrheit stehen die Dinge jetzt so, daß manche von ihnen und gerade die besten, vor übergroßer Gewissenhaftigkeit zu warnen sind. Es ist eine melancholische Freude, auf die man das Recht sich immer erst beweisen muß. Man hüte sich, den Verdächtigungen der Psychologie zu leicht zu unterliegen. Der König trägt nicht immer seine Krone, der Deutsche ist nicht in jedem Augenblick deutsch, und eine häßliche Regung in einem Herzen ist nicht ohnegleichen. Man kann sich auch zu wichtig nehmen, indem man sich verachtet.

Wassermann vermerkte später, in seinen 1931 in der ›Neuen Rundschau‹ veröffentlichten *Selbstbetrachtungen*, die Rezension sei »keineswegs enthusiastisch« gewesen, wohl aber »freundlich und ermunternd, wie ein Mann, der sich sagt: da ist einer, auf den man ein Auge haben muß«.
Fischer wurde durch Heimanns Besprechung auf Wassermann aufmerksam, und als er sich kurz darauf in München aufhielt, trat er zwar nicht unversehens als »fremder Herr« in des Dichters Stübchen,

bat aber den Vierundzwanzigjährigen um seinen Besuch. Von dieser ersten Begegnung im Frühsommer 1898 sagte Wassermann später:

Die Absicht war lediglich, den Anfänger zu sehen. Die Möglichkeit einer Verbindung wurde gar nicht erörtert, da ich nicht frei war; er warb nur, wo er honetterweise werben durfte... Er erschien mir bei jenem ersten Zusammentreffen durchaus wie ein gemütlicher, wohlgelaunter Jäger, sehr vorsichtig, ziemlich skeptisch, gegen große Gesten voll Mißtrauen und beruhigend durch eine gewisse angenehme Breite der Natur.

ANMERKUNG ZUM »AUTORENFANG«

Diese erste Begegnung führte nicht sogleich weiter, da Wassermann an Langen gebunden war. Manch anderer Verleger hätte sich wohl über eine solche Bindung hinweggesetzt und sogleich, wie die Legende vom fremden Herrn erzählt, langjährigen Vertrag und bares Geld lockend auf den Tisch gelegt. Doch Fischer hegte hierüber sehr bestimmte Ansichten. Als Schnitzler bei ihm anfragte, ob er ihm erlauben wolle, ausnahmsweise ein Buch einem anderen, jungen Verleger zu übergeben, dem er bei den schwierigen Anfängen seines Unternehmens helfen wollte, antwortete er ihm (am 2. Juni 1911):

Nach meiner Meinung baut sich ein Verlag nicht dadurch auf, daß er bekannte Autoren an sich zu ziehen sucht. Er muß vielmehr denselben Weg gehen, den jeder ernst geleitete Verlag geht; er muß sich sein Terrain selbst erobern und selbst junge Talente zu kultivieren und ideell und materiell zu stützen suchen, sonst läuft der ganze Verlag am Ende nur auf einen Autorenfang hinaus.

Einem anderen Verleger einen bereits berühmten und gewinnbringenden oder auch nur einen aufstrebenden, gewinnverheißenden Autor durch ein ›höheres Angebot‹ wegzukaufen, ist keine Kunst. Fischer wußte davon ein Lied zu singen. In seinem ersten Vierteljahrhundert unternahm besonders Albert Langen häufig solche Überfälle in sein Gehege, und Fischer griff mehr als einmal tief in die Tasche (und zuweilen tiefer als gerechtfertigt schien), um den ›bedrohten‹ Autor zu halten; auch das altehrwürdige Haus Cotta machte Versuche, ihm Autoren wie Hauptmann und Schnitzler zu entführen. In Fischers zweitem Vierteljahrhundert waren es vor allem die Nachkommen der Ullmanns aus Fürth, die fünf rührigen Brüder Ullstein mit ihrem gewaltig aufstrebenden Zeitungs- und Buchverlag in der Berliner Kochstraße, die ihm seine ›Säulen‹ wegzukaufen suchten, und auch sie wehrte er mit hohem Einsatz ab.

Der Zusammenhalt der Familie war ihm beinahe jedes Opfer wert. Nur selten – merkwürdigerweise gerade einmal bei Wassermann, ein anderes Mal bei Hermann Hesse – verzichtete er. Er verachtete den

»Autorenschacher«, und es ist kein einziger Fall bekannt, in dem er seinerseits versucht hätte, einen Autor seinem Verleger durch verlokkende Bedingungen abspenstig zu machen. Kam ein fremder Autor von selbst zu ihm mit dem Wunsch, den Verlag zu wechseln, so half er ihm zuweilen, sich aus seiner bisherigen Bindung zu lösen; häufiger empfahl er ihm zu bleiben, wo er war. Ein Familienvater kauft sich nicht Kinder anderwärts oder verkauft seine eigenen. Er läßt schlimmstenfalls Kinder ziehen, die durchaus nicht bleiben wollen; und er adoptiert zuweilen ein Waisenkind oder einen Findling. Ein solcher Findling war der unstete, heimatlose, verzweifelt nach Zugehörigkeit verlangende Jakob Wassermann.

WASSERMANN IN WIEN

Selbst wenn Fischer nicht »honett« gewesen wäre, hätte Wassermann ihm vorerst nichts bieten können. Von einem neuen Roman war noch nicht die Rede. Doch mag Fischer sich gesagt haben, daß in diesem Fall Drängen unnötig war: Wassermann würde von selbst kommen. Es war offenkundig, daß er in München nicht glücklich war und sich in Langens »literarischer Karikaturistik«, wie Thomas Mann sie nannte, nicht beheimatet fühlte. Um die Jahresmitte 1898 schnürte er sein Bündel und zog nach Wien. Dort war ihm heimatlicher zumute. Ein Theaterberichterstattungsauftrag für die ›Frankfurter Zeitung‹ gewährte ihm notdürftige materielle Sicherung; sein vielbesprochenes Buch gewann ihm Freunde; er nahm einen neuen Roman in Angriff, *Die Geschichte der jungen Renate Fuchs.* Ein junges Mädchen, Julie Speyer, Tochter eines reichen großbürgerlichen Textilfabrikanten, dessen Haus den Künsten aufgeschlossen war, hatte *Die Juden von Zirndorf* gelesen und brannte auf die Bekanntschaft mit dem Autor; als sie ihn im Dezember 1899 kennenlernte, bestand sie darauf, ihn zu heiraten, was sie auch binnen Jahresfrist bewerkstelligte.

Im Hause Speyer lernte Wassermann Hofmannsthal und Schnitzler kennen und bald den ganzen österreichischen ›Fischer-Club‹, der ihn freundschaftlich in seinen Kreis aufnahm. Wassermann selbst erzählte später:

Schon in den ersten Wochen lernte ich Arthur Schnitzler kennen. Ich war ein kleiner Niemand, er bereits ein hochberühmter Autor... Er war eine eigentümlich zugeschlossene Natur, stolz, etwas argwöhnisch, und über eine selbstgezogene Grenze ließ er sich nicht nahe kommen. Es kam immer ein Moment, wo er sich in Gefahr fühlte, da schlug er hastig die Tür zu und wurde stumm und fast unsichtbar. Alle seine Freunde kannten diesen Krisenzustand im Umgang mit ihm und hatten sich darauf eingerichtet, ich war bestürzt, denn in den Kreisen, wo ich früher verkehrt hatte, war ich an eine fast hemmungslose Form der Mitteilung gewöhnt worden... Ich bin kein Schriftsteller, ich bin ein Herr, der schreibt, sagte er mir einmal...

Und über die Frühzeit seiner Freundschaft mit Hofmannsthal:

Ich war sechsundzwanzig, als ich ihn kennenlernte, er ein Jahr jünger... Es war ein Schleier um ihn, den man nicht lüpfen konnte. Er schien mir immer aus einer anderen Sphäre zu kommen, wenn ich ihn sah, und in eine andere zu gehen, wenn ich ihn verließ. Dazwischen war ein Zustand von Erregung, Auflehnung, Unterordnung, Bezwungenheit und Beglückung. Manchmal ging ich mit Herzklopfen zu der Verabredung, und beim Weggehen hatte ich das Gefühl, er wisse nicht mehr, daß ich existierte... Jahrelang befand ich mich im Zustand der inneren Revolte gegen ihn. Ich besitze Aufzeichnungen aus dieser Zeit, in denen ich um ihn ringe wie Jakob um den Segen des Herrn, um ihn und sein wirkliches Bild, das hinter dem Schleier war...
Ich fühlte mich nur in den Bezirk seiner Welt zugelassen, den er selbst bestimmte, und von allen übrigen ausgeschlossen; noch an jene Maßlosigkeit des Umgangs gewöhnt, die das Leben vieler Literaten um alle Frucht und Sammlung bringt, haderte ich im stillen mit ihm, weil er mir die Stunden des Beisammenseins zu diktieren schien und aus seinem Tag ein Programm machte, in dem ich bloß eine Nummer war. Woher rührte das?...
Ich wollte zuviel haben, alles auf einmal haben und war nicht fähig, mich der Weisheit seines Tempos zu fügen... Ich kannte ja meine eigenen Gebrechen nicht, am wenigsten die, die ihn vielleicht beleidigten und erkälteten, ich wußte damals noch nicht, daß gerade er es war, der mir durch seine langsam wachsende Freundschaft half, sie zu überwinden und ihm und auch mir selbst gemäßer zu werden...

Wirklich beheimatet fühlte er sich auch in diesem Kreis nicht, noch lange nicht. Heimann, dem alles Österreichische leicht verdächtig war, verzieh Wassermann nie wirklich, daß er sich in Österreich niederließ; er dürfte den Grund gespürt haben. Marta Karlweis, Wassermanns zweite Gattin, selbst Österreicherin, erkannte ihn rückblickend genau und sprach ihn aus:

Dauerhaft fürs Leben erwies sich nur, was mit der Arbeit zusammenhing. Aber bei aller Herzlichkeit des Umgangs blieb er zumindest damals den Österreichern Hofmannsthal, Schnitzler und Beer-Hofmann – Deutscher. Er war etwas anderes als sie. Er brachte ihnen Geruch und Farbe einer Landschaft, die sie nicht kannten. Sie waren jung, daß der fremdartig aussehende Mensch ein Wildling war, unterhielt sie bloß, daß er aus einer anderen, weniger bevorzugten sozialen Schicht heraufkam, von erlittener Not und Entbehrung die unverwischbaren Narben trug, sollte keine Rolle spielen, weil sie vom Wert seiner Gaben durchdrungen waren, trotzdem blieben sie untereinander anders verbunden als mit ihm.

Das Anderssein äußerte sich in Kleinigkeiten, für die Wassermann jedoch empfindlich war:

Gewisse deutliche Anklänge an die heimatliche Mundart hat seine schönklingende, dunkel tönende Rede nie verloren, er ist von seinen österreichischen Freunden oft darum geneckt worden. Hofmannsthal erfand ganze

Sätze, in denen die Konsonanten, t, p, k wie d, b, g ausgesprochen wurden und umgekehrt, woraus wieder ein komisch verkehrter Sinn sich ergab.

Wassermann lebte fünfunddreißig Jahre in Österreich, aber er siedelte nur ein einziges seiner Bücher, den Roman *Der Moloch* in der Wahlheimat an; dafür übernahm er in seinen Sprachschatz eine Anzahl von Austriazismen, wie »das abgemüdete Herz« oder »Sie haben daran vergessen«, die sich in einem so überaus deutschen Buch wie *Der Fall Maurizius* seltsam ausnehmen. (Allerdings kommt der Ausdruck »abgemüdet« auch in Goethes *Wilhelm Meister* vor.)

Als Wassermann im März 1904 in Wien Richard Dehmel kennenlernte (der damals noch nichts von ihm gelesen hatte), notierte er in seinem Tagebuch:

Nun ist Dehmel dagewesen. Ich fand in ihm einen tiefen, ernsten, innigen, wahren Menschen, von dem eine lebendige Wärme ausgeht, — zum Unterschied von den hiesigen, die schließlich doch alle kühl sind. Dies ist es, was mir einen Mann teuer macht und was einem Dichter in meinen Augen erst die innere Existenz-Notwendigkeit gibt.

Ein solches existenznotwendiges Verhältnis bildete sich jedoch im Lauf der Zeit gerade zum kühlsten, distanziertesten der »Hiesigen«, zu Hofmannsthal heraus; dies stand »nicht unter dem gleichen Stern«. In den Anfangsjahren freilich, so meint Marta Karlweis, dürfte gerade Hofmannsthal auf die »Wesenszüge des Wildlings, des mit knapper Not der gesellschaftlichen Ächtung Entronnenen« besonders empfindlich reagiert haben, und in Wassermann habe die »Begegnung mit Hofmannsthal den eingeborenen heißen Wunsch des jungen Fremdlings, Findelkindes mehr denn je, nach harmonischer Einfügung in ein sinnvoll Bestehendes sicherlich gesteigert«.

Während er scharfäugig die ›feuchten Stellen‹ eben dieses Bestehenden abtastete... fror ihn doch in der Flamme seiner einsamen Träume. Zwar stand ihm die Welt jetzt und hier, die österreichische Literarische Welt dem Dichter der ›Juden von Zirndorf‹ nicht so kalt und höhnisch gegenüber wie die Nürnberger und Münchner Bohème dem namenlosen Hungerleider und düster-leidenschaftlichen Kümmerling, allein eine Aufnahme in heimatlichen Bereich ereignete sich auch hier nicht, konnte sich nach der Natur der Menschen und Verhältnisse nicht ereignen.

Dies alles mitsamt der unselig-verfehlten Ehe wohl war der Grund, warum Wassermann sich enger als irgendeiner der Autoren des Verlags an das Haus Fischer anschloß. Denn Fischer war in vieler Hinsicht für ihn die natürliche Brücke zwischen der deutschen und der österreichischen Heimat und verkörperte in seiner eigenen Person den Ausgleich zwischen diesen beiden Welten.

DER DUNKLE JÜNGLING

Im Frühjahr 1899 war sein neuer Roman *Die Geschichte der jungen Renate Fuchs* offenbar so weit vorgeschritten, daß es an der Zeit war, die Verlegerfrage zu bedenken. Mit der neuen Lebensheimat schien nun auch eine neue Verlegerheimat angezeigt. Gewiß drängten die Wiener Freunde ihn, mit dem neuen Werk zu ›ihrem‹ Fischer zu kommen; Wassermann kannte ja Fischer bereits, aber die Begegnung lag nun schon zwei Jahre zurück; auch scheint er nicht recht gewußt zu haben, wie die Dinge mit Langen regeln. Offenbar erbot sich Schnitzler, für ihn bei Fischer vorzufühlen. Schnitzlers Brief an Fischer in dieser Sache ist nicht erhalten; aber am Schluß eines Antwortschreibens an Schnitzler vom 10. Mai 1899 bemerkt Fischer: »Sehr gern werde ich, wenn mir der neue Roman Wassermanns zugeht, erwägen, ob sich die Ausgleichssache mit Langen arrangieren läßt.«

Schnitzler selbst kannte das Buch noch nicht. Wassermann war noch mit der Abschrift beschäftigt, als sie sich Anfang August 1899 zu dritt – Schnitzler, Beer-Hofmann und Wassermann – zu einer Fußtour durch die Dolomiten aufmachten:

Auch Beer-Hofmann war ›ein Herr, der schrieb‹, und neben den beiden fühlte ich mich manchmal wie ein kleiner Literaturangestellter, vergesellschaftet mit zwei reichdotierten Volontären, die es im Grunde ›nicht nötig‹ haben. Es war oft ergötzlich. Ich schleppte in meinem Rucksack sehr wenig Gebrauchsgegenstände mit, dafür aber das mehrere Kilo schwere Manuskript eines Romans, das ich zu S. Fischer bringen wollte, der in Igls zum Sommeraufenthalt war. Einzelne Partien hatte ich noch abzuschreiben, und daran ließ ich mich auch nach acht- oder neunstündigen Tagesmärschen nicht hindern; kamen wir ins Quartier, so setzte ich mich zu meiner Arbeit und schrieb.

So kamen Autor und Buch wortwörtlich auf Fischer ›zugegangen‹; oder, wie Wassermann sagte: »Ich kam von selbst zu ihm.«

Schnitzler, Beer-Hofmann und Wassermann langten, von Bozen kommend, schließlich am 14. August 1899 bei Fischers in Igls an, und diese Begegnung blieb Hedwig Fischer unvergeßlich. Sie war von dem Sechsundzwanzigjährigen bezaubert:

Der dunkle Jüngling, der aussah wie ein Savoyardenknabe, war ein Franke aus Zirndorf bei Fürth. Seine früh verstorbene Mutter muß eine besondere Schönheit gewesen sein, in ihrer Heimat war sie als die schöne Jette bekannt gewesen, und sicher hatte Wassermann seine funkelnden schwarzen Augen und sein zigeunerhaftes Wesen von ihr ... Das Buch gefiel uns so gut wie sein Autor, mein Mann nahm das Werk an, und das bedeutete bei ihm immer die Gesamtveröffentlichung des Verfassers. Jakob Wassermann wurde einer unserer erfolgreichsten Schriftsteller ...

Die »Ausgleichssache« mit Langen wurde »arrangiert«; allerdings machte Langen in der Folge noch mancherlei Schwierigkeiten, und es dauerte noch vier Jahre, bis Wassermann sich endgültig von ihm befreit hatte. *Die Geschichte der jungen Renate Fuchs* erschien vorerst vom Januar bis Juli 1900 im Vorabdruck in der ›Neuen Deutschen Rundschau‹; in dieser Form las Schnitzler den Roman und schrieb darüber am 28. Juli 1900 an Olga Gussmann, seine spätere Gattin:

›Renate Fuchs‹ von Wassermann habe ich beinahe zu Ende gelesen, ein höchst merkwürdiges Buch, von eigner Dumpfheit, aber wie von tausend Blitzen durchleuchtet, Sie müssen es ganz sicher lesen. Es wirkt wie die Vorstufe zu dem großen Roman, zu dem ganz großen, der für unsere Zeit in Deutschland noch nicht geschrieben ist, und Wassermann könnte ihn schreiben, wenn nicht ein Defekt da wäre, auf dessen Wesen ich noch nicht sicher gekommen bin. – Wahrscheinlich ist's der *tiefe* Intellekt, der fehlt; – zuweilen täuscht er ihn vor, aber er bläst sein Licht zu schnell aus – mit Absicht, mit unbewußter, glaub ich.

Der »tiefe« Intellekt, den der »ganz große« deutsche Roman erforderte – wer besaß ihn unter Deutschlands Erzählern? Schnitzler hatte bei Wassermann richtig die »Vorstufe« gespürt. Doch er wartete auf den *Zauberberg*, und dabei waren *Buddenbrooks* noch nicht einmal erschienen.

EPISODE: IM SALZAMT

Kurz zuvor war Fischer zusammen mit seiner Schwester Ernestine zu seinem ersten (und einzigen) Besuch in die alte Heimat gereist, die er vor einem Vierteljahrhundert vierzehnjährig und mittellos verlassen hatte.
Der Onkel Ignacz Ullmann, der in Liptó Szent Miklós ein Speditionsgeschäft betrieb, hatte das einst von »Salme Liederjan« und dem Vater Carl Fischer verwaltete staatliche Salzdepot übernommen, und von hier, aus dem »Salzamt, dem früheren väterlichen Geschäft«, schrieb er am 9. April 1900 an seine Frau nach Berlin:

Wir sind hier mit soviel Herzlichkeit und Liebe empfangen worden, daß meine Bangigkeit, wir würden in eine Stadt kommen, wo uns nichts mehr an die alte Heimath erinnert, wo wir lauter neuen Gesichtern begegnen und damit das Bewußtsein der Vergänglichkeit keinen Moment verlieren, schnell geschwunden ist. Wir haben hier doch noch eine so große Anzahl von Verwandten und alten Freunden, daß gestern Abend bei meinem Onkel Ullmann ein großes Zimmer voll alter und junger Leute zu unserer Begrüßung beisammen war ...

Und am folgenden Tag, nach einer Wanderung »über Felder in ein benachbartes Dorf«:

Die Schönheiten der Mikloser Umgebung sind mir erst heute ganz zum Bewußtsein gekommen. Miklos ist vollständig – allerdings in weitem Umkreis – von den herrlichsten schneebedeckten Karpathen umschlossen. Vom tiefsten Stahlblau bis zum zartesten Violett sind heute diese in mächtige Schneekappen gehüllten Berge umflossen gewesen. Du weißt, wie gerade solche Lichtstimmungen auf mich wirken: ich habe meine Heimath neu entdeckt und lieben gelernt.

Die Gräber der ›Urahnen‹ auf dem alten, vom Grafen Pongracz gestifteten Friedhof wurden besucht (und photographiert) und natürlich auch der Buchhändler unter den Arkaden am Marktplatz aufgesucht:

Mit der literarischen Geschmacksrichtung habe ich übrigens meine Leute unterschätzt. Der Sohn meines Onkels wünschte sich die ›Weber‹ und ›Fuhrmann Henschel‹, und der hiesige Buchhändler erzählt mir, daß er öfter Bücher meines Verlages – besonders Hauptmann – verkauft.

Danach sah er die alte Heimat nicht wieder.

WASCHZETTEL

Wassermann war indessen auf dem Weg. Ende Juli 1900 sah ihn abermals in Fischers Gesellschaft, diesmal in Gossensaß – es war eben jener Ferienaufenthalt, zu dem Fischer auch Thomas Manns Besuch erbeten hatte – Mitte September waren die ersten Exemplare der *Renate Fuchs* zur Hand (sie sähen »vortrefflich« aus, schrieb Wassermann an Fischer, »hoffentlich finden sie auf dem Markt den gleichen Beifall«), und am 10. Oktober reiste Wassermann zum erstenmal nach Berlin. Denn es traf sich, daß gleichzeitig mit dem Erscheinen des Romans sein Einakter *Hockenjos* dort von Brahm uraufgeführt wurde, und zwar zusammen mit Hofmannsthals *Der Thor und der Tod*, »wenn die ›Lügenkomödie‹ nicht inzwischen verboten wird, was bei der jetzigen Epidemie zu befürchten steht«. Die Befürchtung war unbegründet.

Wie sehr das literarische Klima sich seit der Gründung des Verlags gewandelt hatte, machen die Sätze deutlich, mit denen Fischer die *Renate Fuchs* der Öffentlichkeit anzeigte. Verleger-Waschzettel, wenn sie von kenntnisreichen Männern wie Heimann entworfen werden, können gute Spiegel des Zeitgeistes sein.

Nach einer Epoche der Bequemlichkeit ist der Roman wieder im Begriff, eine echte Kunstform, und zwar eine große Form zu werden. Zu den Auserwählten, die diese Entwicklung heraufführen, gehört Wassermann. Er hat Idee, Kenntnis des Lebens und der Seele, und ein artistisches Gewissen. Dazu ist er, in einer ganz ungewöhnlichen Weise, was Dürer vom Künstler verlangt, ›inwendig voller Figur‹. Er ist reich und ein Verschwender, kein mühseliger Kärner. Sehr Hohes ist von ihm zu erwarten.

Waschzettel sind freilich Glückssache. Dieser traf, und Wassermann konnte sich nicht beklagen. Schnitzler war mit den seinen häufig unzufrieden, er fand sie zu »kritisch« und bedachte hierbei wohl nicht die eigentümliche Funktion, welche der Waschzettel im deutschen Literaturbetrieb zu erfüllen hat. Fischer gab ihm in einem Brief vom 24. April 1907 seine Erläuterung:

Der Waschzettel ist ein heikles Kapitel. Die mittleren Zeitungen leisten sich in den meisten Fällen nicht den Luxus eines eigenen Buchreferats, in manchen Fällen wird ein Begleitzettel zum Buch direkt verlangt. Das Fehlen des Begleitzettels hat zur Folge, daß viele Provinzblätter nichts über ein solches Buch bringen. Unsere Waschzettel gehen von der Absicht aus, eine Charakteristik des Buches und nicht eine Kritik zu geben. Freilich läuft manchmal die Charakteristik unwillkürlich auf eine Kritik hinaus, das ist das Fatale, mit dem wir immer zu rechnen haben. Aber jedenfalls besteht bei uns niemals die Absicht, eine Kritik zu geben. Natürlich soll Ihr Wunsch, den Waschzettel bei Ihren Büchern fortzulassen, berücksichtigt werden.

Moritz Heimann, der zu dieser Zeit alle Waschzettel des Verlags schrieb, besorgte diese Arbeit nicht ohne heiter-ironische Distanz. So schrieb er im Sommer 1901 an Fischer nach Gossensaß: »Ich bilde mich übrigens in Ihrem Dienst zu einem Heuchler aus, schreibe Ankündigungen für Bang, d'Annunzio, Wied etc, daß es nur so eine Art hat. Aber während ich schreibe, *glaube* ich; das ist meine Rechtfertigung.« Und zwei Jahre darauf: »Wenn der Lordoberrichter des jüngsten Tages Pedant genug ist, den Widerspruch zwischen meinem schriftlichen und meinem wahren Urteil als Sünde anzurechnen, so werde ich die Schuld feierlich auf Ihr Haupt abwälzen.«
Die Geschichte der jungen Renate Fuchs war, durch den ›Rundschau‹-Vorabdruck gut vorbereitet, mit oder ohne Waschzettel, sofort und ohne langen Anlauf ein großer Erfolg. Schon am 22. Oktober konnte Wassermann nach Wien berichten: »Heute hat mir Fischer mitgeteilt, daß er die zweite Auflage der Renate drucken läßt.« Der Erfolg hielt an. Während der nächsten fünfundzwanzig Jahre wurde das Buch alle zwei Jahre neu aufgelegt.

WASSERMANN IN BERLIN

Maximilian Harden war im Hause Fischer, wiewohl er bald Grunewaldnachbar wurde, nicht sonderlich beliebt. Hedwig Fischer konnte ihm seinen vernichtenden Verriß von Hauptmanns *Florian Geyer* nicht verzeihen, und Heimann, der ihm mit einem großen (und im leidenschaftlichen Übereifer ein wenig wirren) Verteidigungsaufsatz in der ›Rundschau‹ zu begegnen versucht hatte, mochte ihn gewiß nicht. Doch was Hardens ›Zukunft‹ über *Renate Fuchs* schrieb, machte manches gut und war besser als jeder Waschzettel:

Wer ein solches Weib darzustellen vermag, so klar und zart zugleich, wer sich in einen so scheuen, kindlichen und dabei so bedeutenden Menschen hineinfühlen kann, der ist bis in jene Gründe der Menschenseele gedrungen, aus denen alles Erleben wie alle Kunst quillt. Jedes große, befreiende Buch muß ein Buch der Erlösung, der Wiedergeburt sein. Dies ist ein Buch von der Erlösung der Frauen.

Und Kerr hatte in der ›Nation‹ begeistert über *Hockenjos* geschrieben. Der siebenundzwanzigjährige Wassermann hatte die beiden schärfsten Federn Berlins für sich gewonnen. »Ich habe jetzt wirklich so viel Glück«, schrieb er, »daß ich ängstlich frage: Verdien' ich es?«
Berlin machte auf Wassermann einen großen Eindruck; seine Briefe in den nächsten, entscheidenden Jahren sprechen immer wieder davon:

Berlin ist wirklich eine imposante Stadt. Jeder, der ein wenig mit der Zeit fühlt und die allgemeinen Impulse des Lebens empfindet, muß hier mindestens verblüfft werden durch die Stärke und Schnelligkeit, mit der alles ineinandergreift. Es liegt Monumentalität darin (20. Oktober 1900) ... Eigentlich ist Berlin eine prächtige Stadt ... Die Interessen sind lebendiger, weiter, stärker, vielfältiger als bei ›uns‹ in Wien und ich freue mich doch immer im Grunde, daß ich ein Deutscher bin ... (November 1903)

Durch Fischers lernte er schon bei diesem ersten Besuch Hauptmann und »die entzückende Grete Marschalk« kennen und wurde zu ihnen zu Tisch geladen:

Es war ganz hübsch, nur fühlte ich mich ein wenig beengt, denn es waren ein paar ganz fremde Leute noch da ... Er las ein Stück der Biberpelzfortsetzung. Dramatisch gestalten, das kann gegenwärtig nur er, das ist sicher.

Dieser erste Eindruck von »ein wenig beengt« blieb. Auch Hedwig Fischer, die rühmt, wie gut Wassermann sich durch »seine Liebenswürdigkeit und Selbstlosigkeit« in die Verlagsfamilie einfügte, gestand: »Einzig zu Gerhart Hauptmann wollte kein rechtes Verhältnis zustande kommen.«
Der große Gewinn dieser Berliner Oktoberwochen 1900 war Moritz Heimann:

Von der ersten Begegnung an war ich bei meinen jeweiligen Aufenthalten täglich viele Stunden mit ihm beisammen, ja, diese Reisen, zwei- oder dreimal jährlich, hatten im Grunde keinen anderen Zweck, als mit ihm zu sein. Alles übrige war vorgeschützt. Am Vormittag gegen elf Uhr kam ich in sein Zimmer im Verlag, ging dann gewöhnlich mit ihm zu Tisch nach Hause oder kam später zur Teezeit in seine Wohnung und blieb meist bis in den Abend, bis in die späte Nacht bei ihm sitzen. Im Anfang unserer Bekanntschaft wohnte er in einem ziemlich armseligen Zimmer in Halensee. Seine spätere Frau, Trude Marschalk, aus einer unglücklichen Ehe flüchtend, wohnte bei ihm; als sie dann heirateten, zogen sie in die Fasanenstraße, wo es etwas geräumiger und gemütlicher war. Der Schmalhans hatte nicht aufgehört, bei ihm Küchenmeister zu sein, obschon man stets eine Art von Gastfreundschaft genoß, die jenes zart Schmeichelhafte hatte, indem sie das Gefühl erregte, daß der Bewirtete der Geber sei, das so selten zu finden und so selten geworden ist. Diese Stunden sind mir unvergeßlich. Ich glaube nicht zu übertreiben, wenn ich sage, daß in ihnen keine einzige Trübung war, keine leere Sekunde, kein Mißverständnis, geschweige denn ein Streit. Ich fühlte mich seelisch daheim und genoß das unbeschränkte Vertrauen, das ich brachte und das mir entgegengebracht wurde.

DIE GROSSE FORMLOSIGKEIT

Der Berliner Bühnenerfolg ließ Wassermann nur augenblicksweise schwanken: »Renate wird überall sehr gepriesen, und ich will nun doch bei meinem Leisten bleiben, nämlich beim Roman.« *Renate Fuchs* wurde ins Französische und Schwedische übersetzt und erschien dänisch in Fortsetzungen in der großen Kopenhagener Zeitung ›Politiken‹. Am 3. März 1901 schrieb Wassermann aus Taormina an Fischer:

Alles das Gute, das ich höre, würde mich gewiß weit weniger vertrauensvoll und ruhig machen, wenn ich nicht jetzt an einer Arbeit wäre, die meine Kräfte in noch viel höherem Maß in Anspruch nimmt als Renate Fuchs, und da ich dieses Werk täglich wachsen sehe, so wie ich will, und es formen kann nach festen Idealen, bekommt das frühere Unzulängliche zugleich seinen Wert als Stufe und Gradmesser des zu Erreichenden.

Aber Langen ließ Wassermann nicht ohne weiteres aus den Händen. Der Erfolg der *Renate Fuchs* brachte ihn auf den Gedanken, frühe Gedichte und Novellen Wassermanns, die im ›Simplicissimus‹ erschienen waren, neu herauszubringen. Das wünschte Wassermann, dessen neuer Roman *Der Moloch* herannahte, unter keinen Umständen. Er schrieb an Fischer um Rat:

Eine Frage: Kann und darf ein Verleger gegen den ausdrücklichen Willen eines Autors etwas veröffentlichen, wenn dieser vor Jahren nicht anders konnte, als diesen Dreck schreiben? In diesem Fall müßte ich also ein Äquivalent bieten. Dann dürften doch die Sachen auch nicht mit dem Moloch collidieren.

Viele Briefe mußten in dieser leidigen Sache gewechselt werden. Wassermann versuchte, Langen zu vertrösten, aber Langen drängte, und Fischer wußte auch keinen rechten Rat. Wassermann war jedoch entschlossen, sich »jetzt nichts Früheres mehr in die Quere kommen zu lassen«, er konnte sich nicht entschließen, »dieses Grobzeug von Skizzen erscheinen zu lassen«. So lief es schließlich darauf hinaus, daß er mit schwerem Herzen Langen als Ersatz zwei neue Arbeiten, die Novellen *Hilperich* und *Der niegeküßte Mund* anbot, von denen *Hilperich* im Frühjahr 1901 bereits in der ›Neuen Deutschen Rundschau‹ erschienen war. Wie sehr er bei Fischer jetzt festen Boden unter den Füßen spürte und sein Werk gesichert meinte, geht aus einem Brief an Fischer vom 21. März 1902 hervor:

An Langen habe ich entsprechend geschrieben. Das Erscheinen dieser Sachen muß unterdrückt werden. Nicht als ob sie gar so fürchterlich schlecht wären, nein, mir widerstrebt diese Art der Ausschrotung, und nun will ich in ganz gerader Linie in die Höhe und veröffentliche aus diesem Grunde noch einmal Hilperich und niegeküßten Mund. Nichts richtet einen Schriftsteller und seine Wirkung leichter zu Grund, als Wahl- und Stillosigkeit der Publikationen. Jetzt kommt Moloch, dann Alexander, dann Engelhart, dann Christus, jedes muß ein Schlag sein.

Langen brachte das Bändchen mit den beiden anmutigen Novellen 1903 heraus. Im Herbst 1904 erklärte er sich schließlich bereit, Wassermann überhaupt abzugeben, und nun kehrte nicht nur das *Hilperich*-Bändchen zu Fischer zurück, sondern Fischer übernahm auch *Melusine* und *Die Juden von Zirndorf*. Das Kapitel Langen war endgültig abgeschlossen.

Doch der Weg bei Fischer führte nicht »in ganz gerader Linie in die Höhe«, und ohne Heimann hätte er womöglich gänzlich in die Irre geführt. *Moloch – Alexander – Engelhart* – diese Arbeiten, von denen Wassermann in seinen Briefen an Fischer in den Jahren 1901/02 spricht, bezeichneten die nächste Wegstrecke. Aber es war ein Weg durch einen Irrgarten. Wassermann arbeitete damals wie auch später zumeist an zwei oder drei großen Büchern gleichzeitig. Er wußte sich »inwendig voller Figur«, er spürte, daß er die »große Form des Romans« in sich hatte; aber sie entglitt ihm immer wieder, alles geriet ins Uferlose. Später berichtete er, während der Jahre 1901 bis 1905 habe er das Zehnfache dessen geschrieben, was er veröffentlichte.

Ich arbeite ziemlich viel, sehr planmäßig, doch nicht ohne Angst davor, daß mir der Stoff eines Tages über den Kopf wachsen wird und ich ratlos darin herumschwimmen werde wie ein Frosch ... Ich habe die größte Mühe, überall den Stoff einzudämmen, Verkürzungen zu machen, Schutt wegzuräumen, um das Bild abzurunden und den Horizont zu erspähen ...

So 1900 in den Briefen an die Braut über den neuen Roman *Der Moloch*. Als er im Frühjahr 1901 mit dem erst halbfertigen Manuskript nach Italien reiste, war er bereits mit den Vorarbeiten zum nächsten, dem historischen Roman *Alexander in Babylon* beschäftigt:

Unablässiges Versuchen und Experimentieren, eingehende historische Studien, um zu einem unanfechtbaren Begriff des Pragmatischen zu gelangen und die unzureichende Kenntnis der Welt zunächst von der Vergangenheit, also von dem sichergestellten Material aus zu beheben ...

In Rom traf er sich mit Schnitzler und Max Burckhard, dem vormaligen Burgtheaterdirektor, der ihn mit großer Sachkenntnis in die Welt der Antike einführte, und lernte Ellen Key kennen – »überaus entzückend, ein wahrer guter Mensch, hatte mein Vergnügen an ihr«, schrieb er an Fischer. Aber als er in der letzten Aprilwoche auf der

Heimreise aus Italien mit Fischers in Lugano zusammentraf, schrieb er »wieder fleißig am Moloch«. Im Oktober 1901 meldete er aus Wien, er »stecke tief im Abschreiben und habe jetzt ungefähr die Hälfte«:

Es wird Sie kaum betrüben, wenn ich Ihnen mitteile, daß der Moloch nun durch eindringliche Streichung und strenge Vereinfachung auf das Notwendige kaum umfangreicher als Renate werden wird.

Im Januar 1902 kam er mit dem fertigen *Moloch*-Manuskript nach Berlin, wo er zu Vorlesungen eingeladen war, und berichtete nach Haus:

Heimann und Fischer fangen jetzt an, Moloch zu lesen. Heimann ist mir sehr wert als Mann, und die Fischerin ist ein prächtige Frauensperson... Mit Heimann habe ich viele Stunden lang über Moloch gesprochen... Dieser Mensch ist im Urteil und im Denken ein Phänomen. Er teilt das kleinste Teilchen und verliert nicht den Bezug zum Ganzen. Der Schluß des Romans hat ihn hingerissen, wie er sagt. Im Einzelnen hat er mancherlei Bedenken, die jedoch auch nach seiner Ansicht (zum Unterschied von Renate) unabänderlich sind, da sie mit dem Wesen des Ganzen aufs Innigste zusammenhängen... Meine Pläne verdichten sich allmählich, besonders ›meine Kindheit‹ stellt sich mir sehr reizvoll dar.

Der Moloch, Heimanns Ratschlägen entsprechend noch einmal durchgefeilt, erschien in sechs Fortsetzungen von März bis August 1902 in der ›Neuen Deutschen Rundschau‹. Die Vorarbeiten zu *Alexander* wurden emsig weiterbetrieben. »Ich habe schöne Ideen«, schrieb er am 10. März 1902 an Fischer, »Alexander steigt immer farbiger und glänzender über den Horizont, und die Novelle wird auch gut werden.« Doch mitten drin, im April 1902, begann er das Buch über »meine Kindheit«. Dies war der autobiographische Roman *Engelhart Ratgeber*, in dem Wassermann seine Kindheit und Jugend mit so photographischer Treue schilderte, daß spätere Biographen ihn als zuverlässigen Leitfaden durch seinen frühen Lebenslauf verwenden konnten. Aber als er sich im gleichen Monat mit Fischers in Florenz traf, arbeitete er gleichzeitig am *Alexander* und am *Engelhart,* und am 23. Juni 1902 schrieb er an Hedwig Fischer:

Ich arbeite jetzt täglich und bin so tief und stark im Engelhart-Buch wie niemals; niemals ist mir ein Buch so leicht aufs Papier gegangen; und nie hab ich dabei so Schönes empfunden. Ich habe eben jetzt ganz neue Wege für mich entdeckt und muß manche Aufwallung unterdrücken, die mich alles Bisherige, bisher Geleistete in Grund und Boden zu verwerfen heißt. Für Gerhard [!] habe ich ein Märchen in den Engelhart gedichtet, das soll ihm Freude machen. Will es ihm in Berlin vorlesen — oder in Aussee.

Am 11. Juli 1902 berichtet er: »Der Engelhart wird länger und länger und macht mir mehr Vergnügen als ich geahnt.« Zugleich denkt er an eine Reise nach London, um sich für den *Alexander* im Britischen Museum »die assyrischen Säle« anzusehen. Immerhin war der *Engelhart* schon weit gediehen, als Wassermann Ende Juli 1902 Fischers in Gossensaß wiedersah:

Heute früh hab ich den Fischers zwei Kapitel ›Engelhart‹ vorgelesen, und sie sind sehr entzückt. Mich freut gerade diese Art Wirkung, die ich allenthalben von der Sache erlebe. Es strömt Behaglichkeit aus, bringt die Leute zur Ruhe, ja zur Heiterkeit. Freude soll man daran haben, das ist es.

Hedwig Fischer erinnerte sich mit besonderer Liebe des kleinen Gedichtes, das darin vorkam: »Herz der Welt, du sollst erglühen ...« Einige Tage darauf:

Fischer habe ich fast alles vom ›Engelhart‹ vorgelesen. Sie sind wirklich ganz hingenommen wie noch nie, und dies hat mich wieder angefeuert, und ich strebe zum Größten, Höchsten. Auch über ›Alexander‹ wirds immer klarer in mir ...

Kurz darauf legte er den autobiographischen Roman beiseite. Er sollte keine Freude am *Engelhart* haben. Und auch am *Moloch* nicht. Zum Erscheinen des Romans im Herbst 1902 war er wieder in Berlin und schrieb der Gattin:

Die Reise nach Berlin war mir nötig, und ich gestehe Dir offen, daß ich mich die letzten Tage sehr darauf gefreut hatte, hauptsächlich, um mit Heimann sprechen zu können, denn dieser Mensch ist mir mehr und mehr unentbehrlich in geistigen Dingen ... Denke Dir, zu Weihnachten kommt eine neue Renate-Auflage. Moloch soll gut bestellt sein worden ...

– aber der Erfolg der *Renate Fuchs* wiederholte sich nicht.

»Die Kritiken, die Sie mir geschickt haben«, schrieb er am 9. November 1902 an Fischer, »sind wie ich es erwartete. Immerhin ist es bezeichnend, daß ein Blatt wie das Berl. Tgbltt solch giftiges Gewäsch druckt. Auch hier will man mir keineswegs wohl. Doch – ich habe ja Zeit; wenn ich gesund bleibe, sehr viel Zeit.« Im gleichen Brief heißt es an anderer Stelle:

Gestern habe ich endgültig die Studien zu Alexander abgeschlossen. Nun wird sich zeigen, ob der Staub zu Fleisch werden wird und ob jene wilde große Zeit unter meiner Hand lebendig zu werden vermag. Gott gebs. Engelhart breitet sich aus, nach Tiefe und Höhe, auch da sind die Wurzeln meiner Zukunft. In die Zukunft muß ich schauen, denn die Gegenwart will momentan nichts von mir wissen, wie ich merke. Gestern dachte ich mir: Nur keinen sogenannten großen Erfolg, das möge um Gotteswillen fern von mir bleiben so lange die Welt so ist wie sie ist und die Menschen ihre Opfergaben alsbald in Dreck verwandeln, den sie einem an den Kopf werfen ...

Drei Wochen später, am 1. Dezember 1902 schreibt er an Fischer:

Ich schreibe jetzt Alexander und pfeife auf alle, die mich schon lebendigen Leibes begraben wollen. Ach wie einfältig ist dieses vielfältige Geschreibsel. Doch, da man es duldet und gern hört, wenn man gelobt und gepriesen wird, muß man auch ihren Unsinn und ihr Unverständnis ertragen. Im übrigen will ich den Moloch nicht verteidigen. Es ist eine Studie im Cyklopen-Maßstab – was den Raum betrifft.

Und am 8. Januar 1903 an Hedwig Fischer:

Neulich habe ich den hiesigen Auguren Hofmannsthal, Schnitzler und Beer-Hofmann das Vorspiel und das erste Kapitel zu Alexander vorgelesen. Sie waren in erfreulichster Weise davon erbaut. Sie sollen auch etwas hören in Berlin... Die Arbeit an diesem Roman ist ungeheuer, doch die Freude daran ist ebenfalls nicht klein. Ich glaube, meine bisherigen Kritiker, auch die wohlwollenden, die von Nachtwandlerei, Stimmungsnebelei, Dekadence und psychologischer Zerfaserung faselten, werden vor Erstaunen auf den Popo fallen. Dem Moloch, finde ich, geschieht viel Unrecht. Aber das macht nichts, je langsamer, je besser. Ich will nicht aller Welt Gnadenkind sein und noch weniger der beliebte Autor. Der ›Alexander‹ muß im Herbst als Buch heraus, denn da ich soviel in petto habe, komme ich sonst mit der Zeit ins Gedränge. Gestern war ich bei Hofmannsthal in Rodaun; die ganze geistige Elite war da; er las sein Stück vor, ›Das gerettete Venedig‹. Sehr schön zum größten Teil, auch oft dramatisch schön.

Im Februar 1903 war Wassermann zu Vorlesungen wieder in Berlin. Fischer meinte zwar, der *Moloch* gehe »ganz gut«, aber von einer zweiten Auflage war keine Rede. »Der Moloch«, notierte Wassermann im Tagebuch, »ist ein Zwitterprodukt. Alles Äußere ist fein, überlegt, untrivial, die Idee aber ist unwahr und banal.« Doch er las, wie versprochen, Fischers den Anfang des *Alexander* vor und gab ihn auch Heimann zu lesen. In den Briefen an die Gattin heißt es:

Heimann ist berauscht vom Alexander-Vorspiel. Er sei ganz hingerissen, sagte er, und wenn das Übrige sich auf gleicher Höhe hielt, dann – ... Auch Fischer nickt bedeutungsvoll den Kopf dazu. Sie glauben sogar sehr an einen rein äußerlichen Erfolg des Buchs. Heimann meinte ironisch: Da wird wieder sehr viel Bildung ins Volk kommen.

Doch »das Übrige« war noch längst nicht fertig, und an das erhoffte Erscheinen im Herbst 1903 war, wie sich bald herausstellte, nicht zu denken. Ende Mai 1903 schrieb Wassermann an Fischer, die Arbeit verursache ihm »oft ungeheure Qual«, so daß

ich Blut und Tinte schwitze und auch am schönsten Tag kein Vergnügen mehr habe. Es ist ein mörderischer Block, den ich da wälze; jeden Tag einmal fällt er auf meine Füße zurück, so daß ich aufheulend in einen Winkel flüchte und meinen Baumeister-Beruf aufs tiefste verfluche. Aber wenn mit solchen Schmerzen nichts Großes geboren wird, sondern ein Wechselbalg, dann ist der Erzeuger nicht einmal das Auslachen wert. Im Herbst werde ich aufwarten mit der Geburt...

Ende Juli 1903 wurde die erste Niederschrift von *Alexander in Babylon* fertig. Um die gleiche Zeit, am 28. Juli, heißt es in einem Brief Heimanns an Fischer, die Großstadt sei »entschieden ein Moloch. Aber unser lieber Wassermann hat sein Thema schwach, er hat es schlecht

behandelt. Es ist doch nur Litteratur und nicht Leben in seinem Pathos und Ethos ... ich habe ihn entschieden lieb, schätze ihn, bewundere sein Talent, und doch ist mir so vieles unklar an ihm, nicht in der rechten Weise unklar. Ist er mit seinem Alexander fertig?« Es war, wie Wassermann an Fischer schrieb, noch viel an dem Buch zu tun, und er bedauerte, »daß ich Ihnen schon den Anfang vorgelesen und gezeigt habe, denn besonders da wird noch viel geändert; es ist da noch zu steif, zu unbeseelt, zu historisch und unlebendig«.
Endlich, am »16. September, 11 Uhr vormittags«, konnte Wassermann im Tagebuch notieren:

In dieser Minute bin ich mit dem Alexander fertig geworden. Ich habe, die Studien eingerechnet, zwei Jahre neun Monate daran gearbeitet; die Schreibarbeit allein dauerte zehn Monate ... Ich bin mir bewußt, mich mit diesem Werk unvertilgbar in das Buch unserer Literatur eingeschrieben zu haben.

Am folgenden Tag sandte er den Schluß des Manuskriptes nach Berlin. Wassermann besaß keine Schreibmaschine, und der Verlag stellte für ihn Abschriften her. Aber Fischer reagierte nicht, wie Wassermann in seinem Überschwang gehofft hatte. »Kein Wort über Alexander?«, schrieb er am 19. Oktober 1903 an Hedwig Fischer. »Mein armes Vaterherz ist unruhig. Schnitzler hat es gelesen und hat mir kolossal schmeichelhafte Dinge gesagt. Doch Berlin ist eine Stadt für sich ...«
Ende Oktober war er selbst in Berlin, wo der Verein der Berliner Presse ihn zusammen mit Thomas Mann zu Vorlesungen eingeladen hatte. Er hoffte sehr auf einen Vorabdruck des *Alexander* in der ›Rundschau‹, denn, wie er Fischer gestand, »unsere Finanzen sind trostlos wie eine frische Witwe«. In Berlin, schrieb er nach Hause, war »ein Literaturtrubel ganz ohnegleichen«. Sonntag abend war »große Gesellschaft bei Fischers mit vielen Notablilitäten«; nach der Vorlesung »waren wir sehr gemütlich beim Austern-Meier beisammen«, Fischers, Thomas Mann, Heimann und andere. Auch Hauptmann und Hofmannsthal waren da; am 30. Oktober sah er die Uraufführung von *Elektra*, am Tag darauf die von *Rose Bernd*.

Gestern abend war ich mit Hauptmann zusammen, freilich wieder in größerer Gesellschaft, so daß nichts dabei herauskam, und ich beständig das Gefühl bedrängter Fremdheit in mir ersticken mußte. Ich hab ihm aber versprechen müssen, wenn es irgend geht, mit Dir im Frühjahr einige Tage nach Agnetendorf zu kommen. Rose Bernd ist leider ein schlechtes Stück, nicht nur bühnenschlecht, sondern auch dichterschlecht ...

Zu dem Besuch auf dem ›Wiesenstein‹ kam es nicht, auch später nicht und überhaupt nie. Und der *Alexander* stieß, wie Wassermann geahnt hatte, im Verlag auf Kühle und Widerstand. Bie fand: »Alexander zu schreiben, das sei nicht meine Aufgabe.« Am 2. November 1903 heißt es in einem Brief an die Gattin:

Gestern hatte ich eine lange Unterredung mit Bie wegen des Alexander. Er sagte viel Vernünftiges und Gutes darüber, doch liebt er das Werk keineswegs. Er beschwor mich fast, es war ordentlich rührend, bei mir selbst zu bleiben, und alle jene Stimmungen, die mich zu jenen Zeiten treiben, den anderen lebendigen Stoffen unsichtbar zugrund zu legen. Darin ist Wahres ... Im übrigen freilich gehört Bie zu den ›künstlichen Menschen‹, den verschnörkelten Ästheten, und sein für ihn charakteristisches Wort ist, daß er den Alexander auf den Kopf stellen möchte. Doch habe ich an dem Werk noch manches zu tun, wenn ich heimkomme ... Heute habe ich eine Konferenz mit der ›Neuen Rundschau‹, ich werde 6000 Mark verlangen ...

Die Konferenz verlief nicht gut; die Hoffnung auf ein (dringend benötigtes) großes Vorabdruckshonorar zerrann:

Mit der Rundschau und dem Alexander wird es wahrscheinlich nichts. Sie fürchten die große Geldausgabe. Bie glaubt, es wirke zu eintönig auf fünf Hefte verteilt. Und dergl. Langweiligkeiten. Ich bin darüber weiter nicht unglücklich, habe schon für Montag eine Besprechung mit der andern Rundschau vereinbart, lasse durch Fischer bei Westermann anfragen. Sonst ist nicht viel herauszuschlagen. Die Vossische Ztg. interessiert sich dafür, aber sie wird im äußersten Fall 3500 Mark zahlen, die Frankf. Ztg. zahlt 1200 Mark (!!) für einen Roman. Bleiben nur Rundschau und Westermanns Monatshefte. Urteile habe ich noch nicht gehört. Heimann hat noch nicht fertiggelesen. Der arme Kerl steckt schwer im Joch. Alle haben zuviel mit sich zu tun ...

Wassermann wußte nun, daß das Buch noch nicht druckreif war; aber er war nicht entmutigt:

Was ich Dir gestern schrieb von gänzlicher Umarbeitung des Alexander ist natürlich Unsinn, Unmutsfrucht. Ich könnte es gar nicht mehr. Ist auch keineswegs mehr nötig. Das Werk steht und wird auch gehen lernen, davon bin ich überzeugt, ich muß nur den Unkrautsgarten des Details ausjäten.

Zudem hatte er ja so vieles ›in petto‹, und es kam immer neues hinzu. Noch in Berlin fiel ihm die »Sarah-Malcom-Geschichte im Pitaval« ein: »Daraus hat sich in meinem Innern unversehens eine Novelle gebildet, die ich gleich schreiben will, wenn ich heimkomme.« Und ein neuer »großer Roman« zeichnete sich ab: »Den Romanplan ›Trägheit des Herzens‹ habe ich mit Heimann hier hin und her besprochen. Er ist begeistert von dem Stoff ...« Heimgekehrt, war er sich jedoch des Rückschlags bewußt. Er schwieg, und Hedwig Fischer erkundigte sich offenbar besorgt, denn er antwortete ihr am 12. November 1903:

Liebe Frau Hedwig, nein, ich bin nicht böse, warum denn auch? Im Gegenteil habe ich, was Sie beide betrifft, angenehmere Eindrücke von Berlin als je mitgebracht, und wenn ich an Sie denke, spielt Ihr friedliches Haus, und die hübschen Abende, die ich darin verbracht habe, die lieben und förderlichen Unterhaltungen, die wir geführt, eine große Rolle in meiner nachbauenden Phantasie. Ich korrespondiere nur nicht, weil ich heißer denn je an der Schmiede stehe. Ich habe schlimme Tage der Selbstqual und der Zweifel hinter mir; bis man begreift, daß man ja auch hineingehört in die Welt, bis dahin ist manches Schwere im Innern und im Äußern zu bewältigen. In seinem Alleinsein ist jeder Mensch ohne Relationen, er ist der Gott der ganzen Schöpfung, daher folgt auf jedes Zusammenprallen mit den anderen Menschen ein entsetzliches Debacle. Ich arbeite jetzt den Vormittag am ›Alexander‹, am Nachmittag träume ich den Trägheitsroman und abends sitze ich bei Sarah Malcolm.

Schon arbeitete er wieder an drei Stoffen zugleich. Am gleichen Tag, an dem er diesen Brief schrieb, war er am Abend mit Hofmannsthal, Beer-Hofmann und Salten bei Schnitzler, der »dem alten Brauch folgend« den Freunden sein neues Werk – *Der einsame Weg* – vorlas. Olga Schnitzler erinnert sich:

In alle Ergriffenheit des Gesprächs tönt schließlich fast erlösend das Gelächter über Jakob Wassermann. Er läuft im Zimmer auf und ab, krault sich das dichte Haar und sagt in seinem dumpfen fränkischen Dialekt: »Eigentlich ist es ein Moralbesen.«

Am 23. November 1903 war die Novelle *Sara Malcolm* beendet, und die ›Rundschau‹ brachte sie bereits im Januarheft 1904. Ob Fischer wohl 500 Mark dafür bewilligen könne? »Wir ächzen nach Mammon, die Finanzen sind unter dem Hund.« Denn Wassermann hatte nach der Ablehnung durch die ›Rundschau‹ nicht nur noch immer keinen Vorabdruck für den *Alexander* placiert, sondern sich auch eine profitable »Extratour« versagt. Nach Wien zurückgekehrt, hatte er ein Angebot der Deutschen Verlagsanstalt in Stuttgart vorgefunden, bei der die sehr gut zahlende Zeitschrift ›Über Land und Meer‹ erschien, die ständig gute Fortsetzungsromane brauchte. Man hätte ihm, schrieb Wassermann freimütig an Fischer, dort zehntausend Mark gegeben, wenn er dem Verlag auch die Buchausgabe überlassen hätte. »Ich habe natürlich abgelehnt.« Einige Jahre später trat die nämliche Versuchung abermals an ihn heran und führte zu einer schweren Belastungsprobe der Freundschaft. Doch wie ging es inzwischen dem *Alexander*? erkundigte sich Fischer. Wassermann antwortete am 5. Dezember 1903:

Was ich mit dem Alexander mache? Nun, ich *mache* ihn jetzt erst. Er war noch gar nicht. Ich flehe die Götter um ein langes Leben an, damit ich erweisen kann, daß meine Prätentionen nicht die eines leeren Herzens sind ... Der Keim zur Trägheit des Herzens ist einzig. Mein erster Roman!

Und zwei Wochen später:

Daß Sara Malcolm Ihren Beifall hat, freut mich. Ich bin mir selbst bewußt, daß von hier aus der Weg weiter geht und empfand es schon in den Stunden, wo ich die kleine Geschichte niederschrieb. Nur keine Schriftstellerei mehr! Nur keine Wirklichkeitsschilderungen! Nur kein Kopfherausstrecken aus der Dichtung, kein Meinungsagen, keine Abstrakta, keine Probleme! In diesem Sinn bin ich jetzt am Alexander beschäftigt und lasse die neue Fassung, die sich zur alten verhält wie ein Szenarium zu einem fertigen Stück, schon in der ›Vossischen Zeitung‹ erscheinen... Man nimmt mich wie einen Fertigen, der ich doch jetzt erst anfange!

DIE VERTRÄGE DES HERZENS

Am 21. Januar 1904 war der »Unkrautsgarten« des *Alexander* ausgejätet. Wassermanns Tagebuch verzeichnet:

Nun bin ich endlich, glaube ich, endgültig mit dem Alexander fertig, und daß es im September so wenig der Fall war, wird am meisten zu meiner Beschämung wegen des ruhmrednerischen Ausrufs von 16. 9. dienen. Ich will es mir merken; ich will daran denken, wie blind man sein kann, und dies würde praktische und fruchtbringende Erziehung zur Bescheidenheit bedeuten. Immerhin, ich glaube doch etwas Annehmbares geleistet zu haben.

Einige Tage darauf, am 25. Januar, heißt es entschuldigend wegen einer langen Briefpause:

Liebe Freunde... Ich wollte erst den Alexander hinter mir haben, ehe ich Ihnen wieder schrieb; das ist denn nun auch der Fall. Was ich verbessert, gewonnen, werden Sie ja seinerzeit sehen. Dieses Kind war mit einem häßlichen Ausschlag behaftet, den ich jetzt mit viel Geduld geheilt habe und der früher die meisten verhinderte, seine gute Gestalt und die nicht gerade unschönen Züge zu würdigen. Im übrigen bin ich Ihnen, lieber Herr Fischer, sehr dankbar für die offene Kälte, mit der sie der Sache gegenüber gestanden; nur ein bißchen weniger Aufrichtigkeit von seiten meiner Freunde und ich hätte die Sache auf sich beruhen lassen und der Welt einen Abortus übergeben. Doch weiß man, welche Todes- und Verwesungskeime in unseren Werken stecken? So wenig wie in uns selbst. Die Natur schafft wohl sehend, doch läßt sie ihre Absichten nicht durchschauen, ja nicht einmal ahnen. Der Keim, den mein Fuß hochmütig-achtlos beiseite schleudert, kann zum mächtigen Baum werden und noch Früchte treiben, wenn von meinen Knochen nicht einmal der Staub mehr übrig ist. Jeder tue eben was er muß...

Auch die ›Vossische Zeitung‹ wollte den *Alexander* schließlich doch nicht abdrucken, und auf Fischers Anfrage, ob er das Buch bei der Bearbeitung auch gekürzt habe, antwortete Wassermann selbstsicher am 12. Februar 1904:

Nein, lieber Freund, der Alexander ist nicht schlanker geworden... ich glaube nicht, daß man mehr tun kann, um ein Werk aus einem rauhen Block ins Reich der Gestalten zu heben. Übrigens mondo passato! Ich bin ein anderer geworden. Diese Woche habe ich die Trägheit des Herzens begonnen. Nie noch hat mich ein Vorwurf so im Innersten aufgeregt; ich bin ganz krank davon.

Überzeugt, daß die *Alexander*-Mühsal einer vergangenen Welt angehöre, zuversichtlichen Glaubens, daß er mit dem neuen Werk »ein anderer« geworden sei, reiste er Ende Februar nach Berlin — und sah sich abermals zurückgeworfen. In seinen Erinnerungen an Moritz Heimann berichtete er darüber:

Als ich im Frühjahr 1904 mit dem fertigen Alexandermanuskript zu ihm kam, las ich ihm, ich weiß nicht mehr, wie viel Abende und Nächte es dauerte, zunächst die ganze Arbeit vor, dann sprachen wir sie gründlich durch, er selbst schien zu den einschneidenden Kürzungen, die er mir vorschlagen wollte, erst Mut fassen zu müssen, doch überzeugte er mich von ihrer Notwendigkeit mit solcher Geduld, solchem Nachdruck, solch brüderlichem Zureden, daß ich mich seinen Argumenten Schritt für Schritt beugte und sich meine anfängliche Bestürzung und Niedergeschlagenheit mit dem raschen Auftrieb, der meiner Natur in solchen Fällen immer eigen war, in Freude über das Neuzuformende verwandelte. Von den neunhundert Seiten der ursprünglichen Niederschrift blieben knapp vierhundert stehen... Aber kann man anders Schüler sein? Kann man anders lernen?

Wassermann war einunddreißig Jahre alt. Fischer, Heimann, Bie hatten ihn in eine strenge Schule genommen. Und die Schule war noch nicht zu Ende. Er grollte Fischer noch lange, weil er dem *Alexander* die ›Rundschau‹ versperrt hatte. Noch im Mai 1904, als Emil Strauß' Roman *Kreuzungen* in der Zeitschrift erschien, schrieb er an Fischer:

Es hat mich doch mit Bitterkeit erfüllt, daß der schlechte (ja, schlechte!) philiströse, schmökrige Roman von Strauß in der ›Rundschau‹ erscheinen durfte und dies Werk, in dem etwas Neues versucht und Großes angestrebt ist, einfach über Bord geworfen wurde. Ich werde lange brauchen, um darüber hinweg zu kommen. Und Sie, Sie bedauern es ja selbst schon, lieber Freund. Doch davon nichts mehr. Ich bin Ihnen gut gesinnt nach wie vor, das dürfen Sie mir glauben...

Im Juli 1904 kam er abermals darauf zurück:

Kleine Empfindlichkeiten sollte man unterdrücken. Dennoch gestehe ich Ihnen, daß es mir weh tat, als ich Manns Fiorenza in der Rdsch. sah und las. Ich erinnerte mich nämlich an das, was man mir damals über den Alexander von wegen der geringen Modernität oder Aktualität des Stoffes sagte, als man den Abdruck ablehnte. Und dies also, weil »Renaissance« nun einmal zu den geläufigen Begriffsmünzen des mittleren Lesers gehört, genügt mehr? Es war ein kleiner bitterer Viertel-... [Schluß des Briefes fehlt]

Doch änderte dies nichts an der Grundhaltung, die er noch während des Berlinaufenthaltes, am 20. Februar 1904 im Tagebuch festhielt; diese Erkenntnis bestimmte das weitere Verhältnis zwischen Autor und Verleger:

Fischer war sehr entgegenkommend und rücksichtsvoll in der Alexander-Affäre; ich darf ihm das nicht vergessen. Wie sollte man die Verläßlichkeit der Menschen nicht würdigen, die sich in Krisen bewährt? Es ist die einzige Sicherheit und das Gefühl erhält gleichsam seine Valuta dadurch.

Man darf eine Freundschaft unbedingt nicht auf die geistigen Vorzüge des Freundes bauen. Der Zusammenbruch wäre unausbleiblich. Es kommt immer der Augenblick, wo der Geist, sich selbst bespiegelnd, die geheimen Abmachungen, unausgesprochenen Verträge des Herzens vergißt und zerreißt, nur um zu triumphieren. Die Launen des Gemüts können immer wieder Versöhnung zur Folge haben, die des Geistes sind oft tödlich für das Gefühl, weil sie erkälten.

DER UNVERTILGTE STOFF

Die große Belastungsprobe der »unausgesprochenen Verträge des Herzens« war noch nicht zu Ende; sie stand recht eigentlich erst bevor. Die Kürzung des *Alexander*-Manuskriptes auf weniger als die Hälfte rettete das Buch; doch Fischer und Heimann mußten in Sorge bleiben: wohin trieb es diesen so hochbegabten Erzähler und lieben Freund? Wassermann sann über seinen »Trägheitsroman« nach, den Roman einer Ehe, die an der »Trägheit des Herzens« zerbricht, und die Heldin, Lätizia Wahnschaffe, sollte, wie er Heimann erklärte, »ein Typus der Weltliteratur werden, wie er Cervantes mit Don Quichote gelungen war«. Hatte nicht Heimann selbst dieses Vorbild des großen Romans, »in dem das Jahrhundert pocht«, vor ihm aufgerichtet? Doch nun brach das Chaos herein. »Ich habe noch Heimann, den habe ich noch, er wird mich nicht enttäuschen«, heißt es im Tagebuch. Er enttäuschte ihn nicht. Er rettete ihn.

Am 26. April 1904 begann er mit der Niederschrift von *Wege und Schicksale der Lätizia Wahnschaffe*; am 3. Mai setzte er neu an; am 6. Mai begann er eine dritte Fassung; die vierte, letzte trägt den Vermerk: »Donnerstag, den 19. Mai, Gott helfe mir zu diesem Werk, abends nach qualvollen Kämpfen begonnen.« Doch auf den Rückseiten des *Lätizia*-Manuskriptes waren bereits gegen 80 Seiten Notizen und Entwürfe zum *Caspar Hauser* niedergeschrieben. *Lätizia* wird beiseite gelegt: »Am 31. habe ich begonnen, den Caspar Hauser zu schreiben. Möge mir etwas Gutes gelingen! Möge das Schicksal nicht meine persönlichen Gebrechen, – meine Dunkelheiten, meine Verdunkelungen darin vergelten.« Einen Monat später warf er die Arbeit hin:

Ich habe den Caspar-Hauser-Plan aufgeben müssen, nachdem ich den Anfang ungefähr zwölfmal geschrieben, hundert Seiten geschrieben hatte, um fünfzehn zu erhalten und unter den größten Qualen einem Phantom nachgejagt war. Alles war verfehlt, Plan, Charaktere, Stil und Vorstellung. Solche Mißgriffe bei solcher Erfahrung, oder wo solche Erfahrung sein müßte, machen keineswegs optimistischer. So wenig ist man also im Besitz seines Talents, so gering ist das Wissen oder nur die Ahnung um das Notwendige, so dicht der Nebel um das geistige Auge, daß man auch dann, wenn man ergriffen vor einem Stoffe steht, doch über seine wahren Dimensionen, seine eigentlichen Notwendigkeiten durchaus keine Klarheit erlangt, sondern erst die falschen Wege gehen muß, um gewahr zu werden, daß sie zu keinem Ziel führen. Vielleicht aber bei noch tieferer Hingebung, bei noch stärkerem Hineinhorchen kann es gelingen.

Er nahm mit Feuereifer die Arbeit am *Lätizia*-Roman wieder auf; er hatte eine bedeutsame Erkenntnis gewonnen:

Im Kleinen groß zu sein ist mehr als im Großen klein. Geringe Stoffe können durch Symbole bis zu den Grenzen der Welt wachsen, große Stoffe schrumpfen durch die kleinste Entgleisung zu dilettantischen Übungsstücken zusammen ... Vielleicht wird es das Buch meines Herzens, das Reinigungsbuch.

Am 15. Juni 1904 berichtete er Fischer:

Ich bin in einer sehr glücklichen Arbeitsperiode. Heimann wird Ihnen schon gesagt haben, wozu ich mich nun endlich entschlossen habe oder besser wozu es mich getrieben hat. Mehr als ein paar Andeutungen konnte ich auch ihm nicht geben. Seit langen Jahren habe ich nichts so aus dem Innersten gemacht, so völlig quallos – allerdings liegen unendliche Qualen bis zu dem Wegpunkt, an dem ich endlich das Rechte sah. Ich werde Ihnen einmal mündlich die erstaunlichen und interessanten Etappen erzählen. Über den Gegenstand selbst kann ich nichts sagen, ich habe beschlossen, möglichst wenig zu reden und kann auch nicht reden; nur so viel, daß der Roman »Die Trägheit des Herzens« heißt, aber nichts mit alledem zu tun hat, was ich Ihnen, ohne einen Begriff von der Tiefe des Problems zu haben, davon erzählt habe. Das war eitel Gaukelwerk.

Er drängte Fischer, nun rasch den *Alexander* noch in diesem Herbst herauszubringen und nicht länger zu warten, da das neue Buch herannahe, und als Fischer seine Zweifel äußerte, schrieb er zurück:

Sie glauben, mein neuer Roman würde schwerlich im nächsten Jahre fertig werden. Das ist eine holde Täuschung. Ich meinerseits bin überzeugt, daß ich schon im Frühjahr fertig bin, falls mich nicht Krankheit verhindert. Welche Überzeugung gilt mehr? Nie ging mir eine Arbeit so leicht, so von selbst, denn ich schöpfe aus inneren, lang gesammelten Reservoirs. Nie hatte ich auch so wenig Sorge und Gedanken um die Wirkung ...

Fischer war einverstanden, und *Alexander in Babylon* ging in Druck. Wassermann war eifrig den ganzen Sommer 1904 an der Arbeit; doch plötzlich, Anfang Oktober, machte er sich auf eine Reise in seine fränkische Heimat und wanderte wochenlang in der Gegend von Ansbach auf den Dörfern umher. Was suchte er dort? Am 13. Oktober schrieb er an Hedwig Fischer aus Gunzenhausen, er treibe sich bei schlechtem Wetter in den »fränkischen Halbwildnissen« herum und arbeite an dem »geheimnisvollen Roman«, der

mir näher geht als alles, was ich bisher unternahm. Daß ich darüber schweige, auch gegen meine Wiener Freunde, rührt daher, daß diesem Buch gegenüber mein Ehrgeiz vollständig stille liegt wie ein Segel, dem der Wind fehlt. Es wird wohl das Rechte sein. Ich habe gar nicht das Bedürfnis fertig zu werden, gar nicht das Bedürfnis, damit auf den großen Markt zu gehen ... Hier gibt es tiefe Wälder mit herrlich vielfarbenem Laub und weiten Ebenen mit uralten Schlössern. Es ist der Schauplatz meines Buches, allerdings nur ein symbolischer Schauplatz ohne localpatriotische und »Heimatkunst«-Beziehungen ...

In den ersten Novembertagen war er mit dem bereits ansehnlichen Manuskript in Berlin. *Alexander in Babylon* war soeben erschienen – »sehr hübsch ausgestattet ... das Buch kostet nur 3 M. 50, was ich sehr vernünftig finde. Je billiger, je besser.« Es war ein ausgesprochen ›kleiner‹ Roman von 270 Druckseiten geworden, kaum umfangreicher als Schnitzlers ›Novelle‹ *Frau Berta Garlan.* Fischer honorierte 2½ Auflagen mit 1900 Mark voraus; aber wieder blieb der äußere Erfolg aus; *Alexander* brauchte gute fünf Jahre, um dreitausend Stück abzusetzen. Zwanzig Jahre nach Erscheinen hatte er schließlich die 13. Auflage, der Jugenderfolg *Renate Fuchs,* ein ›unzerstörbares Buch‹, hingegen inzwischen die 31. erreicht. Aber der Widerhall unter den Freunden war ermutigend, wenn auch die Besprechung in der ›Rundschau‹ säuerlich ausfiel. Hofmannsthal schrieb betrübt an Fischer:

Sehr schade, daß der ›Alexander in Babylon‹, ein so schönes Buch (über das ich gern geschrieben hätte) in die Hände dieses ewig unlustigen A. Eloesser geriet. Was gefällt dem eigentlich? Von Salammbô sagt er en parenthèse, daß es ein langweiliges Buch ist.

Da hatte Bie nicht aufgepaßt. Oder war es der Eigensinn der ›Objektivität‹? Wassermann kam mit diesem »verschnörkelten Menschen« vorerst noch nicht zurecht. Mit Hauptmann ging es etwas besser:

... mit Hauptmann, Heimann und Beer-Hofmann bei Fischers. Habe mich nach Tisch lange und gut mit Hauptmann allein unterhalten; er ist doch ein Mensch nach Gottes Herzen ... Es ist mit ihm einer jener Fälle, wo zu bewundern, ja zu lieben, einen die Vernunft zwingt, wenn auch das Herz sich sträubt. Er ragt eben doch über alle, und nur sein Gesicht zu sehen, mehr braucht es nicht und man weiß alles, was Gott mit diesem Mann gemeint hat.

Fischers waren »sehr lieb und nett, besonders er wird immer menschlicher und umgänglicher, ein Beispiel von Selbsterziehung, das zum Respekt zwingt«. Aber Heimann »ist gesundheitlich sehr herunter. Er leidet sehr unter dem literarischen Mummenschanz«. Doch nahm der Geplagte sich Zeit für den *Lätizia*-Roman:

Gestern las ich Heimann einige Kapitel vor. Es wirkte, wie eben Lebendiges wirkt. Man kann nicht Nein dazu sagen. Er fand es schön, durchaus schön, ebenmäßig gewachsen und war offenbar sehr befriedigt. Doch ich für mich, ich weiß genau, wo meine Fehler und Gefahren stecken. Noch immer bin ich unfähig, Tugenden aus meinen Nöten zu machen ... Wenn dieses Buch mir mißlänge, dann dürfte ich einpacken und das Feld denen überlassen, die planvoll ihre Armut einzurichten und auszustellen wissen (27. Oktober 1904).

Doch was geschah? Am 14. Januar 1905 heißt es im Tagebuch:

Engelhart wieder aufgenommen. Diesmal hat mich wahrhaftig ein Dämon getrieben. Mittendrin das andere liegen lassen, auf den Entschluß einer einzigen Minute hin! Bin mit vollem Herzen dabei. Ich merke an dem ersten Entwurf, wie ich doch seit drei Jahren gewachsen bin. Was für ein wunderbares

Instrument ist die Sprache ... und wie merkt man an ihr immer erst am Besseren, daß das Schlechte schlecht war.

Jetzt wurde das Kindheitsbuch in einem Anlauf beendet. Am 19. Mai 1905 schrieb Wassermann an Fischer:

Ich möchte Ihnen bald den Engelhart senden und bin für sofortigen Druck, selbst ehe Sie das Buch lesen. Das (übrigens dreimal abgeschriebene) Mcpt. ist nämlich zum siebten Mal durchkorrigiert und in solchem Zustand nicht genußvoll zu lesen. Auch möchte ich es erst in den Druckbogen zum Vorabdruck versenden ... Wie ist es mit der Rundschau? Wahrscheinlich zu lang.

Am 24. Juni 1905 sandte er das abgeschlossene Manuskript des *Engelhart Ratgeber* an Fischer und bat um Mitteilung, ob er es erst lesen oder »gleich in Druck geben« wolle. Wenn Fischer es erst lesen wolle, möchte er sich bitte bald »wegen der Rundschau« entscheiden; denn vielleicht sei es doch denkbar, daß man sich darüber einig werde: »Dr. Bie müßte Platz, Sie selber Geld, und alle beide müßten Lust dazu haben.« Hoffentlich könne Fischer sich rasch entschließen, »denn ich habe in diesem Jahr noch keinen Pfennig verdient und – Sie verstehen. Jedenfalls möchte ich im Sommer mit Ihnen darüber sprechen«. Sie trafen sich im Sommer in Fulpmes in Tirol; Fischers »brachten gutes Wetter mit« und »nahmen es bei ihrer Abreise wieder mit«, doch nur im wörtlichen Sinn. Über ihre Gespräche geben Wassermanns Briefe keine Auskunft. Bald nach Fischers Abreise vollendete Wassermann eine neue historische Novelle, *Donna Johanna von Castilien*, die er Fischer am 14. September 1905 für die ›Rundschau‹ übersandte; angefügt an das Begleitbriefchen ist die Frage: »Hat denn Heimann eigentlich mein Brieflein erhalten?«
Fischer steckte in diesem Herbst mitten im Umzug in sein neues Haus und hatte den *Engelhart Ratgeber* offenbar tatsächlich ungelesen in die Druckerei geschickt. Wassermann hatte inzwischen den Roman vertrauensvoll Hofmannsthal zum Lesen gegeben. Doch Hofmannsthal reagierte nicht, ließ das Manuskript vier Wochen lang liegen und entzog sich dann, wie Marta Karlweis erzählt »einer schwierigen und offenbar seiner Meinung nach aussichtslosen Unterredung über das Ratgeberbuch dadurch, daß er an Wassermann schrieb, intensivste eigene Arbeit mache ihm die Lektüre unmöglich«. Wassermann empfand diese »Ausflucht sehr schmerzlich« und vermerkte sie im Tagebuch. »Aber ich habe noch Heimann, den habe ich noch ...« Er schickte das Buch an den Verlag und einen Brief an Heimann. Heimann befand sich im Sommerurlaub an der Ostsee. Die Hoffnung auf einen ›Rundschau‹-Vorabdruck war anscheinend lautlos untergegangen, die Briefe sprechen nicht mehr davon. In Wassermann muß der Zweifel genagt haben; vielleicht spürte er den herannahenden Schicksals-

schlag, denn er zog offenbar in blitzartigem Entschluß, noch ehe er von Heimann gehört hatte, das Manuskript aus der Druckerei zurück. Und dann kam Heimanns Brief, aus dem sich schließen läßt, daß Wassermann ihn nicht nur um sein literarisches Urteil, sondern überhaupt um seinen grundsätzlichen Rat gebeten hatte, ob er den *Engelhart Ratgeber* veröffentlichen solle.

DER ECHTE RATGEBER

Es war ein überaus langer Brief. Er war Wassermann so wichtig, daß er ihn in voller Länge in seinen, nach Heimanns Tod geschriebenen und nur teilweise veröffentlichten Aufsatz *Geschichte einer Freundschaft* aufnahm. Zugleich ist er aber auch ein so einzigartiges Dokument der Verlagsgeschichte, die außer Heimanns erstem Urteil über *Buddenbrooks* kein einziges seiner Lektorengutachten vorweisen kann, daß er in seinem vollen Wortlaut, wie ihn Marta Karlweis mitgeteilt hat, an diese Stelle gehört. Heimann schrieb:

Eine Woche bleibt mein Brief nun länger aus, als ich gedacht und gesagt hatte. Dabei habe ich gleich nach Deinem Brief zu lesen begonnen und zu Ende gelesen. Aber ist es denn damit getan, das Geschäft, das Du mir aufgetragen? Wenn eines, so brauchte dieses Prüfung und aber Prüfung, Ruhe und Gewissen. Denn es hat mich erschreckt und verwirrt, daß das Manuskript von der Druckerei zurückgezogen wurde. Wie? fragte ich mich, sollst du nicht nur ein Urteil, sondern einen Rat geben? Das aber, habe ich gemerkt, kann ich nicht und darf ich nicht. Was Du praktisch mit einer Arbeit, die fertig ist, vorzunehmen hast, da wage ich nicht hineinzureden. Ich kenne nicht Dein Lebens-Zeit-Gefühl; weiß nicht, ob Deine innerste Seele glaubt, es eilig oder Muße zu haben; ich weiß nicht, ob Du nur von der Kunst forderst oder ob Du ihr erlaubst, von Dir zu fordern, und wieviel, und wie streng oder wie nachsichtig. Es kommt hinzu, daß jedermann praktisch ein Recht auf die Relativität der Zeitumstände hat, der seinen und der allgemeinen.

Und darum begebe ich mich jedes Wortes, das in die Relativität hineingriffe und schreibe meinen Eindruck von Deinem Werk nieder, als kenntest Du mich nicht und ich Dich nicht, und als hätte ich weder Auftrag noch Zweck.

Ich beginne mit einem verhängnisvollen Bekenntnis: Der Engelhart hat denselben fundamentalen zerstörerischen Fehler, den ich beim Moloch gefunden habe: Die geschilderten Gestalten und Ereignisse haben keine Realität in sich, sondern immer nur dem Erzähler zuliebe. An so geringem Eigenwuchs, an so luftiger Existenz kann sich kein Charakter bilden, keine Gestalt formen. Daß dieses im vorliegenden Fall eventuell als das besondere Kennzeichen und das besondere unselige Verhängnis des Helden erscheinen kann, macht die Sache nur psychologisch-biographisch (für den Verfasser) interessant, nicht künstlerisch möglicher. Die Biographie, die Ethik haben ein reines, tiefes künstlerisches Schauen nicht aufkommen lassen, und haben, noch schlimmer, sogar als Eselsbrücken gedient, wo der

Künstler seiner Unsicherheit inne war, aber sich doch die Unzulänglichkeit nicht eingestehen wollte. Mir ging es so, daß schon nach wenigen Seiten das Interesse an Engelhart durch das (nicht künstlerische) an J. W. verdrängt wurde, und es wird auch dem Fremdesten so gehen, sofern er nur kein Pachyderm ist. Der autobiographische Charakter des Werkes läßt sich nicht verkennen; man sieht ohne weiteres, daß man es mit Erinnerungen zu tun hat. Nur als Erinnerungen, das heißt als Zufälle, kann man diese immer folgenlosen, immer wieder abbrechenden Erlebnisse gelten lassen. Sie haben ihr Gewicht durch die brutale Tatsache, daß sie wirklich passiert sind, nicht aber dadurch, daß sie zu einem früh und zart sich andeutenden dichterischen Zweck da sind. Liest man dann tief hinein ins Werk, so stellt freilich ein Zweck sich ein, aber er ist eingeschmuggelt. Der Stoff organisiert sich nicht vermöge der ihm innewohnenden Kräfte, die Entwicklung wird künstlich, nicht künstlerisch in Fluß gebracht. So ist kein Gebilde entstanden, das da ist, um angeschaut zu werden, sondern Ethik, Verstand, Bewußtsein und Verlegenheit führen die Erzählung zu einem Ende, ohne sie zu vollenden. Als er sie anfing, wußte der Verfasser nicht, daß sie auf die Trägheit des Herzens und die harmonische Auflösung der Dissonanz zwischen Vater und Sohn ausgehen würde; er ergriff diese Möglichkeit als Rettungsseil. Ich sage nicht, daß diese Psychologie des Verfassers richtig ist; es ist noch schlimmer, daß man einen solchen Eindruck bekommt, wenn der Schaffensprozeß ganz anders, ganz ungestört war. Dem Ganzen wie dem Einzelnen (kein Widerspruch gegen oben) ist eine Zwecklosigkeit eigentümlich, die den Leser quält und ungeduldig macht. Es fehlt durchaus die Kontinuierlichkeit im Äußern wie im Innern, in der Handlung wie in der Entwicklung. Dabei ist aber die Technik nicht impressionistisch, schon weil die Teile kein anschauliches Leben, sondern begrifflich, kritisch und obendrein mit einem Ton von heimlicher Nörgelei und Anklage Zusammengefaßtes enthalten. Dieser gänzliche Mangel an Verklärung! Ist das die Geschichte einer Welt, durch die ein junges Menschenkind ging und an die ein gereiftes sich erinnert? Wen ginge das alles etwas an, der sich nicht für J. W. interessiert! Sich selber richten scheint also eine Eitelkeit zu sein, und der Dichter muß über sie hinwegkommen!! Wie wenig sieht man diesen Engelhart, zumal in der Jugend. Man ist erstaunt, ihn plötzlich vierzehn Jahre alt zu wissen. Wir haben ihn nicht werden sehen, nichts haben wir werden sehen. Die Welt um ihn verwandelt sich nicht; seine Augen verwandeln sich nicht und sehen mit vier Jahren ebenso wie mit vierzehn und mit neunzehn. Welche Unmöglichkeit, ein Bild der Umwelt Engelharts zu bekommen; auf Seite 157 erfahren wir, daß in dem Hause, in dem er aufwächst, eine Gipsgießerei ist. Von der zweiten Rückkehr nach Wien an wird es besser, steht aber damit im Widerspruch gegen den Anfang. Das Wiedersehen mit Schildknecht in Zürich, da ist Leben. Der Schluß aber verdirbt alles wieder. Nichts ist in Engelhart entwickelt zum Schluß, nichts ist zu Ende. Es wird ihm ein Gedanke eingeblasen, morgen kann er ihn vergessen oder einen neuen haben, und dann kann die Quälerei dieser sogenannten Erziehung von vorne losgehen.

Das sieht nun wohl sehr schlimm aus und ist es wohl auch vor den gütigen wahren Augen der Poesie. Wäre mir nur mein Gefühl nicht verwirrt durch die schönen glänzenden hinreißenden Stellen des Buches. So ist die Schilderung der Hedwig Andergast von entzückender Feinheit und Wahrheit. So ist das Märchen herrlich, trotzdem es nicht ganz frei von literarischer

Nachahmung Grimms ist. Aber es ist wundervoll echt in den Märchenmotiven, und es hat die Verklärung und die Organisation, von denen ich wünschte, daß das ganze Buch und nicht bloß dieses Juwel, dieses Symbol sie hätte. Und schön im Fluß und wahr sind alle Verse des Buches. Und damit komme ich auf etwas, was ich Dir sagen möchte, verzeih es, wenn es Dir zudringlich scheint. Ich meine, Du solltest auf längere Zeit hin keinen Roman schreiben. Es verführt Dich etwas im Roman, die Teile, die einzelnen Erlebnisse nicht ganz auszugestalten, etwa so, als ob Du ein Feuer anmachtest aus kleinen Holzstatuetten und nun, da die Dinger doch verbrennen, Dir erlaubtest, sie anatomisch falsch, häßlich und flüchtig zu machen. Verbrenne aber einmal die Statuen nicht im größeren Feuer des Romans. Stelle sie einzeln aus, schreibe Novellen, das wird Dich zwingen, alles wirklich durchzuformen. Nur als Disziplinierungsmittel geb ich diesen Rat. Und schreibe Novellen in Versen, Du könntest es. Diese Form ist zu erwecken. Ich glaube, daß der Vers Dir jene Entstofflichung als Vorzug in den Schoß wirft, die Du brauchst und die heute bei Dir oft ein Mangel ist. Und um einen noch tollkühneren Rat zu geben, schreibe mal ein Drama, auf die Gefahr hin, daß es nichts wird, nur weil diese Kunstform nicht mit sich spaßen läßt und Dich zu heilsamen Dingen zwingen wird. Und nun verzeih den unklaren und den allzu klaren Ton. Ich bin gepeinigt von Kopfschmerzen und mein Herz ist an der See unruhiger geworden als es vorher war. Sollte ich mich zu einem ›Brief‹ sammeln, so würde es wieder Zeit dauern. Sei mir nicht böse. Im Innersten nicht.

»VOR DEM HOHEN TRIBUNAL«

Wassermann war dem Freund nicht böse. Er wußte das alles bereits. Aber er brauchte die Bestätigung; sie rettete, befreite ihn: »Der Bankrott, den ich an der Arbeit des Engelhart erlitten, hat mich innerlich ruhiger und zuversichtlicher gemacht.« Gleich als habe er geahnt, was dieser echte Ratgeber ihm raten werde, hatte er sich bereits selbst das »Disziplinarmittel« verschrieben, das ihn zwang, »alles wirklich durchzuformen«. Als er Anfang Oktober 1905 wieder in Berlin war, las er Heimann *Donna Johanna von Castilien* vor, die im Dezemberheft 1905 der ›Rundschau‹ erschien, nachdem er zu Bies Entsetzen noch in den Korrekturen eine große Änderung vorgenommen hatte, weil die Wiener Freunde gefunden hatten, die Novelle habe »in der Mitte ein großes Loch«. Noch in Berlin begann er eine dritte Novelle, *Clarissa Mirabel.* Aus Wien schrieb er am 12. November 1905 an Fischer:

Ich arbeite sehr fleißig. Diese drei Novellen, die ich nun im Frühling erscheinen lassen will (und zwar unter dem Titel »Die Schwestern«) werden eine stattliche Sache, und ich freue mich auf das Buch. Überhaupt habe ich nun ein viel weiteres und freieres Gefühl, mir ist oft, als ob ich einen Hohlweg verlassen und plötzlich den ganzen Himmel über mir hätte, der vordem eingepfercht und abgegrenzt war, ja ich habe, um mich ein wenig lächerlich auszudrücken, eine epochale Empfindung des eigenen Lebens. Nun, salve! Grüßen Sie den lieben Heimann ...

Am 1. Dezember 1905 wurde die dritte Novelle vollendet. Der nächste Tag brachte die schöpferische Erleuchtung; jetzt erkannte er, was ihn damals so geheimnisvoll in die fränkische Heimat, nach Ansbach gezogen hatte; die Landschaft war die richtige gewesen, aber er hatte den falschen Roman in ihr anzusiedeln versucht. Am 3. Dezember 1905 notierte er:

Den gestrigen Abend müßte ich wieder einmal rot anstreichen im Kalender meines Lebens ... wie unter dem Feuer eines Blitzes riß ich mich los, urplötzlich vermengte sich in mir die Caspar-Hauser-Idee mit der Trägheitsidee, urplötzlich war mein Arzt und Ehemann zum Lehrer Meyer geworden, die ganze Tragödie stand gewaltig da und der Titel war mit leuchtenden Lettern an die Wand gemalt: Caspar Hauser oder die Trägheit des Herzens.

(Der Arzt und Ehemann Wahnschaffe ging nicht verloren; aus ihm wurde der Arzt und Ehemann in *Joseph Kerkhovens dritte Existenz;* Lätizia erstand als Crammons Tochter im *Christian Wahnschaffe* auf, wie auch Hedwig Andergast aus dem *Ratgeber*-Buch mit dem neuen Vornamen Sophia im *Fall Maurizius* wiederkehrt.)
Jetzt, durch die drei meisterlichen historischen Novellen geschult, bekommt er mit dem *Caspar Hauser* die »große Form« fest in den Griff. Die Verbindung mit Bülowstraße und Erdener Straße bleibt eng. Im Februar 1906 steht Wassermanns Name zum erstenmal im Gästebuch des neuen Hauses und taucht hinfort regelmäßig wenigstens zweimal im Jahr auf. Im Märzheft der ›Neuen Rundschau‹ erscheint *Clarissa Mirabel.* Fischer wird im Herbst nicht nur den Novellenband, sondern auch eine überarbeitete Neuausgabe der *Juden von Zirndorf* bringen. Er sei froh, schreibt er Fischer, nichts mehr mit Langen zu tun zu haben »und diesen Roman, auf den ich Gewicht lege, wieder zu besitzen ... Das Buch ist mir nun einmal ans Herz gewachsen, wenn Sie es kennten, würden Sie manches an mir und meinem Leben besser begreifen.« Am 5. Juni 1906 heißt es im Tagebuch: »Heute nachmittag las ich Hofmannsthal die ersten drei Kapitel von Caspar Hauser vor. Er hatte einen gewaltigen Eindruck, und ich sah ihn nie so erregt.« Am 25. August teilt er Fischer mit: »Gestern bin ich mit dem ersten Teil meines Buches (zweie sinds) fertig geworden.«

Im September 1906 kam die Neufassung der *Juden von Zirndorf* heraus und führte diesen Roman erst eigentlich zu gebührendem Ruhm. Dehmel zum Beispiel griff erst jetzt zu dem Buch und war, obwohl er den Schluß »verfehlt« fand, so begeistert, daß er sich von Fischer (am 28. September) nun auch *Renate Fuchs* erbat. Bei Langen hatte der Roman in sechs Jahren drei Auflagen erreicht; Fischer setzte in den nächsten zwölf Jahren siebzehn Auflagen ab. Anfang Oktober erschienen *Die Schwestern,* und Hedwig Fischer sammelte eifrig die Berliner

Kritiken und schickte sie dem Freund. Der »ewig unlustige« Arthur Eloesser erregte abermals Ärgernis: »Herr des Himmels«, schrieb Wassermann an Fischer,

wie streng ist dieser Mann, unnachsichtig streng. Er rächt sich beständig dafür, daß er mich einmal gepriesen hat, woran ich unschuldig bin. Er will immer das andere, gerade das, was ich nicht gemacht habe, – und »epigonenhaft«! das unverwüstliche Epitheton der Professoren. So grantig ist er, so grantig! Es soll mich weiter nicht scheren, man kann nicht mehr tun als arbeiten.

Doch am 23. Oktober notierte er im Tagebuch:

Eine unvergleichliche Stunde bei Hugo Hofmannsthal, als er mir vorlas, was er über die Schwestern geschrieben. Ich fühle mich vor ein hohes Tribunal gestellt, und sah mich gerecht angeklagt und gerecht verteidigt.

Nie wohl ist eine »Anklage« graziöser, eine »Verteidigung« anmutiger geführt worden. Hofmannsthals Besprechung, *Unterhaltungen über ein neues Buch*, im Berliner ›Tag‹ erschienen, ist ein exquisites Kunstwerk: der literaturkritische Essay ist in die Form einer ländlich-herrschaftlichen Erzählung von einer Luftigkeit gewandet, die an Eichendorffs *Dichter und ihre Gesellen* gemahnt, und die Erzählung wiederum ist in zwei Gespräche gegliedert, in denen jüngere und ältere Generation wechselweise Meriten und Defekte des Werkes gegen den Hintergrund der deutschen Prosaentwicklung erörtern. Niemand außer Wassermann selbst konnte ahnen, wie zartfühlend-liebevoll Hofmannsthal gleich mit den ersten Sätzen die *Engelhart*-Wunde heilte. Die Szene mußte ihm unverkennbar sein. Zwei Jahre zuvor, 1904, hatte er geschrieben:

Als ich Montag bei Hofmannsthal war, machten wir in Begleitung seiner Frau einen weiten Spaziergang durch die bezaubernden Landschaften in der Umgebung von Rodaun... Sehr eindrucksvoll, tiefgehend und erquikkend war unsere Unterhaltung.

Mit eben diesem Spaziergang, nahezu mit den gleichen Sätzen geschildert, heben die *Unterhaltungen* an: »Wir sind zu vieren, mit den Frauen zu sechs, und sind im gleichen Rhythmus, das ist schon selten genug.« Sanfter, aber sehr bestimmter Nachdruck ist auf diesen »gleichen Rhythmus« gelegt. Hofmannsthal, der vor der Maßlosigkeit, der unbewältigten, unvertilgten Subjektivität des autobiographischen Stoffes zurückgeschaudert war, pries jetzt vor allem des Freundes Knappheit und Sparsamkeit der Mittel. Über »die meisten Deutschen« sei Wassermann »dadurch hinausgekommen, daß er die Maße einzuhalten versteht«.

Schon im ›Alexander‹ habe ich das als seine enorme Qualität empfunden, und hier ist es wieder so. Wenn die deutschen Erzähler sich das Überflüssige abgewöhnen, dann weiß ich nicht, wie hoch sie nicht sollten kommen können.

Ob er daran so viel finde, fragt der in England erzogene Freund Waldo, und Ferdinand antwortet:

Fast alles, denn wir haben viel weniger eigentlichen Kunstverstand als die anderen Nationen, während wir ihnen an Gehalt und innerer Vielfältigkeit wahrscheinlich überlegen sind. Das Gefühl für die Maße ist aber eine der ersten, wesentlichsten Regungen des Kunstverstandes. Solange die Deutschen vielbändige zusammengestückelte Romane ans Licht brachten, war kaum etwas zu hoffen, nun aber, da sie nach Knappheit zu ringen scheinen, kann man auch auf größere Richtigkeit und Strenge im Innern, und was nicht noch alles, hoffen. Denn da es in der Kunst wie in der Natur kein getrenntes Innen und Außen gibt, so ist mit der errungenen Knappheit schon zugleich eine nervigere Darstellung gegeben, das breite, schlaffe Ausmalen von Zuständen, das naturalistische Schildern gleichzeitig mit dem unleidlichen Auskramen psychologischer Beobachtungen von vornherein über Bord geworfen.

Er finde hier »ein Weltgefühl«, hält Ferdinand dem Onkel entgegen. »Mein Gefühl der Welt war aufgewühlt wie lange nicht, in wunderbare Tiefen des Geschicks hatte ich hinabgeblickt ...«

Sechs Wochen später, am 12. Dezember, notiert Wassermann im Tagebuch: »Ich arbeite mit Leidenschaft am Caspar. Es wird, es wird, es wird!«

Jetzt gab es nur noch dieses eine Buch. *Engelhart Ratgeber* war ein für alle Male abgetan. Nach der allgemeinen Ablehnung im Fischer-Verlag hatte Wassermann das Buch anscheinend der Deutschen Verlagsanstalt gegeben, denn in einem Brief vom 5. November 1905 an Fischer heißt es, sie habe ihm »für den Engelhart« 2500 Mark bezahlt: »Wenig genug, aber wir brauchen das Geld gar sehr und da ich mich der Arbeit keineswegs zu schämen habe, so bin ich froh. Sie haben doch nichts dagegen?« Doch scheint er es auch von dort wieder zurückgezogen zu haben, denn es erschien nicht. Er schenkte das Manuskript seinem Wiener Freund Philipp Baron Schey mit der Bestimmung, es dürfe nie als Buch erscheinen; Baron Schey gewährte späteren Biographen Wassermanns und auch Marta Karlweis Einblick in die Handschrift, und nur die von ihnen in ihren Büchern zitierten Stellen sind daraus bekannt geworden. Auch *Lätizia Wahnschaffe* wurde nie wieder angerührt; der Roman war im Vorabdruck in der Wiener ›Neuen Freien Presse‹ erschienen und kam später in einer kleinen Luxusausgabe (nicht bei Fischer) heraus. Zu seinem Werk zählte Wassermann beide nicht. Es gab nur noch den *Caspar Hauser*. Im Januar 1907 heißt es im Tagebuch:

Das verflossene Jahr hat mir ... den größten Teil des Caspar Hauser geschenkt ... Mein Ansehen wächst, meine Kraft, ich fühle es, gleichfalls, was ich in früher Jugend schon so glühend geträumt – Ruhm! er naht vielleicht.

Und am 14. März 1907:

Gestern, am dreizehnten März, Mittwoch um halb ein Uhr habe ich den Caspar Hauser beendet... Caspar ist nun tot für mich. Für die Welt beginnt er (vielleicht) jetzt wieder zu leben.

Endlich am 19. März 1907:

Gestern bei Hofmannsthal den Schluß des Caspar Hauser gelesen. Große Wirkung.

Der Ruhm nahte in der Tat. Er stand vor der Tür. Das Buch war fertig. Es erschien. Aber nicht bei Fischer.

GELDFRAGEN

Es ist angezeigt (und bei einer Verlagsgeschichte so gebührlich, daß es keiner besonderen Entschuldigung bedarf), an dieser Stelle einen Blick auf die materielle Seite des Schriftsteller- und Verlegergeschäfts zu werfen, mit anderen Worten: von Geldfragen zu sprechen. Am 2. November 1906 hatte Wassermann aus Berlin-Grunewald an seine Frau geschrieben:

Hier ist das alte Mühlrad, die Leute sehr blasiert, überlegen, skeptisch. Fischer verstimmt, weil die Geschäfte stagnieren, auch die ›Schwestern‹ gehn nicht besonders, denn, so heißt es, Novellen werden nicht gekauft. Na, ich habe Zeit...

Die Novellen gingen besser als *Alexander,* sie erreichten nach Neujahr die dritte Auflage. Auch können Fischers Geschäfte nicht allzu sehr stagniert haben, denn just um diese Zeit erwies er sich unaufgefordert und ungenötigt, wie es seine Art war, überraschend generös. Am 29. April 1907 erhielt Schnitzler von Hofmannsthal dieses Billett:

Mein lieber Arthur, bitte seien Sie so gut und schreiben Sie mir gleich in aller Kürze auf einer offenen Karte, ob Sie von Fischer für Novellen und ähnliches gleich von der ersten Auflage an 25 Prozent bekommen oder von der ersten Auflage nur 20 Prozent und erst von einer höheren an 25 Prozent. Letzteres wäre mein bisheriger Fall. Herzlichst Ihr Hugo.

Fischer hatte bisher allen seinen deutschen Autoren ausnahmslos eine Tantieme von zwanzig Prozent von jedem verkauften Exemplar zugestanden. Nur die Höhe des Vorschusses oder, wie er es nannte, die Anzahl der vorausbezahlten Auflagen unterschied sich je nach den Erfolgsaussichten des betreffenden Autors und Werkes (wobei Fischer sich zuweilen, auch im Fall Hauptmann, zu seinem Nachteil verschätzte). Die Höhe der Tantieme war im Generalvertrag festgelegt. Die Garantie oder Vorauszahlung wurde bei jedem neuen Werk neu vereinbart. So hatte Fischer es zwanzig Jahre lang gehandhabt. Doch Hofmannsthal hatte etwas läuten gehört. Am 21. Dezember 1906 hatte Fischer an Schnitzler geschrieben:

Lieber Herr Doktor, wir drucken von ›Liebelei‹ die 7. Auflage. Das Honorar von 500 Mark überweisen wir gleichzeitig. Ich habe mir erlaubt, das Honorar auf 25 % zu erhöhen, weil ich auch nach anderer Seite eine solche Concession gemacht habe. Mit schönsten Weihnachtsgrüßen Ihr ergebener S. Fischer.

Die Konzession »nach anderer Seite« lag bereits ein dreiviertel Jahr zurück. Der finanzielle »Durchbruch« war dem Autor der *Buddenbrooks* zu danken. Der 1901 geschlossene Vertrag mit Thomas Mann lief am 26. März 1906 ab und wurde am 10. März auf weitere sechs Jahre verlängert. Dieser Verlagsvertrag ist erhalten. In ihm überträgt Thomas Mann dem S. Fischer Verlag wiederum das Verlagsrecht an seiner gesamten, »während der folgenden sechs Jahre entstehenden literarischen Produktion für alle Auflagen und Ausgaben in Buchform«, und Paragraph 2 bestimmt:

Für die zukünftige Produktion ist als Honorar zwischen den Contrahenten eine Tantieme von 25 (fünfundzwanzig) Prozent vom Ladenpreis des broschierten Exemplars vereinbart. Das Honorar ist für alle gedruckten Auflagen pränumerando bei Erscheinen zahlbar.

(Dieser Vertrag wurde auf dem gleichen Blatt »in allen Punkten« durch handschriftliche Nachträge zweimal, am 15. Juni 1913 und am 21. Juni 1919 unverändert »prolongiert«.)

Das »broschierte Exemplar«, hier nicht zum ersten- und auch nicht zum letztenmal erwähnt, ist ein inzwischen verschwundener Begriff. Aber damals und bis zum Zweiten Weltkrieg war es nicht nur eine abstrakte Kalkulationsgrundlage, sondern es existierte wirklich. Es war sogar die ›ursprüngliche‹ Form des Buches, wie sie vor Einführung des Verlegereinbandes üblich war, und es war die Grundlage aller Verrechnungen zwischen den Verlagsbuchhändlern auf der Ostermesse und der Abrechnung mit den Autoren. Von jedem Buch war, nach Einführung des Verlegereinbandes, eine gebundene und eine »broschierte« bzw. ›geheftete‹ Ausgabe lieferbar und in den Buchhandlungen zu haben. Die broschierte Ausgabe war nicht unerheblich billiger als die gebundene, aber sie zerfledderte, ähnlich dem französischen und italienischen Buch, natürlich leicht. Aus alter Gewohnheit wurden Autorenhonorare nach dem Preis des broschierten Exemplars weiter berechnet, und es fehlte nicht an Widerspruch seitens der Autoren, die erklärten, die Preisspanne zwischen broschiertem und gebundenem Exemplar sei viel größer als die tatsächlichen Gestehungskosten des Leineneinbandes, der Verleger verdiene am Einband ungebührlich viel, und der Autor müsse an ihm mitbeteiligt werden, das heißt, die Tantieme müsse aus dem gebundenen Exemplar errechnet werden.

Fischers »Konzession« gegenüber Thomas Mann leuchtete ein: *Buddenbrooks* war inzwischen ein Bestseller geworden, und auch wenn der neue, noch nicht vollendete Roman *Königliche Hoheit* diese Höhen nicht erreichte, konnte Fischer doch mit einer so hohen Anfangsauflage rechnen, daß die höhere Tantieme kalkulatorisch gerechtfertigt war. Dies galt auch für Hermann Hesse, dem Fischer nach seinen ersten großen Erfolgen (im nächsten Kapitel zu lesen) von sich aus die hohe Ausnahmstantieme anbot, vor allem, um Langen abzuwehren. Sein Brief an Hesse vom 26. Mai 1906 gibt Einblick in seine Kalkulation:

Mir wird von einigen Autoren mitgeteilt, daß Herr Langen bemüht ist, sie durch besonders verlockende Anerbietungen für seinen Verlag zu gewinnen. Herr Langen, der sich das Verlegen ein wenig bequem macht, indem er auf echt amerikanische Art davon ausgeht, erfolgreiche Autoren wegzuschnappen, hat aber damit kein Glück, und ich hoffe, er wird es auch mit Ihnen nicht haben. Soviel mir mitgeteilt wird, bietet Herr Langen eine Tantieme von 25 Prozent. Einen solchen Tantiemesatz *allgemein einzuführen*, ist für einen Verleger, der auf eine gute Organisation hält, nicht möglich, ganz unmöglich bei Werken, die nicht *gleich in größerer Auflage* gedruckt werden.
Sie können es an den fünf Fingern nachrechnen: 25 Prozent für den Autor, durchschnittlich 40 Prozent (inclus. Freiexemplare) für den Sortimenter, bleiben 30 Prozent für den Verleger, womit er Herstellung, die Vertriebskosten und seinen Gewinn bestreiten soll. Ich muß Ihnen das sagen, weil in unserm Vertrag der mit wenigen Ausnahmen allgemein in Geltung befindliche Tantiemesatz von 20 Prozent vorgesehen ist.

Er sei jedoch bereit, falls Hesse das Angebot Langens ablehne, ihm für seine künftigen Bücher 25 Prozent einzuräumen, damit er sich dem Langenschen Angebot gegenüber nicht im Nachteil fühle: »Ich würde mich sehr freuen, wenn es mir gelänge, Sie meinem Verlag zu erhalten.« Im Fall Hesse, wie im Fall Thomas Mann, erbrachten hohe Erstauflagen (von zehntausend Exemplaren oder mehr) eine solche Ersparnis der Herstellungskosten, daß eine höhere Autorentantieme gerechtfertigt war. Worüber Fischers Generalverträge nichts bestimmten, das war der eventuelle Vorabdruck in der ›Neuen Rundschau‹ und das hierfür auszuwerfende Honorar. Dies blieb besonderer Vereinbarung vorbehalten, und die Autoren hatten freie Hand, den Vorabdruck der ›Rundschau‹ oder einer anderen Zeitschrift oder Zeitung zu übergeben. Die »Verträge des Herzens« gewährten der ›Rundschau‹ höchstens ein moralisches Vorrecht und bestimmten gewiß nicht den Preis. Im Fall Thomas Mann traf Fischer rechtzeitig, bereits im Oktober 1907 Vorsorge. Am 16. Oktober 1907 schrieb Thomas Mann an seinen Bruder Heinrich:

Wir hatten vorgestern interessanten Besuch: Von S. Fischer, der expreß herbei eilte, um die Honorarfrage betr. »K. H.« (was sowohl ›Klaus Heinricht‹ wie ›Kgl. Hoheit‹ heißt) zu ordnen. Ich las ihm ein Kapitel vor und bekam recht stolze Bedingungen zugestanden: 6000 für den Vorabdruck und 10 Tausend gleich honoriert. Mir ist nicht ganz geheuer bei diesem Optimismus.

Der Optimismus war gerechtfertigt. Der Roman konnte zwar, nachdem der ›Rundschau‹-Abdruck zehn Hefte beansprucht hatte, erst im Oktober 1909 erscheinen, aber er erkletterte in zwei Jahren dreißig Auflagen. Das Buch kostete fünf Mark, die Vorauszahlung betrug folglich 12 500 Mark. Das Vorabdruckshonorar, mit dem zusammen der Roman bei Ablieferung 18 500 Mark einbrachte, war jedoch vergleichsweise bescheiden gewesen. Es herrschte jetzt, da es wieder gute Erzähler gab, zwischen den großen deutschen Zeitschriften und Zeitungen, wie Fischer an Schnitzler schrieb, ein »allgemeiner Romanwettlauf, bei dem manchmal weniger sachliche als verlagspolitische Absichten mitsprechen«. Am 8. Oktober 1907 bot er Schnitzler – der auf Hofmannsthals Rat hin vom Wiener ›Morgen‹ 15–20 000 Kronen verlangt hatte, »da ja sonst Abdruck Rundschau viel erfreulicher« – für den Vorabdruck seines neuen Romans *Der Weg ins Freie* zehntausend Mark, »ein Honorar, das wir noch nicht bezahlt haben«. Schnitzler forderte fünfzehntausend Mark, und Hofmannsthal bestärkte ihn; am 18. Oktober schrieb er ihm:

Rate dringend ›Morgen‹ und allen anderen Reflectanten gegenüber den Preis zu halten, nicht sich eilen, nicht Geduld verlieren, nicht sich ein paar Briefe mehr verdrießen lassen. Wassermann bekommt von ›Über Land und Meer‹ für

den Romanabdruck	12 000
8 Auflagen im Vorhinein	8 000
	20 000 M.
	= 24 000 Kronen

Und Sie haben einen viel stärkeren Namen!

Merkwürdigerweise bot Fischer in einem am gleichen Tag geschriebenen Brief Schnitzler genau diese Bedingungen als Kompromiß an, und auf sie einigte man sich.

Es war für alle Beteiligten ganz einfach eine Geldfrage. Wassermann versichert zwar, er habe Zeit, aber im gleichen Brief schrieb er an seine Frau: »... vielleicht will es das Schicksal, daß wir unser großes Glück mit den bißchen Geldsorgen bezahlen.« In Wahrheit hatte er keine Zeit. Julie Speyers Mitgift war in den Jahren des ertraglosen Experimentierens dahingeschmolzen, zwei Kinder waren inzwischen auf der Welt, er mußte Geld heranschaffen, seine Arbeit so teuer wie möglich verkaufen und setzte seine ganze Hoffnung auf diesen neuen Roman. Auch Fischer knüpfte offenbar große Erwartungen an ihn, obwohl er ihn noch nicht kannte, und bot ihm für die ›Neue Rundschau‹ 6000 Mark. Als Wassermann nicht spontan reagierte, verdüsterte er sich.

Wassermann wurmte noch immer das *Alexander*-Debakel, und außerdem wußte er, daß er für den ›Rundschau‹-Abdruck keinesfalls die Summe bekommen konnte, die er jetzt brauchte und sich anderwärts erhoffte. Seine Briefe an Fischer während des Jahres 1907 (Fischers Antworten sind nicht erhalten, und wir müssen wieder einmal »im Spiegel« lesen) geben einen einzigartigen Einblick in das so empfindliche Gewebe ihrer Freundschaft. So schrieb Wassermann am 28. Februar 1907:

Lieber Herr Fischer, lieber Freund, Sie tun sehr unrecht daran, mit einer Kanone voll Beweisen nach der hypochondrischen Wolke einer schwarzen Stimmung zu schießen. Ich will nicht wieder mich in überflüssigen Versicherungen und Zergliederungen meines Verhältnisses zu Ihnen und Ihrer Sache ergehen. Was so klar am Tage liegt, braucht, denke ich, nicht mehr annonciert zu werden. Was Sie mir schreiben, stimmt; ich bin weit davon entfernt, Ihnen Vorwürfe zu machen. Was mich damals so gekränkt hat, war lediglich die Alexander-Affaire; die Deutsche Verlagsanstalt bot mir 4500 M (nicht 3000) wenn ich ihr das Buch gäbe. (Ich wollte es damals nicht tun, da ich mich nirgends wohler und besser aufgehoben fühle als bei Ihnen!) Sie sahen meine Not; wäre es da nicht hübsch gewesen, wenn Sie mir den Vorschlag gemacht hätten: Gut, wir drucken den Roman in der Rundschau und ich gebe Ihnen – sagen wir 3000 M (denn mehr habe ich ja nachher auch nicht bekommen). Ich wäre zufrieden gewesen und hätte nicht Herrn Eloessers Gnade erbitten müssen. Das war der Stachel. Sie haben ihn durch Ihr jetziges Angebot wieder liebevoll entfernt. Aber hoffentlich sind meine Versuche, wo anders – ›Tag‹ und ›Presse‹, mit denen ich unterhandle – mehr zu bekommen, von Erfolg gekrönt und ich habe nicht nötig, eine Revolution im Etat und Staat der Rundschau anzurichten.
Wie können Sie nur sagen, daß ich den Eindruck hätte, Sie hätten in diesen vielen Jahren – lassen Sie mich diesen wüsten Satz nicht zu Ende schreiben. Herr des Himmels, wo geraten Sie hin! Mein lieber Herzensfischer, Sie müssen, Sie dürfen nicht solche niegesagte Dinge in Ihrer bitteren Fantasie aufblühen lassen. Interessen hätten Sie vernachlässigt? Wie? Wo? Wann hätte ich das behauptet? In jedem Verhältnis zwischen Dichter und Verleger, und mögen sie beide engelhafte Wesen sein, gibt es gewisse Verschiebungen und leichte Trübungen, die eine Aussprache nötig machen, aber ich habe Ihnen nicht die Fenster eingeworfen und Sie dürfen mir nicht den Schädel einschlagen. Sie wissen ja, wie ich für Sie empfinde; trotzdem kann und braucht nicht immer alles rosenrot sein . . .
Lieber Freund, ich hoffe Ihnen mit meinem neuen Roman eine große Freude zu machen. Versprechen Sie mir, bevor ich Ihnen das Mcpt. schicke, daß Sie die schwarze Wolke, nachdem sie sich ausgeregnet hat, genauso vergessen haben wie ich. Wir wollen das Schauspiel des treuen Bundes, das wir der Nachwelt hinterlassen werden, doch nicht mutwillig stören.

Die Bemühungen, bei einer der großen Tageszeitungen ein hohes Vorabdruckshonorar für den *Caspar Hauser* zu erhalten, ließen sich nicht gut an. Am 6. Mai 1907 heißt es in einem Brief an Hedwig Fischer:

Mit dem Caspar Hauser habe ich bis jetzt recht viel Schwierigkeiten gehabt. ›Tag‹ und ›Presse‹ haben ihn abgelehnt. Bei Scherl waren große und lange Kämpfe deshalb; das Buch erweckt überall eine wirkliche, nicht blos eine redaktionell entschuldigende Begeisterung, aber man fürchtet sich vor dem Abdruck. Die Familienblätter sind natürlich schon lang abgetan, gegenwärtig stehe ich in Verhandlung mit Ullstein ... und nun müssen wir weiter sehn. Es muß einem Débacle vorgebeugt werden. Sehr nett ist und wunderbar, daß fast alle diese Herren von einem großen Bucherfolg faseln, was ich natürlich gebührend bezweifle, denn ich glaube überhaupt nicht mehr an Auflagen und dergleichen ...

Auch Ullsteins ›Vossische Zeitung‹ lehnte den Abdruck ab, und damit schienen die Möglichkeiten erschöpft. Am 29. Mai 1907 schrieb Wassermann an Fischer:

Das Mcpt. können Sie nun wohl Bie geben; ich stehe zwar noch in Unterhandlungen mit der Deutschen Verlagsanstalt, glaube jedoch nicht, daß was daraus wird; die Anfrage wegen des Buchverlags hat man mir schon gestellt, wie ich vorausgesagt und in jener diplomatischen Art, die ich kenne. Ich habe schwierig geantwortet, denn ich kann mich nicht an den Gedanken gewöhnen, in einem anderen Verlag zu erscheinen, und mit diesem Buch schon gar nicht, das mir so am Herzen liegt; ich bin in dieser Beziehung wie ein Hund, der niemals freiwillig seinen Herrn wechselt. Sie sagen, Sie müßten die Zustimmung Bies für die Rdsch. erst haben, aber Bie sagte mir, als er in Wien war, daß er den Roman mit tausend Freuden bringen würde, falls wir, ich und Sie, einig würden ...
Sie schreiben, ich setzte Sie in dieser Sache in Verlegenheit, da ich mir in den Kopf gesetzt hätte, 10 000 Mk für den Vorabdruck zu bekommen. Ja, liebster Freund, ist denn das viel für eine Arbeit, an die man einige Jahre seines Lebens gehängt hat? Ist denn das viel, wenn man bedenkt, mit welchen Summen mittelmäßige Unterhaltungsbücher von unseren mittelmäßigen Blättern bezahlt werden? Sie vergessen ganz die Verlegenheit, in der ich selber stecke und die mir, wenn man es ohne Nachsicht betrachtet, vielleicht den Anschein der Starrsinnigkeit gibt. Sie, der Sie selbst so empfindlich gegen jedes wenn auch nur scheinhafte Vernachlässigungszeichen sind, müssen doch begreifen, daß es einen Menschen wie mich stutzig machen muß, wenn man ihm plötzlich, obschon in aller Freundschaft, die Tür aufmacht und sagt: Du kannst gehen, du bist zu anspruchsvoll —? Die Gebärde ist nicht wegzuargumentieren; doch leugne ich keineswegs, daß Sie sich dabei als Gentleman benommen haben und daß es Ihre Absicht war, mir alle Schwierigkeiten aus dem Weg zu räumen.
Es ist schwer, der Kunst und dem Geldbeutel genug zu tun; für mich wird diese Schwierigkeit von Jahr zu Jahr größer und ich weiß manchmal kaum, wie es enden soll. Ich habe große Pläne, aber dazu brauche ich Zeit und Muße und Freiheit von jedem Druck. Meine Arbeit und meine Absichten mit Freunden zu umgeben, ist mir immer als das schönste Glück erschienen, und daß ich Sie unter diese Freunde rechne, braucht hoffentlich keine Versicherung mehr. Ob mich die Zeit, die Welt ins Recht, ins Licht setzen wird, ist freilich eine andere Frage, es ist im höheren Sinn ein Glücksspiel, das viel Credit an guter Meinung bei den Freunden voraussetzt. Und den verlange ich von Ihnen, dann gibt es weder Mißverständnisse noch Ärgernisse.

Wassermann versprach, den *Caspar Hauser* für die ›Neue Rundschau‹ so zu kürzen, daß er in fünf, höchstens sechs Heften unterzubringen war; auch wollte er den Roman bis zum Herbst noch einmal durcharbeiten, um einige Mängel zu beseitigen, »die hauptsächlich darin bestehen, viele indirekte Erzählung in Dialog aufzulösen, wodurch die Lektüre bei weitem unterhaltlicher werden wird«. Doch er spürte, daß Fischer verstimmt blieb. Er fand seine Briefe »außerordentlich geschäftlich« und verübelte ihm die »kühle Stampiglienunterschrift«, nämlich den Gummistempelnamenszug statt eigenhändiger Unterschrift, den Fischer merkwürdigerweise überhaupt, auch bei sehr persönlichen Briefen an Hauptmann, Thomas Mann und Schnitzler, gern verwendete. Am 4. Juli 1907 schrieb ihm Wassermann:

Wenn Sie mir doch glauben wollten, daß ich weit davon entfernt bin, Pressionen auf Sie auszuüben, daß ich nur, in eigentümlicher Notlage, aus der gesäten Frucht die vermeintlich verdiente Ernte einheimsen will. Es schreiben viele, aber nicht viele schreiben so sich selbst und geben so sich selbst dabei wie ich; es ist eine verzeihliche Selbsttäuschung, wenn ich dafür den geringsten Zoll an plumpem Gold beanspruchen zu dürfen meine. Es ist mir daher immer betrübend, wenn Sie meine Motive mit allzu geschäftlicher Schärfe mißdeuten; ich schelte Sie nicht treulos, wie Sie schreiben, ich vermisse nur die genügend liebevolle Nachsicht, und das ist ohne Sentimentalität gesagt, denn Sie sind gleich empfindlich, wenn ich an einem guten Willen zu zweifeln scheine, den ich doch meinerseits für alle Fälle voraussetze und für selbstverständlich bei Ihnen halte. Deshalb war ich Ihnen von Anfang an dankbar gesinnt und betrachtete es als einen Akt der Generosität, als Sie mir 6000 M für die Rundschau boten. Habe ich Sie nun ein wenig überzeugt, und wird die Schreibmaschinenschrift einmal wieder der Hand weichen?

Doch es kam alles ganz anders. Der gleiche Brief vom 4. Juli 1907 enthielt einen Nachsatz: die Deutsche Verlagsanstalt habe den Vorabdruck in ›Über Land und Meer‹ ohne die Buchausgabe abgelehnt, doch »um zu zeigen, wie viel ihr an dem Werke liegt«, für das Buch acht Auflagen und eine Tantieme von 25 Prozent angeboten: »Ich habe mich darauf nicht weiter eingelassen, nicht des ›Schönheitsfehlers‹ halber, wie Sie meinten, sondern des Chefs und Hauses Fischers halber.« Aber zwei Monate später nahm Wassermann das Stuttgarter Angebot doch an. Am 4. September schrieb er Fischer, die Würfel seien gefallen, er habe von der Verlagsanstalt tatsächlich ein Vorabdruckshonorar von 12 000 Mark, eine Tantieme von 25 Prozent und sieben Auflagen voraushonoriert erhalten –

... demnach eine sofortig bezahlte Summe von 21 000 Mark. Darüber bin ich natürlich glücklich; unsere Vermögensverhältnisse sind damit auf die angenehmste Weise aus ihrem zerrütteten Zustand in einen geordneten geführt und ich kann wenigstens die nächsten 2–3 Jahre mit Seelenruhe arbeiten. Ich muß Ihnen also danken für die schöne Freiwilligkeit Ihres Entgegenkommens, wenn auch im Grunde dieses süßen Bechers einige Tropfen Wermut liegen. Doch ist es nun so wie es ist und möge es nur gut

sein. Unser Verhältnis bleibt ja – von mir aus sicherlich, bei Ihnen hoffentlich – beim Alten...
Es war eine aufgeregte Zeit; es regnete nur so von Telegrammen; ich kam mir vor wie ein politischer Machthaber vor Ausbruch eines Krieges. Jetzt hingegen ist selige Ruhe, die Zeit voller Hoffnungen; man ist belohnt, und mehr will man nicht.

Doch Fischer nahm, wie es scheint, die Sache nicht so leicht und selbstverständlich. Wassermann wollte im Oktober wieder in Berlin sein, und Fischers hatten ihn eingeladen, in der Erdener Straße zu wohnen. Jetzt war er sich nicht sicher, ob er der Einladung noch folgen dürfe. So schrieb er noch einmal am 12. September 1907:

Liebe Fischers, vielen Dank für den lieben herzlichen Brief. Ich sehe aber leider mit Bedauern, daß sich mein Freund Sami doch Kopfzerbrechen macht und Verstimmungen hingibt. Muß ich Sie versichern, daß wegen der unliebsamen Störung unserer Geschäftsbeziehungen nichts zwischen uns verändert wird? Nein, ich muß es nicht versichern, denn Sie wissen es. Sie wissen, daß es mir nicht leicht geworden ist, Sie wissen, daß ich Ihnen noch zu allerletzt das Wort in den Mund legte, das die Situation verändert hätte, aber ultra posse etc. Nach Golde drängt, am Golde hängt alles, sogar ich. Sie täuschen sich, wenn Sie glauben, daß der Abdruck ohne das Buch möglich gewesen wäre. Mit dieser Weigerung war der erste Teil der Verhandlungen geschlossen worden, und nur zögernd ließ ich mich auf das andre ein, als man wieder begann. Glauben Sie, daß es mir nicht auch schmerzlich ist, wenn dieses Buch, das ich vorläufig als mein Hauptwerk betrachten muß, wo anders erscheint? Hätte ich sonst so viel Geschichten gemacht? Ihnen vorgejammert wie eine Waschfrau? Sie klagen, jene hätten die beiden Fassungen des Romans gekannt; schön, aber den Leuten bin ich von vornherein ein fremdes Tier gewesen, Ihnen ein wohlbekannter Haushund. Ich will, wünsche und hoffe, daß Sie beide das Buch als *mein* Buch, als Freundesbuch lesen und gar nicht an den Verleger dabei denken oder doch nur denken, daß Sie künftig um so sicherer der Verleger sein werden. Auch dieses Buch wird ja, wills Gott, dereinst zu Ihnen, dem verlorenen Sohn gleich, zurückkehren... Und wenn es Ihnen ferner wirklich Freude macht, daß ich in der zweiten Hälfte Oktober bei Ihnen wohne, so will ich es meinerseits mit Freuden tun.

Die »Verträge des Herzens« hielten. Von seiner Berlinreise nach Wien heimgekehrt, schrieb Wassermann am 13. November 1907:

Liebe Fischers, ich will Ihnen nur noch in aller Form danken für die Gastlichkeit, die ich in Ihrem Haus genossen habe, denn solche Dinge müssen immer dokumentarisch befestigt werden. Zum ersten Male hatte ich in Berlin so etwas wie ein Heim, was das sagen will, darf unberedet bleiben, und das ist das einzige, das mich an der Sache wurmt. Ich könnte Ihnen dergleichen in Wien niemals bieten. Wir dahier leben eben doch in verteufelt ärmlichen Verhältnissen. Das ist fast mein Ernst, habe ich doch bei Ihnen die Luft eines famos harmonischen Hauses genossen. Ich hatte immer das Gefühl, hier muß man sich wohlfühlen, das legt ein wunderbares Zeugnis ab für Sie beide. Seien Sie herzlich und vielmals gegrüßt von Ihrem getreuen Jakob.

DER GETREUE JAKOB

Fischer hatte eingewilligt, den unverglückten *Moloch* nach durchgreifender Überarbeitung neu herauszubringen. Wassermann machte sich in Wien sofort an die Arbeit. Das Buch, schrieb er an Hedwig Fischer, »wimmelt von Psychologie – schauderhaft«. Und im Tagebuch heißt es:

Moloch-Umarbeitung. Ich erstaune täglich, wie schlecht das Buch ist. Und das konnte ich noch vor sechs Jahren schreiben! Psychologie, und nicht einmal ein greifbares Resultat. Ein Augiasstall von Details. Sehr schwer, da etwas gut zu machen. Ich streiche wie ein Toller. Insgeheim freue ich mich oft, wie fern, weltenfern mir dergleichen jetzt liegt. Es ist schön auf eine Entwicklung zurückblicken zu können.

Die Neufassung des von 500 auf 375 Seiten zusammengestrichenen *Moloch* erschien im April 1908, und bis zum Ende des Ersten Weltkrieges hatte sogar dieses Buch die fünfzehnte Auflage erreicht. *Caspar Hauser* erschien im Mai 1908 in Stuttgart. »Und nun, Welt, bewähre dich!« schrieb Wassermann. Die literarische Welt bewährte sich über alle Erwartung; dieses Buch machte Wassermann in Deutschland und weit über Deutschland hinaus berühmt. Thomas Mann berichtete »mit Freuden« davon in den ›Münchner Neuesten Nachrichten‹, Wassermann habe

eine Dichtung von erster und großer Schönheit geschaffen, die einen Höhepunkt seiner Produktion, ja einen Glücksfall künstlerischer Hervorbringung bedeutet (denn man sieht selten, daß Stoff und Begabung einander so finden) – einen Sieg, kurz gesagt, für diesen nach dem Höchsten strebenden Dichter. Kaum wüßte ich ein neues Buch, das wie dieses, trotz seiner pessimistischen Verhülltheit, so harmonisch wirkte, so sicher, würdig und kunstvoll, so wohlgelungen... Man erkennt jetzt, daß Wassermanns letzte Publikationen, die ›Schwestern‹-Novellen, nichts als Vortragsstudien zum ›Caspar Hauser‹ waren.

Hauptmann las das Buch, wie Heimann Fischer berichtete, mit »großem Gefallen und wachsendem Interesse« und fand besonders »das Verschwinden des Verfassers hinter seinem Werk« bewundernswert. »Unser lieber Jakob würde sich freuen, wenn er das hörte.«

Die ›verlegerische Welt‹ hingegen bewährte sich nur mäßig. Der Stuttgarter Verlag setzte seine sieben garantierten Auflagen nur mit Mühe ab und war im November 1911 bereit, das Buch abzugeben. »Vergiß mir meinen Caspar Hauser nicht!« schrieb Wassermann geradezu flehentlich an Fischer. »Es liegt mir viel daran, daß das Buch endlich unter eine tätige Obsorge gelangt. Schön wäre es, wenn der Roman reuig in deine Arme zurückkehrte.« Fischer übernahm das Buch, das soviel Kummer bereitet hatte, und brachte eine »neue wohlfeile Ausgabe« heraus, und nun kam auch der äußere Erfolg: vierunddreißig Auflagen während des nächsten Jahrzehntes.

Fischer kannte nun seinen Wassermann. Er wußte, daß für diesen versessen Schaffenden mit jedem neuen Buch die ganze Welt und er selbst von vorn begann; daß er immer »gerade erst anfing«, mit jedem neuen Werk nun endlich seine eigene Linie gefunden zu haben glaubte, dem gültigen Gestaltungsprinzip sich auf der Spur wußte, und er ließ den himmelhoch stürmenden »Wildling«, der er bis in seine reifen Mannesjahre blieb, nach seinen eigenen Gesetzen gewähren. Denn er sah zugleich, was Wassermann selbst nicht sah: das erstaunlich einheitliche und geschlossene Werk, das aus diesem ewigen Neubeginnen hervorging und sich dem Verleger viel klarer und eindrucksvoller abzeichnete als dem Autor selbst.

Schon im März 1909 meldete Wassermann, er sei wieder »in einer wahren Furia von Arbeit, wie schon lange nicht, eigentlich Tag und Nacht ... wie ermüdend muß es für Sie sein: Wieder ein Roman, und noch einer und noch einer!« Im August 1909, als das neue Buch *Die Masken Erwin Reiners* fast vollendet war, traf man sich wieder in Österreich, und dies war ein besonders glückliches Beisammensein. Nach Fischers' Abreise schrieb ihnen Wassermann am 31. August:

Zum Schluß das Wichtigste, wozu ich mündlich nicht den Mut fand. Eine Feigheit, die in dem menschlichen Bewußtsein von Feierlichkeit, von Trennung, von Furcht vor Verlegenheit wurzelt. Mangel an Zugreifen. Hört mal, Fischers, ich habe das bei mir seltene Bedürfnis, euch Du zu sagen. Wie nehmt ihr das auf? Wie ist euch dabei? Ich denke, im Innern sind wirs schon lang, die Frauen sind es auch, es ist also nur ein kleiner Formalitätsrubikon zu überspringen, und betrinken wollen wir den Bund in Berlin. Gestern nachts hab ich ein Glas Champagner in nördlicher Richtung mit stillen Brudergruß gehoben ...

Im September überwand Heimann auf Fischers Drängen seine Abneigung gegen Österreich und besuchte den Freund in Alt-Aussee – er war nur einmal zuvor bei ihm in Wien gewesen –, und Wassermann las ihm aus dem eben vollendeten neuen Roman vor. »Die Tage mit ihm«, schrieb er an Fischer, »dem lieben, vornehmen, erleuchteten Freund, waren mit die schönsten dieses Jahres, und ich bin dir, lieber Sami, zu großem Dank verschuldet, daß du den Schwankenden zum Entschluß getrieben hast. Er selbst hat es nicht bereut.« Heimann selbst berichtete auf der Rückreise aus München am 27. September 1909 an Fischer:

Erst jetzt kenne ich Wassermann recht. Das ist fast das Wichtigste meines Aufenthalts. Sein Roman ist eine ganz unerwartete Überraschung. Nicht nur in seiner Entwicklung, sondern in der des deutschen Romans. Ich täusche mich nicht; Hofmannsthal, den ich gestern in der Pinakothek wiedertraf, hat genau denselben ungleich starken Eindruck davon gehabt wie ich. Das ganze Buch soll aus sich heraus keine addierten Einzelheiten, sondern ein echtes Ganzes sein. Dabei leicht, elegant, oberflächig, spannend und verführend. Das gewisse Charlatanhafte, das Wassermann unleugbar auch in seiner Psychologie, auch in seinem Geist hatte, ist hier zum erstenmal legitim geworden, durch die Grazie und das Tempo allegro con brio des Buches ...

Nun ging es, wie zehn Jahre zuvor voreilig verheißen, wirklich Schritt für Schritt stetig aufwärts. 1910 erschienen *Die Masken Erwin Reiners*, 1911 *Der goldene Spiegel*, 1912 die erfolgreiche Neuausgabe des *Caspar Hauser*, 1913 *Der Mann von vierzig Jahren* (ursprünglich als erstes Buch eines Zyklus von zehn oder zwölf Romanen gedacht, ein Plan, den Wassermann wieder fallenließ), und mit jedem dieser Bücher wurde die Lesergemeinde größer, weil das Gesamtwerk und seine Physiognomie sich ihr immer stärker einprägten. »Hingabe, das ist es«, schrieb der Achtunddreißigjährige an Hedwig Fischer mit unvermindertem Enthusiasmus, »Überwindung aller Hemmungen, schöpfen, schaffen, bilden. Wenn ich jetzt nicht erwachte, wär mirs, als versäumte ich den Zug in die Ewigkeit ...« Die große »Mammon«-Versuchung trat auch in den nächsten Jahren noch mehrmals an Wassermann heran – »Wenn ich ein Junggeselle wäre«, schrieb er 1912 an Fischer, »und nicht in jedem Jahr für eine Frau und drei Kinder vierundzwanzigtausend Kronen aufzubringen hätte, würde ich mich wahrhaftig den Teufel um alle Angebote und Übergebote scheren« – aber er hatte seine Lektion gelernt und wies die Versucher ab. Ein Leipziger Verlag machte ihm für *Erwin Reiner* ein »kolossales Verlagsangebot«, doch er war »entschlossen, bei Fischern zu bleiben«. Beim *Mann von vierzig Jahren* wiederholte es sich; Fischer bot ihm eine Vorauszahlung auf 15 Auflagen, und Wassermann verzichtete auf ein »Mehr« von 6000 Kronen, das die Konkurrenz ihm geboten hatte: »Du kannst daran ermessen, wie sehr mir an der Beziehung zu deinem Hause liegt und daß mir der Vorteil, im Fischerschen Verlag zu erscheinen, eine für meine Verhältnisse bedeutende Geldsumme aufwiegt.«
Auch der Autor hatte seinen Verleger in allen diesen Jahren erst recht kennengelernt, besser vielleicht, als irgendein anderer ihn je begriff. Er verstand, was es mit Fischers »Hypochondrie« auf sich hatte; er spürte, daß tief drinnen in dem Freund eine innere Unsicherheit saß, die ihn immer wieder an sich selbst und dem Wert des von ihm Geschaffenen zweifeln ließ, und sie machte ihn überempfindlich gegen jede Äußerung anderer, die sich oberflächlich über ihn hinwegzusetzen schien. Daher sein »Mißtrauen«, das viele seiner Autoren an ihm kannten. Doch der ›getreue Jakob‹ war der einzige, der es ihm »sagen« konnte. Fünfzehn Jahre waren seit der Begegnung in Igls vergangen, als Wassermann im Juli 1913 ihm Sätze schrieb, wie sie sich in keinem Brief Hauptmanns, Thomas Manns oder Schnitzlers finden könnten:

Du schreibst: ... »in einem Moment der Schwankung, ob ich des guten Gefühls im Hause Wassermann sicher bin.« Daran erkenne ich dich. Immer zweifeln, und immer das benagen, was man im Kampf der Jahre geborgen zu haben glaubt. So genügt ein kleiner Anlaß, um dich an einem ganzen Menschen irre zu machen. Du hast zuviel Gelegenheit, Zwischenträger zu hören. Was wird nicht alles geredet, wie wird nicht das Geredete verstümmelt, verzerrt und in seinem Sinn auf den Kopf gestellt! Das müßtest du doch wissen. Selbst die besten Freunde werden unsere Feinde, wenn sie kolportieren, was wir über andere Freunde und unser Verhältnis zu ihnen sprechen. Du unterliegst aber jedem, der mit dir spricht, und vergißt den, der fern ist.
Renommieren! Mein Gott, was hab ich denn viel zu renommieren! Man zieht einen Mantel über seine Blöße, und die Leute nennen das schon renommieren. Das Wort kommt mir, auf mich angewandt, so komisch vor! Daß ich kein Diplomat bin, wissen alle Zwischenträger und sie nützen es aus. Es ist aber nichts zu machen – wo zwei sich unterhalten, erfährt der dritte das falsche. Es gibt eine Art von Bosheit in der Mitteilung, gegen die man wehrlos ist, auch wenn sie in flagranti erwischt wird, denn sie hat die Miene psychologischer finesse oder die Beiläufigkeit, mit der man die Pausen eines Gesprächs füllt. Du bist darin oft merkwürdig naiv. Du wähnst dich beständig umstellt und fürchtest heute die Treulosigkeit dessen, an dem du gestern nicht gezweifelt hast. Du lächelst, während dein Inneres eine Wunde empfängt, und die Sykophanten amüsieren dich, wenn sie deine Freunde vom Piedestal stürzen...

Der Bericht ist um ein Jahrzehnt vorausgeeilt. Doch es galt, ein besonderes, wohl einzigartiges menschliches und berufliches Verhältnis über eine große Wegstrecke in seiner zusammenhängenden Entwicklung in den Blick zu rücken. Hofmannsthal hatte in weitsehender Vorwegnahme am Ende seiner Besprechung diese Sätze aus Wassermanns *Schwestern* zitiert:

Möge dies anderen die Voraussetzung sein, mir ist es schon Besitz und Glück, nur das Walten dieser Kraft zu empfinden. Freilich, die Nachwelt läßt nur Resultate bestehen. Aber sie weiß nicht und braucht nicht zu wissen, wie schön es für die Mitlebenden war, sich gelegentlich schon den hohen Möglichkeiten hinzugeben.

Doch ist es der Nachwelt nicht verwehrt, die Mitlebenden um das Erlebnis zu beneiden.

15 Hermann Hesse

Im Spätherbst 1903, just um die Zeit, als Wassermann in den tiefsten schöpferischen Nöten steckte, ging an Fischers Himmel mit heiterer Selbstverständlichkeit ein neuer Stern auf, der im ersten Aufstieg die höchste Höhe erreichte und sich unverrückbar ein gutes halbes Jahrhundert auf ihr hielt. Unversehens war der Name Hermann Hesse in aller Munde.

Hält man ihre, in den nämlichen Jahren entstandenen Frühwerke nebeneinander, so scheint es unglaublich, daß Jakob Wassermann und Hermann Hesse Zeitgenossen waren. Doch gehörten beide, der eine zwei Jahre älter, der andere zwei Jahre jünger als Thomas Mann, mit ihm einer Altersgruppe an, die von der Hauptmanns, Schnitzlers, Bahrs, Dehmels bereits durch ein gutes Erlebnisjahrzehnt getrennt war. Eine literaturkritische Betrachtung würde denn auch die Namen Wassermann und Hesse nicht ohne geisteswidrigen Zwang miteinander verknüpfen. Welten scheinen im deutschen Schrifttum zwischen ihnen zu liegen. In der Geschichte ihres gemeinsamen Verlegers jedoch sind sie mit einer natürlichen Klammer zusammengefügt, auch wenn sie einander kaum kannten und sich, soweit man weiß, nicht über einander geäußert haben. Wassermann und Hesse sind die beiden letzten großen ›Lebenslänglichen‹, die zu Fischer stießen. Gleich Hauptmann, Schnitzler, Hofmannsthal und Thomas Mann begannen sie bei ihm und gingen ihre ganze schöpferische Wegstrecke mit ihm. Die große Form, das »erlebte, tief empfundene Weltgefühl«, erhielt durch ihr Werk in dieser Zeitspanne zwei gänzlich verschiedene Prägungen.

HERMANN LAUSCHER

Hermann Hesse, 1877 im schwäbischen Calw geboren, hat seine Jugendjahre selbst in verstreuten Skizzen und Lebensabrissen, vor allem aber in seinem ersten Roman in allen ihren Versuchen und all ihrem Mißlingen mit einer Treue und Genauigkeit geschildert, die an

Wassermanns *Ratgeber*-Roman erinnert. 1899 hatte er schließlich als Buchhandelsgehilfe in Basel fürs erste seinen festen Ort gefunden und schrieb seinem Freund Ludwig Finckh:

Wir haben unser Ziel gefunden, mit heißen Opfern. Du weißt, ich bin hier in Basel in einem Antiquariat und verkaufe alte, kostbare Bücher. Aber ich bin daran, neue zu schreiben, die noch keiner geschrieben hat.

Er war zweiundzwanzig Jahre alt. Verstreut in Zeitschriften waren bereits einige Verse von ihm erschienen, und im Frühjahr 1899 veröffentlichte er beim wohlbekannten Kommissionsverlag E. Pierson in Dresden, bei dem zuvor schon mancher von Fischers Autoren sich mit einem Druckkostenzuschuß sein Debut erzwungen hatte, ein erstes Bändchen Gedichte *Romantische Lieder*. Hieraus ergab sich ein Briefwechsel mit der Dichterin Helene Voigt, der Verlobten Eugen Diederichs', und durch ihre Vermittlung brachte Diederichs im Herbst 1899 unter dem Titel *Eine Stunde hinter Mitternacht* eine Sammlung von neun kleinen Prosaarbeiten Hesses heraus. 1901 erschien im Verlag der Reich'schen Buchhandlung, in der Hesse arbeitete, wiederum ein kleines Bändchen *Hinterlassene Schriften und Gedichte von Hermann Lauscher. Herausgegeben von Hermann Hesse*, ganze 83 Seiten lang. Eine neue, größere Sammlung *Gedichte* erschien 1902 in der Groteschen Verlagsbuchhandlung in Berlin.

Fischer betrachtete die Lyrik nicht als sein Verlagsgebiet. Die Zahl der Lyrikbände in der Verlagsproduktion ist, über die Jahrzehnte hinweg gesehen, sehr gering. Als reiner Lyriker tritt bis zum Ausbruch des Ersten Weltkrieges in ihr nur kurz und vorübergehend Christian Morgenstern auf mit zwei Gedichtbänden *Ein Sommer* (1900) und *Und aber ründet sich ein Kranz* (1901), und auch danach, als das Feld des Verlags sich neuerlich stark erweiterte, blieb die Lyrik eine seltene Erscheinung mit zwei Gedichtbänden von Max Hermann-Neisse *Sie und die Stadt* (1914) und *Verbannung* (1919), Paula Ludwigs *Der himmlische Spiegel* (1927) und Walter Mehrings *Arche Noah SOS* (1931). Hartlebens und Dehmels Gedichte erschienen bei Fischer als Teil ihres Gesamtwerkes. Oskar Loerke, von dem der Verlag zu Fischers Lebzeiten sechs Gedichtbände veröffentlichte, begann mit drei Prosabüchern. Und Hermann Hesse brachte den ersten seiner insgesamt vier bei Fischer erschienenen Lyrikbände erst 1921, nahezu zwanzig Jahre nach dem Beginn seines großen erzählerischen Werkes heraus. Immerhin waren es *Hermann Lauschers Gedichte*, die Fischer zu Hermann Hesse führten.

›PETER CAMENZIND‹

»Irgendwo«, erinnerte sich Hedwig Fischer, »las mein Mann erste Gedichte von einem Hermann Lauscher, die ihm Eindruck machten, und er schrieb an den Autor.« Das »irgendwo« war in Wahrheit ein ›irgendwer‹. Das Lauscher-Büchlein, in dem Hesse sich hinter der Maske des ›Herausgebers‹ versteckte, war in so geringer Auflage erschienen, daß außer einem kleinen Kreis von Schweizer Literaturfreunden kaum jemand es kannte. So war es ein Schweizer, der Heimatdichter Paul Ilg, der Fischer auf den Basler Literaten Hesse aufmerksam machte – insofern eine Merkwürdigkeit, als Ilg dem Dichter persönlich gar nicht nahestand und auch nicht zu Fischers Autorenkreis oder zu den Mitarbeitern der Zeitschrift gehörte. Fischer schrieb an den Basler Buchhändler, der in seiner Freizeit sein dürftiges Salär mit kleinen Aufsätzen und Rezensionen aufzubessern suchte, und forderte ihn auf, etwaige künftige Arbeiten dem Verlag vorzulegen:

Sehr geehrter Herr! Wir haben mit großem Vergnügen die hinterlassenen Gedichte und Schriften von Hermann Lauscher gelesen und steht viel Schönes auf diesen wenigen Seiten und eine nicht gemeine Hoffnung knüpft sich daran. Es würde uns freuen, wenn Sie uns neuere Arbeiten von Ihnen mitteilen wollten.

»Eine nicht gemeine Hoffnung« – diese Wendung zumindest war unverkennbarer Moritz Heimann, auch wenn das Briefchen keine Unterschrift, sondern nur den Verlagsstempel trägt. Hesse meinte später:

Ich war ein unbekannter junger Autor, und so gefiel es mir sehr, daß diesem angesehenen Verleger etwas von mir in die Hände geraten war und ihm Lust gemacht hatte, es mit mir zu versuchen. Er mußte eine Weile warten ...

Hesse antwortete Fischer am 2. Februar 1903:

Daß meine Schriften rein persönliche Versuche sind, intime Dinge in moderner Form auszusprechen, daß sie daher zu erheblichen Bucherfolgen wohl nicht geeignet sind, brauche ich wohl kaum zu betonen. Ich schreibe nicht sehr viel und nur aus persönlichstem Bedürfnis ...

Im Augenblick könne er Fischer nichts schicken, doch verspreche er, ihm »eine kleine Prosadichtung« einzusenden, an der er seit Jahren arbeite:

Es war die erste literarische Anerkennung und Ermunterung in meinem Leben. Ich hatte damals den Camenzind begonnen, und Fischers Einladung spornte mich sehr an. Ich schrieb ihn fertig, er wurde sofort angenommen.

Hesse muß die »kleine Prosadichtung«, den autobiographischen Roman *Peter Camenzind* in der Tat sehr rasch fertiggeschrieben haben, denn schon am 9. Mai 1903 schrieb ihm Fischer, er erwarte das angekündigte Manuskript »mit Spannung«, und am 18. Mai hatte er es bereits gelesen:

Ich möchte Ihnen noch rechtzeitig zum Pfingstfest meinen herzlichen Dank für das wundervolle Werk senden. Nicht durch das, was Sie mitteilen, sondern wie die an sich nicht bedeutungsvollen Erlebnisse uns durch die Natur eines Dichters vermittelt werden, – das giebt dem Werk Fülle und Glanz. Elisabeth, Richard, Frau Nardini, das Kind des Tischlers, der Krüppel, sind mir durch die Unmittelbarkeit des Erlebten lieb und wert geworden. Ich beglückwünsche Sie zu diesem ersten Buch, es wird mir eine Freude sein, es in meinem Verlag bringen zu dürfen.

Am 10. Juni 1903 wurde ein »Berlin und Basel« datierter Verlagsvertrag über das Buch geschlossen, in dem Hesse dem Verlag »das Vorkaufsrecht auf die seiner in den nächsten fünf Jahren entstehenden Werke« einräumte. »Ich war arriviert!« schrieb der Dichter. Ein überschwengliches Wort, doch durchaus keine Übertreibung. Hugo Ball, Hesses Freund und späterer Biograph, sagt dazu:

Nun, nicht nur arriviert. Hesse stand jetzt dort, wo er hingehörte: auf dem Forum, weithin vernehmbar. Und diese Verbindung war noch in anderem Sinne für ihn bedeutsam. Auch während der schlimmsten Jahre verstand es Fischer, eine Art von Gesellschaft und geistiger Elite aufrechtzuerhalten; einen Zirkel, der dem Werke, noch eh es geschrieben ist, eine Realität und gesellige Signatur verleiht. Dieser feste Wille des Verlegers, dieses starke Bewußtsein einer Führung und Würde war es vielleicht gerade, was für Hesse zur Bedingung eines stetigen Sicherschließens wurde. Es ist sehr möglich, daß nur dieser Verlag dem Dichter jenes Gefühl von Sinn in seinem Tun und jenen Zustrom von Erwartung bieten konnte, ohne die Hesses Werk, wie wir es heute kennen, vielleicht nicht vorhanden wäre.

Peter Camenzind war ein kurzer Roman. Fischer schrieb Hesse Anfang August 1904, er »habe so viel Freude an Ihrem Buch, daß ich gern die Bekanntschaft dieses Werkes dem Leserkreis meiner Rundschau vermitteln möchte«. Hesse war mit einer Kürzung des Romans um ein Fünftel für den Zeitschriftenabdruck einverstanden; Bie brachte den Vorabdruck in drei Heften vom September bis November 1903 unter, und Hesse erhielt außer dem Buchvorschuß ein Abdruckshonorar von 487,50 Mark. Der Buchvorschuß war bescheiden und garantierte nur 500 Exemplare; Fischer war skeptisch bezüglich des Erfolgs, aber zuversichtlich, was die Zukunft betraf:

Ich hoffe sehr, daß, wenn Ihr ›Peter‹ auch nicht gleich einen buchhändlerischen Erfolg davon trägt, daß er doch sehr viele Freunde und Verehrer finden wird und daß er besonders einen guten Vorgeschmack von dem, was von Ihnen zu erwarten ist, geben dürfte. Ich habe das Gefühl, daß Sie auf dem besten Wege zu einer guten Prosa sind. Sie sind ein Nachbar von Emil Strauß, den ich für unsere stärkste Hoffnung halte.

So im Juni 1903. *Peter Camenzind* erschien am 15. Februar 1904, und an diesem Tag schrieb Fischer dem Dichter:

Sollten Sie in diesem Jahr auf finanzielle Schwierigkeiten stoßen, so finden Sie mich gern bereit, Ihnen mit Vorschüssen behilflich zu sein. Der Camenzind dürfte zwar kein sogenannter Bucherfolg werden, aber ich glaube doch, daß es bei der einen Auflage, die wir gedruckt haben, nicht bleiben wird. Und dann ist ja so Manches andere noch im Werden, worauf Sie unbedenklich von mir Vorschüsse annehmen können.

Doch es wurde ein »sogenannter Bucherfolg«. Er setzte augenblicks, ohne zögernden Anlauf ein. Schon Anfang September 1904 bat Hesse den Verleger um Rat, wie er mit dem vielen Geld verfahren solle, daß er auf einmal verdiente; Fischer richtete ihm ein Konto bei der Deutschen Bank ein und legte sein Geld für ihn in Pfandbriefen an. Zwei Jahre nach Erscheinen hatte *Peter Camenzind* das 36., 1908 das 50. Tausend erreicht. Hermann Hesses Name war buchstäblich mit einem Schlag im ganzen deutschen Sprachraum berühmt:

... da dies erste Buch von mir, das bei Fischer erschien, für mich und ihn ein Erfolg wurde, war es uns beiden leicht gemacht, mit einander zufrieden zu sein.

Wie war das zugegangen? Oder vielmehr: wie erklärte sich nun, daß einigen älteren, artverwandten Autoren des Verlags dieser Erfolg versagt blieb? Fischer war, wie seine bescheidene Vorschußgarantie zeigt, bei Hesse besonders vorsichtig gewesen, denn *Peter Camenzind* war eine versponnene Geschichte aus einer eng umschriebenen, in sich gekehrten äußeren und inneren Landschaft, einer Gebirgsbauern- und Kleinstadtwelt, mit allen Tönen und Farben ihrer regionalen Besonderheit, und Bücher dieser Art hatten bisher in seinem Garten nicht wachsen wollen. Doch mag er gespürt haben, als er auf den *Lauscher* stieß, daß es diesem neuen Erzähler gegeben war, dieses Feld der deutschen Landschafts- und Volkstumserzählung, ungeachtet der Überwucherung durch den Heimatdichterkitsch, zu echter Blüte zu bringen. Dreißig Jahre später, in seinen Erinnerungen an Fischer, schrieb Hesse:

Mit den Jahren lernte ich auch Fischers Verantwortungsgefühl für diejenigen seiner Autoren kennen, denen der materielle Erfolg spärlicher zufiel; namentlich habe ich mehrmals eingehend mit ihm über Emil Strauß gesprochen und fand ihn bekümmert und sehr ernsthaft um das Finden der Ursachen bemüht, aus welchen ein so bedeutender und voll anerkannter Autor die Popularität nicht fand, die er nach unserer Meinung verdiente.

Was für Emil Strauß galt, traf in noch größerem Maß auf Hermann Stehr zu. Stehr und Strauß, der Schlesier und der Alemanne, beide um ein gutes Jahrzehnt älter als Hesse, waren Fischers Sorgenkinder. Sie standen im Schatten Hauptmanns oder vermeinten in ihm zu stehen und wollten nicht gedeihen.

HERMANN STEHR

Hermann Stehr, zwei Jahre jünger als sein berühmter schlesischer Landsmann und ein armer, geplagter Dorfschullehrer in Dittersbach im einsamen Glatzer Gebirge, hat seinen Weg zu Fischer – und zu Hauptmann – in seinen Erinnerungen geschildert:

Indessen verknoteten sich meine äußeren Lebensverhältnisse fast bis zur Unerträglichkeit... Ich kehrte mich von dem Gedichtemachen ab und unternahm es, die Geheimnisse des Menschenlebens, die mich Erfahrung und Beobachtung gelehrt hatten, durch zwei Erzählungen darzustellen. Dann ließ ich mir vom Breslauer Generalanzeiger ein Verzeichnis der bedeutendsten Verlagsanstalten Deutschlands senden. Die Verhandlungen mit W. Friedrich in Leipzig zerschlugen sich, J. P. Lehmann, Berlin, der zweite in der Reihe der elf Verleger, war eingegangen. So strich ich die beiden Namen auf dem Zettel und sandte mein sauber geschriebenes Manuskript an den dritten, den Verlag S. Fischer in Berlin, von dem ich auch nicht mehr wußte als von Patagonien, nämlich nichts, außer daß Gerhart Hauptmann dort seine Bücher herausbrachte. Im Mai 1896 sandte ich es ein. Fünf qualvolle Monate vergingen. Je länger ein Bescheid ausblieb, desto mehr hoffte ich nur noch aus Furcht und wagte kein Erinnerungsschreiben, um die immer blasser werdende Schimäre nicht vollends zu zerstören. In dieser höchsten inneren Not erhielt ich von S. Fischer einen Brief, der mir in solch anerkennenden, ja bewundernden Ausdrücken die Annahme des Buches anzeigte, daß ich, aus der Tiefe und schwärzesten Nacht in die Höhe und ans Licht hinaufgeschleudert, nach dem Überfliegen der ersten Worte vor Glück nicht mehr sprechen konnte...

Stehrs Erinnerung irrt sich um ein Jahr. Die beiden Erzählungen waren *Der Graveur* und *Meicke der Teufel*, und er dürfte sie nicht 1896, sondern 1897 eingesandt haben, denn *Der Graveur* erschien nicht (wie er angibt) 1897, sondern im Maiheft 1898 der ›Neuen Deutschen Rundschau‹. Er »schlug die Brücke« zu »meinem großen schlesischen Landsmann«:

Der Verlag, meine Büchernot ahnend, hatte mir sämtliche bei ihm erschienenen Werke zur freien Verfügung gestellt. Ich las alles, was von ihm bis dahin erschienen war... Was ich in vollkommener Abgeschiedenheit für mich allein in meinen Erzählungen erstrebt hatte, hier sah ich es wunderbar, fertig gestaltet, so, daß die Freude und Begeisterung über das Werk eines anderen zugleich eine Rechtsprechung des eigenen Anfanges, der eigenen Art und Absicht und meiner Pläne war, die energischer, schärfer sich in mir formten. Durch Moritz Heimann, den Lektor des Verlages S. Fischer, zu dem ich in jener Zeit im Vorfrühling der Freundschaft stand, wurde diese rein geistige Dichterbeglückung über Gerhart Hauptmann auf die liebenswürdigste Art zu dem Beginn einer lebensvollen Beziehung gefördert..

Heimann befand sich im Mai 1898 gerade zu Besuch bei Hauptmann in Tremezzo in Oberitalien und gab ihm das ›Rundschau‹-Heft zu lesen, in der Hoffnung, sein eigenes enthusiastisches Urteil bestätigt zu finden. Hauptmann war von der Novelle tief beeindruckt. »Der hat uns schön in den Sand gestreckt«, meinte er und schrieb Stehr »einen eigenhändigen langen Brief«, auf den der Dorfschullehrer antwortete: »Jetzt weiß ich, daß mein Wirken etwas bedeutet. Sie haben mich aufgerichtet... das ist das Kostbarste, was mir Ihr Brief gebracht hat.« Bald darauf suchte Heimann den Dichter in Schlesien auf. Im folgenden Jahr, 1899, entstanden während einer langen Krankheit hintereinander die Novelle *Der Schindelmacher* und drei Romane: *Leonore Griebel, Drei Nächte* und *Der begrabene Gott.* »Neben dem Ringen um religiöse Fragen, nach den letzten Lebens- und Jenseitsdingen, hielt mich das Bild Gerhart Hauptmanns nicht nur aufrecht, sondern fieberhaft produktiv...« Im Frühjahr 1900 lernte Stehr endlich Hauptmann persönlich kennen, und es entwickelte sich eine Lebensfreundschaft.

EMIL STRAUSS

Stehrs zwei Erstlingsnovellen erschienen im Herbst 1898 unter dem Titel *Auf Leben und Tod* bei Fischer als Buch. Gleichzeitig mit ihnen erschien das erste Buch von Emil Strauß, *Menschenwege;* es enthielt ebenfalls zwei Erzählungen. Es war ein schicksalhaftes Zusammentreffen, aus dem eine unselige Gemeinsamkeit wurde.
Der Pfälzer Emil Strauß, zwei Jahre jünger als Stehr, hatte leichteren Zugang zur Öffentlichkeit gehabt. Er hatte schon als junger Student Ende der achtziger Jahre in Berlin Hauptmanns und Fischers Wege gekreuzt, und zwei Novellen von ihm, *Orgie* und *Der Tier- und Menschenfreund,* waren 1891 und 1892 noch unter Bölsches und Harts Redaktion in Fischers Zeitschrift erschienen. Strauß erzählte später, Hart habe den ersten Beitrag »skandalös verkorrigiert« und »unglaublich viele Druckfehler« stehen gelassen: »Ein paar Wörter waren frei erfunden und unverständlich, und eine kurze Einleitung einfach weggelassen. Für ein erstes Auftreten ein bißchen viel Pech!« Danach verschwand der vergrübelte, eigenbrötlerische Mann aus dem Gesichtskreis des Verlags und seiner geduldig wartenden Verlobten, der Marschalk-Schwester Lisbeth, wanderte nach Brasilien aus, kehrte enttäuscht und krank zurück und richtete sich am Bodensee in einem frugalen, selbstgenügsamen Einsiedlerleben ein. »Ich grübelte und grübelte, seit ich mein Los erkannt habe«, hieß es schon in seiner ersten Novelle. Anders als der wortreiche Stehr hat der karge Strauß in seinem Erinnerungsbuch *Ludens* keine Schilderung seiner literarischen Anfänge hinterlassen; doch tritt aus verstreuten Absätzen seine eigentümliche Persönlichkeit deutlich hervor:

Was von außen kommt, damit kann man fertig werden, man leistet Widerstand oder läßt es von sich ablaufen... Was dagegen von innen kommt, sein soll und nicht sein will, ist und nicht ist, das bedrängt und läßt nicht ab. Ihm standzuhalten, war ich auf ein einsames Leben verfallen, wie es nun auch wirtschaftlich durchführbar war, unabhängig, nur an die Regel gebunden, die ich der Natur und mir selbst abgewann: aus Abstand betrachtet, immer dasselbe, aus der Nähe immer anders. Wochen, ja, Monate lang sprach ich nur über alltäglich wirtschaftliche Dinge, die kurz abzumachen waren, nur ausnahmsweise mit einem, der meinen Fragen und Rätseln seine eigenen entgegensetzte...
So fütterte ich mich ohne Absicht, blindlings – ahndevoll – mit mir selbst, immer wieder, bestand schließlich nur noch aus mir und dem mir Gemäßen...

Die Frucht der Brasilienzeit waren zwei Erzählungen, *Auswanderer* und *Prinz Wieduwitt*, die beide 1898, im gleichen Jahr wie Stehrs Erstling, in der ›Neuen Deutschen Rundschau‹ erschienen und den Novellenband *Menschenwege* ergaben. Und nun begann die seltsame Verklammerung, die schon durch die Marschalk-Schwestern und die Hauptmann-Verschwägerung bestand, auch auf literarischer Ebene deutlich zu werden. Im Novemberheft 1898 der ›Neuen Deutschen Rundschau‹ erschien von Moritz Heimann ein sieben Seiten langer, großer Aufsatz *Zwei Dichter*, der Stehr und Strauß und ihren Erstlingsbüchern gewidmet war. Was war ihnen gemeinsam? Heimann schrieb:

Die Bodenwüchsigkeit der Menschen ist schwächer, ihr ethnographisches Gefüge lockerer geworden... In solchen Übergängen der Entwicklung steht ein Dichter, anders als etwa Gotthelf in seiner Berner Landschaft, außerhalb des engeren Volkstums, und überschaut es von seinem höheren Menschentum. So dichtet Hauptmann Schlesisches, aber nicht schlesisch. Und so sieht Stehr die Menschen, die sich von der Menge abheben, als Erscheinungen. Er und sein Gehirn sind das Chaos und die Welt; nicht will er die Menschen, die er sieht, deuten; sondern die Menschen, die er sieht, deuten ihn... Stehr ist ein leidenschaftlicher Fußgänger. In den Wäldern seiner Heimathsberge streift er viel umher, den Wechselreden der Bäume lauschend, zuweilen in langer Zwiesprach mit einer heimlichen Quelle. Er kennt ihre Geheimnisse...

Auch Strauß, fährt Heimann fort, gehe »in Kunst und Leben seine eigenen Wege«; auch er habe sich »abseits von den Makulaturzentren angesiedelt«:

Er ist ein Wanderer. Ein rüstigster Fußgänger, der die Erde mit seinem leichten, flüchtigen, fördernden Schritt nicht drückt. Die reine Gottesluft muß um sein Haupt, um seine Glieder am liebsten das Wasser kalter schäumender Sturzbäche spülen... Er möchte Elementar-Natur sein, Mensch, der er ist. Und Mensch, der er ist, kann er Elementar-Natur nur anschauend sein nennen. Drum ist Zorn in seiner Beobachtung, und scheinbare Härte. Und durch den Zorn und die Härte drängt sich stürmisch die unhemmbare Freude über das Leben. Und seine Sprache hat das Tempo seines Wanderns und seiner Freude angenommen, das nervös gesunde, kraftvoll ungeduldige Tempo...

Von Stehr sagt Heimann in diesem Aufsatz:

Wenn dieser große Dichter kein Publikum in Deutschland finden wird, so wird er es in Rußland finden; so wie Hauptmann dort die meisten seiner ernsten und reinen Verehrer hat.

Und von Strauß, in anderem Zusammenhang:

Wer jedoch unter den Heutigen die beste deutsche Prosa schreibe, darnach dürfen wir getrost fragen; es ist Strauß.

Man muß sich immer wieder ermahnen, solche Äußerungen im Zusammenhang ihrer Umstände und geistigen Umwelt zu verstehen. Heimann war ein eifervoller Parteigänger; Hauptmann war die hoch aufragende Säule, der Fixpunkt in der deutschen dichterischen Landschaft, an dem er seine kritisch fördernde Überschau orientierte; den von den drei Schwestern gestifteten Bund gleichgestimmter Seelen verteidigte er mit einer für diesen so gelassenen und beherrschten Mann geradezu vehementen Loyalität und gestattete sich nur selten und im strengen Vertrauen eine kritische Äußerung, wie in einem Brief an Fischer vom 21. Juli 1903:

Im ›Armen Heinrich‹ und ›Schluck und Jau‹ ist wenig Harmonie; wärens Häuser, ich möchte nicht drin wohnen... verraten Sie nicht diese Ketzereien, die absolut genommen, ein falsches Bild von meiner Stellung zu Hauptmann geben würden. Sie aber kennen ihre Realität.

Carl Hauptmann hatte unrecht, wenn er von einer »Fischer-Clique« sprach, die ihn um des berühmten Bruders willen nicht aufkommen lassen wollte; aber eine Art ›Hauptmann-Clan‹ innerhalb der Verlagsfamilie bestand ohne Zweifel. Man darf diese persönlichen Bindungen gewiß nicht zu hoch anschlagen; Heimann war nicht blind. Doch darf man sie, wo sie zu Verzerrungen führten, auch nicht übersehen; denn er war in seiner glühenden Anteilnahme zuweilen verblendet. Er wußte es selbst. In einem Brief an Hofmannsthal (vom 15. November 1903) sagte er:

Ich bin kein Kritiker; im Grunde nicht einmal ein Schriftsteller, und die eigentümliche Gültigkeit des gedruckten Wortes gegenüber dem gesprochenen richtig zu berechnen, verfehle ich oft... Ich bin innerlich zu ungeduldig, als daß ich echte Kritik machen könnte... Am besten wäre es, wenn man die Gerechtigkeit loswerden könnte, sie macht ein zu bedenkliches Balancement zwischen Genialität und Philistrosität.

In seinen Aphorismen aus dem Jahre 1910 heißt es: »Der Kritiker hat mit dem Künstler nicht die Kunst gemeinsam, sondern nur die Sprache.«

GERÜHMT UND VERKANNT

Stehr und Strauß waren durch Heimanns erste Doppelrezension gleichsam wie durch einen Zauberspruch auf alle Zeiten miteinander verkoppelt. Während der nächsten fünfzehn Jahre wechselten sie in Fischers Verlagsprogramm Jahr um Jahr fast wie auf Verabredung miteinander ab: 1900 erscheint Stehrs Roman *Leonore Griebel,* 1901 Strauß' Roman *Der Engelwirt;* 1902 bringt Strauß *Freund Hein,* 1903 Stehrs *Das letzte Kind*; 1904 erscheint Strauß' dritter Roman *Kreuzungen,* 1905 Stehrs *Der begrabene Gott.* Dann, nach einer gemeinsamen Pause, erscheinen 1909 Stehrs Roman *Drei Nächte* und Strauß' Novellen *Hans und Grete;* und nach neuerlicher Pause 1912 Stehrs *Geschichten aus dem Mandelhaus* und Strauß' Roman *Der nackte Mann.* Während dieser ganzen Zeitspanne stand die ›Neue Rundschau‹ beiden Dichtern offen und unablässig zur Seite; alle Romane von Emil Strauß und mehrere seiner Novellen erschienen in ihr im Fortsetzungsvorabdruck, von Stehr eine Vielzahl von Novellen und *Der begrabene Gott.*

Heimann stand mit seinem Urteil nicht allein. Es fehlte wahrhaftig nicht an Anerkennung ihrer Bedeutung. Hofmannsthal, dem beider Welten fern gelegen haben müssen, sah ihren hohen Platz im deutschen Schrifttum und stellte ihn nachdrücklich fest. Über Strauß' *Engelwirt* schrieb er in der ›Insel‹ 1901:

> ... während wir atemlos dem Verlauf eines Abenteuers zuzusehen meinen, entfaltet sich uns ein menschliches Wesen. Die schöne Novelle hat ihre Wurzeln in provinzieller Beengtheit; das wunderbare Schauspiel, wie sich Weltwesen und Menschenwesen berühren und namenlose Gewalten für einen Moment dazukommen, dem beengten Einzelnen ins Auge zu sehen, bildet ihre Blütenkrone.

Und Stehrs *Begrabener Gott* riß ihn (im Berliner ›Tag‹) zu einem Dithyrambus hin:

> Hier ist etwas gemacht aus dem Dunkelsten und Tiefsten des Lebens. Unseres Lebens und des Lebens aller Kreaturen ... Hier reißt es uns in Tiefen, wo wir nie waren ... hier hat das Namenlose seinen Namen bekommen, das Stumme seine Sprache und das Gestaltlose seine Form. Hier haben Schöpferhände der Finsternis ein Gesicht gegeben und aus dem Alpdruck etwas gebaut und gebildet. Und wir erkennen die dumpfen Tiefen schwerer Stunden wieder ... hier ist aus dem Dunkelsten und Tiefsten des Lebens etwas gemacht, mit einer riesigen Hand. Etwas Deutsches. Etwas, das nicht wieder aus uns heraus will. Wo ist etwas Ähnliches? ... hier ist dies abgegriffene Wort zu gebrauchen: ›Ich habe, da ich dieses las, etwas erlebt.‹ Und noch ein Wort: Groß, groß, groß. Und noch eins: Ehrfurcht.

Diese Lobeshymne tat wohl eine gewisse Wirkung: *Der begrabene Gott* erlebte als einziges von Stehrs ersten sechs Büchern eine zweite

Auflage, und diese zweiten tausend Exemplare hielten dann zehn Jahre vor. Alle anderen gelangten nicht über das erste Tausend hinaus.

Emil Strauß erging es ein wenig besser, aber nicht viel. Der von Hofmannsthal gerühmte, 1901 erschienene *Engelwirt* brachte es bis 1908 auf drei Auflagen; *Freund Hein*, eine der ersten tragischen deutschen Schulzöglingsgeschichten – Hesses *Unterm Rad* von fernher verwandt –, hatte großen Widerhall und eine große literarische Nachfolge, und doch konnte Fischer von diesem vieldiskutierten und vielgerühmten Buch in zehn Jahren nur zwanzigtausend Exemplare absetzen, und es war Strauß' einziger ›großer Erfolg‹; *Kreuzungen*, im gleichen Jahr wie Hesses *Peter Camenzind* erschienen und häufig mit ihm in einem Atem genannt, erreichte im ersten Anlauf das sechste Tausend und blieb dann stecken. Oskar Loerke las beide Bücher um die gleiche Zeit und notierte im Mai 1906 in seinem Tagebuch:

Kreuzungen von Emil Strauß gelesen. Dieses Buch klingt. Ich möchte es den schönsten anreihen, die ich in der epischen Literatur kennengelernt habe ... Hermann Hesse, Peter Camenzind – ein sehr gutes Buch. Ich glaube, es gehört zu denen, die lange und verstohlen mitklingen. Emil Strauß aber gab das Schönste unter dem Neuen aus der Epik, das ich diese Zeit aufgesucht habe.

Man sprach über sie, man rühmte sie; aber man las sie wenig und kaufte sie noch weniger, und jahraus, jahrein mochte der Verleger sich mühen, soviel er wollte, es änderte sich an dieser Vertracktheit nichts. Das gleiche widerfuhr einem jungen Schweizer Erzähler, dem versponnen-vergrübelten Basler Jakob Schaffner, der gleich Strauß und Hesse an Keller und Raabe erinnerte und dessen »kleinmeisterliche deutsche Griffelkunst« Fischer um die nämliche Zeit entdeckte.

Schaffner begann 1905 mit einem Erstlingsroman *Irrfahrten*, und 1907 folgte ein Novellenband *Die Laterne*. Er war gleich Hesse ein Eigenbrötler und Einzelgänger; er gehörte zu keinem ›Clan‹, und Heimann fand ihn (in einem Brief an Lehmann) »naseweis und entenschissig, wiewohl von Begabung spritzend«. Auch ihn konnte Fischer trotz heißem Bemühen nicht durchsetzen. Es folgten bis zum Kriegsausbruch noch vier Romane, von denen nur die beiden letzten *Konrad Pilater* (1910) und *Der Bote Gottes* (1911) über die Anfangsauflage hinausgelangten und mit Mühe und Not das dritte Tausend erreichten. Um diese Zeit hatte Hesses *Camenzind* allein mit über sechzigtausend eine höhere Auflage als das Gesamtwerk von Stehr, Strauß und Schaffner zusammengenommen.

Es mußte von diesen drei Schriftstellern ausführlicher gesprochen werden, denn sie bedeuteten Fischer viel, und ihre Enttäuschung war auch die seine, in einem besonderen Sinn. Fischer konnte, so sehr er sich mühte, nicht auf den Grund kommen, warum ihnen der äußere Erfolg versagt blieb. Sie jedoch, die ein allmählich aufsteigendes, stetig sich verhärtendes Ressentiment miteinander verband und sie im Lauf der Jahre zu einem grollenden Fremdkörper im Verlagsorganismus werden ließ, glaubten den Grund ihrer beharrlichen Erfolglosigkeit zu erkennen: es war der Charakter des Verlags, die Persönlichkeit des Verlegers. Strauß fühlte sich um Hauptmanns willen vernachlässigt und zurückgesetzt; Schaffner meinte sich von Hesse überschattet und unterdrückt; Stehr – wer weiß, was in diesem wirren Kopf vorging? Thomas Mann vermerkte später, indem er Stehr und Strauß namentlich nannte, Fischer habe ihnen »mehr Treue gewährt, als er erfahren habe«. Davon wird noch zu sprechen sein.

Hesse war nicht von dieser Gesellschaft. Rückblickend und wiederlesend erscheint einem begreiflich, warum damals sein Stern aufging und ihr Gestirn sich nicht erheben wollte. Auch Hesse war ein Spinner – aber von leuchtender Gescheitheit. An seiner gelösten Naturseligkeit ließ sich erkennen, wie dumpf Stehr an die Natur als eine ›Unseligkeit‹ gekettet war, wie dunkel Strauß' Landschaft, wie hell Hesses war. Hesse besaß Distanz, Skepsis, Ironie und Freiheit der Geste, er vermochte bei aller Schwermut über sich selbst zu lachen, behielt in aller Gefühlstrunkenheit einen klaren Kopf. Stehr verzerrte sich im Krampf seiner mit Riesenfäusten geschleuderten Wortemassen, Strauß verbiß sich im Krampf seiner Wortknappheit. Aus Hesses Landschaft erklang kein titanisches Dröhnen, kein koboldisches Wispern; aus ihr sprach eine wache, schnurrige Intelligenz, das gescheite Menschenherz. Er war ein »Kniffgenie« und voller Musik; er »hörte wieder die Welt wie ein gutes Kunstwerk klingen«. Das Ächzen und Stöhnen war hinter den Berg gerollt. Die Landschaft atmete. Im kleinsten, engsten Raum war weltenweite Luft. »Ein kosmischer Heimatkünstler ist der Arthur«, hatte Kerr von Schnitzler gesagt. Ein Kunstwerk konnte, wie Thomas Mann von seinen *Buddenbrooks* sagte, »sehr national, ja regional und heimatlich bestimmt sein und dennoch den Kern allgemein menschlichen Erlebnisses treffen«. Das, denkt man sich, müssen die Deutschen damals gesucht und bei Hesse gefunden haben.

HESSE UND FISCHER

Fischer und Hesse lernten einander in den ersten Apriltagen 1904 auf Fischers Rückreise aus Rapallo in München kennen. »Ich freue mich sehr«, schrieb der Verleger, »Sie in München leibhaftig zu sehen; bis jetzt sind Sie mir ein imaginärer Mensch, von dessen Existenz ich mich erst überzeugen muß.« (Bei dieser Zusammenkunft lernte Hesse durch Fischer Thomas Mann kennen.) Um diese Zeit lag Hesses neues Buch, der Roman *Unterm Rad*, die tragisch-wirre Geschichte seiner Zöglingsjugend in Maulbronn, dem Verlag bereits vor, aber Hesse zog es noch einmal zurück, um es zu überarbeiten. Erfolg und Ruhm trieben ihn nicht hinaus in die Welt und ihren »Literaturbetrieb«; sie machten ihn seßhaft. Er hängte den Buchhändler an den Nagel und heiratete. In Gaienhofen am Bodensee mietete er (nach einem Besuch bei Strauß) ein Bauernhaus. Hesse wehrte sich gegen »hastigen Geschäftsbetrieb«, wie er es nannte, als Fischer sich nach neuen Arbeiten erkundigte, und Fischer antwortete ihm am 4. November 1904:

Im übrigen bin ich ganz Ihrer Meinung, daß Sie sich hüten sollten, sich in einen hastigen Betrieb verwickeln zu lassen. Es ist nur natürlich, daß nach dem Erfolg des ›Camenzind‹ Ihnen von allen Seiten Anerbietungen gemacht werden, auch daß eine gewisse Art von Verlegern, die ihren verlegerischen Beruf ausschließlich darin sehen, erfolgreiche Autoren mit verlockenden Anerbietungen heimzusuchen, Ihnen das Haus einlaufen, und daß Sie auf diese Weise von außen in eine Unruhe versetzt werden, die ebenso aufregend wie gefährlich werden könnte. Mir fiel das Bedenkliche dieser Situation gerade in Ihrem Fall schon seit einiger Zeit auf, als ich in verschiedenen Zeitungen und Zeitschriften Beiträge von Ihnen fand, die mich vermuten ließen, daß Sie den Werbungen von außen her nicht den genügenden Widerstand entgegensetzen ...

Im nächsten Jahr, 1905, schlug Fischer Hesse vor, in der ›Pantheon-Ausgabe‹ eine Auswahl der Gedichte Mörikes herauszugeben und einzuleiten; aber der Plan verwirklichte sich nicht, weil die »Pantheon-Gelehrten«, wie Fischer schrieb, meinten, »daß eine vollständige Ausgabe unbedingt einstweilen einer Auswahl vorzuziehen sei« (Mörikes Schutzfrist lief im nächsten Jahr ab), und Hesse offenbar nur an einer persönlichen Auswahl gelegen war. Im Oktober 1905 erschien *Unterm Rad* und erreichte bis zum Jahresende das 15. Tauend; zwanzig Jahre später hatte dieses Buch mit der 122. Auflage sogar den *Peter Camenzind* mit seinen 115 000 überflügelt. 1907 folgte der Novellenband *Diesseits*, und im gleichen Jahr schlug Hesse vor, zusammen mit Emil Strauß eine Auswahl deutscher Volkslieder bei Fischer herauszugeben, die dann unter dem Titel *Der Lindenbaum* 1910 auch erschien. Hesse hatte sich 1907 in Gaienhofen sein eigenes Haus gebaut, wo Strauß und Schaffner zum Freundes- und Gästekreis gehörten. Aber Hesse befand sich in keinem guten Zustand, und Fischer schrieb ihm am 6. September 1907 besorgt:

... was fehlt Ihnen denn eigentlich, daß Ihnen so radical Alkohol und Tabak entzogen worden ist? Ist das nicht gleich etwas zu heftig, mußte es so plötzlich sein? So eine Abstinenz kann und darf nur ganz allmählich kommen, sonst werden die Nerven durch die Entziehung mehr beunruhigt und der Schaden ist größer als der Gewinn. Ihre Depression macht auf mich fast diesen Eindruck. Ich bin ein alter Praktikus und habe manche Erfahrung auf diesem Gebiet... Ihre letzte Novelle... hat jedenfalls nichts von Ihrem Mißmuth verraten, und da kann es so schlimm also nicht sein...

1908 erschien Hesses Erzählungsband *Nachbarn,* von dem Fischer gleich eine Erstauflage von 10 000 Exemplaren druckte. Und gleichzeitig geschah etwas Merkwürdiges.

Am 1. Februar 1908 wurde der 1903 auf fünf Jahre geschlossene Verlagsvertrag mit einem ›Nachtrag‹ verlängert, und dieser Nachtrag enthielt Bestimmungen, wie sie Fischer noch nie vorher einem Autor zugestanden hatte und nie nachher zugestehen sollte: Hesse verpflichtete sich, von seinen nächsten vier Werken drei Fischer zu übergeben, und behielt sich das Recht vor, eines an Albert Langen zu geben. Außerdem bestimmte der Nachtrag:

Als Äquivalent für die hier eingeräumten Rechte verpflichtet sich die Firma S. Fischer, Verlag, Herrn Hesse während der nächsten drei Jahre eine Gesamtsumme von 5400.– Mark in monatlichen Raten von je M 150.– zu bezahlen. Diese Summe wird auf das Honorar nicht angerechnet.

Dieser abgeänderte Verlagsvertrag wurde am 30. März 1912 durch einen zweiten Nachtrag neuerlich verlängert, und am 19. April 1918 durch einen dritten auf weitere sechs Jahre, während deren Hesse sich verpflichtete, Fischer »mindestens seine nächsten sechs erzählenden Werke« zu übergeben, und als »Äquivalent« während dieser sechs Jahre insgesamt 9000 Mark in vierteljährlichen Raten von je 375,– M. erhielt, die wiederum auf das Honorar nicht angerechnet wurden.

Einen solchen Verlagsvertrag hatte es in der Bülowstraße noch nie gegeben. Es war nicht unüblich, jungen Autoren eine bescheidene Monatsrente zu gewähren, um sie der dringendsten materiellen Sorgen zu entheben und ihnen das Weiterarbeiten zu erleichtern; doch wurden solche Raten natürlich gegen die Buchtantiemen aufgerechnet. Hier geschah das Umgekehrte: Fischer zahlte Hesse, wie er es in einem späteren Brief ausdrückte, »eine Art Prämie, um meinem Verlag Ihre Produktion auf eine gewisse Zeit zu sichern«. Hesse war zeit seines Lebens ein sehr sparsamer Mann, um, wie Hedwig Fischer schrieb, »auf jeden Fall unabhängig zu bleiben«. Wenn er sich dieser Unabhängigkeit, von einem Buch zum nächsten neu entscheiden zu können, begab, mußte der Verleger, der auf dieser Fesselung bestand, ihn für diese Freiheitsberaubung entschädigen. Fischer scheint diese Argumentation eingeleuchtet zu haben; zumindest fügte er sich ihr. Die monatliche »Prämie« war an sich nicht hoch und ließ sich tragen; doch belief sie sich im Oktober 1913, wie Fischer anläßlich einer Differenz Hesse vorzurechnen genötigt war, inzwischen immerhin auf nahezu 18 000 Mark, und das war keine Unerheblichkeit mehr. Es gab Autoren des Verlags, die den sorgfältig rechnenden Fischer rundheraus »knausrig«, ja geradezu »geizig« nannten; aber es gab auch einige, bei denen seine Hochachtung vor ihrer geistigen und künstlerischen Existenz ihm geldliche Erwägungen schlechtweg verboten; er hing so an ihnen, daß er geschäftliche Gewinneinbußen gar nicht als ›Opfer‹ zu betrachten vermochte.

Tatsächlich erschien Hesses nächstes Buch, der Musikerroman *Gertrud* 1910 bei Albert Langen, und der Grund, warum Hesse schon 1908 dieses Buch aus dem Vertrag mit Fischer ausklammerte, läßt sich vermuten. Schon im Juni 1906 hatte Fischer auf einem Umweg eine Warnung des ›Simplicissimus‹-Zeichners Thomas Theodor Heine erhalten, der ihn wissen ließ,

> daß Albert Langen sehr eifrig bemüht ist, ihm den Schriftsteller Hermann Hesse abwendig zu machen und in seinen Verlag zu bekommen. Auch den Schriftsteller Emil Strauß besuchte er kürzlich in Überlingen. Albert Langen wird auch eine süddeutsche politisch-litterarische Monatsschrift herausgeben und sucht Hermann Hesses Mitarbeit zu gewinnen. Ich theile das mit, damit diese vorzüglichen Autoren nicht bei Albert Langen so hereingelegt werden wie manche anderen Leute. Selbstverständlich bitte ich darum, diese Mittheilung durchaus diskret zu behandeln. Wenn man erfahren würde, daß ich Ihnen das geschrieben habe, hätte ich noch mehr Unannehmlichkeiten als ich jetzt schon habe.

Der raunzige Maler hatte richtig gehört, und Fischer war gewarnt. Als Langen 1907 seine politisch-kulturelle Halbmonatsschrift ›März‹ gründete, gewann er Hesse nicht nur als Mitarbeiter, sondern auch als verantwortlichen Mitherausgeber. Möglicherweise machte Langen die Überlassung eines Werkes für seinen Buchverlag zur Bedingung, vielleicht empfand Hesse selbst eine solche moralische Verpflichtung – in jedem Fall war er Langen freundschaftlich verbunden und blieb bis zum Dezember 1912, als er von Gaienhofen nach Bern übersiedelte, Mitherausgeber dieser ausgezeichneten, mutigen liberalen Zeitschrift. Fischer fürchtete, die ›Neue Rundschau‹ könne dadurch zu kurz kommen; er bot Hesse eine Verbesserung der ›Rundschau‹-Honorare an und schrieb: »Als Herausgeber einer Zeitschrift, die nicht in einem Concurrenzverhältnis zu unserer Zeitschrift steht, wird doch wohl Ihrer zukünftigen Mitarbeit bei uns nichts im Wege stehen.« Auch bemühte Fischer sich in späteren Jahren mehrmals, als Hesses Verbindung mit dem Verlag Langen nicht mehr bestand, den Roman *Gertrud* um der Vollständigkeit des Werkes willen von Langen zu erwerben, aber es gelang ihm trotz Hesses Einverständnis nicht, so daß es in den zu Fischers Lebzeiten veranstalteten *Gesammelten Werken in Einzelausgaben* fehlt.

Fischer und Hesse sahen einander nicht oft. Hesse unternahm zwar, wie alle anderen Autoren des Verlags auch, zuweilen Vorlesungsreisen, aber er kam selten nach Norddeutschland und anscheinend nur ein einziges Mal nach Berlin, das er »verabscheute«, wie Hedwig Fischer versichert. Es gelang ihr nicht, ihn in das Grunewaldhaus zu locken, und das Verlagshaus in der Bülowstraße hat er, wie er selbst anmerkt, nie betreten. Erst als er nach dem Ersten Weltkrieg nach Montagnola im Tessin übersiedelte, sah man sich häufiger. »Wir besuchten ihn«, schreibt Hedwig Fischer,

bei unseren Schweizer Reisen vom nahen Lugano aus. Ein Gönner hatte ihm ein Haus auf einem Weinberg errichtet, zu dem sich Hesse einen Garten angelegt hatte. Aus dieser Klause war er nicht fortzulocken (höchstens der Zahnarzt konnte ihn herbeizwingen), und es war schon eine große Sache, daß er uns einmal einen Gegenbesuch machte, bei dem jedes Aufsehen sorglich vermieden werden mußte ... Wir waren auch in Basel zusammen, wo ich ihm Lieder von Hugo Wolf sang, den er, wie überhaupt die Musik, sehr liebte. Und in Basel wußte er die Gaststätte mit dem besten Weinausschank ...

Doch konnte man, wie Hesse selbst schrieb, Fischer »nicht zu guter Stunde bei einem Glas Wein zu kühnen Plänen verführen, wie das etwa mit Albert Langen und auch mit Georg Müller möglich war«.

... über andere Autoren, deren ich ihm einige zuführte oder empfahl, hörte ich seine vorsichtigen, stets um Gerechtigkeit bemühten Urteile gern. Nicht immer war ich damals seiner Meinung und nicht immer mit ihm zufrieden, oft schien er mir meinen jeweiligen Auffassungen und Vorlieben allzu kühl gegenüberzustehen, schien mir allzu schwer zum Enthusiasmus zu verführen. Es schien zuweilen zwischen ihm und mir ein größerer Altersunterschied als der der Jahre zu bestehen. Allmählich aber lief auch ich mir einige Hörner ab und bekam über meine persönlichen Wünsche hinaus ein Verständnis für die Funktionen des Verlegers. Und ich sah, daß Fischer von seinem Verlag, dem bestehenden wie dem werdenden, eine bestimmte Vorstellung hatte, der er mit dem Gefühl hoher Verpflichtung, aber auch mit wachem Instinkt folgte ...
Aus dem Vertrauens- und Achtungsverhältnis zwischen dem älteren Verleger und dem jungen Autor, aus der Zufriedenheit des Autors mit der guten Ordnung des Hauses, dem er sich anvertraut hatte, wurde mit Hilfe unserer nicht allzu häufigen persönlichen Begegnungen allmählich etwas wie eine Freundschaft, langsam nur entdeckte ich in dem geschätzten älteren Mann, der meine Geschäfte so gut führte und mir so manchen Kram abnahm, mit dem ich mich nicht selber befassen mochte, auch den liebenswerten Menschen, lernte seine wohltemperierte, doch eher zarte und mancher Beschattung erreichbare Natur näher kennen ...

So war der Verlag mit seinem letzten großen ›Lebenslänglichen‹ in sein drittes Jahrzehnt eingetreten. 1906 war der Verlag zwanzig Jahre alt und brachte aus diesem Anlaß einen Gesamtkatalog heraus, der sich von seinen alljährlichen Vorgängern auf neuartige Weise unterschied. Auch dieser Katalog war noch im Taschenformat gehalten, aber er hatte bereits einen Umfang von 168 Seiten und sah außen und innen sehr anders aus als seine Vorläufer.

Während der Katalog von 1901 sich noch mit einer simplen, von Eckmann gezeichneten Jugendstilumrahmung des Titels begnügt hatte, waren jetzt Umschlag, Vorsatzblatt und Titelblatt von E. R. Weiß als Ganzes entworfen und graphisch und typographisch durchgezeichnet, und der ganze Katalog war durchgehend mit Randleisten, Querborten, Schlußstücken und Schmuckeinfassungen der Autorenphotographien versehen. Er präsentierte sich als ein selbständiges, handfestes kleines Buch, das nicht nur der Orientierung über die Verlagsproduktion dienen, sondern außerdem zum Lesen anregen sollte. So finden sich bei allen bedeutenden Autoren nicht nur Pressestimmen oder Urteile berühmter Zeitgenossen angefügt, sondern häufig auch längere Textproben aus ihren Werken, Abschnitte aus neuen Romanen oder Erzählungen oder Szenenfragmente aus Bühnenwerken und sogar das eine oder andere kurze Gedicht. Ibsen, der wenige Monate später starb, ist mit einem langen, fesselnden Brief an Georg Brandes vertreten; von Hauptmann ist eine Szene aus dem ersten Akt des *Armen Heinrich* abgedruckt, von Thomas Mann ungekürzt die Novelle *Der Kleiderschrank*, von Hofmannsthal eine Szene aus *Der Abenteurer und die Sängerin*, von Schnitzler ein Dialog aus dem *Schleier der Beatrice*, von Hesse die bezaubernde Episode der Signora Nardini aus *Peter Camenzind*, von Wassermann der ›Zug durch die Wüste‹ aus *Alexander in Babylon*. Buchausstatter und Illustratoren sind in vielen Fällen namentlich angeführt: Eckmann, Marcus Behmer, Franz Christophe, Peter Behrens, Heinrich Vogeler-Worpswede, Carl Schnebel, Karl Walser, Moritz Coschell, Thomas Theodor Heine, Walter Tiemann und andere; aber das niedere Volk der Übersetzer bleibt nach wie vor anonym, nicht einmal die Übersetzer der großen Ibsen-Ausgabe sind erwähnt; einzig Vollmoeller, seit 1903 auch Autor des Verlags, scheint auf Nennung seines Namens als d'Annunzio-Übersetzer bestanden zu haben.

Dafür findet sich am Schluß des Büchleins eine sehr studierenswerte »Chronologie des Verlags«, die Jahr um Jahr den ›Autoren-Zuwachs‹ vermerkt, und danach ein »Verzeichnis der Werke, die vergriffen oder an andere Verlage übergegangen sind«. Der Verlag druckte auf der unteren Hälfte des Umschlags den Namen der Buchhandlung ein, die einen größeren Posten des Katalogs zur Verteilung an ihre Kunden übernahm, und war gleichzeitig dem Buchhändler mit diesem Verzeichnis behilflich, die mittlerweile ›abgewanderten‹ Autoren aufzufinden – so Halbe bei Georg Bondi, Hamsun bei Langen, Kretzer bei List, Mackay bei Schuster & Loeffler, Stucken im Dreililien-Verlag –, ein Entgegenkommen, das nun auch der Historiker zu schätzen weiß.

Die weitaus fesselndste Neuerung aber findet sich am Anfang. In *Ein Vorwort: Vom Verlegen* äußert sich zum erstenmal der Verleger selbst in einem knappen, vier Seiten langen Aufsatz zum Werdegang seines Unternehmens, seinen Zielen, Wünschen, Hoffnungen und Erwartungen. Am Schluß dieses ungezeichneten, vermutlich von Heimann verfaßten Vorworts, heißt es im Rückblick auf die Erneuerungstat des Naturalismus:

Immer mehr Beziehungen der modernen Produktion zu altem, Kultur gewordenem Besitz wurden erkennbar, und der Naturalismus, der nach seinem Ursprung ausschließlich der sozialen Betrachtung des Lebens dienen zu wollen schien, erwies sich als ein Verjüngungsquell sowohl der bodenwüchsigen Erzählungs- als der zu kühnem Flug bereiten Phantasiekunst. Nicht ohne Genugtuung sehen wir unseren Verlag diese Entwicklung spiegeln; ein Blick auf unser chronologisches Verzeichnis mag lehren, zu wie viel Teilen die Geschichte unseres Verlages mit der Literatur identisch ist.

Wie sehr aber dergleichen Entwicklungen und Strömungen in die Breite gehen, das kann vielleicht niemand besser beurteilen als ein Verleger. Das einzelne große Talent scheint immer willkürlich und allzu frei, allzu individuell. Sieht man aber die Wirkung, die es als Vorbild ausübt, so scheint es eine Gesetzmäßigkeit im Fluten der Volksseele teils zu bezeugen, teils zu erschaffen. Der Anblick ist dem Spiel der Kinder ähnlich, die eine lange Schlange machen: willkürliche, überraschende Stakkato-Bewegungen setzen sich in eine immer größer geschwungene, immer gleichmäßigere Kurve um.

Zwei Arten von Wirkung der repräsentierenden Talente sind zu unterscheiden; die streberhafte Nachahmung und das Mündigwerden verschwiegenen, durch die Unfähigkeit zur künstlerischen Selbständigkeit gedrückten Lebens. Hat ein Roman von größerem Umfang Erfolg gehabt, so wachsen alle Manuskripte; ist ein Skizzierer zu Ruhm gekommen, so werden Schicksale auf einem Quartblatt erledigt. Heute ist es die ›Seele‹, morgen die Landschaft, ein andermal die dreisteste körperliche Erotik, die ihre Verkünder haben; und diese nachahmenden Talente scheinen so auf das Wort zu passen, daß sie ebenso bereit sind, das Tüchtige, wie das Schlimme mitzumachen. In zwanzig Jahren gehen wohl ein paar tausend Verfasser durch das Zimmer eines Verlegers, sie kommen aus allen Gauen des Vaterlandes. Wie viel Hoffnungen und wie viel Enttäuschungen! Wie viel Entblößung der Seelen jahrein, jahraus! wilder und verwilderter Lebensdrang, Muttermord und Unzucht – und das zarteste Säuseln verletzlichster Gemüter.

Was Pflicht ist in dem Stande des Verlegers, das lernt er in den Jahren fast mehr von allen diesen Abgewiesenen, als von den mit Ruhm gekrönten Männern. Er kennt besser als ein anderer die Wirkung des Schrifttums und nimmt die Lehre davon auf seine nächsten zwanzig Jahre mit.

Von diesem Katalog des Jahres 1906 war es nun nur noch ein Schritt zu dem alljährlichen Verlagsalmanach, wie man ihn heute nicht nur beim S. Fischer Verlag, sondern bei vielen großen deutschen Verlagen kennt. Ihn zu schaffen, bot sich wenige Jahre darauf die Gelegenheit.

DREI GESICHTER

Unter den insgesamt dreißig ganzseitigen Porträts von Autoren des Verlags, die dieser Katalog von 1906 enthält – Hermann Hesse und Emil Strauß sind nicht darunter, weil sie es sich ausdrücklich verbeten hatten –, stehen in der Mitte des Bändchens drei Bildnisse dicht beieinander, die dem heutigen Betrachter ein eindringliches Bewußtsein von Ende, Mitte und Anfang, von Vergangenheit, Gegenwart und Zukunft vermitteln, wie es sich in Fischers Wirken kundtat. Daß alle drei gleichsam eine ›Münchner Ecke‹ des Verlags bildeten, kommt als eine vielleicht nicht ganz zufällige Gemeinsamkeit hinzu.
Der baltische Graf Eduard von Keyserling, vier Jahre älter als Fischer, blickt aus dem versunkenen Jahrhundert herüber. *Abendliche Häuser* war der Titel seines schönsten Romans, und er hätte auch von Bang sein können, dem er, wie Thomas Mann zeigte, ins Baltische übertragen, ebenso wesensverwandt war wie Fontane. Er begann verhältnismäßig spät zu schreiben; außer zwei frühen Prosabüchern, von denen das zweite noch bei Wilhelm Friedrich erschienen und unbeachtet geblieben war, hatte er noch nichts veröffentlicht, als er an der Jahrhundertwende mit zwei Dramen *Ein Frühlingsopfer* (1900) und *Der dumme Hans* (1901) zu Fischer kam. Seine eigentliche Schaffenszeit begann erst mit seinem fünfundvierzigsten Jahr und dem Roman *Beate und Mareile*, der 1903 bei Fischer erschien. Dieses Buch hatte eine so besondere, im deutschen Stilbereich ungewohnte Haltung, daß Heimann es sich nicht versagen konnte, im Katalog von 1906 »einmal eine französische Stimme über deutsche Erzählungskunst« anzuführen, und aus der Besprechung des Romans im ›Mercure de France‹ zitierte:

Sa lecture m'a procuré une surprise. Est-ce bien là un livre allemand? Il ne contient pas une seule niaiserie. C'est le livre d'un honnête homme, au sens traditionnel de ce mot. Quelle mesure dans l'agencement de ce récit! Quelle sévère retenue! Comme on devine une connaissance profonde des moeurs de grande allure! C'est froid et chaud tout à la fois.

Es war wirklich ein deutsches Buch, und es enthielt wahrhaftig keine einzige Albernheit! Keyserlings erzählerisches Werk baute sich hinfort bei Fischer mit stetigem Schritt, schmales Buch um schmales Buch, Jahr um Jahr auf: 1906 die Novellen *Schwüle Tage*, 1908 der Roman *Dumala*, 1909 die Novellen *Bunte Herzen*, 1911 der Roman *Wellen*, 1914 die *Abendlichen Häuser*, 1916 *Am Südhang* – ein einziger, vielfältig instrumentierter, zurückhaltend sordinierter Abgesang, diskret, rein, streng, weltkundig, distanziert, heiß und kalt zugleich: »Indem er Künstler wurde«, schrieb Thomas Mann mit dem Blick über das ganze Werk, »hörte er nicht auf, ein Edelmann zu sein; sondern als Künstler war er, auf höherer Ebene, nur noch einmal ein Edelmann ... man spürt die Europäisierung der deutschen Prosa seit 1900.« Keyserling war kein Erzähler des lauten Publikumserfolgs und wäre es zu keiner Zeit gewesen; Fischer setzte von jedem seiner Bücher bei Erscheinen zwei- bis dreitausend Exemplare ab und konnte alle paar Jahre eine kleine Auflage nachdrucken. Keyserling war es zufrieden und blieb Fischer ohne Ressentiment treu; er wußte, wer er war, und Fischer wußte es auch.

Aus dem schweren, kraftvoll gezähmten, dabei hypersensitiv verhaltenen Profil Friedrich Huchs, dieses »kerndeutschen Künstlers« mit dem »holzschnittartigen Kopf und den blauen Seemannsaugen«, spricht auf geradezu beklemmende Weise das erste Jahrzehnt des neuen Jahrhunderts. War Keyserling ein Spätvollendeter, so war Huch ein Frühvollendeter; gleichaltrig mit Wassermann, ein Jahr jünger als Hofmannsthal, erfaßte dieser verhaltene, disziplinierte, mit tiefem pädagogischen Einfühlungsvermögen begabte Erzähler vorahnend genauer als irgendeiner seiner Zeitgenossen die Tragik der Kinder, die im Ersten Weltkrieg als Jünglinge fallen sollten; keiner ist wie er dieser Kindergeneration gerecht geworden. Er kam als knapp Dreißigjähriger 1903 mit seinem zweiten Roman *Geschwister* aus dem Münchner Kreis zu Fischer; 1904 folgte das schmale Büchlein *Träume* und 1905 der Roman *Wandlungen*, und dann 1906 *Mao*, die Schilderung des eigenen Knabenlebens, deren Schwingungen (mit ihren sehr zarten homoerotischen Untertönen) weit trugen und bis zu Egmont Seyerlens *Die schmerzliche Scham. Geschichte eines Knaben um das Jahr 1900* (1913 bei Fischer erschienen) und Musils *Zögling Törless* und darüber hinaus in den zahlreichen Erzählungen zu spüren sind, die die neue Welt des deutschen Landerziehungsheims gestalteten. Dies war eine Welt, die Fischer persönlich sehr nahe anging: sein eigener Sohn war einige Jahre bei Gustav Wyneken in Wickersdorf, er selbst reiste häufig hin (mehrmals vom pädagogisch sehr interessierten Heimann begleitet), nahm lebhaftesten Anteil an modernen

Schul- und Erziehungsfragen und gehörte zeitweise sogar dem Aufsichtsrat der Freien Schulgemeinde an. Es ist kein Briefwechsel zwischen Fischer und Friedrich Huch vorhanden, und es bleibt unerklärt, warum sie sich nach *Mao* wieder trennten; Huchs zarte, spröde Bücher sprachen gleich denen Keyserlings, denen sie in der Sprachmelodie sehr verwandt waren, nur einen kleinen Kreis an; tatsächlich hatte Huch erst mit *Pitt und Fox,* der 1909 anderwärts erschien, seinen ersten großen Erfolg. Drei Jahre später war der jünglingshafte Mann tot. Einem Brief Wassermanns an seine Gattin vom Oktober 1913, wenige Monate nach Huchs plötzlichem Tod, ist zu entnehmen, daß er anscheinend auf ihre Veranlassung hin versuchte, Fischer zu einer Gesamtausgabe des Frühvollendeten zu bewegen:

Was nun die Sache Friedrich Huch betrifft, so sprach ich eben mit Fischer; er ist nicht dafür zu haben und hat die Verlagsübernahme abgelehnt. Da war nichts zu machen. Sein Grund ist, daß Huch keine fertige Entwicklung aufzuweisen hätte, wogegen nichts zu sagen war, schon deshalb nicht, weil ich die Schriften zu wenig kenne ...

Die Gesamtausgabe erschien erst 1925, in einem anderen Verlag, mit einer Einleitung von Thomas Mann.

Aus dem dritten Antlitz spricht die Zukunft. Der intensive, klare, unverschleierte Blick aus den Augen des fünfundzwanzigjährigen Bernhard Kellermann (mit einem Halstuch statt des hohen steifen Kragens unter dem hochgeschlossenen Jackett!) sieht alles kommen, den Ausklang der elegischen Romantik des Vorkriegs-München, die donnernde, brüllende, entfesselte Welt, das Zeitalter der Maschinen, der umwälzenden Technik, der Umkrempelung des europäischen Menschen. Kellermann, aus fränkischem Bauern- und Handwerkergeschlecht, 1879 geboren, stammte gleich Wassermann aus Fürth, und die Spuren der von den jungen Münchner Studenten der Jahrhundertwende so schwärmerisch geliebten *Renate Fuchs* sind in der poetisch verklärten, märchenhaft stilisierten Mädchenfigur in *Yester und Li,* dem Erstling des Dreiundzwanzigjährigen, unverkennbar. Diese »Geschichte einer Sehnsucht«, ein kleiner Münchner Künstler-Liebesroman, der mit den Hamsunschen Sätzen beginnt:

Ginstermann kam spät in der Nacht nach Hause. Es mochte zwei Uhr sein. Vielleicht auch drei Uhr. Vielleicht noch später. Er wußte es nicht. Langsam, ganz langsam war er durch die Straßen gewandert ...

war auch in der Fabel in der Nähe von *Victoria* angesiedelt. Er war 1904 im Leipziger Magazin-Verlag Jacques Hegner erschienen, einer Zweigfirma des Verlages Hermann Seemann, die der damals zweiundzwanzigjährige Wiener Jakob Hegner zusammen mit der literarischen Wochenschrift ›Das Neue Magazin‹ leitete. Hegner machte den um ein Jahr jüngeren René Schickele zum Herausgeber der Zeitschrift, und es arbeiteten viele von Fischers gegenwärtigen und zukünftigen Autoren an ihr mit: Hofmannsthal, Dehmel, Hesse, Altenberg, Flake und andere. Doch binnen Jahresfrist nahm sich der Hauptgeldgeber das Leben, der Verlag ging bankrott, und die Zeitschrift stellte ihr Erscheinen ein; Hegner kehrte nach Wien zurück. So kam es, daß Kellermann unversehens heimatlos war. Der allzeit emsig vermittelnde Holitscher veranlaßte den jungen Schriftsteller, sein nächstes Manuskript an Fischer zu senden. Fischers handschriftliche Antwort vom 3. Juli 1905 ist das erste und einzige Schriftstück, das aus ihrer nahezu dreißigjährigen Verbindung erhalten ist, und aus kaum einem Brief wird der Verleger so lebendig:

Sehr geehrter Herr, ich danke Ihnen für die frdl. Zusendung Ihres Romans. Sogleich nach Empfang des Mscpts. habe ich mit der Lecture begonnen, denn ich war auf Ihre Arbeit nicht nur durch die Vermittlung von Freund Holitscher aufmerksam gemacht worden, sondern auch durch *Yester und Li*, welches Buch ich kurz vorher von Frl. Goudstikker aus München mit warmen Worten erhielt. Ich bin noch mitten drin beim Lesen und ganz erfüllt von Ingeborgs Abreise und Axels stummem Schmerz. Ich glaube nicht, ob die 60 Seiten, die ich noch zu lesen habe, an meinem Eindruck etwas ändern werden und so beeile ich mich, Ihnen aufrichtig zu dieser prachtvollen Dichtung zu gratulieren. Dieses aus vollem Herzen entstandene Werk empfinde ich als eine Bereicherung unseres Gefühls, als eine Verjüngung und Verschönerung unseres modernen Lebens. Ich danke Ihnen herzlichst für alles gute und schöne, das mir Ihr Gedicht vermittelt hat. Die ersten 50 Seiten habe ich nicht mit voller Teilnahme gelesen; ich habe das Gefühl, daß Sie dort streichen müßten. Der Ton des Überschwangs hat etwas ermüdendes, solange nicht starke seelische Emotionen ausgelöst werden und das scheint mir bei den ersten 50–60 Seiten der Fall. Von Yester und Li zu diesem Buch scheint mir auch stilistisch ein großer Fortschritt, wenn auch die Einflüsse der Lagerlöf, Altenbergs und Wassermanns deutlich zu spüren (d. h. nicht ganz organisch aufgelöst) sind, so ist Ihnen doch nach Form und Inhalt ein rundes, volles und ganz persönliches Kunstwerk gelungen. Nochmals: herzlichsten Glückwunsch. Ich wollte Ihnen nur ein paar Zeilen schreiben, um mit meiner Bewunderung nicht zurückzuhalten bis ich Ihr Buch zu Ende gelesen habe und nun ist doch etwas Kritik hinzugekommen, ohne meine Absicht. Natürlich drucke ich Ihr Buch mit größtem Vergnügen. Wie denken Sie über den Vorabdruck in meiner ›Neuen Rundschau‹? In einigen Tagen folgen die geschäftlichen Vorschläge. Mit hochachtungsvollen Grüßen Ihr ergebener S. Fischer.

Diesen Brief heißt es genau lesen – der ganze Mann, der ganze Verleger und der ganze Mensch spricht aus ihm. Zwanzig Jahre Verlagsarbeit haben ihm, der jetzt Mitte Vierzig ist, nichts von seinem jugendlichen Schwung, seiner Begeisterungsfähigkeit, seiner umschweiflosen, natürlichen Liebe zum »Guten und Schönen«, seiner ehrfurchtsvollen Bewunderung jeder schöpferischen Leistung genommen; er dankt dem jungen Dichter, er beeilt sich, noch ehe er fertig gelesen hat, ihn zu beglückwünschen, er weiß, wie jenem Hangenden und Bangenden zumute sein muß; zugleich bringt er sachkundig und ohne langes Herumreden seine kritischen Einwände an, aus denen mit liebenswürdiger Selbstverständlichkeit Kenntnis und instinktsichere Erfahrung sprechen, macht einen präzis begründeten Kürzungsvorschlag und bittet sogleich um Entschuldigung für den unbeabsichtigten Wermutstropfen. Und gewitzter Familienvater, der er ist, der weiß, wie man erwartungsvolle Kinder auf die Folter spannt, hebt er sich die freudige Überraschung bis zum Schluß auf: daß das Buch nämlich angenommen ist. Und wie, fragt er verbindlich an, denkt der Autor über einen ›Rundschau‹-Vorabdruck? Als ob er's nicht wüßte!

Fischer war, das darf man hierorts getrost versichern, sein eigener bester Lektor. Heimann, so erzählt Hedwig Fischer, dem schon die Wiener Dichter nicht vorbehaltlos gefielen, war »besonders unmutig, als mein Mann mit Bernhard Kellermann abgeschlossen hatte«. Wer weiß, was ihm hier gegen den märkischen Strich ging. Doch ahnte Fischer, was in dem schwermutsvoll-lyrischen jungen Fürther steckte? Ein deutscher Hamsun vielleicht? Ein zweiter Hesse? Es war etwas ganz anderes. Weder Fischer noch Heimann konnten es voraussehen.

Der Roman *Ingeborg* erschien in drei Fortsetzungen, von Oktober bis Dezember 1905, in der ›Neuen Rundschau‹ und Anfang 1906 als Buch; schon im nächsten Jahr hatte er die sechste, 1911 die 14. Auflage erreicht, Fischer erlebte das 128. Tausend. Die beiden nächsten Bücher, *Der Tor* (1909) und *Das Meer* (1910) kletterten bis ins 54. und 96. Tausend. »Kellermann, der mich an die Zeit des ›Neuen Magazins‹ erinnerte, hatte den großen Sprung zu Fischer gemacht. Was war ich?« So schrieb betrübt 1909 der junge Otto Flake. Inzwischen hatte Kellermann einen neuen Sprung getan und war aus München, ja aus Deutschland ausgebrochen. Er durchstreifte die außerdeutsche Welt, Frankreich, Italien, den Balkan — *Das Meer* spielte an der bretonischen Atlantikküste und war eine kühne Naturschilderung mit dem Ozean als eigentlichem Helden, eine damals neuartige, erregende Konzeption —, und schon 1907 reiste der Achtundzwanzigjährige ein halbes Jahr lang durch Amerika und Japan.

Das war für einen deutschen Schriftsteller jener Zeit etwas recht Ungewöhnliches. Wenige von Kellermanns Zeit- und Altersgenossen wären auf einen solchen Gedanken gekommen; sie kannten zumeist sogar Europa nur sehr unvollständig. Die Wiener Dichter reisten nach Italien oder nach München und Berlin und von dort zuweilen nordwärts nach Skandinavien, die Berliner nach München, nach der

Schweiz und Italien, seltener nach Österreich; man kannte Florenz, Venedig, Rom, Paris, aber schon London kaum. Bahr erregte eine Sensation, als er nach Dalmatien fuhr und ein Buch über dieses unbekannte Land schrieb; Meier-Graefes Spanienreise 1909 war eine Kunsthistoriker-Expedition, Hauptmanns Griechenlandreise 1907 ein wahrhafter »Aufbruch in dichterisches Neuland«. Hofmannsthal, der 1908 mit Kessler und Maillol eine Griechenlandreise unternahm, kehrte auf halbem Wege nach elf Tagen um, weil das wilde, primitive Land, das seine Griechenland-Illusion zerstörte, seinen Nerven unerträglich war. Schnitzler und Hofmannsthal sahen Europa nie von außen; Hauptmann war 1894 einmal in Amerika gewesen und reiste erst 1932 zum zweitenmal hin; Wassermann sah Amerika erst 1927 als Vierundfünfzigjähriger; Thomas Mann (der 1926 zum erstenmal nach Paris kam) machte seine erste Amerikareise 1934. Keiner von Fischers deutschen Autoren (außer Holitscher, der von Kellermann angesteckt wurde) sah je Rußland und China, keiner außer Hesse je Indien.

Kellermann gehörte einer neuen Generation an; er sah mit neuen, weltoffenen Augen. Er fuhr nicht auf ›Vortragsreisen‹, sondern um zu lernen. Als er von seiner ersten Amerikafahrt zurückkehrte, hatte er den lyrisch-romantischen Grundton seiner Jugendwerke abgestreift und sich der Wirklichkeit des zwanzigsten Jahrhunderts und den technischen, sozialen, politischen Problemen seiner Zeit zugewandt, und das erste Buch, das aus dieser neuen Weltsicht entstand, war ein Zukunftsroman, der Fischer einen Sensationserfolg brachte. Kellermann war der erste »écrivain engagé« des Verlags, der die Dinge nicht nur anklagend zu schildern, sondern mit eifervoller Zukunftsgläubigkeit vorauszusehen, zu ändern suchte. Er war keine ›Säule‹, kein ›Genie‹; er war ein schwungvoller Schriftsteller von großer Gewissenhaftigkeit und beträchtlichem Können, ein mitreißend aufrichtiger Zeitgenosse, ein großartiger Mann. Und der ›allerletzte‹, der zu Fischers Lebzeiten eine Gesamtausgabe erhielt.

EPISODE: DER FALSCHE FISCHER

Im Herbst 1906 entdeckte Fischer, daß er einen Doppelgänger hatte. Am 4. Oktober schrieb er an Nansen:

Es wird Sie interessieren, daß von ›Julies Tagebuch‹ ein Nachdruck erschienen ist, den ich erst vor kurzer Zeit entdeckt habe. Auf meine Anfrage bei meinem Namensvetter in Dresden, ob das Buch vor oder nach dem Beitritt Dänemarks zur Convention erschienen ist, habe ich die Antwort bekommen, daß das Buch vor dem Anschluß Dänemarks an die Convention erschienen ist. Bitte lassen Sie mich gelegentlich wissen, wann

Dänemark der Convention beigetreten ist. Das Corpus delicti lasse ich Ihnen zugehen.

Der Namensvetter war der Verlagsbuchhändler Max Fischer in Dresden. Er war ein schlauer Mann. Er machte sich die Namensgleichheit zunutze und druckte Fischers beliebte skandinavische Autoren, über deren deutsche Ausgaben urheberrechtliche Unklarheiten bestanden, in eigenen leicht abweichenden Konkurrenzübersetzungen nach. Diese Nachdrucke vertrieb er nicht durch den Buchhandel, sondern durch einen ›unterirdischen‹ Versand und ohne eingedrucktes Erscheinungsjahr, und dieses Geschäft war offenbar schon seit einigen Jahren im Gang, als Fischer ihm auf die Spur kam. Als er den Namensvetter zur Rede stellte, teilte dieser ihm ganz unverblümt mit, er habe auch noch andere Nansen-Titel herausgebracht, und alle seien vor dem 1. Juli 1903 erschienen. Dies war der Stichtag des Beitritts Dänemarks zur Berner Konvention. Es entspann sich ein langer Briefwechsel mit Nansen einerseits und dem Namensvetter andererseits, aber es war nicht herauszubekommen, ob die Nachdrucke tatsächlich vor dem Stichtag erschienen waren. Doch scheint die Schädigung nicht sehr empfindlich gewesen zu sein, denn im September 1907 druckte der richtige Fischer, ungeachtet der Machenschaften des falschen, eine Neuauflage von *Julies Tagebuch* und schrieb dem Autor:

Obgleich, wie Sie wissen, unter Ihren nachgedruckten Büchern auch ›Julies Tagebuch‹ seit Jahren zu einem sehr billigen Preise im Verkehr ist, so scheint es doch eine Anzahl Leute zu geben, die sich darauf kaprizieren, dieses Buch lieber in der Ausgabe meines Verlages zu erwerben.

Fischer vergaß den Doppelgänger; aber vier Jahre später stiftete dieser neuen Unfrieden, als er versuchte, seine Nachdrucksübersetzung dem Verlag Knaur zu verkaufen, und Knaur bei Nansen anfragte, ob das Buch tatsächlich frei sei. Der Ärger zog sich noch bis 1911 hin. Fischer untersagte seinem Namensvetter schließlich die weitere Verbreitung der Konkurrenzübersetzungen, drohte mit einer Schadenersatzklage und schrieb an Nansen: »Ich bin neugierig, was sich daraus entwickeln wird.«

Es entwickelte sich nichts. Der falsche Fischer behauptete weiterhin, seine Ausgaben seien vor dem Stichtag erschienen, und der richtige Fischer konnte ihm das Gegenteil nicht beweisen. Angesichts dieser Unklarheit verzichtete anscheinend der vorsichtige Knaur, und der echte Fischer überlebte den falschen.

OSKAR LOERKE

Ein Gesicht, ein Name, der dem Verlag ein Menschenalter lang verbunden bleiben sollte, tauchte nur wenige Monate zu spät auf, um im Katalog von 1906 noch erscheinen zu können. Am 15. Mai 1906 notierte der dreiundzwanzigjährige Oskar Loerke in seinem Tagebuch: »Heute ist die Vineta an den Verlag S. Fischer abgegangen. Ich halte es für ziemlich wahrscheinlich, daß sie mir zurückgesandt wird . . .«
Der junge Mensch, der dieses schrieb, besaß wenig Glauben an sich selbst, gar keine Selbstsicherheit, war bettelarm und Kummer gewohnt. »Ich bin wie eine Kerze, deren Licht ängstlich hin und her im Winde flackert, deren Stumpf aber dunkel und kalt ist«, hatte er zwei Jahre zuvor geschrieben. Aber er irrte sich über sich selbst. An jenem Maitag 1906 hatte er, ohne es zu ahnen und ohne daß es sogleich erkennbar war, seine geistige Heimstätte und seinen Wirkungskreis gefunden.
Oskar Loerke, 1884 geboren, stammte aus Westpreußen. Er war der Sohn eines kleinen Hofbesitzers im Weichselland, besuchte das Gymnasium in Graudenz und kam im Sommer 1903 nach Berlin, wo er an der Universität Philosophie, Geschichte, germanische Philologie und Musik studierte. Aber sein eigentliches Anliegen neben der Musik waren seine »dichterischen Versuche auf lyrischem und dramatischem Gebiet«, deren Anfänge in seine Gymnasiastenzeit zurückreichten – nicht unähnlich dem Werdegang des um sechzehn Jahre älteren Moritz Heimann. Loerke studierte vier Jahre lang in Berlin, und während dieser Zeit war sein Gefährte der Jugendfreund Hans Kyser, der gleich ihm der Literatur zustrebte. Im Herbst 1905 begann er seine erste größere Erzählung *Vineta*, aber im Januar 1906 notierte er bedrückt: »Mit meiner Arbeit geht es nicht vorwärts. Mit Hans Kyser habe ich eingesehen, wie schlecht, unendlich schlecht das Geschriebene ist.«
Zwei Monate später, am 21. März, kam ein Lichtblick:

Heute nach etlichen flauen Tagen fühle ich mich wieder innerlich frei. Anlaß: ein hocherfreulicher Brief des Verlages Fischer, der an meiner Novelle ›Der Tod im Gelächter‹ viel anerkennt und mich zu weiteren Einsendungen auffordert.

Heimann erzählte später, Oscar Bie sei Loerkes eigentlicher Entdekker gewesen; er habe diese, der ›Neuen Rundschau‹ eingereichte Novelle »aus dem dunklen Ozean der namenlosen Manuskripte gefischt«. Bie brachte die Novelle zwar nicht, aber er zeigte sie Fischer, und dieser schrieb Loerke einen ermutigenden Brief, der die Fortführung der größeren Arbeit bewirkte. Am 15. Mai 1906 sandte Loerke die vollendete Erzählung *Vineta* an den Verlag. Sein Begleitbrief an Fischer ist nur im Konzept erhalten:

Herr Prof. Bie hatte die Güte, eine für die ›Neue Rundschau‹ eingesandte kleine Novelle von mir an Sie zu empfehlen. Im März d. J. erhielt ich sie von Ihnen mit einem liebenswürdigen Briefe, für den ich bei dieser Gelegenheit bestens danken möchte, zurück. Sie luden mich am Schluß des Schreibens zu weiteren Einsendungen ein. Ich erlaube mir nun, eine inzwischen abgeschlossene Erzählung ›Vineta‹ Ihnen vorzulegen und anzufragen, ob Sie die Arbeit in Verlag zu nehmen geneigt wären.

Doch in der Bülowstraße ließ man sich Zeit, allzuviel Zeit. Am 17. Juli 1906 heißt es im Tagebuch:

Des morgens habe ich jetzt wahre Qualen auszustehen, wenn der Briefträger nicht kommt. Auf die Antwort des Verlages warte ich einen Tag um den anderen und immer umsonst. Jetzt sind beinahe drei Monate vergangen, seit ich das Buch abgeschlossen habe, und sein Schicksal schwebt noch immer in der Luft. Nach einer Woche erwartete ich Bescheid, weil ich eingeladen bin. Man wird hingehalten und an weiteren Arbeiten geradezu gehindert.

Der junge Mensch hegte übertriebene Vorstellungen: er war nicht der einzige Anfänger auf der Welt, und im Sommer mahlen nicht nur die Verlagsmühlen langsam. Fischer war auf Sommerurlaub in Fulpmes in Tirol. Doch am 28. Juli meldete sich immerhin der Verlag:

Heute erhielt ich endlich vom Verlag S. Fischer Nachricht. Es besteht also die begründete Hoffnung, daß man mein Buch annehmen wird. Herr Fischer selbst ist verreist, und so muß die offizielle Entscheidung noch ausstehen. Aber man zweifelt nicht, daß ich in den Verlag aufgenommen werde. So wäre das kaum Geglaubte fast geschehen. Meine Freude ist sehr groß. Nicht verhehlen will ich, daß mich selbst Zweifel an der Güte der Vineta plagen. Mir erscheint vieles äußerlich und grob. Aber ich will wenigstens einen Ansporn zu künftigen Arbeiten aus der Annahme mitnehmen, dann ist es auch gut.

Am 15. Oktober 1906 wurde der Verlagsvertrag geschlossen, und am 16. Februar 1907 konnte Loerke notieren:

Gestern ist meine ›Vineta‹ erschienen. Sie hat eine sehr gute Ausstattung erhalten, was mich natürlich ungemein erfreute. Ich habe die gebundenen Exemplare bis auf eines schon vergeben, hatte gestern den ganzen Tag Briefe zu schreiben und bin neugierig, ob und welche Antworten ich zu hören bekommen werde.

Doch am 6. März:

Bis jetzt keine einzige Antwort eingetroffen, und diese grauenhafte Stille hat etwas sehr Peinliches für mich. Wenigstens Schöndank könnte man wohl sagen.

Dieser junge Dichter war über alle Maßen empfindlich und selbstbezogen. Aber es ließ sich wirklich schwer an. *Vineta* war nur ein Achtungserfolg, und es blieb bei der ersten Auflage. Der zweiten Novelle *Franz Pfinz*, die 1909 erschien, erging es ebenso, während der Roman *Der Blumenhiob* des Freundes Hans Kyser, von Loerke vermutlich an

Fischer vermittelt, es immerhin zu einer zweiten Auflage brachte. Doch Loerke war nicht entmutigt: »Wille, Lust zum Schaffen. Mir ist der Plan zu einem großen Roman klar geworden.« Er fühlte sich in guten Händen:

Mit Moritz Heimann bei Steinert Wein getrunken. Heimann zu sprechen für mich ein ethisches, tagelang bis in alle Tiefen nachwirkendes Erlebnis. Diese Klugheit, und eine unbegrenzte Fähigkeit anzuregen.

Hedwig Fischer bestätigt, daß Heimann den Jüngeren vom ersten Tag unter seine Fittiche nahm. Seit dem Erscheinen des ersten Buches

stand er in Heimanns Hut, der ihn für einen der bedeutendsten Dichter unserer Zeit hielt, ja, der uns einmal anläßlich eines Aufsatzes über Hölderlin schrieb: »Ihr habt ja einen solchen und wißt es nicht; ihn: Loerke!« Heimann hatte recht, es war schwer, diesen stillen, fast verschlossenen Westpreußen zu ›entdecken‹, dem alles gesellschaftliche Talent fehlte, der sich ungeschickt und linkisch gab, der scheu jede Inszenierung seiner selbst vermied. Doch seine Verhaltenheit schirmte nur den Innenraum ab, innerhalb dessen ihm das Gedicht gedieh …

DIE »DONNERSTAGSGESELLSCHAFT«

Heimann führte Loerke am 30. Dezember 1909 in die »Donnerstagsgesellschaft« ein. Dies war, mit ihren eigenen Worten »eine Vereinigung, kein Verein, ein Kreis befreundeter Dichter, Maler, Musiker und sonstiger Bewohner der künstlerisch-geistigen Welt«, die aus einer Tischrunde enstanden war, welche sich jeden Donnerstagabend zwanglos im Weinrestaurant Steinert in der Joachimsthaler Straße zu treffen pflegte. Ihr Mittelpunkt war »Vater Heimann«, wie Loerke ihn nannte, und es gehörten zu ihr Emil Orlik, E. R. Weiß, Franz Christophe und Otto Müller, Eduard Stucken, Martin Buber, Arthur Holitscher, Max Dauthendey, Alfred Mombert, Emil Strauß, Efraim Frisch, Wilhelm Lehmann, auch Fischer und Diederichs tauchten an manchen Donnerstagen auf, späterhin auch Rathenau, Hauptmann und Stehr und andere Freunde von außerhalb, wenn sie sich in Berlin befanden. Die Donnerstagsrunde bestand bis in den Ersten Weltkrieg hinein, und vom Winter 1915 an brachte sie halbjährlich bibliophile Privatdrucke von unveröffentlichten Arbeiten »der zu ihr Zählenden« heraus: »Dies geschieht zu eigener gemeinsamer Förderung und Freude und zum Gedächtnis gemeinsam gewesenen Lebens und Strebens.« Es wurden nur 75 Exemplare gedruckt; E. R. Weiß überwachte die Drucklegung und Fischer besorgte die Verteilung an die ausersehenen Subskribenten. Die erste Veröffentlichung war eine Sammlung neuer Gedichte von Oskar Loerke. »Um jene Donnerstags-Abend-Stunden sind wir beneidenswert« schrieb E. R. Weiß. »Der Krieg erschlug sie.«

Zu den Mitgliedern der Tischrunde gehörte auch ein bemerkenswerter, allseits beliebter und um seiner unerschöpflichen musikalischen Kenntnisse willen bestaunter Mann namens Julius Levin. Er war ursprünglich Arzt, hatte sich dann der Restauration alter Geigen und dem Bau besonders guter neuer Geigen zugewandt und schrieb nebenher auch allerlei wunderliche und skurrile Geschichten. Fischer schätzte den sonderbaren Mann sehr, suchte ihn zuweilen in seiner Wohnung auf, deren Küche in eine Geigenbauerwerkstatt umgewandelt war, und ließ sich seine Instrumente vorspielen. 1915 brachte er einen kleinen Roman von Levin, *Das Lächeln des Herrn von Golubice-Golubicki,* und 1919 einen zweiten, *Zweie und der liebe Gott.*

Gleichfalls zur »Donnerstagsgesellschaft« gehörte der Rechtsanwalt Martin Beradt, Fachmann auf dem Gebiet des Urheberrechts und Mitbegründer und Rechtsberater des Schutzverbandes Deutscher Schriftsteller, der nebenher selbst ein vorzüglicher Erzähler war. Sein Erstlingsroman *Go,* der im Herbst 1908 bei Fischer erschien, trug dem Siebenundzwanzigjährigen die Schätzung und bald die Freundschaft Heimanns ein. »Wenn man«, schrieb ihm Heimann anläßlich der Annahme seines ersten Buches, »alle Jahr ein paar hundert Manuskripte durchzulesen hat, so ist man dankbar, auf eines zu stoßen, für das man eintreten kann und sich nicht überflüssig vorkommt. Vivant sequentes!« Die »Sequentes« waren die Romane *Eheleute* (1910) und *Das Kind* (1911). Heimann führte Beradt in die Donnerstagsrunde und in die Verlagsfamilie ein, und zwar im wörtlichsten Sinne, denn Beradt fand in Lotte Aron, der Verlagsmitarbeiterin, die die Registratur betreute, seine Frau. In späteren Jahren veröffentlichte Beradt in der ›Neuen Rundschau‹ eine Anzahl wichtiger Aufsätze über das deutsche Justizwesen, und Fischer zog ihn in juristischen Verlagsangelegenheiten häufig zu Rate.

»NOCH GANZ AM ANFANG«

Loerke kam auch mit Heimanns Hilfe nur schwer voran. Im September 1909 brachte die ›Neue Rundschau‹ seinen ersten Beitrag, eine Novelle *August Stievkärzler und seine Mutter,* in den folgenden Jahren jedoch nur hin und wieder einige Gedichte und eine gelegentliche Buchrezension, und der Roman *Der Turmbau,* 1910 erschienen, setzte sich ebenfalls nicht durch. Am 24. Januar 1911 notierte er: »Roman vom Turmbau bringt weder Geld noch Ruhm.« Ein halbes Jahr später sah es etwas besser aus. Heimann hatte ihm den Rückert-Band für die ›Pantheon-Ausgabe‹ übertragen, und der Verlag zahlte ihm jetzt eine kleine monatliche Vorschußrente. Am 2. Juli 1911 konnte er notieren:

Man muß nur arbeiten, so ist man glücklich. Sei es auch noch so wenig. Mein Rückert ist fertig: Auswahl und Einleitung. Ich freue mich darauf. Ein Aufsatz für die Rundschau über Bücher desgleichen. Fischer druckt nun meine Gedichte, ist sehr liebenswürdig zu mir. All das hat viel Belebendes, wenn die größeren Arbeiten auch noch zurückstehen mußten.

Dieser erste Gedichtband, *Wanderschaft*, erschien noch 1911, aber im Rückblick sah auch dieses Jahr trüb aus. Am 28. Dezember 1911:

Das äußere Elend stürzt mich in inneres Elend. Ich frage immer, bevor ich etwas schreibe: wozu? wer liests? wer druckts? wen freuts? und das zerbricht. Höchstens Gedichte werden, um die sich meinetwegen niemand kümmern soll. Sonst Zurücksetzung überall. Das ist so ungefähr der Aspekt des vergangenen Jahres.

Zuweilen fuhr er mit Heimann ins märkische Kagel. Und am 4. März 1912 kam der Achtundzwanzigjährige zum erstenmal in die Erdener Straße:

Musikalischer Abend bei Fischers. Zum ersten Mal dort gewesen. Sehr nette Geselligkeit, die Musik war mäßig, aber es war doch wert, sie zu hören, weil ich dadurch das Es-dur-Quartett von Mozart kennenlernte. Eindruck eines Stillebens von Cézanne und einer Landschaft van Goghs.

Doch er empfand verzweifelt, daß er nicht vom Fleck kam. Am 29. Juli 1912 heißt es im Tagebuch:

Vergittert, ohne Aussicht, jemals das Gitter zerbrechen zu können. Drei totgeborene Bücher hinter mir, eines, das auf ein paar bedeutende Menschen seine Wirkung gehabt hat. Also noch ganz am Anfang ... Die Aussichtslosigkeit auf einen Erwerb, der die Existenz ermöglicht, lähmt immer, immer mehr ...

Heimann hielt ihn so gut er konnte, und Fischer half. Im Oktober 1912 wurde »mit Fischer das monatliche Vorschußverhältnis um ein weiteres Jahr verlängert. Ich bin glücklich, wenigstens vorläufig aus der Not zu sein.« Und ein Jahr später: »Heute bei Heimann gewesen. Er ist ein hilfsbereiter Freund.« Heimann war mehr als das. Er dachte gewiß schon damals an das Haus, an die Verlagsfamilie; er wußte, daß er über kurz oder lang einen Helfer und eines Tages einen Nachfolger brauchen werde, und dieser bescheidene, unprätentiöse, ganz der Sache, der Qualität hingegebene Diener am Werk, dessen Schriftstellerschicksal dem seinen so verzweifelt ähnlich sah, erschien ihm wohl als der richtige, der einzig richtige Mann. »Loerke«, schrieb Hedwig Fischer an ihrem Lebensabend, »hielt dem Haus Fischer unwandelbare Treue.«

16 Theaterabteilung

Mit dem Theater hatte der Verlag begonnen. Bühnenwerke machten von jeher einen ansehnlichen Teil seiner Buchproduktion aus. Freilich war keiner von Fischers Autoren ausschließlich Dramatiker, und bei den großen Autoren betreute der Verlag eine sehr vielfältige Produktion, in der dramatische und erzählende, novellistische und essayistische Arbeiten miteinander abwechselten. Dennoch scheint es verwunderlich, daß Fischer sich nahezu zwei Jahrzehnte lang darauf beschränkte, nur die Buchausgaben dramatischer Werke herauszubringen, von denen viele große und anhaltende Bühnenerfolge waren, und die Verwertung der Aufführungsrechte anderen überließ.

DAS THEATER IM BUCH

Auf die Buchausgaben freilich legte Fischer, allein schon im Hinblick auf eine spätere Gesamtausgabe, großen Wert. Als Schnitzler nach dem großen Erfolg von *Liebelei* einen Antrag des Verlags Cotta auf die Buchausgaben seiner im Generalvertrag mit Fischer nicht inbegriffenen Stücke erhielt, machte Fischer ihm unverzüglich dringliche Vorstellungen. Er habe, schrieb er ihm am 13. November 1895,

die Gewohnheit, alle Werke meiner Autoren bei Gelegenheit von Neuaufführungen nach den betreffenden Orten zu versenden, und ich habe gefunden, daß diese Praxis die wirksamste ist. Zu diesem Zwecke lese ich die Theaterzeitungen von Entsch und Bloch. Sie selbst werden ja schon öfter Werke meines Verlages aus solcher Veranlassung überall ausgestellt gefunden haben. In dieser Beziehung genießt meine Firma den Ruf, äußerst thätig und rührig zu sein, und ich hoffe, Sie werden mir nach einiger Zeit dasselbe Zeugnis ausstellen. Darin unterscheide ich mich auch von älteren und großen Firmen wie Cotta. Diese Firma kann naturgemäß nur einen schablonenhaften Vertrieb führen und nicht jeden Autor (so wie ich) individuell behandeln resp. nach seiner Eigenart in diejenigen Kreise einzuführen suchen, in die er zunächst dringen muß. Darf ich mich in dieser Beziehung auf Gerhart Hauptmann berufen? Herrn Hauptmann werden, wie Sie sich denken können, von allen Seiten Verlagsangebote gemacht, und ihn fesseln an mich nur die Erfahrungen mit der Art des Vertriebs ...

Fischer gab sich mit den Buchausgaben der Bühnenwerke große Mühe. Er sorgte nicht nur dafür, daß sie überall, wo eines ›seiner‹ Stücke aufgeführt wurde, in den Buchhandlungen und Theaterfoyers zu haben waren. Er bedachte auch sehr sorgfältig die typographische Gestaltung dieser zum Lesen bestimmten Dramenausgaben und beriet sie mit den Autoren. So schrieb er Schnitzler am 13. November 1897:

›Freiwild‹ werde ich gleich zum Satz befördern; ich bitte nur vorher um Nachricht, ob Sie den Dekorationsplan (Zeichnung), der dem ersten Akt vorangeht, abgedruckt haben wollen und ob Sie die Bezeichnung ›Auftritt‹ mit der jedesmaligen Anweisung der auftretenden Personen gedruckt wünschen. Da es sich hier lediglich um eine Buchausgabe für die Lektüre handelt, so sind diese technischen Anweisungen, die den Dialog jedesmal störend zerhacken, vielleicht überflüssig.

Und zwölf Jahre später, am 20. Juli 1909, noch immer die gleiche persönliche Sorgfalt:

Lieber Herr Doctor! Ihr neues Stück setzen wir wohl am besten in der Antiquaschrift, mit der Comtesse Mizzi gesetzt ist. Die Druckfläche müßte voller werden, also besser ausgenutzt werden, weil der Umfang des Buches sonst zu stark anschwillt. Das geschieht dadurch, daß die Personentitel in die Zeilen des Dialogs gerückt werden, was sehr gut wirkt. Liegt es im Styl des Stückes, daß das Satzbild kühl und ernst wirken soll, so wäre event. an das Satzbild der Dramen Ibsens (in der Volksausgabe) zu denken; nur daß das Format dem der Comtesse Mizzi angepaßt sein könnte. Die Personentitel sind bei den Dramen Ibsens zu groß gesetzt; das könnte etwas kleiner werden ...

Bisher war Fischer mit diesen Buchausgaben zufrieden gewesen. Obwohl er zuweilen darüber klagte, daß »die Leute Theaterstücke nicht lesen wollen«, blieb der Absatz noch immer ausreichend, um solche Ausgaben zu rechtfertigen, und bei Erfolgsstücken wie *Hannele* oder der *Versunkenen Glocke* konnte er hohe Auflagen erreichen. Außerdem gab es zu jener Zeit ein inzwischen ausgestorbenes Genre, das sogenannte Lesedrama: dichterisch anspruchsvolle Werke, zumeist Versdramen (wie Eduard Stuckens Artus-Zyklus), die hauptsächlich zum Lesen bestimmt waren und in der Tat nur selten aufgeführt wurden. Ihnen fühlte der literarische Verleger sich verpflichtet, und sie hatten ihr Publikum. Daß die Aufführung eines Stücks den Absatz der Buchausgabe förderte, stand erfahrungsgemäß fest. Ein Blick auf Hauptmanns, Schnitzlers, Shaws Stücke zeigt es: die größten Bühnenerfolge hatten die höchsten Buchauflagen, die seltener gespielten Stücke blieben zumeist bei der ersten oder zweiten Auflage stehen. Ob die gleichzeitige oder gar vorherige Zeitschriften- oder Buchveröffentlichung die Aufführungschancen eines Stücks erhöhte oder verringerte – darüber waren die Meinungen geteilt. Hauptmann meinte, daß sie abträglich sei, und sein Bühnenvertrieb scheint sehr entschieden dieser Ansicht gewesen zu sein; denn in seinem Vertrag mit dem Bühnenvertrieb Felix Bloch Erben über *College Crampton* stipulierte er ausdrücklich: »Nach Verlauf von 1 1/2 Jahren hat der Autor das Recht, das Stück im Druck erscheinen zu lassen.« In diesem Fall scheint Fischer eine Herabsetzung der Sperrfrist erreicht zu haben, denn die Buchausgabe erschien im gleichen Jahr 1891, offenbar ohne den großen Bühnenerfolg des Stücks zu beeinträchtigen.

Doch allmählich und nachgerade wurde es widersinnig, bei der Drucklegung von Bühnenwerken aus Gefälligkeit gegenüber dem Autor eine Anzahl von Exemplaren (zumeist etwa 200–300) für die Bühnen mitzudrucken und sie dem Autor oder seinem Bühnenvertrieb zum Selbstkostenpreis zur Verfügung zu stellen, anstatt alles in einer Hand zu vereinigen und das Theater in den Verlag zu holen. Man konnte schließlich auch auf diesem Gebiet »thätig und rührig« sein. Fischers Entschluß, sein Tätigkeitsfeld in diese Richtung auszudehnen, fiel zeitlich mit der Entdeckung eines neuen großen Dramatikers zusammen. Auf dem Weg zu dieser Entdeckung gilt es einige alteingesessene literarhistorische Irrtümer zu berichtigen, und ein kurzer Umweg ist erforderlich.

ÜBERSETZER UND ÖSTERREICHER

Fischer mochte für Lyrik nicht besonders empfänglich sein, aber er konnte ein gutes Gedicht von einem schlechten unterscheiden. Am 15. November 1898 sandte er Schnitzler ein Gedichtmanuskript zurück, das dieser ihm anscheinend empfohlen hatte: »Die Gedichte von Siegfr. Trebitsch muß ich leider ablehnen. Hier handelt es sich um die Arbeit eines Dilettanten; ich vermuthe, daß Sie die Gedichte nicht kennen.« Siegfried Trebitsch erwähnt in seinen Lebenserinnerungen, die er als Achtzigjähriger schrieb, das Mißgeschick seiner Gedichte bei S. Fischer nicht; auch nicht, daß er 1900 einen zweiten, ebenfalls erfolglosen Versuch unternahm, als er Fischer seine Übersetzung von Courtelines *Le Commissaire est Bon Enfant* anbot. In seiner *Chronik eines Lebens* beginnt die Geschichte ganz anders.

Trebitsch, sieben Jahre jünger als Schnitzler, Sohn eines Wiener Seidenfabrikanten, hatte einige Jahre widerwillig im väterlichen Geschäft verbracht, einige große Geschäftsreisen nach Frankreich, England und Amerika gemacht und auf ihnen Sprachkenntnisse erworben, und sich zwischenhin der Literatur gewidmet. Durch kleinere Arbeiten in Wiener Zeitungen und Zeitschriften hatte er Schnitzler, Salten und Bahr kennengelernt und Anschluß an den Kreis der ›Wiener Moderne‹ gefunden. Als er seinen ersten kleinen Roman *Die Genesung* zu Papier gebracht hatte, erbat und erhielt er von Schnitzler und Bahr Empfehlungsbriefe »an den Mann, von dessen Entscheidung für mich so unendlich viel abhängen würde«, und unternahm seinen dritten Vorstoß bei Fischer. Dieser dritte Versuch glückte. Fischer nahm *Die Genesung* an.

Heimann schrieb, wie Trebitsch erzählt, dem Autor einen »geradezu aufwühlenden« Brief mit zahlreichen Änderungs- und Verbesserungsvorschlägen. »Ich fühlte mich in einer Weise erkannt und durchschaut, daß mir zumute war, als würden mir die Kleider vom Leibe gerissen.« Heimann, an seinem Schreibtisch in Berlin, sah es etwas anders. Er hatte außer der *Genesung* auch die Übersetzung der Novelle *Trinette* von Herman Heijermans vor sich (die 1902 bei Fischer erschien) und berichtete Fischer, der sich im Sommerurlaub befand, am 20. Juli 1901:

... daß ich zu ›Trinette‹ das Original vergleichen kann, erweist sich als wertvoll; denn es finden sich mehr Inkorrektheiten und Fehler als einer Übersetzung des S. F. V. erlaubt ist. Ich frage mich zuweilen, wie es möglich ist, Irrtümer und Fehler solcher Art zu begehen, die ein der fremden Sprache Unkundiger herausfinden kann. Und weiß nur die eine Antwort, daß die Übersetzerinnen in ihrer holden Selbstzufriedenheit gar nicht auf den Gedanken kommen, es sei ihnen etwas unklar, oder sie verstünden die andere Sprache nicht ganz und gar. Würden sie, so ist es an den meisten Stellen, auch nur stutzen, so müßten sie das Richtige treffen — aber sie stutzen nicht.

Wahr, nur allzu wahr. Doch hätten die Übersetzerinnen entgegnen können, daß in einem Honorar von 15—20 Mark pro Druckbogen (wie aus einem Brief Fischers an Nansen vom 22. August 1908 zu ersehen ist), also bei einem durchschnittlichen Roman von 300—400 Mark, und keiner Erwähnung im Verlagskatalog »Stutzen« nicht inbegriffen war und enthusiastische Gewissenhaftigkeit nicht erwartet werden durfte. Heimanns Brief indessen fährt fort:

Bei Trebitsch habe ich mich nicht enthalten können, eine Anzahl Pusteln und Pickeln im Bild der Sprache wegzuretouchieren. Diese österreichischen Dichter! Es wäre ihnen gleichfalls sehr gut, das Stutzen zu lernen. Sie könnten dann einem bescheidenen Sprachlehrer, der Elementarkenntnisse im Deutschen hat und mittheilen kann, zu einer reichen und wirkenden Existenz verhelfen. Beiläufig gesagt, so bin ich bei der Lektüre der ›Genesung‹ sehr angenehm betroffen, Bogen für Bogen die Arbeit für durchaus honorig, oft recht fein und jedenfalls als Erstling der Veröffentlichung werth halten zu müssen ...

Ahnte er, was ihm bevorstand? Daß er binnen kurzem in Trebitsch einen Österreicher *und* einen Übersetzer vor sich haben würde, dessen »holder Selbstzufriedenheit« das »Stutzen« absolut nicht gegeben war und dem er einen Sprachlehrer nach dem anderen beschaffen mußte?

Trebitsch kam nach Berlin und wurde von Fischer, »in dem ich gleich einen nicht alltäglichen Mann zu erkennen glaubte«, sehr freundlich empfangen. Fischer erkundigte sich nach Bahr, Altenberg, Schnitzler. »Das ist ein Dichter nach meinem Geschmack«, sagte er auf den Autor des eben erschienenen *Lieutenant Gustl.* Trebitschs Erstling hatte einen ermutigenden Achtungserfolg, und er hängte daraufhin die Seidenfabrikation an den Nagel. (Wassermann fand, wie er Fischer schrieb, das Buch »recht herzlich gemeint, aber von einem abenteuerlichen Dilettantismus«. Er hatte für den »armen Menschen« und seine Literatur-Gschaftelhuberei nichts übrig und war verstimmt, daß Fischer ihn in seinen Kreis aufnahm: »Ich wünschte Herrn Trebitsch, daß man von seiner novellistischen Wurstelei weniger Aufhebens machte als jetzt hier geschieht. Früher mußte man sich tüchtig plagen, bis man dazu kam, erwähnt oder gar gelobt zu werden; heute braucht einer nur prosodisch zu seufzen, und Bahr schreibt ein redseliges Feuilleton.«)
Während der folgenden drei Jahrzehnte erschien von Trebitsch bei Fischer mit jener Pünktlichkeit, die des Verlegers Herzensfreude ist, jedes zweite Jahr ein neues Werk, fünfzehn Bücher im ganzen und mit getreulicher Symmetrie auf jene drei ›Genres‹ verteilt, in denen der verehrte Meister Schnitzler die großen Vorbilder schuf: fünf Romane, fünf Novellenbände, fünf Bühnenstücke. Trebitsch stapfte ein Menschenalter lang unbekümmert in Schnitzlers Fußstapfen einher, vielleicht ohne es überhaupt gewahr zu sein. Er war ein Epigone, und Epigonen werden mit Maßen immer gebraucht. Aber sie werden auch rasch vergessen. Der »Schnitzler des kleinen Mannes« hatte mehr Erfolg als Stehr und Strauß, seine Bücher brachten es durchschnittlich auf drei- bis viertausend, aber daß sein Name noch heute durch die Literatur geistert, hat einen anderen Grund. Trebitsch erwarb bald nach seinem Debut bei Fischer ein Faustpfand, dessen Besitz ihn für Fischer unentbehrlich machte: das Werk George Bernard Shaws.

›WIE BERNARD SHAW NACH DEUTSCHLAND KAM‹

Trebitsch hat diese Geschichte selbst erzählt, in verschiedenen Fassungen: in Fischers Verlagsalmanach 1928, in seinen Lebenserinnerungen, in einer kleinen Schrift zu Shaws neunzigstem Geburtstag. Die drei Lesarten widersprechen einander, und in keiner sind die Daten zuverlässig. Doch gerade sie sind hier von Bedeutung. Im Nachfolgenden ist die Chronologie, so gut die Unterlagen es erlauben, berichtigt.
Am Anfang war Julius Elias. Trebitsch traf bei seinem zweiten Berlinaufenthalt im Winter 1901 bei Fischer mit dem Ibsen-Herausgeber zusammen, und als er gesprächsweise über die konventionelle Tri-

vialität der Londoner Bühne klagte, verwies Elias ihn an seinen Freund William Archer, den englischen Ibsen-Übersetzer, der auch Hauptmanns *Hannele* übersetzt hatte, und gab ihm einen Einführungsbrief an Archer mit. Trebitsch traf im Frühjahr 1902 (nicht im November 1900) in London mit Archer zusammen, und Archer nannte ihm den Namen Shaw.

Shaw war damals fünfundvierzig Jahre alt und der großen Öffentlichkeit noch völlig unbekannt. Er hatte zehn Stücke geschrieben, die er in drei Sammelbänden 1898 und 1901 veröffentlicht hatte. Nur drei von ihnen waren bisher öffentlich aufgeführt worden: *Arms and the Man* 1894, *The Devil's Disciple* 1899 und *You Never Can Tell* 1900; sechs, darunter *Candida,* hatten auf Versuchsbühnen in geschlossenen Vorstellungen eine einmalige Aufführung erlebt; *Mrs. Warren's Profession* hatte der englische Zensor verboten; *Caesar und Cleopatra,* 1898 geschrieben, war noch ungespielt. Trebitsch beschaffte sich auf Archers Rat die drei Bände, las sie auf der Heimreise und kam begeistert in Wien an. Doch hatte er mit seiner enthusiastischen Bemühung, auf Grund der englischen Texte für Shaw einen deutschen Verleger oder Bühnenvertrieb zu finden, keinen Erfolg. Sogar Theodor Herzl, der Feuilletonredakteur der ›Neuen Freien Presse‹, der einen Aufsatz Trebitschs über Shaw veröffentlichte, hielt die ›Entdeckung‹ für eine Mystifikation. »Leider«, so schrieb Trebitsch, »hatte der Verlag S. Fischer zu dieser Zeit seinen Bühnenvertrieb noch nicht ins Leben gerufen, sonst wäre mir wohl manche Enttäuschung erspart geblieben.« So verhielt es sich nicht.

»Viel zu sehr in meine eigenen Arbeiten verstrickt«, hatte Trebitsch ursprünglich nicht daran gedacht, sich zum Dolmetsch Shaws zu machen.

Ich hatte den Kopf voller Pläne und war durchaus nicht gewillt, das alles zurückzustellen, um einem Anderen, wenn auch einem Genie, Vorspanndienste zu leisten. Erst der Widerstand, den ich fand, die kühle Abweisung meiner Begeisterung und die daraus in mir aufsteigende Erbitterung machten mich zum Übersetzer Bernard Shaws.

Im Herbst 1902 neuerlich in London, suchte er Shaw mit einer Empfehlung Archers persönlich auf, um von ihm das Übersetzungsrecht zu erwerben. Shaw war skeptisch, gab ihm aber schließlich die Erlaubnis, drei seiner Stücke zu übersetzen; falls binnen Jahresfrist kein deutscher Verleger gefunden war oder keine deutsche Aufführung stattgefunden hatte, sollten die Rechte an ihn zurückfallen. Ein Jahr war wenig Zeit. Trebitsch übersetzte in fliegender Hast *Candida, Arms and the Man* (*Helden*) und *The Devil's Disciple (Der Teufelsschüler).* Bahr brach in eine Lobeshymne aus, aber sie nützte nichts.

»Ich versandte die drei Dramen unaufhörlich an Verleger, Theaterleute und Bühnenherrscher«, aber niemand war zu einer Aufführung oder Buchausgabe zu bewegen. Das Wiener Raimundtheater nahm schließlich *Helden* an, aber der Zensor verbot das Stück, weil es den Balkan ›beleidigte‹. Statt dessen brachte das selbe Theater endlich im Februar 1903 den *Teufelsschüler* heraus. Dies war die erste Shaw-Aufführung in deutscher Sprache. Die erste Shaw-Aufführung in Deutschland war *Helden* im gleichen Jahr in einer geschlossenen Vorstellung der Berliner ›Freien Volksbühne‹. Nun fand sich auch ein Buchverleger. Cotta, der die Stücke schon einmal abgelehnt hatte, erklärte sich jetzt bereit, sie unter dem Titel *Drei Dramen von Bernard Shaw* noch im gleichen Jahr 1903 zu veröffentlichen.

Warum nicht Fischer? Offenbar bot Trebitsch die drei Stücke seinem eigenen Verleger nicht an, und er verriet Fischer auch den Grund:

Es war selbstverständlich, daß ich sowohl Moritz Heimann wie Fischer schon damals von Bernard Shaw erzählte. Fischer wußte ja auch, daß die drei Dramen bei Cotta erschienen waren, und bat mich, ihm von nun an alles, was ich übersetzen würde, vorzulegen. »Vielleicht kann ich Shaw übernehmen«, meinte er. »Es wäre doch für Sie viel einfacher, alles in einer Hand zu wissen und nicht mit verschiedenen Verlegern korrespondieren zu müssen.« – »Ja«, sagte ich, »daran habe ich auch schon gedacht. Aber ich möchte meine Arbeiten und die von so vielen für fragwürdig betrachteten eines Ausländers lieber in getrennten Verlagen wissen.«... Fischer begriff diese Einstellung durchaus, aber es dauerte nicht lange, und ich sandte ihm schon aus Freundschaft und weil Moritz Heimann es so haben wollte, alle Werke des von ihm schnell bewunderten Irländers neben meinen eigenen regelmäßig zu.

Wenn es hiermit seine Richtigkeit hat, war es Heimann, der im Verlagshaus die Bedeutung des Iren erkannte und Fischer bewog, diesen neuen Autor zu erwerben.

FISCHER UND SHAW

Die Anfangserfolge, die Trebitsch binnen der gesetzten Jahresfrist erzielte, hatten Shaw überzeugt, und er hatte ihm daraufhin seine deutschsprachigen Rechte übertragen und ihn zu seinem einzig berechtigten Übersetzer und Bevollmächtigten bestellt. Bereits am 26. Juli 1903 finden wir in einem Brief Shaws an Trebitsch Fischer zum erstenmal erwähnt: »Was Fischer angeht, so hängt alles von seinen Vertragsbedingungen ab... alle Verleger sind Halsabschneider.« (»All publishers are sharks.«) Die Verhandlungen waren also um diese Zeit bereits im Gang; am 16. August 1903 schrieb Shaw:

Hinsichtlich Fischers kommt es mir nur auf einen Punkt wirklich an, und das ist die zeitliche Befristung des Vertrages. Er muß entweder auf eine bestimmte Anzahl von Exemplaren oder auf eine bestimmte Anzahl von

Jahren befristet werden. Die Tantieme ist sehr gut – die gleiche, die ich in England bekomme ...

Bald darauf scheint der Vertrag geschlossen worden zu sein, denn schon Trebitschs nächste Übersetzung – der Napoleon-Einakter *The Man of Destiny* (ursprünglich *Der Schlachtenlenker*, später in *Der Mann des Schicksals* umbenannt) – erschien zur Jahreswende 1903/04 im S. Fischer Verlag.

Die Vereinbarung hielt ein Menschenalter lang. Shaw wurde zu einer der großen Leuchten des Verlags, aber über Fischers Verhältnis zu ihm wissen wir so gut wie nichts. Shaw kam nie nach Berlin, und Fischer und er trafen nur ein einziges Mal zusammen, als ihre Verbindung bereits seit einem Vierteljahrhundert bestand. Überdies war diese Verbindung indirekt. Es existiert kein Briefwechsel zwischen ihnen. Trebitsch führte die gesamte Korrespondenz in Shaws Auftrag, schloß alle Verträge für ihn und besorgte die gesamte Verrechnung, und wir wissen nur, daß Shaw alle seine Einkünfte aus den deutschsprachigen Buchausgaben und Aufführungen seiner Werke mit seinem Übersetzer zur Hälfte teilte. Shaws Meinung über seinen deutschen Verleger blitzt nur gelegentlich aus seinen Briefen an Trebitsch in kurzen Schlaglichtern hervor. Was Fischer von Shaw wußte, erfuhr er von anderen, so von Rilke, der ihm am 19. April 1906 aus Meudon schrieb:

Rodin hat vor einigen Tagen das Portrait eines Ihrer merkwürdigsten Autoren begonnen, das etwas ganz besonderes zu werden verspricht. Kaum ist aber auch ein Portrait in seinem Entstehen so sehr durch den Gegenstand seiner Darstellung unterstützt worden wie diese Büste Bernard Shaws. Nicht allein, daß er ausgezeichnet steht (mit einer Energie des Stillhaltens und mit einer unbedingten Hingabe an die Hände des Bildhauers), sondern er weiß auch in dem Teil seines Körpers, der sozusagen innerhalb der Büste den ganzen Shaw zu repräsentieren haben wird, sich selbst dermaßen zusammenzufassen und zu versammeln, daß sein Wesen mit unglaublich gesteigerter Spannung von dort aus Zug um Zug in die Büste überspringt. Diese Persönlichkeit Shaws und seine ganze Art macht mir Lust, noch einiges von seinen Büchern zu lesen, von denen ich nur den *Schlachtenlenker* zu kennen glaube. Ließe sich die Übersendung einiger Bücher an mich rechtfertigen, wenn ich sage, daß ich eine Kleinigkeit über ihn zu schreiben hoffe (ohne mich dazu zu verpflichten). Ich wäre Ihnen herzlich dankbar, wenn Sie mir einiges von seinen Sachen senden wollten, auch Rodin könnte ich etwas daraus vermitteln, er wünscht sich, Shaws Bücher kennen zu lernen. Da aber noch keine französischen Übersetzungen bestehen, wäre vorläufig, was ich ihm davon erzählen könnte, die einzige Quelle für ihn. Madame Shaw, die die Herstellung dieses Portraits über ihren Mann fort in der reizendsten Weise eingeleitet hat, ist eine sorgsame und leise sorgende, gute Frau, voll Eifer und Begeisterung für schöne Dinge und ihren Mann damit umspielend, wie der Frühlingswind einen Ziegenbock umspielt. Dies zur Kenntnisnahme über Ihren merkwürdigen Autor.

SHAW AUF DER DEUTSCHEN BÜHNE

Das Jahr 1904 war ein Meilenstein für Shaw. Es brachte ihm nicht nur seinen endgültigen deutschen Verleger. Es brachte ihm vor allem den Durchbruch in seinem Heimatland. Mit der ersten öffentlichen Aufführung von *Candida* 1904 in London war Shaw in England durchgesetzt, und sein unaufhaltsamer Aufstieg begann. In Deutschland hatte es damit noch gute Weile. Als Fischer Shaw erwarb, mußte dieser Name noch als eine sehr unsichere Spekulation gelten; und er blieb es noch auf Jahre hinaus. Der Absatz der Buchausgaben der Shawschen Stücke hing weitgehend vom Bühnenerfolg dieser Werke ab, und dieser Erfolg ließ lange auf sich warten. Die Cottasche Buchausgabe machte Paul Lindau auf Shaw aufmerksam, und er spielte noch 1903 *Helden* in seinem ›Berliner Theater‹. *Candida* folgte in Dresden und bei Reinhardt in Berlin, und die Dresdner Aufführung schlug die Bresche für Shaw bei der deutschen Kritik.

»Ich hatte nun freie Bahn«, schrieb Trebitsch nach der *Candida*-Aufführung, »aber ich hatte es noch lange nicht leicht.« Das Theaterpublikum konnte mit Shaw nichts anfangen. *Der Teufelsschüler* wurde nach vier Vorstellungen abgesetzt. Den nachfolgenden Stücken ging es nicht besser. »Alle diese Herrlichkeiten verschwanden nach vier bis sechs Aufführungen und kehrten jahrelang nicht wieder.« Manche der frühen Shaw-Aufführungen waren mangelhaft. *Cäsar und Kleopatra*, das Kerr »ein wunderbares Werk, ein Klassikerwerk neuer Anfänge, ein Grundwerk der Kommenden« nannte, setzte sich infolge der Fehlbesetzung der Kleopatra mit Gertrud Eysoldt nicht durch. *Mensch und Übermensch* erlebte bei Reinhardt eine Fehlinszenierung. »Shaw wird bei Reinhardt ermordet«, schrieb Kerr 1907. *Major Barbara* brachte es am Burgtheater nur zu wenigen Aufführungen; der *Arzt am Scheidewege* fiel in Reinhardts Kammerspielen in Berlin durch, wurde drei Jahre später wieder aufgenommen und erlebte dann allerdings unversehens 175 Aufführungen. Es ging auf und ab und nicht stetig aufwärts.

Erst *Pygmalion* (1913) setzte Shaw auf den deutschen Bühnen wirklich durch, und bis dahin waren auch die Buchausgaben der meisten seiner Stücke bei der ersten Auflage stehengeblieben. Die einigermaßen erfolgreichen, *Candida, Helden* und *Teufelsschüler*, waren bei Cotta, der sie nicht abtreten wollte. Nur *Frau Warrens Gewerbe* (1906) und *Der Arzt am Scheidewege* (1909) brachten es zu einer dritten, *Cäsar und Kleopatra* (1905), *Man kann nie wissen* (1906), *Mensch und Übermensch* (1907) zu einer zweiten Auflage. Erst von *Pygmalion* konnte regelmäßig alljährlich eine Neuauflage gedruckt werden. Daß Shaw in Deutschland zu Ruhm und Ehren gelangte, lange bevor er in England anerkannt wurde, ja, daß sein deutscher Ruhm nach England zurückstrahlte und seine Landsleute aufweckte, ist eine deutsche Legende, die vornehmlich auf Alfred Kerr zurückgeht. »Wie die Dinge liegen«, schrieb er 1904 (als Shaw in London ›durchbrach‹), »ist Berlin die erste Theaterstadt der Welt. Von hier aus wird Shaw seine Prägung erhalten für den Weltgang und für die Geschichte.« Und 1911: »Als ihn England noch verschmähte, hatte Deutschland ihn schon gegessen. Als England ihn erst aß, hatte Deutschland ihn schon verdaut.« Es klingt hübsch, aber es stimmt nicht. Als die deutschen Bühnen sich um Shaw zu reißen begannen, war er in England und Amerika auf der Höhe seines Ruhms.

DER ÜBERSETZER UND DIE SPRACHLEHRER

Wohl aber hatte Shaws langsamer, stockender Aufstieg im deutschen Sprachbereich zumindest zum Teil seinen Grund in der mangelhaften Arbeit seines enthusiastischen Übersetzers. Diese Übersetzungen wurden schon bald von der Kritik als fehlerhaft, papiern und ›unsprechbar‹ angegriffen. Sie waren es. Trebitsch selbst schrieb später in seinen Erinnerungen mit recht entwaffnender Naivität:

Ich wußte nur zu gut, daß ich seine ersten Stücke, von der Zeit gedrängt, nicht so einwandfrei übersetzt hatte, als sie es verdient hätten. Das ist natürlich auch von Berufsphilologen entdeckt und nach Gebühr angekreidet worden. Ich konnte doch den Beckmessern nicht auseinandersetzen, daß ich völlig sicher wäre, einmal eine Gesamtausgabe herauszubringen, die alle die Fehler und Flüchtigkeiten für immer gutmachen würde. Mir war es damals hauptsächlich um das sprachliche Gelingen zu tun gewesen. Man sollte dem Text die Übersetzung nicht anmerken. Das war mir wichtiger als philologische Korrektheit. Ich hatte damals nicht die Zeit, immer das Lexikon gründlich zu befragen, wo ich nicht sicher war, den richtigen deutschen Ausdruck gewählt zu haben. Ich habe all das Shaw mehr als einmal freimütig bekannt, ihm aber war es nichts Neues. Er wußte es aus zahllosen anonymen und signierten Briefen und hat darauf in seinem Vorwort zur deutschen Gesamtausgabe mit dem Essay *Was ich der deutschen Kultur verdanke*, geantwortet.

Shaws berühmter Essay war ein amüsantes Feuerwerk, aber keine ›Antwort‹; denn er stellte das Problem, um das es hier ging, in der ihm eigenen, frischfröhlichen Narrenweise auf den Kopf und widerlegte, was niemand ernstlich behauptet hatte. Es hieß darin (in Trebitschs Übersetzung):

Was meinen Freund, den Übersetzer betrifft, so kann ich ihm nur meine Teilnahme anbieten. Er hat das Verbrechen, meine Werke entdeckt und sie in Deutschland zum Erfolg geführt zu haben, gebüßt, indem er alle Beschimpfungen und Mißdeutungen zu ertragen hatte, die dem originalen Autor zugefügt wurden, noch verschärft durch alle Verunglimpfungen, die auf das Haupt eines Übersetzers fallen. Ich spiele jetzt nicht auf die Klagen an, die das Gemeinlos aller Übersetzer sind. Meine Stücke haben die Wirkung, jeden Deutschen, der englisch versteht, zu überzeugen, daß er eine bessere Bearbeitung machen könnte als Trebitsch. Daran bin ich in allen Ländern gewöhnt, aber die Deutschen gehen weiter. Sie fangen damit an zu leugnen, daß der Übersetzer die Kenntnis des Englischen besäße, sie gehen noch weiter und leugnen seine Kenntnis des Deutschen, und wenn ich meine Unzulänglichkeit zugebe, sagen sie mir ins Gesicht, daß ich nicht genug Englisch könne, um zu verstehen, was ich sagen will, und deshalb nicht beurteilen könne, ob Trebitsch es erfaßt habe oder nicht... Es ist mir klar: wenn seine Übersetzungen gar keine Übersetzungen sind, sondern kühne Fälschungen, von einem Manne verübt, der keine Kenntnis meiner Sprache besitzt, so muß er ein höchst talentvoller Dramatiker sein, um einen solchen Erfolg auf dem Theater zuwege zu bringen, und ein ganz verteufelt kluger Mann, um mit mir in einer Sprache, die er weder sprechen noch schreiben kann, zu sprechen und zu korrespondieren. Auch die Großmut, mit welcher er mit mir Tantiemen teilt, die mit Stücken verdient werden, an denen ich, wie es scheint, keinen Anteil hatte, gibt ihm Anspruch auf meine ewige Dankbarkeit. Ich muß daher, mit aller schuldigen Achtung für die Verbesserer und Biographen des Herrn Trebitsch, sie verständigen, daß sie nach dem englischen Sprichwort, »wenn sie ihn nicht gern haben, es bleiben lassen sollen«; denn es gibt keinen Menschen in Europa, dem ich tiefer verpflichtet bin oder mit dem ich mich in allen unseren Beziehungen, seien es nun geschäftliche oder künstlerische oder Beziehungen von persönlicher Ehre und Freundschaft, glücklicher fühle.

Wiederum: es klingt reizend; aber es hat mit der Sache nichts zu tun. Diese Sache war eben jene, über die Heimann in seinem Brief an Fischer gestöhnt hatte. Trebitschs Englischkenntnisse waren sehr mangelhaft, und das ihm geläufige Deutsch war zu schwerfällig-konventionell, als daß es Shaws geradezu akrobatische Sprachgelenkigkeit hätte fassen können. Trebitsch selbst vermerkte ein treffliches Wort, das Heimann ihm einmal sagte:

Niemand wundert sich, wenn ein Sänger Gesangstunden, ein Musiker Musikunterricht nimmt, aber die meisten glauben, ein Schriftsteller könne jeder werden, sobald er nur will und sich zu seiner Schreibtätigkeit entschlossen an den Tisch setzt. Das ist ein großer Irrtum. Es gibt in unserem Fach viel zu lernen, und man ist noch sehr wenig, wenn man das kann. Wenn man es aber nicht kann, mag man auch mit einer großen Begabung um die Ecke gehen.

Trebitsch war ein naiver (wenngleich geschäftlich gewitzter), aber kein unbescheidener Mann; er hielt sich nicht für eine »große Begabung«, aber er konnte auch nichts lernen. Als die Proteste gegen seine Shaw-Übersetzungen im Verlagshaus nicht mehr zu überhören waren und Heimann erkannte, daß etwas geschehen mußte, war Trebitsch mit der Bestellung eines »Sprachlehrers« zur Durchfeilung seiner Arbeit einverstanden. Heimann verfiel auf seinen jungen Dichterfreund Wilhelm Lehmann, der ein geschulter Anglist war und sich händeringend nach einem Verdienst umsah. Er hatte bereits 1902 versucht, Lehmann den Eichendorff-Band für Fischers ›Pantheon-Ausgabe‹ zu übertragen – »Denken Sie an den Eichendorff und arbeiten daran, es soll eine indifferente, möglichst rein biographische Einleitung werden...« schrieb er ihm – aber dieser Plan zerschlug sich, und der Band erschien in einer Auswahl von Emil Strauß mit einer Einleitung von Kurt Jahn. 1908 versuchte er, dem Freund eine Lehrerstelle in Wickersdorf zu vermitteln (was im folgenden Jahr auch gelang) und schrieb ihm am 29. März 1908:

Aber was machst du jetzt? Eine kleine Einnahme weiß ich dir. Es gilt, meines Freundes Trebitsch Übersetzungen der Werke Shaws zu kontrollieren und mit pupillarisch lexikalischer Sicherheit die Mist-takes aufzugabeln – Mist-takes mit Tinte, bloße Misstakes mit Bleistift zu verbessern. Es handelt sich um die Dramen und, zuerst zu erledigen, zwei Essaybände. Honorar: ca. 10 M. für den Bogen; was für die Dramen ungefähr 1000 Mark, für die Essaybände 200–250 M. ergeben würde. Die Essaybände müßten sofort, das andere im Laufe eines Jahres gemacht werden. Willst du diese Arbeit übernehmen?

Wilhelm Lehmann übernahm die Arbeit. »Heimann, immer zu helfen bereit«, schrieb er später, »also auch mir, vermittelte mir Armem die Unterstützung.« Die Essaybände waren das *Ibsenbrevier* und das *Wagnerbrevier*, die Stücke *Major Barbara* und *Der Arzt am Scheidewege*. Fischer hatte, wie Heimann ausdrücklich vermerkte, mit dieser Vereinbarung nichts zu tun; sie war »eine rein private Trebitschens«, der den »Sprachlehrer« aus eigener Tasche zu bezahlen hatte, was auch gerechtfertigt schien, denn Trebitsch erhielt ja von Fischer keinen Übersetzungsauftrag, sondern bezog die Hälfte aller deutschen Einnahmen Shaws. Heimann sandte Lehmann am 3. April die Originaltexte der Essays und Trebitschs Übersetzungen und dazu diese Anweisung:

Bitte vergleiche und verbessere als Anglizist; als Stilist schreib Vorschläge mit Bleistift hinein. Mach die Arbeit politisch, d. h. opfere nicht mehr an Zeit, als sie erfordert; kühn, frisch weg. Es gilt keine Philologie zu machen. Die Dramen werden dann folgen, und Du kannst im Lauf des Jahres bei adagio-Arbeit ein hübsches Stück Geld verdienen...

Wilhelm Lehmann überarbeitete die beiden Essaybände und die beiden Stücke, und obwohl Heimann ihm schrieb: »Ich finde die Arbeit sehr gut«, hatte anscheinend ein weiterer Revisor, nämlich Max Meyerfeld, der Oscar Wilde für Fischer übersetzt hatte, manches daran auszusetzen, denn Heimann fügte hinzu: »Denn alles in allem, der

Meyerfeld ist ein widerlicher Wurm. Hat selber dummes Zeug genug gemacht in seinem De Profundis ...« Doch ging es nicht so, wie es sollte. »Hast du den Essay ›Sozialismus für Millionäre‹ auch durchgesehen? Bitte um Antwort!« schrieb Heimann auf einer Postkarte am 20. Juni. Anscheinend hatte der Freund es nicht oder nicht ausreichend getan; denn drei Tage später schrieb Heimann: »... Das ist sehr schade. Denn ›flüchtig‹ ist nicht das treffende Wort. Ich hoffe, daß es um die anderen Essays besser steht, sonst gibt es, statt eines, drei Blamierte ...« Lehmann meinte später, daß seine Revision »leider auch unzulänglich« gewesen sei; er besorgte noch die Überarbeitung von Shaws *Die Ehe*, aber Heimann mußte ihn am 1. März 1910 dringlich verwarnen:

Lehmann, Du verdeubelter Schurke, gleich schickst Du dem Trebitsch die Arbeit, um die er Dich zu mahnen Ursach hat – Du bist doch kein Schuljunge mehr, der etwas, nebst Vorschuß übernimmt, was er dann zu Ende zu führen zu vornehm ist. Und mach die Arbeit ordentlich, das bist Du mir schuldig. Du läßt immer die saftigsten Fehler stehen, und verbesserst so um Gotteswillen an Kleinigkeiten herum, ut aliquid fecisse videaris. Ich kenne Dich, Spiegelberg.

Wer hätte mit dem armen Sprachlehrer nicht Mitgefühl? Es gibt keine schauderhaftere Arbeit als eine verpatzte Übersetzung zu polieren. Die Zusammenarbeit schlief ein, und es gab zum Schluß doch wieder nur *einen* »Blamierten«. Bis hinein in die neueste, von Trebitsch selbst nochmals durchgesehene Shaw-Gesamtausgabe von 1946 ist (in der *Heiligen Johanna*) das Wort »Schottländer« statt ›Schotten‹ stehengeblieben. Es war hoffnungslos. Die lebenslängliche Freundschaft zwischen Heimann und Lehmann beeinträchtigte diese Episode nicht, und auch Lehmann und Trebitsch blieben einander gewogen. Wilhelm Lehmann berichtete ein halbes Jahrhundert danach:

Mit S. Trebitsch bin ich viel, viel später im Tessin und in Zürich zusammengetroffen. Ich schrieb, auf seine Bitte, ein – sehr diplomatisches – Vorwort zu T.s höchst fragwürdigen Gedichten. Ich pflege aber die Erinnerung an T. als einen generösen Mann.

DIE GRÜNDUNG DER ›THEATER-ABTEILUNG‹

»Nach dem großen Bühnenerfolg von *Pygmalion*«, so erzählt Trebitsch,

wollten alle großen Bühnenverleger Deutschlands plötzlich unsere Vertreter werden und mich für alle Zukunft binden ... Nun aber trat der umsichtige Freund S. Fischer mit einem anderen Begehren an mich heran. Er wollte, im Vertrauen auf die Zugkraft der kommenden Werke Shaws, an die er auf Grund der großen Erfolge von *Pygmalion* und der einschlagenden Wiederaufnahme von *Der Arzt am Scheidewege* felsenfest glaubte, wegen dieses einen Dichters einen Bühnenvertrieb ins Leben rufen ... Ich erinnere mich an diese denkwürdige Unterhaltung, die Fischer mit den Worten abschloß: »Wenn Sie mir den Bühnenvertrieb der Werke Shaws nicht zusagen können oder wegen Bedenken, die ich durchaus zu würdigen weiß, zuzusagen zögern, so will ich von dem ganzen Plan absehen und bei meinem Leisten, dem Buchverlag, bleiben.«

Diese »denkwürdige Unterhaltung« kann weder zu diesem Zeitpunkt noch in dieser Form stattgefunden haben. Fischers Entschluß, seinem Buchverlag einen eigenen Bühnenvertrieb anzugliedern, hatte mit *Pygmalion* nichts zu tun. Die deutsche Erstaufführung von *Pygmalion* (die zugleich die Welturaufführung war) fand am Wiener Hofburgtheater am 16. Oktober 1913 statt; die Berliner Erstaufführung folgte kurz darauf an Barnowskys Lessing-Theater. Zu diesem Zeitpunkt bestand Fischers Bühnenvertrieb seit vollen zehn Jahren, und Shaw gehörte ihm bereits seit nahezu ebensolanger Zeit an. Aus einem Abrechnungshinweis in einem Brief Shaws an Trebitsch vom 16. Februar 1904 ist zu ersehen, daß eine Bühnenvertriebsvereinbarung Ende 1903 oder Anfang 1904 getroffen worden sein muß, also etwa gleichzeitig mit der ersten Shaw-Buchausgabe bei Fischer. Auch ist es unrichtig, daß Fischers Plan mit Shaw stand und fiel. Er stand und fiel, wie sich zeigte, nicht einmal mit Hauptmann. Vielmehr fügte es der Zufall, daß Shaw just in dem Augenblick in Deutschland auftauchte, als Fischer sein neues Unternehmen in Angriff nahm. Denn am 26. Juni 1903 schrieb Fischer an Schnitzler:

Die anliegende Mahnung bezieht sich auf eine Zuschrift, die ich Ihnen neulich übermittelt habe. Würden Sie mir in Zukunft auch den Bühnenvertrieb Ihrer dramatischen Werke übertragen wollen? Ich organisiere den Verkehr mit den Bühnen in der Weise, daß ich in jeder Stadt einen Sortimentsbuchhändler als Vertrauensmann heranziehe, dem die Verrechnung und die Controlle mit der Bühne seiner Stadt oder seines Bezirkes obliegen würde. Ich errichte durchaus keine Bühnenagentur großen Styls; ich beschränke mich vielmehr lediglich auf die Autoren meines Verlages, deren Interessen in materieller und künstlerischer Hinsicht ich allein wahrnehmen will. Daß dieses im Rahmen meines Betriebs auf eine besondere, den individuellen Bedürfnissen entsprechende Art geschehen würde, liegt in der Natur der Sache. Ich will nicht in Abrede stellen, daß ich diese Einrichtung mehr der Notwendigkeit als dem eigenen Triebe gehorchend treffe. Die deutschen Verleger fangen an, diese Geschäfte für ihre Autoren zu besorgen, und es hat sich mehrfach der Fall ereignen müssen, daß *ich* den Buchverlag eines Werkes übernommen habe, dessen Bühnenvertrieb Langen hat. Auf diese Weise erfolgt eine Zersplitterung der Interessen und eine heillose Verwirrung. Zudem bin ich von einigen Autoren wiederholt darauf hingewiesen worden, auch den Verkehr mit den Bühnen zu übernehmen. Ich würde Ihnen dieses Anerbieten nicht machen, wenn ich Ihnen nicht alle jene Cautelen bieten könnte, wie jede noch so große Bühnen-Agentur. Die Sache ist viel einfacher, wie die Bühnenagenten glauben machen wollen, und mir will scheinen, als ob sich diese Agenturen – die gegen eine hohe Provision nichts weiter als das Incasso besorgen – längst überlebt hätten. Was meinen Sie dazu? An Sie und an Hauptmann richte ich diese Frage zuallererst. Hauptmann ist noch etwa zwei Jahre an Bloch gebunden; ich zweifle aber nicht daran, daß ich Hauptmann für meine Sache interessieren werde.

Es gab um die Jahrhundertwende neben einer Anzahl kleinerer Unternehmungen im deutschen Sprachgebiet drei bedeutende Bühnenvertriebe: die Theateragenturen Felix Bloch Erben und A. Entsch in Berlin und den Theaterverlag Dr. Otto F. Eirich in Wien; letzterer vertrat zugleich Blochs Autoren in Österreich-Ungarn. Bloch vertrat Ibsen, Hauptmann und Schnitzler, während Entsch (der, sehr zu seinem späteren Ärger, Shaw abgelehnt hatte) Hofmannsthal und d'Annunzio betreute. Aufstrebende deutsche Dramatiker, die keinen Bühnenvertrieb finden konnten, der sich ihrer Werke annahm, bemühten sich selbst bei den Theatern um Aufführung ihrer Stücke, und mit dem ersten Aufführungserfolg erwachte dann zumeist auch das Interesse der Bühnenvertriebe. Erfolgreiche ausländische Dramatiker wurden häufig von den deutschen Bühnenvertrieben direkt erworben, die dann Übersetzungen in Auftrag gaben. Andere, in ihrer Heimat noch unbekannte oder nicht anerkannte, waren auf rührige, entdekkungsfreudige Übersetzervermittler angewiesen, die ihnen die Wege ebneten. Daß in solchen Fällen die Tantiemen zwischen Autor und Übersetzer zur Hälfte geteilt wurden, war nichts Unübliches. Die großen Bühnenvertriebe berechneten im allgemeinen eine Vermittlungsprovision von zehn Prozent, und auf dieser Grundlage arbeitete auch Fischers Theaterabteilung.

THEATERSTADT BERLIN

Wenn überhaupt ein Buchverleger zu jener Zeit für diese Arbeit besonders qualifiziert war, dann war es Fischer. Er besaß nicht nur ungewöhnliche Sachkenntnis, sondern stand auch an besonders günstiger Stelle. Fischers Berlin war für einen Bühnenvertrieb unzweifelhaft ein besserer Platz als Langens München. Berlin hatte München um die Jahrhundertwende als maßgebende Theaterstadt Deutschlands eindeutig den Rang abgelaufen. Die Erneuerung der deutschen Bühne hatte hier begonnen; nahezu alle bedeutenden Uraufführungen fanden hier statt; die übrigen deutschen Theater richteten sich nach ihnen. Fischer war am Aufstieg der Theaterstadt Berlin vom ersten Tag an, seit der Gründung der ›Freien Bühne‹, auf Schritt und Tritt direkt beteiligt gewesen. Er hatte im Lauf dieser anderthalb Jahrzehnte eine genaue Kenntnis der Berliner Theaterverhältnisse und große persönliche Erfahrung im Umgang mit Bühnenleitern, Schauspielern und

Kritikern erworben. Die geschäftliche Seite des Theaterbetriebs war ihm so gut vertraut wie die künstlerische. Die Mitkämpfer seiner Jugendzeit, Brahm und Schlenther, waren inzwischen bedeutende Bühnenleiter geworden; die maßgebenden Kritiker wie Kerr, Julius Bab, Arthur Eloesser, Ludwig Fulda, und in Wien Hermann Bahr und Felix Salten gehörten zu seinem Freundes- und Mitarbeiterkreis; die bedeutendsten Darsteller der Berliner Bühnen waren Hedwig Fischers Gäste; und nicht zuletzt erschienen mit wenigen Ausnahmen (wie Wedekind und Sudermann) nahezu alle bedeutenden neuen deutschen Dramatiker in seinem Verlag. Er kannte ihre Wünsche und Eigenheiten, ihre Vorlieben und Abneigungen, ihre persönlichen Freundschaften und Feindschaften so genau wie nur einer und genoß ihr Vertrauen. Dies alles stellte ein beträchtliches ›Anfangskapital‹ dar.

Überdies fiel die neue Unternehmung zeitlich mit bedeutsamen Veränderungen im Berliner Theaterleben zusammen, die Fischers engsten Freundes- und Mitarbeiterkreis betrafen. Brahms Regime im Deutschen Theater war in dunkles Gewölk geraten. Seine Widersacher warfen ihm doktrinäre Einseitigkeit, Humorlosigkeit und Vernachlässigung der Klassiker vor; seine Freunde verübelten ihm Zugeständnisse an den Publikumsgeschmack, mit denen er das Defizit zu verscheuchen suchte. Er hatte eine Pechsträhne mit mehreren neuen Hauptmann-Stücken, und als er auch Sudermann spielte, grüßte Kerr ihn nicht mehr. In seinem eigenen Ensemble bildete sich eine Fronde jüngerer Darsteller, die sich unter Führung des siebenundzwanzigjährigen Schauspielers Max Reinhardt Anfang 1901 schließlich abspaltete, das Kleine Theater aufmachte und von dort ins Neue Theater am Schiffbauerdamm hinübersprang. Reinhardt hatte diesen zweiten Sprung noch nicht getan, als im August 1902 der Hausbesitzer des Deutschen Theaters Adolf L'Arronge Knall und Fall Brahm den Direktionsvertrag für das nächste Jahr kündigte und die Leitung Paul Lindau übertrug. Die brutale Ausbootung Brahms sah wie das Ende des großen Theatermannes aus. Brahm war erst sechsundvierzig, kaum drei Jahre älter als Fischer, aber der jungen Generation schien er ausgebrannt, überholt, überlebt. So rasch geriet man zum alten Eisen. »Die tieferen Gründe«, schrieb Kerr, »ruhen in Brahms durchlöcherter Innerlichkeit.« Er irrte sich. Alle irrten sich.

Brahms letzte Inszenierung im Deutschen Theater war die Uraufführung von Hauptmanns *Rose Bernd* am 31. Oktober 1903, mit Else Lehmann in der Titelrolle. Nach der Premiere fand eine Feier statt. Hofmannsthal, zur Uraufführung seiner *Elektra* in Berlin, die am Vortag bei Reinhardt im Kleinen Theater stattgefunden hatte, hielt die Festrede. Dann trat Brahm ab. Ein knappes Jahr später war er wieder da. Es erwies sich, daß er alles andere als »ausgebrannt« war. Er hatte »eine schwache Zeit« gehabt, wie Kerr ihm bescheinigte. Im Herbst 1904 übernahm er die Leitung des Berliner Lessing-Theaters, eröffnete es mit einer Neuaufführung des neun Jahre zuvor durchgefallenen *Florian Geyer*, diesmal mit Hauptmanns Freund und Landsmann Rudolf Rittner in der Hauptrolle, und errang dem Werk und sich selbst einen überwältigenden Erfolg. Abermals ein knappes Jahr später hatte die Lückenbüßerdirektion Lindau im Deutschen Theater abgewirtschaftet. Max Reinhardt tat den großen Sprung in die Schumannstraße, von wo er ausgegangen war.

Brahm, schrieb Kerr, sei ein »Mittwochskind« gewesen, Reinhardt ein »Sonntagskind«. Zugleich mit Reinhardts bejubeltem Aufstieg am Deutschen Theater setzte Brahms ungeahnter Wiederaufstieg am Lessing-Theater ein – seine zweite »große« Zeit, die alle Zweifler verstummen ließ. Es ereignete sich jenes, wie Max Osborn schrieb, »wundervolle Nebeneinander von Brahm und Reinhardt, das im Wechsel, in gegenseitiger Befruchtung und Reibung die beiden Wirkungsmöglichkeiten der Bühnenkunst und damit die gesamte Kultur des Theaterwesens zu einem nie und nirgends erreichten Gipfel steigerte«. Die Zeitgenossen empfanden, daß sie mit einem Reichtum ohnegleichen überschüttet wurden. In Hedwig Fischers Aufzeichnungen, fast ein halbes Jahrhundert später geschrieben, liegt die Erinnerung an die Theaterstadt Berlin jener Jahre wie ein leuchtender Lichtschein auf beinahe jeder Seite. Fischers neue Unternehmung hätte in keinem verheißungsvolleren Augenblick begonnen werden können.

FISCHERS DRAMATIKER

Allerdings begann sie mit zwei herben Enttäuschungen. Die beiden bedeutendsten Dramatiker des Buchverlags blieben dem Bühnenvertrieb fern. Ibsen war seit Anbeginn mit Bloch verbunden, und Fischer hatte wohl auch kaum erwartet, daß er sich von ihm trennen werde. Überdies war sein Werk mit dem 1900 erschienenen *Wenn wir Toten erwachen* abgeschlossen; Neues war von ihm nicht mehr zu erwarten. Schmerzlicher war, daß Hauptmann, auf den Fischer gerechnet hatte, auch nach Ablauf seines Vertrages mit Bloch sich zu einem Wechsel nicht entschließen konnte. Es ist nicht klar, welche Gründe hierfür maßgebend waren, denn es ist kein Briefwechsel hierüber erhalten. Eine dritte, geringere Enttäuschung war Hermann Bahr, dessen Komödien und Lustspiele Fischer Jahr um Jahr druckte und der um eben diese Zeit in bestem Einvernehmen mit seinem einstigen Widersacher

Brahm begann, große und einträgliche Bühnenerfolge zu erzielen. Freilich war und blieb ›Schnitzel‹ unberechenbar und wäre für den Bühnenvertrieb gewiß ein »schwieriger Kunde« gewesen. Dennoch brachte Fischer seine Stücke auch weiter Jahr um Jahr im Buchverlag – nicht weniger als neun in der Zeit von 1904 bis 1914, zu denen im gleichen Zeitraum noch drei Romane, ein Novellenband, fünf Essaybände und ein Reisebuch hinzukamen, neunzehn Bücher in elf Jahren! –, aber im Katalog des Bühnenvertriebs findet er sich nicht.

Doch ließ sich Fischer hierdurch nicht entmutigen. Bereits wenige Wochen nach Erlaß des Rundschreibens trug das Briefpapier des Verlags den Stempelüberdruck »Theaterabteilung – Verlag und Vertrieb Dramatischer Werke S. Fischer Verlag«. Als Leiter der neuen Abteilung zeichnete Dr. Lothar Schmidt, ein erfahrener Theaterfachmann, Autor einer Anzahl vielgespielter Komödien, darunter eines mit Felix Hollaender gemeinsam geschriebenen Stücks. Später übernahm der junge Wiener Ernst Peter Tal die Leitung der neuen Abteilung, und an seine Stelle trat 1914 der Schriftsteller Leo Greiner. Felix Hollaender seinerseits wurde bald darauf als Reinhardts Dramaturg ein einflußreicher Theatermann. Fischer beschränkte sich anfangs auf die Dramatiker seines Buchverlags, nicht aber auf die deutschen Bühnen, sondern richtete unverzüglich auch Vertretungen im Ausland ein. So wandte er sich bereits im Oktober 1903 an Nansen und bat ihn, einen geeigneten Vertreter in Kopenhagen zu empfehlen, dem er die Hälfte seiner Provision aus allen dänischen Bühneneinnahmen anbot. »Ein Schriftsteller«, warnte er den Freund, »wird sich für diese praktischen Geschäfte kaum eignen, es müßte schon ein praktischer Mann sein, der dem Bühnenleben nahe steht.« In Amerika vertrat ihn die tüchtige Agentin Alice Kauser, die sich aufopfernd bemühte, Hauptmann und Schnitzler auf der amerikanischen Bühne durchzusetzen.

Mit Ausnahme Hauptmanns und Bahrs gingen alle Autoren Fischers, die deutschen wie die ausländischen, sobald sie sich aus bestehenden Bindungen freimachen konnten, auf seinen Vorschlag ein. d'Annunzio, der Entsch, an den Fischer ihn empfohlen hatte, untüchtig fand, bestätigte schon am 16. Juli 1903 dankend den Empfang von 371 Mark Tantiemen aus Aufführungen seiner *Toten Stadt* und machte Vorschläge zu einem neuen Vertrag mit Fischer, der Buch- und Bühnenrechte einheitlich zusammenfaßte: »In diesem Fall wären Sie der *einzige* Vertreter meiner literarischen Interessen in Deutschland. Et ce serait très convenable pour tous les deux.« Hofmannsthal übergab bereits Mitte September 1903 die eben vollendete *Elektra* und kündigte das in Arbeit befindliche *Gerettete Venedig* an. Nach Ablauf Vertrages mit Entsch gingen auch seine Frühwerke auf Fischers Bühnenvertrieb über. Schnitzlers Zusammenarbeit mit dem Bühnenvertrieb begann gleichfalls schon im Herbst 1903 mit dem eben vollendeten Schauspiel *Der einsame Weg.* Mit der Übertragung der früheren Werke, die sich in Blochs Händen befanden, hatte es jedoch seine Schwierigkeiten. Es gelang Fischer erst nach langen Auseinandersetzungen mit Bloch im Winter 1908/09 Schnitzlers gesamtes dramatisches Werk in seinem Theaterverlag zu vereinigen. Zugleich mit Shaw kam ein neuer, bis dahin in Deutschland unbekannter irischer Dramatiker: J. M. Synge mit seiner Legende *Der heilige Brunnen* in der Übertragung von Max Meyerfeld, und im Jahr darauf auch Oscar Wilde mit zwei frühen, noch unbekannten Stücken *Die Herzogin von Padua* und *Eine florentinische Tragödie.*

Um diese Zeit tauchte auch ein alter Freund Fischers wieder auf. August Scholz bemühte sich unablässig, die urheberrechtliche Lage der ungeschützten russischen Autoren in Deutschland und der deutschen in Rußland zu klären und eine zuverlässige Abmachung herbeizuführen. Im November 1903 schrieb Fischer an Schnitzler – der in Rußland viel übersetzt und gespielt wurde, aber selten oder nie ein Honorar bekam –, Scholz sei soeben aus Rußland zurückgekehrt und habe dort Vereinbarungen für künftigen Urheberrechtsschutz getroffen. Diese Abmachungen scheinen jedoch wenig gefruchtet zu haben. Hingegen brachte Scholz eine neue Entdeckung: den polnisch-jiddischen Dramatiker und Erzähler Schalom Asch. Er hatte 1906 mit Asch einen langjährigen Übersetzungsvertrag geschlossen und Aschs Stücke vorerst in seinem eigenen, zum Zweck des Urheberrechtsschutzes in Berlin gegründeten Verlag vertrieben. Im März 1907 erzielte er mit Aschs *Der Gott der Rache* bei Reinhardt einen großen Erfolg und übergab noch im gleichen Jahr den Dichter mit Buch- und Bühnenrechten an Fischer. Außer Aschs Stücken brachte Fischer auch die beiden Novellenbände *Bilder aus dem Ghetto* (1907) und *Das Städtchen* (1909) und 1912 den Roman *Die Jüngsten.*

1909 fand der Bühnenvertrieb eine Art Ersatz für Ibsen, als Fischer von Langen mit dem Gesamtwerk Björnstjerne Björnsons auch den Theatervertrieb von Björnsons Bühnenwerken übernahm. Allerdings stellte der Herausgeber Julius Elias eine Bedingung. Fischer schrieb an Nansen am 15. September 1909:

Elias behauptet, daß sämtliche Bühnentexte von ihm neu übersetzt werden müssen. Er will dafür die Garantie haben, daß nur die neuen Texte zur Aufführung zugelassen werden. Er will ferner außer dem Honorar, das er von mir als Herausgeber bekommt, mit 20 % von den Tantiemen Björnsons an den Aufführungsrechten beteiligt sein. Damit wird Björnson wahrscheinlich ohne weiteres einverstanden sein, denn es liegt ja in seinem Interesse, für die Bühnentexte eine einheitliche Norm zu schaffen, wie es auch mit den Texten Ibsens auf ähnlicher Grundlage geschehen ist. Den Bühnenvertrieb hat mir Björnson schon zugesagt.

Elias übersetzte tatsächlich das gesamte dramatische Werk neu – achtzehn Stücke insgesamt, die in rascher Folge im Katalog des Bühnenvertriebs erscheinen. Die Mühe lohnte sich für alle Beteiligten, denn Björnsons Stücke waren zu jener Zeit ein ertragreiches ›Objekt‹, insbesondere das große zweiteilige Drama *Über die Kraft*, die Komödie *Geographie und Liebe* und das Lustspiel *Wenn der junge Wein blüht*, die noch jahrelang viel gespielt wurden.
Schließlich das Jahr 1911: es brachte nicht nur Carl Rößlers unverwüstliches Rothschild-Lustspiel *Die fünf Frankfurter*, dessen jahrzehntelanger Triumphzug über die deutschen Bühnen Fischer für die wenig ertragreichen Mühen mit manch anderem Werk entschädigte, sondern auch im Buchverlag und Bühnenvertrieb zum erstenmal einen Namen, der in eine ganz neue Richtung wies, mit dem eine neue Phase des deutschen Dramas begann: Georg Kaiser mit seiner »biblischen Komödie« *Die jüdische Witwe*.
Die Beschränkung auf die Autoren des Buchverlags wurde bald aufgegeben. Der Theaterverlag hatte sich bald einen so guten Ruf der Tüchtigkeit und Zuverlässigkeit erworben, daß auch Dramatiker, die nicht zum Buchverlag gehörten, von ihm betreut zu werden wünschten. In den ersten Jahren stimmen die Verzeichnisse der Neuerscheinungen des Buchverlags und des Bühnenvertriebs noch ziemlich genau überein. Dann beginnen sie immer stärker voneinander abzuweichen. Der Theaterverlag entwickelt eigene Initiative, ein eigenes Gesicht. Es finden sich in seinem Katalog immer mehr Namen, die von ›außen‹ hinzukamen, wenige von ihnen bekannt, die meisten inzwischen gänzlich verschollen. Neben Roda Rodas und Carl Rößlers zugkräftiger ›Schnurre‹ *Der Feldherrnhügel* (1910) stehen die Dramen von Richardt Arndt, Ernst Bacmeister, Carl von Freymann, Leopold Kampf. Wer mögen sie wohl gewesen sein? Und Henry Heiseler, Otto Krauss, Willy Lang, Georg Münsterberg und Walter Nissen – allesamt Autoren fünfaktiger Trauerspiele. Das Vergängliche und das Unsterbliche hausten allzeit dicht nebeneinander.

EPISODE: UMGANG MIT ALTEN FREUNDEN

Wenn Fischer es nicht schon wußte, so erfuhr er es jetzt: das Theater war eine heimtückische Welt. Die alten Beziehungen waren nicht immer die besten; auf Freunde war durchaus nicht immer Verlaß. Gleich zu Beginn flog ihm dieses Briefchen (ohne Anrede) auf den Schreibtisch:

Herrn S. Fischer in Berlin
Die unterzeichnete Direction des kk Hofburgtheaters erlaubt sich, anbei mit verbindlichstem Dank das freundlichst eingesendete fünfaktige Schauspiel ›Der Einsame Weg‹ von Arthur Schnitzler nebst den nachträglich zugefügten Änderungen wiederum zurückzustellen, da sie auf eine Aufführung dieses Dramas nicht reflektiert.

Wien, am 27. November 1903

Hochachtungsvoll
Die k. u. k. Direction des
k. k. Hofburgtheaters
gez. Dr. Schlenther

War das derselbe Paul Schlenther, mit dem zusammen er die ›Freie Bühne‹ gegründet, dessen Hauptmann-Monographie er herausgebracht hatte? Fischer kann über den alten Freund und einstigen Weggenossen nur bekümmert den Kopf geschüttelt haben. Aber natürlich wußte er Bescheid. Er kannte nicht nur Schlenther. Er kannte auch seinen Vorgänger.

Der Vorgänger, der österreichische Jurist und Schriftsteller Max Burckhard, gehörte seit langem zum Wiener »Fischer-Kreis«. Er war von 1890 bis 1898 Direktor des Burgtheaters gewesen und hatte zum großen Mißfallen der konservativen Gesellschaft das traditionsstolze Haus der modernen Dramatik, insbesondere Ibsen, Hauptmann, Schnitzler, Hofmannsthal und Bahr geöffnet. Er war ein entschlossener Neuerer gewesen, der bald in Konflikt mit den Hofbehörden geriet, es entwickelte sich eine regelrechte »Burckhardhetze«, in der Bahr mit unablässigen polemischen Aufsätzen für den Freund Partei ergriff, aber schließlich wurde sein Rücktritt erzwungen.

Sein Nachfolger wurde 1898 Paul Schlenther. Aber er war nicht mehr der, welcher er noch zehn Jahre zuvor in Berlin gewesen war, obwohl Brahm schon damals über seine Energielosigkeit geklagt hatte: »Die Leitung der Freien Bühne ruht in den Händen von Paul Schlenther.« In Wien erwies sich Schlenther, sehr im Gegensatz zu Burckhard, als ein Kompromißler und Leisetreter, der Schwierigkeiten aus dem Wege zu gehen trachtete, und Schnitzler, der sich von ihm am Burgtheater viel erwartet hatte, sah sich sehr enttäuscht. Schlenther setzte nicht nur Hauptmanns *Rose Bernd* nach fünf Aufführungen, sondern auch Schnitzlers *Der grüne Kakadu* trotz großen Publikumserfolgs nach der achten Vorstellung »auf Befehl einer Erzherzogin« ab. Er versprach, Schnitzlers *Der Schleier der Beatrice* aufzuführen, und drückte sich im letzten Augenblick davor, und Schnitzlers Freunde, Bahr, Salten und Speidel schlugen in den Zeitungen Lärm. Aber es nützte nichts. Zwischen 1899 und 1910, dem Ende der Direktion Schlenther, wurde (mit Ausnahme des *Zwischenspiels* 1905) am Burgtheater kein einziges neues Stück von Schnitzler aufgeführt.

Wohl aber fand Max Burckhard seinen Weg zu Fischer. Er war selbst ein erfolgreicher Bühnenautor und ein amüsanter und geschliffener Erzähler. 1905 führte Brahm seine Komödie *Rat Schrimpf* auf, die Fischer in seinen Bühnenvertrieb übernahm, und in den folgenden Jahren brachte der Buchverlag noch drei Romane – *Gottfried Wunderlich* (1908), *Die Insel der Seligen* (1909) und *Trinacria* (1910) – von Burckhard heraus. Burckhard starb 1912. Schnitzler setzte dem Freund und Vorkämpfer seines Ruhms mit der Figur des Dr. Winkler im *Professor Bernhardi* ein Denkmal, und 1913 brachte Fischer Bahrs schöne Gedenkschrift *Erinnerung an Burckhard* heraus.

BLICK INS GETRIEBE

Es sind nur wenige Unterlagen erhalten, die einen Blick in die Arbeit des Bühnenvertriebs gestatten, und sie beziehen sich zumeist auf Schnitzler und Hofmannsthal. Beide standen selbst mitten drin im Theaterbetrieb, besaßen vielfältige, häufig widerstreitende persönliche Beziehungen zu Theaterdirektoren, Regisseuren, Darstellern, die berücksichtigt werden mußten, und machten nicht selten ihr Einspruchsrecht geltend. Schnitzler und Bahr fühlten sich Brahm und seinem Lessing-Theater verpflichtet, Hofmannsthal und Hauptmann wurden häufiger von Reinhardt im Deutschen Theater aufgeführt, zwischen den beiden großen Berliner Theaterdirektoren und den Wiener Theatern bestand ein ständiges Tauziehen um die Uraufführungsrechte.
Es hieß, umsichtig vorgehen. Persönliche Besetzungswünsche konnten leicht mit bereits vereinbarten Uraufführungen in Konflikt geraten. Autoren versprachen achtlos dieses und jenes oder trafen selbständige Abmachungen, die den Theaterverlag in Verlegenheit setzten oder behinderten. Theaterdirektoren waren nicht minder unzuverlässig und unberechenbar. Schlenther schrieb taktlos-brüske Briefe, Reinhardt antwortete häufig überhaupt nicht. Eine ausgerutschte oder an einem ungeeigneten Berliner Theater herausgebrachte Uraufführung konnte die Nachspielchancen eines Werkes an den Provinztheatern ernstlich schädigen; ein Berliner Uraufführungserfolg mußte mit größtmöglichem Geschick zum materiellen Vorteil des Autors in der Provinz ausgebeutet werden, oder es kamen bewegte Klagen. Bühnen spielten Stücke ohne Erlaubnis oder Vertrag oder ohne die vereinbarte Garantiesumme erlegt zu haben; sie schwindelten bei den Tantiemenabrechnungen, rechneten nur das halbe Haus ab, wenn es in Wahrheit ausverkauft gewesen war, oder rechneten überhaupt nicht ab. Es gab im Theaterbetrieb kaum etwas, das nicht schiefgehen konnte,

und an allem, was schiefging, war unweigerlich der Bühnenvertrieb schuld.

Hofmannsthals *Elektra* war eines der ersten neuen Stücke, die Fischers Theaterverlag betreute, und Hofmannsthal kam zur Uraufführung am 30. Oktober 1903 nach Berlin. »Den Erfolg«, notierte er, »bemerkte man erst am darauffolgenden Abend, als im Deutschen Theater bei der Erstaufführung von *Rose Bernd* von Hauptmann vielfach gesagt wurde, der gestrige Abend hätte für die meisten Leute den heutigen totgeschlagen.« *Elektra* war ein großer Erfolg, obwohl Brahm spöttisch Bahr fragte: »Was will der Hugo mit der neuen Elektra? Wozu? Die alte war noch ganz gut!« Aber war die Uraufführung in Reinhardts Kleinem Theater für die Ausbeutung des Erfolgs nicht vielleicht ein Fehlgriff gewesen? Hofmannsthal scheint enttäuscht gewesen zu sein, daß das Stück nicht unverzüglich über alle Provinzbühnen ging. Dr. Schmidt antwortete ihm am 5. Dezember 1903:

Sie irren, wenn Sie glauben, daß Dresden die einzige Bühne ist, mit welcher eine Aufführung Ihrer Bearbeitung der *Elektra* des Sophokles vereinbart wurde. Es liegen auch noch Verträge vor mit dem Hof-Theater in Stuttgart und dem Deutschen Schauspielhause in Hamburg ... Wir wären in der Lage Ihnen bereits mindestens ein weiteres Dutzend Verträge vorzulegen, wenn wir die unglaublich geringen Garantiesummen und Tantiemen bewilligen würden, welche verschiedene Provinztheater-Direktoren für Ihre Bearbeitung der *Elektra* uns glauben anbieten zu dürfen. Daß die Elektra nicht wie *Alt-Heidelberg* sofort alle deutschen Bühnen erobert, liegt einmal, wie Sie sich leicht denken können, an den künstlerischen Qualitäten des Dramas und zweitens daran, daß das Kleine Theater naturgemäß in den Provinzen nicht die Resonanz eines Geschäfts-Theaters hat.

Tatsächlich hatte das Stück in Berlin einen Serienerfolg, wurde den ganzen Winter hindurch und auch in vielen anderen größeren Städten gespielt. Ein Brief Schmidts vom 17. November 1904 zeigt jedoch, wie leicht »Sand ins Getriebe« geraten konnte:

Wir bedauern in Ihrem eigensten Interesse lebhaft, daß Sie die Möglichkeit gestatten, über unsern Kopf hinweg zwischen der Societa degli autori italiani und der Duse bezügl. *Elektra* ein Abkommen zu treffen. Der Geschäftsführer der Duse war bei uns, und in mehrstündigen Verhandlungen, die mit ihm in italienischer Sprache von uns geführt wurden, hatten wir den sicheren Eindruck gewonnen, daß eine Garantie von mindestens 10 000 voraussichtlich 15 000 Mark erzielt werden könne. Nun ist das alles zu Wasser geworden. Wir bitten Sie zu glauben, daß es sich uns dabei nicht um die paar Mark Prozente handelt, sondern vielmehr um Ihren Vorteil und auch um das Ansehen unseres Verlages, das naturgemäß geschädigt wird, wenn Verhandlungen, die bereits einen ausgezeichneten Fortgang genommen hatten, plötzlich durch Ihr Dazwischentreten zu nichte gemacht werden ... Sie wollen sich erinnern, daß bereits im Falle München durch Ihre Verhandlungen unsere Pläne konterkariert wurden, was uns nun einen

Prozeß von seiten der Vereinigten Schauspielhäuser in München eingetragen hat...

Am 21. Januar 1905 fand in Brahms Lessing-Theater die Uraufführung des *Geretteten Venedig* statt. Drei Wochen vorher hatte ein anderer, ganz neuer Fischer-Dramatiker bei der ›Konkurrenz‹, in Reinhardts Deutschem Theater Uraufführung: Richard Beer-Hofmann mit seinem Erstling *Der Graf von Charolais.* Der »Bär«, wie die Wiener Freunde ihn nannten, war nach Berlin gekommen, um an der Inszenierung mitzuwirken. »Reich wie er war«, so erzählt Hedwig Fischer,

verschwendete er Unsummen (wie es sonst wohl nur Oscar Wilde fertiggebracht hätte) an die Ausstattung in schwerer, wunderbarer Seide und sonstigem raffiniertem, teurem Zubehör. Dazu verliebte er sich in die junge Hauptdarstellerin Lucie Höflich, die gerade am Anfang ihrer Laufbahn stand. Die Aufführungsvorbereitungen zogen sich unablässig in die Länge, – da kam ein Telegramm von Hugo von Hofmannsthal (ans Theater, nicht an die Hoteladresse abgefertigt): ›Bitten *höflich* Beer-Hofmann nach Hause zu lassen!‹ Doch wurde die – erfolgreiche – Premiere wohl abgewartet.

Der Graf von Charolais, mit dem jungen Moissi in der Titelrolle, wurde ein großer Erfolg. Kerr war fassungslos begeistert. Fischers Bühnenvertrieb hatte ein großes Los gezogen; das Stück ging jahrzehntelang über die deutschen Bühnen. *Das gerettete Venedig,* mit Bassermann und Rittner in den tragenden Rollen, hingegen hatte, wie Hofmannsthal notierte »geringen Erfolg«. Der Wahrheit die Ehre: es fiel durch. Hauptmann war zu den beiden Uraufführungen eigens nach Berlin gekommen und sah bei dieser Gelegenheit Moissi zum erstenmal. Er wußte, wie einem bei »geringem Erfolg« zumute ist. Er nahm Hofmannsthal mit auf den ›Wiesenstein‹, um ihn auf andere Gedanken zu bringen und die Enttäuschung vergessen zu lassen. »Hauptmann«, schrieb Hofmannsthal aus Agnetendorf seinem Vater, »ist ein so unglaublich guter, eigentlich rührender Mensch, und Grete sehr lustig und guter Laune.« Nach Rodaun heimgekehrt, schrieb er am 12. Februar 1905 an Fischer:

Mein lieber Verleger, von der Provinz erwarte ich für *Das Gerettete Venedig* wenig oder besser gesagt, gar nichts. Ich betrachte aber eine jede meiner Arbeiten vor allem als das unvermeidliche Glied meiner künstlerischen Entwicklung und nehme von vornherein an, daß der sogenannte materielle Erfolg in ganz unberechenbarer Weise entweder eintreffen oder ausbleiben wird.

Der materielle Erfolg blieb nicht aus; auch die Provinz spielte *Das gerettete Venedig.* Die Geschäftskorrespondenz gibt einen flüchtigen Einblick in die damaligen Gepflogenheiten. Das Schauspielhaus in Düsseldorf und das Neue Stadttheater in Nürnberg beispielsweise nahmen *Das gerettete Venedig* zu einer Tantieme von zehn Prozent und einer vorauszahlbaren Garantie von 500 Mark an. Das Bellevue-Theater in Stettin gab für *Elektra* nur sechs Prozent Tantieme und 200 Mark Garantie, das Stadttheater Köln garantierte für das gleiche Stück 120 Mark, zahlte sie aber nicht; Lübeck garantierte 150 Mark, die aber durch die drei zustande gekommenen Aufführungen nicht erreicht wurden; St. Gallen war nicht zu bewegen, überhaupt eine Abrechnung zu schicken. Für das vierte Quartal 1904 konnte der geschäftsführende Herr Schur dem Dichter für *Elektra* und *Das gerettete Venedig* zusammen 1988 Mark und 97 Pfennig »hochachtungsvoll ergebenst« überweisen. Der Bühnenvertrieb hatte ganze 220 Mark und 99 Pfennig verdient. Als Hofmannsthal *Die Hochzeit der Sobeide* für ein Gastspiel von Agnes Sorma nicht freigeben wollte, weil er das Stück Reinhardt versprochen hatte, meinte Herr Schur am 29. Dezember 1909 betrübt:

Bei den unsicheren Repertoireverhältnissen der Bühnen von Direktor Reinhardt können Jahre vergehen, ehe dieses Werk zur Aufführung kommt, und wenn die Sorma mit dem Stück einige Wirkung erzielt, so wäre den auswärtigen Bühnen das Werk erschlossen, an dem sie jetzt teilnahmslos vorübergehen.

Es war ein mühsames Geschäft.

HOFMANNSTHAL UND STRAUSS

Kompliziert wurde es für den Bühnenvertrieb, als 1906 die Zusammenarbeit zwischen Hofmannsthal und Richard Strauss begann. Strauss hatte sich die *Elektra* »ganz schön zum Hausgebrauch zusammengestrichen«. Doch da das ungekürzte Stück natürlich von den Sprechbühnen gespielt wurde, mußte zwischen Fischer, dem Buch- und Bühnenverleger, und Adolph Fürstner, Strauss' Musikverleger, bei dem der Operntext erscheinen sollte, eine Vereinbarung getroffen werden. Dies war schwierig, und die Verhandlungen nahmen volle zwei Jahre in Anspruch. Fischer wollte, wie Strauss im Juni 1906 an Hofmannsthal schrieb, »das Textbuch behalten, im eigenen Verlag herausgeben« und ihn nur am Erlös beteiligen. Strauss fand, es sei »höchst unvorteilhaft, daß die Theater mit zwei verschiedenen Verlegern verkehren müssen«; Textbuch und Partitur müßten im gleichen Verlag erscheinen; Fischer solle »seinen Preis nennen, soll sagen, welchen Anteil er vom Textbuch beansprucht – aber er soll mir's abtreten«. Andernfalls müsse er womöglich auf die Vertonung der *Elektra* verzichten. Fischer ließ sich nichts vormachen. Er zweifle nicht daran, schrieb er seiner Frau am 28. April 1906, daß »Strauss die ›Elektra‹

schon componiert ... aber so leichten Kaufs werde ich mich denn doch nicht, soweit meine Buchrechte in Betracht kommen, beiseite schieben lassen.« Hofmannsthal vermittelte bei Fischer und machte einen Kompromißvorschlag, der auch seine Rechte sichern sollte. Im Oktober 1906 aber war noch immer nichts unterschrieben, und Hofmannsthal fragte besorgt an: »Sollte vielleicht eine kleine Bummelei von Fischer vorliegen, daß ich noch gar nichts hörte?« Als Strauss mit der Komposition schon fast fertig war, wandte er sich besorgt an Fischer, da er offenbar fürchtete, das Ganze könne an Fischers Sperrigkeit scheitern. Fischers Antwort vom 8. Juni 1908 zeigt den Verleger von einer neuen Seite; sein neues Tätigkeitsfeld war voller Fußangeln, und er erspähte scharfsinnig jede einzelne:

Seien Sie ganz unbesorgt, ich werde die Sache gewiß nicht zum Scheitern bringen. Strauss will das Textbuch für seinen Verleger haben, um für die Partitur ein höheres Honorar herauszuschlagen; aus keinem anderen Grund. Dabei geht er von der Voraussetzung aus, daß der Gewinn aus dem Textbuch nur ihm allein zusteht. Bringt der Musikverleger das Textbuch, so haben Sie auf kein Honorar dafür zu rechnen, denn Strauss meint, daß Sie mit dem 25 % Antheil von den Tantiemen der Aufführung völlig abgefunden sind. Ich habe nach langen Verhandlungen vorgeschlagen, das Textbuch mit dem Musikverleger zusammen herauszugeben, wobei ich angenommen habe, daß Sie von mir den meinem Besitz-Antheil entsprechenden Honorarsatz bekommen. Sie haben also ein Interesse daran, daß mein Vorschlag acceptiert wird, wenn Sie nicht andere Vereinbarungen mit Strauss beabsichtigen. Strauss soll, wie er mir sagte, ein *festes* Honorar für die Partitur *inclusive* Textbuch vom Musikverleger bekommen, daher wäre es doch für Sie wichtig festzustellen, ob Sie Ihrerseits an den Erträgnissen dieser Einnahmen partizipieren (das entspricht wohl nicht dem Brauch). Darf ich Sie bitten an Strauss im Interesse einer allgemeinen Klärung der Sachlage folgendes zu schreiben: *Sie* wären ohne weiteres berechtigt, anzunehmen, daß *Sie* mit mir die Textbuchfrage sehr schnell ordnen könnten. Da Sie aber von mir, als Ihrem Verleger, vom Textbuch 25 % Tantieme vertragsmäßig zu beziehen hätten, wäre vorher prinzipiell festzustellen, wieviel Sie vom Musikverleger bekommen. Die 25 % hat er nämlich *mir* angeboten. Machen Sie sich darauf gefaßt, daß Strauss Ihnen kein Honorar fürs Textbuch zubilligen wird und informieren Sie mich frdl. wie Sie die Angelegenheit geordnet wünschen. Den Vertrag mit Strauss sollten Sie jedenfalls so klar wie möglich formulieren. Wollte man die Sache auf die Spitze treiben, so wäre einzig und allein der Standpunkt richtig, daß ich den Verlag des Textbuchs behalte und an Sie und Strauss das Honorar abführe. Da wir das aber nicht wollen, so würde ich bereit sein mit dem Musikverleger zusammen den Verlag zu übernehmen und Ihnen meinerseits die entsprechenden Tantiemen zu bezahlen.

Das Operntextbuch erschien schließlich doch bei Fürstner. Hofmannsthal berichtete Schnitzler schließlich am 1. April 1909 (die Uraufführung der *Elektra* hatte bereits am 25. Januar 1909 in Dresden stattgefunden), er habe »Fischer nicht ohne Mühe veranlaßt, seine Verlagsrechte an Fürstner abzutreten. Hierfür bezahle ich an Fischer die Hälfte der von Fürstner mir zufließenden 25 Prozent. D. h. von 10 000 Exemplaren bekomme ich 1250 Mark, Fischer das gleiche.« Im Ausland entstand hierüber viel Verwirrung. Die berühmte englische Schauspielerin Stella Patrick-Campbell, für die Shaw später die Rolle der Eliza in *Pygmalion* schrieb, wollte im Winter 1908 Hofmannsthals *Elektra* spielen und hatte sich von Arthur Symons eine Übersetzung machen lassen. Sie war überzeugt, daß sie mit den Aufführungsrechten des Dramas auch die der Oper von Fischer erwerbe; sie bestand darauf, daß Symons' Übersetzung, die sie bezahlt hatte, für Drama und Operntext gelte, und daß folglich die Veröffentlichungsrechte der *Elektra* in beiden Buchformen in England ihr zustünden. Es bedurfte vieler Briefe, bis Fischer sie zu überzeugen vermochte, daß er ihr keine Rechte verkaufen konnte, die er nicht besaß und die auch Hofmannsthal nicht mehr besaß; denn, so erfahren wir, »der Autor hat die Berechtigung zur Übersetzung des Operntextes dem Komponisten, Herrn Dr. Richard Strauss, für alle Sprachen übertragen«. Wunderbarerweise kam der englische Vertrag trotz zahlloser Mißverständnisse tatsächlich zustande.

Um diese Zeit war *Der Rosenkavalier* bereits weit fortgeschritten. Hofmannsthal, so erzählt Hedwig Fischer,

kam im Sommer 1910 von Aussee herüber zum Berghof, um uns die ersten beiden fertigen Akte vorzulegen. Wir waren so begeistert, daß wir im späteren Sommer noch nach Alt-Aussee hinüberfuhren, um dort, bei Wassermann, auch den inzwischen entstandenen dritten Akt zu hören.

Der ›Berghof‹ spielte damals im Verlagsleben eine große Rolle. Salten hatte Fischers auf diese »schöne, altösterreichische Siedlung« bei Unterach am Attersee aufmerksam gemacht, und Fischer verlegte, wie Annette Kolb später bemerkte, allsommerlich auf wenigstens zwei Monate seine »Hofhaltung« dorthin. Der ›Berghof‹ war eine Art zwangloser Gästehaussiedlung; er lag, wie Hedwig Fischer ihn schildert,

wunderschön auf einem Hochplateau überm Attersee, er hatte ein eigenes Badehaus, ein eigenes Bootshaus, eigenen Tennisplatz, auf dem wir mit Saltens oft heiße Kämpfe ausfochten. Der Berg hinterm Haus, kurz der Hausberg genannt, duftete nach Cyklamen und war von vielen schönen Frauen bewohnt. Die Siedlung bestand aus vier bequemen Landhäusern, die der Familie des Musikers Iganz Brüll gehörten. In allen Häusern wurde musiziert, in allen fand man Photographien und Manuskripte von Johannes Brahms, der zu den Gästen des Brüll'schen Hauses und des Berghofes gehört hatte... Es wurde eine lebendige Musiktradition gepflegt in steter Verbindung zu den zeitgenössischen Meistern. Das gab den dortigen Aufenthalten ihr Gesicht. Am Abend besuchte man einander mit Handarbeitskörben, es wurde geplaudert, musiziert oder aber Poker gespielt... immer neue Gäste tauchten auf...

Hedwig Fischers Erinnerung täuschte sich insofern, als Hofmannsthal bei seinem Besuch auf dem ›Berghof‹ anscheinend das ganze Werk vorlas. (Strauss hatte im Mai 1910 mit der Komposition des dritten Aktes begonnen, obwohl man sich über die Textgestaltung des Schlusses noch nicht einig war, aber in der ersten Juniwoche 1910 lag auch dieser Schluß vor.) Fischer schrieb am 31. August 1910 auf einer Postkarte aus Unterach an Richard Dehmel: »Hofmannsthal hat uns einen Besuch gemacht und uns gestern seinen *Rosenkavalier* vorgelesen. Einen graziöseren und amüsanteren Operntext kann man sich kaum denken ...« Auf diese Vorlesung bezieht sich offenkundig Hofmannsthals Brief an Strauss aus Unterach vom 30. August 1910:

Ich las gestern hier die Spieloper in einem Zuge Felix Salten und noch vier bis sechs Freunden vor. Das ganze wirkte sehr, sowohl das Poetische wie das Heitere. Ein merkliches Abflauen der Stimmung zeigte sich im III. Akt nach Abgang des Barons. Hier wurde eine fühlbare ermüdende Länge empfunden. Man hört hier schon den Vorhang rascheln, und alles drängt zum Schluß. Eine Ermüdung hier (und drei Minuten zuviel können Ermüdung und Ungeduld auslösen) wäre tödlich für den Gesamterfolg. Ich habe sogleich unter Beihilfe von Felix Salten die nötigen Kürzungen gemacht.

Hedwig Fischer erinnerte sich an kein »merkliches Abflauen«.

Mir schien das Vorhaben gelungen, dem *Figaro* ein modernes, göttlich heiter beschwingtes Pendant zu geben, und niemals hat mich die Oper, ob mit, ob ohne Musik, ungerührt gelassen. Damals wurde noch debattiert, ob die Partie des Rosenkavalier von einer Frau gesungen werden könne, mir erschien es unmöglich. Es war gar nicht unmöglich und nicht einmal ein Problem. Strauss brauchte die drei Singstimmen, das gab den Ausschlag.

Hedwig Fischer scheint jedoch den zweiten Akt bereits vor der ›Berghof‹-Vorlesung gekannt zu haben, denn Hofmannsthal beruft sich bereits sechs Wochen zuvor in einem Brief vom 12. Juli 1910 aus Rodaun an Strauss unter anderem auf ihr Urteil, was die Figur der Marschallin betrifft:

Wie sehr die Frauen, dieser wichtige Teil unseres Publikums, dies so empfinden und das ganze bunte Abenteuer aus dem Gesichtswinkel der Marschallin sehen, mögen Sie aus dem beigelegten Brief der Fürstin Lichnowsky entnehmen... Und genau ebenso empfindet meine Frau, empfindet die Frau meines Verlegers Fischer, die Fürstin Marie Taxis u. s. f. Ich lege Ihnen dies besonders ans Herz...

Die Uraufführung fand am 26. Januar 1911 in Dresden statt, und nicht nur ›die ganze Musik- und Kunstwelt‹, auch die Verlagsfamilie fand sich zu dem großen Ereignis ein. Nansen, der sich in Dr. Lahmanns Sanatorium befand — »Denken Sie«, schrieb er an Hedwig

Fischer, »in diesen Tagen bin ich 50 Jahre. Ein greiser Dichter« – wollte gern dabei sein, aber: »Billet kann ich, so scheint es, leider nicht bekommen. Alles ist schon lange ausverkauft. Schade!« Doch fand sich in allerletzter Minute doch noch ein Platz für ihn. Die Reichsbahn stellte den sogenannten »Rosenkavalier-Extrazug« ein, der die Berliner Opernfreunde nach Dresden brachte, und eine Woche nach der Premiere kamen Hofmannsthal, Strauss und das ganze Dresdener Ensemble nach Berlin zu einem großen Ball, den Fischer in seinem Haus in der Erdener Straße gab, und zum erstenmal wurde zum nachmals berühmten Rosenkavalierwalzer getanzt: Meier-Graefe führte mit der Dame des Hauses eine Polonaise an, die »durch das ganze Haus« ging.

Hofmannsthal schickte mir dann ein Widmungsexemplar der Oper mit der Inschrift ›Unterach-Aussee-Dresden‹. Dann pflegte er, sich selbst ironisierend, zu sagen, und er schaute dabei nach seiner Gewohnheit auf die Fingerspitzen: »Der Strauss ist mei Gölld.«

Die vollständige, ursprüngliche Fassung der »Komödie für Musik« wich vom endgültigen Operntextbuch so stark ab, daß Hofmannsthal sie als selbständiges Buch bei Fischer veröffentlichte, während das Libretto gleichzeitig (1911) bei Fürstner erschien. Von den nachfolgenden, für Richard Strauss geschriebenen Opernbüchern erschienen bei Fischer keine gesonderten Buchausgaben mehr. Hofmannsthals selbständige Dramen, vom *Jedermann* (1911) bis zum *Turm* (1928) erschienen als Buchausgaben bei Fischer und zugleich in Fischers Bühnenvertrieb, mit Ausnahme des *Salzburger großen Welttheaters*, dessen Buchausgabe der Insel-Verlag herausbrachte. Einige von Hofmannsthals Übersetzungen oder Bearbeitungen fremder Stücke wie Molières *Heirat wider Willen* erschienen bei Fischer nur als Bühnenmanuskript.

Der früheste erhaltene *Verlagskatalog des Bühnenvertriebs von S. Fischer Berlin* stammt aus dem Jahr 1911. Es ist ein nüchternes Heft von sechzehn Seiten, mit einer simplen Randleiste von E. R. Weiß verziert, und weist 67 Autoren mit insgesamt 166 Stücken auf. Von diesen entfallen nicht weniger als 61 auf die vier bedeutendsten Dramatiker des Theaterverlags: Björnson und Schnitzler mit je achtzehn, Shaw mit fünfzehn, Hofmannsthal mit zehn Bühnenwerken. Sie waren die vier Hauptpfeiler des Unternehmens und blieben es ein Vierteljahrhundert lang.

›LIEBESREIGEN‹

Ein dramatisches Werk Schnitzlers hatte eine besondere Geschichte. Sie beginnt 1897, ein Jahr nach Schnitzlers erstem großen Bühnenerfolg mit *Liebelei*. Am 13. November schrieb Fischer an den Dichter:

Lieber Herr Doctor! Die von Ihnen erwähnten zehn Scenen *Liebesreigen* sind mir unbekannt; vielleicht ließen sich dieselben der Neuauflage von *Anatol* beifügen. Fällt dies aber aus dem Rahmen, so würde sich eine Separatausgabe veranstalten lassen. Sind denn diese Sachen wirklich so gewagt, daß Sie sich meinetwegen dabei beunruhigen? In Deutschland liegt ja die Sache so, daß Sie als Ausländer nicht verantwortlich gemacht werden. Der Verleger ist allerdings für alle seine Publicationen dem Gesetz gegenüber verantwortlich. Vielleicht schicken Sie mir den *Liebesreigen* bei Gelegenheit zur Einsichtnahme. Aus den Publicationen meines Verlages geht nicht unbedingt hervor, daß ich in dieser Richtung so furchtbar ängstlich wäre.

Die zehn Dialogszenen des *Liebesreigen* waren im Winter 1896/97, unmittelbar nach dem Schauspiel *Freiwild* entstanden. Schnitzler sandte Fischer das Manuskript, und Fischer antwortete am 11. Januar 1898: »Ich habe den *Liebesreigen* schon gelesen; ich wünschte, es wäre möglich, dieses feine Werk zu veröffentlichen, ich habe aber doch große Bedenken. Das Manuskript befindet sich gegenwärtig bei meinem Rechtsanwalt zur Begutachtung.« Der in Zensurfragen sehr sachkundige Anwalt Dr. Osterrieth äußerte sich am 11. Februar:

Ein eigentliches Sachverständigen-Gutachten kann ich Ihnen nicht geben, da es sich doch wesentlich um eine rein subjektive Anschauung handelt, und die moralische Empfindlichkeit eines Staatsanwalts oder Gerichtshofes schwer vorher zu beurteilen ist. Rein privatim kann ich allerdings die Befürchtung nicht unterdrücken, daß die Skizzen, so fein durchgeführt sie sind, manchen Anstoß erregen werden und vielleicht auch gerichtlich verfolgt werden könnten. Es zirkuliert bei uns französische Literatur, die jedenfalls in dieser Beziehung bedenklicher ist als der *Liebesreigen*. Indessen glaube ich, daß man mit deutschgeschriebenen Sachen strenger ist als mit französischer Literatur, der – mit Recht oder Unrecht – der Ruf der Liederlichkeit anhaftet. Alles in allem glaube ich daher – so sehr die Unterlassung der Veröffentlichung dieser Skizzen zu bedauern wäre – daß Sie sich, im Falle Sie den *Liebesreigen* in Verlag nehmen, einer gerichtlichen Verfolgung und Verurteilung aussetzen würden.

Fischer teilte Schnitzler das Anwaltsgutachten mit und schrieb: »Mir persönlich war es nicht zweifelhaft, daß die Veröffentlichung des *Liebesreigens* in Deutschland unmöglich ist ... Es thut mir sehr leid, die Publication dieses Werkes unterlassen zu müssen.« Aber als man sich im Sommer 1899 in Igls traf, wurde offenbar die Möglichkeit besprochen, eine Sonderausgabe des *Liebesreigen* in kleiner Auflage zu drucken, die nicht in den Handel kommen, sondern nur für die Freunde des Dichters bestimmt sein sollte. Fischer versprach anscheinend, sich über die Rechtslage in einem solchen Fall zu erkundigen. Schnitzler hatte gleichzeitig das Manuskript an Alfred Kerr geschickt, der sich enthusiastisch für *Liebelei* eingesetzt hatte, und ihn gefragt, ob er es zur Veröffentlichung für geeignet halte. Kerr war dafür, fand jedoch den Titel irreführend. Auf seinen Rat ließ Schnitzler die beiden ersten Silben fort, und das Werk hieß jetzt – endgültig – *Reigen.*

›REIGEN‹

Aus dem Urlaub zurück, erstattete Fischer am 30. August 1899 Schnitzler Bericht:

Lieber Herr Doctor! Ich habe mich gestern über die Form, die dem *Reigen* zu geben wäre, zu informieren gesucht. Die Sache stellt sich noch ungünstiger, als ich dachte. Nach Paragr. 184 würde auch die *Verteilung* des Buches, also selbst die Verteilung nur weniger Exemplare strafbar sein, immer vorausgesetzt, daß der Inhalt überhaupt unter den Begriff dieses Paragraphen fällt. Daran würde auch die vorgeschlagene Form nichts ändern und auch nicht der Umstand, daß die Exemplare nicht gewerbsmäßig verkauft, sondern nur in beschränkter Anzahl verschenkt werden ... Wir sind zu dem Resultat gekommen, daß es das einfachste wäre, wenn Sie das Buch in Wien drucken ließen, und zwar ohne andere äußere Abweichung von der gewöhnlichen Buchform, nur mit der Bemerkung ›Als Manuscript gedruckt‹, versehen. Da dort jedes Product der Druckerpresse obligatorisch der Censur eingereicht werden muß, so sind Sie, im Fall das Buch die Censur passiert, unbedingt außer Obligo. In sexuellen Dingen herrscht in Österreich ein größeres Maß von Liberalität wie bei uns, und es ist durchaus nicht unmöglich, daß das Buch die Censur unbeanstandet passiert. Von Österreich aus könnten Sie das Buch an Ihre Freunde ruhig versenden. Sie sind Österreicher, das Buch ist in Österreich gedruckt, in Deutschland könnte höchstens, wenn der unwahrscheinliche Fall eintritt, daß die Behörde ein Exemplar beanstandet, das betreffende Exemplar confisciert werden. Ihnen persönlich könnte aber für eine nach österreichischem Gesetz nicht strafbare That in Deutschland unter keinen Umständen der Prozeß gemacht werden. Dieser Weg scheint mir und meinem Anwalt, den ich consultiert habe, der gangbarste und einfachste, ja es wäre gar nicht ausgeschlossen, daß Sie das Buch, wenn es in Österreich die Censur passiert hat, einfach bei einem österreichischen Verleger in Wien erscheinen lassen und daß es auch in Deutschland ganz unbeanstandet Verbreitung finden kann, denn im künstlerischen Sinn ist Ihr Buch ja selbstverständlich nicht ›unzüchtig‹, es liegt bloß ein hohes Maß von Wahrscheinlichkeit vor, daß ein hiesiger Gerichtshof es *im Falle der Denunziation* so auffassen könnte. Es wird mir lieb sein zu erfahren, was Sie von diesem Vorschlag halten ...

Fischers Vorschlag leuchtet ein. In Deutschland gab es keine Zensur mehr; sie war mit dem Paragraphen 1 des Reichspressegesetzes vom 7. Mai 1874 für alle Erzeugnisse der Buchdruckerpresse und alle durch andere Mittel bewirkten Vervielfältigungen von Schriften aufgehoben. Aber gab es eine Unzahl von Ländergesetzen und Polizeiverordnungen, die es den Behörden ermöglichten, ein Buch in ihrem Zuständigkeitsbereich zu beschlagnahmen bzw. die Aufführung eines Stükkes zu verbieten. Verbote erfolgten willkürlich und uneinheitlich: Hauptmanns *Weber* beispielsweise waren in manchen deutschen Städten (darunter Berlin) verboten, in anderen nicht. Darüber hinaus stand es jedem entrüsteten Staatsbürger frei, gegen ein ihm mißliebiges Werk, selbst wenn die Behörden von sich aus nicht eingriffen, bei der Staatsanwaltschaft Strafanzeige zu erstatten, wodurch ein Prozeß unvermeidlich wurde. In Österreich hingegen, wo die Zensur noch bestand, klärte die obligatorische Vorzensur die Situation ein für alle Mal für das ganze Staatsgebiet.

Bei ihrem nächsten Zusammentreffen (im Oktober 1899) in Berlin beschlossen Fischer und Schnitzler offenbar, den *Reigen* dennoch in Deutschland zu drucken, und zwar als reinen Privatdruck des Autors, ohne Nennung Fischers als Verleger und auf Schnitzlers Kosten. Fischer besorgte indessen die Druckerei (es war die kleine, aber leistungsfähige Provinzdruckerei in Roitzsch bei Bitterfeld, wo auch die ›Neue Deutsche Rundschau‹ gedruckt wurde) und übernahm es, die technische Herstellung des Buches zu betreuen. Das verfängliche Büchlein war noch nicht ausgedruckt, als Schnitzler eine Möglichkeit sah, den *Reigen* vielleicht doch regulär in einem Wiener Verlag zu veröffentlichen. Fischer warnte ihn am 8. November 1899:

Bevor Sie den *Reigen* einem Wiener Verlag übergeben, würde ich empfehlen, erst abzuwarten, welchen Eindruck die Dedikations-Exemplare machen. Auch möchte ich mir noch die Entscheidung vorbehalten, bis ein Exemplar im Druck vorliegt, man bekommt zuweilen von dem gedruckten Exemplar einen anderen Eindruck.

Inzwischen erhob sich die Frage des Umschlags. Schnitzler schlug Moritz Coschell vor, aber Fischer war von Coschells Zeichnungen enttäuscht. »Sie sind ja hübsch, aber es fehlt ihnen vor allen Dingen an jedem Stimmungsgehalt. Es sind gegenständliche Darstellungen ohne Poesie.« Am 12. Februar 1900 schrieb er an Schnitzler:

Ich habe mit Coschell wegen des Umschlages zum *Reigen* gesprochen; wir sind beide zu dem Resultat gekommen, daß es zweckmäßig ist, auf eine Zeichnung zu verzichten. Es wird sich sehr gut machen, wenn auf diesem grauen Bütten-Umschlagpapier nichts weiter wie Titel und Verfasser steht. Bevor ich aber an den Druck des Umschlages gehe, möchte ich eine Frage bei Ihnen anregen. Ich habe den *Reigen* in den Aushängebogen nochmals gelesen; nun scheint es mir ganz ausgeschlossen, das Buch in meinem Verlag erscheinen zu lassen. Wenn Sie glauben, daß das Buch in Österreich nicht beanstandet wird, so sehe ich nicht ein, warum Sie die Offerte des Wiener Verlags für dieses Buch nicht annehmen. Das Buch können Sie künstlerisch sicher verantworten. Sollten Sie also daran denken, das Buch dem Wiener Verlag zu übergeben, dann würde es sich empfehlen, die Firma des Wiener Verlages schon jetzt auf den Umschlag zu drucken, denn es scheint mir fraglich, ob nicht die Büchersendung ohne Bezeichnung eines Verlegers bei der Wiener Zoll- resp. Censurbehörde beanstandet werden könnte. Ich müßte mich darüber informieren, bevor ich die ganze Büchersendung an Sie abgehen lasse. Da es sich hier um eine Frage der Wiener Censur handelt, dürfte der Wiener Verlag darüber am besten Auskunft geben können. Ein Exemplar des fertiggedruckten Buches sende ich Ihnen gleichzeitig.

GEDRUCKT, ABER NICHT ERSCHIENEN

Eine Vereinbarung mit dem Wiener Verlag kam nicht zustande. Immerhin war der *Reigen* jetzt im Frühjahr 1900 endlich gedruckt, aber nicht ›erschienen‹. Der Privatdruck enthielt ein kurzes Vorwort:

Ein Erscheinen der nachfolgenden Scenen ist vorläufig ausgeschlossen. Ich habe sie nun als Manuscript in Druck gegeben; denn ich glaube, ihr Wert liegt anderswo als darin, daß ihr Inhalt den geltenden Begriffen nach die Veröffentlichung zu verbieten scheint. Da jedoch Dummheit und böser Wille immer in der Nähe sind, füge ich den ausdrücklichen Wunsch bei, daß meine Freunde, denen ich dieses Manuscript gelegentlich übergeben werde, es durchaus in diesem Sinne behandeln und als ein bescheidenes, ihnen persönlich zugedachtes Geschenk des Verfassers aufnehmen mögen.

Die zweihundert Exemplare – »als unverkäufliches Manuscript gedruckt« –, die unter Schnitzlers Freunden kursierten und von ihnen wie ein Schatz gehütet wurden, verbreiteten den Ruf des Buches bald über ganz Europa. Kerr schrieb in der ›Neuen Deutschen Rundschau‹:

Ein wundervolles Buch. Sein Wert liegt in den Lebensaspekten und der komischen Gestaltung. Die komische Kraft ist ein neuer Zug an Schnitzler... Das Buch ist im Handel nicht erschienen. Unsere Besten haben kein Zutrauen zu dieser Gegenwart.

Drei Jahre lang zirkulierte der *Reigen* bereits unter der Oberfläche, und so viele Menschen kannten und schätzten das graziöse kleine Werk, ohne es im geringsten anstößig zu finden, daß Schnitzler neuerlich an eine reguläre Veröffentlichung dachte. Er mag sich gedacht haben, daß sein literarischer Ruf inzwischen stark genug war, um den *Reigen* zu tragen und vor Verfolgung zu schützen. So klopfte er Anfang 1903 abermals bei Fischer an, der ihm am 13. Februar antwortete:

Lieber Herr Doctor! Ich habe den *Reigen* noch einmal gelesen, aber ich bin auch jetzt zu der Überzeugung gekommen, daß an eine Veröffentlichung in Deutschland nicht zu denken ist. Ich glaube auch nicht, ob dieses Werk unbeanstandet in Österreich erscheinen könnte. Aber das müssen die Wiener Verleger besser wissen. Diesen *Reigen*, der künstlerisch gewiß zu rechtfertigen ist, sollten Sie nach meiner Meinung einem größeren Publikum überhaupt nicht zugängig machen. Ich könnte mir vorstellen, daß dieses Werk in einer sehr exquisiten und teuren Ausgabe für reife und verständnisvolle Leser sehr am Platze wäre. Bevor Sie aber dieses Buch der breiteren Öffentlichkeit übergeben, wo es möglicherweise als pornographische Literatur empfunden und beurteilt werden könnte, sollten Sie sich mit Ihren Freunden gründlich beraten.

Die Freunde waren Hofmannsthal und Beer-Hofmann. Schnitzler legte ihnen das Problem vor, und ihre Antwort, in offenkundig übermütiger Scherzlaune gemeinsam verfaßt, traf postwendend, am 15. Februar 1903, ein. Dieser Brief ist ein literarhistorisches Kuriosum erster Ordnung. Er beginnt in Hofmannsthals Handschrift:

Lieber Pornograph
wir denken es käme darauf an was für ein Verlag Ihr Schmutzwerk herausgibt. Ist es etwa Grimm in Buda-Pest? dazu würden wir nicht raten. Ist es aber ein ernster Verlag, die Ausstattung sehr ernsthaft und anständig (Illustrationen à la Coschell würden diese Cochonnerie zum Gelächter Europas machen) dann geht es immerhin. Denn schließlich ist es ja Ihr bestes Buch, Sie Schmutzfink. Weder ist es so confus wie das Vermächtnis, noch so glatt wie die Liebelei, noch so snobish wie die Beatrice, noch so unsäglich langweilig wie Ihre läppischen Novellen, kurz, natürlich sollen Sie es herausgeben, unter dem Pseudonym Ludassy oder auch unter Ihrem eigenen Namen. Aber in einer anständigen Form. Das ist unsere Ansicht.

Der folgende Absatz ist in Beer-Hofmanns Handschrift:

Sie müssen soviel Geld dafür bekommen (im *Vorhinein*, denn im Nachhinein wird es confisciert), daß Sie sich jedenfalls darüber mehr freuen, als Sie sich später über das Schwätzen der Leute ärgern. Viele Leute werden es als Ihr erectiefstes Werk bezeichnen. Ob *ich* es an Ihrer Stelle herausgeben würde weiß ich nicht; jedenfalls würde ich *Sie* um Rat gefragt haben; geben Sie ihn mir also!

Es folgt wieder Hofmannsthal:

Ob ich es an Ihrer Stelle herausgegeben hätte? Unbedingt, gegen einen beträchtlichen Vorschuß und unter Ihrem Namen. (Der Vorschuß natürlich unter meinem Namen zahlbar.) Verstehen Sie also, was wir Ihnen geraten haben?

Und abermals Beer-Hofmann:

Ernstlich:

1.) Summe
2.) Verlag } entscheiden
3.) Ausstattung

1.) Sehr groß, 2.) Sehr ernst (die war's nicht, der's geschah), 3.) Würdig, d. h. Papier stark – wie Ihr Talent, Format einfach, und eher groß, ja nicht Taschenformat oder zierlich.

Und schließlich:

Genug. Hugo
Ja! Richard

Dieser Brief kann als Vorrede abgedruckt werden!

OFFENE RECHTSLAGE

Nun bricht der *Reigen*-Briefwechsel zwischen Schnitzler und Fischer auf volle fünf Jahre ab, aus einem einfachen Grund: da die Buchausgabe bei Fischer infolge der unsicheren Rechtsverhältnisse in Deutschland nicht möglich war, ließ Schnitzler den *Reigen* noch im gleichen Jahr im Wiener Verlag in Wien erscheinen, dem er zwei Jahre darauf (1905) auch den Novellenband *Die griechische Tänzerin* übergab. Der Wiener Verlag druckte eine erste Auflage von elftausend Exemplaren, die rasch vergriffen war, und das Buch erreichte bereits im ersten Jahr das 27. Tausend. Aber das Werk hatte damit noch längst nicht seine endgültige Heimstätte gefunden. Im Mai 1908 teilte Schnitzler Fischer mit, der Wiener Verlag sei vertragsbrüchig geworden und die Rechte seien an ihn zurückgefallen; der Rest der Auflage war in die Hände des Berliner Großantiquariats Singer und Co. geraten, und dieser ›Ramschbuchhändler‹ bot sie dem kleinen Berliner Verlag Hans Bondy an. Bondy bewarb sich bei Schnitzler um die Verlagsrechte und erbot sich, mit einer Feststellungsklage den allenfalls notwendigen Prozeß um die Freigabe des *Reigen* zu führen. Was hielt Fischer von dieser Sache? Fischer antwortete am 1. Juni 1908:

Herr Hans Bondy ist mir sehr wohl bekannt, er ist ein sehr anständiger Mensch, dessen Verlag wohl zu unterstützen wäre. Ich fürchte aber, daß er bei seiner völligen Unfähigkeit nicht imstande sein wird, einen Verlag zu leiten. Wenn aber der *Reigen* in Deutschland erscheinen kann, so wäre es nicht notwendig, daß gerade dieses Buch in einem anderen Verlag herauskommt. Die Frage ist ja nur die, ob es gelingt, den *Reigen* in Deutschland freizubekommen, ich glaube es nicht: aber ich will, wenn Sie wünschen, ohne weiteres einen Prozeß um die Freigabe führen, denn ohne diesen Prozeß ist ja auch Herr Bondy nicht in der Lage, das Buch erscheinen zu lassen.

Wenn die Rechtslage es überhaupt zuließ, wollte Fischer die Neuausgabe des *Reigen* jetzt endlich selbst veranstalten. Doch schon sein nächster Brief, vom 15. Juni 1908, zeigt, daß diese Hoffnung noch immer verfrüht war:

Nun liegt die Sache so, daß eine Klagefeststellung wegen Freigabe doch nur einen sehr zweifelhaften Erfolg haben würde. Wir könnten nämlich nur an der Stelle klagen, wo der *Reigen* verboten ist. (In München?) Selbst wenn wir an der betreffenden Stelle mit der Klage Erfolg hätten, so würde die Staatsanwaltschaft in jedem anderen Orte berechtigt sein, das Verbot von neuem zu erlassen. Da eine Zensur in Deutschland prinzipiell nicht existiert, so kann die Klage auf Freigabe nicht prinzipiell durchgefochten werden. Unter diesen Umständen scheint mir der einzige gangbare Weg doch der zu sein, daß der *Reigen* nach wie vor in Österreich erscheint. Es würde sich empfehlen, daß eine Wiener Firma, der sie Vertrauen schenken, die Restbestände aufkauft und das Buch dort von neuem herausgibt.

Und am 19. Juni 1908:

Ich will versuchen, ob ich feststellen kann, wann und wo der *Reigen* in Deutschland verboten ist. Daß er verboten ist, ist zweifellos... Und das Buch darf ja tatsächlich auch in Deutschland nicht geführt werden. Es ist aber ein Irrtum von Ihnen zu glauben, daß die Beschlagnahme in München oder Leipzig nur eine lokale Bedeutung hat... Ich habe gesagt, daß ein erfolgreicher Prozeß in einer Stadt die abermalige Konfiskation an anderer Stelle nicht ausschließen würde, was nicht heißen soll, daß das Buch an anderer Stelle erlaubt ist, wenn es in irgendeinem Ort in Deutschland verboten wurde.

Schnitzlers Annahme, »Was nicht verboten ist, das ist erlaubt«, war, in Deutschland zumindest, ein Trugschluß; der *Reigen* war keineswegs überall dort erlaubt, wo er nicht ausdrücklich verboten war. Die Rechtslage war ›offen‹, und unter diesen Umständen mußte Fischer abermals verzichten. Schnitzler suchte sich, Fischers Vorschlag folgend, in Wien einen neuen Buchverleger für *Reigen*, und dieser, der Benjamin Harz-Verlag, brachte die zehn Dialoge im Oktavtaschenformat neu gedruckt heraus. *Reigen* war und blieb ein gutes Geschäft. Kurz vor Ausbruch des Ersten Weltkriegs druckte Harz das 59.–68. Tausend. Dies war bei weitem die höchste Auflage, die Schnitzler bisher mit irgendeiner Einzelausgabe seiner Werke erreicht hatte. Harz dürfte einen sehr großen Teil seiner *Reigen*-Auflage auf dem deutschen Markt abgesetzt haben, auch wenn ihm immer wieder an einzelnen Orten die Büchersendungen beschlagnahmt wurden.

Die Geschichte des *Reigen* ist damit noch längst nicht zu Ende. Doch nun vergingen zehn Jahre, bis Fischer von Schnitzler wieder hierüber hörte.

17 ›Die Neue Rundschau‹

»Sie werden von Heft zu Heft die Besserung merken.« So hatte Oscar Bie im November 1894, als er die Redaktion der ›Neuen Deutschen Rundschau‹ übernahm, Björnson verheißen. Rückblickend schrieb er über sein Vorhaben:

Schon am Schluß der Vorrede des ersten ›Freie-Bühne‹-Heftes hatte sich diese Zeitschrift keineswegs verschworen, nur dem Naturalismus zu dienen, wenn die Zeiten einmal über ihn hinweg und zu neuen Formen führen sollten. Es galt, das Alte, mit dem wir groß geworden waren, nicht zu verachten und das Neue, das vielleicht den Keim der Zukunft in sich trug, rechtzeitig zu beobachten. Man mußte sich von einem festen Prinzip, von einer bestimmten Richtung genau so losmachen, wie es die Sezession in der Malerei tat. Man mußte also allen Werdenden die Tür öffnen und nur ein einziges Judizium zulassen: die Reife. Den Beweis, daß damals die Aufgabe der Zeitschrift in dieser Hinsicht richtig erfaßt und gut organisiert war, erbrachte das steigende Interesse der Leser und die schnell wachsende Zahl der Abonnenten.

Es war nicht im Handumdrehen bewerkstelligt worden. Der Aufstieg hatte Zeit gekostet, aber Bie erschien sie im Rückblick kurz:

Schon nach zehn Jahren eifriger Arbeit und sorgsamer Pflege aller einschlagenden Interessen war die Zeitschrift so weit, daß sie sich, zum ersten Male, ein Gewand zulegen konnte, das nicht nur ihrer würdig war, sondern auch in der Vornehmheit der äußeren Erscheinung alles übertraf, was bis dahin auf dem Markte der geläufigen deutschen Monatsschriften geleistet war.

In der letzten Spalte der letzten Seite des letzten Heftes des Jahres 1903 brachte die Zeitschrift die folgende, mit der Überschrift ›Die Neue Rundschau‹ versehene Mitteilung an ihre Leser:

Die ›Freie Bühne‹ hatte zuerst ein Kampforgan zu sein. Nachdem sich die Zeiten geklärt und die Anschauungen verbreitert hatten, durfte sie sich zu einer allgemeineren modernen Monatsschrift entwickeln, die den Titel ›Neue Deutsche Rundschau‹ annahm. An zehn Jahre hat sie sich zu einem Sammelpunkt moderner Bestrebungen in allen öffentlichen Dingen herausgebildet. Dem steigenden Interesse ihrer Leser verdankt sie es jetzt, daß sie wiederum in eine neue und reichere Phase treten darf. Wie der Prospect auf das Jahr 1904 zeigt, ist sie in der günstigen Lage, nicht bloß eine selten glückliche Auswahl geeigneter Beiträge darzubieten, sondern diesen endlich auch einmal die Form und das Äußere entsprechend zu gestalten. Wandlungen haben vielleicht im Augenblick etwas Peinliches, aber wenn sie sich bewähren, sind sie nur das gute Zeichen eines Wachstums und einer Assimilationsfähigkeit, die zu einer Zeitschrift lebendigen Charakters besser passen will, als das Festhalten an gewohnten und unzeitgemäßen Überlieferungen. Die Schönheit, die sie offen oder versteckt in allen ihren Teilen gepredigt hat, wird die Rundschau jetzt in dem ruhigen Maße ihres Wesens auf sich selbst anwenden können. Sie wird ein gutes Buch werden, nicht bloß als Papier der Mitteilung, sondern als Kunstwerk der äußeren Darbietung. Und bei dieser Gelegenheit erlaubt sie sich auch den letzten Schönheitsfehler zu tilgen, den Titel, den sie niemals so liebte wie den Inhalt. Der neue, nur ein wenig variierte Titel läßt das Wort ›Deutsch‹ selbstverständlich aus keinen anderen Gründen fort, als aus denen besserer Rhythmik und geringerer Verwechslungsmöglichkeit. Diese drei ersten neuen Worte sind nichts als die letzte Folge der formalen Reinigung: Die ›Neue Rundschau‹.

Heute würde man es einfacher und sachlicher sagen, doch spräche man auch zu anderen Lesern und Abonnenten. Es ist der Stil und Ton der Zeit, man findet ihn sehr ausgeprägt auch in Brahms Aufsätzen und Briefen, und es ist gut, ihn im Ohr zu behalten. Daß die Mitteilung mit ihren Verheißungen kommender Dinge – »eine selten glückliche Auswahl« – den Mund ein wenig voll nahm, war ihr gutes Recht: sie konnte tatsächlich halten, was sie versprach.

»FESTLICHES GELÄUTE«

Dieser Ankündigung waren lange und sorgfältige Vorbereitungen vorausgegangen. Die Umstellung war schon im Frühsommer 1903 beschlossen worden. Die Änderung des Namens war überfällig. Der Name ›Neue Deutsche Rundschau‹ war vom ersten Tag an ein Schönheitsfehler gewesen; er forderte die unablässige Verwechslung mit Julius Rodenbergs älterer, konservativer ›Deutscher Rundschau‹ geradezu heraus, und anscheinend hatte die ältere Monatsschrift sich eine Änderung erbeten. Die äußere und innere Neugestaltung wurde im Juli 1903 mit einem Rundschreiben in Angriff genommen, dessen Text nicht erhalten ist und das wir nur aus einem Brief Heimanns an Fischer vom 21. Juli 1903 aus dem Sommerurlaub im pommerschen Sorenbohm kennen:

Verbindlichsten Dank für das erste Lebenszeichen der neuen *Rundschau,* vielmehr: Der *Neuen Rundschau,* – mit einem herzlichen crescat, floreat empfange ich es, und füge für Sie den Wunsch bei, daß Sie zu dem Bewußtsein, etwas Gutes zu fördern, immer noch die freudigere Genugthuung haben mögen, die die Urheberschaft des Schönen erzeugt. Denn des Lebens wahrste Wahrheit ist nicht sein Kern, sondern seine Maske; sein besserer Sinn: Schönheit und Oberfläche; – das lehrt mich täglich das Meer. Beim ersten Lesen fand ich das Circular etwas schwerfällig, fast als ob mein spirit bei seiner Abfassung geholfen hätte; bei der zweiten war dieses Gefühl weg, und ich fand alles gut und würdig; nichts pausbackiges; Winde von Versprechen; sondern den einfachen Ausdruck des Programms, auf dessen Erfüllung Verlaß ist. Hauptmanns Zusage erfreut mich sehr; das ist ein festliches Geläute, ich halte das Hirtenlied für das bis jetzt Edelste, was er außerhalb der naturalistischen Form gemacht hat...

Bei diesem »Circular« dürfte es sich um einen Werbeprospekt an die Abonnenten gehandelt haben. An die Mitarbeiter hatte Bie sich bereits vorher in persönlichen Briefen gewandt, sie auf die Umstellung vorbereitet und ihnen seine Wünsche vorgetragen. So an Hofmannsthal am 15. Juli 1903:

Lieber Herr v. Hofmannsthal, Diesmal muß ich aus meinen Bitten, die Ihnen hoffentlich nicht zu lästig fallen, etwas Greifbares hervorgehen sehen. Wir werden jetzt *schön* drucken. Sie werden ein Vergnügen daran haben, bei uns sich zu lesen. Wir sind jetzt soweit – das einzige künstlerische Blatt, das es durch Solidität langsam und sicher erreicht hat. Ende 03, Anfang 04 werden die Hefte herauskommen. Hauptmann gibt uns ein unvollendetes Drama. Die Besten werden vereint sein, es soll einmal eine literarische Freude werden. Sie werden und dürfen dabei nicht fehlen. Der erste Oktober ist der Sammeltermin. Ich bitte Sie (und beschwöre Sie), lassen Sie mich bei dieser welthistorischen Wendung nicht im Stich. Sonst müßte ich eine so anständige Sache aufgeben. Senden Sie mir den Dialog, den Sie uns zugedacht haben. Sie werden mit uns zufrieden sein und wir glücklich mit Ihnen. Schreiben Sie mir eine Zeile, daß ich ihn bekomme – dann machen Sie mir einen guten Tag... Vollenden Sie jetzt Ihre Liebe. Ich würde nicht so drängen, wenn es sich diesmal nicht um einen bestimmten Termin und ehrlichen Ernst handelte... Also bitte, sagen Sie mir ja – ich ersehne diese Freude mehr als Sie vielleicht glauben. Es ist schön, wenn einmal alles zusammenklingt. Ihr herzlich getreuer Bie.

Und zwei Tage darauf an Bahr:

Lieber Herr Bahr, Wir bessern uns weiter auf (von 1904 ab), drucken schön und bleiben doch die alten Neuen. Wir haben für die ersten Hefte der neuen Form sehr Extraes zur Verfügung. Hoffentlich belohnt es sich. Ich möchte Sie nun auch bitten, in ein noch intimeres Verhältnis zu uns zu treten... würden Sie nicht so etwas wie Wiener Chroniqueur für uns werden wollen? Die hintere Rubrik wird dann sehr zierlich und schön behaglich gesetzt werden – wie wäre es, wenn Sie da von Zeit zu Zeit, sobald was los ist, ein kurzes Wiener Schnitzel uns garnirten? Ich möchte Sie gern mehr heranziehen und kam auf diese Idee. Wie denken Sie darüber und in welcher Form würden Sie sich am liebsten eifrig beteiligen?
Ihrer Antwort mit Vergnügen entgegensehend mit erg. Grüßen Bie

Bie dürfte eine Vielzahl solcher eigenhändiger Briefe ausgesandt haben. Die »welthistorische Wendung« war gewiß nur halb ironisch gemeint; zur anderen Hälfte war sie ihm heiliger Ernst. Es galt, als Frucht der zehnjährigen Aufbauarbeit jetzt eine überragende Leistung vorzulegen; jetzt mußte »alles zusammenklingen«, was »die Besten« im Verein zu bieten hatten. »Ich freue mich sehr«, schrieb Fischer am 24. Juli 1903 an Schnitzler, »daß Ihnen die neue Form der Rundschau gefällt; ich verspreche mir viel von dem neuen Gewand, das, wie ich denke, auch nicht ohne Einfluß auf den Inhalt bleiben wird.« Nach Heimanns Ansicht hatte der Inhalt einen solchen Einfluß nötig; er fügte einem Lektoratsgutachten an Fischer am 3. August 1903 diese Anmerkung an:

Nach diesem feierlich offiziellen Anfang erlaube ich mir ein privates, halb privates Divertissement. Angehend das Heft 8 der Neuen Rundschau. Verraten Sie mich nicht an Bie, unseren lieben Oberrundschreiber, dessen Mühe, gute Hefte zusammenzukriegen, ich beileibe nicht unterschätze. Aber ich fühle mich halb verpflichtet (als 14jähriger Leser) aufmerksam zu machen, daß dieses letzte Heft Tadel verdient. Es enthält 4 Beiträge, die in einem sehr schlechten Stil geschrieben sind; alle 4 wahre Verzerrungen eines anständigen deutschen Satzes. Was hilft alles Reden über Kunst und Kultur, wenn man sich so gefällig über die ersten billigsten Forderungen hinwegsetzt, die Kunst und Kultur an einen Schriftsteller haben, daß er nämlich seine Sprache versteht und fühlt ... Nichts für ungut. Salvavi animam.

Mit dem »schön drucken« hatte es seine Richtigkeit. Bisher war die Zeitschrift in der Provinzdruckerei Roitzsch hergestellt worden, die zwar billig, aber sehr konventionell arbeitete und nur wenige und schlechte, altmodische Frakturschriften zur Verfügung hatte. Am 11. August 1903 schrieb Fischer an Hesse: »Ich werde diese Druckerei im nächsten Jahr nicht mehr beschäftigen, weil die Rundschau in Zukunft der neuen künstlerischen Type wegen in einer anderen Druckerei hergestellt wird.« Fischer wechselte zu der wesentlich teureren, aber ungleich gediegeneren Offizin von W. Drugulin in Leipzig über, die bereits seit einigen Jahren einen Teil seiner Buchproduktion herstellte, und wählte die schöne alte Ungerfraktur, die ein elegantes und luftiges Satzbild lieferte. Dabei nahm er eine alte Gewohnheit aus der Frühzeit der Zeitschrift wieder auf: er richtete, wann immer möglich, bei Vorabdrucken größerer Werke, die in Buchform in seinem Verlag erschienen, den Zeitschriftensatz so ein, daß er, neu umbrochen, auch für den Buchdruck zu verwenden war. Dadurch verbilligte sich die Herstellung beträchtlich. Allerdings ergaben sich, da die ›Rundschau‹-Schrift eine Handsatztype war, hieraus gelegentlich Schwierigkeiten, wie sich aus seinen Briefen an Schnitzler vom 14. November 1907 über den Druck von *Der Weg ins Freie* ersehen läßt:

Mit dem Satz für die Rundschau wollen wir in 8 Tagen beginnen. Ich werde vermutlich den Satz auch für die Buchausgabe verwenden. Von dieser Schrift ist aber in der Druckerei nicht so viel Vorrat, daß sehr viel mehr, als für jedes Heft notwendig ist, im voraus gesetzt werden kann. Das tangiert aber nicht Ihre Correcturen für die Buchausgabe.

Der Umfang der Zeitschrift, die fünfzehn Jahre zuvor mit bescheidenen 1–1½ Bogen begonnen hatte, wurde auf 8 bis 9 Bogen, also 128 bis 144 Seiten pro Nummer erweitert, und das bisher blaugrüne Heft erhielt einen festeren, von E. R. Weiß gezeichneten Umschlag aus sepiabraunem Karton. Der Abonnementspreis betrug jetzt sechs Mark für das Vierteljahr; das Einzelheft kostete zwei Mark fünfzig, also nur um fünfzig Pfennige weniger als die broschierte Ausgabe eines Romans durchschnittlicher Länge von etwa 250 Seiten, und es scheint nicht ganz von ungefähr, daß Bie in seiner Ankündigung verhieß: »Sie wird ein gutes Buch werden ...« Über die Höhe der Auflage lassen sich infolge fehlender Unterlagen keine zuverlässigen Angaben machen. Bestimmt ist die von W. Grothe in seiner Untersuchung über die ›Neue Rundschau‹ für die Zeit von 1904 bis zum Ende des Ersten Weltkrieges angegebene Auflageziffer von »rund 12 000« viel zu hoch gegriffen.

Am 18. Dezember 1904 schrieb Fischer an Hermann Hesse, der nachträglich mit seinem ›Rundschau‹-Honorar von 100 Mark pro Bogen für den *Camenzind* unzufrieden war:

Das Honorar, das Sie bekommen haben, war gewiß nicht groß, aber durchaus den Verhältnissen der Zeitschrift angemessen. Die Rundschau war im vorigen Jahr mit ihren knapp 2000 Abonnenten in ihren Mitteln viel beschränkter als jetzt ... Seit 14 Jahren bin ich nur unter erheblichen Opfern im Stande gewesen, die aus der Freien Bühne herausgewachsene Rundschau zu halten, und erst in diesem Jahre wird mein altes Sorgenkind auf eigenen Füßen stehen. Glauben Sie wirklich, daß so etwas kalten Herzens zu machen ist?

In einem Brief an Aage Madelung vom 14. Mai 1913, also ein Jahr vor Kriegsausbruch, schreibt Fischer klipp und klar: »Die Neue Rundschau hat nur etwas über 5000 Abonnenten.« Und der Krieg brachte der Zeitschrift einen sehr empfindlichen Rückschlag; aus dem Briefwechsel zwischen Fischer und Schnitzler geht hervor, daß sie durch den Wegfall der Auslandsabonnenten etwa ein Drittel ihres Absatzes einbüßte.

Fischer hatte stets Mühe, die Honorarwünsche seiner großen Autoren für Abdrucke in der ›Neuen Rundschau‹ mit dem allgemeinen Budget der Zeitschrift in Einklang zu halten. Einige Jahre vor der »welthistorischen Wendung« hatte er Schnitzler sein Dilemma freimütig dargelegt. Im November 1898, als die Zeitschrift eintausend zahlende Abonnenten hatte, ging er widerwillig auf Schnitzlers Forderung von 500 Mark für den Abdruck des *Grünen Kakadu* ein, obwohl der Etat einen »solchen Honorarsatz auch nicht annähernd zulasse«, weil er, wie er sagte, »großen Wert darauf lege, eine größere Arbeit von Ihnen in unserer Rundschau zu veröffentlichen«. Zwei Jahre später, im Juli 1900, als Schnitzler 2000 Mark für den (etwa 100 Druckseiten umfassenden) Vorabdruck von *Frau Berta Garlan* vorschlug, antwortete er ihm:

Ihre Honorarforderung übersteigt so sehr die Honorarkraft unserer Zeitschrift für *größere* Werke, daß wir hier ernste Bedenken haben, den anderen Mitarbeitern gegenüber einen so eklatanten Präzedenzfall zu schaffen. Wenn wir auch sehr wohl wissen, daß wie bei jeder anderen Zeitschrift, neben dem objectiven Wert einer Arbeit auch die Zugkraft des Autors einen Maßstab für die Honorierung abgibt, so müssen wir gerade bei Romanwerken vermeiden, den Honorarmaßstab so zu verrücken, daß ein arges Mißverhältnis mit der Honorierung anderer Arbeiten dieser Art entsteht. Bei einzelnen Beiträgen müssen wir oft von unserem Honorarsatz abweichen; bei Romanen, auf die sich jedes Heft stützt, müssen wir bei dem Prinzip des Pauschal-Honorars bleiben. Das ist der Grund, weshalb sich eine Honorarbemessung pro Seite nicht machen läßt.

Man einigte sich auf 1500 Mark, und Fischer bat seinen Autor, »über die Honorarangelegenheit Discretion zu bewahren«. Im Januar 1907 schrieb Fischer an Hesse: »Wir sind seit der letzten Zeit in die Lage gekommen, unseren Honorar-Etat bedeutend zu erhöhen. Es würde mir ein besonderes Vergnügen sein, Ihre Wünsche auch nach dieser Richtung hin berücksichtigen zu können.« Im gleichen Jahr konnte er für den Abdruck von Schnitzlers *Der Weg ins Freie*, wie erinnerlich, 12 000 Mark auswerfen. Im Januar 1910 schrieb er Schnitzler anläßlich des Abdrucks des Vorspiels zu *Der junge Medardus:*

Die Rundschau hat einen Honorarsatz von 25 Mark pro Seite für ihre besten und ausgezeichnetesten Mitarbeiter festgesetzt. Mehr kann eine Zeitschrift von dem ernsten Charakter der Rundschau mit dem besten Willen nicht leisten. Bei einem Romanwerk, das zu einem Pauschalhonorar erworben wird, müssen wir zuweilen größere Opfer bringen. Das haben wir beim ›Weg ins Freie‹ getan, und das mußten wir auch beim ›Emanuel Quint‹ von Hauptmann tun. Der Roman von Hauptmann ist umfangreicher als Ihr Roman gewesen ist, das Honorar ist im Verhältnis ungefähr das gleiche, das Sie z. Zt. bekommen haben.

Eine Zeitschriften-Neugründung in dieser Zeit bereitete Fischer und Bie allerdings doch Sorge, denn sie griff stark in den Mitarbeiterkreis der ›Neuen Rundschau‹ ein. Am 9. Mai 1907 schrieb Fischer an Richard Dehmel: »Ich höre, daß Sie einer Wochenschrift, die mit der Rundschau in Concurrenz treten will, einen sehr schönen Beitrag geschickt haben. Wollen Sie uns denn ganz und gar vernachlässigen?« Dehmel antwortete, das Gedicht, das im ›Morgen‹ erschienen sei, habe er vorher Bie angeboten, der es aber nicht haben wollte, und außerdem habe der ›Morgen‹ ihm ein höheres Honorar geboten. ›Morgen‹ war eine ›Wochenschrift für deutsche Kultur‹, die ab Mitte Juni 1907 erschien und von Werner Sombart (Kulturphilosophie), Richard Strauss (Musik), Georg Brandes (Literatur) und Richard Muther (Kunst) herausgegeben wurde, »unter Mitwirkung von Hugo von Hofmannsthal« (Lyrik). Sombart war seit 1896 Mitarbeiter von Fischers Zeitschrift und blieb es auch weiterhin; der österreichische Kunsthistoriker Richard Muther war zwischen 1895 und 1903 ein gelegentlicher Mitarbeiter gewesen, und Fischer hatte im Buchverlag seine drei großen Standardwerke *Ein Jahrhundert französischer Malerei* (1901), *Geschichte der englischen Malerei* (1903) und *Die belgische Malerei* (1904) herausgebracht. Auch Georg Brandes war in den Jahren 1890 bis 1905 mit gelegentlichen Beiträgen in der ›Neuen Rundschau‹ vertreten gewesen. Wirklich besorgt war Bie jedoch nur wegen Hofmannsthals herausgeberischer »Mitwirkung« gewesen, aber Hofmannsthal hatte ihn schon in einem ausführlichen Brief vom 17. Februar 1907 hierüber beruhigt: er sei nicht an der Herausgabe von ›Morgen‹ beteiligt und habe lediglich versprochen, den »sehr spärlichen« lyrischen Teil »zu beaufsichtigen«, und »empfange für diese Bemühung, die mir nicht ganz reizlos erscheint, eine sehr ansehnliche jährliche Pauschalsumme, die mir recht willkommen ist«. Von einer Konkurrenz mit der ›Rundschau‹ könne keine Rede sein, da es sich um »eine politische, kulturpolitische Zeitschrift handelt«, und »was den stärksten Wert der ›Rundschau‹ darstellt, die Zusammenstellung (die höchst geistvolle Zusammenstellung) von Roman, Novelle und Aufsatz, kommt dort gar nicht in Frage«. Tatsächlich lief der ›Morgen‹ unter diesen Herausgebern nur ein Jahr und wurde später mit ›Nord und Süd‹ verschmolzen.

Natürlich trieb der ›Romanwettlauf‹ mit den großen populären Monatsschriften die Honorare in die Höhe. Nicht nur ›Über Land und Meer‹, sondern vor allem ›Westermanns Monatshefte‹, ›Velhagen und Klasings Monatshefte‹, die Zeitschriften des Verlags Ullstein bemühten sich um die Vorabdrucke der Romane von Fischers großen, berühmten Autoren, und Fischer stand seinen Autoren, da er in der ›Neuen Rundschau‹ ohnedies nur eine begrenzte Anzahl unterbringen konnte, nicht im Wege. Im übrigen hatte er eine hohe Meinung vom »ernsten Charakter« seiner Zeitschrift, und die Konkurrenz beunruhigte ihn nicht. Auf eine diesbezügliche Anfrage von Herman Bang schrieb er am 25. Januar 1908:

Daß Sie der Wiener Rundschau etwas geben, ist ja doch ganz selbstverständlich. Die einzigen Zeitschriften, die ich im Interesse meiner ›Neuen Rundschau‹ ausnehmen würde, wären ja überhaupt nur der ›März‹ und ›Nord und Süd‹. Alle anderen Zeitungen oder Zeitschriften stehen in keinem Konkurrenzverhältnis zu meiner Zeitschrift.

Die ›Neue Rundschau‹ tauschte im übrigen mit einigen Zeitschriften Anzeigen aus, so mit der von Bahr begründeten Wiener ›Zeit‹, die auch Vorabdrucke von Werken des Verlags übernahm, und mit der von Nansen im Verlag Gyldendal herausgegebenen literarischen Revue ›Tilskuren‹ bestand seit Ende 1903 eine Austauschvereinbarung, daß Beiträge von gemeinsamen Autoren beider Verlage in beiden Zeitschriften gleichzeitig erschienen und die ›Neue Rundschau‹, die in Dänemark eine große Leserschaft hatte, ihre Hefte nicht vor denen ihres dänischen Gegenstücks auslieferte und ihr damit im eigenen Land Konkurrenz machte. Die ›Neue Rundschau‹ erschien vordatiert jeweils in der letzten Woche des vorausgegangenen Monats, und das machte die zeitliche Abstimmung der Auslieferung zuweilen schwierig.
Dies war, soweit sich ersehen läßt, etwa die wirtschaftliche Grundlage der Zeitschrift in ihrer neuen Gestalt und das Budget, mit dem Bie zu arbeiten hatte. Doch konnte Bie durchaus nicht frei schalten und walten. Fischer führte alle bedeutsamen Verhandlungen selbst und behielt sich in allen Grenzfällen die Entscheidung vor. Hauptmann erhielt für den Abdruck des *Hirtenlied* ein Honorar von tausend Mark, das er bat, »an mich hierher in die Weihnachtskasse zu schleudern«. Aber bei dem von Hofmannsthal für den erbetenen Beitrag zum ersten Heft gewünschten Honorar bekam Bie einen Schrekken: »... der Preis! Kann ich 250 Mk von Fischer verlangen für diesen kurzen Prolog? Ich glaube, er wird Schwierigkeiten machen.« Aber einige Tage darauf konnte er berichten: »Lieber Herr v. Hofmannsthal, die Honorarsache ist in Ihrem Sinne (250) erledigt. In solchen ›außerordentlichen‹ Fällen muß ich mich an F. wenden, der sofort zusagte.«

DIE NEUE FORM

Fischer hatte offenbar ursprünglich beabsichtigt, mit der »neuen Form« der Zeitschrift bereits im Oktober 1903 hervorzutreten – im Juli schrieb Bie an Hofmannsthal: »Wirklich: Der Prolog mit Leda wäre ein göttliches Fressen fürs Oktoberheft« – aber die Zeit war zu kurz bemessen, und Bie setzte in seinen Briefen an die Mitarbeiter den 1. Oktober als »Sammeldatum« für die erbetenen Beiträge an. Fischer schrieb an Hesse am 25. November 1903: »Augenblicklich bin ich mit den Regiekünsten für das neue Rundschauheft sehr stark in Anspruch genommen ... Es wird eine sehr feine, schöne Sache.« Bie hatte anfänglich geplant, mit einer »Galaparade« aller großen Namen des Hauses im ersten Heft zu beginnen. Hauptmann stellte das aus dem Jahr 1898 stammende dramatische Fragment *Das Hirtenlied* zur Verfügung, Thomas Mann sandte die eigens für dieses Heft (freilich im letzten Moment, im Dezember 1903) geschriebene Studie *Ein Glück* und Hofmannsthal den *Prolog* zu einem Drama *Leda und der Schwan.* Bie fand jedoch, daß der *Prolog* »seinen Eindruck und seinen Wert bei uns aber gewiß erst dann in vollem Maße haben wird, wenn ihm die *Leda* folgt, von der ich mir auch sehr viel verspreche«, und wollte lieber abwarten, bis das Ganze vorliege. Hieraus wurde jedoch nichts, da Hofmannsthal das *Leda*-Drama nicht ausführte (im Nachlaß fand sich lediglich ein Entwurf); er schlug als Ersatz für den Prolog den Dialog *Über Gedichte* vor, den Bie sich dringlich bis Anfang Oktober erbat, denn »Hauptmann ... legt so großes Gewicht darauf, gerade mit Ihnen zusammen zu erscheinen, daß ich meine Dispositionen gern danach einrichten möchte«. Hofmannsthal sandte das Manuskript, dem später ein zweiter Teil *Der Leser* folgen sollte, am 9. Oktober 1903 und schrieb dazu:

Ich glaube, so ist uns am besten gedient. Der Aufsatz, wie er hier liegt, ist breit genug, um mich im ersten Heft anständig zu repräsentieren. Ich bitte nur, diesmal ausnahmsweise liegt mir daran, ihm eine auch äußerlich ausgezeichnete Stelle zu geben, damit er nicht in die Kategorie der Aufsätze, sondern in die der Dichtungen fällt. Ich würde wünschen, daß er unmittelbar neben das Hauptmannsche Fragment kommt, ob davor oder danach, ist mir natürlich gleichgültig.

Tatsächlich kam er weder davor noch danach, sondern erst ins zweite Heft, wo er dann freilich am Anfang stand; denn Bie war inzwischen auf einen neuen Gedanken gekommen:

Nun wird es entgegen früheren Plänen besser sein, da Ihr Dialog die richtige dramatische Form hat und also nicht direkt hinter ein Hauptmannsches Drama gestellt werden darf, von ihm aus das 2. Heft zu construieren. Wir wollen möglichst den Charakter der einzelnen Hefte durchführen. I legten wir von Hauptmann aus an, und es ist bereits mit Initialen etc. bei dem schwereren Sattler in Arbeit. II mache ich von *Ihnen* aus, sozusagen eleganter und leichter, und wir werden es wohl Christophe übergeben. Ihr Beitrag steht dann als *erster,* das übrige schließt sich an. Sie werden das selbst für besser finden, und es ist klar, daß Sie die Geltung und Stellung Ihres Dialogs, wie Sie und wir sie wünschen, so viel wirksamer gewährleistet sehen. Heft III wird dann wieder anders. Wir wollen in dieser Art möglichst fortfahren. Ich hoffe also, daß es Ihnen sogar so lieber ist, als Führer, wie als Mitarbeiter aufzutreten. Wir halten es für eine sehr fruchtbare Lösung. Indessen freue ich mich auf No. 2 ›Der Leser‹.

So wurde das erste Heft im Januar 1904 mit Hauptmanns Fragment eröffnet, auf das ein Aufsatz von Wilhelm Bölsche über die *Zukunft der Menschheit* folgte (er war Bölsches letzter Beitrag zu der Zeitschrift, der er von Anbeginn angehört hatte), und danach begann der Vorabdruck von Emil Strauß' Roman *Kreuzungen*; hieran schlossen sich an ein Essay *Über Liebe und Ehe* von Ellen Key, Thomas Manns Studie *Ein Glück*, ein Aufsatz von Alfred Kerr über *Neue Schauspielkunst* und eine Folge von Kinderdichtungen *Der kleine Held* von Richard Dehmel; den Beschluß des Heftes machten zweispaltig und kleiner gedruckte Glossen zu Tagesereignissen und Besprechungen neuer Bücher. »In der Form, die damals geschaffen wurde«, schrieb Bie 1911, »hat sich die Zeitschrift mit unwesentlichen Änderungen, aber recht wesentlichen Erweiterungen bis heute bewährt.«

Das Debut gelang, die Reaktion war gut, zumindest die Beteiligten schienen zufrieden. Hauptmann schrieb an Fischer: »Das Heft, wie gesagt, ist schön und zu weiterer Mitarbeit sehr anregend ... Viele Grüße, ich erwarte das Beste für die Zukunft, und es wäre schön, wenn sie reifen, werktätigen Geistern zum edlen Medium würde, aufeinander und ins allgemeine wahrhaft fördernd zu wirken.« Und Hofmannsthal an Bie: »Hauptmann erzählte mir, Fischer sei bis jetzt mit dem ›Gehen‹ des neuen Jahrgangs sehr zufrieden. Hoffentlich verhält es sich wirklich so, es würde mich sehr freuen.« Bie gestand: »Der Erfolg dieses Jahrgangs ist für uns alle eine Existenzfrage«, aber als er Hofmannsthal bat: »Würden Sie an einem auffallenden Orte über das ganze, wohl nicht gleichgültige Unternehmen, speziell über diese Ausgabe des *Hirtenlied*, etwas schreiben? Sie wissen, wie uns das belohnen würde« – wich Hofmannsthal aus und vertröstete Bie auf einen späteren Aufsatz in Hardens ›Zukunft‹, der freilich ungeschrieben blieb. Doch Bie ließ es sich nicht verdrießen. Er bat Hofmannsthal immer wieder um Beiträge: Wann kam die *Leda*, wann der *Leser*? Im Oktoberheft 1904 konnte er Hofmannsthals kurzen Aufsatz über *Die Briefe des jungen Goethe*, im Novemberheft den ersten Akt von *Das gerettete Venedig* bringen, dem er einen »kleinen netten Essay von Blei über Otway« voranstellte. Dann im Herbst 1904: »Heute kommt die Generalbitte für 1905. Den ›Leser‹ habe ich ja noch zu erwarten und sonst? Sie begreifen, worum es sich handelt.« Und im Herbst 1905 unbeirrt: »Darf ich noch einmal leise wegen der *Leda* fragen? Ich möchte Sie dazu reizen – ich verspreche mir so sehr viel davon. Dabei bitte ich auch weiter der Beiträge zu gedenken, die Sie mir zusagten und die wir anzeigten. Man lebt ja voneinander!«

Die *Leda* wurde nie geschrieben, der *Leser* war ›zerflossen wie eine Seifenblase‹, und Anregungen, die Fischer oder Bie von sich aus gaben, hatten häufig gerade bei Hofmannsthal nicht die gewünschte Wirkung. Der Grund hierfür mag zum Teil in Bies allgemeiner Auffassung von seiner Redaktionsaufgabe gelegen haben. Sie war, wie Nansen fand, etwas »zu doctrinair«.

SUCHEN UND FINDEN

In seinem (1911 geschriebenen) Rückblick auf seine Tätigkeit erläutert Bie diese Auffassung:

... man könnte sagen, daß die Hauptarbeit des Heftes fast in dem besteht, was nicht darin zu finden ist, und nicht in dem, was man darin findet. Denn was man bringt, ist die natürliche Auslese aus einer sich darbietenden Produktion, die sich durch Urteil und Geschmack gestalten läßt. Um zu dieser Auslese aber zu gelangen, bedarf es eines unheimlich großen Weges und der unbarmherzigen Erledigung von dauernd wiederkehrenden Schwierigkeiten. Dies zeigt schon, daß die Organisation eines Heftes weniger von den Mitarbeitern auszugehen hat als von der Redaktion. Denn wenn sie sich über diese Prinzipien klar ist, so muß sie danach handeln. Es kommen jeden Tag Manuskripte, von denen der Autor glaubt, daß man nichts Eiligeres zu tun hat, als sie abzudrucken ... Würde man ein halbes Jahr lang selbst nur die guten Arbeiten unter den einlaufenden drucken, so würden die Hefte ein vollkommen gleiches Aussehen bekommen ... Jeder Redakteur hat seine innere Statistik für diese typischen Einsendungen. Sie laufen stets den Problemen der Zeit nach und wiederholen epigonisch, was längst erledigt ist. Eine Zeitschrift, die führen will, muß selbst suchen und finden.

Gegen diese Prinzipien war nichts einzuwenden. Sie galten und gelten für jede gute Zeitschrift. Doch nun kam der Haken.

Wir kommen zweimal wöchentlich in unserer Redaktionsstube zusammen, bei Herrn Fischer, der selbst das regste Interesse und eine unermüdliche Initiative bewährt. Ist mit einem Mitarbeiter eine besonders wichtige Abmachung zu besprechen, so wird er gebeten. Wir fragen uns, welche Stoffe und Probleme in der nächsten Zeit zu behandeln sind, raten uns gegenseitig zu den Autoren, die wir dafür auffordern, und besprechen auf diese Weise den Inhalt der laufenden Hefte, *so daß wenige Beiträge erscheinen, die nicht von uns angeregt und disponiert sind.* Wenn sich die Zeitschrift frisch und lebendig erhalten hat, so ist es nur auf diesem Wege möglich gewesen.

In der Praxis indessen stieß diese Methode gerade und besonders bei den schöpferischen Geistern, die dem Unternehmen seinen Glanz verliehen, auf Schwierigkeiten. Nicht einmal Bahr, der sich für alles interessierte, schrieb willig über alles, wozu Bie ihn aufforderte. Doch am aufschlußreichsten ist die Reaktion Hofmannsthals. Am 27. Februar 1907 schrieb er an Fischer:

Mein lieber Verleger – das Heft der Rundschau ist wieder sehr schön. In der Zusammenstellung der Yacht-Fahrt mit dem Aufsatz von Keyserling und dieser beiden mit dem Bang empfinde ich einen gewollten und sehr schönen Dreiklang von Cultur, Europäertum, freier Luft, Gegenwart.

Diese Zeilen ermutigten Fischer am 2. März zu einer ›Initiative‹:

Sehr geehrter Herr Doctor, Sehr erfreut hat mich Ihre Bemerkung über das letzte Heft der Rundschau, weil es gerade von Ihnen so empfunden wurde wie es im Grundton *beabsichtigt* war. Dieses Heft mußte bei Ihnen ein besonders starkes Maß von Wohlwollen voraussetzen, um so von Ihnen aufgenommen zu werden; haben Sie dafür besten Dank. Gelingt es der Rundschau auch weiterhin alle wertvollen Kräfte zusammenzufassen und spricht sich in ihr alles culturbildende auch in Zukunft mit solcher Wirkung aus, so bleibt sie für lange Zeit ein Document ersten Ranges und das ist ja das beste was von einer Zeitschrift verlangt werden kann. Für unser Maiheft, das Schiller zu Ehren auf ›Weimar‹ gestimmt werden soll, wird Ihnen Bie den Prolog anbieten, einerlei ob in Vers oder in Prosa. Möchten Sie doch diese Arbeit übernehmen, es gäbe einen guten Klang.

Doch Hofmannsthal reagierte mit einer ungewöhnlich heftigen Ablehnung, aus der seine Auffassung vom Wesen dieser besonderen Zeitschrift deutlich wird; er schrieb am 5. März an Bie:

Sie wissen, wie schwer und wie ungern ich Ihnen und der ›Rundschau‹ etwas abschlage, aber diesmal muß es ein ›Nein‹ werden – ein unbedingtes ›Nein‹ – und ich bitte Sie, diesen Brief dann auch Herrn Fischer zu übermitteln, der die besondere Freundlichkeit hatte, Ihren Wunsch auch seinerseits auszusprechen. Ich muß sagen, daß mir überhaupt das Mittun eines einzig gestellten, kulturell isolierten Unternehmens wie unsere ›Rundschau‹ es ist, bei einer solchen Allerwelts-Bürgerfeier äußerst unangenehm ist, dabei aber noch selbst mitzutun, geht mir absolut gegen die Natur. Kulturpotenzen, wie Schiller eine war, müssen – dem Geiste nach in jedem Hefte, in jeder Seite der ›Rundschau‹ drinstecken, – dem Fleische nach, nominatim, sie zu feiern, liegen hie und da innere Anlässe vor, aber den äußeren Anlaß von der Straße sich aufzulesen, die Melodie der Leitartikel und Drehorgeln mitzusingen, das gefällt mir nicht. Jedenfalls will ich nicht dazu der Prolog sein. Mir ist die kurzatmige Aktualität etwas so Widerliches, als mir die wahre, innere Aktualität meines Daseins und jeder meiner Arbeiten und Gedanken notwendig und tröstend ist. Also nein. Zudem und außerdem: was ist da noch zu prologisieren, nachdem im Epilog zur Glocke alles gesagt ist, was der größte Geist im fruchtbarsten Moment eigener Ergriffenheit sagen konnte, um ein für allemal die Summe dieses Daseins zu ziehen ... Also, nein, nein und nein.

Das dreifache ›Nein‹ hinderte Hofmannsthal freilich nicht, dennoch anderwärts zwei Schiller-Aufsätze zu veröffentlichen, in denen von »kurzatmiger Aktualität« nichts zu spüren ist; aber sie waren keine »Prologe«. Er verhieß statt dessen Bie für das Juniheft »ein geschlossenes Bruchstück« aus seinem Weimarer Shakespeare-Vortrag, gab dann aber Teildrucke daraus an die ›Zeit‹ und an Hardens ›Zukunft‹, und Bie bekam schließlich etwas, was er nicht ›bestellt‹ hatte, nämlich die kurze Würdigung Rudolf Alexander Schröders, *Eines Dichters Stimme*, die im Juniheft 1905 erschien und mit den berühmten Sät-

zen beginnt: »Nie waren unser so viele. Nie zuvor hat es so viele gegeben, in denen eine Stimme schlief.«
Im September versuchte Bie es abermals:

Lieber Herr v. Hofmannsthal, Entschuldigen Sie, wenn ich störe – aber ich hätte Ihnen einen schönen Vorschlag zu machen. Wir gestalten das Dezemberheft als großes Ibsenheft mit ganz besonderem Nachdruck. Etwas Nachlaß v. Ibsen, Aufsätze von Brahm, Bang, Shaw etc. kommen hinein. Nun hätten wir gern eine deutsche Dichtung dazu, allein eine einzige würde genügen, für die bis zu 1 Bogen frei ist. Ich wende mich an Sie mit der Frage, ob Sie geneigt wären bis 15. Oktober mir etwas Geeignetes zu senden: also Dichterisches, nicht Essaiistisches. Ich glaube, daß Sie die Umstände reizen werden, eventuell direkt dafür etwas zu machen? Es wäre eine schöne Gelegenheit.

Es war ein guter ›redaktioneller Einfall‹; Bie kannte natürlich die eindrucksvollen Ibsen-Aufsätze, die der junge Loris zwölf Jahre zuvor veröffentlicht hatte. Aber statt eines Beitrags zum Ibsen-Heft kam der erste Akt von *Ödipus und die Sphinx*, der unter dem Titel *Der Kreuzweg im Lande Phokis* im Januarheft 1906 erschien. »Ich will auf Nichts von Ihnen verzichten«, schrieb Bie und bat händeringend um die versprochene und bereits angezeigte Erzählung *Rembrandts schlaflose Nacht*, die Hofmannsthal zwar geplant hatte, aber dann doch nicht ausführte. Statt dessen konnte er 1906 noch das *Vorspiel für ein Puppentheater* bringen und 1907 *Der Dichter und diese Zeit* und den Dialog *Furcht*, und danach verschwand Hofmannsthal aus der ›Neuen Rundschau‹ bis 1923. (Das Ibsen-Heft erschien nicht, wie beabsichtigt, im Dezember 1905, sondern erst im Juli 1906, und den Prolog lieferte an Hofmannsthals Stelle Richard Dehmel, mit dem Gedicht *Ibsens Schatten.)*
Der Verkehr mit Emil Strauß war einfacher:

Wenn Oscar Bie den nächsten Jahrgang vorbereitete, fragte er an, ob ich etwas für ihn hätte. Hatte ich etwas fertig, schickte ich es ihm, und er druckte es; hatte ich nichts, dann nicht. Über die Beiträge haben wir nie korrespondiert.

Hofmannsthal war natürlich ein extremer, besonders schwieriger Fall eines überaus feinnervigen und unvorhersehbaren Schwankungen des schöpferischen Impulses unterworfenen Mitarbeiters. Um so bemerkenswerter ist es, daß die Zeitschrift gerade in diesem Jahrzehnt 1904 bis 1914 ausgesprochen von seinem Ton und Habitus geprägt wurde und sich mehr von seiner Geisteshaltung leiten ließ als von der irgendeines anderen Mitarbeiters. So behutsam und zugleich beharrlich, so charmant und zugleich zielstrebig Bie seine Arbeit tat, begriff er sehr wohl, daß der redaktionellen ›Planung‹ Grenzen gesetzt waren. Er schrieb in seinem Rückblick:

Aber mit dem guten Willen ist es noch nicht getan. Die Mitarbeiter einer so künstlerischen Zeitschrift sind ... Persönlichkeiten von feinster Konstitution, nervöse Menschen, die man nicht leicht in das Joch spannt, das jedes Heft darstellt. Die Mitarbeiter haben das Recht auf eine persönliche Führung und die Redaktion hat die Pflicht, bei aller Schonung dieser Interessen doch das Gesetz des Heftes aufrecht zu erhalten. Es ist ein Salon, in dem die beste Gesellschaft verkehrt und in dem der Wirt die Pflicht hat, jeden einzelnen sich so fühlen zu lassen, daß er die Grenzen seiner Selbständigkeit nicht angetastet sieht.

EPISODE: DIE MAKULATUR-NOVELLE

Es widerfuhren Bie auch Mißgeschicke anderer Art. Eines erlangte literarhistorische Berühmtheit. Im Juli- und Augustheft 1905 hatte er Thomas Manns Bühnenwerk *Fiorenza* vorabgedruckt, dessen Buchausgabe im Herbst, auf 1906 vordatiert, erschien, und danach, wie es seine Gewohnheit war, wieder einmal wegen einer Novelle ›angeklopft‹. Der Dichter sann um diese Zeit zwischen zwei Romanentwürfen, *Königliche Hoheit* und dem *Hochstapler Felix Krull* hin und her und verfiel nun darauf, zwischenhin

vorderhand die Geschichte zweier Luxuswesen, jüdischer Zwillinge des überfeinerten Berliner Westens, zu improvisieren, deren üppig-spöttisches Einsamkeitspathos sich den Ur-Inzest von Wagners Wälsungen-Geschwisterpaar zum Muster nimmt. Es ist kein Meisterwerk, was er zustande bringt, aber ein künstlerisch präsentables Stück Arbeit mit gelungenen Partien: die in guter Laune aus dem vollen geschöpfte Wagner-Aufführung, so findet er noch heute, hat's in sich. Die erste Zeitschrift Deutschlands, übrigens von Juden geleitet, ist bereit die Novelle zu bringen. Sie ist schon gedruckt, als der Verfasser den Beitrag zurückzieht ...

So der Dichter selbst. Die Novelle hieß *Wälsungenblut*, eine kurze Arbeit, die im Januarheft 1906 der ›Neuen Rundschau‹ die Seiten 91–111 füllen sollte. Bie hatte den Schluß beanstandet, der einige abschätzige jiddische Ausdrücke enthielt, und Thomas Mann hatte ihn abgeändert. Er las die Novelle im Familienkreis vor, und eine Zuhörerin, von gewissen Porträtähnlichkeiten mit der Familie Pringsheim schockiert, hinterbrachte dem schwiegerelterlichen Haus den, wie sie fand, skandalösen Sachverhalt. Professor Pringsheim, dem solches Geschwätz unlieb sein mußte, bat den Schwiegersohn, von der Veröffentlichung abzusehen. Oder mit Thomas Manns eigenen Worten:

Seine [des jungen Autors] jugendliche Unbedingtheit und Weltfremdheit wäre von selbst auf die Einwände und Besorgnisse nicht verfallen, die aus seinem Lebenskreise gegen die Publikation geltend gemacht werden, aber er ist loyal genug, ihre Berechtigung anzuerkennen, als man sie ihm nahelegt. Er ist gewohnt, Kunst und Wirklichkeit grundsätzlich getrennt zu sehen, gewohnt, ihre Vermengung als Philisterei zu empfinden. Aber er bequemt sich, einzusehen, daß in der Sphäre des Wirklichen seine ideell bestimmte Fiktion tatsächlich der Fehldeutung, dem primitiven und skandalösen Mißbrauch ausgesetzt wäre. Die Novelle verschwindet ...

Im Dezember 1905 unternahm Thomas Mann eine Vortragsreise, und nach seiner Rückkehr schilderte er in einem Brief vom 17. Januar 1906 dem Bruder Heinrich den Hergang wie folgt:

Von meiner Dezember-Reise zurückkehrend, fand ich hier bereits das Gerücht vor, ich hätte eine heftig »antisemitische«(!) Novelle geschrieben, in der ich die Familie meiner Frau fürchterlich kompromittierte. Was hätte ich thun sollen? Ich sah meine Novelle im Geiste an und fand, daß sie in ihrer Unschuld und Unabhängigkeit nicht gerade geeignet sei, das Gerücht niederzuschlagen. Und ich muß anerkennen, daß ich menschlich-gesellschaftlich nicht mehr frei bin. Ich sandte also ein paar herrische Telegramme nach Berlin und erreichte, daß die Januar-Nummer der ›Rundschau‹, die schon fix und fertig gewesen war, *ohne* ›Wälsungenblut‹ erschien. Fischer übernahm (aus Furcht vor Langen) die Kosten des Neudrucks, die gar nicht bitter gewesen sein mögen. Genug, die Leute waren um ihren Skandal, und ich, der ich anfangs einigermaßen ins Gebiß geschäumt hatte, bin nun ziemlich gleichmüthig. *So* gut war die Sache ja nicht ...

Die ausgeschiedenen Makulaturbogen der Novelle waren jedoch in Leipzig nicht, oder zumindest nicht sämtlich, vernichtet worden. Sie wanderten in den Packraum des Verlags, und eines Tages bemerkte in der auch Thomas Mann wohlbekannten Münchner Buchhandlung Jaffé der Buchhändlerlehrling Rudolf Bretschneider, daß Büchersendungen des S. Fischer-Verlags in Makulaturbogen der ›Neuen Rundschau‹ verpackt waren, die Teile einer Novelle enthielten, die ihm sehr nach Thomas Mann klang. Doch fehlte der Anfang mitsamt dem Titel, und er war sich nicht sicher. Einige Tage darauf hörte er auf einer Teegesellschaft bei Franz Blei jemand von einer neuen Novelle von Thomas Mann betitelt *Wälsungenblut* erzählen, die »aus privaten Gründen zurückgezogen« und eingestampft worden sei. Am folgenden Tag trafen zwei neue Bücherpakete des S. Fischer-Verlags aus Leipzig ein, und eines davon war tatsächlich in den noch fehlenden Anfangsbogen eingepackt: »Nun war mein Unikum komplett«, berichtete Bretschneider später. »Zu Hause stellte ich die Bogen sorgfältig zusammen, feuchtete sie ein, preßte sie und heftete sie in einen Umschlag aus hübschem Buntpapier.«

Offenbar behielt er jedoch seinen Fund nicht für sich. Bald kursierten in München Abschriften der Novelle – man erzählte sich, Franz Blei habe seine Hand im Spiel gehabt –, Thomas Mann erfuhr davon und nahm es seinem Freund Kurt Martens sehr übel, daß dieser in seinem Essayband *Literatur in Deutschland* (1910) *Wälsungenblut* öffentlich diskutierte, »das ich doch darum sistiert habe, damit es für die Öffentlichkeit *nicht* in Betracht kommt«. Später fand er, daß die mißlungene Unterdrückung »kein Unglück« sei, und erlaubte 1921 eine bibliophile Luxusausgabe, die als Privatdruck in 530 Exemplaren im Münchner Phantasus-Verlag erschien. Nach dem Ersten Weltkrieg erschien die Novelle auch in einigen fremdsprachigen Ausgaben, aber ihr deutsches Erscheinen erlebten Fischer, Bie und auch der Dichter selbst nicht mehr; sie wurde erst 1958 in den Sammelband *Erzählungen* aufgenommen.

SAMUEL SAENGER

Die Umgestaltung der Zeitschrift war mit der »neuen Form« des Jahres 1904 noch nicht abgeschlossen. Im Gegenteil: diese neue Gestalt offenbarte schon bald eine eigene Gesetzmäßigkeit und innere Dynamik, der Verlag und Redaktion Rechnung zu tragen hatten. Am 8. Oktober 1907 schrieb Fischer an Schnitzler:

Sie werden es mir gewiß nicht verdenken, wenn ich alle Gesichtspunkte geltend mache, die für die Neue Rundschau und für meinen Verlag sprechen. Die Neue Rundschau ist jetzt in einer schwierigen Situation. Sie muß, bei Erhaltung ihres Niveaus, einen weiteren Leserkreis zu erobern suchen, um den Mitarbeitern, auf die sie sich in Zukunft stützen will, die praktische Möglichkeit zu geben, ihre wichtigen Arbeiten dort zu veröffentlichen. Wir sind dabei, den Umfang der Rundschau zu erweitern und den Inhalt mannigfaltiger zu gestalten. Wir haben für den nächsten Jahrgang einige bedeutsame Erwerbungen gemacht, wir sind sicher, daß Sie auch in Zukunft mit der Rundschau zufrieden sein werden.

Der Umfang der Zeitschrift wurde zu Beginn des Jahres 1908 abermals auf neun bis zehn Bogen, also 144 bis 160 Seiten pro Heft vergrößert, der Preis des Einzelheftes blieb bei zwei Mark fünfzig, aber das Vierteljahresabonnement wurde von sechs auf sieben Mark erhöht, und die typographische Gestaltung wurde strenger und einfacher. Dies waren äußere Symptome einer inneren Wandlung. Bie schrieb in seinem Rückblick:

... indem man an den mehr dekorativen Zeichnungen der Künstler lieber sparte, verwendete man den Raum und die Mühe auf eine noch bessere Einteilung des großen Materials, das zur Verfügung stand. Es trat allmählig die Einsicht immer mehr hervor, daß die rein literarische Begrenzung der Zeitschrift auf keinen Fall für die Zukunft das Maßgebende sein könne. Die stärkeren politischen Bewegungen in unserem Lande machten eine kräftigere Betonung dieses Gebietes notwendig, und um dies mit allem nötigen Wissen und mit aller fruchtbaren Personenkenntnis durchzuführen, wurde Professor S. Saenger in die Redaktion aufgenommen, der nicht nur auf naturwissenschaftlichem, sozialem und politischem Gebiet als erster Kenner und Schriftsteller sich bewährte, sondern auch durch seine warmen Beziehungen zu künstlerischen Leistungen in diesem Milieu besonders willkommen war.

Mit anderen Worten: es wurde ein Fachmann gebraucht für die Gebiete, von denen Fischer und Bie nichts verstanden, und dieser Fachmann mußte über weitreichende persönliche Beziehungen auf diesen Gebieten verfügen, um die geeigneten Mitarbeiter heranzuziehen, und er mußte außerdem selbst schreiben können. Samuel Saenger war genau dieser Mann. Der mit Bie gleichaltrige, damals vierundvierzigjährige Staatswissenschaftler und politische Publizist war ein Schüler Friedrich Naumanns und des freisinnigen Abgeordneten Theodor Barth, der seit 1883 die Wochenschrift ›Die Nation‹ herausgab, in der zahlreiche Freunde und Mitarbeiter Fischers wie Brahm, Schlenther, Mauthner, Julius Elias und Kerr sich ihre publizistischen Sporen verdient hatten. Theodor Barth hatte selbst der ›Neuen Rundschau‹ im Dezember 1907 seine *Briefe über deutsche Politik an einen amerikanischen Freund* geliefert und diese Sparte 1908 noch in einigen Nummern mit der *Politischen Chronik* fortgeführt, aber er hatte seine eigene Zeitschrift zu besorgen, und als ein ständiger politischer Redakteur gebraucht wurde, hatte er Saenger an Fischer empfohlen. Saenger hat seine erste Begegnung und Unterredung mit Fischer selbst geschildert, und diese Schilderung ist für beide Männer, die so völlig verschiedenen Neigungs- und Interessensphären angehörten — denn daß sie aus verschiedenen Welten kamen, konnte man, wie sich bald zeigte, keineswegs sagen! —, überaus aufschlußreich:

Anfang 1908 bat mich S. Fischer zu einer Besprechung in sein Verlagshaus, ohne in der Einladung mehr anzudeuten als den Wunsch, mich für redaktionelle und literarische Mitarbeit an der Neuen Rundschau zu verpflichten. Ich fand einen kleinen Herrn vor, von beherrschter Gebärdensprache, von auffallend gesammeltem Blick, spärlich im Gebrauch der Worte, wohltuend kühl in seiner Freundlichkeit und an seinem Gegenüber menschlich durchaus beteiligt. Das eigentliche Thema der Unterhaltung wurde zunächst nur obenhin berührt, wir betrachteten einander... Von meinen Veröffentlichungen hatte er dieses oder jenes zwar gelesen, aber im Grunde mehr von ihnen gehört als sie in sein Bewußtsein aufgenommen. »Sie sollen auch wertvolle philosophische Bücher veröffentlicht haben, aber dieses Gebiet liegt jenseits meiner Interessensphäre, vielleicht auch«, fügte er mit schalkhaftem Lächeln hinzu, »jenseits meines geistigen Horizontes.«...
Das war keine üble Einleitung. Der Kontakt war hergestellt, ich empfand, daß ich es mit einem ernsten und gehaltvollen Mann zu tun hatte, der mehr sein als scheinen wollte und durch die bisher schon ungewöhnliche verlegerische Leistung zu immer weiterer Steigerung seiner Verantwortungen angetrieben zu sein schien. In diesem Manne war innere Bewegtheit, aber weder eine Spur von Eitelkeit noch von nervöser Unruhe. In der überscharfen Berliner Luft der damaligen Tage, die von Vitalität jeder Art strotzte und durch ein groteskes Gewimmel von Göttern und Götzen beängstigte und verwirrte, eine höchst angenehme Variante...
Nachdem [er] mir eröffnet hatte, daß er der Redaktion seiner Zeitschrift eine politisch-soziologische Abteilung anzugliedern beabsichtige und ver-

suchsweise mich mit ihrer Leitung zu betrauen gedenke, falls mich die Aufgabe locke, war es an mir, Bedenken zu äußern und Wünsche zu formulieren. Er verstand ohne weiteres meine Haltung, die für das mir zu reservierende Gebiet Selbstbestimmungsrechte forderte, und beschwichtigte meine Bedenken. Aber das war eine diplomatische Vorläufigkeit. Denn es ging dem klugen Mann ganz und gar nicht um die Schematisierung von Redaktionsaufgaben, die naturgemäß bei Menschen selbständiger Prägung verfließende Grenzen haben mußten, sondern um eine Prüfung meines literarischen und ästhetischen Gewissens. Er wollte wissen, wie ich zu der bisherigen Verlagstätigkeit und zu den Gaben der ›Neuen Rundschau‹ stand, die sich unter Oscar Bies künstlerischer Leitung immer glänzender entfaltete. Anders gesagt: ob die psychologischen *Voraussetzungen* einer Zusammenarbeit gegeben seien.

Oder noch anders gesagt: war dieser neue Mann, im weitesten kulturpolitischen Sinn verstanden, ein ›Hofmannsthalscher Mensch‹? In *einem* Sinn war er es gewiß: er hatte mit Hofmannsthal die englische philosophische Schule, die Disziplin der englischen Essayistik und Publizistik, die tiefgehende Kenntnis der angelsächsischen Welt und ihre Geistesgeschichte als intellektuelle Erziehungsgrundlage gemeinsam. Hofmannsthal wurde in seinen Aufsätzen nicht müde, auf das englische Menschenbild zu verweisen, so wie Saenger unablässig englische politische Erkenntnisse und Erfahrungen zum Vergleich heranzog. Saenger fährt fort:

Als ich nun die Fülle der Anregungen und Befruchtungen hervorhob, die seine und seiner geistvollen Helfer Verlagsarbeit mir gespendet hatte, aber zugleich auch offen mancherlei Einseitigkeiten und Orientierungslücken beklagte und dann, den Horizont erweiternd, die Befürchtung aussprach, daß die geheiligten Bezirke der ›reinen‹ Literatur bald von einer sich heranwälzenden Weltrevolution aus ihrem Fürsichsein aufgescheucht werden könnten und eine Kulturdämmerung im *realen* Raume im Anzuge sei, lag Zustimmung in seinen Augen. »Nach dem, was ich über Ihre Anschauungen gehört habe, war ich auf ähnliche Bekenntnisse gefaßt. Vielleicht« (wieder lächelte er schalkhaft) »habe ich Sie deswegen hergebeten. Aber sehen Sie die Entwicklungstendenzen nicht doch ein wenig zu schwarz?«
Auf solchen Wellen wurde unser erstes Gespräch an den sachlichen Problemen vorbei ins Menschliche und Allgemeine getragen. Und so kam, diplomatisch gesprochen, für ein Provisorium ein Gentlemen's Agreement zustande.

Das »Gentlemen's Agreement« hielt fünfundzwanzig Jahre; das Provisorium dauerte mit unwandelbarer Beständigkeit bis tief hinein in die Kulturdämmerung, die Saenger damals am Horizont heraufziehen sah. Er sah die Entwicklungstendenzen nicht zu schwarz; niemand sah sie schwarz genug. Saenger begann seine redaktionelle und publizistische Tätigkeit an der Zeitschrift unverzüglich. Er übernahm von Barth die *Politische Chronik*, die er vom Herbst 1908 an regelmäßig Monat für Monat, Heft für Heft beisteuerte, und zwar bis 1928 unter dem Pseudonym ›Junius‹, das er mit gutem Bedacht den berühmten anonymen englischen Junius-Briefen des achtzehnten Jahrhunderts entlehnte, und ab 1925 bis 1933 auch unter seinem eigenen Namen. Die Zahl seiner gezeichneten und ungezeichneten, seiner großen und kleinen Beiträge während dieses Vierteljahrhunderts ist nahezu unübersehbar.

DIE NEUE REDAKTION

Mit dem Eintritt Saengers in die Redaktion erhielt das einzelne Heft der Zeitschrift eine neue, von der bisherigen Gliederung abweichende Struktur. Man bemühte sich, wie Bie erläutert, auch äußerlich die Stoffmenge so zu gruppieren, daß »dem Blick des Lesers gleich von Anfang an die innere Arbeit und das System der Zeitschrift klar wird«. Statt der wenigen und »oft sehr ähnlichen Beiträge« der früheren Jahrgänge, enthielt das Heft jetzt oft zwölf bis vierzehn größere und zahlreiche kleinere Aufsätze sowie Anmerkungen und Glossen, und es ergab sich von selbst, wie Bie sagte, eine Zweiteilung in eine »schöpferische« und eine »kritische« Abteilung:

Der erste Teil des Heftes hat die verschiedenen Arten der Produktion zu bewältigen. Ein politisch-sozialer Artikel am Anfang hat sich als das natürliche Schema erwiesen. Ein Roman, der sich durch mehrere Hefte fortsetzt, gibt trotz der monatlichen Unterbrechung der Haltung der Zeitschrift eine gewisse Stange, die niemand entbehren will. Eine kürzere Novelle, die dazu gegeben wird, muß in der Farbe und im Charakter möglichst davon abstechen. Memoiren oder Briefe, Tagebücher, Reisen empfehlen sich als unersetzliches Dokument persönlicher Bekenntnisse, die die Kraft einer Dichtung und die Belehrung eines Aufsatzes in sich vereinigen. Daneben ist ein Aufsatz angebracht, der über solche Memoiren oder irgendwie aus alten Kulturen berichtet und das starke fortschrittliche Element durch einen behaglichen Konservatismus des literarischen Interesses kompensiert. Kleinere Essays belehrenden oder berichtenden Charakters haben daneben noch ihren Platz und ein künstlerisches Feuilleton macht sich am besten zum Schluß dieser Abteilung.
In der zweiten Abteilung, die wesentlich kritisch zu halten ist, kommt es darauf an, die verschiedenen Gebiete der Literatur, Kunst, Soziologie, Medizin, Naturwissenschaft, Finanz so darzubieten, daß mit den 80 Artikeln dieser Art, die der Jahrgang bringt, eine fast vollkommene Übersicht über die augenblickliche Arbeit aller Kunst und Wissenschaft gegeben wird. Jedes Heft hat außerdem seine politische Chronik. Die kleinen Anmerkungen zum Schluß sind leichter anzuordnen. Sie halten die Mitte zwischen einer produktiven und einer mehr kritischen Art, sollen möglichst scharf und präzis sein, was in Deutschland sehr schwer ist.

Den politisch-sozialen Aufsatz zu Beginn des Heftes schrieb Saenger nur selten selbst. Er gewann Friedrich Naumann zur Mitarbeit, der in den Jahren 1908–1912 eine Anzahl bedeutender Artikel beisteuerte.

Werner Sombart gehörte schon seit 1896, Franz Oppenheimer seit 1897 zu den regelmäßigen Mitarbeitern; Hellmuth von Gerlachs Name erscheint schon 1902 in der Zeitschrift, Willy Hellpach ab 1905. Saenger holte eine Anzahl neuer Namen von Ruf und Gewicht hinzu, vor allem Ferdinand Tönnies (1908) und Alfred Weber (1910) und während des Ersten Weltkrieges Ernst Troeltsch (1915) und Friedrich Meinecke (1916), und unter seiner Förderung entwickelte sich ab 1908 Lucia Dora Frost zu einer markanten politischen Publizistin.

Die unentbehrliche »Stange« des Romanvorabdrucks lieferten ohne Ausnahme die Autoren des Buchverlags. Doch gab es hier zuweilen Schwierigkeiten, nicht nur in der Honorarfrage. So erwarb Fischer Schnitzlers Roman *Der Weg ins Freie* zum Abdruck im Jahrgang 1908, noch ehe er vollendet war, und machte Schnitzler auf Grund der vorliegenden Teile gewisse Kürzungsvorschläge. Dieser Briefwechsel zeigt, wie eingehend Fischer sich persönlich mit Gestalt und Wirkung der Zeitschrift beschäftigte und wie behutsam er seine Autoren anfaßte. Am 11. November 1907 schrieb er an Schnitzler:

Bie und ich haben den Teil des Manuskriptes, den Sie uns geschickt haben, gelesen ... Da wir erst die Hälfte des Romans kennen, haben wir noch keinen Überblick, wohin Sie mit dem Ganzen steuern. Bie ist krank. Da ich mich ganz in Übereinstimmung mit ihm weiß, möchte ich nicht unterlassen, Ihnen im Interesse der Wirkung in der Rundschau einiges, was sich aus der Lektüre ergeben hat, mitzuteilen. Es ist schade, daß das erste Kapitel, das den Roman einleitet, das schwächste ist. Ich habe Bie gebeten, die Lektüre des Romans mit dem zweiten Kapitel zu beginnen, um meinen Eindruck, daß nichts fehlen würde, wenn das erste Kapitel fortfiele, zu kontrollieren. Bie bestätigte meinen Eindruck, vielleicht prüfen Sie selbst nach ... Sie finden im Manuskript einzelne Stellen angestrichen, die nach meinem Eindruck den Fluß der Erzählung etwas aufhalten. Vielleicht prüfen Sie, ob Sie auf einige dieser Stellen, die ich mehr als Einschaltungen empfunden habe, verzichten können. Die Vorschläge, die ich mir zu machen erlaube, gehen ja in erster Linie davon aus, daß der Roman für die Rundschau zu umfangreich ist ...

Schnitzler antwortete am 15. November, er sei zu Strichen und kleinen Änderungen durchaus bereit und wolle Fischers und Bies Vorschläge gern berücksichtigen, aber das erste Kapitel des Romans fortzulassen, sei ganz unmöglich. Er würde seinem Roman ein schweres Unrecht zufügen, wenn er ihn erst beim zweiten Kapitel beginnen ließe. Gerade dieses zweite Kapitel finde er selbst das schwächste, und das erste gehöre nach seiner Meinung zu den besten.

Fischer gestand unverzüglich zu, es habe »natürlich etwas sehr Mißliches Kürzungsvorschläge zu machen, ohne das ganze Werk zu kennen. Ich habe mir das selbst gesagt, ... Sie übersehen das ja viel besser und deutlicher, und wenn Sie das erste Kapitel nicht entbehren wollen, so fügen wir uns natürlich Ihrer besseren Einsicht«. Schnitzler scheint dennoch das Gefühl gehabt zu haben, daß der Roman in der Bülowstraße nicht gefallen hatte, und Fischer beeilte sich am 18. November, ihn zu beruhigen:

Nach den Streichungsvorschlägen und nach der Anzeige müssen Sie ja den Eindruck haben, als ob wir Ihrem Roman mit Skepsis gegenüberständen. Ich kann Ihnen die Versicherung geben, daß Bie und ich (das Manuskript haben nur wir beide gelesen) jede Fortsetzung mit größter Neugierde erwartet haben und daß wir uns in keiner Weise enttäuscht fühlen. Die Kürzungsvorschläge sind, was ich an dieser Stelle noch einmal wiederholen muß, nur mit Rücksicht auf die Raumfrage und auf die Wirkung der fortsetzungsweisen Veröffentlichung geschehen.

Thomas Mann, dessen *Königliche Hoheit* in den ersten neun Heften, Januar bis September, 1909 erschien, war über den Vorabdruck als solchen nicht glücklich und äußerte sich humorvoll-drastisch am 5. Mai 1909 in einem Brief an Korfiz Holm:

Eigentlich ist der Aufschnitt in der Rundschau ja eine Schweinerei. Kein Buch kann weniger geeignet dafür sein. Es ist Alles so fest verwebt und verzahnt und wird nun so auseinander gerissen. Nun, desto erfreulicher, wenn es Ihnen trotzdem gefällt!

Im Herbst 1908 fragte Heinrich Mann durch seinen Bruder bei Fischer an, ob die ›Neue Rundschau‹ seinen neuen Roman *Die kleine Stadt*, eventuell gleich im Anschluß an *Königliche Hoheit*, in Fortsetzungen vorabdrucken wolle. Dies wäre eine fesselnde literarische Merkwürdigkeit gewesen. Aber Fischer antwortete, er selbst, Bie und Heimann seien übereingekommen, daß der Roman »für den fortsetzungsweisen Abdruck in der Rundschau nicht geeignet« sei. Doch fügte Fischer, wie Thomas dem Bruder mitteilte, seiner Absage »Folgendes hinzu«:

Für mich liegt die Sache so, daß ich sehr gern die Werke Ihres Bruders in meinen Verlag aufnehmen würde, wenn er den Wunsch hat, mir seine zukünftige Produktion zu übertragen. Ich würde dann natürlich auch den vorliegenden Roman als Buch bringen.

»Das mußt Du Dir nun überlegen«, meinte Thomas Mann. Es gab wohl nicht viel zu überlegen. Heinrich Mann erschien zu dieser Zeit im Insel-Verlag, der auch *Die kleine Stadt* herausbrachte, und die Brüder gelangten nicht unter das gleiche verlegerische Dach. Vielleicht war es besser so, und es wurde ihnen und Fischer – bedenkt man die Folgezeit – einiger Kummer erspart.

Es ließ sich zumeist nur ein ›ausgewachsener‹ Roman im Jahr in der Zeitschrift unterbringen, und man begann den Vorabdruck am liebsten jeweils mit dem ersten Heft des neuen Jahrgangs, so daß er im Abonnementsprospekt bereits im voraufgehenden Herbst angekündigt werden konnte, und da zu diesem Zeitpunkt häufig das vollständige Manuskript noch nicht vorlag, bat Fischer die Autoren, den Text dieser Voranzeige mit einer kurzen Inhaltsangabe selbst zu verfassen. Aber es wurde für Unvorhergesehenes immer Platz geschaffen. 1908 lief Hesses dreiteiliger *Knulp* noch nebenher. Der Jahrgang 1910 war vollständig mit den zwölf Fortsetzungen von Hauptmanns *Emanuel Quint* besetzt. 1911 brachte Johannes V. Jensens *Der Gletscher* und Bangs *Die Vaterlandslosen* in je vier Fortsetzungen, 1912 Annette Kolbs Erstling *Das Exemplar* in sechs und Thomas Manns *Tod in Venedig* in zwei Fortsetzungen.

Erinnert man sich, daß die Zeitschrift 1890 mit dem Abdruck eines Bühnenwerks, Hauptmanns *Friedensfest*, in drei Fortsetzungen begonnen hatte und daß darauf die fünfaktigen *Einsamen Menschen* in sieben Fortsetzungen gefolgt waren, so bemerkt man mit Erstaunen, daß die Zeitschrift in dem ganzen Jahrzehnt 1904–1914 außer dem *Hirtenlied*-Fragment nur zwei Dramen von Hauptmann, nämlich *Elga* (1905) und *Gabriel Schillings Flucht* (1912) jeweils geschlossen in einem Heft brachte, und daneben an Dramatischem (außer Thomas Manns *Fiorenza*) nur zwei Teilabdrucke von Hofmannsthal (1904 und 1906) und Schnitzlers Einakter *Der tapfere Cassian* (1904) und das *Medardus*-Vorspiel (1910). Erst 1924 kam wieder ein ›ausgewachsenes‹ Bühnenwerk zum Vorabdruck, nämlich Shaws *Heilige Johanna* in vier Fortsetzungen, und dies war eine große und seltene Ausnahme.

FISCHER UND RILKE

In seiner Schilderung der Zusammenarbeit mit Fischer meint Samuel Saenger, die Lyrik als »seelischer Urbezirk« der Dichtung sei Fischer im Grunde fremd gewesen: »Seine verlegerische Sehnsucht drang nie bis zu Rilke oder Stefan George vor.« Für George galt dies bestimmt; doch mit Rilke verhielt es sich ein wenig anders.

Rilke war schon sehr früh, 1897, in den Fischer-Kreis eingetreten und mit großer Herzlichkeit aufgenommen worden, und es entwickelte sich alsbald, vor allem mit Hedwig Fischer, eine Freundschaft, die bis an sein Lebensende andauerte. »Rilkes Gedichte«, schrieb Hedwig Fischer, »die ich nach und nach kennenlernte, waren für mich zuerst eine fremde Welt, zu der ich nur langsam einen Zugang fand, und lange Zeit stand mir der Mensch Rilke näher als sein Werk.« Felix Salten, der ebenfalls mit Rilke befreundet war und ihn sehr verehrte, öffnete ihr seine lyrische Welt, und Rilke selbst las später im Grunewaldhaus, in dem er oft zu Gast war, zuweilen aus seinen Gedichten vor. Man traf sich überdies in Italien, einmal auch in Paris; vor allem aber wurde die Beziehung brieflich aufrechterhalten. Die Briefe

Fischers und seiner Gattin an Rilke haben sich nicht auffinden lassen; Rilkes Antworten, die Hedwig Fischer aufbewahrte und in einer Auswahl 1952 veröffentlichte, erhellen jedoch notdürftig einen merkwürdigen Winkel der Verlagsgeschichte.

Fischers »verlegerische Sehnsucht« drang sehr wohl bis zu Rilke vor; er bemühte sich durchaus, Rilke auch als Autor für sich zu gewinnen. Den willkommenen Anlaß hierzu bot 1904 die Umgestaltung der ›Neuen Rundschau‹. Fischer bat Rilke um seine Mitarbeit, und Rilke antwortete aus Schweden am 21. November 1904 mit einer Entschuldigung, er schreibe erst jetzt,

> weil ich Ihnen gleichzeitig die angesagten Manuskripte für die Rundschau anbieten wollte, wozu ich nun erst komme. Sie entsprechen ihrer Art nach nicht dem von Ihnen geäußerten Wunsch; aber diese drei ›Gedichte in Prosa‹ sind das Beste, Reifeste, Weiteste, was ich habe, und gehören zu dem wenigen Eigenen, das vor meinem Urteil besteht. Sie werden sehen, ob die Redaktion diese Beiträge (meine ersten für die Rundschau) brauchen kann, wenn nicht, so bäte ich um Rücksendung des Manuskriptes in nicht zu langer Zeit ...

Die »drei Gedichte in Prosa« waren *Hetären-Gräber, Orpheus, Eurydike, Hermes* und *Geburt der Venus*, und die Redaktion konnte sie gewiß brauchen, obwohl sie aus ungeklärtem Grund fast ein Jahr warten mußten und erst im Novemberheft 1905 erschienen. Fischer und Bie bemühten sich indessen weiter, wie aus Rilkes Brief an Fischer vom 29. Dezember 1907 hervorgeht:

> Es entspräche sehr meinem Wunsch und natürlichem Gefühl, der Rundschau eng verbunden zu sein durch ofte und wichtige Mitarbeit. Doch müßte ich mich des längeren darüber auslassen, wie schwer und langsam ich arbeite und wie selten irgendetwas fällig wird. Die vorgeschlagenen Stoffe sind zwar sehr in meinem Sinne gewählt, doch liegen sie weit und ausgedehnt vor mir; und die Fertigstellung des Prosabuches (aus dem ich der Rundschau einen Abschnitt überlassen habe), zusammen mit der Vorbereitung eines zweiten Bandes ›Neuer Gedichte‹ (in welchem jetzt meine Entwicklung am entschiedensten sich zu vollziehen scheint) wird meine, nicht zu reichliche Kraft fürs nächste ganz beschäftigt halten ... Bei Prof. Bie muß ich mich sehr entschuldigen wegen eines immer noch unbeantworteten Briefes, in dem er mir schon einmal die flandrischen Städte als Thema vorschlug.

Welches die »vorgeschlagenen Stoffe« waren, ist unbekannt; ein Aufsatz über »flandrische Städte« wurde nicht geschrieben; statt dessen konnte Bie im Januarheft 1908 das Gedicht *Bildnis* und im Juliheft 1908 noch einige Gedichte Rilkes bringen. Andere Möglichkeiten für »ofte und wichtige Mitarbeit« blieben ungenutzt. Am 18. Januar 1908 schrieb Hofmannsthal an Rilke:

> Sie verzeihen, wenn ich einiges Trockene anfüge. Ein Wunsch, den Fischer und Bie Ihnen vortragen werden, ist mir kein Geheimnis. Vielmehr

ist es nichts als mein eigener, intensiver, egoistischer Wunsch (den jene teilen). Refüsieren Sie, so bedarf es natürlich nicht einmal eines Wortes der Erklärung. Fast eher noch wäre ja ein Gedicht zu forcieren, als eine Leistung jener Art, wie man Ihnen zumuten will. (Ich selbst sehe, daß mir das neue Buch den innerlich konstruierten Aufsatz über Sie zunächst wieder umwirft.)

Hofmannsthal wünschte offenbar, daß Rilke die kürzlich erschienenen beiden ersten Bände seiner *Prosaischen Schriften* in der ›Rundschau‹ rezensiere. Rilke sagte wohl auch zu, denn in einem Brief an Fischer vom 28. Februar 1908 heißt es: »Ich hoffe, ich komme hier zu den Vorarbeiten für ›Hofmannsthal‹ ...« Aber es erschien kein solcher Aufsatz in der Zeitschrift. Indessen gab Fischer die Hoffnung nicht auf.
Er hatte Anfang 1908 bei einer persönlichen Begegnung dem Dichter behutsam angedeutet, daß er gern bereit sei, ihm finanziell beizustehen, um ihm sorgenfreieres Arbeiten zu ermöglichen. In seinem Brief vom 28. Februar 1908 aus Capri kam Rilke hierauf zurück:

Ich bitte Sie nicht, sich mit mir zu beschäftigen: Sie werden auf Ihrem Schreibtisch genug Wartendes vorgefunden haben. Nur, falls Sie sich eines Tages darüber klar werden sollten, in welcher Weise Sie dazu beitragen möchten und könnten, mir ein ruhiges Arbeitsjahr in Paris zu erleichtern, so schreiben Sie mir gelegentlich ein Wort ...

Fischer machte anscheinend sofort einen konkreten Vorschlag, auf den Rilke am 19. März 1908 antwortete:

Der Vorschlag, den Sie mir machen, öffnet mir weit die glücklichste Möglichkeit, die eben noch unmöglich war: ich würde nach Paris gehen, mich einschließen, arbeiten dürfen blindlings wie kaum je zuvor ... Meine verlegerischen Verhältnisse sind mir selber nicht ganz klar; lange Zeit gab es sozusagen keine. Nun hat sich, während der letzten Jahre, eine Beziehung zum Insel-Verlag auf das natürlichste ausgebildet. Ich würde meinen, ein doppeltes Spiel zu spielen, wenn ich Ihnen verschwiege, daß sie freundlich ist und daß ich mich dem Gefühle nach bis zu einem gewissen Grade an den Insel-Verlag gebunden halte ... Indessen habe ich aber (am 11. ds. Mts.) unter Hinweis auf meine Lage und gedrängt von ihr, dem Insel-Verlag nahegelegt, unsere vertrauensmäßige Beziehung und seine Anteilnahme an mir sachlicher zu präzisieren: was ja doch eines Tages nötig geworden wäre. Ich kann nun, wie mir scheint, meine geschäftliche Freiheit oder Bindung erst beurteilen, wenn ich die Absichten und Vorschläge des Verlages kenne: dann sollen Sie hören, wie es im Ganzen mit mir steht und jeden Einblick haben, den ein Freund erwarten darf. –
Zunächst bin ich jedenfalls entschlossen, Ihnen im Lauf der nächsten Jahre (abgesehen von einer Anzahl von Rundschau-Beiträgen) ein maßgebendes dichterisches Äquivalent zur Verfügung zu stellen (eventuell bis zu einem äußersten Termin, den Sie festsetzen mögen). Wenn meine Entwicklung, die Sie an dieser Stelle vielleicht entscheidender unterstützen als wir absehen, ihren Weg gehen darf, so muß sie zu einer gleichmäßigeren Fruchtbarkeit führen, die mir nach und nach ermöglichen würde, auch Ihrem

Verlage mich später vielfach und fester zu verbinden, dann besonders, wenn meine Prosa tragfähig geworden ist, und wenn die dramatischen Notwendigkeiten, die etwa in mir anwachsen, zum Durchbruch kommen. Dies sind vage Garantien, mein lieber Herr Fischer, und es muß Ihnen ganz überlassen bleiben, ob Sie in meiner Freundschaft und Freude zuverlässigere erkennen wollen und in diesem Brief die Annahme Ihres Vorschlages, zu der ich nicht anders als bereit sein kann. Ich würde dann voraussichtlich Ende April hier aufbrechen und nach Paris zurückkehren...

Zehn Tage später erhielt Rilke, wie er Fischer sofort mitteilte, Vorschläge des Insel-Verlags, die auf einen Generalvertrag mit einer vierteljährlich zahlbaren, auf die Honorare anzurechnenden Rente hinausliefen, und er stimmte ihnen sofort zu. Fischer hatte offenbar gehofft, die *Aufzeichnungen des Malte Laurids Brigge* für seinen Verlag erwerben zu können. Diese Aussicht verflog jetzt, denn Rilke schrieb: »Sie werden begreifen, daß damit alle meine nächsten Sachen vergeben sind, auch die Aufzeichnungen des Malte Laurids.« Allerdings sei der Vertrag mit dem Insel-Verlag mit jedem Jahr neu abzuschließen,

so daß ich mir bei einer der Erneuerungen gewiß die Freiheit sichern könnte, Ihnen ein Buch, das Ihnen paßt und lieb ist, zu überlassen. Aber nun frag ich mich, wird es da sein, dieses Buch, und wann? — Der neue Vertrag reicht allerdings nicht aus, meine Lage für die nächste Zeit ganz zu verändern; es bleiben Sorgen genug bestehen —: aber nehmen sie nicht nur ein anderes Ansehen an in der Gestalt von neuen, übernächsten Verpflichtungen? Meine Ungeschicklichkeit im Geschäftlichen ist so groß, daß ich nur die elementarsten Abmachungen mit gutem Gewissen eingehen darf... Bedenken Sie nun, lieber Freund, ob sich nicht Ihre mir angebotene Hilfe so weit einschränken ließe, daß ich einigermaßen sicher sein könnte, Ihnen im Lauf der nächsten Jahre, mit Rundschau-Beiträgen, zunächst, ein wirklich entsprechendes Äquivalent zu bieten. Ist dann eines Tages ein Buch da, das Ihnen Freude machen würde, und dessen Sie sich annehmen mögen...

Fischer war es zufrieden. Es war ein merkwürdiges Geschäft, doch was half's? Er war nicht der Mann, ein gegebenes Versprechen zurückzunehmen. Rilke bekam den Zuschuß auch unter den veränderten Umständen, reiste unverzüglich nach Paris und schrieb Fischer am 20. August 1908:

Mein lieber Herr Fischer. Ihre gemeinsam mit Salten geschriebene Karte hat mir ein so freundliches Gedenken gebracht. Fast zugleich damit traf vom Crédit Lyonnais die Verständigung ein, daß die zweite Hälfte des Betrages dort für mich in Ihrem Auftrag eingetroffen sei. Herzlichen freundschaftlichen Dank...

Fischer wird gewiß nicht ›knausrig‹ gewesen sein. Doch er erhielt von Rilke als »wirklich entsprechendes Äquivalent« genaugenommen — nichts; gewiß kein Buch, und als einzigen der verheißenen ›Rundschau‹-Beiträge zu Lebzeiten Rilkes lediglich das schon 1907 versprochene Vorabdruckskapitel aus dem *Malte Laurids Brigge*, das im Februarheft 1909 erschien. Doch die Freundschaft mit Hedwig Fischer – Rilkes Briefe sind in der Folge fast ausschließlich an sie gerichtet – beeinträchtigte dies nicht. Man sah sich noch im gleichen Jahr 1909 in Paris und in Rom wieder, Rilke erhielt weiterhin die Bücher des Verlags geschickt, um die er bat, sowie die ›Neue Rundschau‹; aber als Hedwig Fischer, im April 1922, wie es scheint, privat anfragte, ob nicht etwas aus den *Duineser Elegien* für die Zeitschrift zu haben sei, antwortete er ablehnend:

Für die ›Rundschau‹ ist aus dem abgeschlossenen Vorliegenden nichts auslösbar; was nun da ist, soll, völlig unverraten, in die Buchgestalt übergehen, wahrscheinlich noch im Laufe dieses Jahres. Aber natürlich denke ich an die Rundschau, so wie einmal etwas Anbietbares zu verzeichnen ist. Ich freue mich sehr, sie wieder regelmäßig zu verfolgen.

Dabei blieb es, bis zum Ende. Ein halbes Jahr nach Rilkes Tod konnte die ›Neue Rundschau‹ im Juliheft 1927 Rilkes *Briefe an eine Freundin* veröffentlichen, und dies war sein letzter Beitrag.

FISCHERS »REGIEFÜHRUNG«

Mit der Erweiterung der Zeitschrift über die ›schöne‹ Literatur hinaus in neue Bereiche traten, wie Saenger berichtet, die »Schwierigkeiten in Erscheinung, die sich voraussehen ließen«:

Fischers Liebe galt der Dramatik, der Epik und den biographischen Ablegern dieser hohen und reinen Gattung, sofern eine künstlerische Gestaltung sie rechtfertigte. In dieser Idealwelt vermochte er oft überraschend sicher die Wirklichkeitselemente zu entdecken, die zu jener hinaus- und hinaufführten. In der geschichtlich-politischen Welt aber, wo sich die Realien mit dem Ideenhaften in unreinen und ewig wandelbaren Mischungen vermengen und verfilzen, versagte sein Instinkt, merkwürdig genug, weniger vor dem Ideenhaften als gerade vor den Wirklichkeiten.

Auf literarischem Gebiet, in der »künstlerisch gestalteten und mit den Mitteln der Sprache gestaltbaren Welt« war Fischer sich seines Urteils völlig sicher und »den Empfehlungen seiner sachverständigen Berater durchaus nicht ausgeliefert«. Rudolf G. Binding erzählt, als er 1911 seine allererste Novelle, *Die Waffenbrüder*, an die ›Neue Rundschau‹ sandte, habe er nach dem Brief, der ihm die Annahme mitteilte, einige Tage später noch einen zweiten Brief des Verlages erhalten,

in dem diesmal S. Fischer selbst – und nicht die Schriftleitung der Rundschau – sich über mein kleines Werk aufs genaueste und mit einer Anteilnahme ausließ, die mich erstaunte. Es sei schon recht – hieß es da – und dies und das noch mehr; aber für ihn, S. Fischer, ende die Novelle mit den

Worten »sie war schon kalt, als die Wasser sie aufnahmen« sechs Zeilen vor dem von mir angefügten Schluß. Wenn man innerlich rot werden kann, so wurde ich es von diesen Worten von S. Fischer. Denn er hatte recht...

Auf dem politischen, historischen und soziologischen Gebiet hingegen, das die Zeitschrift jetzt in Angriff nahm, fehlte diese Voraussetzung. Hier mußte er sich auf seine Berater verlassen. Aber er tat es auf eigene Art. Die »Art und Kunst seiner Regieführung« in den Redaktionskonferenzen bestand, wie Saenger und Bie es schildern, darin, daß er sich an die Stelle des »Rundschau-Lesers« versetzte und vom Standort des kritischen Bewußtseins und mutmaßlichen Bedürfnisses dieses Lesers seine Redakteure wachsam kontrollierte. Das machte die Besprechungen nicht immer bequem, aber »doch auch zugleich fruchtbar«. Saenger schildert es:

Vor dem Abstrakten und rein Philosophischen fürchtete er sich geradezu, vor dem Zarathustragrat, auf dem die Umwerter nachtwandelten, schwindelte ihm; sogar eine Arbeit Georg Simmels unterzubringen, kostete darum zuweilen ein Stück Arbeit... Wenn aber der liebe Bie, der als apollinischer Mensch didaktischen und systematischen Auseinandersetzungen grundsätzlich auswich, sich aber doch ab und zu für einen bedeutenden Essay dieser Art einsetzte, gab Fischer weislich nach. Uns war seine Themenstellung als Anregung meist wertvoll, weil sie, ob erfüllbar oder nicht, zur Entdeckung neuer Aufgaben und neuer Persönlichkeiten beitrug. Soviel sich vom farbigen Abglanz des Lebens für die Zeitschrift einfangen ließ, sollte auch nach Fischers Ideal in Form des künstlerisch gestalteten Essays ihr zugeführt werden.

Hier lag die eigentliche Schwierigkeit, weit mehr als in Fischers persönlichen Vorlieben oder Abneigungen. Fischer bestand auf Homogenität, auf der inneren »Stimmigkeit« der Zeitschrift als eines nach künstlerischen Gesetzen durchgeformten Ganzen; sein kritisches Bewußtsein als »mutmaßlicher Rundschauleser«, der hohe Ansprüche der formalen Gestaltung erhob, verlangte, daß auch Gegenstände außerhalb der »schönen Literatur« sich den Formgesetzen der Literatur unterwarfen. Er verlangte den »künstlerisch gestalteten Essay«.

DIALOG ÜBER DEN ESSAY

Mit diesem »künstlerisch gestalteten Essay« stand und fiel die neue Form der Zeitschrift. Er war ein Problem, das Fischer und seine beiden Haupthelfer unablässig beschäftigte. Beide, Bie und Saenger, haben sich in Aufsätzen im Jahrbuch des Verlags zu seinem fünfundzwanzigjährigen Bestehen auf Grund ihrer bis dahin gewonnenen Einsichten und Erfahrungen eingehend hierüber geäußert, und ihre getrennt niedergeschriebenen Überlegungen ergeben, sozusagen ›ineinander‹

gelesen, einen Dialog, aus dem man geradezu das Gespräch im Redaktionszimmer herauszuhören meint.

SAENGER: Die rein künstlerische Produktion ließ sich mit Harpunen natürlich nicht herbeizerren, sie war der Gnade der Musen anheimgegeben. Aber der Essay über Gegenstände und Probleme aus allen Wissens- und Erlebnisgebieten, jene Grenzform zwischen Wissenschaft und Kunst, zwischen Persönlichem und Objektivierbarem, gibt der ›großen‹ Zeitschrift recht eigentlich ihren Reichtum, wenn es gelingt, die dafür vorhandenen literarischen Kräfte zu mobilisieren.

BIE: Gelehrte mögen sachlich fundierte Abhandlungen über Gegenstände ihrer Forschungen schreiben, Philologen mögen aus den Archiven der Bibliotheken wichtige Tatsachen für geschichtliche Zwecke zusammenstellen, der Essay verlangt etwas anderes, er verlangt die Einsetzung der Persönlichkeit des Schriftstellers, die Überwindung des Materials und die Gestaltung in einer künstlerischen Form, und es ist in diesem letzten Sinne gleich, ob dies eine Dichtung, ein musikalischer Essay, eine naturwissenschaftliche Abhandlung oder eine medizinische Beobachtung ist.

SAENGER: Hier war Fischer als Fordernder nie müde, es war die ›unendliche Melodie‹ in seiner Redaktionsbetätigung. Er besaß Witterung für die Gefahren dieser Literaturgattung, weil er wohl merkte, daß sich bei dem deutschen Gründlichkeitsfanatismus die Grenzen zwischen Abhandlung und Essay – der den Persönlichkeitsstempel tragen muß, um literaturfähig zu sein – bei uns schwerer zu ziehen sind, als etwa in den Ursprungsländern der Gattung, in Frankreich und England.

BIE: Das Schreiben ist ja in unserem Lande, um es offen zu sagen, keine natürliche Beschäftigung. Das Vorurteil gegen den Gelehrten, der sich in einem Essay ausspricht, ist stark, das Sprachgefühl ist verhältnismäßig wenig gepflegt, und es gibt zahlreiche Autoren mit großer Sachkenntnis, die auch einmal zu einem Essay sich aufschwingen, aber absolut kein Organ für eine künstlerische Darstellung besitzen. Es existieren einige Gebiete des Wissens, in denen es überhaupt unmöglich ist, einen anständig schreibenden Mitarbeiter zu gewinnen.

SAENGER: Noch leiden wir unter einem Erbübel: dem starken deutschen Hang zu unfruchtbarer Gelehrsamkeit; und wir leiden unter dem neuen deutschen Erbübel der übergroßen Spezialisierung ...

BIE: Welche Schwierigkeiten für eine solche Zeitschrift! Sie will alles bringen, alles Werdende durchnehmen, und das einzige Mittel, in dem sie das kann, ist die Sprache. Aber die Sprache versagt bei allen denen, die nicht eine ausgesprochen künstlerische Veranlagung dafür haben. Erziehung hilft da wenig, es ist ein angeborenes Manko. Der Engländer und Franzose findet in der freien Ansprache an das lesende Publikum eine durchaus annehmbare und sehr nützliche Tätigkeit. Herbert Spencer aus England hat uns oft Aufsätze eingeschickt, ohne irgendwelche Gene, sogar nicht einmal, als wir sie ihm zurückschickten. Wie wäre das in Deutschland möglich!

SAENGER: ... die Mehrzahl unserer Gelehrten hat noch immer kein Ohr für die Akustik des Forums, kein Organ für die Schönheit menschlich belebter Darstellung, die jeden Stoff entmaterialisiert. Sie finden den weltmännischen Ton nicht ... Die besten Popularisatoren unter den Gelehrten, teilweise ganz vortreffliche Schriftsteller, die die Essayform fast künstlerisch meistern, sind überraschenderweise unter den Naturwissenschaftlern zu finden. Aber schlimm steht es um die Hüter und Pfleger der Geisteswissenschaften...

BIE: Mit ungeheurer Mühe muß aus den Autoren eine Schriftstellerei herausgezogen werden, die den Charakter dieses Zwanges, selbst unter Korrekturen, häufig nicht verheimlichen kann –

SAENGER: – dieses Steckenbleiben in Einzelheiten, dieses Sicherdrosselnlassen durch das Objekt... daher wachsen auf deutschem Boden so spärlich Essayisten; Leute in denen der Schriftsteller, der Künstler, der Mensch des Gelehrten Herr geworden ist.. Der Gelehrte oder Denker als Künstler: so könnte man den Essayisten kurz definieren. Schauen wir uns nun in Deutschland um: Herman Grimm, Karl Hillebrand, Heinrich von Treitschke: es gibt nicht viele. Der Ehrgeiz treibt nicht in diese Richtung... Michel de Montaigne, der Vater des Essays, war kein Forscher sondern ein Spaziergänger in den Gefilden der Wissenschaft. Ohne Phantasieeinschlag, ohne epische Beschaulichkeit und ohne Spiel im Ernst kommt kein Essay zustande... Jeder Redakteur einer großen Zeitschrift weiß, wie sehr wir unter diesen falschen Schätzungen in Deutschland leiden.

BIE: Unsere Zeitschrift will künstlerisch sein; sie will in der Dichtung und im Essay die persönliche Physiognomie niemals verleugnen. Sie hat das feste Ziel, alle Gebiete der Produktion und des Wissens, nur wenn sie auf eine persönliche Anschauung und künstlerische Kraft eingestellt sind, zu pflegen. Sie erweitert damit den Begriff der Phantasie und verschönert die Wissenschaft. Aber es wird ihr nicht leicht gemacht.

An dieser Stelle, so darf man sich vorstellen, unterbricht Fischer das Gespräch und zieht einen »Sylvesterabend 1909« datierten Brief hervor, den Hedwig Fischer von Peter Nansen erhalten hat:

Liebe Frau Hedwig... Es freute mich, daß wenigstens Sie meinen Björnson-Artikel gut gefunden haben. Ich bin nicht beleidigt, aber, offen gestanden, meine ich, daß Fischer und Prof. Bie ein bischen *zu* doctrinair geworden sind. Wenigstens muß ich, verstehe ich, dann renoncieren, jemals öfter in der Rundschau zu schreiben. Zweimal habe ich jetzt versucht. Beide Male hat man resolviert, daß mein Ton für die Rundschau nicht paßte. Warum sind Sie nicht Redakteur?

Bie und Saenger fanden mit der Zeit eine ganze Anzahl Mitarbeiter mit den Anlagen, die hier gebraucht wurden, und förderten und entwickelten ihre Gaben. Sie traten im nächsten Jahrzehnt hervor. So gab es in diesem Jahr 1909 einen achtundzwanzigjährigen Schriftsteller, der in Leipzig lebte und, wie er meinte, »den Anschluß verloren hatte – dunkel alles, kein Licht, kein Weg«. In einem »altmodischen Lesekabinett« der Stadt las er die ›Neue Rundschau‹, deren Verlag »von einem Nimbus umstrahlt« war:

Schon die Mitarbeit an der ›Neuen Rundschau‹ hätte mir viel bedeutet; anbieten konnte man sich nicht, man mußte warten, bis der Herausgeber die Aufforderung schickte; was sollte seine Aufmerksamkeit auf den Mann in der Provinz lenken? Hätte ich ihn gekannt, den guten alten Oscar Bie, den halb kindlich schlauen, halb gelehrt zerstreuten Musikprofessor, der für Richard Strauss und die Geschichte der Oper lebte, so würde er mit seiner leisen Stimme gesagt haben: Mein Lieber, wir sind alles andere als ein Olymp, auch für Sie wird sich ein Plätzchen finden. Es sollte noch dreieinhalb Jahre dauern, bis ich die Aufforderung zur Mitarbeit erhielt.

Er erhielt sie. Und die Zeitschrift gewann mit Otto Flake (den Hesse schon 1907 für den ›März‹ entdeckt hatte) genau den Meister des »künstlerisch gestalteten Essays«, den sie brauchte, an dem eine ganze Generation lernen sollte, sich klar und sauber, prägnant und unverwechselbar, anmutig und elegant auszudrücken. Mit Flake fand die Zeitschrift den »weltmännischen Ton«.

KRITIK UND SELBSTKRITIK

Nicht nur die Essayisten machten Fischer Sorgen. Auch mit den Kritikern, insbesondere mit den Buchkritikern, lag nach seiner Meinung einiges im argen. Er äußerte sich gegenüber Schnitzler hierzu sehr freimütig:

Sie werden finden, daß der literarisch-kritische Teil unserer Zeitschrift nicht ihren stärksten Wert heute ausmacht, was daran liegt, daß wir an einem auffallenden Mangel an wertvollen kritischen Kräften laborieren.

Es war selbstverständlich, daß alle bedeutenden Neuerscheinungen des Buchverlags in der Zeitschrift ausführlich gewürdigt wurden, und manche Autoren hatten in dieser Hinsicht Wünsche, die sich bei dem »auffallenden Mangel« nicht immer leicht erfüllen ließen. So schrieb Schnitzler vor dem Erscheinen von *Der Weg ins Freie* schon am 14. Mai 1908 an Fischer:

Ich möchte Sie auch gleich heute fragen, wer in der Neuen Rundschau über den Roman schreiben wird. »Der Merker werde so bestellt ...« usw. Es läge mir viel daran, daß mit dieser Aufgabe nicht etwa ein Kritiker betraut werde, der ›auch‹ dichtet, sondern ich möchte, daß sich über dieses Buch entweder ein Kritiker von Beruf oder ein Dichter von Rang vernehmen läßt ... Sie begreifen, daß mir viel daran liegt, gerade in der Neuen Rundschau von jemandem besprochen zu werden, der nicht etwa ›wohlwollend‹ wäre, aber wenigstens von einem, der überhaupt ›will‹.

Der Weg ins Freie hatte, wie hier eingefügt werden muß, im Wiener Freundeskreis Mißfallen erregt, weil er nur leicht verhüllte Porträts vieler Freunde Hofmannsthals und Andrians enthielt; auch Wassermann hatte sich für den Roman nicht erwärmen können, und dies führte zu einer vorübergehenden Spannung zwischen ihm und Schnitzler. Wassermann schrieb später:

Gegen kritische Einwände verhielt er sich äußerst merkwürdig; bescheiden-empfänglich, wo es sich um ausmerzbare Fehler handelte, und absolut starr, wo es um tiefer liegende, um organische Schwächen ging. Da stellte er sich mit seiner ganzen Person vor das Werk, war auch zu einer Diskussion nicht zu bewegen ... Ich glaubte ihm Offenheit schuldig zu sein, aber er nahm meine Gründe nicht an, er lehnte sie sogar ab, und nicht ohne Schroffheit. Ich hatte gleichsam ein Stück seines Vertrauens verscherzt und mußte es erst wieder erwerben. Später begriff ich, warum, und lernte vorsichtig sein. Man darf einen reifen Mann und fertigen Künstler nicht in seinem Bestand anzweifeln ...

Fischer wußte möglicherweise von diesen Unliebsamkeiten nichts, die Schnitzler besorgt machten. Er antwortete ihm am 18. Mai:

Ich wäre Ihnen sehr dankbar, wenn Sie einen Rezensenten selber vorschlagen würden. Die litterarische Buchkritik liegt augenblicklich sehr darnieder; es wird von allen Seiten auf diesem Gebiet herumdilettiert. Die paar Leute, die wirklich etwas verstehen, schreiben meist über's Theater. Wenn ich daran denke, wem man die Besprechung über Ihr Buch übergeben könnte, so scheint mir Kerr der Geeignetste. Ich bezweifle aber, ob er die Sache übernehmen würde. Wie denken Sie über Handl oder Polgar, über Salten oder Fred? Bei uns kämen eventuell Eloesser, Poppenberg, Paul Wiegler in Betracht. Sehr geeignet schiene mir Bahr oder Salten. Auch an Herman Bang wäre zu denken; ich fürchte aber, daß er dem Milieu Ihres Romans etwas fremd gegenübersteht.

Die Wahl fiel schließlich auf den Wiener Literaten Willi Handl, einen Freund Bahrs, der bereits zu den gelegentlichen Mitarbeitern des literarischen Teils der Zeitschrift gehörte. Doch die Liste von Namen, die Fischer Schnitzler vorlegt, zeigt, daß die Auswahl nicht groß war und daß man genötigt war, ob man wollte oder nicht, sich mit wenigen Ausnahmen im Kreis der Autoren des Verlags zu bewegen. Schon fünfzehn Jahre zuvor hatte die sozialdemokratische Zeitschrift ›Neue Zeit‹ die damalige ›Freie Bühne‹ giftig wegen ihres »sozialistentödterischen Solidaritätsbewußtseins« verhöhnt:

Herr Wilhelm Bölsche feierte Herrn Julius Hart, Herr Julius Hart feierte Herrn Bruno Wille, Herr Bruno Wille feierte Herrn Heinrich Hart, und Herr Heinrich Hart feierte Herrn Wilhelm Bölsche. Die Leser der Freien Bühne konnten sich alle Abend schlafen legen in dem beruhigenden Bewußtsein: Welch reicher Himmel, Stern bei Stern!

Das war übertrieben, und der Hohn überdies unangebracht, denn dieser Himmel war in jedem Fall reicher als der sozialdemokratische. Aber etwas Wahres war dran, auch jetzt, da der Himmel noch unvergleichlich viel reicher geworden war. Überblickte man dieses Jahrzehnt der ›Neuen Rundschau‹ von 1904 bis 1914, so konnte man wohl den Eindruck gewinnen, daß in der Buchkritik »einer über den anderen« schrieb: Heimann über Hauptmann, Wassermann, Stehr und Strauß; Wassermann über Hofmannsthal und Schnitzler; Salten über Schnitzler und Wassermann; Schaffner über Loerke und Hesse; Loerke über Schaffner, Heimann und Hauptmann; Kyser über Loerke; Jensen über Nansen; Holitscher über Kellermann; Bang über Keyserling und Poppenberg über alle und jeden, von Hofmannsthal bis Norbert Jacques, von Bang und Dehmel bis Hollaender. Zwar erklärte Hans Kyser in seiner Besprechung von Loerkes *Turmbau* im Dezemberheft 1910 rundweg: »Nur untergeordnete Köpfe können sich darüber aufregen, daß man das Buch eines Freundes kritisiert«, aber es konnte dennoch der Eindruck einer gewissen Vetternwirtschaft entstehen, denn, wie Bie es ausdrückte: »Man lebt ja von einander.« Man konnte aber auch finden, daß Bie es sich vielleicht gelegentlich ein wenig leicht machte. Gewiß war es an sich ein guter redaktioneller Gedanke, einem Mitarbeiter die Essaybände von Shaw und Jensen, die Ende 1908 bei Fischer erschienen, mit diesem Vorschlag zur Rezension zu übersenden:

Ich bin sicher, daß Sie für beide Autoren, die in der europäischen Literatur eine eigentümliche Stellung haben, ein starkes Interesse empfinden, und bei uns besteht der Wunsch, über diese beiden einmal etwas Eindringliches zu bringen, weniger literarisch, als im Bezug auf ihre Stellung in unserer ganzen Kultur, auf ihre Weltanschauung, auf ihre Beziehung zum Leben und zur Zukunft. Es sind zwei Typen, beide sehr markant, und doch ganz verschieden. Der Eine positiver, der Andere negativer, nicht im kleinen Kreise wie gewisse deutsche Dichter, sondern von einem Weltgefühl beseelt, das sie über den engen Kreis ihrer Heimat hinaushebt ...

Einen solchen Essay brauchte die Zeitschrift. Aber Hermann Bahr war nicht der richtige Mann dafür. Sein Aufsatz *Barbaren*, der auf sieben Druckseiten nur zwei Absätze hatte, schwemmte in einem einzigen unübersehbaren Sturzbach alles daher, was ihm zufällig in den Kopf kam, ungegliedert, formlos, gestaltlos, unlesbar. Auch Thomas Manns *Königliche Hoheit* von Bahr besprechen zu lassen, war ein abwegiger Gedanke. Bahr hatte den übersprudelnden Hang, in anderer Leute Bücher Ideen hineinzudichten, die gar nicht drinstanden, nur weil sie ihn im Augenblick faszinierten, und oft zwickte ihn der reine Übermut. Fischer paßte bei seinem alten Freund scharf auf und strich ihm kurzerhand weg, was ihm untunlich schien. Bie mußte es dann dem leicht gekränkten Bahr ›erklären‹; so am 22. Februar 1909:

Ein paar Worte bei Gelegenheit der Erwähnung Hauptmanns haben wir gestrichen, nicht weil sie absolut nicht in der Rundschau gedruckt werden könnten, sondern nur aus Sicherheit, damit keinerlei Mißverständnisse vorkommen. Es sind die Worte »die Hoffnung ist verloren«. Sie verstehen, es klingt vielleicht schlimmer, als Sie selbst meinen. Es ist schon besser, wir vermeiden solche Mißverständnisse. Die Änderung in Ihrem vorigen Artikel stammt von Fischer, es ist möglich, daß ich es vergessen hatte, Ihnen zu erwähnen, entschuldigen Sie nur nachträglich ...

Saenger schrieb: »Personalklatsch, in Gehässigkeiten getaucht, wie er in der Kunst- und Literaturkulisse beheimatet zu sein pflegt, lehnte er von Grund aus ab; mit einer ironischen Bemerkung, die verriet, wie gut er die Psychologie seines Künstlervölkchens kannte, ging er zur Tagesordnung über.«

»REINLICHE AUSSPRACHE«

Hermann Bahr war nicht der einzige, der zuweilen Anstoß erregte. Es war durchaus nicht so, daß in der ›Neuen Rundschau‹ unter allen Umständen eine Hand die andere wusch. Hauptmann war in der Tat in gewisser Weise sakrosankt; an ihn ließ Fischer nicht rühren. Aber im übrigen gab es in dieser Hinsicht selten etwas, das »absolut nicht in der Rundschau gedruckt werden« konnte. Thomas Mann schüttelte über Bahrs Besprechung von *Königliche Hoheit* verwundert den Kopf, doch tat er es nur in einem Brief an den Freund Kurt Martens: »... Hermann Bahrs ›Lehren‹ können, da sie amüsant vorgetragen werden, immerhin Verwirrung stiften. Daß er selbst sie und sich sehr ernst nimmt, glaube ich freilich nicht... Sein Geschmack steht augenblicklich mit seinen Theorien nicht ganz im Einklang.« Nur sehr selten kam es zu ›Erwiderungen‹ oder gar Polemiken zwischen Autoren und Rezensenten in den Spalten der Zeitschrift. Wassermann, wohl der unironischste Dichter des ganzen Kreises, war zutiefst bestürzt darüber, daß Willi Handl in seiner ›Rundschau‹-Besprechung *Die Masken Erwin Reiners* ein »Buch der Verzweiflung« nannte; aber sein *Offener Brief* im folgenden Heft der Zeitschrift war ein vier Seiten langer Essay, in dem er mit großer Eindringlichkeit seine Auffassung von Lebensbejahung und Verzweiflung und der dichterischen Wahrheit der ›Gestalt‹ darlegte – einer seiner besten kurzen Aufsätze. Darin hieß es:

... die Wahrheit, die Unmittelbarkeit, die Legitimität dieser Empfindung (von Verwunderung und Schmerz) mag das Unstatthafte einer öffentlichen Antwort entschuldigen. Es soll nicht eine Kritik der Kritik sein; käme man doch ins Uferlose, und des unfruchtbaren Redens wäre kein Ende, wenn wir die Meinung der anderen über unsere Leistungen vom Standpunkt der eigenen vermeintlichen Einsicht aus verrücken wollten...

Und zum Schluß:

Dieses, lieber Herr Handl, wollte ich zwischen uns klarstellen, und wenn es auch ohne einige Doktrin nicht abgelaufen ist... so werden Sie in alledem nicht den guten Willen zur Verständigung und reinlichen Aussprache übersehen, in welchem ich verbleibe...

Einer jedoch ging einigen zuzeiten zu weit, nicht zuletzt, weil er nach ihrem Gefühl den Geist eben dieser »reinlichen Aussprache« vermissen ließ. Dieser eine war Alfred Kerr. Thomas Mann klagte nach dem Erscheinen von *Königliche Hoheit* seinem Bruder Heinrich:

Jetzt hat er gelegentlich eines Aufsatzes über Shaw folgenden Satz in die Rundschau eingeschmuggelt: »Er prahlt nicht wie etwa *mittlere Roman-Bossler. Jeder komisch neurasthenische Commis und alte Sanatoriumskunde, der eines Tages Romane schreibt, wird sich in hoher sozialer Stel-*

lung schildern und die Achillesverse novellig vertuschen etc.« Wie gefällt dir das? Es merkt es natürlich kein Mensch außer mir selbst, aber das ist gerade das Feine daran. Schon wenn er nur das Wort »sozial« weggelassen und nur »in hoher Stellung« geschrieben hätte, hätte Bie was gemerkt und ihm den Satz gestrichen. Ich muß gestehen, daß mir Tage lang sehr übel davon war.

Hofmannsthal verstimmte an Kerr anderes, und diesmal »merkte« Bie etwas, denn Hofmannsthal beklagte sich bei ihm über Kerrs ›Rundschau‹-Besprechungen von *Das gerettete Venedig* und *Ödipus*. Bie verteidigte den Kritiker:

Kerrs Artikel ist frei von jeder Ungezogenheit. Er findet sehr viele Schönheiten, stößt sich aber an der Schwierigkeit der Ödipus-Sage für unsere Zeit. Was er sagt, ist rein sachlich und zeugt von Eingehen. Sie wissen, daß er Bearbeitungen nicht sehr hold ist, darum sucht er *Sie* aus allem in dem Buch und zeigt Ihr Fortschreiten. Er hat noch nie so ruhig und substanziell über Sie geschrieben und ich freue mich, daß ich etwas dazu beigetragen habe, wenigstens dies zu erreichen – das Einzige, was innerhalb meiner Redakteurmacht liegt. Ich glaube, Sie können persönlich zufrieden sein und alle Differenzen rein sachlich nehmen. Schreiben Sie *mir* dann eine Zeile.

Aber Hofmannsthal erteilte bei aller Liebenswürdigkeit doch seiner Redaktionsführung einen Verweis:

Mein lieber Professor Bie, ich danke Ihnen aufs herzlichste für Ihren guten Brief. Ich komme auf die Sache selbst nun nicht mehr zurück. Aber bitte, daran liegt mir persönlich, denken Sie nur ja nicht, daß ich im allgemeinen eine nervöse Empfindlichkeit gegen Kritiken habe. Wirklich nicht. Ich lese jede, die mir in die Hand kommt und vergesse sie unglaublich schnell. Nur das war das Unmögliche: einen gewissen Ton, den der betreffende Herr annimmt – ich glaube halb aus Manieriertheit und ohne sich Rechenschaft zu geben, wie ungezogen er ist – dort zu akzeptieren, wo man sich im Haus des Freundes glaubte. Die andern Menschen haben mir dies *ausnahmslos* viel schärfer gesagt, als ich mir selbst es sagte. Die Rundschau muß als ein Ganzes empfunden werden, – deshalb fühlen auch die Besten unter den Lesern Dissonanzen so sehr. –

Mit anderen Worten: »im Haus des Freundes« dürfen sehr wohl alle verschiedener Meinung sein, aber es müssen alle gleich gute Manieren haben. »Die Rundschau muß als Ganzes empfunden werden« – darauf kam es Fischer nicht weniger an als Hofmannsthal. Freilich hätte Bie dem Dichter mit seinen eigenen Worten, mit den Schlußworten seines *Prologs zur Lysistrata*, antworten können: »Verzeihen Sie das Einzelne um des Ganzen willen: Wir waren ängstlich und eifrig, ein Ganzes zu schaffen und ein Lebendiges, das ist alles.« Nur war dieser *Prolog* damals noch nicht geschrieben.

Seit dem kühnen Unternehmen der zehnbändigen Ibsen-Ausgabe von 1898 hatte Fischer etwas Ähnliches nicht mehr in Angriff genommen, aus einfachem Grund. Ibsens Werk war eine Hinterlassenschaft der vorangegangenen Generation gewesen, die Fischer für seine eigene und künftige Generationen gesichert hatte; es näherte sich bereits der Vollendung, als er seinen Verlag gründete und war praktisch abgeschlossen, als die Gesamtausgabe veranstaltet wurde. Alle anderen Autoren des Verlags gehörten Fischers eigener oder einer noch jüngeren Generation an und hatten erst zu schreiben begonnen, als er zu verlegen begann. Keiner hatte bisher, wie Fischer von Friedrich Huch sagte, »eine fertige Entwicklung« aufzuweisen – gottlob, durfte man meinen, wie sollten sie auch? Sie waren ja mit wenigen Ausnahmen alle erst um die vierzig oder jünger, standen mitten in den reichsten Schaffensjahren oder hatten sie gar, wie Thomas Mann, Wassermann und Hesse, noch vor sich, und von fünfzigsten Geburtstagen war einstweilen noch nicht die Rede. Kurzum, »unsere Generation der um das Jahr Sechzig Geborenen«, wie Bahr sie nannte, war noch nicht so weit, daß die einheitliche Zusammenfassung des bisher Geleisteten ihrem eigenen Bedürfnis oder dem ihrer Leser entsprach. Aber Fischer hielt allzeit den Blick auf diesen Zeitpunkt gerichtet, und jetzt nahte er heran. 1906, im Todesjahr Ibsens und zwanzigsten Lebensjahr des Verlags, legte Fischer zwei neue Ausgaben »Gesammelter Werke« vor und danach beinahe alljährlich eine weitere. Das Wort »gesammelt« war mit Vorbedacht gewählt; die Bezeichnung »sämtliche Werke« gebührte den Vollendeten, den Toten.

DIE ERSTE HAUPTMANN-AUSGABE

Hauptmann war vierundvierzig Jahre alt. Er hatte im Januar 1905 zum drittenmal den Grillparzer-Preis, im Mai 1905 zusammen mit seinem Bruder Carl und Richard Beer-Hofmann den neugegründeten

Volks-Schiller-Preis und im gleichen Monat die Ehrendoktorwürde der Universität Oxford erhalten. Das Werk der ersten fünfzehn Jahre war auf über zwanzig Einzelausgaben angewachsen; es war in einem Maß ›repräsentativ‹ wie das keines anderen deutschen Dichters seiner Generation; es schien an der Zeit, es zusammenzufassen. Anders als bei der Ibsen-Ausgabe, deren Entstehung sich nachzeichnen ließ, ist kein Briefwechsel zwischen Fischer und Hauptmann hierüber erhalten. Doch scheint der Plan erst um die Jahreswende 1905/06 gefaßt worden zu sein; denn der im November 1905 ausgegebene Katalog für 1906 enthält noch keine Vorankündigung einer Hauptmann-Ausgabe. Heimann, der die Redaktion der Ausgabe besorgte und alle Texte noch einmal durchsah, fuhr, um Stockungen in der Druckerei zu vermeiden, Ende April 1906 auf eine Woche nach Agnetendorf, um mit Hauptmann »noch einmal alles durchzugehen«.

Die Gesammelten Werke eines lebenden, schaffenden Dichters werfen herausgeberische Probleme der Anordnung und Gliederung auf, für die es keine allgemeingültige Lösung gibt, besonders nicht, wenn ein solches Werk sich auf viele Gebiete, auf Drama und Prosa-Erzählung, Lyrik und Essay erstreckt und auf allen gleichzeitig weiterwächst. So war das Ibsen-Modell hier nicht dienlich. Fischer legte seine Hauptmann-Ausgabe auf sechs Bände an, innerhalb deren das Werk nicht chronologisch, in der Reihenfolge seiner Entstehung, sondern nach thematischer und formaler Zusammengehörigkeit geordnet wurde. Dies entsprach wohl Hauptmanns eigenem Wunsch, der diese Ausgabe als »natürlichen Ausdruck einer Persönlichkeit« verstanden wissen wollte.

So wurden alle Frühwerke und die gesamte Lyrik ausgeschieden, und auch Reden und Aufsätze wurden nicht aufgenommen. Die beiden ersten Bände umfaßten die »Sozialen Dramen« von *Vor Sonnenaufgang* bis *Fuhrmann Henschel*, sowie die beiden Novellen *Bahnwärter Thiel* und *Der Apostel*; im dritten Band waren die »Familiendramen« von *Das Friedensfest* bis *Michael Kramer*, im vierten die »Märchendramen« von *Hanneles Himmelfahrt* bis *Der arme Heinrich* zusammengefaßt; der fünfte enthielt unter dem Titel »Historische Dramen« lediglich den großen Einzelgänger *Florian Geyer* und der sechste unter der Sammelbezeichnung »Märchendramen und Fragmente« die drei jüngst entstandenen Bühnenwerke *Elga, Schluck und Jau* und *Und Pippa tanzt* sowie die in Buchform bisher unveröffentlichten Fragmente *Helios* (von 1899) und *Das Hirtenlied* (von 1898/99).

Diese Anordnung erwies sich als nicht glücklich. Ihr äußerer Nachteil war, daß die rund 2000 Seiten der Ausgabe, die im Durchschnitt einen Band von etwa 350 Seiten ergeben hätten, sich sehr ungleichmäßig verteilten; der Umfang schwankte zwischen den 450 Seiten des ersten Bandes und den 193 Seiten des fünften, und der äußere Eindruck architektonischer Einheitlichkeit war gestört. Der innere Nachteil war noch empfindlicher. Die Gliederung in thematische Werkgruppen, die einem abgeschlossenen Lebenswerk entspricht, brachte es mit sich, daß die Ausgabe sich in künftigen Jahrzehnten nicht organisch erweitern oder ›verlängern‹ ließ, sondern die folgenden Gesamtausgaben umgestaltet werden mußten. Schon bei dieser ersten Gesamtausgabe hatte das Prinzip sich nicht völlig durchführen lassen, denn die jüngsten Märchendramen, die in den vierten Band gehört hätten, mußten in den letzten aufgenommen werden. Gesamtausgaben lebender Autoren verlangten ein anderes Prinzip der Anordnung, eine flexiblere, auf Wachstum berechnete Gliederung. Fischer entdeckte die richtige Lösung sehr bald darauf.

Hauptmann stellte dem ersten Band einige aus »Venedig, Ende Oktober 1906« datierte kurze Geleitworte voran, in denen der ganze Nachdruck auf sein dramatisches Schaffen gelegt ist und der Erzähler, der mit großen Romanwerken herannahte, sich noch nicht einmal ankündigte:

Allem Denken liegt Anschauung zugrunde. Auch ist das Denken ein Ringen: also dramatisch. Jeder Philosoph, der das System seiner logischen Konstruktionen vor uns hinstellt, hat es aus Entscheidungen erreicht, die er in den Parteistreitigkeiten der Stimmen seines Innern getroffen hat: Demnach halte ich das Drama für den Ausdruck ursprünglicher Denktätigkeit, auf hoher Entwicklungsstufe, freilich ohne daß jene Entscheidungen getroffen werden, auf die es dem Philosophen ankommt.

Aus dieser Anschauungsart ergeben sich Reihen von Folgerungen, die das Gebiet des Dramas über das der herrschenden Dramaturgien nach allen Seiten hin unendlich erweitern, so daß nichts, was sich dem äußeren oder inneren Sinn darbietet, von dieser Denkform, die zur Kunstform geworden ist, ausgeschlossen werden kann.

So viel und nicht mehr will ich sagen zum Geleit dieser ersten Sammlung meiner dramatischen Arbeiten; sie wollen verstanden werden als natürlicher Ausdruck einer Persönlichkeit. Im übrigen muß es ihnen überlassen bleiben, ihr Leben, wie bisher, zwischen Liebe und Haß selbst durchzusetzen.

Die Ausgabe, in der Unger-Fraktur gedruckt und von E. R. Weiß ausgestattet, war im Vergleich mit den Einzelausgaben, die durchschnittlich geheftet zwei, gebunden drei Mark kosteten, ausgesprochen preiswert: die sechs Bände kosteten broschiert 24, in Halbpergament gebunden 30, in Ganzpergament 36 Mark. Außerdem gab es eine Vorzugsausgabe: »50 Exemplare auf handgeschöpftem Büttenpapier abgezogen, numeriert und in Ganzpergament gebunden, davon 45 zum Verkauf. Preis 100 Mark für das vollständige Werk. Zu beziehen von

S. Fischer, Verlag, Berlin W.« So lautete der in die Normalausgabe eingedruckte Vermerk. Fischer ersetzte, wie man sieht, den konventionellen, an die wilhelminische ›Gute Stube‹ gemahnenden Leinen- und Goldschnittlederband durch das apartere Pergament, das er bereits bei den letzten Einzelausgaben eingeführt hatte und auch bei späteren Hauptmann-Einzelausgaben beibehielt. Hauptmanns Vorwort dürfte im letzten Augenblick der Herstellung eingetroffen sein, denn schon am 15. November 1906 telegrafierte er aus Weimar:

HERZLICHSTEN DANK FÜR GROSSE GEBURTSTAGSFREUDE DURCH WIRKLICH WUNDERVOLLE AUSGABE UND TREUE GESINNUNG GRÜSSEND LIEBER HERR FISCHER IHR GERHART HAUPTMANN

Fischer druckte eine erste Auflage von 4000 Exemplaren. Ihr folgte 1909 eine zweite von nochmals 2000, die aber nicht bis zu Hauptmanns fünfzigstem Geburtstag und die hierfür geplante neue Gesamtausgabe vorhielt; denn am 6. Dezember 1911 schrieb Fischer:

Wir werden doch noch eine Auflage Ihrer ›Gesammelten Werke‹ drucken, denn bis die Volksausgabe im Herbst nächsten Jahres herauskommt, werden wir mit den alten Vorräten nicht mehr langen. Ich denke, das wird Ihnen ganz recht sein.

Diese erste Gesamtausgabe von 1906 erreichte somit eine Gesamtauflage von 7000 Exemplaren.

Die Zeit- und Altersgenossen waren beeindruckt. Schnitzler, der die sechs Bände von Fischer als Weihnachtsgeschenk erhielt, bedankte sich unverzüglich für »das prachtvolle Hauptmann-Exemplar, die wunderschön ausgestatteten gesammelten Werke«. Rilke hatte sie nicht zu Weihnachten bekommen, wußte sie sich aber zu verschaffen. Fischer hatte ihm Dehmels *Erlösungen* gesandt, die Rilke jedoch bereits von Dehmel selbst erhalten hatte; er bat, das Buch umtauschen zu dürfen: »Darf ich's sagen, daß ich mir den ersten Band der Hauptmann-Ausgabe sehr, sehr herzlich wünsche?« Den ersten Band? Fischer sandte wortlos alle sechs, und Rilke dankte am 21. Januar 1907:

... wie soll ich mir so ohne weiteres vorstellen können, daß mir alle diese Bände wirklich gehören. Tun sie es denn? Wenn es so gemeint war und so sein soll: ich sträube mich nicht, aber Sie hätten mir keine größere Freude machen können... ich beglückwünsche Sie herzlich zu dieser sehr schönen Ausgabe, die, vornehm wie sie ist, keine andere Wirkung will und anstrebt als die von ihrem Dasein selbstverständlich ausgehende: die imponierend ist. Und wie breitet sich in dieser neuen, gleichmäßigen Zusammenfassung Hauptmanns Werk aus nach allen Seiten, strahlenförmig. Man glaubt es nie so gesehen zu haben, übersichtlich und da und dort schon unabsehbar...

Die Hauptmann-Ausgabe war ein großer Markstein der Verlagsgeschichte. Sie hob den Verlag auf eine neue Ebene – aus der Sphäre des »Werdenden« in den Bereich des gesicherten Bestandes. Fischer hatte sich mit gelassener Selbstverständlichkeit in die Reihe der Cotta und Göschen gestellt. Freilich machte er ihnen ihre bewährten Klassiker nicht nach. Er hatte sich ohne viel Aufhebens seine eigenen gemacht.

EIN FRÜHVOLLENDETER

Gleichzeitig erschien, in einem einzigen Band, das Gesamtwerk eines Frühvollendeten. Im November 1904 nahm sich ein junger Berliner Student der Jurisprudenz und Philosophie namens Walter Calé das Leben. Die hohen Gaben des noch nicht Dreiundzwanzigjährigen waren nur einem kleinen Freundeskreis bekannt gewesen; zudem hatte Calé aus tiefster Verzweiflung über seine eigene Unzulänglichkeit viele seiner Arbeiten vernichtet, und nur durch Zufall war in Freundeshänden ein schmaler Nachlaß, Gedichte, Novellen, Dramenfragmente und Tagebücher, erhalten geblieben. Der Bruder des Verstorbenen und ein Freund wandten sich an Fritz Mauthner, um ihn für diesen Nachlaß zu interessieren. Mauthner hatte den Namen Calé noch nie gehört und wollte abwehren, denn »ein Beweis von Genialität ist der Freitod am Ende denn doch nicht«, aber:

> Eine halbe Stunde später hatten die Besucher ihre Absicht erreicht. Walter Calé war mir nicht mehr fremd, nicht sein Lied und nicht sein Leid. Aus einer kleinen romantischen Novelle, aus einigen Gedichten hatte ich den Klang der Glocke zu vernehmen geglaubt, die den Morgen der kommenden Lyrik einläutet ... Man ist zu dreiundzwanzig Jahren kein Vollendeter, dann gewiß nicht, wenn man so jung schon ein Entsagender ist. Von Walter Calés hinterlassenen Gedichten wird vielleicht keines in beliebte Sammlungen übergehen. Und dennoch, so glaube ich, wird die Literaturgeschichte den Namen anmerken. Wird sagen müssen: so tönte zu Beginn des 20. Jahrhunderts eine kleine reine Stimmgabel der großen Lyrik. Wer weiß, was alles aus diesem feinen kleinen Ton musikalisch herauswachsen wird. In stärkeren Dichtern. In glücklicheren. Aber Walter Calé war einer von den vielen, die diesen feinen kleinen Ton zuerst gehört, von den wenigen, die ihn zuerst gefunden haben ... Hier oder nirgends ist der Aufschwung zu einer neuen Poesie.

So schrieb Mauthner in seinem Vorwort. Mauthner gehörte nicht zum Autoren- und Mitarbeiterkreis von Fischers Verlag und Zeitschrift, wohl aber hatte er zu den Gründungsmitgliedern der ›Freien Bühne‹ gehört und 1890 auch ein Drama der Brüder Goncourt für die ›Freie Bühne‹ und Fischers Verlag übersetzt und war Fischer natürlich wohlbekannt. Fischer ließ sich bewegen, den Band *Nachgelassene Schriften* herauszubringen, veröffentlichte einige Gedichte im Vorabdruck im Septemberheft 1906 der ›Neuen Rundschau‹ und das Buch im gleichen

Herbst. Er wird sich schwerlich einen Erfolg erwartet haben. Doch merkwürdigerweise behielt Mauthner recht. Die Stimme des Frühvollendeten wurde nicht überhört; es blieb nicht beim unverkäuflichen ersten Tausend. Bei Kriegsausbruch hatte Fischer die vierte Auflage gedruckt, sogar nach dem Krieg, 1920, druckte er noch einmal zwei Auflagen, und 1926, zwanzig Jahre nach dem ersten Erscheinen, konnte Oskar Loerke von diesen »Gaben eines Dichters von hohem Rang« sagen: »Dieses so früh vollendete Leben, das ein großes Versprechen gab, umschloß doch schon einen großen Reichtum und wird in der Geschichte der Poesie unserer Zeit einen unverlierbaren Platz behalten.«

RICHARD DEHMEL

Rilke hatte Dehmels *Erlösungen* nicht von ungefähr zu Weihnachten erhalten. Sie waren der erste Band der zweiten großen Gesamtausgabe eines lebenden Dichters, die Fischer im Herbst 1906 vorlegte. Dehmel war ein alter Freund des Fischer-Kreises, aber ein neuer Autor des Verlags und überdies der erste, der von außen kommend sogleich mit einer Gesamtausgabe begann. Ein solcher ungewöhnlicher Fall ereignete sich hiernach nur noch zweimal, 1911 mit Björnson und 1915 mit Fontane.

Dehmel war genau ein Jahr jünger als Hauptmann und hatte einen unsteten Verlagsweg hinter sich, der seinem stürmischen, brodelnden, ewig suchenden Temperament entsprach. Er hatte den ungeliebten Beruf eines Versicherungsangestellten ergriffen, um sich eine Existenz zu schaffen und Paula Oppenheimer heiraten zu können, die Schwester seines Studienkollegen und lebenslänglichen Freundes Franz Oppenheimer, der später, ab 1895 als Nationalökonom zu einem der wichtigsten Mitarbeiter an Fischers Zeitschrift wurde. Ein zweiter alter Freund aus seiner Studentenzeit in Berlin war der Arzt Carl Ludwig Schleich, den Dehmel 1920 mit seinem Essayband *Von der Seele* Fischer zuführte. Um die Jahreswende 1887/88 hatte der Vierundzwanzigjährige, noch gänzlich unbekannt, mit dem Manuskript seines ersten Gedichtbuches Paul Schlenther aufgesucht, der jedoch mit dem träumerischen Jüngling mit dem schwarzen Bart und dem Kneifer nichts anfangen konnte:

> Damals trat das Glück, Richard Dehmels Entdecker zu werden, zum Greifen nahe an mich heran. Meine Zurückhaltung hat es verscherzt; ich überlasse mich dem Richterspruch der Nachwelt. Ich konnte nicht entgegenkommen, denn der Dichter hatte nie unmittelbar zu mir gesprochen; der Mensch wirkte anheimelnder in seiner Person als in seinem Wesen.

Dehmels späterer Biograph Julius Bab meinte hierzu:

Es war das mystische und es war das pathetische Element in Dehmels Natur, es war sein innerster Trieb zum Heroischen und Monumentalen, was der gesunden Vernunft, der bürgerlichen Klarheit, der nüchternen Natürlichkeit dieser Kritiker unverständlich und unangenehm sein mußte.

Kein Autor für Fischer – sollte man denken, und der erste Versuch bei Fischer, den Dehmel auf eigene Faust im April 1888 unternahm, hatte denn auch zu nichts geführt. Dennoch geriet Dehmel von nun an stetig näher an Fischers Kreise. Er knüpfte seine ersten literarischen Beziehungen und Freundschaften, zum ›Friedrichshagener Kreis‹, zu den Brüdern Hart und zu Przybyszewski, zu Bölsche und Wille, an dessen ›Freier Volks-Bühne‹ er aktiven Anteil nahm, und schrieb einen Prolog für ihre Eröffnungsvorstellung, den er selbst vortrug. Brahm fand ihn »allzu landesüblich«, aber schon kurz darauf, im November 1890, veröffentlichte Bölsche in der ›Freien Bühne‹ Dehmels Gedicht *Ein Dankopfer,* und dies war die erste Arbeit Dehmels, die im Druck erschien. So wurde er, genaugenommen, schließlich doch von Fischer ›entdeckt‹ und war hinfort, dreißig Jahre lang bis zu seinem Tod, in jedem Jahrgang der Zeitschrift mit zumindest einer, zuweilen zwei oder drei Arbeiten vertreten, zumeist Lyrik, doch auch einer gelegentlichen Erzählung oder Buchbesprechungen. Freilich war der dithyrambische Dehmel kein Naturalist, er stand Hauptmanns frühen Arbeiten kritisch gegenüber und war in seinen eigenen Anfängen für den Stil der Zeitschrift oft zu ›deklamatorisch‹; charakteristischerweise lehnte Bölsche seine späterhin berühmte Abendelegie *Drei Ringe* ab, weil sie ›unverständlich‹ sei, und auch Bie sperrte sich zuweilen mit dezidierter Liebenswürdigkeit.
Es bedurfte noch eines guten Jahrzehnts der schrittweisen Annäherung zwischen Autor und Verlag. Dehmels erstes Buch, der Gedichtband *Erlösungen* erschien 1891 bei Göschen, aber der Verleger Goethes brauchte sieben Jahre, um die Erstauflage von 700 Exemplaren abzusetzen, und Dehmel ging mit seinem zweiten Buch *Aber die Liebe* 1893 zu dem Münchner Verlag E. Albert & Co., der im selben Jahr Heinrich Manns Erstling herausbrachte. Mit diesem Buch, einer Mischkomposition aus Prosastücken und Verszyklen, wie Dehmel sie liebte, erzielte er eine breitere Wirkung. Die Furchtlosigkeit, mit der er vor allem in dem Zyklus *Die Verwandlungen der Venus* die »Schranken des Gewohnten und Erlaubten durchbrach«, führte ihm begeisterte Anhänger aus der Jugend zu und zugleich die Sittenrichter und den Staatsanwalt auf den Hals. 1894 wirkte er an der Gründung der Zeitschrift ›Pan‹ mit, in deren Verlag im folgenden Jahr, als er den Versicherungsberuf aufgab, sein drittes Buch *Lebensblätter* erschien. Hofmannsthal, den es bei seinem Dragonerregiment in Mähren erreichte,

wo er sein Einjährig-Freiwilligenjahr abdiente, schrieb darauf sein herrliches Reitergedicht *Brief an Richard Dehmel:* »... Und nun schickst du mir her / Ein Buch so rot wie die Mohnblumen sind ...«, das zeigt, wie mächtig Dehmel gerade die empfindsamsten unter seinen jüngeren Zeitgenossen anrührte. Mit dem nächsten Buch, dem Gedichtband *Weib und Welt* schien er endlich seine verlegerische Heimat gefunden zu haben: durch seine Freundschaft mit Liliencron und Alfred Mombert kam er zum Verlag Schuster & Loeffler, der Ende 1895 mit diesem Buch auch das vorausgegangene Werk übernahm.

Jetzt widmete ihm Heimann einen langen, neun Seiten langen Aufsatz im Dezemberheft der ›Neuen Deutschen Rundschau‹, der bei aller Schärfe der Kritik nicht zu Heimanns besten gehört und streckenweise nicht minder wortreich-verworren danebengreift wie Dehmel häufig selbst, aber dennoch die tumultarische Sprachgewalt dieses Dichters als etwas ganz einzigartig Neues wohl erkennt. Viel später, im Rückblick, begriff er ihn sicherer:

Als ich Dehmel kennen lernte, es ist nun schon ein Vierteljahrhundert her, fiel mir als Erstes und Stärkstes an ihm seine Stimme auf, ein tiefes, sanftes, Grau, mit vielen winzigen Splittern von etwas Funkelndem bestreut, und in seiner breiten, schwankenden Ruhe das Drohen eines jubelnden Aufschwungs. Damals, in seinen ersten dreißiger Jahren, war er – das röteste Blut, das in Deutschlands Adern floß; er war der dem »Geist der Brunst« Verschriebene; er war ein gebrannter, narbenvoller, gewittertragender, mit Vorsatz männischer Mann ...

Weib und Welt trug Dehmel einen Sittlichkeitsprozeß, das Drama *Lucifer* 1899 sogar einen Gotteslästerungsprozeß ein. Aber mit dem gleichzeitig erschienenen Auswahlband seiner Gedichte, dessen 5000 Exemplare im Handumdrehen vergriffen waren, wurde er *der* Dichter der Jugend schlechthin. Inzwischen war er eine zweite Ehe eingegangen – mit Ida Coblenz, der einstigen Seelenfreundin Stefan Georges – und hatte sich endgültig in Blankenese bei Hamburg niedergelassen. Und jetzt begann aus der Bekanntschaft mit dem Haus Fischer, vor allem befördert durch die Freundschaft zwischen Hedwig Fischer und Isi Dehmel, eine stetig engere Beziehung zu werden.

ZEHN BÄNDE

1903 erschien Dehmels großes Versepos *Zwei Menschen,* das ihn wahrhaft ›berühmt‹ machte (noch viel berühmter wurde acht Jahre später der mit Fischers gut befreundete Unterhaltungsschriftsteller Richard Voß mit seinem Roman gleichen Titels), wenn auch die Erstauflage von 2100 Exemplaren ihm keine Reichtümer brachte. Das Geld blieb im Haus des Lyrikers immer bedrohlich knapp, und Dehmel rackerte sich unablässig mit Vortragsreisen und Rezitationsabenden ab, um seinem Einkommen aufzuhelfen. Auch bei Schuster & Loeffler kam er nicht recht auf den grünen Zweig. Sein Zehn-Jahre-Vertrag mit diesem Verlag lief 1906 ab. Als Richard und Isi Dehmel am 17. Dezember 1905 zum erstenmal in die Erdener Straße kamen, waren die Besprechungen über eine Neuausgabe bei Fischer bereits seit einem halben Jahr in Gang. Hedwig Fischer schrieb rückblickend:

Richard Dehmel kam von Schuster & Loeffler, wo er sich nicht genug gewürdigt glaubte, zu unserem Verlag. Der Förstersohn mit dem eigentümlich durchfurchten Gesicht, etwas undurchschaubar, war einer der gütigsten Menschen, die ich kennen gelernt habe. Echter Rhapsode, der er war, trug er seine Verse temperamentvoll und kräftig vor, und eine ganze Generation von Dichtern stärkte sich an ihrer Wucht. Seine rustikale, sehr deutschstämmige Dichtung bedeutete auch eine gute Bereicherung unseres Verlagsprogramms, in dem sein Werk gesammelt und gepflegt wurde. Eine besondere Bindung zu Dehmel ergab sich aufgrund unser aller Liebe zur Musik. Fast jedes Jahr besuchten wir ihn zu seinem Geburtstag am 18. November in Blankenese, wo sein Häuschen auf einem Hügel mit schönem Blick auf die neblige Elbe lag. Und nach der traditionellen Gans, die die alte Guste trefflich bereitete, sang ich ihm Vertonungen seiner Gedichte vor, so das schöne:

Schließe mir die Augen beide
Mit den lieben Händen zu,
Geht doch alles, was ich leide,
Unter Deiner Hand zur Ruh.

Im Grunewald, zu unseren Musikabenden, führte er uns Professor Carl Ludwig Schleich zu, dessen Bücher dann auch bei uns erschienen, und im Engadin brachte er uns mit Emil Ludwig zusammen. Trotz seines Ruhms blieb er ein stets bescheidener, freundlicher Mensch. Bei manchen Autorenbesuchen zitterten die Angestellten des Verlags, aber auf Dehmel freuten sich alle, er brachte die Taschen voll Süßigkeiten angeschleppt, die er dann verteilte.

Die Arbeitskorrespondenz zwischen Fischer und Dehmel über die Gestaltung der Gesamtausgabe steht in der Verlagsgeschichte einzig da. Sie ist dank der sorgsamen Bewahrung von Dehmels Nachlaß fast vollständig erhalten. Der Briefwechsel beginnt im August 1905 und umfaßt allein während der Jahre 1905 und 1906 mehrere hundert, zum Teil sehr ausführliche, viele Seiten lange Briefe, die einen Blick in Fischers Herstellerwerkstatt erlauben, wie er nirgends sonst zu erhaschen ist.

Dehmel hatte bis dahin, einschließlich der wenig gespielten Bühnenwerke *Mitmensch* und *Lucifer* und des sehr beliebten Kinderbuches *Fitzebutze* (zusammen mit Paula Dehmel), insgesamt neun Bücher veröffentlicht. Die Gesamtausgabe wurde jedoch erstaunlicherweise auf zehn Bände angelegt. Dehmel stellte sich nämlich unter ihr nicht, wie bei Hauptmann, einen thematisch oder chronologisch gruppierten

Neudruck der vorliegenden Werke vor, wofür vier starke Bände ausgereicht hätten, sondern wollte eine »umfassende Neuordnung und Neugestaltung seiner ganzen Produktion« herausbringen. Er hatte von jeher die Gewohnheit, alle seine Bücher bei jeder Neuausgabe, ja Neuauflage völlig umzukrempeln, immer wieder umzuschreiben, auseinanderzunehmen und in anderer Anordnung unter den alten Titeln neu zusammenzufügen, Teile des einen Buches in ein anderes einzugliedern, und diese unablässige Revision machte sogar vor einzelnen Gedichten nicht halt, die von Ausgabe zu Ausgabe immer wieder verändert und mit neuen Überschriften versehen wurden. So auch jetzt; nur daß jetzt nicht ein Buch, sondern neun Bücher völlig umgearbeitet wurden und unter Hinzunahme von noch nicht in Buchform erschienenen Aufsätzen und kleineren Arbeiten insgesamt zehn Bände entstanden.

Als Fischer ihn bat, in einer Vorrede zu erläutern, »was zur jetzigen Gestalt dieser drei Bücher geführt hat«, antwortete Dehmel, er wisse wahrhaftig nicht, wie er diese Frage beantworten solle:

> Sie haben leicht reden, es handle sich nur um »tatsächliche Mitteilungen«. Da kann ich Ihnen doch blos erwidern: ich habe eben meine Dichtungen für Kinder, meine Novellen in Prosa und meine Kunst- und Lebens-Betrachtungen aus dem Unreinen ins Reine bringen wollen, aus dem verstreuten Durcheinander in säuberlich geordnete Sammelbände. Dann werden Sie mich natürlich nach den Gesichtspunkten der Ordnung fragen. Da ist's aber mit der Tatsächlichkeit schon vorbei; da müßte ich über jeden Sammelband einen psychophysiosoziologomystischen Essay schreiben, und das überlasse ich lieber meinen kritischen Busenfreunden ...

Der erste Band war für Weihnachten 1905 vorgesehen, aber es wurde Ostern und schließlich Herbst 1906, bis er vorlag. Denn jetzt kam etwas, was Fischer noch nie erlebt hatte.

DER »FLAMMENBECHER«

Fischer war es gewöhnt, daß manche seiner Autoren, wie Hauptmann und Schnitzler, zur Ausstattung ihrer Bücher persönliche Wünsche äußerten, die er nach Möglichkeit erfüllte, wenn sie nicht allzu abwegig oder kostspielig waren. Aber ein Autor wie Dehmel, der bis in die kleinste Kleinigkeit der Herstellung ein Mitspracherecht, wenn nicht gar das letzte Wort beanspruchte, war ihm noch nicht vorgekommen. Dehmel hatte von seinen früheren Büchern her (eines hatte der deutschtümelnde Runen-›Fidus‹ ausgestattet) einen Hang zur ›jugendbewegten‹ Symbolistik, die Fischer nicht anstand, rundweg als »Kitsch« zu bezeichnen, und er führte den Kampf um die Ausstattung »mit zähestem Eifer«. Am 8. Januar 1907 schrieb Fischer in ähnlichem Zusammenhang ein wenig ungeduldig an Schnitzler:

Sie müssen mir schon ein wenig freie Hand lassen, wenn etwas Einheitliches und Vernünftiges zu Stande kommen soll. Es muß lange herumprobiert werden, ehe alles stimmt ... einige Erfahrung habe ich im Lauf der Zeit doch schon gesammelt.

Dieser Stoßseufzer war aus der Erfahrung mit Dehmel geboren. Denn der Vertrag mit Dehmel enthielt diesen höchst ungewöhnlichen Satz: »Bevor nicht ein Einverständnis über Ausstattung und Type mit dem Verfasser erreicht ist, darf mit dem Satz nicht begonnen werden.« Fischer hatte die Ausstattung E. R. Weiß übergeben wollen, der gleichzeitig die Hauptmann-Ausgabe besorgte; er schrieb am 31. Dezember 1905:

Weiß ist – nach meiner Empfindung – einer der sichersten Buchstilisten, frei von aller ›Modernität‹ und dabei doch ein durchaus modern fühlender Künstler, der den Zusammenhang mit der Tradition nicht verloren hat. Vielleicht eine Nuance zu spießerig, aber eigener und germanischer wie Tiemann ...

Aber Dehmel protestierte: »Nein, ich bitte Sie *angelegentlich*, E. R. Weiß *nicht* an meine Bücher heranzulassen, auch nicht von ferne ...« Fischer gab nach. Die Ausstattung wurde Tiemann anvertraut, der auf Dehmels Wunsch und nach seinen Angaben als persönliches Wahrzeichen des Dichters einen »Flammenbecher« (eine Art Urne, aus der Flammen hervorlodern) als »Deckelornament« für Einband und Umschlag zeichnen sollte.

Ende Mai 1906 sollte nach langwierigen Verhandlungen mit Schuster & Loeffler um die Freigabe nun endlich mit dem Satz des ersten Bandes begonnen werden, aber Mitte Mai erbat sich Dehmel das Manuskript noch einmal zu Änderungen zurück! Auch mit den Satzproben gab es noch immer Unstimmigkeiten; am 26. Mai war Dehmel bis auf Kleinigkeiten zufrieden, füllte aber selbst jetzt noch mit technischen Einzelheiten – ob der Satzspiegel ein wenig höher, ein wenig tiefer stehen solle – zwei Briefseiten und ihre Ränder aus.

Während Drugulin setzte, befaßten Verleger und Autor sich mit den Einbänden. Es erwies sich, daß der von Tiemann gezeichnete »Flammenbecher« nicht zu dem bisherigen Verlagssignet paßte. Fischer nützte die Gelegenheit zu einer Verbesserung des Signets: »Mein Verlagszeichen von Eckmann wird von Weiß umgezeichnet; für das Medaillon, das Sie empfehlen, kann ich mich des schlecht geratenen Fischers wegen nicht begeistern.« Dehmel, der die förmliche Anrede »Herr Doktor« nicht liebte, antwortete am 30 Mai:

Lieber Herr Hofbuchhändler – Der Doktor wird natürlich sehr einverstanden sein, wenn Weiß einen noch besseren Fischer zeichnet. Aber sorgen Sie bloß dafür, daß er nicht wieder Pfefferkuchen-Ornamente drumherumpflastert! Das einzig Gute an dem Eckmann'schen Stempel war der einfache viereckige Strichrand ...

Der Briefwechsel über Einbände und Umschläge ging bis fünf Minuten vor Toresschluß, bis Anfang September 1906 fort; allein im Juni wurden zwanzig lange Briefe hierüber gewechselt. Fischer wünschte für den ersten Band ein signiertes Porträt, Dehmel wollte nichts davon wissen. Fischer wollte Ganzpergamentbände – »man soll bei einem Material bleiben« – Dehmel wollte Leder. Man einigte sich, das Porträt wegzulassen, die Gesamtausgabe wie bei Hauptmann in Halb- und Ganzpergament, die Einzelausgaben in Leinen, die Luxusausgabe in Leder herauszubringen. Aber der Preis! Wäre es nicht gut, meinte Fischer, den Preis der Luxusausgabe nur mit 12 Mark pro Band anzugeben und so um die Nennung des käuferschreckenden hohen Gesamtpreises von 120 Mark herumzukommen?

Doch die Hauptschwierigkeit war der »Flammenbecher«. Sollte er nur auf die Deckelseite des Einbandes oder nur auf den Rücken oder auf beide kommen? Das Problem verfolgte Fischer bis nach Tirol, und obwohl er am 30. Juni in einem Brief betonte, er wolle sich gern nach Dehmels Wünschen richten, schrieb Dehmel mit Bleistift unten an den Brief:

Darauf hab ich ihm einen acht Folioseiten langen Brief schreiben müssen, um ihm all diesen Unsinn auszureden. Hoffentlich geht's nun endlich etwas glatter.

Es ging nicht glatter. Der »Flammenbecher«-Streit nahm bedrohliche Ausmaße an; Fischer war sehr unglücklich über Dehmels Geschmack. Am 14. Juli schrieb ihm Dehmel (unter anderem):

Sie haben sehr Recht mit Ihrer Kritik; so dürfen die Einbände nicht bleiben. Nur finde ich, daß Ihre Kritik an der unrechten Stelle einsetzt. Das Deckelornament an und für sich ist tadellos; den fatal symbolistischen Eindruck macht es nur deshalb, weil das Auge sich an den Flammenbechern des Rückens bis zum Ekel sattgesehen hat. Durch die beiden Schriftfächer zerfällt der Rücken in drei Ornamentpartien, und man sieht infolgedessen jeden Flammenbecher einzeln, besonders aufdringlich den verkrüppelten obersten. Das auf 10 Bänden wiederholt – stellen Sie sich vor: dreißig brennende Papierkörbe (pardon! Flammenbecher) und zehn verkrüppelte – das wäre indertat eine fürchterliche Fidusselei. Ich bekenne mit einiger Zerknirschung, daß ich der ideelle Urheber dieses »reich ornamentierten« Rückens bin; hoffe aber, Sie werden mir umsomehr zustimmen, wenn ich Ihnen jetzt vorschlage, diesen schauderösen Flammenschwulst kurzerhand zu beseitigen ... auf den Rücken nur Schrift zu setzen, wie es der beiliegende Streifen zeigt und wie Sie selbst es von Anfang an wollten, aber das Deckel-Ornament beizubehalten. Bitte, legen Sie mal den Schriftstreifen auf den Rücken des Einbandes: Sie werden sehen, wie gut er mit dem Deckelornament zusammenwirkt. Nur muß bei dem Halbpergamentband das Bezugpapier noch näher an den Rückenrand stoßen (ich hab's mit Bleistift-Schraffierung angedeutet) – sonst wird das Auge durch die vom Ornament verschobene Mittelaxe beunruhigt. Mit kahlen Deckeln könnte ich mich nicht befreunden; diese gähnende Leere ist wirklich langweilig ...

Hierauf folgt eine ebenso lange Dissertation über die Gestaltung des Broschurumschlags. Des weiteren mißfiel Dehmel das Lesezeichen:

Dies Atlasband mit der baumwollnen Rückseite hat mich schon manchmal an Ihren Einbänden chockiert. Entweder ein rein seidenes Taftband oder ein geflochtenes halb- oder ganzseidenes! bitte, entscheiden Sie. Ich bin für geflochtene Ganzseide. Und den Goldschnitt möchte ich unter allen Umständen poliert haben, nicht matt... Übrigens stehen die Kranzvignetten noch nicht in richtiger Distanz-Proportion auf den beiden Seiten; das besorge ich noch persönlich in Leipzig.

»NACKIGTER FISCHER« UND »DECOLETIRTER DEHMEL«

Dieser Brief ärgerte Fischer. In seiner Antwort vom 17. Juni wurde er zum erstenmal etwas deutlicher; der »Flammenbecher« verdarb ihm wahrhaftig den Urlaub:

Sie wollen diese »symbolische Fabrikmarke« (so wirkt sie) durchaus auf dem Deckel haben und ich muß auch hier die Waffen strecken... Sehen Sie sich bei dieser Gelegenheit doch einmal die symbolischen Sonnen mit dem Strahlenbündel auf den Titelblättern genau an und überlegen Sie, ob diese Zeichen auf die Dauer nicht gar zu kitschig wirken. Sie werden mir gewiß nicht böse sein, wenn ich die Bemerkung nicht unterdrücke, daß diese Zeichen für eine Broschüre über Sanatogen geeigneter scheinen, wie für die gesammelten Werke eines Dichters...

Dehmel war nicht »böse«, aber er ließ nicht locker:

Ihre Vorliebe für das Einfache ist mir sehr sympathisch, aber auch diese Tugend kann zum Laster werden. Daß Sie selbst hinter den harmlosen Kreis-Ornamenten des Doppeltitels Symbolismus wittern, grenzt entschieden an Geisterseherei. Bis jetzt hatte ich gar nicht gemerkt, daß die Dinger etwas ›bedeuten‹ sollen. Ich kann übrigens keine »Sonnen mit Strahlenbüscheln« darin erblicken, sondern blos simple Blütenkränze... Man kann im Prinzip sehr einig sein, und in praxi gehn doch die Geschmäcker auseinander. Ich will aber ganz ohne vorgefaßte Meinung mit Tiemann reden und sehen, ob er unsre beiden Geschmäcker unter einen Hut bringen kann...

Fischer meinte: »Damit wären die Präliminarien wohl erledigt« – in einem heutigen Verlagsvertrag steht kurz und bündig: »Herstellung und Ausstattung des Werkes ist Sache des Verlags«, und damit basta – doch weit gefehlt. Jetzt fand Dehmel das von Weiß umgezeichnete Verlagssignet scheußlich. »Das Signet von Weiß gefällt mir auch nicht«, antwortete Fischer, »aber ich möchte doch die Gesammelten Werke von R. Dehmel nicht ohne mein Signet in die Welt schikken...« Hierauf Dehmel: »Auch ich würde gern Ihr Signet in meinen Büchern sehen, aber dieses Rankenbrimborium paßt absolut nicht zu unserer Type...« Fischer sandte daraufhin ein von Tiemann gezeichnetes Signet, »bei dem man den Rahmen abschneiden könnte«, sodann ein ovales von Weiß, auf das man sich schließlich einigte.

Über all diesem war es Ende August 1906 geworden, und nun unternahm Fischer einen letzten Versuch, Dehmel die »Flammenbecher« auszureden. Aber jetzt wurde Dehmel wütend. Was dem einen sein Verlagssignet, das war dem anderen sein »brennender Papierkorb«. Er antwortete am 30. August:

Ich lasse mich nicht im letzten Augenblick überrennen; und mit anderer Leute Meinung dürfen Sie mir überhaupt nicht kommen. Der Flammenbecher hat genau dieselbe Daseinsberechtigung wie Ihr Verlags-Signet. Ich will mich nicht in ganz die gleiche Uniform stecken lassen wie die Herren Kassner, Hofmannsthal etc. pp.; meine Bücher sollen eine persönliche Note tragen. Was würden Sie denn sagen, wenn ich darauf bestände, daß Ihr Fischer über Bord geworfen wird! Glauben Sie etwa, daß mir der besser gefällt als Ihnen der Flammenbecher? Ich kann Ihnen versichern, daß ich ihn nur aus Respekt vor Ihrer Firma erdulde, gegen die Art Symbolik ist der Flammenbecher noch immer ein reines Juwel von Ornament! Und nun, neben diesem nackigten Fischer, soll ich auch noch zum zweitenmal als decoletirter Dehmel figuriren ... wenn wir noch länger so eifrig herumprobieren, dann wird es Weihnachten und Band I, der Mitte September erscheinen sollte, liegt immer noch bei Drugulin ...

Dehmel geriet, je näher der Erscheinungstermin heranrückte, in immer hitzigere Kampfeslaune. Fischer konnte ihm nichts mehr recht machen. Auf einen übersandten Probeband erwiderte er am 1. September mit einem Brief, in dem er nunmehr praktisch die ganze Herstellung an sich riß:

Lieber Herr Fischer! Dieser Einband (anbei zurück) ist einfach langweilig. Für die Ästhetikaxereien von irgendeinem sublimen Snob mag er ganz ausgezeichnet passen, aber nicht für meine Gedichtbücher. Frau Isi sagte in ihrer drastischen Art: »Das Ganze sieht gleichgültig aus, die weißen Ecken stupsnasig, der breite Rücken schafsmäßig.« Sie sehen, ich kann Ihnen auch mit »nicht nur meiner Meinung« aufwarten ... Also haben Sie Erbarmen mit mir und reizen Sie mich nicht länger zu Briefen, die uns wirklich keinen Schritt weiterbringen und mir nur unnütze Mühe machen! Sie haben's gut auf Ihrem Bureau; Sie stellen sich hin und diktieren drauf los, ich muß sitzen und mir die Finger krumm schreiben. Ich bitte Sie inständigst, schreiben Sie an Huebel, die Einbände sollen nach *meinen* Angaben hergestellt werden.

Endlich, in der letzten Septemberwoche 1906, begann die Auslieferung des ersten Bandes, der *Erlösungen*, und als Dehmel seine Freiexemplare in Händen hielt, war er (obwohl er sofort einen Druckfehler fand!) nun doch vergnügt und zufrieden und schrieb am 8. Oktober:

... es ist mir nun ein wirkliches Bedürfnis, Ihnen für die schöne Ausstattung zu danken, und für die Bereitwilligkeit, mit der Sie auf alle meine Wünsche eingegangen sind, und nicht minder für die guten Ratschläge, mit denen Sie manchmal meinen Wünschen entgegengetreten sind. Zum erstenmal haben auf diese Weise meine Bücher ein Aussehen bekommen, das mir selber Freude macht und jedem Urteilsfähigen gefallen muß ... gegen die Geschlossenheit und Gediegenheit des Gesamteindrucks wird sich nichts Stichhaltiges einwenden lassen. Hoffentlich sind Sie ebenso zufrieden wie ich, auch mit den Einzelheiten, und haben sich inzwischen selbst mit dem Flammenbecher ganz ausgesöhnt ...

Mit den folgenden Bänden ging alles verhältnismäßig reibungslos. Nur beim zweiten Band wollte der unverbesserliche »Triddelfitz«, wie er sich selbst nannte, plötzlich anstatt der bisherigen 29 Zeilen nur 26 in der Kolumne haben, was ein völlig anderes Druckbild ergeben hätte. Drugulin standen die Haare zu Berge, und Fischer redete Dehmel diese Abwegigkeit aus. Die Bände II, III und IV erschienen 1907; die Bände V–VII folgten 1908, und 1909 war die Ausgabe mit den drei letzten Bänden abgeschlossen. Loerke, der den ersten Band im September 1907 las, notierte in seinem Tagebuch:

Ein gutes Zeichen für die Trefflichkeit dieser Verse ist, daß man sie Silbe für Silbe lesen muß, ohne daß dadurch der Charakter des Großen zerstört würde ... Naturbilder knapp und schön. Alle Beschreibungen sind von herrlicher Plastik. Bewegung macht man mit. Es gehört schon etwas dazu, durch eine Beschreibung leidenschaftlich fortzureißen ... Ihm sehr ähnlich geartete Naturen könnten sich Dehmel zum Führer nehmen.

Zwischenhin brachte Fischer 1908 noch außer der Reihe einen Band *Hundert Ausgewählte Gedichte;* er erreichte in drei Jahren das achtzehnte Tausend und war von allen der erfolgreichste. Freilich wäre es arg gewesen, wenn nach all dieser Plage dem gemeinsamen Werk kein Erfolg beschieden gewesen wäre. Doch es zeigte sich, daß Dehmel inzwischen wirklich ›berühmt‹ war; viele seiner Lieder waren vertont worden; der unermüdliche Bahr erbat sich Erlaubnis, Dehmels Gedichte »auf Tournee vortragen« zu dürfen. Der Absatz der Gesamtausgabe brauchte den Vergleich mit der Hauptmann-Ausgabe nicht zu scheuen. Fischer konnte alle Bände nachdrucken; ein Jahr nach Erscheinen hatten alle das vierte oder fünfte Tausend, der fünfte Band sogar das 13. Tausend erreicht. Der Gedanke, die Bände der Gesamtausgabe zugleich als Einzelausgaben herauszubringen, hatte sich bewährt; hier lag das Prinzip, das Fischer späterhin bei dem stetig wachsenden Œuvre von Thomas Mann, Wassermann und Hesse so erfolgreich mit der Formel »Gesammelte Werke in Einzelausgaben« abwandeln konnte, ohne daß ihm wie bei Hauptmann (und später bei Schnitzler) die starre Form immer wieder in den Nähten platzte und er sich mit Ergänzungsbänden behelfen mußte.

Die zehnbändige Dehmel-Ausgabe wurde allerdings nicht erweitert. Das lag daran, daß mit ihr nicht nur Dehmels »gesammelte«, sondern mehr oder weniger bereits seine »sämtlichen« Werke vorlagen. Das

Werk war tatsächlich fast abgeschlossen. In den folgenden Jahren, bis zum Ausbruch des Ersten Weltkrieges, kamen nur noch die Komödie *Michel Michael* (1911) und ein neuer Gedichtband *Schöne wilde Welt* (1913) hinzu. Der Grund war nicht nur eine Erschöpfung von Dehmels Schaffenskraft, sondern ein Pietätsvorhaben, das ihn jahrelang völlig in Anspruch nahm. Am 22. Juli 1909 starb Dehmels großer Freund Detlev von Liliencron. Heimann schrieb drei Tage später an Hedwig Fischer:

Ich bitte Herrn Fischer, mir zu schreiben, ob er damit einverstanden ist, daß ich für's Septemberheft ein paar Sätze über Liliencron schreibe; ich glaube, die Rundschau darf an diesem Tod nicht ohne Wort vorbeikommen; wenn noch rechtzeitig was Besseres, etwa Gott behüte von Dehmel kommt, so kann mein Sprüchlein einfach wegbleiben.

Es kam nichts von Dehmel, und Heimanns »Sprüchlein«, erschien. Dehmel betreute jedoch den Nachlaß des Freundes und gab als erstes 1910 einen Band *Ausgewählter Briefe* von Liliencron heraus, von denen er eine Anzahl der ›Neuen Rundschau‹ zum Vorabdruck übergab. Danach besorgte er die Herausgabe der achtbändigen Gesamtausgabe der Werke Liliencrons (1911–1913), und als er damit fertig war, brach der Krieg aus, und sein Leben nahm eine tragische Wendung.

»EIN SONDERBARES METIER«

Am 15. Juli und 23. September 1906 veröffentlichte Hofmannsthal im Berliner ›Tag‹ in zwei Abteilungen seinen großen Aufsatz *Unterhaltung über den Tasso von Goethe*. Fischer, der sich auch im Sommerurlaub auf dem laufenden hielt, hatte erst den ersten Teil gelesen, als er am 18. Juli aus Fulpmes in Tirol an Hofmannsthal schrieb:

Sehr geehrter Herr Doctor! Ich schicke Ihnen ein Gruß aus den Bergen, da ich eben Ihren Essay über Tasso mit großem Genuß gelesen habe. »Ich hab's gefühlt« in diesem Frühjahr, in Weimar, als ich den Tasso von Kainz gesehen und Sie haben mit Ihrem prachtvollen Aufsatz dieses seltene Erlebnis in meiner Erinnerung gesteigert. Herzlichen Dank auch von meiner Frau. Ihr S. Fischer.

Der Verleger sagt: Sie sollten Ihre gesammelten Essays zu einem Buch gestalten!

Hofmannsthal antwortete am 5. August 1906 aus Lueg am Wolfgangsee:

Mein lieber Verleger... Was nun den freundlichen Vorschlag zu einem Essayband anlangt, so hab ich da vielerlei ›Pläne‹ vor allem noch für größere und kleinere Aufsätze und Dialoge in Menge. Und das wird, denke ich, einmal mehr als einen (vielleicht 2 oder 3 Bände) geben, in sich geschlossen und vielleicht nicht ganz ohne Wert. Aber wohl erst in Jahren. Denn das verschiedenartige so wie Kraut und Rüben in einen Sack zu tun und auf den Markt zu bringen, gehört zu den Dingen, die mir auf Schritt und Tritt zwar begegnen, aber darum nicht minder widerwärtig sind. Mit vielen Grüßen Ihr aufrichtig ergebener Hofmannsthal.

Es klang endgültig, aber es war nicht das letzte Wort. (Hofmannsthal hatte bereits im Jahr zuvor, 1905, eine Ausgabe seiner »Frühesten Schriften« erwogen, die seine »Gedichte, Kleinen Dramen, Aufsätze und Briefe der Jahre 1891–1895« enthalten sollte. Er hatte eine genaue Anordnung dieses Materials aufgestellt und das ganze dem Grafen Kessler zur Veröffentlichung übergeben. Doch muß er bald darauf anderen Sinnes geworden sein; denn die Kuverts fanden sich fast unberührt in Kesslers Nachlaß.) Hofmannsthal war zweiunddreißig Jahre alt. Für eine »Gesamtausgabe« war es entschieden zu früh, und sie wäre auch nicht möglich gewesen, da sein Werk nur zum Teil bei Fischer, zum Teil beim Insel-Verlag und anderwärts lag. Aber man kann vermuten, was Fischer im Sinn hatte. Der Insel-Verlag hatte für das kommende Jahr Hofmannsthals *Gesammelte Gedichte* angekündigt. Hierfür war der rechte Augenblick gekommen, denn das lyrische Werk war, wie Hofmannsthal selbst erkannt hatte, abgeschlossen. Wenn nun Fischer sich schon mit Kippenberg in diesen Autor teilen mußte, so wollte er wenigstens zum gleichen Zeitpunkt mit einem Prosasammelband ebenbürtig auf dem Plan erscheinen. Hofmannsthals Absage schreckte ihn nicht ab; im Gegenteil, sie eröffnete die Aussicht, die Insel zu übertrumpfen. Wenn Hofmannsthal sich seine gesammelten Essays in zwei oder drei Bänden vorstellte – warum nicht? Fischer schlug vier Bände vor. Und das war nun wirklich schon fast eine Gesamtausgabe.

Der weitere Briefwechsel in dieser Sache ist nicht erhalten. Es liegt nur das Ergebnis vor: *Die Prosaischen Schriften gesammelt in vier Bänden*, wie der Titel lautete. Die beiden ersten Bände wurden unverzüglich verwirklicht und trugen das Erscheinungsjahr 1907, zwei schmale, elegante Bände von 145 und 187 Seiten, sehr zurückhaltend als Pappband und in Ganzpergament ausgestattet, und alles andere als »Kraut und Rüben«. Es waren »gesammelte«, aber keineswegs »sämtliche« prosaischen Schriften. Hofmannsthal hatte aus seinem bereits damals sehr umfangreichen essayistischen Werk bedachtsam nur wenige Stücke ausgewählt, die »vielleicht nicht ganz ohne Wert« waren, und auch sie nicht chronologisch, sondern ihrer geistigen Zusammengehörigkeit entsprechend angeordnet.

Das gesamte Frühwerk der ›Loris‹-Periode wurde ausgeschieden, nur zwei vor der Jahrhundertwende, 1896 und 1897 entstandene Arbeiten aufgenommen; nahezu alles stammte aus jüngster Zeit, den Jahren 1905–1907. Der erste Band enthielt nur vier große Essays: den berühmten *Brief* des Lord Chandos von 1901, die ›Rundschau‹-Aufsätze *Gespräch über Gedichte* (1903) und *Der Dichter und diese Zeit* (1907) und den Weimarer Festvortrag *Shakespeares Könige und große Herren* von 1905. Der zweite, etwas umfangreichere Band enthielt insgesamt dreizehn Arbeiten, darunter die Vorrede zur Insel-Ausgabe von ›Tausend und eine Nacht‹, den Wassermann-Aufsatz und den Tasso-Essay, mit dem alles begonnen hatte. Der zweite Band erschien zuerst, noch im Spätherbst 1906, der erste folgte im Frühsommer 1907. Schnitzlers Dankbrief vom 27. November 1906 für den übersandten zweiten Band gibt einen schönen Begriff vom Essayisten Hofmannsthal, wie er den Zeitgenossen als Gesamterscheinung gegenübertrat:

Außerordentlich habe ich Ihre Vorrede von ›Tausend und eine Nacht‹, dann Ihren Artikel über die Tänzerin Ruth gefunden. In früherer Zeit war in solchen Aufsätzen von Ihnen zuweilen ein oder das andere Wort enthalten, das sich zu hoch davonschwang, so daß manchmal gerade eine besondere Schönheit mir den Rhythmus des ganzen ein wenig störte. Jetzt ist Gleichmaß und Flügelhaftigkeit auch diesen Aufsätzen so vollkommen eigen, und die Eigenart Ihres Prosastils ist zugleich so gewahrt und so erhöht worden, daß man für diese Produkte am liebsten einen eignen Namen ersinnen möchte. Sehr schön waren auch die Dialoge über die ›Schwestern‹, besonders der zweite Artikel. Wunderbar ist es Ihnen gelungen, den Widerstreit der Empfindungen auszudrücken, mit dem man dem ganzen Problem Wassermann gegenübersteht, indem Sie, wohl auch zu eigener Beruhigung, Ihre Seele dialogisch aufgelöst und sich dazu bekannt haben, daß wir nicht nur der Welt, den Erlebnissen, den Menschen, sondern auch jener einzigen Einheitlichkeit, die wir Kunstwerk nennen, durchaus nicht einheitlich, sondern zugleich onkel- majors- mädchen- gutsbesitzerträumerhaft ins Auge schauen. Gewöhnlich schreibt über die Dinge Einer, der nur ein Onkel, nur ein Träumer, nur ein Mädchen ist...

Doch die schöne, mit so viel Ernst und Gewissenhaftigkeit geschaffene Ausgabe wurde Autor und Verleger zu einer Enttäuschung. Wir wissen nicht, was Fischer ein Jahr später Hofmannsthal schrieb (es dürften einige persönliche Begleitworte zu der übersandten Jahresabrechnung gewesen sein), doch können wir es Hofmannsthals Antwort vom 12. Oktober 1907 entnehmen:

Mein lieber Verleger, das war in der Tat eine unangenehme, überraschende Nachricht – und umso herzlicher dankbar bin ich Ihnen für die ausgezeichnete Form, die Sie ihr zu geben wußten. Es ist mir aber nicht nur überraschend, sondern fast unerklärlich. Umso unerklärlicher, als z. B. von den Gedichten, die doch nicht zum erstenmal erschienen waren, in der gleichen Zeit (seit Ende Mai) mehr als die doppelte Zahl von Exemplaren abgesetzt wurden – und vergleicht man, wie wenig Leser für Lyrik es gibt, wieviele für Prosa, die sich nur an den Verstand richtet, so müßte das Verhältnis das umgekehrte sein, ja weit darüber hinaus noch. Kaum 500 Exemplare! Hätten wir einen einzelnen nur der Vorträge herausgegeben, etwa den letzten oder den Shakespeare-Vortrag vor zwei Jahren, erschiene es da

Ihnen wie mir nicht ganz denkbar, daß man einige tausend Exemplare spielend abgesetzt hätte? Und daß Fernstehende ganz den gleichen Eindruck hatten, sehe ich daraus, daß vier oder sechs von den neueren Verlegern mir voriges Jahr auf's dringendste den einen Vortrag abbetteln wollten – und das doch wahrlich nicht pour mes beaux yeux. Weil es nun aber vier Stücke sind, statt eines, das kann doch den Band nicht wertloser gemacht haben.
Und ich *muß* mit diesen Dingen wirken, sie sind einmal, was sie sind, und ich wüßte doch nicht eben vieles an Haltung und Gehalt, was man ihnen von der Produktion dieser dissoluten Zeit an die Seite stellen könnte.
Und das Sonderbare: daß ich so ganz den entgegengesetzten Eindruck hatte, so kluge, so lebhafte Briefe empfing, aus so vielen Städten, von so verschiedenen Menschen, so entgegengesetzter Berufe, daß ich so ganz glauben mußte, gewirkt zu haben. Das alles sollte nur Spiegelfechterei des Zufalls sein – und sich die ganze Wirkung im engsten Kreis herumbewegen wie das Pferd vor dem Göpel? Es scheint mir doch zu absurd. Das wenigstens bezweifle ich nicht, daß sich die ganzen Prosaschriften unter einem stetigen Druck von oben allmählich durchsetzen werden – und an diesem Druck wird es nicht fehlen: es wird noch viel über diese Dinge geschrieben werden, ich ermesse es nur nach dem, was mir angekündigt wird (Landauer, Blei, Brandes, Borchardt, Bab) und schließlich verwandelt sich wohl eine in der oberen literarischen Sphäre zuerkannte (und dauernd zuerkannte) Importanz auch in Wirkung zumindest auf die Zwischenschicht – denn mit den Frenssen wettzueifern, wäre ja absurd.
Immerhin, es kränkt mich. Ein sonderbares Metier: bald meint man, man sei's, der für die klügsten Leute weit und breit den Regen und das schöne Wetter mache, bald wird man belehrt, man sei gar niemand.
Indessen habe ich hoffentlich bald einen besseren Kopf (physiologisch gemeint) und schreibe an meiner Komödie weiter, die mir viel Freude macht – und weiß mich Ihnen nach wie vor freundlichst verbunden.

Ihr Hofmannsthal.

Ein solcher Brief ist geeignet, unsere übertriebenen heutigen Vorstellungen von der geistigen Regsamkeit und Aufnahmebereitschaft der gebildeten Gesellschaft jener Zeit zu berichtigen. »Kaum 500 Exemplare« – das war in der Tat eine geradezu rätselhafte Betrüblichkeit dieses »sonderbaren Metiers« des Autors wie des Verlegers. »Dem Publikum neue Werte aufzudrängen, die es nicht will, ist die wichtigste und schönste Mission des Verlegers.« Das hatte Fischer selbst bekannt. Doch wie fing man's nur an? Immerhin behielt Hofmannsthal auf etwas längere Sicht recht. Unter dem »Druck von oben« setzten sich die Prosaschriften doch allmählich durch; der erste Band erreichte immerhin die dritte, der zweite eine zweite Auflage. Doch vergingen nun zehn Jahre, bis 1917 der dritte Band erschien, und da man auf den angekündigten vierten verzichtete, trugen dieser Band und (ab 1917) auch die Neuauflagen der beiden ersten Bände den geänderten Untertitel *Gesammelt in drei Bänden.*

GEORG BRANDES

Am 30. April 1909 starb in München kaum vierzigjährig und mitten im vollen Schaffen Albert Langen. »Der unerwartet vorzeitige Abschluß eines solchen aktiven Lebens hat doch etwas sehr Erschütterndes«, schrieb Fischer an Nansen. Und Thomas Mann an Korfiz Holm: »Langens Tod hat mir einen rechten Ruck gegeben. Ich bekenne, daß sein Charakter mir ein bißchen zweifelhaft war, aber seine Person gehörte doch seit ich denken kann zum Bilde. So jung und so unverhofft! Das ist immer ein Memento.« Der große Verlag, den er in wenig mehr als zehn Jahren aufgebaut hatte, überstand den schweren Schlag; seine Mitarbeiter führten das Werk erfolgreich weiter. Jedoch war es wohl unvermeidlich, daß gewisse Bindungen, die auf Langen persönlich zurückgingen, sich nun lockerten. Fischers und Langens Wege hatten sich oft gekreuzt, und im Verlagshaus Gyldendal in Kopenhagen, in dem die skandinavischen Autoren beider Verleger beheimatet waren, liefen in Nansens Hand viele Fäden zusammen. Sie rührten sich jetzt.
Schon Mitte Juni 1909 fragte Nansen bei Fischer an, ob er erwägen wolle, das Werk Georg Brandes' von Langen zu übernehmen. Der große, weltberühmte dänische Literarhistoriker und Kritiker, damals siebenundsechzig Jahre alt, war dem Verlag kein völlig Fremder; er hatte die Einführungen zu Fischers Ibsen-Ausgabe geschrieben, er gehörte seit 1890 zu den Mitarbeitern der Zeitschrift, die 1904/05 seine *Erinnerungen* in sechs Fortsetzungen gebracht hatte. Fischer hatte sich sogar zur Zeit der Ibsen-Ausgabe vorsichtig um ihn als Autor bemüht, und er kannte ihn persönlich, denn Brandes kam häufig zu Vorträgen nach Berlin. Langen jedoch, fasziniert vor allem von Brandes' Shakespeare-Buch, war Fischer seinerzeit zuvorgekommen und hatte ab 1896 eine auf zwanzig Bände geplante Ausgabe von Brandes' *Gesammelten Schriften* herausgebracht, die 1907 abgeschlossen war. Dieses Riesenunternehmen hatte sich als verlegerisches Verlustgeschäft erwiesen, und bei der jüngeren Generation galt der »Literaturpapst« Brandes inzwischen für überschätzt. Im Januarheft 1907 von Langens eigener Zeitschrift ›März‹ schrieb Hesse rundheraus, ihn habe das Verlangen überfallen, »aus der interessanten und brillanten Gescheitheit eines Georg Brandes heraus wieder in die herbe Luft eines wirklich Großen zu kommen«. Fischer zögerte folglich. Am 15. Juni 1909 schrieb er an Nansen:

Die Sache mit Brandes liegt bei uns nicht so einfach. Er ist zum Teil schon vergessen und an eine Zukunft seiner Werke ist bei uns wohl kaum zu denken. Dennoch möchte ich die Sache nicht ohne weiteres von der Hand weisen. Vielleicht veranlassen Sie Brandes, daß er bei Langen zu erfahren sucht, unter welchen Bedingungen er den Verlag seiner Werke abgeben würde. Ich kann mich direkt an Langen nicht wenden, weil ich jetzt schon wegen der Übernahme der Werke Björnsons mit der Firma in Verhandlung getreten bin und dort nicht als eine Art Nachfolger von Langen auftreten möchte. Wohl aber könnte Brandes, ohne meinen Namen zu nennen, die Bedingungen für die eventuelle Übernahme zu erfahren suchen. Ich wäre Ihnen sehr verbunden, wenn Sie Brandes diese Nachricht übermitteln wollten, ich möchte mit ihm noch nicht direkt in Verbindung treten, bevor ich nicht übersehen kann, ob ich auf die Forderungen Langens irgendwie eingehen kann...

Brandes scheint an dem Verlagswechsel sehr viel gelegen zu haben. Offenbar zog er sofort bei Langen die gewünschten Erkundigungen ein, schrieb selbst direkt an Fischer und unterbreitete ihm einen Vorschlag; aber es ist von dieser ganzen Korrespondenz nur Fischers Antwortschreiben aus dem Sommerurlaub in Landro in Südtirol vom 25. Juli 1909 erhalten:

Hochgeehrter Herr Professor! Ich danke Ihnen für Ihren Brief, der mir hierher nachgeschickt wurde. Ich bin mit dem Gesamtmaterial zu wenig vertraut, um von hier aus etwas Sicheres zu Ihrem freundlichen Anerbieten zu sagen. Wenn ich wieder in Berlin bin, will ich mich mit der Frage eingehend befassen. Im ganzen habe ich den Eindruck, daß Ihre Anregung, zunächst die ›Hauptströmungen‹ in billiger Ausgabe erscheinen zu lassen, das Richtige wäre... Aus der Liste der Vorräte von Langen geht hervor, daß vom Shakespeare nichts mehr vorrätig ist. Ich weiß nicht, wie Ihr Vertrag mit Langen ist und ob es möglich wäre, dieses Buch zunächst bei mir in neuer Auflage erscheinen zu lassen. Überhaupt wäre doch an einen Erfolg des Unternehmens nur dann zu denken, wenn eine Auswahl der wichtigsten Schriften in billiger Ausgabe neu gedruckt werden könnte. An die Verwertung der alten umfangreichen Bände bei Langen kann ich nicht recht glauben...

Woran die Sache scheiterte, ob an Langens Forderungen, an Brandes' Wünschen oder Fischers mangelndem Zutrauen, ist nicht mehr festzustellen – genug, sie scheiterte. Allerdings irrte sich Fischer, als er meinte, daß Brandes keine Zukunft mehr habe. Brandes hatte noch fast zwei Jahrzehnte Leben und Schaffen vor sich, er wurde fünfundachtzig, und seine zweite Schaffensperiode mit den monumentalen Alterswerken über Goethe, Voltaire, Cäsar und Michelangelo, die ihn neuerlich weltberühmt machten, stand noch bevor. Eine neue deutsche Brandes-Gesamtausgabe erschien erst viel später bei dem jungen Berliner Verleger Erich Reiss.

DIE BJÖRNSON-AUSGABE

Fischer wollte nicht als »Langens Nachfolger« auftreten, und der einzige große Skandinavier, den er von Langen übernahm, war Björnstjerne Björnson. Auch hier bestand seit vielen Jahren eine Verbindung. Bie hatte Björnson zu Beginn seiner Redaktionszeit einige Beiträge abgewonnen; danach war durch eine Ungeschicklichkeit eine Verstimmung eingetreten, einige heftige Briefe waren gewechselt worden (jedoch keineswegs heftiger als manche von Ibsens zornigen Donnerworten), aber zwischen Björnson und Julius Elias bestand stets enges Einvernehmen. Mit der Ibsen-Ausgabe hatte Fischer sich Björnsons ganzes Herz gewonnen; Björnson wünschte sich sehnlichst das gleiche. Aber Fischer hatte sich zurückgehalten. Langen war Björnsons Schwiegersohn und hatte sich ein Jahrzehnt lang für Björnson in Deutschland eingesetzt. Doch hatten Björnson und Langen (wohl nicht zuletzt auch, weil Dagny Björnson sich nach einigen Jahren wieder von Langen trennte) einander in den letzten Jahren nicht mehr sehr nahe gestanden, und Langens Tod beseitigte wohl etwaige persönliche Bedenken. Björnson war inzwischen siebenundsiebzig, ein alter und schwer leidender Mann, aber sein größter Erfolg, die 1909 geschriebene Komödie *Wenn der junge Wein blüht*, stand vor der Tür. Nansen leitete die Verbindung ein, und im Mai 1909 suchte Fischer, als er (zum ersten und einzigen Mal) nach Paris reiste, den großen alten Mann auf, der dort mit Frau und Tochter »in einem alten schönen Haus von Ingres« wohnte. Hedwig Fischer hat einige Erinnerungen an ihn aufgezeichnet:

Björnson war der Dichter der norwegischen Nationalhymne »Ja, wir lieben unser Land«. Er war ein nordischer Riese und ein Volksmann. Sein Verhältnis zu Ibsen war nicht immer glatt, es wechselte zwischen inniger Freundschaft und heftiger Feindschaft, schließlich aber heiratete seine älteste Tochter Bergliot, die Sängerin, Ibsens Sohn Sigurd, Staatsminister und Excellenz und auch Autor einiger Bücher unseres Verlags. Dieser Romeo-und-Julia-Bund beendete endgültig den Streit und befestigte das freundschaftliche Band zwischen beiden Familien.
Ich lernte Björnson 1909 als kranken Mann in Paris kennen ... Nach unserer Ibsen-Ausgabe hatte er nur den einen Wunsch, eine Gesamtausgabe von uns betreut zu sehen, und so kam denn der große alte Mann bewegt auf uns zu, als wir bei ihm eingetreten waren, und sagte: »Herr Fischer, auf diesen Augenblick habe ich lange gewartet.« Wir waren seinem Ruf gern gefolgt, und nun wurde der Plan ausgewogen und festgelegt. Dr. Elias übernahm wie beim Ibsen-Werk die Redaktion ...
Björnsons Stücke gehörten zum Vorkriegsrepertoire der Theater und waren mir wohlbekannt: ›Die Neuvermählten‹, ›Geographie und Liebe‹, ›Paul Lange und Tora Parsberg‹, von Peter Nansens Frau Betty gespielt. Vor allem aber gefiel mir sein letztes Stück ›Wenn der junge Wein blüht‹ in seiner frischen, von Altershumor durchtränkten Weise. Es war ja auch ein rechtes Björnson-Stück, stark autobiographisch und noch dazu von seinem Sohn Björn im Wiener Burgtheater mit Hedwig Bleibtreu und Raoul Aslan einstudiert fast eine Familienfeier. Es wurde denn auch ein großer und wohlverdienter Erfolg.
Die meiste Zeit und eben als rechter Volksmann lebte Björnson mit Frau Caroline auf seinem Gut in Aulestad, und dort fühlte er sich unter den

Landleuten am wohlsten ... Das Familienleben der Björnsons war glücklich und gediegen. Vielleicht erinnert man sich eines von unserem Verlag edierten Briefwechsels mit seiner Tochter Bergliot, die bei Marchesi in Paris studierte: er unterschreibt dort seine Briefe mit der herzlichen Wendung »Dein Freund Vater« – das war der Ton, der zwischen den Björnsons herrschte ...

Den ›ganzen Björnson‹ herauszubringen, war für Fischer eine verlegerische Ehrenpflicht, so wie es eine Ehrenpflicht gewesen war, den »ganzen Ibsen« zu retten. Er nahm sogleich nach seiner Rückkehr die Verhandlungen mit Nansen, Langen und Björn Björnson als dem Vertreter seines Vaters auf.

Björnson wünschte sich keine große Gesamtausgabe nach dem Vorbild der zehnbändigen Ibsen-Ausgabe, sondern entsprechend der Ibsen-Volksausgabe eine fünfbändige Auswahlausgabe seiner wichtigsten Werke zu einem billigen Preis. Elias machte sich sogleich an die Arbeit. Mit den Buchverlagsrechten sollten natürlich zugleich auch die Aufführungsrechte der Stücke an Fischers Bühnenvertrieb übergehen, und Fischer konnte inzwischen bereits Björnsons neues (und letztes) Stück *Wenn der junge Wein blüht* in Vertrieb nehmen und als Einzelausgabe herausbringen. Nachdem Langen sich mit der Abtretung einverstanden erklärt hatte, führte Fischer die weiteren Verhandlungen mit Nansen als dem Originalverleger. Sein Brief an Nansen vom 15. September 1909 bringt seine Überlegungen klar und nüchtern zum Ausdruck:

Björnson ist in Deutschland sehr bekannt, er ist, wenn Sie wollen, eine populäre Erscheinung, aber mehr als Kämpfer und weniger als Dichter. Der große Erfolg von ›Über unsere Kraft‹ hat nicht zur Folge gehabt, daß auch seine übrigen Werke populär wurden; seine Bücher liegen bei Langen unverkäuflich fest. Freilich war die Gesamtausgabe bei Langen teuer, und ich wage ja auch den Versuch in der Hoffnung, daß eine billige Ausgabe in guter Ausstattung zu einem gewissen Erfolg führen kann. Würde ich das nicht annehmen, so wäre das Risiko in Anbetracht der geringen Gewinnchancen zu hoch. Nun, das wird ja die Zukunft lehren. Einstweilen muß ich mit einer Erstauflage von 5000 Exemplaren rechnen. Elias hat mit uns zusammen eine Auswahl getroffen, die den Umfang von etwa 186 Bogen ergibt. Ich glaube nicht recht, ob wir den Umfang noch weiter reduzieren können, vielleicht wird es sich um etwa 10 Bogen mehr oder weniger handeln, größer wird die Differenz nicht sein. Ich bin dennoch bereit, Ihren Vorschlag zu acceptieren ...

Am 6. Oktober 1909 wurde der Vertrag unterschrieben. Langen erhielt eine einmalige Abfindung von fünftausend Mark und die Zusicherung, daß Fischer keine Einzelausgaben der übernommenen Werke veranstalten werde, und Fischer zahlte Björnson für die Erstauflage von 5000 Exemplaren noch einmal die gleiche Summe im voraus und »für spätere Auflagen 10 Prozent, also M. 1,50 pro Exemplar«.

Ferner erhielt Elias, der sämtliche Bühnentexte neu übersetzte, die Garantie, daß hinfort nur seine Übersetzungen gespielt werden durften, sowie außer seinem Herausgeberhonorar 20 Prozent von Björnsons Aufführungstantiemen. Von dem neuen Stück druckte Fischer vorsichtig 2000 Exemplare und mußte es im gleichen Jahr 1909 noch zweimal nachdrucken.

Die fünfbändige Björnson-Volksausgabe erschien, von E. R. Weiß ausgestattet und von Julius Elias eingeleitet, im Herbst 1911 zum gleichen erstaunlich billigen Preis wie die Ibsen-Ausgabe, nämlich fünfzehn Mark für alle fünf Leinenbände. Björnson erlebte ihr Erscheinen nicht mehr. Er starb am 26. April 1910. Daß der Erfolg der Ibsen-Volksausgabe sich wiederholen werde, hatte Fischer nicht erwartet. Aber seine Erwartung wurde weit übertroffen. Er druckte statt der ursprünglich vorgesehenen 5000 Exemplare eine Erstauflage von 8000; bis zum Ende des Ersten Weltkrieges erreichte die Ausgabe das 16., zu Fischers Lebzeiten das 29. Tausend.

ABSCHLUSS DER ERSTEN FOLGE

Auch Gustaf af Geijerstam erlebte seine Gesamtausgabe bei Fischer nicht mehr. Dieser gediegene, vor allem den sozialen und moralischen Problemen der Jahrhundertwende aufgeschlossene schwedische Erzähler gehörte seit langem zum engeren Freundeskreis des Verlags; sein Name taucht als einer der ersten im Gästebuch des Hauses in der Erdener Straße auf, er fand sich sommers bei der Verlagsfamilie in Südtirol und Italien ein, und besonders der junge Wassermann schätzte im »Onkel G. af G.«, wie er ihn in seinen Briefen nennt, mehr als nur einen liebenswürdigen und gastfreien Freund. Geijerstam war 1901 durch die kundige Marie Franzos mit seinem Roman *Das Haupt der Medusa* zu Fischer gekommen und begleitete Fischers Weg durch das ganze erste Jahrzehnt des neuen Jahrhunderts mit regelmäßig einem, zuweilen zwei Büchern im Jahr, die ein jedes zuverlässig ihre vier- bis achttausend Exemplare absetzten. Eines, der Eheroman *Das Buch vom Brüderchen,* das Geijerstam in Deutschland berühmt machte, kletterte bis ins 22. Tausend, und Loerke rühmte noch ein Vierteljahrhundert später seine »hohe Gesinnung«. Geijerstam starb einundfünfzigjährig 1909, und im Jahr darauf brachte Fischer seine *Gesammelten Romane* in einer fünfbändigen, von Friedrich Düsel eingeleiteten und von E. R. Weiß ausgestatteten Neuausgabe heraus. Auch dies war eine ›Volksausgabe‹: Fischer hielt an dem bewährten Preis von fünfzehn Mark für eine fünfbändige Gesamtausgabe fest.

Im folgenden Jahr, 1911, lag das Werk Bernard Shaws inzwischen in so vielen Einzelausgaben, insgesamt achtzehn Bänden vor, daß eine erste Zusammenfassung angezeigt schien. Fischer entschloß sich, möglicherweise auf Shaws Anraten, zu einer Auswahl der *Dramatischen Werke* in drei Bänden, die nach Inhalt und Anordnung genau jenen ersten drei Bänden entsprach, die Trebitsch zehn Jahre zuvor aus London mitgebracht hatte und auch die Sammeltitel des englischen Originals übernahm: *Unerquickliche Stücke, Erquickliche Stücke* und *Stücke für Puritaner*. Cotta überließ Trebitsch für diese erste Gesamtausgabe auch die drei zuerst dort erschienenen Stücke, aber nur für die Gesamtausgabe; Einzelausgaben dieser Stücke blieben Fischer zeitlebens verwehrt.

Damit war die erste Folge der Gesamtausgaben abgeschlossen. Die zweite begann im folgenden Jahr, als die ersten der einstigen ›Werdenden‹ ihren fünfzigsten Geburtstag begingen. Um diese Zeit tauchte am Horizont des Verlags von ferne die Möglichkeit der Gesamtausgabe eines Dichters auf, den Fischer vor Jahr und Tag an Langen verloren hatte. Am 10. Dezember 1912 heißt es gegen Schluß eines längeren Privatbriefs Peter Nansens an Hedwig Fischer:

Bitte: sagen Sie Fischer (aber es ist ganz confidentiell und er darf es nicht von mir wissen), daß Hamsun, wie ich höre, nur bis 1914 zu Langen gebunden ist. Ich weiß auch, daß Georg Müllers Verlag in München bereit ist zu versuchen, Hamsun für sich zu erobern. Er denkt wohl, daß er später alles von Hamsun bei sich sammeln kann, wie Fischer es mit Björnson und Ibsen gemacht hat. Wenn Fischer es will, kann ich Swanström schreiben, daß er dafür sorgen soll, daß Hamsun nicht Vertrag mit Müller abschließt bevor er mit Fischer verhandelt hat. So bekannt und populär wie Hamsun in Deutschland – und wohl noch mehr in Österreich – ist, dürfte Fischer doch mal die große Hamsun-Gesamtausgabe haben. Aber man muß – glaube ich – Hamsun dieselben Bedingungen, wie die deutschen Autoren haben, anerbieten. Wenigstens sagte man mir, daß Müller bereit war, ihm 20 Prozent zu zahlen.

Fischer antwortete Nansen postwendend am 14. Dezember 1912:

In aller Eile vielen Dank für Ihren Hinweis auf Hamsun. Ich wäre Ihnen natürlich sehr dankbar, wenn Sie durch Swanström zu erfahren suchten, ob Hamsun nach Ablauf seines Kontraktes mit Langen mit seinen neuen Werken zu mir kommen will. Die Herausgabe seiner Gesammelten Werke würde ich eventuell gern übernehmen, aber das wird ja wahrscheinlich gar nicht zu machen sein, weil ja darauf der Verlag Langen die Rechte besitzt. Jedenfalls danke ich Ihnen schon im vorhinein für Ihre freundlichen Bemühungen.

Das Zerwürfnis mit Hamsun (wenn es eines gewesen) war längst begraben und vergessen. Hamsun hatte seit der unseligen Spielernovelle schon längst wieder Eingang in die ›Neue Rundschau‹ gefunden: 1904 war seine *Kaukasusreise*, 1905 sein Roman *Schwärmer*, 1906 sein türkischer Reisebericht *Unter dem Halbmond* jeweils in mehreren Fortsetzungen erschienen. Der nächste Hinweis findet sich wiederum in einem Brief Nansens an Hedwig Fischer vom 12. März 1913, in dem es heißt:

Hamsun habe ich geschrieben. Ich ärgere mich über diesen (Name unleserlich), der plötzlich als Agent für Georg Müller eine große Rolle spielt. Ich glaube leider, daß Swanström ein bißchen beeinflußt von diesem Herrn ist. Er kommt ja mit den Händen voll von großen Tantiemen usw. Und wir anständigen kleinen Juden scheinen arm und kleinlich dagegen. Jedenfalls habe ich jetzt Hamsun erklärt, was *ich meine*, daß das richtige für ihn wäre. Schade, daß Ihr Mann und ich nicht öfter conferieren können. Und daß wir beide allzu viel von der täglichen Arbeit in Anspruch genommen sind ...

Und schließlich Fischer selbst an Nansen am 1. April 1913:

Mit dem Langen'schen Verlag stehe ich sehr gut. Ich kann aber die Initiative in dieser Sache nicht ergreifen. Bitte sagen Sie Hamsun, er möchte dem Langen'schen Verlag vorschlagen, daß mein Verlag die ›Gesammelten Werke‹ von Hamsun veröffentlicht, anstelle des Müller'schen Verlages. Es ist durchaus möglich, daß der Langen'sche Verlag den Kontrakt mit mir genehmigen würde ...

Doch die Möglichkeit verflog; es war, wie Fischer anfangs vermutet hatte, »gar nicht zu machen«. Hamsun erneuerte seinen Vertrag mit Langen und erschien weiter bei ihm, und Langen brachte auch ab 1917 die erste deutsche Hamsun-Gesamtausgabe heraus. Dennoch war der Gedanke von Hamsuns Rückkehr zu Fischer nicht so abwegig gewesen: es war inzwischen vom Dichter des *Hunger* bei Fischer sogar ein Buch erschienen. Doch damit beginnt eine neue Geschichte.

19 Das billige Buch

Auf einem kleinen Umweg war Fischer tatsächlich wieder Hamsuns Verleger geworden. Im Frühjahr 1911 nämlich erschien Hamsuns Roman *Redakteur Lynge* als sechster Band der Dritten Reihe von ›Fischers Bibliothek zeitgenössischer Romane‹. Mit diesem Unternehmen war Fischer im Herbst 1908 zwar nicht in literarisches, wohl aber in verlegerisches Neuland aufgebrochen.

DER VATER DES GEDANKENS

Der Anstoß stammte, wie Fischer ohne weiteres zugab, von Peter Nansen. Nansen war Ostern 1908 wieder einmal in Berlin gewesen, man hatte Ausflüge in den Grunewald und nach Potsdam und zur Baumblüte nach Werder unternommen, wo die »lustige und übermütige Fahrt« bei Bernhard Kellermann endete, und in den langen Gesprächen, deren Nansen sich später in Briefen an die »liebe Freundin« Hedwig Fischer wehmutsvoll erinnerte, scheint die Idee zum erstenmal erörtert worden zu sein. »Fischer«, pflegte Nansen bei solchen Gelegenheiten zu sagen, »jetzt müssen wir uns mal hinsetzen und kalkulieren.« Fischer hatte inzwischen kalkuliert. Am 11. Juni 1908 schrieb er ihm: »Ich bin jetzt mit der Bibliothek beschäftigt, die Sie auf dem Gewissen haben.« Offenbar war der Zusammenhang in Fachkreisen bald bekannt, denn schon vierzehn Tage später, am 27. Juni, heißt es in einem Brief an Nansen:

> Was Sie mir über die Gerüchte in Kopenhagen schreiben, hat mich sehr amüsiert. Auch hier in Berlin bin ich von verschiedenen Seiten angefragt worden, ob es wahr sei, daß ich mich mit Ihnen associieren werde; ich habe geantwortet, ich würde es riesig gern tun, aber Sie hätten in Kopenhagen viel Wichtigeres zu tun.

Und am 28. Juli 1908 aus dem Urlaub in Holland: »Schönsten Dank für Ihre Grüße und für die Bemühungen für meinen Verlag; Sie werden am Ende doch noch mein Directions-College werden.« Das war

Scherz; aber mit Nansens Verdienst um das neue Unternehmen meinte Fischer es ernst. Ein Jahr später, als die Idee verwirklicht war, schrieb er (am 19. November 1909): »Sie sind der Vater dieses Gedankens, ich bin Ihnen sehr verbunden, ich wollte, ich könnte Sie am Erfolg beteiligen, das würde ich sehr gern tun.« Nansen scheint abgewehrt zu haben, doch Fischer kam am 26. November darauf zurück:

Lieber Nansen, ich schreibe Ihnen vom Krankenbett, ich habe eine Ohrenentzündung und einen heftigen Kehlkopfkatarrh überstanden und bin in der Rekonvaleszenz. Ich schreibe Ihnen dennoch, um Ihnen zu sagen, daß es mir mit dem Ehrenhonorar für die Bibliothek ganz ernst ist. Wenn ich wieder gesund bin, hören Sie Näheres darüber.

So geschah es. Am 13. Dezember 1909 teilte Fischer dem Freund die »Bilanz des ersten Jahrgangs der Bibliothek« mit und erlaubte sich, ihm ein »Ehrenhonorar von 1000 Mark als Anerkennung der Urheberschaft der Bibliothek zu überreichen«.

Die Idee war von Nansen, aber die Durchführung war Fischers auf weitschauender Voraussicht der deutschen Buchverhältnisse beruhende Leistung. Es ist seither oft gesagt worden, die »Gelben Romane« der Fischer-Bibliothek seien im Grunde Vorläufer der heutigen Taschenbuchausgaben gewesen, ja mit ihnen habe das deutsche Taschenbuch recht eigentlich begonnen. In gewissem Sinn trifft dies zu: die geistige Erkenntnis und das verlegerische Grundprinzip waren damals wie heute die gleichen. Sie sind Fischers Entdeckung.

VORLÄUFER

Genaugenommen freilich ist das ›Taschenbuch‹ nahezu so alt wie das Buch überhaupt. Man vergißt leicht, daß man mit dem heutigen tonnenschweren, großformatigen Renommier-Prachtband für den ›Kaffeetisch‹ zu den Ursprüngen des gedruckten Buches, den schweren, teuren und unhandlichen Folianten des ausgehenden Mittelalters zurückgekehrt ist und daß diese Buchform schon vor fast einem halben Jahrtausend überwunden wurde. Schon zu Beginn des sechzehnten Jahrhunderts begannen kleine Bücher, die man ›in die Tasche stecken‹ konnte, die schweren Folianten zu verdrängen. Zwischen 1500 und 1535 stellte der aus Wörth im Elsaß stammende Drucker Wynkyn de Worde in England über achthundert Bücher im Quartformat (größtenteils Schulbücher für die Lateinschulen) her, die einfach ausgestattet und billig waren. Um die gleiche Zeit brachte in Venedig Aldus Manutius mit seinen billigen Klassikerausgaben im Oktavformat bereits regelrechte Taschenbücher heraus, seit 1629 das berühmte holländische Druckerhaus Elzevier in Leiden seine Klassikerausgaben in

Kleinformat, die sich großer Nachfrage erfreuten. In Frankreich und den Niederlanden wurden Bücher sogar im halben Oktavformat und in winzigen Miniaturformaten hergestellt, die man buchstäblich wie eine Uhr oder Tabaksdose in die Westentasche stecken konnte.

Der Ausgangspunkt für das handliche, billige, in großen Auflagen hergestellte Serienbuch waren wie in der Renaissance so auch in neuerer Zeit die Klassiker, und der Anstoß kam wiederum aus England. In den Jahren 1777–1782 gab John Bell in London als erster mit den 109 Bänden seiner ›British Poets‹ eine Serie billiger Nachdrucke in einheitlicher Ausstattung heraus, und Archibald Constable, der für seine Reihe ›Miscellany‹ (1827–1835) als erster das neu erfundene Holzschliffpapier und billige Pappbände verwendete, sprach auch als erster von einer »Literatur für Millionen«. Diese neue Konzeption brachte der deutsche Schusterssohn Carl Josef Meyer von einem dreijährigen Englandaufenthalt nach Deutschland mit, wo er 1826 in Gotha sein Bibliographisches Institut gründete und seine bahnbrechende ›Groschen-Bibliothek der Deutschen Classiker für alle Stände‹ herausgab. Meyer erklärte bündig:

> Erst muß das Volk seine Dichter für ein paar Groschen erhalten, damit ihm der Geist geweckt werde und damit es richtig fühlen und denken lerne. Ohne solche Kenntnis bleibt es ewig in der Sklaverei der Dummheit und des Egoismus.

Diese volksbildnerische Mission führte Meyer ganz selbstverständlich von der ›Groschen-Bibliothek‹ zum ersten deutschen Konversationslexikon. Aus dem gleichen Geist begann 1867 der Leipziger Verleger Anton Philipp Reclam seine ›Universal-Bibliothek‹ (zu zwanzig Pfennig das Heft) aufzubauen, die zum Vorbild der volkstümlichen Reihen in der ganzen Welt wurde. Die englischen Serien der Constable und Murray waren in billiges Leinen oder Pappe gebunden gewesen. Meyer und Reclam waren einen Schritt weiter gegangen und hatten mit der Einführung des broschierten Heftes eine neuerliche beträchtliche Verbilligung erzielt. Reclam war wiederum einen Schritt weiter gegangen als Meyer, indem er in seine ›Universal-Bibliothek‹, die monatlich zehn Hefte auf den Markt warf, nicht nur die urheberrechtlich freien Klassiker der ganzen Welt aufnahm, sondern auch zeitgenössische, lebende Autoren. Ibsen wußte, warum er immer wieder Reclam gegen Fischer ausspielte; die Reclam-Ausgaben seiner Stücke erzielten im Lauf der Jahrzehnte Millionenauflagen und hatten zeitweilig einen höheren Absatz als die Shakespeare-Dramen der gleichen Sammlung. Reclams Prinzip der Serienform bei einheitlichem Umfang und einheitlichem Preis tauchte bald in allerlei Varianten auf: der ›Deutsche Novellenschatz‹ von Heyse und Kurz, der ab 1871 bei Oldenbourg erschien, Otto Hendels ›Bibliothek der Gesamtlitteratur‹, Meyers ›Volksbücher‹ (beide 1886), Hesses ›Volksbücherei‹ und die ›Cotta'sche Volks-Bibliothek‹, die ebenfalls neben den Klassikern moderne Autoren in billigen Serien zum Preis von 25 Pfennig bis zu einer Mark brachten. Mehr und mehr solcher ›Bibliotheken‹ und ›Kollektionen‹ tauchten auf, die sich zunehmend dem Gebiet der anspruchslosen Unterhaltungsliteratur zuwandten und sich immer weiter von der ursprünglichen Konzeption der literarischen Qualität bei billigstem Preis entfernten. Hier setzte Fischers neues Unternehmen ein.

EXISTENZPROBLEME DES VERLAGSBUCHHANDELS

Was Fischer vorschwebte, auf welche buchhändlerische Erwägungen er sein Vorhaben stützte, hat er selbst in einem grundlegenden Aufsatz *Der Verleger und der Büchermarkt* dargelegt. Dieser Aufsatz wurde 1911 aus Anlaß des fünfundzwanzigjährigen Bestehens des Verlags geschrieben, als der Verlag mit dem neuen Unternehmen bereits einige Erfahrungen gesammelt hatte.
Fischer beginnt mit einer Darlegung der besonderen Situation, die das »Buch als Ware« innehat.

Der unmeßbare Wert des Buches weist ihm als gewerblichem Produkt auf dem Markt eine andere Stellung an, als jeder Ware, die einen materiell bestimmbaren Wert in sich trägt. Das Buch, das der Verleger druckt, ohne vorher feststellen zu können, wer es kaufen wird, paßt nicht in das Handelsschema des Warenverkehrs. Die Verkehrsformen des Buchhandels mußten sich also nach anderen Grundsätzen ordnen, wie die des Warenhandels; der Buchhandel mußte sich einen besonderen Markt schaffen, einen Markt für geistige Werte, der kulturbildende Kraft hat. Diesen Markt hat er organisiert.
Während sich rings um das Buchgewerbe der Betrieb drucktechnischer Erzeugnisse – Zeitungen und Massenprodukte für den Bedarf – industrialisiert hat, sind die Grundformen des Buchhandels seit bald hundert Jahren im wesentlichen dieselben geblieben. In der Zeit des industriellen Schematismus, der Massenproduktion für den Bedarf, hat sich allen Grundsätzen freien Handels zum Trotz, eine Organisation erhalten, ohne die es nicht möglich wäre, die ideellen Kräfte einzusetzen, die der Buchhandel braucht, um seine Mission zu erfüllen ...

Während in anderen Ländern das »Handelsschema des modernen Industrialismus« auch auf den Büchermarkt übergegriffen habe, habe der deutsche Buchhandel seine aus der vorkapitalistischen Zeit stammende Struktur bewahrt; aber diese Sonderstruktur innerhalb der wirtschaftlichen Gesamtstruktur habe es schwer,

denn ihre ökonomische Lage ist schwach, und das Warenhaus, das sich der Organisation des Buchhandels angeschlossen hat, macht dem regulären

Sortimentsbuchhandel erhebliche Konkurrenz. Die Rabatte der Verleger sind zwar bedeutend höher als die üblichen Rabatte im Warenhandel, aber der Sortimentsbuchhandel glaubt selbst bei diesen Rabattsätzen auf die Dauer nicht bestehen zu können. Eine Erhöhung der Rabatte würde aber auch eine Erhöhung der Bücherpreise bedeuten, und das kann nicht im Interesse des Buchhandels liegen, weil es die ohnehin nicht große Konsumkraft des Volkes noch weiter verringern würde, während alles auf die Steigerung des Bücherkonsums ankommt.

Dieser »Steigerung des Bücherkonsums«, die allein die wirtschaftlich schwache Lage des Verlagsbuchhandels in der industrialisierten Massengesellschaft zu kräftigen vermag, stünden, wie Fischer meint, hauptsächlich psychologische Hindernisse im Wege.

Das Lesebedürfnis ist wohl gewachsen, aber die Mehrzahl der Leser begnügt sich mit Büchern aus der Leihbibliothek oder mit der Lektüre von Zeitungen und Zeitschriften, die das Buch zu ersetzen suchen. Die großen Massen haben bisher am geistigen Leben, soweit es sich aus dem Buch mitteilt, nur geringen Anteil genommen. Das Bedürfnis, ein neues Buch zu besitzen, ist selbst bei den oberen Zehntausend nur sehr unvollkommen ausgebildet.

Das Argument, das die geringe Kauflust des Publikums damit erklärt, daß die deutschen Bücherpreise zu hoch seien, läßt Fischer nicht gelten.

Tatsächlich sind die Bücherpreise in den letzten zwanzig Jahren bedeutend heruntergegangen, trotz der gesteigerten Ansprüche an den Materialwert und die Ausstattung der Bücher. Das Buch, das in Massen produziert werden kann, ist bei uns ebenso billig wie sonstwo. Das Buch, dessen Verbreitungsfähigkeit nicht vorhergesehen werden kann, dessen Absatz eng begrenzt ist (und das trifft auf die Mehrzahl der Bücher zu), kann nur in einer verhältnismäßig geringen Anzahl von Exemplaren gedruckt werden. Sehr viele Bücher bringen kaum die Selbstkosten ein.

An dieser Stelle der Erörterung wurde zu jener Zeit stets ein Einwand gemacht, der heute nicht mehr gültig ist, nämlich: warum ist in Deutschland nicht möglich, was in Frankreich selbstverständlich ist? In der Tat war die Massenproduktion billiger Literatur nirgends so durchorganisiert wie in Frankreich. Verlage wie Hachette, Garnier Frères, Hetzel, Calman-Lévy, Charpentier und Plon, alle zwischen 1826 und 1845 entstanden, produzierten seit mehr als einem halben Jahrhundert Buchserien, die einander äußerlich zum Verwechseln ähnlich sahen: auf billigstem Holzschliffpapier schlecht gedruckte, einheitlich mit einem gelben Papierumschlag versehene Broschuren, die in Massenauflagen auf den Markt kamen und ebenso rasch zerfledderten und zerfielen wie ein Reclam-Heft. Die gelben Umschläge trugen jedoch oft große Namen: Calman-Lévy setzte zwar zwei Millionen Bände im Jahr ab, aber er war zugleich auch der Verleger Balzacs. Fischer antwortete hierauf:

Man hat auf Frankreich hingewiesen mit dem 3.50 Fr.-Band. Dieser Einheitspreis ist für das französische Buch nur deshalb möglich, weil es auf den internationalen Markt zugeschnitten ist. Frankreich exportiert noch immer einen großen Teil seiner Bücherproduktion; der Einheitspreis seines Romans war dort ein handelstechnisches Bedürfnis. Frankreich prägt das Modebuch für den Weltmarkt. Es züchtet den Modeschriftsteller; für die Pflege des jungen Talents außerhalb des schematisierten internationalen Büchermarktes ist dort nur wenig Raum. In unseren variablen Bücherpreisen drückt sich unsere vielgestaltige literarische Produktion aus, unabhängig von Geschmack und Mode.

Tatsächlich wurde der mangelnde Raum für die Pflege des jungen Talents gerade um diese Zeit in Frankreich ernstlich empfunden, und bald darauf tauchen in Paris die ersten »persönlich differenzierenden« Verlage auf, und Häuser wie Gallimard, Grasset und andere gaben dem französischen Verlagswesen ein neues Gesicht, ohne freilich (bei häufig sehr kleinen Auflagen) auf den Einheitspreis und die (buchgraphisch verbesserte) Form der Broschur zu verzichten. In Deutschland war in den letzten Jahren vor dem Ersten Weltkrieg das Problem anders gelagert. Hier bestand, wie Fischer es sah, ein Mißverhältnis zwischen Bücherproduktion und Bücherkonsum.

Deutschland steht an der Spitze der bücherproduzierenden Kulturländer. Im Jahr 1909 sind bei uns 31 051 Bücher erschienen; in großem Abstand, auch wenn man den Unterschied der Bevölkerungsziffer mitrechnet, folgt England, mit etwas mehr als 10 000 neuen Werken; während in Frankreich die Ziffer der neu erschienenen Bücher im letzten Jahrzehnt von 13 362 auf 11 073 heruntergegangen ist.

Diese Ziffern bezeichnen natürlich Neuerscheinungen und enthalten nicht Neuausgaben und Neuauflagen bereits existierender Titel. Inzwischen ist Frankreich als internationaler Großexporteur weit in den Hintergrund, England und Amerika weit in den Vordergrund gerückt; das deutsche Buch ist heute wie damals kein Exportartikel und nach wie vor nahezu ausschließlich auf den einheimischen Markt angewiesen; nur das Taschenbuch hat den Touristenmarkt im Ausland erobert und steht hier im gleichberechtigten Wettbewerb mit den Taschenbüchern in anderen Sprachen. Wohl aber ist ein anderes Phänomen, das Fischer in diesem Zusammenhang aufzeigt, heute genauso, wenn nicht in noch viel höherem Maß vorhanden wie damals, im Jahr 1911.

Nun haben wir zwar die größte Bücherproduktion der Welt, damit ist aber noch nicht gesagt, daß wir den entsprechenden Bücherkonsum haben. Wir leiden an einer chronischen Überproduktion. Denn ein großer Teil der erschienenen Bücher werden ›verramscht‹ und eingestampft. An dieser Überproduktion, die im handelstechnischen Sinn gar nicht als Überproduktion bezeichnet werden kann, weil sie nicht aus der Störung des Gleichgewichts zwischen Angebot und Nachfrage entsteht, sind alle Verleger beteiligt. Nicht nur die Verleger, die ein vages Spiel bei der Auswahl der Manuskripte leitet, die ›erfolgreiche‹ Bücher verlegen wollen und dabei die meisten Nieten ziehen, auch der ernst geleitete Verlag, der bei der Wahl kritisch vom Wert der Arbeit ausgeht, macht die Erfahrung, daß ein großer Teil seiner Bücher nicht durchdringt. Das liegt in der Natur der literarischen Produktion frei schaffender Schriftsteller, die nicht für einen fordernden Bedarf produzieren, sondern aus eigenem Willen Werke schaffen, Werke, die einen günstigen Wind brauchen, um die Fahrt ins Licht des Lebens zu machen. Mit solchen abenteuernden Büchern, die stolz und froh, in schöne Gewänder gehüllt, auszogen, um ihr Glück zu machen, die zur Ostermesse zum Verleger, vom Schicksal hart mitgenommen, zerzaust wieder heimkehren und irgendwie auf dem Markt untergebracht werden müssen, haben wir bei uns mehr als sonstwo zu rechnen.

In England und Frankreich, meint Fischer, sorge »die Konvenienz« für eine gewisse Stetigkeit und Einheit des Geschmacks; in Deutschland hingegen befinde man sich durch »der Erscheinungen Flucht« (womit durchaus der ›Neuerscheinungen Flucht‹ gemeint sein mochte) in einer »ästhetischen Wirrnis«.

Der Geschmack des Publikums pendelt zwischen Extremen; er ist bald literarisch, bald kunstfremd; bald siegt das Dichtwerk, bald das schablonenhafte Produkt. Die Aufnahmefähigkeit des Publikums ist scheinbar sehr groß und vielfältig, sie ist es nur auf Kosten des schlechten Gedächtnisses. Es kann geschehen, daß der Dichter, dem gestern zugejubelt wurde, morgen im Stich gelassen wird. Dem Publikum fehlt die Ruhe, die Stetigkeit und die Liebe, den empfangenen Eindruck ausreifen zu lassen.

Hieran scheint sich bis heute nicht viel geändert zu haben. Wenn dies die geistige Lage von 1911, in Deutschlands gesichertster Situation war, so kann nur verwundern, daß nach zwei Weltkriegen und allen ihnen folgenden Umwälzungen Deutschlands »ästhetische Wirrnis« nicht unvergleichlich viel ärger ist. Daß sie es nicht ist, daß heute in Deutschland durchaus eine den anderen westeuropäischen Ländern entsprechende »Konvenienz« der Verständigung in literarischen Dingen spürbar ist, die auf Stetigkeit und Einheit des Geschmacks hinwirkt, dazu mögen Fischers Unternehmung und andere, ähnliche Unternehmungen, die ihm folgten, im stillen nicht unwesentlich beigetragen haben. Gewiß war es Fischer um eine breitere, tragfähigere wirtschaftliche Grundlage des Verlagsbuchhandels zu tun. Doch bedurfte es eines gewissen »kulturschaffenden Instinkts«, um zu erkennen, daß die Voraussetzung für eine solche größere wirtschaftliche Stabilität die Schaffung eben dieser »Stetigkeit und Einheit des Geschmacks« war. Es mochte sich zugleich auch umgekehrt verhalten; gewiß herrschte eine Wechselwirkung. Es ist das Faszinierende an den großen Repräsentanten des Verlegerberufs, daß es unmöglich ist, diese beiden Strähnen ihrer Schaffensbeweggründe säuberlich getrennt aufzuzeigen.

Fischer sah die Lösung dieses Existenzproblems im »Buch zum billigen Einheitspreis«.

DIE KULTURSCHICHT DER BÜCHERKÄUFER

Wir haben begonnen, neben dem Buch mit differenziertem Preis, das sich erst einen Markt erobern muß, das Buch zum billigen Einheitspreis zu schaffen. Dieser billige Einheitspreis ist aber nur bei Büchern möglich, die in Massen hergestellt werden können.

Bisher, so fährt Fischers Darlegung fort, habe man sich darauf beschränkt, populärwissenschaftliche Bücher und aus der schöngeistigen Literatur solche, die »in den Besitzstand des heutigen Lebens eingetreten« seien, in neuen billigen Ausgaben herauszubringen; also Bücher, »die ihren Umlaufkreis in der zahlungsfähigeren Schicht vollendet haben«, zu einem billigen Einheitspreis »in eine neue Umlaufsbahn« zu leiten. Diese Versuche seien zum Teil außerordentlich geglückt; doch werde man dabei nicht stehenbleiben können.

Es hat sich gezeigt, daß dem literarischen Produkt ein neuer großer Abnehmerkreis eröffnet werden kann, daß die breite Masse, für die das Buch heute noch ein Luxus ist, dem Büchermarkt erobert werden kann. Die Entwicklung drängt also auf das billige Buch hin, es wird sich eine besondere Stellung auf dem Markt schaffen. Die Vorbedingungen dazu sind gegeben, denn die Ausnutzung der modernen technischen Hilfsmittel setzt uns in die Lage, das Buch, das in Massen gedruckt werden kann, zu einem billigen Preis in den Handel zu bringen. Wir sind imstande, die Bücherproduktion ins Riesenhafte zu steigern, Bücher in großen Auflagen in kürzester Zeit herzustellen.

Auf keinem anderen Markt sei die »Konsumfähigkeit des Volkes« so weit hinter den »technischen Produktionsmöglichkeiten« zurück wie im Buchhandel. Doch sehe man an den Erfahrungen im In- und Ausland, daß die Zeit gekommen sei, das Buch populär zu machen, und zwar nicht nur die altbewährten (und überdies tantiemefreien) Klassiker, sondern

das lebendige, aus unserer Zeit geschöpfte Werk, das zu Hunderttausenden sprechen soll. Eine starke literarische Kultur kann von diesem neuen demokratischen Buchtypus ausgehen und von nicht geringer Einwirkung auf die literarische Produktion werden.

Dies war für Fischer ein entscheidend wichtiger Punkt. Als einem Verleger der ›Werdenden‹, der ›lebenden Klassiker‹, erhob sich für ihn die Frage, ob diese Literatur bei der ›breiten Masse‹ überhaupt Eingang finden werde, und als notwendige Gegenfrage, welche Einwirkung dieses neue Massenpublikum auf das Schaffen der Lebenden, auf Charakter und Qualität des Gegenwartsschrifttums haben werde. Mit anderen Worten: Wird sich der eine nicht nach dem anderen richten müssen, und wer nach wem? Die Gefahr, meinte Fischer, daß das billige Buch den »Instinkten der Masse« entgegenkomme und mehr Schaden als Nutzen stifte, sei nicht von der Hand zu weisen; zweifellos werde der Markt mit »geringwertiger Literatur« überschüttet werden.

Die Frage ist nur die, ob wir deshalb darauf verzichten wollen, dem guten Buch den Weg zum Volk zu bahnen, und ob das gute Buch nicht imstande sein wird, das schlechte zu bekämpfen und das allgemeine Kultur- und Geschmacksniveau zu heben. Von den Dichtern wird es abhängen, ob sie zur Masse stark genug sprechen können, ob sie von ihr gehört und verstanden werden.

Doch selbst angenommen, die Dichter machten ihre Sache in dieser Hinsicht richtig; vorausgesetzt weiterhin, im Buchhandel gelte die Umkehrung von Greshams berühmten Währungsgesetz (wonach die hochwertige Münze unweigerlich von der geringwertigen verdrängt wird), so blieb noch immer die Vertriebsfrage: wie brachte man das billige Buch an den Mann mit der schmalen Börse? Die potentiellen Käuferschichten, die es für das billige Einheitspreisbuch zu gewinnen galt, betraten selten oder nie eine Buchhandlung; hier herrschte eine eingeborene Scheu und Schüchternheit, ›Buch‹ und ›teuer‹, ›Buchhandlung‹ und ›wohlhabende Leute‹ waren in der Vorstellung der breiten Masse gleichbedeutend. Diese Schranke der Konvention, die den kleinen Mann nicht ›über die Schwelle‹ treten ließ, war nicht im Handumdrehen zu beseitigen. Fischer erklärte dazu:

Das Tempo und der Rhythmus unserer Zeit, die Ausbreitung von Bildung und wirtschaftlicher Kultur weisen auf das Buch zum billigen Einheitspreis, das bequem und leicht wie die Zeitung ins Haus gebracht oder jedem Passanten zugänglich gemacht werden kann. Der Massenvertrieb solcher Bücher kann sich nicht auf die bisherigen Vertriebsmittel des Sortimentsbuchhandels beschränken, er drängt auf die Straße und ins Haus, und es wird Sache des Buchhandels sein, auch den Markt des demokratischen Buches zu organisieren, was übrigens für die Bahnhöfe durch den Bahnhofsbuchhandel zum Teil schon geschehen ist.

Die Widerstände des Sortimentsbuchhandels gegen eine solche Ausweitung des Vertriebssystems waren wohlbekannt. Es herrschte zum einen die Meinung, das billige Buch zum Einheitspreis werde zu einer Schematisierung des Büchermarktes führen, zum anderen die Befürchtung, daß es den Büchern mit differenziertem Preis erhebliche Konkurrenz machen könne. Fischer erwiderte:

Ich glaube an beides nicht. Das differenzierte Buch wird seine Stellung im Büchermarkt behalten, es wendet sich an einen anderen Kreis und ist für die große Masse vorerst nicht geeignet. Es handelt sich bei dem billigen

Buch gar nicht um eine *Umgestaltung*, sondern um eine *Erweiterung* des Büchermarktes. Das billige Buch wird, wenn es die große Zukunft bekommt, die mir vorschwebt, das Sortiment auf eine breite und gesunde Basis stellen. Ein neuer großer Käuferkreis kann dem Buchhandel erschlossen werden. Heute ist es das billige Buch; aber morgen kann der Leser dieses Buches schon in die Reihe der verwöhnteren Bücherkäufer einrücken, denn wer einmal Bücher in sein Haus geschafft hat, ist in die Kulturschicht der Bücherkäufer eingetreten.

Wer erst einmal ein billiges Buch gekauft hat, der hat seine Scheu überwunden, ist über die Schwelle getreten und kauft früher oder später auch ein teures – das war die grundsätzliche Überlegung, und sie war sowohl geschäftspsychologisch wie kulturpsychologisch richtig. Es ging nicht um eine Umgestaltung des Büchermarktes, sondern um eine Erweiterung der »Kulturschicht der Bücherkäufer«, und es lag im eigenen Interesse des Buchhandels, sich die Verwirklichung dieser Möglichkeit nicht aus der Hand nehmen zu lassen.

Sorgen wir rechtzeitig dafür, daß das Buch fürs Volks nicht das Monopol einiger Unternehmer wird und daß sich nicht neben dem legitimen Buchhandel ein illegitimer Bücherhandel ausbreitet, der das Sortiment in eine unpopuläre und isolierte Stellung drängt. Auf die Steigerung der literarischen Konsumkraft des Volkes durch Vermittlung des Sortiments kommt es an; gliedern wir dem alten exklusiven Büchermarkt den neuen demokratischen Markt an, was dem Zug der Zeit entspricht, und der Sortimentsbuchhandel geht verjüngt und gekräftigt aus diesem Prozeß hervor. Die jetzige Organisation des Buchhandels ... [ist] allein befähigt und berufen, das billige Buch vor Verelendung zu schützen und zu verhüten, daß es zum Tummelplatz von Hintertreppen-Romantik herabgedrückt werde. Die besten Verleger müssen ein Interesse daran haben, diesen Buchtypus für populäre Ausgaben ihres Verlagsbestandes zu pflegen.

Gewiß könne nicht »alles Heil« vom billigen Buch kommen; aber es sei besser geeignet als andere Mittel, die »literarische Kultur auszubreiten« und die Freude am Buch »in jedes Haus« zu tragen.

Und bringen wir überdies die moderne Dichtkunst in Berührung mit den Massen, so tun wir einen großen Schritt, den Dichter mit dem Volk in fruchtbare, in wechselseitige Beziehung zu setzen.

Als Fischer diesen weit vorausschauenden, seither immer wieder zitierten Aufsatz schrieb, hatte er das in ihm dargelegte Unternehmen bereits verwirklicht. Das hindert nicht, daß der Aufsatz ausgesprochen programmatischen Charakter trägt, und er ist hier absichtlich der Schilderung dieses Unternehmens selbst vorangestellt, damit die Verwirklichung gegen den Hintergrund dieser kulturpolitischen Programmatik betrachtet werden kann.

DIE VERWIRKLICHUNG

Wie Fischer sich die praktische Durchführung vorstellte und die Mitwirkung der Autoren seines Verlags für sie zu gewinnen suchte, geht klar und knapp aus einem Brief hervor, den er am 22. Mai 1908 während eines Aufenthaltes im Sanatorium Lahmann an Hermann Hesse richtete. Vermutlich schrieb er eine Anzahl Briefe gleichen Inhalts auch an andere Autoren; dieser ist jedoch der einzige auffindbare.

> Ich benutze diese Gelegenheit, um Ihnen, zunächst vertraulich, von einem Plan, der Sie interessieren wird, Mitteilung zu machen.
> Ich bereite eine Romanbibliothek vor; jeden Monat ein Band zum Preise von 1 Mark. Im Rahmen der gleichmäßig ausgestatteten, gut gedruckten Bibliothek will ich ältere Romanwerke, deren Verbreitungsmöglichkeit durch den teuren Preis begrenzt ist, einem größeren Leserkreis durch den billigen Preis erschließen. Da es sich in dieser Bibliothek nur um Werke von litterarischem Wert handeln wird, so verspreche ich mir für die einzelnen Autoren auch einen starken propagandistischen Zweck von diesem Unternehmen. Für Autoren wie Schaffner dürfte es kein wirksameres Werbemittel geben, um ihn aus dem engeren Bezirk eines litterarischen Leserkreises zu befreien. Aus der Reihe Ihrer Werke schien mir ›Unterm Rad‹ für diese Bibliothek sehr geeignet. Der Absatz dieses Buches hat in der jetzigen Ausgabe bedeutend nachgelassen, es scheint mir ziemlich sicher, daß wir mindestens 30 000 Exemplare in der billigen Ausgabe verkaufen können. Vielleicht sehe ich die Sache etwas zu optimistisch an; ich glaube es nicht; ich würde die ersten 20 000 Exemplare gleich honorieren und für die Folge immer 10 000 im voraus.
> Freilich das Honorar, das ich Ihnen bieten kann, ist nicht hoch. Die Bücher müssen mit einem hohen Rabatt abgegeben werden; sie sollen gut gedruckt und nur gebunden ausgegeben werden; das Unternehmen basiert auf einer sehr genauen Calculation und ist nur bei großen Auflagen durchführbar. Für je 10 000 Exemplare könnte ich nur ein Honorar von 1000 Mark anbieten, also 10 Pf. pro Exemplar.
> Ich bitte, überlegen Sie, ob die Sache für Sie von Vorteil ist; das was für viele andere Bücher dabei in's Gewicht fällt, trifft ja für Sie nicht zu, denn Ihre Bücher sind in allen Kreisen und in großen Auflagen verbreitet. Dennoch dürfte es Ihnen nicht gleichgültig sein, mit Ihrem Buch aufs Neue bei einem großen Leserkreis zu wirken, der doch sonst für dieses Werk verloren wäre.
> Ich bleibe bis nächste Woche hier; ich wäre Ihnen dankbar, wenn Sie mir Ihre Meinung bald schreiben wollten.

Hesse notierte am Kopf dieses Briefes mit Bleistift: »Einstweilen absagend beantwortet.« Ein Jahr später war er einverstanden.

Das einzige ›Vorbild‹ zu jener Zeit, das Fischers Vorstellung noch am nächsten kam, war ›Engelhorns Allgemeine Romanbibliothek‹. Der Stuttgarter Verleger Carl Engelhorn hatte den Plan zu dieser Art Taschenbuchreihe von einem Amerika-Aufenthalt mitgebracht und die

Serie 1885 mit Georges Ohnets *Der Hüttenbesitzer* begonnen. Sie war »Eine Auswahl der besten Romane aller Völker«, von denen Engelhorn, der sein eigener Redakteur war, viele selbst übersetzte; es erschien alle vierzehn Tage ein Band, die in ein auffallendes Rot gebundenen Bändchen kosteten broschiert 50 Pfennige, »elegant in Leinwand gebunden« 75 Pfennige, und wer die gesamte Jahresproduktion von 26 Bänden gleichsam ›abonnierte‹, erhielt sie zum Gesamtpreis von 13 Mark bzw. 19 Mark 50 Pfennigen. Der erfolgreichste Autor der Bibliothek um die Jahrhundertwende war Friedrich Spielhagen. Bei ihrem Übergang in einen anderen Verlag 1931 hatte die Bibliothek über tausend Bände erreicht.

Fischer dürfte sich Engelhorns ›Rotröcke‹, die um diese Zeit seit fast einem Vierteljahrhundert den Markt beherrschten, vor allem, was Herstellung und Kalkulation anging, sehr genau angesehen haben. Das Modell, das er entwickelte, sah anders aus. Ihm lag daran, ein zwar billiges, aber in der Ausstattung gediegenes Buch herauszubringen, das seine enge Verwandtschaft mit dem größeren, teureren Buch betonte und Anspruch auf einen Platz im Bücherschrank erheben konnte. Er verzichtete folglich auf die broschierte Ausgabe und stellte statt ihrer neben dem Leinenband eine Ausgabe in solidem, haltbarem Pappband her. Beide Einbände waren einheitlich in der gleichen gelblich-hellbraunen Farbe gehalten, trugen den gleichen, von E. R. Weiß gezeichneten, schwarz geprägten Deckel- und Rückenschmuck und einen illustrativen Schutzumschlag. Fünfzig Pfennig war sowohl kalkulatorisch als auch psychologisch ›zu billig‹; etwas ›Gutes‹, das Vertrauen erwecken sollte, mußte ein wenig teurer sein. Fischer errechnete einen Preis von einer Mark für den Pappband, von einer Mark fünfundzwanzig für den Leinenband.

Die Romanbibliothek wurde in der sehr leistungsfähigen Spamerschen Buchdruckerei in Leipzig gedruckt, und Fischer begann mit einer Mindesterstauflage von 15 000 Exemplaren; in späteren Jahren konnte er bei vielen Titeln mit 20 000, bei manchen mit 30 000 beginnen. Der sehr knapp kalkulierte Einheitspreis erforderte einen einheitlichen Umfang aller Bände, der strikt eingehalten werden mußte, nämlich 208 Druckseiten oder 13 Bogen. Das Format der Bücher betrug 17,8 zu 12,5 Zentimeter, war also dem Taschenbuchformat der heutigen Fischer Bücherei (18 zu 10,5 Zentimeter) sehr ähnlich. Der Text war in einer ansprechenden, gut leserlichen Fraktur mit 33 Zeilen auf der Seite luftig und elegant gesetzt und hatte mit seinem angenehm breiten Rand nichts Gepreßtes und Gedrängtes. Die Bände waren in jeder Hinsicht ›richtige Bücher‹ und bildeten zusammen genommen durchaus eine richtige Bibliothek.

Fischer wollte die Massen der bisher ›buchfremden‹ Leser erfassen; doch schien ihm ein Massenangebot an billigen Büchern nicht der rechte Weg hierzu. Er ließ keine Lawine von gelbbraunen Bändchen von den Gipfeln seines Verlags ins Flachland rollen, er überschwemmte den Markt nicht. Vielmehr brachte er monatlich nur einen neuen Titel, also zwölf Bände im Jahr, heraus. Dieser sorgfältig eingehaltene zeitliche Abstand sollte es jedem Band ermöglichen, beim Publikum Fuß zu fassen, ehe der nächste kam; die einzelnen Titel wetteiferten nicht miteinander um Aufmerksamkeit und drängten einander nicht aus dem Weg. In den ersten drei Jahren war eine jede Folge von zwölf Bänden sogar regelrecht auf den Buchrücken als »Jahrgang« bezeichnet und jeder Band mit einer Nummer versehen, was freilich zu stark an den Charakter einer Zeitschrift erinnerte; von der dritten Folge ab wurde die Numerierung der Bände fortgelassen, und von der vierten ab »Jahrgang« durch »Reihe« ersetzt. Eine jede Reihe lief vom Oktober bis September.

Im Unterschied zu einigen anderen billigen Romanbibliotheken, in denen umfangreiche Werke gekürzt, bearbeitet und auf die Erfordernisse der Serie zurechtgeschneidert erschienen, brachte Fischer grundsätzlich nur den vollen, ungekürzten und unangetasteten Originaltext; jedes andere Verfahren hätte dem ganzen Sinn seines Vorhabens widersprochen. Damit war freilich der Bibliothek eine Beschränkung auferlegt. Der knapp kalkulierte Preis verlangte die strenge Einhaltung des Umfangs von 13 Bogen, und dies bedeutete, daß umfangreiche Romane nicht aufgenommen werden konnten. Nur in zwei Fällen wich Fischer von dieser Regel ab, mit den Romanen *Lust* und *Feuer* von d'Annunzio; aber er brachte beide nicht, wie es heute bei Taschenbüchern üblich ist, als Doppelbände zu höherem Preis heraus, sondern jeweils in zwei Bänden in zwei aufeinanderfolgenden Monaten. Umgekehrt mußte er sich bei einigen seiner Autoren, die in der Bibliothek nicht fehlen sollten, von denen aber kein erzählendes Werk von geeigneter Länge zur Verfügung stand, mit einem Novellenband behelfen.

Fischer scheint ursprünglich daran gedacht zu haben, die ganze Bibliothek ausschließlich aus den Beständen seiner eigenen, mehr als zwanzigjährigen Verlagsproduktion aufzubauen, und obwohl dies praktisch durchaus möglich gewesen wäre – die Auswahl war reichhaltig genug –, gab er diesen Gedanken doch sogleich wieder auf. Die Werke der Autoren seines eigenen Verlags bildeten selbstverständlich Jahr um Jahr den Großteil der Bibliothek, aber er ergänzte sie von Anfang an durch eine Anzahl von Titeln, deren Neu- oder Nachdrucksrechte er von anderen Verlagen erwarb. Schließlich hielt er sich auch nicht streng an das Prinzip, nur solche Werke aufzunehmen, die ihren Umlaufkreis in der ›normalen‹ Ausgabe zu teurem Preis vollendet hatten (und womöglich inzwischen vergriffen waren), sondern fügte auch eine Anzahl neuer Titel ein, die er eigens für die Romanbibliothek und nur für sie erwarb und die damit in der billigen Ausgabe gleichsam ihre Erstausgabe erlebten und überhaupt nur in ihr erhältlich waren.

THEODOR FONTANE

Eine jede Jahresreihe war in Auswahl und Zusammenstellung sorgfältig erwogen. Den Anfang machte Theodor Fontane; als erster Band der ganzen Bibliothek erschien im Oktober 1908 sein Roman *L'Adultera*. Dies mochte riskant sein (der Titel war dem literarisch nicht versierten Leser nicht ohne weiteres verständlich), aber es war wohlüberlegt. Fontane war seit zehn Jahren tot und sein großes erzählendes Werk zwar berühmt, aber nur einem kleinen Kreis von Kennern wirklich bekannt; die teuren ›normalen‹ Ausgaben seiner Romane waren zu seinen Lebzeiten bei unbekannten, wenig geeigneten Verlagen erschienen, und ihre geringen Auflagen standen zu Fontanes Ruf in betrüblichem Mißverhältnis; auch der Sohn des Dichters, der sie in seinen Verlag Fontane & Co. übernahm, mühte sich vergebens. Später, im Rückblick, schrieb Oskar Loerke:

> Minderwertiges blieb grundsätzlich ausgeschlossen, nach oben war dem Wert eines Buches keine Grenze gesetzt. Wir hatten die Freude, durch die billigen Ausgaben einen Meister wie Theodor Fontane endlich zur breiten Popularität zu verhelfen, die ihm vorher versagt blieb. Dies ist uns eine umso größere Befriedigung, als Fontane seiner geistigen Einstellung nach längst, bevor wir ihn verlegen durften, dem bei uns vereinigten dichterischen Streben nahestand.

Fontane war der einzige Romancier der älteren Generation, den Fischer in die ›Bibliothek zeitgenössischer Romane‹ aufnahm. Er repräsentierte die Tradition und Kontinuität, der Fischer sich verpflichtet fühlte; er war ein Wahrzeichen. Indem er mit ihm begann, meldete Fischer zugleich seinen Niveau-Anspruch für das ganze Unternehmen an; der Name verpflichtete und sollte als Verpflichtung verstanden werden. Die zweite Reihe brachte als dritten Band Fontanes *Cecile*, die dritte wurde mit *Irrungen, Wirrungen*, die vierte mit *Frau Jenny Treibel* eröffnet, und als Fischer in der sechsten Reihe (1914/1915) nach einer Unterbrechung mit *Mathilde Möhring* nochmals auf den Altmeister zurückgriff, hatte inzwischen der Sohn Fontanes in der Bülowstraße angefragt, ob der Verlag nicht das Werk des Vaters überhaupt übernehmen und neu herausbringen wolle.

Ein solches Unternehmen war jetzt kein Wagnis mehr. Fischer veranstaltete als erstes 1915 eine fünfbändige, von Schlenther eingeleitete Auswahlausgabe der Romane und Erzählungen, auf die nach dem Ersten Weltkrieg größere Gesamtausgaben folgten. Gerade der so ›unwahrscheinliche‹ Fall Fontane hatte bewiesen, daß seine Voraussicht richtig gewesen war. Mit den billigen Bänden der Romanbibliothek (von denen *Irrungen, Wirrungen* das 158. Tausend erlebte) war Fontane in Leserschichten eingedrungen, die er auf dem üblichen Weg in Jahrzehnten nicht, wenn überhaupt je erreicht hätte, und mancher dieser neu gewonnenen Bücherkäufer gab jetzt wohl auch zwanzig Mark für die fünf Leinenbände der *Gesammelten Werke* aus, in denen er nun auch alle jene Werke fand, die er noch nicht aus der billigen Bibliothek kannte.

KOPENHAGENER ZWISCHENSPIEL

Sogleich nach dem Erscheinen des ersten Bandes der Romanbibliothek löste Fischer ein seit langem gegebenes Versprechen ein und besuchte den »Vater dieses Gedankens« in seiner Heimatstadt. Obwohl er seit Anbeginn seiner Arbeit zu keiner europäischen Hauptstadt, nicht einmal zu Wien, so enge literarische und verlegerische Beziehungen unterhielt wie zu Kopenhagen, war er merkwürdigerweise bisher noch nie dort gewesen. Nansen, der häufig nach Berlin kam, hatte ihn Jahr um Jahr immer wieder eingeladen, und jedesmal war im letzten Augenblick etwas dazwischengekommen. Auch diesmal schrieb Fischer vorsorglich: »Und ganz gewiß auf Wiedersehen am 31. Oktober in Kopenhagen, wenn wir, was ich hoffen will, gesund bleiben.«
Sie blieben gesund und reisten tatsächlich, begleitet von Elias und seiner Frau. Der Anlaß war Nansens »Fünfundzwanzigjähriges Schriftstellerjubiläum«, das vom literarischen Kopenhagen gebührend gefeiert wurde. Fischer trug das Seine mit dem sogenannten »Jubiläumsbuch« bei, über das seit Monaten eifrig korrespondiert wurde und das gerade noch rechtzeitig fertig geworden war: ein Auswahlband von Nansens besten Novellen und kurzen Erzählungen, betitelt *Jugend und Liebe*, den Hedwig Fischer, Nansens ›Entdeckerin‹, zusammengestellt hatte. »Es freut mich sehr«, schrieb ihr Nansen, »daß Sie dieselbe Auswahl von meinen Novellen gemacht haben wie ich. Dann muß es ja gut sein.« Herman Bang, der zu jener Zeit in Berlin lebte, hatte eine Einleitung zu dem »Jubiläumsbuch« seines Freundes (und dänischen Verlegers) versprochen, aber der unstete, häufig kranke, schwermütige, nur noch mühsam arbeitsfähige Mann, mußte immer wieder gemahnt werden. Noch am 3. September 1908 schrieb Fischer an Nansen:

... ich habe heute mit Bang wegen seiner Einleitung zu Ihrem Novellenbuch gesprochen. Bang will etwas sehr Feines machen, er hat mir mit großer dramatischer Kraft die Einleitung erzählt und ich finde seinen Gedanken wirklich entzückend ...

Wunderbarerweise war zwei Tage später die Einleitung unversehens zur Stelle. Fischer riskierte dreitausend Exemplare und versprach Nansen, ihn im nächsten Jahr auch in die Romanbibliothek aufzunehmen.

Noch ein halbes Jahrhundert später waren Hedwig Fischer die Kopenhagener Tage in der Erinnerung lebendig:

Im ›Hotel d'Angleterre‹ auf dem Kongens Nytorv erwartete uns Nansen mit einem prächtig gedeckten Tisch, einer Augenpracht von kalten Leckerbissen ... In meinem Zimmer fand ich Blumen von ihm. Am nächsten Abend fand dann im Hotel das Fest statt, einer Hochzeit nicht unähnlich, mit einem gewaltigen Diner, dänisch üppig, mit allen möglichen Carmina für Nansen, die verteilt wurden, und mit Rede auf Rede, die wir leider, der Sprache nicht mächtig, überhaupt nicht verstanden. Die literarische Welt Kopenhagens war versammelt, die Schriftsteller und die Journalisten, der Gyldendal-Verleger Hegel mit seiner Frau und auch Karin Michaelis, Peter Nansens Freundin, mit der ich bis dahin noch nicht bekannt war, alles festlich gewandet, am entzückendsten Frau Nansen mit dem elfjährigen Töchterlein Esther, das so glücklich war, dabei sein zu dürfen. Der Tanz ging bis tief in die Nacht hinein, und der Jubilar ließ sich mit liebenswürdigem, halb-spöttischem Lächeln feiern.

Schon am Morgen waren spaltenlange Festberichte in den Zeitungen und besonders der ›Politiken‹ tat sich hervor, der Nansen zu seinen Mitarbeitern zählte. Da war in genauer Aufzählung kein Geschenk ausgelassen, die Lebensgeschichte wurde ausgebreitet, und von den Gästen war vorstellend die Rede: Kopenhagen ist eine große Kleinstadt, in der jeder seinen Nachbarn kennt und noch immer mehr von ihm zu wissen begehrt. Nansen nun, wie sein Freund Herman Bang schlank und federnd mit dem schönen, feingeschnittenen Kopf, dem allgewandten, glänzenden Geist war gewiß ein Abgott der Kopenhagener Damenwelt, und ich kann es ihr nicht verdenken ...

DIE ERSTEN REIHEN

Ein Jahr darauf, am 19. November 1909, schrieb Fischer an Nansen:

Die 1-Mark-Bibliothek soll glänzend gehen? Das ist vielleicht ein wenig verfrüht. Aber sie läßt sich sehr gut an und vielleicht führt sie sich mit der Zeit ein.

Es war nicht verfrüht. Schon die erste Jahresreihe zeigte das Geschick, mit dem Altes und Neues, Deutsches und Ausländisches gemischt waren. Gabriele Reuters *Liselotte von Reckling*, Thomas Manns *Der kleine Herr Friedemann* (aus der entschlafenen ›Collection Fischer‹ wiedererweckt und um die Novellen *Die Hungernden* und *Das Eisenbahnunglück* vermehrt), Bangs *Hoffnungslose Geschlechter* und Keyserlings *Beate und Mareile* stammten aus dem ›Vorrat‹ des Verlags und waren Neuauflagen. Jakob Schaffners *Die Erlhöferin*, Hans Lands *Stürme* und Charlotte Knoeckels *Maria Baumann* waren neue Bücher bereits eingeführter deutscher Fischer-Autoren, die in der Romanbibliothek ihre ›Premiere‹ erlebten. Das gleiche galt für Geijerstams *Thora*, während Jonas Lies *Eine Ehe* von Nansen eigens für die Romanbibliothek ›besorgt‹ und von Bang mit einem Vorwort versehen worden war. Fischer hatte das Buch noch kaum erworben, als der Dichter dieser »köstlichen, reifen, goldenen Bücher« starb. d'Annunzios zweibändiger Roman *Lust* schließlich wurde aus Langens Besitz mit einer Pauschalzahlung erworben. Langen verpflichtete sich (jetzt und später), »in Zukunft keine billigen Ausgaben von diesen Werken zu veranstalten, noch dieselben zu einem billigeren Preis zu verramschen«. Die Bedingungen, zu denen Fischer diese Lizenzrechte erwarb, waren offenbar sehr verschieden: Bang, dessen Bücher Fischer erworben hatte, als sie noch ungeschützt waren, erhielt für jeden Titel in der Romanbibliothek eine einmalige Pauschalzahlung von tausend Mark, die Erben Jonas Lies hingegen ein »Autorisationshonorar« von dreihundert Mark, während Nansen, der in der zweiten Reihe mit *Julies Tagebuch* erschien, den gleichen Tantiemevertrag wie die deutschen Autoren erhielt, nämlich zehn Pfennig pro Exemplar mit einer Garantie von 15 000 Exemplaren.

Wie gut die Unternehmung sich beinahe sofort anließ, geht aus Fischers neuerlicher Anfrage bei Hermann Hesse vom 3. Mai 1909 hervor, als von der ersten Jahresreihe kaum mehr als die Hälfte vorlag:

... ich komme heute wieder einmal auf die Frage zurück, ob Sie mir für den nächsten Jahrgang meiner Romanbibliothek ›Unterm Rad‹ geben wollen. Sie sind, wenn ich nicht irre, etwas skeptisch gegen diese Bibliothek; die Erfahrung lehrt aber, daß sie sich einen ganz neuen und großen Leserkreis geschaffen hat; und ich bin durch den Erfolg ermutigt, die Sache immer weiter auszubauen und auch besser zu machen, besser insbesondere, was den Einband betrifft, der mir eben so wenig gefallen hat wie Ihnen. Ich bin dabei, den nächsten Jahrgang zu organisieren. Ich denke, wir werden neben andern wertvollen Büchern wieder einen Roman von Fontane, den ›Engelwirt‹ von Strauß, und auch einige neue deutsche Bücher, darunter einen neuen Roman von Jacques bringen. Ich würde mich verpflichten, von Ihrem Buch 30 000 Exemplare zu drucken resp. voraus zu honorieren. Das Honorar beträgt, wie ich Ihnen schon geschrieben habe, 10 Pfennig pro Exemplar. Die alte Ausgabe könnte neben dieser billigen Ausgabe weiter bestehen, der Vorteil wäre nur der, daß die neue, billige Ausgabe in Kreise dringen würde, die die alte Ausgabe wegen des teuren Preises nicht kaufen. Und schließlich wird es Ihnen doch auch nicht gleichgültig sein, ob Ihr Buch von neuem zur Wirkung kommt in Kreisen, die ihm bisher verschlossen waren. Ich würde mich freuen, wenn Sie Ja sagten und wenn es recht bald geschähe, weil ich die Dispositionen für den nächsten Jahrgang sehr bald getroffen haben muß ...

Diesmal war Hesse einverstanden. *Unterm Rad* hatte im ersten Anlauf im Herbst 1905 das 15. Tausend erreicht, war aber dann beim 18. Tausend stehengeblieben. Fischers Garantie war von 20 000 auf 30 000 Exemplare hinaufgegangen, und E. R. Weiß' Einband, der in der Tat reichlich mit »Rankenbrimborium«, wie Dehmel es genannt hätte, überladen war, wurde vereinfacht; aber das üppig umkränzte mittlere Medaillonoval, das Weiß 1910 zeichnete und in dem der gesamte Titeltext angeordnet war, erwies sich bei längeren Titeln als zu eng und unhandlich, und Weiß entwarf schließlich einen sehr einfachen, nur mit einer leichten Ranke verzierten rechteckigen Doppelrahmen, bei dem es dann blieb.

Hesses *Unterm Rad* eröffnete die zweite Jahresreihe (1909/1910), und aus dem ›Verlagsvorrat‹ kamen außerdem hinzu Bangs *Am Wege*, Strauß' *Engelwirt* und Nansens *Julies Tagebuch.* Fischer sorgte dafür, daß die Frauen, die vermutlich einen großen Teil der neuen Leserschicht ausmachten, gut bedacht wurden; in jeder Reihe waren, mit Gabriele Reuter angefangen, zwei oder drei Erzählerinnen vertreten und in der zweiten gleich zwei mit Originalausgaben – Ruth Waldstetter mit ihrem Erstlingsroman *Die Wahl* und Anny Demling mit *Oriol Heinrichs Frau* – sowie einer Ausgabe aus dem ›Vorrat‹. Denn der Frauenroman *Eva Sehring* von Hans von Kahlenberg, 1901 bereits in einer ›normalen‹ Ausgabe erschienen, hatte ebenfalls eine Frau zur Autorin: Hans von Kahlenberg war das Pseudonym von Helene Keßler, geb. von Monbart. Auch Felix Salten hatte nichts dagegen, seinen kleinen Roman *Olga Wohlgemuth* (sein fünftes Buch bei Fischer) der Romanbibliothek als Erstausgabe zu übergeben.

Norbert Jacques, der mit seinem zweiten Roman *Der Hafen* in der Romanbibliothek erschien, war eine literarische Neuentdeckung, auf die Fischer einige Hoffnung setzte. Der damals neunundzwanzigjährige gebürtige Luxemburger war ein lebensvoller, farbenfreudig-überschwenglicher Schwarmgeist, der mit dem von ihm verehrten Emil Strauß das Brasilienerlebnis und mit Kellermann das Reisefieber und die Weltsehnsucht gemeinsam hatte. Jacques hat seine Anfänge selbst geschildert:

Ich begann zu schreiben und erinnerte mich an den Tag, an welchem ich zum erstenmal eine der seligen Inseln des Südens gesehen, erfüllt von der Süße einer Üppigkeit, welche das Leben leichter, und einer Farbigkeit, welche es reicher machte. So kam ich auf den Titel und die Bezugnahme ›Funchal‹ als einer Vision der Sehnsucht in der einödigen Graugrüne des Skagerrak... Ich schrieb, als ob es Wein und Rausch für mich sei... Im Mai war ich wieder im Schweizer Dorf am See. Im Sommer druckte die ›Frankfurter Zeitung‹ den kleinen Roman ab...

Im September kam ein Brief »wie ihn damals jeder junge Schriftsteller in Deutschland ersehnte«:

Sehr geehrter Herr Jacques, es freut mich, Ihnen mitteilen zu können, daß ich Ihren Roman ›Funchal‹ für meinen Verlag mit Vergnügen akzeptiere. Ich habe Ihr Buch gelesen und an der farbigen Poesie Ihrer Erzählung viel Freude gehabt. Hätten Sie nicht beschlossen, das herrliche braune Mädchen im Sturm untergehen zu lassen, so wäre der Eindruck reiner und voller gewesen. Aber ich hoffe, daß Ihr Märchen auch so dem Leser zu Herzen gehen wird. Der Schluß ist wieder so schön und stark, daß es mir fast leid täte, wenn er durch eine andere führende Handlung verlorengegangen wäre ...

Norbert Jacques erschien schon Ende 1908 mit einigen Reiseschilderungen in der ›Neuen Rundschau‹, und im Februar 1909 kam mit *Funchal* sein erstes Buch bei Fischer heraus. Nun ging es dem Autor so, wie es manchem vor ihm beim Eintritt in die Verlagsfamilie ergangen war: er trat in einen neuen, größeren, bedeutungsvolleren Zusammenhang – »Ein Sommer voller neuer Menschen kam«. Die ›Rundschau‹ brachte zwei Erzählungen; der zweite Roman *Der Hafen* erschien. Und dann – »Morgenrot seh' ich unendlich quellen« – begannen die großen Reisen.

Schließlich brachte die zweite Jahresreihe noch zwei Skandinavier, beide in Deutschland nicht mehr unbekannt. Der Norweger Johan Bojer, dessen Roman *Unser Reich* die Folge beschloß, war ein solider, fesselnder Erzähler ohne sonderlichen Anspruch, der merkwürdigerweise im Ausland viel erfolgreicher war als in seiner Heimat. Fischer brachte anschließend in normalen Ausgaben noch seine Romane *Leben* (1913) und *Ein Mann des Volkes* (1915), verzichtete aber dann auf ihn, ehe Bojer 1921 mit *Die letzten Wikinger* einen Welterfolg erzielte. In der Romanbibliothek ›zündete‹ er nicht. Wohl aber zündete der andere. Am 24. November 1908 schrieb Fischer an Nansen:

Die Novelle von Laurids Bruun ›Heimwärts‹ habe ich wohl durch Ihre Vermittlung bekommen? Ich finde die Novelle sehr gut und bin prinzipiell bereit, sie zu erwerben. Vielleicht haben Sie die Güte zu veranlassen, daß mir Laurids Bruun seine Honorarbedingungen mitteilt.

Die Novelle mußte fast ein Jahr warten, bis sie schließlich in den drei letzten Heften der ›Neuen Rundschau‹ des Jahrgangs 1909 erscheinen konnte. Drei Monate später war ihr Verfasser in Deutschland berühmt.

DIE ERSTEN BESTSELLER

Der Däne Laurids Bruun, 1864 geboren, hatte in jungen Jahren als Einkäufer für das Handelshaus seines Onkels in Batavia gearbeitet und anschließend in den neunziger Jahren ausgedehnte Reisen durch

Europa, den Nahen und Fernen Osten und die Südsee unternommen. Um die Jahrhundertwende begann er zu schreiben und war nach einer Anzahl neuromantischer Romane (von denen fünf in den Jahren 1904 bis 1908 bereits in anderen deutschen Verlagen erschienen) auf eine glänzende Idee verfallen: er erfand einen europamüden holländischen Südseekaufmann namens Pieter Adrian van Zanten, der angeblich unter Hinterlassung einer großen Anzahl unterschiedlicher Manuskripte, Romane, Erzählungen, autobiographischer Aufzeichnungen aus der exotischen Südseewelt 1904 in Paris gestorben war. Diese Arbeiten gab sein Freund Laurids Bruun (vorgeblich redigiert und in ihrer phantasievollen ›natürlichen‹ erotischen Ungebundenheit und ihrem Überschwang gebührlich gedämpft) nun heraus. Es war ein vortrefflicher Kniff. *Van Zantens Glückliche Zeit. Ein Liebesroman von der Insel Pelli. Herausgegeben von Laurids Bruun,* der im März in Fischers Romanbibliothek erschien, war vom ersten Augenblick ein Erfolg. Es war keine ›große‹ Literatur, aber ein bezauberndes, wehmütig-beseligendes, mit einem skurrilen Humor durchschossenes kleines Buch, der Mann Van Zanten eine so unverwechselbare Figur, das Ganze mit so sicherer, leichter Hand knapp und sparsam hingesetzt, daß es (trotz der ein wenig schwerfällig-ungelenken Übersetzung von Julia Koppel) das neue Leserpublikum im Sturm eroberte.

Fischer druckte eine Neuauflage nach der anderen, in diesem Jahr, im nächsten Jahr, buchstäblich Jahrzehnte lang. Die Romanbibliothek hatte ihren ersten Bestseller; für viele Menschen wurde sie geradezu gleichbedeutend mit den ›Van Zanten-Romanen‹. Denn Laurids Bruun konnte seinen Erfolg ausbeuten; sein Freund Van Zanten hatte ihm so viele Manuskripte hinterlassen, daß die Herausgeberarbeit (und an dieser Fiktion hielt Bruun wohlweislich fest) sich jahrelang fortsetzen ließ. In der dritten Reihe der Romanbibliothek erschien *Van Zantens Insel der Verheißung*, und der Erfolg wiederholte sich. Es folgten (zum Teil nicht mehr in der Romanbibliothek, sondern in ›richtigen‹ Ausgaben) *Vom Bosporus bis zu Van Zantens Insel* (1914), *Die freudlose Witwe* (1915), die Erzählungen *Heimwärts* (1916), der Novellenband *Van Zantens Abenteuer* (1926) und *Die Zwillinge* (1927). Dann war es offenbar genug. Die beiden letzten ›Van-Zanten‹-Bücher (1928 und 1930) erschienen anderwärts. Aber die beiden ersten lebten ein halbes Jahrhundert lang, leben bis heute. 1924 brachte Fischer sie zum 60. Geburtstag des Autors zusammen in einer Kassette, 1933 abermals zusammen in einer neuerlichen Sonderausgabe heraus, und sogar 1952 erschien nochmals eine Neuausgabe.

Das zweite ›Van-Zanten‹-Buch in der dritten Jahresreihe hatte jedoch einen Rivalen. Fischer hatte Kellermanns noch wenig bekannten Erst-

ling *Yester und Li* übernommen und neu herausgebracht, und dieses Buch brachte in seiner neuen Gestalt Kellermann jetzt eine Gemeinde junger Leser, die weit über jene hinausgriff, für die bereits *Ingeborg* das Buch der Jugend schlechthin geworden war. Jetzt war die Romanbibliothek wirklich in voller Fahrt. Hamsuns *Redakteur Lynge*, Wassermanns *Der niegeküßte Mund*, Björnsons *Mary* (alle drei von Langen übernommen), auch Felix Hollaenders *Das letzte Glück*, Hermann Bahrs *Theater* und zwei Romane von Gabriele Reuter und Sophie Hoechstetter, die aus dem Verlagsvorrat stammten – alle erhielten eine neue Lebensspanne und wurden mitgezogen zu Erfolgsauflagen, denen man ihre bescheidenen Anfänge nicht ansah.
Fischer ging durchaus systematisch vor. Was er für Fontane tat, das tat er auch für einige andere, denen bisher die breite Wirkung versagt geblieben war. Er brachte in jeder Jahresreihe ein Buch von Bang, er legte einen Schaffner nach dem anderen neu vor, er verschaffte nach dem *Engelwirt* auch Emil Strauß' *Kreuzungen* einen breiten Erfolg. In der vierten Jahresreihe kam Friedrich Huch mit *Geschwister* an die Reihe und wurde mit *Mao* und *Wandlungen* fortgesetzt, das gleiche geschah für Eduard von Keyserlings Bücher, und auch Geijerstam wurde mit einem Werk nach dem anderen ›hervorgeholt‹. In der vierten Reihe (1911/1912) tauchte unversehens ein großer alter Meister wieder auf, Tolstois *Chadschi Murat* in August Scholz' schöner Übersetzung, und auch Hartleben kam mit *Die Serenyi*, einem vergessenen Novellenband aus dem Jahr 1891, den Fischer schon damals aus einem anderen Verlag übernommen hatte, wieder hervor. Und schließlich gelang es Fischer in dieser Jahresreihe, auch Schnitzler zu gewinnen, der ebenso wie Hesse anfangs gezögert hatte.
In einem Brief vom 10. Mai 1911 rechnete Fischer ihm vor, daß der zehn Jahre zuvor erschienene Roman *Frau Berta Garlan*, der inzwischen die siebente Auflage erreicht hatte, »in den letzten Jahren durschnittlich 3–400 Exemplare verkauft« habe, was dem Autor pro Jahr eine Tantieme von 300 Mark aus der ›normalen‹ Ausgabe brachte. In der Romanbibliothek werde er eine erste Auflage von 15 000 Exemplaren und »in 3–4 Jahren weitere 10 000« drucken, und das, erklärte Fischer, »bringt die gleiche Rente ein«. Mit anderen Worten: dieses Buch hatte sich ›ausgelaufen‹. Um die gleiche Zeit drängte Nansen darauf, Fischer möge seinen Roman *Gottesfriede* in die Romanbibliothek aufnehmen. Dieses Buch, erstmals 1895 erschienen, stand inzwischen im 14. Tausend, und Fischer meinte am 23. November 1911: »... ich weiß nicht recht, ob wir das Buch nächstes Jahr in die Bibliothek schon aufnehmen sollten, denn wir verkaufen noch immer 5–600 Exemplare pro Jahr in der alten Ausgabe zu 3 Mark, und

nächstes Jahr müßten wir eine neue Auflage drucken.« Tatsächlich unterblieb die billige Ausgabe. Der Vergleich ist interessant; auch Schnitzlers Roman kostete in der ›alten Ausgabe‹ 3 Mark; bei einem durchschnittlichen Jahresabsatz von 300–400 Exemplaren lohnte sich die billige Ausgabe für den Autor (und Verleger), bei 500–600 Exemplaren lohnte sie sich (noch) nicht. Oder wie Fischer am 22. Januar 1912 an Schnitzler schrieb:

Ich nehme in meine Bibliothek nur die Bücher auf, deren Absatz ziffernmäßig so zurückgegangen ist, daß die Aufnahme in die Bibliothek einen Vorteil bedeutet... Ich verspreche mir von ›Berta Garlan‹ in meiner Bibliothek einen sehr großen Erfolg. Ich drucke 20 000 Exemplare, und ich bin sicher, daß ich gerade von diesem Buch mehr verkaufen werde wie von einem anderen in meiner Sammlung.

Schnitzler war einverstanden; das Buch erschien als 9. Band der vierten Reihe im Juni 1912 und Fischer erwarb auch für die Reihe 1914/1915 noch die im Wiener Verlag erschienenen Novellen *Die griechische Tänzerin.*

Aber diesmal irrte Fischer sich. Die Schnitzler-Bücher konnten in der Romanbibliothek den Wettlauf mit ›Van-Zanten‹, Kellermann und dem neuesten Bestseller nicht gewinnen. Der letzte Band der vierten Reihe war wieder eine ›Entdeckung‹. Der ungemein witzige und komische Roman *Die Reise des Herrn Sebastian Wenzel* war der Erstling der damals vierunddreißigjährigen Berlinerin Alice Berend, die mit ihm in der Romanbibliothek ›Premiere‹ und sogleich einen durchschlagenden Serienerfolg hatte. In der nächsten Reihe, in der Fischer unter anderem Hermann Stehr mit *Leonore Griebel* und dem vorzüglichen Martin Beradt mit seinem erstmals 1908 erschienenen Roman *Go* einen neuen Antrieb gab, erzielte Alice Berend mit ihrem zweiten Roman *Frau Hempels Tochter* einen noch größeren Erfolg. Zwei Monate später – zugleich mit dem Ausbruch des Ersten Weltkrieges – hatte sie ihren dritten und allergrößten Erfolg mit *Die Bräutigame der Babette Bomberling.*

DER ERFOLG IN ZAHLEN

Der Krieg rückte das billige Buch in eine veränderte Stellung und wies ihm neue Aufgaben zu. Inzwischen wäre es interessant zu wissen, welche Breitenwirkung Fischer mit der Romanbibliothek während der ersten sechs Jahre, bis zum Kriegsausbruch, unter normalen Kalkulations- und Verkaufsbedingungen erzielte. Doch sind die erhaltenen Unterlagen hierfür mehr als lückenhaft. Die nachstehend aufgeführten Auflageziffern beziehen sich auf den Stand um die Mitte der zwanziger Jahre, als das Unternehmen bereits seit mehr als anderthalb Jahrzehnten bestand. Aber sie geben immerhin einen Begriff, und da in die Aufstellung nur diejenigen Titel aufgenommen sind, die während der ersten sechs Jahre erschienen, läßt sich aus ihr ersehen, welche Titel aus den Anlaufsjahren sich über den Ersten Weltkrieg hinaus fünfzehn Jahre lang zu halten vermochten:

Laurids Bruun, *Van Zantens Glückliche Zeit*	251 000
Alice Berend, *Die Bräutigame der Babette Bomberling*	200 000
Laurids Bruun, *Van Zantens Insel der Verheißung*	191 000
Bernhard Kellermann, *Yester und Li*	183 000
Theodor Fontane, *Irrungen, Wirrungen*	158 000
Hermann Hesse, *Unterm Rad*	149 000
Theodor Fontane, *Frau Jenny Treibel*	147 000
Alice Berend, *Frau Hempels Tochter*	142 000
Theodor Fontane, *L'Adultera*	134 000
Alice Berend, *Die Reise des Herrn Sebastian Wenzel*	129 000
Theodor Fontane, *Cecile*	123 000
Thomas Mann, *Der kleine Herr Friedemann*	107 000
Laurids Bruun, *Die freudlose Witwe*	101 000
Arthur Schnitzler, *Frau Berta Garlan*	87 000
Jonas Lie, *Eine Ehe*	87 000
Jonas Lie, *Auf Irrwegen*	87 000
Jakob Wassermann, *Der niegeküßte Mund*	82 000
Björnstjerne Björnson, *Mary*	79 000
Peter Nansen, *Julies Tagebuch*	76 000
Herman Bang, *Am Wege*	75 000
Selma Lagerlöf, *Herrn Arnes Schatz*	75 000
Thomas Mann, *Das Wunderkind*	75 000
Friedrich Huch, *Geschwister*	75 000
Herman Bang, *Die vier Teufel*	71 000
Gustaf af Geijerstam, *Thora*	69 000
Felix Hollaender, *Das letzte Glück*	69 000
Eduard von Keyserling, *Beate und Mareile*	68 000
Arthur Schnitzler, *Die griechische Tänzerin*	65 000
Gabriele Reuter, *Ellen von der Weiden*	65 000
Emil Strauß, *Der Engelwirt*	63 000
Emil Strauß, *Kreuzungen*	62 000
Otto Erich Hartleben, *Die Serenyi*	61 000
Emil Lucka, *Isolde Weißhand*	58 000
Gustaf af Geijerstam, *Frauenmacht*	57 000
Friedrich Huch, *Mao*	52 000
Gabriele Reuter, *Frauenseelen*	48 000
Leo Tolstoi, *Chadschi Murat*	48 000

Von den insgesamt 72 Bänden der ersten sechs Jahresreihen der Romanbibliothek (bis 1914) waren mithin 37 Titel, also die Hälfte, fünfzehn Jahre später noch ›am Leben‹; nur die knappe Hälfte hatte in dieser Zeit auch in der neuen Leserschaft ihren Umlaufskreis abgeschlossen und war inzwischen nicht neu aufgelegt worden. Noch bedeutsamer an diesem Erfolg waren jedoch nicht die selbst für heutige Taschenbuchbegriffe hohen Spitzenauflagen der Bruun und Berend, die dem ganzen Unternehmen zweifellos eine überaus kräftige wirtschaftliche Grundlage gaben, sondern die Tatsache, daß die große Mehrzahl dieser Werke in ihren Originalausgaben nicht über das achte Tausend hinausgelangt und viele beim dritten oder vierten Tausend stehengeblieben waren. Daß Fontane mit jedem Buch weit über 100 000 Exemplare erzielte, daß Fischers ›Sorgenkinder‹, die abseitigen, bisher nur einem kleinen Kreis bekannten Bang, Strauß, Huch und Keyserling jetzt ein Vielfaches ihrer bisherigen Auflagen erzielten — das war für Fischer zweifellos die schönste Bestätigung der Zweckmäßigkeit dieses neuen verlegerischen Bestrebens.

WIDERHALL UND WIDRIGKEITEN

Welchen Widerhall fand dieses Bestreben in der übrigen deutschen Verlagswelt? Fischer war nicht der erste gewesen, er hatte das billige Buch nicht erfunden. Aber er war als erster deutscher Verleger mit dem billigen Buch aus dem bisherigen Bereich der reinen Unterhaltungsliteratur in das Gebiet literarischen Anspruchs eingedrungen; er hatte als erster, sowohl nach Inhalt wie nach äußerer Form, Qualitäts- und Wertmaßstäbe gesetzt. Was sagten die Zeitgenossen und Berufskollegen dazu? In München gab seit 1909 der vorzügliche bibliophile Verleger Hans von Weber eine »Zeitschrift von Büchern und anderen Dingen« heraus, die nach dem Buchdruckerfachausdruck für einen ungeordneten Haufen Buchstaben aus den verschiedensten Schriften ›Der Zwiebelfisch‹ hieß. Diese witzige und gewitzte Zweimonatsschrift, die beherzt alle ›Kulturfragen‹ aufgriff und, lobend wie tadelnd, kein Blatt vor den Mund nahm, befaßte sich in den zwei letzten Heften des Jahrgangs 1912 mit dem Thema »Billige Bücher«. Dort hieß es:

In der Buchausstattung sind wir endlich an einem Ziele angelangt, das zu erreichen wir noch vor fünf Jahren nicht zu hoffen wagten... Vor zehn Jahren war noch die ›Bibliothek Langen‹ eine ›künstlerische Tat‹ und schon vor fünf Jahren gab Reclam seinen allzu kompressen Satz, seine allzu dürftigen Einbände, sein Holzpapier auf und paßte sie diesen strengeren Forderungen an. Heute aber wetteifern bereits eine ganze Reihe unserer besten modernen Verlage in der Herstellung wertvoller Bücher, die trotz guter, oft sogar hervorragend guter Ausstattung infolge ihrer hohen Auflagen zu billigem und billigsten Preisen erscheinen und auch den weniger Bemittelten die Anschaffung einer nicht nur inhaltlich gediegenen, sondern auch äußerlich schönen Bücherei ermöglichen...

Schon ihrem literarischen Werte nach standen die Romane des Verlages S. Fischer in erster Reihe. Ein Teil davon wird schon seit Jahrzehnten [!] in seiner kleinen ›Bibliothek zeitgenössischer Romane‹ zu dem überaus billigen Preise von je M. 1,– neu herausgegeben. Wer die hohen Honorare kennt, die gerade heute Autoren von so hohem Rang zu erhalten pflegen und die Abneigung des Publikums gegen Bücher von rein literarischem Werte, wird die große verlegerische Tat, bei der jeder Kompromiß an den Massengeschmack stolz vermieden ist, zu würdigen wissen... Kenner des Verlagswesens wissen es, welch beispielloser Wagemut und welch bedeutendes Kapital zu einem solchen durch gutes Material und hohe Honorare stark belasteten Unternehmen gehören. Wer solches unternimmt, erwirbt sich um die Geistesbildung seines Volkes ein größeres Verdienst als zehn Bethmann und zwanzig Hollweg. In dieser erlesenen Sammlung erschien bisher nicht ein Werk, dessen bleibender Wert nicht erwiesen wäre oder wenigstens allen Kennern erwiesen schiene. Eine solche wahrhaft nationale Tat stets und überall zu unterstützen, ist Pflicht jedes intelligenten Deutschen, sie zu stören, ist Vandalismus.

Andere Sammlungen sind gefolgt, so die Unternehmungen des Inselverlags, insbesondere dessen Romanausgaben und die Inselbücherei...

Anton Kippenberg hatte, von ähnlichen Überlegungen wie Fischer ausgehend, etwa um die gleiche Zeit ähnliche Unternehmungen ins Werk gesetzt. 1907 hatte er als ersten Versuch des Insel-Verlags die sogenannten »Zwei-Mark-Bände« herausgebracht, einfache, solide Pappbände, die sich zu einer repräsentablen Hausbücherei zusammenfügten. 1911 hatte er die ebenfalls auf Preiswürdigkeit und weite Verbreitung angelegte ›Bibliothek der Romane‹ ins Leben gerufen. Im Jahr darauf gelang ihm mit seinem dritten Versuch einer billigen, literarisch und buchkünstlerisch erstklassigen Buchserie der große Wurf. Anfang Juni 1912 erschienen die ersten zwölf Bändchen der schmucken ›Insel-Bücherei‹, zum Preis von fünfzig Pfennig, deren erstes Rilkes *Cornet*, deren achtes Hofmannsthals *Der Tod des Tizian* war. Diesen ›Inselbüchern‹ war vom ersten Tag an ein beispielloser Erfolg beschieden. Aber sie waren für Fischers Romanbibliothek keine Konkurrenz, sie bestellten ein anderes Feld. Ihre erste Ankündigung vom Mai 1912 erklärte bündig, die ›Insel-Bücherei‹ bezwecke nicht, »mit bestehenden verdienstvollen Sammlungen in Wettbewerb zu treten«; vielmehr solle sie

unsere gesamte Verlagstätigkeit wiederspiegeln. Sie soll kleinere Werke – Novellen, Gedichtgruppen, Essays, dramatische Dichtungen, Reden, Volksbücher – enthalten, die urheberrechtlich geschützt oder durch die Art der Bearbeitung oder Übertragung unser Eigentum sind, sodann Werke aus früherer Zeit, die zu Unrecht in Vergessenheit geraten sind oder denen wir eine besondere aktuelle Wirkung zu geben beabsichtigen...

Dieses Rezept wurde nicht allzu strikt befolgt und ließ Ausnahmen zu. In der Folge erschienen zuweilen auch Autoren aus Fischers ›Vorrat‹ in der ›Insel-Bücherei‹, so mehrere Erzählungen Björnsons und vor allem eine Anzahl Romane von Fontane, die sich sogar nach ihren hohen Auflagen in Fischers Romanbibliothek nach dem Ersten Weltkrieg in der ›Insel-Bücherei‹ nochmals eine neue Leserwelt eroberten. Doch machte Fischer hier feine Unterschiede. So heißt es im Kriegsjahr 1917 einmal in einem seiner Briefe an Ida Dehmel:

Wenn ich mich einmal gegen ein Bändchen Gedichte von Dehmel in der Inselbücherei ausgesprochen habe, so geschah es gewiß nicht nur in egoistisch-verlegerischem Interesse, sondern in der guten Absicht, das Werk Dehmels vor oberflächlichster Kosthappengenäschigkeit zu schützen. Das richtet sich aber durchaus nicht gegen Kippenberg, dessen Bücherei sehr viel Verdienstvolles bringt, sondern gegen das Publikum. Dagegen kann ich mich herzlich gern damit einverstanden erklären, wenn das geschlossene Büchlein mit 30 Kriegsgedichten dort herauskommt.

Doch dies alles waren Ausnahmen. Eine wirkliche Konkurrenz kam aus dem Berliner Zeitungsviertel, und sie bereitete Fischer jahrelang viele Widrigkeiten.

Der Verlag stand mit den ›großen Drei‹ der Kochstraße, mit Mosse, Scherl und Ullstein im allgemeinen in gutem Einvernehmen. Scherls Tageszeitung ›Der Tag‹, wegen ihres rotgedruckten Zeitungskopfes allgemein der »rote Tag« genannt, obwohl sie politisch alles andere als ›rot‹ war, hatte einen Feuilletonteil von Niveau, an dem viele von Fischers Autoren, unter ihnen Kerr und Hofmannsthal, regelmäßig mitarbeiteten. Auch mit August Scherls ›Lies dich empor‹-Bibliothek ließ sich auskommen; sie strebte nach ›Höherem‹ und bestellte beispielsweise im Mai 1909 eine Sonderauflage von 5000 Exemplaren von Hesses *Peter Camenzind* (allerdings zu einem Rabatt von 60 Prozent, weshalb Hesse sich mit einem Honorar von 5 Prozent zufriedengeben mußte), aber diese Bücher durften im Rahmen der Scherl-Bibliothek nur verliehen, nicht verkauft werden. Auch mit Mosses ›Berliner Tageblatt‹ bestand gute Zusammenarbeit. Fischer konnte häufig Romane seiner Autoren zu guten Honoraren im Vorabdruck dort placieren, und viele seiner Autoren waren hochgeschätzte Mitarbeiter des anspruchsvollen Feuilletons der Zeitung. Mosses ›Kronenbücher‹ störten Fischer nicht; dieser Versuch einer billigen Serie von Unterhaltungsromanen war unansehnlich und schlief nach einiger Zeit von selbst wieder ein.

DAS BUCH ALS MARKENARTIKEL

Anders lagen die Dinge im Ullstein-Haus. Sobald dieser große, von den Nachfahren der Fürther Ullmanns geleitete Zeitungs- und Zeitschriftenverlag mit der Herausgabe billiger, massenproduzierter Buchserien begann, mußte Fischer sich trotz aller entfernten Verwandtschaftsbeziehungen seiner Haut wehren. Als er 1911 in seinem Aufsatz *Der Verleger und der Büchermarkt* vor der »Verelendung« des billigen Buches warnte und den Buchhandel aufrief, es davor zu schützen, daß es zum »Tummelplatz der Hintertreppenromantik« werde, konnte mit diesem Hinweis nur das ›Ullstein-Buch‹ gemeint sein. Diese Kämpfe liegen mehr als ein halbes Jahrhundert zurück, und der Chronist wird nicht zu befürchten brauchen, daß er persönliche Empfindlichkeiten verletzt, wenn er einiges Urkundliche zu ihnen beibringt. Die Polemik um das ›Ullstein-Buch‹ ist ein interessanter Teil der Geschichte des deutschen Verlagswesens, und Fischer griff energisch in sie ein. Denn es ging unter anderem um die Autoren seiner Verlagsfamilie.

Das ›Ullstein-Buch‹ begann nicht in Berlin, sondern in Edinburgh. Dort hatte das große Verlagshaus Thomas Nelson & Sons mit dem billigen Buchtyp Pionierarbeit geleistet. Es stellte seit 1900 in seiner ›Nelson's New Century Library‹ (seit 1905 ›Nelson's Classics‹) Nachdrucke beliebter englischer und französischer Klassiker in Massenauflagen und in ausgesprochen ›solider‹ Ausstattung her, die zum unerhört billigen Preis von einem englischen Shilling (damals gleich einer deutschen Mark) auf den internationalen Büchermarkt kamen. Der Erfolg dieser Shillingbücher brachte Nelson auf den Gedanken, ähnliche Serien auch in spanischer und deutscher Sprache herauszubringen. Nelsons Leistungsfähigkeit gründete sich darauf, daß der Verlag seinen ganzen eigenen Druckereibetrieb auf diesen einzigen Buchtyp eingerichtet hatte und mittels eigens für diesen Zweck konstruierter und in Würzburg fabrizierter Spezialmaschinen Bücher ›am laufenden Band‹ herstellen konnte. Franz Ullstein hatte im Mai 1909 (als die ersten sieben Bände von Fischers Romanbibliothek bereits erschienen waren und ihr Erfolg offenkundig war) gelegentlich einer Englandreise die Verbindung mit Nelson aufgenommen. Im Ullstein-Haus trug man sich seit einiger Zeit mit dem Gedanken der Herausgabe einer ähnlichen Serie, die vor allem Romane beliebter Unterhaltungsschriftsteller bringen sollte. Jetzt jedoch drohte Nelson nicht nur, auch den deutschen Markt mit billigen Büchern in deutscher Sprache zu überschwemmen, sondern wollte diese Bücher auch in Deutschland herstellen und hatte bei Ullstein angefragt, ob man diesen Druckauftrag übernehmen wolle. Genau das aber wollten und konnten die Ullsteins nicht. Sie drehten den Spieß um und erklärten, sie seien Verleger, keine Drucker; wenn aber Nelson bereit sei, Ullsteins billige Bücher bei sich in Edinburgh zu drucken, so werde man ihm einen Auftrag erteilen. Auf dieser Grundlage traf Franz Ullstein eine Vereinbarung, deren Frucht das ›Ullstein-Buch‹ war. Rudolf Ullstein berichtete über diese Anfänge:

Wir setzten die Bücher in Berlin, machten Matern davon und schickten die Matern nach Edinburgh. Nelson druckte die Bücher, fertigte den Einband an und verschiffte die gebundenen Bücher nach Berlin. Allerdings waren wir genötigt, von unseren ersten vier Ullstein-Büchern eine Anfangsauflage von je 30 000 Exemplaren in Auftrag zu geben ... und fürchteten, diese viermal 30 000 Ullstein-Bücher bestenfalls in zwei Jahren absetzen zu können. Aber das Gegenteil trat ein. Diese vier ersten Bücher waren innerhalb von 14 Tagen vollkommen ausverkauft ... Wir druckten hinfort von keinem Buch weniger als 50–60 000, und viele der Bücher kletterten auf 100 000 und darüber.

Die Anfangsauflage von 30 000 Exemplaren war, wie Fischers Romanbibliothek bereits gezeigt hatte, kein so »unerhörtes Unterfangen«, wie Rudolf Ullstein später meinte; aber der Dauererfolg ging über Fischers Möglichkeiten hinaus. Die ersten zehn ›Ullstein-Bücher‹ zu einer Mark, die 1910 erschienen, brachten neben der gediegenen Erzählerin Clara Viebig, die damals beliebten Unterhaltungsschriftsteller Rudolf Stratz, Georg von Ompteda, Heinz Tovote, Rudolf Herzog, Paul Oskar Höcker, Fedor von Zobeltitz; sie waren Neuauflagen älterer, bereits vergriffener Werke, und sie allein erzielten im Lauf der nächsten 15 Jahre eine Gesamtauflage von etwa 2³/₄ Millionen Exemplaren. Hinter ihnen stand ein außerordentlicher Propaganda-Aufwand mit Anzeigen und Plakaten »Ullstein-Bücher – Eine Mark!«, der das ›Ullstein-Buch‹ ganz zielbewußt zu einem Markenartikel machte; kein herkömmlicher Buchverlag konnte sich solche Werbekosten gestatten.

Der ›Zwiebelfisch‹ fiel alsbald über dieses Unternehmen her und zerzauste es in einem Artikel ›*Ullstein Ramsch & Co.*‹ im Dezemberheft 1912 erbarmungslos. Er erklärte, die ›Ullstein-Bücher‹ seien nicht nur schundig hergestellt, also »Ramsch«, sondern zum Teil gar nicht die Originalromane, vielmehr »gestrichen, zerfetzt, gemindert, daß es nur eine Art hat, dabei offenbar in einiger Eile, nur auf das Kommando hin, das Buch durch eine geringere Bogenzahl in das Prokrustesbett der Kalkulation einzuzwängen«, ohne daß diese Bearbeitung mitgeteilt werde, also »Humbug«, regelrechter Betrug am Käufer und Leser.

Die beispiellose Hochflut der Ullsteinbücher droht tatsächlich, auf der ganzen Linie einen traurigen Sieg erfechtend, die Bestrebungen der erwähnten Pioniere einer höheren Kultur zu überfluten und die so freudig von allen wahren Volksfreunden begrüßte junge Saat im Keime zu ersticken ...

Äußerlich scheinen sie sogar an Gefälligkeit und Qualität um Ebenbürtigkeit mit den wertvolleren Unternehmungen zu ringen... Innen aber schlummert die bekannte, für jede Entwicklung als Schlafmittel so gefährliche Mittelware, die dem künstlich immer noch niedergehaltenen Geschmack des geistigen Mittelstandes entspricht. Natürlich findet sich als Aufputz auch einiges bessere, etwas Viebig, etwas Maupassant...

Fischer druckte hinfort (erstmals 1911) in seinem Verlagsprospekt den zurückhaltenden, aber dezidierten Satz:

Die wertvollen Romane erster Autoren, die unsere Bibliothek bringt, sind bei der gediegenen und geschmackvollen Ausstattung und bei dem Preis von 1 Mark für den einzelnen Band jeder Konkurrenz überlegen.

Gewiß, außer Clara Viebig wäre keiner der Autoren der ersten zehn ›Ullstein-Bücher‹ für Fischers ›Bibliothek zeitgenössischer Romane‹ überhaupt in Betracht gekommen. Aber um das »Bessere«, den »Aufputz« heranzuziehen, mußte Ullstein versuchen, ins Gehege der literarischen Verlage einzudringen. Denn anders als Langen, Fischer, die Insel, besaß dieser Verlag ja keinen Vorrat an literarischer Eigenproduktion. Schon der Erwerb der zugkräftigen Unterhaltungsschriftsteller war, wie der Verlagsleiter Emil Herz in seinen Erinnerungen erzählt, nicht einfach gewesen:

Wir hatten beträchtliche Schwierigkeiten zu überwinden, um sie für die neue Sammlung zu gewinnen, denn sie waren ihren bisherigen Verlegern auf Grund ihrer bestehenden Verträge mit ihrer gesamten Produktion verpflichtet, und diese Verleger bestanden unnachgiebig auf ihrem Alleinrecht. Alles, was wir damals erreichen konnten, war die Genehmigung zum Nachdruck einiger älterer, zum Teil vergriffener Werke.

Doch die »garantierten hohen Auflagen« taten ihre Wirkung. »Bald waren es die Autoren, die ihre Verleger zur Freigabe ihrer Werke drängten.« Sie drängten auch Fischer, dessen ›Vorrat‹ einiges zu bieten hatte, das als »Aufputz« geeignet schien. In zwei Fällen ist sein zäher Abwehrkampf belegt; doch dürfte er ihn noch in zahlreichen anderen geführt haben. Im Januar 1912 fragte Schnitzler an, ob Fischer eine Auswahl von Novellen freigeben wolle. Fischer antwortete:

Eine Auswahl Ihrer Novellen für die Ullstein-Bibliothek würde eine große Schädigung der Einzelausgaben Ihrer Novellen nach sich ziehen. Sie müssen sich doch selbst sagen, daß sich die Leute, die für eine Mark eine Auswahl haben können, in den meisten Fällen damit begnügen. Das Honorar, das Sie von Ullstein bekommen würden, würde mit der Zeit reichlich aufgewogen werden durch den Gewinn, der Ihnen aus den Einzelausgaben entstehen würde. Was Ihnen auch die Vertreter Ullsteins sagen mögen, die Sache ist so, wie ich sie darstelle. Würde ich nicht selbst diese Bedenken haben, so wäre es ja naheliegend genug, für meine Bibliothek solche Auswahlbände herzustellen...

Fünf Jahre später, am 18. Januar 1917, als Schnitzler anfragte, ob nicht die Tantieme für seine in der Romanbibliothek erschienenen Bücher erhöht werden könnte, antwortete Fischer:

Ein höheres Honorar wie 10 Prozent ist für diese äußerlich billige Sammlung, die den Sortimentsbuchhandlungen mit 55–60 Pf geliefert wird, überhaupt nicht möglich... Ich glaube nicht, ob irgendein Verleger Ihnen mehr wie 10 Prozent für eine solche Sammlung bezahlen kann. Vom Verlag Ullstein, der meine Bibliothek nachgemacht hat und der die trivialste Unterhaltungsliteratur in größeren Auflagen absetzen kann, ist mir erzählt worden, daß er nur eine Tantieme von 6–7 Prozent bezahlt...

Auch an Hermann Hesse trat die Ullstein-Versuchung heran. Hier ging es um den Roman *Gertrud*, der vereinzelt bei Langen erschienen war und den Ullstein im Juli 1912 zu erwerben versuchte. Fischer hatte seinerzeit sehr ungern auf dieses Buch verzichtet und hoffte noch immer, es eines Tages an sich bringen zu können. Hesse scheint dem ersten Ullstein-Angebot widerstanden zu haben, denn am 29. Juli 1912 schrieb ihm Fischer,

daß mich Ihr freundliches Entgegenkommen in Sachen der Ullstein-Verlockungen nicht nur der Sache wegen freut, daß ich vielmehr diese Rücksichtnahme als ein Zeichen guter Gesinnung gegen mich besonders dankbar empfinde.

Ein Jahr später unternahm Ullstein einen neuen Vorstoß wegen *Gertrud*. Diesmal geriet Hesse ernstlich ins Schwanken, und Fischer beauftragte Heimann, ihm mit allem Nachdruck den Standpunkt des Verlags klarzumachen. Heimann schrieb am 25. September 1913:

Was ich Ihnen nun zu schreiben habe, beruht auf meiner Besprechung mit Herrn Fischer, entspricht aber auch meiner persönlichen Meinung vollständig, und speziell aus dem letzteren Grund bitte ich es diskret zu behandeln.

Ich meine, daß die Schriftsteller sich über die eigentümliche Stellung des Verlages in unserer geistigen Ökonomie so klar werden sollten, daß sie ihre Entschließung nicht von Fall zu Fall, sondern prinzipiell treffen können. Es wäre also zwischen einem Verlag und einem rein buchindustriellen Unternehmen strengstens zu unterscheiden. In unserem, dem vorliegenden Falle wird man Ullstein, ohne ihm zu nahe zu treten, zu den industriellen Unternehmungen rechnen müssen. Sehen wir seine Publikationen an, so bleibt fast nichts als das ganz gewöhnliche Lesefutter, und es braucht die paar vorzüglichen Werke und Namen nur zur Aufputzung. Wer also an dieser Aufputzung hilft, unterstützt ein Unternehmen, das, selbstverständlich ohne den geringsten persönlichen üblen Willen, von selbst, vermöge seiner ganzen Anlage, dem echten Verlag, der es sich von selbst schon nicht leicht macht, Schwierigkeiten bereitet. Nun wäre freilich zu erwägen, ob der Vorteil, den die Verbreitung Ihrer sonstigen Schriften durch die Veröffentlichung eines Buches bei Ullstein haben könnte, nicht so sehr ins Gewicht fiele, daß man andere Erwägungen zurückstellen müßte. Das aber glaubt Herr Fischer und glaube ich, ist nicht der Fall. Die Bücher in der Ullsteinschen Bibliothek werden fast anonym gekauft (was eigentlich der obigen Theorie des Aufputzens widersprechen sollte, – aber doch mit ihr, wie es nun schon bei Geschäften ist, gut zusammen geht). Die Erfahrungen darüber haben auch wir gemacht. Sie hätten also von der Veröffentlichung der ›Gertrud‹ bei Ullstein nur den einen Vorteil, den diese Veröffentlichung, unmittelbar, in sich, mit sich bringt. Bei dem besonderen Verhältnis des Fischerschen Verlages zu Ihnen genügt ihm dieser Vorteil nicht, Sie ein Unternehmen unterstützen zu sehen, gegen das unsere Publikationen sich aufstellen. Und so wünscht denn Herr Fischer die ›Gertrud‹, wenn Sie aufs neue darüber verfügen, in *unserer* Bibliothek . . .

Das war deutlich genug, aber Hesse war ein eigensinniger Mann – »Eigensinn macht Spaß«, sagte er einmal –, er hatte es nicht gern, in seiner Bewegungs- und Entschlußfreiheit behindert zu werden, und machte jetzt rein verlagsrechtliche Gesichtspunkte geltend. Sein Brief ist nicht erhalten, läßt sich aber aus Fischers Antwort vom 7. Oktober 1913 herauslesen:

. . . an die juristische Seite der Sache habe ich bisher nicht gedacht, weil ich annehme, daß es zu einer solchen Erörterung nicht zu kommen braucht. Soll die Frage auch von dieser Seite betrachtet werden, so ließe sich etwa sagen, daß das in Frage stehende Werk Ihnen für Albert Langen freigegeben wurde, daß wir aber vor einer neuen Frage stehen, wenn Sie über das Werk von neuem für einen anderen Verlag zu verfügen haben. Wohl aber habe ich an die moralische Seite der Frage gedacht, nicht nur im allgemein kulturellen Sinne, so weit der Verlag Ullstein dabei in Betracht kommt, sondern an die moralische Verpflichtung meinem Verlag gegenüber, wie sie sich aus dem Verlauf unserer bisherigen Verbindung ergibt.

Fischer erinnerte Hesse nun daran, daß er von ihm bisher abgesehen von seinen Tantiemen insgesamt 17 680 Mark »als eine Art Prämie« erhalten habe, »um meinem Verlag Ihre Produktion auf eine gewisse Zeit zu sichern«, und fährt fort:

Ich meine, daß sich daraus eine Verpflichtung zunächst moralischer Art ergibt und daß es Sie nicht weiter stören dürfte, wenn die Ihnen gewährten Vorteile im gegebenen Augenblick notwendiger Weise auch eine Schwankung zu Ihren Ungunsten nach sich ziehen . . . Lassen Sie mich freundlichst wissen, was Ullstein Ihnen und Langen für ›Gertrud‹ geboten hat, ich will versuchen, Ihnen einen annehmbaren Vorschlag zu machen . . .

Ullstein bekam *Gertrud* nicht. Aber auch Fischer bekam sie nicht. Denn Langen gab das Werk nicht frei. Aber Fischers und Heimanns Argumente dürften auf Hesse nicht ohne Eindruck geblieben sein. Im Jahr darauf übergab er Fischer als Originalausgabe für die Romanbibliothek seinen *Knulp*, den mancher für sein schönstes und gelungenstes Werk hält. Er erschien im Juli 1915 und brachte es auf 175 000 Exemplare. Fischer hatte recht, wenn er Hesse versicherte, er werde »vielleicht in einigen Jahren dabei nicht schlechter abschneiden wie bei Ullstein«. Aber es war ein zäher Kampf, und der Ullstein-Schatten wich noch lange nicht von seiner Seite.

20 Fünfzig

»Wenn ein Mann wie Fischer, der immerhin an einem Stück europäischer Geistesgeschichte unleugbaren Anteil hat, seine Erinnerungen schriebe, könnten wir wunderliche Dinge lesen«, meinte Wassermann im Rückblick auf ein dreißigjähriges Zusammenwirken. Flake hatte denselben Gedanken; er berichtete:

Ich habe ihn einmal, als er schon in älteren Jahren war, gefragt, ob er nie daran gedacht habe, seine Lebensbeschreibung zu verfassen. Er gab zu, daß eine Menge stimmungshafter Erinnerungen aus der Zeit der Gründung, der Freien Bühne, des jungen Hauptmann mit ihm dahingehen werde, aber der Gedanke, selbst zur Feder zu greifen, lockte ihn nicht. Er griff nur gelegentlich nach ihr ... um Erinnerungen zu schreiben, muß man die Geschäfte niedergelegt haben, dazu verstand er sich nicht.

Mag sein, daß es sich so verhielt, daß es ihm selbst zurückschauend so vorkam. Mag sein, daß er selbst vergessen hatte, was Wassermann und Flake nicht wissen konnten – daß er nämlich zwanzig Jahre zuvor den Versuch unternommen und nach kurzem Anlauf wieder aufgegeben hatte.

DIE AUFZEICHNUNGEN VON 1907

In Fischers nachgelassenen Papieren fanden sich mehrere Blätter einer handschriftlichen Niederschrift, die den Anfang eines Entwurfs zu seinen Lebenserinnerungen enthalten. Diese Blätter tragen das Datum »Januar 1907«. Der eine oder andere Satz aus ihnen wurde in den vorangegangenen Kapiteln bereits angeführt. Nun, da die Schilderung Fischers fünfzigstem Geburtstag zustrebt, sei der volle Wortlaut dieser Niederschrift im gehörigen chronologischen Zusammenhang eingefügt.

Januar 1907

Ich beginne spät mit meinen Aufzeichnungen, zu spät, weil mich mein nimmer starkes Gedächtnis jetzt in meinem 48. Jahr verlassen hat. So werde ich mich also darauf beschränken müssen, rückschauend das Gegenwärtige zu betrachten. Vielleicht fällt mir Manches wieder ein, was mir entschwunden scheint. Meine Absicht, nicht von mir zu sprechen, sondern nur von den Dingen und Menschen, die meinem Leben Werth und Inhalt gegeben haben, werde ich wohl kaum streng durchführen können, weil ich im Grunde eine reflectierende Natur bin, zur Selbstbetrachtung und Selbstzergliederung geneigt. Alles, was geschieht, was ich höre und sehe, dient mir nur als Maßstab für mein eigenes Ich – giebt mir Klarheit über dumpf schlummernde Kräfte in mir, über Können und Wollen, über Werth und Unwerth meines Wesens. Meine Werthe schätze ich nicht zu hoch, weil ich sie an den Besten unserer Zeit messe, mit denen zusammengetroffen zu sein, der Werth meines Lebens ist. Um so schmerzlicher vermisse ich in mir eine gewisse körperliche und geistige Energie: ein starkes Hirn und Herz, die im richtigen Verhältnis zu meinem Wollen und Wünschen stehen, sind mir zu selbstverständlich, als daß ich sie zu hoch schätzen würde. Damit mag es auch zusammenhängen, daß ich noch nie Zeit und innere Sammlung gefunden habe, um eine Bilanz meiner Kräfte aufzustellen, um abzuwägen, wie ich da verschwenden und dort zu sparen habe, um schwache Anlagen in mir zu entwickeln und innerhalb meiner Wesensmöglichkeiten einen harmonischen Menschen aus mir zu machen. Frühzeitig war ich durch Umgebung und Verhältnisse darauf hingewiesen, den Aufstieg in eine höhere soziale Existenz als Ziel aller Arbeit anzusehen. Da war ich, nur mit *diesem* Ziel im Auge, ein ganz vom Erwerb besessener Mensch. Nach und nach wurde es heller und weiter in mir. Ich weiß heute, daß gute Anlagen in mir nicht zur Reife kamen, weil sie erst spät geweckt wurden. Das mag vielen Menschen so gehen, es kommt aber einmal für sie die Zeit des Verzichts, des Sichbescheidens und damit der bürgerlichen Ruhe und Sicherheit. Mir ist bis heute so etwas nicht gelungen, was ich freilich auf das Conto meines besseren Menschen setze, auf Entwicklungsmöglichkeiten, die ich, so lange ich lebe, bei mir zur Ruhe gebracht sehen möchte, denn Entwicklung ist Leben, und ist mein Leben einmal so stumpf geworden, daß alles an ihm ohne Spuren vorübergeht, so ist das Stadium der vegetativen Existenz eingetreten.

Freundschaft:

Sehnsucht und Ohnmacht zur Freundschaft, meine ironische Maske. Die Abhängigkeit meines Verhältnisses zu Menschen. Meine Fremdheit zu den Menschen und dennoch mein Bedürfnis nach Menschen. Mein Verhältnis zu den mir näher bekannten Menschen.

Familie:

Meine Heimat, Meine Großeltern, Meine Eltern, Meine Geschwister, Meine Frau, Meine Kinder.
Mein Haus – Meine Gesellschaft – Meine Freunde –
Wie ich Ibsen kennen lernte. Wie ich Hauptmann, Hartleben, Brahm, die Friedrichshagener kennen lernte. Die Gründung der Freien Bühne, das Ibsenbankett im Kaiserhof. Wie uns Ibsen bewirtet hat. Die Vorlesung der ›Einsamen Menschen‹ bei Hauptmann, der ›Weber‹ in meinem Büro, ›Hannele‹ in Schreiberhau und bei mir in der Königgrätzerstraße, ›Crampton‹ in der Königgrätzerstraße. Vorlesung der ›Glocke‹, ›Henschel‹, ›Kramer‹ bei Brahm. ›Der Arme Heinrich‹ – Fasanenstraße.

Borch–Ibsen–Rosmersholm
Gründung der nordischen Bibliothek
Bahr – Holz – Redakteure der Freien Bühne – Palastrevolution – Bahr – Heimann – Steglitzerstraße
Redaktionswechsel: Bölsche, Bierbaum, Bie. Freie Bühne – Neue deutsche Rundschau – Die Neue Rundschau. Wassermann in Igls.

Damit enden die autobiographischen Notizen. Die Lebenserinnerungen blieben ungeschrieben.

GEBURTSTAGSADRESSE

So kam der fünfzigste Geburtstag heran. Er wurde nicht eigens gefeiert, denn er fiel ohnehin auf den Weihnachtsabend. Doch die Autoren des Verlags hatten sich dessenungeachtet eine Überraschung ausgedacht. Dehmel, Hauptmann und Wassermann taten sich zu einem heimlichen Komitee zusammen, schrieben an alle Autoren des Verlags und baten sie, nebst ihrem handschriftlichen Namenszug den Betrag von fünf Mark und fünfundsiebzig Pfennigen an die Berliner Privatadresse des Herrn Schur zu senden. Mit diesem Geld besorgte Schur die Herstellung der von E. R. Weiß handgeschriebenen »Geburtstagsadresse«, der die Autorenunterschriften beigegeben waren. Sie wurde Fischer an seinem Festtag überreicht und lautete:

24. XII. 1909

Lieber Herr Fischer!
Ihr fünfzigster Geburtstag scheint uns mehr als ein privates Fest zu bedeuten, und Sie selbst werden beim Rückblick auf Ihr Leben Ihre öffentliche Tätigkeit mit besonderer Ergriffenheit betrachten. Sie haben in einer Zeit, wo man in Deutschland von mitlebender Literatur wenig wissen wollte, vielem Neuen, Interessanten und Bedeutenden, das jetzt gefestigt und bewährt ist, anfänglich aber noch in Gärung lag und zum Streit herausforderte, mutig und zuversichtlich, als gerechter Mittler, die Öffentlichkeit erschlossen. Charakter und Organisation, nicht der Zufall, haben eine Gemeinde von Gleichstrebenden um Sie gebildet. Wir kennen die Schwierigkeiten Ihrer Aufgabe. Denn Ihre Schöpfung, die einen ganzen Komplex von Tätigkeiten der verschiedensten Kategorien vereinigt, ist auf dem schwierigen Grenzgebiet aufgeführt, wo die Künste und Wissenschaften mit den ökonomischen Mächten zusammenstoßen. In einem so vielfältigen Getriebe, in so verantwortungsreichen Beziehungen abhängig von der Mode, von der Gunst des Publikums, in der Enge des Wettkampfs, mit emporgehoben von der Energie eines allgemeinen nationalen Aufschwungs, der die sittlichen Kräfte nicht selten zu lähmen drohte, haben Sie Ihre Sache, welche die Sache der Besten war und ist, auf ein nicht mehr umstrittenes Postament und Ihren Namen in die Reihe der geehrten Namen gestellt. Sie sind, in unbefangener Menschlichkeit, immer an Ihrem Werke gewachsen: Sie repräsentieren es. Wir begrüßen dieses Beispiel der begeistert besonnenen Hingabe, der Sachlichkeit und des wahrhaften Ern-

stes und fühlen uns herzlich verpflichtet, Ihnen Dank zu sagen und für den weiteren Weg Glück und Vollbringung zu wünschen.

Im Auftrage: Richard Dehmel
Gerhart Hauptmann
Jakob Wassermann

Viele Autoren beschränkten sich nicht auf die gedruckte Adresse, sondern schrieben ihm auch persönlich. Auch das ›Börsenblatt für den Deutschen Buchhandel‹ brachte einen eigenen Artikel *Ein Verleger-Gedenktag*, in dem es hieß, wenn auch im allgemeinen »buchhändlerische Gedenktage sich nicht an persönliche Erlebnisse des Inhabers zu knüpfen pflegen«, so möge doch in diesem Fall eine Ausnahme gestattet sein.

›KÖNIGLICHE HOHEIT‹

Thomas Manns ›Geburtstagsgeschenk‹ war der neue Roman *Königliche Hoheit*, der im Oktober 1909 erschienen war. Fischer hegte eine besondere Liebe zu diesem Buch, das nach den *Buddenbrooks* bei der Kritik auf viel störrischen Widerspruch stieß, so daß Thomas Mann an 26. Januar 1910 seinem Bruder Heinrich schrieb:

Über K. H. habe ich seit Bahr nicht viel Ermutigendes zu sehen bekommen. Das Buch wird von der Kritik entschieden nicht recht für voll, nicht recht ernst genommen... Auch die Wohlwollendsten bezweifeln den Lustspielschluß; jemanden hat das »strenge Glück« an Sudermann erinnert. Das Ganze, oder doch die zweite Hälfte gilt als Faschingsspaß, und ich bin an dieser Auffassung wohl etwas schuldig, da ich das Buch im ersten Waschzettel als »epischen Scherz« bezeichnete...

Unter anderen hatte Hermann Hesse, ein großer Bewunderer der *Buddenbrooks*, in Langens ›März‹ eine lange, und wie er selbst Thomas Mann gestand, »nörgelnde« Besprechung veröffentlicht, die dem Dichter allerlei künstlerische »Geschmacklosigkeiten« vorhielt. »Das klingt nun alles etwas grämlich und tadlerisch«, hatte er geschrieben. »Aber doch nur, weil wir Thomas Mann lieben und hochachten, müssen wir ihm jene Manieriertheiten so streng anmerken...« Denn: »Sein Unscheinbarstes wird noch immer hoch über dem Üblichen stehen.« Thomas Mann war nicht verstimmt; er schrieb Hesse: »Mit allem, was Kritik und Erkenntnis heißt, stehe ich auf viel zu freundschaftlichem Fuße, als daß ich etwas anderes als Vergnügen und Interesse bei der Lektüre hätte empfinden können...« Weder der Autor noch der Verleger erwarteten sich von *Königliche Hoheit* eine Wiederholung des *Buddenbrooks*-Erfolgs; aber Fischer zumindest war angenehm enttäuscht. Er hatte eine erste Auflage von 10 000 Exemplaren gedruckt und gab bereits wenige Tage vor seinem Geburtstag die dritte (das 21.–25. Tausend) in Druck. Bis zum Ende des Ersten Weltkrieges hatte auch »der epische Scherz« das 65. Tausend erreicht.

Königliche Hoheit, nicht *Buddenbrooks* war in vielen Teilen des Auslands der Bahnbrecher Thomas Manns und schuf Fischer eine Anzahl neuer Verbindungen mit ausländischen Verlagen. »In der Tat«, so erklärte ein Verlagsprospekt von 1911, der die 30. Auflage des Romans anzeigte, »gehört *Königliche Hoheit* zu den nicht vielen deutschen Büchern, die weit über die Grenzen unseres Sprachgebietes hinaus, besonders in Frankreich, Würdigung erfuhren.« *Königliche Hoheit* kam in Frankreich zwar erst 1931 heraus, jedoch noch vor *Buddenbrooks* (1932). Diese Merkwürdigkeit wiederholte sich anderwärts; in Holland und Rußland (1910), in England und USA (1916) wurde der zweite Roman vor dem viel berühmteren ersten übersetzt; in Prag erschien schon 1910, drei Jahre vor *Buddenbrooks,* eine tschechische Übersetzung, in Ungarn folgten *Buddenbrooks* erst zehn Jahre nach dem bereits 1911 erschienenen zweiten Roman. Schweden brachte das Buch unverzüglich noch im gleichen Jahr, doch in Oslo erschien es (bei Gyldendals norwegischer Zweigfirma) erst 1950, zwanzig Jahre nach *Buddenbrooks.*

DIE LETZTEN WIKINGER

Fischers Aufstieg hatte mit den großen Skandinaviern begonnen, und seiner skandinavischen Tradition blieb er während des ganzen ersten Vierteljahrhunderts seines Schaffens treu. Daß diese Tradition danach allmählich entschlief, hatte mancherlei Gründe. Zum einen und vor allem, daß die herandrängende neue deutsche Literatur gebieterisch Aufmerksamkeit und nahezu allen Platz beanspruchte; zum anderen aber auch, daß der mächtig belebende Zustrom aus dem Norden der Jahre 1886–1910 allmählich spärlicher floß und, nachdem der umsichtige ›Zubringer‹ Nansen in Kopenhagen nicht mehr waltete, manche bedeutende Skandinavier der Folgezeit wie Sigrid Undset und Olav Duun, die wohl zu Fischer gehört und gepaßt hätten, andere deutsche Heimstätten fanden.

Fischer pflegte das Andenken Ibsens mit der Herausgabe seines Nachlasses und seiner Briefe und zwei Werken über ihn, John Paulsens *Erinnerungen an Henrik Ibsen* (1907) und Emil Reichs Vorlesungen *Henrik Ibsens Dramen* (1909), und er brachte in der Folge auch zwei Bücher des Sohnes Sigurd Ibsen heraus, die Essays *Menschliche Quintessenz* (1911) und das Bühnenstück *Robert Frank* (1914). Er fand 1908 in dem Schweden Henning Berger noch einen gediegenen Erzähler, dessen vier Romane (bis 1919) jedoch nur geringen Erfolg hatten, und entdeckte, wie gezeigt, in Jonas Lie und Laurids Bruun zwei große Erfolgsautoren; bei anderen wie Johan Bojer, Kristofer Janson und Einar Hjörleifson (alle von dem in Kopenhagen lebenden jungen deutschen Schriftsteller Erich von Mendelssohn vorzüglich übersetzt) blieb es bei einzelnen Werken.

Nur zwei große Erscheinungen, die Fischer um sein fünfzigstes Jahr seinem nordischen Pantheon noch hinzufügte, überdauerten den Ersten Weltkrieg und begleiteten ihn auf seinem ganzen restlichen Weg. Sie waren in jeglichem Sinn seine ›letzten Wikinger‹, und an ihnen hing er besonders. Von diesen beiden Dänen der neuen Generation kam der eine über Gyldendal zu Fischer, der andere über Fischer zu Gyldendal. »Jensen ist der größere Künstler, aber Madelung scheint mir die größere und ursprünglichere Kraft zu sein« – schrieb Fischer am 25. Januar 1910 an Nansen. Ein merkwürdiges Urteil! Heute wäre man geneigt, es umgekehrt zu empfinden. Der Chronist, der in Gesellschaft der beiden ältesten Kinder Thomas Manns (und mit Einführungen von Fischer) im Frühsommer 1927 in Kopenhagen beiden Männern begegnete, hat den unverlöschlichen Eindruck bewahrt, daß Johannes V. Jensen der reichere, kraftvollere, aber auch ungebärdigere Schöpfer war, Aage Madelung hingegen bei weitem die geformtere, geschlossenere Persönlichkeit, die bedeutendere ›Gestalt‹. Aus Jensen sprach ein heller, zukunftsgläubiger Norden, aus Madelung ein dunkler, nach innen gekehrter. Beide gehörten in die Wikingertradition; doch während Jensens Nordlandseele westwärts nach Vinland, nach Amerika strebte, drang Madelung (in Schweden geboren) ostwärts nach Nowgorod und auf den alten Wasserstraßen der Varäger ins tiefste Rußland vor. Beide sandte die große Unruhe auf weite Reisen; Jensen trieb sie ins Herz der Welt, Madelung ins Herz der Menschen. Fischer bewunderte Jensen; er liebte Madelung.

JOHANNES V. JENSEN

Jensen, ein neuer Gyldendal-Autor, kam wie so mancher skandinavische Autor vor ihm, durch Nansen auf dem Weg über die ›Neue Rundschau‹ zum Verlag. Der damals Zweiunddreißigjährige erschien erstmals im Aprilheft 1906 mit einer Erzählung *Entschwundene Wälder* und gleich darauf im Maiheft mit der Novelle *Dolores*. Das Februar- und Märzheft 1907 brachten eine lange Erzählung *Wälder*, das Septemberheft 1907 einen Essay *Moderner Humanismus*, und als Jensens erstes Buch, der im modernen Paris spielende Roman *Madame d'Ora* im Herbst des gleichen Jahres erschien, war der neue Name bereits gut eingeführt. Der Roman erzielte in rascher Folge mehrere Auflagen, so daß Fischer im gleichen Jahr noch den Novellenband *Die Welt ist tief* folgen lassen konnte. Danach kam, abwechselnd von den bewährten, wenn auch hin und wieder der Heimannschen Politur bedürftigen Damen Julia Koppel, Mathilde Mann und Gertrud Ingeborg Klett übersetzt, mit zuverlässiger Regelmäßigkeit alljährlich zumindest ein neues, zuweilen auch zwei neue Bücher von ihm: 1908 die *Himmerlandsgeschichten*, eine Sammlung von Märchen und Sagen, die thematisch an Andersen, in Form und Sprache an Jacobsen erinnerten, und der Roman *Das Rad*; 1909 *Exotische Novellen* und der Essayband *Die Neue Welt*, der hauptsächlich Jensens stürmische Amerika-Eindrücke – das Maschinenzeitalter, Arbeiterfragen, das Negerproblem, Hearst und die amerikanische Presse, Theodore Roosevelt, New York und San Francisco – enthielt; 1910 das Skizzenbuch *Mythen und Jagden* und 1911, nach einem ›Rundschau‹-Vorabdruck in den ersten vier Heften dieses Jahrgangs, der große Roman *Der Gletscher*, der Jensens größter Bucherfolg in Deutschland war. Fischer lernte Jensen im November 1908 kennen, als der Dichter nach Berlin kam (er kam späterhin noch häufig), und Hedwig Fischer bewahrte diese Erinnerung an ihn:

Ein Naturmensch, jung, gesund, hellblond, glücklich verheiratet mit der ebenso blonden Frau Else, die ihm drei Söhne schenkte. Mit unbefangener Kraft schaute er in die Welt und baute sie auf in seiner Dichtung, wahrhaftig beginnend mit ihrem ersten Tag im ›Gletscher‹ von 1911. Deshalb war er aber nicht rückschauender Mythologe, sondern durchaus gewachsen dem Zugriff auf das aktuelle Jetzt und Hier ... Sein Essayband ›Die neue Welt‹ zeigt ihn erst recht auf der Spur leidenschaftlicher Anteilnahme an den Fragestellungen zur Gestaltung eben der ›neuen Welt‹ ... Diese Leidenschaft zur Stellungnahme, zur Verarbeitung alles dessen, was die Welt ihm bieten konnte, und andererseits seine echte Verbundenheit mit dem heimatlichen Sitz kamen auch in seiner Lebensführung zum Ausdruck. In unbezähmbarer Reiselust streifte er durch die Welt, und immer zwang ihn doch die Sehnsucht wieder nach Haus zu Frau und Kind.

In meiner Erinnerung haftet, abgesehen von den allweihnachtlichen Glückwunschdepeschen zum Geburtstag meines Mannes, die er nie vergaß, vor allem ein Besuch im Sportpalast in der Lutherstraße in Berlin. Er kam ja öfters, manchmal begleitet von seiner mütterlichen Frau Else. Diesmal nun gingen wir zusammen zum Eislauf, und ich wollte mich recht hervortun mit meiner Kunst vor dem ›Nordländer‹, ich war ja auch von Jugend auf eine begeisterte Läuferin gewesen und meinte, im Kunstlauf wohl bestehen zu können. Aber Jensen bekam wieder Reisefieber, wie ein Junge stob er mit rasender Geschwindigkeit davon – und ich natürlich hinter ihm her, aber da war kein Schritthalten. Ich mußte aufgeben ...

Dieser behende, so vielseitig interessierte und begabte Mann mußte der ›Neuen Rundschau‹ wie gerufen kommen; er entsprach in vieler

Hinsicht der Vorstellung vom modernen Essayisten, den Bie und Saenger heranzubilden wünschten. Man findet ihn denn auch fast ein Menschenalter lang in jedem Jahrgang der Zeitschrift mit mehreren Beiträgen und in nahezu allen ihren Sparten vertreten, mit Romanen und Novellen, Reiseberichten, politischen und kulturpolitischen Aufsätzen, literarischen, philosophischen und weltanschaulichen Essays, Kritiken und Rezensionen. Die Weltanschauung war ein seltsames Gemisch aus historischem Nebelgebräu und solidem politischen Tagesverstand. Jensen vertrat, wie er selbst erklärte, den »Neugermanischen Gesichtspunkt«; er war ein »Björnsonbekenner, der selbst neugermanische Dogmen, wenn auch in imperialistischer Richtung, verkündet hat«. Schon in einem seiner frühesten Aufsätze, *Deutschland und Dänemark* (im Oktoberheft 1909), konnte er in einem Atem und im gleichen Absatz erklären: »Die Germanen sind immer eine Soldatenrasse gewesen, aber wo sie hinkamen, haben sie stets Ordnung und Ruhe geschaffen«, und vor jenen warnen, die versicherten: »Krieg ist unmöglich, seitdem die Flugmaschinen erfunden sind, als ob nicht gerade diese der neueste Kraftausdruck des Krieges sind — ein blitzender Fluch über die Häupter derjenigen, die im Begriff sind einzuschlafen ...«

Seine »Neugermanischen Dogmen« durchschwärmten die große Folge von sechs historischen Romanen, *Die lange Reise*, die Jensen als sein Hauptwerk betrachtete; zu ihr gehörten außer *Der Gletscher* auch *Des Königs Fall* (1912), *Das Schiff* (1915) und *Das verlorene Land* (1920). Hier unternahm Jensen den kühnen Versuch, indem er »den gegenwärtigen Alltag ins unkonventionell Heroische erhöhte«, wie Oskar Loerke schrieb, die »Urkräfte seiner nordisch-germanischen Heimat von ihrem kosmischen Ursprunge her bis zur Mündung in die Kulturmenschheit zu verfolgen«, und *Der Gletscher* war in diesem Zusammenhang als »eine neue Genesis, ein neues Schöpfungsgedicht vom ersten Menschen« zu verstehen. Loerkes Würdigung, 1925 geschrieben, als das Ganze geschlossen vorlag, gibt ein gutes Bildnis dieser Schriftstellerpersönlichkeit:

Jensens Tendenz ist mit einem Wort die viel umstrittene und von ihm zum Kern aller seiner Anschauungen erhobene Lehre: vom Norden ist der Mensch ausgegangen, vom Norden geht er immer wieder aus. Jensen entrollt in ungeheuren, prachtvollen, von Tapferkeit und Lebenswillen durchpulsten Bildern, in kühnen Zusammenfassungen und Abkürzungen, mit einem bis in unsere Zeit hineinblitzenden Humor von Analogien und Anspielungen das Gemälde von der Ur-Robinsonade der Menschheit. Wir sehen das erste Feuer, das erste Kleid, das erste Haustier, das erste Lächeln, die erste Liebe. Und später den ersten Priesterbetrug, die erste Musik. Wir sehen den ersten Herrscher und den ersten Unterjochten. Und während in den Schilderungen, vor dem ungeheuren Hintergrund der nordischen Eislandschaft, in den Verknüpfungen mit dem Ursprung der Jahreszeiten, der Veränderung des tierischen Lebens, den Gesetzen des Klimas, nichts zu geschehen scheint, als was notwendigerweise nach den Ursachen geschehen muß, tauchen urmythische Bilder der Menschheit auf und grüßen herein. Bei all der unermeßlichen Härte, Not und Gefahr, durch die Jensen den Menschen hindurchtreibt, schimmert doch über seiner Welt, und das ist das Schönste daran, ein mildes Bekenntnis: »Alles, was neu ist und was besteht, beginnt in Liebe.«

Die »Tendenz« war in der Tat unverkennbar, die »Lehre« freilich nicht »umstritten«, sondern nachweislicher Unsinn. Jensen, der den Süden, die Mittelmeerwelt, sogar China kannte, wußte sehr wohl, daß die Wiege der Menschheit nicht im Norden stand. Doch was verschlug's? Sein Zyklus war ein gewaltiges Phantasiegespinst, und wer hätte um die Mitte der zwanziger Jahre in der Bülowstraße in Berlin auf den Gedanken kommen sollen, daß diese mitreißende Phantastik binnen eines Jahrzehnts zu Deutschlands offizieller Weltanschauung werden sollte, in deren Namen in ganz Europa einschließlich des Nordlandes die germanische Soldatenrasse »Ordnung und Ruhe« schuf? Jensen, so friedliebend wie nur einer, hätte es als letzter für möglich gehalten.

AAGE MADELUNG

Von diesem überaus feinnervigen Mann, der viel Schweres erlebt hatte, kam kein lautes Wort. Er war von einer Schutzschicht aus vollendeter Liebenswürdigkeit umgeben, die er selten durchbrach; doch innen drin glühte und loderte es. So wie Jensen, war auch ihm Dänemark zu klein. Loerke stellte sein Porträt mit guter Absicht unmittelbar neben das Jensens:

Bevor Madelung die Feder führte, lebte er. Er war schwedischer Dragoner und Feldhüter in Podolien und Wolhynien. Er hat dort viele Lebenstage auf dem Pferderücken zugebracht und viele bunte Abenteuer erlebt. Er lernte die Juden kennen, die eingeborenen Schmuggler, die Grenzgendarmen, die Zigeuner und Pilger aus Bessarabien. Mitten in der Choleraepidemie des Sommers 1894 traf er (zweiundzwanzigjährig) in Petersburg ein, wo die Menschen aus Angst wilde Feste in der cholerastinkenden Stadt feierten; Madelung wurde angesteckt, seine Bärennatur rang aber die Krankheit nieder. Dann finden wir ihn in Kopenhagen als Kohlenhändler. Aber das ruhige Leben behagte ihm nicht, er dachte daran, sich der Tierheilkunde zu widmen, wurde aber Butterhändler in Rußland. Er bereiste das Land kreuz und quer, lernte die Bauern und Gutsbesitzer kennen, erlebte die erste Revolution von 1905, sah Mord und Brand und Pogrome, befuhr die Wologda, Suchona und die Dwina hinab bis Archangelsk. Dann erst wurde er Schriftsteller.

Oder wie der russische Advokat in seiner Novelle *Tatsachen* seinen Zuhörern bündig erklärt: »Ich sage das, weil ich es weiß.«
Madelung war sechsunddreißig Jahre alt, als Fischer zum erstenmal von ihm hörte. Das wenige, was er – langsamer, überaus gewissenhafter Arbeiter, der er war – bisher geschrieben und veröffentlicht hatte, war im Kopenhagener Verlag Jespersen erschienen und über einen kleinen Kreis nicht hinausgedrungen. Ende des Jahres 1908 bekam Fischer, vermutlich durch den Übersetzer Curt Bading, das Manuskript eines Novellenbandes *Jagd auf Tiere und Menschen* in die Hand. Von ihm sagte Loerke später:

Man merkte sofort: hier war das Schreiben kein Metier, bei diesem Primitiven und Raffinierten in einer Person war kein Ehrgeiz der Antrieb, sondern bei ihm trat die Kunstkraft wie etwas Selbstverständliches aus seiner Erlebniskraft von ungeheurer Spannung heraus: Madelung gehört zu den Urwissenden: Tiere sind ihm so vertraut wie Menschen, Menschen erscheinen so dumpf und triebhaft wie Tiere. Und alle seine Kreaturen haben eine dämonische Vitalität in sich.

Fischer griff zu und schloß mit dem unbekannten abenteuerlichen Mann für seine absonderlichen, knapp und karg geschriebenen wilden Geschichten am 12. Februar 1909 einen Vertrag mit zweitausend Mark Vorauszahlung und dazu 15 Prozent Tantieme schon von der ersten Auflage, 20 Prozent für die folgenden Auflagen und »nach Verkauf von 10 000 Exemplaren« sogar 25 Prozent: »Bedingungen, wie sie sonst für ausländische Werke nicht gewährt werden.« Die ›Neue Rundschau‹ brachte die (nicht in dem Band enthaltene) Novelle *Der letzte Tschernajew* im Maiheft, gleichzeitig im Mai erschien das Buch, und Madelung kam nach Berlin. »Gestern abend kam ich hier an«, schrieb Wassermann seiner Frau, »und wurde gleich von Hedwig zu Tisch kommandiert, weil Madelung, der nur den einen Abend hier war, mich kennenlernen wollte. Nun, ich fand einen sehr feinen, sehr lieben, sehr distinguiert aussehenden Menschen, der mir großen Eindruck machte.«
Fischer setzte große Hoffnungen auf Madelung, und Madelung womöglich noch größere auf Fischer. Der daheim Verkannte erwartete seinen ›Durchbruch‹ im großen Deutschland. Beiden standen jedoch einige Jahre der Geduld und des zähen Durchhaltens bevor. Am 6. Juli 1909 nahm Fischer eine neue Erzählung *Die Fürstin Monguschko* für die ›Rundschau‹ an (die erst zwei Jahre später erschien und dem Dichter dann ganze hundert Mark eintrug), und riet ihm gleichzeitig ab, einige kürzere Arbeiten als Buch herauszubringen:

Ihre schwierige ökonomische Situation werden Sie, wenigstens in Deutschland nicht so bald durch Ihre rein dichterische Production besiegen. Ihr Stand ist bei uns nicht leicht, denn bei aller Anerkennung in literarischer

Hinsicht scheint mir, daß zunächst ein großer Leserkreis für Ihre herben und düsteren Stoffe nicht erobert werden kann. Ich kann das natürlich nur aus der Erfahrung mit ›Jagd auf Tiere und Menschen‹ sagen. Das Buch hat, wie Sie wissen, glänzende Kritiken, aber bis jetzt sind nur etwa 400 Exemplare bar verkauft. Ich sage Ihnen das nur auf Ihre Anfrage wegen einer zweiten Auflage. Im übrigen will ich damit nicht sagen, daß das Buch einen langsamen Weg macht. Mein Interesse für Ihre Production hat aber mit alldem nichts zu thun; ich will auch weiterhin mit größtem Eifer Ihre Production in Deutschland vertreten, nur meine ich, daß unter diesen Verhältnissen die Herausgabe größerer und abgerundeter Werke mehr in Ihrem Interesse läge, als die Edition kleinerer Sachen... Sie werden sich damit Ihr junges Renommee nicht verbessern und gewissermaßen vom Kapital zehren...

Dies gesagt, stellte Fischer auf einen verheißenen neuen Roman, von dem er noch keine Zeile gesehen hatte, einen weiteren Vorschuß von 700 Mark zur Verfügung: »Wenn damit für Sie auch nicht die sociale Frage gelöst ist, so hilft es Ihnen doch vielleicht eine Weile weiter.«
Fischer hatte übertrieben: die Abrechnung Ende September 1909 wies ganze 340 verkaufte Exemplare und ein Saldo zugunsten des Verlags von 2838 Mark aus. Madelung sank das Herz. Anfang Januar 1910 übersandte er einen Teil seines neuen Romanmanuskripts und eine neue Erzählung *Der Sterlett*. Dieser russische Fisch schnappte in der ›Rundschau‹ 218,75 Mk., und die Juni-Abrechnung über den Novellenband wies 1102 verkaufte Exemplare und eine Tantieme von 661,20 Mk. aus. Zugleich versuchte Fischer dem Dichter in seinem Heimatland zu helfen. Am 25. Januar 1910 schrieb er an Nansen:

Neulich war Aage Madelung in Berlin. Ich habe ihn gefragt, warum seine Bücher nicht bei Ihnen erscheinen. Er war der Meinung, daß ein Lektor sein Buch parteiisch beurteilt habe. Nun, ich weiß ja, wie es mit solchen parteiischen Urteilen steht; aber nach der Qualität seiner ›Jagd auf Tiere und Menschen‹ zu urteilen, ist doch mindestens eine nicht genügende Würdigung seines Buches festzustellen. Nun höre ich, daß der in Frage stehende Referent nicht mehr als Lektor bei Ihnen tätig ist, und in dem aufrichtigen Wunsche, Madelung an bester Stelle plaziert zu sehen, möchte ich Sie heute auf Madelung aufmerksam machen, der, wie ich weiß, sehr gern in Ihren Verlag möchte. Gelegenheit dazu gibt mir der enorme Eindruck, den ich von dem ersten Teil des Manuskripts seines neuen Romans empfangen habe. Es ist wirklich das Stärkste, was ich von dänischen Dichtern in letzter Zeit gelesen habe... Wollen Sie, daß ich Madelung auffordere, Ihnen sein neues Buch einzureichen? Besser wäre es freilich, wenn Sie es täten. Ich wäre Ihnen sehr verbunden, wenn Sie mich wissen ließen, ob Sie in der Sache etwas unternehmen wollen.

Nansen reagierte sofort. Schon drei Tage später konnte Fischer Madelung mitteilen, Nansen möchte den Roman gern kennenlernen. Der Roman, wie auch alle folgenden Bücher Madelungs, erschien bei Gyldendal. Ein neuer Verlagsfamilienbund war gestiftet.

Der Roman kam langsam von der Stelle, und Fischer mußte inzwischen noch mehrmals helfend eingreifen. Aber im Juli 1911 mußte er Madelung eine Bitte um Weiterhilfe abschlagen, und sein Brief legt in aufschlußreicher Weise dar, warum er sich »durch die eigenartigen Verhältnisse meines Verlags dazu gezwungen« sah:

Sie wissen, daß mein Verlag eine große Zahl junger deutscher Talente cultiviert und Sie werden nicht erstaunt sein zu hören, daß es den jungen Talenten nicht leichter bei uns wird, durchzudringen wie in anderen Ländern. Die ökonomische Basis der meisten jungen Dichter ist auch bei uns eine schwierige, und mein Verlag hat daher auf lange hinaus die Verpflichtung übernommen, durch regelmäßige Quoten vielen Existenzen beizuspringen. Die Lasten meines Verlags werden aber erhöht durch Verpflichtungen älteren Autoren gegenüber, und da mein Verlag in erster Linie deutschen Autoren dient, so bin ich gezwungen, meine Mittel in der Hauptsache der Pflege der heimischen Kräfte dienstbar zu machen, respective damit so hauszuhalten, wie es meinen Verhältnissen entspricht...

Doch nun bewahrheitete sich Fischers Voraussicht; wie einst mit Bang, der ein Jahrzehnt lang nicht ›gehen‹ wollte und dann plötzlich durchbrach, ging es nun auch mit Madelung. 1912 konnte der erste Novellenband neuaufgelegt werden und kletterte nun stetig bis zum Ende des Ersten Weltkrieges auf das 18. Tausend. Anfang 1913 kam ein zweiter Novellenband *Der Sterlett* heraus; von Juli bis Dezember 1913 brachte die ›Rundschau‹ in sechs Fortsetzungen den endlich vollendeten Roman *Die Gezeichneten*, und mit diesem großartigen Buch, das rasch das 35. Tausend erreichte, war Madelung durchgesetzt.

ZWIST UM HAUPTMANN

Das große literarische Verlagsereignis des Jahres 1910 war Hauptmanns erster Roman. Mit *Der Narr in Christo Emanuel Quint* trat der (noch immer und inzwischen neuerlich heftig umstrittene) Dramatiker mit einem Schlag, ohne viel Vorbereitung, als Prosa-Epiker der ›großen Form‹ auf. Auf diesen Augenblick hatte Fischer lange, ein Jahrzehnt lang gewartet. Denn jetzt, so schien es, wurde auf fünfhundert, in Breite und Tiefe angelegten Buchseiten mit souveräner Hand zurechtgerückt, was auf der Enge der Bretter in den letzten Jahren verrutscht war und sich schief gestellt hatte. So empfanden es die Freunde, die alten und die jungen.

Denn Hauptmann hatte seit der Gesamtausgabe von 1906 eine Folge von Fehlschlägen und Mißgeschicken erlebt, die nicht nur ihn selbst, sondern auch die Verlagsfamilie erschütterten. Schon *Elga* (1905) und *Pippa* (1906) hatten bei ihren Uraufführungen in Brahms Lessing-Theater nur widersprochene Achtungserfolge erzielt. Das nächste Stück, das Lustspiel *Die Jungfern vom Bischofsberg*, am 2. Februar 1907 im Lessing-Theater uraufgeführt, brachte eine Katastrophe. Hauptmann selbst war, wie er Brahm schrieb, überzeugt, es sei »an Licht, Grazie, Heiterkeit und Geist das Beste, was ich zu geben imstande bin«. Kerr warnte Hauptmann, das Stück sei »etwas höchst Unfertiges« und riet von der Aufführung ab. Die Premiere ging in Johlen und Zischen unter. Kerr schrieb:

Mein Herz war diesmal bei den Zischenden. Sie haben ihre Pflicht getan. Die Zischenden waren bessere Hauptmannianer als Hauptmann, der das aufführen ließ ... Nach dem ›Fuhrmann Henschel‹ hat vor jedem Hauptmann-Werk meine Kritik betont, daß es nicht fertiggemacht ist, – aber das hier ist nicht angefangen ...

Er rief dem Dichter zu:

Mach' halt; kehre bei dir ein; wir wissen, wer du bist – vergiß du es nicht ... du lebst heute im Irrtum – dies letzte Stück ist deine erste Niederlage ... Geh ins Einsame, werde hart und komm zurück. Du bist ja doch unser Größter.

Über diesem eklatanten Mißerfolg kam es zu einer bösen Auseinandersetzung in der Verlagsfamilie: Moritz Heimann und Felix Salten kündigten einander Freundschaft und Zusammenarbeit auf. Heimann besorgte die Berliner Theaterberichterstattung für die Wiener ›Zeit‹, deren Feuilletonredakteur Salten war. Der genaue Hergang des Zerwürfnisses ist nicht mehr zu ermitteln. Salten veröffentlichte in der ›Zeit‹ ein Feuilleton über Hauptmanns Stück, das Heimann empörte und offenbar auch Fischer kränkte, so daß er Salten briefliche Vorhaltungen machte. Von dem ganzen Briefwechsel ist nichts erhalten außer Saltens, vom 24. April 1907 datierten handschriftlichem Entwurf einer Antwort an Fischer, von der nicht festzustellen ist, ob sie in dieser Form abgesandt wurde. In diesem langen Konzept heißt es:

Lieber Herr Fischer, ich danke Ihnen für Ihren freundlichen Brief. Mir tut die Sache mit Heimann selber leid, und ich weiß, daß wir beide – er wie ich – aneinander einiges verlieren. Aber ich darf mir sagen, daß ich daran nicht schuldig bin, daß Heimann es gewesen ist, der durch seinen Angriff unbedenklich und ohne Zögern jede Verbindung zwischen uns sprengte, und daß mir dann nichts weiter blieb als mich zu wehren. Mögen die Motive seiner Erregung immer die lautersten sein ... was er an mir getan hat, ist nicht lauter und nicht reinlich gewesen ... Sehen Sie, ein Brief wie der Ihrige dürfte in seiner Mißbilligung noch schärfer gegen mein Feuilleton sein, er ist doch so sachlich und anständig, daß man darauf antworten kann ... Daß mich das Stück von Hauptmann sehr erregte, gestehe ich ein. Es hat mich je mehr erregt, je höher ich Hauptmann stelle ... erstens bis zu welchem Grad dieses Stück mißlungen ist, und zweitens, daß es so in die Welt gelassen wurde ... Ich mußte das, was Sie eine Niederlage nennen, konstatieren, mußte die ›Jungfern‹ daran geben, weil ich sie mit dem besten Willen nicht in Schutz nehmen konnte. Aber ich konnte doch sagen, wie hoch der Künstler und Mensch Hauptmann über diesen Einzelfall hinaus und in die Zukunft hineinragt... Nehmen Sie mein Feuilleton einmal in Ruhe vor, versuchen Sie, einmal nicht nur allein das Nein! zu hören, und Sie werden finden, daß ich mich am meisten gegen die Leute stelle, die in allen möglichen Blättern erklären, Hauptmann sei »fertig«. Hätte mir Heimann mißmutig, zornig heftig geschrieben, er sei darüber und darüber verstimmt, er finde das und das unrecht... ich würde ihm ruhig geantwortet haben, hätte ihm vertrauensvoll gesagt, wie die Dinge liegen, und hätte um ein rauhes Wort wahrhaftig nicht mit ihm gemarktet und gerechtet. Daß es anders kam, tut mir leid. Ich gebe wirklich niemand leichtsinnig auf, der mir einmal wert gewesen. Aber diesmal sah ich mich aufgegeben, weggeworfen und beiseitegeschoben...

Fischer verabscheute solche Zerwürfnisse. Wassermann wollte, nachdem Salten »in seinem schrecklichen Brief explodiert« war, gern vermitteln, denn er fand auch Heimanns Brief »so töricht«. Aber Salten meinte zu ihm, man solle den Dingen ihren Lauf lassen. »Wie sonderbar doch all dies Treiben ist!« schrieb Wassermann an Fischer. »Ich erinnere mich, als ich ein Kind war, gab es unter meinen Gespielen schon solche Kriegs-Affären und sie waren weder ernsthafter noch lustiger.«

Hauptmann schrieb an Brahm: »Du tust in einem tieferen Sinne Unrecht daran, wenn Du meine Widerstandskraft gegen die letzten Fehlschläge in Deinem Hause und manches andere überschätzest.« Er ging nicht »ins Einsame«, sondern reiste von März bis Mai 1907 nach Griechenland. Aus den Tagebuchaufzeichnungen dieser Reise entstand während des Sommers das Buch *Griechischer Frühling*, das im Frühjahr 1908 bei Fischer erschien. Harry Graf Kessler, Hauptmanns und Hofmannsthals Freund, dem das Buch gewidmet war, veröffentlichte in der ›Neuen Rundschau‹ darüber einen großen »grundlegenden« Aufsatz, der dieses reizvolle, doch nicht sehr profunde und stellenweise recht flüchtige Werk in Sphären hinaufsteigerte, in die es nicht gehörte. Diese ›Vetternwirtschaft‹ tat Hauptmann nicht gut.

Noch im gleichen Sommer 1907, unmittelbar anschließend an das Griechenlandbuch, nahm Hauptmann den *Emanuel Quint* in Angriff, der auf einen frühen Romanentwurf, *Des Menschen Sohn*, von 1901 zurückging, aus dem er Fischer schon im Februar 1902 auf dem ›Wiesenstein‹ vorgelesen hatte. Aber er blieb nicht beharrlich dabei, sondern beendete zwischenhin *Kaiser Karls Geisel* und schrieb 1908 *Griselda;* beide Stücke brachten ihm bei Brahm 1908 und 1909 neue Mißerfolge. Kerr schrieb hoffnungsvoll über *Griselda*: »Das erste Wehen der Verjüngung? Der erste Schritt zur alten Kraft?« Aber der ›Simplicissimus‹ brachte eine Karikatur Hauptmanns von Gulbransson *Die Durchfallsringe* mit der Unterschrift: »Nach Griselda muß Brahm seinem Hausdichter eine neue Falte hinzufügen.« Fischer konnte jedoch, bei allem Kummer über solchen Hohn, feststellen, daß die Bühnenmißerfolge die Buchausgaben nicht beeinträchtigten. Sie hielten sich auf der gewohnten Höhe; fast alle erzielten im ersten Anlauf sechs bis sieben Auflagen, *Pippa* sogar zehn, und sogar die verlachten *Jungfern* brachten es auf die vierte; besser hatten sich vor zwanzig Jahren auch die Erfolgsstücke nicht verkauft. Und von allen diesen Ausgaben veranstaltete Fischer außerdem jeweils eine Vorzugsausgabe von 30 numerierten Exemplaren auf Bütten und in Ganzpergament gebunden, die er zum Preis von 15 Mark bei keinem anderen Autor außer Hauptmann hätte absetzen können. Vom *Griechischen Frühling*, der ebenfalls sogleich die siebente Auflage erzielte, konnten sogar hundert Exemplare der »Luxusausgabe« gedruckt werden.

›EMANUEL QUINT‹

Die Arbeit am *Emanuel Quint* ging während des ganzen Jahres 1909 fort, obwohl Hauptmann im Frühjahr gleichzeitig außerdem zwei neue Arbeiten begann, die Tragikomödie *Die Ratten* und einen zweiten Roman. Ende des Jahres war der *Emanuel Quint*, wenn auch nicht fertig, so doch immerhin so weit gediehen, daß im Januar 1910 der Abdruck in der ›Neuen Rundschau‹ beginnen konnte. Jetzt *mußte* er fertig werden; aber es war bereits die vierte Fortsetzung erschienen, als Hauptmann Ostern 1910 in Castello Paraggi bei Portofino das Buch beendete und Fischer, der in Rom wartete, die Schlußkapitel senden konnte. Das Buch erschien, von E. R. Weiß ausgestattet, außer in der broschierten und der Leinenausgabe auch als Lederband, im November. Es kann nicht leicht gewesen sein, für dieses komplizierte, doppelbödige Werk, das sich noch dazu für damalige Begriffe hart an der Grenze der Gotteslästerung bewegte, eine Ankündigung zu schreiben, die in wenigen Sätzen die Besonderheit des ergreifend-empörenden Vorgangs festhielt, wie »eine subjektive Wahrheit zu einer objektiven Lüge wird«. Heimanns ›Waschzettel‹ traf es gut:

In Emanuel Quint ist ein Mensch unserer Zeit dargestellt, der anfänglich nicht sowohl eine Nachfolge Christi, als beinahe eine Wiederholung zu bedeuten scheint. Auch er eines Tischlers Sohn, auch er nur seiner Mutter Kind, früh in sich und sein Geheimnis versunken, predigend, von Jüngern aufgesucht, Dinge tuend, die als Wunder ausgelegt werden, von einem rauhhaarigen und wilden Vorgänger getauft und danach auf vierzig Tage in die Einsamkeit sich einschließend. Wie Quint erst von seiner Umgebung für Christus gehalten wird, wie er selbst sich zu diesem Glauben entzückt, anfänglich im Symbol und schließlich tatsächlich, das heißt also, wie eine subjektive Wahrheit zu einer objektiven Lüge wird, das ist mit einer Darstellungskraft, die sich ihres ganzen Reichtums mit höchster Überlegung bedient, ganz und gar durchgeführt. Menschen, Landschaften, soziale Verhältnisse, die Regungen der Massenseele, das halb physische Seelengespinst des einzelnen, zu dem allen hat Hauptmann einen unerschöpflichen Vorrat in sich. Mit der Leichtigkeit und Souveränität eines Herrschers im Reiche der Bilder von Dingen schaltet er; in seinem Kopfe lebt die Welt wie ein kleiner Kosmos.

Fischer druckte eine erste Auflage von zehntausend Exemplaren und konnte im Lauf des Jahres 1911 noch achttausend Exemplare nachdrucken; aber dann blieb der Absatz stecken. Das war, an Thomas Mann, an Wassermann gemessen, für einen repräsentativen großen deutschen Roman eine Enttäuschung. Woran lag es? Zum Teil gewiß an der Kritik, mit der es in Deutschland wirklich nicht gut bestellt war. Auch die ›Rundschau‹ konnte ihr erstrebtes buchkritisches Niveau nicht immer einheitlich halten. Auch hier wurde zuweilen von Heimann-Nachahmern recht undiszipliniert geschwätzt. Das Februarheft 1911 brachte einen fünfseitigen, verschwafelten Aufsatz von Hermann Stehr, der dem Buch nicht annähernd gerecht wurde, weil er es nicht annähernd verstand:

Hier liegt wieder ein Werk Hauptmanns vor uns, dessen hoher Wert nicht mehr durch mancherlei Unzulängliches, sondern durch den Reichtum großer Vorzüge uns zum Bewußtsein kommt. Der tiefe und breite Strom des Lebens, die Schärfe der Zeichnung, die Sicherheit der Schicksalsführung mit ihrem Aufklingen unterirdischer Mächte, stellen den Roman zu den besten Werken des Dichters.

Das war für einen Hauptmann-Kenner ein allzu kümmerliches Resümee. (Wie vorzüglich nimmt sich daneben die 1912 in Zürich erschienene *Quint*-Studie des Schweizers Robert Faesi aus!) Schlenther hingegen hatte scharfsichtiger im ›Berliner Tageblatt‹ eine vor Verkennung warnende Besprechung veröffentlicht:

Gerhart Hauptmann stand dichterisch nie höher als hier. Müßten wir ihn daraus erst kennen lernen, so ergriffe uns dieselbe freudige Bewegung, die vor einundzwanzig Jahren in die Weite rufen ließ: Wir haben einen Dichter! Aber wie dieser Freudenschrei damals auf wildesten Widerspruch stieß, so kann es sein, daß sich dieser Widerspruch, allenfalls durch vorsichtigen Respekt gelindert, auch gegen den Roman vom ›Narren in Christo‹ erheben wird. Diesem Widerspruch aufs schärfste zu widersprechen, ist ein Bedürfnis meiner Überzeugung ... Was der Dichter hier auf den Tisch seines Volkes legt, davon wird sein Volk langsam vielleicht, aber sicher Besitz ergreifen; dieses geistige Besitztum wird nie zu veräußern sein.

Hofmannsthal schrieb 1912, von Hauptmanns Werken seien ihm *Pippa* und *Emanuel Quint* – »beide Märchen und geschautes Dasein in einem« – »besonders teuer«. Shaw schrieb an Stella Patrick-Campbell, er finde »Hauptmanns Buch ganz wundervoll«. Theodor Haecker fand um die gleiche Zeit, 1913, der *Emanuel Quint* sei eines der ganz seltenen Werke der deutschen Literatur, welches die »Ranghöhe erreicht hat, die deutsche Philosophie und deutsche Musik geschaffen haben«:

Selbstverständlich war keine Besprechung auch nur einigermaßen auf der Höhe dieses Werkes, und es verschwand mit Recht in dieser Zeit, bis es auferstehen wird. Aber hier wäre sogar ein so gefährliches oder nichtssagendes Gefühl wie Nationalstolz berechtigt gewesen. Denn das Buch ist in edlem Sinne deutsch und hätte in anderer Sprache so nicht geschrieben werden können ...

Das Buch verschwand nicht, und es braucht nicht aufzuerstehen, weil es die ganze Zeit über heimlich weiterwirkte; wieder und wieder griff hier und dort der eine oder andere es unversehens auf, las, staunte, traute seinen Augen nicht und erkannte ein großes Meisterwerk der deutschen Prosa-Epik. Zwei Jahre nach Haecker, im Winter 1915, schrieb Franz Marc aus dem Schützengraben, er lese »mit immer wachsendem Interesse und Verblüffung Emanuel Quint«:

... wir hatten einen anderen Gerhart Hauptmann in unserer Vorstellung als er in der That ist. Ich hatte so sehr Wortkunst wie in der ›Versunkenen Glocke‹ und ›Literatur‹ erwartet, aber niemals diese beispiellose Sachlichkeit und diese Seelenkennerschaft, die so wesensfremd aller Theaterkennerschaft ist, die man ihm bisher zutraute, – ich wenigstens in voller Verkennung dieses Geistes ... Eine unglaubliche Lektüre für einen Offizier im Feld! ... Die Erklärung, warum das Buch so wenig Einfluß gewinnen konnte, kann nur in der Unreife der Menschen liegen; sie mißverstehen das ganze Buch sicher gründlich, nehmen es literarisch und können es bis zur geistigen Reinheit nicht durchdenken ...

Was dieser Offizier im Felde spürte, das müssen viele gleich ihm gespürt haben; und Fischer meinte, daß jetzt der Augenblick gekommen war, dem Buch ein neues Tor zu öffnen. Im Herbst 1916, mitten im Krieg, brachte er eine verbilligte ›Volksausgabe‹ des Buches heraus, die geheftet nur drei Mark statt bisher sechs, und im Pappband nur 3 Mark 75 Pfennige kostete, statt des vorherigen Leinen- und Lederbandes zu 7 Mark 50 Pfennige und 9 Mark und in einer Erstauflage von 15 000 Exemplaren erschien. 1924 hatte *Emanuel Quint* die 68. Auflage erreicht; 1928 wurde eine Dünndruckausgabe veranstaltet, die ihn in die 83. Auflage hinaufrückte. Und Schritt für Schritt, ohne meteorhaften Aufstieg und ebenso unvermittelt erlöschenden Absturz, war das Werk, das Thomas Mann »Ihre großartigste Erzählung« nannte, an den Platz gerückt, an den es gehört. Es ist Hauptmanns zeitlosestes Buch, und man könnte sich vorstellen, daß es in den Herzen der Deutschen sein ganzes übriges Werk überdauern wird.

RUSSISCHE SCHWIERIGKEITEN

Eine russische Übersetzung des *Narr in Christo* erschien unverzüglich, schon 1911, in Moskau. Hauptmann war in Rußland seit langem berühmt und wurde regelmäßig übersetzt und aufgeführt. Aber die Vereinbarungen mit den russischen Verlagen waren noch immer unsicher, und Fischer tat sein Bestes, um seine Autoren in Rußland einigermaßen vor Willkür und Ausbeutung zu schützen. Es sind nur verstreute Hinweise auf diese Bemühungen Fischers in den letzten Jahren vor dem Ersten Weltkrieg erhalten, doch geben sie einige Aufschlüsse.

Die früheren Versuche August Scholz' waren, wie alle vorangegangenen und nachfolgenden, daran gescheitert, daß Rußland der Berner Übereinkunft nicht angehörte. Fischer versuchte folglich, möglichst vertrauenswürdige russische Verlagshäuser ausfindig zu machen und sie dadurch zur Einhaltung der Vereinbarungen zu zwingen, daß er ihnen möglichst hohe Vorauszahlungen abnötigte. Denn auf Abrechnungen war wenig Verlaß. Als er im März 1911 eine Anfrage wegen der russischen Übersetzung dreier Werke Dehmels (*Lucifer*, *Novellen* und *Der Mitmensch*) erhielt, gab er dem Dichter den Rat, da »in Rußland keine Convention besteht«, das Angebot anzunehmen und pro Band 200 Mark zu verlangen. Ein halbes Jahr später sah es so aus, als werde das Rußlandgeschäft endlich etwas festeren Boden erhalten. Am 12. Oktober 1911 schrieb Fischer an Schnitzler:

Ich mache Sie darauf aufmerksam, daß mit Rußland voraussichtlich nächstes Jahr eine literarische Convention zustande kommt. Schon jetzt kann, unter allerdings noch sehr zweifelhaften Umständen, ein gewisser Schutz in Rußland erreicht werden. Geben Sie nichts für Rußland weg; ich habe mit einer der größten Firmen in Rußland eine Vereinbarung getroffen, wonach ich ihr alles, worüber ich verfügen kann, vorlege. Die Firma ist verpflichtet, innerhalb 14 Tagen über Annahme oder Ablehnung zu entscheiden. Die Honorarvereinbarung geschieht von Fall zu Fall. Für den neuen Roman von Hauptmann habe ich ein Honorar von 5000 Mark bezahlt bekommen, obgleich er in Rußland nicht geschützt sein wird, weil er erst im Berliner Tageblatt erscheint. Für ein Drama Hauptmanns bekomme ich wahrscheinlich 3000 Mark und die Hälfte der Tantiemen. Bei den Übersetzungsarbeiten ins Russische wird vorwiegend Ossip Dymow beteiligt sein.

Um welchen großen russischen Verlag es sich handelte, ist nicht zu ersehen; der erwähnte Roman Hauptmanns war der im Winter 1911 auf 1912 beendete Roman *Atlantis*; Ossip Dymow (auf den möglicherweise die ganze Verbindung zurückging) war der in Berlin lebende russische Dramatiker und Verfasser des vielgespielten Stücks *Nju*. Inzwischen lag ein neues Stück von Hauptmann vor, und aus

Fischers Mitteilung an Hauptmann vom 21. November 1911 läßt sich ersehen, wie kompliziert die Verhältnisse waren:

Mit Rußland waren die Verhandlungen für ›Gabriel Schillings Flucht‹ sehr schwierig. Der russische Verleger meint, er hätte einstweilen noch keine ausreichende Sicherheit für den Schutz. Er wollte für das Drama eine feste Summe nicht bezahlen. Ich habe mich also für dieses Drama auf eine Tantieme von 20 Prozent eingelassen, die halbjährlich abgerechnet werden muß. Die russische Übersetzung habe ich mir für die Bühnenaufführung vorbehalten. Ich habe den russischen Verleger verpflichtet, im Fall des Nachdrucks einen Prozeß anzustrengen. Etwas anderes ließ sich im Augenblick in Anbetracht der unsicheren Verhältnisse nicht erzielen. Den Vertrag mußte ich jetzt abschließen, da sonst das Stück in Rußland vogelfrei gewesen wäre, wenn es nicht gleichzeitig mit dem Abdruck in der ›Neuen Rundschau‹ in russischer Sprache herauskommt.

Das definitive Gesetz, das deutsche Werke ausreichend in Rußland schützen soll, ist in Vorbereitung und wird, wie ich höre, innerhalb des nächsten Jahres zustande kommen. Aus diesem Grund ist einstweilen die Frage der Autorisation Ihrer älteren Werke in Rußland noch nicht spruchreif.

Das »definitive Gesetz« kam weder im nächsten Jahr noch überhaupt je zustande.

BEN HUEBSCH

Um eben diese Zeit faßte Hauptmann in der angelsächsischen Welt festen Fuß, und zwar seltsamerweise nicht durch seine Bühnenwerke, sondern durch seinen Roman. Der Dramatiker Hauptmann war freilich nicht mehr unbekannt. Seit der ersten New Yorker Aufführung von *Hannele* (1894) waren mehrere seiner Stücke in deutscher und englischer Sprache in Amerika aufgeführt worden, ohne sich durchzusetzen, und es war auch eine Anzahl Buchausgaben erschienen. Der New Yorker Verlag Doubleday hatte Charles Henry Meltzers Übersetzungen der *Versunkenen Glocke* und *Hannele* veröffentlicht; der Londoner Verlag Heinemann hatte die *Weber, Hannele* (in Archers Übersetzung) und *Einsame Menschen* herausgebracht; die Theateragentin Alice Kauser hatte eine Buchausgabe der *Jungfern vom Bischofsberg* gedruckt; eine dritte *Hannele*-Übersetzung von Mary J. Safford erschien, und *Fuhrmann Henschel* kam in einem Chicagoer Bühnenverlag heraus. Es herrschte ein geradezu Ibsensches Durcheinander, und Hauptmann erklärte, er habe von niemand ein Honorar erhalten. Die Vereinigten Staaten gehörten ebensowenig wie Rußland der Berner Konvention an und hatten ihre eigenen Urheberrechtsbestimmungen.

Da trat ein amerikanischer Verleger auf, der die Dinge in die Hand nahm. Ben Huebsch war siebenunddreißig Jahre alt, sprach und schrieb fließend Deutsch, sein Verlag B. W. Huebsch Incorporated war eine junge Gründung und sein verlegerisches Augenmerk vor allem auf die moderne deutsche Literatur gerichtet. In seiner Mischung aus wagemutiger Entdeckerfreude und geschäftlicher Überlegung war der junge Ben Huebsch nicht unähnlich dem jungen Fischer in seinen Anfangsjahren. Vermutlich war Huebsch durch den Abdruck des *Emanuel Quint* in der ›Neuen Rundschau‹ auf den Roman aufmerksam geworden und hatte sich nach den Übersetzungsrechten erkundigt. Denn am 22. November 1910 teilte ihm der Verlag mit:

Der Roman von Gerhart Hauptmann ›Emanuel Quint‹ ist soeben fertig geworden. Wir übersenden Ihnen beifolgend die Aushängebogen und bitten um Nachricht, ob Sie auf das Übersetzungsrecht reflektieren.

Huebsch reflektierte, und es begann eine Zusammenarbeit, die nahezu ein Vierteljahrhundert fortdauerte. Der Vertrag über *Emanuel Quint* wurde am 4. April 1911 geschlossen; Huebsch erwarb »das Verlagsrecht für Großbritannien und Amerika«, sicherte eine Tantieme von 10 Prozent zu, leistete eine Vorauszahlung von 3000 Mark und verpflichtete sich, »eine literarisch einwandfreie Übersetzung herstellen zu lassen und das Buch noch in diesem Jahr erscheinen zu lassen«. Das war knapp bemessen. Huebsch fand in dem bedeutenden (in Berlin geborenen) amerikanischen Schriftsteller und Essayisten Ludwig Lewisohn einen vorzüglichen Übersetzer und konnte am 11. September 1911 Fischer mitteilen: »Die Übersetzung von der *Narr in Christo* ist schon beendigt, und ich beabsichtige, sie im Herbst zu veröffentlichen.«

Noch ehe *The Fool in Christ* erschienen war, richtete Huebsch den Blick bereits auf Größeres. Schon am 1. Juni 1911 schrieb er Fischer einen Brief, aus dem man beinahe Satz für Satz den jungen S. Fischer aus der Zeit seiner Ibsen-Ausgabe zu vernehmen meint:

Geehrte Herren – Mein Interesse an Hauptmanns Werken hört nicht mit dem Narren in Christo auf... Seit einiger Zeit bedenke ich die Möglichkeit einer Herausgabe von Hauptmanns wichtigsten Prosadramen. Ich weiß wohl, daß einige seiner Dramen schon übersetzt sind und unter verschiedenen Verlegern zerstreut sind. Ich beabsichtige keineswegs, mich auf diesen Plan einzulassen ohne die Billigung und Genehmigung des Herrn Hauptmann. Ich wäre bereit, eine mäßige Tantieme zu zahlen, obgleich es nicht zu erwarten ist, daß dieses Unternehmen vom Geschäftspunkte aus einträglich sein würde. Wenn Herr Hauptmann mit meinem Vorschlage einverstanden ist, so rechne ich auf die Bewilligung des Vorrechts zu seinen künftigen Werken.

Wenn es Ihnen bekannt ist, was für einen geringen Absatz Schauspiele, besonders Übersetzungen in Amerika finden, werden Sie einsehen, daß es nicht bloß Geschäftsgründe sind, die mich zu dieser Unternehmung veranlassen. In literarischer Hinsicht wird es wohl Anerkennung finden, und hoffentlich wird es dem Autor sehr zu gute kommen, indem es ihn unter den englischsprechenden Völkern bekannt macht. Ich möchte gerne Ihre und seine Ansicht zu dieser Angelegenheit erfahren. Es wäre vielleicht gut, von Zeit zu Zeit ein Drama herauszubringen oder vielleicht mehrere Dramen zusammen ...

Fischer und Hauptmann waren einverstanden. Fischer antwortete am 28. Juni 1911:

Die Auswahl würde Ihnen natürlich überlassen bleiben, denn sie hätte doch zunächst ganz unter dem Gesichtspunkt der Einführung der Werke Hauptmanns zu geschehen, wobei Sie besser als wir beurteilen werden, was für Amerika am wirksamsten ist ... Wir sind auch davon überzeugt, daß das Gesamtwerk Hauptmanns erst dann ganz und gar in Amerika durchzusetzen ist, wenn die Hauptwerke Hauptmanns bekannt werden. Es kann dann nicht schwerfallen, für die wichtigsten, dramatisch wirksamsten Werke Hauptmanns die englischen bzw. amerikanischen Bühnen zu erobern ... Gerhart Hauptmann steht auf der Höhe seines Lebens, von seinen zukünftigen Werken ist noch sehr viel zu erwarten. Wenn Sie sich die Werke Hauptmanns sichern wollen, dürfen Sie die Sache nicht klein anfassen. Sie müßten sich eventuell verpflichten, 5–6 der bisher erschienenen Dramen zu drucken, das müßte bei Ihren Plänen die Voraussetzung sein und darf bei der Einführung eines großen deutschen Dichters kaum als Risiko betrachtet werden ...

Die Meinung, daß es nicht schwerfallen werde, auf diese Weise die angelsächsischen Bühnen für Hauptmann zu erobern, war eine den deutschen Theaterverhältnissen entsprossene Illusion. Hauptmann setzte sich auf der Londoner und New Yorker Bühne nie durch; alle Versuche blieben kurzlebige Achtungserfolge; der beliebteste und meistgespielte deutsche Dramatiker war und blieb Sudermann. Aber Huebsch faßte die Sache nicht ›klein‹ an, wie der schließlich am 29. März 1912 von Fischer und Hauptmann in Castello Paraggi unterzeichnete amerikanische Vertrag zeigt. Er verpflichtete sich, »im nächsten Jahr mindestens vier Dramen« und »im Verlauf von fünf Jahren mindestens zwölf Dramen« Hauptmanns zu veröffentlichen, eine Tantieme von 10 Prozent und jede Auflage von tausend Exemplaren im voraus zu bezahlen; außerdem übernahm er den gesamten britisch-amerikanischen Bühnenvertrieb gegen eine Beteiligung von 20 Prozent. Der Vertrag galt auf fünf Jahre und wurde mehrmals verlängert. Huebsch ging bei Hauptmann genauso vor, wie Fischer fünfzehn Jahre zuvor mit Ibsen verfahren war. Er kaufte die verstreut in England und Amerika erschienenen Übersetzungen auf und übertrug die Herausgabe der ganzen Ausgabe, die Übertragung der noch unübersetzten Werke und die Überarbeitung der vorliegenden Übersetzungen Ludwig Lewisohn, der hervorragende Arbeit leistete und für Hauptmann in Amerika das wurde, was Elias für Ibsen und Björnson in Deutschland gewesen war. Die sechsbändige Gesamtausgabe der *Dramatic Works of Gerhart Hauptmann* begann im Herbst 1912 bei

Huebsch zu erscheinen, und im Mai 1913 wurde sie von dem Londoner Verleger Martin Secker übernommen, der 1910 in England einen ganz ähnlich orientierten, »persönlich differenzierenden« Verlag wie Huebsch aufzubauen begann und sich, nach der Unterbrechung durch den Ersten Weltkrieg, ebenso wie Huebsch in Amerika, nicht nur Hauptmanns, sondern einer ganzen Reihe anderer neuer deutscher Autoren annahm. Diese beiden Verlegerpersönlichkeiten Huebsch und Secker waren in ihren Anschauungen und ihrem Wirken Fischer sehr ähnlich, und es ist kein Zweifel, daß Fischers Haus in Berlin, um ein Vierteljahrhundert älter als sie, ihnen Vorbild war und manche Anregung lieferte. Huebschs amerikanische Hauptmann-Gesamtausgabe wurde später (auch hierin dem Vorbild Fischers folgend) durch mehrere Ergänzungsbände laufend vervollständigt und hatte 1923 den neunten Band und die fünfte Auflage erreicht. Ben Huebsch pflegte von sich zu sagen: »Ich bin ein guter Verleger, aber ein schlechter Geschäftsmann.« Das stimmte. 1925 erlitt sein Verlag Schiffbruch, wurde aber gerettet. Huebsch tat sich mit Harold Guinzberg, dem Sohn einer reichen New Yorker Familie, zusammen, die einen neuen Verlag, die nachmals weltberühmte Viking Press, finanzierte. Huebsch brachte seine Verlagswerke und seine literarischen Kenntnisse und Erfahrungen in die Neugründung ein und konnte zusammen mit Guinzberg, aus dem ein tüchtiger Verlagsmann wurde, vielen deutschen Autoren in den zwanziger und dreißiger Jahren in Amerika zu Ruhm und Erfolg verhelfen.

Fischer lernte Huebsch persönlich erst 1925 kennen, als Huebsch nach Berlin kam und ihn in der Bülowstraße aufsuchte. Im Verlauf ihres Gesprächs wurde Fischer immer nachdenklicher, sah dann Huebsch unvermittelt fragend an und sagte: »Sagen Sie mir, sind Sie nicht aus Ungarn?« Nein, antwortete der Amerikaner, er sei aus New York. Aber sein Vater stamme aus Ungarn, aus einem kleinen Landstädtchen in den Karpaten, Fischer werde es nicht kennen, Liptó Szent Miklós heiße es. »Ich hatte mir doch so etwas gedacht«, antwortete Fischer verschmitzt. Es erwies sich sogar, daß die Familien entfernt verwandt waren; eine Schwester der Mutter Huebschs (die Eltern hatten noch in der alten Heimat geheiratet und waren zusammen ausgewandert) hatte einen Fischer geheiratet. Welchen? »We did not pursue that too far«, meinte Huebsch – so genau wollten wir es nicht wissen. Sie trafen sich in der Folge häufiger, wenn Huebsch nach Europa kam, in Berlin, im Winter in St. Moritz und bei Hauptmann in Santa Margherita, und (wie Huebsch an seinem Lebensabend erzählte) »aus einer bereits seit fünfzehn Jahren bestehenden Geschäftsbeziehung entwickelte sich eine Freundschaft«.

EINER VON SIEBEN

Wenn auch mancher von Hauptmanns frühen Weggefährten während dieser Krisenjahre sich von ihm entfernte, mancher seiner Altersgenossen ihn achselzuckend für ›fertig‹ und ›ausgeschrieben‹ erklärte (um sich ein paar Jahre darauf kopfschüttelnd über den eigenen Irrtum zu wundern, wie es Siegfried Jacobsohn mit den *Ratten* geschah), so hing die nachdrängende Jugend, die um zwanzig Jahre Jüngeren, um so eifervoller an ihm. Merkwürdigerweise galt die Liebe und Bewunderung dieser Generation häufig zu gleichen Teilen Hauptmann und Dehmel, und sie nannte diese beiden ›Meister‹ gern in einem Atem. Aus dieser neuen Dichtergeneration der ›um das Jahr achtzig Geborenen‹ traten um die Jahreswende 1910/11 zwei über Fischers Schwelle. Beide waren Schlesier, in Breslau geboren, und hatten sich im Süden angesiedelt; beide verehrten Hauptmann und liebten Dehmel. Beide erschienen im Jubeljahr 1911 erstmals in Fischers Verlag. Der eine blieb nur ein paar Jahre, ihm paßte die Familie nicht; der andere wurde ein Freund auf Lebenszeit.

Ich hatte von 1902–1921 sieben Verleger, und doch nie den rechten. Den ersten bezahlte mein Vater, den zweiten, einen Sportsmann, habe ich nie gesehen, weil er seine Autoren mit seinen Rennpferden verwechselte und laufen ließ, dem dritten kaufte ich schließlich seinen Windhund ab, der vierte war ein Verwandter, der fünfte war zu skeptisch, der sechste zu reaktionär für mich, und der siebente, mit dem ich gern weiter gegangen wäre, griff zweimal nicht zu, als es auf den Entschluß ankam.

So erzählt Emil Ludwig in seinen Lebenserinnerungen. Mit welchem von ihnen mag wohl Fischer gemeint sein? Mit dem fünften? Oder dem siebenten? Emil Ludwig, 1881 geboren, war dreißig Jahre alt und lebte in Ascona, als im Winter 1910/11 im Engadin Richard Dehmel ihn mit Fischer bekannt machte. Er hatte bis dahin, wie er selbst erzählt, »nichts als Stücke geschrieben«, ein Napoleon-Drama und eine Renaissancetrilogie; wiewohl kaum aufgeführt, war er nicht mehr ganz unbekannt; zwei so verschiedene Kritiker wie Christian Morgenstern und Alfred Kerr hatten auf den schwungvollen Neuromantiker hingewiesen; Hauptmann, den der enthusiastische junge Landsmann schon 1902 auf dem ›Wiesenstein‹ aufgesucht hatte, war ihm wohlgesinnt. Doch hatte der junge Emil Ludwig um diese Zeit den prunkenden Brokat und die funkelnden Verse der d'Annunzio- und Vollmoeller-Nachfolge bereits hinter sich; als er mit Fischer zusammentraf, konnte er anderes vorweisen, das verheißungsvoller war: einen Roman und ein politisches Buch.

Fischer erwarb beide Bücher. Der Roman *Manfred und Helena* erschien im Frühjahr 1911, erlebte rasch die zweite Auflage und war ein hübscher Anfang; *Bismarck. Ein psychologischer Versuch,* erschien im Herbst 1911, erreichte binnen Jahresfrist fünf Auflagen und war Emil Ludwigs erster großer Erfolg. Dieses Buch war etwas Neuartiges, nicht nur in Fischers verlegerischem Rahmen:

Hier ist zum erstenmal mit Bismarck, vielleicht zum erstenmal mit einem Helden, der Versuch einer analytischen Darstellung gemacht. Es ist darum nicht das Werk eines Historikers, noch weniger eines Politikers, sondern eines Psychologen, der auf dem Historiker aufbaut. Dieser Betrachtung wird eine Äußerung Bismarcks über Gott oder über den Tod, sein Spott über Hofleute, seine Neigung zu Beethoven, seine Liebe zu Wäldern und Hunden nicht minder aufschlußreich als seine Mäßigung in Nikolsburg und sein Entschluß zum Sozialistengesetz. Dabei wird alles unverbürgt Anekdotische streng vermieden und nur der Schatz historisch beglaubigter Dokumente benutzt.

Fischers Ankündigung läßt nicht erraten, daß hier das Rezept für eine neue, binnen kurzem ungeahnt erfolgreiche Literatur lag: die psychologisch durchleuchtete Politik und Geschichte. Ludwig war in der Tat weder ein geschulter Historiker noch ein ›gelernter‹ Politiker; er war ein vorzüglicher, mit ungewöhnlichem Spürsinn begabter, geschwind erfassender und rasch arbeitender Journalist, der unversehens auf ein unbeackertes, märchenhaft ertragreiches Feld gestoßen war. Hauptmann fand, wie er Fischer schrieb, das Buch »im höchsten Grade respektabel. Ein Buch wie dieses hat viel für sich. Keine Salbaderei! knappe Sachlichkeit und Anschaulichkeit! guter, kultivierter Vortrag! Ich würde denken, das Buch müßte Glück machen.« Das tat es. Der Bismarck-Versuch war der Grundstein, auf dem sich sogleich nach dem Ersten Weltkrieg die literarische Großindustrie der Biographienmanufaktur Emil Ludwigs, Stefan Zweigs und ihrer Nachfolger und Nacheiferer aufbaute.

HANS REISIGER

Im Märzheft 1909 der ›Neuen Rundschau‹ veröffentlichte Bie eine kleine Novelle *Der goldene Vogel,* die ein unbekannter vierundzwanzigjähriger, aus Breslau stammender, doch in südlichen Gefilden lebender Dichter aufs Geratewohl eingesandt hatte. Merkwürdigerweise fiel es dem findigen Bie nicht ein, wie zehn Jahre zuvor bei Thomas Mann, den Autor sogleich um ›alles‹ anzugehen. Hans Reisigers erster Novellenband *Stille Häuser* erschien im Jahr darauf, 1910, anderwärts. Doch als das Oktoberheft 1911 eine zweite Novelle Reisigers, *Die Vielgewandte,* brachte, war der Dichter inzwischen mit seinem ersten Roman *Maria Marleen* zum Autor des Verlags geworden. Kurz zuvor war er seinem Verleger zum erstenmal begegnet; Reisiger hatte das Begebnis selbst späterhin geschildert:

»Zu Mittag mit Fischers im Continental!« Das war in München 1912. Eine aufregende Parole für mich. Nach fünf Jahren Italien und Genfer See war ich zum ersten Mal wieder in Deutschland, und das hing mit ›S. Fischer‹ zusammen. Wenige Monate zuvor hatte ich, noch von Vevey aus, einen ersten Romanversuch nach Berlin an den S. Fischer Verlag geschickt. Ein großer Entschluß für einen Neuling. Wer es nicht erlebt hat, kann sich heute kaum vorstellen, mit welcher Liebe die geistige Jugend Deutschlands um die Jahrhundertwende auf den ›S. F. V.‹ blickte. Besonders wir in Berlin. Wir wußten nichts Persönliches von dem Gründer und Leiter dieses Verlages. Daß es überhaupt einen Mann S. Fischer gab, kam uns kaum in den Sinn. Es war die ganze Atmosphäre des im Zeichen eines Namens vereinten literarischen Schaffens, die uns so bewegte – das Glück, eine neue Gültigkeit zeitgenössischen Dichtens mitzuerleben, so grundverschiedener Art auch sein mochte, was da gekommen war und noch immer hinzukam... Herzlichkeit, ganz anspruchslose, empfing mich, den fünfundzwanzig Jahre Jüngeren, als ich ihn an dem Tag in München 1912 zum erstenmal von Angesicht sah. Ich kam ja freilich auch sozusagen mit dem Herzen in den Händen. Das kleine Opus, das ich auf gut Glück an diesen Verlag geschickt hatte, der uns als höchste Sammelstelle alles dessen galt, was uns geliebte Gegenwart war, war angenommen worden. Ich schreibe das so hin, aber als ich das Telegramm aus Berlin aufmachte und las, hob sich drunten vor dem Fenster meines Pensionszimmers der Goldspiegel des Genfer Sees so, wie wenn man etwa mit dem Flugzeug in die Kurve geht. »Akzeptieren mit großem Vergnügen schönen Roman.« Ich heftete es mit Reißnägeln an die Wand. – Nun gehörte ich also dazu, wenn auch am bescheidenen jüngsten Ende.

Von Fischer selbst hatte ich nur ein Photo in einem seiner Verlagsalmanache gesehen. Da schaute er mehr wie ein Generaldirektor aus...

Es gilt, um der historischen Genauigkeit willen, diese in hohem Alter niedergeschriebene Erinnerung um ein geringes zu berichtigen. (Auch Hedwig Fischers Erinnerung an den Freund irrt um ein kleines, wenn sie schreibt: »Reisiger war noch blutjung, wohl am Anfang der Zwanziger, als wir ihn in München kennenlernten. Er brachte meinem Mann seine erste Novelle Maria Marleen...«) Es war das Jahr 1911, nicht 1912. Fischer war im Sommer 1911 auf der Durchreise zu seinem Sommeraufenthalt in Unterach am Attersee in München und bat bei dieser Gelegenheit nicht nur den jungen Autor zu sich ins Hotel, sondern suchte auch Thomas Mann im nahen Tölz auf und traf sich mit Hesse. Das Almanachbild, auf dem er »wie ein Generaldirektor« aussah, hatte sich in Reisigers Erinnerung ›vorverlegt‹; es befand sich in dem Oktober 1911 ausgegebenen Jubiläumsalmanach; es war dies überhaupt der erste Almanach des Verlags, in der neben den Porträts der Autoren auch eine Photographie des Verlegers erschien. Der kleine Roman *Maria Marleen* (ein schmales Büchlein, ganze 215 Seiten lang) war schon im Frühjahr 1911 erschienen; der genannte Almanach zeigte nicht nur bereits die zweite Auflage an, sondern enthielt auch das Bild des siebenundzwanzigjährigen Dichters, über dessen

Roman Rilke an Hedwig Fischer am 9. Januar 1913 aus Spanien schrieb:

Ich wollte Ihnen gleich schreiben, wie sehr Hans Reisigers Buch mich interessiert hat; es ist von guter Arbeit, man erkennt dahinter einen, der nicht an der Literatur, sondern an sich Arbeit tut, eine zum redlich Großen rein entschlossene Kraft. Leider scheint mir, wird das Buch dort, wo es doppelt knapp sein müßte, sehr langredig (zum Schluß) ... aber das Ganze ist dennoch von einem starken Zauber und ruht auf einem Vorrat von Können, der hier eben erst angebrochen und in Gebrauch genommen wird.

Doch zurück zum »Generaldirektor«. Reisiger fährt fort:

... weil es nur ein Brustbild war, stellte ich ihn mir unwillkürlich groß und wuchtig vor, in kühler Zurückhaltung, wie man sich solche Herren eben vorzustellen pflegt. Gottlob, es war anders. Er war klein, vollkommen natürlich-bequem in Bewegungen und Haltung. Und wovon die Photographie auch keinen Begriff hatte geben können, das waren die Augen ... Es war ein schöner Sommertag. München – Ludwigstraße, Englischer Garten – leuchtete mit Gelb und Grün unter seinem besten, fast dunkelblauen bayerisch-italienischen Himmel. Daß sich das grade bei diesem ersten Mal so traf, hat sich mir in der Erinnerung immer zum Wesensbilde Fischers gefügt. Er war glücklich in solcher Umgebung. Das behagliche Umherschlendern in der Sonne, die süddeutsche Farbenfreudigkeit der Schaufenster, das ganze lässigere umgänglichere Gehabe der Menschen entsprach einer innersten Neigung dieses so vielbeanspruchten Mannes. Er machte sich dabei Gedanken über alles, und wenn er, im Gehen innehaltend, einem die Hand auf den Arm legte und mit einer gewissen Dringlichkeit in den großen hellen Augen zu einem aufschaute und aus seinem klugen Bemühen um alles Menschliche heraus das oder jenes vorbrachte, was ihm durch den Kopf ging, so war dies die Bewegung und der Ausdruck, die ich heute noch als Erstes vor mir sehe, wenn ich an ihn denke ... Ein waches Urteilen, Vergleichen, Prüfen war ihm natürlich. Und ist ja das Richtige für einen Verleger ...

»Wir freundeten uns mit Reisiger spontan an«, schreibt Hedwig Fischer. »Er hat uns auf vielen Reisen begleitet, immer frisch und fähig, meinen Mann auch aus schweren Depressionen zu reißen und zu erheitern ... Auch mit Thomas Mann verband ihn herzliche Freundschaft, auch mit ihm tat er manche Reise zusammen.« Und die schlesische Herkunft sicherte ihm die Freundschaft Hauptmanns. Vor allem aber entwickelte sich rasch eine innige Freundschaft und geistige Übereinstimmung mit dem Sohn Gerhart Fischer: »Die stille Zutraulichkeit, mit der er sich an mich, den zwölf Jahre älteren, anschloß, habe ich immer, im allgemein menschlichen Sinne, als eine Auszeichnung empfunden.« Der Tag war nicht mehr fern, an dem Fischer sich dankbar auf diesen jungen, neu gewonnenen Freund stützte. Nicht vielen Fünfzigjährigen ist es gegeben, noch eine solche ›Jugendfreundschaft‹ zu schließen.

21 Das Jubeljahr

Der Verlag war fünfundzwanzig Jahre alt.
Ein Vierteljahrhundert war vergangen, seit Fischer am 1. September 1886 im ›Börsenblatt‹ seine Verlagsgründung angezeigt und das »freundliche Interesse« des Buchhandels für seine »ferneren Unternehmungen« erbeten hatte. Er selbst wünschte keine besonderen Jubiläumsveranstaltungen. Ein etwas gewichtiger gestalteter Verlagskatalog, eine kleine Feier im Freundeskreis – an mehr dachte er nicht. Doch es kam anders. Ob man ein großer Mann mit einer bedeutenden Leistung ist, bestimmt man nicht selbst; das bestimmen allemal die anderen. Die ›anderen‹, die Zeitgenossen empfanden die Gründung als ein durchaus historisches Ereignis, die Wiederkehr des Tages im Herbst 1911 als einen Markstein.

VOM KATALOG ZUM JUBILÄUMSBUCH

Der übliche Verlagskatalog für das Jahr 1911 war bereits im Februar ausgegeben worden. Er war das gewohnte Heft im Oktavformat und enthielt auf zweiundsiebzig kleinen Seiten eng gedruckt in alphabetischer Reihenfolge die Autoren des Verlags und ihre zu diesem Zeitpunkt lieferbaren Werke, ohne Porträts, Leseproben, Auszüge aus Besprechungen oder andere Hinweise, wie im Katalog von 1906. Lediglich das von E. R. Weiß gezeichnete Titelblatt wies mit den Jahreszahlen 1886–1911 diskret darauf hin, daß es sich hier um ein Vierteljahrhundert Verlagsarbeit handelte.
Diese Verlagsarbeit sollte in dem, für den Herbst vorgesehenen eigentlichen »Katalog« dargestellt werden. (Heimann und Fischer sprachen in ihren Briefen durchweg von einem »Katalog«, obwohl die Veröffentlichung, die sie beabsichtigten, etwas ganz anderes und nur nebenbei auch ein Katalog war.) Heimann besorgte die Redaktion. Er plante eine Anzahl von sachlich-fachlichen Aufsätzen der leitenden Männer des Verlags über ihr jeweiliges Arbeitsgebiet, sodann einige

belletristische und essayistische, bisher unveröffentlichte Arbeiten weniger, sorgfältig ausgewählter Autoren des Verlags und schließlich als dritten Teil eine vollständige Bibliographie. Die eigens bestellten Beiträge wurden besonders honoriert, und der »Katalog« sollte auch nicht gratis abgegeben, sondern im Buchhandel verkauft werden. Der Erlös war der Pensionskasse deutscher Journalisten und Schriftsteller zugedacht. Doch aus dem »Katalog« wurde unversehens ein regelrechtes Buch. Das Vorhaben schwoll Heimann unter den Händen an, aus einfachem Grund: welche Autoren des Verlags sollte, konnte, durfte man weglassen? Fischer glaubte bei Heimann alles in guten Händen und reiste Ende Juli nach Unterach, wo seine Familie und seine österreichischen Freunde ihn erwarteten. Im Urlaub scheinen ihm Bedenken über die Auswahl gekommen zu sein, die Heimann ihm mitteilte; offenbar war er besorgt, sie könnte Ressentiments in der Verlagsfamilie hervorrufen. Dies geht aus Heimanns Antwort vom 29. Juli 1911 hervor:

> Ich teile nicht Ihre und Ihrer Frau Besorgnis, daß der Katalog eine Elite schüfe. Er schafft keine, sondern sie ist da, und darüber soll man froh sein... Jeder sieht, hier ist etwas besonderes gewollt und gemacht, die Sache gilt mehr als die Person... Denken Sie andererseits, wir ließen uns von allen Beiträge schicken: erstens würden die jetzt erbetenen und zugesagten entwertet; sie würden sich in je und jedem Sinn in der Masse verlieren; zweitens wäre das einlaufende Material eines ganz gemeinen Kramladens Sache, mich schaudert vor den abgerungenen Parerga von 60, 70, 80 Autoren. Unser schöner Katalog würde zu einem gewöhnlichen Katalog. Ich habe mir den alten Katalog auf Ihren Brief hin angesehen: Es fehlt jetzt schon kaum einer, der beanspruchen dürfte, im Katalog zu figurieren. Für Stehr sagte ich gut. Hesse, Kellermann, Schaffner werden auf keinen üblen Gedanken kommen. Schnitzler nannte ich schon selbst aus einem Gefühl der Verpflichtung und zu ihm würden noch hinzuzuzählen sein Altenberg und Salten. Können Sie diese drei Herren nicht noch auffordern? Wenn Sie's überschlafen, werden Sie kaum noch eine Unterlassung weiter entdecken...

Man kann Fischer seine Bedenken nachfühlen. Heimann hatte offensichtlich seinen persönlichen Neigungen und Abneigungen zu stark nachgegeben und unter anderem alle Österreicher übergangen, mit denen er eingestandenermaßen nicht viel anfangen konnte. Er hatte Wassermann aufgefordert, aber nicht Schnitzler. Das ging Fischer gewiß gegen den Strich. Er schrieb am 9. August persönlich an Schnitzler und bat ihn um einen Beitrag. Heimann fügte sich Fischers Instinkt, doch seine düstere Prophezeiung bewahrheitete sich: schließlich waren von den 124 Autoren, deren Porträts der »Katalog« enthielt, zwar nicht 80, aber doch 69 mit Beiträgen vertreten.

Einen Österreicher freilich hatte Heimann aufgefordert, und dieser machte ihm Kummer. Das Jubiläumsbuch sollte mit einem einleitenden Aufsatz beginnen, der einen persönlich gehaltenen Überblick über die Gesamtentwicklung des Verlags während dieser fünfundzwanzig Jahre gab; ihn mußte ein alter Weggenosse schreiben, der alles von Anfang an miterlebt hatte. Wer wäre geeigneter gewesen als Hermann Bahr? Doch ›Schnitzel‹ war, wiewohl er selbst jetzt auf die Fünfzig ging und sich inzwischen einen riesigen Prophetenbart hatte wachsen lassen, noch genauso sprunghaft, unberechenbar und ›ewig morgig‹ wie ehedem. Er machte Heimann einen bösen Strich durch die Rechnung. Das Manuskript seines Einleitungsaufsatzes ist nicht erhalten; es muß spaßig gewesen sein, doch Heimann war nicht amüsiert, wie sein Brief vom 18. August 1911 zeigt:

Sehr geehrter Herr Bahr — Ihr Aufsatz ›Dreißig Jahre‹ hat mir eine höchst peinliche Überraschung bereitet — an der die Leser unseres Katalogs teilnehmen zu lassen Herr Fischer und ich ablehnen. Diesen Aufsatz vor unser Bücherverzeichnis stellen, hieße erklären: Wir haben 25 Jahre hindurch thörichte, ja verderbliche Arbeit gethan; hieße: uns selbst und mehr noch den Dichtern und Schriftstellern, die ihr Lebenswerk durch unsern Verlag vor die Öffentlichkeit bringen, ins Gesicht schlagen. Daß zwischen dem, was wir zu empfangen hofften — es war ganz gewiß keine Reklame — und dem, was Sie zu geben hatten, ein so unüberbrückbarer Abgrund klafft, das konnten wir, wie Sie gerechterweise anerkennen müssen, nicht vermuten, und so wäre es an Ihnen gewesen, uns unsere Bitte sogleich abzuschlagen. Mit dem Ausdruck des Bedauerns über diesen Zwischenfall, des Bedauerns in zwiefacher Hinsicht, und mit vorzüglicher Hochachtung

Ihr ergebener Moritz Heimann

Fischer meinte, man könne den Aufsatz statt dessen vielleicht in der ›Neuen Rundschau‹ bringen, aber Heimann wollte auch davon nichts wissen. In einem Brief an Fischer vom 25. August 1911, dem heftigsten, den wir von ihm kennen, entlud sich sein ganzer aufgestauter Unmut gegen Bahrs »sittliche, künstlerische Frivolität, die ungeheuerlich, ekelhaft wirkt, wenn der Mann, der sich ihrer schuldig macht, das höchste Roß des Zeitenrichters besteigt ... Sehen Sie diese Geschichtsbetrachtung einmal an; Frecheres, Oberflächlicheres, Haltloseres habe ich noch nicht gelesen ...« So über zehn zutiefst aufgebrachte Briefseiten. Bahr notierte sich auf dem freien Raum von Heimanns Briefbogen (zum Teil unentzifferbar) das Konzept seiner Antwort:

Sehr g. H. H.! Daß mir zugemutet wird, meine innere Welt äußeren Rücksichten anzupassen, muß mich von Ihnen, M. H., wundern. Daß Ihnen meine Anschauungen so überraschend sind, betrübt mich als ein Zeichen, daß Sie seit zehn Jahren keine Zeile von mir gelesen haben. Die formale Seite, daß der Aufsatz bestellt, zu wiederholten Malen dringend bestellt war und daß ich seinen Abdruck gerichtlich erzwingen könnte, will ich nicht berühren. Das Erlebnis bestätigt mir meine Erfahrung, daß überall heute das Geschäft über alles geht. Und so bitte ich Sie ... von Abfassung von

Reklameaufsätzen .. abzusehen. Ich ersuche Sie, mir das Manuskript sogleich ... zu senden. Bestens H. B.

So kam es, daß von der ›alten Garde‹ als einziger Bahr im Jubiläumsbuch mit keinem Beitrag vertreten war. Arthur Eloesser lieferte in Eile einen Ersatzaufsatz, der freilich auch nicht ganz nach Heimanns Sinn war. Der redaktionellen Planung waren Grenzen gesetzt; auch andere verabsäumten es, ihre »innere Welt äußeren Rücksichten anzupassen«. Von Dehmel hatte Heimann etwas Kurzes – »ein Gedicht, eine Skizze, einen Dialog, einen Aphorismus oder eine Glosse« – erbeten und erhielt statt dessen einen zehn Druckseiten langen theoretischen Aufsatz. An Nansen, den Schriftstellerverleger, schrieb er: »Sehr erwünscht wäre uns ein Aufsatz z. B. über den Austausch dänischer und deutscher Literatur. Oder: Der Autor vor dem Richterstuhl des Verlegers. Verkehr mit Autoren. Oder: Der Vorschuß als legitime Zahlungsart.« Der letzte Vorschlag vor allem hätte dem spöttischen Nansen Vergnügen machen müssen. Doch er schrieb eine bezaubernde Erinnerungsplauderei *Als wir noch jung waren,* nämlich Fischer und er selbst, (aus der Fischer ihn bat, »einige kleine Intimitäten zu streichen«). Hauptmann schließlich hatte einen Aufsatz versprochen über das Thema »Was das Buch ihm schuldig ist und was er dem Buch«, aber »leider verhinderten ihn Umstände, es zu thun, wie er geplant«; statt dessen sandte er eine unveröffentlichte Schlußszene aus *Griselda.* Doch der schwierigste Mitarbeiter war Fischer selbst.

»SO PERSÖNLICH WIE MÖGLICH«

Fischer trat selten oder nie in der Öffentlichkeit auf. Er wirkte unauffällig in mancherlei Berufsverbänden und in Ausschüssen kultureller Organisationen, aber er hielt keine öffentlichen Reden, sprach nicht auf Kongressen, schrieb keine Artikel in der Presse. Die große Öffentlichkeit wußte überhaupt nicht, wie er aussah. Im Jubiläumsbuch erschien zum erstenmal in einer Verlagspublikation auch eine Porträtphotographie des Verlegers selbst, nicht etwa als Titelbild, sondern bescheiden eingereiht in die alphabetische Reihenfolge seiner Autoren und Mitarbeiter, je vier Bilder auf einer Seite, zwischen Karl Federn und Cäsar Flaischlen, die beide nur mit einem einzigen Buch im Verlag vertreten waren. (Es war dieses Bild des »Generaldirektors«, an das Reisiger sich erinnerte.) Und im Jubiläumsbuch erschien auch, sieht man von gelegentlichen Zuschriften an das ›Börsenblatt für den Deutschen Buchhandel‹, namentlich in der Kontroverse über das skandinavische Urheberrecht ab, sein erster längerer Aufsatz zu grundsätzlichen Fragen seines Verlegerberufs.

Fischer war kein Redner, und er war auch kein Schreiber. Das hieß nicht – wie alle seine Mitarbeiter und seine Autoren wohl wußten –, daß er sich über die Menschen und ihre Einrichtungen keine Gedanken machte und nicht zu sehr bestimmten Einsichten gelangt war. Es scheint, daß er in seinem Jubiläumsbuch gewisse Auffassungen darzulegen gedachte, die sehr beträchtlich über seine Berufssphäre hinaus- und auf allgemeine Fragen der Gesellschaft und ihrer kulturellen Struktur eingingen. Es scheint: denn dieser Text, den er im Urlaub aufsetzte und Heimann übersandte, ist nicht erhalten. Wohl aber fand sich unter seinen nachgelassenen Papieren, angeheftet an die Notizen zu seinen Lebenserinnerungen, ein handschriftliches Blatt, das mit diesen autobiographischen Aufzeichnungen in keinem ersichtlichen Zusammenhang steht. Es enthält diese Zeilen:

Die Klarheit des Ziels, jedem Deutschen als Evangelium so überzeugend, daß von der Schule an diesem Ziel Fühlen, Denken und Handeln die Richtschnur bietet.
Die Einheit des Willens im denkenden Teil des Volkes so stark, daß die Regierung die Vollstreckerin des Willens des Volkes ist.
Eine Regierung, die das ist, kann nicht schlechte Politik machen, weil sie nicht fehl gehen kann. Unklare Ziele, unklare Mittel; unklare Köpfe; unklare Wirkung.
Eine Regierung, die bevorrechtete Kasten großzieht, die das Recht zu entscheiden dem Volk entzieht, kann sich nicht in Übereinstimmung mit dem Volkswillen fühlen und sie beraubt sich der sichersten Grundlage für ihre Orientierung, indem sie anstatt ein stark bewußtes Volk, ein unmündiges, dumpfes großzieht.
Nicht darauf kommt es an, Deputierte, Beauftragte zu wählen, die es schon machen werden, jeder muß selbst zum Deputierten sich fühlen, die Angelegenheiten des Staatsganzen sind seine eigenen Angelegenheiten.

Was veranlaßte den Verleger S. Fischer zu dieser Niederschrift? Man meint, den Widerhall von Gesprächen mit Saenger zu vernehmen oder, wahrscheinlicher, das Aufkeimen von Überlegungen aus Gesprächen mit dem Grunewaldnachbarn Walther Rathenau. Heimanns Reaktion auf den übersandten Textentwurf läßt vermuten, daß es sich hier um Notizen zu dem Jubiläumsaufsatz handelt. Heimann schrieb:

Sie haben sich die Arbeit viel zu schwer gemacht. Vom Allgemeinen auf das Besondere zu kommen, ist immer heikel und gewaltsam. Sie werden es viel leichter haben, wenn Sie vom Besonderen ausgehen, es darstellen und ungezwungen ins Allgemeine schweifen. Ich würde nur Ihren dritten Abschnitt zum Thema nehmen und Nummer eins (heutigen Kulturzustand, Buchhandel als Mitwirker am Aufbau einer demokratischen Kultur) dem Zufall und der schriftstellerischen Assoziation überlassen. Nummer zwei fällt dann von selbst weg.
Dieses sage ich ganz absehend davon, daß ich in Ihrem Plan im ersten Teil einen Irrtum sehe. Ein rein oder vorwiegend belletristischer Verlag kann

nicht für seine Aufgabe halten, am Aufbau einer demokratischen Kultur mitzuarbeiten. Die Künste, die Poesie insbesondere, zielen, wohnen weit über diese Sphären hinaus. In einem der verloren gegangenen Teile der Versunkenen Glocke hieß es: »Wahrheit und Irrtum, das sind zwei Geschwister, das Märchen wohnt in einem edleren Haus.«... Ich weiß wohl, daß Sie Demokratie nicht im guten Parteisinne meinen; aber was Sie meinen, würde sich bequemer und gültiger ausdrücken, wenn Sie dazu als zu einer beiläufigen Folgerung kommen, als wenn Sie davon ausgehen.
Am unbefangensten werden Sie es haben, wenn Sie, wie in Ihren oft so meisterhaften und von mir immer bewunderten Briefen, ganz von der Situation ausgehen: Hier ist ein Mann, ein Verleger, was tut er? Man schickt ihm Manuskripte ins Haus, Schriften, die von ihm das Blut der Existenz zu trinken hoffen; er wählt und verteilt an die Drucker, Binder, demnach an die hungrigen oder übersatten Leser, und ferner gibt er Arbeiten in Auftrag: Übersetzungen, Reisen, Neuausgaben. Also freie oder halbfreie Produktion. Welche Kräfte muß der Verleger in sich erziehen, welch' Gewissen erarbeitet er sich? Was wirkt er, direkt oder indirekt? Ich bitte Sie (wie ich weiß, im Namen vieler, z. B. Dehmels) so persönlich wie möglich zu schreiben — um so wertvoller und willkommener wird es sein.

Ein aufschlußreicher Brief. Heimanns Rat — »so persönlich wie möglich« — entsprach nicht Fischers Neigung; zudem ließ er außer acht, daß Fischers Vorstellungen von der gegenwärtigen und künftigen Arbeit des Verlags sich offensichtlich in neuer Richtung zu bewegen begannen. Man spürt, ohne den Text zu kennen: Fischer wollte auf etwas ganz Bestimmtes hinaus, er suchte nach neuen Aufgaben, neuen Wirkungssphären, einer engeren Verzahnung des Verlags mit der sich wandelnden Gesellschaft; er sah neue Verpflichtungen, neue Verantwortlichkeiten, auch für einen belletristischen Verlag, und Heimann widersetzte sich — instinktiv, möglicherweise gar nicht bewußt — dieser Konzeption, an die Fischer sich herantastete. Es mag alles noch etwas unklar geklungen haben, wie es da im Entwurf stand; aber ein klarer Denker war Heimann auch nicht. Das Hauptmann-Zitat war natürlich, wie Thomas Mann später einmal auf Hauptmanns *Festspiel* sagte, »eine zu Herzen gehende Quasselei«, und außerdem in diesem Zusammenhang ein irrelevantes Argument. Und Heimann irrte sich, wenn er seinerseits Fischers Meinung, ein belletristischer Verlag könne es durchaus für seine Aufgabe halten, am Aufbau einer demokratischen Kultur mitzuarbeiten, für einen Irrtum hielt. Die nächsten Jahre zeigten, daß dem nicht so war, mehr noch, daß Fischer um dieser Mitwirkungsverpflichtung gerecht werden zu können, über die Grenzen des »rein oder vorwiegend belletristischen Verlags« hinauszustreben trachtete. (Das merkwürdige ist, daß das stärkste Bindeglied zwischen ihm und Rathenau ausgerechnet Heimanns Kronzeuge Hauptmann war.) Fischer befolgte Heimanns Rat nur sehr in Grenzen. Das Ergebnis der Auseinandersetzung, wie es dann im Jubiläumsbuch erschien, war der seither immer wieder zitierte und noch heute gültige Aufsatz *Der Verleger und der Büchermarkt*, der in einem voraufgegangenen Kapitel bereits in großen Teilen angeführt wurde.

›DAS XXVTE JAHR‹

»Der Katalog wird vor Mitte Oktober kaum fertig werden«, schrieb Fischer am 21. September 1911 an Nansen. »Ich schwanke noch, ob eine kleine Zusammenkunft von Freunden aus Anlaß des Jubiläums am historischen 1. Oktober oder am Tage des Erscheinens des Katalogs stattfinden soll. Ich möchte die Wirkung des Katalogs nicht gern verpuffen lassen.« Der Katalog erschien am 22. Oktober. Er war zu einem vierhundert Seiten starken Buch angewachsen, das schließlich nicht »Katalog«, sondern *Das XXVte Jahr* hieß. Dieses ganze Buch, nicht nur Fischers Beitrag, ist ein kulturgeschichtliches Dokument. Es atmet nicht nur aufs eindringlichste Geist und Atmosphäre der Zeit, bildet nicht nur eindrucksvoll das Gesicht des Verlages ab, sondern enthält darüber hinaus einen großen Reichtum an verlagsgeschichtlichen und literarhistorischen Auskünften, die inzwischen unschätzbar wertvoll geworden und nirgendwo sonst zu finden sind. Die vorliegende Chronik hat sich seiner auf Schritt und Tritt bedient.
Die ersten hundert Seiten sind unter dem Sammeltitel ›Das Buch‹ den allgemeinen Aufsätzen gewidmet, die Heimann am wichtigsten waren. (Heimann selbst, als Herausgeber nicht namentlich genannt, fand nichts dawider, im Dezemberheft der ›Neuen Rundschau‹ das Jubiläumsbuch mit einem sechs Seiten langen Aufsatz, *Ein Katalog*, anzuzeigen, worin er besonders auf diese Beiträge verwies.) Den Auftakt bildete Eloessers Aufsatz *Fünfundzwanzig Jahre*; er war etwas trokken und farblos geraten, und Heimann fand darin »die Summe anders gezogen, als ich sie ziehe«. Ihm folgt Fischers Aufsatz *Der Verleger und der Büchermarkt*, zu dem Heimann einsichtig bemerkt:

> ... der unternehmende Mann schaut nach neuen, die alten nicht erdrükkenden, doch ergänzenden Formen aus; als deren eine er das billige Buch mit Einheitspreisen und gleichmäßigem Aussehen zu pflegen empfiehlt und selber vorhat. Von diesen Dingen und wie sie auch die Literatur angehen, spricht er; von einigen anderen spricht er nicht. Zum Beispiel nicht von dem unfreiwilligen Mäzenatentum der erfolgreichen Autoren, das durch das freiwillige des Verlegers zur Quelle wird.

Danach kommen drei Aufsätze, die »das Buch in seinen verschiedenen Funktionen ansehen«: *Das Buch und der Leser* von Richard Dehmel, *Buch und Roman* von Emil Strauß und *Über das Lesen* von Jakob Wassermann. Sodann ein überaus fesselnder Aufsatz von E. R. Weiß,

Das Buch als Gegenstand, der auf fünfzehn Seiten die Entwicklung der Buchgestaltung und Buchkunst auf ebenso schwungvolle wie informative Weise abhandelt – »ein erfreuliches Kapitel darum, weil die Verwahrlosung auf diesem Gebiet am tüchtigsten überwunden ist«, und geschrieben von einem, der diese Überwindung an hervorragender Stelle mitbewirkte. Weiter die beiden vorzüglichen Aufsätze von Oscar Bie (*Die Neue Rundschau*) und Samuel Saenger (*Wege und Irrwege der Publizistik*), die in voraufgegangenen Kapiteln dieser Schilderung ausführlich zitiert wurden; und schließlich ein aphoristischer Aufsatz Heimanns *Über Zeit und Zeitgenossen der Kunst* – »Da die Kunst beredet werden muß, so muß ein Beruf daraus gemacht werden, sie zu bereden.«

Die nachfolgenden zweihundertfünfzig Seiten sind dem Zweiten Teil ›Literarische Beiträge‹ gewidmet: Dramatisches, Briefe, Erzählungen, Essays, Skizzen, Gedichte und Sprüche, im Inhaltsverzeichnis nach diesen Gruppen geordnet, im Buch selber gefällig gemischt. Auch hier finden sich Schätze. So ein Bruchstück aus Thomas Manns *Bekenntnisse des Hochstaplers Felix Krull,* nämlich der Theaterbesuch und die Schilderung des Schauspielers Müller-Rosé. So weiterhin Brahms berühmter *Brief,* in dem er seine erste Begegnung mit Fischer schildert und der mit den Worten schließt:

> So sind Sie geblieben, der Sie waren, auch als der Kreis Ihrer Unternehmungen sich weitete und breitete, so schreiten Sie ins zweite Vierteljahrhundert Ihrer Schöpfung, noch immer ein hoffend Heischender, frisch hinein: zu Schutz und Trutz verbündet den Modernen, ein viel vermögender Schatzmeister jedem, was jung ist, deutsch und eigen.

So gleichfalls in diesem Teil drei wertvolle ›Dokumentationen‹ zur Literaturgeschichte: Nansens Erinnerungen an den Beginn seiner Zusammenarbeit mit Fischer, Schlenthers ergreifendes Porträt des enthusiastischen Sonderlings Julius Hoffory und Julius Elias' humorige Schilderung der gefahrvollen Entstehung der großen Ibsen-Ausgabe. Unter den Skizzen fällt ein neuer Name auf: Annette Kolb; unter der Lyrik – »Es scheint fast eine Rache des Geschicks«, meint Heimann, »die mehr Verse in diesen Katalog gestreut hat, als die ›Neue Rundschau‹ in allen ihren Jahrgängen enthält« – ist es doch wahrhaftig dem einstmals so schmählich abgewiesenen Poeten Trebitsch gelungen, mit einem Gedicht einzudringen; freilich ist es sehr kurz. Noch kürzer, der kürzeste von allen, ist Kerrs Beitrag, ein einzeiliger Aphorismus: »Das Leben ist der Güter höchstes.«

Die letzten fünfzig Seiten machen den Dritten Teil, die Bibliographie aus und sind ein wahres Schatzhaus an Auskünften. Eine vollständige, alphabetisch nach Autoren geordnete Liste aller Verlagswerke mit

Auflageziffern, Preisen und in vielen Fällen Angaben über Ausstattung und Buchkünstler; sodann gesonderte Übersichten über die ›Pantheon-Ausgabe‹, die ›Bibliothek zeitgenössischer Romane‹, die bis dahin erschienenen Gesamtausgaben (es sind ihrer, von Björnson bis Shaw, inzwischen zehn!), die Luxus- oder Vorzugsausgaben. Hieran schließt sich eine Chronologie, die für jedes der fünfundzwanzig Jahre die neu hinzugekommenen Autoren angibt, sodann eine alphabetische Liste aller, die »an den Arbeiten des Verlags beteiligt« waren, nämlich zweiunddreißig Herausgeber, sechsundzwanzig Zeichner und Illustratoren, vierzig Übersetzer. Den Beschluß macht, wie schon im Katalog von 1906, das so verdienstliche »Verzeichnis der Werke, die vergriffen oder an andere Verleger übergegangen sind«.

Das Jubiläumsbuch wurde von der Presse als das aufgefaßt, was es in der Tat war: eine eigenständige Neuerscheinung des Verlags. Der Katalog wurde überall, in großen und kleinen Zeitungen, von der ›Vossischen Zeitung‹ bis zu den ›Stettiner Neusten Nachrichten‹, ausführlich rezensiert. Der sozialdemokratische ›Vorwärts‹ fand etwas bemerkenswert, das den anderen nicht aufgefallen war. Die geschichtliche Entwicklung des Verlags, meinte das Blatt, sei nicht das interessanteste an diesem Jubiläum:

Es ist etwas anderes. Dieser Verleger hat nämlich Geschäfte gemacht! Abgesehen von den großen Schlagern haben sehr viele seiner Bücher zehn und mehr Auflagen erlebt. Wie ist diese Erscheinung mit dem ewigen Jammer der Verleger (und Theaterdirektoren) zu vereinbaren: das Publikum wolle nur das Seichte, es sei unmöglich mit wirklich etwas Gutem Geschäfte zu machen? Hier ist das Gegenteil bewiesen. Hier hat dieser Mann gezeigt, daß es sehr wohl möglich ist, die Kunst zu fördern *und* Geld zu verdienen. Zugegeben: die Mode ist der Richtung des Verlags zu Hilfe gekommen – aber das ist nicht immer der Fall gewesen – oft hat Fischer durchgehalten gegen das Publikum! Und er hat fast nie Konzessionen gemacht, nie auf den Beifall der Leihbibliotheken spekuliert. Es geht also auch so, Fischer hat es gezeigt.

Auch das Fachorgan, das ›Börsenblatt‹, widmete dem Jubiläumsbuch eine lange Besprechung und meinte abschließend:

Das prächtige Jubiläumsbuch ist für jeden Kollegen lesenswert, namentlich der erste, fachliche Teil. Hoffen wir, daß die Überschüsse einer neuen Auflage nicht nur darbenden Journalisten, sondern auch Buchhändlern zugute kommen. Die Sortimenter sind doch schließlich auch am Erfolg des Verlages nicht ganz unbeteiligt.

DER 22. OKTOBER

Noch am 8. September 1911 hatte Fischer an Nansen geschrieben:

Mein Jubiläum habe ich mich entschlossen ohne jede offizielle Feierlichkeit zu begehen. Erstens wäre es für mich ein wenig angenehmes Gefühl, mich als Jubelgreis feiern zu lassen, dazu habe ich weder Talent noch Neigung. Zweitens müßte ich alle meine Autoren, die in ganz Deutschland verstreut wohnen, zum Teil sogar im Ausland, dazu einladen und vielen damit große Opfer an Geld und Zeit auferlegen, was ebenfalls peinlich wäre. Endlich finde ich, daß es viel netter wäre, so etwas gar nicht offiziell zu nehmen, und darum bleibt es am besten, Sie kommen nach Berlin auch ohne offizielle Feier und wir bummeln ein wenig.

Doch nach Berlin zurückgekehrt – »ich kann mich nur schwer entschließen, in die Stadt zur Arbeit zu ziehen«, schrieb er, »das ist auch so ein Alterssymptom« – sah er ein, daß es so nicht ging. Man erwartete mehr. Am 10. Oktober wurde eine gedruckte Einladung versandt (Dehmel hob die seine auf):

Herr und Frau S. Fischer
geben sich die Ehre
Herrn und Frau Dr. Richard Dehmel
zum Mittagessen im Hotel Kaiserhof
(Eingang Mauerstr.) am Sonntag den
22. Oktober um 7 Uhr ergebenst einzuladen.
U. A. w. g.
Grunewald
Erdener Str. 8

Ein Mittagessen um sieben Uhr abends? Niemand scheint es ungewöhnlich gefunden zu haben. Fischer fügte handschriftlich hinzu:

Lieber Herr Dehmel! Mit dem Jubiläum wird es nun (wie Sie sehen) insofern Ernst als wir diesen Abend mit dem Kreis der alten Freien Bühne Männer und mit den Freunden (und Poeten) vom Grunewald verleben wollen. Trifft es sich, daß Sie um diese Zeit herum nach Berlin kommen, so wäre es uns eine große Freude.

Dehmel dankte »etwas kleinlaut«; er wäre gern gekommen, »aber es geht nicht, wir müssen zu Hause bleiben. Die Reise würde uns mit allem, was drum und dran hängt, mindestens 200 M. kosten, und die haben wir einfach nicht übrig ...« Fischer lud ihn ein »mit allem, was drum und dran hängt«.

So wurde es nun doch eine große Veranstaltung. Die Feier »im kleinen intimen Kreis« wuchs sich, wie Fischer an Schnitzler schrieb, »sehr gegen meine Neigung zu einer großen offiziellen Sache aus«. Schnitzler war bereits eine Woche vorher in Berlin, denn am 14. Oktober fand bei Brahm im Lessing-Theater (gleichzeitig mit dem Wiener Burgtheater und fünf anderen deutschen Bühnen) die Uraufführung von *Das weite Land* statt. Max Kühnel, damals der jüngste Angestellte des Verlags, erinnerte sich noch ein halbes Jahrhundert später:

Um diese Zeit war es noch üblich, daß bei nicht ausverkauften Premieren so ziemlich alle Angestellten des Verlags Freikarten bekamen. Zu dieser Aufführung waren aber nur noch Einzelplätze frei. Der Autor war an diesem Tag in Berlin und bemühte sich für alle diejenigen, die noch keine Karten hatten. Schließlich waren alle Mitarbeiter bis auf mich als Jüngsten versorgt. Der Autor sprach mit Herrn Fischer, und dieser ließ mir sagen, ich solle auf gut Glück ins Lessingtheater kommen. Da eine Unterbringung bei ausverkauftem Haus ohne Karte nicht glücken wollte, ließ Schnitzler mir einen Stuhl in die Rangloge stellen. In der Pause kam Arthur Schnitzler in die Loge, überzeugte sich, daß ich untergebracht sei, und fragte, ob ich auch gut sehen könne ...

Schnitzler fuhr anschließend auf eine große Vortragsreise und konnte beim Verlagsfest nicht dabei sein. »Wir werden Sie bei unserem Fest sehr vermissen«, schrieb ihm Fischer, »wir hätten Sie gern dabei gehabt.« Altenberg schrieb, der »schreckliche Zustand meiner todeskranken Nerven, ferner meine pathologische Menschenscheu und Reisescheu« sowie »meine tragischen ökonomischen Verhältnisse« hinderten ihn, »die mich ehrende Einladung anzunehmen«. Stehr kam nicht, weil er »fürchtete, durch die Reise nach Berlin die Sammlung zu dem Werke zu stören, über dem ich bin«. Auch Strauß sandte nur einen Gruß aus dem Schwarzwald.

In der Bülowstraße wurde das Jubiläum gleichsam während der Bürostunden gefeiert. Frau Käthe Schmitt erinnerte sich noch Jahrzehnte später: »Auf den Schreibtischen der Herstellung wurde ein Büffet vom Kaiserhof mit herrlichen Delikatessen, Braten, Salaten und anderem gereicht, und Wein und Sekt flossen schon am Vormittag. Auch Peter Nansen, der schon früh aus Kopenhagen gekommen war, nahm daran teil.« Der jüngste Angestellte, der erst drei Wochen zuvor in den Verlag eingetreten war, war »höchst erstaunt und hochbeglückt«, als er gleich allen anderen an diesem Tag eine Gratifikation ausgezahlt bekam. Bei der Feier in den Verlagsräumen »redete mich Herr Fischer mit ›junger Freund‹ an und sprach mir in leicht gehobener Stimmung Mut für meine Tätigkeit zu«. Die leitenden Angestellten, die Herren Schur und Schmitt und die ›Chefsekretärinnen‹, Frau Rosenbaum und zwei Kolleginnen, waren auch zu dem abendlichen Bankett geladen: Viele, wenn auch nicht »alle meine Autoren« waren gekommen, manche von weit her. Die »alten Freie-Bühne-Männer«, Hauptmann, Brahm und Schlenther an der Spitze, waren zur Stelle; Johannes V. Jensen, Nansen und seine Freundin Karin Michaelis. Hedwig Fischer hatte am ›Jubiläumstisch‹ Hauptmann und Dehmel zu Tischherren. Dehmel hatte sein an diesem Tag großjährig gewordenes ›Töchterlein‹

mitgebracht und präsentierte sie den Versammelten: »Bitte, meine Herren, bedienen Sie sich.« Wassermann, der »getreue Jakob«, war dabei. Thomas Mann freilich fehlte (Frau Katia Mann war an einer Lungenaffektion erkrankt, und er war sehr in Sorge, ohne noch zu ahnen, daß dies der Beginn des *Zauberberg* war), und von den Wienern, deren Grüße Trebitsch überbrachte, fehlten nicht nur Schnitzler und Hofmannsthal, sondern begreiflicherweise auch Bahr und Salten, die wohl das Zerwürfnis mit Heimann hinderte. Dafür waren, wie die ›Vossische Zeitung‹ in ihrem Festbericht anmerkte, »auch die Schwesterkünste der Musik, der Malerei, des Theaters würdig vertreten. Man sah Humperdinck, Corinth, Tilla Durieux ...«

Schlenther hielt die erste Festrede. Er erzählte von Fischers Anfängen und berichtete, (wie es Norbert Jacques in seinen Erinnerungen mitteilt), der nach Berlin eingewanderte junge Mann aus »einem Judenstädtchen in Ungarn« habe damit begonnen, daß er »in der Passage zwischen Linden- und Friedrichstraße« ein Buchlädchen eröffnete: »In Übereinstimmung mit dem in dieser Gegend angesiedelten öffentlichen Liebesmarkt betrieb er als Spezialität das Gebiet des Pikanten und Galanten, ja des Pornographischen« und »erntete seine ersten Erfolge«.

Es war nicht nur taktlos, es war außerdem Unsinn. Doch so entstehen die Märchen. Die Legende, Fischer habe im Berliner Prostituiertenviertel in einem Winkellädchen mit dem Verkauf von pornographischer Literatur begonnen, war hinfort nicht mehr abzuschütteln; sie tauchte in zeitgenössischen und späteren Memoiren immer wieder auf, sogar in liebenswürdigster Form; noch ein halbes Jahrhundert später, in einem schönen Gedenkaufsatz von Willy Haas zu Fischers hundertstem Geburtstag, der im Buchhändler-Börsenblatt erschien, konnte man lesen, es sei »gewiß nicht nur hohe Literatur« gewesen, was Fischer und Steinitz in ihrem Laden in der Friedrichstraße ausstellten: »Es wird vielleicht manches darunter gewesen sein, was auch andere Buchläden in der Friedrichstraße auszustellen pflegten, etwa *Wanda im Pelz* oder *Die tolle Lotte.*« Schlenther wußte, daß es Unsinn war. Er hatte Fischers Buchhandlung oft genug aufgesucht. In der sogenannten Linden-Passage, einem halbrunden Durchgang von den Linden zur Friedrichstraße, befanden sich allerlei Ladengeschäfte, darunter auch das des altberühmten »Hofmalers Fischer«, aber zu keiner Zeit die Buchhandlung Gebrüder Fischer. Die Festgäste vernahmen die humoristische Schlüpfrigkeit mit betretenem Staunen. Oskar Loerke notierte in seinem Tagebuch:

Samstag, den 22., war das fünfundzwanzigjährige Jubiläum des Verlages. Diner im Kaiserhof. Hauptmann kennen gelernt, was mir ein großes Glück ist, Dehmel ebenso. Ferner Joh. V. Jensen. Peter Nansen, der ein herzlicher Mensch ist und eine schöne Rede auf Fischer hielt; Schlenther eine ziemlich taktlose, Osborn eine alberne. Falscher Humor: den meisten Menschen ist Humor oder Witz erst möglich, wenn sie die Wahrheit der Wirklichkeit verlassen. Ein Spiel nebenbei, auf Kosten der Bewitzelten. Hans Kyser sprach schön und stark für die Jungen. Fischer dankte prachtvoll einfach und herzlich und dadurch bedeutend ...

Fischers Rede lautete:

Meine verehrten Damen und Herren!
Wenn ich heute im Kreise meiner Freunde und Gönner an besonders sichtbarer Stelle sitze, von Paul Schlenther geschmückt mit den Alterszeichen historischer Beleuchtung, geehrt mit dem Ausdruck der Sympathie, wie sie mir so warm aus Richard Dehmels und Peter Nansens Worten entgegen klangen, so blicke ich verwundert auf und überdenke, ob denn wirklich 25 Jahre verflossen sind, seitdem ich meinen Weg begonnen habe. Ich weiß wohl, mein Kopf ist kahl geworden, mein Sohn wächst heran und meine Frau hat (im Vertrauen gesagt) die ersten Silberfäden in ihrem Haar entdeckt. Und dennoch, ohne den Jugendlichen spielen zu wollen, so ist mir doch, als ob das alles gestern gewesen wäre. Denn an jene Anfänge knüpft sich durch die ganze Kette von Tagen und Jahren, die sich lückenlos an einander reihen, für mich das lebendige Geschehen meiner Arbeit an. Von dieser meiner Arbeit und von mir erlauben Sie mir ein wenig zu sprechen. Die Anfänge meines Verlages wurden getragen von der Welle einer neuen menschlichen Gemeinsamkeit, einer neuen Herzlichkeit, die in die Welt zu kommen schien. Dieser Lebensgewinn war zu stark, als daß er mir hätte verloren gehen können; ich empfand ihn anfangs nur unklar, mehr phantastisch jugendlich erregt, mehr ahnend und fühlend als wissend.
Aber was ursprünglich jugendlicher triebhafter Tatendrang war, wurde allmählich zu einer latenten Erregung, die sich erneuerte an jeder neuen Aufgabe. An den Werken und dem Wesen der Dichtkunst ist der innere Mensch in mir geworden, und je stärker meine Teilnahme an der gestalteten Welt aufwuchs, umso stärker hat sie sich in lebendige Aktivität umgesetzt. Und daher kommt es, daß meine Arbeit mehr geworden ist als eine berufliche, daß sie mir zum persönlichen Erlebnis, zur bestimmenden Führerin meines Lebens wurde.
Was ich den Dichtern, die mir ihr Werk anvertrauten, zu danken habe, ist gewiß nicht wenig, was ich von ihnen als Steigerung meines Lebensgefühls empfangen habe, das ist mehr; das nach meinen Kräften zurückzugeben, ist der Sinn meiner Arbeit. Ich habe das Glück gehabt, Freunde und Mitarbeiter zu finden, die mir seit Jahren geholfen haben, einem Werk Gestalt und Charakter zu geben, und ich habe Grund, dem Schicksal dafür zu danken, daß ich auch von meiner nächsten Nähe den Hauch lebensvollen Empfindens auf mich wirken fühlte. Der heutige Abend ist mir aber eine besondere schöne Bestätigung, und dafür danke ich Ihnen. Ich danke den Freunden aus den nordischen Ländern, besonders Ihnen, lieber Nansen, der die mich ehrenden Gefühle Ihrer Landsleute mir so herzlich nahe gebracht hat. Ich danke den Freunden aus Österreich und aus unserem eigenen Lande, die die Mühe nicht gescheut haben, zu uns zu kommen, und meine Frau und ich danken Ihnen allen, daß sie diesen Abend mit uns verleben.

Ich erhebe mein Glas auf die Dichtkunst, diese schönste Kraft der Umwandlung, ich erhebe es auf die Dichter, die sie uns geben, und auf alle, die in ihrem Banne vereinigt sind: auf alle unsere lieben Gäste.

Das Fest hatte noch einen Nachzügler. In einem Dankesbrief Fischers an Nansen vom 27. Oktober 1911 heißt es:

Und nun dekorieren Sie mich gar mit dem St. Olafs-Orden, denn ich bin ja sicher, daß Sie hinter all diesen Tücken stecken. Was wird bloß Schlenther dazu sagen, wenn ich mit dem Orden spazierengehe! Meinen Sie nicht, daß sein Respekt gewaltig steigen muß? Mich freut die Sache als ein Zeichen der Anerkennung und als ein Zeichen dafür, daß es Kulturländer gibt, die nicht nur militärische Leistungen schätzen.

Hier klingt, gleich nach dem ironischen Seitenhieb auf den despektierlichen Schlenther, ein neuer, ungewohnter Ton auf. Der gleiche Ton beginnenden Unbehagens im Kulturland Deutschland wird einige Tage später aus einem Brief Hauptmanns an Fischer vernehmlich:

Der große Jubiläumsabend bleibt mir in eindrucksvoller Erinnerung ... eine achtunggebietende Heerschau bis zur Gegenwart und für die Zukunft: Erfreulich genug im Deutschland der Fabrikschornsteine und Kanonen ...

Und Annette Kolb, kein naseweises junges Mädchen, sondern eine reife, vielgereiste Frau von sechsunddreißig Jahren, begann ihre Betrachtung *Ballonperspektive* im Jubiläumsbuch von 1911 mit den Sätzen:

Ich fürchte doch, daß es noch einen Krieg wird geben müssen, obwohl die Diplomaten ihn schon in Abrede stellen, obwohl die Leute nicht recht mehr daran glauben, und obwohl die Zeitungen ihn noch immer an die Wand malen. Es sollte mich doch wundern, wenn wir ohne einen letzten und schon unzeitgemäßen Krieg auskommen würden, weil unsere Köpfe zu hart sind, um nicht noch einmal zusammenzustoßen ... ich kann nicht sagen, wie mir das vorkam, daß wir noch daran dachten, einen Krieg aus der Rumpelkammer der Menschheit hervorzuziehen. Aber ich sah auch, daß er noch möglich war, falls wir es überall, bei den tausend Anstößen zu unserer inneren Unzufriedenheit beließen, so daß uns zuletzt, unter dem Schein der Rivalität, nichts anderes als das wachsende malaise über die eigene Unerfreulichkeit außer Hause triebe, bis wir endlich, uns selber fliehend, lieber mit Waffengewalt ins fremde Land einfallen werden, als uns selber länger zu ertragen.

GROSSE REISEN

»Nicht die Salons, die Bahnhöfe haben heute ihre Habitués«, schrieb Annette Kolb in der gleichen Betrachtung. Einige Autoren hatten zum Jubiläum nicht kommen können, weil Fischer selbst sie in ferne Länder geschickt hatte; andere waren eben zurückgekehrt, wieder andere im Begriff aufzubrechen. Die ›Neue Rundschau‹ bemühte sich seit langem, gute Reiseschilderungen aus europäischen und außereuropäischen

Ländern zu bringen, und legte Gewicht darauf, daß sie schriftstellerische Qualität besaßen, von einem dichterischen Impuls getragen waren und die besondere Persönlichkeit des Schilderers, die Eigenart seiner Erlebnisse und Überlegungen unverwechselbar zum Ausdruck brachten. Solche Beiträge waren nicht leicht zu beschaffen und waren bisher zumeist von außerhalb des Hauses gekommen. Fischer regte seine Romanciers und Dramatiker immer wieder an, sich auf diesem Gebiet zu versuchen; er war stets bereit, zur Finanzierung solcher Reisen beizuhelfen, deren Früchte der Zeitschrift wie dem Buchverlag zugute kamen. »Ob S. Fischer die Sackgasse der Ästheten wohl erkannte, als er manchen seiner Autoren ›auf Reisen‹ schickte, damit sie – da die meisten aus Gründen des Blutes in Preußen nicht an die Krippen des Staates kommen – Patrioten der Erde würden und Wirklichkeit atmeten?« So schrieb bald darauf, 1914, Eduard Korrodi nicht ohne Heimtücke in der ›Neuen Zürcher Zeitung‹. Nicht doch – Jensens Amerika-Bilder, Madelungs Rußland-Schilderungen waren Muster dessen, was Fischer sich vorstellte. Er selbst hatte gute Ideen. So schlug er Madelung vor, für die ›Rundschau‹ eine Reise ins russische Polen zu unternehmen und zu erforschen, wieviel vom alten Königreich Polen, von polnischer nationaler Eigenständigkeit sich im Zarenreich lebendig erhalten hatte; so regte er Bahr nach seiner *Dalmatinischen Reise* (1909) zu einer größeren Berichterstattungsfahrt durch alle Balkanstaaten an. Diese beiden Reisen kamen leider nicht zustande; sie hätten vielleicht manches erklärt, was wenige Jahre darauf so unerklärlich hereinbrach.

Andere Reisen kamen zustande. Die letzten Jahre vor dem Ersten Weltkrieg brachten dem Verlag eine Reihe vorzüglicher und neuartiger, mit aktuellem Bildmaterial gestalteter Reisebücher. Der Rahmen war weit gespannt. Julius Meier-Graefe war 1909 mit Paul Cassirer auf der Suche nach malerischen Entdeckungen nach Spanien gereist und hatte 1910 bei Fischer seine *Spanische Reise* veröffentlicht, die ein einziger Hymnus auf El Greco war und scharfe Kritik an Velàsquez übte, was ihm heftige Angriffe, gar Verhöhnungen und den Spitznamen »Meier-Greco« eintrug. »Ein riesig geistreiches Buch«, schrieb Fischer an Nansen. 1911 erschien Norbert Jacques' *Heiße Städte. Eine Reise nach Brasilien,* ein schwungvolles, farbenprächtiges Buch, das rasch mehrere Auflagen erzielte. (»Dichterisch unmittelbar kann der Mensch seine neue Zeit im Reisen erleben«, hatte er im Jubiläumsalmanach geschrieben. »Wir können die Städte der fernen Küsten in unserm Leben überschwenglich aufreihen, wie die Kugeln eines schönen Rosenkranzes.«) Ganz anders der schwerblütige, zergrübelte Arthur Holitscher, dem Amerika die Augen öffnete und eine umschweiflose, oft aggressiv-realistische Sprache diktierte.

Der alte Freund Holitscher war seit Jahren Fischers Sorgenkind. Er quälte sich mit Roman um Roman, von Mißerfolg zu Mißerfolg, und konnte sich nicht eingestehen, daß er den falschen Acker pflügte. Fischer erkannte, daß dieses Mannes Gaben anderwärts lagen, und trieb ihn an, die selbstauferlegten Fesseln zu sprengen. Holitscher schrieb später:

Fischer war es dann auch, der zur rechten Zeit erkannte, daß ich von ausgedehnten Reisen wesentliche Arbeiten, angeborenem Weltgefühl entsprossen, mitbringen würde: den Auftrag zu meiner Amerikafahrt verdanke ich ihm. Dieser Auftrag rettete mich aus den Wirren, in die ich zur Zeit meines Buches ›Worauf wartest du?‹ so tief und hoffnungslos verstrickt war.

Die Verstrickung löst sich, als er dreitausend Meilen Atlantik hinter sich hatte. Das Jubiläumsbuch enthielt bereits eine erste Schilderung der Ankunft in Hoboken, das Novemberheft der ›Rundschau‹ eine Skizze des Staates New York. Am 20. Dezember 1911 schrieb Fischer an Ben Huebsch:

Ein junger Dichter, Herr Arthur Holitscher, den wir nach Amerika und Canada geschickt haben, um ein Buch aus eigenen Anschauungen zu schreiben, wird Sie in den nächsten Tagen besuchen. Was wir von diesem Buch bisher kennen gelernt haben, ist außerordentlich interessant. Es wäre vielleicht für die Amerikaner sehr wertvoll zu erfahren, wie ein junger deutscher Dichter die sozialen und kulturellen Einrichtungen Amerikas gesehen und empfunden hat. Wir empfehlen Ihnen Herrn Holitscher aufs wärmste.

Von März bis Mai 1912 brachte die ›Rundschau‹ in drei langen Fortsetzungen Holitschers *Reise in Kanada*; sie erregten so großes Aufsehen, daß Bie mit dem Abdruck fortfuhr und in den Juli- bis Septemberheften drei weitere Abschnitte über die Vereinigten Staaten brachte. Fischer berichtete Nansen, der Vorabdruck habe »das allergrößte Interesse erregt, und wir rechnen mit einem Bucherfolg«. Dieses erste Reisebuch Holitschers *Amerika heute und morgen*, das im Oktober 1912 erschien, schuf ein neues Genre und wurde richtungweisend: »Es ist ihm gelungen«, schrieb Fischer, »nicht nur das pittoreske, sondern auch das social-ethische des Landes und der Menschen plastisch wiederzugeben.« Zudem brachte das Buch seinem Autor endlich den äußeren Erfolg: vier Auflagen im ersten Jahr (keines seiner vorangegangenen sieben Bücher war über die erste Auflage hinausgelangt), die in den folgenden Jahren auf vierzehn weiterkletterten. Holitscher hatte seinen Weg gefunden und schritt ihn nach dem Ersten Weltkrieg, als eine ganz neue Welt, Sowjetrußland, Palästina, das unruhige Asien sich öffneten, begeistert und begeisternd weiter. Er hatte Schule gemacht.

Im gleichen Jahr 1912 brach der Bismarck-Biograph Emil Ludwig nach Ostafrika auf:

Die ›Neue Rundschau‹ wurde lebendig geleitet, war immer auf der Suche nach neuen Kräften, und so wurde es mir leicht, meinen Verleger Fischer zu einem Reiseauftrag nach Afrika zu bewegen, angeblich der Kolonien wegen, in Wahrheit, um ein impertinentes Versprechen einzulösen.

Das Versprechen hatte darin bestanden, einer Dame eine echte Mangofrucht zu bringen; die Kolonien erwiesen sich als fesselnder:

Als ich die große Fruchtbarkeit und Schönheit unserer ersten Kolonie verglich mit der gewissen Langsamkeit ihrer Entwicklung, dem Mißmut vieler Äußerungen, dem häufigen Mangel an Großzügigkeit, fragte ich nach dem Grunde. Da ich kein Kolonialpolitiker bin, aber den Zeitungen nicht traue, fragte ich hier im Lande alle Stände und Klassen dasselbe: »Warum blüht dieses Land noch nicht? Wer trägt die Schuld?«

Das war ein neuer Stil. In dem Mann, der den Zeitungen nicht traute, steckte ein guter, weil mißtrauischer Journalist. Ludwigs Berichte über Britisch-Ostafrika, Deutsch-Ostafrika, Sansibar und Rhodesien erschienen in fünf Fortsetzungen Anfang 1913 in der ›Neuen Rundschau‹ und unmittelbar darauf als Buch. *Die Reise nach Afrika* (ebenso wie Holitschers Amerikabuch reich mit Photographien illustriert) sprang sofort in die dritte Auflage. Im April 1914 schickte Theodor Wolff den Autor als ständigen Berichterstatter des ›Berliner Tageblatts‹ nach London.

Hermann Hesse hätte nicht zum Jubiläum kommen können, selbst wenn dem Berlinfeindlichen der Sinn danach gestanden hätte. Er war in Indien. »Was mich zur Jugendzeit erfreut / Es hat den alten frohen Schein / Nicht mehr und freut mich nimmer heut –« hieß es in dem Gedicht *Herbstbeginn*, das er zum Jubiläumsbuch beigesteuert hatte. Er befand sich um diese Zeit in einer schweren inneren Krise, haderte mit Europa und sich selbst und beschloß, »um Distanz und Überblick zu gewinnen«, nach Indien zu reisen, wohin alte Familienbeziehungen ihn seit langem zogen. (Schon 1907 war die *Legende vom indischen König* in der ›Rundschau‹ erschienen.) Vom Briefwechsel über die Indienfahrt sind keine Briefe Hesses und nur einige von Fischers Antworten erhalten; doch auch sie verraten Hesses kauzige Empfindlichkeit. Hesse fragte offenbar Anfang Juli 1911 an, ob wohl ein Reisezuschuß zu haben wäre, wenngleich er nicht versprechen könne, daß die Reise literarisch ertragreich sein werde. Fischer antwortete am 7. Juli:

Ich stelle Ihnen gern einen Reisezuschuß von viertausend Mark zur Verfügung, auch für den Fall, daß sich keine unmittelbare Verwertung aus der Reise ergibt. Schreiben Sie aber über die Reise etwas, so würden die 4000 Mark durch Vorabdruck in der ›Rundschau‹ – zu dem Satz von M. 40 pro

Seite – auszugleichen sein ... Sie übernehmen also mit dem Reisezuschuß von 4000 Mark gar keine Verpflichtung; wenn Sie nichts konkretes schreiben, werde ich mich damit zufrieden geben, daß die Eindrücke der Reise dazu beigetragen haben, Ihre Stoffwelt zu bereichern.

Hesse reiste Anfang September 1911 nach Hinterindien. Die Reise tat nicht die erhoffte befreiende Wirkung, und es kam nicht sogleich etwas Verwertbares dabei heraus. Doch empfand er offenbar eine Verpflichtung gegenüber Fischer (obwohl Fischer sie ihm ausdrücklich abgenommen hatte) und stellte ein Manuskript Reisenotizen zusammen, das er Bie sandte. Bie spürte aus dem Manuskript anscheinend eine gewisse Unlust heraus und schlug vor, nur einen Teil (über Sumatra) zu bringen. Hesse schloß hieraus, daß die ›Rundschau‹ ihm nicht wohlgesonnen sei, und schickte Fischer die viertausend Mark zurück. Fischer antwortete am 18. März 1912:

Sie haben damals, bei der Übersendung des Manuskripts, auf Ihre Notizen über die Reise kein besonderes Gewicht gelegt, und da mir Bie gesagt hat, daß Sie kein starkes Interesse für die Reise aufgebracht haben, daß sich das in Ihren Notizen äußert und daß Sie selbst in Ihren Notizen wiederholt eine Unlust bekennen, so mußte es mir scheinen, als ob Sie Ihrerseits auf den Abdruck der Notizen kein so großes Gewicht legen, während wir unsererseits uns sagen mußten, daß mit dem Abdruck auch den Lesern nicht besonders gedient sein kann ... Sie waren gar nicht verpflichtet, über Indien etwas zu schreiben ... Der Reisezuschuß ist kein Vorschuß, er ist ein einmaliger Zuschuß, den ich, mich als Ihr Verleger fühlend, Ihnen auch für den Fall dargeboten habe, daß sich daraus nichts anderes ergibt, als eine Bereicherung des Lebensgefühls und eine Erweiterung Ihres Stoffgebiets ... so liegt ja auch moralisch kein Grund vor, daß Sie mir die 4000 Mark zurückgeben. Ich hoffe, Sie überzeugen sich davon, daß die ›Rundschau‹ kein Hindernis für unsere zukünftige Verbindung ist ...

Fischer zahlte die leidigen viertausend Mark neuerlich auf Hesses Konto ein – »für mich war die Sache in dem Moment, wo ich Ihnen den Zuschuß zugesagt habe, erledigt« – die ›Rundschau‹ brachte das Fragment *Auf Sumatra* im Maiheft 1912, und das Einvernehmen war wiederhergestellt. Außerdem behielt Fischer auf längere Sicht recht: die Indienreise brachte für Hesse nicht nur »eine Bereicherung des Lebensgefühls«, sondern auch eine »Erweiterung des Stoffgebietes«. Hesse entschloß sich, die Reiseaufzeichnungen doch zu einem Buch auszugestalten, und am 28. Juli schrieb ihm Fischer: »Ihr indisches Buch will ich natürlich gern drucken; es ist ja eine Frucht der Reise ...« *Aus Indien. Aufzeichnungen von einer indischen Reise* erschien im Frühjahr 1913, erzielte sofort sechs Auflagen und blieb über die Jahre hinweg hinter Hesses anderen Büchern nicht zurück. Überdies wirkte die Indienreise ständig in Hesses Schaffen weiter, bis an sein Lebensende: zehn Jahre später (1922) konnte Fischer Hesses indische Dichtung *Siddharta* herausbringen, die eine außerordentliche geistige Wirkung tat und in sieben indische Sprachen übersetzt wurde; das Erscheinen des *Glasperlenspiels* (1943) mit dem *Indischen Lebenslauf* (1937 vorabgedruckt in der ›Neuen Rundschau‹) erlebte er nicht mehr. Der Reisezuschuß hatte schöne Früchte getragen.

VOM JUBILÄUMSBUCH ZUM ALMANACH

Hofmannsthal kam einige Wochen nach dem Verlagsfest, auch er zu einer Uraufführung, nach Berlin. Am 6. Dezember 1911 heißt es in einem Brief Fischers an Hauptmann in einem Nachsatz:

Lesen Sie ›Jedermann‹. Hofmannsthal hat das Werk sehr schön (und wie ich glaube rentabel) erneuert; das wäre ein Stoff für Sie gewesen, das haben wir sehr empfunden. Die Aufführung war ausgezeichnet.

Es ist ein merkwürdiger Gedanke, sich *Jedermann* nicht in Hofmannsthals, sondern in einer Hauptmannschen Erneuerung vorzustellen; völlig abwegig war der Gedanke nicht. Hauptmann fand die Arbeit freilich eine »literarische Bijouterie. Der Autor hat nichts zu sagen, so lange er an der kleinen Mystifikation eines Mysteriums, die Lupe im Auge, herumbosselt. Ein sauberer antiquarischer Spaß, der beweist, daß sein Verfasser Zeit und Geduld hatte. Bei alledem amüsant und was die Fraktur angeht, sehr gut zusammengestellt, geschliffen und auf neu poliert ...« Hofmannsthal hatte die schon 1903 begonnene Neufassung des alten englischen *Everyman, a Morality play* im September 1911 beendet. Die Uraufführung des Werkes, das zehn Jahre später in Salzburg seine wahre (und wie Fischer richtig vorausgesehen hatte, sehr »rentable«) Bestimmung fand, hatte am 1. Dezember 1911 im Zirkus Schumann in Berlin unter der Regie Max Reinhardts mit Alexander Moissi und Johanna Terwin in den Hauptrollen stattgefunden, und Fischer hatte die Buchausgabe (einen schmalen Band von 108 Seiten, der in Halbpergament drei Mark kostete) gleichzeitig herausgebracht. Sie erreichte zu Hofmannsthals Lebzeiten die 50. Auflage und war von allen seinen Büchern, die bei Fischer erschienen, bei weitem das erfolgreichste.

Im gleichen Brief an Hauptmann vom 6. Dezember 1911, also kaum sechs Wochen nach Erscheinen des Jubiläumsbuches, schrieb Fischer vergnügt:

Die deutsche Nation, die billige – halb geschenkte – Bücher besonders liebt, hat mein Jahrbuch in fast 40 000 Exemplaren verschlungen. Die Folgen dieser Popularisierung sind so groß, daß neulich ein Junge in einem Berliner Gymnasium behauptet hat, die Bibel wäre vor 2000 Jahren beim S. Fischer Verlag erschienen; für so alt habe ich mich doch noch nicht gehalten ...

Das Jubiläumsbuch war ursprünglich als eine einmalige verlegerische Veranstaltung aus besonderem Anlaß gedacht gewesen. Der Widerhall legte es nahe, es zu einer festen, alljährlichen Einrichtung des Verlags zu machen. Fischer dürfte dieser Gedanke sofort gekommen sein, denn er spricht hier bereits von einem »Jahrbuch«.

Ein solches Jahrbuch, in dieser Form, war etwas Neues. Den Almanach, der aus dem Kalender entstanden war, gab es seit Beginn der Buchdruckerkunst, den Musenalmanach, der in seiner reinen, unverfälschten Form nur Lyrik und keine Prosa enthielt, seit dem Ende des 18. Jahrhunderts. Bierbaums *Moderner Musenalmanach* von 1893 und der *Almanach der Insel für 1900* waren gelungene Versuche der Erneuerung und Erweiterung der periodisch erscheinenden Anthologie, die mit Schillers *Musenalmanach* bei Cotta (1796–1800) zu großer literarischer Bedeutung aufgestiegen war. Doch dies waren selbständige Veröffentlichungen, deren Mitarbeiter sich nicht auf den Autorenkreis eines Verlages beschränkten, und wenn sie überhaupt warben, dann für die geistige oder künstlerische Gemeinsamkeit einer Gruppe Gleichgesinnter, und nicht für die Arbeit des Verlegers, der sie herausbrachte. Manche Verlage veröffentlichten zu besonderer Gelegenheit zusammenfassende Rechenschaftsberichte über ihre Tätigkeit (wie etwa Eugen Diederichs bereits zum zehnjährigen Bestehen seines Verlags), denen selbstverständlich und eingestandenermaßen eine – sowohl geistige wie geschäftliche – Werbeabsicht zugrunde lag. Doch der Verlagsalmanach, wie wir ihn heute kennen, eine vom Verleger namens seines Unternehmens und im Interesse dieses Unternehmens herausgegebene regelmäßige, alljährliche Publikation mit Leseproben aus den Neuerscheinungen, Abbildungen und einem Verlagsverzeichnis der lieferbaren Titel, ein Buch also, das zum Bücherlesen anregen und zum Bücherkaufen verführen und ohne marktschreierische Reklame, ohne Presseurteile, Waschzettel oder sonstigen empfehlenden Kommentar (wie er in einen Prospekt gehört) rein auf Grund seiner literarischen Qualität einerseits und seines Informationswertes andererseits für die Produktion werben sollte – einen solchen Verlagsalmanach gab es bis etwa 1910 nicht. Fischer dachte an etwas Neues.

Die Bestsellerauflage des Jubiläumsbuches (welcher Autor des Verlags hatte bisher mit einem Werk in den ersten sechs Wochen vierzigtausend Exemplare abgesetzt?) ließ vermuten, daß einer solchen Publikation eine beträchtliche Werbefähigkeit innewohnte. Sie gedachte Fischer zu nutzen. »Das vorjährige XXV. Jahrbuch«, schrieb er am 21. Juni 1912 an Schnitzler, »hat sich als ein starkes Propagandamittel erwiesen, wir machen den Versuch, es fortzusetzen ...« Er beschloß, eine entsprechende alljährliche Veröffentlichung im Oktober und blieb bei dem für das Jubiläumsbuch gefundenen Titel. Das Jahrbuch für 1912 hieß schlicht *Das 26. Jahr*, das für 1913 entsprechend *Das 27. Jahr.*

Natürlich mußte bei alljährlicher Fortführung das Modell etwas abgewandelt werden. Das Jahrbuch für 1912 enthielt noch den Vermerk: »Das 26. Jahr ist eine Fortsetzung des Jubiläumsbuches ›Das 25. Jahr‹ und soll im Gegensatz zu diesem nur das letzte Jahr der Tätigkeit des Verlags kennzeichnen.« Schon im folgenden Jahr entfiel der Vermerk. Auch die Gliederung wurde geändert. Oder wie Fischer an Schnitzler schrieb: »Wir bringen in dem Buch in Zukunft nur Auszüge aus den neu erschienenen Büchern des Jahres und drucken auch ähnliche Aufsätze ab, die sich auf die Autoren des Verlags beziehen.« Aus dem ›Ersten Teil‹ (vormals ›Das Buch‹) wurde ›Das Jahr‹, das Gedenkaufsätze aus besonderem, in dieses Jahr fallendem Anlaß enthielt. Aus dem ›Zweiten Teil‹ (vormals ›Literarische Beiträge‹, die sämtlich unveröffentlicht gewesen waren), wurde ›Die Bücher des Jahres‹, mit den gleichen Rubriken Gedichte, Erzählungen und Novellen, Dramatisches, Briefe, Skizzen und Essays, die jedoch Leseproben aus soeben erschienenen oder Teilabdrucke aus demnächst erscheinenden Verlagswerken waren. Der dritte, bibliographische Teil war untergegliedert in eine alphabetische Übersicht über die Neuerscheinungen des laufenden Jahres, die nur mit Titel, Auflage, Umfang und Preis, aber ohne jeden Werbetext aufgeführt waren, und daran anschließend die umfangreiche alphabetische Gesamtübersicht über die lieferbaren Verlagswerke. Der Umfang des Jahrbuches wurde von den 429 Seiten des Jubiläumsbuches 1911 auf 350 und 1913 auf 333 Seiten verringert, bei dem es blieb. Es war ein stattliches, ausgewachsenes Buch, das in Pappband unverändert eine Mark kostete.

In dieser Form und Gewandung wurde das Jahrbuch bis in den Ersten Weltkrieg hinein fortgeführt. Dann kam bis zum Ende der Inflationszeit eine Unterbrechung. Das nächste, im Herbst 1924 ausgegebene Jahrbuch trug den Titel *Almanach 1925*. Hinfort blieb es bei dieser Bezeichnung ›Almanach‹, und die Folge erfuhr zu Fischers Lebzeiten zwar noch Veränderungen in der redaktionellen Gestaltung, aber keine Unterbrechung mehr. Zu dieser Zeit gab es kaum einen bedeutenden literarischen deutschen Verlag mehr, der nicht alljährlich seinen Verlagsalmanach herausbrachte. Viele dieser frühen Verlagsalmanache sind zu wertvollen literarhistorischen Quellenwerken und verlagsgeschichtlichen Nachschlagewerken geworden, und so mancher von ihnen besitzt heute großen Seltenheitswert.

»ARMES KIND«

Das Jubiläumsjahr war anstrengend gewesen. Das folgende Jahr verhieß noch anstrengender zu werden. Fischer schob über Weihnachten und Neujahr einen kurzen Urlaub in Wien und auf dem Semmering ein und war am 14. Januar 1912 wieder in Berlin. Wenige Tage darauf traf Nansen in Berlin ein, und zwar zur deutschen Premiere seiner Komödie *Glückliche Ehe*, die bei Reinhardt in den Kammerspielen mit der *Jedermann*-Besetzung Moissi–Terwin herauskam. Nansen hatte im Vorjahr seinen fünfzigsten Geburtstag gefeiert und Gyldendal aus diesem Anlaß seine *Gesammelten Werke* herausgebracht. Natürlich wünschte er sich eine ähnliche deutsche Ausgabe bei Fischer. Außerdem war er inzwischen mit der Dramatisierung einiger seiner älteren kleinen Romane *Glückliche Ehe*, *Ein Hochzeitsabend* und *Judiths Ehe* unversehens zu einem erfolgreichen Autor von Fischers Bühnenvertrieb geworden. Er hatte mit seiner Berliner Premiere großen Erfolg, freundete sich sehr mit Moissi an und schrieb heimgekehrt an Fischer:

Wie lange wird es dauern? Und wie lange kann man den Sieg festhalten? Es ist eigentlich erstaunend und komisch, daß ich mit einem Stück, das nur als Scherz gemacht wurde, mehr Erfolg habe als die anderen, die sich tot arbeiten, um etwas Merkwürdiges hervorzubringen.

(Er übersetzte auf Fischers Anregung im gleichen Jahr Schnitzlers *Anatol* ins Dänische und hatte damit auf den skandinavischen Bühnen guten Erfolg.) Fischer vereinbarte mit ihm eine Ausgabe *Ausgewählte Werke in drei Bänden* (zwei Bände Romane und Novellen *Jugend und Liebe* und *Die Romane des Herzens*, und einen Sammelband *Theater*), zu der Herman Bang, kurz ehe er sich auf eine Vortragsreise nach Amerika begab, dem Freund bereits ein Vorwort geschrieben hatte.

Die Ausgabe erschien 1912, doch Bang erlebte sie nicht mehr. Wenige Tage nach Nansens Rückkehr nach Kopenhagen traf die Nachricht von Bangs Tod ein. Er war siebenundfünfzigjährig im Krankenhaus des Städtchens Ogden am Rande der Großen Salzwüste auf dem Weg nach Kalifornien gestorben. Man hatte ihn tags zuvor bewußtlos im Eisenbahncoupé auf der Fahrt durch die Steppe gefunden. Fischers und Nansens Briefe, beide vom 30. Januar 1912, kreuzten sich. Fischer schrieb:

Das war eine traurige und schmerzliche Nachricht, an die ich zuerst gar nicht glauben wollte. Bang auf der Reise in Kalifornien tot. Eine seltsame Vorstellung zwingt mich dabei an seine Novellenstoffe zu denken, an die abenteuerliche Geste, die ein Teil seines Wesens war... Bangs Gestalt leuchtet so stark auf, daß ich mich tief bewegt fühle in der Erinnerung an dieses melancholische und bunt bewegte Dasein dieses merkwürdigen Menschen. Wenn ich in seinen Briefen blättere und an manches gute Wort zurückdenke, so habe ich das Gefühl, einen guten Freund verloren zu haben. Ich weiß, was Bang Ihnen war und ich weiß von Bang, was Sie ihm waren, und ich denke mich in Ihre Seele und teile Ihren Schmerz um Herman Bang ...

Hedwig Fischer fügte eine Nachschrift an:

Lieber Freund! Wir sind sehr traurig um Herman Bang und waren so erschrocken über diesen plötzlichen Tod, so allein und so weit fort von seinem geliebten Dänemark! Neulich, als Sie hier waren, haben wir noch zusammen über ihn gescherzt, und schon hat man das Gefühl, man hat etwas versäumt gegen ihn, und hat ihm nicht genug Freundschaft und Verehrung gezeigt. War er also doch kränker wirklich, als man glaubte, oder ist etwas geschehen? Wissen Sie noch, wie oft Sie sagten: »Warten Sie, Fischer, Bang überlebt uns alle!«

Nansen war von dem Verlust völlig gebrochen:

Daß er so einsam sterben mußte, weit von seinem Land, weit von allen Freunden – wenn ich weinen könnte, ich würde weinen. Bang, der nie einsam leben konnte, er mußte also einsam sterben. Niemand hat ihm die Hand gedrückt. Armes Kind. Denn Kind war und verblieb er ja immer... Die Bedeutung Bangs wird jetzt klar für alle hier. Selbst seine Feinde geben zu, daß er der größte Romandichter unserer modernen Literatur war.

Fischer und Nansen sorgten gemeinsam für die Überführung Bangs nach Europa und nahmen sich seines Nachlasses an, der viel Unveröffentlichtes und noch Unübersetztes enthielt. Nansen schrieb am 14. Februar 1912:

Gyldendal hat ja schon lange alles erworben. Ich arrangierte es einmal, als ich, während Bangs Berliner Aufenthalten, in Berlin war. Denken Sie – er hatte noch ungf. 2000 Mark in Behalt bei uns von diesem Geld! Er wußte es aber nicht. Ich gab ihm Geld, wenn er bat. Aber ich erzählte ihm nimmer, wieviel übrig war. Sonst hätte er ja seit langem alles verschwendet. Wie süß er war, wenn er schrieb: Lieber Peter, kann ich noch 200–300–500 Mark haben? Und immer mehr erstaunt war er, weil er immer Geld bekam.

Nansen veranstaltete sofort bei Gyldendal eine Gesamtausgabe der Werke Bangs in sechs Bänden und empfahl Fischer das gleiche. Doch Fischer hatte für das Jahr 1912 den Roman *Die Vaterlandslosen* vorgesehen, zu dem Emil Ludwig ein Nachrufsvorwort schrieb, das in veränderter Form im Almanach *Das 26. Jahr* erschien, und für 1913 die deutsche Erstausgabe des Romans *Zusammenbruch* und entschloß sich, mit einer Gesamtausgabe zu warten, bis Bang noch besser durchgesetzt war. Als er schließlich 1919 eine Gesamtausgabe in vier Bänden veranstaltete, konnte Nansen dem Freund den letzten Liebesdienst nicht mehr vergelten.

22 Das Hauptmann-Jahr

Es fügte sich, daß *Das 26. Jahr* wiederum ein Jubiläumsbuch wurde. Die Zeit war gekommen, um zwei große Autoren des Verlags zu feiern. Am 15. Mai 1912 wurde Arthur Schnitzler fünfzig Jahre alt. Am 15. November 1912 war Gerhart Hauptmanns fünfzigster Geburtstag. Die Jubeltage waren mit wohlgemessenem Abstand von einem halben Jahr schön verteilt. Fischer plante zu beiden Anlässen besondere Unternehmungen.

DIE SCHNITZLER-GESAMTAUSGABE

Eine Schnitzler-Gesamtausgabe war schon seit zwei Jahren vorgemerkt. Am 27. Juni 1910 hatte Fischer dem Dichter mitgeteilt:

Mir geht der Plan durch den Kopf, Ihren 50. Geburtstag mit einer Ausgabe Ihrer ›Gesammelten Werke‹ zu feiern. Wenn Sie diesen Plan gutheißen, so würde zu überlegen sein, welche Werke in diese Ausgabe aufzunehmen sind. Eine Auswahl in 3–4 Bänden zu einem billigen Preis (höchstens 12 bis 15 Mark für das komplette gebundene Werk) würde einen großen Abnehmerkreis finden. Der billige Verkaufspreis spielt buchhändlerisch eine große Rolle.

Fischer dachte offensichtlich nicht an ›Sämtliche Werke‹, sondern an eine repräsentative Auswahl, die (nach dem Vorbild der Ibsen- und Björnson-Ausgaben) eine billige ›Volksausgabe‹ sein sollte. Außerdem wollte er seine Gepflogenheit weiterführen, die Gesamtausgabe mit einer Monographie zu begleiten. Den Anfang hatte 1897 Schlenthers Hauptmann-Monographie gemacht. Auf sie war 1910 zusammen mit der dreibändigen Shaw-Ausgabe das umfängliche Buch von Julius Bab über Bernard Shaw gefolgt, das freilich trotz (oder wegen?) seiner 454 Seiten nicht wirklich gelungen war: die irrlichternde Erscheinung Shaws war dem Biographen nicht recht faßbar geworden; die Interpretation seines Werkes kam aus allzu ausschließlich deutscher Sicht und vergriff sich bei der Setzung der Akzente; aber es war zu jener Zeit auch noch keinem Engländer gelungen, ein wirklich gültiges Buch über Shaw zu schreiben. (Die zweite, stark veränderte Fassung von Babs Buch von 1926, die sich auf wesentlich reichere, inzwischen in England veröffentlichte Zeugnisse stützen konnte, traf es viel besser; an den vielen beharrlich falsch geschriebenen englischen Eigennamen hatte sich allerdings nichts geändert – merkwürdig, wie unsorgfältig man in solchen Dingen war.) Aber die Schwierigkeit, den rechten Autor für ein solches einführendes Buch zu finden, das zugleich Leben und Werk umfaßte – Bab hatte in seinem Buch die beiden Themen in getrennten Abteilungen behandelt – bestand nicht nur bei einem ausländischen Autor. Im gleichen Brief vom 27. Juni 1910 schrieb Fischer an Schnitzler.

Wenn ich Ihnen das alles jetzt schon verrate, so geschieht es, weil die Dinge von langer Hand vorbereitet werden müssen und weil ich über die Person des Herausgebers einer solchen Monographie mit Ihnen sprechen muß. Kerr kommt für eine solche Arbeit nicht in Betracht, seine aphoristische Art, sich auszudrücken, schließt das wohl aus. Am besten wäre wohl Hermann Bahr. Er ist aber mit eigenen Arbeiten so beschäftigt, daß er vielleicht nicht zu haben sein wird. Wer käme denn sonst von österreichischen Kritikern in Betracht?

Schnitzler war anscheinend mit Bahr einverstanden, aber Bahr war durch eigene Pläne »für die nächsten drei Jahre ganz und gar gefangen gehalten«. Fischer dachte nun an Polgar – »aber ich weiß nicht wie er zu Ihnen steht«. Schnitzler war jedoch anscheinend der ganze Plan inzwischen unbehaglich geworden. Nur Fischers Antwort auf seine Bedenken ist erhalten:

Was Sie über den Wert einer Monographie sagen, ist natürlich richtig; dennoch scheint es mir nicht unwichtig, daß bei guter Gelegenheit eine zusammenfassende Betrachtung und Charakteristik Ihres Gesamtwerkes dem Publikum dargeboten wird. Es wird doch manches damit ins rechte Licht gestellt, was durch die Tageskritik in den Zeitungen nicht festgehalten ist. Vielleicht käme Handl für ein solches Buch in Betracht; er schreibt eine Monographie über Bahr und würde, wie ich sicher glaube, auch über Sie gern schreiben.

Willi Handl war bereit, aber nun winkte Schnitzler offenbar ab. »Mit Handl habe ich nichts abgemacht«, antwortete ihm Fischer am 28. Januar 1911. »Finden Sie, daß ein solches Buch besser unterbleibt, so werde ich es natürlich nicht gegen Ihren Willen durchsetzen wollen.« Das Buch unterblieb. Der Plan wurde erst zehn Jahre später, zu Schnitzlers 60. Geburtstag verwirklicht.

Auch bei der Gesamtausgabe ergaben sich Schwierigkeiten. Fischer dachte vorerst nur an eine dreibändige Ausgabe der Prosawerke:

Unter dem Gesamttitel ›Die Erzählenden Werke von Arthur Schnitzler‹ würde ich diese drei Bände in Satz und Ausstattung etwa wie Geijerstams

›Gesammelte Romane‹ zum Preis von 10 Mark gebunden edieren können. Die Kalkulation läßt diesen Ladenpreis, der aufs Knappste berechnet ist, nur zu, wenn ich mindestens 6000 Exemplare drucke und verkaufe. Ich habe keine Bedenken, das Risiko zu tragen, denn ich glaube, daß im Laufe der Zeit viel mehr als 6000 Exemplare verkauft werden können. Das Honorar für diese wohlfeile Ausgabe habe ich mit M 1,60 pro Exemplar, also mit M. 9600,– eingestellt. Es ist dabei eine Tantieme von 20 Prozent von dem fictiven Ladenpreis von 8 Mark für das broschierte Exemplar angenommen, da das Gesamtwerk nur gebunden geliefert wird und von den Kosten des Einbandes eine Tantieme ja nicht bezahlt werden kann...

Dieser letzte Punkt war ein wunder Punkt. Es war eine alte, immer wiederkehrende Klage der Autoren, daß ihre Tantieme vom Preis des (häufig gar nicht existierenden) broschierten Exemplars errechnet werde und der Verleger aus der Preisspanne zwischen broschiertem und gebundenem Exemplar einen ungebührlich hohen Gewinn ziehe, an dem von Rechts wegen der Autor beteiligt sein müsse. Schnitzler murrte offenbar, und Fischer klärte ihn am 22. Januar 1912 auf:

Bezüglich der Berechnung des Einbandes sind Sie im Irrtum. Ich habe von einem fictiven Preis von 8 Mark für das broschierte Exemplar gesprochen. Der Einband für die drei Bände ist mit 2 Mark eingestellt; er kostet mich selbst etwa 1,20–1,30 für die drei Bände, und da ich dem Buchhandel von dem Bruttopreis von 10 Mark, also auch von dem Einband, einen Rabatt von 33¹/₃ Prozent gebe, so lasten noch weitere 66²/₃ Pfennig auf dem Einband, so daß mir tatsächlich beim Einband nichts übrig bleibt. Der Preis von 10 Mark für das gebundene dreibändige Werk ist so billig, daß er nur dann zu schaffen ist, wenn wir uns beide mit einem geringeren Gewinn an diesem Werk begnügen. Mein Gewinn ist dabei unverhältnismäßig geringer als er bei den gewöhnlichen Einzelausgaben sein muß...

Fischer war gewiß nicht der einzige Verleger, der seinen Autoren dies immer wieder vorrechnete, ohne sie wirklich zu überzeugen, und Schnitzler war nicht der letzte, der murrte; Flake zum Beispiel blieb sein Lebtag überzeugt, daß hier etwas ›nicht stimmte‹, und auch Hauptmann und Thomas Mann erklärten Fischer mehr als einmal, dieser Rechnung könnten sie nicht folgen.

Aber die Hauptschwierigkeit lag anderwärts. Schnitzler legte Wert auf den Gesamttitel »Gesammelte Werke«. Fischer meinte, darin liege ein Versprechen auf eine zweite Abteilung mit den Theaterstücken, die noch nicht beschlossen war. Um den Käufer nicht zu täuschen, müsse man bei »Die erzählenden Schriften gesammelt« bleiben, und »kommen wir aus der Erfahrung der ersten Abteilung zum Entschluß, die zweite Abteilung erscheinen zu lassen, so wird diese eben heißen müssen ›Die dramatischen Schriften gesammelt‹«. Das gefiel Schnitzler nun gar nicht, und Fischer schrieb ihm am 21. Januar 1912 einigermaßen bestürzt:

Ich habe den Eindruck, ich hätte Ihnen die Schwierigkeiten der Gesamtausgabe Ihrer erzählenden Schriften nicht darstellen sollen. Es ist sonst nicht verständlich, warum Sie plötzlich die Lust an dieser Sache verloren haben sollen. Ich erkläre mich bereit, auf alle Ihre Wünsche, die Sie an die Ausgabe Ihrer Werke knüpfen, einzugehen. Wollen Sie, daß wir die Serien der erzählenden und dramatischen Werke schon jetzt endgültig beschließen und das im Gesamttitel zum Ausdruck bringen, so bin ich damit einverstanden... Ich möchte von dem Plan der Gesamtausgabe nicht gern zurücktreten, ich bin diese Ausgabe Ihrem Werk und der Öffentlichkeit schuldig, und ich meine, daß die Constellation Ihrem Werk jetzt günstig ist.

So kam eine Form der Gesamtausgabe zustande, die der besonderen Eigenart von Schnitzlers Schaffen, der nahezu gleichgewichtigen Produktion von erzählerischen und dramatischen Werken, entsprach und die in der Reihe von Fischers großen Gesamtausgaben aus diesem Grund einzigartig ist. Der Gesamttitel lautete, wie Schnitzler gewünscht hatte, *Gesammelte Werke in zwei Abteilungen*. Die erste Abteilung in drei Bänden enthielt *Die erzählenden Schriften;* die zweite, *Die Theaterstücke*, ursprünglich ebenfalls auf drei Bände angelegt, wurde auf vier erweitert. Innerhalb der Abteilungen waren die Werke chronologisch angeordnet, und das Ganze war so gut ausgewogen, daß alle sieben Bände nahezu gleich umfangreich waren. Schnitzler hätte gern eine Luxus- oder Vorzugsausgabe in kleiner Auflage gehabt, aber Fischer war dagegen; er schrieb ihm am 1. April 1912:

Eine Luxusausgabe von den Ges. Werken zu veranstalten, ist nicht ratsam. Bei dem großen Umfang des Werkes würde der Druck auf einem besonderen Papier sehr kostspielig sein; wenn wir nicht mindestens 100 Vorzugs-Exemplare verkaufen können, so kommen wir dabei nicht auf die Kosten. Erfahrungsgemäß gibt es nicht so viele Bücherliebhaber, die einen so hohen Preis bezahlen würden.

TYPOGRAPHISCHER EXKURS

Die Schnitzler-Ausgabe wurde bei Spamer in Leipzig gedruckt, und zwar nicht wie die bei Drugulin hergestellten Hauptmann- und Dehmel-Ausgaben in der Fraktur, sondern in der Antiqua. Dies war zwar nichts Neues, aber es war ungewöhnlich. Die Antiquaschrift galt vor dem Ersten Weltkrieg und noch bis in die Nachkriegszeit hinein in der deutschen Buchkunst und vor allem in großen Leserschichten als fremdländisch und ›undeutsch‹; man bevorzugte für die deutsche Literatur die aus der gotischen Schreibschrift entwickelte Fraktur, die nach der Jahrhundertwende von verschiedenen deutschen Schriftzeichnern und Buchkünstlern in einigen ansprechenden modernen Varianten erneuert worden war; wobei man außer acht ließ, daß Bücher in

diesen Schriften selbst für Ausländer, die gut Deutsch konnten, schwer zu lesen waren und sich die außerdeutsche Leserschaft vor allem in Holland und Skandinavien versperrten. Wollte das deutsche Buch die Welt erobern, mußte es diese (durch den Chauvinismus des Ersten Weltkrieges noch sehr verstärkte) Schranke niederreißen.
Fischer war der Antiquaschrift nicht abhold und verwendete sie von Fall zu Fall. In den ersten Jahren druckte er noch alles in Fraktur. Dies hatte seinen Grund nicht nur in der ganz allgemein noch sehr konventionellen Herstellung jener Jahre, sondern auch darin, daß die kleinen und mittleren Druckereien, mit denen der Verlag in seinen Anfangsjahren arbeitete, über keine Antiquaschriften, jedenfalls keine guten, verfügten. Nach der Jahrhundertwende begann der Verlag, je nach dem Charakter des Werkes, auch Antiquaschriften zu verwenden. Einige Einzelausgaben von Hauptmann-Stücken wie *Schluck und Jau* (1900 bei Otto von Holten gedruckt) sind in Antiqua gesetzt, der im gleichen Jahr erschienene *Michael Kramer* (bei Seydel & Cie. in Berlin) und der zwei Jahre darauf (bei Herrosé und Ziemsen in Wittenberg) gedruckte *Arme Heinrich* in Fraktur. Bei Prosawerken, Romanen und Novellen verwendete Fischer mit Vorliebe die Frakturschrift. Die ›Neue Rundschau‹ war in sehr geräumiger und luftiger Fraktur gesetzt und ging erst nach dem Ersten Weltkrieg zur Antiqua über; das Jubiläumsbuch von 1911 und seine Nachfolger hingegen erschienen (vielleicht mit Rücksicht auf das Ausland) in Antiqua.
Die Fraktur hatte zwei Nachteile. Sie besaß erstens keine Kursiv-Variante, was vor allem bei Bühnenwerken nachteilig war, bei denen alle bühnentechnischen und Regie-Anweisungen, um sich abzuheben, in einem auffallend kleineren Schriftgrad gesetzt werden mußten, der bei der Antiqua noch gut, bei der Fraktur sehr schlecht leserlich war. Zweitens war die Fraktur eine Platzverschwenderin. Hierauf hatte E. R. Weiß in seinem Aufsatz im Jubiläumsbuch 1911 sehr treffend hingewiesen:

Bierbaum hatte damals schon [1895, beim ›Pan‹] begriffen, daß im Gegensatz zur Antiqua, die den Satz in rechtwinkligen Wortgruppen, in Blökken von Buchstaben begünstigt, die Fraktur nach aufgelöstem Satz verlangt, eine Eigenschaft, die heute noch von den ›Buchkünstlern‹ nur wenige kennen, die von den Druckern Poeschel begriffen hat ... Die im Verhältnis zur Antiquatype, und wäre sie die schönste, unvergleichlich reichere, lebendigere, charakteristischere und daher lesbarere Frakturtype braucht Raum, um richtig zu wirken; sie muß, um das zu tun, atmen können. Sie verlangt daher offenen Satz, und zwar zwischen den Buchstaben, den Worten und erst recht zwischen den Zeilen.

Mit anderen Worten: die Fraktur war, infolge ihres Raumbedürfnisses, herstellerisch teuer; das mochte bei einem Einzelwerk nicht sonderlich ins Gewicht fallen, aber bei einer vielbändigen Gesamtausgabe, gar einer Volksausgabe, die so billig wie möglich auf den Markt kommen sollte, spielte es eine entscheidende Rolle. Aus diesem Grund vor allem druckte Fischer schon die Ibsen- und Björnson-Volksausgaben in Antiqua; denn er wäre bei Fraktur und einem halbwegs guten Satzbild mit der gleichen Seitenzahl niemals ausgekommen. Aus dem gleichen Grund druckte er auch die sieben Bände der Schnitzler-Ausgabe in Antiqua, und zwar die Prosa-Abteilung ebenso wie die Theater-Abteilung, wobei er bei den Stücken noch die Nuance einführte, die Regiebemerkungen in kleinerem Schriftgrad *und* kursiv zu setzen, was ein sehr graziöses Satzbild ergab. Dies war bisher schon bei einigen Einzelausgaben, zum Beispiel Stücken von Hofmannsthal geschehen. Aber sie waren in Handsatz hergestellt. Die vielbändigen Volksausgaben mußten, um überhaupt ›kalkulabel‹ zu sein, von Maschinensatz gedruckt werden. Einzelausgaben von Schnitzlers Erzählungen wurden weiterhin, bis hinein in die zwanziger Jahre, in Fraktur gedruckt.

EIN GELUNGENES WERK

Die Herstellung des umfangreichen Werkes wurde in erstaunlich kurzer Zeit bewältigt. Spamer begann mit den Satzarbeiten am 7. März 1912, und schon am 5. Mai konnte Fischer zusammen mit dem Honorar von zwölftausend Mark die drei Bände der ersten Abteilung Schnitzler pünktlich zum Geburtstag übersenden. Die zweite Abteilung folgte im September 1912. Fischer druckte von den *Erzählenden Schriften* eine Erstauflage von 6000 Exemplaren, von den *Theaterstücken* 5000 Exemplare. Die beiden Abteilungen waren getrennt käuflich, die erste kostete in Leinen gebunden 10, in Halbleder 13 und in Ganzleder 17 Mark, die zweite entsprechend 12, 16 und 21 Mark – herstellerisch und kalkulatorisch eine vorzügliche Leistung. In der Abteilung der Theaterstücke fehlte freilich der *Reigen*. Richard Specht schrieb 1922 in seiner Schnitzler-Monographie: »Der ›Reigen‹ ist heute noch dieses Dichters extremste Schöpfung; so sehr, daß er sie nicht in die Gesamtausgabe aufgenommen hat.« Dies war nicht der Grund. *Reigen* konnte nicht aufgenommen werden, weil er den betreffenden Band der Beschlagnahme ausgesetzt hätte und damit die ganze zweite Abteilung unverkäuflich geworden wäre.
Hofmannsthal fand die Ausgabe bei der Rückkehr von einer Italienreise in Rodaun vor und schrieb Schnitzler am 12. Juni 1912:

Hierher zurückgekommen, vor fünf Tagen, war das Paket von Fischer mit Ihren erzählenden Schriften das erste, was mir in die Hand kam. Ich blätterte irgend einen Band auf, las da und dort eine halbe Seite, alles ist mir ja so wohlbekannt, daß ich die Erzählungen nach vorne und rückwärts im Flug ergänzte, und alles berührte mich mit seiner Vertrautheit, als wäre es Ihr Gesicht, das mir entgegensähe, und alles schien mir auch so unabgeschlossen im schönen Sinn, so nach vorne und rückwärts deutend, so fragend und in mich hineinschauend, wie ein Gesicht ...

Und Brahm an Schnitzler am 1. Oktober 1912:

Gerade habe ich von Fischer die Dramenreihe erhalten und danke herzlich. Wie vielen dieser Werke fühle ich mich auf eine schöne und unvergeßliche Weise verbunden! Immer Ihr O. B.

Kurz darauf konnte Fischer dem Dichter mitteilen: »Es wird Sie gewiß interessieren, daß Ihre Gesammelten Werke gut gehen und daß meine Erwartungen erfüllt sind.« Aber nun erhob sich bereits das vertrackte Problem, wie man die Gesamtausgabe eines lebenden Dichters ›am Leben erhalten‹, vor dem Veralten bewahren konnte. Denn sie war ja, wie Hofmannsthal gesagt hatte, »so unabgeschlossen im schönen Sinn«. Die Gesamtausgabe war kaum erschienen, als Schnitzler dem Verlag zwei neue Werke übergab: das Schauspiel *Professor Bernhardi* und die Novelle *Frau Beate und ihr Sohn.* Fischer schrieb am 17. Oktober 1912:

Wenn bald nach dem ›Bernhardi‹, der doch noch in diesem Jahr herauskommen soll, auch die ›Beate‹ als Buch erscheint, so wird der Eindruck, daß das Gesamtwerk unkomplett geworden ist (und naturgemäß unkomplett werden muß) vielleicht doch etwas zu schnell zu Ungunsten der Gesammelten Werke in die Waagschale fallen. Ich würde deshalb vorschlagen, daß wir ›Beate‹ möglichst erst im Herbst nächsten Jahres als Buch bringen, wenn sich das mit Ihren Dispositionen verträgt ...

Der Vorschlag kam Schnitzler wohl nicht ungelegen. Er war 1912 viel auf Reisen, und größere Arbeiten reiften in diesem Jubeljahr nicht heran. So konnte *Frau Beate* in drei Fortsetzungen vom Februar bis April 1913 in der ›Neuen Rundschau‹ und anschließend als Buch erscheinen, ohne daß bereits Neues nachdrängte, und 1914 folgten die Novellen *Der blinde Geronimo und sein Bruder* und die drei Einakter *Komödie der Worte.* An der siebenbändigen Gesamtausgabe wurde zehn Jahre lang nichts geändert.

Aus einem Brief Fischers an Schnitzler vom 23. Februar 1912 geht hervor, daß der Gedanke erwogen wurde, anstatt der verschobenen Monographie der Gesamtausgabe eine Vorrede von Felix Salten voranzustellen. Die Idee wurde wieder fallengelassen – die Ausgabe erschien ohne jede Vorrede oder Einführung – aber das Jahrbuch für 1912 brachte anschließend an einen (recht konturlos-überschwenglichen) Geburtstagsaufsatz über Hauptmann von Hans Kyser einen entsprechenden Aufsatz Saltens über Schnitzler, dem möglicherweise der Text der erwogenen Vorrede zugrunde lag. Einige Sätze aus dieser kurzen Studie zeigen, wie schade es ist, daß Salten die Schnitzler-Biographie, die bis heute fehlt, nicht geschrieben hat:

Der Generation, die jetzt die reifen Mannesjahre lebt, die jetzt sacht dem Alter entgegenschreitet, ist Arthur Schnitzler innig verbunden. Er ist eines ihrer stärksten künstlerischen Ereignisse, ist eines ihrer suggestiven Vorbilder. Von seiner Art, die Liebe zu sehen, ist das Liebesgefühl dieser Generation beeinflußt worden; von seiner Art, den Tod zu denken, ward ihr Vergänglichkeitsgedanke angefärbt, von seiner Inbrunst, das Leben zu verehren, ihre Daseinslust erhöht und befeuert. Seine weltliche Anmut und seine äußerste Kultiviertheit haben erzieherische Wirkung geübt... das Frühlingshafte, das Maienhafte, das Lenzliche, das Wiens eigensten und süßesten Zauber ausmacht, durchdringt auch die Art, durchdringt das Schaffen dieses maigeborenen Wiener Dichters, der nun fünfzig Jahre alt geworden ist, reif und meisterlich vollendet, berühmt und geliebt... Wenn wir ihn jetzt schon historisch empfinden dürfen, dann steht er als letzter in jener Reihe Wienerischer Gestalten, die uns am liebsten sind.

RATHENAU

Hauptmanns Jubeljahr hob mit einem schönen Geschenk an. Im Januar 1912 legte Fischer ein Buch vor, das folgende Widmung trug:

An Gerhart Hauptmann – Deinen Namen schreibe ich auf die erste Seite dieses Buches. Du weißt, ich habe gezögert, es zu veröffentlichen, weil zweierlei mir fehlt: die Ausführlichkeit, die der Leser von Betrachtungen verlangt, und die Überredungskunst des dialektischen Beweises, die ich nicht respektiere. Ich glaube, daß jeder klare Gedanke den Stempel der Wahrheit oder des Irrtums auf der Stirn trägt. Dir, Gerhart, habe ich stets geglaubt, ohne Beweis und ohne Umschweif. Nimm dies Buch als Zeichen der Dankbarkeit, die ich als Deutscher dem Dichter unseres Zeitalters schulde, und als Gabe herzlicher Freundschaft.

Das Buch war ein Band Essays von 260 Seiten und hieß *Zur Kritik der Zeit*, und die gedruckte Widmung trug in Hauptmanns Exemplar die eigenhändige Unterschrift: »In Treue Walter Rathenau 12. 1. 12.«
Über die Beziehungen Walther Rathenaus zum S. Fischer Verlag sind aus den ersten Jahren fast keine Unterlagen erhalten, aus späteren Jahren nur einige zusammenhanglose Briefe Rathenaus an seinen Verleger und kein einziger Brief Fischers an Rathenau. Fischer und Rathenau waren Nachbarn im Grunewald, kannten einander bereits seit einiger Zeit, als Rathenaus erstes Buch bei Fischer erschien, und es bestand, wie die Familie bestätigt, eine nahe und vertrauensvolle Freundschaft zwischen ihnen. Rathenau gehörte zu den häufigen Gästen des Hauses in der Erdener Straße und fehlte nie, wenn dort musiziert wurde. Er sprach in diesem Kreis offen über alle seine Sorgen, Hoffnungen und Pläne, und es ergaben sich häufig politische und welt-

anschauliche Diskussionen mit Fischers Autoren, die Rathenau mit großer rhetorischer Brillanz führte, die freilich seinen Gesprächspartnern zuweilen allzu selbstherrlich und apodiktisch war und sie nicht immer überzeugte.

Rathenau stand seit langem mit einer Anzahl Autoren des Verlags in freundschaftlicher Verbindung. Er suchte diese Kontakte zur schöpferischen Geisteswelt und nahm sie auf, wo sie sich boten. Seine Freundschaft mit Hauptmann reichte in die ersten Jahre des Jahrhunderts zurück, er besuchte ihn 1908 zum erstenmal auf dem ›Wiesenstein‹, schloß im Jahr darauf bei einem gemeinsamen Nordsee-Aufenthalt mit ihm Brüderschaft, war 1911 bei ihm in Portofino. Er kannte Hofmannsthal seit 1908 und wechselte gelegentliche Briefe mit ihm; aber in diesem Fall war die Bewunderung einseitig; Hofmannsthal mochte Rathenau nicht. »Die Begegnungen«, schrieb er rückblickend, 1928, an Kessler, »waren sehr gleichförmig; und mehr erschwerend als erfreulich ... der völlige Mangel an Spontaneität hat mich veranlaßt, seine Gesellschaft weniger zu suchen als zu meiden.« Rathenau schätzte Hermann Stehr, den er durch Hauptmann kennenlernte, und war nicht nur ihm, sondern auch anderen in materieller Bedrängnis lebenden Dichtern, unter ihnen Loerke, in Notlagen mit zuweilen nicht unbedeutenden Summen behilflich; er stand zu Heimann in freundschaftlichem Verhältnis und besuchte ihn in seinem märkischen Dörfchen, das von seinem Schloß Freienwalde eine bequeme Autofahrt entfernt lag. Er tauchte zuweilen in der ›Donnerstagsgesellschaft‹ auf. Es gibt kaum einen zeitgenössischen Schriftsteller, von Franz Blei über Emil Ludwig und Holitscher zu Otto Flake, der nicht über Gespräche mit Rathenau zu berichten wüßte, und viele dieser Gespräche fanden in der Erdener Straße statt.

Rathenau war in diesem Jahr 1912 fünfundvierzig Jahre alt und noch durchaus kein bekannter oder gar anerkannter Schriftsteller und Publizist. Er hatte kurz vor der Jahrhundertwende begonnen, in Hardens ›Zukunft‹ unter verschiedenen Pseudonymen Aufsätze zu veröffentlichen, die er 1902 in einem Band *Impressionen* sammelte, den er als ›Jugendsünde‹ bald aus dem Buchhandel wieder zurückzog. 1908 folgte ein zweiter Band, diesmal mit seinem Namen gezeichnet, unter dem Titel *Reflexionen,* dessen pompöse Ausstattung jedoch das Buch als die schöngeistige Laune eines dilettierenden Millionärs erscheinen ließ und ihm mehr geringschätziges Lächeln als ernste Leserschaft eintrug. Man versteht, warum er in seiner Widmung an Hauptmann sagte, er habe gezögert, dieses – sein drittes – Buch zu veröffentlichen; er war ein ›gebranntes Kind‹. Sein späterer Biograph Harry Graf Kessler schrieb: »Ihm, der so gern eine Wand zwischen sich und andere zog, war das Heraustreten aus seiner Anonymität nicht leicht geworden; er hatte Wertvolles, sein Allerbestes gegeben, und der Erfolg war, er wurde unbesehen, lächelnd und spöttisch abgelehnt.« Er selbst meinte in einem Brief an einen Freund, das »abgestempelte Urteil« über ihn laute: »Geistreich, kühl, Dilettant auf sechzehn Gebieten, leidlicher Kaufmann.«

Sein erster Essayband bei Fischer *Zur Kritik der Zeit* war eines der meistdiskutierten Bücher des Jahres und ein großer Erfolg für Autor und Verleger; er erlebte im Erscheinungsjahr allein sieben Auflagen und zu Rathenaus Lebzeiten zwanzig. Ein zweiter Essayband *Zur Mechanik des Geistes,* ein 350 Seiten starkes und in jedem Satz überaus anspruchsvolles Buch, 1913 erschienen, brachte es auf vierzehn Auflagen. Das war eine Breitenwirkung, wie sie Fischer mit Essaybänden noch nie erzielt hatte, und sie mußte ihm bestätigen, daß die Ausdehnung der Verlagsarbeit auf neue, nicht-belletristische Gebiete einem öffentlichen Bedürfnis entsprach. Doch war der Zwiespalt, den die Persönlichkeit Rathenaus in der Öffentlichkeit darstellte, mit dem schriftstellerischen Erfolg des Großindustriellen nicht behoben. Im Gegenteil. Die Menschen, die Rathenau lasen, waren ›Intellektuelle‹, die ›nichts zu sagen‹ hatten; die ›führenden Kreise‹, auf deren Beeinflussung es ihm ankam, nahmen ihn nicht ernst. Kessler schrieb:

> Zuerst ignoriert man ihn. Dann, als er mit der ›Kritik der Zeit‹ und der ›Mechanik des Geistes‹ fortfährt, seine Gedanken der Öffentlichkeit aufzudrängen, beginnt im Kreise seiner Berufsgenossen das Flüstern und der Ärger, daß ein Mann mit achtzig Aufsichtsratsposten auch noch Bücher schreibt. Man findet es komisch, daß er als Geschäftsmann die Geburt der Seele predigt; kompromittierend, daß er als Reicher den Luxus angreift; empörend, daß er zu gleicher Zeit eine Villa im Grunewald baut; grotesk, daß er sich dazu auch noch ein königliches Schloß, Freienwalde, vom Hofmarschallamt aufschwätzen läßt...

Seine beiden ersten Bücher fanden Widerhall bei allen jenen, denen die Denkbegriffe und Wertmaßstäbe der wilhelminischen Welt nachgerade unbehaglich zu werden begannen. Seine *Kritik der Zeit* hatte die Morbidität der Zeit vor dem Ersten Weltkrieg scharf erfaßt, das tastende Bedürfnis nach einem Wandel der Verhältnisse beim Namen genannt; die *Mechanik des Geistes* hatte die unaufhaltsam fortschreitende Mechanisierung der Menschheit, damals von wenigen begriffen, aufgezeigt und die Folgerung gezogen, daß ihre zerstörerische Wirkung nur durch die »Entwicklung der Seele« überwunden werden könne. Diese frühen Bücher – sie waren die Grundlage, auf der Rathenau in der Kriegs- und Nachkriegszeit seine eigentliche Programmatik aufbaute – waren ein ästhetisches Vergnügen: vorzüglich geschrieben, funkelnd, sprühend, glitzernd, von großer gedanklicher und formaler Virtuosität. Aber es durchzog sie ein eigentümlicher Widerspruch. Zum einen war dieser Mann, der »die Überredungskunst des dialektischen Beweises nicht respektierte«, im Grunde eine ausgesprochen dialektische Natur, die sich, wie spätere Schriften zeigten, in den Ariadnefäden ihrer eigenen Denkspuren verfing. Zum anderen führte sein Bedürfnis, seine Gedankenwelt in die Ausdrucksformen des Gefühls und der Intuition zu kleiden, diesen so wirklichkeitserfahrenen Mann in intellektuelle Unwirklichkeiten.

Robert Musil, der unter dem Titel *Anmerkung zu einer Metaphysik* in der ›Neuen Rundschau‹ einen vorzüglichen Aufsatz über *Zur Mechanik des Geistes* veröffentlichte, nannte Rathenau kurzweg einen Mystiker. Seine Beschreibung des Erlebnisses der Seele oder der Liebe in diesem Buch sei schön, wenn sie stofflich auch kaum etwas Neues bieten könne: »Es ist das Grunderlebnis der Mystik«:

> Von daher, wenn man sich nachfühlend in den Bann solcher Stimmungen versetzt, kann man die Abneigung gegen Verstand und Analyse begreifen, die vermeinte Einfachheit, die Laienfrömmigkeit, die kinderäugigen Ideale ... Man erkennt den Umkreis dieser Behauptungen bis zu den vollkommenen Unhaltbarkeiten hinunter, wie er in den Augenblicken solcher Eingebung aufleuchtete, hier deutlich, dort verdämmernd, und flüchtig abgesteckt ward.

Bei der Ausführung habe jedoch das Erlebnis gefehlt, und an die Stelle der Gefühlsmystik sei eine rationale getreten:

> Die Evidenz der Intuition entgleitet zur Unverbindlichkeit des Aperçus; was eben noch als Aphorismus, als esprithafter Einfall daherkam, gilt wenige Zeilen später als gefestetes Material für neuen Weiterbau und es entsteht eine außerordentlich merkwürdige Pseudosystematik ... Das Unglück will, daß die Menschen, die heute für solche Fragen in Betracht kommen, wenig Verständnis für die Tugenden scharfen Denkens haben und kaum fühlen werden, daß hier alles wieder verlorengeht, während die andern, die dieses Verständnis besäßen, meist keine Ahnung haben, was hier ein Griff in die Tiefe erfaßte, dem es auf dem Weg zur Oberfläche wieder verlorenging...

Es bestand, so merkwürdig es anmutet, durchaus eine Affinität zwischen Hauptmann und Rathenau. Musils Schlußsatz vom »Griff in die Tiefe«, dem das Erfaßte »auf dem Weg zur Oberfläche wieder verlorengeht«, könnte geradezu auf Hauptmann gemeint sein. Hauptmanns Vorrede zu seiner ersten Gesamtausgabe von 1906 und Rathenaus Widmung sind einander im geistigen Habitus nicht unähnlich. Rathenaus Glaubenssatz, daß »jeder klare Gedanke den Stempel der Wahrheit oder des Irrtums auf der Stirn trägt«, ist ein dichterischer Kurzschluß; er könnte von Hauptmann sein. »Sie kennen ja Rathenau«, schrieb Fischer einmal an Nansen, »und wissen, daß er zu den eigenartigsten Männern des heutigen Deutschland zählt.«

Rathenau veröffentlichte insgesamt achtzehn Bücher und kleinere Schriften bei Fischer. Der überwiegende Teil von ihnen gehört in die Kriegs- und Nachkriegsgeschichte des Verlags. Erst in ihnen trat die Eigenart des Mannes in ihrer ganzen fesselnden Widersprüchlichkeit zutage.

NEUES VON HAUPTMANN

Von Hauptmann lagen zu Beginn seines Jubeljahres zwei neue Werke vor, ein Roman und ein Stück. Den Roman hatte Fischer schon am 28. Juni 1911 dem amerikanischen Verleger angekündigt:

Es wird Sie interessieren, daß Gerhart Hauptmann einen neuen Roman geschrieben hat, der zum Teil in Europa, zum andern Teil in Amerika spielt. Ein deutscher Künstler reist von Deutschland nach Amerika, erlebt einen Schiffbruch, wird gerettet und findet in Amerika Trost und Beruhigung für Schicksalsschläge in seiner Heimat. Er findet dort auch seine Frau, und das Interessante an dem Roman sind vorwiegend die Erlebnisse des Helden auf der Schiffsreise und in Amerika ...

Der Roman hieß *Erleuchtungen und Verfinsterungen*. Am 17. Oktober sandte Fischer die Fahnenabzüge an Huebsch und teilte mit, daß ein Vorabdruck des Romans Mitte Januar 1912 im ›Berliner Tageblatt‹ beginnen werde. Aber der Roman war, wie so oft bei Hauptmann, noch nicht ausgefeilt. Hauptmann übersiedelte im November für den Winter wie stets an die italienische Riviera, zuerst nach Sestri Levante, dann nach Castello Paraggi, und schrieb dort das bereits gesetzte Buch noch einmal völlig um. (Der Künstler, die Hauptperson, wurde ein Arzt.) Am 21. November 1911 schrieb ihm Fischer:

Das Berliner Tageblatt und der russische Verleger werden rechtzeitig die neue Fassung bekommen. Der neue Titel ›Atlantis‹ ist ausgezeichnet. Die korrigierten Fahnen des Romans gehen Ihnen demnächst zu; wenn Sie die letzte Bearbeitung für das Buch sogleich vornehmen, können wir den Roman drucken, um wenn es geht im Frühjahr mit dem Buch herauszukommen.

Am 7. Dezember konnte Fischer den endgültigen Korrekturabzug des Romans, der nun *Atlantis* hieß, an Huebsch senden, mit der Weisung: »Die Übersetzung muß nach dieser Vorlage geschehen, es sind dabei mancherlei Änderungen und Streichungen vorgenommen worden. Im zweiten Teil können Sie für Amerika einiges kürzen, wenn es Ihnen zu lang scheint ...«
Es ist merkwürdig, daß Hauptmann gerade zu seinem fünfzigsten Geburtstag mit zwei ausgesprochen autobiographischen, aus dem privatesten Erleben geschaffenen Werken hervortrat. Der Roman *Atlantis*

griff auf das stürmische Erlebnis seiner Amerikareise 1894 zurück, als er seiner Familie nachreiste, um seine zerbrechende erste Ehe zu retten. Das zweite Werk, das Drama *Gabriel Schillings Flucht*, griff ebenfalls eine private seelische Verstrickung auf; das Stück war nicht ›neu‹, es war in den Jahren 1905/06 entstanden, aber Hauptmann hatte es zurückgehalten und weder zur Veröffentlichung noch zur Aufführung freigegeben. Jetzt entschloß er sich, es zumindest der ›Neuen Rundschau‹ zum Abdruck zu überlassen. Fischer schrieb ihm am 6. Januar 1912:

Lieber Herr Hauptmann! Hier im Wiener Wald, der reinen Passivität eines schönen Winters mit verschneiten Bergen ergeben, habe ich Gabriel Schillings Flucht mit tiefer Teilnahme gelesen. Wie aus einer alten Erinnerung steigen vor mir die Gestalten auf, deren Schicksal ich nun durch Ihre schöpferische Willenskraft so und nicht anders empfinde. Hinter den starken, realen Geschehnissen stehen mit unheimlicher Schönheit die dunklen, waltenden Kräfte, die das Schicksal jener Menschen so und nicht anders gestalten mußten. Ich gratuliere Ihnen zu diesem Werk und zu Ihrem Entschluß der Veröffentlichung. Mir ist zwar nicht ganz verständlich, warum die Aufführung unterblieben ist, aber ich habe den Eindruck, daß die Zeit dem Werk nachgereift ist ...
Hoffen wir das Beste von 1912, von der für Sie bedeutungsvollen Ziffer, die so schön für Sie anfängt. Es wird ein Hauptmann-Jahr und, wie ich wünsche und hoffe, ein wirkungsvolles und gesegnetes Jahr. Brahm bringt den Hauptmann-Cyclus; ich bringe die Volksausgabe; die großen europäischen Zeitungen bringen Ihren Roman und der liebe Gott möge Ihnen ein schönes Werk und irdische Gaben bei bestem Wohlsein bescheren ...

Atlantis erschien von Januar bis Mai 1912 in Fortsetzungen im ›Berliner Tageblatt‹. Der Roman enthielt eine sehr packende Schilderung des Untergangs des Ozeandampfers ›Roland‹. Das Vorbild war der deutsche Dampfer ›Elbe‹ gewesen, auf dem Hauptmann 1894 eine gefahrvolle Überfahrt nach Amerika erlebte hatte, und im Jahr darauf war die ›Elbe‹ tatsächlich im Kanal gesunken; die ›Rundschau‹ hatte damals sogar einen sachkundigen Artikel über *Die Rettungsvorschriften unserer Seeschiffe* gebracht. Noch während Hauptmanns Roman in Fortsetzungen lief, sank am 14. April 1912 die ›Titanic‹ unter ähnlichen Umständen wie den von Hauptmann geschilderten. Die Schiffskatastrophe, schrieb Fischer an Nansen, sei »mit solcher Meisterschaft geschildert, daß man glauben könnte, Hauptmann hätte die Titanic-Katastrophe vorgeahnt«. Er hatte sie nicht vorgeahnt; die Leser hatten die ›Elbe‹ vergessen.

Gabriel Schillings Flucht erschien im Januar- und Februarheft der ›Neuen Rundschau‹ mit einer Vorbemerkung Hauptmanns:

Das nachfolgende Drama würde im Jahre 1906 geschrieben. Ich habe die Aufführung mehr gescheut als gewünscht, deshalb ist sie unterblieben.

Heute würde ich das Werk nicht auf den Hasardtisch einer Premiere legen mögen. Es ist keine Angelegenheit für das große Publikum, sondern für die reine Passivität und Innerlichkeit eines kleinen Kreises. Einmalige Aufführung, vollkommenster Art, in intimstem Theaterraum, ist mein unerfüllbarer Wunsch.

DIE HAUPTMANN-VOLKSAUSGABE

Fischer nahm die Vorarbeiten zur Hauptmann-Volksausgabe Ende Februar 1912 in Angriff. Er hatte ursprünglich, ähnlich wie bei Schnitzler, nur an eine Ausgabe des dramatischen Werkes gedacht, die fünf Bände umfassen und nicht mehr als 15 Mark kosten sollte. Eine Gliederung in zwei etwa gleich große Abteilungen wie bei Schnitzler war nicht angezeigt, da bei Hauptmann das dramatische Werk das erzählerische bei weitem überwog. Inzwischen hatte Fischer sich jedoch den Plan »noch nach einer anderen Seite hin überlegt« und schrieb am 22. Februar 1912 an Hauptmann:

Nun sage ich mir aber, daß wir durch die Aufnahme der Prosawerke ›Griechischer Frühling‹, ›Emanuel Quint‹ und ›Atlantis‹ die Schlagkraft des Werkes bedeutend erhöhen würden. Das Werk wird dann freilich anstatt 130 Bogen in 5 Bänden etwa 212 Bogen in 6 Bänden umfassen. Der Preis würde auf 20 Mark normiert werden müssen; ich glaube aber, daß durch die Darbietung des *Gesamtwerkes* der kleine Preisaufschlag von 5 Mark, der reichlich durch das Mehrgebotene aufgewogen wird, kaum ins Gewicht fällt... Die Entscheidung für eine der beiden Ausgaben muß ich Ihnen überlassen... Die Anordnung des Werkes müßte doch wohl eine chronologische sein; nur die Prosabücher würden davon eine Ausnahme machen, weil der ›Griechische Frühling‹ mit ›Atlantis‹ zusammen in einen Band kommen müßte, während der ›Quint‹ für sich einen Band füllte. Überlegen Sie sich die Sache in aller Ruhe.

Mit der chronologischen Anordnung folgte Fischer dem Vorbild der Schnitzler-Ausgabe; nicht aber mit der Schrifttype. Er fand, daß »Antiquaschriften doch wohl kaum in Betracht kommen«. In deutschen (das heißt Fraktur-) Schriften sei keine große Auswahl, und die Weiß-Schrift, in welcher der *Quint* gedruckt sei, könne er nicht verwenden, da sie eine Handsatztype sei: »Wir müssen eine Maschinenschrift nehmen, denn das umfangreiche Werk bringen wir nur dann rechtzeitig heraus, wenn mit Setzmaschinen gesetzt wird.«

Einige Tage später, am 29. Februar 1912 lag die genaue Kalkulation sowohl für eine fünfbändige als auch eine sechsbändige Ausgabe vor. Sie ist die einzige Herstellungskalkulation des Verlags, die erhalten ist, und auch sie ist nur erhalten, weil Fischer sie Hauptmann zur Kenntnisnahme übersandte, und sie sich unter Hauptmanns nachgelassenen Papieren fand. Sie erlaubt einen seltenen Einblick in die Herstellungsarbeit des Verlags:

Bei einer fünfbändigen Ausgabe im Umfang von 135 Bogen und einer ersten Auflage von zehntausend Exemplaren zum Ladenpreis von 15 Mark rechnete Fischer wie folgt:

Honorar:	20 000,–
Papier: 348 000 Bogen zu 22.80	7 934,–
Satz: 135 Bogen zu 25,–	3 375,–
Druck: 68 Doppelbogen zu 46,–	3 128,–
Korrekturen:	550,–
Matern: 135 Bogen zu 5,25	708,–
Zeichnungen und Klischees	350,–
Einband: 10 000 zu 2,27	22 700,–
Gesamtherstellungskosten	58 745,– Mk.

Dies ergab einen Herstellungs-Nettopreis für das gebundene Exemplar von 5,87½ Mk. bzw. nach Abzug der Vertriebsspesen, die mit 1,31 Mk. pro Exemplar eingesetzt wurden, von 7,18½ Mk. Der Ladenpreis betrug 15,– Mk.; nach Abzug eines Rabatts von 37½ Prozent für den Buchhandel (5,62½ Mk.) blieb ein Nettopreis von 9,37½ Mk. und somit abzüglich der Herstellungskosten ein Gewinn von 2,19 Mk. für den Verlag. Dies war selbstverständlich kein Reingewinn, sondern ein Bruttogewinn, aus dem noch sämtliche Unkosten des Verlags, Miete, Gehälter und alle Betriebsspesen zu decken waren. Beim Weiterdruck der zweiten zehntausend Exemplare veränderte sich die Rechnung etwas. Das Honorar für den Autor stieg auf 24 000 Mk.; die Posten für Papier und Einband blieben die gleichen; die Satzkosten fielen weg: dafür mußte die Herstellung von Druckplatten (aus den Matern) mit 1080,– Mk. eingesetzt werden (die einzelne Platte kostete 8,– Mk., und es ergaben sich Gesamtherstellungskosten von 59 114 Mk. und ein Bruttogewinn für den Verlag von 2,15½ Mk. pro Exemplar.
Die Kalkulation für eine sechsbändige Hauptmann-Ausgabe von 200 Bogen Umfang erforderte entsprechend höhere Investitionen. Der Ladenpreis betrug jetzt 20 Mark. Das Autorenhonorar belief sich bei den ersten zehntausend Exemplaren auf 30 000,– Mk., bei den zweiten zehntausend auf 34 000,– Mk. Bei der ersten Auflage stiegen die Herstellungskosten auf 82 867,– Mk., beim Weiterdruck betrugen sie 81 842,– Mk., und der Bruttogewinn des Verlags belief sich auf 2,53½ bzw. 2,63½ Mk. pro Exemplar. Doch mußten, wie gesagt, hieraus alle Verlagsunkosten bestritten werden. Der tatsächliche Reingewinn des Verlags betrug etwa 5 Prozent vom Ladenpreis, aber auch das nur, wenn die ganze Auflage verkauft wurde, wofür keine Gewähr bestand, während der Autor in diesem Fall das Gesamthonorar für die ganze Auflage im voraus erhielt. Man darf schätzen, daß der Verlag bei einer fünfbändigen Hauptmann-Ausgabe bei vollständig

verkaufter Erstauflage von zehntausend Exemplaren etwa 7500,–, bei einer sechsbändigen etwa 10 000,– Mark Reingewinn erzielte.

(Der Rabatt für den Buchhandel ist in dieser Kalkulation mit $37^{1}/_{2}$ Prozent eingesetzt. Ein Jahr später, am 26. März 1913, schrieb Fischer an Hesse:

Die Verhältnisse im Buchhandel spitzen sich darauf zu, daß der Vertrieb über den gewohnten Rahmen hinaus durch kaufmännische Mittel unterstützt werden muß. Wir müssen einen Reisenden auf den Weg schicken, um für die *Novitäten* dieses Jahres durch Extrarabatte die Sortimenter zur Bestellung größerer Partien und damit zu energischerer Verwendung zu interessieren. Der Reisende bekommt 10 Prozent, das Sortiment muß mindestens 40 Prozent bekommen, und der Eisenbahnbuchhandel arbeitet gar nicht mehr anders als mit einem Rabatt von 50 Prozent. Es ist leicht auszurechnen, daß bei einem Rabatt von 50 Prozent so gut wie nichts übrig bleibt. Wenn Sie die 20 Prozent Autorenhonorar dazurechnen, so bleiben uns 30 Prozent. Dafür muß das Buch hergestellt und die Spesen bestritten werden, die ziemlich hoch sind.

Fischer schlug im Hinblick hierauf vor, die »Exemplare die mit 40 Prozent bis 50 Prozent rabattiert werden« zu einer Tantieme von 15 Prozent zu verrechnen; dies solle jedoch nur für die »diesjährige Novität« [Hesses Indienbuch] gelten, um sie besser durchzusetzen, und der Ausnahmerabatt gelte auch nur für das jeweilige Jahr der betreffenden Novität: »Was für Sie und für mich an geringerem prozentualem Gewinn herauskommt, ist möglicherweise durch einen entsprechend größeren Absatz kompensiert.«)

Es wurde beschlossen, eine sechsbändige Ausgabe zu veranstalten, die das Gesamtwerk, das dramatische wie das erzählerische, enthalten sollte. Anfang April war Fischer bei Hauptmann in Italien, um die endgültige Anordnung zu besprechen. Es wurde ein denkwürdiger Besuch; Hedwig Fischer erinnerte sich:

Ein Treffen mit Hauptmann in Rapallo gehörte zum Frühjahrsprogramm. Die ganze lange Küste von Portofino bis Sestri Levante war uns und den Kindern lieb und vertraut, die Quartiere wurden in diesem Bereich gewechselt, bis sich Santa Margherita und Rapallo als Schwerpunkte ergaben ... Hauptmann hatte sich romantischen Sinnes, in das ins Meer hinaus gebaute Castello Paraggi eingemietet, wir fanden uns abends als Gäste ein, und dort las uns Hauptmann die ›Winterballade‹ vor, das Stück, das nach Selma Lagerlöfs ›Herrn Arnes Schatz‹ entstanden war. Es tobte ein Sturm, der durch den Kamin heulte, und Hauptmann sagte: »Sie schleifen die Messer auf Brahnehöh.« Mir wurde es unheimlich. Spät in der Nacht fuhr uns ein betrunkener Kutscher, der wie toll auf die Pferde einhieb, nach Santa Margherita zurück. Das ›Imperiale‹, wo wir wohnten, kam mir, glücklich angelangt, wie das verlorene Heil vor ...

Das Werk wurde in chronologischer Ordnung, das heißt der Reihenfolge der Entstehung beziehungsweise Erstveröffentlichung entsprechend, auf die sechs Bände so ebenmäßig verteilt, daß sich ziemlich gleich umfangreiche Bände von 450—550 Seiten ergaben, rein äußerlich eine große Verbesserung gegenüber der Ausgabe von 1906. Der erste Band umfaßte die Dramen von *Vor Sonnenaufgang* bis *Der Biberpelz*, der zweite reichte von *Hanneles Himmelfahrt* bis *Fuhrmann Henschel*, der dritte von *Schluck und Jau* bis *Rose Bernd*, der vierte von den *Jungfern vom Bischofsberg* (einschließlich *Gabriel Schillings Flucht*) bis *Die Ratten*; der fünfte Band enthielt die Novellen *Bahnwärter Thiel* und *Der Apostel* und den *Emanuel Quint*, der sechste schließlich *Griechischer Frühling* und den neuen Roman *Atlantis*. Die Aufnahme dieses Romans in die Gesamtausgabe blieb bis zum letzten Augenblick in der Schwebe; der Vorabdruck war ein großer Publikumserfolg gewesen, aber einige Freunde Hauptmanns fanden, das Buch sei zu ›reißerisch‹ geraten; Heimann hatte Hauptmann freimütig auf die Mängel des Werkes aufmerksam gemacht und »gewisse Fragezeichen« angebracht, und Hauptmann hatte ihm am 2. August 1912 geantwortet: »Ich habe mich einmal bewußt gehen lassen. Es war ein Experiment, und ich werde es nicht wieder tun.« Fischer war für Aufnahme in die Gesamtausgabe, Hauptmann schwankte. Noch am 26. September 1912 schrieb ihm Fischer, er solle es sich noch einmal überlegen, eventuell könne man die Einzelausgabe des Romans auf später verschieben:

Sollten Sie nach nochmaliger Durchsicht (der durchkorrigierten letzten Fassung) in eine Prüfung der Angelegenheit einzutreten geneigt sein, so läge vielleicht ein gewisses Maß von Sicherheit darin, wenn sich Ihre Freunde zu der Sache äußern. Ich würde dann vorschlagen — sofern Sie diesen Weg für gangbar halten — daß wir je ein Exemplar etwa an Brahm, an Schlenther und an Rathenau senden, lediglich unter dem Gesichtspunkt der Aufnahme in das Gesamtwerk. Die materielle Seite der Frage hängt in erster Linie mit der Schlagkraft der Gesamtausgabe zusammen, wobei es natürlich vermessen wäre, zu behaupten, daß die Gesamtausgabe durch das Fehlen von ›Atlantis‹ eine besonders nachweisbare Einbuße zu erleiden hätte... natürlich ist die ideelle Seite der Sache ausschlaggebend.

Atlantis blieb in der Gesamtausgabe, und die Einzelausgabe erschien gleichzeitig. Hauptmann hatte das Buch in den Fahnen nochmals drastisch umgearbeitet, und Heimann fand bei »oft großer Überwindung«, wie er Fischer schrieb, es »imponiert doch immer wieder durch seine Totalität«. Es wurde, wie Fischer Nansen meldete, »ein großer Erfolg«; der Roman hatte 1924 die 49. Auflage erreicht und wurde in viele Fremdsprachen übersetzt. Die ›Neue Rundschau‹ zögerte lange mit einer Besprechung; sie brachte erst im Aprilheft 1913 einen vier Seiten langen Aufsatz von Stehr, in dem er Goethe den »göttlichen Bruder« Hauptmanns nannte und Hauptmann gegen jene in Schutz nahm, die meinten, er habe sich »etwas vergeben«:

Wenn eine Betrachtung über ein Werk die eingerissene Unart der Kritik mitzumachen sich vergäße, man könnte mit ›möchte‹ und ›sollte‹ einen anderen Verlauf des Romans aufstellen. Aber wird etwas gewonnen für die Beurteilung eines Werkes, wenn als Wertmesser der ausgereiften Fiktion des Dichters eine andere, schnell erraffte, gesetzt wird? Der Name und Ruhm Gerhart Hauptmanns nicht allein, sondern der Roman an sich machen das begründete Recht geltend, dieses Werk an Maßen zu verstehen, die von ihm selbst hergenommen sind. Und würde etwas gewonnen, wenn der Roman in einen Vergleich mit ›Gabriel Schillings Flucht‹ gesetzt würde, dessen Wesensnähe mit Lichtern und Schatten herüberzuckt...?

Stehr drückte sich nicht sehr klar aus, aber er hatte recht. Es war nachgerade eine Unart der Kritiker geworden, nicht das Buch, das ihnen vorlag, zu kritisieren, sondern das Werk, das nach ihrer Ansicht der Autor hätte schreiben sollen oder das sie selbst geschrieben hätten (wenn sie darauf gekommen wären und das Zeug dazu gehabt hätten).

Die sechsbändige Volksausgabe mußte mehrmals nachgedruckt werden und erreichte in den nächsten zehn Jahren das 43. Tausend. Auch das Problem der Jubiläums-Monographie löste sich von selbst. Hans Kyser hatte sich, wie Fischer im November 1911 Hauptmann mitteilte, erboten, ein Buch über Hauptmann zu schreiben. Schlenther hatte zwar versprochen, eine Neufassung seiner Monographie herzustellen, aber Fischer zweifelte, daß er mit ihr rechtzeitig fertig werden würde. »Ich werde nächstens einmal auf den Busch klopfen«, schrieb er. Er klopfte, und Schlenther lieferte.

LAUCHSTEDT

Die Veröffentlichung von *Gabriel Schillings Flucht* in der ›Neuen Rundschau‹ hatte nicht nur auf Fischer einen starken Eindruck gemacht. Heimann ließ sich nach anfänglichem Widerstreben von seiner Frau, die »einen überwältigenden Eindruck« hatte, dazu »bekehren« und fand die Lucie »eine der feinsten Gestalten Hauptmanns«. Der Gedanke war aufgetaucht, Hauptmanns »unerfüllbaren Wunsch« einer »einmaligen Aufführung vollkommenster Art« dennoch zu erfüllen, und »Freunde der Kunst« (wie sie sich in einer Ankündigung anonym nannten) planten, ihn in Goethes kleinem Sommertheater in Lauchstedt bei Merseburg zu verwirklichen. Fischer nahm offenbar das Unternehmen von Anfang an tatkräftig in die Hand; schon am 22. Februar 1912 schrieb er an Hauptmann:

Mit Schlenther bin ich wegen des ›Gabriel Schilling‹ für Lauchstedt schon in Verbindung. Ich finde den Plan ausgezeichnet. Es wird sich zeigen, so hoffe ich, daß dieses Werk, der Sensation des Berliner Trubels entrückt, auf der Bühne zu seinem Rechte kommt. Es war übrigens sehr lehrreich, dieses

Stück vorher zu veröffentlichen, von allen Seiten sagt man mir das. Wir werden doch die Buchausgabe von ›Gabriel Schilling‹ zur Premiere in Lauchstedt drucken müssen, nicht wahr?

Die Buchausgabe wurde gedruckt, und das Verlagshaus in der Bülowstraße wurde vorübergehend zu einer Art Festspielbüro. Fischer druckte einen vierseitigen großen Prospekt mit einer Einladung zur Subskription zu den drei vorgesehenen Aufführungen am 14., 15. und 16. Juni 1912 nachmittags drei Uhr – man beschloß nicht eine ›einmalige‹, sondern drei Aufführungen, weil das kleine Theater nur 400 Plätze enthielt –, stellte Bestellkarten her, versandte die Billetts, kassierte die Beträge ein, empfahl für Besucher, die übernachten wollten, Hotels in Halle und Merseburg, vereinbarte, daß »seitens der Königl. Eisenbahndirektion Sonderzüge mit II. Klasse von Halle a. S. über Schlettau nach Lauchstedt und zurück so eingelegt werden, daß es auch Berliner Besuchern möglich ist, am Tage der Aufführung hin- und zurückzufahren«, und gab auf der letzten Seite des Prospekts auch gleich die Zugverbindungen an. Es war fast wieder wie in den alten Zeiten der ›Freien Bühne‹. Zahlreiche deutsche Bühnen, darunter Dresden, München und Wien, bemühten sich bereits um das Stück, und Hauptmann dachte wohl daran, falls die Lauchstedter Aufführung ein Erfolg wurde, es freizugeben.

Die Lauchstedter Aufführung war in Wahrheit eine Berliner Aufführung. Schlenther führte Regie, die Hauptrollen waren mit Berliner Darstellern, Helene Thimig, Tilla Durieux, Otto Gebühr und Jakob Tiedtke besetzt, die Bühnenbilder waren nach Entwürfen von Max Liebermann in Berlin hergestellt, und auch die Zuschauer strömten größtenteils aus Berlin herbei. Fischers ›automobilisierten‹ nach Halle, wo sie sich mit Salten trafen und nahmen den Sohn und Hans Reisiger mit, die sich herzlich angefreundet hatten. *Gabriel Schillings Flucht* galt lange Zeit, nicht zuletzt durch Kerrs Urteil bestimmt, als eine genialische Fragwürdigkeit. Der achtzehnjährige Gerhart Fischer machte nach der Aufführung (an der er einiges auszusetzen fand) eine lange kritische Tagebucheintragung, die den starken, aber zwiespältigen Eindruck vermittelt, den damals nicht nur dieser sehr empfindsame junge Mensch empfing. Heute erscheint das Werk in einem veränderten Licht; es zählt gewiß zum schönsten und ergreifendsten, was Hauptmann geschaffen hat. Hauptmann selbst fühlte sich bestätigt. Als man ihn am anderen Morgen in Merseburg besuchte, »saß er im grünen Jägerhemd beim Frühstück, froh und glücklich über den Abend«. Später ärgerte man sich über Kerr, dem die ganze Veranstaltung mißfallen hatte. Fischer schrieb an Hauptmann aus dem Sommeraufenthalt in Unterach am 25. August:

Wie thöricht von Kerr, daß er hier durchaus eine andere Jüdin wie die von Ihnen gezeichnete haben wollte. Mir war seine Kritik sehr unsympathisch, und ich weiß, es ist vielen so gegangen.

›MARICLÉES ERLEBNIS‹

Auf dem ›Berghof‹ in Unterach tauchte in diesem Sommer zusammen mit Franz Blei zum erstenmal Annette Kolb auf. Sie hat dieses Treffen (und ein überaus spitziges Gespräch mit Beer-Hofmann, den sie »Salomon in seiner Pracht« mit einer »fast gotischen Frau« nannte) viele Jahre später in *Kleine Fanfare* geschildert:

Ich hatte soeben mit einem Roman debutiert. Wir saßen im Auto eines gemeinsamen Verlegers und fuhren im Zickzack wie der Wind den weitläufigen Ufern eines Gebirgssees entlang; es war ein Wetter wie von Gottes Hand. Weiße Riesenwolken paradierten vor der Sonne mit feierlichem Schwanken, dann erstrahlte das Salzkammergut aus eigenem Vermögen, das voll erblühte Laub trieb Spiel und Scherz ... Unmerklich floß der Tagesschein in Dämmerung über. Als wir die Villa erreichten, in welcher unser Verleger Hof hielt, lag sie schneeweiß im Mondlicht. Ihre mächtige Terrasse überhing den See. So leichten Herzens schritt ich auf und ab, als könnte das Seidenmäntelchen, das mir anhing, mich ohne weiteres zum andern Ufer hinwehen, oder zu den verklärten Spitzen der Berge hinaufflattern lassen: »Nein, dieser Beer-Hofmann!« fing ich wieder an.

Wie Annette Kolb zu Fischer kam, daran konnte sie sich, in hohem Alter befragt, selbst nicht mehr erinnern. Sie hatte 1899 ein erstes Bändchen *Kurze Aufsätze* in einem anderen Verlag veröffentlicht und war 1904 zum erstenmal in der ›Neuen Rundschau‹ mit einer Skizze, *Ritz*, erschienen. Hierauf folgte 1905 die autobiographische Erzählung *Torso* und in den nächsten Jahren noch einige kurze Beiträge, bis sie schließlich 1912 ihren ersten Roman zu Fischer brachte. Dieses, auf einer Reise in England spielende, eigentümlich versponnene, geradezu skurrile Buch war jedoch, als die halbfranzösische Münchnerin im Sommer 1912 am Attersee auftauchte, noch nicht erschienen. Hedwig Fischer erinnerte sich:

Annettes erstes Buch war eine Reisebeschreibung ... [ihr] Heimisch-Sein in der großen Welt, mit Charme und tiefem Gefühl in eine einfache und doch erregende Fabel verflochten, gab dem Buch seinen wirklich einzigartigen Ton. Nur den Titel fand ich schlecht: ›Mariclées Erlebnis‹, und was ich auch von meiner Bewunderung damals an Annette geschrieben habe, ich bestand auf einer Umtaufe, es mußte ›Das Exemplar‹ heißen. Diesen Titel bekam es denn auch, und es machte seinen Weg.

Es machte nicht nur seinen Weg; es machte Annette Kolb in Deutschland über Nacht berühmt – nachdem es endlich erschienen war. Schon im Jubiläumsbuch von 1911 war *Das Exemplar* angekündigt: »Erscheint 1912.« Aber 1912 erschien es vorerst in sechs Fortsetzungen, vom Juli bis Dezember, in der ›Neuen Rundschau‹. Erst das Jahrbuch für 1912 mit seinem Vermerk »Erscheint 1913« behielt recht. *Das Exemplar* erschien wirklich in diesem Jahr; es wurde – rückblickend gesehen – zu einem der letzten literarischen Leuchtpunkte einer Welt, die mit dem Ausbruch des Ersten Weltkrieges versank, und blieb, obwohl es nie große Auflagen erzielte (zwanzig Jahre später hatte das Buch die zwanzigste Auflage erreicht) ein Stern am Dichterhimmel, der nicht verblich.

NOBELPREIS

Fischer war auch am entlegenen Attersee gut unterrichtet. Schon in dem erwähnten Brief vom 25. August 1912 schrieb er Hauptmann:

Unterdessen werden, wie ich höre, Goldbarren auf schwedischen Schiffen für Sie verladen, die wie ich hoffe, noch rechtzeitig, bevor die Schären einfrieren, zu Ihnen gelangen.

Und Hedwig Fischer fügte hinzu:

Sehr gefreut habe ich mich, daß Aussicht vorhanden ist, daß der Nobelpreis endlich einmal seinen einzig rechtmäßigen Träger finden wird, und hoffe, wir können Ihnen bald zur vollendeten Tatsache gratulieren.

Das Erwartete traf ein. Das »Festmahl zu Ehren Gerhart Hauptmanns«, das am Freitag, dem 15. November 1912, »abends acht Uhr pünktlich« im Hotel Adlon stattfand, ehrte nicht nur den fünfzigjährigen Dichter, sondern auch den Träger des Literatur-Nobelpreises. Hedwig Fischer hatte in gewissem Sinn recht. Hauptmann war der vierte Deutsche, der den Preis seit seiner Stiftung (1901) erhalten hatte, aber er war im dichterisch-literarischen Sinn sein erster »rechtmäßiger« deutscher Träger. Vor ihm hatten ihn der Historiker Theodor Mommsen (1902) und der Philosoph Rudolf Eucken (1908) erhalten, und zwei Jahre vor ihm (1910) Paul Heyse, der eine deutsche Dichtung repräsentierte, welche seit mehr als einem Jahrzehnt und nicht zuletzt durch Hauptmann überwunden war. Es war ein großer Augenblick, nicht nur für Hauptmann, sondern auch für seinen Verleger, für die deutsche Literatur überhaupt; er bestätigte den eifervoll umkämpften Anfängen vor einem Vierteljahrhundert ihre Weltgültigkeit. Mehr noch: auf Paul Heyse folgten bis zum Ende des Zweiten Weltkrieges überhaupt nur drei deutsche Träger des Literatur-Nobelpreises – Hauptmann 1912, Thomas Mann 1929, Hermann Hesse 1946 –, und alle drei waren ›Säulen‹ des S. Fischer Verlags, hatten mit ihrem Werk bei Fischer begonnen, waren mit Fischer groß geworden und hatten seinen ganzen Lebensweg begleitet. Rechnet man zu ihnen noch die ausländischen Nobelpreisträger hinzu, deren Gesamtwerk bei Fischer deutsch erschien, nämlich Björnson, Shaw, O'Neill und Johannes V. Jensen, so wurden insgesamt sieben Dichter, die zu Fischers Lebzeiten dem Verlag angehörten, mit dem Nobelpreis ausgezeichnet, und sie waren samt und sonders Dichter der ›neuen Zeit‹. Man mochte über den Nobelpreis denken, wie man wollte: hierin bekundete sich nicht zuletzt die bedeutende Leistung des verlegerischen Mittlers.

Die gedruckten Einladungskarten zum »Festmahl« wurden namens eines Festausschusses – Dr. Otto Brahm, Lovis Corinth, S. Fischer, Paul Jonas, Max Liebermann, Dr. Walther Rathenau und Dr. Paul Schlenther – ausgesandt, und wieder besorgte Fischers Büro die Organisation. (Allerdings erst im letzten Moment: die Einladung an Dehmel beispielsweise wurde erst am 11. November ausgesandt.) Der Preis des Gedecks (ohne Wein) betrug genausoviel wie eine Eintrittskarte zum Festspiel in Lauchstedt, nämlich zehn Mark. Es wurde ein großes Fest; aber es lag ein Schatten über ihm. Brahm, der die Festrede hatte halten sollen, war schwer krank, und Schlenther sprach statt seiner; und statt Schlenthers tat diesmal ein anderer einen Mißgriff. Hedwig Fischer schrieb in ihren Erinnerungen:

Hier war er [Hauptmann] vor allem im Kreise seiner Schauspieler, und ein Photo des Abends, das ich noch besitze, vergegenwärtigt mir lebhaft jenes Zusammensein. Da war Rittner, da waren Tilla Durieux, Reicher und Moissi. Benvenuto Hauptmann, zwölfjährig und noch mit langen blonden Locken, schwärmte gerade heftig für Moissi. Brahm konnte seiner Krankheit wegen nicht kommen, aber Reicher brachte einen Toast auf ihn aus, und so war er doch als alter Gefährte und Bahnbrecher gegenwärtig. Ich erinnere mich noch, daß der Literaturprofessor Roethe eine unangenehm taktlose Rede auf Hauptmann hielt, doch sofort erhob sich Emil Ludwig, der Hauptmann im Namen der Jugend eine spontane Huldigung darbrachte, die jubelnd aufgenommen wurde und den Abend für den Dichter rettete. Schließlich löste sich die von mir mühsam zustande gebrachte Tischrunde zu lockerem Beisammensein auf, und wie bei jedem Fest, war dieser ungezwungene Teil der beste.

Auf der Festphotographie sind neben den von Hedwig Fischer Genannten noch andere zu erkennen. Der alte Weggenosse Wilhelm Bölsche, Paula Conrad, die Gattin Schlenthers und das erste *Hannele*, Björn Björnson mit seiner Gattin, Ludwig Fulda, Else Heims, die Gattin Max Reinhardts, Max Liebermann, der Dresdner Generalintendant Graf Seebach, (ein überaus mutiger und fortschrittlicher Mann, der sein Königliches Schauspielhaus unter vielen Anfeindungen der neuen Dramatik geöffnet und kurz zuvor, am 10. Oktober, eine hervorragende Aufführung von *Gabriel Schillings Flucht* mit Hermine Körner als Hanna Elias herausgebracht hatte), sodann Altmeister

›Wippchen‹-Stettenheim, Rilkes Gattin Clara Westhoff, Bernhard Kellermann und ganz bescheiden in der äußersten rechten Ecke S. Fischer selbst.

Bie hatte in der ›Neuen Rundschau‹, wie man gestehen muß, zu dem festlichen Anlaß nichts Erhebliches zuwege gebracht. Er hatte im letzten Augenblick Dehmel telegrafisch um ein »Huldigungsgedicht oder Prosagruß« gebeten und im übrigen Heimann zehn volle Seiten zu einem Aufsatz *Ein Dichter – ein Seher. Gerhart Hauptmann zu Ehren* eingeräumt, der um die gestrichene Sentenz über Wahrheit und Lüge aus der *Versunkenen Glocke* aufgebaut war und schließlich zu der Mitteilung gelangte: »Andere Dichter spinnen, Hauptmann webt.« Hofmannsthal hatte Hauptmann zum 15. November im ›Berliner Tageblatt‹ mit einer kurzen Huldigung »herzlich und bewundernd« gegrüßt, doch zwei Tage darauf kam es in Wien, wo der Schriftstellerverein ›Concordia‹ Hauptmann ein Festmahl gab, zu einer Unzuträglichkeit im österreichischen Zweig der Verlagsfamilie. Hofmannsthal wollte teilnehmen, weil, wie er Schnitzler sagte, »ich es absurd finde, daß einem Menschen wie H. gegenüber nicht ein anständiger Mensch an dem ganzen Tisch sitzt«. Doch als er erfuhr, daß Salten die Festrede halten werde, empfand er dies als Affront: »Man hat mir in dieser Sache eine echt Wiener Ungezogenheit gemacht und ich gehe lieber nicht hin. Zu Hauptmanns Vortrag gehe ich aber, da ich ihn sehr gern habe.«

DER TRAURIGE NOVEMBERTAG

Schnitzler jedoch ging hin. Als Hauptmann und er sich knapp zwei Wochen später in Berlin wiedersahen, war es, wie er Hauptmann zehn Jahre später erinnerte, »der traurige Novembertag 1912 ... an dem Sie und ich unserem dahingeschiedenen Freunde Brahm in jener dämmrigen Halle Abschiedsworte in den Sarg nachriefen«.

Schnitzler war zur Uraufführung von *Professor Bernhardi* am 28. November 1912 nach Berlin gekommen. Kurz bevor der Vorhang sich an diesem Abend zum letztenmal senkte, war Otto Brahm, seit langem an Magen- und Darmkrebs leidend (was er nicht wußte), kaum sechsundfünfzigjährig, an den Folgen einer Operation gestorben. Noch am 15. November, dreizehn Tage vor seinem Tod, hatte er im Berliner ›Tag‹ in einem Geburtstagsbrief an Hauptmann geschrieben:

Deshalb finden wir uns, wir vom Lessingtheater, denen du so vieles gegeben hast, mit einer Gegengabe ein: wir wollen dir dein Dichten in der Zeit, die uns noch bleiben mag, neu vor Augen stellen, wir wollen einen Hauptmannzyklus vor dir aufrollen ...

Es blieb ihm keine Zeit mehr. Hedwig Fischer schrieb später:

Ich habe Brahm zum letztenmal am Vormittag des 50. Hauptmann-Geburtstages gesehen. Ich hatte bei jenem Besuch die Tischordnung für die abendliche Festlichkeit im Kopf; so ist es, man weiß nie, wann man Abschied voneinander nimmt...

Kerr, Hauptmann und Schnitzler hielten bei der Trauerfeier die Abschiedsreden. Wassermann schrieb nahezu zwanzig Jahre später in seinen *Selbstbetrachtungen*, Brahm habe ihm »einmal kurz vor seinem Ende« gesagt: »Die meisten meiner Freunde hatten Ärger und Verdruß mit mir, ich konnte ihnen selten etwas recht machen; meinen Sie, daß ich mich auf die Erinnerung freuen darf, die sie an mich haben werden?« Er hätte sich freuen dürfen. Fischer schrieb ihm im Januarheft 1913 der ›Neuen Rundschau‹ einen Nachruf; er war der erste mit seinem Namen gezeichnete Beitrag, den er in seiner Zeitschrift veröffentlichte. Er stellte den vollen Wortlaut der ›Freie-Bühne‹-Proklamation voran und fuhr dann fort:

Mit diesen Worten hat Otto Brahm vor dreiundzwanzig Jahren im ersten Heft dieser Zeitschrift das Zeichen für den Durchbruch des neuen Geistes in Kunst und Leben gegeben. Seither ist harte Arbeit getan worden, zuerst unter seiner Führung, in seiner geistigen und seelischen Atmosphäre. Er war der Mann, dessen Wahrhaftigkeit jeder Aufgabe ihr Maß zuwies, dessen Ernst jeder Arbeit ihr Ethos gab. Und als er daranging, das Wort in die Tat umzusetzen, da blieb uns der heimliche Feldherr, aus dessen Beharrlichkeit wir Mut und Kraft zu weiteren Zielen schöpfen konnten.

Unser Wirken, von dem diese Blätter ein Teil sind, bleibt dem Werk Otto Brahms untrennbar verknüpft. Zwischen jenen prophetischen Worten und der letzten Arbeit über den jungen Kainz, die er noch im Krankenbett korrigiert hat, die, während seine Lippen sich für immer schlossen, noch einmal Zeugnis von seinem unermüdlichen Eintreten für das als wahr Erkannte ablegen durfte, liegt die Lebenserfüllung unserer Generation. Es war eine Lust zu leben, die Zeit war überreich an jungem Wagen und Hoffen, an Kampf, Enttäuschung und Sieg. Es war ein Vorwärtsdrängen, ein unablässiges Aufnehmen neues Geistes.

So konnte es geschehen, daß seit zwanzig Jahren in zwei benachbarten Zentren, die im gleichen Geiste wirkten, die Pflege des Werdenden mit Hingabe geübt wurde; daß der geistige Niederschlag einer Zeit in Kunst und Leben, zu einer Einheit verdichtet, ins Bewußtsein der Menschen übergeleitet, Macht über sie gewonnen hat.

Die ›Kraft der Umwandlung‹, die von Otto Brahm ausging, hatte in der rückhaltlosen Emanation seiner schlichten Natur ihre Wurzeln. Diese Natur war geschaffen, um mit der ihr eingeborenen Wahrhaftigkeit den Aufgaben einer neuen dramatischen Kunst bis auf den Grund zu gehen, sie machte aus Schauspielern Menschendarsteller, aus der Darstellung dramatischer Werke lebendig aufleuchtende Erlebnisse und aus dem Theater eine moralische Anstalt.

Otto Brahm hat sich seine Lebensarbeit nur durch eine weise Lebensökonomie abringen können. Um seine Kräfte für das Wesentliche frei zu halten, mußte er sich mit strenger Mäßigung von allem zerstreuenden Leben abschließen. Sein Leben und sein Werk waren eine moralische Leistung. Wer Brahm näherstand, der wird seine eindrucksvolle Gestalt, den zarten Klang seiner Seele als eine unvergeßliche Bereicherung dankbar bewahren.

»Ihre Brahmehrung«, schrieb Hauptmann an Fischer, »ist schön und recht. Ich finde es famos, daß Sie selbst die Feder ergreifen und unter uns treten.«

Das folgende ›Rundschau‹-Heft brachte ausführliche Würdigungen von Brahms Werk. Fischer setzte darüber hinaus Brahm ein gebührendes und bleibendes Denkmal. Er beauftragte Schlenther mit der Herausgabe von Brahms Schriften, die bisher nur verstreut in Zeitungen und Zeitschriften, aber nicht gesammelt in Buchform erschienen waren. Der erste Band, *Kritische Schriften über Drama und Theater*, ein fast fünfhundert Seiten starker Band, erschien schon 1913; der zweite, *Literarische Persönlichkeiten aus dem neunzehnten Jahrhundert*, nahezu ebenso umfangreich, lag kurz vor Kriegsausbruch 1914 vor. Im Vorwort zum zweiten Band schrieb Schlenther: »Ein Menschenalter und länger bin ich neben ihm Seite an Seite gegangen. Es fügt sich, daß ich der Überlebende blieb. Ich fühlte das Recht und die Pflicht, von ihm zu sammeln, was ihn überleben wird.« Er besorgte diese Pflicht gewissenhaft. Seine Brahm-Ausgabe ist der Nachwelt unentbehrlich.

›DER BETTLER‹

Im Januarheft 1913 der ›Neuen Rundschau‹ erschien der erste Beitrag von Robert Musil. Der kurze Aufsatz trug die Überschrift *Eine dramatische Sendung* und war eine Besprechung des Dramas *Der Bettler* von Reinhard Johannes Sorge, das im Spätherbst 1912, um die Zeit von Brahms Tod, bei Fischer erschienen war. Mit diesem Drama hätte Brahm, wenn er es noch gelesen hätte, nichts anfangen können; mit ihm begann, von nur wenigen geahnt, ein neuer Abschnitt, ja eine Revolution der deutschen Bühne. Zu den wenigen gehörte Musil. Daß er über dieses Stück schrieb, war kein Zufall.

Musil war damals zweiunddreißig Jahre alt. Er hatte bis dahin außer einigen Zeitschriftenbeiträgen zwei schmale Bücher veröffentlicht, seinen Erstling *Die Verwirrungen des Zöglings Törleß* (1906) und die Erzählungen *Vereinigungen* (1911). Sie leiteten, wie er später in einem *Curriculum vitae* selbst schrieb, »vielleicht durch Irrtum, den literarischen Expressionismus in Deutschland ein, mit dem er aber weiterhin nichts zu schaffen haben wollte«. Wie auch immer, das Drama *Der Bettler* leitete, gewiß nicht durch Irrtum, den Expressionismus auf der Bühne ein; 1911 entstanden, ist dieses Werk eines Neunzehnjährigen seither unstrittig als »das erste Drama des Expressionismus« in den Annalen verzeichnet. Das Wesen dieser Neuartigkeit war in Musils Aufsatz erfaßt:

Ihrer Ausdrucksfunktion und natürlichen Möglichkeit, sich zu entladen beraubt, in den Sprechenden zurückgeholt, belauscht und echohaft vergrößert, scheinen sie [die Worte] einen blasigen, stofflosen, aber dicht aufschäumenden Gefühlsüberschwang zu erzeugen. Lächerliche Worttrunkenheit, gewiß; aber weiß man, was Bühnenrausch ist, wie weit, wie nahe davon? Man hat sich noch wenig um diese paradoxen Verwandtschaften, um Grenzen und Übergänge gekümmert. Etwas von dieser Theatralik und rasenden Unnatürlichkeit, die im Dilettanten zur Manie wird, steckt in der keuschesten Bühnendichtung. Strecken, wo der Umweg, aus den Gestalten selbst heraussprechen zu lassen, was man doch heimlich in sie hineingelegt hat, nur noch ganz lässig gewahr wird; wo die Ungeduld des Dichters plötzlich seine Menschen entfleischt und als Sprachrohr für Worte gebraucht, die ihren Sinn kaum noch in irgendeiner vorgetäuschten psychologischen Kausalität finden, sondern in einem frenetischen Gefühl des Ganzen. Es ist, als ob um die Logik der Absicht herum die erschaffenen Leidenschaften zu einer allgemeinen Erregtheit würden, die weder dem Dichter noch den Gestalten des Spiels mehr angehört, sondern einer seltsamen Zwischenwelt, voll eines bewegsameren, symbolischeren, etwas an die kaum mehr verständlichen Kurzschlüsse zwischen Gefühl und Ausdruck bei manisch Entrückten erinnernden Zustands des Denkens und Fühlens...
Einem ganzen Stück unmittelbar von daher das Feuer zu holen, ist für mich das Eigentümlichste Sorges... Das Schweben des Werks zwischen Objektivation und Gefühlserlebnis macht es wehrlos. Es ist das wahrscheinlich nichts als der notwendige Zustand des Herausholens gewesen...

Der »notwendige Zustand des Herausholens« – es wird schwerfallen, eine bessere Definition des Expressionismus zu finden, der mit diesem Werk seine Standarte in Fischers Verlagsfeld aufpflanzte.

Fischer kümmerte sich um diesen wilden Versprengten. Eine Aufführung des *Bettler* durchzusetzen, daran war vorerst nicht zu denken. Doch war in eben diesem Jahr 1912, hauptsächlich auf Betreiben Dehmels und von ihm organisiert, die Kleist-Stiftung ins Leben gerufen worden. Diese Stiftung wählte alle drei Jahre ein Kollegium, den Kunstrat, und dieser Kunstrat bestimmte alljährlich aus seiner Mitte einen Vertrauensmann, der völlig souverän, »nur seinem Gewissen und der Geschichte verantwortlich«, wie Dehmel es formulierte, den Kleist-Preis verteilte. Dieser erste Vertrauensmann war Dehmel selbst. In einem Brief an Dehmel vom 20. September 1912 weist Fischer in einer Nachschrift auf Reinhard Sorge hin, der im nächsten Monat heirate und nur ein Monatseinkommen von 250 Mark habe. (Davon waren 150 Mark ein Monatsgeld, das Fischer ihm auf drei Jahre zugesagt hatte.) »Wäre er da nicht an erster Stelle in Betracht zu ziehen?« Dehmel zögerte nicht, den in diesem Jahr zum erstenmal verteilten

Kleist-Preis (zusammen mit Hermann Burte) dem zwanzigjährigen Dichter des *Bettler* zu geben.
Reinhard Johannes Sorge wollte ebenfalls mit dem literarischen Expressionismus »weiter nichts zu schaffen haben« und ging den eingeschlagenen Pfad nicht weiter. Er trat im gleichen Jahr zum katholischen Glauben über, schrieb eine Anzahl religiöser Mysterienspiele, von denen Fischer noch das Drama *König David* herausbrachte, wurde 1914 Soldat und fiel im Juli 1916 vierundzwanzigjährig in der Sommeschlacht. Heimann schrieb ihm in der ›Rundschau‹ einen schönen Nachruf. *Der Bettler* ging unter, aber er blieb unvergessen. Die Buchausgabe gelangte ins 7. Tausend und wurde sogar 1928 noch einmal nachgedruckt! Am 23. Dezember 1917 führte Max Reinhardt ihn im Rahmen seiner Studiobühne ›Das Junge Deutschland‹ am Deutschen Theater in einer glanzvollen Besetzung mit Gertrud Eysoldt, Helene Thimig, Ernst Deutsch, Paul Wegener und Emil Jannings auf. Zu Beginn des gleichen Jahres, am 29. Januar 1917, glückte dem neununddreißigjährigen Georg Kaiser, der seit 1911 mit inzwischen sieben bei Fischer erschienenen Stücken auf eine Aufführung wartete, mit den schon 1914 veröffentlichten *Bürgern von Calais* im Frankfurter Neuen Theater der Sprung auf die Bühne. Fünf Jahre nach Brahms Tod war das expressionistische Theater sichtbare Wirklichkeit.

»EINREIHUNG IN DIE MENSCHHEITSGESCHICHTE«

»Brahms Tod hat mich hart angegriffen ...«, hatte Wassermann aus Wien an Hedwig Fischer geschrieben. »Das Gute ist, daß man sich in Geist und Herz noch fester an die schließt die einem bleiben.« So mag es auch Fischer selbst empfunden haben. So aufgeschlossen er allem Neuen und Heranwachsenden blieb, so freudig bereit er zu neuen Freundschaften mit Jüngeren war (wir sahen es an Reisiger, sehen es alsbald bei Flake), so deutlich ist doch, daß er sich hinfort fester und inniger noch als bisher an jene anschloß, die ein großes, entscheidendes Stück Wegs mit ihm gegangen waren. Dies galt vor allem für Thomas Mann. Er wuchs ihm erst jetzt, mit dem *Tod in Venedig*, wirklich ans Herz. Thomas Mann hatte die Novelle im Sommer 1912 in Tölz beendet. Seine Tochter Erika berichtete später:

> Die Erzählung war der ›Neuen Rundschau‹ zugedacht, ja, für sie geschrieben. Als sie aber abgeschlossen war, hielt. T. M. sie zurück. Die Novelle, meinte er, sei für die ›Rundschau‹ nicht gut genug. Erst der liebevoll empörte Widerspruch meiner Mutter stimmte ihn um.

Der Tod in Venedig erschien in zwei Fortsetzungen im Oktober- und Novemberheft der ›Neuen Rundschau‹ und nach Erscheinen der zweiten Fortsetzung schrieb Fischer ihm einen Brief, von dem wir nur ahnen können, was er enthielt, denn nur Thomas Manns Antwort vom 7. November 1912 ist erhalten:

Lieber Herr Fischer, Ihnen und Ihrer Gattin den schönsten Dank für Ihre wohltuende Worte! Wo ist zum zweitenmal ein Verleger, der die innere Teilnahme besitzt und überhaupt geistig in der Lage ist, an einen Autor so zu schreiben? Aber was rede ich von Verlegern! Wo ist der Kritiker, der die Dinge sieht, wie das von der Einreihung in die Menschheitsgeschichte? Ich danke Ihnen sehr und lasse mich durch Ihre und andere freundliche Zustimmung nicht abhalten, die Fehler und Schwächen der Arbeit mit schmerzlicher Deutlichkeit zu erkennen. Die Ausstattung überlasse ich mit vollem Vertrauen Ihrer Fürsorge und Ihrem Geschmack. Ernst muß das Buch wirken, denn es handelt sich ja um das Ernsteste, das ich seit dem 2. Band der ›Buddenbrooks‹ geschrieben habe. Wie immer Ihr Thomas Mann.

Die Buchausgabe von *Der Tod in Venedig* erschien im April 1913 in einer Erstauflage von achttausend Exemplaren, und Fischer konnte schon im Erscheinungsjahr noch weitere zehntausend nachdrucken; auch stellte er diesmal zuversichtlich eine auf Bütten gedruckte und vom Dichter signierte Vorzugsausgabe von sechzig Exemplaren her. (Nach dem Krieg und der Inflation, als das Buch das 60. Tausend erreicht hatte, wurde nochmals eine »Liebhaber-Ausgabe in Großquartformat« veranstaltet.) Zwar mußte Thomas Mann sich (in einem Brief an Schnitzler) über »einen giftigen Angriff des Herrn Kerr« beklagen, »hinter dessen tänzerischen Pamphletchen gegen mich sich freilich viel Charakterelend verbirgt«; aber dieses »giftige Gejökel« wurde wettgemacht. Der »Kritiker, der die Dinge sieht«, nach dem Thomas Mann Ausschau hielt, trat im Aprilheft der ›Neuen Rundschau‹ hervor. Der vierzehn Seiten lange Aufsatz *Thomas Mann. Eine Betrachtung nach dem ›Tod in Venedig‹* des sechsundzwanzigjährigen Bruno Frank darf zu den vorzüglichsten Essays gerechnet werden, die je in dieser Zeitschrift erschienen sind. Bruno Frank war trotz seiner Jugend kein Unbekannter mehr; es lagen bereits drei Gedichtbände, zwei Novellenbücher und ein Roman von ihm vor; im Februarheft 1911 der ›Neuen Rundschau‹ war eine Novelle *Das Böse* erschienen. Doch erschien er – warum nur? – zu Fischers Lebzeiten nur ganze viermal in der Zeitschrift, in deren Rahmen er so hervorragend gehörte, und dieser Essay blieb der einzige. Thomas Mann und Bruno Frank kannten einander bereits seit 1910; dieser Aufsatz erwies dem um zwölf Jahre Älteren das Format dieses jungen Schriftstellers, und es erwuchs eine lebenslängliche Freundschaft – wohl die wärmste und lauterste Dichterfreundschaft dieser Zeit und nur mit der zwischen Hofmannsthal und Schnitzler zu vergleichen. Bruno Frank nannte in seinem Aufsatz den *Tod in Venedig* »ein vollkommenes Wunder«. Man darf den Klarblick seines Essays in ähnlicher Weise rühmen:

Als es noch eine Metaphysik gab, war es vergleichsweise wenig, ein Held zu sein. Aber nun, da fühlloser Felsboden unter uns ist und über uns ein leerer Himmel, da wir vom Glauben nichts mehr haben als einen Hunger nach ihm, da wir so beziehungslos sind und völlig auf uns selber zurückgeworfen, wie vermutlich niemals menschliche Generationen vor uns waren, nun will es etwas bedeuten, ein Leben der Ehre und des Gesetzes zu leben. Thomas Manns Heldentypus ist glaubenlos und darum desto größer... Nietzsche in schöner Zügellosigkeit nachzustammeln, was er lyrisch besonnen vorgesprochen hatte, das ist Mehreren zu Teil geworden. Aber als Erster von Denen, die zur Repräsentation berufen sind, stellt sich dieser Dichter wach und tapfer in die völlig götterlose Welt und läßt in dauernd gefügten Hallen einen neuen Adel mit neuer Ehre wandeln.

Dies war es wohl, was Fischer mit der »Einreihung in die Menschheitsgeschichte« gemeint hatte.

23 Das Kummerjahr

»Blättern wir langsam um«, schrieb Rilke am 31. Dezember 1912 an Hedwig Fischer, »und hoffen wir, daß auf die große neue Seite 1913 neben wehmütigem Zurückdenken und mancher Erinnerung einiges erwünschte Neue sich wird schreiben lassen.« Dieses Jahr, das letzte der alten Zeit und der alten Welt, aus welcher der Verlag emporgewachsen war, begann hochgemut und voll schwungvoller Unternehmungsfreude. Es brachte den bei weitem größten Erfolg, den der Verlag bisher erlebt hatte. Es endete für Fischer persönlich mit dem schwersten Schicksalsschlag seines ganzen Lebens. Rückblickend lag in Rilkes Wünschen eine grausame Ironie; im »wehmütigen Zurückdenken« war es das Jahr des großen Kummers, neben dem alle Freude nichtig schien.

IM NEUEN HAUS

In diesem Frühjahr 1913 zog der Verlag ein letztes Mal um, diesmal freilich ›an Ort und Stelle‹, ohne seine Adresse ändern zu müssen. Die beiden langgestreckten Stockwerke im Quertrakt des ersten Hofes waren nie sehr praktisch gewesen, weil die langen und dunklen Korridore die ordentliche Abgrenzung der verschiedenen Abteilungen des Unternehmens erschwerten und auf ihnen ›alles durcheinander lief‹. Außerdem waren sie inzwischen viel zu eng geworden. Die rückwärtigen Fenster dieses Quertraktes gingen auf einen zweiten Hof hinaus, an dessen Ende rechts ein Tennisplatz und daran anschließend eine Rasenfläche lagen, die beide noch zum Grundstück Bülowstraße 90 gehörten. Die Grünfläche, der sogenannte ›Garten‹, wurde nie benutzt; auf dem Tennisplatz wurde fast nie gespielt. Besitzer des Gesamtgrundstücks mit allen darauf stehenden Gebäuden war die Firma David Grove, die Heizungs- und sanitäre Anlagen herstellte und von der Fischer seine zwei Quertrakt-Stockwerke gemietet hatte. (Der Komplex beherbergte außer dem Verlag noch eine Anzahl anderer

Firmen und außerdem auch einige Privatmieter.) Der Hausbesitzer hatte Fischer schon verschiedentlich angeboten, ihm den ›Garten‹ mit dem Tennisplatz zu verkaufen, damit er sich auf diesem großen Grundstück ein eigenes, seinen Zwecken und Bedürfnissen entsprechendes Bürohaus bauen könne. Aber Fischer hatte sich wegen der damit verbundenen hohen finanziellen Verpflichtungen auf ein solches Unternehmen nicht einlassen wollen. Man einigte sich jedoch schließlich auf einen Kompromiß: der Hausbesitzer erbaute selbst nach den Angaben des Verlags auf der Rasenfläche und einem Teil des Tennisplatzes, der abgeschnitten wurde, ein fünfstöckiges Bürohaus, das Fischer mit einem langjährigen Vertrag von ihm pachtete. Dieses neue Verlagshaus wurde 1912/13 gebaut – der Bau wurde von dem sachkundigen Herrn Reiff überwacht, der aus dem Ullstein-Haus zu Fischer hinübergewechselt war –, und am 1. April 1913 zog der Verlag ›über den Hof‹ um. Im alten Quertrakt wurden jedoch noch zusätzliche Lagerräume beibehalten, um die Auslieferung zu entlasten. Die anliefernden Lastwagen brauchten zumeist nur in den ersten Hof einzufahren und konnten dort abladen.

Das neue Verlagshaus war ein einfacher, schmuckloser Zweckbau mit einem elektrischen Fahrstuhl in alle Stockwerke und Zentralheizung in allen Räumen, was man bei einem Bauherrn, der Heizungsanlagen fabrizierte, freilich erwarten durfte. Im Erdgeschoß befanden sich Anmeldung, Botenraum, Auslieferung und Packraum mit den sogenannten ›Markthelfern‹. Diese kräftigen, zuweilen sehr wort- und schimpfgewaltigen Männer waren eine Gilde für sich, mit einem eigenen Berufsstolz; sie waren um einiges mehr als nur einfache Packer und Paketschlepper und hatten in der buchhändlerischen Transport- und Versandorganisation und im Export genau Bescheid zu wissen. Da der Packraum sich im Erdgeschoß befand, das Bücherlager jedoch im vierten Stock, wurde an der Außenmauer des Hofes ein ›fliegender Fahrstuhl‹ angebracht, in dem die ausgeschriebenen Rechnungen hinauf- und mitsamt den Büchern hinunterbefördert wurden. Die übrige Verständigung besorgten die Markthelfer mündlich mit dem entsprechenden Stimmaufwand. Schließlich befand sich im Erdgeschoß eine Küche, der eine urberlinische Hausbesorgerin vorstand, die wahrhaftig Frau Piefke hieß.

Im ersten Stock befanden sich Kasse, Buchhaltung und Personalchef (Hauptbuchhalter und Personalchef waren in einer Person vereinigt), das Zimmer des Geschäftsführers (zu verschiedenen Zeiten Herr Schur, Herr Schmitt, Herr Reiff und ihre Nachfolger) und als letzter Raum Fischers Arbeitszimmer. Im zweiten Stock waren die Redaktion der ›Neuen Rundschau‹ mit Bie und Saenger, die Registratur und die rasch anwachsende Theaterabteilung untergebracht. Im dritten Stock befanden sich die Statistik, der Vertrieb einschließlich der Werbeabteilung und die Herstellung, viele Jahre von dem bewährten Peter Paul Schmitt, dann von Friedrich Hermann, geleitet. Der gesamte oberste Stock bestand nur aus Lagerräumen.

Der Verlag war ein großer Betrieb geworden, und Fischer hegte, wie alte Angestellte erzählten, insgeheim den Verdacht, daß er »viel zu viel Personal« habe; der Personalchef fürchtete sich stets ein wenig vor den feierlichen Anlässen, bei denen das gesamte Personal in Fischers Arbeitszimmer versammelt wurde und Fischer sie alle leibhaftig vor sich sah. Der Betrieb gliederte sich ganz natürlich in eine Anzahl mehr oder weniger selbständig arbeitender Abteilungen, die durch die Stockwerke von einander getrennt waren und denen jeweils ein verantwortlicher Abteilungsleiter vorstand.

Als Hans Kyser in den Verlag eintrat, wollte er, wie Käthe Schmitt sich erinnerte,

alles ummodeln. Er wünschte, daß alle Angelegenheiten und Unterredungen mit den Abteilungsleitern über ihn zu Herrn Fischer gingen, und entwarf dafür eine große Zeichnung, die als Zentrale sein Direktionszimmer vorsah. Aber das gefiel Herrn Fischer gar nicht; er verhandelte nach wie vor direkt mit seinen Abteilungsleitern. Und so verließ uns dann Herr Kyser bald mit den Worten: »Schließlich bin ich ja nicht nur hier, um die Toilettenpapiervorräte zu kontrollieren.«

Fischer selbst ließ sich in den verschiedenen Abteilungen selten blicken und unternahm nur gelegentlich einen unangekündigten Kontrollgang durch sein Haus. Doch hieß dies nicht, daß er für seine Angestellten, auch die jüngsten und kleinsten, nicht zu sprechen war. Es war durchaus möglich, in das von Regina Rosenbaum eifersüchtig gehütete ›Allerheiligste‹ vorzudringen. So erzählt Max Kühnel:

Ich weiß nicht mehr, aus welchem Anlaß ich 1913 zu Herrn Fischer ging, um eine Klage anzubringen. Im Verlauf einer längeren Aussprache appellierte ich an sein soziales Gewissen, sprach von Gerechtigkeitssinn und spielte in einer Aufwallung auf Hauptmanns Weberdrama an. Darauf sagte Herr Fischer: »Junger Freund, Sie sind noch etwas zu jung, um mir so etwas zu sagen.« Ich entschuldigte mich, wurde in gutem Einvernehmen verabschiedet, und Herr Fischer verübelte mir den Vorfall nicht.

Auf Nansens heimliches Betreiben hatte Fischer zu Neujahr 1913 nach dem norwegischen St.-Olafs-Orden nun auch den schwedischen Wasa-Orden erhalten. »Nun fehlt nur noch Dänemark«, schrieb Nansen, und Fischer antwortete:

Wenn Sie fortfahren, mich mit hohen Ordensauszeichnungen aus Skandinavien zu versehen, so werde ich Sie bitten müssen, bei den skandinavischen Staaten auch auf eine entsprechende Apanage für mich zu dringen. Wenn ich die Orden tragen soll, muß ich meinen Lebensstandard darauf einrichten... Nun werde ich wahrscheinlich noch viel kostspieliger werden. Also, lieber Nansen, ruinieren Sie meine finanziellen Verhältnisse nicht und machen Sie mich nicht zu eitel...

Fischer war alles andere als eitel; er war, was seine persönlichen Bedürfnisse betraf, sparsam und bescheiden. Ein Abteilungsleiter des Verlags erinnerte sich:

Er fuhr in alter Zeit einen schwarzen Horchwagen, der noch die hohe Kutschenform hatte. Vielfache Einsprüche im Lauf der Jahre führten nicht dazu, diesen Wagen gegen einen moderneren einzutauschen. Als aber eines Tages bei der Ausfahrt vom Bürohaus in der Bülowstraße einbiegend einige Kinder sich über das Auto lustig machten und einer rief: »Da kommt die Arche Noah!«, war der Entschluß zu einem neuen Auto schnell gefaßt.

Das neue Bürohaus hatte eine eigene, aus vierzehn Paragraphen bestehende »Geschäfts- und Hausordnung«, die jedem Angestellten »als Ergänzung der bei der Anstellung getroffenen Vereinbarungen« ausgehändigt wurde. Sie gibt einen Begriff, wie in einem solchen bedeutenden Verlagshaus vor einem halben Jahrhundert gearbeitet wurde. Dies war ein Betrieb, der von der ›Dichtkunst‹ lebte, aber er war alles andere als eine ›Künstlerwirtschaft‹. Das Verlagshaus hieß in dieser Hausordnung kurzweg »das Geschäft«, seine Büros waren »die Geschäftsräume«. Die Arbeitszeit lief vom 1. April bis 30. September von acht Uhr morgens bis einhalb fünf Uhr nachmittags, vom 1. Oktober bis 31. März von einhalb neun Uhr morgens bis fünf Uhr nachmittags »mit einer halbstündigen Mittagspause, während der auf Geschäftskosten jedem Angestellten nach Wunsch eine Tasse Milch, Kakao, Kaffee oder Tee an seinen Platz gebracht wird«. Sämtliche kaufmännischen Angestellten hatten »den Eingang durch das Hauptportal zu nehmen und die vordere Treppe zu benutzen«. Nur die Angestellten der Auslieferungsabteilung im »alten Flügel« benutzten den Eingang im ersten Hof, und für die Markthelfer war »der Nebeneingang und die hintere Treppe vorgesehen«. Die Zimmertemperatur sollte »im Durchschnitt 15 Grad Reaumur nicht übersteigen«. Privatunterhaltungen während der Arbeitszeit waren »zu vermeiden«, und »auch die Benützung des Telefons für Privatgespräche muß auf das Notwendigste beschränkt werden«. Der Fahrstuhl durfte »nur von dem hierzu Beauftragten in Betrieb gesetzt werden«. Vor allem aber: »Kommt ein Angestellter zu der Überzeugung, daß er mit der ihm aufgetragenen Arbeit nicht rechtzeitig fertig werden kann, so hat er seinem Abteilungsvorsteher Mitteilung davon zu machen. Unter keinen Umständen dürfen Reste entstehen.«

Es war ein strenge Hausordnung. Aber es kam in ihr nirgends das im deutschen Obrigkeitsstaat so beliebte Wort ›verboten‹ vor. Sie trug das Datum 1. April 1913 und zwischen den Namen Reiff und Schmitt die Unterschrift: Rowohlt. So hieß der neue Geschäftsführer. Er war damals knapp sechsundzwanzig Jahre alt.

ERNST ROWOHLT: DIE NEUE VERLEGER-GENERATION

Ernst Rowohlt, 1887 in Bremen geboren, hatte den Namen S. Fischer zum erstenmal vernommen, als er sechzehnjährig als Lehrling in einem Bremer Bankgeschäft arbeitete. In der ›Weser-Zeitung‹ seiner Heimatstadt las er ein Feuilleton von Alfred Walter Heymel, dem Mitbegründer des Insel-Verlags, das sich mit dem neuen Verlagskatalog des S. Fischer Verlags beschäftigte und eine hymnische Besprechung des (nahezu zehn Jahre zuvor erschienenen) *Garten der Erkenntnis* von Leopold Andrian enthielt – »ein herrliches Buch«, wie Rowohlt selbst später schrieb. Der Banklehrling bestellte sich daraufhin den faszinierenden Katalog, und alsbald stand sein Entschluß fest:

Schon damals habe ich mir gesagt: Ich muß einmal einen Verlag gründen, der dem S. Fischer Verlag mindestens nahekommt. Ich war aber damals im Bankgeschäft, und dieser Artikel in der ›Weserzeitung‹ hat mir dann endgültig den Entschluß gegeben, zu meinem Vater zu gehen und ihm zu sagen, ich würde das Geschäft nicht von ihm übernehmen, sondern ich wollte Buchhändler werden. Von da ab habe ich mir dann alle S. Fischer-Bücher genau angesehen, viele habe ich gekauft ...

Das war im Winter 1904. Um diese Zeit setzte in Deutschland eine neue Welle von Verlagsgründungen ein, die sich von ihren Vorgängern deutlich unterschied. Albert Langen, Eugen Diederichs, Anton Kippenberg, die kurz vor der Jahrhundertwende auf Fischers bahnbrechende Gründung gefolgt waren, standen inzwischen festgefügt als unverwechselbare Institutionen des deutschen Geisteslebens da. Nun kam die nächste Generation. Ihr Vorläufer war der 1902 in Berlin gegründete Axel Juncker Verlag, der Rilkes frühe Bücher und den ersten Gedichtband Franz Werfels herausbrachte. Im Winter 1899 arbeiteten in der Weberschen Buchhandlung in Berlin zwei Gehilfen, denen beiden der Sinn nach dem Verlegerberuf stand: der zweiundzwanzigjährige Mainzer Georg Müller und der um zwei Jahre jüngere Münchner Reinhard Piper. Müller verwirklichte seinen Plan als erster. Er gründete am 1. Oktober 1903 in München seinen eigenen Verlag und engagierte sich den Freund und ehemaligen Kollegen Piper als Helfer. Piper verfolgte jedoch während seiner Tätigkeit bei Georg Müller seine eigenen Verlagspläne weiter und gründete schon bald darauf, im Mai 1904, seinen eigenen Verlag, an dem sich Müller zur Hälfte beteiligte. Diese Partnerschaft währte etwas über zwei Jahre.

Im September 1906 trennte sich der siebenundzwanzigjährige Piper von Müller, und der Verlag R. Piper & Co. stand hinfort auf eigenen Füßen. Mancherlei Spuren führten von Fischer zu diesen beiden neuen Verlagen: Georg Müller brachte die erste deutsche Strindberg-Gesamtausgabe heraus, zu der Fischer, obwohl er Strindberg in der ›Neuen Rundschau‹ vorgestellt hatte, sich nicht entschließen mochte; er holte Wedekind von Langen weg und brachte ihn in einer Gesamtausgabe, und er bemühte sich auch, wie anderwärts berichtet wurde, um eine Hamsun-Gesamtausgabe. Piper wiederum begann mit dem *Dafnis* von Arno Holz, dem ersten Redakteur der ›Freien Bühne‹, und nahm schon 1906 eine große Dostojewski-Gesamtausgabe in Angriff; zu seinen bedeutenden Autoren und Beratern gehörte Fischers Freund Meier-Graefe. 1908 gliederte Paul Cassirer in Berlin seiner bedeutenden Kunsthandlung einen Buchverlag an, dessen Lektor Wilhelm Herzog nicht nur Heinrich Mann gewann, sondern auch manchem späteren Fischer-Autor wie Schickele und Flake zum erfolgreichen Debüt verhalf; bei Cassirer erschien auch die von Alfred Kerr herausgegebene Zeitschrift ›Pan‹. Bedeutender noch für die junge Literatur wurde der Verlag seines Vetters Bruno Cassirer, der nach dem Ersten Weltkrieg unter der literarischen Leitung von Max Tau einen großen Aufschwung nahm. Ebenfalls 1908 gründete in Berlin Erich Reiss seinen auf die jüngste Literatur gerichteten, sehr lebendigen Verlag, und zwei Jahre darauf, 1910, in Weimar Gustav Kiepenheuer den seinen.

Ernst Rowohlts erste verlegerische Unternehmungen, die ihn zu Fischer führten, durchliefen eine ganz ähnliche Phase (und Krise) der Partnerschaft wie die zwischen Piper und Müller, und aus ihr gingen abermals zwei bedeutende Gründungen der neuen Verlegergeneration hervor, die beide während der nächsten zwei Jahrzehnte in Fischers Schaffen eine Rolle spielten. Beraten und gefördert von dem seiner Familie befreundeten Anton Kippenberg, machte Rowohlt nicht nur eine gründliche Buchhändlerlehre durch, sondern auch eine solide Ausbildung als Setzer, Drucker und Hersteller. 1908 übernahm er einundzwanzigjährig in Leipzig die Geschäftsführung der von der Offizin W. Drugulin verlegten und hergestellten ›Zeitschrift für Bücherfreunde‹ und begann gleichzeitig in einem Zimmer im Vorderhaus des Drukkereigebäudes seinen eigenen Verlag. In diesen, vorerst noch sehr kleinen und bescheidenen »Ernst Rowohlt Verlag« trat im Winter 1908/09 (der Verlag wurde erst am 30. Juni 1910 im Handelsregister eingetragen) als Teilhaber der nahezu gleichaltrige Kurt Wolff ein, Sohn eines Bonner Musikprofessors, Student der Literatur in Leipzig – »ebenso groß wie Rowohlt und ebenso rotblond«, aber anders als der schwere Bremer Riese schlank und schmal und, gleichfalls

anders als dieser, vermögend. Kurt Wolff stellte eine »stattliche Summe« zur Verfügung, und damit kam der Verlag in Schwung.
Das Arbeitsgebiet Rowohlts und Wolffs griff nicht auf Fischers Sphäre über; es berührte sie nur hier und dort am Rand. Rowohlts wichtigste Autoren während dieser ersten Jahre waren Herbert Eulenberg und Max Dauthendey, die beide in dieser Zeit mit gelegentlichen Beiträgen in der ›Neuen Rundschau‹, nicht aber in Fischers Buchverlag erschienen, und Carl Hauptmann, der seit seiner Trennung von Fischer unstet von Verlag zu Verlag gewandert war. Bedeutsamer als sie waren einige noch ganz unbekannte junge Autoren, die Rowohlt und Wolff aufspürten und zu sich heranzogen, eine neue Generation, mit der sich eine neue literarische Bewegung ankündigte: Georg Heym, Franz Werfel, Hugo Ball, Arnold Zweig, Walter Hasenclever, Mechthild Lichnowsky, Max Brod und Franz Kafka. Sie alle brachte Rowohlt in der gleichen wohlüberlegten, handwerkskundigen Form heraus, die auch seine bis heute mustergültigen ›Drugulin-Drucke‹ auszeichnete, und bei ihnen stand insgeheim Fischer Pate. Rowohlt selbst schrieb:

Ich glaube, es ist keine Schande, wenn ich gestehe, daß ich während der ersten Jahre meiner verlegerischen Tätigkeit häufig vor Drucklegung eines neues Manuskriptes an meine Bibliothek ging und mir überlegte, welches Fischer-Buch mir für die Druckausstattung des Manuskriptes als vorbildlich erschien. Wenn ich mir die Zukunft ausmalte, sagte ich mir – du mußt ein zweiter S. Fischer werden! Ich glaube, daß meine gleichaltrigen Verlagskollegen fast alle gedacht haben wie ich.

Er wurde kein zweiter S. Fischer. Er wurde überhaupt kein Zweiter. Er wurde der erste und einzige Ernst Rowohlt, so wie sein Partner der erste und einzige Kurt Wolff wurde.
Die Partnerschaft zwischen Ernst Rowohlt und Kurt Wolff hielt um einiges länger als die zwischen Georg Müller und Reinhard Piper, aber ihr Ende war bei zwei so ungleichen Partnern vorauszusehen. Zu den menschlichen Gegensätzen zwischen dem robusten, expansiven Rowohlt und dem zartbesaiteten und reservierten Wolff kamen sachliche, auch finanzielle Meinungsverschiedenheiten, die eben zu der Zeit, als der Verlag die Führung in der jüngsten Literatur gewonnen hatte, zum Zerwürfnis führten. Im Herbst 1912 beschloß man, sich zu trennen. Kurt Wolff fand Rowohlt mit einer Entschädigungssumme ab, oder, wie Rowohlt es ausdrückte, er kaufte ihm seinen Verlag für fünfzehntausend Mark ab und übernahm ab 1. November 1912 die alleinige Leitung. Einige Monate lang behielt der Verlag noch seinen alten Namen ›Ernst Rowohlt Verlag‹; ab 15. Februar 1913 führte Kurt Wolff ihn unter seinem eigenen Namen weiter. Die Zeit heilte das

Zerwürfnis und brachte Erkenntnis. Nahezu ein halbes Jahrhundert später, bei Ernst Rowohlts Tod, schrieb Kurt Wolff an Rowohlts Sohn und erinnerte an die frühen gemeinsamen Leipziger Jahre,

> den großen Spaß, den wir mit einander hatten, die Passion für die ersten Autoren ... an den kindischen Krach, den ja im Grunde keiner von uns ernst nahm. Wir waren ja auch Beide noch weit davon entfernt, ›erwachsen‹ zu sein, und spürten wohl, daß wir als Partner nicht recht zueinander paßten – wahrscheinlich paßte ein Partner überhaupt zu keinem von uns ...

Man darf diese Vermutung vielleicht verallgemeinern. Ein großes Verlagshaus ist bei der innigen Verflechtung von geistigen und materiellen Werten, die es hervorbringt, möglicherweise seiner ganzen Natur nach kein Unternehmen, das einer Partnerschaft gleichgewichtiger Kräfte und Geister bedarf oder sie auch nur gestattet. Es ist wohl seinem ganzen Wesen nach das Werk und der Lebensinhalt eines und nur dieses einen Mannes. Was es hervorragen läßt, ist die individuelle Prägung durch diese Einzelpersönlichkeit, der »persönliche differenzierende« geistige Habitus dieses einzelnen. Alle großen Kulturverlage unseres Jahrhunderts tragen dieses Merkmal gleichsam als Verlagssignet, von Fischer, Langen und Diederichs über Piper und Müller zu Rowohlt und Wolff. Wo sie als Partnerschaften begannen, gelangten sie zu hoher Leistung stets erst nach einem »kindischen Krach«, der ja im Grunde weder »kindisch« noch nur ein »Krach« war. Selbst ein so stark aus dem Geist gemeinschaftlichen Wollens entstandenes Unternehmen wie der Insel-Verlag erhielt äußere Kontur und innere Festigkeit erst, als die bedeutende Persönlichkeit Anton Kippenbergs ihr den unverwechselbaren Stempel aufprägte. Fischer wußte, wie man vermuten darf, dies alles sehr wohl. Hierin war der Verleger dem Schriftsteller wesensverwandt; er konnte wohl Helfer brauchen und war auf sie angewiesen, aber Gestalt und Gesicht konnte dem Werk nur er selbst geben; letztlich lief es doch darauf hinaus, daß man, wie in jedem wahrhaft schöpferischen Beruf, »alles allein machen« mußte. Doch bedeutete dies nicht, daß damit die Lösung für Lebensfragen zur Hand war, die Fischer eben um diese Zeit mit großer Deutlichkeit auf sich zukommen sah. Vielmehr war das Gegenteil der Fall.

FISCHER UND ROWOHLT

Nach der Trennung von Kurt Wolff verließ Ernst Rowohlt Leipzig und ging nach Berlin. Er hat seine erste Begegnung mit Fischer, sein Verhältnis zu ihm und ihre Zusammenarbeit in verschiedenen Erinnerungsaufsätzen, die nur in Unwesentlichem voneinander abweichen, selbst geschildert, und ihnen ist aus den Erinnerungen anderer kaum etwas hinzuzufügen:

Bis zum Jahr 1912 wohnte ich in meinem Leipziger Verlag und arbeitete so intensiv, daß ich nie nach Berlin kam und S. Fischer nicht persönlich kennenlernte. Er selbst war fast nie in Leipzig, denn er hatte nie den Wunsch nach dem persönlichen Kontakt mit seinen Kunden, den Buchhändlern. Mich interessierten die buchhändlerischen Veranstaltungen, wie die Hauptversammlung zu Kantate, lebhaft und ebenso meine Kunden. Ich wollte wissen, wer denn nun eigentlich meine Bücher verkaufte. Diese persönliche Berührung mit den Sortimentsbuchhändlern hat mir viel Freude, aber auch viel Kummer gemacht, denn ich bin oft genug durch die Verzagtheit und Mutlosigkeit der Sortimenter enttäuscht worden. S. Fischer war ein souveräner Unternehmer. Um die Details des Verkaufs kümmerte er sich weniger. Er war der Meinung, daß, wenn er sich zu dem Verlag eines Buches entschlossen hatte, seine Entscheidung richtig war und sich dieses Buch durchsetzen mußte. Die persönliche Bekanntschaft mit S. Fischer machte ich erst 1912 ...

Der fünfundzwanzigjährige Rowohlt fand sich in Berlin, wie er gestand,

eigentlich ohne alle Mittel, denn das Geld, das ich von Kurt Wolff für den Verlag bekommen hatte, ging sehr schnell weg. Da rief mich eines Tages mein Freund Hans von Weber an und sagte, er hätte den alten Fischer getroffen, und der habe ihm gesagt: »Sagen Sie mal, Sie kennen doch Rowohlt gut, Weber, wollen Sie nicht mal bei ihm antippen, ob er nicht Lust hätte, zu mir in meinen Verlag zu kommen, denn mein Sohn Gerhart, der ist Musiker und will den Verlag nicht übernehmen.«

Auch Hans von Weber gehörte der neuen Verlegergeneration an. Er gab in München den kratzbürstigen ›Zwiebelfisch‹ heraus, veranstaltete die schönen bibliophilen ›Hundertdrucke‹ und war auch einer der Gesellschafter des Verlags Der Tempel. Thomas Mann war mit Weber und seinem Kreis befreundet, und Fischer hatte ihm zuliebe etwas getan, was er an sich höchst ungern tat und von allen seinen Autoren eigentlich nur Hofmannsthal zubilligte: er hatte eingewilligt, daß *Der Tod in Venedig* vor dem Erscheinen seiner eigenen Ausgabe bei Hans von Weber in einer bibliophilen Luxusausgabe als ›Hundertdruck‹ erschien.

Ob die aus zweiter Hand berichtete Äußerung des »alten Fischer« (er war damals knapp dreiundfünfzig, Weber vierzig) über seinen Sohn authentisch ist, tut wenig zur Sache. Gewiß ist, daß Fischer sich um diese Zeit über die Neigungen und Gaben des einzigen Sohnes durchaus im klaren war. Der Freund Reisiger schrieb später:

Er mochte sich oft schwere Gedanken darüber gemacht haben, daß sein Erstgeborener, zum Segensträger im altbiblischen Sinne Berufener sich schon von früh an mit solcher stillen Entschiedenheit der Musik als einstigem Lebensberuf zugewendet hatte und nicht der Vorbereitung darauf, das verlegerische Werk des Vaters einmal zu übernehmen und fortzuführen. Gerade bei einer so hochpersönlichen, in väterlichem Geiste geleiteten Schöpfung mußte ihm das nahegehen. Aber so sehr er zum Raten, Helfen, Betreuen geboren war, so gegen die Natur wär' es ihm gewesen, sich der Entschlußfreiheit eines Menschen und eines so geliebten Sohnes in den Weg zu stellen.

Gewiß machte sich Fischer schwere Gedanken darüber, in wessen Hände er sein Werk eines Tages werde legen können; aber dies war nicht der unmittelbare Grund, warum er Weber bat, bei Rowohlt »anzutippen«. Dieser Grund war vielmehr, daß der bewährte Carl Schur im Herbst 1912 aus dem Verlag ausgeschieden war. Schur war zwanzig Jahre lang Fischers rechte Hand, sein Vertrauensmann, sein ›Mädchen für alles‹ gewesen. Es wurde in diesem Augenblick weniger ein Nachfolger für Fischer, als vielmehr ein Ersatz für Schur gebraucht. »Na, das war nicht ganz so einfach«, meinte Rowohlt später.

Mit welchen Gefühlen ich nun den von mir bisher nur aus der Entfernung geschätzten und geliebten S. Fischer aufsuchte, kann ich kaum beschreiben... Erst bibberte ich vor lauter Ehrfurcht, als ich hinging, ich hatte mir sogar einen Cut angezogen und einen schwarzen Oktoberhut aufgesetzt, um einen guten Eindruck zu machen... ich werde nie die Stunde vergessen, in der wir uns aussprachen und in der er mir seine Pläne bezüglich meiner Tätigkeit bei ihm auseinandersetzte... Fischer gefiel mir gleich so großartig, auch als Mensch, nicht nur als Verleger, daß wir uns dann schnell einig wurden...

Rowohlt trat Ende 1912 in den Verlag ein und arbeitete »zunächst als Angestellter, aber nach wenigen Wochen als Prokurist und Geschäftsführer«. Seine erste Tätigkeit im Verlag bezeichnete er selbst als »sehr merkwürdig«:

S. Fischer hatte damals glaube ich etwa 15 oder 16 Markthelfer, und er verlangte von mir, daß ich nun jeden Morgen um 7 statt um 8 Uhr, wenn die Büroleute anfingen, kam und kontrollierte, was die Markthelfer eigentlich machten. Na – ich ging dann also immer hinter diesen Herrn her, schrieb mir ihre Notizen auf usw. Ich machte mich natürlich bei den Markthelfern dadurch nicht gerade beliebt, konnte es aber dann doch so weit bringen, daß etwa 4 oder 5 Markthelfer entlassen wurden. Das ist eine lange Geschichte, womit sich diese Herrn beschäftigten, zum Teil waren sie für andere Prokuristen beschäftigt, machten deren Wohnungen rein, und dergleichen...

Bald darauf wurde die Tätigkeit interessanter. Rowohlt arbeitete mit Peter Paul Schmitt, mit dem er sich vorzüglich verstand, in der Herstellung und vor allem als Werbeleiter zusammen. »Den *Tod in Venedig* habe ich als Buch hergestellt, und ich muß sagen, wenn ich, heute noch, die erste Auflage sehe, dann freue ich mich immer, wie gut ich das gemacht habe.« In dem Jahr, das er bei ihm war, meinte er später, habe er von Fischer so viel gelernt wie in keinem einzigen Jahr in seinem eigenen Verlag. Keiner von Fischers literarischen oder technischen Mitarbeitern hat eine so gute Schilderung von »Fischer an der Arbeit« gegeben wie Rowohlt:

Fischer selbst hat mir immer dadurch so kolossal imponiert, daß er von Satz, Papier und Druck, aber auch von der Kalkulation so außerordentlich viel verstand, und ich muß zu seiner Ehre sagen, daß er immer das größte Gewicht darauf legte, daß die Autoren ja nicht zu knapp wegkamen. Er kümmerte sich um jede Kleinigkeit seines Betriebes, um jede Einzelheit in der Drucklegung und Ausstattung seiner Bücher. Bei illustrierten Büchern, die wir damals in einer kleinen Serie von Erzählungsbändchen herausgaben, beurteilte er jede Zeichnung für sich, machte Änderungsvorschläge, ließ sich auch durch Proteste der Zeichner nicht davon abbringen, daß er eben diese Zeichnung lieber so und so wünsche. Jede Einbandzeichnung unterzog er einer kritischen Beurteilung. Viele Versuche mußten über Zusammenstellungen der Einbandfarben und des Farbschnittes gemacht werden. Er war richtig verliebt in jede Einzelheit des Buches, bis zum Kapitalbändchen und Leseband. Es war ausgeschlossen, ihn hierbei irgendwie zu beeinflussen.

Man glaubt es gern, wenn man sich an den Briefwechsel mit Dehmel erinnert. Die »kleine Serie« von illustrierten Erzählungsbändchen, die Rowohlt hier erwähnt, war in der Tat klein und verschwand bald wieder. Sie war auch nichts völlig Neues. Fischer hatte hin und wieder Einzelversuche mit illustrierten Sonderausgaben gemacht – Hauptmanns *Hannele*, illustriert von Exter, 1894; Schnitzlers *Anatol* und *Lieutenant Gustl*, 1900 und 1901, beide illustriert von Coschell – aber sie waren nicht gelungen, und er hatte sie wieder zurückgezogen, ja sogar eingestampft. Er hatte ein gutes Gefühl für die notwendige Stimmigkeit zwischen Text und Illustration; als Schnitzler ihm 1911 vorschlug, eine seiner Erzählungen von Max Slevogt illustrieren zu lassen, schrieb er ihm: »Slevogt gibt Visionen in kühnen, vagen Strichen; ich weiß nicht recht, ob sich der durchgebildete Stil Ihrer Erzählung mit dem vagen, blitzenden Stil Slevogts vertragen würde.« Jetzt, 1913, unternahm er einen neuen Versuch mit einer neuen Reihe ›Fischers Illustrierte Bücher‹, und die drei ersten Bände, die Rowohlt in diesem Jahr für das Erscheinen 1914 herstellte, waren Hermann Hesses Erzählung *In der alten Sonne* mit 16 Illustrationen und Umschlag von Wilhelm Schulz, der den so erfolgreichen Einband zur ersten zweibändigen Ausgabe von *Buddenbrooks* geschaffen hatte; Eduard von Keyserlings Novelle *Harmonie* mit 18 Illustrationen und Umschlag von Karl Walser, und Thomas Manns Novelle *Tonio Kröger* mit 18 Illustrationen und Umschlag von Erich M. Simon. Diese sehr liebevoll und graziös ausgestatteten kleinen Bücher, von denen die Ankündigung sagte: »Der Charakter der Zeichnungen bestimmt die

Reproduktionsart, und für jeden zeichnerischen Stil ist auch eine entsprechende Type gewählt, so daß die Illustration und das Druckbild künstlerisch zusammengehen«, kosteten in handkolorierten Pappband gebunden nur eine Mark fünfzig, aber als sie herauskamen, stand der Zeit nicht mehr der Sinn danach; der Krieg überrannte, wie so vieles andere, auch sie. Fischer setzte die Reihe nach dem Krieg, 1922, versuchsweise fort, aber sie brachte es nur auf insgesamt neun Titel, von denen unzweifelhaft der gelungenste Hauptmanns *Fasching* (1925) mit zwölf Illustrationen von Alfred Kubin war, und sie schlief 1926 mit einer Wiederbelebung der Coschell-Ausgabe von Schnitzlers *Lieutenant Gustl* endgültig ein. Rowohlt fährt fort:

Man konnte ihm Vorschläge machen, aber stets entschied er nach eigenem Geschmack. Aber nicht nur die Buchherstellung selbst interessierte ihn, sondern jeder Prospekt, jedes Inserat wurde von ihm begutachtet und meistens entscheidend geändert. In diesem Jahr habe ich sein verlegerisches Wissen, besonders was die Buchherstellung anbetrifft, bewundert, und wenn ich oft abends nach Geschäftsschluß verärgert nach Hause ging, weil S. Fischer mir irgendeinen Vorschlag oder eine Propagandaidee als falsch ausgeredet hatte, sah ich doch bald ein, daß er fast immer recht hatte. Auch im Technischen der Buchherstellung hatte er die gleiche nachtwandlerische Sicherheit wie in der Auswahl seiner Autoren. S. Fischer hat dabei eigentlich nie seine Entscheidungen begründet. Im Gegensatz zu vielen Verlegern hatte er eine große Hochachtung vor seinen Autoren ...
Meine Verliebtheit in das Buch als solches wurde durch S. Fischer gesteigert. Ich sehe ihn jetzt noch vor mir, wenn er das erste fertige Exemplar in die Hand nahm. Ein Blumenzüchter kann eine neugezüchtete Rose nicht liebevoller ansehen als S. Fischer das fertige Buch. Er nahm es in die Hand, betrachtete es von allen Seiten, schlug es auf, wog es in der Hand, ein Lächeln ging über sein ganzes Gesicht. Gelegentlich machte er auch eine witzige Bemerkung über die Absatzmöglichkeiten, legte es auf den Tisch, sah es noch einmal an, und dann wartete er auf die Absatzstatistiken, die er sich täglich vorlegen ließ.

OTTO FLAKE

Beinahe gleichzeitig mit dem Verleger Ernst Rowohlt kam der Schriftsteller Otto Flake in die Bülowstraße. Einmal angelangt, blieb er dem Haus unverbrüchlich treu. Von seinem Briefwechsel mit dem Verlag während eines Vierteljahrhunderts ist nicht eine Zeile erhalten. Doch kommen Fischer, der Verlag, die Zeitschrift, das Grunewaldhaus und der Freundeskreis auf nahezu jeder Seite von Flakes Lebenserinnerungen *Es wird Abend* vor, und auf sie können wir uns stützen.
Flake hatte lange in den Kulissen auf sein Stichwort gewartet; jetzt fiel es, und er trat auf. Er war eben dreißig Jahre alt. In Metz geboren, in Colmar und Straßburg aufgewachsen, empfand er sich, wiewohl

hannöversch-pfälzischer Herkunft, als Elsässer und wie sein Freund René Schickele, wie Annette Kolb der deutschen und der französischen Geisteswelt gleicherweise zugehörig und verpflichtet. Er hatte sich bisher abwechselnd in Paris und Deutschland als Berichterstatter, vor allem für die ›Frankfurter Zeitung‹, und als Übersetzer aus dem Französischen für den unersättlichen Serienverleger Georg Müller einigermaßen mühsam durchgebracht und als Kenner des Elsaßproblems einen gewissen Namen gemacht. Im Herbst 1911 hatte er seinen Erstlingsroman *Schritt für Schritt* – ein »erotisches Buch«, wie Hedwig Fischer vermerkte – an Paul Cassirer geschickt, denn »die Überlegung, ob er für S. Fischer in Betracht kommen könnte, hatte damit geendet, daß ich den Mut nicht aufbrachte – ein Anfänger und gleich das führende Haus! Von Cassirer hatte ich durch Schickele gehört, der bei ihm verlegte ...« *Schritt für Schritt* erschien im Frühjahr 1912.

Eines Morgens, als wieder der Briefträger kam, trieb mich eine plötzliche Erwartung ihm entgegen. Die ›Neue Rundschau‹ schickte mir eines ihrer Hefte, und dem Heft lag ein Brief bei. Das Heft enthielt einen Essay von Felix Poppenberg, der ›Schritt für Schritt‹ heranzog und ihm mehrere Seiten widmete. Der Brief aber bot mir die Mitarbeit an, und mehr als das, er erkundigte sich auch, ob ich an Cassirer gebunden sei oder gegebenenfalls dem Fischer-Verlag einen neuen Roman geben könnte.
Eine Erinnerung an den Neujahrsmorgen 1909 in Leipzig regte sich. Was damals unerreichbar gewesen war, fiel mir nun zu und betraf nicht nur die führende Zeitschrift, sondern auch den führenden Verlag. Mit dem Aufsatz, der wunschgemäß die elsässische Frage für die Politische Chronik behandelte, ging die Mitteilung ab, daß ich bis zum Herbst einen Roman vorlegen werde. Die gleiche Post nahm einen Brief an Poppenberg mit, der mir den großen Dienst der Einführung erwiesen hatte. Essayisten hat es bei uns immer wenige gegeben – Beobachter, die den geistigen Maßstab anlegen; bei Poppenberg kam der künstlerische hinzu ...

Flakes erster Beitrag in der ›Neuen Rundschau‹, der Aufsatz *Die Elsässische Frage*, erschien im Augustheft 1912; noch im gleichen Jahr erschienen drei weitere Essays über literarische und politisch-soziologische Gegenstände; im folgenden Jahr deren fünf, und hinfort zwanzig Jahre lang durchschnittlich fünf Beiträge im Jahr, zu Fischers Lebzeiten genau einhundert Aufsätze für diese Zeitschrift allein. Kaum einer der freien, nicht der Redaktion angehörigen Mitarbeiter hat über eine so lange Zeitspanne hinweg so zuverlässig seine Bausteine zu diesem Gebäude beigetragen.

Der neue, autobiographische Roman *Freitagskind* war wie versprochen im Herbst 1912 fertig, und Flake brachte das Restmanuskript selbst nach Berlin und lieferte es in der Bülowstraße ab. Mit diesem Besuch begann eine mehr als zwanzigjährige enge geistige und persönliche Verbindung mit dem Haus Fischer. Nicht nur ein neuer Autor war gewonnen, sondern auch ein neuer Freund, der bald zum ›inneren Kreis‹ der Verlagsfamilie gehörte. Flake hatte den Eindruck, daß Hedwig Fischer einen bedeutenden indirekten Einfluß auf das ›Gesicht‹ des Verlages habe; das konnte ihm nicht unrecht sein, denn sie war von dem »schönen blonden Riesen, der viel Erfolg bei Frauen hatte«, wie sie selbst schrieb, ungemein gefesselt. Flake schrieb aus der Erinnerung:

Bei Fischer las die Manuskripte zuerst ein Moritz Heimann unterstellter Lektor; dann dieser selbst; wenn sein Gutachten günstig ausfiel, nahm der Verleger den Text nach Hause mit und wartete das Urteil seiner Frau ab. Stimmten die beiden Meinungen überein, so schloß er sich ihnen an. Die Methode hatte ihre Mängel... Heimann nahm mich im Verlag zuerst in Augenschein, erklärte mir, der Roman könne sofort in Satz gehen, und führte mich dann Fischer zu... Fischer unterzog die neuen Mitarbeiter einer Prüfung, ob sie seiner Frau genehm sein würden. Viele der Autoren sahen sich, auch wenn sie in Berlin wohnten, nur bei den Pflichtdiners, ein oder zweimal in die Villa im Grunewald geladen. ... der Literatentyp wurde in der Erdener Straße nicht gern gesehen. Meinem ersten Besuch folgten so viele, daß ich oft jeden Abend draußen war und jederzeit bei einem Tagesspaziergang vorsprechen konnte. Oft wurde ich im Wagen abgeholt und in Konzerte mitgenommen.

Zum Weihnachtsabend in die Erdener Straße eingeladen, bemerkte der Schriftsteller unter den fremden Gesichtern »das eines wohlgenährten Mannes, eines Verwandten offenbar; ich stellte mich ihm daher vor. Sehr angenehm, aber wir kennen uns schon, ich habe Herrn Flake öfter gefahren, erwiderte er jovial.« Es war Herr Proft, der Chauffeur, der ebenso wie die Gouvernante, Fräulein Seele – sie hieß tatsächlich so und war es –, unbestreitbar zur Verlagsfamilie gehörte.

»DIE VERVE AUF DEM QUIVIVE«

Mit Otto Flake trat ein neuer Typ des Schriftstellers und Publizisten in den Kreis der Bülowstraße. Er besaß, was er einige Jahre später in einem Essay an der französischen Nation rühmte: »Die Verve, die auf dem Quivive steht.« Er war kein ›Literat‹; er sagte in einem anderen Aufsatz von sich selbst und seinem Beruf:

Ich bin Schriftsteller, das heißt ein geistiger Mensch, der das Bedürfnis hat, mit Menschen zu denken und vielleicht auch für sie... Die Aufgabe ist also: sich den Ideen ernsthaft zu nahn, sich ihnen öffnen und ihnen dann doch immer um den letzten Grad überlegen sein – nicht unter dem Griff des Dämons stammeln, sondern mit ihm ringen.

Zwei Dinge liegen fern: plaudernd die Ideen nur zu streifen und geistreich zu sein. Ein Schriftsteller soll vom Ernst der Dinge herkommen, und dieser Ernst wird es sein, der ihn mit Menschen, die ein anderes Tagwerk haben, verbindet; was den Geist im Sinn von Esprit betrifft, so ist von ihm

zu sagen, daß man ihn haben muß, aber nur mit äußerster Vorsicht verwenden soll.
Nicht erhitzt sein, klar bleiben; nicht weiblich untertan werden, obwohl alle Beschäftigung mit Problemen zunächst ein feminines Stadium bedingt; männlich sich nicht aus der Hand geben. Das Verhältnis von männlich und weiblich, Hingabe und Beherrschung, ist das Grundproblem des Geistes ...

Mehr noch: es war das Grundproblem des Lebens überhaupt; es war das Spannungsfeld, in dem Flakes ganzes Schaffen, das essayistische wie das erzählerische, sich vollzog. Die erotische Freiheit, insbesondere die erotische Emanzipation der Frau war für ihn ein Grundproblem der Gesellschaftskrise, das er immer wieder abwandelte. In *Horns Ring*, seinem dritten Roman, zeichnete er als erster mit dem Mädchen, das Rudi hieß, eine knabenhafte Frauengestalt, die zehn Jahre später ein Modetyp der Romanliteratur wurde. Alle emanzipierten jungen Frauen hießen jetzt auf einmal Peter, und in seinem ›Rundschau‹-Aufsatz *Die erotische Emanzipation* von 1927 erläuterte Flake ihnen mit Verve, welch dummes Zeug das war.
Freitagskind erschien bereits im Dezember 1912:

Die Aufnahme war günstig, und als mir eines Abends Eloesser von der Voss, den ich auf dem Weg zu Fischer traf, sagte, der Roman sei gut, ich verstände aber nicht die unentbehrliche Kunst, den Lesern die Szenen in der braunen Tunke anzubieten, ohne die sie ihnen nicht schmackhaft seien, begriff ich diese Bemerkung nicht. Erst viel später ging mir auf, was er meinte – die Knappheit und die Sachlichkeit, die vermeidet, Gefühle breitzutreten, den Flaubertschen Rückzug auf die reine Leistung; der Dichter setzt sich nicht zum Leser auf die Bank, um intim mit ihm zu werden. In Deutschland wird diese Haltung als kühl angesehen, obwohl sie die eigentliche künstlerische ist; bei uns hat man wenig Sinn für das Objektive und zieht das Subjektive vor, so auch den persönlichen Dunst um den Autor. Es besteht ein Unterschied zwischen der Kühle, die nicht schwingt, und der, die diese Bezeichnung nicht verdient, weil sie in Wahrheit Haltung, Form, Geschlossenheit ist. Die Deutschen, die ihre Anschauung über Kunst weit mehr aus der Musik als aus der Plastik oder der Architektur beziehen, erwarten vom Künstler, daß er seine Gefühle ausbreite ...

Haltung, Form, Geschlossenheit – die gleichen Vorzüge zeichneten den Essayisten Flake aus; hier war einer, der Saengers Wunschbild entsprach. Es hieß von Flake, er schreibe leicht und mühelos; das hieß jedoch nur: er schrieb rasch, weil er zuvor gründlich nachgedacht hatte, nicht zu schwafeln brauchte und der Eleganz der Formulierung Aufmerksamkeit widmen konnte, und zwar ›Eleganz‹ in eben jenem Sinn, in dem der Physiker von einer ›eleganten‹ Formel spricht; seine Sätze gingen nervig, geschmeidig, diszipliniert, buchstäblich »Schritt für Schritt«; der Zucht dessen, was er sagte, entsprach die Anmut, mit der er es sagte. Dies lieh seinen Aufsätzen eine erregende Überzeugungskraft.

Flake wollte für die ›Rundschau‹ eine Reise durchs Industriegebiet machen, doch Saenger »bezweifelte mit Recht«, daß der Neuling auf diesem Gebiet dieser Aufgabe gewachsen sei; er sprach jedoch mit Rathenau, der Flake zum Abendessen einlud. Es ergab sich in der »frostigen Atmosphäre« des »Junggesellenhauses in der Königsallee« kein Zusammenklang:

... nicht nur die Frauen fehlten, sondern auch die Schwingungen, die von einem bedeutenden Mann nur dann ausgehen, wenn sich sein Selbstbewußtsein mit Sicherheit verbindet. Zu der selbsterworbenen Freiheit muß eine mitgegebene, angeborene treten, und in dieser Hinsicht war Rathenau nicht gut ausgestattet...

Das Gespräch kam auf die Franzosen und ihre Aussichten im Fall eines Krieges:

Er meinte, sie würden ihm nicht standhalten, ein erschöpftes Volk. Ich erinnerte an den Satz, daß man, den Russen kratzend, den Tataren finde. Kratzen Sie am Franzosen, und Sie werden auf die Wildkatze stoßen, die, zur Verteidigung gezwungen, ungeahnte Kräfte entwickeln kann. Rathenau gab mir mit der Autorität dessen, der Einblick hat, zu verstehen, er kehre soeben aus Frankreich zurück und wisse, was er sage.

Flake meinte: »Ich hatte die Franzosen besser erfaßt als Rathenau.« Flake reiste nicht ins Industriegebiet, sondern statt dessen, auf Enver Pascha und die Jungtürken aufmerksam geworden, Anfang 1913 in die Türkei. Der Verlag »bewilligte die Kosten für vier Monate Aufenthalt, die durch Aufsätze in der Neuen Rundschau abzutragen waren«. Es ergab sich nur ein Aufsatz *Aus Konstantinopel*, der erst 1914 erschien; doch wurde die Reise Jahre später in dem sehr erfolgreichen Roman *Die Simona* fruchtbar.
Flake schrieb später über Fischer:

Autoren sind kein leichter Umgang, schon menschlich nicht, geschweige denn geschäftlich... man muß sie stützen, man muß viel Geduld, Glauben, Geld und Hilfe an sie wenden. Das ist die andere Seite des Verlegertums, eine ganze Welt von Irrtümern, Nervosität, Spannungen und gegenseitigen Enttäuschungen. Ich wollte, ich könnte mein eigener Autor sein, sagte er manchmal im Scherz, aber getauscht hätte er doch nicht.

Flake hat in seinen Lebenserinnerungen einen Einblick in die Wirtschaftslage des deutschen Schriftstellers kurz vor dem Ersten Weltkrieg gegeben – so wie er sie sah. Die zwei ersten Romane Flakes erlebten im ersten Jahr beide eine zweite Auflage; *Freitagskind* erreichte im Lauf der Jahre die siebente, *Schritt für Schritt*, von Cassirer übernommen, die zwölfte Auflage. Flake schlug seiner Freundin vor zu schätzen, was ihm aus seinem ersten Roman zugeflossen sei:

Sie griff, wie das Publikum immer, viel zu hoch. In Wahrheit erhielt ein Autor von einem Roman im besten Fall 15, bei Fischer sogar 20 Prozent vom Ladenpreis ... So brachte ein Roman seinem Verfasser 700 Mark ein, für die ersten tausend Stück. Wollte er von Romanen leben und setzte er bescheiden an, daß er im Monat 400 Mark brauche, so mußte er sieben Romane in einem Jahr schreiben. Aber schon einer war viel, und wenn er es Jahr um Jahr tat, zuviel.

Natürlich, wenn der Roman ging, warf jedes Tausend wieder 700 Mark ab; immerhin, um jene 4800 Mark im Jahr zu decken, mußten siebentausend Stück abgesetzt werden. Angenommen, jeder Roman des Autors habe einen gewissen Erfolg, so bedeutete auch jeder eine Rente pro Jahr; angenommen sie belaufe sich auf jährlich 700 Mark oder eine Auflage, so deckten erst nach dem siebenten Roman die Renten den zum Leben nötigen Betrag.

Zugegeben, der Vorabdruck eines Romans in einer Zeitschrift oder in einer Zeitung – aber nur den wenigen großen – brachte etwas ein, obwohl man von dieser Summe dem Verleger ein Drittel, wenn nicht die Hälfte bewilligen mußte; doch ich war noch nicht soweit ...

Immerhin, der ›Jahresabschluß‹ dieses überaus fleißigen Schriftstellers, der von seiner Feder, aber nicht nur von seinen Romanen lebte, betrug für 1912 mehr als das Minium, nämlich 5900 Mark. Der nächste Roman, *Horns Ring*, wurde in einer Zeitschrift vorabgedruckt und brachte dem Autor zusätzlich 4500 Mark, so daß 1914 mit 11 200 Mk. abschloß. 1915 hingegen waren es nur noch 2500 Mark. »Mit diesem Auf und Ab hat ein Schriftsteller zu rechnen.«

DER ERSTE BESTSELLER

Um eben diese Zeit konnte ein anderer, nahezu gleichaltriger Autor des Verlags eine ganz andere Rechnung aufstellen. Fischer hatte schon im August 1912 Nansen mitgeteilt, er habe etwas in Vorbereitung, das »Sie unbedingt übersetzen lassen müssen, und zwar nicht allein des ideellen Wertes wegen«; Kellermann habe

einen prachtvollen Roman geschrieben, der in Amerika spielt und ein kühnes Projekt darstellt; es handelt sich um den Bau eines Tunnels zwischen Amerika und Europa und die wirtschaftlichen und socialen Consequenzen dieses Baus; dabei ist es Kellermann gelungen, sein Project ganz ernst genommen zu werden. Den Mittelpunkt des Ganzen bildet eine spannende Erzählung.

Kellermanns neuer Roman hieß schlichtweg *Der Tunnel*. Im Januar 1913 sandte Fischer die Korrekturbogen an Nansen und meinte, das Buch »wird Ihnen sicher großen Eindruck machen«. Fischer scheint von Anfang an gespürt zu haben, daß er hier einen ›Schlager‹ in der Hand hatte. Rowohlt erinnerte sich: »Mit gewohnter Sicherheit erklärte er schon bei Drucklegung des Romans, daß dieses Buch ein ganz großer Erfolg werden müsse.« Das Wort ›Bestseller‹ war damals dem deutschen Verlagsbuchhandel noch nicht geläufig; doch genau das wurde *Der Tunnel* in einem Maß, wie es auch Fischer nicht für möglich gehalten hatte.

Der Tunnel, ein Roman vom ›gängigen‹ Umfang von vierhundert Seiten, zum gleichen Preis wie Flakes *Freitagskind*, nämlich drei Mark fünfzig für die geheftete, vier Mark fünfzig für die in Leinen gebundene Ausgabe, erschien Mitte April 1913. In den ersten vier Wochen wurden zehntausend Exemplare verkauft. Im Oktober waren es, wie der Verlagsalmanach für 1913 mitteilt, bereits hunderttausend, und Fischer brachte für Weihnachten noch eine Ausgabe im ›Geschenkband‹ für sechs Mark heraus. Für die nächsten Jahre sind keine Absatzziffern erhalten. Im Jahr 1926 hatte der Roman jedoch inzwischen das 243. Tausend, 1930 das 258. Tausend erreicht, und im folgenden Jahr stieg er einschließlich einer billigen Sonderausgabe von 75 000 Exemplaren auf das 338. Tausend. Kein Autor des Verlags hatte bisher mit einem Werk einen solchen Einzelerfolg erzielt. »Wenn ich in die Verlagsexpedition kam«, erzählte Kellermann, »wurde immer nur *Der Tunnel* gepackt.« Loerke berichtet: »Man sah das Buch in allen Wagen der Untergrund-, Stadt- und Straßenbahn. Selbst ein so vielbeschäftigter, in technischen Dingen erfahrener und anspruchsvoller Mann wie Walther Rathenau erzählte uns, daß er das Buch in einem Zuge ausgelesen habe.« Das war nicht nur damals, es ist auch heute noch begreiflich.

»Ich brauche es Ihnen nicht erst zu sagen: wo der Mensch von heute eine Maschine aufstellen kann, da ist er zu Hause!« In diesem Ausspruch des Tunnelingenieurs Allan ist das ganze Buch enthalten. *Der Tunnel* war eine Utopie, aber er war keine Phantasie. Er ›stimmte‹ – er griff weit in die technische und wirtschaftliche Zukunft hinaus und stand dabei doch auf Schritt und Tritt in der Wirklichkeit; denn diese Zukunft war ganz einfach richtig verstandene Gegenwart, und die ›Verlängerung‹ der europäischen Gegenwart war in der Neuen Welt, im ›Land der unbegrenzten Möglichkeiten‹ schon keine unvorstellbare Zukunft mehr. Diese technologische Folgerichtigkeit hatte Kellermann nicht hellsichtig, sondern klarsichtig begriffen. Deshalb ließ er seinen »Industrie-Roman« in Amerika, unter amerikanischen Unternehmern und Arbeitern, in der amerikanischen Industrie- und Wirtschaftswelt spielen, die dem europäischen Romanleser, der von ihr wenig oder gar nichts wußte, die Augen aufriß. Mehr noch, Kellermann sah Dinge, die es auch in Amerika damals noch nicht gab. In dieser Geschichte vom Bau eines fünftausend Kilometer langen submarinen Tunnels zwischen New York und der französischen Atlantikküste (mit »ozeanischen Stationen« auf den Bermudas und den Azoren) arbeitete Kellermann mit Funksprechdiensten durch die Erde und »Echolotstrahlen«, die von der Meeresoberfläche den Tunnelort bestimmten, während »Telekinomatographen« die von »Edison-Bio« gedrehten Tunnelfilme in die ganze Welt übertrugen – heute sagen wir: Echolot-Schallsystem, Radar und Fernsehen. Auch begreift dieser Roman, was heute jedem Technologen eine Binsenweisheit ist, daß nämlich die verlängerte Gegenwart dem Technokraten unweigerlich unter den Händen zur Vergangenheit wird. Als der Tunnel nach sechsundzwanzigjähriger Bauzeit eingeweiht wird, ist er in vieler Hinsicht veraltet. Die Tunnel-Einschienenbahn fährt mit 300 Stundenkilometern, aber Flugzeuge befördern bereits mit 500 Stundenkilometern über hundert Passagiere auf einmal über den Atlantik, und alle technischen Einrichtungen des Tunnels sind überholt und müssen erneuert werden. Schließlich nimmt der Roman die europäische Inflation vorweg und schildert beim Zusammenbruch des Tunnelsyndikats eine Weltwirtschaftskrise, die 1929 haargenau so hereinbrach. Kein Wunder, daß dieses Buch Rathenau faszinierte. Hier waren die Triebkräfte der Zeit begriffen. Kellermann selbst nannte das Buch an seinem Lebensabend sein »liebstes literarisches Kind«. Dabei hatte er nicht gezögert, in den reißenden Strom seiner Erzählung unbekümmert amerikanische Worte, Brocken, Sätze zu werfen – eine vorweggenommene deutsche Sprachwirklichkeit, die die uns heute geläufig ist.

REKLAME-PROBLEME

Nach Flakes Rechenmethode hatte der vierunddreißigjährige Kellermann mit diesem einen Buch im Erscheinungsjahr siebzigtausend, bis 1930 rund zweihunderttausend Mark verdient, und zwar allein mit der deutschen Buchausgabe. *Der Tunnel* wurde zugleich aber auch Fischers und Kellermanns größter Auslandserfolg. Der Roman wurde in rascher Folge in vierundzwanzig Sprachen übersetzt – auch das hatte man in der Bülowstraße bisher noch bei keinem Autor erlebt – und schuf dem Verlag eine Vielzahl neuer, wertvoller Verbindungen zu ausländischen Verlegern. Die Gesamtauflage aller Ausgaben betrug schließlich weit über eine Million Exemplare. Das ist auch heute nichts Alltägliches; vor dem Ersten Weltkrieg war es wahrhaft ›einmalig‹.

Selbstverständlich half Fischer dem Erfolg mit kräftiger Werbung nach; das heißt: er hielt ihn in Gang. Rowohlt erinnerte sich:

> Ich mußte ihm immer wieder neue Propagandavorschläge (für den *Tunnel)* machen. Dabei dämmte er zwar meinen Elan manchmal heftig ein; aber sein Grundsatz, es hätte nur Zweck, für erfolgreiche Bücher Propaganda zu machen, hat sich als richtig erwiesen. Welche Bücher aber Auflagenerfolge haben würden, das wußte er fast immer genau. Er hat deswegen mit manchem weniger erfolgreichen Autor Meinungsverschiedenheiten ge-

habt und hat oft, ihren Wünschen nachgebend, eine entsprechend große Propaganda unternommen. Er behielt recht: sie hatte keine Wirkung.

Es war in der Tat Fischers aus der Erfahrung gewonnene Erkenntnis, daß Inserate allein einem Buch nicht zum Verkaufserfolg verhelfen können. Ein Buch, das nicht von selbst ging, konnte keine Propaganda in Trab setzen; wohl aber konnte sie, wenn der Erfolg erkennbar war, ihn beschleunigen, erweitern, in die Höhe treiben. Es war im Grund die alte kaufmännische Erfahrung, daß man schlechtem Geld nicht noch gutes hinterherwerfen, aber eine gute Investition kräftig weiter anheizen soll. Mancher weniger erfolgreiche Autor des Verlags wollte dies nicht einsehen, und der *Tunnel*-Erfolg brachte manches bisher unterdrückte Ressentiment an die Oberfläche. So gab Madelung zu verstehen, an seinen bescheidenen Erfolgen sei die mangelhafte Werbung schuld; wenn man für seine Bücher entsprechende Werbesummen ausgäbe, sei ihm ein ähnlicher Erfolg sicher. Fischer antwortete ihm am 9. Dezember 1913 (als *Der Tunnel* die Hunderttausend überschritten hatte) mit einem ausführlichen Brief:

Was die Verbreitungsmöglichkeiten Ihres Buches betrifft, so bin ich ganz Ihrer Meinung; gerade bei einem Buch wie ›Die Gezeichneten‹ kommt es auf die Wirkung auf die Massen an. Wenn es nur von mir abhinge, so würde ich gewiß nichts unterlassen, was zur Förderung irgendwie beitragen könnte. Sie sind aber erfahren genug, um andererseits zu wissen, daß die paar Zeitungsinserate den Erfolg nicht herbeiführen können. Reklamen im Stil und im Umfang des Odol-Präparats können wir nicht machen; es ist ausgeschlossen, für ein Buch Reklamen zu machen, die etwa 40–50 000 Mark kosten. Das kann nicht annähernd dabei hereinkommen.
Wir müssen uns also in Grenzen halten, die wohl zur Steigerung des Absatzes beitragen, die aber nicht etwa einen Erfolg machen können. Was Ihrem Buch gewisse Grenzen setzt, das ist der Stoff und das Milieu; dafür interessieren sich die kulturfortgeschrittenen Menschen, nicht aber das große Lesepublikum, zu dem wir bei uns in erster Linie die Frauen zu zählen haben. Aus diesem Grund kann ich an einen großen Erfolg, sagen wir an eine Verbreitungsmöglichkeit von 50 000 Exemplaren nicht glauben. Schätze ich das Tempo der Bestellungen, die uns täglich zugehen, richtig ein, so können wir vielleicht auf 10–12 Auflagen kommen.
Ihr Buch ist sehr schnell bekannt geworden, ich möchte behaupten, daß die Kreise, die Bücher dieser Art überhaupt kaufen, von der Existenz Ihres Buches schon Kenntnis haben. Das noch weiter zu unterstützen und der Öffentlichkeit in Erinnerung zu bringen, dazu bin ich nicht nur aus buchhändlerischem sondern auch aus kulturellem Interesse mit größtem Vergnügen bereit. Aber wie gesagt, ich verspreche mir davon nicht etwa eine ähnliche Wirkung wie beim ›Tunnel‹. Auch für den ›Tunnel‹ habe ich nicht so viel inseriert wie Sie glauben, und doch waren in den ersten 4 Wochen schon 10 000 Exemplare verkauft. Die Wirkungsmöglichkeit des ›Tunnel‹ liegt eben im Stoff, und wenn Sie mit derselben Leidenschaft einen Stoff, der dem deutschen Publikum näher liegt, behandelt hätten, so wären die

Erfolgschancen eben um so viel größer. Das nur zur Characteristik des Tunnelerfolgs.

Und als Nachschrift: »Wenn die großen und glänzenden Kritiken keinen Massenerfolg gebracht haben, wie sollten das dann die Inserate zuwege bringen!«

Sogar Nansen wurde aufsässig und fand, daß nicht genug für ihn inseriert werde. Fischer erläuterte ihm seine Werbemethode:

> Sie sind ein erfahrener Verleger, bitte sagen Sie mir, in welcher Form ich für Ihre Bücher durch Reklamen wirken soll... In Zeitungen Ihre Bücher anzuzeigen, hätte doch nur einen Zweck, wenn es in ganz großem Stil, etwa auf ganzen Seiten geschehen könnte... das hätte eine lebendige Wirkung und eine äußere Berechtigung doch nur dann, wenn ein neues Buch gleichzeitig von Ihnen anzukündigen wäre. Ich drucke Kataloge und Prospekte in großen Massen jedes Jahr, überall da waren Ihre gesammelten Werke angezeigt. Wünschen Sie, daß ich in allen Prospekten auch die Einzelausgaben Ihrer Bücher von neuem anzeige, so kann es ausnahmsweise geschehen. In den Prospekten, die ich zu hunderttausenden im Jahr drucke und verbreite, zeige ich sonst *nur die neuen Bücher* an, am Schluß die Gesamtausgaben, wo auch Ihre Ausgabe immer erwähnt wurde. Sie werden aus eigener Erfahrung wissen, daß nur dieser Modus möglich und wirksam ist.

Übrigens hatte Fischer sich im Fall Madelung verschätzt. *Die Gezeichneten* waren Madelungs größter Erfolg. Fischer hatte diesen neuen Roman, von dem er sehr beeindruckt war, im Frühjahr 1913 herausbringen wollen, entschloß sich dann aber, als das Buch bereits ausgedruckt war, ihn in der ›Neuen Rundschau‹ zum Vorabdruck zu bringen, wo er leicht gekürzt in der zweiten Hälfte des Jahres 1913 in sechs Fortsetzungen erschien. Die Buchausgabe erschien folglich erst im Oktober 1913, und zwar gleichzeitig mit einem Novellenband Madelungs, *Der Sterlett.* Beide Bücher hatten eine Erstauflage von zweitausend Exemplaren, doch während der Novellenband nicht viel Beachtung fand, zog der Roman – zweifellos vom ›Rundschau‹-Vorabdruck befördert – kräftig an, mußte sogleich nachgedruckt werden und erreichte zwar nicht die von Fischer für unmöglich gehaltenen Fünfzigtausend, blieb aber auch nicht bei der zwölften Auflage stehen, sondern gelangte im Lauf der Jahre ins 35. Tausend.

Wenige Monate nach seinem langen, erläuternden Brief an Madelung versuchte es Fischer mit einer neuen Werbemethode. Sie war das Gegenteil von ›Odol-Reklame‹ und bemühte sich, an eben jene Leserkreise heranzukommen, die ein Autor wie Madelung brauchte. Im Frühjahr 1914 brachte der Verlag das erste Heft von ›S. Fischers Mitteilungen über neuere Literatur‹ heraus. Dieses kräftige Heft von 48 Seiten trug auf der ersten Seite einen von E. R. Weiß schwungvoll-graziös gezeichneten Titelkopf, darunter den zweizeiligen Vermerk

»Freunde der Literatur wollen die periodisch erscheinenden ›Mitteilungen‹ von ihrer Buchhandlung verlangen. Wo keine Buchhandlung erreichbar ist, sendet der Verlag auf Wunsch die ›Mitteilungen‹ direkt zu«, und auf der unteren Hälfte locker und übersichtlich angeordnet und an den Stil der ›Neuen Rundschau‹ erinnernd, das Inhaltsverzeichnis. Das Heft enthielt nicht nur Auszüge und Leseproben, wie ein Bruchstück aus dem ersten Akt von Hauptmanns *Bogen des Odysseus* und dem zweiten Akt von Georg Kaisers *Die Bürger von Calais*, sondern auch einige in sich abgeschlossene Novellen, Skizzen und vollständige Kapitel aus neuen Büchern sowie eine Anzahl Lyrikproben. Auf der linken Innenseite waren »Die Neuerscheinungen des ersten Halbjahres« mit Seitenhinweisen auf die in dem Heft enthaltenen Leseproben aufgeführt. Die Seiten 3 und 4 brachten einen von Heimann stammenden Prolog *Zur Einführung*, dessen Schlußabsätze lauteten:

Seit der Bewegung der achtziger Jahre ist ein Menschenalter vergangen; noch blüht und fruchtet die Kraft von damals ungeschwächt; um so schwerer hat es die junge Generation. Aber sie ist da, und wenn sich zwar ihre verschiedenen, auch untereinander gegensätzigen Tendenzen nicht zu einem einheitlichen Willen zusammenfügen, so ist doch das Verlangen, Eigenes zu sagen, nicht zu tausend Variationen, talentvoll und gewohnheitmäßig, noch eine zu fügen, unverkennbar.

In Zeiten literarischer Unruhe war immer die Lyrik das empfindlichste Instrument, Neuwetter anzusagen. Lyriker waren auch vor dreißig Jahren die ersten Sturmschwalben, die ersten Sieger und die ersten Besiegten. Und aus der Stimmung, die sie mitschufen, kamen das gültige neue Drama und der Roman. Eine solche Stimmung scheint sich vorzubereiten.

Der Poesie als einer steten Kraft, als einer steten Zeugung und Erneuerung zu dienen, ist die Aufgabe eines Verlages, der überhaupt seine Aufgabe zu erkennen vermag. Wieviel wir davon zu betreuen haben, bedarf keiner Erklärung; wir werden darüber von jetzt an in unseren ›Mitteilungen‹, wovon das vorliegende Heft das erste ist, Bericht und Rechenschaft geben. Die besondere Aufgabe indessen dieser ›Mitteilungen‹ wird es sein, das Interesse literaturfreundlicher Kreise für solche Verfasser und Werke zu gewinnen, denen die üblichen Wege der Ankündigung wenig zu nützen vermögen.

Der letzte Satz teilte die Absicht unumwunden mit. Das ganze Heft war so gestaltet, daß es die »literaturfreundlichen Kreise« ansprach: die Texte waren zweispaltig und luftig gesetzt und boten ein ansprechendes äußeres Bild, das noch durch zwischengestreute Wiedergaben und Zeichnungen aus ›Fischers Illustrierten Büchern‹ aufgelockert war, und wurden durch keinerlei eingefügte Buchinserate gestört. Die Verlagsanzeigen standen zusammen auf den letzten fünf Seiten; die allerletzte Seite brachte eine Titelübersicht über die ›Bibliothek zeitgenössischer Romane‹ mit einem Zitat aus dem ›Berliner Tageblatt‹: »Noch niemals ist eine solche Waffe gegen die Unsitte, Bücher nicht zu kaufen, sondern aus Leihbibliotheken zu entleihen, geschmiedet worden.«

Das Heft sah, wiewohl es kostenlos abgegeben wurde, einer gediegenen und anspruchsvollen kleinen Zeitschrift zum Verwechseln ähnlich, und das war natürlich die Absicht. Der Berliner Verlag Egon Fleischel, einstmals der Verleger Fontanes, versuchte um die gleiche Zeit etwas Ähnliches mit seinem knallgelben ›Buchführer‹, der sich, wie das ›Börsenblatt‹ bemerkte, »innerlich und äußerlich durch nichts von einer guten belletristischen Revue« unterschied. Das ›Börsenblatt‹ nahm in seiner Nummer vom 13. Juni 1914 diesen ›Buchführer‹ und Fischers ›Mitteilungen‹ zum Anlaß einiger kritischer Bemerkungen:

Vielleicht ist in Fischers Mitteilung die Fiktion der Zeitschrift nicht ganz so scharf durchgeführt, da Text und Inseratenteil, Eigenempfehlungen und unabhängige Kritik nicht so getrennt sind, wie in dem Fleischelschen Heft. Auch bringt Fischer Textausschnitte aus Romanen — was ja vom Reklamestandpunkt aus manches für sich hat — während Fleischel ausschließlich abgeschlossene Beiträge zum Abdruck bringt. Gerade weil diese Hefte inhaltlich wie der Ausstattung nach jedes Lob verdienen, wird man zwei Bedenken nicht unterdrücken können:
1. wenn jeder größere Verlag so prächtige Hefte gratis verteilt, wer kauft dann die Zeitschriften? Und 2. wenn der Bücherfreund in einem Dutzend solcher Revuen später die prächtigsten Novellen, Essays und Gedichte gratis erhält, ist es sicher, daß diese vielen Kostproben zur Appetitreizung und nicht zur Sättigung führen?

Das hätte die Erfahrung zeigen müssen. Doch ihr bot sich keine Gelegenheit. Fischers ›Mitteilungen‹ waren offenbar als halbjährliche Publikation, im Frühjahr und Herbst, geplant. Aber es blieb bei diesem ersten Frühjahrsheft 1914. Die Nachfolge verhinderte der Kriegsausbruch. Aber der Gedanke ging nicht verloren. Fischer nahm ihn eineinhalb Jahrzehnte später in veränderter Form wieder auf.

EPISODE: FILM-GESCHÄFTE

Zum Riesenerfolg des *Tunnel* hingegen trug — möglicherweise — noch ein anderer Umstand bei. Schon Mitte August 1913 wurde für die Verfilmung des Romans eigens eine Filmgesellschaft gegründet, und der Film kam 1914 heraus. Man kann annehmen, daß viele Kinobesucher erst auf den Film hin das Buch kauften. Dem *Tunnel*-Film war im Sommer 1913 die Verfilmung von *Atlantis* vorausgegangen. Hier hatte sich für den Verlag unversehens ein ganz neues Gebiet eröffnet.

Im Januarheft 1913 der ›Neuen Rundschau‹ veröffentlichte Moritz Heimann unter dem Titel *Der Kinematographen-Unfug* einen vierseitigen Aufsatz, in dem er scharf gegen die volksverdummende Wirkung des Kinos im allgemeinen und gegen die Verfilmung von Werken der Literatur im besonderen zu Felde zog. Das Volk, schrieb er, laufe »stumm und stur zu den stummen Bildern«, in die ein Meisterwerk wie Flauberts *Salammbô* »roh zerschnitten«, worden sei:

Während man sich von den verschiedensten Seiten, bald als Ratgeber, bald als Vormund, um die Kunst für das Volk bemüht, hat es sich auf eigene Faust ein Vergnügen geschaffen, wo man ihm, im wörtlichsten Sinne, nichts dareinredet. Wer gegen diese Pest antiseptisch aufwachsen will, wird sich von Tag zu Tag in kleinerer Gesellschaft befinden.

Da der Film sich »frech in die Sphäre des Dramas« dränge, müsse man ihn mit diesem auseinandersetzen. Der Unterschied zwischen ihnen sei der, daß im Filmschauspiel »der Stoff in seiner kruden Tatsächlichkeit erhalten bleibt«, während im echten Schauspiel der Stoff durch die Form, »vornehmlich aber durch ihr Hauptelement, das Wort« aufgezehrt werde.

Das ist der Unterschied im Wesen. Für die Wirkung kommt hinzu, daß das Auge ein isolierender, das Ohr ein vereinigender Sinn ist ... Das Wort, die Sprache ist zugleich Zeugnis und schöpferisches Element des höheren Gemeinsinnes, der zwischen den Menschen waltet. Im Wesen und in der Wirkung erfährt das Drama durch das Wort die Vergeistung. Das Kinoschauspiel aber, gerade wenn es sich dem Wortdrama nähert, wird um so sinnloser ... Würde das nun auch gebessert werden, so hätte man immer erst nur Schauspiele für Taubstumme. Für den vollsinnigen Menschen aber, aus dessen Konstitution allein Gesetze für die Kunst abgeleitet werden können, würde das Filmschauspiel nur dann eine echte Existenz gewinnen, wenn es sich vom Wort so weit wie möglich entfernte; es müßte zur Pantomime werden, und seine Handlung dürfte nie an die Wirklichkeit rühren ... Wer aber für das in allen Gassen sich einnistende Kinotheater von heute Erfindungen macht, wer gar durch das Wort erlöste menschliche Geschehnisse wieder preisgibt und in die Hölle der blöden, maulaufsperrenden Tatsächlichkeit zurückstößt, der versündigt sich, so ahnungslos er es auch tue, gegen die Kunst — ja gegen die Humanität selbst.

Die präzeptorenhafte Schlußfolgerung lautete:

Eines ist jedenfalls nötig: daß man dem Schlendrian im Gewährenlassen des Kinematographen ein Ende mache, und wenn man den besagten Teufel nicht mehr austreiben kann, so soll man versuchen, ihn zu bekehren.

Der heutige Leser, dem diese Polemik abwegig zu sein oder offene Türen einzurennen scheint, muß sich erinnern, daß sie dem Stummfilm galt, der sich des ›Wortes‹ mit Zwischentexten bediente. Daß das Filmschauspiel sich die Sprache aneignen werde, konnte damals niemand auch nur ahnen; die ersten Tonfilme waren erst fünfzehn Jahre später zu sehen.

Fischer war nicht Heimanns Meinung; er hielt den Kinematographen nicht für den Teufel und war durchaus nicht abgeneigt, ihm zwar nicht seine Seele, wohl aber Werke seines Verlags zu verkaufen. Die

Hauptimpulse des europäischen Filmschaffens gingen in jenen frühen Entwicklungsjahren von Skandinavien aus; die großen Stars waren Fern Andra und Asta Nielsen, die bedeutendste Filmgesellschaft die Nordisk Films Compagnie, die Hauptmanns *Atlantis* gekauft hatte und im deutschen Literaturbereich eifrig nach brauchbaren Stoffen fahndete. Nansen war offenbar auf den Gedanken gekommen, daß man dieses Geschäft auch selbst machen könne. Heimanns Philippika war noch kaum erschienen, als Fischer an Nansen schrieb:

Es würde mich sehr interessieren, zu erfahren, auf welcher Grundlage ein Abkommen zwischen dem Gyldendalschen Verlag und einer Film-Compagnie gedacht ist. Neulich war der Vertreter der Nordischen Film-Compagnie bei mir, um mit mir einen Vertrag zu besprechen wegen der Benutzung von geeigneten Stoffen aus Werken meines Verlages. Glauben Sie, daß Gyldendal mit meinem Verlag gemeinschaftlich in dieser Sache etwas unternehmen könnte, bitte ich mir Vorschläge zu machen.

Nansen machte unverzüglich Vorschläge. Fischer war auf einen kurzen Urlaub gefahren – »ich bin sehr ermüdet«, schrieb er an Nansen, »die Götter haben mir keine guten Nerven verliehen«, wozu Hedwig Fischer bemerkte: »Er ist ein ewiger Hypochonder!« – und antwortete am 17. April 1913 aus Gardone:

Sie mögen recht haben, daß alles, was bisher gefilmt wird, noch nicht der Film-Stil ist. Einstweilen ist es aber sicher richtig, dem lebenden Bild für die Zukunft Vertrauen zu schenken und als Verleger darauf Einfluß zu gewinnen. Ich möchte mich also bei Ihrem dänischen Kino-Unternehmen beteiligen, mit der Hälfte wie Gyldendal, also ungefähr 14 000 Mark...

Fischer machte zur Bedingung, daß ihm in Deutschland die gleichen Vorteile eingeräumt würden wie Gyldendal in Dänemark; daß er der alleinige literarische Vertreter der Gesellschaft für Deutschland und Österreich sei und kein anderer deutscher Verlag in die Gesellschaft aufgenommen werde; und schließlich, daß sein Name ein Jahr lang nicht genannt werde, da er dem Vertreter einer anderen Gesellschaft bereits für ein Jahr eine Option auf seine Verlagswerke erteilt habe; doch sei dies »nur ein platonisches Vergnügen«, denn er brauche »dem Mann ja nichts anzubieten«. Er fuhr fort:

Es würde mir nicht schwerfallen, die wichtigsten Autoren für unsere Gesellschaft zu interessieren, und ich halte es für sehr gut, daß wir 5–6 Prozent Tantieme anbieten und nur eine geringe Garantiezahlung. Hauptmann hat von der Nordischen Film-Compagnie allerdings 20 000 Mark Garantie für Atlantis bekommen, bei einer Tantieme von 4 Prozent. Meine Theaterabteilung könnte sich auch zu einem Film-Vertrieb erweitern lassen. Sie sehen, ich bin für die neue Filmgesellschaft unter Umständen eine wertvolle Kraft. Vielleicht könnte man auch damit beginnen, Autoren wie Schnitzler, Salten, Hauptmann, Vollmoeller Stücke für den Film schreiben zu lassen, wobei es wichtig wäre, daß sich unsere Film-Compagnie Schauspieler wie Asta Nielsen sichert...

Und schließlich eine Idee, die Heimann »nur mit äußerster Vorsicht und Sparsamkeit« gebilligt hatte:

Für Deutschland scheint mir aussichtsreich der Film für die Schule als Anschauungsunterricht. Ich denke mir, man könnte die vorhandenen Natur-Aufnahmen aus fremden Ländern, Völkern, aus dem Tier- und Pflanzenreich von den anderen Film-Gesellschaften ankaufen, sie sind ja zum großen Teil schon verwertet und dürften billig zu haben sein.

Gesagt, getan. Die Theaterabteilung des Verlags nahm die Sache in die Hand. Am 18. Juni 1913 ging an alle in Betracht kommenden Autoren des Verlags ein von E. P. Tal unterzeichnetes Rundschreiben hinaus:

Sehr geehrter Herr! Eine neue dänische Filmfabrik, die Dania-Biofilm-Komp. A. G. (mit einem Aktienkapital von 500 000 Kronen) will zu ihrer Spezialität den literarischen und künstlerischen Film machen. Im Aufsichtsrat der Gesellschaft sitzt Peter Nansen als künstlerischer Berater. Er hat sich mit uns in Verbindung gesetzt und uns gebeten, die Vermittlung mit der deutschen Produktion zu übernehmen. Im Interesse unserer Autoren haben wir uns dazu bereit erklärt.

Die Geheimhaltungsklausel wurde, wie man sieht, streng beachtet. Nichts in diesem Rundschreiben ließ vermuten, daß der S. Fischer Verlag zu den Gründern der Gesellschaft gehörte und an ihr beteiligt war. Das Schreiben fuhr fort:

Sollten Sie der Verfilmung eines Ihrer Werke prinzipiell nicht abgeneigt sein, so bitten wir Sie, mit uns darüber zu verhandeln. Wir würden dafür sorgen, daß Ihre Interessen nicht nur nach der materiellen, sondern auch nach der künstlerischen Seite gewahrt werden. Unsere Vermittlung geschieht, ohne daß wir Ihnen etwas dafür berechnen. Wir würden nur zur Bedingung machen müssen, daß Sie uns für die Dania-Biofilm Komp. vor anderen Filmgesellschaften ein Vorrecht gewähren ...

Die Dania-Biofilm versprach eine Tantieme von drei Prozent der Brutto-Erträge, die bei einem guten Erfolg mit 200 000 Mark angesetzt werden konnten und für den Autor ein Honorar von 6000 Mark ergaben, und bei Ankauf des Stoffes auf diese Summe »eine den Erwartungen entsprechende Garantie«. Man sieht: die Honorarstruktur ging noch völlig von der des Theaters aus und wurde analog gehandhabt; heute ist der Autor eines angekauften Filmstoffes nur in seltenen Ausnahmefällen am Gewinn beteiligt.

Möglicherweise war die Vermutung, daß die Verfilmung des *Tunnel* den Absatz des Buches förderte, unrichtig; zumindest war Fischer selbst sich zu jenem Zeitpunkt infolge mangelnder praktischer Erfahrung noch nicht sicher, wie es sich damit verhielt. Denn im letzten Absatz des Rundschreibens hieß es:

Bei Verfilmung von bereits erschienenen Werken bitten wir Sie, unsere Beratung einzuholen. Es ist noch in keiner Weise geklärt, in wieweit der ›verfilmte Roman‹ auf den Absatz der Buchausgabe ungünstig einwirkt, so daß sich einstweilen die Verfilmung nur solcher Werke empfiehlt, deren Erscheinen mindestens drei Jahre zurückliegt.

Heute weiß man hierüber Bescheid. Die Verfilmung eines Romans, besser noch, seine Fernsehbearbeitung ist ein anerkannt wirksames Propagandamittel für den Absatz der Buchausgabe; viele Verleger bringen anläßlich des Films Sonderausgaben des Buches heraus, und kein Verleger ist unzufrieden, wenn er bereits vor Erscheinen eines Romans den Verkauf der Filmrechte bekanntgeben kann.
Es hat sich nicht feststellen lassen, wie die Autoren des Verlags auf das Rundschreiben reagierten, ob irgendwelche ihrer Werke erworben und tatsächlich von der Dania-Biofilm verfilmt wurden. Das Unternehmen scheint nicht recht vom Fleck gekommen zu sein, denn ein Brief Fischers an Nansen vom 29. Oktober 1914, also schon im Krieg, enthält den Nachsatz: »Was macht unsere Filmgesellschaft? Da wir französische Filme nicht mehr beziehen, hätte doch die Kopenhagener Gesellschaft eine große Chance!« Am 23. März 1915 schließlich telegraphierte Fischer an Nansen: »Mit Liquidation Dania-Biofilm einverstanden. Bevollmächtige Sie, für mich zu stimmen.« Am 9. April ging die Gesellschaft in Konkurs. Dem Verlag blieb als Gewinn an dieser Episode die Erweiterung seiner Theaterabteilung auf die Verwertung der Filmrechte, die systematisch ausgebaut und weiterbetrieben wurde und nach Kriegsende mit dem großen Aufschwung des deutschen Films eine Anzahl Erfolge erzielte.

MEILENSTEINE

Auch in diesem Jahr galt es, wie in den beiden vorausgegangenen, die gehörigen Meilensteine aufzurichten. Die Breslauer Stadtväter hatten zur Jahrhundertfeier der Freiheitskriege eine riesige, achttausend Menschen fassende Jahrhunderthalle erbaut und Hauptmann aufgefordert, zur Einweihung ein Festspiel zu schreiben. Hauptmann hatte zuerst gezögert – er werde die Sache »wohl fallen lassen«, schrieb er am 17. Juli 1912 an Fischer –, dann abgelehnt, endlich doch zugesagt und das *Festspiel in deutschen Reimen* im Januar 1913 vollendet. Fischer druckte zwei verschiedene Ausgaben, eine billige Textbuchausgabe zum Preis von einer Mark in einer Auflage von elftausend Exemplaren, die nur in Breslau verkauft werden durfte, und eine allgemeine Ausgabe in einer Erstauflage von fünftausend Exemplaren mit einem handkolorierten Umschlag von Ernst Stern, von dem auch die Bühnenbilder zu der von Reinhardt inszenierten Breslauer Festspielaufführung stammten, zum Preis von zwei Mark. Die Uraufführung fand am

31. Mai 1913 statt; das Programm sah fünfzehn Aufführungen vor; es fanden nur elf statt; am 17. Juni untersagten die Stadtväter auf Veranlassung des deutschen Kronprinzen, des Schirmherren der Jahrhundertfeier, weitere Aufführungen. Fischer waren von der Breslauer Ausgabe noch dreitausend Exemplare übriggeblieben. Er steckte sie in Sterns Umschlag und verkaufte sie zusammen mit der allgemeinen Ausgabe. Diese war inzwischen mühsam ins siebente Tausend gelangt; jetzt zog sie ruckartig an.

Der Grund war einfach: nach der Premiere war man *gegen das Stück* gewesen, nach dem Verbot war man *für Hauptmann*. Das *Festspiel* war kein gelungenes Werk. Es war, wie Kerr sagte, »viel Gips drin«; dennoch:

Hauptmann hat sich aus der Patsche gezogen; am Beginn wie zum Schluß erkennt man doch, auch zwischendurch, wer das geschrieben hat... Ein Dichter, wenngleich auf Bestellung... Seine Menschlichkeit leuchtet noch durch den Kontrakt eines Stadtausschusses...

Der Sturm der Ablehnung auf allen Seiten hatte jedoch mit den dichterischen Qualitäten des Werkes wenig zu tun. Den Freunden, Anhängern, Bewunderern Hauptmanns ging es gegen den Strich, daß er der Versuchung nicht widerstanden hatte, sich zum Nationalpoeten des Hohenzollern-Deutschland machen zu lassen; die »nationalen Kreise« waren empört, weil er darin zwar Stein, Scharnhorst und (den von Werner Krauss gespielten) Fichte als Erwecker der Nation gepriesen, aber die Hohenzollern nicht verhimmelt hatte; und überhaupt paßte ihnen, die in Deutschland den Patriotismus in Erbpacht besaßen, wieder einmal »die ganze Richtung« nicht; vor allem nicht, daß in diesem *Festspiel* im ›Einkreisungs‹-Jahr 1913 kein chauvinistischer Ton, wohl aber – wie schon in Hauptmanns Stockholmer Festrede – eine glühende Mahnung zum Frieden zu hören war:

Wir nie Getrennten stets Geeinten wissen nichts von Krieg. Und also wohnt der Friede unter uns!... Uns trennen Sprachen, trennen Strom und Meere nicht. Nicht trennen Götter, noch der unbekannte Gott die, denen aller Menschen Heil am Herzen liegt.

Hunderte von Kriegervereins-Ortsgruppen hatten empört protestiert; in der Presse und in Versammlungen tobte der Sturm. Das Verbot ließ die Welle umschlagen. Theodor Wolff bezichtigte im ›Berliner Tageblatt‹ die »Knopflochpatrioten« einer »großen Verpöbelung«; die Universität Breslau veranstaltete eine Kundgebung für Hauptmann; es hagelte Proteste gegen die »Vergewaltigung Hauptmanns«. Fischer schrieb dem Dichter drei Tage nach dem Verbot:

Ich hoffe, daß Sie sich durch das Breslauer Schicksal Ihres Festspiels die Laune nicht verderben lassen. Alle guten Europäer stellen sich schützend vor Sie und Ihr Werk, und jetzt beginnt sich auch außerhalb Breslaus ein starkes Interesse für das Festspiel zu regen.

Jetzt hieß es, das Stück lesen, wenn man mitreden wollte. Zwei Wochen nach dem Verbot konnte Geschäftsführer Rowohlt dem Dichter mitteilen, daß das *Festspiel* das 30. Tausend erreicht hatte.

Fischer hatte inzwischen andere Meilensteine besorgt. Wieder waren, wie im Vorjahr, zwei fünfzigste Geburtstage in der Verlagsfamilie zu begehen. Dehmels Fünfzigster am 19. November hatte noch gute Weile gehabt, als Fischer schon gleichzeitig mit der Schnitzler- und Hauptmann-Ausgabe den Plan zu einer Dehmel-Volksausgabe in Angriff nahm. Wenn er auf ähnliche Schwierigkeiten und Verzögerungen gefaßt sein mußte wie bei der zehnbändigen Ausgabe von 1906, konnte er gar nicht früh genug beginnen. So schrieb er schon Ende Februar 1912 an Dehmel und schlug ihm eine Volksausgabe in drei Bänden zu einem billigen Preis vor. Diesmal ergaben sich keine Schwierigkeiten. Der Hauptgrund hierfür war wohl, daß Dehmel seit der großen Ausgabe wenig Neues geschaffen hatte. Auch wollte er von allem, was nach ›Jubiläumsausgabe‹ klang, nichts wissen. »Mich peinigt diese ganze Besalbölung meiner grauen Haare«, schrieb er an Fischer.

So handelte es sich im wesentlichen nur darum, das ursprünglich auf zehn schlanke Bände verteilte Werk in drei starken Bänden neu zu gruppieren. Die insgesamt 1800 Druckseiten der zehnbändigen Ausgabe wurden auf 1140 Seiten neu gesetzt und ergaben drei ziemlich genau gleich starke Bände von jeweils knapp 400 Seiten. Das unaufgeführte Drama *Lucifer* wurde als einziges Werk der großen Ausgabe fortgelassen, dafür das inzwischen entstandene, 1911 erschienene Drama *Michel Michael* aufgenommen; Dehmel hatte große Hoffnung in diesen neuerlichen Anlauf zur Eroberung der Bühne gesetzt, aber Fischers Bühnenvertrieb konnte das Stück nicht durchsetzen. Die von E. R. Weiß ausgestattete Volksausgabe kostete weniger als ein Drittel der großen Ausgabe und machte Dehmels Gesamtwerk der großen, stetig wachsenden Schar seiner jungen Leser zugänglich, denen die »Flammenbecher«-Ausgabe unerschwinglich gewesen war. Gleichzeitig und getrennt von der Volksausgabe erschien ein schmaler Band neuer Gedichte *Schöne wilde Welt*, der sogleich mehrere Auflagen erlebte.

Dehmel stand auf der Höhe seines Ruhms. Er war von allen Lyrikern seiner Zeit der am häufigsten vertonte; über fünfhundert Kompositionen, von Liedern bis zum Oratorium, lagen seine Verse zugrunde. Ganz ohne »Besalbölung« konnte es folglich nicht abgehen. Fischer wollte auf die Fortführung seiner Verlagstradition nicht verzichten und bestand auf dem gleichzeitigen Erscheinen einer Dehmel-Monographie. Emil Ludwigs umfängliche, dithyrambisch-überschwengliche

Studie vermittelt, heute gelesen, vor allem einen sehr eindringlichen Eindruck von der Wirkung, die Dehmel auf seine jüngeren Zeitgenossen hatte. Es läßt sich von ihr das gleiche sagen, was Ludwig selbst von Dehmel sagt: »Darum durchströmt ein Grundgefühl – kein Grundgedanke – sein ganzes Werk.« Er nennt ihn einen »feuerflüssigen Krater, der jeden Augenblick zu Eis erstarrt«; und mit Beklemmung liest man die Schlußsätze:

Heute steht er wahrhaft in der Mitte seines Weges. Denn diese, in allen Stücken spät entwickelte Natur braucht noch lange Jahrzehnte, um den Bogen ihres Geschicks zu vollenden... Aufgetan seinem Lose, mit wachsamer Geduld steht er vor der Zukunft, die die Rolle seines Schicksals in Händen hält...

Wer ahnte, daß das Geschick beinahe vollendet war?

Es fällt schwer, sich Hermann Bahr als den Altersgenossen Dehmels vorzustellen; dabei ging sein fünfzigster Geburtstag dem Dehmels sogar um einige Monate voraus.

Was ist da zu tun? mag Fischer sich gefragt haben, was ließ sich zu diesem 19. Juli 1913 unternehmen?

Bahr war einer von Fischers frühesten Autoren und war ihm – auf seine Art – über ein Vierteljahrhundert treu geblieben. Wie stets bei Fischer überwog im Rückblick die Gemeinsamkeit des Weges alle Mißhelligkeiten – und es waren ja nicht wenige gewesen –, die diesen Weg begleitet hatten. Fischer war sich bewußt, daß er Bahr viel zu danken hatte; ›Schnitzel‹ hatte ihm viel Morgiges zugetragen, auch wenn er selbst manches geliefert hatte, was inzwischen längst zum Gestrigen geworden war. Bahr kümmerte es nicht, daß er als beispiellos hurtiger Vielschreiber galt; es lag daran, daß er ein Vieles-Schreiber war, und auf seine Vielseitigkeit tat er sich etwas zugute. Kein anderer Autor des Verlags hatte eine so wild durcheinander wuchernde Produktion aufzuweisen, insgesamt bisher neunundsechzig Bücher, zu denen jetzt im Jubiläumsjahr bei Fischer noch zwei neue, die Komödie *Das Phantom* und die *Erinnerungen an Burckhard* hinzukamen. Von ihnen waren dreiunddreißig im Verlauf von zweiundzwanzig Jahren bei der ›Konkurrenz‹, bei Langen, Cassirer, Reiss, der Insel, Rowohlt, insgesamt bei einundzwanzig anderen, großen, kleinen und kleinsten Verlagen in Deutschland und Österreich erschienen. Eine Gesamtausgabe war eine Unmöglichkeit – Heimann rechnete, daß tausend Bogen, also gegen vierzig Bände dabei herausgekommen wären –, und Bahr selbst kam nicht auf einen solchen Gedanken. Doch war es wichtig, zu diesem Jubiläum zwar nicht das Gesamtwerk, wohl aber einen Gesamteindruck von dieser unnachahmlichen, einzigartig fruchtbaren und befruchtenden Schriftstellerpersönlichkeit vorzulegen. Heimann fand, seiner grimmigen Abneigung gegen diese Persönlichkeit zum Trotz, eine gute Lösung.

Pünktlich zum Geburtstag erschien *Das Hermann-Bahr-Buch. Zum 19. Juli 1913 herausgegeben von S. Fischer, Verlag, Berlin,* eine dreihundert Seiten umfassende, sorgfältig ausgewählte Anthologie von geschlossenen, repräsentativen Stücken aus Bahrs Prosaschriften, die sein Bestes vorstellten, und dieses Beste war sehr gut. Die Romane und Bühnenstücke waren fortgeblieben, weil – wie das Geburtstagsgrußvorwort erklärte – »vom Dichtwerk Teile keinen Begriff geben«. Dieses Vorwort war mit »S. F. V.« unterzeichnet, einer Kollektivpersönlichkeit, hinter der man Heimann vermuten darf. »Wenn wir Sie mit Glückwunsch und Dankbarkeit grüßen«, schrieb er, »sind wir uns bewußt, daß der Rückblick auf Ihren Werdegang uns auch über unser Wollen und Streben, Irren und Finden aufklärt.« Genau das tut dieses Buch, das noch heute voll sprühender Anregungskraft ist. Daß man hier in gewissem Sinn tatsächlich den ›ganzen Bahr‹ in Händen hielt, und noch dazu für den Spottpreis von einer Mark fünfzig, scheinen die Interessierten schon damals gemerkt zu haben; das Buch sprang sogleich in die zehnte Auflage, die höchste, die irgendein Bahr-Buch bei Fischer bisher erreicht hatte. Gleichzeitig brachte Fischer die zugehörige Monographie heraus, eine nachdenkliche und gescheite Studie von Willi Handl, die zumindest *ein* vorzügliches Kapitel, das zweite, *Zeitstimmung* betitelte, enthält. Bahr war entzückt und schrieb dem »lieben Freund« am 28. Juni, der Auswahlband sei ein »hocherfreuliches Geschenk«:

> Ich habe nämlich S. Fischer Verlag stets in Verdacht gehabt, mir zwar wohlmeinend und wohlwollend gegenüber zu stehen, aber nicht eigentlich viel von mir zu wissen, mich nur ganz oberflächlich zu kennen, nur so weit als ein Autor aus seinen Wirkungen auf die Leser zu kennen ist. Nun malen Sie sich selbst meine Freude aus, als ich in diesem Buch fand, daß S. Fischer Verlag mein Wesen so gut versteht, wie das nur ein Freund tun kann, der durch die Schnörkel auch ins Innere blickt! Das ist ein gutes Gefühl für mich, und kein schöneres Geburtstagsgeschenk konnte ich mir wünschen...

SCHICKSALSSCHLAG

In diesem Sommer 1913 stand der Verlag auf großer Höhe. Fischer war, wie er schon im Frühjahr geklagt hatte, überarbeitet und ein wenig müde. Der große Sommerurlaub, eine kräftige Auffrischung tat not. Man verzichtete in diesem Jahr auf das geliebte Salzkammergut, seine unsichere Sonne und seinen sicheren Schnürlregen, und reiste in den ersten Augusttagen ins Engadin. Doch dort war auch nicht gut sein. Am 16. August schrieb Fischer aus Venedig an Nansen: »Wir sind aus dem kühlen Engadin noch auf vierzehn Tage an den warmen Lido gegangen und hier scheint wirklich die Sonne und schöne Frauen baden im Meer.« Altenberg stellte sich als Gesellschaft ein. »Er spielte am liebsten mit Kindern«, erinnerte sich Hedwig Fischer, »und im Jahr 1913 am Lido war es unsere achtjährige Tutti, die er verehrte ...« Der Sohn, der seit einem Jahr bei Professor Paul Juon an der Charlottenburger Musikhochschule studierte, eigenwillig auf Selbständigkeit aus, war schon im Frühjahr, statt mit den Eltern zu reisen, zu seinem Freund Reisiger nach München gefahren. Jetzt, im Sommer, fuhr er zu seinem Onkel, dem Musiker Ludwig Landshoff, nach Viserba bei Riccione an der Adria. Auf der Rückfahrt sollte er die Eltern in Venedig treffen und mit ihnen heimreisen. Unterwegs, am 27. August, seinem neunzehnten Geburtstag, erkrankte er an einem heftigen Fieber. Die Eltern gerieten in größte Besorgnis. Doch Beer-Hofmann, der sich in der Nähe befand, schickte zwei Tage darauf, am 29. August, vom Bahnhof in Venedig, wo er den Zug wechselte, eine beruhigende Ansichtspostkarte ins Hôtel des Bains am Lido:

Wir sind hier am Bahnhof und möchten Ihnen nur sagen, ehe wir in den Zug steigen, daß Sie beide sich von den Ereignissen der letzten Tage nicht so sehr verprügeln lassen sollen. Gerhart hat auf mich durchaus nicht ernstlich krank gewirkt, und in wenigen Tagen werden Sie – so Gott will – und er wird wollen ...

Die fehlenden Worte hat wie mit Schicksalshand der Poststempel bis zur Unleserlichkeit zugedeckt. Gott wollte es anders. Der Sohn traf fiebergeschüttelt in Venedig ein; die Eltern konnten mit dem Kranken noch die Heimat erreichen.

Mit dem Typhus ist es folgendermaßen bestellt: In die fernen Fieberträume, in die glühende Verlorenheit des Kranken wird das Leben hineinrufen mit unverkennbarer ermunternder Stimme.

So beginnt der letzte Absatz des vorletzten Kapitels von *Buddenbrooks*. Wer hätte in jenen ersten Septembertagen in der Erdener Straße nicht an diese Worte denken können? Aufopfernde Pflege der Mutter schien das Wunder der Genesung zu vollbringen. Reisiger erinnerte sich, wie

das Telegramm Fischers kam, Gerhart sei krank gewesen, solle zur Nachkur in ein Sanatorium, sträube sich aber noch dagegen, und ob ich wohl mitgehen würde? Ich hatte kaum zugesagt, als die Todesnachricht kam.

Das war der 9. September 1913. Er warf einen Schatten, der nie gänzlich mehr weichen sollte. Heimann hielt dem Frühvollendeten die Grabrede. Reisiger schrieb später:

Gerhart Fischer. Ich glaube, er wäre ein bedeutender Name in der Musik geworden. Man fühlte, daß es nicht etwas Gewolltes, Eingebildetes, sondern ihm gegebenes war, das den oft in sich gekehrten jungen Menschen innerlich an sich zog. Auf seine stille, ernste Art allem geistig Hohen und Edlen zugewendet, rein und vornehm in seinem ganzen Wesen, lebhaft hingezogen zu Menschen, die er verehrte, und überaus feinfühlig und empfindlich in der manchmal berechtigten, aber im ganzen jugendlich übertriebenen Besorgnis, die ihm bezeigte Herzlichkeit und Teilnahme gelte mehr dem Sohn des großen Verlegers als ihm selbst, war er doch auch voller Sinn für Spiel und Humor, zumal in seinem glücklichen Verhältnis zu der soviel jüngeren vergnügten kleinen Tutti ...

»Eine ernste und schwierige Künstlernatur«, nannte Thomas Mann ihn, an dem der Vater »mit innig sorgender und hoffender Liebe gehangen ... es war bei weitem der schwerste Lebensschlag, der ihn getroffen hatte, ganz hat er ihn wohl nie verwunden.«

Das war nicht zuviel gesagt. »Herr Fischer«, schrieb Heimann am 25. September an Hesse, »hat mich beauftragt, Ihren Brief zu beantworten; er ist zur Zeit nicht recht imstande, selbst zu schreiben. Sie wissen wohl nicht, welch großes Unglück ihn getroffen ...« Dies war nur einer von vielen Briefen, die Heimann übernehmen mußte. Fischers Nerven hatten dem Schlag nicht standgehalten. Der heftige Zusammenbruch seiner Lebenskräfte ging nicht spurlos vorüber; die Erschütterung schlug sich aufs Gehör, seine mit den Jahren zunehmende Schwerhörigkeit machte sich um diese Zeit zum erstenmal bemerkbar. Und die tiefe Neigung zu Skepsis und Schwermut vertiefte sich; sie wurde, wie Reisiger schreibt, »eine unbestimmte Bangigkeit, ein Hinlauschen gleichsam auf etwas von fernher Drohendes ... Die mit den Jahren zunehmende Grübelsucht und Gespensterahnung mag ihn wohl in manchen Stunden beinahe überwältigt haben ...«

In der Erdener Straße wurden, wie Flake notierte, in diesem Herbst keine Gesellschaften gegeben. Man sah nur wenige Freunde bei sich. »Ein rechter Trost wurde uns Flake; er wohnte damals nahebei in Halensee und kam viel herüber, um meinem Mann die schweren Gedanken zu zerstreuen; die beiden spielten zusammen Coon Can« – eine damals beliebte Art amerikanisches Rommé. Rathenau, der Nachbar, war zu stillen Gesprächen willkommen. Auch Nansen kam, aber um ihn selbst war es nicht gut bestellt. Die Zerrüttung seiner Ehe hatte ihn wieder zum Morphium greifen lassen, und er befand sich im Sanatorium des Dr. Sinn zu einer neuerlichen Entziehungskur: »Als ich Nansen in Babelsberg besuchte, weinten wir zusammen. Er sah sehr schlecht aus. Indessen erholte er sich langsam, und im Laufe des Winters kam er oft zu uns in den Grunewald. Er war einer der wenigen Menschen, die meinem ganz gebrochenen Mann ein Lächeln abgewin-

nen konnten.« Auch Wassermann kam und schrieb nach Wien: »Fischer fand ich in guter Haltung, aber dennoch sehr gebrochen. Er weinte, als wir allein waren, und ich hätte ihn fast geküßt, denn der Mann ist erschütternd. Gerhart ist schon ein Idol für ihn ...«
Die Eltern sammelten die nachgelassenen Aufsätze, Tagebuchbetrachtungen und vollendeten Kompositionen des Frühvollendeten zu einem Gedenkbuch, »gedruckt für seine Freunde«, dem eine behutsam-eindringliche Würdigung vorangestellt ist, deren verhaltene Sprache Heimanns Feder verrät. Dieses Gedenkbuch war im Dezember fertiggestellt und wurde den Freunden der Familie und des Hauses gesandt; viele Briefe trafen daraufhin ein, von denen einige erhalten sind, von Wassermann, Thomas Mann, Salten, Bahr, Rilke, Nansen, Ellen Key, Max Osborn, Fritz von Unruh. Rilke schrieb am Dreikönigstag 1914:

Lassen Sie mich denn danken für die Sendung, die mir beweist, daß Sie mich immer zu denen rechnen, die Ihnen näherstehen, und glauben Sie mir, wie aufrichtig ich wünsche, das begonnene Jahr möge Ihnen und dem guten Herrn Fischer manches Freundliche vorbereiten, was neben einem, so um sich greifenden Schmerz, wohltuend zu bestehen vermag ...

Madelung blickte weiter. Sein Brief schloß: »Deshalb wünsche ich Ihnen alles Gute für das neue Jahr und die Zeiten, die folgen müssen.« Diese Zeiten bereiteten nichts Freundliches vor, das wohltuend zu bestehen vermochte.

DIE ZEITEN, DIE FOLGEN MÜSSEN

Fischer raffte sich zusammen, so gut er konnte. Am 7. Oktober schrieb er an Hesse: »Ich flüchte mich mit meinem Kummer in die Arbeit und versuche, Klarheit in die schwebende Frage zu bringen ...«
Eine schwebende Frage hatte sich inzwischen geklärt. Es scheint, als habe Fischer nach dem Tod des Sohnes sich mit dem Gedanken getragen, Rowohlt, den um fast drei Jahrzehnte Jüngeren, zum Nachfolger heranzubilden, dem er eines Tages sein Lebenswerk übergeben konnte. Doch die Verschiedenartigkeit und in gewissem Sinn auch Gleichartigkeit ihrer Temperamente ließ diesen Gedanken nicht weiterreifen. Rowohlt schrieb später, Fischer, »der ausschließlich für seinen Beruf lebte ... wollte auch innerhalb seines Betriebes Alleinherrscher sein. Deshalb mußte ich mich Ende 1913 von ihm trennen«. Doch hatte der von Lebenskraft überquellende, zuweilen recht dröhnende Hüne aus Bremen selbst ein gerüttelt Maß vom Autokraten in sich; der Vaterfigur, die Fischer darstellte, vermochte er, in dem selbst ein ›Väterchen‹ steckte, sich nicht unterzuordnen. Der Abschied fiel ihm nicht leicht. Endlich rang er sich durch: »Ich möchte meine Tätigkeit hier

aufgeben, weil ich wieder selbständig werden will.« Fischer schwieg. Dann sagte er leise: »Sie müssen ja selbst am besten wissen, was für Sie das Richtige ist.« So erzählte Rowohlt es selbst: »Unsere freundschaftlichen Beziehungen wurden dadurch nicht unterbrochen. S. Fischer hat mich immer für das gehalten, was er im Grunde seines Herzens selbst war – für einen Idealisten und Romantiker.« Noch Jahrzehnte später versicherte er, er halte Fischer »für den einzigen, großen, ganz großen Verleger«, der zu seinen Lebzeiten existiert habe. »Ich habe ihn abgöttisch geliebt und in dem Jahr, das ich bei ihm war, soviel gelernt wie in keinem einzigen Jahr in meinem eigenen Verlag. Immer habe ich ihm nachgestrebt.«

Rowohlt schied nach kaum einem Jahr wieder aus. Am 14. September 1913 notierte Loerke in seinem Tagebuch: »Rowohlt, der einen Verlag macht, würde mich als Lektor nehmen, sofort, wenn ich sein Autor würde, was natürlich nicht geht. Treue um Treue.« (Zwei Monate darauf erhielt Loerke vom Preisrichter Jakob Schaffner zusammen mit Hermann Essig den Kleist-Preis, der mit 1200 Mark dotiert und mit einer freien Schiffsreise verbunden war. Loerke fuhr im Frühjahr 1914 zusammen mit dem nach Java aufbrechenden Max Dauthendey nach Algerien, und seine Aufzeichnungen erschienen unter dem Titel *Algerische Reise* 1916 in der ›Neuen Rundschau‹). Rowohlt übernahm die Geschäftsführung des von Hans von Weber mitbegründeten neuen Hyperion-Verlags in Berlin; doch es kam der Krieg, er mußte Soldat werden, und der Verlag wurde ihm wieder aus der Hand genommen. Der neue Ernst Rowohlt Verlag entstand erst 1919. Mit ihm gelangte Rowohlt in vielfältige neue Beziehung zu Fischer. Die Freundschaft der beiden Männer hielt. Rowohlts Name findet sich in der Folge häufig im Gästebuch der Erdener Straße.

Während Rowohlts Jahr bei Fischer hatte Kurt Wolff in Leipzig Bedeutendes vollbracht. »Ich lese Publikationen des Verlages Kurt Wolff«, notierte Loerke am 1. November 1913 in seinem Tagebuch. »Neue Namen, neues Können, wir müssen uns sehr anstrengen, um nicht in die Ecke zu fliegen.« Kurt Wolff wehrte sich zeit seines Lebens dagegen, als der »Verleger des Expressionismus« abgestempelt zu werden; er habe geglaubt, versicherte er an seinem Lebensabend, »Verleger junger Dichter zu sein und älterer Autoren, die ich mit Recht oder Unrecht für gut hielt. Nie habe ich einem Schlagwort, einer Richtung gedient ...« – ein Bekenntnis, das auch von Fischer hätte stammen können. Doch ebenso wie Fischers Anfänge im Zeichen des Naturalismus standen und sein Verlag von dieser Gemeinschaft seine erste Prägung erhielt, so standen Kurt Wolffs Anfangsjahre unverkennbar im Zeichen einer neuen jungen Literaturbewegung, für die

der Begriff Expressionismus kein durchaus unzutreffender gemeinsamer Nenner war. Kurt Wolff war nicht der Erfinder, nicht einmal der Entdecker dieser Bewegung. Heimann hatte eine ganze Reihe ihrer bedeutenden Vertreter schon im ersten Jahrzehnt des neuen Jahrhunderts in den S. Fischer Verlag geholt und holte sie weiter – Georg Kaiser, Reinhard Johannes Sorge, Paul Kornfeld, Reinhard Goering, Alfred Wolfenstein und Max Hermann-Neisse –, und Cassirer und Reiss waren nicht minder entdeckerfreudig. Dennoch traf es zu, daß Kurt Wolff diese vielfach versprengten Kräfte wie ein Magnet zu sich heranzog; sein Verlag trat in dem Augenblick hervor, als diese Dichtergeneration eines Sammelpunktes, eines Zentrums bedurfte, und soweit sie ein gemeinsames Gesicht, eine geprägte Kontur besaß, war es Kurt Wolffs Wirken, das sie ihr verlieh.
Wolffs erster Verlagskatalog von 1913 umfaßte bereits vierundsechzig Seiten mit über 180 Titeln. Die im Mai 1913 mit sechs Bändchen begonnene Reihe ›Der jüngste Tag‹ – eine »Reihenfolge von Schöpfungen der jüngsten Dichter, hervorgebracht durch das gemeinsame Erlebnis unserer Zeit«, wie die Ankündigung erklärte – war ein neuartiges und bedeutendes verlegerisches Unternehmen, das Wolff beharrlich bis 1921 fortführte. Eine ausgezeichnete neue Monatsschrift war zudem im September 1913 auf dem Plan erschienen, die dem Kreis um Kurt Wolff nahestand: die von Erik-Ernst Schwabach begründeten ›Weißen Blätter‹, die in Schwabachs Leipziger Verlag der Weißen Bücher erschien, für den Wolff Herstellung, Werbung und Vertrieb übernahm. Viele von Fischers Autoren gehörten zu ihren Mitarbeitern, aber das hinderte die Zeitschrift nicht, sich von Anfang an als eine Herausforderung an Fischers Zeitschrift zu proklamieren. »Wie sich die ältere Generation in der ›Neuen Rundschau‹ ausspricht«, so hieß es im Prospekt, »so sollen die ›Weißen Blätter‹ das Organ der jüngeren Generation sein ... sie wollen nicht nur der künstlerische Ausdruck der neuen Generation sein, sondern auch ihr sittlicher und politischer ...« In Leipzig gingen im Herbst 1913 interessante Dinge vor. Fischer bekam den Magneten Kurt Wolff bald zu spüren.
Weihnachten kam heran. Noch waren in der Erdener Straße die Gespenster nicht gewichen. Man beschloß, dieses erste Weihnachtsfest, – zugleich S. Fischers vierundfünfzigster Geburtstag – nach dem Tod des Sohnes nicht zu Hause zu verbringen, und fuhr ins Engadin. Im »stillen kleinen Hotel Calonder« in St. Moritz, »fern dem großen Betrieb mit Musik«, wurde der kleinen Tochter der Weihnachtsbaum geputzt. »Frische Luft und freundliche Menschen« taten Fischer wohl. Nansen, der wieder auf den Beinen war, hatte man gleich mitgenommen; Reisiger, »dessen herzliche, heitere Art, wie ich wußte, meinem

Mann wohltat«, wurde herbeigerufen – sein neuer Roman *Jakobsland* war eben bei Fischer erschienen –, Kellermann wohnte im selben Hotel, und Madelung, der damals in Zürich lebte, kam auf einige Tage zu Besuch. Nansen, der allem Sport abholde Spätaufsteher, und Kellermann, der stürmische Frühaufsteher mit dem Spitznamen ›Brausias‹, verstanden sich gut. Hedwig Fischer erinnerte sich:

Nansens Charme unterstützte nachhaltig den Vertrieb seines Opus unter den Damen der Saison. Immer wieder konnte er meinem Mann triumphierend den Absatz einer neuen Gesamtausgabe melden, es entging ihm keiner, denn er mußte die Neuerwerbung ja mit seiner signierten Widmung zieren. Oft marschierte er mit Kellermann zur Ortsbuchhandlung, um sich sagen zu lassen, wessen Bücher besser gingen. Ich glaube, daß Kellermanns ›Tunnel‹ das Rennen machte. An den Abenden, die dann doch oft noch still und voll gedenkender Trauer waren, zog Nansen mit Kellermann ab: »Kommen Sie, Kellermann, wir gehen ins Grand, Frau Hedwig ist zu tugendhaft.« Der Portier des Grand Hotel versorgte ihn sicher mit Morphium, ich sah, er nahm es wieder ab und zu. Der arme Mensch klagte nicht, aber ich wußte Bescheid. Kurz nach Weihnachten floh er die Engadiner Kälte und fuhr zu Hauptmanns an die Riviera ...

Mitte Januar 1914 war Fischer wieder in Berlin. Doch hier, scheint es, warteten die Gespenster wieder auf ihn. Hedwig Fischer schrieb an Madelung:

... dagegen sind unsere Schmerzen und unser Kummer bei der Rückkehr in unser verödetes Haus mit doppelter Kraft wieder erwacht. Und wir stehen immer wieder wortlos und machtlos vor der Grausamkeit und Sinnlosigkeit unseres Verlustes. Ich will meine so lange vernachlässigte Musik wieder aufnehmen und erhoffe mir einigen Trost davon ...

Fischer ertrug offenbar die vertraute, unversehens so fremd gewordene Umwelt einfach nicht. Schon Mitte März, beim ersten Frühlingssonnenstrahl, wurden neuerlich die Koffer gepackt, und man reiste wieder in den Süden, an den Gardasee. In Gardone stieß Hesse zu ihnen, Kellermann war wieder da, und Wassermann kam und brachte die eben vollendeten Schlußkapitel seines neuen großen Romans *Das Gänsemännchen* mit: »Ich fühle jetzt erst, wie müde mich die kolossale Arbeit gemacht hat. Noch ist die Last auf meinen Schultern und ich glaube nicht recht an die Erlösung.« Mit diesem Buch hielt Fischer einen neuen großen Erfolg in Händen. Doch Heimann in Berlin spürte aus seinen Briefen, daß es um ihn nicht gut stand. Jede seiner Antworten enthält eine besorgte Mahnung. So am 2. April:

Könnte ich nur auch Ihnen ein wenig, ein wenig helfen! Es vergeht hier kein Tag, ohne daß wir von Ihnen sprechen und für Sie wünschen. Was aber wünschen? Wir haben so leicht, es zu sagen – Sie so schwer, es zu thun. Das Leben in seiner ganzen Fülle und Kraft. Ich hoffe, daß Wassermann Ihnen willkommen erscheint ... Und Tutti muß Ihnen doch Herz-

und Augenweide sein und Zukunft. Denn nur diese brauchen Sie, die Gegenwart haben Sie in Ihrem Schaffen und Wirken.

Und abermals, am 10. April:

Schöne Tage wünsche ich Ihnen und daß Sie sie annehmen, daß Sie sich alles Liebe und Gute, was um Sie ist, auf die Trost- und nicht auf die Schmerzensseite legen ...

Doch Fischer konnte nur mitteilen (am 16. April an Madelung):

Wir haben schöne Tage gehabt, daß sie mir geholfen haben, glaube ich nur insoferne, als sie mich über eine schwere Zeit, über ein Leben innerer Desorganisation weiterschieben.

Und am 20. Juni aus Berlin, wieder an Madelung:

Ich überlese eben Ihren letzten Brief, auf den ich längst geantwortet hätte, wenn ich nur im geringsten innerlich entlastet, über die von Ihnen in weiser Güte berührten Dinge hätte nachdenken können. Ich thue meine Pflicht, verbeiße mich in die Arbeit und wälze den Stein täglich etwas weiter; zu mehr langt es nicht. Aber vielleicht komme ich in der Schweiz dazu, mich etwas mehr an Fragen der Zukunft heranzuwagen ...

Es drängte ihn wieder fort von Berlin. Schon am 7. Juli reiste die Familie wieder nach Sils Maria, wo Reisiger sie erwartete.

»DER LETZTE MONAT DER ALTEN ZEIT«

Es war der letzte Monat der alten Zeit. Alle Welt reiste. Wen man gestern in Paris gesehen hatte, sah man heute in München und morgen in Madrid. Wer schriftstellerisches Talent besaß, verdiente mehr Geld, als er verbrauchte. Die Verleger waren in einem heute märchenhaften Grade willig ...

schrieb Flake in seinen Lebenserinnerungen. Fischer war, auch wenn er es anders ausdrückte, der gleichen Meinung. Man fragte ihn in einem Gespräch, ob er glaube, daß »der Dichter mit seinem jetzigen Verhältnis zum Verleger zufrieden sein kann und daß der großkapitalistische Betrieb an seinem Verhältnis nichts ändern kann«? Fischer antwortete:

Ja, davon bin ich fest überzeugt; und ich glaube, daß unsere deutschen Dichter es jetzt leichter haben als je. Wir haben Verleger, die nicht ängstlich abwägen, was von heute auf morgen zur Geltung kommen kann. Sie wagen es mit allem Neuen, das sie für entwicklungsfähig halten, und die Gefahr des verkannten Genies scheint mir heute geringer als früher. Sie wissen, daß ich seit je dem Werdenden meine Kräfte geliehen habe, und ich glaube sagen zu dürfen, daß hier mein Beispiel fruchtbar geworden ist.
Ich will nicht sagen, daß für den Dichter ideale Zustände geschaffen sind. Der Verleger als Privatunternehmer kann das ökonomische Problem des Dichters allein nicht lösen. Das könnte nur ein Staat, der den kulturellen Wert des Dichters für die Gesellschaft zu schätzen weiß. Aber noch weniger traue ich das dem großkapitalistischen Betrieb zu, der sich nur mit marktgewordenen Werten befassen kann ...

Dieses Gespräch hatte wenige Wochen zuvor in Berlin stattgefunden; Fischers Gesprächspartner war der fünfunddreißigjährige Franz Pfemfert, der seit 1911 in Berlin ›Die Aktion. Wochenschrift für Politik, Literatur, Kunst‹ herausgab. Pfemfert war ein Mann der radikalen Linken, der mit seiner Wochenschrift etwas für Deutschland Neues geschaffen hatte: Eine Zeitschrift revolutionärer Politik, die sich mit der Revolution in der Dichtung und Graphik zu gemeinsamer Sache verbündet hatte.

Loerke schrieb über ihn zwei Jahre später in der ›Neuen Rundschau‹:

Ein Pflanzer und Förderer des Neuen, ausgezeichnet durch stetigen Willen und große Umsicht. Durch seine Zeitschrift ›Die Aktion‹ ist unter den Mitarbeitenden ein Hauch von Freundschaftlichkeit, ein Wunsch nach Zusammengehörigkeit trotz aller Vielfalt des Bestrebens, trotz aller Schroffheit und Fehde aufgekommen, der in unserer Literatur vor zehn Jahren fehlte.

Dieser Wunsch nach Zusammengehörigkeit verband den um zwanzig Jahre Jüngeren mit Fischer und dürfte ihn veranlaßt haben, ein »Fischer-Sonderheft« seiner Wochenschrift herauszubringen, das im Augenblick von Fischers Abreise in die Schweiz, am 11. Juli 1914, erschien. Es enthielt eine Folge von Textproben aus repräsentativen Werken des Verlags: Hartleben, Altenberg, Calé, Rathenau, Holitscher, Heimann, Robert Michel und andere; auf seinem Umschlagblatt stand ein gutes Porträt Fischers – eigens »für diese S. Fischer-Verlagsnummer gezeichnet« – und am Schluß des Heftes erklärte ein F. P. gezeichnetes vierzeiliges *Nachwort zu dieser Nummer* bündig:

Sie soll sein ... die Ehrung eines Lebenswerkes; sie soll sein ... die Ehrung einer Kraft, die unsere Kultur wesentlich aufwärts drängen half und hilft: eine Ehrung des Verlages S. Fischer soll diese Nummer sein.

Das Hauptstück der Nummer war ein nach einer Stenogrammskizze wiedergegebenes *Bruchstück einer Unterhaltung* zwischen Fischer und Pfemfert. Ein »recht namenloses Blatt« hatte eine Umfrage veranstaltet: »Läßt sich die dichterische Kraft wie jede andere Naturkraft systematisch kapitalisieren?« Das Gespräch kam auf dieses Thema. Fischer meinte: »Die Umfrage ist natürlich gar nicht diskutabel.« Aber man diskutierte sie dennoch. Fischer erklärte:

Das wirtschaftliche Problem des Dichters ist in potenzierter Gestalt das soziale Problem überhaupt. Beim Dichter um soviel schwieriger, als er unsozialer ist, als er seine Kräfte außerhalb seiner Vision gar nicht fruchtbar zu machen vermag. Der Dichter schafft nicht für das Bedürfnis des Publikums. Je eigener und eigensinniger seine Natur sich äußert, um so schwerer wird er sich deutlich und verständlich machen können. Das wirtschaftliche Problem würde also in der Hauptsache doch darin bestehen, dem Dichter so lange beizustehen, bis er seine innere Welt in Werke umzusetzen vermag, die ihn ökonomisch unabhängig machen. Darüber kann sehr viel Zeit vergehen, es kann unter Umständen nie dazu kommen. Es ist undenkbar, daß der nur auf Erwerb eingestellte Blick einer großkapitalistischen Vereinigung immaterielle Werte, an die man glauben muß, die aber nicht taxiert werden können, zum Gegenstand kaufmännischer Ausnutzung macht.

Er erinnerte an die Zeit »vor fünfundzwanzig Jahren« und fragte: »Was hätte damals ein Aktienunternehmen mit den jungen Hitzköpfen anfangen können?«

Die Entwicklung dichterischer Kräfte ist Schicksalssache, sie hängt von tausend äußeren und inneren Umständen ab. Der Verlauf eines Lebens wird doch nicht allein von ökonomischen Möglichkeiten bestimmt. Der Verleger, dessen Arbeit nicht bloß darin besteht, daß er dem Dichter die finanzielle Grundlage für das Schaffen zu erobern sucht, wäre unfähig, Kapital und Arbeit für das Werk eines Dichters einzusetzen, wenn er nicht ein inneres Verhältnis zu dem Produkt des Dichters und seiner Entwicklungsmöglichkeiten findet. Er muß an seinen Dichter glauben, leidenschaftlich glauben...

Ob seine Erfahrung ihn nicht gelehrt habe, daß es unmöglich sei, die Arbeiten – »und immer gerade die besten Arbeiten« – dem Publikum aufzudrängen, die »das Ungeheuer Publikum nicht will«? Fischer antwortete mit einem Satz, in dem seine ganze Berufsauffassung enthalten ist:

Dem Publikum neue Werte aufzudrängen, die es nicht will, ist die wichtigste und schönste Mission des Verlegers.

Und sofern seine Sache gut sei, könne der Sieg früher oder später nicht ausbleiben. Doch brauche dieser Sieg sich nicht unbedingt in einem »Massenerfolg« auszudrücken:

Das Werk eines merkwürdigen, abseitigen Dichters zur Popularität zu bringen, wird wohl kaum gelingen. Aber darauf kommt es ja auch nicht in allen Fällen an, vielmehr darauf, das Werk eines solchen Dichters in jene Kreise zu tragen, die es aufzunehmen vermögen. Ich komme oft in die Lage, für wichtige Werke meines Verlages nicht mit denselben Mitteln wirken zu können, wie für zugänglichere Arbeiten: nichts ist schwerer als die Propagierung solcher Werke, von denen von vornherein feststeht, daß sie über einen gewissen engeren Kreis von Verstehenden nicht hinausdringen können.

Unversehens war man wieder bei der Frage, die um diese Zeit die »merkwürdigen und abseitigen« Autoren des Verlages gegen den *Tunnel* und seinen Verleger aufbegehren ließ. Ob Fischer also meine, fragte Pfemfert, daß es leichter sei, für den *Tunnel* Propaganda zu machen als »etwa für die Werke von Hermann Stehr«? Selbstverständlich, erklärte Fischer:

Der ›Tunnel‹ behandelt ein großzügiges technisches Problem. Der Erfolg des ›Tunnel‹ liegt aber nicht zum geringsten Teil in der Darstellung eines hinreißenden Lebenstempos, das in dieser Zeit unbändiger Aktivität wie ein Rausch gewirkt hat. Die Werke Hermann Stehrs aber, deren intensive Wirkung zu den stärksten unserer Zeit gehört, haben einstweilen an extensiver Wirkung noch immer eine enge Grenze, die zu erweitern es einer allmählichen und planvollen Arbeit bedarf.

Und wie stehe es mit den Kritiken? Wie komme es, daß selbst die besten Kritiken den Absatz eines Werkes unter Umständen nicht förderten, daß ein großer literarischer Erfolg häufig kein finanzieller Erfolg sei?

Die Frage ist nicht leicht zu beantworten. So sicher schlechte Rezensionen eines Theaterstücks dem Theaterbesuch schaden, so unkontrollierbar bleibt die Einwirkung günstiger oder ungünstiger Besprechungen eines Buches auf seine unmittelbare Verbreitungsfähigkeit... Das *einzelne Werk* eines in das Bewußtsein der Zeit noch nicht eingetretenen Dichters kann von einer günstigen Besprechung nicht unmittelbar gefördert werden. Die Aufklärungsarbeit der Kritik und des Verlegers braucht Zeit, und meist muß sich das Charakterbild des Dichters erst aus einer Reihe von Werken aufgebaut haben, um dem Publikum deutlich zu werden...

Der abgedruckte Teil des Gesprächs schließt mit Pfemferts Vermutung, daß Fischer, »der Förderer der Jungen von 1889«, der heutigen jüngsten Generation »nicht gleichgültig« gegenüberstehe. Fischer erklärte:

Ich habe an keinem Punkt der Entwicklung Halt gemacht. Warum sollte ich der jüngsten Generation gegenüber die Entwicklung für abgeschlossen halten?

Es bestand kein ersichtlicher äußerer Anlaß in diesem Augenblick für eine Fischer-Sondernummer der ›Aktion‹. Man kann sich des Gefühls nicht erwehren, daß Pfemfert den gebrochenen Mann auf seine große Leistung und mehr noch auf das verweisen wollte, was das literarische Deutschland noch von ihm erwartete. Aus vielen Briefen der Autoren spricht die gleiche Mahnung, daß es noch nicht Zeit sei, haltzumachen. Aber Fischers Gedanken, gequält von Selbstvorwürfen, weilten in der Vergangenheit. Im Sommer 1914 machte er der Königlichen Akademie der Künste in Berlin für die Akademische Hochschule für Musik in Charlottenburg ein Kapital von zehntausend Mark als Gerhart-Fischer-Stiftung zum Geschenk. In den Satzungen der Stiftung heißt es:

Zweck der Stiftung ist, von den Zinsen des Kapitals begabten jungen Schülern, insbesondere Kompositionsschülern der Hochschule für Musik, deren Gesundheit dringend eine Erholung erheischt und die nicht über die Mittel verfügen, um eine solche sich gönnen zu können, eine Erholung durch Landaufenthalt oder Reise zu ermöglichen... Das Stipendium wird im Monat April jedes Jahres verliehen. Wiederholte Verleihung an denselben Stipendiaten ist zulässig.

Der Jahrestag des Unglücks nahte heran, und Heimann, bestürzt von Fischers bedrückten Briefen, sandte aus Berlin eine eindringliche Mahnung in die Schweiz:

Ich danke Ihnen für Ihren Brief. Ich habe mit Sorge vorausgesehen, daß Ihre Reise an Ihren Wunden zerren wird; aber ich scheue mich nicht, jetzt davon zu sprechen. Da sich nun alles jährt, wird alles wieder zum Überfall; wappnen Sie sich dagegen. Tilgen Sie vor allem den unseligen Drang, sich Vorwürfe zu machen. Sie haben sich keine zu machen, der Blick nach Rückwärts ist immer falsch, im Kleinen wie im Großen. Machen Sie nicht aus der Entsagung, die Sie übten, als Sie Ihren lieben Jungen von sich ließen, eine Verfehlung. Nicht viele Kinder wurden so betreut wie Ihr Sohn es wurde; und keine Liebe und Fürsorge ist im Stand, das Netz der Vorsicht lückenlos zu machen... Durch die Lücke der Sorge kann das Unheil schlüpfen. Die Lückenlosigkeit, wenn sie möglich wäre, wäre selbst das Unheil... Alles wandelt sich, und daraus ziehen wir unseren Mut und unsere Resignation; nun haben Sie den einen Unwandelbaren geisterhaft neben sich und daraus ist ein Mut zu ziehen und etwas, das über Resignation noch weit hinaus ist, erhabener und selbstloser als sie...

Dieser Brief trug das Datum des 25. Juli 1914. Das österreichische Ultimatum an Serbien, zwei Tage zuvor ergangen, wird in ihm nicht erwähnt. Als Emil Ludwig, wie Hedwig Fischer berichtet, aus Maloja zu einem Besuch nach Sils Maria kam und erklärte: »Meine Herrschaften, es gibt Krieg«, lachte man ihn aus. Hedwig Fischer schrieb am 27. Juli an Madelung in Zürich, man freue sich auf seinen Besuch, und fügte hinzu: »Ludwigs sind leider fort, er will Kriegsberichterstatter sein, denn es scheint ja nun wirklich Krieg geben zu wollen, hoffentlich aber nur zwischen Österreich und Serbien.« Madelung kam am 1. August. Viele Jahre später erinnerte Hedwig Fischer ihn daran – »als Sie von Zürich nach Sils Maria heraufkamen und den Weltkrieg mitbrachten«. Ihre Aufzeichnung fährt fort:

Am Sonnabend aber packten wir schon überstürzt, die Schweiz mobilisierte sofort, die letzten Pferde brachten uns am Sonntagmorgen zur Bahn nach St. Moritz. Da bewährte sich der vielerprobte Madelung mit Rat und Tat. Alles war völlig durchgedreht, wir packten die halbe Nacht selbst kopflos inmitten eines kopflosen internationalen Publikums. Ein Herr erlag einem Schlaganfall. Madelung verlor seine Ruhe nicht. Natürlich war der Zug in St. Moritz überfüllt. Die kleine Tutti weinte vor Angst und Erregung. Madelung wußte Rat und reichte Tutti zum Fenster herein, groß und bärenstark wie er war, und das alles in der wütenden Augusthitze. So waren wir denn glücklich, als wir abends in Lindau einliefen und am nächsten Tag gings dann weiter nach München, zu den blumengeschmückten Soldaten...

Am 8. August war man wieder zu Haus. In einer kurzen Mitteilung an Madelung heißt es: »Hier ist man ruhig, fleißig und hoffnungsfroh, alles ist verbrüdert und hilft...«

So war über den großen Kummer ein noch größerer hereingebrochen. »Sieh doch«, schrieb Wassermann an Hedwig Fischer, »wie auch das verwoben ist; wie Euer großer Schmerz Euch reifer und fähiger gemacht hat, das Geschick der Nation zu spüren und im Innern damit reicher zu werden.« Gerade hatte der Verlag eine kleine Broschüre von fünfzig Seiten *Liebe und Stimmrecht* von Gabriele Reuter herausgebracht, in der sie in glühenden Worten die Männerwelt aufrief, als Zeichen der Liebe – »einer höheren Vereinigung«, die »mit inbrünstiger Sehnsucht die höchste Entwicklung der Menschheit erstrebt« – den Frauen das Stimmrecht, für das sie kämpften, zuzugestehen. Die Broschüre schloß:

Mit der höchsten Liebe lassen Deutschlands Mütter ihre Söhne in die Fiebersümpfe, die Durstqualen, unter die vergifteten Waffen der Neger in den Kolonien, um die Erde zu erringen. Es ist die höchste Liebe, mit der sie ihre Söhne hinaufsteigen sehen in die Lüfte – und sie sitzen und warten, daß man ihnen den Sohn ihres Leibes mit zerschmetterten Gliedern heimbringt. Sie halten ihn nicht zurück, das Reich der Lüfte zu erobern! Das ist nicht mehr Gluckhennenliebe – das ist Heldenliebe! Solche Liebe fordern wir. Werden Deutschlands Männer sich von Deutschlands Müttern beschämen lassen? Nein – wir glauben es nicht. Dazu denken wir Frauen zu hoch von dem starken Geist und der Heldenkraft deutscher Männer.

So wie es nun kam, hatte die wackre Frau es nicht gemeint. Aber so sollte es sein; so war es. Die Lücke im Netz der Vorsicht war ein Riesenloch, und mit Donnergedröhn war das Unheil hindurchmarschiert.

24 Exkurs: Ansichten des Krieges

Auf den letzten acht Seiten des Septemberheftes 1914 der ›Neuen Rundschau‹, an einer Stelle, die üblicherweise von Marginalien in kleinem, zweispaltigem Druck besetzt war, stand überraschend ein großer Beitrag, der eigentlich an den Anfang des Heftes gehört hätte: *Die großen Tage* von Emil Ludwig. Der ungewöhnliche Platz zeigt an, daß die Glossen im letzten Augenblick aus dem bereits ausgedruckten Heft entfernt und der Aufsatz noch hineingezwängt wurde; gewiß um diesem, noch im »letzten Monat der alten Zeit« redigierten Heft einen Schuß Aktualität, einen Hauch der neuen Zeit mitzugeben; gewiß aber auch, weil dieser Beitrag schon im nächsten Heft überholt gewesen wäre. Jetzt raste die Zeit; die Tageszeitungen konnten kaum Schritt halten; die Monatsschrift, von den Ereignissen überrannt, stolperte so gut sie konnte mit.

Vier Jahre zuvor, am 28. September 1910, hatte Jakob Wassermann in seinem Tagebuch notiert:

> Ich bin mir darüber klar, daß die Welt großen und im Verlauf der nächsten zwanzig Jahre entscheidenden Ereignissen entgegensteuert; daß die sozialen Gegensätze sich in einer unheilvollen Weise zugespitzt haben, daß die Menschheit in einer hohen, ja fieberhaften Spannung lebt. Krieg? Mag sein. Obwohl mir keine Art Krieg erlösend erscheint für diese Spannungen ... aber dennoch habe ich den Eindruck, als ob eines Tages eine Lappalie genügen könnte, den Explosivstoff zum Zünden zu bringen. Dann gnade Gott uns allen.

Von diesem Bewußtsein des »gnade Gott uns allen« war jetzt, da die Lappalie den Explosivstoff zum Zünden gebracht hatte, nichts mehr zu spüren. Emil Ludwigs Beitrag, in Form bildhaft knapp gefaßter Tagebuchaufzeichnungen vom 28. Juni bis 15. August 1914, zeigt warum. Dieser Beitrag ist erinnernswert, weil repräsentativ; er gibt Auskunft über einen Vorgang, der schon einige Jahre darauf den meisten Betroffenen nur noch schwer begreiflich war, ein halbes Jahrhundert später geradezu unbegreiflich geworden ist: den großen Umschwung des geistigen Deutschland in jenen Augusttagen 1914.

›DIE GROSSEN TAGE‹

Die Nachricht aus Sarajewo erreichte den Englandkorrespondenten des ›Berliner Tageblatts‹ in Oxford: »Niemand zweifelte, daß das den serbischen Krieg bedeute. Aber jeder hütete sich, von Verwicklungen zu reden. Es war eine Narrheit.« Am 22. Juli in London: »Kein Mensch in England will den Krieg.« Am 26. Juli in Maloja: »Es wird ein lustiger Krieg. Russische Verwicklungen? Ausgeschlossen. Das wäre ja Weltkrieg! Und, sagt ein Kluger: ›Wenn daraus der Weltkrieg kommt – dann kommt er nicht!‹ Ein scharmanter Krieg, der uns nicht sehr viel angeht. Da muß man dabei sein, sehen, schreiben.« Am 28. Juli in Wien: »Mit einemmal sieht das Ganze, das eben noch ein Balkanabenteuer schien, sehr drohend europäisch aus.« Am 29. Juli in Berlin:

Alles ist verwandelt ... jetzt lastet hier, jetzt drückt ein sehr tiefstehendes Unwetter, wartend, über den Straßen. Etwas Dunkles, Verhaltenes, ein Knurren, Schwelen, ein Atmen in beschwerter Atmosphäre. Was soll das, was wollt ihr von uns? ... Die Stimmung ist dumpf und schweigsam.

Am 31. Juli in Berlin:

Die Massen verhundertfachen sich nochmals. Wäre jetzt ein Friedenstelegramm des Zaren gekommen, die Massen, die den Krieg mit ihrem Leib bezahlen müssen, hätten in furchtbarer Enttäuschung aufgeschrien. Jetzt schreit niemand auf, es fängt das Schauspiel an, das nur in Deutschland spielt, es heißt: Disziplin der Seele.

Am 1. August:

... das Brausen hat begonnen ... Jetzt brüllt die Menge vor Begeisterung? Für wen? ... Kriegsbegeisterung ist nicht das Wort. Es ist der Schrei eines verwundeten Tiers. Ein angegriffenes Volk. Aber so groß ist die Disziplin, daß es erst schreit, wenn schlüssig und ohne Deuteln die Führer entschieden haben, denen es vertraut ... Hunderttausend Lippen, die eine Woche lang geschwiegen haben, sind von einem Zauberstab gelöst. Hunderttausend Herzen strömen in die Nacht hinaus. Die Köpfe denken nicht mehr ...

Am 4. August:

Ein Pathos, das drei ganze Tage währt? Ein unendliches Pathos! In diesen Tagen war jeder einzelne zugleich das Ganze, jeder trug die deutsche Krone, jeder war Michael.

Am 5. August:

... heute abend, als die Nachricht aus England kam, konnten sie sich nicht mehr halten ... Jeden Tag ein neuer Krieg; die Nerven hieltens nicht durch ... Heut haben wir alle den Kopf verloren. Es ist gut so.

Schließlich am 15. August:

Politisch mag man über manches grollen. Menschlich ist diese deutsche Affäre sagenhaft schön. Der deutsche Michel, wie vor tausend Jahren, war wieder der einzige, der Treue hielt und Vertrauen. Dafür muß er nun zahlen. Aber dafür durchströmt ihn eine moralische Kraft, wie keiner unserer Gegner sie heute haben *kann*, und wäre noch so geschickt für seine Stimmung agitiert worden. Hätten wir nicht die besten Soldaten, wir müßten dennoch siegen.

So wie diesem Berichterstatter ging es vielen guten Köpfen; nicht allen, aber den meisten und unter den meisten den besten. Nicht alle fanden menschlich »diese deutsche Affäre sagenhaft schön«, aber wenige vermochten sich dem »unendlichen Pathos« zu entziehen. »Dem Pathos können wir nicht wehren«, schrieb Bie. »Es stellt sich in den Augenblicken des Idealismus ein. Wir sind plötzlich ausersehen, eine große Zeit mitzuerleben ...« Es klingt entwaffnend; aber es war die Aussage eines Entwaffneten. Auch Jakob Wassermann, der die Explosion geahnt hatte, sah sich von ihr entwaffnet; doch gestand er es sich ein. In seinen Tagebuchnotizen heißt es unter dem 4. August 1914:

Jedes Gemüt ist erschüttert. Kein anderer Gedanke hat mehr Raum im Gehirn als: Krieg. Es ist wie eine schaurige Utopie: Alle Nationen Europas zerfleischen einander. Und doch bin ich von der tiefen Notwendigkeit der Geschehnisse durchdrungen. Was uns an Leiden, Entbehrungen, Not und Schrecken auch bevorstehen mag, da walten elementare Mächte, und das Schicksal des Einzelnen kommt nicht mehr in Betracht. Die Welt liegt wie im Fieber. Ich blicke in eine zerstörte Welt ... Hätte Lust, in einen Acker zu kriechen, wie um Wurzel zu schlagen, bewußtlos zu werden.

DIE GROSSE ZEIT

Aus den großen Tagen wurde die große Zeit. Im Septemberheft 1914 der ›Neuen Rundschau‹, das sich um eine demonstrative Sammlung der Geister bemühte, ist dieses entwaffnende und entwaffnete Bewußtsein, in einer großen Zeit zu leben, in vielfältiger Abwandlung vom gedankenlosen Gefühlsüberschwang über die wortreich stolpernde Desorientierung bis zur historisierenden Rationalisierung des Vorgangs abgebildet. In diesem Heft erschien von Hauptmann, dessen *Athene Deutschland* kaum ein Jahr zurücklag, das bei Kriegsausbruch geschriebene Gedicht »*O mein Vaterland*« mit den Strophen:

O mein Vaterland, heiliges Heimatland,
Wer denn rief das Wetter dir herein,
Daß des fahlen Hasses gelber Schein
Dich umzucket wie ein Weltenbrand?

»Das tat meine Ehr, die untadelig war,
Tat mein unbeflecktes Friedenskleid,
Tat, die mich gebar, die große Zeit,
Und die große Zeit, die ich gebar!«

. . .

Und wie ich, dein Kind, sind sie all gesinnt,
Die dein heißgeliebter Boden groß gesäugt,
Sei gewiß, daß sie kein Wetter beugt,
Weil sie eines, deines Blutes sind.

(Heimann entdeckte und bedauerte, daß »der Rhythmus des Gedichtes, sein Hauptverdienst, ein Plagiat an Kellers ›O mein Heimatland, o mein Vaterland‹ ist«.)

Hauptmann hatte gleich zu Kriegsbeginn eine mächtige kriegspolitische und kulturpolitische Kontroverse entfesselt. Er empfand (anders als Thomas Mann) keine Nötigung, seiner Kriegsbegeisterung einen historisierenden intellektuellen Unterbau zu geben; er ließ die von Treitschke bezogene ideologische Argumentation, an die manch anderer sich klammerte, auf sich beruhen und wiederholte naiv-gedankenlos, aber treuherzig überzeugt die offizielle Lesart:

Der friedliche Durchzug deutscher Truppen, eine Lebensfrage für Deutschland, wurde von Belgien nicht gewährt, weil sich seine Regierung zum Werkzeug Englands und Frankreichs gemacht hatte. Dieselbe Regierung hat dann, um ihren verlorenen Posten zu stützen, einen Guerrillakrieg ohnegleichen organisiert und dadurch die schreckliche Tonart der Kriegführung angegeben.

Diese Sätze kamen in einem, in der ›Vossischen Zeitung‹ am 10. September 1914 veröffentlichten Artikel, betitelt *Gegen Unwahrheit*, vor, in dem Hauptmann Romain Rollands Aufruf an die »geistige Elite Deutschlands« zurückwies, sie solle gegen die »ehrlose Schandtat« der belgischen Neutralitätsverletzung protestieren. »Ich betrachte den Krieg nicht wie Sie als ein Fatum«, hatte Rolland Hauptmann zugerufen. »Das Fatum ist die Ausrede der Willenlosen.« Dies war der entscheidende Punkt. Hieraus entsprang eine Polemik, in die nach und nach fast das ganze geistige Deutschland eingriff. Hauptmann antwortete Rolland:

Krieg ist Krieg. Sie mögen sich über den Krieg beklagen, aber nicht über Dinge wundern, die von diesen Elementarereignissen unzertrennlich sind. Gewiß ist es schlimm, wenn im Durcheinander des Kampfes ein unersetzlicher Rubens zugrunde geht, aber – Rubens in Ehren! – ich gehöre zu jenen, denen die zerschossene Brust eines Menschenbruders einen weit tieferen Schmerz abnötigt.

Hauptmanns drei Söhne aus erster Ehe standen im Feld; Reisiger wurde Soldat; Stehrs Sohn fiel.

Flake, der im ersten Kriegswinter häufig den Abend bei Fischers verbrachte, erinnerte sich:

Manchmal kam Rathenau zu Fischers herüber, gewöhnlich wenn Gerhart Hauptmann da war, der mit vaterländischen Gefühlen über Politik redete und sich in den Nebensätzen nicht zurecht fand, daher seine Frau sie entwirren mußte. Rathenau, der ihn duzte, stellte seine Anschauung belehrenden Tones richtig.

Alfred Kerr faßte den Umschwung in eine Formel, die die Umschaltung vom intellektuellen aufs emotionelle Geleis genau sichtbar macht. Sein Aufsatz *Aus dem Kriegsbuch eines Hirnwesens*, ebenfalls in jenem Septemberheft erschienen, beginnt: »Was ich über Sterben und Krieg denke, habe ich mehrfach geäußert. Jetzt war der Krieg da.« Er berichtet, daß er sich beim Bezirkskommando freiwillig zum Eintritt ins Heer gemeldet habe, um »nicht bis zu seinem späten Aufgebot warten« zu müssen, und erklärt, bei diesem Schritt »lagen zwei Regungen hinter mir«:

Ein Gefühl des Abrückens von einer Menschengattung, die Besseres noch nicht gelernt hat als mit solchen Mitteln hiesige Dinge zu ordnen. Habe nichts mit ihnen zu schaffen; in Ewigkeit; in Ewigkeit; in Ewigkeit.
Der andere Ruf sagt: sie dürfen diesem edlen Volk nichts tun. Nichts diesem ›Deutschland‹ benannten Gefühl, das wir im Blut haben.
Man hat die Frechheit uns am Atmen hindern zu wollen. Schluchzende Wut packt einen.
Als es am Sonntag der Mobilmachung heißt: »Die Russen sind in Ostpreußen«, ist man mit einem Schlag von einer gedrückten Tobsucht. Sie sollen nicht.

DER »KRIEGSMANN«

»Verehrter Herr und Kriegsmann!« So schrieb Thomas Mann am 14. Dezember 1914 an Richard Dehmel im Feld. Die Anrede war treffend. Dehmel war in jenem Herbst 1914 in aller Augen beides, ein verehrter Herr und ein Kriegsmann. Was dem siebenundvierzigjährigen Kerr mißlungen war, das brachte der einundfünfzigjährige Dehmel zuwege. Er meldete sich freiwillig, wurde überall abgewiesen – »Bis Sie ausgebildet sind«, erklärte ihm ein General, »ist der Krieg schon zu Ende, längstens in einem halben Jahr« – und setzte schließlich »hinten herum« seinen Willen durch. Das Kriegsministerium zeigte sich »von der moralischen Wirkung des freiwilligen Eintritts in der Öffentlichkeit überzeugt« und ordnete seine Einstellung an. Am 26. August zog er die Uniform an. Hedwig Fischer schrieb später: »Wie seltsam verschollen und romantisch klingt uns heute eine solche Ansicht vom Kriege. Gewiß war ein solches Tun schon damals weltfremd, aber es entsprach durchaus dem Temperament des Dichters.« Und in einem Brief Wassermanns an sie heißt es: »Wenn uns nur Dehmel zurückkehrt; für ihn zittert mir wirklich das Herz, und ich habe schlimme Ahnungen.«

Dehmel erläuterte später in *Militarismus und Humanität*, dem Vorwort zu seinem Kriegstagebuch, das im Dezemberheft 1918 der ›Neuen Rundschau‹ erschien, seine Beweggründe. Er habe, sagte er, »als Volksangehöriger im menschlichsten Sinne« ein Schuldgefühl empfunden:

Den längst erwarteten Menschheitskrach, den jede der kriegführenden Nationen dem Gegner ins Gewissen zu schieben suchte, wer hatte ihn denn in Wahrheit verschuldet? Doch wohl die Leithammel der verbiesterten Völker, alle Wortführer ohne Ausnahme, grade auch wir ›geistigen Pioniere‹ mit unserer seelischen Wühlarbeit, die zwar manche neuen Fundamente gemeinsamen Weltgefühls gelegt, aber leider auch alte unterminiert hat. Wie sollte sich da ein Gemütsmensch verhalten? Ich hätte es mir ja sehr bequem machen können auf den diversen Klubsesseln der internationalen Elite und humane Entrüstungsphasen schwingen, während die Lastträger der Nationen die Kastanien der künftigen Weltordnung aus dem Trommelfeuer der Gegenwart holten... Ich wollte durch eine symbolische Handlung zeigen, daß auch der geistige Arbeiter die verdammte Pflicht und Schuldigkeit hat, an dem Völkerkampf um die bessere Zukunft als leibhaftiger Mitmensch teilzunehmen und die Sünden der Vergangenheit mitzubüßen...

Ich war es mir selber noch mehr als andern schuldig, in diesem gewaltigsten Kampf unserer Zeit nach Kräften meinen Mann zu stehen. Dies erst recht, weil in unsern geistigen Kreisen allerlei grundsätzliche Kriegsgegner saßen, deren wohlgemeinte Jeremiaden den guten Verteidigungswillen des Volkes sehr gefährlich lähmen konnten. Diese theoretischen Bedenkenstifter galt es durch ein praktisches Gegenbeispiel möglichst schlagend zu entkräften. Der barbarische Verlauf des Krieges hat ihnen freilich Recht gegeben; aber das ändert nichts an der Tatsache, daß ihre blindwütige Friedensapostelei unsre Wehrkraft schlimm geschwächt und die feindliche Angriffskraft unterstützt hat...

Dehmel war ein grundehrlicher und aufrichtiger Mensch. Die Berührung mit der Wirklichkeit des Krieges bewirkte einen raschen Wandel. Sein patriotischer Überschwang verflog schon in den ersten Kriegsmonaten; dann kamen Einsicht und Eingeständnis der Ernüchterung. Als Bie ihm am 4. August telegrafierte: »Wünschten von Ihnen Appell an den großen Augenblick in beliebiger Form schnellstens«, lieferte Dehmel das Gedicht *Gebet ans Volk* mit den nachmals oft zitierten Anfangszeilen: »Dank dem Schicksal, Volk in Waffen/ Deutschland gegen alle Welt«, und die fünfzig Mark Honorar, welche die ›Rundschau‹ ihm dafür überwies, waren schon fast das letzte, was er mit ›Hurra-Patriotismus‹ verdiente. Er war noch nicht ausgerückt, als Bie bei ihm anfragte, ob er ein Kriegstagebuch führen und Teile davon der ›Rundschau‹ zur Verfügung stellen wolle. Auch Fischer legte ihm dringlich die Niederschrift eines Kriegstagebuchs nahe. Dehmel folgte der Anregung, und aus diesem Tagebuch geht seine Ernüchterung und schließlich sein Zorn Schritt um Schritt hervor. Schon im März 1915 schrieb er:

> Fast möchte ich wünschen, daß uns der Krieg keinen allzu ›siegreichen‹ Frieden bringe; ich befürchte, es würde sich sonst in den herrschenden Klassen ein schnöder Übermut breit machen, der ein entsetzliches Strafgericht innerhalb unseres Volkes zeitigen könnte ...

Er hatte Weihnachten 1914 das Eiserne Kreuz erhalten, war im Januar 1915 zum Leutnant befördert worden und zu Kaisers Geburtstag in einer »Massenverleihung an patriotische Dichter«, unter ihnen auch Hauptmann, mit dem Roten Adlerorden vierter (!) Klasse dekoriert worden. In einem Brief an Fischer vom 9. März schrieb er, er lasse

> die hochwohllöbliche deutsche Kultur leben, die ihre Dichter mit Piepmätzen vierter Güte dekoriert und sie als Kanonenfutter im Schützengraben unsterblichen Ruhm erlangen läßt. Hurra, Hurra, Hurra!

Im Februar 1915 hatte er notiert: »Ob nicht die ganze Kriegsbegeisterung fürs teure Vaterland und liebe Volk bloß ein Augenblicksrausch wie andere war?« Er war im März 1915 abkommandiert worden, um als »Etappenbarde«, wie er es nannte, »das hohe Pferd des nationalen Kulturtrompeters zu besteigen«, nämlich in den Reservelagern den Truppen stimmungsfördernde Vorträge zu halten, und fand nun, daß er sich für eine Sache hergab, für den Fortbestand einer Offiziers- und Bürokratengesellschaftsordnung einzutreten hatte, die er, jetzt da er sie kennenlernte, nur verabscheuen konnte:

> Es ist die bitterste Selbstüberwindung, für eine Sache weiterkämpfen zu müssen, deren menschlichen Unwert man zu spät erkannt hat ... für diesen Staat von Profit- und Karrieremachern, von genußsüchtigen Philistern und machtsüchtigen Barbaren ...

Er erkrankte an einer gefährlichen Venenentzündung und wurde nach dem Lazarettaufenthalt für nicht mehr felddienstfähig erklärt:

> Ich glaube, ich hätte auch schweren Dienst gut und gerne leisten können, wenn es bloß auf körperliches Durchhalten ankäme; die seelischen Enttäuschungen freilich haben meine Geduldskraft fast erschöpft ...

Dieser Stimmung entstammten die *Friedensgedichte*, die er Mitte November 1915, inzwischen zum Garnisonsdienst in der Heimat versetzt, an Fischer sandte. Bie wollte sie gern drucken, schrieb aber am 1. Dezember 1915,

> daß die Veröffentlichung der ersten Strophe, Seite 2, zensurwidrig ist. Ich darf es nicht drucken. Ich verstehe ja meinerseits sehr gut, wie Sie diese Strophe innerhalb des ganzen Gedichtes meinen, aber der Zensor muß von der Wirkung des einzelnen ausgehen, und es könnte sehr leicht ein feind-

liches Blatt schreiben: »Dehmel sagt in der ›Rundschau‹: Wir haben gemordet und gebrandschatzt usw.« Es wird Ihnen sehr leicht sein, den Inhalt der Strophe in einer anderen Form wiederzugeben ... Auch das »viehisch gemein« wird nicht gehen ...

Die *Friedensgedichte* erschienen im Januarheft 1916. Im März 1916 sandte er Fischers das Erste Heft seines Kriegstagebuchs und antwortete auf ihre freudige Zustimmung am 18. März:

Liebe Freunde! Euer gütiges Urteil über mein langstieliges Geschreibsel hat mich sonderbar gerührt; etwa wie ein Verbrecher gerührt ist, der ein Todesurteil erwartet und zur Zwangsarbeit begnadigt wird. Also wird mein Bleistift halt durchhalten müssen; mein kleiner Anteil an der großen Geduldsprobe, die sich die Völker Europas aufgehalst haben. Wie erfinderisch ist die Menschheit in der Herstellung von Schicksalsjochen! Zum Beispiel ist heute der Erinnerungstag an die gefallenen Freiheitskämpfer von 1848.
Mit einem lächelnden Gruß Euer »Kriegsfreiwilliger«.

Nicht nur der Kriegsmann, der ganze Krieg stand inzwischen in Anführungszeichen. Aus Dehmels Kriegstagebuch erschien nichts in der ›Neuen Rundschau‹, und die Buchausgabe wartete bis nach Kriegsende.

DIE ›LOGIK IM CHAOS‹

Dehmel war in vieler Hinsicht, gewiß in der älteren Generation von Fischers Freundes- und Mitarbeiterkreis, ein Ausnahmefall. Robert Musil verzeichnete in seinen Berliner Tagebuchnotizen das allgemeine »Sommererlebnis von 1914« mit einigen Sätzen von allgemeiner Gültigkeit:

Stimmung, wie es von allen Seiten hereinbrach ... Die entwurzelten Intellektuellen. Die, welche nach einer Weile erklären, daß sie ihr Gleichgewicht wiedergefunden haben und nichts an ihren Anschauungen zu ändern brauchen, z. B. Bie ...

Musil hält hier einen entscheidenden Punkt fest. Aus dem ›Rundschau‹-Septemberheft und den nachfolgenden Heften ist der große Umschwung des Sommers 1914, der Kopfsprung des liberalen Geistes in die »Logik im Chaos«, wie Saenger es nannte, in mehreren Varianten abzulesen – an Bie, an Heimann, an Musil selbst. Alle drängte es, sich mehr oder weniger wortreich zu erklären. Allen ist das Bewußtsein der Überrumpelung gemeinsam; sie gestehen, aus dem Gleichgewicht geworfen zu sein, und fragen, warum; sie finden sich durch die Ereignisse entwurzelt und schließen daraus, daß ihr vormaliger Wurzelgrund entweder eine Illusion gewesen oder am Rande ihres Volkes gelegen haben müsse; dieser Schluß veranlaßt sie, mit ihrer Vorkriegsgedankenwelt scharf ins Gericht zu gehen. Sie sprechen von »abgewirtschafteten Ideen«. Der Krieg öffnet ihnen nicht nur die Augen über ihre eigene wurzellos-periphere Stellung, sondern bietet ihnen zugleich eine gleichsam vom Himmel gesandte Chance, wieder in Gleichklang mit ihrem Volk zu gelangen, vom Umkreis in die Mitte zu rücken, Wurzel zu fassen, den Gleichschritt zurückzugewinnen, kurzum: sich zu »integrieren«. Der ganze Vorgang mochte weitgehend auf einem Irrtum beruhen und geradezu eine ehrenhafte und achtenswerte Hilflosigkeit dokumentieren; dessenungeachtet reichte er in Fischers Kreis von Hauptmann über Heimann bis zu Thomas Mann. Die ›Rundschau‹ bildete ihn bis in die verzweifeltesten Sonderbarkeiten hinein ab. So veröffentlichte Oscar Bie, der in Dehmels Sinn gewiß ein »Gemütsmensch« war, im Septemberheft eine längere Betrachtung über *Krieg, Kunst, Menschen*, darin es heißt:

Schreiben scheint überflüssig. Es ist eine Zeit der Taten geworden und nichts liest man als Kriegsberichte. Aber wir, die wir als Hüter der Kultur berufen sind, haben zu dem äußeren Krieg den inneren gewonnen und, wenn wir schreiben, versuchen wir, mit der nicht zu verachtenden Waffe der Feder Klarheit in unsere Welt zu bringen, uns vor uns zu rechtfertigen und ähnlich Gestimmten zu helfen ... Wie schwankend ist der Begriff des Artikels geworden. Was für eine Veröffentlichung bereit lag, ist blaß geworden oder schief oder weltenfern. Jetzt ist die Zeit der Unmittelbarkeit ... Jede Phrase schämt sich, jeder Stil legt sich. Wir müssen den Dingen ins Auge sehen ...

Wir erleben Kunst nicht an Werken, sondern an uns. Ich scheue mich nicht, von Kunst zu reden in diesen Tagen, die scheinbar die Kunst lächerlich machen ... Nichts sollen wir umsonst erlebt haben, und dies am wenigsten. Darum ist es keine Schande, auch an solchen Tagen sich als Künstler zu fühlen ... Später ist es zu spät. Jetzt wollen wir uns öffnen, diesem ganzen gewaltigen Verlauf einer welthistorischen Begebenheit, die wir nicht zu erleben gehofft hatten ...

Wir wollen mit Lust einem Volk angehören, das das Gesetz der Sachlichkeit, Ehrlichkeit, Gewissenhaftigkeit und Bescheidenheit gegen die Welt des Machtkitzels, des Merkantilismus, des lügnerischen Scheins verteidigt. Wir wollen diese Worte, die auf allen Plakaten stehen, getrost wiederholen. Wir wollen diesen Krieg bis ins letzte durchfühlen auf die große Entscheidung, die der Wahrhaftigkeit immer den endlichen Sieg bringt über die Dekadenz, auch in unserm eignen Volk ...

Verstopft, verwirrt lagen die Dinge; wirtschaftlich wie überall ... in der Kunst ebenso: sieht man zurück, ist es eine Erinnerung an krause Verhandlungen mit fremden Einflüssen, an entsetzliche Konfusionen aller Begriffe und an eine Katastrophe der Lebenden. Wie ein dumpfes Streben ging ein Wille nach Organisation durch die Arbeiten, nach einem neuen Stil und Bekenntnis und scheiterte an der Gefahr der gehirnlichen Überschätzung. Es ist müßig zu sagen, was wird. Das Schweigen wird gut sein und die Reinigung wird gesund sein ... über alle Kubismen und Futurismen wird ein Höllengelächter sein ... Die große Reinigung komme über uns ...

Die Beseitigung von Kubismus und Futurismus aus der bildenden Kunst (und vermutlich auch des Expressionismus aus der Literatur) war ein vergleichsweise bescheidenes Kriegsziel, aber dennoch von einem Weltkrieg zuviel verlangt. Die Erkenntnis, daß mit dem Kriegsausbruch eine Zeit des geistigen Unbehagens, des öden Leerlaufs, der Verstrickung in »fremde Einflüsse« zu Ende gegangen und der Krieg als große geistige Läuterung zu bejahen sei, diese Erkenntnis – wenn sie eine war und nicht ein Krampf, das Vergangene zu verneinen, um das Gegenwärtige bejahen zu können – spricht abgewandelt auch aus dem großen dreiteiligen Aufsatz *Der Krieg* von Moritz Heimann, dessen erster Abschnitt im gleichen Heft erschien. Heimann findet es nicht »müßig zu sagen, was wird«; er bemüht sich, in diesem, *seinem* »inneren Krieg« dem Geschehen einen geistigen Sinn abzugewinnen, der in die Zukunft, in den Frieden weist. Der erste Aufsatz beginnt mit der Feststellung, der Krieg sei

schon nach wenigen Tagen des Grundbebens hingenommen wie die Notwendigkeit, gegen die es kein Sträuben gibt, auch nicht das des Wunsches. Das aber war keine dumpfe Ergebung von Sklaven, noch die Gedankenlosigkeit von Spießbürgern... es war die moralische Kraft, bewußt und groß.

Der Krieg sei nicht nur die Fortsetzung der Politik, sondern auch – »so wissen wir jetzt, und wir werden einzugestehen haben, in höherem Grade« – die Fortsetzung des Friedens, und er werde mit den Tugenden des Friedens, Festigkeit, Treue, Zucht und Pflichtgefühl, ausgefochten werden:

Für immer sind die Romantiker des Krieges widerlegt; der Spuk einer ganzen Philosophie ist weggeblasen; niemand darf fortan den Frieden verdächtigen, niemand braucht ihm zu mißtrauen. Das ist der erste, unverlierbare Gewinn dieser Wochen, ein Sieg vor dem Sieg...

Wir werden auch morgen leben, und nicht früh genug können wir anfangen, für morgen zu lernen... Der Krieg von 1870/71 hat uns die nationale Einheit gebracht; dieser soll uns die moralische Einheit bringen. Die Morgenröte einer neuen Geschichte unseres Volkes dämmert herauf; wohl jedem, der sich für sie gewärtig halten darf. Wir haben erreicht und wollen es nie mehr verlieren, daß wir miteinander reden können. Wir werden ganz und gar umgeschichtet werden. Das Reich über den Reichen bleibt dennoch bestehen...

Solche Gedankengänge führten in unerwünschte Richtung; in einem Brief Heimanns an Fischer vom 14. September 1914 über den zweiten der drei Aufsätze heißt es:

Infolge der an der Koeln. Volkszeitung wegen einer Kritik des Kaisers geübten Censur mußte ich große Partien meines Aufsatzes umschreiben und bin erst heute fertig. Es ist nun aber nichts Angreifbares darin, überhaupt nichts Kritisches im speziellen Sinne des Wortes. Alles positiv, gläubig und wie ich hoffe, besser als der erste.

Der zweite Aufsatz schirmt sich entsprechend ab:

Wer heute schreibt, hat einen Einwand zurückzuweisen, den er selbst gegen sich macht oder von anderen erfährt; den Einwand, daß das Wort, sofern es nicht ganz unmittelbar in die Zeit eingreife, nichtig sei. Mit diesem scheinbaren Tatsachensinn verwechselt man zu allererst die Tatsachen ... Und überdies muß es jetzt heißen: si vis bellum, para pacem; zu prüfen und sich zu besinnen, ist immer am Platze ... Der Krieg lehrt uns, was der Staat ist und stellt uns seine Wirklichkeit so vor Augen, daß wir ihre Projektion in die Zukunft beraten dürfen.

Die Abschirmung führt zur Verengung des Blickfeldes. Aus dem Kompensationssatz: »Die Welt wird reiner sein«, wird die Überkompensation, nämlich daß der deutsche Sieg sie reinigen werde:

Wir kämpfen nicht bloß, damit Deutschland eine Großmacht bleibe, sondern damit der Welt ein Segen sei dadurch, daß Deutschland eine Großmacht ist. Die Niederlage würde uns nicht widerlegen; und also haben wir den Sieg nicht deshalb nötig, weil er uns bestätigen soll; das ist das Unterpfand unserer Siegesgewißheit.

Der Frieden freilich dürfe keine Scheuklappen mehr tragen; sehe er »frei um sich«, so werde er »gewahren, wie abgewirtschaftet die Ideen sind, die ihn bis gestern zu formen schienen«.

Denn nichts schien so vergessen in dieser Welt des satten Behagens, wie, daß Wert und Ware nicht dasselbe Ding sind ... An Warnern hat es uns nicht gefehlt und mancher von ihnen hat wohl verzweifelt auch für unser Land die Seelenverknöcherung drohen sehen, die seit Jahrzehnten England verhindert hat, der Menschheit noch ein Geschenk zu machen: Ein Lied, ein Bild, ein Wort. Die Verzweiflung kam zu früh, vielleicht nur, weil der Krieg nicht zu spät kam. Abseits der diplomatischen und politischen Verstrickung hat der Krieg als Ereignis eine Stimme, die wie eine Urmusik durch das Mark dringt ...

So heißt es im dritten Aufsatz. Und an anderer Stelle: »Und nun, wenn wir frohmütig unser Volk über seine Feinde stellen – haben wir, außer der Pflicht, auch ein Recht dazu.« So schrumpfte die ganze, über zwanzig Zeitschriftenseiten ausgedehnte Mühe um Orientierung und Wegweisung endlich doch auf die »Worte, die auf allen Plakaten stehen« zusammen. Heimann allerdings fand, wie er Fischer am 31. August schrieb, daß »sich allmählich eine Art politisches System in mir durchformt«, und dachte »an ein Buch über diese Dinge«. Es unterblieb.

Heimann war nicht der einzige, der in der ›Rundschau‹ auf wegelosem Gelände über die eigenen Füße fiel. Auch Saenger, dem das Terrain vertraut war, stolperte hin und wieder ins »Chaos der Unlogik«. Sein nüchterner kleiner Aufsatz *Logik im Chaos* schloß:

So muß man sich der Hoffnung getrösten, daß nun der Krieg – dem Krieg ein Ende machen wird; und erst, nachdem uns weltpolitische Gleichberechtigung eingeräumt ist, die sittliche Forderung Gehör finden wird, daß Kulturstaaten gegen Kulturstaaten nur Verteidigungskriege führen dürfen.

Wie sollte das wohl zugehen? Wenn mehrere Kulturstaaten miteinander Krieg führen, können sich nicht alle in der Verteidigung befinden. Einer muß der Angreifer sein. Oder aber er ist kein Kulturstaat.

MUSIL IN DER ›NEUEN RUNDSCHAU‹

Robert Musils Beitrag zum Septemberheft 1914 der ›Neuen Rundschau‹ ist der kürzeste und sachkundigste dieser Versuche, den Standort der Geistigen im Kriegsgeschehen zu bestimmen. Musil lebte zur Zeit des Kriegsausbruchs in Berlin und stand zu Verlag und Zeitschrift in einem engen Verhältnis, für das jedoch nur bruchstückhafte Belege erhalten sind. Er kannte Berlin seit langem. Er war erstmals 1904 nach Berlin gekommen, um an der Universität Philosophie zu studieren, und hatte hier im März 1908 promoviert. Während dieser Zeit (1906) erschien sein Erstling *Die Verwirrungen des Zöglings Törleß* im Wiener Verlag in Wien, der jedoch bald darauf bankrott ging. In Berlin hatte Musil Franz Blei kennengelernt, der ihn an Georg Müller in München empfahl. Der in Berlin entstandene Novellenband *Vereinigungen* erschien 1911 bei Müller, der gleichzeitig eine Neuausgabe des vergriffenen *Zöglings Törleß* herausbrachte. Die ›Neue Rundschau‹ besprach beide Bücher im Dezemberheft 1911, aber daraus entstand noch keine engere Verbindung. Musil hatte vergeblich versucht, in Berlin eine Stellung zu finden, um nicht nach Wien zurückkehren zu müssen; im Dezember kehrte er enttäuscht zurück und trat einen Bibliothekarsposten an der Wiener Technischen Hochschule an. Um diese Zeit war er bereits mit seinem großen Roman *Der Mann ohne Eigenschaften* (ursprünglich *Die Zwillingsschwester*) beschäftigt. Im Januar 1913 erschien sein erster literaturkritischer Aufsatz in der ›Neuen Rundschau‹, im April 1913 ein zweiter. Zu diesem Zeitpunkt, Anfang April 1913, schrieb Franz Blei an Kurt Wolff:

> Vielleicht interessiert Sie auch, daß Musils Contract mit Georg Müller demnächst abläuft und Musil ihn nicht mehr erneuern will. Fischer will ihn haben, aber Musil will seine ihn ruinierende Stellung als Bibliothekar der Technik aufgeben und verlangt für seine Arbeiten deshalb ein monatliches Fixum. Vielleicht schreiben Sie ihm. Er arbeitet an einem famosen Roman ...

Kurt Wolff fragte bei seinem Lektor Franz Werfel an, was er davon halte, und Werfel antwortete ihm:

... natürlich sollen Sie Musil verpflichten. Aber so, daß er nicht, wie jetzt Walser bei Fischer, einen großen Roman wo anders erscheinen läßt und Ihnen kleinere Bücher gibt.

Im Dezember 1913 kam Musil abermals nach Deutschland, um seine Möglichkeiten zu erkunden. Er suchte zuerst Kurt Wolff in Leipzig auf, aber diese Unterredung blieb fruchtlos – der »famose Roman« war noch in weiter Ferne – und er reiste weiter nach Berlin, diesmal entschlossen, sich mit Fischers Hilfe eine materiell halbwegs gesicherte literarische Existenz zu schaffen. Im Tagebuch heißt es unter dem 3. Januar 1914:

Gang zu Fischer: Ich nehme mir unterwegs vor, die geschäftlich exorbitante, persönlich mir notwendige Forderung zu stellen. Sie erscheint mir so unmöglich, daß ich zu dichten beginne. Ich merke ein leises Nachgeben im andern. Ich glühe. Ich habe nur den einen Willen, den Erfolg nach Hause bringen. Ich spüre überhaupt, daß ich einen Willen habe.

Wie die Sache mit der »exorbitanten« Forderung ausging, ist nicht mehr zu ermitteln; auch nicht, was zwischen Fischer und Musil vereinbart wurde. Daß eine Vereinbarung erfolgte, ist gewiß. Fischer übernahm die beiden Bücher Musils von Georg Müller und brachte sie 1914 neu heraus; außerdem zog er ihn in einer Form in den Redaktionskreis der Zeitschrift, die es Musil ermöglichte, im Februar 1914 von Berlin aus seine Wiener Beamtenstelle zu kündigen. Oskar Maurus Fontana, der Musil Anfang April 1914 in Berlin kennenlernte, erinnerte sich:

Wer uns zusammengebracht hat, weiß ich nicht mehr. Doch war es keine beruflich bestimmte Angelegenheit, die uns zusammenführte, wenn es auch im Plan Musils gelegen haben mochte, zu dieser Zeit mit möglichst vielen Repräsentanten der ›jungen Generation‹ ins Gespräch zu kommen. Denn er war von S. Fischer beauftragt worden, die ›Neue Rundschau‹, die sich etwas festgefahren hatte, zu verjüngen. Die ›neue Generation‹ war damals noch nicht erfunden worden, ebensowenig wie die Jugend als literarischer Wert an sich. Zweifach beweist sich hier S. Fischers Spürsinn und Weitblick: erstens, daß er sich überhaupt diese erst am Horizont vage sichtbar werdende Frage der Notwendigkeit einer Verjüngung der Literatur stellte, und zweitens, daß er für diese Aufgabe im Bereich der ›Neuen Rundschau‹ Robert Musil wählte.

Fontana hatte richtig, aber nicht alles gehört. Aus einigen Briefen Heimanns an Fischer Anfang 1914 (sie sind der einzige Beleg) geht hervor, daß Musil Fischer vorschlug, der »jungen Generation« als Beiblatt der ›Neuen Rundschau‹ oder auch als getrennte Publikation ein eigenes Forum zu schaffen und daß sich Fischer diesen Plan zu eigen machte und Musil mit seiner Verwirklichung betrauen wollte. In einem Brief Heimanns vom 10. Januar 1914 heißt es:

... gleich damals schien mir seine Idee fruchtbar, begründet und aussichtsreich; jetzt nachdem ich Ihren Brief gelesen habe, bin ich erst recht für den Versuch. Daß Herrn Musils Gedanken für Sie, in dieser Lebensepoche, viel bedeutet, macht ihn mir von vornherein wert und wichtig. Der Vorschlag, das zu gründende Blatt als ein Beiblatt der Rundschau zu führen, es aber auch für sich selbst abzugeben, schien mir der zugleich technisch bequemste und ideell freieste. Aber Ihr Bedenken, daß damit möglicherweise eine Kuriosität geschaffen würde, wiegt sehr schwer, und ein selbständiges Blatt würde vielleicht die Kräfte der Beteiligten entschiedener in Anspruch nehmen und kräftiger zusammenfassen; auch für den Verlag würde ein ganz selbständiges Blatt, weil es von vornherein ernster genommen würde, den besseren Vormorgen, mit Musil zu sprechen, abgeben. Doch das sind technische Details, die in der jetzigen akademischen Vorstufe nicht definitiv festgestellt werden können, auch nicht festgestellt zu werden brauchen. Das Wichtige ist und bleibt: der Grundgedanke ist gut, und es läßt sich etwas Bedeutendes daraus entwickeln.

Daß seine Ausführung den Händen des Anregers anvertraut werde, ist ja selbstverständliche Voraussetzung. Auch ist Herr Musil ohne Zweifel ein Mann von ungewöhnlichen Eigenschaften: gebildet, kenntnisreich, von tiefem und starkem Verstand, höchst talentvoll und dabei in sozialem Sinne klug und klar. Dennoch hatte ich – nicht ein Bedenken, aber doch ein »Zubedenken«. Sein Talent, das unnachgiebig und diamanthart ist, ist doch auch zähe und entbehrt der eigentlichen Produktivität, worunter ich nicht die Menge des Geschaffenen verstehe, sondern eine eigentümliche, schwer zu definierende Spannung. Ganz im Einklang damit ist es, daß seine Natur und sein Geist um sich selber kreisen, in allen Instinkten exklusiv sind und des Hochmuts sich nur aus Höflichkeit entschlagen. Alle seine Äußerungen ...

Der Schluß dieses erstaunlich einsichtsreichen Briefes über den »Mann von ungewöhnlichen Eigenschaften« fehlt; in einem späteren Brief vom 5. April 1914, als Musil mit den Vorarbeiten begonnen hatte, merkte Heimann nicht weniger scharfsichtig noch an:

Dr. Musil ist ein ausgezeichneter Schriftsteller, kein Organisator. Und es ist merkwürdig und nicht ohne boshaften Beigeschmack zu beobachten, wie schon jetzt, kaum daß er angefangen hat, zwischen der Ultra-Jugend und ihm die Gegensätze und Unstimmigkeiten so groß sind, daß er zu den Konservativen neigt. Ein Gewinn ist er in jedem Falle, schon weil er Bie in Atem hält ...

Heimann fiel, wie er einige Tage darauf gestand, »ein kleiner Stein vom Herzen«, als Fischer beschloß, die Publikation noch ein wenig hinauszuschieben. Musil bestritt im Juni- und Augustheft der ›Rundschau‹ die *Literarische Chronik*; vom »Versuch mit der Ultra-Jugend« findet sich keine Spur mehr.

Der Kriegsausbruch holte Musil nach Österreich zurück; schon am 20. August 1914 rückte er als Landsturmleutnant ein. Im Septemberheft 1914 erschien als sein einstweilen letzter Beitrag der Aufsatz *Europäertum, Krieg, Deutschtum*.

Auch dieser Schriftsteller stellt fest, es sei unter den »Arbeitern am Geiste«, von denen viele den Krieg bekämpften, »so lange er nicht da war« oder ihn »belächelten«, kaum einer, »der sein Weltbild, sein inneres Gleichgewicht, seine Vorstellung von menschlichen Dingen nicht irgendwie entwertet fühlte«. Warum, fragt er, greife die »plötzlich erwiesene Möglichkeit des Krieges« in »unser moralisches Leben von allen Seiten umändernd« ein? Man dürfe nicht leugnen, daß der Begriff der Heldenhaftigkeit, wie er in den Tugenden Treue, Mut, Unterordnung, Pflichterfüllung umschrieben sei, »in unserer Kunst und in unseren Wünschen eine geringe Rolle gespielt hat«. Und zwar teils, weil die Geistigen nicht wußten, »wie schön und brüderlich der Krieg ist«, teils absichtlich, weil ihnen ein Ideal des europäischen Menschen vorschwebte, das »über Staat und Volk hinausging«. Damit gelangt auch Musil zu einer neuen Sicht des bisherigen Standortes:

Geist war die Angelegenheit einer oppositionellen europäischen Minderheit und nicht das von dem Willen der Nachfolgenden getragene und mit Dankbarkeit ermunterte Vorausgehen eines Führers vor seinem eigenen Volke ... Die wertvollen der seelischen Leistungen aus den letzten dreißig Jahren sind fast alle gegen die herrschende gesellschaftliche Ordnung und die Gefühle gerichtet, auf die sie sich stützt; selten als Anklage, sehr oft aber als gleichgültiges Darüberwegschauen zu den Problemen für vorausgeartete Menschen, als Enthaltung vom Gefühlsurteil und desillusionierende Konstatierung dessen, was ist. Das Wenden, Durchblicken und zu diesem Zweck Durchlöchern überkommener eingesessener und verläßlicher seelischer Haltungen: es besteht kein Grund zu verschweigen, daß dies eine der Haupterscheinungen unserer Dichtung war ... Unsere Dichtung war eine Kehrseitendichtung, eine Dichtung der Ausnahmen von der Regel und oft schon der Ausnahmen von den Ausnahmen. In ihren stärksten Vertretern. Und sie war gerade dadurch in ihrer Art von dem gleichen kriegerischen und erobernden Geist belebt, den wir heute in seiner Urart verwundert und beglückt in uns und um uns fühlen.

Doch nun klaffe durch die Weltverschwörung zur Ausrottung Deutschlands eine Kluft zwischen »Deutsch und Widerdeutsch«. Das habe »das Volk im Herzen Europas und mit dem Herzen Europas« erkennen müssen, und hieraus wurde »ein neues Gefühl«, eine »betäubende Zugehörigkeit« geboren:

Gewiß, wir wollen nicht vergessen, daß stets auch die anderen das Gleiche erleben; wahrscheinlich sind die, welche drüben unsere Freunde waren, genau so in ihr Volk hingerissen, vielleicht vermögen sie sogar das Unrecht ihres Volkes zu durchschaun, es zieht sie doch mit. Unsere Skepsis verlangt diese Vorstellungen. Wir wissen nicht, was es ist, das uns in diesen Augenblicken von ihnen trennt und das wir trotzdem lieben ...

Mit diesen Sätzen verschwand Robert Musil für die Dauer des Krieges aus dem Fischer-Kreis. Erst 1919 erschien wieder ein Aufsatz von ihm in der ›Neuen Rundschau‹, und die beiden von Georg Müller übernommenen Frühwerke blieben die einzigen Bücher Musils in Fischers Verlag. Von Musils Kriegsaufsatz und seinem Leitgedanken führt jedoch eine direkte Spur zu einem Kriegsaufsatz Thomas Manns, der zwei Monate später in der ›Neuen Rundschau‹ erschien, das hier behutsam Angedeutete mit Vehemenz bis in die äußersten Folgerungen ausführte und eine gewaltige Kontroverse unter den »Arbeitern am Geiste«, den deutschen wie den widerdeutschen, entfesselte.

THOMAS MANN IM KRIEG

Greifen wir den Schaffensfaden dieses Dichters wieder auf. Thomas Mann hatte nach dem *Tod in Venedig* die Arbeit an den »Schwindlerbekenntnissen« wieder aufgenommen. Einem Brief an Ernst Bertram vom 30. Januar 1913 ist zu entnehmen, daß Fischer sich anscheinend bereits zu dieser Zeit mit dem Gedanken einer Gesamtausgabe und der dazugehörigen Monographie trug:

Mit Vergnügen erinnere ich mich Ihres größeren kritischen Vorhabens, mich betreffend. Fischer wartet eigentlich auf dergleichen, denn was man ihm bisher anbot, konnte ich selbst nicht empfehlen. Er beabsichtigt, wenn mein neuer Roman als Buch erschienen ist, eine Sammlung oder doch Auswahl meiner Arbeiten zu veranstalten. Es wäre hübsch, wenn zu dieser Gelegenheit Ihre Schrift bei der Hand wäre. Aber es ist noch lange bis dahin.

Es war noch sehr lange bis dahin. Es verging noch fast ein Jahrzehnt bis zur Gesamtausgabe; Bertrams Monographie wurde nie geschrieben; der *Felix Krull* erschien erst in Thomas Manns letztem Lebensjahr. Dieser bereits mehrfach unterbrochene »wunderliche Roman« wurde im Juli 1913 abermals beiseite gelegt, und Thomas Mann wandte sich einer Novelle zu, die »eine Art humoristischen Gegenstücks« zum *Tod in Venedig* werden sollte. In Wahrheit war dies der Beginn der Arbeit am *Zauberberg*. Thomas Mann begann mit der Niederschrift im September 1913 und machte zum Jahresende Bie Mitteilung vom Herannahen der neuen Arbeit; Bie kündigte sie im Januarheft der ›Neuen Rundschau‹ bereits an; allerdings hatte er sich verlesen und ihr den Titel *Der Zauberlehrling* gegeben, was richtiggestellt wurde. Aber auch so blieb es voreilig. Am 30. Juli 1914 schrieb Thomas Mann aus Tölz an seinen Bruder Heinrich:

Ich muß sagen, daß ich mich erschüttert und beschämt fühle durch den furchtbaren Druck der Realität. Ich war bis heute optimistisch und ungläubig – man ist zu civilen Gemütes, um das Ungeheuerliche für möglich zu halten. Auch neige ich noch immer zu dem Glauben, daß man die Sache nur bis zu einem gewissen Punkt treiben wird. Aber wer weiß, welcher Wahnsinn Europa ergreifen kann, wenn es einmal hingerissen ist!

Und am 7. August ebenfalls an den Bruder Heinrich:

Ich bin noch immer wie im Traum – und doch muß man sich jetzt wohl schämen, es nicht für möglich gehalten und nicht gesehen zu haben, daß die Katastrophe kommen mußte. Welche Heimsuchung! Wie wird Europa aussehen, innerlich und äußerlich, wenn sie vorüber ist? ... Mein Hauptgefühl ist eine ungeheure Neugier – und, ich gestehe es, die tiefste Sympathie für dieses verhaßte, schicksals- und rätselvolle Deutschland ...

Diese »tiefste Sympathie« bestimmte Thomas Mann im August 1914, die Arbeit am *Zauberberg* zu unterbrechen und sich dem Kriegsgeschehen zuzuwenden. Es entstand der Aufsatz *Gedanken im Kriege*. Es ist fesselnd, sich vorzustellen, wie die geistige Auseinandersetzung in Deutschland, wie des Dichters eigenes Schaffen während der Kriegsjahre verlaufen wäre, wenn Thomas Mann sich von diesem Impuls zurückgehalten hätte. Womöglich wären die *Betrachtungen eines Unpolitischen* nicht geschrieben, wäre ein gewaltiger Umweg vermieden worden, auf dem Thomas Mann nach jahrelanger mühsamer Wanderung zu sich zurückfand. Es ist fesselnd, jedoch müßig. Der Impuls ließ sich nicht zurückdrängen, bei Thomas Mann so wenig wie bei seinen Zeitgenossen. Der Aufsatz wurde geschrieben und im Novemberheft 1914 der ›Neuen Rundschau‹ veröffentlicht. In ihm schieden sich, nicht nur in Fischers Welt, die Geister.

Thomas Mann stellte den Krieg in den Zusammenhang von Kultur und Zivilisation und proklamierte ihn als ein kulturelles Ereignis. Er fand, die Begriffe »Kultur und Zivilisation«, so wie er sie sich zurechtlegte, seien nicht gleichbedeutend und auch nicht einander über- oder untergeordnet, sondern Gegensätze. Kultur sei durchaus nicht das Gegenteil von Barbarei, vielmehr oft genug »nur eine stilvolle Wildheit«; Kultur sei »Geschlossenheit, Stil, Form, Haltung, Geschmack« und könne dabei doch »die buntesten Greuel« umfassen. Zivilisation hingegen sei »Vernunft, Aufklärung, Sänftigung, Sittigung, Skeptisierung, Auflösung – Geist«. Wo stand hier die Kunst?

Ist sie eine Angelegenheit der Zivilisation oder der Kultur? Wir zögern nicht mit der Antwort. Die Kunst ist fern davon, an Fortschritt und Aufklärung, an der Behaglichkeit des Gesellschaftsvertrages, kurz, an der Zivilisierung der Menschheit innerlich interessiert zu sein ... Sie ist eine erhaltende und formgebende, keine auflösende Macht. Man hat sie geehrt, indem man sie der Religion und der Geschlechtsliebe für verwandt erklärte. Man darf sie noch einer anderen Elementar- und Grundmacht des Lebens an die Seite stellen, die eben wieder unsern Erdteil und unser aller Herzen erschüttert: ich meine den Krieg. Sind es nicht völlig gleichnishafte Beziehungen, welche Kunst und Krieg mit einander verbinden? Mir wenigstens schien von jeher, daß es der schlechteste Künstler nicht sei, der sich im Bild des Soldaten wiedererkenne.

Die Wesenselemente des kriegerischen Vorgangs, fand Thomas Mann, seien zum guten Teil auch die des künstlerischen Schaffensprozesses: »Organisation, das Ineinanderwirken von Begeisterung und Ordnung, Systematik, Solidität, Umsicht, Tapferkeit, Standhaftigkeit ... Dies alles ist in der Tat zugleich militärisch und künstlerisch.« Der »Dienst« des Künstlers sei dem des Soldaten viel näher verwandt als dem des Priesters. Der Gegensatz, den er meine, sei nicht die »literarisch gern kultivierte Antithese von Künstler und Bürger«, nicht der Gegensatz von Bürger und Zigeuner, sondern vielmehr »Zivilist und Soldat«. Folglich sei die Reaktion der deutschen Künstler höchst begreiflich, da durchaus natürlich:

Wie die Herzen der Dichter sogleich in Flammen standen, als jetzt Krieg wurde! Und sie hatten den Frieden zu lieben geglaubt, sie hatten ihn wirklich geliebt, ein jeder nach seiner Menschlichkeit, der eine auf Bauernart, der andere aus Sanftmut und deutscher Bildung. Nun sangen sie wie im Wettstreit den Krieg, frohlockend, mit tief aufquellendem Jauchzen ...

Diese Panegyriker seien schon deshalb keine Hurrapatrioten und »Imperialisten«, weil sie keine Politiker seien. Wohl aber seien sie Moralisten: »Denn Politik ist eine Sache der Vernunft, der Demokratie, und der Zivilisation; Moral aber eine solche der Kultur und der Seele.« Als Moralisten aber, als »sittliche Wesen ... hatten wir die Heimsuchung kommen sehen, mehr noch: Auf irgendeine Weise ersehnt; hatten im tiefsten Herzen gefühlt, daß es so mit der Welt, mit unserer Welt nicht mehr weitergehe.«

Wir kennen diese Wehklage. Thomas Mann hatte recht: die Sehnsucht nach der Heimsuchung bestand seit langem. Schon 1910 hatte Georg Heym in seinem Tagebuch geschrieben: »Es geschieht nichts, nichts, nichts ... Geschähe doch einmal etwas ... Oder sei es auch nur, daß man einen Krieg begänne, er kann ungerecht sein. Dieser Friede ist so faul, ölig und schmierig wie eine Leimpolitur auf alten Möbeln.« Wenn wir uns heute, zwei Weltkriege später, fragen (wie wir es dürfen), was eigentlich an dieser Welt, diesem Frieden so unerträglich war, daß man es nur in einem unermeßlichen »reinigenden« Blutbad loswerden konnte, so sagt es uns Thomas Mann mit bewußt gewaltsam überdrehter Anschaulichkeit:

Wir kannten sie ja, diese Welt des Friedens und der cancannierenden Gesittung – besser, quälend viel besser, als die Männer, deren furchtbare, weit über ihre persönliche Größe hinausgehende Sendung es war, den Brand zu entfesseln: Mit unseren Nerven, unserer Seele hatten wir tiefer an dieser Welt zu leiden vermocht, als sie. Gräßliche Welt, die nun nicht mehr ist – oder doch nicht mehr sein wird, wenn das große Wetter vorüberzog! Wimmelte sie nicht von dem Ungeziefer des Geistes wie von Maden? Gor und stank sie nicht von den Zersetzungsstoffen der Zivilisa-

tion? ... Wäre sie nur anarchisch, nur ohne Kompaß und Glauben, nur wölfisch-merkantil gewesen, es hätte hingehen mögen. Aber ein geiler Mißbrauch eben jener Widerstände und Entseuchungsmittel, die sie aus sich hervorzubringen suchte, machte ihre Abscheulichkeit vollkommen... Ist es zu viel gesagt, daß kein Kriterium des Echten, nicht Mut noch Möglichkeit zur Verdammung mehr gab, daß niemand mehr aus noch ein wußte?
Wie hätte der Künstler, der Soldat im Künstler nicht Gott loben sollen für den Zusammenbruch einer Friedenswelt, die er so satt, so überaus satt hatte! Krieg! Es war Reinigung, Befreiung, was wir empfanden, und eine ungeheure Hoffnung. Hiervon sangen die Dichter, nur hiervon... Was die Dichter begeisterte, war der Krieg an sich selbst, als Heimsuchung, als sittliche Not... Wir sind in Not, in tiefster Not. Und wir grüßen sie, denn sie ist es, die uns so hoch hebt.

Dies gesagt, geht der Aufsatz zur Betrachtung der »Feindseite« über. Sie erkläre »als Streitruf und Schmähung«, dieser Krieg sei ein Kampf der Zivilisation gegen den Militarismus. Hier werde Ursache mit Wirkung, das Symptom mit der Krankheit verwechselt. Allerdings enthalte die Parole »Zivilisation gegen Militarismus« eine tiefere Wahrheit; sie drücke »eine internationale Fremdheit und Unheimlichkeit der deutschen Seele aus, die, wenn sie freilich nicht die Ursache des Krieges ist, doch vielleicht diesen Krieg erst möglich gemacht hat«.

Eines ist wahr: Die Deutschen sind bei weitem nicht so verliebt in das Wort ›Zivilisation‹, wie die westlichen Nachbarnationen; sie pflegen weder französisch-renommistisch damit herumzufuchteln, noch sich seiner auf englisch-bigotte Art zu bedienen. Sie haben *›Kultur‹* als Wort und Begriff immer vorgezogen – warum doch? ... weil dieses innerlichste Volk, dieses Volk der Metaphysik, der Pädagogik und der Musik ein nicht politisch, sondern *moralisch* orientiertes Volk ist. So hat es sich im politischen Fortschritt zur Demokratie, zur parlamentarischen Regierungsform oder gar zum Republikanismus zögernder und uninteressierter gezeigt als andere...
Mit unserem Moralismus aber hängt unser Soldatentum seelisch zusammen, ja, während andere Kulturen bis ins Feinste, bis in die Kunst hinein die Tendenz zeigen, völlig die Gestalt der zivilen Gesittung anzunehmen, ist der deutsche Militarismus in Wahrheit Form und Erscheinung der deutschen Moralität.
Die deutsche Seele ist zu tief, als daß Zivilisation ihr ein Hochbegriff oder etwa der höchste gar sein könnte...

Hieraus folge jedoch keineswegs, daß Deutschland den Krieg gesucht habe. Der »Soldat aus Moralität« sei »kein Kampfhahn«.

Ob aber ein Volk wahrhaft kriegerisch ist, zeigt sich daran, ob es sich, wenn der Krieg Schicksal wird, verschönt oder verzerrt. Deutschlands ganze Tugend und Schönheit – wir sahen es jetzt – entfaltet sich erst im Kriege. Der Friede steht ihm nicht immer gut zu Gesicht – man konnte im Frieden zuweilen vergessen, wie schön es ist... Es wird freier und besser daraus hervorgehen, als es war.

Doch sehe man zugleich, »daß der Krieg die anderen, die mit Auszeichnung zivilisierten Völker gemein und elend macht«.

Wo ist nun Englands Anstand? Es lügt, daß wir uns statt seiner schämen ... Was ist aus Frankreich geworden in sechzig Kriegstagen! Ein Volk, dessen Antlitz der Krieg von heute auf morgen dermaßen ins Abstoßende verzerrt, – hat es noch ein Recht auf diesen Krieg?

Diese Feinde stellten sich den Krieg »als eine Art von Zwangszivilisierung Deutschlands« vor; in der Tat, Shaw habe geäußert, der Krieg werde dazu dienen, den Deutschen »Potsdam« abzugewöhnen:

Es ist an dem: Man will uns glücklich machen. Man will uns den Segen der Entmilitarisierung und Demokratisierung bringen, man will uns, da wir widerstreben, gewaltsam zu Menschen machen. – Wieweit dies Heuchelei wieweit freche Dummheit ist, wer will es sagen.

. . .

Solche Unwissenheit über das heute wichtigste Volk Europas ist nicht statthaft, sie ist strafbar und muß sich rächen. Warum vor allem ist Deutschlands Sieg unbezweifelbar? Weil die Geschichte nicht dazu da ist, Unwissenheit und Irrtum mit dem Siege zu krönen ...

Rückblickend kann man in den *Gedanken im Kriege* eine Art komplizierter patriotischer Turnübung sehen, einen dialektischen Gelenkigkeitsakt; es haftet ihm etwas staunenswert Akrobatisches an. Wassermann spürte es wohl heraus, als er an Fischer schrieb:

Und welche Zeiten mögen kommen? Groß oder klein, sie werden strenge Forderungen an jeden stellen, und man muß Acht haben, daß man sich nicht verliere ... Manns Aufsatz hat mir sehr gefallen, ein bißchen weniger Schelmerei und Koketterie würde mir aber mehr an solchem Stoff behagen. Es ist immer etwas sehr Eitles bei ihm in der Diktion, freilich entzückend und anmutig, aber das Eitle verträgt sich jetzt schlechter als je mit der Zeit.

Dehmel, der den Aufsatz im Schützengraben las, schrieb an Thomas Mann am 25. November 1914, ihm sei »jedes Wort aus der Seele gesprochen«:

Mag auch die Grenze zwischen kulturellen und blos civilisatorischen Werten nicht überall so deutlich bestehen, wie sie sich auf dem Papier ziehen läßt, aber der Maßstab der Wertschätzung mußte einmal mit schärfster Gradierung festgestellt werden, und das haben Sie getan. Diese stille Vorkämpfer-Arbeit ist vielleicht doch ersprießlicher für die Zukunft als aller Kriegslärm der Gegenwart.

Der »Kriegsmann« schloß »mit einem Friedensgruß«. Thomas Mann antwortete ihm am 14. Dezember, sein »kleiner Versuch in der Rundschau« sei dem Bedürfnis entsprungen,

wenigstens meinen Kopf einmal unmittelbar in den Dienst der deutschen Sache zu stellen. Daß die Leistung irgendwie beträchtlich sei, habe ich mir nicht eingebildet. Ich gehöre nicht zu denen, die finden, daß die deutsche Intellektualität vor den Ereignissen ›versagt‹ habe. Ich finde im Gegenteil, daß zum Teil in der Ausdeutung, Verherrlichung, Vertiefung der Geschehnisse *sehr* Bedeutendes geleistet wird, und ich fürchtete sehr, daß mein Stückchen Journalistik ziemlich kümmerlich daneben bestehe. Jetzt fange ich wahrhaftig an, zu glauben, daß es doch nicht ganz überflüssig war.

›FRIEDRICH UND DIE GROSSE KOALITION‹

Thomas Mann beschäftigte sich seit einiger Zeit mit der Gestalt Friedrichs des Großen. In dem »Stückchen Journalistik« fand sich bereits ein Hinweis:

Deutschland ist heute Friedrich der Große. Es ist sein Kampf, den wir zu Ende zu führen, den wir noch einmal zu führen haben. Die Koalition hat sich ein wenig verändert, aber es ist sein Europa, das im Haß verbündete Europa, das uns nicht dulden, das ihn, den König, noch immer nicht dulden will, und dem noch einmal in zäher Ausführlichkeit, in einer Ausführlichkeit von sieben Jahren vielleicht bewiesen werden muß, daß es nicht angängig ist, ihn zu beseitigen. Es ist auch seine Seele, die in uns aufgewacht ist...

Aus dieser Parallele erwuchs der große Aufsatz *Friedrich und die große Koalition*, im Dezember 1914 geschrieben, der im Januar- und Februarheft 1915 der von Efraim Frisch und Wilhelm Hausenstein herausgegebenen Münchner Monatsschrift ›Der Neue Merkur‹ erschien. Dieser »Abriß für den Tag und die Stunde« ist im Unterschied zum voraufgegangenen Kriegsaufsatz wohl bekannt und in vielen Ausgaben zugänglich. Er ist eine ›Erbauungsschrift‹ von großer, anmutiger Kunstfertigkeit, deren Anliegen der »Gelegenheitshistoriker«, wie er sich selbst bezeichnet, ganz unverblümt vorbringt: der Leser möge »sich dabei in absonderlicher Richtung, nämlich vorwärts« erinnern – welches entschieden die anregendste Art der Erinnerung sei. Eine doppelte Parallele wird aufgezeigt: einmal zwischen der großen Koalition, welche Friedrich nicht ohne eigenes Verschulden, zumindest durch seine rabiaten Rüstungen gegen sich zusammenbringt, und der »Einkreisungs«-Situation von 1914; zum anderen zwischen Friedrichs Einfall in das neutrale Sachsen und der Verletzung der belgischen Neutralität 1914, die implizit als »das Recht der aufsteigenden Macht« sowohl moralisch als auch politisch gerechtfertigt wird:

Von dem Lärm, der sich über diesen unerhörten Friedens- und Völkerrechtsbruch in Europa erhob, macht man sich keine Vorstellung. Oder doch, es ist wahr, ja, neuerdings macht man sich wieder eine Vorstellung davon... Eine wahre und redliche Neutralität gab es nicht zu verletzen. Mit dem Herzen, mit seinem bösen Willen stand Sachsen auf seiten der Koalition, wenn auch Feigheit es gehindert hatte, solche Zugehörigkeit manifest werden zu lassen. Tat Friedrich dem Buchstaben nach unrecht, brach er eine Neutralität, die auf dem Papiere stand und deren Verrat nicht auf dem Papiere stand, so handelte er in bitterster Notwehr. Er mußte Schuld auf sich laden, um die Schuld seiner Gegner an den Tag bringen zu können...

Nur wenn sich durch den Erfolg herausstellte, daß er der Beauftragte des Schicksals war, nur dann war er im Recht und immer im Rechte gewesen ...

Immerhin billigte Thomas Mann zu, daß es eine »wahre und redliche Neutralität« geben könne, während man bei Moritz Heimann las:

Insbesondere was bei der Neutralität herauskommt, wenn sie doch einmal in die Brüche geht, das haben wir jetzt an Belgien erfahren, das mit der Schmach seiner Unmenschlichkeit bedeckt daliegt, weil es sich als Staat die volle Mannesmenschlichkeit nicht leisten konnte und dämpfig wurde.

Friedrich war mit fesselnder Virtuosität gemacht; aber er war dennoch ›gemacht‹; nicht nur die belgische Parallele hielt in keinem Bezug stand. Thomas Mann selbst war bei diesen Unternehmungen eingestandenermaßen nicht völlig behaglich; er spürte durchaus, daß es sich eigentlich nicht ziemte, so spielerisch mit der ›Zivilisation‹ zu jonglieren. Schon gleich nach Abschluß des *Friedrich* bezeichnete er diese Arbeit als nicht mehr denn »eine Beschäftigung«; in einem Brief an Wedekind am 11. Januar 1915 hofft er, »zu meiner laufenden Arbeit zurückzufinden, nachdem ich während der ersten Kriegsmonate allerlei politische und historische Allotria getrieben«; in einem Brief an Bertram am 17. Februar 1915 sagt er, die *Gedanken* seien »eine *Aktion*, hervorgegangen aus Zorn, hervorgegangen aus dem Herzenswunsch, meiner beschimpften Nation ... die den Westvölkern gegenüber etwas Unartikuliertes hat, geistig zu Hülfe zu kommen«; er habe im Grunde nur dartun wollen, »daß ich das, was die Pariser Oratoren und Advokaten können, *auch noch kann*«. Bald darauf schrieb er, im Vergleich mit dem »rasenden Unsinn«, den die französischen Intellektuellen sich »wie die Narren« leisteten, sei sein »bißchen Kultur- und Zivilisationsspintisiererei« nur »harmloses Geplauder« gewesen.

Der *Friedrich*-Essay hatte viel Beifall gefunden, aber auch »durch das äußerst bescheidene Maß von Chauvinismus«, das der Dichter in ihm an den Tag legte, ihm »Wut und Verachtung« zugezogen. Als Thomas Mann den Aufsatz als Broschüre herausbringen wollte, sperrte sich Fischer. In einem Brief Thomas Manns an Paul Amann vom 25. März 1915 heißt es:

Mein Berliner Verleger jedoch widerstrebt, da er Ärgernis davon befürchtet und Mißbrauch durch das Ausland. Mit Recht? Ich glaube nicht. Das Ärgernis wäre bei Leuten, die nicht in Betracht kommen, und die politische Schädigung wäre oberflächlich und unbedeutend im Vergleich mit der tieferen intellektuellen Achtung, die deutscher Erkenntniswille im Ausland wecken müßte.

Die Bedenken des Verlags galten zweifellos der Figur des Königs. Heimann fand, wie Wilhelm Lehmann berichtet, die Gestalt Friedrichs des Großen »etwas zu klein«; sein Einwand: »Das Dämonische in Friedrich wird mit so viel Schärfe, so viel netteté gefaßt, daß zu wenig – Dämonisches davon übrig bleibt«, verstimmte Thomas Mann. Doch sagte er selbst, er habe ihn »mit recht unzeitgemäßer Skepsis gesehen«, ihn »so naturalistisch schlecht gemacht, daß die Charakterstudie auf einfältigere Leser als Pasquill wirken konnte, ja, daß sie entrüstete Gegenschriften hervorrief ...« Thomas Mann meinte, er vermöge zwar dem Verlag in seinen Befürchtungen nicht zu folgen, könne »aber nichts machen«. Zu dieser Zeit hatte er bereits zum *Zauberberg* zurückgefunden und gedachte sich nun nicht mehr darin zu unterbrechen. Doch mittlerweile war Fischer anderen Sinnes geworden. Am 6. Mai 1915 teilte Thomas Mann Korfiz Holm mit:

Das Bändchen wird nun gemacht und soll drei Aufsätze enthalten: Die ›Gedanken im Kriege‹, den ›Friedrich‹ und einen längeren Brief, mit dem ich kürzlich eine Rundfrage des ›Svenska Dagbladet‹ beantwortete – dieselbe, auf die old Ramsay sich so hahnebüchen geäußert hat. Die drei Stücke werden, denke ich, ein ganz nettes Ganzes bilden. Jetzt flechte ich auch wieder an meinem Roman weiter. Aber ein Kunststück ist es heutzutage wirklich, Kunst zu machen.

Der Rundfragebrief betraf die Siegesaussichten Deutschlands, die Thomas Mann für gut erklärte. Der Beitrag erschien am 15. Mai 1915 in der schwedischen Zeitung, und das Juniheft 1915 der ›Neuen Rundschau‹ brachte ihn in deutscher Sprache.

Der kleine Band erschien als fünfter in Fischers ›Sammlung von Schriften zur Zeitgeschichte‹ (von der noch die Rede sein wird) in einer Erstauflage von zehntausend Exemplaren; noch im gleichen Jahr wurden fünftausend nachgedruckt. Dann nahm Fischer den Band aus der ›Sammlung‹ heraus und druckte ihn als selbständige Publikation weiter, in welcher Form er im folgenden Jahr das 35. Tausend erreichte. 1918 wurde abermals eine Neuausgabe veranstaltet, doch nun zeigte sich, daß der Band kein »ganz nettes Ganzes« bildete: das Richtige vertrug sich nicht mehr mit dem Nichtigen, das Vergängliche nicht mit dem Überdauernden, die Zeit hatte einen scharfen Keil in diese Hervorbringung getrieben und sie gesprengt. Thomas Mann hatte selbst inzwischen gefunden, daß »meiner gelassenen Einsicht nach, nur das Hauptstück, der Friedrich-Versuch, literarisch ernstlich in Betracht kommt«. Die *Gedanken im Kriege* und der Schwedenbrief, beide inzwischen gänzlich gegenstandslos geworden, wurden ausgeschieden; das Bändchen, von 131 auf 78 Seiten geschmälert, enthielt hinfort nur noch den *Friedrich*-Essay und erschien in dieser Form mit einer neuen Einleitung weiter bis ins 50. Tausend. Thomas Mann nahm 1922 den *Friedrich*-Essay in seinen ersten Essay-Sammelband und später auch in alle Gesamtausgaben auf. Die beiden anderen Kriegsaufsätze verschwanden aus dem Werk und sind erst wieder in die 1968 erschienene Taschenbuch-Gesamtausgabe aufgenommen worden.

»DER ZIVILISATIONSLITERAT«

Thomas Mann nahm die Arbeit am *Zauberberg* wieder auf. Doch der heftige polemische Widerspruch, den das »harmlose Geplauder« in Deutschland selbst und im Ausland hervorgerufen hatte, ließ ihm keine Ruhe. Romain Rolland hatte in einem Artikel *Les Idoles* im ›Journal de Genève‹ vom 4. Dezember 1914 die *Gedanken im Kriege* scharf angegriffen, von dem »article monstrueux de Thomas Mann ... proclamant que la pensée allemande n'avait pas d-autre idéal que le militarisme« gesprochen und ihn des »Délire de fanatisme irrité« und einer »Surenchère criminelle de violence« bezichtigt. Rollands Polemik war inzwischen auch in Buchform in seinem Sammelband *Au-dessus de la mêlée* erschienen, der hohe Auflagen erlebte und eine europäische Debatte auslöste. Thomas Mann erkannte, daß sein eigenes letztes Wort in dieser Sache noch nicht gesprochen war. Anfang August 1915 äußerte er in einem Brief an Amann zum erstenmal die Absicht, die Arbeit am *Zauberberg* abermals zu unterbrechen, um die politischen und geistigen Probleme seiner Essays gründlicher zu behandeln:

> ... dabei geben die Zeitereignisse dem Kopf und dem Herzen so Unendliches zu arbeiten und zu bewältigen, daß ich in diesem Augenblick nicht weiß, ob ich weiterfabulieren darf und soll oder mich zu einer gewissenhaften und bekennend-persönlichen essayistischen Auseinandersetzung mit den brennenden Problemen zusammennehmen muß.

Rückblickend schrieb er:

> Als ich im Jahre 1915 das Büchlein ›Friedrich und die große Koalition‹ dem Publikum übergeben hatte, glaubte ich, »dem Tag und der Stunde« meine Schuld entrichtet zu haben und mich den künstlerischen Unternehmungen, die ich vor Ausbruch des Krieges eingeleitet, auch im Toben der Zeit wieder widmen zu können. Das erwies sich als Irrtum. Wie Hunderttausenden, die durch den Krieg aus ihrer Bahn gerissen, ›eingezogen‹, auf lange Jahre ihrem eigentlichen Beruf und Geschäft entfremdet und ferngehalten wurden, so geschah es auch mir ...

So heißt es in der Vorrede zu den *Betrachtungen eines Unpolitischen.* Er setzte sich Anfang November 1915 an die Arbeit. »Und dann begann«, so berichtet er im *Lebensabriß*, »in mehreren Anläufen die Arbeit an den ›Betrachtungen‹ – ein wegloses Sich-durchs-Gestrüpp-Schlagen, das zwei volle Jahre dauern sollte ...« Und in einem Brief an Amann vom 7. November 1915:

> Ich habe mich in eine kritisch-essayistische Arbeit gestürzt, eine Art Aufsatz, nein, es sind fast privat gehaltene Aufzeichnungen, die aktuelle Dinge mit einer Revision meiner persönlichen Grundlagen auf wunderliche und gewagte Art vereinigen und mich seelisch sehr hernehmen.

Die Arbeit an dieser »Art Aufsatz« war noch kaum in Angriff genommen, als im Novemberheft 1915 der ›Weißen Blätter‹ Heinrich Manns

Essay über Zola erschien. Dieser Essay – Thomas Mann nannte ihn ironisch eine »politische Dichtung von höchsten literarischen Eigenschaften«, den Bruder einen Deutschen, »den Vergeistigung dermaßen hoch über seine Volksgenossen emporgeführt, daß er ebenfalls zum Franzosen geworden« – war eine historisch vermummte, durchaus unmißverständliche Auseinandersetzung mit den intellektuellen deutschen Verherrlichern des imperialistischen Krieges; er war in einigen Teilen eindeutig an die Adresse des Bruders gerichtet und ging mit den *Gedanken im Kriege* scharf polemisch, mit kaum verhüllten persönlichen Spitzen ins Zeug. Thomas Mann war zutiefst empört und verbittert über diese »bösartigen« Angriffe. »Das Literarische versteht sich von selbst«, schrieb er am 14. März 1916 an Fischer, »aber ich bekenne, daß meine Empörung über die abscheuliche Intrige nachträglich noch immer zunimmt...« Diese Empörung verlieh den *Betrachtungen eines Unpolitischen* einen zusätzlichen vehementen Antrieb und machte sich in den Kapiteln *Der Zivilisationsliterat* und *Gegen Recht und Wahrheit* in verbissener Polemik gegen Heinrich Mann Luft. So schwoll das Buch an. Im Februar 1916 teilte er Amann mit: »Es steht schlimm! Ich habe alles gesagt, an 200 Quartseiten hingesudelt, und weiß nicht, was ich damit anfangen soll...« Im Juni berichtete er Holm: »Ich schreibe an einem kleinen selbst- und zeitkritischen Buch, das von Kunst und Politik handelt...« Ende August an Bertram: »Ich schreibe ein dickes Buch für ein paar Freunde, wie Sie... Die Literaten werden schimpfen, und das Publikum wird sich langweilen.« Und Ende November an denselben: »Die Zeit ist rasch, und ich bin langsam. Ausführlich und pedantisch muß ich erst abrechnen und werde alt und müde dabei, fürchte ich...«

Das Buch des Vierzigjährigen enthält manchen Satz, der die zurückgelegte Wegstrecke seit dem großen Taumel anzeigt. Einer lautet: »Seien wir ehrlich, wir schämen uns heute ein wenig all jenes finsteren und freudigen Ungestüms.«

DIE »BEFREUNDETEN GEGNER«

Heinrich Manns Zola-Aufsatz war nicht von ungefähr in den ›Weißen Blättern‹ erschienen; er hätte kaum irgendwo anders erscheinen können. Schwabachs junge Gründung hatte als Gegenstück zur etablierten, ja schon fast institutionalisierten ›Neuen Rundschau‹ begonnen und geriet durch den Krieg unweigerlich in Gegensatz zu ihr. »Fischer ist verbraucht; Schwabach kann ihn ersetzen...« schrieb René Schickele am 3. November 1914, als es darum ging, ob er die Redaktion der Zeitschrift übernehmen und ausreichend freie Hand erhalten werde. Die Vereinbarung kam zustande. Schwabach ersetzte zwar Fischer nicht und auch die ›Weißen Blätter‹ nicht die ›Neue Rundschau‹, aber unter Schickeles Leitung wurde die Zeitschrift ab Januar 1915 zum Sammelpunkt einer Bewegung des »explosiven Aktivismus der Kunst«, wie Thomas Mann ein Vierteljahrhundert später schrieb, »der über das Literarische und Künstlerische hinaus« ging und »vom ersten Augenblick an politisch« war:

Die politische Hauptdoktrin der Schule war die Untrennbarkeit von Politik und Literatur. Die Zeitschrift bedeutete die Mobilisierung des Geistes für die Politik, und zwar für eine antimilitaristische und pazifistische. Eine ihrer kennzeichnendsten Kundgebungen war ein Beitrag meines Bruders Heinrich, – jenes unter dem Schein eines enthusiastischen Zola-Porträts geschleuderte ›J'accuse‹ gegen den imperialistischen Krieg.

So sah es im Januar 1939, am Vorabend des Zweiten Weltkrieges aus. Ein Vierteljahrhundert zuvor dachte man anders über einander. Schickele kämpfte in den ›Weißen Blättern‹ – »jene Europäer-Zeitschrift« nannte Thomas Mann sie damals – mit wahrem Furor gegen jede Kriegsverherrlichung. Norbert Jacques, mit dem er sich gleich vielen anderen zu Kriegsbeginn überwarf, zitiert in seinen Lebenserinnerungen einen Brief von Schickele vom 31. Oktober 1196, in dem es heißt:

Wenn die Meute losgelassen wird, dürfen *wir* uns nicht hineinwerfen! Wozu wären wir denn da? Wozu hätte man uns nötig, wenn wir jedem tierischen Ausbruch unterlägen? Ich habe mich in den Weißen Blättern ebenso heftig gegen Barrès und France gewandt wie gegen Thomas Mann, dieses Erzschwein, und den nun ganz verblödeten Hauptmann und gegen Dehmel, der mein Freund war (und der es mir heute schon nicht mehr übel nimmt, daß ich so gegen ihn auftrat) ...

Schickele hatte im Juliheft 1915 der ›Weißen Blätter‹ den Band mit den drei Kriegsaufsätzen Thomas Manns in einer kritischen Glosse besprochen und zu dem Satz »Und wir grüßen sie [die Not], denn sie ist es, die uns so hoch erhebt« angemerkt:

Wie hoch? Gerade so hoch, daß der Ritter Thomas Mann, im Damensattel reitend zwischen Tod und Teufel, seine unsäglich kokette Gebärde hinüberwerfen konnte wie einen Handschuh in die dampfenden Reihen der Soldaten.

Den *Friedrich*-Versuch fand er »meisterhaft«, »erschreckend«, von »skeletthafter Dürre«, das »Schauspiel eines Totentanzes« und »köstlich zugerichtet«. Er sage »nichts über die Sache, die er verficht ... ich sehe nur, wie er diese Sache vertritt, als ein rechter Advocatus diaboli, und daß er ein Bild errichtet, das, als fortwirkendes Beispiel für die Geschlechter von heute und morgen, Züge aufweist, wie sie unheimlicher selten an einem Götzen gesehen wurden.«

In den beiden ersten Kriegsjahren waren die politischen Gegensätze zwischen den Gruppen, die sich um die beiden Zeitschriften sammelten, scharf und zuweilen bitter; später, als der Verlauf des Krieges zeigte, daß die Pazifisten, Antimilitaristen und Anti-Imperialisten die Dynamik der Ereignisse richtig eingeschätzt und mit vielen ihrer Argumente nicht unrecht hatten, glichen sich die Gegensätze aus. Auf literarischer Ebene blieben die Grenzen während des ganzen Krieges fließend. Die meisten von Schickeles Mitarbeitern erschienen gleichzeitig auch in der ›Rundschau‹, auch jene, die sich mit weltanschaulicher Unbedingtheit dem Heinrich Mann-Schickele-Kreis zugehörig fühlten; sogar ein so radikaler Geist wie Kurt Hiller publizierte in den Jahren 1914–1916 in der ›Neuen Rundschau‹. Franz Werfel, Kasimir Edschmid, Walter Hasenclever, Rudolf Leonhard, Alfred Wolfenstein, Paul Zech, Albert Ehrenstein, Franz Blei, Johannes R. Becher (mit seinem Gedicht *Der Kinderkreuzzug*) waren in der Zeit 1914–1918 in der ›Neuen Rundschau‹ zu lesen; von den wichtigen Mitarbeitern der ›Weißen Blätter‹ fehlten in der ›Rundschau‹ nur Stefan Zweig, der zwischen 1912 und 1921 in ihr nicht vertreten war, und Annette Kolb, die regelmäßig für Schickeles Zeitschrift schrieb, sich aber zwischen 1914 und 1921 der ›Neuen Rundschau‹ fernhielt. Dessen ungeachtet fühlten sich die Expressionisten während der ersten Kriegsjahre in Fischers Zeitschrift ein wenig unbehaglich. Max Hermann-Neisse, der 1914 mit einem Gedichtband bei Fischer erschienen war, fand in einem Brief an einen Freund im Juli 1915:

> ... die Rundschau wird immer schwarz-weißer. Neulich schrieb mir sogar der Wolfenstein einen Brief voller Stoßseufzer über die Zurückstellung und Nichtachtung, die er durch diesen Bie (den Wolfenstein ›Bie-Bier-Biest‹ steigerte) erführe.

Und im Dezember 1916:

> Eine echte Freude habe ich an Schickeles Weißen Blättern. Und Glossen von Schickele, die die Grazie und den Elan haben, von dessen Florettstößen sich der Getroffene nie mehr erholt, und die Getroffenen sind in diesem Fall zu meiner Freude die sich immer widerlicher gebärdenden Rundschau-Leute.

Schickele selbst hatte sogar nach Kriegsausbruch, im Oktoberheft 1914 der ›Neuen Rundschau‹, noch einen Aufsatz über den französischen Sozialisten Marcel Sembat veröffentlicht; doch mit der Übernahme der ›Weißen Blätter‹ stellte er seine Mitarbeit ein (und nahm sie erst 1921 wieder auf). Fischers Bühnenvertrieb übernahm jedoch zeitweilig Schickeles deutsch-französisches Stück *Hans im Schnakenloch*, das erstaunlicherweise im März 1917, als Schickele sich als erklärter Kriegsgegner längst außer Landes befand, in Berlin aufgeführt, allerdings alsbald auf Veranlassung der Obersten Heeresleitung verboten wurde. Anläßlich dieser Aufführung schrieb Kerr:

René Schickele... ein wohltuend wertvoller Mensch; mir bekannt seit Ewigkeiten; bei dem man bloß zu tippen braucht, um erfaßt zu sein... der mit seinem damaligen Freund Otto Flake (jetzt hassen sie einander – so ist das Leben) unbeschrieben hinauszog und bei mir saß; den ich nach manchem Brief schmunzelnd gewissermaßen zu den befreundeten Gegnern rechne, seit man ihm eine Monatsschrift anvertraut hat... Schickele, René, wacht in jener Monatsschrift, ob er es weiß oder nicht weiß, mißtrauisch über solche, die tief im Kriegswirrwarr, und er haßt ihn mit Fug so wie ich, vaterländischer Wallungen hinreichend verdächtig sind. Ich stehe bei diesem Schwarm in keinem guten Geruch, weil ich, als die überrumpelten Geister sirch schieden, in dubio die Partei Deutschlands nahm...

Flake, der mit Schickele seit langem befreundet war und mit der Haltung des elsässischen Landsmannes sympathisierte, war von keiner Animosität beseelt und fand nicht, daß die ›Rundschau‹-Leute sich »widerlich gebärdeten«; aber seine Abstand wahrende Haltung schützte ihn nicht davor, ins Kreuzfeuer der beiden Gruppen zu geraten. Man reagierte sehr empfindlich aufeinander. Im Oktoberheft 1914 hatte Flake in einem seiner regelmäßigen ›Rundschau‹-Referate *Von der jüngsten Literatur* über Schickeles neuen Roman *Benkal der Frauentröster* geschrieben und dabei

auf die französischen Züge im Naturell des Autors hingewiesen, der Charakteristik zu Liebe. Schickele und sein Freundeskreis aber hatten darin eine böswillige Absicht gesehen – im Krieg dürfe man das nicht betonen, es schade dem Elsässer. Ich konnte die Berechtigung dieses Einwandes nicht leugnen.

Das war es nicht allein. Flakes zwölf Seiten langer Aufsatz (ein überaus fesselndes Dokument jener Zeit) hatte in einer, von Hauptmann und dem Naturalismus ausgehenden und bis zum Expressionismus ausgreifenden Analyse dargelegt, daß die deutschen Machthaber am Heraufkommen der ihnen mißliebigen Geister selbst schuld seien:

Künstler, die zugleich einen scharfen Intellekt haben... werden mit Haß auf Verhältnisse reagieren, in denen die Machthaber das einzige Recht, das sie der Kunst gegenüber haben: die großen Talente zu weithin sichtbaren Repräsentanten der nationalen Kultur zu machen, nicht nur nicht ausüben, sondern sie geflissentlich übersehen oder gar beschimpfen; aus diesem Haß oder mindestens der kalten bewußten Entfremdung wurde eine ganz neue, bestimmt gefärbte Opposition geboren, durch einen Akt der Selbsthilfe entstand, später als in anderen Ländern, und noch heute bei uns nicht als berechtigt anerkannt, der Intellektuelle.

Der »Vater der deutschen intellektuellen Literatur« fuhr Flake fort, sei Heinrich Mann, mit dem er nunmehr scharf ins Gericht ging, und zwar an Hand seines neuen Romans *Der Untertan*. Heinrich Mann hatte diesen Roman im Juli 1914 beendet, der Zeitschriftenabdruck hatte begonnen, als der Krieg ausbrach, und wurde abgebrochen; das Buch konnte während des Krieges nicht erscheinen; aber Flake, der es kannte, fand: »... obwohl er noch nicht als Buch erschienen ist, kann man also darüber sprechen«, und gab eine ausführliche Analyse seiner Geisteshaltung. Für einen Schaffenden, dem an der Kultur seines Volkes gelegen sei, dürfe Haß nur Mittel sein. Heinrich Manns Haß sei jedoch »hämisch«:

Er greift nicht an, er stellt nur fest, und Feststellungen langweilen, wenn sie nur Wiederholungen werden. Es ist ein Haß des Verstandes, nicht des Blutes, er bleibt klein und kommt nicht über die Tagesgereiztheit des Simplizissimus hinaus. Und hier ist das Wort unvermeidlich, dem ich bis jetzt aus dem Weg gegangen bin: es ist ein literarischer Haß, sein Autor ist ein Literat.

Es war ein Verstoß gegen die guten Sitten, einen Autor und sein Werk anzuprangern, wenn das Buch nicht vorlag und der Leser nichts nachprüfen konnte. Überdies lieferte der Aufsatz eine Reihe von Formulierungen, die Thomas Mann in seine Polemik gegen den Bruder übernahm – der »Zivilisationsliterat«, dessen Haß nicht aus dem Blut, sondern aus dem Verstand, nicht aus der Kultur, sondern aus der Zivilisation kam, war hier vorgeprägt –, was Flake noch ein halbes Jahrhundert später den Vorwurf eintrug, er sei »der erste Denunziant Heinrich Manns« gewesen. Schickele witterte in dem allem, in den Äußerungen über ihn selbst wie in den Angriffen auf Heinrich Mann eine »Machenschaft« des Hauses Fischer, zu der sich »mein ehemaliger Freund Otto Flake« hatte mißbrauchen lassen, und schrieb im Januarheft 1916 der ›Weißen Blätter‹:

Der Aufsatz ist schlecht. Wer von uns hätte noch keinen schlechten Aufsatz geschrieben? Er bedeutet jedoch die Ausführung eines redaktionellen Auftrags, dessen Sinn nicht mißzuverstehen war. Den Auftrag hätte Flake, wenn nicht aus persönlichen, so wenigstens aus gesellschaftlichen Gründen ablehnen müssen ... Die scheinbare Objektivität des Verfahrens, das er wählte, mag zeitgemäß sein. Sie ist widerlich und setzt einen Schriftsteller tiefer herab, als ihn zwölf gute Bücher hinaufheben könnten, die er noch in seinem Leben schriebe.
Ich würde nicht bei einem Aufsatz wie dem besprochenen verweilen, wenn nicht Angelegenheiten, die sehr persönliche zu sein scheinen, heute in Wirklichkeit überpersönlicher Art wären: sie stellen Menschen dorthin, wohin sie endgültig gehören kraft der Prüfung, die ihnen von der Zeit auferlegt ward. Gemeinschaften haben sich gelöst, andere werden sich statt ihrer bilden. Ihr Bestand wird fester sein, weil sie nicht durch Zufall, Neigung und Berechnung bestehen werden, sondern aus Treue zu sich selbst und der erprobten Widerstandskraft gegen Gewaltsamkeiten aller Art.
Man wird gern alles verzeihen, aber gut tun, nichts zu vergessen.

Dieser Angriff veranlaßte wiederum Bie im Aprilheft 1916 der ›Neuen Rundschau‹ zu einer redaktionellen Notiz:

Im Januarheft der Weißen Blätter sagt René Schickele von dem Aufsatz Otto Flakes über ›Jüngste Literatur‹ … er bedeute die Ausführung eines redaktionellen Auftrags, dessen Sinn nicht mißzuverstehen wäre. Will Schickele damit sagen, daß unsere Redaktion ein Interesse daran hat, die kritische Einsicht eines Mitarbeiters in irgend einer Weise zu lenken, so ist das eine ebenso unsinnige wie böswillige Behauptung, für die weder eine materielle noch eine psychologische Grundlage vorhanden ist.

Diese Auseinandersetzung zwischen den »befreundeten Gegnern« ist hier in einiger Ausführlichkeit wiedergegeben, weil an ihr, die gleichnishaft für manch andere steht, das geistige Spannungsfeld und sein polemisches Klima meßbar werden, das Fischer umgab. Es scheint bemerkenswert, daß im zweiten Kriegsjahr in Deutschland eine solche Polemik überhaupt ausgetragen werden konnte. Doch war es in Wahrheit der letzte Moment. Um eben diese Zeit mußte Schickele erkennen, daß er seine Zeitschrift gegen die Eingriffe der Zensur und der Kriminalpolizei in Berlin nicht halten konnte, und übersiedelte mit ihr in die Schweiz, wo sie ab April 1916 bis Kriegsende weiter erschien. Als Flake Anfang 1918 nach Zürich kam, grollte Schickele ihm noch immer; man sah sich nicht – »aber wir wechselten Briefe über seine Verstimmungen«.

Flake wollte, wie Hedwig Fischer schrieb, »von Krieg und Militärdienst durchaus nichts wissen«. Er selbst erklärt in seinen Erinnerungen seine Haltung zum Krieg:

… weder hatte ich Lust, mich drillen zu lassen, noch als Reserveoffizier vorgeschriebenen Ideen anzuhangen. Die Begeisterung, die bei Kriegsausbruch einsetzte, der Eifer, zu den Waffen zu eilen, ergriffen mich nicht … Meine Haltung konnte nur Enthaltung sein; in alten Zeiten hätte ich sie religiös begründet – im zwanzigsten Jahrhundert begründete ich sie von der Erkenntnis, vom Philosophischen her. Wenige würden mich begriffen haben; es gab sie, wie ich später erfuhr, aber zunächst stand ich gegen eine Massenausgabe von Parolen. Es gibt Augenblicke, in denen ein Mensch an seinen Empfindungen merkt, welcher Kategorie er angehört: ich zu der, die einen Schritt zurücktritt, wenn das Tun zu sieden beginnt – man sagt nein zur Dämonie der Welt, der Götter, des Lebens selbst. Diese Haltung war nicht polemisch, sondern der Abstand vom Handeln, an das nun alle glaubten; sie sagten sogar, es bedeute Erlebnis, daß nun endlich wieder die Zeit des Handelns gekommen sei. Die jungen Menschen legten den Faust oder den Zarathustra in ihre Tornister und suchten, da sie Deutsche waren, Identität mit den im Staat gültigen Ideen, mit der Idee des Staates selbst. Statt Identität zu suchen, kann man auch das Ganz-Andere ins Auge fassen; diese beiden Haltungen sind möglich.

Das »Ganz-Andere« war eine Korrektivansicht des Krieges, die mit der Zeit unentbehrlich wurde. Sie wurde in der Bülowstraße und im engen Freundeskreis der Erdener Straße respektiert. Flake bewerkstelligte es, kriegsuntauglich geschrieben zu werden, ging auf einige Zeit auf einen Verwaltungsposten der deutschen Militärregierung in Brüssel, wo Wilhelm Hausenstein sein Vorgesetzter war (auch er schrieb während des Krieges in der ›Rundschau‹), kam später nach Berlin zurück und war während des größten Teils des Krieges in Fischers Nähe und gewiß nicht ohne Einfluß auf die geistige Temperatur der Verlagsfamilie:

Mindestens drei Abende in der Woche war ich im Grunewald bei Fischers, wo man Cooncan spielte oder zeitgemäße Lektüre las – ich erinnere mich noch an Clausewitz und den jungen Moltke. Man fuhr im Auto nach Sanssouci in den Park oder nach Zossen zur Besichtigung der Gefangenen und des Stacheldrahts... Irgend etwas war an der Marne geschehen, man wurde nicht klug daraus. Ich wünschte eine rasche Remisentscheidung, wenn man sich so ausdrücken kann – keine deutsche Niederlage, aber auch keinen deutschen Sieg, vor dessen Folgen mir graute.

HERMANN HESSE IM KRIEG

Von den bedeutenden und berühmten Autoren des Verlags war Hermann Hesse der einzige, der sich vom Pathos des Kriegstaumels nicht die Sinne verwirren ließ.

Die sogenannte große Zeit war angebrochen, und ich kann nicht sagen, daß sie mich gerüsteter, würdiger und besser angetroffen hätte als alle anderen auch. Was mich von den andern damals unterschied, war nur, daß ich jenes einen großen Trostes entbehrte, den so viele andere hatten: der Begeisterung. Dadurch kam ich wieder zu mir selbst und in Konflikt mit der Umwelt...

So schrieb er zehn Jahre später, in *Kurzgefaßter Lebenslauf*, der 1925 in der ›Neuen Rundschau‹ erschien. Gewiß, er lebte bereits seit einigen Jahren in der Schweiz, besaß Abstand von Deutschland, von der »Zeit«, doch hätte er, selbst wenn er noch am Bodensee gelebt hätte, wohl kaum anders reagiert. In einem Brief vom Dezember 1931 schrieb er:

Ich war bis zum Kriege zwar ein Einsiedler gewesen, aber mit Vaterland, Regierung, öffentlicher Meinung, offizieller Wissenschaft etc. nicht in Konflikt gekommen, obwohl ich demokratisch empfand und mich gern an der Opposition gegen Kaiser und Wilhelminismus beteiligte. (Mitarbeit am ›Simplicissimus‹, Mitbegründer des demokratisch-antikaiserlichen ›März‹ etc.) Jetzt im Krieg sah ich nicht nur, daß mit dem Kaiser, dem Reichstag, dem Kanzler, den Zeitungen und Parteien nichts los sei, daß das ganze Volk begeistert den scheußlichen Roheiten und Rechtsbrüchen Beifall zubrüllte etc., und die Professoren und anderen offiziellen Intellektuellen die Lautesten dabei waren – ich sah auch weiter, daß nämlich auch unser bißchen Opposition, unser bißchen Kritik und Demokratie nur Feuilleton gewesen, daß auch von uns nur sehr wenige Ernst zu machen und nötigenfalls dafür zu sterben bereit waren. Es folgte auf die Vernichtung der vaterländischen Götzen die der eignen Einbildung, ich mußte unsere deutsche

Geistigkeit, unsre heutige Sprache, unsre Zeitungen, unsre Schule, unsre Literatur unter die Lupe nehmen und als größtenteils verlogen und hohl erkennen, inbegriffen mich selbst und meine bisherige Schriftstellerei, obwohl die ja in guten Treuen geschehen war. Diesen Einschnitt durch den Krieg, der mich aufgeweckt und wissend gemacht hat, findet man in allem, was ich von 1915 an geschrieben habe...

In *Kurzgefaßter Lebenslauf* heißt es weiter, an späterer Stelle:

Nein, ich konnte die Freude über die große Zeit nicht teilen, und so kam es, daß ich unter dem Kriege von Anfang an jämmerlich litt, und jahrelang mich gegen ein scheinbar von außen und aus heiterm Himmel hereingebrochenes Unglück verzweifelt wehrte, während um mich her alle Welt so tat, als sei sie voll froher Begeisterung über eben dieses Unglück. Und wenn ich nun die Zeitungsartikel der Dichter las, worin sie den Segen des Krieges entdeckten, und die Aufrufe der Professoren, und alle die Kriegsgedichte aus den Studierzimmern der berühmten Dichter, dann wurde mir noch elender.

Schließlich ›entschlüpfte‹ ihm selbst ein Zeitungsartikel. Am 3. November 1914 veröffentlichte er in der ›Neuen Zürcher Zeitung‹ seinen Aufsatz *O Freunde, nicht diese Töne*, das »Bekenntnis dieses Elends«, wie er später sagte, »und ein Wort des Bedauerns darüber, daß auch die sogenannten geistigen Menschen nichts anderes zu tun wüßten als Haß zu predigen, Lügen zu verbreiten und das große Unglück hochzupreisen«. In diesem berühmt gewordenen Aufsatz erinnerte er an den Geist, »in dem die besten deutschen Denker und Dichter gelebt haben« und an die »Mahnung zu Gerechtigkeit, Mäßigung, Anstand, Menschenliebe, die er enthält ... Daß Liebe höher sei als Haß, Verständnis höher als Zorn, Friede edler als Krieg, das muß ja eben dieser unselige Weltkrieg uns tiefer einbrennen als wir es je gefühlt.« Der Protest gegen den Krieg, der »Protest gegen die rohe, blutsaufende Dummheit der Menschen, der Protest gegen die ›Geistigen‹, namentlich die den Krieg predigten«, war ihm, wie er später schrieb, »Pflicht und bittre Notwendigkeit« geworden.

Die Folge der »ziemlich schüchtern geäußerten Klage« in der ›Neuen Zürcher Zeitung‹ war, daß »ich in der Presse meines Heimatlandes für einen Verräter erklärt wurde«. Das ›Kölner Tagblatt‹ machte sich zum Sprecher all jener, die in Hesse einen »Gesinnungslumpen« erblickten, und schrieb:

Wie ein Ritter von der traurigen Gestalt ... zieht der Drückeberger Hermann Hesse daher, als vaterlandsloser Gesell, der längst innerlich den Staub der heimischen Erde von seinen Schuhen geschüttelt hat.

Dieser Artikel, vermerkte Hesse im *Lebenslauf*, wurde »von zwanzig Zeitungen meiner Heimat« nachgedruckt, und

von allen meinen Freunden, deren ich bei der Presse viele zu haben glaubte, wagten es nur zwei, für mich einzutreten. Alte Freunde teilten mir mit, daß sie eine Schlange an ihrem Busen genährt hätten, und daß dieser Busen künftig nur noch für Kaiser und Reich, nicht aber mehr für mich Entarteten schlage. Schmähbriefe von Unbekannten kamen in Menge, und Buchhändler ließen mich wissen, daß ein Autor von so verwerflichen Gesinnungen für sie nicht mehr existiere.

Hesse vergaß dieses Erlebnis nicht, konnte es nicht vergessen. Er war bei Kriegsausbruch siebenunddreißig Jahre alt und hatte sich, eingedenk seiner Pflicht als deutscher Staatsbürger – er erwarb erst 1923 die Schweizer Staatsbürgerschaft – beim deutschen Konsulat in Bern als Freiwilliger für den Landsturm gemeldet. Man hatte ihn abgelehnt, doch wurde er bald darauf der deutschen Botschaft in Bern für die ›Deutsche Kriegsgefangenenfürsorge‹ zugeteilt. Dieser Tätigkeit widmete er sich hinfort mit gewissenhaftester Hingabe. Er gab den ›Sonntagsboten für die deutschen Kriegsgefangenen‹ und die ›Deutsche Interniertenzeitung‹ heraus und besorgte den mühevollen Aufbau und Vertrieb der ›Bücherzentrale für deutsche Kriegsgefangene‹. Und indes der Krieg fortschritt, suchte mancher unter den deutschen Dichtern und unter Fischers Autoren, die sich ihm entfremdet hatten, durch Beihilfe an seinem Liebeswerk einiges gutzumachen.

WIDER DIE MARODEURE DES PATRIOTISMUS

Die Frage, wie man sich zum ausländischen Schrifttum, besonders zu dem der ›Feindstaaten‹ zu verhalten habe, wurde schon gleich zu Beginn des Krieges aufgeworfen und kam den ganzen Krieg hindurch nicht zur Ruhe. Sie war für Verleger, Buchhändler, Theaterdirektoren von praktischer Bedeutung, wurde aber auch den Schriftstellern aufgedrängt. Hier waren die »Marodeure des Patriotismus«, wie Schnitzler sie nannte, am Werk. Wie sehr die geistige Integrität der deutschsprachigen Schriftsteller von ihnen betroffen sein konnte, wie notwendig es war, sich vor aller Welt gegen sie zu verwahren, spiegelt ein *Protest* wider, den Schnitzler am 22. Dezember 1914 in der ›Neuen Zürcher Zeitung‹ veröffentlichte.

Wie ich durch Freunde in Rußland auf einem Umweg erfahre, sind in Petersburger Blättern angebliche Äußerungen von mir über Tolstoi, Maeterlinck, Anatole France, Shakespeare von so phantastischer Unsinnigkeit veröffentlicht worden, wie sie mir zu normalen Zeiten von niemandem, der mich kennt, zugetraut würden, die aber in unserer vom Übermaß des Hasses und vom Wahnsinn der Lüge verwirrten Welt immerhin auch sonst urteilsfähigen Menschen nicht unglaubhaft erscheinen könnten.
Solche Verhetzungsversuche, wie sie weit hinter den Fronten der ehrlich kämpfenden Armeen im wohlgedeckten Gelände unverantwortlicher Publizistik von den Marodeuren des Patriotismus gefahrlos unternommen werden, scheinen ja eine besondere, und vielleicht die widerwärtigste, Eigentümlichkeit dieses Krieges zu bedeuten. Auch der lächerlichste dieser Versuche,

wenn er gelingt, könnte späteren Verständigungen zwischen Einzelnen, auf die es ankommt, Schwierigkeiten bereiten; daher möchte es leicht als ein Fehler erscheinen, wenn ich diesen (etwa um seiner besonderen Albernheit willen) auf sich beruhen ließe.

Der Wortlaut der mir zugeschriebenen Äußerungen ist mir noch nicht bekannt; ihr Sinn, und die Tatsache der Veröffentlichung aber steht unbezweifelbar fest. Da es unter den gegenwärtigen Verhältnissen lange dauern kann, ehe ich in den Besitz des Originalartikels gelange, muß ich mich vorläufig auf die Erklärung beschränken, daß Äußerungen der Art, wie sie in jener Publikation offenbar mitgeteilt sind, von meiner Seite niemals gefallen sind, nach meiner Gesinnung niemals, weder im Frieden noch im Kriege, hätten fallen können. Es ist freilich etwas beschämend für jemanden, der sich zeitlebens vom Pathos der Selbstverständlichkeiten leidlich fernzuhalten gewußt hat, erst ausdrücklich versichern zu müssen, daß ihm das Schöne jederzeit schön, das Große jederzeit groß bleiben wird, – auch wenn es Nationen angehört, oder innerhalb von Nationen geworden und gewachsen ist, mit denen sein Vaterland eben in einen Krieg verwickelt ist; aber – der zahlreichen Menschen gedenkend, die sich in dieser Epoche auch zu schlimmeren Arten von Selbstverleugnung verstehen müssen, als zu kleinen Geschmacklosigkeiten, – stehe ich nicht an, es hier niederzuschreiben, daß ich Tolstoi (einen Russen!) für eines der gewaltigsten dichterischen Ingenien halte, die je über den Erdkreis geschritten sind; – daß ich Anatole France (einen Franzosen!) nach wie vor als einen der vornehmsten Geister der Gegenwart und zugleich als einen Erzähler höchsten Ranges erkenne; und daß Maeterlincks (eines Belgiers!) naturwissenschaftlich poetisierende Rhapsodien, sowie viele seiner kleinen Dramen, auch dann von ihrem seltsam edlen Reiz nicht das Geringste für mich verlören, wenn er wirklich all das krause Zeug über Deutschland geschrieben hätte, das neuerdings unter seinem Namen durch die Zeitungen ging. Soll ich mich nun auch noch öffentlich mit allem Ernste zu Shakespeare bekennen (dem Engländer ja, denn er ist in Stratford geboren) – oder fängt es selbst den Zweiflern zu dämmern an, daß mir Shakespeare, auch wenn dieser Krieg dreißig Jahre dauerte, immer Shakespeare bedeuten wird, und erläßt man es mir, für das Unvergleichliche und Einzige nach Worten des Preises und der Bewunderung zu suchen?

So mag denn die leidige Angelegenheit für diesmal als abgetan gelten. Doch später einmal, wenn der Friede wieder da ist, wollen wir uns mit schmerzlichem Staunen erinnern, daß es eine Zeit gab, in der wir genötigt waren, über die Grenzen hinüber einander die Versicherung zuzurufen, daß wir zwar jeder unsere Heimat geliebt haben, daß wir aber trotzdem Gerechtigkeit, Urteil und Dankbarkeit niemals verlernt, daß wir, um es kurz zu sagen, auch in dieser ungeheueren Epoche der Verwirrung niemals gänzlich den Verstand verloren hatten.

Aber die »Marodeure des Patriotismus« gaben keine Ruhe; die Frage, wie man sich zu Shakespeare auf der deutschen Kriegsbühne zu stellen habe, wurde »mit allem Ernste« weiter erörtert, und ein Jahr später, am 5. Oktober 1915, schrieb Kerr kopfschüttelnd:

Im Shakespearejahrbuch hat sich Gerhart Hauptmann, was höchst betrübsam ist, mit der Frage beschäftigt, ob heut, im Krieg mit England, Shakespeare bei uns gespielt werden darf...

Diese Frage hat er allen Ernstes beantwortet (und vorurteilsfrei erklärt: man dürfe).
Bleibt nun festzustellen, ob man, falls der griechische Minister Veniselos unangenehm wird, den Homer boykottieren soll. (An dieser Erörterung werden die Schüler, als nicht unverdächtige Neutrale, teilnehmen.)

Hauptmanns Aufsatz *Deutschland und Shakespeare* war nicht ganz so dumm, wie Kerr ihn hinstellte. Er enthielt immerhin den Satz: »Nein, wir wollen nichts wissen von Schrumpfungen unserer Geistigkeit!« Aber er endete mit einer überheblichen Dummheit (oder dummen Überheblichkeit):

Es gibt kein Volk, auch das englische nicht, das sich ein Anrecht wie das deutsche auf Shakespeare erworben hätte. Shakespeares Gestalten sind ein Teil unserer Welt, seine Seele ist eins mit unserer geworden: und wenn er in England geboren und begraben ist, so ist Deutschland das Land, wo er wahrhaft lebt.

Im redaktionellen Teil des Buchhändler-Börsenblattes wurde das Problem ausführlich behandelt. Dies war keine theoretische Diskussion, sondern eine durchaus praktische; denn das Fachorgan des deutschen Buchhandels hielt es für seine Pflicht, dem Sortimenter grundsätzliche Empfehlungen zu erteilen, wie er sich verhalten solle. In diese Diskussion griff Fischer mit einer längeren Zuschrift ein, die das ›Börsenblatt‹ am 19. Dezember 1914 auf seiner Titelseite veröffentlichte. Sie ist die einzige erhaltene öffentliche Stellungnahme Fischers zum Thema ›Patriotismus und Literatur‹ und steht deshalb hier in ihrem vollen Wortlaut. Unter dem Titel *Ausländische Schriftsteller und deutscher Buchhandel* schrieb Fischer:

Die Frage, wie wir deutschen Verleger und Sortimenter uns fortan zu den ausländischen Schriftstellern verhalten sollen, können wir nicht anders beantworten, als laute sie: Wie soll sich das deutsche Volk zu ausländischen Schriftstellern verhalten? Unser geschäftliches Interesse ist mit dem Interesse des Volkes identisch. Dieses Interesse des Volkes aber zu erkennen und zu verstehen, ist ein gewissenhafter Verleger und Buchhändler vor manchen anderen Zeitgenossen befähigt.
Nichts ist leichter, als ohne Opfer und Verantwortung anderen Leuten Pflichten aufzuerlegen, und da wir an dieser Stelle keine Aufsätze schreiben, sondern Verhaltungsmaßregeln zu beraten haben, so wollen wir es mit der in jedem Fall nötigen Besonnenheit tun.
Zuvörderst wollen wir also doch feststellen, daß wir ausländische Werke nicht deswegen in unser Land verpflanzen, damit ihre Autoren Geld verdienen. Nichts war in dem Streit um diese Dinge, besonders wenn es sich um Hodler handelte, kläglicher, als daß man den Missetätern vorrechnete, wieviel Geld sie aus Deutschland bezogen hätten. Eine Nation, die Güter einer andern an sich zieht, tut es immer, um sich selbst zu bereichern. Eine Erwägung von höherer und anständigerer Art ist es dann, zu untersuchen, ob eine Nation sich aber auch wirklich bereichert, wenn sie über-

haupt oder in einem zu hohen Grade geistige Güter einer anderen an sich zieht. Und diese Frage ist von der Geschichte der Literatur aller Zeiten und Völker beantwortet.
Immer wurde übersetzt, immer haben Übersetzungen gewirkt, und zwar fast immer belebend. Man kann aus der klassischen deutschen Literatur nicht Shakespeare, Ossian und Rousseau fortdenken; aus unserer neueren Literatur nicht Dostojewski, Ibsen und Flaubert. Darin drückt sich keine deutsche Schwäche aus, sondern das Gegenteil davon, und übrigens haben es andere Literaturen ebenso gehalten.
Handelt es sich in diesem Zusammenhang auch nur um die großen Erscheinungen, deren jede irgendwie über das Nationale von Natur hinausstrebt, so ist damit aber doch bewiesen, daß prinzipielle Entscheidungen über unser Verhalten zur ausländischen Literatur gar nicht möglich sind, sondern nur Entscheidungen von Fall zu Fall. Ich habe als der Verleger von Gerhart Hauptmann, Emil Strauß, Hermann Stehr, Richard Dehmel, Hermann Hesse, Thomas Mann und vielen andern Dichtern, die die künstlerische Art Deutschlands ausmachen, auch ausländische Autoren verlegt. Und so kann ich an Beispielen zeigen, wie ich es damit jetzt halte, und hoffe, daß mein Verfahren zur Klärung beitragen wird.
Ich bin der Verleger Ibsens. Ibsen ist durch seine innerliche Wirkung zu einem deutschen Dichter geworden. Über andere skandinavische Dichter meines Verlages in diesem Zusammenhang zu sprechen, erübrigt sich durch die Tatsache, daß Skandinavien neutral ist. Ich habe Romane und Dramen von Gabriele d'Annunzio veröffentlicht, doch werde ich sie fortan in den neuen Auflagen meiner Kataloge nicht mehr anzeigen. D'Annunzio hat sich gegen Deutschland schwer vergangen, ihn entschuldigt nicht die Betäubung durch ein schweres Schicksal, das über sein eigenes Land gekommen wäre; ihn hat nicht ein Haß zur Lüge, sondern die Lüge zum Haß verführt; – weg mit ihm!
Ich bin auch der Verleger Shaws und gedenke weiter zu ihm zu halten. Wir brauchen eine Kritik Englands, und Shaw ist Englands schärfster Kritiker. Nicht aber deshalb, weil er als der einzige Ausländer von Rang, den wir zu hören bekamen, seine Dankverpflichtung an Deutschland nicht vergaß und mit Freimut seine Stimme erhob, sondern weil er auf seine Weise, mit seinen Mitteln und seiner Begabung auf Wahrheit aus ist. Er kann unser Gegner, aber nicht unser Beleidiger sein.
Ich glaube, daß anders als von Fall zu Fall niemand entscheiden wird, den die Sache wirklich angeht. Gegen den ausländischen Schund gibt es nur eine Art des Kampfes, nämlich den gegen den Schund überhaupt.

Berlin S. Fischer

Für Fischer selbst lag das Problem weniger kompliziert als für manch anderen Verlag. Die Zeiten, in denen sein Verlag sich weitgehend auf ausländische Autoren stützte, waren längst vorbei. Es war seit Jahr und Tag kein russischer, französischer, belgischer, italienischer Autor mehr bei ihm erschienen; Ibsen war seit langem tot; der anstößige d'Annunzio schon vor einem Jahrzehnt zu Albert Langen abgewandert; die skandinavischen Erzähler, die vor einem Vierteljahrhundert weitgehend das Gesicht des Verlags bestimmt hatten, waren nur noch eine kleine und schwindende Minderheit, die außer den politisch prodeutschen Jensen und Madelung kaum Neues hervorbrachte, und Fischer betreute sie weiter. Das letzte von Shaws Vorkriegsstücken, die 1913 entstandene *Große Katharina* war bereits übersetzt und im Aprilheft 1914 der ›Neuen Rundschau‹ erschienen; mit der Buchausgabe wartete Fischer bis 1919. Im übrigen schrieb Shaw während der Kriegsjahre nur einige Unerheblichkeiten, über die sein deutscher Verleger sich nicht den Kopf zu zerbrechen brauchte. Andere deutsche Verlage hatten es schwerer.

DIE »GEWALT DES FATUMS«

Fischer war kein politischer Mensch, und ganz gewiß kein kriegerischer. Der Krieg war ihm ein Schicksalsschlag, mit dem es fertig zu werden galt. Samuel Saenger hat später Fischers Haltung in diesen kritischen Jahren sehr einfühlsam nachgezeichnet. Die Vorkriegskrisen, schreibt er, hatten »unsren Verleger« – der ja seine Herkunft aus der habsburgischen Welt trotz eines im wilhelminischen Deutschland gelebten Menschenalters sich nicht aus der Seele reißen konnte –, »stark berührt«.

Das war einmal der Vorstoß des habsburgischen Balkanimperialismus, der, unter Ährenthals Ägide vorgenommen, das verbündete Deutsche Reich ganz nahe anging und als Vorspuk der kommenden Balkankriege und von ›allem weiteren‹ empfunden werden mußte; und, zweitens, die Krisis des inneren Systems hervorgerufen durch Wilhelms II. Eigenmächtigkeiten, und der fast einmütige Protest des Reichstags gegen sie. Diese Vorgänge machten unsren Herrn Fischer recht nervös; aber ich hatte die Genugtuung, daß er meine scharfe Ablehnung des die Lebensrechte des Reiches bedrohenden Ährenthalschen Kurses billigte. Daß aber der Übergang Englands in das feindliche Lager für unser und das europäische Schicksal die entscheidende Tatsache geworden war, das gab nun mit allen seinen schillernden Varianten das katastrophenhaltige Thema der ›Rundschau-Chronik‹ in den paar Jahren bis zum Ausbruch des Krieges her. Herr Fischer schenkte diesen erregenden Ausführungen zwar alle gebührende Aufmerksamkeit, aber vor der Gewalt des Fatums resignierte er still und ergeben. Um so mehr verzehrte sich sein Eifer in der Hingabe an den sein Wesen ausfüllenden Interessenkreis, der die humanen Geheimnisse seiner Seele mit umschloß.

Es mußte, schrieb Saenger, an Fischer »die Schwäche der politischen Interessiertheit auffallen«, wenn man darunter mehr verstand als »den selbstverständlichen Anteil eines von Natur gescheiten und in einer edlen Praxis bewährten Mannes an dem politischen Panorama des Tages«.

Seinen Ausstrahlungen konnte er sich natürlich nicht entziehen. Er las seine Zeitung, aber ohne sich irgend tiefer mit jenen Geschehnissen zu befassen, die aus dem Wust und Wirbel der Vorgänge als bedeutsam herausragten und die ›eigentliche‹ Realität hinter den Realitäten bildeten. Er ahnte den Druck des Geschichtlichen auf das Tagespolitische, aber er ging den Zusammenhängen nicht nach. Die außerordentliche Disziplin, die er bei dem Werk seiner literarischen Selbsterziehung aufgewendet hatte, zehrte seine ganze Energie auf, und die spezielle verlegerische Tätigkeit zwang ihn zur Beschränkung in der Verwendung seiner Muße. So lebte er im Rahmen einer zu eng gewordenen liberalen Vorstellungswelt, obwohl doch sogar die Literatur, die er veröffentlichte und für die er sich so leidenschaftlich einsetzte, aus ihr herausdrängte und weitere, breitere Welten zu erobern längst begonnen hatte.

So fand sich dieser Mann dem Krieg gegenüber schlecht gewappnet:

Es war, als ob das Humane in seinem Wesen ihn getrieben hätte, vor der Tragödie des Menschen und der Menschheit, wie Politik und Geschichte sie vorführen, scheu die Augen zu schließen. Und die erlösende Flucht ins Religiöse und Transzendente versagte ihm die Natur. Vielleicht läßt sich in diesem seelischen Tatbestand die tiefere Ursache für die depressiven Augenblicke erblicken, die ihn zuweilen mitten im Glanz und Glück seiner Diesseitigkeiten befielen...

Was sich in Fischers Briefwechsel mit seinen Autoren während der Kriegsjahre, so weit er erhalten ist, an Äußerungen über den Krieg und seinen Fortgang findet, bestätigt den Eindruck, daß er »vor der Gewalt des Fatums« still und ergeben resignierte. Er brauchte dem Pathos nicht eigens zu wehren, denn es war seiner Natur ohnehin nicht gegeben; seinen Äußerungen fehlt jeder Überschwang, sie enthalten selten ein heftiges Wort, und wo es zuweilen ›patriotisch‹ oder gar ›chauvinistisch‹ anklingt, hört man geradezu klischeehaft den Zeitungsleitartikel heraus, den er gerade gelesen hat. Sein Briefwechsel mit Schnitzler während der ersten Wochen und Monate des Krieges läßt es erkennen. Schnitzlers Haltung zum Krieg war vielschichtig, skeptisch, wägend; er glaubte nicht an die »Gewalt des Fatums« und noch weniger an die Zeitungen. In seinen nachgelassenen Aufzeichnungen zum Krieg heißt es: »Erstens glauben wir nicht alles, was wir zu lesen bekommen, so wie wir wünschen, daß auch unsere Feinde nicht alles blind glauben, was in ihren Zeitungen steht« (Oktober 1914) und: »Notwendigkeit, zwei Dogmen zu bekämpfen. 1. Das Dogma von der Schicksalsnotwendigkeit des Krieges. 2. Das Dogma von dem läuternden Einfluß des Krieges« (März 1915). Am 11. September 1914 schrieb er an Fischer:

Vielen Dank für die freundliche Übersendung des Reikschen Artikels, der mir wirklich erfreulich war. So und nun ein paar Zeilen über etwas anderes als über den Krieg. Sonderbar, man denkt, man spricht nichts anderes. Vielleicht ist die große Schlacht um Lemberg schon entschieden, wenn dieser Brief bei Ihnen anlangt. Haben Sie viele Freunde und Bekannte bei der Armee? Ohne amtlich tätig zu sein (vorläufig), bin ich doch auch von dieser Seite her lebhaft berührt; ich begleite meinen Bruder durch die Krankensäle und von solchen Stunden unter den Verwundeten, die eben nach tagelanger Fahrt vom Schlachtfelde angelangt und eigentlich keine Ahnung haben, was vorgegangen ist, davon bringt man noch mehr nach Haus, als die Erinnerung an Worte, die man gehört, von Leiden, die man mit angesehen, und die Schauer der Weltgeschichte, die über ahnungslose und ahnungsvolle Häupter in dieser Stunde gleicherweise weben. Man ist hier der Bewunderung voll für Deutschlands Leistungen; im Westen ist's ja wahrhaftig wie ein Märchen, wie eine Legende vielmehr, und man kann sich die Figur des Kaisers mit seinen sechs Söhnen schon heute wunderschön in den Lesebüchern für die Mittelschulen des neuen 3. Jahrtausend vorstellen. Vom Simplizissimus zur Sagengestalt, es wird eine schöne Karriere gewesen sein.

Fischer dachte vor allem an das zukünftige Verhältnis seiner beiden Vaterländer. Er erwartete Schnitzler zur Aufführung des *Medardus* in Berlin und schrieb ihm am 15. Oktober 1914:

Dann werden wir ja Gelegenheit haben, uns auch über die politischen Verhältnisse zu unterhalten. Nur so viel für heute: Der Wunsch einer wirtschaftlichen und organisatorischen Durchdringung beider Länder ist nach meiner Wahrnehmung überall so stark, daß in den Zukunftsplänen irgendeine Skepsis nicht mitspricht. Die Neue Rundschau wird nach dem Krieg viel zu tun haben; wir sind dabei, die geistigen Kräfte zu organisieren und auch wichtige Mitarbeiter aus Österreich heranzuziehen.

Das Wiedersehen verlief harmonisch; man verbrachte gute Stunden in der Erdener Straße. Am 9. Dezember schrieb Schnitzler an Hedwig Fischer:

Seit 2. sind auch wir zu Hause. Die allgemeine Stimmung ist gefaßt, hoffnungsvoll und die meisten Menschen tun innerhalb ihrer Fähigkeiten, was sie können. Die Zeiten sind so ungeheuer, daß man sie noch immer eher zu ertragen als zu verstehen imstande ist. So haben wir uns nun auch an den Weltbrand gewöhnt und leben weiter, wie in der guten alten Zeit, da wir den eleganten Gehrock des Königs Eduard bewunderten und die Literatur für eine wichtige Sache hielten. Die Kunst wird hoffentlich wieder einmal warten.

Fischer war weiter optimistisch: »Die Dinge stehen gut im Osten und im Westen und wir haben den Eindruck, daß sich da nicht mehr viel ändern wird, so daß Friedensverhandlungen vielleicht schneller kommen als man denkt.« So im Mai 1915. Doch Schnitzler blieb skeptisch und glaubte »nicht an eine so baldige endgültige Ordnung dieser ungeheuren Angelegenheiten«. Aber als drei Wochen später die italienische Kriegserklärung kam, riß auch seine Zurückhaltung; die deutsche Sprache, fand er, besitze kein Wort, das die Begriffe Verrat, Erpressung, Tücke, Verlogenheit und d'Annunzio in sich vereinige, und Fischer fügte an seinen nächsten Geschäftsbrief den handschriftlichen Zusatz an:

Die Vergeltung gegen die italienische Infamie darf nicht ausbleiben, das wäre gegen die sittliche Weltordnung, und die gibt es doch! (?)

Diese »sittliche Weltordnung« war ihm keine Phrase, sondern eine lebendige Vorstellung. So schrieb er am 6. November 1914 an Nansen:

Wir wollen nur hoffen, daß die entsetzlichen Kämpfe unserem Land den vollen Sieg bringen. Was sollte aus der Welt werden, wenn das zaristische Rußland und das perfide Engländertum noch größere Macht gewinnen! Das wäre auch für Skandinavien ein großes Unglück. Das kann nicht in der Bestimmung des Weltengangs und menschlicher Kulturentwicklung liegen. Wir vertrauen auf die großen staatlichen und individuellen Kräfte unseres Landes, die zwar schwer, aber doch mit der ganzen Zuversichtlichkeit ihres Kraftgefühls diesen großen Kampf erfolgreich ausfechten werden.

Und am 3. Juni 1915, am Schluß eines langen Briefes an Nansen:

Ich glaube nicht an die Unfehlbarkeit der Deutschen, ich kenne ihre Fehler und ihre Tugenden, und ich glaube, daß ihre Tugenden ihre Fehler weit überwiegen. Aber das weiß ich genau: wenn irgendwo Gerechtigkeit und seelische Noblesse zu finden ist, so ist es hier bei uns in Deutschland, und das, was uns in der Welt in Wahrheit verhaßt macht, gehört nicht zu den schlechtesten Eigenschaften der Menschen. Nun konnte ich mir doch diese politisch-psychologische Abschweifung zum Schluß nicht schenken ...

Fischers »Schwäche der politischen Interessiertheit« war nicht unbedingt eine Schwäche; sie war in gewisser Hinsicht, wenn auch keine Stärke, so doch eine Kraftreserve. Sie bewahrte ihn davor, vom Krieg überrannt zu werden, und verhielt ihn dazu, inmitten des Getümmels auf die Bewahrung des Beständigen zu achten und sich nicht an den Krieg zu verzetteln; sie hieß ihn, dem Krieg zu geben, was des Krieges war, aber nicht mehr, und wenn man schon über den Krieg nicht hinausblicken konnte, so doch über ihn hinaus zu denken. Dieses Bestreben wirkte vom ersten Kriegstag an in seiner Arbeitsplanung.

25 Der halbe Verlag im Krieg

Fischer fand sich nicht ohne Mühe in die neue Situation. Ende Oktober 1914, als der Krieg fast drei Monate alt war, schrieb er an Nansen: »Ich wollte Ihnen schon längst schreiben, aber ich hatte mit großen Depressionen zu kämpfen, die mir alle Lust und Fähigkeit zu ernsterer Arbeit nehmen ... Die Welt hat sich verändert, seit wir uns nicht gesehen haben; für mich und die meinen war sie schon vorher ins Schwanken geraten und für uns wird sie so bald nicht wieder ins Gleichgewicht kommen. Aber hoffentlich dauert dieser große Krieg nicht allzu lange. Das wäre für die ganze Welt ein Unglück.«

PERSÖNLICHES

Die ersten Kriegswochen hatten Familiensorgen gebracht. Unversehens war man von einem großen Teil der europäischen Welt abgeschnitten. Fischers älterer Bruder Joseph lebte seit vielen Jahren als Kaufmann in London, und Fischer war von »den beunruhigenden Nachrichten über die Gefangennahme der Deutschen und Österreicher« in England sehr bestürzt; Geheimrat Landshoff, ein Onkel Hedwig Fischers, seit Jahrzehnten Bankier in St. Petersburg, war mitsamt allen dortigen Mitgliedern des ›Deutschen Flottenvereins‹ als spionageverdächtig verhaftet worden. Fischer wandte sich an Nansen im neutralen Kopenhagen um Hilfe: »Ich weiß ja, daß Sie ein menschenfreundlicher Mann sind und gern helfen.« Der Freund depeschierte zurück, der Bruder in London lasse bestellen, er sei nicht »gefangengenommen« und auch nicht interniert und befinde sich mitsamt seiner Familie wohl und unbehelligt. Den Onkel in Rußland freizubekommen, war schwieriger. Nansen sandte durch Vermittlung des dänischen Königs einen eigenen Emissär nach St. Petersburg, dem es gelang, die Heimkehr des alten Herrn zu erwirken.

Nach diesen beiden erfolgreichen Vermittlungsaktionen wirkte Nansen weiter als »Auslandsstelle« des Verlags. Die gesamte Korrespondenz des Verlags mit dem feindlichen Ausland wurde über Nansen geleitet; auch Geldüberweisungen in gesperrte Länder liefen anscheinend über sein Kopenhagener Büro; und als in Deutschland die Lebensmittellage schlecht wurde, traf gelegentlich ein Butter- oder Mehlpaket aus Dänemark in Berlin ein, das Fischer mit einer Sendung Rheinwein vergalt. Dieses Tauschgeschäft wurde allerdings nach einiger Zeit von den Behörden unterbunden; die Butter kam nicht an, das Mehl blieb auf der Strecke, der Wein vertröpfelte sich abseits vom Wege. Doch die Briefe, die Fischer wichtiger waren, blieben offenbar von jeder Zensur unbehelligt.

Bei einem Mißgeschick konnte allerdings auch Nansen nicht helfen. Meier-Graefe, der »unbeteiligtes Zuschauen nicht ertragen konnte«, bestand darauf, auf eigene Faust Liebesgaben an die Front zu fahren. Auf der Rückfahrt verirrte er sich und fuhr statt nach Westen in östlicher Richtung und den Russen geradewegs in die Arme. Er landete in einem Moskauer Gefängnis und geriet von dort nach Sibirien; doch gelang es bei einem Austausch von Zivilinternierten, ihn nach einiger Zeit zurückzuholen, denn 1916 war er wieder in Berlin. Über seinen Aufenthalt in Sibirien schrieb er später ein merkwürdiges Buch, *Der Tscheinik* (Der Teekessel), das im Herbst 1918 bei Fischer erschien. Die lange russische Gefangenschaft hatte ihn, wie Hedwig Fischer schrieb, seiner Frau entfremdet; im Haus in der Erdener Straße, wo auch Paul Cassirer und Tilla Durieux einander kennengelernt hatten, traf er eine reizende Freundin Annette Kolbs, die seine zweite Frau wurde. »Unser Haus muß etwas Ehestifterisches gehabt haben«, meinte die Hausherrin in der Erinnerung.

Mit den gewohnten alljährlichen Reisen in den Süden hatte es einstweilen ein Ende. »Da uns nun auch Italien auf lange hinaus verschlossen bleibt«, schrieb Fischer im Mai 1915 an Hesse, »werden wir gut tun, die Schönheiten des eigenen Landes von neuem zu entdecken. Es würde mich locken, einige Reisebücher herauszugeben, die vorbildliche Reisen in gewissen Teilen Deutschlands zum Gegenstand haben sollen. Für eine Reise in Schwaben und Allemanien haben wir an Sie gedacht. Wenn wieder Friede kommt, sprechen wir darüber ...« Weihnachten 1914 entfloh Fischer der Erdener Straße mit Frau und Tochter nach Garmisch, wo Flake im Hotel Gibson zu ihnen stieß. Man telegrafierte an Nansen: »Kommen Sie zu uns in das schöne Bayernland, Sie müssen durch neue Frische zu weiser Lebensfreude gesunden«, aber der müde und zerrüttete Freund – »ein ungemein charmanter, aber gänzlich abgewirtschafteter Mensch«, fand Flake – konnte sich nicht aufraffen. Im April 1915 gelang noch einmal eine vierzehntägige Erholungsreise nach Meran – »wir brauchen immer wieder neuen Mut, um dem Leben etwas gewachsen zu sein, und kleine Erholungsreisen bringen immerhin eine kleine Erfrischung«, schrieb Fischer an Nansen – aber dies war die letzte der gewohnten Frühjahrsreisen. Hinfort beschränkte man sich auf den Sommerurlaub. Im Sommer 1915 reiste die Familie nach Oberstdorf im Allgäu; dort fand sich Annette Kolb ein und wiederum Flake, der notierte: »Der Koch unseres Hotels setzte Treubruchnudeln auf die Karte; wir waren gespannt, worum es sich handle: Sie erwiesen sich als Makkaroni, die Italiener hatten in diesem Frühling den Krieg erklärt. An der Wand der Toilette hing eine Tafel: Gott strafe England.« Mit der zehnjährigen Tutti verstand er sich vortrefflich; sie nannte ihn ›Flix‹, und er mußte ihr im Wald Andersens Märchen vorlesen. »Der blonde Riese hatte Erfolg bei Frauen«, meinte die Mutter. Die drei folgenden Sommerurlaube verbrachte die Familie in Travemünde an der Ostsee, 1916 im Kurhaus-Hotel, 1917 und 1918 in einem gemieteten Haus, der ›Villa Alma Mater‹; es war nah von Berlin, und Fischer konnte (und mußte) seine Büroarbeit mitnehmen. Hauptmann, der die Sommer auf Hiddensee verbrachte, kam zu Besuch, auch Heimann und Reisiger kamen, und es war ein gewisser Ersatz für den entschwundenen ›Berghof‹ und das Salzkammergut geschaffen.

Der Krieg nahm auch Menschen weg. Ernst Peter Tal mußte gleich bei Kriegsausbruch als Soldat an die galizische Front; er kehrte nicht zu Fischer zurück, sondern gründete nach dem Krieg in seiner Heimatstadt Wien seinen eigenen Verlag. Felix Poppenberg, ein zarter, empfindlicher Geist, seit zwei Jahrzehnten einer der emsigsten Mitarbeiter der ›Neuen Rundschau‹, ging im August 1915 sechsundvierzigjährig aus dem Leben. Fischer war von diesem Tod sehr betroffen: »Er wollte und konnte nicht mehr leben«, heißt es in einem Brief an Nansen. Flake schrieb: »Als der Krieg ausbrach, wußte er, das Zeitalter des Schönen Kultes sei abgelaufen, ein neues der Barbarei beginne, und tötete sich, auf die Neugier verzichtend ...« Kerr brachte ihm in der ›Neuen Rundschau‹ ein langes, gerade in seiner Burschikosität ergreifendes Abschiedsgedicht dar – »Mein armer Felix – gute Reise!« –, das dennoch diese Mahnzeilen enthielt:

In diesem höchst verdächtigen Treiben
Hast Du die hohe Pflicht, Poet,
Auf Deinem Fuhrsitz zu verbleiben –
Zu horchen wie die Karre geht.
Sollst zwischendurch mit Höhnen, Singen
Die blöde Blase vorwärtsbringen.

Ein Vierteljahrhundert später hätte es auf Stefan Zweig geschrieben sein können.

»NUR DAS NOTWENDIGSTE«

Jedermann erwartete und rechnete mit einem kurzen Krieg. Daß die deutschen Heere binnen Kürze vor Paris stehen und Weihnachten 1914 alles glorreich vorüber sein werde, schien ausgemacht. Der Verlag plante entsprechend. Das Jahrbuch für 1914, das sich in Vorbereitung befand, als der Krieg ausbrach, wurde aus dem Programm gestrichen:

Wir hatten natürlich so wenig Trieb, unsere Arbeit zu vollenden, wie wir in irgend einem Menschen Trieb voraussetzen konnten, sie zu lesen. Stockte doch das Herz des ganzen Volkes, – wie hätte nicht für eine Weile jede Tätigkeit, jedes seinem eigenen Zweck nachstrebende Bemühen stocken sollen!

Ein geplanter neuer Gedichtband *Lieder an Maria* von Dehmel wurde vom Dichter selbst zurückgestellt; er schrieb später, es sei »glücklicherweise nichts daraus geworden«. Flakes neuer Roman *Horns Ring*, dessen Vorabdruck die Zeitschrift ›Zeit im Bild‹ bei Kriegsausbruch abgebrochen hatte – »Die Redakteure reinigten die Altäre für die neue Gottheit« –, war ausgedruckt, aber

Fischer wollte warten, bis die Lähmung vorüber sei. Ich benutzte die Gelegenheit, um den Text umzuarbeiten, die Ichform gefiel mir nicht. Fischer stampfte die Bestände bereitwillig ein. Es wurde 1916, bis die neue Fassung erschien ...

(Heimann hatte das Buch von Anfang an nicht gemocht und fand es, in einem Brief an Fischer, »ein einziger Ärger ... so fabelhaft dumm, so unglaublich unreif, seelenschwach, ohnmächtig ...« – ein Fehlurteil, das Fischer nicht irre machte.)

Wassermann, dessen *Gänsemännchen* in einer ersten Fassung bereits ›fertig‹ gewesen war, nahm ebenfalls seinen Roman noch einmal vor und überarbeitete ihn; im Frühjahr 1915 schrieb er an Fischer: »Das Gänsemännchen ist jetzt beendet und könnte im Herbst publiziert werden, wenn die Welt ihren Atem bis dahin wieder hat.«
Fischer schrieb am 25. Oktober 1914 an Nansen:

Wir leben in ernster und großer Zeit voll Zuversicht und Vertrauen, obgleich schweres zu überwinden sein wird. Bücher werden so gut wie gar nicht gekauft, dazu hat niemand Zeit und Geld und obendrein ist ja das, was draußen geschieht, stärker wie alle Kunst und dichterische Phantasie.

Und Hedwig Fischer am 26. Dezember 1914 an Madelung:

In Berlin ist sonst nichts Neues. Bücher kauft man gar nicht, wenigstens keine literarischen, nur kitschige Kriegsbücher oder Zeitungen voll Politik werden gekauft. Für die Kunst ist eine traurige Zeit.

Hermann Hesses Roman *Roßhalde* war im Frühjahr 1914 erschienen und von den Ereignissen in Mitleidenschaft gezogen worden; das Buch hatte, obwohl Fischer vor Kriegsausbruch noch das zweite Zehntausend druckte, nicht die breite Wirkung erzielt, die Hesse erhofft hatte, und er machte sich nun Sorgen, was in diesen Zeiten überhaupt aus seinem so unkriegerischen Werk werden solle, um so mehr, als er gerade die drei Geschichten des Landstreichers *Knulp* vollendet und dem Verlag übersandt hatte. (Die erste der drei Geschichten war schon 1908 in der ›Rundschau‹ erschienen.) Fischer schrieb ihm am Neujahrstag 1915:

Über ›Roßhalde‹ brauchen Sie sich keine Scrupel zu machen, so arg wie Sie zu glauben scheinen, war es keinesfalls, und wenn der Krieg nicht dazwischen gekommen wäre, so wäre es gut gewesen. Dennoch, wenn wir in nicht zu ferner Zeit einen anständigen Frieden bekommen, brauchen Sie sich auch über Ihr Werk keine Gedanken hypochondrischer Art zu machen. Wir werden nach dem Krieg mehr wie je auf Bücher innerlicher Menschlichkeit gestellt sein und da werden Ihre Bücher gut dastehen. Die Landstreicher-Geschichten möchte ich gerne drucken; im Interesse der Wirkung aber eine günstige Wendung der Dinge abwarten ...

Die »günstige Wendung der Dinge« ließ auf sich warten. Am 9. April 1915 schrieb Fischer an Nansen:

Da noch nicht abzusehen ist, wann wieder normale Verhältnisse eintreten, so ist auch meine verlegerische Arbeit auf das Notwendigste reduziert; wir drucken jetzt wenig, nur das notwendigste.

DAS ERSTE KRIEGSJAHRBUCH

Die Erwartung eines kurzen Krieges war nach Jahresfrist der Einsicht gewichen, daß die außergewöhnlichen Verhältnisse zu gewöhnlichen geworden waren. Gerade weil nicht abzusehen war, wann wieder normale Zustände eintreten würden, war mit »abwarten« nichts geholfen oder vollbracht. »Unsere Lähmung von uns abzuschütteln«, schrieb Hofmannsthal, »um das geht es jetzt ... jetzt gilt es weiterzuleben, während dieses Ungeheure um uns sich vollzieht. Es gilt zu leben, als ob ein Tag wie alle Tage wäre.« Es galt weiter zu arbeiten, als seien die Verhältnisse normal. So wurde im November 1915 wieder ein Jahrbuch herausgegeben, das unter dem Titel *Das große Jahr 1914–1915* einen Überblick über die Verlagsarbeit des 28. und 29. Jahres gab; es war ein starker Band von 320 Seiten, der noch immer nur eine Mark kostete; doch im Unterschied zu den drei ersten, in weltläufiger Antiquaschrift gedruckten Jahrbüchern, war dieses in ›deutscher‹ Fraktur gesetzt, ein kleines, wohl unumgängliches Zugeständnis an den Geist der Zeit. Diesem Jahrbuch war ein Vorwort Heimanns, *Der Dichter und der Krieg*, vorangestellt. Darin heißt es:

Wenn man heute die Straßen und Straßenecken, die vertrauten und die zufällig begegnenden Menschen, die Wirtshäuser und Zeitungsstände in einem Blitz der Erinnerung so wiedersieht, wie man sie in den Augusttagen von 1914 gesehen hat, so fühlt man mit Erschütterung den Abstand der beiden einander so nahen Zeiten; man fühlt, wie für unser Herz und Bewußtsein der Krieg sich verändert hat... Nicht nur die Arbeit, die unmittelbar dem Krieg und seinen Waffen zugekehrt ist, hat ihr Recht wieder angetreten... Und so wurde auch wieder gelesen; es wurde geschrieben und wurde gedruckt. Ein Verlag ist allerdings keine Industrie, und man sagt ihm nicht ohne weiteres etwas Rühmenswertes nach, wenn man findet, daß er sich schnell und geschickt für den Krieg umgeschaltet habe. Wohl stellt der Krieg, sofern er ein geistiges Ereignis ist, sofern er zu einem geistigen Ereignis werden soll, auch ihm Aufgaben mancher Art; aber wenn er sie erfüllt, ist sein eigenstes Werk noch nicht getan. Denn nicht nur soll auch er den Forderungen einer im Fordern unnachsichtigen Zeit gerecht werden; – er hat die noch größere Pflicht, ihm anvertrautes Gut durch die Brandung eben dieser Zeit heil hindurchzutragen.

Wohl kein Gebiet menschlicher Tätigkeit, fährt Heimann fort, sei durch den Ausbruch des Krieges schwerer getroffen worden als das der Literatur und der Kunst. Vor allem brauche die Kunst »Zeit und Umweg«, um wirken zu können; außerdem sei der Dichter nicht nur durch die vom Krieg entfesselten äußeren Gewalten, »von der jähen wirtschaftlichen Bedrängnis angefangen«, in seinem Lebensgrundgefühl erschüttert: »Er hatte auch eine innere Verwirrung seiner Instinkte zu bestehen.« Des Dichters Werk ist Friedensarbeit – »doch wäre Friede das Weltgesetz, gäbe es dann überhaupt noch dieses sein Werk?«

Die Arbeit des Friedens geht davon aus, daß der einzelne Mensch etwas Kostbares sei... Jetzt ist das Kostbare sehr wohlfeil geworden, wer darf es tadeln, wenn auf Augenblicke Menschheitsverzweiflung die echtesten, die tiefsten Seelen verdüstert? Aber ein schmerzhaft weiter Atemzug, und die Augen werden wieder fest, der Wille wird wieder klar... Der Krieg ist in der Welt, und ebendarum kennt der Dichter wieder sein Werk. Nicht den Krieg zu verherrlichen, nicht ihn zu schmähen, ist seine Aufgabe. Sondern den Frieden zu wirken; wieder kostbar zu machen, was wohlfeil geworden ist: den einzelnen Menschen, die einzelne Seele, den Schauplatz alles Krieges und alles Friedens.

Damit war die Zweiteilung der Verlagsarbeit im Krieg gegeben und ausgesprochen: zum einen den Forderungen der »unnachsichtigen Zeit« gerecht zu werden, zum anderen, das »anvertraute Gut«, das Menschenbild und seine »einzelne Seele« durch diese Zeit hindurchzutragen. Gegeben war aber auch die unausgesprochene Gefahr, daß der Verlag hierdurch das doppelte Gesicht des Januskopfes erhielt. Ihr zu begegnen, die Spaltung zu verhüten, auf Schritt und Tritt für Verklammerung zu sorgen, war die ›Neue Rundschau‹ vorzüglich geeignet.

DER HALBE VERLAG

»Der halbe Verlag ist auf Berichterstattung unterwegs...« schrieb Hedwig Fischer am 5. Mai 1915 an Madelung und meinte damit die große Anzahl von Autoren, die sich dem Kriegsgeschehen zugewandt hatte und die Fronten bereiste: Kellermann, Ludwig, Holitscher, Jacques, Madelung selbst. Doch traf ihre Bemerkung auch im übertragenen Sinn zu. Das Jahrbuch von 1915 veranschaulicht die beiden Hälften des Verlags ganz handgreiflich. Es ist in zwei Hauptteile von gleichem Umfang gegliedert. Der erste Hauptteil trägt den Titel ›Das große Jahr‹ und ist in sechs Unterabteilungen dem Kriegsgeschehen gewidmet. Der erste Abschnitt, ›Der Krieg bricht los‹, bringt die Kriegsgedichte von Hauptmann, Dehmel, Stehr und einen Auszug aus Heimanns Kriegsaufsätzen; der zweite, ›Bekenntnis‹, faßt Musils ›Rundschau‹-Essay mit Aufsätzen von Wassermann und Max Scheler zusammen; der dritte, ›Politische Grundtatsachen‹, enthält neben einem Auszug aus Thomas Manns *Friedrich*-Essay einen Aufsatz von Ernst Troeltsch und zwei längere Glossen von Saenger; der vierte Abschnitt heißt ›Politik und Völkerpsychologie‹ und bringt Fragmente von Aufsätzen von Bahr, Lucia Dora Frost, Leopold Ziegler, Leopold von Wiese und anderen über Österreich, Preußen, Rußland, England; im fünften kommen unter dem Motto ›Zur Gestaltung des Friedens‹ Alfred Weber, Arthur Holitscher, Oscar Bie, Karl Scheffler, Stefan Großmann, Franz Oppenheimer und Moritz Heimann zu Wort; der sechste schließlich bringt den ›Krieg als Erlebnis‹ mit Auszügen aus Kriegs- und Augenzeugenberichten. Der zweite Hauptteil verbirgt hinter dem Titel ›Die Bücher des Jahres‹ das nichtkriegerische, reinweg belletristische Anliegen des Verlags, das anvertraute Friedensgut von Altenberg bis Wassermann mit Leseproben aus ihren neuen Werken. Ein kurzer dritter Teil enthält wie in den Vorjahren die ›Bibliographie‹. Hat man die Seite 174 umgeblättert und die Schilderung *Erstes Gefecht* des Sanitätssoldaten Rudolf Requadt hinter sich, in der der Satz steht: »Jeder schien zu fühlen, wie wir uns mit Riesenschritten dem Tode näherten«, vernimmt man von Tod und Krieg kein Wort mehr.

Diese Verteilung auf zwei ziemlich gleichgewichtige Waagschalen entsprach etwa der tatsächlichen Verlagsproduktion. Als Ganzes genommen scheint diese Produktion allerdings mit Fischers Versicherung, er drucke wenig und lasse nur das Notwendigste erscheinen, in Widerspruch zu stehen. Aber was ist das Notwendigste? Ein Verlag ist zwar, wie Heimann sagt, kein Industrieunternehmen, aber er arbeitet dessenungeachtet, ob auf Kriegserzeugnisse umgestellt oder nicht, mit mengen- und zahlenmäßigen Werten, und seine Produktion darf rein umfangmäßig nicht unter eine gewisse Mindestgrenze des Umsatzes sinken, unterhalb deren bei gleichbleibenden Betriebskosten das Unternehmen unrentabel wird. Betrachtet man die Kriegsproduktion des Verlags in den Jahren 1915–1918 unter diesem Gesichtspunkt, so ergibt sich ein merkwürdiges statistisches Bild.

PRODUKTIONS-STATISTIK

In den drei letzten Vorkriegsjahren hatte der Verlag 1912 fünfzig, 1913 vierundfünfzig und 1914 einunddreißig Titel herausgebracht; wobei das plötzliche Absinken 1914 sich zum Teil daraus erklären dürfte, daß ab August 1914 ein Teil der vorgesehenen Herbst- und Winterneuerscheinungen zurückgestellt wurde. Doch im Jahr 1915 ist die Produktion, weit davon entfernt, reduziert zu sein, wieder auf dreiundvierzig Titel angestiegen und hat 1916 mit einundfünfzig Titeln und 1917 mit neunundvierzig Titeln den Friedenszeitenumfang von 1912/13 wieder erreicht; erst 1918 geht er wieder auf dreiunddreißig Titel zurück, und dieser Rückgang hatte seinen Grund in dem inzwischen drastisch wirkenden Papiermangel.

Eine Erklärung dieses Phänomens bietet der Charakter dieser Produktion. Von den 43 Büchern, die 1915 erschienen, beschäftigte sich zwar nicht die Hälfte, wohl aber 17 Titel mit dem Krieg und seinen Zusammenhängen; von den 51 Titeln des Jahres 1916 handelten 18 vom Krieg; von den 49 Titeln des Jahres 1917 waren es 13, von den 33 Titeln des letzten Kriegsjahres insgesamt sieben. Die Zahl der Bücher, die sich mit dem Kriegsgeschehen (im weitesten Sinn) befaßten, ging also im Verhältnis zur Gesamtproduktion des Verlages Jahr um Jahr stetig zurück.

Rein umsatzmäßig gesehen, war der Anteil der Kriegsliteratur an der Gesamtproduktion jedoch noch beträchtlich geringer, als diese Ziffern anzugeben scheinen. Denn ein ansehnlicher Teil dieser Kriegsliteratur wurde von der 1914 ins Leben gerufenen Reihe ›Sammlung von Schriften zur Zeitgeschichte‹ eingenommen. Diese Schriften hatten keinen großen Umfang, sie schwankten zwischen sechs und zehn Bogen, also zwischen 100 und 160 Druckseiten, und kosteten gebunden nur eine Mark; da ihre Durchschnittsauflage selten über fünftausend hinausging, verbrauchten sie nur einen verhältnismäßig geringen Anteil des dem Verlag zugeteilten Papiers, machten nur einen sehr mäßigen Teil des Umsatzes aus und warfen kaum einen Gewinn ab. Drei bis vier Titel dieser Sammlung stellten umsatz- und umfangmäßig das Äquivalent eines durchschnittlichen Romans mit durchschnittlichem Erfolg dar.

Aber nicht die gesamte Kriegsliteratur des Verlags war in diesen billigen Bänden der Zeitgeschichte-Sammlung zusammengefaßt. Von den 17 Kriegsbüchern des Jahres 1915 erschienen 13 im Rahmen dieser Reihe, vier weitere von größerem Umfang außerhalb, in der normalen Produktion des Verlags; 1916 erschienen 11 der insgesamt 18 Kriegsbücher außerhalb der Sammlung; 1917 gehörten von den 13 Kriegsbüchern nur sieben der Sammlung an, und von den verbleibenden sechs waren allein vier Schriften von Walther Rathenau; 1918 wurde die Sammlung nicht mehr fortgeführt, und von den sieben Titeln, die sich mit Krieg und Zeitgeschichte beschäftigten, steuerte Rathenau allein abermals drei bei. Man gewinnt somit den Eindruck, daß wesentlich weniger als der »halbe Verlag« dem Kriegsgeschehen und seinen Problemen gewidmet war, daß der Anteil dieser Literatur an der Gesamtproduktion des Verlags im Verlauf des Krieges stetig zurückging und daß es Fischer gelang, auch während des Krieges den Hauptnachdruck (und den Hauptanteil seiner immer knapper werdenden Rohstoffe) auf das »anvertraute Gut« der schönen Literatur zu legen. Dies war im eigentlichen Sinn für ihn »das Notwendigste«; es war auch das meiste, und daran hielt er fest.

DIE ›SCHRIFTEN ZUR ZEITGESCHICHTE‹

Die ›Sammlung von Schriften zur Zeitgeschichte‹ die Ende 1914 zu erscheinen begann, war in gewissem Sinn ein Kind der ›Neuen Rundschau‹. Schon bald nach Kriegsbeginn, am 12. Oktober 1914, sandte Oscar Bie namens des Verlags und der Zeitschrift an alle Autoren und Mitarbeiter einen ›Aufruf zur Sammlung persönlicher Dokumente des Krieges‹ mit folgendem Wortlaut:

> Wir möchten hiermit eine systematische Sammlung wichtiger Feldpostbriefe anregen. Sie geben das persönliche Bild des Krieges, das die wundervolle Unpersönlichkeit des Generalstabes notwendig ergänzt. Ihre Augenblicks-Eindrücke werden niemals durch spätere wissenschaftliche Bearbeitung ersetzt werden können. Das *Menschliche* spricht in ihnen, das wir aus diesem Kriege gewinnen wollen, vielleicht das unbewußt Schöpferische, das wir aufzeigen möchten. Um jede Verzettelung zu vermeiden, unternehmen wir in *großem Stile* diese Sammlung und bitten, uns alle geeigneten Briefe und Tagebücher einzusenden; wir werden sie abschreiben lassen, die Originale zurückschicken und nach sorgsamer Sichtung veröffentlichen.

Welche Antwort Bie auf diesen Aufruf erhielt, ist nicht mehr zu ermitteln; der Aufruf selbst ist nur in Dehmels Nachlaß erhalten. Wie immer die Reaktion ausfiel, scheint die Absicht einer systematischen Sammlung großen Stils, wie sie Bie vorschwebte, sich nicht verwirklicht zu haben. Der Verlag brachte kein Buch solcher persönlicher

Dokumente heraus, und in den Kriegsjahrgängen der ›Neuen Rundschau‹ findet sich nur wenig, das in diese Richtung deutet, wie etwa Requadts (anonym veröffentlichter) Augenzeugenbericht *Aus den Kämpfen um Lüttich*, Pfleiderers *Französische Gefangenschaft*, das *Kriegstagebuch* eines Ungenannten. Doch dürfte einiges in verarbeiteter Form in die ›Schriften zur Zeitgeschichte‹ eingegangen sein. Das Vorwort zum Jahrbuch 1914/15 gibt über diese Sammlung folgende Auskunft:

Anders als der Verlag im allgemeinen hatte sich naturgemäß seine Zeitschrift, die Neue Rundschau, zum Kriege zu verhalten. Für sie mußte er das ausschlaggebende Thema und eine Verschärfung ihrer Pflicht und Verantwortung sein... Die vielen wichtigen, einander kreuzenden Fragen der Zeit lassen sich in zwei Gruppen einteilen: was hat uns zum Kriege geführt, und wohin wird der Krieg uns führen? Zur Beantwortung beider bringt die Rundschau mit möglichster und wachsender Vollständigkeit Material.

Sie untersucht in eingehenden, von Kennern herstammenden Aufsätzen die machtpolitischen, diplomatischen und kulturellen Voraussetzungen des Krieges. Nicht eine akademische Absicht leitet sie darin, sondern die Überzeugung, daß jede Klarheit, die über die Vergangenheit gewonnen wird, auch der Zukunft zugute kommt... Schon bei Beginn des Krieges hat darum die Neue Rundschau ihr Augenmerk auf den einstigen Frieden gerichtet. Ihn geistig zu gestalten, an den Grundlagen des politischen und inneren Lebens des Volkes mitzuarbeiten, ist ihre Aufgabe.

In einer *Sammlung von Schriften zur Zeitgeschichte* tritt ihr, erweiternd und ergänzend, eine Publikation zur Seite, die die umfangreicheren und abschließenderen Aufsätze in Buchform bringt. Sowohl in dieser Sammlung wie in der Neuen Rundschau finden wir das ganze Gebiet des Krieges behandelt: das tief getroffene und herausgeforderte Gefühl des Volkes, das Erlebnis des Einzelnen und die beginnende und aufbauende Arbeit an einem Frieden der Kraft, der Schönheit und der Gerechtigkeit.

Die Sammlung enthielt nicht nur die wichtigsten ›Rundschau‹-Aufsätze zu diesem Themenkreis in Buchform, sondern auch anderes. Es war offenbar vorgesehen, einen Band im Monat herauszubringen, und 1915 wurde dieser Plan auch eingehalten. Nachdem Requadts Lüttichschilderung noch im Dezember 1914 den Anfang gemacht hatte, folgten 1915 zwölf Bände, von denen fünf auf ›Rundschau‹-Beiträge zurückgingen, so Franz Oppenheimers *Weltwirtschaft und Nationalwirtschaft*, Lucia Dora Frosts *Preußische Prägung*, Karl Leuthners *Russischer Volksimperialismus*, Karl Schefflers *Deutsche Kunst* und als letzter Band des Jahres Alfred Webers *Gedanken zur deutschen Sendung*. Dazwischen reihten sich Bücher ein wie Theodor Fontanes *Der englische Charakter, heute wie gestern*, dessen Wiedererweckung Heimann, wie er mehrfach betonte, für besonders aktuell hielt, Thomas Manns *Friedrich*, Leopold Zieglers *Der deutsche Mensch* und Reportagen und Tatsachenberichte wie Holitschers *In England—Ostpreußen—Südösterreich*, Norbert Jacques' *Die Flüchtlinge. Von einer Reise durch*

Holland hinter die belgische Front, Emil Ludwigs *Die Fahrten der Emden und der Ayesha* und schließlich Paul Schlenthers *Zwischen Lindau und Memel während des Krieges*. Diese zweite Gruppe entstammte nicht der ›Neuen Rundschau‹. Norbert Jacques' erstaunliche Schilderungen aus Belgien und Frankreich, die ihn die Freundschaft Schickeles kosteten – »Ich glaube kaum, daß wir wieder zusammenkommen«, schrieb er ihm, »ich bin heute unfähig zur Objektivität gewissen Erscheinungen gegenüber, zu denen leider auch Ihr Buch gehört« –, waren ursprünglich in der ›Frankfurter Zeitung‹ erschienen; Jacques war luxemburgischer Staatsbürger und konnte hinter der feindlichen Front herumreisen. Schlenther, der seit dem Ende seines Burgtheater-Regimes wieder in Berlin lebte, hatte seine ostpreußische Heimat bereist. Von diesen ersten dreizehn Bänden waren nur Thomas Manns *Friedrich* und Emil Ludwigs *Emden und Ayesha* ein buchhändlerischer Erfolg; sie erreichten im ersten Anlauf das 25. bzw. 27. Tausend; bei den übrigen blieb es bei der Erstauflage.

Die breitere Öffentlichkeit fand offenbar an ernsten und schwierigen Erörterungen, wie sie Oppenheimer, Ziegler, Weber zu bieten hatten, wenig Geschmack; hier hatte der anspruchsvolle Samuel Saenger zu hoch gegriffen. Möglicherweise war dies der Grund, warum die Sammlung im zweiten und dritten Kriegsjahr auf die Hälfte, nämlich je sieben Bände, also jeden zweiten Monat ein Band, eingeschränkt wurde. Die Mischung hingegen blieb die gleiche. Den Auftakt 1916 machte Emil Ludwig mit *Die Fahrten der Goeben und Breslau* (das ins 25. Tausend gelangte und wiederum der einzige Publikumserfolg war); ein Stück hieraus war in der ›Rundschau‹ erschienen. Gleichfalls aus der ›Rundschau‹ hervorgegangen waren Ernst Troeltschs zwei Aufsätze *Deutsche Zukunft* und Robert Müllers *Österreich und der Mensch*. Nicht der ›Rundschau‹ entstammten Rudolf Requadts *Im Kriegsflugzeug*, Holitschers *Das amerikanische Gesicht*, Leopold von Wieses *Staatssozialismus*, Hans Vorsts *Im Kriege durch Frankreich und England* und *Die Front in Tirol* des Österreichers Franz Karl Ginzkey, der sich vorher einmal, 1908, mit einem Gedicht in die ›Rundschau‹ verirrt hatte. Sein Landsmann Robert Müller hingegen, ein eigenwilliger und merkwürdiger Kopf, Ingenieur, Erzähler, Dramatiker (seine Komödie *Die Politiker des Geistes* erschien im folgenden Jahr bei Fischer), politischer Publizist und stark von Johannes V. Jensen beeinflußter Kulturphilosoph, ein hochbegabter, zuinnerst zerrissener Einzelgänger, faßte mit dieser Schrift mit dem wunderlich-hyperbelhaften Titel bei Fischer Fuß und war während der nächsten acht Jahre ein regelmäßiger Mitarbeiter der ›Rundschau‹. Franz Blei schrieb 1922 über ihn in seinem *Bestiarium*: »Eine genaue Beschreibung dieses stark angegriffenen Tieres ist dadurch erschwert, daß es seinen Standpunkt sehr oft wechselt und selber nicht immer genau weiß, wo es steht. Um genau zu sein, sei hervorgehoben, daß es immer sein eigener Standpunkt ist, den es wechselt.« Das war witzig, aber nicht komisch; zwei Jahre darauf nahm Robert Müller siebenunddreißigjährig sich das Leben. Flake, der ihn gut gekannt und seine verzweifelten Versuche, in den politischen und wirtschaftlichen Wirren der Nachkriegszeit auf den Füßen zu bleiben, miterlebt hatte, schrieb ihm in der ›Neuen Rundschau‹ einen schönen Nachruf.

Auch im dritten Jahr der Sammlung, 1917, war Robert Müller mit einer Schrift *Europäische Wege* vertreten, die ebenso wie Max Schippels *England und wir* (Kriegsbetrachtungen eines Sozialisten) und Leopold Zieglers *Volk und Staat* nicht der ›Rundschau‹ entstammte. Hingegen bestand Hermann Bahrs *Schwarz-Gelb* aus drei ›Rundschau‹-Aufsätzen der Jahre 1915/16, Franz Eulenburgs *Weltwirtschaftliche Möglichkeiten* und Ferdinand Tönnies' *Weltkrieg und Völkerrecht* aus jeweils zwei zusammengefaßten, kurz zuvor in der ›Rundschau‹ erschienenen Essays. Die einzige Kriegsreportage dieses dritten Jahres war Requadts *Im Kriegsflugzeug*. Im letzten Kriegsjahr wurde die Sammlung vermutlich in der Erkenntnis, daß sie sich überlebt hatte und zu dieser Zeit gewiß nicht mehr zum Notwendigsten gehörte, nicht mehr weitergeführt.

Gleichzeitig mit den ›Schriften zur Zeitgeschichte‹ lief noch eine andere Folge von Kriegspublikationen, deren Platz im Fischer-Verlag nicht recht einleuchten will: die ›Ostpreußischen Kriegshefte. – Auf Grund amtlicher und privater Berichte herausgegeben von A. Brackmann.‹ Sie befaßten sich mit den besonderen, durch den russischen Einfall geschaffenen Notstandsverhältnissen, Flüchtlingshilfe und Wiederaufbaufragen und waren in vergleichsweise nüchternem und sachlichem Ton gehalten. Zwei dieser Hefte erschienen 1915, zwei weitere 1916 und noch ein fünftes 1917; danach wurde die Serie nicht fortgeführt. Die Jahrbücher des Verlags gaben zwar Leseproben aus ihnen, führten sie aber in ihrer Bibliographie nicht auf; es dürften besondere Gründe für ihre Betreuung durch den Verlag bestanden haben, doch zur eigentlichen Verlagsproduktion gehörten sie nicht.

RATHENAU IM KRIEG

Man vermißt in den Kriegsjahrgängen der ›Neuen Rundschau‹ und in den ›Schriften zur Zeitgeschichte‹ einen Schriftsteller, der in den Kriegsjahren zum engen Freundeskreis des Verlegers gehörte, in ständigem regem Gedankenaustausch über die Probleme der Zeit mit ihm stand und zudem einer seiner fruchtbarsten und erfolgreichsten Buchautoren war – Walther Rathenau. Die ›Neue Rundschau‹ stand Rathenau selbstverständlich jederzeit offen. Tatsächlich ist jedoch in der Zeitschrift nie ein einziger Beitrag von ihm, nicht einmal in Form eines Vorabdrucks aus einer seiner Schriften, erschienen. Rathenau hatte gleich zu Kriegsbeginn die von ihm vorgeschlagene »Kriegsrohstoffabteilung« im Kriegsministerium eingerichtet, die alle kriegswichtigen Rohstoffe (darunter auch das von Zeitungen, Zeitschriften und Buchverlagen benötigte Druckpapier) der staatlichen Zwangsbewirtschaftung unterwarf. Er hatte diese Organisation drei Vierteljahre lang selbst geleitet und nach dem Tod seines Vaters im Juni 1915 abgegeben, um das Präsidium der Allgemeinen Elektrizitäts-Gesellschaft zu übernehmen. Die leitenden Gesichtspunkte und Methoden der Rohstoffbewirtschaftung legte er am 20. Dezember 1915 in einem Vortrag vor der ›Deutschen Gesellschaft 1914‹ in Berlin dar. Diese Vereinigung spielte während des Krieges hinter den Kulissen eine nicht unbedeutende Rolle: »In einer für Deutschland völlig neuen Form«, so schildert sie Harry Graf Kessler, »stellte sie Verbindungen zwischen der Regierung und Parlamentsmitgliedern, Journalisten, Großindustriellen, Bankiers, Leuten aus allen Gebieten des öffentlichen Lebens her und beeinflußte durch diese laufenden und zwangslosen Beziehungen namentlich in kritischen Augenblicken die deutsche Politik und die Führung des Krieges oft wirksamer als die zensurierte Presse.«

Die Gesellschaft hatte bei Kriegsende rund 3000 Mitglieder aus allen politischen Parteien. Ihr erster Vorsitzender war der damalige Staatssekretär und spätere Botschafter Wilhelm Solf. Literatur, Musik, bildende Künste waren in ihr stark vertreten; Hauptmann, Rathenau und Richard Strauss saßen im Präsidium; Hofmannsthal, Kessler, Max Reinhardt, Rudolf Alexander Schröder, die Verleger Diederichs, Kiepenheuer, Kippenberg, Rudolf Mosse, Louis Ullstein und nicht zuletzt S. Fischer gehörten – neben zahlreichen Bankiers, Schwerindustriellen und ostelbischen Junkern – dem Gesellschaftsrat an; unter den Mitgliedern finden sich Kurt Wolff, Paul und Bruno Cassirer, alle fünf Brüder Ullstein, Theodor Wolff und Georg Bernhard, die Maler Corinth, Liebermann, Meid, Orlik und Slevogt und aus dem ›Fischerkreis‹ unter anderen Bie und Saenger, Heimann, Willy Haas, Stefan Großmann, Meier-Graefe und Max Osborn, Martin Beradt und Julius Hirsch. Frauen waren als Mitglieder nicht zugelassen, durften aber bei den Veranstaltungen in den eigenen Räumen der Gesellschaft in der Schadowstraße mitwirken. Die Gesellschaft bestand über den Krieg hinaus bis zum Ende der Weimarer Republik.

Fischer scheint der ›Deutschen Gesellschaft 1914‹ schon gleich zu Beginn beigetreten zu sein, denn er hatte die Mitgliedsnummer 166, und wurde gleichsam ihr inoffizieller Verleger. Er veröffentlichte Solfs Gründungsrede als Broschüre, sowie den Vortrag *Der Krieg und die deutsche Verantwortung*, den Rudolf Borchardt, ansonsten ein fester Autor des Insel-Verlags, im Februar 1916 vor der ›Deutschen Gesellschaft 1914‹ hielt. Rathenaus Vortrag über die Rohstoffbewirtschaftung kam ebenfalls bei Fischer Anfang 1916 heraus. Diese kleine Broschüre von sechzig Seiten zum Preis von einer Mark war seine erste Kriegspublikation und bildete den Auftakt zu der langen Reihe größerer und kleinerer Schriften, die er in den Jahren 1916–1919 Schlag auf Schlag bei Fischer publizierte – dreizehn Titel allein in dieser Zeit, von denen jeder einzelne eine höhere Auflage erzielte als irgendein anderes von Fischers Büchern zum Zeitgeschehen.

Deutschlands Rohstoffversorgung erschien in einer Erstauflage von zehntausend Exemplaren und erreichte das 40. Tausend. Im Jahr 1917 folgten die Broschüren *Probleme der Friedenswirtschaft* (25. Tausend), *Eine Streitschrift vom Glauben* (16. Tausend) und das umfangreiche Werk *Von kommenden Dingen*, das ins 72. Tausend stieg. Im folgenden Jahr 1918 wiederholte sich das Phänomen. Drei Schriften, *An Deutschlands Jugend*, *Zeitliches* und *Die neue Wirtschaft*, erlebten Auflagen, die vom 20. bis zum 55. Tausend reichten, und 1919 brachte abermals fünf Schriften mit ähnlich breiter Wirkung.

Inzwischen nahte Rathenaus fünfzigster Geburtstag heran, und das bedeutete für Fischer, wie groß immer die Papiernot sein mochte, daß eine Gesamtausgabe des bisherigen Werkes bewerkstelligt werden mußte. Aus dem vorbereitenden Briefwechsel über dieses Vorhaben ist ein Brief Rathenaus an Fischer vom 24. März 1917 erhalten, in dem es heißt:

> Was die Gesamtausgabe betrifft, so hatte ich mir gedacht, daß ich vielleicht meine Sommerwochen in Freienwalde dazu benutzen könnte, um eine Zusammenstellung und Durcharbeitung aller in Betracht kommenden Arbeiten vorzunehmen. Neben den 3 Büchern ›Kritik der Zeit‹, ›Mechanik des Geistes‹ und ›Von kommenden Dingen‹, die ich mir als die ersten drei Bände gedacht habe, würden vielleicht noch zwei bis drei weitere hinzutreten: der eine ›Reden und Schriften‹, der die Gedächtnisrede auf meinen Vater, die beiden Vorträge in der Deutschen Gesellschaft und einige neuere Aufsätze enthalten würde, und der folgende oder die beiden folgenden könnten vielleicht unter der Bezeichnung ›Frühe Aufsätze‹ einen Teil derjenigen Arbeiten enthalten, die in den älteren Büchern ›Impressionen‹, ›Reflexionen‹ sowie in einer Reihe von Zeitschriften erschienen sind.
>
> . . .
>
> Sie kennen die hohe Schätzung, mit der ich seit Jahrzehnten Ihrem Wirken gefolgt bin, und meine Freude an einem großen und erfolgreichen Bestreben, das wahrhaft Gute aus der Menge des Gleichgültigen hervorzuhe-

ben. Es ist vielleicht ein schwer zu verwirklichender Idealismus, aber ich kann ihn nicht aufgeben, anzunehmen, daß schließlich doch ein intelligentes Volk dazu geführt werden kann, die gute Produktion der schlechten auch im Massenkonsum vorzuziehen...

Die Gesamtausgabe wurde ziemlich genauso angeordnet, wie Rathenau vorgeschlagen hatte. Die fünf, von E. R. Weiß ausgestatteten Bände erhielten den Gesamttitel *Gesammelte Schriften* (nicht *Werke*) und lagen, auf 1918 vordatiert, im Herbst 1917 vor. Der erste Band enthielt als ersten Abschnitt *Zur Kritik der Zeit* und als zweiten *Mahnung und Warnung*, und als Rathenau ihn zusammenstellte, schrieb er am 28. Juli 1917 an Fischer:

Der Abschnitt ›Warnung und Mahnung‹ enthält Aufsätze aus den Jahren 1908 bis 1914; es war mir fast erschreckend, wie in diesen Blättern alles vorausgesagt ist, was uns heute bedrängt und beschäftigt; Krieg, Niedergang, Parlamentarismus, Auslese, Reform des Auswärtigen, Wiedergeburt. – Gern besuchte ich Sie; indessen fürchte ich jeden Verlust eines Tages; ich möchte den Sommer nicht beenden ohne eine neue Arbeit, die mich vorbereitend beschäftigt; sie betrifft den Neubau unserer Wirtschaft...

Der zweite Band wurde *Zur Mechanik des Geistes oder vom Reich der Seele* genannt, der dritte enthielt *Von kommenden Dingen*. Der vierte Band enthielt *Aufsätze* und *Frühere Schriften*, der fünfte *Reden und Schriften aus der Kriegszeit*. Diese fünfbändige Ausgabe wurde, nachdem sie 1924 durch einen gleich ausgestatteten Band *Gesammelte Reden* ergänzt worden war, 1925, nach dem Ende der Inflation, neu aufgelegt.

Gleichzeitig mit der Gesamtausgabe plante Fischer noch ein zweites Geburtstagsgeschenk. Am 5. Juni 1917 schrieb er an Hauptmann:

Lieber Hauptmann – Walther Rathenau wird am 29. September dieses Jahres fünfzig Jahre alt werden. Der Umstand, daß er sich als Philosoph und Wirtschaftstheoretiker von der zünftigen Kritik nicht genügend gewürdigt sieht, hat einen Kreis seiner engeren Freunde den Plan fassen lassen, Rathenau eine Schrift zu widmen, in der seine Persönlichkeit und sein praktisches und ideelles Wirken dargestellt werden soll. Diese Schrift soll auch der Öffentlichkeit übermittelt werden und Herr von Moellendorff übernimmt die Redaktion des kleinen Buches.

In unserem Plan stehst Du an der Spitze, und ich habe die Mission übernommen, Dich zu bitten, über Rathenau als Mensch und Künstler einen Essay beizusteuern. Professor Schleich wird über den Physiker und Metaphysiker schreiben, Prof. Oppenheimer über den Philosophen und Wirtschaftstheoretiker und Moellendorff über den Organisator. Das Erträgnis der Schrift ist zu Gunsten der Hinterbliebenen-Fürsorge bestimmt.

Ich wäre Dir sehr dankbar, wenn Du mich wissen ließest, ob Du bis etwa Mitte Juli Deinen Beitrag, auf den wir als Fundament des Buches rechnen, liefern willst.

Die neue, brüderlich-vertraute Anrede zwischen Autor und Verleger, der wir in diesem Brief zum erstenmal begegnen, war jüngsten Datums. Hauptmann verbrachte während der Kriegsjahre die Wintermonate regelmäßig in Berlin, wo er in Halensee eine ständige Wohnung gemietet hatte. Man sah sich folglich häufiger und ausgiebiger als in früheren Jahren. Am 26. Februar 1917 sandten die (offenbar in vergnügter Stimmung versammelten) Freunde eine Ansichtspostkarte aus dem Hotel Fürstenhof an Peter Nansen: »Lieber Freund! Ihre guten deutschen Freunde, die Sie lieben, grüßen Sie 1000mal. Ihre H. Fischer.« Und darunter: »Lieber Peter, wir duzen uns jetzt alle. G. Hauptmann.« Fischer und Hauptmann hatten über ein Vierteljahrhundert bis zu diesem ›Du‹ gebraucht; als es zehn Jahre später zu einer Zerreißprobe zwischen ihnen kam, hielt nicht zuletzt dieses Band sie zusammen.

Die Geburtstagsschrift für Rathenau kam offenbar nicht zustande; es hat sich keine Spur von ihr finden lassen; möglicherweise war sie zu spät in Angriff genommen worden und die Zeit zu knapp bemessen. (Hauptmann veröffentlichte in der Wiener ›Neuen Freien Presse‹ einen *Glückwunsch* an Rathenau.) Über die geplanten Mitwirkenden ist jedoch ein Wort am Platz. Sie standen alle dem Haus Fischer nahe. »Herr von Moellendorf«, der die Schrift herausgeben sollte, war der Staatssekretär Wichard von Möllendorff, den Rathenau zum Mitarbeiter in der ›Kriegsrohstoffabteilung‹ gewonnen hatte; er war 1913 in der ›Neuen Rundschau‹ mit einem Aufsatz *Psychologie und Wirtschaftsleben* und 1914 mit zwei weiteren wirtschaftspsychologischen Aufsätzen und schließlich 1917 noch mit einem Aufsatz über Werner von Siemens erschienen; unmittelbar nach dem Krieg geriet Rathenau mit ihm jedoch anläßlich seiner Zwangswirtschaftspläne in schweren Gegensatz. Der Arzt und Schriftsteller Carl Ludwig Schleich – wir sind ihm und Franz Oppenheimer bereits in Dehmels Frühzeit im ›Schwarzen Ferkel‹ begegnet – war eine der vielseitigsten, liebenswertesten und anregendsten Persönlichkeiten des damaligen Berlin: Mediziner, Psychiater, Psycholog, Philosoph und gelegentlicher Erzähler und Lyriker dazu, ein Altersgenosse Fischers und ihm nahezu seit Anbeginn verbunden. Sein erster medizinischer Aufsatz *Gegen den Serum-Rausch* war schon 1894 in der ›Rundschau‹ erschienen; in den folgenden Jahren trug er weiter gelegentlich zu der Zeitschrift bei; 1910 wurde er auch Buchautor des Verlags, als Fischer seinen ersten, bereits 1904 erschienen Essayband *Von der Seele* in einer Neufassung herausbrachte, die dreiundzwanzig Auflagen erlebte; hierauf folgte 1916 der Essayband *Vom Schaltwerk der Gedanken*, der eine doppelt so hohe Auflage erzielte und Schleich, der nicht nur ein äußerst exakter Wissenschaftler, sondern zugleich – seltener Vogel! – ein vorzüglicher gemeinverständlicher Schriftsteller war, weithin bekannt machte.

Daß Rathenau sich, wie Fischer schrieb, als Philosoph und Wirtschaftstheoretiker von der »zünftigen Kritik« nicht genügend gewürdigt fand und es hier nachzuhelfen galt, war sehr gelinde ausgedrückt. Rathenaus Schriften, die vor allem von der Jugend verschlungen wurden, entfesselten während des Krieges eine gewaltige Kontroverse um seine Gedankenwelt wie um seine Persönlichkeit und Lebensführung. Graf Kessler, sein Biograph, schrieb hierzu:

Unverzeihlich aber, wenn nicht pathologisch, ist, daß er als Großindustrieller für die Verstaatlichung industrieller Monopole, die Abschaffung des Erbrechts, die Wegsteuerung des Reichtums, die Befreiung des Proletariats, die klassenlose Gesellschaft und andere rote Unmöglichkeiten eintritt; das stempelt ihn zu einem gefährlichen Subjekt, gegen das jedes Mittel recht ist. Ohne Zweifel war er selbst sich der Paradoxie der Situation bewußt, daß er, als großer Unternehmer, als Verkünder von Forderungen auftrat, die radikaler waren als die der Hetzer in seinen Betrieben...

Rathenau selbst schrieb in seiner Apologie *Kritik der dreifachen Revolution:*

Leidenschaftlich wurde die Feindschaft seit den Jahren, als meine Schriften sich mit wirtschaftlichen Dingen befassen mußten. Mächtige Verbände und Vereine der Industrie und des Handels glaubten ihre Interessengebiete verletzt, ein gewaltiger Aufwand an Geld und Arbeit setzte ein, um durch Pressefeldzüge, Wanderredner, politische Agitation und massenhafte Druckschriften meine gefährlich erachteten Gedanken zu bekämpfen.

In einem Brief aus dem Jahr 1918 spricht er von dem »Quantum von Haß«, das gegen ihn aufgewühlt werde:

Dank für meine organisatorische und geistige Arbeit habe ich nie erwartet; das Maß der Feindschaft, das an seine Stelle getreten ist, wurde wohl seit Jahrzehnten keinem anderen in Deutschland zuteil.

Und am 31. August 1917, kurz vor seinem fünfzigsten Geburtstag, in einem Brief an Fischer:

Lieber und sehr verehrter Herr Fischer... Meine neue Schrift ist etwa zur Hälfte fertig. Ich schätze sie auf 60 bis 80 Seiten. Sie heißt (vertraulich) ›Die neue Wirtschaft‹ und wird, wie ich glaube, das umstürzende und grundlegende Dokument des künftigen Aufbaus sein. Leider wird sie unter meinen industriellen Berufsgenossen noch mehr Erregung und Gegnerschaft stiften als mein letztes Buch. Aber unsere Zukunft ist wichtiger als mein Beruf und: pour faire une omelette, il faut casser des oeufs.

Den Geburtstagsaufsatz im Septemberheft 1917 in der ›Neuen Rundschau‹ schrieb kein Wirtschaftsfachmann und gewiß kein ›zünftiger‹ Philosoph, sondern der ihm tief verpflichtete Dichter Hermann Stehr, dem der Anlaß erstaunlichen Klarblick und eine (bei ihm seltene) klare Sprache eingab:

Kein Volk wird auf die Dauer anders regiert, als es seiner Art entspricht. Schon heute erleben wir an den Deutschen den entscheidenden Willen, sich ihre Regierung in einem anderen als dem bisher geübten Modus selbst zu setzen und ihr Ziele zu geben, die aus dem Zustand des Gesamtgeistes, nicht aus dem Zustand einer engbegrenzten Kaste geboren sind... Die neue Zeit steht hinter der Tür. Der Tag ist da für einen Mann, dessen tapferes Auge die kommenden Dinge gesehen hat. Er wird uns helfen, zu ihnen hinzufinden. Wir dürfen ihn nur recht rufen.

Ganz so schwarz-weiß, wie die Expressionisten fanden, war die ›Neue Rundschau‹ offenbar doch nicht. Man brauchte gar nicht einmal zwischen den Zeilen zu lesen.

EPISODE: DAS KOMMA IM VERLAG

Andere Leute hatten andere Sorgen. So der deutsch-völkische, antisemitische Literatur-Professor Adolf Bartels. Unter der Überschrift *Zum Kapitel der Firmenbezeichnung* veröffentlichte das ›Börsenblatt für den Deutschen Buchhandel‹ am 6. März 1917 die folgende Zuschrift:

Herr Professor Adolf Bartels soll, wie aus einem Artikel in Nummer 38 hervorgeht, das Auslassen des Kommas in Firmenzusammensetzungen mit ›Verlag‹ öffentlich als Unfug bezeichnet haben, und an dieser Stelle S. Fischer, Verlag als abschreckendes Beispiel genannt haben. Die verschiedenen Redner, die sich inzwischen zum Wort meldeten, haben es sämtlich auf S. Fischer, Verlag abgesehen und werfen sich das Beispiel gegenseitig zu. Da man schließlich nicht wissen kann, wie lange die Debatte noch weiter geht, wollen wir doch endlich feststellen, daß S. Fischer, Verlag sich in Wirklichkeit mit einem ganz richtigen Komma schreibt. Die Firma ist seit dreißig Jahren handelsgerichtlich so eingetragen und hat in dieser Zeit in ihren sämtlichen Publikationen, Briefköpfen, Anzeigen usw. an dem Komma stets festgehalten. Also mögen die Herren ein geeigneteres Objekt für die Weiterführung der Streitfrage ausfindig machen. S. Fischer, Verlag

So verhielt es sich in der Tat. Doch war es nicht das letzte Wort. Während des Krieges bürgerte sich im Verlag die Gepflogenheit ein, zumindest auf Buchtiteln und in Katalogen und Inseraten das althergebrachte Komma durch einen Punkt oder einen Schrägstrich als Trennzeichen zu ersetzen; nach dem Krieg verschwand auch dies, und der kommalose »Unfug« nistete sich im S. Fischer Verlag schließlich doch ein.

BILANZ DER KRIEGSLITERATUR

Im Septemberheft 1916 der ›Neuen Rundschau‹, als der Krieg seine halbe Wegstrecke zurückgelegt hatte, veröffentlichte der vierundzwanzigjährige Walter von Hollander einen fünfseitigen Aufsatz *Die Entwicklung der Kriegsliteratur*, der an Hand einiger Neuerscheinungen die Phasen aufzeigte, welche diese Literatur seit Kriegsausbruch durchlaufen hatte. Hollander zog (neben anderen) einige umfangreichere

Kriegsbücher des Verlags, die außerhalb der Reihe der ›Schriften zur Zeitgeschichte‹ erschienen waren, zur Veranschaulichung heran. Er begann mit einer nüchternen Feststellung:

Die Kriegsliteratur ist wenig beliebt. Der Krieg hat die Federn gar zu vieler Unberufener in Bewegung gesetzt. Es war zu natürlich, daß jeder, der ein wenig Tinte in seinen Adern fühlte, der Versuchung erlag, da er ein Thema mit Gefahr und Schweiß erkämpfte, das wahrhaft alle etwas anging ... Die Sprache des Krieges mußte allen Nichtkämpfern gelehrt werden. Die Feldpostbriefe waren das geeignete Wörterbuch.

Dies war die erste Phase, zu der Heimann und Bie sich bei Kriegsausbruch programmatisch bekannt hatten. Doch erstaunte sogleich die »Gleichmäßigkeit der Phraseologie, die merkwürdige Einheitlichkeit der Erlebnisform«. Optimisten sahen hierin ein Zeichen »innerlichster Einheit«; doch war dies eine Täuschung. Die Übereinstimmung war abhängig von den »Phrasen vergangener Kriege«:

Nicht wie der Krieg war, wurde geschrieben, sondern wie er hätte sein müssen ... Man sah, was gesehen werden sollte, und schrieb den Feldpostbrief, wie man ihn in der Heimat erwartete.

Die »Herrschaft des Feldpostbriefs« reichte noch hinein in die Zeit des beginnenden Stellungskrieges und »die erstaunliche Schilderung des Schützengrabenlebens«:

Endlich findet hier der Schweigende Zeit, Verwahrung einzulegen gegen Phrase, Pose und Schminke: der Feldpostbrief wird abgelöst durch den Essai. Der Essai ist geboren aus der Empörung, der ersten Selbstbesinnung und dem Blick ins Ungewisse ... In seiner Wirkung durch den Essai abgeschwächt, wird der Feldpostbrief durch eine innerdeutsche Stimmung mit fortgeschwemmt. Die Gewohnheit stumpft gegen das Schauspiel ab ... Es ist nichts Besonderes mehr, in den Krieg zu gehen ... Die Staffage versinkt, und es ist gewöhnlichster Alltag, was drinnen und draußen gelitten wird. Zu dieser Zeit etwa erlauben die Umstände dem offiziellen Berichterstatter, ziemlich gefahrlos die vordere Linie aufzusuchen und somit die tatsächliche Kriegführung mit eigenen Augen zu sehen ... Es ist dann den meisten Berichterstattern nicht gelungen, sich dem mächtigen Einfluß der Feldpostbriefe zu entziehen; ihre Werke bedeuten vielmehr zunächst eine Renaissance der Schminke ... Was im übrigen über die Masse herausragt, was irgend beachtenswert ist, wurde geschrieben von Epikern, Pathetikern und Künstlern, nicht von Soldaten.

Auf diesem Feld hatte Fischer einiges vorzuweisen. 1915 brachte der Verlag (abgesehen von Bahrs fatalem *Der muntere Seifensieder*, der sich als »Schwank aus der deutschen Mobilmachung« vorstellte) drei solcher Bücher: Norbert Jacques' *London und Paris im Kriege. Erlebnisse auf Reisen durch England und Frankreich in Kriegszeit*, Bernhard Kellermanns *Der Krieg im Westen*, das sich im Untertitel schlicht »Kriegsberichte« nannte, und Aage Madelungs *Mein Kriegstagebuch*.

1916 folgten Jacques' *In der Schwarmlinie des österreichisch-ungarischen Bundesgenossen,* Emil Ludwigs *Der Kampf auf dem Balkan. Berichte aus der Türkei, Serbien und Griechenland 1915/16,* Madelungs Kriegsberichte *Aus Ungarn und Galizien,* Franz Molnars *Kriegsfahrten eines Ungarn,* Karl Friedrich Nowaks *Hötzendorfs Lager* und die feinfühligen, sehr dichterischen *Briefe eines Hauptmanns an seinen Sohn* von Robert Michel. Der Österreicher Robert Michel war ein Fall für sich. Er war Berufsoffizier und gehörte, zwei Jahre jünger als Hofmannsthal, dem Freundeskreis Hofmannsthals, Schnitzlers und Andrians seit der Jahrhundertwende an; durch ihn gelangte er auch zu Fischer, der schon 1907 seinen Erstling, den Novellenband *Die Verhüllte* herausbrachte, auf den 1909 der Roman *Der steinerne Mann,* 1911 die *Geschichten von Insekten* und 1915 der Roman *Die Häuser an der Dzamija* folgten. An sein erstes Kriegsbuch schloß sich 1917 Michels zweites, *Briefe eines Landsturmleutnants an Frauen* an, und mit ihm und Nowaks *Über den Lowtschen* (ebenfalls 1917) hatte sich die dichterische Kriegsschilderung im Fischer-Verlag erschöpft. 1918 brachte kein einziges Kriegsbuch von »Epikern, Pathetikern und Künstlern« mehr, auch nichts mehr von Soldaten. (Major Robert Michel schied 1918 aus dem Heer aus, veröffentlichte 1919 noch den Erzählungsband *Gott und der Infanterist* und das Drama *Der heilige Candidus* bei Fischer und danach nichts mehr.) Jetzt drängte eine andere Art von Kriegsliteratur nach vorn. Zu dem kämpferisch-polemischen Werk *Drei Jahre Weltrevolution* des Sozialdemokraten Paul Lensch, das bereits 1917 erschienen war (in diesem Jahr begann Lensch auch seine Mitarbeit an der ›Neuen Rundschau‹) traten 1918 *Rußlands politische Seele* von Elias Hurwicz und die Betrachtungen *Südosteuropäische Fragen* des Elsässers Hermann Wendel hinzu, der zum Vorkriegsfreundeskreis Schickeles und Flakes gehörte. Die Wegweiser wiesen in neue Richtungen.

Walter von Hollander griff in seinem Resumé-Aufsatz drei der genannten Kriegsberichterstatter als besonders beachtenswert heraus, und man kann ihm heute, ein halbes Jahrhundert später, die Sicherheit seines Urteils nur bestätigen. Er ließ Ludwig, Jacques, Molnar und sogar Michel unbeachtet und verwies auf Kellermann, Nowak und Madelung:

Da ist Kellermann, der nach einigen peinlichen Entgleisungen ins Burschikos-Pathetische seinen Stil wiedergefunden hat, seinen Stil oder doch den Stil seines Tunnels. In der maschinellen Phantasie geschult, ist es ihm möglich, die maschinelle Wirklichkeit, Atem und Takt des Krieges zu erfassen. Überall dort zwar, wo er Menschen zeichnen oder Menschliches geben will, ist er leicht gefärbt. Seine Menschen sind pathetische Maschinen

von durchweg gleicher Präzision der Gefühle. Dort aber, wo der Mensch sich zum Kriegswillen konzentriert, wo Massenwille mechanisch auf Massenwillen getrieben wird, überall dort gelingen ihm Schilderungen, die die teuflisch exakte Nüchternheit, die kühle Atemlosigkeit des großen Blutvergießens im Tiefsten packen. Kellermanns Werkzeug ist Expressionismus, durchdachte Pathetik des Gehirns. Ich stelle ihn deshalb am höchsten, weil er als Zuschauer verschwindet und weil seine Akteure sich nicht zum Schaden des Schauspiels vordrängen. Er erfaßt den Krieg stets in der höchsten Steigerung, im Superlativ ...
Die meisten wurden ins Heldisch-Unwahre emporgerissen. Nur wenige sind dieser Gefahr entronnen. Sie waren, wie zum Beispiel Madelung, mit der Rüstung eines naturwissenschaftlichen Künstlertums, einer scharf konzentrischen Selbstbespiegelung gewappnet. Der Krieg als Abenteuer des Unbeteiligten.

Madelung war gleich zu Kriegsbeginn als Berichterstatter des ›Berliner Tageblatt‹ nach Ungarn, an die Karpatenfront gegangen. Am 23. Januar 1915 schrieb ihm Fischer an die Front:

Lassen Sie uns doch noch überlegen, ob es nicht gut wäre, Ihre Berichte als Buch so bald zu bringen, solange die großen Umwälzungen noch nicht alles auf längere Zeit hinaus verschlingen.

Für Madelung setzte 1915 unversehens eine Erfolgssträhne ein, möglicherweise weil die vorzüglich geschriebenen Kriegsberichte seinen Namen in neue, breitere Leserkreise trugen. Seine früheren Bücher mußten nachgedruckt werden; Fischer druckte von der Neuausgabe der *Gezeichneten* sogleich fünftausend Exemplare, vom *Kriegstagebuch,* das Anfang August 1915 erschien, einigermaßen waghalsig, wie er meinte, sogleich dreitausend Exemplare und verrechnete sich gründlich; zwei Monate später druckte er bereits das 7., zu Jahresende das 9. Tausend. Als Madelungs zweites Buch mit Kriegsberichten, *Aus Ungarn und Galizien,* im folgenden Jahr erschien, war der Höhepunkt der Konjunktur bereits überschritten, und es gelangte nicht über das dritte Tausend hinaus. Madelung hatte beide Bücher nicht in seiner dänischen Muttersprache, sondern auf deutsch geschrieben, wobei ihm Frau Else von Hollander, die im Verlag arbeitete und die skandinavische Korrespondenz führte, ein wenig Hilfe leistete. (Von diesen beiden Büchern erschienen keine dänischen Ausgaben.)
Mitte 1917 kehrte er jedoch dem »grausen Kriegsgeschehen« den Rükken und übersiedelte in die Schweiz. Dort nahm er sich vor, einen wirklichen »Erfolgsreißer« zu schreiben; aber *Zirkus Mensch* war sein einziges wirklich mißlungenes Buch, erschien nicht bei Fischer und war kein Erfolg.
Der Krieg war erst halb herum. Wo sollte es nun mit der ›wenig beliebten‹ Kriegsliteratur hinaus? Hollander sah in den Schlußsätzen seines Aufsatzes die Entwicklung richtig:

Im ganzen wird die Kriegsliteratur in ihren Bahnen weitergehen. Die Mitkämpfer werden hier eine Wahrheit fischen, dort eine Wesenheit fangen und werden im Zuständlichen aufgehen, die Zuschauer, die von ihrer gesicherten Position aus die größeren Künstler sind und sein können, werden malerisch, episch, rhythmisch oder wissenschaftlich das Bild des Krieges wiedergeben, wie es sich in ihnen spiegelt. Überall muß der Krieg zugunsten der Kunst immer mehr zurücktreten und das Pathos zugunsten der Wahrheit. Bis es keine Kriegsliteratur mehr gibt, sondern nur noch Literatur im Krieg.

Soweit dieser Prozeß sich in Fischers Verlag widerspiegelte, war er 1917 bereits abgeschlossen. Um diese Zeit gab es in der Bülowstraße keine Kriegsliteratur mehr und nur noch Literatur im Krieg.

GROSSE NAMEN - KLEINE WERKE

Betrachtet man das andere Feld, jene Neuerscheinungen des Verlages in den Kriegsjahren, die nicht vom Krieg handelten und in keinem Bezug zu ihm standen, so findet man, daß sie zwar mehr als die Hälfte der Gesamtproduktion ausmachten, daß aber die großen Namen des Verlags, die das geistige Antlitz des Unternehmens durch die Jahre und Jahrzehnte ausmachten, erstaunlich wenig zu ihr beitrugen.
Hauptmanns letztes veröffentlichtes Werk vor Kriegsausbruch war *Der Bogen des Odysseus* gewesen, der im Januar 1914 uraufgeführt und (zugleich mit einer Luxusausgabe von sechzig numerierten Exemplaren) als Buch erschienen war. In den beiden folgenden Jahren legte Hauptmann nichts Neues vor; Fischer brachte lediglich 1916 die Volksausgabe des *Emanuel Quint* heraus. Doch hatte Hauptmann aus dem schier unermeßlichen und unübersehbaren Steinbruch seiner angefangenen, unvollendeten, in Arbeit befindlichen Werke zwei noch nicht fertig behauene Blöcke hervorgeholt und sie soweit vollendet, daß er meinte, sie der Öffentlichkeit übergeben zu können. Im Frühjahr 1916 beendete er das schon 1912 begonnene Schauspiel *Winterballade*, das schließlich im Oktober 1917 seine Uraufführung am Deutschen Theater in Berlin erlebte und im gleichen Herbst als Buch erschien. Dies war die einzige Hauptmann-Premiere während des ganzen Krieges. Sodann nahm er sich eine schon im Februar 1911 in Portofino begonnene, im Frühjahr 1914 fortgeführte und nahezu, aber nicht völlig beendete Novelle im Sommer 1917 auf Hiddensee wieder vor. Fischer hatte sein »Filialbureau mit Secretair« in Travemünde aufgeschlagen und erwartete dort seinen Besuch. Am 4. August schrieb ihm Hauptmann:

Manchmal werde ich ungeduldig und möchte gleich losreisen, denn man braucht in diesen Zeiten besonders den Freund. In der insularen Monotonie bringt es die Sorgenproduktion mitunter zur Masse eines weltumschatteten Gewölks. Das heitere Wort eines Freundes hat aber die Kraft, es wie nichts im Licht verschwinden zu lassen... Ich arbeite gut, es entsteht mancherlei Schweres und Leichtes, und ein neues Dingelchen von einer Novelle, was ich dir möglicherweise mitbringe. Ich bin neugierig, wieviel Güterzüge Papier Du dafür prognostizierst. Mir macht das Werkchen viel Freude... Die Aussicht, auch Heimann in Travemünde zu treffen, ist herrlich...

Am 7. August meldete Hauptmann aus Agnetendorf:

Lieber Fischer! Die Novelle ist nun beendet, das Manuskript nach Berlin gesandt. Vielleicht bekommt sie den Titel ›Der Ketzer von Soana‹. Indem ich Dich und die Deinen herzlichst grüße, mache ich davon Mitteilung und lege eine Ankündigung der Cranachpresse in Weimar bei zum Zeichen dafür, daß mir noch immer ein Prachtdruck des neuen Werkchens vorschwebt. Es hat eine ganz besondere Eignung, scheint mir, dafür. Dreihundert Exemplare à zweihundert Mark, wie wäre es?
Jedenfalls empfehle ich, wenn obiger Vorschlag fällt, ein sozusagen ›bezauberndes‹ Weihnachtsgeschenk diesmal herzustellen und zwar bald, damit sich das Büchelchen gegen Weihnachten zu ausleben kann.
Beinahe wären wir in Eure Nähe gekommen, aber man fürchtet sich vor der Fremde und ihren Gefahren. Es ist ja alles jetzt mühselig und nicht wie ehemals. Und dann lebe ich in der Illusion einer produktiven Epoche, die ich nicht unterbrechen will.

Fischer blieb bis Mitte September in Travemünde, und in den letzten Urlaubstagen traf Hauptmann noch ein und las ihm die vollendete Novelle vor. *Der Ketzer von Soana* erschien, auf 1918 vordatiert, rechtzeitig zu Weihnachten 1917, und Fischer veranstaltete (wohl als Ersatz für den Prachtdruck der Cranach-Presse des Grafen Kessler) eine numerierte Vorzugsausgabe von 210 Exemplaren auf handgeschöpftem Bütten mit einer Steinzeichnung von Max Slevogt. Eine solche Ausgabe herzustellen, war für den Verleger im letzten Kriegsjahr keine Kleinigkeit. Die Novelle fand bei der Kritik eine zwiespältige Aufnahme. Hauptmann, so schrieb Thomas Mann am 23. Mai 1918 an Philipp Witkop, sei zwar im Vergleich zu Romain Rolland

der unvergleichlich größere Dichter, sollte ich meinen. Aber über den ›Ketzer‹ sind wir so ziemlich einer Meinung. Eine schöne Aussicht hat man ja darin; aber um das Seelische, Geistige steht es recht dürftig. Und dem *sehr* christlichen Dichter Hauptmann steht es gar nicht an, mit dem Christentum so ›humoristisch‹ umzugehen.

Und an Bertram am 30. März 1918:

Es wird auch Sie interessieren, was Fischer mir über Hauptmanns Novelle schreibt: Daß er sie nämlich schon vor fünf Jahren Freunden vorgelesen hat und daß die Arbeit sieben Jahre zurückliegt. Im vorigen Frühjahr hat er Fischer das Manuskript zu lesen gegeben, und dieser hat ihn zur Herausgabe animiert, — »sonst läge die Arbeit wahrscheinlich jetzt noch bei ihm«. Nun, der Fall verliert durch diese Feststellungen nicht an Merkwürdigkeit.

Ihren breiten Erfolg verdankte die Novelle hauptsächlich der Jugend, bei der sie großen Widerhall fand; viele junge Menschen entdeckten Hauptmann durch dieses Werk überhaupt erst für sich, und durch diese neue große Gemeinde wurde sein Name buchstäblich ›verjüngt‹. *Der Ketzer von Soana* erwies sich als sein bei weitem erfolgreichstes Prosawerk, und Fischer hatte bei der inzwischen katastrophalen Papierknappheit die größte Mühe, den Erfolg auszubeuten. Hauptmann selbst war von dem Publikumserfolg sehr überrascht; er schrieb am 10. Juni 1918 an Fischer:

Dieser Mann aus Soana hat ja glänzende Eigenschaften, die ich ihm nie zugetraut hätte. Du erhältst hier das Echo der Freude, die er seinem Vater und seinem Entdecker macht. Er hat eine seltsame Eigenheit, wenn er leben soll: er muß Papier fressen. Also, Lieber, füttere ihn mit Papier, Papier, Papier! Ich schreibe wieder Novellen und Romane. Aber wozu, frage ich Dich? Die Leute darin sind ebenfalls alle Papier-Fresser. Und wenn die Papierernte doch verhagelt ist, sind sie tot geboren. Also mag die Zeugungskraft absterben. So oder so, es kommt ja doch auf eins hinaus...

Bis 1924 hatte der *Ketzer von Soana* das 141. Tausend erreicht; 1923 brachte Fischer eine »Liebhaberausgabe in Großquartformat« heraus und zwei Jahre darauf abermals eine einmalige signierte Vorzugsausgabe in 120 Exemplaren mit vierzehn Originalradierungen von Hans Meid.

Daß Hauptmann sich während des Krieges in einer produktiven Epoche befand, war keineswegs, wie er schrieb, eine Illusion. In dieser Zeit entstanden die beiden großen Dramen *Der weiße Heiland* und *Indipohdi*, in die viel von Hauptmanns seelischem Kriegserlebnis eingegangen ist, und der Roman *Die Insel der großen Mutter*. Dies alles gelangte erst einige Zeit nach Kriegsende an die Öffentlichkeit.

Von Thomas Mann war in den Buchhandlungen noch weniger Neues zu sehen als von Hauptmann. Außer dem *Friedrich* konnte Fischer nur 1915 in der Romanbibliothek einen schmalen Novellenband *Das Wunderkind* herausbringen, und er enthielt nichts Neues: »Es ist ein sehr bescheidenes Publikatiönchen«, schrieb Thomas Mann, »olle Kamellen meistens, von Fischer in dieser Form zusammengestellt, weil das ›Billige Buch‹ jetzt Trumpf ist.« Danach trat auf nahezu drei Jahre Stille ein – »man schweigt in sich hinein« –, während er rastlos an dem »sonderbarsten aller literarischen Kriegsprodukte«, den *Betrachtungen eines Unpolitischen* fortarbeitete. Fischer sah ihn während dieser ganzen Zeit offenbar nur einmal, Anfang November 1916, als Thomas Mann zu Vorlesungsabenden – nicht aus den *Betrachtungen*, sondern aus dem *Felix Krull* – in Berlin weilte. Aus den *Betrachtungen* erschienen während der Arbeit nur drei Bruchstücke in der ›Neuen Rundschau‹: ›Der Taugenichts‹ aus dem Kapitel ›Von der Tugend‹ im

Novemberheft 1916, das Kapitel ›Einkehr‹ im Märzheft 1917 und ›Palestrina‹ aus dem Kapitel ›Einiges über Menschlichkeit‹ im Oktoberheft 1917. Ende Juli 1917 schrieb er: »Ich arbeite wie ein Pferd, um bis zum Herbst mit meinem alles sagenden, alles klagenden Schmöker fertig zu werden.« Aber Weihnachten 1917 arbeitete er noch am letzten Kapitel, und erst am 16. März 1918 war das Werk wirklich abgeschlossen: »Das Untier kommt heute zur Post.«

Mit Hermann Hesse ging es in den Kriegsjahren ähnlich wie mit Thomas Mann. Während Fischer mit dem *Knulp* auf eine »günstige Wendung der Dinge« wartete, schrieb er zu Jahresbeginn 1915 an Hesse und lud ihn nach Berlin ein:

> Wie wär's, wenn Sie in diesem Winter einmal nach Berlin kämen? Wir könnten Sie bei uns im Grunewald gut beherbergen; ein Fremdenzimmer, gut und ungestört gelegen, wäre für Sie bereit, und vielleicht ist gerade jetzt eine günstige Zeit, Berlin von seiner besten Seite kennen zu lernen, da alles Laute und Grelle durch den Ernst der Zeit in den Hintergrund gedrängt ist. Sie hätten Gelegenheit, mit uns im Grunewald auch etwas Wintersport zu treiben, denn wir haben in unserer Nähe große Eisbahnen auf den Grunewald-Seen. Auch Theater und gute Conzerte wären Ihnen leicht erreichbar, und vielleicht würde Sie auch manche wertvolle menschliche Begegnung locken. Strauß wohnt übrigens mit seiner Familie in einem märkischen Dorf in der Nähe Berlins (im Hause Moritz Heimanns) und kommt ab und zu nach Berlin. Überlegen Sie und verfügen Sie über das angebotene Zimmer, wann es Ihnen gelegen scheint.

Es schien Hesse offenbar nicht gelegen, denn er kam nicht; zwei Jahre später lud Fischer ihn abermals ein, diesmal zu einem Sommeraufenthalt in der ›Villa Alma Mater‹ in Travemünde, aber Hesse verließ die Schweiz nicht, und Fischer und er sahen einander erst nach dem Krieg wieder. Im Frühjahr 1915 beschloß Fischer, mit den *Knulp*-Geschichten nicht länger zu warten, und brachte das kleine Buch im Mai in der Romanbibliothek heraus. Doch druckte er, wie er Hesse schrieb,

> einstweilen nur 15 000 Exemplare, weil augenblicklich das Papier knapp und teuer ist. Natürlich wird im Bedarfsfall das Buch gleich neu gedruckt werden, aber da diese Auflage ... mindestens ein Jahr reicht, so wird die Materialnot für Ihr Buch hoffentlich nicht in Frage stehen.

Knulp war ein großer Erfolg und wurde, wie Fischer mitteilte, »viel ins Feld geschickt«. Nun kam ein Jahr lang nichts Neues von Hesse. Er widmete den größten Teil seiner Zeit der ›Bücherzentrale für deutsche Kriegsgefangene‹, deren Aufgabe es war, den deutschen Kriegsgefangenen und Internierten, die um Lektüre baten, geeignete Bücher zum Aufbau kleiner Lagerbibliotheken zu schicken. Da die offiziellen Mittel hierfür bald erschöpft waren, wandte sich Hesse persönlich an Freunde und Schriftstellerkollegen, Verleger und Bibliotheken und bat um Geld- oder Bücherspenden. »Es handelt sich ja natürlich gar nicht bloß um eine humanitäre Leistung, sondern um eine politische und volkserziehende, denn die geistigen und moralischen Gefahren sind groß«, schrieb er in einem dieser Briefe an Wilhelm Schmidtbonn. Seine Werbeschrift ging auch an Fischer und Thomas Mann, der ihm am 10. August 1916 antwortete: »An Fischer habe ich geschrieben; hoffentlich ist er freigebig mit Exemplaren.« Fischer stiftete »50 Bücher aus meinem Verlag«, die Hesse sich aussuchen konnte, und teilte überdies mit: »Heute ersucht mich Thomas Mann, Ihnen seine Bücher für Ihre Gefangenenbibliothek zu stiften. Sie erhalten je fünf Exemplare aller seiner Bücher.« Außerdem gab Hesse in dem eigens gegründeten Verlag der Berner Bücherzentrale eine Reihe von Bändchen mit Erzählungen älterer und neuerer Erzähler heraus – »kleine schlichte, aber anständige Drucke, nur als Geschenke für die Kriegsgefangenen gedruckt« –, und Thomas Mann überließ ihm hierfür die Novellen *Tonio Kröger* und *Das Eisenbahnunglück*.

Im Sommer 1916 hatte Hesse wieder etwas Eigenes. Aber die Novelle *Schön ist die Jugend*, die Fischer »mit größtem Vergnügen« in der Romanbibliothek bringen wollte, war zu kurz, um einen Band zu füllen:

Wenn Sie nicht noch eine Novelle – etwa im gleichen Umfang – hinzufügen können, so müßten wir auf eine ältere, in Buchform schon veröffentlichte, zurückgreifen. Natürlich wäre es besser, wenn auch die zweite Novelle noch nicht erschienen ist, aber daran soll es nicht scheitern.

Hesse hatte offenbar nichts Unveröffentlichtes zur Hand; er sandte die Novelle *Der Zyklon*, die bereits 1913 in der ›Neuen Rundschau‹ erschienen war, aber auch sie war wieder zu kurz – »so daß wir bei dem splendiden Satz von Knulp nur knappe sieben Bogen herausbringen«; der »notwendige Umfang« waren jedoch »mindestens 9–10 Bogen«. Es war nicht einfach, in diesen Jahren ein neues Buch von Hermann Hesse herauszubringen; mit einiger Mühe kam der kleine Band *Schön ist die Jugend* schließlich als Band 9 der Siebenten Reihe der Romanbibliothek 1916/1917 zustande. Das war alles, was die Bülowstraße in den Kriegsjahren von Hermann Hesse zu sehen bekam.

Das heißt, nicht ganz. Im Spätherbst 1917 übersandte Hesse dem Verlag das Romanmanuskript eines Unbekannten namens Emil Sinclair mit einer angelegentlichen Empfehlung. Fischer übergab es seinem neuen Lektor, der am 1. Oktober 1917 zur Entlastung Heimanns in den Verlag eingetreten war. Oskar Loerke hatte nach entbehrungsvollen Jahren kurz vor Kriegsausbruch als Dramaturg im Bühnenvertrieb Felix Bloch Erben endlich eine feste Stellung gefunden: »Schlecht bezahlt, 140 Mark monatlich, aber es ist doch etwas. Selbständig bekomme ich sie ja doch nimmermehr zusammen.« Zwei Monate später klagte er in seinem Tagebuch: »Wie ist doch entsetzlich, was ich jetzt tue. Stücke lesen, die auf einem Niveau stehen, das von jeder Art Wert wer weiß wie weit entfernt ist ...« Der pathostrunkene Kriegstaumel seiner Zeitgenossen im Sommer 1914 hatte Oskar Loerke nicht mitgerissen, wohl aber erschreckt und verwirrt. Er war ein durchaus unkriegerischer und unpolitischer Mensch; alle Gewalttätigkeit war ihm zuwider, er vermochte dem Krieg keinen Sinn abzugewinnen. In einem Aufsatz in der ›Neuen Rundschau‹ im Dezember 1920 schrieb er rückblickend auf Krieg und Revolution:

Wenn die Leser auf Form verzichten, scheitern die Werke der Bedeutenden, und die Narren gedeihen. Die Torheit der Kriegslyrik, die Belanglosigkeit des Revolutionsgesanges beweist es. Es kam auf die geschwinde Wirkung an? Was war die Wirkung? Die Lügen über den Krieg wurden vermehrt und die Revolution vielleicht verdorben, in ihrem Zuge zur Oberflächlichkeit unterstützt.

Daß seine Freunde in der Donnerstagsrunde den Krieg weltanschaulich bejahten, veranlaßte ihn, den eigenen Standpunkt zu überdenken und zu versuchen, ihn zu formulieren. Aus dieser Bemühung entstand 1914/15 ein Heft mit *Gedanken über den Krieg*, das erst lange nach seinem Tod, 1951, in Auszügen in der ›Neuen Rundschau‹ veröffentlicht wurde. Loerke war bei Kriegsausbruch dreißig Jahre alt und aus Gesundheitsgründen zunächst vom Heeresdienst zurückgestellt worden. Im Juli 1917 wurde er aber doch zum Garnisonsdienst eingezogen, und es scheint, daß Heimann Fischer bewog, ihn zu reklamieren. Er wurde nach zwei Monaten vom Militärdienst wieder befreit, brauchte nicht zur ungeliebten Arbeit im Bühnenvertrieb zurückzukehren und trat in den Verlag ein. Und nun lag, beinahe als erste Lektorenaufgabe, das Manuskript dieses Unbekannten vor ihm. Loerke wußte nicht, was es damit auf sich hatte; niemand wußte es. Aber er begriff ohne Zaudern, was er vor sich hatte.

SURSUM: DRITTER BAND

Hofmannsthal kam während des Krieges mehrmals nach Berlin, aber er brachte dem Verlag nichts Neues. Seit *Jedermann* im Jahr 1911 war bei Fischer nichts mehr von ihm erschienen; in der ›Neuen Rundschau‹ wurde sein Name sogar seit 1907 vermißt (und tauchte erst 1923 wieder auf); auf der Berliner Bühne trat er erst gegen Kriegsende, im April 1918, mit der Aufführung der Komödie *Der Bürger als Edelmann* nach Molière im Deutschen Theater wieder hervor, deren Buchausgabe bei Strauss' Musikverleger Fürstner erschien. 1912 war sie, der ersten Fassung von *Ariadne auf Naxos* vorangehend, in Stuttgart uraufgeführt worden. Hofmannsthals Hauptbemühen in diesen Jahren war, die europäische Welt, insbesondere aber Deutschland, an die Bedeutung des österreichischen Kulturgutes zu erinnern und für seine Bewahrung und Wertschätzung innerhalb der umwälzenden Ereignisse zu sorgen; ihm galten seine im besten Sinn propagandistisch gemeinten Vorträge im neutralen Ausland, sowie die ›Österreichische Bibliothek‹, die er ab 1915 im Insel-Verlag herausgab. Seine einzige Buchveröffentlichung in den Kriegsjahren war der *Prinz Eugen*, der 1915 in einem Wiener Verlag erschien. Freilich wissen wir aus einem Brief an Bahr vom Juni 1918, welche Vielfalt von Arbeiten ihn »fast pausenlos im Schlafen ebenso wie im Wachen« beschäftigte, darunter die Erzählung *Die Frau ohne Schatten*, *Der Schwierige*, Calderón-Bearbeitungen, die er bald nach Kriegsende in rascher Folge Fischer übergab.

Immerhin konnte Fischer ihn während des Krieges bewegen, wenigstens einen dritten Band der auf vier Bände angelegten *Prosaischen Schriften* zusammenzustellen, deren beide erste Bände bereits ein Jahrzehnt zurücklagen. »Ich habe«, schrieb er am 16. Juli 1917 an Richard Strauss, »den dritten Band meiner Prosaschriften durch acht Jahre nicht abgeschlossen, so schwer wurde mir zwei scheinbar ganz deutlich vorschwebende Prosastücke zu bewältigen.« Hofmannsthal hielt sich 1916 zweimal in Berlin auf, im Januar/Februar und im November/Dezember gelegentlich seiner Skandinavienreise. Bei einer dieser Gelegenheiten wurde vermutlich die Herausgabe des dritten Bandes vereinbart. Als Hofmannsthal Ende November 1917 neuerlich nach Berlin kam, war der Band gerade erschienen. Am 13. November 1917 schrieb er an Schnitzler:

Der dritte Band meiner Prosa-Arbeiten wird in diesen Tagen durch Fischer an Sie geschickt werden, bitte nehmen Sie ihn wie aus meiner Hand, ich habe den Auftrag gegeben, diesmal direct zu schicken, weil man ja weder Papier noch Spagat mehr hat, um vom Haus Bücher zu verschicken...

Dieser Band enthielt nur wenige im Krieg entstandene Aufsätze wie die *Worte zum Gedächtnis des Prinzen Eugen* (1914), *Grillparzers politisches Vermächtnis* und *Maria Theresia* (1917) und griff im übrigen auf frühere Arbeiten bis ins Jahr 1907 zurück. Heimann, dem er den Band schickte, schrieb ihm, er habe ihn erst »hintereinander weggelesen — was ein bißchen barbarisch ist«, und danach »bald da bald dort« wieder aufgeschlagen:

Wenn mich die gegenwärtige Zeit hernahm, waren es die österreichischen Aufsätze; wenn ich ihr entrinnen wollte, waren es die klassischen, die der Stunde Gehalt gaben. Alle aber haben den edlen Glockenklang: sursum! Ihn zu vernehmen und zu bewahren, kann niemals notwendiger sein, als heute, wo die moralisch-politischen Antinomien bis zur Wut entbrannt sind...

Der geplante vierte Band erschien nicht; man beschloß, es bei diesen drei Bänden zu belassen. Schon der dritte Band und nach 1917 auch die Neuauflagen der beiden ersten Bände trugen den geänderten Untertitel »Gesammelt in drei Bänden«.

DIE HAND DES MEISTERS

Schnitzler hatte sich gegen den Krieg viel bewußter und stärker abgeschirmt als Hofmannsthal, der sich mit fast verzweifeltem Kräfteaufwand in die Kulturpolitik stürzte; er meinte zwar, die Kunst werde wieder einmal warten müssen, doch schuf er beharrlich weiter; für ihn galten Hofmannsthals Worte weit mehr als für Hofmannsthal selbst: »Es gilt zu leben, als ob ein Tag wie alle Tage wäre.« Ein Besucher fand, Schnitzler habe sich in eine schalldichte Welt eingekapselt, der Krieg finde bei ihm wie hinter einer Glaswand statt. Aber auch er schuf nicht aus dem vollen. Ende 1914 war von ihm bei Fischer die Novelle *Der blinde Geronimo und sein Bruder* erschienen und 1915 folgte der Einakterzyklus *Komödie der Worte*. 1916 legte er nichts vor; auch in der ›Rundschau‹ erschien während des ganzen Krieges nur ein Novellenvorabdruck von ihm. Es erwies sich, daß in seinem Schaffen eine Veränderung eingetreten war. Der Herausgeber des Briefwechsels zwischen Schnitzler und Brahm, Oskar Seidlin, hat darauf hingewiesen, daß Schnitzlers Interesse am Bühnenschaffen nach Brahms Tod offenbar erlahmte; es könne sehr wohl sein, daß »die Lücke, die Brahms Tod gelassen, Mitanlaß war für Schnitzlers wachsenden Verzicht auf die Bühne«:

In den siebzehn Jahren von 1895 bis zu Brahms Tod hat Schnitzler der Bühne zehn abendfüllende Stücke und zwölf Einakter geschenkt, abgesehen vom ›Reigen‹ und wenigen unaufgeführten Einaktern. In den folgenden neunzehn Jahren, um die er Brahm überlebte, hat er der Öffentlichkeit nur noch fünf Stücke und drei Einakter übergeben, von denen überdies alle ihrer Konzeption nach in viel frühere Jahre zurückreichen. Keines von ihnen – mit der möglichen Ausnahme des ›Gang zum Weiher‹ (1926) – hat zur dichterischen und dramatischen Geltung Schnitzlers auch nur das Geringste beitragen können. Nach Brahms Tod wurde Schnitzler mehr und mehr ein Erzähler.

Eine solche statistische Erfassung eines künstlerischen Schaffensprozesses hat ihre Fährnisse; die interessante Feststellung trifft nur in Grenzen zu, wenn man bedenkt, daß Schnitzler in jenen ersten siebzehn Jahren neben seinem dramatischen Werk zwei Romane und vier Novellenbände veröffentlichte und in den neunzehn folgenden Jahren ebenfalls zwei Romane und zehn Novellen oder Novellensammlungen, von denen zumindest zwei (*Die griechische Tänzerin* und *Die kleine Komödie*) aus früherer Zeit stammten. Es war wohl vielmehr so, daß seine Schaffensfreude nach seinem fünfzigsten Jahr überhaupt nachließ, und dies wohl nicht zuletzt, weil der Krieg die ihm vertraute Welt zerschlug und ihm wenig blieb, dessen Schilderung ihm Bedürfnis und Freude gewesen wäre. Doch dieses (vergleichsweise) wenige brachte einige seiner schönsten Schöpfungen.

Am 19. Dezember 1916 schrieb Fischer an Schnitzler, die immer schwieriger werdenden Produktionsverhältnisse nötigten ihn zu sorgfältiger Vorausplanung:

> Um eine Übersicht zu bekommen, was mein Verlag im nächsten Jahr zu leisten hat, bitte ich Sie, wenn Sie es irgend übersehen können, mir recht bald mitzuteilen, ob Sie im nächsten Jahr ein oder mehrere Bücher herauszugeben beabsichtigen. Ich erinnere mich, daß Sie mir im vorigen Jahr von einigen fertigen Novellen erzählten, die Sie nicht als Buch herausgeben wollen, so lange die Veröffentlichung Schwierigkeiten macht. Nun hätten wir ohnehin den Wunsch, daß Sie auch wieder mal in der ›Neuen Rundschau‹ zum Wort kommen, und obgleich diese Zeitschrift sich noch immer im Notzustand dadurch befindet, daß sie etwa ein Drittel ihrer Abonnenten (Auslandsabonnenten) verloren hat, so möchte ich doch Ihnen ein Abdruckshonorar anbieten, das Sie befriedigen soll. Vielleicht schicken Sie uns also etwas von diesen Arbeiten zu.

Vielleicht, fügte er hinzu, werde dadurch der Weg zu einem Novellenband frei.

Schnitzler antwortete am 30. Dezember, es lägen drei längere Erzählungen fertig vor, von denen er die eine dem ›Berliner Tageblatt‹ zum Vorabdruck übergeben habe – er sei zwar von ihrer Zerteilung in »ein paar Dutzend Dreispalterfortsetzungen« nicht entzückt, doch sei ein gutes Honorar weder in Kriegs- noch in Friedenszeiten ein leerer Wahn; die zweite wolle er gern der ›Neuen Rundschau‹ anbieten; die dritte bedürfe noch der letzten Durcharbeitung und müsse selbstverständlich auch zuerst in einer Zeitschrift zum Abdruck gelangen. Er wolle jede dieser Novellen zuerst in Buchform einzeln veröffentlichen; es wäre auch ihre Zusammenfassung in einem Band zu erwägen, die sich jedoch womöglich sowohl für Fischers als für seine eigenen Absichten allzu lange hinausziehen könne. Außerdem werde er bis zum folgenden Herbst mit etwas neuem Dramatischen zur Stelle sein. Die Zusammenfassung in einem Band unterblieb; im übrigen hielt sich Schnitzler an seinen Plan. Die Erzählung *Doktor Gräsler Badearzt* erschien im Frühjahr 1917 im ›Berliner Tageblatt‹ und anschließend bei Fischer als Buch in einer Erstauflage von zehntausend Exemplaren; im gleichen Herbst 1917 brachte Fischer die Komödie *Fink und Fliederbusch* heraus. In einem Brief vom 29. August aus Travemünde, in dem er unter anderem mitteilte: »Vom Doctor Gräsler werden sechs neue Auflagen gedruckt«, schrieb er:

Auf ihr neues Werk freue ich mich mit einem lachenden und einem weinenden Auge, wie es sich nicht nur für eine Comödie gehört, wie es mir vielmehr als Verleger mit jedem Buch geht, dem ich einen Erfolg wünsche mit der bangen Sorge ums Papier!

Die zweite Novelle war *Casanovas Heimfahrt.* Mit ihr erschien Schnitzler in den Heften Juli, August, September 1918 nach fünfjähriger Pause zum erstenmal wieder in der ›Neuen Rundschau‹, und die Buchausgabe kam Mitte November heraus, in einer Erstauflage von 40 000 Exemplaren! Dies hatte, wie sich zeigen wird, seine kuriosen Gründe. Offenbar besaß auch Schnitzler »weder Papier noch Spagat mehr«; denn Hofmannsthal schrieb ihm:

Ihr Buch kam an, u. wenn auch nicht durch Sie sondern durch Fischer, so ist es ja doch ein Gruß von Ihnen. Ich las es in einem Zug durch, es ist ja die Hand eines Meisters, die einen rasch und leicht vorwärts führt, alles ist von einer sicheren Kunst, was da steht und was nicht da steht, die Verknüpfungen der Antithesen und der Ausgang. Wie man bei einem Freunde über das Künstlerische hinaus noch nach einem Mehr sucht, so war mir hier seltsam ein alter Zug wie aus einem Jugendporträt von Ihnen, nun aufs neue bewußtlos sich accentuierend: die Spielnatur des Menschen, den sie darstellen. Er spielt eine Partie mit dem Schicksal, hasardiert frech, und verliert...

Casanovas Heimfahrt ist in der Tat von der »Hand eines Meisters«, in seiner völligen ›Stimmigkeit‹ von Fabel und Form wohl überhaupt das Schönste, was Schnitzler mit erzählender Prosa gelungen ist; die Meisterschaft, mit welcher ein einziger erzählerischer Atemzug in völligem Gleichmaß über hundert Modulationen hinweg mühelos durchgehalten ist, müßte dem Leser den Atem verschlagen, und doch vermag der Verzauberte mitzuhalten. Im Rückblick auf die beiden Freunde wird noch etwas anderes sinnfällig, das Hofmannsthals Zeilen nicht anrühren: *Casanovas Heimfahrt* lebt in einer unverkennbar hofmannsthalschen Welt und Zeit. Sie ist eine der wenigen Arbeiten, mit denen der »letzte Wiener« aus seiner Landschaft heraus und in die des »letzten Österreichers«, in die venezianisch-lombardische Welt des ausgehenden 18. Jahrhunderts, tritt. Es fällt schwer, nicht an Hofmannsthals *Andreas*-Fragment zu denken. *Casanovas Heimfahrt* spielt 1778 in Mantua, *Andreas* im Jahr darauf in Venedig; die vollendeten Teile des *Andreas* lagen damals bereits vor, doch wollte Hofmannsthal später, wie aus seinen Notizen nach 1918 hervorgeht, die Haupthandlung aus dem Sterbejahr Maria Theresias in die erste Hälfte des 19. Jahrhunderts verlegen. Nach dem *Casanova* schwieg Schnitzler viele Jahre lang; zwei Stücke ausgenommen, konnte Fischer erst 1926 wieder ein Werk von ihm vorlegen. Eine Luxusausgabe des *Casanova* mit Zeichnungen von Hans Meid, die Schnitzler sich wünschte und die schon 1918 besprochen wurde, kam – da sich kein Büttenpapier mehr auftreiben ließ – erst 1921 zustande.

AUSGEDEHNTE FUNDAMENTE

Jakob Wassermann hatte unmittelbar vor Kriegsausbruch nach zweijähriger Arbeit das Buch vollendet, das ihm den größten Erfolg seines Lebens bringen sollte. Der Schlußvermerk zu *Das Gänsemännchen* besagt: »Begonnen Juli 1912, beendet Juli 1914.« Er las »auf der Wiese bei Hofmannsthals die drohende Kriegserklärung Englands« und notierte im Tagebuch: »Ich blicke in eine zerstörte Welt.« Vier Jahre später, am 28. September 1918, schloß ein Brief an Fischer mit den Worten: »Die Zeit mordet mich langsam.« In diesen vier Jahren zerbrach seine Ehe mit Julie Speyer. Im Februar 1915 konnte er endlich in sein eigenes Haus am Kasgraben in Wien einziehen und schrieb: »Der Gedanke, daß man in diesen Räumen sterben wird . . .« Im selben Monat lernte er Marta Karlweis kennen, die seine zweite Frau wurde. Noch vor Kriegsende kehrte er dem Haus in Grinzing den Rücken und übersiedelte ganz nach Alt-Aussee. »Und was wird das Leben bringen? Das kurze Stückchen Leben, das einem noch beschieden ist? . . . Und doch ist noch so viel zu tun.«

Das Gänsemännchen erschien im Vorabdruck in der Münchner Monatsschrift ›Der Neue Merkur‹, und Fischers Buchausgabe kam in der ersten Oktoberwoche 1915 in einer Erstauflage von siebentausend Exemplaren heraus. Sie war im Handumdrehen vergriffen, und Fischer druckte, aller Papiernot zum Trotz, so rasch weiter, wie er konnte. Für Wassermann bedeutete der Erfolg eine ruckartige große Verbreiterung seines Wirkungsfeldes, auf die er seit langem gehofft hatte. Kurz vor Weihnachten 1915 schrieb er an Fischer:

> Ich gestehe, ich habe mit einiger Angst auf die Wirkung gewartet, hätte es vielleicht auch schwer verwunden, wenn sie gänzlich ausgeblieben wäre. Denn an diesem Buch hängt viel Herz, ein großes Stück meines Lebens und Gefühls. Und schließlich möchte man doch endlich mal ein wenig mehr in die Breite wirken, nicht immer blos in die Gruppen, und zu dem, was ich künftig machen will, gehören ausgedehnte Fundamente, nicht nur das, was man ein literarisches Publikum nennt, sondern ein ganzes Volk. Das klingt kühn, aber ich spreche für eine Sache von Belang . . .

1916 brachte Fischer eine besondere ›Feldausgabe‹ für die Versendung an die Front heraus, die als Pappband nur drei Mark fünfundsiebzig kostete und den Preis der normalen Leinenband-›Heimatausgabe‹ halbierte. Bei Kriegsende betrug die Auflage 60 000, 1925 war sie über das 80. Tausend hinaus und erreichte zu Wassermanns Lebzeiten, einschließlich einer 1930 veranstalteten billigen Sonderausgabe, das 200. Tausend. Wassermann hatte *Das Gänsemännchen* ursprünglich als Einleitungsband eines Zyklus gedacht, der die deutsche Welt am Anfang des Jahrhunderts darstellen sollte, doch der Krieg zerschlug diese Konzeption. Er schrieb später darüber:

... es fügte sich, daß das Buch, wie keines meiner Bücher zuvor, sogleich ein herzliches und weittragendes Echo fand. Ich hatte damals oft den Eindruck, daß die Übergewalt der Ereignisse ihm eine Art von Anonymität verlieh, durch die es reiner in sich selbst ruhte, stärker aus sich selbst wirkte; ein neues, wohltuendes Gefühl für mich. Es enthält und gibt ein charakteristisches Stück bürgerlicher deutscher Geschichte, deutscher Zustände um 1900, doch nicht in der Schilderung, sondern in der Zusammenfassung, wobei das Entscheidende in die Gestalt und ihre seelische Wandlung verlegt wird ... Das Musikerschicksal ist nur Behelf und Vorwand ... das zitterndste, zarteste, genaueste Instrument, an dem abzulesen war, wie es um den deutschen Alltag stand, wie die Wirklichkeit sich zur Idee, das Allgemeine zum Besonderen verhielt. Das Buch ist in dem Sinn, wie ich es oben entwickelt habe, provinziell ...

Im gleichen Jahr 1915 brachte Fischer noch die Neufassung des *Alexander in Babylon* heraus, sowie ein absonderliches Sammelwerk *Deutsche Charaktere und Begebenheiten*, das Wassermann aus vielerlei vergessenen Quellen geschöpft und mit einem vom Kriegserlebnis angeregten Vorwort versehen hatte, das die Frage zu beantworten suchte: »Was ist ein deutscher Charakter, was ist ein deutsches Schicksal, was ist ein deutsches Ereignis?« Das Buch gibt begreiflicherweise keine schlüssige Antwort hierauf, enthält jedoch in der brillant nacherzählten Episode der *Hochzeit Fräulein Reginens, Herrin von Tschernembel, mit Herrn Reichard Strein, Freiherrn zu Schwarzenau, am 24. September 1581* zumindest ein überwältigend komisches, wenn auch nicht deutsches, so doch österreichisches Ereignis, das den übermütigen Spaßmacher in Wassermann verrät. Leider verschwand das putzige Buch bald wieder aus Fischers Katalog, und es kam nicht zu einem zweiten Band, den Wassermann geplant hatte.

Danach erschien von ihm bis Kriegsende nichts mehr. Aber es lag nicht an ihm. Am 6. Mai 1916 schrieb er an Fischer:

Ich habe wieder zu arbeiten begonnen; ein großer Roman rückt langsam, sehr langsam vorwärts. Was es ist, was es wird, kann ich dir nicht erzählen, nur so viel, daß es dem Wesen nach ein religiöser Stoff ist, ein modernisiertes Franz von Assisi Problem, die Arbeit ist nicht bloß der allgemeinen Zeitlage und Menschheitsstimmung wegen sehr quälend und aufreibend für mich, sondern auch wegen der Form an sich. Denn ich bin nicht mehr imstande zu schildern, zu analysieren, zu referieren, es muß alles Faktum werden, Handlung, Gestalt und Vorgang. Das ist schwer, es fordert eine beständige, höchste Conzentration und Wachsamkeit. Aber ich hoffe, dieses Buch soll etwas Großes werden. Ich habe es ›Christian Wahnschaffe‹ betitelt …

Die verschlungenen Wege, die zu *Christian Wahnschaffe* führten, wurden in einem früheren Kapitel angedeutet. Die Anfänge der Arbeit an diesem groß angelegten, vielstöckigen Gebäude von überaus kunstreicher Architektur, von einer wimmelnden Vielzahl scharf konturierter, unverwechselbarer Gestalten bevölkert, gingen ins Jahr 1915 zurück, und das Buch rückte durchaus nicht »sehr langsam« vorwärts, sondern war am 30. Mai 1918 beendet. Das Tagebuch vermerkt:

Erste 300 Seiten zum Druck geschickt … Ich habe kein Bild meines Buches, vorläufig kein Zusammenhangsgefühl. Dazu die äußeren Sorgen. Wird Papier da sein? Wird gedruckt werden können? An Beendigung des Krieges bis zum Herbst glaube ich nicht. Der Prozeß ist noch nicht reif … Für den, der lesen kann, sind die 2½ an Christian Wahnschaffe verbrachten Jahre Tagebuch genug. Es spiegelt sich alles darin, was mich bewegt hat.

Christian Wahnschaffe war der bisher umfangreichste von Wassermanns Romanen; die Kalkulation ergab annähernd 900 Druckseiten, und Fischer beschloß, ihn in zwei Bänden herauszubringen. Der Satz des Werkes war im September 1918 hergestellt, das Buch sollte im November erscheinen; doch nun türmten sich die Schwierigkeiten auf: kein Papier, keine Arbeitskräfte. Fischer mußte schweren Herzens das Erscheinen auf Februar 1919 verschieben. Wassermann war recht verzweifelt. Er schrieb ihm am 28. September 1918:

Dies trifft mich hart. Es trifft mich darum hart, weil ich bis dahin immer höher in Vorschuß geraten würde und vielleicht eine günstige Situation und Constellation verpaßt wird. Schlüge das Buch noch heuer ein, woran ich eigentlich nicht zweifle, so könnte ich mich vielleicht bald besser rühren und fühle mich nicht so verpflichtet und gebunden dir gegenüber. Bei dem unsinnig wachsenden Preis aller Lebensmittel weiß ich nicht, ob ich überhaupt werde existieren können … Es ist schlimmer, von der Großmut auch des allerbesten Freundes abhängig zu sein – für den ich dich ja halte – und ich möchte doch nochmal fragen, ob es denn vollkommen unmöglich ist, den Gang zu meinen Gunsten zu beschleunigen. Der Satz ist ja jetzt vollendet. Ist es unmöglich, mehr Arbeitskräfte einzustellen? Bis Ende November (noch 2 Monate!) fertig zu werden? Denk mal nach, Lieber! Denk so nach, als liebtest du das Werk und kenntest es. Sagst du dann nein, so will ich mich seufzend fügen.

Er mußte sich seufzend fügen. *Christian Wahnschaffe* konnte erst im Frühjahr 1919 erscheinen. Der Roman brachte nicht den Sensationserfolg des *Gänsemännchen*, erreichte jedoch noch im Erscheinungsjahr das 30. Tausend und erzielte zu Wassermanns Lebzeiten (einschließlich einer billigen Sonderausgabe) eine Gesamtauflage von nahezu hunderttausend. Dennoch blieb dieses, vor allem in seiner ersten Hälfte mit hinreißender Eleganz erzählte Werk damals wie später im

Grunde ungewürdigt. Vielleicht war die »Constellation« doch verpaßt? Thomas Mann fand: »Der ›Wahnschaffe‹ entsprang einem großen Willen, aber es hat nicht gereicht.« Viel glücklicher sei *Das Gänsemännchen*, doch Wassermanns Bestes seiner Meinung nach der *Caspar Hauser*. Das fanden viele. Aber viele fanden auch noch etwas anderes: der *Wahnschaffe* offenbart einen ganz neuen, ganz anderen Wassermann als den schwerblütigen, zergrübelten Dostojewski-Nachfahren, der sich aus vielen Analogien in diesem Buch herausspüren läßt. Denn dieses Buch, in bitterster innerer und äußerer Notzeit geschrieben, ist besonders in seinen Nebengestalten Wassermanns beschwingtestes und heiterstes. Eine wahrhafte ›Gestalt‹ wie der österreichische Edelmann Bernhard Gervasius Crammon von Weißenfels – »Crammon ohne Furcht und Tadel«, der aus Herzensgrund drei Dinge haßt: »Zeitungen, allgemeine Bildung und Steuern« – gelingt der deutschen Erzählkunst nur alle Jubeljahre einmal. Die Gestalt des Crammon war in einigen Zügen einem Mann aus Hofmannsthals Freundeskreis nachgezeichnet, dem österreichischen Diplomaten Edgar Spiegl von Thurnsee, der in Bad Ischl lebte und von dem Hofmannsthal in einem Brief an Andrian sagte, er sei »nicht nur ein höchst anständiger, sondern ein charaktervoller, im Urteil höchst unabhängiger Mensch, mit ausgesprochenem Qualitätssinn für Menschen und Dinge«, jedoch »ein enormer Pessimist und kann einen leicht deprimieren«. Davon ist einiges in die Figur des Crammon eingegangen. Aber Spiegl war, wie Burckhardt Jahre später an Hofmannsthal schrieb, sehr verstimmt über die »seine Person betreffende, epische Indiskretion Wassermanns«, und obwohl Burckhardt meinte, er habe »Spiegls Crammon-Ärger nicht geteilt«, fand er doch: »Da wird nun ein so raffiniertes Wesen wie Edgar Spiegl mißverstanden, breit getreten und entstellt; das ärgert ihn, denn er hat seinen Typus mit viel Talent selbst geschaffen.« Es war die alte Frage: ob der Gestaltenschaffer »seine Bilder unbedenklich mischen und kombinieren« darf.

Was verschlug's? In Crammon faßte Wassermann, was sich ihm bisher entzogen hatte: er nahm seine österreichische Wahlheimat in leichte, liebevolle Hände und modellierte ihr ein Denkmal von bestrickend herbstlicher Anmut. Der *Wahnschaffe*-Roman ist ein europäisches Panorama, er spielt nur wenig in Österreich, vornehmlich in Deutschland, und seine Hauptfigur Christian ist ein Deutscher, kein Österreicher. Doch Crammon und seine Welt leben zeitlos in der Erinnerung fort, wenn Wahnschaffe und seine Welt, Eva Sorel und Karen Engelschall und all ihre »Schicksalsfracht«, vom Mahlstrom der Umwälzung hinabgezogen, längst in der Tiefe der Zeit versunken sind.

26 Der ganze Verlag im Krieg

Die Österreicher waren auch während des Krieges, ja in dieser Zeit ganz besonders zahlreich, bei Fischer beheimatet. Jetzt, da der österreichische Geist mit eifervoller Inbrunst um seine Eigenständigkeit und die Bewahrung seines unverwechselbaren Antlitzes stritt, zeigte sich mehr denn je, wie sehr, wie geradezu ausschließlich seine Präsenz und Repräsentanz auf eben jenes Deutschland, von dessen Übergewicht er sich erdrückt glaubte, angewiesen waren.

Es hatte sich im abgelaufenen Vierteljahrhundert, seit Jung-Wien bei Fischer in Berlin seine verlegerische Heimat fand, nichts Wesentliches geändert. Es gab noch immer in Wien keinen großen schöngeistigen Verlag, der dem österreichischen Schrifttum dieser und der nächsten Generation einen Rückhalt bieten und ihr zur österreichischen wie zur deutschen Leserschaft Zugang hätte verschaffen können. Es lag fast ein tragischer Widersinn darin, daß Hofmannsthal den Deutschen vorhielt, sie wüßten vom österreichischen Schrifttum zu wenig, verstünden Österreichs geistigen Habitus nicht; daß er in der Berliner ›Vossischen Zeitung‹ seine scharf profilierten preußisch-österreichischen Antinomien veröffentlichte; daß in seinem Vorstellungsbild vom »neuen Bildungskosmos« Deutschland sich an Österreich anzuschließen hatte, und nicht umgekehrt. Vielleicht verstanden die Deutschen Österreich nicht so, wie die Österreicher es sich wünschten oder meinten beanspruchen zu dürfen; doch hätte man es ihnen nachsehen können, denn sie ermöglichten es dem österreichischen Geist überhaupt erst, sich zu äußern, und hielten ihn buchstäblich am Leben. Ohne die großen deutschen Zeitungen, ohne die deutschen Bühnen, ohne die deutschen Zeitschriften und Buchverlage, ohne Fischer und die Insel wäre die österreichische Literatur im Krieg heimatlos gewesen und womöglich in alle Winde zerstreut worden. Daß sie fortbestand und ihre Identität nicht einbüßte, verdankte sie vornehmlich jenen, über deren Unverständnis oder unzureichende Wertschätzung sie sich beklagte. Als Robert Musil gleich nach dem Krieg, im Märzheft

1919, in der ›Neuen Rundschau‹ wieder auftauchte, war es mit einem großen Aufsatz *Der Anschluß an Deutschland*, in dem es hieß:

... man denke an die Tatsache, daß fast alle österreichischen Bücher in Deutschland hergestellt werden, daran, daß fast alle österreichischen Dichter ihre Existenz deutschen Verlegern verdanken: und dann frage man, worin denn diese Kultur eines Staates besteht, wenn nicht in diesen Leistungen? Die Rede von der österreichischen Kultur, die auf dem Boden des nationalen Mischstaats stärker erblühen soll als anderswo, diese oft beteuerte Mission der sancta Austria war eine niemals bewahrheitete Theorie... Gerade um des wertvollen Österreichers willen muß die Legende von der österreichischen Kultur zerstört werden!

ÖSTERREICHER UND EINZELGÄNGER

Zum alten Stamm der österreichischen Fischer-Autoren kamen während des Krieges zahlreiche neue Namen und Gesichter hinzu. Ein Blick in das zweite Kriegsjahrbuch des Verlags zeigt es. Dieses Jahrbuch wurde im November 1916 ausgegeben. In diesem Jahr wurde der Verlag dreißig Jahre alt, und das Jahrbuch trug denn auch, an die Vorkriegsgepflogenheit wieder anknüpfend, den nüchternen Titel *Das dreißigste Jahr*. Im übrigen war es, wie sein Vorgänger *Das große Jahr 1914–1915* mit dem von E. R. Weiß gezeichneten verschlungenen Emblem von Leier und Schwert geschmückt und außen wie innen, in Aufmachung und Anordnung, diesem Vorgänger fast zum Verwechseln ähnlich. Es war in vier Hauptabteilungen gegliedert. Die erste, ›Der Krieg und seine Probleme‹, war unterteilt in ›Grundlegendes‹, ›Deutsche Zukunft‹, ›Mitteleuropäisches‹ und ›Wirtschaftspolitisches‹. In der zweiten Hauptabteilung, ›Der Krieg als Erlebnis‹, waren Auszüge aus Kriegsberichten zusammengefaßt; die dritte hieß ›Die schöne Literatur‹, die vierte umfaßte die ›Bibliographie‹. Der Band enthielt wiederum sechzig Autorenbildnisse und kostete als Pappband, trotz der Teuerung, noch immer nur eine Mark. Er war der letzte seiner Art auf längere Zeit.

Die dritte Abteilung, ›Die schöne Literatur‹, reichte vom Österreicher Peter Altenberg bis zum Österreicher Paul Zifferer. Altenbergs Buch *Nachfechsung*, das 1916 erschien und unmittelbar auf *Fechsung* (1915) folgte, war der neunte Band seiner Skizzen, seit Richard Engländer vor genau zwanzig Jahren Fischer seine nun schon legendäre Pappschachtel geschickt hatte. Wie nahezu alle seine Bände war auch dieser – was ansonsten bei Fischer völlig unüblich war – »mit dem Bild des Dichters« geschmückt; doch war die Ausnahme angezeigt, denn wer hätte sich wohl vorzustellen vermocht, wie dieser wunderliche »Frauenlob« tatsächlich aussah? Der Wiener Paul Zifferer, am anderen Ende des alphabetischen Autorenverzeichnisses, gehörte dem Jung-

Wiener Kreis an; er hatte, achtzehnjährig, 1897 mit einem kleinen Novellenband begonnen und nur wenig veröffentlicht, als er 1916, vermutlich auf Anregung Schnitzlers, mit dem er befreundet war, mit seinem ersten ausgereiften Roman *Die fremde Frau* zu Fischer kam. Zifferer war ein sparsamer und zuchtvoller Erzähler, der mit einer an Hesse gemahnenden Knappheit komponierte und eine ihm ähnliche, ins Böhmisch-Mährische transponierte eindringlich-simple Sprache besaß. Seine Bücher paßten gut zu Fischer, aber der zurückhaltende Mann, während des Krieges in Regierungsämtern und nach dem Krieg im österreichischen diplomatischen Dienst tätig, schrieb nur wenig, und Fischer konnte insgesamt nur vier Bücher von ihm vorlegen.

Zwischen Altenberg und Zifferer siedelte sich in den Kriegsjahren eine buntscheckige Gesellschaft aus der Habsburger-Monarchie an. Die meisten waren offenkundige Versprengte; sie kamen und gingen alsbald wieder, gleich als hätten sie in der Bülowstraße nur vor einem Unwetter Zuflucht gesucht. Franz Blei, der freilich bereits seit 1904 zu den gelegentlichen Mitarbeitern der ›Neuen Rundschau‹ gehörte und hin und wieder auch des Abends in der Erdener Straße anzutreffen war, gab 1916 mit einem Lustspiel, *Logik des Herzens*, bei Fischer ein einmaliges Gastspiel, als wolle er auch diesen Verlag einmal ausprobieren. Franz Theodor Csokor gelangte ebenfalls, er konnte sich nicht erinnern wie, mit einem Bühnenwerk, *Der große Kampf*, 1915 in den Verlag. »Es war kein gutes Stück«, meinte er später; er bat Fischer schon zwei Jahre darauf, es zurückzuziehen, »weil ich mich meiner inneren Wandlung nach nicht mehr damit identifizieren wollte«. Das geschah auch. Es war kein Stück, das zum Krieg hetzte, aber es konnte mißdeutet werden. Ein aufrechter Mann, allemal. Auch den Novellenband *Gottesmarter* des Pragers Karel Čapek, 1918 erschienen, blieb ein Einzelgänger. Der Wiener Feuilletonist Raoul Auernheimer, obenhin Peter Nansen nicht unähnlich, der, ein fruchtbarer, leichtfüßiger Erzähler und Lustspielautor, zum Kreis Hofmannsthals und Schnitzlers gehörte, war schon mit einer Vielzahl von Arbeiten anderwärts erschienen, als er 1913 mit der damals viel gespielten Komödie *Das Paar nach der Mode* und der Erzählung *Laurenz Hallers Praterfahrt* zu Fischer kam. Er blieb den Krieg über, brachte 1915 noch ein erfolgreiches Lustspiel, *Die verbündeten Mächte*, und 1919 einen Novellenband, absentierte sich bis 1927, tauchte unvermittelt mit einem vereinzelten Roman wieder auf und verschwand danach endgültig. Von Auernheimer stammte das Scherzwort, die Wiener Schule habe eigentlich nur eines gemeinsam: ihren Verleger in Berlin.

Drei Österreicher beschränkten ihre Zugehörigkeit zum Fischer-Verlag fast wie auf Verabredung strikt auf die Kriegszeit. Der Wiener Albert

Ehrenstein hatte vom Herbst 1915 bis Frühjahr 1916 dem Kurt Wolff-Verlag als Lektor angehört, wo 1916 auch zwei Arbeiten von ihm erschienen. In der zweiten Hälfte 1916 wechselte er zu Fischer über, wo er gleichfalls einige Monate lang Lektor war. 1917 erschien hier der Gedichtband *Die rote Zeit*, auf den 1919 der Skizzenband *Zaubermärchen* folgte. Der Prager Paul Kornfeld, eine der großen Verheißungen des expressionistischen Theaters, debütierte achtundzwanzigjährig 1916 bei Fischer mit seinem ersten Stück, der Tragödie *Die Verführung*; hierauf folgte 1917 die Erzählung *Legende* und 1919 die Tragödie *Himmel und Hölle*, deren Berliner Uraufführung in der Matineenfolge ›Das Junge Deutschland‹ im Deutschen Theater in der Inszenierung Ludwig Bergers zu einem Höhepunkt des expressionistischen Theaters wurde. Der Brünner Arzt Ernst Weiß war 1913 mit seinem Erstlingsroman *Die Galeere* zu Fischer gekommen und errang mit den nachfolgenden Romanen *Der Kampf* (1916) und *Tiere in Ketten* (1918) mit seiner grellen, kraftvoll komponierten psychologischen Erzählkunst beträchtlichen Erfolg. Weiß hatte die verwirrende Angewohnheit, seine Bücher immer wieder umzuarbeiten und unter anderen Titeln neu herauszubringen; so handelte es sich, als Fischer 1919 den Roman *Franziska* von ihm brachte, in Wahrheit um eine Neufassung von *Der Kampf*. Alle drei Autoren verschwanden nach 1919 von Fischers Bühnen und tauchten um 1922 im neugegründeten Verlag Ernst Rowohlt wieder auf.

Ein wahrhafter Einzelgänger in jedem Sinn war der Schweizer Albert Steffen. Ihn hatte nicht der Krieg herzugeweht; er war schon 1907 als Dreiundzwanzigjähriger mit einem Erstlingsroman zu Fischer gekommen. Ihm ließ er 1912 einen zweiten *Die Bestimmung der Roheit*, 1913 einen dritten *Die Erneuerung des Bundes* folgen. Beide Romane sprachen Heimann sehr an. »Da ist etwas Novalishaftes an Tiefe, Reinheit und Lebensdurchdringung«, schrieb er an Fischer. »Alle Trommelkonzerte des Tages überdröhnen schließlich doch nicht die rechte, echte Sphärenmusik.« Steffen hatte zwei Eigentümlichkeiten: seine Figuren strebten nach »höheren Seeleneigenschaften«, wurden durch den Wiederempfang »verlorener Seelenteile« vor der inneren Zerstörung gerettet oder auch nicht; und er schrieb sehr kurze, präzise Sätze, die selten länger waren als zwei Druckzeilen. An dieser schwierigen Kombination fand nur ein sehr kleiner Leserkreis Gefallen. Fischer scheint jedoch gemeint zu haben, dieser Schriftsteller müsse sich doch durchsetzen lassen. Anfang 1916 wagte er den Versuch, Steffens neuen Roman *Der rechte Liebhaber des Schicksals* dem größeren Leserkreis der ›Neuen Rundschau‹ in sechs Fortsetzungen vorzusetzen. Das öffnete die Tür; dieser Roman erreichte unversehens die fünfte Auflage, und Steffens nächster Roman *Sibylla Mariana*, 1917 erschienen, brachte mit fünfzehn Auflagen binnen eines Jahres tatsächlich einen breiteren Erfolg. Loerke war von Steffen sehr beeindruckt und schrieb im Dezemberheft 1917 der ›Rundschau‹:

Die Zeitgenossen des leidenden jungen Werthers hätten einen Dichter wie Albert Steffen mit strömender Liebe aufgenommen. Auch die Zeitgenossen anderer ethischer Bekenntnisse in der Kunst, die eine verwandelnde Kraft ausübten. Heute antworten statt eines tausend mit den Freuden des jungen Werthers ... Und ebenso trüb wie die Ablehnung eines ernsthaften Menschen ist die frivole, hemmungslose Bereitschaft, ihn anzuerkennen. Das Reine wird zum Interessanten verkleinert ... Wenn wir uns nicht mehr schämen werden, einen Trost anzuhören, wird auch ein Dichter wie Steffen zeitgemäß sein. Das ordnende, also künstlerische Prinzip all seiner Bücher ist eine mutige und geradeaus zum Wesentlichen vordringende Sittlichkeit ... Und eben jetzt durchdringt es aus dem Geiste einer marianischen Sibylle den Krieg der Völker, der ihr Friede war, und den Frieden, der durch den Krieg nicht ausgelöscht werden kann ...

Es blieb bei diesem einen Erfolg. Schon sehr bald darauf geriet der Mann mit den kurzen Sätzen in die Schlingen Swedenborgs und der Anthroposophie und blieb in ihnen hängen. Er veröffentlichte 1919 noch einen Novellenband bei Fischer, übersiedelte zu Rudolf Steiner nach Dornach und schrieb noch viele eigensinnige Bücher, die sich anderwärts ihre kleine Leserschaft suchten. Schon zwei Jahre darauf notierte Loerke: »Trefflich geschrieben, aber muckerisch, klein.«

KRIEGS-IMPROVISATION

Der hektische Atem der beiden letzten Kriegsjahre führte – wie bei den meisten anderen Verlagen auch – zu einigen kurzlebigen, von der Zeit und den Verhältnissen rasch überrannten verlegerischen Unternehmungen, die sich im Rückblick als die Improvisationen erweisen, die sie tatsächlich waren. Als die ›Sammlung von Schriften zur Zeitgeschichte‹ Ende 1917 versickerte, sah Heimann die Notwendigkeit, in einer neuen Reihe den Anteil des Verlags an der dichterischen Formung des neuen Zeitgeistes, der in die Nachkriegszeit hinüberführen mußte, repräsentativ vorzustellen. Doch wurde der Gedanke nur mit halbem Herzen durchgeführt. Es entstand die Buchreihe ›Dichtungen und Bekenntnisse aus unserer Zeit‹, die 1918 mit sieben Bänden begann, bis Anfang 1920 fortgesetzt wurde und katalogmäßig insgesamt vierundzwanzig Bände umfaßte. Aber die Bände trugen keinen Kollektivtitel, waren nicht als Reihe durchgezählt und auch nicht einheitlich ausgestattet und besaßen lediglich eine sehr lose innere Zusammengehörigkeit, die sich äußerlich nur in Anzeigen, Prospekten

oder auf Schutzumschlägen dokumentierte; einige Bände wurden offenbar überhaupt erst nachträglich dieser Reihe hinzugerechnet.
Von den sieben Bänden des Jahres 1918 waren drei ›Wiederbelebungen‹: Reinhard Johannes Sorges Drama *Der Bettler* war erstmals 1912 erschienen, und der Dichter war inzwischen gefallen; Kornfelds *Verführung* und Georg Kaisers Schauspiel *Von morgens bis mitternachts* waren beide schon 1916 bei Fischer erschienen. Als Otto Zoff, der 1916 im Fischer-Verlag als Lektor und Redakteur wirkte und sich besonders der neuen Dramatik annahm, als Dramaturg an die Münchner Kammerspiele ging, nahm er gleichsam Georg Kaiser als Dramatiker mit; *Von morgens bis mitternachts* erlebte am 28. April 1917 bei Falckenberg in München seine Uraufführung und brachte Kaiser seinen ersten durchschlagenden Publikumserfolg; das Stück wurde noch im gleichen Jahr an mehreren deutschen Bühnen nachgespielt. 1918 brachte Fischer jedoch zugleich (und außerhalb der neuen Reihe) noch die Buchausgaben von vier neuen Stücken Georg Kaisers – »das Dramenkaninchen, dessen Würfe häufig Blüffungen sind«, schrieb Kerr –, nämlich die Tragikomödie *Rektor Kleist*, das Lustspiel *Der Zentaur* und die Schauspiele *Das Frauenopfer* und *Gas*, das im November 1918, inmitten des Revolutionslärms, seine sensationelle Uraufführung in Frankfurt erlebte. Von den übrigen Titeln der Reihe ›Dichtungen und Bekenntnisse‹ waren das Drama *Der Anfänger* des Wieners Richard Guttmann und Werner Schendells Stück *Parteien* Einzelgänger, auf die bei Fischer nichts weiter folgte; Holitschers Erzählung *Bruder Wurm* war ein neues Werk.
Auch 1919, im ersten Nachkriegsjahr, wurden einige ältere Verlagswerke wie Kornfelds *Legende* von 1917 und Čapeks *Gottesmarter* vom Vorjahr nachträglich in den Rahmen dieser Reihe eingefügt, während Döblins Roman *Der schwarze Vorhang* zwar eine Neuerscheinung, aber tatsächlich ein sehr frühes, bereits 1902/03 entstandenes, bisher unveröffentlichtes Werk war und schwerlich als ein ›Bekenntnis aus unserer Zeit‹ gelten konnte. Die übrigen, in dieser Klammer zusammengefaßten Werke gehörten, wie sich zeigen wird, durchaus organisch in die sehr vielfältig verzweigte Produktion der ersten Nachkriegszeit, ohne im einzelnen viel miteinander gemein zu haben.

WILHELM LEHMANN

Einen Dichter jedoch heißt es herausheben, dem wir im ersten Jahr dieser Reihe begegnen und der weder in diese noch überhaupt in eine Reihe paßte oder gehörte, nämlich Heimanns alten Freund Wilhelm Lehmann, dessen Verbindung zum Fischer-Verlag schon manches Jahr zurückreichte und an früherer Stelle bereits aufgezeigt wurde. Lehmann war 1914 und 1915 erstmals mit zwei kleinen Beiträgen in der ›Neuen Rundschau‹ erschienen. Der Krieg holte ihn an die Front, und er geriet auf einige Jahre in englische Gefangenschaft. Ende 1916 legte er dem Verlag seinen ersten Roman *Der Bilderstürmer* vor, den Fischer, wie Lehmann sich ein halbes Jahrhundert später noch erinnerte, »selbst sehr rühmte« und zu einem Honorar von tausend Mark – »mir damals eine bedeutende Summe« – für die ›Rundschau‹ erwarb. Der Roman erschien in drei Fortsetzungen in der Zeitschrift und anschließend als Buch: Wilhelm Lehmanns erstes. Diese Geschichte des »halbgescheiterten Lehrers Magerhold«, der es unternimmt, »eine neue Menschenschule, eine Schule neuer Menschen« zu stiften und an ihr völlig scheitert, trägt autobiographische Züge und geht in ihrer Thematik auf Lehmanns Erlebnisse und Erfahrungen in der Freien Schulgemeinde Wickersdorf zurück, wohin Heimann und Fischer ihm vor dem Krieg eine Lehrerstelle vermittelt hatten. Oskar Loerke, der schon während mehrerer Jahre vor seinem festen Eintritt in den Verlag einen guten Teil der Sammelbesprechungen besorgte, die als *Literarische Chronik* und unter anderen Klammerüberschriften in der ›Neuen Rundschau‹ erschienen, erklärte im Septemberheft 1917, daß sich in diesem Buch »ein großer Dichter ankündigt«:

Wir hören, daß viele – viele ist allerdings ein relativer Begriff – das Werk enthusiastisch begrüßt haben. Wer romanische Klarheit liebt und sucht, wird in dem Klima, in dem seine Geister, Menschen und Dinge Notwendigkeit und Notdurft ihres Daseins haben, schwer heimisch werden. Der Norden, der Himmel der Barbaren ist über ihnen und in ihnen: nach lang lastendem Grau gewaltig grelles Licht... Für Wilhelm Lehmann ist vieles gewiß ganz gesetzlich, was anderen als große Kühnheit erscheint. Die Kühnheiten sind nie Überfälle auf die Wirklichkeiten, eher überfällt das Wesentliche der Wirklichkeit ihren Ausdruck und tut ihm Zwang an...

»Viele« war in der Tat ein sehr relativer Begriff; *Der Bilderstürmer* gelangte nicht über die zweite Auflage hinaus. Über den zweiten Roman – die Geschichte des armen Sprachlehrers Loeski, den »die unbarmherzig fruchtbare Welt mit Sehnsucht und Bitternis erstickt« – schrieb Loerke ein Jahr darauf:

Wilhelm Lehmanns zweiter Roman ›Die Schmetterlingspuppe‹ vertieft das Bild dieses ganz originalen Dichters. Er ist bei S. Fischer erschienen, in der neuen Sammlung ›Dichtungen und Bekenntnisse aus unserer Zeit‹, die die geistigen Bestrebungen, vorzugsweise der jüngeren Generation, sammeln, klären und pflegen möchte... Von Kant wird durch zeitgenössische Biographen berichtet, er habe sich um kranke Bekannte aufopfernd immer wieder und wieder gekümmert; wären sie dann gestorben, so wäre er kalt und rasch in seine große Welt zurückgetreten und habe von ihnen nicht geredet. Etwas von dieser Gesinnung ist in Lehmanns Dichten. Schon wird er von vielen geehrt. Wenn er seine große Welt auch äußerlich entfaltet, wird er ganz sichtbar werden...

Er wurde »ganz sichtbar«, doch nicht als Erzähler, sondern als bedeutender Lyriker, und er wurde es nicht bei Fischer. Der zweite Roman war ein besserer Erfolg als der erste, doch (so erzählte der Dichter an seinem Lebensabend in einem Brief):

Dann — o welcher Sprung! — höre ich S. Fischer, gleich 1918, in lispelndem Baß sagen: »Für Ihre Bücher haben die Leute jetzt keine Zeit mehr« — ich war also entlassen. Dieses Faktum ignorierte Heimann, wenn er mir später vorwarf, warum ich den Verlag verlassen hätte!

Wilhelm Lehmann ging mit seinen nächsten erzählenden Werken zu einem anderen Verlag. Die enge, lebenslängliche Freundschaft mit Heimann und Loerke währte ungetrübt fort. Zehn Jahre nach seinem Abschied vom Verlag kam er mit einer Novelle in die ›Rundschau‹ zurück, danach hin und wieder mit Gedichten und schließlich 1934 mit der Erzählung *Die Hochzeit der Aufrührer* auch in den Buchverlag.

DAS ERSTE SACHBUCH

Das ausgefallenste und neuartigste Buch des dreißigsten Verlagsjahrs war kein deutsches, sondern ein amerikanisches, das Fischer ein knappes halbes Jahr vor dem Eintritt der Vereinigten Staaten in den Krieg herausbrachte. Die Leseprobe *Der Trustmagnat* im Jahrbuch für 1916 fesselte vom ersten Satz an. Sie schilderte in jedermann verständlicher, knapper und sachlicher, Schritt für Schritt mit Tatsachen, Ziffern und Daten untermauerter Form den Hergang des ersten großen schwindelhaften Heereslieferungsauftrags, mit dem der vierundzwanzigjährige J. Pierpont Morgan sein Millionenvermögen begründete, und die Korruption des amerikanischen kapitalistischen Regierungs- und Gerichtswesens, die dieses betrügerische Kriegsgewinnlertum möglich gemacht hatte. Dieser Auszug stammte aus einem gewaltig umfangreichen, achthundert Seiten langen Werk *Geschichte der großen amerikanischen Vermögen*, das Fischer in diesem Herbst 1916 in deutscher Sprache in zwei Halbleinenbänden zum Preis von achtzehn Mark herausbrachte. Das Buch war nicht neu, es war schon 1911 in Amerika erschienen. Sein Verfasser Gustavus Myers war ein kaum vierzigjähriger amerikanischer Historiker, der als Führer der sogenannten »Muckraking«-Schule, der »Dreckaufstöberer«, galt und inzwischen bereits eine Anzahl weiterer, vorzüglich dokumentierter, glänzend geschriebener Darstellungen der politischen, finanziellen und moralischen Korruption in den USA veröffentlicht hatte. Es war eine sozialpolitische Abhandlung, die so spannend zu lesen war wie ein Roman, und stand, ein wenig verloren, an einer Stelle im Verlagsprogramm, die es eigentlich gar nicht – noch nicht – gab, die Saenger erst zu schaffen suchte. Wie war es dahin gelangt? Gleich neben der Myers-Leseprobe im Jahrbuch stand ein kaum weniger aufregendes Kapitel über das amerikanische Taylorsystem aus Arthur Holitschers neuem Buch *Das amerikanische Gesicht,* das gleichzeitig erschien, und hier war der Zusammenhang. Holitscher hatte das Buch schon 1912 aus Amerika mitgebracht, und Fischer hatte es im Oktober 1912 erworben. Der amerikanische Autor hatte auf Holitschers Veranlassung jedoch versprochen, für die deutsche Ausgabe bis zum Februar 1913 noch zwei zusätzliche Kapitel über Andrew Carnegie und das amerikanische Proletariat zu schreiben, und außerdem Fischer ermächtigt, Holitscher »in Zusammenarbeit mit einem deutschen Wirtschaftspolitiker« zu beauftragen, das in der Originalausgabe dreibändige Werk »auf ein angemessenes Maß« zu kürzen. Darüber war Zeit vergangen. Die beiden neugeschriebenen Kapitel erschienen schließlich 1914 und 1915 in der ›Neuen Rundschau‹. Holitschers Helfer scheint der sozialdemokratische Publizist und Reichstagsabgeordnete Max Schippel gewesen zu sein, der dem Buch eine ausgezeichnet informierende Einleitung gab. Schippel, der im Jahr darauf mit einer eigenen Schrift bei Fischer erschien, nennt das Werk »eine Fundgrube für zweifelsfrei feststehende Tatsachen, obwohl sie mitunter unerhört und unglaublich erscheinen«, ein »mit sensationellem Tatsachenstoff fast überladenes« politisches Dokument und meint zum Schluß lediglich:

> Ob die Vereinigten Staaten damit nicht schwereren sozialen Kämpfen entgegengehen wie das alte Europa, in dem die Gegensätze zwischen arm und reich viel weniger weit auseinanderklaffen, in dem der hervorstechendste Reichtum vor allem viel weniger mit Schmutz und Korruption besudelt erscheint? ... Soweit das Werk von Myers einer bereits vielverbreiteten Volksstimmung nicht nur der Arbeiter-, sondern auch der Farmerklasse Ausdruck gibt, ist es zugleich ein Sturmzeichen, das dem bequemen kapitalistischen Gehenlassen der bisherigen amerikanischen Wirtschafts- und Sozialpolitik zur Warnung dienen sollte.

Fischer druckte (ohne Angabe des Übersetzers) viertausend Exemplare dieses faszinierenden Wälzers, die er offenbar im Handumdrehen absetzte, und 1923 eine Neuauflage von nochmals dreitausend. Doch geriet dieser brillante erste Vorläufer des modernen Sachbuchs trotz seines Erfolges wieder in Vergessenheit. (Gustavus Myers starb 1942, und sein letztes Buch war eine *Geschichte der Bigotterie in den USA.)* Seinen eigentlichen Durchbruch erlebte dieser Buchtyp in Deutschland erst ein Vierteljahrhundert später.

IM DREISSIGSTEN JAHR

In diesem dreißigsten Jahr lichtete sich der Kreis der alten Weggenossen abermals. Am 30. April 1916 starb zweiundsechzigjährig Paul Schlenther; genau ein halbes Jahr darauf, am 30. Oktober, folgte ihm der fünfundachtzigjährige Julius Stettenheim. Wer wußte noch, was diese beiden Männer einstmals mit Fischer und miteinander verbunden hatte? Sie hatten beide zu den Gründern der ›Freien Bühne‹ gehört. ›Wippchen‹ hatte Fischer wohl längst aus den Augen verloren. Er hatte in der ›Neuen Rundschau‹ nie eine Zeile veröffentlicht, und so widmete sie denn auch dem greisen Spaßvogel keine Zeile des Gedenkens. Mit Schlenther hatte sich nach langer Pause gerade in seinem letzten Lebensjahr wieder eine Zusammenarbeit ergeben. Er edierte 1915 bei Fischer den zweiten Band der *Kritischen Schriften* seines Freundes Otto Brahm und schrieb (außer dem schon erwähnten ostpreußischen Kriegsbuch) die vorzügliche Einleitung zu der fünfbändigen Fontane-Ausgabe, die Fischer im gleichen Jahr herausbrachte. Diese Fontane-Ausgabe war keine Gesamtausgabe, sondern lediglich eine kriegsbedingte, vorläufige Auswahl aus den Gedichten, Romanen und Erzählungen, die nach dem Krieg ersetzt wurde. Die Betreuung Brahms und Fontanes war Schlenthers letzte Arbeit für den Verlag. Bie widmete ihm in der ›Rundschau‹ eine kurze, einspaltige, nur mit »O. B.« gezeichnete Gedenknotiz, die keine sonderliche Wärme ausstrahlte.

Für Fischer persönlich war 1916 ein Freudenjahr; es brachte ihm ein spätes Glück. Am 3. April schrieb er, an einer Influenza bettlägrig, an Nansen:

Meine alten Bronchien machen mir zu schaffen und mahnen mich daran, daß trotz Frühling das Leben nicht leichter wird, und da ich es nie leicht nehmen konnte, selbst als ich jung war und allen Grund hatte, es nicht zu schwer zu nehmen, so bin ich eigentlich selbst etwas überrascht über den Lebensmut, der uns das Wagnis einer neuen Hoffnung aufnehmen läßt. Wir haben in der biblischen Geschichte ein gutes Vorbild für ein spätes Glück, und ich hoffe sehnlichst, es wird sich alles zum guten für uns wenden...

Drei Wochen später, am 27. April, heißt es in einem Brief Hedwig Fischers an Nansen:

... natürlich bekommen Sie ein Telegramm, wenn alles gut geht, und natürlich würde er Peter heißen, wenn es ein Junge würde, aber es wird sicher ein Mädchen. Ich war zu abergläubisch, Ihnen das von dem Namen zu schreiben, aber es war bei uns längst beschlossene Sache...

Nansen bekam das versprochene Telegramm am 6. Mai 1916: »Ein Mädchen ist uns geboren. Mutter und Kind gesund. Gruß Fischer.«

Die zweite Tochter hieß Hildegard und wurde ›Hilla‹ genannt. Den Eltern war sie, wie Hedwig Fischer selbst an ihrem Lebensabend schrieb, »ein Trost für den verlorenen Sohn«. In einem Geburtstagsbrief Heimanns an sie vom 7. September 1916 findet der Freund behutsame Worte:

... so gratuliere ich Ihnen und Ihrem Mann und Tutti, daß Sie drei in Ihrer liebevollen und vorbildlichen Gemeinschaft an dem neuen jungen Licht in Ihrem Hause des unvergänglichen Lichtes in der eigenen Seele froh seien. Wohl weiß ich, daß der Schatten nicht weichen kann, der in Ihr Leben gefallen ist; aber wie jeder Schatten die Farben, die Zeugnisse vom Licht, nur tiefer und charaktervoller macht, so auch dieser. Möge alles gedeihen, was zu Ihnen gehört.

NANSENS WIEDERKEHR UND ABSCHIED

Peter Nansen war auch in Kriegszeiten in Deutschland der Erfolg treu geblieben, obwohl er sich ausschließlich aus »ollen Kamellen« nährte; seine Stücke wurden viel gespielt, und Fischer konnte seine Romane und Novellen in der billigen Ausgabe der Romanbibliothek immer wieder nachdrucken. Doch der Freund, vom Verlegerberuf aufgefressen, hatte seit der Jahrhundertwende nichts Neues mehr geschrieben. Jetzt auf einmal, im März 1915, vertraute er Fischer in einem Brief an:

Übrigens dichte ich jetzt wieder nach 18–20 Jahren. Aber leider glaube ich nicht, daß diese neuen Sachen noch für die Öffentlichkeit geeignet sind. Sie können – jedenfalls das meiste – zuerst gedruckt werden, wenn ich gestorben bin oder nicht mehr Direktor im Gyldendal ... leider also ist es nur ›Nachlaß‹. Ein so offenherziges und wahres Buch ist selten geschrieben. Gar nicht ›frivol‹. Aber also allzu ehrlich. Nun: mir macht es Freude, wieder zu dichten, selbst wenn ich es vorläufig liegen lassen muß ...

Fischer antwortete:

Sehr interessant ist mir Ihre Nachricht, daß Sie von neuem ein Verhältnis mit den Musen angeknüpft haben, aber wenn es noch geheim gehalten werden soll, so soll es noch viele Jahre geheim bleiben, denn ich wünsche mir in meiner Verlagsthätigkeit kein posthumes sondern ein gegenwärtiges Zeichen Ihrer lebendigen Zeugungskraft ...

Scherze zwischen alten Freunden. Nansen mag wohl geahnt haben, daß sie ganz so scherzhaft nicht waren. Er veröffentlichte schließlich doch eine der »Nachlaß«-Novellen in der Monatsschrift ›Tilskuren‹, dem skandinavischen Gegenstück zu Fischers ›Rundschau‹, und sandte sie Fischer, der sie unbesehen für die ›Rundschau‹ annahm. Doch als Fischer die Übersetzung las, bekam er einen Schrecken und machte die Annahme rückgängig. Er schrieb Nansen am 6. September 1915:

Sie sind ein harter und bitter ernster Mann geworden, und ich habe mich ein wenig vor Ihnen gefürchtet. Daß Sie jetzt das düstere Problem eines sexualpathologischen Falls behandeln, während ich von dem ›alternden Meister‹ eine warme Liebesgeschichte erwartet habe, wie nur er sie so schön und warm und gut und graziös durchleben und darstellen kann, soll gewiß kein Vorwurf für Sie sein; man kann sich eben von alten guten Erinnerungen nicht so leicht frei machen. Leider werden wir aber diese Novelle während des Krieges in der Rundschau nicht abdrucken können, und es ist auch sonst kaum irgendwo eine Möglichkeit dafür vorhanden.

Fischer war nicht ›ängstlicher‹ als andere auch. Nansens neuer Roman *Die Brüder Menthe*, der binnen kurzem in Berlin eintraf, war ein kurzes und straff erzähltes Buch, in dem ebenfalls allerlei »Sexualpathologisches«, zudem eine Geschwisterliebe, doppelte Moralbegriffe in großbürgerlichen Kreisen, zweifelhafte Justizverfahren, eine Wechselfälschung und sogar eine Falschgeldaffäre vorkamen – ob Nansen wohl mit der Graphischen Anstalt ›Dania‹, die das Falschgeld herstellte, verschmitzt auf die gleichnamige verkrachte Filmgesellschaft anspielte? Oder dachte er dabei an den »zu trauriger Berühmtheit gelangten Falschmünzerverlag Salomon und Riemenschneider«, dessen literarischer Leiter Herman Bang gewesen war und in dem Nansen im Oktober 1883 debütierte – der Beginn ihrer dreißigjährigen Freundschaft? Fischer selbst hatte diesmal keine Einwendungen, aber es gelang ihm weder im Mosse-Haus noch im Ullstein-Haus, einen Zeitungsvorabdruck des für heutige Begriffe entwaffnend harmlosen kleinen Romans unterzubringen. Der Krieg hatte die Moralvorstellungen durchaus nicht gelockert; im Gegenteil, die Hüter der Sittlichkeit in der Kochstraße und Jerusalemerstraße waren sehr auf der Hut. Die Redaktion des ›Berliner Tageblatts‹ lehnte den Abdruck ab, »weil sie an dem heiklen Thema gerade in der jetzigen Zeit Anstoß nimmt«, und Paul Wiegler schrieb namens der Romanabteilung des Ullstein-Hauses, er müsse »mit Bedauern von dem beabsichtigten Vorabdruck zurücktreten, da der Stoff des Werkes zu verfänglich ist, als daß ein Erscheinen in einer Tageszeitung in Frage käme«. Und diese Blätter waren, wie Fischer hinzufügte, »toleranter als alle anderen deutschen Zeitungen und Zeitschriften«.

Fischer war weniger ängstlich. Er versprach Nansen, das »verfängliche« Buch in der ›Neuen Rundschau‹ vorabzudrucken, wo es freilich bis zum Juliheft 1916 warten mußte. Das schadete nichts, denn es gab wieder einmal Übersetzerinnenkummer. »Die Übersetzung von Frau Mann«, schrieb Fischer, »ist von einer sehr vorzüglichen, literarisch gebildeten und geschmackvollen Dame revidiert worden. Das war sehr notwendig, denn Frau Mann ist oft sehr spießbürgerlich geschmacklos.« Die »geschmackvolle Dame« war Frau Else von Hollander. Inzwischen war Nansen mit der Herausgabe der Briefe Herman Bangs beschäftigt. Die ›Neue Rundschau‹ brachte in ihrem Märzheft 1916 eine

Auswahl Briefe *Herman Bangs an Peter Nansen*, und Fischer war auch lebhaft an einer Buchausgabe, die Nansen vorbereitete, interessiert. Aber er hatte urheberrechtliche Bedenken: »Ich habe alle Rechte auf seine Werke erworben, vielleicht ist es aber doch zweifelhaft, ob die Briefe Bangs zu seinen Werken zu zählen sind.« Nansen selbst wurde in Dänemark in einen Urheberrechtsstreit verwickelt, der seine Ausgabe – sie umfaßte nur eine Auswahl von Bangs frühen Briefen aus den Jahren 1883–1887 – um mehr als ein Jahr verzögerte.

Mitten in dieser Tätigkeit, Ende April 1916, teilte Nansen mit, daß er die Leitung des Verlags Gyldendal niederlege und aus dem Verlag ausscheide. Offenbar war eine heftige Auseinandersetzung mit dem »alten Hegel«, dem Besitzer des Gyldendal-Verlags, vorausgegangen. Hedwig Fischer schrieb später, sie habe den Grund des »Bruchs mit Hegel« nie erfahren. Fischer allerdings war weder erstaunt noch bestürzt und schrieb Nansen am 26. April 1916:

Ihre Nachricht, daß Sie aus dem Gyldendalschen Verlag austreten, hat mich nicht überrascht, da Sie ja von dieser Möglichkeit schon vor ein oder zwei Jahren gesprochen haben. Ich denke, Sie haben jetzt schon bald zwanzig Jahre für andere gearbeitet, und es ist vielleicht für Sie ganz gut, wenn Sie nun wieder für sich allein anfangen. Ihr Talent ist wirklich ungeschwächt geblieben; das habe ich an den Brüdern Menthe sehen können ... Kurz und gut, ich bin gar nicht traurig darüber, daß Sie die großen Mühen und Lasten verlegerischer Arbeit aufgeben und daß Sie nun wieder als Ihr eigener Herr an den Schreibtisch zurückkehren, und ich denke, es wird Ihnen ebenso gehen ...

Es begann alles sehr verheißungsvoll. Die ›Rundschau‹ brachte die *Brüder Menthe* in drei Fortsetzungen und leitete den Abdruck im Juliheft 1916 »aus Anlaß dieser Lebenswendung«, wie eine redaktionelle Notiz besagte, mit einem großen, vierseitigen Aufsatz *Peter Nansen und Dänemark* von Johannes V. Jensen ein, in dem er dem »Freund und Gönner« Dank sagte:

... keiner hat wie er die Fähigkeit besessen, wesensverschiedene und widerstreitende Elemente unter demselben positiven Gesichtskreis zu vereinigen: dem Interesse der Literatur, der Schriftsteller und des Verlags. Hier hat er hohe Kunst geleistet, Lebenskunst. Man würde es einfach nicht fassen können, daß die beiden – der Schriftsteller und der Verlagsdirektor – einer und derselbe sind, wenn man Nansen nicht persönlich kennt ...

(Der in Kriegszeiten besonders emsige Druckfehlerteufel hatte aus dem »Verlagsdirektor« einen »Verlagsdichter« gemacht.)

Die Brüder Menthe erschienen am 18. September 1916 in einer Erstauflage von viertausend Exemplaren. Der Roman scheint keinen Anstoß erregt zu haben. Nansen setzte zu einem großen Erfolg an. Noch im gleichen Jahr druckte Fischer weitere dreitausend, 1917 abermals dreitausend, und bei Kriegsende hatte der Roman das 13. Tausend erreicht. Nach dem Krieg, verhieß Fischer dem Freund, werde er ihn in der Romanbibliothek in einer Erstauflage von 50 000 neu herausbringen. Mitte Juli 1917 schrieb er ihm aus Travemünde:

Wir leben hier ganz still und häuslich und ich habe hier meine Secretairin und arbeite. Nun, ganz so unvernünftig fleißig wie Sie bin ich ja nicht, aber warum leben Sie so, wenn Sie sich dabei so wenig froh und wohl fühlen? Ich weiß, wie wenig Ratschläge nützen können, aber ich weiß von St. Moritz, daß Sie eine zähe und widerstandsfähige Natur haben, und wenn Sie ernstlich wollen, können Sie auch vernünftig leben und gesund werden . . . Wann sehen wir uns einmal wieder? Wird denn der Krieg diesen Winter wirklich noch weiter gehen? Mein kleines – sehr kleines – Baby ist reizend, sie läuft schon, wie ein kleines Wiesel . . . Meine Frau ruft eben: es ist zwölf Uhr; ich bin solider und vernünftiger wie Sie, ich gehe schlafen. Gute Nacht!

Der »unvernünftig fleißige« Mann brachte in diesem Herbst einen neuen Novellenband *Des Lebens Lust* heraus, den Fischer sofort übernahm, doch Nansen bekam das Buch, das sofort ins neunte Tausend kletterte, nicht mehr zu sehen. Am 6. März 1918, drei Tage nach dem Friedensschluß von Brest-Litowsk, kam eine Postkarte von ihm:

Liebe Freunde! Ich freue mich mit Ihnen und Ihnen allen! Nun hoffentlich immer vorwärts bis des großen Friedens glücklichem Ende. Ich schicke Ihnen morgen ein neues Buch ›Porträts‹ (Fr. VIII, Ibsen, Bang, Björnson usw.)
Herzliche Grüße Ihr Peter Nansen.

Es ist die letzte Mitteilung Nansens an Fischer, die erhalten ist. Die Nachricht vom Tod des Freundes erreichte Fischer während des Sommeraufenthalts in Travemünde. Peter Nansen starb siebenundfünfzigjährig am 31. Juli 1918. Wenige Tage zuvor hatte er die im Mai 1917 geschriebene Einleitung zu seinem Bang-Briefband noch einmal durchgesehen, und sein kurzer Vorspruch zu diesem »Bild meines lieben Freundes Herman Bang« war »Mariager, 27. Juli 1918« datiert. Dies war die letzte Arbeit des Todkranken. Die deutsche Ausgabe dieses schönen Buches, dessen Einleitung zum lebendigsten gehört, was Nansen geschrieben hat, erschien jedoch nicht bei Fischer, sondern erst 1924 im Wiener Rikola-Verlag. Hedwig Fischer schrieb in ihren Erinnerungsblättern über Nansen:

Ein Stück unserer Jugend ging dahin mit dem bezaubernden Menschen und guten Freund . . . Vor mir steht eine Photographie, die ich kurz vor seinem Tod noch bekam, aus einer Sommerfrische am Meer, elegant, die Zigarette im Mund, ein wenig wehmütig wie immer . . .

DER »VERLAG DER JÜNGSTEN«

Seinem Brief vom 26. April 1916 anläßlich Nansens Ausscheiden aus dem Verlag Gyldendal hatte Fischer am Schluß ein kleines Stoßseufzergeständnis angefügt, das er wohl nur diesem Freund machte, denn es findet sich nirgendwo sonst auch nur angedeutet:

Ich muß nun schon bis an mein Lebensende Verleger bleiben, und obgleich der neu heraufkommenden Generation von Schriftstellern mein Verlag so rückständig scheint, daß sie sich einem anderen Verlag – dem Verlag der Jüngsten – zuwendet, so muß ich doch versuchen, auch die Kunst der neuen Generation zu verstehen, was dem alternden Verleger nicht leicht wird ...

Der »Verlag der Jüngsten« entfaltete gerade um diese Zeit allen Kriegsschwierigkeiten zum Trotz eine große Aktivität. Kurt Wolff war sofort bei Kriegsausbruch an die Front gegangen und hatte die Führung des Verlags seinem Mitarbeiter Georg Heinrich Meyer übergeben, der eine originelle Persönlichkeit und ein ideenreicher Mann war. Es gelang ihm, während Wolffs Abwesenheit Anfang 1916 Heinrich Mann als Autor des Verlags zu gewinnen und diesem Schriftsteller, dessen Werk bei Langen, Cassirer, dem Insel-Verlag und anderwärts verstreut war, mit einer großen, zehnbändigen Neuausgabe, die schon im gleichen Jahr zu erscheinen begann, endlich zum Durchbruch zu verhelfen. (Zwei Jahre später gab der Insel-Verlag auch Carl Sternheim an Wolff ab.) »Es ist mir eine ganz große Freude«, schrieb Kurt Wolff später, »wenn ich diese Bücher, die in 15 oder 8 Jahren jedes keine 6000 Leser unter 75 Millionen Deutschen finden konnten, in einem einzigen Jahre in 100 000 Bänden zu vielen hunderttausend Lesern bringe.« Diesen Riesenerfolg verdankte Heinrich Mann zum guten Teil Meyers neuartigen Werbemethoden. Meyer war, wie Wolff 1961 in seiner Rundfunkplauderei *Vom ›Abwerben‹ oder Wie kommen Autoren und Verleger auseinander?* erzählte, ein »Propagandagenie« und eine »suggestive Verkaufskanone«. Er lag Wolff

ständig in den Ohren mit der Beschwörung: inserieren, inserieren, inserieren – nur so können wir Bücher verkaufen. Ich ging darauf ein. Es wurde, ohne jedes Budget, inseriert wie es im deutschen Verlagswesen wohl noch nie geschehen war. Ich ließ Meyer freie Hand – einmal, weil ich ihm glaubte und vertraute, und ferner, ja vor allem, weil ich bald nach Kriegsbeginn die langsam aber stetig fortschreitende Inflation der Mark beobachtend, der Meinung war, man solle diese Mark lieber ausgeben als sparen. Und den Autoren machte es eine Riesenfreude, ihre Bücher ganz groß im Berliner Tageblatt und anderswo angezeigt zu finden. Mit diesem Inserieren blieb der Kurt Wolff Verlag ziemlich allein. Fischer jedenfalls lockte es nicht aus seiner Reserve – ob er's unvornehm fand, ob's Sparsamkeit war, weiß ich nicht. Manche Fischer-Autoren aber haben es zweifellos vermißt, denn sie stellten fest, daß es in vielen Fällen beim Kurt Wolff Verlag in ungewöhnlichen Auflageziffern resultierte. Es bleibe dahingestellt, ob die genannten Gründe entscheidend waren für die Geneigtheit der Autoren, untreu zu werden...

Meyer beschränkte sich nicht auf Großinserate in den Tageszeitungen; er schreckte auch vor knallroten Plakaten an den Litfaßsäulen nicht zurück. Sein größter Erfolg, den er mit dieser Werbung erzielte, war Gustav Meyrinks 1915 erschienener Roman *Der Golem*, der binnen dreier Jahre mit 145 000 Exemplaren eine *Tunnel*-Auflage erzielte.

Fischer sträubte sich gegen diese Methoden und konnte darauf verweisen, daß es gerade beim *Tunnel* auch ohne sie gegangen war. In einem Brief vom 29. November 1916 an Madelung, der ihm mit dem Erfolg von Heinrich Manns *Schlaraffenland* »in den Ohren lag«, schrieb er, ohne Wolff namentlich zu nennen:

Wenn Sie meinen Katalog durchblättern, werden Sie finden, daß eine ganze Anzahl von Werken mit hohen Auflagen bei mir herausgekommen sind. Ich bin aber nicht der Meinung, daß es etwas sehr Erstrebenswertes sein könnte, Bücher mit Reklamemitteln gewaltsam hochzupeitschen, die in sich eine Wirkung auf einen großen Leserkreis nicht tragen. Mit einem guten Schlagwort kann man ein Haarfärbemittel, auch wenn es noch so wenig taugt, bekannt machen, warum sollte man das mit einem Buch nicht können, wenn man es darauf anlegt? Ob der Autor davon einen materiellen und moralischen Gewinn hat, der im Verhältnis zum momentanen Erfolg lohnt, ist eine andere Frage. Und so bewundere ich durchaus nicht die Reklamen für ›Schlaraffenland‹, die dem Verleger und dem Autor keinen Segen bringen werden, wenn ich auch diesen Verlag für sehr rührig und geschickt halte und mir durchaus nicht einbilde, daß es ein anderer Verleger nicht besser machen kann als ich.
Die Geschichte meines Verlages ist in gewissem Sinne ein Beispiel dafür, daß die verantwortungsvolle Einpflanzung geistiger Werte der richtigere Weg ist, um den Autor, dem Verleger und nicht zuletzt der Literatur gute Dienste zu leisten, und die praktische Folge ist die, daß das Publikum den Neuerscheinungen meines Verlages soviel Vertrauen entgegenbringt, daß jeder Autor, auch der unbekannteste, daraus den ihm gebührenden Nutzen ziehen kann.

Ein Beispiel war Flake. *Horns Ring* war um diese Zeit gerade erschienen, und Flake befand sich zu einem Besuch in Berlin:

Als ich am Morgen meines letzten Tages die ›Voss‹ aufschlug, enthielt sie eines der großen Inserate, Horns Ring betreffend. Fischer hatte den Grundsatz, einem Buch erst dann durch Reklame nachzuhelfen, wenn Anzeichen vorlagen, daß es den Weg des Erfolges gefunden habe; nicht alle seine Autoren waren damit einverstanden.

Horns Ring hatte den Weg des Erfolges zweifellos aus eigener Kraft, ohne rote Plakate an den Litfaßsäulen gefunden; es war ein vorzüglicher Roman, der in einem Anlauf das 30. Tausend erreichte, Flake als Erzähler endgültig durchsetzte und zugleich dem Essayisten und Zeitkritiker zum Durchbruch verhalf, so daß der kurz darauf erschienene Band Aufzeichnungen *Das Logbuch* gleich mitlief und »rasch über fünfundzwanzig Auflagen erreichte«, eine Breitenwirkung, die mit anspruchsvollen Essays bei Fischer um diese Zeit nur Rathenau erreichte.

DREI MARK FÜNFZIG

Dennoch konnte Fischer sich den neuen Tendenzen auf dem Büchermarkt nicht verschließen, und er tat es auch nicht. In einem Brief an Schnitzler vom 19. Dezember 1916 spricht er zum erstenmal vom »Rahmen einer neu zu schaffenden Serie von Erzählungen zum Preise von M. 3,50 für das broschierte Exemplar«, die er »im nächsten Jahr herausgeben« wolle:

Diese Serie steht nicht im Widerspruch zu der hier erwähnten Knappheit der Arbeitsmittel, sie ist in gewissem Sinn eine Folge davon und nötig, um die wenigen Bücher, die wir herausbringen können, kräftig zusammengefaßt in einem wirksamen Rahmen sichtbar zu machen, was in diesen unruhigen Zeiten doppelt notwendig ist. Wir werden dabei den wenig verlockenden Weg von Zeitungsreklamen betreten müssen, um nicht überschrien zu werden, denn Reklamen dieser Art scheinen die neueste Methode zu sein, um schnelle (und wie ich glaube schnell vorübergehende) Erfolge zu erzielen, eine Methode, die sich freilich auch bald in ihrer Wirkungsfähigkeit abnützt.

Man darf vermuten, daß Kurt Wolff auf diese Überlegungen nicht ohne Einfluß war. Fischer hatte die Gefahr erkannt, von Meyer »überschrien« zu werden.

Kurt Wolff hatte nach zweijährigem Kriegsdienst seine Freisetzung vom Militär erwirken können und war im September 1916 nach Leipzig und in seinen Verlag zurückgekehrt. Sein persönliches Wirken machte sich alsbald spürbar. Er rief 1916 unter dem Titel ›Der neue Roman‹ eine ›Sammlung zeitgenössischer Erzähler‹ ins Leben, deren Bände er in einem auffallenden, grell-gelben Umschlag zum einheitlichen Preis von 3,50 Mark für das broschierte Exemplar auf den Markt warf. Diese ›Gelben Romane‹ waren ein Sensationserfolg. Kurt Wolff brachte in dieser Sammlung nicht nur sieben der Romane Heinrich Manns, sondern auch Werke von Max Brod, Arnold Zweig, Carl Hauptmann, Kasimir Edschmid, Herbert Eulenberg, Gustav Meyrink und anderen heraus und verkaufte von der Reihe, die bei Kriegsende fünfundzwanzig Bände umfaßte, allein im ersten Jahr 400 000 Exemplare. Dieses Unternehmen war in vollem Gang, als Fischer seinen Plan erwog.

Kurt Wolff verfolgte mit seinen ›Gelben Romanen‹ eine programmatische Zielsetzung, die gewiß mehr war als eine von Werbungserwägungen diktierte Kriegsimprovisation, obwohl der Gedanke der »kräftigen Zusammenfassung in einem wirksamen Rahmen«, wie er Fischer vorschwebte, auch bei ihm keine geringe verkaufstechnische Rolle spielte. Die ›Gelben Romane‹, so verkündete Wolff, verkörperten »das Programm einer neuen bedeutsamen Bewegung, die sich unter Wahrung aller individuellen Willensrichtungen und Ziele bewußt von der naturalistischen Literaturepoche ablöst: Neuen romantischen, tiefen, geistigen Zielen zu«. Aufgabe der neuen Reihe war mit den Worten des Verlags, »für Dichtungen zu wirken, die uns den starken Atem unserer Zeit spüren lassen, Dichtern Gehör zu verschaffen, die Hirn und Herz haben für die Not der Gegenwart«.

Fischer schwebte offensichtlich kein solches »Programm« vor; er ging hauptsächlich von kalkulatorisch-werbetechnischen Erwägungen aus und beabsichtigte, in seiner Reihe diejenigen erzählenden Werke seiner Verlagsproduktion zusammenzufassen, die sich umfangmäßig auf diesen Einheitspreis abstimmen ließen. Die erhaltenen Belege sind zu dürftig, als daß sich mit Bestimmtheit sagen ließe, welche Werke er der »3 Mark 50 Serie« zurechnete. Dieser Preis von 3,50 Mark, den seine Reihe mit Kurt Wolffs ›Gelben Romanen‹ gemeinsam hatte, war gewiß keine zufällige Übereinstimmung; er lag ganz einfach ›marktpsychologisch‹ richtig und hatte sich bei Fischer ganz von selbst für erzählende Werke von mittlerer Länge eingeführt. In der Produktion des Jahres 1916 beispielsweise findet sich eine Anzahl von Titeln wie Nansens *Brüder Menthe*, Novellenbände von Hermann Stehr und Johannes V. Jensen sowie eine Anzahl vereinzelter Romane wie Angela Langers *Der Klausenhof*, Kaspar Ludwig Merkls Novellenband *Die Kakteensammlung*, Alexander Solomonicas Erzählung *Herr Heckfisch* zu 3,50 Mark für das broschierte Exemplar angezeigt. Sie alle waren verhältnismäßig kurze Bücher von 200 bis 250 Seiten Länge. Während Kurt Wolff in seine ›Gelben Romane‹ Werke von sehr unterschiedlichem Umfang, darunter auch ausgesprochen lange Romane aufnahm, beschränkte Fischer den Einheitspreis von 3,50 Mark auf Bücher von 12 bis höchstens 18 Bogen. So schrieb er Schnitzler im März 1918, er könne den *Weg ins Freie*, der einen Umfang von 29 Bogen habe, in die Serie nicht aufnehmen, und fügte hinzu: »Ich muß auch die beiden Romane von Hauptmann und Wassermann, die einen ähnlichen Umfang haben, aus der Serie herausnehmen.«

Das stetige Steigen der Bücherpreise, das mit der zweiten Hälfte des Jahres 1917 einsetzte, drosselte diesen Reihen allmählich den Atem ab. Der feststehende Serieneinheitspreis, der sich dem Bücherkäufer als eine Konstante einprägen sollte, war ein wesentliches Element solcher Unternehmungen. Sobald er ›ins Rutschen‹ kam, büßte die

Reihe viel von ihren werbe- und vertriebstechnischen Vorteilen ein. Kurt Wolff hatte seine ›Gelben Romane‹ noch im letzten Jahr der einigermaßen stabilen Friedenspreise ins Leben gerufen. Fischer kam schon fast zu spät. Anfang 1918 kosteten die 3,50-Romane bereits 4,50 Mark; im Herbst 1919 gingen sie auf 6 Mark, Mitte 1921 von 12 auf 14 Mark hinauf. In der Inflationszeit ließ Fischer die »Neue Romanreihe« einschlafen; sie war, wie er einem Autor schrieb, »ein Produkt des Krieges, hat als solches ihren Zweck erfüllt und ist heute nicht mehr zeitgemäß«. Vom Ende des Jahres 1917 an war es unmöglich geworden, Bücher serienmäßig über einen längeren Zeitraum hinweg zu einem feststehenden Einheitspreis zu kalkulieren.

ALFRED KERRS VORSTOSS

Fischer hatte, soweit ersichtlich, bisher mit dem um fast dreißig Jahre jüngeren »Verleger der Jüngsten« nicht direkt oder persönlich zu tun gehabt; es ist nicht gewiß, ob die beiden Männer sich zu diesem Zeitpunkt überhaupt kannten. Wenn nicht, dann lernten sie einander jetzt kennen. Schon wenige Wochen nach Kurt Wolffs Rückkehr aus dem Krieg kam es, von einem Dritten hervorgerufen, zu einer ernsten Auseinandersetzung zwischen ihnen. Leider sind für diese Episode – Kurt Wolff selbst nannte sie einen »ernsten und peinlichen Fall« – von Fischers Seite keine Unterlagen erhalten; sie läßt sich nur auf Grund von Wolffs eigenen Äußerungen und seinem Briefwechselnachlaß darstellen, und zwischen diesen beiden Quellen bestehen einige, wohl auf Erinnerungsfehler zurückgehende Unstimmigkeiten. Doch ist nicht zu zweifeln, daß Fischers Stimme auch aus diesen »einseitigen« Belegen unverzerrt vernehmlich wird.

In seiner bereits angeführten Rundfunkplauderei erzählt Kurt Wolff aus der Erinnerung:

> Kerr, ein langjähriger Autor des Fischer Verlages und Freund der Fischerschen Familie, dessen Bücher immer und ausschließlich von Fischer publiziert worden waren, erschien plötzlich am 10. Februar 1917 in Leipzig, erklärte, völlig frei über sein Œuvre verfügen zu können, bot eine siebenbändige Gesamtausgabe seiner Werke an, brachte das detaillierte Inhaltsverzeichnis mit – es liegt vor mir – und erwartete ein sofortiges Ja oder Nein. Er nannte seine Forderungen, die ich, sein Verlagsangebot mit Ja beantwortend, leicht modifizierte. Kerr erbat sofortige schriftliche Bestätigung und erhielt sie auch am gleichen Tag. Vier Tage später war der Vertrag von beiden Partnern unterzeichnet. Ein Vorschuß von fünftausend Mark wurde bezahlt à conto eines Gesamtvorschusses von dreißigtausend. Alles war geregelt. Da kam ein Brief Kerrs vom 2. März...

Ganz so war es nicht, kann es nicht gewesen sein. Dem Brief vom 2. März 1917 waren mehrere andere voraufgegangen. Auch Kerrs

Stellung im Fischer-Verlag war nicht ganz so, wie Kurt Wolff sie schilderte. Gewiß gehörte Kerr der Verlagsfamilie an. Er war seit mehr als zwanzig Jahren regelmäßiger Mitarbeiter der ›Neuen Rundschau‹. Aber er war zugleich auch ständiger Theaterkritiker einer Berliner Tageszeitung, arbeitete an anderen Zeitschriften mit, gab sogar bis zum Kriegsausbruch seine eigene Zeitschrift ›Pan‹ heraus, und seine Bücher waren durchaus nicht »immer und ausschließlich von Fischer publiziert worden«: er hatte außer zwei frühen literarhistorischen Schriften über Clemens Brentano und seiner Schrift gegen Sudermann bisher überhaupt nur ein einziges »richtiges Buch« veröffentlicht, nämlich seine frühen Schauspielkritiken unter dem Titel *Das neue Drama*, das als einziges bei Fischer erschienen war, und auch dies war bereits zwölf Jahre her. (Im Jubiläumsbuch von 1911 war es noch als Beginn einer Kerr-Gesamtausgabe angezeigt.) Seit diesem Werk im Jahr 1904 war weder bei Fischer noch anderwärts mehr ein Buch von ihm erschienen.

Dem erhaltenen Briefwechsel zufolge erschien Kerr nicht plötzlich am 10. Februar 1917 in Leipzig, sondern schrieb Kurt Wolff am 28. Januar aus Berlin einen Brief:

Sehr geehrter Herr Wolff – ich will kurz darlegen, worum sich's handelt – und bitte, diese Darlegung als *vertraulich* anzusehen. Ich möchte meine gesammelten Schriften herausgeben. Sieben Prosabände sind es; aus dem mitgesandten Grundriß ersehen Sie den Inhalt. Zunächst sollen bloß die vier dramaturgischen Bände, welche ›Die Welt im Drama‹ benannt sind, erscheinen – davon die ersten drei bis zum Ende des Jahres. Ich habe hierfür einen besonderen Anlaß.

Der »besondere Anlaß« war Kerrs fünfzigster Geburtstag am 25. Dezember 1917. Der Brief fährt fort:

Der erste Band umfaßt etwa 20 Bogen, die folgenden etwas weniger – alles in allem ist rund auf 80 Bogen zu rechnen. (Für die ersten vier Bände.) Wenn Sie zum Verlag meines Werkes grundsätzlich geneigt sind, wäre mir die Kenntnis Ihrer Bedingungen wünschenswert. Ich möchte mich in jedem Fall bald entscheiden ...

Kurt Wolff antwortete postwendend am 29. Januar: »Herzlich gern bin ich der Verleger Ihrer gesammelten Schriften in 7 Bänden.« Er erklärte sich bereit, die ersten vier Bände bis November herzustellen, machte detaillierte Honorarvorschläge und gab Kerr

die Zusicherung, daß ich verlegerisch und propagandistisch mich gern mit größtem Nachdruck für Ihr Werk einsetzen will; besondere Wünsche Ihrerseits werden dabei gern berücksichtigt. Überlassen Sie mir aber selbständig Art und Form der Propagierung, so dürfen Sie versichert sein, daß ich sie mit aller Energie und allem Temperament und in den Grenzen des Taktes und Geschmacks vornehmen würde ...

Kerr antwortete am 1. Februar 1917 und erbat statt der vorgeschlagenen Tantiemehonorierung eine »Pauschalabfindung« für sechseinhalb Auflagen eines jeden Bandes. Am 14. Februar wurde der Vertrag, offenbar in Leipzig, unterzeichnet. Nun erst kam der von Kurt Wolff erwähnte Brief vom 2. März 1917. Er ist ein für unsere Darstellung so bedeutungsvolles Dokument, daß er (obwohl bereits in Kurt Wolffs *Briefwechsel eines Verlegers 1911–1963* veröffentlicht) nachstehend in vollem Wortlaut wiedergegeben ist. Alfred Kerr hatte in seinem am 28. Januar übersandten (und nicht am 15. Februar in Leipzig übergebenen) Grundriß sein 1904 bei Fischer erschienenes Buch *Das neue Drama* als ersten der geplanten vier dramaturgischen Bände *Die Welt im Drama* vorgesehen. Es war also nötig, daß Fischer dieses Buch freigab. Nun schrieb Kerr:

Ich bat Herrn S. Fischer, Ihnen das ›Neue Drama‹ zu überlassen. Er hat sich geweigert. Bei den Zusammenkünften ergab sich, daß Herrn Fischer die Veröffentlichung meines Hauptwerks in Ihrem Verlag nicht nur kränkt, sondern daß er sie als menschlichen Schlag empfindet und wahrhaft erschüttert ist. Ich habe Herrn Fischer gesagt, wie sehr ich das bedaure, – jedoch selbstverständlich das Recht eines Schriftstellers betont, sein Werk da unterzubringen, wo er es am förderlichsten aufgehoben meint. Was Herr Fischer wünscht, ist ein Abkommen mit Ihnen über mein Hauptwerk *und* das ›Neue Drama‹. Genauer: der Übergang des Werks in seinen Verlag – mit Beteiligung für Sie.

Ich nehme zu dem Projekt, für das Herr Fischer alle Sicherheit anbietet, nicht Stellung, wenn ich es Ihnen übermittle. Ich bleibe grundsätzlich, wie sich von selber versteht, bei unserem alten, vertragsmäßig festgelegten Plan – mit dem Bedauern, einem ernsthaft bewegten Mann eine Kränkung zu bereiten. Ich habe Herrn Fischer ohne Hehl gesagt, weshalb ich allen Verlagsangeboten (es bestanden ja mehrere) die Verbindung mit Ihnen vorzog. Auch, daß ich von Ihrer offen und in großen Linien rasch arbeitenden Tatkraft angezogen bin. Ich halte mich – ganz abzusehen von den rechtlichen Verpflichtungen – auch innerlich an Sie für gebunden.

Das Gesamtwerk ohne den ersten Band wäre eine verpfuschte Sache gewesen. Nichts konnte Fischer zwingen, diesen Band abzutreten, auch wenn es Kerr nicht darauf ankam, dem »ernsthaft bewegten Mann« eine Kränkung zuzufügen. Andererseits wußte Fischer natürlich, daß dieses Buch für ihn in jeder Hinsicht wertlos wurde, wenn der Autor sich an ihn ›innerlich‹ nicht gebunden fühlte und ihn verließ. Er muß Kerrs Abtrünnigkeit in der Tat als einen schweren menschlichen Schlag empfunden haben – ganz abgesehen davon, daß das Erscheinen von Kerrs Gesamtwerk in einem anderen Verlag für sein Haus einen empfindlichen Prestigeverlust bedeutet hätte –, und er sann auf Auswege, um einen solchen Abfall zu verhüten. Er schlug nicht nur vor, die Kerr-Gesamtausgabe mit Kurt Wolff gemeinsam zu veranstalten– eine Kombination, die er noch nie mit einem anderen

Verlage eingegangen war –, sondern ging, wenn Kerrs Aussage zuverlässig ist, noch wesentlich weiter. Er machte einen Vorschlag, den ihm nur eine tiefe Depression, ein schwerer Zweifel an seinen eigenen Kräften eingegeben haben kann. Kerrs Brief vom 2. März 1917 fährt fort:

Soweit unser Fall. Was nun zu sagen ist, geht über ihn hinaus. Erstaunen Sie nicht. Herr Fischer hält Ihren Verlag für feindlich (wegen gewisser, mir unbekannter Anzapfungen im Buchhändlerbörsenblatt). Er hat nun die Überzeugung erlangt, daß Zusammenschluß hier unter Umständen fruchtbarer sei als Wettbewerb. Herr Fischer ist bereit, mit Ihnen über eine Annäherung der beiden Verlagsunternehmen zu verhandeln. Er hat mich über die Grundlinien unterrichtet – und ich stehe für eine Aussprache zur Verfügung.
Damit keinerlei Mißverständnis möglich ist, sei zusammengefaßt: 1.) Ich bin von Herrn S. Fischer, Berlin, Bülowstraße 90, ermächtigt, bei Ihnen die Vereinigung des Gesamtverlages S. Fischer und des Gesamtverlages Kurt Wolff anzuregen. 2.) Herr Fischer hält einen solchen Schritt für wünschenswert, weil gegen den erstarkenden Buchverlag der Zeitungsinhaber Ullstein, Mosse usw. ein Zusammenschluß zweier starker Privatverleger nützen kann.
Ich mache diese Mitteilung als ehrlicher Makler – indem ich voraussetze, daß meiner eignen Angelegenheit hierdurch nicht die geringste Verzögerung erwächst.

Kurt Wolff hatte zu diesem Zeitpunkt keine Veranlassung, auf den einen oder den anderen Vorschlag, der noch dazu nicht von Fischer selbst kam, einzugehen. Er war dreißig Jahre jünger als Fischer, unabhängig, erfolgreich und – ein Gentleman. Es kam ihm nicht in den Sinn, Fischers Zwangslage auszunutzen, nur weil er den Vertrag mit Kerr gleichsam als Faustpfand in der Tasche hatte. Er reagierte auf Kerrs Brief auf die einzige ihm gemäße Art: »Diesem Posaunenstoß folgte nichts. Ich rührte mich nicht.« Doch für Fischer war das herzzerbrechende Problem damit nicht gelöst. Kurt Wolffs Schilderung fährt fort:

Aber am 15. März kam, unangemeldet, unerwartet, Sami Fischer nach Leipzig, außer sich über den Verlust des Autors. Er erbat den Transfer meines Vertrages mit Kerr an ihn, was ich sofort zusagte, selbstverständlich unter der Voraussetzung, daß der Autor Kerr einverstanden sei, und natürlich ohne jede Beteiligung meines Verlages …

Wolff schrieb am gleichen Tag an Kerr:

Auf Grund einer Besprechung, die ich heute mit Herrn S. Fischer hatte, und infolge der mir im Verlauf dieser Besprechung von Herrn Fischer gemachten Mitteilungen habe ich mich entschlossen, der Firma S. Fischer Verlag den zwischen Ihnen und mir am 14. 2. 1917 abgeschlossenen Verlagsvertrag mit allen Rechten und Pflichten zu cedieren unter der ausdrücklichen Voraussetzung, daß Sie persönlich mit dieser Maßnahme einverstanden sind. Ich glaube, nicht versichern zu müssen, daß dieser Entschluß nicht auf einem veränderten oder verminderten Interesse für Sie und Ihr Werk beruht, sondern lediglich von der Überzeugung ausgeht, Herrn Fischer und Ihnen einen Gefallen zu tun.

Man wüßte gern, worin die von »Fischer gemachten Mitteilungen« bestanden. Kerr antwortete drei Tage später, offensichtlich gekränkt, daß man seine Dienste als »ehrlicher Makler« nicht in Anspruch genommen hatte, und kam nochmals auf den Fusionsvorschlag zurück, den Wolff mit Stillschweigen übergangen hatte. Er schrieb:

Meine Stellung zu Ihnen ist so, wie das letzte Schreiben (2. 3. 17) sie schildert – und ich hoffe sehr, daß Hr. Fischer sie nicht abweichend geschildert hat.

Hrn. Fischers Besuch in Leipzig ist mir hinterher, als vollzogene Tatsache, telephoniert worden. Ich bedaure, nicht an dem Gespräch teilgenommen zu haben.

Daß Sie Herrn Fischer einen Gefallen tun, steht fest. Daß Sie mir einen tun, steht nicht so fest. Ich habe nach wie vor die größte Lust, mit Ihnen zu arbeiten, – und alles, was ich Hrn. Fischer als Möglichkeit in Aussicht stellte, bezog sich auf den vorhergegangenen Zusammenschluß beider Verlagsunternehmen, den anzubahnen er mich in allen Einzelheiten ermächtigt hat; beispielshalber durch die besondere nachträgliche Mitteilung: er verpflichte sich nachdrücklich, Herrn Meyers Stellung nach geschehener Verschmelzung in der alten Form zu wahren – und ich möchte diesen wichtigen Punkt Ihnen unterbreiten ...

Kerr stimmte, wie Kurt Wolff berichtet, »ohne weitere Diskussion« der Übertragung des Vertrages an Fischer zu: »Kerrs Gesammelte Werke erschienen im S. Fischer Verlag, wohin sie auch gehörten.« Diese Ausgabe wich nur geringfügig von dem Anlageplan ab, den Kerr für Kurt Wolff entworfen hatte. Das Gesamtwerk trug den Titel *Gesammelte Schriften in zwei Reihen*. Davon umfaßte die erste Reihe *Die Welt im Drama* fünf Bände (und nicht wie ursprünglich vorgesehen vier) mit den Einzeltiteln *Das neue Drama*, *Der Ewigkeitszug*, *Die Sucher und die Seligen*, *Eintagsfliegen* und *Das Mimenreich*, und diese fünf Bände erschienen zum 50. Geburtstag in einer Erstauflage von sechstausend Exemplaren im Winter 1917. In einer, dem ersten Band vorangestellten Einleitung zum Gesamtwerk sagt Kerr über »den bevorstehenden Nichterfolg meines Werkes«:

Ich weiß, daß diesem Werke heut keine Beurteilung wird, die es im Kern wertet. Die Zeit ist kaum dafür ... Ich selber jedoch sage, was ich als ehrlicher Mensch im Grunde sagen muß: daß ich in die Welt Klänge gesetzt, so vorher nicht bestanden. Daß ich Möglichkeiten des Ausdrucks gab für eine schlaffere Menschheit ... In diesen Bänden herrscht eine harte Festigung aller Teile; eine Verdichtung, daß Frist und Blut vonnöten ist, hindurchzudringen ...

Nicht erfolglos wird mein Werk nur bei Euch sein, denen es damals geschenkt worden ist; und wieder geschenkt wird; bei allen, die heute jung sind ...

Diese fünf Bände der *Welt im Drama,* in kürzester Zeit unter schwierigsten materiellen Umständen hergestellt, gehören zu Fischers bedeutendsten verlegerischen Leistungen. Mit jedem Jahr, das seit ihrem ersten Erscheinen vergangen ist, sind diese Bände unentbehrlicher, unersetzlicher, unvergleichlicher geworden. Man darf durchaus fragen, was aus ihnen geworden wäre, wenn sie bei Kurt Wolff erschienen wären, und wird antworten müssen: sie wären zehn Jahre später zu Fischer zurückgekehrt. Kerr irrte sich auch über den »bevorstehenden Nichterfolg«. Fischer brachte binnen fünf Jahren zehntausend Exemplare dieses in keinem Sinn billigen Werkes an den Mann. Er brachte gleichzeitig zu Kerrs Geburtstag eine schmale Auswahl seiner Gedichte unter dem Titel *Die Harfe* heraus – »das Singen einer Harfe, die eine Schleuder ist; das Klingen einer Schleuder, die zur Harfe wird«, hatte Kerr schon 1904 im Vorwort zum *Neuen Drama* geschrieben – und er ließ getreu dem ursprünglichen Plan, sobald die materiellen Verhältnisse es erlaubten, die zweite Reihe der *Gesammelten Schriften* folgen. Sie hieß *Die Welt im Licht* und sammelte in zwei Bänden *Verweile doch!* und *Du bist so schön!* Kerrs Reiseskizzen aus Deutschland, Frankreich, England, Spanien, Amerika, die bis heute voll unverblaßten, funkelnden Lebens sind. Sie erschienen 1920 und gelangten in zwei Jahren ins fünfzehnte Tausend.

WAHLVERWANDTSCHAFT

Kerr war in den Jahren 1917/18 nicht der einzige Fischer-Autor, der zu Kurt Wolff überzuspringen trachtete. Am 9. April 1917 sandte Mechthilde Lichnowsky an ihren Verleger Kurt Wolff aus Berlin ein Telegramm:

EMIL LUDWIG MOECHTE GERN VON FISCHER ZU IHNEN UEBERGEHEN. FALLS SIE PRINZIPIELL BEREIT MOECHTEN SIE ES IHM ASCONA SCHWEIZ DRAHTEN.

Kurt Wolff war nicht prinzipiell bereit und drahtete nichts nach Ascona. »Nicht moralische Hemmungen«, schrieb er später, »aber die Abneigung gegen Emil Ludwigs Bücher waren die Ursache, daß Mechthild Lichnowskys Telegramm ohne Antwort und Folgen blieb.« Daß Emil Ludwig nicht bei ihm bleiben wollte, war Fischer nicht unbekannt; es erschien auch nach dem Balkankriegsbuch von 1916 kein Buch von Ludwig mehr bei ihm. Der Entfremdung lagen keine akuten Differenzen zugrunde. Vielmehr empfand Ludwig ein »geistiges Auseinanderklaffen«; er selbst meinte, er sei während und nach dem Krieg dem Verlag »zu radikal« gewesen, zu wenig »paterjotisch«, zu unbequem, zu sehr Journalist und zu wenig Literat. Ob

Fischer es im gleichen Licht sah, bleibe dahingestellt; es ist keine Äußerung von ihm über die Trennung von Emil Ludwig erhalten.

Bald nach Emil Ludwigs erfolglosem Vorstoß, am 7. August 1917, erhielt Kurt Wolff von seinem Autor Franz Werfel »einen Vorschlag«. Peter Altenberg, der im Kriegspressequartier in Wien sein Zimmernachbar sei, habe ihm erzählt,

> er wäre sehr gesonnen, von Fischer wegzugehen, wenn er einen Verlag wüßte, der für seine Bücher mehr Liebe und Arbeit aufwendete; besonders würde ihn, wie er mir gestand, eine numerierte schöne Ausgabe reizen. Ich hatte da sofort den Einfall, daß gerade ein oder das andere Buch von Altenberg unerhört in die Serie ›Neue Dichtungen‹ passen würde... Vielleicht schreiben Sie, wenn Sie sich mit diesem meinem Einfall befreunden können, an P. A. ein Wort und fragen bei ihm an, indem Sie sich auf mich berufen, Sie hätten gehört, er wolle seinen Verlag wechseln. Zu Ihrer Information kann ich sagen, daß er mir verraten hat, daß er mit Fischer keinen Vertrag hat, und er ihm nicht die geringsten Schwierigkeiten in den Weg legen würde... ein Altenberg-Buch hätte sehr zähes und langes Leben, wenn der Verleger etwas dafür tut... P. S. Altenberg weiß kein Wort davon, daß ich an Sie schreibe.

Vermutlich erfuhr Altenberg es auch nie. Denn Kurt Wolff ging auf den Vorschlag nicht ein, und Altenbergs nächstes Buch *Vita ipsa* erschien im letzten Kriegsjahr, wie alle anderen auch, bei Fischer. Sein letztes, *Mein Lebensabend*, kam 1919 bereits posthum heraus.

Nur einer von Fischers Autoren sprang während dieser Krisenmonate tatsächlich ab und zu Kurt Wolff hinüber. Aage Madelung wollte sich von Fischers geduldigen Darlegungen über Wert und Unwert von »Haarfärbemittel«-Reklame nicht überzeugen lassen und übergab in der Hoffnung und Erwartung auf einen großen Erfolg seinen in der Schweiz geschriebenen ›Reißer‹ *Zirkus Mensch* Kurt Wolff, bei dem das Buch 1918 erschien. Flake, der Madelung Anfang 1918 in Zürich kennenlernte, schrieb:

> Ich liebte seine Bücher und sprach ihn im Café an; wir hatten den Verleger gemeinsam und auch die körperliche Größe. Er fand sich in der verstörten Welt nicht mehr zurecht; was wurde nach den Jahren des Hasses aus Europa? Gefühlsmäßig stand er auf der deutschen Seite, war auch Kriegskorrespondent gewesen. Was er befürchtete, schilderte sein neuster Roman Zirkus Mensch: die Versklavung im kommenden Massenzeitalter... Madelung leitete die Versklavung wohl vom Einbruch des bolschewistischen Geistes ab; der preußische Militärsozialismus wirkte in derselben Richtung.

Der Roman war kein Erfolg. Madelung schwieg einige Jahre lang. Sein nächstes Buch, die Erzählungen *Das unsterbliche Wild*, erschien 1924 wieder bei Fischer.

Es kann Fischer an jenem 15. März 1917 nicht leichtgefallen sein, nach Leipzig zu fahren und um die Rückgabe eines Autors zu bitten, der nicht bei ihm bleiben wollte; es kann ihm noch weniger leicht gefallen sein, einen Zusammenschluß mit Kurt Wolff ernstlich in Erwägung zu ziehen. Wir wissen nicht, wie dieser Plan im einzelnen aussah, warum er Kerr zur Fühlungnahme mit Kurt Wolff ermächtigte, was zwischen ihm und Wolff an jenem Tag in Leipzig gesprochen wurde – und was ungesagt blieb. So bleibt es müßig sich auszumalen, wie das deutsche Verlagswesen während der Weimarer Republik ausgesehen hätte, wenn der Zusammenschluß Fischer-Wolff zustande gekommen wäre. Was beispielsweise hätten die beiden damals so grimmig miteinander verfeindeten Brüder Mann gesagt, wenn sie sich unversehens unter dem gleichen Verlegerdach gefunden hätten? Zweifellos gab Fischer einer sehr ernsten und sehr realen Befürchtung Ausdruck, wenn er auf das Übergreifen der großen, kapitalkräftigen Zeitungsverleger auf das Buchverlagswesen hinwies. Es sollte nicht mehr lange dauern, und beide, Fischer und Wolff, mußten angesichts dieses Drucks eine Verbreiterung der Kapitalbasis ihrer Einzelunternehmungen vornehmen. Zweifellos hatte Fischer auch recht, wenn er den einzig möglichen Partner in Kurt Wolff erblickte; zwischen ihren beiden Verlagen bestand gewiß eine Affinität, eine naturgegebene Wahlverwandtschaft von einer Art, wie sie beide zu keinem anderen deutschen Verlag besaßen. Sie wirkte weiter und zeugte in der Folge allerlei mehr oder weniger fundierte Gerüchte. So erschien anderthalb Jahre nach dem Leipziger Gespräch und mitten im deutschen Umsturz, am 15. November 1918, in der ›Vossischen Zeitung‹ unter der Überschrift *Interessengemeinschaft S. Fischer – Kurt Wolff-Drugulin* die folgende Notiz:

Wie wir von unterrichteter Seite erfahren, ist zwischen der Verlagsanstalt S. Fischer in Berlin, dem Kurt Wolff Verlag in Leipzig und der Druckerei Drugulin in Leipzig eine Interessengemeinschaft abgeschlossen worden, die sich zunächst auf die Herstellung der Verlagswerke erstreckt, in absehbarer Zeit aber auch eine geschäftliche Beteiligung vorsieht. Beabsichtigt ist auch der Eintritt einer Papierfabrik in diesen Interessenkreis, doch sind die Verhandlungen hierzu nicht abgeschlossen. Im Hinblick darauf, daß die beiden Verlagsgeschäfte mit fast sämtlichen übrigen großen Verlagsgesellschaften ein gemeinsames Abkommen getroffen haben bezüglich des Vertriebs ihrer Bühnenwerke, darf erwartet werden, daß die Konzernbildung auch auf die übrigen Verlagsgesellschaften allmählich übergreift.

Fischer und Wolff übergaben der Presse unverzüglich eine gemeinsame Richtigstellung. Am 21. November 1918 meldete die ›Deutsche Allgemeine Zeitung‹ unter der Überschrift *Keine Interessengemeinschaft S. Fischer–Kurt Wolff*:

Uns wird geschrieben: Unter Bezugnahme auf eine Notiz in der ›Vossischen Zeitung‹ Morgenblatt vom 15. November teilen wir Ihnen ergebenst

mit, daß eine geschäftliche Vereinigung unserer beiden Firmen weder besteht noch beabsichtigt ist. Damit entfallen auch alle Kombinationen hinsichtlich eines gemeinsamen Abkommens mit anderen Verlagsfirmen.
S. Fischer, Verlag. Kurt Wolff Verlag.

Es war noch nicht das letzte Wort.

LEBENSLÄUFE

Es waren nicht die Jungen und Jüngsten, die sich von Fischer abkehrten; es war nicht, wie Fischer meinte, die ›neu heraufkommende‹ Generation, der sein Verlag so ›rückständig‹ erschien, daß sie sich Kurt Wolff zuwandte, sondern die mittlere Generation derer um die Fünfzig, wenn nicht gar seine eigene. Wohl aber strebten ihm zugleich von vielen Seiten junge, unerprobte, turbulente Talente zu, die auf sehr individuelle Art »den starken Atem unserer Zeit« spüren ließen. In eben diesem rebellischen Jahr 1917 stellte der Verlag auf einen Schlag drei junge Dichter vor, deren gemeinsames Kennzeichen ihre »Unbehaustheit« in dieser Zeit war, aufsässige, ruhelose Geister, die keiner Schule, keiner Richtung, keiner literarischen Bewegung zugehörten und bei ihm eine Heimat fanden. Nur von einem von ihnen, dem dritten, wissen wir, wie er zu Fischer kam.

Hermann von Boetticher, Sproß einer altsächsischen Adelsfamilie, 1887 in der Lüneburger Heide geboren und fast ohne Schulbildung aufgewachsen, wurde fünfzehnjährig Banklehrling und wanderte Anfang 1914 nach Amerika aus. Bei Kriegsausbruch versuchte er, nach Deutschland zurückzukehren, geriet in französische Gefangenschaft und schrieb im Gefängnislager auf der Ile de Longue in der Bretagne 1915 in einer Baracke auf einem Strohsack inmitten von siebzig Mitgefangenen ein großes zweiteiliges Drama *Friedrich der Große*. Er gelangte in die Schweiz, wurde dort interniert, wegen Unbotmäßigkeit gegen die Behörde zweimal in Haft genommen und erst 1918 nach Deutschland ausgetauscht. Noch aus Bern sandte er im Februar 1917 sein Schauspiel an Fischer, der sofort Buch- und Bühnenrechte erwarb. Im Herbst 1917 stellte die ›Neue Rundschau‹ den Unbekannten mit *Gedichten aus der Gefangenschaft* vor, und zugleich erschien das Schauspiel *Friedrich der Große* als Buch; es erregte sofort Aufsehen und erreichte fünf Auflagen. Im Frühjahr 1918 brachte die ›Neue Rundschau‹ in drei Fortsetzungen Boettichers *Erlebnisse eines Internierten*, die im Jahr darauf als *Erlebnisse aus Freiheit und Gefangenschaft* als Buch erschienen; 1919 brachte die Zeitschrift die Novelle *Die Richter* und der Buchverlag zwei neue Dramen: *Die Liebe Gottes* und *Jephta*. Inzwischen war Boetticher nach Deutschland zurückgekehrt, arbeitete kurze Zeit am Düsseldorfer Schauspielhaus als Dramaturg, erlebte 1920 die Uraufführung seines *Kronprinz* in Berlin, die als große Verheißung begrüßt wurde, verschwand wieder, lebte ruhelos, ohne festen Wohnsitz in vielen europäischen Städten. 1921 erschien in der ›Neuen Rundschau‹ ein kurzes Drama, *Der Heimkehrer*, 1923 brachte der Verlag die Erzählung *Das Bild*, eine glänzend komponierte, mit souveräner Diktion erzählte Lebensgeschichte eines jungen russischen Fürsten, die der Beginn einer Novellenfolge sein sollte. Aber die ›Rundschau‹ konnte nur 1924 noch eine Erzählung bringen, danach nichts mehr. Im Herbst 1925 tauchte der Unstete noch einmal im Verlag auf, dann verschwand er ganz. In Literaturkalendern gab er als seine »Wohnung« an: Berlin W. 57, Bülowstraße 90. Fischer wußte, wohin er verschwunden war, und hütete das Geheimnis: der unheilbar Geisteskranke befand sich in einer Pflegeanstalt in Hildesheim. Im Januar 1934 wurde *Der König*, der zweite Teil seines Schauspiels *Friedrich der Große* in Berlin uraufgeführt. Im Mai 1941 erhielt seine Mutter die Urne mit seiner Asche und die Mitteilung, er sei in der Irrenanstalt Sonnenstein in Sachsen an einem ›Hirnschlag‹ gestorben.

Reinhard Goering war fast auf den Tag gleichaltrig mit Boetticher. Überschattet von einer tragischen Jugend, blieb auch er zeitlebens unbehaust, ein »Fremder dieser Welt«. Er studierte Medizin, wurde Arzt, ging 1914 als Freiwilliger in den Krieg, mußte lungenkrank nach Davos und schrieb dort unter dem Eindruck der Schlacht am Skagerrak sein Schauspiel *Seeschlacht*, das er im Juli 1917 aus der Schweiz an Fischer sandte. Fischer schloß einen Generalvertrag auf fünf Werke mit einem Gesamtvorschuß von 10 000 Mark, den er in Vierteljahresraten zu 2000 Mark überwies. Dies rettete den kranken Dichter. »Lieber Herr«, schrieb er an Fischer, »fragen Sie mich nie mehr. Ich bin von vornherein mit allem einverstanden, was Sie tun.« *Seeschlacht* erschien 1917 zugleich mit einem, noch vor dem Kriege geschriebenen überschwenglich-unreifen Roman *Jung Schuk* bei Fischer, wurde im Februar 1918 in Dresden und drei Wochen später in Reinhardts Matineefolge ›Das Junge Deutschland‹ in Berlin aufgeführt und errang einen enthusiastischen Erfolg. *Seeschlacht* war das erste Stück, das noch mitten im Krieg das Kriegsgeschehen auf die Bühne stellte: Sieben Matrosen im Panzerturm eines Kriegsschiffes in der Skagerrak-Schlacht, die sie alle, Kriegsenthusiasten, Skeptiker, Revolutionäre, Meuterer in ihren Bann zieht, bis der explodierende Panzerturm sie alle begräbt. Die Uraufführung verstand das Stück als Gegenwartsdrama und spielte es realistisch. Nur zwei Kritiker begriffen, was es in Wahrheit war. »Es ist eine Schicksalstragödie, gewaltig und wahrhaftig, den großen attischen Dramen im Geist verwandt«, schrieb Willi

Handl, und Kerr sagte im Juliheft 1918 der ›Neuen Rundschau‹ über Goering:

In allen Versuchen steckte Wesentliches. Dies neue Werk von der Seeschlacht ist sicher das gedrängteste. Nur auf Schrei gestellt. Die Sprache vom Artikel fast gelöst ... Häufig wirkt Goering, als käme er von der Antike. In dem Empörergespräch ist Sokratisches ... Gasmarkierte bilden einen Klagechor. Einen Anklagechor. Schönes findet sich auch sonst in dieser Mischung aus Trotzki, Tirpitz und Sophokles. Und wenn einer die Gegenwart schildert – warum soll er den Stier nicht an den Hörnern packen? (Fragt sich, ob die Gegenwart stark ist oder die Schilderung. Antwort nach Goerings kommenden Werken.)

Goerings kommende Werke gaben keine Antwort. 1918 brachte Fischer das (schon 1916 geschriebene) Drama *Der Erste* heraus, das im Oktober 1918 in den Berliner Kammerspielen mit Paul Wegener und Gertrud Eysoldt uraufgeführt wurde; 1919 folgten drei weitere Stükke, alle drei in der ›Neuen Rundschau‹ vorabgedruckt: *Die Retter*, *Scapa Flow* und *Der Zweite*. Nur dieses letztere wurde noch »unter gedämpfterer Zustimmung« gespielt. *Scapa Flow* kam erst zehn Jahre später, dann freilich mit großem Erfolg auf die Bühne; *Die Retter*, womöglich Goerings interessantestes Stück, wurde überhaupt nie gespielt. Goering kümmerte sich um das Bühnenschicksal seiner Stücke kaum.

Am 5. Mai 1919 traf aus Ascona dies Telegramm in der Bülowstraße ein: »Ob Herr Fischer noch weiterhin für Herrn Goering sorgen kann?« Fischer antwortete. »Werde Ihnen noch für ein weiteres Jahr vereinbarte Summe zur Verfügung stellen.« Dann verschwand der scheue Mann, blieb jahrelang verschollen, tauchte wieder auf, versuchte vergeblich, eine ärztliche Praxis zu begründen, scheiterte, wurde von seinen medizinischen Kollegen in eine Irrenanstalt gesteckt, aus der ihn seine Freunde wieder befreiten, hörte auf zu schreiben, um alles auszulöschen, zog wandernd als Bettler durchs Land, trotz Winterfrost nur mit einer dünnen Arbeitsbluse angetan, in weiten, zerschlissenen Beinkleidern, an den Füßen Sandalen, das dichte Haar ohne Bedeckung. Die elf Auflagen der *Seeschlacht* waren Fischers einziger Bucherfolg mit diesem ruhelosen Mann, der dessenungeachtet eine große, entscheidende Entdeckung war. Reinhard Goering war, wenn nicht überhaupt der bedeutendste, so gewiß der einflußreichste Dramatiker des Expressionismus und sein souveränster Überwinder. Das bewies die klare, harte, schmucklos sachliche Sprache seines (nicht mehr bei Fischer erschienenen) Schauspiels *Die Südpolexpedition des Kapitäns Scott*, mit dem er 1930 noch einmal auftauchte, triumphierte und den Kleist-Preis gewann. Sechs Jahre später fand man ihn im Winter auf freiem Feld; er hatte sich das Leben genommen und war schon seit drei Wochen tot.

Der dritte ist ein Kapitel für sich.

DIE HEIMKEHR DES »VERBUMMELTEN STUDENTEN«

Am 3. Dezember 1916 schrieb Richard Dehmel an Fischer:

Ich empfehle Ihnen und Moritz Heimann das beifolgende Romanmanuskript von Gustav Sack zur ganz besonderen Beachtung. Der Verfasser ist ein wirklicher Dichter, aus dem Geschlecht Jean Pauls, und kann sich zur Zeit nicht selbst für sein Erstlingswerk bemühen; er steht als Leutnant in Rumänien. Ich glaube, daß nicht blos dieser Roman, sondern überhaupt der Autor einen wertvollen Zuwachs für Ihren Verlag bedeuten würde. Aber auch wenn das Buch nicht in den Rahmen Ihres Verlages passen sollte, dann können Sie doch vielleicht der Gattin des Dichters helfen, es bei einem andern Verleger unterzubringen.

An Paula Sack, die Gattin, die sich an ihn um Rat und Hilfe gewandt hatte, schrieb Dehmel gleichzeitig:

Gern gebe ich Ihnen einen Empfehlungsbrief an meinen Verleger (S. Fischer, Berlin W. Bülowstraße 90). Aber ich muß Ihnen sagen, daß sich die besseren Verlagsanstalten durch Empfehlungen von Dichtern wenig bestimmen lassen; sie prüfen selbst gewissenhaft, was zu dem literarischen Charakter ihres Geschäftsbetriebes paßt. Nun ist allerdings sowohl mein Verleger wie auch sein Lektor Moritz Heimann, den Sie wohl als begabten Novellisten kennen werden, von seltener Hilfsbereitschaft für junge Talente, und sie haben schon öfters Manuskripte, die sich für ihr eigenes Absatzgebiet nicht eigneten, an die passenden Verlagsanstalten weiter empfohlen; das ist wirksamer unter Geschäftsleuten als künstlerische Empfehlungen. Darauf also ist mein beiliegender Brief zugeschnitten, und Sie können jedem Ratschlag des Verlags S. Fischer vertrauensvoll folgen.

Das Romanmanuskript von Gustav Sack hieß *Ein verbummelter Student;* es gab von diesem Dichter noch einen zweiten Roman, *Ein Namenloser*, sowie eine Anzahl Novellen und Gedichte, und alles war noch unveröffentlicht. Die Manuskripte hatten jahrelange Irrfahrten hinter sich. Jetzt hatten sie die vorletzte Station ihrer Reise erreicht. Zwei Tage nach der Absendung von Dehmels Brief, am 5. Dezember 1916, fiel Gustav Sack auf dem Vormarsch gegen Bukarest. Seine Witwe erhielt die Unglücksnachricht erst am zweiten Weihnachtstag.

Gustav Sack, 1885 im Rheinland geboren, war der Sohn eines Lehrers und, wie sein autobiographischer Roman besagte, ein »verbummelter Student«. Er studierte Germanistik, sattelte zu den Naturwissenschaften um, wollte im neunten Semester mit Medizin noch einmal von vorn anfangen. Die Eltern holten ihn nach Hause; er schloß sich in seine Kammer ein, schrieb in wenigen Wochen seinen ersten Roman, um damit ›sofort‹ sechshundert Mark zu verdienen und auf eigene Kosten fertigstudieren zu können, schlug fehl, diente 1911/12 sein Militärjahr ab, schrieb danach seinen zweiten, ebenfalls autobiographischen Roman, *Ein Namenloser*, und ging 1913 nach München, wo er vergeblich versuchte, sich mit kurzen Arbeiten durchzubringen:

Weil ich keinen Namen habe, kann ich meine großen Romane nicht verlegen. Also schreibe ich kleinere und leichtere Sachen, um mir einen Namen zu machen. Aber diese kleineren Sachen kann ich nicht unterbringen, weil ich meine Romane nicht verlegt habe und folglich keinen Namen habe.

Ende 1913 brachte er seinen ersten Zeitungsartikel, Anfang 1914 seine erste Novelle unter. Er heiratete. Er ging, ein Verächter des Krieges und des Hurra-Patriotismus, in den Krieg. In den sieben Jahren, in denen er gekämpft hatte, um sich als Schriftsteller durchzusetzen, hatte er insgesamt 126 Mark und 60 Pfennig verdient. Während eines Urlaubs in Deutschland im Oktober 1916, ehe er von der Westfront nach Rumänien geschickt wurde, arbeitete er alles, was er geschrieben hatte – Romane, Novellen, Aufsätze und Gedichte – noch einmal durch, gab ihnen die endgültige Form, hieß seine Frau, sie abtippen und sagte zum Abschied: »Jetzt müßte ich fallen; dann werden die Bücher gedruckt, du bist versorgt und alles ist in schönster Ordnung.« Als Dehmel seinen hilfreichen Brief schrieb, war er noch am Leben. Von *Ein verbummelter Student* existierte vorerst nur die Handschrift, keine Maschinenmanuskripte, wohl aber vom zweiten Roman und den kürzeren Arbeiten, die Paula Sack inzwischen gleichzeitig bei S. Fischer und Erich Reiss eingereicht hatte. Fischer antwortete ihr am 15. Dezember 1916:

Wir haben Ihnen leider die uns überreichten Werke Ihres Herrn Gemahls zurückschicken müssen, weil wir uns zur Annahme in den Verlag nicht entschließen konnten. Nun hatten Sie aber gebeten, von uns einen Rat zu bekommen, an welchen anderen Verlag Sie die Arbeiten schicken sollen. Es ist nicht leicht, gerade für uns, diesen Rat zu geben, und wir können es nur tun, indem wir die Verantwortung in jeder Hinsicht ablehnen. Wir möchten Ihnen also in jedem Sinne unverbindlich den Verlag von Georg Müller, München, und in zweiter Linie den von Rütten und Loening in Frankfurt a/M. empfehlen ...

Es war das alte Lied. Georg Müller hatte den *Verbummelten Studenten* in einer früheren Fassung bereits vor Jahr und Tag abgelehnt. Langen hatte nacheinander, 1911 und 1913, beide Romane zurückgeschickt. Bei Kurt Wolff hatte das Manuskript des *Namenlosen* 1915 bis 1916 ein ganzes Jahr lang gelegen; es kam weder ein Bescheid, noch kam das Manuskript zurück – vermutlich konnte Meyer es in seiner chaotischen Unordnung nicht finden –, und ein Rechtsanwalt hatte bemüht werden müssen, um es zurückzuerlangen. Beide Manuskripte waren wohl ein dutzendmal ausgesandt worden und abgelehnt zurückgekommen. So also auch jetzt wieder. Aber Fischers Brief vom 15. Dezember enthielt, noch in Unkenntnis des Todes des Dichters, einen zweiten Absatz:

Vielleicht aber warten Sie mit der Absendung der Bücher überhaupt noch und schicken uns, wie angekündigt, doch noch den Roman ›Der verbummelte Student‹. Es wäre uns von Wert zu prüfen, ob durch dieses Werk der Begriff, den wir von Ihrem Herrn Gemahl empfangen haben, sich nicht so erweitert, daß wir unsere bisherige Entscheidung revidieren. Wir würden, wenn Sie den Roman zwischen Weihnachten und Neujahr schicken, ihn sehr schnell lesen.

Hierauf sandte Paula Sack am 18. Dezember die inzwischen hergestellte Maschinenschrift von *Ein verbummelter Student* mitsamt Dehmels Empfehlungsbrief, den sie bis dahin nicht verwendet hatte, an Fischer, »ohne Ahnung, was inzwischen geschehen war«. Heimann war, wie dieses Beispiel zeigt, nicht nur ein verantwortungsbewußter Lektor, sondern auch ein hellhöriger. Er muß gespürt haben, daß hinter den ihm vorliegenden Arbeiten mehr steckte, und hielt es immerhin für möglich, daß die Kenntnis dieses Mehr ihn vielleicht umstimmen könne. Und er spürte richtig. Dehmel hatte mit seinem Hinweis auf Jean Paul auf kuriose Weise den Dichter bestätigt. Sack hatte über die *Flegeljahre*, die er im Schützengraben las, gesagt: »Wenn *der* seine Bücher los wurde, werde ich es auch.« Paula Sack schickte Fischer den *Verbummelten Studenten*. Doch hatte sich inzwischen unversehens im Dezember 1916, noch ehe der Tod des Dichters bekannt war, der Verlag Erich Reiss für die Romane interessiert und war bereit, einen Vertrag über sie zu schließen. Die Verhandlungen zogen sich über den Januar 1917 hin, und Dehmel erteilte in mehreren Briefen Ratschläge über die Vertragsbedingungen. Paula Sack aber hoffte und wartete noch immer auf einen Bescheid von Fischer, denn Heimann las das Buch offenbar nicht »sehr schnell«. Am 14. Februar 1917 schrieb Dehmel ihr einen Brief, der ebenso wie der erste ein seltenes Schlaglicht auf den Verleger und seinen ›Geschäftsbetrieb‹ wirft, wie er sich dem Autor darstellt:

Ganz entschieden rate ich Ihnen, bei Erich Reiss zu bleiben. Es führt zu nichts Gutem, gegen sein besseres Gefühl zu handeln. Außerdem glaube ich, daß Reiss – wenn das Risiko ihn stachelt – für einen neuen Dichter mehr tun kann als Fischer, dessen Verlag schon so umfangreich ist, daß er sich für ein Einzelwerk nicht mehr besonders ins Zeug legen kann. Deshalb empfehle ich Ihnen nochmals, einen möglichst vorteilhaften Vertrag bei Reiss durchzusetzen; nicht blos Ihres Nutzens wegen, sondern eben dem Werk zuliebe. Je mehr der Verleger zu riskieren hat, desto mehr Mühe muß er sich geben. Es will mir gar nicht gefallen, daß er auf einem Gewinnanteil bei Nachdruck und Übersetzung der Romane besteht; das hat doch nicht das Geringste mit seiner Vertriebsarbeit zu tun. Fischer stellt solche Ansprüche grundsätzlich nicht, auch nicht an seine jüngsten Autoren, und darauf sollten Sie sich bei Reiss berufen ...

Nun ging alles Hals über Kopf. Fünf Tage später, am 19. Februar kam ein Brief von Fischer:

Verehrte gnädige Frau – ich habe nach unserer letzten Unterredung nicht den Eindruck gehabt, daß Ihre Verhandlungen mit einem andern Verlag so weit gediehen sind, daß Sie nicht in jedem Fall noch eine freie Verfügung behalten haben. Liegt also eine rechtliche Bindung noch nicht vor, so würde ich dringend bitten, die Angelegenheit noch einmal mit mir persönlich zu besprechen. Ich bin sicher, Sie handeln mehr im Geiste Ihres verstorbenen Mannes, wenn Sie meinen Verlag mit der Herausgabe Ihres (!) Gesamtwerkes betrauen. Ich bedaure die Verzögerung, sie ist nicht mit meinem Wissen erfolgt, sie ist aber damit zu entschuldigen, daß ein großes Maß von Arbeit unter den jetzigen schwierigen Verhältnissen auf uns allen lastet, nicht zum wenigsten auf dem Lektor des Verlages.

Angefügt war ein P.S.:

Vielleicht interessiert es Sie zu erfahren, daß ich von dem Roman etwa 7–10 000 Exemplare gleich drucken und das Honorar für 5000 Exemplare vorausbezahlen würde. Sie sehen, ich würde die Sache großzügig anfassen.

Paula Sack hatte den Vertrag mit Erich Reiss noch nicht unterschrieben und zog die Manuskripte zurück. »Den Büchern, nicht dem Geld zuliebe, brach ich mein Wort mit Reiss. Es wurde mir sehr schwer. Ich glaubte so handeln zu müssen. Der beste und größte Verlag mußte es sein.« Am 24. Februar erhielt sie ein Telegramm: »VERPFLICHTE MICH GESAMTAUSGABE IM OKTOBER EINZELAUSGABE VERBUMMELTER STUDENT IM MAI ERSCHEINEN ZU LASSEN. VERTRAG UNTERWEGS. FISCHER.« Der vom 26. Februar datierte Verlagsvertrag ist eines der staunenswertesten Dokumente der ganzen Verlagsgeschichte. Mitten im Krieg, auf allen Seiten bedrängt von Papierknappheit, Materialnot, scharf anziehender Teuerung, unsichersten Absatzverhältnissen und mühsamen Herstellungsterminen verpflichtete sich Fischer, schon im Oktober dieses Jahres eine zwei- bis dreibändige Gesamtausgabe der Werke Gustav Sacks herauszubringen und unabhängig von ihr, gleichsam als Vorreiter schon »im Mai oder Juni« eine Einzelausgabe von *Ein verbummelter Student* in einer Erstauflage von »mindestens 7–10 000 Exemplaren« zum Ladenpreis von 3,50 M. »mit starken propagandistischen Mitteln der Öffentlichkeit zu übergeben« und von dieser Einzelausgabe allein bei Unterschrift des Vertrages 5000 Exemplare mit 2625 Mark »in bar« vorauszuhonorieren. So viel Geld hatte Gustav Sack in seinem ganzen Leben nie beisammen gesehen. In einem gleichzeitig abgesandten Brief versicherte Fischer:

... es freut mich sehr, daß sich die Sache noch so arrangieren läßt, daß das Werk Gustav Sacks in meinem Verlag herauskommen kann ... Die Einzelausgabe dieses Romans soll als starker propagandistischer Vorstoß dem Gesamtwerk vorausgehen, ich zweifle nicht daran, daß damit dem Gesamtwerk freie Bahn geschaffen wird ... Mein Prinzip, die Bücher möglichst billig der Öffentlichkeit zu übergeben und das mit starken propagandistischen Mitteln zu unterstützen, ist auch bestimmend für die Höhe der Tantieme – 15 Prozent – die ja ihre Geltung erst durch die Höhe des Absatzes bekommt ...

Was war in den ›alternden Verleger‹ gefahren? Vielleicht gar der tollkühne Übermut des jungen Kurt Wolff? Noch nie zuvor hatte Fischer in einem Atemzug so oft von »starken propagandistischen Mitteln« gesprochen. Eine Erstauflage von zehntausend Exemplaren für das nachgelassene Werk eines völlig unbekannten Toten, einen Autor, der nie mehr eine Zeile schreiben würde! Eine Garantie von fünftausend Exemplaren auf einen wirren, krausen, himmelhoch jauchzend, zu Tode betrübten, widerborstigen, im besten Brentano-Sinn total »verwilderten« autobiographischen Roman, der überall und nirgends hingehörte, in den Impressionismus, in den Expressionismus, in den Jugendstil, in die »Dekadenz« und einen düsteren kosmologischen Welt- und Menschheitspessimismus – auf ein Buch, das vielleicht zehn, vielleicht hundert Leser finden würde! Oder vielleicht zehntausend? Wußte Fischer, was er tat? Er wußte es.

Ein verbummelter Student wurde unverzüglich bei der Spamerschen Buchdruckerei in Leipzig in Satz gegeben. »Wegen der Papiernot« mußte die Auflage auf 8000 Exemplare beschränkt werden. Das Buch erschien tatsächlich Mitte Juni 1917 und löste eine Flut enthusiastischer Besprechungen aus. Loerke schrieb in der ›Neuen Rundschau‹:

Ein Toter fordert Ehre, Gustav Sack, einunddreißigjährig durch diesen Krieg fortgerafft. Sein nachgelassener Roman ›Ein verbummelter Student‹ ist ein erschütterndes Zeugnis des Menschenringens um Licht ... Der Held ist ein ewiger, für die anderen ein verbummelter Student, weil sein Geist mit seinem Sturme alles erschüttert, mit seinem Feuer alles verbrennt, aus seinem Zentrum beständig in das centrum naturae stürzend. Den Haß des Subjektiven und Objektiven nicht versöhnen zu können, diese Qual ist das eigentliche Geschehnis ... Hundertmal erlebt er den Höllensturz von der Ehrfurcht über den Schmerz in den Kot, den Himmelflug vom Stoff über die Liebe in das lichtlos Allgemeine ... Kein Entrinnen aus dem Gefängnis des Welträtsels.

Schon im August 1917 wurde eine weitere Auflage von 7000 Exemplaren gedruckt. Inzwischen beschäftigte sich Otto Zoff im Verlag mit der Redaktion der nunmehr auf zwei Bände festgelegten Gesamtausgabe. Aber Ende Oktober 1917 mußte Fischer an Paula Sack schreiben: »Die Papierverhältnisse sind trostlos; wenn sie sich nicht bessern werden, so wird es nicht möglich sein, die Gesamtausgabe im nächsten Jahr erscheinen zu lassen.« Die Gesamtausgabe mußte aufgeschoben werden. Statt ihrer entschloß sich Fischer, auch von dem zweiten, wesentlich kürzeren Roman *Ein Namenloser* eine Einzelausgabe herauszubringen. Sie erschien im Frühjahr 1919 in einer Erstauflage von 5000 Exemplaren, während vom *Verbummelten Studenten* gleichzeitig nochmals 5000 nachgedruckt werden konnten. Die zweibändige Gesamtausgabe kam schließlich im Oktober 1920 heraus. Wieder gab es eine Flut von Rezensionen. Unter anderen schrieb in der Lokalzeitung seiner Heimatstadt Osnabrück im Juni 1921 ein heimgekehrter Frontkämpfer einen Aufsatz über diesen älteren Kameraden, der nicht heimgekehrt war. Der Verfasser war der dreiundzwanzigjährige Erich Maria Remarque.

PAPIERNOT

Mit dem Beginn des dritten Kriegsjahres machte die große Papiernot vor nichts und niemand mehr Halt. Jetzt wurde im handgreiflichsten Sinn »der ganze Verlag« vom Krieg erfaßt. Just zu dem Zeitpunkt, da das Buchgeschäft wieder kräftig anzog und mehr Bücher gekauft (und ins Feld geschickt) wurden als zuvor, wurde es den Verlegern immer schwerer, sie zu liefern. Jüngere Verlagsgründungen wie Kurt Wolff, die noch keine lange Liste älterer Werke zu betreuen hatten und mehr oder weniger ›von der Hand in den Mund‹ lebten, konnten das ihnen zur Verfügung stehende Papier weitgehend auf Neuerscheinungen verwenden. Ältere Verlage wie Fischer, die sich ihren langjährigen Autoren gegenüber verpflichtet fühlten, auch ihre älteren, weiter gangbaren Werke laufend nachzudrucken, und die außerdem ihre vielbändigen Gesamtausgaben, die große Mengen Papiers verschlangen, jedoch für Autor und Verleger eine stetige, sichere Einnahmequelle waren, vor dem Absterben zu bewahren suchten, hatten es wesentlich schwerer, ihren Betrieb in Gang zu halten.

Bis ins Jahr 1916 hinein ließ sich alles noch einigermaßen bewältigen. Der Bücherbedarf war noch mäßig, die Papierknappheit noch nicht kritisch. Allerdings waren die Papierpreise seit Kriegsbeginn um etwa 25 Prozent gestiegen. Ende des Jahres begann die Lage ernst zu werden. Am 19. Dezember 1916 heißt es in einem Brief Fischers an Schnitzler:

> Das neue Hilfsdienstgesetz wird voraussichtlich die Arbeitsverhältnisse auch in den Buchdruckereien und Papierfabriken so einschränken, daß wir sehr wahrscheinlich mit einer sehr reduzierten Leistungsfähigkeit zu rechnen haben werden. Damit wird auch eine erhebliche Verteuerung der Materialien und der Herstellungskosten verbunden sein, so daß wir gezwungen

sein werden, uns darauf einzurichten. Für die Autoren meines Verlages muß der Betrieb unter allen Umständen aufrechterhalten werden. Für jede neue Auflage und für jedes neue Buch muß die Möglichkeit gegeben sein, sie in der alten Qualität wirksam an die Öffentlichkeit zu bringen.

Das hieß, daß Fischer entschlossen war, wenn nötig, seinen bisherigen Autoren und ihren alten und neuen Werken Vorrang einzuräumen und neue Autoren zurückzustellen. Doch schon einen Monat später, am 18. Januar 1917, mußte er mitteilen, daß »die ganze Existenz« der billigen Romanbibliothek »durch die ungeheure Steigerung der Herstellungskosten in Frage gestellt« sei, und fügte hinzu:

Es ist überhaupt fraglich, ob bei vielen Büchern die alten Preise aufrecht zu erhalten sind. Die Gesamtausgaben Ihrer Werke gehören zu den billigsten Büchern meines Verlages; ich bezweifle, ob es möglich sein wird, den alten Preis während der jetzigen Zeit bei Neudruck beizubehalten.

Anfang April 1917, als die Neuauflage beider Abteilungen von Schnitzlers *Gesammelten Werken* vorbereitet werden mußte, war aus dem Zweifel Gewißheit geworden: die Herstellungskosten waren auf mehr als das Dreifache gestiegen, und Fischer bat um Schnitzlers Einwilligung, den Preis der ersten Abteilung von drei Bänden von zehn auf zwölf, den der zweiten Abteilung von vier Bänden von zwölf auf fünfzehn Mark zu erhöhen. Doch lebte man, was die Schnelligkeit der Herstellung anging, zumindest im Vergleich zu heute, noch in guten Zeiten. Als Fischer am 16. April 1917 das Manuskript von Schnitzlers *Doktor Gräsler* erhielt, glaubte er dem Autor erklären zu müssen, warum er leider zweieinhalb Monate bis zum Erscheinen brauchen werde:

Wir haben die allergrößten Schwierigkeiten, um überhaupt Bücher zu drukken und zu versenden. Abgesehen von der enormen Teuerung ist das Papier für uns kontingentiert, wir dürfen über ein gewisses Quantum hinaus nicht verbrauchen, die Buchdruckereien und Buchbindereien versagen aus Mangel an Arbeitskräften, und was das Allerschlimmste ist, die Transportmittel sind so schwierig geworden, daß es wochenlang dauert, bis die Pakete an Ort und Stelle sind. Und so wird es wohl kaum möglich sein, Ihr Buch vor Ende Juni herauszubringen ...

Im Juli 1917 mußte der Preis der dreibändigen Dehmel-Ausgabe von 12,50 Mark auf 15 Mark erhöht werden. Am 2. Juli 1917 schrieb Fischer an Hauptmann:

Die Kalkulation des Neudrucks Deiner Gesammelten Werke hat ergeben, daß die erhöhten Herstellungskosten an zehntausend Mark heranreichen ... Die Erhöhung würde unter den abnormen Teuerungsverhältnissen gar keine Rolle spielen und auf den Absatz kaum einen Einfluß haben.

Dies war ein neu aufgetretener, wesentlicher Gesichtspunkt: die erhöhten Preise drückten nicht auf den Absatz. Wie stets in materiellen Notzeiten – die Hungerjahre nach dem Zweiten Weltkrieg zeigten es besonders deutlich –, wenn Lebensmittel, Kleider und andere Bedarfsartikel knapp und Luxuswaren unerhältlich waren, gaben die Menschen ihr Geld, vor allem wenn es von Entwertung bedroht war, für geistige Güter, vornehmlich für Bücher aus, die sie in ›normalen‹ Zeiten nicht gekauft hätten, und scheuten sich nicht, auch höhere Preise für sie zu bezahlen, wenn sie sie nur bekommen konnten. So erklärte beispielsweise ein Bücherverfasser, der zugleich auch ein eifriger Bücherkäufer war, nämlich Thomas Mann, im März 1918 seinem Freund Ernst Bertram, der ihn anläßlich eines eigenen Buches fragte, ob nicht »Holzpapier unter der Würde« sei:

Unter der Würde des Verlages? Dann würde ich zu einem anderen gehen ... Das Kriegspapier mit Holzmasse, das man verwendet, ist schließlich gar nicht so übel, dick zwar und teuer, und dann gilbt es in ein paar Jahren. Aber was macht dies, da es sich ja nur um ein vorläufig-behelfsmäßiges Kleid handelt? Und was die Dicke und Teuerkeit betrifft, so sind das für das heutige Publikum keine Einwände. Wassermanns neuer Roman muß in 3 Bänden à 10 Mark erscheinen, und doch hat man gar keine Sorge, daß die Auflage von 10 000 Exemplaren verkauft werden wird. Ebenso ist es mit den neuen Auflagen von ›Buddenbrooks‹. Das broschierte Exemplar wird 10 Mark kosten, was verhältnismäßig sehr billig ist und sicher kein Hindernis für den Absatz bilden wird ...

Im Juli 1917 schrieb Thomas Mann an Paul Amann, Fischer klage beständig über Papiermangel »und schiebt es auf diese Kalamität, daß die geplante wohlfeile Neuauflage von ›Königliche Hoheit‹ noch immer nicht zustande gekommen ist«. Dabei konzentrierte Fischer sich gerade um diese Zeit besonders darauf, zu verhindern, daß die bewährten älteren Werke seiner großen Autoren vergriffen blieben. »Es ist sehr schwer für uns, neue Bücher zu bringen«, schrieb er am 7. Juli an Nansen. »Ich muß mich in der Hauptsache darauf beschränken, neue Auflagen zu drucken, und da gibt es mehr zu drucken, als mir bei den teuren Preisen lieb ist, denn es werden jetzt sehr viel Bücher gekauft, hauptsächlich an der Front.« Und im gleichen Monat ebenfalls an Nansen: »Die Markbücher werden bei uns jetzt colossal viel gekauft; für den Verleger ein sehr schlechtes Geschäft, weil sich die Herstellungskosten verdreifacht haben.« Ende August 1917 waren die Verhältnisse so schwierig geworden, daß Fischer auf Auswege zu sinnen begann. Am 29. August schrieb er an Schnitzler, er trage sich »unter uns gesagt« mit dem Plan, manche Werke in Österreich herstellen zu lassen. Nun ließ sich auch der Vorkriegspreis der ›Bibliothek zeitgenössischer Romane‹ von einer Mark nicht mehr halten. Am 1. Oktober 1917 mußte der Verlag – wie übrigens alle anderen Romanbibliotheken auch – einen Teuerungszuschlag von 25 Pfennig einführen; hiervon verblieben ihm nach Abzug des Rabatts 15 Pfennige, die zur Deckung der erhöhten Herstellungskosten knapp ausreichten. Auch konnte die Reihe nicht mehr in der bisherigen Weise fortgeführt werden. Ende Dezember 1917 teilte Fischer einem Autor mit:

Ich habe im nächsten Jahr nur etwa die Hälfte meines vorjährigen Papierverbrauchs für die Bibliothek zur Verfügung, bin also gezwungen, mich auf den Druck von Neuauflagen zu beschränken. Es liegen schon etwa zehn angenommene Manuskripte für neue Bände der Bibliothek da, ohne daß ich sie drucken kann, bevor nicht einigermaßen normale Verhältnisse eingetreten sind.

Die Anzahl der neuen Titel wurde halbiert. Während noch bis zur Siebenten Reihe 1916/1917 jährlich zwölf neue Bände erscheinen konnten, wurde die Achte Reihe mit ebenfalls zwölf Neuerscheinungen auf die zwei Jahre 1917–1919 gestreckt. Gisela von Bergers *Die törichte Geschichte der Terpsichore Liebenreich* war der letzte Band von ›Fischers Bibliothek zeitgenössischer Romane‹. 1920 wurde die Bibliothek neu eingerichtet.

RUNDSCHREIBEN

Am 1. Februar 1918 versandte der Verlag ein langes, vervielfältigtes ›Rundschreiben an unsere Autoren‹, worin er mitteilte, die fortgesetzte Steigerung aller Herstellungskosten zwinge ihn, bei einem großen Teil seiner Verlagswerke »ohne jeden weiteren Verzug« eine Erhöhung der Ladenpreise vorzunehmen. Bisher habe der Verlag sich damit begnügt, abgesehen von der Preiserhöhung bei einigen Gesamtausgaben sowie dem Teuerungszuschlag auf die Mark-Bibliothek, die Einbandpreise zu erhöhen, deren Herstellungskosten besonders stark gestiegen waren; doch nun träfen die Voraussetzungen für die bisherige Preisbestimmung nicht mehr zu:

Papier kostet heute je nach seiner Qualität das Sechsfache im Vergleich zu normalen Zeiten, ebenso sind durch die fortwährenden Lohnerhöhungen und das sprunghafte Heraufschnellen der Preise für alle Materialien die Herstellungskosten in der Druckerei und in der Buchbinderei ganz gewaltig gestiegen. Dazu kommen die bedeutend erhöhten allgemeinen Spesen und Vertriebskosten.

Es ist damit zu rechnen, daß die Preisbildung auf dem Büchermarkt das bisher gewohnte Bild verändern wird. Der feste Ladenpreis, der bisher vom Sortimentbuchhändler eingehalten werden mußte, ist durch einen zehnprozentigen Teuerungszuschlag des Sortiments, auf den der Verleger keinen Einfluß hat, überschritten. In Österreich-Ungarn ist außerdem eine Verteuerung durch die Valuta-Differenz hinzugekommen, und durch die allgemeine Preiserhöhung, die die Verleger gezwungen waren vorzunehmen, ist eine weitere Verteuerung des Buches eingetreten.

Das Publikum hat sich, wie wir alle aus Erfahrung wissen, an bedeutende

Preiserhöhung auf allen Gebieten des täglichen Bedarfs verhältnismäßig leicht gewöhnt, und es ist anzunehmen, daß es sich den neuen Preisverhältnissen auf dem Büchermarkt (die besonders für kommende Bücher eine wesentliche Veränderung erfahren werden) um so schneller anpassen wird, als das bedeutend eingeschränkte Papiercontingent einen starken Rückgang der Bücherproduktion zur Folge haben muß.

Der Verlag wolle jedoch, so fährt das Rundschreiben fort, »so lange es geht«, die Ladenpreise seiner Bücher so niedrig wie irgend möglich halten: Bei einem Ladenpreis von weniger als 3 Mark für das broschierte Exemplar werde die Erhöhung etwa 50 Pfennig betragen; bei der Preisspanne von 3 bis 5 Mark werde man mit einer Erhöhung um 1 Mark, bei jener von 5 bis 6 Mark mit 1,50 Mark auskommen, und die Preise für mehrbändige Werke werde man »je nach Umfang in angemessenem Verhältnis« erhöhen. Für die Autoren, an die das Rundschreiben gerichtet war und die ja in gleicher Weise unter der allgemeinen Teuerung litten, war der entscheidende Punkt, wie sie finanziell bei diesem Verfahren abschnitten. Der Verlag schlug ihnen »in Übereinstimmung mit anderen Verlegern« vor, auf den Preiszuschlag eine Tantieme von 10 Prozent zu verrechnen. Dies bedeutete für einen Autor mit einer vertraglich vereinbarten Honorartantieme von 20 Prozent, daß er bei einem Buch, dessen Ladenpreis von 5 Mark auf 6 Mark erhöht wurde, hinfort statt eines Honorars von einer Mark für das verkaufte Exemplar 1,10 Mark erhielt. Alle künftigen Werke sollten jedoch »von vornherein zu einem den heutigen Verhältnissen angemessenen Ladenpreis« kalkuliert werden, und bei ihnen sollte das Honorar wie bisher aus dem vollen Ladenpreis errechnet werden.

Der Teuerungszuschlag auf die Romanbibliothek vom Oktober 1917 hatte nicht ausgereicht und mußte inzwischen von 25 auf 35 Pfennig erhöht werden:

Unsere Mark-Bibliothek war von der Teuerung besonders hat betroffen und für uns im letzten Jahr unlohnend. Wir haben an diese auf einem billigen Preis aufgebaute Bibliothek, die während des Krieges besonders an der Front in großen Massen abgesetzt wird, einen großen Teil unseres Papierkontingents, das wir zu Büchern in höheren Preislagen hätten lohnender verdrucken können, gewendet. Dieses ideale Mittel zur Propagierung guter Literatur in diesem wichtigsten Augenblick nicht aufzugeben, bleiben wir auch weiter bemüht.

Dieses Rundschreiben vom 1. Februar 1918 war der erste Schritt auf einer noch unbekannten Straße. Noch ahnte man nicht, wohin sie führen werde. Noch ist in dem Rundschreiben nur von Teuerung die Rede, und ›Inflation‹ ist ein noch unbekannter Begriff. Doch war dies der Anfang. Das »gewohnte Bild der Preisbildung auf dem Büchermarkt« veränderte sich nicht nur bis zur Unkenntlichkeit; es schickte sich an, auf Jahre hinaus überhaupt zu verschwinden.

QUERELLES AUTRICHIENNES

Am 26. Februar mußte Fischer schweren Herzens Schnitzler mitteilen, daß er für den notwendig gewordenen Neudruck seiner Gesamtausgabe kein Papier zur Verfügung habe; er werde nicht nur sie, sondern überhaupt sämtliche Gesamtausgaben des Verlags nur dann neu drukken können, wenn ihm von der Kriegswirtschaftsstelle eine entsprechende Papiermenge bewilligt werde, und er bezweifle, ob das so bald möglich sein werde. In dieser Zwangslage griff er den schon im August 1917 erwogenen Gedanken, einen Teil seiner Verlagsproduktion in Österreich (oder auch, wie er Hesse schrieb, in der Schweiz) drucken zu lassen, wieder auf. Inzwischen war Ernst Peter Tal aus dem Krieg nach Wien heimgekehrt, und Fischer stand mit ihm in Verbindung. Tal teilte mit, in Wien sei Papier zu haben, und Fischer, der Tals »vagen Angaben« nicht ohne weiteres traute, erbat genauere Auskunft. »Kann ich in Wien das Papier bekommen«, schrieb er Schnitzler, »so werde ich gegen Mitte März in Wien sein, um den Abschluß zu machen, und dann werden Ihre Gesammelten Werke das erste Werk sein, das in Wien gedruckt wird.«
Schnitzler mißverstand diesen letzten Satz und geriet in große Bestürzung. Er glaubte, Fischer beabsichtige, da das deutsche Papierkontingent für alle Autoren des Verlags nicht ausreichte, seinen reichsdeutschen Autoren Vorrang einzuräumen und die österreichischen Autoren nur weiter zu drucken, falls und wenn ihm in Österreich zusätzliches Papier zur Verfügung stünde. Fischer versicherte ihm sofort: »Ihre Befürchtung ist ganz ungerechtfertigt. Selbstverständlich sind die österreichischen und deutschen Autoren vollkommen gleichgestellt.« Freilich waren sie es nur, was die allgemeine Papierzuteilung an den Verlag betraf. Gesamtausgaben aber konnten nur neu gedruckt werden, wenn die Kriegswirtschaftsstelle eine Sonderzuteilung bewilligte, und diese mußten die Autoren sich selbst mit Hilfe ihrer persönlichen Beziehungen zu beschaffen suchen. Thomas Mann erwähnt genau um diese Zeit (in einem Brief an Amann vom 2. März 1918), er »intriguiere unterdessen bei Amte (mit Hülfe eines, wie man jetzt sagt, richtig gehenden‹ Ministerialrates), um meinem Verleger 10 000 Kilo Druckpapier extra zu verschaffen«, nämlich für die umfangreichen *Betrachtungen eines Unpolitischen*, und Fischer erzählte Schnitzler »im Vertrauen«, Hauptmann bemühe sich darum, für seine Gesamtausgabe von der Kriegswirtschaftsstelle das erforderliche Quantum bewilligt zu bekommen, was ihm mit vieler Mühe gelang. Fischers Brief vom 7. März 1918 fährt fort:

Da Sie aus Österreich ein solches Gesuch hier nicht stellen können, habe ich daran denken müssen, Ihre Gesamtausgabe eventuell in Wien zu drukken, wie ja überhaupt die Wiener Papierbelieferung den Zweck hatte, die österreichischen Autoren sicherzustellen. So glatt wird aber ein Strich zwischen deutschen und österreichischen Autoren in Wien nicht gemacht werden können, weil mir nachträglich die technischen Schwierigkeiten einfielen, die Platten eines Werkes mit dem Umfang Ihrer Gesamtausgabe nach Wien zu transportieren. Die Bleiausfuhr würde nicht erlaubt werden, und wenn ich die Matrizen in Wien neu gießen lassen würde, so würden daraus überflüssigerweise sehr große Kosten entstehen. Bekomme ich also Papier in Wien, so werde ich in einem solchen Fall aus technischen Gründen Bücher österreichischer Autoren in Deutschland und als Kompensation wieder Bücher deutscher Autoren in Österreich drucken müssen...

Dr. Paul Zifferer, Autor des Verlags und ein kundiger, zuverlässiger Mann, befand sich um diese Zeit in Berlin, und Fischer besprach mit ihm die Situation. Fischer war der Auffassung, »daß die österreichische Regierung eine moralische Verpflichtung hätte, mich bei der Drucklegung von Werken österreichischer Autoren zu unterstützen, in einer Zeit, wo in Deutschland das Papier knapp ist und wo von Österreich die Papierausfuhr gesperrt ist«. Es war ihm bekannt, daß einige deutsche Verleger bereits in Österreich drucken ließen, »ohne sich an die Regierung zu kehren«, und er war mithin der Meinung, »daß mir meine österreichischen Autoren nunmehr auch bei der Beschaffung der nötigen Papierquanten in Österreich behilflich sein könnten«. Zifferer führte in Wien die nötigen Verhandlungen, und nahm Verbindung mit dem österreichischen Papierfabrikanten Prinzhorn auf. Dieser stellte Papierlieferungen in Aussicht. Voraussetzung war jedoch, daß der S. Fischer Verlag, um eine Zuteilung zu erhalten, in Wien eine Zweigstelle oder Filiale einrichte. Fischer war von diesem Gedanken nicht sonderlich begeistert, wollte sich aber »einem solchen verhältnismäßig bescheidenen Plan nicht grundsätzlich verschließen«.

Doch alsbald kam hinter dem »verhältnismäßig bescheidenen Plan« ein wesentlich unbescheidenerer zum Vorschein. Prinzhorn erblickte in der Wiener Niederlassung des weltberühmten S. Fischer Verlags die Möglichkeit zur Schaffung jenes großen österreichischen Verlags, der in Wien bisher immer gefehlt hatte und mit dessen Hilfe eine große Anzahl der zu reichsdeutschen Verlegern abgewanderten österreichischen Schriftsteller unter der Flagge des S. Fischer Verlags sich nach Österreich würde zurückholen lassen. Prinzhorn veranlaßte den Unterhändler Zifferer, Fischer die Gründung eines eigenen österreichischen Verlags »für die sozialen, politischen und kulturellen Interessen Österreichs auf breiter Grundlage« vorzuschlagen, an dem sich österreichisches Kapital durch österreichische Papierfabriken beteiligen werde. Fischer antwortete »sofort mit der größten Skepsis«, und aus seiner Skepsis wurde Ärger, als ihm klar wurde – was er vorher nicht gewußt hatte –, daß Prinzhorn »in seiner Eigenschaft als Präsident der Papierverwertungszentrale«, nämlich jener österreichischen Stelle, der die Papierzuteilung unterstand, »mit der Angelegenheit befaßt war«. Er schrieb Zifferer am 30. März 1918:

Sie werden verstehen, daß ich keinen Augenblick daran denken kann, mich den Gründungsplänen, die durch Anknüpfung der Beziehung zu Prinzhorn bei ihm erwacht sind, zur Verfügung zu stellen. Ich bin nach wie vor der Meinung, daß ein Verlag wie der meine nicht Sache eines rein kapitalistischen Betriebes sein kann, und darum habe ich in meinem Brief vom 20. März gebeten, meinen Verlag bei dieser Kombination so gut wie auszuschalten und Prinzhorn vielmehr die Gründung eines Verlages ... vorzuschlagen, an dem ich natürlich nur nach Maßgabe meiner physischen Kräfte beratend im Aufsichtsrat mitwirken könnte ...

Zifferer teilte Fischer die Reaktion Prinzhorns mit:

Mir scheint, daß Fischer lediglich Interesse für sein Papier hat und daß ihm die Gründung eines österreichischen Verlages ziemlich gleichgültig ist. Damit, daß Fischer lediglich Aufsichtsrat eines Unternehmens wird, das wir zu gründen hätten, ist uns nicht gedient. Wie ich mir die Sache vorgestellt habe, müßte Fischer Spiritusrektor der ganzen Sache sein, und wir hätten lediglich für gewünschtes Kapital, Druck und Papier zu sorgen.

Fischer hielt nicht nur Schnitzler über den Gang der Verhandlungen auf dem laufenden, sondern weihte auch Hofmannsthal ein, als dieser nach Berlin kam: »Ich habe Hofmannsthal die Depesche gezeigt, er war der Meinung, daß nun Prinzhorn den österreichischen Verlagsplan mit meiner Hilfe erzwingen will.« Fischer erkannte, was in Wien gespielt wurde, und antwortete scharf:

Herr Prinzhorn dreht den Spieß um und fordert nunmehr alle meine Kräfte mit einer durch Sachkenntnis ungetrübten Unverschämtheit für einen Verlagsplan, der weit über das hinausgeht, was ich selbst in meinem eigenen Verlag jemals beabsichtigt habe. Er glaubt, dazu das Mittel in der Hand zu haben, wenn er mir das Papierquantum versagt, das ich augenblicklich in Österreich haben möchte, um die Werke österreichischer Autoren meines Verlages in Österreich drucken zu können. Mit dieser Pistole in der Hand soll eine Verbindung erzwungen werden, für die ich, wie Sie sich denken können, nicht zu haben bin ... Kann ich das Papier in Österreich nicht bekommen, so würde ich versuchen, es in der Schweiz zu bekommen. Keineswegs sollen die österreichischen Autoren meines Verlages gegen deutsche Autoren zurückstehen, und ich erkläre hiermit, daß ich in demselben prozentualen Verhältnis deutsche und österreichische Autoren gleicherweise drucken werde, auch wenn sich mir Papierquellen in Österreich nicht erschließen sollten.

Bitte geben Sie Herrn Prinzhorn davon Nachricht. Ich bin bereit, nach Wien zu kommen, wenn die Frage des Papierbedarfs für meinen Verlag von dem Plan der Gründung eines österreichischen Verlags vollkommen getrennt wird, sehe aber andererseits keine Veranlassung dazu, bei der Gründung eines österreichischen Verlages behilflich zu sein, wenn ich nicht auf ein Entgegenkommen im Interesse der österreichischen Autoren meines Verlages zu rechnen habe.

Fischer fuhr nicht nach Wien, sondern zum bewährten Dr. Lahmann ins Sanatorium am Königspark in Loschwitz bei Dresden, um sich »von einer langen, schweren Wintergrippe« zu erholen. Er hatte die Hoffnung noch nicht aufgegeben und schrieb am 10. April 1918 an Schnitzler:

Wenn die österreichischen Autoren Herrn Prinzhorn die Erklärung abgeben, daß sie für seinen österreichischen Verlag nicht zu haben sein werden, wenn er jetzt in unlauterer Weise die Papiernot in Deutschland zu Ungunsten der in Deutschland verlegten österreichischen Autoren ausnutzt, so könnte damit ein wirksamer Druck auf Prinzhorn ausgeübt werden...

Zwei Wochen darauf, am 23. April 1918, legte er Schnitzler in einem ausführlichen Brief aus Loschwitz die Situation des Verlages noch einmal dar. Sein Wirtschaftsplan gehe davon aus, daß er mit dem gegenüber dem Vorjahr bedeutend eingeschränkten Papierkontingent nur Neuauflagen und neue Bücher »meines Autorenstammes« drucken könne. Sämtliche Gesamtausgaben müßten »gezwungenermaßen« wegfallen; wolle er alle Gesamtausgaben neu drucken, so würde das ganze Papierkontingent dazu nicht ausreichen. Er könne keine Ausnahme machen:

Sie sind im Irrtum, wenn Sie meinen, es fiele für mich nicht so ins Gewicht wie für meine Autoren, wenn ihre Gesamtausgaben nicht gedruckt werden. Es ist für mich ein erheblicher Ausfall, daß ich beispielsweise die Werke Ibsens, die ich mit allen Rechten erworben habe, nicht drucken kann. Wie groß der Schaden dabei ist, werden sie ermessen, wenn ich Ihnen sage, daß ich für Ihre Gesammelten Werke im vorigen Jahr etwa 15000 Kilo, für Ibsens Werke etwa 40000 Kilo Papier verdruckt habe. Daß ich meinen Betrieb bisher auf voller Höhe für jeden Autor halten konnte, ist eine nicht gewöhnliche Leistung, das dürfen Sie mir ohne weiteres glauben. Ich glaube nicht, daß irgendein deutscher Verlag heute in der Lage ist, Gesamtausgaben und Einzelausgaben gleichzeitig zu drucken. Bei Cotta sollen die meisten Werke fehlen. Man erzählt mir, daß der Verlag Wolff die Werke von Heinrich Mann nicht drucken kann...

Kurt Wolff befand sich in der Tat mit seinen zahlreichen österreichischen Autoren in der gleichen Schwierigkeit wie Fischer, und es verwundert nicht, daß er auf den gleichen Ausweg verfiel, allerdings erst ein halbes Jahr später. Aus einem Brief Georg Heinrich Meyers an Franz Kafka vom 13. September 1918 geht hervor, daß er unter der Firma »Kurt Wolff Verlag in Wien« eine Zweigstelle in Österreich zu errichten beabsichtigte:

Hierdurch hoffen wir in die Lage zu gelangen, wieder einige Bewegungsfreiheit in unsere Produktion zu bekommen. Unter der Firma ›Kurt Wolff Verlag in Wien‹ wollen wir namentlich die neuen Bücher unserer österreichischen Autoren auf den Markt bringen ... Die Wiener Zweigstelle soll in erster Linie eine Handhabe sein, daß wir auch in Österreich ein Papierkontingent bekommen. Weiter wollen wir damit die Schwierigkeiten, die sich aus der neuen Devisenordnung ergeben, dem Sortimentsbuchhandel erleichtern, indem wir Zahlungen in österreichischer Währung entgegennehmen ...

Kurt Wolffs Absicht wurde »infolge des Kriegsendes« nicht mehr verwirklicht. Zur Zeit, als er seinen Plan noch erwog, hatte Fischer den seinen bereits durchgeführt. In seinem Brief vom 23. April 1918 an Schnitzler hatte Fischer nochmals versichert, er werde sofort nach Wien kommen, »wenn sich die Sache auf einer loyalen Grundlage arrangieren läßt, wobei es nicht darauf ankommen soll, eine kleine Filiale zu errichten«. Noch am 17. Mai findet sich in einem Brief an Schnitzler ein vereinzelter negativer Hinweis: »Ich bin nicht klug daraus geworden, warum sich das Papierprojekt in Wien zerschlagen hat; ich nehme an, aus Mangel an Material, da erwiesenermaßen die österreichischen Papierfabriken nicht leistungsfähig sind.« Für den weiteren Fortgang der ›Prinzhorniade‹ fehlen die Belege. Doch wurde die »loyale Grundlage« bald darauf offenbar dennoch gefunden und die »kleine Filiale« errichtet, denn am 8. August 1918 konnte Fischer aus Travemünde Schnitzler mitteilen: »Zu den ersten Büchern, die in unserer Wiener Filiale gedruckt werden, gehört *Casanovas Heimfahrt*.«

DIE ZWEIGSTELLE IN WIEN

Die Wiener Filiale nahm ihre Tätigkeit unverzüglich auf und war bereits zum Spätherbst 1918 mit ihrer ersten Produktion zur Stelle. Allerdings wurde sie von Amts wegen erst am 11. Februar 1919 im Handelsregister des Handelsgerichts Wien eingetragen, und die Eintragung in der Spalte »Prokuristen« ist erst vom 15. Juli 1919:

Einzelprokuristen: Peter Paul Schmitt und Paul Eipper. Kollektiv-Prokuristen: Otto Greiss, Marie Kästner und Regine Rosenbaum. Firmenzeichnung der Kollektivprokuristen: Es zeichnen gemeinschaftlich pp Otto Greiss und Marie Kästner und ferner Regine Rosenbaum mit Paul Eipper oder Peter Paul Schmitt.

Paul Eipper, hier erstmals genannt, war im Jahr zuvor in den Verlag eingetreten. Er war sechsundzwanzigjährig im Sommer 1917 wegen eines Herzfehlers aus dem Militärdienst entlassen worden, hatte sich auf ein Stellenangebotsinserat hin bei Fischer beworben und begann seine Arbeit im Verlag Anfang Juli 1917 in der Herstellungsabteilung und übernahm kurz darauf auch die Werbeabteilung. Er war ein burschikoser, doch umgänglicher und tüchtiger Mann, der sich bald mit dem um die gleiche Zeit eingetretenen Oskar Loerke herzlich befreundete. Zu dieser Zeit ahnte noch niemand in der Bülowstraße, welche besonderen Gaben in ihm steckten; man wußte nur, daß er sich für Tiere interessierte und daß Fischer ihm auf Grund einer besonderen Vereinbarung im Sommer den Sonnabend (damals noch Arbeitstag) freigab, damit er sich im Zoologischen Garten seinen Tierstudien widmen konnte. Im Frühjahr 1918 richtete er für den Verlag die Leipziger Auslieferungsstelle ein, die am 4. Mai 1918 eröffnet wurde, und übernahm anschließend die Vertriebsleitung des Verlags. Als Fischer die Einrichtung der Wiener Filiale beschloß, schickte er Eipper nach Wien, um die nötigen Vorkehrungen zu treffen. Paul Eipper gehörte dem Verlag in leitender Stellung bis zum Mai 1920 an. Dann wechselte er zum Kunstverlag Gurlitt über, kehrte aber im August 1924 zu Fischer zurück.

Eipper fuhr Ende September 1918 nach Wien und richtete die Wiener Zweigstelle ein, die am 15. Oktober 1918 zu arbeiten begann. Er suchte Schnitzler auf, um sich mit ihm zu beraten, und engagierte auf seine Empfehlung hin den ehemaligen Chefdramaturgen des Burgtheaters Dr. Fritz Rosenbaum als Leiter der Wiener Filiale. Der war jedoch nicht der richtige Mann. Er sei, schrieb Fischer Anfang Januar 1919 an Schnitzler, »ein Beamter von mäßigen Gaben, unfähig meinen Verlag geistig zu repräsentieren. Sein Verhältnis zur Kunst ist ungefähr das des beamteten Philologen, während wir in Wien, wenn dort überhaupt etwas werden soll, einen geistig und seelisch modern empfindenden, lebendigen Menschen haben müßten.« Dennoch löste die Wiener Zweigstelle vorerst viele Probleme. So konnten im Oktober 1918 Schnitzlers *Gesammelte Werke* nun doch neu gedruckt werden, und zwar in einer Auflage von 5000 Exemplaren für die erste und 4000 Exemplaren für die zweite Abteilung. Fischer gab, soweit ersichtlich, seine Druckaufträge hauptsächlich an die große Druckerei Waldheim-Eberle, in der eine Anzahl von Verlagswerken mit dem Eindruck »S. Fischer Verlag Berlin–Wien« hergestellt wurde, und daneben auch Einzelaufträge an andere Druckereien wie die ›Robertus‹-Druckerei, in der 1919 der Roman *Vögelchen* der Wienerin Friderike Maria Winternitz hergestellt wurde, das einzige Buch der ersten Gattin Stefan Zweigs, das bei Fischer erschien. Zugleich ergaben sich auch wieder neue Probleme. So berichtete Fischer am 8. August 1918 an Schnitzler im Zusammenhang mit *Casanovas Heimfahrt*:

Es hat sich herausgestellt, daß es der sehr viel höheren Kosten wegen nur möglich sein wird, Bücher in großer Auflage in Wien zu drucken, während alle kleineren Auflagen nach wie vor bei uns gedruckt werden müssen. Auch die Frage der Buchbinderei gibt eine arge Komplikation, da in Wien keine leistungsfähige Buchbinderei existiert. Nun verspreche ich mir von Ihrer Novelle einen großen Bucherfolg, und da kann es durch die sehr komplizierten Verhältnisse, insbesondere durch die unter Umständen langwierigen Frachtsendungen des Druckmaterials sehr leicht passieren, daß Stockungen in der Lieferung eintreten. Ich müßte also für alle Fälle eine größere Reserve drucken, selbst auf den sehr unwahrscheinlichen Fall hin, daß nicht alles verkauft werden kann... Wir lassen das Buch in Deutschland setzen und schicken dann die Matern nach Wien. Ich hoffe, es wird möglich sein, mit der Novelle im Oktober herauszukommen.

Dieser Termin ließ sich nicht einhalten, denn die Verhältnisse wurden noch viel komplizierter; Fischer dürfte heilfroh gewesen sein, daß er den Satz des Buches in Leipzig und nicht in Wien herstellen ließ. Denn am 21. Oktober 1918 brach in Wien die Revolution aus, Österreich-Ungarn zerfiel, und die Verbindung mit Deutschland riß zeitweilig ab. Fischer hatte ursprünglich 30 000 Exemplare von *Casanovas Heimfahrt* in Wien drucken wollen, von denen 18 000 vorbestellt waren und 10 000 die Reserve darstellen sollten. Aber am 2. November schrieb er an Schnitzler:

Wir drucken vom Casanova 15 000 Exemplare in Wien und 25 000 in Leipzig. Ich mußte mich infolge der eingetretenen Verhältnisse in Österreich rasch entschließen, auch in Leipzig zu drucken, damit wir bei eintretenden Transportschwierigkeiten nicht in Verlegenheit geraten. Das ist auch der Grund, weshalb ich anstatt 30 000 Exemplare 40 000 drucken mußte, weil ich mich für alle Fälle von den Wiener Beständen hier unabhängig machen muß. Nun entsteht die Frage, ob wir den ›Casanova‹ wie projektiert Mitte November herausgeben sollen, falls die gegenwärtigen Verhältnisse zu einer Entspannung nicht geführt haben. Unsere Situation ist begreiflicherweise nicht dazu angetan, ein Buch, das auf weite Kreise wirken soll, zu fördern...

Man riskierte es, das Buch erschien noch vor Weihnachten 1918, und die auf so merkwürdige Weise zustande gekommene riesige Erstauflage von 40 000 Exemplaren reichte bis zu Schnitzlers und Fischers Lebensende. Ähnlich wie mit Schnitzlers *Casanova* dürfte es Fischer auch mit anderen Werken seiner Wiener Produktion ergangen sein, die in diese turbulente Zeit fielen. Der Gesamtumfang dieser Produktion hat sich nicht mehr feststellen lassen. Fischer ließ den Neudruck von Wassermanns *Juden von Zirndorf* (die 6. bis 20. Auflage) 1918 in Wien herstellen, und auch Wassermanns *Christian Wahnschaffe* erschien in einer Auflage von zehntausend Exemplaren im Wiener Fischer-Verlag, sowie Bahrs *Die Rotte Korahs*, von der sechstausend Exemplare in Wien gedruckt wurden. Auf jeden Fall war die Ausweichsherstellung in Österreich von kurzer Dauer. Schon am 29. April 1919 schrieb Fischer an Schnitzler, er glaube nicht, daß sich die Wiener Filiale in

Zukunft noch mit dem Druck von Büchern befassen werde: »Die österreichischen Verhältnisse lassen das nicht als vorteilhaft erscheinen.« Die Wiener Zweigstelle ruhte seitdem, wurde aber erst im September 1933 »von Amts wegen« aus dem Handelsregister gelöscht.
Ein gleichzeitiger Versuch, den Engpaß in der Herstellung mit einem Ausweichen in die Schweiz zu überwinden, hatte sich ebenfalls nicht bewährt. Fischer gab am 1. Juli 1918 bei der Buchdruckerei A.-G. in Davos die Neuauflage von *Ein verbummelter Student* in Auftrag und mußte Ende Dezember mitteilen: »Leider funktioniert die Schweizer Druckerei so schlecht, daß trotz dringendster Mahnung die Exemplare bis heute nicht in unseren Händen sind.« Infolge »unverantwortlicher Bummelei« traf die Sendung erst Wochen später in Berlin ein.

27 Der erlösende Augenblick

Im Frühsommer 1918 hatte Fischer offenbar den Eindruck, daß das Ende der großen Kalamität abzusehen sei. Am 7. Juni schrieb er tröstend an Paula Sack: »Nun klären sich ja die Dinge allmählich, und wir dürfen hoffen, daß vielleicht zum Herbst eine bedeutende Entlastung eintritt. Trifft das zu, was die Eingeweihten behaupten, so würden wir dann sehr bald über die schlimmsten Papierschwierigkeiten hinweg sein ... Leider kann ich Ihnen im Augenblick nicht mehr sagen, wir stehen ja alle unter dem gleichen Druck und können nichts anderes tun als auf den erlösenden Augenblick warten.« Doch als er sechs Wochen zuvor Schnitzler mitteilte, alle Gesamtausgaben müßten »gezwungenermaßen ausgeschaltet bleiben« und er könne »keine Ausnahme machen«, war er zu einer Ausnahme, komme was wolle, bereits entschlossen.

EIN PARADOXES VERHÄLTNIS

Diese Ausnahme war Moritz Heimann. »Ich schreibe viel, und wenn einmal das Sieb geschüttelt wird, so werden ein paar Körner bleiben von der Sorte, aus der das rechte Mehl gemahlen wird.« So heißt es in einem Brief Heimanns an Fischer aus Kagel im Juli 1916. Jetzt, zwei Jahre später, da mit dem 19. Juli 1918 Heimanns fünfzigster Geburtstag herannahte, war der Zeitpunkt gekommen, das Sieb zu schütteln, die Körner einzusammeln. Heimanns Gesundheit war zu dieser Zeit bereits angegriffen, und er mußte sich schonen. Das besondere Arbeits- und Umgangsverhältnis, das sich zwischen Fischer und ihm in den letzten Jahren herausgebildet hatte, ermöglichte es ihm, ein einigermaßen pflegliches, ungehetztes Leben zu führen und sich seinen Tageslauf selbst einzurichten. Er kam nicht mehr regelmäßig in die Bülowstraße, sondern nur von Fall zu Fall zu besonderen Besprechungen, und besorgte einen großen Teil seiner Arbeit daheim in seiner Wohnung oder von seinem Häuschen in Kagel aus; dorthin zog er sich häufig wochenlang zurück und ließ sich Bücher und Manuskripte schikken, während Loerke im Verlagshaus sich um die Tagesarbeit kümmerte. In Kagel brachte er, wann immer er sich körperlich halbwegs wohl fühlte, viele seiner kritischen und essayistischen Arbeiten zu Papier. »Ich glaube«, hatte er zu Kriegsbeginn an Fischer geschrieben, »ich habe meine schriftstellerische Laufbahn erst noch vor mir.«

Fischer hatte seit Heimanns Eintritt in den Verlag vor mehr als zwanzig Jahren insgesamt fünf Bücher von ihm veröffentlicht: vier Bühnenstücke und als letztes 1913 einen schmalen Band Novellen. Doch Heimanns Prosa-Arbeiten, seine Essays, Kritiken und Betrachtungen, die er neben seiner Arbeit für den Verlag in großer Fülle hervorgebracht hatte, waren bisher nirgends gesammelt. Die meisten dieser Aufsätze waren über zwanzig Jahrgänge der ›Neuen Rundschau‹ verstreut (manche unter Pseudonymen wie Julius, Tobias Fischer und Hans Pauli), viele jedoch auch in anderen Zeitschriften und in Tageszeitungen erschienen. Denn Fischer erhob keinen Ausschließlichkeitsanspruch an seine literarischen Berater; er verlangte nicht, daß sie ›mit Haut und Haaren‹ ihm gehörten. So war Heimann häufiger Mitarbeiter an Siegfried Jacobsohns ›Schaubühne‹, der späteren ›Weltbühne‹; Loerke schrieb neben seinen Sammelbesprechungen in der ›Neuen Rundschau‹ allwöchentlich eine Spalte Buchreferate für den ›Berliner Börsen-Courier‹ und arbeitete an anderen Zeitschriften wie Efraim Frischs ›Neuem Merkur‹ mit; Oscar Bie war neben seiner Redaktionstätigkeit an der ›Neuen Rundschau‹ Mitarbeiter Berliner Tageszeitungen und veröffentlichte mehr als ein Dutzend kunstkritischer und musikgeschichtlicher Bücher, von denen nur drei – die frühe Glossensammlung *Zwischen den Künsten* (1895), sein bedeutendes und immer wieder neu aufgelegtes Hauptwerk *Die Oper* (1913) und *Das deutsche Lied* (1926) – bei Fischer erschienen. Heimann fand in einem Brief vom 29. Juli 1918 an Fischer, in dem er für die Liebe und Verehrung dankte, die man ihm zu seinem fünfzigsten Geburtstag bezeugt hatte, treffende Worte für sein besonderes Verhältnis zum Hause Fischer:

Das Schicksal hat uns für die Überfahrt, die kurze, von einem Ufer zum anderen – es ist dies mein ewiges Bild für unser Dasein – in denselben Kahn gesetzt, jeder muß auf seine Weise dem andern helfen, dem andern dienen, jeder braucht Nachsicht, daß er die Fahrt nicht störe und hemme und den schmalen Raum zwischen den Banden nicht zum Gefängnis, nicht zur Hölle macht.

Ich weiß, wie vieler Nachsicht ich bedarf, ich weiß, wie viele ich von Ihnen empfange. Daß ein so paradoxes Verhältnis wie das zwischen Ihnen und mir nicht nur so lange gehalten hat, sondern vielleicht ganz einzigartig und vorbildlich geworden ist, das ist Ihr Verdienst mehr als das meine. Sie haben es fertiggebracht, daß ich als Ihr Beamter, Ihr bezahlter Angestellter

nicht nur Ihr und Ihrer ganzen Familie vielleicht nächster Freund sein konnte, sondern auch ein völlig freier Mann.
Ich bin mir tief bewußt, wie viel Schonung, Wartenkönnen, Gewährenlassen dazu nötig war, wieviel Betreuung, Voraussicht und Selbstbeherrschung. Ich danke Ihnen dafür, lieber Herr Fischer, und nicht minder Ihrer Frau, die seit vielen Jahren etwas wie ein guter Genius für mich geworden ist...
Es war ein froher Tag mit einer echten Flamme von reiner Menschenfreundlichkeit. Man hat mich beschenkt überreich mit Gaben und mit Herzen, ich darf das sagen. Es war kaum einer, der ohne Tränen im Auge, ohne Ergriffenheit Abschied nahm. Nächstens beschreibe ich Ihnen den Verlauf, heute kann ich es nicht. Ihre Nachsicht mag im neuen Jahrzehnt damit beginnen, daß sie mir Zeit läßt... Morgen fahre ich nach Berlin, um mit Loerke einiges Geschäftliche durchzuarbeiten, und schreibe Ihnen von dort...

(Die Geburtstagsgesellschaft hatte sich in Kagel eingefunden; Fischers waren auf Sommerurlaub in der ›Villa Felsenburg‹ in Travemünde.)
Heimann war ein anspruchsvoller und zugleich bescheidener Mann. Er lächelte, ja er lachte geradezu darüber, daß man ihn mit Nathan dem Weisen verglich. Auf die Geburtstagshuldigungen antwortete er (in einem Brief an Hedwig Fischer):

Überhaupt, was gibt es spott- und hohnvolleres für mich, als wenn mich die Leute (Dehmel ist auch darunter) weise nennen: Ich, dessen Lebenszustand immer Bangen und Bangnis ist, das Gegenteil der Weisheit...

Er hatte durchaus einen Begriff von Wert und Gewicht seiner schriftstellerischen Arbeit. – »Wer mich überschätzt, unterschätzt mich irgendwie«, heißt es in seinem *Joachim von Brandt* – doch versäumte er nicht, sein eigenes Bewußtsein der Unzulänglichkeit anzumerken: »Mach' ihn nicht größer als er war, du machst ihn damit kleiner.« Im gleichen Brief an Fischer, in dem er vom Schütteln des Siebes spricht, sagt er:

Ich darf mir glauben, daß in jedem meiner Aufsätze Wahres und Wesentliches steht, dennoch fehlt es ihnen allen an allen Ecken und Enden, weil es mir fehlt, weil ich nichts rechtes weiß und nicht das habe, was ich in höherem Sinne Gedächtnis nennen möchte und worunter ich Einheit und Kontinuität des geistigen moralischen Prozesses verstehe. Inzwischen habe ich mir ein kleines Selbstporträt des auch moralischen Aphoristikers vom Gewissen geschrieben, aber man wird durch Beichte vielleicht besser, aber nicht schöner...

Der breiten Masse der lesenden Öffentlichkeit war Moritz Heimann nach zwanzig Jahren unermüdlicher schriftstellerischer Tätigkeit noch immer so gut wie unbekannt. Seine Stücke wurden nicht gespielt, und seine politischen, gesellschaftskritischen und literarischen Aufsätze in der ›Neuen Rundschau‹ fügten sich nur dem Kenner, der sich darum bemühte, zu einem geschlossenen Ganzen zusammen. Es kam noch anderes hinzu; Wassermann sprach später, im Rückblick auf den Freund, davon:

Seine großartige Persönlichkeit, der wahrhaft magische, das heißt umwandelnde Einfluß, den er auf die Gemüter aller derer übte, die seinen Umgang suchten und genossen, genügte nicht, die Aufmerksamkeit des Publikums auf sein Werk zu lenken und ihn über einen esoterischen Kreis hinaus sichtbar zu machen. So ging er der Welt vorüber als ein Unbekannter ... Woher diese Ungunst? dieses Mißverhältnis zwischen Sein und Wirkung? ... Es lag wohl an der Epoche spannungsloser Indolenz, in die seine reifen Mannesjahre fielen. Ferner lag es am Fehlen jener leichten Beimischung von Banalität, jenes Grans von Billigkeit, von Übertreibung, von Selbststeigerung, die ein Autor braucht, um sich durchzusetzen, und die man auch bei den größten Schriftstellern finden wird.

DAS GESCHÜTTELTE SIEB

In jedem Fall bedurfte das Werk rein äußerlich der handgreiflichen Zusammenfassung, um über den esoterischen Kreis hinaus sichtbar zu werden. Auch der aufrichtig interessierte Leser außerhalb dieses Kreises kann sich einen so komplexen, vielfältig facettierten Geist wie Heimann nicht selbst zu einem homogenen Ganzen zusammenbasteln; es ist nicht seine Sache und nicht von ihm zu verlangen. Das muß das Buch besorgen, dazu ist es da. Man muß nur daran erinnern, wie leibhaftig und geschlossen der »zerflatterte« Kerr plötzlich aus seinen fünf Bänden vor den Leser hintrat. Ein sehr gedrängter, fast bis zur Undurchsichtigkeit konzentrierter Geburtstagsaufsatz Loerkes im Juliheft 1918 der ›Neuen Rundschau‹ konnte das nicht bewirken. Er übersetzte Heimanns Kurzschrift geradezu in eine Geheimsprache. Die »Donnerstagsgesellschaft« brachte als dritten ihrer Privatdrucke eine »Sammlung der Aphorismen Heimanns, in dem wir alle etwas wie unseren ›Geistigen Rat‹ verehren«, heraus. Die ›Weltbühne‹ forderte eine Anzahl Freunde und Weggenossen Heimanns auf, ihm zu seinem Geburtstag in den Spalten der Zeitschrift öffentlich ihre Grüße darzubringen, und stellte diese Zeugnisse in alphabetischer Reihenfolge unter der Überschrift *Moritz Heimann. Zum fünfzigsten Geburtstag* auf fünf Druckseiten zusammen: Peter Altenberg, Oscar Bie, Martin Buber, Julius Elias, Arthur Holitscher, Oskar Loerke, Thomas Mann, Julius Meier-Graefe, Emil Orlik, Hermann Stehr und Jakob Wassermann. (Man vermißt die Schwäger Gerhart Hauptmann und Emil Strauß. Doch Hauptmann hatte schon einige Tage zuvor in der ›Vossischen Zeitung‹ seinen Glückwunsch veröffentlicht: »Wenn ein Franzose die Deutschen das Gewissen der Welt genannt hat, kann man Heimann, mit demselben Recht, das Gewissen der deutschen Literatur nennen.«) Wir greifen Thomas Manns Beitrag zu diesem Symposium heraus – und geben ihn vollständig wieder, nicht zuletzt, weil er in keinem Sammelband und in keiner Gesamtausgabe Thomas Manns zu finden ist – und erinnern daran, welch schicksalvolle Rolle Moritz Heimann beim Hervorkommen von *Buddenbrooks* zugefallen war:

Sehr geehrter Herr Jacobsohn, ich weiß es Ihnen Dank, daß Sie auch mir Gelegenheit geben, dem fünfzigjährigen Moritz Heimann meine Glückwünsche öffentlich darzubringen. Ich bin dem Mann in wahrer Sympathie und Achtung zugetan, seit ich als junger Mensch zuerst in seine Nähe kam, und freue mich von Herzen des festlichen Anlasses, ihm das zu sagen. Mir scheint, daß er die Geistigkeit seiner Rasse auf die schönste und männlichste Art vertritt: eine Geistigkeit, die sonst oft auch als eine gewisse weichliche Verschwommenheit und Mystik erscheint, in seinem Falle aber zu jener humanen, gütigen Klugheit wird, die man Weisheit nennen darf, und die den höchsten und besten jüdischen Typus macht.

Während ich schreibe, rufe ich mir sein Bild herauf. Das graue sinnende Auge unter den dicken Brauen, die mächtige Adlernase, den geräumigen, geistreich beweglichen Mund, diesen Mund eines wundervollen Sprechers im Freundeskreis, und die größte Lust kommt mich an, wieder mit ihm zu plaudern oder besser gesagt: ihn plaudern zu hören.

Sie laden uns ein, ihm für sein Lebenswerk zu danken. Das wollen wir. Und wir wollen den Tag benutzen, um die Öffentlichkeit auf dieses Lebenswerk aufmerksamer zu machen, als sie es, fürchte ich, bis heute war. Zu einem großen Teil hat es sich ja in anonymer Stille, als uneigennütziger Liebesdienst erfüllt. Was der Lektor des Verlagshauses Fischer als Finder und Befreier jungen Talentes für die moderne Dichtung getan, läßt sich nicht feststellen; man kann nur auffordern, darüber nachzudenken. Aber ist man seinem Eigensten, ist man der Reihe von Werken, die er außerhalb des Dienstes herzustellen Muße fand, und die mit seinem Namen bezeichnet sichtbar dasteht – ist man ihr wohl schon ganz gerecht geworden? Es mag sein, daß es der Fall ist; ich frage nur. Ich bin in Sachen des Dramas nicht Experte genug, um den Theaterdirektoren sagen zu dürfen (was meiner Meinung nach wahr ist), daß ›Joachim von Brandt‹ und die Tragödie vom Feind und vom Bruder sehr spielenswerte Stücke sind. Was aber die Novelle betrifft, so verstehe ich mich hinlänglich auf sie, um klar und deutlich zu sehen, daß der ›Doktor Wislicenus‹ ein Meisterwerk ist, welches an menschlichem Wissen und an ernster Kraft, es auszudrücken, keiner zeitgenössischen Erzählung weicht.

Dann aber ist da noch die Menge seiner Prosa-Betrachtungen aus Kriegs- und Friedenszeiten, diese wohlartikulierten und tief gescheiten Aufsätze über alle möglichen politischen, moralischen, schöngeistigen Gegenstände. Warum sammelt er sie nicht? – war ich im Begriffe zu fragen. Bescheidenheit kann in Nachlässigkeit ausarten! – wollte ich rufen. Da kommt mir die Anzeige vor Augen, die für den Herbst dieses Jahres das Erscheinen von Heimanns Schriften in drei Bänden verspricht. Das ist eine gute, erfreuliche Anzeige, zu der wir uns beglückwünschen, indem wir ihn beglückwünschen – den guten Bergsteiger auf der Höhe des Lebens, für den diese ›Sammlung‹ wirklich ein Augenblick der Sammlung und der versonnenen

Rückschau auf die schöne Mühsal des Aufstiegs sein mag, bevor er aufatmend den Stab weitersetzt auf den nun sacht fallenden Weg. La montagne est passée — möge es sich fortan desto heiterer wandern!

Moritz Heimanns *Prosaische Schriften* erschienen, allen Herstellungsschwierigkeiten zum Trotz, in drei schönen, von E. R. Weiß ausgestatteten Bänden im Herbst 1918; der erste Band enthielt die politischen Schriften, der zweite literarische Aufsätze und Rezensionen, und im dritten waren Novellen, Dialoge, Aphorismen und Skizzen zusammengefaßt. Die Hoffnung Heimanns und seiner Freunde und die Erwartung des Verlegers, daß diese repräsentative Zusammenfassung des bislang zerstreuten Werkes ihm in weiteren Kreisen der deutschen Öffentlichkeit die maßgebende Stellung verschaffen werde, die ihm zukam, erfüllte sich nicht. Es erging Heimann nicht unähnlich wie Hofmannsthal mit seinen *Prosaischen Schriften* zehn Jahre zuvor: er drang über den Kreis der Kenner nicht wesentlich hinaus. Zum Teil mochte daran der denkbar ungünstige Augenblick des Erscheinens schuld sein. Kriegsende und Umsturz standen vor der Tür; der Lärm des Tagesgeschehens überdröhnte alles; die Zeitungen, bei denen die Buchkritik schon während des ganzen Krieges im argen gelegen hatte, nahmen in diesen Wochen von Büchern kaum Notiz, gewiß nicht von stillen und zurückhaltenden, die keine brennende Aktualität für sich beanspruchen konnten. Als die Wogen sich glätteten und Besinnung und Besinnlichkeit zurückkehrten, war es zu spät und die Strecke nicht mehr aufzuholen. Im Herbst 1921 fügte Fischer in gleicher Ausstattung einen Band Novellen, *Wintergespinst*, an, der zugleich als vierter Band der *Prosaischen Schriften* galt. »Ich danke Ihnen«, schrieb ihm Heimann, »daß Sie das Vertrauen hatten, von meinen Novellen drei Auflagen zu drucken.« Doch auch dieses Buch kam über die kleine Erstauflage nicht hinaus. Heimann war zutiefst enttäuscht und verbarg seine Enttäuschung nicht. In einem Brief an Fischer vom 3. Januar 1922 heißt es:

Daß Sie sich mit solcher Entschiedenheit für meine Arbeiten einsetzen und sie, so fern sie Teil des Verlages sind, ausgesprochen haben, das freut mich nicht nur, sondern beruhigt mich auch. Wenn ich noch so kalt und fremd auf alle Umstände sehe, bin ich doch wie vor einem Rätsel, wenn ich den niederziehenden Mißerfolg der Schriften betrachte, und als ich Ihren Satz las, sie würden uns überleben, fragte der Galgenwitz: »die erste Auflage?« Und doch scheue ich mich nicht zu wissen, daß der 3. Band der Schriften, freilich nur er, das beste Buch ist, das in den letzten Jahren in Deutschland erschienen ist, vom reinen Kunstwert natürlich abgesehen, und daß er an Einfachheit, Unmittelbarkeit neben Produkten glücklicherer Geisteszeiten zu stehen verdient, als die unsrige ist. Die beiden anderen stehen dagegen, obgleich nicht wertlos, sehr zurück ...

Doch trotz dieser Enttäuschung war Heimann nicht entmutigt. Er schaffte weiter und gab die Hoffnung nicht auf, wie er in jenem gleichen Brief schrieb, in später Stunde dennoch »Fuß zu fassen« und »die Öffentlichkeit an mich zu gewöhnen«. Doch der »nun sacht fallende Weg« war nur noch kurz, und es wanderte sich nicht heiterer.

HERMANN STEHRS GROSSE FORM

Eine freudige Genugtuung freilich brachte ihm sein fünfzigstes Jahr. Hermann Stehrs großer Roman *Der Heiligenhof* war fast wie ein Geburtstagsgeschenk. Heimann hatte Stehr entdeckt, hatte dem grübelnden schlesischen Gottsucher über die Jahrzehnte des mißgünstigen Schicksals und geringen Widerhalls hinweg den Glauben bewahrt und die Treue gehalten; nichts hatte ihn in seiner Überzeugung schwankend gemacht, daß Stehr zu den ›Großen‹ der deutschen Prosa-Epik gehörte; wenn nur Stehr erst zu der ihm gemäßen ›großen Form‹ fand, schien ihm sein endlicher Durchbruch gewiß. Loerke, der diese Hochschätzung Stehrs teilte, notierte im Februar 1914 in seinem Tagebuch, als eine Gesellschaft von Berliner Freunden Stehr zu seinem fünfzigsten Geburtstag in seinem schlesischen Dorf aufsuchte:

> ... dort sprach Heimann, sehr herzlich, aber darüber hinaus setzten tiefinnerliche Ströme ein, aus der Gegend, in der wir verbunden sind: Stehr, der Dichter, der wie keiner jetzt und so stark wie keiner zuvor und überhaupt, die Ungewißheit des Lebens, deren volles Gefühl für einen Augenblick die höchste Gewißheit gibt, zum Ausgang seiner Werke macht. Und aus unserer Bewegung fängt das Unbewegte ringsum an zu leben, wie der Weg unter dem Automobil sich krümmt, hebt und senkt – lebt. Wir seien eine Einheit, wir kommen nicht zu feiern, wir seien selbstverständlich da ...

Stehrs großes Hauptwerk war lange im Kommen gewesen. Schon im Juli 1913 hatte er Loerke vierhundert Druckseiten »aus einem über die Maßen grandiosen Roman« vorgelesen. *Der Heiligenhof* konnte die Nachbarschaft Hauptmanns ebensowenig verleugnen wie Stehrs frühere Erzählungen; er eiferte in seiner Thematik, dem religiösen Sektierertum, und nicht nur in ihr dem *Emanuel Quint* nach – Heimann gestand es zu – und war, alles in allem, eine mächtige Anstrengung, aus dem Schatten Hauptmanns herauszutreten und sich die Anerkenntnis der Ebenbürtigkeit zu erringen. *Der Heiligenhof* war ein gewaltig langes und verschlungenes Buch, doch Heimann setzte es durch, daß es in der ›Neuen Rundschau‹ vorabgedruckt wurde; der Abdruck begann im Januar 1917, noch ehe das Werk ganz vollendet war – nur bei Hauptmanns *Emanuel Quint* hatte sich Fischer bisher auf ein solches Wagnis eingelassen –, und ging, auch hierin dem einzigen

Beispiel des *Emanuel Quint* folgend, durch zwölf Hefte, über ein ganzes Jahr. Rathenau hatte Stehr während dieser Schaffenszeit helfend unter die Arme gegriffen, und am 10. März 1917 schrieb Stehr ihm:

... wenn ich meinen ›Heiligenhof‹ vollendet habe, an dessen letzten Kapiteln ich arbeite, indessen das Werk in der Rundschau zu erscheinen beginnt. Liegt es fertig vor und gelingt es bis ins letzte Zweiglein so, wie ich es geplant habe, so sollen Sie sehen, daß der Atem dazu aus derselben weiten, unerschrockenen und unerbittlichen Brust stammt, wie sie Ihre Werke geschaffen hat. Außer meiner und der Welteinsamkeit habe ich gar wenige Menschen, an denen ich vom Herzen meines Geistes her zehre. Sie sind einer von denen, ohne die mir die Welt und mein Leben beschattet wäre.

Im Juli 1917 stellte Rathenau ihm auf seine Bitte eine Hypothek von zwölftausend Mark zum Erwerb eines eigenen kleinen Hauses zur Verfügung, und Stehr schrieb ihm: »Vielleicht kann ich Ihnen das Geld bar zurückzahlen, wenn mein Heiligenhof einen Erfolg hat.« Und im August 1917 versicherte er ihm in einem Geburtstagsbrief:

In welch ernster Dankbarkeit ich Ihnen verbunden bin, weil Sie mir geholfen haben, mir in schweren Jahren der Not die Sicherheit zu verschaffen, meinen großen Roman in Ruhe auszutragen und, wie ich hoffe, zu einem guten Ende zu führen. Nie werde ich das vergessen, nie!

Der Vorabdruck des *Heiligenhof* war mit dem Dezemberheft 1917 der ›Rundschau‹ abgeschlossen, aber die große Papiernot verzögerte das Erscheinen der Buchausgabe. Der Roman war an die tausend Seiten lang, und Fischer mußte ihn in zwei Bänden herausbringen; das war im letzten Kriegsjahr ein rechtes Kunststück und nicht im Handumdrehen zu bewerkstelligen. *Der Heiligenhof* erschien schließlich im Oktober 1918, im Augenblick des deutschen Zusammenbruchs, mit der Widmung »Dieses Werk ist der Dank an meine Retter«, mit denen Rathenau, Hauptmann und Kommerzienrat Deutsch gemeint waren, die Stehr während der Arbeit am *Heiligenhof* zur Aufbesserung seiner dürftigen Lehrerpension ein Jahrgeld ausgesetzt hatten. Heimann setzte alle propagandistischen und publizistischen Mittel an, um das Werk durch den Lärm des aufgeregten Tagesgeschehens durchzutrommeln und davor zu bewahren, hinweggeschwemmt zu werden. Er selbst veröffentlichte im Dezemberheft 1918 der ›Neuen Rundschau‹ einen großen, neun Seiten langen Aufsatz, in dem er versicherte, dieses Buch habe »Stehrs schweren, wie Jakob mit dem Engel ringenden Ernst, sein Weltbekenntnis, seinen tiefen Gesang der Seele und der Sinne in sich gefaßt«.

Die Vorhandenheit, die Wirklichkeit in diesem Buch ist so überwältigend, daß alles daran, was Buch ist, Komposition und Durchbrechung der Komposition, Weg, Seitenweg und Abweg, Sturm des Gelingens und Wöchnerinnenermattung, nur immer dazu beiträgt, uns den Eindruck zu geben: hier wird in einem ganz ungewöhnlichen Sinn geschaffen. In einem Stil, der von Anfang an das Äußerste will, voll Pathos, das Rhetorische nicht scheuend, gewitternd in Bildern, barock, befehlend, mythisch, eine beherrschte und rhythmische Konvulsion, vermag Stehr episch und realistisch zu sein; – so schaffend ist seine Phantasie ... eine Allegorie von tausend Seiten im Gewande eines Romans, der so von Wirklichkeit trächtig ist, daß er mehr als zwei Dutzend Menschenschicksale in sich bildend und bauend zusammenhält ...

Der Schlußabsatz des Aufsatzes enthält mit der Erinnerung an Heimanns eigenes Bemühen eine fast verzweifelte Mahnung an die deutsche Öffentlichkeit, diesen Augenblick der Anerkenntnis nicht vorübergehen zu lassen:

Es ist an die zwanzig Jahre her, daß ich ... allabendlich dem Dichter zuhörte, der seine zwei großen Romane, den ›Begrabenen Gott‹ und die ›Drei Nächte‹ vorlas. Die Zeit hat sie ihm willfährig von den Lippen genommen, sie hat sie ihm in die Kehle zurückgestoßen, so daß er an seinem eigenen Geschenk zu würgen hatte und fast daran erstickte. In diesem Frühjahr sprach ich mit einem Manne, der es sich zum Beruf gesetzt hat, über den neuen deutschen Roman, insbesondere über den, der eine Wahlverwandtschaft zu der großen russischen Literatur hat, zu schreiben; er kannte keine Zeile von Stehr. Und die, deren es einige gibt, die Stehr verehren, auch sie hören immerhin schneller an ihm vorbei, als an jedem Erfolg, auch dem des Schlechten, und glauben wohl Gnade zu erweisen, wo sie Gnade empfingen. So steht es darum; »'s ist Zeit, 's ist Zeit«.

Anstrengung und Mahnung waren nicht völlig vergeblich. *Der Heiligenhof* setzte, aller Ungunst der Zeitverhältnisse zum Trotz, Stehr bei einer viel größeren Leserschaft durch, als er bisher besessen hatte. Fischer hatte eine Erstauflage von zehntausend Exemplaren gedruckt und konnte binnen Jahresfrist noch einmal siebentausend nachdrukken – ein Erfolg, wie ihn Stehr noch nie erlebt hatte. Doch Stehr hatte sich Größeres vorgestellt. Er schrieb am 7. November 1918, zwei Tage vor der Ausrufung der Republik in Berlin, an Rathenau:

Ihre Worte an die Jugend Deutschlands sind durch die Ereignisse, die seitdem brausend über und durch uns gingen, nicht überholt, aber verschüttet worden. Sie haben das Schicksal meines Heiligenhofs. Aber ich bange so wenig um Ihre wie um meine Weisheit, weil sie eine tiefere, weitere und eindringlichere Realität hat, als die durch das Werk, jene nämlich, die durch die Persönlichkeit wirkt ...

Doch in Wahrheit war wohl die Grenze der Wirkungsmöglichkeit erreicht. Sie genügte, um Stehr in Deutschland ›berühmt‹, doch nicht, um ihn ›beliebt‹ und ›gelesen‹ zu machen wie Gustav Frenssen, was er sich wohl erträumt hatte. Es begann sich in ihm Groll gegen den Verleger zu sammeln. Fischer erwiderte ihm, er könne nun einmal ein

Buch nicht ›machen‹, und Heimann meinte hierzu, das sei »ganz gewiß wahr, und ich selbst habe es oft mißmutigen Autoren gesagt und zu beweisen versucht«. Fischer brachte im November 1920 noch die Rathenau gewidmeten gesammelten Gedichte Stehrs, *Das Lebensbuch*, und 1921 einen Novellenband, *Die Krähen*, heraus, doch Stehr fühlte sich in der Bülowstraße verkannt und vernachlässigt, und es bedurfte nicht mehr viel, damit die Verbindung durchrostete. Am 14. November 1921 notierte Loerke: »Max Tau im Verlag«, und am 8. Dezember 1921: »Stehr im Verlag.« Die beiden gehörten zusammen. Der damals vierundzwanzigjährige Schlesier Max Tau, ein glühender Verehrer seines Landsmanns Stehr, hatte durch einen Zufall in Trier den kleinen, aber alten, seit 1801 bestehenden Provinzverlag von Friedrich Lintz ausfindig gemacht, der zwar hauptsächlich Adreßbücher, Schulbücher und lokale Literatur verlegte, aber literarischen Ehrgeiz besaß und sich der modernen schönen Literatur widmen wollte. Lintz engagierte Tau als seinen Lektor, und Tau bewog Wilhelm Lehmann und Hermann Stehr zu diesem ebenso rührigen wie opferwilligen, in der »literarischen Welt« gänzlich unbekannten Verlag zu kommen. Er brachte in den Jahren 1921–1923 drei Bücher von Lehmann heraus, darunter den von Heimann sehr geschätzten *Weingott*, von Stehr 1923 drei Novellen und das Märchen *Wendelin Heinelt* und 1926 (bald nach Stehrs sechzigstem Geburtstag) eine neunbändige Halbpergamentgesamtausgabe, eine wahrhaft aufopfernde Tat. Doch der spätere Stehr enttäuschte auch ihn. Tau wechselte 1928 zu Bruno Cassirer über, dessen schöngeistigen Verlag er mit dem gleichen Schwung und Enthusiasmus aufbaute und zu einer bedeutenden literarischen Heimstätte der ›Jungen‹ machte. Zwei Jahre darauf löste Lintz seinen Verlag auf. Heimann war über Stehrs Abtrünnigkeit sehr bekümmert, ließ es ihn aber nicht entgelten. Wilhelm Lehmann schrieb ein Menschenalter später:

Stehrs dichterischer Anfang bleibt so gut wie Heimanns kritische Würdigung gültig, auch wenn Stehr von seiner Anfangshöhe herabgeglitten ist und seinem Entdecker mit Undank gedankt hat – denn alles *ist*, was einmal *war*.

Stehr schrieb noch ein gutes Dutzend Bücher, aber in der Vorstellung der Leserwelt war und blieb er der Verfasser des *Heiligenhof*; soweit überhaupt ein Buch und ein Verleger Stehr ›machen‹ konnten, hatten Heimann und Fischer ihn gemacht.

ZEITSCHRIFTENPLÄNE

Die große Zeit lag in den letzten Zügen. Rathenau, der von Anbeginn überzeugt gewesen war, daß der Krieg sehr lange dauern werde, hatte noch im August 1917 an Fischer geschrieben:

Wie kläglich hat der politische Vorfrühling geendet! Doch ist es gut so! Der Sonnenblick kam zu früh, und es ist gut zu wissen, wie tief wir noch im Winter stecken. Solange nur der kümmerliche Reichstag, ohne Teilnahme des Volkes, umzugestalten versucht, endet jedes Aufmucken mit einem Nasenstüber und reuigem Katzenjammer. Ich schätze die Zeit, die wir brauchen – und mit uns der Krieg, denn er dauert so lange, bis wir uns bequemt haben – nochmals auf zwei bis drei Jahre. Bei uns liegt die Macht, die Frist zu verkürzen oder zu verlängern.

Dieser Brief vom 3. August 1917 enthielt einen Nachsatz:

Im nächsten Jahr sollte Ihre Zeitschrift da sein. Der ›Volksstaat‹ scheint mir nun doch der beste Name; Bismarck hat recht gehabt, hoffentlich wird er Ihnen nicht vorweggenommen...

Was es mit dem Plan einer neuen Zeitschrift ›Der Volksstaat‹ im einzelnen auf sich hatte, ist infolge fehlender Belege nicht mehr auszumachen. Aus andeutenden Briefstellen und Tagebuchnotizen Rathenaus läßt sich entnehmen, daß der Gedanke zu einer solchen politischen Zeitschrift, die zum Kriegsende erscheinen und mit neuem politischem, wirtschaftlichem und sozialem Gedankengut in die Wiederaufbauzeit nach dem Krieg hineinführen sollte, in Gesprächen zwischen Rathenau und Hauptmann Gestalt angenommen hatte und eingehend erörtert wurde. Auch Saenger, mit dem Rathenau häufig zusammentraf, war in diese Besprechungen einbezogen, die zumindest zum Teil in Fischers Haus in der Erdener Straße stattfanden, und es galt offenbar als abgemacht, daß die Zeitschrift in Fischers Verlag erscheinen sollte. Man wird annehmen dürfen, daß sie im wesentlichen als Vehikel für die Verbreitung von Rathenaus weitgreifenden Gedankengängen über die Umgestaltung des deutschen Staates, die Sozialisierung der deutschen Wirtschaft und die europäische Verflechtung gedacht war und daß Hauptmann, der von Rathenaus Ideen gefesselt war und auf ihre Verwirklichung baute – Heimann war wesentlich skeptischer – als Herausgeber oder Mitherausgeber hervorzutreten und dem Unternehmen seinen Namen zu leihen gedachte. Möglicherweise wollte Rathenau – da er Fischer gegenüber von »Ihrer« und nicht von »meiner« oder »unserer« Zeitschrift spricht – angesichts der heftigen Anfeindungen, denen er persönlich ausgesetzt war, überhaupt im Hintergrund bleiben. In jedem Fall war Fischer offenbar einverstanden und hatte seinen Verlag zur Verfügung gestellt. Mehr läßt sich nicht vermuten.

Rathenaus Haltung während des letzten Kriegsjahres war merkwürdig und seinen Zeitgenossen schwer begreiflich. Er war als erbitterter Gegner des offiziellen Optimismus in den Ruf eines Defätisten geraten, wollte aber dennoch bis zum Schluß im tiefsten Herzen an eine deutsche Niederlage nicht glauben. Im Juli 1918 veröffentlichte er bei Fischer seine (von Stehr erwähnte) Schrift *An Deutschlands Jugend*, in der er zu einer nationalen Wiedergeburt Deutschlands durch die jüngere Generation aufrief: 1918 sollte zu einem zweiten 1813 werden und durch Anspannung aller Kräfte in letzter Minute die Niederlage vermeiden, so daß die Jugend ihren Platz in der Welt als Führer einer neuen wirtschaftlichen und sozialen Ordnung einnehmen könne:

Neu wird unsere Lebensweise, unsere Wirtschaft, unser Gesellschaftsbau und unsere Staatsform. Neu wird das Verhältnis der Staaten, der Weltverkehr und die Politik. Neu wird unsere Wissenschaft, ja selbst unsere Sprache.

Noch am 7. Oktober, vier Tage nach dem deutschen Waffenstillstandsangebot, rief er, noch immer 1813 vor Augen, in der ›Vossischen Zeitung‹ zur »Levée en masse« auf. Fischer brachte 1918 neben der fünfbändigen Gesamtausgabe noch zwei getrennte Schriften Rathenaus, nämlich *An Deutschlands Jugend* und *Die neue Wirtschaft* heraus, und 1919 nicht weniger als fünf, nämlich *Nach der Flut*, *Der Kaiser*, *Der neue Staat*, *Die neue Gesellschaft* und die Apologie *Kritik der dreifachen Revolution*, die sämtlich reißenden Absatz fanden, hohe Auflagen erreichten, von Zehntausenden verschlungen wurden und nicht die geringste Wirkung hatten.

ABSCHIED VON KEYSERLING

Fischer war, als Rathenau seinen letzten Aufruf ergehen ließ, nicht in Berlin. Der 1. Oktober 1918 war der Tag seiner silbernen Hochzeit, und er verbrachte ihn, ungeachtet der sich zusammenbrauenden Ereignisse, nicht in der Erdener Straße, sondern fuhr in die von jeher geliebte Stadt Dresden, wo im altvertrauten, gemütlichen Hotel Bellevue an der Elbe, schräg gegenüber der Oper, ein kleiner Kreis von Freunden, Meier-Graefe darunter, der schon den Hochzeitstag miterlebt hatte, sich zu dem festlichen Tag um die Familie versammelte.
Doch es ging auch hier nicht ohne Schatten ab. Bei der Ankunft meldete das Zeitungsblatt, daß zwei Tage zuvor, am 29. September in München, schon seit langem krank und fast erblindet, erst dreiundsechzig Jahre alt, Eduard von Keyserling gestorben war. Er hatte seit nahezu zwei Dezennien zum Verlag gehört und, wiewohl niemals ein ›Erfolgsautor‹, nachdrücklicher das geistige Gesicht des Verlags mit-

geprägt als so manch dröhnender Titelmacher, der da kam, einen Wirbel schlug und wieder verschwand. Ein gutes Dutzend Bücher von ihm war in diesen zwanzig Jahren mit Liebe und Sorgfalt in der Bülowstraße an den Tag gebracht worden, allein während des Krieges drei: die beiden Bände Erzählungen *Am Südhang* und *Fürstinnen* 1916 und 1917 und ein dritter, *Im stillen Winkel,* in diesem seinen Todesjahr, und nie hatte man, wo weit sich's ersehen läßt, von dem in hoheitsvoller Dürftigkeit lebenden edlen Mann auch nur ein Wort der Beschwerde vernommen. Thomas Mann schrieb ihm am 15. Oktober in der ›Frankfurter Zeitung‹ einen schönen Gedenkaufsatz, darin er am Schluß »noch anmerkt«, daß

Keyserling niemals im engeren Sinne des Wortes ›geschriftstellert‹ hat. Ich wüßte nicht, daß irgendeine kritische Äußerung, irgend etwas wie Urteil, Meinung und ›Stellungnahme‹ von ihm existierte. Dies ist der Reinheit seines Bildes sehr zuträglich. Auch begreift sich, daß dem Künstler, der aus der Gebundenheit seiner Kaste zur Kunst gelangt, diese vor allem Freiheit bedeutet. Der Redende, Meinende aber ist nicht frei, nur der Bildende ist es. Die Kunst war ihm Zweifel, Güte, Selbstzucht, Melodie und Traum. Er war kein Führer; aber er wird immer geliebt werden.

Er wurde es. Er hinterließ einen abgeschlossenen Roman, *Feiertagskinder,* sein letztes Werk, das Fischer im nächsten Jahr herausbrachte, und sobald es die Papierverhältnisse erlaubten, 1922, legte Fischer in einer schönen vierbändigen Ausgabe die *Gesammelten Erzählungen* Eduard von Keyserlings vor. Als Keyserling zu schreiben begann, lag die Welt, von der er schrieb, schon im verdämmernden Abendglanz, und sie war schon vor seinem Tod gänzlich versunken. Aber ihre Bilder und Melodien, ihr sanfter, leiser, spöttischer Gesprächston, lebten fort wie die Bilder und Melodien Herman Bangs, dem er wahlverwandt war – Thomas Mann wies darauf hin: »Ein kleiner Artikel oder Brief zum Lobe Keyserlings, geschrieben für eine deutsche Zeitschrift, die ›Neue Rundschau‹, war beinahe die letzte literarische Äußerung Bangs vor seinem schrecklichen Virtuosen-Ende.« Mancher entdeckte es für sich, als eine neue Generation mit Herman Bang auch Eduard von Keyserling wiederfand. In Fischers nach dem Krieg wiederaufgenommener billiger Romanreihe erreichten gerade Keyserlings letzte Bücher unversehens das dreißigste, ja das fünfzigste Tausend und standen hinter dem späten Erfolg Bangs nicht zurück.

DIE »GEWISSENSSACHE«

Als Thomas Mann seine Zeilen über Keyserling schrieb, hatte er, der sehr nachdrücklich »Redende« und »Meinende«, seine große »Stellungnahme« soeben der Öffentlichkeit vorgelegt.

Es ist eine General-Revision meiner geistigen und sittlichen Grundlagen, eine Auseinandersetzung mit gewissen Zeittendenzen, ein Protest gegen die Verwechslung des Moralischen mit dem Sozial-Ethischen und anderes mehr... Praktischer wäre es gewesen, wenn ich unterdessen etwas hübsches erzählt hätte; aber es ging nicht. Gewissenssache.

So hatte er, noch tief in der Arbeit, Ende März, 1917 an Adele Gerhard geschrieben. Ein Jahr später, am 16. März 1918 war das umfangreiche Manuskript an Fischer abgegangen, und jetzt sprach er viel leichteren Tones darüber – »das sonderbarste aller literarischen Kriegsprodukte... ein Ragout sondergleichen, ein Ding ohne Genre, nie dagewesen...« Schon zwei Tage nach der Absendung begann er mit der Erzählung von »etwas hübschem«, der Niederschrift von *Herr und Hund.* Inzwischen kalkulierte Fischer den Umfang der »Gewissenssache«: »Fischer schreibt jetzt von rund 40 Bogen beim Format von ›Buddenbrooks‹«, heißt es Ende März in einem Brief an Bertram. »Toll. Phantastisch. Was habe ich da eigentlich angestellt?« Die »kleine Geschichte« – sie wurde »natürlich doch wieder länger als ich dachte« – war ungefähr halb fertig, da brach in den ersten Maitagen 1918

eine Sturzsee von Korrekturen über mich herein, jeden Tag ein Paket, zuweilen zwei. Dies zu erledigen und gleichzeitig mit der Novelle regelmäßig vorwärts zu rücken, ist meinem Kopf unmöglich. Ich hatte gehofft, mit der neuen Kleinigkeit fertig zu sein, bevor es mit den Korrekturen losginge; aber das hat nicht sein sollen.

Die Brandstettersche Druckerei in Leipzig arbeitete im Eiltempo. Schon am 27. Mai schrieb Thomas Mann:

Ich habe die Korrekturen der ›Betrachtungen‹ jetzt Gottlob hinter mir, nur die umbrochenen Bogen laufen noch ein, und die verlangen nur noch Durchsicht auf Buchstabenfehler. Schon seit einiger Zeit schreibe ich also wieder an der kleinen Erzählung...

Es ergab sich ein Umfang von 655 Seiten oder 41 Bogen, und am 2. Juli 1918 schrieb Thomas Mann an Amann:

Mein ›Buch‹ wird kaum vorm September erscheinen können. Der Umbruch ist augenblicklich sistiert; es handelt sich um die Frage der Ein- oder Zweibändigkeit. Ich bin für einen Band, trotz der 650 Seiten. Es *ist* ein Malheur von aufgehäufter Grübelei und soll auch so aussehen. Aber der Verleger hat praktische Bedenken.

Vierzehn Tage später waren die Bedenken überwunden:

Beschlossen ist's, es bleibt bei der dicken Malheur-Einbändigkeit, und ich bin recht zufrieden. Am Preise scheint das freilich nichts zu ändern. Fischer schreibt, daß er trotz alles Kalkulierens nicht weniger als 15 Mark für das broschierte Exemplar herausbekommt. Aber wenn man bedenkt, was der Blumenkohl kostet oder auch selbst der Weißkohl, so kann man jenen Preis unmöglich unbillig finden ...

Das nötige Papier war offenbar beschafft – wie, verraten Thomas Manns Briefe nicht –, und Fischer druckte eine Erstauflage von 6000 Exemplaren. Am 13. September 1918 schrieb Thomas Mann an Philipp Witkop:

Das Erscheinen der Betrachtungen muß unmittelbar bevorstehen, die Sortimenter versenden Prospekte und Bestellkarten. Für mich ist das an den Tag kommen des Konvoluts ein rechtes Abenteuer – ich kompromittiere mich damit auf eine ganz andere, viel unmittelbarere Art, als ich es mit einem Roman je thun kann. Denoch wünschte ich, man läse das Buch nicht als ›Buch‹, welches führen, wirken, zu Meinungen überreden will, sondern eben als Roman, d. h. als Darstellung eines bewußt erlebten und dabei auch schon innerlich distanzierten geistigen Schicksals.

Als die *Betrachtungen eines Unpolitischen* Mitte Oktober 1918 schließlich erschienen, war die geistige Situation, mit der sie sich auseinandersetzten, im Begriff, von den Ereignissen hinweggefegt zu werden. Sie hätten, selbst wenn ihnen darum zu tun gewesen wäre, nicht mehr zu »führen, zu wirken, zu Meinungen überreden« vermocht. Thomas Mann selbst hatte von dem geistigen Schicksal, das die *Betrachtungen* abbildeten, bereits Abstand gewonnen, hatte dieses Schicksal in der Tat bereits innerlich überwunden. Als ›Buch‹ waren die *Betrachtungen* im Augenblick ihres Erscheinens bereits überholt; als bedeutsames Kapitel in Thomas Manns Lebensroman, als ein großes Webstück geistiger Autobiographie besaßen und behielten sie überragende Bedeutung. Wenige Wochen darauf, unmittelbar nach dem Umsturz, brachte Kurt Wolff Heinrich Manns *Der Untertan* heraus, und es konnte nicht fehlen, daß die beiden Bücher der vor aller Öffentlichkeit verfeindeten Brüder allerorten in einem Atem genannt wurden. In einem Brief Fischers an Schnitzler vom 25. Dezember 1918 heißt es:

Haben Sie den Roman von Heinrich Mann – die Satire auf Wilhelm II. – gelesen? Das Buch ist vor dem Krieg fertig gewesen und findet jetzt einen nur durch die eingetretenen Umstände gerechtfertigten großen Erfolg. Charakteristisch für die gegenwärtige Stimmung ist die unerwartete Wirkung von Thomas Manns ›Betrachtungen eines Unpolitischen‹, eines ›unzeitgemäßen‹ Buches von Charakter.

Fischer hatte sich offenbar keinen sonderlichen Erfolg erwartet und war überrascht; für ein so »unzeitgemäßes« Buch, das fünf Minuten vor Toresschluß erschien und sich im Chaos des Umsturzes zwischen sämtliche Stühle setzte, behaupteten die *Betrachtungen* sich in der Tat erstaunlich. Die Erstauflage war im Handumdrehen vergriffen; 1919 mußten zwei Neuauflagen gedruckt werden, und das »dicke Malheur« erreichte das 14. Tausend; 1920 erklomm es das achtzehnte. 1922 druckte Fischer 5000 Exemplare einer gekürzten neuen Fassung, in der Thomas Mann eine Anzahl allzu persönlicher polemischer Äußerungen gegen seinen Bruder – mit dem er sich inzwischen ausgesöhnt hatte – aus »menschlichen Erwägungen wie aus Gründen des Geschmacks« ausgeschieden hatte – es waren insgesamt nur wenige Seiten, hauptsächlich im Kapitel *Recht und Wahrheit*, und sie sind in Hans Bürgins Thomas-Mann-Bibliographie genauestens festgestellt –, und auch sie konnte 1929 noch einmal nachgedruckt werden. In seinem *Lebensabriß* von 1930 schrieb Thomas Mann rückblickend:

> Die ›Betrachtungen‹ erschienen 1918, im – äußerlich gesehen – ungünstigsten, ja unmöglichsten Augenblick, dem des Zusammenbruchs und der Revolution. In Wahrheit war es der richtige: Was über das deutsche Bürgertum an geistiger Not und Aufgabe jetzt hereinbrach, hatte ich in anticipando durchgemacht und ausgesprochen, und es ist manchem behilflich gewesen – nicht ganz allein im Beharren, so will ich meinen, möge auch das Buch seinen geistesgeschichtlichen Sinn und Wert vor allem als letztes, großes und nicht ohne Bravour geführtes Rückzugsgefecht romantischer Bürgerlichkeit vor dem ›Neuen‹ behalten.

IM BRENNPUNKT DER EREIGNISSE

Im Novemberheft 1918 der ›Neuen Rundschau‹ veröffentlichte Saenger einen nur mit »S. S.« gezeichneten, offenbar kurz vor Drucklegung geschriebenen Kommentar von einer Druckseite zu den Ereignissen:

> Sie ist da, die große deutsche Umwälzung, und sie hält ihren Einzug im Gefolge eines verlorenen Krieges ... Das deutsche Volk, das Bismarck in den Sattel gesetzt, konnte nicht reiten ... Wir sind in den Krieg gegangen, das arbeitstechnisch am modernsten organisierte Volk Europas, um eine sterbende Staatsidee mit den Leibern unserer Männerschaft zu stützen; und dieser Widersinn, diese entwicklungswidrige Verkopplung von Jugend und Alter, von Zukunft und Vergangenheit hat fünfzig Monate hindurch mit donquichottehaftem Heroismus gegen das Fatum angekämpft. Vergebens. Nun ist die Befreiung da, aber noch nicht die Freiheit ...

Diese Haltung des besonnenen Mannes lieferte einen Generalnenner, unter dem man sich in der Verlagsfamilie in den Zeichen der neuen Zeit zusammenfinden konnte. Die Geister waren mächtig aufgerührt und drängten, sich zu bekunden. Dehmel, der noch im Oktober, um die gleiche Zeit wie Rathenau, in seinem Zeitungsaufruf *Einzige Rettung* ein Freiwilligenheer als letztes Aufgebot aller Opferbereiten gefordert hatte, setzte schon eine Woche vor dem 9. November den ratlosen Bie mit einem Aufsatz über den Militarismus in die größte Verlegenheit:

Lieber Herr Dehmel! Es wird nun doch leider nicht möglich sein, Ihren Artikel schon im Dezemberheft zu bringen. Die politischen Veränderungen haben augenblicklich ein solches Tempo, daß wir genötigt sind, fast den ganzen Raum gewissen dringenden Fragen zu widmen, die nicht aufzuschieben sind. Ich bin fast täglich gezwungen, in dem laufenden Heft wieder eine Änderung vorzunehmen, um es für die Zeit möglich und nützlich zu machen. Dazu kommt bei Ihrem Stoff noch der Umstand, daß möglicherweise, wenn das Heft erscheint, diese Betrachtungen über den Militarismus nicht am Platze sein werden. Wir haben die Ansicht, daß diese Frage erst wieder zu behandeln sein wird, wenn Ruhe eingetreten ist und man solche Dinge mehr historisch betrachten kann...

So am 2. November. Vierzehn Tage später war alles anders. Dehmel krempelte seinen Aufsatz um und meldete sich abermals dringlich zum Wort; Bie antwortete:

Es ist selbstverständlich, daß wir Ihnen das Wort zu dem Thema ›Krieg und Revolution‹ sehr gern geben. Das war aber in dem ersten Artikel nicht der Fall, konnte ja auch nicht der Fall sein. Die Ausführungen über den Militarismus halten wir jetzt nicht für angebracht. Sobald ich Ihre Korrekturen gelesen habe, gebe ich Ihnen genauen Bescheid. Das Dezemberheft ist allerdings schon bald fertig gedruckt. Sie können vertrauen, daß nichts geschieht, was sich nicht mit Ihrer Stellung verträgt und mit Ihrem Verhältnis zur Rundschau.

So am 16. November. Am gleichen Tag wurde die von Hauptmann aufgesetzte Kundgebung der Künstler und Dichter veröffentlicht: »Es ist endlich Zeit, daß eine große Welle der Liebe die verheerende Woge des Hasses ablöst... Heut hat das Volk sein Geschick in die Hand genommen. Keiner wird jetzt zurückstehen...« Man begreift, daß Bies Redaktion ihre Nöte hatte: Dehmels Aufsatz erschien unter dem Titel *Militarismus und Humanität* (mit dem Vermerk: »Vorwort zu meinem Kriegstagebuch, das erst nach dem Krieg veröffentlicht werden kann.«) im gleichen Dezemberheft der ›Neuen Rundschau‹, das Heimanns großen Stehr-Aufsatz brachte, und unmittelbar anschließend an diesen zog Saenger in seiner ›Junius‹-Chronik *Der Bankrott und die Bankrotteure* den Schlußstrich unter den Kaiser, der »dreißig Jahre hindurch« unter den »Krämpfen seines mißverstandenen Gottesgnadentums... sein Preußen-Deutschland zuschanden regiert« hatte:

Ein letzter Blick auf diese unselige Periode unserer Geschichte kann an diesem Mann nicht verzeihend und ›alles verstehend‹ vorbeischielen, er muß ihn als Repräsentanten einer falschen Staatskunst, einer falschen Sittlichkeit, eines falschen Systems der Menschenbehandlung, einer entarteten Geistigkeit und einer tief verschuldeten Gesellschaft zeigen. Aber darum ist die Schuld, die wir ihm aufbürden, ja nicht weniger die aller übrigen

Träger der deutschen Geistigkeit und der deutschen Gesellschaft, die sich unkritisch, aus Feigheit und aus Selbstsucht, vor den Wagen des Kapitalismus und Imperialismus hat spannen lassen. Mit einem Fluch auf den Lippen nehmen wir Abschied, und zugleich mit dem Gelöbnis, nach dem Maß unserer Kräfte und Einsichten an den Werken des Neubaus teilzunehmen.

DEHMELS KRIEGSTAGEBUCH

Richard Dehmel stand bei Kriegsende, von einem urplötzlich hereingebrochenen, beispiellosen Publikumserfolg getragen, auf der Höhe seines Ruhms: er hatte nach jahrzehntelangem vergeblichem Bemühen die Bühne erobert. Ende Juni 1917 hatte er bei Fischer das Manuskript eines neuen Stücks, *Die Menschenfreunde*, abgeliefert, und unversehens hatte Leo Greiner, der im August die Theaterabteilung übernahm, alle Hände voll zu tun. Schon am 10. November fand die Uraufführung gleichzeitig in Dresden, Mannheim und Berlin statt, wo Bassermann in der Hauptrolle einen Sensationserfolg hatte, und noch vor Jahresende folgten Hamburg, Frankfurt, München, Wien und ein halbes Dutzend anderer Bühnen; im Verlauf des nächsten Jahres wurde das Stück an zwei Dutzend weiteren Bühnen gespielt, von Kattowitz bis Innsbruck, von Graudenz bis Agram, von Posen bis Chur, von Bromberg und Beuthen bis Klagenfurt und Baden-Baden. Endlich war der Bühnenerfolg da und hielt auch 1920 weiter an; endlich kam wirklich ›Geld‹ ins Haus! Bei der Neuauflage der dreibändigen Volksausgabe der *Gesammelten Werke* im Januar 1919 wurde das erfolglose Stück *Der Mitmensch* ausgeschieden und durch die erfolgreichen *Menschenfreunde* ersetzt.

Aber Dehmel hatte anderes im Sinn; Ende November 1918 sandte er dem Verlag das Manuskript seines bei Kriegsausbruch von Fischer selbst angeregten Kriegstagebuchs. Fischers Antwort vom 6. Dezember 1918 zeigt die Situation auf, in welcher der Verlag sich bei Kriegsende befand:

... aber vor allen Dingen eine andere Frage, die ich eben mit Heimann besprochen habe: Wir sind beide der Meinung, daß der Zeitpunkt für die Veröffentlichung eines Tagebuchs in diesem Jahr so ungünstig wie möglich gewählt wäre. Die Menschen haben den Krieg bis obenhin satt, und es bedarf eines historischen Verhältnisses zu diesem ungeheuren Erlebnis, um dazu überhaupt ein Verhältnis, ein neues Verhältnis zu gewinnen. Ich kann nicht dringend genug raten, die Veröffentlichung um ein Jahr zu verschieben.

Es kommt auch noch ein anderer Gesichtspunkt hinzu, der nicht zu unterschätzen ist, nämlich die Frage des Preises für das Buch. Unter den jetzigen Teurungsverhältnissen würde das Buch etwa mindestens broschiert 8 Mk. kosten. Das wäre bei den sehr deprimierten wirtschaftlichen Verhältnissen viel zu teuer. Ich erlebe das schon jetzt täglich hier im Betrieb, daß die Bücher, die während des Krieges relativ billig waren, jetzt schon zu teuer sind, was freilich auch darauf zurückzuführen ist, daß ein Sturz im Bücherkauf eingetreten ist. Alle diese Umstände führen zu der Überzeugung, daß es am besten wäre, das Buch noch etwas zurückzulegen. Selbstverständlich füge ich mich aber vollkommen Ihren Wünschen.

Doch es erwies sich, daß »Fischer Cunctator« und der »Lector Germaniae« nicht eines Sinnes waren. Vier Tage später schrieb Fischer an Dehmel:

... zu meinem Brief vom 6. möchte ich korrekter Weise nachtragen, daß Heimann nachträglich seine Bedenken gegen den verfrühten Termin für das Erscheinen Ihres Kriegstagebuchs fallen ließ. Ich für meinen Teil halte diese Bedenken aufrecht, und sie sind noch dadurch besonders gestützt, daß die Nachfrage nach Büchern überhaupt bedeutend gesunken ist.

Dehmel wollte sich jedoch zu keinem Aufschub verstehen und drängte auf die Veröffentlichung, und Fischer gab nach. Am 9. Januar 1919 teilte er Dehmel mit, das Buch werde unverzüglich gedruckt und im Frühjahr erscheinen. Die Herstellungsbedingungen scheinen sich nach Kriegsende rasch gebessert zu haben; der Leipziger Druckerei Breitkopf und Härtel standen offenbar wieder genügend Arbeitskräfte zur Verfügung, denn als Fischer am 14. Februar 1919 an Dehmel schrieb, lagen ihm bereits die ersten umbrochenen Bogen vor:

... darf ich darauf aufmerksam machen, daß auf Seite 20 eine Bemerkung über Rathenau, die gewiß nicht schlecht gemeint ist, zu Mißverständnissen immerhin Anlaß geben könnte. Mein Hausgelehrter, Prof. Saenger, hat dafür, wie ich glaube, gute Formulierungen vorzuschlagen, damit wir über den fatalen »plutokratischen Schieber« hinwegkommen können ...

Die anstößige Stelle wurde geändert und hieß nun: »Selbst ein so gewissenhafter und einsichtsvoller Moralist wie Walther Rathenau gerät da unwillkürlich aufs plutokratische Gleis.« Der Umbruch des 500 Seiten starken Buches – es war das bei weitem umfangreichste unter allen Werken Dehmels – lag vollständig vor, als Loerke am 12. April 1919 Dehmel »auf einen Satz auf Seite 479« aufmerksam machte, der lautete: »Diesen kautschukmäuligen Pfaffenknecht hätte das Revolutionskomitee, wenn es wirklich freie Hand kriegen wollte, wegen fahrlässigen Volksverrats einfach niederknallen sollen.« Der Satz galt Erzberger. Loerke schrieb:

Vielleicht sind Sie so liebenswürdig, diesen Satz zu ändern, da die Verantwortung für die darin enthaltene Aufforderung nicht von Ihnen allein getragen werden kann, sondern auch die belastet, die an der Herstellung und Veröffentlichung des Buches beteiligt sind ...

Dehmel antwortete:

Verehrter Herr Loerke! Sie tun mir zwar geistig dasselbe an, wovor Sie Herrn Erzberger schützen wollen, indem Sie mir die Pistole auf die Brust setzen ... Aber um des lieben Friedens willen gebe ich dem Verlag S.

Fischer anheim, das Wort »niederknallen« abzuändern in »vors Standgericht stellen«. Einen noch pa-ci-fi-ci-sti-scheren Conjunctivus optativus dürfen Sie mir nicht aufnötigen, auch sonst keine sonstigen parlamentarischen Korrektheitskorrekturen; schließlich sind wir doch wohl nicht dazu Republikaner geworden, daß wir einander das Recht der freien Meinungsäußerung verusudelphinieren. Mit bestem Gruß Ihr Dehmel.

Es bedurfte der »Aufforderung« Dehmels nicht. Zwei Jahre später wurde Erzberger tatsächlich »niedergeknallt«, nicht von einem Revolutionskomitee, sondern von Angehörigen einer rechtsradikalen Geheimorganisation. Dehmel erlebte die Mordtat nicht mehr.
Richard Dehmels Kriegstagebuch erschien unter dem Titel *Zwischen Volk und Menschheit* im Frühsommer 1919. Es trug ein schönes, für das Buch sehr charakteristisches Motto aus der Offenbarung Johannis: »Schreibe, was du gesehen hast, und was da ist, und was geschehen soll darnach!« Wie Fischer selbst zu dem Buch stand, geht aus einem Brief an Hermann Hesse vom 16. August 1919 hervor. Das wild herumfuchtelnde, naiv-aufgeregte Buch konnte dem Mann, der zu Beginn des Krieges »O Freunde, nicht diese Töne!« geschrieben hatte, unmöglich zusagen, und er scheint Fischer Vorhaltungen gemacht zu haben; Fischer antwortete:

Ich muß für »Fischer« und für das Buch von Dehmel eine Lanze brechen. Dehmels Buch ist in der Tat das Document eines unschuldvollen Menschen, eines in seiner geschlossenen Begrenztheit characterbauenden Werkes, (die ganz selten geworden sind). Aus Dehmels prachtvoller Menschlichkeit strömt trotz seiner preußischen Blutfärbung soviel Wahrhaftigkeit, Liebe und Güte, daß viele sich expressionistisch und sozialdemokratisch gebärdende Junge davon seelisch gespeist werden könnten. Ich hatte übrigens Dehmel geraten, mit der Veröffentlichung noch einige Jahre zu warten, bis sein Buch historischen Character gewonnen hat, er wollte es aber nicht und schließlich kommt es ja gar nicht darauf an, wie man im Augenblick zu seinem Buch steht. In der Reihe seiner Werke wird auch dieses sehr persönliche Bekenntnis mit Ehren bestehen.

Hätte Fischer geahnt, wie nahe der Abschied von Dehmel bevorstand, so hätte er die Rechtfertigung für die, wie ihm schien, verfrühte Veröffentlichung wohl hauptsächlich darin gesehen, daß der Freund sie noch erleben sollte. Er druckte eine vorsichtige Erstauflage von dreitausend Exemplaren und konnte nochmals dreitausend nachdrucken. Aber das war für den Dehmel jener Jahre wenig. Jedoch hätte ein gleiches Buch von einem weniger berühmten Autor noch viel geringeren Widerhall gehabt. In Wahrheit lag in den Jahren 1919/20 eine sehr komplexe geistige Situation vor, die für jene, die mitten in ihr standen, schwer einzuschätzen war. Dehmels Kriegstagebuch war eines von vier sehr verschiedenen Büchern des Verlags in dieser Zeitspanne, die diese Komplexität anzeigten.

ZWISCHEN ZU FRÜH UND ZU SPÄT

Fischer und Heimann hatten beide unrecht: Dehmels Buch kam weder zu früh noch rechtzeitig; es kam zu spät. Dehmel drang auf seine sofortige Veröffentlichung, weil er hoffte, mit diesem direkten und ungeschminkten, ein halbes Tausend Seiten langen »Feldpostbrief« reinigend und klärend auf die Entwicklung der unmittelbaren Nachkriegszeit, auf das, »was geschehen soll darnach« einwirken zu können. Hier lag ein Trugschluß. Das Mittel war ungeeignet. Dehmels Kriegstagebuch war grober, unverarbeiteter, ungesiebter Erlebnis- und Gedankenstoff. Solange der Krieg noch im Gang war, hätte diese unverarbeitete »Dokumentation« die Menschen möglicherweise angesprochen und Wirkung getan. Jetzt war der Krieg zu Ende, alle Überlegung über das Wie und Warum seines Verlaufs änderte an seinem niederschmetternden Ausgang nichts mehr, die Menschen hatten, alle und jeder, eigenen unverarbeiteten Erlebnis- und Gedankenrohstoff mehr als genug, konnten ihn nicht verdauen, wollten ihn gar nicht verdauen, denn er bereitete ihnen Übelkeit. Dehmels Buch hatte nichts mehr zu besorgen, und auch der historische Abstand konnte dieser Form des direkten Niederschlags nicht mehr zustatten kommen; das Buch konnte höchstens späteren Schilderern wiederum als Rohstoff, als Auskunftsquelle dienen – was es auch tat.

Doch war es das nicht allein. Die Menschen hatten, wie Fischer schrieb, den Krieg überhaupt »bis oben hin satt«. Während das ungeformte Kriegserlebnis zu spät kam, kam das geformte, gestaltete zu früh. Der große Jammer war ausgestanden; wie auch immer er abgebildet wurde, war er ein Medusenhaupt, von dem man sich abwandte und Augen und Ohren zuhielt. Fischer brachte gleichzeitig mit Dehmels Kriegstagebuch, im gleichen Jahr 1919, noch ein zweites Erlebnisbuch aus dem Krieg heraus, Martin Beradts *Erdarbeiter. Aufzeichnungen eines Schanzsoldaten.* In diesem kurzen, knappen Buch war der Rohstoff völlig und restlos verarbeitet; es war ein kleines – und gar kein so kleines – Meisterwerk künstlerischer Bändigung eines unbändigen Erlebnisses, das mit äußerster Beherrschung der Darstellungsmittel gesiebt, gefiltert, durchleuchtet, bis zur letzten Essenz destilliert, in jedem Satz vollkommen gelungen war. Heimann sandte Beradt nach der Lektüre einen hastig hingeworfenen handschriftlichen Zettel:

Ein wenig unsicher bin ich, ob so ein Brief wie dieser eine zwischen uns private Information oder ein Aktenstück ist. Ich hoffe: ersteres, und deshalb wage ich's, Ihnen auf diesem halben Blatt zu schreiben, welch einen Genuß mir Ihr Soldatenbuch bereitet hat. Dieser sozusagen kurzsichtige, zögernde, sich gleichsam mit Kunst dumm stellende Stil bringt eine ungeheure, schauerliche Realität zustande; ich weiß aus diesem ganzen Bereich kaum etwas, das mich so erschüttert hätte ...

Gewiß meinte Fischer, ein solches Buch könne nicht fehlgehen. Er druckte eine Erstauflage von dreitausend Exemplaren und konnte sie nicht verkaufen. Dieses Buch kam eindeutig zu früh, fast ein Jahrzehnt zu früh. Erst in der zweiten Hälfte der zwanziger Jahre öffneten die Menschen dem Kriegserlebnis wieder Augen und Ohren; das durchgeformte, gestaltete Kriegserlebnis der Arnold Zweig, Vring, Renn und Remarque kam auf einen Schlag in den Jahren 1927–1929 an den Tag. Fischer brachte den *Erdarbeiter* unter dem neuen Titel *Schipper an der Front* 1929 – in Antiqua, statt in Fraktur gesetzt, auf gutem Papier und sorgfältig ausgestattet – neu heraus, und Beradt fügte ihm eine Schlußbemerkung hinzu:

Dieses Buch ist 1916 geschrieben. Mehrere Abschnitte daraus, rein gegenständlicher Art, druckte eine große bürgerliche Tageszeitung Berlins und reichte sie zur Vorzensur ein, das Oberkommando in den Marken unterdrückte sie. Im kriegsmüden Jahr 1919 erschien es in kleiner Auflage. Die hier vorgelegte Ausgabe ist nur sprachlich überarbeitet, inhaltlich ist nichts verändert.

Jetzt wurde das Buch zwar kein großer Erfolg, der sich mit dem der anderen Kriegsromane messen konnte, aber es setzte sich durch, und wer es heute öffnet, wird Heimanns Eindruck bestätigt finden.

Ein knappes Jahr nach Dehmel und Beradt brachte der Verlag Bernhard Kellermanns Roman *Der 9. November* heraus. Während Kellermanns 1916 erschienene Kriegsberichte *Der Krieg im Westen* es auf 20 Auflagen gebracht hatten, erreichte dieser Roman binnen kurzem 50 Auflagen und mehr. Hier zeigte sich, daß für das Revolutionserlebnis nicht das gleiche galt wie für das Kriegserlebnis. Kellermanns Roman spielte im letzten Kriegsjahr 1918, an der Front und in der Heimat, in der Berliner Gesellschaft und im Volk und führte direkt in die Revolution hinein; das Buch zeigte mit intensivem persönlichem Engagement und großem schriftstellerischem Können, daß es zum militärischen Zusammenbruch und zur Revolution kommen mußte, und drang zu seinen Lesern durch.

Gleichzeitig, 1920, kam ein Buch, das wiederum den Krieg schilderte; doch nicht den soeben erlebten Krieg, sondern den Krieg überhaupt und schlechthin, den Krieg als Menschheitsphänomen. Und auch dieses Buch schlug durch. Loerke sagte von ihm, es sei

das Epos der größten Kollektivgewalten, welche die mit Menschen beschickte Erde bewegen. Dieses Buch ist der Krieg selbst, sein Eisernes, sein Logisches, sein Feuriges, sein Kaltes; die Politik selbst, ihr Elastisches, ihr Brutales, ihr Verwirrendes, ihr Auflösendes. Das Pathos der Wirklichkeit, ganze Länder ergreifend, keinen Vordergrund und Hintergrund in der

Organisation zu rhythmischen Massen frei lassend, über alles Friedliche fortwälzend, erhebt sich so dicht und hart und schwer, als wäre diese Ballung ein ewiger Zustand, Anfang und Ende nicht abzusehen. Es bäumt sich der große Leib Deutschlands mit Faulem, Eiterndem, Verwesendem. Vieltausendfaches Schicksal bindet sich in den Geißelsträhnen der militärischen, religiösen, geldwirtschaftlichen, politischen Geißeln. Einzelgeschichten von Persönlichkeiten, seelische Konflikte zwischen ein paar privaten Menschen erhalten keine Rast und keinen Raum, für sich selbst etwas zu bedeuten, sie werden mitgerissen, aufgewirbelt, müssen treiben, bauen, zerstören, zerschellen in dem Orkan der Mächte.

Dieses Buch war der gewaltige zweibändige Roman *Wallenstein* von Alfred Döblin, 1916–1918 entstanden, »mitten in dem Kriege, den wir alle selbst erlebt haben«. Er verschlug nicht nur Oskar Loerke die Sprache. Er war ein Donnerschlag in der deutschen Prosa-Epik.

TATSACHENPHANTASIE

Zuvor hatte es bereits mehrfach grell und heftig geblitzt. Fischer hatte den Dr. Alfred Döblin nicht ›entdeckt‹; es ›gab‹ ihn schon seit geraumer Zeit. Der 1878 in Stettin Geborene war Kassenarzt und Spezialist für Nervenkrankheiten in der Frankfurter Allee im Osten Berlins. Er wurde schon als Student, bald nach der Jahrhundertwende mit Herwarth Walden und seinem Kreis bekannt:

Wir mokierten uns über die damaligen Götzen der Bourgeoisie, Gerhart Hauptmann und seinen unechten Märchenspuk, über die klassizistische Verkrampfung Stefan Georges. Es gab schon damals den Autor der ›Buddenbrooks‹, er kam nicht in Frage.

Als Assistenzarzt der Irrenanstalt zu Regensburg begann Döblin zu schreiben, einen Roman *Die jagenden Rosse*, der verlorenging, einen zweiten Roman *Der schwarze Vorhang* und eine Anzahl Novellen, »phantastische, burleske und groteske Stücke«, die in der Berliner Expressionistenzeitschrift ›Der Sturm‹ erschienen, die Walden zusammen mit Döblin 1910 gegründet hatte. In »dieser interessanten Zeitschrift, die ich über ein Jahr regelmäßig lese«, waren die Novellen 1913 Loerke aufgefallen, darunter die Erzählung *Die Ermordung einer Butterblume*, die ihm besonders gefiel. Unter diesem skurrilen Titel erschien im gleichen Jahr ein Band von zwölf Novellen Döblins bei Georg Müller in München. Franz Blei sagte in seinem *Bestiarium* von Döblin: »Ein vortrefflich und stark gebautes Tier, das fest auf seinen vier Beinen steht« und »seinen guten straffen eigensinnig geraden Weg geht«. Eine vortreffliche Charakteristik.

Die Herrschaften im ›Sturm‹ goutierten diese Sachen. Sie schienen ihnen »expressionistisch« und Fleisch von ihrem Fleisch und Blut von ihrem Blut zu sein. Als ich aber das Visier hob und vom Leder zog im ›Wang-lun‹, da war es aus, – dabei fing ich erst an. Kein Wort äußerte Walden oder ein anderer aus dem Kreis der Orthodoxen über den Roman. Sie entwickelten sich ganz zu Wortkünstlern, überhaupt zu Künstlern. Ich ging andere Wege...

Der 1912 entstandene umfangreiche »chinesische« Roman *Die drei Sprünge des Wang-lun* wanderte offenbar eine ganze Zeitlang von Verlag zu Verlag. Währenddessen veröffentlichte Döblin im Mai 1913 im ›Sturm‹ einen Aufsatz *An Romanautoren und ihre Kritiker,* in dem er seine Wegweiser aufstellte. Die Welt sei »in die Tiefe und Breite gewachsen«, und die Prosa-Autoren, »von der Technik überflügelt«, seien nicht mitgegangen; anstatt die Welt »mittels neuer, strenger, kaltblütiger Methoden« zu erschließen, kauten sie »unentwegt an ›Stoffen‹ und Problemen ihrer eigenen Unzulänglichkeit«. Das Grundgebrechen des gegenwärtigen Prosaikers sei eine »psychologische Manier«; er solle von der Psychiatrie lernen, die »das Naive der Psychologie längst erkannt« habe, und sich »auf die Notierung der Abläufe und Bewegungen« beschränken:

Der Gegenstand des Romans ist die entseelte Realität... Die Fassade des Romans kann nicht anders sein als aus Stein oder Stahl... Der Erzählerschlendrian hat im Roman keinen Platz; man erzählt nicht, sondern baut... Das Ganze darf nicht erscheinen wie gesprochen, sondern wie vorhanden... Fortgerissen vom psychologischen Wahn hat man in übertriebener Weise den einzelnen Menschen in die Mitte der Romane und Novellen gestellt... Hinter dem verderblichen Rationalismus ist die ganze Welt mit der Vielheit ihrer Dimensionen völlig versunken... Die Erde muß wieder dampfen. Los vom Menschen! Mut zur kinetischen Phantasie und zum Erkennen der unglaublichen realen Konturen! Tatsachenphantasie!

Das war als ›Programm‹ gut und schön – aber konnte man solche Epik auch schreiben? Man konnte; Döblin schrieb sie: »Das ist es, was ich den steinernen Stil nenne.« War sie lesbar? Sie war es. Doch wer begriff die kalte Tollkühnheit dessen, was hier im wahrsten Sinn des Wortes ›los‹ war, wer druckte diese Epik?

Wang-lun sprach auf seiner Wanderung auch beim Verleger der Jüngsten vor, und Kurt Wolff wies ihm Anfang Dezember 1913 die Tür. Er erklärte Döblin freimütig, er vermöge von vornherein für Manuskripte, von denen er wisse, daß sie schon bei anderen Verlegern gewesen seien, nicht das Interesse zu hegen, das er Werken entgegenbringe, die ihm zuerst angeboten würden. Döblin mokierte sich über dieses Argument – »Sie arbeiten mit Jefiehlen und wollen Geschäftsmann sein?« – und empfahl als »älterer Autor« dem »jungen Verleger«, er solle sich an Flaubert und die Vorgeschichte seiner Romane erinnern: »Nämlich auch ein Verleger muß von Zeit zu Zeit Kenntnisse sammeln. Ich will Ihnen keine Vorwürfe machen, denn ich weiß, daß Ihr Verlag noch jung ist und Sie noch lernen wollen.« Kurt Wolff bedankte sich mit humorigem Hochmut für diesen Brief, »in dem Sie in pädagogischem Ton des alten Herrn mir als dem jüngeren pädagogische und gute Ratschläge erteilen« (der alte Herr war fünfunddreißig, der junge Mann sechsundzwanzig Jahre alt) und fügte unbekehrt hinzu:

Übrigens bin ich noch weit arroganter als Sie in Ihrem letzten Brief anzunehmen scheinen. Ich habe nicht nur eine allgemeine Abneigung gegen Manuskripte, die schon durch die Hände allzu viel anderer Verleger gegangen sind, sondern noch eine ganz spezielle: Da mein Interesse für Autoren proportionales Interesse der Autoren für mich ist, so lege ich Wert darauf, daß ein Autor, der bei mir erscheinen will, aus Sympathie für meinen Verlag zu allererst zu mir kommt. Darauf lege ich sogar den allergrößten Wert; denn daß im übrigen Verleger auch gute Manuskripte häufig ablehnen, ist mir ebenso bekannt wie Ihnen. Aber ebenso wenig macht allein die Tatsache, daß ein Manuskript bei zahllosen Verlegern herumwandert, seinen besonderen Wert aus.

Eine schnurrige Korrespondenz, in der Autor und Verleger sich mit »Sehr geehrter Herr« anredeten und mit »Hochachtungsvoll« voneinander verabschiedeten. Um die gleiche Zeit meinte Mechthilde Lichnowsky in einem Brief an Wolff: »Man stellt sich unter einem Verleger etwas kleines, braunes vor.« Was hatte sie sich dabei wohl gedacht?
Irgendwann, irgendwie im Jahr 1914 gelangte der »chinesische« Roman in die Bülowstraße. Hier stieß man sich weder daran, daß er nicht mehr ganz ›taufrisch‹ war, noch an der apodiktischen ›Berliner Schnauze‹ des Medizinmannes aus der Frankfurter Allee. Heimann erkannte den »steinernen Stil«, Loerke war von ihm gepackt, Fischer griff zu. Alfred Döblin war Fischers größter und bedeutendster ›Kriegsgewinn‹.

DÖBLINS DREI SPRÜNGE

Was war das nun für ein Buch? Döblin selbst erläuterte es ein Menschenalter später in seinem autobiographischen *Epilog*:

Ich drehte der überlieferten ›Schönheit‹ noch mehr den Rücken als meine Expressionisten... Ich sah, wie die Welt – die Natur, die Gesellschaft – gleich einem tonnenschweren eisernen Tank über die Menschen, über den Menschen rollt. Wang-lun, der Held meines Romans erfuhr dies. Er zieht sich, am Leben geblieben, mit einer Anzahl ebenso Blessierter von dieser gewaltigen, menschenfeindlichen Welt zurück, und ohne sie anzugreifen, fordert er sie heraus. Sie rollt dennoch über ihn und seine Freunde. Es ist bewiesen, in diesem Fall, sie ist stärker. Sonst ist nichts bewiesen.

Während dieses Epos von der Vergeblichkeit der Gewaltlosigkeit in die Druckerei ging, brach die Gewalttätigkeit los. Doch Döblin war inzwischen schon einen Schritt weiter:

Der Vorgang war zu schwer und finster, als daß ich dabei stehen bleiben konnte. Ich mußte die Dinge weiter verfolgen. Ich wollte mich auch nicht vom Schweren und Finstern fesseln lassen. Und da schlug ich um und geriet ohne Absicht, ja völlig gegen meinen Willen ins Lichte, Frische und Burleske. ... Im ›Wadzek‹ zappelte der Mensch atemlos hinter der Technik her, er strampelte, schrie, stolperte, lag und streckte alle Viere aus, dann kam ein anderer, lief, rannte, keuchte ... ›Wadzeks Kampf mit der Dampfturbine‹ sollte noch ein ›Kampf mit dem Ölmotor‹ folgen. Aber als ich die ›Dampfturbine‹ geschrieben hatte, war der Krieg gekommen, ich diente als Militärarzt in Lothringen und im Elsaß ...

Die resignierte Schlußfrage des *Wang-lun*: »Stille sein, nicht widerstreben, kann ich es denn?« war beantwortet. Im Dezemberheft 1914 der ›Neuen Rundschau‹ erschien Döblins erster Beitrag, der Aufsatz *Reims*. Er nahm die Beschießung der Kathedrale von Reims und die davon ausgelöste Weltempörung zum Anlaß eines ohrenbetäubend schrillen Gezeters gegen England, das an blindwütigem Gefuchtel alles übertraf, wovon Bie in jenen Monaten sich überrumpeln ließ: ein zappelnder Kopfsprung zurück in den Expressionismus:

Die Stunde bleibt nicht aus! Wehe England! Die Massen werden zusammenrücken, eine malmende Maschine, sie werden dich klein pressen und zerknirschen, zerknirschen. Der Herr schenkt uns diese Gnade über dich. Wir können ohne diese Hoffnung nicht leben. Denn du hast den Fluch jedes Gerechten verdient.

Aber es steckte in diesem lachhaften Einbruch des Expressionismus in die Politik bei aller poetischen Ahnungslosigkeit, die bald verflog, eine scharfe Speerspitze, die schon vorher gestochen hatte und auch nachher weiterstach:

Die Kultur leidet nie und nimmer unter der Abwesenheit einiger schöner Bauwerke, ihre Faulheit und Krankheit machen jene wahrhaft ruchlosen Proteste offenbar. Die Kunst und die Kultur ist nicht gebunden an die Steinmassen von Reims oder die Farbenmischungen anderswo, sondern sie lebt. Sie zeigt sich stündlich und täglich. Sie erneuert sich, sie existiert nicht, ohne jeden Tag wiedergeboren zu werden. Kultur ist kein Gegenstand, sondern eine Handlung, eine Bewegung, ein Geschehen. Jedem Künstler ist dies aufs innigste gegenwärtig. Der Haß gegen die Museen stammt aus dieser Quelle.

Die drei Sprünge des Wang-lun konnten erst Ende 1915 erscheinen. Sie waren Döblins erster sichtbarer Erfolg. Loerkes Hoffnung, daß dieses »erstaunlich reiche Buch« Döblins »kleine Gefolgschaft zur großen Gemeinde« machen werde, erfüllte sich zwar nicht, aber zwölftausend Exemplare dieses schwierigen Buches waren doch weit mehr als der »Achtungserfolg«, den Döblin sich selbst zubilligte:

Die eigentliche Bühne des Büchermarktes wurde von anderen Autoren besetzt. Man behandelte da Liebes-, Ehe- und Kriminalgeschichten, gab viel Psychologie, und das gebildete Publikum liebte es auch, sich Bildung im Roman vorsetzen zu lassen; man servierte Zeitfragen, kulturelle Probleme mit philosophischem Einschlag. Das ist die feuilletonistische, essayistische Degeneration des Romans ...

Mit seiner Forderung nach dem totalen Roman warf Döblin beinahe alles, was Fischer lieb und teuer war, in den Mülleimer – von Thomas Mann bis Flake, von Wassermann bis Stehr, von Hesse bis Kellermann. Aber Fischer ließ ihn weiterpredigen: entweder seine Straße führte zu etwas, dann würden andere ihm folgen, oder sie war eine Sackgasse, dann würde er selbst umkehren; außerdem ist es durchaus nicht unlohnend, sich auch in Sackgassen genau umzusehen.
In der ›Neuen Rundschau‹ waren zwischenhin nur einige Novellen von Döblin erschienen, die 1917 in den Novellenband *Die Lobensteiner reisen nach Böhmen* aufgenommen wurden. Im Märzheft 1917 jedoch führte Döblin die Debatte mit einem Aufsatz *Bemerkungen zum Roman* fort, der über die bisherigen Postulate noch wesentlich hinausging. An der Epik, erklärte Döblin, »arbeiten seit einiger Zeit Schädlinge«. Die Spannung ruiniere den Roman; die Romanciers vergäßen, daß sie »Epik produzieren sollen«, und drängten aufs Drama; sie hätten es auf eine Romanform »mit Grundriß, Gerüst, Architektur« abgesehen, »die es gar nicht gibt und so nicht geben darf«:

... es wird betrogen, man hat verkappte Dramatiker vor sich, man hat erzählte Dramen auf dem Papier. Keine neue Kunstform, überhaupt keine Kunstform ... sondern eine Unfähigkeit und ein plagiatorisches Wesen. Der Roman hat mit Handlung nichts zu tun ... Vereinfachen, zurechtschlagen und -schneiden auf Handlung ist nicht Sache des Epikers. Im Roman heißt es schichten, häufen, wälzen, schieben ...

Überhaupt sei es verkehrt anzunehmen, der Mensch sei Gegenstand des Dramas oder des Romans: »Gedichtete Psychologie ist ein Unfug ... Wenn ein Roman nicht wie ein Regenwurm in zehn Stücke geschnitten werden kann und jeder Teil bewegt sich von selbst, dann taugt er nichts.« Der Epiker verachte überhaupt die Kunst und solle sie sich zehn Schritte vom Leibe halten:

Der Stil soll über der Darstellung nicht einmal wie nasser Flor liegen. Stil ist nichts als der Hammer, mit dem das Dargestellte aufs sachlichste herausgearbeitet wird. Es ist schon ein Fehler, wenn Stil bemerkt wird.

Damit war der Begriff gegeben, der die Überwindung des Expressionismus enthielt – ›sachlich‹. Die Schule der ›Neuen Sachlichkeit‹ stand bereits vor der Tür; aber sie wurde noch ein Weilchen nicht eingelassen. Erst mußten die ›Bewegungen‹ sich auslaufen. Döblin trieb den Prozeß an; die ›Neue Rundschau‹ trug wesentlich zu ihm bei. Am

13. Dezember 1917 hielt der siebenundzwanzigjährige Kasimir Edschmid vor der gemeinsamen Zuhörerschaft der ›Deutschen Gesellschaft 1914‹ und des ›Bundes Deutscher Gelehrter und Künstler‹ in Berlin einen Vortrag *Expressionismus in der Dichtung*. Die ›Neue Rundschau‹, in der Edschmid seit 1915 bereits mehrmals zu Wort gekommen war, druckte den Vortrag in ihrem Märzheft 1918 ab und stellte ihm eine Vorbemerkung voran; sie ist für den vorliegenden Zusammenhang interessanter als der (seither oft zitierte) Vortrag selbst:

Wir bringen den Aufsatz Edschmids aus keinem anderen Grunde, als um den Lesern eine Probe zu geben, wie ein Dichter der jüngeren Generation sich seine Auffassung expressionistischer Ziele definiert und seine historischen und zeitgenössischen Urteile bildet. Wir brauchen nicht zu betonen, daß eine programmatische Bindung in dieser Zeitschrift damit nicht nur nicht gegeben ist, sondern daß wir die ästhetische und literarhistorische Rangordnung der Werte, soweit sie sich auf die Produktion der letzten dreißig Jahre bezieht, durchaus ablehnen. Es hat sich bisher immer erwiesen, daß mit der Abschätzung einer literarischen Richtung die Werke, die man ihr zuzählt, keineswegs mit getroffen werden. Nie wird eine Persönlichkeit von der Richtung geschluckt, sie wird von ihr genährt und dann entbunden. Das ist eine ewige Erfahrung der Kunstgeschichte. Auf dieses delikate Problem wird sich lohnen, in größerem Zusammenhang zurückzukommen. (Die Redaktion der Neuen Rundschau.)

Bie forderte zwei Autoren des Verlags auf, sich zu Edschmids Aufsatz zu äußern. Hermann Hesse wandte sich in seiner sehr konzilianten Erwiderung im Juniheft 1918 gegen die »Kunstredner und Schnellläufer, die immer auf der Höhe sein wollen« und meinte abschließend:

Eine Säuberung und Sichtung wird die brennende Frage vielleicht in der Kritik bringen. Der Kritiker, der bis jetzt nach gutem Rezept gelesen und ungelesene Bücher besprochen hat, der voll von Ahnungen, voll von Modernität ist, das Alte kennt und das Neue kommen fühlt, der nirgends unrecht tun, der drüber schweben und stets der Weise sein will, der hat es jetzt bitter schwer. Aber warum sollen Kritiker es nicht schwer haben? Dazu sind sie da.

Der andere, Döblin, dessen zweiter großer Roman, *Wadzeks Kampf mit der Dampfturbine*, wiewohl schon 1914 entstanden, erst in diesem letzten Kriegsjahr erschien, erwiderte im gleichen Juniheft mit seinem Aufsatz *Von der Freiheit eines Dichtermenschen*. Er stellte, ebenso wie Bies redaktionelle Vorbemerkung, den Vorrang der Persönlichkeit gegenüber jeder ›Bewegung‹ fest. Bie hatte mit seiner Ablehnung von Edschmids Abschätzung »der Produktion der letzten dreißig Jahre« natürlich an das gesamte Schaffen Fischers gedacht, das in eben diese dreißig Jahre fiel, und gewiß vor allem an die Persönlichkeit Hauptmanns, die sich in dieser Spanne von mehr als einer Bewegung »genährt und dann entbunden« hatte. Hauptmann, Thomas

Mann, Hesse kamen in Edschmids General-Inventur überhaupt nicht vor; Döblin hingegen wurde ausdrücklich zu den »Heutigen« gezählt, für die Bewegung in Anspruch genommen:

Quadratisch steht Döblin da. Ohne die Spur psychologischer Konstruktion baut er seinen Roman aus kubischen Gleichmaßen. Ohne Leidenschaftswelle, gebirgig, organisch wächst der monumentale Ausdruck... Nichts gemalt, alles geschaut, nichts geschildert, alles erfühlt. Nichts Notiertes, alles gestaltet zur Vision.

Döblin nahm hiervon keine Notiz. Er erklärte kurzweg:

Die Persönlichkeit hat sich ihrer Haut zu wehren gegenüber einer Bewegung. Personen sind die Träger der Bewegung, ihre Macher, sind die Beweger, andere geraten in das Fahrwasser, ahnungslos oder bewußt, treiben mit ihm. Von dieser Welle werden einzelne kaum bespült, andere waten knietief hinein, andere schwimmen stoßweise nach eigenem Antrieb, andere werden weggeschwemmt... Es muß jeder wissen, wie ihm zumute ist.

Die Bindung der Bewegung an die Persönlichkeiten sei »ganz und gar nicht zwingend«; ja, die »Entscheidung letzter Stunde« liege bei der Persönlichkeit:

Es braucht keiner Furcht zu haben, es verliert sich niemand, auch nicht an eine Bewegung. Etwas Abwechslung ist immer erwünscht. Und viel mehr kommt bei dem Zauber hier doch nicht heraus. Wenn eine Bewegung viel getan hat, hat sie archäologisch gewirkt: sie hat eine Verschüttung in uns beseitigt... Ein Wachstumsprozeß. Er geht Erwachsene nichts an... Ceterum: die ganze Menschenbetrachterei ist überflüssig. In der Kunst dreht es sich um das Opus. Der Künstler ist nur die Möglichkeit zum Opus, wir reden von den Fakten... Es wird anders sein als in früheren Zeiten, aber es wird auch sein.

Dies gesagt, tat Döblin seinen dritten großen Sprung – vom *Wanglun* über den *Wadzek* zum *Wallenstein*. Dieser große Roman entstand in den Jahren 1916–1918:

...der Kriegslärm, aber auch das Elend der Kriegskrankheiten umgaben mich. Wochenlang Kanonendonner von Verdun herüber... im ›Wallenstein‹ stand einer und bewegte sich nicht. Das Buch müßte eigentlich heißen ›Ferdinand der Andere‹. Ich wußte es. Aber ›Wallenstein‹ bezeichnet die Zeit und die Umstände. So wie die Dinge in der Geschichte vorkamen, waren sie echt und vollkommen. Zwischen ihnen, als Anführer und Kommandeur der Fakten, als ihr Motor, stand der Tatsachenmensch, der Kulissenschieber der Historie... wenn ich diesen Mann sich selbst überlassen hätte, so wäre es eben ein Dreißigjähriger Krieg geworden. Warum das aber spiegeln und die Erinnerung daran heraufbeschwören, während der Donner von Verdun herüberschlug? Weder der Dreißigjährige Krieg noch der Donner von Verdun besagten mir etwas. Also Ferdinand der Andere, der Kaiser (den ich zu machen hatte). Ihn setzte ich ins Gespräch mit den allmächtigen Fakten. Er antwortete auf den Donner. Ergebnis? Er gibt es auf. So sah ich die Dinge damals.

So sahen es am Kriegsende viele Menschen. *Wallenstein* gab in diesem Augenblick den Menschen, die auf den Donner geantwortet hatten, eine weltgültige Rechtfertigung ihres Aufgebens, ihres Zusammenbruchs. Dies war, so schien es, die einzige ehrliche und wahrhaftige Möglichkeit, den rand- und bandlosen Stoff des Krieges einzuzingeln und zu bändigen.

VERSTÖSSE UND VORSTÖSSE

Mit Döblin war eine aggressive, aufpulvernde Unruhe in das geistige Gefüge des Verlags eingedrungen. Dieser Mann beklopfte alles, untergrub alles, zerrte alles knurrend hin und her. Die Mauern von Jericho stürzten bei seinen Fanfarenstößen nicht ein; aber die Baumeister überprüften sorgsamer ihre Bauwerke, rissen selbst ab, was ihnen wacklig schien, machten sich neue architektonische Grundregeln zu eigen. Döblin war einer jener Fälle, in denen der äußere Auflagenerfolg wenig oder nichts über die tatsächliche Wirkung aussagt. *Wallenstein* gelangte ins achte Tausend, aber er räumte mit achttausend epigonären historischen Romanen auf. Döblins einziger großer Publikumserfolg sollte erst noch kommen. Er sagte später (in einer Umfrage über »Erfolg und Mißerfolg«), er habe bis auf eine Ausnahme immer sehr niedrige Auflagen gehabt:

> Aber das gibt es auch heute, einen Lichtblick: ich sah, andere hatten meine Erfolge, sozusagen. Ich sah eine Wirksamkeit, sie schrieben mich nicht ab, aber behielten mich (während sie mich sonst anspuckten) in ehrenvoller Erinnerung. Das tröstet, sozusagen. Und mir kommt vor: ich bin nicht aus den ›Erfolgen‹ herausgekommen, sozusagen.

Aus dem Krieg zurückgekehrt, entfaltete Döblin (neben seiner ärztlichen Praxis) eine schier unglaubliche publizistische Tätigkeit, in erster Linie in der ›Neuen Rundschau‹; hier veröffentlichte er seine großen programmatischen Essays, Sammelrezensionen von Büchern und unter dem Pseudonym ›Linke Poot‹ eine Folge von scharfzüngigen, mit der »linken Hand« hingeworfenen politischen und kulturpolitischen Glossen, die Fischer gesammelt unter dem Titel *Der deutsche Maskenball* 1921 als Buch herausbrachte. Er arbeitete jedoch gleichzeitig auch an den meisten großen deutschen Tageszeitungen und an den bedeutenden Monatsschriften wie Frischs ›Neuem Merkur‹ und Schickeles ›Weißen Blättern‹ mit und zögerte nicht, vehementer Polemiker, der er war, auch Bücher des Fischer-Verlags, wenn schon nicht in der ›Rundschau‹, so doch anderwärts kräftig zu ›verreißen‹. In einem solchen Aufsatz zog er gegen Flake vom Leder. Flake selbst sagt über seinen gegen Kriegsende in der Schweiz entstandenen Roman *Die Stadt des Hirns* in seinen Erinnerungen:

Ich selbst spürte eine seltsame Nötigung, die Sprache aufzulösen, die Sätze zu verdichten, für den Ausdruck neue Formen zu suchen. Der Expressionismus hatte damit angefangen, zum erstenmal fühlte ich mich von der Zeitströmung erfaßt und mitgerissen ... Stadt des Hirns war ein Experiment: verschachtelte Anordnung und zerhackte Sprache.

Das Buch erschien im Frühjahr 1919, und im Juniheft des ›Neuen Merkur‹ beutelte Döblin in einem Aufsatz *Reform des Romans* viele Seiten lang das verfehlte Experiment: »Ein Sprengungsversuch, wo nichts zu sprengen ist.«

... er greift fehl, benutzt falsche Mittel, verläßt die Kunst. Was Flake gibt, hat mit dem Fortschritt des Romans nichts zu tun ... Es schadet aber nichts, ich muß es sagen, wenn Flake diesen Bock schießt; es passieren ihm so viele, daß man es begreift, daß er freies Feld in der Literatur sucht zur Jagd ... Der Krieg hat in Flake die Neigung entfacht, kritisch zu sein, zu urteilen, zu reden, direkt zu werden. Malheur, Malheur. Der Drang zu reden hat ihn verführt. Der Ethiker hat den Künstler gefressen. Flake ist auch ein Kriegsopfer. Er hat die bequeme Form des Romans rechtschaffen mißbraucht und sich alles zu unserem Entsetzen von der Leber heruntergeredet. Man kann eben im Roman, der sowieso stark auf dem Hund ist, sich auch das erlauben.

So ging es lustig über manche ruppige Seite und rannte eine offene Tür nach der anderen ein. Flake selbst schrieb später: »Da ich den Roman zurückgezogen habe, erübrigt sich die Beschäftigung mit ihm« — kein vertretbarer Standpunkt; was man geschrieben hat, hat man geschrieben; die Sackgassen sind Teil des Wegs, man muß sich mit ihnen beschäftigen. In der Bülowstraße und in der Erdener Straße wird man von den Bocksprüngen des Dr. Döblin nicht sonderlich erheitert gewesen sein. Doch halt — der Aufsatz hatte ein Anhängsel, die zwei letzten Seiten. »Ich habe«, hieß es da, »in den Wochen, bevor ich den Flake las, ein Buch in den Händen gehabt, das ich nicht bald vergesse.« Auch dies war ein Fischer-Buch.

Auf einmal wurde der widerborstige, kratzbürstige Streithansel ganz sanft und gefügig, wie von behutsamer Hand »gefesselt«, geradezu verträumt und elegisch. Zuerst sei ihm das Buch »ganz uninteressant« und »zu loddrig geschrieben« vorgekommen; dann habe er es »silbenweise« gelesen, es »mit kleinen Schlucken« eingesogen, »und jedesmal legte ich es mit einer ungemeinen Sättigung und Befriedigung hin«. Er sei ganz außerstande, eine Inhaltsbeschreibung zu geben:

Es scheint mir, als ob es sich wesentlich um Aufzeichnungen und wirkliche Vorgänge handelt, die zusammengedrängt sind, die Geschichte eines jungen Mannes bis zu seinem Studium und seine Begegnung mit einigen anderen jungen Männern, ihre Gespräche, ihre Träume. Es geht nichts

Bemerkenswertes vor, von Spannung natürlich keine Rede, noch weniger, viel weniger als bei Flake. Der Autor ist gar nicht bemüht um den Roman... Aber mit einer Sicherheit, die ohnegleichen ist, rührt er an das Wesentliche; er hebt an das Licht die urgeborene Amoralität; real sehe ich, fühle ich, erlebe ich die übermoralischen Seelenbewegungen, oh, wie grenzenlos schwer ist es, das zu sehen, dahin vorzudringen. Durch das, was das Buch aufdeckt und nennt, ist es ein überragendes Buch. Es hat einen ganz ungewöhnlichen Jenseitsstandpunkt...

Das Buch hieß *Demian. Die Geschichte einer Jugend*, sein Verfasser Emil Sinclair.

SINCLAIRS GEHEIMNIS

Sinclairs Manuskript hatte lange warten müssen. Hermann Hesse hatte es im Spätherbst 1917 an Fischer geschickt und in seinem Begleitschreiben mitgeteilt, es handle sich um die Arbeit eines jungen Menschen, der krank in der Schweiz darniederliege, wohl nicht mehr lange zu leben habe und seine Geschäfte mit der Welt nicht selbst besorgen könne – Hesse hatte dem kranken Dichter sogar die Mühe der Abschrift abgenommen –, Emil Sinclair sei ein Pseudonym, damit der Todgeweihte nicht behelligt werde. Fischer antwortete Hesse am 19. November 1917:

Mein Lektor, Herr Loerke, hat das Buch von Sinclair gelesen und mir darüber viel Gutes gesagt. Ich komme jetzt während der schweren Arbeitstage nicht so bald zur Lektüre, wollte Sie aber, da der Autor schwer krank ist, auf einen Bescheid nicht so lange warten lassen. Ich bin also bereit, das Buch zu drucken, sobald sich die Papierverhältnisse etwas deutlicher übersehen lassen. Augenblicklich habe ich noch ältere Verpflichtungen zu erfüllen und vor allem: ich muß meine Papierbestände für den Druck neuer Auflagen meines Autorenkreises bereit halten... Ich hoffe, daß es, wenn die Verhältnisse sich nicht noch weiter verschlechtern, möglich sein wird, das Buch im Mai oder Juni nächsten Jahres herauszubringen... Jedenfalls bitte ich Sie, dem Autor zu sagen, daß ich das Buch gern drucken werde. Sollten Sie den Abdruck des Romans in den ›Weißen Blättern‹ nicht durchsetzen können, so könnten wir auch den Vorabdruck in der ›Neuen Rundschau‹ in Erwägung ziehen.

Loerkes Lektorenurteil lautete: »Ein ausgezeichnetes Buch! Sein einziger Fehler ist, daß es sehr stark an Hesse erinnert, doch wird die Abhängigkeit durch innerliche Hoheit und einen besonderen, selbständigen Ernst ausgeglichen.« Der arme Sinclair mußte sich gedulden. Die Verhältnisse verschlechterten sich weiter, und das *Demian*-Manuskript blieb das ganze Jahr 1918 über liegen. Auch waren Schickeles ›Weiße Blätter‹ offenbar für den Vorabdruck nicht zu haben, und im Februar 1919 begann die ›Neue Rundschau‹ schließlich mit dem Vorabdruck, der sich über drei Hefte erstreckte. Merkwürdigerweise wurde auch erst im April 1919, nahezu eineinhalb Jahre nach Übersendung und Annahme des Manuskriptes, der Verlagsvertrag geschlossen. Dieser denkwürdige Vertrag ist erhalten; er lautet:

VERLAGS-VERTRAG

Zwischen der Firma S. Fischer, Verlag in Berlin oder deren Rechtsnachfolger einerseits und Herrn Hermann Hesse in Bern als bevollmächtigtem Vertreter des pseudonymen Verfassers Sinclair andererseits wurde heute folgender Vertrag abgeschlossen:

§ 1.

Herr Hesse überläßt der Firma S. Fischer, Verlag für alle Auflagen und Ausgaben das Verlagsrecht an dem Roman

›Demian‹ von Emil Sinclair

§ 2.

Als Honorar erhält Herr Hesse eine Tantieme von 15 Prozent vom Ladenpreis des broschierten Exemplars gerechnet. Die Abrechnung über die verkauften Exemplare findet alljährlich im November statt.

§ 3.

Jede Auflage umfaßt 1000 Exemplare. Der Verlag ist berechtigt, zu jeder Auflage 100 honorarfreie Exemplare zu drucken und zu verausgaben.
Die Firma S. Fischer, Verlag hat das Recht, mehrere Auflagen auf einmal zu drucken, ist aber verpflichtet, Herrn Hesse jedesmal von der Anzahl der gedruckten Auflagen zu verständigen.

Berlin, den 8. April 1919 S. Fischer Verlag

Der arme Sinclair bekam, wie man sieht, keinen Vorschuß, doch murrte er darüber anscheinend ebensowenig wie über die lange Verzögerung. Sie war freilich gut für das Buch. Wäre es, wie Fischer beabsichtigt hatte, im Juni 1918 erschienen, so hätte es wohl nicht viel Gehör gefunden. Jetzt war es anders. Es erschien zugleich mit Hermann Hesses eigenem kleinen, neuen Erzählungsband *Märchen*, und aus Fischers Brief an Hesse vom 10. Juni 1919 ist zu ersehen, daß er zu diesem Büchlein größeres Zutrauen hatte als zu Sinclairs Roman:

Wir haben von Ihrem neuen Buch 5 Auflagen (5150 Exemplare) gedruckt, ich lege die Abrechnung bei und stelle anheim, über das Honorar für die drei ersten Auflagen zu verfügen.
Zugleich ist auch ›Demian‹ von Sinclair erschienen, in 3300 Exemplaren gedruckt, zum Preis von 5 Mk. für das broschierte Exemplar. Die Abrechnung findet nach Maßgabe unseres Vertrages statt. Ich habe das Buch von Sinclair jetzt in der Buchausgabe noch einmal gelesen und an der leuchtenden, bildnerischen Kraft des Verfassers viel Freude gehabt. Bitte lassen Sie mich wissen, welche Auskunft ich zu geben habe, wenn Erkundigungen über die Person Sinclairs einlaufen. Ich nehme an, daß die Kritik, soweit sie heutzutage von Büchern überhaupt Notiz nimmt, an diesem Buche nicht achtlos vorbeigehen wird, und daß Anfragen nach der Persönlichkeit Sinclairs gestellt werden, die ich auf irgendeine Art beantworten möchte.

Die Kritik ging in der Tat nicht achtlos an *Demian* vorüber. So wie Döblin reagierten unzählige, auch weniger »hartgesottene« Menschen; das Buch löste eine große Bewegung aus, und ein beglücktes Staunen ging durchs Land, daß einer so freimütig über die Seelenwirrnis einer schicksalsgeschlagenen Generation zu sprechen vermochte. Und natürlich fehlte es nicht an »Anfragen nach der Persönlichkeit Sinclairs«. Thomas Mann schrieb gleich bei Erscheinen an Josef Ponten:

Einen starken literarischen Eindruck hatte ich neulich: ›Demian, Geschichte einer Jugend‹ von Emil Sinclair... Ich war sehr bewegt und erfüllt und habe mich angelegentlich nach dem Verfasser, seinen Jahren etc. erkundigt. Wenn Sie Zeit haben, lesen Sie die Erzählung! Es ist meiner Meinung nach etwas Außerordentliches...

Thomas Mann schrieb an Fischer: »Sagen Sie mir bitte: Wer ist Emil Sinclair? Wie alt ist er? Wo lebt er? Sein ›Demian‹ in der ›Rundschau‹ hat mir mehr Eindruck gemacht als irgend etwas Neues seit langem. Das ist eine schöne, kluge, ernste, bedeutende Arbeit!« Und bald darauf wieder an Ponten:

Ich habe über Sinclair so gut wie nichts erfahren können, er hüllt sich in Geheimnis. Fischer, bei dem ich anfragte, erklärt, er habe das Manuskript durch Hermann Hesse bekommen, es stamme von einem jungen, kranken, in der Schweiz lebenden Dichter. Das ist alles. Ich freue mich, daß Sie meinem Urteil über ›Demian‹ so lebhaft zustimmen. Gäbe der Verfasser nicht zu verstehen, daß er unbehelligt sein will, ich glaube, ich würde ihm schreiben...

Auch in der Erdener Straße herrschte großes Rätselraten über den Mann, der sich Emil Sinclair nannte. Hedwig Fischer erzählt, Flake habe sofort mit Bestimmtheit erklärt, das Buch könne nur von Hesse selbst stammen, untrügliche Anzeichen sprächen für seine Autorschaft. Auch Heimann sagte: »Ich kann mir nicht helfen, Demian ist von Hesse.« Verschiedenen Orts tauchte die gleiche Vermutung auf. Am 23. Juni 1920 schrieb Thomas Mann an Witkop:

Sollte ›Demian‹, den ich sehr liebe, wirklich von Hesse sein? Daß er dem Freudianismus so zugänglich war, sollte mich wundern. Und warum nur das Versteckspiel? – in dem Augenblick, wo er sein Äußerstes und Bestes gab?

Hermann Hesse selbst teilte kurz vor seinem Tod mit:

Dann wurde mein Geheimnis mir entrissen. Es tauchte in der Presse da und dort die Vermutung auf, ich könnte der Autor des Demian sein. Daraufhin stellte mich Korrodi in der Neuen Zürcher Zeitung auf etwas brüske Art, und ich sah mich zur Antwort und zur Lüftung des Geheimnisses gezwungen. Ich war längere Zeit deshalb gegen Korrodi verstimmt, doch bin ich nicht nachträglich, und unser Verhältnis war bis zu K.s Tode gut kollegial. Ich erwähne noch, daß die Zürcher Zeitung schon zwei Jahre vor dem ersten Erscheinen Demians zwei oder drei Aufsätze von mir unter dem Pseudonym Sinclair gebracht hatte. S. Fischer, seine Frau und das Personal des Verlags waren nicht in das Geheimnis eingeweiht, sie glaubten an Sinclairs Existenz.

Eduard Korrodi, der Literaturkritiker und Feuilletonredakteur der ›Neuen Zürcher Zeitung‹, dürfte sich jener ›Sinclair‹-Beiträge Hesses in seiner Zeitung, darunter die Ende 1917 erschienene grausige »Zukunftsskizze« *Wenn der Krieg noch zwei Jahre dauert*, erinnert haben. Daß Hesse verstimmt war, läßt sich begreifen. *Demian* war sein privatestes, persönlichstes Buch, eine schonungslose Selbstanalyse, nach einem schweren seelischen Zusammenbruch und einer psychoanalytischen Behandlung, in deren Verlauf er sich von einer zerstörerischen Zwangsneurose befreite, in der zweiten Hälfte 1917 in wenigen Monaten in Bern geschrieben; und nicht nur private Scheu, sondern auch die Erinnerung an den Schimpf, den man ihm bei Kriegsausbruch in Deutschland zugefügt, hatten ihn bewogen, sich vor der deutschen Leserschaft zu verhüllen. Das Pseudonym Sinclair war dem Homburger Freund Hölderlins, dem deutsch schreibenden schottischen Lyriker und Dramatiker Eduard (auch John oder Isaac) Freiherrn von Sinclair (1775–1815) entlehnt; dieser »vielseitig verbildete Querkopf«, der den Homburger Freunden »sanft unheimlich« war, verwendete seinerseits als Pseudonym das Anagram »Crisalin«, und in ihm klingt die »Chrysalis« oder Schmetterlingspuppe an, von der man eine Verbindung zu Hesses Sperber, der aus dem Weltkugelei bricht, aufspüren mag. Den Namen Demian – den »Dämon« des Knaben Sinclair – hatte Hesse, wie er sagte, im Traum gefunden; tatsächlich gab es jedoch Familien dieses Namens (ebenso wie es eine bekannte Familie Wahnschaffe gab!), und Fischer erinnerte sich vielleicht aus seiner Wiener Buchhändlerzeit, daß der Autor einer bekannten Geschichte Österreich-Ungarns ein Herr von Demian gewesen war.

Das Buch hatte, als Hesse seine Verfasserschaft eingestehen mußte, bereits die achte Auflage erreicht. (»Ich besitze von dieser Ausgabe kein Exemplar mehr«, teilte er an seinem Lebensabend mit.) Nun wurden ein neues Titelblatt und ein neuer Einband hergestellt, und von der neunten Auflage (1920) an hieß das Buch *Demian. Die Geschichte von Emil Sinclairs Jugend* von Hermann Hesse, und Hesse gab den an »Emil Sinclair« verliehenen Fontane-Preis zurück.

Die Enthüllung des Geheimnisses tat dem Buch keinen Abbruch; im Gegenteil, es wurde zu einem von Hesses größten Bucherfolgen (es erreichte zu Fischers Lebzeiten das 85. Tausend) und tat von allen Schriften Hesses womöglich die tiefste und nachhaltigste Wirkung.

Der junge Dichter Klabund schrieb bei Erscheinen der Neuausgabe 1920 in der ›Neuen Rundschau‹:

Ich bewundere Hermann Hesse, daß er, ein Mann in den Vierzigern, es aus eigenster Kraft über sich gebracht hat, noch einmal von vorn anzufangen, noch einmal ein neuer, ein junger Mensch zu werden. Er ist der einzige von den Dichtern seiner Generation, der das zustande gebracht hat.

Thomas Mann sagte noch dreißig Jahre später:

Unvergeßlich ist die elektrisierende Wirkung, welche gleich nach dem ersten Weltkrieg der Demian eines gewissen mysteriösen Sinclair hervorrief, eine Dichtung, die mit unheimlicher Genauigkeit den Nerv der Zeit traf und eine ganze Jugend, die wähnte, aus ihrer Mitte sei ihr ein Künder ihres tiefsten Lebens erstanden (während es ein schon Zweiundvierzigjähriger war, der ihr gab, was sie brauchte), zu dankbarem Entzücken hinriß.

Der Krieg war nur auf den letzten zwei Seiten des Buches erwähnt; doch niemand fühlte sich stärker berührt und aufatmend zu sich selbst zurückgeführt als die desillusionierten Heimkehrer aus dem verlorenen Kampf. *Demian* war im »erlösenden Augenblick« erschienen; für viele Menschen war dieses Buch überhaupt »der erlösende Augenblick«. Es öffnete die verkrampften Herzen, löste die verzerrten Seelen, klärte den verglasten Blick. Hesse selbst schrieb einige Jahre später in seinem *Kurzgefaßten Lebenslauf* im Rückblick auf diese Zeit:

... noch immer habe ich die heimliche Hoffnung, es werde mit der Zeit auch mein Volk, nicht als Ganzes, aber in sehr vielen wachen und verantwortlichen Einzelnen, eine ähnliche Prüfung vollziehen und an die Stelle des Klagens und Schimpfens über den bösen Krieg und die bösen Feinde und die böse Revolution in tausend Herzen die Frage setzen: wie bin ich selber mitschuldig geworden: und wie kann ich wieder unschuldig werden? Denn man kann jederzeit wieder unschuldig werden, wenn man sein Leid und seine Schuld erkennt und zu Ende leidet, statt die Schuld daran bei anderen zu suchen.

Die schwere Zeit war vorüber. Nun kamen schwierige Zeiten. Fischer stand in seinem sechzigsten Lebensjahr. »Bei uns geht es noch immer sehr scharf zu«, schrieb er Anfang Januar 1919 an Schnitzler, »es ist nicht abzusehen, wie Ordnung in die Dinge kommen soll.« Aber er war durchaus nicht ohne Zuversicht. Im August 1919 heißt es in einem Brief an Hesse: »Wir werden hier auf lange hinaus das Experimentierfeld für den Neu- und Umbau der sozialen und moralischen Welt bleiben. Der Wind wird uns um die Ohren blasen; aber vielleicht wird es das beste sein, was man jetzt erleben kann, und vielleicht entwickelt sich daraus ein neues und gesundes Leben.« So schrieb ein erfahrener, doch kein abgekämpfter Mann. Wohl aber ahnte er schwerlich, welchen Zerreißproben sein Werk in den nächsten Jahren würde standzuhalten haben.

IM HIMMLISCHEN PARADIES

Ferienreisen ins Ausland waren im ersten Nachkriegssommer noch schwer möglich. Fischer tat das nächstbeste und fuhr Mitte Juli 1919 mit der Familie auf mehrere Wochen nach Glücksburg an der Flensburger Förde, wo er sich im Strandhotel häuslich einrichtete. Diese stille und friedliche Gegend dicht an der dänischen Grenze hatte vom Krieg nichts zu spüren bekommen, entbehrte nichts und konnte nach wie vor gut und reichlich auftischen, was jedermann nach den langen grauen Jahren dringend nötig hatte. Fischer hatte gewiß das Bedürfnis, wieder wie einst im Salzkammergut und in Südtirol einige vertraute Menschen um sich zu sammeln und in ungezwungenem Gespräch Gedanken und Meinungen auszutauschen und die Zukunft zu bedenken. Hauptmann war zu gleicher Zeit in Kloster auf Hiddensee und schrieb an Fischer:

Wir sind froh, Euch am Busen der Natur zu wissen. Hier ist es in diesem Jahr sehr lebhaft. Man sieht überall bekannte Gesichter... Möchten wir doch wieder wenigstens einige Tage in freier Natur zusammen sein diesen Sommer. Meine Sehnsucht danach ist groß. Andererseits binden Arbeit und üble Verkehrsverhältnisse an das Inselchen. Glücklich, wer heute ein Inselchen hat. Aber wer weiß, wo ein Wunsch ist, da ist auch ein Weg.

Doch gelang die Zusammenkunft nicht. »Lieber Fischer«, schrieb Hauptmann im Herbst, »ich bin verzweifelt, daß man sich gar nicht mehr sieht, aber das muß nun bald anders werden.« Fischer lud Thomas Mann und Flake ein, auf einige Wochen in Glücksburg seine Gäste zu sein, und beide kamen. Er lud auch Hesse ein: »Lieber Herr Hesse, wollen Sie nicht einmal trotz allem auf eine Weile nach Deutschland kommen, in eine neue Umgebung von Menschen und Landschaft?« Aber Hesse stand nicht der Sinn danach. Er hatte zu eben dieser Zeit den tragischen Zerfall seiner Familie durchlebt, Bern verlassen und sich allein, ganz auf sich gestellt, in den Tessin in die Einsamkeit zurückgezogen. In der ›Casa Camuzzi‹ in Montagnola hatte er in diesem Frühjahr 1919 seine neue Heimat gefunden und war nur noch selten und schwer von dort fortzulocken.

Man sah sich zum ersten Male nach dem Zusammenbruch, und es war eine melancholische Sache. Wie schauten die Bahnen und die Häuser aus! Die Landschaft hingegen hatte nicht gelitten. Sie war bescheiden, aber nicht ohne Reiz, mit Schilfverstecken und Wasserschlössern. Thomas Mann war da; wir gingen gerade aus, als ihm ein Telegramm mitteilte, die Universität Bonn habe ihm den Ehrendoktor verliehen. Der Tag sollte kommen, an dem sie ihm die Würde wieder nahm...

So berichtet Flake, der aus dem selbstgewählten Zürcher Exil soeben nach Deutschland zurückgekehrt war. Der denkwürdige Tag war der 3. August 1919.

Thomas Mann hatte im Frühjahr den *Gesang vom Kindchen* beendet, die zweite der beiden kleinen »Idyllen«, die während des Aufatmens nach den *Betrachtungen* entstanden waren, und Ende April die Arbeit am *Zauberberg* wiederaufgenommen. Er war sich nicht sicher, was mit dem »kleinen dichterischen Vorkommnis« zu beginnen sei, fand es schon bald »verfehlt« und konnte sich den ganzen Sommer über nicht schlüssig werden. »Ich dachte«, schrieb er noch Ende August, »den ›Gesang‹ zusammen mit dem Prosaidyll ›Herr und Hund‹ als Buch herauszugeben, bin aber, wie gesagt, sehr zweifelhaft geworden.« Fischer bemühte sich gewiß, diese Zweifel zu zerstreuen, und mit Erfolg, denn er konnte das kleine Buch, von Emil Preetorius bezaubernd ausgestattet, schließlich noch zu Weihnachten 1919 herausbringen. Aus Glücksburg schrieb Thomas Mann an Bertram:

Hier bin ich Fischers Gast – er bessert die ohnedies geradezu *naive* Verpflegung noch durch Erdbeeren in Milch und Rum-Grog auf. Ich höre die

Leute reden, bade in der See, und tausend Knabengefühle bestürmen mich. Schade, daß ich den Tonio Kröger schon geschrieben habe ...

Und an die Tochter Erika:

Wäret ihr doch alle hier, ihr würdet tanzen und jubilieren von wegen des vielen guten Essens! Gestern abend gab es wieder so herrliches festes norddeutsches Rührei und Bratkartoffeln, die von Butter glänzten. Nachher noch kalten Aufschnitt von der besten Sorte! Es ist als wie im himmlischen Paradiese.

Fischer ließ es, wie man sieht, an nichts fehlen. Die Sommergastlichkeit der Vorkriegszeit lebte, so gut es ging, im bescheidenen Rahmen wieder auf. Thomas Mann vergalt sie, indem er aus dem *Zauberberg* vorlas und die vierzehnjährige Tutti unterhielt. Einmal, so erzählt Hedwig Fischer,

fuhren die beiden mit einem schweren Fischerkahn in die Ostsee hinaus, wurden von einer Flaute überrascht, die Segel hingen schlaff, und die Ruder konnten den breiten, trägen Kahn nicht vorwärts bringen. So blieb das Boot mit seiner kostbaren Fracht überlang aus, und mein Mann ging besorgt am Strand auf und ab. Als das Boot endlich erschien, wurden die Heimgekehrten gefeiert, als seien sie einer Lebensgefahr entronnen ...

»WELTBEDÜRFTIGKEIT«

Ein bedeutender Gewinn war schon bald zu verzeichnen. Die Klammern um Deutschland begannen sich zu lockern, die Grenzen öffneten sich wieder. »Als nach schlecht und recht geschlossenem Frieden die Einsperrung, unter der deutsche Weltbedürftigkeit so sehr gelitten, sich ein wenig lüftete ...« wie Thomas Mann schrieb, war es vorerst das »neutrale und kriegsfeindliche Ausland«, die Schweiz, Holland und Skandinavien, bald darauf auch wieder Italien und die Donauländer, in denen deutsche Schriftsteller wieder willkommen waren, sich mit der veränderten außerdeutschen Welt neu bekannt machen konnten und aufgeschlossene Leser und Zuhörer fanden: »Das Bild eines durch den Krieg gleichsam verkleinerten, zusammengedrängten und intim gewordenen Europa begann in den Rauchschwaden sichtbar zu werden.« Frankreich blieb länger verschlossen; als Thomas Mann im Frühjahr 1923 nach Spanien reiste, tat er es zu Schiff von Genua aus »unter noch gebotener Vermeidung Frankreichs«. Immerhin, Fischers Autoren reisten wieder. Hauptmann, Schnitzler, Hofmannsthal waren viel unterwegs, und besonders Thomas Mann unternahm trotz beschwerlicher Verkehrsverhältnisse in den ersten Nachkriegsjahren unermüdlich eine Vortragsreise nach der anderen. »Es ist ja schön, daß die Welt wieder so weit geworden ist, und ich würde das allen Deutschen gönnen«, schrieb er in einem Brief im November 1922, und fügte hinzu: »Aber im chaotischen Deutschland ist es doch am besten.« Zugleich erwachte das Interesse der außerdeutschen Welt an dem, was während der »Einsperrung« in Deutschland geschaffen worden war; alte Verlagsverbindungen aus der Vorkriegszeit wurden wieder aufgenommen, neue Beziehungen geknüpft. Es stellte sich heraus, daß während des Krieges ›draußen‹ durchaus nicht alles eingefroren war. Huebsch meldete sich aus New York, erkundigte sich nach den Übersetzungsrechten für Rathenaus Schriften und legte seine Hauptmann-Abrechnung vor. Die amerikanische Hauptmann-Ausgabe war während des Krieges um drei weitere Bände auf sieben Bände gewachsen, Huebsch wollte einen achten Band mit Hauptmanns neuen Stücken bringen, und es wurde ein neuer Vertrag geschlossen. Thomas Mann erhielt Exemplare der englischen Ausgabe von *Königliche Hoheit*, die mitten im Krieg, 1916, im Londoner Verlag Sidgwick and Jackson erschienen war. »Ich gestehe«, sagte er, »daß ich mit herzlichem Vergnügen, wahrer Erheiterung darin gelesen habe... Wahrhaftig, dies Sprachkleid sitzt wie angegossen... Nein, so recht ›national‹ bin ich doch wohl eigentlich nicht.« Die Übersetzung war gleichzeitig auch in Amerika erschienen; der Londoner Verlag hatte Bogenexemplare an den jungen, aufstrebenden Verlag von Alfred A. Knopf in New York verkauft, der das Buch im gleichen Jahr herausbrachte. Jetzt, Anfang 1921, wandten sich Blanche und Alfred Knopf – ein inzwischen legendär gewordenes, enthusiastisches Verleger-Ehepaar – an Fischer und erwarben *Buddenbrooks* mit einem Generalvertrag auch auf künftige Werke. Sie beauftragten eine ungewöhnlich begabte Frau, Helen Lowe-Porter, mit der Übersetzung, die sie ihrerseits an den Londoner Verlag Martin Secker weitergaben. Damit war Thomas Mann in den angelsächsischen Ländern beiderseits des Atlantik fest etabliert; Knopf in New York und Secker (später Secker and Warburg) in London blieben seine lebenslänglichen Verleger, und Mrs. Lowe-Porter machte aus der Übersetzung seines Werkes eine Lebensleistung.

Im deutschen Verlagswesen war man an das Arbeiten mit literarischen Agenturen bis dahin wenig gewöhnt; man verkehrte mit ausländischen Verlagen entweder direkt oder durch vermittelnde Übersetzer. Die Arbeit der englisch-amerikanischen Agenturen vereinfachte und systematisierte jedoch diesen Verkehr beträchtlich. Die Vermittlung von Übersetzungsrechten durch Agenturen bürgerte sich nach dem Ersten Weltkrieg rasch ein, und die deutschen Verleger gewöhnten sich an sie. Viele von Fischers Auslandsverträgen wurden durch die tüchtige amerikanische Agentur Brandt & Kirkpatrick vermittelt, die in München einen rührigen Vertreter besaß. Diese Agentur hatte Kellermann nicht nur mit dem *Tunnel*, sondern auch mit seinen stilleren, weniger sensationellen Büchern in Amerika eingeführt und vermittelte 1922 die amerikanischen Rechte an Hesses *Demian* an den New Yorker Verlag Boni & Liveright. »Es handelt sich hier«, schrieb Fischer an Hesse, »um eine grundsätzliche Bemühung, Sie in Amerika einzuführen und Ihren Werken diesen neuen großen Wirkungskreis zu schaffen.« Und an Schnitzler, der offenbar gegen die Zwischenschaltung eines literarischen Agenten Bedenken hegte, schrieb er: »Übrigens weiß ich aus mancherlei Quellen, daß es kaum einen bedeutenden deutschen Autor mehr gibt, der nicht auf irgendeine Weise mit Brandt & Kirkpatrick zusammenhinge.« Auch Wassermann, bisher erstaunlicherweise noch mit keinem Werk ins Englische übersetzt, gelang jetzt gleich nach dem Krieg der Sprung aufs angloamerikanische Gebiet, der ihm binnen weniger Jahre eine riesige und begeistert anhängliche Leserschaft brachte.

1921 bereits richtete Fischer eine eigene Verlagsabteilung ein, die sich ausschließlich mit der Verwertung der fremdsprachigen Rechte seiner Verlagswerke befaßte. Diese Auslandsabteilung wurde von Leo Greiner aufgebaut und begnügte sich als Entschädigung für ihre Mühewaltung mit einer für heutige Begriffe bescheidenen Beteiligung von fünfzehn Prozent an den ausländischen Honorarerlösen. Damit begann die systematische Verwertung der sogenannten ›Nebenrechte‹, von der noch die Rede sein wird.

›RUNDSCHAU‹-ÜBERLEGUNGEN

Fischers Hauptsorge sogleich nach dem Krieg galt der ›Neuen Rundschau‹. Sie war, wiewohl scharf herumgebeutelt, durch die Kriegsstürme halbwegs wohlbehalten hindurchgekommen, aber sie bedurfte der Überholung und Auffrischung. Auch sie war ›weltbedürftig‹; es standen ihr jetzt neue, große Aufgaben bevor. Sie mußte den durch die Zwangsverhältnisse eingebüßten Boden im Inland und Ausland zurückgewinnen, den Anschluß des geistigen Deutschland an die außerdeutsche Welt herstellen, größere Weltläufigkeit erwerben, nach innen und außen zugleich beweglicher und repräsentativer werden. Fischer war sich bewußt, daß man ihr mancherorts, nicht zuletzt unter seinen eigenen führenden Autoren, die Bewältigung dieser Aufgaben nicht mehr recht zutraute, sie für ermüdet, überaltert, ablösungsreif hielt. Den einen war sie zu exklusiv, anderen nicht exklusiv genug.

Nicht, daß er hätte befürchten müssen, die Zeitschrift werde jetzt von ihren jüngeren Konkurrentinnen überrundet werden. Es gab in Deutschland nur zwei Monatsschriften, die auf der gleichen Ebene mit der ›Rundschau‹ wetteiferten und sich in ihre Mitarbeiter weitgehend mit ihr teilten, und beide standen wirtschaftlich auf schwachen Füßen. René Schickeles ›Weiße Blätter‹ waren gleich nach Kriegsende aus der Schweiz nach Deutschland zurückgekehrt und in den Verlag von Paul Cassirer in Berlin übergegangen, aber der Fortbestand fiel ihnen schwer, und schon 1920 stellten sie ihr Erscheinen ein. Efraim Frischs ›Neuer Merkur‹ in München hatte von jeher zu kämpfen gehabt und mußte sich seit dem plötzlichen Tod seines Verlegers und Mäzens Georg Müller im Jahr 1917 mit fortdauernden Widrigkeiten herumschlagen. Die Dutzende von expressionistischen Zeitschriften, die wie die Pilze aus der Erde geschossen waren, gingen binnen kurzem wieder ein. Nur Waldens ›Sturm‹ und Pfemferts ›Aktion‹ hielten sich. Von allen diesen Seiten drohte der ›Neuen Rundschau‹ keine Gefahr. Ernstlich erschüttern konnte ihre Stellung nur eine mit großen Mitteln und starkem verlegerischem Rückhalt aufgezogene, von großen Namen getragene Neugründung. Es konnte Fischer nicht entgehen, daß von solchen Neugründungen sogar im innersten Kreis seiner Autoren die Rede war. Es mußte und sollte etwas geschehen. Die Sache wurde im Sommer 1919 in Glücksburg erörtert.

Vor allem hatte die Zeitschrift (und mit ihr der Verlag) soeben einen empfindlichen Verlust erlitten. Fischers »Hausgelehrter« Professor Samuel Saenger, der seit zehn Jahren nicht nur den politischen Teil der Zeitschrift geleitet, sondern auch den Verlag auf den Gebieten der politischen und soziologischen Literatur beraten hatte, war einer Berufung ins Auswärtige Amt gefolgt. Die junge Republik bemühte sich, für ihre diplomatische Vertretung im Ausland neue, nicht in der Routine verkalkte und von der wilhelminischen Diplomatie belastete Kräfte zu gewinnen, und hatte Saenger den delikaten Posten des deutschen Gesandten in der neu erstandenen und Deutschland vorerst nicht durchaus freundlich gesinnten Tschechoslowakischen Republik anvertraut – eine Aufgabe, der sich der verantwortungsbewußte Mann nicht entziehen konnte. Saenger schied im Februar 1919 aus Verlag und Zeitschrift aus und ging als Gesandter nach Prag; seine letzte *›Junius‹-Chronik* erschien im Märzheft 1919. Er betrachtete jedoch die diplomatische Mission von Anfang an nur als zeitweilig und hoffte, in absehbarer Zeit in die Bülowstraße zurückzukehren.

Einen vollgültigen Ersatz für einen Mann wie Saenger zu finden war eine Unmöglichkeit, und Fischer mußte mit einer Notlösung zufrieden sein. Er fand in Dr. Erwin Steinitzer, der schon seit 1912 gelegentlich sozialpolitische Beiträge zur ›Neuen Rundschau‹ geliefert hatte und der ›Deutschen Gesellschaft 1914‹ angehörte, einen Platzhalter. Steinitzer schrieb in den Jahren 1919–1921 neben seiner Redaktionstätigkeit regelmäßige wirtschaftspolitische Glossen, setzte jedoch die von Saenger mit unverkennbar persönlichem Stil eingeführte politische ›*Junius*‹-*Chronik* nicht fort. Statt ihrer erschien in der Zeit vom März bis Dezember 1921 eine *Politische Chronik* unter dem Pseudonym Sebastian Brant; wer der Kapitän dieses »Narrenschiffs« war, ob Dr. Steinitzer oder ein anderer, hat sich nicht mehr ermitteln lassen. Auch Steinitzer bemühte sich, wie Saenger vor ihm, Rathenau zur Mitarbeit an der ›Neuen Rundschau‹ zu gewinnen; aber Rathenau antwortete am 27. November 1919:

Zu den großen Fragen der Zeit habe ich mich geäußert, Tagesereignisse interessieren mich nicht, und das Gesetz meiner Existenz, das mir vorschreibt, Gedanken nicht hervorzurufen, sondern ihnen zuzuhören, läßt mich abwarten, ob überhaupt noch Probleme auftauchen, denen ich mich gewachsen fühle. Bis dahin also leider Nein! Nun wird es sich aber schwerlich vermeiden lassen, daß der größere Gang der Ereignisse mich zwingt, sei es auf Gedanken zurückzukommen, sei es Anwendungen zu erläutern, kurz: dann und wann kritisch Stellung zu nehmen. In diesem Fall, glaube ich, kann ich Ihrer Zeitschrift dienen. Wie solche Aufsätze aussehen würden, weiß ich noch nicht ...

Steinitzer griff diese vage Zusage auf und ersuchte Rathenau im Januar 1920 aus Anlaß des Inkrafttretens der Friedensverträge um einen Aufsatz für das Märzheft:

Ich darf vielleicht auch darauf hinweisen, daß die Resonanz der ›Neuen Rundschau‹ im Auslande – auch im bisher feindlichen – wieder im raschen Wachsen begriffen ist; sie kommt hinüber, und wir stehen auch bereits wieder im Austauschverkehr mit führenden englischen und französischen Zeitschriften ...

Fischer fügte dem Brief ein ›gutes Wort‹ an:

Sehr verehrter und lieber Herr Doktor, Herr Dr. Steinitzer wünscht, daß ich seinen Antrag bei Ihnen unterstütze. Ich tue das mit großem Vergnügen und darf dabei als Ihr Verleger geltend machen, daß Ihnen die Monatsschrift auch eine Kompensation für die eigenen Broschüren bieten kann, die, wie Sie mir sagten, in nächster Zeit nicht zu erwarten sind. In wichtigen und grundsätzlichen Fällen können Sie durch die Vermittlung der Rundschau in umfassenden Aufsätzen Ihren Einfluß zur Geltung bringen, und ihn zu fördern, bin ich in solchen Fällen durch Zeitungsinserate im Stil des anliegenden Inserats gern bereit. Mit herzlichen Grüßen ...

Rathenaus Antwort ist nicht erhalten. Es erschien in der ›Rundschau‹ weder dieser noch ein anderer »umfassender« Aufsatz. Im Buchverlag kamen 1920 die beiden Rathenau-Broschüren *Was wird werden?* und *Demokratische Entwicklung*, 1922 *Cannes und Genua* sowie *Vier Reden zum Reparationsproblem* heraus. Sie waren Rathenaus letzte Veröffentlichungen.

ZWISCHENLÖSUNG

Saengers Ausscheiden war nur ein zeitweiliges Problem. Ein permanentes war die Leitung der Zeitschrift überhaupt. »Eigentlich«, sagte Fischer einmal zu seinem langjährigen Angestellten Max Kühnel, »sollte man sich von den engen Mitarbeitern auf den schöpferischen Gebieten – Lektorat, Redaktion, künstlerische Gestaltung – nach zehn Jahren trennen, wenn man führend bleiben will.« Doch gerade dazu konnte er, der Treue und Anhänglichkeit über alles stellte, sich schwer verstehen; und dieses Zaudern, seiner eigenen harten Einsicht zu folgen, veranlaßte ihn mehr als einmal, die gebotene Trennung mit Zwischenlösungen und Kompromissen hinauszuschieben. So auch jetzt. Er wußte: es mußte sein. Wenn die ›Neue Rundschau‹ sich mit frischem Blick den kommenden Dingen zuwenden sollte, bedurfte sie eines neuen, jüngeren und frischeren Kopfes. Oscar Bie hatte die Mitte der Fünfzig überschritten und die Zeitschrift seit 1894 ohne Unterbrechung ein Vierteljahrhundert lang geleitet. Er hatte sie auf ihre große repräsentative Höhe geführt und nach besten Kräften durch die Kriegsjahre hindurchgesteuert. Doch nun war er, wie er selbst gestand, überanstrengt und wünschte sich Zeit und Ruhe, um sich eigenen Arbeiten widmen zu können. Fischer sah sich um. In den Glücksburger Tagen fühlte er bei Flake vor:

Fischer sprach davon, daß ich die Redaktion der Neuen Rundschau übernehmen könne. Ich kannte ihn gut und merkte, daß ihm Bedenken kamen, als ich über einige Mitarbeiter offen sprach. Das Geld entwertete sich, und ich erklärte, man müsse die Honorare erhöhen. Er wartete in den nächsten Tagen auf meine Vorschläge, aber auch ich empfand Bedenken; vor allem sagte mir das vorgeschlagene Gehalt nicht im entferntesten zu; es waren fünfhundert Mark. Gegen sein Argument, daß man angesichts der ungewissen Entwicklung vorsichtig rechnen müsse, konnte ich nicht gut etwas einwenden; feilschen lag mir nicht, und ich hätte auch nicht gern als Angestellter zu tun gehabt.

Dies dürfte das letztlich entscheidende Moment gewesen sein. Flake war ein rasch denkender und arbeitender, immens fleißiger Mann von großer, stetig sich erweiternder geistiger Reichweite. Zu diesem Zeitpunkt hatte er eben einen neuen Roman *Nein und Ja* abgeschlossen, den die ›Rundschau‹ bereits zum Vorabdruck erworben hatte, und weitere Manuskripte, *Das Ende der Revolution* und *Das kleine Logbuch*, gingen gerade an den Verlag ab; die zwei ersten erschienen 1920, das dritte 1921. Er war ein sehr disziplinierter Publizist, gehorchte willig jedoch nur der eigenen, selbst auferlegten Disziplin.

Fischer fand eine Zwischenlösung. Er gewann im Frühsommer 1919 zu Bies Entlastung Alfred Döblin als zweiten Redakteur für die ›Neue

Rundschau‹, doch kam er, sosehr er den Schriftsteller in ihm schätzte, mit dem Temperament des Mannes nicht zurecht; es gab häufig Auseinandersetzungen, die Fischer aus tiefster Seele zuwider waren, und die Vereinbarung mit Döblin währte nur etwas über ein halbes Jahr. Seine zeitkritischen ›Linke Poot‹-Glossen, die er im Juni 1919 begonnen hatte, führte Döblin jedoch noch eine Zeitlang weiter. »Dann wurde ich«, wie er später meinte, »langsam kaltgestellt und wollte auch nicht mehr.« Zweifellos war Bie den Überfällen der Jüngsten allzu wehrlos ausgesetzt und steuerte im ersten Nachkriegsjahr einen unsicheren Zickzackkurs. »Warum dieses krampfhafte Bemühen um die Krampfhaften?« fragte Wassermann. Fischer war erleichtert, wenn er auf Solid-Gediegenes verweisen konnte. »Das Dezemberheft der Rundschau«, schrieb er am Jahresende 1919 an Hesse, »ist seit langem eines der besten Hefte. Zum ›Klingsor‹ gesellen sich die Briefe von Fontane und Kerrs ›Reise nach Jerusalem‹. Es wird heute nicht oft Gleichwertiges produziert.« Aber Thomas Mann war nicht der einzige, der in seinen Briefen stöhnte, er könne die Jüngsten selten »ohne Pein und Widerstand« lesen: »Im Ganzen sind die Wien–Prag–Berliner Explosionen doch gräßlich.« In einem Brief Wassermanns an Hedwig Fischer vom 18. Dezember 1919 heißt es:

Die Dezember-Rundschau ist in der Tat sehr schön ... Das Heft ist gehaltener als die früheren; da war gar zu viel Jungeleute-Trubel; diese gewisse allgemeine Humanitäts- und Verbrüderungs-Besoffenheit geht einem ein bißchen an die Nerven. Ich schätze Gesinnung; aber bloß Gesinnung, noch dazu mit Anmaßung und Unbedingtheit vorgetragen, langweilt mich. Die Zeit wird auch dies Gestrampel zur Ruhe bringen.

EPISODE: ›FIGURA‹-VERSCHWÖRUNG

Wußte Fischer oder ahnte er auch nur, was sich just damals zwischen Wien und München unter seinen ›Getreuen‹ zusammenbraute? Aus einem Brief Thomas Manns an Hofmannsthal vom 13. Januar 1920 geht hervor, daß das Projekt einer neuen großen Zeitschrift »überall die Köpfe beschäftigte«. In Wien betrieb Musil einen solchen Plan; Hofmannsthal dachte an ähnliches; in München wollte man mit Thomas Mann als Herausgeber eine Monatsschrift ›Das Odeon‹ schaffen, die sich »unter Ausschluß des eigentlich politischen Gebiets« mit »Literatur, Musik, Bildender Kunst, auch wissenschaftlichen und allgemein geistigen Dingen« beschäftigen sollte. Hofmannsthal dachte bei dem Wiener Projekt an eine »Kollektiv-Herausgeberschaft« eines »Schriftsteller-Consortiums«, und Thomas Mann, der diesen Gedanken »akklamierte«, legte ihm die Vereinigung dieser verschiedenen Pläne nahe, und zwar offenbar erfolgreich; denn am 7. Mai 1920 erläuterte er in einem ausführlichen Brief an Hermann Graf Keyserling den inzwischen weit gediehenen Plan zur Gründung der neuen Monatsschrift:

... nicht irgend einer, sondern derjenigen, die fehlt und deren Herstellung mir und anderen eine zeitliche Notwendigkeit zu sein scheint: einer Zeitschrift, die die altersmüde Neue Rundschau in der geistigen Führung ablösen, einen Mittel- und Sammelpunkt bilden könnte; einer Zeitschrift, die, im Dienste eines deutsch verwurzelten Kosmopolitismus, was bei uns Gutes wächst, bieten und zugleich sich europäischer Mitarbeiterschaft erfreuen würde; die, erhaltend im schönsten Sinn, ein Bollwerk gegen die allgemeine Verwilderung und Verwirrung, gegen den geistigen Bolschewismus, eine Pflegestätte und Zuflucht unserer Sprache, ein Wegzeiger im Chaos für das verstörte und verschüchterte Publikum zu sein vermöchte. Man denkt sie sich herausgegeben von einem Konsortium deutscher und österreichischer, im Letzten und Entscheidenden irgendwie verbundener und gleichgesinnter Schriftsteller, nämlich von Hugo von Hofmannsthal, Jakob Wassermann, Ricarda Huch, Thomas Mann und Hermann Grafen Keyserling...

Von diesem »Konsortium« von fünf »Verschworenen«, wie Thomas Mann sie nannte, waren drei Säulen des Fischer-Verlags. Ein vierter, der als Redakteur der Monatsschrift in Aussicht genommen war, Emil Alphons Rheinhardt, ein »junger österreichischer Literat von Geist, Talent und gutem Eifer«, war Autor des Fischer-Verlags, der von ihm 1917 einen Novellenband, *Das Abenteuer im Geiste*, und 1919 einen Gedichtband, *Tiefer als Liebe*, herausgebracht hatte. Die neue Zeitschrift sollte ›Figura‹ heißen – »ein Wortzeichen, das die Begriffe ›Gestalt‹ und ›Idee‹ vereinigt, womit der eigentliche Wille der Zeitschrift in der That ausgedrückt wäre« –, sie sollte in München erscheinen, »auf breiter finanzieller Basis«, zu welcher der Münchner Drei-Masken-Verlag eine halbe Million Mark zur Verfügung stellen wollte, unter der Voraussetzung, daß weiteres Kapital sich hinzufand, und der Verlag sollte, ebenso wie die Herausgeberschaft, ein Konsortium bilden. Die fünf Herausgeber gedachten, »das Wesentliche Ihrer Produktion grundsätzlich zuerst in der Zeitschrift zu veröffentlichen« – mit anderen Worten: keine ›Rundschau‹-Beiträge und -Vorabdrucke mehr von Hofmannsthal, Thomas Mann, Wassermann. Dies war in der Tat eine Verschwörung, die sich sehen lassen konnte.

Nur bekam das »verstörte und verschüchterte Publikum« sie nie zu sehen. Falls Fischer von der Anti-›Rundschau‹-Verschwörung wußte, bereitete sie ihm gewiß Familien-Kummer, aber keine wirklich ernste Besorgnis. Er wußte aus dreißig Jahren ›Neuer Rundschau‹, welch gewaltig lange Anlaufzeit und unendlichen Opferwillen ein solches Unternehmen braucht, ehe es fest auf seinen Füßen steht; und gar in diesen Zeiten! Eine halbe Million Mark klang im Mai 1920 noch imposant; zwei Jahre später hätte sie für das Fahrgeld des Redakteurs nicht ausgereicht. Wahrscheinlich kamen die Verschworenen noch rechtzeitig selbst darauf. ›Figura‹ verwirklichte sich nicht.

ABSCHIED VON DEHMEL

Am 8. Februar 1920 starb in seinem Haus in Blankenese sechsundfünfzigjährig Richard Dehmel.
Im Augustheft 1919 der ›Neuen Rundschau‹ hatte er noch in einer kleinen *Anmerkung* seinem Jugendfreund Carl Ludwig Schleich zum sechzigsten Geburtstag Glück gewünscht: »Du bist einer der wenigen, die uns helfen, die schwere Zeit etwas leichter zu nehmen, und auch das Donnerwort Ewigkeit.« Im November kehrte durch eine körperliche Überanstrengung die Venenentzündung, die er sich im Feld zugezogen hatte, zurück und nötigte ihn zum Stilliegen. Seine letzte größere Arbeit war eine neue »kosmopolitische Komödie«, *Die Götterfamilie*, die er vor Jahresende an Fischer sandte mit der Bitte, sie bei Reinhardt einzureichen. Im Januarheft der ›Neuen Rundschau‹ erschien seine letzte Arbeit, ein Aufsatz über *Neue Weltanschauungen.* Am 11. Januar konnte Fischer ihm telegrafieren, Reinhardt sei »sehr geneigt«, das neue Werk aufzuführen. Drei Tage darauf verschlechterte sich sein Zustand plötzlich. Hedwig Fischer sandte besorgte Telegramme an Ida Dehmel und schickte ein Lebensmittelpaket; die Theaterabteilung des Verlags überwies eine noch nicht fällige Tantiemenabrechnung von 2300 Mark, um den Kranken aller Geldsorgen zu entheben. Am 5. Februar fragte Fischer besorgt an: »Wie geht es Dehmel? Weiterer Geldbedarf?« Drei Tage später löschte die gefürchtete Thrombose dieses so willensstarke Leben aus.
Jakob Wassermann verzeichnete Dehmels Tod in seinem Tagebuch mit einem Kreuz und schrieb darunter: »Das schreibt man so hin und es bedeutet ein Grab, bedeutet einen Freund weniger, eine Welt weniger.« In Hauptmanns Abschiedsworten, am Sarg verlesen, hieß es: »Etwa zur gleichen Weltstunde betraten wir das schöne Reich verantwortlicher Geistigkeit, getragen von einer Welle sonniger Energien ...« Alle Freunde empfanden das gleiche: mit Dehmel war eine Welt erloschen. Fischer versammelte einen kleinen Trauerausschuß, bestehend aus Hauptmann, Lovis Corinth, Meier-Graefe, Schleich, Heimann und ihm selbst, der zu einer Gedenkfeier für Dehmel am 22. Februar einlud. Es war ein Sonntagvormittag; Conrad Ansorge spielte den Trauermarsch von Chopin, Alexander Moissi las Gedichte Dehmels, und Schleich hielt die Gedächtnisrede. Moritz Heimann schrieb Dehmel im Märzheft 1920 der ›Neuen Rundschau‹ einen Nachruf:

Als ich Dehmel kennen lernte, es ist nun schon ein Vierteljahrhundert her, fiel mir als Erstes und Stärkstes an ihm seine Stimme auf, ein tiefes, sanft rauhes Grau, mit vielen winzigen Splittern von etwas Funkelndem bestreut, und in seiner breiten, schwankenden Ruhe das Drohen eines jubelnden Aufschwungs ... Ihr Ton wird nicht verhallen. Indem ich ausdrücken will, wer in Richard Dehmel gestorben ist – nicht mir gestorben ist, sondern uns allen, denen er gelebt hat – fühle ich plötzlich, daß jedes bezeichnende Wort sein Bild verschiebt, anstatt es genauer zu machen. Wem gilt dieser besondere, nicht zu verwechselnde, nachschauende Schmerz? Nicht dem Dichter, dem Leidenschaften denkenden Geist, dem Ringenden, dessen unentschiedener Kampf uns einen herrlichen Sieg und dessen Sieg uns eine schon entfärbte Abendwolke bedeutet. Und wenn ich sagen wollte: dem Menschen, so darf ich kein Wort hinzusetzen, womit man sonst einen Menschen ehrt, ihn gütevoll, tapfer, wahrhaftig nennt. Nicht: der Mensch, nicht: ein Mensch, – sondern nur: Mensch. Das, wozu wir Menschen sagen, das war Dehmel.

Ida Dehmel setzte sich mit hingebungsvollem Eifer und nicht wenig Trotz und Eigensinn für die Bewahrung seines Andenkens ein. Schon wenige Monate nach Dehmels Tod, während Fischer die posthume Ausgabe der *Götterfamilie* herausbrachte, ging sie daran, Dehmels Briefe zu sammeln und für die Veröffentlichung auszuwählen. (Thomas Mann konnte nur drei Briefe beisteuern: »Ich bin lange Zeit mit meinem Besitz an Briefen sehr fahrlässig umgegangen, habe, ungeordnet, zu vieles aufbewahrt, und dann, da mich die Masse zu erstikken drohte, große Mengen abgestoßen, verschleudert oder eingebüßt.« Doch versicherte er ihr: »Wie stolz das Lob und der Rat des schon berühmten Mannes vor 26 Jahren den jungen Debütanten machte, vergesse ich nicht.«) Fischer war zur Herausgabe eines Briefbandes gern bereit, doch Ida Dehmel bestand auf zwei Bänden, und es kam während der Jahre 1921 und 1922 zu recht heftigen Auseinandersetzungen mit der streitbaren Witwe. Loerke, der die Redaktion der Briefe besorgte, geriet in einen enervierenden Briefwechsel mit ihr, und als Fischer sie auf die »augenblickliche Lage des Büchermarktes« verwies, erklärte sie, der Verlag erfülle seine Pflicht gegenüber Dehmel nicht. Fischer gab schließlich nach, und man einigte sich. Der erste Briefband, der die Jahre 1883–1902 umfaßte, erschien 1922, der zweite (von 1902 bis zu Dehmels Tod) 1923, und im gleichen Jahr brachte Fischer außerdem zu Dehmels sechzigstem Geburtstag eine Auswahl *Dehmel-Lieder* heraus. Schließlich ließ er 1926 noch das Nachlaßwerk *Bekenntnisse* und einen Band *Betrachtungen* folgen; doch um diese Zeit war es um Richard Dehmel in Deutschland schon sehr still geworden. Julius Babs Biographie erschien, obwohl Bab seit nahezu zwanzig Jahren zu den Autoren des Verlags gehörte, 1926 anderwärts.

Die Nachwelt freilich muß der Witwe für ihren Eigensinn, dem Verleger für seine Nachgiebigkeit dankbar sein. Die beiden Dehmel-Briefbände gehören zu den wichtigsten Dokumenten jener Zeit und sind weit über Dehmels Person und Werk hinaus von Bedeutung. Sie enthalten, wie auch das von Ida Dehmel eingerichtete und glücklicherweise vom Krieg verschonte Dehmel-Archiv, ein nahezu unübersehbares Geflecht menschlicher und geistiger Beziehungen.

ARNOLT BRONNEN

Im November 1919 gingen im Verlag zwei Theaterstücke eines Unbekannten ein. Sie kamen aus Wien und hießen *Vatermord* und *Geburt der Jugend*; ihr Verfasser nannte sich Arnolt Bronnen.

Dieser Autor war vierundzwanzig, seine Stücke waren sechs Jahre alt. Sie waren grelle, kreischende, bis zum Sadismus brutale Umsturzproklamationen gegen den bürgerlichen Zeitgeist, die väterliche Autorität, die Autorität der älteren Generation, jede Form der Autorität überhaupt, kaltblütig-schrille Ausrufungen der Suprematie der Jugend, die in Mord und Totschlag endeten, dabei von prägnanter Einbildungskraft und schneidender Dialogschärfe und mit krassem, sicherem Bühnenverstand gebaut. Der Achtzehnjährige hatte sie im letzten Friedensjahr atemlos hingefetzt und kurzerhand an Max Reinhardt geschickt. Dann mußte er in den Krieg. Als er nach viereinhalb Jahren aus der italienischen Kriegsgefangenschaft ins verelendete Wien heimkehrte, fand er die von Reinhardts Dramaturg Arthur Kahane mit »einem klugen, abweisenden Brief« zurückgesandten Manuskripte wieder vor. Während der ausgediente Soldat sich als Zeitungsverkäufer, dann als Hilfspolizist sein Elendsbrot verdiente, fertigte er saubere, kalligraphische Abschriften an:

Ich hatte nicht viel Zeit, um mich um Verlage zu kümmern. Ich kannte nur die großen Namen, so sandte ich das Gebündel dem S. Fischer Verlag in Berlin ein. Inzwischen wuchs die Inflation, die Teuerung . . .

Schon bald kam ein Brief aus Berlin:

Sehr geehrter Herr, von Herrn Greiner erhielt ich Ihre Stücke – ich möchte nach diesem großen Eindruck mit aller Kraft daran mitwirken, daß sie gedruckt werden; zählen Sie auf mich; – freilich, es wird nicht leicht sein . . . Inzwischen grüße ich Sie, dankend für dies Erlebnis Ihrer Arbeiten, Ihr ergebener Alfred Wolfenstein.

Bronnen berichtet in seinen Lebenserinnerungen weiter:

Ich war noch ungewohnt des literarischen Tons und mußte mich immer wieder vergewissern, daß dieser Brief auch wirklich mir galt. Als aber der Zweifel schwand, verfiel ich in das andere Extrem, in eine Übergewißheit.

Wenn dieser Mann, von dem ich nichts wußte, den ich aber für mindestens so wichtig wie S. Fischer hielt, so begeistert von mir und über mich schrieb, so wird er mir wohl auch helfen. Ich werde nicht mehr die trübe Atmosphäre des Eltern-Hauses weiter trüben ... ich werde nach Berlin fahren, dort gedruckt, dort aufgeführt werden ...

Gesagt, getan. Er »vertraute auf Gott und Alfred Wolfenstein«, fuhr los und gelangte am 20. Februar 1920 nach Berlin:

Die Stadt brodelte, gärte. Ich ahnte nichts von den Kämpfen, die vorausgegangen waren, ich sah nur die Knospen am Landwehr-Kanal und nicht die Schatten, die darüber schwebten. Ich ging zu Alfred Wolfenstein, zu Leo Greiner, zum alten Sami Fischer. Er nahm meine beiden Stücke an, viel hielt er nicht von mir. Er drückte mir tausend deutsche Papiermark in die Hand und sagte gönnerhaft: das sind viertausend österreichische Papierkronen. Es waren aber nur hundert Mark in Gold, und wiewohl ich in einem schmierigen Beisel der Steglitzer Schloß-Straße logierte, reichte es nicht lang.

»WANDERMOGEL«

Der Lyriker Alfred Wolfenstein – »ein netter, merkwürdige Perspektiven sehender Mensch, aber die Perspektiven stimmen nicht«, sagte Loerke einigermaßen kryptisch von ihm – war damals zweiunddreißig Jahre alt und gehörte zu den führenden Erscheinungen der zweiten großen Flutwelle der expressionistischen Bewegung, die um 1914 einsetzte, in den Jahren 1919/20 ihren Wogenkamm auftürmte und danach rasch versickerte. Der ernste und eigenwillige Mann war mit seinem ersten Gedichtband *Die gottlosen Jahre* 1914 bei Fischer erschienen; auf ihn folgte 1917 ein zweiter, *Die Freundschaft*, und 1919 ein Gedichtauswahlband *Menschlicher Kämpfer*. Musil hatte 1914 erstmals in der ›Neuen Rundschau‹ auf Wolfenstein aufmerksam gemacht; Loerke und Wolfenstein schätzten einander und traten füreinander ein. So kam es, daß Wolfenstein 1919 bei Fischer *Die Erhebung. Jahrbuch für neue Dichtung und Wertung* herausgab.

Jahrbücher und Anthologien jüngster Dichtung waren in der unmittelbaren Nachkriegszeit in großem Schwang. Kurt Wolff hatte schon 1913 mit dem von Max Brod herausgegebenen »Jahrbuch für Dichtkunst« *Arkadia* gleichsam das Modell geliefert. Nun traten sie in hellen Haufen auf, und es galt für sie im Grunde das gleiche, was Döblin im Aprilheft 1919 der ›Neuen Rundschau‹ zum Thema *Neue Zeitschriften* bissig vermerkte – daß nämlich überall immer wieder die gleichen Namen, Stimmen und Gesichter auftauchten:

Eine Zeitschrift, zwei Zeitschriften, ein ganzes Dutzend Zeitschriften. Rededelirien. Alle Menschen haben Ansichten, bisher hatte bloß Ludendorff eine, die anderen mußten sich damit begnügen, Hochverräter zu sein.

Überall stehen Menschen, kleben Plakate an, drücken sich Aufrufe in die Hand, die der andere befolgen soll. Der Unterschied vom Krieg? Während des Krieges sah man eine Herde, jetzt sieht man die Hammel... Jeder Verlag, der etwas auf sich hält, ist genötigt, für seine Bekannten eine besondere Zeitschrift herauszugeben, um sie auf dem Laufenden zu halten. Der Geltungsbereich einer Zeitschrift kann, wenn die Not nicht nachläßt, bis auf ein, zwei Häuserblocks eingeschränkt werden. Es ist begreiflich, daß sie alle dieselbe Zeitschrift schreiben. Sie hat verschiedene Namen... auch die Umschlagseiten sind verschieden, ebenso das Format. Im Widerspruch zu dieser Verkehrsnot steht die Reisewut der Autoren. Es hat sich eine Gesellschaft von Autoren gebildet, die anscheinend bereits über Flugzeuge verfügt, die imstande ist, die Verlegenheit der Verleger geschickt auszunutzen. Überall, wo sich ein Verlag seiner Pflicht gegen den umliegenden Häuserblock bewußt wird, tauchen diese Autoren auf. Es ist eine Normalserie; der Herausgeber hat nur nötig, ein Vorwort auf die neue Zeit, die Revolution, neue Kunst, neuen Geist zu schreiben. Und es gelingt ihnen überall. Die Gesellschaft nennt sich nicht Wandervogel, sondern Wandermogel. Ihr gehören gute Autoren, ich glaube ich auch, an.

Übertreiben macht anschaulich. Es war übertrieben — ganz so mechanistisch ging es nicht zu, es war ein echter Schwung, ein echtes Bedürfnis sehr wohl dahinter. Aber genau ein Jahr später schrieb Loerke gleichfalls in der ›Rundschau‹:

Kommen die Ährenleser in das Kunstgefilde? Fast scheint es so. Die vielen Anthologien, in Form von Büchern und Schriftenbündeln, wirken etwas gespenstisch wie geschehende Zeichen. Soll ihnen Aktivität innewohnen, und das geben die meisten vor, so kann die Ausstellung bekannter Verfasser nicht das Wesentliche sein, denn die sind ja ohnehin da, sondern eine gemeinsame Kraft, eine Richtung muß deutlich werden...

Es mußte durchaus nicht, es konnte gar nicht; die beiden bedeutendsten dieser Anthologien, die von Kurt Pinthus bei Rowohlt ebenfalls im Herbst 1919 herausgegebene *Menschheitsdämmerung. Symphonie jüngster Dichtung* und Wolfensteins *Erhebung*, die beinahe als einzige bleibenden, dokumentarischen Wert behalten haben, bezeugen, daß die Forderung nach »Richtung« irrelevant war. Pinthus' Anthologie war in der Tat sehr überzeugend, geradezu mitreißend wie eine Symphonie thematisch gegliedert und erzielte ihren rauschenden Vollklang, weil sie sich ausschließlich auf Lyrik beschränkte. Welche »Richtung« hat eine Symphonie? Wolfensteins Jahrbuch war umfassender. Es fügte alle Aussageformen jüngster Dichtung von der Lyrik über die erzählende Prosa und den Essay bis zur Dramatik zusammen. Viele Autoren traten in der Tat in beiden Büchern auf, die Herausgeber einbegriffen: Wolfenstein war bei Pinthus und Pinthus bei Wolfenstein vertreten.

›DIE ERHEBUNG‹

Loerke war selbst ein »Ährenleser«. Aus gelegentlichen Bemerkungen in seinen Briefen geht hervor, daß Fischer ursprünglich ihn mit der Herausgabe des Jahrbuchs beauftragt hatte und die Vorbereitungen schon zu Beginn des letzten Kriegsjahres in Angriff genommen wurden. So schreibt Loerke am 21. März 1918: »Ich gebe jetzt die ›Erhebung‹ heraus, den Zweig der Jugend am alten Baume Fischer«, und am 13. Juli 1918: »Eine Ankündigung der ›Erhebung‹ gibt es noch nicht, es gab nur eine jetzt vergriffene Einladung an Mitarbeiter.« Wann und warum Loerke die Herausgabe des Buches an Wolfenstein abgab, ist nicht klar; wohl aber, daß Fischer und Heimann von Wolfensteins Zusammenstellung enttäuscht waren. In einem Brief Heimanns an Fischer aus dem Sommer 1918 heißt es, er hoffe, zusammen mit Loerke »das Resultat noch Ihrer Erwartung gemäß verändern zu können. Wolfenstein selbst muß es einsehen, daß das bis jetzt Zusammengebrachte opus eine Flickschusterei von für ihn kompromittierender Ärmlichkeit ist.« Wolfensteins Vorwort *Das Neue* erhob jedenfalls gewaltige Ansprüche:

Dem Leben das Lebendige sichtbar machen, ja, lebendiger sein als alles! Die neue menschliche Gestalt und die neue Kunst können unmittelbarer als je einander mitbestimmen: Denn daß die Kunst Menschen gestaltet, kann den neuen Sinn wirklicher Erschaffung des Menschen gewinnen ... Bis in ihre Form hinein von ihrem Ethos durchklungene Kunst, – sie schuf aus dem Unsichtbaren mit an der großen Bewegung, die wir von ganzem menschlichen Herzen und Geist vollführen wollen. Die neue Kunst, schnelle Gefährtin in den Himmel ragender Zukunft, soll aus dem Menschen mit näherer Berührung als je den Freund des neuen Geistes erwecken ...
Solche organische Steigerung –: über den Dichtungen, Aufrufen und Wertungen dieses Jahrbuchs, über ihren Klängen für sich, soll ein solcher Einklang vernehmbar werden. Er ist im neuen Werk von vornherein als möglich enthalten, wie etwas, das noch zu sagen bleibt, verwandt dem menschlichen Zusammenspiel, in dem sich das Drama erst mit dem vollen Klang entwickelt, verwirklicht. Er bedeutet das brüderliche Wesen der neuen Geistigkeit. Und wie die Masse mit gläubiger Freude die Selbstentäußerung ihrer Wogenbewegung, den Übergang des Einzelnen zum verschmolzenen, lauter jubelnden Menschentum empfindet: erheben die Neuen natürlicher als jemals die aus Einsamkeit tretende Stimme ihres Werkes zu einem Chor der Werke. Das ist ihr mehr als bildlicher Anteil am Wesen neuer Wirkungseinheit, an der hämmernden Gemeinsamkeit der Erde. Dies Jahrbuch, das zwischen Krieg und Frieden tritt, verkünde den höheren Kampf und sei das Beispiel einer menschlich tönenden Welt.

Die Erhebung war kein umfassendes Lebensdokument der expressionistischen Bewegung, eher das Gegenteil; man konnte in ihr geradezu ein Dokument der zahlreichen, einander widersprechenden und miteinander verfeindeten Haltungen innerhalb der Bewegung erblicken; viele von Wolfensteins programmatischen Sätzen standen im Gegensatz zu den Anschauungen mancher seiner Autoren und stimmten nur auf ihn selbst. Wenn die expressionistische Bewegung überhaupt je eine gemeinsame Grundhaltung besessen hatte, so bescheinigte *Die Erhebung* ihr geradezu den Zerfall dieser Einheitlichkeit. Der ursprüngliche Beweggrund zu ihrer Herausgabe war vermutlich, die in Verlag und Zeitschrift im abgelaufenen Jahrzehnt hervorgetretenen Kräfte der Jüngsten zusammenzufassen und den Anteil des Hauses Fischer am Durchbruch dieser Kräfte zu veranschaulichen. Dieser Anteil war, wie die Liste der Autoren zeigt, sehr beträchtlich – auch der »Wandermogel« Döblin war dabei –, und Wolfenstein hatte nur wenige seiner persönlichen Freunde hinzugewählt. Anders als die *Menschheitsdämmerung* und die meisten übrigen Anthologien, war *Die Erhebung* als regelmäßige Jahrespublikation gedacht. Wolfenstein gab 1920 ein Zweites Buch heraus, dessen Erfolg jedoch bereits hinter dem ersten stark zurückblieb, und führte die Arbeit nicht fort; auch seine späteren Bücher erschienen nicht mehr bei Fischer. Aus Loerkes Tagebuchnotizen geht hervor, daß er sich im Sommer und Herbst 1921 mit der Vorarbeit zur Weiterführung befaßte, aber trotz häufig vermerkter »langer Konferenzen mit Fischer über das Jahrbuch« blieb »alles schwankend«, und am Ende wurde die Absicht aufgegeben. In Wahrheit war das Zweite Buch der *Erhebung* bereits ein Abgesang des Expressionismus gewesen.

Mit dem von Wolfenstein verkündeten Glaubensbekenntnis hatte Arnolt Bronnen nichts gemeinsam. Er war aus dem späten Naturalismus aufgeschossen und brach krachend zwischen den »Ährenlesern« auf ihrem Stoppelfeld hindurch in noch wüstes Gelände ein, dessen Besonderheit man noch nicht kannte. Wolfenstein druckte nichtsahnend Bronnens *Vatermord* im Zweiten Buch der *Erhebung* und fügte einen Akt der *Geburt der Jugend* als Epilog an. Eine unheimliche Gewichtsverteilung! Von den 385 Seiten dieses Bandes belegte Bronnen allein fünfundachtzig. Fischer brachte die Buchausgabe von *Vatermord* 1921, die von *Geburt der Jugend* im Jahr darauf:

> Kein Mensch kümmerte sich darum. Es erschienen während der Jahre 1920 und 1921 vielleicht fünf Besprechungen in ganz Deutschland, kein Theater dachte daran, eines der Stücke aufzuführen. Dabei war es eine gute, starke Zeit. Die Theater barsten von guten, interessanten, neuartigen Stücken. Neben Georg Kaiser und Frank Wedekind ... waren Hasenclever, Unruh, Kornfeld, Zuckmayer, Reinhard Goering getreten.

So Bronnen selbst. Drei Wochen nach seiner Ankunft in Berlin, am 13. März 1920, erfolgte der Kapp-Putsch, der zum Generalstreik führte.

Hauptmanns, die sich im Hotel Adlon befanden, wo das Licht ausging, die Bedienung streikte und es nichts zu essen gab, flüchteten zu Fischers in den Grunewald und bezogen die Mansardenzimmer. Hedwig Fischer erinnerte sich:

Es gab kein Licht, kein Gas, wenig zu essen, täglich schickte ich den Chauffeur mit dem Rad um Lebensmittel in die Stadt, und ich ging mit Frau Margarete zum selben Zweck nach Halensee. Der große Gasherd in der Küche war außer Gefecht, und auf dem kleinen Kohlenherd mußten die ›großen‹ Portionen gefertigt werden. Wir zogen mit tropfenden Kerzen durchs Haus. Alte Kandelaber wurden hervorgesucht und besteckt, und da die Sache nicht gar zu lange dauerte, fanden wir die Lage am Ende romantisch und machten abends zur Kerzenbeleuchtung Kammermusik. Frau Lili von Mendelssohn spielte mit Frau Margarete das Doppelkonzert von Bach vor nur Grunewalder Zuhörern: Rathenau, Kerr, Hauptmanns und uns. Der Generalstreik vertrieb den Kapp-Spuk schon bald, die Regierung kehrte nach Berlin, Hauptmanns ins Adlon zurück...

Hauptmann war zur Uraufführung seines neuen Schauspiels *Der weiße Heiland* nach Berlin gekommen. Sie fand zehn Tage nach Ende des Umsturzversuchs, am 28. März 1920, im Großen Schauspielhaus in der Inszenierung von Karl-Heinz Martin statt, mit Moissi als Montezuma und Jannings als Cortez. Das 1912 begonnene, 1917 unter dem Eindruck des Krieges beendete Stück, ein dunkles, drückendes Abbild der Verzweiflung über die Greuel der Kriegsjahre, stand »fremd in der literarischen Landschaft« jener Jahre, und die Fehlinszenierung ließ nicht erkennen, was in ihm steckte. Kerr sah es:

Hier schuf Hauptmann ein großes tragisches Sinnbild für die Macht des Brutalen in der Welt... Mag es nicht nur als platonisches Sinnbild nachdenklich stimmen, sondern als Warnung Taten zeitigen... Ja, eine fast euripideische Tragik – welche die Menschen zum Menschlichwerden leitet. Und hoffentlich zum Widerspruch. Hauptmann findet nach Abirrungen seine große Linie...

Die Buchausgabe dieser »dramatischen Phantasie« erschien gleichzeitig bei Fischer, der jetzt auch wieder eine Vorzugsausgabe von 300 numerierten und signierten Exemplaren auf Bütten bewerkstelligen konnte; der Bucherfolg war mit seinen 17 Auflagen größer als der Bühnenerfolg. Einige Monate darauf weilte Heimann bei Hauptmann in Agnetendorf und berichtete Fischer am 12. Juli 1920:

Hauptmann hat an drei Tagen drei Gesänge seines Epos Tyll vorgelesen, in Hexametern, ein breiter Strom, der auf großen Schiffen alles Fahrgut der Zeit dahinträgt, im einzelnen alles herrlich und frei, als Gesamtentwurf möglicherweise ein krönendes Werk, vielleicht aber auch zum Fragment verurteilt.

Welches war die echte, die gültige literarische Landschaft jener Jahre? Wie viele Strömungen trugen das »Fahrgut der Zeit« in wie viele Richtungen, wie viele im Krieg aufgeladene Spannungen liefen kreuz und quer und durchschnitten einander die Bahnen? Fischer war sich, wenn er seine Verlagslandschaft betrachtete, vermutlich nicht klar bewußt, warum er von dem Gewächs Bronnen »nicht viel hielt«. Doch mag er wohl gespürt haben, daß dies mit dem »Humanitäts-Gestrampel«, zwischen welches es geraten war, nichts zu tun hatte, sondern daß hier das Gegenteil der Versöhnungsschwärmerei in die Literatur einbrach, nämlich eine mörderische Geltungssucht, die gellend mit Stuhlbeinen hantierte und mit kurzatmiger Kraftmeierei alles zerschlug, wovon sie im Grunde lebte. Mit Bronnen hatte die Lumpenintelligentsia, die kalt kalkulierte intellektuelle Rüpelei, das dialektische Rabaukentum, dem alle Kniffe und Tricks der literarischen Geldschrankknackerei geläufig waren, den Fuß in die Tür gezwängt. Knapp zwei Jahre später zeigte sich, wer Bronnens Spießgesellen waren und was sie sich unter »Erhebung« vorstellten. Erkannte niemand diesen Marodeur des Geistes?

Einer begriff immerhin die Zeitläufe, die ihn hochspülten. Am 24. August 1919 hatte Wassermann an Fischer geschrieben:

Ich arbeite jetzt eine Folge von Geschichten, kaum Novellen zu nennen, kaum Erzählungen, eine Folge, die ich auf 5–6 Bände ausdehnen will, unter dem gemeinsamen Titel ›Der Wendekreis‹, eine Art Teppich, eine Art Gesamtbild der Epoche in Einzelszenen, ungefähr wie ein großer Roman ohne Held als das Volk, die Zeit...

Der erste Band dieser *Wendekreis*-Folge, *Der unbekannte Gast*, erschien bereits im Herbst 1920. In der Titelnovelle dieses Buches berichtet der Schriftsteller Moerner seinen Freunden »eine unerklärliche Veränderung seines seelischen Gleichgewichts«, die ihm widerfahren ist:

Spürt ihr es nicht, wie keine Resonanz wird? Kein Sinn will mehr aufnehmen; es sei denn die gröbste Nahrung; nichts ist Besitz, alles Erwerb; nichts Erlebnis, alles Kitzel; keinem Gemüt prägt sich das Wesen ein, nur die Verzerrung davon; die Ehrfurcht ist geschwunden, die Überlieferung abgeschnitten, der Glaube tot, das Wissen ein mörderisches Narkotikum. Kein Zusammenhang und Zusammenklang, in der Höhe nicht, in der Tiefe nicht, bei den Guten nicht, bei den Bösen nicht. Hinten versinkt alles in Abgründen, vorne öffnen sie sich. Panische Flucht nach allen Seiten; Angst, sich zu verpflichten, Angst vor der Hand, die sich bietet, Angst vor dem Schmerz, Angst vor der Wahl, Angst vor jeglicher Entscheidung, Angst sogar vor der Erinnerung an den verlorenen Gott. Und wird euch denn nicht ebenfalls Angst, wenn ihr die Heraufkommenden betrachtet diese Zuchtlosen, ihre Lust an der Raserei, an der Tobsucht des frierenden Verstandes; ihren Götzendienst vor der Chimäre, den Kultus vor dem Golem, die grauenvoll ummauerte Isolierung eines jeden, in die er, um sich und die anderen Isolierten zu betäuben, wie ein verrückt gewordener Anachoret nach Verbrüderung schreit, rachsüchtig und voll Haß in seiner Wehleidigkeit? Was soll werden?

Da stand es. Man brauchte es nur zu lesen: Die »Tobsucht des frierenden Verstandes«. Warum hörte eigentlich niemand auf die Dichter? Weil sie zum Fürchten waren?

ZUKUNFTMÄCHTIGE HUMANITÄT

Ende Juli 1920 reiste Fischer mit seiner Familie zum Sommerurlaub nach Garmisch. Dort stieß Mitte August Thomas Mann zu ihnen, und auch Hans Reisiger, zuletzt in Fliegeroffiziersuniform aus Travemünde erinnerlich, war wieder da. Reisiger hatte vor Jahresfrist, im Herbst 1919, bei Fischer eine bedeutende Arbeit veröffentlicht: seine vorzügliche, in jahrelanger liebevoller Behutsamkeit gefertigte Übertragung von Walt Whitmans *Grashalmen.* Diese Arbeit war im ersten Nachkriegsjahr in Deutschland ein Ereignis und wurde sogleich als eine überragende Leistung erkannt und gerühmt. Loerke fand in seiner Würdigung im Oktoberheft 1919 der ›Neuen Rundschau‹, sie sei

in Rhythmus und Haltung freier und beweglicher als die meisten bisherigen Übersetzungen; sein Dolmetschwort bohrt nach dem Hintersinn des Sinns, es gab mir manche Klarheit über die assoziativen und gewollten Beziehungen im Werk des Dichters. Nachdem man gerade in jüngster Zeit ganze Chöre technisch und geistig von Whitman abhängiger Poeten gehört hat, erschrickt man bei der Wiederbegegnung mit dem Urbild vor seiner Wahrheit...

Mit diesem Werk begründete ›Reisi‹ seinen großen Ruf als kongenialer Vermittler angelsächsischen Geistesgutes, dem er hinfort unter Hintansetzung seines eigenen Schaffens den größten Teil seiner Arbeitskraft und großen Könnerschaft widmete. Seine *Grashalme*-Übersetzung war nur eine Auswahl gewesen. Sie befeuerte ihn zu Größerem. Am 28. März 1920 schrieb er in einem langen Brief an Fischer:

Es ist mir in den letzten Wochen immer deutlicher geworden, welch große, stets wachsende Bedeutung Walt Whitman für unsere nächste Zukunft hat und haben wird. Ich höre seinen Namen öfter denn je, und seine Verkündung einer in sich befreiten und erhöhten Menschlichkeit, die aus Fleisch und Blut und Seele erwächst, wird immer lebhafter aufgenommen. Ich glaube, es ist nicht anmaßend, wenn ich mit meiner Übertragung Anteil an diesem Anschwellen seiner Bedeutung für uns Teil zu haben glaube. Um so stärker ist in mir das Gefühl davon gewachsen, daß ich selbst doch noch viel tiefer und inniger, als bisher, mit diesem ganzen gewaltigen Thema »Whitman« ringen und fertig werden muß...

Er wollte nun seine *Grashalme*-Übersetzung vervollständigen und das ganze poetische Werk Whitmans übersetzen, »soweit es nach meinem besten Urteil übersetzbar ist«, und außerdem die Tagebücher, Aufsätze und Briefe Whitmans, deren Kenntnis »zu einer wirklich breiten Wirkung W.'s durchaus erforderlich« seien, vollständig bei

Fischer herausgeben. Außerdem sei »endlich einmal eine grundlegende deutsche Biographie Whitmans« erforderlich, und diese wollte er selbst schreiben:

Mein Buch über ihn würde in diesem Sinne nicht Biographie im landläufigen Verstande bleiben, sondern zur Dichtung werden, zu einem Herdfeuer, das wir ihm hier in unserer erschütterten Heimat neu anzünden... ich bin im innersten Herzen der festen Überzeugung, daß ich der berufene Mann heute in Deutschland bin, der seinem eigenen ganzen Wesen nach für diese Arbeit am besten in Frage kommt...

Diese Arbeit wollte er binnen neun Monaten, bis Ende 1920 fertigstellen. Fischer ging auf diesen großen Plan ein, mit einer Abänderung – er wünschte sich die Biographie nicht als selbständiges Buch, sondern als große, umfassende Einführung in die deutsche Gesamtausgabe, und so wurde der Plan verwirklicht. *Walt Whitmans Werk* erschien zwei Jahre später mit Reisigers bis heute mustergültiger biographischer und werkanalytischer Einführung in zwei Bänden, und jetzt zeigte sich, daß Reisiger recht gehabt hatte, wie sehr nämlich dies ein »Werk dieser Zeit« war. Thomas Mann widmete der Arbeit des Freundes – »Mit Herrn Reisiger«, sagte seine jüngste Tochter, »ist der Papa immer so heiter« – am 16. April 1922 in der ›Frankfurter Zeitung‹ einen »Huldigungsbrief«, in dem er für »diese große, wichtige, ja heilige Gabe« dankte:

Wahrhaftig, lieber Herr Reisiger, es ist ein Verdienst ersten Ranges, daß Sie uns diesen gewaltigen Geist, dies strotzende und dabei tiefe neue Menschentum in jahrelanger Hingabe und begeisterter Arbeit nahegebracht haben, uns Deutschen, die wir alt und unreif zugleich sind und denen die Berührung mit dieser zukunftsmächtigen Humanität zum Segen gereichen kann, wenn wir sie aufzunehmen wissen... für mich ist dies Werk ein wahres Gottesgeschenk, denn ich sehe wohl, daß, was Whitman ›Demokratie‹ nennt, nichts anderes ist, als was wir, altmodischer, ›Humanität‹ nennen... Kurzum, Ihre Tat – dies Wort ist nicht zu groß und stark – kann von unabsehbarer Wirkung sein...

Sie war nicht zuletzt auch des Verlegers Tat: ein solches Unternehmen der Liebesmüh' konnte sich schwerlich in Geldeswert bezahlt machen, obwohl es noch vier Auflagen erlebte. Wenige Monate später erklärte Thomas Mann vor aller Öffentlichkeit aus hochpolitischem Anlaß, dieser Tag, da er unter dem mächtigen Eindruck von Reisigers »nobler Übersetzung« die »Einerleiheit von Humanität und Demokratie proklamierte«, sei »ein wichtiger Tag für mich, persönlich gesprochen« gewesen. Der Anlaß sorgte dafür, daß er es für das ganze geistige Deutschland wurde. Wassermanns Faden führt einigermaßen verschlungen zu ihm hin.

WASSERMANNS VERSTRICKUNG

Als Wassermann den Schriftsteller Moerner sagen ließ: »Hinten versinkt alles in Abgründe, vorne öffnen sie sich«, sprach er aus leidvoller Erfahrung. Die Kriegsjahre hatten ihn stärker zermürbt, als die Freunde in Berlin wußten oder verstehen konnten. Seine gequälten Briefe an Fischer aus dem ersten Nachkriegsjahr lassen erkennen, daß das vertraute Einvernehmen angegriffen war. So schrieb er im August 1919 aus Alt-Aussee:

... die Ferne ist so groß, viel größer als früher, die Verbindung so unsicher, man weiß nicht, wieweit man noch auf Verständnis, auf Zustimmung, auf Mitgehen rechnen kann, man ist so verstrickt und verwirrt, so ängstlich beladen, denkt auch die anderen so ... Ich denke dich umsponnen von einer Literatur, von Literaten, die nicht mit mir zu tun hat, nie zu tun haben wird, und denke dich auch vom Alter müde, ein wenig angeekelt, ein wenig skeptisch. Du hinwiederum, Du und Hedwig, ihr denkt mich entsprechend ... erkältet, denkt mich verirrt, und vielleicht falsch berichtet, das hemmt mich wieder, und so entstehen Schweigepausen ...

Hinzu kam das deutliche Gefühl, daß Hedwig Fischer für den Zusammenbruch seiner Ehe mit Julie Speyer, seine Flucht aus Wien, sein Leben mit der Gefährtin Marta Karlweis kein Verständnis aufzubringen vermochte, es mit moralischen Vorbehalten mißbilligte und ihm insgeheim Vorwürfe machte. In Brief um Brief sucht Wassermann seine Lage zu erklären; so am 24. August 1919, nach der Rückkehr von einer ersten Nachkriegsreise in die Schweiz:

Ich mußte in die Schweiz. Ich mußte mal freie Luft atmen. Ich wäre sonst erstickt. Es gibt schon ein seelisches Ersticken ... Die Trennung von Julie ist unausweichlich, sonst ginge ich zu Grunde. Das Wie und Wo ist noch dunkel. Alles ist noch dunkel, ich selbst am meisten. Die nur den Jammer dieser Zeit zu tragen haben und in ihrem Zimmer, in ihrem Haus Frieden haben, denen ist noch wohl, sie wissen nicht, wie beneidenswert sie sind. Ich werde, nahe an Fünfzig, zum Flüchtling ...

Und als die Trennung erfolgt war, am 18. Dezember 1919:

Ihr lebt zu fern, ihr wißt nicht, wie es in den letzten zehn Jahren geworden war, ihr habt ein ganz falsches Bild ... aber wenn ihr einmal die ganze Wahrheit in ihrem ganzen Umfang erfahren könntet – es ist ja letzten Endes nicht möglich – so würdet ihr mich auch ganz verstehen ... Daß wir jetzt so auseinandergerissen sind, ist schmerzlich, aber die Zeit hat so viel Schmerzliches, daß man auch das hinnehmen muß ... Die Nachrichten über Heimann sind mir natürlich nur zum Teil eine Beruhigung. Was gäbe ich darum, ihn ein paar Wochen hier, in der Stille, vollkommenen Abgeschiedenheit und Reinheit der Luft (in jedem Sinn!) zu haben ... mich ekelt, wenn ich an gewisse Stimmen und Strömungen denke, die heute im Schwange sind und denen das höchste und reinste Tun und Wollen nichts bietet als ein Zerrbild. Die Sicherheit darin fängt erst nach dem Tode an; und so lang muß ich eben warten ...

Marta Karlweis geriet unversehens auch in literarische Mitleidenschaft. Sie war eine gescheite, formbegabte und in allem, was sie in ihrer schwierigen Situation tat, sagte und schrieb, bewunderswert stilsichere Frau. Sie hatte im letzten Kriegsjahr bei Fischer ihren ersten Roman *Die Insel der Diana* veröffentlicht (dem 1911 bereits ein Erstlingswerk der Zweiundzwanzigjährigen, die Erzählung *Der Zauberlehrling* in einem anderen Verlag vorausgegangen war), und inzwischen lag Fischer ihr zweiter Roman *Das Gastmahl auf Dubrowitza* vor. Fischer konnte sich, wohl zum Teil auch wegen der bedrängten Herstellungsverhältnisse, nicht entschließen, und Wassermann schrieb dringlich:

Marta Karlweis läßt Dich auch noch bitten, ihr wegen ihres Romans, den sie vor Monaten an Dich sandte, Bescheid zu geben. Es ist ihr ja vertraglich eine Frist zugesichert, die nun längst überschritten ist. Ich will hier noch auf die besondere Qualität der in Rede stehenden Arbeit hinweisen; es würde sich schon lohnen, daß Jemand sich der Sache annimmt, und auch ich bitte Dich heute um eine baldige Entscheidung.

Die Entscheidung blieb offenbar aus, denn das Manuskript geriet in ein anderes Verlagsgetriebe.

WIDER DAS ZERRBILD

Aber mehr als alle privaten Widrigkeiten war es das »Zerrbild« seines »höchsten und reinsten Tuns und Wollens«, wie es ihm aus seiner angestammten deutschen Umwelt entgegenblickte, das Wassermann aufbegehren ließ, ihn in diesem kritischen Augenblick zu verzweifelter Empörung trieb. Denn »das, was man Ruhm heißt«, war, wie er an Hedwig Fischer schrieb, »näher besehen, nichts weniger als ein festes Fundament«. Es war ein Zerrbild der echten Geltung, widerwillig und bedingt zugestandene Anerkennung, allzeit widerrufbar, und es war nicht erst jetzt aufgetaucht, sondern hatte ihn seit früher Kindheit angestarrt, seinen ganzen Lebensweg begleitet. Jetzt entschloß er sich, mit aller geistigen Autorität und allen Mitteln darstellerischer Beredsamkeit, über die er gebot, den Satan beim Namen zu nennen, sich den unerträglichen Hohn der Verzerrung von der Seele zu schreiben. Im Spätherbst 1920, nach der Rückkehr von einer zweiten Schweizer Reise, brachte er in wenigen Wochen in Alt-Aussee die Schrift *Mein Weg als Deutscher und Jude* zu Papier. Die Zeit war reif, er selbst war reif dafür.

Es war kein neues Thema, auch für ihn nicht. Schon im Herbst 1904, zur Zeit, als er sich mit seinen vielen gleichzeitigen Romanentwürfen erfolglos herumschlug, hatte Wassermann in der ›Neuen Rundschau‹

einen großen, leidenschaftlich bewegten Aufsatz *Das Los der Juden* veröffentlicht, der auf das Mißverständnis der jüdischen Emanzipation hinwies und erklärte, die Deutschen »dünkten sich großmütig«, weil sie den Juden »Plätze im Land anwiesen, ohne ihnen den inneren Besitz der Heimat zuzugestehen. Die Menschlichsten zeigten sich in dieser Beziehung erbarmungslos, der lichteste Geist war von tausendjährigen Vorurteilen geblendet.« Wie solle der deutsche Jude sich dazu verhalten? hatte er damals gefragt. Er solle

die Wundmale nicht verleugnen, die nun einmal untrennbar sind von seinem Namen, aber er soll auch die Krone nicht vergessen, die einst auf seinem Haupt leuchtete ... Ich meine also, die sogenannte Judenfrage ist für den heutigen Juden nichts anderes als ein Problem des Selbstbewußtseins und der Erweckung großer Traditionen ... Nur vom Juden selbst hängt es ab, ob er in Kämpfen, die fruchtlos sind, weil sie der lebendigen Wirkung ermangeln, nicht seine inneren Kräfte vergeuden will. Er vergesse es, daß ihn das Vaterland nicht aller Amtsehren und -funktionen würdigt, die es zu vergeben hat, und wenn er nicht Russe oder Deutscher im vollen Sinne werden kann, so werde er desto mehr Mensch. Für dieses Ziel kann er gar nicht genug leiden ...

Jetzt, anderthalb Jahrzehnte später, befriedigte diese Antwort nicht mehr; er hatte erkannt: so ging es nicht, der »innere Besitz der Heimat« war doch das Entscheidende, auf ihn konnte und wollte er nicht verzichten.

Ohne Rücksicht auf die Gewöhnung meines Geistes, sich in Bildern und Figuren zu bewegen, will ich mir – gedrängt von innerer Not und Not der Zeit – Rechenschaft ablegen über den problematischsten Teil meines Lebens, den, der mein Judentum und meine Existenz als Jude betrifft, nicht als Jude schlechthin, sondern als deutscher Jude, zwei Begriffe, die auch dem Unbefangenen Ausblick auf die Fülle von Mißverständnissen, Tragik, Widersprüchen, Hader und Leiden eröffnen. Heikel war das Thema stets, ob es nun mit Scham, mit Freiheit oder Herausforderung behandelt wurde, schönfärbend von der einen, gehässig von der anderen Seite. Heute ist es ein Brandherd.

So beginnt diese knappe, gedrängte Schrift von hundertzwanzig Seiten, die Wassermann als seine »Selbstbiographie« bezeichnete; doch war sie keine Schilderung seines gesamten Lebensgangs, sondern eine aus diesem Lebensgang herausgelöste Abbildung seines deutschen und jüdischen Selbst – »ein Buch der Rückschau, Umschau, Zusammenfassung, Abrechnung« nannte er es in Briefen an den Freund Ferruccio Busoni, dem es gewidmet war,

ein sehr persönliches, sehr schmerzliches, mir sehr wichtiges Buch ... mir kommt es aus dem Innersten, und es steht kein Wort in dem Buch, das ich nicht vertreten und für das ich nicht auf dem Scheiterhaufen zeugen könnte. Das ist ein starkes Wort, aber auch die Sache ist stark.

Marta Karlweis gibt in ihrem Lebensbild Wassermanns einen guten Begriff von der Eigenart dieser ungewöhnlichen Schrift:

›Mein Weg als Deutscher und Jude‹ ist, wie schon der Titel anzeigt, kein beschauliches Memoirenbuch, der Lebenslauf dargestellt nicht um seiner selbst willen, sondern beispielhaft, Substrat von Wassermanns J'accuse in eigner, das ist hier in der Sache der deutschen Juden. Die Vorgänge in Deutschland, besonders in seiner bayrischen Heimat, gaben den unmittelbaren Anlaß zu diesem Buch...
In ihrer Verschmelzung von nicht etwa nur berichtetem, sondern Bild um Bild gestaltetem biographischen Detail, von kulturgeschichtlicher Rückschau, von Protest und Klage voll biblischer Vehemenz ist die kleine Schrift auch ihrer Form nach einzigartig und neu. Hier wird ein Herz entblößt, ohne die Schamhaftigkeit zu verletzen, weil auch die Entblößung ganz im Dienst der Sache, im Dienst heiligst erglühter Liebe, mit höchstem, weil nicht erworbenem, sondern in Jahrtausenden erlittenem und erlebtem Anspruch auf Gerechtigkeit geschieht. Zum erstenmal tritt Wassermann leibhaftig hervor hinter seinem riesenhaften Bilderteppich und redet als Fürsprecher und Ankläger zugleich vor allem Volk...
Wie die hundertzwanzig Seiten aneinandergereihter Lebensfakten gipfeln in dem vierundzwanzigsten Kapitel, von dessen dreizehn Absätzen die zehn mittleren zehnmal anheben mit den drei Worten: Es ist vergeblich, – das ist von solcher Wucht, Trauer und Schmerz, zu so prophetischer Größe gesteigert, daß einer ein deutscher Schriftsteller sein mußte, um nicht wegen dieses Stückes allein über den Erdball hin für immer berühmt zu werden.

Halten wir inne; blicken wir auf den zeitlichen Zusammenhang. Wassermann beendete die Niederschrift am 9. Dezember 1920 und sandte das Manuskript an Fischer. Das Manuskript war noch kaum in der Druckerei, als gleichzeitig, in Berlin und Wien, der Brandherd, von dem es sprach, aufloderte. Der Anlaß war Schnitzlers *Reigen*.

»IN UNSERER ENTFESSELTEN ZEIT«

Mehr als ein Jahrzehnt war vergangen, seit Fischer zuletzt mit Schnitzler über den *Reigen* korrespondiert hatte. Inzwischen war mit dem Ende des deutschen Kaiserreichs auch die präventive Theaterzensur – die Vorzensur – gefallen, und Fischers Theaterabteilung erhielt Anfragen wegen der Aufführungsrechte des Stücks. Fischer selbst schöpfte Hoffnung, unter den liberaleren Verhältnissen der Republik den *Reigen* nun doch endlich in seinen Verlag übernehmen zu können. Am 9. Januar 1919 schrieb er an Schnitzler: »Da Zensurschwierigkeiten jetzt nicht bestehen, so bin ich sehr gern bereit, gegebenenfalls den Reigen zu drucken.« Schnitzler hatte angesichts der Auseinandersetzungen, die auf den Privatdruck von 1900 gefolgt waren, die Aufführung der Szenenfolge untersagt, und nur der vierte, fünfte und sechste Dialog waren am 25. Juni 1903 im Akademisch-Dramatischen Verein in München einmal aufgeführt worden. Schnitzler war sich sehr im Zweifel, ob er die Aufführung jetzt gestatten solle. Am 8. April 1919 schrieb ihm Fischer:

Vielleicht sollten Sie sich gegen die Aufführung des ›Reigen‹ nicht mehr spröde verhalten. In unserer entfesselten Zeit wiegen Zweifel und Bedenken nicht mehr so schwer wie sonst, und da Sie den ›Reigen‹ geschrieben haben, werden Sie sich ja auch zu ihm auf der Bühne bekennen. Ich bin aber dann in erster Linie für Reinhardt, jedenfalls aber gegen das Trianon-Theater, schon um dieses Werk nicht in die Nachbarschaft leichtfertiger französischer Schwänke zu bringen.

Schnitzler ließ sich umstimmen und gab das Stück zur Aufführung frei. Doch vergingen noch anderthalb Jahre, bis der *Reigen* wirklich gespielt wurde, und zwar weder bei Reinhardt noch im Trianon-Theater. Die Uraufführung der ganzen Szenenfolge fand am 23. Dezember 1920 in dem von Gertrud Eysoldt geleiteten Kleinen Schauspielhaus in Berlin (im Gebäude der Hochschule für Musik in der Hardenbergstraße) statt. Eine Zivilkammer des Landgerichts Berlin hatte bereits vor der Premiere auf Veranlassung der Musik-Hochschule versucht, die Aufführung des Stücks wegen Unsittlichkeit durch eine einstweilige Verfügung zu verhindern; doch Frau Eysoldt setzte sich mit großer Zivilcourage darüber hinweg, obwohl ihr eine sechswöchige Haftstrafe drohte, und erreichte am 3. Januar 1921 die Freigabe der Aufführung. Kenner der Berliner Theaterverhältnisse hatten bei der Premiere einen Serienerfolg von dreißig Aufführungen vorausgesagt; tatsächlich lief das Stück im Kleinen Schauspielhaus dreihundertmal, bis zum Herbst des folgenden Jahres, und wurde während dieser Zeit auch von einer Anzahl anderer Bühnen gespielt. Aber inzwischen hatte sich die antisemitische Opposition organisiert. Schon am Tag nach der Berliner Uraufführung hatte der deutsch-völkische Professor Emil Brunner von der Zentralstelle zur Bekämpfung unzüchtiger Schriften im Berliner Polizeipräsidium bei der Staatsanwaltschaft Strafanzeige erstattet, da er »an der Aufführung schweres Ärgernis im Sinne des Paragraphen 183 StGB genommen habe und sie für einen Skandal halte, der immer ein Zeichen der Schande unserer Zeit bleiben wird«. Während diese Anzeige lief, kam es bei der Aufführung in Wien im Januar 1921 zu schweren antisemitischen Ausschreitungen – die Randalierer öffneten sämtliche Hydranten und setzten das Theater unter Wasser –, und am 22. Februar 1921 wurde auch die Berliner Aufführung durch einen von Brunner organisierten Stinkbombenkrawall des deutsch-völkischen Schutz- und Trutzbundes gegen das »unzüchtige Machwerk des Juden aus Wien« gestört. Diese

»Erhebungen« bewogen Schnitzler zu einer entschiedenen Sinnesänderung; er wollte hinfort das Werk überhaupt nicht mehr aufgeführt sehen. In Berlin begann am 5. November 1921 der von Brunner angestiftete Prozeß gegen Frau Eysoldt und ihr Ensemble vor der großen Strafkammer in Moabit, zu dem Schnitzler weder vorgeladen noch einvernommen worden war. Der sensationelle ›Reigen‹-Prozeß, auf dessen Ausgang Alfred Kerr mit seiner Sachverständigenaussage zweifellos entscheidend einwirkte, dauerte sechs Tage und endete mit dem Freispruch aller Angeklagten.

Obwohl Schnitzler weitere Aufführungen des Stücks nicht wünschte, lag ihm doch viel daran, es im Rahmen seines Gesamtwerkes nun endlich in einer würdigen Neuausgabe erscheinen zu sehen. Der kleine Wiener Verleger Benjamin Harz, dem er das Stück 1908 überlassen hatte, hatte viele Jahre lang damit gute Geschäfte gemacht, und Schnitzler bemühte sich, sich jetzt aus dieser Bindung zu lösen. Fischer war einverstanden; er schrieb ihm am 4. Juni 1921:

Ich würde in jedem anderen Fall aus Loyalität gegen einen Kollegen die Initiative für diese Angelegenheit nicht ergreifen, im Fall Harz kann ich es aber mit gutem Gewissen verantworten, und vielleicht gilt dasselbe auch für Sie; Harz kann sich nicht beklagen, daß seine Dienste für diese Sache nicht entlohnt sind.

Doch nun tauchten zwei neue Schwierigkeiten auf: Harz hatte anscheinend keine Lust, den *Reigen* abzugeben, und in Deutschland herrschte neuerlich große Papiernot. Hierüber berichtet Fischers Brief vom 6. Dezember 1921:

Lieber Freund – ich komme mit der ›Reigen‹-Angelegenheit nicht vom Fleck. Auf alle meine Erkundigungen bei Harz höre ich immer wieder, daß Harz verreist ist und daß vom ›Reigen‹ noch genügend Vorräte vorhanden sind. Nach meiner Meinung müßte nun Harz mit Ihnen abrechnen und Ihnen eine Lageraufstellung geben, damit hier Klarheit geschaffen wird. Wegen des Neudrucks vom ›Reigen‹ liegt die Sache jetzt so, daß eine prinzipielle Feststellung für die Freigabe des verbotenen Buches nicht durchzusetzen ist, daß aber wohl aufgrund der letzten Entscheidung die Herausgabe des Buches kaum auf besondere Schwierigkeiten stoßen dürfte. Ich würde vorschlagen, dem Buch eventuell die letzte Gerichtsentscheidung voranzusetzen, und ich meine, daß damit dem Ehrgeiz manches Staatsanwalts ein Riegel vorgeschoben wäre. Sie fragen, ob ich genügend Papier für den ›Reigen‹ zur Verfügung hätte. Das ist eine schwierige Frage, die ich mit Sicherheit im Augenblick nicht beantworten kann. Wenn Harz genug Papier vorrätig hat, dann wäre es freilich sicherer, Sie blieben noch eine Weile bei ihm, bis die Papierfrage geklärt ist. Wir befinden uns wieder mitten in den größten Schwierigkeiten, denn die große Papiernot ist daraus entstanden, daß die Papierfabriken durch die bedeutend verschlechterte Valuta nicht genügend Rohstoffe aus dem Ausland hereinbekommen, ein Zustand, dessen Dauer nicht zu übersehen ist ...

Am Tag darauf versicherte er ihm jedoch: »Ich hoffe, ich werde es auch mit dem Papier möglich machen können, wenn Sie das Buch bald bei mir möchten . . .«

Nun war auch Schnitzler einigermaßen ratlos. Sein sechzigster Geburtstag nahte heran, und er hoffte sehr, zu diesem Zeitpunkt sein ganzes Werk bei Fischer vereinigt zu sehen, doch wollte er auch nicht, daß bei der leidigen Papiernot seine anderen Bücher unter einer Neuausgabe des *Reigen* zu leiden hatten. Er erklärte Fischer am 15. Dezember 1921, es wäre ihm persönlich wesentlich sympathischer, mit dem *Reigen* bei Fischer vorerst mit einer Auflage von zehn- oder zwanzigtausend herauszukommen, anstatt bei einem anderen Verleger mit fünfzig- oder gar hunderttausend, wie man es ihm angetragen habe, aber nur, wenn für alle seine Werke genügend Papier vorhanden sei. Was Harz betreffe, so sei seine Lust, das Verlagsrecht des *Reigen* herzugeben, offenbar gering, doch Schnitzlers Lust, bei ihm zu bleiben, sei gewiß nicht größer.

Harz hatte zuletzt das 74.–78. Tausend des *Reigen* gedruckt, und es war zumindest in Wien kein Exemplar mehr aufzutreiben. Die Buchausgabe des Stücks war inzwischen ein Geschäft geworden, das gleichsam ›von selbst‹ ging; das Buch bedurfte keiner Propaganda, der Verleger brauchte nur immer weiterzudrucken, vorausgesetzt, daß er das nötige Papier auftreiben konnte. Kein Wunder also, daß Harz es nicht hergeben wollte; kein Wunder auch, daß Fischer zögerte. In dieser Situation blieb nichts anderes übrig, als Harz den *Reigen* wohl oder übel bis zur 100. Auflage zu überlassen (die Harz 1923 druckte); Schnitzler vereinbarte mit Fischer, daß das Buch von der 101. Auflage an endgültig im S. Fischer Verlag erscheinen solle. Noch am 4. Juli 1922 schrieb Fischer, er hätte den *Reigen* ohnedies »in diesem Jahr nicht mehr bringen« können; »aber wenn die Wirtschaftsverhältnisse im nächsten Jahr nicht geradezu auf dem Kopf stehen, so würde ich darauf gern zurückkommen«. Im nächsten Jahr, das den Höhepunkt der deutschen Inflation brachte, standen die Wirtschaftsverhältnisse in der Tat auf dem Kopf, und während der folgenden Jahre setzte das *Reigen*-Gespräch zwischen Fischer und Schnitzler abermals aus.

WASSERMANN UND KURT WOLFF

Inzwischen hatte Fischer andere Gespräche geführt. Wassermanns Frage »Was soll werden?« beschäftigte ihn, in anderem, höchst praktischem Sinn gestellt, in den Monaten der Jahreswende 1920/1921, noch ehe die deutsche Geldentwertung zu ihrem phantastischen Gipfelsturm ansetzte, besonders dringlich. Es ergab sich eine Konstellation nicht unähnlich jener, die Kerrs Vorstoß von 1917 geschaffen hatte, nur stand sie unter anderem, ungleich komplizierterem Vorzeichen. Diesmal waren Wassermann und Hauptmann in den Gesprächsfaden zwischen Fischer und Kurt Wolff verwickelt.

Kurt Wolff hatte im Herbst 1919 seinen Verlag aus Leipzig nach München verlegt, wo er das Haus des im Krieg verstorbenen Münchner Verlegers Georg Hirth in der Luisenstraße gemietet hatte. Dieses ›Stadtpalais‹, das einen schönen, für literarische und musikalische Veranstaltungen geeigneten Festsaal besaß, wurde bald zu einem geistigen, künstlerischen und gesellschaftlichen Mittelpunkt Münchens. Auf einer solchen Gesellschaft Anfang November 1920 lernten Wassermann und Marta Karlweis, auf der Durchreise in München, Kurt Wolff kennen.

Wassermann war zu dieser Zeit noch mit seiner autobiographischen Schrift beschäftigt, die sich dem Abschluß näherte. Er war von drükkenden inneren und äußeren Sorgen gequält, suchte sich Luft und Bewegungsfreiheit zu schaffen und sein geschäftliches Verhältnis zu Fischer, das ihn nicht befriedigte, auf eine neue vertragliche Grundlage zu stellen, die ihm größere materielle Sicherheit gewährte. Er hatte zudem einem neuen Unternehmen, dem Dresdner Sibyllen-Verlag, der mit Franz Bleis Hilfe versuchte, namhafte Autoren zu gewinnen, das Manuskript zu einem Band ausgewählter Aufsätze überlassen, doch waren ihm inzwischen Bedenken gekommen. Sein Verhältnis zu Fischer war ›angeknackst‹, er hatte den Eindruck, daß man es in der Bülowstraße verabsäume, alle geschäftlichen Möglichkeiten, die sein überaus erfolgreiches Werk bot, gehörig auszubeuten – ein Vorwurf, den auch Hauptmann zu dieser Zeit gegen seinen alten Verleger-Freund zu erheben begann –, und er verlangte nach einer seiner Stellung im deutschen Schrifttum entsprechenden repräsentativen Gesamtausgabe, vor der Fischer anscheinend zurückscheute. Alle diese Ressentiments hatten sich durch den seelischen Druck, der auf ihm lastete, noch verstärkt und zugespitzt; er hatte sich in eine Animosität gegen Fischer hineingesteigert, und beide hatten sich ›verbiestert‹. Es ist kein einziges Blatt des Briefwechsels zwischen ihnen aus diesen Monaten der Auseinandersetzung erhalten; nur der nun folgende Briefwechsel zwischen Wassermann und Kurt Wolff gibt indirekten Aufschluß.

Aus der gesellschaftlichen Plauderei an jenem Abend in der Münchner Luisenstraße wurde ein geschäftliches Gespräch. Wassermann war von der Persönlichkeit Kurt Wolffs ebenso bezaubert wie es jeder war, der mit ihm in Berührung kam – Hofmannsthal war eine der wenigen Ausnahmen; »Herr Wolff«, schrieb er Ende 1923 an Andrian, »mag persönlich ein netter Mensch sein. Der Verlag ist doch recht häßlich, mit all seinem expressionistischen mit Reclame fast schamloser Art herausgebrachten Zeug« –, und er weihte Wolff offenbar freimütig in seine Kümmernisse mit Fischer ein. Er empfahl ihm den Roman von Marta Karlweis, den Fischer freigegeben hatte, und bot ihm den Essayband zum Verlag an, den er vom Sibyllen-Verlag zurückzog. Wolff war einverstanden, und es wurde ein Vertrag über den Esssayband geschlossen. Wassermann versprach, Wolff über den Fortgang seiner Verhandlungen mit Fischer auf dem laufenden zu halten. Nach Alt-Aussee zurückgekehrt, schrieb er ihm am 17. November 1920:

Heute trete ich meinen Feldzug gegen S. Fischer an, schwer gerüstet. Sie werden dann bald vor mir hören. Ich unterdrücke sämtliche Vorräte von Gemüt. Schließlich, es geht ja um ein Stück Existenz.

Und am 28. November 1920, kurz vor der Vollendung der Autobiographie:

Der große Kampf hat bereits begonnen. Ich werde Ihnen bald ausführlich mitteilen können. Wie es auch wird, die persönliche Beziehung mit Ihnen ist mir von Wert und unser Zusammensein habe ich in angenehmster Erinnerung.

Was Wassermann sich bei seinem Feldzug gegen Fischer vorstellte, läßt sich nur vermuten. Ganz gewiß war er nicht entschlossen, mit Fischer zu brechen und den Verleger zu wechseln; doch hatte er mit Kurt Wolff, wie aus einem späteren Brief hervorgeht, ein »allgemeines Programm« künftiger Zusammenarbeit erörtert für den Fall, daß er von Fischer nicht die Bedingungen erhielt, die Wolff ihm vorschlug; sollte er sie von Fischer erhalten, so wollte Kurt Wolff ihm »nicht einen Augenblick zürnen«. Gewiß bestärkte Kurt Wolff Wassermann nicht in seinem Feldzug; er war im Begriff, selbst zu Fischer nach Berlin zu reisen. Wassermann war über den Zweck dieser Reise, wenn überhaupt, dann offenbar nur sehr andeutungsweise unterrichtet. Am 9. Dezember 1920 berichtete er Kurt Wolff:

Mit Fischer steht die Sache bis jetzt so, daß er in den wichtigsten Punkten bereits nachgegeben hat. Ich glaube, ich werde auch zur Einigung mit ihm kommen. Ich schlug ihm vor, daß er die Gesamtausgabe mit Ihnen machen möge; er schrieb, er sei nicht abgeneigt, was mir sehr viel von ihm gesagt scheint. Übrigens habe ich ihm die Art unserer Verhandlungen und Ihre menschliche Stellung ihm gegenüber in einem Lichte geschildert, durch das Sie vollkommen unbelastet sind und keinerlei Vorhalt zu fürchten haben. Warum sollte aber ein Autor, wie ein Verfemter, nicht die Möglichkeit haben, mit einem anderen Verleger zu verhandeln? Daß für uns beide noch Wege in der Zukunft sind, glaube ich bestimmt.

Diesem Brief sandte Wassermann, dem wohl Bedenken gekommen sein müssen, am gleichen Tag noch einen »Anhang« nach:

Mir liegt viel, mir liegt alles daran, daß Sie mit S. Fischer unsere Affäre in freundschaftlicher Weise behandeln. D. h. was Sie selbst betrifft, setze ich es ohne weiteres voraus, es könnte nur sein, daß Fischer eine Empfindlichkeit hervorkehrt. In bezug auf mich kann ich nur Gesagtes wiederholen, nämlich daß mir wichtiger als aktuelle Verhandlungen oder zweckhafte Zusagen die Beziehung zu Ihnen an sich war und ist; sie hat mir gleichsam das Zukunftsbild des verlegerischen Menschen, wenn Sie das Mißwort gestatten wollen, gegeben: eine Verbindung zwischen Ihnen und Fischer, also des Mutes mit der bewährtesten Erfahrung würde mir nicht bloß im Hinblick auf meine Sache erfreulich sein. Ich denke, es bedarf hierzu einiger Diplomatie, welche ich Ihnen zutraue, einiger Ritterlichkeit, die Sie schon haben. Ich hoffe Sie nehmen mir diese Äußerungen um so weniger übel, als Sie mich aufforderten, Ihnen allenfalls einen Hinweis zu geben.

Wassermann wollte, wie man vermuten darf, trotz Unterdrückung »sämtlicher Vorräte an Gemüt«, die »Verträge des Herzens« denn doch keinesfalls aufs Spiel setzen. Er vermutete richtig, daß Fischer »eine Empfindlichkeit hervorkehren« werde, und er wußte, daß diese Empfindlichkeit berechtigt war. Kurt Wolff hatte seine Unterredung mit Fischer um den 10. Dezember 1920 in Berlin und berichtete Wassermann am 13. Dezember, unmittelbar nach seiner Rückkehr, »von dieser Unterhaltung«:

In unserer mündlichen Unterhaltung hatte ich den Eindruck, daß Sie der Meinung seien, in gewissem Sinne von der Firma S. Fischer Verlag nicht nur in einigen wichtigen Punkten das sachliche und wirtschaftliche Entgegenkommen zu vermissen, das Sie glauben verlangen und erwarten zu dürfen, daß Sie vielmehr auch der Meinung waren, nicht in der von früher her gewohnten Unbedingtheit der ideellen und materiellen Hingabe des Herrn S. Fischer für Ihr Werk und für Ihre Person sich zu erfreuen.
Demgegenüber hatte ich bei meiner Zusammenkunft mit Herrn Fischer meinerseits den Eindruck einer so leidenschaftlichen und selbstverständlichen Identifizierung des Verlegers mit seinem Autor, daß es für mich nicht leicht war, überhaupt von der Möglichkeit zu sprechen, daß etwa Ihre zukünftigen Arbeiten im Rahmen des Kurt Wolff Verlags erscheinen könnten. Meine dahingehenden Andeutungen wurden auch von Herrn Fischer – bei einer im übrigen durchaus freundlich-kollegialen Haltung mir gegenüber – auf das bestimmteste und energischste abgelehnt, so daß ich den Eindruck hatte, die schwebenden Unstimmigkeiten sachlicher Art seien inzwischen auf dem Wege der Korrespondenz bereits beigelegt oder eine Verständigung auf neuer von Ihnen angestrebter Basis stände unmittelbar bevor.
Jedenfalls war bei Herrn Fischer nicht die geringste Neigung zu verspüren, aus freien Stücken und Erwägungen auf die Möglichkeit zu verzichten, auch in Zukunft verlegerischer Mittler Ihres Werkes zu sein.

Auch die Frage der Wassermann-Gesamtausgabe wurde berührt. Fischer war grundsätzlich nicht abgeneigt, sie gemeinsam mit Wolff zu veranstalten, sah aber eigentlich keinen rechten Grund dafür. Eine solche gemeinsame Unternehmung, meinte er, sei angezeigt, wenn sich das Werk des betroffenen Autors auf zwei Verlage verteile – wie es beispielsweise bei Hofmannsthal der Fall war –, aber nicht, wenn das Werk verlagsrechtlich ausschließlich einem der beiden Verleger gehöre. In einem solchen Fall müsse eine Gemeinschaftsproduktion der Öffentlichkeit »merkwürdig und völlig unmotiviert« erscheinen. Mit anderen Worten, es war eine rechte Kateridee.

Zehn Tage darauf, am 24. Dezember 1920, berichtete Wassermann, er habe soeben von Fischer einen »ganz neuen Vertrag« erhalten, der, wie Wolff richtig vermutet habe, alle seine Forderungen im wesentlichen erfülle:

Es war mir dies eigentlich ganz unerwartet, denn obwohl Fischer in den vorhergehenden Briefen mir stets bedeutet hatte, er könne bieten, was jeder andere biete, hatte ich doch den Eindruck, daß ich noch vor einem harten Kampf stünde. Allerdings äußerte er sich auch in diesem letzten Schreiben mit einer Bitterkeit solcher Art, als wäre ich ihm heimlich in den Rükken gefallen, und ich muß gestehen, daß mich dieser Ton ein wenig nervös macht, da es sich um rein geschäftliche Dinge handelt, die dadurch, daß sie die ganze Existenz betreffen, nicht um einen Grad minder geschäftlich zu behandeln sind. Ich stehe aber seit zwanzig Jahren zu Fischer in einem herzlichen freundschaftlichen Verhältnis, und es ist jedesmal schwer (auch für mich) die persönliche Beziehung von der anderen zu scheiden... Ich habe es weder gegen Sie noch gegen Fischer an Aufrichtigkeit fehlen lassen, und Sie sehen ja auch, daß das Vorhandensein eines Vertrags Fischer nicht verhindert hat, unsre Beziehungen auf eine neue Basis zu stellen – was ich ihm freilich hoch anrechnen muß...

Wassermann hatte bei Fischer erreicht, was er angestrebt hatte, aber er war sich bewußt, daß er nun gegenüber Kurt Wolff in eine »beengte Lage« geraten war – »da Sie sich vielleicht sagen, daß Sie mir als Mittel zum Zweck gedient haben«. Er beeilte sich, Wolff zu versichern, diesen Gedanken habe er »nicht eine Sekunde lang« gehegt, und bat: »Bitte beruhigen Sie mich darüber durch ein Wort.« Zugleich bat er um einen Bescheid über Frau Karlweis' Buch: »Meine Ansicht ist, daß Sie sich hier eine lebendige, dichterische Kraft sichern können, von der ich Gutes, ja Vortreffliches erwarte. Schreibende Frauen von Rang haben wir ja ganz wenige...« Kurt Wolff handhabte die Situation mit überlegener Eleganz. Er ging in seinem Antwortbrief vom 11. Januar 1921 auf den Punkt Karlweis überhaupt nicht ein und versicherte Wassermann, daß »nicht ein Schimmer einer Verstimmung« bei ihm zurückgeblieben sei. Natürlich wußte er ebensogut wie Wassermann selbst, daß er wissentlich oder unwissentlich als »Mittel zum Zweck« gedient hatte:

Wenn nun sich Ihre Beziehungen zu Fischer in einer Sie durchaus zufriedenstellenden Weise regeln ließen, so befriedigt mich das trotz der Notwendigkeit, für meine Person resignieren zu müssen, sehr. Ich glaube nämlich, daß ich persönlich nicht ganz unbeteiligt daran bin, daß diese Verständigung sich schnell und glatt vollzog: weniger im Hinblick darauf, daß sich Fischer auf Grund Ihrer mit mir geführten Unterhaltung etwa im Zustand einer Pression gefühlt hätte, als vielmehr dadurch, daß ich Fischer in meiner mündlichen Unterhaltung mit ihm ganz offen sagte, daß ich die Gesamtheit Ihrer Wünsche angesichts der ungeheuren Resonanz-Fähigkeit Ihres Werkes für vollkommen angemessen und gerechtfertigt hielte ...

Oder anders und gröber ausgedrückt: »Glauben Sie nicht, daß Sie durch mich auf Fischer Druck ausgeübt hätten; ich habe vielmehr Ihre Sache bei Fischer unterstützt und sie besser vertreten als Sie selbst.« Er hatte, was Wassermann gewiß nicht ahnte, in diesem Augenblick guten Grund zu dieser Haltung. Wassermann aber war, wie sich herausstellte, noch nicht am Ziel. Am 24. Januar 1921 berichtete er Kurt Wolff:

Wenn Sie nun glauben, daß ich mit Fischer schon zum befriedigenden Abschluß gelangt bin, so ist das ein holder Irrtum. Er hat zuerst das Wesentliche bewilligt, der Vertrag war schon unterschrieben, dann hatte er Bedenken, schickte einen anderen Vertrag, in dem aber gerade die Punkte, um die es sich handelt, entweder gestrichen oder unsicher gemacht oder halb gewährt und halb zurückgenommen waren. Diesen Vertrag habe ich ihm wieder retourniert, denn da wäre ja die Geschichte wie das Hornberger Schießen ausgegangen. Kurz, die umfängliche und enervierende Korrespondenz dauerte noch weiter und ich bin eigentlich noch in der Schwebe. Worauf es mir ankam, war die Fixierung der Auflagenhöhe neuer Werke sowie die Gesamt-Ausgabe; aber gegen diese Fixierung sträubte er sich, und ich wieder, was soll mir das andere, wenn ich darin stets aufs Unbestimmte, Aproximative, Momentane angewiesen bin. So steht es heute, und ich warte auf Antwort ...

Er brauchte nicht lange zu warten. Der endgültige neue Vertrag – das einzige Dokument, das aus der ganzen Auseinandersetzung erhalten ist – wurde am 29. Januar 1921 von Wassermann in Alt-Aussee und am 12. Februar von Fischer in Berlin unterschrieben. Dieser Vertrag enthält einige angesichts der völlig wirren Wirtschaftslage recht erstaunliche Bestimmungen. Fischer verpflichtete sich, von jedem neuen erzählerischen Werk Wassermanns eine Erstauflage von zwanzigtausend Exemplaren zu drucken und sie im voraus zu honorieren. War er hierzu nicht bereit, so stand es Wassermann frei, über das Werk anderweitig zu verfügen. Er verpflichtete sich weiter, alle älteren Werke so rechtzeitig nachzudrucken, daß kein Werk auf dem Markt fehlte. Er verpflichtete sich schließlich, eine Gesamtausgabe zu veranstalten und sie – »vorausgesetzt, daß die wirtschaftlichen oder politischen Umstände nicht lähmend wirken« – bis zum 1. Oktober 1923 fertigzustellen. Der Vertrag galt auf fünf Jahre und setzte alle früheren Vereinbarungen außer Kraft. Fischer hatte, soweit ersichtlich, dem Freund auf der ganzen Linie nachgegeben. Die hohe garantierte Erstauflage sah riskant aus, doch war sie es tatsächlich nicht – was man freilich nicht vorher wissen konnte. Keines der künftigen erzählenden Werke Wassermanns – und die nächsten zehn Jahre brachten noch ein großes Œuvre – blieb hinter zwanzigtausend Exemplaren zurück, und die meisten erreichten viel höhere Auflagen. Wassermann war und blieb neben Hesse und Thomas Mann der größte ›Geldverdiener‹ des Verlags.

So waren Frieden und gutes Einvernehmen, nicht zuletzt durch Kurt Wolffs noble Beihilfe, wiederhergestellt. Auch Marta Karlweis' Roman *Das Gastmahl auf Dubrowitza* kehrte zu Fischer zurück und erschien noch im Herbst 1921, denn Fischer wollte, wie er sagte, »keine Uneinheitlichkeit«. Und Wassermann schrieb ihm: »Man kommt ja auch nicht zurück, weil es anderswo nicht geht, sondern weil man sich bei dir unter allen Umständen für besser aufgehoben hält.« Im Oktober 1921 kam Wassermann zum erstenmal seit langer Zeit wieder nach Berlin. Nun wurden im persönlichen Gespräch in der Erdener Straße die letzten Mißstimmungen beseitigt, und man besuchte gemeinsam Freund Heimann in Kagel. Nach Alt-Aussee heimgekehrt, kaufte Wassermann sich seine erste Schreibmaschine und probierte »dieses ungemein wichtige Instrument«, dem er »zur Hälfte ein spielerisches, zur anderen Hälfte ein vitales Interesse für mich« einräumte, am 25. Oktober 1921 in einem Brief an Hedwig Fischer aus:

Vor allem nun Dank, dir und Sami, für eure ausgiebige Gastfreundschaft. Ich habe mich wohl und gemütlich in eurem Hause und bei euch gefühlt, in mehr als einer Weise geschützt vor den bösartigen Unbilden der Stadt. Auch die gewisse Aussprache an jenem Abend war mir wichtig, war für mich und Sami notwendig, denn es haben sich im Lauf der Jahre so manche kleine Mißverständnisse eingeschlichen, die mal entschlossen weggeräumt werden mußten, von beiden Seiten. Ich war in diesen Dingen nie leichtsinnig, aber es geschieht eben doch mit der Zeit, daß eine gewisse Verstocktheit eintritt, und plötzlich ist dann alles verfahren. Nun, so weit haben wir es ja, Gott sei Dank, nicht kommen lassen, und mir scheint, daß sich jetzt ein freundlicher Weg aufgetan hat. Wenn das der einzige Gewinn der Berliner Reise wäre, wär ich schon zufrieden damit ... es ist gut, daß die Bäume nicht in den Himmel wachsen. All diese Geschäfte sind mir eigentlich ein Greuel, dieser blödsinnige Run nach dem Geld, aber das Leben lehrt einen nach und nach die bittere Notwendigkeit davon. Nun bin ich neugierig, wie dir und Sami der zweite Wendekreis gefällt ...

Der zweite Band der *Wendekreis*-Folge enthielt *Oberlins drei Stufen* und die Meisternovelle *Sturreganz*. Der Essayband, mit dem alles begonnen hatte, erschien 1921 unter dem Titel *Imaginäre Brücken* bei Kurt Wolff und blieb Wassermanns einziges Werk in diesem Verlag; er ging einige Jahre später in dem großen Sammelband *Lebensdienst* auf.

HAUPTMANN UND KURT WOLFF

Fischer und Kurt Wolff waren zur Zeit von Wassermanns »Feldzug«, wie schon angedeutet, mit anderen und größeren Problemen beschäftigt. Am 22. Januar 1921, wenige Tage vor der Beilegung des Wassermann-Konfliktes, schrieb Fischer an Hauptmann, um sich zu erkundigen, welche neuen, noch unveröffentlichten Werke in die »große Monumentalausgabe« aufgenommen werden sollten, die für Hauptmanns sechzigsten Geburtstag im November 1922 geplant war:

Der Grund, warum ich diese Pläne jetzt schon klarstellen und einen Etat dafür aufstellen muß, ist der bereits erwähnte: die Umstellung in eine Aktiengesellschaft. Die Verhandlungen schweben und ich hoffe Anfang nächsten Monats damit schon etwas weiter zu sein. Unter dem strengsten Siegel der Verschwiegenheit möchte ich dir anvertrauen, daß eine Kombination besteht, wonach diese Aktiengesellschaft in Gemeinschaft mit dem Verlag Kurt Wolff gegründet wird. Ich glaube damit mein Werk auch für die Zukunft sowohl kapitalistisch wie verlegerisch so gefestigt zu haben, daß allen kommenden Evolutionen eine feste und zielsichere Verlagspolitik gegenübersteht. Die beiden Verlage sollen miteinander und nebeneinander bei vollkommener Interessengemeinschaft arbeiten, und es soll, wie ich schon erwähnte, eine gemeinsame Vertriebsabteilung errichtet werden, die imstande ist, auf breiter Grundlage auf die weitesten Volkskreise einzuwirken...

Dies ist der erste Hinweis Fischers auf die geplante Neuordnung des Verlags, der sich im erhaltenen Briefwechsel auffinden läßt, und auch nahezu der einzige. Die Umwandlung der Verlagsfirma in eine Aktiengesellschaft war eine praktische Maßnahme, um dem bisherigen Privatbetrieb die Möglichkeit einer breiteren Kapitalgrundlage zu schaffen. Während Fischer diese Umstellung noch vorbereitete, führte Kurt Wolff, dessen Privatvermögen für den Ausbau seines Verlags nicht mehr ausreichend war, die Umwandlung seiner Firma in eine Aktiengesellschaft bereits im Februar 1921 durch. Wolff übernahm zugleich alle Geschäftsanteile des Hyperion-Verlags (den er bereits während des Krieges seinem Freund Rowohlt ›abgeknöpft‹ hatte) und leitete, da auch Schwabachs Verlag der Weißen Bücher ganz auf ihn übergegangen war, nunmehr ein großes und vielverzweigtes modernes Verlagsunternehmen, das sich als vollgewichtiger Partner betrachten durfte. Es fehlte ihm nur eines, das nur Zeit und Beharrlichkeit schaffen können – nämlich Vergangenheit, fortlebende Vergangenheit. Sein Verlag war kaum zehn Jahre alt und besaß nicht den massiven – geistigen wie materiellen – Rückhalt, der sich im stetig weiterwachsenden Gesamtwerk einer Anzahl bedeutender, tragender Autoren verkörpert, und er konnte ihn nicht besitzen. Einen solchen ›Hintergrund‹ besaß von allen deutschen Verlagen nur Fischer. Kurt Wolff war nicht der »Cotta des Expressionismus« in dem Sinn, in dem Thomas Mann von Fischer als dem »Cotta des Naturalismus« sprach. Er dürfte gespürt haben, daß sein verlegerisches Werk zum Überdauern eines solchen Rückhalts bedurfte, wie nur Fischer ihn stellen konnte. So hatte er recht, wenn er sagte:

Sachlichste Überlegung hat mich in meiner Überzeugung bestärkt, daß nur eine Verbindung unserer Verlagsfirmen die Würde des Autorenkreises wahrt, seine Resonanz fördert und praktisch das große von S. F. geschaffene Werk in die kommenden Generationen hinein verankert. Ich selbst bin unbescheiden genug zu glauben, daß tatsächlich kein anderer Verlag für einen Zusammenschluß in Frage kommen kann; daß aber der Zusammenschluß unserer Firmen nicht nur den wirtschaftlichen Bedingungen der Zeit sondern auch durchaus dem wahrhaften Interesse der Autoren entspricht.

Doch ging die Initiative von Fischer aus. Er dürfte, soweit es sich aus seinem vertraulichen Brief an Hauptmann herauslesen läßt, der gleichen Auffassung gewesen sein. Vier Jahre waren seit Alfred Kerrs Vorstoß vergangen. Damals hatte Kurt Wolff auf den »Posaunenstoß« nicht reagiert. Aber Fischer hatte die Verbindung nicht abreißen lassen, und der Gedanke eines Zusammenschlusses, einmal ausgesprochen, blieb in der Luft. Es hatte sich für die Frage der Nachfolge und Weiterführung des Verlags inzwischen keine andere Lösung angeboten, und es verwundert nicht, daß Fischers Gedanken bei der Überlegung »Was soll werden?« immer wieder zu Kurt Wolff zurückkehrten. So auch jetzt wieder, um die Jahreswende 1920/21. Über den Verlauf der Zusammenschlußverhandlungen finden sich in Fischers Briefen keine weiteren Anhaltspunkte; er läßt sich nur aus Kurt Wolffs kurzer Schilderung und aus seinem Briefwechsel mit Hauptmann entnehmen.

Hauptmann hatte es mit dem »strengsten Siegel der Verschwiegenheit« nicht so genau genommen. Er lernte Kurt Wolff im Frühjahr 1921 in München bei einem Abendessen »in ganz kleinem Kreis« im Haus des gemeinsamen Freundes Björn Björnson, des Sohnes Björnstjerne Björnsons, kennen, der auch zu Fischers alten Bekannten zählte. Kurt Wolff berichtet von dieser Begegnung:

Damals war Hauptmann für mich jungen Mann der verehrungswürdige Nestor der alten Dichtergeneration und der größte Dramatiker der Zeit. An eine verlegerische Beziehung zu Hauptmann hätte ich nie im Traum gedacht. Abgesehen davon, daß ich niemals und bei keinem Autor irgendeines Verlages den ersten Schritt getan haben würde, legten mir Bewunderung und Respekt für den Fischer-Verlag doppelte Zurückhaltung auf. Erst später dämmerte mir, daß jener Abend nicht ganz absichtslos veranstaltet worden war, ja, schließlich ging Björnson so weit, mir zu sagen, daß Hauptmann über meine Reserve leicht erstaunt gewesen sei. Hauptmann hatte an jenem Abend angedeutet, er sei von seinem Freund und Verleger dahin unterrichtet worden, daß ich mit Fischer Vorbesprechungen mit dem Ziel einer etwaigen Fusion gehabt, ein Projekt, zu dem er sehr positiv stehe. Ich möge ihn auf dem Laufenden halten.

Eine der Vorbesprechungen dürfte jene Anfang Dezember 1920 in Berlin gewesen sein, bei der auch das Wassermann-Problem besprochen wurde; Hauptmann war durch Fischers Brief vom 22. Januar 1921 unterrichtet. Die Verhandlungen zwischen Fischer und Wolff zogen sich danach mehrere Monate hin, waren aber zur Zeit des Münchner Gesprächs bereits sehr weit gediehen. Heimann, ebenfalls unterrichtet, legte Fischer am 21. April 1921 in einem langen Brief seine Auffassung dar:

Eine Verbindung zwischen diesem Verlag und uns (verzeihen Sie den Kutscherstolz »uns«) erscheint mir günstig und vorteilhaft, wenn sie ganz lose bleibt und nicht etwa zu einer Fusion wird. Die letztere hielt ich für ein großes Unglück. So sonderbar es scheint, so sage ich Ihnen: wir sind jünger, d. h. lebenslänger nach der Zukunft, wenn auch nicht nach der Vergangenheit, als Kurt Wolff. Wir haben uns – trotz mancher Vorwürfe, die wir uns in der Führung sowohl des Verlags wie der Rundschau machen können – den Weg nicht verrammelt. Unsere schwankende und abwartende Stellung kann, das liegt nur an uns, fruchtbarer selbst für einen neuen Radikalismus werden als der Radikalismus quand même, der nur seine eigene Wollust ausgerast hat und in der Tat zu Ende ist... Eine Fusion mit Wolff wäre nur möglich, wenn der eine oder der andere der beiden Kontrahenten sich ganz aufgäbe und resignierte, und so weit sind beide doch wohl nicht. Jeder Ausgleich, jede Annäherung wird, sowie es zur Praxis kommt, ein Anlaß zu Reibereien und Schwierigkeiten, durch die die Karre das Tempo verliert, wenn auch vor der praktischen Erprobung alles leicht erscheint. Nur die Herstellung einer gewissen praktischen Courtoisie ist möglich und wünschenswert: Annäherung der geschäftlichen modi, kein Abjagen der Autoren, sondern, wo es allen Teilen nützlich ist, Austausch; Preis- und Tantiemepolitik; von Fall zu Fall gemeinsame Unternehmungen. Im Ganzen aber: jeder für sich und Gott für uns alle. Muß neues Geld in das Unternehmen fließen, so ist es besser, je neutraler es ist. Denn über die Aussichten des Verlages pessimistisch zu denken, hieße unsere ganze Situation falsch beurteilen. Hier heißt es: sich nicht auf Tag und Woche, sondern auf Jahr und Überjahr einstellen...

Einen Monat später, am 25. Mai 1921, gab Kurt Wolff Hauptmann die versprochene Nachricht. Er berief sich auf Hauptmanns »überaus liebenswürdige und vertrauensvolle Haltung« bei ihrer »kürzlichen Begegnung im Björnsonschen Haus« und fuhr fort:

Ein zufälliges Wort unseres Gastgebers an jenem Abend brachte das Gespräch für längere Zeit auf den Verlag, der seit Jahrzehnten die Auszeichnung und Ehre hat, Ihr dichterisches Werk zu vertreten. Im Verlaufe dieses Gesprächs konnte ich die Wahrnehmung machen, daß Sie von Ihrem Verleger über Pläne und Absichten orientiert waren, die, von Herrn Fischer

ausgehend, seit Jahren schon locker diskutiert, in den letzten Monaten zu ernsten und – wie es schien – endgültigen Verhandlungen geführt hatten… Heute habe ich zu meinem Bedauern mitzuteilen, daß die geführten Fusionsverhandlungen als völlig gescheitert zu betrachten sind. So ist es mir Bedürfnis, Ihnen auszusprechen, daß mir dieser Umstand ganz besonders schmerzlich und enttäuschend im Hinblick darauf ist, daß damit die schon der Verwirklichung nahe erschienene Aussicht, für Sie wirken zu können, entschwunden ist.
Es erscheint mir peinlich, aber unvermeidlich, hinzuzufügen, aus welchem Grunde die Verhandlungen einen negativen Ausgang nahmen:
Trotz mancher Schwierigkeiten konnten die verlagsorganisatorischen und finanztechnischen Fragen nicht nur dank einer ungemein entgegenkommenden und elastischen Haltung meiner Geschäftsfreunde, sondern auch dank der überaus klugen und klaren Art des F.'schen Rechtsbeistandes (Justizrat Pinner) zur Lösung gebracht werden; Herr Fischer stellte mir beim Auseinandergehen in Berlin die formulierten Verträge für die nächsten Tage schon in Aussicht, alles schien auf dem besten Wege: da kam statt der versprochenen Verträge eine Absage, verursacht durch Unentschlossenheit, begründet mit mangelndem Vertrauen. Gegen Mißtrauen und Mangel an Entschlußfähigkeit anzukämpfen, sehe ich keine Möglichkeit.
Es erschien mir nach der Unterhaltung, die ich kürzlich mit Ihnen haben durfte, nicht nur als mein Recht, sondern geradezu als Pflicht, Ihnen, sehr verehrter Herr Hauptmann, diesen Sachverhalt offen zur Kenntnis zu bringen: es war ja der Gedanke an die nicht ausgeschöpfte, an die unerschöpfliche Fülle der Wirkungsmöglichkeiten Ihres Werkes, in dessen Dienst ich mich stellen wollte, der allein mir die nüchternen Verhandlungen zu einer Angelegenheit von lebendiger Bedeutung machte, der allein dem sachlich Geschäftlichen für meinen Teil einen leidenschaftlichen Affekt gab…

Heimann sollte mit seiner Vermutung, welcher der beiden Verlage »lebenslänger« sei, recht behalten. Kurt Wolff schloß seine Schilderung dieser Vorgänge, die er in seiner Rundfunkplauderei an seinem Lebensabend gab, mit einem geheimnisvollen Satz: »Außerdem waren die Gründe des Scheiterns der Verhandlungen so privater Natur, daß sie auch heute nicht mitzuteilen sind.« Er teilte sie auch Hauptmann nicht mit, und Fischer erwähnte sie nie mit einem Wort.

KLAGE UND ANKLAGE

Der Bericht ist um einiges vorausgeeilt. Es gilt wiederum – und nicht zum letztenmal – die Gleichzeitigkeit der Vorgänge in diesen schwierigen Jahren im Blick zu behalten. Wenige Wochen nach dem Wiener *Reigen*-Krawall und während der Fusionsverhandlungen mit Kurt Wolff, im März 1921, erschien bei Fischer Wassermanns Schrift *Mein Weg als Deutscher und Jude* und erreichte in kurzer Zeit eine Auflage von zwanzigtausend Exemplaren. Wassermann sah voraus, wie er Wolff schrieb, daß sie »viel Lärm machen« werde, und das tat sie auch. Sie löste eine große und heftige Diskussion aus, deren bemerkenswertester Zug nicht die scharfen Angriffe und Schmähungen der Übelwollenden waren, sondern das kopfschüttelnde, begriffsstutzige Unverständnis der Empfänglichen und Gleichgesinnten. Diese Reaktion ging, Rechtens bedacht, nicht nur den Schriftsteller Wassermann an, sondern ebensosehr, wenn nicht gar in noch höherem Maß seinen und ihrer aller Verleger; sie betraf alles, was er repräsentierte, und die Grundlage, auf der er es repräsentierte. In Deutschland, hatte Wassermann – rückblickend über die Aufnahme seines *Caspar Hauser* – geschrieben, sei

Wirkung großen Stils unmöglich, weil zwischen den empfangenden Schichten die geistige Übereinkunft fehlt und über ihnen ein Forum des Geschmacks; die sich zur Richtung aufwerfen, schmeicheln der Halbbildung oder der Mode des Tages, überheben sich in ihrer Befugnis, treiben Parteipolitik; der Berufenen wird wenig geachtet, und sie müssen sich in esoterischer Tätigkeit bescheiden ...

Ich erfuhr also, daß ich keinen Fußbreit Boden erobert hatte und erobern konnte, nicht in dem Bezirk nämlich, um den sich's mir heilig und schmerzlich handelte. Immer wieder mußte ich lesen oder spürte, daß es im Sinnen und Meinen lag: der Jude ... daß ich, als Jude, nicht fähig sei, ihr geheimes, ihr höheres Leben mitzuleben, ihre Seele aufzurühren, ihrer Art mich anzuschmiegen. Sie räumten mir die deutsche Farbe, die deutsche Prägung nicht ein, sie ließen das verschwisterte Element nicht zu sich her. Was unbewußt und pflanzenhaft daran war, schien ihnen ein Produkt der Erklügelung, Ergebnis jüdischer Geschicklichkeit, schlauer jüdischer Ein- und Umstellung, gefährlicher jüdischer Täuschungs- und Bestrickungsmacht ... es durfte vor der deutschen Öffentlichkeit nicht wahr sein, daß ein Jude ein so eigentümlich deutsches Buch schrieb .. Das Evoe und Hosianna der Spärlichen, die um einen sind, übertäubt nicht das Pereat von draußen ...

Wohlverstanden: hier wird nicht um Gnade gewinselt ... Nein. Es geht um Auseinandersetzung. Es geht um Rechenschaft, von hüben und von drüben. Es geht um Recht und Gerechtigkeit. Es geht schließlich um die Frage: warum schlagt ihr die Hand, die für euch zeugt?

Fischer sandte Wassermanns Schrift auch an Thomas Mann, und dies führte zu einem Austausch von Briefen zwischen den beiden berühmtesten Erzählern des Verlags, die seit einem Menschenalter in Liebe und Wertschätzung miteinander verbunden waren. Dieser hochbedeutsame Briefwechsel ist praktisch verschollen; er ist nur in Marta Karlweis' Buch über Wassermann in seinen wesentlichen Absätzen nachzulesen. Dieses Buch jedoch, 1935 im Amsterdamer Exilsverlag Querido erschienen, ist untergegangen; deshalb ist es unerläßlich, diesen Briefwechsel, so wie er dort (undatiert) mitgeteilt ist, auf diese Seiten herüberzuretten. Dieses Zwiegespräch zwischen zwei ›Großen‹ des Verlags beleuchtet schlaglichtartig die Wegstrecke, die Fischer in seinem letzten Schaffensjahrzehnt zurückzulegen blieb.

Thomas Mann schrieb:

Nun gibt mir die Lektüre Ihres autobiographischen Buches, das Fischer vor wenigen Tagen schickte, den entscheidenden Anstoß, Ihnen zu schreiben und Ihnen für diese Ihre beiden letzten guten Gaben zusammen meinen Dank abzustatten, Ihnen meine tiefe Ergriffenheit auszudrücken. Ich habe Ihr Lebensbuch, allein schon fortgerissen durch seine schriftstellerische Kraft, beinahe in einem Atem, mit angespanntestem Interesse gelesen, in freundschaftlichster Ehrfurcht vor Ihrem Erlebnis und, wie Sie sich gedacht haben mögen, nicht ohne Beschämung. Denn Sie haben mir ja einmal einen Brief geschrieben, worin dies alles ungefähr schon stand, und ich habe Ihnen leichtsinnig und unwissend »Ach, Unsinn« darauf geantwortet. Und doch, auch jetzt, auch beim Lesen dieses Buches ... Ich möchte Sie nicht kränken, mein Wunsch ist das Gegenteil, aber mein Antrieb, Ihnen zu widersprechen, war oft sehr lebhaft, und auch in diesem Augenblick bezähme ich ihn kaum. Ihr subjektives Erleben nochmals in höchsten und sympathievollen Ehren, – aber ist denn das alles wirklich so? Ist nicht doch viel dichterische Hypochondrie im Spiel? Manche Ihrer Klagen beziehen sich auf deutsche Verhältnisse überhaupt und auch jeder nicht-jüdische deutsche Romanschriftsteller könnte sie erheben. Daß Deutschland keine Gesellschaft hat, daß der deutsche Romanschreiber niemals *die* nationale Stellung einnehmen kann, die er etwa in Frankreich einnimmt (im ›Tod in Venedig‹ habe ich so getan, als könne er es), – das sind Gegebenheiten, die man hinnehmen muß, und deren Abstellung man garnicht für wünschbar zu halten braucht, denn ihre Abstellung wäre das, was ich in den ›Betrachtungen‹, die Sie akklamierten, »die Demokratie« genannt habe. Wenn es nach mir geht, so bleibt das Erlebnis der idealistischen Philosophie für Deutschland ebenso typisch, ebenso seelisch bestimmend und entscheidend, wie für Frankreich das Erlebnis der Revolution. Mein ›Nationalismus‹, der mit dem des Herrn Barrès wenig Ähnlichkeit hat, will nicht weiter. Der hohe deutsche Roman wird niemals vom demokratisch-mondänen Typ, also sozialkritisch-psychologisch, Instrument der Zivilisation und Angelegenheit einer abendländisch nivellierten Öffentlichkeit sein. Er ist persönliches Ethos, Bekenntnis, Protestantismus, Gewissen. Autobiographie, individualistische Moralproblematik, Religion, Metaphysik, Erziehung, Entwicklung, Bildung, was Sie wollen, aber keine Gesellschaftskritik. Europäisierende Mischungen kommen vor, ich habe Grund, das zuzugeben. Aber das idealistisch-bildungshafte Element wird immer durchschlagen, und das ist kein Element der Öffentlichkeit im wesentlichen Sinn.

Diese Dinge haben ja aber mit Ihrem persönlichen, Ihrem Schicksal als deutscher Jude nichts zu tun. Bei Lichte, d. h. objektiv betrachtet, wie steht es mit diesem Schicksal? Ihre natürlichen Gaben, Charakter und Talent haben Sie hoch emporgeführt, geistig und auch sozial. Die Geschichte, wie Sie Ihren alten Vater bei sich zu Gast hatten, ist schlechthin romanhaft. Ihr Name glänzt, alle Instrumente öffentlicher Wirksamkeit sind zu Ihrer freiesten Verfügung. Ihre Produktion hat ein gewaltiges Publikum. Das Erscheinen Ihres ersten Meisterwerks, des Hauser, fiel noch in eine geistig recht unbewegte Zeit, die große Bucherfolge kaum kannte. Trotzdem ist der bewunderungswürdige Roman bewundert worden, – annäherungsweise will ich sagen, so, wie er es verdient. Und das ›Gänsemännchen‹? Der ›Wahnschaffe‹? Riesenerfolge, wie, sagen wir einmal, Hermann Stehr sie nie gehabt hat, und wie fünftausend nichtjüdische Schlucker sie sich in ihren frechsten Träumen nicht träumen lassen, weil sie eben Schlucker sind und Sie ein enormer Künstler. Grob gesagt: Ist Ihnen Unrecht geschehen? Sie sagen: »Aber ich habe keinen Kredit. Ich muß mich jedesmal aufs neue beweisen.« – Das muß jeder. Das muß *innerlich* jeder! Und wenn Sie antworten: »Ja, innerlich, aber nicht vor der Nation«, so reißen Sie die Existenz des Künstlers, die eine einsame Öffentlichkeit und eine öffentliche Einsamkeit ist, auseinander und denken mir zu ›gesellschaftlich‹ und nicht ›idealistisch‹ genug.

Bei Ihren Klagen und Anklagen, so intim ergreifend sie sind, ist man doch immer versucht, ins Große abzuschweifen und sich zu fragen, auch Sie zu fragen, wie es in der Welt denn eigentlich steht. Bei Riemer heißt es über Goethe: »Auch waren die Gebildeten (unter den Juden) meist zuvorkommender und nachhaltiger in der Verehrung seiner Person wie seiner Schriften als viele seiner Glaubensgenossen. Sie zeigen überhaupt in der Regel mehr gefällige Aufmerksamkeit und schmeichelnde Teilnahme als ein Nationaldeutscher, und ihre schnelle Fassungsgabe, ihr penetranter Verstand, ihr eigentümlicher Witz machen sie zu einem sensibleren Publikum, als leider unter den zuweilen etwas langsam und schwer begreifenden Echt- und Ur-Deutschen angetroffen wird.« Das ist genau mein Erlebnis, die Ausdrücke sind gut gewählt. Und dieses Publikum ist doch heute in einem Maße weltbestimmend, daß der jüdische Künstler sich eigentlich geborgen und in der Welt zu Hause fühlen könnte, – es sei denn, er gäbe sich über die wahre Verfassung dieser modernen Welt romantischen Grillen hin. Ein nationales Leben, von dem man den Juden auszusperren sucht, in Hinsicht auf welches man ihm Mißtrauen bezeigen könnte, gibt es denn das überhaupt? Deutschland zumal, kosmopolitisch wie es ist, alles aufnehmend, alles zu verarbeiten bestrebt, ein Volkstum, in dem Nordheidentum und Südsehnsucht sich ewig streiten, westliche Bürgerlichkeit und östliche Mystik sich vermischen, – sollte es ein Boden sein, worin das Pflänzchen Antisemitismus je tief Wurzel fassen könnte? Wie ich bin und lebe, muß ich so fragen.

So Thomas Mann. Wassermann antwortete:

Sie halten mir meine Erfolge vor, mein großes Publikum, meine Wirkungen, und finden, daß ich mich nicht zu beklagen hätte. Erstens vergessen Sie, daß dieser heutige Zustand das Ergebnis dreißigjähriger Arbeit ist, ununterbrochener Arbeit an mir, am Menschen, am Werk. Zweitens übersehen Sie meine ausdrückliche Verwahrung gegen dieses Mißverständnis an mehreren Stellen der Schrift, (S. 80, Zeile 3–12, S. 84–85, S. 75 besonders: »ich handelte und schuf wohl als *Individuum*, aber in der Tiefe des Bewußtseins eng verkettet mit einer Gemeinschaft, die sich abgelöst hatte, und einer anderen, die ich erobern sollte«). – Sie lassen drittens außer acht, daß ich mich ja nur gleichsam als Symbol hinstelle, daß es um schriftstellerische Anerkennung und Geltung, um das persönliche Wohl und Wehe garnicht geht, sondern um das Prinzipielle, um die Idee, um den geistigen und den Seelenkampf, um den Feldzug gegen die Lüge. Es bestätigt sich mir wieder aus Ihrem Brief, daß ein solcher Konflikt für Menschen von Ihrer Art, Ihrer Erziehung, Herkunft und innerer Verfassung kaum greifbar ist. Sie dürfen sich nicht auf das Los des Künstlers im Allgemeinen berufen, denn die Erschwernis war, auf meiner Seite dadurch eine doppelte; waren

Sie unter zehn Atmosphären Druck, so war ich unter zwanzig, hatten Sie sich mit einem Dutzend Gespenstern herumzuschlagen, so ich mit zwei Dutzend. Was hätten Sie empfunden, wenn man aus Ihrem Lübecker- und Hanseatentum ein Mißtrauensvotum konstruiert hätte? Das Gegenteil war der Fall, geehrt wurden Sie deshalb. Noch heute, trotz alles Gelingens, trotz aller Auflagen, stoße ich auf jene insipiden Vorbehalte, auf jene Wand, erlebe ich jenes geheimnisvolle, fürchterliche Zurückweichen, das den Kern des Wesens in einem beschädigt und verwundet, nicht nur weil man selbst aufs empfindlichste getroffen ist, sondern die ganze Geschlechterreihe, die ganze Geschichte mit ihrer Fülle von Unbill und Ungerechtigkeit ein ganzes Volk. Sie sprechen von dem Erfolg der Juden, von ihrer Herrschaft im gegenwärtigen Europa; aber ist dieser Erfolg, diese Herrschaft nicht von beständigem, nicht zu löschendem Haß der Massen und dem Argwohn und Bedenken selbst erlesener Einzelner begleitet? Erwägen Sie, daß es nur eine dünne Oberschicht ist, die überhaupt zu ihm gelangt, während 8–9 Millionen im ›Golus‹ schmachten. Man muß im Golus geschmachtet haben, um zu wissen, was das heißt, Schande, Erniedrigung, Hohn geschmeckt und erlebt haben, um zu wissen, was sie heißen, sonst urteilt man leichtfertig. – Und ist denn der ›Erfolg‹ dieser Herrschenden natürlich und heilsam? Beruht er auf gesunder Entwicklung und ist er nicht vielmehr eine Rückwirkung verpreßter, dämonischer Kräfte, Sackgassenverzweiflung? Liegt ihm nicht stets ein Trotzdem statt eines Weil zugrunde? Ich empfehle Ihnen die Lektüre eines unscheinbaren, weitschweifigen, aber fakten- und tatenreichen Buches: Die Wiener Juden von Siegmund Mayer. Es ist außerordentlich qualvoll und beschämend, dieses Schauspiel der Bedrückung, Verfolgung, kleinlichster Rancune durch 200 Jahre mitzuerleben. Ich frage Sie, wie kommen deutsche Studenten seit 6–8 Jahrzehnten dazu, den Juden, den jüdischen Kommilitonen für minderwertig, für ›satisfaktionsunfähig‹ zu erklären? Sie werden leichthin antworten: Bagatelle. Ja, für den, der es nicht erleben muß, und die es erleben, sind tausende. Ich frage Sie: mit welchem Schein eines Rechts hat die deutsche Armee den Juden vom Offiziers-Stand, der Staat den Juristen vom Richterstand (mit wenigen Ausnahmen), den Gelehrten vom Katheder (außer es war nicht zu umgehen), ausgeschlossen? Rechnen Sie die dadurch entstehende Bitterkeit für nichts, die Beleidigung des innersten Selbstgefühls für nichts? Dringt Ihre Phantasie nicht in diese beständig aufzehrende Lebenspein von tausenden, den niedergetretenen Stolz, die freche Umgehung von Menschenrecht und Bürgerrecht? Wenn ich in meinem Buch alles das ans Licht ziehe, und das eigene Leidenserlebnis dazu, so durfte ich es ja *nur* deshalb, *weil* ich mich zur Anerkennung durchgerungen, *weil* ich einen Bruchteil der Geistigen auf meiner Seite weiß, denn sonst wäre es ja bloßes Ressentiment gewesen, oder man hätte mir, falls man die Schrift überhaupt beachtet hätte, den Vorwurf gewiß nicht erspart. Ich wollte aber nicht mich beklagen, sondern die Anklage erheben...

Anderthalb Jahrzehnte später, als die »freche Umgehung von Menschenrecht und Bürgerrecht« zu einem Weltgreuel geworden war, dessen Beginn Wassermann gerade noch erlebte, fügte Thomas Mann in seinem Geleitwort zu Marta Karlweis' Buch hinzu:

Man wird sehen, daß seine Antwort gewichtiger war als meine Einrede; aber ich möchte hier gleich das Folgende dazu sagen. Die tatsächliche

Übereinstimmung der Dinge mit dem Bilde, das wir uns im Zustande der Melancholie davon machen, ist von vornherein sehr wahrscheinlich. Meine Aufgabe aber bei einer solchen Auseinandersetzung war es nicht, den Kameraden, der für seine schweren Obliegenheiten Glauben und Zuversicht brauchte, in seinem Pessimismus zu bestärken, sondern seinen Sinn für die heitere Seite der Dinge zu beleben. So dumm, nicht zu sehen, daß allerlei Wahres seiner Skepsis zu Grunde lag, war ich nicht. Wie maßlos er aber am Ende recht behalten sollte, das ahnte damals er so wenig wie ich, – keine gesunde Vernunft konnte es ahnen, und so mag ich mich des damals geäußerten guten Glaubens nicht schämen. Zuletzt behalte doch auch ich wieder recht mit dem Satz, daß die Unterschiede so groß nicht sind, daß keiner es leicht hat und daß niemals der Geist auf viel ›Vertrauen‹ stößt im eigentümlichen Volk der Deutschen. »Ein deutscher Schriftsteller – ein deutscher Märtyrer.« Man muß nicht Jude sein, um diese Erfahrung zu machen, und nur solche machen sie nicht, die gar keine Schriftsteller sind, sondern nur schreiben.

Ja und Nein. Oder vielmehr, mit Flake gesprochen: Nein und Ja – ein emphatisches Nein, gefolgt vom bedingt zugestandenen Ja. Die Unterschiede waren ›so groß‹ und noch größer. Wie groß sie waren, war freilich im Oktober 1935, als Thomas Mann diese Nachsätze schrieb, noch nicht offenbar. Man mußte ein deutscher jüdischer Schriftsteller sein, um ›diese Erfahrung‹ mit dem Leben zu bezahlen. Noch zu Kriegsbeginn, im Juniheft 1915 der ›Neuen Rundschau‹, hatte Wassermann in einem großen Aufsatz über das *Nationalgefühl* diese gläubigen Bekenntnissätze geschrieben:

Der Gemeinschaft angehörig ist, wer sich zu ihr bekennt und mit seiner Leistung für sie einsteht... eine lebenskräftige Organisation kennt keine Exklusivität, die die Gefahr der Verarmung in sich trägt. Willigkeit und Tüchtigkeit sind bessere Bürgschaften für das Gedeihen als zur Schau gestellte Gesinnung oder verbriefte und dann mißbrauchte Vorrechte. Wenn die Fähigkeit und der Entschluß zur Anpassung, zur Einfügung vorhanden sind, ist neues Blut niemals von Unsegen. Juden und Emigranten beweisen es.

Gewiß war der preußische Jude Moritz Heimann damals, 1915, mit seinem fränkischen Bruder Jakob Wassermann eines Sinnes. Wie dachte er jetzt über Wassermanns Anklageschrift? Wie Fischer? Wir haben keinen Anhaltspunkt. Was die ›gesunde Vernunft‹ dachte, sprach Flake in seinen Erinnerungen aus:

Heimann, Saenger, Bie, Kayser, Fischer selbst waren Juden; diese Häufung an einer sehr sichtbaren Stelle wiederholte sich überall, wo die Intelligenz Wirkung suchte, in der Presse, in den Theaterleitungen, im Radio später, in der Anwaltschaft. Die Juden besaßen die deutsche Staatsbürgerschaft, sie übten nur ihr gutes Recht aus, und doch blieb viel zu sagen, eben über diese Häufung, die unklug unter praktischen Gesichtspunkten war. Es gab den Antisemitismus, es ließen sich ernsthafte Bedenken vorbringen gegen die Tatsache, daß die Menge der von Juden gestellten Beeinflusser oder Lenker des Geistes statistisch der Quote nicht mehr entsprach.

Die Einsichtigen unter den jüdischen Intellektuellen wußten das, aber keiner von ihnen hätte gewagt, einen freiwilligen Numerus clausus auch nur zur Erörterung zu stellen. Die Fiktion der Gleichberechtigung war stärker und doch nur eine Fiktion. Frau Hedwig begriff mich nicht, wenn ich dieses Wort gebrauchte. Da schrieb doch Theodor Wolff fast täglich im ›Berliner Tageblatt‹ einen Leitartikel und legte alles so klar dar, daß man einfach nicht begriff, wie eine andere Auffassung sich halten konnte. Mehr als einmal schickte sie mir durch den Chauffeur, der gerade zur Stadt fuhr, den neuesten Artikel Wolffs, Satz um Satz angestrichen, und sah mich am Abend erwartungsvoll an.

Welch verworrenes, ungegorenes Zeug in einem so sauberen, vorurteilsfreien Kopf! Entsprachen wohl die Schlesier, die sich im Verlag als »Lenker des Geistes« an »sehr sichtbarer Stelle« zusammengerottet hatten und sich wechselseitig hochlobten – die Hauptmann, Stehr, Kerr, Reisiger, Ludwig, Bie – »statistisch der Quote«? Warum ließen sich gegen sie keine »ernsthaften Bedenken vorbringen«? Was die Namen anging, deren Häufung Flake »unklug« fand, so war das Charakteristische an ihnen – es hatte in der Tat mit ihrem Charakter, ihrer Wesensart zu tun – ja gerade, daß sie *nicht* an »sehr sichtbarer Stelle« standen; an sichtbarer Stelle standen jene, für deren Ruhm und Ruf sie unermüdlich wirkten – Hauptmann, Hesse, Thomas Mann, Dehmel, Kellermann, Keyserling. Von den »prominenten« jüdischen Autoren des Verlags waren nur drei Deutsche: Rathenau, Wassermann und Döblin. Alle anderen waren Österreicher. Daß ein Mann wie Flake solche Überlegungen überhaupt anstellten konnte, bewies, daß Wassermanns Sorge nicht abwegig war. Die Gedankenlosigkeit der Denkfähigen, der nichtjüdischen wie der jüdischen, war die größte Kalamität dieses »eigentümlichen Volks der Deutschen«.

RUDOLF KAYSER

Ende 1921 kehrte Saenger aus Prag und der Diplomatie in die Bülowstraße und den Verlag zurück, und nun war der Augenblick gekommen, um die ›Neue Rundschau‹ neu einzurichten. Fischers Instinkt, abzuwarten, hatte sich bewährt. Der Nachfolger für Oscar Bie fand sich ganz von selbst.

Dr. Rudolf Kayser, 1889 geboren, war mit der ›Neuen Rundschau‹ beinahe gleichaltrig. Er hatte Literaturwissenschaft studiert, mit einer Arbeit über Arnim und Brentano promoviert und war ein junger Dozent an der Berliner Lessing-Hochschule, als er 1918 mit einem Aufsatz *Die Intellektuellen und die Geistigen* in der ›Rundschau‹ debütierte. Zu Beginn des Jahres 1919 war er zunächst aushilfsweise in den Verlag gekommen, um den erkrankten Leo Greiner während eines

Urlaubs zu vertreten. »Danach«, so erzählte er später, »forderte mich Herr Fischer auf, sein Assistent zu werden. So suchte ich mich in allen Verlagsabteilungen auszubilden.« Daneben publizierte er anderwärts weiter, schrieb häufig in ›Das junge Deutschland‹, war in Kurt Hillers *Ziel-Jahrbüchern* 1918 und 1919 und in beiden Bänden von Wolfensteins *Erhebung* mit Beiträgen vertreten, gab selbst 1921 in einem Münchener Verlag *Verkündigung*, eine Anthologie expressionistischer Lyrik, heraus und erschien im gleichen Jahr mit einem Bändchen in Kurt Wolffs Reihe ›Der Jüngste Tag‹. Im Verlag übernahm er vorerst während Greiners Abwesenheit die Theaterabteilung, sodann die von Greiner eingerichtete neue Auslandsabteilung und wechselte schließlich im Januar 1921 als Bies Assistent in die ›Rundschau‹-Redaktion hinüber. In seinen Erinnerungen an Oskar Loerke, *Vergangene Gegenwart*, schrieb er später:

Ich trat in eine Gemeinschaft älterer Männer, für die ich seit langem und aus der Ferne eine tiefe Verehrung besaß. Der leidende Moritz Heimann war vor Jahren vom Lektorat zurückgetreten. Seit 1917 war Oskar Loerke sein Nachfolger... Der tägliche Umgang brachte uns näher und näher. Schließlich verband uns innige Freundschaft, die niemals getrübt bis zu seinem Lebensende anhielt. Ob wir über alltägliche Erfahrungen oder über Dichtung, Musik und Menschen sprachen, wir kamen immer zur glücklichen Übereinstimmung. Diese Gespräche erfüllte eine herzliche Geistigkeit, die von Loerke ausging und die er freigebig weitergab... Oft besuchte ich ihn in seiner bescheidenen Hinterhauswohnung in der Nähe des Bahnhofs Halensee. Die Gespräche in diesen kleinen Räumen schlossen uns noch enger zusammen als die im geschäftigen Verlagshaus... Die materiellen Sorgen der Inflationszeit zogen unsere Gespräche manchmal in niedrige Regionen herab. Oft mußten wir zu Fuß den weiten Weg vom Verlag in unsere Wohnungen gehen, da wir nicht über das Fahrgeld für die Straßenbahn verfügten. Doch Loerke brachte sich und mich in unsere alte Welt zurück, da er freudig ermahnte: Wir beide haben doch vor allen Menschen etwas voraus: Wir sind Freunde von Gerhart Hauptmann!

In der ›Neuen Rundschau‹ richtete Kayser eine neue, allmonatlich erscheinende regelmäßige Sparte *Chronik des Auslands* ein, die im nächsten Jahr in *Stimmen des Auslands* umbenannt wurde. So war Kayser gut eingearbeitet, als Saenger seine Tätigkeit wieder aufnahm, und die Ablösung vollzog sich reibungslos. Oscar Bie schied mit dem Dezemberheft 1921 aus der ›Rundschau‹-Redaktion aus, und Kayser zeichnete vom Januarheft 1922 ab als verantwortlicher Redakteur. Im gleichen Heft begannen Saengers *›Junius‹-Chroniken* wieder zu erscheinen.

Auch in äußerer Hinsicht begann mit dem Januarheft 1922 eine neue Ära im Leben der Zeitschrift. Sie wurde von der bisherigen Frakturschrift auf die unverschnörkelte (und auch raumsparende) lateinische

Antiqua umgestellt, die nicht-deutschen Lesern kein Hindernis war, der Zeitschrift den Zugang zur europäischen Leserschaft erleichterte und ihr auch nach außen hin das weltläufige Gesicht verlieh, das ihrer redaktionellen Haltung und Gestaltung entsprach. Zugleich war eine kleine Änderung in der Verlagsbezeichnung zu bemerken; sie lautete jetzt: S. Fischer/Verlag/Berlin und Leipzig. Die Einrichtung der selbständig arbeitenden Zweigstelle in Leipzig im Mai 1918 wurde bereits angemerkt. Oscar Bie zeichnete auch weiterhin zusammen mit Fischer und Saenger auf dem Umschlagtitelblatt der Zeitschrift als Herausgeber und steuerte auch in den folgenden Jahren hin und wieder einen Aufsatz bei. Saenger wiederum gab seine Verbindung zum Auswärtigen Amt nicht völlig auf; er hielt in der Folge dort Vorträge und Schulungskurse über Staatswissenschaft und politische Geschichte für junge Attachés und angehende Diplomaten ab.

Rudolf Kayser leitete die ›Neue Rundschau‹ zehn Jahre lang. Er war ein umfassend gebildeter, gewissenhafter und ebenso sorgfältiger wie graziöser Schriftsteller, ein fleißiger, dabei eher weicher und empfindsamer, zuweilen ängstlicher, vor Komplikationen zurückscheuender, aber überaus liebenswerter Mann. Es war nicht seine Art, scharf zuzugreifen und sogleich alles umzukrempeln, um zu beweisen, daß der neue Besen gründlich zu kehren verstand. Doch hatte er den Blick stetig auf das gerichtet, worauf es jetzt ankam: die Verbindung mit der außerdeutschen Welt. Er führte 1924 die *Europäische Rundschau* ein, eine regelmäßige Sparte kulturpolitischer Betrachtungen, die den Sammelbegriff »Kulturpolitik« sehr weit faßte und für gewöhnlich ein halbes Dutzend weit gestreuter Themen verklammerte und sich auch nicht auf Europa beschränkte, sondern besonders aufmerksam die Entwicklung Amerikas verfolgte. In den ersten vier Nummern des Jahrgangs 1924 schrieb Willy Haas diese Umschau. Der Prager Willy Haas, damals dreiunddreißigjährig, war bald nach Kriegsende nach Berlin gekommen und durch eine Empfehlung Saengers, den er aus Prag kannte, zu Fischer gelangt. Er schickte Heimann seine ersten Essays, der ihm »darauf lange, seitenlange Briefe« schrieb – »niemals wieder hatte ich das große Glück, solche Kritik, solche Anregungen, solchen Tadel, solch herrliches Lob zu empfangen«. Es war jedoch erst ein Beitrag von ihm, eine Besprechung von Kerrs Reisebuch *New York und London* erschienen, als Haas mit der *Europäischen Rundschau* begann:

Aber S. Fischer war nicht zufrieden mit mir. »Schreiben Sie doch nicht so literarisch, Herr Haas! Schreiben Sie doch menschlich!« sagte er, mit dem winzigen Zischlaut in der Stimme, den ich seltsamerweise immer als besonders gütig, ja geradezu als gemütlich empfand. Doch »menschlich schreiben« konnte ich nicht, so gerne ich es gemocht hätte – ich wußte wirklich nicht, wie man eine kritische Zusammenstellung und Erörterung ausländischer Zeitschriftenartikel und aktueller Broschüren aus allen Ländern »menschlich« schreiben sollte, und so schied ich nach einem Jahr wieder aus, und der Chefredakteur Rudolf Kayser führte die Rubrik sehr gut ohne mich weiter.

Aber wer einmal die Luft dieses Verlags geatmet hatte, die voll war von Anregungen, Plänen, Wünschen und einer erstaunlichen Art lebensvoller Kritik, der kam nie wieder ganz heraus ... Immer wieder kamen aus dem Verlag Anregungen zu Essays in der Neuen Rundschau, die ich gern ausführte, wenn die Zeit es mir erlaubte. Bei S. Fischer war man niemals ›untendurch‹.

In Wahrheit schrieb Haas nicht ein Jahr lang, sondern nur für die ersten vier Hefte des Jahres 1924 die *Europäische Rundschau.* Doch nach »meinem Debakel mit der ›Neuen Rundschau‹« gründete er schon bald zusammen mit Rowohlt die ›Literarische Welt‹, die ab 1925 erschien, und Kayser führte die Sparte vom Mai 1924 bis Dezember 1931 ohne Unterbrechung fort. Er war ein bescheidener Mann, der mit seinem eigenen Namen in der Zeitschrift zurückhielt und außer seinen regelmäßigen Chroniken nur zwei- oder dreimal im Jahr einen größeren Aufsatz veröffentlichte.

Flake gehörte auch weiterhin zu den wichtigsten regelmäßigen Mitarbeitern der Zeitschrift, und Fischer ließ ihm viel freie Hand. Er hatte mittlerweile auf einem Spaziergang im oberen Donautal die Burg Werrenwag entdeckt, die kurioserweise auf zwei durch eine Zugbrücke verbundenen Felsen stand. Der Name gefiel ihm so gut, daß er ihn als Pseudonym für eine Folge von zeitgeschichtlichen Betrachtungen verwendete, die er ab 1922 in der ›Neuen Rundschau‹ veröffentlichte und die 1924 unter dem Titel *Zum guten Europäer. Zwölf Chroniken Werrenwags* bei Fischer als Buch herauskamen. Anscheinend hing Fischer noch immer hin und wieder dem Gedanken nach, Flake ganz für die ›Rundschau‹ zu gewinnen, denn aus eben jenem Jahr 1924 berichtete Flake in seinen Erinnerungen:

Nach einem neuen Vorschlag Fischers, in die Redaktion der Neuen Rundschau einzutreten, verbrachte ich den Geburtstag meiner Mutter, der auch der meine war, in Heidelberg und verhandelte mit Ernst Robert Curtius, der Essays schreiben konnte, was man den wenigsten deutschen Gelehrten nachsagen wird. Anfang November war ich wieder in Berlin. Ich hatte am ersten Dezember eintreten sollen; Fischer machte nie eine Bemerkung darüber, und der erste Dezember ging vorüber. Gelegentlich war Fischer mit der Leitung der ›Neuen Rundschau‹ unzufrieden, dachte an Neuerungen, schreckte zurück und ließ alles beim alten. Mir wiederum lag wenig daran, unter einem anderen zu arbeiten. Ich schrieb Fischer einen privaten Brief, der gewisse Wahrheiten aussprach, ohne die langjährige Freundschaft zu erschüttern ...

Ganz so neuartig waren Flakes redaktionelle Ideen nicht. Auf den bedeutenden Heidelberger Romanisten Ernst Robert Curtius war Kayser schon zwei Jahre zuvor verfallen und hatte ihn als Mitarbeiter gewonnen. Curtius erschien 1922 mit einem Essay über André Gide erstmals in der ›Neuen Rundschau‹ und danach ziemlich regelmäßig mit einem oder mehreren Aufsätzen im Jahr über französische literarische Gegenstände.

Auch Döblin blieb, obwohl der boshafte Mann sich mit Fischer nicht gut vertrug, unter Kaysers Redaktion ein regelmäßiger Mitarbeiter, dessen Auftauchen in der Bülowstraße stets zu langen und anregenden Diskussionen führte. Kaysers Sekretärin erinnerte sich an ein kurioses Begebnis:

Im Quergebäude, das dem Verlag gegenüber lag, wohnte ein Junggeselle, ein wunderlicher Kauz, der allmorgendlich so pünktlich, daß man die Uhr danach stellen konnte, sein Zahnputzwasser aus dem Fenster in den Hof kippte. Dieser Sonderling hatte bei der Versteigerung von Kastans Panoptikum die Wachsfigur eines französischen Frauenmörders gekauft, aber anscheinend war sie ihm in der Wohnung doch zu unheimlich, denn er stellte sie hinaus auf die Loggia, wo man sie besonders aus dem Fenster der Rundschau-Redaktion gut sehen konnte: ein Mann mittlerer Größe in dunklem Anzug mit dunklem Haar und Spitzbart, dessen linke Hand den Bart umfaßte, während die rechte schlaff herabhing.

Eines Tages kam Dr. Döblin in die Redaktion. »Döblin, Sie sind doch ein Mann von Nerven«, begrüßte ihn Kayser, »können Sie was Schreckliches sehen?« Döblin nickte, Kayser führte ihn ans Fenster und wies auf die absonderliche Gestalt in der Loggia, und Döblin begann sofort mit einer psychiatrischen Dissertation: »Der Mann befindet sich in einer Psyche, aber es wird vermutlich nur zwanzig Minuten dauern, dann löst sich der Krampf.«

Döblins Reaktion auf das schallende Gelächter der ganzen Redaktion ist nicht überliefert.

ERNST ROWOHLTS WIEDERKEHR

Am 22. April 1922 erlebte Arnolt Bronnens *Vatermord* schließlich doch seine Uraufführung in Frankfurt am Main und einen spektakulären Durchfall. Aber wie jeder Theatermann weiß, ist ein mörderischer Verriß besser als überhaupt keine Erwähnung. Dieser Mißerfolg stieß Bronnen das Tor auf. Die Matinee-Aufführung des gleichen Stücks im Deutschen Theater in Berlin am 14. Mai 1922 führte zu einem wüsten Skandal, und die Polizei kehrte das randalierende Publikum mitsamt dem Autor auf die Straße. Draußen stand Rowohlt:

»Wollen Sie mein Autor werden, mit allem was Sie schreiben?« Ich nickte, ohne zu verstehen, er umarmte mich und fügte mit jener Mischung von Gefühl und Geschäft, die ihn nicht minder auszeichnete als Sami Fischer, prustend hinzu: »Ich biete Ihnen einen Jahresvertrag mit 50 000 Mark im Jahr.«

Ernst Rowohlt war wieder da. Im November 1918 stand er mit seinem Entlassungsgeld und grauer Leutnantsuniform als einziger Habe vor dem Bahnhof Zoo in Berlin. Am 7. Januar 1919 hatte der Unverwüstliche seinen Verlag neu gegründet. Zwei Geldgeber, die ihm zufällig über den Weg gelaufen waren, hatten ihm dreihunderttausend Mark gestiftet; Kurt Pinthus war wieder zur Stelle, alte und neue Freunde, unter ihnen die Lektoren Paul Mayer und Franz Hessel; Martin Beradt, Stefan Großmann wurden herangeholt; am 1. Februar bezog der neue Rowohlt-Verlag seine Räume an der Potsdamer Brücke; die Produktion rollte an. Rowohlt nahm und brachte, was ihm gefiel und was er bekommen konnte. Sein Biograph Walther Kiaulehn meinte, er habe einen »feuilletonistischen Verlag« gemacht. Er selbst sagte: »Ich verlege die Bücher, die ich mir selber in einer Buchhandlung kaufen würde.« Da er sich für nahezu alles interessierte, von ganz links bis ganz rechts, von ganz oben bis ganz unten und vor allem kreuz und quer, verlegte er entsprechend. Sein Verlag hatte ein schnurriges, »prustendes« Gesicht, aber daß es ein Gesicht war, ein unverkennbares, stand schon nach Jahresfrist fest.

Fischer war und blieb mit seinem tatenlustigen einstigen Geschäftsführer in herzlich-freundschaftlicher Verbindung. Es geschah zu Anfang und in der Folge mehr als einmal, daß Bülowstraße und Potsdamer Brücke wegen dieses oder jenes Autors aneinandergerieten, doch das gehörte zu dem »blödesten Beruf der Welt«, wie Rowohlt ihn nannte, und tat der Freundschaft keinen Abbruch. Im Gegenteil: Ernst Rowohlt war in der Erdener Straße ein gern und häufig gesehener Gast, und nichts liebte Fischer mehr als sich nach aufgehobener Tafel mit ihm in eine Ecke des Salons zu gehöriger Fachsimpelei zusammenzusetzen, so wie er es einst mit Nansen getan hatte.

Fischer steuerte zum neuen Rowohlt-Verlag mehr oder weniger willig ein gewisses literarisches Anfangskapital bei. Der zweite Band der *Erhebung* hatte einen Schlußstrich gezogen: nach 1921 erschien keiner dieser ›Neuen‹ mehr bei Fischer.

Unter ihnen war ein besonderer Fall der Dramatiker Hanns Henny Jahnn gewesen. Er hatte sein wüst wucherndes Drama *Pastor Ephraim Magnus* auf gut Glück bei Fischer eingereicht, und Fischer wollte es bringen, aber, wie Jahnn selbst erzählt,

der Verleger persönlich wollte mich überreden, darin einzuwilligen, daß das Stück als ›Privatdruck‹ in einer limitierten Ausgabe erscheine. Vorher aber hatte das Lektorenkollegium Loerke, Heimann, Kayser mir in bewegten Reden den Rücken gestärkt, damit ich das Ansinnen ihres Chefs, das er ihnen schon anvertraut hatte, zurückwiese; sie wollten die volle

Öffentlichkeit. Loerke hatte bei sich schon beschlossen, mir den Kleistpreis zuzusprechen – und ein Buch auszuzeichnen, das unter dem Ladentisch verkauft wurde, schien ihm nicht vertretbar. Ich beharrte also, wie man mir geraten hatte, im Schutze einer mächtigen Verschwörung. S. Fischer seufzte und sagte, er habe in seinem Verlage nichts zu bestimmen, sobald jene drei Herren sich einig seien. So möchte ich denn wenigstens noch in den Druckfahnen korrigieren, was ich wolle, ohne Rücksicht auf erhöhte Satzkosten. Er hoffte, ich würde den Text mildern. Hätte ich doch den Rat des Verlegers befolgt! – die Arbeit meines Lebens wäre nicht von so vielen Gerüchten und Verdächtigungen behindert worden.

Das krasse Stück erschien 1919 bei Fischer als Buch, und Loerke gab ihm 1920 den Kleist-Preis. Damit löste er unversehens einen Entrüstungsskandal aus, sah sich von vielen Seiten bösartigen Angriffen ausgesetzt – »sehr häßlich. Ärger bis in die Nacht, weil nicht zu fassen«, notierte er im Tagebuch – und war schließlich genötigt, in der ›Weltbühne‹ mit einem scharfen Aufsatz zu antworten. 1923 ging das Stück bei seiner Uraufführung in Berlin (bei der Bronnen Regie führte) in einem Hexensabbat unter, und der talentierte, aber völlig undisziplinierte Autor verschwand aus Fischers Kreis. Gleichfalls verschwand, nach einer heftigen Auseinandersetzung mit Fischer, Georg Kaiser just im Augenblick, da nach jahrelangem erfolglosem Bemühen die Bühnen plötzlich nach seinen Stücken zu greifen begannen. *Der Brand im Opernhaus* (1919) war Georg Kaisers letztes Werk bei Fischer. Kaiser wechselte mit seinen neuen Stücken zu Gustav Kiepenheuer über, der seinen Verlag von Potsdam nach Berlin verlegt hatte. Bronnen nahm seine Stücke und ging mit ihnen von Fischer zu Rowohlt.

Bronnen und Kornfeld gab Fischer ohne viel Kummer an Rowohlt ab. Daß Rowohlt ihm Carl Ludwig Schleich wegholte, war schon betrüblicher, denn Schleichs Lebenserinnerungen *Besonnte Vergangenheit* wurden ein Riesenerfolg; doch war dieses Buch eingestandenermaßen Rowohlts Idee gewesen. Martin Beradt war ein alter Freund Rowohlts und veröffentlichte seine späteren Bücher bei ihm, aber seine früheren Bücher, vor allem der Kriegsroman, blieben bei Fischer, und Fischer blieb auch in der Folge mit dem Rechtsanwalt Dr. Beradt, der ein hervorragender Fachmann auf dem Gebiet des Verlagsrechts war, in enger Verbindung und zog ihn häufig zu Rate. Stefan Großmann, Theaterkritiker der ›Vossischen Zeitung‹, der zusammen mit Rowohlt im Januar 1920 die vorzügliche politisch-kulturelle Wochenschrift ›Das Tagebuch‹ gründete, war in den Jahren 1914–1917 regelmäßiger Mitarbeiter der ›Neuen Rundschau‹ gewesen, doch kein Autor des Verlags, weil er keine Bücher schrieb. Als er schließlich doch eins schrieb, nämlich seine Lebensgeschichte, erschien es bei Fischer.

Von Emil Ludwig, Rowohlts größtem Erfolgsautor während der zwanziger Jahre, hatte Fischer sich schon vor Kriegsende getrennt, und als Rowohlt ihn 1921 übernahm, war er ihm wohl nicht gram. Rowohlt mußte vier Jahre und ebenso viele Ludwig-Bücher lang warten, bis er mit Ludwigs *Wilhelm der Zweite* und *Napoleon* seine ersten großen Erfolge errang, aus denen dann Ludwigs Biographien-Bestsellermanufaktur wurde, die sich allerdings nach weiteren vier Jahren bereits totgelaufen hatte. Hermann Hesse bezeichnete Ludwigs Buch über den Kaiser als »gescheit«, »flott«, und »virtuos«, und dieses Nebeneinander gab dem Buch (und dem Autor), wie Kiaulehn meint, »einen gewissen Ludergeruch«. Das war nichts für Fischer, auch wenn es Riesenauflagen in aller Welt erzielte. Trotzdem blieb Fischer offenbar mit Emil Ludwig in Verbindung, in der ›Neuen Rundschau‹ erschienen ab 1922 wieder regelmäßig Beiträge von ihm, und bei einer Gelegenheit scheint Fischer sich auch um ein Buch von Ludwig bemüht zu haben. Welches Buch dies war und in welchem Jahr die Bemühung erfolgte, ist aus Ernst Rowohlts Erinnerungen an Fischer, in denen er lediglich die »komische Anekdote« ihres Briefwechsels erzählt, nicht zu entnehmen. Rowohlt schrieb:

Herr Fischer, Sie haben sich jetzt an Emil Ludwig gewandt, wegen eines Buches, Sie wissen doch aber, daß ich Emil Ludwig mit allen seinen neuen Büchern und auch mit seinen älteren Büchern in meinem Verlag vereinigt habe.

Worauf Fischer antwortete:

Lieber Rowohlt, wenn ich die Bilanz unserer Freundschaft ziehe, dann finde ich doch einen erheblichen Saldo zu meinen Gunsten. Und zwar habe ich Ihnen Robert Musil, Paul Kornfeld und Arnolt Bronnen überlassen, ja – und Sie meckern jetzt, daß ich mich an Emil Ludwig gewandt habe, es handelt sich doch nur um ein einziges Buch.

Rowohlt fügte hinzu:

Nun, ich habe das eingesteckt, habe darüber gelacht und wußte ziemlich genau, warum er mir Arnolt Bronnen, Paul Kornfeld und Robert Musil übergeben hatte, denn das waren keine großen Bucherfolge, und außerdem waren alle drei sehr schwierige Autoren, mit denen ich in den nächsten Jahren noch schwer zu kämpfen hatte.

Aus Ludwigs »einzigem Buch« für Fischer wurde übrigens nichts.

MUSIL AUF IRRWEGEN

Der bedeutendste ›Abwanderer‹ von Fischer zu Rowohlt war Robert Musil, und er legte einen beschwerlichen Umweg zurück. In der Bülowstraße hatte man während der Kriegsjahre von Musil nichts mehr vernommen. Im März 1919 tauchte er mit einem politischen Aufsatz

Der Anschluß an Deutschland wieder in der ›Neuen Rundschau‹ auf, und Mitte April 1920 kam er selbst zum erstenmal nach dem Krieg wieder nach Berlin. Er hoffte, sich einen ähnlichen Posten verschaffen zu können, wie er ihn bei Kriegsausbruch bei Fischer innegehabt hatte, und außerdem für sein inzwischen entstandenes Schauspiel *Die Schwärmer* einen Verlag zu finden. Bei diesem Aufenthalt lernte er Rowohlt kennen. Doch wandte er sich natürlich zuerst an Fischer, dessen Autor er nach wie vor war. Der weitere Hergang ist zwei Briefen Musils an seinen Freund Johannes von Allesch zu entnehmen, in denen Fischer mit den Augen eines »schwierigen Autors« gesehen ist, welcher sich selbst in eine schwierige Situation verheddert hat. Musil mußte Ende Juli 1920 aus Berlin nach Wien zurückkehren, ohne seine Absicht erreicht zu haben. Inzwischen hatte Oskar Maurus Fontana ihm eine Verbindung zum Sibyllen-Verlag in Dresden hergestellt, der sich für *Die Schwärmer* interessierte. Am 24. Dezember 1920 schrieb Musil an Allesch:

... mit Fischer steht die Angelegenheit, vertraulich mitgeteilt, so: Als ich zurück mußte, hatte ich noch eine Unterredung mit ihm, in der er scheinbar ganz aufrichtig mir sagte, daß er mich im Verlag zu halten wünsche, aber nicht in der Lage sei, mir das zu bieten, oder auch nur angenähert das, was ich verlange. Die Situation im Buchhandel sei derzeit so undurchsichtig, daß er ins Unsichere nicht solche Summen stecken könne. Er schlage mir daher ein provisorisches Abkommen vor. Er wolle mir einstweilen durch 6 Monate 500 M. zahlen, gleichsam nur um die Verbindung aufrechtzuerhalten; liegen bis zum Ablauf dieser Frist greifbare Aufführungstermine vor, so will er mir dann einen Vertrag machen, der meinen Wünschen entspricht. Ich erklärte, daß ich mir das überlegen müsse ... Ich wollte Tiedemann Zeit zur Entscheidung geben. Fischer, der das Stück nicht gelesen hatte, bat mich um das neue Mpt. und erbot sich, es sofort zu lesen und mir ein besseres Angebot telegrafisch zu machen, wenn er das Gefühl einer günstigeren Schwärmer-Geschäftsprognose habe, als er voraussetze. Rowohlt hat sich gezogen und meinte, daß er wohl im Fall greifbarer Aufführungstermine mir ca. 30 000 M. bieten wollte, jetzt es aber nicht könne. Ich stellte ihn nicht mehr ernstlich in Rechnung. Ich schrieb darauf Fischer, daß ich mich entschlossen habe, auf sein Provisorium einzugehen, er müsse aber sofort mit dem Druck beginnen, wenn dies nicht schon geschehen ist. Die Antwort erwarte ich in diesen Tagen. Sollte sich also T. doch noch als Werber einstellen, so könnte ich also wahrscheinlich das Abkommen mit F. rückgängig machen. Ich fürchte sogar sehr, daß Fischer, denn selbst hinter der Menschlichkeit solcher Leute steckt immer ein Geschäftsantrieb und er hat sich wahrscheinlich gedacht: Rowohlt soll ihn nicht haben (ich habe nichts gesagt, aber er tippte immerzu auf R.) – ich fürchte also sehr, daß F. auf die unüberlegte Notiz Großmanns im Tagebuch hin sein Wort nicht wird halten wollen ...

Ein mißtrauischer Mann, der nicht begriff, daß nur der Geschäftsantrieb »solchen Leuten« ihre »Menschlichkeit« überhaupt gestattete;

ein Verlag ist keine Wohlfahrtsinstitution. (Großmanns Notiz war eine Krokodilsträne über Musils »geringen Marktwert« gewesen.) Es wurde noch komplizierter. Der Sibyllen-Verlag bot einen »sehr einseitigen« Vertrag mit einer Vorauszahlung von fünftausend Mark. Musil schrieb dem Freund am 27. Januar 1921:

... da blieb nichts anderes übrig, ich habe nicht leichtfertig geantwortet, sie waren in einer Einstellung, die voraussichtlich auch später zu nichts Gutem geführt hätte. Wenn irgend etwas noch Herrn T. zur Einsicht do ut des bringen kann, so wird es das sein, daß ich ihm mein Desinteressement zeige... Fischer ist inzwischen wieder etwas zur Raison gekommen... was der Sibyllen-Verlag bietet, um mich zu gewinnen, ist alles in allem weniger als Fischer gibt, der das doch gar nicht so nötig hat. Dadurch ist die Angelegenheit Reiss erledigt, ich danke Dir aber dafür sehr dafür, es ist mir sehr angenehm, ihn im Hintergrund zu wissen, falls Fischer wieder Männchen macht oder später an die definitive Regelung nicht heran will...

Fand Musil sich in seinem komplizierten Schachspiel noch zurecht? Es scheint, als habe er sich selbst matt gesetzt. *Die Schwärmer* erschienen schließlich weder bei Reiss noch bei Fischer oder Rowohlt, sondern in der Tat 1921 beim Sibyllen-Verlag, wo sie ohne Echo blieben. Wenn Fischer und Rowohlt an ihren Aufführungschancen Zweifel hegten, so behielten sie recht. Döblin erteilte Musil 1923 für das Stück den Kleist-Preis, aber kein Theater nahm sich seiner an. Es erlebte erst 1929 eine einmalige Matinee-Aufführung, und sie blieb die einzige zu Musils Lebzeiten. Wie Musil seinen Verlegerknäuel schließlich entwirrte, ist nicht mehr auszumachen. Jedenfalls entschloß er sich für Rowohlt, und Fischer trat zurück. Rowohlt brachte ab 1923 Musils neue Arbeiten, erwarb 1925 von Fischer auch die beiden früheren Werke und finanzierte aufopfernd durch Jahre hindurch Musils großen Roman *Der Mann ohne Eigenschaften* mit Summen, die dieses schwere Buch niemals einbringen konnte und auch niemals einbrachte. In der ›Neuen Rundschau‹ erschien Musil auch in den folgenden Jahren hin und wieder mit einem Aufsatz. Aber es war noch immer nicht das allerletzte Wort.

»VERRUCHTER STUMPFSINN«

Wenige Wochen nach Bronnens Berliner Premierenskandal fuhr Fischer zu einer geschäftlichen Besprechung zu Hauptmann nach Agnetendorf. Es war der Samstag, 24. Juni 1922. Hedwig Fischer notierte in ihren Aufzeichnungen:

Als wir in Schreiberhau ausstiegen, empfing uns Julius Elias mit der Hiobsbotschaft von der Ermordung des Freundes Rathenau. Am Tag vorher hatte er uns nahe der Unheilstelle an der Erdener Straße im Grunewald noch aus seinem Wagen heraus zugewinkt. Gerhart Hauptmann war zutiefst erschüttert, ja fassungslos. Es wurden stille Tage in Agnetendorf, wenig Gespräche, aber Trost in der Musik, die Margarete und ich mit Hauptmanns Freund Max Müller allabendlich machten ...

»Verruchter Stumpfsinn!« rief Hauptmann. Dreißig Jahre später stellte Arnolt Bronnen in seiner Autobiographie sich einem fiktiven Leserankläger, der ihn zur Rechenschaft zog:

... der Mord an den Vätern von 1922 war ein Mord an progressiven Kräften ... Sie wissen selber, daß es keinen Zufall gibt, und daß alle Geschehnisse aufs engste verknüpft sind. So führt auch ein direkter Weg von Ihrem ›Vatermord‹ fünf Wochen später zum Rathenau-Mord, und Ihre Sympathien für Ernst von Salomon hatten ja schon bestanden, ehe Sie diesen Mann überhaupt kennen gelernt hatten. Das Lob, das Ihnen und dem ›Vatermord‹ ein Großteil der bürgerlich-progressiven Presse spendete, war also irrig und überall dort, wo echter Kampf für den Fortschritt vorhanden war, wurden Sie konsequent abgelehnt, wie bei der ›Frankfurter Zeitung‹. Denn die Kräfte, die Ihr ›Vatermord‹ freimachte — und er machte zweifellos Kräfte frei — waren teils anarchische, teils faschistische Kräfte ...

»Wem ist dieser Mann im Wege gewesen?« fragte Hauptmann, und mit ihm fragten es unzählige. In Hauptmanns Rede, die er für die Trauerfeier im Reichstag schrieb, hieß es:

Hier ist aus tiefster Nacht ein Strahl heruntergezuckt, aus furchtbarer nationaler Umnachtung, und hat blind getroffen, hat ein hellsehendes, hell durchblickendes Pilotenauge getroffen, hat einen Lynkeus getroffen, zum Schauen geboren, zum Sehen bestellt. Einen Mann, der sein Auge eingestellt hatte nach der gebieterischen Forderung seines Herzens, das Deutschland gehörte, das, wie ich aus tausend privaten Zügen weiß und vor Gott bezeugen kann, in innigster, rührendster Weise für Deutschland schlug ... Wem ist dieser Mann im Wege gewesen? Ich habe mich tausendmal gefragt, und die Antwort will sich nicht einstellen. Hätten diejenigen ihn gekannt, die ihre Revolverläufe und Handgranaten gegen ihn gerichtet haben, wären sie mit ihm zusammengewesen, nur eine kurze halbe Stunde lang, sie hätten sich eher die Hand abgeschlagen, als gegen ihn die Waffe gerichtet ... Haben wir irgendwann in der Weltgeschichte einen so gottverlassenen moralischen Tiefstand als mit dem Ende dieses Geschickes erlebt?

So empfand man es im Kreise der Verlagsfamilie. Loerkes Tagebuchaufzeichnungen vermitteln den unmittelbaren Eindruck. Er war noch wenige Tage zuvor mit Saenger und Orlik beim ›Reichsminister des Äußeren‹ zum Tee gewesen und hatte notiert: »Rathenau sehr nett.« Jetzt, am 24. Juni schrieb er:

Furchtbarstes Entsetzen: Rathenau ermordet. Rudi Kayser erschlug mich mit der Nachricht. Den ganzen Tag ganz und gar niedergeschlagen. Schluchzend beim Zeitunglesen. Irrend in den Straßen ... Gegen Abend löste sich die düstere Verwirrung in Schmerz auf. Die kameradschaftlichen Jahre tauchten aus der Verhüllung.

Und an den folgenden Tagen:

Mit Wut und Rachgier erfüllt. Sehr unruhig. Ich las den Brandes aus ... Dann kam die finstere Unruhe über den Mord wieder empor (25. Juni).

In schwarzen Kleidern zum Büro. Wir fuhren im Auto zum Reichstag. Regen. Viele Menschen. Trauerfeier. Coriolan-Ouverture, Rede des Präsidenten Ebert, eine des Reichtstagspräsidenten, des demokratischen Abgeordneten Korell. Wagner, Trauermusik aus der Götterdämmerung. Ehrlich, warm, doch etwas Mittelmäßiges haftete daran. Vor der Rampe gestanden. Im Regen. Reichswehr. Durch den regentriefenden Tiergarten nach Hause. Immer an den Toten gedacht. (27. Juni.)

Im Büro die Aufzeichnungen über Rathenau fortgesetzt und zu Hause beendet. Der Heimweg dauerte zwei Stunden, weil überall Demonstrationszüge für das Gesetz zum Schutze der Republik. Ernst und imposant (4. Juli).

Loerkes Aufzeichnungen erschienen im Rahmen eines Symposiums *In memoriam Walther Rathenau*, das einen großen Teil des Augustheftes 1922 der ›Neuen Rundschau‹ ausmachte. Es umfaßte Gedenkaufsätze von Jakob Wassermann, Alexander Moszkowski, Albert Einstein, Harry Graf Kessler, Otto Flake, Johannes V. Jensen, dem vormaligen Bundeskanzler der Republik Österreich Karl Renner, Emil Ludwig, Oskar Loerke, Hans Reisiger, dem langjährigen Privatsekretär Rathenaus, Hugo Geitner, Gabriele Reuter und dem Berliner Oberbürgermeister Georg Reicke. Die meisten dieser Beiträge, wenige Tage oder Wochen nach der Mordtat niedergeschrieben, sind aufschlußreich; einige sind bemerkenswert.

Emil Ludwig stellte rundheraus fest, man habe Rathenau zwar »wie einen Fürsten zu Grabe getragen, wie nie in deutscher Geschichte ein Bürger, noch weniger ein Jude begraben wurde«, doch habe im Grund dieser Tod auf das deutsche Volk keinen Eindruck gemacht:

... dumpf und unwirsch – warum es denn vertuschen? – hat die Mehrheit den Trauertag ertragen, kalt und stumpf das unbekannte Bild des fremden Mannes in den Journalen angeschaut und nur ein paar Tage geschwiegen und gehorcht, weil sie sich duckten unter dem Sturm der Linken. Doch auch von dieser Linken hat fast niemand getrauert ... Sein furchtbar-schöner Tod hat die Deutschen weder erschüttert noch gewandelt ...

Loerke rief eine kaum zwei Jahre zurückliegende Erinnerung wach:

Am Sylvester des Jahres 1920 kam Rathenau nicht lange vor Mitternacht in das Haus seines nachbarlichen Freundes S. Fischer. Gerhart Hauptmann las uns zwei Gesänge aus seiner Dichtung ›Der große Traum‹. Bald darauf trennte sich die kleine Gesellschaft und suchte, da die Nacht regnerisch war, einen raschen Heimweg. Rathenau hatte nur eine kurze Strecke waldwärts zu gehen, ich eine kurze Strecke stadtwärts, und so schritten wir zuerst langsam nebeneinander. Als wir die Königsallee erreicht hatten, an der Stelle, wo er jetzt ermordet worden ist, blieb er stehen, bewegt von dem ernsten Gedichte, bewegt von ernster Musik und der Not der Zeit, auf deren Probleme er eben hatte tröstliche Antworten geben sollen, und sprach, während die Regenschauer einander folgten, wohl anderthalb Stunden von der Hoffnungslosigkeit der gegenwärtigen geistigen Weltverfassung ...

Flake sah von allem Persönlichen ab:

... auf dem Spiel steht die nationale Selbständigkeit. Bleibt Deutschland der chaotische Ort in Europa, der Ort, an dem die Gewalttätigkeit, die Militaristen, die Unruhestifter schalten, dann ist Europa gezwungen, der politischen Selbständigkeit Deutschlands ein Ende zu machen. Ich sage das ganz scharf, ganz bewußt: wer nicht mündig wird, gerät unter Kuratel.

Wassermann (sein Aufsatz stand an erster Stelle) fand voller Verzweiflung alles bestätigt, was er ein Jahr zuvor in seiner Schrift ausgesprochen hatte; bei »keinem Ereignis wie bei diesem« habe er die Empfindung gehabt:

... das gilt dir; das raubt dir Ungeheures, Zusammengehörigkeit, Vertrauen, Bindungen, die dir teuer waren, Heimatboden unter den Füßen, Glut der Gemeinsamkeit und des Füreinanderstehens, dieses raubt es und bringt Tod in einer vorher nicht gespürten Weise ... Eine lebenswichtige Illusion ist zu Boden geschlagen worden, die letzte vielleicht, die auf eine bestimmte Regelung des sozialen Daseins, eine humane Ordnung zu hoffen wagte ...
Diene du nur, wird ihm zugerufen, verschwende dich für uns ... bahne Wege, grabe Schächte, sprenge Tore, schlage Wasser aus den Felsen und entzünde das verfinsterte Firmament, sei Mensch, sei Genius, sei Gott: in unseren Augen zählst du nicht, wir nehmen dich nicht auf, denn du bist von fremden Blut und folglich Schädling, Feind und Verderber. Außerordentliche Logik, nicht wahr? Dessenungeachtet eine gängige und approbierte, obwohl sie dem Wahnsinn zum Verwechseln ähnlich sieht und dem Selbstmord zum Verwundern ...
Wie soll man weiterleben? Vielleicht nur ein Orkan, der die Guten mit den Schlechten vernichtet und das Erdreich samt dem Anschwemmsel davonträgt, kann uns von der Atmosphäre von Ekel und Grauen befreien und dem Gebirge von Unrat, das die Politik und die Politisierung des Lebens um uns aufgehäuft hat.

Albert Einsteins Beitrag war der kürzeste, zwei knappe Absätze, und der zweite lautete:

Ich bedauerte, daß er Minister wurde. Bei der Haltung, die ein großer Teil der gebildeten Schicht Deutschlands gegen die Juden einnimmt, wäre nach meiner Überzeugung stolze Zurückhaltung der Juden im öffentlichen Leben das Natürliche. Daß Haß, Verblendung und Undankbarkeit so weit gehen würden, hätte ich doch nicht gedacht. Denjenigen aber, welche die ethische Erziehung des deutschen Volkes in den letzten fünfzig Jahren geleitet haben, möchte ich zurufen: An ihren Früchten sollt ihr sie erkennen.

In diesem Symposium fehlt die Stimme Moritz Heimanns. Doch nicht, weil er es vorzog zu schweigen. Es gibt einen Aufsatz Heimanns über Rathenau, anläßlich seiner Ermordung geschrieben, und warum er nicht in diesem Gedenkheft erschien, läßt sich vermuten; Heimann teilte Fischers hohe Wertschätzung Rathenaus nicht. Der Aufsatz heißt *Ja, warum sollte er denn nicht Minister werden?* und steht in

Heimanns *Nachgelassenen Schriften*, dem fünften Band seiner *Prosaischen Schriften*, der nach seinem Tod 1926 erschien. Rathenau war am 10. Mai 1921 in der Regierung Wirth Minister für Wiederaufbau und am 31. Januar 1922 Außenminister geworden. Nach der ersten Ernennung schrieb Heimann am 7. Juni 1921 in einem Brief an Fischer:

... aber über die erste Rede Rathenaus denk' ich ganz anders als Sie, finde sie wie jede Äußerung von ihm: klar, disponiert, klug, voll guten Willens und nur in einem winzigen Punkt, aber dem innersten Keimpunkt, nicht etwa unbedeutend, sondern viel was Schlimmeres: nichtig. Hat sich als Politiker nicht nur für dieses Mal, sondern ein für alle Mal ausgelöscht. Schein enorm realpolitisch, geschäftlich, ist aber nur eine affektierte Neuauflage der alten, kontrapolitischen Beamtenauffassung. Früher sagte man: »wo mein Herr und Kaiser mich hingestellt hat«; und heute zieht sich dieselbe unpolitische Denkweise ein »modernes« Mäntelchen an. Er bedeutet nichts als einen Arbeiter, wenn auch einen vorzüglichen. Seine Überlegenheit ist nur eine scheinbare, nämlich eine der sogenannten Bildung. (Von seinen vielen Taktfehlern sehe ich ab, wie auch von den vortrefflichen Prägungen – die nicht von ihm sind; erwähnte nur eins: er ist einsichtig genug, die große Wichtigkeit der konservativen Partei zu erkennen, und behandelt sie so unklug wie möglich, mit Verbeugung, Humanität, edel und ethisch, mit einem Wort: unsagbar plump; weil er nämlich auf seine Einsicht eitel ist. Kein Hauch von Natur, von Instinkt in dem Mann. Je mehr Erfolg, um so größere Niete. Er mußte schon als Jude (er, ein anderer nicht) unbedingt Nein sagen. Wenn die Katastrophe eingetreten wäre, und morgen kann sie ja noch immer da sein, und der Reichstag wäre aufgelöst worden, die Wahlen wären für uns – ich meine für die Linke – mörderisch geworden... Christus darf nicht eine *zu* schöne Bügelfalte haben und darf nicht *zu* realpolitisch sein...

Fischer (seine Antwort ist nicht erhalten) dürfte widersprochen haben, denn eine Woche darauf, am 15. Juni 1921, kam Heimann noch einmal darauf zurück:

Ich gebe weder auf die Vorschußlorbeeren etwas, noch auf die tatsächlichen Erfolge der ersten Zeit. Daran, daß Rathenau vorzügliche Arbeit leisten wird, zweifle ich nicht. Widerlegt aber in meinen Grundbedenken werde ich erst sein, wenn es ihm gelänge, seine Stellung als utilité zu überwinden und zum Sprungbrett für einen politischen Sprung umzuwandeln, d. h. wenn er die peripherische Wirkung und Gewinnung zu seiner zentralen benutzte. Ich glaube es nicht, ja, im Vertrauen gesagt, mein Zweifel geht noch weiter. Rathenau hat eine große Fähigkeit, in einen Komplex von Tatsachen ordnend hineinzuschauen und hineinzufassen. Das ist etwas sehr seltenes und im Grunde bewundernswertes. Aber dann gibt es bei ihm einen Punkt, von wo er diese simplifizierende Kraft nicht mehr mit dem notwendigen Mißtrauen kontrolliert, sondern eigensinnig logisch dürftig weiterlaufen läßt...

Heimann fand seine Befürchtung bestätigt. Sein nachgelassener Gedenkaufsatz ging mit dem Toten scharf ins Gericht. Er knüpfte an

Einsteins Bedauern an, das er teilte, doch aus anderen Gründen. Rathenau, schrieb er, habe nach der Revolution offenbar nicht gefühlt, »wie stark er damals war, als er allein war«. Er hätte sich nicht »in Reih und Glied einer Partei« stellen dürfen, die sich seiner nur zu bedienen hoffte: »Da glaubte er vermutlich als ein Realpolitiker zu handeln und spürte nicht, daß er sich verlor ... er war es zufrieden, eine *utilité* geworden zu sein.« Dieser »klare Mensch« sei sich über eines nicht ins klare gekommen: »Warum seine Autorität trotz aller Avancen klein blieb.« Der Aufsatz schloß:

Auf lange hat die Führung unserer Außenpolitik ihre zwingende Voraussetzung im Innern. Wenn Rathenau gewähnt hätte, es ginge nach innen ohne die harte Faust, so wäre er ein sehr kurzsichtiger Mann gewesen; und hätte er sie sich zuerkannt, ein blinder. Keine sonst erlaubte Selbsttäuschung hierin war ihm erlaubt; er mußte wissen, daß er als Jude die überstarke Hand nicht besaß ... Eine Kette ist nur so stark wie ihr schwächstes Glied; im stärksten Glied kann ein heimlicher Bruch sein. Es konnte nicht ausbleiben, daß Rathenau der Jude zu Lasten der Juden – und zu Lasten der Erfüllungspolitik geschrieben wurde; der Teufel hat dabei die Feder geführt, aber die Tinte war haltbar genug. Nicht einmal sein greuelvoller Tod wurde zum Sieg für ihn.
Für sein Andenken ist es besser, ihn zu tadeln, als ihn mit Wehmut zuzudecken und dem Auge zu entziehen. Mir – war es nicht um Andenken zu tun. Mir ist es noch heute, als ob er lebte; es ist mir, als ob ich mit einem Lebenden zankte.

Fischer bewahrte das geistige Erbe des Freundes und Nachbarn mit Pietät. Er brachte 1924 als fünften Band von Rathenaus gesammelten Schriften die *Gesammelten Reden* und 1928 zwei Bände *Nachgelassene Schriften* heraus. Im Jahr darauf veranstaltete er eine Neuausgabe *Gesammelte Schriften in sechs Bänden*, deren Bände 1–5 mit der in der Zusammenstellung leicht veränderten zweiten Auflage der fünfbändigen Gesamtausgabe von 1925 inhaltsgleich waren; ihnen wurde ein sechster Band *Aus Kriegs- und Nachkriegszeit* angefügt. Leider kam Rathenaus Briefwechsel während der gleichen Jahre, wirr und unordentlich ediert, in einem anderen Verlag heraus. Diese unschätzbar wertvolle Dokumentation wäre wohl bei Fischer sorgfältiger betreut worden.

Einige Wochen nach Rathenaus Tod, im Sommer 1922, war Fischer abermals bei Hauptmann im Riesengebirge. Auch Flake war da, und man unternahm eine Wanderung zur Schneekoppe. »Auf dem Berg«, schrieb Flake, »wurde Fischer, der sich klein und müde neben mir durch die Sonne schleppte, von einer Rotte Wanderburschen verhöhnt. Ich ging auf sie zu, er hielt mich zurück; lassen Sie nur, es gehört zu unserem Schicksal, immer sind wir Juden irgendwo den Barbaren begegnet.«

29 Verwaltung der geistigen Dinge

Am 20. September 1923 heißt es in einem Brief Hauptmanns an Fischer: »Du hast zehn Millionen überwiesen, die heute verglichen mit dem Kurs vom 1. April nur noch 2½ Millionen Wert haben. Eine ganz unbedeutende, belanglose Summe ...« Dieser Brief kreuzte sich mit einem von Fischer vom selben Tag: »Wir haben heute Deinem Konto fünf Milliarden überwiesen.« Einen Monat später, am 17. Oktober 1923 lautete eine Mitteilung des Verlags an Hermann Hesse: »Wir haben 100 Milliarden für Sie überwiesen.« Briefstellen wie diesen lassen sich zahllose ähnliche aus der Verlagskorrespondenz der Jahre 1922 und 1923 anfügen.

Die Geldentwertung war nicht nur eine äußerste Belastungsprobe für die Kapitalkräfte des Verlags und die Nervenkräfte des Verlegers und seiner kaufmännischen Mitarbeiter. Sie spannte auch die Zusammenarbeit zwischen dem Verleger und dem Buchhandel über alle Maßen an und zerrte am guten Einvernehmen zwischen dem Verlag und seinen Autoren. Shaw schrieb im Dezember 1919 an Trebitsch: »Machen Sie Fischer begreiflich, daß ich keine Geldüberweisungen aus Deutschland wünsche, solange der Wechselkurs so katastrophal ist wie gegenwärtig.« Und das war erst der zaghafte Anfang! »Ich wage kaum noch«, schrieb Fischer im Herbst 1922 an Hesse, »über die finanzielle Lage, in die Sie als deutscher Autor in der Schweiz gedrängt sind, zu sprechen ... Ich fühle mich in jeder Beziehung in Ihrer Schuld und wünschte nur, dies überzeugender dokumentieren zu können.« Spekulanten, Abenteurer, Glücksritter und zwielichtige Gestalten tauchten überall im Verlagsgewerbe mit kurzlebigen oder schwindelhaften Gründungen auf, untergruben und erschütterten das wechselseitige Vertrauen und erforderten unablässige Wachsamkeit und Abwehr ihrer Verlockungen. Es war nicht immer einfach, Echtes von Falschem zu unterscheiden und inmitten der Entwertung aller Werte sich in der getreulichen Verwaltung des anvertrauten Geistesgutes nicht beirren zu lassen.

DIE FIEBERKURVE

Die Verlagsproduktion zeigt während dieser Zeit begreiflicherweise ein schwankendes Bild. Im ersten Nachkriegsjahr war die Menge des in den Kriegsjahren Aufgestauten und Zurückgestellten wie eine Flut hervorgebrochen; 1919 kamen dreiundsiebzig neue Titel heraus. In den drei folgenden Jahren ging die Produktion wieder auf den Vorkriegsumfang zurück oder sank gar unter seine Durchschnittsgrenze: 1920 waren es dreißig, 1921 fünfundzwanzig, 1922 einunddreißig Titel. 1923 brachte den Höhepunkt der Kapitalnot und der Herstellungsschwierigkeiten; die Produktion schrumpfte auf neunzehn Titel zusammen. 1924 zeigte mit dreiundzwanzig Titeln noch die Nachwirkung der Katastrophe. Erst 1925 machte die Erholung sich bemerkbar; der Verlag gelangte mit fünfundvierzig neuen Titeln, darunter mehreren großen Erfolgen, wieder zu dem Produktionsumfang und dem Umsatzvolumen zurück, die seine Rentabilität erforderten.
Diese Schwankungen spiegelten den Ablauf des deutschen Währungsverfalls. Während der Kriegsjahre war die deutsche Mark auf ein Drittel ihrer Kaufkraft von 1914 abgesunken. Im März 1919 war der amerikanische Dollar 10 deutsche Mark wert, gegenüber der Vorkriegsparität von 4,20 Mark; ein Jahr später kostete er 100 Mark, und die Preise für Verbrauchsgüter waren in dieser Zeit auf das Achtfache gestiegen. Nun trat eine gewisse Stetigkeit ein. Ein Jahr lang, bis zum Sommer 1921, schwankte die deutsche Mark zwischen 40 und 80 Mark pro Dollar. Im August 1921 begann der Erdrutsch. Binnen zweier Jahre fiel die Mark von 84 auf 4 Billionen 200 000 Milliarden pro Dollar. Anfang 1922 hatte sie noch ein Fünfzigstel ihres Vorkriegwertes besessen; Anfang 1923 besaß sie kein Zehntausendstel mehr. Im November 1923, als die deutsche Währung stabilisiert wurde, war eine Vorkriegsmark gleich einer Billion Mark, und die Preise waren 1 247 000mal so hoch wie 1914.
Diese Fieberkurve heißt es beim Nachfolgenden im Auge behalten. Sie übte einen entscheidenden Einfluß auf die Geschehnisse, die äußeren wie die inneren, die in diesem und dem anschließenden Kapitel geschildert werden.

GEHEIMWISSENSCHAFT

Während des ersten Abschnitts der Geldentwertung, der schleichenden Inflation von Kriegsende bis etwa Mitte 1921, entwickelte sich die Berechnung der Bücherpreise und im direkten Zusammenhang damit der Autorenhonorare und des Verlegergewinns rasch zu einer Art Ge-

heimwissenschaft. Viele Buchhändler erhoben Teuerungszuschläge auf die von den Verlagen festgesetzten Bücherpreise, um ihre steigenden Unkosten zu decken. Diese Zuschläge waren jedoch nicht einheitlich geregelt und verstimmten in vielen Fällen die Verlage, weil sie die Bücher zu stark verteuerten und den Absatz schädigten. Zugleich führten viele Verlage, ebenfalls zur Deckung ihrer steigenden Unkosten, von sich aus Teuerungszuschläge ein, die jedoch tantiemefrei blieben und den Autoren, die unter der Teuerung nicht weniger litten als Verleger und Buchhandlungen, nicht zugute kamen, was wiederum zu Mißhelligkeiten zwischen Verlegern und Autoren führte. Jeder suchte nach Schutzmaßnahmen, und keiner konnte es dem anderen recht machen. »Die Kenntnis der jeweiligen Verlegerpreise«, heißt es in einer Fachschrift hierzu, »wurde immer mehr zu einer Rekordleistung des Gedächtnisses, und das erste tatkräftige Eingreifen des Börsenvereins durch die Notstandsordnung vom 8. Januar 1920 schien in der Bemessung des Sortimenterzuschlags vielen Verlegern zu weit zu gehen, ohne das Sortiment zu befriedigen.«
Fischer bemühte sich vor allem, seine Bücher so billig wie möglich zu halten, um einem Absinken des Absatzes entgegenzuwirken. Als er im Sommer 1920 Hermann Hesses neuen Novellenband *Klingsors letzter Sommer* herausbrachte (im gleichen Jahr erschienen auch Hesses *Zarathustras Wiederkehr. Ein Wort an die deutsche Jugend* und die Aufzeichnungen *Wanderer* mit Hesses eigenen farbigen Illustrationen), druckte er eine Erstauflage von zehntausend Exemplaren, von denen er die Hälfte voraushonorierte, und erläuterte in einem Brief vom 11. Juni 1920 die Situation:

Wir haben der enormen Verteuerung der Herstellungs- und Vertriebskosten wegen die Absicht gehabt, von Mitte Mai ab einen zwanzigprozentigen Aufschlag auf sämtliche Bücher zu legen, und zwar sollte er honorarfrei bleiben, damit wir ein Äquivalent für die ganz unhaltbare Steigerung der Kosten und Spesen bekommen. Wir haben davon Abstand nehmen müssen, weil inzwischen die Kauflust und Kaufkraft nachgelassen hat und weil wir eine Verteuerung der Bücher tunlichst vermeiden wollten.
Ihr Buch ist mit 10 Mark angesetzt; es sollte mit 8 Mark und zehnprozentigem Zuschlag herauskommen, so daß Ihnen nur von 8 Mark die volle Tantieme der Kalkulation nach hätte gutgeschrieben werden können. Sie haben ja bei diesem Ladenpreis den großen Tantiemezuwachs, denn das Buch hätte in Friedenszeiten etwa 3 Mark gekostet, hätte Ihnen 60 Pf. pro Exemplar eingebracht, während sie jetzt M. 1.60 bekommen, also die Tantieme für die verteuerten Material- und Herstellungskosten mit erheben.
Für uns sieht die Sache aber sehr schwierig aus. Wir gehen ein sehr großes Risiko ein, denn die Bücher sind 10–12 Mal so teuer, die Ladenpreise aber nur dreimal so teuer, und wir kommen mit den Tantiemen, die unter anderen Herstellungs-Voraussetzungen vereinbart waren, gar nicht zurecht. Bei

den broschierten Exemplaren bleibt uns nichts übrig, in vielen Fällen müssen wir dabei sogar Geld zusetzen...

Die guten Vorsätze erwiesen sich als undurchführbar. Schon wenige Wochen nach diesem Brief mußte Fischer feststellen, wie er Schnitzler am 12. Juli 1920 schrieb, »daß wir ohne einen 25 %igen Verlags-Teuerungszuschlag auf den gesamten Verlag nicht auskommen, daß wir in Gefahr sind zu scheitern, durch die einfache Tatsache, daß die Selbstkosten und ungeheuer gesteigerten Vertriebskosten nicht einzubringen sind«. Am 1. Juli 1920 sandte der Verlag ein ausführliches Rundschreiben an seine Autoren, in dem er eine neue Regelung vorschlug. Aus diesem Rundschreiben geht die Entwicklung seit Kriegsende deutlich hervor:

Die ständige, ganz ungeheuerliche Steigerung aller Herstellungs- und Betriebskosten, die in den letzten Monaten und Wochen den Verlagsbuchhandel zu ersticken drohen, die Aussichtslosigkeit des baldigen Abbaus der Papier-, Druck-, Buchbinderpreise und Betriebskosten zwingen uns gebieterisch, einen Ausgleich zwischen den Gestehungskosten und den Verkaufspreisen unserer Verlagswerke zu suchen.
Wir haben uns bisher mit relativ geringen Preiszuschlägen begnügt und die Neuauflagen so knapp kalkuliert, daß sie den heutigen Gesamtkosten nicht standhalten können.

Das Schreiben erinnert sodann an das letzte Rundschreiben vom Februar 1918, das vorsah, daß »die alten Honorarsätze vom alten Ladenpreis« voll bezahlt wurden und die Autoren außerdem an den Teuerungszuschlägen mit einer Tantieme von 10 Prozent beteiligt waren. Diese Maßnahme war jedoch nur als Provisorium gedacht gewesen – »bis zu einem Abbau der Preise« – und als mehr oder weniger permanente Kalkulationsgrundlage nicht realistisch, denn die »alten Ladenpreise« gab es nicht mehr.

Ob in absehbarer Zeit mit einem Abbau zu rechnen ist, scheint zweifelhaft, und so möchten wir einen Weg vorschlagen, der Autor und Verleger gleicherweise zu ihrem Rechte kommen läßt. Wir möchten Ihnen vom 1. Juli d. J. ab wieder den vollen Honorarsatz auf den eigentlichen Ladenpreis einschließlich der bisherigen Teuerungszuschläge anbieten. Als einzig gangbarer Weg hierzu erscheint uns ein Verlagsteuerungszuschlag, den wir vom Publikum außerhalb des Ladenpreises erheben müssen. Wir haben uns lange gegen einen solchen Zuschlag gesträubt, sehen aber heute keinen anderen Weg. Eine große Zahl von Verlegern hat sich mit seinen Autoren auf einen verminderten Tantiemensatz geeinigt (auch der Schutzverband deutscher Schriftsteller hat sich gutachtlich darüber geäußert), andere Verleger, höchstwahrscheinlich die Mehrzahl, erheben tantiemenfreie Teuerungszuschläge schon seit längerer Zeit, vielfach in höheren Prozenten als wir es planen. Wir müssen einen Verlagsteuerungszuschlag von 25 % erheben, den wir dem Sortiment zu rabattieren haben.
Es ist bekannt, daß unsere Bücher trotz wiederholter Preiszuschläge relativ billig geblieben sind, es ist ja unser eigenes Interesse, die Preise der Bü-

cher auf dem Büchermarkt auch weiterhin absatz- und konkurrenzfähig zu halten. Sie werden inklusive des Teuerungszuschlages kaum das Vierfache des Friedenspreises betragen, während sich die Kosten um einen sehr viel höheren Prozentsatz gesteigert haben. Das ist auch der Grund, weshalb Bücher trotz der eingetretenen Flauheit auf dem Markt immer noch mehr gekauft werden als andere Waren, die viel teurer sind, weil sie die volle Steigerung aller Gestehungskosten in sich tragen.

Diese Regelung löste in der ›Branche‹ allerlei kuriose Kommentare aus. Als René Schickele sich im November 1921 von Cassirer trennte und Autor des Kurt Wolff Verlags wurde, berief er sich darauf, daß bei Fischer alle »namhaften« Autoren eine Honorartantieme von 20 Prozent erhielten, und verlangte das gleiche von Wolff, der jedoch erklärte: »Wir wollen große Auflagen von Ihren Büchern drucken und vertreiben. Aber wir wollen Ihnen unter gar keinen Umständen mehr als 15 Prozent Honorar geben.« Die »etwas geringere Honorarquote, als sie vielleicht bei anderen üblich ist«, so erklärte er, gebe ihm den Spielraum für Werbemaßnahmen, mit denen er als »einziger deutscher Verlag ullsteinhafte Auflagen von literarisch einwandfreien Büchern« erzielte. Und was Fischer betreffe –

... es hat immer geheißen, daß bei S. Fischer beispielsweise alle Autoren 20 % Honorar bekommen; das ist meines Wissens notorischer Unsinn. Fischer hat jahrelang einen 25 %igen Verlagszuschlag (bitte nicht mit Sortimentsteuerungszuschlag verwechseln) auf seine Verlagswerke erhoben und diesen Teuerungszuschlag nie und niemandem honoriert. Er hat also beispielsweise von einem Buch, das M. 10 und 25 % Teuerungszuschlag, d. h. beim Verlag M. 12.50 kostete, dem Autor 20 % Honorar von 10.– gegeben – M. 2.– Aber dieses Honorar blieb, auf M. 12.50 verrechnet, im Effekt ein Honorar von kaum mehr als 15 %.

Schickele fügte sich, blieb aber unbekehrt. Noch anderthalb Jahre später murrte er in einem Brief an Wolff:

Was S. Fischer kann, das müßte Kurt Wolff doch zum mindesten auch können. Und was dem S. Fischer jedem beliebigen Autor seines Verlags gegenüber als billig erscheint, das sollte Herrn Kurt Wolff einem angeblich bevorzugten Autor gegenüber als recht gelten.

So ereiferte man sich über einen Sachverhalt, der in Wahrheit gar nicht bestand. Kurt Wolff, der aus seinen Fusionsverhandlungen mit Fischer Einblick besaß, entstellte die Sachlage ein wenig; Fischers honorarfreier Teuerungszuschlag von 25 Prozent bestand zur Zeit von Wolffs Äußerung nicht »jahrelang«, sondern seit genau einem Jahr, und an den vorherigen Teuerungszuschlägen waren Fischers Autoren mit 10 Prozent beteiligt gewesen. Andererseits war die Annahme, daß alle »namhaften« Autoren Fischers ein Honorar von 20 Prozent erhielten, wirklich notorischer Unsinn. Diese Honorarsätze hatten sogar in der Vorkriegszeit nur in einigen Ausnahmefällen gegolten und waren inzwischen längst abgebaut worden. Die einzigen Ausnahmen waren zu dieser Zeit noch Gerhart Hauptmann und Thomas Mann. Mit Schnitzler beispielsweise traf Fischer im Dezember 1921 eine neue Vereinbarung, wonach

wir nun glatt 15 % vom vollen Ladenpreis des broschierten Exemplars verrechnen und diesen Satz natürlich auch für die Preiserhöhungen. Der Anteil für die Preiserhöhungen wird nach Maßgabe des Absatzes verrechnet. Für die Sortimenterzuschläge trage ich keine Verantwortung.

Und im August 1922, als die schleichende Inflation in die galoppierende übergegangen war, heißt es in einem Brief Fischers an Schnitzler:

Sie schreiben, daß es noch heute Abmachungen gibt, in denen der Autor 20 % bekommt. Ich weiß nicht, wie diese Verleger kalkulieren oder welche Sondervorteile sie sich dabei noch vorbehalten haben oder welche Interessen sonst noch dabei mitsprechen. In der freien Wirtschaft gibt es ja keine Gesetze, sondern die harte wirtschaftliche Notwendigkeit, die uns die Gesetze diktiert. Bisher haben wir die volle Auswirkung der Herstellungs- und Vertriebskosten noch nicht gewagt.

Um diese Zeit waren auch Hauptmann und Thomas Mann keine Ausnahmen mehr.

Die Sache hatte noch eine andere Seite, und sie wurde jetzt ausschlaggebend. Wieder und wieder mußte Fischer seinen großen Autoren ausführlich darlegen, daß »der prozentuale Anteil nicht eine Frage des Ranges, sondern der Kalkulation« sei. Bei Werken erzählenden Inhalts, die in größeren Auflagen gedruckt werden konnten, war eine Tantieme von 16 Prozent möglich, bei anderen, vor allem bei Buchausgaben von Bühnenwerken, war weder diese Tantieme noch eine Vorauszahlung zu bewerkstelligen. So schrieb Fischer am 16. August 1922 an Schnitzler:

Bin ich in der Lage, größere Auflagen eines Werkes zu drucken und sie in verhältnismäßig kurzer Zeit zu verkaufen, so ist das ein bedeutender kalkulatorischer Vorteil. In Ihrem Fall liegt die Sache wirklich dadurch etwas schwierig, daß der weitaus größte Teil Ihrer Bücher aus dramatischen Werken besteht, die nur in kleineren Auflagen gedruckt werden können und deren Absatz sich zum großen Teil in einem langsamen Tempo vollzieht. Das ist ein umso schwierigeres Geschäft für uns, als diese Bücher relativ billig sein müssen.

Oder anders ausgedrückt: Thomas Mann, Hesse und Wassermann ließen sich günstiger kalkulieren als Hauptmann und Schnitzler und kamen folglich besser weg. Es hatte mit ihrem Rang nichts zu tun und mochte ungerecht sein, aber es war unvermeidlich.

Immerhin konnte der Verlag auf der neuen Grundlage vom Juli 1920 etwa ein Jahr lang vergleichsweise gesichert arbeiten. Er konnte auch zu dieser Zeit über seine Einkünfte in ausländischen Zahlungsmitteln noch frei verfügen und beispielsweise Hesse, der in der Schweiz lebte, und Hauptmann, der die Wintermonate jetzt wieder in Italien verbrachte, ihre Einkünfte in fremder Währung überweisen. Auch mit der ›Neuen Rundschau‹ versuchte Fischer, wie er Hesse im Januar 1921 schrieb, einen »neuen Weg, der durch die Verhältnisse gegeben ist«:

Wir wollen mit einigen ausländischen Revuen ein ständiges Kartellverhältnis treffen, das ermöglichen soll, Beiträge, die die ›Neue Rundschau‹ erwirbt, gleichzeitig auch in ausländischen Revuen abzudrucken; das Honorar der ausländischen Revuen führen wir an die Autoren ab, als Kompensation für die durch die Entwertung der Mark relativ kleinen Honorare, die wir zu zahlen imstande sind.

In dieser noch einigermaßen hoffnungsvollen Stimmung bereitete Fischer von der zweiten Hälfte des Jahres 1921 an zuversichtlich die großen Unternehmungen vor, die für die Jahre 1922–1924 auf dem Verlagsprogramm standen. Die sechzigsten Geburtstage Schnitzlers und Hauptmanns fielen ins Jahr 1922, Wassermanns fünfzigster stand für 1923, Hofmannsthals fünfzigster für 1924 bevor, und 1925 wurde Thomas Mann fünfzig Jahre alt. Eine neue Welle von repräsentativen Gesamtausgaben rollte heran. Nicht alle konnten zeitgerecht fertiggestellt werden, doch scheint es rückblickend fast wie ein Wunder, daß nicht alles von der Inflation verschlungen wurde. Denn mitten in Fischers umfangreicher Planung setzte die zweite, wahrhaft mörderische Phase der Entwertung ein.

SCHNITZLER MIT SECHZIG

Zu Arthur Schnitzlers sechzigstem Geburtstag am 15. Mai 1922 bereitete der Verlag eine Neuauflage und Ergänzung der siebenbändigen Ausgabe von 1912 vor. Dies ergab sich ohne weitere Erörterung von selbst. Es zeigte sich, wie glücklich die damals gefundene Gliederung in zwei Abteilungen war. Es brauchte nur jeder Abteilung in gleicher Ausstattung je ein Band hinzugefügt zu werden, um die Gesamtausgabe auf den jüngsten Stand von Schnitzlers Schaffen zu bringen.

Dieses Schaffen war in den abgelaufenen zehn Jahren sparsam, zurückhaltend und von Pausen unterbrochen gewesen, und die Stille, die nach *Casanovas Heimfahrt* einsetzte, sollte noch bis in die zweite Hälfte der zwanziger Jahre anhalten. Das zwischen dem fünfzigsten und sechzigsten Geburtstag Geschaffene füllte die zwei Bände ohne Zwang. Der Ergänzungsband IV der Abteilung Erzählende Schriften umfaßte *Frau Beate und ihr Sohn, Doktor Gräsler Badearzt* und *Casanovas Heimfahrt;* Schnitzlers nächstes erzählendes Werk kam (bei Fischer) erst 1926 heraus. Der Ergänzungsband V der Abteilung Theaterstücke umfaßte vier Werke: *Professor Bernhardi, Komödie der*

Worte, Fink und Fliederbusch und *Die Schwestern oder Casanova in Spa*. Schnitzlers nächstes Bühnenstück kam ebenfalls erst 1926 heraus. Wie schon 1912 das siebenbändige, wurde nun auch das neunbändige Gesamtwerk nur geschlossen abgegeben; doch waren die beiden Ergänzungsbände auch einzeln erhältlich, so daß Besitzer der Ausgabe von 1912 diese vervollständigen konnten.

Zugleich hatte Fischer diesmal seinen Wunsch nach einer das Gesamtwerk begleitenden Monographie durchgesetzt. Man hatte sich auf den namhaften Wiener Musikkritiker Professor Richard Specht geeinigt, der bisher eine Anzahl musikanalytischer Werke über Mahler, Richard Strauss, Korngold, Schreker und andere, aber noch kein literaturkritisches Werk veröffentlicht hatte. Sein Buch *Arthur Schnitzler. Der Dichter und sein Werk. Eine Studie* war sein erstes Unternehmen auf diesem Gebiet und im wesentlichen eine einfühlsame und kenntnisreiche Werkanalyse, die nur wenige äußere, biographische Anhaltspunkte enthielt und sich sehr stark auf das musikalische Element in Schnitzlers Werk konzentrierte, wodurch manch anderer Aspekt ungebührlich zu kurz kam; so erfährt man wenig oder nichts von Schnitzlers Lebensführung, seinem Freundeskreis, seiner Arbeitsweise oder seinen Reisen, aus denen so viele Bilder und Farben in sein Werk einströmten. Doch ist das Buch durchaus keine lokalpatriotische Verhimmelung des »letzten Wieners« und an manchen Stellen sehr distanziert-kritisch, so wenn Specht unumwunden den *Doktor Gräsler* einen »ungenießbaren Menschenfisch« und »vertanen Aufwand« nennt, über den er nur den Kopf schütteln könne, und eingesteht, daß er *Casanovas Heimfahrt* bei aller künstlerischen Meisterschaft nicht lieben könne. (Anders Thomas Mann; er schrieb am 4. September 1922 an Schnitzler: »Eben lese ich Casanovas Heimkehr (!) – die Novelle war mir sonderbarerweise bisher unbekannt geblieben – und kann die tiefe Zufriedenheit nicht schildern, mit der ich mich von Ihrer Erzählkunst tragen lasse.«)

Die Vereinbarung mit Richard Specht kam erst recht spät zustande – »Mit Specht ist die Sache im Gang«, schrieb Fischer am 18. Oktober 1921, »ich hoffe, daß er bis Ende dieses Jahres das Manuskript liefern kann.« Das war zuviel verlangt, um so mehr als Specht (seinem eigenen Vermerk zufolge) die Niederschrift erst am 22. Januar 1922 begann, und am 20. März schrieb Fischer besorgt an Schnitzler: »Leider hat er uns den größeren Teil des Manuskriptes noch nicht geschickt; es wäre sehr schade, wenn wir mit dem Buch nicht rechtzeitig fertig werden könnten.« Doch gelang es mit knapper Not. Specht brachte die immerhin 350 Druckseiten umfassende Monographie in knappen drei Monaten zu Papier (sie war am 12. April abgeschlossen), und aus dieser großen Eile erklärt sich möglicherweise eine gewisse diffuse ›Wolkigkeit‹ in Struktur und Aufbau. Fischer druckte dreitausend Exemplare, aber das (Thomas Mann gewidmete) Buch gelangte über die Erstauflage nicht hinaus.

Es lag an der Zeit. Die gleiche Zeit, die dem Dichter die Schaffenslust vergällte, versagte auch dieser Analyse des Geschaffenen die Anteilnahme. Specht selbst hatte es sehr wohl erkannt und sich bemüht, die Perspektive zurechtzurücken. Sein Buch schließt mit diesen Sätzen:

Hier ist der Ausläufer einer Kultur, an der er mitgeschaffen hat, aber die heute schon irgendwie der Vergangenheit anzugehören scheint. Jetzt ist man daran, sie zu verpöbeln oder gar sie zu vernichten. Wehren wir uns dagegen, solange nichts Stärkeres, Wertvolleres und Lebensfähigeres an ihre Stelle gesetzt wird, daß ein so zarter, edler Klang vom Getöse einer bloß mehr geldgierigen, unmenschlichen, ehrfurchtslosen, entgötterten Welt übertönt werde. Die fähig sind, ihn zu vernehmen, werden in der rasenden Hast ihrer Lebensverschwendung einhalten und in betroffener Nachdenklichkeit dem feinen, sonoren Saitenspiel lauschen, von dem so seltsam bittersüße Musik tönt ...

»DER GEIST DER GEMEINSAMEN ANGELEGENHEIT«

Das Maiheft 1922 der ›Neuen Rundschau‹ war zum größten Teil dem sechzigjährigen Schnitzler gewidmet. Fischer hatte den Dichter schon Ende Februar persönlich um einen Beitrag dafür gebeten, doch hatte Schnitzler sich offenbar an diesem Geburtstagsheft mit einer eigenen Arbeit nicht beteiligen wollen oder können, denn in einem Brief Fischers vom 20. März heißt es: »Es ist sehr schade, daß wir von Ihnen im Maiheft nichts bringen können.« Das Heft brachte einen Auszug aus Spechts Monographie und daran anschließend eine von Kayser umsichtig zusammengetragene, von Bie eingeleitete und danach in alphabetischer Reihenfolge veröffentlichte Folge von sechzehn Geburtstagshuldigungen, die von kurzen Grußworten bis zu längeren Aufsätzen reichten, und zwar Deutsches und Österreichisches weislich gemischt: Auernheimer, Bahr, Blei, Fischer, Flake, Friedell, Hauptmann, Hofmannsthal, Hollaender, Kerr, Heinrich und Thomas Mann, Wassermann, Werfel und Stefan Zweig. Es war dies wohl das erstemal seit ihrer erst wenige Monate zurückliegenden Versöhnung, daß die Brüder Mann in diesem ›Rundschau‹-Heft zusammen und nebeneinander vor die Öffentlichkeit traten. Fischers kurzer Gruß war der zweite Beitrag, den der Verleger zu seiner Zeitschrift seit ihrem Bestehen beisteuerte (der erste war der Nachruf auf Brahm 1913 gewesen), und es sollte ihm nur noch einer, in diesem Jahr 1922 folgen. Fischer schrieb:

Arthur Schnitzler erleidet das Leben: den Zauber kurzbemessenen Daseins, der Jugend, der Liebe, der Freundschaft, die Schönheit unvergänglicher

Kunst; er erleidet es mit jener Süße der Schwermut, die wir aus der Melodie seines Werkes kennen.
Arthur Schnitzler erleidet die Welt: das Unrecht in jeder Stunde des Lebens, von Menschen am Menschen begangen, von Machthabern aus Mißwollen und Unverständnis verübt; die Beschränktheit ahnungsloser, in Konvention verstrickter Menschen – sie haben seine Sprache geschärft, seinen Dialog geschliffen.
Schnitzler prägt keine engumrissenen Charaktere, seine Gestalten enthüllen sich aus der Fülle ihrer Problematik, aus unverschuldeter Schuld vor unseren Augen. Schicksalsgebundene Menschen als Produkt gesellschaftlicher Zustände bevölkern das dramatische Werk Schnitzlers, und so kennzeichnet sich der Geist und das Ethos seines Schaffens nicht aus Widerstand gegen das Individuum als vielmehr gegen eine Gesellschaft gerichtet, der er mit bezaubernder Ironie begegnet.
Schnitzlers Werk, von warmer Menschlichkeit getragen, gliedert sich als Lebensbesitz seiner Ahnenreihe Turgenjew, Tschechow, Chopin an. Ihm heute zu danken, hat der Mensch, der Freund und Verleger willkommenen Anlaß.

Die gescheitesten Worte in diesem Symposium fand, rückblickend betrachtet, Otto Flake:

1922 scheint das Jahr der Sechzigjährigen zu sein, Schnitzler eröffnet den – Reigen. Es ist zwar deutsch, selbst bei einer Gratulation seinen Vorbehalt zu machen oder gar eine Kritik zu schreiben, ich erlaube mir aber zu finden, daß das schlechter Geschmack ist. Entweder schickt man einen ehrlichen Gruß oder schweigt.
Aber warum nicht den Gruß schicken? Er gebührt jedem, der etwas gab und sich sichtbar machte. Esprit de corps? Gewiß. Man muß den Geist der gemeinsamen Angelegenheit hüten. Man ehrt das, was man selbst für das höchste Gut hält, die Verwaltung der geistigen Dinge, indem man einen ehrt, der ein Verwalter ist.
Schnitzlers Tag fällt in eine für ihn ungünstige Zeit. Sein Wien ist nicht mehr, und da wir nicht untergehen wollen, bestätigen wir mit einer gewissen Grausamkeit die Tatsache – wir sagen, was war, ist erledigt. Wir fühlten schon vor dem Krieg, daß eine Gesellschaft sich zum Sterben anschickte. Man wird ohne große Mühe einmal aus Schnitzlers Werk die Ahnung dieses Sterbens herauslesen: nicht daß das seine Absicht gewesen wäre, er glaubte nur sich zu gestalten. Solche Verrückungen des Gesichtswinkels sind eine der merkwürdigsten Erscheinungen des geistigen Lebens, jeder von uns ordnet sich anders ein, als er eingeordnet wird.
Auch in Deutschland gibt es viele Arten des Verhaltens zum Leben; die sogenannte wienerische ist eine Ergänzung der metaphysischen oder idealistischen oder knorrigen oder welche immer die eigentlich deutsche sein soll – eine Ergänzung, die nur ein Rassenfanatiker schelten könnte. Glauben wir doch nicht, daß wir, die heute von Ideen bewegt werden, keine Verwendung mehr hätten für Eleganz, den gesellschaftlichen Charme, die Sinnlichkeit Schnitzlerscher Stücke und Romane ...
Und welch ein sauberer, ehrlicher Arbeiter. Es ist noch nicht sicher, bei welchem Kitsch die Revolutionäre enden werden, wir erlebten bereits seltsame Wandlungen, und mancher Aristophanes ist schon Sardou geworden; Schnitzler blieb sich treu ...

STRICHE DURCH DIE RECHNUNG

Fischer hatte sich alle Mühe gegeben, die Schnitzler-Gesamtausgabe rechtzeitig zum Geburtstag auf den Markt zu bringen. Noch im Juni 1921 hatte er mitteilen können: »Papierschwierigkeiten gibt es heute überhaupt nicht mehr. Wir haben dafür eine viel größere Schwierigkeit eingetauscht, nämlich die der ungeheuren Steigerung der Herstellungskosten, die einen Neudruck von vornherein bei kleineren Auflagen fast unmöglich machen.« Der Neudruck der Gesamtausgabe wurde auf 5000 Exemplare angesetzt; das war die unterste Rentabilitätsgrenze. Doch im Dezember war die große Papiernot wieder da, und die inzwischen »colossal gestiegenen« Kosten nötigten zu einer Preiserhöhung um 25 Prozent.

Am schwersten wurde hiervon die billige Romanbibliothek in Mitleidenschaft gezogen. Ihre große Zeit war mit dem Krieg im Grunde zu Ende gegangen. Fischer versuchte sie nach Kriegsende neu zu beleben und setzte die einstige Eine-Mark-Reihe ›Fischers Bibliothek zeitgenössischer Romane‹ ab 1920 unter dem neuen Namen ›Der gute wohlfeile Roman‹ fort, wobei die einstigen Jahrgangs- und Reihenbezeichnungen und die Numerierung der einzelnen Bändchen wegfielen und die Neudrucke aus der alten Reihe unter dem neuen Sammelnamen und im neuen Gewand erschienen. Aber das Unternehmen konnte unter den Verhältnissen der Inflation nicht gedeihen; die Voraussetzungen langfristiger Kalkulation und stabiler Einheitspreise, auf denen eine solche Reihe ruht, waren nicht gegeben. 1920 erschien nur ein einziger neuer Band, im Jahr darauf waren es zwei, 1922 drei. Am Jahresende 1921 war der Preis von 6 Mark auf 7,50 Mark gestiegen, und Fischer schrieb, er sei »auf die Dauer überhaupt nicht mehr haltbar. Es ist die Frage, ob wir die Sammlung zum Preis von 10 Mark noch werden fortsetzen können.« Es war unmöglich. Das Jahr 1923 mußte völlig ausfallen. 1924 kamen noch einmal drei Bändchen heraus, und danach wurde die Reihe abermals umgestaltet.

Doch zurück zu den Kalamitäten von 1921/22. Am 20. März 1922 teilte Fischer Schnitzler seine Herstellungsdisposition mit:

Wir sind mit dem Neudruck Ihrer Werke voll beschäftigt, und zwar werde ich die zweite Serie noch schaffen können, da mir Papier dazu gerade sicher versprochen wurde. Auch die beiden Nachtragsbände werden gleichzeitig gedruckt, sowie eine Anzahl von Einzelwerken, die wir mit den Gesamtausgaben mitdrucken. Auf diese Weise machen wir es möglich, einige vergriffene Werke neu herzustellen und auch das Lager knapperer Vorräte durch gleichzeitigen Neudruck aufzufüllen. Wir bekommen auch auf diese Weise mit der Zeit eine einheitliche Ausgabe der Einzelwerke zusammen, die dann einheitlich als Einzelausgaben der Gesamtausgabe bezeichnet werden. Wir machen das auch mit den Dramen Hauptmanns genau so, denn die Einzel-Dramen, die nur in kleinen Auflagen gedruckt werden, sind sonst gar nicht möglich herzustellen, weil der Neudruck einer Auflage von weniger als 5000 Exemplaren bei den enormen Zurichtungskosten nicht möglich wäre.

Aber die chaotischen Herstellungsverhältnisse hatten ihm einen Strich nach dem anderen durch die Rechnung gemacht. Kaum war eine Schwierigkeit behoben, traten zwei neue auf, und das Ergebnis war, daß im Mai und Juni die Gesamtausgabe in vielen Buchhandlungen nicht erhältlich war:

Wir haben trotz der größten Anstrengungen von den Buchbindereien nicht soviel geliefert bekommen, als wir brauchten. Die Leistungsfähigkeit der Buchbindereien hat bedeutend nachgelassen; sie arbeiten außerdem viel für die Industrie und fürs Ausland, und ich habe beispielsweise einer meiner größten Buchbindereien einen Vorschuß von mehreren 10 000 Mark geben müssen, damit sie meine Aufträge den anderen voranstellt. Trotzdem wurden wir so knapp beliefert, daß es nicht möglich war, mit den gegebenen Quanten alle Wünsche zu befriedigen. Es kam dann noch ein Buchbinderstreik dazu, der bis vor kurzem gedauert hat, und um das Maß voll zu machen, haben wir zu gleicher Zeit auch einen Streik der Leipziger Buchhändler gehabt...

So Fischer an Schnitzler am 16. August 1922. Er fügte hinzu:

Seien Sie überzeugt, daß wir mit größter Gewissenhaftigkeit bemüht sind, der täglichen Schwierigkeiten Herr zu werden, und wenn heute nicht alles klappt, so hat doch jedermann im Publikum dafür Verständnis... Den Elan, den Sie vermissen, dürfen Sie nicht allein auf das Konto des Verlegers schieben. Der ganze Markt ist sprunghaft und unsicher. Der Verleger hat Mühe und Not, Bücher herzustellen, dieser Prozeß wird technisch und kapitalistisch immer schwieriger...

ZWISCHENRUF: ÜBER DEN ELAN

»Der Elan, den Sie vermissen ...« Diese Klage kam nicht von Schnitzler allein. Sie drang Fischer von mancher Seite ans Ohr und war in den vorangegangenen Kapiteln schon zuweilen zu vernehmen, von Stehr, von Wassermann, nicht zuletzt von Hauptmann. In einem Brief Hauptmanns an Kurt Wolff vom 7. Juni 1923 heißt es:

Mit meinem Freunde Fischer, dem es so gut getan hätte, sich in dem Ihnen bekannten Sinne zu ergänzen, ist es das Alte. Es geht alles seinen zwar soliden, aber gestrigen Trott. Und ich, wie mit mir viele, bin überzeugt, daß er die Möglichkeiten z. B. meines Werkes keineswegs ausschöpft... Fischer ist mir persönlich ein lieber Freund, den ich auch als Geschäftsmann schätze und hochachte. Aber ich bin jünger geblieben. Ich vermisse frischen, jugendlichen Unternehmungsgeist, anregende, vorwärtsdrängende Gemeinsamkeit. Nun, mir bleibt nichts übrig, als eben für zwei vorwärts zu drängen, das Fehlende irgendwie wettzumachen.

Ein solcher Brief, auf dem Höhepunkt des Milliardenwirbels geschrieben, bezeugte kein sonderliches Verständnis für die vordringlichste Aufgabe, um die es zu diesem Zeitpunkt ging – die Erhaltung der geschaffenen Werte im Strudel der Entwertung. Gegen die Milliarden hätte selbst der jugendlichste Unternehmungsgeist vergeblich gekämpft; mit den Billionen wurde auch der vorwärtsdrängende Kurt Wolff nicht fertig, der genau zu dieser Zeit einem Freund schrieb:

Wir haben unsere Produktion auf ein Minimum beschränkt, manche laufende Arbeiten einfach eingestellt. Es ist ein unhaltbarer Zustand. Wir müssen Papierlieferanten, Buchdrucker und Buchbinder in Goldmark, umgerechnet zum Kurs des Zahlungstages bezahlen und zwar mit Unsummen, während die Zahlungseingänge vom Sortiment verschleppt in schlechter Papiermark erfolgen...

Doch bestand, abgesehen von diesen zeitbedingten Widrigkeiten, denen mit ›Elan‹ nicht beizukommen war, im Kreis von Fischers engsten Mitarbeitern zweifellos ein echtes, tieferliegendes Unbehagen, ein nagender Zweifel darüber, ob man noch auf dem rechten Weg sei, und auch diese Sorgen waren Fischer nicht unbekannt. Zumindest Moritz Heimann sprach sich ihm gegenüber mit großer Offenheit über diese Probleme aus. Da Heimann, krank und anfällig, nur noch selten in die Stadt und ins Verlagshaus kommen konnte, wurden diese Fragen zumeist schriftlich erörtert, und aus dieser Erörterung ist ein sehr langer Brief Heimanns an Fischer aus Kagel vom 3. Januar 1922 erhalten, der für diesen Zusammenhang sehr aufschlußreich ist. »Der Verlag, sein Ansehen und seine Ehre«, schreibt Heimann, »liegen mir nun einmal am Herzen, und ich vermag mich nicht vom Gedanken daran auszuschließen.« Man dürfe sich »von der Not der Zeit nicht in die Defensive drängen lassen«:

Es gibt keine bessere Verteidigung als den Angriff. Sobald man denkt: haben die Menschen keine größeren Sorgen als Bücher zu kaufen? ist man im Rückzug. Man muß denken: und wenn sie verhungern, so werden sie's lesend tun, ohne Bücher kommen sie nicht aus. An dieser inneren Überzeugtheit liegt alles. Verzeihen Sie, wenn ich es auszusprechen wage, daß es uns daran fehlt. Und so etwas verbirgt sich nicht, weder vor dem Publikum, noch vor den Autoren. Daraus entsteht die flaue Stimmung, die mißtrauischer auf alle Symptome aufpaßt als nötig ist. Es gibt ein Achselzucken, ein flüchtiges Blinzeln, all die winzigen Vorwegnahmen, daß S. Fischer nicht mehr die unbedingte Führung hat. Dieses alles erlaube ich mir vorzutragen, nicht als Autor des Verlags, wie sich von selbst versteht, als Autor schätze ich die Schwierigkeiten nicht gering und verkenne meine Position nicht...

Auch Heimann findet, wiewohl er es anders ausdrückt, daß der Verlag die Möglichkeiten seiner Autoren nicht ausschöpfe. Er greift den Fall Stehr auf und Fischers Erklärung, daß man ein Buch nicht ›machen‹

könne, und meint, dieses Wort stehe am äußersten Ende einer Skala, an deren anderem Ende steht: »ein Buch kann vernachlässigt werden«, und fährt fort:

Zwischen beiden, und zwar sehr variabel, bewegt sich die Praxis. Hiermit soll sich nicht etwa ein Vorwurf einschleichen, sondern ich möchte weiter zielen. Auffällig bleibt es, daß unsere Ziffern hinter anderen immer noch zurückbleiben; wenn wir an die Sensation denken, die manche unserer Bücher gemacht haben, so muß man staunen, wie wenig der extensive Erfolg dem intensiven entsprach. Ich wähle als Beispiele ›Renate Fuchs‹, Gabriele Reuters ›Aus guter Familie‹ und sehe vom Maßstab des dichterischen Wertes ganz ab. Selbst die ›Buddenbrooks‹ bei diesem Ruhm sind zwar eine Glanznummer in unserer Rechnung, aber ›Biene Maja‹ von Bonsels hat 360 Auflagen. Es bleibt ein Rätsel, daß Thomas Mann noch nicht bei weitem etwa den Frenssen eingeholt hat, daß Strauß sich nicht messen kann mit J. C. Heer, daß Loerkes ›Oger‹ bei Hoffmann & Campe besser geht als er bei uns gegangen wäre.

Eine merkwürdige Argumentation! Das Phänomen, will uns scheinen, war keineswegs ein Rätsel, und zwar, weil man vom »Maßstab des dichterischen Wertes« eben *nicht* absehen konnte; es gab nichts zu staunen, der extensive Erfolg entsprach durchaus dem intensiven. Gustav Frenssens erfolgreichster Roman *Jörn Uhl* hatte um diese Zeit das 300. Tausend erreicht, Thomas Manns *Buddenbrooks* das 150. Tausend. Damit hatte es seine innere Richtigkeit. Ein naiv-humorvolles Buch wird stets mehr Leser ansprechen als ein skeptisch-ironisches, nicht nur in Deutschland, sondern überall auf der Welt, auch wenn beide gleich meisterlich erzählt sind und etwa das gleiche kosten. Waldemar Bonsels' *Biene Maja* war ein siruptriefender Edelkitsch, der eine Auflage von einer halben Million erreichte, nach zehn Jahren vergessen war und im Enderfolg weit hinter *Buddenbrooks* zurückblieb. Emil Strauß' karge, ausgesparte Prosa, die vom Leser viel ›Mitarbeit‹ verlangte, konnte sich selbstverständlich mit der wortreichen Seichtheit des Schweizer Heimatschriftstellers Jakob Christoph Heer nicht ›messen‹, der überdies so überwältigend erfolgreich gar nicht war: keiner seiner Romane erreichte das 100. Tausend.

Was seinen Freund Loerke betraf, so irrte sich Heimann. Loerke hatte in der Tat mit seinen drei ersten erzählenden Büchern bei Fischer keinen Erfolg gehabt. Vermutlich erhoffte er sich bei dem altrenommierten Verlag Hoffmann & Campe (der damals einem unternehmungslustigen und ›vorwärtsdrängenden‹ Herrn Brienitzer gehörte), für seinen neuen Roman *Der Oger* Besseres, und Fischer verwehrte ihm den ›Seitensprung‹ nicht. Der Roman erschien Mitte März 1921, und am 29. April notierte Loerke im Tagebuch: »Bangigkeit, wie umsonst und aussichtslos all meine Arbeit ist. Der Oger neuer Schlag ins Wassser.« Es blieb bei der ersten Auflage, und Loerke selbst gab die simple Er-

klärung: »Mich bewegt viel, Großes, Wesentliches. Doch bin ich kein Erzähler. Gedichte. Da sehe ich meine Ziele.«
Heimann fuhr fort: »Worin liegt das? Ich habe viel darüber nachgedacht und bin immer wieder zu demselben Resultat gekommen«:

Jeder Verlag hat als solcher ein Publikum, dessen Grenzen schwer zu erweitern sind. Ein mittelmäßiger Erfolg bei Grote ist bei uns schon ein sehr zufriedenstellender. Unser Publikum ist das nervösere, literarisch interessierte der Großstadt.
Das breite, oft herzhaft und herzlich lesende Publikum, das wird ausgemacht von den an eine langsame Muße gewöhnten Kreisen der Provinz, als da sind Pastoren, Ärzte, Richter, mittlere Post- und Steuerbeamte, Lehrer und Gutsbesitzer. Kommt man zu einem von diesen Leuten und mustert indiskret ihre Bibliothek, so sieht es kunterbunt aus, aber man findet doch neben Bloem und Tutti Quanti das eine oder andere gute Buch, selten eines von uns. Wir haben aber viele Bücher für sie, nur suchen sie sie bei uns nicht; ihre Presse, ihre Buchhändler führen sie anders. Ferner ist an den spezifischen Charakter gewisser Landesteile zu denken, die Südwest-Ecke von Deutschland, die hanseatischen Bezirke fassen ihre Wünsche auch in dieser Hinsicht.

Aus dieser Tatsache, erklärt Heimann, entstehe ein Dilemma. Der Verlag sei zwar »objektiv gerechtfertigt«, aber der seines Erfolges sichere oder gewärtige Autor fühle sich doch enttäuscht: »Er hatte mehr erwartet und hat auch seinerseits nicht Unrecht damit.« Die Frage, wie dem Übelstand abzuhelfen sei – nämlich wie man solchen potentiell populären Schriftstellern des Verlags die Leserschaft nicht nur Frenssens, sondern auch des »nationalen« Erfolgsautors Walter Bloem erschließen könne, der mit Büchern wie *Das eiserne Jahr*, *Volk wider Volk* und *Das verlorene Vaterland*, die sich sämtlich aus dem Ressentiment über den verlorenen Krieg nährten und an dieses Ressentiment appellierten, Auflagen von 170 bis 200 Tausend erzielte – diese Frage, meint Heimann, sei »natürlich leichter gestellt als beantwortet«. Denn »gerade in dieser Zeit triumphierender Reaktion« – der Brief ist nach dem Kapp-Putsch und der Ermordung Erzbergers, aber vor der Ermordung Rathenaus geschrieben! – sei »die gegenseitige Ausschließung der Publikumskreise größer denn je«. Diese Erkenntnis, daß man sich im Grund einer politisch-weltanschaulichen Sperre gegenüber sah, deren Durchbrechung in Deutschland immer schwerer wurde, brachte Heimann auf einen sonderbaren Gedanken: »Ein zu eroberndes Publikum aber gibt es, und das sind die Auslandsdeutschen. Ich bedaure es sehr, ja es ist mir ein Rätsel, daß diese Tatsache nicht schon längst klar erkannt ist und eine Praxis sich ihrer bemächtigt hat.« Es gebe in den großen Städten Nord- und Südamerikas Hunderttausende von Deutschen, die »heute anders zusammensitzen als vor dem Krieg«:

Ihre Klubs, ihre Konversationshäuser und sonstige Methoden des Zusammenhaltens bedeuten mehr, das locker gewordene Band der nationalen Gefühle ist fester geworden, und da diese Veränderung sich nicht politisch auswirken kann, so tut sie es kulturell, wovon einen großen Teil die Literatur entweder ausmacht oder ausmachen würde. Und was im Inland hinderlich ist, der nationalistische Einschlag, ist im Ausland geradezu förderlich. Nehmen wir nur einmal an, wir verfolgten diese Spur, suchten Fühlung zu gewinnen mit Konsulaten und Gesandtschaften, nicht zuletzt mit Korrespondenten der größeren Zeitungen, so müßten wir natürlich mit größter Vorsicht nur gegen die Türen rennen, die aufzustoßen sind, d. h. man müßte sich klar machen, welchen Autoren, in vielen Fällen auch nur welche Bücher dem nationalen Zug entgegenkommen, ohne den nationalistischen abzustoßen. Wir würden die zu exportierende Ware klar als solche beurteilen müssen. Erstens Hauptmann, Hesse, Ibsen, Strauß (Brasilien), Thomas Mann, zweitens Dehmel, Wassermann, drittens Stehr, Loerke, Altenberg usw. Ich improvisiere nur, andere Bücher, andere Autoren würden in jeder Abteilung unterzubringen sein. Sie sehen, daß ich außer an den nationalen auch an den moralischen Standpunkt denke; man darf nicht *épater le bourgeois*. Sicher ist hier ein großes Feld zu beackern...

Schließlich kommt Heimann auf seine »alte, öfter schon ausgesprochene Idee« zurück: Schaffung einer literarischen Hauszeitschrift mit indirektem Werbezweck, wie sie kurz vor dem Krieg schon einmal versucht worden war. Eine Anzahl deutscher Verlage wie Georg Müller, Diederichs, die Insel hatten solche Blätter geschaffen, und Heimann meinte, es lohne sich, diese Idee ernstlich durchzudenken:

Sie erfordert den Willen zu einer Politik auf lange Sicht, von heute auf morgen ist sie nicht zu machen. Aber es müßte gerade reizvoll sein, die feine verführerische Zeitschrift wie ein Klavier zu spielen, die der Verlag ohnehin nicht länger entbehren sollte: keine Nachahmung des Inselschiffs, sondern unseren Zwecken ebenso glücklich angepaßt...

Dieser Gedanke wurde erst zehn Jahre später verwirklicht und anders, als Heimann es sich vorgestellt hatte. Fischer hatte über dies alles seine eigene Meinung. Frau Katia Mann erzählt, sie habe ihn einmal bei einem gewissen Buch gefragt, an welches Publikum es sich wende. Fischer antwortete: »Gnädige Frau, es gibt nur *ein* Publikum.«

SPEKULANTEN UND KAPITALNOT

So genau Heimann möglicherweise den Finger auf den »wunden Punkt« legte, so wenig waren gerade zu diesem Zeitpunkt die Voraussetzungen zu einer »Politik auf lange Sicht« gegeben; was sich überhaupt machen ließ, ließ sich nur »von heute auf morgen« machen. Eine zusätzliche Schwierigkeit entstand beispielsweise dadurch, daß viele Buchhändler, vor allem die weniger kapitalkräftigen, sich auf die Spekulation mit Vorräten verlegten. Sie hatten »die Gefahr einer Büchernot und der steigenden Preise richtig erkannt« und machten »Spekulationsbestellungen, die über den Rahmen des gewohnten Bedarfs weit hinausgehen«. Sie gaben die aufgehäuften Vorräte nicht an das Publikum ab, sondern warteten, bis die nächste Preissteigerung kam. »Sie sehen«, schrieb Fischer an Schnitzler, »daß die Erschütterung der Wirtschaft auch auf unserem Gebiet seltsame Blüten treibt und daß man fortwährend zu tun hat, um nach allen Richtungen im Gleichgewicht zu bleiben.«

Würden wir solchen Spekulationen hemmungslos nachgeben, so würde die Folge davon sein, daß die Bücher in den Vorratslagern einiger Sortimenter aufgehäuft sind, so daß wir von der notwendigen Preiserhöhung, um überhaupt weiter produzieren zu können, nichts hätten; daß solche Preiserhöhungen also nur gemacht würden, um dem Sortiment neben dem regulären hohen Rabatt auch noch einen hohen Gewinn an den inzwischen erfolgten Preiserhöhungen in den Schoß zu legen.

Die einzige mögliche Abwehr gegen eine solche Spekulation, die dem Verlag das Betriebskapital aus der Tasche zog, bestand darin, die Lieferungen an den Buchhandel zu rationieren. Fischer verfuhr nach dem Grundsatz, den laufenden Bedarf des Sortiments zu befriedigen, also dem einzelnen Buchhändler so viel zu liefern, »als er nach unserer Kenntnis im allergünstigsten Fall brauchen kann«, und die Spekulationsbestellungen erst auszuführen, »wenn die Preiserhöhung jeweils erfolgt ist«. Die Bücherhamsterei erledigte sich schließlich von selbst, wie Fischer Ende Dezember 1922 berichtete, weil die Sortimenter »sich so stark eingedeckt haben, daß sie erst tüchtig verkaufen müssen, um wieder Geld in die Hand zu bekommen«. Auch stellte sich heraus, daß die Kürzungen »praktisch keinen Zweck« hatten, weil die Buchhändler nun anstatt einmaliger größerer Bestellungen wiederholt kleinere aufgaben.

Noch im März 1922 hatte Fischer an Hesse geschrieben: »Die Stimmen mehren sich bei uns, die an eine Besserung der Mark glauben, weil die Weltwirtschaft ohne Deutschland eben nicht zu führen ist.« Aber im Herbst 1922 war von diesem Optimismus nicht mehr viel übrig. In der zweiten Augusthälfte trat eine neue »katastrophale Verschärfung der Herstellungsverhältnisse« ein, und die Bücherpreise mußten auf einen Schlag um mehr als fünfzig Prozent erhöht werden.

Am 14. September 1922 schrieb Fischer an Schnitzler:

Es scheint ja, als ob uns viel Erfreuliches in diesem Winter nicht blühen wird, man muß anfangen, diesen Dingen mit einem gewissen Gleichmut gegenüberzustehen, da man gezwungenermaßen ja nur Objekt der Entwicklung ist.

Die große Sorge war, daß »Kapitalaufwand und Risiko immer weiter wachsen« und »der Moment eintreten kann – er scheint schon ziemlich nahe gerückt zu sein –, wo die enormen Herstellungskosten zu Ladenpreisen führen, die nicht mehr bezahlt werden können«.

In dieser Situation führte der Buchhändler-Börsenverein am 13. September 1922 eine neue Notmaßnahme ein. Es wurden für alle Bücher sogenannte Grundpreise festgesetzt, die sodann mit einem veränderlichen Schlüssel multipliziert wurden. Diese Grundpreise lehnten sich in freier Weise, nämlich je nach den besonderen Herstellungsbedingungen, an die Friedenspreise an. Man begann mit der Schlüsselzahl 60. Das hieß, daß ein Buch, das bei Kriegsausbruch etwa drei Mark fünfzig gekostet hätte, jetzt 210 Mark kostete. Binnen eines Jahres war die Schlüsselzahl auf über tausend Milliarden gestiegen, und das gleiche Buch kostete 3½ Billionen Mark.

Noch war man nicht so weit. Inzwischen machte die »fortwährende Preisrevolution«, die an dem stetigen Klettern der Schlüsselzahl abzulesen war, das bisherige Abrechnungsverfahren zwischen Verleger und Autor praktisch unmöglich. Die fortwährenden Veränderungen der Ladenpreise und die bedeutenden Erhöhungen der Einbandpreise gestalteten, wie Fischer am 30. Oktober 1922 an Schnitzler schrieb, »das Verhältnis zwischen Autor und Verleger unübersichtlich und infolgedessen auch unerquicklich ... und so werden wir zu einem Abrechnungsmodus übergehen müssen, der Ihnen psychologisch wegen seiner tatsächlichen Vereinfachung und Klarheit gegenüber dem bisherigen Modus zusagen wird«. Diese »einfach kontrollierbare und durchsichtige Abrechnungsweise« war als erste von der Deutschen Verlagsanstalt in Stuttgart eingeführt worden, und Fischer meinte, daß »jeder Verlag, der auf Ordnung hält«, sie früher oder später werde übernehmen müssen.

Es handelt sich prinzipiell um die prozentuale Honorierung vom Erlös anstatt vom Ladenpreis. In dem Erlös sind sämtliche Einnahmen, also auch die aus den Einbänden, enthalten. Der Autor braucht sich also weder um den Ladenpreis noch um die Höhe des Einbandpreises zu kümmern, er erhält einfach aus allen eingegangenen Beträgen seinen prozentualen Anteil. Dieser Anteil darf nicht geringer sein als der aus dem bisherigen Verrechnungsmodus resultierende. Der Vorteil für beide Teile ist der der jederzeitigen Abrechnungsmöglichkeit über eingegangene Summen, wodurch der Autor jederzeit seinen Anteil aus dem Erlös bekommen kann; also nicht mehr Jahresabrechnung, sondern je nach den Wünschen der Autoren monatlich oder vierteljährlich. Bei den sehr hohen Preisen kommen verhältnismäßig hohe Summen heraus, und bei der stetigen Entwertung des Geldes ist es für den Autor wichtig, daß er seinen Honorar-Anteil nicht erst nach vielen Monaten verrechnet bekommt ... Der Prozentsatz müßte erst noch genau errechnet werden, er bestimmt sich im wesentlichen durch die Höhe der Einbandpreise, die bei der Kalkulation die Hauptrolle spielen.

Mit anderen Worten: es wurde das Abrechnungsprinzip des Bühnenvertriebs auch für den Buchverlag eingeführt; es wurden alle Zahlungen des Sortiments in der gleichen Weise wie die der Theater laufend abgerechnet. Dies bedeutete, daß hinfort – etwa entsprechend den von den Bühnen zu leistenden Garantiesummen – nur für Prosabücher und Gesamtausgaben »je nach den Auflagen gewisse Vorauszahlungen« erfolgen konnten. Denn, wie Fischer erklärte: »Kein Verleger hat so viel Kapital, um auch noch die Tantiemen vorauszuzahlen.« Ja, es war, wie er Madelung im April 1922 schrieb, »die Zeit gekommen, wo die ungeheuren Anschaffungskosten von dem größten Teil der deutschen Verleger nicht mehr aufgebracht werden können«.

Das Problem der Kapitalnot war Ende 1922 für das gesamte Verlagswesen zu einer Lebensfrage geworden. Dies war die Situation, als am 15. November Deutschland den sechzigsten Geburtstag Gerhart Hauptmanns beging.

JUBILÄUMSAUSGABE UND GROSSE AUSGABE

Fischer veranstaltete aus diesem Anlaß zwei getrennte und verschiedene Hauptmann-Gesamtausgaben: die sogenannte Jubiläumsausgabe in acht Bänden und die zwölfbändige Große Ausgabe.

Die Jubiläumsausgabe kam bereits ein Jahr vor dem sechzigsten Geburtstag, im Herbst 1921 heraus. Ihre Herstellung bereitete redaktionell keine große Mühe, denn sie war genaugenommen die Fortführung der sechsbändigen Volksausgabe von 1912, die auf einem neuen Vorsatzblatt in Jubiläumsausgabe umgetauft wurde. Die ersten sechs Bände waren mit der Volksausgabe identisch und wurden offenbar von den gleichen Platten gedruckt. An diese sechs, nunmehr mit der Jahreszahl 1921 versehenen Bände wurden in gleicher Ausstattung und fortnumeriert zwei Bände angeschlossen, die keine Jahreszahl trugen. Die nach Entstehungsjahren chronologisch angeordnete Volksausgabe hatte mit dem 1912 vollendeten Roman *Atlantis* abgeschlossen. Band Sieben der Jubiläumsausgabe begann mit einem Nachtrag, der schon 1910 vollendeten, aber bisher zurückgehaltenen Tragikomödie *Peter Brauer*, die im November 1921 in Berlin uraufgeführt wurde und gleichzeitig als Einzelausgabe erschien; auf sie folgten das *Festspiel in deutschen Reimen*, *Der Bogen des Odysseus*, *Winterballade* und *Der Ketzer von Soana*, die alle in Einzelausgaben bereits vorlagen. Band Acht enthielt die beiden 1920 vollendeten Dramen *Der weiße Heiland* und *Indipohdi* und die Anfang Mai 1921 abgeschlossene Verserzählung *Anna. Ein ländliches Liebesgedicht;* die beiden letzteren erschienen im gleichen Jahr auch in Einzelausgaben. Diese Jubiläumsausgabe wurde in einer Erstauflage von zehntausend Exemplaren gedruckt – »was natürlich für mich eine bedeutende Kostenersparnis mit sich bringt«, wie Fischer schrieb – und von den Ergänzungsbänden Sieben und Acht druckte Fischer noch zusätzlich eine Erstauflage von viertausend Exemplaren für jene Käufer, die ihre alte Volksausgabe zu vervollständigen wünschten. Insgesamt erreichte diese achtbändige Ausgabe in den Jahren 1921–1923 das 41. Tausend.

Die Große Ausgabe in zwölf Bänden war für Liebhaber, wenn auch einen ansehnlichen Kreis, gedacht und ein völlig neues Unternehmen. Sie hatte ein größeres Format als die bisherigen Gesamtausgaben, war mit größerem Durchschuß gesetzt, wodurch ein gelösteres und eleganteres Bild entstand, und überdies mit einer Wiedergabe von Max Liebermanns Porträtradierung geziert. Sie kam zunächst nur in einer Auflage von zweitausend numerierten Exemplaren in den Handel. Es wurde vereinbart, daß ein Neudruck erst nach Ablauf von zwei Jahren stattfinden solle, aber als dieser Zeitpunkt im Herbst 1924 herannahte, wurde beschlossen, den Neudruck aufs nächste Jahr zu verschieben, »weil die sehr knappen Geldverhältnisse auf die Kauffähigkeit des Publikums zur Zeit für größere Objekte lähmend wirken«. Fischer wollte der Großen Ausgabe, »wenn sie neu aufgelegt wird, durch Vermehrung des Inhalts eine neue Gestalt« geben, doch kam es hierzu nicht. Die Erstauflage von zweitausend numerierten Exemplaren blieb, soweit ersichtlich, die einzige.

Die Anordnung der Großen Ausgabe folgte in den ersten sechs Bänden der chronologischen Reihenfolge der Bühnenwerke von *Vor Sonnenaufgang* bis zu *Die Ratten;* nur war der in der Jubiläumsausgabe auf vier Bände zusammengedrängte Stoff jetzt verschwenderischer auf sechs Bände verteilt, und diesem sechsten Band war noch *Peter Brauer* angefügt. Danach wich die Anordnung von der Jubiläumsausgabe ab. Band Sieben enthielt die drei Bühnenwerke aus dem ersten Ergänzungsband der Jubiläumsausgabe, Band Acht die beiden dramatischen Dichtungen aus dem zweiten Ergänzungsband. Die Prosawerke in den folgenden drei Bänden waren nicht chronologisch angeordnet. Der neunte Band brachte die Novellen *Bahnwärter Thiel* und *Der Apostel* und den Roman *Atlantis,* der zehnte für sich allein den *Emanuel Quint,* und im elften waren *Griechischer Frühling, Der Ketzer von Soana* und *Anna* zusammengefaßt. Diese elf Bände erschienen im Herbst 1922. Der zwölfte, der »Fragmente und Unveröffentlichtes« enthielt, trug ebenfalls die Jahreszahl 1922, erschien aber erst 1924.

Man konnte sich offenbar lange nicht schlüssig werden, was in diesen zwölften Band aufzunehmen sei. Noch im Juli 1923 wurde darüber korrespondiert. Das neue Trauerspiel *Veland,* an dem Hauptmann mit Unterbrechungen seit 1898 gearbeitet hatte, näherte sich der Vollendung, und man erwog, ob statt des vorgesehenen *Veland*-Fragmentes nicht das vollendete Werk in den Schlußband aufgenommen werden solle. Doch entschied sich Hauptmann schließlich dafür, es bei dem Fragment zu belassen. Der zwölfte Band enthielt nun in seiner endgültigen Redaktion rund hundert Seiten kürzere essayistische »Aufzeichnungen« – Hauptmann bat Loerke, »rücksichtslose Musterung« zu halten, »denn mir fehlt so ziemlich jedes Urteil« –, drei kurze erzählende Stücke, eine Auswahl von Gedichten und schließlich unter dem Sammeltitel »Dramatisches« die Fragmente *Helios, Das Hirtenlied, Kaiser Maxens Brautfahrt, Der Dom, Till Eulenspiegel* (nicht zu verwechseln mit dem in Entstehung begriffenen großen Versepos) und *Veland*. Der vollendete *Veland*, eine von Hauptmanns bemühtesten und schwächsten Arbeiten, lag erst im Herbst 1923 vor, und Hauptmann wartete mit der Buchausgabe bis zur Uraufführung zwei Jahre später. Der zwölfte Band der Großen Ausgabe kam 1924 zugleich auch als Einzelband unter dem Titel *Ausblicke* heraus. Er war ebenso wie sein unverbindlicher Titel eine Verlegenheitslösung.

HAUPTMANNIANA

Dies dürfte mehr Hauptmann selbst als Oskar Loerke zuzuschreiben sein, dem die Redaktion der Gesamtausgaben oblag. Er fuhr zweimal im Jahr 1921, Ende Mai und Ende September, auf je eine Woche zu Besprechungen nach Agnetendorf – »auf Kosten des Verlags«, wie der von der Inflation zur Verzweiflung getriebene, wirtschaftlich hilflose Poet erleichtert notierte. Auf dem ›Wiesenstein‹ war ein unablässiges Kommen und Gehen von Gästen – Musikern, Malern, Dichtern. Es wurden lange Spaziergänge unternommen, es wurde viel musiziert, getafelt und getrunken: »Rote Bowle. Apfelwein und Portwein. Sekt ... Um halb drei Schluß«, notierte Loerke. »Beim Frühstück erschien Hauptmann mit Brummschädel.«

Immerhin wurde zwischenhin auch »mit Hauptmann über die Gesamtausgabe gesprochen«. Beim ersten Besuch gab Hauptmann dem Besucher die eben vollendete, noch nicht erschienene *Anna* zu lesen, die ihr Goethesches Vorbild *Hermann und Dorothea* nicht verleugnen konnte. »Viel Versagendes, aber doch bezwingende Schönheit. Bedeutend im Menschlichen« war Loerkes treffende Formel. »Hauptmann las uns zu ungeheurem Eindruck den Anfang von Till Eulenspiegel.« Zum Abschied gab es »Geschenke: Schluck und Jau mit Widmung, von Frau Hauptmann ein Pfund Butter«. Vom zweiten Besuch im Herbst, der offenbar der Auswahl für den zwölften Band der Großen Ausgabe galt, heißt es in Loerkes Tagebuch:

Herzlich bewillkommnet. Gleich zu arbeiten begonnen. Abends beim Weine, Kaminfeuer in der Halle, Rosen auf dem Tische, lange beisammen. Über den kranken Heimann. Hauptmann sehr lieb. Zum Schluß Sekt... Hauptmann las etwa sieben Stunden vor, vormittags, nachmittags. Er hat unendlich viele Fragmente, wohl fünfzig bis achtzig Dramen, viele Romananfänge und so weiter. Starke Eindrücke...

Fischer druckte außer den beiden Gesamtausgaben zum Geburtstag auch nahezu sämtliche Einzelausgaben neu und von allen Bühnenwerken außerdem noch eine eigene »Festausgabe« anläßlich der zahlreichen Neuaufführungen der älteren Stücke im Jubiläumsjahr. Diese Festausgaben wurden zumeist in einer einmaligen Auflage von tausend Exemplaren gedruckt, aber in einigen Fällen wie *Die Weber* und *Florian Geyer* betrug die Auflage das Drei- und Vierfache. In Hauptmanns Nachlaß fand sich eine von Fischer übersandte Aufstellung aller Neudrucke, die in der Zeit vom 1. Juli bis 31. Dezember 1922, also während der großen »Hauptmann-Hausse«, wie Fischer selbst sagte, veranstaltet wurden. Aus ihr geht hervor, daß allein in diesem Halbjahr siebzehn ältere Bühnenwerke mit insgesamt über hunderttausend Exemplaren neu gedruckt wurden, zu denen noch Neudrucke der Prosabücher – *Der Ketzer von Soana* allein mit zehntausend Exemplaren – hinzukamen. Es fehlte zum Geburtstag nicht ein einziges Werk – angesichts der unrentablen Herstellungsbedingungen der Bühnenwerke eine aufopfernde Leistung. Und Hauptmann erhielt auch jetzt noch als nunmehr einziger Autor des Verlags eine Tantieme von zwanzig Prozent. »Du bekommst das Doppelte von dem, was als die Grenze des Möglichen bezeichnet ist«, schrieb ihm Fischer. »Ich habe Dir mit vollem Bewußtsein ein Honorar angeboten, das kein Verleger bezahlt oder bezahlen kann, um meinen Dank Dir und Deinem Werk gegenüber vor mir selbst zu rechtfertigen.«

Auch wurde Schlenthers Hauptmann-Monographie, schon 1912 einmal renoviert, auf den neuesten Stand gebracht. Sie war nie ein sehr befeuerndes und stets ein fehlerhaftes und unzulängliches Buch gewesen, und Arthur Eloesser, der im Auftrag des Verlags eine Umarbeitung und Erweiterung des Werkes besorgte, war nicht der Mann, der es von seiner grauen Zähflüssigkeit hätte befreien können. Doch wurde es um einiges zuverlässiger und aufschlußreicher und genoß in dieser Form 1922 noch eine neue Lebensspanne. Zugleich erschienen anderwärts noch zahlreiche andere Werke über Hauptmann, sowie Festschriften und Sonderhefte jeglicher Art, und angesichts dieser Flut von Sekundärliteratur schrieb Heimann an Fischer: »Sammelt der Verlag die Hauptmanniana, die jetzt herniederströmen, systematisch? Ich fände das sehr wünschenswert und nützlich; man müßte prüfen und sichten.« Wenn der Verlag es tat, so ist die Sammlung verlorengegangen. Hedwig Fischer trug in ihrem privaten Hauptmann-Archiv liebevoll zusammen, was ihr des Aufhebens wert schien, und ein Teil dieser Mappen hat sich erhalten. Zudem gaben Hauptmanns Freunde Max Pinkus und Viktor Ludwig als Privatdruck die erste Hauptmann-Bibliographie heraus, die »alle Werke von ihm und über ihn« aus der Zeit 1881–1921 umfaßte. Diese unschätzbar wertvolle Arbeit wurde 1932 von Viktor Ludwig, der auch als erster das Manuskriptarchiv auf dem ›Wiesenstein‹ ordnete, in einer Neuausgabe um die folgenden zehn Jahre erweitert.

DER DICHTER DER REPUBLIK

»Seligkeit, ein Mitlebender zu sein«, schrieb Loerke im Juli 1922 an Fischer. »Wenn ich Sie beneiden wollte, so wäre es um das, daß Sie von Anfang an das Ereignis Hauptmann mitgemacht haben.« Mitgemacht war das richtige Wort; es besagte sowohl ›miterlebt‹ wie ›mitgeschaffen‹. Beides konnte Fischer für sich in Anspruch nehmen.

Es ist heute kaum mehr vorstellbar, was die Erscheinung des sechzigjährigen Gerhart Hauptmann in der jungen deutschen Republik bedeutete. Sie war ein Ereignis, wie man es seither nicht wieder erlebt hat. Der schöpferische Geist hatte im deutschen Staatswesen nie viel zu sagen gehabt, wie Hauptmann selbst im Kaiserreich erfahren hatte. Selten war es ihm gestattet gewesen, die Nation auch nur zu repräsentieren; daß er sie verkörpere, hatte man nicht einmal Goethe zugestanden. Diese Vorbehalte bestanden auch jetzt, aber sie wurden von der Staatsführung nicht geteilt. Das war ein wichtiger Unterschied.

In der ›Neuen Rundschau‹ schrieb der um fast zwei Jahrzehnte jüngere Stefan Zweig:

> Seit Richard Wagner hat sich die deutsche Nation zu keiner ihrer produktiven Gestalten so vorbehaltlos einig bekannt wie zu dem sechzigjährigen Gerhart Hauptmann: grüßen wir darum beglückt so selten schönen Zusammenklang, daß jeder einzelne von uns ebenso vorbehaltlos diese Wahl als eigene bejaht und es mit den Tausenden als Ehrung und Mehrung eigenen Lebens empfindet, Zeitgenosse dieses großen Dichters zu sein... diesmal hat das Volk mit richtigem Gefühl zur Entscheidung erhoben, was jeder von uns in freier Wahl selbst bekundet hätte: die Wertung Gerhart Hauptmanns als des repräsentativen Dichters unserer Epoche. Dieser Aufblick eines ganzen Volkes zu Gerhart Hauptmann in so selten reinem Sinn, daß sein Jahrestag zum nationalen Geschehnis wird, ist aus keiner Zufälligkeit, keinem politischen Gefühl der Stunde entstanden...

Dennoch war Hauptmann ein Politikum erster Ordnung geworden. Die Republik bemächtigte sich seiner und wußte, was sie tat. Schon am 3. September 1921 hatte Reichspräsident Ebert zu einer nationalen Feier von Hauptmanns sechzigstem Geburtstag im folgenden Jahr aufgerufen: »Mit einer Ehrung Gerhart Hauptmanns ehrt das deutsche Volk sich selbst.« Deutschland reagierte spontan und begeistert und schoß – in enthusiastischer Verkennung des Sachverhalts – sogleich über das Ziel hinaus. Gerüchte waren alsbald im Umlauf, daß Hauptmann für das Amt des Reichspräsidenten zu kandidieren gedenke. Hauptmann dementierte am 10. September, diese Absicht liege ihm »vollständig fern«:

Ich erkläre schon jetzt auf das bestimmteste und nach reiflicher Überlegung: Ich werde niemals die mir angemessene literarische Wirksamkeit aufgeben und in das politische Leben eintreten. Es fehlt mir die Neigung und es fehlt mir die Eignung dazu ...

Dennoch: nach reiflicher Überlegung. Denn dies alles kam nicht von ungefähr. Es war Hauptmann ungleich leichter gefallen als Thomas Mann, sich in der neuen deutschen Welt zurechtzufinden. Um den neuen Staat willkommen zu heißen, brauchte er keinen Standpunkt zu überwinden, denn er hatte – in Thomas Manns Sinn – keinen. Er konnte am 15. November 1918 ohne weiteres sagen:

Seit einem Jahrtausend hat die deutsche Nation nichts erlebt, was an Bedeutung dem Ereignis der letzten Tage gleichzusetzen wäre. Wer es versteht, der fühlt seine unvergleichliche Macht. Seine Bedeutung ist unendlich viel tiefer, und es kommt auch aus ganz anderen Quellen her, als vielleicht jene meinen, deren weltgeschichtliche Pflicht es ward, es äußerlich zu vertreten. Wer wollte sich dieser eisernen Bestimmung entgegensetzen ... Keiner wird jetzt zurückstehen, dessen Kräfte im Nationaldienst verwendbar sind. Auch die neue Regierung möge mit uns rechnen, wo sie unser Wirken für ersprießlich hält. Keiner von uns wird zögern ...

Das Bekenntnis hatte echte Größe gerade in der fast ergreifenden Selbsttäuschung, die ihm zugrunde lag: »Wer es versteht, der fühlt seine unvergleichliche Macht.« Hauptmanns persönliche Wahrheit steckte ja in der Umkehrung dieses Satzes: »Wer es fühlt, der versteht seine unvergleichliche Macht.« Doch selbst, wenn es ihm gegeben gewesen wäre, das Politikum der Revolution und des neuen Staates gedanklich zu erfassen – wie Thomas Mann es sich mühsam erkämpfte –, so hätte *er* dessen nicht bedurft. Nichts wäre ihm fremder gewesen in diesem Augenblick, als »mit Worten zu zerlegen«. (»Nur dichterisch, nicht mit dem zerlegenden Wort kann man dem irrational Dichterischen begegnen«, hatte Thomas Mann geschrieben, als er seine *Betrachtungen* als »ein Stück skurriler Dichtung« bezeichnete.) Hauptmann genügte der leitmotivische Satz seiner Breslauer Geburtstagsansprache:

Deutschland als Idee, das ist Deutschlands Kraft. Je mehr einzelne Teile unserer gewaltigen Volksgemeinschaft von dieser Idee berührt und durchdrungen sind, um so mehr wird das Große ein Ganzes sein.

Stefan Zweig formulierte auf dichterischer Ebene, was ebenso treffend auf politischer galt:

Mit dem Geist vermag er nichts zu zwingen: seine Gestalten leben nur, wenn der Genius sie berührt... Wenn Hauptmann Gestalten schafft, ist er wie jeder Elementarkünstler immer am Anfang der Welt: Vision ersetzt bei ihm das Traditionelle, ursprünglicher Bildnergeist die Reflexion.

So erschaute er auch in der Republik das Ganze und liebte und bejahte es; er sah Naturgewalten in der deutschen Nation am Werk, er spürte Wachstum, Veränderung, Formung in jenem »Reichtum der deutschen Volksseele«, auf den er in allen Lebenskrisen der Nation (jetzt und später) immer wieder als *ultima ratio*, als letztes Auskunftsmittel verwies. Der Vorgang sprach ganz einfach den Gestalter in ihm an. Da gab es nicht viel zu denken. Da war zu schöpfen, zu dichten. Alles Neue im Naturgeschehen war an sich und in sich gut – und hier erblickte der schöpferische Künstler mit den Augen des göttlichen Erderschaffers den Anfang der Welt. Große Worte? Sei's drum – wir betrachten einen großen Künstler.

»Vielleicht hat er auch das Gute herausgefühlt; sein letztes Wesen ist ja Güte...« So hatte Thomas Mann nach der ersten Begegnung gesagt. Güte aber bedarf nicht unbedingt der Worte. Sie kann ihren schönsten Ausdruck in einer wortlosen Geste – nehmen wir es vorweg, sprechen wir es aus, da ja Hauptmann nicht unabsichtlich hier Thomas Mann gegenübergestellt ist –, in einer *stammelnden Gebärde* finden. Auch Hauptmanns zornigste Widersacher während der Kriegszeit billigten sie ihm ohne weiteres zu. Annette Kolb hatte Anfang 1915 Hauptmann »im Hause unseres gemeinsamen Verlegers« kennengelernt und war »sehr aufgebracht« weggegangen. Als sie, aus Zürich zurückgekehrt, ihn im Winter 1920 zum zweitenmal traf, wurde sie, wie sie jetzt zu seinem Geburtstag in der ›Neuen Rundschau‹ schrieb, »der eigentümlichen Fülle seines Wesens inne« und »erquickte« sich daran:

Sogar dies schien ihm liebenswerte Züge zuzufügen, daß er den Krieg so ungefähr begriffen hatte. Was er dazu sagte, war ärmlich und illusorisch gewesen, und er hatte ganz und gar versagt; ja, und es war ausgezeichnet: als müsse man sich mit einem Male verbitten, daß er vermocht hätte, einer so verworrenen Scheibe ins Herz zu treffen. Gott behüte. Und so bewirkte eine gewisse Ergriffenheit, daß man in seiner verspäteten Parteinahme für ihn selbst über das Ziel schoß... weil er so sichtlich ein höheres Stigma als das der Klugheit an sich trägt. Nicht auf diese, sondern auf die zerklüftende Erkenntnis ist der Grundton seines Ichs gestimmt, und Sendboten einer besseren Welt hielten ihre stille Umschau in ihm. Und darum regte sich bei niemand Widerspruch, daß er über die Kriegsnacht unversehens zum repräsentativen Dichter Deutschlands vorrückte. Wir verehren ihn alle, wir billigen ihm alle den Vorsitz zu. Es ist ja eine Freude zu sehen, wie er ihn führt. Denn Gottes Licht hat alle Atemzüge der Eitelkeit aus diesem Herzen gebleicht...

Es geschah nicht von ungefähr. Zum einen war einem Mann wie Ebert sehr wohl bewußt, welche Autorität dieses Abbild des ›Nationaldichters‹ genoß, das sich im deutschen Volk geformt hatte. Wenn *er* diesen neuen Staat bejahte, dann konnte dieser Staat so miserabel nicht sein. Zum anderen wußten die Gründer der Republik so gut wie die Dichter und Schriftsteller, daß Deutschland seine im Krieg verlorene Weltgeltung am raschesten und überzeugendsten auf geistigem Gebiet zurückgewinnen konnte. Das deutsche Militär war diskreditiert, die deutsche Wirtschaft ruiniert; aber Deutschlands kulturelle Leistung stand auf vielen Gebieten beispielgebend da. Sie war alles, was Deutschland noch besaß, aber mit ihr konnte es in der Welt buchstäblich ›Staat machen‹. So machte die Republik mit Gerhart Hauptmann Staat.

»JAHRMARKTSRUMMEL«

»Es wird mit Hauptmann ein Jahrmarktsrummel veranstaltet«, notierte Loerke im Tagebuch, als das Jubeljahr zu Ende ging. In der Tat war 1922 ein aufgeregtes und aufregendes Jahr; nicht nur Hauptmann selbst, auch Fischer und seine Mitarbeiter, der ›halbe Verlag‹ waren unablässig unterwegs, und das Verlagsbüro hatte mit Geburtstagsorganisationsarbeit die Hände voll zu tun. Am 23. Februar war jedermann in Dresden zur Uraufführung von *Indipohdi* im Staatlichen Schauspielhaus. Vier Tage darauf trafen Hauptmann und Thomas Mann sich als Repräsentanten der deutschen Geisteswelt bei der Goethe-Woche in Frankfurt; Hauptmann hielt die Eröffnungsrede vor der Festaufführung des *Egmont* im Schauspielhaus, Thomas Mann die vor der *Zauberflöte* im Opernhaus. »Es wird offiziell. Der Reichspräsident hat seine Teilnahme zugesagt«, schrieb Thomas Mann an Bertram. Und bei anderer Gelegenheit, mit charakteristischer Untertreibung: »Das Repräsentieren macht mir Spaß.« Er wußte: es kam ihm zu – es kam auf ihn zu. Wie märchenhaft, mag Fischer gedacht haben, war doch die Saat aufgegangen!

Die liebe Vorkriegsgewohnheit des gemeinsamen Frühjahrsaufenthalts im Süden war schon im Vorjahr wieder aufgenommen worden, als Fischer mit der Tochter Hilla Hauptmanns in Sestri Levante besuchte. Im Jubeljahr 1922 traf man sich Anfang März in Baden-Baden, wo Autor und Verleger gemeinsam »auf die unerläßliche Antiquitätenjagd« zogen. Anfang April war man in Südtirol. »Hauptmanns«, erinnerte sich Hedwig Fischer, »schrieben uns aus Bozen-Gries, aus dem Hotel Austria, dort sei es so schön, wir sollten nur kommen. Gesagt, getan ... Der Friede war glaubhaft geworden.« Das Hotel Austria in Bozen-Gries sollte in den Verlagsannalen über ein kurzes eine denkwürdige Rolle spielen.

Am 22. April war man wieder in Berlin zur Uraufführung des *Hannele*-Films in der Staatsoper, und wieder ließ der Reichspräsident es sich nicht nehmen. (Die Hauptmann-Filme jagten einander jetzt. Schon 1919 waren *Elga* und *Rose Bernd* verfilmt worden, und der *Ratten*-Film mit Lucie Höflich war 1921 herausgekommen. Der *Phantom*-Film kam rechtzeitig zum Geburtstag im November 1922.) Im Mai traf Hauptmann auf einer Gartengesellschaft des Reichspräsidenten zum letztenmal Rathenau. Im August fuhr alle Welt (buchstäblich der halbe Verlag und die ganze prominente deutsche Theaterkritik) zu den Hauptmann-Festspielen nach Breslau. Fischers nahmen die siebzehnjährige Tutti mit und luden auch Loerke zur Festreise ein. Er dankte überschwenglich:

Haben Sie herzlichen Dank für Ihren Brief und die überaus gütige Einladung nach Breslau. Ein bißchen schwer wird es mir, den Freimut aufzubringen, sie anzunehmen, da Sie ohnehin schon die Hauptlast meiner Existenz tragen. Aber da das Leben so bitter schwer ist, so hilft am besten: leichter Sinn, und so muß ich denn gestehen, daß ich sehr glücklich bin, wenn ich ein paar Tage an den Festlichkeiten teilnehmen darf, in dem Kreise, den kein Zufall, sondern vor allem inneres Schicksal gezogen hat. Die ganze letzte Zeit lebte ich fast völlig in Hauptmann ... Gestern las ich bis zwei Uhr nachts den Quint, im tiefsten erschüttert, verwandelt, in den großen strahlenden, trotz allem frohen Glanz hinein ...

Die Breslauer Hauptmann-Festspiele dauerten zehn Tage, vom 11. bis 20. August. Wieder kam der Reichspräsident zur Eröffnung und hielt bei der Feier im Remter des Rathauses die Festansprache, auf die eine Rede Alfred Kerrs folgte. Hauptmanns eigene Dankesansprache über »Deutschland als Idee« wurde dem ersten Band der Großen Ausgabe gleichsam als Vorwort vorangestellt. Ihre Schlußworte waren: »... nun stehe ich hier. Es mag wieder abwärts gehen. Ich kann getrost meine Augen schließen, denn wer kann mehr erfahren und mehr erstreben, als ich durch Ihre Güte erfuhr.« Diesmal, schrieb Hedwig Fischer, »trübte einmal nichts die Festfreude, kein majestätisches Verdikt und keine taktlose Rede«.

Vierzehn Dramen Hauptmanns wurden neu aufgeführt; Reinhardt inszenierte *Florian Geyer* und *Die Weber* in der Jahrhunderthalle. Loerke notierte:

Fischers abgeholt. Sie sind ganz reizend liebenswürdig, sorgsam und gütig. Mittag gemeinsam, mit Kellermanns zum Schluß. Jahrhunderthalle: Florian Geyer. Ungeheuer die Pilgerung dahin. Merkwürdig auch die Droschkenfahrt zurück. An kleinem Tisch mit Kellermanns und von Hülsens gesessen. Nachher zu Hauptmanns in den Bankettsaal. Wieder bis drei Uhr früh. Der Morgen graute ... Sehr liebe große Tage.

Und in seinem Dankesbrief an Fischers heißt es:

Sie haben mir alle drei in Breslau so herrliche Zeiten bereitet, daß sie für immer in der Schatzkammer des Lebens aufbewahrt bleiben. Seien Sie nochmals bedankt, mit einem Dank, den die Rede nicht auszudrücken weiß, wie das Gefühl. Besonders schön war das Heim- und Geborgensein, das ich in Ihrer Gesellschaft genießen durfte. Sehr schade nur, daß Sie nicht die Sonntagnacht vor der Abreise ausdauerten: wir saßen freilich noch bis fünf Uhr früh zusammen. Hauptmann in strahlender Frische und wahrer Jugend der Seele ...

»UNSERE WELT UND UNSERE ZEIT«

Das Novemberheft 1922 der ›Neuen Rundschau‹ war ausschließlich Hauptmann gewidmet. Es begann mit einem Huldigungsgruß des Verlegers, an den sich ein Teilstück aus Hauptmanns noch unvollendetem Versepos *Till Eulenspiegel* und ein großer Aufsatz Thomas Manns anschlossen, von dem noch die Rede sein wird. Dies war gleichsam der proklamatorische Teil. Hierauf folgten ein großer zusammenfassende Überschau haltender Aufsatz über Hauptmanns Schaffen von Loerke, der eine interessante Entsprechung zu Heimanns Aufsatz ein Jahrzehnt zuvor und eine von Loerkes geglücktesten essayistischen Leistungen war; ein Aufsatz von Max Brod über Hauptmanns Frauengestalten, den Heimann »etwas journalistisch« fand, wenngleich in ihm »ein paar sublime Sachen« standen; Huldigungsgedichte von Fritz von Unruh und Hans Reisiger; eine Abteilung »Bekenntnisse und Erinnerungen« mit Beiträgen von Bahr (der nicht hier, sondern anderwärts Hauptmann den »unfertigen Dichter eines unfertigen Werkes« nannte), Félix Bertaux, Bie, Henri Guilbeaux, Hamsun, Hofmannsthal, Kessler, Annette Kolb, Selma Lagerlöf, Eugen Lundberg, Gabriele Reuter, Franz Werfel und Stefan Zweig, das Ganze absichtlich ›europäisch‹ und mithin ein wenig planlos und kunterbunt; und zum Beschluß Kerrs Breslauer Festrede. Heimann hatte in Breslau gefehlt und fehlte auch hier. Es war ein nicht sehr ausgewogenes Heft: die Beiträge von Kessler und Werfel waren viel zu lang, Hofmannsthals Tribut war viel zu kurz; am ›stimmigsten‹ war Gabriele Reuter, am scharfsichtigsten Stefan Zweig – aus ihnen sprachen, wie Fischer sagte, »unsere Welt und unsere Zeit«.

Fischers Gruß *Für Gerhart Hauptmann zum 15. November 1922* war der dritte und zugleich letzte persönliche, mit Namen gezeichnete Beitrag des Verlegers zu seiner Zeitschrift. Sein Wortlaut ist hier am Platz:

Der Leser dieser Blätter ist im Wechsel der Zeiten im wesentlichen der gleiche geblieben: »der gute Europäer« daheim und draußen in der Welt. Seit den Tagen der ›Freien Bühne‹ um 1890 hat er sich zu uns gesellt, hat eine Atmosphäre sozialer und kultureller Verantwortung bilden helfen und sich und uns Heimat und Boden bereitet. Ein neuer Abschnitt beginnt. Wie immer die Zukunft werden mag, der Tag mahnt schuldigen Dank auszusprechen ihm, der, uns Führer und Freund, schaffend und wirkend den Weg gezeigt und betreten hat, den Weg, der trotz allem das Leben dieser Jahrzehnte nicht vergebens sein ließ.
Gerhart Hauptmanns Schaffen, sein Leben und Leiden liegt in seinem Werk als ein offenes Buch vor uns aufgeschlagen. Wir erleben mit ihm eine vielgestaltige Welt: unsere Welt und unsere Zeit. Ein Strom von Herzlichkeit und Güte, von Teilnahme und Mitleiden durchleuchtet diese zur Existenz erhobene Welt, weitet und hebt unser Wissen und Fühlen vom Menschen, macht uns weiser und besser. Aus dieser umbildenden Kraft des Dichters erschließt sich dem in seiner Wurzel erschütterten Volkstum eine Quelle der Gesundung, der Erneuerung, des Vertrauens zu sich selber.
Gerhart Hauptmann ist Vorbild geworden, der Vorbildner eines Volkscharakters, der, aus der Wirrnis dieser Zeit befreit, zu neuer Gestalt drängt. Der Mensch, der Dichter und sein Werk, sie beginnen dem Volke deutlich zu werden, sich als eine moralische Tatsache auszuwirken. Wir erleben das ergreifende Schauspiel, daß trotz niederdrückender Sorge um die nackte Existenz – vielleicht auch durch sie – das Bewußtsein im Volke erwacht, teil zu haben an neuem, nie verlierbarem Besitz, der nur auf dem Boden heimatlicher Gemeinschaft werden konnte, sich im Herzen einig zu fühlen mit einem Manne, in dem es seine eigenen Züge, die besten seiner Art, wiedererkennt.
Der heimliche Kaiser ist erstanden, vom Volke erkannt, an Stelle alter Machthaber eingesetzt und gekrönt. Gerhart Hauptmann bedeutet vielen den Glauben an eine bessere Zukunft, an neue Brüderlichkeit.
Gruß und Dank ihm und seinem Genius.

»Mit Recht«, schrieb Heimann an Fischer, »steht Ihre Seite auf der ersten Seite. Phrasenloser und nobler, herzlicher konnte es gar nicht sein!«
Hauptmann reiste den Sommer und Herbst über durch Deutschland, von einer Festveranstaltung zur anderen, und kam schließlich zum eigentlichen Geburtstag nach Berlin:

Am 15. November findet zum sechzigsten Geburtstag GERHART HAUPTMANNS in der Neuen Aula der Universität (Kaiser Franz Josef-Platz) um 12 Uhr mittags in Anwesenheit des Dichters eine Feier statt. Der unterzeichnete Ausschuß gibt sich die Ehre, Sie zu dieser Feier einzuladen.

Den Ausschuß hatte Fischer organisiert. Er bestand aus den vormaligen preußischen Kultusministern Becker und Haenisch, dem Rektor der Universität, den Professoren Dessoir, Harnack, Petersen und

Troeltsch, den Schriftstellern Julius Elias, Eloesser, Heimann, Hollaender, Kellermann, Kerr, Thomas Mann, Meier-Graefe, Reisiger und Fritz von Unruh, dem Staatstheaterintendanten Leopold Jessner, den Malern Liebermann, Orlik und Slevogt, dem Bildhauer Fritz Klimsch, den Musikern Schreker und Max von Schillings und Fischer selbst.

Der Reichspräsident erschien abermals, aber dessen ungeachtet war die Morgenfeier, den Augenzeugen zufolge, keine reine Freude. Die Professoren, in deren Haus sie stattfand, sorgten dafür. Loerkes mißmutige Tagebuchnotiz (»Viele Reden ... schrecklich Roethe ... Hauptmann zu pathetisch. D'Albert spielte großartig die Appassionata«) wird von der des Grafen Kessler bestätigt:

Hauptmann saß zwischen Ebert und Löbe vorne vor dem Rednerpult. Irgendein Literaturprofessor, ich glaube, er hieß Petersen, hielt eine farblose, langweilige Ansprache, der noch weitere Professorenaufsätze folgten ... Die einzigen Redner, die etwas zu sagen wußten, waren ein Student und Löbe. Der Student sprach mit so viel Feuer und jugendlicher Frische, daß er die Versammlung hinriß ... Hauptmann las eine kurze, nicht sehr tiefe Ansprache vor, die sich aber erfreulich für Humanität und Versöhnung aussprach.

Der Student war der einundzwanzigjährige Günther Birkenfeld, der einige Jahre darauf als ein beachtlicher Schriftsteller hervortrat. Hauptmanns Rede *Der Weg zur Humanität* bewegte sich, wenn auch nicht sehr artikuliert, mit gutem Instinkt auf dem gleichen Weg, der zur gleichen Zeit Thomas Mann, von Whitman befeuert, zu seinem neuen Konzept der Demokratie hinführte. Fischer erbat sich von Paul Löbe das Manuskript seiner Ansprache und sandte es Hauptmann, in dessen Nachlaß es sich fand. Löbe, der schlesische Landsmann, vom Schriftsetzer zum Reichstagspräsidenten aufgestiegen, fand inmitten der »schweren wirtschaftlichen Bedrängnisse, der finsteren politischen Wolken, die uns umschweben«, eindringliche Worte:

Mein Glückwunsch kommt von dem Mann, den die deutsche Volksvertretung ohne Unterschied der Parteien an ihre Spitze berufen hat, er kommt von dem Schlesier, aus dessen Heimat die Urkraft Ihrer Kunst Ihnen unerschöpflich entgegenströmte, er kommt von dem Sohne der sozialen Klasse, der in früher Jugend schon eigenes Leid und eigene Sehnsucht mit klopfendem Herzen in Ihren Werken verklärt wiederfand ...

Den Professoren und Studenten der Universität Berlin war das alles gar nicht recht. Fischer hatte, wenn man Kesslers Tagebucheintragung glauben darf, einigen Ärger mit seinem Ausschuß:

Das Denkwürdigste an der Feier ist das grotesk bornierte Verhalten der Studenten und Professoren gewesen. Die Berliner Studentenschaft hat mit einer Mehrheit von, ich glaube, vier zu zwei, feierlich beschlossen, an der Hauptmann-Feier nicht teilzunehmen, weil Gerhart Hauptmann, nachdem er sich als Republikaner bekannt hat, nicht mehr als charakterfester Deutscher zu betrachten sei! Und von Fischer höre ich, daß der genannte Petersen, der die Festrede hielt, vor zwei Tagen bei ihm war, um ihn zu bitten, Ebert wieder auszuladen, da es der Universität nicht angenehm sein werde, wenn das republikanische Reichsoberhaupt bei ihr erscheine. Und als Fischer das ablehnt, hat ihn Petersen gebeten, dann doch wenigstens Löbe auszuladen, denn zwei Sozialdemokraten auf ein Mal sei doch etwas viel!

Auch das war »unsere Welt und unsere Zeit«. Am Abend des 15. November fand eine Festaufführung von Reinhardts *Florian-Geyer*-Inszenierung im Großen Schauspielhaus statt und anschließend ein Festbankett in der ›Deutschen Gesellschaft 1914‹. Heimann, der zu krank war um teilzunehmen, hatte den Toast geschrieben – sein »Gebetla«, wie er es nannte –, den Emil Orlik für ihn verlas. Am 24. November las Hauptmann in der Philharmonie. »Übervoller Saal«, notierte Kessler, »Begeisterung, Feststimmung, Schulmädchen überreichten Rosen. Das wirkt schon ein wenig wie die Hurrastimmung, mit der Wilhelm II. gespeist wurde.« Seltsames Wort, wenn man den »heimlichen Kaiser« bedenkt. Und Loerke: »Die Vorlesung: Mißverhältnis zwischen dem Gebotenen und dem Riesenjubel ... In galgenhumoriger Stimmung mit Kayser bei Gerold Wein getrunken.«

Heimann war von dem Ganzen rundweg degoutiert. Er schrieb am 20. November 1922 an Fischer:

Wie schade, daß, nach allem, was ich höre, der Hauptmann-Tag doch wieder ein abscheuliches Schützenfest war ... Es ist über- und übergenug dieser Feiern, sie sind ein Skandal. Tausendmal schade, daß Hauptmann das nicht merkt, so daß er, der zum Segen da sein könnte, fast als Einziger, doch auch das leere Rasseln vermehrt. Manchmal denke ich daran, eines meiner teuersten Lebensgüter, die Beziehung zu ihm, daran zu wagen und ihm den klaren Wein einzuschänken. Was mich zurückhält, ist einzig die drückende Scham, daß ich selbst nicht meine Pflicht getan habe und tue und unerbetenen Rat zu geben mir nicht zusteht ...

Die Schlußsätze von Fischers Gruß an Hauptmann wollen besonders angemerkt sein. Die Republik stand in ihrem vierten Lebensjahr und wurde von innen und außen aufs stärkste angefeindet, aufs schwerste erschüttert, und unversehens heftete sich die Hoffnung wieder einmal und nicht zum letztenmal an den uralten Kyffhäuser-Traum. Auch die Republik – zumindest die *république des lettres* – verlangte nach dem gekrönten Haupt. Das Vorstellungsbild vom heimlichen Kaiser (oder König) als dem wahren Repräsentanten, Retter und Mehrer des Reichs, war in vielen Gedankengängen lebendig. Es trat im gleichen Zusammenhang, noch deutlicher profiliert, in Thomas Manns Hauptmann-Aufsatz hervor.

DER SCHRIFTSTELLER DER REPUBLIK

Stefan Zweig hatte in seiner Betrachtung einen bemerkenswert kühl abgrenzenden Satz geschrieben:

> Gerhart Hauptmann ist als Schriftsteller überhaupt nie in Erscheinung getreten, kleine gelegentliche Äußerungen ausgenommen, und als Schriftsteller repräsentiert statt seiner heute Thomas Mann viel eher die deutsche Geistigkeit.

Unnötig, an dieser Stelle der eigentümlich deutschen Abgrenzung zwischen Dichter und Schriftsteller nachzuspüren, die Thomas Mann selbst übrigens für sich keineswegs gelten lassen wollte. Es genügt zu sagen, daß dies 1922, zwei Jahre vor dem *Zauberberg*, der Thomas Manns Repräsentanz gültig belegte, eine kühne Feststellung war, die zu diesem Zeitpunkt durchaus nicht allseits Zustimmung finden konnte. An ihr war jedoch die Wegstrecke abzulesen, die Thomas Mann seit Kriegsende und dem Erscheinen der *Betrachtungen* zurückgelegt hatte. Mit jenem Buch hatte Thomas Mann es eigentlich genug sein lassen wollen. Im Juni 1919 hatte er an Kurt Martens geschrieben:

> Nach Abschluß der ›Betrachtungen‹ hatte ich das Schriftstellern eigentlich abgeschworen (ich war und bin seiner entsetzlich müde) und mir fest vor-

genommen, mich fortan auf die künstlerischen Pläne, die ich noch ausführen möchte, streng zu konzentrieren. Denn ich bin 44 Jahre alt und möchte bis zum 50. die beiden vor der großen Unterbrechung begonnenen Romane fertig haben, um meine Ges. Werke unter Dach zu bringen. Wenn ich aber in politisch-sittlicher Hinsicht inzwischen wieder einmal das Wort nehme, für meine Person, dann, meine ich, müßte es ein ordentlicher, gewissenhafter Rechenschaftsbericht sein darüber, wie sich dem Verfasser der ›Betrachtungen‹ die Dinge nun darstellen. Dazu habe ich jetzt nicht nur den Kopf nicht frei (ich bin ganz darauf bedacht, mich in den ›Zauberberg‹-Roman wieder einzuspinnen), sondern es ist auch garnicht der Augenblick dafür. Was sollte ich jetzt sagen?

Drei Jahre später nahte der Augenblick heran. Thomas Mann hatte in diesen Jahren kein weltabgeschiedenes Dichterleben geführt, sondern war, wiewohl in den *Zauberberg* eingesponnen, unablässig auf Reisen gewesen, zu Vorträgen und Vorlesungen wiederholt in der Schweiz, mehrmals in Österreich, Ungarn und der Tschechoslowakei, in Holland und Spanien und vor allem kreuz und quer in Deutschland selbst. Er wußte, wie die Weimarer Republik von außen wie innen aussah. Besonders kam er häufig, mehrmals im Jahr, zu Vorlesungen nach Berlin – so im Februar 1921 zu einer Vorlesung aus dem *Zauberberg*, im September 1921 zu seinem Vortrag *Goethe und Tolstoi* im Beethovensaal, im März 1922 zu neuerlichen *Zauberberg*-Vorlesungen – und war bei diesen Besuchen zumeist Fischers Gast im Mansardenlogis der Erdener Straße. Er wohnte gern in diesem Haus, und die persönliche Beziehung zwischen Autor und Verleger verschränkte sich in diesen Jahren stetig fester. Wohl erlangte sie nie die brüderliche Vertrautheit wie bei Hauptmann, doch dafür hatte sie auch nie die Temperamentsstürme und Zerreißproben zu bestehen, von denen Fischers Freundschaft zu Hauptmann in den zwanziger Jahren immer wieder heimgesucht wurde. Mit Thomas Mann bestand ein Einverständnis, das nicht vieler Worte bedurfte.

Die Ermordung Rathenaus brachte für Thomas Mann ›den Augenblick‹, und jetzt wußte er auch, was er zu sagen hatte. In *Goethe und Tolstoi* war schon angeklungen, was ihm »in politisch-sittlicher Hinsicht« am Herzen lag; nun wurde es formuliert. Am 8. Juli schrieb er an Bertram:

Rathenaus Ende bedeutete auch für mich einen schweren Choc. Welche Finsternis in den Köpfen dieser Barbaren! Oder dieser idealistisch Verirrten... Ich leide unter der Verzerrung des deutschen Antlitzes. Ich denke daran, einen Geburtstagsartikel über Hauptmann zu einer Art Manifest zu gestalten, worin ich der Jugend, die auf mich hört, ins Gewissen rede... die neue Humanität mag denn doch auf dem Boden der Demokratie nicht schlechter gedeihen, als auf dem des alten Deutschland... Als ob nicht ›die Republik‹ noch immer das deutsche Reich wäre, das thatsächlich heute weit mehr, als zu der Zeit, da ins banal Theatralische entartete historische Mächte darüber thronten, in unser Aller Hände gelegt ist...

Die Niederschrift des Aufsatzes *Von deutscher Republik* wurde im Juli 1922 begonnen, und im August schrieb Thomas Mann aus dem Urlaub in Ahlbeck an Fischer, er habe dort »den größten Teil meines republikanischen Manifestes« geschrieben. Und am 4. September heißt es in einem Brief an Schnitzler:

Im Oktober-Heft der Neuen Rundschau werden Sie einen größeren Beitrag von mir finden, einen Aufsatz betitelt ›Von deutscher Republik‹, der vielleicht gar durch zwei Hefte wird fortgesetzt werden müssen. Ich ermahne darin die renitenten Teile unserer Jugend und unseres Bürgertums, sich endlich vorbehaltlos in den Dienst der Republik und der Humanität zu stellen, – eine Tendenz, über die Sie vielleicht erstaunt sein werden. Aber gerade als Verfasser der ›Betrachtungen eines Unpolitischen‹ glaubte ich meinem Lande ein solches Manifest in diesem Augenblick schuldig zu sein.

Der Aufsatz erschien nicht im Oktoberheft, sondern im Hauptmann-Heft im November 1922 und wurde auch in einer Nummer untergebracht. Zuvor jedoch, am 15. Oktober 1922, einen Monat vor Hauptmanns Geburtstag, wurde er, wie Thomas Mann schrieb, in einem Vortrag im Beethovensaal in Berlin »mündlich mitgeteilt«. Gelegentlich dieses Berlin-Besuches, am 12. Oktober, traf »Fischers Loerke«, wie Thomas Mann ihn scherzhaft nannte, den Dichter zum erstenmal. »Thomas Mann im Verlag kennengelernt«, notierte er im Tagebuch. »Erstaunt, wie lebhaft er ist.« Das Manifest nahm die Erscheinung Hauptmanns zum Ausgangspunkt; es erinnerte an das gemeinsame Auftreten in Frankfurt wenige Monate zuvor, das Thomas Mann »unzweifelhaft einen Höhepunkt meines Schriftstellerlebens« nannte:

Rechts vorn saßen Sie, Gerhart Hauptmann, und linkerseits der Vater Ebert. Vor König und vor Reich also, wie Lohengrin singt, enthüllte mein Geheimnis ich in Treuen; – wobei mit dem ›Reich‹, versteht sich, der Vater Ebert gemeint ist, mit dem König aber Sie. Denn ein König sind Sie heute, wer wollte es leugnen, ein Volkskönig wahrhaft, wie Sie da vor mir sitzen – der König der Republik. Das wäre ein Widerspruch? So rufe ich Novalis an, einen Royalisten besonderer Art, der gesagt hat, man werde bald allgemein überzeugt sein, daß kein König ohne Republik und keine Republik ohne König bestehen könne, – ein demokratisches Wort auf jeden Fall und zur Ergänzung auffordernd, daß immer noch viel eher eine Republik ohne König bestehen könne als das Umgekehrte und man sich keineswegs wundern dürfte, wenn Sie, in Ihrer Eigenschaft als König, durchdrungener Republikaner wären, da Ihr Königtum durch unsere Republikanisierung so außerordentlich verstärkt und verdeutlicht worden, – nach einem kurzen Schwanken Ihrer Stellung während des Prozesses selbst...

In seiner Sicht, so erklärte Thomas Mann mehrmals und nachdrücklich, habe die Republik 1914 und nicht erst 1918 begonnen, und der Prozeß der Republikanisierung schloß mithin den Krieg ein.

Der intellektualistische Radikalismus, der in literarischer Sphäre die Revolution begleitete, war Ihrem Wesen nicht hold. Der ›Geist‹ war wider Sie. Das ist schon vorbei. Die scharfen Knabenstimmen, die Sie »ungeistig« nannten, sind verstummt, die Welle trägt Sie, die sozialen sowohl wie die demokratischen Tendenzen der Zeit kommen Ihrer Größe zustatten ... Und nachdem man der Demokratie alles nachgesagt hat, was ihr nachgesagt werden kann, ist festzustellen, daß sie des Landes geistige Spitzen, nach Wegfall der dynastisch-feudalen, der Nation sichtbarer macht: das unmittelbare Ansehen des Schriftstellers steigt im republikanischen Staat, seine unmittelbare Verantwortlichkeit gleichermaßen – ganz einerlei, ob er persönlich dies je zu den Wünschbarkeiten zählte oder nicht.

Dieser letzte Satz galt natürlich ebensosehr für ihn selbst. Thomas Mann nannte Hauptmann, der »zu fürstlich repräsentativer Stellung aufgerückt ist«, in dem »In- und Ausland das geistige Haupt des nachkaiserlichen Reichs ehrt«, ausdrücklich seinen »Eideshelfer«, auf den er sich mit seinem Bekenntnis zur liberal-humanen Republik berufen wolle.

Der Vortrag tat nicht die erhoffte Wirkung. Er war gedanklich viel zu kompliziert und anspruchsvoll und ging über die Köpfe der renitenten akademischen Jugend hinweg, die ihn mit unablässigem Scharren und Zwischenrufen unterbrach. Die Zeitungen bemächtigten sich der (noch unveröffentlichten) Ansprache und gaben sie »stümperhaft« wieder, wie Thomas Mann klagte; man habe ihn, schrieb er an den Bruder, »als Wahlredner für Eberten verstanden, Politik umschäumt mich«; man verübelte ihm das Manifest als Abfall vom Deutschtum und Widerspruch zu den *Betrachtungen* während es »innerlich gerade ihre Fortsetzung bildet«. In seinen Briefen heißt es:

Wie haben diese Rammel und Hammel mich wegen meines Berliner Vortrags traktiert! (17. November 1922) ... Ich habe für den Entschluß zu diesem Bekenntnis so viel Prügel bekommen, daß ich Balsam wie den Ihren wohl brauchen kann. Man muß sich schon in dem Reizzustand unseres armen Volkes befinden, um dem Versuch, diesem jammervollen Staat ohne Bürger etwas wie Idee, Seele, Lebensgeist einzuflößen, – mit Schimpf und Wut zu begegnen. (7. Dezember 1922)

Trotz dieses »Lärms auf der Gasse« oder gerade seinetwegen brachte Fischer *Von deutscher Republik* sogleich nach dem ›Rundschau‹-Abdruck auch als gesonderte Broschüre heraus, zu der Thomas Mann noch ein eigenes Vorwort schrieb. Darin erklärte er nochmals – wie schon der Vortrag, auf die Zwischenrufer eingehend, dargelegt hatte –, daß von »Überläuferei«, von »Umfall« oder »Bruch mit meiner geistigpolitischen Vergangenheit« keine Rede sei. In der Rede hatte er gesagt: »Ich widerrufe nichts. Ich nehme nichts Wesentliches zurück. Ich gab meine Wahrheit, und ich gebe sie heute.« Im Vorwort wies er mit dem Bemerken »Ich habe vielleicht meine Gedanken geändert – nicht meinen Sinn« den Vorwurf des »Gesinnungswechsels« von sich:

Ich glaubte, ein wenig helfen zu können mit dieser kleinen Aktion, die zur Aktion eben dadurch werden mochte, daß ich es war, der sie unternahm; glaubte, etwas wie ein Beispiel geben zu können dadurch, daß ich, der notorische und eingetragene ›Bürger‹, mich mit Entschluß auf die Seite der Republik stellte; und diese Einbildung war es auch, die mich vermochte, einmal den Mann der Versammlung zu spielen und das Geschriebene im Saale persönlich zu vertreten. Daß dies ein Fehler war, ist ausgemacht...

Rückblickend scheint es durchaus nicht »ausgemacht«; auch zerstörte Illusionen sind von Wert: man weiß, woran man ist. Zehn Jahre später beging Thomas Mann im gleichen Beethovensaal den gleichen »Fehler«, und er erteilte eine unverlierbare Lehre. Fischer druckte die Broschüre in einer Auflage von sechstausend Exemplaren, und 1925 wurde der Aufsatz ohne das Vorwort in den Essayband *Bemühungen* aufgenommen. Er darf, wiewohl zu seiner Zeit hauptsächlich mißverstanden oder gar nicht verstanden, zu den bedeutenden geistigen Meilensteinen der Weimarer Republik gerechnet werden. Dies nicht zuletzt, weil er zum ersten Mal nachdrücklich »Ansehen und Verantwortung des Schriftstellers« im republikanischen Staat feststellte. Er machte Thomas Mann unwiderruflich zu einem Mann des öffentlichen Lebens – weit mehr, wie sich zeigen sollte, als es sein Eideshelfer Hauptmann war oder sein konnte. Mehr noch: er rückte indirekt auch den Verlag als den Mittler Hauptmanns und Thomas Manns in einen neuen Zusammenhang. Mit dem Jahr 1922 wurden diese beiden großen Namen des Verlags sichtbarlich zu tragenden Säulen der Republik, und das Verlagshaus wurde ungeachtet Fischers »Schwäche der politischen Interessiertheit«, ob es nun »zu den Wünschbarkeiten zählte oder nicht«, durch seine geistige Existenz zu einer »staatserhaltenden Kraft«. Denn ob man repräsentativ oder gar maßgebend und richtungweisend ist, bestimmt man ja nicht selbst; das bestimmen allemal die anderen.

›REDE UND ANTWORT‹

Während dieser Zeit begann, dem Gebot der Repräsentanz gehorchend, die erste Gesamtausgabe der Werke Thomas Manns zu erscheinen. Diesmal drängte nicht, wie bei Wassermann, der Autor auf die Gesamtausgabe, sondern der Verleger. Thomas Mann hatte an eine solche Ausgabe wohl zu seinem fünfzigsten Geburtstag gedacht und wollte bis dahin die beiden großen Romanwerke, die der Krieg unterbrochen hatte, den *Zauberberg* und den *Felix Krull* ›unter Dach‹ haben. Doch gelang nur das erste dieser beiden Vorhaben, und Fischer wollte überdies nicht so lange warten. Er hatte es auch bei Hauptmann nicht getan. Er nützte den psychologisch richtigen Augenblick, so sehr die materiellen Verhältnisse auch dawider sein mochten.

Fischer hatte am 31. August 1920 einen neuen, wiederum auf fünf Jahre geltenden Generalvertrag mit Thomas Mann geschlossen, und dieser Vertrag enthielt bereits den vorausschauenden Passus:

Die für 1921 geplante sieben- bis achtbändige Gesamtausgabe unterliegt bezüglich der Honorierung, falls sich inzwischen die Produktionsverhältnisse für die Herstellung verändert haben sollten, einer besonderen Vereinbarung.

Und am 26. November 1920 erwähnt Thomas Mann in einem Brief, es beschäftige ihn »die Sichtung älterer Arbeiten, Essays, aus denen ein Band gemacht werden soll, und die Vorbereitung meiner ›Ges. Werke‹, deren Herausgabe Fischer plant«. Zwischen diesen beiden Beschäftigungen bestand ein Zusammenhang: der Essayband war der erste Band der Gesamtausgabe.

Im April 1921 war Thomas Mann noch mit der Redaktion des Essaybandes beschäftigt und »wälzte« zugleich den *Zauberberg* »jeden Vormittag ein Stückchen weiter«. Der Band sollte ursprünglich *Improvisationen* heißen, wurde dann in *Zwischenfälle* umbenannt, aber am 10. Juni 1921 berichtete er Bertram, er habe

nur noch ein paar Artikel geschrieben, die den Essayband komplettieren werden, von dem eben die ersten Fahnen-Korrekturen einlaufen. Der Titel ›Zwischenfälle‹ gefiel mir nicht lange. Ich habe jetzt ›Rede und Antwort‹ vorgesehen, mit dem Untertitel ›Gesammelte Aufsätze‹. Vorläufig sagt mir das zu.

Bei dem Haupttitel *Rede und Antwort* blieb es; der Untertitel wurde in »Gesammelte Abhandlungen und kleine Aufsätze« geändert. Es wurde ein kräftiger Band von vierhundert Seiten, der von 1906 bis 1921 reichte. In einem kurzen, vom April 1921 datierten Vorwort heißt es, das Buch umfasse »Zufallserzeugnisse, Veröffentlichungen, die irgendeinem äußeren Anlaß oder Anstoß ihr Dasein verdanken«. Tatsächlich enthält es eine Anzahl wichtiger Zeugnisse zu Thomas Manns Schaffensprozeß, die im Rückblick alles andere als zufällig erscheinen: nicht nur den *Friedrich*-Essay, dessen Einzelausgabe nun ›aufgelassen‹ wurde und der das Hauptstück des Bandes bildet, sondern auch die bedeutsame *Buddenbrooks*-Auseinandersetzung *Bilse und ich* von 1906, den großen Fontane-Essay und den Aufsatz über das Theater von 1910, den Chamisso-Essay von 1911 und neben zahlreichen kürzeren Arbeiten »Über eigene Werke« und »Antworten auf Rundfragen« auch die drei bezaubernden kleinen autobiographischen Skizzen von 1907, 1909 und 1920. Im Vorwort heißt es weiter:

Es steht mit dem ganzen Bande nicht anders als mit seinen Teilen. Ihn herzustellen, hätte ich mich selbst kaum jemals ermutigt; es bedurfte dazu der

Forderung, des freundlich dringlichen Anratens von außen... So ordnete ich denn diese Reise an, – wobei ich aber nicht der Meinung war, daß einer weiten Leserwelt damit gedient sein könne und werde. Es handelt sich um eine sozusagen interne Veranstaltung, um ein Buch für Freunde meines Lebens, welche sonst schon vertraut mit seiner Ökonomie und Kultur bereit sein mögen, auch in dem Bei- und Außenwerk mit einer gewissen Genugtuung die Beziehung zum Ganzen zu entdecken. Wie aber der Band nun vorliegt, ist er bestimmt, ein Glied der für einen nicht fernen Zeitpunkt geplanten Gesamtausgabe meiner Erzählungen und Schriften zu bilden.

Der Zeitpunkt stand in der Tat bereits vor der Tür.

GESAMMELTE WERKE: NEUES PRINZIP

Rede und Antwort erschien, auf 1922 vordatiert, im November 1921 gleichzeitig als selbständiger Band und als erster Band der *Gesammelten Werke in Einzelausgaben.* Mit diesem Strukturprinzip hatte Fischer eine Formel gefunden, die sowohl der Gegenwart wie der Zukunft gerecht wurde. Für das Werk eines noch vergleichsweise jungen und voraussichtlich noch lange weiterschaffenden Erzählers und Essayisten wie Thomas Mann – das gleiche galt auch für Jakob Wassermann und Hermann Hesse – war weder das Modell der chronologisch angeordneten Hauptmann-Gesamtausgaben noch das Modell der in zwei Schaffensabteilungen, die erzählerische und die dramatische, gesonderten Schnitzler-Gesamtausgabe mit ihren Ergänzungsbänden zu brauchen. Thomas Manns Werk war von einer seltenen formalen Einheitlichkeit und Geschlossenheit und würde es voraussichtlich bleiben; es bedurfte keines ›Arrangements‹, keiner Gliederung nach formalen oder thematischen Zusammengehörigkeiten, sondern baute sich auf dem einmal gefundenen und abgesteckten schöpferischen Terrain aus großen Blöcken ganz von selbst auf. Es galt lediglich, den bereits vorhandenen Teilen ein einheitliches neues Gewand zu geben und die künftigen, neuen Teile in gleicher Weise zu kleiden. Sah man zudem davon ab, wie es in diesem Fall zum erstenmal geschah, die Bände in die herkömmliche Zwangsjacke der Numerierung zu stecken, so konnte bei jedem neuen Werk die gewöhnliche Einzelausgabe gleich mitgedruckt werden, und man überließ dem Büchersammler überdies den Privatspaß, sich seine Gesamtausgabe auf seinem Bücherbrett in der Reihenfolge aufzustellen, die ihm behagte. Es war eine vortreffliche Formel.

Auf *Rede und Antwort* folgten 1922, wie bereits im Vertrag von 1920 vorgesehen, die älteren Werke in weiteren sechs Bänden, die jeweils als Einzelausgaben neu mitgedruckt wurden, nämlich *Buddenbrooks* in zwei Bänden, *Königliche Hoheit,* zwei Bände *Novellen* und die Neuausgabe der *Betrachtungen eines Unpolitischen.* »Fischer«, schrieb Thomas Mann am 4. Juli 1921 an Bertram, »will für die Gesamtausgabe und schon für den Neudruck, der ihr gleichgestaltet sein soll, partout die ›Betrachtungen‹ gekürzt haben, und zwar um 10–12 Bogen! Halten Sie es für möglich, für *erlaubt*?« Möglich wäre es wohl gewesen – Thomas Mann selbst hatte seinerzeit während der Arbeit einzelne, in sich geschlossene Teile herausgelöst und in der ›Neuen Rundschau‹ getrennt veröffentlicht – aber erlaubt war es keineswegs. Fischer dürfte es eingesehen haben, denn es wurden schließlich für diese »Veränderte Ausgabe« der *Betrachtungen* nur jene geringfügigen Striche vorgenommen, von denen bereits die Rede war. Sogar sie erregten schon reichlich Ärgernis und trugen Thomas Mann den Vorwurf der nachträglichen Retusche und Verfälschung ein.

Die Thomas-Mann-Gesamtausgabe von 1922 war herstellerisch ein überaus gelungenes Werk. Ihr äußeres Gewand, von H. E. Mende besorgt, war so ansprechend und einprägsam, daß sie geradezu zum bildlichen Inbegriff des Verlags wurde. Sie war aus der graziösen Unger-Fraktur gesetzt, die hinfort gleichsam zur charakteristischen ›Thomas-Mann-Schrift‹ wurde. Die Seiten zwei und drei bildeten einen Doppeltitel in Rot und Schwarz, links der Kollektivtitel »Gesammelte Werke« ohne Bandnummer, rechts der Einzeltitel in symmetrischer typographischer Anordnung, mit dem Verlagssignet in rotem Druck auf beiden Seiten. Es wurden drei verschiedene Ausgaben hergestellt. Die erste und populärste war in hellgraues Ripsleinen gebunden, mit aufgedrucktem schwarzem Rückenschild; die Vorderseite des Einbandes trug als Signum eine Leier mit Pfeil und Bogen und die Initialen TM. Als »Einzelausgaben« wurden diese Bände auch in Halbleinen mit hellgrauem Ripsrücken und hellgrünem Papierüberzug hergestellt. Die zweite Ausgabe bestand aus braunen Maroquin-Halblederbänden mit aufgeklebtem rotem Lederschild und blauem Büttenpapierüberzug der Decken. Die dritte Ausgabe war eine Vorzugsausgabe: 150 Exemplare auf Hadern-Velin-Papier abgezogen, numeriert und vom Verfasser signiert, dunkelblaue Kalbslederbände mit aufgeklebtem rotem Rückenschild und Goldschnitt. Diese ungewöhnlich schönen Bände wurden nur in Subskription auf das Gesamtwerk abgegeben, und die ganze Vorzugsausgabe beschränkte sich auf die ersten zehn der Gesammelten Werke. Diese zehn Bände waren vollständig nachdem zu den sieben 1922 erschienenen Bänden 1924 noch der zweibändige *Zauberberg* und 1925 der zweite Essayband *Bemühungen* hinzugekommen waren. Damit war die Vorzugsausgabe abgeschlossen. Die Gesamtausgabe in ihren anderen Ausstattungen erreichte zu Fischers Lebzeiten dreizehn Bände.

Es war ein überaus repräsentatives Unternehmen. Wie Fischer freilich diese Ausgabe mitten im Preischaos der Inflation kalkulierte, wie viele Millionen und Milliarden sie von einem Monat zum nächsten, von einer Woche zur nächsten kostete, ist nicht mehr zu ermitteln. Sie war gewiß nur möglich, weil das Verfahren des Mitdrucks hohe Auflagen gestattete. So konnten im Zuge dieser Gesamtausgabe *Buddenbrooks* vom 119. ins 185. Tausend klettern, *Königliche Hoheit* vom 71. ins 98. Tausend, die *Betrachtungen* vom 19. ins 26. Tausend, und die beiden Bände *Novellen* und der Essayband konnten in Erstauflagen von zehntausend Exemplaren gedruckt werden.

AKTIENGESELLSCHAFT

Fischer hatte in diesem Jahr 1922 sein Äußerstes geleistet und dem deutschen Bücherkäufer mit den neuen Hauptmann- und Thomas-Mann-Gesamtausgaben wahrhaft ›wertbeständige‹ Geschenke auf den Weihnachtstisch gelegt. Sie waren sogar buchstäblich ›geschenkt‹, denn, wie Fischer beiden Autoren versicherte: »Mit den Prinzipien einer richtig kaufmännischen Kalkulation hat das nichts mehr zu tun.« Fischer gestand unumwunden ein, daß der Verlag am Jahresende 1922 an der Grenze seiner Leistungsfähigkeit angelangt und von der wachsenden Kapitalnot nahezu gelähmt war. Am 25. Dezember schrieb er an Schnitzler:

Wir sind seit Monaten von einem Preiswirbel überfallen und kämpfen von Woche zu Woche gegen die sich überstürzenden Unkosten, Lohn- und Material-Preiserhöhungen. Wir sind gezwungen, bei den Preiserhöhungen nicht nur der katastrophalen Verteuerung der Herstellungskosten zu folgen, sondern auch der Geldentwertung *nachzulaufen*, um zur Wiederherstellung der Neuauflagen die notwendigen Mittel zum Erlös zu bringen. Wie schwierig diese aufreibende Hetzjagd ist, müssen Sie daraus ersehen, daß aus dem Gesamterlös Ihrer Gesamtausgabe die neuen Herstellungskosten auch nicht annähernd hereingebracht werden können.

Wir haben mit einem selbst unter den damaligen Verhältnissen viel zu billigen Preis angefangen und sind erst in sehr später Zeit durch die Preiserhöhungen einigermaßen den neuen Herstellungskosten gefolgt, das läßt sich gar nicht mehr einbringen, da sich die Mehrkosten überstürzen. Würden wir den neuen Anschaffungskosten, die durch die Entwertung der Mark in den letzten Monaten colossal gewachsen sind, ganz folgen, so würden die Bücher heute doppelt so teuer sein müssen, als sie in Wahrheit sind. Würden wir die Preise aber voll zur Auswirkung bringen, so würde kein Mensch mehr Bücher kaufen. (Nach den *heutigen* Herstellungspreisen würden für 5000 Exemplare Ihrer Gesamtausgabe etwa 45 Millionen aufzubringen sein.)

Aus dieser Zwangslage ist die ganze Misere entstanden, und sie wirkt sich für den Verleger viel schlimmer aus wie für den Autor, weil der Verleger immer neu produzieren muß und die Mittel dazu aus dem Erlös nicht hereinbringen kann. Es kommt hinzu, daß jede neue Herstellung bei den unsicheren Wirtschaftsverhältnissen riskanter ist als die vorhergegangene. Darum wird der Kapitalmangel immer größer.

Unter diesen Umständen entschloß sich Fischer am Jahresende 1922 nun doch zu dem Schritt, den er bereits zwei Jahre zuvor vertraulich gegenüber Hauptmann erwähnt, dann aber nach dem ergebnislosen Verlauf der Verhandlungen mit Kurt Wolff wieder aufgeschoben hatte. Hermann Hesse hatte anscheinend etwas ›läuten‹ gehört, denn am 6. März 1922 hatte ihm Fischer geschrieben:

Wie kommen Sie auf die Idee, daß ich meinen Verlag nicht mehr leite? Ich bin am Werk mit allen Kräften mehr wie je und immer bereit, allen Wünschen, soweit es möglich ist, gerecht zu werden.

Aber in Fischers Brief an Schnitzler vom 25. Dezember 1922 heißt es weiter:

Ich habe soeben meinen Verlag in eine Aktiengesellschaft umwandeln müssen, um meinen Verlagsbetrieb leistungsfähig zu erhalten. Die Form der Aktiengesellschaft bietet leichter wie der Privatbetrieb die Möglichkeit einer breiteren finanziellen Basis. Nach innen wird sich damit nichts an dem Verlag und seinen Geschäftsprinzipien ändern, denn selbstverständlich bleibe ich mit allen meinen Mitarbeitern in voller Unabhängigkeit und Verantwortung am Werk.

In einem zweiten Brief an Schnitzler vom 8. Januar 1922 fügte Fischer hinzu:

Lieber Freund! Ich danke Ihnen für die freundlichen Glückwünsche. Sie können sich denken, daß diese Gründung nur aus der Not der Zeit geboren war, um neben der finanziellen Basis Klarheit und Ordnung über mein Leben hinaus zu sichern.

Gleichzeitig wurde ein vervielfältigtes kurzes Rundschreiben folgenden Wortlauts versandt:

Wir teilen Ihnen ergebenst mit, daß wir unsere Firma in eine Aktiengesellschaft umgewandelt haben. Herr S. Fischer wird mit seinen Mitarbeitern nach wie vor die Geschäfte führen. In den Aufsichtsrat wurden gewählt die Herren Julius Meier-Graefe; Staatssekretär a. D. Professor Wichard von Moellendorff; Rechtsanwalt Leo Pinner und Rechtsanwalt und Notar Dr. Richard Wrzeszinski.

Rechtsanwalt Leo Pinner (nicht zu verwechseln mit Justizrat Pinner, dem Syndikus des Verlags) war der Geschäftsführer des Bühnenvertriebs Felix Bloch Erben, der Hauptmanns dramatisches Schaffen betreute. Er genoß Hauptmanns besonderes Vertrauen und dürfte, obwohl Fischer ihn nicht mochte und ihm zutiefst mißtraute, Hauptmann zuliebe in den Aufsichtsrat gewählt worden sein. Fischers Mißtrauen gegen ihn war, wie sich zeigen sollte, mehr als gerechtfertigt. Die Zusammensetzung des Aufsichtsrats wurde schon bald darauf verändert.

An Pinners Stelle trat der bekannte Berliner Privatbankier Hugo Simon, ein großer Freund und Förderer der Künste, und als Anwalt trat Dr. Wenzel Goldbaum, der namhafte und sehr geschätzte Rechtsbeistand der Deutschen Bühnengenossenschaft, ein.

Die Umgründung wurde unter Nr. 27 883 im Reichsanzeiger amtlich mitgeteilt. Diese Verlautbarung besagt, daß der Gesellschaftsvertrag der »S. Fischer Verlag Aktiengesellschaft« am 12. Dezember 1922 festgestellt wurde und die neue Gesellschaft sich »an gleichartigen oder ähnlichen Unternehmungen in jeder Rechtsform beteiligen und Betriebe, die mit dem Verlagsgewerbe zusammenhängen, erwerben« dürfe. Zum alleinigen Vorstand ist »Verlagsbuchhändler Samuel Fischer, Berlin« bestellt. Das Grundkapital der Aktiengesellschaft beträgt 15 Millionen Mark und »zerfällt in 15 000 Inhaberaktien über je 1000 Mark, die zum Nennbetrage ausgegeben werden«. Die Gründer, die alle Aktien übernommen hatten, waren:

1. Verlagsbuchhändler Samuel Fischer, Berlin
2. Schriftsteller Julius Meier-Graefe, Berlin
3. Schriftsteller Dr. jur. Konrad Maril, Berlin-Schöneberg
4. Dozent an der Handelshochschule Dr. rer. pol. Paul Gerstner, Berlin-Schöneberg
5. Buchhändler Otto Rublack, Berlin

Die Aktieninhaber waren Freunde oder Mitarbeiter des Verlags. Meier-Graefe zählte zu den ältesten Freunden und (gelegentlichen) Autoren des Hauses; Maril war ein angestellter Mitarbeiter des Verlags und übernahm 1924 nach dem Ausscheiden Leo Greiners die Leitung des Bühnenvertriebs und der Auslandsabteilung; Otto Rublack war der langjährige Prokurist und Personalchef des Verlags. Einzig über die Beziehung des Dozenten Dr. Gerstner zum Verlag geben die Unterlagen keine Auskunft.

Aus der amtlichen Bekanntmachung geht hervor, daß Fischer trotz der Verteilung des Aktienkapitals auf fünf Aktionäre praktisch Alleininhaber des Verlags blieb. Er brachte den Verlag »mit dem Firmenrecht und Aktiven und Passiven« (auf Grund einer für den 1. Juli 1922 aufgestellten Einbringungsbilanz) in die Aktiengesellschaft ein und erhielt von der Aktiengesellschaft »als Entgelt für die eingebrachten Vermögensgegenstände« 14 900 000 Mark Aktien zum Nennbetrag. Es befanden sich also vom Grundkapital von 15 Millionen Mark nur 100 000 Mark in anderen Händen, und sie verteilten sich vermutlich mit dem praktisch nominellen Betrag von je 25 000 Mark auf die übrigen vier Aktionäre. (Nach dem Ende der Inflation, am 8. Januar 1925, wurde das Aktienkapital mit 500 000 Reichsmark neu bewertet und »in 5000 auf den Inhaber lautende Aktien über je 100 Reichsmark zerlegt«.) Jetzt und später betonte Fischer allen seinen Autoren gegenüber immer wieder: »Unsere Aktiengesellschaft ist eine Familiengründung.«

Die neue Rechtsform sollte es dem Verlag ermöglichen, der Kapitalnot zu begegnen und die Kapitaldecke des Unternehmens wenn nötig zu vergrößern. Doch hat Fischer von dieser Möglichkeit keinen Gebrauch gemacht und sich durch das letzte, grimmigste Jahr der Inflation durchgekämpft, ohne ›fremdes Geld‹ aufzunehmen. Im Gegenteil, er tat alles, um einen solchen Schritt zu vermeiden. Im Oktober 1924, als die Inflation ausgestanden war, teilte er Hauptmann vertraulich mit:

Wir waren im Herbst vorigen Jahres so weit, daß ich dem Verlag etwa 200 000 Friedensmark borgen mußte, die ich mir nur durch den Verkauf meiner besten Effekten verschaffen konnte. Der Verlag hat mir die Summe im vorigen Jahr mit Papiermark zurückgezahlt, und was mir in Goldmark davon blieb, war eine Lappalie!

RICHTLINIEN

So trat der Verlag in das Jahr 1923 ein, in dem die Geldentwertung durch ihre letzte, gespenstischste Phase stürmte. Die ärgsten Befürchtungen wurden übertroffen. Auch die großen und berühmten Autoren des Verlags gerieten in schwere wirtschaftliche Bedrängnis, und Fischer wußte häufig beim besten Willen nicht, wie er ihnen, die ja weitgehend auf ihn angewiesen waren, helfen sollte. Die Autoren suchten sich selbst zu helfen. Flake notierte: »Ich schrieb in österreichischen Zeitungen, wie alle Welt; man hatte in Wien die Währung stabil gemacht.« Selbst kleine Honorare für Artikel und Feuilletons von österreichischen, schweizerischen und deutschsprachigen Zeitungen der Tschechoslowakei, die in guter Währung bezahlt wurden, waren häufig die Rettung. Thomas Mann schrieb an Fischer:

Ohne fremdes Geld könnte man bei einer Familie wie der meinen ja heute schon nicht mehr leben. Wie jedermann bin ich bedacht, welches herbeizuschaffen... So wird man zum tätig sich tummelnden Erwerbsmann auf seine älteren Tage... Jetzt wende ich mich dem ›Zauberberg‹ wieder zu, muß aber... zugleich amerikanische Briefe schreiben, was natürlich aufhält.

Die »amerikanischen Briefe« waren Berichte über das deutsche Kultur- und Geistesleben, die Thomas Mann in unregelmäßigen Abständen der New Yorker Monatsschrift ›The Dial‹ lieferte. Er schrieb insgesamt sechs *German Letters* für die Zeitschrift, die in der Zeit vom Dezember 1922 bis Oktober 1925 erschienen und nicht nur hochwillkommene amerikanische Dollars einbrachten, sondern auch dazu beitrugen, seinen Namen in Amerika bekannt zu machen. (Bis dahin waren nur *Königliche Hoheit* und *Herr und Hund* in Amerika erschienen. 1924 kamen *Buddenbrooks* hinzu, und im Jahr darauf *Der Tod in Venedig*, den die Zeitschrift ›The Dial‹ vorher in Fortsetzungen gebracht hatte.) Hofmannsthal besorgte die gleiche Kulturberichterstattung für ›The Dial‹ aus Österreich; seine *Vienna Letters* erschienen in den Jahren 1922–1924. Beide, Hofmannsthal und Thomas Mann, nahmen diese zeitgeschichtlich überaus aufschlußreichen Aufsätze nicht in ihre Essaysammlungen auf. Ausländische oder im Ausland lebende Autoren des Verlags wie Schnitzler und Hesse verlangten, daß ihnen zumindest die Tantiemen aus ihren im Ausland abgesetzten Büchern in Valuta ausgezahlt würden, ein Wunsch, den der Verlag nur zum geringsten Teil erfüllen konnte, weil er selbst über diese Einkünfte nicht frei verfügen durfte, sondern sie in immer höherem Prozentsatz an die Devisenstelle des Reichs abführen mußte.

Nicht nur Fischers Autoren murrten. Es war in allen Verlagen das gleiche, und so wurde es nachgerade notwendig, daß die Verlage eine einheitliche Linie verfolgten. Dies geschah im März 1923. Zehn große deutsche Verlage – Georg Bondi, Bruno Cassirer, Cotta, die Deutsche Verlagsanstalt, Diederichs, S. Fischer, der Insel-Verlag, Kröner, Rowohlt und Kurt Wolff – einigten sich auf »Richtlinien für die Honorierung schönwissenschaftlicher Bücher«, die sie in einem gedruckten, gemeinsam unterzeichneten Merkblatt darlegten. Diese Richtlinien empfahlen die von der Deutschen Verlagsanstalt eingeführte und von Fischer bereits befürwortete Methode, das Autorenhonorar vom jeweiligen Bruttoverkaufserlös des Verlegers zu berechnen, und erklärten, im allgemeinen werde ein Anteil von 15 Prozent des Verkaufserlöses beim gehefteten und von 10 Prozent vom gebundenen Exemplar »die Grenze des zur Zeit Möglichen bilden«. Die für den Verleger maßgebenden Gesichtspunkte waren im Schlußabsatz erläutert. Aus ihnen sprach die ganze Misere der Zeit:

Für die Beurteilung der Frage, welcher Prozentsatz vom Ladenpreis oder vom Verkaufserlös für den Autor heute als angemessen gelten kann, ist es nötig, sich darüber klar zu werden, wie sich unter den gegenwärtigen Verhältnissen die Kalkulation des Verlegers gestaltet. Steht einwandfrei fest, daß die Kosten des Papiers Anfang März 1923 auf das 9–10 000fache, die Druckkosten auf das 5000fache und die Buchbinderkosten auf das 6000fache des Friedenssatzes gestiegen sind, während die durchschnittliche Verteuerung des Buches erst das 2000–2500fache erreicht hat, so bedarf es keiner großen Beweisführung mehr, um darzutun, daß der deutsche Verlag die heutigen, kaufmännisch viel zu niedrig berechneten, vom Publikum aber teilweise schon als zu hoch empfundenen Preise nur aufrechterhalten kann, wenn er fortwährend von seinen alten, billigen, aber in höherwertigem Geld hergestellten Beständen opfert, so daß er für zwei bis drei verkaufte Bücher immer nur wieder ein neues herstellen kann, und wenn er sich darüber hinaus mit einer viel geringeren Gewinnspanne als früher begnügt.

Es verschlägt einem wahrhaft den Atem. Große Stilisten waren diese zehn deutschen Verleger nicht; freilich entsprachen ihre haarsträubenden Bandwurmsätze wohl den haarsträubenden Zeiten. Doch weiter:

Angesichts dieser unbestreitbaren Tatsache erscheint es nicht nur als ein Gebot der Billigkeit, sondern auch als ein solches der Selbsterhaltung, daß auch der Autor sich mit einem niedrigeren Anteil, als er vielleicht früher gewohnt war, bescheidet. In demselben Maße, wie dies geschieht, wird auch der Verleger in der Lage und bereit sein, weiterhin Opfer für die Erhaltung des deutschen Geisteslebens zu bringen; stellt sich aber ein Autor, wie das leider manchmal vorkommt, auf den rechtlich wie praktisch gleich unhaltbaren Standpunkt, daß er als ›Arbeitnehmer‹ des Verlegers für seine Arbeit nach Maßgabe der aufgewendeten Mühe honoriert werden müßte, so wird jedes ersprießliche Zusammenarbeiten unmöglich.

Nur mit Grausen konnte es der Autor lesen! Doch war es genau Fischers Auffassung. Er legte nahezu jedem Brief an einen murrenden Autor die Richtlinien der zehn Verleger bei oder verwies auf sie, um zu belegen, daß seine Auffassung allgemein geteilt wurde (und ein eventuell abtrünnig werdender Autor anderwärts nichts Besseres zu erwarten hatte), aber es kam dessen ungeachtet in diesem Jahr zu unerquicklichen Auseinandersetzungen. Am einsichtsvollsten war Thomas Mann, am argwöhnischsten Schnitzler, am verworrensten Hauptmann.

Aber sogar Thomas Mann wollte nicht einsehen, warum er nicht weiter seine Vorkriegstantieme von 25 Prozent erhalten könne. Fischer schrieb ihm am 4. April 1923, er möge es doch bitte selbst berechnen: der aus 100 Prozent bestehende Ladenpreis habe sich in der Vorkriegszeit zusammengesetzt aus 20 Prozent Herstellungskosten, 25 Prozent Honorar, 37–40 Prozent Rabatt und 15 Prozent Spesen. Es sei in ihm, wie ersichtlich, keine Gewinnspanne für den Verleger mehr enthalten gewesen, und auch Verzinsung und Verluste waren nicht mitgerechnet:

Sie sehen, lieber Herr Mann, es ist nicht ganz gerecht, wenn Sie sich auf den Vorkriegszustand berufen; der damalige Prozentsatz war unhaltbar, und jetzt ist beim Leinenband die Tantieme von 20 % schon überschritten.

So ging es fort über viele Seiten. (Fischers einstmals so kurze und knappe Briefe an seine Autoren wurden in der Tat während des Krieges und der Nachkriegszeit immer länger und ausführlicher.) Thomas Mann sah die Argumente offenbar ein und war mit einem Nachtrag zu seinem Vertrag von 1920 einverstanden, der ihm statt der bisherigen 20 Prozent vom Ladenpreis nunmehr 16 Prozent vom Verlagserlös einräumte.

Schwieriger war es mit Hauptmann. Hier hatte Fischer sich mit ganz besonderen Inflationsgespenstern herumzuschlagen.

»EXTRATOUREN«

Am 12. April 1923, genau um die Zeit der nüchtern-sachlichen Auseinandersetzung mit Thomas Mann, findet sich in einem Brief Fischers an Hauptmann ein bekümmerter Absatz:

... und vielleicht darf ich bei dieser Gelegenheit auch daran erinnern, daß Deine Gesamtausgabe vor zwei Jahren fast einem Abenteurer in die Hände gefallen wäre, wenn ich nicht dem Plan, der von vornherein den Stempel einer unlauteren Verlockung in sich schloß, Widerstand geleistet hätte. So leid es mir tut, ich muß sagen, daß ich nicht nur geschäftlich, sondern auch menschlich darunter leide, daß ich mich zuweilen gelähmt fühle, wenn ich immer wieder zu spüren bekomme, wie sehr Du geneigt bist, jeder Zuträgerei eines Konkurrenten oder eines dilettierenden Zuschauers Gehör zu geben, um mich und meine Arbeit zu entwerten ...

Auch dies war in erster Linie ein Symptom der Inflationszeit. Nicht nur an Hauptmann, auch an Schnitzler und Thomas Mann, an Wassermann und Hesse (Hofmannsthal nahm in dieser Hinsicht von jeher eine Ausnahmestellung ein) traten in dieser Zeit unablässig andere Verlage heran, die verlockende Angebote auf Sonderdrucke, Luxusdrucke, illustrierte Prachtausgaben des einen oder anderen Werkes machten, das Fischer für einen solchen Zweck freigeben sollte, und den Autoren, die wirtschaftlich schwer zu kämpfen hatten, große Summen ›auf den Tisch des Hauses‹ verhießen. Aber war es nicht die materielle Verlockung allein.

Hinzu kam das Bedürfnis der großen Autoren des Verlags, bei aller Treue und Anhänglichkeit sich ein wenig mehr Bewegungsfreiheit zu verschaffen und gelegentlich einer bibliophilen Liebhaberei oder einer besonderen literarischen Anregung außerhalb des verlegerischen Vaterhauses nachzugehen. So schrieb Thomas Mann beispielsweise im September 1922 an Philipp Witkop, daß er

mit Fischer große Schererei hätte, um ein Buch bei Haessel herauszugeben. Ich bin aber entschlossen, meinen Vertrag nicht in der bisherigen bindenden Form zu erneuern, sondern mir für die Zukunft die Möglichkeit von Extratouren offen zu halten.

Fischer war für solche »Extratouren« nicht ohne Verständnis – »ich habe mich immer bemüht«, schrieb er Hauptmann, »Deinen Wünschen zu folgen, wenn Du einmal Lust hattest, das eine oder andere Buch in einer Luxusausgabe anderswo herauszugeben« –, wiewohl er sich zumeist bemühte, in das jeweilige Angebot eines anderen Verlages einzutreten und die gewünschte Ausgabe selbst herzustellen. Doch gerade das war für den Autor häufig nicht eigentlich der Sinn der Sache.

Vor allem aber konnte Fischer natürlich ›nicht alles machen‹, besonders im letzten Inflationsjahr nicht, in dem das Verlagsprogramm auf ein Mindestmaß reduziert werden mußte. So ließ er Hermann Hesse viel freie Hand, mit solchen »Extratouren« bei Schweizer Verlagen etwas harte Währung zu verdienen, und er hinderte auch Thomas Mann nicht, als dieser 1922 dem Wiener Rikola-Verlag (einer Nachkriegsgründung, die die Inflation nicht lange überlebte) das »Buch der Kindheit« aus den *Bekenntnissen des Hochstaplers Felix Krull* für eine numerierte und signierte illustrierte Sonderausgabe von 500 Exemplaren zur Verfügung stellte. (Dieses in sich geschlossene Fragment des unterbrochenen Romans, den Thomas Mann erst an seinem Lebensabend wieder aufnahm, umfaßte nur 65 Druckseiten; es wanderte im Jahr darauf an die Bücherei ›Der Falke‹ der Deutschen Verlagsanstalt und 1932 an die Insel-Bücherei weiter und erlebte in diesen beiden billigen Ausgaben eine Gesamtauflage von 50 000 Exemplaren.)

Bedeutsamer als der kurzlebige Rikola-Verlag oder der kleine, esoterische Verlag von E. P. Tal in Wien – einem Mann aus S. Fischers Schule –, dem Hesse 1919 das Bändchen *Kleiner Garten* überlassen hatte, war der wesentlich finanzkräftigere und kaufmännisch umsichtiger geleitete Verlag, den Paul von Zsolnay 1923 in Wien gründete. Mit ihm erhielt Österreich endlich einen großen und dauerhaften schöngeistigen Verlag, der es mit den großen deutschen Verlagshäusern aufnehmen und dem österreichischen Schrifttum in seinem Heimatland einen Sammelpunkt geben konnte. Zsolnay, ein reicher, literatur- und musikbegeisterter Mann, war ein Autodidakt und auf dem Verlagsgebiet bis dahin völlig unerfahrener Mann, der jedoch neben seinem vorzüglichen Geschäftsverstand einen hervorragenden intuitiven Spürsinn besaß. Er hatte zweifellos auf dem Gebiet der Herstellung und der Werbung Kurt Wolff einiges ›abgeguckt‹, und Kurt Wolff war es auch, der in den Anfangsjahren hauptsächlich unter seiner Initiative zu leiden hatte; Zsolnay machte ihm Franz Werfel abspenstig, mit dessen sehr erfolgreichem ersten Roman *Verdi* er seinen Verlag eröffnete, sodann Max Brod, dessen mondäne Frauenromane ihm große Erfolge brachten, und 1925 auch Heinrich Mann. Seine großen Bestseller jedoch waren Galsworthy, Wells und Dreiser, die den Verlag in den späteren zwanziger Jahren auf eine breite Basis stellten. Fischer bekam Zsolnay alsbald zu spüren.

In Deutschland selbst war es vor allem der Ullstein-Verlag, der Fischer in der Inflationszeit mit Konkurrenzangeboten an seine Autoren hart bedrängte. Die fünf Söhne Leopold Ullsteins aus Fürth hatten schon vor dem Krieg mit ihren billigen Serienbüchern ihrem entfernten Verwandten Fischer manchen geschäftlichen Kummer bereitet. (Das Verwandtschaftsverhältnis war beiden bekannt, doch machte man davon nicht viel her. Louis Ullstein erzählte, er sei einmal in der Erdener Straße eingeladen gewesen, doch habe er sich mit Fischer gar nicht verstehen können, es sei kein rechtes Gespräch zustande gekommen, die ›intellektuelle‹ Atmosphäre des Hauses sei ihm zu fremd gewesen. Der große Zeitungs- und Zeitschriftenverlag in der Kochstraße hatte inzwischen seinen buchverlegerischen Ehrgeiz über die reine Unterhaltungsliteratur hinaus auf seriöses literarisches Gebiet ausgedehnt. Nach dem Tod Georg Müllers hatte Ullstein aus dessen riesiger Produktionsmasse eine Anzahl seiner großen, vielbändigen, zum Teil noch nicht abgeschlossenen Sammelwerke und Serienausgaben erworben, und sie bildeten den Grundstock des neugegründeten Propyläen-Verlags, den die Ullsteins ihrem Haus angliederten und in dem an maßgebender Stelle Fischers alter Freund Julius Elias wirkte – »wes Brot ich eß', des Lied ich sing«, wie Fischer an Hauptmann schrieb. Literarischer Leiter der Ullsteinschen Buchverlags-Unternehmungen war Dr. Emil Herz, ein gebildeter, kenntnisreicher und zudem unternehmender Mann, der viele gute Ideen hatte. Er brach jetzt, mit dem Ullstein-Scheckbuch bewaffnet, häufig in Fischers Gehege ein. Es hat sich nicht ermitteln lassen, wer der »Abenteurer« war, dem um ein Haar die Hauptmann-Gesamtausgabe in die Hände gefallen wäre. Dr. Herz wird es nicht gewesen sein, denn ein Abenteurer-Unternehmen war das Ullsteinhaus gewiß nicht. Wohl aber gelang Dr. Herz ein Hauptmann-Fischzug, und fast wäre ihm ein zweiter gelungen.

ULLSTEIN-PHANTOM

Ein Werk Hauptmanns fehlte in beiden Geburtstagsgesamtausgaben. Dies war der kurze Roman *Phantom. Aufzeichnungen eines ehemaligen Sträflings*, den Hauptmann 1915 begonnen und nach einigen Unterbrechungen im Sommer 1921, anschließend an *Anna*, beendet hatte. Diesen Roman erwarb Dr. Herz für den Vorabdruck in der Ullsteinschen ›Berliner Illustrirten‹. Dort erschien er in Hauptmanns Jubeljahr 1922 in Fortsetzungen. Dr. Herz erzählt hierüber in seinen Lebenserinnerungen *Denk ich an Deutschland in der Nacht*:

Hauptmann lebte auf großem Fuße. Aber an dem Tage, als wir den Vertrag über diesen Roman abschlossen, ging es in seinem Haus noch höher her als sonst ... Mein Besuch kam ihm sehr gelegen. »Der Mann mit dem Ullsteinschen Geldbeutel wird mir die leere Kasse wieder auffüllen. Einseifen werde ich ihn, aber ordentlich fetieren müssen wir ihn«, frohlockte er zu seinen anwesenden Freunden. Und der Ullstein-Mann wurde fetiert, erst mit einer langen Spazierfahrt durch die herrliche Umgebung, dann mit einem fürstlichen Mahl, den teuersten und erlesensten Weinen ... Triumphierend wies er nach meiner Abfahrt dem Freund den Ullstein-

Scheck vor: »Das haben wir gut gemacht, so ein junger Verleger läßt sich aber auch zu leicht hereinlegen.« Er hatte mich aber gar nicht »reingelegt«. Das ihm zugestandene Honorar hielt sich durchaus in vertretbaren Grenzen. Überdies machte der Roman sich für uns gut bezahlt. Er gefiel und brachte der ›Berliner Illustrirten Zeitung‹ eine beträchtliche Auflagenerhöhung.

Das war der springende Punkt. Für ein Massenblatt wie die ›Berliner Illustrirte‹ – sie hatte bei Kriegsende eine Auflage von 1½ Millionen, die später auf über 3 Millionen stieg – war der Fortsetzungsroman geradezu eine Lebensfrage. Gefiel er, so führte er dem Blatt Zehntausende neuer Leser zu; mißfiel er, so sank die Auflage sofort. Folglich durfte am Fortsetzungsroman nicht gespart werden, und die Abdruckshonorare waren ungewöhnlich hoch. Die Veröffentlichung eines Romans in der ›Illustrirten‹ galt mithin unter den deutschen Schriftstellern als das ›große Los‹, und auch die berühmtesten und literarisch anspruchsvollsten unter ihnen hatten gegen einen solchen Vorabdruck nichts einzuwenden. Allerdings besaßen die wenigsten unter den großen Erzählern die besonderen Gaben, die ein ›Illustrirten-Roman‹ erforderte; dies war ›Spezialisten-Maßarbeit‹, die sich selten mit literarischem Niveau vereinigen ließ.

Von Fischers Autoren versuchten sich nur wenige in diesem Rennen, und sie gelangten nur vereinzelt zum Ziel. Norbert Jacques fabrizierte mit seinem *Dr. Mabuse der Spieler* 1921 einen sensationell erfolgreichen ›Illustrirten‹-Roman, aber Fischer lehnte die Buchausgabe dieses Reißers ab, und Jacques verabschiedete sich schon im nächsten Jahr mit seinem Roman *Siebenschmerz* von dem Verlag, in dem er nichts mehr zu suchen hatte. (Die Vorauszahlung auf dieses Buch, schrieb er Fischer, werde »kaum dazu reichen, ein Paar Schuhe zu kaufen«.) Felix Hollaender, seit Jahren bereits Reinhardts Dramaturg, war zwischen 1891 und 1918 einer von Fischers fruchtbarsten Erzählern gewesen und wurde in den zwanziger Jahren zu einem glänzenden ›Illustrirten‹-Romanschriftsteller. Außer diesen beiden Autoren, die nicht zu Fischers ›Spitzenklasse‹ zählten, zogen nur Kellermann mit zwei Romanen, deren Buchausgabe bei Fischer erschien, nämlich *Schwedenklees Erlebnis* (1923) und *Die Brüder Schellenberg* (1925) und Schnitzler 1926 mit der Novelle *Spiel im Morgengrauen* das große ›Illustrirten‹-Los. Dies waren seltene Ausnahmen. Hauptmanns *Phantom* in Ullsteins Massenblatt war folglich eine Sensation und im Jahr von Hauptmanns 60. Geburtstag eine schmucke Pfauenfeder am Ullsteinhut.

Fischer hatte nichts gegen Vorabdrucke in Tageszeitungen und Zeitschriften einzuwenden; der Verlag betrieb sogar selber ganz systematisch im eigenen Interesse die Unterbringung solcher Vorabdrucke und stand mit den anspruchsvollen großen deutschen Zeitungen, vor allem dem ›Berliner Tageblatt‹, der ›Vossischen Zeitung‹, der ›Frankfurter Zeitung‹, in altbewährter, guter Beziehung. Die Leser dieser Zeitungen gehörten der gleichen gebildeten Bürgerschicht an wie die Bücherkäufer seiner Verlagswerke, und solche Vorabdrucke förderten im allgemeinen den Absatz der Buchausgaben. Ein Vorabdruck in der ›Illustrirten‹ war jedoch eine andere Sache. Er führte dem Autor zwar eine Millionen-Leserschaft zu, an die er sonst schwer oder gar nicht herankam, aber diese Leser waren in der Mehrzahl keine Bücherkäufer, zumindest jedoch keine Käufer von Fischer-Büchern. Wenn sie überhaupt Bücher kauften, so waren es die billigen Ullstein-Ausgaben. Ullstein erwarb nach Möglichkeit auch immer zugleich die Buchrechte und erzielte mit Hilfe seines großen Werbeapparats mit diesen ›Illustrirten‹-Romanen auch in Buchform große Absatzerfolge.

Solche garantierte Auflagehöhen konnte Fischer, konnte kein literarischer Verlag den Autoren bieten. Zugleich aber rückte ein ›Illustrirten‹-Vorabdruck einen Fischer-Autor, ob er wollte oder nicht, in die Kategorie der Unterhaltungsschriftsteller, entwertete ihn literarisch und verscheuchte ihm die Fischer-Bücherkäufer. Diese Erfahrung machte Kellermann, der sich stets von neuem in der ›literarischen Welt‹ rehabilitieren mußte. Aus diesem Grund war Fischer über den *Phantom*-Seitensprung seines größten Autors gar nicht glücklich. Hauptmann bekam viel Geld, aber er machte sich in den Augen seiner angestammten Lesergemeinde ›billig‹. Außerdem war *Phantom* wirklich kein guter Roman; er war mehr noch als *Atlantis* als ›Reißer‹ konzipiert, ohne indessen stark zu fesseln. Er setzte Hauptmanns Freunde, denen schon bei *Anna* nicht recht wohl gewesen war, in beträchtliche Verlegenheit. Fischer hielt mit der Buchausgabe zurück, bis das Jubiläumsjahr vorüber war. 1923 brachte er den Roman in einer Erstauflage von zwanzigtausend Exemplaren heraus und konnte sie nur mit großer Mühe absetzen.

Vier Jahre später, im Januar 1927, als Schnitzler den Sprung in die ›Berliner Illustrirte‹ tat, teilte Fischer ihm seine Erfahrungen mit:

Ihre Novelle habe ich gelesen und wieder die ungeschwächte Meisterschaft bewundert, mit der Sie den Leser gefangen zu nehmen vermögen. Ich hoffe, daß wir in Ihrem Fall nicht eine ähnliche Erfahrung machen, wie es mit zwei Romanen von Bernhard Kellermann und Gerhart Hauptmann geschehen ist; mit diesen Romanen, die durch den Vorabdruck in der ›Berliner Illustrirten Zeitung‹ im Absatz erheblich behindert waren. Ich würde vorschlagen, daß wir zuerst 15 000 Exemplare drucken, und ich hoffe, Sie werden in Anbetracht der Unsicherheit, die durch den Vorabdruck in der ›Illustrirten Zeitung‹ gegeben ist, mit meinem Vorschlag einverstanden sein ... Auch von Bruno Frank habe ich durch seinen Verleger gehört, daß der Buchabsatz seines Romans ›Trenck‹ durch den Vorabdruck in der ›Berliner Illustrirten Zeitung‹ ungünstig beeinflußt war.

Fischer behielt mit seiner unguten Vorahnung und seiner Vorsicht recht. Die Buchausgabe von *Spiel im Morgengrauen* kam 1927 nach dem ›Illustrirten‹-Vorabdruck in einer Erstauflage von fünfzehntausend Exemplaren heraus und erlebte keine Neuauflage. Schnitzlers *Traumnovelle,* die im Jahr zuvor in der Ullstein-Zeitschrift ›Die Dame‹ erschienen war, die eine kleine Auflage von 55 000 und eine exklusive Leserschaft hatte, erreichte das Doppelte.

PRESTIGEFRAGEN

Dr. Herz kam noch mit einem zweiten Ullstein-Angebot zu Hauptmann. Er schlug eine illustrierte Prachtausgabe des *Ketzers von Soana,* Hauptmanns erfolgreichstem Prosawerk, vor. Hauptmann war in großer Versuchung, aber diesmal ließ Fischer nicht mit sich reden. Er schrieb ihm am 12. April 1923:

...wenn Du schreibst, daß Dir an Honoraren dieses einzige Ketzerbuch, nach der ungefähren Kalkulation des Herrn Direktors Herz, »etwa die Gesamteinnahmen bringen würde, die Dir seit der großen Hausse aus Deinem Werk zugeflossen ist«, so kann sich das nur darauf stützen, daß Du eine Kalkulation, also einen Plan, für eine Tatsache nimmst und daß Du den heutigen Geldwert dabei nicht in eine Relation zu dem damaligen Geldwert Deiner Honorare bringst. Ich kenne diese Kalkulation nicht, aber daß es sich heute bei einem graphischen Werk um viel höhere Papiergeldsummen handelt als vor Monaten, das ist ziemlich klar und gestattet noch keinen Maßstab für das, was gewesen ist. Immerhin ließe sich darüber doch nur ein Urteil fällen, wenn Dir, anstatt einer Kalkulation ein garantiertes Honorar angeboten wäre, während ich es für nicht loyal halte, eine Kalkulation für eine Tatsache auszugeben...

Herz und Elias bekamen den *Ketzer* nicht. »Die Sache«, schrieb Fischer, »ist für mich in erster Linie eine Prestigefrage.« Eine ›Liebhaber-Ausgabe in Großformat‹ erschien 1923 bei Fischer, und auf sie folgte 1926 noch eine einmalige signierte Vorzugsausgabe in 120 Exemplaren mit vierzehn Originalradierungen von Hans Meid.

Gleichzeitig brachte Fischer 1923 auch zwei Vorzugsausgaben von Werken Hermann Hesses heraus. Er übernahm aus dem Berner Seldwyla-Verlag die *Gedichte des Malers,* zehn Gedichte mit farbigen Zeichnungen Hesses in einer einmaligen Auflage von tausend Exemplaren, davon 250 numeriert, und er veranstaltete eine Luxusausgabe von *Knulp*. Dieses kleine Werk, das nicht wenigen Hesse-Verehrern bis heute als sein schnurrig-genialstes gilt, war zu Beginn des Krieges in der billigen Romanbibliothek erschienen und seither nur in dieser anspruchslosen kleinen Ausgabe erhältlich gewesen. Man hätte denken können, daß es für eine gut ausgestattete ›normale‹ Textausgabe dieses mittlerweile berühmten Buches nun allmählich an der Zeit gewesen wäre; doch wollte Fischer sie vermutlich für die nicht mehr allzu ferne Gesamtausgabe aufheben. Statt dessen ließ er das Werk von Karl Walser mit sechzehn Steinzeichnungen illustrieren, die auf der Handpresse eingedruckt wurden, und druckte eine einmalige Auflage von 360, von Walser signierten Exemplaren. Gleichzeitig ließ er Walsers Zeichnungen in fünfzig Exemplaren separat auf Büttenpapier mit der Handpresse abziehen, die »in handgearbeiteter Halbledermappe«, und jedes Blatt von Walser signiert, getrennt in den Handel kamen. Die von Poeschel & Trepte gedruckte Luxusausgabe des *Knulp* war eine der schönsten bibliophilen Schöpfungen des Verlags und ist seit langem eine große Rarität.

ZWIST MIT HAUPTMANN

Der Mißklang zwischen Fischer und Hauptmann im letzten Inflationsjahr betraf nicht nur den rührigen Ullstein-Mann und war auch mit dem Ende der Inflation noch nicht erledigt. Er ging tiefer, und Fischer mußte sich einen kräftigen seelischen Ruck geben, um die Dinge beim Namen zu nennen. Es ging, kurz gesagt, darum, daß Hauptmann den Eindruck hatte, sein Werk werde von Fischer nicht ausreichend ausgewertet, während Fischer das Gefühl hatte, daß Hauptmann die für ihn geleistete verlegerische Arbeit nicht ausreichend zu schätzen wußte.
Fischer verwies Hauptmann immer wieder auf die Richtlinien der zehn Verleger und bat ihn zu vergleichen; dann werde er sehen, daß er Wertung und Bemessung seiner Bezüge mehr aus Stimmungen herleite als aus tatsächlicher Rechnung. Diese Stimmungen führten zur Verstimmung, und die Verstimmung führte zum Zwist. Fischers Brief an Hauptmann vom 12. April 1923 gibt hierüber Aufschluß:

In dieses Kapitel gehört auch die, wie ich glaube, völlig unberechtigte Bewertung meiner Wirksamkeit für Dein Werk. Ich spreche über diese Dinge niemals, aber es wird Dich interessieren, einmal aus zwei Beispielen zu ersehen, wie sehr verlegerischer Weitblick Deinen Interessen zu dienen vermag.
Meine Preispolitik des letzten Jahres war in der Hauptsache auf die Erwägung zugeschnitten, daß die große äußere Schätzung und Wertung Deines Werkes und Deiner Person in der Öffentlichkeit nicht nur Fassade bleiben darf, sondern daß weite Volkskreise nun auch tatsächlich Deine Bücher lesen und kaufen. Hätte ich eine rein egoistische Verlagspolitik getrieben, so hätte ich die Preise hochgeschraubt, das wäre den Zeitverhältnissen entsprechend nicht unrichtig gewesen. Es war aber noch viel richtiger, die Preise auf einer mäßigen Höhe zu halten und damit die Atmosphäre der Kauflust für Dein Gesamtwerk zu erregen. Das ist gelungen; und ist nur solange von mir weitergeführt worden, als es notwendig war. Von Januar ab haben wir die Preise ganz bedeutend erhöht, und der Segen der ideellen und materiellen Maßnahme ist für Dich nicht ausgeblieben . . .

Das zweite Beispiel betraf den *Emanuel Quint*. Bis zum Krieg, schrieb Fischer, habe der Roman »es nur zu einer bescheidenen Auflagehöhe gebracht«, doch habe er vorausschauend empfunden, daß dieses Buch »der Volksarmee auf eine noble Art zugänglich gemacht werden müßte«, und das sei mit der billigen Feldausgabe gelungen. Er habe den *Quint* »damals tatsächlich mit Schaden verkauft«, aber »der ideelle und materielle Erfolg dieses Buches, der bis auf den heutigen Tag nachwirkt«, beweise, daß diese Rechnung richtig war. Der Brief schließt:

Ich kann nicht ohne eine gewisse Erregung über unsere Angelegenheiten sprechen, denn ich spüre seit einiger Zeit, daß Du meiner Arbeit nicht mit demjenigen Vertrauen und Wohlwollen gegenüberstehst, das sie – um es kurz zu sagen – verdient. Ich müßte mich täuschen, wenn ich aus dem Ansehen und aus der Schätzung meines Verlages in der Öffentlichkeit andere Schlüsse ziehen sollte.

Hauptmann reagierte mit einer für ihn charakteristischen, spontanen Geste. In der Erdener Straße traf eine Postkarte aus Venedig ein:

Weg mit den Mißverständnissen, lieber Freund! Sie häufen sich sonst auf widersinnige Weise. Meine Gesinnung ist wesentlich ganz unverändert. Bald hoffen wir Dich und Deine Lieben zu sehen. In etwa 8 Tagen gedenken wir Berlin zu berühren. Dort wollen wir mit Gottes Hilfe die letzten Wolken gemeinsam fortblasen. Gegeben: Marcusplatz im Sonnenschein, Nachmittag 4 Uhr am 17. April 1923. Dein Hauptmann.

Doch die Wolken gingen nicht weg. Es grollte und bohrte in Hauptmann weiter, und der enervierende Briefwechsel dauerte fort. Es fällt schwer, das verzerrte Verhältnis zwischen den beiden alten Freunden richtig zu wägen. Die zuverlässigen Unterlagen sind so spärlich, daß man es besser unterläßt. Immerhin sind aus dem Juni 1923 einige Entwürfe Hauptmanns zu Briefen an Fischer erhalten, die sich in seinem Nachlaß fanden. Es ist offen, ob Hauptmann sie in dieser Form, ja ob er sie überhaupt absandte; doch erlauben sie einen Blick in die Gemütslage. So Hauptmann am 4. Juni 1923:

Es wird mir nicht leicht, Dir gegenüber, den ich am liebsten nur als Freund fühlen und schätzen möchte, immer wieder trockene, geschäftliche Dinge abzuhandeln. Aber wie die Dinge im Augenblick liegen, bist Du doch eben der Verwalter des größten Teiles meines geistigen Gutes. Alles, was ich im Laufe eines nicht mehr ganz kurzen Lebens mit einer gewissen Treue in doch immerhin ausdauernder, vertiefter Arbeit hervorgebracht habe, hat bisher durch Deine Hände materielle Fruktifizierung erfahren und auch diejenige Pflege, die in seiner würdigen äußeren Darbietung zum Ausdruck kommt.

Ich habe mich Jahrzehnte lang so gut wie garnicht darum bekümmert, inwieweit das mit vollem rückhaltlosem Vertrauen in Dein Geschäft hergeliehene geistige Kapital ausgenützt worden ist, ob dies in einer zureichenden oder unzureichenden Art geschah oder nicht. Nicht gerade zu anspruchslos in meinem Leben, aber doch anspruchslos im Hinblick auf seine Sicherung, fand ich es immer nur natürlich, wenn die Bezüge, die ich erhielt, nur gerade im großen und ganzen dazu beitrugen, daß ich mehr oder weniger lange Zeit meine Weiterarbeit gesichert glauben durfte... Ich war damals jung und leichtsinnig und, was mir noch heute nicht leicht fällt, Freundschaft und Geschäft zu trennen, das war mir damals ganz unmöglich.

Die letzten Jahre und auch die vorherigen haben nun große Umwälzungen mit sich gebracht. Unzufriedenheiten von meiner Seite standen Unzufriedenheiten von Deiner Seite gegenüber. Bei unseren Auseinandersetzungen drangen meine Klagen nicht durch, vielmehr hast du vorläufig obgesiegt. Es ist aber einstweilen nur eine große Verwirrung entstanden, Verträge und Schachtelverträge sind gleichsam übereinanderhingedruckt, so daß dieser Zustand weder Dir noch mir als auf die Dauer möglich erscheint... Ich sehe in nichts, aber auch in garnichts klar, so weit der Rattenkönig unserer Verträge unsre Geschäftsverbindung bedingt...

Ich habe von Dir nie etwas geschenkt genommen oder bekommen. Was ich von Dir beziehe, ist nichts als mein Eigentum, der mir aus meinem Besitze zustehende Ertrag, für dessen Verwaltung Du die usuellen kaufmännischen Beteiligungen hast. So muß ich es ansehen, wenn ich mich nicht als einen Bettler an Deiner Tür betrachten will... Zu dem augenblicklichen Zustand, sage ich Dir offen, fehlt mir nicht nur jedes Vertrauen, sondern ich halte ihn nicht für vereinbarlich mit den Interessen meiner Familie und der Achtung vor mir selbst...

Und abermals am 12. Juni 1923:

Du gebrauchst in Deinem Brief das Wort Verdacht. Ich habe Dir gegenüber nie einen Verdacht, höchstens denke ich manchmal, daß Deine geschäftliche Überbürdung es mit sich bringt, daß ich gelegentlich einmal durch Nachlässigkeit geschädigt werde... Es darf Dich im übrigen nicht allzu sehr wundern, wenn ich gelegentlich rapplig werde. Die Angelegenheit mit dem ›Ketzer‹ ist schließlich nur durch Elias und Herz in Fluß gekommen... Ich kann begreiflicherweise nicht immer auf die mir sympathischen buchhändlerischen Ideen anderer Leute eingehen, um ihnen schließlich zu erklären, daß ich sie mit dem Verlag Fischer und nicht mit ihnen realisieren würde. Die Hände sind mir also in jedem Fall gebunden. Jede neue Idee, die man mir bringt – der Verlag Fischer bringt mir keine! –, ist also von vornherein aufs Haupt geschlagen. Das etwa sind die Gründe meiner Verdrossenheit.

Ich gebe mir die größte Mühe, sie loszuwerden, denn schließlich leide ich ja am meisten darunter. Mein Temperament wehrt sich gegen die Stille über den Wassern und gegen den Schneckengang...

Hauptmann beauftragte Rechtsanwalt Pinner als seinen sachverständigen Bevollmächtigten, die bestehenden Verträge zu überprüfen, zu koordinieren und »eine klare Abmachung«, ein »sicheres Fundament« zu schaffen. Aber es hatte seine Mühe und Not damit. Daß Hauptmanns Verlagsverträge, die sich inzwischen über ein Menschenalter erstreckten, ein »Rattenkönig« von »Schachtelverträgen« waren, in dem niemand sich mehr zurechtfand, läßt sich glauben. Auch den Verträgen Thomas Manns aus dem Zeitraum 1920–1923 mußten alle paar Monate unter dem Druck der Wirtschaftskrise Nachträge und Abänderungen hinzugefügt werden, die alsbald ihrerseits wieder abgeändert wurden. Wer wäre da nicht »rapplig« geworden? Fischer war sich bewußt, daß seine Nerven der Lage nur mit knapper Not gewachsen waren. Er entschuldigte sich Schnitzler gegenüber, daß sich in seine Briefe »einige Unstimmigkeiten eingeschlichen« hätten: »Ich bitte Sie, das dem Umstand zugute zu halten, daß ich in einer äußerst erregten und gespannten Situation mir unberechtigt scheinenden Widerständen gegenüber leicht aus der Ruhe gerate.« Auch machte ihm seine zunehmende Schwerhörigkeit Kummer. »Das Telefonieren will mir nicht mehr recht gelingen«, gestand er Hauptmann. Doch als Holitscher ihm in seinem Büro eine wüste Szene machte und so bedrohlich wurde, daß er sich hinter seinem Schreibtisch verschanzte, und der übereifrige Vertriebsleiter daraufhin erklärte, die Werke eines Autors, der seinen Verleger bedrohe, sollten nicht mehr vertrieben werden, man müsse sich von Holitscher trennen, antwortete Fischer: »Aber warum denn? Der Vertrag bleibt in Kraft, nur hierher soll er nicht mehr kommen, ich bin für ihn nicht zu sprechen.« Bald darauf brachte er Holitschers hochinteressante, wenngleich haarsträubend unzuverlässige Autobiographie *Lebensgeschichte eines Rebellen* heraus, und nach einer Weile war er auch für den rabiaten Mann wieder zu sprechen.

Dennoch – Fischer stand in seinem vierundsechzigsten Jahr, und die Anforderungen einer aus den Fugen geratenen Zeit im Verein mit der brennenden Sorge um die Zukunft seines Lebenswerks begannen schwer auf ihm zu lasten. Nicht nur seine engsten Mitarbeiter gewahrten es; auch Außenstehenden mit Einfühlungsvermögen konnte es nicht verborgen bleiben. Um eben diese Zeit der Hauptmann-Verdrossenheit, am 15. Juni 1923, schrieb Kurt Wolff an Hauptmann:

Was Sie von Ihrem Verleger und Freunde F. sagen, verstehe ich sehr wohl und freue mich, daß Sie die Situation gelassen nehmen. Daß F. sich nun bald entschließt, für die Zukunft seines Unternehmens um seiner Autoren und um seiner selbst willen, zu sorgen, halte ich für unbedingt nötig. Noch immer hoffe ich, daß er eine Lösung finden wird, die Sie befriedigt und der Sache dient. Aber zuerst muß man wünschen, daß F. in sich die Balance herstellt, die nur die Einsicht über sein wirkliches Alter und seine wirkliche Leistungsfähigkeit schaffen kann; das hat ja mit der tatsächlichen Zahl an Jahren nichts zu tun. Man findet es gerade heute, wie mir scheint, oft, daß der im ökonomisch-praktischen Leben Stehende unverhältnismäßig früh sich in dem Tohuwabohu der Gegenwart nicht mehr zurecht findet. Im übrigen erfordert es die Gerechtigkeit, festzustellen, daß wohl die Führung eines Verlages, der im wesentlichen auf Dichtung gestellt ist, seit vielen – vielen Jahren nicht so schwer war wie heute ...

Kurt Wolff fügte hinzu, er selbst versuche, dieser Schwierigkeit dadurch zu begegnen, daß er seine »geistige und materielle Stoßkraft in diesen Zeiten, die für deutsche Dichter und deutsche Dichtung so schwer sind«, durch eine Erweiterung seiner Verlagstätigkeit auf andere Gebiete wie Kunstwissenschaft aufrechterhalte, da er den Ausweg leichterer Unterhaltungsliteratur »grundsätzlich ablehne«. In der Tat war der Augenblick nicht mehr fern, an dem Kurt Wolff sich von der Dichtung, die ihm erschöpft und steril geworden erschien, überhaupt abwandte und sich ganz dem Verlag von Kunstbüchern widmete. In diese Zwangslage geriet Fischer nicht. Auch er nahm nicht zur leichteren Unterhaltungsliteratur Zuflucht. Seine Felder waren unvergleichlich viel reicher bestellt.

WIRBELSTURM

Allein für den Monat Juli 1923 wies Hauptmanns Honorarabrechnung mehr Einnahmen auf als für das ganze erste Halbjahr 1923 zusammengenommen, und im August und September, schrieb ihm Fischer, werde es »um Milliarden« gehen. Das tat es.

Als Fischer mit seiner Familie am 2. August auf den Feldberg im Schwarzwald fuhr, betrug die Buchhandelsschlüsselzahl 41 000. Am 10. August war sie auf 120 000, am 11. August auf 300 000, am 15. August auf 700 000 geklettert. Am 17. September, als Fischer, aus den Ferien zurückgekehrt, wieder in seinem Büro saß, betrug die Schlüsselzahl 14 Millionen; aber, wie er an diesem Tag an Schnitzler schrieb, »nach dem heutigen Stand des Dollars müßte die Schlüsselzahl mindestens 30 Millionen sein: Wir müssen unsere Bücher ständig unterwertig liefern, um weiter verkaufen zu können.«

Drei Tage später war die Schlüsselzahl mit einem Satz auf diesen Stand von 30 Millionen gesprungen. Der Buchhändler-Börsenverein mußte sie, damit sie mit dem Dollarkurs Schritt hielt, nunmehr täglich festsetzen, und von Rechts wegen hätten die Buchhändler mit den Verlagen, die Verlage mit den Autoren täglich abrechnen müssen – eine Unmöglichkeit. Jetzt wurden die Kursverluste astronomisch, und keine zwischenzeitlichen Teilzahlungen halfen mehr darüber hinweg. Am 13. Oktober überwies der Verlag an Schnitzler eine Teilzahlung von 100 Milliarden Mark, zehn Tage darauf eine neuerliche von 400 Milliarden. Am 24. Oktober schrieb Regina Rosenbaum eine Mitteilung an Hermann Hesse:

Sehr geehrter Herr Hesse – beim Verbuchen der Ihnen mit unserem Brief vom 19. d. M. übersandten Honorarabrechnung stellen wir fest, daß die Zahlung des Betrages von 320 Milliarden erst am 20. d. M. erfolgt ist. An diesem Tag betrug die Buchhändler-Schlüsselzahl 3 Milliarden, und da wir für die Voraushonorierung die Schl. Z. des Zahlungstages in Geltung treten lassen, so erhöht sich die Endsumme für die voraushonorierten Exemplare von 447 840 000 000 auf 839 700 000 000 Mark. Es ergibt sich daraus eine Differenz von 391 Milliarden 860 Millionen, die wir für Ihre Rechnung heute überwiesen haben.

Es war ein kleiner Unterschied, der gar keine Rolle spielte. Denn fünf Tage später stand die Schlüsselzahl auf 16 Milliarden, und Schnitzlers letzte Inflationsabrechnung von Fischer belief sich auf rund 30 Billionen Mark.

ZWIST MIT SCHNITZLER

Schnitzler war inzwischen äußerst »rapplig« geworden. Er fand sich in seinen Abrechnungen nicht mehr zurecht, vermutete Unregelmäßigkeiten oder zumindest doch Nachlässigkeiten, die ihn schädigten, und dachte offenbar ernstlich daran, den Verlag zu wechseln. Er beauftragte einen Freund in Berlin, den Übersetzer Hans Jacob, sich mit Fischer an Ort und Stelle ins Benehmen zu setzen, um die vergangenen Abrechnungen glattzustellen, den Abrechnungsmodus für die Zukunft einwandfrei zu regeln und insbesondere die Valuta-Einkünfte aus dem Absatz im Ausland freizubekommen. Jacob tat in langen Besprechungen mit Fischer und Maril sein Bestes, verhieß »eine vernünftige Lösung, wenngleich es nicht leicht ist, mit Herrn Fischer zu verhandeln«, mußte aber zugestehen, daß die ganze Sache »ungeheuer kompliziert und umständlich sei«. Überdies hoffe man in Deutschland, in Kürze eine Goldmarkrechnung zu bekommen, und »dann würden alle Schwierigkeiten, die sich durch die Entwertung ergeben, wegfallen und somit auch alle Differenzen«. In seinem Bericht an Schnitzler vom 12. November 1923 heißt es:

Ich habe mich davon überzeugt, daß alle Nachteile und Fehler der Abrechnung sich nicht etwa durch absichtliche Übervorteilung oder Nachlässigkeit in Wahrnehmung der Autoreninteressen ergeben haben, sondern lediglich dadurch entstanden sind, daß der Verlag mit den Problemen der Geldentwertung und ihren Folgen für die Autoren nicht im geringsten vertraut war. An der Loyalität des Herrn Fischer ist in keiner Weise zu zweifeln, aber ich bin erschreckenderweise auf einen seltsamen Zwiespalt gekommen. Einerseits ist Herr Fischer zu großmütigen Konzessionen bereit, zu denen er in manchen Fällen gar nicht verpflichtet ist; andererseits ist er in kleinen Dingen, in denen das Recht offensichtlich auf Seiten der Autoren liegt, hartnäckig bis zur Unnachgiebigkeit. Die Materie ist ungewöhnlich kompliziert und die Verwicklungen in gewisser Hinsicht nicht die Schuld der Menschen, sondern die der unglaublichen Verhältnisse in Deutschland ... Ich bin überzeugt, Sie kennen die überaus schwierigen Einzelheiten einer solchen Besprechung und werden verstehen, daß ich bei meiner grundsätzlichen Stellungnahme erstaunt bin, beim Verlag nicht etwa auf eine kommerzielle Auffassung zu stoßen, sondern auf eine Unklarheit in manchen Dingen, die mich erschreckte, aber auch wieder entwaffnete...

Man gelangte einigermaßen ins reine. Fischer machte Schnitzler auch in der leidigen Valutafrage Zugeständnisse, obwohl er hierzu nicht verpflichtet war (kein anderer deutscher Verlag war, wie Jacob bestätigte, hierzu bereit) und fürchtete, einen Präzedenzfall zu schaffen. Doch fand er, wie er Schnitzler am 28. November 1923 schrieb, daß der Freund »über den Kern dieser Frage« nicht richtig informiert sei, und machte eine verlagsrechtlich entscheidende Feststellung:

Es ist etwas total anderes, ob wir für Sie von den Bühnen Beträge einkassieren; da ist es ganz selbstverständlich, daß die eingenommenen Valuten Ihnen gehören. Wir sind ja in diesem Fall nur die Vermittler gegen eine bestimmte Provision. Etwas anderes ist es aber, ob wir als Verleger Bücher (eine Ware) auf unser Risiko produzieren, für die Sie eine Lizenz pro Exemplar zu bekommen haben. In diesem Fall sind wir sozusagen die Fabrikanten, und wir hätten, wenn die Sache formalrechtlich betrachtet werden soll, nur die Pflicht, Ihnen die Lizenzen in deutscher Währung zu bezahlen. Ich glaube nicht, daß in einem Prozeßfall ein deutscher Richter einen deutschen Produzenten zur Auszahlung von Valuten verurteilen würde.

Der Verleger als Fabrikant, der gegen eine Lizenz die Buchware auf eigenes Risiko produziert, war eine Auffassung, die auch Hauptmann, wie aus seinen Darlegungen zu ersehen war, nicht gelten lassen wollte. Hauptmann war der Auffassung, daß der Verleger mit dem vom Autor »hergeliehenen geistigen Kapital« sein Geschäft betreibe, es wie eine Bank auf bestmögliche und ertragreichste Weise anzulegen habe und dafür eine Kommission erhalte. Während Hauptmann das Produktionsrisiko des Verlegers nicht in Rechnung stellte, übersah Fischer in seiner Darlegung gegenüber Schnitzler, daß der Verleger nicht das alleinige Risiko trägt, sondern es mit dem Autor teilt. Über eines freilich waren sich alle Beteiligten einig: nämlich daß es im Autor-Verleger-Verhältnis, wie immer man es definierte, ohne Vertrauen nicht ging. In Fischers Brief an Schnitzler heißt es weiter:

Nun, zu einem Prozeß würden wir – soweit ich dabei in Frage komme – gewiß nicht kommen, denn ich weiß, daß Sie sowohl wie ich geneigt sind, die Dinge nicht nur formal-juristisch zu betrachten. Hätte ich nicht die Gewohnheit, die Geschäfte auf eine loyale Art zu führen, so wäre es ja nicht möglich gewesen, daß ich meinen Verlag seit 35 Jahren in leidlich guten Beziehungen zu den Autoren meines Verlages führen konnte... Wo sollten wir hinkommen, wenn wir nicht gegenseitig bemüht bleiben, das Rechtsverhältnis, auch unter schwierigen Verhältnissen, auf eine loyale Weise aufrecht zu erhalten... Ich würde mich freuen, wenn die alten guten Beziehungen durch die schwebenden Fragen keinen Stachel zurücklassen. Sie finden mich bereit, alles dazu beizutragen.

Eine Woche später war die Inflation vorbei. Fischer konnte Schnitzler mitteilen:

Lieber und sehr verehrter Freund! Seit unserem letzten Briefwechsel haben sich, wie Sie wissen, die Verhältnisse bei uns wesentlich geändert. Wir haben eine stabile Währung bekommen, und wir haben seit dem 11. Dezember Goldmarkpreise eingeführt und bezahlen Tantiemen natürlich auch in Goldmark vom Ladenpreis des broschierten Exemplars gerechnet.

Aber in Schnitzler scheint der Zwist dessenungeachtet einen Stachel zurückgelassen zu haben. Er hatte Jacob offenbar ganz ernstlich beauftragt, sich in Berlin nach anderen Verlagsmöglichkeiten zu erkundigen, und Jacob hatte berichtet, Kiepenheuer, wiewohl »interessiert, lebhaft und klug«, spiele leider in seinem Verlag »keine große Rolle mehr«, auch sei er »nicht unbedingt zuverlässig« und man müsse ihn »mit ungeheurer Geschicklichkeit festnageln«; doch »falls Sie wirklich gewillt sind, zu einem anderen Verlag zu gehen, könnte ich Ihnen *guten* Gewissens Die Schmiede empfehlen«. (Dies war ein schlechter Rat. Der Verlag ›Die Schmiede‹ war eine interessante und unternehmende Nachkriegsgründung, die wenig kapitalkräftig war und schon einige Jahre darauf zusammenbrach.) Schnitzler wechselte nicht den Verlag, aber er beschloß, sich zeitweilig zu absentieren. Fischer war sehr bestürzt und schrieb ihm am 29. Dezember 1923:

Ich höre zu meinem Bedauern, daß Sie bei Vergebung von zwei neuen Werken nicht in erster Linie an meinen Verlag denken. Es wäre schade, wenn die Continuität Ihrer Produktion in meinem Verlag aus einer Verstimmung unterbrochen wäre. Ich kann mir denken, daß ein Konkurrenz-Verlag durch ein verlockendes Honorar-Angebot eine momentane Wirkung hervorrufen kann, besonders wenn es sich um eine größere Pauschalsumme handelt. Aber letzten Endes bestimmt sich doch das Honorar durch den Prozentsatz. Ich würde Sie bitten, mir zu sagen, unter welchen Bedingungen Sie mir auch den Verlag Ihrer neuen Werke übergeben würden, denn ich bin trotz allem der Meinung, daß Sie auf die Dauer einen besseren Tausch nicht machen werden. Mögen im einzelnen Differenzen zwischen uns bestehen, die wahrscheinlich durch die Natur der Dinge unvermeidlich waren, Sie werden mich immer bereit finden, in loyaler Weise Ihren Wünschen, soweit sie tragbar sind, nachzukommen.

Leo Greiner schrieb Ende Februar 1924 an Schnitzler: »Es ist mir angenehm zu hören, daß Ihre Differenzen mit dem Verlage jetzt ausgeglichen sind ...« Aber entweder war es zu spät und Schnitzler hatte sich schon anderwärts fest gebunden oder er wollte sich nicht umstimmen lassen. Die beiden neuen Werke waren die Novellen *Fräulein Else* und *Die Frau des Richters*. Fischer konnte sich *Fräulein Else* für den Vorabdruck in der ›Neuen Rundschau‹ sichern, doch die Buchausgabe hatte sich der geschwinde Zsolnay verschafft, bei dem sie Ende 1924 erschien und dem jungen Unternehmen einen dem ›gewagten‹ Vorwurf entsprechenden grellen Sensationserfolg brachte (den Thomas Mann in dem letzten seiner amerikanischen Briefe besprach). *Die Frau des Richters* war dem Ullstein-Mann ins Netz gegangen; sie erschien im Vorabdruck in der ›Vossischen Zeitung‹ und Ende 1925 als Buch im Propyläen-Verlag. Nach diesen beiden »Extratouren« kehrte der Erzähler Schnitzler 1926 mit der *Traumnovelle* in den Verlag zurück. Fischers Brief vom 29. Dezember 1923 hatte einen handschriftlich angefügten Nachsatz enthalten:

Vertraulich! Was halten Sie von der Loyalität eines Wiener Verlages, der, während er über eine gegenseitige Beteiligung mit uns verhandelt, den Autoren unseres Verlages Konkurrenz-Anerbieten macht?

Dieser Nachsatz hat sich nicht aufklären lassen. Es könnte sich bei dem »Wiener Verlag« um Zsolnay gehandelt haben; doch sind über Beteiligungsverhandlungen zwischen ihm und Fischer keine Unterlagen oder Anhaltspunkte erhalten.

BILANZ

Nun war der klirrende Irrsinn mit allem materiellen Elend und seelischen Kummer, den er gebracht hatte, endlich vorbei. Flake, der gewissenhaft an jedem Jahresende die Bilanz seiner Schriftstellerexistenz aufstellte, notierte, 1922 habe er 464 000 Mark verdient, 1923 hingegen eine sechzehnstellige Zahl: 1 Billiarde 80 Billionen 136 Milliarden 502 Millionen 787 Tausend Mark. Loerke schrieb Fischer am 25. Dezember 1923 einen zutiefst erleichterten, dankbaren Geburtstags- und Weihnachtsbrief:

Im letzten halben Jahr mit seinen für das ganze Volk schweren und zuweilen völlig dunklen Monaten, bin ich noch tiefer in eine Dankesschuld gegen Sie hineingeraten, weil Sie mich hilflosen Poeten neben sich nicht spüren ließen, wie preisgegeben er auf der Sturmflut dieser Zeit eigentlich hätte treiben müssen, und ferner, weil Sie, wenn von den faustischen Grauen Schwestern die Sorge zu Ihnen kam, diese Sorge kaum von sich selbst, sondern immer von den Nöten des Geistes und den durch Ihre Obhut und Ihre Lebensarbeit Ihnen verbundenen Menschen erzählen ließen. Und nun scheint es sich überall aufzulichten: möchte die Freudigkeit und Kraft um uns her weiter wachsen! Ich muß ja das allgemeine Gedeihen wünschen, wenn ich Ihr Persönliches meine, denn anders, das habe ich besonders klar in diesem Herbst gelernt – bleibt mein Wunsch doch unnütz.

Das letzte Inflationsjahr war literarisch nicht reich gewesen, hatte es nicht sein können. Das Produktionsprogramm hatte auf weniger als die Hälfte seines normalen Umfangs herabgedrückt werden müssen. Manch größeres Vorhaben, das für dieses Jahr vorgesehen war, wie die Wassermann-Gesamtausgabe, mußte aufgeschoben werden. Fischer bat geradezu seine Autoren, ihm möglichst vor der Einführung der neuen Markwährung kein neues Buch zu übergeben. Doch war es bei bescheidenem Umfang ein interessantes Jahr. Es hatte, außer dem zuvor bereits Erwähnten, Wassermanns dritten »Wendekreis«-Roman *Ulrike Woytich* gebracht, Alfred Kerrs faszinierendes Reisebuch *New York und London – Stätten des Geschicks*, das die angelsächsische Nachkriegswelt ins deutsche Leben hereinholte, Bahrs autobiographisches *Selbstbildnis*, das der Unverdrossene sich selbst zum sechzigsten Geburtstag schenkte und das wir heute zu den lebendigsten und kundigsten Dokumenten des wilhelminischen Berlin der Jahrhundertwende zählen. (Im Mai 1919 hatte Bahr einen Vertrag über ein dreibändiges Memoirenwerk mit dem Gesamttitel *Selbstbildnis* unterschrieben. Band I, *Das Kind*, sollte Weihnachten 1920, Band II, *Wanderjahre*, Weihnachten 1921, Band III, *Ernte*, Weihnachten 1923 erscheinen, S. Fischer insgesamt 18 000 Mark in Monatsraten zu 500 Mark zahlen. Zustande kam aber nur jenes schmale Buch *Selbstbildnis*. Es erschien 1923 in einer Auflage von 3000 Exemplaren, von denen Fischer nur etwa 1000 verkaufen konnte. Er verramschte den Rest im Oktober 1925. Es war Bahrs letztes Buch bei Fischer, auch in der ›Neuen Rundschau‹ hörte seine Mitarbeit im selben Jahr auf.) Vor allem aber hatte das Programm die ersten Hinweise auf die künftige Blickrichtung des Verlags gebracht, in die Heimann Fischer beharrlich zu lenken trachtete: England und Amerika. Diese Umstellung war langsam, auf Umwegen vor sich gegangen.

Schon im letzten Friedensjahr hatte die ausländische Literatur im Verlagsprogramm nur noch eine sehr geringe Rolle gespielt. Bei Kriegsende war von der ganzen, einstmals so reich strömenden skandinavischen Literatur nur noch Johannes V. Jensen übrig. Und so wie Skandinavien versiegte, mit Ausnahme Hofmannsthals, allmählich auch Österreich. Die bedeutenden ausländischen Impulse kamen nach dem Krieg nicht mehr aus dem Norden und Süden, sondern aus dem Westen und Osten, aus England, Frankreich und Amerika und einige kurze, fruchtbare Jahre lang aus Rußland.

Die heimische, deutsche Literatur hielt bei Kriegsende praktisch das ganze Feld des Verlags besetzt und behauptete es einige Jahre lang, während deren Deutschland allmählich seine Weltläufigkeit zurückerlangte. (Schon 1921 erschien Norbert Jacques mit seinem aufregenden Reisebuch *Auf dem chinesischen Fluß* bei Fischer, und Holitscher, von brennender Anteilnahme an allen neuen staatlichen und sozialen Experimenten befeuert, legte im gleichen Jahr bei Fischer seinen aufsehenerregenden Bericht *Drei Monate in Sowjet-Rußland* und im Jahr

darauf seine *Reise durchs jüdische Palästina* vor.) Fremde Literatur tröpfelte in jenen Jahren nur in vereinzelten Rinnsalen herein.
Bernard Shaw war schon 1919 wieder zur Stelle gewesen. Fischer hatte seine amüsante Schrift *Winke zur Friedenskonferenz* herausgebracht und die schon seit 1914 übersetzt vorliegende *Große Katharina* nachgeholt. Damit war der ›deutsche Shaw‹ gleichsam auf den letzten Stand gebracht, und 1920 konnte Trebitsch mit einem neuen, im Vorjahr vollendeten Stück aufwarten, an dem Shaw sechs Jahre gearbeitet hatte, dem Schauspiel *Haus Herzenstod*, das wohl sein ergreifendstes ist. Schon 1921 wurde die dreibändige Auswahlausgabe von 1911 um zwei Bände, *Mensch und Übermensch* und die *Komödien des Glaubens*, erweitert, neu aufgelegt und in *Dramatische Werke. Gesammelt in fünf Bänden* umbenannt. Damit stand der Rahmen der deutschen Shaw-Ausgabe fest. Sie brauchte nur von Zeit zu Zeit – 1925, 1926 und 1935 – um jeweils einen Band erweitert und vervollständigt zu werden. 1923 erschien *Zurück zu Methusalem*, und 1924 kam mit der *Heiligen Johanna* Shaws größter Erfolg.
1923 brachte (mit einem Schlußkapitel von Shaw) des Amerikaners Frank Harris' mit krassem und grellem Virtuosengeschick hingeworfenen *Oscar Wilde. Eine Lebensbeichte* – ein Sensationserfolg, der nicht nur den empfindlichen Moritz Heimann mitriß und völlig gefangennahm. Schon 1921 hatte Claire Goll unter dem Titel *Die Neue Welt* bei Fischer eine »Anthologie jüngster amerikanischer Lyrik«, die erste ihrer Art, herausgegeben, die eine Fülle neuer transatlantischer Namen und Gesichter in Deutschland vorstellte. Jetzt, 1923, führte der Verlag mit dem Schauspiel *Kaiser Jones* den damals fünfunddreißigjährigen amerikanischen Dramatiker Eugene O'Neill in Deutschland ein und ließ 1924 zwei weitere Stücke, *Der haarige Affe* und *Unterm karibischen Mond*, folgen. Kerr und Hofmannsthal hatten kurz zuvor in Zeitungsaufsätzen auf O'Neill aufmerksam gemacht. O'Neill war ein ähnlich fruchtbarer Dramatiker wie in Deutschland Georg Kaiser, aber als verschiedene deutsche Bühnen und bekannte Avantgarde-Regisseure wie Piscator, Viertel und Wendhausen in den Jahren 1923–1925 nach ihm griffen und ihn in rascher Folge aufführten, fand die Kritik, daß er hinter der Zeit herhinke und mit seinem Ibsen-Realismus auf der deutschen Bühne überholt sei. Fischer führte ihn danach nicht fort. Erst nach dem Zweiten Weltkrieg gelangte O'Neill mit seinen großen Spätwerken in Deutschland zu Ruhm und bedeutendem Erfolg.
Fischer wurde den Albdruck dieser zermürbenden Jahre nie mehr ganz los. Das Unbehagen kehrte immer wieder, besonders wenn in den folgenden Jahren die Unstimmigkeiten mit Hauptmann neu auf-

lebten. Dann bangte er um die Vergangenheit, weil er an die Zukunft dachte. So schrieb er dem Freund am 21. Oktober 1924 im Rückblick auf die durchkämpfte Zeit mit geradezu flehentlich beschwörendem Ernst:

Schmerzlich empfinde ich immer wieder, daß Dein Vertrauen zu mir ins Schwanken geraten ist. Es mag sein, daß meine Nerven zeitweilig unter dem Druck der wirtschaftlichen Krise nicht Stand gehalten haben und daß ich manches schwärzer gesehen habe als es notwendig war. Am meisten Sorgen hat mir während der letzten Jahre unser Vertrag hinsichtlich der Zukunft gemacht. Unser Vertragsverhältnis ist ein historisches geworden; es ist mit einem Autorenkomplex, der für unsere Arbeitsepoche geschichtlich bleibt, eine Einheit geworden, die nicht zerstört werden darf. Ich darf sagen, daß Du in einem ruhigeren Augenblick vielleicht geneigt sein wirst, zuzugeben, daß Deinem Werk auch von meiner Seite in diesen 35 Jahren ernster und unausgesetzter Arbeit mancher gute Dienst geleistet wurde. – Ich habe den glühenden Wunsch, meinen Verlag über mein Leben hinaus erhalten und in würdigen Händen weiter entwickelt zu sehen... Wir sind alle sterblich und auf die Treue unserer Nachfolger angewiesen. Jeder Verlag wird nach einiger Zeit von neuen Menschen geleitet werden müssen, und da Dein Werk immer einen Verleger brauchen wird, so denke ich, es wird besser in dem Dir angestammten Haus behütet bleiben als in irgend einer Hand, die ohne Zusammenhang mit der Geschichte Deines Werkes verknüpft ist.

Noch war, da dies geschrieben wurde, die große Zukunftsfrage nicht beantwortet. Aber die Antwort nahte heran, und binnen Jahresfrist stand sie vor der Tür.

31 Das Beste und Schönste

Im Januarheft 1924 der ›Neuen Rundschau‹ erschien zum erstenmal die neu eingeführte Chronik »Europäische Rundschau« von Willy Haas. Dieser erste Beitrag unternahm den Versuch einer Orientierung des »europäischen Deutschland« und gibt einen Begriff der Sicht, aus der nach Überwindung der politischen und wirtschaftlichen Wirren das geistige Wirken in Deutschland seinen Ausgang nahm.

Deutschland, schreibt der Chronist, liege geographisch in der Mitte Europas, und dies sei entscheidend; es sei der »ideologische und geographische Kern« Europas, sein geistiger »Rialto«, der Ort des Ineinanderströmens, wie Rudolf Borchardt gesagt habe. Man könne sich eine Monographie denken, die »ganz Europa, noch heute, gerade heute, aus diesem Kern heraus entfaltet«. Doch wo gebe es denn überhaupt dieses »Europa« noch? Im Politischen zerflattert, im Sozialen auseinandergeschleudert, drücke es sich »in diesem Beiden« ganz gewiß nicht aus:

Europa spiegelt sich nur noch in sich selbst, in seinem Denkgerippe ... Dieses Gerippe, diese Struktur steht jetzt in seiner ganzen fleischlosen Blankheit da. Und in dieser Hinsicht ist Deutschland, das symbolische Opferlamm des diffusen Europa, sein Sühneopfer an die beleidigten Götter Europas, zugleich die empfindlichste seelische Reagenzmasse auf die intellektuelle Situation Europas.

Der »populärste Mann Europas« sei kein Staatsmann, kein Volkswirtschaftler, sondern »sehr charakteristisch und sehr paradox«, der »Mathematiker Einstein«, und zwar »weil seine Lehre strukturell einfach die seelische Situation Europas symbolisiert, den Abbruch der Kausalität, ihre Ersetzung durch die Relation ...« Ihm sei Freud zuzuordnen, denn er habe »auf psychologischem Gebiete unterirdische, kosmische Phänomene mit mathematischen Relationen durchsetzt«, wie Einstein es auf physikalischem getan habe. (Ein Jahr darauf, im Januarheft 1925 der ›Neuen Rundschau‹, erschien als erster und einziger Beitrag Albert Einsteins der Aufsatz *Nichteuklidische Geometrie und Physik.*) Haas fährt fort:

Ich will damit sagen: Europa, das zerfallende, lebt intellektuell vielleicht überhaupt nur noch tief drin, in seinem Kern, in Deutschland, und auch hier wieder nur noch tief drin im Kern seines Kernes: in der Idee, in der besonderen Art des Denkens, als geistiges Gerippe, entblößt von Fleisch und Blut. Deutschland ist zumindest in einer Beziehung noch immer das europäischeste Land Europas: es liegt nicht nur, sondern es denkt im Zentrum Europas.

So der Chronist. Das trügerische Selbstverständnis des geistigen Deutschland jener Jahre ist ersichtlich. Es entsproß besonderem Boden. Die sechs Jahre von 1924 bis 1929, vom Ende der Inflation bis zum Beginn der Weltwirtschaftskrise, waren die guten Jahre der ersten deutschen Republik. Gewiß waren sie die friedlichsten. »Die Verhältnisse scheinen sich ja zu stabilisieren«, schrieb Fischer im Oktober 1924 an Hauptmann, »so daß man von höherer Gewalt nicht mehr auf Schritt und Tritt abhängig ist.« Feste Währung und bedeutende Auslandskredite verhalfen zu einem wirtschaftlichen Aufschwung, der einen gewissen Wohlstand entstehen ließ und den Menschen wieder Vertrauen zu ihrer Existenz, zur Beständigkeit der von ihnen geschaffenen Werte gab, den Unternehmungsgeist befeuerte und eine lebensfreudige Zuversicht wachrief, die sich in allen Zweigen des Kulturlebens kundtat. »Ich prophezeie eine (nicht langdauernde) Hochkonjunktur im Verlagswesen«, hatte Heimann am 19. Dezember 1923 an Fischer geschrieben. Man war sich der allzeit lauernden Gefährdung bewußt, meinte jedoch, ihr mit Wachsamkeit, Vernunft und gutem, geduldigem Willen allmählich begegnen zu können. Die besten Geister waren ungeachtet aller mahnenden Skepsis hiervon überzeugt.

Freilich trug dieser neue Schwung einen unverkennbar hektischen Zug. Er war jedoch ganz Europa gemeinsam. Das allgemeine Tempo des Daseins hatte sich spürbar beschleunigt. Muße und Geduld waren knapper geworden. Neue Hervorbringungen hielten weniger lange vor, waren rascher verbraucht als ehedem. Der Film war zu einem Massenmedium geworden; seit 1923 gab es den Rundfunk, und auch er schickte sich an, ein Massenmedium zu werden. Dies alles war im Wirken des Verlags während dieser Jahre zu spüren.

Um mit dem Handgreiflichsten zu beginnen: die materiellen Grundlagen der verlegerischen Arbeit hatten sich verändert — nicht vorübergehend, wie man während Krieg und Inflation gemeint hatte, sondern permanent.

EXKURS ÜBER BÜCHERPREISE

Wie nach jeder einschneidenden Währungsreform machte sich vorerst eine starke Geldknappheit bemerkbar, und sie wirkte sich, da die Menschen ihren materiellen Nachholbedarf zuerst befriedigten, am empfindlichsten auf kulturellem Gebiet aus. »Wir durchleben eine heftige Absatz- und Kreditkrise, die auf den Bücherverkauf beträchtlich einwirkt«, schrieb Fischer Mitte Juni 1924 an Schnitzler. »Die allgemeine Geldknappheit ist so groß, daß wir selbst für die geringen Verkäufe nur schwer das Geld hereinbekommen.« Viertausend Exemplare eines Novellenbandes abzusetzen, schrieb er um die gleiche Zeit an Madelung, der nach seinem Ausflug zu Kurt Wolff im Frühjahr 1924 mit *Das unsterbliche Wild* zu ihm zurückkehrte, sei für die gegenwärtige Zeit schon eine ganz bedeutende Leistung: »Der größte Bucherfolg sind zur Zeit in Deutschland die Memoiren des amerikanischen Automobilfabrikanten Henry Ford.«
Ein neuer Faktor war aufgetreten, der die Arbeit des Buchhandels beträchtlich störte: die Buchgemeinschaften. Sie waren an sich nichts Neues; den Verein der Bücherfreunde beispielsweise gab es bereits seit 1891, aber er hatte sich auf seine volksbildnerische Tätigkeit beschränkt und war ein gemeinnütziges Unternehmen. Mit der Gründung des Volksverbandes der Bücherfreunde im Jahr 1919 war die Buchgemeinschaft jedoch als gewinnbringendes Geschäftsunternehmen aufgetreten, und 1924 erfolgte die Gründung von gleich zwei neuen Unternehmen, der Büchergilde Gutenberg und der Deutschen Buchgemeinschaft, die dieses Geschäft jetzt in vorzüglicher Organisation und großem Stil betrieben. In einem Brief Fischers vom Dezember 1925 heißt es:

> Das Sortiment muß sich gegen die Buchgemeinschaften wehren, weil die Buchgemeinschaften das Sortiment vom Vertrieb der Bücher, die sie produzieren, ausschalten. Sie müssen es ausschalten, weil sie keine Rabatte gewähren, sondern nur direkt an das Publikum liefern. Wegen der Rabattersparnis ist es den Buchgemeinschaften möglich, die Bücher billiger zu vertreiben. Die Buchgemeinschaften sind die geschworenen Feinde des Sortiments.

Die Prospekte des Verlags trugen ab 1925 eine Zeitlang den Vermerk: »1 Reichsmark = 10/42 Dollar – Preisänderungen vorbehalten.« Die Einführung der neuen Reichsmark am 11. Oktober 1924 (nach vorausgegangenen Übergangslösungen) hatte nicht automatisch das Preisniveau der Vorkriegszeit wiederhergestellt, man traute der stabilisierten Mark nicht die volle alte Kaufkraft zu und wagte folglich nicht, zu den alten Preisen zurückzukehren. (Ullsteins ›Berliner Illustrirte Zeitung‹ beispielsweise hatte vor dem Krieg zehn Pfennig gekostet; ihre letzte Nummer vor der Währungsreform kostete eine Billion Mark, ihre erste danach zwanzig Pfennig.) Die Bücherpreise setzten ebenso wie die Zeitschriftenpreise auf einer höheren Stufe neu an und stiegen langsam, aber beharrlich weiter. Der Durchschnittsladenpreis aller deutschen Bücher (vom billigen Insel-Buch bis zur teuren illustrierten Kunstgeschichte), der 1908 3,48 Mark betragen hatte, stand 1925 bei 4,78 Mark und kletterte in den folgenden Jahren jährlich um etwa 30–40 Pfennig, bis er 1930 seinen Höchststand mit 6,26 Mark erreichte; danach setzte mit der großen Wirtschaftskrise eine scharfe Abwärtsbewegung ein.

Dies war jedoch der Durchschnitt. Bei den schöngeistigen Verlagen im besonderen war der Unterschied gegenüber der Vorkriegszeit größer. Fischer konnte zwar die ›Neue Rundschau‹ wieder auf ihren Vorkriegspreis von 2,50 Mark pro Heft und sechs Mark im Quartal zurückführen, aber die billige Romanbibliothek, jetzt wieder auf holzfreiem Papier gedruckt und mit mehrfarbigem Schutzumschlag versehen, kostete mit 2,50 Mark für den Leinenband genau das doppelte wie ›in Friedenszeiten‹ – ein Ausdruck, der sich übrigens im Sprachgebrauch noch weit bis in die zwanziger Jahre hinein hielt, obwohl schon längst wieder Frieden war. Die ›Pantheon‹-Klassikerausgabe, deren schöne schmiegsame Lederbändchen sich seit einem Vierteljahrhundert unverminderter Beliebtheit erfreuten, waren von ihrem Vorkriegspreis von 2,50 Mark auf 6 Mark hinaufgegangen. Der ›gängige‹ Roman durchschnittlicher Länge, der 1914 gebunden 3,50 Mark gekostet hatte, mußte jetzt geheftet mit 4,50 und gebunden mit 6,50 Mark berechnet werden. Umfangreichere Romanwerke wie Thomas Manns *Königliche Hoheit* oder Kellermanns *Tunnel* kosteten jetzt gebunden sieben Mark, Wassermanns *Laudin und die Seinen* sogar 8,50 Mark.

Mit den Gesamtausgaben verhielt es sich ähnlich. Die fünfbändige Ibsen-Volksausgabe von 1907, die sich unablässig weiter verkaufte und alle paar Jahre neu gedruckt werden mußte, hatte bei ihrem ersten Erscheinen in Ganzleinen den damals freilich erstaunlich billigen Preis von fünfzehn Mark gekostet; jetzt kostete sie fünfunddreißig. Die entsprechende fünfbändige Björnson-Ausgabe wurde im Herbst 1925 in neuer Ausstattung wieder aufgelegt und kostete vierzig Mark. Die während des Krieges und der Inflationszeit hergestellten Gesamtausgaben wurden – soweit sie nicht wegen ihres schlechten Papiers und ihrer minderwertigen Pappeinbände überhaupt unverkäuflich geworden waren – sämtlich neu kalkuliert und kosteten jetzt in Leinen durchschnittlich zwischen sechs und sieben Mark pro Band. Die achtbändige Hauptmann-Jubiläumsausgabe von 1921 kostete in der neuen

Währung in Ganzleinen 60 Mark, die neunbändige Schnitzler-Ausgabe von 1922 67,50 Mark.

Für diese großen Gesamtausgaben, die nur geschlossen abgegeben werden konnten, kamen jetzt schlechte Zeiten; und zwar aus zwei Gründen. Zum einen war für den durchschnittlichen Bücherkäufer die Ausgabe ›auf einen Sitz‹ zu groß; zum anderen war die schnellebige Zeit dawider. »Wir machen täglich die Erfahrung«, schrieb Fischer an Schnitzler, »daß Gesamtausgaben des Preises wegen unverkäuflich sind . . . Das Publikum interessiert sich nur noch für neue Bücher.«

Auch diese Erfahrung war neu. Die Lebensdauer des Buches wurde zusehends kürzer. Während Fischer ›in Friedenszeiten‹ damit rechnen konnte, die Bücher eines gut eingeführten Erzählers alle paar Jahre wieder aufzulegen, weil jedes neue Werk des Autors die älteren Titel wieder anziehen ließ, so daß sie unter Umständen jahrzehntelang ›am Leben blieben‹, war die Laufzeit eines neuen Romans jetzt im Durchschnitt – von bedeutenden Ausnahmen, die ›nicht umzubringen‹ waren, abgesehen – auf ein, zwei, höchstens drei Jahre beschränkt. Man konnte nicht mehr darauf vertrauen, daß ein guter, gediegener Autor sich langsam, aber sicher durchsetzen und sein Publikum finden werde – es sei denn, ein ›altmodischer‹ Dichter wie Herman Bang wurde unversehens ›modern‹. Was sich nicht auf Anhieb durchsetzte, blieb liegen und wurde überrannt, und auch sofortige Erfolge erschöpften jetzt verhältnismäßig rasch ihre Absatzfähigkeit und wurden vom nachfolgenden ›Neuen‹ zugedeckt und erstickt.

Die Erstauflagen wurden folglich kleiner, um das Risiko zu verringern, und die Anzahl der ›neuen‹ Titel, nach denen das Publikum verlangte, mußte, damit das Umsatzvolumen gehalten werden konnte, stetig größer werden. Und da kleine Auflagen sich ungünstiger kalkulieren als große, trug auch diese Neuigkeitssucht des Publikums zum Steigen der Bücherpreise bei. Die deutsche Buchproduktion stieg in den zwanziger Jahren stetig an, von rund 23 000 neuen Titeln im Jahr 1924 auf rund 31 000 im Jahr 1927 (das den Höchststand brachte), und die Durchschnittsladenpreise liefen diesem Anstieg parallel.

WIEDERKEHR DES ALMANACHS

Zu Weihnachten 1924 gab der Verlag zum erstenmal seit 1916 wieder ein Jahrbuch heraus. Dieser Mitte Oktober 1924 abgeschlossene *Almanach 1925*, der rasch eine Auflage von zwanzigtausend erreichte, enthielt auf seinen rund zweihundert (nun auch wieder in Antiqua gesetzten) Textseiten eine knappe Auswahl von Textproben aus in der Zwischenzeit erschienenen Verlagswerken, dazu vierundsechzig

Autorenbildnisse und am Schluß ein Gesamtverzeichnis aller lieferbaren Verlagswerke einschließlich der Neuerscheinungen jenes Herbstes. Der ganze Almanach war darauf angelegt, die Lücke zu schließen, den Zusammenhang herzustellen, eine Brücke zu schlagen, und dies kam deutlich in Loerkes (ungezeichnetem) Nachwort zum Ausdruck:

Solange unser Verlag besteht, war sein Glaube: die lebendige Gegenwart. Es mag heute schwer scheinen, an diesem Glauben festzuhalten – und es ist schwer. Dennoch glauben wir an jenes Leben, das mehr ist, als was sich in wirtschaftlichem, sozialem, politischem Glück oder Unglück ausdrückt...

Die Einschränkung der Produktion hat einen Vorteil gebracht: die vorläufige Aufhebung des Begriffs der literarischen Generationen. Diese Generationen, eingeschworen auf leichtfertig formulierte, marktschreierische, unduldsame Programme, folgten einander in den letzten Jahrzehnten in kürzeren und kürzeren Zwischenräumen, lagen miteinander in eitlen Fehden, erschöpften sich schließlich in der Anerkennung der rechtmäßigen Symptome ihres Willens und in der Verwerfung der in ihrem Sinne unrechtmäßigen. Das meiste von dem, was sie hervorgebracht haben, ist untergegangen.

Was blieb, kann erst jetzt seine vom Kampf und der Vergänglichkeit befreiten Werte zeigen. Es schließt sich nun auf eine natürliche Weise dem an, was die älteren, inzwischen zu Ruhm und Wirkung gelangten Vorkämpfer des anschauenden Geistes, der formenden Seele hervorgebracht haben. Welchen Anteil unser Verlag als Mittler des deutschen literarischen Lebens überhaupt zu beanspruchen hat, wird der Leser aus dem nachstehenden Katalog ersehen, der seit längerer Zeit zum erstenmal wieder ein vollständiges Verzeichnis unserer Bücher bietet.

Der Textteil entnimmt sein Material aus unserer verlegerischen Arbeit während der letzten Jahre. Vor allem wollten wir ein lebendiges und willkommenes Lesebuch geben... Wir haben, auch um die Kontinuität des Schaffens zu betonen, viele Beiträge unseren Gesamtausgaben entnommen, die seit der durch den fortdauernden Krieg veranlaßten Unterbrechung unserer Jahrbücherfolge und ihrer bibliographischen Rechenschaftsberichte bei uns erschienen oder im Erscheinen begriffen sind.

Zu diesen letzteren gehörten die Gesamtausgaben der Werke Wassermanns und Hofmannsthals.

WASSERMANN MIT FÜNFZIG

Die Formel der ›Gesammelten Werke in Einzelausgaben‹, die Fischer für seine großen lebenden Autoren gefunden und in der Thomas-Mann-Ausgabe erstmals angewandt hatte, war unter den veränderten Umständen nicht nur strukturell, sondern vor allem wirtschaftlich die gegebene, ja die einzig mögliche Lösung. Sie war die einzige Form einer Gesamtausgabe, die der Buchhandel – da die Bände einzeln verkäuflich waren – absetzen konnte. Die erste Gesamtausgabe, die der Verlag nach Inflationsende veranstaltete, galt dem Werk Wassermanns und war nach diesem Prinzip aufgebaut.

Jakob Wassermann war am 10. März 1923 fünfzig Jahre alt geworden und hatte sich die repräsentative Zusammenfassung seines Werkes zu diesem Festtag sehr gewünscht. Der Wunsch war berechtigt. Wassermann stand auf der Höhe seines Ruhmes. Worauf gründete er sich? Thomas Mann meinte einige Jahre später (in *Pariser Rechenschaft)*, Wassermann verdanke seine Popularität vor allem

der echten Romanhaftigkeit seiner Produkte, einer Gabe des Fabulierens, durch die er uns alle schlägt. Nicht umsonst hat er neulich essayistisch Einspruch erhoben gegen die »Entfabelung« des Romans, die im Gange sei, und die Unsterblichkeit der Fabel, des Geschichtenerzählens überzeugungsvoll verkündigt. Selbstverständlich hat er recht, und seine persönliche Stärke ist es, von der Krise, in der sich der Roman als Form heute für unser aller Gefühl befindet und für welche »Entfabelung« nur ein halbwegs zutreffendes Wort ist, vergleichsweise wenig berührt zu sein. Sein rassenmäßig bestimmtes Elementar-Erzählertum macht ihn als Künstler konservativ und widerstrebt jener Auflösung ins Geistige, die er als »Entfabelung« bezeichnet. Aber die Krise bleibt bestehen, und die Frage, ob der Roman alten Stils heute noch möglich ist, wird nicht aufhören, die Produktion versuchend zu beunruhigen...

Wassermann besaß zu dieser Zeit eine riesige, treue Leserschaft, die sich auf keine soziale Schicht, auf keine bestimmte Generation beschränkte, und genoß aufrichtige Bewunderung in intellektuellen Kreisen, in denen man sie nicht ohne weiteres vermutet hätte. Zu diesen Bewunderern gehörte der bissige, allem hochtrabenden Humbug abholde Kurt Tucholsky. Er gestand, er glaube Wassermann »menschlich deshalb nichts, weil er mir menschlich einerlei ist«, aber er falle ihm »fast immer gänzlich hinein... die Bücher schmeißen mich – auch dann, wenn sie so mißlungen sind wie der Wahnschaffe – jedesmal um und um... Ist das alles Mache?« Als Hedwig Fischer Wassermann einen Aufsatz Tucholskys (unter dem Pseudonym Peter Panter) über ihn sandte, der ihm entgangen war, schrieb er zurück:

Es ist sonderbar mit allen deutschen Besprechungen und ›Anerkennungen‹. Ein gewisses Ausspielen eines Werkes gegen ein anderes ist stets unvermeidlich. Warum soll nun ›Renate‹ ein ›besseres‹ Buch sein als ›Wahnschaffe‹? Unsinn. Warum kann nicht das eine die legitime Folge, die notwendige Entwicklung aus dem andern sein? Wenn die Herren auch bei dem zweiten 20 Jahre Geduld haben wie bei dem ersten, werden sie es ja doch in anderem Licht erblicken. Und dann: immer nur Stil, Stimmung, Weltanschauung, immer das Gesagte, Gedachte, Gewollte, Tendenz und Idee – nie die Gestalt!; und die ist doch bei uns das Eigenste, das Wesentliche! Daher empfinde ich dankbar das Wohlwollen, ja die Liebe, die den Verfasser beseelen, und das ist ja sehr viel...

Bei späterer Gelegenheit, im Juni 1925, zur Zeit der Vollendung des Romans *Laudin und die Seinen*, heißt es in einem Brief Wassermanns an Fischer:

Neugierig bin ich, was Du zu dem Werk sagst; etwas ähnliches habe ich eigentlich noch nicht gemacht; meine kleine Vorlesegemeinde in Wien war vollkommen passioniert. Was man sonst, nämlich abgesehen von meinen Freunden, darüber sagt, ist mir ja ziemlich gleichgiltig, muß es auch sein, denn ich bin ja trotz meiner vielberufenen Erfolge in Deutschland noch immer eine quantité négligeable, während man mich in Amerika zu den »Leuchten der Welt« zählt, wie sich ein Journal in Newyork neulich ausdrückte. Es fehlt meinen Büchern — weißt du was? der Schuß ehrbarer Langeweile, den der Deutsche braucht, wenn er respektieren soll. Kann ich nicht ein wenig langweiliger werden, so hab ichs bei unseren Ästheten und Professoren verpatzt. Ungefähr so war ja auch Balzacs Schicksal zu seinen Lebzeiten. Na.

Die Gesamtausgabe war zum fünfzigsten Geburtstag vorgesehen. Der neue Verlagsvertrag, den Wassermann Anfang Januar 1921 mit Fischer geschlossen hatte, sah sie ausdrücklich vor:

Die Firma S. Fischer, Verlag verpflichtet sich, vorausgesetzt, daß die wirtschaftlichen oder politischen Umstände nicht lähmend wirken, die Gesamtausgabe bis zum 1. Oktober 1923 fertigzustellen. Mit dem Erscheinen der Gesamtausgabe hört die Verpflichtung zum Neudruck der früheren Ausgaben auf, und die später erscheinenden Werke werden dieser Ausgabe einfach angegliedert.

Die wirtschaftlichen Umstände hatten die Fertigstellung der Ausgabe im letzten Inflationsjahr verhindert, das Geburtstagsgeschenk mußte verschoben werden. Die ›Neue Rundschau‹ beging den Geburtstag mit dem Abdruck von Wassermanns schöner *Rede über Humanität* und einem ausgedehnten, gescheiten Aufsatz aus der Feder eines jungen, unbekannten Schülers und Bewunderers Wassermanns namens Hans Aufricht, dem Wassermann diesen Ehrenplatz wohl erwirkt hatte. (Aufricht fügte später, wohl um Verwechslungen mit seinem Vetter Ernst Josef Aufricht, dem Berliner Theaterdirektor, zu vermeiden, den Namen seines schlesischen Heimatortes an und nannte sich Hans Aufricht-Ruda.) Auch verzichtete man auf die übliche Monographie, denn ein solches (freilich sehr kurzes und recht sprunghaft-zerfahrenes) Buch von Julie Wassermann-Speyer, der ersten Gattin, war gerade in einem Wiener Verlag erschienen.

Doch erhielt Wassermann wenige Wochen nach dem Geburtstag ein Geschenk, das alle etwaige Enttäuschung wettmachte: ein eigenes, schönes, großes Haus mit einem riesigen parkähnlichen Garten im geliebten Alt-Aussee, in dem der Gehetzte und Unbehauste mit seiner zweiten Frau und den Kindern endlich die ersehnte Seßhaftigkeit erlangte. Auch hier wirkte auf geheimnisvolle Weise der Zusammenhang der Verlagsfamilie.

Leopold von Andrian, Hofmannsthals Jugendfreund und mit seinem Frühwerk *Der Garten der Erkenntnis* einstmals Autor des Verlags, hatte das von seiner Mutter erbaute Haus 1922 verkauft und war selbst in ein kleines, im Ort liegendes Haus, das ›Helmhaus‹, umgezogen. Wassermann und Marta Karlweis hatten bis dahin zur Miete im sogenannten ›Gadererhaus‹ gewohnt. Hofmannsthal, der alljährlich die Herbstmonate in Alt-Aussee zubrachte, wußte, daß Wassermann die Andrian-Villa gern erworben hätte, und benachrichtigte den neuen Eigentümer. Dieser erklärte sich bereit, den Besitz an Wassermann weiterzuverkaufen und als Kaufpreis zu nehmen, »was Jakob Wassermann bezahlen kann«. Wassermann freilich konnte, wie Marta Karlweis berichtet, »keinen Pfennig bezahlen«. Es war die Höhe der Inflation; er stand »in aufreibender Korrespondenz mit Fischer wegen Hereinbringung meines Verdienstes nach Österreich in Kronen«, und als Fischer ihm 147 Billionen überwies, waren sie zweihundert Schweizer Franken wert! Doch schon war »wie im Märchen« ein reicher Freund in Wien, der Bankpräsident Paul Goldstein bereit, »eine angemessene Summe zu erlegen«. Der Besitz wurde am 1. Juli 1923 erworben, und im Spätherbst konnte Wassermann als Pächter einziehen. »Ja, es ist endlich soweit«, schrieb er an Fischer, »das Vagabundendasein hat ein Ende.«

Andrian, der weiter häufig im Sommer nach Alt-Aussee kam, obwohl er sich mit dem Untergang der Habsburg-Monarchie nicht abfinden wollte und das republikanische Österreich verabscheute, konnte sich anfangs auf die Veränderung nur schwer umstellen. Er war ein verdrießlicher, ressentimenterfüllter Hypochonder geworden und mochte Wassermanns Bücher nicht. Mit der Zeit stellte sich jedoch ein gutes nachbarliches Verhältnis her; man besuchte einander, Andrian fand Wassermann »freundlich und gutmütig« und schrieb sogar an Hofmannsthal, Wassermanns seien nun in Alt-Aussee seine »Hauptresource« geworden. Zum Schluß gefiel ihm sogar an den Romanen manches recht gut. »Ich war so froh, ihnen ohne Lüge sagen zu können, daß ich den Maurizius für ein bedeutendes und in einem gewissen Sinn großes und meisterhaftes Buch halte.« Freilich fand er auch jetzt »die Vorzüge inextricabel mit Mängeln und Widerwärtigkeiten durchsetzt«, doch sollte Hofmannsthal bitte diesen Nachsatz für sich behalten.

WASSERMANN GESAMMELT

Die Gesamtausgabe der Romane und Erzählungen begann 1924 bei Fischer zu erscheinen.

In ihr bildeten die großen Romane jeweils einen geschlossenen Band für sich, während die kürzeren Romane und Erzählungen nach thematischer Zusammengehörigkeit unter neuen Sammeltiteln zusammengefaßt wurden. Diese neuen Sammelnamen waren nötig, weil die nicht numerierten Bände, die einzeln verkauft werden konnten, ja irgendeinen Titel haben mußten. 1924 erschienen die drei ersten Bände: die *Historischen Erzählungen* (enthaltend *Alexander in Babylon* und den Novellenkreis *Die Schwestern*), *Caspar Hauser* und *Das Gänsemännchen.* 1925 folgten weitere fünf Bände: die *Fränkischen Erzählungen* (enthaltend *Die Juden von Zirndorf* und die Erzählungen *Der niegeküßte Mund*), *Renate Fuchs*, der zweibändige *Wahnschaffe* und *Laudin und die Seinen.* Die Romane der ›Wendekreis‹-Folge, die in den Jahren 1920–1924 bereits in einheitlicher Ausstattung erschienen waren und 1924 mit dem vierten Buch *Faber oder Die verlorenen Jahre* ihren Abschluß fanden, wurden ab 1925 in dem neuen größeren Format und der neuen Ausstattung der Gesamtausgabe wieder aufgelegt und lagen bis 1928 ebenfalls vor. Den neuen Roman *Faber*, der gerade in diesen Übergang fiel, druckte Fischer folglich gleichzeitig sowohl im ›kleinen‹ wie im ›großen‹ Format, und er gelangte mit dem kleinen Format ins zehnte, mit dem großen binnen Jahresfrist ins 34. Tausend. Die frühen Erzählungen *Der goldene Spiegel* (1910) wurden 1927, die beiden Romane *Die Masken Erwin Reiners* und *Der Mann von vierzig Jahren* (1913) unter dem Sammeltitel *Die Lebensalter* 1929 der Gesamtausgabe angefügt. Nur der mißlungene Roman *Der Moloch* von 1902 wurde nicht aufgenommen, und auch die autobiographische Streitschrift *Mein Weg als Deutscher und Jude*, obwohl ursprünglich vorgesehen, blieb fort. Die neuen großen Romanwerke erschienen sogleich im Rahmen der Gesamtausgabe; Wassermanns andere Werke aus der Folgezeit, kleinere Erzählungen, Biographien und essayistische Arbeiten, erschienen getrennt und wurden in die Gesamtausgabe nicht eingegliedert.

Als Fischers und Wassermann sich im September 1924 in München zum erstenmal nach einiger Zeit wiedersahen, war die in den Kriegs- und Nachkriegsjahren entstandene Trübung endgültig gewichen. Am 24. September schrieb der »getreue Jakob« aus seinem neuen Haus in Alt-Aussee an Hedwig Fischer:

> ... auch mir waren die beiden Münchner Tage sehr köstlich und kostbar, und ich hatte gleichfalls das Gefühl eines Wiederfindens. Was war nur eigentlich geschehen? Was hatte uns – ein wenig nur, aber doch spürbar – von einander entfernt? Ich wüßte es kaum zu sagen. Sehr gespannt bin ich, wie der ›Faber‹ auf dich wirken wird. Es ist ein Buch für die edelsten unter den Frauen. Männer werden es vielleicht gar nicht recht verstehen können ...

Auch Hedwig Fischer hatte wohl inzwischen eingesehen, daß die große private Umwälzung in Wassermanns Leben eine rettende Notwendigkeit gewesen war. Im Sommer 1925 besuchten sie den Freund in seinem neuen Haus, und sie schrieb in der Erinnerung:

> Das Haus lag unmittelbar am See, und trotz der großen Kinderschar – die Kinder aus erster Ehe kamen zu Besuch, und auch Frau Marta hatte gleich zwei Töchter mit in die Ehe gebracht – war unter der sorglichen Leitung Frau Martas für Arbeitsruhe gesorgt, so daß er die letzten Jahre in steter und fast ungestörter Fügung seines Werkes zubringen konnte, nur immer doch wieder aufgestört durch die leidigen Rechtsstreite mit der Frau Julie...

Hofmannsthal war nahe, und die Freundschaft der beiden nahezu gleichaltrigen Männer wurde in diesen Jahren stetig enger.

HOFMANNSTHAL MIT FÜNFZIG

Hugo von Hofmannsthal vollendete am 1. Februar 1924 sein fünfzigstes Lebensjahr. Er war zu Beginn der zwanziger Jahre häufig in Berlin, und die ersten Besprechungen zwischen ihm und Fischer über eine repräsentative Gesamtausgabe seines Werkes reichen bis Ende 1921 zurück. Am 29. November 1921 notierte Loerke im Tagebuch: »Hugo von Hofmannsthal im Verlag.« (Hofmannsthal weilte zur Erstaufführung des *Schwierigen* in den Kammerspielen in Berlin.) An diese Besprechungen schloß sich ein Briefwechsel an, von dem jedoch nichts erhalten ist außer zwei langen Briefen Hofmannsthals an Fischer vom 25. Februar und 12. März 1922, beide aus Alt-Aussee. Nur zu begreiflich, daß Hedwig Fischer gerade sie aufbewahrte. Denn sie geben in geradezu ergreifender Weise Aufschluß nicht nur über Hofmannsthals Verhältnis zu Fischer, sondern darüber hinaus über die Auffassung, die Hofmannsthal zu dieser Zeit von der Wirkungsmöglichkeit seiner geistigen und künstlerischen Persönlichkeit und von der besonderen Wesensart seines Werkes hegte.

Fischers Anteil an diesem brieflichen Gespräch ist verloren; es ist wieder einmal nötig, seine Argumente aus dem Spiegel von Hofmannsthals Antworten abzulesen. Es scheint, daß der Wunsch nach der Gesamtausgabe von Hofmannsthal ausging, daß Fischer grundsätzlich bereit war, jedoch zauderte, Bedenken hegte, Komplikationen befürchtete. Gewiß bedachte er, daß er bei Hofmannsthals begrenztem und schwer zu übersehendem Leserkreis nicht mit einer Erstauflage von zehntausend Exemplaren rechnen konnte, die für die rentable Kalkulation die Voraussetzung war; wahrscheinlich sah er Schwierigkeiten mit Kippenberg und dem Insel-Verlag voraus, der den ansehnlichen, bei ihm erschienenen Teil des Werkes freigeben mußte. Offenbar schrieb Fischer hierüber Hofmannsthal am 8. Februar 1922 einen Brief, und der erste der beiden erhaltenen Briefe Hofmannsthals, vom 25. Februar, nach einer Grippe-Erkrankung geschrieben, ist die Antwort hierauf. In ihm legt Hofmannsthal mit dringlichem Freimut dar, warum – anders als bei Hauptmann und Schnitzler – die Gesamtausgabe jetzt, zu diesem Zeitpunkt für ihn geradezu eine ›Lebensfrage‹ ist:

Ich kann Sie gut verstehen, lieber Herr Fischer, auch eine gewisse Ungeduld gegenüber jeder Komplikation, da ja auch für Sie das eigentümliche und niemals leichte Geschäft des Verlegers und Mittlers sich so tausendfach und über jede Erwartung hinaus erschwert hat. Verstehen Sie aber auch mich: Für Sie handelt es sich um viele geistige Existenzen, eine Erscheinung verdrängt die andere – eine wiegt die andere auf, ich bin ein Einzelner, einzeln gestellt in mehr als einem Betracht, und stehe an einem nachdenklichen, ernsten, entscheidungsvollen Punkt meines Lebens.

Würde es sich entscheiden, daß ich auf Jahre – und wer weiß wie viele, alles ist dunkel und zweifelhaft – auf die Gesamtausgabe zu verzichten hätte, so würde ich damit härter getroffen, unstreitig härter, als irgendein anderer Autor Ihres Verlages.

Für Hauptmanns, Schnitzlers Werk, um Beispiele zu nennen, bedeutet die Zusammenfassung etwas Schönes, Wohltuendes, – für mich ist sie mehr: mein Lebenswerk soll durch sie erst in Erscheinung treten. Denn es ist vielförmig, und wie auch deutsches Publikum vielfältig und zersplittert ist, – so ist das von mir Gemachte an verschiedenerlei Publikum geraten; zäh haben die einen das eine, die anderen das andere festgehalten; es wollen die Freunde meiner Gedichte und Jugenddinge nichts von dem wissen, der sich eigensinnig den Weg zu einem höheren, aber der wirklichen Bühne gemäßen Lustspiel sucht, meine Prosadinge haben ihre treuen Anhänger, die aber von einer Ariadne, einem Rosenkavalier nichts hören wollen. Die Erzählungen, an die ich meine beste Kraft und Jahre meines Lebens gewandt, sind ganz in den Hintergrund geraten, mein Bestes: daß ich die Form zu erfüllen strebe und nicht leicht zwei Werke gebe, welche völlig der gleichen Stylform angehören, hat von je – und auch an anderen Dichtern – das Publikum ungeduldig gemacht.

Ich suche mir mit der Laterne die paar Menschen zusammen, welche wirklich den ›Thor und Tod‹ neben die ›Ariadne‹, den ›Rosenkavalier‹ neben den ›Schwierigen‹ halten; so muß ich mir mehr als ein anderer von der Sammlung meiner Schriften versprechen und könnte nur schweren Herzens das, was freundlich mir nahe schien – sich in nichts auflösen sehen. Das, mein lieber Herr Fischer, werden Sie wieder verstehen, auch mit dem Gemüth.

Dazu kommt noch dies: ich habe, in nun dreißigjähriger Arbeit so Vieles hervorgebracht, daß sich's heute schon in 6 Bänden – nur mit Weglassungen, die übrigens mir nicht unlieb sind, – unterbringen läßt; gehen Jahre dahin, so häuft's sich und es entsteht eine neue Verlegenheit. Darum, daß ich es offen sage – ich würde nicht ohne Leid verzichten!

ZWEI EINTEILUNGEN

Der zweiten Hälfte dieses sehr langen Briefes vom 25. Februar 1922 sind vier Punkte zu entnehmen: daß bereits in Berlin eine sechsbändige Ausgabe in Aussicht genommen wurde, die in zwei Reihen zu je drei Bänden erscheinen sollte; daß für die Gliederung dieser beiden Reihen zwei verschiedene, von Hofmannsthal entworfene ›Einteilungen‹ vorlagen, von denen er selbst die erste, Fischer die zweite bevorzugte; daß Fischer bereits damals auf Grund seiner Erfahrung mit geschlossenen Gesamtausgaben eine Variante der Gesammelten Werke in Einzelausgaben anstrebte, die es gestattete, auch bei der Vielförmigkeit des Hofmannsthalschen Werkes, die Bände separat zu verkaufen; endlich, daß Fischer offenbar inzwischen Kippenberg um die Freigabe der im Insel-Verlag erschienenen Werke ersucht und eine entmutigende Antwort erhalten hatte. Es ist zu vermuten, daß Kippenberg hauptsächlich gegen den Einzelverkauf der Bände Einspruch erhob, und es scheint auch in der Folge noch komplizierte Auseinandersetzungen zwischen Fischer und ihm hierüber gegeben zu haben. Die beiden ›Einteilungen‹, von denen Hofmannsthal spricht, sind nicht erhalten, gehen jedoch aus seiner Darlegung hervor:

Nun habe ich Sie damals im Dezember nicht richtig verstanden, daß es Ihnen darauf ankäme, jeden Band einzeln zu verkaufen: ich glaubte zu verstehen, es handle sich nur um den Verkauf jeder Serie von je 3 Bänden. Sonst hätte ich mich gleich angeboten, *selbst* an Kippenberg zu schreiben, der in seiner Art nicht ganz leicht zu nehmen ist und der dies eine für sich anführen darf: daß ich ihm bei seinerzeitiger Überlassung des Jugendwerkes stets auferlegte, es mir für eine mehrbändige Gesamtausgabe freizugeben, niemals dabei aber auf einzelne Bände hindeutete.
Indessen, nach Empfang Ihres Briefes vom 8. II. und unwohl, wie ich war, habe ich ihm kurz aber eindringlich geschrieben und hier schon von ihm ein Telegramm erhalten, woraus sein guter Wille hervorgeht, mir das, um was es geht, zu concedieren und auch den einzelnen Verkauf solcher Bände, in die zerteilt ich das Jugendwerk, die Gedichte und sogenannten kleinen Dramen unterzubringen denke, zuzulassen.
Somit wäre ja der Weg geebnet, und es stünde der Herausgabe der ›Gesammelten Werke‹ nach dem zweiten Einteilungsplan, den Ihr Büro in Händen hält, freilich nichts entgegen, wenn nicht, lieber Herr Fischer, die dazwischen liegenden Wochen und die ruhig klaren Stunden des, allein in seinem Bette Liegenden, nicht allzu schwer Kranken, mir gar so klar gemacht hätten, wie sehr viel mehr ich an dem I. Einteilungsplan hänge ...

Hofmannsthal hatte seit dem dritten Band der *Prosaischen Schriften* im vorletzten Kriegsjahr nur drei Werke bei Fischer herausgebracht: das Märchen *Die Frau ohne Schatten* (1919), das aus dem Opernbuch für Richard Strauss hervorging und von dem Fischer vor der gewöhnlichen Ausgabe noch eine Luxusausgabe von 160 signierten

Exemplaren mit einer Radierung von Hans Meid hergestellt hatte; die Neugestaltung von Calderóns *Dame Kobold* (1920), deren Uraufführung unter Reinhardts Regie im April 1920 im Deutschen Theater in Berlin stattfand, und das Lustspiel *Der Schwierige* (1921), mit dem er eben jene »höhere Form des Lustspiels« erstrebte, von der sein Brief spricht. Seine Uraufführung in München im November 1921 wurde freundlich aufgenommen, während die begriffsstutzige Berliner Kritik, Kerr inbegriffen, es mit rühmlicher Ausnahme von Stefan Großmann schroff, geradezu vernichtend ablehnte; Kessler berichtete, Reinhardt habe ihm nach Hofmannsthals Tod erzählt, Hofmannsthal sei »am nächsten Morgen zu ihm ins Büro gekommen und habe geweint. Er hätte gern noch mehr solche leichten Sachen gemacht, aber dieser Mißerfolg habe ihn vollkommen entmutigt. Viel Schönes sei dadurch unwiederbringlich verlorengegangen.« Reinhardts Wiener Inszenierung von 1924 verhalf dem subtilen Werk jedoch zu Recht und Ruhm. Das für Reinhardt geschriebene *Salzburger Große Welttheater* hingegen erschien 1922, als die Erörterungen mit Fischer im Gang waren, im Insel-Verlag und wurde im August des gleichen Jahres in Salzburg uraufgeführt; ebenfalls im Insel-Verlag war der größere Teil des Frühwerks, die gesammelten *Gedichte*, die *Kleinen Dramen*, *Alkestis* nach Euripides, eine Auswahl *Reden und Aufsätze* (in der Insel-Bücherei), das *Buch der Freunde* (1922) und eine Neuausgabe der *Gedichte* (1923) erschienen. Die Opernbücher für Richard Strauss brachte der Musikverlag Fürstner heraus.

Der von Fischer bevorzugte zweite Einteilungsplan sah nun offenbar vor, das im Insel-Verlag erschienene Jugendwerk auf verschiedene Bände der Gesamtausgabe zu verteilen, anstatt es geschlossen in einem Band zu belassen; andernfalls hätte dieser Band der Gesamtausgabe, wenn er einzeln verkäuflich war, eine direkte Konkurrenz für den identischen Band des Insel-Verlags dargestellt. Dies wollte Fischer wohl vermeiden, und hierum geht es in der Schlußerörterung von Hofmannsthals Brief vom 25. Februar, in dem er betont,

wie sehr viel lieber ich das Jugendwerk, vermehrt um die ›Hochzeit der Sobeide‹ und ›Gestern‹ beisammen ließe, wieviel lieber ich die lyrischen Dramen (alias Opern) in Band IV sähe, den Band III (Lustspiele) vom ›Abenteurer‹ bis zum ›Schwierigen‹ aufbaute, kurz völlig an der ersten Einteilung festhielte.

Da nun solch eine Gesamtausgabe etwas von einem Gebäude hat, das auch mit schöner, klarer, bedeutender Fassade im Terrain stehen soll – so gebe ich Ihnen, gewähren Sie mir soviel Geduld! noch einmal zu erwägen: ob Sie sich nicht gleichfalls zu dem ersten Einteilungsplan rückentschließen könnten – unter Verzicht auf den Einzelverkauf des einen einzigen Bandes, der die ›Gedichte und Kleinen Dramen‹ enthielte und welcher ja, da der analoge Band des Insel-Verlages der 50ten Auflage nahe ist, ohnedies vielleicht als einzelner Band geringere Chancen, dagegen durch sein Gewicht und seinen jugendlichen Glanz für die Serie großes Gewicht hätte – so daß demnach, damit ich mich zusammenfasse: von der ersten dreibändigen Serie jeder der zwei Prosabände einzeln, der genannte Band aber nur mit den beiden anderen gemeinsam abgegeben würde. Man hätte demgemäß vielleicht mit dem Band ›Reden und Aufsätze‹ zu allererst, mit den beiden anderen aber schnell danach hervorzutreten. Hierauf erbitte ich Ihre endgültige Antwort und verharre in alter Freundschaft als der Ihre –

Hofmannsthal

Fischer antwortete hierauf mit einem »guten, ausführlichen Brief«, der sich offenbar einfühlsam auf Hofmannsthals Sicht einstellte; denn Hofmannsthal erwiderte am 12. März 1922:

Es ist mir überaus wohltuend, einen Menschen, nicht einen Geschäftsmann zum Verleger zu haben, und jede Wendung in unseren Beziehungen, die mir dies aufs neue zum Gefühl bringt, thut mir aufs neue wohl. Schon als Mensch, in dem vielerlei Blut sich mischt, schon als Österreicher bin ich ganz auf die verbindende Linie, auf die Aussöhnung der Gegensätze gestellt; ein von Kindheit an nachdenkliches Gemüth und die furchtbare Lehre der Epoche haben dies Gepräge in mir noch vertieft, und wer mir anders entgegenkommt, der zieht mir den Boden unter den Füßen weg und macht mich vor Schreck und Widerwillen erstarren. – Ich danke Ihnen herzlich.

AUSSÖHNUNG DER GEGENSÄTZE

Die Gesamtausgabe in zwei Reihen zu je drei Bänden war nun beschlossene Sache, und man einigte sich auf ein Kompromiß. Fischer zog den zweiten Einteilungsplan vor, und Hofmannsthal schrieb: »Ich füge mich, obwohl der erste, spontan und ohne äußere Rücksichten entworfen, mir in manchem der liebere war.«

Damit war Kippenbergs Bedenken Rechnung getragen. Hofmannsthal meinte, die vorgesehenen beiden Prosabände der ersten Reihe, *Erzählungen und Gespräche* und *Reden und Aufsätze*, über die man sich einig sei, könnten »ja indessen in Druck gehen«. Aber er wollte für die Einteilung der Bände I, IV und VI, die verwandte dramatische Werke enthalten sollten, noch gewisse Abänderungen vorschlagen. Der zweite Einteilungsplan sah offenbar ursprünglich vor, daß auch das Operntextbuch der *Frau ohne Schatten* sowie *Alkestis* und *König Ödipus* aufgenommen werden sollten. Doch war Fischer vermutlich darum zu tun, die Bände möglichst gleich stark, nicht zu umfangreich und nicht zu teuer zu machen. Hofmannsthal schrieb hierzu:

Sie legen mir nahe, auf die ›Dame Kobold‹ zu verzichten – ich pflichte bei, denn es ist an mir, Alles zu thun, was Ihnen nun wieder die notwendigen geschäftlichen Erwägungen erleichtert. Ich gehe aber weiter, und zwar nicht aus augenblicklicher, sondern aus länger gehegter, strenger Erwägung: ich möchte auch das Operntextbuch ›Frau ohne Schatten‹ fortlassen, und ferner, wenn es noch weiterer Erleichterungen der Bände bedarf, bin ich auch bereit, die ›Alkestis‹ — eine freie Transcription nach dem Euripides, wegzulassen. Die Weglassung des ›König Ödipus‹, einer bloßen Übersetzung, ist schon von jeher in meinem Plan vorgesehen. Mit der Weglassung der Operndichtung ›Frau ohne Schatten‹ glaube ich auch der von mir sehr geliebten märchenartigen Erzählung gleichen Namens innerhalb der Ausgabe einen Dienst zu erweisen.

Diese Weglassungen, daß ich es auch offen sage, fallen mir *leichter* als die der ›Dame Kobold‹, einer Arbeit, die bestimmt auf der Bühne noch zu dem ihrigen kommen wird, und die *weit, weit mehr als bloße Übersetzung* ist. Ich würde so sehr gerne den Band Lustspiele hergestellt sehen, der mit ›Abenteurer‹, ›Rosenkavalier‹, ›Dame Kobold‹ und ›Schwierigen‹ einen Weg, den ich gehe und bis zum Ende gehen werde, deutlich aufzeigt, und ich kann nicht anders denken, als daß dieser Band, selbst einzeln, Freunde finden würde, ganz besondere Freunde . . .

Die Gesamtausgabe erhielt in der Tat einen Band ›Lustspiele‹, aber wesentlich anders als von Hofmannsthal vorgeschlagen; ein solcher Band wäre vermutlich bedeutend umfangreicher als die übrigen fünf und zu teuer geworden. In der endgültigen Anordnung wurden nicht nur der Operntext der *Frau ohne Schatten* und die *Ödipus*-Übersetzung, sondern auch *Dame Kobold* weggelassen, *Alkestis* hingegen aufgenommen. Die sechs Bände waren nun wie folgt gegliedert:

Band I enthielt die *Gedichte und Lyrischen Dramen*. Unter den Gedichten hatte Hofmannsthal eine strenge Auswahl getroffen; von den 135 Gedichten, die im zweiten Band der fünfzehnbändigen Gesamtausgabe von 1945—1959 enthalten sind, wurden nur 34 aufgenommen. Die lyrischen (oder kleinen) Dramen sind die gleichen wie in der späteren Gesamtausgabe, nur fügte Hofmannsthal ihnen noch *Die Frau im Fenster* und *Ariadne auf Naxos* hinzu. Band II (betitelt *Erzählungen. Erfundene Gespräche und Briefe)* enthielt *Die Frau ohne Schatten, Das Märchen der 672. Nacht, Lucidor* und *Das Erlebnis des Marschalls von Bassompierre* sowie acht Stücke Gespräche und Briefe, darunter *Ein Brief* (Brief des Lord Chandos), das *Gespräch über Gedichte*, die Unterhaltungen über Wassermanns *Schwestern* und die Unterhaltungen über Goethes *Tasso*. Band III *(Reden und Aufsätze)* umfaßte dreiundzwanzig Stücke, darunter auch während des Krieges entstandene Vorträge und Aufsätze zu deutsch-österreichischen Kulturfragen. (Der Aufsatz *Österreich im Spiegel seiner Dichtung* von 1916 erschien im Aprilheft 1923 der ›Neuen Rundschau‹.) Diese drei Bände bildeten die Erste Reihe. Die Zweite Reihe enthielt ausschließlich das dramatische Werk. Band IV (*Lustspiele*) umfaßte *Cristinas Heimreise, Der Rosenkavalier* und *Der Schwierige*; Band V (*Dramen I*) *Der Abenteurer und die Sängerin, Elektra, Jedermann* und *Das Salzburger Große Welttheater;* Band VI (*Dramen II*) *Die Hoch-*

zeit der Sobeide, Ödipus und die Sphinx, Alkestis und *Das gerettete Venedig.*

Die Erste Reihe erschien im Frühjahr, die Zweite Reihe im Herbst 1924. Es waren sechs schmale, elegante, in einer schönen Antiqua gedruckte Bände ziemlich gleichen Umfangs von rund 300 Seiten, in zwei Ausgaben in Pappe und Halbpergament gebunden; außerdem wurde eine Vorzugsausgabe beider Reihen in 300 Exemplaren auf Daunendruckpapier abgezogen, die numeriert, signiert und in Ganzpergament gebunden 190 Mark kostete. Merkwürdigerweise scheint Fischer an seiner Absicht, die sechs Bände einzeln verkäuflich zu machen, zu guter Letzt doch nicht festgehalten zu haben; die Kataloge enthalten keinen solchen Hinweis und geben nur Gesamtpreise für die beiden Reihen an. Die erste kostete in Pappe 20, in Halbpergament 30 Mark, die zweite war in beiden Ausgaben um je 5 Mark teurer.

NACHSCHRIFT AN EINEN »KLUGEN UND WEITBLICKENDEN MANN«

Hofmannsthals Brief vom 12. März 1922 enthält in seiner zweiten Hälfte, die sich nicht mehr mit der Gestaltung der Gesamtausgabe befaßt, eine ausführliche Darlegung seines Verhältnisses zu Fischer, seiner Verbundenheit mit dem Insel-Verlag und der Bedeutung, die diesen beiden Bindungen in seinem schöpferischen Leben zukam. Diese Darlegung ist ein verlagsgeschichtliches, ja geradezu ein kulturgeschichtliches Dokument ersten Ranges. Sie ist eine Variante des allgemeinen Autorenwunsches nach Bewegungsfreiheit, doch um vieles aufschlußreicher als in den Fällen Hauptmann und Thomas Mann und ihrer »Extratouren«. Fischer scheint seine Verwunderung darüber geäußert zu haben, daß Hofmannsthal *Das Salzburger Große Welttheater* dem Insel-Verlag übergab, als die Gesamtausgabe bereits in Vorbereitung war, und daran den Wunsch geknüpft zu haben, Hofmannsthal möge hinfort seine Werke ausschließlich seinem Verlag überlassen. Hofmannsthal antwortete, die »Sache mit dem Welttheater« sei anderthalb oder zwei Jahre vor dem Gedanken der Gesamtausgabe bereits »gethan«, also ein fait accompli gewesen, und fuhr fort:

.. aber ich bitte Sie: in Ansehung der besonderen Situation, in der ich mich befinde, lassen Sie es sich genügen, daß ich die *Hauptwerke* bei Ihnen und *schon in erster Ausgabe herausbringe* und schneiden Sie mir ein bißchen Freiheit, das besonderer Art ist, von besonderen Umständen herrührt, nicht ab und zwingen mich nicht, eine nun fast fünfundzwanzigjährige Verbindung mit dem Inselverlag, den ich – lange vor Kippenberg – mit aufbauen geholfen habe, zu zerreißen. Das will und kann ich nicht, und

Sie sollens auch nicht von mir verlangen. Lieber würde ich, ja lieber! – so hart es mich ankäme – auf die Gesamtausgabe verzichten.
Sie sind immer ein kluger und weitblickender Mann gewesen, sind nun auch ein völlig reifer Mann – sehen Sie doch auch diese Dinge in einem freien, großen Zusammenhang. Das ist ja doch eben Cultur, daß wir alle versuchen wollen, bevor wir sterben, diese und viele andere Dinge so frei und entladen unseres Selbst als nur möglich anzusehen – und darin den Männern hinabgesunkener, glücklicherer Generationen ähnlich zu sein.
Sehen Sie, lieber Herr Fischer, um den ›Inselverlag‹ herum ist eine Luft, in der Manches von dem, was ich hervorbringe, manches von dem, was ich dort publiciere – und vielleicht anderswo gar nicht publicieren würde, ja sicherlich nicht! – leichter gedeiht als in der Luft Ihres großen, schönen, lebensvollen Verlages. Mein Schicksal ist in jedem Sinn besonders: da ist das Österreichertum – in einem gewissen Sinn bin ich veilleicht der einzige Österreicher – Schnitzler würde ich einen Wiener nennen, aber keinen Österreicher – und dann ist da noch eine gewisse *lose* Verbundenheit mit der Epoche – ein halb auch woanders Stehen, nicht aus Willkür, sondern als Schicksal – und nun hat sich um den ›Inselverlag‹, nicht ohne mein Zutun, ja sehr stark durch mein Zutun und das anderer, von mir beeinflußter Individuen, eine bestimmte Atmosphäre gebildet, diese Atmosphäre hat sich ihr Publicum herangezogen, ein bestimmtes Publicum, das auch für die minder wichtige Leistung, für die leisere Äußerung ein aufmerksames Organ hat – dem wieder kommt der Verlag entgegen, das Bibliophile spielt hinein, ein gewisser Traditionalismus darf sich geltend machen, dem Sie in weiser Entscheidung für das Andere, das durchaus ›Heutige‹ abgesagt haben – aber all dies ist mir Lebensluft, und es ist in diesem Rhythmus auch möglich, daß Gewisses von mir zu einer bescheidenen Geltung komme, das ich – käme nur Ihr Verlag und die Berliner Atmosphäre in Frage – statt dort ihm eine Geltung dann noch zu erhoffen, geschweige denn zu ertrotzen, – ruhig in der Schreibtisch-Schublade liegen ließe. Und es ist nicht einmal der ›Inselverlag‹ allein. An anderer Stelle, in München, hat sich aus bescheidenen anständigen Anfängen – der Bremer Handpresse – ein kleiner Verlag entwickelt, dessen Tendenzen mir vielleicht noch unbedingter sympathisch sind, als der der ›Insel‹! Ich werde dort Einiges edieren, unter anderem ein »deutsches Lesebuch«, und werde im gleichen Verlag eine bescheidene Vierteljahresschrift herausgeben, von der ich mir selber ein gewisses geistiges Vergnügen verspreche.
Finde ich nun diesen Verlag, ebenso wie Kippenberg, zu vielem willig, was ich nicht um meiner Person willen unternehme, aber was unternehmen zu dürfen mir wertvoll ist, – ist es dann wieder nicht natürlich, daß ich gelegentlich wieder mit meiner Person zahle – und dort ein Büchlein herausbringe, seien es Aphorismen, Fragmente, welche Bruchstücke immer meiner sehr vielgestaltigen geistigen Tätigkeit – die ich in den meisten Fällen Ihnen überhaupt anzubieten mich scheuen würde, in dem peinlichen Gefühl, Ihnen in Ihrem übergroßen Betrieb Aufmerksamkeit für solche Parerga und Adiaphora abzunötigen, wogegen ich jenen anderen Verlagsleitern gegenüber sicher bin, ich könne ihnen nichts Erwünschteres, ihrem Betrieb und Geschmack nichts Gemäßeres bringen – und der kleine, für meine Existenz aber wohltuende Gewinn ganz nebenbei abfällt, wogegen mich Ihnen gegenüber das Gefühl lähmen würde, es könne die Aussicht auf einen kleinen materiellen Gewinn als der Antrieb für den Vorschlag erscheinen.

Also seien Sie und bleiben Sie auch hierin, guter, verehrter Herr Fischer, großsinnig und überlassen es meinem Gefühl, meinem guten Gefühl für Ihre Person als die meines ersten und hauptsächlichen Verlegers, mich auch in künftigen Fällen richtig zu verhalten. Was immer in all solchen Bezügen mir an Erleichterung und Ermutigung widerfährt, wird sich in diesen entscheidenden Jahren, ich fühle es, in Produktion umwandeln. Also lassen Sie mich nun der Gesamtausgabe dieser vielzerstreuten Schriften mit reiner Freude mich entgegenfreuen. Ihr getreuer Hofmannsthal.

Hofmannsthal schrieb dies zuversichtlich zu Beginn des Jahres 1922. Fischer war gewiß willfährig. Doch führten die »entscheidenden Jahre«, denen Hofmannsthal so hoffnungsvoll entgegensah, dem »ersten und hauptsächlichen Verleger« nur noch wenig zu. Übers Jahr hatte Hofmannsthal das für Max Pallenberg geschriebene Lustspiel *Der Unbestechliche* vollendet, das im März 1923 in Wien uraufgeführt wurde. Diese Wiener Inszenierung kam mit Pallenberg im September 1923 nach Berlin und erfuhr von der Kritik eine noch rüdere Ablehnung als *Der Schwierige;* »ärmlichstes Klischee, hilfloser, prätentiöser Kitsch« hieß es da; ja sogar ein Vergleich mit der Courths-Mahler fehlte nicht. Hofmannsthal veröffentlichte den ersten Akt des Lustspiels in der Wiener ›Neuen Freien Presse‹, wünschte aber offenbar keine Veröffentlichung in Buchform; Fischer konnte nur eine Vervielfältigung für den Bühnenvertrieb herstellen.

Die ›Neue Rundschau‹ beging Hofmannsthals fünfzigsten Geburtstag mit einem Aufsatz *Hofmannsthal in unserer Zeit* des einsiedlerischen Kulturphilosophen Rudolf Pannwitz, der schon seit 1918 gelegentlicher Mitarbeiter der Zeitschrift war. Hofmannsthal glaubte in Pannwitz einen »bedeutenden Zeitgenossen« gefunden zu haben und stand mit ihm in einem intensiven Gedankenaustausch. Pannwitz' Aufsatz war kurz und gut und in einigen Abschnitten von geradezu schmerzhaft durchdringender Hellsichtigkeit:

Er führt sich auf, einschließlich dessen, daß er in den Spiegel sieht, auf den Zuschauer sieht, den Erfolg als Element braucht, er führt sich auf als das einzige Drama, das er aufführen kann, aber nicht als Drama, sondern als vielgestaltiges, selig-schmerzlich rauschendes Maskenfest. Was der Schauspieler sein möchte und niemals ist: der sich Verlierende in die Gestalten, diese Sehnsucht des Unproduktiven ist der Grund seiner Produktivität... Hofmannsthal ist ein zart organisiertes System unzähliger Berührungspunkte. Er würde auseinanderspringen, wagte er's, sich zu vertiefen und konzentrieren. Er würde ohnmächtig versagen, strebte er, sich durchzuorganisieren, auszukristallisieren, mit marmorner Strenge zu monumentaler Dauer zu bauen. Eben im Flusse errafft er sein Teil: ein Teil unvergänglicher Schönheit. So ist der Mensch, so der Dichter...

Wenige Wochen nach seinem 50. Geburtstag, am 4. Juni 1924, schrieb Hofmannsthal an Carl Jakob Burckhardt: »Wenn ich jetzt vorausdenke – wie ich mein Selbst doch wieder zusammenfinden muß, und wie schwer mir das immer fällt – und wie bedroht der productive Zustand immer ist ...«

Es kam zu seinen Lebzeiten nur noch ein Hauptwerk bei Fischer heraus.

HAUPTMANN: HEITERKEIT UND IRONIE

Der Herbst dieses ersten wirklichen ›Friedensjahres‹ 1924 brachte Fischer nebst den repräsentativen neuen Gesamtausgaben eine reiche Ernte an Neuem. Auf einen Schlag hatte der Verlag einen großen und zwei sehr große Erfolge. Am 28. November schrieb Fischer an Hauptmann:

Ich bin glücklich, zwei Werke von dieser überragenden Größe, die ihresgleichen in der Weltliteratur jetzt nicht haben, auf den Markt zu bringen; ihnen gesellt sich noch die ›Johanna‹ von Shaw bei. Also das Beste und Schönste, was man haben kann!

Mit dem zweiten Werk von »überragender Größe« war Hauptmanns neuer Roman *Die Insel der großen Mutter oder Das Wunder von Ile des Dames* gemeint. In ihm täuschte sich Fischers Enthusiasmus. Mit den beiden anderen – dem *Zauberberg* und der *Heiligen Johanna* – hatte er recht.

Mit der *Insel der großen Mutter* machte der Verlag eine merkwürdige Erfahrung. Hauptmann hatte diese 1916 begonnene »Geschichte aus dem utopischen Archipelagus« nach mehreren Unterbrechungen schließlich im Sommer 1923 abgeschlossen und gab im Juli dem gemeinsamen Freund und Ratgeber Julius Elias das Manuskript, damit er es lese und an Fischer weiterreiche. Doch scheint Elias im Zweifel über das Werk und seine Druckreife gewesen zu sein; denn trotz mehrfacher Ankündigung bekam Fischer das Manuskript nicht. Hingegen nahm Hauptmann den Roman im Herbst und Winter 1923 noch einmal vor – »das Werk wird viel besser und inhaltsreicher, als ich noch vor kurzem dachte, auch erheblich länger«, schrieb er an Fischer – und war im März 1924, als Fischer ihn in Santa Margherita besuchte, mit der Umarbeitung fertig. Hauptmann hatte dem Buch ursprünglich den Haupttitel *Das Wunder von Ile des Dames* geben wollen, aber dieser Titel mißfiel Fischer. Hauptmann erwog daraufhin *Das Geheimnis der Liebesinsel* und *Das Geheimnis der seligen Insel*, und man einigte sich schließlich auf *Die Insel der großen Mutter* mit dem ursprünglichen Haupttitel als Untertitel. Das Buch erschien, von E. R. Weiß besonders liebevoll und graziös ausgestattet, Anfang Oktober 1924 und war buchtechnisch eine reine Freude. Fischer selbst schrieb an Hesse, er »halte es für sehr gelungen«, und schlug vor, das Format künftig für die Bücher Hesses zu verwenden. Die literarische Freude war gemischt. Fischers Ankündigung verhieß:

In der Geschichte eines Staates von seinen notvollen Anfängen bis zu revolutionärem Übereifer gibt Hauptmann in genialer Synthese ein Doppeltes: mit gläubig lächelnder Ironie einen großen Roman der Menschlichkeit, mit dem Ernste der Ehrfurcht ein Epos der Menschheit, welches den ganzen Kreis unserer ewigen Fragen und Antworten durchschreitet. Die Szene der Ereignisse ist eine von Paradiesesfarben funkelnde und mit tiefsinniger Anschauung gedeutete Südseeinsel in ihrer schöpferisch gewaltigen Urgestalt.

Waschzettel – jeder Verleger, jeder Autor weiß es – sind Unglückssache. Dieser nahm den Mund übervoll und hatte dabei nichts zu beißen. Die »gläubig lächelnde Ironie« war ein Widerspruch in sich und traf nicht. Hauptmann besaß viele Arten von Humor in reicher Fülle: heiteren, wehmütigen, tragischen, kauzigen, übermütigen, ingrimmigen, koboldhaft-vertrackten, denen seine häufig ganz vorsätzlich linkisch-hölzerne Erzählerprosa sich besonders wirksam lieh – aber Ironie besaß er nicht. Er war ein grundtief naiver Dichter mit einem gerüttelt Maß keck-schlauer Durchtriebenheit, doch Ironie saß ihm nicht in den Fingerspitzen. So verschob dieser Versuch in einem ihm wesensfremden Geisteselement den »Ernst der Ehrfurcht« auf eine Ebene malerischer Banalität.

Die Kritik kreidete es ihm an. Loerke notierte Ende November nach einem Krankenbesuch bei Heimann, er habe mit ihm »über Hauptmann und die allgemeine Verwerfung seiner ›Insel‹« gesprochen. Er selbst schrieb Hauptmann am 29. Dezember 1924 enthusiastisch, er verdanke dem Buch »soviel Beglückung, soviel innerliche Befreiung und Erweiterung«:

Auch manchen Skeptikern habe ich zu danken, weil sie die Entschiedenheit des Anschauens förderten, und diesen Skeptikern hinwieder wird vielleicht mancher Hinweis, den sie empfingen, nicht unwillkommen gewesen sein. Kurz: ich lebe viel in Deinem Rhythmus, in Deinen Melodien und Gestalten ...

Heimann hatte, wie seine Briefe an Fischer bezeugen, in seinen letzten Lebensjahren viele Vorbehalte gegen das neuere Schaffen des Schwagers, scheute sich jedoch, sie allzu freimütig auszusprechen. Julius Bab war nicht der einzige Kritiker, dessen Hinweise auf die erotischen Fragwürdigkeiten des Buches Fischer ärgerten:

Die Besprechung von Bab gehört zu den schwächsten Besprechungen, die ich kenne. Ich glaube, Du würdest nicht damit einverstanden gewesen sein, wenn wir auf dem Schutzumschlag Dein Buch als ›pikant‹ bezeichnet hätten. Daß es witzig und ironisch ist, merkt auch der dümmste Leser, aber in den Anzeigen das gar zu dick zu unterstreichen, würde ja doch immerhin eine Verschiebung des Gleichgewichts bedeutet haben.

Der »dümmste Leser«, ob er's nun merkte oder nicht, ließ sich's nicht anfechten. Fischer druckte eine Erstauflage von 25 000 (Hauptmann hatte 30 000 verlangt!) und dazu eine numerierte und signierte Luxusausgabe von 300 Exemplaren auf Büttenpapier und verhieß, seiner Maxime getreu: »Wir haben alle Maßnahmen getroffen, um, wie ich hoffe, einen starken Erfolg auch durch Propaganda zu steigern.« Am 21. Oktober konnte er berichten, die *Insel* sei, »wie es scheint, ein ›Schlager‹, von dem ein schneller Verkauf großer Auflagen zu erwarten ist. Bisher haben wir 14 000 Exemplare verkauft. Wir sind mit den Vorbereitungen zu einem Neudruck von weiteren 25 000 Exemplaren bereits beschäftigt.« Eine russische Übersetzung war schon vor Erscheinen abgeschlossen; Huebsch erwarb auf der Stelle die amerikanischen Rechte. Am 15. November 1924 konnte Fischer berichten:

Der ›Insel der Großen Mutter‹ geht es weiter gut, sie bildet das Gespräch der Kreise, die für Literatur Interesse haben, und man hört manches kluge und gute Wort darüber und selbstverständlich wie immer auch manche Opposition. Der beste Beweis für die Wirkung bleibt der anhaltend gute Absatz. Da nicht zu übersehen ist, ob das zweite 25 Tausend bis zu Weihnachten reicht (ich glaube, es wird nicht reichen), so haben wir schon das dritte 25 Tausend im Druck, so daß wir jedem Ansturm gewachsen sein werden.

Aber selbst der erfahrenste Verleger lernt nie aus. Der erwartete Ansturm erfolgte nicht; auf einmal ging es nicht weiter. Zwei Wochen später, am 28. November, mußte Fischer mitteilen:

Eine sichere Prognose für das weitere Schicksal Deines Buches läßt sich noch nicht geben. Im Buchhandel ist es im allgemeinen still, die Sortimenter haben stürmisch ihren Bedarf eingedeckt, verkaufen aber augenblicklich nur wenig, weil noch keine Weihnachtsstimmung herrscht und weil ja auch im allgemeinen die Verhältnisse nicht eben glänzend sind. Die ersten 25 Tausend haben wir ja sehr schnell verkauft, und als die zweiten 25 Tausend in Angriff genommen wurden, war der Absatz auch noch ganz gut ... Nun liegen die Dinge so, daß tatsächlich das 51.–75. Tausend fertig gedruckt in plano Bogen in der Druckerei liegen und von dem zweiten Druck (26.–50. Tausend) haben wir bis jetzt etwa 6000 Exemplare verkauft. Das Andere steht nun beim lieben Gott, ich vertraue der Kraft und Schönheit Deines Buches und ich nehme an, daß wir bis Weihnachten mindestens noch 10–15 Tausend Exemplare verkaufen werden. An Propaganda lassen wir es nicht fehlen ...

Doch die Erwartung erfüllte sich nicht. Die zweiten 25 Tausend konnten allmählich noch abgesetzt werden, aber beim 50. Tausend blieb das Buch stecken. Vier Jahre später, im Herbst 1928, zeigte die Abrechnung des Verlags, daß von den Plano-Bogen noch über 23 000 Exemplare auf Lager waren. Wie ging das zu? Hatte die ablehnende

Kritik den Verkaufserfolg zum Stehen gebracht? Hauptmann veröffentlichte, möglicherweise um einige der Argumente der Kritik zu entkräften, im Septemberheft 1925 der ›Neuen Rundschau‹ die bisher unveröffentlichte, in der Buchausgabe nicht enthaltene Einleitung zur *Insel* als ›Epilog‹, aber sie brachte das Buch nicht wieder in Gang. Am 31. Januar 1925 schrieb er aus Rapallo an Julius Levin:

> Es drängte mich, das Buch zu schreiben, ich hatte während des Schreibens Freude daran, und was Ironie darin ist, gilt mir eigentlich als Heiterkeit... Wenn der deutsche Literaturjammer sich da und dort recht jämmerlich gebärdet und auch diesem Werke gegenüber, so bin ich alt genug, um darin etwas Überraschendes nicht zu sehen...

Jedoch lag es wohl weniger am »deutschen Literaturjammer« als an der leidigen Ironie. Daß sie Hauptmann »eigentlich als Heiterkeit« galt, war eine poetische Verkennung des Zeitgeistes. Heiterkeit ist eine Ausdrucksform des Gemüts; Ironie eine solche des Geistes. So könnte man sagen. So sagte es damals Kerr anläßlich Bernard Shaws.

›DIE HEILIGE JOHANNA‹

Shaws dramatische Chronik vom Leben und Sterben der Jungfrau von Orléans war 1923 entstanden. Die Uraufführung hatte am 28. Dezember 1923 in New York stattgefunden, auf sie war am 26. März 1924 die Londoner Erstaufführung gefolgt. In New York erlebte das Stück 214, in London 244 Aufführungen, und es war sogleich klar, daß dieses Werk ein theatralisches Weltereignis war. Trebitsch, der zwischen 1922 und 1927 bei Fischer nichts Eigenes veröffentlichte, hatte ein ganzes Jahr Zeit für seine Übersetzung und verhunzte das Stück gründlich; seine Fassung enthielt nicht nur Fehler, sondern fuhr überdies über die präzise Dialektik der Sprache, auf die hier alles ankam, wie mit einer Dampfwalze hinweg. Die ›Neue Rundschau‹ veröffentlichte das umfangreiche Werk ungekürzt im Vorabdruck in vier Heften vom Juni bis September 1924, und die Buchausgabe erschien bei Fischer gleichzeitig mit der deutschen Erstaufführung in Berlin am 14. Oktober 1924.

Reinhardts Inszenierung im Deutschen Theater wurde dem Stück nicht gerecht. Sie war zu laut, zu schleppend, zu stark auf dramatische Effekte gestellt und in fast allen Männerrollen fehlbesetzt. Doch errang die siebenundzwanzigjährige Elisabeth Bergner in der Titelrolle dem sperrigen Text zum Trotz sich selbst und dem Stück einen rauschenden Erfolg. Loerke notierte: »Ganz großer Eindruck, nicht von der Aufführung, doch weil das Stück ganz und gar meinem Begriff von Drama entspricht.« Manche Kritiker bemängelten die deutsche

Fassung; Norbert Falk gab Shaw die Schuld: »Shaw selbst hält sich in Deutschland durch seinen Statthalter Siegfried Trebitsch, dessen kraftloses und plattes Deutsch er so rührend verteidigt, gut genug vertreten.«

Dessenungeachtet ging das Stück im Siegeszug über sämtliche deutsche Bühnen. Die Erstauflage von 5000 Exemplaren war im Handumdrehen vergriffen; nach einem knappen halben Jahr war das 50. Tausend erreicht, und aus diesem Anlaß brachte der Verlag 1925 eine ›Festausgabe‹ von 150 Exemplaren mit acht Steinradierungen von Georg G. Kobbe zum Preis von 25 Mark heraus. Die gewöhnliche Ausgabe gelangte binnen Jahresfrist ins 80. Tausend.

Die literarische Wirkung der *Heiligen Johanna* war bedeutend. Im Rückblick läßt sich erkennen (wie Günther Rühle in seinem Werk *Theater für die Republik* vierzig Jahre später feststellte), daß dies »das wirkungsreichste Stück dieser Jahre überhaupt« war; die »episch geordnete Historie« war »ironisch gebrochen und dadurch vom Zuschauer distanziert«, und damit war »Shaws Stück formal von solcher Aktualität, daß es sofort zum Muster wurde für die Historien, die in der zweiten Hälfte der zwanziger Jahre immer zahlreicher auf die Bühne kamen ...« Auch die Zeitgenossen erkannten es. Emil Faktor schrieb, das Stück biete »einen völlig neuen Typus von Geschichtsdrama dar. Es räumt ... die Entfernung der Jahrhunderte ab.« Den Kern traf Kerr. Er schrieb: »Shaw ist auch hier Skeptiker ... mit dem Satz: aude sapere – habe den Mut, dich deines Verstandes zu bedienen«, und fuhr fort:

Das schrieb einer, der seine Mitwelt zur Aufrichtigkeit erzieht. Zur Einkehr. Zum Ablassen vom Schwindel. Er ist, was man einen Dichter nennt. Oder Schriftsteller? ... Die Wahrheit ist: daß mit vorrückender Zeit, mit dieser Gegenwart, ja eben die Grenze zwischen ›Dichter‹ und ›Schriftsteller‹ zu versinken begonnen hat. Daß eben heut gewisse Dinge nicht mehr durch sogenannte dichterische Symbole ausgedrückt werden können, sondern daß sie erörtert werden müssen ... Daß sie eben allein durch ein dichterisches Gefühl nicht mehr auszudrücken sind: weil wir zu vielfältig geworden sind; zu verfeint; zu besonderlich; zu zwischenstufig; zu abgeschattet; zu erwägungshaltig. Dafür gibt es keine Symbole; sondern Erörterung. So daß ein reiner Dichter, will sagen: ein rein gefühlsmäßiger Symbolerich, heute zugleich ein Banalissimus wäre ... Der ›Schriftsteller‹ ist heute längst ein ›Dichter‹, ohne als ein solcher gestempelt zu sein. Der ›Dichter‹ jedoch wird künftig ein ›Schriftsteller‹ sein müssen – oder ein Esel sein.

Eben das hatte, um einiges feiner ausgedrückt, Thomas Mann einige Monate zuvor in seinem Glückwunsch zum 60. Geburtstag Ricarda Huchs gesagt. Kerr hatte gewaltig brutal, gleichsam mit dem Holzhammer, geschrieben. Doch gab er den Grund für die blindgegangene Ironie der *Insel der großen Mutter:* hier hatte die Ironie mit Symbolen anstatt mit Erörterung zu wirken gesucht und dadurch die Heiterkeit banalisiert. Umgekehrt erklärte sich die Zündkraft der Ironie des *Zauberberg*.

Es ist im Briefwechsel mit Fischer keine Äußerung Hauptmanns zu Shaws *Heiliger Johanna* aufzufinden; doch ist festzustellen, daß ihn das Mißverhältnis zwischen dem Erfolg angelsächsischer Dramatik in Deutschland und seiner eigenen Stücke in England und Amerika bekümmerte. Die Buchausgabe der *Heiligen Johanna* erreichte zu Fischers Lebzeiten das 100. Tausend. Von allen Buchausgaben der Stücke Hauptmanns gelangte nur die *Versunkene Glocke*, die 1925 das 127. Tausend erklomm, darüber hinaus, und nur *Die Weber* erzielten die gleiche Höhe; und beide Buchausgaben brauchten drei Jahrzehnte für einen Weg, den Shaws Stück in einem halben zurücklegte. Es mochte ein äußerer Zufall sein, aber es war gewiß kein innerer, daß Hauptmann sich um eben diese Zeit bei Fischer darüber beklagte, daß er auf den angelsächsischen Bühnen noch immer nicht durchgesetzt sei, und die Schuld daran Fischers Vermittlertätigkeit und dem unzureichenden Wirken Ben Huebschs gab. Fischers Antwort an Hauptmann vom 13. November 1925 ist interessant:

Du exemplifizierst auf die Vorteile der Übersetzungen von Shaw und Strindberg und meinst, Deine Übersetzerangelegenheiten waren »von Anfang an verpfuscht«. Soweit wir dabei mitgewirkt haben, ist diese Behauptung unzutreffend, ja im höchsten Grade ungerecht. Wir haben mit Huebsch einen Vertrag geschlossen, der viel günstiger ist als beispielsweise der mir bekannte Vertrag zwischen Shaw und Trebitsch ...

Ich hoffe zuversichtlich, daß Dir aus England und Amerika aus den Aufführungen noch große Honorare zufließen werden, denn es scheint, daß sich der Geschmack und der Sinn für lebendige Dramatik in diesen Ländern hebt. Wenn Du bisher solche Einnahmen noch nicht gehabt hast, so ist dafür weder der Verleger noch der Übersetzer verantwortlich zu machen.

Es ist ein ganz großer Unterschied, ob ein deutscher Dichter im Ausland um Geltung ringt, oder ob ein ausländischer Dichter in Deutschland Geltung findet. Shaw produziert seit 30 Jahren und hat seit zwei Jahren in Deutschland große Erfolge. Das hat er nicht zum wenigsten der Aufnahmewilligkeit des deutschen Publikums zu verdanken, das williger und verständnisvoller ist als die Engländer und Amerikaner es bisher waren. Also die Voraussetzungen für Dich sind weitaus günstiger als die von Dir genannten Fälle. Es entsteht nur die Frage, wann die Engländer und Amerikaner so weit sein werden, um Dein Werk aufzunehmen.

Das war allerdings die Frage, und sie war mit Kerrs Feststellung, daß das Erörterungstheater die Symbol-Dramatik in dieser Zeit ablösen müsse, bereits beantwortet. Es war eine Lieblingsvorstellung Fischers, aus älterer, besinnlicherer Zeit stammend, daß das bedeutende Werk früher oder später überall Aufnahme finden, sich Weltgeltung erringen werde, wenn man ihm nur genügend Zeit ließ. Diese Vorstellung, einstmals wohlbegründet, war in der schnellebigen Zeit zur Illusion geworden.

Trotz Fischers gläubiger Zuversicht mag Hauptmann mithin durchaus das Gefühl gehabt haben, in diesem Herbst 1924 zweimal überrundet worden zu sein, einmal als Dramatiker, ein anderes Mal als Epiker, und beide Male durch die Ironie. Denn zugleich mit der *Heiligen Johanna* war der *Zauberberg* gekommen und hatte noch dazu eine persönliche Disharmonie zwischen Dichter und Schriftsteller, zwischen Hauptmann und Thomas Mann gebracht, die Fischer tief bestürzte.

»DAS VERSCHLEPPTE ROMAN-UNTIER«

Nicht nur der Verleger, sondern jedermann, das ganze literarische Deutschland wußte seit Jahren, daß *Der Zauberberg* kreißte und ganz gewiß keine lächerliche Maus gebären werde; es war seit langem deutlich, daß etwas für die deutsche Literatur Hochbedeutsames im Kommen war. Vereinzelte Probestücke aus den Anfangskapiteln waren bereits hier und dort erschienen, und Thomas Mann selbst hatte schon viele Male mit großem Erfolg aus fertigen Manuskriptteilen öffentlich vorgelesen. Einen der nachmals berühmtesten Teile, das Kapitel *Schnee*, das auf ein Erlebnis in Tölz im Winter 1914 zurückging – »Ein Schneeabenteuer war es, ich habe soviel Schnee in meinem Leben noch nicht gesehen« –, hatte er, wie Hedwig Fischer sich erinnerte, im August 1919 in Glücksburg vorgelesen. Im Juli 1922, als Thomas Mann den Republik-Geburtstagsaufsatz für Hauptmann in Angriff nahm, war der *Zauberberg* bis zur Hälfte des sechsten Kapitels, dem Unterkapitel *Jähzorn. Und noch etwas ganz Peinliches* gediehen. Die ersten fünf Kapitel, die den ersten Band bilden sollten, lagen also bereits vor, und Ende 1922 zeigte Fischer denn auch zuversichtlich das baldige Erscheinen des Werkes an. Doch am 25. Dezember schrieb Thomas Mann an Bertram:

> Fischers Anzeige spiegelt Ihnen die Beendigung des ›Zauberbergs‹ vor: wehmütig dankbar beobachte ich Ihre Bereitwilligkeit der Illusion zu unterliegen, – nüchtern durchdrungen, wie ich bin, von dem Bewußtsein dessen, was immer noch zu thun ist, bevor ich das Wort ›Ende‹ werde setzen dürfen. Ich werde sicher ›Finis‹ schreiben, vor lauter Feierlichkeit ... Aber möge das Machwerk nun etwas taugen oder nicht, es handelt sich thatsächlich um einen Roman, d. h. une mer à boire ...

Es ging mit »meinem Wilhelm Meisterchen« nur langsam vorwärts:

> ... jedesmal ist es schwer, nach der Zerstreuung, dem Leben nach außen, die Ruhe und Sammlung wiederzufinden, die regelmäßige und langweiligdienstliche Führung, die eine Arbeit wie der Zauberberg erheischt. Dergleichen macht man wirklich gegen die Zeit. Diese begünstigt eigentlich nur Artikel, Manifeste, rasch fertige Improvisationen.

So am 21. Februar 1923. Am 10. Juni berichtet Thomas Mann, er »habe das verschleppte Roman-Untier, das in großen Partien sicher langweilig ist, in andern allenfalls sonderbar, wieder aufgenommen«, doch scheint er nur sehr langsam vorwärtsgekommen zu sein. Denn im Oktober 1923, als er in Bozen mit Hauptmann zusammentraf und beide im Hotel Austria wohnten, war er offenbar am Ende des sechsten oder am Beginn des siebenten (und letzten) Kapitels steckengeblieben. Das Zusammensein mit Hauptmann löste die dichterische Schwierigkeit und schuf eine menschliche.

MYNHEER PEEPERKORN TRITT AUF

Diese wunderliche Geschichte ist einigermaßen bekannt, wenn auch bis heute nicht restlos geklärt, da einige Zeugnisse fehlen und Hauptmann sich (zumindest öffentlich) nie zu ihr geäußert hat. Thomas Mann hat sie in seiner Rede zu Hauptmanns 90. Geburtstag (1952), mit seiner Schilderung in *Die Entstehung des Doktor Faustus* (1949) und posthum mit der Veröffentlichung seiner Briefe in wesentlichen Teilen erzählt. Aus diesen Quellen, denen wir – was Fischer betrifft – einiges bisher Unbekannte hinzufügen können, läßt sich der Hergang nachzeichnen. In der Frankfurter Hauptmann-Rede heißt es:

Ich bin ihm persönlich nahe getreten, als er in seiner Fülle stand, mit achtundvierzig dem Einundsechzigjährigen, in Bozen-Gries, Herbst 1923, als sein Arbeitssinnen dem Großen Traum und der Insel der Großen Mutter galt und meines dem Zauberberg. Jetzt, nahe dem Scheitelpunkt meines Lebens, auf der Überhöhe des seinen, führte der Zufall uns unter dem Dach derselben Hotel-Pension zusammen, und in all meiner Bedrücktheit durch erzählerische Sorgen, ein momentan ratloses Festsitzen, das mir gerade zustieß, teilte ich von Herzen seine Freude über diese Fügung ...
Damals sah ich ihn jeden Tag, sah ihn immer an, hing an seinen Lippen, seinen Gebärden, und in mir hieß es: »Das ist er!« Ich war in erzählerischer Not, ich trachtete nach einer Figur, die kompositionell längst vorgesehen war und die ich jetzt gerade einzuführen hatte, die ich aber nicht *sah*, nicht hörte, nicht besaß. Unruhig und besorgt war ich nach Bozen gekommen, und was mir dort zuteil wurde, war eine Vision. Kein anderes Wort paßt. Glauben Sie doch nicht, daß ich ihn belauert und heimtückisch beschlossen hätte, ihn abzukonterfeien. So geht dergleichen nicht vor sich, nicht so kleinlich und schlecht. Man ›beobachtet‹ nicht mit einem Blick, der sich an der Wirklichkeit zum *Schauen* bricht.
Mit jenem »Das ist er!« war nicht er, der gütige, große Freund gemeint. Gemeint war die wunderlich tragische Gestalt, die sich in meinem Roman erhob, Mynheer Peeperkorns Gestalt, des bannenden Redners im betäubenden Donner des Wasserfalls, der irrationalen ›Persönlichkeit‹, des herrscherlichen ›Formats‹, neben dem die intellektuellen Schwätzer und Pädagogen, die dialektischen Kampfhähne des Bildungsromans verzwergen.

Hinzugefügt sei, daß Hauptmann während dieses gemeinsamen Aufenthalts im Hotel Austria leicht erkrankte und einige Tage das Bett hüten mußte und Thomas Mann ihn in seinem Zimmer besuchte, um mit ihm zu plaudern. Dies ergab zusätzliche Anschauung und, wie sich zeigen sollte, Anschaulichkeit.
Mynheer Peeperkorn gelangte nicht sogleich aufs Papier. Neuerliche Tagesarbeit, Vortragsreisen nach Lübeck und Berlin drängten sich dazwischen. Im Dezemberheft 1923 der ›Neuen Rundschau‹ erschien das *Schnee*-Kapitel im Vorabdruck. Heimann fand durch seine Lektüre zu einer neuen Beurteilung Thomas Manns. Er schrieb am 19. Dezember 1923 an Fischer:

Wie es mit ihm auch sei, er zahlt mit ehrlichstem Gelde. Von einem Dichter – wenig; als Schriftsteller so ersten Ranges, daß ein Dichter daraus wird.

Und ausführlicher drei Tage später:

Noch muß ich auf Th. Manns »Schnee« zurückkommen. Ich habe das Fragment – das sich übrigens vortrefflich rundet – mit allergrößtem Genuß gelesen. Es ist eine Präzision darin, die deshalb vom ersten Rang ist, weil sie das unmittelbare Naturgefühl nicht nur nicht verletzt, sondern bereichert und erhöht ... Es sind Vokabeln in diesem »Schnee«, so sorgfältig und dabei so gleichsam von selbst gegeben, Sätze, so gefügig und klar, daß der Ausdruck und das Ausgedrückte sich völlig decken. Manns Manko: die Ironie. Sie ist in ihrer Diskretion zu aufdringlich. Sie macht künstlich Erscheinungen klein, statt sie wahrhaftig klein zu sehen; sie ist nicht von Eitelkeit frei – alle Deutschen schauspielern, mit einer einzigen Ausnahme. Das zweite Manko: die Dinge geschehen an einem Phantom, nicht an einem Menschen; das Objekt ist wichtiger als das Subjekt – und damit scheidet die Meisterleistung, ohne aufzuhören, eine zu sein, aus der Sphäre der Poesie.

Am 25. Dezember 1923 heißt es in einem Brief Thomas Manns an Bertram:

Der Zauberberg ist gedruckt, so weit das Manuskript reicht, d. h. noch immer nicht zu Ende. Fischers Loerke findet das Werk »großartig«. Soweit jener. Und doch atmete die gequälte Brust hoch auf.

Am 19. Februar 1924 berichtet Thomas Mann, die »Schicksale des Zauberbergs« hätten »gegen Ende noch eine wunderlich überraschende (für mich überraschende) Wendung genommen«, ohne sich näher zu erklären. Am 16. März 1924 schreibt er seinem ungarischen Übersetzer:

Ich bin immer noch mit dem Schlußteil des Romans beschäftigt und werde es die nächsten Monate auch noch bleiben. Der Stil des Buches ist weitläufig – äußerlich, wie innerlich. Unter uns gesagt, ist es nicht ganz ausgeschlossen, daß man den 2. Band noch einmal wird teilen müssen, sodaß der Roman dreibändig wird. Das ist nicht sicher, aber auch nicht unmöglich ... Ich habe den Herbst dieses Jahres für das Erscheinen in Aussicht genommen.

Am 29. April war »der Schluß des Zauberberg erst eben noch eingeleitet und kompositionell festgestellt. Im Lauf des Juli hoffe ich fertig zu werden.« Das gelang nicht. Im Mai kam eine Reise nach England dazwischen, auf der Rückfahrt ein neuerlicher Aufenthalt in Berlin. Am 16. Juli reiste Thomas Mann für den Sommer nach der Insel Hiddensee. Von dort schrieb er am 23. Juli an Félix Bertaux, der sich in Frankreich sehr für ihn einsetzte:

Sie erkundigen sich, was ich schreibe. Es ist ein großer Roman, den ich in den nächsten Wochen zu beenden hoffe, ein Monstrum von 2 dicken Bänden ... das aber, fürchte ich, in Frankreich und England nicht nur seines Umfangs wegen keinen Eingang finden wird. Es ist ein spezifisch deutsches und grundwunderliches Unternehmen, eine Art von Modernisierung des Bildungs- und Erziehungsromans und auch wieder etwas wie eine Parodie darauf. Ich werde nicht verfehlen, Ihnen das Ungeheuer zu schicken, ohne viel Hoffnung, daß Sie etwas damit werden anzufangen wissen.

Auf Hiddensee traf Thomas Mann abermals mit Hauptmann zusammen und verbrachte im Haus am Meer in Kloster zwei Wochen mit ihm unter einem Dach. Der freundschaftliche Umgang der Bozener Tage wurde wieder aufgenommen, indes Thomas Mann nunmehr beharrlich den Roman seinem Schluß entgegentrieb. Das Auftreten Peeperkorns auf dem Papier stand bevor. Das *Faustus*-Tagebuch berichtet:

Eines Abends in Hiddensee ... hatte er uns auf seinem Zimmer aus seinem Till Eulenspiegel-Epos vorgelesen, den unheimlichen Gesang, worin die Sonne aufzugehen versäumt, und nach einigem Gespräch darüber forderte er mich auf, nun etwas aus dem ›Zauberberg‹ mitzuteilen, in dessen drittem Viertel etwa ich damals stand. Ich wehrte ab. Es widerstand mir ehrlich, zu lesen, nachdem er gelesen hatte, und ich sagte es. Nun geriet er in Bewegung. Es dauerte eine Weile, bis er hervorbrachte, was in ihm arbeitete. Voran gingen pantomimischer Widerspruch, Gesten, bannende Winke zur Aufmerksamkeit. Dann kam es: »Lieber Freund ... Nicht so ... Sie haben unrecht ... *In unseres Vaters Hause sind viele Wohnungen!*« — Das war so gut, als Wort so gefunden und empfunden, so groß gedacht und wohl angebracht, daß es mich in tiefster Seele rührte. Meinen Beifall beantwortete er mit wiederholtem und zufriedenem »Nichtwahr? Nichtwahr?«, und so sträubte ich mich nicht länger. Ich las etwas jüngst Geschriebenes, das Kapitel ›Strandspaziergang‹, ein recht abstraktes Stück humoristischer Philosophie, das schlecht aus dem Zusammenhang zu nehmen ist ... Aber der Alte war angetan. Er hatte sich beim Hören an den Tonfall, die Sprechweise, den geistigen Rhythmus gehalten und stellte Stilvergleichungen an. »Woran es am meisten erinnert«, sagte er, »ist Meredith.« Ich habe die Bemerkung im Gedächtnis behalten, weil sie sein Feingefühl für rhythmische Anklänge und Verwandtschaften kennzeichnete ...

Die Bemerkung kennzeichnet noch mehr. Hauptmanns Vergleich mit Meredith ist wundervoll aufschlußreich. George Meredith war bald nach der Jahrhundertwende von Fischer in deutscher Übersetzung vorgestellt worden, aber in Deutschland nur wenigen bekannt. Sein 1905 bei Fischer erschienener Roman *Der Egoist* war auf ähnliche Weise ein Meilenstein in der englischen Prosa-Epik wie *Der Zauberberg* in der deutschen einer werden sollte. Die Affinität bestand auf zwei verschiedenen Ebenen. Hauptmann erspürte mit untrüglichem Dichtergefühl die Verwandtschaft auf der einen: die rhythmischen Anklänge. Die ungleich frappantere, viel tiefer reichende Verwandtschaft auf der Ebene des ironischen Ideenromans, auf welcher Merediths überragende Bedeutung liegt – auf sie kam Hauptmann überhaupt nicht. Sinnfälliger hätten sich ›Dichter‹ und ›Schriftsteller‹ nicht konturieren lassen.

Es ist vermutet worden, Thomas Mann sei in diesem Sommer eigens nach Hiddensee gefahren, um sich seine Peeperkorn-»Vision« noch einmal genau anzusehen. Denn wie gesagt: der Holländer stand vor der Tür. Thomas Mann sagt, er habe etwa »im dritten Viertel« des Romans gestanden. Das würde heißen, daß das 6. Kapitel etwa abgeschlossen war. Das »jüngst geschriebene« Kapitel *Strandspaziergang,* das er vorlas und in dem Hiddenseer Eindrücke bereits verarbeitet sind, ist das erste Unterkapitel des 7. Kapitels, und mit ihm beginnt in der Tat beinahe auf die Seite genau das letzte Viertel des Buches. *Strandspaziergang* beginnt auf Seite 334 des II. Bandes der Erstausgabe, und bereits im nächsten Unterkapitel, auf Seite 345, tritt Peeperkorn auf. Wer weiß, vielleicht brachte Thomas Mann dieses erste Auftreten gar unter demselben Dach zu Papier. Wie auch immer, ahnte Hauptmann gewiß nichts davon. Die Familie Mann blieb nur zwei Wochen in Hiddensee; dann übersiedelte man nach Bansin und von dort nach Ahlbeck. Am 12. August schrieb Thomas Mann an Bertram:

> Hiddensee war nicht für die Dauer (obgleich schön). An der See sind wir alle, und ich besonders, so gern, daß wir bis 25. prolongiert haben. Absolut fertig wird der Zauberberg auch bis dahin nicht! Aber der Rest schrumpft doch mehr und mehr zusammen...

Und am 28. August 1924, wieder in München, an denselben:

> Der Zauberberg hat einen großen Schritt gegen das nahe Ende gemacht. Ich rechne mit dem Finis für Ende Oktober. Ein Abschnitt (erster Dialog mit Naphta; Sie waren damals sehr angetan) kommt noch ins Septemberheft der Rundschau.

NEUER VERTRAG

So geschah es. Inzwischen jedoch mußte mit Fischer verhandelt werden. Der jeweils auf fünf Jahre geschlossene Verlagsvertrag war im Begriff abzulaufen und mußte erneuert werden. Thomas Mann hatte sich fest vorgenommen, sich vertraglich Bewegungsfreiheit für »kleine Extratouren« zu sichern, und stieß, wie zu erwarten, mit diesem Wunsch bei Fischer auf Verständnis, aber keine sonderliche Gegenliebe. Es ist aus diesen Vertragsverhandlungen nur ein Brief Fischers an Thomas Mann vom 17. September 1924 erhalten; aber aus ihm spricht Fischer ›wie er leibt und lebt‹:

Lieber Herr Mann – ein Vertragsverhältnis, das nicht auf Kontinuität gegründet ist, ist für Autor und Verleger eine Unmöglichkeit. Handelt es sich um Werke, die den Tag überdauern, so gibt es doch wirklich nur die eine Grundlage eines loyalen und anständigen Vertragsverhältnisses. Einen Verlag müssen Sie ja haben, es kommt also nur darauf an, ob Ihr Werk in *einer* Hand zusammengefaßt in einer würdigen Atmosphäre gut geführt und treu behütet wird. Verlockungen von anderer Seite haben irgendwie immer einen Haken; wir kochen alle mit Wasser, und ein augenblicklicher Vorteil beweist nichts gegen das, was ich hier vorgebracht habe. Fragen Sie sich selbst, ob die kleinen Extratouren, die Sie unternommen haben, für Sie sehr lohnend waren und ob Sie nicht mindestens dasselbe in solchen Fällen von mir haben konnten.

Ich bin Ihnen dankbar für das Vertrauen, das Sie meinem Verlag entgegengebracht haben, und ich will darum Ihrem Wunsch, für eine neue Bindung ein besonderes Äquivalent zu bekommen, entsprechen. Ich will Ihnen für jedes neue Werk, das Sie meinem Verlag übergeben, eine Extra-Prämie von 3000 Mark bezahlen und diese Prämie rückwirkend auch für den ›Zauberberg‹ und für den kommenden Essaiband gelten lassen. Für den ›Zauberberg‹ soll die Prämie ausnahmsweise 5000 Mark betragen.

Eine solche Vereinbarung, die den Verzicht des Autors auf eine lockerere Bindung mit »kleinen Extratouren« durch eine nicht als Vorschuß zu verrechnende Prämie aufwog, traf Fischer nur in sehr seltenen Fällen. Sie bestand schon seit vielen Jahren mit Hermann Hesse und anscheinend auch in anderer (nicht mehr feststellbarer) Form mit Hauptmann, doch soweit ersichtlich mit keinem anderen Autor des Verlags. Aus Fischers Brief geht des weiteren hervor, daß Thomas Mann vom Verlag eine zu verrechnende Monatsrate von zweitausend Mark erhielt, daß er sich hinfort eine Vorauszahlung von einem Drittel des Gesamthonorars der Erstauflage eines neuen Werkes erbat und künftighin vierteljährliche Abrechnung wünschte. Dies alles gestand Fischer ohne weiteres zu. Im übrigen schließt sein Brief mit einer freundschaftlichen Mahnung: wenn Thomas Mann mehr verdienen wolle, so solle er vor allem mehr schreiben!

Vergessen Sie nicht, lieber Herr Mann, daß eine umfangreichere Produktion eine viel breitere Basis für Honorarzuflüsse gibt ... Ich hoffe sehr, daß Sie den anliegenden Vertrag, der nun alle diese Punkte zu Ihren Gunsten regelt und Ihnen besonders auch für den ›Zauberberg‹ und für den kommenden Essaiband rückwirkend eine Prämie von 8000 Mark sichert, als einen guten Auftakt ansehen. Ich tue, was ich tun kann.

Thomas Mann scheint diesen neuen Vertrag ohne Murren unterschrieben zu haben. Auch er tat, was er konnte. Zwei Tage darauf, am 19. September 1924, schrieb er der Tochter Erika:

Das Duell ist wohl fertig, und ich bin am allerletzten Schluß, aber der macht mir ganz unerwartete Schwierigkeiten, und das Köpfchen ist wie gelähmt. Es ist die reine Nervosität. Ende nächster Woche muß und werde ich fertig sein.

Diesmal verrechnete er sich nicht.

PEEPERKORN FÄLLT AUF

Am 24. September 1924 teilte Thomas Mann mit, er lege »in diesen Tagen die mit recht so beliebte ›letzte Hand‹ an das naturferne Geschwätz meiner beiden Bände und gehe unterdessen auch nicht aus«. Am 28. September schrieb er nicht wie verheißen ›Finis‹, sondern noch feierlicher »Finis Operis« auf die letzte Seite, sandte das Schlußmanuskript an den Verlag und fuhr anschließend den Oktober über zum Ausruhen nach Sestri Levante, Hauptmanns und Fischers bevorzugten Frühjahrs- und Herbstaufenthalt. Hauptmann war um die gleiche Zeit wieder im Hotel Austria in Bozen, und als er Anfang November nach Santa Margherita kam, war Thomas Mann aus dem nahen Sestri bereits heimgereist. So begegneten sie einander nicht. War es eine gute Fügung?

Die Schlußkapitel des *Zauberberg* waren an die Druckerei in Leipzig, wo man bereits händeringend wartete, unverzüglich weitergeleitet worden. Noch in Sestri erfuhr Thomas Mann, daß bereits 5000 Vorbestellungen vorlagen, »so daß Fischer gleich 20 Tausend druckt. Da kann denn der Meister einzig Befriedigung empfinden in Hinsicht auf die Subsidien.« Nach München zurückgekehrt, gab er am 8. November in einer Vorlesung in der Galerie Caspari zum erstenmal Peeperkorn zum besten. Am 12. trat er eine Vortragsreise an, die ihn auch nach Berlin führte, und schrieb an diesem Tag seiner Abreise an Oskar Loerke:

... ich bitte Sie um Rat und Meinung in einer Sache, von der ich hoffen muß, daß Sie darüber lachen werden. Ich las hier neulich in der Galerie Caspari vor einem intelligenten Publikum aus dem ›Zauberberg‹ vor, und zwar den ersten Teil der Peeperkorn-Episode, das Gelage, Sie erinnern sich. Es las sich gut in dem intimen Raum, die Leute waren in Stimmung, und die Kritik fand die Figur des Holländers prachtvoll. Am Abend selbst aber, in Gesellschaft nachher, sprach ich mit einem befreundeten Maler, der voriges Jahr auf Hiddensee war, und im Lauf des Gesprächs, nach einigem lächelnden Zögern, gestand er mir, Gott möge ihm die Sünde verzeihen, aber er hätte angesichts Mynheer Peeperkorns ein paarmal an – Hauptmann denken müssen. Meine Reaktion war Lachen, Stutzen, Nachdenken und Besorgnis. Sagen Sie mir aufrichtig: Besteht Gefahr, daß auch andere auf diesen waghalsigen Gedanken kommen können? Ist etwas allgemein zu Befürchtendes an dem persönlichen Eindruck jenes Malers, und halten Sie es für möglich, daß die Berliner Freunde des Dichters auf den Gedanken kommen könnten, mit Peeperkorn sei Hauptmann ›gemeint‹? Und daß es also Ärgernis geben könnte? ... Der Gedanke darf kein Leben bekommen, und wenn er welches hat, so muß man ihn ersticken, ermorden, mit allen Mitteln aus der Welt leugnen ...

Die verdutzte Unschuldsmiene war gewiß nicht gänzlich echt; wohl aber die Besorgnis. Was mag Loerke geantwortet haben? Zehn Tage später war Thomas Mann zum bevorstehenden Erscheinen des Buches in Berlin, und am 24. November 1924 notierte Loerke im Tagebuch:

Gestern mittags bei Fischer. Es waren dort: Thomas Mann und Frau, seine reizende junge Tochter Erika, Herr Schnitzler, der junge Sohn Arthur Schnitzlers, musikalisch interessiert und gebildet. Hans Reisiger. Tee. Im Auto zum Beethovensaal. Mann las aus dem Zauberberg den Anfang der Peeperkornepisode. Alle sagten: das ist Hauptmann. Besonders Herr von Hülsen. Das wird möglicherweise eine große Aufregung geben.

Es gab eine große Aufregung, vornehmlich in der Verlagsfamilie; Brigitte Fischer, die mit ihren Eltern die Vorlesung im Beethovensaal hörte, erinnert sich, daß »meine Mutter nach der Vorlesung sehr bestürzt zu Thomas Mann ging, um ihn zu bitten, einige Einzelheiten wie die Rotweinflecke auf der Bettdecke fortzulassen, damit Hauptmann sich nicht zu verletzt fühle. Er, Thomas Mann, war erstaunt, daß man Hauptmann sofort identifizierte.« Doch vorerst hatte Hauptmann selbst noch nichts gemerkt, und sein wichtigtuerischer Ohrenbläser, der Schriftsteller Hans von Hülsen, hatte es ihm noch nicht hinterbracht. Drei Tage nach der Vorlesung, am 26. November, schrieb Hauptmann enthusiastisch an Fischer aus Santa Margherita:

Thomas Mann beschäftigt mich hier fast ausschließlich. Ich bin auf Seite 333 angelangt. Was ich nach den Proben, die Mann uns vorlas, vermutete, bestätigt sich jetzt im höchsten Grade. Der Roman ist ein Wurf und ein Werk. Ich bin überzeugt, daß, wenn er sich fortsetzt wie bisher und an epischer Ruhe, Haltung und innerem Reichtum nichts verliert, er unter die wenigen Meisterwerke seiner Gattung zu rechnen ist. Einmal der Geburtsstunde eines solchen Werkes beiwohnen zu können, ist für mich kein geringes Ereignis.

Ein nichtsahnend prophetisches Wort! Fischer antwortete:

Es ist so wie Du schreibst: das Buch von Thomas Mann ist durch seine epische Ruhe, Haltung und inneren Reichtum ein Meisterwerk, und es wird im allgemeinen auch so eingeschätzt.

Hauptmann war, als er diesen Brief schrieb, erst bis zur Mitte des ersten Bandes gelangt. Es trennten ihn vom Auftreten Peeperkorns noch

529 Seiten. Am 29. November erbat er sich von Fischer »noch ein Exemplar« des *Zauberberg.* Halten wir inne, indessen er weiterliest, und betrachten wir inzwischen das äußere Geschick der unheilträchtig-sensationellen Neuerscheinung.

›DER ZAUBERBERG‹ IN SEINER ZEIT

Aus Berlin nach München zurückgekehrt, wo er sogleich die Redaktion des neuen Essaybandes *Bemühungen* in Angriff nahm, berichtete Thomas Mann am 28. November 1924 an Bertram:

Peeperkorn, erkannt von den Intimen, aber ohne Unwillen erkannt, feierte dort wie anderswo, ich kann wohl sagen, Triumphe. Das Buch ist heraus, ich hörte schon manches Wohltuende, aber der Preis macht mir Sorge ...

Der Roman war an eben diesem Tag ausgeliefert worden: zwei kräftige, doch handliche Bände von 578 und 629 Seiten, die ins graue Ripsleinen der Gesamtausgabe gebunden 21 Mark, in der Halbleinen-Ausstattung der Einzelausgaben eine Mark weniger kosteten. Das war, für damals, nicht ganz billig. Loerkes Ankündigung lautete:

Der langerhoffte Roman Thomas Manns liegt vor. So Großes die Gemeinde des Dichters erwartet haben mag, sie wird überrascht sein von dem kühnen Wagnis des Planes und der Meisterschaft seiner Verwirklichung. Das Thema des Werkes ist der Zeitbegriff selbst, dieses Urrätsel, das jedem Erlebnis der Welt zugrunde liegt. Ein lungenkranker junger Mann weilt lange in einem Sanatorium auf der Davoser Höhe, und diese abgeschlossene Höhe wird ihm zum Zauberberge über der offenen Welt draußen. Denn für ihn und seine Umgebung – Leidende aus allen Ländern der Erde – hat die Krankheit Wert, Verlauf und Verbrauch der Zeit von Grund aus geändert.

Die ersten zehntausend Exemplare waren im Handumdrehen verkauft; die zweiten zehntausend, die Fischer bereits vorsorglich mit der Jahreszahl 1925 gedruckt hatte, gingen noch vor Weihnachten 1924 weg, und am 6. Dezember schrieb Thomas Mann: »Übrigens wird schon das dritte Zehntausend vorbereitet.« Und vier Tage darauf: »Der Zauberberg hat schon ein paar schöne Kritiken. Eine eigentliche Pleite kann es kaum noch werden ...« Am 26. Dezember 1924 heißt es in einem Brief:

Der Zauberberg hat eine Ia Presse, und das 26. Tausend ist im Handel. Ob dieser Anfangserfolg sich hält, ist zweifelhaft, denn die Leute seufzen nicht wenig über die langen, langen Diskurse. Auch ist der Preis doch ein Hemmnis. Fischer denkt von weitem an eine einbändige Ausgabe auf Dünndruckpapier ...

Und am 3. Januar 1925: »Fischer schreibt, daß das Buch auch jetzt nach dem Fest weiter gut ›geht‹«. Das tat es, anders als Hauptmanns *Insel,* die zu eben diesem Zeitpunkt stehenblieb. Die »Honorarzuflüsse«, wie Fischer sie nannte, ließen nicht auf sich warten, und am 4. Februar 1925 heißt es in einem Brief Thomas Manns an Bertram:

Ich habe, unter uns gesagt, an Eintrittsgeldern in mein mystisch-humoristisches Aquarium schon einige siebzigtausend Mark verdient, und so habe ich mir denn ein Auto angeschafft, einen hübschen sechssitzigen Fiat-Wagen ... und so werde ich denn fortan 33pferdig in die Stadt fahren, nach allen Seiten leutselig grüßend ...

1925 wurden insgesamt vier Neudrucke veranstaltet, und die Gesamtauflage erreichte das 50. Tausend. Im folgenden Jahr brachte Fischer die verheißene einbändige Dünndruckausgabe heraus, die in Ganzleinen nur zwölf Mark kostete, und druckte von ihr sogleich 20 000 Exemplare. Bis Ende 1927 hatten beide Ausgaben zusammen das 99. Tausend erreicht, und Fischer feierte das 100. Tausend 1928 in Gestalt einer Luxusausgabe der zweibändigen Ausgabe mit einer Einleitung von Hans Reisiger und einer Porträtzeichnung von Olaf Gulbransson. Insgesamt erreichte *Der Zauberberg* zu Fischers Lebzeiten das 135. Tausend. Die erste fremdsprachige Ausgabe war die ungarische, die bereits 1925 erschien; die englische, amerikanische und holländische folgten 1927, die polnische und schwedische 1929, die tschechische, italienische und dänische 1930, die französische 1931. Alles in allem erschien der Roman in achtzehn fremden Sprachen.

Was erklärte die Wirkung dieses so überaus anspruchsvollen Buches? Daß es ein ›Roman für Schriftsteller‹ war, verstand sich von selbst. »Vom ›Zauberberg‹ war ich wahrhaft beglückt«, schrieb Schnitzler an Hedwig Fischer. »Ich hätte gut und gern noch einige solche Bände vertragen.« Hofmannsthal schrieb am 4. März 1926 an Thomas Mann:

Es scheint mir das, was an diesem Buch zu bewundern ist, vor allem etwas Künstlerisch-sittliches zu sein: der Mut mit dem hier ein Ich sich, ohne schwindlig zu werden, über den Abgrund, über das Chaos weit hinausbeugt, und ohne Geländer! Aber vielleicht trete ich dem Geheimnis schon zu nahe, wenn ich sage: ein Ich. Denn eine Ich-findung, eine bemühte, dunkle, langsame – ist ja der Gegenstand, der wahre, der ganzen Darstellung; und im Anfang ist nichts da, als dies tiefhinausbeugen, nichts da als der angstvolle Mut. Zum zweiten ist es der innere Einklang des Buches der Ehrerbietung herausfordert, diese wahre seltsame Einhelligkeit mit sich selber.

Und Annette Kolb schrieb Thomas Mann am 10. Januar 1925 aus Badenweiler einen hingerissenen Brief:

Ach lieber Thomas Mann, verehrter Thomas Mann, warum ist Ihr Roman nicht noch um tausend Seiten länger! Nun bin ich zu Ende damit, und er fehlt mir an allen Ecken. Settembrini schweigt, der Holländer ist tot, ich weiß nicht was aus Castorp geworden ist. Sie müssen ihn wieder zum Leben bringen. Ihr Buch ist *herrlich*, dreimal herrlich, reich an Unausgesprochenheiten bei so viel Ausgesprochenem. Aber so lange ich ihn las, war ich selbst in einem Zauberberg, ganz benommen, ganz abgezogen ...

Nun ist das an Romanen arme Deutschland mit einem Ruck sehr reich. Als ein solcher Meister haben Sie sich noch nie gezeigt. Sie sind ein großer Wohltäter mit einem Schlag ... lassen Sie mich Ihnen Glück wünschen, lieber Thomas Mann, Glück zu einer so stolzen Leistung, die Sie ganz und gar zum Stolz unseres Landes macht ... Generationen und Generationen werden sich daran bereichern, es ist in seiner Unbegrenztheit bestes allerbestes Deutsch ...

Die breite Wirkung des Buches in Deutschland war jedoch überraschend. Thomas Mann stellte einige Jahre später in seinem *Lebensabriß,* der 1930 in der ›Neuen Rundschau‹ erschien, hierzu seine Überlegungen an. Er meinte, die Aufnahme des Buches »hätte viel ungünstiger sein dürfen, um meine Erwartungen bis zur Verblüffung zu übertreffen«, und fuhr fort:

Ich bin gewohnt, eine vollendete Arbeit in achselzuckender Resignation, ohne die geringste Zuversicht in ihre Weltmöglichkeit aus der Hand zu geben ... Ich falle aus den Wolken, wenn, wie mehrmals im Lauf meines Lebens, diese Teilnahme sich dennoch in fast turbulentem Maße einstellt, und dieser freundliche Sturz war im Falle des ›Zauberbergs‹ besonders tief und überraschend. War zu glauben gewesen, daß ein wirtschaftlich bedrängtes und gehetztes Publikum aufgelegt sein werde, den träumerischen Verknüpfungen dieser in zwölfhundert Seiten ausgebreiteten Gedankenkomposition zu folgen? ...

Würden unter den heutigen Umständen mehr als ein paar tausend Leute sich bereitfinden, für eine so wunderliche Unterhaltung, die mit Romanlektüre in irgendeinem gewohnten Sinn fast nichts zu tun hatte, den Preis von sechzehn bis zwanzig Mark zu erlegen? Sicher war, daß die beiden Bände auch nur zehn Jahre früher weder hätten geschrieben werden noch Leser finden können. Es waren dazu Erlebnisse nötig gewesen, die der Autor mit seiner Nation gemeinsam hatte, und die er beizeiten in sich hatte kunstreif machen müssen, um mit seinem gewagten Produkt, wie einmal schon, im günstigen Augenblick hervorzutreten.

Die Probleme des ›Zauberbergs‹ waren von Natur nicht massengerecht, aber sie brannten der gebildeten Masse auf den Nägeln, und die allgemeine Not hatte die Rezeptivität des breiten Publikums genau jene alchimistische ›Steigerung‹ erfahren lassen, die das eigentliche Abenteuer des kleinen Hans Castorp ausgemacht hatte. Ja, gewiß, der deutsche Leser erkannte sich wieder in dem schlichten, aber ›verschmitzten‹ Helden des Romans; er konnte und mochte ihm folgen.

Ich täusche mich nicht über den Charakter dieses seltsamen Erfolgs. Er war weniger epischer Natur als der meines Jugendromans, war zeitlicher bestimmt, aber darum nicht seichter und flüchtiger, denn er beruhte auf Schmerzenssympathie ...

War nicht noch mehr und anderes im Spiel? War es nicht an dem, daß der Dichter Thomas Mann, der Forderung der Zeit gehorchend, resolut verzichtete, in Kerrs Sinn »ein Esel« zu sein, und sich, wie der Schriftsteller in ihm es erheischte, resolut ans »Erörtern« gemacht hatte? Nicht alle kritisch Beflissenen begriffen es, und manche kamen nur wie durch Zufall drauf. Die ›Neue Rundschau‹ stellte in ihrem

Januarheft 1925 dem unbeflügelten Arthur Eloesser sechs Druckseiten für eine Würdigung des Buches zur Verfügung, die gegen Schluß, einen kurzen Augenblick lang, einen Zipfel dessen erwischte, worum es ging: »Hans Castorp lernt im Zauberberg das Denken« und der ›schlichte, aber verschmitzte‹ Leser lernte es, Hand in Hand, mit ihm! Eloesser sagte:

Ich habe von einer Debatte gesprochen, die man vielleicht auch eine Plauderei auf Tod und Leben nennen kann, und ich meine, daß der moderne Roman sich ohne solche innere Dialektik nur noch schwer vorwärts bewegen wird ... Der Leser wird hier seelisch durch und durch geknetet; geistige Erprobungen sind schließlich auch Tatsachen, die überdies den Vorzug haben, daß sie ihn teilnehmend, daß sie ihn tätig machen. Dieser Roman ... ist eine hohe Schule, die uns wieder zum Lesen erziehen wird. Thomas Manns Dialektik sprüht von Geist, aber es ist ein Geist von hoher Redlichkeit, ein fruchtbarer Geist, der uns gestaltet, indem er Normen findet. Wenn Thomas Mann hier plaudert, so tritt er zu Theodor Fontane, zu Anatole France, wie er auch den eigenen gemächlichen Tonfall hat, mit dem das Leben uns leise anrufen wird, wenn wir eine philosophische Stunde haben. Philosoph und Weltmann – anders hat auch Gerhart Hauptmann nicht über seine Zauberinsel im utopischen Archipelagus regiert ...

Nein, nicht so – möchte man mit Hauptmann sagen. Wohl hatte der Rezensent in einer »philosophischen Stunde« blindlings den Faden erwischt, doch fädelte er ihn flugs ins falsche Gewebe ein! Ging es an, Hauptmanns Roman in einen philosophisch-weltmännischen Zusammenhang zu manövrieren, in dem er nicht das mindeste zu besorgen hatte, und zugleich in der ganzen langen Dissertation die entscheidende Gestalt des Buches, welche die ganze Dialektik auf die Probe stellt und kraft ihrer Persönlichkeit die »Normen findet«, nicht mit einem Wort zu erwähnen? Peeperkorn ist nicht nur die überragende Gestalt des Romans, sie ist möglicherweise sogar überhaupt die größte Menschenfigur, die Thomas Mann geschaffen hat, einzigartig, unvergeßlich, überwältigend. Und er blieb nicht nur in der ›Neuen Rundschau‹ unerwähnt, gleich als gebe es ihn nicht! Eloesser schrieb zu dieser Zeit im Auftrag des Verlags an einer Monographie über Thomas Mann, die zu seinem fünfzigsten Geburtstag 1925 erschien, und auch in diesem Buch, in dessen Schlußkapitel die *Zauberberg*-Würdigung aus der ›Rundschau‹ fast unverändert eingebaut ist, wird Peeperkorn überhaupt nicht zur Kenntnis genommen. Konnte es sein, daß man sich in der Bülowstraße um des lieben Friedens willen befleißigte, möglichst nicht auf den so lebensechten Mann eigens hinzuweisen? Der Gedanke läßt sich nicht abweisen; denn mittlerweile hatte der Sturm sich erhoben, und Fischer, ehrlich verzweifelt, mühte sich, ihn zu besänftigen.

MYNHEER PEEPERKORN (DES WEITEREN)

Der Wirbel ging nicht von Hauptmann aus. Hauptmann hatte das Buch gewiß inzwischen zu Ende gelesen (wie stets mit dem weich unterstreichenden Bleistift in der Hand), doch hatte er sich mit keinem Wort vernehmen lassen, weder beim Autor noch beim gemeinsamen Verleger. Wohl aber hatte sich Herbert Eulenberg eingemischt, Autor der erfolgreichen *Schattenrisse*, der Hauptmann in Italien getroffen und gesprochen hatte. Am 31. Dezember 1924 schrieb Fischer an Hauptmann:

Lieber Hauptmann – aus einer Karte, die ich soeben von Herbert Eulenberg aus Portofino bekomme, glaube ich zu entnehmen, daß Dich die Peeperkorn-Figur unangenehm berührt hat. Ich brauche Dir wohl nicht zu versichern, daß ich von Peeperkorn ebenso überrascht war wie Du. Ich habe den zweiten Band erst vor kurzem gelesen und hatte keine Ahnung, was darin steht und bin auch leider von Loerke nicht darauf aufmerksam gemacht worden. Ich bedaure das umso mehr, als ich glaube, ich hätte Mann davon überzeugen können, daß er durch Verwendung äußerer Züge und Gesten Mißverständnisse und Verstimmung hervorruft. Ich hätte das gekonnt, weil ich von ihm selbst weiß, welchen Eindruck Deine Persönlichkeit auf ihn gemacht hat, und welchen Respekt er Deinem Genie und Deiner Menschlichkeit entgegenbringt und welchen Wert er auf freundschaftliche Beziehungen zu Dir legt. Nun, da Mann unbegreiflicherweise sich gewisse Wirkungen nicht schenken konnte, bleibt zu sagen, daß dieser Sache größere Wichtigkeit nicht beizulegen ist, weil diese Gestalt mit Dir in Wahrheit nichts zu tun hat und, wie ich glaube, nichts zu tun haben sollte. Es ist mir peinlich, daß ein Buch meines Verlages bei aller hohen Einschätzung seiner Qualität Dir auch nur eine unangenehme Stunde bereitet hat. Das Dir zu sagen, ist mir ein Bedürfnis.

Der II. Band des *Zauberbergs* war also, da Eile not tat, in die Druckerei gegangen, ohne daß Fischer selbst ihn vorher gelesen hatte. Das war an sich durchaus begreiflich. Bei einem Autor wie Thomas Mann gab es, im Unterschied zu Hauptmann, nichts zu ›redigieren‹; er wurde ›unbesehen‹ gedruckt. Doch verwundert es, daß Loerke, von Thomas Mann eigens darauf hingewiesen, es verabsäumte, Fischer aufmerksam zu machen. Wenn Fischer, wie er glaubte, wirklich Thomas Mann zu Änderungen hätte bewegen können, so hätten die letzten 200 Seiten des Romans neu gesetzt werden müssen, und *Der Zauberberg* hätte vor Weihnachten 1924 kaum mehr erscheinen können. Vielleicht, ja gewiß war es alles in allem doch besser so. Denn man möchte die Folgen der ›Unbegreiflichkeit‹ nicht missen. Sie gehören zum wesentlichen Bild der Verlagsfamilie.

Es ist beklagenswerterweise kein einziger Brief Hauptmanns in dieser Sache bisher aufgefunden worden. Seine einzige erhaltene Reaktion auf die Peeperkorn-Gestalt ist sein Handexemplar des *Zauberberg*, das auf den fraglichen Seiten 348 bis 380 des II. Bandes seine Randbemerkungen und Bleistiftunterstreichungen enthält. Dort finden sich Marginalien wie »Oh, ich?« – »Stimmt!« – »Aha!« – »Was ist das überhaupt?« – »Was will das alles?« Ungehalten war er gewiß, doch darf man zweifeln, daß er Eulenberg ermutigte, die Sache allenthalben publik zu machen. Eulenberg hingegen ließ nicht locker und schrieb Briefe an Thomas Mann und Fischer. Thomas Mann sandte ihm am 6. Januar 1925 eine lange Antwort, die ein bedeutendes literarhistorisches Dokument ist. Sie greift in ihren wesentlichen Argumenten auf die schon 1906 in *Bilse und ich* dargelegte Forderung zurück: »Fragt nicht immer: Wer soll es sein?«

Verehrter Herr Eulenberg, was wollen Sie tun: Schreiben über den Fall Peeperkorn? Ihn an die große Glocke hängen? Das Publikum mit der Nase darauf stoßen? Skandal hervorrufen? Wem zu Gefallen? Hauptmann zu Gefallen? Unmöglich! Der Öffentlichkeit zu Gefallen? Aber Sie bereiten ihr nur eine Sensation, eine falsche, empörende Sensation, und mit Entrüstung müßte ich mich gegen die Beschuldigung wehren, ich hätte in der Figur des Holländers G. Hauptmann porträtiert. Das ist nicht wahr! Aber gewiß will ich, indem ich es für unwahr erkläre, der Wahrheit die Ehre geben. Ich stand zu der Zeit, als die Figur aktuell wurde, in Bozen, Herbst vorm Jahr, unter dem Eindruck der mächtigen und rührenden Persönlichkeit des Dichters. Dies Erlebnis hat in einzelnen äußerlichen Zügen auf die Gestaltung Peeperkorns eingewirkt. Ich kann und will es nicht leugnen. Aber ich gehe keinen Schritt weiter in meinen Zugeständnissen... es ist nicht anders möglich, als daß Erinnerungen, die bei Eingeweihten etwa zu Beginn der Episode sich geregt haben, vergehen und sich verlieren, je weiter die Lektüre fortschreitet. 50 000 Menschen haben jetzt den Roman vielleicht gelesen. Davon sind, hoch gerechnet, zwei Dutzend, weil sie eben jenes Erlebnis mit mir teilen, überhaupt in der Lage, sich erinnert zu fühlen. Die anderen sind so ahnungslos, wie es in der Ordnung ist. Und Sie wollen sie aufklären? Ich bitte Sie herzlich und dringend, von Ihrem Vorhaben abzustehen!

... Wassermann, der H. gleichfalls kennt, schrieb mir darüber: »Wenn die raisonnierenden Stimmen Ihres Orchesters schließlich eine Gestalt wie Peeperkorn emportragen (beneidenswert gesehenes und gemachtes Bild), so steht man eben schon vor dem Irrationalen und dem Fantasieprodukt großen Stils« – ja, das ist es: ein Phantasieprodukt, auf das ein starkes Wirklichkeitserlebnis unwillkürlich und halb unbewußt abgefärbt hat. Eine Gestalt, *die in der Idee und in ihren wesentlichen Zügen, als Kontrastfigur zu den gegen sie verzwergenden »Schwätzerchen«, natürlich lange feststand, bevor ich Hauptmann begegnete*, und die dieser Begegnung, einem Zusammenleben von zwei Wochen, einige lebendige Züge verdankt. Und das heißt, daß ich mich karikaturistisch an Deutschlands erstem Dichter vergriffen habe? Kennen Sie als Poet, kennt G. H. den Vorgang nicht, von dem ich spreche? Michael Kramer, sagt man, hat gelebt. Kollege Crampton, der Säufer, hat gelebt. Gabriel Schillings Geschichte ist eine »wahre« Geschichte. Pieter Peeperkorns Geschichte aber ist *keine* wahre Geschichte und hat von der Wirklichkeit nur ein paar Stirnfalten abbekommen...

Glauben Sie mir, lieber Herr Eulenberg, es wäre ein schwerer Schlag für mich, menschlich genommen, wenn der Gedanke an Verrat, boshafte Belauerung, pietätlose Ausbeutung – ein, wie ich argwöhnen muß, von außen genährter Keim – in Hauptmanns Seele Wurzel geschlagen haben sollte. Jedenfalls wäre das eine Sache zwischen ihm und mir, – eine nicht hoffnungslose Sache, wie ich zu glauben wage: Seine Größe, Güte und Heiterkeit lassen mich auf eine Verständigung vertrauen. Aber ich bitte Sie nochmals um Gottes willen: »schreiben« Sie nicht darüber! Schreiben Sie ihm, schreiben Sie mir, wie das Herz Ihnen gebietet! Aber verderben Sie nicht alles, indem Sie die Sache vor eine Öffentlichkeit tragen, von der Sie so gut wissen müssen, wie ich, daß sie ihr nicht gewachsen und ihrer nicht würdig ist!

Die Unersprießlichkeit landete auf des Verlegers Schreibtisch. Sowohl Thomas Mann als auch Eulenberg schrieben an Fischer, wie aus folgendem Brief Fischers an Hauptmann vom 10. Januar 1925 hervorgeht:

Eulenberg schrieb mir neulich, daß er über die Peeperkorn-Sache einen Aufsatz schreiben wollte. Ich hatte ihn gebeten, damit zu warten, bis eine objektivere Auffassung in der Sache eingetreten ist, denn es scheint mir doch nicht unbedenklich, die breite Öffentlichkeit auf Peeperkorn *hinzustoßen*, zumal ja nur wenige Eingeweihte hinter dieser Figur eine Beziehung finden könnten. Thomas Mann war etwas bestürzt darüber, daß Eulenberg die Sache in die Öffentlichkeit bringen will, und er schrieb mir in einem längeren Brief, daß die erste Begegnung in Bozen mit Dir zeitlich zusammentraf mit dem Entwurf jener Figur und daß dieses Erlebnis in einzelnen Äußerlichkeiten auf die Gestaltung der Figur eingewirkt habe – aber auch nicht mehr. Nun, ich referiere, weil Mann, wie es scheint, doch nachträglich sehr bestürzt über die Sache ist, und weil ich glaube, daß man ihm konzedieren kann, daß er über die Wirkung resp. die Wiedererkennung einiger Züge sich nicht ganz klar war. Tatsache ist, daß das Buch in 20 000 Exemplaren bereits vorliegt und daß ich noch von keinem Menschen Bemerkungen gedachter Art gehört hatte.

Die einsichtsvolle Haltung des Verlegers scheint das Ihre bewirkt zu haben. Es kam zu keinem literarischen ›Skandal‹ und zu keinem persönlichen ›Krach‹. Eulenberg unterließ auf Fischers und Thomas Manns Vorstellungen hin den beabsichtigten Unfug. Doch noch immer, so scheint es, hatten Hauptmann und Thomas Mann in der Sache direkt voneinander nichts gehört. Fischer reiste, wie alljährlich, im Februar zu Hauptmann nach Rapallo, und dorthin schrieb Thomas Mann am 14. Februar an Hedwig Fischer eine zaghafte Postkarte: »Viele Grüße an die Ihren und einen glücklichen Aufenthalt in Rapallo. Überbringen Sie Gerhart Hauptmann Grüße ehrerbietiger Freundschaft von einem ›Ungenannten‹.« Gewiß wurden die Grüße überbracht. Tat Fischer ein übriges und riet Thomas Mann, das Eis zu brechen und Hauptmann einen Entschuldigungsbrief zu schreiben? Es könnte wohl sein, es wäre seine väterliche Art gewesen. Wie auch immer, am

11. April 1925 setzte Thomas Mann sich schließlich hin und brachte seinen großen, unvergleichlichen, zu Recht seither berühmt gewordenen Brief zu Papier, der in den Annalen des Verlags – wiewohl Verlag und Verleger darin nicht erwähnt sind – seinen Platz hat:

Lieber, großer, verehrter Gerhart Hauptmann, lassen Sie mich Ihnen endlich schreiben! Ich habe längst gewünscht, es zu tun, habe es aber nicht gewagt. Ich habe ja ein schlechtes Gewissen, weiß, daß ich gesündigt habe... Ich tat Unrecht, aber ich hatte recht. Ich sage nicht, daß der Erfolg die Mittel heiligt. Aber waren diese Mittel, war der *Geist*, in dem ich mich jener menschlichen Äußerlichkeiten bediente, infam, boshaft, lieblos, ehrfurchtslos? Lieber, verehrter Gerhart Hauptmann, das war er nicht! Wenn ich Verrat geübt habe, so übte ich ihn gewiß nicht an meinen Empfindungen für Sie, die sich klar und deutlich noch in der Behandlung äußern, die ich der innerlich wirklichkeitsfremden Riesenpuppe zuteil werden lasse, vor der alle Schwätzer verzwergen; noch in dem Ehrfurchtsverhältnis, in das ich mein Söhnchen, den kleinen Hans Castorp, vom ersten Augenblick an zu dem Gewaltigen setze, der die Geliebte des Jungen besitzt und sie bei ihm aussticht. Kein Fühlender läßt sich darüber durch die – sagen wir: ironischen und grotesken Kunstmittel täuschen, die zu handhaben ich gewohnt bin. Ich lasse außer acht, was Sie wissen: daß keiner, der Sie nicht genau und nahe kennt, überhaupt »etwas merkt«; daß mit einem Worte die Sache nicht öffentlich ist. Das dient nicht zu meiner Entlastung. Ich habe immer gewußt und gesagt, daß es eine Sache ist zwischen Ihnen und mir. Aber Ihre nächsten Freunde, Jünger und Verehrer, die Reisiger, Chapiro, Loerke, Heimann, Eulenberg, die allenfalls etwas »merken« konnten und gemerkt haben, – sind sie beleidigt durch die Figur? Haben sie Ärgernis daran genommen und sich empört? Es ist eine Tatsache: sie haben es nicht getan, sie haben teilweise das gerade Gegenteil getan, und diese merkwürdige Erscheinung sollte doch, meine ich, auch Ihrem Zorne zu denken geben...
Seien Sie versichert, daß ich keine übertriebenen Ansprüche an Ihre Güte stellen werde, wenn das Leben uns wieder einmal zusammenführt, – worauf ja Aussicht besteht. Ich bin mir darüber klar, daß mein Streich – auf Zeiten wenigstens – manches unmöglich gemacht hat, was sonst hätte sein können. Aber wenn der Augenblick kommt, so, bitte ich, versagen Sie mir nicht die Hand, die ich Ihnen im Geiste mit all der wahren Empfindung zu drücken wage, die niemals, zu keiner Stunde des Lebens und der Arbeit, in Ihrer Gesellschaft oder fern von Ihnen aufgehört hat, für Sie in mir lebendig zu sein! Ihr ergebener Thomas Mann.

Es ist undenkbar, daß Hauptmann diesen Brief unbeantwortet gelassen hat. Aber wir besitzen seine Antwort nicht und kennen seine Reaktion nur aus Thomas Manns eigener, späterer Versicherung, Hauptmann habe »über die Persiflage der ›Persönlichkeit‹, die ich mir im *Zauberberg* erlaubte, das Symbol majestätischer Unzulänglichkeit, das ich nach seinem Bilde darin aufgerichtet, trotz allen Klatsches, der ihn mit der Nase darauf stoßen, ihn gegen mich aufbringen wollte, mit großartiger Duldsamkeit hinweggesehen«. Als der »Augenblick« kam, versagte Hauptmann die Hand nicht. Dies war schon drei Wochen nach dem Entschuldigungsbrief, am 7. Mai 1925, als Hauptmann zur Aufführung seines *Festaktus,* den er zur Eröffnung des Deutschen Museums geschrieben hatte, nach München kam. Man traf sich auf der Generalprobe. »Wir haben uns viel die Hände gedrückt, und alles ist wieder in der Reihe«, schrieb Thomas an seine Tochter Erika. »Er ist ein so gutes Format, ich liebe ihn sehr. Und das Festspiel ist auch so eine zu Herzen gehende Quasselei.« Einen Monat darauf, zu Thomas Manns fünfzigstem Geburtstag, bekannte Hauptmann sich in der ›Vossischen Zeitung‹ vom 5. Juni 1925 mit großer Geste als Bewunderer des *Zauberberg:*

Im Zauberberg haben wir den ganzen Thomas Mann. Wir haben aber auch darin den Durchschnitt oder Querschnitt durch unsere kranke Kultur. Was ich an Thomas Mann bewundere: den scharfen, gewissenhaften, sowohl trennenden wie einigenden Blick, die gleiche Gewissenhaftigkeit und Genauigkeit, wenn er das Gesehene mitteilt. Solche hohen Eigenschaften sind erst mit dem Zauberberg zur Reife gelangt. Und Thomas Mann ist ein Dichter. Die scheinbare Trockenheit seiner prosaischen Formgebung verbirgt diesen Umstand nicht. Auch im Dichterischen steht mir der Zauberberg am höchsten. Mit der Vollendung des Realisten hat sich auch der Dichter erst herausgebildet. Manchmal tritt er in überraschender Schönheit und Freiheit aus dem prosaischen Gewebe des Zauberbergs hervor. Dies geschieht auf einer Anzahl, ich möchte sagen: unsterblicher Buchseiten, wo etwas, das keiner Beobachtung zugänglich ist, stark, intuitiv und schöpferisch gestaltet... Von den Buddenbrooks bis zum Zauberberg – welch ein Weg! Wie schlicht, eigensinnig und unbeirrt ist der Aufstieg verwirklicht!

Niemand hätte Hauptmann zu einer solchen Huldigung nötigen können, wenn sie ihm widerstrebt hätte. Er war ein »gutes Format«. War er auch gekränkt – und daß er tief gekränkt war, steht kaum in Zweifel –, so wollte er doch durch demonstratives Schweigen nicht selbst kränken. Thomas Mann täuschte sich freilich, als er meinte, es sei alles »wieder in der Reihe«. Es vergingen noch einige Jahre, bis auch der letzte Schatten verflog. Auch dieser Augenblick kam – in letzter Stunde, als es fast schon zu spät war.

32 Generationen-Wende

In diesem Abschnitt soll vornehmlich von Persönlichem, ja geradezu Privatem die Rede sein, von menschlichen Ereignissen und Schicksalen, die um die Jahreswende 1925/1926 bedeutsame Veränderungen im Gefüge der Verlagsfamilie bewirkten. Die letzten der Helfer und Mitarbeiter, die noch an der Erbauung des Hauses mitgewirkt hatten, traten an dieser Wende von der Szene ab und übergaben ihr Vermächtnis der nächsten Generation, und der Gründer selbst löste auf ebenso einfache wie einleuchtende Weise das seit langem quälende Problem seiner Nachfolge. Unversehens trat, von Freuden wie Schmerzen begleitet, eine Generationenwende ein.

GOTTFRIED BERMANN

In der ersten Septemberwoche 1925 erhielten die Autoren und Freunde des Verlags eine schön gestochene Karte, auf welcher Herr und Frau S. Fischer sich beehrten, die Verlobung ihrer Tochter Brigitte mit Herrn Dr. med. Gottfried Bermann mitzuteilen. Die Vorgeschichte dieses Ereignisses hat Gottfried Bermann Fischer kurz und knapp vierzig Jahre später in seinen Lebenserinnerungen erzählt. Unser Bericht darf sich hier und auch an späteren Stellen auf diese Schilderung stützen und ihr am Rande dieses und jenes hinzufügen.

Brigitte Fischer stand in ihrem zwanzigsten Jahr, als die Musik sie mit dem jungen Arzt zusammenführte. Sie war acht Jahre alt gewesen, als ihr Bruder starb, und der Vater, der auf keinen männlichen Erben mehr hoffte, hatte ihr eine umsichtige, wohlbehütete Erziehung angedeihen lassen, die alle ihre vielfältigen Gaben, die Liebe zu Musik und Literatur und den Umgang mit bedeutenden Menschen entwickelte, und er hatte auch nicht verabsäumt, sie praktisch auszubilden; sie hatte eine jahrelange Ausbildung im Schriftzeichnen bei E. R. Weiß und eine Lehrzeit in der ausgezeichneten Buchdruckerei Otto von Holten in Berlin absolviert und sich im Verlag mit den Grundlagen der

Herstellungsarbeit vertraut gemacht. Die Welt ihres Vaters und seiner Mitarbeiter war ihr vertraut, und sie bewegte sich mit Selbstverständlichkeit in ihren Kreisen. Sie war ein Kind der Verlagsfamilie und hatte viele gute Onkels, von Hauptmann und Thomas Mann über Heimann und Flake bis zu Hans Reisiger, die ihr alle von Herzen zugetan waren.

Gottfried Bermann, 1897 geboren, stammte aus Gleiwitz, war der Sohn eines angesehenen praktischen Arztes, ging 1915 als Freiwilliger in den Krieg, kehrte dreieinhalb Jahre später, im November 1918, als Leutnant und unversehrt aus dem Feld zurück und begann an der Universität Breslau das Studium der Medizin, denn »daß ich den Beruf des Arztes ergreifen würde, war mir niemals zweifelhaft gewesen«. Er setzte das Studium in Freiburg fort und schloß es in München ab, arbeitete anschließend ein halbes Jahr als Volontärassistent bei Sauerbruch an der Chirurgischen Universitätsklinik und ein weiteres Jahr am Münchner Anatomisch-Pathologischen Institut und kam im Frühjahr 1923 nach Berlin, wo er an der Chirurgischen Abteilung des Städtischen Krankenhauses am Friedrichshain Assistenzarzt wurde. In einigen Jahren hoffte er sich an der Universität habilitieren zu können. Gleich vielen Ärzten und Naturwissenschaftlern besaß er Liebe und Begabung zur Musik, spielte Violine und Viola, und obwohl er später gestand: »Sehr weit habe ich es damit nicht gebracht«, durfte er doch hinzufügen: »Immerhin reichte es leidlich zur Kammermusik.« Das genügte.

Im Haus des Verlegers Bruno Cassirer hatte sich, angeregt von seiner Tochter, einer Geigerin, ein Streichquartett zusammengetan, in dem der junge Assistenzarzt die zweite Violine spielte. Auf einem kleinen Fest in diesem Haus lernte er Brigitte Fischer kennen.

Fischer war mit den Vettern Paul und Bruno Cassirer, die beide namhafte Verleger waren und in der Öffentlichkeit nicht selten verwechselt wurden, seit Jahrzehnten gut bekannt, und in einer Festschrift zu Bruno Cassirers sechzigstem Geburtstag hatte Fischer geschrieben: »In letzter Zeit gilt Ihre verlegerische Arbeit besonders der jungen deutschen Romanliteratur, so daß ich Sie nicht nur als Kollegen und Freund, sondern auch als gefährlichen Konkurrenten begrüßen muß.«

Zu einem gewissen nicht mehr genau feststellbaren Zeitpunkt war sogar über einen Zusammenschluß mit dem Verlag Bruno Cassirer verhandelt worden. Ernst Rowohlt erzählt diese kuriose Geschichte in seinen Erinnerungen an Fischer:

Einmal haben wir auch geplant, eine Fusion Bruno Cassirer, S. Fischer und Rowohlt zu machen, und da hatten wir eine Besprechung – eine sehr lange Besprechung – und alles war abgesprochen und festgelegt, und wir wollten gerade den Vertrag machen, die Besprechung fand in meinem Verlag statt, als sich um 1/2 2 Uhr Frau Fischer meldete, der Chauffeur wäre da und Herr Fischer möchte doch herunterkommen. Ich glaube, daß Herr Fischer in dieser Beziehung ziemlich unter dem Pantoffel stand, denn er sagte: »Ja, meine Herren, da muß ich jetzt abbrechen, es ist ja auch alles in Ordnung jetzt, und wir können ja morgen weiter verhandeln.« Und er fuhr dann ab, und sogar Justizrat Rosenberger, der bei der Sitzung dabei war, mußte nach Hause gehen. Am nächsten Morgen rief er mich dann an und sagte: »Ja, lieber Rowohlt, ich habe mir das überlegt, das ist mir doch zu riskant, die drei Verlage zusammenzulegen und die beiden Verlage zu übernehmen.« Nun, was blieb mir anderes übrig, ich sagte: »Na — da kann man nichts dran ändern!«

Vielleicht war Fischer die Unterbrechung durch den Ruf zum Mittagessen gar nicht so unwillkommen gewesen; vielleicht war er froh, sich die Sache noch einmal überlegen zu können. Gleich der Verbindung mit Kurt Wolff war auch diese Dreiecksfusion nicht jene »richtige Lösung«, die sein Instinkt ihm nahelegte. Er hatte weiter gewartet, bis sie von selbst kam. Nun kam sie freilich, wenngleich auf musikalischem Umweg, doch über das Haus Cassirer.

Dem jungen Arzt war der Name S. Fischer wohlvertraut. Die ›Neue Rundschau‹ hatte ihm seit seiner frühen Jugend viel bedeutet, die Bücher Hermann Hesses und Thomas Manns begleiteten ihn stets, und den kürzlich erschienenen, von der Fachmedizin heftig umstrittenen *Zauberberg* hatte er gründlich gelesen. Kurz darauf begegnete er auf dem alljährlichen Ball der ›Berliner Sezession‹ der »Tochter des berühmten Verlegers« zum zweitenmal. Es ergab sich ein »Musikgespräch«, bei dem sich herausstellte, daß sie, die Klavier spielte, einen Bratschisten für das ›Forellen-Quintett‹ suchte, das sie im Elternhaus mit ihren Musikerfreunden aufzuführen gedachte — »und so lag nichts näher, als daß ich mich mit aller Bescheidenheit anbot, einzuspringen«.

Die beiden jungen Menschen machten »das Leid aller Liebenden durch, die nicht zusammenkommen können«. Die Eltern Fischer paßten »wie die Luchse« auf die Tochter auf, und als Fischer Anfang Februar 1925 seine alljährliche Winterreise nach der Schweiz antrat, nahm er sie vorsichtshalber mit. Man fuhr vorerst nach St. Moritz, und Flake, der in Zürich in einer Pension wohnte und sich um diese Zeit mit dem Anfang eines neuen Romans, des vierten in der Reihe der »Romane um Ruland« plagte, erhielt eine Einladung ins Suvretta-Haus. Er notierte lakonisch: »Es hatte einen eigenen Reiz, nach dem Krieg zum erstenmal in einem internationalen Hotel zu leben.« Die politische Entwicklung in Deutschland sah bedenklich aus: »Ebert war krank, man wußte nicht, was nach ihm kam.« Der Reichspräsident starb am 28. Februar. In St. Moritz herrschte, wie Fischer an Hermann Hesse schrieb, der »dickste Winter«; Anfang März reiste man weiter zum alljährlichen Frühjahrstreffen mit Hauptmann in Rapallo, legte Ende März noch einige Tage ein, »um Tutti Florenz zu zeigen«, und besuchte auf der Heimreise in München noch Thomas Mann, wobei wohl auch ein vertrauliches Wort in der leidigen Peeperkorn-Sache gefallen sein mag. Anfang April war die Familie wieder in Berlin.

DER »FEINE SPRUNG«

Um diese Zeit, zu Pfingsten 1925, schrieb Hedwig Fischer an den alten Freund Felix Salten:

> Was Sie da sagen, daß man vereinsamt, wenn man älter wird, ist wohl nur zu wahr. Mein Mann empfindet es oft bitter, trotzdem wir ja auch von Menschen umgeben sind, wenn auch, wie Sie ja wissen, hier im Norden freundschaftliche Gesinnung nicht so liebenswürdig gezeigt wird wie unter Ihrem südlichen Himmel – die innigsten Beziehungen der Freundschaften halten durch, man wird kritischer, und man verlangt wohl zu viel von den Menschen! Also das mit dem »feinen Sprung« kennen wir auch! Dennoch bin ich dankbar für die wertvollen Menschen, die uns geblieben sind, und dankbar für das viele Gute und Schöne, das man von ihnen empfängt...

Fischer war ruhelos in diesen Monaten. Der »feine Sprung« vor allem im Verhältnis zu Hauptmann bereitete ihm unablässigen Kummer. Er bangte um nichts mehr als darum, daß die innige Beziehung gerade dieser Freundschaft »durchhalten« möge, und es scheint, als seien ihm hin und wieder Zweifel gekommen. Hauptmann wurde immer unberechenbarer. Fast möchte man meinen, Fischer habe ihn nicht aus den Augen lassen wollen vor lauter Sorge, was Rechtsanwälte, Konkurrenzverlage, gerufene und ungerufene Ratgeber dem so leicht beeinflußbaren Freund einflüstern mochten. Er hatte Hauptmann erst vor wenigen Wochen ausführlich in Italien gesehen. Doch schon am Pfingstmontag reiste er, wieder von Frau Hedwig und Tutti begleitet, abermals zu ihm, diesmal nach Bad Liebenstein in Thüringen, wo Margarete Hauptmann sich wie jedes Jahr in Augenbehandlung befand. Von dort ging die Reise weiter nach München. Im Reisegepäck befand sich ein gewaltig großer Baumkuchen aus Hedwig Fischers Heimatstadt Stettin. Ihn stellte sie am 6. Juni 1925 in München Thomas Mann zu seinem fünfzigsten Geburtstag auf die Festtafel in der Poschinger Straße. Der Kuchen hieß wegen seiner Riesenhaftigkeit der »Zauberberg«.

THOMAS MANN MIT FÜNFZIG

Thomas Manns fünfzigster Geburtstag war ein Ereignis, das weit über München hinausstrahlte. Es gab kaum eine deutsche Zeitung, die ihm nicht viele Spalten widmete. Er fiel in eine Zeit spannungsvoller Ungewißheit, in welcher die großen, der Welt sichtbaren Repräsentanten deutschen Geisteslebens sich bei allem äußeren Erfolg ihres Einflusses auf Sinnen und Trachten ihres Volkes weniger sicher waren denn je. Die große Kluft, von der Heimann gesprochen hatte, war nur zu deutlich geworden; ärger noch: man las den *Zauberberg*, lernte das Denken und tat sogleich etwas unheilvoll Gedankenloses.

Thomas Mann hatte nicht gezögert, dem sozialdemokratischen Reichspräsidenten Ebert in der ›Frankfurter Zeitung‹ einen Nachruf zu schreiben und seine »Güte, Gefaßtheit, besonnene Männlichkeit« zu rühmen, die »mich ihm im Herzen zum Freunde gemacht« hatte, und hinzugefügt: »Die Frage der Nachfolge ist schwierig, aber ich halte den Wunsch für vorherrschend, der neue Präsident möchte dieselben Eigenschaften aufweisen, die Ebert auszeichneten.« Kaum heimgekehrt von seiner Ägyptenreise – die den Plan zum *Joseph*-Roman entstehen ließ –, hatte er in die Auseinandersetzung um die Nachfolge eingegriffen, sich in der Presse gegen die Kandidatur Hindenburgs und »die schändliche Ausbeutung der romantischen Triebe des deutschen Volkes« erklärt und geschrieben, daß er »stolz sein werde auf die politische Zucht und auf den Lebens- und Zukunftsinstinkt unseres Volkes, wenn es darauf verzichtet, einen Recken der Vorzeit zu seinem Oberhaupt zu wählen«. Noch am Vorabend der Wahl des 26. April 1925 hatte er in einem »Mahnruf« und »letzten Appell an das deutsche Volk« in deutschen Zeitungen »Rettet die Demokratie!« gerufen. Doch an diesem Tag wurde der achtundsiebzigjährige, schon zweimal pensionierte Militär in der Tat gewählt.

Bücher, so schien es, würden hinfort auf ›höchster Ebene‹ wenig zu besorgen haben. Dem Maler Konrad von Kardorff, der ihn porträtierte, gestand der Reichspräsident (wie Flake berichtet), er habe »nie begriffen, weshalb man aus Goethe soviel Wesen mache; er, Hindenburg, habe seit seiner Fähnrichzeit kaum mehr ein anderes Buch als die Felddienstordnung zur Hand genommen.« Mit anderen hohen Herrschaften hatte man wieder anderen Bücherkummer. So erzählte Fischer im Sommer 1926 Flake,

daß die Gattin des Kaisers eine Frau mit Interessen sei und ihr deutscher Vertreter ein für allemal sämtliche Neuerscheinungen des Verlags bestellt habe – unter der Bedingung, daß die Bücherkisten mit der Anschrift Ihrer Majestät der Kaiserin Hermine versehen würden. Fischer hatte es nicht über sich gebracht, diese Bedingung zu erfüllen, und mich auf meinen Einwand, daß er seine Bücher bei Hofdruckern herstellen ließ, belehrt, daß Hofdruckerei eine eingetragene Bezeichnung sei. Man lernt nie aus.

Und wie man es machte, war es offenbar falsch. Die Vorzeichen waren undurchsichtig; man hoffte, es werde gutgehen, doch besseres Wissen sagte insgeheim: wie kann es denn?

In München war es, wie Thomas Mann in seinem Ebert-Nachruf gesagt hatte, »so schlimm nicht, wie man wohl sagt. Mir ist, als begänne die menschliche Natur dieser Stadt wieder hervorzutreten.« Jedenfalls gab sie sich alle Mühe, den bedeutenden Mitbürger zu ehren. Nachdem man mittags mit Fischers im Familienkreis in der Poschinger Straße gefeiert hatte – Hauptmann, Hofmannsthal, Wassermann und viele andere Mitglieder der Verlagsfamilie hatten persönliche Glückwünsche gesandt –, fand am Abend im Alten Rathaussaal die von der Stadt München veranstaltete »hochoffizielle Hauptfeier« statt, bei der Thomas Mann, da er seinen »akademischen Halsorden« anzulegen hatte, »nicht ganz wohl war«. Franz Muncker, Münchens greiser Literarhistoriker, hielt eine aus »ledernen Gutgemeintheiten« geschusterte Festrede; Bürgermeister Scharnagl feierte den Dichter als »Mann des gesunden Bürgertums«, was allgemein als unverständig belächelt wurde und dabei ganz so dumm doch gar nicht war; Karl Vossler, Münchens bedeutender Romanist, hielt eine Ansprache bei Tische »in der Gestalt und Rolle Settembrinis« und bewirkte mit diesem Virtuosenkunststück große Belustigung (wären auch Naphta und Peeperkorn aufgetreten, so wär's wohl zuviel des Guten gewesen), und »den Vogel schoß mein Bruder Heinrich mit seiner kurzen, ergreifenden Ansprache ab, die eine Erinnerung an unsere Knabengeburtstage war und nicht mich allein zu Tränen rührte«. In der Tat, so berichtet Hedwig Fischer, trat er auf den älteren Bruder zu und umarmte ihn vor allem festlichen Volk.

»Meine eigene Tischrede«, berichtete er an Bertram, »fiel recht stümperhaft aus, da ich im Kopfe müde war von allem, was schon vorausgegangen.« Die Anwesenden merkten von Stümperei nichts. Doch erwies sich, daß Thomas Mann sie nicht aufgeschrieben, sondern nach Stichworten gesprochen hatte, und als man die Rede drucken wollte, mußte sie, so gut es ging, ›rekonstruiert‹ werden. In dieser Form erschien sie im Herbst im Verlagsalmanach auf das Jahr 1926 und wurde 1930 auch in Thomas Manns dritten Band gesammelter Aufsätze, *Die Forderung des Tages,* aufgenommen, den sie eröffnet. Sie ist kurz und enthält manchen erinnernswerten Satz:

Der Ruhm zu Lebzeiten ist eine fragwürdige Sache; man tut gut, sich nicht davon blenden, sich kaum davon erregen zu lassen. Wenn man sieht, was

aus hellem Ruhm mitunter binnen fünfzig, binnen zwanzig Jahren wird, so mag einem wohl bangen. Niemand von uns weiß, wie, in welchem Rang er vor der Nachwelt stehen, vor der Zeit bestehen wird. Wenn ich einen Wunsch für den Nachruhm meines Werkes habe, so ist es der, man möge davon sagen, daß es lebensfreundlich ist, obwohl es vom Tode weiß. Ja, es ist dem Tod verbunden, es weiß von ihm, aber es will dem Leben wohl. Es gibt zweierlei Lebensfreundlichkeit: eine, die vom Tode nichts weiß; die ist recht einfältig und robust, und eine andere, die von ihm weiß, und nur diese, meine ich, hat vollen geistigen Wert. Sie ist die Lebensfreundlichkeit der Künstler, Dichter und Schriftsteller.
Worauf es aber ankommt, ist, nicht allzu sehr zum Lebensbürger zu werden, sich von Sympathie, Vertrauen und Ehrungen nicht zum Bonzen, zum ethischen Magister machen zu lassen, sondern ein Moralist zu bleiben, das ist ein Mensch des sinnlichen und sittlichen Abenteuers und der Weltoffenheit, mit einem Wort ein Künstler ...

Anderntags, am 7. Juni, bei einer von der Volksbühne veranstalteten Matinee im Residenztheater ging es traulicher zu, und Thomas Mann fühlte sich wohler. Es gab Kammermusik, Professor Fritz Strich, Freund des Hauses und vorzüglicher Kenner des Werkes, hielt einen »sehr klugen« Festvortrag, und Thomas Mann selbst las aus dem *Felix Krull* vor – »Wahrhaftig, ich sollte das Ding fertig zu machen suchen«, schrieb er kurz darauf an Max Rychner, »es verspricht mir selbst, immer wenn ich innerlich daran rühre, noch mancherlei Sonderbares und Amüsantes. Aber immer wieder schiebt neues, anderes sich davor ...« Ein Mädchenreigen überreichte einen silbernen Lorbeerkranz, und es herrschte, wie Hedwig Fischer erinnerungsvoll schrieb, eine glückliche Stimmung. »Überhaupt habe ich schöne Sachen bekommen«, heißt es in Thomas Manns Brief an Bertram. »Auch Fischer hat sich mit einer goldnen Cigarettendose redlich ins Zeug gelegt.«

GEBURTSTAGSGESCHENKE

Es war auch für Fischer ein großer Tag.
Ein Vierteljahrhundert war seit den *Buddenbrooks* vergangen, und nicht nur der Verleger, auch der Verlag hatte sich zu diesem Jubeltag »redlich ins Zeug gelegt«. Mit der »Neuen Folge der Gesammelten Abhandlungen und kleinen Aufsätze«, die Thomas Mann *Bemühungen* nannte – eine »neue und recht biedere Verdeutschung« und »eine noch nie gefundene Übersetzung von ›Essays‹« –, lag für diesen Herbst der zehnte Band der *Gesammelten Werke in Einzelausgaben* vor. Diese runde, repräsentative Zahl gab Gelegenheit, zum fünfzigsten Geburtstag eine besondere, aus diesen Bänden bestehende Gesamtausgabe herauszubringen, deren Bände diesmal numeriert waren und die, da sie unverändert bleiben und nicht ergänzt werden sollte,

nur geschlossen in einem Schutzkarton abgegeben wurde. Die Numerierung entsprach nicht ganz der Reihenfolge, in welcher die zehn Bände einzeln erschienen waren: *Buddenbrooks* bildeten Band I und II, die *Novellen* Band III und IV, *Königliche Hoheit* Band V, *Der Zauberberg* die Bände VI und VII, und an sie schlossen sich die *Betrachtungen eines Unpolitischen* und die beiden Essay-Sammlungen als Bände VIII bis X an, mit einer Registerübersicht der Gesamtausgabe im letzten Band. Band I enthielt zudem ein Bildnis Thomas Manns nach einer Originalradierung von Max Liebermann – Thomas Mann war auf Fischers Wunsch eigens nach Berlin gekommen, um Liebermann zu diesem Porträt zu sitzen – und von dieser »Bildnisradierung Thomas Mann« stellte der Verlag außerdem 55 Exemplare auf echtem Japanpapier gedruckt und auf der Handpresse abgezogen her, die numeriert und von beiden, Liebermann und Thomas Mann, signiert waren. Dies war ein schönes Sammlerstück, das denn auch seine guten fünfundsechzig Mark kostete, während die zehnbändige Gesamtausgabe, in hell sandfarbenes Ballonleinen mit blauem Rükkenschild gebunden, für sechsundneunzig Mark zu haben war, eine gewitzte, zeitgemäße Kalkulation, die gewiß manchen Käufer verführte, den runde hundert Mark abgeschreckt hätten.

Mit dem schönsten Geburtstagsgeschenk aber wartete Thomas Mann selbst auf. Dies war die kleine Erzählung *Unordnung und frühes Leid*, wohl die zarteste, verletzlichste Prosa, die es von ihm gibt; hier umschließt die Ironie ein herzzerbrechend banges persönliches Erleben nur noch mit einer ganz hauchfeinen Hülle, die sich auf den letzten Seiten – wohl das einzige Mal bei Thomas Mann – überhaupt gänzlich verflüchtigt, so daß man kaum zu Ende zu lesen wagt aus Furcht, durchs Lesen allein schon das rührend schutzlose Gespinst zu zerstören. Denn es ist ja das Lesen ein um so vieles gröberer, ja roherer Vorgang als das Schreiben. Das kleine Zauberwerk war im April 1925 entstanden; wie es dazu kam, erzählte Thomas Mann später:

> Im Gefühl des Vollbrachthabens, der Freiheit, im Zustand des Übermuts, der sich gern die Unverbrauchtheit der Kräfte trotz großer Anstrengung beweist, führt man rasch etwas Kurzes, Übersichtliches aus, um die Freuden des Fertigwerdens (sie sind selten) sogleich noch einmal zu kosten... Jetzt kürzlich, entronnen dem ›Zauberberg‹ und genötigt zudem von der ›Neuen Rundschau‹, die aus festlichem Anlasse was Novellistisches brauchte, schrieb er [der Verfasser] diese Geschichte, so rasch und leicht wie kaum ein anderes seiner Produkte.

Die Novelle erschien im Juniheft 1925 der ›Neuen Rundschau‹, doch hob man die Buchausgabe bis zum nächsten Frühjahr auf. Sie erschien im April 1926, bezaubernd ausgestattet, in graziösem Kleinformat. (Ihr Impressum lautet: »Erste bis zwanzigste Auflage im Jahre neunzehnhundertsechsundzwanzig in der Bessemer-Kursiv gedruckt bei Jakob Hegner in Hellerau. Einband, Vorsatz, Titelbild nach Entwurf von Karl Walser!« Die »Vorzugsausgabe, in dreihundert numerierten Exemplaren abgezogen, enthält die Titel-Radierung von Karl Walser in einem Handpressenabzug. Jedes Exemplar wurde in Ganzpergament gebunden und von Thomas Mann eigenhändig unterschrieben.« Die späteren Auflagen wurden von Poeschel & Trepte in Leipzig gedruckt. Vermutlich wollte Hegner, der in jenen Jahren eine Anzahl von Luxusausgaben für Fischer druckte, seine Originalschrift schonen.) Thomas Mann schrieb nach dem ›Rundschau‹-Abdruck, er »habe viel Freundliches über das kleine Ding gehört« und Fischer wolle es »mit Illustrationen« herausbringen. Eine solche illustrierte Ausgabe wurde jedoch nicht veranstaltet; wohl aber brachte Fischer gleichzeitig eine auf Bütten gedruckte, in Ganzpergament gebundene Luxusausgabe mit Goldschnitt in 300 Exemplaren heraus, in der Walsers radierte Titelvignette auf der Handpresse abgezogen war – auch sie eine unvergessene kleine Kostbarkeit. Der Verlag, schrieb Thomas Mann an Bertram, habe das Büchlein »sehr freundlich betreut, und es hat sich dank seinem schmucken Äußeren als Weihnachtsgeschenk bewährt«.

Das Juniheft 1925 der ›Neuen Rundschau‹ war zum größten Teil Thomas Mann gewidmet. Es hob an mit einem nicht gezeichneten Vorspruch *Für Thomas Mann,* in dem es hieß:

Der Verlag und die Blätter dieser Zeitschrift entbieten Thomas Mann zu seinem fünfzigsten Geburtstag ihren festlichen Gruß. Sie wissen sich eins mit den Lesern der Werke des Dichters und mit den Lesern dieser Zeitschrift. Denn Thomas Mann hat mit allem, was ihm zu Gedanke und Gestalt wurde, von dem hohen Standpunkte der auf humane Kultur bedachten Persönlichkeit, vom Standpunkte des deutschen Europäers, des deutschen Weltbürgers das eigene Leben durchforscht und vermehrt: wir wollen nichts anderes. Wer mit ihm darin übereinstimmt, daß alle in der seelisch-geistigen Verfassung der Welt ausgeprägten und in der zivilisatorischen und politischen Erscheinungen fortwirkenden Probleme in uns selbst am nächsten und sichersten zu greifen sind, und daß sie durch möglichst klare Erkenntnis und möglichst tiefe Rechtfertigung der eigenen Persönlichkeit am besten gereinigt und gefördert werden können, der besitzt in ihm einen starken Führer.

Hierauf folgte ein großer Aufsatz *Thomas Mann und die bürgerliche Zivilisation* von Fritz Strich, vermutlich eine erweiterte Fassung des Münchner Festvortrags, in dem er die Antinomie »Dichter-Schriftsteller« in einer Folge kühner Thesen als ein Fortschreiten von der bürgerlichen Zivilisation zur »wahren Volksgemeinschaft«, zur »echten Klassik«, einer »harmonischen Synthese« von Geist und Seele abwandelte und Thomas Mann als einen Wegbereiter dieser Progression darstellte: der Dichter sei ›heute‹ der Schriftsteller, denn nur ihn vermöge die bürgerliche Zivilisation hervorzubringen. Hieran schloß sich Thomas Manns Novelle, und auf sie folgten ein Kapitel aus Eloessers Monographie über die »Entstehungsgeschichte des ›Tod‹ in Venedig‹«, ein Aufsatz Otto Zareks über Nebenaspekte von Thomas Manns Werk und endlich ein kurzer, Thomas Mann gewidmeter Dithyrambus von Stefan Zweig, *An den Geist der Verantwortlichkeit*, eine »bedeutende und feierliche Äußerung«, wie Thomas Mann ihm schrieb, die er unter allen »Sympathiekundgebungen aus so verschiedenen geistigen Sphären« als eine der »ehrenvollsten, bestätigendsten empfand«. Es war ein wohlgelungenes Heft, das in der Thomas-Mann-Literatur seinen Platz hat.

Diese Literatur begann mit Arthur Eloessers Monographie *Thomas Mann. Sein Leben und sein Werk*, die zum fünfzigsten Geburtstag erschien, ein schmales, knappes, wohlkomponiertes Buch von zweihundert Seiten, das wesentlich beschwingter und geschmeidiger ausgefallen war, als man vom »hölzernen Eloesser« hätte erwarten müssen. Eloesser konnte sich darauf berufen, daß er schon vor fünfundzwanzig Jahren beim Erscheinen des *Kleinen Herrn Friedemann* als einer der ersten auf Thomas Mann aufmerksam gemacht hatte (er selbst war nur fünf Jahre älter als der Dichter):

> ... der Biograph von heute hatte damals das Vergnügen, diesen Herrn Thomas Mann als einen Autor begrüßen zu können, der die schwere Kunst des Schreibens zu einer leichten gemacht hat ... Wir sagten damals: Achten wir auf diesen Mann! Schreiben kann er!

Thomas Mann selbst schätzte Eloesser als ausgezeichneten Literaturkenner und Kritiker und war ihm bei der Arbeit mit privaten Auskünften (und überdies vielen bezaubernden Familienbildern, die hier erstmals erschienen) behilflich gewesen. Eloessers Buch war das erste, das über ihn erschien, und ist im Rückblick auf die gewaltige Thomas-Mann-Literatur, die sich seither aufgetürmt hat, durchaus nicht das unwesentlichste.

»DER ARZT AM SCHEIDEWEGE«

Fischer und Thomas Mann sahen einander schon bald nach der Münchner Feier wieder. Nach der Rückkehr der Familie nach Berlin nützte alles luchsartige Aufpassen auf die Tochter nichts mehr:

> Als wir uns schließlich doch aussprechen konnten und Tutti ihren Eltern bekannte, wie es um uns stand, reiste die Familie fluchtartig ab ... ich hörte wochenlang nichts mehr. Miteinander zu korrespondieren, war uns untersagt. Man wollte Zeit gewinnen, bevor man sich in das Unausweichliche fügte.

Gottfried Bermann ahnte nicht, mit welchen Gedanken Fischer sich trug, und erfuhr es auch noch eine Weile nicht. Wenige Tage nach der heimlichen Verlobung am 13. Juli 1925 reiste Fischer mit der Familie zum Kuraufenthalt nach Bad Gastein und besuchte von dort aus Hofmannsthal und Wassermann in Alt-Aussee, und Thomas Mann, auf die Vergnüglichkeiten des Autoreisens gekommen, traf sich mit ihm auf einige Tage bei Wassermann auf dessen »landschaftlich wundervoller Besitzung«. Danach suchte man das »internationale Gewimmel« der Salzburger Festspiele auf, wo Thomas Mann freilich fand, daß Hofmannsthals *Großes Welttheater* und Vollmoellers *Mirakel* doch eigentlich »Humbug für Angelsachsen, Brimborium« seien. Ganz und gar ließ sich die Verlagsfamilie, vor allem je älter und ›erwachsener‹ sie wurde, doch nicht unter einen Hut bringen. Am 1. September war Fischer wieder in Berlin. Jetzt bat er den jungen Arzt unverzüglich zu sich in die Bülowstraße, ließ ihn im Empfangsraum, wo Hauptmann und Thomas Mann, Schnitzler und Wassermann ihn aus ihren Photos »augurenhaft anlächelten«, eine halbe Stunde warten und rückte schließlich am Ende eines langen Gesprächs, wie Bermann erzählt, mit seinem Plan heraus:

...ob ich nicht daran denken könnte, den medizinischen Beruf an den Nagel zu hängen und in den Verlag einzutreten. Nicht im entferntesten hatte ich an diese Möglichkeit gedacht. Ich war tief beeindruckt, alle meine literarischen Neigungen und Träume wurden geweckt – dazu kam natürlich die Hochachtung für den Verlag und die, ich kann nur sagen, Ehrfurcht für seinen Herrn und Meister.

Bermann erbat sich Bedenkzeit. Doch Fischer wußte natürlich, daß er, wie immer der junge Mann sich entschied, der Tochter die verlangte Heiratserlaubnis nicht verweigern konnte oder wollte, daß er sich ins »Unvermeidliche« fügen mußte. So fuhr er denn auch sogleich nach jenem Gespräch im Verlag mit dem künftigen Schwiegersohn in die Erdener Straße:

Das hieß, daß ich akzeptiert war... Charakteristisch an diesem Haus war das selbstverständliche Zusammengehören aller Dinge, die harmonische Atmosphäre, die sogleich auf mich übergriff und mir jungem Menschen das Schwere leicht machte... Es war viel Güte in dem alten Herrn, der mein Schwiegervater werden sollte. Er behandelte mich liebevoll, dabei aber vorsichtig; denn er war im Grunde ein scheuer Mensch, und ich bin es eigentlich auch. Ganz war diese Scheu nie zu überwinden, denn durch seine Menschlichkeit schimmerte immer ein Zug von Skepsis, dem gegenüber man sich zu behaupten hatte... Frau Hedwig Fischer hingegen war die weibliche Offenheit selbst und um jedermanns Wohlergehen besorgt. Im Innersten ihres Wesens war sie von der Überzeugung durchdrungen, daß sich alles und jedes, wenn man nur den guten Willen dazu hatte, zum Besten kehren lasse... Ich fühlte, wie Frau Fischer mich mit ebenso gütigem wie zustimmendem und ermutigendem Blick betrachtete – in diesem Augenblick war ich ganz in die Familie aufgenommen.

Auch wenn die Eltern ihre Zustimmung nicht davon abhängig machten, daß der Schwiegersohn in den Verlag eintrat, blieb die Frage, was geschah, wenn er sich nach reiflicher Überlegung zu diesem Schritt doch nicht entschließen konnte? Dringlicher noch: was geschah, wenn er dem Ruf aus Pflichtgefühl folgte und sich nach einiger Zeit eingestehen mußte, daß der neue Beruf ihm doch fremd war, seinen Gaben nicht entsprach, daß er ihm nicht gerecht werden konnte? Dies alles müssen beide Männer, der alte und der junge, sich hundertmal gesagt und gefragt haben. Es war ein großes Wagnis für alle Beteiligten. Wer konnte wissen, wie es ausgehen werde? Bermann selbst wußte es gewiß nicht; Fischer wußte es nicht; niemand konnte es wissen. Dennoch war Fischer sich offenbar seiner Sache völllig sicher. Und seine Sicherheit mußte dem jungen Menschen natürlich Selbstvertrauen einflößen:

So stand ich also am Scheideweg. Ich beriet mich mit meinen Freunden, mit den Eltern, den Kollegen und vor allem mit meiner zukünftigen Frau; schließlich kam ich zu der Erkenntnis, daß hier eine Lebensaufgabe auf mich wartete, die abzulehnen fast ein Sakrileg gewesen wäre.

Am Donnerstag, dem 10. September 1925, notierte Loerke in seinem Tagebuch:

Dienstag rief Frau Fischer an. Fräulein Brigitte hat sich mit Dr. Gottfried Bermann verlobt. Ich solle um sieben Uhr kommen. Netter Abend. Grünfeld spielte mit der Jugend das d-moll-Quartett von Mozart, zwei langsame Quartettsätze Schuberts.

Es war der 8. September 1925, Hedwig Fischers 54. Geburtstag, und »Fräulein Brigitte« war just zwanzig Jahre alt. In der Bülowstraße war das große Nachfolgeproblem schon längst kein Geheimnis mehr: Fischer vertraute vor allem Regina Rosenbaum freimütig seine Sorgen und Hoffnungen an. Man wußte, vor welchem Entschluß Bermann stand, und tatsächlich faßte er ihn erst im »letzten Augenblick«. Drei »Delegierte« des Verlags wurden zur »Gratulationskur« in den Grunewald geladen. Käthe Schmitt erzählte aus der Erinnerung:

Wir fanden neben dem glücklichen Brautpaar Herrn Fischer in strahlendster Laune. Als ich Frau Rosenbaum darauf hinwies und meinte: »Herr Dr. Bermann hat seinen Entschluß gewiß geändert und sich entschlossen, doch in den Verlag zu kommen«, sagte sie: »Ach Unsinn, noch gestern hat Herr Fischer mir gesagt, Herr Dr. Bermann will seinen Arztberuf nicht aufgeben.« Aber am anderen Tag berichtete sie: »Sie hatten recht, Herr Dr. Bermann kommt in den Verlag.« Wir freuten uns alle sehr darüber, auch Herrn Fischers wegen. Als Herr Dr. Bermann dann im Verlag erschien, stellte Herr Fischer ihn uns mit den Worten vor: »Mein neuer Schwiegersohn.« Und zwar jedem Angestellten persönlich. Natürlich war Dr. Bermann für uns fortan nur noch der »neue Schwiegersohn«.

Zehn Tage später fuhr Fischer nach Hamburg, um sich abermals mit Hauptmann zu treffen; Anlaß war die Uraufführung des *Veland*, die Hauptmann selbst inszeniert hatte.

DER »NEUE SCHWIEGERSOHN«

Gottfried Bermann trat am 1. Oktober 1925 in den Verlag ein. Es war, wie er selbst erzählt, ein »patriarchalisches Haus«, und er konnte bemerken, daß in mancher Hinsicht Hauptmanns ungeduldige Vorhaltungen, es gehe bei Fischer »alles im alten Trott«, ganz so unberechtigt nicht waren. Vieles nahm ihn wunder, so die Buchhaltung, in der man noch mit riesigen Folianten wie zu Gustav Freytags Zeiten arbeitete – es fehlten nur die Gänsekiele –, und es kostete ihn später »viel Mühe und Überredungskunst«, das damals übliche Durchschreibeverfahren einzuführen. Buchhalter und zugleich Personalchef war der altbewährte Herr Rublack, ein eigensinniger Mann, dessen eigentliche Liebe dem Alpenverein galt, denn er war in jüngeren Jahren ein begeisterter Bergsteiger gewesen. »Er hat uns das Leben nicht immer leicht gemacht«, meinte Käthe Schmitt, »geliebt hat ihn wohl kaum jemand.« Der Verlag beschäftigte zu dieser Zeit einschließlich der Geschäftsleitung fünfundvierzig Menschen, zu denen noch zehn Angestellte in der Leipziger Auslieferung hinzukamen. Bermann fand zu ihnen allen rasch ein gutes Verhältnis. Die alten Angestellten fanden sogar, wie Gertrud Arendt erzählt, der »Einfluß des neuen Schwiegersohnes« habe sich alsbald »recht heilsam« ausgewirkt:

> So erhielten beispielsweise die Markthelfer anständige Arbeitskittel, das Treppenhaus wurde renoviert und manches geändert, was infolge der Sparmaßnahmen unseres Personalchefs nach außen hin schäbig aussah. Damit hatte sich Dr. Bermann, ohne es zu beabsichtigen, schon gleich die Sympathien der Angestellten erworben, die ihn schätzten, weil er nie den Vorgesetzten herauskehrte.

Vorerst jedoch galt es, den lebenden Organismus des Verlags, der »im geheimen Einverständnis mit der Zeit gewachsen« war, kennenzulernen und sein Getriebe zu begreifen. Fischer schlug keine langen Umwege ein; er setzte seinen Schwiegersohn von Anfang an ganz vorsätzlich auf den Präsentierteller; er ließ ihm sogleich in seinem eigenen Arbeitszimmer einen Schreibtisch aufstellen, an der Schmalseite des eigenen, und ließ vom ersten Tag an keinen Zweifel daran, daß der junge Mann, der da saß, zu seinem Erben und Nachfolger bestimmt war:

Da saß ich nun und konnte den verehrten Mann aus nächster Nähe beobachten... Tag für Tag ließ ich die täglichen Geschehnisse im Direktionsbüro des Verlags an mir vorbeigehen. »Vorbeigehen« ist das richtige Wort, denn zunächst verstand ich nichts. Ich sah die leitenden Angestellten dem Chef berichten, ich hörte Gespräche mit besuchenden Autoren an und kam am Abend so müde wie nach keinem anstrengenden Operationstag in meine Junggesellenwohnung.

Nicht vorbei ging, sondern haften blieb vom ersten Tag an der Eindruck der unerläßlichen menschlichen Eigenschaften, die dieser Beruf, in dem geistige und materielle Werte unlösbar miteinander gekoppelt waren, erforderte. Das Porträt, das Gottfried Bermann von seinem Schwiegervater aus jenen Tagen zeichnet, bestätigt in allen Zügen den Eindruck, den seine Lebensgeschichte seit ihren Anfängen über die Jahrzehnte hinweg geprägt hat, und fügt ihm noch einige besondere, aus unmittelbarster Anschauung gewonnene Züge hinzu: eine äußerste Empfindlichkeit für »richtige und falsche Töne« in Menschen wie in Büchern, die seine sofortige Sympathie, aber auch seine instinktive Abkehr bestimmte; ein unbestechliches Gefühl für Qualität, von dem er mit großer Bescheidenheit und niemals auftrumpfend Gebrauch machte; eine unbedingte Zuverlässigkeit in jedem Bezug:

Die Grundlage seines Wesens war eine tief verwurzelte Moralität, für die alles Unzuverlässige, Unechte, Unmenschliche, Unwahre so verletzend war, daß er daran krank werden konnte. Ich habe ähnliches nur noch bei Thomas Mann erlebt... Unter seinem Schutz war es leicht für mich, das Vertrauen der Autoren zu gewinnen, ohne das ein solcher Verlag nicht existieren und weiterleben kann.

Als sich allmählich »der Nebel lichtete«, tat Fischer ein übriges und engagierte als Mentor den Dichter Hermann Kasack, der den Schwiegersohn »mit den jüngeren Autoren und mit den Gepflogenheiten im Umgang mit Dichtern und Schriftstellern bekannt machen« sollte. Kasack, damals knapp dreißigjährig, hatte bereits eine Anzahl Gedichtbände veröffentlicht, war aber nicht Autor des Verlags. Hingegen war er einer der engsten Freunde des um zwölf Jahre älteren Oskar Loerke, der große Stücke auf ihn hielt und wohl auch dafür sorgte, daß Kasack 1924 zum erstenmal in der ›Neuen Rundschau‹ gedruckt wurde, zu der er hinfort mit Gedichten und Erzählungen regelmäßig beitrug. Vermutlich hatte Loerke die Anstellung Kasacks vorgeschlagen; sein Tagebuch berichtet bereits unter dem 12. November 1925 von einem »Gespräch mit Kasack über sein mögliches späteres Engagement bei Fischer«; doch verging noch fast ein halbes Jahr.

Am 22. Februar 1926 notierte Loerke: »Vormittags rief Kasack an. Er kommt also zu Fischer am 1. Mai... Ärger, daß Fischer mir nichts gesagt hat. So vertraut und wieder so fremd und mißtrauisch.«

Eine Woche zuvor hatte die Hochzeit stattgefunden. Auf prächtig gestochener Karte beehrten sich Herr und Frau S. Fischer, »anläßlich der Vermählung ihrer Tochter Brigitte mit Herrn Dr. Gottfried Bermann« am 14. Februar 1926 zum »Diner im Hotel Esplanade einzuladen«. Loerke vermerkte:

Die Hochzeit war vergnüglich und herzlich. 138 Personen. Das junge Paar ein erfreulicher Anblick. Fischers nett und gut. Eipper bemühte sich mit dem Tanzen sehr. Große festliche Räume. Reden: Eloesser, Minister Dernburg, Osborn. Rose Walter sang aus Mozarts Il re pastore. Erfreuliche Begegnungen. Fischers alle, Landshoff und Frau, Olga Eisner. Döblin. Der nette Sanitätsrat Bermann aus Gleiwitz. Kerr einen Augenblick, Julius Elias. Behagliche Minuten. Gegen drei mit dem Auto heim. Ich saß allein noch fast eine Stunde, lebensdankbar ...

Hedwig Fischer ließ trotz allem die Tochter nur schweren Herzens ziehen. »Wie schwer uns dieser Abschied wird«, schrieb sie an Madelung, »brauche ich Ihnen nicht zu sagen. Hoffentlich wird sie ihr Glück finden ...« Die Verbindung mit dem Elternhaus blieb selbstverständlich eng und stetig; das junge Paar bezog ganz in der Nähe im Grunewald, in der Gneiststraße, eine eigene Wohnung und übernahm mit der Zeit von den Eltern mehr und mehr von ihren gesellschaftlichen Verpflichtungen; es bildete sich in der Gneiststraße ein zweiter literarisch-musikalischer Kreis, der mit dem in der Erdener Straße abwechselte und ihn ergänzte. Loerke fand zu dem Schwiegersohn nicht zuletzt über die Musik ein warmes, freundschaftliches Verhältnis, das dem einsamen, von viel Gram bedrückten Mann not- und wohltat, und er kam, wie er vermerkt, oft und gern ins Haus: »Es war ein erfreulich frischer Luftzug in dem allen.«

Gottfried Bermann brachte seine Einführungszeit am quergestellten Schreibtisch rasch hinter sich:

Da ich inzwischen mit den Verlagsangestellten auf gutem Fuße stand und täglich Gelegenheit hatte, ihre Arbeit zu beobachten und mir erklären zu lassen, war ich Anfang des Jahres 1926 mit den technischen Vorgängen schon recht vertraut geworden. Als ich im Februar 1926 heiratete, fühlte ich mich bereits als junger Verleger und hatte einen eigenen, wenn auch kleinen Aufgabenkreis, der sich hauptsächlich auf die Gebiete der Buchherstellung, des Vertriebs und der Werbung beschränkte. Bei dieser schnellen Einarbeitung bedurfte es bald der Beratung durch Hermann Kasack nicht mehr, und wir trennten uns wieder.

Leiter der Herstellung war damals Friedrich Hermann; der Vertrieb unterstand Walter Cohn und die Werbung Paul Eipper. Kasack schied 1927 aus dem Verlag wieder aus und wurde literarischer Berater des Gustav Kiepenheuer Verlags. 1928 wurde Dr. Gottfried Bermann zum Geschäftsführer des S. Fischer Verlags bestellt. Fischer hatte von Anfang an den Wunsch, daß sein Name in der Familie seines Erben und Nachfolgers irgendwie erhalten bleiben möge. Bermann folgte diesem Wunsch, indem er seinem eigenen Namen den der Familie seiner Frau anfügte; die Unterschrift »Dr. Bermann-Fischer« findet sich schon bald nach seinem Eintritt in den Verlag auf seinen Briefen. Später wurde die Namensänderung auch von Amts wegen vollzogen. Als die Familie die amerikanische Staatsbürgerschaft erwarb, fiel der Bindestrich fort, und der Name Bermann wurde nach amerikanischer Gepflogenheit zum üblichen Mittelnamen. Manche der Autoren, wie Hauptmann und Thomas Mann, hielten jedoch aus Gewohnheit am ursprünglichen »Dr. Bermann« fest, und auch Loerke blieb in seinen Aufzeichnungen dabei. Der Chronist jedoch wird hinfort gehörigerweise von »Bermann Fischer« sprechen.

Wie auch immer: das Experiment war gelungen, das Problem gelöst.

MORITZ HEIMANNS LETZTE JAHRE

Moritz Heimann erlebte die Besiegelung der glückhaften Wendung nicht mehr. Gottfried Bermann Fischer lernte ihn von Angesicht nicht mehr kennen; er mußte im Sommer 1925 vor der Tür seines Krankenzimmers in der Berliner Charité umkehren, da er bereits zu leidend war, um ihn zu empfangen. Heimann starb zwei Wochen nach der Verlobungsfeier, am 22. September 1925, siebenundfünfzig Jahre alt.

Es war ein langer, jahrelanger Abschied vorausgegangen. Während dieser letzten Jahre, die Heimann fast ganz in seinem märkischen Heimatdorf und später in einem Sanatorium in Babelsberg verbrachte, hatte sich zwischen ihm und Fischer ein besonderes Verhältnis herausgebildet. Er erhielt von Fischer eine Pension, so daß er materieller Bedrängnisse enthoben war und sich nicht unter Druck zu fühlen brauchte, etwas leisten zu müssen, das über seine schwankenden, stetig abnehmenden Kräfte ging. Er konnte in diesen letzten Jahren zur Tagesarbeit des Verlags nicht mehr viel beitragen; doch hielt er mit geradezu eifersüchtiger Teilnahme die Verbindung mit der Bülowstraße brieflich aufrecht und hatte für jeden Besuch, den Fischer ihm in Kagel machte, bis zuletzt Vorschläge, Anregungen, Kritik und Pläne für die Ausgestaltung des Verlagsprogramms und die Verbesserung der ›Neuen Rundschau‹ bereit.

Auch brachte er, wann immer die Kräfte es erlaubten, in unbezähmbarem Schaffensdrang weiter Eigenes hervor, und der Verlag veröffentlichte, was immer er ihm übergab, auch wenn es nur geringen Erfolg verhieß. Es war nicht mehr allzu viel. Nach den *Prosaischen Schriften* von 1918 erschienen nur noch drei Werke: 1920 das Schauspiel *Armand Carrel*, ein überaus geschliffenes Diskussionsdrama und sein bühnenwirksamstes Werk, das am Berliner Staatstheater, dem Dresdner Schauspielhaus und anderen Bühnen aufgeführt wurde; 1921 eine Sammlung Novellen *Wintergespinst*, die als vierter Band der *Prosaischen Schriften* erschien; und 1922 das Drama *Das Weib des Akiba*. Heimanns letzter Beitrag zur ›Neuen Rundschau‹ war ein Gedächtnisaufsatz über den im November 1921 verstorbenen großen Erforscher der jüdischen Legendenwelt Micha Josef bin Gorion, der im Januarheft 1922 erschien. Wie verbissen Heimann an der Hoffnung und Erwartung festhielt, daß er sich als Schriftsteller und Publizist trotz aller bisherigen Nichtbeachtung doch noch durchsetzen werde, geht aus einem Brief an Fischer aus der gleichen Zeit, vom 3. Januar 1922, hervor:

Die Hauptsache wird freilich für mich sein, in öfteren Besuchen die Öffentlichkeit an mich zu gewöhnen. Ob die Aufführung des ›Carrel‹ in Berlin mir in dieser Hinsicht viel nützen wird, dessen bin ich nicht gewiß. Mehr hoffe ich mir vom Akiba, und wenn das Buch da sein wird, möchte ich manches über seine Propagierung mit Ihnen besprechen. Für mein Fußfassen aber wichtiger scheint mir ein Büchlein politisch, philosophisch, historischen Charakters, worin ich hoffe, politische Nöte der Gegenwart in klarer Konsequenz der ganzen deutschen, sogar der ganzen abendländischen Geschichte dastehen zu lassen. Noch suche ich, trotzdem alles einzelne fertig ist, den Ton des Ganzen, denn ich will nicht von blauen Enten predigen, sondern sagen: so ist es, so wird es. Wenn Sie wollen, mein Testament an die Deutschen. Vor Frühjahr wird es fertig, wenn ich lebe und bei leidlicher Gesundheit bleibe...

Dieses Testament an die Deutschen gelangte nicht zur Ausführung. Im Spätherbst 1922 besuchten Wassermanns ihn in Kagel. Marta Karlweis sah den großen Freund und Mentor ihres Mannes zum erstenmal und war, wie sie schrieb, von seiner Grazie besonders lebhaft berührt:

Es gab in seiner Wohnung nichts Eßbares, wir gingen zur Mahlzeit in eine kahle Wirtschaft nahe bei seinem Hause, saßen am nackten Brettertisch, in einer Glasveranda, um uns herum standen die mageren Kiefern mit ihrem schütteren schwarzen Nadelhaar. Heimann, krank schon, immer wie ein Mensch im Fieber, knochig, elastisch und hinfällig zugleich, aber von einer sonderbaren, potentiellen Hinfälligkeit, der die fiebernde Hochspannung das Eingeständnis versagte, hatte ein Glas Porter oder Ale vor sich. Dieses Glas hob er halb, sah mich an, sagte: »Soyez la bienvenue!« und trank es aus. Es war nichts, eine geläufige Geste, ein Blick, drei Worte in einer fremden Sprache, alles ohne Nachdruck, ohne Gewicht.

Zu Weihnachten 1922 machte Fischer ihm ein besonderes Geschenk. Der kranke Mann (er hatte ein Nierenleiden) hatte nach vorübergehender Besserung wieder eine schlechte Zeit, so daß er sogar den

Dankesbrief nicht in einem Zug zu Papier bringen konnte. Er schrieb am 27. Dezember 1922 aus Kagel:

Lieber Fischer – nach so vielen und zu so vielen Geschenken hast Du mir das schönste, ehrenvollste gemacht, mit dieser Anrede, die Du zum ersten Mal gegen mich anwendest, und mir erlaubst gegen Dich. So ergriffen ich davon war, so erfreut war ich auch, denn ich durfte mir – so weit war ich gekommen und dann kam ich aufs Sofa und liege noch. Aber mein Brief an Dich quält mich, nämlich der sich unaufhörlich in mir selbst schreibende, da ich ihn heute noch nicht abschließen kann, so soll mir doch der Tag nicht vorüber, ohne daß ich Dir sage: Dank für alles und Dank für Dich, worin also auch der Dank für's ›Du‹ beschlossen ist. Oft stand ich, verzeih dieses Geständnis, in Zärtlichkeit neben Dir und Deinem Hause. Herzlichst Moritz Heimann.

Abgesehen vom Schicksal Deutschlands, das ihn unablässig beschäftigte, blieb Heimanns Blick während seiner letzten Jahre ganz besonders auf Amerika gerichtet. Immer wieder mahnte er Fischer, sich in der Buchproduktion wie in der ›Neuen Rundschau‹ stärker amerikanischen Phänomenen und Problemen zuzuwenden. Schon im Januar 1922 hatte er ihm geschrieben:

Sie erinnern sich, daß ich Ihrer Frau mal von einer amerikanischen Bibliothek sprach. Nicht nur halte ich eine solche für nützlich und erfolgversprechend an sich, sondern ich glaube, daß eine solche unseren Büchern in Amerika Schritt machen würde. Ein gegenseitiger Austausch zwischen Völkern ist in geistigen Dingen noch natürlicher als ein wirtschaftlicher. Und in diesem Zusammenhang kann die Rundschau gar nicht ernst genug genommen werden und muß sogar immer in die Kritik solchen Gedankens gerückt sein, was allein durch Antiqua-Druck nicht getan ist...

Zwei Jahre später, am 13. Februar 1924, kam er in einem Brief auf diesen Gedanken zurück:

Du wirst mich auslachen oder aber ärgerlich werden, wenn ich wieder Deine Interessen auf die amerikanischen Dinge zu lenken unternehme. Immer ärger stellt sich heraus, daß ein Schriftsteller, ein Publizist, ein Verlag unmittelbar auf unsere Zustände nicht wirken können. Eine lange Besinnung und Belehrung tut not. In den Parlamenten können sie nicht geleistet werden, sie ist die Aufgabe der großen Zeitschriften und führenden geistigen Mächte. Und nun bleibe ich dabei, daß wir in keinem europäischen Lande und nicht nur in der Geschichte unseres eigenen Volkes, ein so aufklärendes Anschauungs-Material über eine mögliche Verfassung haben wie in Amerika... Ich bitte Dich, in diesem wiederholten Drängen mehr zu sehen als eine Puschel von mir. Es wäre notwendig, daß Du Dich mit einem Sachverständigen über das, unter Umständen weitsichtige Problem unterhieltest... Was die amerikanische Sache anlangt, so bin ich sicher, daß sie, wenn nicht von uns, dann von wo anders her in nicht zu ferner Zeit erscheinen wird...

Im gleichen Brief berichtet er, er fühle sich besser und arbeitsfreudig. Er hatte Fischer im Dezember 1923 einen neuen Band gesammelter Prosastücke angekündigt, der »drei Gruppen von Äußerungen« zu

»unmittelbaren Lebensproblemen« enthalten sollte, nämlich »Politika, Judaica und Allotria«, und hoffte, »daß in meinem Buch auch dies und jenes stehen wird, was heut oder morgen — wahrscheinlich morgen — nicht übersehen werden wird«. Dieser Band war, wie er im Februar 1924 schrieb, bis auf zwei Aufsätze und einige Erweiterungen, insgesamt »40 Piecen« fertig, und er schicke den satzreifen Teil ab; er fügte hinzu:

Es ist sicher, daß wir einen Sinn nur im eigensten Leben finden können, denn wir schaffen ihn. Ich wache manchen Tag auf und ziehe ein Fazit, das eigentlich nur einen Ausweg übrig läßt. Aber es braucht dann nur ein wirklicher Gedanke über mich zu kommen, ein wahrhaftes inneres Tun und Regen, und sogleich fällt die Pein des ewig Vergeblichen, des Zweck- und Hoffnungslosen von mir ab, und ich treibe den Kreisel weiter, der sonst mich triebe...

»GENUG IST NICHT GENUG«

Er empfand die allmähliche, zwangsläufige Ablösung vom Haus in der Bülowstraße sehr schmerzlich und beschäftigte sich unablässig in Gedanken mit dem Fortbestand und der Zukunft des Verlags. Ein Brief an Fischer aus dem Mai 1923 schließt mit einer beschwörenden Mahnung an den Freund, weiterzuschreiten, sich mit dem Geschaffenen nicht zufrieden zu geben:

Du kennst meinen Scherz, der aber gar kein Scherz ist, sondern der treffendste Ernst: Ein Verlag lebt durch die Bücher, die nicht gehen. Denn wenn alle Bücher gingen, so brauchte man keinen Verlag. Der Stand des Verlegers hat sich allmählich hoch hinaufgehoben und ist ein sehr ehrenvoller geistig wirkender, aber auch geistig verpflichtender geworden. In hohem Maß hast Du den Anspruch erfüllt. Ja, Du hast für unsere Zeit eine fast exzeptionelle Stellung Dir errungen. Davon gibt es kein Zurück und soll es keines geben:
»Genug ist nicht genug«, heißt es bei Conrad F. Meyer. Das gilt für alles Leben, als welches auf Hypertrophie angelegt ist. Es gilt auch für das Leben eines Verlages. Auch die erfolgreichen Bücher würden anfangen zu kränkeln, wenn sie nicht von dem großen stürmischen Säfte-Kreislauf mitgenährt würden; denn dieser macht den Ruhm und die Ehre des Verlags.
Doch nun genug, oder ich würde nie fertig. Laß uns manches im Gespräch nachholen, ich habe noch einigen Stoff...

In einem Brief an Hedwig Fischer vom 8. April 1924 heißt es:

Ich bitte Sie um eine Nachricht, wann Sie vorhaben herauszukommen, denn wenn Sie Ihre Fahrt hinauszuschieben gezwungen wären, so möchte ich meine Unterhaltung mit Fischer, nach der ich Sehnsucht habe, schriftlich beginnen. Unterhaltung über den Verlag u. a. Es würde mich sehr schmerzen, wenn er mich von seinen Sorgen und Plänen ganz ausschlösse; ich hänge daran mit einem großen Teil meines inneren Lebens, das innerhalb einer namenlosen Zerstörung noch übrig ist...

Die »namenlose Zerstörung« nahm mit stetigem Auf und Ab ihren unaufhaltsamen Fortgang. Loerke besuchte den Freund, wann immer er konnte, und notierte im August 1924: »Heimann sehr krank. Morphium-, Coffein- und Kampferspritzen« (die ihm Dr. Janos Plesch, ein damals beliebter kunstsinniger Berliner Modearzt verordnete), aber im November traf er Heimann wieder leidlich an. Am 25. Dezember 1924 hingegen: »Heimann besser, geistig gesammelt. Aber körperlich ganz schwach«, und im Februar 1925 war er wieder »wohler, außer Bett, hat einen kleinen Aufsatz für die Weltbühne geschrieben.« Am 9. Juli kam er, wie Loerke notierte, noch einmal ins Verlagshaus: »Sehr leidend. Selbst das Gespräch mühsam.« Danach verzeichnet Loerkes Tagebuch:

Sonnabend, 22. August 1925: Über Mittag Besuch bei Heimann. O, wie erschreckend elend er ist. Diese Qual ist kein Leben mehr.
Donnerstag, 10. September 1925: Sonntag zu Heimann. Völliger Verfall. Er konnte nicht sprechen, wir auch kein Wort. Machte Bewegungen, schauspielerisch fast, nicht zu deuten. Herzergreifendes Lächeln, wenn er die Augen aufschlug, wehmütig gütig, überströmend liebenswürdig und doch fast irr.

Und schließlich Dienstag, 22. September 1925:

Heute früh Anruf aus der Charité: Um halb sieben ist Heimann gestorben. Friede ihm. Schmerz. Und das Gefühl der Erlösung. Das Endgültige. Wenn ich einmal soll scheiden – möge es sanfter sein dürfen. Ich soll beim Begräbnis einige Worte sprechen. Mit Eipper zur Charité gefahren. Trude Heimann einigermaßen gefaßt. Viele Menschen. Ein Bildhauer nahm die Totenmaske ab.

In Wahrheit hatte man Angehörige und Freunde viele Stunden warten lassen, bis sie im Leichenhaus der Charité von dem Toten Abschied nehmen konnten. Paul Eipper hat die Erinnerung daran festgehalten:

Wir traten ein und standen vor dem Gitter, hinter dem auf einer fahrbaren Pritsche Moritz Heimann lag, friedlich, mit einem Sonnenstrahl im Gesicht, das jung und ruhig war und erlöst.
Wir standen, acht oder neun Menschen, und schauten auf dieses Rätsel, das wir nicht hätten greifen können, auch wenn das Trennungsgitter nicht gewesen wäre. Ein kleines Sträußchen hatte der Tote in der schönen Hand. Und es war mir, als grüßte er uns damit. Wie ganz anders war nun Heimanns Gesicht als in jener Leidenszeit, wenn er verkrampft auf seinem Lager nach Haltung rang, bis er unter Tränen den Kopf abwandte und uns gehen hieß. »Oh«, hat er einmal zu mir gesagt, »wenn Ihr wüßtet, durch welchen Sumpf von Schmerzen, durch welchen stinkenden Pfuhl von Gedankenlosigkeit ich waten muß, Tag und Nacht, ohne Schlaf!«
Jetzt war er erlöst, ein lächelnder Zug lag im Mundwinkel, vielleicht gar ein spöttischer, jedenfalls ein befreiter.
Die Leidtragenden gingen wieder hinaus. Nur der Bildhauer blieb zurück. Und durch ihn wissen wir, daß Heimann auch mit seinem Tod noch nicht zu Ende gelitten hatte ...

Eipper war über das, was er erfuhr, so empört, daß er im Jahr darauf, in einem Gedenkaufsatz in der ›Weltbühne‹ zu Heimanns Todestag die böse Ungehörigkeit veröffentlichte. Auch der Freund Wilhelm Lehmann fand sogar Jahrzehnte später in einem Aufsatz über Heimann noch immer keine Worte darüber. Man hatte so lange warten müssen, weil der noch nicht erkaltete Leichnam ohne Erlaubnis oder auch nur Verständigung der Angehörigen sofort in den Seziersaal geschafft und erst dann, nach seiner Verstümmelung, aufgebahrt worden war. Der Bildhauer entdeckte bei Abnahme der Totenmaske, »daß die unerlaubte Sektion auch Heimanns Hinterschädel geöffnet hatte – noch ehe er kalt und erstarrt war«. Eipper schrieb:

...es muß immer und immer wieder gesagt werden, wie sehr sie uns diesen Toten gequält und geschunden haben, ohne Respekt vor seinem Leiden und vor seinem Geist. Obwohl keinerlei Notwendigkeit vorlag, haben sie ihn zerschnitten und ihn herumgezerrt, bis endlich der Deckel über seinem Sarge sich schloß.

Nun war genug endlich doch genug. Eipper bewahrte einen Abguß der Totenmaske in seinem Arbeitszimmer auf: »Manches Mal wölbe ich die Schale meiner Hand über die Stirn, die für uns alle gedacht, sich für jeden von uns gesorgt und es so gut mit uns gemeint hat wie sein Herz.«

NACHRUF UND NACHLASS

Oskar Loerkes *Worte, gesprochen am Grabe Moritz Heimanns* erschienen gedruckt im Oktoberheft 1925 der ›Neuen Rundschau‹ und auch in dem im November 1925 ausgegebenen Verlagsalmanach für das Jahr 1926, wo ihnen eine eindrucksvolle Porträt-Photographie und ein kurzes Gedicht Heimanns, *Alles ist wahr*, vorangestellt waren. Einige Absätze mögen für das Ganze sprechen:

Zum letztenmal, bevor die Erde ihn ganz verhüllt, stehen wir vor Moritz Heimann – nahe seinen Füßen, die von aller Wohltat und Härte der Menschenwege wußten, nahe seinem Haupte, das eine reine Herberge für das Bild dieser Welt war, wie die Welt seinem Haupt und Herzen die geliebte unendliche Herberge bot.

Unter der Sonne zu weilen und im eigenen Geiste zugleich und beide als dasselbe heilige Licht zu erkennen und wiederzuerkennen, – immer, nicht nur in den Stunden der Erschütterung und Heiterkeit; das war die einfache Größe seines Lebens. Heimanns Gnade war zu wissen, daß keinem Wesen der Schöpfung mehr als dies gegeben wurde, daß hier der Ursprung aller Seele ist, ihres Vertrauens, ihrer Fremde, ihrer Werke und ihrer letzten Vollendung. Hier versiegte das Böse, hier entsprang die Quelle der Güte. Hier begann Heimanns Sendung...

Wenn er sich finden wollte, stieß er auf das Rätsel der Welt; wollte er das Rätsel der Welt entschleiern, so schritt er näher auf sich selbst zu.

Darum blieb er immer ein Entschiedener, ohne jemals zum Eiferer zu werden. Darum verstand er die Kämpfe der Zeit zu kämpfen, ganz vorn, da, wo die Zeit im Zeitlosen mündet. Darum wußte er weitleuchtenden Rat für viele Mitmenschen, wenn sie in kleinen Nöten und im dumpfen Streben befangen waren. Ein nie müder Freiheitsbringer, ein Meister der Geduld und Nachsicht, gedachte er zuerst immer der Bedürftigen, dachte er zuletzt an sich selbst . . .

Oh, daß uns diese Stimme zu früh verstummt ist und nicht mehr Antwort geben wird, wenn wir fragen. Und dennoch, sie wird uns aus seinem Unzerstörbaren wieder tönen, und wir werden nicht Abschied nehmen müssen, wir werden ihr danken, sie wird uns trösten.

In der Tat verspürten alle, die mit Heimann verbunden gewesen waren, vor allem das Fehlen seiner warmen Stimme, die mehr als alles andere an ihm gefangennahm. Loerke selbst schrieb kurz nach Heimanns Tod in einem Geburtstagsgruß an E. R. Weiß:

Wer in Heimanns Gestalt aus der Welt ging, das weiß die Welt noch nicht, und sie wird es nie wissen, denn sie kann nur seine geschriebene Rede weitervernehmen, nicht mehr seine gesprochene . . . man muß die Stimme gehört haben, um zu begreifen, was mit ihr verstummte.

Am Sonntag, den 3. Januar 1926 fand in dem kleinen Berliner Tribüne-Theater eine Gedenkfeier statt. Loerke fand »die Feier ausgezeichnet, besonders die Musik und die Rede Eloessers«. Beim Nachlesen dieser, in der ›Weltbühne‹ veröffentlichten Rede kommt einem Loerkes Eindruck schwer begreiflich vor: war seine eigene Grabrede vielleicht allzu delphisch-sibyllinisch gewesen, so war Eloessers Ansprache von einer geheimnislosen Dürre, die einen verschmachten läßt. Die besten Gedenksätze über Heimanns Wirken und Walten in der Bülowstraße standen im Nachruf, den Stefan Großmann ihm im ›Tagebuch‹ schrieb:

Hat er sich nicht selbst verschleudert? Ich glaube es nicht. Die stärkste, die plastische Kraft bewunderte er, aber er besaß sie nur in seltenen Stunden. Seine waltende, bejahende, ordnende Kraft wirkte im Verlag S. Fischer, und nur wer lange hinter die Kulissen des Buchhandels gesehen hat, kann ermessen, was er, Hauptmanns weisester Berater, Stehrs Entdecker, Dehmels Zügler, im stillen durch andere und in anderen geschaffen hat. Ein Leben lang hat er für das Werk anderer gedacht, ein Leben lang hat er vergessen, sich für sich zu sammeln. Noch mehr als die Großen und Sicheren haben ihm die Ringenden und Unsicheren zu danken gehabt. Er hörte das Herz der Manuskripte klopfen, die ihm anvertraut waren, vorausgesetzt, daß etwas klopfte. Gerade die problematischen Naturen behorchte er mit besonderer Aufmerksamkeit, seine Liebe bestand ja im Lauschen. Nie wurde er, von Literatur umrauscht, zum Literaten. Immer drang er durch alles Papier zum leidenden Menschen durch . . .

Jakob Wassermann setzte dem Freund in seinem Roman *Der Fall Maurizius* ein Denkmal in der Gestalt des verehrten Schriftstellers Melchior Ghisels, an den der junge Etzel Andergast in seiner Not sich um Rat wendet, und gab überdies eine ausführliche Schilderung seines Zusammenwirkens mit Heimann. Am 6. Dezember 1926 schrieb er an Hedwig Fischer:

Außerdem bin ich an einer Schrift über Moritz Heimann, die mich ziemlich weit führt und die ich vorläufig Geschichte einer Freundschaft betitelt habe. Ob ich sie ganz werde veröffentlichen können, weiß ich noch nicht, ich will darüber mit Sami sprechen, wenn ich nach Berlin komme oder sie euch vorher schicken und dann darüber sprechen. Es kommt so vieles zur Sprache und Aussprache darin, was möglicherweise nicht vor das Forum der Publizität gehört.

Wassermann veröffentlichte den Aufsatz *Geschichte einer Freundschaft* tatsächlich nicht in seiner Gänze, und auch ein Teil daraus erschien erst 1931 in der ›Neuen Rundschau‹ unter dem Titel *Selbstbetrachtungen*; hieraus wurde an früherer Stelle bereits einiges angeführt.

In Heimanns Nachlaß fand sich eine vom 14. Januar/6. März 1924 datierte, eigenhändige letztwillige Verfügung:

Alle meine Notizen, auf einzelnen Blättern und in Heften, und alle meine angefangenen Arbeiten sind an Oskar Loerke auszuliefern ... Und noch etwas: ich habe einen 5. Band meiner ›Schriften‹ zusammenzustellen begonnen; ob ich den Band werde fertigbringen, weiß ich nicht. Will Loerke die Arbeit übernehmen, so sei er bedankt; das Material liegt auf meinem Schreibtisch ... Nicht wegen meiner wünsche ich diese Erhaltung meiner abgeschlossenen Arbeiten, wahrhaftig nicht.

Loerke, der Nachlaßwalter, konnte die Zerstreuung wichtiger Teile von Heimanns Hinterlassenschaft, die über sein verlegerisches Wirken hätten Auskunft geben können, nicht verhindern; Heimanns Bibliothek und Briefwechsel wurden vom Berliner Antiquariat Fraenkel versteigert und zerstoben in alle Winde, ohne nennenswertes Entgelt einzubringen. Folglich fehlt der größte Teil der Belege, mit deren Hilfe sich sein Wirken im Verlag hätte veranschaulichen lassen. Hingegen übernahm Loerke die ihm anvertraute Aufgabe und begann unverzüglich mit der Sichtung der hinterlassenen Schriften und der endgültigen Zusammenstellung des von Heimann bereits vorbereiteten 5. Bandes, der nun ein Nachlaßband wurde. Etwa elf Bogen (rund 180 Druckseiten) dieses Bandes waren bereits gesetzt und von Heimann korrigiert; das übrige galt es seinen vermutlichen Absichten entsprechend zu ergänzen; nur Anordnung und Titel hatten bei seinem Tod noch nicht festgestanden. Loerkes Tagebuch gibt über diese editorische Liebesmühe Auskunft. So am 15. Januar 1926:

In der Ordnung der Heimannschen Schriften fortgefahren. Mit Ergriffenheit hörte ich immer seine Stimme. Die scharfen Prägungen zeigen das Glück seines Findens. Die schlichtesten Gedanken wachsen daran hoch. Der aphoristische Einfall, immer ersten und letzten Dingen gehörig, ist sein Eigentliches. Ganz ähnliche Gedanken, immer wieder versucht, immer wieder erprobt, immer wieder geformt. Es müssen ihm wohl fast jeden Tag viele Blitze durchs Hirn gefahren sein. Denn die oft hastig hingeworfenen Notizen, alle voll schwerer Gedanken, zählen nach Zehntausenden.

Loerke wünschte nicht nur den fünften Band der *Prosaischen Schriften* zu vervollständigen, sondern auch die unvollendeten dramatischen Arbeiten und vor allem die Aphorismen Heimanns herauszugeben, mußte aber betrübt vermerken: »Fischer zeigte keine Neigung, die Dramenfragmente Heimanns zu veröffentlichen. Nun, warten!« Im März war die Auswahl des Prosabandes fertiggestellt, er machte zwanzig Bogen des zierlichen kleinen Formats aus, und Ende Juli war auch das Nachwort geschrieben, das einen »zweiten abschließenden Nachlaßband mit vorwiegend dichterischen Arbeiten« verhieß. Am 2. Oktober erschienen die *Nachgelassenen Schriften* als Band V der *Prosaischen Schriften,* und im Verlagsalmanach jenes Herbstes brachte Loerke eine Auswahl *Aphorismen aus dem Nachlaß* mit dem Vermerk, sie entstammten einem »weiteren Nachlaßband«, der sich an den Prosaband anschließen werde. Dieser Band kam jedoch ebensowenig zustande wie die Veröffentlichung der Dramenfragmente. Er fiel wohl nicht nur der Ungunst der Zeit zum Opfer, sondern auch, nach Loerkes Aufzeichnungen zu schließen, der Einsicht des Herausgebers, daß diese Aphorismen sich nicht recht zu einem Band zusammenschließen wollten. So notierte Loerke am 13. September 1926 im Tagebuch:

Mehrere Hefte Heimannscher Notizen studiert und ausgezogen... Unfaßbar, daß fast ein Jahr seit seinem Tod vergangen ist. Ja, was ist Zeit. Und wie nahe an diesen wird bald der eigene Tod gedrängt sein, für jeden, der mit dem Leben Heimanns und dem meinen keine ausführlichen Vorstellungen verbindet. Übrigens, was Heimann notierte, wirkt nicht sehr ergiebig. Es bleibt die Notiz; zur Ausführung hat er sich dann leider recht selten zusammengerafft.

Und am 17. Oktober, als er mit den Auszügen fertig war: »Eine ergreifende menschliche Fülle. Hauptsachen hat er sich immer wiederholt durch Jahrzehnte, fast wörtlich in der gleichen Formulierung... Große Liebe bei viel Kritik: Hauptmann.« Es wurde kein Buch daraus.

DIE NEUE GENERATION

Zwei Jahre zuvor, 1924, beim Tod Feruccio Busonis, hatte Loerke geschrieben: »Das Heer der Toten wächst und bleibt auf Erden, und vielleicht bleibt es auch irgendwie außer dem Irdischen eine Macht und Gemeinschaft.« (Jakob Wassermanns schöne Gedenkschrift auf den verehrten Freund *In memoriam Feruccio Busoni* war 1925 in fünfhundert numerierten Exemplaren bei Fischer erschienen.) Jetzt, am 7. September 1926, schrieb Loerke in einem kurzen Geburtstagsbriefchen an Hedwig Fischer:

Seit dem vorigen Jahr von diesem Tag ab, hat sich geändert: daß Ihre liebe Tochter mit dem eigenen neuen Haus das Ihrige vergrößert hat und daß unser aller Freund Heimann von uns gegangen ist; der gute alte Kreis hat sich also erweitert und verengt. Mag es immer der gleiche warme Lebenskreis bleiben, wie ihn Ihr beständig junges Herz sich wünschen muß!

Heimanns Tod und Bermann Fischers Eintritt in den Verlag, so zufällig sie auch zeitlich zusammentrafen, bezeichneten in der Tat einen entscheidenden Meilenstein in der Geschichte des Verlages. An die Stelle der Mitarbeiter aus der Gründerzeit trat eine neue Generation auf die verantwortlichen Posten. In der ganzen Mannschaft war Saenger jetzt weitaus der älteste und zugleich der letzte aus der vorangegangenen Generation. Im Februarheft 1924 der ›Neuen Rundschau‹ hatte Rudolf Kayser ihm und Bie, die im Abstand von wenigen Tagen in jenem Monat ihr sechzigstes Lebensjahr vollendeten, einen gemeinsamen Kranz gewunden. Bie wirkte nur noch als väterlicher Freund im Hintergrund; Saenger, in unverminderter Frische und Elastizität, bestimmte weiter »das politische Gesicht unserer Zeitschrift«.

Rudolf Kayser war fünfundzwanzig Jahre jünger als die beiden Jubilare. Oskar Loerke, in Heimanns Todesjahr einundvierzig, war nur fünf Jahre älter als er und gleichaltrig mit Ernst W. Freissler, der im Verlag die ausländische Literatur betreute. Leo Greiner, der Bühnenvertrieb und Auslandsabteilung aufgebaut hatte und noch der älteren Generation angehörte, schied im Juli 1924 siebenundfünfzigjährig aus, um sich eigenen schriftstellerischen Arbeiten zu widmen, starb jedoch ganz plötzlich vier Jahre darauf. Sein Nachfolger im Verlag war der mit Kayser gleichaltrige, fünfunddreißigjährige Konrad Maril. Paul Eipper schließlich, der im August 1924 in den Verlag zurückkehrte, war dreiunddreißig und nur sechs Jahre älter als das jüngste Mitglied der Arbeitsgemeinschaft, der »neue Schwiegersohn«. Die Mannschaft, die Heimanns Erbe übernahm, war im Durchschnitt Mitte Dreißig und mehr als zwanzig Jahre jünger als er, und so war es vielleicht kein Wunder, daß in der zweiten Hälfte der zwanziger Jahre sich der patriarchalische Charakter des Hauses womöglich noch verstärkte. Denn Fischer selbst, nun in den hohen Sechzigern, blieb unverändert das »große Vaterauge«. Loerkes Aufzeichnungen und die Erinnerungen Bermann Fischers bezeugen auf Schritt und Tritt, wie fest sein leitender und ordnender Geist das Ganze zusammenhielt:

Die peinliche Sorgfalt, mit der er ihre [der Autoren] Briefe beantwortete, ihre Honorar- und Vermögensangelegenheiten behandelte, wie er jede kleinste Kleinigkeit in der Herstellung der Bücher, der Einbände, der Werbung beobachtete und nach seinem Willen gestaltete, wie kein Aufsatz in der ›Neuen Rundschau‹ an ihm vorüberging und kein Manuskript zur Annahme gelangte, ohne daß er sein Placet erteilt hätte, wie er aber auch teilnahm an der Entwicklung und dem Ergehen der Verlagsautoren und immer für sie da war, sei es in seinem Büro oder im Grunewaldhaus, im kleinen und großen Kreis der Gleichgesinnten – alles das wurde mir zum Vorbild für mein eigenes künftiges Wirken.

LOERKE UND DAS UNABWENDBARE

Oskar Loerke hatte es schwerer als Bermann Fischer, sich mit dem Gründer des Hauses allzeit und in jeder Situation auf einen Nenner zu bringen. Er übernahm mit Heimanns Tod nun auch in aller Form dessen Stellung als literarischer Leiter des Verlags, die er seit Jahren bereits stellvertretend verwaltet hatte, und diese Bürde wurde ihm zu Zeiten schwer. Gewiß gehörte er, der nun schon fast ein Jahrzehnt im Verlag arbeitete und ihm, wie er immer wieder eingestand, seine nackte Existenz verdankte – »Meine Gaben sind zu unglücklich, sie bringen nichts ein«, schrieb er einmal – zum »Kreis der Gleichgesinnten«, und Heimanns Geist lebte, wenn irgendwo, dann in ihm fort; doch gelang es ihm nie, sich so völlig und restlos mit dem Verlag zu identifizieren, wie es dem toten Freund gelungen war. Das hinderte nicht, daß er sich, wie sein Freund Wilhelm von Scholz schrieb, »im jahrelangen Ausüben seines verantwortungsvoll aufgefaßten Amtes zu einer außerordentlich strengen Sachlichkeit erzog, daß er den Charakter des Fischerschen Verlagssystems so genau in sein Gefühl genommen hatte, daß er rein aus diesem Verlagsgewissen heraus sehr sicher urteilte und seine eigene Persönlichkeit nie vordrängte«.

Es wirkte in Loerke der gleiche tragische Bruch wie in Heimann: die Notwendigkeit, die eigene schöpferische Arbeit, der jahrzehntelang äußerer Erfolg und Anerkennung versagt blieben, dem Wirken für andere, erfolgreichere gleichordnen, ja unterordnen zu müssen; die Nötigung, die nicht überreichlich bemessenen Lebenskräfte – er war gleich Heimann ein kranker Mann und häufig von Todesbangen gequält – nicht zum größeren, sondern nur zum kleinsten Teil auf das eigene Schaffen verwenden zu dürfen und auch dann weitgehend auf den literarischen Tagesjournalismus – er schrieb außer seinen Sammelbesprechungen für die ›Neue Rundschau‹ in den Jahren 1920 bis 1928 außerdem regelmäßige Buchbesprechungen für den ›Berliner Börsen-Courier‹ –, der ihm im Grunde nicht gemäß war und dessen Zwang ihn ebenso bedrückte wie die unvermeidliche Packeselarbeit im Verlag.

Loerke war sich, ebenso wie Heimann, des Wertes und der Besonderheit seines Schaffens wohl bewußt; aber er besaß nicht Heimanns stoischen, ja geradezu alttestamentarischen Gleichmut im Verein mit unerschütterlicher Zuversicht, um sich über den mangelnden eigenen Erfolg hinwegzusetzen und Entschädigung im fruchtbaren Wirken innerhalb eines größeren Zusammenhangs zu finden. An seinem vierzigsten Geburtstag nahm er sich vor, nicht zu resignieren, »weil die Hände gebunden sind«:

Freilich, der Wunsch, ein anerkannter Dichter zu sein, auf den man hört, hat sich nicht erfüllt. Partielle Anerkennung, partielle Ablehnung. Draußen nur einer von vielen. Das scheint unabwendbar. Aber mit manchem Werk bin ich dennoch einer von wenigen.

Anders als Heimann haderte er mit seinem Schicksal. Wieder und wieder begehrte er gegen dieses »Unabwendbare« auf; geriet in »böse Stimmungen«, weil er »den Weg in die Freiheit nicht finden« konnte; quälte sich, »daß eine sehr große Summe von Arbeit nicht hinreichen will, um das bißchen Lebensunterhalt zu sichern«. Die häufige, in der Verlagsfamilie beruflich und gesellschaftlich unausweichliche Begegnung mit äußerem Erfolg und Wohlstand eines Schriftstellerlebens, die Heimann persönlich stets unberührt gelassen hatte, versetzte ihm immer wieder einen schmerzhaften Stich. Leonhard Franks »herablassende Freundlichkeit« bei einer Besprechung verstimmte ihn: »Der berühmte Mann. Und ich bin nix.« Wassermanns »pompöses Auto« ärgerte ihn. Thomas Mann war bei aller großen, rückhaltlosen Bewunderung doch »der reiche Schriftsteller«, für den er, wie auch für manchen geringeren, die Waschzettel und Klappentexte zu schreiben hatte. »Loerke«, schrieb Flake, »diente mit ostpreußischer Treue und fühlte sich wohl von Fischer nicht immer nach Gebühr geschätzt . . er deutete es an, mit seinem melancholisch-scheuen Humor.« Der Soziologe Adrien Turel (von dem 1919 ein vereinzelter Essayband *Selbsterlösung* bei Fischer erschien) erzählte, er habe einmal, als Loerke ihm über »sein Nichtbeachtetwerden« klagte, ihm geantwortet: »Sie besitzen alles. Was Ihnen fehlt, ist einfacher, gesunder Größenwahn.« Worauf Loerke, der am Fenster stand und über die Dächer Berlins blickte, sich umdrehte und antwortete, »das sei weise bemerkt«.

LOERKE UND FISCHER

Es dauerte eine ganze Weile, bis er mit Fischer rein arbeitstechnisch in ein rechtes Verhältnis gelangte, das sowohl den Erfordernissen des Verlags wie den eigenen Bedürfnissen halbwegs gerecht wurde. Im März 1924, noch zu Heimanns Lebzeiten, dachte er ernstlich daran, aus dem Verlag auszuscheiden: »Ich will mich von S. Fischer geschäftlich lösen, Lektor zu Hause sein, womöglich ganz frei. Freiheitsdrang! Drang zu schreiben!« notierte er. Und am 1. April 1924 heißt es im Tagebuch:

Heute den ersten Schritt in die Freiheit gemacht: mit Fischer gesprochen, der eben zurückgekehrt ist. Ich brauche bloß ein- bis zweimal während der Woche ins Büro. Ganz verändert die Welt. Zeit vor mir. Arbeit.

Doch zwei Tage darauf, am 3. April:

Gestern hat Fischer die Freiheitsbewilligung von vorgestern zurückgenommen. Ich solle ein eigenes Zimmer haben, könne machen, was ich wolle, aber solle um ihn sein. So werde ich über kurz oder lang doch gehen müssen. Ich habe genug. Zehn Jahre im Büro. Greiner hat gestern gekündigt. Unter dem Eindruck der Zurücknahme. Nicht schlaff werden.

Der Ausweg fand sich im Herbst 1924. Am 18. August notierte er:

Für mich hat sich das Los – scheints – zum Besseren gewendet. Fischer, dem ich in die Schweiz schrieb, erklärte in herzlichen Worten sein Einverständnis, daß ich die Verlagsarbeit zu Hause mache, mit einmaliger Anwesenheit in der Woche im Verlag.

(Auf ein »Antippen, ob ich nicht gegen höheres Honorar zweimal in der Woche kommen könne«, winkte Fischer ab.)

So kam die »Donnerstags«-Vereinbarung zustande, nach der Loerke einmal in der Woche, am Donnerstag, in die Bülowstraße zu Besprechungen mit Fischer und den Autoren kam, ein Paket gelesener Manuskripte ablieferte, sich ein neues aus dem Manuskriptschrank holte und schwer beladen wieder in seine Wohnung fuhr, wo er hinfort seine Lektorats- und Redaktionsarbeit besorgte. Bei ihr blieb es. Er war telefonisch erreichbar und konnte, wenn nötig, rasch in den Verlag oder in den Grunewald gerufen werden, was nicht selten geschah; und als er schließlich Ende 1929 zu dem ersehnten eigenen kleinen Häuschen im Grünen kam, war Fischer gar nicht glücklich: »Vorgestern im Verlag Ärger: Fischer warf mir vor, daß ich nach Frohnau ziehen will. Man werde den Zusammenhang verlieren, für den Verlag würde ich dann wohl keine Zeit mehr behalten.«

Die Donnerstags-Regelung war noch zu Heimanns Lebzeiten, im Herbst 1924 getroffen worden. Um die gleiche Zeit wurde »auch über Möglichkeiten meiner Bücher« gesprochen, und Fischer erklärte sich bereit, einen Band Essays zu bringen. Loerke hatte, wie er ohne weiteres zugestand, bis dahin in Fischer einen getreuen und opferwilligen Verleger seiner eigenen Arbeiten gehabt; Fischer hatte bis auf den von Heimann sehr gerühmten Roman *Der Oger* alles gebracht, was Loerke ihm vorgelegt oder vorgeschlagen hatte. (*Der Oger* hatte ein merkwürdiges Schicksal. Er wanderte von Hoffmann & Campe, wo die

Erstausgabe erschien, zu Erich Reiss weiter, wurde aber neuerlich heimatlos; 1927 erklärte sich »Fischer plötzlich bereit, den Oger zu übernehmen«, doch Loerke setzte hinzu: »Obs was wird?« Es wurde etwas.) Seit dem Erstling *Vineta* (1907) hatte Fischer bis dahin insgesamt sieben Bücher von Loerke gebracht: einen Roman, drei Bände Erzählungen und drei Gedichtbände, und es sollten zu seinen Lebzeiten noch vier Gedichtbände und ein Band Essays hinzukommen, insgesamt elf Bücher in siebenundzwanzig Jahren. Der vereinbarte Essayband *Zeitgenossen aus vielen Zeiten*, der neben Loerkes bedeutenden Aufsätzen über Bach und Jean Paul auch seine Studien über Hauptmann, Stehr, Heimann, Wilhelm Lehmann und andere enthielt – ein bis heute sehr lesenswertes Buch, dem die Zeiten nichts haben anhaben können –, wurde Ende Dezember 1924 bei Fischer abgeliefert:

Es war ihm aber sofort zuviel. Sperrt er sich und will eine kleine Auswahl, so ziehe ich den Band zurück. Es machte Mühe ihn zu redigieren. Ich las meine ganzen wohl dreihundert Aufsätze. Strich mir aus den Sammelaufsätzen der Neuen Rundschau das Grundsätzliche heraus.

Man einigte sich; es wurde ein solider Band von 250 Seiten. Ende Juni kamen die letzten Umbruchbogen: »Ist sonst nichts erreicht, so ist doch wieder ein Fazit gezogen. Die letzten Jahre waren ja unfreiwilligerweise an Aufsätzen so reich.« Fischer druckte vorsichtige zweitausend Exemplare, das Buch erschien Anfang Oktober 1925, aber schon am 19. Januar 1926 notierte Loerke enttäuscht:

Ich habe beschlossen, das nächste Gedichtwerk vor allem zu fördern. Auf Erfolg kann ich nicht rechnen, wie das Abbrechen des Interesses auch bei den ›Zeitgenossen‹ wieder zeigt. So würde mir die Förderung der Erzählung nichts nützen, vor allem würde ich mir die zusammenhängende Zeit dafür nicht erringen können. Also, daß überhaupt etwas Wesentliches vollendet werde, muß ich suchen, die vielfach in meinem Innern schon weit ausgebildeten Gedichte sichtbar zu machen.

An diesem Vorsatz hielt Loerke fest und veröffentlichte keine Prosabücher mehr. Am 4. Juni 1926 notierte er »Fischers Bereitschaft, zu Weihnachten einen neuen Gedichtband von mir zu bringen«. Dieser Band erhielt den Titel *Der längste Tag* und erschien im November 1926, und seine äußere Gestalt bereitete Loerke große Freude. Doch meinte er, es könne »dem längsten Tag bald der kürzeste folgen. Gehts gut, so mögen auf diesen vierten Band noch drei weitere Gedichtbände folgen. Es ist ein feierlicher Gedanke.« Die drei erhofften Bände folgten in der Tat, in den Jahren 1929–1934, obwohl es mit dem *Längsten Tag* nicht gutgegangen war. Am 8. Januar 1927 vermerkt das Tagebuch: »Traurig und krank. Hauptsache die Tötung meines neuen Buches und sein Mißerfolg ...«

DIE UNMENSCHLICHE LESEBÜRDE

Unter diesen Umständen empfand der zartbesaitete, empfindliche Mann die Tagesarbeit häufig als eine wirkliche Fron. Sein Tagebuch legt gerade für die Jahre 1925–1927 hierüber beredtes Zeugnis ab, und so intensiv persönlich seine Reaktion auch ist, entbehrt sie zugleich nicht gewisser Allgemeingültigkeit. Ein Lektor, der selbst eine völlig unschöpferische Persönlichkeit ist, ohne den geringsten Drang, etwas Eigenes hervorzubringen, kann seiner Aufgabe nicht völlig gerecht werden: es fehlt ihm ein wesentlicher Zugang zur Situation des Autors, den er zu beurteilen, den er zu beraten hat. Eignen ihm aber schöpferische Gaben und gar bedeutende, so wird seine Geduld gegenüber dem Unzulänglichen auf eine schwere Probe gestellt, und seine kritische Mittlertätigkeit muß seinen persönlichen zuversichtlichen Schwung immer wieder niederdrücken – um so mehr, wenn er erleben muß, daß dem Unzulänglichen Erfolg beschieden ist und er gar noch den Verleger »schlecht beraten« hat. Dann kann er an beidem, seinen eigenen schöpferischen Gaben und seinem kritischen Ratschlag zu zweifeln beginnen, wenn seine Maßstäbe und Wertbegriffe nicht unerschütterlich fest in ihn eingepflanzt sind. Es ist ein tragisches, unauflösliches Dilemma, dem man in der Gestalt Loerkes und auf seinen Tagebuchseiten beispielhaft begegnet:

Das Schrecklichste: das Manuskriptlesen. So sitze ich auch heute wieder Stunden um Stunden. Letzten Endes kommt ja nichts dabei heraus. Es lähmt, wie es nicht zu sagen ist, und macht tief nervös, unruhig. Eben die Notwendigkeit, meist tief unter das eigene Niveau hinunterzusteigen und gewaltsam niedergedrückt dort zu verharren. (8. Dezember 1925)

Langes Gespräch mit Fischer über die Bücher, die während seiner Reise eingelaufen waren und die ich zu empfehlen hatte. Arbeit im Übermaß wieder mitgenommen. Darunter Bücher, bei denen ich Zensor über das Uninteressante sein soll! und schlechte Übersetzungen, die ich korrigieren muß. Das ist grober Unfug ... (10. April 1926)

Natürlich findet sich zwischenhin auch manche helle Eintragung, vor allem, was die persönlichen, menschlichen Beziehungen im Verlagshaus angeht, und zuweilen ein glückliches Aufleuchten über einen dichterischen Fund, eine unerwartete Entdeckung, eine angenehme, intelligente Zusammenarbeit. Doch die dunklen Eintragungen sind häufiger:

Gefühl der Demütigung, fortdauernd ganz dumme schlechte leere, teilweise nur aus merkantilen Gründen geschriebene Romane lesen zu müssen und damit die schöne Zeit zu verlieren. (22. Juli 1928)

Dienstag den ganzen Tag über Waschzettel gemacht. Mittwoch im Verlage. Es ist unmenschlich, welche Lesebürde ich zu bewältigen habe. Immer

Dinge, die geringer sind, als was ich denken und fühlen kann. Selbst das Gute mit der Hetzpeitsche im Rücken. (18. Juli 1930)

Es änderte sich, wie es scheint, im Lauf der Jahre nicht viel. »Heute im Verlag langes angenehmes Gespräch mit Dr. Bermann« — diese Eintragung vom 16. Dezember 1926 kommt freilich hinfort häufig vor, und Bermann Fischer bestätigt in seinem Erinnerungsbuch, daß sich zwischen Loerke und ihm sehr bald ein vertrauensvolles Verhältnis herausbildete. Das Schrecklichste, so habe Loerke einmal zu ihm gesagt, seien nicht die Manuskripte, die schlecht sind,

das Schrecklichste sind die, die gut sind, aber nicht gut genug. Wenn man bedenkt, was für eine Fülle von Mühe, aber auch von Hoffnung in so einem Konvolut steckt, wäre man eigentlich verpflichtet, nächtelang mit den unbekannten Verfassern zu diskutieren, ihnen ihre Fehler zu zeigen, Mut zuzusprechen — aber das wäre eine Aufgabe, die für anderes keinen Platz mehr ließe...

Und wenn er die Autoren dieser unverlangt eingesandten Manuskripte auch nicht aufgesucht habe, ausführliche Briefe habe er ihnen doch geschrieben.

...es war eine ermüdende Arbeit für diesen einsamen Geist, unter der er litt. Erst viel später war ich erfahren und reif genug, um das in seinem vollen Ausmaß zu verstehen, wie ich damals wohl überhaupt zu jung war, um die Problematik meines neuen Berufes ganz zu erfassen... bis zum vollen Verstehen eines Menschen wie Loerke und der Tragik seines Lebens war ich noch nicht vorgeschritten.

Das schönste, einfühlsamste Zeugnis über Oskar Loerkes Wirken stammt von Hermann Hesse. Er schrieb lange nach Loerkes Tod und wenige Jahre vor seinem eigenen Lebensende, im Dezember 1958, in einem Brief »An einen Leser, dem ich zuweilen neue Bücher empfehle«:

Es gab keinen jungen Autor, der nicht von ihm gewußt, ihn geachtet oder gefürchtet hätte. Tausende von Manuskripten und Büchern hat er gelesen, unzählige jüngere Autoren ermuntert, belehrt, erzogen, propagiert, nahezu die ganze deutsche Literatur seiner Zeit hat er persönlich und intim gekannt. Stellt man sich dies Leben, diese Riesensumme an Arbeit, an Herhaltenmüssen, an Lese-, Schreib- und Gesprächsleistung vor, dazu im Tempo von Berlin... dann erwartet man einen geplagten, gehetzten, seinen tausend Verpflichtungen nur durch Gerissenheit, durch Routine gewachsenen Menschen zu finden, einen armen Sklaven, unendlich fleißig, unendlich abgenutzt, todesmüde des aufreibenden Dienstes in dieser Tretmühle des Geistes. Und dies alles war er auch, wir wissen es nur zu gut aus seinen eigenen Geständnissen...

Wir wissen auch, was es mit der »Gerissenheit« mit der »Routine« auf sich hatte. Flake erzählt, es habe ihm einmal ein Schweizer einen Brief des Fischer-Verlages gezeigt, der auf den Vorschlag, seinen Roman zu prüfen, nicht einging:

Ich schrieb Fischer, man jammere immer über den geringen Nachwuchs – warum lehne man ein Angebot ab, ohne gelesen zu haben? Fischer gab mir recht, Loerke erhielt einen Verweis, und der Schweizer wurde gebeten, das Manuskript zu senden. Inzwischen las ich es selbst und fand es völlig unreif; Loerke schrieb mir dann, er habe den Braten an der Inhaltsangabe gerochen. Man soll sich nicht einsetzen, ohne zu wissen, wofür.

Oder keine Inhaltsangaben einsenden. Hesse hingegen fährt fort:

Aber er war auch anderes, er war noch viel mehr... Eingeengt und ausgelaugt durch einen ungewöhnlich schweren und mit ungewöhnlicher Treue und Gewissenhaftigkeit ausgeübten Beruf, hat er ein lyrisches Werk von sieben Bänden in die Welt gestellt, Gedichtreihen voll intensiver Schau und Bildkraft, voll schmerzlicher Seligkeit.

Wer weiß, ob Fischer selbst bei all seiner reifen Menschen- und Künstlererfahrung die besondere ›Unabwendbarkeit‹ in Loerkes Schicksal stets ganz gegenwärtig war? Loerke war und blieb ihm und seinem Haus, allem Zwiespalt zum Trotz, in Dankbarkeit, Liebe und Treue verbunden. Er war sich vermutlich bewußt, daß ohne den inneren und äußeren Rückhalt dieses Hauses und seiner vielbewegten Weltläufigkeit die ihm vom Schicksal auferlegte Einsamkeit wohl unerträglich geworden wäre. Der Erbe und Nachfolger fand in ihm »den Lehrer und Ratgeber, der behutsam meine Urteilskraft schulte und mich an seiner Hand in die Weite einer neuen Welt führte...« Heimann hätte nichts anderes getan. So reichten an der Generationen-Wende die Generationen einander die Hände.

33 Bibliothek des modernen Menschen

Um die Mitte der zwanziger Jahre taucht das Wort ›Bücherkrise‹ immer häufiger in Fischers Äußerungen auf. Nicht nur der Verleger, auch die Autoren wurden gewahr, daß etwas nicht stimmte; womit freilich nur gesagt war, daß es nicht mehr so war wie früher. Im Herbst 1926 notierte Flake aus der persönlichen Erfahrung seiner Schriftstellerwerkstatt:

Ich konnte nicht umhin festzustellen, daß die Romane um Ruland nicht die Auflagen der früheren erreichten. Der Band Ruland kam nicht über fünftausend hinaus; Der gute Weg und Villa USA machten bei neuntausend halt. Es hatte sich etwas geändert auf dem Büchermarkt. Ein Roman war ein Saisonartikel geworden; an Ostern und vor Weihnachten erscheinend, sah er sich ein paar Monate bewilligt; war die Saison vorüber, so kam die Parze mit der Schere und schnitt den Faden durch.

Es waren nicht Schnellebigkeit und Kurzlebigkeit allein. Andere Faktoren kamen hinzu. In einem Brief Fischers an Schnitzler vom 30. Juli 1927 heißt es:

Die schlechten Einnahmen aus den Abrechnungen sind leider das getreue Spiegelbild unserer Zeit. Die Menschen kaufen nur noch neue Bücher, und auch dafür ist der Käuferkreis zurückgegangen. Mit der Vergangenheit wollen die Leute nichts zu tun haben, und zwar auch deshalb nicht, weil sie keinen Sinn mehr haben für den Aufbau einer Hausbibliothek, und weil ihnen auch die Zeit fehlt, etwas mehr für ihre geistigen Bedürfnisse zu tun, als unbedingt notwendig ist.

Auch das war noch nicht die ganze Erklärung. Was ging auf dem deutschen Büchermarkt überhaupt vor? Fischer hatte sich, als er Schnitzler schrieb, bereits eingehend mit der Frage beschäftigt, und zwar in einem Aufsatz *Bemerkungen zur Bücherkrise,* den er im Oktober 1926 im Almanach zum vierzigjährigen Bestehen des Verlags veröffentlichte. Er ist interessant, weil er unter anderem die Beleuchtung gibt, in welcher die Verlagsarbeit in der zweiten Hälfte der zwanziger Jahre zu sehen ist.

BEMERKUNGEN ZUR BÜCHERKRISE

Es war fünfzehn Jahre her, seit Fischer sich im Jubiläumsalmanach von 1911 in dem Aufsatz *Der Verleger und der Büchermarkt* zu Fragen des Verlegerberufs und der Psychologie des Bücherkäufers geäußert hatte. Der neue Aufsatz nahm diese Erörterung wieder auf und führte sie mit dem Blick auf die seither abgelaufene Entwicklung und die von ihr geschaffene Situation weiter. Er stellte fest, daß sich im kulturellen Gefüge Deutschlands, von dem die Überlegungen von 1911 ausgegangen waren, eine tiefgreifende Veränderung vollzogen hatte.

Der Buchhandel, so beginnt Fischer, werde sich in der Geschichte dieser Zeit das Jahr 1926 besonders merken müssen, denn es zeige »einen Höhepunkt der Wirtschaftskrise und eine unheimliche Stille auf dem Büchermarkt«. Es liege nahe, die Wirtschaftskrise für diese Stille verantwortlich zu machen, doch legten manche Symptome den Schluß nahe, daß das Übel tiefer sitze. Gewiß werde eine wirtschaftliche Entspannung – die ja in der Tat auch eintrat – auch eine »Lockerung des versteiften Büchermarktes« herbeiführen, aber in der Gesamtwirtschaft spiele das Buch als Wirtschaftsprodukt eine viel zu geringe Rolle, als daß es von einer Krise dieser Gesamtwirtschaft vollständig abhängig sei. Wesentlich bedeutsamer sei, daß die Bücherkrise den Barometerstand des deutschen kulturellen Lebens anzeige.

Da ist es nun sehr bezeichnend, daß das Buch augenblicklich zu den entbehrlichsten Gegenständen des täglichen Lebens gehört. Man treibt Sport, man tanzt, man verbringt die Abendstunden am Radioapparat, im Kino, findet keine Zeit, ein Buch zu lesen... Man will fort von den Sorgen ums tägliche Brot und flüchtet in das Chaos einer aufgestörten lebensgierigen Welt. Der verlorene Krieg und die amerikanische Welle haben unsere Lebensauffassung umgeformt, unseren Geschmack verändert.

Es war, wie zu erinnern ist, das Jahr 1926; der Krieg war seit acht Jahren zu Ende; den Rundfunk als Massenunterhaltungsmittel gab es erst seit etwa drei Jahren; der Tonfilm sollte erst in drei Jahren kommen. Sportleidenschaft, Tanzwut, Rundfunk und Kino waren Dinge, die es vor dem Krieg entweder überhaupt nicht oder doch längst nicht in diesem Ausmaß gegeben hatte; sie waren in der unmittelbaren Nachkriegs- und Inflationszeit aufgeblüht und zugleich mit der unbestreitbaren Amerikanisierung der großstädtischen deutschen Lebensformen – oder was man für Amerikanisierung hielt, denn die tatsächliche Kenntnis Amerikas und seines Lebensstils war noch vergleichsweise gering – zu festen Einrichtungen geworden. Da man in Deutschland, so stellte Fischer fest, sehr schnell geneigt sei, sich jeder zur Mode gewordenen Lebensform anzupassen, könne man sich nun nicht genugtun »in der Abkehr von alter bürgerlicher Tradition«, und so sei man nun Zeuge »einer Verflachung und Veräußerlichung des geistigen und seelischen Lebens«, das im Begriff sei, »zu einer bedenklichen Bedürfnislosigkeit herabzusinken«. Wenn dieser Zustand eine Weile anhalte, werde er zu einer »Verrohung des Geschmacks, zu einem Versiegen der geistigen und moralischen Kräfte unseres Landes« führen. Denn es scheine, als sei die aus dem Zusammenbruch hervorgegangene bürgerliche Gesellschaft, die »vor dem Kriege die wirtschaftliche und kulturelle Führung hatte«, in Auflösung begriffen:

Man denke etwa an die Zeit vor dem Kriege zurück, damals, als es noch einen bürgerlichen Kreis gab, der eine Atmosphäre von Kultur und Sitte verbreitete und alle jene Elemente anzog, die in Gesellschaft, Wissenschaft und Kunst Ansehen und Einfluß gewonnen hatten. Die ›Gesellschaft‹ in ihrer mannigfaltigen Intensität war das Sammelbecken aller künstlerischen und geistigen Angelegenheiten. Literarische Gesellschaften, Volksbühnen, Lesezirkel haben in allen Städten und Städtchen zur Ausbreitung von Literatur und Wissenschaft beigetragen. Kunst und Wissenschaft hatten neben den realen Kräften einen gebührenden Raum im Leben und ein Gemeinschaftsgefühl deutscher Kultur geschaffen.

Dies war der Nährboden gewesen, aus dem Fischers Werk und das seiner Zeitgenossen erwachsen und gewachsen war, auch wenn das »Gemeinschaftsgefühl deutscher Kultur« nicht ganz so einheitlich und geschlossen gewesen war, wie es sich jetzt in der Erinnerung malte: die frühen Kämpfe um Hauptmann beispielsweise hatten einen durchaus gesellschaftlich bestimmten Charakter getragen. Doch soweit diese Voraussetzungen zutrafen, waren sie nach Fischers Meinung jetzt nicht mehr gegeben:

Dieses kulturelle Gemeinschaftsgefühl ist im Sturm der letzten Jahre verblasen. Das Buch, das die Kraft und die Mission einer inneren Bindung in sich trägt, ist heute der großen anonymen, unorganischen Gemeinschaft führerlos preisgegeben.
Die Zeit der bürgerlichen Abgegrenztheit ist vorüber, der demokratische Staat mit seinen ausgleichenden Tendenzen ist im Begriff, Gestalt zu gewinnen, ein neues Gemeinschaftsgefühl zur Entwicklung zu führen. Wir leben in einer Übergangsperiode, die dazu bestimmt ist, Lebendiges zu erhalten, Verbrauchtes aufzusaugen und Neues vorzubereiten.

Es waren also zwei Faktoren am Werke, die das Interesse am Buch schwächten: einmal die durch die Wirtschaftsnot bedingten sozialen Umstände, zum anderen »das Fehlen einer Atmosphäre von Kultur und Sitte zur Steigerung des ideellen Lebens«, und aus ihnen ergab sich der »Zusammenhang zwischen der Umbildung der Gesellschaftsschicht und der Veränderung der geistigen Struktur des Volkes«. Doch so sehr der Verleger diese Veränderung bedauern mochte, so durchaus sachlich nahm er sie als eine Gegebenheit hin; denn sie war ja eine Übergangserscheinung und nicht das letzte Wort:

Je mehr wir uns der sozialen und staatlichen Konsolidierung nähern, umso schneller vollzieht sich der Prozeß einer Neubildung der geistigen und seelischen Atmosphäre, die das Buch braucht, um gedeihen zu können.

DER DICHTER UND DIE AKTUALITÄT

Doch das Problem hatte auch eine Kehrseite. Lag es nicht vielleicht auch an den Büchern selbst? Hatte das Nachlassen des Interesses für das Buch nicht zum Teil seinen Grund auch darin, daß »die Dichter Stoffe behandeln, die uns heute nicht mehr interessieren«, daß sie »den Ereignissen unserer Zeit, der ›Aktualität‹ aus dem Wege gehen?« Dieser Einwand, erklärte der Verleger, werde »selbst von kundigen Männern« erhoben:

In den letzten Jahren hätten sich große Umwälzungen abgespielt, Schicksale von unerhörter Wucht hätten Hunderttausende von Menschen heimgesucht, die stärkste Phantasie des Dichters reiche an die Gewalt der Ereignisse nicht heran. Sie fragen, warum versuchen die Dichter nicht, diese gewaltigen Schicksale zu gestalten?

Diese Frage mußte einen Verleger wie Fischer, dessen ganzes Wirken von jeher ausschließlich der lebenden, der gegenwärtigen Literatur gewidmet war, natürlich vordringlich beschäftigen. Aber er ließ den Einwand der mangelnden Aktualität nicht gelten. Warum gab es keine gültigen Gestaltungen des Kriegserlebnisses in der deutschen Literatur? (Es gab sie auch in den nichtdeutschen Literaturen nicht oder noch nicht.) »Die Distanz zu dieser Weltkatastrophe scheint noch nicht gekommen.« Zum anderen sei zu bedenken, daß ein »Dichter aus unserer Zeit« es vielleicht vorziehe, »die Tragik des Erlebnisses in einigen Gestalten zusammenzufassen und damit das Symbol der großen Katastrophe durch ein menschliches Schicksal« zu geben.

Für den Dichter gibt es keine ›Aktualität‹. Jeder Stoff, den er lebendig machen kann, trägt seine Aktualität, sein Zeitgefühl, seine Gegenwärtigkeit in sich. Die Schöpfungen eines Dichters können in diesem Sinn nicht anders als aktuell, oder sagen wir besser, modern sein, denn aus jeder Zeile eines gestalteten Werkes spüren wir das Wirken aller Sinne des Dichters, den Pulsschlag seines Daseins in seinen Gestalten ... Ein Roman ist nicht deshalb aktuell, weil darin Auto und Flugapparat eine Rolle spielen, entscheidend dafür bleibt, ob das Zeitgefühl in alle Poren des Werkes eingedrungen ist. Probleme können veralten, durch die Entwicklung überholt, also unmodern werden, menschliche Schicksale bleiben die gleichen ...

Wenn also die Leser, die am Stoffe hängen, an der heutigen dichterischen Produktion ›Aktualität‹ vermissen, so – lesen sie falsch. Sie haben offenbar noch nicht begriffen, daß das Dichtwerk die innere Welt seines Schöpfers vermittelt, sie wissen nicht, daß sie in die seelischen und geistigen Kräfte des Dichters eindringen und dadurch eine Verzauberung in sich selbst erleben.

Doch sei zu hoffen, daß der »metaphysisch gerichtete deutsche Mensch« sehr bald merken werde, daß seine Seele »an all den Dingen, die heute sein inneres Leben beherrschen«, keinen Anteil habe, daß sein Leben »kalt und öde schmeckt«, und folglich werde der deutsche Leser – »der hingebungsvollste Leser« –, wenn ihm die Wirtschaftsnot nicht über den Kopf wachse, »den Zustand der verminderten Teilnahme für das Buch sehr bald überwinden«, denn er braucht das Buch, das gute Buch, das » ... an seine Seele rührt«. Und mehr noch: solche Bücher würden, wie stets, so auch heute geschrieben.
Es stimmte alles an diesem Verleger-Credo, und es stimmte auch wieder nicht. Hedwig Fischer besaß ein feines Gefühl für diese »Unstimmigkeit«. Sie war gerade um diese Zeit völlig gefangen genommen von Frank Harris' Autobiographie *Mein Leben*, die der Verlag soeben deutsch herausgebracht hatte, und schrieb im März 1927 aus Rapallo an Madelung:

Ich für mein Teil finde, daß solche Bücher, wie das von Harris, solche documents humains, aus denen man das Leben lernt, die schwere Kunst, – die auch irgendwie erzieherisch sind, die sind, die wir heute brauchen – malheureusement fast mehr als Dichtungen, was der große, weise Gerhart Hauptmann, den wir hier besuchen, leider sehr fühlt ... Er nimmt an allem teil, an den großen und kleinen Interessen der Zeit, und doch hat man das Gefühl, daß er mit seinen Gedanken schon ganz wo anders ist ...

Die bürgerliche Gesellschaft war gewiß nicht so ›zerblasen‹ wie Fischer meinte. Wenn sie es gewesen wäre, wie hätte dann ein Buch wie *Der Zauberberg* Aufnahme finden und mit solcher Breitenwirkung sich durchsetzen können? Im Gegenteil, das Gewebe dieser Gesellschaft hatte sich als erstaunlich elastisch erwiesen und mit seinem Zusammenhalt auch manche weniger erfreuliche Charakterzüge aus der wilhelminischen Zeit über den Zusammenbruch hinweg mehr oder weniger intakt in die Nachkriegszeit hinübergerettet und sollte sie sogar noch über einen zweiten, weit schwereren Zusammenbruch hinwegretten. Auch ging die deutsche Literatur am Erlebnis der Weltkatastrophe durchaus nicht vorüber; just um diese Zeit war die Distanz zum Erlebnis des Ersten Weltkrieges gewonnen, und die große Welle der Kriegsromane, die einen mächtigen Widerhall in der Leserwelt fand, rollte heran; eine der merkwürdigsten und bedeutendsten Gestaltungen der Kriegs- und Nachkriegszeit, Hauptmanns *Till Eulenspiegel*, löste eine heftige Debatte über die »dichterische Aktualität« aus. Schließlich war auch die Wirtschaftsnot nicht ausschlaggebend für das Interesse am Buch. Es war eine Frage des Aufspürens neuer Gesetzmäßigkeiten in der Preisgestaltung des Buches, ähnlich jenen, die Fischer selbst vor nahezu zwei Jahrzehnten mit dem Konzept des billigen Buches gefunden hatte. Eine ganz ähnliche Explosion nahte heran, die dem Buch eine neue, gierig-erpichte Millionen-Leserschaft erschließen sollte, und zwar merkwürdigerweise zu eben dem Zeitpunkt, da die Wirtschaftsnot dem deutschen Leser tatsächlich über den Kopf wuchs. Denn das, was man 1926 für eine Wirtschaftskrise hielt, ließ sich ja mit dem, was fünf Jahre später hereinbrach, überhaupt nicht vergleichen und kaum mit dem gleichen Namen nennen.

DIE ENDGÜLTIGE FONTANE-AUSGABE

Im festen Vertrauen darauf, daß es sich bei der »Bücherkrise« nur um eine Übergangserscheinung handeln könne, aus der eine neue Festigung der »kulturtragenden Gesellschaftsschichten« hervorgehen werde, fuhr Fischer beharrlich fort, »Lebendiges zu erhalten« und »Neues vorzubereiten«; das Verbrauchte entfernte sich, wie sich zeigte, von selbst.

Im Herbst 1925 legte der Verlag die seit langem geplante endgültige Gesamtausgabe des erzählerischen Werkes Theodor Fontanes vor. Hier galt es in der Tat, Lebendiges zu erhalten. Die im Krieg, 1915, veranstaltete Neuausgabe der *Gesammelten Werke* in fünf Bänden mit der Einleitung von Schlenther war nur eine Auswahl gewesen. 1919 war zu Fontanes hundertstem Geburtstag als Einzelausgabe der aus einem anderen Verlag übernommene autobiographische Roman *Meine Kinderjahre* hinzugekommen, und zugleich hatte der Verlag eine von Ernst Heilborn besorgte Anthologie, *Das Fontanebuch*, herausgebracht. Im folgenden Jahr war die eigentliche Geburtstags-Jubiläumsausgabe der *Gesammelten Werke* in zwei Reihen von je fünf Bänden erschienen, aber sie war eine von der Ungunst der Zeit diktierte Notlösung gewesen: die fünf Bände der ersten Reihe waren mit jenen der Auswahl von 1915 identisch, während die neu hinzugekommenen fünf Bände der zweiten Reihe die autobiographischen Werke und Fontanes Briefe mit einer, der Schlentherschen entsprechenden Einleitung von Ernst Heilborn enthielten. Diese auf schlechtem, holzhaltigem Papier gedruckte, mit geringwertigen Marginalien gebundene Ausgabe war nicht haltbar und wurde rasch unansehnlich. In der billigen Reihe ›Der wohlfeile gute Roman‹, die in den Jahren 1920–1924 die alte ›Bibliothek zeitgenössischer Romane‹ fortsetzte und 1925 durch ›Fischers Romanbibliothek‹ ihrerseits abgelöst wurde, war Fontane inzwischen alljährlich mit einem Roman neu herausgekommen.

Die neue Fontane-Ausgabe von 1925 war eine gediegen ausgestattete *Gesamtausgabe der erzählenden Schriften in neun Bänden*; doch täuschte der Titel, denn der Verlagsprospekt enthielt den ausdrücklichen Hinweis: »Diese neue Ausgabe enthält auch sämtliche Gedichte.« Auch sie war wieder in zwei Reihen gegliedert. Die erste Reihe von fünf Bänden und insgesamt über 3000 Seiten enthielt nebst Schlenthers Einleitung und den Gedichten den Großteil der Romane von *Vor dem Sturm* bis *Frau Jenny Treibel;* die zweite Reihe von vier Bänden und rund 2000 Seiten umfaßte die übrigen Romane bis zum *Stechlin* und die autobiographischen Erzählungen und ein ›Schlußwort‹ von Ernst Heilborn: *Fontanes Persönlichkeit.* Die beiden Reihen wurden getrennt, aber jeweils nur geschlossen abgegeben. Ihnen fügte der Verlag noch die *Briefe an seine Freunde*, die bisher in verschiedenen Einzelausgaben vorgelegen hatten, in zwei Ganzleinenbänden hinzu. Damit lag das Werk Fontanes, soweit zu jener Zeit erreichbar, zum erstenmal geschlossen vor, und es wurde auch an dieser Ausgabe nichts mehr geändert.

»GERHART HAUPTMANN FÜR JEDERMANN«

Gleichzeitig mit der Fontane-Ausgabe brachte der Verlag im Herbst 1925 eine neue Hauptmann-Ausgabe heraus: *Ausgewählte Werke in sechs Bänden.* Fischer war der Meinung, wie er Hauptmann schrieb: »Es müssen ständig zwei Ausgaben auf dem Markt sein, die vollständige und die ausgewählte Ausgabe.« Als vollständige Ausgabe konnte die achtbändige Jubiläumsausgabe von 1921 gelten. Der neuen Auswahlausgabe war ein »Vorwort des Verlags« vorangestellt, das über die herausgeberische Absicht Auskunft gab:

Diese Auswahl – die erste, die wir veranstalten – ist nicht unter dem Gesichtspunkt getroffen, nur das Wichtigste darzubieten. Bei einer dichterischen Persönlichkeit vom Range Gerhart Hauptmanns kann die Frage, was an der Gesamtschöpfung wesentlich sei und was vielleicht entbehrlich, heute von niemand endgültig beantwortet werden... Unsere Auswahl ist demnach kein Werk der Kritik, sie ist ein Werk der Sachwaltung und Verehrung. Sie sucht ihren Wert darin, die dramatische und epische Produktion Hauptmanns in dem ganzen Reichtum ihrer Entfaltung zu eindringlicher Darstellung zu bringen und sie als einen wahrhaft volkstümlichen Besitz so wohlfeil wie nur irgend möglich zugänglich zu machen. Alle Schaffensperioden des Dichters sind mit repräsentativen Arbeiten so ausgiebig vertreten, daß sich diese Auswahl oft einer vollständigen Ausgabe nähert. Über weite Strecken hinweg ist die Folge der Dichtungen lückenlos. Dies gilt insbesondere für die Schöpfungen aus Hauptmanns früheren und mittleren Epochen, die im Haushalt der literarischen Welt bereits seit langem einen so einheitlichen Block bilden, daß davon auch hier nichts entbehrt werden konnte. Auf einige der noch übrigen Werke mußten wir leider verzichten, um das Maß von sechs starken Bänden nicht zu überschreiten und damit die Erfüllung unserer Absicht zu gefährden: Gerhart Hauptmann für jedermann!

Genau besehen, wurde jedoch die sechsbändige Volksausgabe von 1912 ganz einfach ›renoviert‹. Die ersten vier Bände wurden unverändert neu gedruckt, die beiden letzten neu geordnet. Im fünften Band von 1912 wurden die beiden frühen Novellen ausgeschieden und durch den *Ketzer von Soana* ersetzt, im sechsten trat *Anna* an die Stelle von *Griechischer Frühling*. Alle nach den *Ratten* erschienenen Bühnenwerke und alle Prosawerke seit dem *Ketzer von Soana* blieben unberücksichtigt. Auch so umfaßte die Auswahlausgabe über 3000 Seiten. Fischer wollte sie »in Ganzleinen mit reicher Rückenvergoldung« gebunden für vierzig Mark herausbringen und war von ihrem buchhändlerischen Erfolg überzeugt. Die Erstauflage von 10 000 Exemplaren stellte das 81. bis 90. Tausend aller Hauptmann-Gesamtausgaben dar.

Doch die veränderten Zeiten sperrten sich gegen »Hauptmann für jedermann«. Am 15. September 1925, als die Ausgabe zur Auslieferung bereitlag, stellte sich heraus, wie Fischer Hauptmann mitteilte, daß der Reisebuchhandel »einstweilen größere Posten nicht fest übernehmen« wollte:

Mir ist nun im letzten Moment eine Erleuchtung gekommen. Wir tun besser, dem Reisebuchhandel die achtbändige Ausgabe zum Vertrieb zu übergeben, weil das Sortiment diese teurere Ausgabe schwer verkauft; dem Sortiment dagegen ausschließlich die sechsbändige und zwar zu einem *frappant billigen* Ladenpreis.
Ich sage mir, wenn wir zu einem Ladenpreis von etwa 30–32 Mark die sechsbändige Ausgabe auf den Markt bringen können, dann bekommen wir einen Riesenzulauf und wir erreichen, durch Propaganden und Inserate unterstützt, einen großen und ständigen Absatz. Das sechsbändige Werk zu 30 oder höchsten 32 Mark würde durch die frappierende Billigkeit und durch seine Qualität wie die warmen Semmeln gehen, so daß wir mit den ersten 10 000 Exemplaren, wie ich sicher hoffe, zu Weihnachten fertig sind. Gewiß, der Gewinn am Einzelexemplar ist für Dich und mich durch den niedrigen Ladenpreis notwendigerweise ein geringerer, aber die Masse macht es und nicht zu vergessen das Prestige.
Ich glaube, ich habe das Ei des Kolumbus gefunden, und nicht einmal die Buchgemeinschaften könnten es billiger machen. Ich gehe hier von einem ähnlichen Prinzip aus, den abnorm hohen Rabatt lieber dem Publikum durch Verbilligung des Werkes zuzuführen als dem Reisebuchhandel ... Ich glaube, lieber Hauptmann, Du wirst meinen jugendlichen Unternehmergeist loben und billigen.

So geschah es. Fischer brachte die Erstauflage von 10 000 Exemplaren, wie der Prospekt besagte, »zu einem Propagandapreis« von 33 Mark auf den Markt. Hauptmann war mit einem Honorar von 10 Prozent vom Ladenpreis des gebundenen Exemplars einverstanden – »das höchste, was sich kalkulatorisch leisten läßt«, schrieb Fischer – und erhielt eine Vorauszahlung von 33 000 Mark auf diese erste Auflage. Doch das Ei des Kolumbus funktionierte nicht. Es war merkwürdigerweise eine der ersten Erfahrungen des Schwiegersohns im Verlag, daß Fischers kaufmännischer Instinkt sich getäuscht und die Lage im Buchhandel falsch beurteilt hatte. Von »warmen Semmeln« konnte keine Rede sein. Am 25. Januar 1926 schrieb Fischer an Hauptmann:

Wir haben bis Ende des vorigen Jahres 3295 Exemplare abgesetzt. Das ist nicht viel; ich war der Meinung, es würde möglich sein, die 10 000 Exemplare bis Ende des vorigen Jahres abzusetzen. Die allgemeinen Verhältnisse, die für Gesamtausgaben augenblicklich nicht sehr günstig sind, mögen in der Hauptsache dabei mitgesprochen haben. Immerhin glaube ich, daß wir mit Zuhilfenahme des Reisebuchhandels in diesem Jahr die restlichen Exemplare verkaufen werden . . .

So mußte schließlich der Reisebuchhandel, der Rabatte bis zu 60 Prozent und Kredite bis zu sechs Monaten verlangte, doch eingespannt werden. Einstweilen stand Hauptmann allein mit dieser Ausgabe bei Fischer mit einem unabgegoltenen Honorarvorschuß von rund 22 000 Mark zu Buche, der nicht auf Einnahmen aus anderen Werken verrechnet werden durfte. Es war nicht das erstemal, daß Fischer dies mit Hauptmann widerfuhr, und auch nicht das letztemal; hier keimte Unheil.

SCHULAUSGABEN

Inzwischen nahm Fischer ein anderes Vorhaben in Angriff, das er schon seit längerem plante, nämlich ausgewählte Texte seiner ›Klassiker‹ in billigen Ausgaben für den Deutschunterricht an den höheren Schulen herauszubringen. Für den schöngeistigen Verleger bedeutete ein solcher Ausflug auf das Lehrmittelgebiet natürlich kein großes Geschäft, wie auch für den Autor nicht, da diese Ausgaben billig sein mußten; aber er war ein vorzügliches Werbemittel, da er manchen Gymnasiasten und Studenten, der seine Schulausgabe ›zerarbeitet‹ hatte, veranlaßte, sich eine bessere Ausgabe und auch andere Werke des Dichters zu kaufen oder womöglich gar sich eine Gesamtausgabe anzuschaffen.

Als Herausgeber der ganzen Reihe ›Schulausgaben moderner Autoren‹ zeichnete der Berliner Studienrat Dr. Walter Heynen, ein namhafter Kulturhistoriker, Herausgeber der ›Preußischen Jahrbücher‹ und zudem ein guter Hauptmann-Kenner, der 1922 ein Sammelwerk *Mit Gerhart Hauptmann* veröffentlicht hatte. Fischer begann die Reihe mit Hauptmann. Anfang Januar 1926 schrieb er ihm, er möchte »im Frühjahr zunächst mit Schulausgaben von ›Hannele‹, ›Weber‹ und ›Florian Geyer‹ einen Versuch machen«, änderte diese Absicht jedoch und brachte im März Schulausgaben der *Weber* und der *Versunkenen Glocke* heraus. Zu diesen ersten zwei Bänden lieferte Heynen auch die Einleitung. Loerke berichtete Fischer hierüber am 5. März 1926 nach Rapallo:

Ich habe die Einleitung und Anmerkungen Heynens zu den Schulausgaben gelesen. Wenn man den Zweck nicht vergißt und das junge Publikum, an das sie sich wenden, muß man sie sicher als gut bezeichnen. Es wird eine Menge Material geordnet mitgeteilt, das Historische und Psychologische ausgezeichnet durch Zitate belegt – besonders freute ich mich über die Benutzung der Aufzeichnungen in den ›Ausblicken‹ [12. Bd. der Großen Ausgabe] – es wird mit Objektivität suchender Zurückhaltung auf die großen allgemeinen Kunstprobleme hingewiesen, es werden Anregungen zu selbständigem Weiterforschen der begabteren Schüler gegeben und sprachgeschichtliche sowie mundarten-kundliche Worterklärungen deuten im Einzelnen auf die ja wirklich erstaunliche dichterische Quellkraft und Ursprünglichkeit Hauptmanns. All das entspricht, soviel ich weiß, den ministeriellen Richtlinien und Wünschen. Mehr ließ sich auf dem engen Raume kaum bieten, sollten die Aufsätze nicht gar zu ungefüg werden. Wäre ein deduktives, intensivierendes Element, wie es recht eigentlich den Essai ausmacht, stärker zutage getreten, so hätte der besondere Zweck der Ausgaben kaum in demselben Maße erfüllt werden können, wie es jetzt der Fall ist.

Die Ausgaben kosteten kartoniert 1,80 Mark (in späteren Jahren sogar nur 1,60 Mark), also nur etwa die Hälfte der gewöhnlichen Einzelausgaben, und Fischer druckte Erstauflagen von 10–12 000 Exemplaren. Hauptmann erhielt ein Honorar von 15 Prozent und eine Vorauszahlung auf 5000 Exemplare.

Bisher hatten die Schulen natürlich die Normalausgaben kaufen müssen. Die große Frage für Verleger und Autor war folglich jetzt, ob die Schulausgaben den Absatz der Normalausgaben stark beeinträchtigen bzw. eine solche Schädigung wettmachen würden. Es erwies sich, daß letzteres der Fall war. Ende Januar 1927 konnte Fischer berichten, er habe mit den Schulausgaben »im ganzen gute Erfolge erzielt«. Von den *Webern* wurden im ersten Jahr etwas über 8200 Exemplare verkauft, daneben noch 1675 Exemplare der Normalausgabe, also im Ganzen nahezu 10 000 Exemplare, während im Jahr zuvor, als die Schulausgabe noch nicht existierte, von der Normalausgabe rund 4000 Exemplare abgesetzt wurden. Von der Schulausgabe der *Versunkenen Glocke* wurden in der gleichen Zeit etwa 4000 Exemplare verkauft und zusätzlich 1100 Exemplare der Normalausgabe, gegenüber 2500 Exemplaren der Normalausgabe im Vorjahr, – »also jedenfalls eine bedeutende Verbesserung des Absatzes«, wie Fischer schrieb. Und obwohl die Schulausgaben nur halb so teuer waren wie die regulären

Ausgaben, verdiente der Autor trotz des beträchtlichen Rückgangs der Normalausgaben (um mehr als die Hälfte) im ganzen doch um einiges mehr.

Es scheint jedoch, als sei dieses kleine, aber risikolose Geschäft im Verlag ein wenig mit der linken Hand betrieben worden; jedenfalls wurde es nicht planmäßig ausgebaut. 1927 erschien als einziger neuer Band, von Heynen eingeleitet, Hauptmanns *Hannele;* 1928 fiel ganz aus, denn eine für dieses Jahr geplante Schulausgabe von Schnitzlers *Der blinde Geronimo und sein Bruder* kam nicht zustande; 1929 brachte vier neue Bände: Hermann Hesses *Der Zyklon und andere Erzählungen,* eingeleitet von der Studiendirektorin Dr. Susanne Engelmann, *Sieben Aufsätze* von Thomas Mann, eingeleitet vom Direktor der Pädagogischen Akademie in Kiel, Professor Dr. Ulrich Peters, Wassermanns *Adam Urbas und zwei andere Geschichten,* eingeleitet von Walter Heynen, und ein Symposium *Dichtung von Dichtern gesehen,* vier Essays von Heimann, Hofmannsthal und Loerke mit einer Einführung des Dresdner Studienrats Dr. Walter Hofstätter. 1930 fiel wiederum aus, und 1931 brachte abermals drei, von Heynen eingeleitete Hauptmann-Schulausgaben: *Der Biberpelz, Florian Geyer* und *Der arme Heinrich.* Danach kam zu Fischers Lebzeiten nur noch 1933 ein Auszug aus Manfred Hausmanns *Salut gen Himmel* als Schulausgabe heraus. Einige der Hauptmann-Schulausgaben brachten es im Lauf der Jahre auf sehr hohe Auflagen: 1932 hatten *Die Weber* das 216., *Die versunkene Glocke* das 165., *Hanneles Himmelfahrt* das 91. Tausend erreicht.

DIE LETZTE SÄULE DES PANTHEONS

Endlich wurde im gleichen Herbst 1925 auch ein Vorhaben verwirklicht, um das Fischer sich ein halbes Jahrzehnt lang beharrlich bemüht hatte. Die Gesamtausgabe der Werke Hermann Hesses war die letzte der repräsentativen Zusammenfassungen der ›Fischer-Klassiker‹, welche noch ausstand. Fischer hatte mit der Aufrichtung dieser letzten Säule seines Pantheons nicht bis zum fünfzigsten Geburtstag Hesses im Juli 1927 warten wollen; doch hatte Hesse sich nur langsam und schwer mit dem Gedanken befreunden können. Der Hergang zeigt nicht nur Hesses Strenge sich selbst gegenüber, sondern auch die behutsame Beharrlichkeit seines Verlegers.

Schon Ende 1920 hatte er Hesse aufgefordert, eine volkstümliche, auf vier bis fünf Bände berechnete Auswahlausgabe vorzubereiten, und ihm vorgeschlagen, in einer Vorrede die Gesichtspunkte zu erläutern, nach denen er die Auswahl getroffen habe. Aber es kam nur die Vorrede zustande. Hesse fand beim Versuch einer Zusammenstellung das Vorhandene zu fragmentarisch und ungenügend und erklärte in seiner *Vorrede eines Dichters zu seinen ausgewählten Werken,* die er in der ›Neuen Zürcher Zeitung‹ veröffentlichte, warum er sich zu der Auswahlausgabe nicht habe entschließen können:

Vieles, was mir einst, vor Jahren und Jahrzehnten, sehr schön und geglückt erschienen war, sah mich jetzt lächerlich und nichtswürdig an. Und alle diese Erzählungen handelten von mir selbst, spiegelten meinen eigenen Weg, meine heimlichen Träume und Wünsche, meine eigenen bitteren Nöte! Auch solche Bücher, in denen ich einst, als ich sie schrieb, mit bestem Glauben fremde, außenstehende Schicksale und Konflikte darzustellen gemeint hatte, auch sie sangen dasselbe Lied, atmeten dieselbe Luft, deuteten am selben Schicksal, am meinigen.

Die Ausgabe unterblieb. Hesse entschloß sich lediglich zu einer Auswahl aus seinem lyrischen Werk, die freilich sehr knapp und streng ausfiel, und diesen schmalen Band *Ausgewählte Gedichte* konnte Fischer 1921 bringen. Aber Fischer hielt an dem Gedanken fest und schrieb Hesse anläßlich der Erneuerung ihres Generalvertrags am 22. Dezember 1920:

Ich weiß, Sie nehmen eine Ausgabe Ihrer gesammelten Werke nicht feierlich. Indessen, Sie unterschätzen die moralische und finanzielle Bedeutung einer solchen Gesamtausgabe. Nach einiger Zeit werden Sie selbst zu der Erkenntnis kommen, daß das Gesamtbild Ihres Schaffens doch einmal zusammengefaßt sichtbar werden muß. So viel oder so wenig Sie auch von der Wirkung der Kunst erwarten, so ist doch das Eine sicher, daß es das Einzige ist, was auf die Dauer Bestand hat, und daß Sie in dem Gesamtbild des deutschen geistigen Lebens nicht fehlen dürfen, darüber brauchen wir ja kein Wort zu verlieren.
Würde es nach mir gehen, so würde ich sagen, daß wir in ein bis zwei Jahren die Ausgabe Ihrer gesammelten Werke vorbereiten. Verzeihen Sie, wenn ich Sie mit diesen Dingen gerade in diesen Tagen beunruhige. Sie nehmen sie nicht wichtig, aber ich habe die Pflicht, sie wichtig zu nehmen, denn ich habe den Ehrgeiz, das mir anvertraute Gut von Wert der Zukunft zu übermitteln und zu erhalten.

Es war nun nicht mehr von einer Auswahl, sondern von einer regelrechten Gesamtausgabe die Rede. Doch wurde, wie ein Brief Fischers vom 19. Januar 1921 besagt, »wegen einer Gesamtausgabe zunächst in den Vertrag nichts eingefügt, weil Sie schreiben, daß Sie an die Ausführung dieses Planes noch lange nicht denken«.
Fischer drängte in den nächsten zwei, drei Jahren nicht weiter. Er brachte im folgenden Jahr, nach einem Vorabdruck in der ›Neuen Rundschau‹, die indische Dichtung *Siddharta* in der üblichen Einzelausgabe und übernahm die schon 1919 entstandenen drei Dostojewski-Aufsätze *Blick ins Chaos* aus dem Schweizer Seldwyla-Verlag. 1923 übernahm er auch die *Gedichte des Malers* und brachte die Luxusaus-

gabe von *Knulp* heraus. 1924 konnte der Verlag kein neues Werk von Hesse vorlegen, obwohl eines vorhanden war, und zwar ein ganz besonders bezauberndes im reinsten tragikomischen ›Kniffgenie‹-Schnurrenstil. Dies war die *Psychologia Balnearia oder Glossen eines Badener Kurgastes*, deren Manuskript Hesse Ende 1923 übersandte. Er schlug vor, das Kernstück, nämlich das überaus komische Kapitel *Der Holländer* in der ›Neuen Rundschau‹ abzudrucken; den ganzen, geschlossenen Text dieser sehr privaten Niederschrift wollte er vorerst nur als Privatdruck in Montagnola herausbringen, und Fischers Buchausgabe sollte erst zwei Jahre danach herauskommen dürfen. Doch Fischer sah andere Möglichkeiten. Er schrieb Hesse am 8. Dezember 1923:

Ich habe jetzt Ihre ›Psychologia‹ gelesen; ich bin von diesen Aufzeichnungen geradezu entzückt, und Sie müssen mir schon erlauben, aussprechen zu dürfen: wenn ich Sie nicht schon früher geliebt hätte, Sie, den Menschen und Dichter, der ja vollkommen identisch ist, so würde es durch dieses Bekenntnis unwiderstehlich der Fall sein. Es ist zauberhaft, wie echt und liebenswert Ihr Wesen zum Ausdruck kommt.

Fischer hatte das *Holländer*-Kapitel bereits für das Januarheft 1924 der ›Neuen Rundschau‹ setzen lassen; jetzt bat er um Hesses Zustimmung, auch die vorangehenden Kapitel abdrucken zu dürfen und den Vorabdruck mit dem *Holländer* abzuschließen:

Ihre Buchausgabe, die zunächst für einen kleinen Kreis bestimmt ist, würde dadurch in keiner Weise gestört werden, ebenso wie ich auch glaube, daß die fragmentarische Veröffentlichung in der Rundschau davon unberührt bliebe. Wenn Sie sich dazu gleich entschließen können, was mich sehr freuen würde, würde ich bitten, das Honorar in Schweizer Franken selbst zu bestimmen.

Nicht genug damit, folgte ein verlockender Schlußsatz:

Muß denn ein Zeitabschnitt von zwei Jahren zwischen dem Erscheinen des Privatdrucks und der Buchausgabe bestehen? Wenn es sich nur um ein Jahr handeln würde, so würden wir Ihnen den Kostenanteil am Satz mit höchstens 10 % berechnen.

Diesem Angebot konnte Hesse, allzeit sparsam auf seine Groschen bedacht, nicht widerstehen; er bekam auf diese Weise seinen Privatdruck praktisch umsonst hergestellt. Er war einverstanden. Der Teilvorabdruck erschien in den ersten drei Heften des Jahrgangs 1924 der ›Neuen Rundschau‹; der Privatdruck wurde gleichzeitig hergestellt; und die normale Buchausgabe erschien unter dem abgeänderten Titel *Kurgast. Aufzeichnungen von einer Badener Kur* in einer Erstauflage von zehntausend Exemplaren ein Jahr darauf, im Frühjahr 1925. »Mit dieser Neuerscheinung«, so erklärte der Prospekt, »beginnen wir die Reihe der Gesammelten Werke von Hermann Hesse.« Fischer hatte es durchgesetzt.

Die Hesse-Gesamtausgabe wurde ebenso wie die Thomas-Mann- und Wassermann-Gesamtausgabe aus einheitlich ausgestatteten Einzelausgaben aufgebaut, die einzeln käuflich und nicht numeriert waren. Hesse hatte sich den Aufbau sehr genau zurechtgelegt. Am 12. September 1924 erhielt der Verlag von ihm eine detaillierte schriftliche Disposition mit der Überschrift »Bestimmung über meine bisherigen Bücher«, die seine Wünsche angab.

Die fünf Romane sollten jeder für sich einen Band der Gesammelten Werke bilden. Der sechste Roman, die 1910 bei Langen erschienene *Gertrud,* konnte nicht aufgenommen werden, weil Langen ihn unter Berufung auf das Urheberrecht nicht freigab. »Urheberrechtlich liegt die Sache so«, schrieb Fischer, »daß jedes Werk nach zwanzig Jahren im Rahmen einer Gesamtausgabe erscheinen darf unter der Voraussetzung, daß der betreffende Band nicht einzeln verkauft wird.« Dies hatte schon bei den Verhandlungen mit dem Insel-Verlag über die Hofmannsthal-Gesamtausgabe gegolten. Im Fall von *Gertrud* waren beide Voraussetzungen nicht gegeben, denn auch die zwanzig Jahre waren noch nicht abgelaufen.

Die fünf Novellenbände sollten »in die Novellenbände der Werke« aufgelöst werden, aber erst, wenn die Bestände der bisherigen Ausgaben »vollends zu Ende verkauft« waren; danach sollten die alten Ausgaben nicht neu gedruckt werden. Teile von *Aus Indien* sollten in die neuen Novellenbände aufgenommen, die Originalausgabe zu Ende verkauft, aber nicht neu gedruckt werden. *Knulp* sollte in einen der Novellenbände aufgenommen, aber (ebenso wie *Klingsor*) auch fernerhin als Einzelausgabe käuflich sein. Die *Märchen* sollten einen geschlossenen Band der Werke bilden, *Wanderung* und die Gedichte »wie bisher weiterbestehen«.

Am 25. Oktober 1924 schloß Fischer mit Hesse einen neuen Vertrag auf fünf Jahre, der Hesse eine Tantieme von 18 Prozent und eine jährliche Prämie von 1500 Mark zusagte und dessen Absatz 6 besagte:

Herr Hermann Hesse hat einen Plan für die Umgestaltung seiner Novellenbände aufgestellt und Bestimmungen darüber getroffen, von welchen Novellen daneben auch Einzelausgaben erscheinen können. Es ist ferner vereinbart, mit dem Aufbau der Gesammelten Werke in der Weise zu beginnen, daß jedes Werk, das zum Neudruck gelangt, in der Ungerfraktur-Type neu gesetzt wird, sodaß für alle Bände der Gesammelten Werke eine einheitliche Druckform und Ausstattung erreicht wird.

Die Hauptschwierigkeit der Herstellung dieser von E. R. Weiß sehr schön in hellblaues Ballonleinen mit schwarzem eingedrucktem Rükkenschild gekleideten Bände bestand darin, die zum Teil sehr verschieden umfangreichen Bücher äußerlich so zu gestalten, daß sie annähernd die gleiche Bogenzahl umfaßten und – wie Friedrich Herrmann, der Herstellungsleiter, Hesse in einem langen Schreiben erläuterte – »beim Nebeneinanderstellen annähernd gleiche Rückenbreiten zeigen, was sehr viel besser wirkt, als wenn dünne und dicke Bände nebeneinander stehen«. Mit den Romanen ging es verhältnismäßig leicht, denn ihr Umfang hielt sich zwischen 10½ und 13 Bogen. Die kürzeren Bücher wären bei Verwendung des gleichen Satzspiegels sehr schmal geworden; man half sich damit, den Satz etwas reichlicher zu durchschießen, »um ein oder zwei Zeilen weniger auf die Seite zu bekommen«, und in einigen Fällen ihn etwas schmaler laufen zu lassen – kleine Abweichungen, die nur der Fachmann bemerkte.

So begann die Hesse-Gesamtausgabe im Frühjahr 1925 mit dem *Kurgast* als Neuerscheinung und *Roßhalde* und *Märchen* als Neuausgaben; im Herbst 1925 folgten *Peter Camenzind, Siddharta* und *Demian.* 1926 brachte *Knulp* und als Neuerscheinung im Rahmen der Gesamtausgabe das *Bilderbuch,* das chronologisch (und damit autobiographisch) geordnet Hesses Wander- und Reiseskizzen enthielt. 1927 folgte als letzter der alten Romane *Unterm Rad* und (auf 1928 vordatiert) unter dem Titel *Betrachtungen* ein Sammelband essayistischer Arbeiten. Damit war das ganze bis dahin erschienene Werk mit Ausnahme der Novellen in ein neues einheitliches Gewand gekleidet, und die großen neuen Werke, mit denen Hesse in den Jahren 1927 bis 1930 hervortrat, erschienen alle sogleich in dieser Ausstattung. Kleinere Arbeiten veröffentlichte Hesse zwischenhin auch weiter in besonderen Ausgaben.

Über die Neugliederung der Novellen und Erzählungen wurde man sich lange nicht schlüssig. Hesses Aufstellung der aufzunehmenden Arbeiten ergab einen Gesamtumfang von 77 Bogen. In wie viele Bände sollte man ihn aufteilen? Die von der Herstellung empfohlenen fünf Bände, die äußerlich am besten ins Gesamtbild gepaßt hätten, waren angesichts der »Bücherkrise« nicht ratsam. Hesse war für eine vierbändige, Fischer für eine dreibändige Gliederung, und als sie sich im Frühjahr 1925 in Basel trafen, einigten sie sich auf zwei Bände. Der Gesamtumfang wurde reduziert, indem man *Knulp* und *Klingsor* ausschied, die man, wie Fischer meinte, »nicht zweimal darbieten« könne, und auch der ursprünglich vorgesehene gemeinsame Titel *Gesammelte Erzählungen* wurde verworfen, weil er den Einzelverkauf der beiden Bände erschwert hätte. Statt dessen wollte man für die beiden starken Bände von 26½ und 24½ Bogen die alten Titel *Diesseits* und *Umwege* beibehalten. Da die gesammelten Erzählungen aber in der Gesamtausgabe erst erscheinen sollten, wenn die alten Novellenbände vergriffen waren, kam der erste Sammelband *Diesseits* mit erweitertem und verändertem Inhalt erst 1930 heraus, und der zweite, der aus den alten Bänden *Nachbarn, Umwege* und *Aus Indien* zusammengestellt war, wurde in *Kleine Welt* umbenannt und brachte schließlich 1933 die Gesamtausgabe zum Abschluß.

Mit der Hesse-Gesamtausgabe war das Pantheon vollendet. Der Verlag gab im Oktober 1925 einen achtseitigen Sonderprospekt heraus, der unter dem Titel DIE BIBLIOTHEK DES MODERNEN MENSCHEN eine vollständige Übersicht gab und nicht ohne Stolz und Selbstbewußtsein schlichtweg erklärte:

Unsere Gesamtausgaben führender Dichter und Denker der Gegenwart fügen sich zur Bibliothek des modernen Menschen zusammen. Die großen Repräsentanten des deutschen resp. europäischen Geisteslebens vereinigen sich zu dem eindringlichsten Bilde heutigen Menschentums.

Es war in der Tat eine eindrucksvolle geistige Heerschau: Fontane, Ibsen und Björnson, Hauptmann, Thomas Mann, Hesse und Wassermann, Hofmannsthal, Schnitzler, Shaw und Whitman, Dehmel, Keyserling und Bang, Rathenau, Kerr und Heimann – insgesamt zweiundzwanzig große, repräsentative, vielbändige Ausgaben von Autoren, die nahezu sämtlich mit ihren Erstlingswerken bei Fischer begonnen hatten. Der Prospekt sagte es nicht, aber er hätte es sagen dürfen: es gab keinen deutschen Verlag, der etwas Vergleichbares hätte vorweisen können.

MERKWÜRDIGES SCHICKSAL EINER BUCHREIHE

Um die gleiche Zeit wie Hesses Gesamtausgabe begann auch die von Hesse herausgegebene Buchreihe ›Merkwürdige Geschichten und Menschen‹ bei Fischer zu erscheinen. Hermann Hesse war zu allem anderen auch ein passionierter Herausgeber, Bewahrer und Mittler von verschollenen oder unbekannten Arbeiten anderer mit einer unvergleichlichen, aus reiner Liebhaberei genährten Kenntnis der überwachsenen Pfade und Nebenwege der Weltliteratur, von dem Thomas Mann einmal sagte, es sei »ein Dienen, Huldigen, Auswählen, Revidieren, Wiedervorlegen und kundiges Bevorworten – ausreichend, das Leben manches gelehrten literatus zu füllen«.

Die Buchreihe ›Merkwürdige Geschichten und Menschen‹ war nur eine von vielen Unternehmungen dieser Art: eine von Hesse und seinem Freund Karl Isenburg ersonnene Sammlung älterer und neuerer Texte von sonderbaren und skurrilen Begebenheiten aus der ganzen Weltliteratur und ursprünglich mit ihren ersten sechs kleinen Bänden im Schweizer Seldwyla-Verlag erschienen. Fischer wollte diese sechs Bände übernehmen und die reizvolle Sammlung unter ihrem bisherigen Titel ›Merkwürdige Geschichten‹ fortführen. Diese Bände, zumeist von Hesse selbst herausgegeben und mit Nachworten versehen, waren *Aus Arnims Wundergarten, Geschichten aus Japan, Mordprozesse, Novellino* (Novellen und Schwänke der ältesten italienischen Erzähler), Jean Pauls *Wunderbare Gesellschaft in der Neujahrsnacht* und zwei von Adelbert von Keller nacherzählte *Altfranzösische Sagen.* Fischer wollte mit dem Neudruck nach Weihnachten 1924 beginnen, aber im November sandte Hesse ihm zwei neue Bändchen: *Novalis. Dokumente seines Lebens und Sterbens* und *Hölderlin. Dokumente seines Lebens,* die in den Anlageplan nicht recht zu passen schienen. Fischer schrieb ihm:

Unklar ist mir, ob wir die beiden Bände ›Novalis‹ und ›Hölderlin‹ in derselben Serie bringen oder vielleicht mit einem neuen Serientitel eine neue Serie eröffnen. Ich weiß nicht, ob der Serientitel ›Merkwürdige Menschen‹ etwa auf die biographisch angelegten Bände ›Novalis‹ und ›Hölderlin‹ zutreffen würde; vielleicht wirkt dieser Titel zu einschränkend.

Es wurde beschlossen, die beiden Serien zu vereinigen und die Sammlung ›Merkwürdige Geschichten und Menschen. Herausgegeben von Hermann Hesse‹ zu nennen und mit *Novalis* und *Hölderlin* zu beginnen. Sie erschienen 1925 zusammen mit zwei weiteren, neuen, von Hesse zusammengestellten Bänden: *Die Geschichte von Romeo und Julie* (nach den italienischen Erzählern Luigi da Porto und Matteo Bandello) und *Sesam,* einer Sammlung orientalischer Erzählungen. Wie sollte es nun weitergehen? Fischer ließ Hesse (der ein bescheidenes Herausgeberhonorar von fünfhundert Mark pro Band beanspruchte, nicht allein nachdenken; er schrieb ihm am 14. Februar 1925:

Nun meine ich hätten wir vorerst genug Antiquarisches, und um den Charakter der Sammlung deutlicher zu betonen, müßten wir noch etwa 3–4 moderne Bändchen bringen; aber was! Wenn wir an das erweiterte Programm ›Schicksale‹ denken, so kämen nur Lebensgeschichten oder Reisen in Frage. Brockhaus und Strecker & Schröder geben Sammlungen alter Reisen heraus; es würde schwer sein, auf diesem Gebiet mit diesen Sammlungen zu concurrieren. Aber vielleicht gibt es in Deutschland und in England aus den sechziger Jahren bis zur Gegenwart eine Literatur von Forschungs- und Entdeckungsreisen von philosophierenden Gelegenheits-Reisenden und Ansiedlern, ferner Abenteurern etc.

Auch wäre vielleicht an die phantastische Biographie mit ›verklärter‹ Länderkunde oder an die moderne exotische Erzählung zu denken. Ich bin in diesen Literaturen nicht bewandert und ich bitte diese Notizen nur als eine flüchtige Anregung zu betrachten, die sich vielleicht aus Special-Katalogen auf eine festere Grundlage stellen ließe. Das beste wäre vielleicht, für solche Bücher moderne Autoren von heute zu gewinnen und dabei an die moderne Tiererzählung oder an die exotische Erzählung zu denken. Vielleicht an Johannes V. Jensen, Madelung oder an Jack London.

Bringen wir erst die Reihe in 10–15 Bänden auf den Markt, dann fließt uns auch genug Material zu.

Aber die Zeit war für alle diese Dinge nicht zu haben. Die Bändchen kamen trotz ihres billigen Preises von durchschnittlich drei Mark über die Anfangsauflage von viertausend Exemplaren nicht hinaus. Auch lagen die von Fischer angeregten Themen Hesse wohl ein wenig fern. 1926 erfuhr die Reihe eine Unterbrechung, der bereits vorbereitete Band *Die Geschwister Brentano in Dokumenten ihres Lebens* wurde aufgeschoben, und Hesse verlor möglicherweise die Lust. Er hatte inzwischen gemeinsam mit Isenburg ein neues großes, auf drei Bände angelegtes Sammelwerk *Der Geist der Romantik* fertiggestellt, das ihm sehr am Herzen lag, und es Fischer übersandt. Doch am 2. Oktober 1926 schrieb ihm Fischer:

Ich hatte Ihnen schon in einem früheren Brief einmal geschrieben, daß wir den ›Geist der Romantik‹ in diesem Jahr nicht bringen können. Ich brauche Ihnen nicht zu sagen, daß wir zur Zeit in einer ziemlich schweren Bücherkrise leben. Es hätte keinen Zweck, ein solches Buch unter den gegenwärtigen Verhältnissen der Gleichgültigkeit des Publikums auszusetzen. Das bezieht sich auch auf Brentano.
Daß Sie auf die Fortsetzung der Sammlung verzichten, haben Sie mir schon einmal geschrieben. Da ich auch meinerseits auf eine Fortsetzung voraussichtlich verzichten werde, so ist ja die Angelegenheit vorläufig als abgeschlossen anzusehen.

So kamen im folgenden Jahr, 1927, nur noch die bereits vorbereiteten drei Bände heraus: *Die Geschwister Brentano, Blätter aus Prevorst* (eine sehr fesselnde Auswahl von Berichten über Magnetismus, Hellsehen und Geistererscheinungen aus dem Kreis Justinus Kerners) und *Schubart in Dokumenten seines Lebens*. Das Dokumentarwerk *Der Geist der Romantik* wurde Jahr um Jahr verschoben, ohne daß Fischer sich zum Druck entschließen konnte. 1931 versuchte Hesse schließlich, einen anderen Verleger dafür zu gewinnen, aber auch hieraus wurde nichts. Das Manuskript ist verschollen. Die Bücherkrise hatte einem reizvollen, doch am Rande des allgemeinen Interesses angesiedelten kulturgeschichtlichen Unternehmen den Garaus gemacht.

EXKURS ÜBER ORDEN UND EHRENDOKTOREN

Am 22. Oktober 1926 beging der Verlag das Jubiläum seines vierzigjährigen Bestehens. Einige Tage zuvor begann Stefan Großmann in seiner Berliner Wochenschrift ›Das Tagebuch‹ seinen Glückwunschaufsatz mit diesen Sätzen:

Wird Hindenburg ihn beglückwünschen? Der Mann, der in der nächsten Woche auf vierzig Jahre seines festgebauten Verlages zurückschaut, müßte eine volksstaatliche Ehrung empfangen. Dumm und unpsychologisch genug, daß die deutsche Republik keine Palmen und keine Bändchen zu vergeben hat... Warum sollen wir verdiente Männer nicht öffentlich auszeichnen?

S. Fischer wird lachen, wenn er hier lesen wird, daß das ›Tage-Buch‹ ihn für die deutsche Ehrenlegion vorschlägt. Aber gerade die Leute, die über Auszeichnungen lachen, verdienen es gewöhnlich vor allen anderen, mit ihnen behängt zu werden. Nun, Fischer wird wenigstens sein Handschreiben von Hindenburg bekommen. Wird er? Man wird die Entfernung des Herrn Reichspräsidenten vom geistigen Leben der Nation nach diesem Symptom messen können...

Fischer erhielt kein Handschreiben von Hindenburg. Er erhielt von offizieller deutscher Stelle lediglich ein kurzes Maschinenschreiben des Oberbürgermeisters von Berlin, ohne Anrede und geschäftsmäßig »An den Verlag S. Fischer« gerichtet:

Dem Verlage S. Fischer übermittle ich zum Tage seines vierzigjährigen Bestehens, zugleich im Namen des Magistrats, unsere aufrichtigen Glückwünsche.
Mit dem Werden und der neuen Blüte der erzählenden und dramatischen deutschen Dichtung sowie der Einbürgerung hervorragender Dichtung fremder Zungen ist der Name Ihres Unternehmens für immer eng verknüpft. Besonders ist es Berlin als Theaterstadt, welche der Arbeit Ihres Verlages die führende Stellung vor allem verdankt, welche die Reichshauptstadt seit mehr denn einem Menschenalter einnimmt.
Möge das Wirken des Verlages S. Fischer auch fernerhin von dem reichen Erfolge begleitet sein wie bisher und das Ansehen Berlins als Stadt geistigen Lebens immer weiter mehren helfen.

In ausgezeichneter Hochachtung – Böss.

Es war besser als gar nichts. Thomas Mann hatte sich aus eigenem Antrieb in anderer Richtung, von der er mehr Verständnis erwartete, um eine offizielle Anerkennung für seinen Verleger bemüht. Die Philosophischen Fakultäten der deutschen Universitäten, die den großen Autoren des Verlags ihre Ehrendoktorate nicht vorenthalten hatten, würden wissen, wem an diesem Tag Ehre gebührte. (Eugen Diederichs hatte bereits 1924 den Ehrendoktor der Universität Köln erhalten.) Thomas Mann wandte sich (im heimlichen Einverständnis mit Bermann Fischer) schon Anfang Mai 1926 an den ihm befreundeten Freiburger Germanisten Philipp Witkop:

Im Oktober begeht der alte S. Fischer das 40jährige Jubiläum seiner Firma. Die deutschen Universitäten haben seinen 50. und 60. Geburtstag vorübergehen lassen, ohne die Verdienste, die Fischer sich um deutsches Schrifttum und deutsche Kultur doch zweifellos erworben hat, durch Verleihung des Doktor-Titels h. c. anzuerkennen. Wäre nicht der Abschluß von 40 Jahren S. Fischer Verlag eine neue, gute, wahrzunehmende Gelegenheit dazu? Da ich weiß, wie sehr der Alte sich über eine solche akademische Würdigung seiner Lebensarbeit freuen würde, beteilige ich mich nach Kräften daran, sie anzuregen, und habe vor allem an Sie gedacht, der Sie doch unter allen Literarhistorikern dem zeitgenössischen Literaturleben am herzlichsten verbunden sind.
Sie werden zugeben: Geringere haben den Titel bekommen, und wenn Fischer die Memoiren von Kriegsgenerälen verlegt hätte, so hätte er ihn ge-

wiß längst. Da er aber Hauptmann, Hofmannsthal und mich verlegt hat, ist die Schwierigkeit nicht zu unterschätzen. Meinen Sie aber nicht auch, daß die Universität, die sich dieser Geste unterwände, ein schönes Zeichen von Kulturfreundlichkeit geben würde? Es würde geradezu in der Welt symptomatisch auffallen und gewertet werden! Sagen Sie mir also bitte, ob Sie meinen, die Fakultät für den Gedanken gewinnen zu können! Legen Sie sich einmal ins Zeug, werfen Sie Ihr ganzes akademisches Schwergewicht in die Waagschale und zeigen Sie, was Sie können!

Witkop sah offenbar in Freiburg keine Aussicht, schlug aber andere Universitäten vor. Thomas Mann schrieb ihm neuerlich am 14. Mai:

Durch Ihren Brief scheint mir die Sache schon ein Stück vorwärts gebracht. Also nicht Berlin, von wegen Roethe. Sondern Leipzig, wo ich auch Bekannte habe... Soll ich schreiben? Schreiben Sie jedenfalls gleich und recht eindringlich! Und ›Cotta des Naturalismus‹ ist eine sehr gute Formel, benutzen Sie sie! Berufen Sie sich auf mich und Hauptmann, der die Verleihung schon beim 60. Geburtstag empfohlen und betrieben hat. Für den alten S. F. wäre es eine große Genugtuung und ein starker Ansporn...

Aber Witkop erreichte nichts. Die Antwort des Leipziger Literarhistorikers Hermann August Korff nannte Thomas Mann rundweg »ein elendes Gerede«. Er wandte sich noch an den Münchner Germanisten Walther Brecht, »um auch diesen Versuch nicht zu unterlassen«, und schrieb an Witkop: »Mißlingt auch das, so werfe ich die Flinte ins Korn und der alte Fischer muß bleiben, was er ist, nämlich: weder Doktor, weder schön.«

Es mißlang. Doch nun, Mitte Juli, konnte Witkop Willy Hellpach in Heidelberg interessieren. Dieser Mann war kein verkalkter, reaktionärer Schulgermanist, sondern ein bedeutender Sozialpsychologe und Kulturforscher und dazu ein aktiver Mann des öffentlichen Lebens — einer der besten und klarsten Köpfe der Weimarer Republik. Er hatte zu den Mitbegründern der Deutschen Demokratischen Partei gehört und war 1924/25 Staatspräsident von Baden gewesen. Schon als junger Wissenschaftler hatte er in den Jahren 1905—1910 zu den Mitarbeitern der ›Neuen Rundschau‹ gehört, die unter anderem 1906 einen denkwürdigen Aufsatz, *Historische Hysterie*, von ihm veröffentlicht hatte. Der Zufall fügte es, daß er nach fünfzehnjähriger Pause gerade in diesem Jahr 1926 mit einem Aufsatz, *Deutsche Politisierung*, in der ›Neuen Rundschau‹ wieder hervortrat. Am 19. Juli schrieb Thomas Mann nochmals an Witkop:

In Sachen Fischer hatte ich die Flinte schon endgültig ins Korn geworfen und Fischers Schwiegersohn in diesem Sinn verständigt, der sich mir anschloß. Es schien wirklich nicht zu machen. Wenn aber nun durch das Interesse Hellpachs die Angelegenheit doch noch in Fluß kommen sollte, würde mich das sehr freuen, denn es wäre wirklich ein Hauptspaß, wenn man dem Alten diese für ihn sicher zauberhafte Genugtuung zu seinem Jubiläum doch noch bereiten könnte, und ich möchte Sie also sehr ermutigen, den neuen Versuch zu unternehmen.

Über den Verlauf dieses Versuchs wissen wir nur, daß aus dem »Hauptspaß« schließlich doch nichts wurde und der »alte Fischer« bleiben mußte, was er war. Es wird kaum Hellpachs Versäumnis gewesen sein. Die ›Neue Rundschau‹ brachte im folgenden Jahr drei weitere Beiträge von ihm – *Kulturpolitik, Parlamentsdämmerung* und *Parlamentszukunft* – Abschnitte aus einem umfangreichen Werk *Politische Prognose für Deutschland,* das 1928 bei Fischer erschien und bis heute eine der lesenswertesten politischen Schriften der Weimarer Republik ist.

Fischer erfuhr von den wenig verheißungsvollen Vorgängen hinter den Kulissen nichts. Als alles vorüber war, eine Woche nach dem Jubiläum, schrieb Stefan Großmann am Schluß eines Berichtes in der Wiener ›Neuen Freien Presse‹:

Der 22. Oktober, an welchem der Verlag S. Fischer vierzig Jahre alt wurde, ist in Berlin ohne Feier, ohne Sang und Klang vorübergegangen. So ist dieses Berlin, seit es antiwilhelminisch geworden ist. Es feiert nicht einmal die Feste, die Denktage seiner Entwicklung bedeuten. Es gibt in dieser allzu puritanischen Republik kein Bändchen und keine Ehrenlegion. Törichterweise. Nicht einmal einen Brief des Reichspräsidenten, der kein Bureau für musische Angelegenheiten hat.
Aber Samuel Fischer wäre wohl in einige Verlegenheit geraten, wenn ihm irgendein Geheimrat ein schwarz-rot-goldenes Ehrenbändchen ins Knopfloch geflochten hätte. Dieser Mann, der vierzig Jahre sein Werk gebaut, hat in diesen vier Dezennien nicht ein aufmunterndes Wort von oben empfangen. Von oben? Was war, was ist sein ›Oben‹? Er stand sein Leben lang unter den Gestirnen und wuchs. Mehr Segen von oben als er haben wenige empfangen!

EINE SCHÖNE FEIER

Die nichtamtliche Welt ließ den Tag nicht sang- und klanglos vorübergehen. Kaum eine Zeitung im deutschen Sprachbereich, die nicht ausführliche Würdigungen gebracht hätte, Berlin an erster Stelle. Das ›Berliner Tageblatt‹ räumte dem Ereignis sein gesamtes Feuilleton ›unter dem Strich‹ ein; in der ›Vossischen Zeitung‹ hatte Eloesser nicht weniger Platz für einen großen Aufsatz, der nichtsahnend-zuversichtlich schloß:

Das erst vierzigjährige Haus S. Fischer hat manchen seiner Autoren überlebt, es wird uns überleben wie seinen Schöpfer selbst, der es aus Unternehmungslust und Besonnenheit so breit und fest und mit so vielen Wohnungen begründet hat. Das Haus ist überdies gut gelegen zwischen gestern und morgen. Wir können uns nicht vorstellen, daß es je abseits der großen europäischen Verkehrsstraße der Literatur stehen wird, auf der im Augenblick von den Ausrufern wohl mehr gelärmt als von den Tätigen gefördert wird. In zehn Jahren wird alles wieder besser sein, nicht nur in der Literatur, und nicht eher als am fünfzigsten Geburtstag des Verlages werden wir seinem Schöpfer, dem immer noch ungeduldig planenden, geduldig ausführenden, so etwas wie eine patriarchalische Ruhe anwünschen können.

Und der alte Freund Felix Hollaender meinte in seinem Huldigungsaufsatz:

Sollte es Sie eines Tages gelüsten, die Briefe zu veröffentlichen, die Sie während der letzten vier Jahrzehnte mit Ihren Autoren gewechselt haben, so wird für den Historiker noch einmal eine Epoche in helleres Licht gerückt werden, der auch Sie den Stempel Ihrer Persönlichkeit aufgedrückt haben.

Diesmal gab es keine großen Festlichkeiten; die Verlagsfamilie feierte unter sich. Die Angehörigen des Verlags erhielten als Jubiläumsgeschenk einheitlich ›vom Direktor bis zum Botenjungen‹, eine Gratifikation von hundert Mark. Am Vormittag des 21. Oktober versammelte Fischer den ganzen Verlag in seinem Arbeitszimmer; Regina Rosenbaum, die selbst ihr dreißigjähriges Jubiläum im Hause feierte, überreichte ein Geschenk – die Leipziger Filiale hatte als besondere Festgabe ein großes Glasbild mit dem Verlagssignet herstellen lassen, nachmals als das ›Kirchenfenster‹ bekannt –, und Fischer bedankte sich mit einer Ansprache, in der er aus der Geschichte des Verlags erzählte.

Die Natur unseres Verlages bringt es mit sich, daß sich ein starres Arbeitsschema nicht herausbilden darf. Jedes Buch ist ein anderes Buch, jeder Tag bringt neue Aufgaben. Ein lebendig funktionierender Verlagsbetrieb muß sich auf das lebendige Interesse seiner Mitarbeiter stützen können. Seit Jahren hat sich denn auch eine gute Tradition, ein guter kameradschaftlicher Geist, bei uns herausgebildet. Wir haben in unserer Arbeit unsere Lebensaufgabe gefunden. Ein Verlag ist zwar ein Wirtschaftsorganismus wie jeder andere, und es ist Sache seiner Leitung, auch das wirtschaftliche Gleichgewicht nicht zu verlieren, was heute wahrhaftig nicht leicht ist. Darüber hinaus hat er aber Verpflichtungen, die weit über das rein Wirtschaftliche hinausgehen. Wir produzieren nicht Waren, die täglich verkauft werden können, weil sie ihren Materialwert behalten, sondern wir sind Mittler für geistige Produkte, die entweder gekauft werden oder liegenbleiben. Erfolg und Mißerfolg wechseln miteinander ab. Sie halten sich nicht die Waage, denn ein Erfolg ist etwas, was man in der Ibsen-Sprache als »Das Wunderbare« bezeichnen kann. Unsere Arbeit ist darauf gerichtet, jedem Buch zu seinem Recht zu verhelfen. Wir alle bemühen uns darum, jeder auf seinem Platz, wenn auch nicht immer mit gutem Gelingen. Wir haben das Glück, für Werke der besten deutschen Autoren eintreten zu dürfen, wir können also stolz von uns sagen, daß unsere Arbeit von dem schönen, beglückenden Gefühl begleitet wird, für Werke zu wirken, die auf die Herzen und Seelen der Menschen guten Einfluß haben sollen.

Loerke fand die Ansprache »etwas reserviert und sachlich, er wollte das Fest nicht Fest sein lassen, nicht Jubiläum«. Zudem geschah etwas Unvorhergesehenes. Eine alte Mitarbeiterin erinnerte sich:

Mitten in die Rede hinein ertönte plötzlich vom Hof her: »Gott grüße Dich«, gesungen von vier Männerstimmen. Es waren sogenannte Kutensänger, die sich aus den Zeitungen bevorstehende Jubiläen, Hochzeiten, Kindstaufen und Einsegnungen notierten und den Betreffenden dann ein Ständchen brachten. Auf Bestellung sangen sie auch bei Beerdigungen am offenen Grab, daher die Bezeichnung Kutensänger. Als wir den Gesang hörten, wurden wir alle blaß. Nur Herr Fischer bemerkte infolge seiner Schwerhörigkeit nichts und sprach ungestört weiter. Dr. Bermann gab dann einem Markthelfer einen Wink, die Leute wegzuschicken, die schon das nächste Lied angestimmt hatten.

Oskar Loerkes Ansprache, die folgte und die Hedwig Fischer aufbewahrte, gehört in die Annalen des Verlags. Da ihr Wortlaut anderwärts nicht nachzulesen ist, steht sie hier ohne Abstrich:

Hochverehrter, lieber Herr Fischer!
Viele sprechen in diesen Tagen von dem stolzen, vierzigjährigen Werk, das Ihren Namen mit den Namen derer, die Sie betreut haben, unzählige Male durch das Land und oft um den ganzen Planeten trug. Viele betrachten die Geschichte und das Wesen der Wirkungen, die unter dem Zeichen des S. F. V. von dieser Zentrale geistiger Kraft ausgegangen sind, jeden Augenblick ausgehen und auf irgend absehbare Zeit zwanghaft dem Gesetz, nach dem sie angetreten, weiter folgen müssen.
Wenige aber wissen, zu welchen Teilen, bis in welche scheinbar geringen Einzelheiten hinein, und vor allem, bis zu welchem Grade der geistigen und herzlichen Fürsorge Ihr Werk mit Ihrer Persönlichkeit identisch ist. Es ist auch nicht ganz leicht dies zu wissen, angesichts einer Arbeit, deren Phantasie *anderer* Phantasie dient, die ihren Willen *anderem* Willen anheimgibt und deren stärkste begeisterte Idee der Marsch und Flug *anderer* Ideen ist. Das Wachstum des objektiven Geistes scheint dem Gedeihen des subjektiven zuwider. Werden denn nicht auch in dieser Stunde Tausende von Menschen im Bewußten und Unbewußten, von Gedanken, Vorstellungen, Gestalten, Gefühlen bewegt und bestimmt, die *hier* gesichtet, gesammelt, propagiert, gleichsam für ihre Reise gekleidet und genährt wurden und die Sie als Verleger nicht mehr regieren, nicht ändern, nicht zurückrufen können?
»Doch, ich kann es«, dürften Sie hier einwerfen, und so werfe ich es selbst ein. Auf Ihrer Entscheidung beruht die Auswahl und Zusammensetzung des fortspielenden Ensembles, alles Taktische der Gedankenverbreitung, die werbende Gewandung der neuen Bücher, der Ersatz des Erschöpften durch Lebensfrisches, die Beibehaltung oder Änderung der Zuleitungsbahnen und noch vieles mehr. Ein fast unbegrenztes Gebiet für die Entfaltung der Schaffensleidenschaft. Freiwillige Grenzen zog nur die Klugheit Ihres Wagemutes, die Entschiedenheit Ihrer grundsätzlichen Überzeugungen, Ihr empfindliches Gewissen, Ihr wachsames Verantwortungsgefühl. Die Kurven und Geraden dieser Grenzen enthalten, weit sichtbar in den Raum und in die Zeit geschrieben, das Abbild Ihrer Persönlichkeit.

Es ist ein festgefügtes menschliches Bild. Der Physiognomiker mag darin lesen von beharrlicher, lärmloser Energie, von empfundener Wahrheit, von einfacher Güte, von selbstverständlicher Hochachtung des künstlerischen Genius, von naturgegebener Zuneigung zum Besonnenen, Echten, Freiheitlichen, aber auch von Freude an allerlei individuell Interessantem und Pfadsucherischem, manchmal von Nachsicht und Nachgiebigkeit, Duldung und Geduld.

Wir, die technischen, kaufmännischen, literarischen Mitarbeiter des Verlags – und auch die Toten, die einst und viele Jahre bei uns gewesen sind, würden mir zustimmen – brauchen nicht von der Beschaffenheit und Wirkung der Verlagsproduktion auf den Anteil zurückzuschließen, den der zentrale Geist daran hat, nicht nur als ihr einstiger Urheber, sondern als ihr unermüdlicher täglicher Führer und Mehrer. Wir sehen und spüren, jeder an seinem Teile, den Zusammenhang, wir werden seiner in der Tradition des Hauses gewahr und halten ihn im kameradschaftlichen Verkehrston gegenwärtig. Und schon manche Arbeitskameraden, nachdem sie hier lange genug tätig waren, entdeckten plötzlich, daß sie ja keine aufgegebene, sondern ihre eigene, wesenswillkommene Tätigkeit betrieben, daß sie zu menschlicher Entfaltung Raum hatten.

Das kommt daher, daß Sie, verehrter Herr Fischer, Ihren Helfern im Verlag nicht anders entgegentreten als Ihren Autoren, und diesen nicht anders als Ihren Angehörigen und Freunden, das heißt wohl sachlich von Fall zu Fall, heiter, ernst, streng, wie sichs eben fügt und gebührt; aber immer unter Zukehrung des vollen Menschen. Sie bleiben derselbe in diesen Mauern und außerhalb ihrer.

Ich weiß es, der ich in dreifacher Eigenschaft auf Sie sah.

Denn ich habe ja nicht nur die Ehre, seit einem Jahrzehnt an der Förderung, Aufschließung und Verwaltung des hier vereinigten geistigen und seelischen Gutes mitwirken zu dürfen. Sondern seit zwanzig Jahren – fast auf den Tag genau die halbe Zeit des Verlagsbestehens – gehöre ich dem Hause als Autor an. Am 15. Oktober 1906 haben wir unseren ersten Vertrag geschlossen. Und seither haben wir auch wohl an Ihrem Tische den Scheffel Salz gegessen, den, wie es heißt, Menschen mit einander gegessen haben müssen, bevor sie einander kennen. Ich danke Ihnen von Herzen für die dritte Lebensbeziehung und für die zweite und für die erste.

Zuweilen beobachte ich, und ich ahne es öfter, wie sehr Ihre Mühe am Werk zugleich eine schwere Arbeit an und in Ihrem persönlichen Innern war. Unser mit der Verlagsgeschichte so innig verknüpfter verewigter Freund Moritz Heimann geriet in eine heftige Erregung der Abwehr, wenn das glückliche Gedeihen des Verlages von Kurzsichtigen, Leichtfertigen und Neidischen auf das Glück seines Begründers und Inhabers zurückgeführt wurde. Er sagte: prüfen wir dieses angebliche Glück auf seine Zusammensetzung hin, so finden wir, daß der eine Hauptteil daran eine hervorragende spezifische Begabung ist – also *kein* Glück außer in dem hohen Sinn von Schicksal und Gnade; und der zweite Hauptteil ist die Constellation aus fordernden Zeitläuften und erfüllenden Talenten – also wiederum etwas, was nicht bloß einem Einzigen zur Fruchtbarmachung vorbehalten und aufgehoben war und woran sich ja in der Tat viele versucht haben und immer wieder versuchen müssen.

Jene spezifische Begabung aber, gemischt aus ideellen und kaufmännischen Elementen, wird oft von Fernstehenden und in dieser Beziehung Unterlege-

nen ebenfalls nicht gerecht erkannt und gewertet. Das Mischungsverhältnis mag ihnen nicht gefallen, die Abhängigkeit der beiden Elemente voneinander und ihre scheinbare und zuweilen gewiß auch wirkliche Trübung durch einander mag sie verwirren. Aber gerade hierin scheint das Geheimnis verlegerischer Bedeutung und Größe zu liegen.
Sie ist kein bequemer Besitz. Ich überliefere noch einmal Moritz Heimanns Anschauung. Er pries an Ihnen jene Werktreue, die sonst nur der ernsthafte Künstler kennt. Die Treue, die besessen an dem Komplex ihrer Visionen hängt und nicht duldet, daß er auch nur eine Pause hindurch vergessen werde; die Treue, die beflügelt, die aber auch zu quälen und zu foltern weiß, den Schlaf vertreibt, die froh gelösten Gedanken alsbald wieder in sich zurückruft, oft um einer Winzigkeit willen, die zu Verdruß und Plage hin und her erwogen werden will.
So, im Kampfe nach drinnen und draußen, wurde Ihr Werk groß. Wir freuen uns seines Ruhms und wünschen ihm ein gesegnetes Gedeihen in alle Zukunft. Dies tun wir am besten und sichersten, indem wir Ihnen selbst verehrenden Herzens Kraft, Wohl und viel Freude wünschen.

»Es gefiel Fischer sehr«, notierte Loerke, »und entzückte Saenger und Bie. Auch die Angehörigen des Verlags waren sehr erfreut.« Der offizielle »Festakt« in Fischers Büro dauerte nur eine Stunde; dann folgte ein »fröhliches Beisammensein« im ganzen ersten Stockwerk des Verlagshauses, wo in den Nebenräumen ein kaltes Büffet bereitgestellt war, »mit Delikatessen, die wir nicht einmal dem Namen nach kannten«, und der Lagerverwalter meinte: »Unser heutiges Brot gib uns täglich.« Der Vergnüglichkeit dauerte bis in den späten Abend. »Eine schöne Feier«, vermerkte Loerke.
Fischer verbrachte den eigentlichen Festtag nicht in Berlin. »Damit mein Mann und sein schonungsbedürftiges Ohr nicht zu sehr angestrengt wurden«, schrieb Hedwig Fischer an Ida Dehmel, »sind wir mit unseren Kindern nach Dresden gefahren und haben dort still und schön den Tag begangen und abends mit Hauptmanns gefeiert, mit denen wir in Dresden Rendezvous hatten.« Acht Tage später, am 28. Oktober, fand in der Erdener Straße eine »kleine Nachfeier« statt. Loerke kam sie gar nicht so klein vor:

Donnerstag große Gesellschaft bei Fischers. Etwa sechzig Personen. Fischers wohl die liebsten ... Hauptmann, Thomas Mann, Theodor Wolff, Bies, Kellermann, Orlik zerstreut und flatternd, Jessner, Saltens, Osborns, Julius Elias, Kaysers, Maril ... Alles, was gut und teuer ist. Ausgezeichnetes Mahl mit Zubehör. Fischer glücklich.

Thomas Mann hielt eine kleine Tischrede, die verschollen ist.

EPISODE: DAS ERLEBNIS

Auch von einer literarischen Besonderheit, die der Verlag für das Jubiläum geplant hatte, hat sich keine Spur finden lassen. Bereits viele Monate vorher, am 1. März 1926, stand in der ›Frankfurter Zeitung‹ folgende Notiz:

Preisausschreiben S. Fischer Verlag

Der Verlag S. Fischer in Berlin plant aus Anlaß seines vierzigjährigen Bestehens die Herausgabe einer Reihe von Kurzbüchern (80 bis 100 Druckseiten), die unter der gemeinsamen Idee *Das Erlebnis* stehen sollen. Das Ausschreiben will die Hervorbringung von Selbstdarstellungen fördern, Gestaltung nicht erdachter, sondern erlebter Erfahrungen, die Schicksale und Charaktere gebildet haben. Es soll jene von Goethe schon einmal entdeckte Quelle wieder angeschlagen werden, die auch im heutigen Volksleben nicht versiegt sein kann. Das persönliche Erlebnis ist Bekenntnis, allein von verantwortlichem Wahrheitstrieb gesichtet, wird zugleich als ein über das Individuelle hinausgreifendes Dokument unserer nach neuen seelischen Bedingungen strebenden Zeit gelten können. Für die drei wertvollsten Arbeiten sind Preise von 5000, 4000 und 3000 Mark ausgesetzt. Das Preisgericht wird ausschließlich dem Schutzverband deutscher Schriftsteller überlassen, der allein die Einsendungen entgegennimmt und auf Wunsch die näheren Bedingungen des Wettbewerbs mitteilt.

Es war ein reizvoller Gedanke, der den Neigungen der Zeit entgegenkam. Von wem war er ausgegangen? Die Ankündigung läßt Loerkes Handschrift vermuten, doch enthält sein Tagebuch keine Hinweise. Zum Schutzverband der deutschen Schriftsteller hatte der Verlag es nicht weit; diese vorzügliche Organisation hauste in Nummer 22 der gleichen Bülowstraße, und ihr tatkräftiger und aufopfernd hilfsbereiter Leiter Werner Schendell (ungezählte, vor allem junge und unerfahrene Autoren suchten und fanden bei ihm brauchbaren praktischen Rat) war dem Verlag gut bekannt; 1918 war sogar einmal ein Drama *Parteien* von ihm bei Fischer erschienen. Aus wem bestand das Preisgericht? Gingen keine Einsendungen ein? Waren sie nichts wert? Es ist nicht mehr auszumachen. Die Reihe der Erlebnis-Kurzbücher kam nicht an den Tag.

JUBILÄUMS-ALMANACH

Unter den zahlreichen gratulierenden alten und neuen Autoren und Mitarbeitern tauchte unversehens, nach Jahrzehnten, Arno Holz wieder auf, der Fischer, eingedenk der unvergessenen »Palastrevolution« zu seinem »Ehrentage« in »alter *persönlicher* Verehrung« beglückwünschte; und Emil Strauß erinnerte Fischer daran, daß er vor neununddreißig Jahren »meine Beziehungen zu Ihnen damit einleitete, daß ich im Schaufenster Ihrer Buchhandlung in der Friedrichstraße nahe der Kranzlerecke Renée von Zola oder Rosmersholm liegen sah, eintrat und es kaufte, und zwar von Ihnen persönlich.«

Der bleibende Denkstein des Jubiläums war der Almanach *Das vierzigste Jahr / 1886–1926*, der im Oktober 1926 in einer Erstauflage von zehntausend Exemplaren ausgegeben wurde. Die Gliederung seiner 350 schlicht und ohne Schnörkel gedruckten Seiten folgte im wesentlichen dem Vorbild des ersten, 1911 von Heimann angelegten Jubiläums-Almanachs, und Heimanns ordnender Geist sprach auch aus ihm und wurde in manchem seiner Beiträge angerufen.

Die ersten hundert Seiten waren dem historischen Teil ›Die vierzig Jahre‹ gewidmet; die folgenden hundertfünfzig enthielten unter dem Sammeltitel ›Beiträge‹ eine Gruppe bisher unveröffentlichter Arbeiten von Autoren des Verlags, darunter Hauptmanns Verserzählung *Mary* und ein sehr merkwürdiges Bruchstück eines unvollendeten Operntextes für Richard Strauss von Alfred Kerr; hieran schlossen sich abermals rund hundert Seiten Leseproben aus neuen Werken des Verlags; den Beschluß machten eine chronologische Liste der Autoren der vierzig Jahre, ein Verzeichnis der Neuerscheinungen des Jahres 1926 und eine Übersicht über alle lieferbaren Werke des Verlags. (Einem Geschäftsbrief Eippers ist zu entnehmen, daß es bei der Inventur im Januar 1927 rund 850 Titel waren.)

Der aufschlußreichste Teil ist, zumindest im Rückblick, der erste, aus dessen Einzelbeiträgen frühere Kapitel dieser Darstellung bereits viele Auskünfte geschöpft haben. Den Auftakt bildete ein allgemeiner Überblick über die Entwicklungstendenzen des Verlags von Arthur Eloesser, der an seinen Einführungsaufsatz vor fünfzehn Jahren anknüpfte und im besonderen auf die Haltung des Verlags während des Krieges und der unmittelbaren Nachkriegszeit und zur Generation der Neuerer einging:

Wenn die Verbindung des Verlags mit jener Generation wieder und wieder unterbrochen wurde, so lag es an dem Verlag, an einer instinktiven und logischen Abwehr gegen Stürzende, die in ihrer Explosivität vielfach etwas Einmaliges hatten, die nicht die Dauerbarkeit allmählichen Wachstums versprachen. So lag es an jener Generation oder Partei, die mehr diktatorisch als schöpferisch aufgetreten ist, die mehr aus Forderungen als aus Leistungen bestanden hat. Alfred Döblin ist recht gut in die größere Familie hineingewachsen, soweit ihm auch gegen unbequeme Verwandte zu räsonieren erlaubt sein mag. Nur Doktrinäre schließen sich aus, die schöpferischen Persönlichkeiten beweisen sich durch ein friedliches Nebeneinanderwohnen oder mindestens durch die gelassene Neutralität aus den Fernen ihrer eigenen Reiche.

Hieran schloß sich unter dem Titel *Die Bibliothek der vierzig Jahre* Oskar Loerkes breit aufgefächerter, in seiner symmetrischen Ordnung fast einem funkelnden Pfauenrad gleichender Überblick über das gesamte Verlagsschaffen, dem in voraufgegangenen Abschnitten bereits viele Hinweise und Urteile entnommen wurden, und ein kurzer Rechenschaftsbericht Rudolf Kaysers über den Fortgang der ›Neuen Rundschau‹, in dem zu lesen war:

Im Mittelpunkt unserer Zeitschrift steht nach wie vor das literarische und kritische Schaffen des heutigen Deutschlands. Von Gerhart Hauptmann und Thomas Mann spannt sich die Brücke zu Flake, Döblin und den Jüngsten... Die Dichtungen und essayistischen Beiträge sprechen aber nicht nur für sich selbst, sondern lassen auch die neue Wendung der Zeit sichtbar werden. Nach den maßlos verströmten Ekstasen wird jetzt in allen Lebensbezirken die Tendenz zu neuer Wirklichkeit und Sachlichkeit sichtbar. Diese Wirklichkeit ist die Substanz des kollektiven Lebens der Gegenwart und ihre bezwingende Kraft. Gegenüber den romantischen Anklagen gegen die Zeit veröffentlichte in einem unserer letzten Hefte Otto Flake seine »Ehrenrettung der Zeit«: eine souveräne Bejahung der Wirklichkeit in ihrer heutigen Form...
Produktive Geistigkeit: das ist der Sinn unserer Arbeit. Damit ist auch die verfängliche Frage nach Alter und Generation beantwortet. So sicher die Formen des Geistes im Verlauf des geschichtlichen Prozesses sich wandeln, so sicher bleibt seine Mission dieselbe. Im Negativen bedeutet das, daß eine Zeitschrift ungeistig ist, sobald sie reaktionär wird und bei bestimmten Ausdrucksformen stehen bleibt. Allerdings ist die ›Neue Rundschau‹ nicht mehr wie zu ihren Anfängen die Kampfzeitschrift einer bestimmten Weltanschauung. Ihr Radikalismus liegt nicht in der Erfüllung bestimmter Thesen, aber in der des Geistes und seiner aktuellen Lebendigkeit...

Das Hauptstück dieses ersten Teils war Fischers eigener Beitrag *Bemerkungen zur Bücherkrise,* von dem bereits ausführlich die Rede war. Wassermann schrieb an Fischer: »Ich habe mit großem Vergnügen Deinen Aufsatz gelesen, an Dir ist wahrhaftig ein Autor von Belang verlorengegangen. Wie klar, wie klug, wie richtig alles!« Daran schloß sich der liebenswerteste Beitrag dieses Jubiläums-Almanachs, Julius Elias' kurze Erinnerungsskizze *Fischer* aus der Frühzeit ihrer beider Zusammenarbeit, auch sie bereits vielfach angeführt. Diese persönliche Huldigung an den alten Freund schloß:

Sie sollen uns noch lange in der Welt und im Wirken bleiben, lieber Fischer. Das Fünfzigste – das möchte ich noch erleben. Aber nur mit Ihnen zusammen.

Sie erlebten das fünfzigste Jahr des Verlags beide nicht mehr. Aber Fischer überlebte den alten Weggenossen. Julius Elias wurde der Verlagsfamilie bereits ein knappes Jahr darauf entrissen; er starb ganz plötzlich am 2. Juli 1927, sechsundsechzig Jahre alt. In einem Brief an Schnitzler schrieb Hedwig Fischer:

Wir sind sehr bewegt durch den schnellen Tod von Elias, dessen Vitalität, Jugendlichkeit und Temperament noch auf ein langes Leben und Wirken schließen ließen. Seine Gestalt und lebendige Persönlichkeit in ihrer Urwüchsigkeit ist uns doch sehr nahe gewesen. Wir waren über dreißig Jahre befreundet, und besonders früher haben wir oft für dieselben Dinge und Menschen Seite an Seite gekämpft ... Es ist sehr melancholisch zu sehen, wie die Reihen der alten Freunde lichter und lichter werden ...

RUSSISCHES ABENDLICHT

»Das moderne Rußland ist bei uns durch zwar erst wenige, aber wesentliche Autoren repräsentiert.« Mit dieser Bemerkung in seiner Übersicht verwies Loerke auf den Anschluß, den der Verlag um die Mitte der zwanziger Jahre, als englisches und amerikanisches Schrifttum neben dem deutschen im Verlagsprogramm immer stärker hervortraten, an die zeitgenössische russische Literatur zu gewinnen suchte. Der Verlag hatte sich in seinen Anfangsjahren, woran Loerke erinnerte, für das Werk Dostojewskis und Tolstois eingesetzt, doch »die Editionen ihrer Werke eingestellt, als sich das Einheimische in dichter Fülle herandrängte«. Nur Tolstois *Chadschi Murat* war in der Romanbibliothek verblieben. An diese Tradition wieder anzuknüpfen, erübrigte sich für den Verlag, denn sie war anderwärts in guter Hand. »Die seelische Tradition des Landes allerdings setzt sich, durch keine Umwälzung zu brechen, in vielen jüngeren Schriftstellern fort.« Ihnen widmete sich der Verlag in der Mitte der zwanziger Jahre. Doch bedarf Loerkes Wort der Einschränkung. Diese russischen Erzähler waren nicht mehr jung, sondern in mittleren Jahren und repräsentierten eine »seelische Tradition«, die durch die Umwälzung außer Landes gezwungen worden war. Das neue, revolutionäre russische Schrifttum erschien nicht bei Fischer und konnte nicht bei ihm erscheinen (und auch nicht bei Rowohlt oder Kurt Wolff), denn es war fast ausnahmslos bei den kommunistisch orientierten Verlagen, von denen der Malik-Verlag in Berlin der bedeutendste war, in festen Händen.

Fischer brachte in dieser Zeit drei bedeutende lebende russische Erzähler: Iwan Bunin, Alexei Remisow und Iwan Schmeljow, alle von Käthe Rosenberg vorbildlich übersetzt. Alle drei waren Anfang fünfzig und hatten, als sie bald nach der Revolution Rußland verließen, in der Heimat bereits ein beträchtliches Werk geschaffen, das sie im Exil fortzusetzen trachteten. Bunin, der älteste, emigrierte schon 1919 nach Paris; er war der am meisten ›westlich geprägte‹ und weltoffenste. Fischer brachte schon 1922 seine (1916 entstandene) Meisternovelle *Der Herr aus San Franzisko* und ließ 1925 den Roman *Mitjas Liebe* folgen. Remisow kam 1921 vierundvierzigjährig nach Berlin und zog zwei Jahre später nach Paris weiter; von diesem sehr eigenartigen Erzähler, der mit einem bunten, als altrussischem Legendenschatz und zeitloser Traumpoesie geformtem, dem Surrealismus angenäherten Bildwerk arbeitete, brachte der Verlag nur ein Werk, den 1924 erschienenen Roman *In blauem Felde*. Schmeljow schließlich, zwei Jahre jünger als Remisow, gelangte 1922 nach Paris, und von ihm brachte der Verlag drei Bücher: 1925 den großen, schon im Exil entstandenen Roman *Die Sonne der Toten*, der ihn im Westen berühmt machte, und in den beiden folgenden Jahren die bereits früher entstandenen Arbeiten *Der niegeleerte Kelch* und *Der Kellner*.

Alle drei Dichter überlebten den Zweiten Weltkrieg und starben hochbetagt in den fünfziger Jahren in Paris. Mit allen dreien hatte der Verlag – wiewohl Bunin 1933 den Nobelpreis erhielt – nur einen Achtungserfolg, und keines dieser sechs russischen Prosabücher gelangte über das vierte Tausend hinaus. Es war eine Literatur im Abendlicht, die langsam aber stetig verglühte, eine sterbende Literatur, auch wenn die entwurzelte Sprache aus großem Erlebnisvorrat noch Jahre und gar Jahrzehnte zu schöpfen vermochte. Mit der Zeit versank das »Überzeitliche der Heimat«, wie Loerke es nannte, dennoch unwiederbringlich in der Zeit.

Von diesen drei bedeutenden russischen Erzählern war Iwan Schmeljow unzweifelhaft der bedeutendste. Loerke sagte von ihm:

> Was er überstanden hat, davon gibt die erschütternde Sterbemusik jenes Romans Kunde; er führt uns in die Krim, wo nach der Revolution alle lebenden Kreaturen dem Untergang durch Hunger und Gewalt preisgegeben waren. Selten wohl ist die Unermeßlichkeit des Leides, das Nichtbegreifenkönnen unverschuldeter Schicksalshärte, das brennende Gefühl eines sicheren, ewigen Rechtes gegen das dem Irrtum unterworfene zeitliche Recht so machtvoll gestaltet worden wie durch Schmeljow.

Das war nicht übertrieben. Der tiefe Eindruck, den *Die Sonne der Toten* in Deutschland machte, war an dem geringen äußeren Erfolg nicht zu messen. Thomas Mann schätzte Schmeljow hoch und suchte ihn bei seinem ersten Pariser Aufenthalt im Januar 1926 trotz eines übervollen offiziellen Programms eigens auf. (Käthe Rosenberg, Schmeljows Übersetzerin, war eine Cousine von Frau Katia Mann.) In seinem Bericht *Pariser Rechenschaft*, der in drei Fortsetzungen von Mai bis Juli in der ›Neuen Rundschau‹ und im Herbst 1926 als Buch erschien, erzählt er von diesem Besuch in der Armeleutewohnung des Exilierten in der Rue Chevert:

> ... erschüttert, wie ich dann bei ihm sitze, an dem improvisierten Notbehelf von Schreibtisch, und in dies zerfurchte, abgezehrte Gesicht im weißen Barte blicke, in das jene Greuel sich eingezeichnet haben, die man in der ›Sonne der Toten‹ nachlesen mag, wenn man Mut hat, und das einem Manne von fünfzig gehört, aber fünfzehn Jahre älter erscheint ...

Thomas Mann verschwieg in dieser Niederschrift nicht sein Gefühl, »auf welcher Seite die Idee ist und auf welcher die Überalterung, das Flickwerk, das Nicht-ein-und-aus-Wissen«; doch hatte der Besuch bei Schmeljow ihn »wieder empfinden lassen, wie furchtbar schwer es heute ist, sich anständig zu halten und zu stellen«. Es war ein Blick in die eigene, noch ungeahnte Lebenszukunft. Keine zehn Jahre später war es für ihn selbst noch unvergleichlich viel schwerer.

DICHTER-AKADEMIE

Die Buchausgabe der *Pariser Rechenschaft* erschien just zur Zeit des Verlagsjubiläums, und Thomas Mann wohnte, als er bei der ›kleinen Feier‹ seine Tischrede hielt, im ›Oberstübchen‹ in der Erdener Straße. Seine Anwesenheit in Berlin hatte jedoch einen anderen Grund. Diesmal hatten amtliche Dichtergeschäfte ihn hergerufen. Am Vortag, dem 27. Oktober 1926, hatte die Gründungssitzung der ›Sektion für Dichtkunst‹ der Preußischen Akademie der Künste stattgefunden. Mit dieser neuen offiziellen Literatur-Institution hatten Fischer und der Verlag einiges zu schaffen.

Der preußische Kultusminister Professor Carl Becker hatte im Frühsommer 1926 den Akademiepräsidenten Max Liebermann ersucht, ihm fünf deutsche Dichter vorzuschlagen, die er sodann aufforderte, sich als Gründungsgremium der ›Dichter-Akademie‹, wie sie alsbald hieß, zu konstituieren und über die Wahl weiterer Mitglieder zu beschließen. Die fünf Aufgeforderten waren Gerhart Hauptmann, Thomas Mann, Hermann Stehr, Ludwig Fulda und Arno Holz. (Stehr war an die Stelle des ursprünglich von Liebermann vorgeschlagenen Stefan George getreten.) Sie waren sämtlich entweder Autoren des Fischer-Verlags oder hatten, wie Holz und Fulda, zum alten Kreis der ›Freien Bühne‹ gehört. Von ihnen lehnte als einziger Hauptmann die Berufung ab. In einem Brief an den Minister, den das ›Berliner Tageblatt‹ am 27. Mai 1926 veröffentlichte, erklärte er:

> Eine bewußte Führung auf dem Gebiete der Dichtkunst gibt es nicht. Staatlich beamtete, führende Dichter bilden ein Novum, das mit Recht in den Kreisen der freien Poeten beanstandet werden wird. Was mich betrifft, so kann ich mir weder eine unbewußte, noch eine bewußte Führerstellung dieser Art zusprechen. Wenn ich, wie andere Schriftsteller und Dichter, auf Menschen im Sinne der Menschlichkeit gewirkt habe, ist es mir genug.

Fischer teilte Hauptmanns Auffassung. Er gratulierte ihm am folgenden Tag »zu Deinem Brief an den Minister« und fügte hinzu:

> Ich hatte gestern in einer Gesellschaft bei Osborn Gelegenheit, mit jüngeren und älteren Schriftstellern und Journalisten zu sprechen; von allen Sei-

ten, besonders auch von den jungen Schriftstellern sind Deine Argumente und Deine Haltung in dieser Sache sehr sympathisch beurteilt worden.

Durch Hauptmanns Ablehnung erlitt die ›Dichter-Akademie‹ bereits vor ihrer Gründung einen erheblichen Prestigeverlust. Auch andere Gründungsmitglieder waren sich im Zweifel. Doch überwog die Meinung, daß man den Staat, wenn er nun schon endlich von Amts wegen für Ansehen und Repräsentanz des Schrifttums sich zu interessieren gewillt war, nicht vor den Kopf stoßen dürfe. Thomas Mann meinte:

Ich bin sicher, wir verstehen einander in allem, was sich darüber und dagegen sagen läßt. Man ist halt gutwillig und tut mit, denn die Sache ist gut gemeint und unter Umständen auch entwicklungsfähig.

Das Gründungsgremium wählte auf seiner Sitzung vom 27. Oktober 1926 einundzwanzig Mitglieder hinzu, nämlich Hermann Bahr, Max Halbe, Hermann Hesse, Ricarda Huch, Georg Kaiser, Bernhard Kellermann, Erwin Guido Kolbenheyer, Oskar Loerke, Heinrich Mann, Walter von Molo, Josef Ponten, Wilhelm Schäfer, René Schickele, Wilhelm Schmidtbonn, Arthur Schnitzler, Karl Schönherr, Wilhelm von Scholz, Emil Strauß, Eduard Stucken, Jakob Wassermann und Franz Werfel. Von ihnen waren zwei Drittel gegenwärtige oder vormalige Autoren des Verlags und alle anderen mit Ausnahme von Kolbenheyer und Molo Mitarbeiter der ›Neuen Rundschau‹. (Sogar Wilhelm Schäfer, der politisch weit rechts orientierte, ›national‹ betonte Verfasser der *Dreizehn Bücher der deutschen Seele*, war in seiner Frühzeit, in den Jahren 1897–1909, gelegentlich in der Zeitschrift erschienen, und gewiß nicht gegen seinen Willen.) Bei späteren Nachwahlen kamen noch Theodor Däubler, Alfred Döblin, Leonhard Frank, Hugo von Hofmannsthal, der die Wahl allerdings ablehnte und sich auch von Thomas Manns eindringlichen Vorstellungen nicht umstimmen ließ, Alfred Kerr, Alfred Mombert und Fritz von Unruh hinzu, auch sie sämtlich mehr oder weniger eng dem Haus Fischer verbunden. Nun ließ sich sehen, welchen großen unbestreitbaren Anteil an der Repräsentanz des geistigen Deutschland der Verlag in vierzigjähriger Arbeit erworben hatte: die ›Dichter-Akademie‹ wurde, ob sie es wollte oder nicht, unversehens zu einer Fischer-Akademie.

Auf der Festsitzung der Preußischen Akademie der Künste am 18. November 1926 wurde die ›Sektion für Dichtkunst‹ offiziell konstituiert. Nach den Ansprachen Liebermanns und des Kultusministers hielt Thomas Mann die Eröffnungsrede. (Sie wurde später in seinen dritten Band gesammelter Aufsätze, *Die Forderung des Tages*, aufgenommen.) »Ich unterließ nicht«, schrieb er in seinem *Lebensabriß*, »die Widerstände zu kennzeichnen, die in deutschgeistiger Sphäre dem akademischen Gedanken entgegenstehen, und die Möglichkeiten ihrer inneren Überwindung anzudeuten...« Wilhelm von Scholz wurde zum Vorsitzenden gewählt; er selbst, Fulda und Loerke bildeten den Senat. Loerke war über seine Wahl ehrlich beglückt. In seinem Tagebuch notierte er:

Wenn man ringt um Anerkennung und Befreiung, so ist etwas Derartiges doch eine sehr große Freude... Mir tut die Ehre wohl. Nach soviel Entbehrungen. Würdige Beratungen. Es kann etwas aus der Sache werden. Positiver Arbeitsstoff, geistiger, ist erforderlich. Hoffentlich findet er sich.

Mancher, der »positiven Arbeitsstoff« hätte beisteuern können, wurde freilich übergangen, so vor allem Flake. Er schrieb:

In den Zeitungen las ich, daß man in Berlin im Begriff stand, eine Dichterakademie zu gründen, und fand unter den Kandidaten auch mich genannt. Bald danach kam die Liste heraus, ich stand nicht drauf. An Thomas Mann ging ein Brief ab; jetzt hätte ich in der Wahl eine Ehre sehen können, später würde ich es nicht mehr tun und bäte, in Zukunft von mir abzusehen. Mann schrieb höflich wie immer zurück: ich hätte gewisse Gegner, bei den Wahlgängen wurde ich langsam hinausballotiert. Später erfuhr ich, daß mein Hauptwidersacher Wilhelm Schäfer war.

Natürlich ließ der offizielle Name ›Sektion für Dichtkunst‹ sogleich die gute alte Kontroverse über den Art- und Rangunterschied zwischen Dichter und Schriftsteller wieder aufleben. Als Loerke nach einer Akademiesitzung einmal mit Liebermann über Dichtung sprach und dabei Wassermann einen Dichter nannte, meinte Liebermann: »Wissen Se, für mich is ein Dichter einer, der Verse macht.« Flake war der gleichen Meinung:

Die Bezeichnung Dichterakademie schien mir recht unglücklich zu sein. Sinn hätte eine Schriftstellerakademie gehabt. Wer ein Schriftsteller ist, läßt sich sagen: ein Geistiger, der Niveau hat und Leistung bietet unter den Gesichtspunkten der Form und des Inhalts, der Darstellung und des Ethos – kurzum ein Repräsentant... Ein Dichter aber war ein Mensch im subjektiven Zustand, undefinierbar, ohne objektive Kennzeichen wie Klarheit, Blick, Maß. Ein Mann von Geschmack bezeichnete sich überhaupt nicht als Dichter in der Öffentlichkeit. Charakteristischerweise hatten sie in Deutschland dieses Wort vorgezogen... In Frankreich und England nannte man Dichter jemand, der in Versen schrieb; nichts konnte vernünftiger sein. In Deutschland verstand man darunter eine nebelhafte Gestalt, die im Unbewußten verbleibt und nicht recht wagt, auch die geistigen Energien voll einzusetzen, aus Furcht, als kritisch zu gelten...

Thomas Mann hatte den nämlichen Einwand:

Sollte eine wirkliche deutsche Akademie daraus werden, so muß – das ist der Gegenstand meiner Propaganda – der Name »für Dichtkunst« aufgegeben werden (als zu meistersinglich) und »für Literatur« statt dessen eintreten, damit das Kritisch-Essayistisch-Historisch-Kulturphilosophische mit hineingenommen werden kann...

Es blieb jedoch bei »Dichtkunst«, und es war nicht zuletzt diese innere Wesensungereimtheit, die innerhalb der Mitglieder trennende Gegensätze schuf, die sich alsbald auch weltanschaulich und endlich rundweg politisch äußerten und das Wirken der Versammlung lähmten. Im Januar 1928 ließ Hauptmann sich doch bewegen, der Akademie beizutreten, da sie nunmehr eine Tatsache und nicht mehr »wie damals ein bloßes Fragezeichen« sei und »mein Fernbleiben einer Versündigung an dem Gedanken der Kameradschaftlichkeit beinahe gleichkommen« würde; Liebermann und Thomas Mann, »denen beiden ich in freundschaftlicher Verehrung verbunden bin«, hatten ihn sehr gedrängt, und er telegrafierte an Liebermann: »Bin sehr glücklich, lieber Meister und Freund Liebermann, nun aus einem Saulus ein Paulus geworden zu sein.« (Hesse, der seine Wahl nur sehr widerwillig angenommen hatte, hielt nach einer Gelegenheit Ausschau, sich in einen Saulus zurückzuverwandeln.) Um die gleiche Zeit, Januar 1928, wurde Loerke zum ständigen Sekretär der ›Sektion für Dichtkunst‹ gewählt, eine Anstellung, die ihm nicht unwesentliche zusätzliche Einkünfte, aber auch eine große zusätzliche Arbeitsbürde eintrug, die der gewissenhafte Mann mit großer Opferwilligkeit auf sich nahm, ohne viel Dank dafür zu ernten. Er litt unter den Streitigkeiten der Mitglieder, die eine produktive Arbeit unmöglich machten, klagte oft, wie Rudolf Kayser bestätigte, in seinen Gesprächen darüber und dachte immer wieder daran, sein Amt niederzulegen. Für Fischer hatten die Akademiesitzungen die erfreuliche Seite, daß er seine fernab lebenden Autoren häufiger bei sich in Berlin sah.

Die ›Dichterakademie‹ beabsichtigte auch ihre eigenen Publikationen. Im November 1927 notierte Loerke, er habe im Verlag »wegen des Publikationsplans der Akademie« konferiert, doch sei »Fischer sehr skeptisch« gewesen. Inzwischen erschienen einige der bedeutenden Referate der ›Dichterakademie‹ als Aufsätze in der ›Neuen Rundschau‹, so Heinrich Manns umfangreicher ›Bericht‹ an die Akademie über *Dichtkunst und Politik*, in dem er aus Anlaß des »Gesetzes zur Bewahrung der Jugend vor Schmutz und Schund«, das er schärfstens zurückwies, eine brillante Analyse des Verhältnisses der Geistigen zum Staat und zu seiner politischen Gesetzgebung gab. Darin fanden sich sehr entschiedene Sätze wie:

Die Geistigen, die sich nicht unterwarfen, sind im ganzen höher geehrt worden als die anderen. Auch verfolgt zu werden, geriet ihnen schließlich zur Ehre. Man hat es andererseits weit bringen können, wenn man sich unter Verleugnung der zeit- und körperlosen Wahrheit für die vergänglichen Leidenschaften einer gegebenen Menschengruppe einsetzte ... Dichtungen gehören niemals vor die Gerichte. Der Unfug muß aufhören. In

Wahrheit gibt es keine unsittliche Dichtung, weil es keine politisch unerlaubte gibt.

Dieser Aufsatz erschien im Juliheft 1928 der ›Neuen Rundschau‹, und in der Folge veröffentlichte die Zeitschrift noch eine ganze Reihe von Heinrich Manns politischen und kulturpolitischen Essays, die heute wie große Marksteine und Mahnmale in der deutschen Landschaft stehen.

Im September 1928 trat die Akademie abermals an Fischer wegen ihrer geplanten Veröffentlichungen heran, und am 5. Februar 1929 notierte Loerke, die Akademiesitzung habe das glänzende Verlagsangebot Fischers angenommen, und fügte hinzu: »Freut mich.« Es war vorgesehen, die Ansprachen, Vorträge und Entschließungen der Akademie in Jahrbüchern zu sammeln, und das erste dieser Jahrbücher erschien im Herbst 1929. Loerke besorgte die Redaktion und schrieb das Vorwort; das Ganze machte ihm viel Arbeit. Auf welcher geschäftlichen Grundlage Fischer die Veröffentlichung übernahm, ist nicht mehr festzustellen. Sicher ist lediglich, daß er dreitausend Exemplare dieses Jahrbuchs druckte, daß es zehn Mark kostete und daß es das erste und einzige war, das in seinem oder einem anderen Verlag erschien. Das verwundert nicht. Es war trotz einer Anzahl vorzüglicher Beiträge wie Thomas Manns *Rede über Lessing*, Döblins *Schriftstellerei und Dichtung* und *Der Bau des epischen Werkes* und Loerkes *Formprobleme der Lyrik*, die in der ›Neuen Rundschau‹ sehr beachtet worden wären, ein langweiliges Buch.

EXKURS ÜBER NEBENRECHTE

In der zweiten Hälfte der zwanziger Jahre entwickelte sich ein Zweig des Verlagsgeschäftes, der bis dahin kaum beachtet worden war, nämlich die Verwertung der sogenannten Nebenrechte. Unter Nebenrechten versteht man heute alle zusätzlichen Möglichkeiten honorarpflichtiger Verwertung eines Textes, die sich neben der normalen Buchausgabe ergeben. Ein heutiger Verlagsvertrag führt alle diese Rechte einzeln auf, als da sind: Vorabdruck und Nachdruck des Werkes in Zeitungen und Zeitschriften; Übersetzungen in andere Sprachen; Bearbeitung als Bühnenstück oder Hörspiel; Verbreitung durch den Hörfunk (Lesungen); Verfilmung; Verwertung im Fernsehen; Mikroskopie-Ausgaben; Übertragung auf Schallplatten und Tonbänder; Lizenzausgaben in anderen Verlagen, nämlich Taschenbuch-, Volks-, Sonder- und Schulausgaben; Ausgaben durch Buchgemeinschaften und so fort. Alle diese zusätzlichen oder Nebenrechte überträgt der Autor heute mit seinem Verlagsvertrag auf seinen Originalverleger, der es übernimmt, sie entweder direkt oder unter Zwischenschaltung von Agenturen zu verwerten, und der an dem Erlös mit einem Prozentsatz, zumeist 40 Prozent, beteiligt ist. In Ausnahmefällen, in denen ein Autor sich die Verwertung gewisser Nebenrechte selbst vorbehält, werden besondere Vereinbarungen getroffen. Ganz allgemein läßt sich sagen, daß der Verleger heute angesichts der hohen Herstellungs-, Vertriebs- und Werbekosten, die er für die Originalausgabe eines Buches in Anschlag bringen muß, ohne eine solche Beteiligung an den Nebenrechten nicht wirtschaftlich arbeiten könnte. Die Verwertung eines Romans oder eines Sachbuches durch den Hörfunk oder das Fernsehen oder durch eine Taschenbuchausgabe und die ihm daraus zufließende Erlösbeteiligung ist häufig seine einzige Möglichkeit, um bei einer Originalausgabe einen Verlust wettzumachen oder um überhaupt gewisse, nur einen kleinen Leserkreis ansprechende wertvolle Werke herausbringen zu können, deren Erfolgsmöglichkeit von Anfang an gering ist.

Hier hat sich im Lauf der letzten fünfzig Jahre ein großer Wandel vollzogen.

Vergleicht man einen heutigen Verlagsvertrag des S. Fischer Verlags (oder irgendeines anderen deutschen Verlags) mit einem solchen aus der Zeit nach dem Ersten Weltkrieg, so findet man, daß das ganze Kapitel Nebenrechte in jenen früheren Verträgen überhaupt nicht vorkommt, und ein Blick in die Praxis des Verlags – soweit die Unterlagen ihn gestatten – zeigt, warum. Von all den zahllosen heutigen Nebenrechten spielten unmittelbar nach dem Ersten Weltkrieg nur Zeitungs- und Zeitschriftenvorabdrucke, Übersetzungsrechte und Verfilmungen eine materiell ins Gewicht fallende Rolle, und auf diesen drei Gebieten war die Praxis des Verlags je nach dem Autor und seinen Wünschen sehr verschieden, und der Generalvertrag enthielt keine Bestimmungen darüber.

Bei der Verwertung der Übersetzungsrechte schaltete der Verlag sich ein, wenn der Autor es wünschte, und wickelte diese Geschäfte für ihn ab, so bei Hauptmann, Wassermann, Hesse, Kellermann, ohne sich am Erlös zu beteiligen oder eine Provision einzubehalten; an Hauptmanns amerikanischer Gesamtausgabe beispielsweise, die der Verlag vermittelte, verdiente Fischer keinen Pfennig. Andere Autoren, wie Thomas Mann, schlossen ihre Auslandsverträge selbst und betrieben den Verkehr mit ihren ausländischen Verlegern und Übersetzern ohne Hinzuziehung ihres deutschen Verlegers gleichsam in eigener Regie.

Auch die Verwertung von Vorabdrucksrechten wurde je nach dem Autor und von Fall zu Fall verschieden gehandhabt. In Fällen, in denen der Verlag es unternahm, einen Vorabdruck in einer deutschen Zeitung oder Zeitschrift zu placieren, berechnete er häufig, aber keineswegs immer eine Provision für seine Mühewaltung von 10–20 Prozent. Schnitzler und Wassermann beispielsweise, deren Romane sich für Vorabdrucke besonders eigneten und die hohe Honorare erzielen konnten, verwerteten diese Rechte im allgemeinen selbst, und der Verlag war an diesen Erlösen nicht beteiligt; Hauptmann überließ zumeist die diesbezüglichen Verhandlungen Fischer, der dem alten Freund jedoch, zumindest in den uns bekannten Fällen, nichts von dem erzielten Honorar abzog.

Ähnlich verhielt es sich mit dem Verkauf von Verfilmungsrechten an Verlagswerken, der nach dem Ende des Ersten Weltkrieges für die großen Autoren des Verlags zu einer nicht unbeträchtlichen zusätzlichen Einnahmequelle wurde, vor allem in der Inflationszeit, wenn es sich um ausländische Filmgesellschaften handelte, die in hochwertiger Währung zahlten. So heißt es beispielsweise im Jahr 1920 in einem Brief Thomas Manns an Josef Ponten:

Es handelt sich weniger um Deutschland, als um Amerika, dessen Agenten wie brüllende Löwen umhergehen und durch Eventualverträge auf alles vorläufig die Hand legen, was irgend in Betracht kommen könnte, sich aber 3 bis 6 Monate Zeit lassen, um sich das Brauchbare auszusuchen. Immerhin sind schon endgültige Abschlüsse zustande gekommen und Zahlungen von New York geleistet worden. Bahr hat für sein Lustspiel ›Das Konzert‹ 100 000 Mark bekommen. Von mir sind ›Buddenbrooks‹ und ›Königliche Hoheit‹ mit Beschlag belegt, für 4000 plus 2500 Dollars, in unserm Geld ein Vermögen – wenn was daraus wird.

(Tatsächlich wurde *Buddenbrooks* jedoch erstmals 1923 in Deutschland von Gerhard Lamprecht verfilmt.)

Hauptmann war, wie erinnerlich, schon frühzeitig (erstmals 1913 mit *Atlantis*) verfilmt worden, und in den Jahren 1919–1922 waren sechs weitere Werke von ihm auf der Leinwand erschienen. In seinem Fall, wie auch im Fall Schnitzler, wurden die Verhandlungen mit den Filmgesellschaften vom Verlag geführt. So vermittelte Fischer beispielsweise im Mai 1925 ein Angebot des Regisseurs Friedrich Zelnick, der für die Filmrechte von *Liebelei* zehntausend Mark auswerfen wollte. 1926 vermittelte er die Verfilmung von Hauptmanns *Die Weber*, ebenfalls durch Zelnick. Aus den Briefen Marils an Hauptmann ist zu ersehen, daß der Verlag sich auch weiterhin – wie früher und analog den Tantiemeverträgen des Bühnenvertriebs – um eine prozentuale Beteiligung für den Autor bemühte, aber damit nicht mehr durchdrang:

Die Filmgesellschaft bietet 10 000 RM für die deutschen Filmrechte. Wir haben versucht, darüber hinaus noch eine prozentuale Beteiligung zu erzielen. Es sieht jedoch so aus, als ob das nicht zu erreichen ist. Außerdem ist es, wie man allgemein sagt, sehr schwer, die Abrechnungen einer Filmgesellschaft zu kontrollieren, sodaß eine einmalige Pauschalsumme vielleicht günstiger ist. Für die ausländischen Rechte werden 10 % Tantieme gezahlt, bei einer garantierten Anzahlung von weiteren 10 000,– RM ... Praktisch liegt der Fall also so, daß zunächst mit Sicherheit auf Mk. 20 000 zu rechnen sind, außerdem auf die Auslandstantieme, deren Höhe aber mit 25 000.– begrenzt ist, sodaß im Höchstfall 45 000.– zu erwarten sind.

Hauptmann scheint einverstanden gewesen zu sein, denn der Film wurde gedreht; das Drehbuch schrieb, wie auch bei dem im nächsten Jahr verfilmten *Biberpelz*, Willy Haas. Der nächste Hauptmann-Film war erst die (zweite) *Hannele*-Verfilmung im Jahr 1934. Verhandlungen im September 1927 über eine Verfilmung von *Florian Geyer* mit Eugen Klöpfer in der Hauptrolle scheiterten jedoch offenbar daran, daß Hauptmann eine »sofort zahlbare« Garantiesumme von 50 000 Mark »und angemessene gesicherte Prozentualbeteiligung in Europa und Amerika oder 40 000 Mark Gesamthonorar für Europa einschließlich Skandinavien« verlangte. *Florian Geyer* kam nie auf die Leinwand, während andere Hauptmann-Stücke in der Folge noch häufig und, wie *Die Ratten, Der Biberpelz* und *Rose Bernd* zwei-, drei- und viermal verfilmt wurden.

Alle diese Geschäfte besorgte von Fall zu Fall die Theaterabteilung des Verlags. Der einzige belegbare Fall, in dem die Theaterabteilung mit einem Autor des Verlags einen separaten, vom Generalvertrag getrennten Filmvertrag schloß, ist eine detaillierte vertragliche Vereinbarung mit Hugo von Hofmannsthal aus dem Juni 1920, durch welche der Autor dem Verlag »das alleinige Filmvertriebsrecht für seine sämtlichen im Verlage erschienenen Werke« übertrug. Darin heißt es, der Verlag habe sich grundsätzlich zu bemühen, »als Honorar für die Verfilmung eine prozentuale Beteiligung am Umsatz des Films bzw. am Reingewinn zu erzielen, andernfalls aber einen festen Preis«, und der Autor »zahlt dem Verlage für jeden getätigten Abschluß eine Provision von 15 Prozent sämtlicher, aus dem Abschluß sich ergebender Einnahmen, bei Verkäufen des Buches an eine ausländische Firma von 20 Prozent. Irgendwelche weitere Kosten dürfen dem Autor für den Vertrieb nicht entstehen.« Es ist anzunehmen, daß ähnliche getrennte vertragliche Vereinbarungen auch mit anderen Autoren des Verlags bestanden.

Mitte der zwanziger Jahre eröffnete sich ein neues Nebenrechte-Verwertungsgebiet, auf dem vorerst ein Urheberrechtskampf durchgefochten werden mußte, der bis zum Reichsgericht ging. Im Jahr 1923 veranstaltete Hans Bredow im Voxhaus in Berlin die erste unterhaltende Rundfunksendung in Deutschland, und im Mai 1926 sandte Maril an alle Autoren des Verlags das folgende Rundschreiben:

Nach der letzten Entscheidung des Reichsgerichts ist die Verbreitung von Werken der Literatur durch das Radio tantiemepflichtig. Im Gegensatz also zu der Vorlesung von Literaturwerken vor unmittelbar anwesendem Publikum, die nach wie vor ohne Entgelt erfolgen kann, ist prinzipiell von den Sendegesellschaften, die solche Vorlesungen durch den Rundfunk verbreiten, eine Gebühr dafür an den Autor zu entrichten.
Da wir im Rahmen unseres Bühnenvertriebes ohnehin die Programme der Sender betreffs Aufführungen unserer Bühnenwerke kontrollieren, sind wir in der Lage, dies auch bezüglich der Vorlesungen aus Gedicht- und Prosawerken zu tun, die dafür zu entrichtenden Gebühren festzusetzen und für Sie einzuziehen.
Wir empfehlen Ihnen unsere Vertretung für diese Zwecke deshalb, weil der Verlag besser in der Lage ist, die Interessen seiner Autoren wahrzunehmen, als eine eben gegründete Gesellschaft [Die Gesellschaft für Senderechte], die sämtliche Autoren für ihre Zwecke gewinnen will und unserer Meinung nach für diese Tätigkeit ein allzu hohes Entgelt beansprucht. Während jene Gesellschaft *für sich 30 %* verlangt und dem Autor 75 % des verbleibenden Restes zuweisen will, d. h. also 52½ %, würden wir für unsere Vertretung nur 15 % verrechnen und Ihnen volle 85 % überweisen.
Wir bitten Sie, wenn Sie mit unseren Ausführungen einverstanden sind, beiliegende Erklärung zu unterschreiben und in Zukunft alle direkten Anfragen von Vortragenden oder Sendegesellschaften an uns zu überweisen. Selbstverständlich werden wir auch aktiv bemüht sein, durch Anregung von Vorlesungen oder persönlichen Vorträgen der Autoren selbst die große Publizität des Rundfunkes propagandistisch auszunutzen.

Um die gleiche Zeit schlug Fischer persönlich Hauptmann eine solche Vorlesung im Berliner Rundfunk vor:

Der Berliner Sender hat weit über eine Million Teilnehmer, und es wäre vielleicht ganz gut, wenn Du zu einer solchen Zuhörerschaft sprechen würdest. Wir könnten für Dich ein Honorar von 1500–2000 Mark erzielen. Willst Du nicht einen Vortrag halten, so könntest Du etwas aus Deinen unveröffentlichten Werken lesen...

Thomas Mann »erschien«, wie die Berliner Zeitungen meldeten, am 20. Oktober 1926 »zum erstenmal vor dem Berliner Mikrophon«; er las »einen unveröffentlichten Essay« (es war der Joseph-Conrad-Vortrag), und seine Tochter Erika las aus dem *Zauberberg*.
Ein Feld hatte sich geöffnet, daß für den Autor wie für den Verleger nicht nur ertragreich, sondern auch in seiner Werbekraft hochbedeutend wurde. Kaum war es erschlossen, da tat der Film einen neuen großen Schritt vorwärts. Am 23. Mai 1927 schrieb Maril an Schnitzler einen sehr aufschlußreichen Brief:

Sehr geehrter Herr Doktor! Ich gebe Ihnen heute Mitteilung von einer neu auftauchenden Möglichkeit der Auswertung dramatischer Rechte, und zwar durch das heute schon auf einem ziemlich hohen Grad zur Vervollkomm-

nung gebrachte Mittel des Sprechfilms. Ich habe hier gute Verbindung mit einer in Bildung begriffenen Gesellschaft, die sich in den Besitz sämtlicher Patente für dieses Verfahren setzen wird, das übrigens in Amerika einen hier noch nicht bekannten Grad der Vollendung erreicht hat. Da zunächst mit kurzen Stücken Versuche gemacht werden sollen, so ist es ja leicht möglich, daß man in Kürze eine Ihrer Anatol-Scenen erwerben wird.
Dieses Gebiet ist ungemein interessant, sowohl was seine Rückwirkung auf das Theater betrifft, als auch seine eigenen künstlerischen Gesetze. Soviel scheint schon festzustehen, daß es sich niemals wird um eine Wiedergabe der Guckkastenbühne handeln, sondern daß auch diese Art von Film mit Großaufnahmen und mit veränderlichem Schauplatz arbeiten wird. Daraus ergibt sich zunächst, daß vermutlich der Theateraufführung keine Konkurrenz erwachsen wird, und daß weiter die vorhandenen Bühnenstücke eine Umarbeitung werden erfahren müssen, an der wohl der Dichter noch mitarbeiten wird, sofern er nicht, ähnlich wie beim Film, den Bearbeitern freie Hand läßt.
Die Frage nach der materiellen Verwertbarkeit und damit auch nach der für den Autor zu erwartenden Einnahme ist noch zu klären. Sie wird davon abhängen, wieviel Kinotheater sich auf dieses Verfahren im Laufe der Zeit einstellen werden können, und wieweit das Publikum diese neue Art Kunst würdigen wird. Ich werde Ihnen von der weiteren Entwicklung dieser Angelegenheit noch Nachricht geben, bitte jetzt schon um Ihre Ermächtigung, Verhandlungen für Sie führen zu dürfen.

Der erste amerikanische Tonfilm von Welterfolg war der 1927 gedrehte *The Jazz Singer* mit Al Jolson, der 1929 nach Deutschland kam; im gleichen Jahr wurde der erste abendfüllende deutsche Tonfilm aufgeführt: Walter Ruttmanns *Melodie der Welt*. Das nächste neue große Verwertungsgebiet für Nebenrechte eröffnete sich gleichfalls 1929, wie noch berichtet werden wird, mit dem Durchbruch der billigen Sonderausgaben zum Warenhauspreis.

In der zweiten Hälfte der zwanziger Jahre hatte die Verwertung der Nebenrechte für den Verlag eine solche Bedeutung gewonnen, daß er – außer bei einigen seiner großen Autoren, die sich diese Rechte vorbehielten – ihre Behandlung vereinheitlichte und allen neu geschlossenen Verlagsverträgen eine eigene Klausel einfügte. Sie war für heutige Begriffe noch immer sehr einfach formuliert:

Der Autor überträgt dem Verlag ferner das alleinige Recht, den Verkauf der Übersetzung in fremde Sprachen zu vermitteln, das Recht, Abdrucke in Zeitungen und Zeitschriften zu vergeben, sowie das Recht der Verbreitung durch den Rundfunk und der Verfilmung. Die erzielten Honorarbeträge werden, abzüglich einer Provision von 25 % (fünfundzwanzig) für den Verlag, an den Autor abgeführt resp. mit ihm verrechnet.

Die Verrechnungsbestimmung ermöglichte es dem Verlag, hohe, nicht abgegoltene Buchvorschüsse, die andernfalls hätten abgeschrieben werden müssen, wenigstens zum Teil wieder hereinzubringen bzw. – was in den zwanziger Jahren immer häufiger geschah – jungen, noch nicht durchgesetzten Autoren die Weiterarbeit durch die Zahlung einer monatlichen Rente zu ermöglichen, die mit den Tantiemen der Buchausgabe allein nicht gedeckt gewesen wäre. Auch einige der älteren Autoren wie Otto Flake schlossen mit dem Verlag solche Rentenverträge, die ihnen ein Mindestmonatseinkommen und einigermaßen sorgenfreies Arbeiten sicherten, wobei freilich der Verlag beispielsweise bei Vorabdrucken in Zeitungen und Zeitschriften, die nicht durch seine, sondern des Autors Initiative oder durch ein direktes Angebot an den Autor zustande kamen, sich mit einer Provision von nur 10 Prozent oder 5 Prozent begnügte. Bei Rundfunkvorträgen oder Vorlesungen, die ohne seine Mitwirkung vereinbart wurden, hatte er keinen Provisionsanspruch.

Im Herbst 1929 ging der Verlag in der Verwertung der Nebenrechte noch einen bedeutenden Schritt weiter. Nach einem Besuch Gaston Gallimards, des Leiters des gleichnamigen großen Pariser Verlagshauses, in Berlin wurde von Gallimard ein umfassendes deutsch-französisches Austauschabkommen zwischen den beiden Verlagen vorgeschlagen, auf das Bermann Fischer bereitwillig einging. Man vereinbarte, gegenseitig Listen der bereits bestehenden Auslandsvereinbarungen auszutauschen, sich beiderseits über die bevorstehende Produktion auf dem laufenden zu halten und sich wechselseitig auf alle Bücher, die die beiden Verlage veröffentlichten, eine Option von einem Monat für den Erwerb der französischen bzw. deutschen Übersetzungsrechte einzuräumen. Weiterhin vereinbarten die beiden Verlage, sich gegenseitig über die französische bzw. deutsche Buchproduktion im allgemeinen und »über die Werke, die in den Konkurrenzverlagen erscheinen«, zu informieren und in Fällen, in denen der eine oder andere Verlag bei einem Autor ein Buch in Auftrag gab – wie zum Beispiel bei Reisebüchern –, einen solchen Auftrag durch Vorauszahlung »einer wesentlichen Summe an einen führenden Autor für die französischen und deutschen Rechte dieses Werkes« gemeinsam zu finanzieren und die Werbung für dieses Werk gemeinsam zu organisieren. Schließlich vereinbarten sie, möglichst auch einen englischen und amerikanischen Verlag in dieses Abkommen einzubeziehen, und Bermann Fischer schlug Ben Huebsch und seine Viking Press vor, mit dem der S. Fischer Verlag bereits ein solches Informationsabkommen habe.

Dies alles, schrieb Bermann Fischer im Oktober 1929 an Gallimard, »eröffnet Perspektiven für die Zukunft, die nicht unwesentlich erscheinen«. In der Tat sind hier die ersten Ansätze zur internationalen Koproduktion zu sehen, die nach dem Zweiten Weltkrieg zu einem bedeutenden wirtschaftlichen Faktor im Verlagsleben wurde und heute die gleichzeitige Herstellung von kostpieligen Werken in mehreren

Sprachen zu erschwinglichen Preisen ermöglicht, die ein einzelner Verlag allein und nur in einer Sprache nicht gewinnbringend kalkulieren und auf den Markt bringen könnte. Heute ist es nichts Seltenes mehr, daß fünf oder sieben große Verlage gemeinsam ein Werk oder eine Buchreihe in Auftrag geben, deren Erscheinen in sämtlichen Weltsprachen bereits gesichert ist, noch ehe der Autor ein einziges Wort zu Papier gebracht hat.

Der einzige von Fischers Autoren, der damals, als die Verwertung der Nebenrechte Bedeutung zu gewinnen begann, von all dem nichts wissen wollte, war Bernard Shaw. Am 17. Februar 1922 schrieb er an Trebitsch: »Sagen Sie Fischer *ganz genau* [diese Worte auf deutsch] er soll auf alle Anfragen erklären, daß die Filmrechte meiner Stücke nicht zu haben sind, da die Erfahrung zeigt, daß der Film das Stück tötet...« Als Maril über Trebitsch bei ihm anfragte, ob er dem Hamburger Sender die Sendung seiner Dramen gestatten wolle – allerdings betrage das Honorar nur 150 Mark pro Sendung –, antwortete Shaw am 23. August 1925: »Ich schreibe unverzüglich direkt an Fischer, er soll auf die Wünsche des Hamburger Senders nicht hören. Der Rundfunk ist der Tod des Theaterstücks...« Und schließlich am 30. November 1931 an Trebitsch: »Sagen Sie der Ufa, daß ich kein Lieferant von Rohmaterial bin, das ihre Amateure dann ruinieren, und daß ich meinen Namen nicht verkaufe, damit er der schlechten Arbeit anderer Leute angehängt wird... In Deutschland hat man anscheinend augenblicklich nichts anderes im Kopf als Nachkriegspornographie...« Im selben Jahr wurde in England der erste Film nach einem Shaw-Stück gedreht.

»DEUTSCHLAND AN BERNARD SHAW«

Bernard Shaw war Fischers ältester Autor. Er war dreißig Jahre älter als der Verlag und beging im Jubiläumsjahr 1926 seinen siebzigsten Geburtstag.

Der Verlag brachte aus diesem Anlaß eine neue »veränderte und erweiterte Ausgabe« von Julius Babs erstmals 1910 erschienener Shaw-Monographie heraus. In ihr waren ansehnliche Teile der ersten Fassung weggefallen, so das Kapitel *Shaws Ankunft in Deutschland*, das allerlei irrige Angaben enthalten hatte; die Betrachtung von Shaws Werk war bis zur *Heiligen Johanna* fortgeführt, und es waren die zahlreichen inzwischen erschienenen Arbeiten über Shaw berücksichtigt. Zu ihnen gehörte das sehr reizvolle kleine Buch *Tischgespräche mit Bernard Shaw* des Amerikaners Archibald Henderson, das Fischer im Herbst 1925 herausgebracht hatte und das viele neue Aufschlüsse über Shaw enthielt. Der Übersetzer war diesmal nicht Trebitsch, sondern der in Berlin lebende deutsch-amerikanische Schriftsteller Herman George Scheffauer, ein vielseitiger Mann, der in beiden Sprachen arbeitete. Er hatte Thomas Manns *Herr und Hund* und *Unordnung und frühes Leid* für den New Yorker Verlag Knopf recht ansprechend übersetzt und sollte in Kürze zusammen mit Thomas Mann neuerlich auftauchen; er hatte sich auch Hauptmann als amerikanischer Übersetzer angetragen, doch Fischer teilte Hauptmann mit, daß ihm die Übersetzung der Shaw-Tischgespräche nicht gelungen sei; man mußte noch zwei Damen hinzuziehen und hatte ebensoviel Mühe wie mit Trebitsch.

Fischer hatte Babs Buch offenbar mit Photographien aus Shaws Leben illustrieren wollen, aber Shaw schrieb an Trebitsch: »Sagen Sie Fischer, es gibt keine Kindheitsphotos von mir. Für die Photographie, die ich Ihnen für die Abbildung in Babs Buch geschickt habe, habe ich die Reproduktionsgebühr bezahlt, aber es soll mir darauf nicht ankommen.« Das Buch enthielt denn auch nur dieses eine Altersporträt mit dem weißen Bart als Titelbild. Im übrigen waren auch in dieser Neufassung wieder in unbegreiflicher Nachlässigkeit nahezu sämtliche englischen Eigennamen falsch geschrieben. Auch war Bab einem triftigen Einwand Thomas Manns nicht gefolgt, dessen Gewicht sich inzwischen anläßlich der *Heiligen Johanna* erwiesen hatte. Thomas Mann hatte Bab zur ersten Fassung seines Buches am 2. März 1910 geschrieben:

Ich verhehle Ihnen nicht, daß mir persönlich die scharfe Antithese von Dichter- und Schriftstellertum nicht sehr sympathisch ist. Im Lande Wagners, im Lande der Fremdheit und Feindseligkeit gegen die Literatur, wo jeder ›Literat‹ geschimpft wird, der nicht stammelt sondern schreibt, und wo jeder intellektuelle Einschlag als undichterisch verpönt wird, wirkt die Betonung dieses nicht immer haltbaren Gegensatzes eher verwirrend als fördernd.

Der Gegensatz war gerade im Fall Shaw, wie Kerr gezeigt hatte, völlig unhaltbar; aber der Biograph hielt an seiner Dichter-Schriftsteller-Antithese eigensinnig fest und schusterte Shaw in einem besonderen Kapitel *Die Kunstform des Schriftstellers* verbissen in diese eigentümlich deutsche Vorstellung um. Shaws Dramatik, so lautete seine These, sei »aus dem Bedürfnis eines Schriftstellers und nicht eines Künstlers« entstanden, und es gebe »keinen Zweifel, daß der Schriftsteller und der Künstler Phänomene aus zwei völlig verschiedenen Welten sind«. Sie seien »so verschieden wie Tag und Nacht«. Einige Sätze weiter ist aus der Antinomie Schriftsteller–Künstler unversehens eine Abgrenzung zwischen »Schriftstellerei und Poesie« geworden. Da der »wahre Dichter aber im Grunde immer metaphysisch eingestellt« sei, Shaw hingegen »eine ganz wesentlich ethisch eingestellte Natur ist«, sei er im wesentlichen kein Dichter und folglich auch kein Künstler, schaffe sich aber – da einem Werk wie der *Heiligen Johanna* schließlich gewisse künstlerische, poetische, ja sogar metaphysische Qualitäten nicht abzusprechen sind – etwas Eigenes und Besonderes, nämlich die »Kunstform des Schriftstellers«! So zog der Biograph sich schließlich aus der selbstgeschneiderten Zwangsjacke. Shaw hatte 1925 den Nobelpreis für Literatur erhalten, und Thomas Mann griff in seiner Rede *München als Kulturzentrum* am 30. November 1926 den leidigen Punkt noch einmal auf:

Leider ist es beinahe an dem, daß, wer in Deutschland Spuren von Gescheitheit an den Tag legt, sogleich für einen Juden gehalten wird und damit denn also erledigt ist. Und doch war Geringschätzung der Gescheitheit selten weniger am Platze als heute. Die Werte haben ihre Stunde, meine geehrten Zuhörer, sie sind nicht immer gleich viel wert. Gescheitheit, was die Irrationalisten und Mystiker auch sagen mögen, ist heute ein Lebenswert ersten Ranges, und es ist ein Zeichen äußerst intelligenter Einsicht in diese Wahrheit, daß Bernard Shaw soeben den großen schwedischen Preis erhielt.

Fischer hatte sich außerdem für Shaw eine ›Festgabe‹ ausgedacht. Er hatte einen aus Alfred Kerr, Thomas Mann, Max Reinhardt, Oskar Loerke, Siegfried Trebitsch und ihm selbst bestehenden Ausschuß zusammengebracht, der im Mai 1926 ein Rundschreiben aussandte:

Am 26. Juli dieses Jahres feiert Bernard Shaw seinen 70. Geburtstag. Wir glauben, daß nach seinem Vaterlande vor allen anderen Nationen uns Deutschen die schöne Pflicht zufällt, ihn an diesem Tag zu grüßen. Denn in Deutschland hat der Dramatiker Shaw seinen wahren Weg in die Welt begonnen, unzählbar sind die Wirkungen, die er innerhalb der letzten Jahrzehnte von unserer Bühne herab ausgeübt hat. Das deutsche Geistesleben hat von ihm Anregungen oder Aufgaben empfangen, selbst eine kritische Auseinandersetzung mit Shaws Gedanken brachte inneren Gewinn. Vielen wird es darum Bedürfnis sein, ihm an diesem festlichen Tag ein Wort der Erkenntlichkeit zu übermitteln. Diese Worte wollen wir in einer Festschrift sammeln, die

»Deutschland an Bernard Shaw, ein Gruß zum 70. Geburtstag«

heißen und ihm in einem besonderen Exemplar überreicht werden soll, das die Beiträge im handschriftlichen Originalmanuskript mit Unterschrift der Verfasser enthält.

Wir laden Sie, verehrter Herr, herzlichst ein, uns Ihren Beitrag für diese Festschrift bis Ende Mai zu übersenden, damit wir in würdigster Vollständigkeit zu zeigen vermögen, wie Deutschland, das gastliche Volk der Künste, auch jenseits seiner Grenzen seine Freunde zu ehren weiß. Bitte haben Sie die Freundlichkeit, mittels beiliegender Freikarte baldmöglichst mitzuteilen, ob wir auf ihre geschätzte Mitwirkung rechnen können.

Die Drucklegung der Festschrift bleibt vorbehalten. Die Redaktion hat Herr Oskar Loerke freundlichst übernommen.

Beigefügt war ein Blatt Büttenpapier, das auf Vorder- und Rückseite beschrieben werden durfte. Hauptmanns Exemplar trägt den Vermerk seiner Sekretärin: »Erledigt 22. 6. 26.«

Der Festgruß trug den Titel *Bernard Shaw zum 70. Geburtstag. 26. Juli 1926. Eine Sammlung von handschriftlichen Beiträgen zusammengestellt und überreicht vom S. Fischer Verlag.* Die Sammlung ist nur in einem Durchschlag einer im Verlag (vermutlich im Hinblick auf die Drucklegung) hergestellten Schreibmaschinenabschrift erhalten, die möglicherweise nicht vollständig ist. Sie umfaßt insgesamt neunzig Beiträge, aber von den Ausschußmitgliedern sind nur Thomas Mann, Trebitsch und Fischer selbst vertreten; Kerr, Loerke und Max Reinhardt fehlen; auch Hauptmann fehlt im Kreis der Gratulanten. Dem Sammelwerk war ein Vorspruch vorangestellt:

Hochverehrter Herr Bernard Shaw

Der Übersetzer und der Verleger, denen Sie in Deutschland Ihre Werke anvertraut haben, sind beauftragt, Ihnen zum 26. Juli 1926 Grüße aus unserm Lande zu überbringen.

Diese Sammlung kann natürlich nur als Symbol gelten für die Gesinnung von vielen Tausenden von Männern und Frauen, die sich zu Ihrem Werk bekennen.

Es ist uns eine Ehre und Freude, diese Reihe von handschriftlichen Beweisen der Liebe und Verehrung Ihnen an diesem Tage auf den Tisch legen zu dürfen.

Siegfried Trebitsch S. Fischer

Nicht nur die Autoren des Verlags und die Mitarbeiter der ›Neuen Rundschau‹ hatten Beiträge geliefert. Loerke hatte sich bemüht, eine für das ganze geistige und künstlerische Deutschland repräsentative Sammlung zu veranstalten. Reichsaußenminister Stresemann und der preußische Innenminister Carl Severing waren ebenso vertreten wie die Universitätsprofessoren Karl Joel, Georg Kerschensteiner und Philipp Witkop; bedeutende deutsche und österreichische Bühnenleiter wie Viktor Barnowsky, Rudolf Beer und die Dumont-Lindemanns standen neben den großen Dirigenten Fritz Busch, Weingartner und Klemperer, die Komponisten Richard Strauss, Schönberg, Schreker und Korngold neben Männern der Wissenschaft wie Einstein, Spengler und Ernst Cassirer; bedeutende Regisseure, Darsteller und Theaterkritiker waren zur Stelle: Piscator, Karlheinz Martin, Elisabeth Bergner, Klöpfer, Heinrich George, Kortner, Irene Triesch, Diebold, Fritz Engel, Franz Servaes, Siegfried Jacobsohn und Stefan Großmann; Orlik und Pechstein standen mit Zeichnungen neben politischen Publizisten wie Kurt Hiller, dem Grafen Coudenhove-Kalergi und dem Prinzen Rohan.

Der Verlag hatte sich große Mühe gegeben. Aber merkwürdigerweise vergaß Shaw, sich für die Festgabe zu bedanken. Er vergaß es so vollständig, daß Fischer, als nach drei Monaten noch immer nicht einmal eine Empfangsbestätigung eingetroffen war, offenbar vorsichtig bei Trebitsch anfragte und dieser, wie es scheint, Shaw erinnerte, daß er Fischer doch wohl einen Brief schulde. Denn am 4. November 1926 heißt es in einem Brief Shaws an Trebitsch: »Ich habe den Brief an Fischer geschrieben; er ging gestern abend auf die Post und wird in seinen Händen sein, bevor diese Zeilen Sie erreichen.«

So verhielt es sich. Fischer erhielt einen vom 3. November 1926 aus London datierten Brief Shaws in deutscher Sprache; Shaw selbst verfügte nur über wenige deutsche Brocken und Wendungen, die er freilich sehr geschickt und mit unfehlbar komischem Effekt in seine englischen Briefe an Trebitsch einflocht; in diesem Fall hatte anscheinend ein Bekannter seinen englischen Text für ihn übersetzt, und zwar so holprig, daß Eipper im Verlag sich bemühte, das Deutsch etwas zu glätten, ehe man den Brief an alle Mitwirkenden der Festschrift vervielfältigt weiterleitete:

Mein lieber Herr Fischer – Sie werden sich gewundert haben, daß ich so lange zu der außerordentlichen Ehrung geschwiegen habe, die Sie mir anläßlich meines 70. Geburtstages übermitteln ließen und die von so vielen hervorragenden Namen nicht nur Deutschlands, sondern ganz Europas, ja sogar der ganzen zivilisierten Welt unterzeichnet war und auch die Unterschriften von manchen geschätzten, persönlichen Freunden trug. Aber die Wirkung war, als ob Sie eine schwere goldene Kette um den Hals einer Gans gehängt hätten, so daß der arme Vogel, unter besten Absichten, auf den Grund des Teiches sank.

Wäre ich bei vollkommener Gesundheit und in der vollsten Lebenskraft meiner Jugend gewesen, so würde ich mich rascher von dem Sturz erholt haben, aber ich war ja 70 und – ein unglücklicher Zufall fügte es – von langer und ernster Krankheit nur halb genesen. Was sollte ich tun? Ich hätte Ihnen mit einem herzlichen Händedruck danken können, so wie ich Ihnen jetzt innigst dafür danke, daß Sie sich bei der Veranstaltung der Glückwunschadresse soviel freundlicher Mühe unterzogen haben. Ich hätte Trebitsch umarmen können, dem ich meinen Ruf in Deutschland verdanke. Aber wie kann man einer Reihe von Bergen die Hand schütteln oder Walhalla umarmen? Stellen Sie sich den alten Mann vor, wie er überwältigt den Kopf schüttelt und murmelt: »Bitte, bitte, sehr verbunden, tausend Dank« usw. usw., bis er erschöpft in Schlaf sinkt.

Ich gestehe, daß ich mich aus der Affaire zog, indem ich einfach davonlief. Eine Rede bei einem Bankett, ein Brief an Herrn Stresemann, der die erfreulichsten Eifersuchts-Äußerungen in der Londoner Presse hervorrief – und ich flüchtete nach Italien und gab Anweisung, allen Journalisten und allen Leuten, die aussahen, als ob sie die Absicht hätten, mir zu gratulieren, mitzuteilen, daß ich am Morgen beim Baden im Lago Maggiore ertrunken wäre.

Bei meiner Rückkehr hoffte ich, daß alle meinen 70. Geburtstag ganz vergessen hätten; aber die Ermahnungen meiner Frau, die darauf zu achten hat, daß ich mich richtig benehme, und ein Besuch von Trebitsch weckten mein eingehülltes Gewissen auf und brachten mir zum Bewußtsein, daß ich Ihnen schreiben und Sie bitten müsse, zu tun, was Sie können, um den Unterzeichnern der Adresse die Versicherung zu übermitteln, daß nicht eine Zeile davon ohne Eindruck auf mich geblieben ist. Abgesehen von der warmen persönlichen Freude, die sie mir bereitet hat, werde ich sie als eine unanfechtbare Bestätigung meines Erfolgs als Diener der europäischen Literatur bewahren. Wenn ich dereinst vor dem Jüngsten Gericht erscheine und von mir zur Sprache kommt – wie es sicherlich der Fall sein wird, wenn der Engel des Gerichts zufällig ein Engländer sein sollte –, ich hätte mich anmaßenderweise für einen Schriftsteller von einigen Verdiensten gehalten, dann werde ich erwidern: »Deutschland hat so gedacht«, und das wird die Sache entscheiden. – Ihr ergebener G. Bernard Shaw

Die Absicht, die Festschrift zu drucken, wurde nicht verwirklicht, und man kann sich denken, warum. So eindrucksvoll die Reihe der neunzig großen Namen war, so wenig eindrucksvoll waren, mit wenigen Ausnahmen, ihre Beiträge. Viele waren nur kurze, nichtssagende Grüße, die keinerlei literarische Bedeutung hatten. Andere wiederum wie der von Karl Joel, quollen über alle Ränder und waren seitenlange Dissertationen, die Shaw sein eigenes Werk erläuterten und ihm erklärten, wo es bei ihm haperte; zwei Gratulanten, Erwin Piscator und Arthur Holitscher, forderten den Jubilar gebieterisch auf, er solle nun endlich aus seiner Weltanschauung auch die praktische Konsequenz ziehen und der kommunistischen Partei beitreten; wieder andere, wie Emil Ludwig, Theodor Lessing und der Schweizer Robert Faesi, alle drei nicht als namhafte Lyriker bekannt, hatten recht klägliche Verse beigesteuert. Kurzum, aus der schönen Absicht war ein recht uneinheitliches und undiszipliniertes Sammelsurium von Läppischkeit und Anmaßung geworden, in dem nur wenige sorgsam überlegte und sorgfältig formulierte Huldigungen wie die Schnitzlers, Thomas Manns, Annette Kolbs in einer Veröffentlichung Deutschland und dem Verlag Ehre gemacht hätten. Fischer mag sich gesagt haben, es sei besser, die Veröffentlichung unterblieb.

JOSEPH CONRAD

Als Shaw im Haus von H. G. Wells Joseph Conrad kennenlernte, konnte er es sich nicht versagen, den düsteren kleinen Mann zu nekken. Wells erzählt:

»Wissen Sie, lieber Freund, Ihre Bücher, das ist nichts –« aus irgendeinem Shaw'schen Grund, den ich vergessen habe, und so fort. Ich verließ das Zimmer, und plötzlich kam Conrad totenbleich hinter mir hergeschossen. »Will dieser Mann mich beleidigen?« fragte er. Die Versuchung, Ja zu sagen und das anschließende Duell zu erleben, war groß, aber ich überwand sie. »Es ist nur Humor«, sagte ich und führte ihn in den Garten, damit er sich abkühlte. Man konnte Conrad stets verblüffen, indem man »Humor« sagte. Das war einer der verdammten englischen Tricks, mit denen er nie zurande kam.

Joseph Conrad war am 3. August 1924 siebenundsechzigjährig gestorben. Er war in seinem letzten Lebensjahrzehnt in England, Amerika und Frankreich zum hohen Ruhm eines großen Erzählers aufgestiegen, aber in Deutschland praktisch noch völlig unbekannt. Thomas Mann gestand, er habe, als er sich im Oktober 1922 im Haag aufhielt und John Galsworthy dort einen Vortrag über *Conrad und Tolstoi* hielt, keine Ahnung gehabt,

> wer das sei, den man da mit dem russischen Giganten zusammenstellte; und mein Erstaunen wiederholte sich, als ich hörte, daß André Gide Englisch gelernt habe ausdrücklich, um Conrad im Original lesen zu können. Seither habe ich dieses Erzählerphänomen kennengelernt.

Zwei Jahre nach Conrads Tod, im Herbst 1926, begann Fischer mit dem Aufbau der Gesamtausgabe des erzählerischen Werkes Joseph Conrads in deutscher Sprache. (Die erste englische Gesamtausgabe in zwölf Bänden war 1925 vorausgegangen.) Es war dies die letzte große Gesamtausgabe eines ausländischen Autors, die der Verlag zu Fischers Lebzeiten schuf, und neben Shaw und Whitman die dritte aus dem angelsächsischen Sprachbereich.

Conrad war ein für deutsche (und nicht nur für deutsche) Begriffe schwer zu fassendes Phänomen. Sein Leben teilte sich in zwei nahezu gleich lange Abschnitte, denen äußerlich kaum ein Zusammenhang anzusehen war: zweimal dreiunddreißig Jahre. In den ersten dreiunddreißig Jahren war er, aus kleinem polnischem Landadel stammend, ein unbekannter Seemann und Schiffskapitän der englischen Handelsmarine gewesen, ruhelos auf sämtlichen Weltmeeren, und hieß Jozef Teodor Konrad Korzeniowski. Am Wendepunkt ging er im Hafen von London an Land, eine Seefahrtsgeschichte betitelt *Almayer's Folly*, in englischer Sprache geschrieben, im Sack, die 1895 erschien. In den zweiten dreiunddreißig Jahren wurde er ein englischer Romancier, unverrückbar seßhaft in tiefster Landeinsamkeit, und hieß Joseph Conrad. Kaum je hat es eine solche selbstschöpferische Verwandlung eines Menschen gegeben. Dennoch blieb er während seines ganzen Lebens unwandelbar der, als welchen er sich von Anbeginn, schon als Fünfjähriger in einem Kinderbrief bezeichnet hatte: »Konrad – Pole, Katholik, Edelmann.«

In die Vorstellungswelt eines so komplizierten Menschen einzudringen, war auch den Engländern, deren Sprache er schrieb, schwergefallen. Er hatte an die zwanzig mühevolle Jahre gebraucht, um sich in seiner Wahlheimat durchzusetzen, denn er war auch in der englischen

Literatur ein durchaus fremdes Einsprengsel: er schuf eine Welt, die von der Einsamkeit der Männerseele in ihrem Kampf mit den Kräften der Natur und des Bösen erzählte, und ließ, für englische Begriffe, nur wenig Helle, nur wenig Leichtigkeit, nur einen verlegenen, linkischen Humor in das dichte Gewebe eindringen. Er erlangte in England erst 1914 mit dem Roman *Chance* wirkliche öffentliche Anerkennung, und während des Ersten Weltkrieges ging sein Stern auf. Kessler hatte schon Anfang 1908 in einem Brief an Hofmannsthal auf die außerordentliche künstlerische Neuartigkeit aufmerksam gemacht, die er in Conrads *Secret Agent* entdeckte und die ihm »alles in allem« über Balzac hinauszuführen scheine. Im gleichen Jahr 1908 hatte ein deutscher Verlag, Engelhorn in Stuttgart, erstmals nach Conrad gegriffen und die Novellen *Im Taifun* und *Amy Foster* in einem Band herausgebracht. Und einige Jahre später (1912—1914) erschienen bei Albert Langen in München, übersetzt von Ernst Wolfgang Günter (ein Deckname für Ernst W. Freissler), der Novellenband *Das Duell* sowie die Romane *Der Nigger vom ›Narzissus‹* und *Mit den Augen des Westens*, darin der für Conrad so ungeheuer aufschlußreiche Satz stand: »Man muß eines von beidem: verbrennen oder verfaulen. Wer möchte nicht lieber verbrennen?« Aber sie hatten keinen Widerhall gefunden, und der Krieg hatte ohnedies die Fortführung unterbunden.

Jetzt, nach dem Krieg und nach Conrads Tod, unternahm Fischer, vermutlich auf Anregung der Übersetzerin Elsie McCalman, einen neuen Versuch, den düsteren, schwer zugänglichen Erzähler in Deutschland einzuführen, dessen Werk insgesamt dreizehn Romane, sieben Bände Novellen und einen Band Lebenserinnerungen umfaßte. Aber es erwies sich, daß die deutschen Übersetzungsrechte mittlerweile in viele verschiedene Hände geraten waren und Fischer sie, ähnlich wie bei Ibsen, von überall her zusammenkaufen mußte. Von den Nachlaßverwaltern Conrads in England konnte der Verlag acht Titel, jeweils zu einer einmaligen Pauschalzahlung von vierzig Pfund erwerben, darunter, *Sieg, Die Schattenlinie, Die Rettung, Der Freibeuter* und *Spannung*. Der dänische Verlag Gyldendal in Kopenhagen besaß merkwürdigerweise die deutschen Übersetzungsrechte von *Almayers Wahn* und *Der goldene Pfeil*, die er 1919 erworben hatte und jetzt an Fischer abtrat. Der Londoner Verlag Fisher Unwin besaß die deutschen Rechte von *Der Verdammte der Inseln* und gab sie 1927 an Fischer ab. Der Frankfurter Verlag Rütten & Loening hatte 1912 *Lord Jim* erworben und in einer Übersetzung von Hedwig Lachmann herausgebracht. Fischer erwarb diese Übersetzung für eine Vergütung von 1000 Mark, mußte sie aber überarbeiten lassen. »Die Übersetzung von Frau Lachmann«, schrieb er an Rütten & Loening, »ist im Ganzen gut. Es sind aber doch eine ganze Anzahl fachtechnischer Bezeichnungen, die korrigiert werden müssen. Der Stil von Frau Lachmann ist literarisch einwandfrei, aber doch nicht charakteristisch für den männlichen Stil Conrads.« Die Überarbeitung übernahm Ernst W. Freissler, der auf dem Weg über Albert Langen zu Fischer kam. Denn Langen war auch hier wieder einmal in Fischers Gehege aufgetaucht. Es stellte sich heraus, daß er die deutschen Rechte von sechs Conrad-Bänden besaß, mit deren Übersetzung er Freissler beauftragt hatte, darunter *Der Geheimagent*, dessen Übersetzung bereits vorlag, *Jugend, Spiel des Zufalls* und *Nostromo*, die in Vorbereitung waren. Korfiz Holm, der Leiter des Verlags Albert Langen, war bereit, die deutschen Verlagsrechte an Fischer abzutreten, und riet, sich mit Freissler, der die Übersetzungsrechte besaß, direkt in Verbindung zu setzen. Das Ergebnis dieser Transaktion war, daß Fischer nicht nur Freisslers Conrad-Übersetzungen übernahm, sondern auch Freissler selbst, der 1926 als Lektor für ausländische Literatur in den Verlag eintrat und danach auch andere Werke für den Verlag übersetzte. In die Conrad-Ausgabe teilte er sich mit Frau McCalman, die alle jene Werke übersetzte, die Freissler nicht von Langen mitgebracht hatte. Schließlich hatte Fischer Anfang 1927 alle deutschen Rechte beisammen mit Ausnahme von *Taifun*, den Engelhorn offenbar nicht abtreten wollte. Er fehlt bis heute in Fischers Conrad-Gesamtausgabe.

Diese Ausgabe war ein gewagtes Unternehmen. Loerke las sich tagelang durch das Werk durch und notierte schließlich: »Kalter Geist. Talent sehr hohen Ranges. Bei den heißen Geschichten setzt man Eiszapfen an.« Es war offensichtlich, daß es bei diesem Erzähler mit dem üblichen Waschzettel nicht getan war; es bedurfte maßgeblicher Stimmen, um ihn dem deutschen Leser nahezubringen. Fischer bat Thomas Mann und Jakob Wassermann, zu den beiden ersten Bänden eine Einführung zu schreiben, Thomas Mann zur Landgeschichte *Der Geheimagent*, Wassermann zur Seegeschichte *Die Schattenlinie*. Thomas Manns großer Conrad-Essay entstand Anfang September 1926 in Forte dei Marmi (wo zugleich die Episode mit dem Zauberkünstler die Anregung zu der Erzählung *Mario und der Zauberer* brachte); Wassermanns Vorwort ist »Alt-Aussee August 1926« datiert. Thomas Mann kürzte seinen Conrad-Essay zudem zu einem Vortrag zusammen, den er im Herbst 1926 in verschiedenen Städten hielt, um »Reklame für Fischers deutsche Ausgabe« zu machen. Als Thomas Mann zwanzig Jahre später im amerikanischen Exil wochenlang die ganze Reihe der Romane Conrads im englischen Original wieder las, bekannte er sich »beeindruckt und als Deutscher irgendwie beschämt durch eine männliche, abenteuerliche und sprachlich hochstehende, psychologisch-moralisch tiefe Erzählungskunst, wie sie bei uns nicht nur selten ist, sondern *fehlt*«.

Beiden, Thomas Mann und Wassermann, war die Parallele zu Chamisso gegenwärtig, der aus der französischen in die deutsche Sprache übergewechselt war. Beide bestaunten und rühmten, wie außerordentlich und unverwechselbar ›englisch‹ Conrad sei. Thomas Mann meinte:

Er schrieb in der klassischen Sprache der Seefahrer, auf englisch – so ganz englisch, daß wenigstens dem Nichtengländer scheint, es hätte nicht englischer geschehen können... Sein männliches Talent, sein Engländertum, seine freie Stirn, sein fester, kühler, humoristischer Blick, seine erzählerische Verve, Kraft und ernste Lustigkeit bewähren sich nicht weniger, wenn er sich auf dem Trockenen hält...

Und Wassermann:

Eine so gründliche Vertauschung von östlicher Welt gegen westliche, slawischer gegen keltisch-germanische, mit Einbeziehung des gesamten Sprach- und Schicksalskomplexes, richtige Verpflanzung also, dürfte ziemlich selten sein, im Bereich der Kunst weiß ich kein anderes Beispiel dafür... Seine Formgebung und seine stilistische Geste sind außerordentlich englisch... Ich habe mir die Frage gestellt: worin besteht nun Conrads Metamorphose zum Engländer, vielmehr worin verrät sich seine slawische Herkunft? Es muß doch zu ergründen sein...

Conrad selbst besaß den Schlüssel. Aber er gab ihn zu seinen Lebzeiten nicht heraus. In einem Brief an den polnischen Historiker Kasimir Waliszewski im Dezember 1903 hatte er geschrieben:

Mein Standpunkt, ob zu Land oder zur See, ist englisch. Aber Sie dürfen daraus nicht schließen, daß ich ein Engländer geworden bin. Der homo duplex – der doppelte Mensch – hat in meinem Fall mehr als eine Bedeutung. Ich möchte darüber weiter nicht sprechen...

Hätte er darüber gesprochen, so hätte er sagen müssen: zwiefach in seiner Nation, seiner Sprache, seinem Erlebnis, seiner Bindung an Welt und Menschen – Pole und Brite, Seemann und Landedelmann, unstet und seßhaft, schweigsam und wortreich, ein Mann des Tuns und ein Mann des Sinnens, ein Kind der Erde und ein Sohn des Meeres, Conrad und Korzeniowski, zweimal dreiunddreißig. Er wußte, daß im »homo duplex« ein Zwiespalt saß, der zugleich fruchtbar und zerstörerisch, schöpferisch und entbehrungsvoll und allemal unauflöslich war. Er versöhnte sich mit dem Widersacher, der er selbst war, so gut er es vermochte; er brachte ihn zum Schweigen, indem er ihn reden ließ. Daraus entstand das Phänomen seines unvergleichbaren Erzählertums. Er wußte, er war kein Engländer geworden, wollte und konnte es nicht werden. Er war Conrad geworden, ein unverwechselbarer Mann, der seine eigene Sprache schrieb. Und im Grund unübersetzbar war.

Die Übersetzungen Frau McCalmans und Freisslers, die Loerke zum Teil überarbeitete, waren durchaus nicht schlecht, aber nicht so gut, wie sie hätten sein können (die Neu-Übersetzungen, die der Verlag nach dem Zweiten Weltkrieg herausbrachte, sind wesentlich gelungener). Sie konnten nicht so gut sein, wie sie hätten sein sollen, denn das war eine Unmöglichkeit:

Er sprach ein seltsames Englisch. Durchaus nicht schlecht. Er ergänzte seinen Wortschatz — vor allem, wenn er kulturelle oder politische Dinge erörterte — mit französischen Worten, aber mit gewissen Eigenheiten. Er hatte englisch lesen gelernt, lange ehe er es sprach, und hatte sich von vielen vertrauten Worten falsche Klangeindrücke gebildet ... Dennoch schrieb er eine außerordentlich reiche, füllige beschreibende englische Prosa, eine neue Art von Englisch, die er sich selbst geschaffen hatte, auffallend und überraschend und frei von stereotypen Redensarten und abgedroschenen Ausdrückungen, in der ausländische Wendungen und Ausdrücke sich mit ausgefallenen heimischen Worten verbanden. Ich glaube, es war diese feine, frische, sorgfältige, leicht exotische Qualität seiner Prosa, dieses fremdländische Aroma, das der normale Angelsachse gewohnheitsmäßig mit dem Begriff Kultur verbindet, welche die Kritik blendete und sie den im Grunde sentimentalen und melodramatischen Charakter seiner Geschichten nicht sehen ließ ...

So schrieb H. G. Wells, der alles andere als ein »homo duplex« war. Um den doppelten Menschen in Conrad und damit sein eigentliches Erzählerphänomen sichtbar werden zu lassen, hätte die deutsche Übersetzung diese besondere orientalische Qualität von Conrads Englisch transponieren müssen. Das hätte niemals gelingen können, und es war besser, man versuchte es nicht.

Fischers deutsche Ausgabe wurde nach dem bewährten Prinzip der Gesammelten Werke in Einzelausgaben aufgebaut; sie war einheitlich in gelbem Leinenband mit blaurotem Rückenschild ausgestattet, die Bände trugen keinen Kollektivtitel und waren nicht numeriert; der Schutzumschlag (wie auch die Prospekte) verwendete die berühmte Porträtzeichnung Conrads, mit übergeschlagenem Bein und die Hände in den Hosentaschen auf einem einfachen Stuhl sitzend, des englischen Radierers Muirhead Bone. Im Jahr 1926 kamen die ersten vier Bände heraus: *Der Geheimagent, Die Schattenlinie, Spiel des Zufalls* und *Jugend;* 1927 abermals vier: *Lord Jim, Der Nigger vom ›Narzissus‹, Nostromo* und *Sieg.* 1928 war das Interesse für Conrads Persönlichkeit so stark erwacht, daß man die deutsche Ausgabe seiner faszinierenden *Lebenserinnerungen* zwischenschob (*A Personel Record,* in der Neuübersetzung *Über mich selbst*). 1929 veröffentlichte Freissler in der ›Neuen Rundschau‹ einen großen Aufsatz *Joseph Conrad in Deutschland,* der die Schwierigkeit der »Einbürgerung« feststellte. Dennoch wurde Jahr um Jahr ein weiterer Band, gelegentlich

zwei, angefügt. Zu Fischers Lebzeiten erschienen insgesamt fünfzehn Bände; 1939 war die Conrad-Gesamtausgabe mit insgesamt zweiundzwanzig Bänden abgeschlossen – das längste Unternehmen des Verlags.
Conrad wurde in Deutschland kein Bestseller, und niemand hatte es erwartet. Doch wenn es anfänglich so aussehen mochte, als werde dieses große Unterfangen nicht durchzusetzen sein und mit Verlust enden, so bewährte sich auf längere Sicht der deutsche Leser doch. Die Conrad-Ausgabe war ein gutes Beispiel dafür, wie ein Autor sich eine bestimmte, feste Gemeinde gewinnt und sie nicht mehr verliert. Jeder Band gelangte langsam und beharrlich ins achte Tausend, nicht mehr und nicht weniger. Nimmt man an, daß jedes verkaufte Exemplar von durchschnittlich sechs Menschen gelesen wurde, was kaum zu hoch gegriffen ist, so hatte Joseph Conrad in Deutschland eine feste, unverrückbar treue Gemeinde von rund fünfzigtausend Lesern. Darüber wäre in der Zeit der Bücherkrise auch mancher deutsche Erzähler glücklich gewesen.

EIN SELTENER KÖNIG

Der kürzeste Beitrag im Jubiläums-Almanach von 1926 war nur eine knappe Druckseite lang. Die Leseprobe *Boris Godunow meditiert* war ein Monologfragment aus einem neuen Bühnenwerk:

Die Könige, die müßte man selten werden lassen. Es sind zuviele Könige in den Köpfen der Leute. Es denkt einer so hin, und es fällt ihm ein: ein König. Die Leute, die lieben sich unter einander, fallen in Ohnmacht, wenn man Hühner schlachtet, werden wahnsinnig, wenn ihnen ein Kind stirbt. Aber die Könige sind ihnen vogelfrei. Sie denken sich Schlachten aus, da findet die Könige keiner, wochenlang nicht. Sie denken: jetzt haben sie schon kein Gesicht mehr... Die Leute kommen einem aus der Hand, ich kann sie nicht halten. Sie haben immer den Tod zu nah. Hinter dem Tod ist ihr Himmel. Der Himmel ist riesig. Er ist so groß, daß die Welt wie Staub ist an den Schuhen der Engel...

Dies war, jeder spürte es, ein neuer Klang – eine seit langem nicht mehr gehörte Tonfolge, eine versunkene, wiedererstandene Kadenz, und dabei wie noch nie zuvor vernommen. Das Stück hieß *Demetrius* mit dem Untertitel »Haupt- und Staatsaktion«, dem der Verlag vorsichtshalber in Klammern die Bezeichnung *(Schauspiel)* anfügte. Es erschien im Herbst 1926, und sein Dichter war der knapp neunundzwanzigjährige Alexander Lernet-Holenia. Mit ihm kehrte, gänzlich verwandelt, das Österreich der Jahrhundertwende, in den Verlag zurück.
Die österreichische Dichtung, der Fischer geholfen hatte, den Zermür-

bungsprozeß des Ersten Weltkrieges zu überstehen, hatte sich nach Kriegsende verlaufen. Hofmannsthal, Schnitzler, Beer-Hofmann waren dem Verlag treu geblieben. Die um einiges jüngere Gruppe Stefan Zweig, Felix Braun, Max Mell hatte sich im Insel-Verlag gesammelt. Kurt Wolffs österreichische Prager Autoren, Max Brod, Franz Werfel hatte Zsolnay an sich gezogen, bei dem jetzt auch Felix Salten erschien. Robert Musil wußte selbst nicht immer genau, wer sein Verleger eigentlich war. Hermann Bahr erschien überall, nur nicht mehr bei Fischer. Doch hatte er, der »ewig Morgige«, der einst ›Loris‹ entdeckte, jetzt doch wahrhaftig auch Lernet-Holenia entdeckt.

Der 1897 in Wien geborene Kärntner war das, was Rilke zu sein vorgab: ein österreichischer Edelmann und echter klirrender, schimmernder Reitersmann mit friaulischem Luftzug im Wimpel, lateinischem Witz in der babenbergischen Schwermut, eine Gestalt wie von Hofmannsthal ersonnen. Der erste Gedichtband, den der Vierundzwanzigjährige veröffentlichte, hieß *Pastorale* und war 1921 bei einem kaum bekannten Verlag, der Wiener Literarischen Anstalt, erschienen. Man meinte, Hofmannsthalsche und Rilkesche Klänge zu hören, doch Bahr begriff: dieser war kein Epigone, sondern endlich ein wirklich neuer Österreicher, ein genialischer seltener König unter den Poeten. Bahr empfahl Lernet-Holenia mit seinem neuen Gedichtband an den Insel-Verlag. Dort erschien *Kanzonnair* 1923. (Rilke, der das Manuskript offenbar schon früher kannte, fand, wie er Katharina Kippenberg schrieb, dieses Werk »eines jungen österreichischen Kavallerieoffiziers ... sehr problematisch«.) Problematisch war Lernet-Holenia allerdings und blieb es sein Leben lang; man wußte nie, was als nächstes kam. Kaum als Lyriker vorgestellt, warf er sich aufs Theater und schrieb ein glänzendes Lustspiel *Ollapotrida*, das ihm einen stürmischen Bühnenerfolg und 1926 aus der Hand Bernhard Diebolds, des bedeutenden Kritikers der ›Frankfurter Zeitung‹, den Kleist-Preis eintrug.

Dieser virtuose Dichter arbeitete rasch, blitzartig, man merkte kaum, wann und wie bei ihm etwas entstand, im Handumdrehen war es da, aber niemals mit der linken Hand gemacht. Noch im gleichen Jahr 1926 lag der *Demetrius* vor, und mit ihm kam Lernet-Holenia von der Insel zu Fischer, der ihm einen gut funktionierenden Bühnenvertrieb bieten konnte. »Bei Fischer«, erzählte er später, »habe ich mich durch den Demetrius mit Dr. Konrad Maril, dem Leiter der Theaterabteilung, buchstäblich ›zusammengestritten‹.« (Auch *Ollapotrida* ging in Fischers Bühnenvertrieb über, doch erschien von diesem Stück, das ihn über Nacht berühmt gemacht hatte, merkwürdigerweise nie eine Buchausgabe.) 1927 folgte die kaum weniger erfolgreiche *Österreichische*

Komödie und zugleich der neue Gedichtband *Das Geheimnis St. Michaels*, in dem der Lyriker sich nun ganz von seinen Vorbildern freigemacht hatte und seinen eigenen Weg ging. Danach folgte Jahr um Jahr Werk um Werk. Loerke fand im Verlags-Almanach für 1928 sehr gute Worte über ihn:

Sein Besitz an Gefühlen, Anschauungen, Gedanken bestätigt sich hier in einem über die Jahrhunderte reichenden Kulturbewußtsein. Betont er anfangs das Ritterliche, findet er in den Sälen der Vergangenheit den metallisch klirrenden Prunk der Sprache, läßt er sich von Meistern wie Hölderlin und Rilke über kühnste Möglichkeiten des Ausdrucks belehren, so spüren wir überall, daß es ihm um keine zählbaren Außenwerte geht. Das Artistische bleibt ihm Mittel, und schließlich führt es ihn in eine tiefe Einfachheit voll heimatlicher Wärme.

Mit Lernet-Holenia war Österreich wiedergekehrt. Doch was war das für ein Österreicher, was für ein Österreich? Dieser Dichter hatte sich seinen eigenen Begriff von seinem Vaterland geschaffen. Er trauerte nicht wie Hofmannsthal dem alten Österreich, nicht wie Schnitzler dem alten Wien nach. Er hatte den Krieg mitgemacht, wußte sehr wohl, was geschehen war, und nahm mit herrisch-eigensinniger Souveränität das nachhabsburgische Österreich einfach nicht zur Kenntnis. Er schuf sich Österreich immer neu und viel besser und voll tiefenren Sinnes, als es in Wirklichkeit je gewesen war. Dieses sein Phantasie-Österreich besaß gerade noch soviel Ähnlichkeit mit dem wirklichen, daß man seine Existenz – irgendwo in der Gegend – für möglich hielt. Solches vermag nur ein großer Dichter. Denn nur in der Dichtung ist das Mögliche eine bestehende Wirklichkeit.

»Es kann nicht mit rechten Dingen zugehen, daß der erste Dichter unseres Verlags sich immer wieder unzufrieden fühlen soll, während der Verlag von aller Welt anerkannt, geschätzt und gesucht wird.« Ratlose Sätze wie dieser aus einem Brief Fischers an Hauptmann vom 20. Juni 1928 sind das Leitmotiv des Verhältnisses zwischen Gerhart Hauptmann und seinem lebenslangen Verleger in der zweiten Hälfte der zwanziger Jahre. Unstimmigkeiten hatte es auch zuvor gegeben, wie frühere Abschnitte berichtet haben. Diese Zeitspanne im letzten Jahrzehnt ihres Zusammenwirkens ist jedoch ein Kapitel für sich und muß als ein solches aufgezeichnet werden; denn sie enthält ein geschlossenes Stück deutscher Literaturgeschichte.

»ZEITWEILIGE DIFFERENZEN«

Die quälenden Mißhelligkeiten mit Hauptmann brachen in dieser Zeit in regelmäßigen Abständen, zuweilen aus schwerwiegenden, zuweilen aus gänzlich nichtigen Anlässen, immer wieder von neuem aus. Es gab Zeiten, in denen Autor und Verleger überhaupt nur noch durch ihre Rechtsanwälte miteinander verkehrten. Zwischenhin wurde das alte Freundschaftsverhältnis bei persönlichen Zusammenkünften stets rasch wiederhergestellt. Man traf sich weiterhin alljährlich im Frühjahr zu einem mehrwöchigen Beisammensein in Rapallo, wo Hauptmann die ›Villa Carlevaro‹ gemietet hatte, während Fischers im altvertrauten Hotel Excelsior wohnten. So hatte Hauptmann einmal, im März 1924, an seinen Sohn Ivo geschrieben:

> Fischers sind seit kurzem hier. Wir freuen uns sehr darüber, denn die Menschen, mit denen man lange gemeinsam gelebt und gewirkt hat, werden immer seltener, und ich gestehe mir, in Fischer außer einem Verleger einen warmen und treuen Freund zu besitzen. Trotz zeitweiliger Differenzen, die überall vorkommen, gestehe ich mir das. Fischer ist aber nicht nur mein Freund, sondern ein Freund unsrer ganzen Familie. Er will uns wohl und möchte, daß es uns wohl ergehe...

Aber kaum war beim Wein und Vorlesungen aus neuen Werken die Freundschaft im alten Geist neu besiegelt, kaum war Fischer abgereist, zog sich neues Gewölk zusammen. Fischer machte kein Hehl daraus, daß diese ewigen Krisen ihm diese Jahre bis zur Verzweiflung vergällten. Denn, so mochte er sich sagen, wenn die Hauptsäule des Verlags nicht unerschütterlich stand und alle paar Monate neu abgestützt werden mußte, was stand dann von seinem Lebenswerk überhaupt?

Die »zeitweiligen Differenzen« waren nicht mehr zeitweilig und wurden zu mehr als nur Differenzen. Mit jedem neuen Werk, das Hauptmann in diesen Jahren vorlegte, begann die Auseinandersetzung von neuem, fast immer aus finanziellem Anlaß. Man gewinnt aus dem erhaltenen Briefwechsel den Eindruck, als habe Hauptmann in dieser Zeit eine – gewiß uneingestandene – Art Torschlußpanik ergriffen. Er betont wieder und wieder, die Verantwortung gegenüber den Seinen mache es ihm zur Pflicht, seine Arbeit so ertragreich wie irgend möglich zu verwerten; wenn Fischer ihm nicht bieten könne, was er glaube verlangen zu dürfen, so müsse er auf andere, günstigere Angebote eingehen. Dabei war es kein Geheimnis, daß sein Lebensaufwand seine Einkünfte und verfügbaren Mittel überstieg, daß Schulden und Verpflichtungen ihn drückten. Ebenso deutlich war, daß die überragende repräsentative Rolle, die Hauptmann in Deutschland spielte und der er mit unablässigen Reisen und öffentlichem Auftreten entsprach, in der zweiten Hälfte der zwanziger Jahre zum tatsächlichen Publikumserfolg seines Werkes in einem schiefen Verhältnis stand.

Die Zeit der großen Bühnenerfolge, da jedes neue Hauptmann-Stück unverzüglich von zwei Dutzend und mehr Bühnen gespielt wurde, schien vorbei. Opernkomponisten und Filmregisseure griffen nach den älteren Werken. 1927 wurden gleich zwei Hauptmann-Opern uraufgeführt: Graeners *Hanneles Himmelfahrt* und Respighis *Versunkene Glocke* (beide bereits zum zweitenmal vertont), und Alban Berg erkundigte sich bei Fischer nach den Vertonungsrechten von *Und Pippa tanzt*, führte jedoch seinen Plan nicht aus.

Hauptmanns einziges großes neues Bühnenwerk während des Jahrzehnts 1922–1932 war *Dorothea Angermann*, mit dem er noch einmal in Stoff, Stimmungsgehalt und Gestaltungsform auf seine große naturalistische Zeit zurückgriff, und fast schien es, als werde er mit diesem Stück die deutsche Bühne zurückerobern. Sechzehn Bühnen nahmen das Drama unbesehen zur Aufführung an (auch Reinhardt, ohne es gelesen zu haben); es erlebte im November 1926 bei Reinhardt in Wien und gleichzeitig in München, Leipzig, Hamburg und anderwärts seine Uraufführung – München bereitete Hauptmann einen besonderen, triumphalen Empfang, bei dem Thomas Mann die Festrede hielt – und war ein völliger Mißerfolg. Die Huldigung wurde zur Niederlage; die jüngere Generation konnte mit den »abgenutzten Konflikten«, der »kahlgefressenen Handlung«, wie ein Kritiker schrieb, nichts anfangen; in München wurde gepfiffen, und Reinhardts Berliner Neuaufführung im Oktober 1927 mit Helene Thimig und Werner Krauß wurde trotz eines großen Inszenierungserfolgs dennoch als ein »Museumsabend« empfunden. Im Winter 1927 inszenierte Hauptmann selbst in Dresden seine Neufassung von Shakespeares *Hamlet,* und Kerr meinte achselzuckend, die Welt werde sie »nicht liebgewinnen«. Fischers Buchausgabe von *Dorothea Angermann* gelangte nur bis zum achten Tausend; die Buchausgabe der *Hamlet*-Bearbeitung erschien nicht bei ihm, sondern 1930 als Luxusdruck der Cranach-Presse des Grafen Kessler in Weimar. Fischer selbst brachte in dieser Zeit zwei kleine Hauptmann-Werke als Luxusausgaben: 1925 die aus dem Jahr 1887 stammende frühe Novelle *Fasching,* die 1923 als Sonderdruck der Maximilian-Gesellschaft erschienen war und jetzt in einer einmaligen numerierten Sonderausgabe von 450 Exemplaren mit zwölf Lithographien von Alfred Kubin neu herauskam, und 1927 die bereits 1924 in der ›Neuen Rundschau‹ erschienene Verserzählung *Die blaue Blume* in einer numerierten Vorzugsausgabe von 150 Exemplaren mit vierzehn Holzschnitten von Ludwig von Hofmann.

Nach dem Mißerfolg seines letzten Bühnenwerkes wandte sich Hauptmann, inzwischen fünfundsechzig, mit ganzer Kraft seinem epischen Schaffen zu. Jetzt mußten vor allem die großen Romane den materiellen Ertrag bringen, und damit geriet Fischer unter schier unerträglichen Druck. Hauptmann wußte sehr wohl, daß seine hohen Honorargarantieforderungen weit über den voraussichtlichen Absatz seiner Bücher hinausgingen, und er zögerte sehr, seine persönliche Freundschaft zu Fischer durch sie aufs Spiel zu setzen. Er zog sich mit der Erklärung, daß er von Geschäften nichts verstehe und Verlagsverträge ihm ein »Buch mit sieben Siegeln« seien, persönlich aus allen Verhandlungen zurück und ließ andere für sich sprechen, seinen Sohn Benvenuto und insbesondere den Geschäftsführer des Bühnenvertriebs Felix Bloch Erben, Rechtsanwalt Pinner, der von nun an als Hauptmanns Bevollmächtigter auftrat. Es fehlte dabei nicht an Einflüsterungen Dritter, die Konkurrenzangebote anderer Verlage herbeiholten und Hauptmann veranlaßten, mit solchen und ähnlichen, zum Teil durchaus fiktiven Druckmitteln aus dem geplagten Freund in der Bülowstraße herauszuholen, was nur irgend möglich war.

Es klingt nicht schön, und es war auch nicht schön; es war zuzeiten sogar recht häßlich. Aber es ist Teil der Geschichte, die hier zu erzählen ist. Überdies war der schwelende, schwärende Konflikt Hauptmann–Fischer in der deutschen Literatur- und Verlagswelt kein Geheimnis. Hauptmanns Zwischenträger und Bevollmächtigte sorgten dafür. Jedermann wußte Bescheid oder glaubte, Bescheid zu wissen; literarische und unliterarische Spatzen pfiffen es von den Dächern, vor allem vom Dach des Ullstein-Hauses, und in den Memoiren der Zeitgenossen finden sich viele halbrichtige und halbfalsche Schilderungen.

KONFLIKT UM TILL EULENSPIEGEL

Die erste schwere Mißhelligkeit nach der Enttäuschung mit *Dorothea Angermann* ergab sich über *Till Eulenspiegel.*

Hauptmanns großes Versepos war gleich dem *Zauberberg* lange im Kommen gewesen, und es ging ihm ein großer, geheimnisvoller Ruf voraus. Viele Menschen kannten bereits Bruchstücke daraus. Hauptmann hatte aus dem 1920 begonnenen Werk einen Teil bereits 1922 in der ›Neuen Rundschau‹ veröffentlicht, andere Teile waren in Tageszeitungen erschienen, er selbst hatte häufig nicht nur im Freundeskreis, sondern auch öffentlich, vor großer Zuhörerschaft (so am 30. Oktober 1926 im Plenarsaal des Reichstags!) daraus vorgelesen. Am 24. Mai 1927 schrieb er an Alfred Kerr:

> In diesem Herbst soll nun mein Epos erscheinen, ›Till Eulenspiegel‹. Ich habe beschlossen mich von ihm zu trennen. Es ist vielleicht unerwartet nach Form und Inhalt, in seiner äußerlichen Erscheinung vielleicht ›unzeitgemäß‹. Aber da war nichts zu tun ... Ich bin gespannt, wie Du es aufnehmen, und ob Du einen Weg dazu finden wirst ...

Vier Tage zuvor, am 20. Mai, war das Manuskript der ersten fünf von insgesamt achtzehn »Abenteuern« im Verlag eingegangen, und Fischer, der sich in der Woche darauf mit Hauptmann bei der Eröffnung der Internationalen Buchkunst-Ausstellung in Leipzig treffen wollte, wo Hauptmann die Eröffnungsrede hielt, bestätigte kurz, »daß es mir richtig scheint, das Werk in einer monumentalen Form noch im Oktober d. J. herauszubringen«, und daß er mit E. R. Weiß bereits über die Gestaltung des großformatigen Prachtbandes gesprochen habe.

Ein solches anspruchsvolles, teures Werk konnte seiner ganzen Art nach nur eine begrenzte Käuferschaft finden, und folglich ergab sich eine unangenehme Überraschung, als Hauptmann durch Pinner nicht nur eine garantierte Vorauszahlung von 100 000 Mark forderte, sondern zugleich auch mitteilen ließ, falls Fischer hierzu nicht bereit sei, müsse er das Werk einem anderen Verlag übergeben, der diese Summe angeboten habe. Fischer war von der völlig unrealistischen Honorarforderung wie vor den Kopf geschlagen und von der ultimativen Form tief verletzt.

Gottfried Bermann Fischer gewahrte schaudernd, wie er erzählt, »die Abgründe, an deren Rand ich künftighin zu wandeln hatte«. Er war sich von Anfang an bewußt gewesen, wie sehr es für ihn darauf ankam, mit dem »ersten Dichter des Verlags« ein gutes, vertrauensvolles Verhältnis herzustellen. Seine Frau war die Kindheitsgespielin von Hauptmanns jüngstem Sohn Benvenuto gewesen, der ihren Vater von jeher »Onkel Fischer« nannte – 1925 war sogar eine kleine Reiseschilderung von ihm in der ›Rundschau‹ erschienen, und »Onkel Hauptmann« liebte Tutti wie eine eigene Tochter. Die Jungvermählten waren eingedenk dieser Familienbande schon im Juli 1926 auf einige Tage nach Hiddensee gefahren, um Hauptmann einen persönlichen Besuch zu machen, und nach seiner Rückkehr hatte Bermann Fischer an Hauptmann geschrieben:

Ich werde diese Tage, in denen ich Ihnen außerhalb des Offiziellen nahe sein durfte, nicht vergessen und bin beglückt darüber, in welcher ungezwungenen Freundlichkeit Sie sich uns gaben. Ich darf vielleicht aus diesem Zusammensein als Ergebnis das Bewußtsein eines Vertrauens von Ihnen zu mir davontragen, das mir für die schwere Arbeit, die ich übernommen habe, eine große Stütze sein wird.

Nur wenige Monate waren seither vergangen. Nun versuchte er, ein »objektives Bild« der juristischen Lage zu gewinnen, um die »moralische und geschäftliche Berechtigung« von Pinners ungewöhnlichem Vorgehen beurteilen zu können, studierte das »Schachtelwerk« der Verlagsverträge und das Honorarkonto und mußte feststellen, daß Hauptmann nicht nur zweifelsfrei vertraglich verpflichtet war, das Werk dem Verlag zu übergeben, sondern auch mit einem »in die Hunderttausende gehenden Vorschuß auf künftige Bücher« bei Fischer in noch unabgegoltener Schuld stand. Auch verhielt es sich ja so, daß für jedes neue Werk eine neue Garantievorauszahlung vereinbart wurde und der Verlag die nicht eingebrachten Vorschüsse auf die weniger gängigen Werke nicht gegen die Tantiemen der erfolgreichen Werke verrechnen konnte. Die über die Garantie hinaus verdienten Tantiemen wurden dem Autor abgerechnet und ausgezahlt, die nicht eingebrachten Vorschußgarantien mußten abgeschrieben werden.

Wer weiß, was Hauptmann sich bei seinem Vorgehen dachte. Wahrscheinlich hatte er nicht ernstlich im Sinn, den Verlag zu wechseln. Vielmehr schickte er, wie Bermann Fischer vermutete, den Anwalt mit einer absichtlich überhöhten Forderung vor, um dann, falls ein Bruch wirklich drohen sollte, selbst als *deus ex machina* auftreten und mit einem nachgiebigen Kompromißvorschlag Situation und Freundschaft retten zu können: »Fischer aber, der solche Methoden verabscheute, war fassungslos, tief deprimiert, nicht so sehr über die Geldforderung als über die Art des Vorgehens, die ihn tief verletzte.«

Fischer gab nach. Tatsächlich stellte die Garantieforderung von 100 000 Mark bereits einen ›Vergleich‹ dar. Pinner hatte ursprünglich »kategorisch« die Voraushonorierung von 50 000 Exemplaren des *Till Eulenspiegel* verlangt. Fischer hatte den schweren, »in Quartformat und bester Geschenkausstattung« hergestellten, von E. R. Weiß sehr eindrucksvoll geschmückten Band geheftet mit 16 Mark, gebunden mit 20 Mark kalkuliert und Hauptmann die hohe Vorkriegstantieme von 25 Prozent zugestanden. Bei dieser Kalkulation hätte eine Voraushonorierung von 50 000 Exemplaren 200 000 Mark ergeben. Man einigte sich auf die Hälfte. Eine in des Dichters Nachlaß erhaltene Halbjahresabrechnung vom Januar 1928 besagt: »Die 1.–25. Auflage wurde honoriert am 17. 10. 27«, und zwei Jahre später erinnerte Fischer in dem bereits genannten Briefentwurf den Freund:

In litterarischen Kreisen wurde diese erzwungene Voraushonorierung von 100 000 Mark für ein so großes Werk in Hexametern, das ja niemals ein Mode-Erfolg sein kann, lebhaft und nicht zu Deinen Gunsten diskutiert...

Fischer hatte also 25 000 Exemplare des *Till Eulenspiegel* voraushonoriert, aber er druckte vorsichtshalber nur eine Erstauflage von 20 000. Die Druckerei Poeschel & Trepte in Leipzig begann mit den Satzarbeiten in der ersten Augustwoche 1927, obwohl das Manuskript noch nicht vollständig vorlag. In einem Brief Margarete Hauptmanns vom 17. August 1927 aus Hiddensee, wo in diesem Sommer »großer Betrieb« herrschte, heißt es: »Trotz dieser, immerhin recht interessanten Ablenkung schreitet der ›Till‹ rüstig vorwärts...« Aber noch Anfang Oktober fehlte der Schluß, und Eipper mußte mahnend an Margarete Hauptmann schreiben, Hauptmann habe »die Lieferung dieser Teile bis spätestens 20. Oktober zugesagt«. Hauptmann legte die letzte Hand an das Werk am 27. Oktober 1927, und Mitte November wurde das Buch ausgeliefert.

»DAS EPOS VOM EWIGEN DEUTSCHEN«

Wie aber brachte man es unter die Leute?

Sein voller Titel lautete: *Des großen Kampffliegers, Landfahrers, Gauklers und Magiers Till Eulenspiegel Abenteuer, Streiche, Gaukeleien, Gesichte und Träume.* (Eingeweihte wußten, daß das Urbild Hauptmanns Freund, der Kriegsflieger Krafft Tesdorpf war. »Tesdorpf kam per Flugzeug mehrmals von Warnemünde«, schrieb er im Juli 1918 an Fischer aus Hiddensee. »Die Ankunft herrlichste Impression.« Der Verlag stellte einen vierseitigen Sonderprospekt her. Er zeigte auf der Titelseite nur E. R. Weiß' eindrucksvollen Till-Kopf mit der schellenbehängten Fliegerkappe, der nach einer Plastik des 15. Jahrhunderts im Hospital Sankt Marx in Straßburg gezeichnet war, mit der Unterschrift »Das Epos vom Ewigen Deutschen«, und die Innenseiten enthielten Oskar Loerkes ›Waschzettel‹, der weit mehr ist als lediglich ein Werbetext, sondern eine durch und durch poetische Würdigung:

Hauptmann sendet einen Unsterblichen, den Schelm Till Eulenspiegel, durch das Deutschland, das der Weltkrieg eben verlassen hat; denn nur der lachende Vagant, der durch fröhliche Zuversicht weise gewordene Narr, weiß den Anblick des zerschlagenen, mit schweren Wunden bedeckten, verarmten, von Wahnwitz und Verbrechen fiebernden Landes zu ertragen, ohne sich stummen und verzweifelten Schmerzes abzuwenden. Till ist vorwitzig und vital genug, um hinzusehen und die vielen Abenteuer seiner Leiden in sich und vor uns zu einem überwältigenden Ganzen zusammenzufügen: er entdeckt Deutschland in seinem zeitlichen und zeitlosen Schicksal, er entdeckt den Ewigen Deutschen in seinen Widersprüchen und der Tragik seines Wesens: hochbegabt und hochbegnadet an Geist und Seele, seiner inneren Welt mächtig und der Welt vergessend in seiner Musik und Kunst, voll Holdheit und Gesundheit fortblühend in vielen Tausenden seiner jungen Männer, Frauen und Kinder, zerstört der deutsche Mensch immer wieder seine Zukunft durch inneren Hader, durch Zwietracht, törichtes Wort, verrannte Tat, weil er alles erkennt, nur nicht sich selbst. Till, der derbe, volkstümliche Held von einst, bekennt sich noch heute zu seinen alten Attributen: dem Spiegel der Selbsterkenntnis, der nachtdurchspähenden Eule; aber er ist um die seit seinem ersten Erdenwandel verflossenen Jahrhunderte älter geworden, und er hat den tief verwandelnden Lebenshauch seines neuen großen Erweckers Gerhart Hauptmann empfangen. Er ist des Kriegsruhmes, den er als gefeierter Fliegeroffizier errang, er ist des Ordens Pour le mérite satt geworden, und es treibt ihn, im Frieden mehr zu überschauen und zu durchschauen als er, ein Krieger, aus der Luft überschaute. Sein Gauklerkarren, bespannt mit den Pferden »Gift« und »Galle« bringt ihn langsam von Stadt zu Stadt, aber er führt ihn dabei bis ans Ende der Welt: in die Unterwelt der Toten, in die Überwelt der großen Geister unseres Volkes, und Zeit und Raum weichen vor den Perspektiven eines ungeheuren Phantasiegemäldes. Noch niemals ist die Nachkriegszeit so real und zusammenhangvoll und in einem so großen menschlichen Sinne sichtbar geworden wie hier. Der natürlich bequeme und zugleich feierlich gehobene Klang des Hexameters half dem Dichter, alles irdisch Warme und Nahe von einer visionären Atmosphäre umwittert zu zeigen und das mythische Jenseits letzter Gedanken mit dem Pulse des lebendigen Menschenherzens zu durchdringen. In der Figur seines Till aber schuf Hauptmann eine seiner bedeutendsten Gestalten, eine Gestalt, in der sich überlieferte und zukünftige Volkstümlichkeit, wissend geworden, zu ergreifender Gegenwart vereinen.

Dies war für das Erfordernis des Tages geschrieben, wenngleich es vielleicht das Publikum einigermaßen überforderte. Aber der zeitliche

Abstand veränderte den Eindruck nicht; er verstärkte ihn noch. Als Loerke fünf Jahre später, aus Anlaß eines Aufsatzes zu Hauptmanns 70. Geburtstag, das Werk wieder las, notierte er in seinem Tagebuch:

Hauptmann, Till Eulenspiegel langsam Gesang um Gesang genießend. Die helle Leidenschaft darin, die durch die Düsternisse führt (2. September 1932)... Heute Hauptmanns Till Eulenspiegel zu Ende studiert. Vollkommen überwältigt. Von hier aus ist dieser Dichter zu sehen. Hier ist sein Hauptwerk. Viel Unrecht geschieht ihm, weil das noch nicht erkannt ist. Allem Ruhm zum Trotz, selbst aller Liebe... (10. September 1932)

Der Widerhall unter den Zeitgenossen war alles andere als einhellig, der Eindruck zwiespältig. Kerr griff in seiner sechs Seiten langen *Eulenspiegel-Glosse* im Januarheft 1928 der ›Neuen Rundschau‹ in interessanter Weise auf die Verwirrung der Geister (unter ihnen Hauptmann und er selbst) bei Kriegsausbruch 1914 zurück und schrieb:

Dichtungsmachtvoll öffnet sich gleich am Beginn der seelenzerreißende Zwiespalt – welcher beim Kampfausbruch in jedem fühlenden Menschen Deutschlands eine Wirklichkeit war: der innere, der innerste Weltkrieg... zwischen zwei Begriffen. Hier: Menschtum. Dort: bedrohtes Land. Eine Herzkrankheit konnte man davon erwischen; wer kein Geschäftsinhaber einer einzigen prinzipiellen Ideenlosigkeit war – oder ein Plattling.

Wofür sich entscheiden? Dazu kam (alles das muß einmal gezeigt werden) die triebhafte Vorstellung, wie um Sechsundsechzig Bismarck sie gehabt: daß leider jetzt erst einer siegen muß, damit Ausgleich und Aufstieg möglich wird. Id est: ein blutig-entsetzlicher Austrag soll geschehn. Hierbei der (unidiotische) Wunsch: daß, wenn schon einer siegt, es natürlich nicht die Andren sein mögen...

Auch das war ein Irrtum. Entscheidung fiel: aber sinnlos. Entscheidung fiel: ohne Aufstieg. Doch! mit kleinem Aufstieg, im Innern. Bloß viel zu teuer bezahlt. Und, als Ergebnis, mit einer blödsinnigen Weltlage; so blödsinnig wie vor dem Krieg. Nur mit umgekehrten Vorzeichen.

Alles das war ein Irrtum ohne Wahl. Es läßt sich sagen: jeder höhere Mensch beging damals einen. Irrtümer, die für das Damals bis aufs letzte zu vertreten sind, – für das Dereinst vergebunglos und unentschuldbar wären. Darin ruht der ganze Fall.

...

Dualismus eines um 1914 lebenden Deutschen: das kommt bei Hauptmann herrlich heraus. Hier ist ein Buch, das beide Lager lieben können. Nicht, weil es darauf angelegt: sondern weil im Dichter jedes von beiden Lagern ist.

...

Unter dreihundert Blättern kaum eins, wo nicht ein Fund zu machen wäre. Verstreut alles... dabei gedrängt in Fülle. Das Ganze birgt nicht nur Fabuliertes, sondern Fabelhaftes.

Es ruhe in Hauptmanns Werk, fand Kerr, »so viel Heutiges nicht nur an Begebnissen, sondern an heutiger Weisheit (Till ist manchmal wie Satan der Weise«). Andere waren anderer Ansicht. Zu den schärfsten

Ablehnungen gehörte Herbert Iherings Besprechung im ›Berliner Börsen-Courier‹ vom 20. November 1927:

Nein, wir können uns nicht einreden lassen, daß dies ein prophetisches Werk sei, daß hier Dichtung blühe, hier Sprachgeist webe. Diese schleppfüßigen Hexameter, diese wallenden Gleichnisse, diese orgelnden Bilder geben nicht den Schritt der Nachkriegszeit wieder, nicht Deutschlands Schicksal, nicht Deutschlands Not ... Hauptmann ist uns kein Führer mehr.

Am 1. Dezember 1927 sandte Fischer eine für Werbezwecke angefertigte Zusammenstellung von Auszügen »aus Besprechungen der großen Presse« an Hauptmann und schrieb dazu:

Die Kritik der nach links gerichteten deutschen Presse steht, wie sich schon jetzt übersehen läßt, zum ›Till‹ in unbedingter Bewunderung, während die rechts gerichtete Presse, durch ihr politisches Glaubensbekenntnis gehemmt, eine weniger zustimmende Haltung einnimmt. Dabei ist in Rechnung zu ziehen, daß das Niveau der Kritik der Rechtspresse von Haus aus erheblich unter dem Niveau der großen nach links gerichteten Presse steht. Interessant ist die temperamentvolle Kritik von Willy Haas, dem Herausgeber der ›Literarischen Welt‹. Dieser Schriftsteller ist ein einflußreicher Führer der jungen Generation; sein schwankendes Ringen und sein Geständnis, eine Kritik könne erst in 50 Jahren geschrieben werden, ist sympathisch und in dem positiven Teil seiner Kritik manifestiert sich eine menschlich schöne Hingabe an Dein Werk.

Willy Haas' *Vorläufige Anzeige* erschien in der ›Literarischen Welt‹ vom 25. November 1927 und ist seither oft zitiert worden. In ihr hieß es:

An manchen Stellen strahlt eine Macht und Pracht des dichterischen Wortes, der nichts, nichts seit Goethe an die Seite zu stellen ist. Man liest diese Verse mit Herzklopfen. Nie hätten wir es für möglich gehalten, daß heute noch Wald, Wiesen, Natur, Himmel, Meer so durch die Verse rauschen können. Ja, gestehen wir es offen: wir hatten es schon fast vergessen, daß wir noch diesen Gerhart Hauptmann haben.

Haas vermutete richtig, Hauptmann habe hier sein Testament geschrieben – »Und nicht nur ›sein‹ Testament: Sondern das Testament einer alten, alternden Zeit, geschrieben an einer Zeitwende.« Wie nahe die Zeitwende bevorstand, ahnte weder er noch der Dichter selbst: »Das Ganze ist mit einem Blick überhaupt nicht zu übersehen.« Er schloß:

... es wäre ein wirklich lächerliches Unterfangen, ein solches Werk aus der Distanz von ein paar Tagen zu kritisieren. Solchen Wein muß man abliegen lassen. Zehn, zwanzig, vielleicht fünfzig Jahre ... Mit dem berühmten Tempo unserer Zeit kann man da nichts anfangen. Die Kirche überlegte sich ihre Urteile oft hundert, zweihundert Jahre. Warum soll sich die Literaturkritik sie nicht fünfzig Jahre überlegen? ... Das große Dilemma, das die Zeit hier wird lösen müssen, ist und bleibt dieses: ist der ›Till Eulenspiegel‹ die große souveräne Gestaltung einer Weltkrise – oder ihr bloßer bunter, kulturhistorisch interessanter Abglanz?... Das eben ist die Frage, die heute und hier keinesfalls zu beantworten ist. Und es ist die Hauptfrage. Alles andere ist Nebensache.

Die zehn, die zwanzig Jahre sind längst vergangen, die fünfzig sind schon bald herum. Wie nun? Heute möchte man meinen: selbst wenn's auch nur ein bunter, kulturhistorisch interessanter Abglanz wäre, es wäre noch immer mehr als irgendein deutscher Dichter aus dieser Zeit geschaffen hat, wäre noch immer ein großes Meisterwerk. Kam es zur richtigen, kam es zur falschen Zeit? Für ein solches Werk gibt es keinen richtigen Augenblick, es liegt immer zugleich gerade und schief. Als Paul Eipper von dem hohen Honorar und der daraus folgenden Belastung mit einem unmöglich hohen Verkaufspreis vernahm, äußerte er das prophetische Wort: »Jetzt werden wir für hundert Jahre ›Till Eulenspiegel‹ auf Lager haben.« Fast so verhielt es sich. Autor und Verleger erlebten eine schwere Enttäuschung. In seinem Brief an Hauptmann vom 1. Dezember 1927 fährt Fischer fort:

Was nun den Verkauf des Buches betrifft, so sind bisher etwa 3500 Exemplare fest verkauft; von dem kommenden Weihnachtsgeschäft erwarte ich eine starke Aufwärtsbewegung. Es kommt alles darauf an, daß die vielbeschäftigten Menschen Zeit gewinnen, den ›Till‹ zu lesen. Haben erst einige Tausend Menschen das Buch gelesen, hat sich die Bildkraft Deiner Dichtung erst den Menschen mitgeteilt, so ist an der stetig steigenden, lebendigen Wirkung nicht zu zweifeln. Ende dieses Jahres werden wir darüber mehr wissen. Ich denke daran, einen Vortragskünstler, etwa Ludwig Hardt, für eine Vortragstournee zu interessieren. Die Menschen müssen das gesprochene Wort hören, um sich schneller in Leser zu verwandeln. Es sei wie es ist, der Sieg der Dichtung wird nicht ausbleiben.

Fischer ließ sich in seinem Glauben an das Werk nicht beirren. Am 7. Januar 1928 schrieb er an Hauptmann:

... ich glaube an den Till, der sich seine Stellung erobern wird. Haben die Menschen unserer Zeit nicht die Ruhe, in Deine Visionen einzudringen, so scheint mir *eines* sicher: die Zeitläufte verändern sich, Till aber steht da voll quellenden Lebens, in Bereitschaft auszustrahlen, was ihm sein Schöpfer an Schönheit, Dämonien, an Menschlichkeit und Zauber mitgegeben hat. Ich bin froh ihn zu haben.

Und abermals, am 18. Februar 1929, als von einer Dramatisierung des Werkes die Rede war, von der Hauptmann meinte, sie stehe »ganz außerhalb meines Begriffsvermögens«:

Wie hoch ich das Werk, das seine endgültige Form gefunden hat, schätze, weißt Du ja, ich bedaure es gewiß am meisten, daß die ganze Einstellung und Qualität heutiger Leser der Qualität des Werkes so wenig gewachsen ist. Bei der Dramatisierung habe ich nur an eine Popularisierung gedacht. In der Literaturgeschichte sind solche Fälle durchaus nichts seltenes; ich erinnere nur an Kleists ›Michael Kohlhaas‹, der öfter dramatisiert wurde, und an die gegenwärtigen zahlreichen Dramatisierungen von Romanen. Auch die Kinos sind eifrig damit beschäftigt, alles kurz und klein zu dramatisieren. Genug davon, wir müssen weiter alles tun, was sich machen läßt, und dazu würde vielleicht auch die Verfilmung beitragen, um die wir uns – wenn Du es wünschst – gern kümmern wollen.

Fischer ließ (wie er Hauptmann später verriet) eine Werbung aufziehen, »die 40 000 Mark gekostet hat, wie Du aus meinen Büchern ersehen kannst«. Er brachte auf Hauptmanns Verlangen eine besondere Studie des *Till Eulenspiegel* von Ottomar Enking als Buch heraus, in der Hoffnung, das Interesse zu beleben. Es half alles nichts. Nach Jahresfrist, im Oktober 1928, waren vom *Till Eulenspiegel* ganze 6893 Exemplare verkauft, und das Buch setzte sich auch nicht, wie Fischer gehofft hatte, über die Jahre langsam durch; im Dezember 1935 waren von der Erstauflage von 20 000 Exemplaren noch 12 500 auf Lager; sie müssen im Zweiten Weltkrieg wohl in Leipzig den Bomben zum Opfer gefallen sein, denn es fiel nach dem Krieg äußerst schwer, auch nur ein antiquarisches Exemplar aufzutreiben. Von Fischers Vorauszahlung von hunderttausend Mark blieben etwa 70 000 Mark unabgegolten. Es war rundheraus gesagt das größte Verlustgeschäft, das der Verlag je erlebt hatte.
Aber Hauptmann wollte sich, allen Vorstellungen Fischers zum Trotz, nicht dazu verstehen, hieraus eine Lehre zu ziehen, und dies führte nun zu einem wirklich bitter ernsten Konflikt. Eine Geschichte wie die ›Eulenspiegelei‹ durfte selbst unter alten Freunden höchstens einmal vorkommen und nie wieder, und sie war auch so schon arg genug. Das schlimme war, daß sie sich wiederholte.

HAUPTMANNS RÜCKWENDUNG

Till Eulenspiegel war in der Tat Hauptmanns Testament an die Deutschen gewesen, seine große Schlußrechnung über die damalige Gegenwart. Er schrieb zu Fischers Lebzeiten nichts mehr, das sich unmittelbar mit seiner Zeit und ihren Lebensfragen beschäftigte, wandte sich auch fast gänzlich von mythischen, legendären und allegorischen Stoffen ab, kehrte ganz bewußt und vorsätzlich zur Erlebniswelt seiner Kindheit und Jugendjahre zurück und gestaltete in Werk um Werk den großen Schatz der Erinnerung. Diese Rückwendung hatte schon mit *Dorothea Angermann* begonnen, in der die Flucht nach Meriden und das frühe Amerika-Erlebnis wieder aufgenommen wurden. Hauptmann ging diesen Weg jetzt weiter, nicht mehr auf der Bühne, sondern in großen und kleineren Prosawerken, die zusammen genommen eine immer wieder abgewandelte, von reiner Phantasieverkleidung bis zur kaum verhüllten Autobiographie reichende ›Aufarbeitung‹ seiner persönlichen Welt darstellten.

Noch während der Arbeit am *Till Eulenspiegel* hatte Hauptmann im Januar 1927 die in der Jugendlandschaft der Schwestern Thienemann spielende Erzählung *Die Hochzeit auf Buchenhorst* vollendet, die er einstweilen zurückhielt; sie erschien nach einem Vorabdruck in ›Velhagen und Klasings Monatsheften‹ als Buch erst 1932 bei Fischer. Gleich anschließend war in der kurzen Zeitspanne Februar–April 1927 in Rapallo der im heimatlichen Breslau, in der Umgebung von Berlin und der Künstlerkolonie Roms angesiedelte und stark autobiographisch durchschossene Zirkusroman *Wanda* entstanden, der ursprünglich *Der Dämon* hieß. Gleichzeitig entstand der große autobiographische Roman *Buch der Leidenschaft* – die Geschichte des Zusammenbruchs seiner ersten Ehe und seiner Liebe zu Margarete Marschalk –, den er im Herbst 1929 beendete. Im Jahr darauf folgte die um den Abbruch des Elternhauses in Salzbrunn gewobene phantastische Erzählung *Die Spitzhacke,* während er zugleich die wirkliche, nicht mehr fiktiv verkleidete Autobiographie *Das Abenteuer meiner Jugend* in Angriff nahm, deren Vollendung Fischer nicht mehr erlebte.

Wanda oder *Der Dämon,* ein fesselnder, straff komponierter, wenn auch hier und dort die Grellheit der Kolportage streifender Roman, lag im Sommer 1927 fertig vor, als *Till Eulenspiegel* in Druck ging. Da es untunlich war, ihn gleichzeitig herauszubringen, und Hauptmann sich außerdem ein hohes Vorabdruckshonorar erhoffte, wurde seine Buchausgabe aufs nächste Jahr verschoben, für das Fischer außerdem, Hauptmanns Drängen folgend, eine billige Neuausgabe des *Emanuel Quint* vorgesehen hatte. Inzwischen bemühte der Verlag sich um einen ertragreichen Vorabdruck. Das Ullstein-Haus bot für den Abdruck in der ›Vossischen Zeitung‹ 25 000 Mark und behielt sich vor, bis zum Herbst zu entscheiden, ob es den Roman, wie Hauptmann wünschte, in der ›Berliner Illustrirten Zeitung‹ bringen wolle, in welchem Fall das Honorar sich auf 45 000 Mark erhöhen würde. Damit tauchte für Fischer wieder die alte Schwierigkeit auf, und er schrieb an Hauptmann am 7. Juli 1927:

Nun liegt die Sache so, daß der Vorabdruck in der ›Illustrirten Zeitung‹ die Buchausgabe lahmlegen würde. Die ›Illustrirte Zeitung‹ hat eine Auflage von 1½ Millionen. Da man annehmen kann, daß jedes Exemplar mindestens von drei Menschen gelesen wird, so ist die Gesamtverbreitung der ›Illustrirten Zeitung‹ mit 4½ Millionen Lesern anzusetzen. 4½ Millionen Leser bedeuten aber bei uns die Leserschaft überhaupt, sodaß für die Buchausgabe kaum Raum bleibt. Diese Erfahrungen sind wiederholt von Buchverlegern gemacht worden, und es entsteht nun die Frage, ob Du zugunsten der ›Illustrirten Zeitung‹ auf die Verbreitungsmöglichkeit der Buchausgabe verzichten willst.

(Um genau die gleiche Zeit hatte Fischer dieselbe Schwierigkeit mit Schnitzlers neuem Roman *Therese*. Er erläuterte Schnitzler am 30. Juli 1927 in einem langen Brief die Schwierigkeiten mit nahezu identischen Worten und erklärte ihm, bei einem Vorabdruck in der ›Illustrirten‹ sei »die deutsche Leserschaft für Ihren Roman so ziemlich aufgebraucht«. Auch ein Abdruck in der ›Vossischen Zeitung‹ und der ›Neuen Freien Presse‹ sei für die Buchausgabe kein »Vorteil«, denn »immerhin geben die Menschen heute nicht gern Geld für einen Roman aus, den sie in ihrer Zeitung lesen können«. Im Oktober 1927 schlug er Schnitzler dann vor, ihm bei Erscheinen des Romans 20 Auflagen vorauszuhonorieren, im Fall eines Vorabdrucks in der Ullsteinschen ›Illustrirten‹ jedoch nur 15 Auflagen. Der Vorabdruck kam nicht zustande.)

Das *Wanda*-Problem löste sich von selbst, denn der Roman schien Ullstein für die ›Illustrirte‹ zu gewagt. Fischer überwies am 16. Juli 1927 Hauptmann die 25 000 Mark der ›Vossischen Zeitung‹, wo der Roman unter dem Titel *Der Dämon* im Vorabdruck erschien.

ZERWÜRFNIS MIT BEN HUEBSCH

Hauptmann war mit dem Widerhall seines Werkes in Amerika schon seit einiger Zeit unzufrieden, und obwohl ihm Fischer Vorhaltungen machte, daß er seinen amerikanischen Verleger Ben Huebsch, der sich sehr für ihn eingesetzt habe und ein »äußerst gewissenhafter Mann« sei, nicht übergehen dürfe, übergab er jetzt Knall und Fall seine Vertretung in Amerika Rowohlt, den er auf diesem Gebiet für tüchtiger hielt als Fischer – wohl im Hinblick auf Emil Ludwigs große Erfolge in Amerika – und gestattete seinem Bevollmächtigten, einen Bruch mit Huebsch herbeizuführen. Huebsch befand sich um diese Zeit in Berlin und teilte Jahrzehnte später aus der Erinnerung mit:

Es handelte sich um die englischen Rechte an Hauptmanns Werken. Fischer fungierte in dieser Sache als Hauptmanns Beauftragter und nahm, soviel ich weiß, nie eine Provision für seine Dienstleistungen. Es waren Zweifel geäußert worden über den Absatz und den Erlös in Amerika, irgend jemand war in Verdacht, nicht redlich gehandelt zu haben, und bei meinem Besuch geriet ich plötzlich in eine Unterredung mit Benvenuto und seinem Anwalt, die ich beide noch nie in meinem Leben gesehen hatte. Ich entnahm ihren Äußerungen, daß sie der Ansicht waren, der Absatz und der Erlös hätten viel höher sein müssen als Fischer sie abgerechnet hatte, und ich bin mir nicht sicher, ob diese beiden ... mich oder Fischer oder uns beide für den Schuldigen hielten. Die Einzelheiten sind heute gleichgültig; was mich tief beeindruckte, war Fischers Kummer darüber, daß nach seiner selbstlosen Freundschaft zu Hauptmann so etwas passieren konnte.

Ende November 1927 nötigte Hauptmann den Verlag, den Vertrag mit Huebsch zu kündigen mit der Begründung, daß der 9. Band der amerikanischen Hauptmann-Gesamtausgabe innerhalb der vertraglich festgesetzten Frist (bis September 1925) nicht erschienen sei; der Band dürfe auch jetzt nicht mehr erscheinen. Es war ein kasuistischer Vorwand, denn der Band, der *Florian Geyer* und den deutsch überhaupt erst 1925 erschienenen *Veland* enthalten sollte, war in Vorbereitung, nur hatte die Übersetzung sich verzögert. Fischer war in schwieriger Lage, denn er wollte begreiflicherweise die Freundschaft Huebschs und die Zusammenarbeit mit seinem ausgezeichneten Verlag nicht einbüßen, und schrieb Huebsch privat, er »bedaure sehr, daß es so gekommen ist, aber ich hege die stille Hoffnung, daß sich die Gemüter beruhigen werden und daß sich möglicherweise nach einiger Zeit neue Wege zeigen könnten«.

Hauptmanns Vorgehen hätte dem Verlag in Amerika möglicherweise großen Schaden zufügen können. Doch Huebsch war ein kluger Mann und ließ sich nicht ins Bockshorn jagen. Er erklärte sich bereit, die inzwischen fertig vorliegende Übersetzung von Band 9 zu dem von ihm selbst gezahlten Honorar abzutreten und auf diesen Band und alle folgenden Bände zu verzichten. Aber falls er nicht unverzüglich Antwort auf diesen Vorschlag zur Güte erhalte, werde er auch die Erstattung der Satzkosten für Band 9 verlangen müssen. Fischer, der sich in St. Moritz befand (die Höhe tat seinem Ohrenleiden gut), suchte Hauptmann in Rapallo auf und bewog ihn zur Einsicht; denn der 9. Band erschien 1929 bei der Viking Press. Doch hatte Hauptmann seinen vorzüglichen amerikanischen Verleger eingebüßt. Huebsch setzte seine Hauptmann-Gesamtausgabe nicht fort, und kein anderer amerikanischer Verlag nahm sich seiner an.

ZSOLNAY-GERÜCHTE

Der Ärger mit Huebsch war um diese Zeit nicht Fischers einzige Hauptmann-Sorge. Im Januar 1928 wurde Fischer aus dem Haus Ullstein ein Gerücht zugetragen, Hauptmann habe seinen autobiographischen Roman »für eine hohe Summe« an Zsolnay verkauft, und in Verlagskreisen schloß man daraus, Hauptmann habe sich überhaupt von Fischer getrennt. Fischer schrieb unverzüglich (am 7. Januar 1928) an Hauptmann, wie peinlich er solche Gerüchte und Kombinationen empfinde; früher hätte er sie nicht tragisch genommen, »aber seitdem Du mich sozusagen von Deinem Angesicht gewiesen hast, um ausschließlich von Deinem Ratgeber beraten zu werden, beunruhigen mich diese Dinge weit über ihr Maß«.

Das Zsolnay-Gerücht entbehrte nicht der Grundlage. Der »autobiographische Roman« war das *Buch der Leidenschaft*. Hauptmann hatte das Werk 1905, unmittelbar nach der Scheidung von seiner ersten Gattin begonnen und dann beiseite gelegt. Es hatte ursprünglich *Aus dem Tagebuche eines Edelmannes* heißen sollen, und unter diesem Titel waren Teilstücke 1907 in verschiedenen Zeitungen erschienen; auch in den letzten Band der Großen Ausgabe von 1922 hatte Hauptmann ein Fragment daraus aufgenommen. Er hatte die Arbeit nach zwanzigjähriger Unterbrechung 1925 wieder fortgesetzt und sie, mehrfach unterbrochen, nach Beendigung des *Till Eulenspiegel* inzwischen ein gutes Stück vorgetrieben. Freilich war der umfangreiche Roman zu diesem Zeitpunkt noch weit von der Vollendung entfernt.

Dennoch war an dem Gerücht »etwas Wahres«. Hauptmann hatte in der Tat einen jungen Freund und Verehrer, dessen Bücher bei Zsolnay erschienen, gesprächsweise gefragt, ob sein Verleger ihm wohl ein Angebot machen würde, falls er sich von Fischer trennen sollte, und Zsolnay hatte wissen lassen, er werde selbstverständlich mit Freuden Hauptmann übernehmen und es sich auch etwas kosten lassen. Doch vermuteten Zsolnay und der Mittelsmann, daß es sich schwerlich um eine ernsthafte Verhandlung handeln könne und Hauptmann für seine Verhandlung mit Fischer lediglich ein hohes »Gegenangebot« in der Hand haben wollte. Zsolnay war ein boshafter Mann, der gewiß an der durchsichtigen Intrige seinen Spaß hatte. Fischers Brief vom 7. Januar 1928 indessen fährt fort, er halte es für besser, diese Dinge auszusprechen, um die »schwankende Trübung« ihres Verhältnisses zu beseitigen:

Dein Werk, lieber Hauptmann, steht im Mittelpunkt meines Verlags und meine Hoffnung ist, daß es von der Liebe und Ehrfurcht meiner Familie auch in Zukunft betreut wird, selbstverständlich mit allen pekuniären Vorteilen, die sich für Dein Werk erzielen lassen ... Ich bin nicht mehr jung, lieber Hauptmann, mein menschliches Verhältnis zu Dir will ich für die Zeitspanne, die mir noch beschieden ist – und im Geiste weit darüber hinaus – nicht gefährden. Ich habe das Bedürfnis, mich mit Dir auszusprechen über alle Dinge, die irgendwie zwischen uns liegen, damit kein bitterer Rest zurückbleibt. Werden wir auf Rapallo verzichten müssen, was uns sehr schmerzlich wäre, so werden wir uns anderswo treffen können.

Die Zusammenkunft in Rapallo fand statt. Fischer traf am 1. März 1928 aus St. Moritz ein und blieb einen ganzen Monat, bis Anfang April. Nach der Abreise schrieb er aus dem Eden Hotel in Cap d'Ail, wo er sich mit Wassermann traf, am 7. April an Hauptmann:

Bevor ich diese zauberhafte Küste verlasse, will ich Dir und Deiner Frau nochmals herzlich für alle Freundschaft in der Villa Carlevaro danken.
Sind in unseren Unterredungen harte Worte gefallen, so haben sie andererseits auch die vorhandene Grundlage der alten menschlichen Beziehung zwischen uns offenbart und bestätigt, so daß ich Deiner Überzeugung, es wäre nun zwischen uns alles wie früher, vertrauen darf.
Aus dem Dir bekannt gewordenen Schriftstück wirst Du die Überzeugung gewonnen haben, daß mir Verhandlungen mit einem gegen meinen Verlag und gegen mich conspirierenden Unterhändler nicht zugemutet werden können. Ich darf also auf Deine Loyalität rechnen, daß Du einen unparteiischen Anwalt berufst und in jedem Differenzfall einen von uns Beiden zu wählenden Sachverständigen befragst. Mir sowohl als auch Dir muß daran liegen, jede Meinungsverschiedenheit im Keime aufgeklärt zu sehen, damit sich nicht Differenzen bilden, noch bevor sie von verantwortungsvoller Seite begutachtet sind.
Ich wäre glücklich, wenn dieser Brief den Abschluß eines peinlichen Zeitabschnitts bedeuten würde.

Mit dem »conspirierenden Unterhändler« Pinner wollte Fischer nun endgültig nichts mehr zu tun haben. Doch die Hoffnung, daß der »peinliche Zeitabschnitt« nun abgeschlossen sei, trog. Schon im Juni 1928 zog sich neues Gewölk zusammen, und Fischer bat Hauptmann »dringend, mir zu sagen, was Dich jetzt wieder veranlaßt, mir Deine Unzufriedenheit zu zeigen ... Soll ich wirklich nach Jahrzehnten ausdrücklich versichern, daß alles, was sich billigerweise vom Verlag tun läßt, auch weiterhin mit allen Kräften in Deine Dienste gestellt bleibt?«
Es ging anscheinend um das für den Herbst 1928 vorgesehene Erscheinen von *Wanda* und die gleichzeitige Herstellung der von Hauptmann gewünschten Volksausgabe des *Emanuel Quint*.

DAS DIKTAT DES BEVOLLMÄCHTIGTEN

Hauptmann wollte *Wanda* nach dem Vorabdruck noch einmal überarbeiten, und auf eine Anfrage, wann der Verlag das endgültige Manuskript haben könne, antwortete er am 16. Juli, es sei ihm bis jetzt nicht möglich gewesen, dem Roman »die letzte Feile« zu geben, doch werde »das definitive Manuskript bis zum 1. September in Ihrer Hand« sein. Das war sehr knapp, wenn das Buch im Herbst erscheinen sollte; aber es gelang, den recht umfangreichen Band noch rechtzeitig für das Weihnachtsgeschäft herzustellen. Fischer hatte Hauptmann, wie dieser bestätigte, »ganz aus eigenem Antrieb« eine Vorauszahlung von 45 000 Mark geleistet, die einem Vorschuß auf 50 000 Exemplare gleichkam, aber er druckte vorsichtshalber nur eine Erstauflage von 20 000 Exemplaren. Mit der Volksausgabe des *Emanuel*

Quint gab es jedoch Schwierigkeiten, denn hierüber waren noch keine Honorarvereinbarungen getroffen, und Hauptmann lehnte es ab, über die Bedingungen mit dem Verlag direkt zu verhandeln:

Wegen der Neuausgabe von ›Quint‹ darf ich bitten, sich mit meinem Bevollmächtigten, Herrn Leo Pinner ins Einvernehmen zu setzen. Ich selbst habe es mehrfach abgelehnt und lehne es in fast allen meinen geschäftlichen Beziehungen ab, persönlich zu verhandeln. Einen anderen juristischen Vertreter neben Herrn Pinner zu wählen, erlauben mir meine Mittel nicht. Im übrigen bin ich der Ansicht, daß Sie sich ohne Schwierigkeiten gütlich verständigen werden...

Weit gefehlt. Pinner war der Mann, den Fischer sich nicht zumuten lassen wollte, und den von ihm vorgeschlagenen unparteiischen Dritten lehnte Hauptmann ab. Aus einem nicht datierten, aber in diesen Zeitraum gehörenden Entwurf eines Briefes von Fischer an Hauptmann spricht – auch wenn er nicht genau in dieser Form abgesandt wurde – Fischers ganze Verzweiflung über das untergrabene Vertrauensverhältnis:

Eigentlich habe ich mir mein Alter ja anders vorgestellt, als in fortwährendem Kampfe oder vielmehr in fortwährender Abwehr-Positur mit Dir zu stehen, den ich liebe und verehre wie wenige Menschen. Aber das ›Diktat‹ Deines Bevollmächtigten scheint es anders zu wollen. Er verlangt diktatorisch für die Volksausgabe des Quint 25 % auf 25 000 Exemplare voraushonoriert und den Einbandpreis von höchstens 1.50 Mark. Er muß also wohl vom Verlegen mehr verstehen als ich in meiner 40jährigen Praxis, denn wie Du laut meinen beiliegenden Calculationen ersiehst, kommt dabei nichts als ein Verlust für mich heraus, wenn ich den billigen Preis von 5 Mark oder 5.50 einhalten will...

Ich muß bei dieser Gelegenheit Dich noch einmal bitten, mich vor den weiteren Diktat-Forderungen Deines Bevollmächtigten zu schützen, die meine Gesundheit untergraben, Dir nichts nützen und Deinem Werke auch nichts...

Man traf sich auf halbem Wege. Hauptmann erhielt die hohe Tantieme von 25 Prozent, die Volksausgabe wurde zum billigen Preis von 5 Mark gebunden, 3 Mark geheftet hergestellt, wie Fischer empfohlen hatte, und die Erstauflage betrug nicht 25 000 Exemplare, wie Pinner verlangte, sondern 15 000, wie Fischer es zwecks Einschränkung des Risikos für richtig hielt. Diese Erstauflage wurde im Oktober 1928 mit 11 250 Mark voraushonoriert. Die Volksausgabe des *Emanuel Quint,* in flexibles Ballonleinen gebunden, mit einer Einbandzeichnung von E. R. Weiß, wurde ein schmuckes Buch. Doch war dies noch nicht das Ende der Geschichte.

Um diese Zeit, Ende Oktober oder Anfang November 1928, hatte Hauptmann den ersten Band des auf zwei Bände berechneten *Buch der Leidenschaft* vollendet und Fischer das Manuskript übersandt. Fischer schrieb ihm darauf am 7. November nach Rapallo:

Ich habe die ersten 400 Seiten gelesen, nicht ohne Erschütterung als Zeuge des gelebten Lebens. Das ›Buch der Leidenschaft‹ wirkt wie ein Stück Natur, sich selbst genug und überzeugend, einfach durch sein Dasein. Wahrheit und Gerechtigkeit, sie drängen sich nicht auf, sie sind vorhanden, als ein Wesenselement des Helden, sie geben dem Ganzen die Aura einer reinen und unbestechlichen Gefühls- und Gedankenwelt. Nicht anders wirkt die rückhaltlose Offenheit, mit der der Held sich dem Schicksal stellt, nichts beschönigt und nichts verschweigt. Dabei ist der Ton des Berichts so gleichmäßig, als gehöre keine Kunst dazu, eine solche Fülle von inneren Ereignissen zu meistern. Das ist der erste Eindruck, den ich empfangen habe, verstärkt dadurch, daß ich selbst aus einer gewissen Lebensnähe jahrzehntelang teilnehmender Zeuge dieses bewegten, bedeutsamen Lebens sein konnte. Ich bin sehr gespannt, weiter zu lesen und auch den zweiten Band kennen zu lernen. Den ersten Band liest Bermann und seine Frau.

Diese Zeilen waren jedoch nur der geringste Teil eines sieben Seiten langen Briefes, in dem Fischer sich neuerlich gegen Vorwürfe Hauptmanns, »die mich schwer gekränkt haben«, zur Wehr setzte. Es war Hauptmann zu einer Art Manie geworden, alte, Jahre zurückliegende und längst bereinigte Streitigkeiten immer wieder von neuem auszugraben; besonders war er jetzt von der fixen Idee besessen, daß er während der Inflationszeit durch das Verschulden des Verlags große finanzielle Einbußen erlitten hatte. Fischer antwortete:

Inzwischen habe ich mich in das vorhandene Material gründlich vertieft und das beruhigende Bewußtsein empfangen, daß während der Inflationszeit alles Menschenmögliche geschah, um Dich vor Verlusten zu schützen. Es ist sehr bedauerlich, daß Du erst jetzt, nach etwa 8 bis 10 Jahren, auf die Zeit der Inflationsnot zurückkommst. Heute ist es sehr schwer, sich mit aller Eindringlichkeit in die damaligen Jahre zurückzuversetzen. Jeder Tag brachte neue Verluste, man war in keiner Stunde sicher, ob die vorhandenen Mittel durch die Entwertung nicht aufgezehrt waren. Die Sache ging so weit, daß wir eines Tages gar nicht mehr in der Lage waren, die Löhne der Angestellten zu bezahlen, bis wieder neue Einnahmen das Schiff weiterzusteuern ermöglicht haben. Ich habe damals aus meinem Privatvermögen für etwa 150 000 Mark Anilin-Aktien verkaufen müssen, um dem Verlag neue Mittel zuzuführen. In immer größeren Sprüngen und kürzeren Zwischenräumen waren wir der vollkommenen Unsicherheit preisgegeben. Kein Wunder, daß unter dem Druck schnell zu fassender Entschlüsse auch manche Kopflosigkeit mit unterlaufen ist.

Dies gesagt, erläutert Fischer noch einmal mit wahrhafter Engelsgeduld in allen Einzelheiten den damaligen Hergang. Der Brief schließt:

Ich habe Dir alles nach bestem Wissen und Gewissen, nach mühevoller Arbeit, erklärt und hoffe, daß Du die Grundlosigkeit Deiner Vorwürfe empfinden wirst. Ich kann nur sagen, daß ich es schmerzlich bedaure, daß es zu diesen Konflikten zwischen uns überhaupt kommen konnte, daß ich an meinem Lebensabend eine langjährige Freundschaft, die mir heilig geworden ist, erschüttert sehen muß. Ich bin sicher, daß wir uns, wie in früheren

Jahren, wieder leicht verständigen werden, wenn wir in völliger Offenheit, ohne daß ein Dritter zwischen uns gestellt wird, miteinander arbeiten.

Hauptmann erkannte wohl, daß Pinner den Bogen überspannt und dem alten Freund für nichts und wieder nichts eine unsägliche Mühe gemacht hatte. Er sandte Fischer am 14. November aus Rapallo in die Erdener Straße ein Telegramm:

BITTE HERZLICHST ALLE SCHATTEN ZU VERJAGEN IN ALTER FREUNDSCHAFTLICHER GESINNUNG DEIN GERHART HAUPTMANN

und ließ am gleichen Tag aus der Villa Carlevaro einen Brief folgen:

Die Inflationszeit war eine konfuse Epoche. Deine Darlegungen der sehr komplizierten Rechnungen und Verrechnungen über Bezahlungen vertraglicher Einschachtelungen sind für mich ein Buch mit sieben Siegeln. Das liegt an mir und meiner Schwäche, solche Kompliziertheiten zu durchdringen. Daß alles von Dir nach bestem Wissen und Gewissen geregelt worden ist, bezweifle ich keinen Augenblick. Die Verwendung von hundertfünfzigtausend Mark Deines Privatvermögens im Verlag will mir allerdings nicht als eine so ungeheure Leistung erscheinen: der Verlag ist ja auch Dein Privatvermögen. Sei gewiß, lieber Fischer, daß ich in meinen Empfindungen Dir und den Deinen gegenüber ganz der alte bin und zwar von vollstem Vertrauen beseelt, wie ich jedem gegenüber, der es hören will, gern bezeuge ... Möchte uns das zeitige Frühjahr wieder zusammenführen!

Nun war Fischer wieder guten Mutes, um so mehr als er Hauptmann am 10. Dezember 1928 mitteilen konnte, daß *Wanda* sich gut verkaufe: bis Weihnachten werde er 20 000 Exemplare abgesetzt haben und drucke bereits weitere 10 000 (das 21.–30. Tausend). Mit der wohlfeilen Ausgabe des *Emanuel Quint* hatte Fischer jedoch »bisher keinen nennenswerten Erfolg« gehabt: »Es zeigt sich immer wieder, daß das Publikum nur neue Bücher kauft. Eine Misere, die sich auf alle Autoren und Verlage erstreckt.« Tatsächlich jedoch blieb *Wanda*, immerhin ein ›neues Buch‹, beim 30. Tausend stehen, und die Volksausgabe des *Emanuel Quint* gelangte über ihre Erstauflage nicht hinaus.

»KEIN PAPPENSTIEL«

Inzwischen stand das *Buch der Leidenschaft* vor der Vollendung, und Hauptmann wollte es zu Weihnachten 1929 veröffentlichen. Hierüber kam es zu einer neuen Verstimmung: wenn kein großer Anlaß vorlag, so genügte ein kleiner; ein lächerliches Mißverständnis ließ sofort das mühselig geflickte Einvernehmen wieder brüchig werden. Am 17. Januar 1929 schrieb Hauptmann an Fischer:

Der zweite Band von B.d.L. wird von Herrn Jauner [Hauptmanns damaligem Sekretär] in Maschinenschrift übertragen. Damit ist er indessen noch nicht fertig. Immerhin darf man darauf nicht warten. Ich glaube, der zweite Band ist interessanter als der erste. Es liegt ja auch wohl kein Grund vor anzunehmen, daß er aus der Rolle fallen wird. Die Vorbesprechungen über sein Erscheinen lange hinausschieben möchte ich nicht. Ich bitte Dich um Deine Vorschläge, auch Höhe der Auflage etc. betreffend, damit ich meinerseits entscheiden kann. Die Angelegenheit hat für mich eine große Wichtigkeit, und ich habe die Verpflichtung gegen mich und die Meinen, sie entsprechend zu behandeln.

Fischer schlug vor, eine Erstauflage von 20 000 Exemplaren zu drukken, die er vorauszuhonorieren bereit war. Aber dieser Vorschlag genügte Hauptmann nicht. Fischer schrieb ihm am 18. Februar 1929:

Wegen des ›Buch der Leidenschaft‹ werden wir uns auf einer loyalen Grundlage einigen müssen. Ich brauche Dir doch nicht zu versichern, daß es ganz ebenso im Interesse des Verlages wie in dem Deinen liegt, möglichst hohe Auflagen in möglichst kurzer Zeit zu verkaufen. Es ist aber für den Verlag nicht tragbar, immer wieder wie bei Quint, Till und Wanda Auflagen vorauszuhonorieren, die zu Verlusten führen und geführt haben. Wenn das ›Buch der Leidenschaft‹ einschlägt, woran ich glaube, dann werden sich an die ersten 20 000 die weiteren anschließen. Eine Vorauszahlung von 50 000 Mark ist doch schließlich kein Pappenstiel. Ich kenne immer noch nicht den Umfang des Werkes; auch bin ich nicht in die Lage gesetzt worden, den zweiten Band kennenzulernen.

Das war scharf und deutlich. Fischer fügte jedoch sogleich versöhnlich hinzu:

Vielen Dank für die Zusendung des Manuskripts vom ›Hexenritt‹. Diese phantastische Vision ist ein Meisterstück und für die Bühne eine sehr dankbare Aufgabe. Ich weiß nicht, ob ich weit am Ziel vorbeischieße, wenn ich für den ›guten Lerch‹ an Pallenberg denke. Der Kontrast von Spuk und Pallenbergs Komik dürfte auf der Bühne überwältigend wirken. Das Manuskript übergeben wir der Druckerei zum Satz.

Der Einakter *Hexenritt* kam zusammen mit dem im Vorjahr entstandenen Einakter von der »schönen Bürgermeisterin«, *Die schwarze Maske,* unter dem Sammeltitel *Spuk* im Herbst 1929 bei Fischer als Buch heraus. Die Uraufführung der beiden Einakter fand (nicht mit Max Pallenberg) am 3. Dezember 1929 im Wiener Burgtheater statt.

Der zweite Band von *Buch der Leidenschaft* wurde nur sehr langsam fertig, und Fischer scheint den Eindruck gehabt zu haben, als zögere Hauptmann den Abschluß einer Vereinbarung absichtlich hinaus. In der letzten Märzwoche 1929 schickte er Eipper zu Hauptmann nach Santa Margherita, damit er die Lage kläre und möglichst das Manuskript des zweiten Bandes mitbringe. Jetzt stellte sich heraus, daß das Ullstein-Gerücht nicht unrecht gehabt hatte und daß tatsächlich ein Vorvertrag mit Zsolnay für das *Buch der Leidenschaft* bestand. Es gelang zwar, diese Vereinbarung rückgängig zu machen, aber Zsolnays Honorargegenangebot stand noch zur Debatte. Loerke notierte in seinem Tagebuch, Eipper habe ihm von vielen neuen Werken berichtet, an denen Hauptmann arbeitete – dem Hamlet-Roman, dem Berlin-Roman über den Ausbruch des Krieges, der unvollendet blieb, und der »Geschichte der Kindheit«, dem Anfang von *Das Abenteuer meiner Jugend* –, aber den zweiten Teil von *Buch der Leidenschaft*, »an dem noch Änderungen zu machen waren«, hatte Eipper nicht mitbringen können. Fischer schrieb Hauptmann am 8. April 1929, er nehme an, daß die Änderungen nunmehr beendet seien und er den zweiten Band schicken werde, »damit ich mich zu dem Angebot meinerseits äußern kann«, und fügte an:

Ich höre, daß Du im Mai nach Berlin kommst. Das gibt mir die willkommene Gelegenheit, Dir eine gemeinsame Besprechung mit unseren Anwälten über alles Schwebende und Schwelende vorzuschlagen und auch über den Vertrag zu sprechen.

Es wird Zeit, in Deinem und meinem Lebensalter eine klare Atmosphäre zu schaffen. Wenn ich bedenke, wie seit einigen Jahren an unserem Verhältnis gerüttelt und geschüttelt wurde, wie ich allen möglichen Verleumdungen ausgesetzt war, damit ein Bruch zwischen uns herbeigeführt werden sollte, so kann ich nur sagen, es gehörte von Deiner und meiner Seite eine dicke Schicht langjähriger Verbundenheit, innerer Treue und viel guter Wille dazu, um solchen Anstürmen gegenüber Stand zu halten. Ich habe schon viel zu viel von meiner Lebenskraft an diese unerquicklichen Dinge abgeben müssen und sehne mich danach, sie mit Vernunft zu durchleuchten.

Hauptmann antwortete am 20. April:

Lieber Fischer! Ich bin mit Dir der Ansicht, daß wir beide gleich viel unter den Unstimmigkeiten der letzten Jahre gelitten haben, und ebenso mit Dir von dem Wunsche beseelt, sie beizulegen. Binnen kurzem hoffe ich in Berlin zu sein, und ich halte es in unserem beiderseitigen Interesse für gut, daß die Anwälte zwar mit unseren Instruktionen, aber ohne unsere persönliche Gegenwart die Grundlagen für ein erneutes und harmonisches Zusammengehen schaffen. In diesem Sinne sei herzlich gegrüßt von Deinem G. H.

DAS ENDE DER LEIDENSPERIODE

So geschah es. Hauptmann kam in den ersten Maitagen nach Berlin – Fischer schickte ihm ein Billett ins Hotel Adlon: »Ich bin zwar nicht Böss – ich meine der Bürgermeister – aber ich begrüße Dich dennoch im Namen aller guten Geister Berlins« –, die Anwälte setzten sich zusammen, und die große Haupt- und Staatsaktion kam zu gutem Abschluß. Am 8. Mai 1929 hatten die Anwälte Dr. Pinner und Dr. Frankfurter einen Verlagsvertrag aufgesetzt, den Fischer und Hauptmann unterzeichneten und der »alle bisherigen Vereinbarungen und Verträge außer Kraft« setzte. Es war dies ein Vertrag, wie ihn Fischer noch nie zuvor mit einem Autor geschlossen hatte und auch nie wieder schloß. Hauptmann überließ darin dem Verlag das ausschließliche Verlagsrecht für alle seine bisher bei Fischer erschienenen und zu seinen Lebzeiten noch hinzukommenden Werke in deutscher Sprache »auf die Dauer bis zehn Jahre nach dem Ableben des Autors«. Er verpflichtete sich, dem Verlag jedes neue Werk zuerst einzureichen; erfolgte binnen sechs Wochen nach Einreichung keine Einigung über die Bedingungen, so war er berechtigt, das Werk anderwärts anzubieten; erhielt er von anderer Seite ein »ernsthaftes und rechtsverbindliches« Angebot, das günstiger war als das ihm vom S. Fischer Verlag gemachte, so hatte er es dem Verlag vorzulegen, und Fischer hatte sich binnen einer Woche zu entscheiden, ob er in diese günstigeren Bedingungen eintreten wollte. Nach »fruchtlosem Ablauf« dieser Frist war Hauptmann befugt, das Werk zu vergeben, jedoch nicht zu ungünstigeren Bedingungen. Doch mußte er auch in einem solchen Fall dem S. Fischer Verlag das Recht einräumen, das Werk fünf Jahre nach Erscheinen in eine Gesamtausgabe aufzunehmen.

Hauptmann erhielt des weiteren unter diesem Vertrag von nun an eine einheitliche, nicht gestaffelte Tantieme von 25 Prozent, und Fischer hatte jede neuzudruckende Auflage sofort im voraus zu honorieren. Hauptmann hatte freie Verfügung über alle seine Auslandsrechte und Zeitungs- und Zeitschriftenabdrucke, an denen der Verlag nicht beteiligt war. Schließlich wurde auch eine »Prämie« vertraglich festgelegt, die der Verlag unabhängig von den jeweils zu vereinbarenden Bedingungen für jedes Werk zu zahlen hatte, nämlich fünftausend Mark jährlich während der Vertragsdauer, die im Fall des Autors durch eine einmalige Zahlung von 30 000 Mark abgegolten wurde, während sie an die Erben alljährlich weitergezahlt werden sollte.

Zwei besondere Paragraphen befaßten sich mit der von Hauptmann geplanten »großen Gesamtausgabe« zu seinem siebzigsten Geburtstag und dem *Buch der Leidenschaft*, das so besonders an dem ganzen nunmehr beigelegten Konflikt schuld gewesen war. Falls Fischer das Buch annahm, hatte er eine Vorauszahlung von 100 000 Mark zu leisten und war berechtigt, nach seinem Ermessen eine teure und eine billige Ausgabe zu veranstalten. Für die Gesamtausgabe behielt Hauptmann sich »die Bändezahl, die Anordnung, die Zusammenstellung, sowie alle sonstigen Einzelheiten ausdrücklich vor, ohne daß der Verlag ein Einspruchsrecht haben soll«. Kam innerhalb von zwei Monaten, nachdem Hauptmann dem Verlag diese Gesamtausgabe angeboten hatte, keine Einigung über die Bedingungen zustande, so durfte Hauptmann sie unter den Voraussetzungen, die auch für die Einzelwerke galten, anderwärts herausbringen.

Es kann Fischer nicht leicht gefallen sein, diesen Vertrag zu unterschreiben, in dem Hauptmann nahezu alle Pfänder in der Hand behielt und der Verlag weitgehend seinem guten Willen zur Einigung ausgeliefert war. Die Bestimmung bezüglich der »großen Gesamtausgabe« insbesondere gab ihn völlig in Hauptmanns Hand. Dennoch erfüllte die Einigung die beiden alten Freunde mit unendlicher Erleichterung, die sie beide selbst bezeugt haben. Hauptmann sandte Fischer noch aus dem Hotel Adlon ein Telegramm in den Grunewald:

LIEBER FISCHER – ICH MÖCHTE DIR EINFACH SAGEN DASS ICH ALLES GEWÖLKE ZERSTREUT SEHE UND MIT DER NATÜRLICHEN WÄRME MEINES HERZENS DIR DEINER FAMILIE UND DEINEM LEBENSWERK DEINEM VERLAG ERGEBEN BLEIBE GRÜSSE GERHART HAUPTMANN

Fischer telegrafierte zurück:

HERZLICHEN DANK LIEBER HAUPTMANN MÖGE DAS ZERSTREUTE GEWÖLK SICH NICHT SO BALD WIEDER ZU DONNERWOLKEN VERDICHTEN GRÜSSE FISCHER

und schrieb außerdem am 10. Mai 1929 aus der Erdener Straße:

Lieber Hauptmann! Mein gestriges Telegramm soll nicht das abschließende Wort dieser langen Leidensperiode sein. Ich will Dir noch sagen, daß mir die herzlichen Worte Deiner Depesche sehr gut getan haben und daß sie mir eine Stärkung auf dem Lebens- und Arbeitsweg sein werden, der mir noch beschieden sein sollte. Meine Familie und ich bleiben Dir in Dankbarkeit verbunden. Dein S. Fischer

Der zweite Band von *Buch der Leidenschaft*, das diesen letzten und heftigsten Konflikt ausgelöst hatte, war jedoch noch immer nicht zur Stelle und ließ noch nahezu zwei Monate auf sich warten. Hauptmann arbeitete diesen zweiten Teil noch einmal gänzlich um und hielt außerdem auch diesmal an seiner Gewohnheit fest, das Buch »in den Fahnen fertig zu schreiben«. Am 27. Juni 1929 schrieb er an Fischer:

Teil zwei des B. d. L. wird Dir in einigen Tagen durch Leo Pinner zugehen, der eine neue Maschinenkopie herstellen läßt. Ich habe das letzte Drittel abschneiden müssen, weil das Werk durch das Auftauchen einer abermals zerstörenden Leidenschaft überlastet sein und eine peinliche Disharmonie zurücklassen würde. Du weißt, wie ich bei meinen Roman- und Prosawerken überhaupt Wesentliches und Neues in den Fahnen nachzuarbeiten gewöhnt bin. Im vorliegenden Fall wird das hauptsächlich den zweiten Teil betreffen, in dem das brüderliche Verhältnis und Mißverhältnis weiter ausgestaltet werden wird. Auch führe ich ihn bis zu Melittas Tod.

Das Buch war unverhüllt autobiographisch; vieles von dem, was es erzählte, hatte Fischer aus nächster Nähe miterlebt. Melitta war ein Bildnis von Hauptmanns erster Gattin Marie Thienemann, die ihm 1904 die Ehescheidung gewährt hatte, so daß er noch im selben Jahr Margarete Marschalk heiraten konnte; sie starb 1914. Der Hinweis auf das »Auftauchen einer abermals zerstörenden Leidenschaft« im letzten Drittel des Romans bezieht sich auf Hauptmanns heftige Zuneigung zu der blutjungen Schauspielerin Ida Orloff, die er im September 1905 auf den Proben zu *Hannele* in Berlin kennenlernte und von der er sich im Mai 1906 wieder löste; diese »peinliche Disharmonie« wurde offenbar aus Rücksicht auf Margarete Hauptmann wie auf Ida Orloff ausgemerzt. Das »brüderliche Verhältnis und Mißverhältnis« betraf den Konflikt mit dem Bruder Carl.

Fischer befand sich bereits auf Sommerurlaub in Pontresina, als das Manuskript endlich eintraf, und telegrafierte an Hauptmann:

FREUE MICH DASS ICH DAS SCHÖNE MENSCHLICH AUFSCHLUSSREICHE WERK IN ALTGEWOHNTER WEISE DER ÖFFENTLICHKEIT VERMITTELN KANN HERZLICHE GRÜSSE FISCHER

Doch nun begann die ›Nacharbeit‹ in den Fahnen, und erst am 17. Oktober 1929 konnte Eipper die Schlußfahnen an die Druckerei nach Leipzig schicken. Es wurde bis zum letzten Augenblick und über ihn hinaus an dem Text ›herumgedoktort‹. Das undankbare Geschäft, dem einstmals Schwager Heimann sich mit murrender Liebe unterzogen hatte, fiel jetzt dem gehetzten und weniger langmütigen Oskar Loerke zu. Er notierte am 24. Oktober in seinem Tagebuch:

Nach dem Verlage gejagt. Der alte Mist an Manuskripten. Briefe — Erregung wegen Hauptmann. Ich soll das Buch auf kranken Stil hin prüfen. Fuchsteufelswild. Eine undankbare Aufgabe, und gerade jetzt in der Bedrängnis.

Und sogar noch einen Monat später, am 25. November:

Vormittags Akademie, nachmittags Verlag: an dem Roman Hauptmanns herumkorrigiert. In flatternder Aufregung. Es zeigte sich, daß nur auf gröbste Flüchtigkeiten aufmerksam gemacht werden kann, anderes nimmt Hauptmann nicht an.

Doch war Hauptmann »beglückt über meinen Waschzettel zum Buch der Leidenschaft«; er lautete:

In diesem großen Roman empfangen wir das vielleicht persönlichste Werk Hauptmanns. Bekenntnishafte Aufzeichnungen, durch mehr als fünfzehn Jahre fortgesetzt, zeigen uns die langen Wege vom Ausgang einer Ehe bis zur Befestigung einer neuen, Wege des schmerzlichen und beglückenden Eros, der nicht das Herz des einzelnen Menschen nur, sondern immer zugleich den Kosmos der Wahrheit und Schönheit meint. In dichtester Fülle begegnen uns Gestalten, alle ernst und in würdigem Menschenmaß natürlich, sich selbst genug und beweiskräftig durch das einfache Dasein.

Der letzte Satz stimmte beinahe wörtlich mit dem überein, was Fischer selber am 7. November 1928 über den ersten Teil an Hauptmann geschrieben hatte.

Schließlich war keine Zeit mehr, um Hauptmann die Umbruchbogen nach Agnetendorf zu senden, und er mußte seine Sekretärin Elisabeth Jungmann eilends nach Berlin schicken, damit sie in der Bülowstraße die Umbruchrevision besorgte. »Aber ich denke, die Druckerei wird es schaffen –« schrieb Eipper. Sie schaffte es. Der Roman erschien in zwei starken Bänden noch rechtzeitig zu Weihnachten 1929, auf 1930 vordatiert. Fischer hatte nach dem neuen Vertrag den »Pappenstiel« von 50 000 Mark Vorauszahlung, den er ursprünglich geboten hatte, verdoppeln müssen, und die Vorauszahlung stellte jetzt eine Garantie auf 50 000 Exemplare dar. Es drohte eine neue *Till Eulenspiegel*-Kalamität, und Fischer druckte vorsichtshalber nur eine Erstauflage von 20 000 Exemplaren. Es erwies sich, daß sie ausreichte; es wurden in fünf Jahren nur 15 000 Exemplare verkauft. Das *Buch der Leidenschaft* erlebte keine Neuauflage und war der letzte Roman Hauptmanns und nahezu sein letztes Werk überhaupt, das der Verlag zu Fischers Lebzeiten herausbringen konnte.

35 Neue Sachlichkeit

War es wirklich so sicher, wie Fischer in seinem Aufsatz über die Bücherkrise gemeint hatte – daß die Leser falsch lasen? Hauptmanns *Till Eulenspiegel* gab ihm wohl recht. Doch machte er um die gleiche Zeit eine merkwürdige verlegerische Erfahrung, die eigentlich das Gegenteil bewies. Am Schluß jenes Aufsatzes hatte er geschrieben:

> Neben der Generation, deren Werke im In- und Ausland zu starker Wirkung gekommen sind, reift eine Schar junger und jüngster Talente heran. Die Aussicht besteht, daß die Kontinuität des Schaffens trotz der Lücke, die der Krieg gerissen hat, nicht unterbrochen wird. Neue Probleme, ein neuer Ton, eine neue Farbe: die Ansätze dazu sind zu sehen und zu spüren, und es unterliegt kaum einem Zweifel, daß das geistige Leben in Deutschland aus Gewordenem und Werdendem mit neuer Kraft zu neuer Wirkung anhebt.

Diese neue Generation, die von der Vorkriegszeit nichts, vom Krieg kaum etwas wußte und doch geheimnisvoll ihre Gaben aus verschüttet geglaubten Quellen speiste, kam in der zweiten Hälfte der zwanziger Jahre zu Wort. Sie sammelte sich zum guten Teil, wenn auch nicht ausschließlich um S. Fischer. Kurt Wolff hatte um diese Zeit seine Rolle und Aufgabe als »Verleger der Jüngsten« bereits abgegeben – »Warum aufgehört: Da war nix Neues mehr sichtbar«, notierte er bündig Ende der zwanziger Jahre –, doch Rowohlt und vor allem Gustav Kiepenheuer wirkten kräftig als Verleger der Jüngsten. Das Merkwürdige war jedoch, daß die junge Dichtergeneration, die sich bei Fischer zusammenfand, sich vornehmlich an einem Dichter entzündete, den Fischer vor einem Vierteljahrhundert entdeckt hatte, der seither vergessen und verschollen schien und weder zu seiner Zeit noch in irgendeinem anderen Sinn ›aktuell‹ genannt werden konnte. Oder doch?

HERMAN BANGS WIEDERKEHR

Unter den bekanntesten Namen werden wir Funde tun, an unser Gestade tragen und aufleuchten sehen in einem neuen Licht. Herman Bang freilich – er ist noch keine zwanzig Jahre tot, er wäre noch nicht einmal siebzig heute – kann man da von »zu früh geboren« sprechen und von einer Wiederentdeckung? Es soll auf das Wort nicht ankommen; wenn Bang denn kein zu früh Geborener war, so ist er doch ein zu früh Gelesener gewesen. Nicht mit dem richtigen Blick noch, scheint mir, hat man ihn gelesen, durch eine fehlgefärbte Brille ...

Diese Sätze standen im gleichen Jubiläums-Almanach wie Fischers Aufsatz zur Bücherkrise, in einem Essay *Herman Bang und wir*, dessen Verfasser der fünfundzwanzigjährige Münchner Schriftsteller W. E. Süskind war, geboren im Jahr, in dem Bangs Roman *Das weiße Haus* bei Fischer erschien. Der Anlaß des Essays war aktuell. Fischer hatte soeben eine neue Bang-Ausgabe herausgebracht.
Als Herman Bang 1912 starb und Nansen bei Gyldendal eine dänische Gesamtausgabe veranstaltete, war Fischer diesem Beispiel nicht gefolgt, weil die Reihe der deutschen Einzelausgaben noch nicht vollständig war und Bang in Deutschland für eine Gesamtausgabe noch nicht ausreichend durchgesetzt schien. Gleich nach Kriegsende, 1919, hatte der Verlag eine vierbändige Ausgabe seiner Gesammelten Werke veranstaltet, die jedoch infolge schlechten Papiers und mangelhafter Einbände auch notgedrungen unschön ausgefallen und längst unverkäuflich geworden war. An ihre Stelle war jetzt eine neue Gesamtausgabe getreten. Die Übersetzungen waren nach der endgültigen dänischen Originalausgabe sorgfältig revidiert worden, und die ursprünglichen kompakten vier Bände, die jeweils mehrere Werke zusammenfaßten, waren in Einzelbände aufgelöst, die einheitlich ausgestattet, aber nicht numeriert und einzeln verkäuflich waren. Diese Neuausgabe in sechs Bänden umfaßte jedoch nur die Romane; die in der Ausgabe von 1919 enthaltenen Novellen sowie *Hoffnungslose Geschlechter* und Felix Poppenbergs aus der Vorkriegszeit stammende Einführung waren fortgefallen. Die ersten vier Bände erschienen im Herbst 1926, die beiden Schlußbände 1927.
Das Wiedererscheinen Herman Bangs wirkte – es ist nicht zuviel gesagt – auf die junge deutsche Dichtergeneration wie eine Offenbarung; es bezeugte Fischers feine Witterung für das, was im wahrhaften Sinn ›aktuell‹, will sagen ›gegenwartsnah, heutig‹ war. Es war ein ergreifendes Phänomen: so wie um die Jahrhundertwende Bang Thomas Mann beeinflußt hatte, so beeinflußte er jetzt, ein Vierteljahrhundert später, die Generation seiner Kinder und am stärksten seinen eigenen, ältesten Sohn. Wie ging das zu? In seinem Rundblick über

die Verlagsarbeit hatte Loerke im Jubiläums-Almanach über Bang geschrieben:

Seitdem der Dichter in Deutschland Heimatrecht gefunden hat, ist seine Gemeinde und die Eindringlichkeit seiner Wirkung stetig gewachsen. Aber aus mannigfachen Zeichen, besonders aus der Wandlung unserer Kunstanschauungen und der leidenschaftlichen Zukehr der Jugend, läßt sich schließen, daß für diesen Dichter die Zeit jetzt erst anbricht. Mehr und mehr setzt sich die Einsicht durch, daß seine Kunst europäische Bedeutung besitzt, daß man ihn allzu stofflich und allzu artistisch gewürdigt hatte ... Er erscheint uns heute so reich und in sich vielfältig, daß wir den Dichter uns als Mitkämpfer um fast alle nach ihm verfochtenen künstlerischen Ideen und Richtungen vorstellen können.

Begreiflich, daß man Poppenbergs Einführung fortließ; sie würdigte Bang »allzu artistisch« durch die »fehlgefärbte Brille«. Süskind bestätigte bei der Begegnung mit Bang »die schnelle, schlagende Erregung in Herz und Hirn, wie sie nur das Lebendigste, nur das Nächste und Heutigste uns antun kann«; er fand ihre Gründe in Bangs »erstaunlicher Schlichtheit« und darin, daß »ein neues Sehen in ihm war, eine neue Haltung beim Erleben und vorzugsweise beim Betonen und Schattieren, beim Wiedererzählen dieser freilich uralten Dinge«; er bekannte, daß »dies auch unser Sehen ist, unser Sehen und unser Stil«.

Ein Schlagwort, und nicht das schlechteste, ist gefunden worden, um diese neue Haltung, diesen Stil, in künstlerischen Dingen vornehmlich, zu bezeichnen. Es ist die vielbesprochene ›Neue Sachlichkeit‹, die genau dies bedeutet: ein anderes Sehen, eine veränderte Wichtigkeitsskala den Eindrücken gegenüber. ›Neu‹ ist diese Sachlichkeit insofern, als sie dienender, unpersönlicher ist als jede frühere Realistik. Es ist eine ›ungeheure‹ Sachlichkeit, eine, mit der es nicht ganz geheuer ist, weil in Wirklichkeit die ›Sachen‹ sich selber dichten und der Künstler nur seine Hand gibt, seine Feder, seinen Stift, sein spiegelndes Gedächtnis und Gewissen.
Und Bang, dürfen wir ihn nun nicht in Anspruch nehmen für diese Sachlichkeit (aber man soll dabei nicht an die Schule denken!). Hundertmal hat man ihn einen ›Dekadenten‹ genannt, sollte er nicht viel eher ein Realist sein, der nämlich Früchte zog aus der Dekadenz des Ererbten und der Ansichten und damit zu großer Freisinnigkeit gelangte, zu einer Freiheit der Sinne, zu einem Verjüngen und Lösen des Geistes.

So begriffen, kann man Bang durchaus als Erwecker und Wegweiser einer neuen Generation verstehen, die jetzt in Deutschland zu Wort kam und sich überdies in Deutschland nicht allein wußte. Loerke hatte richtig gesehen, daß hier ein europäisches Phänomen vorlag: die große Freisinnigkeit war ein Kennzeichen der geistigen Jugend des ganzen westlichen Europas, ihre Fäden liefen zwischen Gleichgesinnten über viele Grenzen, vornehmlich nach Frankreich und England; zum erstenmal seit langer Zeit erkannten die Jungen einander wieder und kannten einander in vielen Ländern. Erst jetzt war der Krieg wirklich zu Ende.

SPEKTRUM DER VERHEISSUNGEN

Die Neue Sachlichkeit als Schule oder richtiger noch als ›Schulung‹ war vor Jahr und Tag bereits von Döblin proklamiert und demonstriert worden; Döblin selbst brachte binnen kurzem ihre bedeutendste Verwirklichung hervor. In jenem weiteren Sinne jedoch, den Süskinds Aufsatz ihr gab, gehörten fast alle ›Jungen‹ – nach Jahren zwischen zwanzig und dreißig –, die in der zweiten Hälfte der zwanziger Jahre bei Fischer erschienen, in ihren Bannkreis, und man konnte das ganze Spektrum dieser neuen Sachlichkeit, in der die Sachen sich selbst dichteten, an ihnen ablesen.

Das Jahr 1927 brachte vier verheißungsvolle neue Namen: Hans Meisel und Oktavia Wessel, Hans Aufricht-Ruda und Herbert Schlüter.

»Mit der Leserei fortgefahren. Ich bin beim letzten Manuskript, einem Roman von Hans Meisel, mit dem viel los ist.« So Loerke im Tagebuch am 12. September 1926. In der Tat war schwer zu glauben, daß der Roman *Torstenson. Entstehung einer Diktatur* des Sechsundzwanzigjährigen ein Erstling sei. Meisel hatte mit diesem erstaunlich kompakten, gedrängten, geradezu luftdicht versiegelten kurzen Roman, dessen sprachliche Kurzschrift die Schule Döblins verriet, eine beängstigende politische Allegorie geschaffen. In einem erdachten Konflikt zwischen zwei baltischen Staaten, der durch legitime Mittel anscheinend nicht zu lösen war, stieg der General Torstenson zu diktatorischer Gewalt auf. Die Gegenwartsnähe des Buches war in jedem Sinn atemlos; es hetzte von den Furien des Verhängnisses gejagt dahin, und man konnte in ihm kaum atmen; man wußte: so wird es gemacht, so kann es, unter anderen Vorzeichen, tatsächlich kommen.

»Der sollte gebracht werden!« notierte Loerke über Oktavia Wessels Roman *Zwischen Traum und Leben,* und er wurde gebracht. Oktavia Wessel, eigentlich Selma Cwojdzinska, präsentierte sich nach zwei unerheblichen, anderwärts erschienenen Romanen, hier unversehens als eine Meisterin. Der schablonenhafte Titel verriet nicht, wie die ›Sachen‹ sich auch hier selbst dichteten und verdichteten; die Entrückung der Wirklichkeit in den Traum und das Vordringen der Traumvorgänge in die Wirklichkeit war mit einer Könnerschaft gelungen, wie sie nur Bang besaß.

Und nochmals Loerke: »Sonntag bis Mittag Manuskripte gelesen. Wie ich zugebe mit Freude die Novelle des jungen Hans Aufricht.«

Warum nicht? *Die Verhandlung gegen La Roncière* kann noch heute erfreuen und erstaunen. Auch diesem Buch mag man den Erstling kaum glauben. »Hier«, schrieb die ›Weltbühne‹, »wird wie in einem Stendhalschen Roman berichtet, was geschieht, knapp und exakt, ohne Reflexion des Dichters; hier besitzt jemand die Beherrschtheit, die Sparsamkeit, die Kraft, die unserer Generation so fehlt.« Es steckte mehr dahinter. Der Siebenundzwanzigjährige war eine Entdeckung Wassermanns. »Aufricht hat einen außerordentlichen kleinen Roman geschrieben. Ich bring ihn euch mit«, schrieb Wassermann im März 1926 an Hedwig Fischer, und er gab dem Buch auch ein Vorwort bei. Doch legte der Jüngere mit dieser Fassung eines historischen Stoffes nicht nur eine Sparsamkeit der Mittel, sondern vor allem eine Meisterschaft der disziplinierten *allure*, der gelösten Gangart der Erzählung an den Tag, die den bewunderten Erzieher Wassermann durchaus übertraf; in ihr herrschte eine innere Helligkeit, die Montherlants kühle *désinvolture* ins deutsche Idiom übertrug. Das war etwas ganz Neues. Da sagt der Leutnant La Roncière zu einem Offiziersfreund:

Wissen Sie, was wunderlich ist: Sie merken nicht, daß ich auch immer noch neunzehn Jahre bin oder sechzehn. Das kann mich nicht freuen. Sie nehmen mich erwachsen; dreißig. Das ist alles traurig und toll, Geselle!«

Und ein anderer Freund fragt ihn schließlich kopfschüttelnd: »La Roncière, wie sind Sie eigentlich?«

Traurig und toll – hier führt der Faden zu Bang und seinen »alten Kindern«. Aufrichts Marie Morell mit ihrer stehenden Redensart: »Ach wissen Sie, und überhaupt –« ist ein altes Kind und könnte auch in den Novellen des einundzwanzigjährigen Herbert Schlüter, vor allem in der *Kinderhochzeit* leben, die am anderen Ende des Spektrums steht, in einer leise verhaltenen, skurril-absonderlichen, ein wenig entrückten Landschaft, aus der die ›Erwachsenen‹ gänzlich ausgeblichen sind und Kinder und sehr alte Leute eine geheimnisvolle Affinität besitzen. Herbert Schlüter war ein Beispiel, wie ein junger, gänzlich unbekannter Dichter zu S. Fischer gelangen konnte. Schlüter erinnerte sich noch vierzig Jahre später:

Zu S. Fischer kam ich ohne jede Empfehlung. Ich schickte einfach ein paar Erzählungen an den Verlag, darunter die *Milde Station* und *Der achtzigste Geburtstag*, der später in *Das späte Fest* umgetauft und die Titelnovelle des im Herbst 1927 erschienenen Bandes wurde. S. Fischer war für mich vor allem der Verlag von Thomas Mann, den ich von allen zeitgenössischen Schriftstellern am höchsten schätzte und am meisten liebte. Daß ich also meine ersten Versuche an diesen Verlag schickte, war nicht so erstaunlich. Erstaunlich war, daß ich ein freundliches Echo empfing. Es kam in Gestalt eines Briefes von Gottfried Bermann. Es muß im Sommer 1926 gewesen sein. Im Verlag hatte ich vor allem mit Gottfried Bermann zu tun. Ich hatte damals den Eindruck, daß das Interesse des Verlags an meinen Arbeiten und an mir vor allem auf ihn zurückging. Im Lektorat saß damals Hermann Kasack. Ihn und Rudolf Kayser lernte ich gleich bei meinem ersten Besuch in der Bülowstraße kennen.

S. Fischer schickte mich nach Paris, damit ich ein Buch über die Stadt schriebe, ein ganz unbefangenes Buch, das ein Paris, gesehen aus der Perspektive eines zwanzigjährigen Deutschen zeigen sollte. »Verzaubern Sie Paris!« mit dieser liebenswürdig-poetischen Aufforderung hatte mich der alte Herr auf die Reise geschickt. Aber es war Paris, das mich verzauberte. Als ich nach ein paar Monaten wiederkam und mich bei ihm sozusagen zurückmeldete, meinte er mit einem Blick auf meine Schuhe – ich meine, es seien, weiß der Himmel warum, Lackschuhe gewesen –: »So stelle ich mir die jungen Pariser vor.« Aus dem Paris-Buch wurde nichts. Statt dessen schrieb ich dann die dritte Erzählung *Die Kinderhochzeit*, die auch in der Neuen Rundschau erschien, für den Erstlingsband *Das späte Fest*.

Fischer schickte mit gutem Instinkt den Zwanzigjährigen nach Paris. Kam dann doch kein Buch dabei heraus, so machte es nicht allzu viel; irgendwann trug das Erlebnis doch dichterische Frucht. Diese neue Generation besaß eine große Reichweite, eine äußere wie innere, und war von äußerer und innerer Neugier besessen; Erforschung neuer Landschaften der Welt und der Seele war das Anliegen aller dieser jungen Dichter. Diese Gemeinsamkeit erkannte der Verlag.

Die ›Neue Rundschau‹ stellte diese neuen Jungen einen nach dem anderen vor. Noch im gleichen Jahr 1927 brachte sie die Erzählung *Elfenbein für Felicitas* des vierundzwanzigjährigen Elsässers Kurt Heuser, der als Farmer in Afrika lebte, ließ 1928 noch zwei weitere Erzählungen von ihm, *Wiederkehr der Amazonen* und *Sterben auf einer Pflanzung* folgen und brachte zugleich seinen nach der ersten Novelle genannten ersten Novellenband heraus. Hier trat eine große, von eindringlicher Anschauung und glühender Phantasie beflügelte dichterische Begabung hervor: »Wir sehen den Aufbruch von Knaben, sehen die weißen und schwarzen Menschen, sehen schließlich eine utopische Phantasie, in die alle Leidenschaften einer neuen Zeit einströmen«, schrieb Loerke. 1931 brachte die ›Neue Rundschau‹ in vier Fortsetzungen Heusers ersten Roman *Die Reise ins Innere* (worunter nicht nur die Szene, das Innere Afrikas zu verstehen war), der im gleichen Jahr auch als Buch erschien. Kurt Heuser hat viele Jahre später seine Erinnerung an Fischers Verhältnis zur jungen Generation aufgezeichnet:

Ein Patriarch, ja, das war mein erster Eindruck; ein Mann der festgegründeten Ordnung, aber einer von denen, die mehr geliebt als gefürchtet werden. Ein Bauer in jenem ursprünglichen Sinn des Wortes, das von Bauen kommt, aber auch dem unmittelbaren Gefühlsklang nach, den es in uns weckt: jenem Klang von Kraft, von Wurzelechtheit, von Knorrigkeit sogar.

Damals war er wohl schon im Begriff, sich auf sein Altenteil zurückzuziehen und sein Werk in die Hände des nachfolgenden Geschlechts zu legen.

Freilich, er war immer da, und jeder spürte immer ganz stark, daß er da war... Ich jedenfalls habe seine leibliche Erscheinung nie mehr von seinem Werke trennen können. Ein Mensch, der eine große schöpferische Leistung vollbracht hat, ist ja kaum noch als ein privates Wesen zu begreifen, er ist eine Macht geworden, an der man sich zu bewähren hat... Mag es bei den Älteren die Freundschaft gewesen sein, bei uns Jungen war es die väterliche Sorge, die wir empfanden, und die zugleich die ewige Sorge um die Zukunft ist; und diese Sorge ist es, die den Menschen die Vergänglichkeit besiegen läßt. Ich erinnere mich vieler Gespräche, die wir gerade über diese Dinge hatten, über das große Nachher, über das, was zeitlich ist an uns, und was wohl von uns fortleben mag. Aufzeichnen mag ich sie nicht, denn sie sind ja nicht darum geführt worden, auch weiß ich nicht mehr so genau, welches seine und welches meine Worte waren, und unser Glaube war der gleiche, und wissen taten wir es schließlich beide nicht...

GROSSE REPORTAGE

1929 war abermals ein großes Jahr der Jungen. Im Vorjahr war bei Reclam in Leipzig in einer der jungen Generation gewidmeten neuen Buchreihe ein eindrucksvoller knapper Erstlingsroman *Brackwasser* des siebenundzwanzigjährigen vormaligen Seekadetten und Leichtmatrosen Heinrich Hauser erschienen. Bermann Fischer suchte den Autor in Hamburg auf; er fand ihn, wie er in seinen Erinnerungen erzählt, in St. Pauli in einer »Herberge für Seeleute, Liebespaare und Artisten« an einem kalten, dunklen Winterabend:

Er selbst, mit blondem, wie windzerzaustem Haar, im blauen Sweater, erinnerte mehr an einen Seemann als an einen Schriftsteller. Er hatte auf vielen Schiffen gedient, war ein erfahrener Mann und kannte sich in der Welt aus. Mit der Sprache konnte er umgehen wie mit dem Besansegel, zupackend und mit festem Griff. Psychologie war nicht von ihm zu erwarten, er sah die Dinge besser als die Menschen...

Hausers neuer, größerer Roman *Donner überm Meer* erschien bei Fischer; der Waschzettel spricht unverwechselbar die Sprache jener Jahre:

In der einmaligen Begegnung zweier Menschen werden die beiden großen Kräfte offenbar, die für unser heutiges Dasein bestimmend sind: die Großstadt, die unser Schicksal ist, die Technik, deren dröhnende Motoren unserem Leben den Rhythmus geben. Und die Natur, ganz groß, unerbittlich hart: Stürme über dem Atlantik, Dünen am Meer, verborgene Geheimnisse der Tiere.

Das war weltenweit von Conrad entfernt; es war eine andere Seite der allen Schicksalszwanges entledigten, unromantischen, dieser Jugend so gemäßen *désinvolture*. Die gleiche Haltung fand sich in dem um einige Jahre älteren irischen Erzähler Liam O'Flaherty, der Hauser ein großer Freund, ja geradezu ein Bruder wurde und den er

1931/32 mit drei Romanen zu Fischer brachte; zwei von ihnen, *Die Bestie erwacht* und *Verdammtes Gold*, übertrug er selbst in ein fesselnd kongeniales Deutsch.

Heinrich Hauser war eine charakteristische Erscheinung seiner Zeit: ein sehr labiler Mensch, der sich mit der nervigen Disziplin seiner Aussage schirmte, das schwankende Temperament mit der Unerschütterlichkeit der ›Sachen‹ umkleidete. Zugleich mit seinem Roman erschien 1929 in der ›Neuen Rundschau‹ in drei Fortsetzungen und anschließend als Buch seine Ruhrgebietsreportage *Schwarzes Revier*, ein packendes Buch, das wie ein Dokumentarfilm abrollte, auf das 1930 *Die letzten Segelschiffe* und 1931 *Feldwege nach Chicago* folgten; von ihnen erreichten die *Segelschiffe* das 16. Tausend und waren Hausers größter Erfolg. Verglich man diese ›dichterischen Reportagen‹ mit den gleichzeitigen Weltberichten der älteren Generation – Kellermanns *Auf Persiens Karawanenstraßen* erschien 1928, sein Reisebuch aus Indien, Klein-Tibet und Siam *Der Weg der Götter* und Arnold Höllriegels *Das Urwaldschiff. Ein Buch vom Amazonenstrom* 1929 und Holitschers *Wiedersehen mit Amerika. Die Verwandlung der USA* 1930 –, so war offenkundig, daß diese junge Generation in der Tat ein anderes Sehen, eine veränderte Wichtigkeitsskala besaß und mit neuen Ausdrucksmitteln das Ungeheure, das nicht mehr ganz Geheure in der dringlichen Welt zu fassen suchte.

MANFRED HAUSMANN

Gleichfalls 1929 kam Manfred Hausmann zu Fischer. Er war um einige Jahre älter, hatte gerade noch den Krieg mitgemacht, war im Sommer 1918 gasvergiftet und mit durchschossenem Fuß von der Marne zurückgekehrt, und im Lazarett waren ihm, wie er später selbst schrieb, »ein bißchen die Augen aufgegangen«. Nach einem unsteten Wanderleben und Versuchen in vielen untauglichen Berufen hatte er zu schreiben begonnen, ein Bremer Verleger war auf »die Geschichten und all den Tand, den er während der Frühstückspausen und an den Sonntagen geschrieben hatte«, so sagte er, »hereingefallen«, und zwischen 1924 und 1928 waren mehrere Bändchen Erzählungen und Gedichte und schließlich 1928 der kleine Roman *Lampioon küßt Mädchen und kleine Birken* erschienen, der ihm den ersten kräftigen Erfolg brachte. Er war dreißig, als er mit seinem nächsten Roman *Salut gen Himmel* zu Fischer kam. »Unsere Kinder«, erinnerte sich Hedwig Fischer, »hatten ihn bei uns eingeführt als einen noch recht abgerissenen, frischen Vagabunden. Mit seinem ersten Roman bei uns, dem ›Salut gen Himmel‹ machte er gleich sein Glück ...« Hausmann selbst meinte, der »gütige Herr S. Fischer« habe sich seiner »ein wenig angenommen«, um seine literarische Sammlung von -manns (Hauptmann, Wassermann, Kellermann, Thomas Mann, Heimann, Großmann, Guttmann, Whitman) zu vervollständigen. Hausmann hat die Begegnung mit S. Fischer geschildert:

An jenem Vormittag hatte ich zum ersten Male in meinem Leben vor dem kleinen, blauäugigen Mann mit der etwas vorgeschobenen Unterlippe und dem gütig-verschmitzten Lächeln gestanden, der sich S. Fischer nannte und als der fortschrittlichste und klügste Verleger Deutschlands galt. Wir hatten über mein Buch ›Salut gen Himmel‹, das demnächst im S. Fischer Verlag erscheinen sollte, und über meine bevorstehende Reise nach Amerika gesprochen. Eine, wie man sich denken kann, bedeutsame Stunde für mich, die mich in eine gehobene Trunkenheit versetzt hatte ...

Es war ein bißchen so wie im Märchen. Aber mehr noch als dies Märchenhafte bewegte mich das Vertrauen, das der große Mann in Berlin zu dem kleinen Anfänger im Teufelsmoor hatte. Und als er mir dann den großzügigsten Vertrag vorlegte, den mir je ein Verleger, wiederum bis auf den heutigen Tag, angeboten hat, und mich nach kurzer Zeit gar noch seiner Freundschaft würdigte, wußte ich überhaupt nicht mehr, was ich davon halten sollte. Hinfort brauchte ich nichts mehr zu tun, als mit einem Bleistift irgendwelche Worte auf irgendwelche weißen Papiere zu schreiben. Alles übrige besorgte der gütige und wunderbare Herr S. Fischer. Und so schrieb ich denn auf, was mir an dieser Welt bemerkenswert zu sein schien: ihre Weite und Enge, ihre Wildheit und Anmut, den traumhaften Zauber fremder Länder und immer wieder die grausame, gleichmütige, grenzenlose Herrlichkeit der See.

Bereits beim Abschied nach dieser ersten Unterredung erhielt der junge Dichter die Einladung, zum Mittagessen in die Grunewaldvilla zu kommen. Es war, was er nicht wußte und nicht wissen konnte, ein besonderer Tag in der Erdener Straße: eine Sitzung der »Dichter-Akademie« hatte die Mitglieder nach Berlin gerufen, eine der seltenen Gelegenheiten, bei denen Fischer viele seiner großen Freunde und Autoren gastlich unter seinem Dach versammeln konnte. Manfred Hausmanns Aufzeichnung fährt fort:

Ahnungslos stellte ich mich, ein junger Mann von wenig Erfahrung, ein Anfänger in jeder Beziehung, mit dem Glockenschlag in der Erdener Straße ein. S. Fischer faßte mich sozusagen bei der Hand und präsentierte mich, der ich meinen Augen und Ohren nicht traute und sichtbarlich zusammenschrumpfte, nicht nur der über alle und über alles wachenden Hausfrau, sondern ohne weiteres auch den Herren Einstein, Hauptmann, Wassermann, Schnitzler und so weiter, die, wenn ich nicht irre, zu irgendeiner Akademie-Tagung nach Berlin geeilt waren. Sie nahmen, wie es die Weise der Großen ist, mein verblüfftes Blinzeln und meine Jan-vom-Moor-Verbeugung wohlwollend zur Kenntnis und ließen sich im übrigen bei ihrem Cocktail und geistreichen Gescherze nicht stören ...

... man plauderte mit diesem und jenem, man sagte sich kleine Artigkeiten und wohl auch kleine Bosheiten, man glitzerte und feuerwerkte, als habe man sein Lebtag nichts anderes betrieben. Ich lehnte mutlos und verloren an der Wand und überlegte, ob und wie ich mich dieser mir so gänzlich fremden Welt, in der jeder jeden freundschaftlich zu kennen schien, entziehen könne. Überdies festigte sich von Minute zu Minute die Überzeugung in mir, daß ich, im ganzen genommen, doch ein ziemlich trübseliger Knabe sei.

Da kam Hedwig Fischer unversehens auf mich zu und zog mich, ehe ich recht wußte, wie mir geschah, in ein ruhiges Eckchen, wo ich neben ihr Platz zu nehmen und ihr von Worpswede, von meinen literarischen Plänen und Träumen erzählen mußte. Offensichtlich hatte sie, trotz ihrer vielfältigen Pflichten, bemerkt, wie unbehaglich mir zumute war. Sie hörte zu und fragte und wußte im Handumdrehen mein Vertrauen zu gewinnen. Das Gefühl der Überflüssigkeit und Verlorenheit wich von mir, ich spürte, daß ich neben einem Menschen saß, der nicht in erster Linie auf sein Ansehen und seinen Geist bedacht war, sondern sich des anderen annahm, sich in die Lage zum Beispiel eines melancholischen Fremdlings versetzen konnte und sich öffnete für dessen Schwierigkeiten und Hoffnungen. Dabei schwang keine Spur von Bemitleidung in ihren Worten. Sie drückte sich eher mit einer gewissen Nüchternheit aus, allerdings mit einer warmherzigen Nüchternheit. Aber gerade das war ja im Augenblick das Richtige. Es war so sehr das Richtige, daß ich, als sie sich wieder den anderen Gästen zuwandte, den Mut fand, mich, wenn auch nicht neben Albert Einstein, so doch neben Arthur Schnitzler zu stellen und hin und wieder piep zu sagen. Ich habe diese erste Viertelstunde mit Hedwig Fischer nie vergessen können...

Der »große Mann in Berlin« hatte sich in dem »kleinen Anfänger« nicht getäuscht, und der großzügige Vertrag erwies sich als vollauf gerechtfertigt. Es gehörte etwas dazu, in dem noch tändelnd-verspielten Dichter des *Lampioon* den Erfolgsautor zu erspüren. Manfred Hausmann wurde von allen ›Jungen‹ des Verlags der bei weitem erfolgreichste, und zwar nicht langsam, beharrlich, sondern schlagartig über Nacht, vom Augenblick an, da er in Fischers Hände kam. Der Roman *Salut gen Himmel* erreichte das 34. Tausend; das Reisebuch *Kleine Liebe zu Amerika,* das 1930 erschien und wohl Hausmanns anmutigstes Werk ist – es zog unzählige Nachahmungen mit ähnlichen Buchtiteln nach sich –, gelangte ins 42., der Roman *Abel mit der Mundharmonika,* 1932 erschienen, ins 61. Tausend. Danach nahm Hausmanns Schaffen eine neue, von religiösen Erkenntnissen bestimmte Wendung, schlug einen Weg nach innen ein, der zu einer kleineren, anders gerichteten Lesergemeinde führte. Aber das Haus Fischer und er blieben einander unverbrüchlich treu. »Wie nur je der wahrhaftige Dichter«, schrieb Hedwig Fischer an ihrem Lebensabend, »hat er seine Gemeinde gefunden, die in Treue zu ihm steht und zu der ich mich gern selber zähle.«

KLAUS MANN

Für den Verleger, der nicht Konventikel bilden und vertreten wolle, schrieb Oskar Loerke im Verlags-Almanach für 1928, sondern überall das Frische und Gehaltvolle zu finden suche, sei die Beschäftigung mit der Generationenfrage meist recht müßig.

Gewiß muß er aufmerksam anhören und prüfen, was die durch gleiches Lebensalter gebundenen Gruppen über ihre Einstellung zur Welt und ihre künstlerischen Absichten zu sagen haben, doch weiß er, daß nach einem Jahrzehnt, oft schon nach einem Jahrfünft die Gemeinschaften gelöst sind, daß nur die kraftvoll eigentümlichen Persönlichkeiten übrigbleiben und daß diese häufig genug an Ältere und Jüngere aus anderen Kreisen kameradschaftlich angeschlossen erscheinen. In früheren, geistig übersichtlichen, gesellschaftlich und wirtschaftlich normalen Läuften war es wohl natürlich, daß für junge Autoren ihr drittes Lebensjahrzehnt bestimmend wurde. Heute werben frühreife und spätreife Erstlinge um Gehör, und die öffentliche literarische Kritik ist uneins darüber, ob die jüngste beachtenswerte Generation die kaum Zwanzigjährigen oder die schon Vierzigjährigen umfaßt. Bis zur bündigen und summarischen Klärung werden wir uns noch gedulden müssen. Vielleicht kann die Praxis, die von Fall zu Fall urteilt, am ehesten ein Gleichgewicht herstellen.

Kaum einer forderte solche Überlegungen stärker heraus als Klaus Mann, der von vielen geradezu als Leitbild seiner Generation, von anderen als ihr nichtiges Zerrbild empfunden wurde.

Thomas Manns ältester Sohn, 1906 geboren, hatte früh begonnen und es schwer gehabt, sich von der Überschattung durch den Vater zu befreien und seinen eigenen Weg zu finden. Das Haus Fischer war ihm natürlich von Kindheit an vertraut, aber er hatte mit guter Absicht einen verlegerischen Umweg um »das große Vaterauge« gemacht und keine väterlichen Beziehungen zu nützen versucht. Seine frühen Arbeiten, stark im Bann von Bangs uralter Kinderwelt, waren im kleinen Hamburger Verlag der Gebrüder Enoch erschienen: die Erzählungen *Vor dem Leben* und das erste Bühnenstück *Anja und Esther* 1925, der erste Roman *Der fromme Tanz* und die *Kindernovelle* 1926, der programmatische Essay *Heute und Morgen: Zur Situation des jungen geistigen Europas* 1927. Die ›Neue Rundschau‹ hatte bis dahin nur 1926 ein autobiographisches *Fragment von der Jugend* gebracht (das übrigens den heftigen Widerspruch Kurt Heusers fand, der es in Afrika las, und ihn veranlaßte, Fischer seine eigenen Arbeiten zu senden, als Beweis, daß die Jugend »ganz anders« sei). Der nächste Beitrag erschien erst 1929 und war ein Aufsatz zum sechzigsten Geburtstag des bewunderten André Gide.

Man belächelte, ja verlachte Klaus Mann in seinen Anfängen, fand die spielerische Ironie, vor allem in der bezaubernden *Kindernovelle*, allzusehr dem Vater nachempfunden – *Unordnung und frühes Leid* übte in der Tat eine verzaubernde Wirkung auf diese ganze Dichtergeneration – der Vater selbst fand die Affinität wiewohl belustigend, so doch leicht bedenklich: »Habe recht lachen können. Aber Zweifel beschlichen mich doch hie und da«, schrieb er im Oktober 1926 an die Tochter Erika. Doch viele seiner Altersgenossen erkannten seinen eigenen Ton und liebten, was er schrieb. Herbert Schlüter, der den Gleichaltrigen 1926 in Berlin zum erstenmal traf, schrieb später aus der Erinnerung an »das literarische Wunderkind meiner Generation«:

Der junge Mann hatte bereits zwei Bücher veröffentlicht, und sein erstes Stück wurde gerade am Schiffbauerdamm als Matinée gegeben. Er erfreute sich einer gewissen, leicht skandalösen Berühmtheit. Man fand es ein wenig taktlos, in so jungen Jahren ein Talent zu zeigen, das befremdliche Züge formaler Virtuosität trug. Man stellte sich hierzulande einen jungen Dichter lieber stammelnd, exaltiert und genialisch vor. Und dann: er war der Sohn Thomas Manns! Und der Neffe Heinrich Manns. Da war es natürlich leicht, begabt zu sein. Mußte man es nicht unfair nennen, daß nun ein Dritter aus dieser Familie auch noch Talent zeigte? Und worüber schrieb er? Nun, zuweilen auch über heikle Probleme der Erotik, was erst recht ein Skandal war, freilich von der Art, die man zur Zeit gerade goutierte. Was ihn obendrein verdächtig machte, war die Urbanität seiner Prosa, ein, man möchte sagen, angeborenes Kosmopolitentum ... Die Unerbittlichkeit, mit der er das eigene Erlebnis, indem er es als Exempel statuierte, literaturfähig machte, die Kühnheit und artistische Wohlgelungenheit, mit der er Persönliches in seine auf Gesellschaftsanalyse gerichtete Thematik wob, war für die einen ein Reiz mehr an seiner Kunst, für die anderen freilich ein Ärgernis. Es wurde ihm nicht allzu leicht gemacht in den zwanziger Jahren. Für die Berliner Radikalen war er die letzte Sumpfblüte der sterbenden Bourgeoisie, für diese Bourgeoisie selber, soweit sie nationalistisch war – und sie war es schon damals fast total – ein kosmopolitischer Kulturbolschewist ...

Im Frühsommer 1927 gingen Klaus und Erika Mann mit der Freundin Pamela Wedekind – die »Dichterkinder« hießen sie die Illustrierten – und einigen Schauspielerkumpanen mit einem neuen Stück auf eine Tournée, die sie auch nach Kopenhagen führte, und Briefe von Hedwig Fischer öffneten ihnen die Türen Jensens und Madelungs. (Hedwig Fischer selber war, wie sie Madelung später schrieb, am meisten der Schwester Erika zugetan; in Frank Wedekinds sprühend begabter Tochter fand sie nur »eine routinierte Schauspielerin«, und »Klaus ist vielleicht einmal ein Dichter, jetzt ist er noch unreif«.) Noch im Herbst des gleichen Jahres reisten die Geschwister auf eine Vorlesungstournée nach Amerika, und wieder steuerten Fischers Empfehlungsbriefe bei. Die Reise wurde ein großes Abenteuer; da sie schon in Kalifornien waren, kamen sie über Japan und Sibirien heim; vielfach ging das Geld aus, so auch zwischen Harbin und Moskau, aber ein unbekannter Reisegefährte, an den sie sich um Hilfe wandten, stellte sich als Fischer-Autor und *Tunnel*-Verfasser Bernhard Kellermann und alter Freund des Vaters heraus und behob die Not. Die Verlagsfamilie bewährte sich im Erdenrund, und so konnte es nicht anders sein, daß das Reisebuch der Geschwister *Rundherum* bei S. Fischer erschien.

Das war 1929, im Frühjahr. Klaus Manns Umweg war zu Ende, er hatte seine verlegerische Heimat gefunden. Im Herbst 1929 brachte Fischer einen neuen Roman des noch immer erst Dreiundzwanzigjährigen, *Alexander. Roman der Utopie*, und dieses strahlende, helle, gläubige Buch – »Was uns von anderen Dichtern mit seinen Stürmen und Schrecken dargestellt wurde, hier ist es licht und leicht geworden«, rühmte die Ankündigung zu Recht – wies den Sohn Thomas Manns als eine eigenständige schöpferische Persönlichkeit aus, die nunmehr gänzlich unverwechselbar war. Die Rastlosigkeit seines jungen Helden war seine eigene Rastlosigkeit, die unablässige Suche nach der Utopie des geeinten europäischen Geistesgefüges. Er wußte immer, was es mit Deutschlands Platz in diesem Gefüge auf sich hatte, und nahm es selbst in seinen spielerischsten Augenblicken damit stets sehr genau. Jene, welche sich damals über seine Leichtfertigkeit, wie sie es nannten, belustigten, weil sie Leichtfertigkeit von Anmut nicht unterscheiden konnten, hätten wohl, so mag man heute meinen, besser getan, die Dinge ernst zu nehmen, als sie noch ernst waren und ehe sie tragisch wurden.

Klaus Mann war ein Jüngling von reichen Gaben und ein ernster Mensch. Buch um Buch bestätigte es. Der Vater bestätigte es: »Kein Mensch ist so fleißig ins Blaue hinein, ohne drängende Begabung, ohne das Bewußtsein eines Auftrags . . . Ich glaube ernstlich, daß er zu den Begabtesten seiner Generation gehörte, vielleicht der Allerbegabteste war.«

Es war eine hoffnungsvolle, eine verheißungsvolle junge Dichtergeneration, die sich in den letzten zwanziger Jahren um Fischer sammelte. Aber es waren ihr nur wenige Jahre gegeben, und sie genügten nicht, um sie ausreifen zu lassen. Am Schluß von Aufricht-Rudas Roman stand ein Vermerk, dieses Buch sei »das Mittelstück« einer *›Der Jahrhundertbogen‹* betitelten Trilogie, das »nicht nur aus buchtechnischen Gründen zuerst und allein publiziert wird«. Geheimnisvolle Ankündigung – es blieb bei diesem einzigen Buch, kein Literaturkalender kennt Hans Aufricht-Ruda, der nach Amerika ging und nichts mehr schrieb. Hans Meisel veröffentlichte in der ›Neuen Rundschau‹ 1928 noch eine Novelle und verstummte ebenfalls, auch er in Amerika. Oktavia Wessel schrieb nur noch einen Roman, und ihn zwanzig Jahre später. Herbert Schlüters zweites Buch konnte der Verlag angesichts der allgemeinen Entwicklung um 1933 schon nicht mehr bringen, und der Dichter legte bald die Feder weg. Kurt Heuser brachte 1932 noch seinen schönen Roman *Abenteuer in Vineta* und 1933 den Novellenband *Buschkrieg* bei Fischer heraus und schrieb danach keine erzählende Prosa mehr. Heinrich Hauser torkelte 1933 in eine stupide Verblendung, und als er aus ihr herausfand, zu spät, waren seine Gaben versiegt. Klaus Mann hielt eifervoll kämpfend durch Krieg und Exil zwanzig Jahre durch, aber als das Unheil durchgestanden war, liebte er die anmutlose Welt nicht mehr und verließ sie.

Hier mußte eine Generation verwelken, noch ehe sie hatte recht aufblühen können. Doch wir sind vorausgeeilt und wenden den Blick zurück.

HUGO BALL

»Lieber Herr Hesse, warum sind Sie bei dem schönen Wetter so schlechter Laune?« heißt es arglos in einem handschriftlichen Nachsatz Fischers zu einem Geschäftsbrief vom 16. April 1926. Aber wie sollte einer wohl guter Laune sein, der zu dieser Zeit den reißenden, zähnefletschenden *Steppenwolf* schrieb? Zwei Monate darauf, am 18. Juni, sandte Hesse Fischer die *Steppenwolf-Gedichte*, die im Herbst 1926 in der ›Neuen Rundschau‹ erschienen und mit ihrer selbstzerstörerischen, bitterbösen Schwermut ahnen ließen, was im Kommen war.

Fischer dachte ans nächste Jahr, an Hesses fünfzigsten Geburtstag. Die Gesamtausgabe war bereits nahezu vollständig erschienen, der Essayband *Betrachtungen*, der Hesses wichtigste Aufsätze der Kriegs- und Nachkriegsjahre enthalten sollte, war für 1927 in Vorbereitung, und es nahte der unheimliche neue Roman. Es fehlte die Monographie. Es schien dem Verleger nachgerade unerläßlich, daß ein berufener Geist aus der verwirrenden Vielfalt dieses in seinem selbstvergessenen Auf und Ab so widerspruchsvoll erscheinenden Werkes die festen Wesenszüge herausarbeitete. Doch wer konnte dieses Buch schreiben?

Wieder wurde man sich erst sehr spät schlüssig. Erst am 2. Oktober 1926 schrieb Fischer an Hesse: »Was würden Sie zu einer Wahl Loerkes für die Hesse-Biographie sagen? L. würde die Gestalt zu geben vermögen, denn er ist ja auch ein Dichter.« Es ist fesselnd, sich eine Hesse-Monographie von Oskar Loerke vorzustellen. Loerke war ein aufrichtiger Verehrer Hesses, wenngleich mit gelegentlichen Vorbehalten; so hatte er im Frühjahr bei der Lektüre der *Nürnberger Reise* notiert: »Verdrießt mich durch seinen allzu trägen Quietismus. Etwas kindisch in der Abwehr dieser Welt, wie sie nun ist — trotzdem sie benutzt! Viel Talent zu erzählen. Trotz des Unbehagens liest man mit Entzücken.« Loerke kannte Hesse jedoch nur aus seinem Werk. Er war ihm bis dahin nie begegnet, denn Hesse weigerte sich hartnäckig, nach Berlin zu kommen, hatte nie mit ihm gesprochen, besaß keinen Einblick in sein Leben. Außerdem wäre dem gehetzten und überlasteten Mann, dem die Arbeit nicht leicht von der Hand ging, eine solche Eilarbeit wohl nicht zur Freude, sondern zur Qual geworden. Loerke erwähnt Fischers Absicht in seinem Tagebuch nicht, möglicherweise erfuhr er von ihr gar nicht. Denn Hesse hatte einen geeigneteren Mann näher zur Hand. Er schlug Fischer seinen Freund Hugo Ball vor. Hugo Ball war mit seinen wenigen Schriften damals nur einem kleinen Kreis bekannt. Er war elf Jahre jünger als Hesse und gehörte mit seiner Frau Emmy Hennings seit dem Beginn der zwanziger Jahre zu Hesses kleinem Tessiner Nachbarnkreis. Er hat die erste Begegnung mit Hesse in seinem Tagebuch *Flucht aus der Zeit* geschildert:

Wir haben den Dichter des Demian nun auch privatim kennen gelernt. Es klingelte um die Mittagsstunde und hereintrat ein schmaler, jugendlich aussehender Mann von scharfem Gesichtsschnitt und leidendem Wesen. Er überfliegt mit einem Blick die Wände, dann schaut er uns lange in die Augen. Wir bieten einen Stuhl an, ich lege Feuer in den Kamin. So sitzen wir bald und plaudern, als seien wir gute Bekannte seit langer Zeit.

Sie wurden bald enge Freunde, zwischen denen es nur wenige Arbeitsgeheimnisse gab. Hugo Ball, aus dem Saarland gebürtig, hatte als junger Dramaturg und Dramatiker zu den Wegbereitern des expressionistischen Theaters gehört; er hatte das erste Kriegsjahr auf dem belgischen Kriegsschauplatz erlebt und war als erbitterter Kriegsgegner 1915 in die Schweiz emigriert, wo er in Zürich das ›Cabaret Voltaire‹ mitbegründete und zu den ›Erfindern‹ des Dadaismus zählte. »Man kann das Eiserne Kreuz auch auf dem Rücken tragen«, lautet eine Eintragung in seinem Tagebuch vom Oktober 1915. Aber schon 1917 wandte er sich vom Dadaismus ab, trat zum Katholizismus über und zog sich in den Tessin zurück, wo er sein bedeutendes Buch *Byzantinisches Christentum* schrieb. Er war ein kranker, unruhiger Mann, der dennoch eine große innere Heiterkeit ausstrahlte. Hesse erklärte später, was ihn mit ihm verband: die Herkunft aus dem Religiösen und das Erlebnis des Krieges.

Wir beide hatten aus Vaterhaus und Kindheit alte Traditionen, hohe Ideale, tiefe Mahnungen, hohe Auffassungen vom Sinn des Menschseins mitgebracht, wir beide erlebten im Krieg den sichtbaren Zusammenbruch, die verzweifelte Explosion eines europäischen Geistes- und Seelenzustandes, und wir erlebten diesen Zusammenbruch beide ganz ähnlich: nicht bloß als Erschüttertsein von all dem Mord und all der Not, sondern als Aufruf an das eigene Gewissen.

Hugo Ball und Emmy Hennings lebten in Hesses Nähe, in Sorengo bei Lugano, in sehr bedrängten Verhältnissen; ihre Gedichte und Zeitschriftenaufsätze brachten bitterlich wenig ein. Hesse wollte gewiß dem Freund durch einen solchen Auftrag auch materiell helfen, auf seinen Namen aufmerksam machen, ihm eine gute Verlagsverbindung schaffen; zugleich war es ihm willkommen, einem Vertrauten Einblick in das entstehende neue Werk, mit dem die Monographie abschließen mußte, geben und ihm mit Auskünften und Unterlagen helfen zu können. Ball fertigte ein Exposé an, Fischer war einverstanden, und Ball versprach, das Buch bis Ende Februar 1927 zu liefern. Emmy Hennings schrieb später: »Als Hugo Ball den Auftrag erhielt, anläßlich Hermann Hesses fünfzigstem Geburtstag eine Biographie zu verfassen, war beider Freude groß. Es schienen sich auch materielle Erleichterungen in der Zukunft abzuzeichnen.« Am 21. Oktober 1926 konnte Ball an Hesse berichten:

Ich habe soeben Fischer den Vertrag unterschrieben und hoffe, daß damit nun alles in Ordnung ist. Seien Sie vielmals bedankt für Ihr freundliches Einwirken zugunsten der Reise nach Baden und der Honorargarantie. Ich stellte diese letztere Bedingung nur, um ohne beständige Ablenkung arbeiten zu können, und erhielt gestern auch die Zustimmung ... Die Briefe aus Deutschland, die Sie mir sandten, interessieren mich sehr; denken Sie bitte auch ferner an den Biographen, lieber Freund, wenn Ihnen irgend etwas, was Ihnen wichtig scheint, durch die Hände geht. Ich werde alle Schrift- und Druckstücke treulich verwahren ... Von der Zustimmung des Verlags zum Bildteil wissen Sie, wie ich annehme, schon durch den Verlag ...
Den ›Kritiker‹, lieber Herr Hesse, nannte ich, in der vorläufigen Disposition für Herrn Fischer, nur, um Ihre analytischen Neigungen (Kultur- und Selbstkritik, Rezensionen, Buchausgaben, Hinweise usw.) zusammenzufassen. Ich dachte mehr an den rationalen Zug Ihres Wesens überhaupt (an das, was man Rechenschaft nennt), als an ein politisches und polemisches Eingreifen; wovon ich wohl weiß, wie Sie darüber denken. Aber dieses ›darüber denken‹ meinte ich eben. Eine eigentliche Disposition wird sich mir erst aus der Arbeit ergeben.

Der Steppenwolf und Hugo Balls Biographie trabten nun während der nächsten Monate beharrlich nebeneinander her, und während dieser Zeit kamen die beiden Männer einander so nahe, daß sie, wie ihrem bruchstückhaften Briefwechsel zu entnehmen ist, irgendwann gegen Jahresende 1926 zum brüderlichen Du überwechselten. Ende Dezember war das »Unikum von Roman«, wie Ball es später in seinem Buch nannte, beendet. Am 30. Dezember schrieb Ball an Hesse: »Unseren Glückwunsch zum ausgeborenen Steppenwolf!« und fügte über die Fortschritte seiner eigenen Arbeit hinzu:

Auch René Schickele habe ich ein wenig gefragt. Lücken (zur Biographie) empfinde ich noch bei der Basler Zeit (Entstehung des ›Lauscher‹ und des ›Camenzind‹); beim Aufenthalt am Bodensee und in Bern. Einen Fragebogen lege ich bei ... Demnächst will ich nun auch hinauf nach Montagnola. Erlaubst Du mir, in aller Sorgfalt ein wenig Umschau zu halten und etwa noch einige Bücher zu entleihen? Ich möchte mich besonders nach Bildern umsehen. Das Tagebuch Deiner Mutter kenne ich bereits.

»UNHEIMLICHE KREUZ- UND QUERSPINNE«

Hesse hatte offenbar nach Abschluß des Romans überlegt, ob es nicht geraten sei, den Aufzeichnungen des Steppenwolfes Harry Haller eine besondere erzählerische Einkleidung zu geben, und hatte schließlich die Lösung eines »Vorworts des Herausgebers« gefunden – die auch Hauptmann beim *Buch der Leidenschaft* verwendete –, um sich vom allzu direkten autobiographischen Bezug zu distanzieren. Ball schrieb ihm am 16. Februar 1927:

Dolce Maestro – ich gratuliere zur Steppenwolf-Lösung und freue mich, daß das Buch schon bald da sein wird. Kein Mensch wird natürlich bemerken, daß das unter anderem auch der Wolf ist, der die vielen Stepps hat tanzen müssen ...

Meine kleine Arbeit über Dich; es steht damit so: sechs Kapitel sind geschrieben, das siebente ist morgen fertig, zwei bleiben noch. In wenigen Tagen wird das Ganze beisammen sein ... Unangenehm ist mir, daß ich den Termin (Ende Februar) um etwa zehn Tage überschreiten muß, aber Du weißt ja am besten, was für scheußliche Monate diese letzten gewesen sind.

Ich wußte, daß es nicht einfach sein würde, sich in Deinen Klingsor-Garten hineinzubegeben und mit einer Art Topographie für Nachfolger herauszukommen ... Mein Versuch war, Deine Lebenslinie zu lesen und das Geschriebene darauf zu beziehen. Ich glaube, es ist mir gelungen, denn ich verneige mich tief vor Deiner Art und Herkunft.

Du bist eine sehr unheimliche Kreuz- und Querspinne, caro Maestro, die ihre Fäden zu verschlingen und zu verknüpfen weiß, und Du bist außer dem Wolf auch ein feines Fuchsgetier, das seine unterirdischen Gänge hat und nicht leicht auszugraben ist.

Inzwischen hatte Loerke den *Steppenwolf* gelesen, und Hesse, der ihn offenbar wegen der Ratsamkeit des Vorworts befragt hatte, schrieb ihm am 9. März 1927: »Sie haben mir so freundlich und klug über den ›Steppenwolf‹ geschrieben, dafür sage ich Ihnen schönen Dank, und ich bin froh über Ihr Urteil wegen des Vorwortes, das ich nun also stehen lasse ...« Loerkes veröffentlichtes Tagebuch enthält über seinen Eindruck keine Aufzeichnung, lediglich unter dem gleichen 9. März den Vermerk: »Waschzettel zu Hesse, Steppenwolf.«

Hesse wohnte in den Jahren 1925–1931, bis zum Einzug in sein eigenes Haus, während der Wintermonate nicht in Montagnola, sondern in Zürich, und dorthin hatte Ball ihm sein Manuskript Kapitel um Kapitel zur Begutachtung geschickt. Ende März 1927 näherte sich die Arbeit dem Abschluß, und nun schrieb er ihm:

Es wäre mir lieb, wenn Du die Korrekturen mitlesen und Berichtigungen vermerken wolltest... Manches wird nicht ganz stimmen; ich war doch sehr oft genötigt zu kombinieren; finde aber, es macht nichts. Nur notorische Irrtümer sollten vermieden sein... Im übrigen bin ich zufrieden, daß Dir das Buch nicht mißfällt. Wenn ich mitunter ein wenig in die Verschwiegenheit dringe, es ließ sich nicht vermeiden. Es geht jetzt gegen den Schluß; gestern ist der Demian-Abschnitt fertig geworden. Leider ist der Durchschlag nicht gut...

Am 27. März 1927 war die Arbeit beendet, und Hugo Ball schrieb an Fischer:

Sehr verehrter Herr Fischer – beifolgend sende ich den Schluß des Hesse-Buches, und bitte nochmals um gütige Entschuldigung, daß sich die Arbeit um fast einen Monat verzögert hat. Herr Hesse erwartete eine Biographie; ich versuchte seinem Wunsche in einer für das Publikum plausiblen Weise gerecht zu werden. Was mir selbst vorschwebte, war der Versuch, Hesses Gedicht in seinem Leben zu zeigen. Bei dem seltsam verborgenen Wesen des Dichters konnte ich meinem Vorhaben nur in einer Art ›analytischer Biographie‹ gerecht werden. Ich war dabei trotz eingehender Unterredungen hauptsächlich auf das Studium der Schriften und deren Deutung angewiesen. Ich muß gestehen, daß ich die eigentliche Melodie und Tragik dieses Werkes erst bei der intensiven Beschäftigung mit der Gesamtheit der mir erreichbaren Dokumente, und daß ich sie immer erstaunter kennen lernte.
Jetzt über der Arbeit war es natürlich nicht mehr möglich, einzelne fragliche Punkte noch zu besprechen. So werden hie und da kleine Korrekturen im Gesamtbilde nötig werden. Herr Hesse wird wohl bis dahin wieder in Montagnola sein. Auch den verabredeten Rahmen von 10 Bogen mußte ich überschreiten. Was Herr Hesse gerade erwartete, eine intensive Durchleuchtung, ein Spiegel, dies war, so scheint es mir, nur möglich auf die Weise, wie ich es versuchte. Sehr dankbar würde ich vernehmen, wie Sie, sehr verehrter Herr Fischer, über die Arbeit denken, und nach welcher Richtung sich bei der Korrektur vielleicht noch zusehen ließe. Als Titel schlage ich vor: Hermann Hesse, Eine Biographie. Auch wäre ich für einen kleinen Index, der zur rascheren Orientierung die erwähnten Namen und Buchtitel enthält.

Es ist dies das einzige erhaltene Stück aus der Arbeitskorrespondenz zwischen Ball und dem Verlag. Am 2. April schrieb Emmy Hennings an Hesse:

Zusammen mit Ihrem Brief kam dann auch ein Schreiben vom S. Fischer Verlag, in dem der Lektor mitteilt, daß ihm die Hessebiographie recht gut gefällt. Wir waren recht froh mit diesen beiden Briefen...

Der Steppenwolf und Hugo Balls Biographie erschienen gleichzeitig »zum 50. Geburtstag des Dichters« (wie der Verlagsprospekt ausdrücklich verkündete), im Juni 1927, und Hugo Ball, bereits todkrank an einem unheilbaren Leiden, hatte noch die Genugtuung, sein Buch als »Vorbild einer Lebensbeschreibung« wie Loerke sagte, allenthalben gerühmt zu sehen.

Er starb, noch nicht ganz vierzig Jahre alt, am 14. September 1927. Hesse, der ihm den Essayband *Betrachtungen* gewidmet hatte, sagte in seinem Nachruf:

Du warst uns nicht nur ein zuverlässiger, hochherziger und nachsichtiger Freund, ein lieber und überlegener Kollege, dazu ein prachtvoller Kamerad und Gegner für Stunden und Nächte des Plauderns, des Disputierens, des dialektischen Spiels. Du warst nicht nur ein begabter, angenehmer, interessanter und geistvoller Mensch, den wir lieben und bewundern und mit dem wir plaudern und Kameradschaft halten konnten – du warst viel mehr. Du warst uns ein Vorbild.

Fischer tat das Seine, um diesem tragischen Leben ein Denkmal zu setzen, und brachte 1929 einen von Emmy Hennings vorbildlich zusammengefügten Band *Hugo Ball. Sein Leben in Briefen und Gedichten* heraus, zu dem Hesse das Vorwort beitrug. In diesen beiden Büchern ist Hugo Ball lebendig geblieben. Seit dem Erscheinen seiner Hesse-Biographie – man hat sie richtiger eine »Seelenbiographie« genannt – hat sich, ähnlich wie bei Thomas Mann, eine schier unübersehbare Hesse-Literatur aufgetürmt; und obwohl sie mit dem *Steppenwolf* abschließt – 1933 brachte der Verlag eine von Anni Carlsson ergänzte Neuausgabe heraus –, ist sie bis heute unbestritten die einzig wirklich gültige geblieben. Sie war die letzte der Dichtermonographien, die Fischer in Auftrag gab, und ist in jedem Bezug und nicht nur, wenn man bedenkt, in welch kurzer Zeit der todkranke Mann sie zu Papier brachte, von allen die gelungenste.

»PATRIARCH DER JUGEND«

Hesse beging seinen fünfzigsten Geburtstag am 2. Juli 1927, allen Huldigungen und Feiern abhold, im stillen Freundeskreis, und am 22. Juli schrieb er an Loerke:

Vor bald drei Wochen zu meinem Geburtstag kam Ihr lieber guter Brief, den legte ich damals gleich beiseite, um ihn vor dem Los der übrigen Papierhaufen zu retten, die jener Tag brachte. Und gestern bekam ich durch Zufall den Aufsatz zu lesen, den Sie zu meinem Geburtstag in einer Berliner Zeitung (ich weiß nicht welcher) geschrieben haben. So wie Ihr Brief unter den vielen einer der wenigen erfreulichen und echten war, so war es zwischen den meist sehr übeln, oberflächlich lobenden, oberflächlich tadelnden, durchaus ahnungslosen Zeitungsartikeln der Ihre. Also haben Sie mir zweimal eine Freude gemacht. Ich bin Ihnen dankbar dafür.

Loerkes Aufsatz war im ›Berliner Börsen-Courier‹ erschienen. Die Geburtstagshuldigung der ›Neuen Rundschau‹ hielt sich, wohl auf Hesses Wunsch, in bescheidenen Grenzen. Sie brachte von Hesse selbst zwei kurze Beiträge, den aus dem Roman entnommenen *Traktat vom Steppenwolf* und *Ein Stück Tagebuch*, sowie den Abschnitt *Hermann*

Hesse und der Osten aus Balls Biographie und als einzige Würdigung eines Außenstehenden einen Aufsatz *Hermann Hesse und die Jugend* von W. E. Süskind. Er untersuchte eine interessante Frage, nämlich welches Geheimnis wohl bewirke, daß Hesse, »ein Mensch der Renaissancen«, immer wieder unter neuem Aspekt die Jugend an sich ziehe – 1905 zum erstenmal, 1919 mit dem *Demian* zum zweiten, und wie oft wohl hinfort noch? »Wie geht das zu, ist Wandlung im Spiel, Irrtum, Erneuerung ...?«

... es ergibt sich, daß einem Teil Jugend die Kraft innewohnen kann, sich zu verjüngen, die Jahresringe zu überspringen und in einer begnadeten Gleichsinnigkeit mehreren Generationen der Jugend ihr Gesicht abzulesen, wohl gar vorzuschreiben. Hesse gehört sicher zu diesen Verwandelten, diesen Patriarchen der Jugend – und wer an die Jugend glaubt, der wird jedem Lebendigen in etwas diese Kraft beimessen und nur die Abgelaufenen zum Alter rechnen – wir kennen sie alle.

Vom *Steppenwolf* war in diesem Aufsatz nicht die Rede. Er war kein Buch von der Jugend und sprach die Jugend damals nicht an; oder aber sie las ihn falsch, wie Hesse selbst einige Jahre später (in einem Brief an R. B. vom 4. Mai 1931) fand:

... wenn ich nun auf junge Leser zum Beispiel des ›Steppenwolfs‹ treffe, so finde ich sehr oft, daß sie alles in diesem Buch, was über den Irrsinn unserer Zeit gesagt ist, sehr ernst nehmen, daß sie aber das, was mir tausendmal wichtiger ist, gar nicht sehen, jedenfalls nicht daran glauben. Es ist aber damit nichts getan, daß man Krieg, Technik, Geldrausch, Nationalismus etc. als minderwertig ankreidet. Man muß an Stelle der Zeitgötzen einen Glauben setzen können. Das habe ich stets getan, im ›Steppenwolf‹ sind es Mozart und die Unsterblichen und das magische Theater, im ›Demian‹ und in ›Siddharta‹ sind dieselben Werte mit andern Namen genannt ...

Doch ein Menschenalter später, lange nach dem Zweiten Weltkrieg, geschah es, daß die Jugend nicht nur Europas, sondern vor allem Amerikas aus Hesses ganzem Werk gerade dieses Buch für sich entdeckte und in seiner bitterbösen Zerrissenheit ein Spiegelbild ihres eigenen gequälten Antlitzes erblickte, so daß der *Steppenwolf* heute dasjenige Buch ist, das Hesses Weltgeltung bestimmt. Zu dieser Merkwürdigkeit hatte Hesse selbst vierzig Jahre zuvor, in seinem »Vorwort des Herausgebers« den Schlüssel geliefert: Hallers Aufzeichnungen seien nicht nur die »pathologischen Phantasien eines einzelnen, eines armen Gemütskranken ...«, sondern »die Krankheit der Zeit selbst«.

Diese Aufzeichnungen ... sind ein Versuch, die große Zeitkrankheit nicht durch Umgehen und Beschönigen zu überwinden, sondern durch den Versuch, die Krankheit selber zum Gegenstand der Darstellung zu machen. Sie bedeuten, ganz wörtlich, einen Gang durch die Hölle, einen bald angstvollen, bald mutigen Gang durch das Chaos einer verfinsterten Seelenwelt, gegangen mit dem Willen, die Hölle zu durchqueren, dem Chaos die Stirn zu bieten, das Böse bis zu Ende zu erleiden ... Haller gehört zu denen, die zwischen zwei Zeiten hineingeraten, die aus aller Geborgenheit und Unschuld herausgefallen sind, zu denen, deren Schicksal es ist, alle Fragwürdigkeit des Menschenlebens gesteigert als persönliche Qual und Hölle zu erleben.

Der Steppenwolf kam bei seinem ersten Erscheinen Hesses großer Lesergemeinde nicht entgegen; er verschreckte, verdutzte, empörte. Die Verehrer erkannten, daß es, wie Ball geschrieben hatte, »neben dem Idylliker und Asketen einen robusten, veitstänzerischen, flagellantischen Hesse gibt«. Fischer muß gefürchtet haben, daß dieses Buch einen guten Teil der Hesse-Gemeinde verscheuchen werde, und druckte vorsichtshalber eine (für Hesse) bescheidene Erstauflage von 15000 Exemplaren. Aber das Buch fesselte, es hielt fest. Noch im gleichen Jahr 1927 konnten 10000 Exemplare nachgedruckt werden, und seine finstere »Abstoßungskraft« brachte nach und nach über vierzigtausend Exemplare unter die Leute. Thomas Mann meinte: »... ist es nötig zu sagen, daß der ›Steppenwolf‹ ein Romanwerk ist, das an experimenteller Gewagtheit dem ›Ulysses‹, den ›Faux-Monnayeurs‹ nicht nachsteht?« Hesse selbst unternahm es in einem Nachwort zu dem Roman 1941 nochmals, die Perspektive zurechtzurücken:

Diese Leser haben ganz übersehen, daß über dem Steppenwolf und seinem problematischen Leben sich eine zweite höhere, unvergängliche Welt erhebt, und daß der ›Traktat‹ und alle jene Stellen des Buches, welche vom Geist, von der Kunst und von den ›Unsterblichen‹ handeln, der Leidenswelt des Steppenwolfes eine positive, heitere, überpersönliche und überzeitliche Glaubenswelt gegenüberstellen, daß das Buch zwar von Leiden und Nöten berichtet, aber keineswegs das Buch eines Verzweifelten ist, sondern das eines Gläubigen.

Sollte es Bücher geben, die große Wirkung tun, weil man sie überhaupt nur mißverstehen kann?

DIE PAAR WENIGEN

Noch vor dem Erscheinen des *Steppenwolf*, im Frühjahr 1927, erhielt Fischer von Hesse ein Geschenk. Es war dies, wie es scheint, ein vorläufiges, noch nicht zur Buchveröffentlichung bestimmtes Manuskript, das den Titel *Krisis. Ein Stück Tagebuch mit Gedichten* trug. Es war eine Nachwehe des Romans und umfaßte unter anderem auch die schon 1926 in der ›Neuen Rundschau‹ erschienenen *Steppenwolf-Gedichte* und das in der Geburtstagsnummer enthaltene *Tagebuch.* (Ein letzter Nachzügler, die kleine Prosaerzählung *Vom Steppenwolf*, die von einem wirklichen Wolf namens Harry handelt, erschien 1928 in der ›Neuen Rundschau‹, aber in Buchform erst 1945 in dem Band *Traumfährte.*) Fischer war von diesem Manuskript stark ergriffen. Er schrieb Hesse am 30. Mai 1927 nicht aus dem Büro, sondern aus dem Grunewald einen handschriftlichen Privatbrief:

Vielen Dank, lieber und verehrter Freund, für die Gedichte. Erst heute kann ich Ihnen für das freundschaftliche Geschenk und dafür danken, daß Sie mich einen Blick in Ihre Bekenntnisse tun lassen, bevor sie in ihrer endgültigen Fassung den Bereich privaten Erlebnisses verlassen haben.
Die Unmittelbarkeit und Nähe der Vorstellung pocht wie der Ton eines mittelalterlichen Totentanzes an unser Bewußtsein. Das unentrinnbare Schicksal, dem wir alle unterworfen sind, richtet sich in Ihren Versen auf, und mit Hohn und Spott, Wollust und Bitterkeit antwortet die gepeinigte Creatur. Das ist der erschütternde Eindruck und die Stimmung, die Ihre Bekenntnisse zurücklassen.
Soll aber die Sonnenseite Ihrer Natur nicht auch zu ihrem Recht kommen? Sie sind vom Schicksal zugleich begnadet, aus der Fülle Ihrer seelischen Kräfte zu schöpfen und die Menschen zu beglücken und reicher zu machen. Ich glaube, Sie unterschätzen Ihre Wirkung in dieser Hinsicht, sonst müßten doch die Tage frohen Schaffens auch in Rechnung gesetzt werden ... ich habe den Eindruck, daß Ihre zwei letzten Bücher den Kreis Ihrer Freunde erweitert und vertieft haben.

Dieses Manuskript war nicht für die große Öffentlichkeit bestimmt. Fischer brachte es zu Beginn des Jahres 1928 unter dem Titel *Krisis. Ein Stück Tagebuch* in einer einmaligen Auflage von 1150 Exemplaren heraus; davon waren tausend Exemplare numeriert und 150 nichtnumerierte Exemplare für den Autor und die Presse bestimmt. Das Buch erschien praktisch als Privatdruck, unter Ausschluß der Öffentlichkeit und ist in keinem Almanach, keinem Katalog oder Prospekt des Verlags erwähnt. Thomas Mann bekam von Hesse ein Exemplar und schrieb ihm:

Ich danke Ihnen, daß Sie auch mich durch die Übersendung dieser Verse geehrt haben, deren Atmosphäre nicht jedermanns Sache sein wird. Daß ich mich darauf verstehen würde, obgleich mein Stoffwechsel physiologisch ist, durften Sie glauben. Die Liebenswürdigkeit Ihrer Hypochondrie und die im Grunde junge Sehnsucht nach dem ›Aufgehen‹ haben mich wie schon so oft bei Ihnen aufs innigste berührt. Man wird ja immer verdrießlichwählerischer in Dingen der Lektüre und kommt mit dem Meisten nicht mit. Der ›Steppenwolf‹ hat mich seit langem zum erstenmal wieder gelehrt, was Lesen heißt.

Hesse selber war bei dem Buch ein wenig verdrießlich zumute. Er schrieb an Ninon Dolbin, seine spätere Gattin:

Für mich kommt es, wie immer, viel zu spät, und ich muß jetzt von meinen Freunden Vorwürfe und Lobsprüche anhören über Dinge, die für mich vor zwei, drei Jahren aktuell und wichtig waren und es heute längst nicht mehr sind. Und jene Freunde, die heute über das Buch böse sind, werden mir in fünf bis sechs Jahren (wo sie sich dann über Neues an mir ärgern) sagen, daß es mit mir bergab gehe, und daß ich mich doch ein wenig zusammennehmen und wieder einmal etwas so Hübsches schreiben solle, wie es damals die ›Krisis‹ gewesen sei.

Fischers Mahnung an die »Sonnenseite Ihrer Natur« war, als er sie schrieb, schon nicht mehr nötig. Hesse war bereits seit dem Frühjahr 1927 an der Arbeit an *Narziß und Goldmund*, wohl dem ›durchsonntesten‹ aller seiner Romane, der zusammen mit dem, im Nachtgewölk verhüllten Mondlichts geisternden *Steppenwolf* gleichsam den Januskopf der Hesseschen Schöpfung bildet. *Narziß und Goldmund* erschien vom Herbst 1929 bis Frühjahr 1930 in sieben Fortsetzungen in der ›Neuen Rundschau‹ und brachte unversehens die Zeitschrift in zahllose Hände, die sie bisher selten aufgeschlagen hatten. Die Hesse-Gemeinde atmete erleichtert auf, daß der *Steppenwolf*-Alptraum zu Ende war, und begrüßte entzückt diesen in der Tat mit märchenhafter Anmut erzählten Roman (den Hans Meid für die Buchausgabe überdies in eine hinreißend beschwingte Operndekoration eingekleidet hatte – wohl der zugkräftigste Schutzumschlag des Verlags seit Jahr und Tag). »Wer mir Lobsprüche über den ›Goldmund‹ sagte«, schrieb Hesse an einen Leser im Juli 1930, »der tat es meistens nicht, ohne durchblicken zu lassen, daß niemand mir auf den so unerfreulichen und mißglückten ›Steppenwolf‹ hin ein so anständiges Werk zugetraut hätte.« Der Roman war der große Erfolg des Frühjahrs 1930 und hatte binnen kurzer Zeit das 50. Tausend erreicht.

Hesse schüttelte ein wenig den Kopf; das Entzücken der Leser beeindruckte ihn nicht sonderlich. Er fand, wie er in einem anderen Brief schrieb, der Roman sei um nichts besser als der *Steppenwolf*, der sein Thema klarer umreiße und kompositorisch strenger gebaut sei, aber

beim Goldmund kann der gute deutsche Leser Pfeife rauchen und ans Mittelalter denken, und das Leben so schön und so wehmütig finden, und braucht nicht an sich und sein Leben, seine Geschäfte, seine Kriege, seine ›Kultur‹ und dergl. zu denken. So hat er wieder einmal ein Buch nach seinem Herzen gefunden. Nun, es ist ja einerlei, es kommt ja doch bloß auf die paar wenigen an ...

Narziß und Goldmund war das letzte größere Werk Hermann Hesses, das der Verlag zu Lebzeiten seines Gründers herausbringen konnte. Es folgte nur noch zwei Jahre später, 1932, die Erzählung *Die Morgenlandfahrt*, ein schmales Buch für »die paar wenigen«, das sich mit bescheidenen acht Auflagen begnügte. Um diese Zeit hatte Hesse bereits mit der Arbeit an seinem letzten großen Roman, dem *Glasperlenspiel* begonnen, das erst mehr als ein Jahrzehnt später an den Tag kam. Fischer und Hesse trafen sich noch mehrmals winters im Engadin, aber es ist aus diesem ganzen letzten Jahrfünft kein Briefwechsel zwischen ihnen erhalten, der über ihr Verhältnis und ihr Zusammenwirken während dieser Zeit Auskunft geben könnte.

DIE SCHNITZLER-AUSGABE LETZTER HAND

Zwanzig Jahre waren vergangen, seit Schnitzlers letzter großer Roman *Der Weg ins Freie* erschienen war. Jetzt endlich nahte mit *Therese* wieder ein umfangreiches Prosawerk heran, von dem Fischer sich große Wirkung versprach. Um die gleiche Zeit erwies sich, daß die Schnitzler-Gesamtausgabe nahezu vergriffen war und »sehr bald« neu gedruckt werden mußte. Diese Gesamtausgabe war noch immer die alte von 1912 in zwei Abteilungen numerierter Bände – die Erzählenden Schriften und die Theaterstücke –, die 1922 zu Schnitzlers sechzigstem Geburtstag durch je einen Ergänzungsband vervollständigt worden war. Seither war wenig Neues hinzugekommen, doch immerhin genug, zumal wenn Zsolnay *Fräulein Else* für die Gesamtausgabe freigab, um einen weiteren Ergänzungsband der Erzählenden Schriften zu schaffen. Dieser Gedanke wurde zwischen Schnitzler und Fischer im Oktober 1927 besprochen, und Fischer, der inzwischen Schnitzlers essayistische Schrift *Der Geist im Wort und Der Geist in der Tat* herausbrachte, hatte gehofft, den Ergänzungsband noch zu Weihnachten 1927 vorlegen zu können. Er schrieb am 5. November 1927:

> Wir hätten den Ergänzungsband doch vielleicht so schnell setzen können, daß er noch zu Weihnachten herausgekommen wäre. Da Sie in diesem Jahr zu Weihnachten nichts Neues haben, in der Buchhändlersprache keine Weihnachts-Novität, die jetzt herauskommen könnte, wäre das sehr vorteilhaft gewesen ...

Hierfür war es inzwischen zu spät geworden, und da für 1928 der neue umfangreiche Roman *Therese* vorlag, schlug Fischer vor, statt des unveränderten Neudrucks der alten Gesamtausgabe mit Ergänzungsbänden diese Gesamtausgabe aus der bisherigen Zwangsjacke zu befreien und eine ganz neue sechsbändige Gesamtausgabe der Erzählenden Schriften zu veranstalten, die nach dem neuen Prinzip aus einheitlich ausgestatteten, aber nicht numerierten und einzeln verkäuflichen Bänden bestehen sollte. Denn, so schrieb er Schnitzler, »wenn wir dabei beharren, die sechsbändige Ausgabe nur zusammen für etwa 45–50 Mark Ladenpreis auszugeben, so wird der Absatz so gering sein, daß ein Neudruck nicht möglich wäre«. Die alte numerierte Ausgabe sollte nicht neu aufgelegt werden; hingegen sollten ihre vier Bände inhaltlich unverändert den ersten vier Bänden der neuen Ausgabe entsprechen, und als fünfter und sechster Band waren *Therese* und der bereits besprochene Ergänzungsband mit den inzwischen erschienenen kürzeren Arbeiten vorgesehen.

Aber nun ergab sich eine Schwierigkeit. Fischer fand, wie er Schnitzler am 3. Juli 1928 schrieb, daß die bisherigen, nun nicht mehr numerierten Bände zur Kenntlichmachung für den Einzelverkauf besondere Titel erhalten müßten, etwa in der Weise, wie Shaw seine frühen Stücke unter Sammeltiteln in drei Bänden zusammengefaßt habe oder wie man die neu geordneten Erzählungsbände der Hesse-Gesamtausgabe besonders zu benennen gedachte:

Es nützt also nichts, verehrter Freund, Sie müssen für die vier Novellenbände vier Titel erfinden. Das schließt natürlich nicht aus, daß wir die sechs Bände in einer festen Papp-Enveloppe als Gesamtausgabe auch führen. Da die Bände der Gesamtausgabe sich von den Einzelbänden in keiner Weise unterscheiden, hat der Käufer die Wahl, entweder alle sechs Bände auf einmal zu kaufen oder sie sukzessive zu erwerben. Ich hoffe, Sie werden sich der Notwendigkeit, das Werk auf diese Art herauszubringen, nicht verschließen.

Schnitzler sträubte sich heftig. Er sei ganz ratlos, schrieb er, wie er für diese so verschiedenartigen vier Bände, von denen der erste zehn, der zweite elf kleinere, die beiden anderen je drei größere Novellen enthielten, neue Titel erfinden solle. Das Ganze war ihm zu gewaltsam. Schließlich fand er einen Kompromiß, den Fischer annahm, und die neue sechsbändige Ausgabe erschien im Herbst 1928 in dieser Gliederung: der erste Band hieß jetzt *Sterben und andere Novellen*, der zweite *Frau Berta Garlan und andere Novellen*, der dritte enthielt den Roman *Der Weg ins Freie*, der vierte (und vormalige Ergänzungsband von 1922) hieß jetzt *Die Alternden*, der fünfte war der im Frühjahr 1928 erschienene neue Roman *Therese*, und der sechste mit dem Sammeltitel *Die Erwachenden* enthielt *Fräulein Else*, deren Einzelausgabe bei Zsolnay erschienen war, *Die Frau des Richters*, die 1925 im Ullsteinschen Propyläen-Verlag herausgekommen war, und die 1926 bei Fischer als Einzelausgabe erschienene *Traumnovelle*. Damit waren auch Schnitzlers »Extratouren« der letzten Jahre unter Fischers Dach zusammengefaßt. Nur die Novelle *Spiel im Morgengrauen* von 1927 blieb ausgeklammert.

Diese sechsbändige Ausgabe erschien im November 1928. Fischer druckte eine Erstauflage von 4000 Exemplaren und bei dem neu hinzugekommenen sechsten Band von 5000 Exemplaren. *Therese* war in einer Erstauflage von 30 000 Exemplaren erschienen, die »etwa 300 bis 350 Exemplare pro Woche« absetzte und von der ein halbes Jahr nach Erscheinen noch 6000 Exemplare vorrätig waren. Von diesen nahm Fischer »einstweilen« 1000 Exemplare in die Reihe der Gesammelten Schriften auf. Die Einzelbände der Ausgabe kosteten 7,50 M., alle zusammen in einer Kartonkassette 45 M. Dies war die letzte Gesamtausgabe, die zu Schnitzlers Lebzeiten erschien, und darf somit als die Ausgabe letzter Hand gelten.

EPISODE: DER FALL REMARQUE

Im Frühjahr 1928 traf Fischer eine Entscheidung, die von den meisten seiner Verleger-Zeitgenossen kopfschüttelnd als ein Fehlurteil oder zumindest doch als ein ausgesuchtes Mißgeschick betrachtet wurde und als ein solches in die Annalen der deutschen Literaturgeschichte eingegangen und von mancherlei anekdotischem Rankenwerk umsponnen worden ist. Fischer lehnte das Erstlingswerk eines unbekannten Autors ab und erlebte es, daß es binnen Jahresfrist im Haus Ullstein zum größten Erfolg aufstieg, den ein Buch bis dahin in Deutschland, wenn nicht in der Welt überhaupt erlebt hatte. Hatte sein berühmter Spürsinn ihn im Stich gelassen? Oder fühlte er den Pulsschlag der Zeit nicht mehr? So fragte sich mancher. Es war eine Frage, die für das ›Image‹ des Verlags, für die allgemeine Vorstellung von seiner Lebendigkeit von Bedeutung war. Doch wie es zur Ablehnung von Erich Maria Remarques Kriegsroman *Im Westen nichts Neues* kam, was im einzelnen in dieser Sache in der Bülowstraße sich zutrug, ist heute mit Sicherheit nicht mehr auszumachen. Die Erinnerungen der Beteiligten, zumeist dreißig, gar vierzig Jahre später veröffentlicht, führen den Chronisten vielmehr in einen Irrgarten der Unstimmigkeiten, der zeigt, wie sonderbar verschieden der gleiche Vorgang sich im Gedächtnis der Zeitgenossen aufbewahrte.

Im Westen nichts Neues war nicht der erste Kriegsroman. Die große Wartezeit, in der die literarische Gestaltung des deutschen Kriegserlebnisses heranreifte und die Abneigung überwunden wurde, mit welcher die Leserschaft Kriegsbücher zehn Jahre lang von sich gewiesen hatte, war zu Ende, die notwendige Distanz, von der Fischer gesprochen hatte, gewonnen. Im Vorjahr, 1927, waren Arnold Zweigs *Der Streit um den Sergeanten Grischa* und Georg von der Vrings *Soldat Suhren* erschienen, zwei bedeutende Bücher, die großen Widerhall fanden. 1928, als Remarque sein Buch bei Fischer einreichte, erschienen Ludwig Renns *Krieg* und Ernst Glaesers *Jahrgang 1902*, und ihr Erfolg bezeugte, daß ein Bedürfnis nach einer ungefärbten, wahrheitsgetreuen, ›sachlichen‹ Schilderung des Kriegserlebnisses bestand. Obwohl viele Verleger an ihrer vorgefaßten Meinung festhielten, das Publikum wolle vom Krieg nichts wissen, erzielten gerade die besten und ausgereiftesten Kriegsromane hohe Auflagen und beherrschten zeitweilig geradezu den Büchermarkt. Remarque setzte diese Welle nicht in Bewegung; er wurde im richtigen Augenblick von ihr erfaßt und in schwindelnde Höhe getragen. Freilich hatte er ein sehr gutes Buch geschrieben.

Erich Maria Remarque war zur Zeit der Niederschrift neunundzwanzig Jahre alt. Er war Redakteur der Zeitschrift ›Sport im Bild‹, die im Berliner Großverlag Scherl erschien; im gleichen Verlag erschien auch die Zeitschrift ›Der Silberspiegel‹, zu deren Mitarbeitern Paul Eipper mit seinen beliebten Tiergeschichten gehörte. Gewiß ist, daß Eipper die Verbindung war, über die Remarques Manuskript zu Fischer gelangte. Es gab im Verlag unter den leitenden Männern nicht viele, die den Krieg an der Front mitgemacht hatten und den inneren Wahrheitsgehalt eines so zutiefst desillusionierenden Buches wie *Im Westen nichts Neues* beurteilen konnten; einer von ihnen war Bermann Fischer. Seiner Erinnerung nach las er das Manuskript in einem Zug in der Nacht vor Antritt einer vierwöchigen Urlaubsreise, legte es am nächsten Morgen seinem Schwiegervater vor und beschwor ihn, es sofort zu lesen und unverzüglich mit dem Autor einen Vertrag zu schließen, ehe ein anderer Verlag das Buch zu sehen bekam. Überzeugt, einen großen Griff getan zu haben, erkundigte er sich bei seiner Rückkehr als erstes, ob der Vertrag mit Herrn Remarque unterzeichnet sei, und erhielt von Fischer die Antwort: »Ich habe ihm gesagt, wir würden sein Buch bringen, wenn er keinen anderen Verlag dafür findet.« Bermann Fischer versuchte, das Manuskript zurückzuholen, doch es war zu spät. Eipper hatte, wie es scheint, dem betrübten Remarque Mut zugesprochen und ihm zu Ullstein geraten, und Ullstein hatte nach einigem Zögern das Buch für den Propyläen-Verlag erworben. Lektor der Romanabteilung im Ullstein-Haus war zu jener Zeit Max Krell. Das Manuskript kam, wie er in seinem Erinnerungsbuch *Das alles gab es einmal* erzählt, kurz nach Pfingsten 1928 auf seinen Schreibtisch:

Remarque machte, noch ehe es zum vertraglichen Abschluß kam, ein Geständnis: er habe sein Manuskript vor uns dem Verlag S. Fischer angeboten. Ein junger Autor, der sich etwas erhoffte, ging immer zuerst zu S. Fischer, der als der literarische Verleger in Deutschland galt und internationale Bedeutung hatte.

Der ›alte Fischer‹, der eine berühmte Spürnase besaß, hatte die Hände über dem Kopf zusammengeschlagen. Neben Gerhart Hauptmann, Arthur Schnitzler, Thomas Mann, Hugo von Hofmannsthal, Jakob Wassermann schien ihm dieses Buch der schroffen Illusionslosigkeit einfach nicht denkbar; außerdem war er auf Autoren erpicht, die ein reiches Lebenswerk versprachen. Würde nach diesem Kriegsbericht noch etwas Starkes, zum Beispiel eine Folge von Romanen, kommen? Er zweifelte.

Ich konnte später feststellen, daß er das Manuskript seinem Lektor, dem sensiblen Oskar Loerke, gar nicht erst zugeleitet hatte. Betriebsunfall, der jedem passieren kann. Es gefiel mir, daß Remarque den Verzicht Fischers von vornherein zugab; die meisten Autoren verschweigen das, was sie als eine Niederlage ansehen...

Ganz so kann es nicht gewesen sein. Hatte Loerke das Manuskript wirklich nicht zu sehen bekommen? In seinen Aufzeichnungen ist die

Episode nicht erwähnt. Eipper, der mit Loerke gut befreundet war, schildert den Hergang in der Bülowstraße anders. In einem Erinnerungsaufsatz, den er anläßlich Loerkes 80. Geburtstags veröffentlichte, heißt es:

Am S. Fischer-Verlagstelefon war der Herausgeber des Silberspiegel: »Eipper, Ihr Katzen-Aufsatz für unsere Zeitschrift soll heute nachmittag in die Druckmaschine. Ich schicke Ihnen jetzt sofort den Fahnenabzug zum Imprimatur. Durch Sonderboten, durch meinen jungen Mitredakteur Kramer. Sie kennen ihn ja; er wollte Sie sowieso sprechen, hat nämlich einen Kriegsroman geschrieben, für den Scherl-Verlag eignet er sich leider nicht. Zu Ullstein möchte Kramer nicht vordringlich; Ihr Verlag wäre ihm lieber. Können Sie die Prüfung dort beschleunigen lassen; ich glaube, es ist wirtschaftlich eine aussichtsreiche Sache.«
Herr Kramer kam und überließ mir sein Manuskript. Der Autorname war zum Pseudonym ›Remarque‹ umgedreht, und der Buchtitel hieß ›Im Westen nichts Neues‹. Ich las das Manuskript am gleichen Abend an, telefonierte lange mit Loerke und schickte es ihm, wieder durch Sonderboten, ebenfalls in seine Wohnung. Am übernächsten Tag verhandelten Fischer und Loerke stundenlang, und ich wurde gebeten, für den kommenden Tag Herrn Kramer-Remarque in unseren Verlag zu bestellen.
Fischer benahm sich menschlich und verlegerisch äußerst geradeheraus und schlicht: »Herr Kramer, ich sag's Ihnen unverbrämt, Sie haben ein großes Kapital in der Hand. Das Manuskript wird ungewöhnlichen Erfolg erzielen. Aber ich möchte es nicht jetzt schon in meinem Verlag herausbringen. Vielleicht in zwei Jahren, wenn die Weltsituation geklärter ist. Selbstverständlich werde ich Ihnen eine entsprechend hohe Rente garantieren, wenn Sie so lange warten wollen. Aber Sie haben es mit diesem Buch nicht nötig. Ich wünsche Ihnen die richtige Entscheidung und den richtigen Verleger!«
Der Ullstein-Erfolg dieses Buches ist ja weltbekannt, und in einer stillen Stunde hat mir Loerke zugegeben, daß er hier wohl zum einzigen Mal als Lektor völlig anderer Meinung war als sein Chef und zur sofortigen Verlagsübernahme dringend geraten habe. Mich sprach Herr Fischer nur einmal auf Remarque an: »Na, Sie nehmen es mir sicher auch krumm, daß ich den mir durch Sie gebrachten Remarque-Roman nicht stürmisch erwarb. Vielleicht war es unklug. Aber mein Gefühl beriet mich damals so, und ich ahnte, was damit auf meinen Verlag einstürmen könnte. Außerdem war ich nie ein Verleger, der jägerisch nur auf äußere Gewinnchancen pirschte.«

Soweit Paul Eipper. Remarque selber, angesichts dieser unstimmigen Zeugnisse um Auskunft gebeten, teilte in einem Brief vom 4. August 1966 mit:

›Im Westen nichts Neues‹ wurde im Frühjahr 1928 durch den Chefredakteur von Sport im Bild, Konrad Elert, mit dem ich befreundet war und in Sport im Bild zusammen arbeitete, über Paul Eipper, der einer unserer Mitarbeiter war, dem S. Fischer Verlag eingereicht. (Eipper irrt sich etwas in seinen Erinnerungen – zum Beispiel habe ich nie Kramer geheißen und ihn nie kennen gelernt.) Samuel Fischer selbst ließ mich dann später kommen und sagte mir, er glaube nicht, daß das Buch ein Geschäft sei – niemand wolle mehr etwas vom Kriege wissen. Aber ich könne ja einen anderen

Verleger versuchen. Soviel ich mich erinnere, gab er mir auch das Manuskript zurück.
Ich schrieb ihm noch einen Brief, ein paar Tage später, mit Daten über bereits erschienene Kriegsbücher und ihre Auflagen, die ich in einer Buchhandlung zusammengestellt hatte. Ich hoffte und bat ihn, seinen Entschluß noch einmal zu überlegen — vielleicht würde auch mein Buch einige tausend Exemplare verkaufen. Darauf bekam ich keine Antwort, und einige Monate später wurde das Buch Ullstein (Propyläen-Verlag) eingereicht, die es sofort kauften.
Was Eipper berichtet über die Umstellung meines Namens und meine Gespräche mit Fischer ist Phantasie; aber es ist durchaus möglich, daß er mit Loerke und Fischer sich beraten hat; davon ist mir nichts bekannt. Der Name ›Kramer‹ wurde erst ein Jahr später, als das Buch großen Erfolg hatte, von seinen Gegnern erfunden, sehr zu meiner Erheiterung.

Schon der Vorabdruck von *Im Westen nichts Neues* in der ›Vossischen Zeitung‹ erregte großes Aufsehen, das Erscheinen der Buchausgabe Ende Januar 1929 war eine Sensation. Binnen Jahresfrist hatte die deutsche Auflage eine Million erreicht; das Buch, in 28 Sprachen übersetzt, wurde ein Welterfolg. Um diese Zeit hatte Willy Haas ein Gespräch mit Fischer, das er 1959 in einem Gedenkaufsatz aufzeichnete:

Samuel Fischer war nicht der Mann langer literarischer Debatten, aber er ließ einen Hörer, der zu hören verstand, freimütig manches sehr Persönliche hören. Ich erinnere mich an eine der charakteristischsten Szenen. Es war die Zeit des internationalen Riesenerfolgs von Remarques ›Im Westen nichts Neues‹. Das Manuskript hatte, wie man hörte, lange im Verlag S. Fischer gelegen — und war zurückgeschickt worden. »Haben Sie das Buch gelesen, Herr Fischer?« — »Ich habe es vor kurzem gelesen. Es ist ein interessantes, gutes Buch!« — »Nun, was sagen Sie dann zu Ihren Lektoren, die es zurückgeschickt haben?« Er blickte mich höchst vergnügt an: »Ich sage, daß es gute Lektoren sind, die Instinkt dafür haben, was in unseren Verlag paßt und was nicht. Das Buch hätte nicht in den Rahmen gepaßt.« Das war nicht die Miene eines Geschäftsmannes, dem ein Millionengeschäft durch die Finger entglitten war und der nun gute Miene zum bösen Spiel machte. Er war wirklich zufrieden. Und er hatte recht. Das Buch paßte nicht in den Rahmen des Verlags.

Bermann Fischer bestätigte später: »Es war für mich erstaunlich zu sehen, daß Fischer sich über den entgangenen Erfolg nicht einen Augenblick lang aufregte oder ärgerte.« Daß das Buch nicht »in den Rahmen des Verlags« paßte, mag letztlich der Grund gewesen sein, warum überhaupt die Welle der Kriegsbücher, die in diesen Jahren beinahe jedem deutschen Verlag einen Erfolg ins Haus trug, am S. Fischer Verlag vorbeirollte. Remarques Buch war der Höhepunkt und zugleich das Ende dieser Phase. Mit ihm setzte zugleich auch der nationalistische Gegenstoß ein; der ganze Komplex Remarque wurde zu einem Politikum. Ob Fischer wirklich ahnte, was »damit auf meinen Verlag einstürmen könnte?« Der Verlag scheute vor der rücksichtslosen Entheroisierung des Krieges durchaus nicht zurück. Er brachte nicht nur 1929 Martin Beradts Kriegsbuch, das bei seinem ersten Erscheinen unbeachtet geblieben war, unter dem Titel *Schipper an der Front* neu heraus. Er fügte ihm im folgenden Jahr in Reisigers Übersetzung ein englisches Kriegsbuch aus der Feder einer Frau hinzu, das bis dahin einzige, das aus dem unmittelbaren Fronterlebnis einer Frau entstanden war: *Mrs. Biest pfeift. Frauen an der Front* von Helen Zenna Smith. Dieses »entsetzliche, grauenvolle, naiv-schamlose, verzweifelt-zynische, erschütternde Buch«, wie das ›Berliner Tageblatt‹ es nannte, war trotz seines unglücklichen deutschen Titels ein »grandioses Manifest gegen den Krieg« und ging in seiner Schonungslosigkeit noch weit über Remarque hinaus.

Und schließlich war auch der 1928 bei Fischer anonym erschienene, offensichtlich autobiographische Roman *Ginster. Von ihm selbst geschrieben,* wiewohl er in der westdeutschen Etappe spielte, ein Kriegsroman, und zwar in seiner hintersinnigen, fast blinden Gleichgültigkeit gegenüber dem Geschehen von einer geradezu bösartigen Eindringlichkeit. Dieses virtuos unkünstlerisch geschriebene, in eine hermetische, absichtsvoll untransparente Sprache eingekapselte Buch machte in literarischen Kreisen einiges Aufsehen, denn sein Verfasser Ginster war, wie bald jeder wußte, der scharfzüngige Literatur- und Kulturkritiker der ›Frankfurter Zeitung‹ Siegfried Kracauer, der gerade in jenen Jahren die ›junge Generation‹ mit vitriolischer Erbarmungslosigkeit verhöhnte. Ginster drückt sich nicht vor dem Krieg, aber er macht auch nicht mit: »Jeder Mensch, den ich kenne, ist eine Festung. Ich selbst will nichts. Sie werden mich nicht verstehen, aber am liebsten zerrieselte ich.«

Aber um diese Zeit dreht es sich schon nicht mehr um die literarische Bewältigung der Vergangenheit. Man hatte den Kopf voll vom Lärm der Gegenwart, und alle guten Geister waren aufgerufen, sich mit der bedrohlichen Zukunft zu befassen.

ENTSTEHUNG EINES ERFOLGSROMANS

Es fügte sich, daß der Verlag zu eben der Zeit, als er auf Remarque verzichtete, gerade einen großen Bestseller aus der Taufe gehoben hatte. Jakob Wassermanns deutscher Justizroman *Der Fall Maurizius* war im Frühjahr 1928 in aller Munde; er war, Remarque ausgenommen, das letzte große Buchereignis der ausgehenden Weimarer Republik.

Der Sensationserfolg dieses Romans ging zum Teil darauf zurück, daß die breite Öffentlichkeit in ihm eine kaum verhüllte Schilderung des Falles Karl Hau erblickte. Dieser aufsehenerregende Mordprozeß lag mehr als zwanzig Jahre zurück, und Wassermanns Roman hatte in seiner ursprünglichen Konzeption nichts mit ihm zu tun. Wassermann beschäftigte sich schon seit langem mit den menschlichen Problemen von Recht und Gerechtigkeit, mit Fragen der inneren und äußeren Schuld und Unschuld, der Rechtfindung und Rechtsprechung. Sein letzter Roman, *Laudin und die Seinen*, 1925 erschienen, war der Roman eines Rechtsanwalts gewesen, und er sagte später, er verhalte sich zum *Maurizius* wie die Vorhalle zum Haus. Der *Maurizius*-Stoff sollte in seiner ursprünglichen Fassung der Roman zweier Brüder werden, von denen der jüngere den Namen Etzel tragen sollte. Der ältere Bruder sollte, wie Marta Karlweis berichtet, »zum Mörder werden, Vertreter des dunklen Prinzips im Gegensatz zum lichten jüngeren«, und in dem »unlöslich aneinander geschmiedeten Paar« sollte »das Wesen des deutschen Volkes dargestellt werden«. Für dieses Buch waren bereits viele Titel entworfen und wieder verworfen worden, darunter auch der Titel *Deutsches Inferno*. Der tatsächliche Rechtsfall Karl Hau, an den Wassermann ursprünglich überhaupt nicht gedacht hatte, drängte den Stoff in eine andere Perspektive, zwang ihm eine andere Gestaltung auf.

Daß die Öffentlichkeit im *Fall Maurizius* einen Schlüsselroman sah, war begreiflich, denn Wassermanns Leonhard Maurizius trägt viele Züge des Rechtsanwalts Dr. Karl Hau, und seine Geschichte folgt in vielen Einzelheiten der wahren Begebenheit. Hau war 1906 vom Schwurgericht Baden-Baden angeklagt worden, seine Schwiegermutter, die Arztwitwe Molitor, im Abendnebel auf offener Straße niedergeschossen zu haben. (Hau war, ebenso wie Maurizius, mit der älteren Tochter der Witwe verheiratet gewesen, während die jüngere seine Geliebte und ihm hörig war.) Hau beteuerte seine Unschuld, wurde jedoch auf Grund eines Indizienbeweises zum Tod verurteilt, zu lebenslänglichem Zuchthaus begnadigt und ins Zuchthaus Bruchsal gebracht. Der Prozeß war nicht einwandfrei geführt worden, es waren Formfehler begangen, Entlastungszeugen nicht gebührend berücksichtigt worden. Als Hau nach abgebüßten neunzehn Jahren auf freien Fuß gesetzt wurde, beteuerte er nach wie vor seine Unschuld, fuhr nach Berlin und verfaßte, wie Krell erzählt, für den Verlag Ullstein eine Rechtfertigungsschrift. Darin schrieb er hartnäckig »von falschen Zeugen und von einer Person, die ihn mit einem einzigen Wort hätte freisprechen können und es nicht tat, jenem geheimnisvollen Menschen, in dem er den wirklichen Täter ahnte«. Doch wie schon im Prozeß nannte er auch jetzt keinen Namen. Noch vor Erscheinen seines Buches verließ er fluchtartig Deutschland und reiste nach Italien. Das Buch war nicht der erhoffte Sensationserfolg. Hau nahm sich in Rom das Leben. Wassermanns Leonhard Maurizus stürzt sich in der Schweiz aus einem fahrenden Zug.

Es war eine erstaunliche Geschichte, voller ungeklärter psychologischer Rätsel, ein echter Wassermann-Stoff, und seine Behandlung wurde Wassermann denn auch von vielen Seiten nahegelegt. Unter anderem erhielt er die Aufforderung, im Rahmen der vom Verlag Die Schmiede herausgegebenen Reihe ›Außenseiter der Gesellschaft‹, an der Döblin, Ernst Weiß, Kisch, Csokor, Holitscher und andere mitarbeiteten, den Fall Hau zu bearbeiten. Aber er hatte (noch vor Haus Selbstmord) ablehnend geantwortet:

> Von der Entlassung des Hau aus dem Zuchthaus habe ich gelesen, doch offen gestanden: gerade dieser Umstand ist eine Hemmung für mich. Wenn ich mir vorstelle, daß ich einen Mann, der sein Verbrechen durch so und so viele Jahre Kerker abgebüßt hat und nun ins bürgerliche Leben zurückkehren will, der wahrscheinlich nichts weiter vom Schicksal verlangt, als in möglichster Stille existieren zu können, daß ich einen solchen Mann zum Gegenstand einer literarisch-psychologischen Abhandlung machen soll, dann bleibt mir die Feder beim ersten Wort stecken. Das geht nicht, vorerst nicht.

Dies war im Herbst 1924, unmittelbar nach der Beendigung des *Laudin* gewesen. Haus Selbstmord veränderte die Voraussetzung. Bei seinem nächsten Aufenthalt in Berlin, im folgenden Jahr, suchte Wassermann den ihm wohlbekannten Max Krell im Ullsteinhaus auf und bat ihn um Einblick in die Hau-Unterlagen, um Unveröffentlichtes, Handschriftenproben, persönliche Eindrücke, um sich ein genaues Bild des Mannes zu machen. Er reiste später auch eigens nach Baden-Baden, um sich die Örtlichkeit einzuprägen, und sah sich in Hessen ein Zuchthaus sehr genau an. Dennoch war ihm längst klar, daß sich sein Roman auf einer ganz anderen Ebene vollziehen müsse als der tatsächliche Fall Hau. Der wirkliche Hau hatte ihn nicht überzeugt; er glaubte nicht an seine Unschuld. Leonhard Maurizius aber war unschuldig.

Wassermann begann mit der Arbeit an dem Roman im Herbst 1925, wich aber noch einmal vor dem Stoff wieder zurück, unterbrach die Arbeit und schrieb, gleichsam um sich Luft zu schaffen, im Winter 1925/26 als »lyrisches Intermezzo« die zeitlos-schwerelose fränkische Erzählung *Der Aufruhr um den Junker Ernst*, die im Frühjahr 1926 mit einer reizenden Zeichnung des skurrilen Münchner Malers und Graphikers Rolf von Hoerschelmann bei Fischer erschien. Nun erst wandte er sich mit ganzer Konzentration dem Justizroman zu, der ihn zwei Jahre lang festhielt.

Es ging schwer. Niemand, der die wundervoll bestimmten Anfangssätze dieses Romans liest, die mit einem großen Schritt sogleich mitten in die Geschichte treten, die dastehen, als könnten sie nur so und nicht anders lauten, kann sich vorstellen, daß die ersten fünfzig Seiten des *Fall Maurizius* zweiundzwanzigmal geschrieben wurden – eine unsagbar beschwerliche Arbeitsmethode, die dennoch für Wassermann tiefen Sinn und Verstand hatte. Er selbst charakterisierte sie um diese Zeit:

Bis man zum eigenen Inhalt gelangt, ein verwickelter, grausamer Prozeß, muß man Form über Form zerbrechen, und wie geschieht das? Indem man Formen schafft, die sich eine nach der anderen als trügerisch erweisen. Aber dem kommt man nicht aus. Ewiges Zwiebelschälen... Im Lauf der verschiedenen Versuche stellt sich heraus, ob ein tragfähiges Fundament überhaupt zu bauen ist. Oft dauert es sehr lange, bis ich darüber die innere Gewißheit erhalte, die etwas sehr schwer zu Definierendes ist, vielleicht eine Art lebendiges Echo von den Figuren her, oder eine sonderbare Sicherheit, die sich mit dem Augenblick einstellt, wo die eine oder andere Hauptfigur selbständiges Leben entwickelt, so, als ob sie sich von jetzt ab aus eigener Kraft weiterbewegen und entwickeln könnte... Häufig verliere ich die Richtung und muß dann umkehren und den Punkt suchen, wo ich der Sache noch sicher war...

Und vom *Fall Maurizius* im besonderen sagt er:

Um noch eine handwerkliche Bemerkung einzufügen, so habe ich in dem Buch etwas ganz Neues versucht: kein Nebeneinander, Auf- oder Hintereinander der Fabel, sondern ein Untereinander in die Tiefenrichtung. In Gesprächen mit Freunden habe ich es bisweilen mit einem in die Erde gebauten Trichter verglichen, dessen schmalste Öffnung oben, dessen weiteste unten liegt.

Die Arbeit schritt das ganze Jahr 1926 hindurch stetig fort. Anfang 1927 wurde sie »an gefährdeter Stelle« unterbrochen, als Wassermann einer Einladung folgte und mit seiner Gattin auf drei Monate nach Amerika reiste. Wassermanns Popularität in den Vereinigten Staaten war um diese Zeit vor allem durch das Erscheinen des *Wahnschaffe* groß; vornehmlich unter der studentischen Jugend besaß er eine große Anhängerschaft, die mit Begeisterung und Liebe an ihm hing und in ihm einen geistigen und seelischen Mentor erblickte, was Wassermanns pädagogischer Neigung durchaus entgegenkam. »Ich mache da etwas«, schrieb er kurz vor Weihnachten 1926 an Hedwig Fischer, »wovon ich noch gar nicht recht weiß, was es wird, manchmal wie in Trance, aber was auch immer entsteht, eine besondere Sache jedenfalls, – und lang, gestern hab ich den ersten Teil beendet, also ein Drittel des Ganzen, und es sind bereits 300 Druckseiten. Ich hoffe nur, es geht in einen Band. Die Amerikareise wird mich schlimm herausbringen, aber da läßt sich nun nichts dagegen tun.« Die Unterbrechung schadete dem Roman nichts, sie nützte ihm. In der Anschauung Amerikas – Wassermann durchreiste den ganzen Kontinent bis

Kalifornien – erhielt unversehens die eine zentrale Gestalt des Romans, die noch kein »selbständiges Leben entwickelt hatte«, sich noch nicht »aus eigener Kraft weiterbewegte«, nämlich Waremme-Warschauer »Kontur und Profil«. Ende April 1927 war er wieder in Alt-Aussee und nahm die Arbeit am *Fall Maurizius* wieder auf. Als er sich im Juli mit Fischer in Karlsbad traf – ein bereits vor Jahren festgestelltes Nierenleiden und leichte Zuckerkrankheit nötigten ihn zu regelmäßigem, alljährlichem Kuraufenthalt –, war der Roman schon sehr weit gediehen, und es scheint, daß er, indes er sogar während des Kuraufenthaltes weiterarbeitete, bei dieser Gelegenheit Fischer bereits zwei Drittel des Manuskriptes übergab; denn am 18. August 1927 heißt es in einem Brief an Hedwig Fischer:

... ich weiß, daß du meinem Schweigen kein böswilliges Motiv unterlegst, diese Arbeit frißt mich eben mit Haut und Haaren auf, mehr als je bin ich absorbiert, kann aus dem eisernen Netz kaum heraus. Es ist mir eigentlich etwas unheimlich, daß du den Anfang liest und ich noch am dritten Drittel arbeite, aber ich fasse es als einen Ausfluß wahren Interesses auf, nur mußt du eben Geduld haben mit der Sache. Schließlich wirst du sehen, welche Dimension das Ganze hat. (Andergast: der Typus des ›Beamten‹ im großen Sinn, zuletzt wird er vom Teufel geholt, auch im großen Sinn.) Wir haben nebst allem großen Sommerbetrieb ... hier haben sich Moissi, Corrodi, eine Anzahl Amerikaner, Journalisten, Freunde angesagt, manchmal wackelt uns der Kopf. Da wars in Karlsbad doch friedlicher ...

Der Roman enthielt auf zehn knappen Druckseiten in der Gestalt des Schriftstellers Melchior Ghisels ein überaus eindringliches Porträt Moritz Heimanns in seinen letzten Leidensjahren, seiner äußeren Erscheinung, seiner kargen Wohnung, seiner ratsuchenden Besucher, seiner Sprechweise, seiner unvergeßlichen Stimme. »Donnerwetter«, dachte er erstaunt und erschrocken, »der schaut aber wirklich in einen hinein.« So der siebzehnjährige Etzel Andergast. Und Ghisels-Heimann selbst:

»Was Sie zu mir führt, ist nichts Neues für mich. Leider. Es ist eine Krisis, die nicht mehr bloß harmlose Ringe im Teich wirft. Noch vor ein paar Jahren konnte man sich trösten und meinen, da ist dieses einzelne und dort ist jenes einzelne, man finde sich ab, mit dem einzelnen kann man sich abfinden, heute bedroht die Erschütterung das ganze Gebäude, das wir seit zweitausend Jahren aufgerichtet haben. Es regt sich eine tiefe kranke Zerstörungslust in den empfindlichsten Teilen der Menschheit. Wenn dem nicht gesteuert werden kann, und ich fürchte, es ist bereits zu spät, muß es in den nächsten fünfzig Jahren zu einem ganz furchtbaren Zusammenbruch kommen, weit über die bisherigen Kriege und Revolutionen hinaus. Sonderbar, daß die Zerstörung so oft von denen ausgeht, die in dem Wahn leben, sie seien die Bewahrer der sogenannten heiligsten Güter ...«

Ende Oktober 1927 war der große Roman beendet; er sollte zu Beginn des neuen Jahres erscheinen. Nun wurde beschlossen, einmal den Winter nicht in Alt-Aussee, sondern in der Großstadt zu verbringen; Wassermann übersiedelte auf mehrere Monate nach Berlin. Marta Karlweis hat diese Zeit geschildert:

Die Familie des Freundes und Verlegers S. Fischer hatte ein kleines Familienhaus im Westend Berlins ausfindig gemacht, das wir bis zum April bewohnten. Nach der Strenge der beiden vorangegangenen Arbeitsjahre erschien die Eintönigkeit eines Winters in den Bergen trotz seiner Schönheit fast gefährlich. Auch war es ja eine alte Erfahrung, daß Wassermann, blieb er in der gewohnten Umgebung, sofort wieder zu arbeiten anfing. Seine Gesundheit war bereits erschüttert.

(Doch der gute Vorsatz nützte nicht viel. In diesem Winter, der als Erholung gedacht war, begann Wassermann unverzüglich mit den Vorarbeiten zu seinem Columbus-Buch, dessen Plan ihm in Amerika gereift war.)

Die Monate in Berlin gestalteten sich abwechslungsreich und belebt, alte Beziehungen wurden gepflegt, neue ergaben sich in Fülle ... Alles Gesellschaftliche war damals bunt und anregend, im Ausland hatte man Berlin soeben wieder entdeckt, Frankreich schickte seine Schriftsteller und seine begabtesten Studenten, der Wohlstand schien groß, Kastenunterschiede gab es kaum, abgeschlossene Zirkel wenig, Künstler, Ärzte, Industrielle, Finanzleute, Diplomaten, alles traf sich allerorten ... Viel bedeutete Wassermann der Umgang mit Alfred Döblin, obwohl oder vielleicht gerade weil es in Kunst und Leben kaum ein Ding gab, von welchem er und Döblin die gleiche Meinung hegten.
Am Vormittag ging er gern in den Verlag, wie er es seit zwanzig Jahren zu tun pflegte. Das Bürohaus in der Bülowstraße war ihm behaglich; er kannte alle Angestellten, schätzte und liebte sie, und sie verehrten und liebten ihn. Mit vielen verband ihn wahre Freundschaft. Er tauchte im Zimmer bald des einen, bald des anderen auf, erledigte Geschäfte, plauderte wohl auch ein bißchen, rauchte viel, saß da und dort an einem Schreibtisch, telefonierte ein wenig herum, empfing Besuch; viele junge Menschen, die ein Anliegen an ihn hatten, sind ihm dort zum ersten Mal begegnet. Freilich, Heimann lebte nicht mehr, der ihm einst hier entgegengetreten war, wie er jetzt der ratsuchenden Jugend.
Aber sonst war nicht viel verändert, auch der Herr des Hauses nicht, Sami Fischer, es war ein wunderliches Verhältnis zwischen den beiden Männern, von Wassermann aus gesehen gewiß die humorvollste Freundschaftsbeziehung seines Lebens. Einfach gesagt: er liebte den alten Herrn fast wie ein Sohn, er baute Häuser auf seinen Charakter, auf seine Treue und seine Zuverlässigkeit. Zu dieser Liebe, zu diesem Glauben gesellte sich aber ein gut Teil Ironie und gutmütige Skepsis, eine heiter spöttische Neigung, dem alten Freund auf die Finger zu sehen, vorzüglich in künstlerischen und in Gefühlsdingen. Hier konnte Wassermann nämlich eifersüchtig sein. In diese Freundschaft hatte er auch die Gattin und Fischers Kinder eingeschlossen. S. Fischer war, alles in allem gesehen, eine durch und durch komplette, runde Natur, dem Gestaltenbildner Wassermann bereitete ein solcher Umgang Vergnügen ...

Hier hat als Pendant eine zweite Wassermann-Vignette aus Berlin ihren Platz, obwohl sie zeitlich genau genommen wohl in den folgenden Winter gehört, auch sie ein Vater-Sohn-Bild: Jakob Wassermann und Gerhart Hauptmann, wie Marta Karlweis sie sah.

In der Ecke, ganz an der Wand eines kleinen privaten Hotelspeisezimmers steht Wassermann, dunkel gekleidet, dunkel wirkend mit niedergeschlagenen schweren Lidern, und vor ihm, anderthalb Kopflängen mindestens höher, majestätisch in Gestalt, das schöne, weißumloderte hellrote Gesicht von einem liebenswürdig-listigen Lächeln überglänzt, erhobenen Zeigefingers wie ein väterlicher Mentor, ein eben gefeierter berühmter Mann. Die beiden sind an Alter durch knapp ein Dezennium von einander getrennt und stehen seit mehr als einem Vierteljahrhundert in gleichgeordneter Beziehung. Dennoch nimmt Wassermann eine Art Sohneshaltung an, keine rebellische, eher eine liebende, auch auf seinem von den schwarzen Wimpern beschatteten Gesicht ist ein Lächeln, das Schlaflächeln eines guten Kindes, wenn es sich schämt, daß es etwas besser weiß als der Erwachsene, der vor ihm steht. Dieser aber, sich ein wenig zu ihm niederbeugend, spricht: »Lieber Wassermann! Ich sage Ihnen – lieber Wassermann! – Sie sind – Sie sind zu gewissenhaft!«

Ein kleines Gelegenheitsgedicht, in rascher Laune hingeworfen, um ein Feuerzeug zu begleiten, das Wassermann »seinem Sami Fischer« am 24. Dezember 1927 zum Geburtstag schenkte, beleuchtet arglos diesen Zeitpunkt, da Wassermanns Ruhm und Wirkung im Zenit standen:

Wenn die Funken zuchtlos prasseln,
bleibt der Hüter sorglich nah,
Geister rasen, Federn rasseln,
aufgeregte Dichter quasseln ...
Unser Herr und Meister sah
stets geduldig in das Treiben,
ließ sie reden, ließ sie schreiben,
dachte sich: mit einem Druck
bin ich ihres Schwatzes ledig,
ist mein Apparat nur tätig,
zähm ich mir den frechsten Puck.
Doch wo eine Flamme zündet,
wach ich, daß sie Nahrung findet.

Der Fall Maurizius erschien im Februar 1928. Er war eine Flamme, ein loderndes Buch. Und Wassermanns gewissenhaftestes in jedem Sinn: von zwingender Gewissensstrenge gegenüber den menschlichen und rechtlichen Aspekten seines Vorwurfs, bohrend bis fast zur Verbohrtheit, aber nur *fast*, und in der Kompositionstechnik, in der Führung der ungemein komplizierten, vielsträhnigen Handlung von einer Sorgfalt und Genauigkeit, die gar nicht ›zu gewissenhaft‹ sein konnte. Wassermann schrieb an Krell:

Es ist unser Fall, der hier verhandelt wird. Wir können schuldig oder unschuldig in die Maschen des Rechts geraten. Das Recht ist starr und verträgt keine dialektische Auslegung. Es ist nicht göttlich, sondern von Menschen geschaffen, die ihre Institutionen schützen wollen. Es erschlägt in einem Fall oder im anderen auch den Unschuldigen. Nur die Gerechtigkeit ist göttlich, aber wo reichen wir an sie heran? ... Ich habe den Roman geschrieben, obwohl ich mir von Hau-Maurizius ein klares Bild gemacht hatte, das mich von seiner Schuld überzeugte ... Ich bin verschiedenen Spuren nachgegangen. Er ist immer ein Spieler geblieben. Hier spielte er um den höchsten Einsatz ...
Den Fall von dieser Seite darzustellen, reizte mich nicht. Mich reizte das Psychomotorische. Ich habe in den beiden Andergast zwei Konträrspiegel aufgestellt, in denen der geborene Charakter zu erkennen war und das Widerspiel von Recht und Gerechtigkeit deutlich wurde ...

Der Roman in seiner endgültigen Gestalt hatte vieles vom Fall Hau übernommen, aber auch vieles von der ursprünglichen Konzeption des *Deutschen Inferno* beibehalten. Vor allem war Hau-Maurizius nicht seine Hauptfigur. Die zentralen Gestalten waren der Oberstaatsanwalt Andergast und sein Sohn Etzel; aus dem dunklen und dem lichten Bruder waren Vater und Sohn geworden, der erstarrte, unmenschliche Rechtsprecher und der lebendige menschliche Rechtsfinder. Sodann hatte Wassermann den Fall Hau regelrecht umgekehrt. Der wirkliche Fall Hau war unaufgeklärt geblieben. Der Fall Maurizius wurde aufgeklärt – als Justizirrtum. Wassermann hielt den wirklichen Karl Hau für schuldig, seine dunklen Andeutungen über den falschen Zeugen, den geheimnisvollen Ungenannten, der den wahren Sachverhalt kannte, aber geschwiegen hatte, für Schauspielerei. Leonhard Maurizius hingegen beteuerte seine Unschuld zu Recht, der geheimnisvolle falsche Zeuge existierte und wurde zum Schluß zum Eingeständnis seiner Schuld gezwungen. Hau hatte in seinen Aufzeichnungen indirekt seine Schwägerin Olga verdächtigt; im Roman erwies sich die Schwägerin Anna Jahn, vom falschen Zeugen Waremme gedeckt, als die Täterin. Und es gab nicht wenige Leser, denen die erfundene Gestalt des falschen Zeugen Waremme-Warschauer als die eindrucksvollste erschien. Sie war eine Gestalt aus der Welt der großen Russen, und viele Kritiker verwiesen auf diese Wesensnähe. So Eduard Korrodi in der ›Neuen Zürcher Zeitung‹ vom 28. Februar 1928:

Den ›Fall Maurizius‹ als ein Meisterwerk von visionärem Vermögen anzusprechen, ist keine Übertreibung. Selbst seine Breiten sind Tiefen. Wenn Geister Werke dieser Zeit lesen könnten, ergriffe Dostojewski unter allen deutschen Büchern diesen Roman, denn er ist das deutsche Geschwister zu einer Weltdichtung Dostojewskis.

René Schickele schrieb, wie Marta Karlweis berichtet, an Wassermann, er habe nun den *Junker Ernst* und den *Maurizius* gelesen. Letzterer sehe schon arg mitgenommen und zerlesen aus, stehe auch selten an seinem Platz im Bücherschrank, denn er leihe ihn fortwährend aus, es könnten gar nicht genug Menschen damit bekannt gemacht werden. Den *Junker Ernst* aber, den gebe er nicht her. Den bewahre er sorgsam vor fremden Fingern, den wolle er für sich allein.

Der Fall Maurizius erregte ungeheures Aufsehen. Fischer druckte eine selbst für einen Erfolgsautor hohe Erstauflage von 30 000 Exemplaren und mußte unverzüglich nachdrucken. Bis zum Oktober 1928 war das 75. Tausend erreicht, im Mai 1929 das 85., im Oktober 1929, anderthalb Jahre nach Erscheinen, das 100. Tausend. Insgesamt erreichte zu Wassermanns und Fischers Lebenszeit dieses Buch in seiner deutschen Ausgabe allein eine Auflage von 112 000 und wurde zudem in viele Fremdsprachen übersetzt. Wassermann stand auf der Höhe seines Ruhms, seines künstlerischen und materiellen Erfolgs.

»Der Fall Maurizius war der neueste Erfolg«, notierte Flake ein wenig säuerlich. »Man erzählte, Wassermann beklage sich, wenn er nicht wenigstens 80 000 Mark im Jahr einnehme.« Hier spricht eine eigentümliche, tiefsitzende Voreingenommenheit jener Zeit, die das Zeitalter der Buchindustrie mittlerweile überwunden hat. Warum eigentlich sollte ein ausgezeichneter und immens fleißiger Schriftsteller, der seit dreißig Jahren unablässig am Werke war, auf der Lebens- und Schaffenshöhe nicht ein Einkommen verdienen, das man nicht nur jedem halbwegs erfolgreichen Kaufmann oder Industriellen, sondern ohne weiteres auch einem großen Maler wie Liebermann, einem großen Komponisten wie Richard Strauss zubilligte? Irgendwie fand man, es ›gehöre sich nicht‹. Schriftsteller sind zudem eine neidische Sippe, was begreiflich ist, denn sie sind zumeist keine guten Geschäftsleute und dazu verurteilt, ein ungesichertes, allzeit risikoträchtiges Leben zu führen. Wer weiß überdies, ob Wassermann wirklich jene Summe pro Jahr bei Fischer verdiente? *Der Fall Maurizius* dürfte ihm in seiner deutschen Buchausgabe – sie kostete geheftet acht, gebunden 10,50 Mark und war ein vergleichsweise teures Buch – bei einer Tantieme von 20 Prozent rund 180 000, bei 25 Prozent rund 225 000 Mark eingetragen haben, und dies über einen Zeitraum von sieben Jahren.

Wassermann blieb bis Anfang April 1928 in Berlin – am 17. März hielt er in der »Dichterakademie« seinen großen Vortrag über *Sinn und Wesen einer Akademie* – und reiste dann, endlich einmal ohne drängende Geldsorgen, in den Süden, wo er sich mit Fischer in Cap d'Ail wiedertraf. Im Juni traf man sich wiederum in Karlsbad, im Oktober 1928 abermals in Berlin. *Der Fall Maurizius* kletterte unaufhaltsam die Bestsellerleiter hinauf, und nun schien es nachgerade, als werde doch wohl eine Wassermann-Monographie gebraucht. Fischer gab kein neues Werk in Auftrag, sondern übernahm das von Wassermann selbst sehr geschätzte Buch *Jakob Wassermann. Weg und Werk des Dichters* von Siegmund Bing, das zuvor in einem anderen Verlag erschienen war, und brachte es in einer überarbeiteten Fassung neu heraus. Merkwürdigerweise erschien im Jahr darauf, 1929, im Leipziger Verlag Grethlein & Co., dem Wassermann einen Band gesammelter Aufsätze unter dem Titel *Lebensdienst* überlassen hatte, noch eine zweite und in vielem vollständiger und gründlicher dokumentierte Wassermann-Monographie von Walter Goldstein. Doch war es bereits spät am Tag. Die Wassermann-Sekundärliteratur wuchs nicht, wie bei Hauptmann, bei Thomas Mann, bei Hesse, zu einem Gebirge auf.

Der Fall Maurizius schloß mit dem Satz: »Damit endet der Fall Maurizius, nicht aber die Geschichte von Etzel Andergast.« Ein zweiter Roman aus dem gleichen Gestaltenkreis und nach ihm ein dritter sollten folgen. Nach einer, um der angegriffenen Gesundheit willen unternommenen Frühjahrsreise ins warme Ägypten machte Wassermann sich wieder an die Arbeit. Anfang Juni 1929 schrieb er an Eipper: »In diesen Tagen kämpfe ich wütend um den Anfang des Etzel-Romans, das nimmt mich ganz hin.« Aber der Zenit war überschritten.

»WELTGESCHWÄTZ« UND »INDUSTRIEDEUTSCH«

Was in den Rahmen des Verlags paßte und was nicht – diese Frage dürfte in diesen Jahren zwischen Fischer und seinen literarischen Beratern häufig und nach vielen Seiten hin erörtert worden sein. Der Rahmen war nie starr gewesen und geriet auch jetzt nicht in Erstarrung. Das einzige Gesetz, dem er unterworfen blieb, war das des »persönlich differenzierenden Verlegers«, das seine Anfänge bestimmt hatte, und an ihm hielt Fischer fest. Remarques Buch war nicht das einzige, das er in diesen Jahren vorbeigehen ließ, weil es nicht in den Rahmen paßte. Er überließ unter anderem das Werk John Galsworthys, dessen deutsche Rechte ihm angeboten wurden, seinem Konkurrenten Zsolnay, vermutlich in der Erkenntnis, das neben dem Aufbau des Conrad-Gesamtwerkes noch ein zweites, so umfangreiches Gesamtwerk des englischen Sprachgebiets zuviel Raum innerhalb des Rahmens beansprucht hätte. (Die Anekdote, wonach Zsolnay ursprünglich als Volontär bei Fischer gearbeitet haben soll und Fischer ihm Galsworthy überließ, damit er mit diesem Grundstock seinen eigenen Verlag aufbauen könne, ist rundweg apokryph und wurde, soweit feststellbar, vom Volksmärchenverleger Eugen Diederichs in die Welt gesetzt. Zsolnay war nie Volontär bei Fischer; er gründete seinen Verlag bereits im Herbst 1923 und begann mit der Herausgabe von Galsworthy, der überdies schon vor dem Ersten Weltkrieg mit Einzelwerken deutsch erschienen war, erst 1925.) Fischer griff auch nicht nach Colette, als sie mit *Mitsou* zu Weltruhm aufstieg, und ›verschenkte‹ auch diesen Bestseller an Zsolnay. Im August 1928 schrieb Hedwig Fischer an Ida Dehmel:

Mit tut es auch leid, daß mein Mann Colette nicht genommen hat, obgleich ich mir nicht sehr viel aus ihren Büchern mache — sie sind sehr französisch. Aber lesen Sie den Disraeli von Maurois und das Dusebuch, beide liebe ich sehr...

Wie der Verlag zu dieser Zeit grundsätzlich zur ausländischen Literatur stand, ist aus Loerkes einleitendem Aufsatz zum Verlags-Almanach für das Jahr 1928 abzulesen, in dem er sich unter anderem mit der zunehmenden Überfremdung des deutschen Büchermarktes beschäftigt:

Fällt es verhältnismäßig leicht, abzumessen, was von der internationalen Produktion gedanklich und inhaltlich austauschenswert ist, so ist das Problem, was von der eigentlichen Dichtung des Auslands übersetzt werden solle, letzthin überaus dornig geworden. Der deutsche Markt ist mit fremder Theater- und besonders Erzählungsliteratur dermaßen überschwemmt, daß es unserer eigenen neuen Dichtung immer mühevoller werden muß, sich zu behaupten und nach der Kriegserschöpfung zu der erhofften Erholung zu gelangen. Wenn den Verlegern für ein vielleicht schwerfälliges deutsches Werk zehn gleichwertige und dazu glattere fremde angeboten werden, werden sie gern der Hoffnung auf den größeren Erfolg nachgehen, zumal da sie mit einem leicht ablenkbaren und durch technische Erfindungen verwöhnten Lesepublikum zu rechnen haben.
Unser Verlag ist nach seiner Vergangenheit wohl nicht in Gefahr, des Chauvinismus bezichtigt zu werden, aber wir sehen den hohen und humanen Begriff der Weltliteratur durch die spekulative Masseneinfuhr bedroht. Statt weltgültiger Kunst breitet sich Weltunterhaltung, Weltgeschwätz aus. Das abgeschliffene Industriedeutsch vieler Übersetzer, das dem Sensationshungrigen bequem ist, betäubt den Sinn für die atmende Sprache. Wir wissen, daß Fragen der wirtschaftlichen Prosperität durch moralische Erwägungen nicht aus der Welt geschafft werden können, doch glauben wir, daß der heutige Zustand nicht von Dauer sein wird. Jedenfalls kommt die breite Wißbegier inzwischen auch den wirklich bedeutenden Dichtern des Auslandes zugute. Autoren sind uns geläufig, von denen man vor ein, zwei Jahrzehnten kaum die Namen kannte, obwohl sie schon damals voll blühten.

So geschrieben Ende 1927. War es zu ahnen, daß der »heutige Zustand« recht eigentlich erst der ›morgige‹ war, daß nach der Erschöpfung eines Zweiten Weltkrieges »Weltgeschwätz« und »Industriedeutsch« erst ihren wahren Siegeszug beim »durch technische Erfindungen verwöhnten Lesepublikum« antreten würden?
Loerkes letzter Satz war im besonderen Hinblick auf Conrad geschrie-

ben. Es sei der Grundsatz des Verlags, erklärte er, »möglichst nur solche Dichtungen des Auslandes vorzulegen, die nach menschlichem und künstlerischem Rang den guten Durchschnitt der deutschen Produktion überragen«. Dieser Grundsatz galt nicht nur für die Dichtung des Auslandes. Er galt auch für die neuen Literaturbezirke, auf die der Rahmen des Verlags in der zweiten Hälfte der zwanziger Jahre erweitert wurde. Auf einem dieser Gebiete waren die von Hedwig Fischer genannten Bücher angesiedelt.

BIOGRAPHIEN

Als Lytton Strachey 1921 in England seine spöttisch-respektlose, allen Nimbus' entkleidete Biographie *Queen Victoria* vorlegte, die das Leben der Königin ironisch plaudernd wie einen Roman erzählte, schuf er eine neue literarische Form, die binnen weniger Jahre in ganz Europa blühte. Wohl hatte es den sogenannten biographischen Roman immer gegeben; aber Strachey hatte die ›vie romancée‹ zum Kunstwerk entwickelt. Diese Form, das Leben der Großen, Berühmten oder auch nur Interessanten bei historischer Genauigkeit und Quellentreue nicht mit riesigem wissenschaftlichem Apparat in dreibändigen Wälzern, sondern knapp, schlicht, einfühlsam, vermenschlicht darzustellen, entsprach einem Bedürfnis der Zeit, die die Großen ›in ihrem Licht‹ zu sehen verlangte. Es brach eine Lawine von Biographien herein. Vor allem in Frankreich griffen die großen Verlage die neue Mode auf – denn das wurde sie bald – und stampften ganze Serien von ›Les Vies Romancées‹ und ›Les Grandes Vies‹ und wie sie alle hießen, aus dem Boden; manche dieser Reihen dehnten sich schließlich auf Hunderte von Bänden aus.

Den Anfang machte in Frankreich zwei Jahre nach Strachey André Maurois' bezaubernder kurzer *Ariel ou la vie de Shelley*, auf den 1927 sein *Disraeli* und 1930 sein (schon zweibändiger) *Byron* folgten. In Deutschland hatte Emil Ludwig bei Rowohlt die Lawine in Gang gesetzt; in den Jahren 1925–1931 legte er in atemraubend schneller Folge Napoleon, Wilhelm II., Bismarck, Goethe, Christus (*Der Menschensohn*, aus dem die ›Neue Rundschau‹ einige Kapitel vorabdruckte), Lincoln, Michelangelo und schließlich seine eigene Lebensgeschichte vor. Um diese Zeit hatte er seine Erfolgshöhe jedoch bereits überschritten, und Stefan Zweig, ein gewissenhafterer Historiker und sorgfältigerer Schriftsteller, hatte ihm beim Insel-Verlag mit *Fouché* und *Marie Antoinette* den Rang abgelaufen, an die sich eine Reihe weiterer Biographien, vor allem *Maria Stuart* und *Erasmus von Rotterdam* anschloß.

Fischer folgte diesem Beispiel nicht. Er machte keine eigene Biographienmanufaktur auf, und er hatte auch keinen Autor, der ihm wie Ludwig und Zweig von sich aus Jahr um Jahr eine solche Serie hätte liefern können. (Die Serie war ja, wie das französische Beispiel gezeigt hatte, zum guten Teil das Geheimnis des Erfolgs.) Er blieb auch hier der persönlich differenzierende Verleger und erwarb aus dem Riesenangebot ausländischer Biographien nur solche für die Übersetzung ins Deutsche, die ihm über dem deutschen Qualitätsdurchschnitt zu liegen schienen, und regte überdies den einen oder anderen seiner Erzählerautoren an, sich auf diesem Gebiet zu versuchen. Er brachte zwischen 1925 und 1932 in keinem Jahr mehr als zwei oder drei Biographien heraus, und ausländische und deutsche waren sorgfältig gegeneinander abgewogen.

Spürsinn und Glück wollten es, daß er mit dem Meister beginnen konnte, der die ganze Welle in Bewegung gesetzt hatte. 1925 brachte er Lytton Stracheys *Queen Victoria,* liebevoll übersetzt von Hans Reisiger, der klugerweise den englischen Titel beibehielt. 1926 und 1927 folgten Frank Harris' *Mein Leben* und *Shakespeare,* beide von Antonina Vallentin in Zusammenarbeit mit Loerke übersetzt. 1928 folgten Maurois' *Disraeli* (sein *Shelley* entwischte zum Insel-Verlag) und Maurice Paléologues ausgezeichneter *Cavour.* 1929 kam Stracheys neues Werk *Elisabeth und Essex* und 1931 als sein letztes die biographischen Miniaturen *Geist und Abenteuer,* beide wiederum von Reisiger übertragen. Im Jahr darauf, in dem Strachey starb, brachte der Verlag noch Victor Marguerittes *Aristide Briand,* vielleicht um sich darüber zu trösten, daß Annette Kolb ihm vorübergehend untreu geworden war und ihren schnurrigen *Versuch über Briand* und zwei weitere Bücher an Rowohlt gegeben hatte.

Von dieser ganzen Reihe waren Maurois' *Disraeli,* der rasch ins 31. Tausend gelangte, und die beiden ersten Bücher Stracheys, die das 12. bzw. 14. Tausend erreichten, die größten Erfolge. Aber auch Paléologues *Cavour* konnte mit siebentausend durchaus als Erfolg gelten. Friedrich Wittig, der in den zwanziger Jahren Volontär im S. Fischer Verlag war (und später Vorsteher des Buchhändler-Börsenvereins wurde), hat angesichts der nach dem Zweiten Weltkrieg erfolgten technologischen Umwälzung im Verlagswesen daran erinnert, daß damals die Durchschnittsauflage der Bücher 3000 Exemplare betrug: »Ungewöhnlich waren nicht 2000, wohl aber 4000 oder gar 5000. Die normale Buchbinderpartie betrug 550 Stück ...« Diese Größenverhältnisse des damals »noch sozusagen handwerklich betriebenen« Verlagsgeschäfts gilt es bei der Beurteilung dessen, was einen ›Erfolg‹ darstellte, im Auge zu behalten.

Eingeflochten in die ausländische Biographiensträhne des Verlags war die deutsche. Sie begann 1928 mit Rudolf Kaysers *Stendhal oder das Leben eines Egoisten,* gewiß das gelungenste Buch des feinnervigen ›Rundschau‹-Redakteurs, und dem von Hedwig Fischer gerühmten *Leben der Eleonore Duse* des Österreichers Emil Alphons Rheinhardt, der schon seit 1914 zu den gelegentlichen Mitarbeitern der ›Neuen Rundschau‹ gehörte und in den letzten Kriegsjahren bereits einen Novellenband und einen Gedichtband bei Fischer veröffentlicht hatte. Rheinhardts Duse-Buch – die große Schauspielerin war 1924 gestorben und in aller Gedächtnis – trieb die ›vie romancée‹ ins deutsche Extrem und ließ in der überschwenglich romanhaften Gestaltung des Lebenslaufs die biographischen Anhaltspunkte nahezu untergehen; doch erreichte es das 15. Tausend und war ein großer Erfolg, hinter dem Rheinhardts nachfolgende Biographien *Napoleon III. und Eugenie. Tragikomödie eines Kaisertums* (1930) und *Josephine. Eine Lebensgeschichte* (1932) weit zurückblieben. Richard Lewinsohns (Morus) *Der Mann im Dunkel* (1929), eine überaus sachkundige Durchleuchtung der Lebensgeschichte Sir Basil Zaharoffs, des geheimnisvollen europäischen Waffenkönigs, war insofern eine Besonderheit, als ihr Held noch am Leben war (Zaharoff starb erst 1936), und gilt bis heute, obwohl seither eine große Zahl von Büchern über ihn erschien, als das maßgebende Werk. Der größte Publikumserfolg dieser Biographienfolge deutscher Autoren war Jakob Wassermanns *Christoph Columbus. Der Don Quichote des Ozeans,* der 1929 als Frucht von Wassermanns Amerikareise erschien, ein gezwungenes und müdes, kein geglücktes Werk, das zwar das 35. Tausend erreichte und mithin Fischers größter Biographienerfolg war, aber angesichts des *Maurizius*-Erfolges die Erwartungen enttäuschte.

Es fiel den deutschen Autoren, mit Ausnahme Ludwigs und Zweigs, überhaupt nicht leicht, sich diese von Franzosen und Engländern mit Eleganz und hohem handwerklichem Können entwickelte Erzählungsform zu eigen zu machen. Der geradezu vorbestimmte Biographienautor schien Fischer Otto Flake zu sein. Mit seiner gründlichen historischen Bildung, seinem ausgeprägten Geschichtssinn, seiner gewissenhaften, methodischen Arbeitsweise und seiner ungewöhnlichen Gabe, mit wenigen, knappen Strichen Menschenbildnisse zu zeichnen, schien er für den romanhaft erzählten Lebenslauf wie geschaffen, und Fischer meinte zweifellos, ihm hier ein neues, fruchtbares Feld erschließen zu können. Flake berichtet selbst:

Fischer unterrichtete mich von den Erfolgen, die Emil Ludwig hatte, und meinte, wie dieser eine amerikanische Biographie schreibe – den Lincoln, für den er 50 000 Dollar Vorschuß bekomme –, so solle ich eine deutsche schreiben. Einige Wochen später teilte mir Fischer mit, er habe mit Saenger gesprochen, der ein Buch über Hutten vorschlage. Ich las das alte von D. F. Strauss und hatte Bedenken, ob mir der erste protestantische Literat so unbedingt liege. Als sich zeigte, daß der neue Roman zu keinem Vorabdruck gelangte, nahm ich an, die Arbeit sicherte mir dreizehn Monate lang je sechshundert Mark; Europa war nicht Amerika.

Bald darauf, Ende Juni 1929, war Flake in Berlin und notierte: »Saenger vom Fischer-Verlag überraschte mich durch den Vorschlag, eine Biographie über den Marquis de Sade zu schreiben.« Flake schrieb beide Bücher. Der *Hutten* erschien 1929, der *Sade* 1930, aber man spürte aus beiden, diszipliniert, aber lustlos gearbeiteten Büchern, daß Flake im Grund mit seinen Helden nicht sonderlich viel anfangen konnte. Der *Hutten* erreichte immerhin das 7. Tausend, aber der *Sade,* dessen Zeit erst eine Generation später kommen sollte, blieb sogar hinter dem großen, vielschichtigen und anspruchsvollen Essay *Die erotische Freiheit* zurück, der Ende 1927 im Auszug in der ›Neuen Rundschau‹ und 1928 als Broschüre erschien und eine große Polemik entfesselte.

Flake befand sich in der zweiten Hälfte der zwanziger Jahre in einer überaus fruchtbaren Phase soziologischer und moralphilosophischer Streitbarkeit, die verschwenderisch nach allen Seiten Anregungen aussäte und Widerspruch erntete und der gelassenen Betrachtung eines Lebenslaufs nicht entgegenkam.

Allmählich, nachgerade und alles was recht ist, wird es mir langweilig, immer die Klage über die Zeit zu hören. Seit ich denken kann, und das sind nun auch bald zehn Jahre her, lese ich, daß wir beklagenswerte Enkel sind.

So begann 1927 sein ›Rundschau‹-Essay *Ehrenrettung der Zeit,* und dies war, in ungeduldig-ironischer Selbstcharakteristik, der Flake jener Jahre. Dennoch hatte Fischer nicht falsch vermutet, daß ein großer Biograph in ihm stecke. Allerdings gewahrte man dies erst zwanzig Jahre später, als Flake mit seinem *Fortunat* eine erfundene ›vie romancée‹ vorlegte, die sein eindrucksvollstes Werk ist. In einer kleinen Schrift zu seinem siebzigsten Geburtstag 1950 sagte er es selbst: »Wer künftig eine Geschichte des deutschen Romanes schreibt, wird darauf achten müssen, daß ich aus der Verwandtschaft des Romanes mit der Biographie Folgerungen gezogen habe: die größeren meiner Romane sind fiktive Biographien.«

EPISODE IN KLOBENSTEIN

Als Fischer Flake die Hutten-Biographie vorschlug, hatten beide soeben ein unersprießliches Erlebnis hinter sich.

Flake, der ewig Unbehauste, hatte endlich im Frühjahr 1926 in Collalbo, dem vormaligen Klobenstein, auf dem Ritten oberhalb Bozens den festen Ort gefunden, um sich niederzulassen. Hier hauste er neunzehn Monate lang und dachte später an sie »als an das schönste, frohste, naturnahste Kapitel meines Lebens«; hier schrieb er seinen bezaubernden *Sommerroman*. Diese Ecke Südtirols war seit Jahrzehnten gewissermaßen eine Fischer-Ecke, in der die Verlagsfamilie sich sommers gern traf. Den Sommer 1926 verbrachten Fischers mit Reisiger im nahen Seis am Schlern, wo die Ibsen-Björnson-Kinder und Kindeskinder ein Haus besaßen. Hier lebten alte Freundschaftsbande fort. Das Haus war, wie Hedwig Fischer sich erinnerte,

angefüllt mit Erinnerungsstücken an die Väter: Uhren, Spazierstöcken und ähnlichem, womit die beiden einen lustigen Aufwand getrieben hatten. Sigurd Ibsen war damals schon sehr krank, vermutlich an Kehlkopfkrebs, und konnte nur noch flüstern. Er bewohnte ein kleineres Haus neben dem großen, kam aber abends zu unseren Besuchen hinzu. »Sigurd ist ein Engel«, sagte Bergliot von ihm, und der stille Mann lächelte dazu.
Die kräftige Frau, Björnsons Tochter, beherrschte mit ihrem Temperament das Haus. Immer noch sang sie, mit einer Hundepeitsche streifte sie herum, trug an langer Kette ein goldenes Kreuz, der Hals hob sich aus einer Krause – sie wirkte recht streng, und es war kein Wunder, daß unsere Hilde, damals noch ein kleines Mädchen, Angst vor ihr hatte. Bergliot hatte zwei Töchter und einen Sohn. Die schöne, lebhafte Irene, die auch schrieb, und die schweigsame, verschlossene Eleonora. Tancred, ihr Sohn, lebte mit seiner Frau Lillebill Christensen im Norden. Bruder Björn, mit einer Berlinerin verheiratet, hatte auch ein Haus in Seis, doch stand der sprudelnde, gütige, schalkhafte Björn nicht gut mit seiner Schwester ...

Flake in Klobenstein konnte Seis von seinem Zimmer aus »auf der grünen Halde unterhalb des Schlern« liegen sehen. Um Fischers dort zu besuchen,

stieg ich kurzerhand an einem Augustmorgen den Osthang bis zur Eisack hinunter und in noch größerer Glut den jenseitigen Berg hinauf. Es war zuviel, ich schlief zwei Stunden im Schatten und kam statt zur Tischstunde zur Teestunde an – gerade noch rechtzeitig genug, um Fischers zu den Ibsens zu begleiten.

Bei dieser Gelegenheit schlug Fischer Flake vor,

nach Rom zu gehen und ein Buch über den Faschismus zu schreiben; nach einiger Überlegung verzichtete ich. Über das faschistische System ließ sich erst etwas sagen, wenn es durch Dauer deutbar oder durch Untergang historisch geworden war; der fremde Beobachter blieb auf Ideologien und Kulissen angewiesen.

Der *Sommerroman* wurde vollendet – »Fischer wollte auf dem Umschlag mein Bild bringen, der neue Stil verlangte es so« – und erschien zusammen mit dem neuen Essayband *Unsere Zeit* 1927. In diesem Sommer 1927 kamen Fischers abermals nach Südtirol, diesmal nach Flakes Collalbo-Klobenstein, wo sie sich im Hotel Bemelmans mit Schnitzler und Reisiger trafen. Wieder war man viel mit Flake zusammen. Hier in Klobenstein nun tauchte ein Mann auf, den Fischer einige Jahre zuvor bereits bei Hauptmann in Rapallo getroffen hatte. Flake berichtet:

Im gleichen Hotel wie Fischers wohnte ein italienischer Journalist, Cucchetti, der ihm anbot, für die Neue Rundschau eine Folge von Artikeln über den Faschismus zu schreiben. Fischer fragte mich nach meiner Meinung, und ich riet ab: wozu einem Faschisten die Spalten einer demokratischen Zeitschrift öffnen? Wir verbrachten einen Abend mit dem Journalisten und ließen ihn höflich die Ablehnung wissen. Seine Frau, die deutsch sprach, erwähnte, daß sie den Sommerroman lese — was in Klobenstein alle Welt tat.
Im Oktober, nachdem Fischers abgereist waren, erschien im Popolo d'Italia aus der Feder dieses Cucchetti ein Artikel, der sich gegen die deutschen Besucher Südtirols wandte: jeder sei ein Spion und ein Germanisator, wie lange noch wolle man ruhig zusehen? Nach dieser Einleitung ›Der Fall Flake‹. Ich säße ungestört und hochgeehrt auf dem balsamischen Ritten und hätte in einem Roman einen Kübel Unrat über das edle und ritterliche italienische Volk geschüttet.

Cucchettis Artikel erschien auch in einer Bozener Zeitung. Der *Sommerroman* wurde auf Anweisung aus Rom in Mailand und anderen oberitalienischen Städten in den Buchhandlungen beschlagnahmt. Am 3. Dezember 1927 erschienen die Carabinieri bei Flake, und er wurde »mit sofortiger Wirkung, mit dem nächsten Zug« ausgewiesen. Flake fuhr mit 500 Lire in der Tasche nach Innsbruck, erbat sich von Fischer Geld, erhielt es telegrafisch und gab dem ›Berliner Tageblatt‹ eine Schilderung der Vorgänge. Die gesamte deutsche Presse griff den ›Fall Flake‹ auf, das Auswärtige Amt fragte an, ob es sich einschalten solle, es erschienen richtige und unrichtige Darstellungen. Daß der abgewiesene ›Rundschau‹-Mitarbeiter Cucchetti hinter der Ausweisung steckte, schien klar; undurchsichtig blieb, ob er von Anfang an ein *agent provocateur* gewesen war oder nur einen persönlichen Racheakt verübt hatte.
Flake war wieder unbehaust: »Das unvergeßliche Kapitel Südtirol war vorüber, eine endgültige Regelung notwendig. Ich fragte bei Fischer an, ob er mir zum Ankauf eines Hauses 20 000 Mark bewilligen werde ...« Daß ein Schriftsteller seßhaft sein, sein eigenes Haus haben müsse, brauchte man Fischer nicht zu erklären; die ›Häuser der Dichter‹ waren ein wesentliches Element des festen Zusammenhaltes der Verlagsfamilie. Fischer willigte sofort ein, und Flake begann sich in Zürich nach etwas Geeignetem umzusehen. Anfang Februar 1928 traf er dort mit Fischer zusammen, der unterwegs nach St. Moritz und Rapallo war: »Fischer riet mir beim Abschied, nicht in der Schweiz zu kaufen, als deutscher Schriftsteller gehöre ich nach Deutschland ...« Flake übersiedelte nach Baden-Baden und blieb dort. Später schrieb

er, in der Broschüre *Unsere Zeit* habe er sich »dem positiven Aspekt der Lage« zugewandt: »Jede Zeit hatte ihn, auch unsere, wann man nur wollte. Ich war den deutschen Dingen zu fern und ahnte nicht, daß die Demokratie zusammenbrechen werde.«

AMERIKANISCHE LANDSCHAFT

Fischer brachte kein Buch über den italienischen Faschismus. Der Gedanke eines solchen Buches gehörte jedoch durchaus in den Rahmen des Verlags. Der Rahmen erweiterte sich zu eben dieser Zeit, neben den Biographien, noch auf ein zweites Feld, das bisher Randgebiet gewesen war und jetzt von Saenger immer nachdrücklicher ins Zentrum gerückt wurde. Dies war die politische und wirtschaftspolitische Literatur, in der Saenger in klarer Erkenntnis der Zusammenhänge den Blick gleichzeitig auf Deutschland und Amerika gerichtet hielt und wechselwirkend die Zusammenhänge herauszuarbeiten suchte.

Die Vereinigten Staaten waren aus dem Ersten Weltkrieg als eine beherrschende Großmacht hervorgegangen. Doch wußte man in Deutschland bis zum Ende der Inflationszeit außer übernommenen modischen Äußerlichkeiten vom Nachkriegsamerika, von seiner Gesellschaftsstruktur, seiner Industrie- und Finanzorganisation noch nicht viel. Was Europa für Amerika, was Amerika für Europa bedeutete, begann sich dem deutschen Verständnis erst in der zweiten Hälfte der zwanziger Jahre abzuzeichnen, und nun war die Neugier groß: man sieht es an den zahlreichen Amerikareisen vor allem der jüngeren Autoren des Verlags in dieser Zeit.

Als Wassermann Anfang 1927 nach Amerika reiste, brachte er aus der Neuen Welt ganz neue, mit prophetischem Auge gesehene Bilder mit. Er schrieb kein Buch über seine amerikanischen Eindrücke, sondern nur während seines Berliner Aufenthaltes im Winter 1927/28 einen Aufsatz *Wirkliche und seelische Landschaft Amerikas*, der in einer illustrierten Wochenschrift erschien. (Das Buch schrieb Marta Karlweis: *Eine Frau reist durch Amerika;* es erschien 1928 bei Fischer, und Wassermann steuerte eine Vorbemerkung bei.) Wassermanns Amerika-Erlebnis war in den *Fall Maurizius* eingeschmolzen, wo er von Waremme-Warschauer sagt: »Wie ein Missionar zu den Heiden geht, um ihnen den wahren Gott zu bringen, so ging er ›hinüber‹, um den Geist Europas zu verkündigen.« Und dann heißt es in der großartigen, weit ausholenden Amerikaschilderung, die Waremme dem jungen Etzel Andergast alias Mohl gibt:

Es läßt sich denken, Mohl, wie großartig ich mir in dieser Einbildung vorkam ... Ich hatte eben noch nichts von dem Land begriffen ... Das Hüben

und Drüben: zwei Parteien. Europa und die Vergangenheit, Amerika und die Zukunft; es wurde immer mehr zum Leitmotiv... Und das ist es, das ist die Sache. Zeitalter der Vorbereitung. Völkerbackofen. Alles noch in der Mischung und im Werden. Noch nicht erkaltet. Süden und Norden, Osten und Westen zur Mitte drängend. Weiße Welt und schwarze Welt hart gegeneinander, der Neger zum Gläubiger verjährter Schuld geworden, unaufhaltsam zieht er heran, erobert Stadtteile, überschwemmt Provinzen, Asien dahinter als finstere Drohung und dann der eigentliche schicksalhafte Widersacher, Rußland, zum Weltduell sich anschickend, Rußland auf der anderen Seite des Planeten... was hatte ich da zu suchen mit der eingebildeten geistigen Mission?... Gegen den glühenden Krater war Europa ein Antiquitätenkabinett...
Von einem gewissen Tage ab fühlte ich mich auf einmal alt. Ich hatte nichts in die Scheuer gebracht, der Zeit, die ich heraufkommen sah, hatte ich nichts zu geben. Da hieß es denn: sich in Sicherheit bringen. Da hieß es, nach einem Plätzchen auslugen, wo man ungefähr in der Mitte war zwischen den zwei rasenden Brandherden, links und rechts. Ein Tuskulum konnte es nicht sein, höchstens ein versteckter Beobachterposten mit einem mitgenommenen Glutrest von der großen Oriflamme der Vergangenheiten. Welcher Sturm wird ihn ausblasen, den traurigen Rest, der Sturm von links oder der von rechts, der von Ost oder der von West?... man kann sich auf was gefaßt machen, die braven Leute hier, die noch bis über die Ohren in ihren Velleitäten stecken, haben keinen Dunst von dem, was ihnen bevorsteht...

Während Wassermann noch an diesen Seiten schrieb, erschien bei Fischer ein Roman, der den Deutschen in einem riesigen Panorama das unendlich vielfältige Gesicht des amerikanischen Menschen und ein ›Image‹, ein Abbild der amerikanischen Großstadtzivilisation enthüllte, wie man es bisher noch nicht erblickt hatte. Arthur Holitscher, der Weltreisende und gute Amerikakenner, hatte Fischer *Manhattan Transfer* des damals einunddreißigjährigen Amerikaners John Dos Passos empfohlen, und der achtundzwanzigjährige Paul Baudisch, der als expressionistischer Dramatiker begonnen hatte, machte mit diesem aufsehenerregenden Werk sein Übersetzerdebüt bei Fischer. Er übersetzte danach in rascher Folge zahlreiche weitere Bücher für Fischer, so daß in der zweiten Hälfte der zwanziger und zu Beginn der dreißiger Jahre die Übertragung der stark anwachsenden angelsächsischen Literatur im Fischer-Verlag mit Ausnahme Shaws und Conrads nahezu ausschließlich in Reisigers und Baudischs Händen lag.

Die Bedingungen, unter denen anerkannte Übersetzer in den zwanziger Jahren arbeiteten, sind an dieser Stelle eine Anmerkung wert. Baudisch beispielsweise erhielt den Übersetzungsauftrag für Dos Passos' *Manhattan Transfer* am 10. September 1926 und hatte ein druckfertiges Manuskript dieses sehr umfangreichen und sprachlich sehr schwierigen Romans bis zum 31. Dezember 1926 zu liefern, und zwar für ein einmaliges Honorar von 2000 Mark. Dos Passos' zweiten, noch umfangreicheren und komplizierteren Roman hatte er zu den gleichen Bedingungen in drei Monaten zu übersetzen, erhielt aber hier vom 7. Tausend ab eine Tantieme von 2 Prozent. Heinrich Hauser erhielt für die Übersetzung von O'Flahertys *The House of Gold (Verdammtes Gold),* die er binnen vier Monaten zu liefern hatte, fünfzig Mark pro deutschen Druckbogen, eine Vorauszahlung von tausend Mark und vom 6. Tausend ab eine Tantieme von 2 Prozent. Die Erfolgsbeteiligung des Übersetzers mit einer Tantieme war und ist auch heute eine große Ausnahme

Der amerikanische Nachkriegsroman war um diese Zeit in Deutschland nicht mehr unbekannt. Kurt Wolff hatte schon 1925 versucht, Sinclair Lewis einzuführen, der allerdings erst zu breitem Erfolg gelangte, als Rowohlt sich seiner annahm, und der Malik-Verlag setzte sich bereits seit Kriegsende beharrlich und mit Erfolg für den (schon aus der Vorkriegszeit bekannten) Upton Sinclair ein. Auch ein frühes Buch von Dos Passos, *Drei Soldaten,* der erste bedeutende amerikanische Kriegsroman, war schon 1923 deutsch erschienen. Dieses Dreigestirn beherrschte bis zum Auftreten Ernest Hemingways die deutsche Vorstellung von der amerikanischen Nachkriegs-Prosa-Epik, und in ihm war John Dos Passos bei weitem der bedeutendste künstlerische Gestalter.

Während Upton Sinclair und Sinclair Lewis an der herkömmlichen, der Reportage angenäherten Form des Romans festhielten und sie mit sozialethischem Explosivstoff füllten, sprengte Dos Passos die Form selbst. Er baute sein Buch einerseits in großen musikalischen Sätzen nach dem Formprinzip der Sinfonie auf, löste sie aber wiederum mit einer vom Film herrührenden Montagestruktur in zahlreiche, aufeinander zustrebende, voneinander wegstrebende, sich überkreuzende und verschlingende Handlungssträhnen auf, die er zudem mit filmischen Einsprengseln, Großaufnahmen, Wochenschauen, Dokumentarbelegen durchschoß und solcherart auf die Riesenleinwand des großen Zeithintergrundes projizierte. In seinen nachfolgenden beiden großen Romanen *Der 42. Breitengrad* (1929) und *Auf den Trümmern* (1932), ebenfalls von Baudisch übersetzt, trieb er dieses erzählerische Strukturprinzip bis zur äußersten Konsequenz vor und revolutionierte damit nicht nur den amerikanischen, sondern auch den europäischen Roman. »Hier regt sich Zukunft, möglicherweise für die Epik der ganzen Welt«, schrieb Loerke über die »epische Riesensinfonie« *Manhattan Transfer*. Das kühne Experiment mußte auf einen Neuerer wie Alfred Döblin Eindruck machen, und dieser Eindruck prägte sich auch Döblins großem Roman *Berlin Alexanderplatz,* der 1929 erschien, unverkennbar auf.

GELD UND GEIST

Das Gesicht und die Landschaft Amerikas wurden dem deutschen Leser in diesen Jahren sehr lebendig. Von der politischen und wirtschaftlichen Machtstellung der Vereinigten Staaten, der tatsächlichen wie der potentiellen, bekam man einen ersten schockartigen Begriff, als der amerikanische Finanzmann Charles Dawes 1924, nach dem Ende der Inflation, das wirre Problem der deutschen Kriegsschulden und Reparationen in die Hand nahm und mit dem Dawes-Plan eine, wie man meinte, erste realistische, für die deutsche Wirtschaft tragbare Lösung versuchte. Als fünf Jahre später, nachdem sich die Undurchführbarkeit des Dawes-Plans erwiesen hatte, der Amerikaner Owen Young namens der Alliierten mit dem Young-Plan eine zweite, bessere und vor allem endgültige Regelung des politisch und wirtschaftlich erbittert umstrittenen Problems durchsetzte, war es klar, daß die Vereinigten Staaten das Weltwirtschaftsgefüge beherrschten und die deutsche Wirtschaftsstruktur und ihre Zukunft auf Gedeih und Verderb von der amerikanischen abhängig war. Diese Zusammenhänge waren für die große Masse der gebildeten Deutschen neu, verblüffend, ja geradezu unverständlich, und hier setzte Saenger in der Zeitschrift wie im Buchverlag mit systematischer Aufklärungsarbeit ein.

Schon 1925 brachte der Verlag zugleich mit der gründlichen Untersuchung *Die Umschichtung der europäischen Vermögen* des brillanten Berliner Wirtschaftsjournalisten Richard Lewinsohn-Morus das nicht minder glänzende Werk *Das amerikanische Wirtschaftswunder* des Berliner Nationalökonomen Julius Hirsch. Daß ein solches Buch binnen kurzer Zeit ins 12. Tausend klettern konnte, schien erstaunlich und war es doch wieder nicht. Denn dieser jugendlich schwungvolle Mann mit dem schwarzen Assyrerbart und der weittragenden sonoren Stimme, Professor an der Universität Berlin und zugleich ein Mann der Praxis, war ein pädagogisches Phänomen ersten Ranges. Niemand, der in den Jahren 1925–1927 seine aus direkter Anschauung gewonnenen Kollegs über amerikanische Wirtschaftsstruktur und rationalisierte Industrieorganisation gehört hatte, konnte das mit ungeheuer bildhafter Anschaulichkeit Geschilderte, das man auf Anhieb begriff, weil man es zu sehen vermochte, wieder vergessen. Dieser Mann, so spürte man, hatte seine Welt und seine Zeit erfaßt. Saenger hatte einen glänzenden Griff getan und sicherte sich in den folgenden Jahren eine Anzahl bedeutender Beiträge von ihm für die Zeitschrift.

1926 folgte das vorzügliche Buch *Das Schicksal des deutschen Kapitalismus* des Dozenten an der Berliner Handelshochschule M. J. Bonn, der schon seit 1919 zu den regelmäßigen Mitarbeitern der ›Neuen Rundschau‹ gehörte, 1927 ein zweites Buch von Bonn *Geld und Geist. Vom Wesen und Werden der amerikanischen Welt*, das Amerika »im Gegensatz zu vielen anderen Darstellungen, die allein die politischen und wirtschaftlichen Probleme des Landes berühren, als eine Einheit von Geld und Geist, als ein ungeheures Reservoir jugendlicher, kultureller, politischer und wirtschaftlicher Kräfte« begriff. Gleichsam als Ergänzung hierzu erschien im gleichen Jahr, mit dem ausdrücklichen Vorsatz, »dem allgemeinen Vorurteil von der Seelenlosigkeit Amerikas entgegenzuwirken«, das Buch *Demokratie und Erziehung in Amerika* des Heidelberger Soziologen und Historikers Carl Brinkmann, der schon seit 1913 zu den Mitarbeitern Saengers an der ›Neuen Rundschau‹ gehörte, aber im Buchverlag nur mit diesem einen Werk erschien.

1928 wurde der Nachdruck noch stärker. Der schöngeistige, einstmals ganz der ›Dichtung‹ gewidmete Verlag veränderte immer rascher sein Gesicht. Von den insgesamt 44 Titeln dieser Jahresproduktion gehörten 17 nicht zur ›schönen Literatur‹, sondern waren *non-fiction*, nämlich Biographien, Reisebücher und rein politische Literatur, und diese letztere war allein mit sieben Titeln vertreten: zwei Bänden *Nachgelassene Schriften* von Rathenau; dem großen Werk *Politische Prognose für Deutschland* von Willy Hellpach; einem neuen Buch von M. J. Bonn, *Befreiungspolitik oder Beleihungspolitik?*, das Deutschlands Finanzgebarung im Licht des Dawes-Abkommens erörterte; einem Werk des berühmten italienischen Historikers Guglielmo Ferrero *Die Einheit der Welt*, das in großer Überschau der vom Ersten Weltkrieg geschaffenen europäischen Staatenzersplitterung die immanenten Kräfte aufzeigte, die dennoch auf einen unausweichlichen Zusammenschluß hindrängten; dem blitzgescheiten, kraus-idiosynkratischen Kompendium Bernard Shaws, *Wegweiser für die intelligente Frau zu Sozialismus und Kapitalismus;* und nicht zuletzt dem (von Rose Hilferding übersetzten) warnenden Werk *Der Reichtum Amerikas. Seine Ursachen und Folgen* des amerikanischen Bankiers und Wirtschaftsschriftstellers Paul M. Mazur. Dieses Werk hatte Bermann Fischer von Huebsch erworben, und die veränderte Situation geht aus einem seiner Briefe an Huebsch im April 1928 hervor: »Durch die Zunahme der Amerikaliteratur in Deutschland ist für uns die Auflagenhöhe des Buches von Mazur nicht ganz leicht zu lösen. Da wir im Augenblick die Absatzmöglichkeit des Buches nicht voraussehen können, wäre eine Erstauflage von 5000 Exemplaren, die sofort vorausnoriert werden müßte, ein zu großes Risiko.« Man einigte sich darauf, daß Fischer eine Erstauflage von 5000 Exemplaren druckte, aber nur 3000 Exemplare voraushonorierte. In diesem, von Julius Hirsch eingeleiteten Buch standen versteckt einige unheilschwangere Sätze:

Über dem Horizont dräut die Wolke der Beziehungen zwischen Europa und uns. Europa muß seine Schulden schließlich in Waren bezahlen... Falls Amerika eines Tages eine passive Handelsbilanz aufweist, werden sich gewisse Umstellungen als nötig erweisen...

Hier halten wir inne. Denn unversehens stehen wir in Fischers siebzigstem Lebensjahr.

36 Das siebzigste Jahr

Am 24. Dezember 1929 feierte Fischer in seinem Haus in der Erdener Straße seinen siebzigsten Geburtstag. »Der Zuspruch zu seinem Festtage«, schrieb Thomas Mann aus der Erinnerung, »war groß und herzlich. Er lag, etwas leidend, in seinem Bett, auf der Decke die Hunderte von Telegrammen und Briefen ausgebreitet, spottete skeptisch-gutmütig über seine Größe, von der er sich ja gar keine rechte Vorstellung gemacht habe, und mochte bei sich sein Leben bedenken, die Mischung aus Schwermut und reichem Segen, die es bestimmte . . . Es gab viel zu danken.«

Und es gab noch viel zu tun; das siebzigste Jahr allein hatte gezeigt, wieviel unvermutet Neuartiges es unablässig zu bewältigen galt. Noch dachte er nicht daran, das Steuer aus der Hand zu geben, obwohl Frau Hedwig nicht ohne Sorge fand – wie sie dem Freund Madelung anvertraute –, was er an Arbeitsleistung und gesellschaftlichen Pflichten gegenüber Besuchern und Freunden auf sich nehme, sei »mehr als er jetzt noch leisten kann«. Doch hatte dieses siebzigste Jahr ihm die beruhigende Gewißheit gebracht, daß er sich ohne Besorgnis zurückziehen konnte, wenn der Zeitpunkt kam.

TROTZKIS AUTOBIOGRAPHIE

Eines der großen Ereignisse dieses Verlagsjahrs war das Erscheinen von Leo Trotzkis Autobiographie. An der Entstehung dieses bedeutenden Buches hatte Fischer einen wesentlichen Anteil.

Im Frühjahr 1929, so berichtet Bermann Fischer, sei auf einem der nachmittäglichen Spaziergänge, auf denen häufig neue Verlagspläne besprochen wurden, das Gespräch auf das Schicksal Leo Trotzkis gekommen, der soeben von Stalin aus Rußland verbannt worden war. Fischer meinte, man solle versuchen, Trotzki dafür zu gewinnen, seine Autobiographie für den Verlag zu schreiben. Dieser Plan wurde in der Tat verwirklicht, und das Buch erschien noch im selben Jahr. Bedenkt man den großen Umfang des Werkes, so scheint es die reine Hexerei. Aber es ist erklärlich. Die merkwürdigsten Umstände wirkten zusammen.

Trotzki war am 14. November 1927 aus der Kommunistischen Partei der Sowjetunion ausgeschlossen und am 16. Januar 1928 von Stalin nach Alma Ata in Turkestan verbannt worden. Dort blieb er ein Jahr lang und nahm während dieser Zeit neue größere schriftstellerische Arbeiten in Angriff. Am 20. Januar 1929 unterband Stalin auch diese Tätigkeit und ließ Trotzki aus dem Staatsgebiet der Sowjetunion ausweisen und über die Grenze in die Türkei abschieben. Trotzki konnte jedoch sein gesamtes, umfangreiches Archiv ins Exil mitnehmen. Er traf am 12. Februar 1929 in Istanbul ein, fand auf einige Tage im Haus der dortigen Sowjetvertretung Unterkunft und übersiedelte dann ins Hotel Tokatlian in Pera. Er hatte nicht die Absicht, in der Türkei zu bleiben, wo er sich nicht sicher fühlte, und bemühte sich um eine Einreise-Erlaubnis und Aufenthaltsgenehmigung in einem westeuropäischen Land; unter anderem richtete er ein solches Gesuch auch an die deutsche Reichsregierung. In diese Wartezeit fallen die Verhandlungen mit dem S. Fischer Verlag.

Trotzki hatte sogleich nach seinem Eintreffen in Istanbul, nunmehr unbehindert von Überwachung und Zensur, seine schriftstellerische und publizistische Arbeit wieder aufgenommen und sich mit seinen Freunden und Anhängern überall in der Welt in Verbindung gesetzt. Zu ihnen zählten auch der deutsch schreibende rumänische Schriftsteller Valeriu Marcu, der seit 1927 Mitarbeiter der ›Neuen Rundschau‹ war und einige Jahre später auch Autor des Verlags wurde, und Franz Pfemfert, der Herausgeber der Zeitschrift ›Die Aktion‹, der seit langem mit Fischer gut bekannt war, und seine Gattin Alexandra Ramm, eine gebürtige Russin, die bereits früher einige Schriften Trotzkis übersetzt hatte. (Es waren in den zwanziger Jahren, bis zu Trotzkis Sturz, bereits viele seiner Schriften in kleinen deutschen und österreichischen kommunistischen Parteiverlagen, darunter auch in Pfemferts Verlag, erschienen.) In den erhaltenen Teilen des Verlagsarchivs haben sich einige Stücke des Telegramm- und Briefwechsels zwischen dem Verlag und Trotzki aus der Zeit der ersten Fühlungnahme im März und April 1929 gefunden. Der Briefwechsel Trotzkis mit dem Ehepaar Pfemfert ist vollständiger erhalten, aber nicht zugänglich. Trotzki hatte kurz vor seiner Ermordung am 21. August 1940 sein gesamtes Archiv einschließlich der Korrespondenz mit seinen Verlegern in Sicherheit gebracht und der Universität Harvard zu treuen Händen übergeben mit der ausdrücklichen Verfügung, daß ein bestimmter Teil vorerst gesperrt bleibe, um ihn – in der damals von Gestapo und

GPU verseuchten Welt – vor unbefugten Augen zu schützen. Das Trotzki-Archiv befindet sich heute in der Houghton Library der Universität Harvard, und die Abteilung D des Archivs mit insgesamt 309 Mappen enthält in den Mappen 26–33 den Briefwechsel mit seinen Verlegern und Übersetzern; diese Abteilung D ist bis 1980 gesperrt. Trotzkis Biograph Isaac Deutscher konnte jedoch auf Grund einer besonderen Ermächtigung durch Trotzkis Witwe Einblick nehmen, und das Nachfolgende stützt sich neben den im Verlagsarchiv erhaltenen bruchstückhaften Unterlagen weitgehend auf seine Angaben.

Fischer ersuchte seinen Autor Valeriu Marcu, der Trotzkis Vertrauen genoß, den Vorschlag des Verlags zu übermitteln, und Marcu telegrafierte am 4. März 1929 an Trotzki: DRAHTET OB GENEIGT WÄREN AUTOBIOGRAPHIE FÜR S. FISCHER VERLAG BERLIN ZU SCHREIBEN. KANN MAN SIE IN DIESER ANGELEGENHEIT BESUCHEN. ANTWORT AN FISCHERVERLAG BERLIN BÜLOWSTRASSE 90. BESTE WÜNSCHE MARCU. Trotzki antwortete am folgenden Tag: SCHREIBE AUTOBIOGRAPHIE FÜR ZEITUNGEN BEABSICHTIGE ERWEITERN FÜR FISCHERVERLAG HOFFE NACH DEUTSCHLAND KOMMEN TROTZKY. Und Fischer telegraphierte am 6. März zurück: WIR UND MARCU DANKEN FÜR DEPESCHE. DER VERLAG STEHT ZU HOFFENTLICH BALDIGER PERSÖNLICHER BESPRECHUNG ZUR VERFÜGUNG. FISCHERVERLAG. Damit schien das Werk für den Verlag gesichert. Doch nun ergaben sich Komplikationen.

Die Autobiographie war, als Fischer seinen Vorschlag machte, bereits im Entstehen. Schon während der Verbannung in Alma Ata hatten Trotzkis Freunde, vor allem Preobaschenski, ihn gedrängt, seine Memoiren zu schreiben, und er hatte sich bereits im April 1928 an die Arbeit gemacht, Notizen zusammengestellt und versucht, das Bild seiner Kindheit und Jugend in Südrußland, mit dem das Buch beginnen sollte, zu rekonstruieren. Er hatte sogar mit der Niederschrift dieser Anfangskapitel begonnen, aber da er auf eine Veröffentlichung in Rußland nicht hoffen konnte und sich inzwischen mit Übersetzungsarbeiten seinen Lebensunterhalt verdienen mußte, war die Arbeit nicht weit gediehen.

Im türkischen Exil war die Lage anders. Trotzki konnte jetzt zumindest in der außerrussischen Welt publizieren, erhielt von vielen Seiten Anträge und hatte, da er gut verdiente, keine Geldsorgen. Die erste Artikelserie, die er in Istanbul für die amerikanische Presse schrieb, brachte ihm ein Honorar von zehntausend Dollar, von denen er sofort sechstausend für die Finanzierung seines Nachrichtenblattes ›Bulletin der Opposition‹ abzweigte, das in russischer Sprache zuerst in Paris, später in Berlin gedruckt wurde. Dies war sein Hauptanliegen: die antistalinistische kommunistische Opposition im Ausland zusammenzufassen und über die Vorgänge in der Sowjetunion zu unterrichten, und zu diesem Zweck plante er eine ganze Folge ideologischer Schriften und Bücher, von denen die Autobiographie, die er jetzt für eine Zeitungsveröffentlichung wieder aufgenommen hatte und für Fischer zu einem Buch erweitern wollte, nur eines und nicht unbedingt das wichtigste und dringlichste war. Doch hatte er in Zeitungsinterviews inzwischen mitgeteilt, daß er für den Verlag S. Fischer seine Autobiographie schreibe, und diese Sensationsmeldung war in der gesamten Weltpresse erschienen.

Aber noch war kein Verlagsvertrag geschlossen. Nach dem ersten Telegrammwechsel Anfang März 1929 gediehen die Dinge nicht weiter, denn man wartete auf Trotzkis Eintreffen in Berlin. Da ging am 23. März im Verlag ein kurzes, handschriftliches Briefchen Trotzkis in deutscher Sprache ein:

Sehr geehrter Herr! Meine Einreise nach Deutschland verschiebt sich immer von neuem. Ich möchte daher Sie ersuchen die Bedingungen unter denen Sie meine Autobiographie übernehmen wollen mir per Brief mitteilen zu wollen. Die Arbeit wird von mir russisch geschrieben. Auszüge werden in der internationalen Presse erscheinen. Mit bester Hochachtung L. Trotzky

Fischer schrieb darauf am 26. März:

Sehr verehrter Herr – dürfen wir bei Ihnen anfragen, wann wir mit dem Erscheinen Ihrer MEMOIREN rechnen könnten. Die Frage geschieht aus dem Grunde, weil wir glauben, Ihnen nicht nur wegen der deutschen Ausgabe, sondern auch wegen der Ausgabe in anderen Sprachen gute Dienste leisten zu können, die freilich von langer Hand vorbereitet werden müssen.

Wegen der Übersetzung in die deutsche Sprache hat heute Frau Pfemfert mit der Bemerkung bei uns angefragt, daß sie auch schon früher einiges für Sie übersetzt hat. Wir müssen eventuell prüfen, ob die Übersetzung von Frau Pfemfert allen Ansprüchen genügt.

Wir wollen Ihnen einen Vertragsentwurf zusenden und würden für diese Zwecke bitten, uns wissen zu lassen, welchen Umfang ungefähr Ihr Buch haben wird, wann es fertig sein wird und welche Wünsche Sie hinsichtlich des Honorars haben. Wir hoffen sehr, daß es Ihnen gesundheitlich gut geht und daß wir bald die Freude haben werden, Sie in Deutschland zu begrüßen.

Dieser Brief war jedoch noch kaum abgegangen, als von Trotzki folgendes Telegramm einging:

UNMÖGLICH EINZELVERÖFFENTLICHUNG MEMOIREN UNLÖSLICH VON GEPLANTER SCHRIFTENREIHE SCHARFEN KLASSENKAMPFS DAHER FISCHER VÖLLIG UNGEEIGNET DESHALB MUSS MIT SONDERVERLAG ABSCHLIESSEN HOFFE KEINE EINWÄNDE IHRERSEITS BESTE GRÜSSE TROTZKY

Fischer hatte allerdings Einwände. Er telegraphierte Trotzki am 27. März:

UNMÖGLICH JETZT ZURÜCKZUTRETEN NACHDEM SIE SELBST IN WELTPRESSE MEMOIREN IN UNSEREM VERLAG ANGEKÜNDIGT HABEN. DRAHTET OB SIE UNSERN BERLINER VERTRETER EMPFANGEN WOLLEN. GESTRIGER UND HEUTIGER BRIEF UNTERWEGS GRÜSSE FISCHER

Der »heutige Brief« lautete:

Wir hoffen, daß Sie sich unserer Auffassung anschließen, daß ein Rücktritt von beiden Seiten unmöglich ist, nachdem Sie der Presse der ganzen Welt durch Ihre Mitteilung an Ihre Interviewer die Herausgabe Ihrer Memoiren in unserm Verlag als eine bevorstehende Tatsache angekündigt haben. Wir sind sicher, daß Sie sich dieser Einsicht nicht verschließen werden, denn wir dürfen es nicht auf uns nehmen, daß Ihr Memoiren-Werk in einem anderen Verlag erscheinen soll, nachdem wir durch Sie als der Verleger dieses Werkes legitimiert wurden.
In der Sache selbst sehen wir für Sie keinen zwingenden Grund, die Memoiren mit einer geplanten »Reihe scharfen Klassenkampfes« in Verbindung zu bringen. Ein Memoirenwerk ist eine menschliche Dokumentation. Wir haben uns bei Ihnen um dieses Dokument beworben, weil wir glauben, daß bei uns nicht nur der Staatsmann, sondern auch der Mensch auf ein besonders starkes Interesse zu rechnen hätte.
In unserm Verlage sind gerade in letzter Zeit Memoirenwerke erschienen, die aus dem gleichen Gesichtspunkt, unabhängig von politischen und weltanschaulichen Tendenzen, zu starker Wirkung gekommen sind. Daß also unsere Firma für die Herausgabe Ihrer Memoiren nicht geeignet wäre, kann ernsthaft nicht in Frage stehen, die Geschichte unseres, seit mehr als 40 Jahren bestehenden Verlages spricht dagegen. – Wir sind sicher, daß Sie unseren Argumenten vertrauen und daß wir nunmehr zu festen Vereinbarungen gelangen können, um die wir mit unserem Brief vom 26. ds., ohne Kenntnis Ihrer Depesche, die am 27. bei uns eingetroffen ist, gebeten haben. Wir haben Ihnen telegraphisch angekündigt, unseren Vertreter zu Ihnen zu schicken und wir ersuchen ergebenst, uns zu depeschieren, ob Sie ihn empfangen wollen.

Nun nahmen die Verhandlungen eine überraschende Wendung. Trotzki war inzwischen von der Ansicht, daß Fischer als sein Verleger »völlig ungeeignet« sei, wieder abgekommen, denn schon am folgenden Tag, dem 28. März, noch ehe er Fischers letzten Brief erhalten haben konnte, ging ein Telegramm von ihm ein: RÜCKDRAHTET OB IHR GENANNTE GROSSE BÜCHERREIHE ÜBERNEHMT CONDITIO SINE QUA NON TROTZKY. Doch noch ehe Fischer antworten konnte, traf am 30. März ein zweites Telegramm von Trotzki ein, das die Antwort auf den Brief Fischers vom 27. März enthielt. Trotzki war mit der Entsendung eines Verlagsvertreters nach Istanbul einverstanden, erklärte jedoch:

ABER ENDGÜLTIGE ENTSCHEIDUNG MUSS UNBEDINGT VORHER FALLEN WEIL ANDERER VERLAG WICHTIGES ANGEBOT NUR EINE WOCHE AUFRECHTERHÄLT DRAHTET DAHER FESTES ANGEBOT FÜR GESAMTE BUCHREIHE AUSSER

ÜBERSETZUNGSKOSTEN. BÜCHERREIHE UMFASST MINDESTENS ZEHN BÄNDE ETWA JE VIERHUNDERT DRUCKSEITEN INHALT AUTOBIOGRAPHIE REDEN MILITÄRISCHES KRIEGSEUROPA WELTPOLITISCHES ANTISTALIN POLITIKER OKTOBERREVOLUTION 1905 KULTURELLES BÜCHER MEIST RUSSISCH BEREITS VERÖFFENTLICHT DEUTSCHE AUSGABE NEU BEARBEITET TROTZKY.

Fischer ließ sich durch das »wichtige Angebot« eines »anderen Verlags« und die gesetzte Frist von einer Woche nicht ins Bockshorn jagen; auch ließ er sich auf diese »conditio sine qua non« nicht ein; aber er machte ein generöses Angebot. Er telegraphierte am 30. März 1959 zurück:

MÜSSEN AUF AUTOBIOGRAPHIE BESTEHEN ZAHLEN BEI MINDESTUMFANG VIERHUNDERT SEITEN DREISSIGTAUSEND MARK FÜR ERSTAUFLAGE VON ZWANZIGTAUSEND EXEMPLAREN ALS VORAUSZAHLUNG AUF FÜNFZEHN PROZENT TANTIEME VOM BROSCHIERTEN EXEMPLAR. ZEHNBÄNDIGE GESAMTAUSGABE DER WERKE GRUNDSÄTZLICH NICHT ABGENEIGT BESONDERER VERHANDLUNG VORBEHALTEN.

Am selben Tag hatte Valeriu Marcu Trotzki einen langen persönlichen Brief geschrieben, in dem er ihm die allgemeine verlegerische Situation der politischen Linken in Deutschland erläuterte und ihm darlegte, warum es für ihn als Kommunisten von Vorteil sei, in Deutschland bei einem bürgerlichen Verlag wie S. Fischer zu erscheinen. Dieser Brief, von dem er Fischer eine Abschrift übergab, ist ein aufschlußreiches Zeitdokument.

Werter Genosse Trotzki – Meine Vermittlerrolle zwischen Ihnen und dem S. Fischer-Verlag übernahm ich nicht nur, um Herrn Fischer, bei dem ich jetzt erscheine, eine Gefälligkeit zu erweisen – ich tat es innerlich um Ihrer Arbeit willen. Ich bin kein Angestellter des Verlags, sondern ein Autor. Es war für mich – ich kann es offen sagen – die Perspektive auf eine politische Aktion, die mich dazu trieb. Wie die Sachen liegen, sagte ich mir sofort: Sie können in einem kommunistischen Verlag nicht erscheinen, eher würde ein kommunistischer Verlag Stalin in Goldbuchstaben drucken oder das Alte Testament gratis verteilen. Ein sozialdemokratischer Verlag kommt nicht in Frage. Wenn schon ein bürgerlicher, warum dann nicht der größte, der, der im Rahmen gegebener Möglichkeiten noch am unabhängigsten ist und eine geistige Tradition vertritt. Im Fischer-Verlag waren vor Jahrzehnten die ersten Kämpfe des Naturalismus; er hat sogar damals, als der Sozialismus eine platonische Idee war, durch die Weber Gerhart Hauptmanns einen neuen Weg in der deutschen Literatur gebahnt.

Trotzki im Fischer-Verlag ist eine Sache, mit der man sich auseinandersetzen muß. Trotzki in irgendeinem anderen deutschen Verlag ist, wie die Dinge nun einmal verlegerisch in Deutschland liegen, weniger. In einem Winkelverlag, in einem kleineren Verlag, in einem Sensationsverlag hat es sogar einen haut-goût. Es ist selbstverständlich und klar, daß sich Verleger kleinerer und mittlerer Größe an Sie wenden werden, denn sie glauben,

mit Ihnen, wie es auf berlinerisch heißt, sich gesund zu stoßen. Fischer will bei Ihnen auch kein Geld verlieren, aber er ist nicht auf Sie allein angewiesen, das heißt, er kann nobler sein, weil er eben reicher ist und weil ihm die verlegerische Praxis sagt, daß man sogar mit einem guten Buch, mit einem wichtigen Buch, ein Geschäft machen kann. Ich warne Sie persönlich vor allen deutschen Winkelverlegern, die sich auf Sie stürzen werden, die Ihnen alles Mögliche versprechen werden, 10, 20 oder 50 Bände, und denen dann nach dem zweiten Band der Atem ausgeht trotz aller unterschriebener Pergamente.
Ich weiß nicht, ob Sie die verlegerische Lage in Deutschland kennen. Und wenn die Kommunisten frohlockend erzählen werden: Hähä, Trotzki erscheint bei Fischer — so kann ich Sie nur versichern — übrigens werden Sie das viel besser wissen als ich —, daß die offiziellen Kommunisten sich danach reißen, in bürgerlichen Verlagen zu erscheinen, daß die kommunistische Partei zehn offiziöse kommunistische Verlage hat, die unter der Maske der Unabhängigkeit erscheinen, in ganz großen bürgerlichen Blättern annoncieren, daß Willy Münzenberg zum Beispiel im Auftrage der kommunistischen Zentrale eine Zeitung, die ›Welt am Morgen‹ herausgibt, die wörtlich und feierlich versichert, sie diene keiner Partei. Die Leute werden sich nur ärgern und nichts anderes.
Die Aufrichtigkeit ist in gewissen Augenblicken, wie jede Entscheidung, ein Vabanquespiel, eine Sache der Imponderabilien — ob einem geglaubt wird oder nicht. Wenn mir nicht geglaubt wird, nun, so habe ich eine Niederlage erlitten und gelernt.

Fischer hatte beabsichtigt, Valeriu Marcu als Vertreter des Verlags nach Istanbul zu schicken, um die nunmehr notwendigen Verhandlungen zu führen, und Trotzki hatte nach Fischers letztem Telegramm, in dem dieser seine grundsätzliche Bereitschaft zu einer zehnbändigen Gesamtausgabe mitteilte, geantwortet, Marcus Besuch sei ihm erwünscht. Marcu sollte pro forma im Auftrag der ›Neuen Rundschau‹ reisen, um über Trotzki zu schreiben. Aber seine Reise kam nicht zustande, da er als Staatenloser kein türkisches Visum erhielt. Statt seiner reiste Saenger, der am 7. April in Istanbul eintraf. Saenger nahm einen Vertragsentwurf mit, aus dem ersichtlich ist, daß Fischer keineswegs gewillt war, um der Autobiographie willen blind eine zehnbändige Trotzki-Gesamtausgabe zu kaufen, sondern sich aus diesem, auch für ihn unverdaulichen Riesenkuchen einige Rosinen herausgesucht hatte. Der Verlag gedachte außer der Autobiographie noch »eine Option auf zwei weitere, noch auszuwählende und neu zu bearbeitende Bände« zu erwerben, »wobei insbesondere an die ›Geschichte der russischen Revolution 1917‹ und an die ›Rote Armee‹ gedacht ist«, von denen Teile bereits in russischer Sprache erschienen waren. Außerdem wollte der Verlag sich (gegen eine Provision von 35 Prozent) das Recht der Vermittlung der fremdsprachigen Buchausgaben der Autobiographie, sowie aller Zeitungsvorabdrucke (zu einer Provision von 20 Prozent) sichern und sollte bis zu 100 Druckseiten in der ›Neuen

Rundschau‹ zu einem Honorar von 200 Mark pro Druckbogen vorabdrucken dürfen. Trotzki sollte für die Autobiographie eine Tantieme von 15 Prozent, für die beiden anderen Bücher von 10 Prozent erhalten, und auf alle diese Rechte wollte der Verlag eine Vorauszahlung von 30 000 Mark leisten, die je zu einem Drittel bei Unterschrift des Vertrags, bei Ablieferung der ersten Manuskripthälfte der Autobiographie und bei Erscheinen des Buches fällig wurden.

Der Vertrag erwies sich in dieser Form als undurchführbar. Denn Saenger war noch kaum in Istanbul eingetroffen, als am 8. April 1929 Franz Pfemfert und seine Frau in der Bülowstraße erschienen und höchst bestürzt einen Sachverhalt berichteten, den Bermann Fischer unverzüglich telegraphisch und eilbrieflich Saenger mitteilte:

Trotzky hat vor einiger Zeit, wie Pfemfert berichtet, sich bei seinen Vertrauensleuten hier in Berlin nach dem Verlag Reissner erkundigt. Diese Vertrauensleute haben ihm, da sie keine Ahnung von den Zuständen haben, zurücktelegraphiert »Über Reissner nichts Nachteiliges bekannt.« Erst nach Absendung dieses Telegramms haben sie Franz Pfemfert um seine Meinung gefragt, der darüber entsetzt war und Trotzky sofort seinerseits telegraphierte, daß er vor Reissner warnt. Inzwischen hat Trotzky aber Pfemfert mitgeteilt, daß er mit Reissner über eine neunbändige Ausgabe seiner Werke abgeschlossen hat und die Autobiographie uns vorbehält.

Wir möchten alles versuchen, um den Abschluß Trotzky–Reissner wieder rückgängig zu machen. Pfemfert hat deshalb heute an Trotzky depeschiert »Rate dringend, wenn irgend möglich, Abschluß Reissner rückgängig zu machen aus politischen und verlegerischen Gründen. Expreßbrief unterwegs«... Vielleicht besteht noch die Möglichkeit, daß Trotzky auf Grund dieses Briefes von seinem Vertrage mit Reissner zurücktritt oder ihn auf irgendeine Weise unwirksam macht. Jedenfalls hoffe ich, daß es Ihnen durch diese Aufklärung erleichtert wird, Trotzky davon zu überzeugen, daß unsere Vorschläge vorzuziehen sind. Auf alle Fälle aber muß Trotzky sich verpflichten, die Autobiographie als erstes Buch herauszubringen.

Nun war guter Rat teuer, denn es hatte mit Reissner seine Richtigkeit. Dies war in der Tat der »andere Verlag«, von dessen »wichtigem Angebot« Trotzki Fischer am 30. März verständigt hatte, und Trotzki hatte gleichzeitig, in einem Brief vom 7. April, Valeriu Marcu davon Mitteilung gemacht: Harry Schumann, der Leiter des Carl Reissner Verlags in Dresden (der übrigens Fischer wohlbekannt war, denn er hatte mehrfach mit verlockenden »Extratouren« versucht, sich Werke von Hauptmann zu verschaffen), war kurzerhand

aus eigener Initiative hierher gekommen und hat mir vorgeschlagen, 10 Bände herauszugeben unter günstigen Bedingungen: 15 % von den ersten 10 000 Ex., 20 % — 10 000–15 000; 25 % darüberhinaus. Er bestand aber natürlich auf der Autobiographie. Die Perspektive, die für mich *politisch* viel wichtigeren Bücher herausgeben zu können, war sehr verlockend. Schumann hat das Vorrecht Fischers anerkennen müssen, nachdem Fischer darauf mit voller Energie bestanden hatte. Schumann übernahm 9 Bände – auch ohne Autobiographie, falls ich den Vertrag mit Fischer schließe … Bedaure sehr, daß Sie hierher nicht kommen können. Ob ich nach Berlin kommen darf, bleibt immer unklar.

Saenger telegraphierte am 9. April zurück, Trotzki sei »sehr loyal und entgegenkommend, aber aus Unkenntnis deutscher Verhältnisse mehrfach gebunden«. Er versuche, »Erleichterungen und Vergünstigungen zu erreichen«, und in jedem Fall sei die »Autobiographie selbstverständlich gesichert«. Dem Vertragsentwurf nach hätte Trotzki die erste Hälfte des Manuskriptes bis Ende Juni 1929, den Rest bis spätestens Mitte September abliefern sollen. Zwei Tage darauf, am 11. April, telegraphierte Saenger, er bringe einen großen Teil des Manuskriptes mit, aber der Vertragsparagraph bezüglich der Option auf die beiden anderen Werke müsse gestrichen werden, »weil Kontrakt mit Reissner endgültig«. Das war ein schwerer Schlag, und die vorgesehene hohe Vorauszahlung von 30 000 Mark nur für die Autobiographie und ohne Option auf die nächsten Werke schien nun kaum mehr gerechtfertigt. Aber Trotzki selbst löste das Problem mit einer abgeänderten Honorarforderung, die Saenger mit diplomatischem Geschick zum Vorteil des Verlags nutzte. Am 12. April telegraphierte er nach Berlin:

TROTZKI STELLTE PLÖTZLICH REISSNERSCHE BEDINGUNGEN NÄMLICH 15 % FÜR ERSTE ZEHNTAUSEND 20 % FÜR WEITERE FÜNFTAUSEND FÜR REST 25. ERBITTE TELEGRAPHISCH MEINEN AUSSICHTSREICHEN GEGENVORSCHLAG SO FORMULIERT DASS ICH IHN VORZEIGEN KANN NÄMLICH ZEHNTAUSEND ANZAHLUNG BEI ABLIEFERUNG GESAMTMANUSKRIPT 15 % FÜR ERSTE FÜNFZEHNTAUSEND ALSDANN 20 % STOP GESAMTMANUSKRIPT SPÄTESTENS ENDE MAI.

Aus diesem Gegenvorschlag wurde nach nochmaligem Telegrammwechsel ein Gegen-Gegenvorschlag, auf den man sich noch am gleichen Tag einigte:

SIND EINVERSTANDEN MIT FÜNFZEHN PROZENT FÜR ERSTE FÜNFZEHNTAUSEND ZWANZIG PROZENT FÜR WEITERE BEI ANZAHLUNG VON ZEHNTAUSEND MARK BEI ABLIEFERUNG GESAMTMANUSKRIPT FISCHERVERLAG

Fischer hatte eine ungewöhnlich hohe Tantieme zugestanden für ein Buch, dessen gewiß nicht geringe Übersetzungskosten er außerdem zu tragen hatte, und er hatte die weiteren, vielversprechenden Werke Trotzkis einem anderen Verlag überlassen müssen; auch auf den ›Rundschau‹-Vorabdruck mußte er verzichten; andererseits hatte er zwanzigtausend Mark gespart. Trotzki konnte auf sie verzichten, denn er hatte sich seine Auslandsrechte vorbehalten, und ein englischer, französischer und amerikanischer Verlag schlossen sich unverzüglich an; der amerikanische Verlag allein zahlte für die Autobiographie siebentausend Dollar oder nahezu dreißigtausend Mark.

Am gleichen 12. April 1929, an dem Trotzki seinen Vertrag mit Fischer schloß, schlug die deutsche Reichsregierung ihm endgültig sein Gesuch um Aufenthaltserlaubnis in Deutschland ab. Auch Bernard Shaws Bemühungen um eine Einreise-Erlaubnis nach England waren erfolglos geblieben. Kein westeuropäisches Land wollte den gefährlichen Mann, von dem man sich nur Unerquicklichkeiten mit der Sowjetunion erwarten konnte, bei sich aufnehmen. Auch die Türkei, die von Stalin überhaupt nicht gefragt worden war, sah ihn nicht gern bei sich, aber jetzt mußte sie ihn behalten. Trotzki übersiedelte nach Büyük Ada auf der Insel Prinkipo im Marmarameer, die er hinfort nur selten verließ, und machte sich an die Arbeit. Er schickte die einzelnen Kapitel der Autobiographie sofort nach Fertigstellung laufend an seine deutschen, englischen und französischen Übersetzer. Die deutsche Übersetzung für Fischer besorgte Alexandra Ramm. Deutscher berichtet:

Er kam mit dem Schreiben so rasch voran, daß man sich fragen darf, ob er nicht in Alma Ata bereits mehr niedergeschrieben hatte als lediglich die ersten Kapitel. In weniger als drei Monaten nach seiner Ankunft in Büyük Ada konnte er an seine Freunde, die Familie Kljatschko in Wien – eine alte russische revolutionäre Familie, mit der er bereits aus der Zeit vor 1914 gut befreundet war – schreiben: »Ich stecke noch immer völlig in dieser Autobiographie, und ich weiß nicht, wie ich da herauskomme. Ich hätte sie längst beendet haben können, aber eine verfluchte Pedanterie erlaubt mir das nicht. Ich suche dauernd Textstellen nach, kontrolliere die Daten, streiche da etwas aus und füge dort etwas hinzu. Ich war mehr als einmal versucht, das Ding ins Feuer zu werfen und mich einer ernsteren Tätigkeit zu widmen. Aber ach, es ist Sommer, in den Öfen brennt kein Feuer, und nebenbei gesagt, gibt es auch gar keine Öfen hier.« Im Mai hatte er an Alexandra Ramm, seine deutsche Übersetzerin, einen großen Teil des Werkes geschickt; wenige Wochen später waren auch schon die Kapitel über den Bürgerkrieg in ihren Händen. Aber im Juli plagte ihn wieder seine »verfluchte Pedanterie«, und er begann die Anfangskapitel des Buches aufs neue zu schreiben. Anfang Herbst war das ganze Manuskript abgeschickt, und Vorabdrucke erschienen in den Zeitungen. Während er noch peinlich sorgfältig die deutsche und französische Übersetzung korrigierte, begann er auch bereits mit der Niederschrift der *Geschichte der Russischen Revolution,* deren erste zusammengefaßte Darstellung Alexandra Ramm noch vor Ende November erhielt.

Was aus der neunbändigen Trotzki-Gesamtausgabe bei Reissner wurde, hat sich nicht ermitteln lassen. Trotzki dürfte diesen Vertrag rückgängig gemacht haben, denn diese Ausgabe erschien nicht, und Fischer bekam schließlich doch genau das, was er von Anfang an hatte haben wollen, nämlich die *Geschichte der russischen Revolution*, und er hätte auch *Die Rote Armee* bekommen, wenn die Zeitläufte dieses wichtige Buch nicht abgewürgt hätten.

Die deutsche Ausgabe von *Mein Leben. Versuch einer Autobiographie* erschien im Oktober 1929, ziemlich genau zu Trotzkis fünfzigstem Geburtstag. Trotzkis Vorwort ist »Prinkipo, den 14. September 1929« datiert und enthält in der deutschen Ausgabe eine Nachschrift: »P. S. Indem ich dieses Buch dem deutschen Leser übergebe, möchte ich feststellen, daß Alexandra Ramm nicht nur die Übersetzerin des russischen Originals gewesen ist, sondern darüber hinaus auch dauernd um das Schicksal des Buches Sorge getragen hat. Ich spreche ihr an dieser Stelle meinen aufrichtigen Dank aus. L. T.« Redaktion und Herstellung des umfangreichen Buches in dieser kurzen Zeit müssen – besonders da der Autor auf seiner fernen türkischen Insel die Übersetzung noch laufend korrigierte – den Verlag gewaltig angestrengt haben; aber der einzige Hinweis ist eine kurze Tagebucheintragung Loerkes vom 3. September 1929: »Bei Fischer. Saenger und Frau Pfemfert. Langes Hin und Her über das Buch von Trotzki.« Das Buch war trotz Bücherkrise und seines vergleichsweise hohen Preises von 12,50 Mark ein sofortiger Erfolg und erreichte binnen Jahresfrist das 20. Tausend. (Das russische Original wurde, um es urheberrechtlich zu schützen, ebenfalls in Berlin gedruckt.)

DER REVOLUTIONÄR IM BÜRGERLICHEN VERLAG

Saenger veröffentlichte im Novemberheft 1929 der ›Neuen Rundschau‹ eine große, acht Seiten lange kritische Würdigung des Werkes, in der es hieß:

> Dieser Stil, dieser Sprechton ist aus dem Willen und zugleich aus der Phantasie, aus der Intuition des Geschichtsverlaufs und der Tiefendimension des Psychologen geboren. So schreibt ein Mensch, bei dem das Wort die Vorbereitung zur Tat und die Tat die Mutterzelle des Wortes ist. Und weil bei Trotzki das Urverhältnis zwischen Wort und Tat wieder hergestellt ist, ist er auch ein bedeutender Schriftsteller... Trotzki kann erzählen, schildern, darstellen, gestalten; und er beherrscht die Kunst, eine abenteuerliche Erlebnisfülle so zu verdichten, daß sie, schwarz auf weiß, wie ›komponiert‹ aussieht. Auch Menschen, die sich mit Händen und Füßen gegen den Revolutionär und sein Werk sträuben, die ihn als Antichristen verfluchen und alle Mächte der Gegenwehr zum Kampf gegen ihn aufrufen, werden darum von dem Eindruck vieler Kapitel dieser Memoiren benommen sein... Wo immer man es aufschlägt, gerät man in den Strudel des Dramas, das wir mit einem schalen Verlegenheitswort Geschichte nennen, wenn die Zeit es von der Gegenwart bereits abgeriegelt hat, und das wir Politik nennen, wenn es die Vorbereitungen zu Morgen und Übermorgen behandelt.

Der große Publikumserfolg von *Mein Leben* warf einige interessante Fragen auf, die nicht zuletzt auch den Verleger angingen. S. Fischer war kein kommunistischer Verlag, alles andere als das. Er war ein kapitalistisches Unternehmen in einer großbürgerlichen Welt und repräsentierte eine Weltanschauung, eine Gesellschaftsstruktur, ein Wirtschaftssystem, das Trotzki aufs erbitterste bekämpfte, auf dessen Beseitigung er auch in diesem Buch, auch in seinen folgenden Büchern hinarbeitete. Was, durfte man fragen, hatte er bei S. Fischer zu suchen? Fischer erblickte in dem Werk, wie er Trotzki selbst schrieb, »eine menschliche Dokumentation«, und der Trotzki so wichtige Zusammenhang dieses Werkes mit dem »scharfen Klassenkampf« erschien ihm so wenig zwingend, daß er ihn ignorierte; für ihn war Trotzki ein interessanter Mensch mit einem interessanten Schicksal, der überdies ein großer Erzähler und Gestalter war; daß man den Verlag mit der politischen Linie des Autors identifizieren werde, brauchte er nicht einen Augenblick lang zu befürchten. Trotzki seinerseits hatte, wie er Marcu in seinem Brief vom 7. April 1929 schrieb, »keine *prinzipiellen* Bedenken, mein Buch bei Fischer erscheinen zu lassen. Politisch bin ich ebensowenig für den Verlag verantwortlich wie der Verlag für mein Buch. Unsere ›Kooperation‹ besteht darin, daß Fischer sagt: Das Buch ist wertvoll genug, um es herauszugeben; ich sage: Dieser Verlag ist imstande, das Buch zu verbreiten. Nicht mehr.« Oder vielmehr, doch mehr: Trotzki war, wie Marcu ihm dargelegt hatte, auf Fischer angewiesen; kein linientreuer kommunistischer Verlag in Deutschland hätte ihn angerührt; nur ein Verlag wie Fischer konnte ihm überhaupt eine Plattform bieten. Aber erreichte er von ihr aus sein Publikum? Welches war überhaupt sein Publikum? Er faßte die Niederschrift der Autobiographie als einen politischen Rechenschaftsbericht und mithin durchaus als wesentlichen Teil seiner politischen Kampf- und Aufklärungstätigkeit auf. Aber als politisches Werk verfehlte *Mein Leben*, wie sein Biograph rundheraus zugesteht, seinen Zweck:

Es verfehlte seinen Eindruck auf das kommunistische Publikum, für das es in erster Linie bestimmt war. Für die durchschnittlichen Parteimitglieder war seine Lektüre schon sündhaft; und sie lasen es nicht. Die wenigen, die es doch lasen, fühlten sich abgestoßen oder empört. Sie waren entweder dem Kulte Stalins ergeben – und das Buch bestätigte ihnen nur, was der Stalinismus Trotzki an persönlichem Ehrgeiz alles unterstellte – oder sie sahen mit Erschütterung, daß sich ein Führer der Revolution überhaupt mit einer Selbstdarstellung befaßte. »Hier sehen wir Trotzki, den Narziß, beim Akt der Selbstbespiegelung«, war ein typischer Kommentar. Und daher übersahen die Kommunisten das reiche historische Material, das Trotzki vor ihnen ausbreitete, seine Einsichten in die Revolution und seine Interpretation des Bolschewismus, Dinge, aus denen sie vieles hätten lernen können. Andererseits fand das Buch ein breites bürgerliches Leserpublikum, das seine literarischen Qualitäten bewunderte, aber wenig oder gar keinen Sinn für seine Botschaft besaß, *»Mein Lied ertönt der unbekannten Menge, ihr Beifall selbst macht meinem Herzen bang ...«* hätte Trotzki von sich selbst sagen können.

Nicht nur Trotzki. Es gab unter Fischers Autoren nicht wenige, die für die Sowjetunion und das kommunistische Experiment beträchtliche Sympathien hegten, aber nur wenige Parteikommunisten. Einer von ihnen war der von naiv-gläubigem Idealismus beseelte Arthur Holitscher, der um die Mitte der zwanziger Jahre sich eingestand, daß er sich in einer ähnlich widersprüchlichen Situation befand: die Leser, an denen ihm lag, lasen ihn nicht, und an denen, die ihn lasen, lag ihm nichts. In seiner Autobiographie schrieb er rückblickend:

Ein Freund, dem ich während der deutschen Revolution in Berlin begegnet war, schaffte mir im Verein mit meinem Verleger Fischer die Möglichkeit, Palästina aufzusuchen, in dem sich, nach Rußland, eine neue, unerwartete, utopisch-reine Form der Menschengemeinschaft unter dem Gebot des Glaubens vollzog. Denn das war es: sehnsüchtig blickte ich mich in der Welt um nach Gemeinschaft; nach nichts anderem als nach Gemeinschaft allein. Sollte ich schon für mein eigenes Leben an ihr nicht teilhaben, so wollte ich doch wenigstens den Trost erlangen, daß sich in der Welt eine neue, glücklichere Form des Zusammenhangs zwischen Mensch und Mensch vorbereitete ...

Holitschers Rußlandbuch *Drei Monate in Sowjet-Rußland* war 1921 erschienen und mit fünfzehn Auflagen ein großer Erfolg gewesen; sein Palästinabuch *Reise durch das jüdische Palästina* folgte 1922 und hatte ähnlich großen Widerhall. 1924 brachte Fischer den ersten Band seiner *Lebensgeschichte eines Rebellen* und 1925 *Der Narrenbaedeker. Aufzeichnungen aus Paris und London* mit fünfzehn Holzschnitten von Frans Masereel; von diesem Buch wurde auch eine Luxusausgabe von 300 Exemplaren auf Bütten veranstaltet.

Der erste Band meiner Lebensgeschichte würde wie auch das folgende Buch, der ›Narrenbaedeker‹, den ich nach jenem Besuch der großen Weltzentren der europäischen Kultur Paris und London mit schmerzhaft ironischen Schriftzügen niederschrieb, ziemlich allgemein totgeschwiegen. Wie seit je, so auch jetzt, da meine Bücher immer stärker, direkter, schlagkräftiger wurden: Bosheit, Kälte, Totschlag und Schweigen.
Meinen Arbeiten, in dem rein bürgerlichen Verlag S. Fischer erschienen, durfte ich den Ton absoluter Aufrichtigkeit, revolutionären Rebellentums wohl geben – aber ich war mir klar darüber, daß sie auf die breiten Massen, das Proletariat, das Volk nicht wirken konnten. Das bürgerliche Publikum, der Leserkreis des bürgerlichen Verlages, betrachtete meine Bücher als Literatur. Und der Aufruf, die Propaganda der Idee scholl nur unsicher über diesen Kreis hinaus ins Weite, verhallte und wurde auch, wo er seine Stärke bewies, zurückgeworfen. Doch durfte ich gerade an dieser Stelle, gerade im bürgerlichen Verlag, eben darum, weil eine Wirkung in dem beabsichtigten Sinne hier nicht möglich war, heraussagen, was ich meinte,

eben in jenem Ton der vollsten Aufrichtigkeit, was mir nicht möglich gewesen wäre, hätte ich mich in den Organen meiner näheren Gesinnungsgenossen ausgesprochen.

Fischer blieb Trotzkis deutscher Verleger, solange die politischen Verhältnisse in Deutschland es gestatteten. Nach der Autobiographie brachte er Trotzkis großes Hauptwerk, die *Geschichte der Russischen Revolution,* die im Sommer 1932 abgeschlossen vorlag. Dieses Werk hatte seit den Verhandlungen mit Saenger und Reissner im Frühjahr 1929 in Trotzkis Vorstellung eine wesentliche Veränderung erfahren. Am 19. Dezember 1929 schrieb Trotzki erläuternd an Marcu, der ihm in Berlin die nötige Literatur besorgte:

Die Revolution von 1917 bedeutete *damals* eine Kompilation aus meinen russischen Arbeiten, die für den ausländischen Leser angepaßt werden sollten. In dieser Art ist dieses Buch in den Vertrag mit Schumann aufgenommen worden. *Jetzt* handelt es sich um eine neue große Arbeit, historisch-theoretisch und historisch-philosophisch (oder soziologisch) und natürlich polemisch. Der Marxismus ist eine polemische Lehre, d. h. seinem Wesen nach eine kritische gegen die bestehende Ordnung. Der Untertitel des ›Kapitals‹ heißt nicht ›Kursus der politischen Ökonomie‹ sondern ›Kritik der politischen Ökonomie‹. Wenn aber der Verlag Fischer jetzt Zweifel hat, so ist es eben kein passender Verlag für mich.

Nach einer kurzen Übersicht über den voraussichtlichen Inhalt des ersten Bandes, der von den »bewegenden Kräften der Revolution von 1905« bis zu den »ersten Problemen der revolutionären Diktatur: Verteidigung, Ernährung usw.« führen sollte, fährt Trotzki fort:

Der 2. Band wird eine Darstellung der Sowjetrepublik für 12 Jahre enthalten. Es handelt sich dabei nicht um historische Fakten, d. h. nicht um Informationsmaterial, sondern pathetisch gesprochen, um die Philosophie der Geschichte der Oktober-Revolution und der Sowjet-Republik, d. h. um die Aufdeckung der äußeren und inneren Gesetzmäßigkeiten der Revolution und ihrer weiteren Entwicklung. In kurzer Fassung werde ich natürlich auch Tatsachen geben, aber nur soweit es für die Erklärung des Prozesses in seiner Gesamtheit nötig ist. Die dramatische Seite der Ereignisse, persönliche Charakteristiken usw. werden gegeben werden, um das Buch anschaulicher und lebendiger zu machen. Der Grundton des Buches ist ein historisch theoretischer und auch politisch polemischer. Das Buch ist berechnet für die breitesten Kreise, d. h. daß ich bei der Arbeit nicht die frühere ideologische Arbeit und den Kampf vorausgesetzt habe, sondern die Fragen aufs neue erwogen und beantwortet. Der zweite Band wird den Bürgerkrieg und den Aufbau der Roten Armee enthalten. Selbstverständlich steht die Verteilung des Materials noch nicht endgültig fest...

Diese Konzeption des Buches erfuhr im Lauf der Arbeit noch einige Wandlungen. Das hier für den zweiten Band vorgesehene Material wurde offensichtlich bald abgetrennt für ein separates Werk, das den Bürgerkrieg und den Aufbau der Roten Armee umfassen sollte, und

die eigentliche Geschichte der Revolution schließt mit dem »Kongreß der Sowjetdiktatur« am 25. Oktober 1917. Sie allein wuchs im russischen Original auf drei Bände an, und Trotzki übersandte den letzten Anhang, der den dritten Band abschloß, am 29. Juni 1932 an Alexandra Ramm. Die englische und amerikanische Ausgabe folgten dieser Dreiteilung, während Fischer die mehr als tausend Textseiten der deutschen Ausgabe in zwei Bände gliederte, die *Februar-Revolution*, die 1931 erschien, und die *Oktober-Revolution*, die 1932 folgte. Beide Bände gelangten trotz der inzwischen hereingebrochenen Wirtschaftskrise und der radikalen Verschärfung der politischen Verhältnisse in Deutschland ins 10. Tausend. (Nach dem Zweiten Weltkrieg brachte der neuerstandene S. Fischer Verlag 1960 eine leicht gekürzte und zusammengedrängte einbändige Neuausgabe der *Geschichte der Russischen Revolution* und 1961 eine Neuausgabe von *Mein Leben* heraus, die Alexandra Ramm, aus dem Exil zurückgekehrt, noch betreuen konnte.)
Als Trotzki nach mehr als vierjährigem Aufenthalt in der Türkei im Juli 1933 endlich nach Frankreich übersiedeln konnte, war ein weiteres Zusammenwirken mit S. Fischer in Berlin nicht mehr möglich. Das nächste große Projekt, die *Geschichte der Roten Armee*, über die Bermann Fischer mit Trotzki verhandelte und »auf die alle militärischen Fachleute in Deutschland mit Ungeduld warteten«, blieb unausgeführt. Bermann Fischer vernichtete 1933 den hierüber geführten Briefwechsel, der ihn bei einer eventuellen Haussuchung in große Gefahr gebracht hätte. Doch werden zumindest Teile davon möglicherweise 1980 in Harvard noch ans Licht kommen.

»DIE TRAGÖDIE IM HAUSE HOFMANNSTHAL«

»Mein lieber guter Arthur, was kann, und was darf ich Ihnen sagen! Wir sind auch Eltern, und wir weinen mit Ihnen!« So hatte Hofmannsthal am 31. Juli 1928 an den Freund geschrieben, als Lili, Schnitzlers einzige Tochter, neunzehnjährig in Venedig freiwillig aus dem Leben schied:

> Diese ganzen Jahrzehnte, die wir als Freunde verlebt haben, stehen, mit Gewalt heraufgerufen, wie eine einzige Landschaft vor meiner Seele, aber es ringt sich mir nicht zu klaren Gedanken durch, was mich dabei furchtbar bewegt. In solchen Stunden steht alles als ein Ganzes dar, das geht über die Kräfte ...

Fast auf den Tag ein Jahr darauf, am 14. Juli 1929, schrieb er an Carl Jacob Burckhardt:

> Gestern nachmittag ist ein großes Unglück über das Rodauner Haus gekommen. Während eines schweren dumpfen Gewitters hat unser armer

Franz sich durch einen Schuß in die Schläfe das Leben genommen. Die Ursache dieser schweren Tat liegt unendlich tief: in den Tiefen des Charakters und des Schicksals ...

Der Sohn war sechsundzwanzig Jahre alt. Zwei Tage vor dem Unglück, am 11. Juli, hatte Hofmannsthal bei Schnitzler zu Abend gegessen. Es war ihre letzte Begegnung. Am 16. Juli 1929 vermerkte Schnitzler in seinem Tagebuch:

Früh in der Zeitung – Hugo gestern, vor dem Leichenbegängnis seines Sohnes, vom Schlag gerührt – abends 7 gestorben – Eine halbe Stunde vorher hatte ich ihm geschrieben.

Hofmannsthal war fünfundfünfzig Jahre alt. Vater und Sohn wurden zusammen ins Grab gelegt.

Hofmannsthals Tod erfüllte alle, die mit ihm gelebt und gewirkt hatten, mit starrem Entsetzen. »Tränen – Tränen –« schrieb Thomas Mann. Auch Fischer, der sich im Urlaub in Pontresina befand, erfuhr die Unglücksnachricht aus der Zeitung. In einem Brief an Hauptmann vom 18. Juli 1929 heißt es:

Die Tragödie im Hause Hofmannsthal, der Du ergreifende und groß empfundene Worte verliehen hast, hat uns tief bewegt. Hofmannsthal muß sich doch innerlich stärker verbraucht haben als man ahnen konnte, da sich sein Wesen zwar zart, aber doch ruhig und sicher geäußert hat ...

Hedwig Fischer schrieb am folgenden Tag aus Pontresina an Schnitzler:

Unsere Gedanken sind jetzt so viel in Wien, unablässig beschäftigt mit der Tragödie im Hause Hofmannsthal, von der ja auch Sie – einer der ältesten Freunde – erschüttert sind wie wir alle es sind ... Sie, die in unmittelbarer Nähe des so früh Dahingeschiedenen lebten, verlieren ja noch mehr als wir Fernerstehenden, und doch haben auch wir so viele gemeinsame frohe, festliche und heitere Stunden gehabt, die mit dem Namen Hofmannsthal verbunden sind, so vieles ihm zu verdanken gehabt, daß eine tiefe Wehmut und Trauer diesen Abschied begleitet ... Denken Sie, daß mein Mann, als wir schon die Todesnachricht hatten, noch einen sehr lieben freundschaftlichen Brief vom 12ten datiert von Hofmannsthal erhielt, in dem er damit anfängt, daß es nun gerade dreißig Jahre seien, seitdem er dem Verlag angehöre, und in dem er von Hoffnungen, Plänen, einem im Herbst zu beendenden Essay-Band spricht ...

Schnitzler antwortete am 23. Juli aus Wien:

Liebe und verehrte gnädige Frau, ich danke Ihnen beiden sehr für Ihre guten Worte. Es sind nur wenige Wochen her – ein paar Tage ehe ich für 2 Wochen auf den Semmering fuhr, daß Hofmannsthal bei mir war; wir redeten ein paar Stunden lang, Sie wissen ja, Gespräche mit ihm waren Erlebnisse, und dieses letzte kein geringeres, als unsere ersten waren, die nun bald vierzig Jahre zurückliegen. Auch über seinen Gesundheitszustand sprachen wir dieses letzte Mal ziemlich viel – er schien mir persönlich viel weniger krank als mancher befürchtete – wer weiß, ob er nicht noch manches Jahr gelebt hätte, wenn jenes Unglück sich nicht ereignet hätte. Es trifft mich schwer, daß er nicht mehr auf Erden ist – wir wollen in solchen Augenblicken nicht vor großen Worten zurückscheuen; ich hab ihn sehr geliebt, – nicht nur weil er (für mich) von vielen Dichtern, die ich bewundere, vielleicht der wirklichste war, und weil er, wenn auch 12 Jahre jünger als ich, ein Gefährte meiner Jugend war; – auch weil er der merkwürdigste und dabei, bei mancher Problematik seines Wesens, ein höchst menschlicher Mensch war, dies in sehr umfassendem Sinn genommen.

Zwei Tage zuvor war ein Brief von Beer-Hofmanns gekommen:

Sie empfinden richtig, daß der Blitz, der so nahe und zerstörend einschlug – und wäre es in fremdes Schicksal gewesen – uns miterschüttern mußte. Hier aber waren für Hofmannsthal und mich 39 Jahre gemeinsamen Voneinander-Wissens, gemeinsamen Erinnerns – gemeinsamer Besitz... Und nun – Ihre Frage, lieber, verehrter Herr Fischer, nach dem Sinn von ›alledem‹! Ich weiß die Stunde in Ihrem Leben, wo Sie bitter und tiefwund die uralte Frage fragten und ohne Antwort blieben – wie wir Menschen alle, es bleiben. Aber vielleicht ist es ein Ehrentitel des Menschen, daß er weiß – Antwort kann ihm nicht werden – und daß sein Tiefstes ihm dennoch immer wieder diese Frage auf die Lippen zwingt, weil er – um weiterleben zu können – das Gefühl von sich weisen muß: Sinnloses könne über uns walten...

Und von Wassermann aus Alt-Aussee:

...ja, es ist ein böser Schlag, den einem da das Schicksal versetzt hat. Wieder ein Freund, wie wenige sind noch da. Altern heißt Freunde verlieren. Und dieser war mir sehr, sehr teuer. Wir waren ja länger als zwanzig Jahre hier in Altaussee monatelang Tag für Tag beisammen, haben alles beredet, was nur wichtig war, Arbeit, Leben, Kunst, Menschen, Natur und Bücher. Das ist nun vorüber. Hartes Wort.
Ich werde natürlich über ihn schreiben, nicht bloß aus innerstem Bedürfnis, sondern auch um endlich sein von Geschwätz und Vorurteil unkenntlich gemachtes Bild zu geben. Ich möchte für die Rundschau einen Essay schreiben. Hofmannsthal der Freund. Das wäre allerdings nur ein Teil dessen, was ich zu machen hätte. Über die Zeit kann ich noch nichts bestimmen, ich arbeite seit Wochen am Etzel-Roman, und dies ist eine ungeheure Sache, die mich ganz und gar hernimmt...

GEDENKBLÄTTER

Jakob Wassermanns großer Aufsatz *Hofmannsthal der Freund* war das Hauptstück des Oktoberheftes 1929 der ›Neuen Rundschau‹, das nahezu zur Gänze dem Andenken Hofmannsthals gewidmet war. Er ist eine tief durchdachte und tief durchfühlte Totenklage von großer künstlerischer Vollendung, und Fischer tat gut, diese noble und ergreifende Schrift gleichzeitig im Herbst 1929 auch als ein schmales, schön gedrucktes Buch herauszubringen. Als im Wiener Freundeskreis einmal darüber die Rede ging, wer eigentlich ein guter Mensch sei, hatte Hofmannsthal »einfach und konkret« geantwortet: »Der Jakob.

Der Jakob ist ein guter Mensch.« Diese Schrift zeigt die Wahrheit dieses Wortes und warum Hofmannsthal es so selbstverständlich aussprach. In voraufgegangenen Kapiteln wurden bereits Abschnitte aus diesem Aufsatz angeführt, die das Verhältnis der beiden Freunde beleuchten. Hier sei noch ein kurzer Absatz nachgetragen:

Bisweilen kam er zu mir und fragte mich bedrückt: Jakob, was geht denn vor? wie erklären Sie sich, was die Leute da tun? sagen Sie mir doch was über das Buch da, damit ich weiß, wo ich es hintun soll, was ist das für ein Mensch, der das und das macht, können Sie es mir erklären?

Das Hofmannsthal-Gedenkheft der ›Neuen Rundschau‹ enthielt daneben noch manches Schöne und Erinnernswerte: Rudolf Alexander Schröders *In memoriam,* Hermann Bahrs *Zum Gedächtnis,* Hans Carossas *Erinnerung,* Aufsätze von Max Mell und Josef Nadler, Auernheimer über *Hofmannsthal als österreichische Erscheinung* und Heinrich Eduard Jacob über *Österreichische Form* und wohl als gediegenste Arbeit den Aufsatz *Hofmannsthal und die Romanität* von Ernst Robert Curtius:

Unsere Dichtung hat viel Weltgefühl, aber wenig Welt; viel Weltanschauung, aber wenig Weltkenntnis ... Wir Deutsche nahen uns dem romanischen Wesen als Bedürfende; er, Österreicher, schaltete damit als Besitzender. Er brauchte nicht zu erobern, was ihm gehörte. Er betrat angestammte Lande als Wiedererkennender. Ringen und Sehnen, Lernen und Erobern – diese Formen bezeichnen die typischen Stellungen des deutschen Geistes zur Romanität. Dürer und Winckelmann, Goethe und George fügen sich diesem Gesetz. Nicht Hofmannsthal. Er war der Erbe, der verschwenden durfte; war der Reiche:

Dieser ist der Letzte von den Reichen,
Von den Mächtigen der Letzte, hilflos.

Dieses Heft enthielt nur Originalbeiträge, und folglich fehlten in ihm einige der großen Autoren des Verlags: Hauptmanns kurzer Nachruf *Ein Dichter der Schönheit* war bereits im ›Neuen Wiener Journal‹, Thomas Manns großer Gedenkaufsatz *In memoriam Hugo von Hofmannsthal,* auf Verlangen der Zeitung unter dem unmittelbaren Eindruck des Ereignisses geschrieben, am 21. Juli 1929 in der Wiener ›Neuen Freien Presse‹ erschienen. Dies war ein bedeutender Aufsatz, und Thomas Mann nahm ihn auf Fischers Drängen noch in seinen bereits fertig zusammengestellten dritten Essayband auf, der unter dem Titel *Die Forderung des Tages* im Spätherbst 1929 (auf 1930 vordatiert) bei Fischer erschien. (»Es war sehr schwer«, schrieb er an Fischer am 8. August, »einen Titel zu finden, der ausdrückt, was ich ausdrükken wollte. Dieser trifft es ungefähr, aber so gut wie die beiden anderen ist er nicht.«) Der Nachruf – »eigentlich mehr ein Tagebuch-Blatt, als ein Aufsatz« – wurde außerdem in den Verlags-Almanach für 1930 aufgenommen.

Einen »Bruder in der Zeit, der nun aus der Zeit gegangen«, so nannte Thomas Mann ihn. Er hatte Hofmannsthal noch wenige Wochen zuvor bei sich in München gesehen; er fand ihn »gealtert, grau geworden, seine Gesichtsfarbe war nicht die beste«, aber »sein Wesen war von einer Wärme, Liebenswürdigkeit und Anmut, daß keine Besorgnis seines Äußeren wegen aufkommen mochte«. Doch auch er erblickte, gleich Schnitzler, einen tiefen schicksalhaften Zusammenhang mit dem Tod des Sohnes, und ihm schauderte vor der Problematik des Generationengefüges:

..wir saßen mit den Frauen und plauderten. Wir sprachen von Deutschland, seinen Meistern, von dem Verhältnis unseres Volkes zur Politik, von der Zerrissenheit und leidvollen Gehässigkeit, die dieses fremde Element in seine Seele getragen, von der Strenge der Ansprüche, die seit fünfzehn Jahren, etwa seitdem wir beide vierzig geworden, die Zeit an die Lernfähigkeit, Lernwilligkeit des deutschen Menschen stelle... Er hatte eine Art zu verstehen, bevor man sich selbst verstanden, das im Fluge aufgefaßte zu vervollkommnen und fortzuführen, die der Unterhaltung ein traumhaft entschwertes, übermütig pointiertes Gelingen verlieh.

Hinter dem Gegenständlich-Psychologischen aber, das das Gespräch berührte, erörterte, flüchtig benannte, stand persönlich – wenn auch gemeinsam mit vielen – Durchlebtes; das Schicksal einer Generation, deren geistiger Aufbau sich vor dem Kriege vollzogen hatte, unserer Generation, die wir vierzig waren, als der Krieg ausbrach. Dahinter stand, unausgesprochen, der Gedanke an die Härte der Zumutungen, die seit fünfzehn Jahren an Herz und Hirn – sehr körperlich gesprochen – des einzelnen gestellt worden sind. Manche schlichte Konstitution ist diesen Anforderungen erlegen, die unter milderen Umständen behaglich hätte dauern können.

Wir sahen bei Menschen unserer näheren und weiteren Umgebung die Abmagerung des Körpers, das sklerotische Fahlwerden der Gesichtsfarbe, sahen ein verstörtes, seiner selbst nur dumpf bewußtes Versagen, Nicht-mehr-mit-Können und Am-Wege-Bleiben. Und nun dies Hirn von umfassendster und empfindlichster Feinheit, dies kostbarste Sein, dem die Welt, der Kosmos, die Ordnung, ›die Monarchie‹ untergeht, auf das dieser Zeittumult, dies negerhaft Neue und Junge einstürmt, welches zweifellos Leben, mit allen Rechten des Lebens ausgestattetes Leben ist und mit dem man sich auseinandersetzen muß, in dem Bewußtsein freilich, sich selbst und seine Zeit überlebt zu haben.

›Der Turm‹, sein leidvoll-chaotischstes Gedicht, das er liebte wie sein Schicksal, ist das Denkmal von Hofmannsthals Ringen mit dem Neuen, der Revolution, der Jugend. Nahe bei ihm aber, als sein Fleisch und Blut, kann diese Jugend selbst nicht mit – überanstrengtes Österreichertum, nicht ›kess‹ genug, beim Jazz der Zeit seinen Mann zu stehen. Ist er schuld daran? »Gott im Himmel«, hört man ihn fragen, »vielleicht hätte ich überhaupt nicht Vater werden, keine Söhne haben dürfen?« Und während der »Alte«, dem »es schwer wird, sich hineinzufinden«, in heldenhafter Schönheit und Würde seine geistige Pflicht tut, schießt sich verzagende Jugend

neben ihm eine Kugel in den Kopf. Da springt das starr gewordene Blutgefäß in dem kostbaren Hirn, und sprachlos, in Gram und Entsetzen, geht der Vater, der wundervolle Dichter, zugrunde.
Tränen – Tränen.

»Wir sind auch Eltern –« hätte auch er sagen können. Zwanzig Jahre später traf ihn, der noch immer standhaft seine geistige Pflicht tat, der nämliche Schicksalsschlag.

HOFMANNSTHALS NACHLASS

Hofmannsthals letzter Brief an Fischer, in dem er von seinen nächsten literarischen Plänen, von einem für den Herbst 1929 geplanten Essayband spricht, ist verschollen. Sein letztes Werk, das noch zu seinen Lebzeiten bei Fischer erschien, war das Trauerspiel *Der Turm* gewesen, dessen Anfänge ins Jahr 1902 zurückreichten, mit dem er sich wie mit keinem anderen Werk mühte und das sich der letzten, gültigen Formung immer wieder entzog und ihm das glückhafte Gelingen versagte. Die erste Fassung erschien 1923 und 1925 in zwei Heften der von Hofmannsthal herausgegebenen ›Neuen Deutschen Beiträge‹ und 1925 konzentriert in einer Buchausgabe im Verlag der Bremer Presse. Hofmannsthal arbeitete das Stück jedoch auf Reinhardts Anraten im Herbst 1926 noch einmal, vor allem in den zwei letzten Akten tiefgreifend um und schuf eine neue, bühnengerechtere Fassung, die sich von der ersten wesentlich unterscheidet; diese zweite Fassung war 1927 bei Fischer als Buch erschienen und erlebte am 4. Februar 1928 in München ihre Uraufführung. Berlin, das sich zu dieser Zeit ganz dem harten, krassen »einschichtigen« Zeitstück verschrieben hatte, bekam dieses vielschichtige und schwer zugängliche Werk nicht zu sehen. Das letzte, zu Hofmannsthals Lebzeiten erschienene Werk war die 1924/25 für Richard Strauss geschriebene *Ägyptische Helena*, deren unbearbeitete Buchausgabe er 1928 dem Insel-Verlag übergab.
Hofmannsthals dichterischer Nachlaß war unübersehbar umfangreich, aber er enthielt keine vollendeten Werke. Fischer ging folglich vorerst daran, die vollendeten und verstreut erschienenen Arbeiten zu sammeln. So erschien 1930 der schmale Band *Loris. Die Prosa des jungen Hofmannsthal*, den Max Mell herausgab und mit einem Nachwort versah. Die Herausgabe der nachfolgenden Nachlaßbände besorgte Hofmannsthals Schwiegersohn, Professor Heinrich Zimmer. 1931 erschien der Essayband *Die Berührung der Sphären*, ein Titel, der noch von Hofmannsthal selbst stammte und den er für den in seinem letzten Brief an Fischer vorgeschlagenen Sammelband seiner

späteren Aufsätze in Aussicht genommen hatte. 1932 folgte das große geschlossene Fragment des unvollendeten Romans *Andreas oder Die Vereinigten,* das bereits unter dem Titel *Fragment eines Romans* 1930 in den zwei ersten Heften der Zeitschrift ›Corona‹ erschienen war. Fischers Buchausgabe war um die Entwürfe für die Fortführung des Romans bereichert und enthielt ein ausführliches Nachwort von Jakob Wassermann, das zuvor auch in der ›Neuen Rundschau‹ zu lesen war. Schon 1907, berichtete er, habe Hofmannsthal ihm zum erstenmal von dem Plan des *Andreas*-Romans erzählt und ihm bereits wenige Wochen später das Kärntnerische Kapitel vorgelesen; damals sah er »etwas wie einen österreichischen Wilhelm Meister entstehen«.

Allein die Arbeit machte von einer gewissen Zeit ab keine Fortschritte mehr. Wir nannten sie kurzweg den ›Roman‹, und wenn ich ihn ungeduldig fragte, was er daran gefördert habe, wich er aus, oder erklärte, er müsse auf die günstige Stunde warten, alles hänge, bei diesem Stoff mehr als bei jedem anderen, von der Gunst der Stunde ab ... So sprachen wir Sommer für Sommer, Herbst für Herbst vom ›Roman‹, wie man von einem wichtigen, aber ungesicherten Unternehmen spricht; manche Figuren und Motive wurden in unsern Gesprächen zu Schlüsselbegriffen; der Malteser, immer wieder als zentrale Erscheinung; die Doppelheit der Maria, überhaupt das Problem des doppelten Ichs ... Er sprach auch von seinen Notizen. Ich bekam sie nicht zu Gesicht, aber noch im September 1913 teilte er mir einige entscheidende Formulierungen in bezug auf Handlung und Charaktere mit. Ich ahnte damals nicht, was für eine zauberische Geisteswelt diese so bescheiden als Notizen bezeichneten Niederschriften in sich schlossen.
Dann kam der Krieg, die große Cäsur in unser aller Leben. Von dem ›Roman‹ war nicht mehr viel die Rede. Manchmal ein sehnsüchtiges Wort von seiner Seite; ein resignierter Hinweis, als ob die Zeit dawider sei, als ob kein Mensch nach dergleichen mehr verlange. Dieses Verzichten hatte bei ihm etwas unbeschreiblich Tragisches, weil es mit soviel Sehergabe und Untrüglichkeit des Gefühls verbunden war. Wer hätte denken sollen, daß es dem herrlichen Gebilde bestimmt war, Fragment zu bleiben ... Ich jedenfalls war nicht darauf gefaßt, da ich ja mit dem werdenden Werk gelebt habe, so nah, daß ich es schon geworden sah, als mich nur erst sein Duft berührte. Großartiger als in allen andern Fragmenten enthüllt sich im Hofmannsthalschen der tiefere Sinn des Unvollendeten, denn nicht der individuelle Tod ist es allein, der hier sein Veto gesprochen hat, sondern der Sturz eines Reiches, das Sterben einer heimatlichen und nationalen Idee ... Er wartete nur, vielleicht vorwissend, gewiß ahnungsvoll, bis ihm die Gottheit die Feder aus der Hand schlug, während sie zugleich seine Welt mit der Wurzel vernichtete ...
Mag alles zerbrechen, alles enden, dies wird bleiben: Romana wird bleiben; das belauschte Gespräch der Eltern in der Schlafkammer; der Bösewicht Gotthilf und die ans brennende Bett gefesselte Magd; der Finazzer-Hof und die in unvergeßlichen Meisterstrichen hingezauberte Gebirgslandschaft. Dann die Melodie des Erzählens: unnachahmlich! Es ist oft über der menschlichen Sprache; wie wenn ein geisterhaftes Instrument ertönte; wie wenn Orpheus sänge ...

Das *Andreas*-Fragment war, wiewohl es zu unguter Stunde ans Licht kam, für viele Menschen die Neu-Entdeckung Hofmannsthals, ja die Entdeckung dieses Dichters überhaupt. Nichts Vergleichbares ist seither geschrieben worden; es ist unvergeßlich.

1933 brachte der Verlag eine Neuausgabe der im Januar 1927 an der Universität München gehaltenen Rede *Das Schrifttum als geistiger Raum der Nation*, die bereits im Juliheft 1927 der ›Neuen Rundschau‹ erschienen war, deren erste Buchausgabe Hofmannsthal jedoch der ›Bremer Presse‹ übergeben hatte. 1934 folgte noch eine *Nachlese der Gedichte* und – zu Hofmannsthals sechzigstem Geburtstag – eine neue Ausgabe seiner *Gesammelten Werke* in drei Bänden, die sich von der zehn Jahre zuvor erschienenen, in zwei Abteilungen gegliederten sechsbändigen Ausgabe nur in der Anordnung wesentlich unterschied. Der erste Band faßte mit den Gedichten, Lyrischen Dramen und Lustspielen die Bände I und IV der vorherigen Ausgabe zusammen, der zweite mit den Dramen die vorherigen Bände V und VI und der dritte mit den Erzählungen, Gesprächen und Briefen, Reden und Aufsätzen die vormaligen Bände II und III und fügte ihnen noch *Der Turm* hinzu. Dies alles brachte der Verlag noch zu Fischers Lebzeiten heraus. 1935 wurde mit dem von Heinrich Zimmer herausgegebenen Band *Briefe 1890–1901* die Veröffentlichung einer Auswahl aus Hofmannsthals Korrespondenz begonnen, doch der zweite Band *Briefe 1900–1909* konnte erst 1937 und nicht mehr in Deutschland erscheinen.

SHAWS WEGWEISER

Bernard Shaw hatte seit der *Heiligen Johanna* kein größeres Werk mehr vorgelegt. Fischer hatte seither nur der Gesamtausgabe 1926 einen siebenten Band hinzufügen können, der unter dem Sammeltitel *Das Inselreich* die beiden älteren Stücke *John Bulls andere Insel* und *Haus Herzenstod* enthielt. Shaw hatte indessen die Jahre 1924–1928 der Niederschrift einer großen theoretischen Abhandlung gewidmet, seinem weitaus umfangreichsten Werk – *The Intelligent Woman's Guide to Socialism und Capitalism* –, das zu Beginn des Jahres 1928 abgeschlossen vorlag.

Dieser Leitfaden von über fünfhundert Druckseiten war, wie Saenger schrieb, Shaws sozialpolitisches Bekenntnisbuch, in dem er alles, was er seit seinen berühmten Fabier-Essays über die *condition humaine* und ihre Besserung gedacht, gelernt und geschrieben hatte, in einer großen systematischen, jedermann begreiflichen Überschau zusammenfaßte. Vorkenntnisse brauchte der Leser nicht zu besitzen;

freilich – halbwegs ›intelligent‹ mußte er schon sein. Das Buch verdankte seine Entstehung der Bitte seiner Schwägerin Mary Stewart Cholmondeley, ihr »in einem Brief den Sozialismus zu erklären«. Dieses Ansinnen war natürlich unmöglich; auch die »intelligente Frau« (der das Buch gewidmet war) lediglich auf die einschlägige Literatur zu verweisen, war untunlich; denn diese Literatur – Shaw zeigte im Verlauf seiner Darstellung, wie souverän er selbst in ihr Bescheid wußte – war in einer »unerträglich trockenen« akademischen Fachsprache geschrieben, die für eine Frau »ohne tiefere Sachkenntnis« (und nicht nur für sie) unlesbar war: »So mußte ich alles von neuem machen, auf meine und auf Ihre Art ... Dieses Buch ist kein Sammelwerk. Es kommt ganz und gar aus meinem Kopf.« Das tat es. Es stellte zahllose herkömmliche Lehrmeinungen auf den Kopf und andere, die auf dem Kopf standen, wieder auf ihre Füße, und hat, wiewohl es zahlreiche dialektische Fehlschlüsse und idiosynkratische Einseitigkeiten enthält, bis heute von seinem Wert als Programmschrift des reformerischen, nicht-umstürzlerischen Sozialismus nichts eingebüßt.

Shaw war von jeher sein eigener englischer Verleger gewesen. Seine Bücher erschienen in England zwar unter dem Impressum des altberühmten Verlags Constable, aber in diesem Fall herrschte eine »verkehrte Welt«: nicht der Verleger honorierte den Autor, sondern der Autor bezahlte den Verleger für seine Mühewaltung bei Herstellung und Vertrieb; Shaw bestimmte selbst die äußere Gestaltung seiner englischen Buchausgaben, Drucktype, Papier, Einband; er setzte die Auflagenhöhe fest, trug das gesamte geschäftliche Risiko und verwertete und verwaltete selbst seine sämtlichen Urheberrechte. Die englische Originalausgabe des *Guide* erschien zu Ostern 1928, und Fischer wollte die deutsche Ausgabe im Herbst herausbringen; aber Shaw schrieb am 9. März 1928 an Trebitsch: »Fischer wird mit dem Buch ein wenig spät kommen, wenn er bis Oktober wartet. Die Diskussion in der Presse wird bis dahin ihr Interesse eingebüßt haben.« Und am 16. Mai 1928: »Sagen Sie Fischer, daß in Amerika vor Erscheinen bereits 50 000 Exemplare verkauft sind und daß die 10 000 Exemplare, die ich hier habe drucken lassen, für die Vorbestellungen nicht ausreichen.« Am 21. Mai schickte er Fischer ein Exemplar der englischen Ausgabe, »damit er den Stil sieht, in dem es hier herausgekommen ist«.

Fischer hätte mit der deutschen Ausgabe des umfangreichen Werkes unmöglich gleichzeitig herauskommen können; sogar das Erscheinen im Oktober war nicht leicht zu bewerkstelligen. Denn bei diesem Buch war die Übersetzung wirklich ein großes Problem. Obwohl es in denkbar einfacher Sprache geschrieben war und sich jeder Fachsimpelei enthielt, setzte es beim Übersetzer doch eine beträchtliche Kenntnis der Materie und der entsprechenden deutschen Terminologie voraus, ganz abgesehen von der Fähigkeit, Shaws hurtiger, treffsicherer Feuerwerksdialektik auf den Sprüngen zu bleiben. Dies alles war nicht Trebitschs Sache; er konnte die Aufgabe allein nicht bewältigen. Aber obwohl der Verlag den witzigen und gewandten Ernst W. Freissler als Mitübersetzer heranzog, war das Ergebnis dieser Gemeinschaftsarbeit noch immer im Sachlichen fehlerhaft und sprachlich eine glanzlose Sache. (Freissler schied im August 1929 aus dem Verlag aus und wurde Propagandachef bei Hagenbecks Wanderzirkus.) Bermann Fischer machte sich daran, die unzulängliche Übersetzung zu korrigieren, und war mit dieser undankbaren Aufgabe noch beschäftigt, als er im Frühsommer 1928 mit seiner Frau nach England reiste. Er suchte Shaw in den letzten Maitagen in seiner Londoner Stadtwohnung in Whitehall Court auf und klagte ihm, wie er erzählt, »mein Leid über die vielen Fehler der Übersetzung«. Aber Shaw hielt seine Besucher mit »sarkastisch-freundschaftlichen Bemerkungen« über seinen deutschen Übersetzer zum besten und ließ auf seinen Entdecker Trebitsch nichts kommen.

Das dicke Buch erschien im Oktober 1928 unter dem Titel *Wegweiser für die intelligente Frau zu Sozialismus und Kapitalismus* in einer sehr schönen, sorgfältig und repräsentativ ausgestatteten Ausgabe, und Fischer riskierte trotz des unvermeidlich hohen Preises von 16 Mark die gleiche Erstauflage von 10 000 Exemplaren wie Shaw in England, und auch sie reichte nicht aus: »Die bloße Anzeige seines Erscheinens«, schrieb Saenger, »genügte, um auch bei uns eine fieberhafte Nachfrage anzuregen.« Das Buch rollte beharrlich weiter bis ins 15. Tausend und 1932 in einer ungekürzten billigen Sonderausgabe zum Preis von 7,50 Mark bis ins zwanzigste. Es erschien in Deutschland im richtigen Augenblick, als man über die Grundprobleme, die Gesellschaftsstruktur und Wirtschaftsleben einmal übers andere durcheinanderrüttelten, endlich ›Bescheid wissen‹ wollte, und stand überdies bei Fischer in der Reihe wirtschafts- und sozialpolitischer Werke, die der Verlag zu dieser Zeit aufbaute, am richtigen Platz. »Nicht bloß die intelligente Frau«, schrieb Siegfried Jacobsohns ›Weltbühne‹, »auch ein Junge von Vierzehn kann hier bei leidlichem Menschenverstande begreifen, was ihm Parteien und Lehrbücher bisher verdunkelt haben.« Und Albert Einstein an Hedwig Fischer: »Da spricht der Voltaire unserer Tage.«

›DER KAISER VON AMERIKA‹

Shaw war seit mehr als einem Vierteljahrhundert Autor des Verlags, und als Bermann Fischer sich von ihm verabschiedete, meinte er, es sei nun wirklich an der Zeit, daß Fischer und er einander persönlich kennenlernten. Die Gelegenheit hierzu ergab sich im August 1929 anläßlich der Eröffnung der Shaw-Festspiele in Malvern. Der Gedanke dieser Festspiele in dem reizvollen altmodischen, unweit von Shakespeares Stratford gelegenen Badeort in Worcestershire stammte von dem englischen Theatermann Sir Barry Jackson, der sich um Shaw in England sehr verdient gemacht hatte und mit seinem ständigen Ensemble in Birmingham die Truppe stellte. Gleich die erste Spielzeit im Sommer 1929 brachte neben älteren Stücken die Aufführung eines neuen Shaw-Stücks: *The Apple Cart*. Fischer hatte eine Abneigung gegen Seereisen, und es kostete einige Mühe, ihn zu der Fahrt über den Kanal zu bewegen. Aber schließlich gelang es. Am 16. August 1929 teilte Shaw Trebitsch mit: »Wie ich höre, haben Fischers Plätze bestellt.«

Shaw konnte, wenn er wollte, ein bestrickend liebenswürdiger Gastgeber sein, dem man die sprichwörtliche Rauhbeinigkeit nicht zugetraut hätte. Er kümmerte sich in rührender Weise um seinen nahezu gleichaltrigen deutschen Verleger, den er, baumlang wie er war, um mehrere Haupteslängen überragte. Es war freilich, wie beide, Hedwig Fischer und ihr Schwiegersohn, sich erinnerten,

rührend und ein wenig beklemmend, denn die beiden konnten sich überhaupt nicht verständigen. So blieb es beim Sich-Anlächeln und Sich-die-Hände-Drücken und Sich-um-des-anderen-Wohl-besorgt-Zeigen ...

Doch hinderten die Verständigungsschwierigkeiten Shaw nicht, seine deutschen Verlegerfreunde in seinem Wagen ins nahe Stratford zu fahren – »Das geht doch nicht an«, meinte er, »immer nur Shaw, und Shakespeare ganz vergessen!« und sie »mit nimmermüdem Witz« durch Shakespeares Welt zu führen.

Die Premiere des *Apple Cart* fand am 19. August 1929 in Malvern statt, aber sie war nicht die Uraufführung. Shaw war in dieser Hinsicht unberechenbar. Man konnte nie wissen, wem er das Uraufführungsrecht an seinen Stücken geben werde. Drei frühe Stücke hatten ihre Welturaufführung in Berlin und Wien erlebt. Diesmal hatte er dem Direktor des Theatr Polski in Warschau, Arnold Szyfman, der Shaw in Polen zu großem Erfolg verholfen hatte, die Uraufführung überlassen, und die Warschauer Premiere hatte bereits am 14. Juni 1929 stattgefunden. Daraus ergaben sich Eifersüchteleien und Unzuträglichkeiten. »Die Deutschen sind wütend«, schrieb Shaw an Szyfman, »und wenn Sobieniolewski [der polnische Übersetzer] nicht aus Malvern abgereist wäre, ehe Trebitsch eintraf, hätte es bestimmt Blutvergießen gegeben.« Der englische Titel des Stücks war unübersetzbar – ›to upset the apple cart‹ heißt soviel wie den Apfelkarren umschmeißen, jemandes Pläne über den Haufen werfen –, und Trebitsch hatte es *Der Kaiser von Amerika* genannt. »Emperor of America is not bad«, meinte Shaw. Das erste neue Shaw-Stück seit der *Heiligen Johanna* war natürlich eine Sensation, und Kritiker aus aller Welt waren nach Warschau gefahren. Die Berichte in den deutschen Blättern waren jedoch nicht enthusiastisch, und Reinhardt wurde offenbar unsicher und wollte das Stück für seine Erstaufführungs-Inszenierung im Deutschen Theater stark kürzen. Dies brachte Shaw in Harnisch, und über Fischers Bühnenvertrieb zog sich ein Gewitter zusammen. Wenn Reinhardt, schrieb Shaw am 26. Juni 1929 an Trebitsch, durch die deutschen Presseberichte entmutigt sei und aus seinem Vertrag entlassen werden wolle, dann

werden wir den Vertrag zerreißen, und wenn er eine Vorauszahlung geleistet hat, werde ich sie ihm zurückzahlen. Falls Sie von den deutschen Zeitungen interviewt werden, sagen Sie ihnen, daß die Warschauer Inszenierung ein glänzender Erfolg war und daß bei der deutschen Aufführung nicht ein Wort gestrichen werden wird.

Es wurde aber doch gestrichen. Reinhardt brachte das Stück, Shaw zum Trotz, am 19. Oktober 1929 sehr stark bearbeitet am Deutschen Theater heraus, in einer glanzvollen Besetzung mit Werner Krauß, Maria Bard, Helene Thimig, Otto Wallburg, Eduard von Winterstein, Max Gülstorff, Kurt Gerron und Hubert von Meyerinck, aber die republiktreue Presse fand dennoch, daß das Stück ihr bei ihrem Kampf gegen die Reaktion von rechts in den Rücken fiel. In Deutschland wurde das Stück unvermeidlicherweise zu einem Politikum. Bernhard Diebold zitierte den »Waschzettel des S. Fischer Verlags«, der »gar ahnungsvoll vor künftiger Verwirrung« erklärte:

Es kommt Shaw darauf an, zu zeigen, daß jedes, auch das scheinbar beste politische System unterliegen muß, wenn es von unbedeutenden Menschen vertreten wird, denen ein überlegener Geist auf dem anderen politischen Ufer gegenübersteht. Es erhöht nur die satirische Spannung dieses Stücks, bedeutet aber keine politische Stellungnahme, daß dieses System durch eine Arbeiterregierung und jener überlegene Geist durch einen König dargestellt wird.

»So???« fragte Diebold. »Ich behaupte, daß die exemplarische Bevorzugung des Königs und die systematische Veräppelung der Demokratie einer politischen Stellungnahme völlig gleichkommt.« Shaw mache hier den »tristen Eindruck der Gesinnungslosigkeit«. Es wurde viel

gelacht, aber »die Rechtser hatten am meisten zu lachen. Die Linkser hatten nichts zu lachen.«
Die Kritik war symptomatisch für die deutsche Situation. Von einer »systematischen Veräppelung der Demokratie« war gar keine Rede, wohl aber von der Ironisierung der unzulänglichen Demokraten, die ihre Sache schlecht vertraten. Statt das zu begreifen, verfiel sogar ein kühler Kopf wie Kerr in aufgeplusterte politische Überheblichkeit. Er fand, es sei »ein schiefes Stück«, denn es liege halt zwischen Shaws »früherem Schaffen und seinem jetzigen Schaffen die Weltrevolution: die Republikanisierung Europas ... Aber Shaw lebte in England, wo es zufällig einen König gibt ... Tohuwabohu im emeritierten Kopf ... Dem Mann kann nicht geholfen werden. (Nur gedankt für Vormaliges.)« Solches war aus der damaligen politischen Situation Deutschlands und der Sorge um die wacklige deutsche Republik zu verstehen; aber der Kurzblick, die Verkennung der wahren Situation, die von einer »Republikanisierung Europas« sprach, die Unfähigkeit, in den vorgehaltenen Spiegel zu blicken, waren dennoch erstaunlich. Der König von England war ja nun wirklich weit weniger ›zufällig‹ als die knapp zehnjährige deutsche Republik; wenige Jahre später war die »Republikanisierung Europas« durch eine ganz neue Art ›Weltrevolution‹ hinweggefegt, und Kerr im Londoner Exil war froh, daß es den König von England ›zufällig‹ noch gab.
Einige Wochen vor dem *Kaiser von Amerika*, am 6. September 1929, hatte Walter Mehrings Schauspiel *Der Kaufmann von Berlin* bei Piscator seine Uraufführung erlebt und Fischers Bühnenvertrieb und Verlag heftige Schmähungen in der Rechtspresse eingetragen. Mehring, damals dreiunddreißig, hatte im Ersten Weltkrieg im Berliner ›Sturm‹-Kreis begonnen, 1920 das linksradikale ›Politische Cabaret‹ gegründet und war ein bekannter, aggressiv-politischer und schonungsloser, überaus geistvoller und formvollendeter polemischer Lyriker und Satiriker, als er 1929 mit seinem Sammelband *Die Gedichte, Lieder und Chansons des Walter Mehring* und dem »historischen Schauspiel aus der deutschen Inflation« *Der Kaufmann von Berlin* zu Fischer kam. Dieses mutige und intelligente Stück, dessen Hauptfiguren der Ostjude Kaftan und der nationale Phrasendrescher Müller waren, ein Versuch, »das grandioseste Täuschungsmanöver, das die Weltgeschichte kennt«, nämlich die Inflation, auf die Bühne zu bringen, sollte in Piscators Inszenierung »alle Probleme, alle Momente des politischen Theaters« zusammenfassen. Aber es versank im Gezeter der Rechtspresse, die ihre »nationalen Belange« beleidigt sah, begleitet vom Achselzucken der Wohlwollenden: »Die Rechte wußte nicht mehr, was die Linke tat«, schrieb Diebold. Fischer brachte von

Walter Mehring zwei Jahre darauf noch das »Neue trostreiche Liederbuch« *Arche Noah SOS*, und Mehring schrieb ihm zum siebzigsten Geburtstag ein für ihn charakteristisches Verslein:

> Gehn den Weg wir allen Rausches – Ob wir Nobelpreis kriegen?
> Sitzen wir im Ewigkeitszug – oder bei den Eintagsfliegen?
> Ob als König, als Marxiste – wir der Dichtung einverleibt –
> Mag die Welt das Werk vergessen – das Signet:
> S. Fischer
> bleibt!

Reinhardts Inszenierung des *Kaisers von Amerika* hingegen hatte trotz der Kritik, die an der politischen Opportunität des für Deutschland mißverständlichen Stücks geübt wurde, einen großen Erfolg. Er konnte das Stück mehr als zweihundertmal spielen. (In London erlebte es 258 Aufführungen.) Aber Shaw war wütend und nicht zu besänftigen. Er könne sich diese Änderungen nicht gefallen lassen, schrieb er Trebitsch am 29. November 1929: »Sie müssen Fischer sagen, daß er Reinhardt von der Liste der Theaterdirektoren, die für meine Stücke in Betracht kommen, zu streichen hat. Warum haben Sie das zugelassen?« Noch ein ganzes Jahr lang donnerte er in Brief um Brief unaufhörlich weiter gegen »Reinhardts Verbrechen«. Die Berliner Inszenierung sei eine Travestie, Reinhardt habe ihn zu »einem drittklassigen Opera-Bouffo-Librettisten« degradiert:

> Ist es denkbar, daß meine Vogue in Deutschland, auf die ich so stolz war, ein einziger Irrtum war? Wenn Republikanertum und Demokratie in Deutschland *das* bedeuten, dann – God help Germany!

So endete Shaw in der Weimarer Republik mit einem Mißklang. Zu Fischers Lebzeiten brachte der Verlag nur 1931 noch den achten Band der Gesamtausgabe und danach einige dramatische Unerheblichkeiten heraus, die zu Recht kaum Beachtung fanden. Fischer beabsichtigte offenbar, eine deutsche Ausgabe von Shaws religiöser Streitschrift *The Adventures of the Black Girl in her Search for God* herauszubringen und verhandelte Ende 1932 mit Shaw wegen Überlassung der Druckstöcke von John Farleighs Holzschnitt-Illustrationen, aber die Ausgabe kam nicht mehr zustande; das reizende Buch erschien erst nach dem Zweiten Weltkrieg in Trebitschs Übersetzung in der Schweiz. »Das Schwarze Mädchen«, hatte Shaw am 23. November 1932 an Trebitsch geschrieben, »ist nicht für Heiden wie Sie bestimmt, die von der Bibel nichts wissen und sich nichts aus ihr machen, sondern für die Millionen von Menschen, die mit ihr aufgewachsen sind und für die sie die Menschheitsoffenbarung der Religion ist . . .«

FERDINAND BRUCKNER

Shaw wurde weiter in Deutschland viel gespielt und wird es bis heute, aber er brachte der Bühne nichts Neues und Fesselndes mehr. Völlig neu und außerordentlich fesselnd hingegen war ein deutscher Dramatiker, der um die gleiche Zeit beinahe über Nacht zu einem Riesenerfolg aufstieg und Fischers Bühnenvertrieb einen mächtigen, in die ganze Welt ausstrahlenden Auftrieb verlieh.

Im Frühjahr 1928 machte Dr. Konrad Maril, der Leiter des Bühnenvertriebs, den Verlag auf ein neues Stück *Krankheit der Jugend* aufmerksam, das im Berliner Renaissance-Theater mit beträchtlichem Erfolg gespielt wurde, und empfahl, den Autor, einen Unbekannten namens Ferdinand Bruckner, in Verlag zu nehmen. Man setzte sich mit dem Direktor des Renaissance-Theaters in Verbindung, der als Vertreter des in Wien lebenden Autors die Verhandlungen führte und abschloß. Der Theaterdirektor war der seit langem in Berlin ansässige und in literarischen Kreisen wohlbekannte Wiener Schriftsteller Theodor Tagger, damals siebenunddreißig Jahre alt, der schon 1913, als Zweiundzwanzigjähriger mit einem Aufsatz in der ›Neuen Rundschau‹ erschienen war; er war im Expressionismus bei Kurt Wolff und in den ›Weißen Blättern‹ mit Lyrik und Novellen hervorgetreten und hatte 1917–1919 in Berlin die Zweimonatsschrift ›Marsyas‹ herausgegeben. Seit 1922 leitete er das Renaissance-Theater, wo ihm sehr wechselnder Erfolg beschieden war. Er hatte große Mühe, sein Theater über Wasser zu halten, bis ihm das Stück von Bruckner in die Hände fiel – es war schon anderthalb Jahre zuvor in Breslau und Hamburg herausgekommen – und ihm endlich einen großen Erfolg brachte. Ein eigenes Stück, eine Nachdichtung von Dumas' *Kameliendame,* war 1925 mit Elisabeth Bergner im Deutschen Theater herausgekommen, hatte aber mit Zank und Streit geendet, weil Brecht, der damalige Dramaturg, den letzten Akt völlig umgemodelt hatte.

Fischers Bühnenvertrieb übernahm *Krankheit der Jugend,* und der Verlag brachte auch eine Buchausgabe heraus, die rasch mehrere Auflagen erlebte. Das Stück ging nun über viele deutsche Bühnen, und bald begann ein großes Rätselraten, wer dieser neue Dramatiker sei, der mit so sicherem Griff ein Zeitproblem anpackte und mit erstaunlichem Theaterkönnen auf die Bühne stellte. Das Programmheft enthielt einige knappe biographische Angaben; der Autor mit dem echt österreichischen Namen war ein Wiener Arzt, der sich viel im Ausland bei seinen Patienten aufhielt; daß er aus der Freudschen Schule kam, ließ das Stück erkennen. Mehr konnte auch sein Vertreter Tagger dem Verlag nicht mitteilen, als er einige Monate darauf ein neues Stück

Bruckners, das Schauspiel *Die Verbrecher* überbrachte. Auch bei der Premiere dieses neuen Werks in Reinhardts Deutschem Theater am 23. Oktober 1928, die einen Riesenerfolg brachte, zeigte sich der Verfasser ebensowenig wie bei dem ersten Erfolg. Heinz Hilperts Inszenierung bei Reinhardt erlebte über hundert Aufführungen, das Stück wurde auf zahlreichen deutschen Provinzbühnen nachgespielt, und auch ausländische Bühnen von Kopenhagen bis Barcelona griffen nach dem »deutschen Strindberg« und spielten ihn vor ausverkauften Häusern. Fischers Buchausgabe – das Stück war zuvor in der ›Neuen Rundschau‹ erschienen – erreichte im Handumdrehen die sechste Auflage, und der Theaterverlag hatte einen Dramatiker, der sich am Bühnenerfolg gemessen durchaus mit Shaw vergleichen ließ.
Inzwischen hatte sich Maril, wie Bermann Fischer erzählt, mit Tagger überworfen und »schrieb Beschwerdebriefe an Bruckner über seinen unverträglichen Vertreter. Er erhielt freundliche Besänftigungsbriefe aus Wien, und die Verlagsgespräche wurden nunmehr mit Frau Tagger geführt.« Frau Tagger war eine sachkundige und geschäftstüchtige Frau, die in den schwierigen Zeiten selbst an der Kasse des Renaissance-Theaters saß. Doch mittlerweile nicht mehr, denn Tagger hatte Ende 1928 das Theater abgegeben und der Theaterdirektion Lebewohl gesagt. Das war ihm nachzufühlen, denn es war ein aufreibender Beruf und ein schlechtes Geschäft. Fischer hatte ihm inzwischen nahegelegt, er solle doch Bruckner eine Dramatisierung von Lytton Stracheys *Elisabeth und Essex* vorschlagen, das 1925 bei Fischer erschienen war. Ein drittes Stück Bruckners, *Die Kreatur*, kam im März 1930 in Reinhardts Komödie heraus, und bald darauf meldete sich Tagger im Verlag und legte Fischer das Manuskript des Schauspiels *Elisabeth von England* auf den Schreibtisch. Ferdinand Bruckner, gestand er nun endlich, sei er selbst. Das große Rätselraten war zu Ende.
Der Grund der dreijährigen Mystifikation war vor allem die finanzielle Zwangslage des Theaterdirektors Tagger gewesen. Sein Theater war schwer verschuldet gewesen, und er hatte einen Ansturm seiner Gläubiger befürchtet, sobald er mit seinen Stücken viel Geld verdiente. So war es ihm – mit erstaunlicher Selbstverleugnung angesichts seines Riesenerfolgs – gelungen, im Lauf von drei Jahren schrittweise alle Ansprüche zu befriedigen, und sobald dies geschehen war, hatte er auch die Theaterdirektion niedergelegt! Nun war er sogar ein ›nicht unvermögender‹ Mann, und sein größter Erfolg stand ihm noch bevor. Hinzu mochte wohl auch der Wunsch gekommen sein, den jeder Schriftsteller zuweilen verspürt: noch einmal, unter ganz neuen Voraussetzungen, von vorn anzufangen; er mag gefürchtet haben, diese sehr neuartigen Stücke mit dem bekannten und ›abgestempelten‹ Na-

men Tagger nicht durchsetzen zu können; gewiß hatte er sich auch selbst neu erproben wollen. Wie auch immer, Ferdinand Bruckner war jetzt viel berühmter als Theodor Tagger es je gewesen war, und so hielt er auch nach Lüftung des Pseudonyms an dem neuen Namen fest, und die Verlagsprospekte brachten fortan Theodor Taggers Photographie mit Ferdinand Bruckners Namenszug.

Elisabeth von England wurde am 1. November 1930 im Deutschen Theater uraufgeführt, Bruckners größter Erfolg. Merkwürdigerweise war es das zweite Elisabeth-Drama, das binnen zweier Wochen in Berlin auf die Bühne kam: im Lessing-Theater lief noch das Schauspiel *Elisabeth* des französischen Dramatikers H. R. Lenormand, das ebenfalls auf Stracheys Buch zurückging. Aber Bruckners mit souveränem Bühnenverstand und raffinierter Dialogführung gebautes Stück schob das poetischere, aber schwach konturierte und nicht sehr bühnenwirksame Schauspiel des Franzosen beiseite. Fischers Verlagsnachrichten meldeten im März 1931:

Ferdinand Bruckners Schauspiel ›Elisabeth von England‹, das über hundertmal im Deutschen Theater, Berlin, aufgeführt wurde, hat nach seinem Siegeszug über die deutschen Bühnen auch die Hauptstädte des Auslands erobert und gelangt noch im Laufe dieser Spielzeit in Paris, Budapest, Stockholm, Amsterdam, Kopenhagen, Oslo, Belgrad, Prag und Helsingborg zur Aufführung. Auch die Rechte in englischer Sprache wurden soeben an Walter Hackett, einen der fortschrittlichsten Theaterunternehmer Englands, verkauft, der dieses Stück auch in New York herausbringen will. Dies ist umso bemerkenswerter, als Maxwell Andersons Stück ›Elizabeth the Queen‹, das denselben Stoff behandelt, in New York noch ziemlich erfolgreich gespielt wird. Die allgemeine Meinung geht dahin, daß auch die beste Aufführung nicht alle Werte des Stückes erschöpfen kann, so daß seine Lektüre allen unerläßlich sein wird, die sich mit dem modernen Drama befassen. Die Buchausgabe erschien im S. Fischer Verlag.

Bruckner war vierzig Jahre alt. *Elisabeth von England* war der Höhepunkt seines dramatischen Schaffens. Fischer konnte noch zwei Stücke von ihm bringen, das Trauerspiel *Timon* 1932 und das Schauspiel *Die Marquise von O.* 1933, aber ihr Eindruck blieb hinter der nachhaltigen Wirkung des Elisabeth-Dramas weit zurück, und dann fiel bereits der Vorhang. Bruckners Wirkung war kurz und grell, wie der Blitz, und ebenso unfruchtbar. Er war ein sehr gescheiter Kopf und gewiß nicht oberflächlich, aber er stieß durch die Oberfläche nicht wirklich durch: so empfanden es seine kritischen Zeitgenossen. Er gelangte den Deutschen nicht unter die Haut wie Brecht, wie Zuckmayer um die gleiche Zeit. Die Zeit entzündete und verlöschte ihn.

VOM »BAU DES EPISCHEN WERKES«

»Wie sind Sie nur darauf gekommen?« fragte entsetzt »der alte Fischer«, als Döblin ihm 1927 sein neues Buch, das indische Versepos *Manas* brachte. Döblin berichtet es selbst. Die Frage war berechtigt; wenige Menschen konnten mit diesem Buch etwas anfangen: »Freie Rhythmen und eine indische Welt – das war zuviel. Das Buch wurde abgelehnt.« Aber für Döblin selbst war das Buch »in Ordnung. Von hier an datieren die Bücher, welche sich drehen um den Menschen und die Art seiner Existenz.«

Döblin wußte, wie er »darauf gekommen« war, und legte es später in seinem autobiographischen *Epilog* dar. Die Wendung: »Von hier an datieren ...« war sehr charakteristisch für ihn; jedes seiner Bücher stellte für ihn eine bestimmte, abgesteckte Wegstrecke dar, und für jede lieferte er sogleich den theoretischen Unterbau, der die Zwangsläufigkeit belegte. In seinen polemischen ›Rundschau‹-Aufsätzen und den nicht minder streitbar-apodiktischen Akademievorträgen aus den zwanziger Jahren ist es nachzulesen. Alles galt, solange es galt, und nichts anderes galt daneben. Dann galt das nächste. Dieses schöpferische Ordnungsprinzip kannte keine Sackgassen. Der Schriftsteller Döblin kehrte nie um, ging nie ein Stück zurück. Man konnte es ungebührlich rechthaberisch finden. Döblin fand: wer der Nase nachgeht, kann sich nicht verlaufen; wer kein Endziel hat, für den gibt es keine Umwege. Wie der Erzähler, so das Erzählte; wie der Mann, so sein Roman. Fischer schüttelte eine Weile über die Romane den Kopf, dann begann der Mann ihn zu ärgern.

Nach dem *Wallenstein,* so erklärt Döblin im *Epilog*, nahm er sich keinen »isolierten historischen Vorgang« vor, sondern »die Technik, die im Menschen liegende Kraft« und schrieb *Berge, Meere und Giganten.* Das Thema war »diesmal ganz allgemein: was wird aus dem Menschen, wenn er so weiterlebt?« Das Buch erschien 1924. In einem erläuternden Aufsatz im Juniheft 1924 der ›Neuen Rundschau‹ hatte Döblin dazu bemerkt:

> In einigen Punkten war das Buch für mich eigenartig. Einmal stilistisch. Ich liebe sonst Knappheit, Gegenständlichkeit. Hier konnte ich Impulsen rein sprachlicher Art nicht widerstehen. Es ging ins Weite, Farbige. Es war, als wenn sich alles autonom machen wollte, und ich mußte auf der Hut sein. Das hohe Niveau mancher Partien, ihr feiernder, hymnischer Charakter trug dazu bei. Ich will auch gestehen, daß ich das Gefühl hatte, nicht im Gebiet eigentlicher oder gewöhnlicher Prosa mehr zu sein, im Sprachlichen. Wohin die Reise geht, weiß ich nicht. Die alten Versformen erschienen mir unmöglich. Man soll nichts zwingen, nicht wollen, und alles werden lassen.

Berge, Meere und Giganten gelangten in neun Jahren ins neunte Tausend. 1925 folgte das in vier Fortsetzungen in der ›Neuen Rundschau‹ abgedruckte Reisebuch *Reise in Polen*, das kein Erfolg war und an dem Döblin selbst nicht viel lag. Er war schon auf der nächsten Wegstrecke:

... jedes Buch endet (für mich) mit einem Fragezeichen. Jedes Buch wirft am Ende einem neuen den Ball zu. Nachdem ich den ›Massenweg‹ abgelaufen war, wurde ich vor den Einzelmenschen, den Menschen geführt.

Ein Reisebericht aus Indien, zufällig in einer Berliner Bibliothek gefunden, führte ins ›Totenreich‹ der indischen Mythologie:

Ich sah einen Menschen hier eindringen, einen aus unserer Welt, der sich von dem Jammer, den er in dieser Welt der Toten findet, zerreißen lassen will. Allen irdischen Schmerz will er auf sich stürzen lassen, mit allem Schmerz will er sich verbinden, weil er aus einem Krieg weiß, wir sind alle eines und dasselbe, Brüder, die Mörder und Gemordeten, der Henker und seine Opfer. Er wagt die Schreckensfahrt und bricht zusammen.

Das war die in freien Rhythmen geschriebene epische Dichtung *Manas*. Im gleichen Jahr 1927 brachte Fischer auch den Essayband *Das Ich über der Natur*, der Döblins Aufsätze aus den Jahren 1905–1920 zusammenfaßte. Im folgenden Jahr, 1928, brachte der Verlag zu Döblins fünfzigstem Geburtstag eine ungewöhnliche kleine ›Festschrift‹ heraus: *Alfred Döblin im Buch – zu Haus – auf der Straße. Vorgestellt von Alfred Döblin und Oskar Loerke*, die im ersten Teil eine Anzahl hurtiger und witziger autobiographischer Skizzen Döblins enthielt, im zweiten Loerkes gründliche, wenngleich sehr schwerfällige Analyse des Döblinschen Werkes, die den rastlosen, widerspruchsvollen Geist in einen Zusammenhang zu flechten versuchte. Doch Döblin war inzwischen bereits wieder aus- und aufgebrochen. Im Aprilheft 1929 veröffentlichte die ›Neue Rundschau‹ den Text eines großen Vortrags, *Der Bau des epischen Werks*, den er zu Beginn des Jahres vor der »Dichterakademie« gehalten hatte. Dieser Vortrag besaß, wie sich alsbald erkennen ließ und heute erst recht augenfällig ist, wegweisenden Charakter – auch wenn außer Döblin selbst damals kaum ein Romancier diesen Weg schritt und heute mancher sich diesen Weg mühsam neu zu bahnen versucht.

»Das epische Werk berichtet von einer Überrealität«, erklärte Döblin. Der Bericht sei »die Grundform des Epischen«:

Was nun irgendeinen erfundenen Vorgang, der die Form des Berichts trägt, aus dem Bereich des bloß Ausgedachten und Hingeschriebenen in eine wahre Sphäre, in die des spezifisch epischen Berichts hebt, das ist das Exemplarische des Vorgangs und der Figuren, die geschildert werden und von denen in der Berichtsform mitgeteilt wird ...

Ich brauche nicht noch besonders zu sagen, daß die Erreichung dieser exemplarischen und einfachen Sphäre den epischen Künstler von dem Romanschriftsteller trennt, welche Romanschriftstellerei eine solide bürgerliche, nützliche, gewerbliche Beschäftigung ist. Sie imitiert, ohne in die Realität einzudringen oder sie gar zu durchstoßen, einige Oberflächen der Realität. Der wirklich Produktive aber muß zwei Schritte tun: er muß ganz nahe an die Realität heran, an ihre Sachlichkeit, ihr Blut, ihren Geruch, und dann hat er die Sache zu durchstoßen, das ist seine spezifische Arbeit. Der erste Schritt ist schon der Schritt jedes guten Schriftstellers, und man sieht: jedem epischen Autor hat ein guter Schriftsteller vorauszugehen...

Die große Schwierigkeit des Epikers von heute liege jedoch darin, daß auf ihn »das Unglück des Buchdrucks gefallen« sei.

Ein Buch ist endlos lang, man kann ein Buch noch immer länger machen, man kann zwei Bücher machen, drei Bücher, woran soll ein Autor, ein epischer merken, wann er aufzuhören hat? Im Grunde braucht er doch erst aufzuhören, wenn alle Papiervorräte erschöpft sind. Und das ist also die fehlende Bedingung zu einer äußeren Form für uns heute... Dem Epiker ist die Buchform gegeben, aber ein Buch ist zwar ein Anfang, aber nie ein Ende. So muß ich eben anfangen, und der liebe Gott muß mir helfen, daß ich mal aufhöre...

›BERLIN ALEXANDERPLATZ‹

Ein solcher Autor machte es seinem Verleger nicht leicht. So folgerichtig ihm selbst seine Entwicklung erscheinen mochte, das bücherkaufende Publikum kümmerte die theoretische Untermauerung nicht; es erhielt nur in regelmäßigen Abständen das Endprodukt einer jeden Wegstrecke und fand zwischen ihnen keinen Zusammenhang; es fragte sich jedesmal von neuem: wie ist er denn darauf gekommen? Ärger noch, ein Autor wie Döblin verscheuchte mit seinem selbstversessenen Eigensinn mit jedem neuen Buch die kleine Gefolgschaft wieder, die sich gerade erst mühselig um das vorangegangene zusammengefunden hatte. Er machte es dem Verleger schwer, wenn nicht gar unmöglich, ihm ein festes, stetiges Publikum aufzubauen. Fischer wußte sehr wohl – viele seiner Aussagen im Vorangegangenen bezeugen es –, daß es Autoren gab und geben mußte, denen von Natur aus nur ein kleiner, umgrenzter Leserkreis bestimmt war, über den sie aller Voraussicht nach nicht hinausgelangen würden; Madelung war ein solcher Dichter, Emil Strauß ein anderer. Bei solchen Autoren galt es, den begrenzten Leserkreis zusammenzuhalten, damit er sich nicht immer sogleich wieder verlief, und dies war nur möglich, wenn auch der Autor seinen Lesern die Treue hielt. Mit einem Autor wie Döblin, der seinen Leserkreis mit Vorliebe immer wieder vor den Kopf stieß, wurde der verlegerische Einsatz zu einer Sisyphusarbeit, die um so saurer wurde, je weniger der Verleger selbst dem Autor zu folgen vermochte, je weniger die innere und äußere Notwendigkeit ihn überzeugte.

Hinzu kam im Verhältnis Fischer-Döblin noch etwas anderes. Döblin war eine ausgesprochen kämpferische Natur, der alle Verlogenheit und Verwaschenheit verhaßt war, und er erspähte Verlogenheit und Verwaschenheit nicht selten auch dort, wo sie gar nicht war, und zog vom Leder, nur weil ihm ein anders geartetes künstlerisches Temperament gegen den Unbedingtheitsstrich ging. Da er im Grund seiner Seele ein zartbesaiteter, scheuer, leicht zu erschütternder Mensch war, umgab er sich mit einem Stachelpanzer aus giftiger, bissiger Polemik, die schmerzhaft verletzen konnte, vor allem da sie sich mitunter besonders gegen Menschen und ihr Werk richtete, die der teuflische kleine Mann eigentlich herzlich gern hatte, ja vielleicht heimlich liebte. Das war der Eintracht der Verlagsfamilie nicht zuträglich. Fischer fand, je älter er wurde, diese Abart des Humors immer schwerer erträglich. Besonders empfindlich war er, wie Bermann Fischer sich erinnert, wenn es sich um ihm persönlich nahestehende Autoren wie Hauptmann und Thomas Mann handelte. Aber Döblin »konnte seine Zunge nicht im Zaum halten«, es machte ihm geradezu Spaß, »den alten Fischer herauszufordern«. So kam es zum Zerwürfnis. Um die Zeit, als Döblin seinen in den Jahren 1927–1929 geschriebenen Roman *Berlin Alexanderplatz* beendete, hatte Fischer beschlossen, dem gespannten Verhältnis ein Ende zu machen und sich von Döblin zu trennen.

Das neue Buch war eine bravouröse Verwirklichung der Forderungen, die Döblin in seinem Akademievortrag an das epische Werk gestellt hatte: in der stofflichen Realität der »elementaren Grundsituation des menschlichen Daseins«, in der »springenden Fabulierkunst«, im »Strom der lebenden Sprache«, von dem der Dichter sich tragen ließ. Als Bermann Fischer Teile dieses umfangreichen Manuskripts zu sehen bekam, war er, wie er erzählt, so beeindruckt, daß er sich bemühte, die bereits beschlossene Trennung zu verhindern. Aber Fischer wollte in seinem Ärger nicht mit sich reden lassen:

Ich mußte zu einer List greifen und veranlaßte Frau Fischer, Döblin zu einer Vorlesung im Haus im Grunewald einzuladen. Als Fischer im letzten Augenblick mit dieser Tatsache konfrontiert wurde, konnte er aus Höflichkeit die Einladung nicht mehr rückgängig machen. Der Abend wurde ein voller Erfolg. Vor dem Eindruck dieser Vorlesung, der großen Konzeption des Buches, seiner neuartigen Diktion und Kraft, schwand Fischers Groll, und der Friede wurde wiederhergestellt.

Döblin selbst fügte hinzu, er habe das Buch einfach *Berlin Alexanderplatz* nennen wollen: » – ein Titel, den mein Verleger absolut nicht akzeptieren wollte, das sei doch einfach eine Bahnstation, und ich mußte als Untertitel dazusetzen *Die Geschichte vom Franz Biberkopf*«. Das Buch erschien – mit einem ganz neuartigen, plakathaften Schutzumschlag, mit dem Georg Salter als Buchkünstler sich über Nacht einen Namen machte – im Oktober 1929, und zwar, was bei Döblin noch nie gewagt worden war, in einer Erstauflage von zehntausend Exemplaren. Oskar Loerke schrieb, diesmal mit Freude, den Waschzettel:

Alfred Döblin führt uns in den Alltag der heutigen Weltstadt, der, wie sich zeigt, reich ist an erstaunlichen Lebenswundern, an farbigem Ausdruck. Das Volkstum Berlins scheint seine Geschichte zu erzählen: in voller Naturhaftigkeit, in der dreisten und doch warmen, angeborenen Melodie seiner Sprache, mit seiner Schlagfertigkeit, Treffsicherheit und dem unverzagten Humor, in dem Erde, Himmel und Hölle Platz haben. Döblin schenkte uns ein Volksbuch in den riesenhaften Maßen des heutigen Lebens.

Es gab eine Überraschung: zum erstenmal verschreckte Döblin seine kleine Leserschar nicht, sondern holte eine große neue zu sich heran, Tausende von Menschen, die noch nie ein Buch von ihm in der Hand gehabt hatten, seinen Namen bis dahin kaum kannten. Niemand fragte: wie ist er denn darauf gekommen? Binnen weniger Monate hatte das dicke Buch das 20. Tausend erreicht, 1931 das 40., 1932 das 45. Tausend. Das war weit mehr als alle bisherigen Bücher Döblins zusammengenommen erreicht hatten. Für alle diese neuen Leser waren Döblin und Alexanderplatz hinfort identisch.

Das lag natürlich zum guten Teil am Thema, am Stoff. So wie Dos Passos in *Manhattan Transfer* das Riesenpanorama New Yorks aufgerollt hatte, so enthüllte Döblin im Riesenaufriß die Stadt Berlin. Die Berliner Presse von ganz rechts bis ganz links rühmte das Buch überschwenglich nicht zuletzt aus ehrlichem Lokalpatriotismus. Ungeachtet aller politischen Gegensätze herrschte Einmütigkeit: »Der Stadt Berlin ist Ehre widerfahren.« So die linkssozialistische ›Welt am Abend‹: »Dieser Roman verdient ein Publikum, das ebensogroß ist wie die Masse der Menschen, die in ihm lebt, leidet und ringend hofft.« Oder das liberaldemokratische ›Berliner Tageblatt‹: »Durch den Roman Döblins ist die Stadt Berlin um einen großen Schilderer reicher geworden, die deutsche Literatur um ein Kunstwerk sehr hohen Ranges.« Und sogar der deutschnationale ›Lokal-Anzeiger‹ fand: »Es weht in diesem Buch der Geist von morgen in der Romanliteratur.« Zu den wenigen Kritikern, die sich nicht mit einem solchen Schlagwort zufriedengaben, sondern die Notwendigkeit des Döblinschen Wegs erkannten und ihm zu folgen vermochten, gehörte Willy Haas, der nicht in seiner eigenen Literaturzeitung, sondern in der

›Neuen Rundschau‹ einen großen Aufsatz über das Buch veröffentlichte:

Der wirkliche Erzähler baut nicht Menschen auf. Er weiß, daß sie da sind ... ich nenne den Namen einer Person, mehr kann ich nicht tun. Der Name muß aufstehen und marschieren, von selbst. Ich sehe ihn mir an. Und jetzt los: erzählen!
Freilich, heute, nach Flaubert, Zola, ist das nicht so einfach. Der Erzähler muß zu sich selbst zurückfinden. Seit hundert Jahren hat ihn alles gelehrt, sich dialektisch im Helden zu finden, sich mit äußerster Energie intellektuell im Helden zu konzentrieren, um ihn ›aufzubauen‹. Das geht jetzt nicht mehr. Aber es steckt schon verdammt im Blut. Da heißt es, sich mit Fußtritten, mit Witzen, mit Ironien von ihm befreien, Seitenwege einschlagen, den Mann links liegen lassen, auf anderes kommen: um zu sich zu kommen. Ich muß ganz ich sein, damit du ganz du bleibst, Franz Biberkopf! Der ursprüngliche Parallelismus des Erzählers und des Erzählten muß wiederhergestellt werden. Die Naivität ist nicht mehr da, also: Selbstbehauptung statt der verlorenen Naivität. Das Subjektivste ist die scheinbare Willkür der Assoziationen. Die Assoziation führt, wie die Psychoanalyse weiß, am sichersten zu sich selbst. Also verwendet Döblin das Subjektivste: Assoziation, Wortanklänge, beiläufigste inhaltliche Anklänge, lange Nebenlinien, die weitab führen: zu sich selbst ... Ihr baut den Helden auf? Ich, Döblin, baue mich selbst auf, wie ich leib und lebe, mit meiner ganzen Umwelt ...

Der »Parallelismus des Erzählers und des Erzählten« führt zwangsläufig dazu, daß die Form sich mit dem Inhalt identifiziert:

Biberkopf lebt zusammenhanglos, von Tag zu Tag, von einem Menschen zum nächsten, ohne Ziel und Sinn. So tut auch der Erzähler nichts anderes, um parallel zu bleiben ... So ziellos wie dieses Leben, ohne Ursache und Folge, ohne Sinn und Zweck, muß oft auch diese Form erscheinen. Der Parallelismus muß radikal durchgeführt werden. Statt der strengen, zwar ›objektiven‹, aber dem Inhalt disparaten Form des älteren Romans ist hier mit größter Folgerichtigkeit die homogene eingesetzt. Das ist das ganz Neue an diesem Buch ...
Es ist eben ein Epos, kein Roman ... Der ältere Roman ist eine episch-dramatische Mischform (Dostojewski zeigt es am deutlichsten), mit der heute wahrscheinlich das Wichtigste überhaupt nicht mehr zu sagen ist. Döblin hat eine rein epische, sozial völlig aufgerollte und freie Form, mit der das große Epos von heute sicher geschrieben werden kann. Hier haben wir den großartigen Prolog dazu. Wir haben allen Grund, von Döblin jetzt dasselbe für unser Heute zu erwarten, was für seine Zeit die ›Comédie humaine‹ war – mit ganz neuen Mitteln.

Hier war ein Ariadne-Faden. Die Parze schnitt ihn ab. Ein Menschenalter später, als die tausendjährige Finsternis sich lichtete, fand man das Fadenende wieder. Seither ist der »Parallelismus des Erzählers und des Erzählten« zu einem Grunderfordernis der Prosa-Epik geworden.

RENÉ SCHICKELE

1929, das siebzigste Jahr, war ein großes und reiches Jahr, und es war noch nicht zu Ende. Es war das Jahr, in dem nun auch Bernhard Kellermann fünfzig Jahre alt wurde und eine bereits im Vorjahr begonnene Gesamtausgabe in Einzelausgaben bekam. Es war auch das Jahr, in dem endlich, nach manchem Umwege, René Schickele zu Fischer kam.

Schickele war sechsundvierzig Jahre alt und stand in der Fülle seines Schaffens. Er gehörte seit zwanzig Jahren zu den Mitarbeitern der ›Neuen Rundschau‹ und seit langem zum Freundeskreis des Hauses; aber seine Bücher waren stets um Fischer herumgegangen. Er war vor dem Ersten Weltkrieg im Verlag der Weißen Bücher, dann bei Cassirer und zwischenhin auch bei Erich Reiss erschienen und schließlich mit seinem großen erzählerischen Hauptwerk zu Kurt Wolff übergewechselt. Doch war dieser Verbindung keine lange Dauer beschieden. Die beiden ersten Bände der Romantrilogie *Das Erbe am Rhein* erschienen noch bei Kurt Wolff, *Maria Capponi* 1926 und *Blick auf die Vogesen* 1927. Nun unterbrach Schickele jedoch sein großes Elsaß-Triptychon und kam 1929 zu allgemeiner Überraschung mit einem völlig anders gearteten, zum guten Teil in Berlin spielenden Gesellschaftsroman heraus, *Symphonie für Jazz,* einem kosmopolitischen Musiker- und Liebesroman, in dem viel vom vergänglichen Geglitzer der zwanziger Jahre, aber weit mehr noch vom unvergänglichen Zauber der Landschaft der Mark, des Schwarzwalds und der Schweizer Berge eingefangen war – Landschaftsschilderungen, die zu den schönsten des beseligten Natursymphonikers Schickele gehören. Dieser Roman – die Kritiker vermerkten allgemein als »symbolisch«, daß am Schluß ein Saxophon im Bodensee versenkt wurde – erschien 1929 bei S. Fischer. Der Grund für den Verlagswechsel dürfte vor allem darin gelegen haben, daß Kurt Wolff sich inzwischen von der schönen Literatur abgewandt hatte und seinen Münchner Verlag allmählich einschlafen ließ, um sich ganz auf seinen internationalen Kunstverlag in Florenz zu konzentrieren. Nach dem Jazz-Roman kehrte Schickele zur Elsaß-Trilogie zurück, und ihr dritter und abschließender Roman *Der Wolf in der Hürde* kam 1931 bei Fischer heraus. Fischer hatte inzwischen auch die beiden ersten Bände von Kurt Wolff übernommen und brachte 1930 *Blick auf die Vogesen* und 1931 *Maria Capponi* in einer Neuausgabe heraus. 1932 folgte das kleine Skizzenbuch *Himmlische Landschaft* mit Zeichnungen von Hans Meid.

René Schickele und Annette Kolb waren lebenslängliche Freunde und dazu Nachbarn in Badenweiler, wo sie sich zu Beginn der zwanziger

Jahre ein jeder ein Häuschen gebaut hatten. Hier hatte Schickele seine reifste, produktivste, glücklichste Zeit – geliebt und verehrt von einem großen Freundeskreis, ein klarer Kopf, ein beschwingter Geist, ein treuer Freund, auch er ein wahrhaft »guter Mensch«.

Annette Kolb war im Jahr zuvor, 1928, zu Fischer zurückgekehrt. Sie hatte seit ihrem Erstling *Das Exemplar* (1913) keinen Roman mehr geschrieben, und auch nach der Novelle *Spitzbögen*, die 1925 bei Fischer erschien, war wieder eine mehrjährige Pause eingetreten. Aber 1928 brachte sie Fischer ihren zweiten Roman *Daphne Herbst*, eine schwermütig-ironische Mädchengeschichte aus dem München der Zeit vor dem Ersten Weltkrieg, ihrer eigentlichen, trotz aller Weltläufigkeit wahren Seelenheimat. Danach wanderte sie – aus nicht mehr erfindlichem Grund, sie selbst wußte es dreißig Jahre später nicht mehr zu sagen – mit drei zeitkritischen Büchern zu Rowohlt: dem *Versuch über Briand*, der skurrilen *Kleinen Fanfare* (die das köstlich übertriebene Miniaturbild von Fischers ›Hofhaltung‹ am Attersee enthält) und dem *Beschwerdebuch* von 1932, während Fischer 1931 eine Neuausgabe von *Das Exemplar* herausbrachte. (Auch Schickele machte 1932 eine »Extratour« und erschien mit einem kleinen Essayband *Die Grenze* bei Rowohlt.) Schließlich erschien 1934, wieder bei Fischer, Annette Kolbs dritter Roman, *Die Schaukel*, auch er wieder im München ihrer Kindheit und Jugendjahre angesiedelt, und damit vollendete sich, über zwanzig Jahre hinweg, der einzigartige, unvergeßliche Dreiklang ihrer erzählenden Prosa.

Einzigartig, unvergeßlich – worin und warum? Viele ihrer Zeitgenossen haben Annette Kolb in Briefen und Tagebuchnotizen zu schildern versucht, so gut sie konnten; doch damit hielt es schwer, denn sie blieb im Grunde zeitlebens völlig ›unbeschreiblich‹: »Meinungen, Gedanken lassen sich äußern; aber ein Glaube, der kommt an Intimität vielleicht nur unserem Tode gleich.«

»GROSSBETRIEB, GROSSBETRIEB!«

Die größte Überraschung bereitete das Jahr 1929 dem Verlag in seinen allerletzten Wochen. Dieses Ereignis fiel freilich nicht vom Himmel, sondern hatte eine Vorgeschichte. Sie reichte zweieinhalb Jahre zurück.

In der letzten Märzwoche 1927 veröffentlichte Thomas Mann in drei großen deutschsprachigen Tageszeitungen, dem ›Berliner Tageblatt‹, der ›Neuen Zürcher Zeitung‹ und dem ›Prager Tagblatt‹, einen Aufsatz betitelt *Romane der Welt*, der das ganze literarische Deutschland erstaunte. Der Aufsatz war zugleich Geleitwort und Propagandafanfare für eine neue Buchreihe gediegener Unterhaltungsliteratur, die der Berliner Verlag Th. Knaur Nachf. in Massenauflagen, allwöchentlich einen Band, zum unerhört billigen Preis von zwei Mark fünfundachtzig auf den Büchermarkt zu werfen gedachte. Hier kündigte sich eine Umwälzung im deutschen Verlagsbuchhandel an, deren Folgen unabsehbar schienen. Der Inhaber des Verlags, Adalbert Droemer, hatte als Herausgeber der Buchreihe Thomas Mann und den in Berlin lebenden deutsch-amerikanischen Schriftsteller und Übersetzer Herman George Scheffauer gewonnen: einen wohlbewanderten Kenner der außerdeutschen Literatur und einen großen deutschen Namen als literarisches Aushängeschild und Bürgen für Qualität. Der »sympathische Deutsch-Amerikaner« hatte, wie Thomas Mann später schrieb, »mehrere meiner Arbeiten mit außerordentlicher Kunst und Liebe ins Englische übersetzt ... Ich hatte den Mann persönlich gern, ich war ihm dankbar«, und Scheffauer hatte Thomas Mann für den Plan gewonnen. Scheffauer befand sich überdies in strategisch einzigartig günstiger Position: er war der deutsche Vertreter der großen amerikanischen literarischen Agentur Brandt & Brandt und hatte praktisch alles, was im angelsächsischen Sprachbereich für diese Romanreihe in Betracht kam, ›an der Hand‹ und konnte aus einem unerschöpflichen Vorrat laufend liefern. (Er vermittelte auch Fischer einige bedeutende amerikanische Autoren wie zum Beispiel John Dos Passos.) Der erste Band der Knaur-Reihe war der Roman *Bildnis eines Rothaarigen* des Engländers Hugh Walpole und erschien am 1. April 1927. Ihm war Thomas Manns Geleitwort vorangestellt. Seine Argumentation ist für das, was später im Fischer-Verlag folgte, aufschlußreich. Das Unternehmen, erklärte er, sei

> jenem Geiste massenfreundlicher Großzügigkeit entsprungen, der so viel Anrecht auf die Zeit und das Leben hat wie der Geist der Verfeinerung und Vertiefung — der vielleicht *mehr* Anrecht auf sie hat, wenn wir gerecht und freimütig sein wollen... Rümpfen wir nicht esoterisch die Nase! Flüchten wir nicht auf ein Elfenbeintürmchen... Gut denn, tun wir mit! Stellen wir uns an die Spitze! Helfen wir und machen wir uns nützlich, indem wir zugleich der Zeit dienen und das bestürmte Niveau verteidigen... Wäre das hoffnungslos? Könnte das Massenhafte, das Massengerechte nicht einmal gut sein?

Bisher habe das deutsche Publikum das »Klassische« verehrt und das »Blöde« gelesen und die in der außerdeutschen Welt in hoher Blüte stehende Literatur der »vorzüglichen Unterhaltung« zu gering geachtet. Das sei nun anders geworden; das Bedürfnis nach dem »Massengerechten von durchaus unlächerlicher Qualität« sei vorhanden, und das »derzeit arme, eingeengte und auf sich selbst zurückgeworfene«

deutsche Volk warte auf die »seelische Ausdehnung«, die ihm diese Romanliteratur »fremder Welt und fremden Schicksals« bringen solle:

Wie wäre es, ein solches Volk einmal buchhändlerischerweise mit Welt nur so zu überschütten? Eine Maschinerie von technisch höchst neuzeitlicher Fortgeschrittenheit zu konstruieren, welche, nach sorgfältiger Vorbereitung des Angriffs, ein Mitrailleusenfeuer von lebenstraumschwangeren Leinenbänden auf es eröffnete? Großbetrieb, Großbetrieb! Jede Woche ein Buch, geschleudert zwar, denn technische Kraft und Präzision geben den Nachdruck, doch durchaus nicht Schleuderware, sondern gut gemacht außen und innen, in demokratisierten Luxus gehüllt, wohlfeil durch Massenhaftigkeit.

Das geistige Deutschland rümpfte die Nase. Die »lebenstraumschwangeren Leinenbände« reizten zum Spott, das »Mitrailleusenfeuer« und der »demokratisierte Luxus« zum Hohn. Thomas Mann hatte in seinem Geleitwort versichert, deutsche Autoren würden neben den ausländischen gleichgewichtig in der Reihe vertreten sein. Doch als bis zum achtzehnten Band noch kein einziger deutscher vorlag, meldete sich auch ernsthafte Kritik. Stefan Großmann veröffentlichte im ›Tagebuch‹ einen scharfen Angriff auf das ganze Unternehmen, auf den Thomas Mann am 28. Mai 1927 mit einem offenen Brief antwortete. Vor allem, schrieb er, habe ihm Großmanns »vernünftiger Ton« wohlgetan:

Die wilde Lust, mit der ein Teil der Presse (ich brauche ihn nicht zu kennzeichnen) sich bei dieser Gelegenheit an meinem Verfall weidete, hatte mich in den letzten Wochen etwas erschreckt und angewidert. »Nach dem unerträglich geschwätzigen ›Zauberberg‹ offenbar ausgeschrieben, leitet er nunmehr ein Ramschgeschäft.« Das war so eine Blüte. Wie in Deutschland gehaßt wird, das ist gräßlich.

Doch zur Sache. Er habe die Aufnahme deutscher Werke in die Sammlung zur ersten Bedingung seiner Beteiligung gemacht, doch habe man die Schwierigkeiten unterschätzt. Die eigentliche »Quelle der Verlegenheit« sei eben doch der deutsche »Kulturaristokratismus«.

Es ist nicht anders, in Deutschland gedeiht das Hohe und dann viel Gemeines. Das brauchbare Mittlere ist in ›Europa‹ viel mehr zu Hause ... Ist es aber einmal da, das »gut gemachte Mittlere«, dies »Massengerechte von unlächerlicher Qualität«, ist er einmal vorhanden, der Autor, der mit schon bewährtem Talent das im besseren Sinn Abenteuerliche und Unterhaltende pflegt, so ist er für gewöhnlich in festen Verlegerhänden, und für ein junges Unternehmen ist es schwer ihn zu gewinnen.

Dies war der springende Punkt. Ein Verlag wie Fischer besaß eine ganze Reihe solcher Autoren: Bernhard Kellermann, um nur einen zu nennen, wäre genau der ›Richtige‹ gewesen; mancher große Verlag hatte eine Handvoll solcher gediegener, weltoffener deutscher Erzähler. Aber er hatte sie gehegt und gepflegt und großgezogen, und sie standen nicht obdachlos auf der Straße. Thomas Mann versprach indessen, man werde sich weiter bemühen, und wenn man sein Wort nicht halten könne, werde »mein Name vom Titelblatt der Romanreihe verschwinden«.

Die Herausgeber konnten ihr Versprechen nicht halten; sie hatten in Wahrheit auf die Auswahl sehr wenig Einfluß. Scheffauer starb bereits im Oktober 1927. »Es versteht sich«, schrieb Thomas Mann, »daß mit Scheffauers Abscheiden auch für mich der Augenblick des Verzichtes gekommen war. Aber selbst wenn der Gute uns die Freude gemacht hätte, fortzuleben, wäre ich sicher nach Ablauf meines Kontraktjahres zurückgetreten ... Auch Einwände grundsätzlicher, namentlich wirtschaftmoralischer Art, die von Wohlmeinenden gegen das zweifellos etwas wilde Unternehmen erhoben wurden, waren nicht ohne Eindruck auf mich geblieben.« Droemer führte sein Unternehmen ohne Aushängeschilder sehr erfolgreich fort. Die ›Romane der Welt‹ erschienen bis zum Jahr 1935. Daß sie literarisch immer unerheblicher wurden, war bedeutungslos neben der Tatsache, daß ihnen der große Durchbruch zur »wohlfeilen Massenhaftigkeit« gelungen war.

ZWEI FÜNFUNDACHTZIG

Wie erfolgreich Droemer war, läßt sich ziffernmäßig nicht mehr feststellen. Das Archiv des Knaur-Verlags ist gleich dem des S. Fischer Verlags und vieler anderer deutscher Verlage im Zweiten Weltkrieg vernichtet worden, und es sind keine Unterlagen über die damals erzielten Auflagenhöhen der ›Romane der Welt‹ vorhanden. Doch war klar: der Markt für diesen Buchtyp war vorhanden, und der Warenhauspreis von zwei Mark fünfundachtzig war marktgerecht. Für die anderen deutschen Verlage, die das Experiment besorgt verfolgt hatten, ergab sich die Frage: wie kalkulierte Droemer? Welche Mindestauflage ermöglichte ihm diesen Warenhauspreis? Und welches Honorar konnte er gegebenenfalls für einen namhaften deutschen Autor ansetzen? Denn es schien ausgemacht, daß Droemer früher oder später versuchen werde, solche Autoren, die auf dem freien Literaturmarkt nicht erhältlich waren, sich auf dem Lizenzwege von ihren festen Verlegern zu verschaffen. War das Angebot verlockend genug, würde der Autor seinen Verleger, der ihm Entsprechendes nicht bieten konnte, zur Freigabe des betreffenden Werkes drängen. Was dann? Das ganze, auf langjährigem Vertrauen und wechselseitiger Treue aufgebaute Verhältnis zwischen Autor und Verleger geriet ins Wanken.

Bermann Fischer sah diesen Augenblick kommen und bereitete sich auf ihn vor. Die entscheidende Frage war, ob Droemers Kalkulations- und Produktionsbasis wirklich so konkurrenzlos einzigartig war, daß das herkömmliche Verlagshaus es ihm nicht gleichtun konnte und ihm kampflos das Feld überlassen mußte. Eine der leistungsfähigsten deutschen Druckereien war damals das Bibliographische Institut in Leipzig, bei dem Fischer zu jener Zeit den größten Teil seiner Buchproduktion herstellte. Bermann Fischer ließ in Zusammenarbeit mit dieser Drukkerei Musterkalkulationen einer Reihe von Verlagswerken, die für eine solche Buchreihe in Betracht kamen, darunter auch Thomas Manns *Buddenbrooks*, unter Zugrundelegung des Droemerschen Warenhauspreises von 2,85 Mark anfertigen. Es erwies sich, daß ein solches Unternehmen auch für einen Verlag wie S. Fischer durchaus durchführbar war. Aber Bermann Fischer konnte seinen Schwiegervater für den Plan, solche Sonderausgaben selbst zu veranstalten, nicht gewinnen: »Meine Überredungsversuche führten zu einer heftigen Auseinandersetzung mit ihm, der einzigen, die es je zwischen uns gegeben hat.«

Im August 1929, um die Zeit von Fischers Englandreise, geschah das Befürchtete: Thomas Mann erhielt von Droemer ein solches Angebot, zwar nicht für die ›Romane der Welt‹ (was Thomas Mann sich gewiß verbeten hätte), sondern für eine neue Reihe von klassischen Werken der Weltliteratur, die Droemer ebenfalls zum Warenhauspreis von 2,85 Mark herausbringen und in die er als einzigen lebenden Klassiker *Buddenbrooks* aufnehmen wollte. Er erbot sich, eine Million Exemplare zu drucken und dem Dichter sofort ein Honorar von hunderttausend Mark zu zahlen. Thomas Mann ersuchte Fischer um Erlaubnis für diese »Extratour«, denn er »könne doch einen solchen Betrag nicht einfach in den Wind schlagen«.

Droemer wollte seine Ausgabe noch im gleichen Herbst herausbringen und hatte Thomas Mann bereits einen Vertragsentwurf gesandt. Es war also nicht mehr viel Zeit. Nun zeigte sich, wie gut es war, daß die Kalkulation bereits vorlag und nur noch der Druckauftrag erteilt zu werden brauchte. Aber Fischer sperrte sich hartnäckig. Man könne dem Buchhandel, fand er, so etwas nicht zumuten. Wenn man ein Buch, das jahrzehntelang seinen ständigen Absatz zum Normalpreis gefunden habe, auf einen Warenhauspreis herabsetze, sei das ein »Ramschgeschäft«, das den Buchhandel in seinen Grundlagen erschüttern müsse, und dazu dürfe der S. Fischer Verlag sich nicht hergeben. Auch der Einwand des Schwiegersohns, daß man die billige Ausgabe dann Droemer überlassen müsse und sich unabsehbare Folgen für den Verlag ergeben könnten, half nichts. Inzwischen war es Mitte September geworden. Thomas Mann kam schließlich selbst nach Berlin, um

Fischer umzustimmen und einen annehmbaren Ausgleich mit Droemer zu schaffen, aber er mußte unverrichteterdinge wieder heimfahren: Fischer wollte weder *Buddenbrooks* freigeben, noch die billige Ausgabe selbst herausbringen. Das ganze Vorhaben ging ihm grundsätzlich gegen den Strich. Thomas Mann schrieb ihm aus München am 15. September nochmals einen langen Brief. Sein voller Wortlaut ist in Gottfried Bermann Fischers Erinnerungen nachzulesen. Hier genügt die Anführung seiner wichtigsten Punkte.

Es sei ihm klargeworden, schrieb Thomas Mann, daß das Entscheidende bei Fischers ablehnender Haltung »eine tiefe grundsätzliche Abneigung gegen alle Unternehmungen dieser Art« sei. Doch befinde man sich in einer »neuen Zeit«, die ihre Notwendigkeiten habe, denen man Rechnung tragen müsse. Er könne nicht verstehen, wie etwas Ehrenrühriges darin liegen solle, wenn man Fischer vorschlage, gegen angemessene Entschädigung die Volksausgabe von *Buddenbrooks* einem Verleger zu übertragen, der »technisch auf Derartiges eingestellt ist«, wie Fischers Verlag es seiner Natur nach nicht sei und nicht sein könne:

Es handelt sich um einen einmaligen Fall, und mit keinem anderen Buch der Gegenwart, so kann man wohl sagen, wäre das zu verwirklichen, was Droemer verwirklichen will. Es ist etwas Einmaliges, Neues und unter dem sozialen Gesichtspunkt Großes, daß das Buch eines Lebenden, heute dreißig Jahre in der Welt und von besonderer Popularität getragen, in einer Reihe von klassischen Werken der Weltliteratur in einer Volksausgabe der geplanten Art unter die breiten Massen geworfen werden soll. Das ist etwas, was einem deutschen Autor noch nicht geschehen ist ... Die Welt wird und muß urteilen, daß Sie mit dieser Lizenz meinem Werk nur das haben zukommen lassen, was ihm den Forderungen der Zeit nach gebührt ...

Die Zeit hat sich geändert und mit ihr meine Stellung in ihr. Ich weiß nicht, ob Sie sich davon ein ganz richtiges Bild machen ... Ein Buch, das seine Lebensfähigkeit ein Menschenalter lang bewährt hat, wird auch fortfahren zu leben nach Anlauf einer derartigen Veranstaltung ...

Schließlich gelang es Bermann, mit Hilfe einiger maßgebender Buchhändler, die seine Auffassung teilten, Fischer umzustimmen. Grollend gab er seine Zustimmung, daß der Verlag *Buddenbrooks* als Volksausgabe für 2,85 Mark selbst herausbrachte.

DIE ›BUDDENBROOKS‹-VOLKSAUSGABE

Es ging Thomas Mann nicht nur um den hohen Honorarbetrag, auf den er begreiflicherweise nicht verzichten wollte, sondern ebensosehr um die Breitenwirkung, die seinem Buch, wie er fand, gebührte, und obwohl er meinte, daß Fischer technisch hierauf nicht eingestellt sei, war er mit der Lösung einverstanden. In einem Brief vom 1. Oktober 1929 bestätigte Fischer die getroffenen Vereinbarungen, und aus ihm geht hervor, daß ihm die Preisgestaltung bis zum letzten Augenblick Sorge machte:

Wir haben bis heute mit den Umfragen wegen des Ladenpreises bei den Warenhäusern Wertheim und KdW viel zu tun gehabt, wozu auch die Gutachten unserer Vertreter hinzukommen. Es gab in beiden Lagern widersprechende Meinungen. Die Warenhäuser halten einen Preis von M. 2,85 für unbedingt notwendig, weil sich dieser Preis den Kategorien ihrer Einheitspreise einfügt und einfügen muß, wenn wir nicht, wie die Warenhäuser behaupten, um die Hälfte weniger Exemplare verkaufen wollen. Die Warenhäuser stehen auf dem Standpunkt, daß, wenn wir mit einem Preis von 2,85 nicht auskommen, ein Preis von M. 3,75 festgesetzt werden müßte. Das wäre bei der Verkaufstechnik der Warenhäuser aussichtsvoller als ein Preis von 3 M. oder 3,50 M.

Unsere Vertreter sind dagegen der Meinung, daß wir den Preis nicht unter 3 M. ansetzen sollten. Wir haben uns entschlossen, uns die Argumente der Warenhäuser zu eigen zu machen und haben nun den Preis auf 2,85 festgesetzt, denn der größte Teil des Absatzes ist ja von den Warenhäusern zu erwarten. Wir haben das Bedenken, daß wir bei M. 2,85 es mit einer äußerst knappen Kalkulation zu tun haben, zurückgestellt, um den Absatz in keiner Weise zu hemmen. Aber wenn der Herstellungspreis sich beim zweiten Druck von 100 000 Exemplaren erhöhen sollte, dann müßten wir uns auch eine Erhöhung des Preises vorbehalten, die natürlich auch auf das Alleräußerste beschränkt werden müßte. Droemer hat sich in seinem Vertragsentwurf eine eventuelle Erhöhung auf M. 3,25 vorbehalten, falls die Kosten sich erhöhen sollten. Ich hoffe sehr, daß das nicht notwendig sein wird, denn unsere Lieferanten verkehren mit uns auf einer sehr loyalen Grundlage.

Im übrigen sind wir guten Mutes schon in der Arbeit und hoffen, die 100 000 Exemplare bis Ende Oktober fertigstellen zu können.

Die Vereinbarung selbst war in einem separaten Brief vom gleichen Tag niedergelegt. Aus ihr geht hervor, daß Thomas Mann nicht, wie von Droemer angeboten, 100 000 Mark, sondern 125 000 Mark erhielt. Von dieser Gesamtsumme entfielen 60 000 Mark auf die Deutsche Buchgemeinschaft, mit der der Verlag einen Vertrag über eine Lizenzausgabe von *Buddenbrooks* abgeschlossen hatte, die erst nach Ablauf von zwei Jahren erscheinen durfte; 40 000 Mark stellten den Vorschuß auf Fischers eigene Volksausgabe dar, der mit einer Tantieme von zehn Pfennig für das verkaufte Exemplar verrechnet wurde, was eine Garantie von 400 000 Exemplaren bedeutete; und schließlich erhielt der Autor 25 000 Mark »als Vorschuß auf einen von uns mit der Deutschen Buchgemeinschaft abzuschließenden Vertrag über einen Novellenband von 100 000 Exemplaren«, und »als Entschädigung für den Verzicht des Verlags auf den ihm zustehenden Anteil aus den Lizenzbeträgen der Deutschen Buchgemeinschaft« behielt sich der Verlag das Recht vor, das 401. bis 550. Tausend der Volksausgabe der *Buddenbrooks* honorarfrei zu lassen. Im übrigen sicherte der Vertrag dem Verlag das Recht zu, »bis zu einer Million Exemplare einer solchen Volksausgabe entweder selbst herauszugeben oder, gegen Entrichtung des vereinbarten Honorars von 10 Pfennig an Sie, an eine andere Firma im Lizenzwege zu vergeben«.

Fischer hatte sich, wie man sieht, gebührend gesichert für den Fall, daß der Erfolg hinter den Erwartungen zurückblieb; Thomas Mann erhielt sein hohes Honorar, ohne daß der Verlag sich übermäßig engagierte. Selbstverständlich druckte Fischer die von Droemer verheißene Gesamtauflage von einer Million Exemplare nicht auf einmal; gewiß glaubte er nicht, daß die Volksausgabe je auch nur in die Nähe dieser astronomischen Auflagenhöhe gelangen werde. Er garantierte Thomas Mann 400 000 Exemplare und setzte vorsichtshalber eine Erstauflage von 100 000 Exemplaren an. Und nun geschah das Erstaunliche. Noch am 20. Oktober 1929 notierte Loerke einigermaßen mißbilligend in seinem Tagebuch: »Langes Gespräch mit Saenger. Über die Verlagspolitik, Bücher zu Schleuderpreisen (Buddenbrooks).« Und am 7. November: »Die 2,85-Mark-Ausgabe der Buddenbrooks ist eben erschienen, ungeheure Aufregung deswegen.« Die Aufregung war begreiflich. Die Sonderausgabe war noch kaum angekündigt, als ein wahrer Hagel an Bestellungen einsetzte. Die Erstauflage wurde von 100 000 auf 150 000 Exemplare erhöht und reichte auch so am Erscheinungstag, dem 7. November 1929, nicht aus, und die Verteilung an Buchhändler und Warenhäuser mußte rationiert werden.

Fischer war bis zum letzten Augenblick und über ihn hinaus bei dem Unternehmen nicht wohl zumute. Als der große Erfolg sich bereits abzeichnete, fürchtete er noch immer, daß der Buchhandel wegen des »Schleuderpreises« wütend über ihn herfallen werde. Im ›Börsenblatt‹ war ein kritischer Artikel erschienen, der seine Befürchtungen verstärkte, und er bat folglich den Autor selbst (der ihn ja in dieses unheimliche Unternehmen gleichsam ›hineingeritten‹ hatte), ihm gegenüber dem Sortiment den Rücken zu stärken. Thomas Mann sandte ihm daraufhin am 17. November 1929, zehn Tage nach Erscheinen der Ausgabe, einen an den Börsenverein gerichteteten Brief zur Weiterleitung und Veröffentlichung im ›Börsenblatt‹. Dieser Brief lautet:

Sehr geehrte Herren:

Ich höre von einem Artikel ›Volksausgaben‹, der kürzlich in Ihrem Blatte erschienen ist und insbesondere die neue wohlfeile Ausgabe meines Romans ›Buddenbrooks‹ zum Gegenstande hat. Der Artikel selbst ist mir nicht vor Augen gekommen, aber die Einwände, die vom buchhändlerischen Standpunkt gegen eine derartige Ausgabe erhoben werden können, sind mir so ziemlich bekannt; wenigstens möchte ich annehmen, daß es sich um

Argumente handelt, mit denen ich mich bei Erwägung des Planes selbst auseinanderzusetzen hatte. Ich bitte Sie, nicht zu bezweifeln, daß ich diese Argumente zu würdigen weiß. Ich sehe ein, daß die große Differenz zwischen dem Preis der normalen und dem der billigen Ausgabe verwirrend wirken und bei dem Publikum die Vorstellung erzeugen könnte, es müsse andere Bücher zu teuer bezahlen. Auch kann ich verstehen, daß der verhältnismäßig geringe Gewinn am Einzelexemplar das Sortiment, für dessen wirtschaftliche Kämpfe ich volles Verständnis habe, auf den ersten Blick verstimmen muß. Aber diese Bedenken hatten ja auch Autor und Verleger für ihren Teil zu erwägen. Und wie bei diesen der Massenabsatz, der ja Voraussetzung des Unternehmens ist, den Ausfall gut machen muß, so steht es doch auch für den Sortimenter. Es scheint mir unzweifelhaft, daß im Falle eines Erfolges der Ausgabe – und alle Zeichen deuten darauf hin, daß dieser Erfolg gesichert ist – auf die Länge der Zeit Buchhandel, Verlag und Autor zu dem ihren kommen werden. So viel über die materielle Seite der Sache.

Sie hat aber auch, wie ich deutschen Buchhändlern nicht zu sagen brauche, ihre ideelle Seite, und diese ist es, ich darf das ehrlich aussprechen, die für mich sowohl wie für meinen Verleger von Anfang an die entscheidende Rolle gespielt hat. Es ist ein sozial nicht wünschenswerter Zustand, daß bei uns zu Lande weite, wirtschaftlich bescheidener gestellte Kreise des Volkes kaum die Möglichkeit haben, das Buch eines zeitgenössischen Autors kennen zu lernen und fast durchweg auf die frei gewordene und darum erschwingliche Literatur angewiesen sind. Warum sollte also nicht auch einmal ein Werk, das sich die Sympathie der Nation erworben und sie nun schon in die zweite und dritte Generation hinein bewahrt hat, durch seinen Preis der Masse des Volkes zugänglich gemacht werden, auch während der Autor noch am Leben ist?

Ich gebe zu, es ist eine Ausnahme, ein Einzelfall. Eine sehr häufige Nachfolge ist weder zu erhoffen, noch zu befürchten. Weder in meiner eigenen Produktion gibt es ein zweites Buch, für das im Entferntesten die Möglichkeit einer solchen Verbreitung besteht, noch wird das in der übrigen zeitgenössischen Produktion so leicht ein zweites und drittes Mal vorkommen. Das mag anmaßend klingen, aber die Feststellung jener glücklichen Eigenschaften, die eine solche Popularität ermöglichen, bedeutet ja keine Wertung, und außerdem spreche ich von diesem Werk fast wie von dem eines anderen, denn seine Entstehung liegt so weit zurück, daß mein eigenes Selbst sich kaum noch in einem Verhältnis des Verdienstes dazu empfindet und affektlose Sachlichkeit mir in diesem Fall durchaus möglich ist. Noch einmal: wirkliche Verwirrung des Büchermarktes durch dieses Vorkommnis ist (wegen seiner Einmaligkeit oder doch außerordentlichen Seltenheit) nicht zu befürchten, wenn auch dem zeitlich berechtigten Verlangen nach erschwinglichen Büchern von Verlegern und Sortimentern mehr und mehr wird Rechnung getragen werden müssen und schon heute Rechnung getragen wird.

In mir persönlich wirkte ganz einfach die Zeit und ihre Forderung, wenn ich mich zu dieser Ausgabe entschloß. Ergriffen, wie jeder geistig Lebendige, von dem sozialen Zuge dieser Zeit, habe ich mich in buchhändlerischen Dingen grundsätzlich seit langem zu ihrem Willen bekannt. Ich habe, wie Sie sich vielleicht erinnern, auf den sozialen Gedanken ganz und gar jene Festrede gestellt, die ich in Leipzig bei dem Reclam-Jubiläum hielt,

und nichts anderes als dieser Instinkt war es, der mir meine viel beanstandete Haltung im Falle ›Romane der Welt‹ diktierte. Niemand kann sich wundern, daß ich nun auch für mein eigen Teil in dem einzigen Fall, der die Möglichkeit bietet, nach diesem Gefühl handle. Lassen Sie mich zum Schluß nur noch der, wie ich überzeugt bin, voll berechtigten Hoffnung Ausdruck geben, daß durch diesen Entschluß niemand zu Schaden kommen wird, und lassen Sie mich vertrauen auf die geschäftliche Vernunft und den idealistischen Sinn des deutschen Buchhandels.
Ihr sehr ergebener

Thomas Mann

»Nicht veröffentlicht!« lautet Fischers handschriftliche Bleistiftbemerkung, die sich am Kopf des Briefes findet. Mit anderen Worten: nicht abgesandt; der Brief war unnötig, er rannte Türen ein, die sich inzwischen weit geöffnet hatten. Allein im November 1929 folgten noch zwei Neuauflagen von je 50 000 Exemplaren. Doch nun kam erst der große Ansturm. Im Dezember allein wurden neun weitere Auflagen von je 50 000 Exemplaren gedruckt. Friedrich Hermann, der Leiter der Herstellungsabteilung, meinte viele Jahre später: »Mir ist heute unklar, wie ich das geschafft habe: alle paar Tage 50 000 Buddenbrooks. Es gab in Leipzig sechs Rotationsmaschinen, auf die unser Format paßte, und die liefen monatelang mit diesem einen Buch.« Leipzig kam schon bald mit dem Nachdrucken nicht hinterher; es wurden in aller Eile Matern von den Druckplatten hergestellt, die mit dem Flugzeug von Leipzig nach abgelegenen, wenig beschäftigten Druckereien in der Provinz transportiert wurden, damit dort gleichzeitig gedruckt werden konnte. Dies war eine damals noch ungewöhnliche Frachtmethode, die sich nur große Konzerne wie das Haus Ullstein leisten konnten, das die ›B. Z.‹ und die ›Berliner Illustrirte‹ mit eigenen Flugzeugen in die Seebäder flog. Die gleichzeitige Zuführung der erforderlichen Papiermengen und der Abtransport der ausgedruckten Bogen erforderte in der Bülowstraße regelrechte Generalstabsarbeit. »Ich weiß nicht mehr«, erzählt Bermann Fischer, »wie viele Druckereien gleichzeitig druckten und wie viele Bindereien in Leipzig nur noch die ›Buddenbrooks‹ banden ... Die Autokolonne von vierzig Lastwagen, die die Berliner Buchhandlungen am Erscheinungstag belieferten, war in allen Illustrierten als Sensation abgebildet.«
Am 28. Dezember 1929 wurde das 651. bis 700. Tausend ausgeliefert, und die märchenhafte Million rückte tatsächlich allmählich heran. Kein Wunder, daß jetzt dem Verlag das Bargeld ausging. Da Fischer prinzipiell seine Lieferanten – Papierfabriken, Druckereien, Bindereien, Klischeeanstalten – immer sofort bei Lieferung bar bezahlte, der Verlag selbst aber auf die Abrechnung der Buchhändler warten mußte, die häufig lange Ziele beanspruchten, wurde bei einer solchen

enormen Anspannung ganz einfach das flüssige Geld knapp. Fischer hatte, wie erinnerlich, bisher nie, auch nicht in den schwersten Zeiten, fremdes Geld in die Firma aufgenommen oder auch nur mit Bankkrediten gearbeitet, sondern im höchsten Notfall – wie einmal in der Inflationszeit – lieber private Wertpapiere verkauft, um den Verlag liquid zu halten. Aber ein Vorkommnis wie der *Buddenbrooks*-Taumel war noch nicht dagewesen, und diesmal mußte eine Ausnahme gemacht werden. Um nicht aus dem Wertpapierfonds des Verlags verkaufen zu müssen, wurde ein kurzfristiger, durch die Effekten gesicherter Kredit bei der Deutschen Bank aufgenommen, der bereits nach sechs Wochen wieder abgedeckt werden konnte. Dies war das erste und blieb das einzige Mal. »Das waren noch Zeiten!« meinte Bermann Fischer später.

Die *Buddenbrooks*-Volksausgabe kletterte, auch nachdem der erste Ansturm vorüber war, beharrlich weiter. Ein Jahr nach Erscheinen, Anfang Dezember 1930, gab der Thomas-Mann-Sonderprospekt des Verlags die Auflage mit »zur Zeit 900 000« an; noch vor Ende des Jahres wurde die Millionengrenze überschritten; 1932 konnte die Ausgabe noch einmal nachgedruckt werden und erreichte schließlich eine Gesamtauflage von 1 165 000 Exemplaren. Von den Sicherungen, die Fischer vorsorglich in seine Vereinbarung mit Thomas Mann eingebaut hatte, war nicht mehr die Rede. Das Buch hatte das Dreifache der ursprünglichen Garantie erbracht.

»GERÄUSCHVOLLER ZWISCHENFALL«

Die Lawine war gerade ins Rollen geraten, als am 12. November 1929 Thomas Mann den Nobelpreis für Literatur erhielt. »Das hatte uns noch gefehlt!« stöhnten die Verlagsangestellten; denn »wir wußten vor lauter Bestellungen schon nicht mehr, wo uns der Kopf stand – an die drei Telefonleitungen des Verlags war überhaupt nicht mehr heranzukommen«. Loerke notierte: »Alles steht kopf wegen Thomas Manns Nobelpreis und Erfolg der Buddenbrooks. Das alles hat mit Wirkungen der Kunst nichts mehr zu tun.«

Es war das erstemal seit Hauptmanns Auszeichnung im Jahr 1912, daß der Preis wieder auf einen Deutschen fiel, und wieder war er ein Fischer-Autor. So durfte, ganz nebenher, auch der Verlag, in dem und mit dem diese beiden Dichter zu Weltruhm und Weltehre aufgestiegen waren, durfte auch der siebzigjährige Verleger sich ein wenig mitausgezeichnet fühlen. (Es vergingen abermals siebzehn Jahre, bis 1946 wieder ein deutscher Dichter ausgezeichnet wurde, und wiederum, zum drittenmal, war es ein Fischer-Autor – Hermann Hesse). Freilich kam Thomas Mann, als er am 12. November das Telegramm der Schwedischen Akademie erhielt, die Nachricht nicht völlig überraschend. Sein ›Vorgänger‹ Hauptmann hatte ein wenig die Hand im Spiel gehabt.

... daß mir 1929 der Nobel-Preis zufiel, war nicht zuletzt und vielleicht vor allem sein Werk. Er rief mich in München aus Schreiberhau an, um mir zu berichten, er habe soeben mit dem Kingmaker in Stockholm, Professor Böök von der Schwedischen Akademie, gleichfalls telefonisch eine entscheidende Unterredung gehabt, er freue sich, der erste Gratulant zu sein. Ich antwortete ihm, die Auszeichnung solle mir desto lieber sein, je mehr ich sie ihm zu verdanken hätte ...

Es hatte mit »Wirkungen der Kunst« doch einiges zu tun. In seinem *Lebensabriß* sagt Thomas Mann:

Das Jahr sollte nicht ohne stürmische Erlebnisse und verwirrenden Weltdrang zu Ende gehen. Die sensationelle Auszeichnung, welche die Schwedische Akademie zu vergeben hat und die nach siebzehn Jahren zum ersten Mal wieder nach Deutschland fiel, hatte, soviel ich wußte, schon mehr als einmal dicht über mir geschwebt und traf mich nicht unvorbereitet. Sie lag wohl auf meinem Wege – ich sage es ohne Überheblichkeit, aus gelassener, wenn auch nicht uninteressierter Einsicht in den Charakter meines Schicksals, meiner ›Rolle‹ auf Erden, zu der nun einmal der zweideutige Glanz des Erfolgs gehört und die ich durchaus menschlich betrachte, ohne viel geistiges Aufheben davon zu machen. Im Sinn einer solchen nachdenklich hinnehmenden Gelassenheit habe ich den geräuschvollen Zwischenfall, bei dem mir so viel Festlich-Freundliches geschah, als lebenszugehörig anerkannt und ihn in möglichst guter Haltung bestanden, was das Schwierigste ist.

Der »geräuschvolle Zwischenfall« begann mit Huldigungen und Glückwünschen aus aller Welt, mit Feiern und Veranstaltungen in München und setzte sich fort in Berlin, wo Thomas Mann und seine Gattin am 7. Dezember auf der Reise nach Stockholm eintrafen. Hier, wie auch zuvor in München, las Thomas Mann seine neue, im August begonnene Novelle *Mario und der Zauberer* vor, mit deren Veröffentlichung er bis zum nächsten Jahr wartete. Der Text der Urkunde, die ihm in Stockholm überreicht wurde, lautete:

Thomas Mann, Inhaber des literarischen Nobelpreises des Jahres 1929, insbesondere für seinen großen Roman ›Buddenbrooks‹, der im Lauf der Jahre eine immer mehr gefestigte Anerkennung gefunden hat als ein klassisches Werk der Gegenwart.

Nach den Feierlichkeiten in Stockholm ging die Reise zurück, über Kopenhagen mit neuen Festlichkeiten und Vorlesungen, nach Berlin, wo Thomas Mann abermals einige Tage verweilte und in privatem Kreis im Haus Hugo Simons aus den *Geschichten Jaakobs*, dem ersten Teil des Josephsromans vorlas. Irgendwann unterwegs, inmitten all dieses »verwirrenden Weltendrangs« muß er noch Zeit zur Niederschrift einer Huldigung *Zu S. Fischers 70. Geburtstag* gefunden haben, die während seiner Berliner Tage am 19. Dezember 1929 in Willy Haas' ›Literarischer Welt‹ erschien. Am 21. Dezember war er wieder daheim; zehn Tage darauf sahen sein Verleger und er sich in München wieder.

Fischer war zwischenhin zur Uraufführung von Hauptmanns *Spuk* am 3. Dezember im Burgtheater nach Wien gereist, und dort suchte ihn bedrückt und ratlos noch einmal Robert Musil auf. Er kam mit Rowohlt nicht zurecht. Wäre *Der Mann ohne Eigenschaften* nicht doch besser bei Fischer beheimatet? Es war ein unbehagliches Gespräch; beide spürten: es war zu spät.

AUF DEM WEG ZUM TASCHENBUCH

Die Volksausgabe der *Buddenbrooks* zum Warenhaus-Markenartikelpreis von 2,85 M. blieb kein Einzelfall und konnte keiner bleiben. Wenn Fischer es Droemer technisch und organisatorisch gleichtun konnte – was Thomas Mann selbst ja anfangs bezweifelt hatte –, dann konnten andere deutsche Verlage es Fischer gleichtun. Eine Flut von 2,85-M.-Ausgaben lebender, urheberrechtlich noch geschützter Autoren überschwemmte den Büchermarkt. Keine dieser Ausgaben gelangte in die Auflagenhöhe von *Buddenbrooks,* aber viele erzielten immerhin einen so großen Absatz, daß das Unternehmen für Autor, Verleger und Sortimenter lohnend war.

Mit diesem Einbruch in die konservative Preisgestaltung des modernen Romans hat eine Entwicklung begonnen, die schließlich in das Taschenbuch von heute mündete und viel zur wirtschaftlichen Reform des deutschen Buchhandels beigetragen hat.

So Bermann Fischer im Rückblick. Es sind keine direkten Äußerungen Fischers zu dieser Umwälzung erhalten, die sein Verlag am Vorabend seines siebzigsten Geburtstags im deutschen Verlagsbuchhandel auslöste. Zwanzig Jahre waren vergangen, seit er selbst das »billige Buch« proklamiert und mit seiner Romanbibliothek die Eroberung neuer großer Käuferschichten eingeleitet hatte. Mit dem damals in dem Aufsatz *Der Verleger und der Büchermarkt* verkündeten Programm schien die neue Entwicklung durchaus im Einklang zu stehen; man konnte in ihr durchaus die folgerichtige Fortsetzung des damals Begonnenen unter neuen, veränderten Voraussetzungen erblicken. Dennoch setzte Fischer ihr erbitterten Widerstand entgegen und überließ, wie sein Schwiegersohn schreibt, »mit seinem Nachgeben ganz bewußt einer jüngeren Generation das, wozu er selbst seine Hand nicht mehr bieten wollte«. Es war nicht nur der Starrsinn des Alters, die Unverrückbarkeit festsitzender Vorstellungen; Fischers Widerstand hatte »natürlich seine tieferen Gründe«:

Er wußte, daß es sich nicht nur um eine Episode im Konkurrenzkampf handelte, sondern um einen Einbruch in das traditionelle Verlagswesen, der zu neuen Verlags- und Vertriebsformen führen würde...

Die neue Entwicklung ließ sich nach seiner Auffassung mit der von ihm selbst vor zwanzig Jahren eingeleiteten nicht vergleichen. Damals hatte er sich auf kleinere, nicht sehr umfangreiche Werke von literarischer Qualität beschränkt, die ihren bisherigen Markt ›abgegrast‹ hatten; er hatte damals ganz vorsätzlich keine Werke in seine Reihe aufgenommen, die sich zum üblichen Preis auf dem traditionellen Markt noch nicht ausgelaufen hatten und Autor, Verleger und Sortimenter noch stetige Einnahmen brachten. Thomas Manns Argument, daß die wenig bemittelten Schichten auf diese Weise überhaupt nur die billigen Klassiker zu lesen bekamen und ihnen die ganze zeitgenössische Literatur im Grund unerreichbar blieb, fand dabei kaum Berücksichtigung. Was jetzt geschah, war seinem ganzen Charakter nach etwas grundlegend anderes als das »billige Buch« vor dem Ersten Weltkrieg. Fischer fürchtete

bei diesem tausend Seiten umfassenden Roman, der eine sichere Einnahmequelle für Autor und Verlag darstellte, eine Erschütterung des gesamten Preissystems. Die radikale Herabsetzung des Preises eines Werkes wie ›Buddenbrooks‹ würde zudem, so meinte er, beim Publikum den Eindruck hervorrufen, daß die allgemein üblichen Bücherpreise überhöht seien. Daß eine solche Maßnahme sich nur bei Büchern durchführen ließ, die bereits so populär waren, daß derartige Riesenauflagen ohne allzu großes Risiko gedruckt werden konnten, sei dem Publikum nicht leicht zu erklären.

Es mußten, wie sich zeigte, nicht unbedingt »Riesenauflagen« sein. Nachdem der Preisdurchbruch einmal erfolgt war und andere Verlage den neu erschlossenen Markt ausbeuteten, konnte Fischer es bei seinem ersten erfolgreichen Experiment nicht bewenden lassen. So wurde *Buddenbrooks* zum Beginn einer ganzen Folge solcher billiger Sonderausgaben anderer Verlagswerke, und zwar nicht nur solcher, die sich großer Popularität erfreuten, sondern auch anderer, die in Vergessenheit zu geraten drohten und in neuen Leserschichten wieder ins literarische Bewußtsein zurückkehrten, womit im Grund wieder auf das alte Prinzip der Romanbibliothek zurückgegriffen wurde. Diese Sonderausgaben führten im ganzen zu einer nicht unwesentlichen Verbreiterung der Verlagsbasis, und es ist lehrreich, soweit die Unterlagen es erlauben, sie etwas genauer zu betrachten.

Die nächste Sonderausgabe nach *Buddenbrooks* war 1930 Wassermanns *Das Gänsemännchen,* das seit 1915 das 91. Tausend erreicht hatte und jetzt noch einmal 200 000 dazugewann. Dies war nächst *Buddenbrooks* der bei weitem größte Erfolg; alle anderen Sonderausgaben der folgenden Jahre 1931–1934 blieben weit hinter ihm zurück, was seinen Grund – außer der geringeren Zugkraft der nachfolgenden Titel – wohl hauptsächlich in der um diese Zeit scharf einsetzenden Wirtschaftskrise gehabt haben dürfte, in der selbst billige Bücher schwer verkäuflich wurden.

1931 brachte vier Sonderausgaben. Hauptmanns *Insel der großen Mutter,* seit 1925 im 75. Tausend steckengeblieben, eroberte sich noch einmal 50 000 Käufer. Hesses vier Erzählungen *Weg nach Innen* gelangte in der Normalausgabe im Rahmen der ›Gesammelten Werke in Einzelausgaben‹ ins 60. Tausend und gewann in der gleichzeitigen Sonderausgabe noch 85 000 dazu. Kellermanns *Tunnel* hatte es seit 1913 aufs 258. Tausend gebracht, und die Sonderausgabe schaffte noch einmal 75 000. Schnitzlers Novellen-Auswahlband *Traum und Schicksal,* der nur als billige Sonderausgabe erschien, erreichte das 70. Tausend.

Zehntausend Exemplare scheinen, soweit ersichtlich, die Mindestauflage und Rentabilitätsgrenze der 2,85-M.-Bücher gewesen zu sein. Flakes *Schritt für Schritt,* seit 1912 im 22. Tausend, gegen dessen Neuausgabe Fischer sich anfangs sperrte, denn es sei »ein altes Buch«, kam über diese Grenze nicht hinaus, aber Flake war ganz zufrieden. Von den Sonderausgaben dieses Jahres 1932 konnte nur Thomas Manns *Königliche Hoheit,* das in der Normalausgabe seit 1909 das 98. Tausend erreicht hatte, noch 50 000 hinzugewinnen. Jensens *Gletscher,* seit 1911 im 29. Tausend, gewann 25 000 hinzu. Ab 1932 brachte der Verlag außerdem einige ältere umfangreichere Werke in einer etwas teureren Sonderausgabe zu 3,75 Mark heraus, dem Alternativpreis der Warenhäuser.

In dieser, nur wenige Titel umfassenden Folge gelangte Döblins *Giganten,* eine Neufassung von *Berge, Meere und Giganten,* vom bisherigen 9. ins 19. Tausend. Wassermann bearbeitete seinen bisher zweibändigen *Christian Wahnschaffe* für eine einbändige Sonderausgabe, und das von jeher umstrittene Werk – »Ein mit Kitsch überladenes Buch, ein mit wertvollen Gedanken beladener Edelschmarren« schrieb Loerke nach Lektüre der Umarbeitung – stieg vom bisherigen 60. aufs 100. Tausend.

Im ganzen genommen behielt Thomas Mann mit seiner Vermutung in dem nicht abgesandten ›Börsenblatt‹-Brief recht. *Buddenbrooks* war ein Sonderfall. Dieser Auflagentaumel war und blieb unwiederholbar, und auch als nach dem Zweiten Weltkrieg das heutige Taschenbuch unter völlig neuen technischen Voraussetzungen – rationellerer Druck, neues Bindeverfahren, völlig verändertes Vertriebssystem – in der eingeschlagenen Richtung fortschritt und jetzt wirklich, wie Thomas Mann gefordert hatte, die zeitgenössische Literatur jedermann zugänglich machte, waren und sind Auflagen von einer Million und mehr noch immer keineswegs eine Alltäglichkeit.

»HERR IM REICH DER WIRTSCHAFT UND DES GEISTES«

Der Geburtstagstrubel folgte dem *Buddenbrooks*- und Nobelpreistrubel auf dem Fuß. Der Siebzigjährige wünschte keine großen Feierlichkeiten, aber er konnte nicht hindern, daß Freunde, Autoren, Mitarbeiter von nah und fern ihn an diesem Tag privat und öffentlich grüßten. Hauptmann und Thomas Mann taten es öffentlich in der ›Literarischen Welt‹. Hauptmanns Gruß lautete:

Mir war das große Glück beschieden, Dich, lieber Fischer, zu finden bei meinem ersten jugendlichen Schritt in die Öffentlichkeit. Von da ab sind wir gemeinsam gegangen. Bis zu dieser Stunde besteht diese Gemeinsamkeit. Das ist eine Schicksalsfügung, für die ich im Innersten dankbar bin.

Thomas Mann schrieb:

Hier geschah es wirklich einmal, daß ›Verdienst‹ und ›Glück‹ sich auf jene lebensgeheimnisvolle Weise verketteten, die immer den Toren Anlaß gibt, über das entscheidende Vorherrschen des einen oder anderen zu streiten, wobei sie es vorzugsweise natürlich mit dem zweiten halten und mit dem Worte ›Mehr Glück als Verstand‹. Es glaube doch niemand, daß sich ein Werk wie das dieses großen Verlegers aufbauen läßt nur mit Hilfe des guten Glücks!

Ich kenne die tiefe seelische Klugheit dieses Mannes, seinen untrüglichen Instinkt für Werte, sein Wissen um das Notwendige. Ich kenne auch seine Getriebenheit, die produktive Unruhe, die ihn gewiß bis zu seinem letzten Augenblick nicht verlassen wird. Und worauf ich mich außerdem zu verstehen glaube, ist die Zartheit und Verletzbarkeit eines Menschentums, daß er hat lernen müssen, in den Formen des trocknen und kalten Geschäftslebens sich seiner Haut zu wehren, vor allem aber durch große Leistungen sich gegen die Welt behauptete und sich vor ihr bewies.

Während der Zusammenarbeit eines Menschenalters hat sich die Anhänglichkeit an den Mann fest in mir verwurzelt, ja ich kann und will von Glück sagen, daß ich einem Verleger verbunden bin, den ich wahrhaft achte und dem ich wahrhaft vertraue. Er ist, in der Sprache seiner Väter zu reden, ein ›Gesegneter des Herrn‹, und ich leugne nicht, daß die dichterisch-menschliche Anziehung, die das Phänomen des ›Gesegneten‹ auf mich ausübt, teilhat an der Bewunderung und Sympathie, die ich seinem Leben entgegenbringe. Weiß ich etwas von diesem Phänomen, so ist es dies, daß es dummer Aberglaube ist, zu meinen, das Leben von Segensleuten sei eitel Begünstigung und schale Wohlfahrt. Bildet der Segen doch eigentlich nur

den Grund ihres Wesens, welcher durch reichliche Qual und Heimsuchung gleichsam golden hindurchschimmert.
Dem alten Freunde herzlichsten Glückwunsch zum Tage der Fülle und Würde!

Jakob Wassermanns großer Geburtstagsaufsatz, der so viel Dokumentarisches aus dem gemeinsamen dreißigjährigen Weg enthält, daß die vorliegende Schilderung ihn schon an vielen vorangegangenen Stellen als Beleg herangezogen hat, erschien im ›Berliner Tageblatt‹. Von Hermann Hesse kam ein Brief:

Nehmen Sie alle meine guten Wünsche, lieber Freund, sie kommen von Herzen. Möge Ihr schönes Lebenswerk Ihnen bis zum letzten Tag Freude machen! Mögen wir beide immer gute Freunde bleiben! Und möge Ihnen und Ihrer lieben Frau in Kindern und Enkeln immer wieder Freude und Erneuerung entgegen wachsen! Von Herzen ruft Ihnen seinen Glückwunsch zu Ihr alter und dankbarer Freund – Hermann Hesse

Ernst Rowohlt schrieb, nebst mehreren anderen Freunden des Verlags, am 22. Dezember 1929 im ›Berliner Börsen-Courier‹:

Gut verlegen, heißt gut auswählen, und zwar aus einem Angebot von vielen Tausenden von Manuskripten. Gut verlegen heißt aber auch gut auswählen aus der großen Anzahl von Schriftstellerpersönlichkeiten, die dem Verlag nähertraten. Wenn man S. Fischers Verlagskataloge von 1886 bis 1930 durchblättert, so sieht man, daß er sich auf die Auswahl in hervorragendem Maß verstanden hat. S. Fischer ist ein Menschenkenner par excellence ... Er sieht sich seine neuen und jungen Autoren an und weiß Bescheid. Immer ist bei ihm das Menschliche des Autors entscheidend gewesen ... Er hat fast zu hundert Prozent die richtige Auswahl getroffen. Was ihm menschlich nicht lag, was seinem Herzen nichts gab, hat er nach kurzen Versuchen schnell wieder aus seinem Verlag verbannt. So kann man auch heute feststellen, an seinem siebzigsten Geburtstag, daß sein Verlag in der großen Fülle eine Einheit bildet, die Einheit seiner Persönlichkeit. Trotz vermeintlicher Schwankungen ist eben doch die große Linie von Gerhart Hauptmann bis zu Alfred Döblin unverkennbar ... Das Blättern in seinen Katalogen anläßlich seines Geburtstages bedeutet eine Rekapitulation der Literaturgeschichte der letzten fünf Jahrzehnte. Diesem Herrn im Reich der Wirtschaft und des Geistes muß jeder, der an geistigen Dingen interessiert ist, dankbar sein.

Literaturgeschichte in Verlagskatalogen! Es will etwas bedeuten, wenn einem zu Lebzeiten die Zeitgenossen und gar die jüngeren Zeitgenossen solches bescheinigen. Nicht nur Rowohlt sagte es; Kurt Pinthus sagte es im ›8-Uhr-Abendblatt‹ vom 22. Dezember mit fast den gleichen Worten:

In Fischers Katalogen blättern, heißt Literaturgeschichte lesen, nicht nur, weil die meisten seiner Autoren bereits wirklich in die Literaturgeschichte eingegangen sind, sondern weil man verwundert und bewundernd feststellen muß, daß dieser kluge Mann aktiv Literaturgeschichte trieb, wenn er bewußt und zielbewußt Jahr für Jahr Erstlingsbücher und für das große

Publikum neue Autoren herausbrachte. Es gibt keinen Verleger in Deutschland, ich glaube keinen Verleger in der ganzen Welt, der in der Frist von vierzig Jahren so viele unbekannte Dichter, der Kritiker muß hinzufügen: so viele gute Dichter bekannt gemacht hat wie S. Fischer …

FEIER UND NACHFEIER

Der Verlag hatte sich eine schöne und wertvolle Geburtstagsgabe ausgedacht: eine ähnliche Sammlung wie die zu Shaws siebzigstem Geburtstag, doch ungleich besser gelungen. In einem Rundschreiben Eippers an alle Autoren hieß es:

Wir glauben, daß wir Herrn Fischer eine Freude bereiten würden, wenn wir ihm die Glückwünsche der Autoren des Verlags gesammelt überreichen. Wir werden zu diesem Zweck die Fotografien der Autoren gleichmäßig vergrößern lassen und planen, diese einzeln auf Büttenkarton aufzuziehen, so daß unterhalb des Bildes ein Raum für einen handschriftlichen Glückwunsch des betreffenden Autors freibleibt …

Jedem der Aufgeforderten wurden gleichzeitig zwei Stück dieses Büttenkartons übersandt – »eines als Reserve für den Fall, daß die erste Niederschrift nicht zu Ihrer Zufriedenheit ausfällt« –, und auf der unteren Hälfte des Kartons war »mit Bleistiftwinkel« genau der Raum für die handschriftliche Eintragung angegeben. Man hatte aus der Shaw-Sammelmappe etwas gelernt; der allen gleich knapp bemessene Raum verhinderte seitenlange Dissertationen und selbstgefälliges Geschwafel und schuf schöne Einheitlichkeit. Das Ganze ergab eine solche Fülle, daß E. R. Weiß, der die äußere Gestaltung besorgte, die Sammlung nicht in einem, sondern in zwei schweren Pergamentbänden binden ließ. Zwei Beispiele seien herausgegriffen. Zum ersten Schnitzler:

Bald fünfundreißig Jahre einer ungetrübten geschäftlichen, literarischen und menschlichen Verbindung, innerhalb derer es gelegentlich Meinungsverschiedenheiten, selten Mißverständnisse und niemals einen ernstlichen Zwist gab – fünfunddreißig Jahre! die Hälfte Ihres bisher gelebten Lebens – und ungefähr des meinen auch. Braucht es da noch vieler Worte zwischen uns? Tausend Wünsche für Sie, für die Ihren und für Ihr Werk – und dazu einen recht herzlichen Händedruck, das bedeutet: Bleiben wir einander, was wir einander so lange sind – Freunde!

Zum anderen Bernard Shaw:

Warum bestehen die Deutschen eigentlich darauf, die Leute zu ihrem siebzigsten Geburtstag zu beglückwünschen? Mich haben sie damit beinahe umgebracht. Was ist denn dabei, wenn mein Freund Fischer siebzig Jahre alt wird? Warum sollte er nicht achtzig, ja neunzig werden? – Wenn man ihn zu seinem fünfundzwanzigsten Geburtstag beglückwünscht hätte, so wäre das halbwegs verständlich gewesen. Wir Siebzigjährigen können uns nicht helfen. Die Zeit wird uns zuliebe nicht stillestehen. Aber muß man uns unbedingt daran erinnern? Es ist wahr, unser Haar wird weiß. Aber ist es höflich, daß ganz Europa mit dem Finger darauf zeigt?

Einen Ehrendoktorhut gab's auch diesmal nicht. Aber ›von oben‹ kam an diesem Tag nicht ein nichtssagendes Schreiben des Berliner Oberbürgermeisters, sondern Reichskanzler Hermann Müller persönlich als Gratulant. Und noch etwas Neuartiges:

Meine verehrten Damen und Herren – als ein ganz besonderes Geschenk zu meinem 70. Geburtstag erhielt ich die Aufforderung, zum ersten Mal in meinem Leben im Rundfunk zu sprechen. Ich muß Ihnen gestehen, daß ich es mit ein wenig Scheu tue. Denn von mir und meiner Arbeit zu sprechen, ist nicht meine Sache, und wenn das auch noch vor einem völlig unsichtbaren und unhörbaren Publikum geschieht, so kann ich gar nicht kontrollieren, ob meine Ausführungen Ihnen eine besonders wertvolle Unterhaltung bieten. Aber ich glaube, meine Damen und Herren, das wollen Sie auch nicht von mir. Ich bin mit meiner Person immer hinter meiner Arbeit zurückgetreten. Und so soll es auch heute sein ...

So begann *Von meiner Arbeit als Verleger. Vortrag von S. Fischer*, gehalten in der Berliner Funkstunde. Es war keine kurze, unverbindliche Plauderei, sondern eine ernste, sachlich recht ausführliche Darlegung, »wie der Verlag, der meinen Namen trägt, sich entwickelt hat, und worin überhaupt die Aufgabe und die Tätigkeit eines modernen Verlegers bestehen«. Und sie ging auch in diesem Augenblick, da der *Buddenbrooks*-Erfolg Hunderttausende zum erstenmal mit dem Namen S. Fischer bekannt machte, am Schluß kurz auf diese neue Entwicklung ein, nicht ohne einige, für Fischer charakteristische kritische Unterscheidungen zu treffen:

Das Buch ist kein Gebrauchsartikel, der von selbst seinen wirtschaftlichen Weg geht. Man muß immer wieder neue und zeitgemäße Wege finden, um das Buch an den Leser heranzubringen ... Dichter und Verleger brauchen Wirkung, sie brauchen das Publikum. Ich glaube, die Erfahrung gemacht zu haben, daß jeder Verleger einen bestimmten Leserstamm besitzt. Heute ist es so, daß erfolgreiche Bücher in weit höheren Auflagen verkauft werden können als vor dem Kriege. Frage ich mich nach den Gründen, so scheinen sie darin zu bestehen, daß sich ganz deutlich neue Käuferschichten gebildet haben, die man vielleicht in drei Kategorien einteilen kann. Die erste Kategorie besteht aus solchen Käufern, die vor allem Erfolgsbücher kaufen. Sie beherrschen augenblicklich den Büchermarkt und schaffen den ›Schlager‹ oder, wie die Engländer sagen, den ›Bestseller‹. Die zweite Kategorie umfaßt die eigentlichen literarischen Leser, für die also die Lektüre ein wirkliches geistiges Bedürfnis ist. Leider muß ich gestehen, daß diese Art von Lesern sich heute aus wirtschaftlichen Gründen in der Minderheit befindet. Die dritte Kategorie schließlich besteht aus solchen Käufern, die Bücher zu Geschenkzwecken erwerben. Sie scheiden also als eigentliches Lesepublikum aus.

Es fanden zwei Geburtstagsfeiern statt, beide in kleinem Rahmen, die erste am Abend des 23. Dezember im Hause Bermann Fischer in der Gneiststraße, über die Loerke notierte:

Zu Bermanns. Die Verwandten, Ludwig Landshoff, Eippers, Kaysers, Frau Rosenbaum, ich. Zu S. Fischers Ehren. Wunderbar ein Lied von Adam Krieger, natürlich das 5. Brandenburgische Konzert und Laudamus Te von Mozart. Überreichung der beiden Porträtbände in Pergament. Um Mitternacht hielt ich eine kleine Rede auf Fischer.

Am folgenden Abend fand man sich in der Erdener Straße zusammen. Die Verlagsvertreter überreichten als Geburtstagsgeschenk einen Buddha. Die Seiten des Gästebuches dieses Abends beginnen, von der Hand des Vaters eingetragen, mit den Namen der kleinen Enkelinnen Gabriella und Gisela (Annette, die dritte Enkelin, kam erst 1931 zur Welt), und danach finden sich zwischen den Familienangehörigen unter anderen Ernst Rowohlt und Felix Hollaender, Max Osborn und Samuel Saenger, Holitscher, Kayser, Loerke, Eipper und Regina Rosenbaum, Felix Salten und die Sängerin Rose Walter, Eloesser und Alice Berend. Es gab Sekt, notierte Loerke, und eine »kurze Gratulation«. Reisiger bewahrte das gleiche Bild in Erinnerung wie Thomas Mann:

Der ganze Tag mit den vielen Glückwünschen und Besuchen hatte ihn doch angestrengt, und er war am Abend ein bißchen heiß und müde und ging schon früh nach oben. Als ich nach einer Weile auch hinaufkam, um mich zu verabschieden, saß er aufrecht im Bett – alle die Telegramme und Briefe aus ganz Deutschland und aller Welt um sich her auf die Bettdecke gebreitet – fast wie ein glücklicher kleiner Bub inmitten der Spielsachen, die er eben zum Geburtstag bekommen hat. Als ich zu ihm trat, sah er zu mir auf und sagte lächelnd: »Da bin ich also doch ein großer Mann!« Und wie er das sagte, mit diesem sich selber bespöttelnden, aber doch glücklichen und bewegten, kindlichen Ausdruck der großen Augen – das war unvergeßlich liebenswert.

In der Woche darauf, am 30. Dezember, reisten Fischers in die alljährlichen Winterferien nach St. Moritz. Doch wurde die Reise in München unterbrochen. Schon am 21. Dezember, gleich nach seiner Rückkehr aus Berlin, hatte Thomas Mann an Hesse geschrieben, von einer offiziellen Geburtstagsfeier habe »der alte Herr nichts wissen« wollen, hingegen habe »sich der Gedanke durchgesetzt, daß Fischers eine Woche später in unserem Hause an einer kleinen intimen Feier am Sylvesterabend teilnehmen«. Ob Hesse nicht zu »diesem kleinen Fest« nach München kommen wolle?

Es sollen außer Fischers mit ihren Kindern nur Wassermanns, René Schickele und Hans Reisiger daran teilnehmen. Ich möchte Ihnen recht herzlich zureden, die Reise nicht zu scheuen und unserem Fischer, wie auch uns, die Freude Ihrer Anwesenheit zu machen. Ich weiß wohl, es liegt auch etwas wie Zumutung in dem Vorschlag, aber schließlich sage ich mir, daß der alte Mann es wert ist, daß diejenigen, von denen es ihm wohl tut, ihm an diesem Tage etwas Liebes erweisen ...

Hesse war, wie er Fischer bereits geschrieben hatte, nicht wohl, seine Augen machten ihm zu schaffen, und er wollte wohl aus diesem Grund die Reise nicht unternehmen; er kreuzte den Brief oben an und schrieb »Nein« dazu. Aber Wassermann und Marta Karlweis kamen, und Reisiger, der »Verbindungsmann«, wie Thomas Mann ihn scherzend nannte, war zur Stelle. Der getreue Jakob, so erinnerte sich Hedwig Fischer, »hielt eine entzückende, hochgestimmte kleine Tischrede auf seinen Verleger«.

So klang das siebzigste Jahr aus.

37 Forderungen des Tages

Die großen Erfolge des Verlags im Herbst und Winter 1929 fielen, ohne daß es sogleich spürbar wurde, zeitlich zusammen mit dem Ende des kurzlebigen deutschen Wirtschaftsaufschwungs und dem Beginn der Weltwirtschaftskrise, die in Deutschland ins politische Chaos und in die Diktatur führte. Nun erhoben sich gebieterisch die Forderungen des Tages. Sie bestimmten weitgehend das Gesicht der drei folgenden Jahre, der letzten der ersten deutschen Republik, und ihr Eindruck ist an der Arbeit des Verlags abzulesen.

Der heutige Betrachter, der diese Jahre 1930–1932 als ein Ganzes sieht, kann sich nur mit Mühe des Eindrucks schicksalhafter Zwangsläufigkeit erwehren. Ihm steht diese Zeit wie ein einziger unaufhaltsam und folgerichtig verlaufender Weg ins Unheil vor Augen. Das Wissen vom Ende, dem Zusammenbruch des demokratischen Staates, läßt nahezu jegliche Äußerung seines kulturellen Lebens in einem schweflichten Licht der Zersetzung erscheinen, als ein hilfloses Torkeln im wegelosen Gelände der Unausweichlichkeit. Nachdem das Ende der Straße erreicht war und man sich einer von Grund auf neuen Situation gegenübersah, geriet auch mancher damalige Betrachter in die Zwanghaftigkeit dieser Sicht. Ein großer Aufsatz Peter Suhrkamps, der sich mit der nun geschaffenen seelischen Lage Deutschlands beschäftigte und im Maiheft 1933 der ›Neuen Rundschau‹ erschien, begann mit diesem politischen Rückblick:

Die rein äußeren Tatsachen sind bekannt: seit den Septemberwahlen 1930 war die nationale Bewegung im Vordergrund. Die Regierung Brüning brachte es nicht zu einem Programm, sie zögerte und zauderte und ergriff Maßnahmen, die der Tag notwendig machte; als jeder fühlte, daß die Arbeit für den Tag nicht genügte, daß es nur Flickarbeiten waren, Notstandsarbeiten, und daß ein Programm notwendig war, das nicht nur für morgen, sondern für eine Epoche voraus disponierte, und Maßnahmen nicht nur auf einzelnen Gebieten, sondern umfassende. Die Regierung Brüning brachte ein umfassendes Programm nicht zustande, sie konnte es nicht. Zu ihrer Zeit begann die Herauslösung Deutschlands aus der Weltverflechtung. Die

nationale Bewegung wuchs. Die liberale Mitte erlitt den zweiten Chok, als der Reichspräsident Brüning fallen ließ.
Die konservative Regierung Papen arbeitete für die nationale Bewegung. Sie hatte auch kein Programm, aber sie machte forsche und unberechenbare Attacken auf das System von Weimar, sie lieferte Beispiele, daß die Festungen, hinter die sich die Republik von 1918 zurückgezogen hatte, durch Handstreich zu nehmen waren. Ihr glückte in Preußen der Beweis, daß die beamteten Landesregierungen wie Potemkinsche Dörfer waren. Aber frisch verwegene Attacken, hier und dort angesetzt, mußten einmal als unzeitgemäß zusammenbrechen – und das war das Schicksal der Regierung Papen. Die liberale Mitte jubelte, aber es war die hektische Freude von Bürgern einer Stadt, die nun entblößt von allen Waffen daliegt, und die im nächsten Augenblick fluchtartig von allen verlassen wird, die nicht durch Besitz gebunden sind.
Die Regierung Schleicher hatte noch nicht angefangen zu arbeiten, als sie schon wieder stürzte. Im übrigen erwarteten manche Stellen von ihr im geheimen wohl nichts weniger, als daß sie im gegebenen Moment die Reichswehr gebrauche, was bei der Unpopularität jeder Aktion durch die Reichswehr, die Schleicher selbst kannte, einer Selbstaufgabe gleichkam.
Das Regiment von Weimar war ein völlig verlorenes Feld ...

Vor dem Eindruck des »völlig verlorenen Feldes« von Weimar heißt es hier jedoch auf der Hut sein. Denn es war nicht so, nicht immerfort und nicht überall, und viele Menschen empfanden es damals auch nicht so. Das Ende war ihnen durchaus nicht ausgemacht. Was Unvernunft verschuldet hatte, schien ihnen, konnte Vernunft noch immer berichtigen. Was sich nationale Bewegung nannte, erschien vielen – und bis zum Ende waren sie die Mehrheit – als eine wütend tobende Krankheit, der besonnenes und energisches Eingreifen sehr wohl zu steuern vermochte. Als Hauptmann im Juni 1931 in einer Rundfunkrede erklärte: »Wir lehnen es ab, uns den allgemeinen Depressionen wehrlos auszuliefern«, sprach er dieser Mehrheit aus der Seele.
Auch ist daran zu erinnern, daß durchaus nicht alles Sinnen und Trachten ausschließlich auf das fressende Übel der wirtschaftlichen, politischen, kulturellen Zersetzung gerichtet war. Viel Gesundes und Kraftvolles gedieh unbekümmert und inmitten von Ratlosigkeit und Haltlosigkeit seiner selbst durchaus sicher, vieles, das standhielt und bis heute standgehalten hat.
Die Forderungen des Tages traten auf geistigem Feld in vielerlei Gestalt auf und erhielten vielerlei Antwort.

WIRTSCHAFTSKRISE

Die Prosperität nach dem Ende der Inflation war eine Scheinblüte gewesen, die eine hohe größtenteils kurzfristige Kapitalzufuhr aus den Vereinigten Staaten ermöglicht hatte. Schon im Winter 1928/29 waren Anzeichen einer neuen Wirtschafts- und Finanzkrise aufgetaucht; die Arbeitslosenziffer war auf über zwei Millionen angestiegen. Als am Freitag, dem 25. Oktober 1929, die New Yorker Börse zusammenbrach, zogen die nun einsetzenden Riesenverluste die ganze Welt, vor allem aber Deutschland mit: seine Auslandsverschuldung betrug 25 Milliarden Mark, davon die Hälfte kurzfristig, und diese Anleihen wurden abgerufen, der Kreditmarkt starb ab.

Die Regierung Brüning, am 29. März 1930 unter Ausschluß der Sozialdemokratie gebildet, versuchte im Lauf der nächsten zwei Jahre, mit Notverordnungen Deutschland durch die Krise zu steuern. Dem deutschen – und nicht nur dem deutschen – Wirtschaftsdenken saßen jedoch die Erfahrungen der Inflation so tief in den Knochen, daß es sich der verfehltesten aller Methoden, der scharfen Deflation verschrieb: Sparmaßnahmen, Drosselung der Produktion, Kurzarbeit, Lohn- und Gehaltskürzungen, Entlassungen. Ende Dezember 1930 war die Arbeitslosenziffer auf 4,4 Millionen angestiegen. Am 11. Mai 1931 brach die Österreichische Credit-Anstalt zusammen, am 13. Juli die Darmstädter und Nationalbank (Danat). Ende 1931 stieg die Zahl der Erwerbslosen auf 5,7 Millionen, die Zahl der Firmenkonkurse auf ungeahnte Höhe.

»Wir sind durch die Wirtschaftskrise sehr in Anspruch genommen«, heißt es in einem Brief Fischers an Hauptmann Anfang 1931, »denn auch der Buchhandel leidet unter den Schwierigkeiten eines sehr verringerten Absatzes.« Das war sehr gelinde ausgedrückt. Die schwindende Kaufkraft im Verein mit der Kreditnot trieb nicht nur eine Anzahl von Druckereien, sondern auch viele Sortimenter in den Konkurs. Mancher Verlag konnte sich nicht oder nur mit Mühe halten. 1930 liquidierte Kurt Wolff in der Erkenntnis der persönlichen und geschäftlichen Überanstrengung seinen Verlag. 1931 geriet der Rowohlt-Verlag durch den Zusammenbruch der Danat-Bank an den Rand des Konkurses und wurde durch eine neue Gesellschaft aufgefangen, deren Mehrheit das Haus Ullstein besaß. 1932 schlossen die Verlage Albert Langen und Georg Müller sich zusammen, um fortbestehen zu können. Der Buchhandel erlebte ein neuartiges Phänomen in den hausierenden Vertretern von Abzahlungsfirmen. Sie setzten Partien von Neuerscheinungen zu bequemen Monatsraten vor allem bei lesehungrigen jungen Menschen ab, die der Versuchung nicht widerstehen konnten, solcherart den neuen Thomas Mann oder Hermann Hesse zu erwerben, und kaum, daß sie arbeitslos geworden waren, von Zahlungsbefehlen und Gerichtsvollziehern bestürmt wurden. Diese Bücherhausierer, gegen die Verlage und Sortimenter keine Handhabe besaßen, waren nicht selten sehr zwielichtige Gestalten.

Die drastischen deflationistischen Heilmittel, mit denen Staat und Regierung vorangingen, waren in der ganzen Privatwirtschaft längst an der Tagesordnung, ehe Fischer sich zu ähnlichem entschloß. Soweit ersichtlich, wurde von den Angestellten niemand aus Sparmaßnahmen entlassen. Zu Weihnachten 1931 wurde die übliche Gratifikation zum erstenmal gestrichen, und Ende Januar 1932 vermerkte Loerke: »Schwarzer Tag erster Ordnung«, nämlich eine Gehaltskürzung von zehn Prozent.

Die Produktion des Verlags verringerte sich, an der Zahl der Neuerscheinungen gemessen, in diesen Jahren der Wirtschaftskrise jedoch nicht. Mit Ausnahme der billigen Sonderausgaben erreichten freilich nur sehr wenige Bücher überdurchschnittlich hohe Auflagen. Der Absatz älterer geriet außer bei den wenigen berühmten Autoren fast ganz ins Stocken – Flake notierte, im ersten Halbjahr 1930 habe der Absatz seiner älteren Bücher zwischen fünf und fünfzig Exemplaren betragen, und er rechnete »im nächsten oder übernächsten Jahr« mit einem Absturz seines Einkommens auf ein Viertel oder ein Fünftel. 1932 notierte er: »Fischers Abrechnung erstreckte sich auf die neunzehn Bücher, die er nach und nach verlegt hatte. Mein Anteil betrug – acht Mark weniger vier Pfennig. Der Nullpunkt war erreicht.« Auch die großen Autoren des Verlags blieben, vor allem mit ihren Gesamtausgaben, von dem Schwund nicht bewahrt. Eine der buchtechnisch geglücktesten Ausgaben des Verlags war die bezaubernde dreibändige Dünndruckausgabe der *Erzählenden Schriften* Thomas Manns, die im Herbst 1928 erschienen war und mit ihrem Gesamtumfang von 2632 Seiten, in lichtblaues Ballonleinen biegsam gebunden, 36 Mark kostete. Diese Ausgabe enthielt im ersten Band *Buddenbrooks,* im zweiten *Königliche Hoheit* und *Die Novellen* außer *Bajazzo* und *Die Hungernden,* die Thomas Mann ausgeschieden hatte, im dritten *Der Zauberberg* und wurde nur komplett und nicht in Einzelbänden verkauft. Es war vorgesehen, sie um einen vierten Band zu vermehren, »wenn ein neues erzählendes Werk hinzukommt«. Der Verlag hatte zuversichtlich eine Erstauflage von zehntausend Exemplaren gedruckt, aber die Wirtschaftskrise hatte sie nahezu unverkäuflich gemacht. Als bis Ende 1931 nur ganze 3400 Exemplare von ihr abgesetzt waren, mußte Bermann Fischer Anfang März 1932 Thomas Mann um sein Einverständnis bitten, den Preis auf 15 Mark herabzusetzen und sich mit einer entsprechend niedrigeren Tantieme zufriedenzugeben, um die Ausgabe wieder gangbar zu machen. Unter allen diesen Umständen ließ sich der für die Wirtschaftlichkeit des Betriebs unerläßliche Mindestumsatz nur durch eine entsprechend große Zahl von Neuerscheinungen mit vergleichsweise geringen Auflagen sichern. So brachte der

Verlag in den Krisenjahren 1930–1933 weiterhin durchschnittlich 44 Neuerscheinungen im Jahr heraus, und das Jahr 1932, der Höhepunkt der Wirtschaftskrise, brachte mit 50 neuen Titeln den Produktionshöchststand. Ein Vergleich mit Rowohlt zeigt, daß bei der ›Konkurrenz‹ die gleiche Gesetzmäßigkeit herrschte: seine Durchschnittsproduktion in den Krisenjahren betrug 38 Neuerscheinungen im Jahr, und die Höchstzahl fiel mit 46 Titeln ebenfalls ins Jahr 1932. Wozu freilich anzumerken ist, daß in beiden Verlagen eine Anzahl dieser Neuerscheinungen wenig umfangreiche und daher billige, den Forderungen des Tages gewidmete politische und wirtschaftspolitische Broschüren waren.

Zu dieser Zeit hatte Fischer sich bereits weitgehend aus den Tagesgeschäften der Verlagsleitung zurückgezogen. Die Jahrzehnte rastloser Tätigkeit waren nicht spurlos vorübergegangen. Den Freunden und langjährigen Mitarbeitern konnte nicht entgehen – Loerke vermerkt es zu Beginn der dreißiger Jahre hin und wieder in seinem Tagebuch –, daß er nun rasch zu altern begann und seine Arbeitskraft nachließ. Seine Schwerhörigkeit hatte sich sehr verstärkt, und es kostete ihn immer mehr Mühe, Gespräche zu führen, Gesprächen zu folgen. Er beharrte darauf, auch weiterhin täglich ins Verlagsbüro zu kommen, aber vom Jahr 1931 ab beschränkte er sich auf einige Stunden am Vormittag. Er führte auch weiterhin den wichtigsten Briefwechsel mit seinen großen Autoren und lebenslänglichen Freunden, mit Hauptmann, Thomas Mann, Hesse, Wassermann und Schnitzler selbst und traf sich mit ihnen auf seinen Urlaubsreisen, so oft er konnte. Alles übrige überließ er jedoch seinem Schwiegersohn und den bewährten Mitarbeitern, und mit dem Beginn des Jahres 1932 hatte der Schwiegersohn die Leitung des Verlags vollkommen übernommen.

Bermann Fischer, mit fünfunddreißig Jahren nunmehr alleiniger Leiter des großen Hauses, berichtete Fischer zwar stets über die wichtigsten Vorgänge, aber es war nur natürlich, daß mit nachlassender Arbeitskraft, zu der mit der Zeit andere Alterserscheinungen, gelegentliche Geistesabwesenheit und Bewußtseinstrübungen hinzukamen, auch Fischers Interesse an den Vorgängen innerhalb und außerhalb des Verlagshauses geringer wurde. Und es lag in der Natur der Sache, daß man ihn vor Unerfreulichem, vor allem, was die politischen Vorgänge betraf, nach Möglichkeit bewahrte. Wenn manche seiner Äußerungen und Briefstellen aus diesen letzten Jahren zuweilen ein wenig weltfremd anmuten mögen, so sind diese besonderen Umstände zu bedenken.

Unter den leitenden Mitarbeitern des Verlags trat in diesen Jahren nur eine wesentliche Veränderung ein. Paul Eipper hatte 1928 mit seinem Erstling *Tiere sehen dich an* (in einem anderen Verlag) einen großen Erfolg erzielt, und auch die Bücher, die er danach rasch hintereinander veröffentlichte, waren so erfolgreich, daß seine fruchtbare schriftstellerische Tätigkeit sich mit einer vollberuflichen Arbeit im Verlag schwer mehr vereinbaren ließ. Fischer mußte ihn vor die Wahl stellen, sich für den einen oder anderen Beruf zu entscheiden, und Paul Eipper schied mit dem Ende des Jahres 1930 aus dem Verlag aus, um sich ganz seiner literarischen Produktion widmen zu können. Seine Freundschaft mit Oskar Loerke dauerte fort, und Loerke stand ihm auch in späteren Jahren bei seinen erzählenden Arbeiten beratend zur Seite. »Es muß zugegeben werden«, notierte Loerke, »daß er aber ganz vorzüglich schreiben gelernt hat.« Eippers Nachfolger im Verlag wurde der um acht Jahre jüngere, damals einunddreißigjährige Dr. Georg Kurt Schauer, dessen vorzügliche Aufsätze über die Entwicklung der deutschen Buchgestaltung in vorangegangenen Kapiteln bereits angeführt wurden.

›S. FISCHER KORRESPONDENZ‹

Der immer schwieriger werdende Büchermarkt veranlaßte in den Jahren der Wirtschaftskrise viele Verlage, nach neuen Methoden der Werbung Ausschau zu halten, die das schwindende Bücherkäufer-Publikum festzuhalten und am Verschwinden zu hindern vermochten. Im Bemühen, den literarisch interessierten Bücherkäufer noch persönlicher und direkter anzusprechen als bisher, griff der Verlag auf eine Werbemethode zurück, die er kurz vor dem Ersten Weltkrieg schon einmal versucht hatte und die seither bei mehreren anspruchsvollen literarischen Verlagen zur festen Einrichtung geworden war: die Verlagszeitung oder Verlagszeitschrift.
Sie wurde im Oktober 1930 unter dem Namen *Korrespondenz S. Fischer* neu ins Leben gerufen, aber der Name erwies sich wohl als Mißgriff, denn nach den ersten zwei Nummern erschien sie ab März 1931 mit dem umgestellten Titel *S. Fischer Korrespondenz*, und bei ihm blieb es. In ihrer neuen Aufmachung war sie lockerer und ansprechender, graphisch und typographisch anmutig und dabei ausgesprochen gediegen gestaltet und in ihren Texten – von denen viele Originalbeiträge der Autoren waren – eine Fundgrube des Interessanten und Aufschlußreichen, das man in den Katalogen und Prospekten mit ihren Waschzettel-Werbetexten nicht antraf. Sie erschien in unregelmäßiger Folge etwa viermal im Jahr – die Jahrgänge waren jeweils ab Oktober numeriert –, wurde (im Unterschied zum Verlags-Almanach) kostenlos vertrieben und trug den ausdrücklichen Vermerk: »Der

Nachdruck sämtlicher Mitteilungen ist bei genauer Quellenangabe kostenlos gestattet.« Auf diese Weise geriet, vor allem in der Provinz, manches aus dieser Verlagszeitung in die Tagespresse. Vom Frühjahr 1933 an wurde das kleine Zeitungsformat mit seinen acht Seiten in ein kräftiges, mit Umschlag versehenes Heft mit der doppelten Seitenzahl umgewandelt, das sie einer literarischen Zeitschrift sehr ähnlich machte, und in dieser Form erschien die *S. Fischer Korrespondenz* von nun an nur noch zweimal im Jahr, im Frühjahr und zu Weihnachten, und wurde bis 1939 fortgeführt.

Wieweit diese Verlagszeitschrift ihren Werbezweck erfüllte und tatsächlich einen engeren Kontakt zwischen dem Verlag und der gebildeten Leserwelt herstellte, läßt sich nur vermuten. Sie muß sich gut eingeführt haben und kann nicht wirkungslos gewesen sein, denn eine beträchtliche Anzahl fremder Firmen, Druckereien, Buchbindereien, aber auch andere Verlage und sogar Berliner Tageszeitungen fanden es lohnend, in ihr zu inserieren. Unbezweifelbar ist jedoch im Rückblick ihr dokumentarischer Wert; hier finden sich für die Jahre 1930–1933 viele wertvolle Hinweise. War dies auch nicht die Absicht, so ist es doch ein Verdienst.

›DER WEG DES UNHEILS‹

»Ein letzter Aufruf zur Besinnung« lautete die Schlagzeile auf einem Prospekt für die Schrift *Der Weg des Unheils* des Marburger Professors Wilhelm Röpke, die Fischer im Frühjahr 1932 herausbrachte:

> Diese Schrift zeigt, wie es zur wirtschaftlichen Weltkatastrophe hat kommen können, welch unheilvolle Helferrolle dabei das Gift der Reparationen und der ebenso unproduktiven Kriegsverschuldung unter den Alliierten gespielt hat, und schließlich, was der gesamten zivilisierten Welt bevorsteht, wenn sich, angesichts der blinden Umsturzgewalten, die uns in den Abgrund ziehen, nicht endlich, endlich im allerletzten Augenblick genug Mut, Intelligenz und europäisches Verantwortungsbewußtsein zusammenfinden, um alle Störungsfaktoren aus dem Kreislauf der Weltwirtschaft auszuscheiden. Klarer, beherrschter, aber zugleich auch aufrüttelnder kann die Tragödie unseres Daseins nicht dargestellt werden. Wird dieser Appell wirkungslos verhallen?

Röpkes Schrift war nur eine von vielen Publikationen, mit denen der Verlag auf nüchterne, sachliche Weise ohne Sensationshascherei zur Klärung und Beseitigung des Unheils beizutragen versuchte. In früheren Abschnitten wurde bereits gezeigt, daß der Verlag in der zweiten Hälfte der zwanziger Jahre mehr und mehr Nachdruck auf die politische, wirtschafts- und finanzpolitische und soziologische Literatur legte. Mit dem Fortschreiten der Wirtschaftskrise wurde dieser Nachdruck immer stärker. 1931 brachte der Verlag neun Werke – nahezu ein

Viertel der Verlagsproduktion – aus diesen Gebieten heraus, deren Titel allein schon eine beredte Sprache führen: *Weltkrise-Weltwende. Kurs auf Staatskapitalismus* von Carl Steuermann; *Die englische Krise* von André Siegfried; *›Prosperity‹. Wunderglaube und Wirklichkeit im amerikanischen Wirtschaftsleben* von M. J. Bonn; *Die Wirtschaftskrise* von Julius Hirsch; *Europäische Diktaturen* von Carlo Sforza; *Die Geburt der Nation. Von der Einheit des Glaubens zur Demokratie des Geldes* von Valeriu Marcu; und nicht zuletzt *Piatiletka. Der Fünfjahresplan: Die neue Offensive des Bolschewismus* des englischen Rußland-Berichterstatters Michael Farbman, das erste gründliche Werk über die sowjetische Planwirtschaft, der sich jetzt nicht nur in Europa, sondern auch in Amerika die Blicke zuwandten; denn es war nicht zu leugnen, daß in der Sowjetunion Vollbeschäftigung herrschte, während Deutschland fünf Millionen, Amerika 15 Millionen Erwerbslose hatte und die kapitalistische Wirtschaft mit der Drosselung von Produktion und Verbrauch immer mehr Arbeitslosigkeit schuf.

Allen diesen Publikationen war gemeinsam, daß sie inmitten des parteipolitischen Geschreis und zunehmender Aufwiegelung zur Gewalttätigkeit von rechts und links sich um sachliche Analysen der Ursachen der Zerrüttung und vernunftbestimmte Lösungen der Schwierigkeiten bemühten; und in ihnen allen schwang die Frage mit: wird die Vernunft die Oberhand gewinnen oder beiseite gedrängt und überfahren werden? Von dieser Gemeinsamkeit abgesehen, waren diese Schriften jedoch weit davon entfernt, einen einheitlichen Standpunkt zu präsentieren, sondern stellten eine Vielfalt durchaus verschiedener, voneinander abweichender Standorte und Anschauungen zur Diskussion. Hierin erblickte der Verlag seine Aufgabe. Denn noch wurde diskutiert.

Im Herbst 1931 faßte Saenger diesen ganzen Komplex der Verlagsarbeit in einem für den Verlags-Almanach 1932 geschriebenen Aufsatz zusammen, in dem er besonders auf diese Verschiedenheiten der Interpretation und der Schlußfolgerungen hinwies. Während »das gigantische Unternehmen der Kremlleute« den Versuch darstelle, »eine gewollte Welt anstelle einer gewordenen Welt zu setzen« und »viele an der Genesungskraft der Privatwirtschaft zweifelnde Europäer mit dieser Arbeit« – Farbmans Buch – »vor Augen, ihr soziales und ökonomisches Wunschbild nun besser kontrollieren können«, ergebe sich für den deutschen Betrachter die Frage:

Ist die Erschütterung des kapitalistischen Wirtschafts- und Kreditsystems, trotz ihrer Schwere und Allgegenwart, schließlich doch noch mit den volkswirtschaftlich überlieferten Methoden heilbar? oder ist sie das Symptom

eines Systemwechsels, das den wirtschaftlichen Individualismus endgültig beseitigen, das Privateigentum allmählich aufheben und eine kollektivistische Gesellschaftsordnung herbeiführen wird?
Professor Hirsch hält die Krise für heilbar, Steuermann für den Auftakt einer unaufhaltbaren Umwälzung. Hirsch bekämpft den Fatalismus und behauptet, unsere Not sei zum größten Teil Krisennot, nicht Dauerelend ... Ob sie durch eine Reihe kleinerer Mittel wie zusätzliche Arbeitsbeschaffung, Verkürzung der Arbeitszeit, Kürzung des Lohnes und der Soziallasten, überwunden werden kann, wird in der Schrift von Hirsch ganz undoktrinär erörtert.
Steuermann packt die Wirtschaftsproblematik der Gegenwart noch systematischer an ... Nach ihm ist das System von Fiktionen, das um den Begriff der freien Wirtschaft gelagert ist, unter erregenden revolutionären Begleitumständen zusammengebrochen. Nichts kann heute die gewaltige Tatsache mehr verschleiern: daß die Entwicklung der Kapitalwirtschaft Westeuropas und der Vereinigten Staaten in ein Stadium getreten ist, in dem die Entscheidung für oder gegen Planwirtschaft und Staatskapitalismus zu einer Entscheidung über Sein oder Nichtsein wird. An der deutschen Wirtschaftsrevolution, die sich äußerlich auf einem Trümmerfeld von Zusammenbrüchen, Stillegungen, Bankrotten, Kreditflickereien und Arbeitslosigkeit vollzieht, wird ... der welthistorische Vorgang dramatisch dargestellt, überwältigend für den, der sehen und verstehen will und durch das Getöse von Interessentengeschrei und Parteikampfparolen den Gang der Entwicklung schauen will ...

Der Verlag setzte diese Aufklärungsarbeit fort. Im folgenden Jahr, 1932, waren es abermals neun Bücher – ein Fünftel der gesamten Verlagsproduktion –, die sich mit dem politischen und wirtschaftlichen Weltgeschehen befaßten: Herbert von Beckeraths *Autarkie oder internationale Zusammenarbeit*; zwei neue Schriften von M. J. Bonn, *Währungsprojekte – und warum?* und *Kapitalismus oder Feudalismus?*; Claus Schrempfs *Diktatur der Tatsachen. Wohin sie Deutschlands Volk und Wirtschaft führt;* Carl Steuermanns *Der Mensch auf der Flucht* und Felix Somarys *Krisenwende?*, eine Broschüre, von der in zehn Wochen zehntausend Exemplare verkauft wurden, sowie das höchst informative Buch *Die Reise nach Genf* des ausgezeichneten Völkerbundskorrespondenten Max Beer.
Das interessanteste Buch dieser Verlagsabteilung und gewiß das am frischesten und fesselndsten geschriebene war in diesem Jahr die Arbeit eines fünfundzwanzigjährigen Studenten. Klaus Mehnert, von deutschen Eltern in Moskau geboren, hatte einige Monate in den Vereinigten Staaten als Austauschstudent verbracht und machte nun dem Verlag den Vorschlag, in die Sowjetunion zu reisen und ein Buch über die russische Jugend zu schreiben. Bermann Fischer griff diesen Vorschlag sofort auf – er wäre, wie er erzählt, am liebsten mitgereist – und konnte Fischer dafür gewinnen, diese Reise zu finanzieren. Das Ergebnis war, nach einigen Teilabdrucken in der ›Neuen Rundschau‹,

Klaus Mehnerts Buch *Jugend in Sowjetrußland*, das erste Buch eines vorzüglichen Beobachters und Schilderers, aus dem ein hervorragender Rußlandkenner und ausgezeichneter politischer Publizist wurde. Daß den meisten dieser Publikationen eine gewisse Kurzatmigkeit anhaftete, daß sie in immer rascherer Folge von den Ereignissen eingeholt und überrundet, von neuen Einsichten überholt wurden, lag in der Natur der Problematik, die nicht stilllestand; aus den Forderungen des Tages wurden die Forderungen der Stunde. Doch der lange Atem des Verlags versagte daneben nicht. Das Hauptanliegen war und blieb »die Dichtkunst«, und sie schritt, wenngleich oftmals gestört und aufgehalten, beharrlich durch die wirren Jahre fort. So ist es an der Zeit, wieder von Thomas Mann zu berichten.

»BIBLISCHE ERZÄHLUNG« MIT EINSCHALTUNGEN

Die Verleihung des Nobelpreises hatte es mit sich gebracht, daß Thomas Mann der Gepflogenheit entsprechend für die Schwedische Akademie einen Lebenslauf zu verfassen hatte. In dieser knappen Skizze seines schriftstellerischen Werdegangs, die 1930 in Stockholm in einem Sammelband veröffentlicht wurde, hatte er im Anschluß an *Unordnung und frühes Leid* geschrieben:

> ... das vorderhand letzte Beispiel von Arbeiten dieses Umfangs stellt die 1929 geschriebene Erzählung ›Mario und der Zauberer‹ dar. Diese bildete schon eine Einschaltung in die Arbeit an einem neuen Roman, der nach seinem Stoff und seinen Absichten weit von allem Vorangegangenen abweicht, indem er die bürgerlich-individuelle Sphäre verläßt, um in diejenige der Vergangenheit und des Mythus einzutreten. Die biblische Erzählung, für die der Titel ›Joseph und seine Brüder‹ vorgesehen ist und aus der durch Vorabdrucke in Zeitschriften und in öffentlichen Vorlesungen schon einzelne Proben bekannt geworden sind, scheint etwa bis zur Mitte vorgeschritten.

Diese Mutmaßung erwies sich als irrig. Zudem sorgten die Zeitläufte dafür, daß es bei dieser einen Einschaltung nicht blieb. Das Wachsen des großen Buches und die Unterbrechungen seines Wachstums begleiten die letzte Wegstrecke dieser Chronik.

Fischer schlug Thomas Mann vor, den kurzen Stockholmer Lebenslauf neu zu fassen und zu einer autobiographischen Schilderung zu erweitern, die der ›Neuen Rundschau‹ willkommen wäre. Diesem Vorschlag ist die Entstehung des *Lebensabriß* zu danken, der nebst der Rede *Lübeck als geistige Lebensform* von 1926 die aufschlußreichste Selbstdarstellung des Dichters und für die Dokumentation seines Lebens und Schaffens der Nachwelt unerläßlich geworden ist. Der *Lebensabriß* wurde während eines vierzehntägigen Aufenthaltes in Ettal im

Januar und Februar 1930 geschrieben, kurz ehe Thomas Mann sich auf seine Ägyptenreise begab. Er erschien im Juniheft 1930 der ›Neuen Rundschau‹, und aus den ursprünglichen knappen fünf Seiten waren siebenunddreißig große Zeitschriftenseiten geworden. Aber auf das Erscheinen in deutscher Buchform mußte er lange warten. Erst ein Vierteljahrhundert später kam er im Verlagsalmanach für 1954 wieder ans Licht und fand bald darauf seinen Platz in der großen Gesamtausgabe von 1955–1960.

Während Thomas Mann im März und April 1930 Ägypten und Palästina bereiste, erschien *Mario und der Zauberer* unter dem Titel *Tragisches Reiseerlebnis* im April in der Zeitschrift ›Velhagens und Klasings Monatshefte‹, wo die Novelle, wie er selbst fand, »nicht ganz an ihrem Platz« stand, und gleich darauf brachte Fischer die Buchausgabe heraus. Sie war überaus gelungen und entzückte Thomas Mann, der am 3. Mai 1930 schrieb:

Lieber Herr Fischer — Gestern kamen die ersten Exemplare von ›Mario‹ und ich war herzlich erfreut, die Geschichte in so erlesener Gestalt vor mir zu sehen. Man sieht, welche Sorgfalt der Verlag dem kleinen Werk zugewandt hat. ›Unordnung‹ ist beträchtlich übertroffen, nicht allein durch Meids Zeichnungen, die mir als Illustrationen nicht alle gleich lieb und gemäß sind, aber rein graphisch genommen, die ganze Meisterschaft des Künstlers bekunden. Sagen Sie ihm doch bei Gelegenheit meinen Dank! Und Ihnen sage ich Dank für die reizende Art, mit der Sie die Erzählung herausgebracht haben. Die Idee mit dem illustrierten Vorsatzpapier ist besonders hübsch und die Schrift ist untadelig klar und schön. Guten Erfolg wünsche ich! Ich schreibe jetzt wieder eifrig am Joseph.

Fischer druckte eine Erstauflage von 30 000 Exemplaren, und sie genügte. War die Geschichte zu unheimlich, zu quälend? Was besagte sie? Thomas Mann verwies einem Briefschreiber die Vermutung, daß sie eine Kritik am faschistischen Italien darstelle, gab jedoch zu:

Etwas Kritisch-Ideelles, Moralisch-Politisches ist mir freilich im Lauf der Erzählung aus dem Privaten und zunächst Unbedeutenden erwachsen, was eine bestimmte Abneigung erkennen läßt und der anfangs nur irritierenden Atmosphäre zuletzt den unheimlichen und explosiven Charakter gibt.

Arthur Eloesser, von dem Schickele erzählte, er pflege zu sagen: »Thomas Mann und ich haben keine Phantasie«, schrieb über das gräßliche Erlebnis mit dem Cavaliere Cipolla in der ›Neuen Rundschau‹:

Warum blieb man in dem demütigenden Bereich dieses widerlichen, bombastischen Phrasenschleuderers mit dem Buckel, mit den gelblichen Krallen, mit der Reitpeitsche, der den Menschen den Willen nimmt, vielleicht aber auch ihre Leiden auf sich nimmt? Ein peinigendes Kapitel von der menschlichen Willensfreiheit, ein Wachtraum von gespenstischer Überdeutlichkeit am Rande des Abgrunds, in dem unsere Schwäche sich eindunkelt. Wer da hinunter kraucht, es muß ein Beraubter, Erniedrigter, Verkommener sein und schamlos genug, mit ihr zu verkehren, der beherrscht diese Schwäche durch ihre Entblößung.

Es gehörte Mitte 1930 doch wohl einige Phantasie dazu, zu erkennen, was hier gemeint und abgebildet war. Oder doch nicht? Als Schickele drei Jahre später Eloessers angeblichen Ausspruch lachend vor Thomas Mann wiederholte, meinte der ernsthaft: ganz richtig, er habe keine Phantasie, er habe nie etwas erfunden.

EIN KLEINER, SCHWIERIGER ROMAN

Die Vorarbeiten zum ›Joseph‹, an dem Thomas Mann »jetzt wieder eifrig« schrieb, reichten ins Jahr 1926 zurück. Am 1. August 1926 hatte er an Félix Bertaux geschrieben, er sitze tief in den Vorarbeiten zu einem »kleinen, schwierigen, aber durchaus reizvollen Roman«, der ›Joseph in Ägypten‹ heißen solle: »Es ist die biblische Geschichte selbst, die ich real und humoristisch wiedererzählen will.« In seinem Vortrag *Joseph und seine Brüder*, den er 1942 in der Library of Congress in Washington hielt, berichtete er:

Anzufangen ist immer entsetzlich schwer: bis man sich Herr eines Gegenstandes fühlt, bis man die Sprache lernt, die er spricht, und sie ihm nachsprechen kann, ist viel Werben und Mühen, eine lange innere Gewöhnung erfordert. Aber was ich vorhatte, war so neu und ungewohnt, daß nie die Katze länger um den heißen Brei herumgegangen war als diesmal.

Doch: »›So etwas ist noch nicht gemacht worden‹ ist der unentbehrliche Motor all seines [des Künstlers] Fleißes ...« Im Dezember 1926 wurde das Vorspiel *Höllenfahrt* zu Papier gebracht, aber dies war, wie er der Tochter Erika am Tag vor Weihnachten schrieb, »vorläufig nur eine Art von essayistischer oder humoristisch-pseudowissenschaftlicher Fundamentlegung, womit ich mich amüsiere«. Es wurde, das ließ sich ahnen, kein kleiner, sondern ein großer, schwieriger Roman:

Das Vorspiel war 64 Seiten lang – das hätte mich bedenklich stimmen können wegen der Proportionen des Ganzen und tat es wohl auch, besonders da ich mich entschieden hatte, daß es mit der persönlichen Geschichte Josephs nicht getan sei, sondern daß die Vor- und Urgeschichte, die Geschichte der Väter bis zurück zu Abraham und weiter zurück bis zu den Anfängen der Welt, wenigstens in der Perspektive mit aufgenommen zu werden verlangten.

»Der Joseph wächst Blatt für Blatt.« Im Juli 1927 war der erste Abschnitt der eigentlichen Erzählung vollendet, und im November las Thomas Mann in München zum erstenmal vor großer Öffentlichkeit aus dem werdenden Werk vor. Das Vorspiel *Höllenfahrt* erschien im Dezemberheft 1927 der ›Neuen Rundschau‹, und dies war das erste, was der Verlag von dem Werk zu sehen bekam. Mehrere Vortragsreisen in der ersten Hälfte des Jahres 1928 hielten die Weiterarbeit auf, doch am 30. Juni 1928 konnte Thomas Mann an Bertram berichten:

Der Roman schreitet trotz aller Hindernisse fort. Eben ist Rahel eingeführt, des Lammes Mutterschaf, und ich glaube, sie wird Ihnen besser gefallen als die gräuliche kleine Dina.

Somit war der Roman bis zur Hälfte dessen gediehen, was sich in der Folge als sein erster Band erweisen sollte. Im Herbst und Winter 1928 las Thomas Mann neuerlich auf Vortragsreisen in der Schweiz, Österreich und Deutschland aus dem Werk vor, und im Januarheft 1929 konnte die ›Neue Rundschau‹ abermals ein Stück, nämlich das dritte Kapitel *Die Geschichte Dina's* vorabdrucken. Es folgten neue »Einschaltungen«, die Lessing-Rede in der Akademie in Berlin und der Freud-Essay, und während des Sommeraufenthaltes an der Kurischen Nehrung, als es untunlich war, »das angeschwollene Material, das unabgeschriebene Manuskript des ›Joseph‹ mitzunehmen«, die *Mario*-Novelle. Im Juli 1930 erschienen drei Abschnitte aus dem sechsten und vorletzten Kapitel des ersten Buches unter dem Titel *Jaakobsgeschichten* in der von Martin Bodmer und Herbert Steiner herausgegebenen Monatsschrift ›Corona‹, und der erste Band näherte sich dem Abschluß.
Doch nun schaltete sich eine Forderung des Tages äußerst lärmend dazwischen.

›DEUTSCHE ANSPRACHE‹

Bisher hatte man den politischen Aspekt der Wirtschaftskrise nicht sonderlich beachtet. Im Herbst 1930 wurde zum erstenmal die Radikalisierung des politischen Lebens, die das Wirtschaftselend heraufbeschwor, handgreiflich offenbar. Die Nationalsozialisten waren bis dahin mit zwölf Sitzen eine winzige und bedeutungslose parlamentarische Minderheit gewesen. Bei den Reichstagswahlen vom 14. September 1930 schnellten sie auf 107 Mandate hinauf. Dem liberalen deutschen Bürgertum fuhr ein entgeisterter Schrecken in die Glieder. Auch die Kommunisten hatten Gewinne erzielt. Die innenpolitische Auseinandersetzung verlegte sich auf die Straße und begann, gewalttätige Formen anzunehmen. Nun ging alles darum, die breite Mitte zusammenzuhalten und vor Kopflosigkeit zu bewahren.
Für die zweite Oktoberhälfte 1930 waren wiederum Vorlesungen Thomas Manns aus dem *Zauberberg* und dem *Joseph*-Roman in Berlin angesetzt. Thomas Mann fand, daß er unter diesen Umständen es

in der Reichshauptstadt, gleich als sei nichts geschehen, bei reinen Dichterlesungen nicht bewenden lassen könne; er fragte sich,

ob es sich lohne, ob es auch nur anständig und irgendwie vertretbar sei, unter den heutigen Umständen nach Berlin zu kommen, um ein Romankapitel vorzulesen und, etwas Lob und Kritik in der Tasche, die beide, wie alles steht, doch nur das Produkt einer recht geteilten Aufmerksamkeit sein können, wieder nach Hause zu fahren.

Sieben Jahre nahezu auf den Tag waren seit der Rede *Von deutscher Republik* vergangen. Jetzt versuchte Thomas Mann zum zweitenmal, dem verwirrten deutschen Volk ins Gewissen zu reden, ihm eine Richtung zu weisen. Am 17. Oktober 1930 hielt er zwischen zwei literarischen Vorlesungen, im gleichen Beethovensaal seine *Deutsche Ansprache,* die er einen »Appell an die Vernunft« nannte. Man möge, erklärte er seinen Hörern, seinen »vielleicht phantastisch anmutenden Schritt« nicht auffassen, als wolle er die Rolle des »praeceptor patriae«, eines »neuen Fichte« spielen; solche Vermutungen seien lächerlich. Dennoch gebe es »Stunden, Augenblicke des Gemeinschaftslebens«, wo

der Künstler von innen her nicht weiterkann, weil unmittelbare Notgedanken des Lebens den Kunstgedanken zurückdrängen, krisenhafte Bedrängnisse der Allgemeinheit auch ihn auf eine Weise erschüttert, daß die spielend leidenschaftliche Vertiefung ins Ewig-Menschliche, die man Kunst nennt, wirklich das zeitliche Gepräge des Luxuriösen und Müßigen gewinnt und zur seelischen Unmöglichkeit wird ... Wie wenig hätte ich mich der Exzentrizität meines Schrittes zu schämen, wenn diese Begegnung im geringsten, mit irgendeinem Wort beitragen könnte zu jener Besinnung, die mir immer als etwas Deutscheres erscheint als die schrille Parole, die heute zur Rettung und Widererhebung des Vaterlandes ausgegeben wird: als die Parole des Fanatismus.

Es war schon nach der ersten Viertelstunde klar, daß dieses Unternehmen, die Öffentlichkeit vor der aufsteigenden Gefahr des Nationalsozialismus zu warnen, nicht gutgehen werde. Zwischenrufer, Lärmmacher und Krakeeler waren überall im Saal verteilt, eine planmäßig organisierte nationalsozialistische Störaktion kam rasch in Gang, und als ›Dirigent‹ dieses Orchesters war alsbald, trotz einer riesigen schwarzen Brille, der SA-Mann und einstige Fischer-Autor Arnolt Bronnen zu erkennen. Die Rede war lang, zu lang; sie war gedanklich und sprachlich anspruchsvoll, zu anspruchsvoll; selbst wenn man sie ungestört hätte hören können, wäre sie über die Köpfe der meisten Willigen hinweggegangen:

Jeder Außenpolitik entspricht eine Innenpolitik, die ihr organisches Zubehör darstellt, mit ihr eine unauflösliche geistige und sittliche Einheit bildet. Wenn ich der Überzeugung bin – einer Überzeugung, für die es mich drängte, nicht nur meine Feder, sondern auch meine Person einzusetzen –, daß der politische Platz des deutschen Bürgertums heute an der Seite der Sozialdemokratie ist, so verstehe ich das Wort ›politisch‹ im Sinn dieser inneren und äußeren Einheit. Marxismus hin, Marxismus her, – die geistigen Überlieferungen deutscher Bürgerlichkeit gerade sind es, die ihr diesen Platz anweisen; denn nur der Außenpolitik, die der deutsch-französischen Verständigung gilt, entspricht eine Atmosphäre im Innern, in der bürgerliche Glücksansprüche wie Freiheit, Geistigkeit, Kultur überhaupt noch Lebensmöglichkeit besitzen. Jede andere schlösse eine nationale Askese und Verkrampfung in sich, die den furchtbarsten Widerstreit zwischen Vaterland und Kultur und damit unser aller Unglück bedeuten würde. Wir verabscheuen diesen krankhaften und zerstörerischen Widerstreit ...

Es gehörten starke Nerven dazu, inmitten des mörderischen Krawalls und bedrohlicher Handgreiflichkeiten bis zu diesen Schlußsätzen durchzuhalten. Doch Thomas Mann ließ sich von Bronnen kein Wort abhandeln, während die Verlagsfamilie in den ersten Reihen wie auf Kohlen saß. Bruno Walter schildert die Szene in seinen Erinnerungen: Thomas Mann mußte »seine übertönten Ausführungen accelerando zum Schluß bringen« und rasch den Saal verlassen –

... sehr zur Erleichterung der Frau seines Verlegers S. Fischer, die in der ersten Reihe vor ihm gesessen und ihm immer wieder bebend zugeflüstert hatte: »Möglichst bald Schluß machen.« Sobald er vom Podium abgetreten, eilten meine Frau und ich hinunter, um ihn vor der Berührung mit seinem gefährlichen Publikum zu bewahren, und führten ihn und seine Familie aus dem Künstlerzimmer des Beethovensaales über die mir wohlbekannten Verbindungsgänge in die benachbarte Philharmonie, durch deren dunklen Saal wir uns hinaustasteten bis zum Ausgang an der Köthener Straße; aus einer düsteren Vorahnung hatte ich dort im Hof meinen Wagen warten lassen, der uns in Sicherheit brachte ...

Der Verlag brachte die Rede *Deutsche Ansprache. Ein Appell an die Vernunft* unverzüglich als Broschüre heraus, und dieser kleinen Schrift von einunddreißig Druckseiten, die man zu den bedeutenden Zeugnissen jener Jahre rechnen darf, war ungeachtet des organisierten Krawalls, in dem sie untergegangen war, zumindest beim lesenden Publikum ein größerer Widerhall beschieden als ihrer Vorgängerin *Von deutscher Republik*. Die Erstauflage von sechstausend Exemplaren war sofort verkauft, die Broschüre mußte sogleich noch zweimal nachgedruckt werden, so daß sie rasch ins 20. Tausend gelangte. Das war für eine Schrift dieser Art zu dieser Zeit nicht wenig; man konnte meinen, daß die Verblendung sich in Grenzen hielt, Vernunft und Besinnung noch gehört wurden. Goebbels' Handlanger Bronnen erwähnt in seinen gesprächigen Memoiren seine Heldentat im Beethovensaal nicht mit einem einzigen Wort. Thomas Mann selbst machte sich keine großen Illusionen. Die *Deutsche Ansprache* verwickelte ihn in zahlreiche Polemiken, und in einer seiner Erwiderungen, dem großen Aufsatz *Die Wiedergeburt der Anständigkeit*, der in Fortsetzungen in

den ersten vier Heften der Wochenschrift ›Der Staat seid ihr‹ im März 1931 erschien, sagte er, die »unauflösliche Verbindung von Dummheit und Niedertracht« habe er »bei Gelegenheit der ›Deutschen Ansprache‹ denn auch ausgiebig erprobt ... In unserem irrational beschwatzten Deutschland glaubt man, ein Dichter vergebe sich etwas, wenn er sein Wort in den Dienst aufklärerischer Ziele stellt.«
Wenige Tage nach dem Berliner Erlebnis, Ende Oktober 1930, schloß Thomas Mann den ersten Band des *Joseph*-Romans, *Die Geschichten Jaakobs,* ab. Er war sich insgeheim bewußt, daß das Werk durchaus nicht gänzlich der Zeit entrückt war. In seinem Washingtoner Vortrag sagte er später:

Man hat in ›Joseph und seine Brüder‹ einen Juden-Roman, wohl gar einen Roman für Juden sehen wollen. Nun, die alt-testamentliche Stoffwahl war gewiß kein Zufall. Ganz gewiß stand sie in geheimem, trotzig-polemischem Zusammenhang mit Zeit-Tendenzen, die mir von Grund aus zuwider waren, mit dem in Deutschland besonders unerlaubten Rasse-Wahn, der einen Hauptbestandteil des faschistischen Pöbel-Mythos bildet. Einen Roman des jüdischen Geistes zu schreiben, war zeitgemäß, gerade weil es unzeitgemäß schien ...

Er begab sich unverzüglich an den zweiten Teil; aber schon drohte eine neue Einschaltung.

EPISODE: BEINAHE EIN GOETHE-BUCH

1932, die hundertste Wiederkehr von Goethes Todesjahr nahte heran, und jedermann traf seine Vorbereitungen. Am 9. Dezember 1930 schrieb Thomas Mann an Fischer:

Erinnern Sie sich an ein Gespräch, das wir im vorigen Mai auf einer Wannsee-Restaurant-Terrasse beim Nachmittagstee führten über eine Idee, die ich schon damals lange mit mir herumgetragen hatte und Ihnen, Ihrer Frau und Bermann nun also vorlegte? Ich fragte Sie, was Sie davon hielten, wenn ich gerade jetzt mit der Aussicht auf das kommende Goethe-Jahr ein Buch über Goethe schriebe. Sie zeigten sich damals von diesem Gedanken höchst eingenommen und redeten mir zu, ihn zu verwirklichen. Ich selbst brachte mehrere Gegenargumente vor, zum Beispiel, daß es mir etwas gegen das Gefühl ginge und meiner Natur nicht recht entspräche, ein Buch aus Anlaß eines bestimmten Jahresfestes, mit Rücksicht also gewissermaßen auf eine bestimmte Konjunktur zu konzipieren und zu schreiben; ferner, daß ein solches Unternehmen natürlich auf zeitliche Kosten des Joseph-Romans gehen würde, der notwendig fast ein Jahr liegen bleiben müsse, wenn ich den Goetheplan ihm voranstellte. Auf das erste Argument ist nun freilich zu erwidern, daß die Idee und der Wunsch, einmal ausführlicher über Goethe zu schreiben, durchaus in mein inneres Programm gehört, meiner Natur nichts weniger als fremd ist, wie gewisse schon vorangegangene Studien und Äußerungen über Goethe zeigen, und durch die Jubiläumsaktualität des Stoffes mir eben nur neu ins Bewußtsein gebracht wurde. Schwerer wiegt das zweite Argument, der Joseph. Aber größere Diversionen in eine laufende, umfangreiche Arbeit einzulegen und trotzdem unterdessen innerlich mit Nägeln und Zähnen an dieser Arbeit festzuhalten, bin ich schon gewohnt...

Anlaß dieser Erinnerung an das Gespräch in Wannsee war – »das werden Sie vielleicht schon erraten haben, unser alter Freund Droemer«. Er hatte einige Tage zuvor Thomas Mann in München aufgesucht und ihm eben diesen Vorschlag eines Goethebuches gemacht. Er stellte sich »ein Buch von ungefähr 300 Seiten« vor, illustriert, zum Preis von 2 Mark 85, mit einer garantierten Auflage von einer Million Exemplare, auf die er einen Vorschuß von 200 000 Mark leisten wollte. »Dies Droemers Angebot, und das erste, was ich zu tun habe, ist natürlich, es Ihnen vorzulegen und Sie um Ihre Meinungsäußerung darüber zu bitten.«

Thomas Mann fuhr fort, der Plan habe große Anziehungskraft für ihn, und er sei »schon mehr als dreiviertel entschlossen, das Buch zu schreiben«, aber sein Entschluß hänge davon ab, ob Fischer in Droemers Angebot eintreten wolle, »das heißt ob Sie über die Möglichkeiten des Buches ebenso denken wie Droemer und das gleiche Risiko übernehmen könnten«. Freilich wolle er »ein gewisses menschliches Moment«, das für Droemer spreche, »auch nicht ganz unterdrücken –

den Gedanken nämlich, daß Droemer ja tatsächlich der geistige Urheber der Idee einer Volksausgabe der ›Buddenbrooks‹ war, die ihm schließlich entgangen ist und entgehen mußte – sehr zu seinem Schaden. Denn nicht nur, daß Sie gemacht haben und glänzend gemacht haben, was er machen wollte, sondern nun sind auch eine Menge anderer Verlage Ihrem Beispiel gefolgt und stellen 2 M. 85-Ausgaben her, die vor ›Buddenbrooks‹ kein literarischer Verlag herzustellen gewagt hätte. Man könnte also mit einem gewissen Recht sagen, daß Droemer eine Kompensation gebührt, die er mit dem Goethebuch erzielte.

Diese Erwägung freilich fiel in der Bülowstraße kaum ins Gewicht. Fischer trat unverzüglich in Droemers Angebot ein und übersandte einen Vertragsentwurf, und Thomas Mann schickte Droemer eine Absage. Doch sie schuf, wie Thomas Mann am 15. Januar 1931 an Fischer schrieb, »eine gewisse Verfahrenheit der Lage«, so daß er jetzt von dem Plan abrückte. Denn Droemer teilte bedauernd mit, nun müsse er sich »leider an eine andere Stelle« wenden, denn ein Goethebuch müsse er für 1932 haben. Dies bedeutete, daß »zwei als populär gedachte Goethebücher neben einander auf den Markt kämen und beide das Rennen gewinnen müßten, damit keiner der Verleger zu Schaden käme«. Unter diesem Gesichtspunkt müsse man sich das Ganze noch einmal überlegen. Thomas Mann schloß: »Es liegt tatsächlich so, daß ich das Buch für Droemer wohl hätte machen können, daß ich es aber

für Sie, wenn neben mir für Droemer ein anderes geschrieben wird, nicht machen kann.«
So wurde beschlossen, den Plan fallenzulassen. Die beiden großen Aufsätze, die Thomas Mann 1932 zum Goethe-Jahr beitrug, lassen ahnen, welch profundes Buch hier ungeschrieben blieb. In einem späteren Brief an Fischer meinte Thomas Mann ein wenig wehmütig, sie hätten ihm zu guter Letzt fast soviel Arbeit gemacht wie ein ganzes Goethebuch und dabei kaum etwas eingebracht. Indessen konnte er jetzt am *Joseph* fortspinnen. Aber am 27. März 1931 war er wieder in Berlin, um bei der offiziellen Feier von Heinrich Manns sechzigstem Geburtstag in der Akademie die Festrede zu halten, die unter dem Titel *Der Beruf des Schriftstellers in unserer Zeit* im Maiheft 1931 der ›Neuen Rundschau‹ erschien. Am 7. September 1931 hielt er in Lübeck die *Ansprache an die Jugend*, in der er neuerlich mahnte:

Im Führergedanken bringt denn ja auch der jugendliche Kollektivismus die Persönlichkeitsidee wieder hervor, und aufblickende, gefolgschaftsbereite Jugend ist sicher ein schönes Bild. Möge sie sich die Führer nur ansehen und nicht aufhören, die Bequemlichkeit zu verachten, die sich der Selbstverantwortung entschlägt. Strammstehen und Zu-Befehl-Stehen unter begeistertem Verzicht auf eigenes Denken wäre zumindest nicht neu. Wir haben genug davon gehabt.

Nicht nur der Goethe-Plan, auch ein anderer Gedanke des Verlags blieb unausgeführt. Im Herbst 1931 war *Wälsungenblut* in Frankreich erschienen, und nun schlug Bermann Fischer vor, endlich auch eine deutsche Buchausgabe zu veranstalten. Der Verlag hatte anscheinend eine ähnliche Ausstattung im zierlichen Oktavformat im Sinn wie bei *Unordnung und frühes Leid* und *Mario und der Zauberer*, und Thomas Mann, der selbst »im stillen« schon an etwas Ähnliches gedacht hatte, war grundsätzlich einverstanden und wollte ein kurzes erklärendes Vorwort dazu schreiben. »Nehmen wir also fürs Frühjahr die Publikation einmal in Aussicht«, schrieb er an Bermann Fischer am 15. November 1931. »Anders überlegen können wir es uns immer noch.« Fischer wollte, wie er am 2. Dezember 1931 schrieb, eine Erstauflage von zehntausend Exemplaren drucken und meinte, »das wird vielleicht zu wenig sein«. Aber sie überlegten es sich anders. Die Zeiten waren nicht mehr danach.

ZUM LETZTENMAL: ›REIGEN‹

Um die österreichische Gruppe im Verlag war es um diese Zeit sehr still geworden. Hofmannsthal war dahingegangen; auch Altenberg war tot; Salten und Bahr waren abgewandert; von Beer-Hofmann war seit dem *Schlaflied für Mirjam* (1919) nichts mehr erschienen.

Von Lernet-Holenia kam jedes zweite Jahr ein neues Stück, aber nicht mehr der Bühnenerfolg der Erstlinge; zwei funkelnde kleine Romane von ihm erschienen inzwischen bei Kiepenheuer, doch fand er mit den nächsten Prosa-Arbeiten zu Fischer zurück. Ein neuer, wenngleich nicht mehr junger Wiener Dramatiker, namens Stephan Kamare (rechtens der Industrielle Dr. Stephan von Čokovač-Kamare), hatte 1929 mit seinem reizenden Lustspiel *Leinen aus Irland* bei Fischer einen großen Erfolg erzielt und war wieder verstummt. Von Marta Karlweis kam 1931 ein vereinzelter Roman *Schwindel;* Trebitsch lieferte zwei Romane.

Und Schnitzler schwieg. Doch war in all diesen Jahren in seinem Briefwechsel mit Fischer stets von neuem das noch immer nicht gelöste Problem des *Reigen* aufgetaucht. Der öffentliche Sturm zu Beginn der zwanziger Jahre, der das Buch in der schäbigen Ausgabe des Wiener Verlegers Benjamin Harz zum Bestseller machte, hatte sich ausgetobt, die Sensation war vorüber, und Harz, dem die Rechte bis zur 100. Auflage gehörten, hatte anscheinend das Interesse an dem Buch verloren. Um die Mitte des Jahres 1927 bemühten Schnitzler und Fischer sich neuerlich, es von ihm loszueisen, obwohl Fischer in einem Brief vom 4. Juni 1927 Schnitzler darauf aufmerksam machte, daß der Zeitpunkt für die Übernahme von *Reigen* in seinen Verlag »angesichts des Schund- und Schmutzgesetzes« ungünstig sei; auch sei mancherorts in Deutschland das Verbot noch immer nicht aufgehoben. Ein Jahr, zwei Jahre lang wurde mit Harz verhandelt, ohne Ergebnis. Schnitzler wurde immer ärgerlicher. Harz wollte das Buch nicht hergeben, tat aber auch nichts dafür: er hatte, wie Schnitzler feststellte, im Lauf von 1½ Jahren nicht ein einziges Exemplar verkauft. Fischer bot ihm gemeinsam mit Schnitzler an, ihm seine verbliebenen Vorräte zum Makulaturpreis abzukaufen, aber Harz äußerte sich nicht, war nicht zu fassen.

Inzwischen war seit der Niederschrift von *Reigen* nahezu ein Menschenalter vergangen. Schnitzlers gesamtes Werk war bei Fischer vereinigt, mit Ausnahme dieses einen, einzigen kleinen Buchs, das noch immer nur in der häßlichen kleinen Oktavausgabe vorlag und selbst in dieser Form nicht mehr zu haben war. Doch nun endlich, an beider Lebensabend, fand das Problem doch noch seine glückliche Lösung – spät, aber nicht zu spät. Es gelang Fischer, mit Harz eine Vereinbarung zu treffen, und am 30. Juni 1930 konnte er Schnitzler mitteilen: »Das Abkommen mit Harz wegen ›Reigen‹ ist nun perfekt.« Einige Wochen darauf trafen sich die alten Freunde im Engadin; Fischers waren wie stets in Pontresina, Schnitzler war in St. Moritz, und der Treffpunkt war, wie Hedwig Fischer sich erinnerte, »der Staatzer See, wo er sich mit meinem Mann in abgründige Gespräche stürzte«. Es war ihr letzter gemeinsamer Sommer.

Es war nur noch das äußere Gewand zu erörtern, in dem das Werk neu vorgelegt werden sollte. *Reigen* war inzwischen ein ›klassisches‹ Werk geworden; an seinem Schicksal während eines Menschenalters ließ sich ein Stück deutscher Kulturgeschichte ablesen. Schnitzler wünschte folglich, einer neuen Lesergeneration, die von jenen alten Kämpfen nichts mehr wußte, etwas hiervon mitzuteilen. Er schlug Fischer eine Einführung aus der Feder des ihm befreundeten namhaften amerikanischen Germanisten und Schnitzler-Kenners Otto Paul Schinnerer vor (der später das erste *Systematische Verzeichnis der Werke von Arthur Schnitzler* besorgte). Doch Fischer schüttelte angesichts der dunklen Wolken, die am Himmel standen, bedenklich den Kopf. Der erschreckende erste Wahlerfolg der Nationalsozialisten lag kaum zwei Monate zurück, als er am 10. November 1930 an Schnitzler schrieb:

Lieber Freund ... Nachdem ich die Einleitung gelesen habe, bin ich der Meinung, wir sollten den Abdruck der Einleitung im ›Reigen‹ auf einen gelegeneren Zeitpunkt verschieben. Diese Einleitung ist eine sehr gewissenhafte philologische Darstellung des Schicksals des Buches und der Theateraufführungen; für die Einleitung oder für das Nachwort durchaus geeignet. Wir stehen indessen augenblicklich unter dem Druck der nationalsozialen [!] Bewegung, und die Wirkung dieser Einleitung wäre zweifellos die, daß die antisemitische Presse die Beunruhigung, die aus der Lektüre und den Aufführungen entstanden ist, zu einer neuen Aufrollung der Frage mißbrauchen würde. Ich weiß nicht, was Sie mit der Einleitung bezwecken. Weder Sie noch wir haben unter den gegenwärtigen Verhältnissen ein Interesse daran, eine Konfiskation oder ein Verbot heraufzubeschwören. Und so möchte ich am liebsten die Buchausgabe von ›Reigen‹ im Januar zunächst ohne jeden weiteren Kommentar herausgeben, und die Einleitung erst dann hinzufügen, wenn die antisemitische Welle sich etwas verzogen hat. Lassen Sie mich wissen, ob Sie damit einverstanden sind.

Schnitzler war einverstanden; die Einleitung wurde fortgelassen und auch später nicht hinzugefügt, denn die »antisemitische Welle« wollte sich nicht verziehen. Auch konnte das bei Poeschel & Trepte in Leipzig sehr anmutig mit schmalen Satzspiegel in hohem und schlankem Format gedruckte Buch – es umfaßte nur 168 Seiten gegenüber den 256 Seiten der gedrungenen Harzschen Ausgabe – nicht wie vorgesehen im Januar 1931 erscheinen, denn man war wegen des Umschlags verschiedener Meinung. Hier ging es um einen buchtechnisch und werbetechnisch interessanten Punkt. Fischer wollte den Umschlag so ›literarisch‹ wie möglich gestalten und war auf den damals noch ungewöhnlichen Gedanken gekommen, statt einer ornamentalen oder gegenständlichen Zeichnung den Text eines sehr schönen Feuilletons von Felix Salten über *Reigen* auf der Vorderseite des Umschlags und überlaufend auf der Rückseite abzudrucken. Hierüber kam es im April 1931 noch zu einem kurzen Briefwechsel.

Schnitzler war vom Fehlen jeglicher ornamentaler Ausschmückung etwas enttäuscht und zweifelte außerdem, ob der Text von Salten ganz geschmackvoll oder auch nur propagandistisch richtig sei. Es wäre doch gut, wenn *Reigen* sich nicht ganz so nüchtern präsentierte. Man solle den Umschlag im ganzen etwas lebendiger gestalten. Fischer antwortete am 23. April:

> Auf eine ornamentale Ausschmückung des Schutzumschlags glaubten wir verzichten zu müssen, um Raum zu schaffen für die Besprechung von Felix Salten. Es scheint mir, daß diese Besprechung an auffallender Stelle dem Buch gute Dienste zu leisten vermag, schon um den Leser auf das Buch richtig einzustellen. Wir versprechen uns aber auch eine Förderung des Absatzes, und so wirksam auch ein ornamental ausgeschmückter Umschlag sein mag, eine unmittelbare praktische Wirkung kommt ihm nicht zu. Ich schicke Ihnen einige Umschläge mit Text zur Ansicht; der Umschlag von Döblin (›Berlin Alexanderplatz‹) hat geradezu vorbildlich gewirkt. Ich lasse nun für Sie einen ornamental geschmückten Umschlag entwerfen, und zwar von demselben Künstler (Salter), der den Umschlag und Einband für Ihr Buch ›Traum und Schicksal‹ gezeichnet hat. Ich würde sehr bedauern, wenn wir der ornamentalen Wirkung wegen den Textumschlag (Salten) fallen lassen müßten.

Schnitzler ließ sich nur schwer überzeugen, meinte aber schließlich, Fischer werde schon das richtige treffen. Aus der Wahl zwischen Salten und Salter ergab sich ein sehr glücklicher Kompromiß. Georg Salter zeichnete einen graziösen Schrifttitel, der wie ein Kapitell auf der in anmutiger Kursiv gesetzten Säule des Textes von Felix Salten ruhte. So hatte das Werk nun auch seine endgültige, klassisch-einfache äußere Gestalt gefunden, der sein stürmischer Lebensweg nicht mehr anzusehen war. Fischer druckte von dieser Neuausgabe viertausend Exemplare, und als sie – zusammen mit Schnitzlers Novelle *Flucht in die Finsternis* – im Herbst 1931 erschien, trug sie den Vermerk »101. bis 104. Auflage«. Bei ihr blieb es. Im Verlagsalmanach für das Jahr 1932 ist *Reigen* zum ersten- und auch zum letztenmal unter Schnitzlers Werken aufgeführt; im Almanach für 1933 fehlt er bereits. Schnitzler erlebte das Wiedererscheinen des geliebten Sorgenkindes gerade noch; dies waren seine letzten Bücher, die zu seinen Lebzeiten bei Fischer erschienen. Die Finsternis, die sie gleich darauf wieder verschlang, erlebte er nicht mehr.

ABSCHIED VON SCHNITZLER

Arthur Schnitzler starb am 21. Oktober 1931, wenige Monate vor seinem siebzigsten Geburtstag. Wie bei kaum einem anderen von Fischers frühen Weggenossen rief dieser Heimgang auf beklemmende Weise die Anfänge ins Bewußtsein zurück; kein Tod wehte so kalten Hauchs die schaudernde Erkenntnis herzu, daß eine ganze Welt im Versinken, wenn nicht gar schon versunken war.

Denk ich zurück, ist es mir, als lägen Jahrhunderte dazwischen, der Tod hat wild gehaust seitdem, die Besten sind weg, und daß man selber noch lebt, erscheint wie Irrtum oder Anmaßung. Es war eine heitere Welt, geistig beschwingt, voll Vertrauen zum geistigen Gebilde, ohne das Gefühl von Angst und Haß, das uns heute sogar in unsern Betten schaudern macht...

Jakob Wassermann sprach aus, was alle empfanden. Am Abend des 22. November fand im Staatstheater in Berlin eine Trauerfeier statt. Man spielte Schuberts ›Unvollendete‹, Heinrich Mann, seit dem Vorjahr Präsident der »Dichterakademie«, hielt eine Gedächtnisansprache, und es folgte eine Aufführung von *Liebelei*, die ein Menschenalter zuvor Schnitzler berühmt gemacht hatte, in der Inszenierung von Jürgen Fehling mit Lucie Mannheim und dem Sohn Heinrich Schnitzler, der (wie Loerke notierte) »in Haltung, Blick und Stimme zuweilen an den Vater erinnerte«. Der »alte Kreis« war versammelt: »Wir waren außerordentlich ergriffen. Keine bloße Sentimentalität, die tiefe Menschlichkeit und ihre Perspektiven, das ging nahe.«
Dem Verlagsalmanach für 1932, im November 1931 ausgegeben, war eine wundervolle Photographie Schnitzlers aus seiner allerletzten Zeit vorangestellt: das weiße Haupt- und Barthaar schon fast wie in jenseitigen Nebelschwaden verwehend, das stille, ruhige, ganz in sich gesammelte Antlitz eines Mannes, dessen umflortem Blick man ansieht, daß er vom Lärm der Welt wenig oder nichts mehr hört. Dem Bildnis gegenüber, gleichfalls in schwarzer Umrandung, standen einige Sätze Heinrich Manns:

Schnitzler: das ist grausames Wissen um unsere Nichtigkeit zwischen den Abgründen und Schwermut über so vieles, das wir wohl vermocht hätten, aber versäumt haben... Veredeltes neunzehntes Jahrhundert ist Schnitzler – glaubenslos, einsam, resigniert und trotz allem heiter, warme Menschlichkeit im kalten Schicksal, gewitzter Geist mit so viel Anmut. Er ist beste Zeitseele und bestes Wien. So stellte ihn seine Stadt in sein Jahrhundert. So ward er Meister.

Genau vierzig Jahre waren vergangen, seit im Januarheft 1892 der ›Freien Bühne‹ *Der Sohn*, die erste Novelle des damals Dreißigjährigen erschien. Diese frühe Arbeit, mit der Fischer Schnitzler entdeckt hatte, erschien jetzt zusammen mit vielen anderen kürzeren Erzählungen aus der Frühzeit neu in dem Sammelband *Die kleine Komödie*, den der Verlag mit einem Nachwort von Otto Paul Schinnerer zu Weihnachten 1932 herausbrachte. Dies war das letzte Schnitzler-Buch im S. Fischer Verlag bis nach dem Zweiten Weltkrieg. Das Januarheft 1932 der ›Neuen Rundschau‹ gedachte Schnitzlers mit zwei Beiträgen, die dem Heft vorangestellt waren: Franz Werfels *Gedenkrede* und Jakob Wassermanns *Erinnerungen an Arthur Schnitzler*. In manchem Absatz dieses Memorials klingt die Drangsal jener Jahre an:

Daher auch das Seltsame, fast Unheimliche, daß er in glücklichen Epochen seines Lebens die schlimmen Schicksalswendungen mit einer Art von selbstquälerischer Lust voraussagte, nein, nicht nur voraussagte – vorausdichtete und sich wehsüchtig, innerlich vertraut mit allen Möglichkeiten des Geschicks, hineinträumte in noch nicht aufgestiegenes Wettergewölk und ein düsteres Ahnungsspiel trieb mit dem Tod geliebter Menschen, mit ihrer Abkehr von ihm und mit der Einsamkeit, die er fürchtete und die dann wirklich seine letzten Jahre gänzlich vergiftet hat. Das ›Wenn‹ war ihm die tragische Zauberformel, mit der er die Tür der Zukunft aufriegelte oder aufzuriegeln wähnte, dann stand er vor der Schwelle und sah der Parze zu und sammelte Stichworte des Unheils, die er omenhaft in den Teppich seiner Dichtung verwob ...
Vielleicht war es auch Gnade von oben, Ausgleichsgnade, die ihn mit Schwerhörigkeit schlug; er litt darunter, das wohl, besonders da er doch fast ebenso sehr Musiker war als Dichter, jedenfalls der Musik die leidenschaftlichste Teilnahme zuwandte; das Gebrechen machte ihn scheu und trug zu seiner Vereinsamung bei, aber kann es nicht die barmherzige Absicht Gottes gewesen sein, diesem sensitivsten Ohr und Hirn die Mißklänge vorzuenthalten, die ohnehin, soweit sie zu ihm drangen, sein inneres Gleichgewicht längst erschüttert hatten? ...
Und doch hatte er nicht mehr viel Freude an der gewandelten Welt. Er fühlte sich verlassen und vergessen, und wenn nicht vergessen, so mißkannt; die Herrschaft des Ungeistes und der Gewalt, die Rückkehr zu mittelalterlicher Dumpfheit und Roheit im öffentlichen und gesellschaftlichen Leben machte ihn verzagt und bitter, mußte sie ihm ja das Gefühl erwekken, daß sein humanes Leben verschwendet sei, ohne Folge, ohne Sinn. In unserer [letzten] Unterhaltung sprach ich von der Nation. Was wollen Sie mit dem Wort sagen? fiel er mir heftig in die Rede, kann man ein Gebilde Nation heißen, das in mörderischer Wut sich selbst zerfleischt und seine Besten zu verachteten Outsidern stempelt? Sagen Sie mir nicht, daß es eine Krankheit sei, fügte er erregt hinzu, ist es eine, dann eine Geisteskrankheit ...

»Erst habe ich alles geschrieben, und dann mußte ich es auch noch erleben«, hatte Schnitzler einige Jahre zuvor in einem Gespräch gesagt. Er hatte in der Tat »vorausgedichtet« und damit seine Zeit und seine Welt überlebt, und er wußte es. Aber er hatte ihr ein unvergängliches Denkmal gesetzt im bestimmten Bewußtsein, daß es ein Denkmal sei. Wer sonst soll Denkmäler setzen, wenn nicht die Überlebenden?

BEDRÜCKUNG UND BEGLÜCKUNG

»Sie werden sich auf Politik umstellen müssen, es kommen keine Romane mehr!« Loerke notierte diese ironische Bemerkung Fischers Anfang Dezember 1931 und fand sie »hart«. Denn er wußte ja, daß es sich in Wahrheit anders verhielt. Die Politik war ihm ein unbegreiflicher Greuel. Er stellte mit Wehmut fest, daß der Jugendfreund Hans Kyser sich »nun glücklich in dem nationalsozialistischen Garn gefangen« hatte, und wich schaudernd zurück: »Daß die Wirren der Zeit einen so weit entfernen wie ihn von mir! Folge ich dahin, so wäre es Verrat an meinem Leben und dem, was daran wertvoll war!« Er nahm in eben jenem Dezember 1931 zum erstenmal das Parteiprogramm der Nationalsozialisten zur Hand, um einmal festzustellen, was diese Leute, die mit ihren Saal- und Straßenschlachten Deutschland in den Bürgerkrieg zerrten, eigentlich wollten, und notierte ratlos:

Für alles, was ihre sturen Absichten nicht erfüllt, immer Mord und nur Mord. Man versteht nicht, daß eine solche Fülle von Menschen so entartet ist; oder glauben sie nicht an den Ernst solcher Pläne?

Von »keine Romane mehr« konnte keine Rede sein; sie kamen zu Hauf. »Immer wieder kommen neue Manuskripte. Nicht nachzukommen«, notierte er um die gleiche Zeit klagend über die »Überflutung«. Und am 28. November 1931:

Heute viel gelesen. Manuskripte. Aber auch Politisches. So in der Neuen Rundschau. In der Bedrückung zugleich ein Gefühl der Beglückung, weil die Zeit wirklich viel Bewegtes, von innen Bestimmtes hat. Alle Gedankensicherungen sind angegriffen; wenn darum etwas standhält, ist es doppelt aus sich her erwiesen ...

Im März 1930 hielt Loerke, wie sein Tagebuch verzeichnet, im Berliner Rundfunk einen Vortrag über *Ungedruckte Literatur. Erfahrungen eines Lektors.* Dieses Manuskript hat sich nicht auffinden lassen. Es hätte wohl manchen Aufschluß über seine Tätigkeit und seine Beurteilungsmethode geliefert. Denn es waren dies ja keineswegs arme Jahre. Es gab inmitten der Bedrückung manche Beglückung. Loerke selbst ließ es sich trotz aller häufigen Verzagtheit nicht verdrießen, geduldig sein Netz durch die »Überflutung« zu ziehen, und wenn sein Tagebuch auch nur gelegentliche kurze Hinweise auf Neugefundenes enthält, so zeigt die Hauptproduktion des Verlags, nach wie vor der schöpferischen Dichtung gewidmet, was er alles an Neuem, Merkwürdigem, Bedeutungsvollem und schlichtweg Schönem, das sich »aus sich her erwies«, zutage förderte.

Das Jahr 1930 brachte außer dem schon früher angezeigten Iren Liam O'Flaherty zwei brillante Erstlingswerke aus Frankreich: den jungen

René Crevel – eine Entdeckung Klaus Manns – mit seinem Roman *Der schwierige Tod* und die in Paris lebende, französisch schreibende junge Russin Irene Nemirowsky mit ihrem *David Golder*; und dazu den bereits berühmten Jules Romains mit seiner Erzählung *Die Kumpane,* auf die 1932 noch der Roman *Jemand stirbt* bei Fischer folgte; danach kehrte Romains zu Rowohlt, bei dem er begonnen hatte, zurück, aber auch Rowohlt konnte von dem achtundzwanzig Bände umfassenden Riesenzyklus *Die guten Willens sind* nur sieben Bände herausbringen. Im gleichen Jahr 1930 kam Mechthilde Lichnowsky, die von Kurt Wolff zu Erich Reiss übergegangen war, mit ihrem Roman *An der Leine* zu Fischer, wo sie – weltkundig gescheite, überlegene und formvollendet gestaltende Frau, wie es ihrer in Deutschland zu allen Zeiten nur wenige gegeben hat – hingehörte, nämlich neben Annette Kolb. Und nicht zuletzt machte der Verlag in diesem Jahr eine bedeutende deutsche Entdeckung.

Der neunundzwanzigjährige Hamburger Bürgerssohn Joachim Maass, der einige Jahre Kaufmannstätigkeit und eine vorübergehende Redakteurstätigkeit bei der ›Vossischen Zeitung‹ absolviert hatte, ehe er zu schreiben begann, war eine ganz und gar ungewöhnliche und eigenwillige Begabung. Sein Erstlingsroman *Bohème ohne Mimi* war ein vollkommen gelungener Wurf. Sein »fehlerloser innerer Takt«, den Stefan Zweig rühmte, seine »mit besonderer Ironie und Heiterkeit umrandete tiefe Melancholie« machte allenthalben aufhorchen; aber das Buch ließ nicht ahnen, was sonst noch in diesem Schriftsteller steckte. Das offenbarte sich erst zwei Jahre darauf.

Das Jahr 1931 brachte mit Karl Jakob Hirschs Erstling *Kaiserwetter* einen verwegen bissigen Roman aus dem wilhelminischen Hannover, der einen glänzenden Satiriker aus der Schule des ›Simplicissimus‹ ankündigte. Es brachte mit dem Arbeitslosenroman *Von drei Millionen drei* Leonhard Frank vom Insel-Verlag zu Fischer. Es brachte mit dem prachtvollen London-Roman *Die Engelgasse* den mit Dickens'scher Fülle erzählenden Engländer J. B. Priestley und mit dem wahrhaft ›aristokratischen‹ Prosakunstwerk *Schloß Chevron* die Engländerin Victoria Sackville-West nach Deutschland, deren Gatte Harold Nicolson ihr bald in den Verlag folgen sollte. Und es setzte mit dem Roman *Ernte* den Provenzalen Jean Giono in Deutschland durch. Der Sechsunddreißigjährige war zwei Jahre zuvor in Frankreich mit seinen beiden ersten Bücher, *Colline* und *Un de Baumugnes,* über Nacht zu einer merkwürdigen Berühmtheit gelangt. Diese ungeheuer knappen Erzählungen aus seiner heimatlichen Provence waren so ausgespart und verschlüsselt und zudem durch ihre regionale sprachliche Eigenart so schwer zugänglich, daß sogar die Pariser Literaturbeflissenen bei

allem Staunen über den eigensinnigen Gestalter keineswegs alle Nuancen erfaßten. Hier kam ein Wortschatz, eine idiomatische Syntax, vor allem im Dialog vor, die es überhaupt nur in wenigen, weltabgeschiedenen Tälern der Haute-Provence gab. Konnte man diesen Dichter, seine unzugängliche Landschaft, seine undurchdringlichen Menschen, gegen die Hamsun – mit dem man Giono sofort verglich – ein offenes, unverschlüsseltes Buch war, überhaupt übersetzen? Ferdinand Hardekopf, der Gide-Übersetzer, der in Paris lebte und eine unvergleichliche Kenntnis der modernen französischen Literatur besaß, machte S. Fischer auf dieses Orignalgenie aufmerksam, und so fand Giono in diesem Jahr und in den folgenden Jahren mit *Ernte, Die große Herde* (einem gewaltigen Kriegsroman), *Der Berg der Stummen, Einsamkeit des Mitleids* und dem herrlichen autobiographischen *Der Träumer* (*Jean le Bleu*) seinen deutschen Ruhm. (Ein einziges Buch von Giono war zuvor in einem anderen Verlag erschienen: der Roman *Der Hügel* 1932 bei Rütten & Loening.)
1932 brachte mit *Nachtflug*, vom unermüdlichen Hans Reisiger übersetzt, den Franzosen Antoine de Saint-Exupéry mit einer Einführung von Gide nach Deutschland. Und abermals eine deutsche Erstlingsentdeckung: den Oberschlesier August Scholtis mit seinem Roman *Ostwind*. Der Dreißigjährige stammte aus dem deutsch-polnisch-mährischen Volks- und Sprachgemisch des Dörfchens Bolatitz im Hultschiner Ländchen, hatte sieben Jahre lang als Kanzleischreiber auf den Gütern des Fürsten Lichnowsky, danach bei Behörden und Banken gearbeitet, war vier Jahre lang arbeitslos gewesen, kannte sein Oberschlesien mitsamt seinem zwischen Preußen und Polen hin und her gezerrten Volk wie keiner (und wahrhaftig besser als Bronnen in seinem nationalistischen Hetzroman *O./S.*), und als er mit einem Pappkarton voll Notizzetteln mittellos nach Berlin kam und in »drei Wochen, ohne viel Schlaf, zumeist aus dem Stegreif« seinen Roman schrieb, wußte er, wovon er sprach, und drückte es auf unnachahmliche Weise aus. Länger als drei Wochen durfte die Arbeit nicht dauern, denn nur so lange durfte er die geliehene Schreibmaschine behalten. Was danach geschah, hat Scholtis in seinen prachtvoll ungestümen Lebenserinnerungen *Ein Herr aus Bolatitz* selbst erzählt:

Je eine Reinschrift mit ziemlich gleichlautenden Anschreiben schickte ich an den S. Fischer Verlag, an Rowohlt und Kiepenheuer mit keck ultimativ klingender Aufforderung, mir spätestens in vierzehn Tagen klipp und klar zu sagen, ob die Arbeit brauchbar wäre oder nicht. Schon nach einer Woche öffnete ich mit begreiflicher Aufregung einen Brief des Verlags S. Fischer. Man hätte sich mit meinem Manuskript beschäftigt, ich solle doch vielleicht an einem der nächsten Tage im Verlag in der Bülowstraße vorsprechen. Hier empfing mich ein stattlicher, äußerst germanisch wirkender Herr, blond und blauäugig wie ein deutscher Generalstabsoffizier, der mich zu meiner Arbeit beglückwünschte. Das war Dr. Bermann Fischer, der mir wohlwollend versicherte, auch Oberschlesier zu sein, in Gleiwitz geboren. Das mochte die Entscheidung beschleunigt haben …

»Ein merkwürdiges Buch«, hatte Loerke notiert, »teils roh und dilettantisch, teils von volkstümlich ergreifender dichterischer Kraft.« Und als er ihn kennengelernt hatte und mit ihm sein wirres Manuskript durcharbeitete: »Interessanter, hochbegabter junger Kerl.« Scholtis fährt fort:

Dr. Bermann reichte mir zweihundert Mark Vorschuß hin, mit der Bitte, das Manuskript noch in aller Ruhe durchzuarbeiten. Das war sowieso meine Absicht gewesen, der ich mich in Besessenheit sofort unterzog. Etwa vier Wochen danach hatte ich einen Vertrag, blieb jedoch immer noch sehr mißtrauisch und ungläubig, daß dieses Buch überhaupt einmal Wirklichkeit werden könnte … Dann kamen die Korrekturen, welchen ich mich sehr gründlich unterzog. Durch all die ausnehmend entgegenkommende Behandlung, die Dr. Bermann mir angedeihen ließ, ritt mich der Teufel. Ich fetzte ihm eine Widmung hin, deren spontane Fassung er vorzüglich fand:

»Dieses Buch widme ich dem deutschen Volke. Ich widme es den sogenannten guten und auch den sogenannten schlechten Deutschen. Auch denen, die gegen ihr besseres Wissen dummes Zeug reden.

Ich widme es meinem Vater, dem Wandermusikanten, Trompetenbläser, Bienen-, Kaninchen- und Taubenzüchter, Bauern, Händler, und Trunkenbold, namens Fritz Scholtis, wohnhaft im Dorf Bolatitz, früher deutsch, heute tschechisch, im Hultschiner Ländchen.

Ich widme es meiner Mutter namens Valeska, aus dem Stamme der Bauern und Trunkenbolde, spitznamens ›Herrfon‹ … meiner Mutter, die meinem Vater, spitznamens ›zorniger Tomaschek‹, treu diente wie ein Hund und beim Kartoffelhacken auf dem herbstlichen Acker vor Übermüdung tot umfiel.

Ich, August Scholtis, Sohn des jähzornigen Tomaschek und seiner Valeska, spitznamens Herrfon.«

Diese Widmung stellte der Buchkünstler H. A. Müller nicht, wie der Autor geglaubt hatte und wie es üblich ist, auf die Widmungsseite im Buchinnern, sondern mitten auf den Schutzumschlag.

Dankenswert möchte ich immer wieder ausdrücklich betonen, welch großartige und kostspielige Reklame Dr. Bermann für meinen Erstling einleitete, im ausgesprochenen Glauben, daß er ähnlich einschlagen werde wie andere Erfolgsromane. Das konnte ich überhaupt nicht beurteilen. Aber die verlegerischen Erwartungen erwiesen sich als trügerisch, um so mehr, als Hitler tatsächlich vor den Toren stand und knapp ein halbes Jahr nach Erscheinen meines Romans die Macht ergriff.

›JOSEPH‹ IM GOETHE-JAHR

Nach mehr als einjähriger Pause, die freilich von zahlreichen Vorlesungen gefüllt war, hatte Thomas Mann im Novemberheft 1931 der ›Corona‹ endlich wieder ein Bruchstück des *Joseph*-Romans an die Öffentlichkeit gegeben, nämlich *Jaakobs Hochzeit*, den zweiten Abschnitt des vorletzten Kapitels des ersten Bandes. Hedwig Fischer mußte sich in diesem Winter wegen eines inzwischen aufgetretenen, durch Überanstrengung verursachten Herzleidens sehr still und ruhig zu Hause verhalten, und als Thomas Mann ihr das ›Corona‹-Heft sandte, schrieb sie ihm am 18. Dezember 1931:

Lieber Herr Mann! Sie haben mir mit dem schönen Corona-Druck von Jaakobs Hochzeit eine ganz große Freude gemacht, nehmen Sie meinen herzlichsten Dank, daß Sie daran dachten, mir dieses herrliche Stück aus dem Joseph zu schicken. Ich bin in meiner Ruhelage und Weltabgeschiedenheit jetzt doppelt empfänglich für alles Schöne, und diese ›Hochzeit‹ scheint mir ein Kleinod ... ich kann Sie nur beglückwünschen und mich auf das Ganze freuen und egoistischerweise ein bißchen traurig sein, daß diese Herrlichkeit nicht in der Rundschau stand.

Ich möchte, so kurz vor Weihnachten, noch Ihnen und dem ganzen lieben Hause (Reisi eingeschlossen) ein frohes Fest wünschen und uns allen, daß wir besseren Zeiten entgegengehen mögen und daß endlich dieser ganze Osafspuk mit seinen Adjutanten und dem ganzen Heerwesen und Bürgerkrieg verschwinden möge ... Möchte nur der Herr Brüning und die Regierung etwas härter und energischer werden.

Mir geht es besser, aber an Reisen dürfen wir vor dem Februar nicht denken ...

Im Frühjahr 1932 erlaubten die Ärzte schließlich eine Reise in den Süden, und am 4. April schrieb sie aus Menton an Madelung:

... man sagt, ich habe mir immer zu viel zugemutet und ich müsse ruhiger werden. Das liegt wohl daran, daß das Temperament nicht Schritt hält mit den geringer werdenden Kräften – ich bin ebenso alt wie Sie, aber das ist für eine Frau alt und für einen Mann noch jung!

Wir sind alle sehr besorgt um Deutschlands Zukunft jetzt bei den Wahlen – wenn nur dieser furchtbare Hitler bei dieser Gelegenheit endlich einmal eine entscheidende Niederlage erlebte. Das wünschen alle Gutgesinnten, die leider immer in der Minorität sind. Ich habe mich in diesem wirtschaftlich und politisch schweren Winter immer maßlos aufgeregt, daß man diese Kulturschande in Deutschland so ruhig duldete. Die schlechte Wirtschaftslage, die Arbeitslosigkeit und Verzweiflung und die Hartnäckigkeit Frankreichs, alles das zusammen treibt das Volk diesen Schwindlern in die Arme, die jedem etwas Anderes versprechen!

Die »Wahlen« waren die Reichspräsidentenwahl jenes Frühjahrs, in der Hitler gegen die Wiederwahl Hindenburgs kandidierte. Deutschland war wochenlang von einem unbeschreiblichen Propagandalärm erfüllt. Der erste Wahlgang am 13. März erbrachte keine absolute Mehrheit Hindenburgs, im zweiten am 10. April erzielte er zwei Millionen Stimmen mehr als Hitler und der kommunistische Kandidat Thälman zusammengenommen. Man atmete ein wenig auf; das Ergebnis wurde als eine klare Entscheidung des Volkes für den Regierungskurs gegen Hitler verstanden, und drei Tage darauf griff die Regierung Brüning in der Tat »etwas härter und energischer« ein und erließ durch Notverordnung ein Verbot der paramilitärischen Formationen der NSDAP. Das, hoffte man, werde den schwelenden Bürgerkrieg ersticken. Doch zehn Tage später brachten die Landtagswahlen ein neues starkes Anwachsen der Nationalsozialisten. In Preußen besaßen Nationalsozialisten und Kommunisten jetzt zusammen die absolute Mehrheit. Am 30. Mai trat Brüning zurück, die neue Regierung Papen löste am 4. Juni den Reichstag auf und machte zehn Tage darauf das Verbot der SA und SS rückgängig. Der Bürgerkrieg flammte unverzüglich von neuem auf. Am 20. Juli 1932 enthob Papen mit einem Staatsstreich die sozialdemokratische preußische Regierung Braun ihres Amtes und setzte den Essener Oberbürgermeister Dr. Bracht als kommissarischen Regierungsbeauftragten an ihre Stelle. Gegen diesen Hintergrund vollzog sich das Goethe-Jahr.

Fischer brachte kein Goethe-Buch heraus. Aber seine zwei größten Autoren taten das Ihre, um den Veranstaltungen anläßlich des hundertsten Todestages in Deutschland selbst und im Ausland repräsentative geistige Würde zu verleihen. Hauptmann hatte eine Einladung erhalten, an der Columbia University in New York, in Harvard und an anderen amerikanischen Universitäten einen Goethe-Vortrag zu halten. Er schrieb, nachdem er am 28. November 1931 in Locarno sein neues Schauspiel *Vor Sonnenuntergang* beendet hatte, im Dezember auf dem Semmering seine große Goethe-Rede und trat am 19. Februar 1932, drei Tage nach der Berliner Uraufführung von *Vor Sonnenuntergang*, seine zweite Amerikareise an, die zu einem großen persönlichen Triumph wurde. In New York sah er O'Neills *Mourning Becomes Electra* und fand es »von ungeheurer dramatischer Wirkung. Ich halte O'Neill für den bedeutendsten lebenden amerikanischen Dramatiker«, erklärte er C. F. W. Behl: »Aber die New Yorker Theater hatten für mich etwas Nüchtern-Unfestliches.«

Er wurde bei seiner Rückkehr am 23. März in Bremen – Bermann Fischers waren ihm zur Begrüßung eigens entgegengereist – überschwenglich gefeiert, und Kerr hielt im Bremer Schauspielhaus eine Festrede. Am 8. Mai wiederholte er seine Goethe-Rede in Heidelberg; am 28. August hielt er bei der Goethe-Feier in der Frankfurter Paulskirche die Festrede *Der Geist der Kultur* und erhielt von der Stadt Frankfurt den Goethe-Preis. Unversehens ging die Feier von Goethes hundertstem Todestag in die Feier von Gerhart Hauptmanns siebzigstem Geburtstag über.

Thomas Mann lieferte zwei bedeutende Beiträge zum Goethe-Jahr, die beide alles andere als Gelegenheitsarbeiten – wenngleich »Einschaltungen« in den *Joseph*-Roman – waren und erkennen lassen, welch weitgespannten Rahmen das geplante und verworfene Goethe-Buch gefüllt hätte: die im Januar und Februar 1932 in München und in St. Moritz-Chantarella geschriebenen Vorträge, *Goethe als Repräsentant des bürgerlichen Zeitalters* und *Goethes Laufbahn als Schriftsteller.* Den ersten hielt er auf seinen beiden ›Goethe-Reisen‹ im Februar und März 1932 in Bern, Luzern, Prag und Wien und schließlich am 18. März bei der Festveranstaltung der Akademie der Künste in Berlin und heimste für diese anstrengende »wertvolle Mitarbeit bei der Goethe-Jahrhundertfeier« die Goethe-Medaille und ein Schreiben Hindenburgs ein. Den zweiten Vortrag hielt er als Festvortrag bei der Goethe-Gedächtniswoche am 21. März in Weimar, danach in Nürnberg und in Frankfurt und schließlich am 8. Juni in München im Auditorium maximum der Universität vor einer Zuhörerschaft von siebzehnhundert Menschen. »Die Leute, viele junge Leute«, schrieb er an Bertram, »zeigten sich leidenschaftlich angetan. Man stelle mit Deutschland auf, was man wolle – meinesgleichen wird nie allein sein.« Dazwischen fiel noch am 14. Mai die Ansprache bei der Einweihung des erweiterten Goethe-Museums in Frankfurt und die Verleihung der Meistermedaille des Freien Deutschen Hochstifts.

Das Aprilheft 1932 der ›Neuen Rundschau‹ war Goethe gewidmet, und sein großes Hauptstück war Thomas Manns Essay *Goethe als Repräsentant des bürgerlichen Zeitalters* (der zweite, kürzere Goethe-Vortrag war bereits im Februarheft der ›Corona‹ erschienen). Hauptmann trug zu dem ›Rundschau‹-Heft nichts bei außer einem nichtssagenden und sorglos formulierten zwölfzeiligen *Vorspruch;* doch enthielt das Heft aus dem Nachlaß von Friedrich Gundolf den Aufsatz *Goethe und Walter Scott*, André Gides *Leben mit Goethe*, Essays von Gottfried Benn und Emil Ludwig, Hermann Hesse und Johannes V. Jensen und vor allem, als Schlußstück, den seither berühmt gewordenen »Brief an einen Deutschen« von José Ortega y Gasset: *Um einen Goethe von innen bittend.* Fischer brachte zugleich eine von Meid ausgestattete Buchausgabe des großen Goethe-Essays von Thomas Mann heraus, sowie eine erweiterte Neuausgabe des Essays *Goethe und Tolstoi*, der ursprünglich in *Bemühungen* erschienen war. »An der Buchausgabe der Goethe-Rede hatte ich große Freude«, schrieb Thomas Mann an den Verlag. »Meids Zeichnungen sind überaus delikat und reizvoll. Ich bin ihm und dem Verlag sehr dankbar.«

Im Juni 1932, als Thomas Mann seine Goethe-Verpflichtungen hinter sich hatte, wurde auch der zweite, wesentlich umfangreichere Band des *Joseph*-Romans, *Der junge Joseph*, abgeschlossen. Bülowstraße und Erdener Straße hatten bisher von dem Werk nur die wenigen, vereinzelt veröffentlichten Bruchstücke kennengelernt und das, was Thomas

Mann in Berlin öffentlich vorgelesen hatte. Der Dichter hatte eifersüchtig an seinem Manuskript festgehalten und es bisher nicht aus der Hand gegeben. Auch jetzt, nach Abschluß des zweiten Bandes, sandte er einstweilen nur den ersten nach Berlin und behielt den zweiten zurück. Am 21. Juni schrieb ihm Hedwig Fischer:

Wir sind ganz glücklich mit dem Joseph, jeden Abend wird fleißig und mit Freude gelesen, und ich bin schon ganz eingesponnen in jene Urwelt und mir kommt es ein wenig vor, als läse ich die ›Geschichte der Menschheit‹, eine neue Art Odyssee ... Mein Mann liest nicht so schnell, hat auch nicht so viel Zeit und ist daher noch nicht so weit wie ich. Ich möchte Sie schon bitten, den zweiten Band auch abzusenden, damit man dann nicht absetzen muß, oder wenigstens mitzubringen. Dazu sind wir jetzt von Manuskripten bestürmt, das ist ja immer so im Sommer (die Ernte des künftigen Herbstes!) Wir haben Heuser (der sogar hier ist), Hausmann, die Jungen den Jungen übergeben und bleiben beim Joseph! Aber, was mich beängstigt, was wird unsere braun gekleidete Nazi-Jugend zu der Geschichte der Erzväter sagen; sie will doch nur von blonden Heldensöhnen und Thor und Odin hören, diese Toren!

Fischer las, so rasch er konnte, und gab dann das Manuskript an Loerke weiter, der im Tagebuch notierte:

Freitag (1. Juli 1932) schickte Fischer durch eine Botin Th. Manns Joseph-Manuskript. Ich las ohne Unterbrechung den ganzen Tag. In der Schwüle las ich nachts weiter, dann wieder frühmorgens. Im Halbtraum im Stil und Ton weiter an dem Buch phantasiert, mit der Empfindung im halben Bewußtsein, nun sei ich weiter vorangekommen. Merkwürdige Anstrengung. Freilich trotz aller Problematik ein großes, weitreichendes Werk aus den drei Welten. Und wohl aus der Tiefe der Not und des Wahns unserer Tage. Das Patriarchalische tut wohl wie stille reine Sonne und Reife, das Mythenwilde dazu. Dies Fremde der Schichtung der Gedankenkreise und der Chronologie – neue eigene Gesetze.

Fischers waren im Begriff, zu einem Kuraufenthalt nach Bühlerhöhe bei Baden-Baden zu reisen, und Thomas Mann verlegte seine Reise nach dem neu erbauten Sommerhaus in Nidden auf ihre Bitte um einige Tage vor, damit man sich in Berlin noch in Ruhe sehen und sprechen konnte. Er kam am 2. Juli mit Reisiger, der ihm während der ersten zwei Wochen, bis zum Eintreffen seiner Familie, in Nidden Gesellschaft leisten sollte, nach Berlin und brachte das Manuskript des zweiten *Joseph*-Bandes mit. »Im Verlag lang Thomas Mann auf der Durchreise«, notierte Loerke. »Mit ihm viel gesprochen aus festlicher Empfindung.« Hedwig Fischer las den zweiten Band offenbar sofort in einem Zug, denn sie schrieb schon am 4. Juli nach Nidden:

Soeben habe ich die letzten Seiten des Joseph gelesen mit süßer Trauer um Jakob und mit noch stärkerer Trauer, daß ich nun für einige Zeit von Joseph und von diesem herrlichen Werk Abschied nehmen muß. Aber voller Bewunderung und Dankbarkeit für den Schöpfer, der mir, uns allen, dem

Verlag und der Welt dieses große und schöne Werk geschenkt hat und mit dem glühenden Wunsche, daß die Menschen und die Welt erkennen mögen, was ihnen da gegeben wurde. Großartig ist Jakobs Klage »Gott hat nicht Schritt gehalten« und sein Hadern mit Gott, und ich wünsche Ihnen von Herzen Gesundheit, Frische und Kraft, um das große Werk zu vollenden wie bisher.
Jetzt geht der erste Teil nach Kampen [wo die Familie Bermann Fischer auf Sommerurlaub weilte], nachdem mein Mann es noch einmal durchgesehen hat; er wollte es gern noch einmal haben, da er sich Loerkes wegen etwas eilen mußte, und dann wird er den zweiten, nun den zweiten Teil, den eigentlichen Joseph lesen ... Hauptmanns sind hier, wir werden sie morgen sehen.

Fischer ging es nicht gut, als er nach Bühlerhöhe kam. Flake notierte nach einem Besuch: »Er war alt geworden und sah verfallen aus; die Schwerhörigkeit hatte so zugenommen, daß er der Unterhaltung nicht mehr folgte.« Rudolf G. Binding, der ihn ebenfalls besuchte und mit ihm einen zweistündigen Spaziergang machte, hatte einen lebhafteren Eindruck:

... da reizte es mich, ihm den Entwurf – ja mehr als den Entwurf – eines Romans zu erzählen, der sich mit einstellte als ich, in lebhaften Darstellungen begriffen, neben ihm herging. Er hörte mir aufmerksam zu, mit klugen Augen sich zu mir wendend. Er hörte wohl eine Stunde lang zu; dann kam das Gespräch, nachdem ich geendet, auf andere Dinge. Schon näherten wir uns dem Hause, als er sehr eindringlich stehenblieb, um seinen Worten Gewicht zu verleihen. »Wenn Sie den Roman schreiben«, begann er langsam und tief »– denn ich interessiere mich wirklich dafür – wenn Sie den Roman schreiben, den Sie mir vorhin erzählt haben, dann schicken Sie das Manuskript *mir*. Dann gebe ich es dem Lektor – vielleicht haben wir dann zusammen Glück.«

Er versäumte auch nicht, Thomas Mann sofort, am 7. Juli 1932 aus dem Kurhaus zu schreiben:

Ich bin Ihnen schon lange schuldig zu sagen, einen wie großen und starken Eindruck Ihr Joseph mir gemacht hat, dessen Lektüre ich hier beendet habe. Ich las hier die beiden letzten Kapitel, vor allem die ergreifende Klage und den rührenden Kummer Jakobs, dessen schon ganz vergeistigte Altersgestalt neben dem blühenden Joseph und der süßäugigen Rahel mir am gelungensten scheint, wenn man bei diesem Werk überhaupt von etwas Gelungenstem sprechen kann, da mir bis auf einige Längen besonders im Vorwort und in der Genealogie alles gelungen scheint und uns auf eine bildhafte Weise die alten Sagen nahe gebracht und lebendig gemacht hat.
Ich beglückwünsche Sie zu diesem Werk der Verinnerlichung und ungeheuren Konzentration, und ich freue mich, daß mein Verlag den Menschen mal wieder ein Werk großen Stils übergeben kann.

Wann und wie sollte das Werk erscheinen? Diese Frage scheint bei Thomas Manns Besuch im Verlag am 2. Juli erörtert worden zu sein. Fischer wollte, während Thomas Mann in Nidden die Arbeit am dritten Band aufnahm, inzwischen die beiden ersten Bände herausbringen. »Aber ich habe mich geweigert«, schrieb Thomas Mann an Bertram. Und in einem Brief an Ida Herz vom 26. August 1932 aus Nidden heißt es:

Ich bin ein gutes Stück weiter mit dem 3. Bande des ›Joseph‹ gekommen, und wäre nicht die Politik gewesen, so wär's gewiß noch mehr und besser geworden. Das Haus Fischer ist sehr erfüllt von den fertigen beiden Bänden und hätte gern gleich mit der Veröffentlichung begonnen. Aber ich will's auf einmal hinstellen, und es ist auch jetzt die Stunde nicht...

Wäre nicht die Politik gewesen... Bei den Reichstagswahlen am 31. Juli 1932 hatten die Nationalsozialisten die Zahl ihrer Mandate mehr als verdoppelt und 230 von insgesamt 608 Sitzen erobert! Wenige Tage darauf entfesselten sie schwere Ausschreitungen in Königsberg, bei denen es zu Mord und Totschlag kam. Thomas Mann schob »aus wirklicher Qual und Empörung und aus einem Gefühl der Scham über das allgemeine geduckte Schweigen«, wie er Bermann Fischer schrieb, den *Joseph* beiseite und sandte dem ›Berliner Tageblatt‹ eine scharfe Stellungnahme, die das Blatt unter dem Titel *Was wir verlangen müssen* am 8. August veröffentlichte. Darin sagte er:

Werden die blutigen Schandtaten von Königsberg den Bewunderern der seelenvollen ›Bewegung‹, die sich Nationalsozialismus nennt, sogar den Pastoren, Professoren, Studienräten und Literaten, die ihr schwatzend nachlaufen, endlich die Augen öffnen über die wahre Natur der Volkskrankheit, dieses Mischmasch aus Hysterie und vermuffter Romantik, dessen Megaphon-Deutschtum die Karikatur und Verpöbelung alles Deutschen ist?

Fünf Tage darauf lehnte Hitler den ihm vom Reichspräsidenten angebotenen Posten des Vizekanzlers in der Regierung Papen ab, und jetzt wußte man: der Mann geht aufs Ganze; es ist alles oder nichts. Am 14. August notierte Loerke im Tagebuch: »Ja, die verdammten Totengräber Deutschlands begraben einen bei lebendigem Leibe.« Am 19. August 1932 heißt es in einem Brief Bermann Fischers an Thomas Mann:

Ihren Leitartikel im Berliner Tageblatt las ich, als ich bei Manfred Hausmann war, einigen Leuten, die gerade dort zusammensaßen, vor. Man war erregt vor innerer Zustimmung, und obgleich nicht alle aus dem gleichen Gesinnungslager stammten, gab es nur eine Stimme: endlich einmal ein hartes, mutiges Wort zu all diesem Kriechen, Sichverstecken, Konzessionenmachen und Überlaufen. Es ist schauderhaft, zu sehen, wer alles bei den flüchtenden Opportunisten ist... Ihre Worte werden nützen, dieses Halt wird nicht vergessen sein...

Saenger war nicht hoffnungsvoll. In einem großen Aufsatz *Abschied von Weimar* im Septemberheft 1932 der ›Neuen Rundschau‹ betrachtete er das Wahlergebnis vom 31. Juli und fand:

Die Nation bleibt weiter gefahrvoll zerspalten; sie birgt weiter alle Möglichkeiten eines offenen oder potentiellen Bürgerkriegs in sich; sie steht

weiter unter dem Druck einer Massenbewegung, die sich anmaßt, mit Mitteln des Terrors deutsche Vorsehung zu spielen, einen Tempel der Werterneuerung zu errichten und zur Erfüllung dieser Aufgaben nichts weniger als die Auslieferung der staatlichen Machtmittel zu beanspruchen...
Geben wir zu, nicht ruhig sondern tief beunruhigt und zum Kampf um ein *uns* genehmes und dem Gemeinwohl am meisten angemessenes Staatsrecht bereit: geben wir zu, daß vom Werk von Weimar in diesem Augenblick nichts einen so festen Bestand hat als die Präsidial-Autorität, und ihr verzücktester Priester bis zum Tage seines Sturzes – Brüning gewesen ist. Geben wir endlich offen und ohne Verklausulierungen zu, daß all die Jahre hindurch unsere demokratischen und sozialdemokratischen Regenten mit Papiermaßregeln ein blutarmes Regime zu stützen suchten und ein Platzhaltedasein für ihre die Offensive vorbereitenden Gegner unterhielten...
Auf der Verfassung von Weimar, wie sie bis zur Inthronisierung des Kabinetts Brüning in Geltung war, liegt an ihrem dreizehnten Geburtstag verglimmendes Abendrot. Sie nimmt von uns Abschied und macht die Deutsche Republik zu einer umkämpften Fragwürdigkeit. Der erste Abschnitt der deutschen Nachkriegsgeschichte ist abgeschlossen, mit der Bildung des zweiten Präsidialkabinetts Papen-Schleicher treten wir in die Periode eines verfassungsrechtlichen Umbaus des Deutschen Reiches, die nach ihrem bisherigen Verlauf konterrevolutionären Charakter trägt.

Sonderbar, sich vorzustellen, daß im gleichen ›Rundschau‹-Heft der (bereits im Augustheft begonnene) Vorabdruck der *Fahrt zu den Brüdern*, des fünften Kapitels des zweiten *Joseph*-Bandes zu lesen war. Über die Fortschritte des dritten Bandes schrieb Thomas Mann am 23. August an Bermann Fischer:

Ich habe hier bei fast immer leuchtend schönem Wetter unter dem Eindruck der freundlichen Aufnahme, die die beiden ersten Bände im Hause Fischer gefunden haben, ganz munter an dem dritten fortgeschrieben. Das Buch hat das Andante-Tempo in sich und überhaupt seine eignen etwas seltsamen Gesetze, die auf Schritt und Tritt respektiert sein wollen; aber da ich es so weit geführt habe und, bei allen möglichen Einwendungen, doch, wie es scheint, nicht ohne Glück, so wird es schon fertig werden. Es ist ja jetzt doch stark auf dem Weg dazu.

Am 4. September reiste er heim. Zu seinem Erstaunen traf er in Berlin in der Bülowstraße niemand an. Fischers, Bermann Fischers, Kayser – der ›halbe Verlag‹ – waren zu den Hauptmann-Feiern nach Breslau gefahren. Das hatte er ganz vergessen.

›VOR SONNENUNTERGANG‹

Dabei war in Nidden, wo Thomas Mann noch seinen *Herzlichen Glückwunsch* für die ›Neue Rundschau‹ schrieb, in Gesprächen mit Reisiger immerfort von Hauptmann die Rede gewesen:

Wir redeten von Ihrem Weg, von Ihrer persönlichen Entwicklung aus protestantischer Askese zu heidnisch-froher, ja derber Bejahung des Leibes, des Rausches, des Genusses, und verständigten uns darüber, Ihre Goethe-Verwandtschaft nicht so sehr, wie wohl die Menge tun mag, in Ihrem äußeren Bilde zu finden, sondern in der Stellung zwischen Pietismus und Griechentum, die Nietzsche als den geistigen Ort Goethe's bezeichnete.

Im gleichen *Glückwunsch* heißt es an anderer Stelle rundheraus:

Entsagung – ist nicht das Wort schon eine Anspielung auf den Mythus, der in Ihnen nach Gegenwart ringt, in Ihrer Leiblichkeit den rührenden Versuch der Wiederverkörperung macht, in den scherzhaften Zitaten und Identifizierungen Ihres letzten Bühnenwerkes sein Wesen treibt und noch in dem Einfall dieser Ihrer ›Festivitas‹ in das große Gedenkjahr sich spielend insinuiert? »Man muß etwas sein«, hat Goethe gesagt, »um etwas zu machen.«

Der Zusammenklang von Goethe-Jahr und Hauptmann-Jahr war unausweichlich, und Hauptmann selbst lieh ihm keineswegs ungewollten Nachdruck. Die physiognomische Ähnlichkeit, hauptsächlich im Profil, war in der Tat frappant; Karikaturisten hatten seit langem über sie gespottet; jetzt, um sein siebzigstes Jahr, hatte sie sich sehr stark und unverkennbar herausgebildet, und Hauptmann pflegte sie bewußt, so wie er seinen Status als Nationaldichter und Dichterfürst auch in ihrem äußeren Rahmen pflegte: mit der ›Hofhaltung‹ auf dem ›Wiesenstein‹ und in Rapallo, mit seinen Riemers und Eckermanns, seinen Sekretären und Archivaren, die sein dichterisches Reich verwalteten, mit dem Schwarm von Verehrern, Bewunderern (und auch Ohrenbläsern), die allzeit um ihn waren und auch jetzt wieder in seinem Gefolge durch die deutschen Lande zogen. Doch war bei alledem eine durchaus echte Affinität mit Goethe vorhanden, und er ließ, wie Thomas Mann anmerkte, im Alter Wesensähnlichkeit und Wahlverwandtschaft in seinem Werk ganz unbekümmert ihr Wesen treiben. Die Verserzählung *Anna* verleugnete ihre Herkunft von *Hermann und Dorothea* nicht; das in Entstehung begriffene Erinnerungsbuch *Das Abenteuer meiner Jugend* stellte sich mit Selbstverständlichkeit in die Nachfolge von *Dichtung und Wahrheit*, der *Till Eulenspiegel* war sein *Faust*, und in seinem neuen Schauspiel *Vor Sonnenuntergang*, das er sich selbst gleichsam zum siebzigsten Geburtstag schrieb, war Goethe nicht nur mit »scherzhaften Zitaten«, sondern noch einigem mehr allgegenwärtig. Das Stück spielt am siebzigsten Geburtstag des Geheimrats Clausen; die plötzlich aufgeflammte Liebe des Siebzigjährigen zu der neunzehnjährigen Inken Peters ist eine absichtsvolle Spiegelung des Ulrike-Erlebnisses und der ›Entsagung‹, die daraus folgte; zugleich ist Inken, wie sie der Kinderschar das Brot schneidet, geradezu photographisch Werthers Lotte nachgebildet, und die Kinder des Geheimrats heißen mit Vornamen doch wahrhaftig Wolfgang, Egmont, Bettina und Ottilie. »Warum soll ich«, sagt Clausen zu Inken, »nicht Goethe zitieren, wenn er treffend gesagt hat, wie es ist?«

Goethe hin, Pose her – *Vor Sonnenuntergang* war ein zwingender, mitreißender Wurf, eine »lässig-mächtige Improvisation«, wie Thomas Mann sagte, mit der »Sie auf früh Gekonntes zurückgriffen, um wieder einmal zu siegen, damit ›das Lumpenpack nicht glaube, Sie seien's nicht mehr‹ und das allein in allem Drama von heute die Klaue des Löwen zeigt«. Die Uraufführung am Deutschen Theater in Berlin am 16. Februar 1932 brachte Hauptmann einen Triumph, der anhaltend durch das ganze Jubeljahr forthallte. Niemand ahnte, welchen Abschied sie bedeutete: sie war das letzte große Bühnenereignis der Republik, Reinhardts überragende Inszenierung mit Werner Krauß und Helene Thimig seine letzte Hauptmann-Regie, Kerrs Rezension seine letzte Huldigung an Hauptmann:

> Es tönt aus diesem tragisch-seligen Gesang eines siebzigjährigen Dichters, der seinem Land aus großem Reichtum viel gegeben hat (anderthalb Dutzend Schauspiele, von denen manches die Urständ erfahren wird auf Grund allerhand verborgenen Werts)... es tönt aus diesem Werk des Vor-Abschieds, des Vor-Sonnenuntergangs nicht nur der lebenslängliche Werkton eines großen Künstlers, der in der Dramenwelt meißelt und hämmert: sondern ein besonderer, privater Klang... Nicht der Dramatiker: der Mensch redet. Er in dem anderen. Ein herrlicher Mensch; wer ihm begegnet ist, hat es gefühlt. Aus diesem Dramatiker spricht der Beruf; aus diesem Menschen der Ruf.

Fischer brachte nicht nur dieses neue Werk unverzüglich als Einzelausgabe in einer Erstauflage von zehntausend Exemplaren heraus und dazu unter dem einigermaßen konventionellen Titel *Um Volk und Geist* erstmals einen Band, der Hauptmanns Reden, Ansprachen und Aufrufe aus der Zeit von 1905 bis 1932 gesammelt enthielt. Der Verlag war außerdem mit einer neuen Gesamtausgabe zur Stelle. Sie war freilich nicht das, was Hauptmann sich ursprünglich vorgestellt hatte und was im Vertrag von 1929 vorgesehen war. Eine solche »große Ausgabe letzter Hand« war unter den gegebenen wirtschaftlichen Umständen ein unmögliches Unternehmen, und Hauptmann scheint auch nicht auf ihr bestanden zu haben. Bermann Fischer schlug statt dessen eine »den Zeitverhältnissen besser angepaßte« Gesamtausgabe in zwei Teilen und vier Bänden vor, die das Gesamtwerk zu einem relativ niedrigen Preis für einen großen Leserkreis erschwinglich machen sollte. Zunächst sollte *Das Dramatische Werk* in zwei Bänden, anschließend *Das Epische Werk*, gleichfalls in zwei Bänden, erscheinen. Die beiden Bände der ersten Abteilung, die sämtliche dreiunddreißig Dramen enthalten und einen Gesamtumfang von dreitausend Seiten haben sollten, waren zu einem Ladenpreis von nur 16 Mark kalkuliert, und da dies nur bei einer entsprechenden Herabsetzung des Honorars möglich war, mußte der Verlag versuchen, Hauptmann zu einem »verständnisvollen Entgegenkommen« zu bewegen. Dies war, nachdem die jahrelangen Zwistigkeiten erst kürzlich mit Mühe und Not beigelegt worden waren, keine einfache Aufgabe. Es war eine persönliche Unterredung notwendig, Bermann Fischer erzählt:

Früh am Morgen traf ich in Rapallo ein, auf schweren Sturm gefaßt. Er empfing mich im Schlafrock, die weißen Haare noch etwas in Unordnung; und ohne mir eine Atempause zu lassen, stieß er wie ein Adler auf mich herab: »Sie sind ja viel schlimmer als Ihr Schwiegervater! Wissen Sie, was Cotta dem Goethe für seine Gesamtausgabe gezahlt hat?« – Nun, ich wußte es nicht. Und da ich es auch im Augenblick gar nicht wissen wollte, lenkte ich das Gespräch, das sich allmählich am Frühstückstisch beruhigte, zurück auf das Jahr 1931 und unsere etwas realistischeren Kalkulationen. Ich kam als gekrönter Sieger heim, und unsere Freundschaft hatte keinen Schaden gelitten ...

Die erste zweibändige Abteilung erschien pünktlich zu Hauptmanns Geburtstag; die zweite, *Das Epische Werk*, erlebte Fischer nicht mehr. Sie konnte erst 1935 erscheinen, und bei ihr passierte, wie Dr. Schauers Sekretärin sich erinnerte, ein seltsames technisches Mißgeschick. Als die ersten Bände aus der Buchbinderei kamen, stellte man voller Schrecken fest, daß auf den Titelbogen die Masken-Vignette der *Dramen*-Abteilung stand. Und sämtliche Titelbogen waren bereits ausgedruckt. Eilige Anrufe in Leipzig stoppten die weitere Bindearbeit, und die Titelbogen wurden mit der richtigen Lyra-Vignette neu gedruckt. Die Sekretärin, die das Mißgeschick entdeckt hatte, meinte: »So findet eine blinde Henne auch mal ein Korn.« Ein besonderer *Festkatalog* mit Textproben, einem Auszug aus Moritz Heimanns Aufsatz *Ein Dichter – ein Seher* und mehreren Porträts und Illustrationen gab einen umfassenden Überblick über das Gesamtwerk Hauptmanns in allen seinen Ausgaben. Als letzte war als besondere Geburtstagsgabe eine neue, von Hans Meid illustrierte Ausgabe von *Der Ketzer von Soana* hinzugekommen.

Schlenthers Hauptmann-Monographie, zuletzt 1922 nochmals aufgemöbelt, ließ sich beim besten Willen nicht abermals renovieren; sie war durch zahlreiche, inzwischen anderwärts erschienene Bücher über Hauptmann endgültig überholt. Aber Fischer hatte einen gewissen Ersatz. Er brachte, wohl auf Zureden Hauptmanns, eine kurze, kaum 150 Seiten umfassende und plaudernd dahinplätschernde Monographie *Gerhart Hauptmann. Siebzig Jahre seines Lebens* des Hauptmann-Freundes und -Bewunderers Hans von Hülsen, der schon 1925 ein Hauptmann-Buch veröffentlichte und sich damals als der Hauptzwischenträger, Einflüsterer und Unfriedenstifter in der Sache Peeperkorn nicht gerade rühmlich betätigt hatte. Sein Buch (mit dem zusammen Fischer auch gleich einen Goethe-Roman von ihm bringen mußte) war oberflächlich, schlecht gegliedert und schlampig geschrieben, ist aber durch eine Anzahl anekdotischer Einzelheiten und ansonsten verschollener dokumentarischer Unterlagen aus der Frühzeit nicht ganz ohne Wert. Mit diesem Buch erlebte Fischer eine herbe Enttäuschung, die ihn wohl hauptsächlich Hauptmanns wegen schmerzte. Er druckte zuversichtlich eine Erstauflage von 10 000 Exemplaren, was in diesem Jubeljahr nicht zuviel schien, setzte aber im Lauf mehrerer Jahre nur 2000 ab und stieß schließlich den größten Teil der Auflage als Altpapier ab. Gleichzeitig mit Hülsens Buch brachte er noch ein Buch *Gespräche mit Gerhart Hauptmann* von Joseph Chapiro heraus, von dem er vier Jahre zuvor zu Kerrs sechzigstem Geburtstag bereits eine kleine Huldigungs-Anthologie, *Für Alfred Kerr. Ein Buch der Freundschaft*, veröffentlicht hatte. Chapiro war in seiner Art ein Phänomen und gehörte ins Bild des literarischen Berlin jener Jahre. Er war sechsundzwanzigjährig 1919 aus seinem heimatlichen Kiew nach Berlin gekommen, ohne ein Wort Deutsch zu können, wie er selbst gestand, hatte sich mit einem enthusiastischen Kopfsprung in die deutsche Sprache und die deutsche Literatur gestürzt, schrieb bienenfleißig für deutsche und ausländische Zeitungen, übersetzte aus einem halben Dutzend Sprachen ins Deutsche, war auch eine Zeitlang Dramaturg bei Reinhardt und sammelte mit großem Geschick Berühmtheiten; er brachte in seiner Berliner Wohnung einen literarischen Salon zusammen, in dem man von Einstein bis Thomas Mann alles, was Rang und Namen hatte, treffen konnte. Er war ein gutmütiger, humoriger und betriebsamer Mann, der selbst nicht viel Eigenes zu bieten hatte, aber der Literatur keinen Schaden und einiges Nützliche stiftete.

Ehrungen und Festlichkeiten brachen wie eine Flut über Hauptmann herein; der ›Hauptmann-Rummel‹ von 1922 wurde noch bei weitem übertroffen; es war fast, als habe Deutschland das Gefühl, es besitze in diesem Dichterfürsten wenigstens *eine* hochaufragende Gestalt, an deren Gültigkeit es sich im Chaos dieses Jahres 1932 halten konnte. Ein Blick auf die deutschen Bühnen in diesem Jahr gibt den Eindruck, als sei überhaupt nur Hauptmann gespielt worden. Nicht nur kam *Vor Sonnenuntergang* in 63 verschiedenen Inszenierungen im deutschen Sprachbereich heraus; von den dreiunddreißig Stücken, die die neue Gesamtausgabe enthielt, wurden nicht weniger als 23 in insgesamt 176 Inszenierungen neu aufgeführt. Vierzehn Bühnen brachten *Florian Geyer*, zwölf den *Biberpelz*, je elf *Die Ratten* und *Rose Bernd*, je zehn *Die versunkene Glocke* und *Fuhrmann Henschel*, neun *Hanneles Himmelfahrt*, sieben *Die Weber* heraus, und selbst so wenig bühnenwirksame Werke wie *Griselda* und *Winterballade* erlebten Neuaufführungen. Hauptmann reiste von einem Festakt zum nächsten: er erhielt die Goethe-Medaille, den Goethe-Preis der Stadt Frankfurt, die Preußische Staatsmedaille, das österreichische große Ehrenzeichen mit Stern, er wurde in Berlin von Hindenburg, in Prag von Masaryk, in Wien vom Bundespräsidenten Miklas empfangen, Schreiberhau und Bald Salzbrunn ernannten ihn zum Ehrenbürger, in Hamburg wurde eine Schule, in Breslau ein Theater, auf Hiddensee ein Wald nach ihm genannt. In Altona erhielt er einen Fackelzug.

Am 3. September fand sich jedermann, nicht zuletzt die Verlagsfamilie zur feierlichen Eröffnung einer großen Gerhart-Hauptmann-Ausstellung im Schlesischen Museum für Kunstgewerbe und Altertümer in Breslau ein, zu der Hedwig Fischer das Manuskript des unveröffentlichten dritten Aktes von *Hanneles Himmelfahrt* und eine Sammlung von frühen, inzwischen selten gewordenen Hauptmann-Kritiken beisteuerte. Am gleichen Abend fand die Einweihung des neuen Gerhart-Hauptmann-Theaters mit einer, von Hans Brahm, dem Neffen Otto Brahms inszenierten Festaufführung von *Und Pippa tanzt* statt. Am folgenden Tag gab es im Breslauer Konzerthaus eine große Feier des Arbeiter-Bildungsausschusses, bei der Reichstagspräsident Löbe die Begrüßungsworte sprach. Bei beiden Gelegenheiten hielt Hauptmann eine Ansprache. Anders als Thomas Mann hatte er sich bisher zu der bedrohlichen Entwicklung in Deutschland nicht vernehmen lassen. Selbst Thomas Mann hatte ihm zugestanden:

> Daß Hauptmann nicht redete, sondern schuf, daß sein plastischer Genius ihn streng, gütig und weise davor bewahrte, der Welt des Irrtums und Mißverständnisses, des immer nur halb wahren Wortes, der Meinungszwietracht zu verfallen, daß er sich rein hielt von Partei, wissend und einfältig war wie die Kunst: das hat ihm die Gunst seines Volkes erworben, hat seiner Gestalt das Väterlich-Königliche, das traulich Monumentale verliehen, nach dem es die Deutschen verlangt, worin sie recht eigentlich den Traum ihres Herzens verwirklicht sehen.

Jetzt, in Breslau vor versammelter Festgemeinde, ließ Hauptmann sich endlich doch zumindest mit einigen eingeflochtenen Sätzen zu den Zeitläuften vernehmen:

> Nicht nur empfindsame, weltfremde Geister sprechen von der Menge oder Masse mit Geringschätzung. Das tun selbst anerkannte praktische Volksführer. Ich sehe darin, je nachdem, nur Äußerungen von Dünkel oder Gedankenlosigkeit ... Den Menschen wichtig nehmen, ist Kultur, den Menschen geringschätzen: Barbarei.

Thomas Mann schrieb am 18. September an Bermann Fischer:

> Die Reden, die Hauptmann zu Gunsten der Freiheit und des Volkes gehalten hat, muß man ihm hoch anrechnen, finde ich; aber er sitzt dann frei-

lich immer gleich wieder mit allen möglichen Aristokraten und Generälen zusammen. Ihre Schwiegereltern haben doch gewiß gut getan, nach Breslau zu fahren. Es müssen schöne und für heutige Zeiten besonders wohltuende Eindrücke gewesen sein.

Und an Fischer selbst am 26. September:

Die Tage von Breslau müssen von einem ermutigenden Geist erfüllt gewesen sein, der neue Hoffnungen wecken konnte, nicht direkt wirtschaftlich, aber doch so, daß man wieder glauben lernte, es sei mit Deutschland noch nicht Matthäi am letzten. Gewisse öffentliche Äußerungen Hauptmanns haben mich sehr gefreut, und ich habe diese Freude und Dankbarkeit noch nachträglich bei der Korrektur in meinem Rundschau-Glückwunsch an ihn eingetragen. Es sind fast undefinierbare Gefühle, Zeichen und Symptome, die es uns allen ermöglichen, die Dinge wieder etwas zuversichtlicher zu betrachten. Möge es diesem jungen und zarten Optimismus beschieden sein, zu wachsen und sich zu bewähren...

Die ›Eintragung‹ in den ›Rundschau‹-Glückwunsch lautete:

Metaphysisches Deutschtum und soziales Bekenntnis, schließt sich das etwa aus? Schließt es sich aus gerade bei Ihnen? Haben Sie nicht gesprochen und bekannt, eben jetzt, bei repräsentativster Gelegenheit, in Augenblicken, wo ganz Deutschland Ihnen zuhörte, und die Zeit getadelt – nicht mit hadernden, stachlichten Worten, aber mit den würdig bestimmtesten?... Sie haben, vor einem Arbeiterpublikum, dem zynischen Führertum abgesagt, das sich der Masse bediene, mit schlechter und frecher Kunst auf ihr spiele und sie zugleich verachte. »Schwarzen Undank« haben Sie diese viel bewunderte Verachtung genannt und hinzugefügt, Ihnen erscheine es als ein Glück, vom Vertrauen einer Menge getragen zu sein, der man selbst entstamme. Sie haben Ihren Ruhm, Ihr weißes Haupt, die festlich gesteigerte Reichweite Ihres Wortes eingesetzt für die Sache der sozialen Demokratie – in einem Augenblick, da man sich modischerweise nicht hochmütig genug dagegen verhalten kann. Das soll, das wird Ihnen nicht vergessen sein!

Das Novemberheft 1932 der ›Neuen Rundschau‹, in dem diese Sätze standen – vielleicht nicht zuletzt, damit Hauptmann selbst an sie erinnert bleibe, wenn er »mit Aristokraten und Generälen« beisammensaß –, war ausschließlich Hauptmann gewidmet, und Rudolf Kayser hatte sich mit seiner Redaktion große Mühe gegeben. Bereits Mitte Juni 1932 hatte er Hauptmann geschrieben, er habe

schon eine große Zahl von Verabredungen für unser Gerhart-Hauptmann-Heft getroffen und bereits ein genügend klares Bild von diesem Heft, um glauben zu dürfen, daß es auch Ihnen Freude machen wird. Wie ich Ihnen aber bereits sagte, erfährt dieses Heft seine wahre Vollendung erst durch Ihre eigenen Beiträge. Es liegt mir sehr viel daran, daß in möglichster Vielfältigkeit dichterische Arbeiten, aber vielleicht auch aphoristische Aufzeichnungen von Ihnen in der Mitte dieses Heftes stehen. Sie wollten, lieber Herr Doktor Hauptmann, die Freundlichkeit haben, sich diesen Plan zu überlegen und mir dann Nachricht darüber zu geben, wie wir die Auswahl treffen...

Anstatt lange Briefe zu schreiben, rief Hauptmann im Verlag an und lud Kayser auf den ›Wiesenstein‹ ein. Dort wurde die Auswahl getroffen. Hauptmann stellte für die Mitte des Heftes vier Beiträge zur Verfügung: *Merlins Geburt* (aus den Fragmenten des bis ins Jahr 1903 zurückreichenden Romans *Merlin*, der dann in den *Neuen Christophorus* einging); das im April 1931 in Rapallo entstandene lange Gedicht *Anstieg;* ein Stück *Kindheitserinnerungen* aus der Autobiographie und eine Gruppe aphoristischer Bemerkungen zum *Bogen des Odysseus* – allesamt unveröffentlichte Texte. Den Auftakt des Heftes bildete Kerrs Begrüßung *An Gerhart Hauptmann;* ihm folgte ein großer Aufsatz *Gerhart Hauptmann heute* von Oskar Loerke – »Eine schwere Arbeit«, wie er im Tagebuch vermerkte –, sodann Thomas Manns *Glückwunsch*, Beiträge von Fritz von Unruh, Werfel, Hugo F. Königsgarten, ein *Trinkspruch* von Carl Zuckmayer, ein Gespräch mit Hauptmann aus Chapiros Buch. Nach der Hauptmann-Mitte schlossen sich an der schlesische Landsmann Max Hermann-Neisse, Wassermann, Wilhelm von Scholz, Max Brod, Emil Ludwig, Max Liebermann mit einer *Erinnerung*, Gertrud Eysoldt mit dem *Dank einer Schauspielerin*, der Landsmann Scholtis (der zu seiner eigenen größten Verblüffung aufgefordert worden war, sich der illustren Gesellschaft anzuschließen) mit einer Skizze *Das Hannele und der Fuhrmann*, Harry Graf Kessler mit einem Aufsatz *Hauptmann und die Jugend* und einige andere, zwanzig Namen insgesamt.

Hauptmann, so scheint es, war von dem Heft nicht sonderlich angetan. Er kam am letzten Oktobertag nach Berlin, um sich von den Anstrengungen der Festreisen nach Wien, Prag, Dresden und Hamburg zehn Tage lang im Grunewald-Sanatorium auszuruhen, ehe die eigentliche große Geburtstagsfeier begann. Loerke verbrachte auf seine Bitte einen Abend mit ihm:

Wunderbare Gespräche. Die alte Herzlichkeit und Einfachheit. Über die Huldigungen in der Rundschau. Mein Aufsatz gefällt Hauptmann am besten. Nicht gefällt ihm Emil Ludwig. Woher wisse er, was dauern werde und was nicht? Wir alle wüßten es nicht, nur das wissen wir, daß nicht alles dauere. Die Ausflucht Thomas Manns, die Persönlichkeiten über das Werk zu setzen. Hauptmann fühlt sich im Privaten bedrängt, er achtet es nicht hoch, was immer so hervorgehoben werde. Vollends die Schnödigkeit Wassermanns. Dieses eitle Hocken auf dem armseligen Ruhm der eigenen Schreiberei, dieser Geiz der Seele. Ludwig übrigens, der das schwerste versuche, Natürlichkeit zu spielen, die er bei allen seinen Gaben ganz und gar nicht habe.

Dann kam das Gespräch – wie konnte es anders? – auf die Politik:

Über das ›Blecherne‹ des Herrn von Papen. Gegen die Ultramontanen in furchtbarer Schärfe. Gegen den nur in Worten schwelgenden Nationalismus. Über das Versagen der Sozialdemokratie. – Das Sanatorium schlief. Hauptmann goß sich aus meinem Rotwein in den Sekt, ich bewahrte ihm den Rest des Glases auf...

Das war der Abend des 4. November 1932. Zwei Tage darauf, am 6. November, fand die Neuwahl des am 12. September von Papen aufgelösten Reichstags statt, die zweite in diesem Jahr. Man atmete ein wenig auf: die Mandate der Nationalsozialisten gingen von 230 auf 196 zurück. Fast mochte es scheinen, als sei das Ärgste überstanden, der Bann gebrochen. Die großen Hauptmann-Geburtstagsfeiern vollzogen sich in etwas zuversichtlicherer Stimmung.

Hauptmann fuhr zu Morgenfeiern und Festvorstellungen nach Stettin (wo man *Florian Geyer* mit Heinrich George spielte), Leipzig und Dresden und war am 14. November wieder in Berlin. An diesem Tag fand in den Ausstellungshallen am Kaiserdamm eine Riesenkundgebung der Genossenschaft deutscher Bühnenangehöriger statt, bei der Carl Zuckmayer die Festrede hielt. Nach Kesslers Schätzung waren »an die zehntausend Menschen« versammelt: »... ein ungeheurer, beängstigender Sturm der Menge auf Hauptmann, der durch eine Kette von Saalbeamten geschützt und hinausgebracht werden mußte«. Auch die Berliner Bühnen spielten Hauptmann. Bereits am 29. August war das Schiller-Theater mit der *Versunkenen Glocke* neu eröffnet worden. Am Geburtstag selbst, dem 15. November, brachte die Volksbühne unter Karlheinz Martin in einer Festaufführung *Die Ratten* mit einem Prolog von Alfred Kerr heraus. Dies war eine Nachtvorstellung, damit Hauptmann nach der Festvorstellung von *Gabriel Schillings Flucht* mit Werner Krauß und Elisabeth Bergner im Staatstheater, zu der die Reichsregierung geladen hatte, auch ihr beiwohnen konnte. Im Staatstheater, wo mitsamt dem Regierungskommissar Bracht Reichsminister und Botschafter und sämtliche Leuchten der Politik, Kunst, Literatur und Wissenschaft versammelt waren, begab sich jedoch eine peinliche Absurdität.

Die preußische Staatsregierung hatte bereits vor Monaten beschlossen, Hauptmann zu seinem siebzigsten Geburtstag mit der Goldenen Preußischen Staatsmedaille auszuzeichnen. Doch war sie inzwischen durch Papens Handstreich ›abgesetzt‹ worden, erkannte aber die verfassungsmäßige Rechtmäßigkeit dieser Absetzung nicht an. So war ein tragikomischer Streit darüber entstanden, welche von beiden preußischen Regierungen, die rechtmäßige oder die kommissarische, das Recht habe, Hauptmann die Medaille zu überreichen. Der Streit endete damit, daß am Vormittag des 15. November der abgesetzte preußische Kultusminister Grimme namens der rechtmäßigen Regierung Braun im Hotel Adlon Hauptmann die Verleihungsurkunde überreichte – allerdings ohne das Staatssiegel, das die kommissarische Regierung Bracht in Gewahrsam hatte – und am Abend der eingesetzte Staatskommissar die Medaille übergab. Kessler berichtet über die Peinlichkeit in seinem Tagebuch:

... heute abend nach Schluß der Vorstellung wurde ein ganz kleiner Kreis von Leuten in den winzigen Teesalon der Kaiserin geladen, um zuzusehen, wie die kommissarische Regierung ihm die Medaille selbst und eine zweite mit Siegel versehene Urkunde überreichte. Statt auf der Bühne vor sämtlichen geladenen Gästen, was das Natürliche und eigentlich Selbstverständliche gewesen wäre, wurde vor dieser zweimal gesiebten Auslese von höchstens dreißig bis vierzig Menschen, offenbar aus Angst vor Störungen, diese sonderbare Zeremonie von Bracht vorgenommen. Ich stand dabei neben Schillings und Helene von Nostitz, etwas weiter der alte Sami Fischer mit Frau und Familie. Von den großen Berühmtheiten, die den Saal geziert hatten, war, soweit ich sehen konnte, keiner anwesend.
Bracht las von einem getippten Manuskript, das vor ihm auf dem Tisch lag, mit einem Auge die gewundene Rede ab ... Man merkte ihm die Verlegenheit und das nicht ganz reine Gewissen in jeder Bewegung seiner Schultern und Hände an. Damit das Satyrspiel nicht fehle, schloß er, der Hauptschuldige neben Papen an dem Wirrwarr und der unerhörten Spaltung in Preußen, mit dem Zitat von Hauptmann: »Der deutschen Zwietracht mitten ins Herz!« Hier hätte es im großen Saal selbst aus dieser Versammlung erlauchter Gäste nicht an einer gewissen merkbaren Bewegung gefehlt ... Hauptmann antwortete taktvoll und diplomatisch. Nachher war Souper und Nachfeier im ›Adlon‹ ...

Diesen großen Empfang mit dem anschließenden Bankett hatte der Verlag veranstaltet; Gottfried Bermann Fischer, dem das Ganze oblag, erinnerte sich, daß gegen zweihundertfünfzig Gäste geladen waren. Fischer hatte Hauptmann einen persönlichen Glückwunschbrief geschrieben, den das ›Berliner Tageblatt‹ zwei Tage zuvor in seiner Sonntagsnummer veröffentlicht hatte. Die kleine Festansprache, die Fischer bei diesem Bankett hielt, war offenbar im wesentlichen gleichlautend mit dieser Niederschrift:

Lieber Hauptmann – heute, an diesem festlichen Tage, möchte ich Dich erinnern, wie Du mir vor einiger Zeit über den Tisch beim Glase Wein sagtest: »Fischer, ist es nicht wie ein Wunder, daß wir noch da sind, und die anderen, die mit uns waren, sind alle dahingegangen?« Ja, die alten Kampfgenossen, Brahm, Schlenther, Elias, Jonas, Paul Marx und wie sie alle heißen, die Dein Werk erkannten, als es eben jung und neu war, die Verkünder Deines Ruhmes, die für die Anerkennung Deines Werkes kämpften, sie alle sind dahin. Und ich bin glücklich, daß ich noch da bin und Dir mit meinen Glückwünschen den Dank aussprechen kann für die lange erinnerungsreiche Arbeitsgemeinschaft und dafür, daß ich seit dem Jahre 1889, als die Freie Bühne Dein erstes Drama aufführte, jedes Deiner Werke an die Öffentlichkeit bringen konnte und so für Deine große Kunst der Menschengestaltung und für Dein reiches Lebenswerk wirken und werben konnte.
Diese verlegerische Arbeit für Dich und für Dein Werk empfand ich zu allen Zeiten als eine der schönsten Aufgaben meiner Berufstätigkeit, und

die Freundschaft, die aus dieser Arbeit erwuchs, als ein tiefes und reiches Lebensglück.

Wir erleben immer wieder, wie tief die Wurzeln Deines noch heute in Saft und Kraft stehenden Lebensbaumes reichen. Wie stark Dein Werk in das Bewußtsein weiter Kreise des Volkes eingedrungen ist, davon legen die zahlreichen Beweise herzlicher Verbundenheit Zeugnis ab, und das in dem Maße, wie es noch nie einem lebenden Dichter zuteil wurde.

Hauptmann, der Mensch und das Werk, sie bilden eine Einheit von seltener Legitimität, sie sind vollkommen identisch. Die begeisterte Zustimmung, die seine gestaltenreiche dramatische Welt in diesen Tagen der Sorge und Beladenheit überall findet, gilt gleichermaßen dem Menschen und seinem Werk, der faszinierenden Ausstrahlung seiner Natur, der sich niemand entziehen kann; sie ist Ausdruck der moralischen Wandlung, von der Lichtenberg sagt: »Bücher machen nicht gut und machen nicht schlecht, aber besser oder schlechter machen sie doch.«

Seit mehr als vierzig Jahren erneuert sich in mir der Eindruck einer immer stärkeren natürlichen Entwicklung, die das Geheimnis jeder künstlerischen Wirkung bildet. Es ist dies eine innere Wirkung, die der äußeren Deines Erfolges und Deiner Popularität entspricht. Ich glaube, daß die eine ohne die andere nicht möglich ist, und bin deshalb überzeugt, daß die wachsende Verbreitung Deines Werkes, das sich von dem kleineren literarischen Kreis am Beginn jetzt auf die ganze Nation, ja auf die ganze Kulturwelt erstreckt, gleichzeitig auch einen unvergleichlichen menschlichen Einfluß bedeutet.

Vor Deinem Werk stehen wir alle ergriffen und gepackt, bejahend und liebend. Das Bekenntnis zu Deinem Werke, das sei der Sinn meines Dankes und meiner Wünsche für Dich.

C. F. W. Behl, der zu den Festgästen gehörte, schrieb später in seinen Erinnerungen an Oskar Loerke:

Der große Abend im Hotel Adlon am Geburtstag Hauptmanns hatte noch einmal – es schien ahnungsweise eine Abschiedsstimmung darüber zu schweben – das ganze geistige und kulturelle Berlin, ja viele Repräsentanten der Weimarer Republik festlich vereinigt: von Theodor Wolff und dem Grafen Harry Kessler zu Max Herrmann-Neisse und Zuckmayer, der um die Mitternachtsstunde seinen prachtvollen Trinkspruch für Gerhart Hauptmann vortrug...

Der *Trinkspruch* lautete:

Laßt mich das Glas erst leeren,
Das mir die Zunge locker macht:
Ich möcht' ihn schallend ehren,
Doch stockt der Korb im Förderschacht –
    Denn Mannesdank und Liebesglück
    Hält man im Herzen gern zurück.

Ach wie mit armen Worten –
Ihn, der der Worte Meister ist,
Des Wort uns allerorten
Der Dinge Sinn und Raum bemißt –
    Wie denn mit Worten lobt' ich ihn
    So hell wie mir sein Licht aufschien?

Trinkt aus! Laßt mir das Schweigen
Des tiefen Schlucks, des guten Zugs!
Laßt mir das stumme Neigen
Geleerten Krugs, berauschten Flugs!
Wie Traube fromm aus Fässern weht,
So lobet ihn dies Weingebet.

Zwei Tage darauf trat die Regierung Papen zurück; die Geburtstagsfeiern gingen weiter und schienen, wie C. F. W. Behl schrieb, »kein Ende zu nehmen«: Festabend der Schriftsteller-Verbände und des PEN-Clubs mit einer Rede Kerrs, Tee der Akademie mit einer Festrede Loerkes, Feier in der Großen Aula der Universität mit Professorenansprachen, und jedesmal hatte Hauptmann eine andere, neue Antwortrede bereit. In der letzten Novemberwoche reiste er zu einem halben Dutzend Feiern im Rheinland, in der ersten Dezemberwoche war er in Zürich – inswischen hatte General von Schleicher in Berlin eine neue Regierung gebildet –, am 11. Dezember war er in München zur Feier im Nationaltheater, bei der Thomas Mann die Festrede hielt. »Ich muß immer heran«, schrieb er an Fischer, »und wie ich nebenbei den ›Joseph‹ fertig bringe, ist meine Sache.« Im Hotel Continental veranstalteten die Freunde ein Champagnerfrühstück für ihn, das sich, wie Thomas Mann sich später erinnerte, »zu einer seiner geliebten Trinksitzungen ausdehnte«:

... es dauerte von halb zwei bis sechs. Er war so großartig und bedeutungsvoll-nichtssagend wie je. Bannende Anstalten zu einer Äußerung brach er ab mit der Entscheidung: »Kinder, trinken wir lieber noch etwas von diesem harmlosen Zeug!« Das »harmlose Zeug« war der Moët-Chandon. Schwer geladen fuhr er schließlich in sein Zimmer hinauf, legte sich nieder und war im selben Augenblick eingeschlafen... Die Festaufführung der ›Ratten‹ im Schauspielhaus sollte um acht beginnen. Er kam gute zwanzig Minuten zu spät in seine Loge, wurde vom Publikum, das geduldig gewartet hatte, wie ein König empfangen, ließ sich nieder und folgte der Aufführung – einer glänzenden Aufführung seines vielleicht besten Stückes – bis zum letzten Wort mit dem größten Genuß. Ein glücklicher Mann, ein Segensmensch...

Einige Tage darauf schrieb Katia Mann an Hedwig Fischer einen kleinen Weihnachtsbrief, in dem sie von dem Münchner Zusammensein mit Hauptmann berichtete – »gemütlich, harmonisch und wohlgelungen«. Der Höhepunkt, bestätigte sie, sei allerdings das Frühstück im Hotel gewesen, bei dem »der Sekt in Strömen floß«.

Unter dem Einfluß dieses belebenden Getränkes und sichtlich erleichtert, alle offiziellen Veranstaltungen hinter sich zu haben und alle rednerischen Verpflichtungen, geriet Hauptmann in immer gehobenere Stimmung und die Veranstaltung artete zu einer Peeperkorn-Orgie ganz großen Stils aus...

Der Brief hatte eine kurze Nachschrift:

P. S. Für uns hatte der Besuch die menschlich hocherfreuliche Wirkung, daß nun wirklich alle Peeperkorn-Schatten endgültig getilgt sind und die Beziehungen ihre ganze frühere Herzlichkeit wiedergewonnen haben.

Es war ihre letzte Begegnung. Um die gleiche Zeit, im Dezember 1932, unterbrach Thomas Mann die Arbeit am dritten Band des *Joseph* abermals. Es galt, einen Vortrag über Richard Wagner vorzubereiten, dessen fünfzigster Todestag auf den 13. Februar 1933 fiel. »Eine heikel-reizvolle Aufgabe mit großen Kompositionsschwierigkeiten bei starkem Gedankenzudrang«, schrieb er an Adele Gerhard. Der Essay *Leiden und Größe Richard Wagners* war die letzte Arbeit, die Thomas Mann in seinem Münchner Haus vollendete. Am *Joseph* wurde in Deutschland keine Zeile mehr geschrieben.

PETER SUHRKAMP

Vier Tage nach der großen Berliner Hauptmann-Feier, am 19. Dezember 1932, sandte der Verlag das folgende vervielfältigte Rundschreiben aus:

An die Mitarbeiter der ›Neuen Rundschau‹
Dr. Rudolf Kayser hat sich entschlossen, sich in Zukunft größeren literarischen Arbeiten zu widmen und tritt aus diesem Grunde von der Redaktion der ›Neuen Rundschau‹ zurück. Er bleibt aber weiterhin Mitarbeiter des Verlages.
Die Redaktion der ›Neuen Rundschau‹ übernimmt am 1. Januar Herr Peter Suhrkamp, der vom 1. März nächsten Jahres ab verantwortlich zeichnen wird.

Hochachtungsvoll ergeben
S. Fischer Verlag A. G.

Das Rundschreiben trug die Unterschrift »S. Fischer« und war mit »Kayser« gegengezeichnet. An Hauptmanns Exemplar hatte Fischer handschriftlich angefügt:

Lieber Hauptmann – Wir trennen uns sehr schwer von Kayser, hoffen aber sehr auf eine gute Zusammenarbeit mit ihm auch für die Zukunft.

Herzlichst Dein S. Fischer

Kaysers Ausscheiden zu diesem Zeitpunkt rief beträchtliche Bestürzung in literarischen Kreisen und auch im Verlag selbst hervor. Das Rundschreiben mußte mißverstanden werden und wurde es auch. Man hatte den Eindruck, als weiche der Verlag dem reaktionären, antisemitischen Druck, und dies zu einem Zeitpunkt, da gerade ein erster Schimmer der Hoffnung auf Rückkehr zur Vernunft aufgetaucht zu sein schien. Flake notierte: »Ich glaubte nicht an die Begründung, Kayser wolle sich eigenen Arbeiten widmen, die Zeitschrift sollte einen arischen Herausgeber erhalten.« Und in Loerkes Tagebuch heißt es: »Montag abend kam Rudolf Kayser: er ist bei der Rundschau gekündigt worden. Auch Saenger soll weg. Er hat den Eindruck, daß der neue Mann, Peter Suhrkamp, auch mich verdrängen soll.« So verhielt es sich nicht. Bermann Fischer hat den Hergang, der auf seine Initiative zurückging, in seinen Lebenserinnerungen geschildert.

Die ›Neue Rundschau‹ stand jetzt am Beginn ihres fünften Lebensjahrzehnts. Sie hatte einen langen Weg hinter sich und viele Wandlungen durchgemacht, seit am 29. Januar 1890 das erste Heft der ›Freien Bühne‹ erschienen war. Von ihren Schöpfern und frühen Gestaltern waren nur noch Fischer selbst und Saenger am Werk, und Saenger hatte im Januarheft 1929 in einem längeren Vorspruch *Das vierzigste Jahr* diesen Weg nachgezeichnet: »Wir mühten uns, in den produktiven und kritischen Arbeiten, die wir veröffentlichten, parallel mit den greifbaren Veränderungen der Atmosphäre, unseren Aufgabenkreis immerfort zu erweitern – der die neununddreißig Bände der Zeitschrift durchwandernde Leser wird es bestätigen.«

Während der Katastrophenzeit des Krieges war die Zeitschrift bemüht gewesen, »unsere Blickrichtung auf das Ewige und Menschlichallgemeine vor Trübung zu bewahren«, doch nun sei ihr altes Ideal vom »Dienst am Werden« vor neue und neuartige Aufgaben gestellt. Es solle hinfort

> vor allem der essayistische und publizistische Nachwuchs, dem die Funktion zufällt, die geistige Atmosphäre zu reinigen, und mehr Helligkeit, Gerechtigkeit, Freiheit und Freude als bisher in unser Dasein bringen zu helfen, besonders willkommen sein. Unsere Umwelt ist von Kritik und kämpferischen Stimmungen zerwühlt, und darum ist die Sehnsucht nach wegweisenden und bedeutenden Persönlichkeiten, nach Männern von Geist und Talent, von Wissen und Charakter so stark und allgemein. Wir warten darauf, ihre Handschrift zu erkennen und sie für unsere Aufgaben zu gewinnen, ohne ängstlich auf die Parteiabgrenzung zu achten.

Der »treue Leser«, schloß Saenger, dürfe erwarten, »neben den alten Tugenden neue Leistungen zu finden«. Dies war zum Jahresbeginn 1929 geschrieben. Seither hatte sich die »von Kritik und kämpferischen Stimmungen« zerwühlte Umwelt über alle Maßen verändert, und die Zielsetzung der Zeitschrift bedurfte einer Revision. Bermann Fischer ging es darum, die ›Neue Rundschau‹ politisch zu aktivieren, ihr inmitten der allgemeinen Schwäche und des Opportunismus in der geistigen Welt Deutschlands größeres politisches Gewicht, ein schärferes weltanschauliches Profil zu verschaffen; er wollte zumindest versuchen, vor allem gegen die bei Eugen Diederichs erscheinende Zeitschrift ›Die Tat‹, in der gescheite, demagogische Köpfe sich mehr oder weniger unwissentlich zu intellektuellen Wegbereitern des Nationalsozialismus machten und vor allem unter der Jugend »viel zur Vernebelung der Geister beitrugen«, ein kämpferisches Gegengewicht zu schaffen. Dazu bedurfte es nach seiner Auffassung in erster Linie eines Wechsels in der Redaktion der ›Neuen Rundschau‹, die »so hoch über den Wassern schwebte, daß von einem politischen Einfluß keine Rede sein konnte«. Rudolf Kayser war »in ruhigen Zeiten der ideale Leiter einer literarischen Zeitschrift« gewesen, aber »eine Kämpfernatur, insbesondere gegenüber der pseudowissenschaftlichen Aggression der ›Tat‹ war er nicht«. Er war bei allen seinen vorzüglichen geistigen Qualitäten ein weicher, zögernder, leicht verschreckter und nicht sehr willensstarker Mann, gutgläubig und ganz und gar ungewitzt. Man mochte über die Durchführbarkeit, ja auch die Wünschbarkeit der neuen Aufgabe der altberühmten Zeitschrift verschiedener Meinung sein; man konnte den Versuch für verfehlt halten; doch wenn er unternommen wurde, bedurfte er härterer Nerven und eines unerschrockeneren Temperaments. Diese Voraussetzungen erfüllte Peter Suhrkamp.

Suhrkamp war damals einundvierzig Jahre alt und ein in der Schule des Lebens vielerfahrener Mann; in der Tat hatten ›Schule‹ und ›Leben‹ für ihn weitgehend den gleichen Sinn; sein pädagogisches Temperament bestimmte seinen zähen, unerschütterlichen geistigen Habitus. Er war der Sohn eines Bauern, 1891 im oldenburgischen Dorf Hatte geboren, und als er sich als Halbwüchsiger entschloß, den väterlichen Hof nicht zu übernehmen, sondern Lehrer zu werden, änderte er seine Taufnamen Johann Heinrich in Peter um. Er bezog mittellos das Lehrerseminar in Oldenburg, hungerte sich mit Abschreibearbeiten und Nachhilfestunden durch die Ausbildungsjahre durch und wurde Volksschullehrer in einem kleinen Dorf seiner Heimat. Er zog als Freiwilliger in den Ersten Weltkrieg, stand vier Jahre lang an der Westfront, brachte es zum Leutnant und erhielt als Kompanieführer eines Stoßtrupps hohe Auszeichnungen. Das Kriegserlebnis blieb ihm, wie sich zeigen sollte, stark lebendig. Nach Kriegsende studierte er, dessen literarische Bildung bisher selbsterworben war, Germanistik in Heidelberg, Frankfurt und München, und schon während der Studienzeit zog ihn die pädagogische Neigung auf kurze Zeit in die erzieherische Welt von Paul Geheebs Odenwaldschule. In den Jahren 1921–1925 arbeitete er als Dramaturg und Regisseur am Landestheater in Darmstadt und kehrte dann abermals in die Schulwelt zurück, diesmal in Gustav Wynekens Freie Schulgemeinde Wickersdorf, in der er bis 1929 in leitender Stellung wirkte.

1929 kam Suhrkamp nach Berlin und wurde Redakteur an der Zeitschrift ›Uhu‹ des Ullstein-Verlags. Als Bermann Fischer ihn im Sommer 1931 im Haus des Chefredakteurs des ›Uhu‹ kennenlernte, war er ein Mann, der sich mittlerweile neben einer umfassenden literarischen Bildung viel Erfahrung mit Bühnen, Verlagen und Zeitschriften und im Umgang mit Menschen der literarischen und künstlerischen Welt erworben hatte. Bermann fand ihn einen »vorsichtig urteilenden, verschlossenen Mann«, dessen pädagogische Neigung ihn weniger störte als »seine eindeutig kompromißlose politische Haltung« ihn anzog. Hinter der Verschlossenheit saßen, wie seine Freunde wußten, ein gerüttelt Maß Eigensinn und Hartnäckigkeit und ein verschmitztes, listiges Bauernmißtrauen. Und ein großer, bezwingender Charme. Dieser Mann besaß eine seltene Ausstrahlung und dazu eiserne Nerven – keine Alltäglichkeit. »Es zeigte sich«, schreibt Bermann Fischer,

> daß er von gleichen Sorgen und von ebenso tiefem Pessimismus über die Lage erfüllt war wie ich – und so entstand vom ersten Augenblick der Begegnung an eine gegenseitige Sympathie, die uns beiden eine Fortsetzung der Gespräche wünschenswert erscheinen ließ. Hier hatte ich einen Menschen gefunden, der das Versagen unserer ›Kulturträger‹ und der politischen Funktionäre sowie den brutalen Herrschaftsdrang der Gegenseite, der alles, wofür wir lebten, in seinen Grundfesten bedrohte, erkannt hatte. Der S. Fischer Verlag war für ihn eine der geistigen Positionen, die gehalten werden mußten ...

Anfang 1932 bot Bermann Fischer Suhrkamp die Redaktion der ›Neuen Rundschau‹ an. In späteren Würdigungen Suhrkamps heißt es häufig, der »weitblickende alte S. Fischer« habe Suhrkamp in seinen Verlag geholt; dies trifft nicht zu; Fischer kannte Suhrkamp kaum und lernte ihn auch nicht mehr gut kennen, und die Aufgabe, die Bermann Fischer ihm zugedacht hatte, lag zu jener Zeit bereits seinem Interesse und seinem Verständnis fern, nämlich die ›Neue Rundschau‹ »zu einer Kampfzeitschrift gegen die demagogischen Theorien der ›Tat‹ und für eine westlich orientierte, liberale, freiheitlich-demokratische Geisteshaltung« auszubauen. Suhrkamp sollte seine Tätigkeit mit dem Auslaufen von Kaysers Vertrag im Herbst 1932 aufnehmen. Er hatte bis dahin selbst wenig geschrieben und noch weniger veröffentlicht. Bereits vor seinem Eintritt in den Verlag erschienen Anfang und Mitte 1932 von ihm zwei soziologische Aufsätze in der ›Neuen Rundschau‹, *Die Sezession des Familiensohnes* und *Söhne ohne Väter und Lehrer*, die auf seinen pädagogischen Einsichten fußten und auf das besondere Generationenproblem aufmerksam machten, das mit dem Nationalsozialismus vor der Tür stand.

Rudolf Kayser empfand seine Entlassung als einen schweren Schicksalsschlag, ohne freilich zu ahnen, daß sie lediglich ein viel größeres Gesamtschicksal vorwegnahm. Er konnte und wollte sich vom Verlag und von der Zeitschrift nicht trennen. »Wir haben vielerlei Aufregungen hinter und große Sorgen vor uns«, schrieb er im Mai 1933 an Hauptmann. »Aber ich möchte in meinen beiden Heimaten bleiben: Deutschland und der Bülowstraße!« Er arbeitete weiter an der ›Neuen Rundschau‹ mit; im Jahrgang 1933 erschien noch nahezu in jedem Heft ein Beitrag von ihm: über Musils *Mann ohne Eigenschaften* und Schnitzlers *Kleine Komödie,* über Stendhal, zu Galsworthys Tod. Aber 1934 war es nur noch einer, und er war der letzte. Am 12. August 1933 hatte er an Hauptmann geschrieben:

Denke ich an die vielen Hiddensee-Sommer zurück, so steht die Vergangenheit vor mir als ein Paradise Lost. Wo finde ich das Paradise Regained? Vorläufig ist mir alles zerbrochen, und trotz aller Mühe finde ich auch nicht den Weg zu einer neuen Existenz.

Zu dieser Zeit sprach er nicht mehr für sich allein.

›DER WIDERSACHER‹

Mitte 1932 war in der ›Neuen Rundschau‹ in vier Fortsetzungen der zweite Roman von Joachim Maass erschienen; in jenem chaotischen Spätherbst kam er als Buch heraus. Er hatte knappe 250 Seiten, hieß bündig *Der Widersacher* und war ein außerordentliches Kunststück. Dieser Mann griff ins Zwielicht seiner Zeit, packte ein Gespenst, hielt es fest und schüttelte es, daß ihm die Gebeine rasselten. Das ist nicht so einfach, wie es klingt; es gelingt den wenigsten.

Der Widersacher war »Die Geschichte vom Manne Laska, der auftauchte und verschwand«. Die Geschichte spielte in einem eng umgrenzten Bezirk am Hamburger Hafen, in einigen wenigen Häusern und Kammern an »Hannemanns Treppe«, unter ganz wenigen Menschen, zwischen denen Laska – er hatte eine seltsame Gangart – »umhersegelte«. Die Zeit ist unbestimmt: die Not der Arbeitslosigkeit zersetzt die kleine Gemeinschaft der Schauerleute, zum Schluß ist irgendwo hinten in der großen Stadt Revolution, doch welche: die von 1918 oder die erst kommende? Zwischen die Freunde Abel und Laska gerät Jonathan, ein theoretisierender Eiferer; er redet auf Laska ein:

»Es ist ungewöhnlich bedauerlich, daß Ihnen der Ernst der Situation so wenig eingeht, ich meine: die Aufgabe, die Ihnen wie jedem bürgerlichen Menschen daraus erwächst. Sie können doch unmöglich unbeeindruckt an den krisischen Phänomenen dieser Situation vorübergehen. Sie können doch als bürgerlicher Mensch nicht verkennen, daß es sich hier um den Austrag ideeller und moralischer Gegensätze handelt, der nicht nur über das Schicksal Ihrer Klasse, sondern auch über das Ihre im besonderen entscheiden wird ... Sie werden sich zu entscheiden haben, Herr – die Situation zwingt zur Entscheidung! Es kann für einen verantwortungsbewußten Menschen nie und nimmer –« Laska sagte mit geschlossenen Augen dazwischen »Voll und ganz« ... Abel trat zwischen Laska und Jonathan. »Laß das!« sagte er finster zu Jonathan. »Dieser Mensch begreift nichts. Er treibt seinen Ulk mit dir!« Jonathan ereiferte sich. »Lieber Abel!« sagte er mit silbenbeißender Eindringlichkeit. »Es kann doch ein Mensch in unserer Situation ganz unmöglich...« »Er kann«, unterbrach Abel mit einem bösen Auflachen. »Verlaß dich drauf.«

Die drei Vätergeschichten, die Abel, Jonathan und Laska einander in der Kneipe erzählen, haben in ihrer archetypischen Unausweichlichkeit in der modernen deutschen Prosa-Epik nicht ihresgleichen. In diesem Buch steht alles, was damals war und nachher kam; es hat einen kurzen Epilog:

Mancherlei Schweres und Unerwartetes geschah in der Folge; Abel hielt die Zügel eine Weile in der Hand und stürzte in die Tiefe, er raffte sich wieder auf und wurde ein gerechter Bürger des neuen Staates. Laska kehrte nicht zurück; er blieb verschwunden und Abels Erbe mit ihm. Aber das Gedächtnis an ihn lebte weiter in Abel, der ein Stiller im Lande wurde, und in Emma, die Abel liebte, in den Kindern und in einigen, in deren Träumen er umging.

Wenige lasen damals im Tumult dieses Buch, wenige begriffen es. Der Tumult trampelte es nieder. Aber es blieb. Man mochte es lesen wie man wollte: es stimmte – damals, später, immer.

38 Umsturz

Kaum einen Monat nach dem Eintritt Peter Suhrkamps in den Verlag waren die Voraussetzungen für die ihm gestellte Aufgabe nicht mehr gegeben. Noch am 5. Januar 1933 hatte Hedwig Fischer in einem Brief an Aage Madelung zuversichtlich geschrieben: »Die Zeichen mehren sich, daß die Macht und der Einfluß der Nazis gebrochen ist; vielleicht sieht das Volk nun ein, wie man es mißbraucht und an der Nase herumgeführt hat. Schickele schrieb mir, es käme ein Jahr der Wende zum Guten, hoffen wir, daß es so wird ...« Was Schickele schrieb, war die Meinung vieler in der Verlagsfamilie gewesen. Einen Monat darauf notierte Loerke im Tagebuch: »Viel Entsetzliches hat sich ereignet. Es hat keinen Zweck, Chronist zu sein. Am 30. Regierungsbildung mit Herrn Hitler als Reichskanzler ...« Loerke änderte die Worte »Viel Entsetzliches« später in »Viel Entscheidendes« ab. Es kam auf das gleiche heraus: das Entscheidende war entsetzlich, und das Entsetzliche war entscheidend.

Die Grundlagen, auf denen der Verlag entstanden war, auf denen er nahezu ein halbes Jahrhundert lang gewirkt hatte, waren weggerissen. Ein großes Haus des schöpferischen Geistes, Stein um Stein aufgebaut und mit dem »Schönsten und Besten« gefüllt, was zwei, drei Generationen zu geben hatten, stand unversehens über einem Abgrund. »Nirgends soll erlaubt sein aufzubauen«, klagte Loerke. »Überall soll erlaubt sein, grundlos einzureißen, zu zerstören.« Es galt für den einzelnen, es galt für das Ganze.

ZERRISSENE VERLAGSFAMILIE

Am 1. Februar 1933, zwei Tage nach seiner Ernennung, löste Hitler den Reichstag auf und setzte Neuwahlen auf den 5. März an. An diesen Wahlen waren noch alle politischen Parteien beteiligt; noch bestand die verfassungsmäßige Möglichkeit, der Partei des neuen Reichskanzlers an der Wahlurne eine Niederlage zu bereiten; jedermann wußte: es war die letzte. Zwei Mitglieder der Preußischen Akademie der Künste, Käthe Kollwitz und Heinrich Mann, unterzeichneten einen öffentlichen Aufruf, der ein Zusammengehen von Sozialdemokraten und Kommunisten forderte: »Sorgen wir dafür, daß nicht die Trägheit der Natur und die Feigheit des Herzens uns in der Barbarei versinken lassen.«

Der neuernannte nationalsozialistische preußische Kultusminister Rust veranlaßte daraufhin den Akademiepräsidenten Max von Schillings, diese beiden Mitglieder zum Ausscheiden zu nötigen, andernfalls er die ganze Akademie auflösen werde. Am 15. Februar legte Heinrich Mann vor Beginn der Sitzung der Gesamtakademie in einer Privatunterredung mit Schillings, bei der nur Loerke zugegen war, den Vorsitz der ›Sektion für Dichtkunst‹ und seine Mitgliedschaft nieder. Niemand in der versammelten Akademie außer Döblin und Fulda erhob Einspruch gegen dieses schamlose Verfahren. Döblin war außer sich: Heinrich Mann habe nur getan, wozu jeder Staatsbürger berechtigt sei. Einige Tage darauf erhielt Heinrich Mann von Freunden eine Warnung, daß er in Gefahr schwebe; er verließ Deutschland am 21. Februar.

Dies war der Auftakt. Mit ihm begann die äußere Zerreißung der Verlagsfamilie.

Am 27. Februar 1933 fand der Reichstagsbrand statt. So darf man es nennen, denn es war eine wohlorganisierte Veranstaltung, zum Zweck, noch vor der Wahl die politische Linke zu zerschlagen, und mit ihr setzte eine Schreckensherrschaft ein, die noch lange über den Wahltag hinaus fortdauerte. Fischers waren nicht in Berlin, sondern wie alljährlich in Rapallo. Hedwig Fischer erinnerte sich, daß Hauptmann ihr »die erste Nachricht vom Reichstagsbrand brachte«. Hauptmann erklärte einige Monate später, im Juli auf Hiddensee, gegenüber C. F. W. Behl: »Meine Epoche beginnt mit 1870 und endigt mit dem Reichstagsbrand.« Doch René Schickele vermerkte unter dem 17. März 1933 in seinem Tagebuch:

> Meier-Graefe hat vor etlichen Wochen an Gerhart Hauptmann nach Rapallo geschrieben und ihm nahegelegt, öffentlich gegen die Disziplinierung Heinrich Manns (der gezwungen wurde, aus der Akademie auszutreten) aufzutreten. Hauptmann hat nicht einmal geantwortet ... Dagegen erhielt Meier-Graefe einen Brief von Frau S. Fischer aus Rapallo, die mitteilt, es sei recht schön dort bis auf die abendlichen Diskussionen mit dem *Poeta tedesco* ...

Bermann Fischer in Berlin versteckte angesichts der blindwütigen Verhaftungswelle seine Familie im abgelegenen Häuschen des Freundes Kurt Heuser in Nikolassee: »Traurig, fassungslos stand ich vor dem

Ausbruch wilden Terrors ... Überall in meiner nächsten Umgebung verschwanden Menschen in den Kellern der SA-Schergen auf Nimmerwiedersehen.« Die am unmittelbarsten gefährdeten Autoren des Verlags konnten sich in Sicherheit bringen. Alfred Döblin, Arthur Holitscher, Alfred Kerr, Walther Mehring verließen Deutschland noch in der Brandnacht. Ferdinand Bruckner, Valeriu Marcu und Kracauer gelangten gleich ihnen nach Paris. Die Freunde Meier-Graefe und René Schickele befanden sich schon seit einiger Zeit in Südfrankreich. Schickele hatte Badenweiler im Herbst 1932 verlassen, denn »schon unter Papen und Schleicher begann es mir in die Nase zu stinken«; er wollte den Winter in Meier-Graefes Haus in St. Cyr bei Toulon verbringen »und dann gestärkt in das ewig fragwürdige Land zurückkehren«. Er beschloß zu bleiben und ließ sich im nahen Sanary nieder. Am 28. Februar notierte er:

Annette Kolb reist voller Panik durch Deutschland, wie ein Brief von Manfred Hausmann zeigt, den sie mir zur Einsicht schickt. Ich möchte, sie wäre schon über die Grenze! Die Nazis unterscheiden nicht zwischen dem Flattern eines verängstigten Huhns und dem Gebaren eines Landesverräters.

Am 11. März konnte er sie erleichtert in Toulon abholen.

Hesse war in der Schweiz und setzte keinen Fuß mehr nach Deutschland. Wassermann war und blieb in Österreich. Thomas Mann vermerkte in einer Tagebuchnotiz: »Wunderliches Erlebnis, daß einem, während man gerade draußen ist, sein Land irgendwohin davonläuft, so daß man es nicht wiedergewinnen kann.«

Thomas Mann hatte am 10. Februar im Münchner Auditorium maximum seinen seit langem vereinbarten Vortrag *Leiden und Größe Richard Wagners* zur Erinnerung an Wagners fünfzigsten Todestag gehalten und war noch am gleichen Abend mit seiner Frau programmgemäß nach Amsterdam, Brüssel und Paris gereist, wo er den Vortrag wiederholte. Die Vortragsreise war anstrengend gewesen, und er fuhr von Paris nach Arosa, um sich dort im Neuen Waldhotel einige Wochen auszuruhen. Dort überraschten ihn der Reichstagsbrand und die Terrorwahl vom 5. März. Seine ältesten Kinder Erika und Klaus, die sich bereits im Ausland befanden, kehrten noch einmal nach München zurück und warnten von dort telefonisch die Eltern vor dem »schlechten Wetter« in Deutschland; auch von »allen möglichen befreundeten Seiten« kamen »Abmahnungen und Warnungen«, seine persönliche Sicherheit sei zur Zeit keineswegs gewährleistet, und er solle unbedingt »die nächsten Wochen abwarten und bleiben, wo ich glücklicherweise sei«.

So schrieb er am 13. März 1933 in einem Brief an seine italienische Übersetzerin Lavinia Mazzucchetti:

Wir sind also wohl oder übel noch geblieben. Solange die terroristischen Einzelaktionen im ganzen Lande andauern, die die Machthaber nach allen Versprechungen in gewissem Umfang wohl konzedieren müssen, wäre es wirklich unvernünftig, heimzukehren, denn die Siegerpresse hat nach Kräften gegen mich gehetzt, und ich stehe auf der Liste derer, die sich »pazifistischer Exzesse« schuldig gemacht haben, des »geistigen Landesverrates« ... Zieht der Schrecken sich in die Länge, so muß ich für meine Person draußen bleiben, – ich weiß noch nicht, wo; in Tirol vielleicht oder Zürich. Übrigens fragt es sich ja, ob für meinesgleichen fortan überhaupt noch Raum sein wird in Deutschland, ob die Luft dort für mich zu atmen sein wird. Ich bin ein viel zu guter Deutscher, mit den Kultur-Überlieferungen und der Sprache meines Landes viel zu eng verbunden, als daß nicht der Gedanke eines jahrelangen oder auch lebenslänglichen Exils eine sehr schwere, verhängnisvolle Bedeutung für mich haben müßte. Dennoch haben wir notgedrungen begonnen, uns nach einer neuen Lebensbasis, womöglich doch wenigstens im deutschen Sprachgebiet, umzusehen. Mit 57 Jahren mag ein *solcher* Verlust der bürgerlichen Existenz, in die man sich eingelebt und in der man schon ein wenig steif zu werden begann, keine Kleinigkeit sein. Aber ich denke, mein Künstlertum hat mich elastisch genug gehalten für einen Neubeginn auf gänzlich veränderter Grundlage; und solange ich meine tapfere Frau an meiner Seite habe, fürchte ich überhaupt nichts ...

Es folgte ein kurzer »improvisierter Aufenthalt« in Lenzerheide, von wo aus er Hermann Hesse in Montagnola besuchte. Von dort schrieb er am 22. März: »Ich habe mich heute morgen zum erstenmal wieder mit dem ›Joseph‹ beschäftigen können und möchte mich möglichst auf die Riesenaufgabe, die da noch zu lösen bleibt, konzentrieren.« Ende März übersiedelte er nach Lugano und fing »langsam an, ein bißchen zu arbeiten, nach schlimmen Wochen«. Im Aprilheft der ›Neuen Rundschau‹ erschien der Wagner-Essay, und gleich darauf brachte der Verlag auch die Buchausgabe heraus. »Gründlicheres und Gültigeres, jenseits vom Fachlichen, ist über Wagner noch nicht gesagt worden«, erklärte die Ankündigung. In München war man anderer Ansicht. Im gleichen Augenblick, am 16. April 1933, veröffentlichten die ›Münchner Neuesten Nachrichten‹ einen *Protest der Richard-Wagner-Stadt München*, in dem es hieß:

Nachdem die nationale Erhebung Deutschlands festes Gefüge angenommen hat, kann es nicht mehr als Ablenkung empfunden werden, wenn wir uns an die Öffentlichkeit wenden, um das Andenken an den großen deutschen Meister Richard Wagner vor Verunglimpfung zu schützen. Wir empfinden Wagner als musikalisch-dramatischen Ausdruck tiefsten deutschen Gefühls, das wir nicht durch ästhetisierenden Snobismus beleidigen wollen, wie das mit so überheblicher Geschwollenheit in Richard-Wagner-Gedenkreden von Herrn Thomas Mann geschieht ... Wir lassen uns eine solche Herabsetzung unseres großen deutschen Musikgenies von keinem Menschen gefallen, ganz sicher aber nicht von Herrn Thomas Mann, der sich selbst am besten dadurch kritisiert und offenbart hat, daß er die ›Gedanken eines Unpolitischen‹ nach seiner Bekehrung zum republikanischen System umgearbeitet und an den wichtigsten Stellen in ihr Gegenteil verkehrt hat. Wer sich selbst als dermaßen unzuverlässig und unsachverständig in seinen Werken offenbart, hat kein Recht auf Kritik wertbeständiger deutscher Geistesriesen.

Dieser Protest war nicht nur von Hitlers Verlagsdirektor Max Amann unterzeichnet, von dem man nicht erwarten durfte, daß er den Titel der *Betrachtungen eines Unpolitischen* richtig zitierte oder gar das Buch gelesen hatte, sondern auch von einer schier endlosen Zahl bayerischer Kultur-Honoratioren, die es besser wußten, vom Kultusminister über den Akademiepräsidenten, den Generaldirektor der Bayerischen Gemäldesammlung und den Generalintendanten der Staatstheater (Hofmannsthals Jugendfreund Clemens von Franckenstein) bis zu Richard Strauss, Hans Pfitzner, Olaf Gulbransson und Hans Knappertsbusch.

Von einer Rückkehr in diese Münchner Welt konnte keine Rede sein. Thomas Mann ließ sich von seinem Sohn Golo, der in München noch fertig studieren wollte, das Arbeitsmaterial zum *Joseph*-Roman schikken, und die wichtigsten Teile seiner Bibliothek gingen an eine Deckadresse in die Schweiz. Anfang Mai 1933 übersiedelte die Familie, einem Vorschlag Schickeles folgend, für den Sommer in ein gemietetes kleines Haus in Sanary. Dort hatte sich eine Anzahl exilierter deutscher Schriftsteller zusammengefunden, und auch Heinrich Mann fand sich ein. In München wurden Haus, Auto, Bankkonto, Bibliothek und Manuskripte beschlagnahmt. Die Tochter Erika wagte sich noch einmal nach München zurück und rettete aus dem schon beschlagnahmten Haus noch einige Manuskripte, darunter die Handschrift des *Joseph*-Romans, und brachte sie dem Vater nach Südfrankreich – »und langsam, nach der ersten Verstörung durch den entwurzelten Zustand, begann dort wieder die Arbeit daran«. Vom März 1933 bis in die zweite Hälfte des Jahres 1934 hielt Thomas Mann in Tagebuchblättern seine unmittelbaren Eindrücke von den Ereignissen in Deutschland fest, die er später, ohne die chronologische Anordnung zu beachten, mit nachträglichen Einschüben und Reflexionen versah. In dieser Form gestattete er 1946 in Amerika ihre Veröffentlichung unter dem Titel *Leiden an Deutschland*, und so wurden sie auch in die zwölfbändige Gesamtausgabe von 1955–1960 aufgenommen.

»VOLTAIRISCHE HELLIGKEIT«

Thomas Mann nannte das Münchner Vorkommnis eine »traurige Eselei«. Es war um so trauriger, als die Esel damit wohlweislich zwei volle Monate gewartet hatten, bis sie ganz sicher waren, daß die »nationale Erhebung« auch wirklich ein »festes Gefüge« annehmen und ihnen gehörige Deckung liefern werde. Das war inzwischen geschehen.

Die Reichstagswahl vom 5. März 1933 hatte zwar den Nationalsozialisten nicht die erhoffte absolute Mehrheit gebracht – trotz des Verbots der gesamten sozialdemokratischen und kommunistischen Presse und trotz der ungeheuerlichsten Einschüchterung hatten sechsundfünfzig Prozent der Wähler gegen sie gestimmt – aber mit Hilfe seiner deutschnationalen Koalitionspartner brachte Hitler mit knapper Not dennoch eine Regierungsmehrheit von zweiundfünfzig Prozent zusammen. Sie genügte nicht zur Verfassungsänderung, die eine Zweidrittelmehrheit erforderte, aber sie reichte aus, damit der Reichstag am 24. März gegen die Stimmen der Sozialdemokratie das sogenannte »Ermächtigungsgesetz« verabschiedete, das die Verfassung umging und praktisch aufhob und alle Grundrechte des Staatsbürgers der Willkürherrschaft anheimgab. Damit waren alle Gegner des Regimes vogelfrei. Drei Tage zuvor, am 21. März, hatte in der Potsdamer Garnisonkirche der »Tag von Potsdam« stattgefunden, an dem Hitler sich mit dem Mantel der Tradition Friedrichs des Großen umgab. Saenger gestattete sich im Aprilheft der ›Neuen Rundschau‹ in seiner *Chronik der Zeit* einen sorgfältig formulierten Kommentar, der die Grenze zeigt, bis zu der sich Widerspruch noch vorwagen konnte; sein Schluß lautete:

> ... und wenn die neue Zeit, die nun anbricht, mit einem Huldigungsakt vor seinem [Friedrichs des Großen] Grabe in der Potsdamer Garnisonkirche eingeleitet wird, so kann das nur bedeuten, daß unsere heutigen Führer sich von der Besinnung auf die politische, menschliche und weltanschauliche Substanz des genialen Fürsten wegweisende Impulse erhoffen. Zu dieser Substanz gehörte aber auch eine einzigartige geistige Vorurteilslosigkeit und voltairische Helligkeit des Bewußtseins, an die die schöpferische Leistung des Königs gebunden war, sie war sogar eine wesentliche Voraussetzung für den endlichen Triumph von Preußens Mission in Deutschland. Darum versinnbildlicht Potsdam, von Friedrich dem Großen aus gesehen, nicht nur gebändigten Machtwillen, nicht nur die muthafte Form der nationalen Selbstbehauptung, sondern auch den das Dasein gestaltenden Geist in der Fülle seiner Offenbarungen und Vermenschlichungen. Wahrlich, ein schönes Symbol ...

Am 13. März 1933 hatte Goebbels sein Reichsministerium für Volksaufklärung und Propaganda eingerichtet, dem hinfort die gesamte kulturelle Betätigung einschließlich Schriftstellern und Verlegern unterstand. Schon am nächsten Tag machte sich die »Dichterakademie« daran, in ihrem Haus »voltairische Helligkeit« zu schaffen; ihre Maßnahmen zeigten dem Verlag, wohin der Weg ging. An diesem 14. März sandte Max von Schillings an alle einunddreißig ordentlichen Mitglieder der Abteilung für Dichtkunst diese »vertrauliche« Anfrage:

Sind Sie bereit, unter Anerkennung der veränderten geschichtlichen Lage weiter Ihre Person der Preußischen Akademie der Künste zur Verfügung zu stellen? Eine Bejahung dieser Frage schließt die öffentliche politische Betätigung gegen die Regierung aus und verpflichtet Sie zu einer loyalen Mitarbeit an den satzungsgemäß der Akademie zufallenden nationalen kulturellen Aufgaben im Sinn der veränderten geschichtlichen Lage.

Die Anfrage war bündig mit Ja oder Nein zu beantworten.

Vier Tage darauf, am 18. März 1933, wurde Oskar Loerke durch schlichten Telefonanruf seines Amtes als ständiger Sekretär der Akademie enthoben, das Gottfried Benn kommissarisch weiterführte. Thomas Mann, Alfred Döblin und Ricarda Huch erklärten unverzüglich ihren Austritt aus der Akademie. Jakob Wassermann, René Schickele, Bernhard Kellermann, Leonhard Frank, Georg Kaiser, Alfred Mombert, Fritz von Unruh, Ludwig Fulda, Rudolf Pannwitz und Franz Werfel wurden auf direkte Weisung des Kultusministers Rust ausgeschlossen. Hermann Hesse war bereits 1931 aus der Akademie ausgetreten, und als Thomas Mann ihn zum Wiedereintritt bewegen wollte, hatte er ihm geantwortet:

Ich bin nicht mißtrauisch gegen den jetzigen Staat, weil er neu und republikanisch ist, sondern weil er mir beides zu wenig ist. Ich kann nie ganz vergessen, daß der preußische Staat und sein Kultusministerium, die Schirmherren der Akademie, zugleich die verantwortliche Instanz für die Universitäten und ihren fatalen Ungeist sind, und ich sehe in dem Versuch, die ›freien‹ Geister in einer Akademie zu vereinen, ein wenig auch den Versuch, diese oft unbequemen Kritiker des Offiziellen leichter im Zaume zu halten … Nun, wir sehen uns ja wieder, und vielleicht bekommt alles mit der Zeit wieder ein andres Ansehen.

Dieser Brief war zwei Jahre zuvor geschrieben worden. Inzwischen hatte man sich wiedergesehen, und alles hatte ein sehr anderes Ansehen bekommen. Hesse hatte mehr, als er je ahnen konnte, recht behalten. Der sechsundachtzigjährige Max Liebermann erklärte: »Ich lebe bloß noch aus Wut.«

Von den ausgetretenen und ausgeschlossenen Akademiemitgliedern gehörten sechs zu den großen Autoren des S. Fischer Verlags; alle Ausgeschiedenen zählten zu den Mitarbeitern der ›Neuen Rundschau‹. Der Verlag war in der Akademie nur noch mit einem einzigen seiner Großen vertreten, und der schwieg: Gerhart Hauptmann. Alle anderen waren »unerwünscht«, wenn nicht verfemt, und es schien nur noch eine Frage der Zeit, bis ihre Werke verboten wurden. »Was war zu tun?« fragte sich Bermann Fischer.

Es begannen jene nächtlichen Beratungen, die zu nichts führten. Sollte, konnte ich alles stehen und liegen lassen und auswandern? Die Freunde, selbst der Skeptiker Suhrkamp, rieten zum Zuwarten, bis die erste Sturmwelle abgeflaut wäre. Aber wie konnte ich bleiben?

Denn es bestand für ihn, wie er später schrieb, abgesehen von der unmittelbaren persönlichen Gefährdung, vor allem eine moralische Verpflichtung, nämlich aus der »offiziell proklamierten und systematisch durchgeführten Zerstörung all dessen, was die Grundlage des S. Fischer Verlags darstellte«, die Konsequenzen zu ziehen. Aber Fischer war bisher vom Ernst der Lage nicht zu überzeugen gewesen; sein getrübtes Bewußtsein hatte ihm »das Verständnis für die politischen Vorgänge verschlossen«; er weigerte sich entschieden, die Frage einer Auswanderung auch nur zu erörtern:

Wie ein Segen Gottes hatte ihn diese Trübung seines Geistes vor der bitteren Erkenntnis der Lage bewahrt. Ohne seine Zustimmung konnte ich die mir notwendig erscheinenden Schritte, um den Verlag ins Ausland zu bringen, nicht tun.

Fischer hatte die jüngsten wüsten Ereignisse in Berlin nicht miterlebt. Er hatte am 23. Februar noch mit dem Grafen Kessler einen Verlagsvertrag über dessen Lebenserinnerungen geschlossen, deren Anfangskapitel ihm einen großen Eindruck gemacht hatten, und war dann nach Rapallo gefahren. Der Schwiegersohn beschloß, noch einen Versuch zu machen. Loerke notierte im Tagebuch:

Am 1. April war der Boykottag der Juden. Tags zuvor und darauf furchtbarer seelischer Eindruck. Ich war am Freitag im Verlag, blieb lange über die Geschäftszeit. Dr. Bermann war zu Fischer zum Bericht nach Rapallo gefahren, die armen jüdischen Angestellten in ihrer Entehrung, wir alle waren mit ihnen ratlos.

Um den drohenden Ausschreitungen des Boykottages zu entgehen. hatte Bermann Fischer seine Familie mitgenommen. In Rapallo trafen sie viele Freunde, Werfels, Meier-Graefe, Eulenberg. Hedwig Fischer erinnerte sich an »erregte, bedrückte Gespräche am Abend mit Gottfried und Tutti, mit Werfel und Schalom Asch, Entscheidungen wurden gefordert ...« Die Versuche, Fischer zu Entschlüssen zu bewegen, blieben wieder fruchtlos: »Er lächelte ungläubig, wenn ich ihm schilderte, was in Deutschland vor sich ging.« Auch die Freunde wußten keinen Rat. »Und Gerhart Hauptmann ging mir mit seiner Verkennung der Situation völlig auf die Nerven.« Es kam, wie Hedwig Fischer sich erinnerte, im Beisein Werfels, der aus der Distanz des Österreichers die Lage gleichfalls überhaupt nicht begriff, zu einer

heftigen politischen Auseinandersetzung, »in der Gerhart Hauptmann Vernunft und Taktgefühl verlassen hatten, angesteckt wieder einmal von seinem heftigen Temperament, auch wohl, weil er fühlte, daß sein Verbleiben in Deutschland kein Privatfall mehr war«. Hedwig Fischer notierte sich am 19. März 1933 auf einem Blatt Hotelbriefpapier einige Äußerungen Hauptmanns. »Man soll sich seine inneren Paradiese nicht verschütten lassen« und: »Wenn mein Vater und meine Mutter Dummheiten machen, bleiben sie doch meine Eltern.«
»Ich überlegte«, schreibt Bermann Fischer,

> ob ich wie Thomas Mann im Ausland bleiben und die Auflösung des Verlags von Rapallo aus betreiben sollte. Aber es konnte kein Zweifel darüber bestehen, daß der Verlag dann beschlagnahmt worden wäre. Wollte ich ihn retten, so mußte ich nochmals in die Höhle des Löwen zurückkehren.

In Berlin hatte inzwischen Willy Haas unter kurzfristiger Drohung, daß man seine Zeitschrift andernfalls enteignen werde, die ›Literarische Welt‹ verkauft und war nach Prag gegangen. Sie hieß jetzt ›Das Literarische Wort‹ und gebärdete sich ›national‹. Als Loerke die erste Nummer sah, schrieb er: »Wortführer ist Paul Fechter . . . Die Winzigen und Mittelmäßigen brüsten sich und tun es den Bösen zuvor.« Für diesen Vorgang der Enteignung fand sich die Bezeichnung »Entziehung«. Man nahm den jüdischen oder ansonsten »untragbaren« Verlegern ihre Unternehmen nicht entschädigungslos weg und machte sie kurzerhand zu; man nötigte sie vielmehr unter Androhung von Zwangsmaßnahmen zu einem ›legalen‹ Verkauf weit unter dem Wert des Unternehmens und führte den Betrieb sodann unter getarnter Eigentümerschaft, zuweilen sogar unter seinem alten Namen – wenn dieser Name Ruf und Ansehen genoß – in neuer Richtung weiter. Dieses Verfahren der »Entziehung« entwickelte das nationalsozialistische Regime mit der Zeit zu raffinierter Vollkommenheit; ein Musterbeispiel war die Wegnahme des Ullstein-Verlags im Juni 1934. Noch war diese Technik nicht perfektioniert. Doch was der ›Literarischen Welt‹ widerfahren war, konnte jederzeit auch der ›Neuen Rundschau‹ und dem ganzen S. Fischer Verlag zustoßen, und dieses Schicksal hatte Bermann Fischer vor Augen.
Denn der Verlag stand in dieser Hinsicht ziemlich allein. Es gab, wie sich zeigte, in Deutschland nur sehr wenige schöngeistige Verlage, die sich in jüdischem Besitz befanden, und von ihnen war bei weitem der älteste, größte und berühmteste der S. Fischer Verlag. Bedeutend für die moderne Literatur waren neben ihm nur der Ullsteinsche Propyläen-Verlag, der von Max Tau mit rührendem Optimismus geführte Verlag von Bruno Cassirer und der Verlag Gustav Kiepenheuer, bei dem ein großer Teil der am meisten gefährdeten Autoren beheimatet

war. Kiepenheuer selbst war schon seit längerer Zeit nicht mehr Eigentümer des Verlags, der seinen Namen trug. Die beiden Leiter des Verlags, Fritz Landshoff und Walter Landauer, hatten sich der ihnen drohenden »Entziehung« rechtzeitig selbst entzogen und Deutschland sofort nach dem Umsturz verlassen. In Amsterdam stellten sich zwei große holländische Verlagshäuser der heimatlos gewordenen deutschen Literatur zur Verfügung. Fritz Landshoff baute im Verlag Querido, Walter Landauer bei Allert de Lange eine deutsche Abteilung auf.

Diese beiden ersten deutschsprachigen Emigrationsverlage traten im Herbst 1933 mit ihren ersten Neuerscheinungen hervor. Bei ihnen fanden nicht nur die in Deutschland verfemten Autoren des Verlags Kiepenheuer, sondern auch viele andere eine neue verlegerische Heimat, und bei Querido konnte ab Herbst 1933 Klaus Mann eine gediegene deutsche Monatsschrift ›Die Sammlung‹ herausgeben. Diese beiden neuen deutschen Verlage mußten natürlich auf den deutschen Absatzmarkt verzichten, waren aber dafür durch keine Rücksichten auf die innerdeutschen Verhältnisse eingeengt. Ihr Wirken spielte in der Folge in den Überlegungen Bermann Fischers und seiner im Ausland befindlichen Autoren wie Thomas Mann, Wassermann, Döblin, Schickele, Annette Kolb eine gewichtige Rolle. Der Österreicher Lernet-Holenia hingegen, durch die Auswanderung seines Verlegers in ein Dilemma geraten, kehrte mit Landshoffs Zustimmung im Juli 1933 mit seinem außerordentlich erfolgreichen ›Reißer‹ *Ich war Jack Mortimer* zu Fischer zurück, der sogleich auch die drei nächsten Romane erwarb; zu ihnen gehörten zwei seiner schönsten, geschliffensten Prosaarbeiten: *Die Standarte* und *Der Baron Bagge*, mit denen der Lyriker und Dramatiker nun auch als Erzähler hohen Ruf errang.

Bermann Fischer war in den ersten Maitagen 1933 wieder in Berlin. Fischers kehrten erst Anfang Juni zurück. Auf der Rückreise, am 9. Juni, besuchten sie Hermann Hesse in Montagnola. Es war das letztemal; Hesse sah seinen Verleger nicht wieder.

ZWEI SENATOREN

Am 8. Mai 1933 ging die »Dichter-Akademie« daran, ihre leer gewordenen Plätze zu füllen und sich neu zu konstituieren. Wer hätte gedacht, daß es in Deutschland so viele »wertbeständige Geistesriesen« gab? Während Loerke bekümmert am Rundfunk hörte, wie Benn »stramm für heroische Unterdrückung der Intellektuellen« eintrat, besetzten die »Winzigen und Mittelmäßigen« das Feld. Unter den zahlreichen Neuernannten, den Blunck, Beumelburg, Johst, Carossa, Kolbenheyer,

Dörfler, Griese, Grimm und wie sie alle hießen, befand sich kein einziger Fischer-Autor, obwohl der eine oder andere harmlos-annehmbare Schreiber, wie in jedem Verlag, sich auch in der Bülowstraße gefunden hätte. Jetzt freilich war es schon fast eine Auszeichnung, diesem Gremium nicht anzugehören. Hauptmann indessen rührte sich nicht. Entgeistert schrieb Thomas Mann am 9. Mai in sein Tagebuch:

Die Neugestaltung der Akademie, aus der alle irgendwie europäisch angehauchten Mitglieder ausgetreten... Nur Hauptmann nicht, der Mann der Republik, der Freund Eberts und Rathenaus, den Juden erhoben und groß gemacht haben. Er hat am ›Tag der Arbeit‹ auf seinem Hause das Hakenkreuz hissen lassen. Er mag sich goethisch vorkommen. Es »gefällt ihm, zu konversieren mit Gescheiten, mit Tyrannen«. Mit Gescheiten! Er weist ein Martyrium von sich, zu dem auch ich mich nicht geboren fühle, zu dem aber meine geistige Würde mich unweigerlich beruft.

Indessen traten zwei Gestalten jetzt aus dem Schatten Hauptmanns hervor, der sie, wie sie meinten, zeitlebens verdunkelt hatte; auch sie hatten Fischer alles zu verdanken; aber sie hatten ihm rechtzeitig die Freundschaft gekündigt – Emil Strauß und Hermann Stehr, beide in der neuen Akademie in die Senatorenwürde erhoben. Loerke notierte über die Gründungssitzung:

Als die Herrschaften sich selbst überlassen waren, wurde es unangenehm. Die guten Alten triumphieren. Emil Strauß, Hermann Stehr. Sie fühlen sich jetzt würdig und wichtig. Man hat ihnen auch Senatsstellen gegeben. Im übrigen waren die Herren Nationalisten sehr unter sich. Schäfer, immer zu hysterischen Wutausbrüchen neigend, brüllend, schwarzer Alberich. Das tückische aufgeblasene breiige Nichts Kolbenheyer... Durch die hohlen, üblen Radaubrüder Schäfer und Kolbenheyer geriet die Sitzung auf ein unwahrscheinlich schäbiges Niveau...

Die beiden würdigen und wichtigen Senatoren bildeten auch jetzt ein sonderbares Zwillingspaar. Sie hatten im Grunde nichts miteinander gemein außer Hauptmann und Fischer und ihren Groll gegen beide. Sie waren als unbekannte Anfänger im gleichen Jahr zu Fischer gekommen und von Anbeginn auf Grund einer geheimnisvollen Schicksalsverwandtschaft jahrzehntelang im Verlag gekoppelt gewesen; schon Heimann hatte sie stets zusammen genannt als die beiden großen Meister, denen das deutsche Volk zu seiner Schande die Anerkennung starrsinnig verwehrte.

Stehr hatte sich, wie zuvor berichtet, schon zu Beginn der zwanziger Jahre von Fischer getrennt und anderwärts seinen Ruhm gesucht, ohne ihn zu finden. Strauß hatte schon seit Jahren den Verlag verlassen wollen, und dann doch wieder gezögert. Fischer hatte getan, was er konnte, um die deutsche Leserwelt an diesen schon zu Lebzeiten fast verschollenen Dichter zu erinnern. Er hatte im Oktober 1925 mit Strauß einen Vertrag geschlossen, der eine neue Ausgabe seiner Gesammelten Werke zu seinem sechzigsten Geburtstag vorsah, und Strauß für die nächsten vier Jahre eine jährliche Vorauszahlung von 3600 Mark in Monatsraten von 300 Mark eingeräumt. Die Gesamtausgabe sollte in zwei Abteilungen zu je drei Bänden erscheinen; die erste sollte die Gesammelten Romane, die zweite die Gesammelten Erzählungen und Gedichte enthalten; doch hatte der Verlag sich das Recht vorbehalten, die zweite Abteilung erst erscheinen zu lassen, wenn die Selbstkosten für die erste Abteilung gedeckt waren. Die Bände waren einheitlich ausgestattet, nicht numeriert und einzeln käuflich, und als die erste Abteilung erschien, hoffte Fischer, wie er damals Hauptmann schrieb, »daß das einige Wirkung hervorbringen wird«. Aber es war eine vergebliche Mühe gewesen, und die zweite Abteilung war folglich unterblieben. Emil Strauß war unhörbar geworden, weil er nicht sprach. Seit der Novelle *Der Spiegel*, die 1918 in der ›Neuen Rundschau‹ und 1919 als ein schmales Buch bei Fischer erschienen war, hatte er nichts mehr veröffentlicht und kaum mehr etwas geschrieben. Als die ›Neue Rundschau‹ zu seinem 60. Geburtstag einen Beitrag von ihm erbat, sandte er die Erzählung *Befund*, die aus dem Jahr 1899 stammte und aus einem abgebrochenen Roman übriggeblieben war. Die neue Ausgabe der Romane hätte vielleicht mehr Beachtung gefunden, wenn Strauß mit einem neuen Werk hervorgetreten wäre; doch diese Bücher stammten alle noch aus der Vorkriegszeit. Und 1932 kehrte Emil Strauß schließlich grollend Fischer den Rücken und ging zu Langen-Müller. Fischer empfand diese Treulosigkeit sehr schmerzlich; doch bewahrte er seinen ironischen Gleichmut. Als Max Marschalk um die Weihnachtszeit 1933 vorsichtig anfragte, ob er wohl seinen Schwager Strauß, der sich in Berlin befand, zu einer Abendgesellschaft in die Erdener Straße mitbringen dürfe, hatte Fischer nichts dagegen und begrüßte den Abtrünnigen verschmitzt: »Nun, Herr Strauß, gehen Ihre Bücher jetzt besser?« Das taten sie nicht, denn Strauß hatte außer einer Novelle noch immer nichts Neues geschrieben. Doch erlebte er in den Jahren 1934–1940 mit einigen neuen Prosawerken »würdig und wichtig« die Renaissance des verkannten Heimatdichters, die er nun mit so vielen Winzigen gemeinsam hatte. 1939 erhielt er zusammen mit Hanns Johst den von Hitler als Ersatz für den verfemten Nobelpreis gestifteten Deutschen Nationalpreis. In der Empfehlung der Parteistelle hieß es: »Auch Emil Strauß hat übrigens schon sehr früh zur Bewegung des Führers gefunden und hatte darunter auch wesentlich zu leiden.«

Für Hermann Stehr eröffnete sich endlich die Aussicht, über Hauptmanns Schatten zu springen. Am 17. Oktober 1933 erhielt er im Goethe-Haus in Frankfurt den »ersten Goethe-Preis im Neuen

Deutschland« – den letzten im Alten Deutschland hatte Hauptmann erhalten –, und als im Februar 1934 auch er siebzig Jahre alt wurde, tat man, was man konnte, um ein Stehr-Jahr aufzuziehen, das es dem Hauptmann-Jahr gleichtat. Die ›Neue Rundschau‹ übersah den Geburtstag nicht, fand jedoch einen Weg, um Stehr an seine Anfänge zu erinnern und an jene, die ihm den Weg bereitet hatten. Suhrkamp druckte Moritz Heimanns Aufsatz *Hermann Stehrs erstes Buch* aus dem Jahr 1899 unverändert wieder ab und erbat sich außerdem von Oskar Loerke, dem zweiten großen Förderer Stehrs einen Aufsatz, der »Stehrs Weg vom Dichter zum Künder bis in sein jüngstes Buch verfolgt«. Loerke war Stehr, den er einstmals überschwenglich verehrt und gepriesen hatte, mit dem er auf dem Duzfuß stand, gewogen geblieben, obwohl seine späteren Arbeiten ihn sehr enttäuscht hatten; *Meister Cajetan* hatte er im Herbst 1931 ganz einfach »schwach, mager und abgebraucht« gefunden: »Merkwürdig, bei einem nicht sehr bekannten Autor wie Stehr übersieht man diesen Verfall, Hauptmann würde es schwer angerechnet.« Suhrkamps Aufforderung versetzte ihn nach den Vorgängen in der Akademie in eine schwere Gewissenszwangslage, und er schrieb an Stehr:

Ich bitte Dich, für ein Kurzes der Freunde zu gedenken, die Dich zu Deinem fünfzigsten Geburtstag in Dittersbach aufsuchten. Ich komme gleichsam als Führer der Toten; wir hatten keine Macht, aber die Verehrung und den Glauben der Seele. Jetzt hast Du, worüber wir noch Übrigen uns freuen, mächtigere Freunde, und es wird Dir endlich ein Teil Deines Rechts. Aber die neuen Freunde sehen es nicht gern, daß wir früheren Anhänger noch vorhanden sind, sie achten uns gering. Und nun bin ich beim Anlaß meines Briefes.
Ich bin vom Leiter der Neuen Rundschau aufgefordert worden, zu Deinem siebzigsten Geburtstag etwas zu schreiben. Das möchte ich nicht, wenn Du nicht innerlich zustimmst. Ich bin ja unsäglich gedemütigt, erniedrigt, äußerlich verarmt und, weil die Arbeit meiner Brotgeber von teils wilden, teils von niedrigen Geistern bekämpft wird, mitbekämpft. Diese meine Verhältnisse würden an sich, das weiß ich natürlich, meine Würdigkeit in Deinen Augen nicht vermindern. Nur, wenn Du sagtest, sie seien ganz oder teilweise selbstverschuldet und daher verdient, würde ich lieber schweigen. Meine Schmach am siebenten Juni in der Akademie ist mir noch zu frisch; Du hast Dir wohl nicht vergegenwärtigt, was gerade ich da (nicht bloß als ›Berliner Existenz‹) erleben mußte, sonst hättest Du ganz gewiß ein menschliches Wort für mich gefunden – etwa: geh, komm nie wieder hierher! – Aber ich weiß noch immer nicht zu gehen: zu leicht will ich meinen Widersachern nicht jeden Triumph machen ...

Dieser Brief ist ein eindringliches Seelendokument jener Zeit; er mag für viele stehen, die auch von anderen damals geschrieben wurden oder ungeschrieben bleiben mußten. Stehr antwortete »kühler als früher und distanziert«, aber Suhrkamp meinte, »die größere Ferne« sei »eine

Altersäußerung, sie bezieht sich nicht auf diesen und jenen, sondern auf alle«. Loerke schrieb den Aufsatz, der im ›Rundschau‹-Heft an den Heimanns unmittelbar anschloß; er erinnerte an jene Geburtstagsfeier im Jahr 1914, als *Der Heiligenhof* im Entstehen war: »Darin rang schon ein Künder neben dem Künstler und zuweilen mit ihm. Dem ersten *muß*, dem zweiten *darf* ich glauben.« Der Künder Stehr selbst hielt um die gleiche Zeit in seinem Jubeljahr eine Ansprache *Über Kunst im heutigen Deutschland,* in der er verkündete:

Der Weltkreuzzug der demokratischen Zivilisation gegen den deutschen Geist hatte seinen blutigen Sieg erreicht und dann in 14jähriger Drangsalierung, durch Entrechtung und Erniedrigung versucht, aus einem heldischen Volke eine Millionenhorde von Heloten zu machen. Unter dem großen Sachwalter deutscher Kraft und deutschen Sinnes ist nun, vor einem Jahr, der gewaltige Umschwung gekommen... Vorbei ist die Zeit brutaler Tyrannei der Allgemeinheit, die das von Gott geprägte Antlitz der Individualität durch die materialistische Fratze des Egoismus so zur Unkenntlichkeit und Schande verzerrt hatte, daß sie zum Verruf reif wurde... Das deutsche Volk ist ein lebendiges geworden, aufs neue werdend, kein Gebilde der Gleichheit, nicht liberal, sondern voll deutscher Freiheit; nicht konservativ, sondern deutsch; nicht bloß kirchengläubig, sondern fromm; das Göttliche in jedem von uns leibhaftig lebend und alle vereint zu einem sich immer weiter rundenden Kreise. Darauf beruht die Möglichkeit und das Recht dessen, der aus rassischer und geschichtlicher Wirklichkeit Deutscher ist, im Deutschtum erkannt und erhalten zu werden...

Auch diese Ansprache ist ein Geistes- und Seelendokument und mag hier exemplarisch für alles stehen, was von den »Geistesriesen« jener Tage ruchlos zusammengeschwafelt wurde.

SCHEITERHAUFEN UND SCHWARZE LISTEN

Schon am 27. April 1933, als Bermann Fischer sich noch in Rapallo befand, hatte Loerke im Tagebuch notiert:

Schicksalsgefühl: es ist nichts zu machen. Am 10. Mai sollen Bücher öffentlich verbrannt werden, symbolisch die Autoren. Aus unserem Verlag Schalom Asch, Döblin, Beer-Hofmann, Schnitzler! Wo führt das hin. Schwarze und weiße Listen! Auch die Buchhändler haben welche. Suhrkamp ist gestern nach Hamburg gefahren, um wenigstens eine Erweiterung der positiven Listen zu erreichen... Der Bücherabsatz des Verlags war letzte Woche wie abgeschnitten. Die Bücher der neuen Autoren kamen ballenweise zurück.

Die öffentlichen Bücherverbrennungen fanden in Berlin und dem ganzen Reich am 10. Mai 1933 statt. Sie waren der Höhepunkt eines von der Deutschen Studentenschaft organisierten »Aufklärungsfeldzuges« *Wider den undeutschen Geist,* der die öffentlichen Büchereien von allem unerwünschten Schrifttum säuberte. Die zwölf Leitsätze der Studentenschaft wurden ab 13. April überall öffentlich angeschlagen. Das ausgemerzte »zersetzende Schrifttum« wurde »den Flammen überantwortet«, begleitet von »Feuersprüchen«, bei denen eine Anzahl Autoren namentlich genannt wurde, zum Beispiel: »Gegen dünkelhafte Verhunzung der deutschen Sprache – Alfred Kerr!« Anschließend hieran veröffentlichte das ›Börsenblatt für den Deutschen Buchhandel‹ in seiner Nummer 112 vom 16. Mai 1933 die »erste amtliche Schwarze Liste« für das Gebiet der Schönen Literatur. Sie enthielt »alle Bücher und alle Autoren, die bei der Säuberung der Volksbüchereien entfernt werden *können*. Ob sie *alle* ausgemerzt werden *müssen*, hängt davon ab, wie weit die Lücken durch Neuanschaffungen aufgefüllt werden.« Entsprechende Schwarze Listen umfaßten die Gebiete Politik, Staatswissenschaften, Geschichte, Literaturgeschichte, Kunst, Geographie, Biographie.

Die Schwarze Liste der Schönen Literatur enthielt insgesamt 135 Namen. Bei vielen war das Gesamtwerk indiziert, bei anderen nur einzelne Werke. Von diesen 135 Autoren gehörten 13 zum S. Fischer Verlag. Schalom Asch, Richard Beer-Hofmann, John Dos Passos, Arthur Holitscher, Alfred Kerr, Klaus Mann und Jakob Wassermann waren mit ihrem Gesamtwerk unerwünscht; von Alfred Döblin war alles außer dem *Wallenstein*, von Lernet-Holenia alles außer den *Gedichten*, von Schnitzler alles außer *Der Weg ins Freie*, von Leonhard Frank alles außer *Die Räuberbande* und *Das Ochsenfurter Männerquartett* (die nicht bei Fischer erschienen waren) unerwünscht, von Karl Jakob Hirsch hingegen nur *Kaiserwetter*, von Bernhard Kellermann nur *Der 9. November*. Als die »eigentlichen Hauptschädlinge«, die »auch für den Buchhandel auszumerzen wären«, waren Lion Feuchtwanger, Ernst Glaeser, Arthur Holitscher, Alfred Kerr, Egon Erwin Kisch, Emil Ludwig, Heinrich Mann, Ernst Ottwald, Theodor Plievier, Erich Maria Remarque, Kurt Tucholsky und Arnold Zweig bezeichnet. Von ihnen waren Holitscher und Kerr Autoren des Fischer-Verlags. Das ›Börsenblatt‹ bemerkte redaktionell des weiteren hierzu, diese Säuberung schaffe die Voraussetzung für die Hauptaufgabe, nämlich »für eine künftige planmäßige Buchpolitik positive ›Weiße Listen‹ anzufertigen, mit deren Hilfe das geistige Gesicht der schaffenden Nation vom Buch her geprägt werden kann«. Durch Zusammenarbeit mit dem Kampfbund für Deutsche Kultur und dem Schutzverband Deutscher Schriftsteller, so hieß es schließlich, »haben die buchhändlerischen Organisationen die Möglichkeit, diejenigen undeutschen Autoren auf eine Reichsliste zu setzen, die für Verlag und Sortiment gleich verbindlich sein muß«.

Diese Liste und die später auf sie folgenden Ergänzungen und Erweiterungen schufen für den Verlag eine undurchsichtige Situation. Die aufgeführten Autoren und Werke waren zwar unerwünscht, aber nicht verboten; sie konnten auf Grund der Verordnungen des Reichspräsidenten zum Schutz des deutschen Volkes vom 4. und 28. Februar 1933, von denen letztere auch zu Haussuchungen ermächtigte, polizeilich beschlagnahmt und eingezogen werden. Dies galt für Verlagsbetriebe und ihre Auslieferungen ebenso wie für einzelne Buchhandlungen. Die Buchhandlungen standen unter Druck, die Werke dieser Autoren nicht auszustellen, und verkauften sie, wenn überhaupt, nur an ihnen gut bekannte Kunden unter dem Ladentisch. Diese ungeklärte Situation hielt im Fall des S. Fischer Verlages ungefähr zwei Jahre lang an. In den Jahren 1933/34, so erinnerte sich Bermann Fischer, »kamen ab und zu Nazibeamte – meistens waren es deutlich als frühere Sozialdemokraten erkennbare Polizeibeamte –, die mit bedauerndem Lächeln eine Beschlagnahmeweisung für dieses oder jenes Buch vorlegten, einmal war es eines von Kerr, ein anderes Mal eins von Holitscher...« Erst 1935 kam die Polizei mit Lastwagen in die Bülowstraße, um die dortigen Lagerbestände inzwischen regelrecht verbotener Autoren abzuholen. Doch fand sie zumeist nur zehn oder zwanzig Exemplare vor, denn die Hauptlagerbestände befanden sich in Leipzig, wo sie wunderbarerweise unberührt blieben.

Die eigentümliche Situation wird erst recht deutlich, wenn man in den Verlagsalmanachen für die Jahre 1933 und 1934 die Kataloge der zu jener Zeit lieferbaren Werke betrachtet. Schalom Asch, dessen Gesamtwerk indiziert war, war verschwunden, Beer-Hofmann jedoch mit allen Werken lieferbar; Leonhard Franks Arbeitslosenroman war weiter zu haben, und auch der gesamte Döblin mit Ausnahme, merkwürdigerweise, von *Berlin Alexanderplatz*, während auf der Schwarzen Liste das Gesamtwerk mit Ausnahme von *Wallenstein* stand. Kerr, Holitscher, Karl Jakob Hirsch und Klaus Mann waren aus dem Verlagsverzeichnis verschwunden, Lernet-Holenia jedoch mit allen Titeln und nicht nur den *Gedichten* zur Stelle. Bei Kellermann fehlte nur der unerwünschte *9. November*; Schnitzler war vollständig mit Ausnahme von *Reigen*, Wassermann vollständig mit Ausnahme von *Mein Weg als Deutscher und Jude* vorhanden. 1934 bot das identische Bild mit 1933, mit einer Ausnahme: 1933 fehlte Dos Passos, der mit seinem Gesamtwerk auf der Ersten Schwarzen Liste stand, 1934 war er wieder da, weil er irrtümlich auf die Schwarze Liste gesetzt worden war, von der ausländische Autoren ausdrücklich ausgenommen waren. Der Verlag nahm also, wie man sieht, die Schwarze Liste nur sehr in Grenzen zur Kenntnis und richtete sich offenbar nur in gewissen Einzelfällen, wenn eine ausdrückliche Beschlagnahme vorlag, nach ihr. Das Verschwinden einiger unerwünschter Autoren aus dem Almanach-Katalogen – wie Asch, Kerr, Holitscher und Klaus Mann – hatte seinen Grund vermutlich darin, daß diese Autoren von sich aus ihre Verbindung mit dem Verlag gekündigt hatten, da sie nicht mehr in Deutschland zu erscheinen wünschten. Dies galt auch für Ferdinand Bruckner, der nicht auf der Ersten Schwarzen Liste stand.

Eine besondere Gruppe von Autoren bildeten jene, die bei Regierung und Partei zwar unbeliebt waren und nicht gefördert werden sollten, aber weder indiziert, noch mit Einzelwerken beschlagnahmt oder gar verboten waren, und sie waren die großen und berühmten Hauptautoren des Verlags mit einem riesigen Gesamtwerk, nämlich Thomas Mann, Hermann Hesse und Gerhart Hauptmann, der trotz seiner ›neutralen‹ Haltung von der nationalsozialistischen Presse scharf angegriffen wurde. Zu ihnen kamen die gleichfalls unbeliebten, aber nicht verbotenen großen ausländischen Autoren wie Shaw, O'Neill, Conrad und Giono hinzu. Diese Gruppe allein stellte ein enormes geistiges und materielles Kapital in der Obhut des Verlags dar, wie es kein anderer schöngeistiger deutscher Verlag verwaltete, und ihr Schicksal war begreiflicherweise von großem Gewicht bei den Entschlüssen, die Bermann Fischer zu fassen hatte.

Schließlich ist anzumerken, daß durchaus nicht alle Autoren, die von den Ereignissen ins Exil getrieben worden waren, gleichzeitig unbedingt ihre Bindung an den in Deutschland verbliebenen Verlag zu lösen wünschten. Bermann Fischer erhielt die Verbindung mit den emigrierten Autoren des Verlags aufrecht, traf, wann immer es ging, mit ihnen im Ausland zusammen, wechselte Briefe und beriet in jedem einzelnen Fall gründlich die Möglichkeiten, die sich boten und verboten. In den ersten zwei Jahren des Regimes gab es noch einen gewissen Spielraum; einige Autoren, die Deutschland verlassen hatten, konnten 1933 und auch noch 1934, ohne an das Regime oder die gefährdete Situation des Verlags Konzessionen zu machen, bei Fischer in Berlin erscheinen: Meier-Graefe und Döblin, Schickele und Annette Kolb und vor allem Thomas Mann. Es ging noch eine kleine Weile, aber nicht mehr lange. Und niemand wußte besser als Bermann Fischer, daß die Gnadenfrist eine Galgenfrist war.

DER NACHDENKLICHE BETRACHTER

»Selbst die ›Neue Rundschau‹ konnte noch unzensiert weitererscheinen. Es klingt heute unglaublich, daß zu dieser Zeit noch Beiträge von Jakob Wassermann, Thomas Mann etc. ungestört gedruckt werden konnten.« So Bermann Fischer in seinen Erinnerungen. Es blieb der Zeitschrift überlassen, nach eigenem Ermessen den ihr möglichen Platz in dem neuen, noch unübersichtlichen und veränderlichen Gefüge ausfindig zu machen und zu behaupten. Und dieser Platz war natürlich weitgehend identisch mit dem Standort ihres redaktionellen Leiters.

Auf Suhrkamp hatten die Ereignisse der Umsturzwochen einen bedeutenden Eindruck gemacht. »Hier ist ungeheuer viel los«, schrieb er am 22. Februar 1933 an Aage Madelung, den er um Wiederaufnahme seiner Mitarbeit bat, »hier ist etwas im Entstehen, und hier liegen Aufgaben!« Madelung solle nach Deutschland kommen, er werde hier gebraucht. Der pädagogische Impuls machte sich geltend: »Die Erregung der Menschen muß benutzt werden, um sie innerlich aufzubrechen und Visionen in sie zu senken.« Zwei Monate später, im Maiheft 1933 der ›Neuen Rundschau‹, veröffentlichte Suhrkamp einen großen Aufsatz *März 33*, in dem er seinen Standort zu präzisieren und den Eindruck auf seine Gründe und ihre Gültigkeit hin zu prüfen suchte. Von diesem Aufsatz wurde der einleitende historische Rückblick bereits an früherer Stelle angeführt.

Die politischen Tatsachen der Wahl vom 5. März, so fuhr Suhrkamp fort, seien allein bereits ungeheuer; doch das, »was für den einzelnen Menschen geschehen ist«, die moralischen Tatsachen nämlich seien so ungeheuer wie die politischen:

Und fast die Hälfte der Menschen in Deutschland steht vor diesen so ratlos wie vor jenen. Diese Unsicherheit macht sie jeden Tag stutzig vor Taten, die zu beurteilen sie sich im Gewissen unfähig fühlen. Und schließlich beurteilen sie sie nach ihrer gesellschaftlichen Stellung oder mit den Hilfskonstruktionen ihrer Partei. Jetzt gilt es, seiner Trägheit Herr zu werden und auch seiner Furchtsamkeit. Das sollten alle, die den Krieg erlebten, am besten begreifen.

Es wird eine Revolution genannt, was geschehen ist. Andere nennen andere Namen. Das hängt davon ab, in welchem Lager einer gestanden hat, als es geschehen ist, und wie alt er ist; von seiner Konstitution also und von den Umständen, in denen er lebt; von seinem Temperament, und nicht zuletzt von dem Tiefgang seines Wesens. Für einige ist es ein völliger Zusammenbruch, für andere der Sieg der Zukunft. Und dann sind da immer die, für die nichts als etwas Neues geschehen ist, als daß die Fahnen ausgewechselt sind und andere Herren regieren – »mal abwarten, was die nun machen werden«.

Eine nicht kleine Schicht von Menschen ist von den Ereignissen überholt worden; und darunter sind viele, die nichts damit zu tun zu haben glaubten, die abseits von allem gegangen und nur mit ihren eigenen Dingen beschäftigt gewesen waren, und die nun erleben, daß die Bewegung auch gegen sie angesetzt war, und daß sie unter den Betroffenen sind. Und nicht alle, deren Zeit mit diesen Ereignissen endgültig vorbei ist, die alles verloren haben, außer dem, was sie privat noch haben, wissen davon. Auch über schuldlose Menschen sind harte Schicksale hereingebrochen. Der

Marschschritt eines Volkes, wenn es einmal marschiert, stampft in derben, ehernen Stiefeln...
Friedfertige Menschen, für die Friede zum Lebenselement gehört, stille Idylliker, Wirker und Schaffer in den Einsamkeiten ihrer Kammern und in den Zellen des Geistes und der Kunst, stehen sicher zunächst ratlos und vielleicht verstört vor dieser Situation. In das richtige Verhältnis zum Moment kann nur historischer Sinn bringen... Historische Erkenntnisse helfen hier wenig — es kommt auf historisches Fühlen an. Und das historische Gefühl wird nur dadurch lebendig, daß einer am eigenen Leibe praktisch und unwillkürlich erfährt: du hast keine Gegenwart. Oder anders ausgedrückt: in deiner Gegenwart gibt es vielerlei, und du bist in jedem Moment leicht verführt durch dies und das; es kommt jetzt darauf an, daß dein Instinkt im historischen Strom lebendig lebt, und daß du dich sammelst in der Besinnung auf ihn...

Es gebe, fährt Suhrkamp fort, zwei Formen, Elementarereignisse zu erleben. Entweder man sei Akteur und mache hingerissen mit, oder man nehme »das Bild in sich auf als Betrachter; und von ihm kann man so ergriffen werden wie jener andere Typ«. So habe er die Ereignisse im März gesehen, und dabei habe ihn »immer wieder die Identität mit Erinnerungen an den Sommer 1914 erschüttert«. Hier denkt auch der Chronist zurück: an jene ersten Hefte der ›Neuen Rundschau‹ nach Kriegsausbruch, an Emil Ludwigs Schilderung, an Dehmel und Hauptmann und den blinden Kniefall vor dem »Elementarereignis«, das doch gar keines war, sondern hilflose Menschenpfuscherei. Auch Suhrkamp nahm den März 1933, wie es die von ihm aufgezeigte Alternativhaltung zu verstehen gibt, als ein »Elementarereignis« und fand, die Identität »stimmte bis in Einzelzüge«:

...es marschierten jetzt die uniformierten SA und SS und Stahlhelmer; es marschierten auch die Bürger zur Seite, mit und ohne Abzeichen; und die Kinder und die älteren Frauen und die Dienstmädchen; und zwischen den Marschierenden und den Zuschauern auf den Gehsteigen, den Zäunen, den Bäumen und den Dächern der Elektrischen war ein Strom von Einverständnis und herzlicher Offenheit hinüber und herüber; und selbst die Polizei hatte ihre Stacheln glattgelegt und war lauter joviales Einverständnis. Überall waren die uniformierten jungen Männer im Mittelpunkt — und alle Uniformierten wirkten jung. Junge Männer in Marschkolonnen und im Marschschritt, in Uniformen und mit straffen, knappen Gesichtern regierten die Stunde. Städte, Dörfer und Landstraßen verrieten die Gegenwart einer Armee. Das Überraschende und Ungewohnte aber war, daß die Armee trotz der Kriegsgesänge nichts Kriegerisches hatte, sondern im Moment durchaus etwas Friedfertiges. Aber keineswegs etwas Gemütliches... Man erlebte sinnfällig eine marschierende Armee in der Entschlossenheit, dem Eifer und der Erregung der alten Feldarmee, ohne daß irgendwo ein Krieg drohte. Nicht die Möglichkeit eines Krieges war im Bild...

Suhrkamp hatte den Ersten Weltkrieg und die Nachkriegszeit als erwachsener Mann durchlebt. Es entging ihm nicht, daß ohne den vorangegangenen Krieg, wie er schrieb, diese »reine Ausprägung« des Militärischen als Selbstzweck, als »Erfüllung eines Lebensgefühls« sicher nicht möglich gewesen wäre. Der »psychologische Moment von 1914«, der »damalige Rausch« sei nicht nur Kriegsbegeisterung gewesen, »sondern er war ebensosehr ein Aufschrei, ein Schwindel — von Befreiten, nach Jahren in gewittrig lastender, geladener, überreizter Atmosphäre«, und diese Atmosphäre habe ihre Entsprechung in den letzten Jahren gehabt:

... wieder diese Stickluft, wieder diese allgemeine Willenslähmung, wieder dieses Eingesperrtsein mit dem Ich. Und wie oft hat man für sich die Vergeblichkeit, das Nichterfülltsein des Krieges konstatiert.

Zu den Erinnerungen vom Augsut 1914 trat ihm jetzt »das Bild vom November 1918« hinzu, als »wir von der Front Kommenden« krank und überanstrengt »nach Hause schlichen« und die »notdürftige Liquidierung« des Krieges erlebten.

Da ist also eine Generation von Männern mit einem abgebrochenen, aber nicht abgeschlossenen Erlebnis. Einer Lebensform, die im Kriege zu der ihren geworden war, von der sie ergriffen worden war, blieb die Erfüllung in normalen Zeiten, im Frieden versagt. Sie liebte nicht den Krieg — wer könnte das von sich sagen! — aber die Seelengröße, die Anwendung des Menschlichen von Grund auf und in jedem Moment, das Erprobtwerden, das karge Dasein für sich und für die anderen, die einfache Kameradschaft. Diese Tatsache wurde in den letzten Jahren versteckt und verleugnet, weil sie zugunsten des Krieges sprechen könnte. Aber niemals wird ein ehemaliger Krieger vergessen, um welchen Preis er diese Erhöhungen seines Lebens erlebte. Diese Männergeneration erlebt jetzt, was sie erleben mußte: ihre Lebensform will sich im Frieden erfüllen, und sie ist auf den Staat gerichtet. Ob ihr es gutheißt oder nicht: was jetzt geschieht, hat etwas vom Gesicht einer geschichtlichen Erfüllung. Es wirkt unwiderstehlich... die Männer, die damals auseinander getrieben wurden und auseinander geflüchtet sind, marschieren wieder, sie wollen Erfüllung dessen, wofür sie kämpften; sie sollen aus ihrem erlebten und erlittenen Leben heraus eine Zukunft bauen.

Suhrkamp war nicht der einzige, der diesen Zusammenhang begriff; auch Thomas Mann wußte über den Rausch von 1914 Bescheid und sah, wie sich ein Bogen von seinem eigenen damaligen ›Rundschau‹-Aufsatz zu diesem spannen ließ. Aber er sah noch etwas anderes. »Nicht die Möglichkeit eines Krieges war im Bild«, hatte Suhrkamp geschrieben; Thomas Mann schrieb um die gleiche Zeit in seinem Tagebuch:

Glockengeläut und Erhebungsrausch. Man glaubt wieder ein großes Volk zu sein. Der Krieg, die Niederlage sind nicht gewesen, seine Folgen getilgt durch einen Kriegsersatz, der sich Revolution nennt und sich gegen das eigene Volk richtet. Rache des Typs, der den Krieg verlor. Er ist seelisch wieder hergestellt, während alles edlere Deutschland der Qual seelischer Heimatlosigkeit überantwortet ist. Konzentrationslager: Kriegsgefangene.

Davon stand in Suhrkamps Betrachtung nichts. Hätte es dringestanden, so hätte der Aufsatz nicht gedruckt werden können. Hätte er gedruckt werden sollen, ohne daß es drinstand? Diese Frage stellt sich dem, der ein Menschenalter später die Hefte der Zeitschrift aus jenen Monaten durchblättert, nicht nur bei diesem Beitrag; sie stellt sich, abgewandelt und auch um einiges schärfer, noch bei manch anderem – es sind ihrer nicht viele, aber sie sind da. *März 33* wurde hier ausführlich angeführt, weil daraus die Stimme des verantwortlichen Mannes spricht, dem zu entscheiden oblag, was jetzt und hier zu sagen war und wie es zu sagen war. Denn der Aufsatz hat einen letzten Absatz:

Aber klappt in diesem Bild die Historie nicht allzu gut? – Das ist die Sorge, die den nachdenklichen Betrachter bedrücken mag. Eine Ahnung von etwas Unseligem fehlt auch hierbei nicht. Es gehört auch heute besonderer Mut dazu, den Weg in die Zukunft gehen zu können.

Was besagten solche Sätze im Mai 1933 in Fischers ›Neuer Rundschau‹? Der Chronist, der ins Zwielicht späht, muß die Frage stellen. Aber er darf nicht vorgeben, er wisse die Antwort.

WELT INNERHALB DER WELT

... und gerade weil seine persönliche Gestalt bescheiden, und gleichsam vom Schatten des Werkes verdunkelt, hinter der Fülle der Leistung zurücktritt, ist es unsere Pflicht, an einem solchen Tage auf den heimlichen Heroismus, auf die mitleidslos angespannte Schöpfungskraft hinzuweisen, die hier in der Stille eine Welt innerhalb unserer Welt gebaut. Hier ist ein Vorbild beinahe ohnegleichen, wie man durch innere Zucht und grandiose Gewissenhaftigkeit eine vom Schicksal gestellte Aufgabe durch den eigenen Willen noch überhöht und übertrifft und ein fließendes Leben in dauernde Leistung verwandelt: Schaffende aus allen Ländern, hier ist freimütig zu lernen! Hier ist großmütig zu bewundern!

Die rühmenden Worte stammten von Stefan Zweig. Sie galten Jakob Wassermann. Sie standen neben ähnlichen Huldigungen von Heinrich Mann, Alfred Döblin und Hermann Hesse im Märzheft 1933 der ›Neuen Rundschau‹, das inmitten der tobenden Umsturzereignisse erschien und dem sechzigsten Geburtstag des Dichters am 10. März 1933 gewidmet war. Hier sprachen, gleich als kümmerten die Schrekken sie nicht, die Verfemten über den Verfemten, selbstbewußt und selbstverständlich. Wie war es möglich? Es *war* möglich, und die Möglichkeit wurde genutzt. Natürlich war das Heft seit längerem (noch von Kayser) vorbereitet, die Beiträge Heinrich Manns und Döblins waren noch vor dem Umsturz geschrieben. Aber Suhrkamp druckte sie *nach* dem Umsturz – sie waren beider Autoren letzte Beiträge zu der Zeitschrift – und stellte dem Ganzen einen Vorspruch *Für Jakob Wassermann* voran:

Der Glückwunsch, den der Verlag S. Fischer und diese Zeitschrift dem sechzigjährigen Jakob Wassermann entbieten, bedeutet Dank, Freundschaft und Bewunderung für ihn und sein Werk. Der große und ruhmreiche Epiker ist auch der leidenschaftliche Verkünder eines Glaubens: des Glaubens an die Kunst und an den Menschen. Wer mit ihm gegen die »Trägheit des Herzens« kämpft und Gewissensprüfung und Durchleuchtung der Menschenseele für das Geheimnis und die wesentliche Aufgabe des Dichters hält, der gehört zu ihm und zu dem gehört er.
In einem seiner Romane sagt Wassermann: »Es ist etwas im Menschen, etwas Wunderbares: eine unauslöschliche Sehnsucht, daß dem Guten in ihm Vertrauen geschenkt wird, auch wenn von dem Guten nur ein winziges Korn da ist.« Diese Sehnsucht und dieses Vertrauen erfüllen alle seine Werke und seinen hohen geistigen Glauben an die Gestalt. Gegenüber dem eigenen Schaffen ist er von einem ergreifenden und ergriffenen Pflichtgefühl beherrscht: er fühlt, daß es ihm aufgegeben ist, sein Werk zu vollbringen. Mit unversiegbarer Phantasie begnadet und einer Sprache, die alles Menschliche auszudrücken vermag, ist er als Erzähler auch Forscher, Lehrer und Richter der Zeit, aus der er und sein Werk nicht mehr fortzudenken sind. Von Dank und Ruhm begleitet, schreiten beide in ein neues Jahrzehnt.

Döblin erinnerte Wassermann daran, daß »Sie, und zwar als einziger der älteren, anerkannten Autoren, vor Jahren zu mir in meine Wohnung gekommen sind, und so teilnahmsvoll sind Sie gewiß auch gegen andere gewesen«:

... später habe ich unmittelbar praktische Hilfe von Ihnen gehabt, ich vergesse Ihnen das nicht und heute, wo ich Glück wünsche, am wenigsten ... Bleiben wir weiter, wenn auch auf verschiedenen Geleisen, Weggenossen, lieber Herr Wassermann. Unser Wetterball steht auf Sturm; wenn Verbundenheit und Freundschaft die Kraft und Sicherheit steigert, lassen Sie sich von mir sagen, daß ich Sie grüße ...

Und Hesse schrieb ein Wort, das aus seinem Mund viel bedeutete: Gesinnung.

Ich habe in meinen jungen Jahren Ihre ›Juden von Zirndorf‹ geliebt und habe seither oft wieder in Ihren Dichtungen jenen Klang wiedergefunden, der mich damals gewann: einen Klang von Ballade und von Altem Testament, eine Verschwisterung von Deutschtum und von Judentum, und einen ruhelosen, zähen, ebenso leidenschaftlichen wie geduldigen Ehrgeiz und Künstlerwillen. Vieles in Ihrer Art ist der meinen gerade entgegengesetzt, und manchmal empfand ich Sie, bei aller Hochschätzung, fremd und beinahe feindlich, ähnlich wie ich Balzac oft empfand. Und jedesmal, wenn dann Ihr Werk wieder zu mir sprach, war es die Gesinnung, die mich vor allem gewann und Sie mir lieb machte, die Gesinnung gegen die Menschen, als Humanität, und die Gesinnung gegen Ihre Arbeit und Ihr Handwerk, als Moral des Künstlers.

Fischer hatte offenbar beabsichtigt, zu Wassermanns 60. Geburtstag eine Art Huldigungs-Anthologie herauszubringen, und angefragt, wer in das »Wassermann-Buch« aufgenommen werden solle, denn Wassermann antwortete ihm am 6. Dezember 1932:

Lieber Fischer ... Ich wüßte wirklich nicht, wen ich ausschließen sollte, ich habe keinen Feind, von dem ich sagen könnte, man lasse ihn nicht zur Triumph-Pforte zu. Außerdem weiß man selbst ja nie, was die Menschen in Wahrheit über einen denken. In dieser Beziehung lebt man in einer Art von rosigem Hauch, glücklicherweise. Meine stärksten Anhänger leben im Ausland und sind Holländer, Franzosen, Italiener, Schweizer, Nordländer, Amerikaner etc. Übrigens arbeitet Aufricht an einem langen Essay über mich. Und er hat wichtiges zu sagen. Meine einzige Sorge ist das Vielzuviel an Jubiläen. Das Publikum ist der Fünfzig- und Sechzigjährigen etwas müde. Älter zu werden ist ja nicht unser, sondern Gottes Verdienst.

Das »Wassermann-Buch« blieb schließlich unausgeführt. Hans Aufricht-Rudas Essay erschien statt dessen im Geburtstagsheft der ›Neuen Rundschau‹; er hatte bei näherem Hinsehen nichts »wichtiges zu sagen«, sondern war eine, in die Form eines Dialogs zwischen Dichter und Leser gefaßte, über viele Seiten gehende leere und preziöse Spielerei. Bedeutsam, aufschlußreich und ergreifend hingegen war Wassermanns eigener Beitrag im gleichen Heft, seine *Selbstschau am Ende des sechsten Jahrzehnts,* in der er von seinen Anfängen sprach, den frühen und späteren Einflüssen, den großen Russen und großen Franzosen, der Schulung, die er durch Hofmannsthal erfuhr:

... er war es auch, der mich, oft und oft, vor Häufungen warnte, stilistischen und charakterisierenden, dem Zuviel an Schilderung, an Deutlichkeit, die dem Leser nichts erspart, und einmal sagte er mir das Wort: man darf nicht alles Korn vermahlen, das man auf seiner Mühle hat.

Und schließlich sprach er darin noch einmal, zum letztenmal, vom Schicksal des jüdischen Volkes. Diese Seiten enthalten einige Absätze, die es zu bewahren gilt nicht zuletzt, weil sie damals geschrieben und damals veröffentlicht wurden:

Es ist eine Straße des Kummers und der Tränen, wie es keine gab, seit menschliche Taten und Leiden aufgeschrieben werden. Man vergißt es, man löscht es in sich aus, es bleibt einem nichts anderes übrig, wie sollte man sonst weiterleben, der einzelne will nicht teilhaben an den Missetaten der Zeitgenossen, der später Geborene nicht an denen der Vorfahren, ob hundert oder tausend oder dreimalhunderttausend auf dem Scheiterhaufen und unter Mörderhänden krepiert sind statt an Altersschwäche in ihren Betten, spielt vielleicht nach fünfhundert Jahren keine Rolle mehr, schon nach zwanzig nicht, manche beruhigen sich dann damit, daß der Menschheit überhaupt nicht zu helfen und Hopfen und Malzen an ihr verloren ist. Dennoch wird alles Geschehen im Gruppen- und Stammesgedächtnis aufbewahrt und bildet den historischen und mythologischen Erlebniskern ...

Sodann an späterer Stelle:

Da wird keine Ausnahme statuiert; bei allen Völkern des Erdballs gelten die wenigen Edlen und Vorzüglichen als Gradmesser für die Würdigkeit und Bildung der Gesamtheit, bei den Juden allein weist man auf die Niedrigsten hin, um das Urteil über sie zu fällen. Und der Herd der Umtriebe, das

Zentrum der Infektion ist nach wie vor Deutschland. Das schmerzt. Dieses wunderbare Land, dieses unvergleichliche Volk! Es ließe mich nicht ruhen, auch wenn ich kein Jude wäre; den Stachel würde ich nicht los, ich bin dessen sicher, den Vorwurf, den Gewissensruf, das Gefühl einer brandigen Wunde am Körper der Nation...

Und schließlich:

Als ich vor zehn Jahren das kleine Buch veröffentlichte, worin ich, mit allzu schwachen Mitteln, wie ich gern gestehe, die unheilvollen Folgen nachwies, die diese welthistorische Schande für mein eignes Leben gehabt hat, schrieben mir Menschen aus den verschiedensten Kreisen des deutschen Volkes, Frauen und Mädchen, ehemalige Offiziere, Lehrer, Professoren, Beamte, von all dem hätten sie eigentlich keine Ahnung gehabt, ich hätte ihnen die Binde von den Augen gerissen, und sie gelobten mir, manche in feierlicher Weise, sich in Zukunft dafür einzusetzen, daß es anders werde. Es waren leere Worte. Es ist alles viel schlimmer geworden. Als ich in New York, oft und oft, durch die Straßen von Bronx ging, stierte mich jüdisches Elend in solchen Massen an, daß es den Augen schwer wurde zu schauen. Dieses Riesenghetto hat eine Bevölkerung von eindreiviertel Millionen Seelen; in jedem Jahr wandern davon etwa tausend zu Wohlhabenheit und hundert zum Reichtum ab; diese Minorität bildet den Zündstoff für den Ofen des Antisemitismus, die Millionen werden ohnehin drin verbrannt. Verbrannt wird auf alle Fälle...

So stand es in der ›Neuen Rundschau‹ zu lesen, im März 1933.

REICHSSCHRIFTTUMSKAMMER

Der altbewährte, von Werner Schendell geleitete Schutzverband Deutscher Schriftsteller war am 11. März 1933 aufgelöst worden. Als sein Nachfolger konstituierte sich am 9. Juni 1933 der Reichsverband Deutscher Schriftsteller als Fachverband der Reichsschrifttumskammer, die ihrerseits eine der sieben Kammern der Reichskulturkammer unter ihrem Präsidenten, dem Propagandaminister Goebbels war. Am 11. August 1933 teilte der S. Fischer Verlag seinen Autoren mit – das an Hauptmann gerichtete Schreiben ist erhalten –, die Reichsleitung des neuen Reichsverbandes Deutscher Schriftsteller habe alle deutschen Verlage in einer Bekanntmachung ersucht,

die mit ihnen arbeitenden Schriftsteller darauf aufmerksam zu machen, daß in Zukunft der Reichsverband Deutscher Schriftsteller die einzige Standes-Organisation des deutschen Schrifttums darstellt, und daß alle Angehörigen des Schrifttums den Fragebogen und die Aufnahmeerklärung des Reichsverbandes Deutscher Schriftsteller, Berlin W. 50, Nürnberger Straße 8, einfordern mögen.

Außer dem Mitgliedsbeitrag war ein Betrag von einer Mark für die »Verbandsnadel« zu entrichten, »deren Bezug Pflicht ist«. Der Verlag fügte hinzu: »Wir geben Ihnen diese Bekanntmachung pflichtgemäß zur weiteren Veranlassung weiter.« Im Vorstand dieses Reichsverbandes saß der nationalsozialistische Literat Will Vesper, der in seiner Zeitschrift ›Die Neue Literatur‹ unablässig zum »großen Reinemachen« aufrief und die Schließung der verlegerischen »Giftküchen« verlangte.

Im Oktober 1933 inszenierte dieser Reichsverband eine Aktion, die dem Verlag und insbesondere Oskar Loerke beträchtlichen Kummer bereitete. Er veröffentlichte ein Schriftstück, in dem »88 deutsche Schriftsteller durch ihre Unterschrift dem Reichskanzler Adolf Hitler« die Treue gelobten. Der entscheidende Satz darin lautete:

Das Bewußtsein der Kraft und der wiedergewonnenen Einigkeit, die tiefe Überzeugung von unseren Aufgaben zum Wiederaufbau des Reiches, veranlassen uns, in dieser ernsten Stunde, vor Ihnen, Herr Reichskanzler, das Gelöbnis treuester Gefolgschaft feierlichst abzulegen.

Unter den achtundachtzig befanden sich nur drei Autoren des Fischer-Verlags: Otto Flake, Oskar Loerke und der unerhebliche Hans von Hülsen. Inmitten der Horde von »Winzigen und Mittelmäßigen« waren außer ihnen noch einige wenige namhafte Autoren wie Gottfried Benn, Rudolf G. Binding, Max Halbe, Josef Ponten, Ina Seidel, die Brüder Anton und Friedrich Schnack, Walter von Molo und Eduard Stucken zu entdecken. Otto Flake, der sich um diese Zeit gerade in Berlin befunden hatte, berichtet in seinen Erinnerungen:

Im Verlag war die Stimmung zuversichtlich, man werde durch die Klippen steuern, die Beziehungen zum Propagandaministerium seien korrekt. Ich wußte nicht, was von alledem zu halten war. Es wurde geflüstert, aber niemand konnte genau sagen, was in den KZ wirklich geschah.

Bei der Rückkehr, um drei Uhr früh, fand ich in meinem Badener Haus einen Berg Post vor und ging ihn, nachdem Kaffee gemacht war, im Kommandotempo durch. Der Verlag, den Bermann und Suhrkamp leiteten, hatte das Formular für eine an den Reichskanzler (nicht den Führer) zu richtende Loyalitätserklärung mit seinen eigenen Erläuterungen geschickt: in den Papierkorb damit. Nachdem ich eine Reihe Briefe geschrieben hatte, kamen mir die Erläuterungen wieder in den Sinn. Ich fischte sie leider wieder heraus und las: Es sei im Interesse des Verlages, wenn möglichst viele Autoren unterschrieben. Es sei auch mein Interesse und das meiner Frau, lautete eine mit der Hand hinzugefügte Bemerkung.

(Flake war mit einer ›Nichtarierin‹ verheiratet.)

Ich war nicht gerade Persona grata bei den Herren Rosenberg und Goebbels. Wenn ich mir durch die Unterschrift Ruhe und meiner Frau Schutz verschaffen konnte, warum nicht. Ich wollte nichts, als daß man mich ungeschoren ließ, und auf geheime Unternehmungen einzugehen, war gewiß nicht meine Absicht. In diesem Sinn konnte ich eine Loyalitätserklärung unterzeichnen. Ich unterschrieb das Formular, das wohlgemerkt nur ein paar Zeilen Text enthielt, und ahnte nicht, daß ich eine große Dummheit begangen hatte. Ich merkte es, als einige Tage später Goebbels in den

Zeitungen die Kolonnen der Unterzeichner aufmarschieren ließ, hinter einem von ihm gedichteten Text; aus der Loyalitätserklärung war nun ein Treuegelöbnis geworden.

Loerke notierte am 1. November 1933, als eine neuerliche, ähnliche Erklärung namens der Akademie von ihm verlangt wurde:

Es handelt sich wieder einmal um eine politische Erklärung, die mich hinauszerrt auf ein Gebiet, auf dem ich nicht heimisch bin und nicht heimisch sein will. Eine frühere, vom Reichsverband Deutschen Schrifttums ausgehend, hat mich völlig zerbrochen und mehrere Tage in der vergangenen Woche in einen Zustand gebracht, daß ich nicht wußte, ob ich würde weiterleben können. Suhrkamp war dann die ganze fernere Zeit sehr hilfreich. Auch Bermann gestern sehr nett. Endlich innere Abwehr: ich will mich nicht zum Märtyrer machen lassen auf einem Gebiete, das mich nichts angeht.

Hermann Kasack, Loerkes nächster Freund, der ihn in dieser Zeit beinahe täglich sah und sprach, bemerkt hierzu in den Anmerkungen zu den von ihm herausgegebenen Tagebüchern Loerkes:

In Emigrantenkreisen hat es wiederholt Verwunderung, ja Befremden hervorgerufen, Loerkes Namen unter jenen 88 Schriftstellern zu sehen, die eine Ende Oktober 1933 veröffentlichte politische Erklärung unterzeichnet haben. Obwohl darin mit einer spürbaren Nuance nicht vor dem »Führer«, sondern »vor dem Reichskanzler« ein Treuegelöbnis abgelegt wird, ist die politische Propagandaabsicht unverkennbar. Wie kam Loerkes Name, von dessen unwandelbarer Gesinnung in den »Jahren des Unheils«, auch nach den Tagebüchern, kein Zweifel besteht, unter dieses peinliche Dokument?
Die Tatsache, daß fast zwei Drittel der Akademiemitglieder beteiligt waren, gibt keine genügende Erklärung, zumal da ausgesprochen nazistisch interessierte Autoren wie z. B. Kolbenheyer, Stehr, Strauß, Grimm fehlen. Die Aufforderung zur Unterschrift wurde durch Prof. Amersdorffer, den Ersten Sekretär der Akademie, an Loerke herangetragen. Loerke hat in jenen Oktobertagen, in denen er nicht wußte, ob er sie würde überleben können, nicht nur mit mir verzweifelte Telefongespräche geführt. S. Fischer gab Loerke zu verstehen, daß er für seinen Verlag schwerwiegende Folgen befürchte, wenn Loerke als sein Lektor die Unterschrift versage. Wer die Verhältnisse damals in Deutschland gekannt hat, weiß, daß eine derartige Besorgnis für den jüdisch exponierten Verlag durchaus berechtigt war. In dieser Zwangslage gab Loerke, um den Verlag nicht zu belasten, seine ursprüngliche Weigerung auf. Wie schmerzlich er unter der Entscheidung, den Kotau mitzumachen, gelitten hat, geht aus den Aufzeichnungen hervor. Ich erinnere mich noch, daß er mir damals auch gesagt hat: »Viele meiner Freunde, vor allem die im Ausland, werden das nie verstehen – das ist das Schlimmste.«

Kasacks unsorgfältige Formulierung – was war ein »jüdisch exponierter Verlag«? – macht den Unterschied zwischen den beiden Erklärungen nicht deutlich. Die »Zwangslage« gegenüber dem Verlag bezog sich nur auf die auch von Flake unterzeichnete Erklärung des Schriftstellerverbandes und hatte mit Armersdorffer nichts zu tun; die Unterschrift unter die Erklärung der Akademie verweigerte Loerke. Er trat auch aus dem inzwischen »gleichgeschalteten« deutschen PEN-Club aus.

Am 22. September 1933 wurde das Reichskulturkammergesetz erlassen, am 4. Oktober 1933 das Schriftleitergesetz; von beiden war der Verlag direkt betroffen. Am 19. Oktober 1933 trat Deutschland aus dem Völkerbund aus, und am 12. November 1933 fand eine neue Reichstagswahl statt, die mit der Frage verbunden wurde, ob die Politik, die zum Austritt aus dem Völkerbund geführt habe, gebilligt werde. Hauptmann veröffentlichte am 11. November im ›Berliner Tageblatt‹ (dessen Chefredakteur Theodor Wolff sich in Frankreich im Exil befand) eine zustimmende Erklärung: »Ich sage ja!« Alfred Kerr hatte bereits im Juli 1933 in seiner in Brüssel erschienenen *Diktatur des Hausknechts* geschrieben:

Mein alter, vormals lieber Gerhart Hauptmann, mit dem ich ein Leben lang aufs innigste verbunden war, weiß genau, daß ich aus Deutschland verbannt bin, daß jedem reichsdeutschen Blatt verboten ist, ein Wort von mir zu drucken, daß mein Leben in zwei Stücke gerissen ist – er hat noch nicht gewagt, mir eine Postkarte zu schreiben. Dieser gar edle Dichter des Altruismus kriecht vor den Machthabern ... und vergißt die Opfer. Er guckt respektvoll auf blendende Scheinwerfer eines Tanks – und fragt nicht, wen er überfährt. Ich will nächstens mit ihm abrechnen. Er, er, er hatte die Pflicht, anders zu sein, auch wenn halb Deutschland etho-skrophulös ist.

Am 15. November 1933 nahm Hauptmann offiziell an der Eröffnung der Reichskulturkammer in Berlin teil. Jetzt schrieb Kerr die verheißene »Abrechnung« *Gerhart Hauptmanns Schande:*

Der diese Zeilen schreibt, war Hauptmanns Freund – ein Leben hindurch. Hauptmann ist älter als ich, aber wir waren beide jung, als wir uns trafen. Wir sind den ganzen Weg des Daseins zusammengegangen bis heut. Nein: bis gestern ... Es gibt seit gestern keine Gemeinschaft zwischen mir und ihm, nicht im Leben und nicht im Tod. Ich kenne diesen Feigling nicht. Dornen sollen wachsen, wo er noch hinwankt. Und das Bewußtsein der Schande soll ihn würgen in jedem Augenblick. Hauptmann, Gerhart, ist ehrlos geworden ... Sein Andenken soll verscharrt sein unter Disteln; sein Bild begraben in Staub.

Thomas Mann urteilte duldsamer; in einem Brief an A. M. Frey aus Bandol vom 12. Juni 1933 heißt es:

Ich kann es dem alten Hauptmann nicht übelnehmen, daß er schweigt. Was soll er sich um Habe und Vaterland reden? Ich schweige auch – einfach weil ich gewohnt bin, die Dinge lange mit mir herumzutragen und zu verarbeiten, d. h. zu objektivieren, – obgleich zu Subjektivitäten in meinem Fall viel Anlaß wäre.

Viele Jahre später, bei der Nachricht von Hauptmanns Tod, sprach er noch einmal von dieser quälenden Zeit:

Ein glücklicher Mann, ein Segensmensch. Und er wollte es bleiben. Die Märtyrerrolle wies er ab. Den unbedingten Kampf gegen die heraufziehende völkische Barbarei nannte er »gnadenlos«, — ein sinnreich gewähltes Wort, das sowohl »ohne Gnade« wie »unbegnadet« meinte... Für ihn durfte sich durch die »Machtergreifung« nichts ändern. Er wollte sich die Repräsentation nicht nehmen lassen, wünschte seinen achtzigsten Geburtstag wie seinen siebzigsten zu begehen. Er blieb in Deutschland, hißte die Hakenkreuzflagge, schrieb »Ich sage Ja!«... Harden pflegte um 1900 den germanischen Liebling der jüdischen Kritik »der arme Herr Hauptmann« zu nennen. Nun war er wirklich »der arme Herr Hauptmann« und hat, isoliert, verbittert und von den Nazis auch noch verhöhnt für seine Willigkeit zum Kondeszendieren, gewiß unsäglich gelitten in der Stickluft, dem Blutdunst des Dritten Reichs, unsäglich sich gegrämt über das Verderben des Landes und Volks seiner Liebe. Seine späten Bilder zeigen die Züge des Märtyrers, der er nicht hatte sein wollen...

Am 1. November 1933 war die erste Verordnung zur Durchführung des Reichskulturkammergesetzes erlassen worden, und am 4. Dezember 1933 sandte Suhrkamp namens des Verlags das folgende Rundschreiben aus:

An die Autoren des Verlages
und an die Mitarbeiter der ›Neuen Rundschau‹

Nachstehend geben wir Ihnen Kenntnis von einer Veröffentlichung des ›Reichsverbandes deutscher Schriftsteller‹:
»In Durchführung des Kulturkammergesetzes haben sich alle deutschen Schriftsteller zur Eingliederung in die Reichsschrifttumskammer beim Reichsverband deutscher Schriftsteller, Reichsleitung, Berlin W. 50, Nürnbergerstr. 8, anzumelden. Diese Meldepflicht betrifft alle Arten schriftstellerisch Schaffender mit Ausnahme der für die Reichspressekammer zuständigen Schriftleiter und Journalisten. Es haben sich zu melden alle Buchautoren und alle belletristischen Mitarbeiter bei Zeitungen und Zeitschriften, wissenschaftliche und Fachschriftsteller, Filmschriftsteller, Übersetzer, Lyriker, Textdichter, Bühnenschriftsteller, Funkschriftsteller und Kritiker aller Art. Die Meldung hat bis zum 15. Dezember zu erfolgen.«
Auf Anfrage beim Reichsverband deutscher Schriftsteller wird uns mitgeteilt, daß der Reichsverband durch das Kulturkammergesetz zu einer Zwangsorganisation aller Schriftsteller erhoben worden ist, in den sich alle Schriftsteller melden müssen, auch Nichtarier.
Es ist notwendig, daß Sie möglichst umgehend, auf jeden Fall bis zum 15. Dezember, Ihre Anmeldung beim Reichsverband vornehmen, sofern Sie nicht bereits Mitglied sind, da ohne diese Anmeldung nach dem Kulturkammergesetz alle Publikationsmöglichkeiten in Buch, Zeitschrift oder Zeitung für Sie aufhören würden.

Hochachtungsvoll

S. Fischer Verlag A.–G.

Das galt auch für den Verlag. Er wurde, wie ein späterer Aufdruck auf den Geschäftsdrucksachen besagt, Mitglied der Reichsschrifttumskammer unter Nr. B. 13680.

Altvertraute Gesichter verschwanden nun auch aus dem Verlagshaus. Rudolf Kayser entschloß sich nach langem Zaudern im Herbst 1933, Deutschland zu verlassen; schon im ersten Exilsjahr traf ihn ein zweiter schwerer Schlag, als seine Frau, Albert Einsteins Tochter Ilse, in Paris plötzlich starb. Regina Rosenbaum, seit 1896 Fischers Sekretärin und Vertraute, wanderte im Oktober 1933 nach Palästina aus. Im Verlag gab es einen »Abschiedskaffee« für sie, bei dem Loerke eine kleine Rede hielt, abends eine Gesellschaft in der Erdener Straße, zu der die Hauptmitarbeiter geladen waren. »Festkleider aus dem Maskenschrank«, notierte Loerke.

Es gab, anders als beispielsweise im Ullstein-Haus, in der Bülowstraße keine zuvor getarnte, jetzt offen hervortretende Nazi-Zelle, die das Haus unter Druck zu setzen und seine ›Gleichschaltung‹ zu erzwingen versuchte. Nur ein Autor bereitete dem Verlag eine ernste Unzuträglichkeit. Heinrich Hauser lieferte im Januar 1933 das Manuskript seines neuen Buches *Ein Mann lernt fliegen* ab, das sofort in die Druckerei ging und im Mai erscheinen sollte. Im April verlangte er plötzlich, daß dem Buch eine Widmung an den vormaligen Kampfflieger und jetzigen nationalsozialistischen preußischen Ministerpräsidenten Hermann Göring vorangestellt werde. Eine Ablehnung dieses Ansinnens hätte, wie Bermann Fischer zu Recht befürchtete, die Schließung oder Enteignung des Verlags und Maßnahmen gegen die Familie Fischer und ihre Mitarbeiter zur Folge haben können; die Annahme hätte wie ein jämmerlicher ›Kniefall‹ ausgesehen, der den Verlag alle Sympathien unter den Gegnern des Regimes innerhalb und außerhalb Deutschlands gekostet hätte. Bermann Fischer sann auf einen Ausweg. Er verlangte von Hauser die Einholung von Görings ausdrücklicher Genehmigung, in der Überzeugung, daß Göring sie einem ›jüdischen‹ Verlag selbstverständlich verweigern werde. Doch Göring war geschmeichelt und nahm sie an; das Buch mußte mit der Widmung an einen »unserer Erzfeinde und Verfolger« erscheinen. Nicht genug damit, veröffentlichte Hauser im gleichen Maiheft 1933 der ›Neuen Rundschau‹, in dem Suhrkamps Aufsatz *März 33* erschien, eine hymnische Schilderung der nationalsozialistischen Maikundgebung auf dem Tempelhofer Feld:

Die Hände der Millionen wuchsen in langsamer Bewegung über die Köpfe hinaus und verharrten wie der Schaum einer Brandung über einer heranrollenden Woge. Die Batterien der Selterswasserflaschen, an den Rändern des Heerlagers aufgefahren, glitzerten. Zehntausend Banner in unaufhaltsamem Anmarsch wehten wie ein Wald im Sturm. Die wehenden Fahnen leuchteten wie strömendes Blut... Eine seltsame Entrückung und Erhebung lagerte über dem Meer. Es war das Gefühl der eigenen Masse und Unendlichkeit, das jedes Atom in ihr erhob... Niemand, der dabei war, wird diesen Tag jemals vergessen.

Der Verlag trennte sich von Heinrich Hauser; Eugen Diederichs übernahm den Vertrag für drei Bücher, die Hauser noch nicht geliefert hatte, auf die er aber bereits eine beträchtliche Vorauszahlung erhalten hatte, und vergütete Fischer die Hälfte dieses Vorschusses. Hauser, einst eine große Hoffnung und kein ahnungsloser Halbwüchsiger mehr, besann sich spät, aber immerhin, und wanderte 1938 nach Amerika aus.

Wie sollte, wie konnte es weitergehen? Hugo Simon legte im April 1933 seinen Vorsitz im Aufsichtsrat des Verlags nieder und wanderte nach Frankreich aus, und Kessler, der ihn in Paris traf, notierte: »Ob S. Fischer in Berlin weiterexistieren kann, erscheint ihm nicht sicher.« Saenger suchte Ende 1933 Schickele in Sanary auf und setzte ihn »über die Lage der Familie Fischer und des Verlags umständlich ins Bild«. Schickele schrieb in einem Brief:

> Er sagte mir unter vielem anderen ... Fischer sei körperlich bedroht. Er sagte, der alte Sami, den ich wirklich liebe, würde sich eher mit Knüppeln totschlagen lassen, als Deutschland zu verlassen. Er sprach stundenlang, zwei Tage hintereinander. Er selbst machte einen so bejammernswerten Eindruck, daß sein Aussehen überzeugender war als alle seine Worte.

Um die gleiche Zeit, Mitte November 1933, schrieb Thomas Mann aus Küsnacht an Fischer einen tröstlichen Brief:

> Ihr Brief hat mich tief gerührt und mich aufs neue mit den ehrerbietigsten, freundschaftlichsten Empfindungen für Sie erfüllt. Wir bewundern Sie wegen der überlegenen Weisheit, mit der Sie die Dinge betrachten und wegen Ihrer unverwüstlichen Aktivität. Ihr Leben ist lang, inhaltsreich und im Grund gesegnet. Das wird sich bis zum Ende bewähren, denn an dem Grundcharakter eines Lebens können auch die tollsten und widrigsten Umstände nichts wesentliches ändern. Wir beide haben uns im Grunde nicht zu beklagen, auch wenn wir jetzt einiges Unvermeidliche abbekommen. Das Leben wollte uns wohl und wenn auch, wie Goethe sagt, »der Mensch wieder ruiniert werden muß«, so wird auch das, wie ich vertraue, bei uns glimpflich vonstatten gehen. Ich bin nun also ins Exil geraten – nun ja, ich habe es mir nicht träumen lassen, es ist mir nicht an der Wiege gesungen worden, aber es sollte so sein. Was denn nun weiter? ...

Was denn nun weiter? Das war die bange Frage, die Brigitte und Gottfried Bermann Fischer und die nächsten Freunde sich unablässig stellten. Es war ja nicht viel damit geholfen, daß man die Dinge mit »überlegener Weisheit« betrachtete. Aber es gelang nicht, Fischer den Ernst der Bedrohung begreiflich zu machen. Er verstand die Situation nicht, wollte sie wohl auch im tiefsten Unterbewußtsein nicht verstehen. Alle Vorstellungen blieben fruchtlos: er weigerte sich auszuwandern; er lehnte es ab, sein privates Vermögen zu retten oder irgendwelche Vorkehrungen zu seiner Sicherheit zu treffen. Was denn nun weiter? Man konnte vielerorts die Meinung hören, die neuen Machthaber warteten nur den Tod des »alten Sami« ab, um den Verlag entweder zu enteignen oder abzuwürgen.

39 Abschied

Das Erstaunliche, im Rückblick geradezu Beklemmende war, daß man der Verlagsproduktion die Zwangslage, in der das Haus sich befand, vorerst kaum ansah. Es fehlte am gewohnten Bild nichts Wesentliches, und es kam nichts Ungewohntes hinzu, das dieses Bild wesentlich verändert hätte. Bermann Fischer schrieb später:

> Der Verlag arbeitete inzwischen nahezu ungestört weiter. Ob man uns in Ruhe ließ, um vor dem Ausland zu demonstrieren, wie ›liberal‹ man war? Aber es war eine unheimliche Ruhe; hinter der Bedrohung lauerte die Ungewißheit über den nächsten Tag, die lähmende Machtlosigkeit gegenüber brutaler Gewalt.

UNHEIMLICHE RUHE

Das Verlagsjahr 1933 stand mit siebenundvierzig Neuerscheinungen auf gewohnter Produktionshöhe; 1934 waren es achtunddreißig, was noch immer um einiges mehr war als in der mörderischen Inflationszeit, und auch im folgenden Jahr waren es wiederum fünfundvierzig Titel.

Manches hiervon war natürlich bereits vor dem Umsturz geplant worden; was an Geplantem nicht verwirklicht werden konnte, ist nur in vereinzelten Fällen zu ersehen. Scholtis' neuer Roman schien allzu ungebärdig, und man verzichtete auf ihn; er erschien bei Cassirer. Der zweite Band von Karl Jakob Hirschs *Kaiserwetter* befand sich im Januar 1933 in Leipzig in der Druckerei, wurde auf »einige Wochen« verschoben und konnte dann, als der erste Band verboten wurde, nicht mehr erscheinen; das Manuskript ging verloren. Das beabsichtigte Wassermann-Geburtstagsbuch unterblieb. Ein Dehmel-Auswahlband, den Loerke mit viel Mühe zu Dehmels 70. Geburtstag zusammengestellt hatte, wurde schließlich doch nicht gedruckt. Das Propagandaministerium erhob Einwände gegen Dehmels Kriegstagebuch *Zwischen Volk und Menschheit* und drohte, dieses schon 1919 erschienene Buch auf die Schwarze Liste zu setzen, falls die beanstandeten Stellen nicht ausgemerzt würden; Dehmels Witwe war mit den Streichungen einverstanden. Zum Geburtstag erschien nur im Novemberheft 1933 der ›Neuen Rundschau‹ ein Gedenkaufsatz von Loerke, *Erinnerungen an Dehmel* von Meier-Graefe und ein *Kleines Dehmel-Brevier*, das aus seinen Briefen, Tagebüchern und Aufsätzen zusammengestellt war.

Die politische, wirtschaftspolitische und sozialkritische Literatur, der Saenger in den letzten Jahren einen wachsenden Anteil an der Verlagsproduktion verschafft hatte, schrumpfte notgedrungen auf das ihr verbliebene, verengte Feld; 1933 machte sie nur noch sieben, 1934 nur noch vier Titel aus. Die Blickrichtung veränderte sich, da aktuelle deutsche Probleme sich von selbst verboten. Mit Ausnahme der gemeinverständlichen wirtschaftspolitischen Untersuchung *Sinn und Unsinn der Börse* von Richard Lewinsohn (Morus) und Franz Pick, legte Saenger 1933 nur ausländische Werke vor: H. C. Armstrongs Biographie des türkischen Diktators Mustafa Kemal *Der graue Wolf*; *Die feindlichen Brüder*, eine »Inventur der europäischen Probleme« von Carlo Sforza; Liam O'Flahertys Reisetagebuch aus der Sowjetunion *Lügen über Rußland*, das der Verlag selbst als »ein literarisches Unikum« ankündigte; eine Sammlung von Reden und Aufsätzen des neuen amerikanischen Präsidenten Franklin D. Roosevelt unter dem Titel *Blick Vorwärts;* Harold Nicolsons *Friedensmacher 1919;* und als wichtigstes die Memoiren Lloyd Georges.

Dieses einzigartig aufschlußreiche Quellenwerk des britischen Premierministers im Ersten Weltkrieg war ein gewaltiger Brocken. Lloyd George hatte sich erst spät zur Niederschrift seiner *War Memoirs* entschlossen – Churchills Darstellung des Ersten Weltkrieges war bereits zehn Jahre zuvor erschienen – und sie auf sechs dicke Bände angelegt. Die beiden ersten erschienen in England im September und Oktober 1933, und Lloyd George hatte die Verwertung seiner Auslandsrechte so tüchtig vorausorganisiert, daß die fremdsprachigen Ausgaben gleichzeitig erscheinen konnten. Fischer brachte das Werk unter dem Titel *Mein Anteil am Weltkrieg* heraus, den ersten Band im Herbst 1933, den zweiten 1934 und die Ankündigung erklärte:

> Selbstverständlich haben nicht sämtliche Abschnitte des sehr umfangreichen Werkes für den deutschen Leser das gleiche Interesse. Wir mußten daher eine Auswahl treffen, so daß das welthistorisch Bedeutsame, aus der spezifisch englischen Umhüllung herausgeschält, schärfer in den Vordergrund tritt.

Die Originalausgabe der beiden folgenden Bände erschien im Herbst 1934, die der beiden Schlußbände im Herbst 1936. Fischers deutsche Ausgabe geriet jedoch nach dem ersten Anlauf ins Stocken und mußte dann abgebrochen werden; der dritte Band erschien allein und verspätet noch 1936, und danach nichts mehr.

Das Terrain schrumpfte rasch. 1934 konnte Saenger noch einen zweiten Sammelband F. D. Roosevelt *Unser Weg* und einen zweiten Band Harold Nicolson *Nachkriegsdiplomatie* bewerkstelligen sowie J. B. Priestleys sozialkritische *Englische Reise,* und er holte mit Rudolf Wahls *Karl der Große* einen gediegenen deutschen Historiker in den Verlag, von dem im folgenden Jahr noch *Canossa* erschien. Aber das war alles. Das Feld, auf dem diese Verlagsarbeit stand, zerbröckelte und wurde unbestellbar.

Der Verlag war auf sein ursprüngliches Gebiet, die erzählende Prosa und das Drama, zurückverwiesen. Er verwaltete das Erbgut und suchte und fand Neues. So brachte er in den Jahren 1933/34 in einer neuen vierbändigen, von Salter ausgestatteten Ausgabe *Die sechs Meisterromane* von Fontane heraus, eine neue dreibändige Ausgabe des Romanwerks von Herman Bang, eine neue zweibändige Ausgabe der Romane Eduard von Keyserlings; er führte die Conrad-Gesamtausgabe fort, ergänzte die Hesse-Gesamtausgabe durch den neu zusammengestellten Erzählungsband *Kleine Welt* und veranstaltete eine illustrierte Neuausgabe des *Hermann Lauscher;* er betreute den Nachlaß Hofmannsthals. Von Hauptmann erschien ein neues Schauspiel, *Die goldene Harfe,* das auf der Bühne nicht viel Glück hatte, und die merkwürdige, zumindest in ihrem Auftakt von fernher an Thomas Manns *Mario*-Novelle erinnernde Erzählung *Das Meerwunder* mit Zeichnungen von Alfred Kubin. Flake begann die Folge seiner anmutigen Romane aus dem historischen Baden-Baden.

Neue, wenngleich nicht mehr unbekannte Namen traten hinzu. Der bedeutende österreichische Romancier Hermann Broch kam mit seinem Roman *Die unbekannte Größe* zu Fischer. Carl Zuckmayer, seit langem mit dem Haus Fischer befreundet, kam mit seiner Novelle *Eine Liebesgeschichte* vom Ullsteinschen Propyläen-Verlag, der im Juni 1934 in geschickter Tarnung enteignet wurde. Richard Billinger wurde im gleichen Jahr von Langen-Müller übernommen, und von Erich Reiss gingen Mechtild Lichnowsky, die in Südfrankreich lebte, mit ihrem Roman *Kindheit* und der Engländer Richard Hughes, der mit seinem *Sturmwind in Jamaika* berühmt geworden war, mit dem Märchen *Das Walfischheim* zu Fischer über. Ernst Penzoldt brachte seine neue Erzählung *Kleiner Erdenwurm* zu Fischer, der ausgezeichnete Romancier Max Mohr wechselte mit dem Roman *Frau ohne Reue* von Ullstein zu Fischer über, der Schiffsarzt und einstige Dadaist Richard Hülsenbeck erschien mit einem handfesten Roman *Der Traum vom großen Glück.* Virginia Woolf, ansonsten beim Insel-Verlag beheimatet, tauchte mit ihrer Hundegeschichte *Flush,* bezaubernd von Renée Sintenis illustriert, bei Fischer auf. Zwei unbekannte junge Erzähler wurden 1933 vorgestellt: Otto Karsten mit *Sommer, Hunger und Johanna* und Hans Keilson mit *Das Leben geht weiter,* die noch im Herbst 1932 von Loerke nachdrücklich empfohlen und angenommen worden waren; doch von beiden kam danach nichts Neues. Keilson emigrierte; erst viele Jahre später konnte er sich wieder zum Wort melden. Der junge Engländer R. C. Sherriff, der einige Jahre zuvor mit seinem Kriegsdrama *Die andere Seite* über viele deutsche Bühnen gegangen war, trat unversehens mit einem idyllischen kleinen Roman *Badereise im September* bei Fischer hervor. Ein neuer, alsbald viel gespielter Dramatiker, Hans Rehberg, kam mit seinen vielteiligen Hohenzollern-Schauspielen zu Fischer und war der einzige Autor des Verlags – kein naiver Jüngling, sondern ein Mann von zweiunddreißig Jahren –, der eines Tages in SA-Uniform im Verlagsbüro erschien.

Um die gleiche Zeit mußte der Übersetzer Paul Baudisch, um weiterarbeiten und sein täglich Brot verdienen zu können, sich hinter dem Pseudonym P. Wit verstecken. Er teilte sich mit Hans Reisiger, der ebenfalls schwer um seine materielle Existenz kämpfte, wiewohl er es sich in seiner seigneuralen Art nie anmerken ließ, in die große Anzahl englischer und amerikanischer Bücher, die der Verlag in diesen Jahren herausbrachte. Beide waren bienenfleißig und bewältigten eine gewaltige Arbeitsmenge. Käthe Rosenberg übersetzte in den gleichen Jahren 1933/34 weiter Jean Giono, bis sie, ebenso wie Baudisch, von anderen, genehmeren Übersetzern abgelöst wurden.

RÜCKGRIFF AUF EINE BEWÄHRTE FORMEL

In der gleichen Zeitspanne der »unheimlichen Ruhe« verwirklichte der Verlag ein neues Vorhaben, das auf Altbewährtes zurückgriff und schon im Winter 1932 vorbereitet worden war. Dies war eine neue billige Buchreihe ›S. Fischer-Bücherei‹, deren erste sechs Bände im April 1933 erschienen. Die altberühmte, 1908 begonnene ›Bibliothek zeitgenössischer Romane‹, nach dem Ersten Weltkrieg zweimal, als ›Der wohlfeile gute Roman‹ und als ›Fischers Romanbibliothek‹ neu belebt, war 1927 schließlich eingeschlafen, und die neue Bücherei weckte sie in veränderter Gestalt wieder auf. Die von Fischer vor einem Vierteljahrhundert errechneten Kalkulationsgrundlagen erwiesen sich noch immer als gültig. Die neue Reihe, die wiederum kleine Romane und größere Novellen brachte, hielt sich an den Umfang von 120–150 Seiten, und die gediegen hergestellten kleinen Leinenbände kosteten nur 1,50 M. Die Autoren freilich mußten sich mit einer Tantieme von 7 Pfennigen pro Exemplar zufriedengeben und erhielten nur 2000 Exemplare voraushonoriert; vor einem Vierteljahrhundert waren es zehn Pfennig und 10–15 000 Exemplare gewesen. Ein wenig hatten die Zeiten sich doch geändert.

Die Ankündigung in der Frühjahrsnummer 1933 der *S. Fischer Korrespondenz* verwies ganz vorsätzlich auf die berühmte, nun schon legendär gewordene Vorgängerin:

Man mag an S. Fischers Roman-Bibliothek in der Vorkriegszeit denken, an deren Stelle bisher nichts wieder getreten war, und von der die in der Kriegs- und Inflationszeit hergestellten Reste keinen rechten Begriff mehr geben. Ältere Leser werden noch freundliche Erinnerungen an diese Bibliothek bewahren... und bei sich feststellen, daß diese Werke mit dieser Buchform völlig identisch geworden sind. Das war ein vollendeter Buchtypus und nicht eine der billigen Bücherserien, Buchreihen oder Auswahlbibliotheken, wie es sie seitdem in besonders großer Zahl gibt. Die neue S. Fischer-Bücherei wird bewußt auf den Boden dieser Verlagstradition gestellt.

Dies gesagt, fuhr die Ankündigung jedoch in anderem Stil fort, aus dem die veränderte Zeit sprach; er wäre vor einem Vierteljahrhundert kaum möglich und gewiß nicht nötig gewesen:

Ihre Herausgabe in dieser Zeit ist aber darin begründet, daß jetzt wieder eine Lücke im Buchwesen deutlich zutage tritt. Es entstehen wieder Werke kleineren Formates. Und das nicht zufällig, vielmehr kündigt sich darin wieder eine stärkere Tendenz zu einer künstlerisch geformten, geschlossenen, in sich gerundeten Darstellung von Gegenwartsstoffen an. Im Gegensatz zu einer eben abgeschlossenen Periode literarischen Schaffens, in der eine Bestandsaufnahme der Stoffe und Probleme und interessante Form- und Stilexperimente vorherrschten. Das Mitleben in der rasch bewegten Zeit hat wieder die Not und die Lust der Einheit gesteigert. Der einzelne Schriftsteller sucht aus der Fülle, was ihm zu einer Einheit zusammenfließt. Und die Befangenheit im Erlebnis gestattet ihm zunächst nur, das ihm Liegende zu runden; der Komplex kann naturgemäß vorläufig im einzelnen noch nicht groß sein.

Hier heißt es, mit der Lupe zwischen den Zeilen lesen. Hieß das überhaupt etwas? Man möchte es nicht mit Bestimmtheit versichern. Es war ja nicht die geringste Missetat der Barbaren, daß sie ihre ohnmächtigen Widersacher verleiteten, sich in ein Gewölk preziösen Geschwätzes zu hüllen.

Die neue ›S. Fischer-Bücherei‹ bedurfte dieser präzeptoralen Interpretation, die sie als etwas durchaus Neues von der »eben abgeschlossenen Periode« absetzte, schon deshalb nicht, weil sie, gut und gediegen, nicht zu leicht, nicht zu schwer, aus eben jener Periode stammte. Die ersten sechs Bände der Reihe 1933 waren: eine Neuausgabe von Thomas Manns *Tonio Kröger*, *Das Herz der Finsternis* von Joseph Conrad und Jean Gionos *Der Berg der Stummen*, Kurt Heusers afrikanische Erzählungen *Buschkrieg*, ein kleiner Roman *Die Heuschrecken kommen* des in Deutschland noch wenig bekannten Engländers David Garnett und schließlich eine leichte Sommergeschichte *Felix und Felicia* von einem gewissen Karl Böttner, der in Wahrheit der verbotene Karl Jakob Hirsch war.

Die Reihe 1934 umfaßte neun Bände, darunter wiederum einen Conrad und einen Giono, eine Neuausgabe von Hesses *Schön ist die Jugend*, die Novelle *Jang-tze-kiang* von Kellermann, die Erzählung *Die Hochzeit der Aufrührer*, mit der Wilhelm Lehmann (nach einem Vorabdruck in der ›Vossischen Zeitung‹ kurz vor ihrem Ableben) nach einem Vierteljahrhundert der Abwesenheit in den S. Fischer Verlag zurückkehrte, Albrecht Schaeffers Erzählung *Heimgang*, zwei kurze Arbeiten neuer Fischer-Autoren, nämlich die Novelle *Wuk der Wolf* von Friedrich Heydenau, der gleichzeitig mit seinem umfangreichen Roman *Der Leutnant Lugger* bei Fischer auftrat, und *Flügel* von Hermann Rossmann, der später noch einmal mit einer Erzählung bei Fischer erschien; und schließlich *Die Rache ist mein*, zwei Novellen des unbeirrbaren Shaw-Übersetzers, der schon in Fischers erster Romanbibliothek vertreten gewesen war. Dies war Trebitschs letztes Buch im Berliner S. Fischer Verlag.

Die neue Reihe zeigte, daß dem Verlag nur noch ein begrenztes Feld zur Verfügung stand. Doch verfolgte er, wie aus Suhrkamps Briefen an die Autoren hervorgeht, mit der Bücherei auch einen Werbezweck. Das Honorar, schrieb er, sei zwar gering – Wilhelm Lehmann beispielsweise mußte sich mit einer Vorauszahlung von 140 Mark begnügen –, und es sei »gewiß kein Entgelt für die Arbeit, aber diese Bändchen stehen eben ausdrücklich unter dem Gesichtspunkt der Propaganda für die Autoren ... und man kann ja bestimmt mit einer großen Auflage innerhalb dieser Serie rechnen«. Diese Erwartung erfüllte sich nicht. Die Erstauflage betrug 5000–7000 Exemplare, und bei den meisten Bändchen blieb es dabei. Von den ersten sechs des Frühjahrs 1933 gelangte nur der getarnte Karl Jakob Hirsch über das 10. und Jean Giono über das 20. Tausend hinaus. Die Reihe war buchtechnisch sehr gelungen und wurde bis zum Kriegsausbruch fortgeführt; aber sie beschränkte sich in den folgenden Jahren auf drei bis vier Bände im Jahr und wurde literarisch bald sehr farblos.

LETZTE BÜCHER

Eine Anzahl von Autoren, die dem Verlag seit Jahrzehnten angehört hatten, erschien 1933 zum letzten Mal im Berliner S. Fischer Verlag, und zwar zu einer Zeit, als sie Deutschland bereits verlassen hatten. So brachte beispielsweise der Verlag Alfred Kerrs Reisebuch *Eine Insel heißt Korsika* noch heraus, als Kerr bereits verfemt war. Es war das letzte Buch von ihm, das in Deutschland erschien.

Richard Beer-Hofmann, der stets nur wenig und dies in großen Abständen veröffentlicht hatte, war zuletzt 1919 mit dem *Schlaflied für Mirjam* erschienen. Im Herbst 1933 brachte der Verlag sein großes biblisches Schauspiel *Der junge David* heraus. Diese sieben gewaltigen Bilder aus der jüdischen Königsgeschichte – das dritte Bild erschien im Septemberheft 1933 der ›Rundschau‹ im Vorabdruck – waren als erster Teil einer Trilogie *Die Historie von König David* gedacht, die den Dichter seit Jahrzehnten beschäftigte. Das Vorspiel zu dem Ganzen, *Jaákobs Traum*, war bereits in den Jahren 1909–1915 entstanden, und Beer-Hofmann hatte mit seiner Veröffentlichung eigentlich warten wollen, bis die Trilogie vollendet war. Doch gab er es schließlich 1918 bei Fischer heraus, und es war 1919 am Burgtheater in Wien und am Berliner Deutschen Theater uraufgeführt worden. *Der junge David* erlebte keine Aufführung mehr und war Beer-Hofmanns letzte Buchveröffentlichung im S. Fischer Verlag. Die Trilogie blieb unvollendet. Vom zweiten Teil des Zyklus, der *König David* heißen sollte, entstanden nur das Vorspiel und die erste Szene, die noch im Dezemberheft 1934 der ›Neuen Rundschau‹ erscheinen konnten; der dritte Teil, *Davids Tod*, wurde nicht in Angriff genommen.

Alfred Döblins Essayband *Unser Dasein*, der unter anderem den Aufsatz *Wie lange noch, jüdisches Volk – Nichtvolk?* enthielt, erschien im Frühjahr 1933 und war Döblins letztes Buch bei Fischer. Döblin trennte sich ungern und zögernd von dem Verlag. Im Juni 1933 sandte er ihm, bereits aus dem Pariser Exil, seinen neuen großen Roman *Babylonische Wanderung*, denn er wollte durchaus nicht freiwillig auf seine deutsche Leserschaft verzichten. Aber das Erscheinen des Buches war nicht mehr möglich, obwohl man in der Bülowstraße, wie Loerke notierte, ernsthaft darüber beriet, und der Roman kam im folgenden Jahr im Amsterdamer Querido-Verlag heraus. Im Januar 1934 schrieb Döblin aus Paris an Bermann Fischer: »Was die Lage des Verlages anlangt, so glaube ich wohl, daß sie schwer und heikel ist. Sie haben völlig recht, nicht abzubauen, bevor Sie nicht ganz klar sind – andererseits aber nicht zu spät zu handeln . . .«

Auch Julius Meier-Graefes reizendes und kenntnisreiches Buch *Ge-*

schichten neben der Kunst, das er im Juli 1933 abgeliefert hatte und das zu Weihnachten 1933 erschien, war das letzte Buch des alten Freundes in dem Verlag, dessen gesamten Lebensweg er begleitet hatte. Meier-Graefe blieb mit dem Haus Fischer auch weiter in ständiger Verbindung und sandte sogar im Frühjahr 1935 dem Verlag noch das Manuskript eines neuen Buches, *Der Kampf um das Schloß*, wenngleich er vermutete, »daß ein Erscheinen augenblicklich in Deutschland nicht möglich ist«. Bermann Fischer mußte, nachdem er sich mit Loerke und Suhrkamp beraten hatte, verzichten.
René Schickeles provenzalischer Roman *Die Witwe Bosca* war ebenfalls sein letztes Buch mit dem Fischer-Signet. Auch Schickele wollte den Zusammenhang mit dem Verlag, der für ihn der Zusammenhang mit Deutschland war, nicht verlieren. Er war aus der »Dichter-Akademie« ausgetreten und hatte die verlangte Loyalitätserklärung abgelehnt, aber wie er an Meier-Graefe schrieb, »wenigstens die Nabelschnur möchte man behalten, vielmehr deren *Spur*«. Als Saenger ihn in Sanary aufsuchte, war er, wie es in einem Brief an Joseph Roth heißt, mit ihm »der Meinung: wer von uns in Deutschland erscheinen *könne*, muß es tun, solange es mit Anstand möglich wäre, jedes nicht gleichgeschaltete Wort sei dort wichtiger als alle Verwünschungen, von denen keine Seele in Deutschland erfahre«. Loerke in Berlin begriff dies gut, als er seinen Aufsatz zu Schickeles fünfzigstem Geburtstag im Augustheft 1933 der ›Neuen Rundschau‹ mit diesen allgemeingültigen Sätzen begann:

Was die Dichter ersinnen, steht alle Tage vor dem Gericht der Gesamtgeschichte, und wenn diese, immer überbeschäftigt mit dem vordringlichen Schicksal der Völker und Staaten, die Poeten fast nie zu bemerken scheint, so ergehen ihre Sprüche doch unaufhaltsam und unaufhörlich auch über sie. An niemand und an alle gerichtet, kümmern die Dichter sich nicht um Recht und Unrecht, um Ruhm und Abgunst, sondern erkennen allein über das Leben. Nur in Zeiten der jähen Änderungen und Ausbrüche fallen grell offenbarende Lichter auch über die Erscheinungen der Literatur: einige, die eben gesund atmeten, sind schon in Verwesung, andere sind plötzlich matt und welk an Stellen, die gestern noch frisch und blühend waren. Und kein Wunsch und Glaube kann das Tote erwecken, keine Nachsicht und kein Opfer das Wunde heilen. Daß Schickeles Werk in seinem Wesensgrunde von der Prüfung, die ein fünfzigster Geburtstag im Jahre 1933 für jeden Schaffenden bedeutet, nicht erschüttert wird, — dies zu bezeugen, ist die schönste Aufwartung seiner Anhänger.

Einige Wochen darauf hatte Schickele *Die Witwe Bosca* beendet. »Schlußkorrektur der Witwe Bosca an S. Fischer abgesandt«, heißt es in seinem Tagebuch am 6. Oktober 1933. »Vielleicht Schluß für immer? Das verlangte Treuegelöbnis des Kulturkammergesetzes unterschreibe ich ebensowenig wie die Erklärung der Akademie.« In Berlin notierte Loerke seinerseits: »Schickeles Roman gelesen und angezeichnet, was heute beanstandet werden würde oder könnte... Diesem einen ganz langen Brief geschrieben.« Und einige Tage darauf: »Die unangenehmste Verlagsarbeit war die zensorische Durchsicht des Romans von Schickele; zu solchen Notwendigkeiten wider das künstlerische Gewissen kann einen nur die letzte Alternative treiben!« Schickele setzte sich offenbar gegen die Striche zur Wehr, und man beschloß es zu riskieren.

Der Roman erschien unverändert im Dezember 1933 und wurde entgegen Schickeles Erwartung nicht verboten. Doch da Schickele sich weigerte, den Kulturkammer-Fragebogen auszufüllen und zu unterschreiben, war es nunmehr dem Verlag verboten, ihn weiter zu veröffentlichen. Er »ging nach Amsterdam«, und sein nächstes Buch, der Essay über D. H. Lawrence, erschien 1935 bei Allert de Lange. Dies nun löste auch das Verbot in Deutschland aus. Am 12. Dezember 1935 notierte Loerke:

Im Verlage steht es schlimm... Immer neue Bücher werden umgebracht. Was alles in letzter Zeit: Schickele, Kessler, Maass ›Bohème ohne Mimi‹, neuerdings der dreitausendfach vorbestellte Zuckmayer. Alle Arbeit umsonst.

Schließlich Annette Kolb: auch *Die Schaukel* war ein ›letztes Buch‹. Der bereits in Paris geschriebene Roman erschien im Frühjahr 1934 in gekürzter Fassung in Fortsetzungen in der ›Frankfurter Zeitung‹, und als im Herbst 1934 die Buchausgabe bei Fischer in Berlin herauskam, enthielt sie auf Seite 176 eine Fußnote. In dem Roman kommt eine jüdische Baronin James vor, von der es auf dieser Seite heißt: »Das bedeutendste Merkmal der Frau James, wie der meisten Juden von überragendem Typ, war die Entschiedenheit ihres Qualitätsgefühls.« Die Anmerkung lautete:

Vom Tage an, da die Juden im geistigen Leben zu Einfluß gelangten, machten sich in der gefährdeten Existenz des Künstlers gewisse Chancen fühlbar, daß er nicht mit einer Mühsal wie bisher, die subjektiv gesehen nur zu oft einem Auf-der-Strecke-Bleiben gleichkam, sich durchzuringen hatte; mit anderen Worten und retrospektiv gesehen: daß ein Hölderlin vielleicht davor bewahrt geblieben wäre, den armen Hauslehrer zu spielen, Franz Schubert vielleicht nicht so jung und als ein derart armer Teufel gestorben wäre. Wie dem auch sei: wir sind heute in Deutschland eine kleine Schar von Christen, die sich ihrer Dankesschuld dem Judentum gegenüber bewußt bleibt.

Es war eine im echten Sinn des Wortes ›mutwillige‹ Geste, und man hätte es Bermann Fischer schwerlich verübeln können, wenn er Annette Kolb gebeten hätte, um des Buches und des Verlags willen auf sie zu verzichten; doch er druckte die trotzige Anmerkung. *Die Schau-*

kel war ein Erfolg, und der Verlag konnte der vorsichtigen Erstauflage von 3000 Exemplaren rasch noch zwei weitere Auflagen von jeweils 2000 folgen lassen. Die Fußnote blieb nicht unbemerkt, Drohungen gegen Autorin und Verlag setzten ein, die Gestapo mischte sich ein, die Sache begann gefährlich zu werden, und Annette Kolb selbst schlug vor, bei der zweiten Neuauflage (dem 6.–7. Tausend) die Fußnote fortzulassen, was geschah. Nun freilich brach, wie Bermann Fischer schreibt, »der Sturm los«. Leopold Schwarzschild, der in Paris das ›Neue Tagebuch‹ herausgab und den Zusammenhang nicht kannte, erklärte in seiner Zeitschrift, die Fußnote auf Seite 176 sei »in der zweiten Auflage« spurlos verschwunden, und Bermann Fischer, der »ewig Schaukelnde« habe »Annette Kolbs ›Schaukel‹ nach seinem Geiste wieder zurechtgeschaukelt«. Eine gewisse Verwirrung entstand zusätzlich durch die Gepflogenheit, jedes Tausend als eine ›Auflage‹ zu bezeichnen. Die Fußnote war tatsächlich in den beiden ersten Auflagen, also dem 1.–5. Tausend, enthalten und wurde erst in der dritten Auflage, dem 6.–7. Tausend gestrichen. Annette Kolb wies Schwarzschild in einem Brief scharf zurecht: es wäre klüger gewesen, die »kleine Geste nicht so an die große Glocke zu hängen«; die deutschen Zeitungen hätten sich geschickter verhalten, indem sie sich im stillen darüber freuten; im übrigen sei die Streichung auf ihre eigene, nicht Bermann Fischers Veranlassung erfolgt, der »mehr Mut« gezeigt habe – »da er etwas riskierte, als die welche ihn deshalb angreifen«.

Annette Kolb wurde nicht verboten. Aber *Die Schaukel* war ihr letztes Buch im alten S. Fischer Verlag in Berlin. In der ›Neuen Rundschau‹ hingegen erschien noch 1936 ein großes Stück aus ihrem Mozart-Buch.

›JOSEPH‹ IN DEUTSCHLAND

Das weitaus bedeutendste Ereignis der Verlagsjahre 1933/34 war jedoch das Erscheinen der beiden ersten Bände von Thomas Manns *Joseph*-Roman. An diesem Vorgang ist die gefahrvoll-schwierige Situation jener Zeitspanne der »unheimlichen Ruhe« beispielhaft abzulesen.

Thomas Mann hatte, man erinnert sich, die beiden ersten Bände des Romanwerkes im Sommer 1932 dem Verlag übergeben, jedoch beschlossen, mit der Veröffentlichung bis zur Vollendung des dritten und – wie er damals meinte – abschließenden Bandes zu warten, denn er wollte das Werk »auf einmal hinstellen«. Die Ereignisse hatten die Weiterarbeit am dritten Band jedoch mehrfach unterbrochen;

er kam erst im Frühsommer 1933 in Sanary wieder dazu, sich neuerlich in die Arbeit »einzuspinnen«, und die Vollendung war einstweilen nicht abzusehen. Unter diesen Umständen hatte er dem Verlag die letzte Entscheidung überlassen, ob er warten oder die beiden fertigen Bände inzwischen herausbringen wolle.

Mittlerweile hatte Thomas Manns englische Übersetzerin Helen Lowe-Porter den ersten Band in Angriff genommen, und sein amerikanischer Verleger Alfred A. Knopf wollte die Vollendung des Schlußbandes nicht abwarten und den ersten Band im Herbst 1933 erscheinen lassen. Dies setzte, wie Thomas Mann schrieb, »die Publikationswelle in Gang« und veranlaßte Bermann Fischer im Juni 1933, Thomas Mann vorzuschlagen, man solle auch mit der Veröffentlichung der deutschen Ausgabe beginnen. »Wenn schon auf die gleichzeitige Veröffentlichung des Gesamtwerkes verzichtet werden soll«, schrieb er, wolle er den ersten Band im Herbst 1933, den zweiten im Frühjahr 1934, den dritten im Herbst 1934 herausbringen. Diese Verteilung empfahl sich aus technischen wie aus wirtschaftlichen Gründen. Die beiden ersten Bände auf einmal und zusammen hätten etwa sechzehn Mark gekostet, was für viele Käufer zuviel war; hingegen war der Einzelpreis von acht Mark »eine auch unter den heutigen Umständen für ein neues Werk von Ihnen erschwingliche Summe«. Bermann Fischer suchte Thomas Mann im Juni 1933 in Sanary auf, und obwohl Knopf inzwischen mitteilte, er müsse die amerikanische Ausgabe des ersten Bandes auf das Frühjahr 1934 verschieben, da die Übersetzerin zu langsam arbeite, beschloß man, am Herbsttermin 1933 für die deutsche Ausgabe festzuhalten. »Die anderen ausländischen Verleger«, schrieb Thomas Mann, »sollen sehen, ob sie fertig werden oder nicht.«

Das Manuskript des ersten Bandes wurde sofort beim Bibliographischen Institut in Leipzig in Satz gegeben, und schon Mitte Juli begann Thomas Mann die Korrekturen zu lesen und die im Manuskript noch nicht enthaltenen Untertitel einzufügen. »Übrigens«, schrieb er an Reisiger, »gefällt gerade dieser Band, besonders seit ich ihn fein säuberlich in Kapitel und Unter-Kapitel mit Titeln gegliedert habe, mir eigentlich recht gut.« Der Titel *Joseph und seine Brüder* für das ganze Werk stand längst fest. Der erste Band wurde *Die Geschichten Jaakobs* genannt und erhielt am Schluß eine Anmerkung:

Der zweite Roman ›Der junge Joseph‹ erscheint im Jahre 1934, der dritte, abschließende Roman ›Joseph in Ägypten‹ folgt.

Während diese Arbeit im Gang war, ergab sich eine neue Unzuträglichkeit mit der »Wagnerstadt München«. Der Verlag in Berlin hatte die »traurige Eselei« vom 16. April 1933 nicht stillschweigend hingenommen, und im Juniheft 1933 der ›Neuen Rundschau‹ hatte nicht Suhrkamp, sondern mit bewußter Unterstreichung des Politikums Samuel Saenger unter dem Titel *Betrachter oder Gestalter* in der *Chronik der Zeit* eine sehr ausführliche, sechs Spalten lange und ebenso elegante wie dezidierte Erwiderung veröffentlicht. Darin hieß es:

Ein politischer Aktivismus von der revolutionären Gewalt, wie wir ihn jetzt erleben, ist naturgemäß unduldsam gegen die sorgsam abwägende Methode der Gelehrten und Forscher, die auch Heroen der nationalen Geschichte gegenüber Verdienst und Schwäche abzuwägen pflegen: er kann nicht anders als ganz verehren oder ganz verwerfen. Aber man muß es einen Paroxismus der Empfindlichkeit nennen, wenn in München lebende Musiker, Künstler, Kunstbeamte und Schriftsteller von Rang sich zusammenschließen, um gegen die Analyse des Kunstglücks und Kunsterlebnisses Einspruch zu erheben, die Thomas Mann Richard Wagner aus Anlaß seines fünfzigsten Todestages zuteil werden ließ.

Der Münchner Protest gehe so weit, »den Dichter um einiger Stellen dieser Analyse willen« der Schmähung eines höchsten nationalen Kunstgutes zu zeihen:

Man kann sich diesen Vorgang nicht leicht erklären, wenn man nicht annehmen will, daß sachfremde Motive (vielleicht unbewußt) dabei am Werke waren. Die aus dem Zusammenhang gerissenen Zitate, die den Protest öffentlich begründen und der Masse der Zeitungsleser das Material zur Billigung der Rüge zuführen sollen, sind für sich überhaupt nicht verständlich ...

Nichts, so schloß Saenger nach einer genauen Analyse der Wandlungen in Thomas Manns politischer Vorstellungswelt, sei »dem Schaffenstrieb des Dichters ferner« als der Ehrgeiz nach Führerschaft öffentlicher Art:

Er ist (weiß man es noch immer nicht?) Gestalter; kein Redner, kein Meinender oder Propagandist irgendwelcher Aufklärung. Wer es bedauern mag, daß der Dichter nicht auch Fanatiker einer politischen oder sozialen Idee ist, die dem Volke aufzuzwingen sei, wendet sich an eine falsche Adresse. Nur als Gestalter wird Thomas Mann das Neue, das über den Horizont steigt, spiegeln können. Es gereichte dem deutschen Schrifttum zum Segen, wenn man gerade diesen Mann im stillen Bereich seiner deutschen Kultur- und Humanitätsideale, voll Respekt der schöpferischen Unruhe seiner produktiven Arbeit überließe. Keinem Kunstmenschen des deutschen Sprachgebiets ist die Heimkehr in die so sehr geliebte ›Freiheit der Begrenzung‹ eher zu gönnen als ihm.

Doch das war noch nicht das letzte Wort in dieser Sache. Mitte Juli 1933 griff Hans Pfitzner in einem Brief an die ›Frankfurter Zeitung‹ den Fall neuerlich auf. Am 13. Juli schrieb Thomas Mann in einem Brief an Reisiger, er arbeite an einem Aufsatz – »ich bin gleich fertig damit« –, der Pfitzner antworte:

Die Sache will nicht zur Ruhe kommen – aus guten inneren Gründen, und in meiner Erwiderung sage ich, vom Persönlichen ausgehend, den Deutschen einiges Ernste – wer es drucken soll, steht dahin. Vielleicht riskiert es die Neue Rundschau. Übrigens verfolge ich auch den Zweck damit, meine *Ausstoßung* durch jene Aktion, als ihren Sinn, unzweideutig zu proklamieren. Die Leute sollen wenigstens wissen, was sie getan haben.

Am gleichen Tag machte er auch Bermann Fischer von seinem Aufsatz Mitteilung, »der ziemlich eingehend sein wird«, denn es scheine ihm, »das Wort ist nun wieder einmal an mir«. Er hoffe, die ›Frankfurter Zeitung‹ werde die Antwort bringen; wenn nicht, werde er sie vielleicht der ›Neuen Rundschau‹ anbieten, »bevor ich damit ins Ausland gehe«. Doch am 18. Juli schrieb er an Bermann Fischer:

Meine Antwort in der Wagner-Angelegenheit habe ich nicht erst an die Frankfurter Zeitung geschickt, weil mir ihr Gesicht immer mehr den Eindruck macht, daß so etwas nichts mehr für sie ist. Die Rundschau aber könnte es bringen meiner Überzeugung nach, und es wäre gut und eine Art von Sieg, wenn dieser Ton einmal wieder laut würde. Allerdings dürfte *nichts* mehr geändert werden und der Aufsatz müßte noch ins August-Heft kommen, da es sonst zu spät dafür würde.

Der Aufsatz erschien nicht in der ›Neuen Rundschau‹; die Kontroverse, die er unweigerlich entfacht hätte, hätte wohl das ganze *Joseph*-Unternehmen in Deutschland zu Fall bringen können. Da Thomas Mann ihn »draußen« nicht veröffentlichen wollte, blieb der Aufsatz ungedruckt und ist es, wiewohl das Manuskript erhalten ist, bis heute geblieben.

Inzwischen schritt die Herstellung des ersten *Joseph*-Romans fort, und am 19. August schrieb Thomas Mann an Bermann Fischer, er habe soeben die Revision der umbrochenen Bogen abgeschlossen:

Habent sua fata – Ich fürchte, die fata dieses Libells werden recht bewegt sein, und manchmal staune ich über die – scheinbare – Ruhe und Zuversicht, mit der Sie ihnen entgegensehen. Ruhe, nun ja. Aber Zuversicht? Zuweilen frage ich mich: Was denkt er sich eigentlich? Aber dann tue ich auch wieder, als ginge alles normal und stelle z. B. Überlegungen an in Sachen der Ausstattung, des Einbandes ...

Aber die Zweifel und Bedenken wollten nicht schweigen – in Sanary nicht, und auch nicht in Berlin. Ein bedeutsamer Brief Hedwig Fischers an Thomas Mann aus dieser Zeit ist verlorengegangen, und was er enthielt, ist nur einem langen Brief Thomas Manns an Bermann Fischer zu entnehmen. Dieser Brief ist undatiert; er wurde einem Kurier anvertraut »in der Stunde, die mir die Nachricht von der Beschlagnahme unseres Münchner Hauses brachte«; er muß zwischen dem 21. und 25. August 1933 geschrieben sein und weist den Verleger »noch einmal, im letzten Augenblick, mit allem Ernst auf die Unvernünftigkeit, ja Unsinnigkeit des Unternehmens« hin:

Überlegen Sie alles noch einmal, und Sie müssen finden, daß es fast illusorisch wäre, in diesem Augenblick mit diesem Buch, nämlich dem ersten Bande, hervorzutreten. Frau Fischer, deren so freundschaftlich empfundener Brief mir viel zu denken gab, wenn auch nur Dinge, die ich selbst oft gedacht, hat ganz recht: Als Judenbuch, wenn auch von einem ›Arier‹, gerade weil von einem ›Arier‹, ist der Roman eine Herausforderung. Auf der anderen Seite ermöglicht seine Ironie sogar eine anti-semitische Ausbeutung.

Das ist die erste Schiefheit, aber es ist die geringste, obgleich sie zu dem Grauen beiträgt, mit dem man der ›Presse‹ entgegensehen muß – sie wird in zwei, drei günstigen Fällen gewunden, in der großen Mehrzahl der Fälle giftgeschwollen und für das Buch vielleicht ruinös sein – ein noch lange nicht abgeschlossenes Werk! Genau den Augenblick suchen wir uns für die Publikation, wo in Deutschland die Mine springt, mein Außenbleiben bekannt wird, die Konfiskation meines Gutes, meine Ausfluchung, vielleicht Verurteilung – wer weiß, vielleicht im Stil der ›Wagner‹-Aktion, mit Pauken und Trompeten – erfolgt.

Es ist Wahnsinn. Läßt man Ihnen die Veröffentlichung überhaupt durchgehen und kauft das Publikum den Band der Kritik zum Trotz, die ihn aber sehr wohl zu Tode hetzen kann – wie wollen Sie mich honorieren? Das Geld wird Ihnen weggenommen werden, und Sie können doch nicht zweimal zahlen! Haben Sie den Beginn der Veröffentlichung nicht immer nur gewünscht unter der Voraussetzung, daß ich zurückkehren würde? Da ich das nicht kann (ich könnte es nicht, auch wenn ich wollte, ich habe es jetzt schwarz auf weiß), – wie wollen Sie auf dem Vorhaben bestehen?

Frau Fischer hat ganz recht mit ihrer Sorge, »daß große Werk könnte zur unrechten Zeit kommen und, *noch unvollständig*, nicht die seinem Wert gebührende Aufnahme finden; was doch nach den großen Hoffnungen, die mit Recht darauf gesetzt werden, und nach der langen Zeit des Schaffens an dem Werke, sehr beklagenswert wäre«. So schreibt sie. Sie wissen, daß ich die stückweise Veröffentlichung im Grunde nie gewollt habe. Noch heute wäre es mir das Liebste, wenn ich Frist bekäme, das Ganze erst fertig zu machen, um es als Ganzes übersehen und über seine Erscheinungsform entscheiden zu können.

Aber ich will so weit nicht gehen: Die Übersetzungs-Verleger haben Anzahlungen gemacht, sie wollen mit dem Bande herauskommen, zum Teil mit größter Überzeugung (der ungarische Übersetzer schrieb mir neulich einen begeisterten Brief); und es wird ja auch recht schön und erfreulich sein, wenn gerade jetzt der Einleitungsband eines großen, von der Zeit unberührten Werkes von mir erscheint – aber *draußen* erscheint, wo er zwar nur auf eine beschränktere Publizität, dafür aber auf Wohlwollen, freie Empfänglichkeit rechnen kann, während *drinnen* in ihm das Ganze, wovon er ein Teil ist, Gefahr liefe, verschimpfiert und zertreten zu werden.

Mit einem Worte: *überlassen Sie das Buch Querido* – Sie geben es damit ja nur gewissermaßen, nicht ganz und nicht für immer, eigentlich nur dem Namen nach aus der Hand! Bei ihm könnte das Erscheinen ein schönes, freundliches Ereignis sein, während es heute in Deutschland ein düsteres, fragwürdiges und widersinniges wäre.

Bitte, überlegen Sie alles noch einmal im letzten Augenblick! Ich vermute fast, daß Ihnen, was ich Ihnen da sagte, nur allzu vertraut ist, und daß es nur dieses Anstoßes von meiner Seite bedarf, um Sie zu dem Entschlusse zu bringen, den ich einzig gutheißen könnte.

In Deutschland war am 14. Juli 1933 das Gesetz über die Aberkennung der deutschen Staatsbürgerschaft erlassen worden, und am 23. August, genau zum Zeitpunkt der Niederschrift dieses Briefes, wurde Heinrich Mann ausgebürgert. Doch Bermann Fischer wollte sich nicht umstimmen lassen. Seine Antwort ist nicht erhalten; aber daß seine Gegenargumente Überzeugungskraft besaßen, geht aus Thomas Manns Antwort aus Sanary vom 31. August 1933 hervor:

Lieber Dr. Bermann — von den beiden Briefen, für die ich Ihnen zu danken habe, hat der erste mich tief gerührt durch die weit über's geschäftlich-verlegerische hinausgehende, warm verständnisvolle Anteilnahme an meiner Arbeit, die er — unmittelbar und in der Beilage — bekundet, und die auch der Ablehnung meiner auf dem Kurierwege vorgebrachten Argumente eine tiefere ideelle Berechtigung verleiht. Gut also, ich werde Ihnen keine Schwierigkeiten mehr machen, werde nichts mehr sagen und die Dinge gehen lassen wie sie wollen und können. Möchten sie erträglich gehen für alle Beteiligten! Heute gilt das Wort: »Wie man's macht, ist es falsch.« Wenn man nun aber bis dahin ein ›Segensmann‹ und gewohnt war, daß es richtig war wie man's machte, so ist diese neue Lage anfangs etwas verwirrend. Aber man gewöhnt sich daran.

Ende September 1933 verließ Thomas Mann Sanary und übersiedelte in die Schweiz. In Küsnacht bei Zürich wurde ein Haus gemietet, das der zersprengten Familie wieder ein Zentrum und ihm selbst den für die Fortführung der Arbeit benötigten festen Sitz gab. Hier gedachte er fürs erste zu bleiben. Inzwischen hatte der Verlag für den ersten *Joseph*-Roman von Robert Walser eine Umschlagzeichnung machen lassen — auf deren Wirkung es in diesem Fall sehr ankam —, die Thomas Mann gut gefiel:

Ich finde, sie ist sehr feinfühlig dem Geiste des Buches angepaßt, und auch das Dekorativ-Symbolisch-Unbestimmte der Szene zieht mich an: Man weiß nicht, ist es Abraham mit dem kleinen Isaak oder der seine Geschichten erzählende Jaakob — jedenfalls ist allgemeine Stimmung darin.

Das Buch wurde am 10. Oktober 1933 ausgeliefert, und am Tag zuvor hatte Thomas Mann aus Leipzig die zwei ersten Exemplare erhalten. Er schrieb an Bermann Fischer, das Buch sei

überraschend stattlich seinem Umfang nach durch das schöne, starke Papier; und die Umschlagzeichnung, die ich Ihnen schon neulich lobte, macht jetzt, da sie eigentlich erst zu ihrer Funktion gelangt ist, einen noch stärkeren Eindruck auf mich; das Monumentale und Geisterhaft-Verwitterte kommt nun noch stärker heraus und wird gewiß eine anziehende Wirkung tun. Ich halte diesen ersten Teil des Werkes, an dem ich so lange trage, nicht ohne eine gewisse Erschütterung in Händen, und meine Neugier, wie er aufgenommen werden wird, ist begreiflicherweise stärker als wohl in allen früheren Fällen. Möge Ihr relativer Optimismus recht behalten!

Der »relative Optimismus« des Verlegers behielt, was den Verkaufserfolg anging, in der Tat recht. Der Verlag hatte eine Erstauflage von 10 000 Exemplaren gedruckt, die bereits in der ersten Woche abgesetzt wurde, obwohl in einigen deutschen Städten die Buchhändler nicht wagten, das Buch ins Schaufenster zu stellen oder offen zu verkaufen. Man konnte sogleich eine Neuauflage von weiteren 5000 Exemplaren drucken, und am 7. November 1933 heißt es in einem Brief Thomas Manns:

Es freut mich zu hören, daß der Verkauf des Buches gut weitergeht. Der Erfolg des ›Zauberbergs‹ war mir immer wie ein Wunder. Diesmal wird der fünfte Teil dieses Erfolges ein fast noch größeres Wunder sein. Es muß mich vorläufig hinwegtrösten über die schmerzliche Verwirrung, die ich durch den ›Rettungsakt‹ in vielen nicht gering zu achtenden Herzen angerichtet habe.

Es folgte noch eine dritte und eine vierte Auflage von je 5000 Exemplaren vor Weihnachten 1933 – die vierte war bereits auf 1934 vordatiert –, und das Buch hatte somit im ersten Anlauf das 25. Tausend erreicht. Die dänische, polnische und italienische Ausgabe erschienen noch 1933, gleichzeitig mit der deutschen; in England, Amerika, Ungarn und der Tschechoslowakei kam das Buch 1934 heraus, in Schweden und Frankreich im Jahr darauf.

Der Widerhall bei der literarischen Kritik entsprach den Erwartungen. In einem Brief vom 26. November 1933 an Bermann Fischer spricht Thomas Mann von »all der stockigen Widerspenstigkeit, Halb- und Dreiviertelablehnung, die ich bei uns erfahren«. In einem anderen Brief meint er: »Sie haben mir gewiß die Kritiken mit schonender Auswahl geschickt, trotzdem kann das Bild, das ich mir danach von der Aufnahme gemacht habe, nicht ganz falsch sein, zu schweigen von den Schweizer, Wiener, Prager und französischen Besprechungen.« Doch sei dies

ja nichts Neues und war schon vor der politischen Umwälzung so, daß die eigentlichen rezeptiven, kritischen und erkenntnisfähigen Kräfte von der bestallten Kritik auf das höhere geistige Publikum übergegangen sind. Das beweist mir der Niveau-Unterschied zwischen Briefen, die ich bekomme, und dem, was ich gedruckt lese.

Und am 30. Dezember 1933 heißt es in einem Brief an A. M. Frey:

Ihre gute Meinung von dem Roman war mir eine große Freude. Ich kann sie innerlich brauchen; denn wenn auch die Anteilnahme gerade geistiger Menschen, Werfels etwa, Schickeles oder meines Bruders, mich beglückt, so war doch das kritische Echo in der heimatlichen Presse vorwiegend so miserabel, von einer so frechen Stumpfheit, daß ich mich manchmal in tiefster Seele beleidigt und angewidert fühlte ... Fast jede Äußerung, die einem vor Augen kommt, flößt einem Grauen ein vor der – schon gar nicht mehr bewußten – Unterworfenheit und Entmanntheit dieser Seelen.

Thomas Mann bemühte sich, seine privaten Verhältnisse in Deutschland zu klären, und Bermann Fischer half hierbei mit Rat und Tat. Die Situation gegenüber den deutschen Behörden war voller Widersprüche und bereitete große Sorge. Die Politische Polizei in München verlangte die Zahlung der ›Reichsfluchtsteuer‹, und nachdem diese erlegt war, meinte Thomas Mann, nunmehr als »legaler Auslandsdeutscher« in der Schweiz leben zu können. Doch die Behörden hoben lediglich den Arrest seines Honorarkontos beim S. Fischer Verlag auf, »so daß Bermann für die Jaakobsgeschichten zahlen konnte«, nicht aber die Beschlagnahme des Münchner Hauses samt Inventar und aller »übrigen Habe«. Gleichzeitig verlangte der neue Reichsverband Deutscher Schriftsteller Thomas Manns Anmeldung. »Logik und Vernunft hat das alles nicht«, schrieb Thomas Mann. Er war entschlossen, der »Berliner Zwangsorganisation« nicht beizutreten, und schrieb dem Präsidenten der Reichsschrifttumskammer, als Ehrenmitglied des im Reichsverband aufgegangenen Schutzverbandes nehme er an, daß man ihn »nach wie vor als zum deutschen Schrifttum gehörig betrachte und daß weitere Formalitäten sich erübrigten«. In der Tat erhielt Bermann Fischer vom Propagandaministerium die Auskunft, das genüge.

So meinte der Verlag Mitte Dezember 1933, die Drucklegung des zweiten *Joseph*-Romans, der im Frühjahr 1934 erscheinen sollte, in Angriff nehmen zu können. Thomas Mann war erstaunt und bezweifelte die Ratsamkeit; aber er hatte nicht politische, sondern literarische Gründe. Er schrieb am 18. Dezember 1933 an Bermann Fischer:

Ich hätte nicht gedacht, daß der 2. Band so bald aktuell werden würde, es überrascht mich, an einen wie nahen Erscheinungstermin Sie denken. Meiner Vorstellung nach sollte der 1. länger allein bleiben und sich auswirken. Ich glaube, Sie hatten mir diese Idee suggeriert. Meinen Sie nun, daß man das Interesse des Publikums warm halten und gleich den 2ten darauf setzen soll? Ich weiß nicht, ob ich es ganz gut heißen soll; meine Sorge ist, daß dann die Pause zwischen dem II. und III. allzu groß werden möchte, dessen Abschluß doch noch in weitem, weitem Felde steht: Gerade ist Joseph in Potiphars Haus eingezogen, so weit bin ich, und was bleibt noch alles auszuführen!
Das ist nun aber gerade die Sorge, die meinen Einwand vielleicht hinfällig macht, an und für sich aber recht schlimm ist. Es würde nichts nützen, die Augen vor der Tatsache zu verschließen, daß ›Joseph in Ägypten‹ heute schon 260 Manuskriptseiten umfaßt. Wie hoch der Band unter diesen Umständen *im Ganzen* es bringen wird, ist eine beklemmende Frage, über die ich mich dadurch zu trösten angefangen habe, daß ich mir eine nochmalige Teilung, ein Erscheinen des 3. Bandes in zwei Teilen vorstelle, wodurch

eine dritte Pause und für mich Zeit gewonnen würde... Da es aber immer gut ist, in Bereitschaft zu sein, bin ich ganz damit einverstanden, daß man jedenfalls mit dem Satz des II. Bandes beginnt.

In diesem Brief ist die Möglichkeit, wenn nicht gar die Wahrscheinlichkeit einer Gliederung des großen Werkes in vier Bände zum erstenmal erwähnt. Während der folgenden Wochen wurde die Notwendigkeit der nochmaligen Teilung zur Gewißheit. Die Stelle, bis zu der Thomas Mann zur Zeit dieses Briefes gekommen war, bezeichnete, wie sich herausstellen sollte, erst etwa ein Viertel des dritten Romans, der mit seinen 750 Druckseiten der umfangreichste der Tetralogie werden sollte, und der vierte, abschließende wurde nicht viel kürzer! Tatsächlich enthielt denn auch der zweite Band am Schluß bereits die Anmerkung, daß noch zwei Bände folgen werden.
Der zweite Roman, *Der junge Joseph*, von den vieren der kürzeste und kaum halb so lang wie die »noch in weitem, weitem Felde« stehenden folgenden, befand sich in der Setzerei, als Ende Dezember 1933 unversehens die »ominösen Formulare« der Reichsschrifttumskammer doch auftauchten. Am 23. Dezember 1933 schrieb Thomas Mann an Bermann Fischer:

Die Aufnahme-Papiere des ›Reichsverbandes Deutscher Schriftsteller‹ sind nun doch – entgegen Ihrer Information und Erklärung, die Sache sei erledigt – noch gekommen, mit dem Bemerken, man habe Abschrift meines Schreibens an den Präsidenten der Schrifttumskammer erhalten, aber alle Mitglieder des ehemaligen S. V. S., auch die Ehrenmitglieder, müßten den Fragebogen ausfüllen. Ich teile Ihnen das eilig mit, weil mir die Lage ernst scheint. Hoffentlich finden Sie einen Ausweg. Ich tue weiter nichts in der Sache.

Und am gleichen Tag an Meier-Graefe: »Wenn Bermann, den es *sehr* angeht, nicht noch einen Ausweg findet, so ist auch mein Ausscheiden besiegelt.« Es fand sich ein Ausweg. Den damals gültigen Bestimmungen zufolge brauchte Thomas Mann als Auslandsdeutscher den Fragebogen nicht auszufüllen und zu unterschreiben, und es gelang Suhrkamp, vom zuständigen Beamten im Propagandaministerium die Bestätigung hierfür zu erlangen. Im Januarheft 1934 der ›Neuen Rundschau‹ erschien *Jaakob trägt Leid um Joseph*, das drittletzte Unterkapitel des zweiten Romans, im Vorabdruck, und Thomas Mann schrieb am 1. Januar an A. M. Frey:

Leicht ist möglich, daß das Bruchstück aus dem II. Bande des Joseph, das eben noch in der N. Rundschau erschien, mein literarischer Schwanengesang für Deutschland gewesen ist. Ich werde die Eintrittsformulare der Berliner Zwangsorganisation auf keinen Fall unterzeichnen.

Mitte Januar kamen die Korrekturen des II. Bandes, und am 15. Februar 1934 schrieb Thomas Mann an Bermann Fischer:

Die Bogenkorrekturen des ›Jungen Joseph‹ habe ich erledigt und die Bogen sind heute druckfertig nach Berlin abgegangen. Ein Kapitel, das schleppend wirkte, ist weggefallen, und ich habe nun doch den Eindruck, daß der zweite Band gegen den ersten nicht wesentlich abfallen wird. Hoffen wir das Beste!

Das ausgeschiedene Kapitel – in einem Brief an Julius Bab nannte Thomas Mann es »ganz unnötig« – war *Der Knabe Henoch*; er übergab es der in Berlin erscheinenden Monatsschrift der deutschen Juden ›Der Morgen‹ zur Veröffentlichung.

Der junge Joseph erschien im April 1934; er war das vorletzte Buch Thomas Manns im alten S. Fischer Verlag und das letzte, dessen Erscheinen Fischer selbst noch erlebte. Denn nun fielen die Schatten lang, und es dunkelte rasch.

ABSCHIED VON WASSERMANN

In den frühen Morgenstunden des 1. Januar 1934 starb Jakob Wassermann in seinem Haus in Alt-Aussee. Von seinem Briefwechsel mit Fischers aus dieser letzten Zeit ist fast nichts erhalten; nur Marta Karlweis' Aufzeichnungen geben einige knappe Hinweise.

Etzel Andergast, der zweite große Roman der mit dem *Fall Maurizius* begonnenen Trilogie, in der Wassermann ein großes Gemälde der zerrissenen Zeit zu schaffen trachtete, war nach zweijähriger Arbeit im März 1931 erschienen und hatte ihm noch einmal einen großen Erfolg gebracht. Das nicht leicht zugängliche, vielfach verschlüsselte und von Todesahnungen durchzogene Buch hatte bereits in den ersten Wochen das vierzigste, Ende des Jahres das 50. Tausend erreicht und konnte sogar 1933 und 1934 noch einmal nachgedruckt werden. Aber Wassermann wurde dieses Erfolgs nicht mehr froh. Die Krankheit zehrte an ihm, er mußte sich immer häufiger zur Insulinbehandlung in die Klinik begeben, und die unmäßig großen, auf Lebenszeit eingegangenen finanziellen Verpflichtungen, die er übernommen hatte, um sich aus seiner ersten Ehe zu befreien, und die mit unaufhörlichen Prozessen und Pfändungen eingetrieben wurden, hatten ihn seelisch und materiell zermürbt. 1932 hatte er, nicht zuletzt, um Geld heranzuschaffen, seine verunglückte Stanley-Biographie veröffentlicht und im Frühjahr dieses Jahres die Arbeit an *Joseph Kerkhovens dritte Existenz*, dem dritten Roman des Triptychons begonnen. Im August 1932 hatte er an Hedwig Fischer geschrieben:

Liebe Hedwig, zu viel stürmt auf die Seele ein, man muß einen Weg zum Göttlichen suchen. Je älter man wird, je grausiger ist das Gefühl von dem hinter einem herjagenden Tod, dem man entkommen möchte und abwechselnd ersehnt, weil dann doch das ganze Unrecht und Unflat zu Ende ist. Wozu alles? Wozu, wenn man sich nicht mit dem immanenten tiefsten Wesen einigt und vereinigt?... Was ich noch sagen wollte, ist dies: verliere angesichts der Zerstörung geistiger Werte nie Dein geschaffenes Werk aus dem Auge, es wird jedem Angriff der Zeit trotzen...

Ende Oktober 1932 war er zu einer großen Vortragstournee nach Holland gereist und hatte auf der Rückreise in Heidelberg seinen ältesten Sohn besucht; danach sah er Deutschland nicht wieder. Denn nun brachen die Furien und Dämonen von allen Seiten herein. Im Januar 1933 schrieb er einen Vortrag *Meine Landschaft, innere und äußere,* den er auf einer Tournee in Deutschland hätte halten sollen; sie mußte »auf Geheiß des Arztes und wegen der sturzartig hereinbrechenden politischen Ereignisse abgesagt werden«. Er arbeitete rastlos an dem neuen Roman weiter. »Die Zukunft scheint mir kaum aufhellbar schwarz«, schrieb er in diesem Frühjahr an einen Schweizer Freund, »aber ich arbeite. Hätte ich dieses Werk nicht vor mir, die Pflicht, es zu schaffen, nicht in mir, ich weiß nicht, wie ich die Zeit jetzt überstehen sollte.« Die rabiate Verfolgerin drohte, ihm sogar das Haus wegzupfänden, indes auf seinem Büchertisch sich das Material zu einem neuen epischen Vorwurf »von unabsehbarer Dimension« häufte: einem Ahasver-Roman. Das »Gespenst der Hauslosigkeit« verfolgte ihn: »Mir wird eiskalt, wenn ich an die nächste Zukunft denke – denn an eine fernere zu denken hab ich wohl nicht mehr nötig.«

Es wurde nötig, nach allen Seiten um Hilfe Ausschau zu halten... In einem unentwirrbaren Knäuel von persönlichen und öffentlichen Katastrophen versiegen plötzlich alle Einnahmen aus Deutschland. Von Monat zu Monat bietet sich da und dort eine Verdienstmöglichkeit. Die Frucht muß im Halm verkauft werden, die bittere Flut schwillt herauf bis an den Mund. Hat er nicht, was in Deutschland geschieht, sein Leben lang mit der ganzen Gewalt aus der Zukunft gerissen? Nun ist es da.

So berichtet Marta Karlweis. Er reist nach Zürich, wo er den für Deutschland bestimmten Vortrag vor großer Zuhörerschaft hält. Am 30. Oktober 1933 heißt es in seinem Tagebuch:

7.30 abends. Vor 25 Minuten habe ich den Roman ›Joseph Kerkhovens dritte Existenz‹ beendet. Im Mai 1932 habe ich das Buch begonnen. 560 von meinen Seiten, was etwa 700 Druckseiten betragen dürfte. In Wirklichkeit habe ich wohl 1500 Seiten geschrieben (meine Seiten). Ich weiß nicht, wo das Buch erscheinen wird, nicht wann, nicht einmal ob!

Das Manuskript ging an Fischer nach Berlin. Loerke notierte am 5. November 1933: »Den neuen dicken Roman von Wassermann gelesen. Er ergriff mich, weil so viele unsachliche Probleme sich daran knüpfen.« Mit den »unsachlichen Problemen« war wohl das Tollhaus gemeint, das die erste Gattin, in dem Roman Ganna genannt, entfesselt hatte und das mit verzweifelter Genauigkeit geschildert war. Die eindrucksvollste Gestalt des Romans war jedoch nicht sie, nicht der Arzt Kerkhoven, nicht der Schriftsteller Alexander Herzog, in dem Wassermann sich selbst abgebildet hatte, sondern der Publizist Martin Mordann, ein in seiner ätzenden Schärfe unvergeßliches Porträt Maximilian Hardens. Man konnte sich in der Bülowstraße über dieses Buch schwer schlüssig werden und riet Wassermann schließlich, nicht zuletzt, weil die erste Gattin bereits neue Prozesse anzettelte, es außerhalb Deutschlands zu veröffentlichen.

Am 14. November 1933 heißt es in Wassermanns Tagebuch: »Arbeite an einer Rede: Humanität und das Problem des Glaubens.« Diese Rede war für eine neuerliche holländische Vortragsreise im Dezember bestimmt. Zuvor, Ende November, fuhr Wassermann nach Wien und »erlitt dort in der Nacht nach einer aufreibenden Unterredung über das Erscheinen des Kerkhoven den ersten Anfall von angina pectoris«. Mit wem die Unterredung stattfand, ist nicht verzeichnet, doch wurde offenbar die Möglichkeit des Erscheinens des Buches in einem außerdeutschen Verlag erörtert. Wassermann lag zehn Tage in Wien in der Klinik, zeitweise bewußtlos, erholte sich aber wieder und drängte auf die Reise. Man erlaubte ihm die Fahrt zunächst bis in die Schweiz:

> Wassermann atmete auf. Ihn trieb es fort. Die Frage, wo der Kerkhoven erscheinen würde, sollte in Holland entschieden werden. Der Boden brannte ihm unter den Füßen. In Zürich ruhte er drei Tage aus, dann ging die Fahrt weiter nach Holland. Die Kälte war abnorm. Eis bedeckte alle Kanäle. Die Menschen wagten sich abends kaum auf die Straßen. Die Vortragssäle blieben leer. Er verzeichnet es trocken. Kaum noch berührt von äußeren Dingen, spricht er vor wenigen Menschenreihen sein letztes Bekenntnis aus...

Der *Kerkhoven*, so berichtet Marta Karlweis, wurde »nach aufregenden Verhandlungen mit Fischer« im Verlag Querido in Amsterdam unter Dach gebracht. Auf der Rückreise wurde abermals in Zürich eine Ruhepause eingelegt, und Wassermann traf sich mit Thomas Mann. Es war ihre letzte Begegnung. Am 20. Dezember war er wieder daheim. In der Silvesternacht legte er sich frühzeitig zur Ruhe, aus der er nicht mehr erwachte.

Thomas Mann, der ihn von allen am längsten gekannt hatte, schrieb zwei Tage später an Hermann Hesse, er sei »ein anhänglicher Freund, ein guter, kindlicher Kerl« gewesen. »Er kam aus Dunkelheit und Not, brachte es zu großem Glück, Reichtum, Ruhm und ging dann wieder im Elend unter«; man vergesse immer wieder, »welche Lücke das Ausscheiden solcher Generationsgenossen und Mitkämpfer ins

Weltbild reißt«. Und einige Tage darauf, am 8. Januar 1934, ausführlicher an René Schickele:

Das Aussehen des armen Wassermann war schon bei unserer letzten Begegnung hier, vor drei Wochen, im Baur au Lac, als er von seiner unsinnigen holländischen Reise zurückkam, so unzweideutig, daß wir ihm kein halbes Jahr mehr gaben. Nun ist es noch schneller mit ihm gegangen ... Der Herzschlag hat ihn, wie man sich sagen muß, im letzten Augenblick vor dem vollkommenen Ruin in Sicherheit gebracht; selbst aus seinem Hause in Altaussee hätte die Frau ihn (um der Zweiten willen) verjagt ... diese Tolle hat ihn buchstäblich zu Tode gehetzt ...
Sein Werk hat mir wegen eines gewissen leeren Pomps und feierlichen Geplappers oft ein Lächeln abgenötigt, obgleich ich wohl sah, daß er mehr echtes Erzählerblut hatte als ich. Auch kannte ich seinen heiligen Ernst, seine Vision eines großen Werkes (nicht das Werk, fand ich, war ›visionär‹, sondern sein leidenschaftliches Wunschbild davon, sein Wille) und hielt seine persönliche Freundschaft in Ehren. Die Todesnachricht war mir, ohne daß ich es gleich gemerkt hätte, ein solcher Choc, daß ich mich noch heute nicht davon erholt habe: die Nerven und der Magen vesagten, ich war ein paar Tage bettlägrig. Daran hatte die Aufnahme in Deutschland wohl ihren Anteil. Der Berliner Börsencourier schrieb: »W. war einer der angesehensten Schriftsteller November-Deutschlands. Mit der deutschen Literatur hatte er so gut wie nichts zu schaffen.« Soll einen diese stinkende Idiotie nicht unter die Erde bringen? Sehen Sie es sich an: Es ist der deutsche Nekrolog für uns alle.

»EIN KLEINER, ABSEITIGER KREIS«

Jakob Wassermanns Vortrag *Humanität und das Problem des Glaubens,* seine letzte Arbeit und sein »bekennerisches Glaubensvermächtnis«, wie eine redaktionelle Vorbemerkung besagte, erschien im Januarheft 1934 der ›Neuen Rundschau‹ und war sein letzter Beitrag zu der Zeitschrift, in der vor einem Menschenalter mit *Renate Fuchs* sein Ruhm begonnen hatte. Das gleiche Heft brachte einen von Peter Suhrkamp gezeichneten kurzen Nachruf *Jakob Wassermann zum Gedächtnis,* der eine gewisse Fremdheit gegenüber seiner Erscheinung nicht verleugnen konnte, sich aber bemühte, in den Grenzen des verschlüsselt Sagbaren, ihr gerecht zu werden:

Das Erstaunen vor der immer wieder bestätigten und kaum glaublichen Romanhaftigkeit des Lebens mag Wassermann bei der allernächsten Gegenwart festgehalten haben. Sieht man die letzten Bücher an, so ist es, als habe er vorgehabt, ein Kompendium der Gegenwart zu schaffen. Eine Zeit der Wende war zu erforschen, in dem was absterben wollte und was im Kommen war. Was er erzählte, durfte der Wirklichkeit gerade in ihrem Materiellen nicht widersprechen ... Das Weltbild des Romandichters Wassermann hebt sich ab durch den Willen zur Fülle, zur Gründigkeit, zum Eigenleben und zum Sittlichen. Die Romane kehren vielleicht einmal zurück ins Dunkel ihrer Zeit, aus dem sie gehoben wurden, aber was sie ins Leben rief, kehrt dahin nicht um.

Es war nicht auf den ersten Blick sinnfällig, was hiermit gemeint war; doch die Leser der ›Neuen Rundschau‹ waren, wie Loerke im Februar 1934 nebenher anmerkte, »ein kleiner und heute abseitiger Kreis« geworden, der lernte und sich gewöhnte, einer esoterischen Sprache zu folgen. Jedoch sollte es selbst in diesen Zeiten mit einem kryptischen Nekrolog nicht sein Bewenden haben; offenbar war ein besonderer Aufsatz für das Februarheft beabsichtigt, mit dem es anscheinend seine Schwierigkeiten hatte – Loerkes Tagebuch spricht davon –, denn eine kurze Notiz verhieß: »Im Märzheft wird das Werk Jakob Wassermanns in einem ausführlichen Aufsatz zur Darstellung kommen«; aber erst im Aprilheft erschien Rudolf Kayers zehnseitiger Aufsatz *Jakob Wassermann. Gestalt und Glauben;* er repräsentierte noch einmal aufs beste den Geist und Habitus der ›Neuen Rundschau‹ in ihrer großen Zeit und ist überdies wohl das Beste, was über Wassermann geschrieben worden ist; auch er war ein letzter Beitrag. Solche Schwierigkeiten gab es für die ›Neue Rundschau‹ nun auf Schritt und Tritt, und sie wurden von Heft zu Heft kritischer.

Aber es war nicht nur das; es war die Zeitwende überhaupt, die bewirkte, daß die Generation der Gründer den Nachfolgenden, selbst über eine Spanne von nur zwei Jahrzehnten hinweg, nicht mehr leibhaftig faßbar war. Zwei Wochen nach Wassermann, am 15. Januar 1934, starb in München der siebzigjährige Hermann Bahr, und die ›Neue Rundschau‹ verabschiedete sich in ihrem Februarheft von ihm mit einer kurzen ›Anmerkung‹ Loerkes, die spüren ließ, wie sehr der lebendige Kontakt verloren war. Das Bedeutsame an Bahrs Erscheinung lag vor Loerkes Zeit und entging ihm. Bahr war historisch geworden. Daß er zu den ersten Mitschöpfern nicht nur gerade dieser Zeitschrift, sondern auch des Verlags gehörte, daß er mit unvergleichlichem Spürsinn vor einem Menschenalter nahezu die ganze österreichische ›Moderne‹ in den S. Fischer Verlag eingebracht und das österreichische Antlitz des Verlags entscheidend mitgeformt hatte – das alles war in diesem kärglichen Nachruf nicht mit einem Wort erwähnt. Zwei gleichaltrige Männer freilich erinnerten sich gewiß, denn sie hatten mit Bahr so manches redaktionelle Geplänkel ausgefochten. Dasselbe Februarheft enthielt noch eine zweite, kurze Anmerkung:

> Zwei Senioren der ›Neuen Rundschau‹ werden im Februar siebzig Jahre alt: Professor Dr. Oscar Bie und Geheimrat Prof. Dr. S. Saenger. Sie haben jeder dreißig Jahre dieser Zeitschrift gedient. An dieser Stelle könnte jetzt ihr Werk nicht so zur Darstellung kommen und gewürdigt werden, wie es den Lesern durch ständige Begegnungen in Jahrzehnten bekanntgeworden ist. Die Begegnungen möglich jeweils Kritik oder Beifall hervorgerufen haben, in jedem Falle war ihre Wirkung Leben, und das ist und bleibt ein seltenes Geschenk, für das man nur uneingeschränkt danken kann.

Für beide war es – sie wußten es wohl – der endgültige Abschied von einem Lebenswerk. Oscar Bie hatte zum Jahrgang 1933 der Zeitschrift noch drei Beiträge beigesteuert, und sie waren seine letzten gewesen. Saenger erschien 1934 noch mit zwei Aufsätzen unter seinem Namen und drei Junius-Beiträgen, und danach verstummte auch er. Die beiden Geburtstage lagen nur zehn Tage auseinander, und man feierte sie zusammen am 18. Februar mit einer kleinen Gesellschaft in der Erdener Straße. Hedwig Fischer hatte Loerke um eine Tischrede an »meine hochverehrten, lieben Herren Senioren« gebeten; sie »wurde sehr beifällig aufgenommen«:

Die Jahrzehnte Ihres Waltens an der Neuen Rundschau und des weiteren am S. Fischer Verlage – wie viel hat diese Treue wohl daran gefügt und gewirkt, daß wir heute sagen: *unser* Verlag, *unsere* Zeitschrift. Denn Ihre Rundschaujahre bedeuten viel wesentliche Niederschrift und ›Umschau‹ auch unserer Jahre ... Auch dies, meine Herren beide, daß wir in Dingen der Seele oder, weltlicher ausgedrückt, in Dingen der Freiheit traurig sind, wo Sie trauern, ist zu seinem Teil Ihr Werk und Verdienst. Muß jeder von uns seinen besonderen inneren Schicksalsweg gehen, so will es doch scheinen, die Richtung im großen sei wählbar und durch Vertrauen zu hilfreichen Mitwanderern und Dankbarkeit gegen sie bestimmbar ... Eine Grenze Ihrer Weltfreundlichkeit in den Dimensionen der Zeiten und Räume war Ihnen stehts nur da gesetzt, wo das Menschenwürdige aufhört, und die Roheit ihre Fratze erhebt ... Nach Ihrem Beispiel sehen wir nach der Sonne oder dem Kometen am Schicksalshimmel, wenn ein Weg scheinbar vor uns ein Weg zurück ist, und wir kehren unbefangen um, wenn ein Weg zurück in Wahrheit nach vorn führt ...

Einen Monat darauf, am 13. März, kam Oskar Loerkes eigener fünfzigster Geburtstag. Er fürchtete sich vor ihm. Mußte dieser Tag nicht enthüllen, wie einsam es auch um ihn geworden war, wie vergessen, ja noch immer unbekannt, noch immer ungewürdigt er in seiner Zeit stand? Indes er erlebte eine freudige Überraschung. Der Verlag hatte einen neuen Gedichtband, *Der Silberdistelwald,* herausgebracht – »Das Buch sieht herrlich aus, ich habe viele Freude daran«, notierte er – die ›Neue Rundschau‹ brachte einen Geburtstagsaufsatz von Hermann Kasack, der ihn sehr ergriff: »Also einmal im Leben geschieht mir das auch, daß ich nicht nur als dienstbarer Geist gelte, sondern als Dichter unter meinesgleichen« – und Suhrkamp hatte namens des Verlages eine Mappe mit handschriftlichen Widmungen aller seiner Freunde und Verehrer zusammengestellt: Hauptmann, Thomas Mann, Döblin, Beer-Hofmann, Flake, Hesse, Max Marschalk, Schickele, Annette Kolb, Mechtilde Lichnowsky, Kellermann, Lernet-Holenia, Reisiger, Saenger, Bie, Hausmann und Heuser – »Herrlichkeiten die Fülle«, notierte Loerke, fünfundsiebzig Blätter insgesamt aus aller Welt, als ob es keine Grenzen, keine Verbannten, draußen wie drinnen gebe. Der Kreis mochte abseitig geworden sein, aber klein war er nicht:

Es ist eine mir unfaßbare Wendung eingetreten, an meinem 50. Geburtstage. Ich muß nun die Überzeugung behalten, daß meine Verse nicht untergehen werden, bevor sie ihre Wirkung getan haben. So viel Widerhall hätte ich in meinen kühnsten und frechsten Träumen nicht erwarten können. Ziehe ich alles ab, was übertrieben ist, so bleibt doch noch so viel, daß ich beschämt und fassungslos bin...

Fischer selbst hatte zu der Mappe – »ein Denkmal« nannte sie Loerke – ein Blatt beigesteuert:

Dem langjährigen treuen Freunde und Mitarbeiter,
Dem Hüter der Tradition unseres Hauses,
Dem Großsiegelbewahrer deutschen Geistes,
Danken wir heute von Herzen
Und wünschen dem Dichter
Viele Jahre fruchtbaren Schaffens.

S. Fischer
Hedwig Fischer

Fischer ließ es sich nicht nehmen, zusammen mit der Tochter und dem Schwiegersohn zur Gratulation hinauszufahren und die Geburtstagsgeschenke der Familie selbst zu überbringen. Hedwig Fischer entschuldigte sich mit einem Briefchen, daß sie die »Frühlings- und Geburtstagsfahrt nach Frohnau« nicht mitmachen könne; sie sei mitten in den Reisevorbereitungen. Zwei Tage darauf fuhren sie nach Rapallo.

LETZTE REISEN

Fischer und Hauptmann hatten sich seit dem letzten Rapallo-Aufenthalt vor einem Jahr nicht mehr gesehen; auch die Briefe waren spärlicher geworden; aber Fischer hatte noch am 13. Februar 1934 von Hauptmann gehört:

Es war mir, lieber, verehrter Fischer, eine herzliche Freude, wieder einmal Deine Handschrift zu sehen und den alten Ton Deiner Verbundenheit sowie Deines Humors zu spüren. Hab Dank! Also, meine Lebens- und Jugenderinnerungen werden demnach in hunderttausenden von Familien den Weihnachtstisch dieses Jahres zieren. Gratulieren wir uns. Auf Wiedersehen. Dein Gerhart Hauptmann.

Dies war, wie ein Vermerk Hedwig Fischers besagt, Hauptmanns letzter Brief an Fischer. Ob in der Tat die Absicht bestand, Hauptmanns Lebenserinnerungen zu Weihnachten 1934 herauszubringen oder ob ein Mißverständnis vorlag, ist nicht mehr zu ermitteln. Hauptmann arbeitete seit 1929 an *Das Abenteuer meiner Jugend,* und ein Abschnitt aus dem Werk war bereits 1932 in der ›Neuen Rundschau‹ erschienen. Eben jetzt, im Märzheft und Aprilheft 1934, brachte die Zeitschrift zwei weitere Abschnitte daraus, und möglicherweise meinte Hauptmann wirklich das Werk bis zum Herbst abschließen zu können. Tatsächlich wurde es erst 1935 vollendet und kam erst 1937 heraus; zwischendurch, 1936, erschien noch der 1935 vollendete Roman *Im Wirbel der Berufung*.

Fischers trafen Mitte März 1934 wieder im vertrauten Hotel Excelsior in Rapallo ein und »atmeten auf«, wie Hedwig Fischer an Madelung schrieb. »Mein Mann ist sehr alt geworden ... Wir sind hier mit Hauptmanns beisammen wie alle Jahre, und haben auch sonst einige gute Freunde hier, was für meinen Mann sehr gut ist, denn er ist ohnehin durch sein schlechtes Gehör sehr isoliert von der Welt.« Werfels waren da und, besonders liebevoll begrüßt, Esther Bagge, Peter Nansens Tochter, glücklich verheiratet und inzwischen selbst Mutter einer kleinen Tochter. Es konnte nicht ausbleiben, daß in der Runde viel von Thomas Mann und dem *Jungen Joseph* gesprochen wurde, der eben erschienen war und den jedermann las. Am 8. April schrieb Thomas Mann an Hedwig Fischer, die ihm einige deutsche Besprechungen geschickt hatte:

Ich freue mich aufrichtig, daß der ›Junge Joseph‹ Ihnen wohl tut. Ich habe brieflich und gedruckt viel Schönes darüber zu lesen bekommen. Der Band wird im Ganzen viel beifälliger aufgenommen als der erste, weil er zugänglicher ist und eine gewohntere Novellistik bietet. Aber im Grunde halte ich den ›Jaakob‹ für neuer und bedeutender. Die nächste Pause wird ja nun lang und groß, denn an dem 3. Bande ist noch viel, ja, wie mir vorkommt, alles zu tun. Die notwendige Heiterkeit muß man beständig dem Gedankengram des Tages abgewinnen, und eine gewisse Ermüdung ist nach den ersten tausend Seiten auch unvermeidlich. Für heute nichts weiter, wir können ja hoffen, Sie bald zu sehen. Grüßen Sie Herrn Fischer recht herzlich und haben Sie schöne Erholungstage.

Bermann Fischer hatte auch vom zweiten *Joseph*-Roman eine Erstauflage von zehntausend Exemplaren gedruckt, aber seine Annahme, daß der Absatz des zweiten Bandes hinter dem des ersten »notwendig zurückstehen« werde, erwies sich als richtig; er konnte im Erscheinungsjahr noch fünftausend Exemplare nachdrucken, aber danach blieb das Buch stehen. »Die deutsche Presse«, schrieb ihm Thomas Mann am 18. April, »sieht wohl vorwiegend übel aus, aber das ist unmaßgebend und sehr vorläufig.« Reisiger hatte den beiden Bänden im Dezemberheft 1933 und im Juniheft 1934 der ›Neuen Rundschau‹ je einen großen, weit ausholenden Aufsatz gewidmet, die die Erörterung auf unangreifbare Ebene hoben: »Es ist eine rechte Fundgrube für den Schicksalshumor, dieses patriarchalisch-typische große Duo Gott und Mensch in würdevoll beunruhigter Seele ...« Auch in Rapallo ging es nicht ohne Mißtöne ab, wie man sie schon im Vorjahr gehört hatte. Meier-Graefe war hinübergefahren, um mit Fischer seine Verlagsangelegenheit zu besprechen, und Schickele notierte am 14. April 1934 in seinem Tagebuch:

Heute Ju von Rapallo zurück. Bei Samy nichts erreicht. Er zählt nicht mehr, er erinnert sich an nichts und verwechselt alles... Hauptmann schimpfte auf Thomas Mann, nannte seinen Josephsroman ein fünftrangiges Buch und, überdies, ein antisemitisches Pamphlet. Merkwürdig, der dumme Witz macht seinen Weg. Ich hörte ihn schon wiederholt. H. trägt Thomas Mann noch immer den Peeperkorn nach. Für ihn ist der Nationalsozialismus »ein elementares Ereignis«. Wem möchte es einfallen, sich gegen den Niagarafall zu stemmen! Kurz, alles, was man 1914–1918 vom Krieg sagte. Es sind immer »elementare Ereignisse«, vor denen sie in die Knie gehen. Schließlich: der Fischer-Verlag blühe unter Hitler! Frau Fischer fand die Behauptung »ein wenig übertrieben«.

Am 1. Mai traten Fischers die Heimreise an. Fischer und Hauptmann sahen einander nicht wieder. Die Reise wurde in Zürich unterbrochen. Fischers verbrachten einen Tag mit Thomas Mann, der ihrem Schwiegersohn nach Berlin berichtete:

Gestern war der Tag unseres Zusammenseins mit Fischers. Es hatte viel Bewegendes für uns, und als ich schließlich meinem alten Freunde, der eine so wichtige Rolle in meinem Leben gespielt hat, noch einmal zum Abschied zuwinkte, war mir recht weh ums Herz, denn man weiß ja nicht, ob man sich noch einmal wiedersieht. Er ist wohl müde und oft in seinen Äußerungen verwirrt und abwegig, aber sein schalkhafter Humor ist ihm geblieben, und oft sagt er Dinge zwischendurch, die daran erinnern, was er ist und war, und was er geschaffen hat.

In seinen Erinnerungen an Fischer erzählt Thomas Mann von dieser Begegnung noch etwas mehr:

... der Vierundsiebzigjährige war seit längerem leidend; seine geistigen Kräfte waren im Schwinden, mit ihnen, als ob sie an jenen keine Stütze mehr fänden, die körperlichen; der Lebenswille erlahmte, und schon im Mai dieses Jahres, als er sich auf der Reise von Rapallo nach Berlin in Zürich aufhielt, sagte mein Herz mir beim Abschied, daß ich den alten Freund wohl nicht wiedersehen würde...

Wir hatten uns ungewöhnlich lange, wohl anderthalb Jahre, nicht gesehen, als ich ihn im Frühjahr, hier in Küsnacht, zum ersten Mal nach dem deutschen Umsturz, wieder begrüßte. »Auf diesen Augenblick«, sagte er, indem er aus dem Wagen stieg, »habe ich mich gefreut.« Und das hatte auch ich getan, denn gerade ihn nach so großen und einschneidenden Lebensveränderungen wiederzusehen und die Dinge, soweit es noch möglich war, mit ihm zu besprechen, war mir lieb und wichtig...

Bei unserem letzten Zusammensein war er sich schon nicht mehr jeden Augenblick ganz klar darüber, in welcher Stadt er sich befand, und äußerte zuweilen Abwegigkeiten. Plötzlich aber begann er über einen gemeinsamen jungen Bekannten zu urteilen.

»Kein Europäer«, sagte er kopfschüttelnd.
»Kein Europäer, Herr Fischer, wieso denn nicht?«
»Von großen humanen Ideen versteht er nichts.«
Ich kann nicht sagen, wie erschüttert ich war. Da sprach, fast schon aus der Nacht, eine Generation, die größer und besser war als die, die ihr jetzt das Heft aus der Hand nimmt.

Thomas Mann hatte richtig geahnt. Es blieb ihre letzte Begegnung. Zwei Wochen später, am 17. Mai, trat Thomas Mann seine erste Amerikareise an.

Knopf hat sich ausgedacht, seine Ausgabe der Jaakobs-Geschichten genau an meinem 59. Geburtstag herauszubringen und das Ereignis in meiner Gegenwart mit einem public dinner und anderen Veranstaltungen eine Woche lang zu begehen, zu der wir eingeladen sind. Jung und frisch wie wir sind, haben wir Ja gesagt...

Einen Monat später war er wieder in Zürich, und es wurde ein bereits vorher begonnenes Gespräch mit Bermann Fischer wieder aufgenommen. Der Verlag wollte ungeachtet »wüster Schimpfereien, die aus Anlaß meiner Amerikareise in der deutschen Presse gegen mich losgegangen«, zum Herbst 1934 einen neuen Essayband herausbringen, dessen Hauptstück der große Wagner-Essay sein sollte. Thomas Mann lag daran, diesen Aufsatz, der bisher nur in der ›Neuen Rundschau‹ zu lesen war, auch in Buchform vorzulegen, aber dieses Buch *jetzt* in Deutschland herauszubringen, schien ihm doch allzu kühn. (Fischer hatte ursprünglich eine Buchausgabe der Wagner-Rede gleichzeitig mit dem ›Rundschau‹-Vorabdruck im April 1933 erscheinen lassen wollen, aber dann die Buchausgabe zurückgestellt.) Er schlug vor, den Band dem Zürcher Verlag Rascher zu überlassen, der sich um ihn bewarb und versprach, ihn später, zu günstigerer Zeit, dem S. Fischer Verlag wieder abzutreten. Doch Bermann Fischer ließ sich nicht von seinem Vorhaben abbringen, und Thomas Mann schrieb ihm schließlich: »Wenn Sie es denn wollen, so mag der Essayband also im Herbst bei Ihnen herauskommen. Man muß ihn gewissermaßen als historisches Dokument behandeln, indem man die einzelnen Aufsätze sorgfältig datiert, damit jeder Leser sieht, welcher Epoche sie angehören.« Der Band sollte neben dem Wagner-Essay die beiden Goethe-Vorträge, die Essays über Platen und Storm und die große Hauptmann-Rede enthalten. Als Ende Juni 1934 die Korrekturen des Buches kamen, stiegen Thomas Mann Bedenken auf:

Einige Skrupel macht mir offen gestanden die Hauptmann-Rede, die unleugbar etwas zur Unzeit kommt, und deren Aufnahme man mir draußen verübeln wird. Aber schließlich: Was ich geschrieben habe, habe ich geschrieben.

Schließlich fand er den »Wegfall der Hauptmann-Rede« doch notwendig – »sie würde auch stilistisch nicht hineinpassen« – und füllte die Lücke, da der Band sonst zu schmal geworden wäre, durch die inzwischen entstandene, von der Amerikareise angeregte *Meerfahrt mit Don Quijote*. Aber für den Herbst war es inzwischen zu spät geworden. Bermann Fischer, schrieb Thomas Mann an Meier-Graefe, müsse »ja wissen was er tut, und wenn dies Buch ungestört in Deutschland erscheinen kann, so ist das allerdings kein schlechter Witz«. *Leiden und Größe der Meister* erschien 1935. Es war Thomas Manns letztes Buch im alten S. Fischer Verlag. Fischer erlebte es nicht mehr.

Thomas Mann war der letzte Faden lebendigen Zusammenhangs, der den alten Mann mit seinem Lebenswerk und den Menschen, mit denen er es aufgebaut hatte, noch verband. Es schien ratsam, den Sommer in der Nähe eines vertrauten Arztes zu verbringen, und man fuhr nach Freudenstadt im Schwarzwald, wo Fischers Neffe Dr. Carl Beer, Sohn der Schwester Ernestine, seine ärztliche Praxis hatte. Aus Freudenstadt schrieb Fischer am 20. August 1934 an Thomas Mann, der sich offenbar nach seinem Ergehen erkundigt hatte:

Lieber Herr Professor – Ich danke Ihnen und Ihrer Frau für das Lebenszeichen, das meine Erinnerung an Sie und die Ihren von neuem angeregt hat. Ich bin hier in Freudenstadt, um den Sommer so still wie möglich zu verbringen. Es geht mir auch tatsächlich viel besser, und ich hoffe, ich kehre im Frühherbst gekräftigt nach Berlin zurück.

Inzwischen habe ich von Bermann gehört, daß die Aktion zu Gunsten Ihrer politischen Einstellung noch nicht große Fortschritte gemacht hat. Vielleicht ist es am besten, die Sache aufzugeben und sich der unmittelbaren Gegenwart und persönlichen Aufgabe mit gutem Gewissen zuzuwenden. Daraus spricht nicht Streberei, wohl aber die Sehnsucht, bei einem guten Werk mitzutun, wozu eigentlich nirgends mehr Gelegenheit vorhanden ist. Lassen Sie mich bald wieder wissen, wie es Ihnen geht.

Ich gehöre nun zu den Alten, aber zu den Treuen, und wenn Sie mich brauchen, stehe ich zu Ihrer Verfügung, was vielleicht schon über meine Kräfte geht. Herzlichst Ihr S. Fischer

Der Brief ist der Hausdame, Fräulein Meta Link, diktiert. Aber der Gruß am Schluß und die Unterschrift sind von Fischers eigener Hand. Dieser Brief war Fischers letzter an Thomas Mann und wohl überhaupt der letzte, den er geschrieben hat, und die gewohnte feste und klare Unterschrift zeigt erstaunlicherweise selbst gegenüber seinen frühesten erhaltenen Briefen, über ein halbes Jahrhundert hinweg, keine wesentliche Veränderung.

Es war Thomas Mann bisher nicht gelungen, in seinen Verhältnissen in Deutschland Klarheit zu schaffen. Die Münchner Politische Polizei hatte einen Antrag auf seine Ausbürgerung gestellt, war aber mit ihm an höchster Stelle nicht durchgedrungen; Thomas Mann hatte daraufhin eine Erneuerung seines deutschen Passes beantragt, die jedoch ohne Begründung verweigert wurde; Haus und Besitz in Deutschland blieben weiter beschlagnahmt und die Absichten des Regimes undurchsichtig. Hierauf haben Fischers Bemerkungen Bezug. Thomas Mann antwortete sogleich am 23. August 1934:

Lieber Herr Fischer, ich war sehr gerührt über den freundschaftlichen Brief, den Sie neulich im Walde an mich diktiert haben, wiederholt habe ich ihn gelesen. Vor allem freut mich, daß Freudenstadt Ihnen gut tut, und daß sein Frieden Sie dem Herbst hoffnungsvoll entgegensehen läßt. Ich habe den Schwarzwald immer sehr geliebt, wenn ich auch gerade die Gegend Ihres gegenwärtigen Aufenthaltes nicht kenne. Aber seitdem wir auf dem Feldberg zusammen waren (erinnern Sie sich, es war zur Zeit der Inflation) bin ich mit dem Auto wiederholt in die Gegend von Titisee gekommen, und der Märchenwald aus Schwarztannen mit dem schönen Unterholz aus Farn gehört zu meinen liebsten Erinnerungen. Sonderbar, daß man das wahrscheinlich nicht mehr wird wiedersehen dürfen. Meine Münchener Besitzangelegenheit lasse ich gehen, wie sie will und kann. Sie beschäftigt mich am wenigsten. Dagegen ist es begreiflich, daß die öffentlichen Ereignisse beständig einen sehr scharfen Reiz auf mein moralisch-kritisches Gewissen, auf mein Schriftstellertum ausüben, das zu reagieren gewohnt ist, und das hat zu der Arbeitskrise geführt, von der meine Frau der Ihren etwas andeutete, und aus der ich noch nicht heraus bin. Sie sagen, Sie gehören zu den Alten; aber das tun wir alle, Sie nicht mehr als ich, und das Erlebnis ist alt und kehrt immer wieder. Goethe sagte 1811 zu Boisseré: »Sie glauben nicht, für uns Alte ist es zum toll werden, wenn wir so um uns herum die Welt müssen vermodern und in die Elemente zurückkehren sehen, daß weiß Gott, wann? – ein Neues daraus erstehe.« Mutet uns das nicht recht vertraut an? Recht herzliche Grüße und Wünsche Ihnen und den Ihren – Ihr Thomas Mann.

Dies war Thomas Manns letzter Brief an seinen Verleger. Fischer konnte ihn nicht mehr beantworten. In den letzten Augusttagen erkrankte er schwer, und Hedwig Fischer sandte statt seiner am 30. August Thomas Mann eine Postkarte, die noch eine letzte Aufnahme des alten Freundes auf dem Spaziergang im Walde zeigt:

Lieber verehrter Herr Professor – Ihr l. Brief war meinem armen Mann heute früh eine Herzensfreude; er ist leider seit Sonnabend krank, nachdem er, wie Sie umstehend sehen, sich zuerst hier sehr wohl fühlte. Eine Infektion hat ihn gepackt, Bronchien, Gelbsucht, Fieber, dazu die Verkalkungen, ich bin sehr in Sorge. Heute kommt Tutti, morgen Hilla, auch unsere Berliner Ärztin, die in der Nähe ist. Ich hoffe, ich kann Ihnen nochmal bessere Nachrichten v. ihm geben. Dank, innigen, für Ihren Brief; er tut ihm wohl.
Herzlichst Ihre H. Fischer

Bermann Fischers eilten aus Kampen herbei. Das Hotel Waldlust in Freudenstadt wollte den offensichtlich Schwerkranken ungern behalten, und man brachte ihn ins Hotel Bellevue im nahen Baden-Baden, wo man Fischers seit langem gut kannte. Bermann Fischer hatte Thomas Mann aufsuchen wollen und sich telefonisch bei ihm angemeldet. Dann aber, wie Thomas Mann am 3. September in einem Brief an Ferdinand Lion berichtet,

ließ er uns wissen, das Befinden Fischers erlaube seine Abreise nicht. Es geht wohl zu Ende mit meinem alten Freund. Er schläft meistens und nimmt kaum noch Nahrung an.

In Baden-Baden war Flake: »Fischer erkannte mich nicht immer; manchmal sagte er, da ist ja Flake, und versank wieder in seinen Dämmerzustand.« Ein Krankenwagen der Reichsbahn brachte ihn nach Berlin. Die Dämmerung lichtete sich nicht mehr.

ABSCHIED VON S. FISCHER

S. Fischer starb am Morgen des Montag, 15. Oktober 1934, in seinem Haus im Grunewald, wenige Wochen vor seinem fünfundsiebzigsten Geburtstag. Die nächsten Freunde und Mitarbeiter sahen ihn noch einmal auf dem Totenbett. Loerke fand ihn »so verändert (kleine Lippen, andere Nase, andere Stirn), daß ich ihn kaum erkannt hätte, wäre mir nicht bekannt gewesen, er sei es«. Fritz Heimann, der Sohn Moritz Heimanns, machte einige sehr schöne Aufnahmen, und als Manfred Hausmann sie zum Andenken erhielt, schrieb er an Hedwig Fischer:

Ich will sie immer in Ehren halten. Wie streng und abweisend, wie entrückt das Gesicht auf dem Totenbett aussieht. Es scheint ja zu sein, daß erst dann, wenn der Tod alles Zufällige und Bewegliche eines Menschengesichts weggewischt hat, das Ewige des Geistes sich abbildet.

Die Verlagsfamilie, die nahe und die ferne, wurde unverzüglich verständigt. Von Hauptmann traf noch am gleichen Tag ein langes Telegramm ein:

Unmöglich in diesem Augenblick die Bedeutung S. Fischers für das geschlossene Werden einer großen deutschen Literaturepoche zu würdigen, einer unauslöschlichen, nordisch betonten, die, außer mit ihren deutschen Trägern, mit den Namen Ibsen, Björnson, Garborg, Hamsun und anderen verbunden ist. Der entschiedenste Förderer dieser Epoche ist nicht mehr. Er hat, ohne sich durch den Gedanken an das bloß buchhändlerische Geschäft aus dem Rahmen literarischen Ernstes und ernster Literatur herauslocken zu lassen, seinen Verlag mit unendlicher Liebe aufgebaut, und dieser wurde für viele echte Werke deutschen Geistes, von Thomas Mann bis zu Hermann Stehr, die Heimstätte.
An diesem Orte das auszusprechen, ist freilich nicht mehr als Eulen nach Athen tragen. Was mich betrifft, so verliere ich in S. Fischer einen allezeit tief und treu verbundenen, zuverlässigen Freund, der aus dem Werden und Wachsen meines Lebens nicht hinwegzudenken ist. Er ist nun dort, wo es weder Völker noch Parteien, weder eine innere noch eine äußere

babylonische Sprachverwirrung gibt, in einem Reich, in das wir ihm einst alle, ohne Ausnahme, nachfolgen.

Es war ein Beileidstelegramm, an Hedwig Fischer gerichtet, doch unverkennbar in dem, was es sagte und zu sagen unterließ, für die Veröffentlichung bestimmt. Andere sprachen wärmer, persönlicher. So Schickele am 16. Oktober aus Nizza:

Liebe, sehr verehrte gnädige Frau – gestern nacht kam das Telegramm Ihres Schwiegersohnes an Annette Kolb – und weil Annette noch nicht da war, öffnete ich es. So erfuhren wir, meine Frau, Hans und ich, die Nachricht, die mehr als nur die Nachricht vom Ableben eines bedeutenden, unvergeßlichen Menschen war... Wir waren tief erschüttert. In Gedanken weilten wir bei Ihnen und den Ihren in dem Haus der Erdenerstraße, in dem wir noch so gute, so zuversichtliche Stunden mit Ihrem Gatten verleben durften, obgleich die hereinbrechende Dunkelheit bereits vor den Fenstern stand. Nun hat uns dieser echte geistige Kämpfer verlassen, der geistige Vater die große und erlesene Schar von Kindern, von denen viele ihm bereits vorangegangen waren.
Aber die geistige Gemeinschaft besteht nach wie vor. Sie steht verzeichnet in den Büchern der Geschichte. Nichts und niemand kann sie zerstören. Sie ist unsterblich, so wahr der Geist nicht getötet werden kann. Dies, liebe, verehrte Frau Fischer, wird Ihnen großer Trost sein und die Zuversicht, aus der Sie täglich neue Kraft schöpfen – ich bin es gewiß. Millionen Menschen teilen sie, vergessen Sie es nicht...

So Alfred Kerr aus Paris:

Liebe Frau Fischer, liebe Tutti – der Tod S. Fischers ist mir unendlich nahe gegangen. Ich habe, was Sie kaum überraschen wird, ihn länger gekannt, als Sie selbst ihn kannten, und ein Stück meines eigenen Lebens ging mit ihm weg. Ich habe diesen Mann, der im Beruflichen oft autoritär, im Menschlichen edel und gütig war, immer zu den großen Freundschaften meines Lebens gerechnet, und ich wäre bereit gewesen, wenn ich mich zur Zeit seines Todes in Berlin befunden hätte, das an seinem Grabe zu sagen, ihm den Dank für die Verbundenheit eines ganzen Menschendaseins über das Grab zu rufen. Ich wünsche Ihnen und Tutti von ganzem Herzen das allerbeste. Seien Sie davon überzeugt. Lassen Sie sich die Hand küssen...

Thomas Mann hatte am 28. Oktober in den ›Basler Nachrichten‹ einen großen Nachruf *In memoriam S. Fischer* veröffentlicht, dem im Vorangegangenen schon vieles entnommen wurde. Er schloß mit einem Mahnwort:

Ruhe sanft, alter Sami Fischer! Mögen die Erben deines Werkes es mit Klugheit und ohne schimpfliche Nachgiebigkeit hinüberretten in Zeiten, die von großen humanen Ideen wieder etwas verstehen werden.

Am 2. November 1934 schrieb Thomas Mann aus Küsnacht an Hedwig Fischer:

Liebe Frau Fischer – ich möchte Ihnen nur einen Gruß senden, nichts weiter. Es ist wohl kein Tag vergangen, seit wir in Basel, auf der Rückreise von

Lugano, die Todesnachricht empfingen, ohne daß wir von Ihnen und Ihrem Mann gesprochen haben und die Erschütterung, die wir damals empfanden, zittert nach und wird es noch lange tun. Man mußte doch gefaßt sein auf diesen Abschied, ja schließlich fast einverstanden sein damit; und doch kann ich nicht sagen, wie nahe es mir gegangen ist, als er sich nun verwirklichte. Fast vier Jahrzehnte der Zusammenarbeit! Ich habe sehr gehangen an dem Verewigten. Eine heitere Herzlichkeit bestand zwischen uns, wie ich sie sonst selten im Verhältnis zu Menschen erfahren habe, und kaum je kam es zu oberflächlichen Trübungen und Verstimmungen. Unsere Charaktere paßten zueinander, und ich habe immer gefühlt, daß ich der geborene Autor für ihn und er mein geborener Verleger war.
Etwas davon habe ich angedeutet in dem Nachruf auf ihn, der Ihnen, in der Sonntagsbeilage der Basler Nachrichten, wohl zu Gesichte gekommen ist. Es ist ja eigentümlich, wie ich meinem Gefühl bei solchen Gelegenheiten Zügel anlege, es unwillkürlich zurückdränge und erkälte zugunsten der Psychologie und Charakteristik. Ich bin eben kein Lyriker, sondern auf Objektivierung und Distanzierung angewiesen. Ich würde mich nicht wundern, wenn Sie es in diesem Fall schmerzlich empfunden hätten. Besser zufrieden bin ich selbst mit den beiden knappen Seiten, die ich jetzt noch für das Gedenkheft der Rundschau an Suhrkamp geschickt habe. Möge dies Heft sich zu einem recht schönen Denkmal gestalten!
Von Reisiger, der in den nächsten Tagen zu Besuch zu uns kommt, hörten wir, daß das Ende sanft und bewußtlos gewesen ist. So ist es wohl nur in Ordnung. Und Sie? Wie hat Ihr Herz die Trennung überstanden? Wenn man so lange Seite an Seite gegangen ist und alles geteilt hat! Sobald man über das Leben nachdenkt, kommen einem die Tränen ...

S. Fischer wurde am 18. Oktober 1934 auf dem jüdischen Friedhof in Weißensee im Familiengrab neben seinem Sohn Gerhart bestattet. Ein »kleines Gefolge« hatte sich eingefunden, wie Loerke vermerkte: die Familie – ohne Hedwig Fischer, die sich die Anstrengung nicht zumuten durfte –, alle Angestellten des Verlags und eine Handvoll Freunde, Hauptmann mit seiner Frau und dem jüngsten Sohn, Bernhard Kellermann, Flake, der eigens aus Baden-Baden gekommen war, Martin Beradt, der Kritiker Fritz Engel, Fritz Heimann, die Verleger-Freunde Ernst Rowohlt, Anton Kippenberg, Max Tau. »Es mögen wohl nicht viel über hundert Menschen gewesen sein«, notierte Loerke. Mancher fehlte. Flake schrieb später: »Daß die Reichskulturkammer keinen Vertreter schickte, war nicht anders zu erwarten. Aber auch der Börsenverein schickte niemand an das Grab eines Mannes, der zu seinen prominentesten Mitgliedern gehörte.« Er habe der Rede nachgesonnen, die einem Vertreter der deutschen Verleger angestanden hätte.
Es wurde ein Orgel-Präludium von Bach gespielt; danach sang die Freundin Olga Eisner die Arie »Schlummert sanft, ihr müden Augen« aus einer Kantate von Bach, die Fischer sich besonders erbeten hatte (das obligate Cello spielte der dem Haus befreundete Max Baldner),

und den Beschluß der Feier bildete Beethovens »Die Himmel rühmen des Ewigen Ehre« auf der Orgel. Dazwischen sprachen Oskar Loerke und Manfred Hausmann. Diese Grabreden wurden später veröffentlicht; einige Absätze mögen hier für das Ganze stehen:

OSKAR LOERKE: WORTE, GESPROCHEN AM SARGE S. FISCHERS

Früh zu seinem Segen wurde ihm offenbar, daß teilnehmen zu dürfen an den Feiern, Zweifeln und Schmerzen des Geistes kein Geschenk ist, sondern nur die Mitgift ungezählter Mühen und willig dargebrachter Tag- und Nachtwachen.

Daß er kommende Dinge in der Dichtung vorausspürte, war keine gewitzte und geübte Klugheit, es war das unbefangene Wissen aus verborgenem Ursprung, das auf den Frühlings- und Herbstzügen den Vogel trägt und führt. Und wenn er Worte für dieses Wissen suchte, so nahm er zuerst oft die nächsten, bescheidensten, dem allgemeinen Gebrauch willkommenen, die das Innerste seiner Empfindung noch nicht zu rauh und scharf berührten.

Zuweilen beschämte er zwar die Meister der gesetzten Rede durch einen knappen Satz, doch sein Ehrgeiz war nie ein falscher Wetteifer mit den Künstlerkameraden, sondern der Eifer für sie. Der Kampf um das Gültige richtete seine Gedanken auf, und die Verehrung schlichtete seinen schönen Streit dafür.

Und unterdessen wuchs die Burg, die er den Schildgenossen baute. Er errichtete eine Heimstatt den Heimlosen von je – den scheel angegriffenen Neuerern, den lange befremdenden Kündern von vormals unerkannter Seelenwirklichkeit, den Mehrern des köstlichen Überflusses, den rein Strebenden und allzu leicht Übersehenen, allen, die über Schwäche und Fehlbarkeit hinaus den Funken weitergeben, damit das Licht der Menschlichkeit unter uns nicht auslösche. Ein Haus für die Verbannten, Domum exulibus, so drückte es der edle, große Helferfreund Fischers einst aus, Moritz Heimann, der ihm vor neun Jahren hierher vorausgegangen ist.

Mehr noch als die Tatsache, daß er der ursprünglichen und schöpferischen Geister so viele, wie sein Dämon gestattete, bei sich aufnahm, mehr noch sagt es für S. Fischer aus, daß er den Zauber wußte, die mit ihnen errichtete innere Ordnung nicht veralten zu lassen. Sehen wir nur um uns: Zum Abschied heute geleiten ihn die Getreuen, die zwei Menschenalter mit ihm gewandert sind neben anderen von jüngst; und ins Unbekannte mögen ihn die Getreuen weitergeleiten, die in seiner Freundschaft gestorben sind, begleiten zu seinem Sohne in diesen Gefilden, dem verewigten Jüngling. Der Tod ist ja die mildeste Form des Lebens – Du, Gerhart Hauptmann, hast es uns gelehrt, und wir glauben Dir, glauben gern gerade vor diesem unserem nun Verklärten.

Sein Urteil führte ihn nicht den glatten Weg nur zu diesem und jenem Erzähler oder Schauspieldichter von Rang oder entfernte ihn rasch von dem Gehaltlosen und Unechten, sondern es führte ihn den unbequemen und kehrenreichen Weg, entweder bis in den ruhig verantworteten Verzicht oder bis in die Dankbarkeit, die vertrauende Liebe und Ehrfurcht. Wenn er einen Bund schloß oder löste, so geschah es nicht zuerst für die Welt, son-

dern für ihn selbst. Sein Amt war, zu sein, wie er war, in fünfundsiebzigjähriger Treue. Wie er aber war, das kündet laut vernehmlich die Geschichte.
Als seine Mitarbeiter sich am Morgen seines Todes an der Arbeitsstätte trafen, konnten sie, obwohl sie vorher hatten fürchten müssen, ihre plötzliche, nagende Vereinsamung nicht begreifen. Aber in die Wehmut mischte sich ein geheimnisvoll brennender Trost: sein Geist hatte auch in der Stunde des Erschreckens nicht aufgehört, zu sinnen und zu sorgen wie immer. Wir wußten, er wird bleiben. Er wird bei uns allen bleiben, bei seinen Anverwandten, den Erben seines Werks, den Freunden und Gefährten, den Helfern im Großen und im Kleinen und in vielen Trägern des guten Willens künftiger Geschlechter, denn diese hat er vorausverpflichtet mit seinem der um ihn sprießenden Unsterblichkeit zuschlagenden Herzen.

MANFRED HAUSMANN:
WORTE, GESPROCHEN AM SARGE S. FISCHERS

Wenn ich nicht glaubte, daß meine Worte im Grunde ja nicht von mir, sondern von einer Gruppe von Menschen, meinen Altersgenossen und Verlagskameraden nämlich, gesprochen werden, würde ich nicht den Mut haben, an diese Stelle zu treten und etwas zu sagen. Es ist uns Jüngeren, die wir das Werden und Wachsen des S. Fischer Verlages nicht von Anfang an miterlebt haben, sondern erst vor einigen Jahren hinzugestoßen sind, als alles schon groß und festgefügt dastand, es ist uns bei der persönlichen Berührung mit dem Manne, der nun unser Führer, Freund und väterlicher Berater werden sollte, seltsam genug ergangen. Viele — die meisten von Ihnen werden sich nicht recht vorstellen können, was sich da eigentlich ereignete. Für uns, die wir außerdem noch in der Provinz lebten, verband sich ja mit dem Namen S. Fischer zunächst einmal die Vorstellung eines Verlagshauses, eines literarischen Programms, einer geistigen Macht, einer strengen Gerechtigkeit und obersten Instanz, auf jeden Fall die Vorstellung von etwas vollständig Unpersönlichem. Daß es auch einen Menschen aus Fleisch und Blut namens S. Fischer gab, blieb, wenn man es überhaupt wußte, fürs erste belanglos.
Aber dann kam nach mancherlei Hin und Her der Tag, an dem man sich vor einem kleinen, sehr klug aus seinen hellblauen Augen blickenden Herrn verneigte und zugeben mußte, daß S. Fischer nicht nur eine Institution, sondern, was einem wundersam genug vorkommen wollte, auch ein Mensch war. Das eigentlich Wundersame fing aber jetzt erst an. Ein Mensch, gewiß, aber, guter Gott, was für ein Mensch!
Ein solcher Mensch, daß man, wenn man mit ihm beisammen sein durfte, sei es geselligerweise, sei es allein in gesegneten Stunden, Verlag, literarisches Programm, strenge Gerechtigkeit, oberste Instanz und alles erst einmal beiseite ließ. Hier war ja etwas vollständig anderes, hier war ja viel mehr!
Wir sind in Zeitläuften aufgewachsen, die sich durch Ehrfurchtslosigkeit auszeichneten. Weder wollten noch konnten wir so recht von Herzen verehren. Menschen und Dinge schienen uns zu fragwürdig, als daß wir das Knie hätten beugen mögen. Zu allerinnerst waren wir vermutlich eine Art von Nihilisten. Darf ich in dieser Stunde gestehen — und noch immer glaube ich, nicht für mich allein zu sprechen —, daß S. Fischer zu denen

gehörte, die uns dann einfach durch ihr Menschtum, durch ihr bloßes Da-Sein und So-Sein dazu gebracht haben, ob wir wollten oder nicht, Ehrfurcht zu empfinden.

Ehrfurcht in erster Linie vor so viel Bescheidenheit und Zurückhaltung bei so viel wirklicher Weisheit. Ehrfurcht, um das mystische Hölderlinwort zu gebrauchen, vor der heiligen Nüchternheit seines Wesens. Ehrfurcht vor der leisen und zurückhaltenden Art, mit der er seine Gedanken darlegte. Ehrfurcht vor der Unbeirrbarkeit, die man auch Treue zu sich selbst nennen könnte. Ehrfurcht vor der bezaubernden Geistesanmut dieses alten Mannes. Ehrfurcht vor seinem In-sich-hinein-Lächeln, in dem soviel Wissen um die Traurigkeit und Dunkelheit des Daseins war. Ehrfurcht vor seiner Hilflosigkeit allem Gemeinen gegenüber. Ehrfurcht vor seiner Vornehmheit, die ihm als das Selbstverständlichste von der Welt galt. Ehrfurcht vor seinen Träumen und Sehnsüchten, die ihn die Romantik lieben ließen. Ehrfurcht vor seiner mitleidsvollen Güte gegen alles Schwache. Ehrfurcht vor der Weite und Aufgeschlossenheit seiner Seele. Und Ehrfurcht vor seinen sogenannten Fehlern, die ihn ja nur noch liebenswerter machten, als er schon war.

Es kommt mir selbst sehr merkwürdig vor, daß ich, der um vierzig Jahre jüngere, so etwas auszusprechen wage. Aber ich hole mir Mut bei dem Gedanken, daß im rein Menschlichen ebenso wie im rein Künstlerischen der Altersunterschied nichts zu bedeuten hat.

Mit dem Innewerden all dieser verehrungswürdigen Eigenschaften war man indessen noch nicht am Ende des Wundersamen. Jetzt erst, mit der Kenntnis oder doch mit der Ahnung des Menschen erst, empfand man auch die Größe, den Sinn und die schwebende Geschlossenheit seiner Schöpfung, des Verlages S. Fischer. Da gab es nichts Unpersönliches mehr. Wie hatte man jemals den Verlag als etwas Abstraktes empfinden können, wo doch nahezu jedes Buch und jeder Autor nichts anderes als den mehr oder minder vollkommenen Ausdruck einer Wesensseite von S. Fischer darstellte! Man könnte sich anheischig machen, aufzuzeigen, in welcher Dichtung er sein Mitleid, in welcher er sein Lächeln, in welcher er seine Ritterlichkeit, in welcher er seine Träume und in welcher er seine heilige Nüchternheit verkörpert sah. Nehmen Sie alle Werke des Verlages, und Sie haben nicht irgendeines, sondern des bestimmten Menschen S. Fischer Tapferkeiten, Tränen, Beglückungen und Verzagtheiten. Er hat nur Dichtungen an den Tag treten lassen, die er unmittelbar liebte. Und was bedeutet Lieben bei einer Dichtung anderes, als in ihr einen Teil seines Selbst vermuten.

Wir wissen nicht, wo S. Fischer jetzt weilt. Niemand weiß das. Aber wir brauchen nur an die Dichtungen zu denken, die er wie träumende Sternbilder an seinem Himmel versammelt hat, dann ist er uns auf eine geheimnisvolle Weise so nahe, wie er uns nur irgend sein kann.

NACHHALL

Diese Worte, vor dem kleinen, abseitigen Kreis der Trauergemeinde gesprochen, hallten nicht weit über die Friedhofskapelle hinaus. Die große deutsche Welt fühlte sich zu keinem gebührenden Gedenken veranlaßt, mit wenigen erinnernswerten Ausnahmen: die ›Frankfurter Zeitung‹ räumte Otto Flake zwei lange Spalten für einen Aufsatz *Einem Verleger zum Gedächtnis* ein; in der ›Kölnischen Zeitung‹ durfte K. H. Ruppel ausführlich *Das Werk S. Fischers* würdigen; das ›Berliner Tageblatt‹, selbst in seinem Fortbestand hart bedrängt, tat knapp, aber mit Anstand seine Schuldigkeit; die ›Vossische Zeitung‹, dem Verlag ein halbes Jahrhundert lang besonders eng verbunden, war einige Monate zuvor dem Abgeschiedenen vorangegangen. In der einstigen ›Literarischen Welt‹, die jetzt ›Das deutsche Wort‹ hieß, gab der neue Herausgeber Karl Rauch in einem kurzen Nachruf, so gut er konnte, der Wahrheit die Ehre:

Das kaiserliche Deutschland war an keiner Stelle fähig, der in ihrer Art hochbedeutsamen kulturellen Leistung des Hauses S. Fischer eine verlegerische Front aus nationalem Geiste zur Seite zu stellen. Die spätere Republik machte den Verlag S. Fischer nach der repräsentativen Seite hin fast zu einer Art ›Staatsverlag‹. Die amtlichen Stellen des neuen Deutschland haben der »literarischen Hochburg des Liberalismus« klaren Kampf angesagt. Es fehlt uns aber im geistigen Neuaufbau unserer Welt bisher durchaus jene geniale Verlegerpersönlichkeit, die — das muß auch der Gegner vorbehaltlos anerkennen — in seiner Welt S. Fischer überragend war.

Anderwärts konnte man, wie schon bei Wassermanns Tod, so auch jetzt manches Häßliche und Gehässige lesen. Die ›Berliner Börsen-Zeitung‹ schrieb:

Beim Tode eines Verlegers, der in der Geschichte der deutschen Vor- und Nachkriegsliteratur eine leider allzu große Rolle spielte, feierte die ›deutsche Objektivität‹ wieder einmal eine fröhliche Auferstehung. Man glaubte diesem Verleger, der viele berühmte deutsche und auch nordische Autoren verlegt hat, bestätigen zu müssen, daß er ein Stück deutscher Geistesgeschichte repräsentiert habe, während er doch nur in einer Epoche des Niedergangs des deutschen Geisteslebens die Autoren brachte, die diesen Strömungen entsprachen. Die positiven Kräfte wie Hermann Stehr und Hamsun sind nicht durch seine Arbeit groß geworden. Er zog ihrem Geist den Geist Thomas Manns und Jakob Wassermanns vor. Ein Mann wie Paul Ernst, der dem neuen Deutschland schon 10 bis 20 Jahre vor seinem Entstehen die geistigen Gesetze schrieb, hatte in diesem Verlag keinen Raum. In diesem Verlag ist überhaupt nicht eine einzige Dichtung erschienen, die zum neuen Deutschland ein Verhältnis hätte. Es muß einmal klipp und klar festgestellt werden, daß in diesem Verlag die falschen Maßstäbe für die deutsche Literatur gezimmert wurden...

Außerhalb der Reichsgrenzen veröffentlichte Arthur Holitscher in der ›Basler Nationalzeitung‹ eine ausführliche, jedoch zänkisch-polemisch gefärbte *Erinnerung an S. Fischer*, die zugleich dem Verlag selbst den Nekrolog schrieb und neben Thomas Manns *In memoriam S. Fischer* nicht gut bestand.

Es blieb der ›Neuen Rundschau‹ überlassen, ein gültiges Denkmal zu errichten, von dessen Inschriften auch eine spätere Generation bedenkenswerte Auskünfte ablesen konnte. Suhrkamp wandte sich an eine begrenzte Zahl von Freunden und Mitarbeitern des Verlags und der Zeitschrift. Das Gedenkheft, schrieb er, solle »nicht Gedenkworte oder die gelegentlichen Nachrufe enthalten, denn diese wurden inzwischen ja gesprochen«, sondern »vielmehr dazu dienen, das Bild von S. Fischer für die Zukunft zu sichern und zu bewahren«. Er bat folglich um »Beiträge entweder als erzählte Erinnerung oder als Essay, wobei das persönlich Erlebte oder eine Begegnung im Zentrum stände, oder aber eine dichterische Arbeit, die ganz unabhängig von dem Toten besteht und die ihm gewidmet sein kann«. Siebzehn Freunde folgten dieser Aufforderung, ein jeder auf seine Weise, und das Dezemberheft 1934 der ›Neuen Rundschau‹ wurde, wie Oscar Bie gesagt hätte, »ein schönes Buch«.

Den Auftakt bildete, im schwarzen Rahmen, Hauptmanns Telegramm gegenüber dem ganzseitigen Bild Fischers. Sodann eröffnete Suhrkamp das Heft mit einer *Zueignung*, die sehr einfühlsam den besonderen und eigenen Ton traf, den die ›Neue Rundschau‹ im Lauf der Jahrzehnte, wenn sie von sich selbst sprach, für sich entwickelt hatte – eine eigentümliche Verschmelzung aus Brahmschen und Heimannschen Tönen, die über Bie bis zu Kayser weiterschwang und zu einer Art Kollektiv-Klangfarbe geworden war:

Dieses Heft zeigt am Anfang, zum erstenmal in dieser Zeitschrift, das Bild von S. Fischer, und Gedenken an ihn, der nun fünfundsiebzigjährig sein Angesicht hinwegnahm, füllt die folgenden Seiten. Damit wird keine Verpflichtung erfüllt, sondern eine Andacht verrichtet. Darüber hinaus fühlen wir Lebenden demütig, daß wir ein Erbe weitertragen, dessen Gestalt jederzeit neu sein muß.
Die Neue Rundschau verdankt S. Fischer ihr Dasein und ihr Sosein in jeder Beziehung. Solche Worte, über ein Grab hingesprochen, haben leicht etwas Unsachliches, jedoch nicht dieses Mal: der Sachverhalt ist stets darzutun. Der bündigste Beweis ist die organische Entfaltung der Zeitschrift zu einer einmaligen, nicht wiederholbaren Erscheinung...
Geistiges Leben aber ist zu keiner Zeit eine allgemeine Erscheinung, sondern eine Form von einigen Menschen: der Persönlichkeiten. Es sind Männer mit Namen oder solche, die sich später Namen machten, welche schon die Inhaltsverzeichnisse der Wochenschrift zieren. Man sagt also nichts Falsches, wenn man feststellt, daß diese Zeitschrift nicht für eine Bewegung, eine Schule oder dergleichen gegründet wurde, sondern für die schöpferischen oder besser noch für die künstlerischen Individualitäten der Gegenwart, für Künstler also (auf allen Gebieten der Kultur) und nicht für die Kunst, für Gemeinden und nicht für das Publikum. Damit war eine spezifisch deutsche Form der Zeitschrift gefunden, da in Deutschland die Produktion nicht von einer Tradition getragen wird, sondern jeweils in Persönlichkeiten aufbricht; und darin liegt auch das Geheimnis der beständigen Erneuerung der Zeitschrift und ihrer reichen, zeitweilig fast unbeschränkten Möglichkeiten.
...

S. Fischer hatte ein sehr einfaches Verhältnis zu seiner Zeitschrift: er war ihr erster und ihr bester Leser. Und ihr anspruchsvollster Leser. Er stellte seine Anforderungen an die Zeitschrift als ihr Leser: es sollte alles in ihr vorkommen, was ihn interessierte, in einer Form dargeboten, die ihm Genuß bereiten konnte. Diese Forderung stellte er nicht ein für allemal, sondern bei jedem Heft neu und zweimal bei jedem Heft: zuerst bei dem Entwurf, den er prüfte, und dann wenn das Heft erschienen war und er es zum zweitenmal las. Nicht selten wechselte das Urteil von einemmal zum anderen und auch die Anforderung von einem Heft zum anderen. Kaum je wohl hat ihm ein Heft genügt. Aber er war glücklich, wenn ihn aus einem Beitrag Geist und Gemüt eines Menschen offen ansprachen. Letzten Endes war es immer das, was er in den Beiträgen suchte: Begegnungen mit Menschen; sie mußten ihm nicht verwandt sein, aber menschlich echt und geistig frei und womöglich mit einem Zeichen an der Stirn.
Nun wachen seine hellen entschiedenen Augen nicht mehr über die Hefte dieser Zeitschrift. Aber als ihr Gewissen wird er in ihr leben eh und je.

Es folgten die Grabreden Loerkes und Hausmanns in ihrem vollen Wortlaut (sie wurden auch in den nächsten Verlagsalmanach aufgenommen) und eine beschwingte, wehmutsvoll-heitere Skizze *Gruß, nicht Abschied* von Hans Reisiger, der »den Älteren wie einen Vater liebte«. Hieran schlossen sich sechs Schilderungen, auf die der Chronist besonders hinweisen muß, nämlich persönliche, mit vielen aufschlußreichen anekdotischen Einzelheiten aus verschiedenen Zeiten gefüllte Erinnerungen an Fischer von Hermann Hesse, Otto Flake, Kurt Heuser, Rudolf G. Binding, Samuel Saenger und Ernst Rowohlt – ein reicher Quell von Lebens- und Werkauskünften, aus dem diese Chronik in vielen Abschnitten hat schöpfen und häufig ausführlich hat zitieren können. Nun folgten ein Gedicht *Totenfeier. Für S. Fischer* von Paula Ludwig, ein kurzer Text *Grabbeigabe für S. Fischer* von Thomas Mann, der dem Abdruck des Kapitels *Wie Joseph dem Potiphar verkauft wurde* aus dem Dritten Hauptstück des noch unvollendeten *Joseph in Ägypten* vorangestellt war (in der Buchausgabe wurde dieser Abschnitt später *Joseph kommt vor Petepré's Haus* genannt), eine Novelle *Die Meerkatze und der Ring* von Aage Madelung, »dem Brückenbauer des Geistes S. Fischer, meinem Verleger und Freund durch ein Menschenalter gewidmet«, Beer-Hofmanns Lied »vom guten Hirten«, eine freie Bearbeitung des 23. Psalms, aus dem *König David*, Moritz Heimanns *Über Tod und Sterben* aus dem Jahr 1912 und zum Beschluß das »Frau Hedwig Fischer herzlich zugeeignete« Gedicht *Ermutigung* von Hans Carossa.
Bei einem dieser Beiträge heißt es kurz verweilen. Thomas Mann war, wie er an Hedwig Fischer geschrieben hatte, mit seinem großen Aufsatz *In memoriam S. Fischer*, aus dem bereits mehreres angeführt wurde, nicht völlig zufrieden gewesen und hatte für das Gedenkheft

der ›Neuen Rundschau‹ einen neuen Text geschrieben, in den einiges aus dem größeren Aufsatz leicht verändert übernommen war. Dies war die *Grabbeigabe für S. Fischer*; sie ist in seinem Gesammelten Werk nicht enthalten, und es ist hier der Ort, sie aufzubewahren:

Die Nachricht vom Tode unseres alten Fischer kam nicht mehr unerwartet – sie hat mich dennoch tief getroffen, und das Gefühl von der geschichtlichen Bedeutung seines Hingangs vertieft meinen persönlichen Kummer. Eine Epoche sinkt dahin, der ich mich geistig und moralisch zugehörig weiß; eine Arbeitsverbundenheit von fast vier Jahrzehnten endet, und mir ist weh ums Herz. Denn weit über diese sachliche Verbundenheit hinaus habe ich menschlich an ihm gehangen, wie er, das weiß ich, an mir. Nicht zufällig haben wir zueinander gefunden, ich bin mir dessen vollkommen bewußt, sondern nach dem Willen und den Gesetzen des Lebens – ich spreche hier von dem Verleger und dem Autor. Aber auch menschlich bestand zwischen uns, bei aller Verschiedenheit der Existenzform, der Herkunft und selbst der Jahre, eine gewisse Verwandtschaft der Lebensstimmung, der Schicksalsmischung, die keinem von uns entging. Wir hatten Sinn, der eine für das Leben des anderen – das ist es ja wohl, was man Freundschaft nennt. Und so habe ich es nicht nur geistig als ungehörig und traurig empfunden, sondern auch menschlich war es mir bitter, daß ich nicht mit den Freunden an seinem Grabe stehen und ihm ein Wort des Abschieds, des Dankes und der nicht endenden Anhänglichkeit nachsenden konnte.
Unter dem unmittelbaren Eindruck der Todesbotschaft habe ich an anderer Stelle über Fischers Persönlichkeit und seine nie auszulöschenden kulturellen Verdienste zu sprechen versucht und mag mich nicht wiederholen. Darum beschränke ich mich hier auf eine symbolische Handlung. Die alten Völker kannten die Zaubersitte des Totengeschenks, der Grabbeigabe. Nicht nur aus Hausrat und Lebensmitteln bestand diese fromme Mitgift, sondern auch aus allerlei Kurzweil fürs Jenseits: Brettspielen, Musikinstrumenten, Märchenbüchern, Angelgerät und vielem anderen. Die stammesmäßig überkommene Liebe unseres Toten zum Buche, zur Schrift, zum Geiste, die ihn zu einem großen Verleger werden ließ, legt die literarische Grabbeigabe nahe. Aus den späteren Teilen meines biblischen Romanwerks, dessen erste beiden Bände noch zu seinen Lebzeiten in seinem Verlag erschienen, habe ich ein Kapitel ausgewählt und biete es seiner Zeitschrift für ihre Trauer- und Ehrenausgabe an, indem ich es seinem Andenken widme. Es ist ein wenig magische Wunschträumerei dabei. Dies Buch seines Autors noch aufzunehmen, war er in seiner letzten Erdenzeit schon zu müde. Aber der Tod ist ja ein großer Wiederhersteller, und den Fischer von einst, der uns nun wieder ersteht, den Verewigten, denke ich mir gern in meinem Geschichtenbuch lesend, das von seinen Urvätern erzählt, und sehe sein Schmunzeln.

Hier endet die Lebensgeschichte S. Fischers; nicht freilich die Lebensgeschichte seines Verlags. Die Chronik, die aufzuzeichnen war, hat die ihr gesetzte Wegstrecke zurückgelegt, der Chronist sein Sach getan. Ist es noch an ihm, die Summe des Erzählten zu ziehen? Das mag und vermag er nicht; denn er hat's ja, wiewohl den Anfängen um einige Jahrzehnte entrückt, im großen und ganzen als ein Zeitgenosse geschrieben. So möchte er nur nachdrücklich meinen – und vermuten, der eine oder andere werde es mit ihm meinen –, was Thomas Mann versicherte, als er über Wagner schrieb:

»Nein, das ist kein schlechtes Zeitalter, im Rückblick ist das ein Wald von großen Männern. Und der Rückblick, die Distanz auch erst erlaubt uns, die Familienähnlichkeit zwischen ihnen allen zu erkennen, dies gemeinsame Gepräge, das bei allen Unterschieden ihres Seins und Könnens die Epoche ihnen aufdrückte.«

40 Das Erbe

Die Geschichte des S. Fischer Verlages während der folgenden Jahrzehnte steht auf einem anderen Blatt, in einem anderen Buch. Fischer hatte in seinen letzten Lebensjahren häufig Besorgnis um das Schicksal des Verlags geäußert und bis kurz vor seinem Tod manches Gespräch mit seinen Erben, besonders mit seiner älteren Tochter, hierüber geführt. Tochter und Schwiegersohn, denen er sein Werk anvertraut hatte, gaben ihm das Versprechen, mit allen ihren Kräften das Erbe zu erhalten. Dieses Versprechens blieben sie eingedenk. Gottfried Bermann Fischer hat in seinen 1967 veröffentlichten Erinnerungen *Bedroht – Bewahrt. Weg eines Verlegers* das abenteuerliche Schicksal geschildert, das dem Werk S. Fischers im Getümmel der Weltgeschichte beschieden war. Hier darf es folglich genügen, die Bemühung um die Erhaltung des Erbes in wenigen Absätzen nachzuzeichnen.

Im vorangegangenen Abschnitt war mehrmals und mit Vorbedacht vom »alten S. Fischer Verlag in Berlin« die Rede. Er wäre zwei Jahre nach dem Tod seines Gründers fünfzig Jahre alt geworden. Aber dieses Jubiläum wurde nicht begangen, denn im Herbst 1936 bestand dieser Verlag, so wie Fischer ihn aufgebaut und hinterlassen hatte, nicht mehr. In einem Vorspruch zum Almanach *Das 50. Jahr. 1886 bis 1936*, der im November 1936 ausgegeben wurde, heißt es über den Verlag:

> Seine Geschichte seitdem ist nicht mehr die Geschichte seiner Ausbreitung, sondern sie ist eine einzige große Probe, die der Verlag vor der deutschen Gegenwart zu bestehen hatte; die Probe ging wie ein echtes Schicksal bis nahe an die Existenz. Vor wenigen Monaten wurden Teile des Verlags, welche in seiner Vergangenheit nicht unwesentlich an seinem Leben beteiligt waren, fortgegeben.
>
> Es würde uns somit schlecht anstehen, das übliche Jubiläum zu feiern. Der Kranz hängt nicht über der Pforte eines saturierten Hauses. Wir haben zu sorgen und zu arbeiten wie in der Jugend dieses Verlages. Der Ertrag des Jahres, aus dem wir auf den folgenden Seiten Proben bieten, muß vom treibenden Saft in Mark und Kernholz Zeugnis sein.

Dieser Vorspruch sagte so viel, wie er konnte und durfte; es war aus ihm nicht zu ersehen, was sich begeben hatte.

Im Frühjahr 1935 gelang es Bermann Fischer, mit dem Propagandaministerium eine Vereinbarung zu erzielen. Es erwies sich, daß das Regime den Verlag durchaus nicht erdrosseln, sondern in nichtjüdischem Besitz als kulturelles Aushängeschild weitergeführt sehen wollte. Das Ministerium war bereit, die unerwünschten, zum Teil inzwischen verbotenen Autoren des Verlags einschließlich des zugehörigen Buchlagers und einiger Vermögenswerte freizugeben, unter der Bedingung, daß die Familie Fischer die verbleibenden, im nationalsozialistischen Deutschland erwünschten Teile des Verlags verkaufte und in ›zuverlässige‹ Hände übergehen ließ.

Es fiel schwer, Hedwig Fischer, die Erbin und Aktieninhaberin der S. Fischer Verlag A. G., von der Notwendigkeit des Verkaufs von mehr als der Hälfte des Verlags zu überzeugen und ihre Zustimmung zu erlangen. Der Erlaß der Nürnberger Gesetze im September 1935 ließ jedoch keinen Zweifel an der Gefahr mehr, und sie willigte ein; sie selbst war jedoch vorerst nicht zu bewegen, Deutschland zu verlassen.

Nun ging es darum, einen Käufer zu finden, der eine gewisse Gewähr bot, daß der Verlag in seinen Händen nicht ins nationalsozialistische Fahrwasser geriet. Es wurden vielerlei Verhandlungen geführt, fast ein ganzes Jahr lang, bis schließlich Suhrkamp vorschlug, »er wolle mit Hilfe von Finanzleuten, die noch zu finden seien, den in Deutschland verbleibenden Teil des Verlags erwerben und unter dem alten Namen weiterführen«. Die Finanzleute wurden gefunden. Es wurde unter dem Namen S. Fischer Verlag eine Kommanditgesellschaft gegründet und Suhrkamp als persönlich haftender Gesellschafter zum Leiter dieses neuen Verlags bestellt. Die Kommanditgesellschaft erwarb kraft des vom 18. Dezember 1936 datierten Verkaufs- oder Trennungsvertrags von Hedwig Fischer die nicht zur Auswanderung bestimmten Verlagswerte und Verlagsrechte einschließlich der ›Neuen Rundschau‹, insgesamt etwa sechs Zehntel des Gesamtbestandes; die verbleibenden vier Zehntel fielen an Bermann Fischer, der mit ihnen als Grundstock den Verlag im Ausland fortführen konnte. Alle Beteiligten waren sich darin einig, daß es sich bei diesem Trennungsverkauf um eine unter Druck vorgenommene Notmaßnahme handelte, um das Erbe S. Fischers zu bewahren und den Fortbestand des Verlags, der sich als Ganzes nicht mehr halten ließ, in seinen Teilen zu sichern, damit diese eines Tages, wenn möglich, wieder zusammengefügt werden konnten. »Die ganze Nacht verfolgte mich die gestern abend verbreitete Nachricht Ihrer Loslösung von dem Verlag«, schrieb Martin Beradt an Hedwig Fischer. »Sicher haben Sie zum allgemeinen Besten damit gehandelt, dennoch erschüttert das Zerschneiden so stolzer Beziehungen, die für die Ewigkeit zu bestehen schienen. Ein Trost ist, daß der Name erhalten zu bleiben scheint, daß das Licht weiter leuchten wird ...«

Die Prozentrechnung der Aufteilung bedarf der Erläuterung. Es zeigte sich hierbei, wie schwer, ja fast unmöglich es ist, den zugleich geistigen und materiellen Wert eines Buches oder Autors richtig zu wägen; man mußte von Schätzungen und Durchschnittsziffern ausgehen. So übernahm Bermann Fischer 22 Autoren mit 262 lieferbaren Werken und einen Buchbestand von 786 000 Bänden; bei einer geschätzten Auflage pro Werk von 3000 Exemplaren und einem Durchschnittspreis von zwei Mark ergab sich ein Verkaufswert von 1 572 000 Mark. Suhrkamp hingegen übernahm 120 Autoren mit 500 lieferbaren Werken und einem Buchbestand von 1½ Millionen Bänden, was einen Verkaufswert von 3 000 000 Mark ergab. So errechnete sich das Verhältnis von einem Drittel zu zwei Dritteln. Aber dieses quantitative Verhältnis entsprach in keiner Weise dem qualitativen. Der auf diese Weise ins Ausland gerettete Teil des Verlags stellte literarisch und verlagsrechtlich betrachtet einen wesentlich größeren Wert dar als der in Deutschland verbliebene, und seine Rettung rechtfertigte die Trennung vollauf.

Die freigegebenen Autoren waren fast sämtlich solche, die Fischer schon in der Frühzeit des Verlags gewonnen hatte und die nahezu seinen ganzen Schaffensweg begleitet hatten; nur wenige von ihnen waren erst in den letzten Jahren hinzugekommen. Mit Bermann Fischer gingen: Peter Altenberg, Richard Beer-Hofmann, Alice Berend, Alfred Döblin, Martin Gumpert, Moritz Heimann, Friedrich Heydenau, Hugo von Hofmannsthal, Arthur Holitscher, Marta Karlweis, Alfred Kerr, Harry Graf Kessler, Annette Kolb, Mechtilde Lichnowsky, Thomas Mann, André Maurois, Carl Rößler, Arthur Schnitzler, Bernard Shaw, Siegfried Trebitsch, Jakob Wassermann und Carl Zuckmayer. In Suhrkamps Obhut verblieben von Fischers großen und berühmten Autoren Gerhart Hauptmann, Hermann Hesse, Bernhard Kellermann, Otto Flake, Manfred Hausmann und Oskar Loerke.

Die ›Neue Rundschau‹ blieb in Deutschland. Bermann Fischer hatte die Trennung zum Anlaß nehmen wollen, um die Zeitschrift einzustellen; er war überzeugt, daß ihre Weiterführung ohne »schimpfliche Nachgiebigkeit« gegenüber dem Regime nicht möglich sei. Doch Suhrkamp bestand darauf, sie als letzte Bastion der freien Meinungsäußerung in Deutschland zu halten. Dieses Vorhaben erwies sich als illusorisch; die ›Neue Rundschau‹ führte ein Schatten-

dasein bis zum Herbst 1944; dann mußte sie ihr Erscheinen einstellen.
Bermann Fischers Absicht, den geretteten Teil des Verlags in der Schweiz neu aufzurichten, scheiterte an den Schweizer Behörden, die »zum Schutz des Schweizerischen Verlagsbuchhandels« die Niederlassungsgenehmigung verweigerten und die Einfuhr des freigegebenen Buchlagers, darunter der Gesamtausgaben der meisten großen Verlagsautoren, unmöglich machten. Er konnte sein Vorhaben jedoch in Österreich verwirklichen, und am 1. Mai 1936 wurde in Wien die Bermann-Fischer Verlag GmbH gegründet. Hier konnte neben vielen neuen Unternehmungen fortgesetzt werden, was in Berlin hatte abgebrochen werden müssen; so erschien 1936 *Joseph in Ägypten*, der dritte Band von Thomas Manns biblischer Tetralogie, 1937 der zweite Band der *Briefe* Hugo von Hofmannsthals. Der deutsche Einmarsch nach Österreich vernichtete diesen Neuaufbau nach kaum zweijähriger Arbeit. Der Verlag wurde von der Regierung geschlossen; Bermann Fischer und seine Familie konnten sich nach Italien retten; die zurückgebliebenen großen Buchbestände wurden im Krieg vernichtet.
Doch die Autorenverträge und Verlagsrechte, die Bermann Fischer vorsorglich in eine ihn gehörende Schweizerische Gesellschaft eingebracht hatte, stellten bedeutende Werte dar, und Bermann Fischer gab seine Bemühungen nicht auf, dieses ihm anvertraute Erbe zusammenzuhalten. Er suchte und fand ihm mit zäher Beharrlichkeit ein neues Dach. Mit Hilfe des schwedischen Verlagshauses Albert Bonnier wurde der Bermann-Fischer Verlag 1938 in Stockholm wieder aufgebaut. 1939 begann mit Thomas Manns neuem Roman *Lotte in Weimar* die Schaffung einer neuen, der sogenannten Stockholmer Gesamtausgabe. Zugleich wurden zwei bedeutende Autoren von Weltgeltung hinzugewonnen: Franz Werfel und Stefan Zweig, die beide ihren österreichischen Verleger verloren hatten. Mit Zweigs Roman *Ungeduld des Herzens* wurde 1938 in Stockholm eine Gesamtausgabe seines Werkes in Einzelausgaben in Angriff genommen.
Hedwig Fischer lebte während dieser Zeit weiter in Berlin im Haus in der Erdener Straße und wollte sich trotz allen Drängens nicht dazu verstehen, nach Stockholm zu übersiedeln. Sie war nun eine alte Dame, und im großen Haus war es still geworden, aber sie war nicht gänzlich vereinsamt. Sie war noch immer eine fleißige Briefschreiberin, und die alten Freunde des Hauses und des Verlags, die in Deutschland geblieben waren, suchten sie häufig auf; besonders anhänglich kümmerten sich Joachim Maass und Manfred Hausmann um sie. Das Gästebuch, getreulich weitergeführt, verzeichnet überdies in den Jahren 1935–1939 regelmäßig Hauptmann und Flake, Keller-

mann, Loerke, Hessel, Beradt, Eloesser, Bruno Cassirer und Ernst Rowohlt und manch anderen. Zuweilen wurden auch wieder kleine Kammermusikabende veranstaltet. Im Frühjahr 1939, als der Ausreise schon beinahe unüberwindliche Schwierigkeiten entgegenstanden, entschloß sich Hedwig Fischer, inzwischen siebenundsechzigjährig, endlich doch zur Auswanderung. Das Grunewaldhaus mußte verkauft werden, um die »unersättlichen Behörden« zu befriedigen, aber sie gelangte noch unbehelligt nach Schweden.

Das alte Verlagshaus in der Bülowstraße hatte schon bald aufgegeben werden müssen; schon 1936, als der Pachtvertrag ablief, eignete das Reichsmarineministerium sich das Gebäude an. Suhrkamp übersiedelte mit dem Verlag in das nahe gelegene Haus Lützowstraße Nr. 89/90. Der Verlag behielt seinen alten Namen noch einige Jahre bei, aber 1942 wurde er durch eine Verfügung des Propagandaministeriums genötigt, sich in Suhrkamp Verlag vorm. S. Fischer und bald darauf in Suhrkamp Verlag umzubenennen. Nun gab es den S. Fischer Verlag nicht einmal dem Namen nach, nicht einmal auf dem Papier mehr. Im April 1944 wurde Suhrkamp von der Gestapo verhaftet und erst Anfang Februar 1945 als schwerkranker Mann aus dem Konzentrationslager Sachsenhausen wieder entlassen. Am 10. Mai 1945 wurde in den Wirren der russischen Besetzung das Verlagshaus in der Lützowstraße in Brand geschossen und zerstört.

Bermann Fischer hatte von Stockholm aus mit den beiden deutschen Exilverlagen Querido und Allert de Lange, insbesondere mit Fritz Landshoff, einem Verwandten Hedwig Fischers, vielfach zusammengearbeitet. Der deutsche Überfall auf die Niederlande 1940 zerschmetterte diese beiden Häuser; Landshoff befand sich in Sicherheit, sein Freund Walter Landauer verhungerte in einem deutschen Konzentrationslager. Bermann Fischer übernahm treuhänderisch die Werke der obdachlos gewordenen Querido-Autoren. Aber im selben Jahr wurde er selbst wegen antinationalsozialistischer Betätigung in Stockholm verhaftet und bald darauf aus Schweden ausgewiesen. Die Familie gelangte über Rußland und Japan nach den Vereinigten Staaten. Der Stockholmer Bermann-Fischer Verlag bestand jedoch weiter und wurde unter unsäglichen Mühen und Schwierigkeiten den ganzen Krieg hindurch von New York aus ferngeleitet; seine Produktion, wenngleich eingeschränkt, erlitt keine Unterbrechung. Zu seinen bedeutendsten Neuerscheinungen in diesen Jahren gehörten der vierte, abschließende Band von Thomas Manns *Joseph*-Zyklus, *Joseph der Ernährer*, der zehn Jahre nach dem ersten 1943 endlich erscheinen konnte, Franz Werfels *Das Lied von Bernadette*, Stefan Zweigs Lebenserinnerungen *Die Welt von Gestern*, Annette

Kolbs *Schubert* und nicht zuletzt Thomas Manns Ansprachen und Rundfunkreden während des Krieges, *Deutsche Hörer*. Im Juni 1945 erweckte Bermann Fischer mit einer Sondernummer zu Thomas Manns 70. Geburtstag die ›Neue Rundschau‹ zu neuem Leben im alten Geist und Gewand und setzte sie danach als Vierteljahresschrift fort. Der Stockholmer Verlag hatte allen Schicksalsschlägen zum Trotz den Nationalsozialismus und den Zweiten Weltkrieg überdauert und war, wie ohne Übertreibung gesagt werden darf, bei Kriegsende der weitaus bedeutendste, wenn nicht überhaupt der einzige Verlag, in dem die verfemte deutsche Literatur von Weltgeltung repräsentativ zusammengefaßt war. Von dieser Literatur wußte man in Deutschland nichts. Es galt, sie zurückzuführen.

Im August 1945 erhielt Bermann Fischer die erste Nachricht von Suhrkamp. Der Berliner Verlag hatte in den letzten Kriegsmonaten nicht mehr produzieren können. Die Neuregelung des deutschen Verlagswesens lag jetzt in den Händen der Alliierten. Im Oktober 1945 erhielt Suhrkamp von der britischen Besatzungsbehörde die Lizenz zur Wiedereröffnung der Suhrkamp Verlag KG Berlin. Er betrachtete sich, wie er Bermann Fischer schrieb, als Treuhänder der Familie Fischer und gab schriftliche Zusicherungen, daß er, sobald dies möglich sei, den Berliner Verlag der Familie zurückgeben werde. Aufgrund dieser Zusicherung übertrug Bermann Fischer nunmehr dem neuen Suhrkamp Verlag Lizenzen zum Nachdruck der wichtigsten Werke des Stockholmer Verlags in Deutschland. Die Vergebung solcher Nachdrucklizenzen für im Ausland erschienene Werke war zu dieser Zeit noch den Besatzungsmächten vorbehalten, die nach eigenem Ermessen diese Rechte gleichmäßig auf die neuen deutschen Verlage zu verteilen trachteten. Bermann Fischer konnte die Besatzungsbehörden nur unter großen Schwierigkeiten bewegen, seine bedeutenden Verlagswerke ausschließlich dem Suhrkamp Verlag zu übertragen. So blieb das gerettete Erbe vor der Zersplitterung in Deutschland bewahrt; doch war die Voraussetzung hierfür natürlich Suhrkamps Rückgabeversprechen. Andernfalls hätte der Stockholmer Verlag diese großen und, wie sich zeigen sollte, ertragreichen Verlagswerte nicht aus der Hand geben können; die zehnjährige Mühe wäre umsonst gewesen. Schon 1946 wurden, angefangen mit Thomas Manns *Lotte in Weimar*, die wichtigsten Werke des außerdeutschen Fischer Verlags auf diese Weise der deutschen Öffentlichkeit zugänglich; es folgten Werfels *Bernadette*, Zweigs Lebenserinnerungen, Thomas Manns *Joseph der Ernährer* und *Doktor Faustus* und nicht zuletzt Carl Zuckmayers Schauspiel *Des Teufels General*, das auf den deutschen Bühnen einen sehr großen Erfolg hatte.

Bermann Fischer hatte inzwischen, da eine Einreise-Erlaubnis nach Deutschland vorerst nicht zu erlangen war, Anfang 1946 den Wiener Bermann-Fischer Verlag wieder ins Leben gerufen, um einen Stützpunkt in einem deutschsprachigen Land zu haben. Die ersten Neuerscheinungen des Wiener Verlags erschienen als Lizenzausgaben des nunmehr kräftig, mit einem großen Nachkriegsprogramm betriebenen Stockholmer Bermann-Fischer Verlags. In Amsterdam hatte mittlerweile Landshoff den deutschen Querido-Verlag wieder aufgemacht. Im Mai 1948 löste Bermann Fischer seine Verbindung mit Bonnier, verlegte den Stockholmer Verlag nach dem produktions- und vertriebsmäßig günstigeren Amsterdam und schloß sich mit dem deutschsprachigen Querido-Verlag zum Bermann-Fischer/Querido Verlag zusammen. Nun galt es, den Wiener und Amsterdamer Verlag mit dem innerdeutschen, weitgehend mit Hilfe der Lizenzausgaben aufgebauten Suhrkamp-Verlag in Berlin und dem inzwischen, angesichts der unsicheren Berliner Verhältnisse gegründeten Suhrkamp Verlag vorm. S. Fischer in Frankfurt zu einer Organisation zu vereinigen.

Bermann Fischer und Suhrkamp waren 1947 zum erstenmal in Berlin wieder zusammengetroffen. Die Gründe, warum sich ihre Zusammenarbeit in der Folge nicht in der von den Erben S. Fischers erwarteten Weise entwickelte, hat Gottfried Bermann Fischer in seinen Erinnerungen erläutert, und es erübrigt sich, sie hier im einzelnen darzulegen. Als im Herbst 1949 die von Suhrkamp zugesagte Rückgabe des in Deutschland verbliebenen Verlags aufgrund der Restitutionsbestimmungen möglich wurde, erwies sich, daß Suhrkamp sich hiergegen sperrte. Dies ungeachtet der Tatsache, daß dieser Verlag, wie seine Absatz- und Umsatzziffern zeigten, seinen Bestand nahezu ausschließlich den erfolgreichen Lizenzausgaben verdankte und sehr hohe unabgegoltene Honorarverpflichtungen gegenüber den Lizenzautoren hatte. Andererseits machten die ursprünglichen Kommanditisten aus dem Jahr 1936 keine Ansprüche geltend, da sie durch die jährlichen Dividenden in den Jahren 1936–1944 ihre Einlagen in doppelter Höhe zurückerhalten hatten. Diese Auseinandersetzung endete am 26. April 1950 in Frankfurt mit einer Vergleichs-Vereinbarung, die ihrer Präambel zufolge dazu dienen sollte, »einerseits den S. Fischer Verlag in seiner ursprünglichen Form wiederherzustellen, andererseits die unter dem Namen Peter Suhrkamp entfaltete verlegerische Tätigkeit als Peter Suhrkamp Verlag zu erhalten«.

Aufgrund dieser Vereinbarung wurden der Suhrkamp Verlag in Berlin und der Suhrkamp Verlag vorm. S. Fischer in Frankfurt den Erben

S. Fischers übergeben und zum S. Fischer Verlag GmbH Frankfurt und Berlin zusammengeschlossen. Dieser neue S. Fischer Verlag übernahm die gesamten ausstehenden Verpflichtungen des Suhrkamp-Verlags gegenüber dem Amsterdamer Verlag von insgesamt rund einer Million Mark, wovon die ausstehenden Honorare an die Lizenzautoren etwa die Hälfte ausmachten. Andererseits wurde den bei der Trennung 1936 bei Suhrkamp verbliebenen Autoren anheimgestellt, welchem der beiden Verlage, dem S. Fischer Verlag oder dem im Juli 1950 in Frankfurt neu gegründeten Suhrkamp Verlag, sie sich anschließen wollten. Die Erben Gerhart Hauptmanns, Manfred Hausmann, Kurt Heuser und andere entschieden sich für den S. Fischer Verlag, und ihnen schlossen sich auch einige erst nach der Trennung hinzugekommene Autoren wie Luise Rinser und Albrecht Goes an. Der neue S. Fischer Verlag nahm unter Leitung Gottfried Bermann Fischers 1950 in Frankfurt seine Produktion auf. Der Wiener und der Amsterdamer Verlag wurden bald darauf stillgelegt, denn beide waren überflüssig geworden.

Das Erbe S. Fischers war zum größten Teil über die Wirren der Zeit hinweg gerettet und konnte fünfzehn Jahre nach dem Tod des Gründers beginnen, in Deutschland unter seinem Namen neu aufzublühen. Einige Einbußen mußten freilich hingenommen werden. Das Werk Hermann Hesses verblieb beim Suhrkamp Verlag. Auf das Werk Hauptmanns mußte der Verlag verzichten, weil an seine Neuausgabe einschließlich des unübersehbar umfangreichen Nachlasses Bedingungen und Garantien geknüpft waren, die nicht tragbar waren. Mit Siegfried Trebitsch hatten sich persönliche, seine eigenen Bücher betreffende Unzuträglichkeiten ergeben, die ihn veranlaßten, eine neue Shaw-Gesamtausgabe anderwärts zu veranstalten. Das Werk Hugo von Hofmannsthals hingegen erstand im neuen S. Fischer Verlag in einer bereits in Stockholm begonnenen großen neuen Gesamtausgabe, an die sich die Herausgabe des reichen, vielbändigen Briefwechsels anschloß. Arthur Schnitzlers Werk wurde mit einer neuen fünfbändigen Dünndruckausgabe wieder geschlossen vorgelegt, und auch Richard Beer-Hofmann erhielt eine Dünndruck-Gesamtausgabe. Annette Kolbs Werk wurde neu gedruckt. Die Stockholmer Gesamtausgabe des Werkes Thomas Manns wurde in Deutschland fortgesetzt und abgeschlossen und durch die Veröffentlichung von drei Briefbänden ergänzt. Außerdem brachte der Verlag 1960 eine neue große zwölfbändige Thomas Mann-Gesamtausgabe und 1967/68 in einer neuen Taschenbuchausgabe das erzählende und das essayistische Werk in zwei Reihen zu je acht Bänden heraus. Die Joseph Conrad-Gesamtausgabe wurde in neuer Übersetzung wieder vorgelegt. Carl Zuckmayer erhielt eine vierbändige Gesamtausgabe, Manfred Hausmann eine Gesamtausgabe in Einzelausgaben. Moritz Heimann wurde mit einem Auswahlband aus seinen essayistischen Schriften ein würdiges Denkmal gesetzt.

Zum Ererbten und Bewahrten kam viel inzwischen neu Gewonnenes hinzu, das sich mit Selbstverständlichkeit der Tradition des Hauses einfügte: eine vielbändige Gesamtausgabe des Werkes von Franz Kafka, die gesammelten Werke Franz Werfels und Stefan Zweigs, das Gesamtwerk Virginia Woolfs und Thornton Wilders und nicht zuletzt eine große Gesamtausgabe der Schriften Sigmund Freuds. Zugleich erschloß der Verlag nach vielen Seiten hin verlegerisches Neuland. Das große Unternehmen der Fischer Bücherei, das im Wettlauf mit Rowohlt zu einem bedeutenden, literarisch anspruchsvollen und richtungweisenden Taschenbuchverlag aufwuchs, das große ›Fischer Lexikon‹, die ›Fischer Weltgeschichte‹, neue Abteilungen und Zweige wie der angegliederte G. B. Fischer Verlag und eine große wissenschaftliche Produktion richteten den Verlag in einer Breite und Höhe auf, die ihn zum größten literarischen Verlag Deutschlands machten. Der Produktionsumfang hatte anderthalb Jahrzehnte nach dem Wiederbeginn in Deutschland das Acht- bis Zehnfache des alten S. Fischer Verlags erreicht. Das alte Wahrzeichen, das Verlagssignet des Fischers mit dem Netz, war das gleiche geblieben. S. Fischer hätte, wenn auch einigermaßen verwundert, seinen Verlag wiedererkannt.

Es geziemt sich, zum Beschluß dieser Chronik in Kürze einiges über die bedeutendsten Autoren, Mitarbeiter und Freunde, die Fischer überlebten, mitzuteilen. Gerhart Hauptmann starb vierundachtzigjährig 1946 in seinem Haus in Agnetendorf, Hermann Hesse fünfundachtzigjährig 1962 in Montagnola. Thomas Mann kehrte 1952 aus Amerika nach Europa zurück und starb kurz nach seinem achtzigsten Geburtstag 1955 in Zürich. Richard Beer-Hofmann starb 1945 im Exil in New York, Felix Salten 1947 in Zürich. Julius Meier-Graefe, einer von Fischers ältesten Freunden, starb bereits 1935 in Südfrankreich; Alfred Kerr, auch er ein Freund aus der Frühzeit, erlebte den Krieg in London und erlag beim Wiedersehen mit Deutschland 1948 in Hamburg einem Schlaganfall. Auch Annette Kolb und Alfred Döblin kehrten aus dem Exil zurück; Annette Kolb starb hochbetagt 1968 in München, Döblin 1957 in Freiburg. Bernhard Kellermann starb 1951, Otto Flake 1963; beide hatten das Hitlerregime in Deutschland überlebt. Auch Hans Reisiger erlebte die Wiederkehr des S. Fischer Verlags; er starb 1968. Samuel Saenger und Rudolf Kayser wanderten nach den Vereinigten Staaten aus und sahen Deutschland nicht wieder; Saenger starb 1944 in Los Angeles, Kayser 1964 in New York.

Oscar Bie lebte zurückgezogen bis zu seinem Tod 1938 in Berlin. Oskar Loerke blieb Suhrkamps literarischer Berater im Berliner S. Fischer Verlag bis zu seinem Tod 1941.

Einige von S. Fischers großen Verleger-Zeitgenossen, zu denen er in näheren Beziehungen gestanden hatte, überlebten ihn. (Eugen Diederichs war schon 1930 gestorben; sein Verlag wurde von seinen Söhnen fortgeführt.) Anton Kippenberg konnte nach dem Zweiten Weltkrieg den Insel-Verlag neu aufbauen und starb sechsundsiebzigjährig 1950. Kurt Wolff kehrte 1959 aus dem amerikanischen Exil zurück und starb 1963 in Marbach. Erich Reiss emigrierte nach drei Jahren Konzentrationslager 1940 nach Amerika und starb 1951. Ernst Rowohlt endlich baute nach dem Zweiten Weltkrieg seinen Verlag zum dritten Mal auf, führte ihn zusammen mit seinem Sohn Heinrich Maria Ledig-Rowohlt auf große Höhe und starb dreiundsiebzigjährig 1960 in Hamburg.

Hedwig Fischers Wunsch, Deutschland wiederzusehen, erfüllte sich. Sie erlebte noch die Auferstehung des S. Fischer Verlags und starb einundachtzigjährig am 4. November 1952 in Königstein im Taunus. Sie liegt in Frankfurt am Main begraben. Joachim Maass sagte an ihrem Grab:

»Wo ein reiches Leben zu Ruh und Frieden findet, muß es im Sinn dieses Lebens sein, daß die Trauernden seinen Reichtum feiern.«

Nachwort

ZU DEN QUELLEN UND UNTERLAGEN

Dieses Buch verdankt seine Entstehung einem Auftrag. Anlaß des Auftrags war ein Jubiläum. Es war geplant, zum fünfundsiebzigsten Geburtstag des Verlags im Herbst 1961 eine erzählende Chronik mittleren Umfangs mit Bildern, Faksimiles und anderem Anschaulichen aus der Geschichte des Verlags zu veröffentlichen. Dieser Auftrag erwies sich in der gegebenen Frist und mit den verfügbaren Unterlagen nicht als durchführbar, zumindest nicht in einer Form, die mir richtig und angemessen erschien. Der Geburtstag mußte ohne Jubiläumschronik vorübergehen, und aus dem gefälligen Band wurde ein sehr dickes Buch. Gerühmt und bedankt sei deshalb vorweg der Verlag, der sich das Versäumnis nicht anfechten und mich, geduldig helfend, gewähren ließ. Das war nichts Geringes. Denn immerhin hat die Arbeit, mehrere notgedrungene Unterbrechungen eingerechnet, ein volles Jahrzehnt in Anspruch genommen. Das ist auch für ein sehr umfangreiches Unternehmen wie dieses eine lange Zeit und will erklärt sein.

Eine Verlagsgeschichte ist keine Literaturgeschichte. Sie ist die Geschichte eines Geschäftsunternehmens, das geistige und künstlerische Werte in materielle Werte umwandelt und ihnen einen Markt zu erschließen sucht; Geisteswert und Geldeswert wollen also in gleicher Weise in Rechnung gestellt sein und bedürfen sehr verschiedenartiger, wenngleich zusammenhängender Belege. Auch ist eine Verlagsgeschichte nicht die Biographie eines Verlegers. Sie ist die Geschichte einer eng verflochtenen Gemeinschaft von Schaffenden, die auf kleinem Raum zusammenwirken und deren Wirken in weite Fernen auszustrahlen vermag. Ist einem Verlag, wie im Fall S. Fischer, eine Anzahl großer schöpferischer Geister von Anbeginn bis Ende verbunden, vom Erstlingswerk bis zur Gesamtausgabe letzter Hand, so ist die Verlagsgeschichte zugleich, wenn auch nicht ihre Biographie, so doch zum guten Teil die Geschichte ihres Schaffens und ihrer Wirkung. Sind solche Schöpfer noch dazu ihrem Verleger und Mittler in lebenslänglicher enger Freundschaft verbunden und bilden mit ihm und untereinander eine Familie, eine Verlagsfamilie, so sind unzählige Strähnen inneren und äußeren menschlichen Geschicks in den Teppich Verlagsgeschichte einzuweben, und eine vielfältige und weitverzweigte Dokumentation ist erforderlich, um sie aufzuzeigen. Gehört zu dem Verlagshaus außerdem, wie im Fall S. Fischer, ein großer Bühnenvertrieb, so ist die ganze Welt des Theaters einbezogen; gibt es zudem noch eine bedeutende Kulturzeitschrift wie die ›Neue Rundschau‹ heraus und entwickelt sie über die Jahrzehnte zu hoher Geltung, so sind die Grenzen von Bestrebung und Vollbringung, die Ausläufer von Gestaltung und Einfluß kaum mehr auszumachen. Schließlich steht ein großes und langlebiges Verlagshaus nicht allein und vereinzelt in der kulturellen Landschaft. Es hat Vorläufer, Zeitgenossen und Nachfahren; es empfängt Erfahrungen und gibt sie weiter, es lernt und lehrt. Dies alles gilt es aufzuspüren, zu bezeugen, zu belegen.

Doch wie immer man die Grenzen der Schilderung zieht, eng oder weit, heißt es vorerst die Fäden finden, ehe das Muster des Teppichs augenscheinlich werden, die Webarbeit beginnen kann. Hier traten die Schwierigkeiten auf.

In friedlichen Zeiten ist ein solches Unterfangen nicht allzu mühsam oder langwierig. Der Chronist eines Verlagshauses kann sich, wie manche Vorbilder mir zeigten, in allem wesentlichen auf das wohlgeordnete Archiv eines solchen Hauses stützen. Hier erhält er, wenn er sein Vorhaben gebührend eingrenzt, im Grunde alles, was er braucht. Im Bucharchiv präsentiert sich ihm die gesamte Produktion des Verlags von den frühesten Anfängen bis zur jüngsten Neuerscheinung, von der kleinen Broschüre bis zum vielbändigen Gesamtwerk, in allen Wandlungen der Ausstattungsformen von der billigen Volksausgabe bis zum Luxusdruck. In der Registratur findet er die Materialien und Unterlagen dieses Schaffensprozesses: den gesamten Briefwechsel des Verlegers mit seinen Autoren und Mitarbeitern samt Verlagsverträgen und Honorarabrechnungen; des weiteren die Korrespondenz mit Druckereien, Buchbindereien, Papierlieferanten, Buchkünstlern und Illustratoren, die Einblick in die technischen und wirtschaftlichen Wandlungen des Herstellungsvorgangs bietet; endlich die Arbeitsbelege der Werbeabteilung, der Vertriebsabteilung, der Buchhaltung, die Auskunft über Absatz und Umsatz, Erfolg und Mißerfolg, Gewinn und Verlust, kurzum die geschäftliche Grundlage geben. Hinzu kommen die Almanache und Jahrbücher des Verlags, seine Kataloge, Prospekte, Werbebroschüren, Hauszeitungen, Waschzettel, Inserate und, im Glücksfall, sogar die gesammelten Kritiken und Rezensionen, die Aufschluß über den

Widerhall der Verlagsarbeit in der literarischen Welt gewähren. Die Arbeit des Chronisten besteht darin, aus dieser Fülle die großen durchlaufenden Grundlinien aufzuspüren, die Fäden zu verknüpfen, das Wesentliche und Charakteristische auszuwählen und sinnvoll zusammenzufügen und im übrigen das Werk und seine Schöpfer für sich selbst sprechen zu lassen.

So sollte es sein. Doch es war ganz anders. Denn gleich vielen anderen deutschen Verlagsarchiven hat auch das Archiv des S. Fischer Verlags keine friedlichen Zeiten durchlebt.

Als der Verlag in den ersten Apriltagen 1936 das alte Verlagshaus Bülowstraße 90 aufgab und in das Haus Lützowstraße 89/90 übersiedelte, machten Bucharchiv und Registratur diesen Umzug mit. Das Bucharchiv umfaßte zu dieser Zeit rund 3000 Bände. Das schriftliche Archiv enthielt die gesamte Korrespondenz aller Abteilungen des Hauses seit der Gründung des Verlags und war in einem eigenen Raum, dem Registraturzimmer, untergebracht. Bei der Teilung des Verlags wurden im Verkaufs- und Trennungsvertrag vom 18. Dezember 1936 bezüglich dieses Archivs besondere Bestimmungen niedergelegt.

Laut Paragraph 3 dieses Vertrages kaufte die Verlags-AG (Hedwig Fischer) an die Verlags-KG (Peter Suhrkamp) das »Verlagsgeschäft S. Fischer« bestehend aus: dem Geschäftsinventar; den Papiervorräten; dem Verlagslager (halbfertige Bücher, fertige Bücher und Druckplatten); den Forderungen aus Honorarvorauszahlungen; den Rechten aus Verlags- und Bühnenvertriebsverträgen der Verlags-AG einschließlich der zugehörigen urheberrechtlichen Befugnisse und Materialien; dem gesamten Unternehmen der Zeitschrift ›Die Neue Rundschau‹ einschließlich des vorhandenen Lagers. Das Verlagsarchiv war ausdrücklich in diesem Verkauf nicht einbegriffen. Hierüber bestimmte Paragraph 7 des Vertrags:

1. Sämtliche in Paragraph 3 nicht erwähnten Gegenstände verbleiben im Eigentum der Verlags-AG (Frau Hedwig Fischer). Zu diesen Gegenständen gehören auch das Archiv und die gesamte mit den Autoren seit Bestehen des S. Fischer Verlags bis zum 31. Dezember 1936 geführte Korrespondenz.
2. Der Verlags-KG wird an dieser Korrespondenz und dem Archiv das Recht zur Verwaltung und Mitbenutzung unentgeltlich eingeräumt, soweit und so lange dies für die Führung des Verlagsgeschäfts notwendig ist.
3. Die Verlags-AG ist berechtigt, Teile der Korrespondenz zu entnehmen, vorausgesetzt, daß auf Verlangen der Verlags-KG die entnommenen Unterlagen durch beglaubigte Abschriften oder Photokopien auf Kosten der Verlags-AG (Frau Hedwig Fischer) ersetzt werden.

Das Verlagsarchiv war mithin persönliches Eigentum von Frau Hedwig Fischer. Als sie sich, wie im letzten Kapitel geschildert, im Jahr

1939 endlich doch zur Auswanderung entschloß und ihre Übersiedlung nach Stockholm in die Wege leitete, bestand die Möglichkeit, zumindest die wichtigsten Teile des Briefarchivs und andere historisch bedeutsame Unterlagen als ihr privates Umzugsgut ins Ausland und in Sicherheit zu bringen. Dies gedachte Hedwig Fischer zu tun. Sie ersuchte aufgrund der vertraglichen Vereinbarung Suhrkamp um Übergabe der wichtigsten Autorenkorrespondenz, insbesondere aus den Anfangsjahren des Verlags, die für die Geschäftsführung der Kommanditgesellschaft nicht oder nicht mehr notwendig war und zu deren Übergabe die Kommanditgesellschaft vertraglich verpflichtet war. Beklagenswerterweise lehnte Suhrkamp es ab, dem mehrfach dringlich geäußerten Verlangen Hedwig Fischers nachzukommen, mit der Begründung, daß der Verlag diese Unterlagen nicht entbehren könne, und Hedwig Fischer hatte in der schwierigen Lage, in der sie sich ohnehin befand, nicht die Möglichkeit, die Hergabe der gewünschten Teile des Archivs durchzusetzen. Bei ihrer Auswanderung verblieb das Archiv, damals noch vollständig und unversehrt, in Berlin.

Die beiden Teile des Archivs hatten sehr verschiedene Schicksale. Das Bucharchiv konnte zum guten Teil gerettet werden. Als 1943 die schweren Luftangriffe auf Berlin einsetzten, wurden auf Betreiben des langjährigen Verlagsangestellten Max Kühnel etwa 1400 Bände, und zwar nach Möglichkeit je ein Exemplar aller Verlagswerke in Kisten verpackt und im Auftrag des Leipziger Kommissionärs Carl Fr. Fleischer mit der Bahn in sein Ausweichslager in Reichenau bei Zittau in Sachsen gesandt. Dort überstanden sie den Krieg. Etwa 1600 Bände des Bucharchivs verblieben in Berlin. Als 1945 die Gegend von Reichenau Grenzgebiet wurde und die Bücherkisten in Gefahr gerieten, sorgten Angestellte der Firma Fleischer dafür, daß sie aus der unmittelbaren Grenznähe entfernt wurden, und lagerten sie, da keine Transportmittel zur Verfügung standen, vorerst im Stadttheater Zittau ein. Hier wurden anscheinend einige Kisten von Unbefugten aufgebrochen, doch wunderbarerweise nur etwa 300 Bände entwendet, und es gelang 1945/46, die verbliebenen 1100 Bände nach Berlin zurückzutransportieren. Sie wurden auf Grund der Vereinbarung zwischen Bermann Fischer und Suhrkamp 1950 dem neuen S. Fischer Verlag in Frankfurt übergeben und bildeten den Grundstock des heutigen Verlagsarchivs. Das meiste Fehlende konnte nach und nach neu beschafft werden.

Die in Berlin verbliebenen 1600 Bände gingen zugrunde und mit ihnen nahezu das gesamte schriftliche Archiv. Ein kleiner Teil der Verlagsakten wurde, wie die Verlagsangestellte Frau Käthe Schmitt

sich erinnert, von Hermann Kasack, der nach Oskar Loerkes Tod Suhrkamps engster Mitarbeiter war, im Jahr 1944 in seinem Haus in Potsdam in Sicherheit gebracht. In den letzten Kriegstagen, als der Verlag seine Arbeit bereits eingestellt hatte, wurden in den Kellerräumen des Hauses Lützowstraße 89/90 Fässer mit Brennstoff eingelagert und Parteiformationen, vor allem Hitlerjugend, einquartiert. Was sich nun ereignete, hat sich genau nicht mehr ermitteln lassen. Mehreren Berichten zufolge wurde bei den Straßenkämpfen im Zuge der russischen Besetzung Berlins aus dem Keller dieses Hauses geschossen, worauf russisches Militär zurückfeuerte und das Haus mit dem eingelagerten Brennstoff in Brand schoß. Es brannte am 10. Mai 1945, bereits nach Kriegsende, bis auf die Außenmauern ab. Das Verlagsarchiv, das in Wahrheit ein einzigartiges deutsches Literatur-Archiv war, wurde vernichtet. Die von Hermann Kasack in Sicherheit gebrachten Geschäftspapiere fanden offenbar ihren Weg zurück nach Berlin und schließlich nach Westdeutschland. Unter ihnen dürften sich auch einige wenige unvollständige und unzusammenhängende Mappen mit alten Verlagsverträgen und Autorenkorrespondenzen befunden haben, denn sie waren mitsamt einigen alten Katalogen und Prospekten die einzigen Unterlagen aus den ersten fünfzig Jahren des Verlags, die ich zu Beginn meiner Arbeit vorfand. Immerhin enthielten gerade sie, neben zumeist Unerheblichem, erstaunlicherweise den Brief- und Telegrammwechsel zwischen dem Verlag und Leo Trotzki aus dem Jahr 1929.
S. Fischers Bücherberg war wieder da. Aber mit den Unterlagen darüber, wie dieser Bücherberg geschaffen wurde, war es, wie man sieht, schlecht bestellt. Und doch nicht ganz so schlecht, wie es auf den ersten Blick schien. Hedwig Fischer hatte zwar die Verlagskorrespondenz nicht retten können, aber sie hatte einen guten Teil der Privatbriefe einiger großer, dem Haus persönlich befreundeter Autoren an ihren Gatten und an sie selbst gerettet. Diese Briefschaften hatte sie zusammen mit einigen besonders interessanten Geschäftsbriefen aus der Frühzeit des Verlags – vor allem von Brahm, Hauptmann und Bahr –, die Fischer nicht im Büro, sondern daheim verwahrt hatte, in ihrem Haus im Grunewald aufgehoben und schließlich in die Emigration mitnehmen können. Da in Fischers Arbeit persönliche und geschäftliche Zusammenhänge selten streng getrennt waren, ließ sich auch diesem Privatbriefwechsel vielerlei Aufschlußreiches über die Verlagsarbeit entnehmen.
Hedwig Fischer tat ein übriges. Fischer selbst kam, wie geschildert, nicht dazu, seine Lebenserinnerungen zu schreiben. Seine Gattin versuchte, diese Lücke aus der eigenen Erinnerung wenigstens von

der privaten und persönlichen Seite her zu füllen. Moritz Heimann hatte sie schon 1916 einmal in einem Brief dringlich ermahnt, sie solle sich unbedingt Aufzeichnungen machen: »Sie sollten es tun! Es würde aus diesen Aufzeichnungen einmal eine ganze Lebens-Gefühls-Denkweise auferstehen. Vielleicht habe ich Ihnen hiermit eine kleine nur noch nötige Anregung gegeben.« Die Anregung war nicht vonnöten gewesen. Hedwig Fischer notierte zu diesem Brief, sie habe immer Tagebuch-Aufzeichnungen gemacht: »Sie sind aber das Einzige, was die Nazis konfisziert haben, obgleich sie für sie ganz uninteressant waren.« Doch schrieb sie am 30. April 1944 aus New York an Felix Salten in der Schweiz: »Schließlich, last not least, habe ich auf Bitten der Kinder und von Freunden begonnen, etwas von meinen Erinnerungen aufzuzeichnen, wozu mich auch das Lesen alter Korrespondenzen anregt.«

Dieses Manuskript ist erhalten. Es ist keine fortlaufende Erzählung, sondern besteht aus einer Folge von Erinnerungsvignetten, die jeweils um einen der Autoren des Verlags gruppiert sind, und zwar Altenberg, Beer-Hofmann, Björnson, Brahm, Flake, Hauptmann, Hausmann, Heimann, Hofmannsthal, Ibsen, Jensen, Loerke, Madelung, Thomas Mann, Joachim Maass, Nansen, Rilke, Salten, Schnitzler und Wassermann. Jedem dieser Erinnerungsporträts, die manche bezaubernde und aufschlußreiche Anekdote enthalten, fügte sie eine kleine Auswahl von Briefen des Geschilderten aus ihrem Schatz bei, und in einigen Fällen, in denen die Originale inzwischen abhanden gekommen sind, danken wir es nur diesen angefügten Abschriften, daß wir diese Briefe überhaupt kennen.

Hedwig Fischer war dreiundsiebzig Jahre alt, als sie fern von der Heimat, ohne Unterlagen außer den geretteten Briefen, vor allem ohne ihr Tagebuch und nur auf ihr nicht mehr frisches Gedächtnis gestützt, diese bruchstückhaften Erinnerungen zu Papier brachte. Ob sie an eine Veröffentlichung dachte, ist nicht gewiß; in diesem Fall hätte das Manuskript einer sorgfältigen Redaktion bedurft. So wie sie es hinterließ, enthält es manche Erinnerungslücke, manchen Gedächtnisfehler, manche irrige Datierung einzelner Vorkommnisse. Dessenungeachtet ist diese Niederschrift eine einzigartig lebendige Quelle aus erster Hand; ich habe auf Schritt und Tritt aus ihr geschöpft und nur, wo es angezeigt schien, offensichtliche Unstimmigkeiten berichtigt. Das Briefmaterial, das ihr als Anregung und Erinnerungsstütze diente, befindet sich heute im Briefarchiv von Brigitte und Gottfried Bermann Fischer in ihrem Haus in Camaiore. Ich habe es sehr ausgiebig benutzt.

Doch waren in diesen Unterlagen der Verleger selbst und seine

Hauptmitarbeiter nicht mit einem einzigen Zeugnis vertreten. Ich versuchte mir zu helfen, indem ich bei den Empfängern der Verlagskorrespondenz, also hauptsächlich in den Nachlässen der Autoren nachforschte, was sich erhalten hatte. Diese Sucharbeit nahm zuerst Monate, dann Jahre in Anspruch; aber sie trug Früchte.

Die reichste Quelle war der Nachlaß Arthur Schnitzlers, der seinen gesamten Briefwechsel mit Fischer enthält. Dieser Nachlaß, im letzten Augenblick beim Einmarsch Hitlers aus Wien gerettet, befindet sich in der Obhut der University Library, Cambridge, England. Er enthält aus der Frühzeit nur die von Schnitzler empfangenen Briefe Fischers, späterhin jedoch, als Schnitzler Durchschriften seiner Antworten machte und aufhob, ist er auf beiden Seiten vollständig. Da Schnitzler zu den frühesten »lebenslänglichen« Autoren des Verlags gehörte, hielt ich hier, in dem rund 1500 Stücke umfassenden Briefwechsel gleichsam einen durchlaufenden roten Faden in der Hand, an dem sich auch vieles andere aufreihen, zeitlich bestimmen und in seinen weiterreichenden Bezügen klären ließ. Allerdings mußte ich eine testamentarische Verfügung Arthur Schnitzlers befolgen, die eine Veröffentlichung seiner Briefe nur in ungekürzter Form und nicht in Auszügen gestattet. Da Schnitzlers Briefe an Fischer zumeist lang sind und stets viele Punkte hintereinander erörtern, war es nur in wenigen Fällen möglich, sie in ihrem Wortlaut zu zitieren; andernfalls hätten sie unablässig den Rahmen der Schilderung gesprengt und die Schilderung selbst auf Abwege geführt. Dies erklärt, warum zu meinem Kummer Arthur Schnitzler im Unterschied zu anderen Autoren in meiner Darstellung nur mit wenigen direkten Zeugnissen vertreten ist.

In ähnlicher Weise wie der Briefwechsel mit Schnitzler, nur über eine viel kürzere Zeitspanne, half der nahezu vollständig erhaltene Briefwechsel mit Richard Dehmel und seiner Gattin. Er umfaßt rund 1700 Stücke, wird im Dehmel-Haus in Hamburg-Blankenese aufbewahrt und befindet sich im Besitz der Staatsbibliothek Hamburg.

In vielen anderen Fällen fanden sich nur größere oder kleinere Gruppen zusammengehöriger Briefe oder auch nur vereinzelte Stücke, je nachdem, was der Empfänger für aufhebenswert gehalten hatte oder was der Zufall vor Bomben und Granaten bewahrte. Der Nachlaß Gerhart Hauptmanns erlebte, wie man weiß, abenteuerliche Irrfahrten, bis er zum größten Teil vom ›Wiesenstein‹ in die Obhut Dr. Benvenuto Hauptmanns in der Schweiz gelangte. Er wurde inzwischen, nach dem Tod Dr. Hauptmanns, von der Stiftung Preußischer Kulturbesitz für die Staatsbibliothek in Berlin angekauft. Er enthält zahlreiche Briefe Fischers und auch andere Unterlagen aus der Verlagsarbeit, die gewisse Zeitstrecken gut dokumentieren, aber dazwischen gähnen große, jahrelange Lücken. Einiges ließ sich aus dem kleineren Teil des Nachlasses ergänzen, der in den Besitz des Literatur-Archivs der Deutschen Akademie der Künste, Berlin (DDR) gelangte. Vereinzelte Stücke fanden sich im Deutschen Literaturarchiv des Schiller-Nationalmuseums in Marbach. Der Briefnachlaß Thomas Manns bis zum Jahr 1933 ist bis auf wenige Einzelstücke verloren. Thomas Mann pflegte die von ihm empfangenen Briefe, darunter auch seine Korrespondenz mit dem S. Fischer Verlag, von Zeit zu Zeit durchzusehen und alles, was ihm erledigt oder unerheblich schien, wegzuwerfen. Das Aufgehobene ging bei seiner Emigration 1933 in die Obhut seines Münchener Anwalts über und ging dort während des Bombenkriegs verloren. Im Thomas-Mann-Archiv in Zürich fanden sich nur vereinzelte Stücke seiner Korrespondenz mit dem Verlag. Die Briefe Thomas Manns an Dr. Gottfried Bermann Fischer sind ab 1933 nahezu vollständig erhalten, während die Kopien der Gegenbriefe leider mit dem S. Fischer-Verlagsarchiv untergegangen sind. Der beiderseitige Briefwechsel zwischen Thomas Mann und Bermann Fischer ist erst ab 1938 nahezu vollständig vorhanden. Hermann Hesse bewahrte mehrere Dutzend Briefe S. Fischers sowie einige alte Verlagsverträge auf, die den größten Teil ihrer gemeinsamen Wegstrecke hinreichend belegen. Sie befinden sich jetzt im Deutschen Literaturarchiv des Schiller-Nationalmuseums in Marbach, wo auch der Nachlaß Oskar Loerkes und die Briefe Moritz Heimanns an Wilhelm Lehmann aufbewahrt werden. Heimanns Privatbriefe an das Ehepaar Fischer, die besonders in seinen letzten Lebensjahren vieles die Verlagsgeschichte Betreffendes enthalten, fanden sich in ansehnlicher Zahl in Hedwig Fischers Nachlaß. Dieser Nachlaß enthielt auch eine beträchtliche Anzahl verlagsgeschichtlich belangvoller Privatbriefe Peter Nansens. Fischers Briefe an Nansen liegen zum guten Teil in der Königlichen Bibliothek in Kopenhagen, wohin sie aus dem Archiv des Verlags Gyldendal gelangt waren. In gleicher Weise fanden sich Teile von Fischers Korrespondenz mit seinen skandinavischen Autoren Björnson, Bang und Madelung in den Königlichen Bibliotheken in Kopenhagen und Oslo, so daß sich der skandinavische Ausschnitt der Verlagsarbeit einigermaßen rekonstruieren ließ.

In vielen Fällen ergab die Suche wenig oder nichts. In Hugo von Hofmannsthals Nachlaß fanden sich nur einige, wenngleich sehr aufschlußreiche Briefe Oscar Bies, die ›Neue Rundschau‹ betreffend. In Hermann Bahrs nur bruchstückhaft erhaltenem Nachlaß, jetzt in der Obhut des Theaterwissenschaftlichen Instituts der Nationalbibliothek Wien, fanden sich nur vereinzelte Briefe des Verlags und der ›Rundschau‹-Redaktion. Auch von den an Felix Salten gerichteten Briefen des Verlags fanden sich in seinem von seiner Tochter verwahrten Nachlaß nur wenige Stücke. Nur ein einziger Brief Fischers an Bernhard Kellermann konnte aufgefunden werden, kein einziger an Otto Flake, Alfred Kerr oder Alfred Döblin. Wilhelm Bölsche bewahrte alle an ihn gerichteten Briefe auf; sie befinden sich dem Vernehmen nach wohlgeordnet in der Universitätsbibliothek Wroclaw (Breslau) und waren mir nicht zugänglich; Bölsches Tagebücher aus den Jahren 1874–1939 sind verschollen; das Manuskript seiner Memoiren, das er noch kurz vor seinem Tod fertiggestellt hatte, verbrannte im Krieg. Diese für die Frühgeschichte des Verlags und der Zeitschrift unschätzbar wertvolle Dokumentation hätte vermutlich eine wesentlich besser und lebhafter belegte Fassung der Anfangskapitel dieser Chronik gestattet. Es sollte nicht sein.

Alle mir verfügbaren Briefsammlungen sowie andere, in den Nachlässen der Autoren und Mitarbeiter des Verlags aufgefundene Unterlagen habe ich in der Bibliographie in der Abteilung ›Unveröffentlichte Quellen‹ mit ihren Standorten aufgeführt.

So über alle Erwartung reich diese Funde sich schließlich erwiesen, gaben sie doch ein ›schiefes Bild‹; denn mit Ausnahme von Schnitzler und Dehmel war diese Verlagskorrespondenz eingleisig. Hatte ich zu Beginn meiner Arbeit keinen einzigen Brief von S. Fischer selbst, so lagen jetzt viele hundert Briefe von ihm an eine Vielzahl von Empfängern vor mir. Aber die Antworten der Empfänger waren und blieben verloren, denn sie waren in Berlin verbrannt. So wurde es nötig, immer wieder zu versuchen, sie aus dem Erhaltenen gleichsam wie aus einem Spiegel herauszulesen. Dies gelang häufig, aber nicht immer; besonders bei Gerhart Hauptmann blieb mancher Punkt ungeklärt, und ich mußte in einigen Fällen – mit allen nötigen Vorbehalten – Hauptmanns aufbewahrte Briefentwürfe zu Hilfe nehmen, die Anhaltspunkte gaben. In einem Fall war es umgekehrt. Hedwig Fischer bewahrte annähernd zweihundert Briefe des Freundes Jakob Wassermann auf, die sich mit einigen Lücken über mehrere Jahrzehnte seines Schaffens erstrecken, ausführlich über dieses Schaffen berichten und in vielen Fällen Antworten auf Briefe Fischers sind. Dieses dicke Bündel Briefe war zeitweise auf Abwege geraten, tauchte aber unversehrt und ehrwürdig staubbedeckt zu gegebener Stunde wunderbarerweise wieder auf. Was hingegen Fischer diesem seinem großen Erfolgsautor schrieb, wissen wir nicht. Marta Karlweis' Auskunft zufolge übergab sie 1936 mehrere Pakete aus Wassermanns Nachlaß, in denen sich auch seine

Korrespondenz mit dem Verlag sowie andere Aufzeichnungen befanden, zur zeitweiligen Aufbewahrung Freunden in Wien, die diese Pakete jedoch beim Einmarsch Hitlers kurz vor einer Haussuchung verbrannten. Ein besonderer Fall war Bernard Shaw, der mit seinem deutschen Verleger nicht direkt, sondern nur über seinen Übersetzer Siegfried Trebitsch korrespondierte. Der Briefwechsel zwischen Shaw und Trebitsch fand sich in der Public Library in New York.

Über dieser Sucharbeit, die auch in manche Sackgasse führte, mußten notgedrungen Jahre vergehen, ehe sich ein halbwegs deutliches und geschlossenes Bild zusammenfügte. Doch kam zu guter Letzt – kommt noch immer – weit mehr ans Licht, als strenggenommen für die Niederschrift dieser Chronik gebraucht wurde. So weit ich die Grenzen des Vorhabens auch steckte und sie immer wieder ausdehnte, um das Bild so vielfältig und umfassend zu gestalten wie irgend möglich, so sehr ich bemüht war, im Fall großer »lebenslänglicher« Autoren wie Gerhart Hauptmann, Hermann Hesse, Hugo von Hofmannsthal, Thomas Mann, Arthur Schnitzler und Jakob Wassermann eine Art ›Schaffensbiographie‹ zusammenzufügen und solcherart die tragenden Säulen des Hauses aufzurichten, blieb doch vieles, allzu vieles ungenutzt, konnte aus vielen Briefen nur ein Absatz, nur ein Satz angeführt werden.

Daher legte sich bei Abschluß dieser Arbeit ganz von selbst der Gedanke nahe, eine repräsentative Auswahl aus diesem nun viele tausend Stücke umfassenden Briefwechsel in einem gesonderten Band zu veröffentlichen. Ein solcher Band ›S. Fischer und seine Autoren – Briefwechsel 1886–1934‹ ist in Vorbereitung.

Briefe erzählen vieles, aber nicht alles. Ich habe mich darüber hinaus bemüht, das Bild aus anderen zeitgenössischen Quellen, aus Memoiren und Erinnerungen der Autoren, Mitarbeiter, Freunde und Kollegen des Verlegers zu ergänzen, habe Biographien, Autobiographien, Tagebücher und anderwärts erschienene Briefsammlungen herangezogen und, wo immer möglich, noch lebende Zeitgenossen um Auskünfte gebeten. Es fügte sich, daß gerade während der Niederschrift, in den letzten Jahren, eine große Fülle solcher Zeugnisse in Buchform erschien – die vielbändigen Ausgaben von Briefen Thomas Manns und Hugo von Hofmannsthals, der Briefwechsel Kurt Wolffs, die unschätzbar wertvolle Autobiographie Otto Flakes, nicht zuletzt die vorzüglichen großen Kataloge der Gedächtnisausstellungen des Deutschen Literaturarchivs in Marbach, um nur einige Beispiele zu nennen –, die immer neue Hinweise enthielten, neue Spuren aufzeigten, die es zu verfolgen galt, Irrtümer berichtigten, Lücken füllten und fortlaufende Revision des schon zu Papier Gebrachten nötig machten.

Es versteht sich, daß ein Unternehmen wie dieses ohne die Mitwirkung vieler Menschen, die ihm mit Rat und Tat geduldig und uneigennützig helfend zur Seite stehen, nicht zu verwirklichen ist. Ihnen allen, den nahen wie den fernen, den bekannten wie den unbekannten, will ich hier in meinem eigenen und im Namen des Verlags meinen Dank sagen. Es ist eine schmerzliche Unausweichlichkeit, daß bei einer Arbeit, die sich über viele Jahre erstreckt, manche der Helfer und Förderer ihren Abschluß nicht mehr erleben und dem ihnen so tief verpflichteten Autor die freudige Genugtuung versagt bleibt, ihnen die Vollendung anzuzeigen und das Werk in die Hände zu legen. Ihnen sei an erster Stelle mein ehrfurchtsvoller Dank ausgesprochen.

Hermann Hesse ließ es sich wenige Monate vor seinem Tod nicht verdrießen, auf seinem Dachboden alle noch auffindbaren Unterlagen hervorzusuchen, mir zu übersenden und mir außerdem zu einer Anzahl von Fragen schriftliche Auskunft zu geben. Otto Flake gab mir, auch er in seinem letzten Lebensjahr, aus seiner Erinnerung wertvolle Auskünfte und erlaubte mir, ohne Einschränkung aus seiner Autobiographie zu zitieren. Dr. Benvenuto Hauptmann und seine Gattin nahmen mich aufs gastfreieste bei sich auf, erlaubten mir in großzügiger und vertrauensvoller Weise, den Briefnachlaß Gerhart Hauptmanns durchzusehen und aus ihm auszuwählen, und überließen mir das Ausgewählte zur uneingeschränkten Verwendung nach meinem Ermessen. Es ist mir ein besonderer Kummer, dem so unerwartet dahingegangenen jüngsten Sohn Gerhart Hauptmanns, der mir mit herzlicher Geste ein Schatzhaus öffnete, dieses Buch nicht mehr übergeben zu können.

Annette Kolb, Franz Theodor Csokor, Wilhelm Lehmann und Hans Reisiger steuerten Mosaiksteine der Erinnerung bei; Rudolf Kayser und Herbert Steiner halfen mit Auskünften. Ben Huebsch grub aus den Archiven der Viking Press seinen Briefwechsel mit S. Fischer aus und stellte ihn mir mit ausführlichen Erläuterungen und persönlichen Erinnerungen zur Verfügung. Kurt Wolff erzählte mir manches von seinen Begegnungen mit S. Fischer. Professor Hans-Egon Hass, der Herausgeber der Hauptmann-Centenar-Ausgabe, half mir bei der Aufklärung bibliographischer Fragen und teilte mir Belangvolles aus Hauptmanns Annalen und anderen noch unveröffentlichten Aufzeichnungen mit. Kasimir Edschmid stellte mir aus seiner Bibliothek einige sonst schwer erreichbare Dokumente des Expressionismus zur Verfügung. Marta Karlweis-Wassermann und Julia Kerr gaben mir Auskunft über das Schicksal des Nachlasses von Jakob Wassermann und Alfred Kerr. Max Kühnel, der mehr als ein halbes Jahrhundert lang dem S. Fischer Verlag angehörte, fertigte auf meine Bitte eine Niederschrift seiner Erinnerungen an seine Tätigkeit an und half mir unermüdlich mit Auskünften und der Beschaffung von Unterlagen. Dr. Carl Beer, der Neffe S. Fischers und Arzt in Freudenstadt, erzählte mir von Fischers Geburtsort Liptó Szent Miklós und ihren gemeinsamen Vorfahren. Diese Anhaltspunkte ermöglichten es mir, mich um weitere Auskunft an den greisen Jakúb Brody, Ältesten der Jüdischen Gemeinde im heutigen Liptovsky Mikulaš zu wenden, der auf dem alten Judenfriedhof die Grabsteine der Fischers und Ullmanns auffand, ihre Inschriften entzifferte und aus den Urkunden des Gemeindearchivs Auszüge anfertigte.

Hiernach habe ich allen jenen zu danken, die meine Arbeit bis zu ihrem Abschluß begleiteten; vorerst den Personen und Instituten, die mir in ihrem Besitz oder in ihrer Obhut befindliche Original-Unterlagen und andere Materialien zur Verfügung stellten oder mir bei ihrer Beschaffung behilflich waren.

Fräulein Sigrid Anger, Archivarin der Literarischen Archive der Deutschen Akademie der Künste in Berlin (DDR) stellte mir Briefe S. Fischers und Moritz Heimanns an Gerhart Hauptmann sowie die Manuskriptentwürfe Heinrich Manns aus seiner Lehrzeit im S. Fischer Verlag zur Verfügung. John P. Baker, Executive Assistant der New York Public Library, gestattete die Durchsicht des Briefwechsels zwischen Bernard Shaw und Siegfried Trebitsch und die Veröffentlichung von Auszügen daraus. Dr. H. Bauer ermöglichte mir Einsicht in den Nachlaß Hermann Bahrs und gestattete die Benutzung ausgewählter Briefe. Frau Charlotte Beradt sandte Briefe Moritz Heimanns an ihren Gatten. Dr. Rolf Burmeister von der Staats- und Universitätsbibliothek Hamburg öffnete meiner Mitarbeiterin das Briefarchiv Richard Dehmels und ermöglichte die Anfertigung umfassender Auszüge. Frau Veronika Eipper gab mir Einblick in die nachgelassenen Aufzeichnungen Paul Eippers und stellte einige seiner Unterlagen zur Verfügung. Dr. Fr. Hadamowsky von der Österreichischen Nationalbibliothek Wien war mir bei der Durchsicht des Hermann-Bahr-Nachlasses, mit der Herstellung von Photokopien und auf manch andere, meine Arbeit erleichternde Weise behilflich. Raimund von Hofmannsthal gestattete die Durchsicht der damals in seiner Obhut befindlichen Briefe an Hugo von Hofmannsthal und die Benutzung ausgewählter Stücke. Gordon Holmebakk vom Gyldendal Norsk Forlag, Oslo, beschaffte Mikrofilme von Briefen S. Fischers an Ibsen, Björnson, Garborg und Nansen aus der Königlichen

Bibliothek in Oslo. Tancred Ibsen, der Enkel Henrik Ibsens, besorgte Photokopien einiger Seiten aus dem Kontobuch seines Großvaters aus der Universitätsbibliothek Oslo. Dr. Ernst Johann erlaubte mir die Benutzung seiner Arbeit über die deutschen Buchverlage des Naturalismus und der Neuromantik, gab mir zahlreiche wertvolle Hinweise auf Quellen und half mit mannigfachen Auskünften. Frau Ellen Kellermann übersandte mir eine Photokopie des einzigen erhaltenen Briefes S. Fischers an Bernhard Kellermann und teilte mir aus den Erzählungen ihres Gatten über den S. Fischer Verlag mit. Otto B. Lindhart vom Gyldendalske Boghandel-Nordisk Forlag, Kopenhagen, beschaffte Mikrofilme von Originalbriefen aus der Königlichen Bibliothek Kopenhagen.

Frau Katia Mann übergab mir alle in ihrem Besitz befindlichen Originalunterlagen aus der Verlagskorrespondenz Thomas Manns einschließlich einiger früher Verlagsverträge, gestattete uneingeschränkte Benutzung alles veröffentlichten und unveröffentlichten Briefmaterials und half mir unermüdlich mit zahllosen Hinweisen und Auskünften. Prof. Dr. Karl Pleyer vom Verband der österreichischen Buchhändler und Bibliothekar des österreichischen Buchgewerbehauses beschaffte mir aus seinem Archiv aufschlußreiche dokumentarische Unterlagen über den Wiener Buchhandel zur Zeit von S. Fischers Lehrjahren in Wien. Professor Aleksis Rannit besorgte für mich die mühselige und schwierige Arbeit der Auswertung des Shaw-Trebitsch-Briefwechsels in New York. Der Rowohlt-Verlag stellte Unterlagen über Ernst Rowohlt zur Verfügung. Frau Paula Sack übergab mir den gesamten, vollständig erhaltenen Briefwechsel mit dem S. Fischer Verlag über das Werk ihres Gatten Gustav Sack und half mit zahlreichen Auskünften bei der Klärung einer verwickelten Episode. Frau Anna Wyler-Salten übergab mir, was sich aus dem Briefwechsel ihres Vaters mit dem S. Fischer Verlag erhalten hatte, einschließlich einiger Briefentwürfe Felix Saltens, zur Verwendung nach meinem Ermessen. Dr. Paul Scherrer, der damalige Direktor des Thomas-Mann-Archivs in der Eidgenössischen Technischen Hochschule, Zürich, ermöglichte mir eine vieltägige Arbeit im Archiv und machte mir mit Hilfe seiner Assistentin, Fräulein Edith Egli, »auch das an versteckten Stellen Befindliche« zugänglich. Herbert Schlüter erfüllte mir meine Bitte um eine Niederschrift seiner Erinnerung an den S. Fischer Verlag. Professor Heinrich Schnitzler lieh mir vertrauensvoll Mikrofilme des gesamten Briefwechsels seines Vaters mit S. Fischer und ermöglichte es mir, die Originale in der Universitätsbibliothek Cambridge einzusehen und Auszüge anzufertigen; ich bin ihm besonders dankbar dafür, daß er sich die

Mühe nahm, die Abschnitte meiner Arbeit über Arthur Schnitzler zu überprüfen und eine Anzahl von Irrtümern zu berichtigen. Frau Johanna Scholz-Jahn gab mir zahlreiche Unterlagen aus dem Nachlaß ihres Vaters August Scholz und half mir mit vielen Erläuterungen. H. D. Tschörtner stellte mir seine Arbeit über Gerhart Hauptmann und Thomas Mann zur Verfügung. Reinhard Tgahrt leistete mir unschätzbare Hilfe; er besorgte mühevolle Sucharbeit in den Briefnachlässen Hermann Hesses und Oskar Loerkes im Deutschen Literaturarchiv, Marbach, war unermüdlich mit Auskünften aus seiner umfassenden Materialkenntnis zur Stelle und erlaubte mir die gründlichste Verwendung des ausgezeichneten Anmerkungsteils zu seiner Ausgabe von Oskar Loerkes *Literarischen Aufsätzen*, der eine unschätzbar reiche Fundgrube an Hinweisen ist. Endlich gilt mein besonderer Dank Dr. Bernhard Zeller, dem Direktor des Deutschen Literaturarchivs im Schiller-Nationalmuseum in Marbach; die Schätze seines Archivs waren eine unermeßliche Hilfe, die Vielzahl der Hinweise, Ratschläge und Arbeitshilfen, die ich von ihm erhielt, eine unentbehrliche Stütze.

Viele Menschen haben mir darüber hinaus mit Einzelauskünften und Hinweisen geholfen. Frau Esther Bagge, die Tochter Peter Nansens, half mit Auskunft über den Nachlaß ihres Vaters. Frau Olga Eisner, Dr. René Spitz und Yomtov Ludwig Bató gaben Schilderungen von Liptó Szent Miklós, dem Heimatsort ihrer Familien. Der Hauptmann-Kenner Wilhelm Studt und der Friedrichshagen-Fachmann Bruno Fischer halfen mir mit Hinweisen und machten mich auf Quellen aufmerksam. Der Leiter des Stadtarchivs der Stadt Fürth, Dr. Schwammberger, forschte der Familie Ullmann nach. Ivo Hauptmann berichtete über seine Bilderankäufe für S. Fischer. Erich Maria Remarque schilderte mir den Hergang der Ablehnung von *Im Westen nichts Neues* im S. Fischer Verlag. Professor Walter H. Perl sandte Unterlagen und Auskünfte über Leopold von Andrian, Professor Walter A. Reichardt Unterlagen und Auskünfte über Gerhart Hauptmann auf der amerikanischen Bühne. Alexander Lernet-Holenia gab erbetene Auskunft über sich selbst sowie über die Dichter-Treffpunkte im Salzkammergut. Frau Anita Holz und Frau Elga Ludwig unterrichteten mich über das Schicksal der Briefnachlässe von Arno Holz und Emil Ludwig. Fritz Bolle half mit zahlreichen Auskünften über Wilhelm Bölsche und Bruno Wille und ihren Kreis. Tore Hamsun bemühte sich um Auffindung von Briefen seines Vaters. Claude Döblin informierte mich über das Schicksal des Nachlasses von Alfred Döblin. Albert und Charles Wassermann halfen mit Auskünften über ihren Vater Jakob Wassermann und sein

Leben in Alt-Aussee. Frau Emmy Wellesz half mir bei der Auffindung von Briefen Hofmannsthals. Mrs. Helen Wolff verwies mich auf unveröffentlichte Briefe Kurt Wolffs und erlaubte mir uneingeschränkte Benutzung des veröffentlichten Briefwechsels. Olof Ellendt, der Leiter des Ullstein-Archivs in Berlin, schaffte zahlreiche bibliographische Daten heran und bewies neuerlich die Richtigkeit des Wortes: »Was dieser Mann nicht finden kann, das gibt es nicht.«
Nicht zuletzt bin ich dem Börsenverein des Deutschen Buchhandels in Frankfurt zu großem Dank für die überaus gewissenhafte Mühe verpflichtet, mit der seine Archivare aus alten Jahrgängen des ›Börsenblattes‹ Hinweise aufsuchten und mir mit vielen Auskünften zu Hilfe kamen. Ohne sie hätte sich die Frühgeschichte des S. Fischer Verlags nicht rekonstruieren lassen.
Endlich habe ich dem S. Fischer Verlag selbst und den Freunden und Mitarbeitern seines engeren Umkreises zu danken. An erster Stelle Brigitte und Gottfried Bermann Fischer, die mir den Auftrag zu dieser Arbeit erteilten, der langwierigen Unternehmung über viele Jahre hinweg die Treue hielten, sie in allen Abschnitten mit Rat und Tat, mit Unterlagen und Auskünften stützten und förderten und das gesamte Manuskript mit liebevoller Gründlichkeit mit mir zusammen durcharbeiteten. Die Widmungszeilen zu Beginn des Buches sollen anzeigen, wie sehr ich dies zu schätzen weiß.
Dr. Rudolf Hirsch, unter dessen gütiger Ägis die Arbeit begonnen wurde, steuerte mich um manche Klippe herum und lieh mir auch späterhin, wann immer gebeten, seinen Beistand bei der Klärung nicht schlüssiger Zusammenhänge. Peter Härtling, der Geschäftsführer des heutigen S. Fischer Verlags, hat die Arbeit in ihren letzten Abschnitten in seine verlegerische Obhut genommen und unverdrossen weiter gefördert. J. Hellmut Freund, der Lektor des Verlages, begleitete die Arbeit auf ihrem ganzen Weg. Unsere nahezu zehnjährige Korrespondenz zeugt mir in jedem, auch dem kleinsten Detail davon, vor wie vielen Abwegen er mich bewahrt, auf wie viele gute Wege er mich gewiesen hat.
Fräulein Gisela Fecher war mir in den Anfangsjahren, in denen sie mir half, die Fundamente zu legen, eine tatkräftige und umsichtige Mitarbeiterin. Ihr danke ich, neben viel notwendiger routinemäßiger Materialbeschaffung, vor allem die Bearbeitung des skandinavischen Feldes und die Auswertung des Dehmel-Archivs. Frau Käthe Schmitt und Frau Gertrud Arendt, beide jahrzehntelang im Verlag tätig, schrieben für mich ihre Erinnerungen nieder, denen ich manche reizvolle Anekdote entnehmen konnte. Dr. Heribert Umfahrer führte Nachforschungen in Wien durch. Knut Beck und Dieter Kohler ließen

sich von meinen unablässigen Korrekturen und bis kurz vor Toresschluß eingefügten Änderungen und Zusätzen zum Manuskript nicht ins Bockshorn jagen und beförderten seine zweitausendfünfhundert, von Frau Rosemarie Haag geduldig kollationierten Schreibmaschinenseiten zum Druck. Knut Beck danke ich darüber hinaus, daß er mir nicht nur die Sisyphus-Arbeit des Registers abgenommen, sondern auch mit zahlreichen sachkundigen Recherchen unerläßliche Details beigesteuert und undeutliche oder zweifelhafte Zusammenhänge aufgeklärt hat. Dem Können und der liebevollen Beharrlichkeit Dieter Kohlers danke ich die äußere Gestalt des Buches. Die Anzahl der Fotokopien, die im Verlauf der Arbeit im Verlagshaus in Frankfurt für mich angefertigt wurden, vermag ich nicht zu schätzen. Alle, die diese lästige Arbeit besorgten, haben mir geholfen.
Schließlich gilt mein besonderer Dank meinen Sekretärinnen und Helferinnen, Fräulein Ursula Pega und Fräulein Rosemarie Neupärtl, die einander auf der Hälfte des Weges ablösten. Wir haben miteinander Tag um Tag, Jahr um Jahr eine versunkene Welt, eine entschwundene Zeit durchlebt, und wie sie allmählich in Bildern und Gestalten, Büchern und Menschen rings um uns lebendig wurde, das werden wir nicht vergessen.

London und Frankfurt
Februar 1970 PETER DE MENDELSSOHN

Literaturverzeichnis und Quellennachweis

A. VERÖFFENTLICHTE QUELLEN

I. *Autobiographien, Memoiren, Tagebücher und andere Lebenszeugnisse*

AUERNHEIMER, Raoul: *Das Wirtshaus zur verlorenen Zeit. Erinnerungen.* Wien 1948.

BAHR, Hermann: *Selbstbildnis.* Berlin 1923.

– *Tagebuch [1905–1906].* Berlin 1909.

BALL, Hugo: *Die Flucht aus der Zeit. Tagebuch.* München 1927.

BEHL, C. F. W.: *Zwiesprache mit Gerhart Hauptmann. Tagebuchblätter.* München 1949.

BERMANN FISCHER, Gottfried: *Bedroht – Bewahrt. Weg eines Verlegers.* Frankfurt 1967.

BLEI, Franz: *Erzählung eines Lebens.* Leipzig 1930.

BÖLSCHE, Wilhelm: *Auf dem Menschenstern. Gedanken zu Würmern, Menschen, Dichtern, dem Frühling und noch einigem anderen.* Dresden 1908.

– *Die Mittagsgöttin. Ein Roman aus dem Geisteskampfe der Gegenwart.* 3 Bde. Stuttgart 1891.

BRAUN, Felix: *Zeitgefährten.* [Begegnungen mit HOFMANNSTHAL, HESSE, Thomas MANN und anderen]. München 1963.

BRONNEN, Arnolt: *arnolt bronnen gibt zu protokoll. beiträge zur geschichte des modernen schriftstellers.* [Autobiographie]. Hamburg 1954.

CHAPIRO, Joseph: *Für Alfred Kerr. Ein Buch der Freundschaft.* [Enthält ein autobiographisches Fragment KERRS.] Berlin 1927.

CONRAD, Michael Georg: *Von Emile Zola bis Gerhart Hauptmann. Erinnerungen zur Geschichte der Moderne.* Leipzig 1902.

DAUTHENDEY, Max: *Gedankengut aus meinen Wanderjahren. Autobiographie.* München 1913.

DEHMEL, Richard: *Zwischen Volk und Menschheit. Ein Kriegstagebuch.* Berlin 1919.

DIEDERICHS, Eugen: *Leben und Werk. Ausgewählte Briefe und Aufzeichnungen.* Hrsg. v. Lulu von Strauß und Torney-Diederichs. Jena 1936.

– *Selbstdarstellung.* Leipzig 1927. [Unveränderte Neuausgabe u. d. T. *Aus meinem Leben.* Jena 1938].

– *Selbstzeugnisse und Briefe von Zeitgenossen.* Zusammengestellt und erläutert von Ulf Diedrichs. Düsseldorf–Köln 1967.
Döblin, Alfred: *Epilog.* [Autobiographischer Essay]. In: Alfred Döblin, *Aufsätze zur Literatur.* Olten 1963.
–, und Oskar Loerke: *Alfred Döblin im Buch – zu Haus – auf der Straße.* [Enthält Döblins autobiographische Skizzen.] Berlin 1928.
Fechter, Paul: *Menschen auf meinem Wege.* [Erinnerungen]. Gütersloh 1955.
– *Menschen und Zeiten.* [Erinnerungen]. Gütersloh 1948.
Fischer, Hedwig: *Lebendiger Anteil. Hedwig Fischer und der S. Fischer Verlag. Gedenkblätter* [und Erinnerungen der ihr befreundeten Autoren des Verlags]. [Privatdruck]. Frankfurt 1953.
Flake, Otto: *Es wird Abend. Bericht aus einem langen Leben.* Gütersloh 1960.
Otto Flake zum 70. Geburtstag. [Enthält autobiographische Skizzen.] Baden-Baden 1950.
Geiger, Hannsludwig: *Es war um die Jahrhundertwende. Gestalten im Banne des Buches: Albert Langen/Georg Müller.* München 1957.
Haas, Willy: *Die Literarische Welt. Erinnerungen.* München 1957.
Halbe, Max: *Jahrhundertwende.* [Erinnerungen]. Salzburg 1945.
– *Scholle und Schicksal.* [Erinnerungen]. Salzburg 1945.
Hartleben, Otto Erich: *Tagebuch – Fragment eines Lebens.* München 1906.
Hauptmann, Gerhart: *Das Abenteuer meiner Jugend.* [Erster Teil der Autobiographie]. 2 Bde. Berlin 1937.
– *Das zweite Vierteljahrhundert.* [Zweiter, unvollendeter Teil der Autobiographie]. In: *Sämtliche Werke,* Band IX. Berlin 1969.
Hausmann, Manfred: *Stationen. Autobiographische Notizen.* In: *Manfred Hausmann/Festschrift zu seinem 70. Geburtstag.* Frankfurt 1968.
Herz, Emil: *Denk ich an Deutschland in der Nacht. Lebenserinnerungen.* Berlin 1953.
Herzog, Wilhelm: *Menschen, denen ich begegnete.* Bern 1959.
Holitscher, Arthur: *Lebensgeschichte eines Rebellen.* Berlin 1924.
– *Mein Leben in dieser Zeit. Meine Erinnerungen.* [Der *Lebensgeschichte eines Rebellen* zweiter Band]. [1907–1925]. Berlin 1925.
Holm, Korfiz: *Farbiger Abglanz.* [Erinnerungen]. München 1947.
– *Ich – kleingeschrieben.* [Erinnerungen]. München 1932.
Jacques, Norbert: *Mit Lust gelebt.* Hamburg 1950.
Kessler, Harry Graf: *Tagebücher 1918–1937.* Hrsg. v. Wolfgang Pfeiffer-Belli. Frankfurt 1961.
Kolb, Annette: *Kleine Fanfare.* Berlin 1930.
Krell, Max: *Das alles gab es einmal.* [Erinnerungen]. Frankfurt 1961.
Landshoff-Yorck, Ruth: *Klatsch, Ruhm und kleine Feuer. Biographische Impressionen.* Köln 1963.
Lehmann, Wilhelm: *Mühe des Anfangs. Biographische Aufzeichnungen.* Heidelberg 1952.
Leistikow, Walter: *Auf der Schwelle.* [Autobiographischer Schlüsselroman um die Geschwister Marschalk]. Berlin 1896.
Loerke, Oskar: *Tagebücher 1903–1939.* Ausgew. u. hrsg. v. Hermann Kasack. Heidelberg 1955.
Ludwig, Emil: *Geschenke des Lebens. Ein Rückblick.* Berlin 1931.
Mann, Thomas: *Die Entstehung des Doktor Faustus. Roman eines Romans.* [Enthält Erinnerungen an Gerhart Hauptmann.] Amsterdam 1949. [Auch in: *Gesammelte Werke,* Bd. XI. Frankfurt 1960].

– *Lebensabriß* [1930]. In: *Gesammelte Werke*, Bd. XI. *Frankfurt 1960.*
– *Leiden an Deutschland. Tagebuchblätter aus den Jahren 1933 und 1934.* [Privatdruck]. [Los Angeles 1946]. [Auch in: *Gesammelte Werke*, Bd. XII. Frankfurt 1960].
– *Little Grandma.* [Erinnerungen an Hedwig DOHM]. In: *Gesammelte Werke*, Bd. XI. Frankfurt 1960.
– *Lübeck als geistige Lebensform.* Lübeck 1926. [Auch in: *Die Forderung des Tages*. Berlin 1930, und in: *Gesammelte Werke*, Bd. XI. Frankfurt 1960].
– *Pariser Rechenschaft.* [Enthält Erinnerungen an Iwan SCHMELJOW.] Berlin 1926. [Auch in: *Gesammelte Werke*, Bd. XII. Frankfurt 1960].
MANN, Heinrich: *Ein Zeitalter wird besichtigt.* Berlin 1947.
MARTENS, Kurt: *Schonungslose Lebenschronik 1870–1900.* Wien–München 1921.
MUSIL, Robert: *Tagebücher, Aphorismen, Essays, Reden.* Hrsg. v. Adolf Frisé. Hamburg 1955.
OSBORN, Max: *Der bunte Spiegel. Erinnerungen aus dem Kunst-, Kultur- und Geistesleben der Jahre 1890–1933.* New York 1945.
PIPER, Reinhard: *Nachmittag. Erinnerungen eines Verlegers.* München 1950.
– *Vormittag. Erinnerungen eines Verlegers.* München 1947.
PRZYBYSZEWSKI, Stanislaw: *Erinnerungen an das literarische Berlin.* Mit einem Geleitwort von Willy Haas. München 1965.
RATHENAU, Walther: *Tagebuch 1907–1922.* Düsseldorf 1967.
REUTER, Gabriele: *Vom Kind zum Menschen. Die Geschichte meiner Jugend.* Berlin 1921.
ROWOHLT, Ernst: *Von Paul Scherbarth bis S. von Kardorff.* [Privatdruck]. [Berlin 1928].
SCHICKELE, René: *Tagebücher und Briefe.* In: *Werke.* (Hrsg. v. Hermann Kesten) Bd. III. Köln 1959.
SCHLEICH, Carl Ludwig: *Besonnte Vergangenheit. Lebenserinnerungen 1859 bis 1919.* Berlin 1922.
SCHNITZLER, Olga: *Spiegelbild der Freundschaft.* [Erinnerungen an SCHNITZLER, HOFMANNSTHAL, BEER-HOFMANN, ALTENBERG, BAHR u. a.]. Salzburg 1952.
SCHOLTIS, August: *Ein Herr aus Bolatitz.* [Autobiographie]. München 1959.
SPOHR, Wilhelm: *O ihr Tage von Friedrichshagen! Erinnerungen aus der Werdezeit des deutschen literarischen Realismus.* Berlin 1949.
STEHR, Hermann: *Mein Leben.* [Autobiographie]. Leipzig 1934.
– *Das Stundenglas. Reden, Schriften, Tagebücher.* Leipzig 1936.
STRAUSS, Emil: *Ludens. Erinnerungen und Versuche.* München 1955.
TAU, Max: *Das Land, das ich verlassen mußte.* [Erinnerungen]. Hamburg 1961.
TREBITSCH, Siegfried: *Chronik eines Lebens.* Zürich 1951.
WALTER, Bruno: *Thema und Variationen. Erinnerungen und Gedanken.* Frankfurt 1961.
WASSERMANN, Jakob: *Mein Weg als Deutscher und Jude. Autobiographische Betrachtung.* Berlin 1921.
– *Selbstbetrachtungen.* Berlin 1933.
WELLS, H. G.: *Experiment in Autobiography.* 2 Bde. London 1934.
WILLE, Bruno: *Aus Traum und Kampf. Mein sechzigjähriges Leben.* (›Wie ich wurde. Selbstbiographie volkstümlicher Persönlichkeiten‹.) Berlin 1920.

WOLFF, Kurt: *Autoren – Bücher – Abenteuer. Betrachtungen und Erinnerungen eines Verlegers.* Berlin o. J.
ZWEIG, Stefan: *Die Welt von Gestern. Erinnerungen eines Europäers.* Stockholm 1944.

II. *Briefsammlungen*

BALL, Hugo: *Briefe 1911–1927.* Hrsg. v. Annemarie Schütt-Hennings. Zürich 1957.
BALL-HENNINGS, Emmy: *Briefe an Hermann Hesse.* Hrsg. u. eingel. v. Annemarie Schütt-Hennings. Frankfurt 1956.
BANG, Herman: *Briefe an Peter Nansen.* (Hrsg. und mit einer autobiographischen Einleitung versehen von Peter Nansen.) Wien 1924.
CONRAD, Joseph: Life and Letters. Hrsg. v. G. Jean-Aubry. London 1922.
DEHMEL, Richard: *Ausgewählte Briefe.* Hrsg. v. Ida Dehmel. Bd. I (1883 bis 1902). Berlin 1922.
– –. Bd. II (1902–1920). Berlin 1923.
HAMSUN, Knut: *Briefe.* Eingel. u. hrsg. v. Tore Hamsun. München o. J.
HARTLEBEN, Otto Erich: *Briefe an Freunde. (1897–1905).* Hrsg. v. Fred B. Hardt. Berlin 1912.
– *Briefe an seine Frau. (1887–1905).* Hrsg. u. eingel. von Franz F. Heitmüller. Berlin 1908.
HASENCLEVER, Walter (Hrsg.): *Dichter und Verleger. Briefe von Wilhelm Friedrich an Detlev von Liliencron.* Mit einer Einleitung. München 1914.
HAUPTMANN, Carl: *Leben mit Freunden. Gesammelte Briefe.* Hrsg. v. Will-Erich Peukert. Leipzig 1928.
HESSE, Hermann: *Briefe.* Frankfurt 1951.
– –. Erweiterte Ausgabe. Frankfurt 1959.
HOFMANNSTHAL, Hugo von: *Briefe.* [Zwei Auswahlbände]. (Band I). *1890 bis 1901.* Berlin 1935.
– –. (Bd. II). *1900–1909.* Wien 1937.
– *Briefe an Marie Herzfeld.* Hrsg. v. Horst Weber. Heidelberg 1967.
–, und Leopold von ANDRIAN: *Briefwechsel.* Hrsg. v. Walter H. Perl. Frankfurt 1968.
–, und Eberhard von BODENHAUSEN: *Briefe der Freundschaft.* Hrsg. v. Dora Freifrau von Bodenhausen. Düsseldorf–Köln 1953.
–, und Rudolf BORCHARDT: *Briefwechsel.* Hrsg. von Marie Luise Borchardt und Herbert Steiner. Frankfurt 1954.
–, und Carl J. BURCKHARDT: *Briefwechsel.* Hrsg. v. Carl J. Burckhardt. Frankfurt 1956.
–, und Stefan GEORGE: *Briefwechsel.* München 1953.
–, und Willy HAAS: *Briefwechsel.* Hrsg. v. Willy Haas. Berlin 1968.
–, und Harry Graf KESSLER: *Briefwechsel 1898–1929.* Hrsg. v. Hilde Burger. Frankfurt 1968.
–, und Helene von NOSTITZ: *Briefwechsel.* Hrsg. v. Oswalt von Nostitz. Frankfurt 1965.
–, und Arthur Schnitzler: *Briefwechsel.* Hrsg. v. Therese Nickl und Heinrich Schnitzler. Frankfurt 1964.
–, und Richard STRAUSS: *Briefwechsel.* Hrsg. von Willi Schuh. Zürich 1964.

Holz, Arno: *Briefe*. Mit einer biographischen Einführung von H. H. Borcherdt. Hrsg. v. Anita Holz und Max Wagner. München 1958.
Ibsen, Henrik: *Briefe*. Hrsg., mit einer Einleitung und Anmerkungen v. Julius Elias und Halvdan Koth. Berlin 1905.
Kantorowicz, Alfred: *Heinrich und Thomas Mann*. [Enthält Teile ihres Briefwechsels.] Berlin 1956.
Kolb, Annette: *Brief an Thomas Mann*. In: *[S. Fischer Verlag] Almanach. Das zweiundachtzigste Jahr*. Frankfurt 1968.
Mann, Thomas: *Briefe*. Hrsg. v. Erika Mann. *Bd. I. 1889–1936*. Frankfurt 1961.
– –. *Bd. II. 1937–1947*. Frankfurt 1963.
– –. *Bd. III. 1948–1955 und Nachlese*. Frankfurt 1965.
– *Briefe an Paul Amann 1915–1952*. Hrsg. v. Herbert Wegener. Lübeck 1959.
– *Briefe an Ernst Bertram aus den Jahren 1910–1955*. Hrsg. v. Inge Jens. Pfullingen 1960.
–, und Hermann Hesse: *Briefwechsel 1910–1955*. Hrsg. v. Anni Carlsson. Frankfurt 1968.
–, und Hugo von Hofmannsthal: *Briefwechsel*. In: *[S. Fischer] Almanach. Das zweiundachtzigste Jahr*. Frankfurt 1968.
–, und Heinrich Mann: *Briefwechsel 1900–1949*. Hrsg. v. Hans Wysling. Frankfurt 1968.
Musil, Robert: *Prosa, Dramen, Späte Briefe*. Hrsg. v. Adolf Frisé. Hamburg 1957.
Rathenau, Walther: *Briefe*. 2 Bde. Dresden 1926.
– *Neue Briefe*. Dresden 1927.
– *Briefe. Neue Folge*. Dresden 1928.
– *Politische Briefe*. Dresden 1929.
– *Walther Rathenau in Briefen*. Hrsg. v. Margarethe von Eynern. Einleitung von Paul Löbe. Berlin 1955.
Rilke, Rainer Maria: *Briefe an das Ehepaar S. Fischer*. Hrsg. v. Hedwig Fischer. Zürich 1952.
– *Briefe und Tagebücher 1899–1902*. Leipzig 1931.
Schnitzler, Arthur, und Otto Brahm: *Briefwechsel*. Hrsg. v. Oskar Seidlin. Berlin 1953.
Stehr, Hermann, und Walther Rathenau: *Zwiesprache über den Zeiten. Geschichte einer Freundschaft in Briefen und Dokumenten*. Hrsg. v. Ursula Meridies-Stehr. München 1946.
Strindberg, August: *Briefe*. Übersetzt von Tabitha von Bonin. München o. J.
Wassermann, Jakob: *Briefe an seine Braut und Gattin Julie 1900–1929*. [Enthält auch Auszüge aus seinen Tagebüchern.] Hrsg. u. eingel. v. Julie Wassermann-Speyer. Basel 1940.
Wolff, Kurt: *Briefwechsel eines Verlegers 1911–1963*. Hrsg. v. Bernhard Zeller und Ellen Otten. Frankfurt 1966.

III. *Biographien, Lebenschroniken und Bibliographien*

Bab, Julius: *Richard Dehmel*. Leipzig 1926.
– *Bernard Shaw*. Berlin 1910.
– –. Neue, veränderte und erweiterte Ausgabe. Berlin 1926.
Baines, Jocelyn: *Joseph Conrad*. London 1960.

BALL, Hugo: *Hermann Hesse. Sein Leben und sein Werk*. Berlin 1927.
– *Hermann Hesse*. Neuausgabe mit einem Anhang von Anni Carlsson. Berlin 1947.
BALL-HENNINGS, Emmy: *Hugo Ball. Sein Leben in Briefen und Gedichten*. Mit einem Vorwort von Hermann Hesse. Berlin 1929.
BEHL, C. F. W., und Felix A. VOIGT: *Gerhart Hauptmanns Leben. Chronik und Bild*. [Erste Ausgabe]. Berlin 1942.
– –. Neue bis zum Tod Hauptmanns fortgeführte und stark veränderte Fassung [ohne Bilder unter dem Titel *Chronik von Gerhart Hauptmanns Leben und Schaffen*]. München 1957.
BING, Siegmund: *Jakob Wassermann. Weg und Werk des Dichters*. Erweiterte Ausgabe. Berlin 1933.
BÜRGIN, Hans: *Das Werk Thomas Manns. Eine Bibliographie unter Mitarbeit von Walter A. Reichart und Erich Neumann*. Frankfurt 1959.
–, und Hans-Otto MAYER: *Thomas Mann. Eine Chronik seines Lebens*. Frankfurt 1965.
CHAPIRO, Joseph: *Gespräche mit Gerhart Hauptmann*. Berlin 1932.
DEUTSCHER, Isaac: *The Prophet Unarmed. Trotsky: 1921–1929*. London 1959. [Deutsche Ausgabe: *Trotzki. Bd. III. Der verstoßene Prophet. 1929–1940*. Stuttgart 1963].
DINKLAGE, Karl: *Robert Musil. Leben, Werk, Wirkung*. Graz – Reinbek 1960.
ELOESSER, Arthur: *Thomas Mann. Sein Leben und sein Werk*. Berlin 1925.
ERVINE, St. John: *Bernard Shaw. His Life, Work and Friends*. London 1956.
FIECHTNER, Helmut A. (Hrsg.): *Hugo von Hofmannsthal. Der Dichter im Spiegel seiner Freunde*. (Zweite, veränderte Auflage mit neuen Beiträgen und einer Hofmannsthal-Biographie). Bern 1963.
Stefan George. Der Dichter und sein Kreis. Eine Ausstellung des Deutschen Literaturarchivs im Schiller-Nationalmuseum Marbach a. N. [Sonderausstellungen des Schiller-Nationalmuseums. Katalog Nr. 19. Bearb. v. Bernhard Zeller, Werner Volke, Gerhard Hay unter Mitarbeit von Ingrid Kussmaul, Frauke von Tilly und Hildegard Tschirner]. [München 1968].
GOLDSTEIN, Walter: *Wassermann. Sein Kampf um Wahrheit*. Leipzig 1929.
GOTTLIEB, Ernst: *Walther-Rathenau-Bibliographie*. Berlin 1929.
Die Großen und die Vergessenen. Gestalten der deutschen Literatur zwischen 1870 und 1933. [Sonderausstellungen des Schiller-Nationalmuseums. Katalog Nr. 5. Bearb. v. Walther Migge]. [Marbach 1959].
HAMSUN, Tore: *Knut Hamsun – Mein Vater*. München 1953.
HANDL, Willi: *Hermann Bahr*. Berlin 1913.
Gerhart Hauptmann. Leben und Werk. Eine Gedächtnisausstellung des Deutschen Literaturarchivs zum 100. Geburtstag des Dichters im Schiller-Nationalmuseum Marbach a. N. vom 13. Mai bis 31. Oktober 1962. [Sonderausstellungen des Schiller-Nationalmuseums. Katalog Nr. 10. Bearb. v. Bernhard Zeller in Verbindung mit Anneliese Hofmann, Walther Migge, Erna Knorpp und weiteren Mitarbeitern des Schiller-Nationalmuseums]. [Marbach 1962].
Hermann Hesse. Eine Chronik in Bildern. Hrsg. und mit einer Einleitung von Bernhard Zeller. Frankfurt 1960.
Hermann Hesse. Werk und Persönlichkeit. [Sonderausstellungen des Schiller-Nationalmuseums. Katalog Nr. 3]. Nachwort von Bernhard Zeller. [Marbach 1957].

Heuser, Frederick W. J.: *Gerhart Hauptmann.* Tübingen 1961.
Hirschfeld, Georg: *Otto Brahm – Briefe und Erinnerungen.* Berlin 1925.
Hülsen, Hans von: *Gerhart Hauptmann. Siebzig Jahre seines Lebens.* Berlin 1932.
– *Tage mit Gerhart Hauptmann.* Dresden 1925.
Jonas, Klaus W.: *Fifty Years of Thomas Mann Studies. A Bibliography of Criticism.* Minneapolis 1955.
Karlweis, Marta: *Jakob Wassermann. Bild, Kampf und Werk.* Mit einem Geleitwort von Thomas Mann. Amsterdam 1935.
Kessler, Harry Graf: *Walther Rathenau. Sein Leben und sein Werk.* (Neuausgabe). Mit einem Kommentar von Hans Fürstenberg. Wiesbaden o. J.
Kiaulehn, Walther: *Mein Freund der Verleger. Ernst Rowohlt und seine Zeit.* Reinbek 1967.
Oskar Loerke. 1884–1964. Eine Gedächtnisausstellung zum 80. Geburtstag des Dichters im Schiller-Nationalmuseum Marbach a. N. vom 13. März bis zum 30. Juni 1964. [Sonderausstellungen des Schiller-Nationalmuseums. Katalog Nr. 12. Bearb. v. Reinhard Tgahrt und Tilman Krömer]. [Marbach 1964].
Ludwig, Emil: *Richard Dehmel.* Berlin 1913.
Ludwig, Viktor: *Gerhart Hauptmann. Werke von ihm und über ihn (1881 bis 1931).* Zweite Auflage des vor zehn Jahren erschienenen Werkes von Max Pinkus und Viktor Ludwig. Neustadt/Schlesien 1932. Privatdruck.
Mander, Raymond, and Joe Mitchenson: *Theatrical Companion to Shaw. A pictorial record of the first performances of the Plays of George Bernard Shaw.* London 1954.
Mayer, Paul: *Ernst Rowohlt in Selbstzeugnissen und Bilddokumenten.* Reinbek 1968.
Pinkus, Max, und Viktor Ludwig: *Gerhart Hauptmann. Werke von ihm und über ihn.* [1881–1921]. Neustadt/Schlesien 1922. Privatdruck.
Reichart, Walter A.: *Fifty Years of Hauptmann Study in America. 1894 bis 1944. A bibliography.* o. O. 1945.
Requardt, Walter: *Gerhart-Hauptmann-Bibliographie.* Berlin 1931.
Ernst Rowohlt zum Gedächtnis. [Privatdruck]. Reinbek 1961.
Schlenther, Paul: *Gerhart Hauptmann. Sein Lebensgang und seine Dichtung.* Berlin 1898.
– –. *Leben und Werk.* Neue vollständig umgearbeitete Ausgabe. Berlin 1912.
– –. *Leben und Werke.* Neue Ausgabe, umgearbeitet und erweitert von Arthur Eloesser. Berlin 1922.
Schröter, Klaus: *Heinrich Mann in Selbstzeugnissen und Bilddokumenten.* Reinbek 1967.
– *Thomas Mann in Selbstzeugnissen und Bilddokumenten.* Reinbek 1964.
Specht, Richard: *Arthur Schnitzler. Der Dichter und sein Werk. Eine Studie.* Berlin 1922.
Tank, Kurt Lothar: *Gerhart Hauptmann in Selbstzeugnissen und Bilddokumenten.* Reinbek 1959.
Volke, Werner: *Hugo von Hofmannsthal in Selbstzeugnissen und Bilddokumenten.* Reinbek 1967.
Waibler, Helmut: *Hermann Hesse. Eine Bibliographie.* Bern 1963.
Wassermann, Jakob: *Hofmannsthal der Freund.* Berlin 1930.
Wassermann-Speyer, Julie: *Jakob Wassermann und sein Werk.* Wien 1923.
Zeller, Bernhard: *Hermann Hesse in Selbstzeugnissen und Bilddokumenten.* Reinbek 1963.

IV. *Literaturgeschichte und Literaturkritik*

BAHR, Hermann: *Expressionismus.* München 1916.
– *Die Überwindung des Naturalismus.* Dresden 1891.
– *Zur Kritik der Moderne. Gesammelte Aufsätze.* Zürich 1890.
BARTELS, Adolf: *Die Jüngsten. Deutsche Dichtung der Gegenwart.* Leipzig 1921.
BLEI, Franz: *Das große Bestiarium der modernen Literatur.* Berlin 1922.
BLEIBTREU, Carl: *Revolution der Literatur.* Leipzig 1886.
BODE, Ingrid: *Die Autobiographien zur deutschen Literatur, Kunst und Musik 1900–1965. Bibliographie und Nachweise der persönlichen Begegnungen und Charakteristiken.* Stuttgart 1966.
BÖLSCHE, Wilhelm: *Auf dem Menschenstern. Gedanken zu Natur und Kunst.* Dresden 1909.
– *Hinter der Weltstadt. Friedrichshagener Gedanken zur ästhetischen Kultur.* Leipzig 1901.
BRAHM, Otto: *Kritische Schriften.* Hrsg. v. Paul Schlenther. I. Bd.: *Kritische Schriften über Drama und Theater.* Berlin 1913.
DÖBLIN, Alfred: *Aufsätze zur Literatur.* Herausgegeben von Walter Muschg. Olten 1965.
EDSCHMID, Kasimir: *Frühe Manifeste. Epochen des Expressionismus.* Hamburg 1957.
– *Über den Expressionismus in der Literatur und die neue Dichtung.* Berlin 1919.
Expressionismus. Literatur und Kunst 1910–1923. Eine Ausstellung des Deutschen Literaturarchivs im Schiller-Nationalmuseum Marbach a. N. vom 8. Mai bis 31. Oktober 1960. [Sonderausstellungen des Schiller-Nationalmuseums. Katalog Nr. 7. Bearb. von Paul Raabe und H. L. Greve unter Mitarbeit von Ingrid Grüninger]. [Marbach 1960].
Gestalten und Begegnungen. Deutsche Literatur seit dem Ausgang des 19. Jahrhunderts. Ein Querschnitt durch die Sammlungen des Deutschen Literaturarchivs im Schiller-Nationalmuseum Marbach. [Sonderausstellungen des Schiller-Nationalmuseums. Katalog Nr. 13. Bearb. v. Bernhard Zeller in Zusammenarbeit mit den Archivaren und Bibliothekaren des Deutschen Literaturarchivs]. [Marbach 1964].
HAAS, Willy: *Gestalten. Essays zur Literatur und Gesellschaft.* Berlin 1962.
HANSTEIN, Adalbert von: *Das Jüngste Deutschland. Zwei Jahrzehnte miterlebter Literaturgeschichte.* Leipzig 1900.
HART, Heinrich und Julius: *Kritische Waffengänge.* 6 Hefte. Leipzig 1882 bis 1884.
HEIMANN, Moritz: *Prosaische Schriften. In drei Bänden.* Berlin 1918.
– *Die Wahrheit liegt nicht in der Mitte.* Essays. Mit einem Nachwort von Wilhelm Lehmann. Frankfurt 1966.
HERZFELD, Marie: *Menschen und Bücher. Literarische Studien.* Wien 1893.
– *Die skandinavische Literatur und ihre Tendenzen.* Wien 1898.
Jahrbuch der Sektion für Dichtkunst der Preußischen Akademie der Künste. Mit einem Vorwort von Oskar Loerke. Berlin 1929.
KAYSER, Rudolf: *Dichterköpfe.* [Enthält zwei Aufsätze über Oskar LOERKE.] Wien 1930.
KROJANKER, Gustav (Hrsg.): *Juden in der deutschen Literatur. Essays über zeitgenössische Schriftsteller.* [Enthält Aufsätze über KERR, DÖBLIN, WASSER-

MANN, HOFMANNSTHAL, ALTENBERG, BEER-HOFMANN, SCHNITZLER, HEIMANN u. a.] Berlin 1922.

KUNISCH, Hermann: *Handbuch der deutschen Gegenwartsliteratur.* 2., verb. u. erw. Aufl. Bd. I: A–K. München 1969.

LEHMANN, Wilhelm: *Moritz Heimann. Eine Einführung in sein Werk und eine Auswahl.* (›Verschollene und Vergessene‹). Wiesbaden 1960.

LOERKE, Oskar: *Literarische Aufsätze aus der Neuen Rundschau 1909–1941.* Hrsg. [und mit großem Anmerkungsteil versehen] von Reinhard Tgahrt. Heidelberg 1967.

– *Reden und kleinere Aufsätze.* Hrsg. von Hermann Kasack. Wiesbaden 1956.

LUBLINSKI, Samuel: *Bilanz der Moderne.* Berlin 1904.

MARTENS, Kurt: *Die Deutsche Literatur unsrer Zeit. In Charakteristiken und Proben.* München–Berlin 1921.

Menschheitsdämmerung. Symphonie jüngster Dichtung. Hrsg. von Kurt Pinthus. Berlin 1920.

– –. [Neu herausgegeben von demselben mit dem Untertitel *Ein Dokument des Expressionismus* und einer literarhistorischen Einleitung.] Reinbek 1959.

PERL, Walter H.: *Leopold Andrian und die Blätter für die Kunst.* Hamburg 1960.

POTEMPA, Georg: *Bogen und Leier. Eine Symbolfigur bei Thomas Mann.* Oldenburg 1968.

RÜHLE, Günther: *Theater für die Republik 1917–1933. Im Spiegel der Kritik.* Frankfurt 1967.

RUPRECHT, Erich (Hrsg.): *Literarische Manifeste des Naturalismus 1880 bis 1892.* Stuttgart 1962.

SALTEN, Felix: *Das österreichische Antlitz.* Berlin 1919.

SCHERRER, Paul, und Hans WYSLING: *Quellenkritische Studien zum Werk Thomas Manns.* Bd. I der Thomas-Mann-Studien, hrsg. vom Thomas-Mann-Archiv der Eidgenössischen Technischen Hochschule Zürich. Bern 1967.

SCHLENTHER, Paul: *Wozu der Lärm? Genesis der Freien Bühne.* Berlin 1889.

SCHNITZLER, Arthur: *Aphorismen und Betrachtungen.* Hrsg. von Robert O. Weiss. Frankfurt 1967.

SOKEL, Walter H.: *Der literarische Expressionismus.* München 1960.

WILPERT, Gero von (Hrsg.): *Lexikon der Weltliteratur. Biographisch-bibliographisches Handwörterbuch nach Autoren und anonymen Werken.* Stuttgart 1963.

V. *Verlagswesen, Buchdruck und Buchhandel*

BARGE, Hermann: *Geschichte der Buchdruckerkunst von ihren Anfängen bis zur Gegenwart.* Leipzig 1940.

Beiträge zur Kulturgeschichte von Berlin. Festschrift zur Feier des 50jährigen Bestehens der Corporation der Berliner Buchhändler. Berlin 1898.

BÜCKING, G. H.: *Verlagsbuchhandel und Unternehmer.* Jena 1931.

CASSIRER, Bruno: *Vom Beruf des Verlegers.* [Privatdruck]. Leipzig 1932.

Diederichs – Sechzig Jahre Eugen Diederichs Verlag. Ein Almanach. Düsseldorf–Köln 1956.

HILLER, Helmut: *Zur Sozialgeschichte von Buch und Buchhandel.* Bonn 1966.
Hyperion – Fünf Jahre Hyperion-Verlag. München 1911.
Insel – Verzeichnis aller Veröffentlichungen des Insel-Verlages 1899–1924. Leipzig 1924.
Die Insel. Eine Ausstellung zur Geschichte des Verlages unter Anton und Katharina Kippenberg. [Sonderausstellungen des Schiller-Nationalmuseums. Katalog Nr. 15. Bearb. von Bernhard Zeller in Verbindung mit Anneliese Hofmann, Tilman Krömer, Walther Migge, Werner Volke und weiteren Mitarbeitern des Schiller-Nationalmuseums und des Deutschen Literaturarchivs]. Marbach 1965.
Insel-Bücherei – Fünfzig Jahre Insel-Bücherei. 1912–1962. Bearb. von Heinz Sarkowski. Frankfurt 1962.
JOHANN, Ernst: *Die deutschen Buchverlage des Naturalismus und der Neuromantik.* Weimar 1935.
– (Bearb.): *S. Fischer Verlag. Vollständiges Verzeichnis aller Werke, Buchserien und Gesamtausgaben mit Anmerkungen zur Verlagsgeschichte 1886 bis 1956.* Frankfurt 1956.
JUNCKER, Carl: *Der Verein der österreichisch-ungarischen Buchhändler 1859–1899. Ein Beitrag zur Geschichte des österreichischen Buchhandels.* Festschrift anläßlich des 40jährigen Bestehens des Vereins im Auftrage des Vorstandes verfaßt. Wien 1899.
KIRCHNER, Joachim (Hrsg.): *Lexikon des Buchwesens.* 4 Bde. Stuttgart 1952.
KOCH, Ernestine: *Albert Langen. Ein Verleger in München.* Mit einem Vorwort von Willy Haas. München 1969.
Albert Langen Verlag – Verlagskatalog 1894–1904. München 1904.
MENDELSSOHN, Peter de: *Zeitungsstadt Berlin. Menschen und Mächte in der Geschichte der deutschen Presse.* [Enthält eine Geschichte des Ullstein-Hauses]. Berlin 1959.
MÜLLER, Georg: *Schriftsteller, Verleger und Publikum. Eine Rundfrage.* In: *Zehnjahreskatalog des Verlags Georg Müller.* München 1913.
Navigare Necesse Est. Eine Festgabe zum 50. Geburtstag von Anton Kippenberg. [Mit zahlreichen Fachbeiträgen. S. a. unter Einzelveröffentlichungen.] Leipzig 1924.
Piper – Stationen. Piper-Almanach 1904–1965. Hrsg. von Klaus Piper. [Mit zwei Aufsätzen des Herausgebers über Gründung und Geschichte des Verlags und vollständiger Bibliographie]. München 1964.
Rowohlt – Almanach 1908–1962. Hrsg. von Mara Hintermeier und Fritz J. Raddatz. [Mit einem ausführlichen verlagsgeschichtlichen Vorwort von Kurt Pinthus und vollständiger Bibliographie]. Reinbek 1962.
SCHULZE, Friedrich: *Der deutsche Buchhandel und die geistigen Strömungen der letzten hundert Jahre.* Leipzig 1925.
SCHULZ, Hans Ferdinand: *Das Schicksal der Bücher und der Buchhandel. System einer Vertriebskunde des Buches.* Berlin 1960.
STEINBERG, S. H.: *Die Schwarze Kunst. 500 Jahre Buchdruck.* München 1958.
Ullstein – Fünfzig Jahre Ullstein. 1877–1927. Ein Erinnerungswerk. Hrsg. von Max Osborn. [Mit zahlreichen verlagsgeschichtlichen Beiträgen]. Berlin 1927.
WEISS, E. R.: *Künstler und Buchkünstler.* Frankfurt 1931.

VI. *Einzelveröffentlichungen in Zeitschriften, Zeitungen, Almanachen, Jahrbüchern und anderen Sammelwerken*

BAHR, Hermann: *Loris.* In: ›Freie Bühne für den Entwickelungskampf der Zeit‹, Berlin. III. Jg. 1892. Bd. I, S. 94.

BIE, Oscar: *Marie von Borch †.* In: ›Neue Deutsche Rundschau‹, Berlin. VI. Jg. 1895. Bd. I, S. 627.

– *Krieg, Kunst, Mensch.* In: *›Die neue Rundschau‹*, Berlin XXV. Jg. 1914. Bd. II, S. 1305.

– *Die Neue Rundschau.* In: ›Neue Deutsche Rundschau‹, Berlin. XIV. Jg. 1903. Bd. II, S. 1344.

– *Die Neue Rundschau.* [Rückblick]. In: *[S. Fischer Verlag] [Almanach] Das XXVte Jahr.* Berlin 1911.

Billige Bücher – Ullstein Ramsch & Co. In: ›Der Zwiebelfisch‹, München, Dezember 1912.

BINDING, Rudolf G.: *Ehrwürdige Erinnerung* [für S. Fischer]. In: ›Die neue Rundschau‹, Berlin. XLV. Jg. 1934. Bd. II, S. 577.

BRAHM, Otto: *Brief an S. Fischer.* In: *[S. Fischer Verlag] [Almanach] Das XXVte Jahr.* Berlin 1911.

CURTIUS, Ernst Robert: *Hofmannsthal und die Romanität.* In: ›Die neue Rundschau‹, Berlin. XL., Jg. 1929. Bd. II, S. 654.

DEHMEL, Richard: *Militarismus und Humanität.* In: ›Die neue Rundschau‹, Berlin. XXIX. Jg. 1918. Bd. II, S. 1613.

DIEBOLD, Bernhard: *Über Shaws ›Kaiser von Amerika‹.* In: ›Frankfurter Zeitung‹, 23. Oktober 1929.

DÖBLIN, Alfred: *An Romanautoren und ihre Kritiker.* In: ›Der Sturm‹. Nr. 158/59. Berlin, Mai 1913.

– *Der Bau des epischen Werkes.* In: ›Die neue Rundschau‹, Berlin. XL. Jg. 1929. Bd. I, S. 527.

– *Bemerkungen zu ›Berge, Meere und Giganten‹.* In: ›Die neue Rundschau‹, Berlin. XXXV. Jg. 1924. Bd. I, S. 600.

– *Bemerkungen zum Roman.* In: ›Die neue Rundschau‹, Berlin. XXVIII. Jg. 1917. Bd. I, S. 410.

– *Glückwunsch für Jakob Wassermann.* In: ›Die neue Rundschau‹, Berlin. XLIV. Jg. 1933. Bd. I, S. 357.

– *Neue Zeitschriften.* In: ›Die neue Rundschau‹, Berlin. XXX. Jg. 1919. Bd. I, S. 621.

– *Reform des Romans.* In: ›Der neue Merkur‹. München, Juni 1919.

– *Reims.* In: ›Die Neue Rundschau‹, Berlin. XXV. Jg. 1914. Bd. II, S. 1717.

– *Von der Freiheit eines Dichtermenschen.* In: ›Die neue Rundschau‹, Berlin. XXIX. Jg. 1918. Bd. I, S. 843.

EDSCHMID, Kasimir: *Expressionismus in der Dichtung.* In: ›Die neue Rundschau‹, Berlin. XXIX. Jg. 1918. Bd. I, S. 359.

EIPPER, Paul: *Erinnerung an Oskar Loerke.* In: *Oskar Loerke. 1884–1964. Eine Gedächtnisausstellung zum 80. Geburtstag . . .* [Marbach 1964].

– *Nach Moritz Heimanns Tode.* In: ›Die Weltbühne‹. Berlin, 20. Juli 1926.

ELIAS, Julius: *Fischer.* In: *[S. Fischer Verlag] Almanach. Das vierzigste Jahr. 1886–1926.* Berlin 1926.

– *Im Zeichen Henrik Ibsens.* In: *[S. Fischer Verlag] [Almanach] Das XXVte Jahr.* Berlin 1911.

Eloesser, Arthur: *Fünfundzwanzig Jahre.* In: *[S. Fischer Verlag] [Almanach] Das XXVte Jahr.* Berlin 1911.
– *Thomas Manns ›Zauberberg‹.* In: ›Die neue Rundschau‹, Berlin. XXXVI. Jg. 1925. Bd. I, S. 59.
– *Vierzig Jahre.* In: *[S. Fischer Verlag] Almanach. Das vierzigste Jahr. 1886 bis 1926.* Berlin 1926.
– *Mario und der Zauberer.* In: ›Die neue Rundschau‹, Berlin. XLI. Jg. 1930. Bd. II, S. 718.
Elster, Alexander: *Der Begriff Verlag und Verleger.* In: ›Börsenblatt für den Deutschen Buchhandel‹. Leipzig 1915. Nr. 271.
Fischer, Hedwig: *Als ich Thomas Mann zum ersten Mal begegnete.* In: ›Die neue Rundschau‹, Stockholm. LVI/LVII. Jg. 1945/46. S. 78.
Fischer, S.: *Ausländische Schriftsteller und deutscher Buchhandel.* In: ›Börsenblatt für den Deutschen Buchhandel‹. Leipzig, 19. Dezember 1914.
– *Bemerkungen zur Bücherkrise.* In: *[S. Fischer Verlag] Almanach. Das vierzigste Jahr. 1886–1926.* Berlin 1926.
– *Otto Brahm zum Gedächtnis.* In: ›Die neue Rundschau‹, Berlin. XXIV. Jg. 1913. Bd. I, S. 3.
– *Für Gerhart Hauptmann zum 15. November 1922.* In: ›Die neue Rundschau‹, Berlin. XXXIII. Jg. 1922. Bd. II, S. 1057.
– *Gespräch mit Franz Pfemfert.* [Unter dem Titel *Bruchstück einer Unterhaltung]* in: ›Die Aktion‹. Berlin, 11. Juli 1914.
– *Gruß an den sechzigjährigen Arthur Schnitzler.* In: ›Die neue Rundschau‹, Berlin. XXXIII. Jg. 1922. Bd. I, S. 500.
– *Gerhart Hauptmann zum siebzigsten Geburtstag.* In: ›Berliner Tageblatt‹. 13. November 1932.
– *Interview mit dem ungarischen Journalisten Cornelius Tabori.* [In ungarischer Sprache]. In: ›Pesti Naplo‹. Budapest 1911.
– *Nachwort.* [Ungezeichnet]. In: *[S. Fischer Verlag] Almanach 1925.* Berlin 1925.
– *Rede auf Regina Rosenbaum.* [Anläßlich ihrer zwanzigjährigen Verlagszugehörigkeit, 1916]. In: *In memoriam S. Fischer.* Frankfurt 1959.
– *Rede, gehalten am 21. Oktober 1926 anläßlich des 40jährigen Jubiläums des Verlags.* In: *In memoriam S. Fischer.* Frankfurt 1959.
– *Rede zum 25jährigen Bestehen des Verlags am 22. Oktober 1911, gehalten im Hotel Kaiserhof.* In: *[S. Fischer Verlag] Almanach. Das siebzigste Jahr.* Frankfurt 1956.
– *Der Verleger und der Büchermarkt.* In: *[S. Fischer Verlag] [Almanach] Das XXVte Jahr.* Berlin 1911.
– *Vom Verlegen.* [Ungezeichneter Aufsatz, vermutlich unter Mitwirkung von Moritz Heimann]. In: *Verlagskatalog von S. Fischer, Verlag, Berlin 1886 bis 1906.* Berlin 1906.
Flake, Otto: *Einem Verleger zum Gedächtnis.* In: ›Frankfurter Zeitung‹, 27. Oktober 1934.
– *S. Fischer.* In: ›Die neue Rundschau‹, Berlin. XLV. Jg. 1934. Bd. II, S. 573.
– *In memoriam Walther Rathenau.* In: ›Die neue Rundschau‹, Berlin. XXXIII. Jg. 1922. Bd. II, S. 820.
– *Arthur Schnitzler zu seinem sechzigsten Geburtstag.* In: ›Die neue Rundschau‹, Berlin. XXXIII. Jg. 1922. Bd. I, S. 502.
– *Von der jüngsten Literatur.* In: ›Die neue Rundschau‹, Berlin. XXVI. Jg. 1915. Bd. II, S. 1276.

FONTANA, Oskar Maurus: *Hundert Jahre Hauptverband österreichischer Buchhändler. (1859–1959).* Wien 1959.

FRANK, Bruno: *Thomas Mann. Eine Betrachtung nach dem ›Tod in Venedig‹.* In: ›Die neue Rundschau‹, Berlin. XXIV. Jg. 1913. Bd. I, S. 656.

FREISSLER, Ernst W.: *Joseph Conrad in Deutschland.* In: ›Die neue Rundschau‹, Berlin. XL. Jg. 1929. Bd. I, S. 125.

GROSSMANN, Stefan: *S. Fischer.* In: ›Das Tagebuch‹, Berlin. 1926/27.

– *S. Fischer.* In: ›Neue Freie Presse‹. Wien, 29. Oktober 1926.

– *Moritz Heimann.* In: ›Das Tagebuch‹. Berlin, 26. September 1925.

GROTHE, Wolfgang: *Die buchkünstlerische und graphische Gestaltung von S. Fischers ›Neuer Rundschau‹.* In: *Jahrbuch der Schlesischen Friedrich-Wilhelms-Universität zu Breslau. Beiheft 7. Symbola Hans Jessen. Oblata.* Würzburg 1967.

– *Die Neue Rundschau des Verlages S. Fischer. Ein Beitrag zur Publizistik und Literaturgeschichte der Jahre von 1890–1925.* In: ›Börsenblatt für den Deutschen Buchhandel‹. Frankfurt, Dezember 1961. Nr. 99 a.

GUTHKE, Karl S.: *Alfred Kerr and Gerhart Hauptmann.* ›Monatshefte‹. University of Wisconsin. Bd. LIV, Nr. 6, 1962.

HAAS, Willy: *Bemerkungen zu Alfred Döblins ›Berlin Alexanderplatz‹.* In: ›Die neue Rundschau‹, Berlin. XL. Jg. 1929. Bd. II, S. 835.

– *Europäische Rundschau.* In: ›Die neue Rundschau‹, Berlin. XXXV. Jg. 1924. Bd. I, S. 87.

– *S. Fischer zu seinem hundertsten Geburtstag.* In: ›Börsenblatt für den Deutschen Buchhandel‹. Frankfurt, 22. Dezember 1959.

– *Moritz Heimann.* In: *[S. Fischer Verlag] Almanach. Das zweiundsiebzigste Jahr.* Frankfurt 1958.

– *Vorläufige Anzeige zu Gerhart Hauptmanns ›Till‹.* In: ›Die Literarische Welt‹. Berlin, 25. November 1927.

HANSSON, Ola: *Erinnerungen an August Strindberg.* [Mit Auszügen aus Strindbergs Briefen]. In: ›Die neue Rundschau‹, Berlin. XXIII. Jg. 1912. Bd. II, S. 1536, 1724.

HAUPTMANN, Gerhart: *Brief an Julius Levin aus Rapallo vom 31. Januar 1925.* In: *Gerhart Hauptmann. Leben und Werk. Eine Gedächtnisausstellung des Deutschen Literaturarchivs zum 100. Geburtstag des Dichters ...* [Marbach 1962].

– *Nachruf für S. Fischer.* In: ›Die neue Rundschau‹, Berlin. XLV. Jg. 1934. Bd. II, S. 449.

– *Thomas Mann zum fünfzigsten Geburtstag.* In: ›Vossische Zeitung‹. Berlin, 5. Juni 1925.

– *Offener Brief an den preußischen Kultusminister.* In: ›Berliner Tageblatt‹, 27. Mai 1926.

– *Vorspruch.* In: ›Die neue Rundschau‹, Berlin. XLV. Jg. 1934. Bd. II, S. 449.

HAUSER, Heinrich: *Das Menschenmeer von Tempelhof.* In: ›Die neue Rundschau‹, Berlin. XLIV. Jg. 1933. Bd. I, S. 861.

HAUSMANN, Manfred: *Worte, gesprochen am Sarge S. Fischers.* In: ›Die neue Rundschau‹, Berlin. XLV. Jg. 1934. Bd. II, S. 566.

HEIMANN, Moritz: *Richard Dehmel.* In: ›Neue Deutsche Rundschau‹, Berlin. VIII. Jg. 1897. Bd. II, S. 1280.

– *Richard Dehmel.* [Nachruf]. In: ›Die neue Rundschau‹, Berlin. XXXI. Jg. 1920. Bd. I, S. 324.

– *Der Dichter und der Krieg.* In: *[S. Fischer Verlag] [Almanach] Das große Jahr 1914–1915.* Berlin 1915.
– *Der kinematographische Unfug.* In: ›Die neue Rundschau‹, Berlin. XXIV. Jg. 1913. Bd. I, S. 123.
– *Der Krieg.* [Drei Aufsätze]. In: ›Die neue Rundschau‹, Berlin. XXV. Jg. 1914. Bd. II, S, 1187, 1378, 1562.
– *Hermann Stehrs ›Heiligenhof‹.* In: ›Die neue Rundschau‹, Berlin. XXIX. Jg. 1918. Bd. II, S. 1620.
– *Unsere erzählende Litteratur.* In: ›Neue Deutsche Rundschau‹, Berlin. VI. Jg. 1895. Bd. I, S. 464.
– *Zwei Dichter.* [Über Hermann Stehr und Emil Strauss]. In: ›Neue Deutsche Rundschau‹, Berlin. IX. Jg. 1898. Bd. II, S. 1282.
– *Zwei Romane.* [Über Jakob Wassermanns ›Die Juden von Zirndorf‹]. In: ›Neue Deutsche Rundschau‹, Berlin. IX. Jg. 1898. Bd. I, S. 642.
Hering, Gerhard F.: *Ein Brunnen des Lebens. S. Fischer und sein Verlag.* In: *[S. Fischer Verlag] Almanach. Das vierundsechzigste Jahr.* Frankfurt 1950.
Herzfeld, Marie: *Loris/Blätter der Erinnerung.* In: ›Corona‹, München, Berlin, Zürich. II. Jahr, 6. Heft. 1932.
– *Ludwigshöhe.* [Über Herman Bang]. In: ›Die neue Rundschau‹, Berlin. XIX. Jg. 1908. Bd. II, S. 777.
Hesse, Hermann: *Erinnerung an S. Fischer.* In: ›Die neue Rundschau‹, Berlin. XLV. Jg. 1934. Bd. II, S. 571.
– *Kurzgefaßter Lebenslauf.* In: ›Die neue Rundschau‹, Berlin. XXXVI. Jg. 1925. Bd. II, S. 841.
– *O Freunde, nicht diese Töne!* In: ›Neue Zürcher Zeitung‹, 3. November 1914.
– *Vorrede eines Dichters zu seinen ausgewählten Werken.* In: ›Neue Zürcher Zeitung‹, 20. November 1921.
– *Vorwort zu ›Briefe eines Frühvollendeten‹ von Hugo Ball.* In: ›Die neue Rundschau‹, Berlin. XXXIX. Jg. 1928. Bd. II, S. 679.
Heuser, Kurt: *»Shikamo«. Erinnerung an S. Fischer.* In: ›Die neue Rundschau‹, Berlin. XLV. Jg. 1934. Bd. II, S. 576.
Hofmannsthal, Hugo von: *›Der begrabene Gott‹.* [Hermann Stehr]. In: ›Der Tag‹. Berlin, 9. April 1905.
– *›Der Engelwirt‹.* [Emil Strauss]. In: ›Die Insel‹, Leipzig, II. 4. 1901.
– *Unterhaltungen über ein neues Buch.* [Jakob Wassermann]. In: ›Der Tag‹. Berlin, 1. Februar 1906.
– *Zur Krisis des Burgtheaters.* [Über Leopold von Andrian]. In: ›Österreichische Rundschau‹. Wien, 15. August 1918.
Holitscher, Arthur: *Erinnerung an S. Fischer.* In: ›Basler Nationalzeitung‹, 17. Oktober 1934.
Hollaender, Felix: *Hamsun – Dostojewski. Ein litterarisches Mysterium.* In: ›Freie Bühne für den Entwickelungskampf der Zeit‹, Berlin. III. Jg. 1892. Bd. I, S. 612.
– *Zu S. Fischers 70. Geburtstag.* In: ›8-Uhr-Abendblatt‹, Berlin. 23. Dezember 1929.
Hollander, Walter von: *Die Entwicklung der Kriegsliteratur.* In: ›Die neue Rundschau‹, Berlin. XXVII. Jg. 1916. Bd. II. S. 1274.
In memoriam Eugen Diederichs. [Privatdruck]. Jena 1930.
In memoriam S. Fischer. 24. Dezember 1859–1959. Eine Sammlung von Zeugnissen von und über S. Fischer. Zum 100. Geburtstag des Verlegers für ihre

Freunde zusammengestellt von Brigitte und Gottfried B. Fischer. [Privatdruck]. Frankfurt 1959.
In memoriam Peter Suhrkamp. Hrsg. v. Siegfried Unseld. Frankfurt 1959.
JAHNN, Hanns Henny: *Erinnerung an S. Fischer und Oskar Loerke.* In: *Oskar Loerke. 1884–1964. Eine Gedächtnisausstellung zum 80. Geburtstag des Dichters im Schiller-Nationalmuseum* ... [Marbach 1964].
JESSEN, Peter: *Von der Buchkunst des Insel-Verlags.* In: *Navigare Necesse Est. Eine Festgabe zum 50. Geburtstag von Anton Kippenberg.* Leipzig 1924.
KASACK, Hermann: *Einführung und Anmerkungen* zu: Oskar LOERKE, *Tagebücher 1903–1939.* Wiesbaden 1955.
KAYSER, Rudolf: *Die Neue Rundschau.* In: *[S. Fischer Verlag] Almanach. Das vierzigste Jahr. 1886–1926.* Berlin 1926.
– *Vergangene Gegenwart. Erinnerungen an Oskar Loerke.* In: *Oskar Loerke. 1884–1964. Eine Gedächtnisausstellung zum 80. Geburtstag des Dichters im Schiller-Nationalmuseum* ... [Marbach 1964].
– *Vierzig Jahre ›Die Neue Rundschau‹.* In: *[S. Fischer Verlag] Almanach 1929.* Berlin 1928.
– *Zwei Sechzigjährige.* [Oscar BIE und Samuel SAENGER zum Geburtstag]. In: ›Die neue Rundschau‹, Berlin. XXXV. Jg. 1924. Bd. I, S. 189.
KERR, Alfred: *Aus dem Kriegstagebuch eines Hirnwesens.* In: ›Die neue Rundschau‹, Berlin XXV. Jg. 1914. Bd. II, S. 1308.
– *Die Diktatur des Hausknechts.* [Über Gerhart HAUPTMANN]. Brüssel, Juli 1934.
– *Eulenspiegel-Glosse.* In: ›Die neue Rundschau‹, Berlin. XXXIX. Jg. 1928. Bd. I, S. 81.
– *Gerhart Hauptmanns Schande.* Paris, 1954. In: Alfred KERR, *Die Welt im Licht.* Hrsg. v. Friedrich Luft. Köln 1961.
– *Reigen von Schnitzler.* In: ›Neue Deutsche Rundschau‹, Berlin. XI. Jg. 1900. Bd. I, S. 666.
– *Arthur Schnitzler.* In: ›Neue Deutsche Rundschau‹, Berlin VII. Jg. 1896. Bd. I, S. 287.
– *Über Hauptmanns ›Vor Snnnenuntergang‹.* In: ›Berliner Tageblatt‹, 17. Februar 1932.
– *Über Shaws ›Kaiser von Amerika‹.* In: ›Berliner Tageblatt‹, 21. Oktober 1929.
KESSLER, Harry Graf: *Reminiszenz.* In: *Navigare Necesse Est. Eine Festgabe zum 50. Geburtstag von Anton Kippenberg.* Leipzig 1924.
KOLB, Annette: *Ballonperspektive.* In: *[S. Fischer Verlag] [Almanach] Das XXVte Jahr.* Berlin 1911.
– *Bekenntnisse und Erinnerungen.* [Gerhart HAUPTMANN zum 60. Geburtstag]. In: ›Die neue Rundschau‹, Berlin. XXXIII. Jg. 1922. Bd. II, S. 1055.
– *Erinnerung an Hedwig Fischer.* In: *Lebendiger Anteil. Hedwig Fischer und der S. Fischer Verlag. Gedenkblätter.* [Frankfurt 1953].
– *Erinnerung an S. Fischer.* In: *In memoriam S. Fischer. 24. Dezember 1859 bis 1959. Eine Sammlung von Zeugnissen von und über S. Fischer.* Frankfurt 1959.
KORRODI, Eduard: *Über ›Der Fall Maurizius‹ von Jakob Wassermann.* In: ›Neue Zürcher Zeitung‹, 28. November 1928.
Kurzgefaßte Verlagsgeschichte. [Anonym. Vermutl. Verf. Oskər LOERKE]. In: *[S. Fischer Verlag] Almanach. Das 48. Jahr. (S. Fischer zum Gedächtnis.)* Berlin 1934.

Leben eines Verlegers. Interview mit S. Fischer anläßlich seines 70. Geburtstags. In: ›Tempo‹. Berlin, 23. Dezember 1929.

LEHMANN, Wilhelm: *Dem abgeschiedenen Felix Poppenberg.* In: ›Die neue Rundschau‹, Berlin. XXVI. Jg. 1915. Bd. II, S. 1430.

– *In memoriam Moritz Heimann.* In: Moritz HEIMANN, *Die Wahrheit liegt nicht in der Mitte.* Essays. Frankfurt 1966.

LOERKE, Oskar: *Die Bibliothek der vierzig Jahre. Eine Zusammenstellung.* In: *[S. Fischer Verlag] Almanach. Das vierzigste Jahr. 1886–1926.* Berlin 1926.

– *Brief an Hermann Stehr.* [Dezember 1933]. In: Oskar LOERKE, *Tagebücher 1903–1939.* Wiesbaden 1955.

– *Literarische Chronik.* [Über Wilhelm LEHMANN]. In: ›Die neue Rundschau‹, Berlin. XXVIII. Jg. 1917. Bd. II, S. 1277.

– *Nachwort.* In: *[S. Fischer Verlag] Almanach 1924.* Berlin 1924.

LOERKE, Oskar: *Eine neue Whitman-Übersetzung.* In: ›Die neue Rundschau‹, Berlin. XXX. Jg. 1919. Bd. II, S. 1278.

– *René Schickele zum 50. Geburtstag.* In: ›Die neue Rundschau‹, Berlin. XLIV. Jg. 1933. Bd. II, S. 285.

– *Sechs erzählende Bücher.* [Über Albert STEFFEN]. In: ›Die neue Rundschau‹, Berlin. XXVIII. Jg. 1917. Bd. II, S. 1698.

– *Das Verlagsjahr 1927:* In: *[S. Fischer Verlag] Almanach 1928.* Berlin 1928.

– *Vielerlei Zungen.* [Über Gustav SACK]. In: ›Die neue Rundschau‹, Berlin. XXIX. Jg. 1918. Bd. II, S. 1228.

– *Worte, gesprochen am Sarge S. Fischers.* In: ›Die neue Rundschau‹, Berlin. XLV. Jg. 1934. Bd. II, S. 563.

– *Zum Tod Walther Rathenaus.* In: ›Die neue Rundschau‹, Berlin. XXXIII. Jg. 1922. Bd. II, S. 805.

LUDWIG, Emil: *Die großen Tage.* In: ›Die neue Rundschau‹, Berlin. XXV. Jg. 1914. Bd. II, S. 1319.

– *Zum Tod Walther Rathenaus.* In: ›Die neue Rundschau‹, Berlin XXXIII. Jg. 1922. Bd. II, S. 805.

MANN, Heinrich: *Dichtkunst und Politik.* In: ›Die neue Rundschau‹, Berlin. XXXIX. Jg. 1928. Bd. II, S. 1.

– *Nachruf auf Arthur Schnitzler.* In: *[S. Fischer Verlag] Almanach 1932.* Berlin 1932.

MANN, Thomas: *Ansprache an die Jugend.* In: ›Vossische Zeitung‹. Berlin, 8. September 1931.

– *Bleibt München Kulturzentrum?* In: ›Vossische Zeitung‹. Berlin, 7. Dezember 1926.

– *S. Fischer zum siebzigsten Geburtstag.* In: ›Die Literarische Welt‹. Berlin, 19. Dezember 1929.

– *Friedrich und die große Koalition.* In ›Der Neue Merkur‹. München, Januar–Februar 1915.

– *Gedanken im Kriege.* In: ›Die neue Rundschau‹, Berlin. XXV. Jg. 1914. Bd. II, S. 1471.

– *Grabbeigabe für S. Fischer.* In: ›Die neue Rundschau‹, Berlin. XLV. Jg. 1934. Bd. II, S. 594.

– *Moritz Heimann zum 50. Geburtstag.* In: ›Die Weltbühne‹. Berlin, 18. Juli 1918.

– *Herzlicher Glückwunsch.* [Zu Gerhart HAUPTMANNS 70. Geburtstag]. In: ›Die neue Rundschau‹, Berlin. XLIII. Jg. 1932. Bd. II, S. 596.

– *In memoriam S. Fischer.* In: ›Basler Nachrichten‹, 28. Oktober 1934.
– *In memoriam Hugo von Hofmannsthal.* In ›Neue Freie Presse‹. Wien, 21. Juli 1929.
– *Mein Sohn Klaus.* In: *Klaus Mann zum Gedächtnis.* Amsterdam 1950.
– *Hans Reisigers Whitman-Werk.* In: ›Frankfurter Zeitung‹, 16. April 1922.
– *Gabriele Reuter.* In: ›Der Tag‹. Berlin, 14. u. 17. Februar 1904.
– *Romane der Welt.* In: ›Berliner Tageblatt‹, 10. April 1929.
– *›Die Romane der Welt‹.* [Antwort auf einen Offenen Brief von Stefan GROSSMANN]. In. ›Das Tagebuch‹. Berlin, 28. Mai 1927.
– *Tischrede auf Jakob Wassermann.* In: ›Berliner Tageblatt‹, 10. April 1929.
– *Tischrede bei der Feier des 50. Geburtstags.* In: *[S. Fischer Verlag] Almanach 1926.* Berlin 1925.
– *Vom Beruf des deutschen Schriftstellers in unserer Zeit.* [Ansprache zu Heinrich MANNS 60. Geburtstag]. In: ›Die neue Rundschau‹, Berlin. XLII. Jg. 1931. Bd. I, S. 604.
– *Von deutscher Republik. Gerhart Hauptmann zum sechzigsten Geburtstag.* In: ›Die neue Rundschau‹. Berlin. XXXIII. Jg. 1922. Bd. II, S.1072.
– *Vorwort zu Joseph Conrads Roman ›Der Geheimagent‹.* In: *[S. Fischer Verlag] Almanach. Das vierzigste Jahr. 1886–1926.* Berlin 1926.
– *Was wir verlangen müssen.* In: ›Berliner Tageblatt‹, 8. August 1932.
– *Jakob Wassermanns ›Caspar Hauser‹.* In: ›Münchner Neueste Nachrichten‹, 19. Juli 1908.
– *Ein Werk des Naturalismus.* [Über Georg HIRSCHFELD]. In: ›Münchner Neueste Nachrichten‹, 22. Juli 1912.
– *Die Wiedergeburt der Anständigkeit.* In: ›Vossische Zeitung‹. Berlin, 28. Februar 1931.
– *Zum Tode Eduard Keyserlings.* In: ›Frankfurter Zeitung‹, 8. September 1931.
MAUTHNER, Fritz: *Vorwort.* In: Walter CALÉ, *Nachgelassene Schriften.* Berlin 1906.
MELCHINGER, Siegfried: *Das erste und das zweite Jahrzehnt.* In: *[S. Fischer Verlag] Almanach. Das siebzigste Jahr.* Frankfurt 1956.
MENDELSSOHN, Peter de: *Klaus Mann.* In: *Klaus Mann zum Gedächtnis.* Amsterdam 1950.
MUSIL, Robert: *Anmerkung zu einer Metaphysik.* [Über Walther RATHENAU]. In: ›Die neue Rundschau‹, Berlin. XXV. Jg. 1914. Bd. I, S. 556.
– *Der Anschluß an Deutschland.* In: ›Die neue Rundschau‹, Berlin. XXX. Jg. 1919. Bd. I, S. 343.
– *Eine dramatische Sendung.* [Über Reinhard Johannes SORGE]. In: ›Die neue Rundschau‹, Berlin. XXIV. Jg. 1913. Bd. I, S. 127.
– *Europäertum, Krieg, Deutschtum.* In: ›Die neue Rundschau‹, Berlin. XXV. Jg. 1914. Bd. II, S. 1303.
NANSEN, Peter: *Als wir noch jung waren.* In: *[S. Fischer Verlag] [Almanach] Das XXVte Jahr.* Berlin 1911.
OSBORN, Max: *Otto Erich Hartleben.* In: ›Die neue Rundschau‹, Berlin. XVI. Jg. 1905. Bd. I, S. 379.
PANNWITZ, Rudolf: *Hofmannsthal in unserer Zeit.* In: ›Die neue Rundschau‹, Berlin. XXXV. Jg. 1924. Bd. I, S. 319.
PINTHUS, Kurt: *S. Fischer zum 70. Geburtstag.* In: ›8-Uhr-Abendblatt‹. Berlin, 22. Dezember 1929.

PNIOWER, Otto: *Julius Hoffory*. In: ›Das Magazin für Litteratur‹. Berlin, 29. April 1897.
POPPENBERG, Felix: *H. Bang*. In: ›Neue Deutsche Rundschau‹, Berlin. XIII. Jg. 1902. Bd. I, S. 56.
– *H. v. Hofmannsthal*. In: ›Neue Deutsche Rundschau‹, Berlin. X. Jg. 1899. Bd. I, S. 64.
RANISCH, Wilhelm: *Julius Hoffory*. In: *Biographisches Jahrbuch und deutscher Nekrolog*, Bd. II. Berlin 1898.
RAUCH, Karl: *S. Fischer*. In: ›Das Deutsche Wort. Der Literarischen Welt neue Folge‹. Berlin, 26. Oktober 1934.
REICHART, Walter A.: *Hauptmann Study in America. A. Continuation Bibliography*. In: ›Monatshefte‹. University of Wisconsin, Bd. LIV, Nr. 6, 1962.
– *Gerhart Hauptmann's Dramas on the American Stage*. In: ›Maske und Kothurn. Vierteljahresschrift für Theaterwissenschaft‹. Graz – Köln. 8. Jg. 1962, H. 3/4.
REISIGER, Hans: *Gedenken an Samuel Fischer. Zu seinem 100. Geburtstag*. In: *[S. Fischer Verlag] Almanach. Das dreiundsiebzigste Jahr*. Frankfurt 1959.
– *Gruß, nicht Abschied*. [Für S. FISCHER]. In: ›Die neue Rundschau‹, Berlin. XLV. Jg. 1934. Bd. II, S. 568.
– *»Mammi«* [Erinnerungen an Hedwig FISCHER]. In: *Lebendiger Anteil. Hedwig Fischer und der S. Fischer Verlag. Gedenkblätter*. [Frankfurt 1953].
REUTER, Gabriele: *Ellen Key in Deutschland*. In: ›Die neue Rundschau‹, Berlin. XX. Jg. 1909. Bd. II, S. 1821.
ROWOHLT, Ernst: *Geburtstagsgruß an S. Fischer*. In: ›Berliner Börsen-Courier‹, 22. Dezember 1929.
– *Der Verleger S. Fischer*. In: ›Die neue Rundschau‹, Berlin. XLV. Jg. 1934. Bd. II, S. 561.
RUPPEL, K. H.: *Das Werk S. Fischers. Nachruf für einen Verleger*. In: ›Kölnische Zeitung‹, 21. Oktober 1934.
SAENGER, Samuel: *Abschied von Weimar*. In: ›Die neue Rundschau‹, Berlin. XLIII. Jg. 1932. Bd. II, S. 416.
– *Der Bankrott und die Bankrotteure*. In: ›Die neue Rundschau‹. Berlin. XXIX. Jg. 1918. Bd. II, S. 1628.
– *Betrachter oder Gestalter?* In: ›Die neue Rundschau‹, Berlin. XLIV. Jg. 1933. Bd. I, S. 857.
– *Die deutsche Revolution*. In: ›Die neue Rundschau‹, Berlin. XXIX. Jg. 1918. Bd. II, S. 1505.
– *Das eigene Gesicht*. [Der 25. Jahrgang der NEUEN RUNDSCHAU]. In: ›Die neue Rundschau‹, Berlin. XXV. Jg. 1914. Bd. I, S. 79.
– *Die Erde bebt*. In: *[S. Fischer Verlag] Almanach 1932*. Berlin 1932.
– *Frankfurt – Weimar – Potsdam*. In: ›Die neue Rundschau‹, Berlin. XLIV. Jg. 1933. Bd. I, S. 567.
– *In memoriam S. Fischer*. In: ›Die neue Rundschau‹, Berlin. XLV. Jg. 1934. Bd. II, S. 579.
– *Logik im Chaos*. In: ›Die neue Rundschau‹, Berlin. XXVI. Jg. 1915. Bd. I, S. 721.
– *Walther Rathenau*. In: ›Die neue Rundschau‹, Berlin. XXXIII. Jg. 1922. Bd. II, S. 769.
– *Bernard Shaws Bekenntnisbuch*. In: ›Die neue Rundschau‹, Berlin. XXXIX. Jg. 1928. Bd. II, S, 590.

– *Trotzkis Memoiren.* In: ›Die neue Rundschau‹, Berlin. XL. Jg. 1929, Bd. II, S. 851.
– *Das vierzigste Jahr.* In: ›Die neue Rundschau‹, Berlin. XLV. Jg. 1929, Bd. I, S. 1.
– *Wege und Irrwege der Publizistik.* In: *[S. Fischer Verlag] [Almanach] Das XXVte Jahr.* Berlin 1911.
Saitschick, Robert: *G. d'Annunzio.* In: ›Neue Deutsche Rundschau‹, Berlin. VI. Jg. 1895. Bd. I, S. 277.
– *Von ausländischer Literatur.* In: ›Neue Deutsche Rundschau‹, Berlin. VI. Jg. 1895. Bd. II, S. 901.
Salten, Felix: *Aus den Anfängen. Erinnerungsskizzen.* In: *Jahrbuch deutscher Bibliophilen und Literaturfreunde.* Hrsg. v. Hans Feigel. XVIII/XIX. Jg. Wien 1932/33.
– *Arthur Schnitzler:* In: ›Die neue Rundschau‹, Berlin. XXIII. Jg. 1912. Bd. I, S. 635.
Salzmann, Karl-Heinz: *Paul Cassirer.* In: ›Börsenblatt für den Deutschen Buchhandel‹. Nr. 75, S. 49. Frankfurt 1950.
– *Pan – Geschichte einer Zeitschrift.* In: ›Börsenblatt für den Deutschen Buchhandel‹ (›Archiv für Geschichte des Buchwesens‹). Bd. I, S. 212. Frankfurt 1958.
– *Kurt Wolff, der Verleger. Ein Beitrag zur Verlags- und Literaturgeschichte.* In: ›Börsenblatt für den Deutschen Buchhandel‹ (›Archiv für Geschichte des Buchwesens‹). Nr. 101 A, S. 1729. Frankfurt 1958.
– *Über das Verlagssignet.* In: ›Form und Technik‹. Fachzeitschrift der Industriegewerkschaft Druck und Papier für alle Berufssparten des graphischen Gewerbes und der Papier und Pappe verarbeitenden Industrie, Stuttgart. 5. Jahr, Dezember 1954.
Schauer, Georg Kurt: *Das Äußere der ›Buddenbrooks‹.* In: *[S. Fischer Verlag] Almanach. Das achtundsechzigste Jahr.* Frankfurt 1954.
– *Die Buchgestaltung des S. Fischer Verlages in seinen ersten sechs Jahrzehnten.* In: *[S. Fischer Verlag] Almanach. Das fünfundsiebzigste Jahr.* Frankfurt 1961.
Scheffler, Karl: *Berufsidealismus.* In: *Navigare Necesse Est. Eine Festgabe zum 50. Geburtstag von Anton Kippenberg.* Leipzig 1924.
Scherrer, Paul: *Bruchstücke der Buddenbrooks-Handschrift und Zeugnisse zu ihrer Entstehung 1897–1901.* In: ›Die neue Rundschau‹, Frankfurt. LXIX. Jg. 1958. Bd. I, S. 258.
Schickele, René: *Glossen: Expressionismus.* In: ›Die weißen Blätter‹, H. 1. Leipzig, Januar 1916.
– *Glossen: Lektüre, Thomas Mann, Politische Erziehung.* In: ›Die weißen Blätter‹, H. 8. Leipzig, August 1915.
– *Nachwort des Herausgebers.* In: ›Die weißen Blätter‹, H. 11. Leipzig, 11. November 1915.
– *Rundschau.* [Polemik mit der Neuen Rundschau]. In: ›Die weißen Blätter‹, H. 9. Leipzig, September 1915.
Schinnerer, Otto P.: *Early Works of Arthur Schnitzler.* In: ›Germanic Review‹, IV, 169. New York.
– *Schnitzler and the military censorship.* In: ›Germanic Review‹, V, 238 ff. New York.
Schlenther, Paul: *Julius Hoffory.* In: *[S. Fischer Verlag] [Almanach] Das XXVte Jahr.* Berlin 1911.

– *Über Hauptmanns ›Narr in Christo‹*. In: ›Berliner Tageblatt‹, 27. November 1910.

SCHLÜTER, Herbert: *Klaus Mann*. In: *Klaus Mann zum Gedächtnis*. Amsterdam 1950.

SCHNITZLER, Arthur: *Protest*. In: ›Neue Zürcher Zeitung‹, 22. Dezember 1914.

SCHOLZ, Wilhelm von: *Erinnerung an Oskar Loerke*. In: *Oskar Loerke. 1884 bis 1964. Eine Gedächtnisausstellung zum 80. Geburtstag des Dichters im Schiller-Nationalmuseum* ... [Marbach 1964].

SCHRÖDER, Rudolf Alexander: *Aus den Kinderjahren der Insel*. In: *Navigare Necesse Est. Eine Festgabe zum 50. Geburtstag von Anton Kippenberg*. Leipzig 1924.

STEHR, Hermann: *Atlantis*. In: ›Die neue Rundschau‹, Berlin. XXIV. Jg. 1913. Bd. I, S. 567.

– *Emanuel Quint*. In: ›Die neue Rundschau‹, Berlin. XXII. Jg. 1911. Bd. I, S. 264.

– *Walther Rathenau*. In: ›Die neue Rundschau‹, Berlin. XXVIII. Jg. 1917. Bd. II, S. 1258.

STEINITZ, Hugo: *Nachruf auf Hugo Steinitz*. In: ›Börsenblatt für den Deutschen Buchhandel‹, Nr. 214. Leipzig, 15. September 1909.

STIRK, S. D.: *Gerhart Hauptmann and Mynheer Peeperkorn.*. In: ›German Life and Letters‹. Oxford, 3. April 1952.

SÜSKIND, W. E.: *Herman Bang und wir*. In: *[S. Fischer Verlag] Almanach. Das vierzigste Jahr. 1886–1926*. Berlin 1926.

– *Joseph Conrad*. In: ›Die neue Rundschau‹, Berlin. XXXVII. Jg. 1926. Bd. II, S. 536.

– *Hermann Hesse und die Jugend*. In: ›Die neue Rundschau‹, Berlin. XXXVIII. Jg. 1927. Bd. I, S. 492.

SUHRKAMP, Peter: *Für Jakob Wassermann*. In: ›Die neue Rundschau‹, Berlin. XLIV. Jg. 1933. Bd. I, 357. [Ungezeichnet].

– *März 33*. In: ›Die neue Rundschau‹, Berlin. XLIV. Jg. 1933. Bd. I, S. 706.

– *Vorspruch*. In: *[S. Fischer Verlag] Almanach. Das 50. Jahr*. Berlin 1936.

– *Jakob Wassermann zum Gedächtnis*. In: ›Die neue Rundschau‹, Berlin. XLV. Jg. 1934. Bd. I, S. 129.

– *Zueignung*. [Für S. Fischer]. In: ›Die neue Rundschau‹, Berlin XLV. Jg. 1934. Bd. II, S. 661.

TREBITSCH, Siegfried: *Wie Bernard Shaw nach Deutschland kam*. In: *[S. Fischer Verlag] Almanach 1928*. Berlin 1928.

TSCHÖRTNER, Heinz Dieter: *Gerhart Hauptmann und Thomas Mann. Versuch einer Darstellung ihrer Beziehungen*. In: ›Die Nation‹, Berlin (DDR). Jg. 10. 1960. S. 715.

WALZEL, Oskar: *Österreicher des Insel-Verlags*. In: *Navigare Necesse Est. Eine Festgabe zum 50. Geburtstag von Anton Kippenberg*. Leipzig 1924.

WASSERMANN, Jakob: *Bekenntnis*. [Für Gerhart HAUPTMANN]. In: ›Die neue Rundschau‹, Berlin. XLIII. Jg. 1932. Bd. II, S. 670.

– *Erinnerungen an Arthur Schnitzler*. In: ›Die neue Rundschau‹, Berlin. XLIII. Jg. 1932. Bd. I, S. 5.

– *S. Fischer zum 70. Geburtstag*. In: ›Berliner Tageblatt‹, 20. Dezember 1929.

– *Das Los der Juden*. In: ›Die neue Rundschau‹, Berlin. XV. Jg. 1904. Bd. II, S. 940.

– *Nationalgefühl*. In: ›Die neue Rundschau‹, Berlin. XXVI. Jg. 1915. Bd. I, S. 757.

– *Offener Brief.* In: ›Die neue Rundschau‹, Berlin. XXI. Jg. 1910. Bd. III, S. 999.
– *Selbstbetrachtungen.* In: ›Die neue Rundschau‹, Berlin. XLII. Jg. 1931. Bd. II, S. 776.
– *Selbstschau am Ende des sechsten Jahrzehnts.* In: ›Die neue Rundschau‹, Berlin. XLIV. Jg. 1933. Bd. I, S. 377.
– *Vorrede zu Joseph Conrads ›Schattenlinie‹.* In: Jakob WASSERMANN, *Lebensdienst. Gesammelte Studien, Erfahrungen und Reden aus drei Jahrzehnten.* Leipzig 1928.
– *Zu Hofmannsthals ›Andreas oder die Vereinigten‹.* In: ›Die neue Rundschau‹, Berlin. XLIII. Jg. 1932. Bd. II, S. 540.
– *Zum Tod Walther Rathenaus.* In: ›Die neue Rundschau‹, Berlin. XXXIII. Jg. 1922. Bd. II, S. 805.
WEBER, Werner: *Siebzig Jahre ›Die neue Rundschau‹.* In: *[S. Fischer Verlag] Almanach. Das dreiundsiebzigste Jahr.* Frankfurt 1959.
WEISS, E. R.: *Das Buch als Gegenstand.* In: *[S. Fischer Verlag] [Almanach] Das XXVte Jahr.* Berlin 1911.
ZWEIG, Stefan: *An den Genius der Verantwortlichkeit.* [Für Thomas MANN]. In: ›Die neue Rundschau‹, Berlin. XXXVI. Jg. 1925. Bd. II, S. 1315.
– *Gerhart Hauptmann zum 60. Geburtstag.* In: ›Die neue Rundschau‹, Berlin. XXXIII. Jg. 1922. Bd. II, S. 1162.
– *Für Jakob Wassermann.* In: ›Die Neue Rundschau‹, Berlin. XLIV. Jg. 1933. Bd. I, S. 358.

VII. *Verschiedenes*

BARBECK, Hugo: *Geschichte der Juden in Nürnberg und Fürth.* Nürnberg 1878.
BAUERNFELD, Eduard von: *Aus Alt- und Neu-Wien.* [Gesammelte Schriften, Bd. 12]. Wien 1873.
BONDY, Gottlieb, und Franz DWORSKY: *Zur Geschichte der Juden in Böhmen, Mähren und Schlesien.* Prag 1906.
DAHMS, Gustav (Hrsg.): *Das litterarische Berlin. Illustriertes Handbuch.* Berlin 1896.
DEMIAN, J. A.: *Darstellung der Österreichischen Monarchie. Bd. III: Königreich Ungarn.* Wien 1805.
FRONMÜLLER, Dr.: *Chronik der Stadt Fürth.* Fürth 1887.
GOLD, Hugo (Hrsg.): *Die Juden und Judengemeinden Mährens in Vergangenheit und Gegenwart.* Brünn 1929.
HERZOG, Emil: *Geschichte der Juden in Liptó Szent Miklós.* [In ungarischer Sprache]. Budapest 1894.
LOEWENSTEIN, Leopold: *Zur Geschichte der Juden in Fürth.* In: *Jahrbuch für jüdische Geschichte und Literatur.* Bde. VI, VIII, X. Frankfurt 1909–1913.
THIELE, J. C. von: *Das Königreich Ungarn.* Kaschau 1833.
TIETZE, Hans: *Wien.* Leipzig 1923.
WACHSTEIN, Bernhard (Hrsg.): *Urkunden und Akten zur Geschichte der Juden in Eisenstadt und den Siebengemeinden.* Wien 1926.
ZOBELTITZ, Fedor von: *Chronik der Gesellschaft unter dem letzten Kaiserreich 1894–1914.* Hamburg 1922.

B. UNVERÖFFENTLICHTE QUELLEN

ALTENBERG, Peter: *Briefe an S. Fischer.* Vereinzelte Stücke im Briefarchiv Dr. G. B. Fischer, Camaiore, und im Deutschen Literaturarchiv im Schiller-Nationalmuseum, Marbach a. N.

d'ANNUNZIO, Gabriele: *Briefe an S. Fischer.* In französischer Sprache. Im Briefarchiv Dr. G. B. Fischer, Camaiore.

ARENDT, Gertrud: *Aufzeichnungen über ihre Tätigkeit im S. Fischer Verlag.* Manuskript im Archiv des S. Fischer Verlags, Frankfurt.

BAHR, Hermann: *Briefe an S. Fischer.* Im Briefarchiv Dr. G. B. Fischer, Camaiore.

BEER-HOFMANN, Richard: *Briefe an Hedwig und S. Fischer.* Im Briefarchiv Dr. G. B. Fischer, Camaiore.

BERADT, Martin: *Brief an Hedwig Fischer.* Im Briefarchiv Dr. G. B. Fischer, Camaiore.

BIE, Oscar: *Briefe an Hermann Bahr.* Vereinzelte Stücke im Bahr-Nachlaß, in der Österreichischen Nationalbibliothek (Theaterwissenschaftliches Institut), Wien.

– *Briefe an Björnstjerne Björnson.* Im Björnson-Nachlaß in der Königlichen Bibliothek, Oslo.

– *Briefe an Hugo von Hofmannsthal.* Im Hofmannsthal-Nachlaß.

BÖLSCHE, Wilhelm: *Briefe an Hugo von Hofmannsthal.* Im Hofmannsthal-Nachlaß.

BOETTICHER, Hermann von: *Briefe an den S. Fischer Verlag.* Vereinzelte Stücke (sowie Briefe der Mutter des Dichters an den Verlag) im Archiv des S. Fischer Verlags, Frankfurt.

BRAHM, Otto: *Briefe an S. Fischer.* Im Briefarchiv Dr. G. B. Fischer, Camaiore.

DEHMEL, Richard: *Briefwechsel mit Hedwig und S. Fischer, Oscar Bie, Oskar Loerke und anderen im S. Fischer Verlag.* Im Richard-Dehmel-Archiv der Universitätsbibliothek Hamburg, Hamburg-Blankenese.

EIPPER, Paul: *Nachgelassene Aufzeichnungen und Unterlagen über seine Tätigkeit im S. Fischer Verlag.* Im Besitz von Frau Veronika Eipper, Gräfelfing bei München.

FISCHER, Hedwig: *Der S. Fischer Verlag und seine Autoren. Nachgelassene Erinnerungs-Fragmente.* Unredigiertes Manuskript im Archiv Dr. G. B. Fischer, Camaiore.

FISCHER, S.: *Briefe an Leopold von Andrian.* Verstreute Einzelstücke im Bahr-Nachlaß in der Österreichischen Nationalbibliothek (Theaterwissenschaftliches Institut), Wien, und im Deutschen Literaturarchiv im Schiller-Nationalmuseum, Marbach a. N.

– *Briefe an Hermann Bahr.* Vereinzelte Stücke im Bahr-Nachlaß in der Österreichischen Nationalbibliothek (Theaterwissenschaftliches Institut), Wien.

– *Briefe an Herman Bang.* Im Bang-Nachlaß in der Königlichen Bibliothek, Kopenhagen.

– *Briefe an Martin Beradt.* Im Besitz von Frau Charlotte Beradt, New York.

– *Briefe an Georg Brandes.* Vereinzelte Stücke im Brandes-Nachlaß in der Königlichen Bibliothek, Kopenhagen.

– *Briefe an Gerhart Hauptmann.* Zum größten Teil im Hauptmann-Nachlaß, vormals in der Obhut von Dr. Benvenuto Hauptmann, Ronco, jetzt im Besitz der Staatsbibliothek Berlin; zum geringeren Teil im Literatur-Archiv

der Deutschen Akademie der Künste, Berlin (DDR); vereinzelte Stücke im Deutschen Literaturarchiv im Schiller-Nationalmuseum, Marbach a. N.
– *Briefe an Hermann Hesse.* Im Hesse-Nachlaß im Deutschen Literaturarchiv im Schiller-Nationalmuseum, Marbach a. N.
– *Briefe an Hugo von Hofmannsthal.* Vereinzelte Stücke im Hofmannsthal-Briefnachlaß.
– *Brief an Bernhard Kellermann.* Im Besitz von Frau Ellen Kellermann, Berlin.
– *Briefe an Aage Madelung.* Im Madelung-Nachlaß in der Königlichen Bibliothek, Kopenhagen.
– *Briefe an Thomas Mann.* Im Thomas-Mann-Archiv der Eidgenössischen Technischen Hochschule, Zürich.
– *Briefe an Peter Nansen.* Im Nansen-Nachlaß in der Königlichen Bibliothek, Kopenhagen.
– *Briefe an Paula Sack.* Einschließlich der Empfehlungsbriefe Richard Dehmels im Gustav-Sack-Archiv, Lochham bei München.
– *Briefe an Felix Salten.* Im Besitz von Frau Anna Wyler-Salten, Zürich.
– *Brief an Arthur Schnitzler vom 27. November 1888.* Im Besitz von Prof. Heinrich Schnitzler, Wien.
– *Entwürfe zu Briefen an Gerhart Hauptmann.* Handschriften im Archiv Dr. G. B. Fischer, Camaiore.
– *Fragmentarische autobiographische Aufzeichnungen aus dem Jahr 1907.* Manuskript im Archiv Dr. G. B. Fischer, Camaiore.
– *Meine Arbeit als Verleger.* Rundfunkvortrag. Manuskript 1929 im Archiv Dr. G. B. Fischer, Camaiore.

George, Stefan: *Brief an S. Fischer.* Im Briefarchiv Dr. G. B. Fischer, Camaiore.

Goering, Reinhard: *Briefe und Telegramme an den S. Fischer Verlag.* Im Archiv des S. Fischer Verlags, Frankfurt.

Hartleben, Otto Erich: *Briefe an S. Fischer.* Im Briefarchiv Dr. G. B. Fischer, Camaiore.

Hauptmann, Carl: *Briefe an S. Fischer.* Einzelstücke im Deutschen Literaturarchiv im Schiller-Nationalmuseum, Marbach a. N.

Hauptmann, Gerhart: *Briefe an S. Fischer.* Im Briefarchiv Dr. G. B. Fischer, Camaiore; Einzelstücke im Deutschen Literaturarchiv im Schiller-Nationalmuseum Marbach a. N.; Briefentwürfe Hauptmanns im Hauptmann-Nachlaß, jetzt im Besitz der Staatsbibliothek, Berlin.
– *Brief an seinen Sohn Ivo Hauptmann, März 1924.* Im Deutschen Literaturarchiv im Schiller-Nationalmuseum, Marbach a. N.
– *Brief an Alfred Kerr vom 24. Mai 1927.* Im Deutschen Literaturarchiv im Schiller-Nationalmuseum, Marbach a. N.

Hauptmann, Margarete: *Briefe an Hedwig und S. Fischer.* Im Briefarchiv Dr. G. B. Fischer, Camaiore.

Hausmann, Manfred: *Briefe an Hedwig und S. Fischer.* Im Briefarchiv Dr. G. B. Fischer, Camaiore.

Heimann, Moritz: *Briefe an Hermann Bahr.* Im Bahr-Nachlaß in der Österreichischen Nationalbibliothek (Theaterwissenschaftliches Institut), Wien.
– *Briefe an Martin Beradt.* Im Besitz von Frau Charlotte Beradt, New York.
– *Briefe an Hedwig und S. Fischer.* Im Briefarchiv Dr. G. B. Fischer, Camaiore.

– *Brief an Hermann Hesse.* Im Deutschen Literaturarchiv im Schiller-Nationalmuseum, Marbach a. N.
– *Brief an Hugo von Hofmannsthal.* Im Hofmannsthal-Nachlaß.
– *Briefe an Wilhelm Lehmann.* Im Deutschen Literaturarchiv im Schiller-Nationalmuseum, Marbach a. N.
– *Briefe an Felix Salten.* Im Besitz von Frau Anna Wyler-Salten, Zürich.
HOFMANNSTHAL, Hugo von: *Briefe an S. Fischer.* Im Briefarchiv Dr. G. B. Fischer, Camaiore.
HUEBSCH, Ben: *Briefwechsel mit dem S. Fischer Verlag.* Im Archiv der Viking Press, New York.
IBSEN, Henrik: *Handschriftliches Kontobuch seiner Verlagseinnahmen.* In der Königlichen Bibliothek, Oslo.
JENSEN, Johannes V.: *Briefe an S. Fischer.* Einzelstücke im Briefarchiv Dr. G. B. Fischer, Camaiore.
KAYSER, Rudolf: *Briefe an Gerhart Hauptmann.* Im Deutschen Literaturarchiv im Schiller-Nationalmuseum, Marbach a. N.
KERR, Alfred: *Brief an Hedwig Fischer.* Im Briefarchiv Dr. G. B. Fischer, Camaiore.
KÜHNEL, Max: *Aufzeichnungen über seine Tätigkeit im S. Fischer Verlag.* Manuskript im Archiv des S. Fischer Verlags, Frankfurt.
LÖBE, Paul: *Festrede zu Gerhart Hauptmanns 60. Geburtstag in Breslau.* Manuskript im Hauptmann-Nachlaß, jetzt im Besitz der Staatsbibliothek, Berlin.
LOERKE, Oskar: *Briefe an Hedwig und S. Fischer.* Im Briefarchiv Dr. G. B. Fischer, Camaiore.
– *Rede zum 40jährigen Jubiläum des S. Fischer Verlags.* Manuskript im Archiv Dr. G. B. Fischer, Camaiore.
MANN, Heinrich: *Notizen zu einem Roman-Entwurf.* Zwei Manuskriptblätter im Literaturarchiv der Deutschen Akademie der Künste, Berlin (DDR).
MANN, Katia: *Briefe an Hedwig Fischer.* Im Briefarchiv Dr. G. B. Fischer, Camaiore.
MANN, Thomas: *Brief an das ›Börsenblatt für den Deutschen Buchhandel‹, 17. November 1929.* Im Briefarchiv Dr. G. B. Fischer, Camaiore.
– *Briefe an S. Fischer.* Im Briefarchiv Dr. G. B. Fischer, Camaiore.
– *Briefe an Prof. Philipp Witkop.* Im Thomas-Mann-Archiv der Eidgenössischen Technischen Hochschule, Zürich.
– *Briefwechsel mit Gottfried Bermann Fischer.* Im Briefarchiv Dr. G. B. Fischer, Camaiore.
MACKAY, John Henry: *Briefe an S. Fischer.* Im Briefarchiv Dr. G. B. Fischer, Camaiore.
NANSEN, Peter: *Briefe an Hedwig und S. Fischer.* Im Briefarchiv Dr. G. B. Fischer, Camaiore.
SALTEN, Felix: *Briefe an Hedwig und S. Fischer.* Im Briefarchiv Dr. G. B. Fischer. Einzelne Briefentwürfe im Besitz von Frau Anna Wyler-Salten, Zürich.
SCHICKELE, René: *Brief an Hedwig Fischer.* Im Deutschen Literaturarchiv im Schiller-Nationalmuseum, Marbach a. N.
SCHLENTHER, Paul: *Brief an S. Fischer vom 27. November 1903.* Original verloren. Abschrift im SCHNITZLER-Briefnachlaß in der University Library, Cambridge (England).

SCHMITT, Käthe: *Aufzeichnungen über ihre Tätigkeit im S. Fischer Verlag.* Manuskript im Archiv des S. Fischer Verlags, Frankfurt.

SCHNITZLER, Arthur: *Briefwechsel mit S. Fischer.* In der University Library, Cambridge (England).

SHAW, George Bernard: *Brief an S. Fischer.* Original verloren. Abschrift im *Briefwechsel Arthur Schnitzler–S. Fischer* in der University Library, Cambridge (England).

– *Briefe an Siegfried Trebitsch.* In der Henry W. and Albert A. Berg Collection der New York Public Library, Astor, Lenox and Tilden Foundations, New York.

SCHOLZ, August: *Übersetzervertrag mit S. Fischer und andere Unterlagen.* Im Besitz von Frau Johanna Scholz-Jahn, Berlin.

STRAUSS, Emil: *Brief an Margarete Hauptmann.* Im Nachlaß von Frau Margarete Hauptmann. Abschrift im Briefarchiv Dr. G. B. Fischer, Camaiore.

TROTZKI, Leo Davidowitsch: *Brief- und Telegrammwechsel mit dem S. Fischer Verlag.* Im Archiv des S. Fischer Verlags, Frankfurt.

WASSERMANN, Jakob: *Briefe an Hedwig und S. Fischer.* Im Briefarchiv Dr. G. B. Fischer, Camaiore.

Verzeichnis

DER IN DIESEM BUCH ERWÄHNTEN PERSONEN UND WERKE, VERLAGE UND DRUCKEREIEN, ZEITUNGEN UND ZEITSCHRIFTEN, HANDELSFIRMEN UND VEREINIGUNGEN

Verzeichnis

DER IN DIESEM BUCH ERWÄHNTEN BUCHHÄNDLERISCHEN UND BUCHTECHNISCHEN BEGRIFFE, DER ORTE UND INSTITUTIONEN

Inhalt